LEXIQUE DES TERMES JURIDIQUES

2016-2017

LEXIQUE
DES TERMES
JURIDIQUES

24e édition 2016-2017

Sous la direction de

Serge Guinchard

Professeur émérite de l'Université
Panthéon-Assas (Paris II)
Doyen honoraire de la Faculté
de droit de Lyon
Recteur honoraire

Thierry Debard

Professeur à la Faculté de droit
de l'Université Jean Moulin (Lyon 3)

Avec le concours,
pour la présente édition, de

Jean-Luc Albert
Dominique Asquinazi-Bailleux
Louis d'Avout
Cécile Chainais
Adrien-Charles Dana
Thierry Debard
Virginie Donier
Sylvie Ferré-André
Serge Frossard
Emmanuel Guinchard
Serge Guinchard
Yann Kerbrat
Yves Mayaud
Henri Roland
Gérard Vachet
André Varinard

DALLOZ

31-35, rue Froidevaux – 75685 Paris cedex 14

978-2-247-16075-4
978-2-247-16345-8

Avertissement pour la 24e édition

Fort de son succès auprès d'un large public auquel il a toujours été destiné – et, notamment, celui des étudiants – d'une utilisation qui reste simple et pratique, enrichi de nombreux mots nouveaux ou réécrits en raison de l'activité législative la plus récente (*cf.* notamment, Action de groupe, Commissaire de justice, Conseil national de protection de l'enfance, Habilitation familiale, Parenté d'intention, Testament de fin de vie, Transition écologique, etc.), le *Lexique des termes juridiques* est à jour, dans cette 24e édition, des textes publiés au 1er mai 2016. Véritable abécédaire de l'accès au droit, il demeure un instrument de travail indispensable à tous ceux qui lui font confiance depuis plus de quarante-cinq ans, riche de sa pluridisciplinarité dont toute l'équipe des auteurs est le reflet le plus tangible, en même temps qu'elle constitue le gage du sérieux de l'actualisation de l'ouvrage.
Le lecteur trouvera dans cette édition, comme lors des précédentes, le renvoi aux Codes officiels et l'intégration des apports de très nombreuses réformes qui ont profondément marqué l'année écoulée. Sont aussi référencées les grandes décisions de la jurisprudence telles qu'elles sont commentées dans la collection des grands arrêts publiée par les éditions Dalloz. Ainsi se dessine le mouvement du droit vers plus de clarté dans la présentation de ses normes et, surtout, d'accessibilité. L'accès au droit, que le législateur a érigé en principe, n'était-ce pas, dès la première édition du Lexique, en 1970, l'objectif visé par ses promoteurs, dont on mesure mieux, à plus de quarante-cinq ans d'écart, la fabuleuse prémonition des besoins de nos concitoyens ?
Leurs héritiers espèrent que cette édition du *Lexique des termes juridiques* continuera à satisfaire ses utilisateurs dont la fidélité est le plus beau des encouragements à œuvrer dans le sens d'une plus grande diffusion de la norme juridique, à partir de ce qui en constitue la raison d'être, à savoir l'accessibilité au droit dans la clarté et la précision de la définition terminologique de ses concepts.

Serge Guinchard
Thierry Debard

Paris, Chamonix et Lyon, le 1er mai 2016

Avertissement pour la première édition

Le présent et modeste Lexique des termes juridiques tente de prendre rang parmi d'autres ouvrages de genres voisins, mais non identiques, parus depuis peu. Nombreux sont ceux, en effet, qui éprouvent le besoin de posséder un ouvrage de définitions, simple et facilement utilisable. Celui-ci est destiné à éviter cette rupture que provoque parfois dans la lecture d'un passage juridique, d'un article de journal ou de revue, l'apparition d'un mot, d'une formule dont le sens est peu connu ou totalement ignoré du lecteur.

Utile donc à tout juriste novice ou hésitant, ce petit livre est conçu spécialement pour les étudiants de première et de deuxième années de licence ou de capacité, mais aussi pour les élèves qui, dès l'enseignement du second degré, songent, plus tôt que naguère, à poursuivre des études à caractère juridique.

Or l'expérience révèle que l'initiation juridique, pour l'élève d'une classe « terminale », pour le jeune étudiant, devient de plus en plus difficile.

C'est ainsi qu'un certain fonds de formules latines, suffisamment accessible jadis grâce aux études classiques, va maintenant se perdant sans recours dans le langage ordinaire. Le fonds latin, réduit à vrai dire au minimum, se maintient encore dans le domaine du droit et sa disparition totale n'irait pas sans dommage pour la clarté des raisonnements juridiques.

Fait plus important et d'ailleurs très heureux, le recrutement des étudiants des Facultés de droit (qu'on accepte un instant ce mot du passé) s'installe dans des milieux plus différenciés qu'autrefois. Souvent privés, dorénavant, d'une certaine éducation juridique, aussi réelle que peu perceptible, éducation venue de contacts quotidiens de tels milieux familiaux, nos étudiants ont besoin d'être aidés alors qu'ils entrent dans un monde qui leur est tout à fait inconnu. Disons qu'ils ont droit à cette aide, si élémentaire et modeste soit-elle.

Les auteurs de ce lexique n'oublient pas non plus que la « pluridisciplinarité », institutionnalisée par la célèbre loi d'orientation du 12 novembre 1968, devrait permettre à un étudiant de puiser plus librement qu'autrefois dans des spécialités diverses. Or, il se heurtera à des difficultés sérieuses s'il veut en particulier aborder certaines matières juridiques. On a donc tenté de parer aux premiers risques de l'éducation juridique toujours malaisée, accusée si souvent de reposer sur un vocabulaire hermétique, suranné, soupçonné de chicane et de traîtrise.

Il est exact que, dès qu'ils sont examinés sous l'angle du droit, les faits sociaux prennent une coloration propre. Si le langage des juristes semble abstrait, c'est qu'il traduit la superposition d'une science normative et d'un art. Le langage des juristes présente pour le non-initié une particularité déroutante. Le droit est si étroitement lié aux manifestations spontanées des groupes sociaux que les instruments de la pensée juridique ont été puisés parmi les termes les plus courants, les plus communs, ceux de la vie quotidienne.

En pénétrant dans la sphère du droit, le mot usuel subit une inflexion, parfois même une mutation qui lui confère la précision technique, facteur nécessaire de la sécurité juridique, mais l'isole et le rend peu à peu incompréhensible au non-spécialiste. Ainsi en va-t-il, pour ne retenir que quelques exemples, des mots : « acte, action, aliment, compagnie, demande, exception, office, ordre ». Ce langage est étrangement « bariolé »; certains termes gardent l'aspect du granit et défient les siècles; d'autres s'effritent qui n'auront joué le rôle que de passerelles légères et provisoires; d'autres encore subissent des avatars étonnants. Alors que certains sont connus de tous, en dépit de leur vêtement juridique, d'autres demeurent obstinément ésotériques. Ce vocabulaire se renouvelle sans cesse comme le prouvent les termes « bail à construction », « contrat de leasing », « de factoring ou de know how », car le droit est si profondément enraciné dans la vie économique et sociale qu'il en traduit toutes les manifestations, dans son jaillissement continu, dans son exubérance tour à tour joyeuse ou tragique.
Ces quelques remarques montrent le but qui a été visé. Ce lexique n'a aucune ambition scientifique : il ne contient que peu d'exemples et aucune référence jurisprudentielle ou doctrinale; il a écarté presque tous les termes correspondant aux disciplines spécialisées. Il n'est présenté qu'une liste de mots usuels, nécessaires à une initiation juridique.
Ce n'est pas sans quelque appréhension que les auteurs *(1)* de ce petit livre le confient au public; ils en connaissent les limites et l'imperfection. Sans doute n'avaient-ils pas pleinement mesuré l'ampleur et la difficulté de la tâche. Leur témérité trouvera son excuse, ils l'espèrent, dans leur souci de faciliter les premiers pas, parfois hésitants, de leurs jeunes étudiants.

Raymond Guillien
Professeur honoraire à la Faculté de droit de l'Université de Lyon

Jean Vincent
Professeur à la Faculté de droit de l'Université Jean-Moulin (Lyon III)
Doyen honoraire

Lyon, le 24 juin 1970

(1) Le lexique, composé sous la direction initiale des Professeurs *Raymond Guillien* (droit public) et *Jean Vincent* (droit privé), puis des Professeurs *Serge Guinchard* et *Gabriel Montagnier*, et désormais de *Serge Guinchard* et *Thierry Debard*, a été rédigé :

– Pour le *droit administratif* : par Raymond GUILLIEN † et Gabriel MONTAGNIER †, Professeurs; puis par Gabriel MONTAGNIER †; puis par Thierry DEBARD, Professeur; puis par Thierry DEBARD et Virginie DONIER, Professeurs.

– Pour le *droit civil* : par Joseph FROSSARD † et Serge GUINCHARD, Professeurs; puis par Laurent BOYER †, Serge GUINCHARD et Henri ROLAND, Professeurs; puis par Cécile CHAINAIS, Serge GUINCHARD et Henri ROLAND, Professeurs.

– Pour le *droit commercial* et des notions de *droit maritime* : par Jacques AZÉMA, Professeur, Danièle MASSOT-DURIN, Maître de conférences et Yves REINHARD, Professeur; puis par Yves REINHARD; puis par Louis D'AVOUT et Yves REINHARD, Professeurs; puis par Louis D'AVOUT, Professeur.

– Pour le *droit constitutionnel* : par Raoul PADIRAC †, Maître-assistant; puis par Christian PHILIP, Professeur; puis par Thierry DEBARD et Christian PHILIP, Professeurs; puis par Thierry DEBARD, Professeur.

– Pour le *droit de l'environnement* : par Thierry DEBARD, Sylvie FERRÉ-ANDRÉ et Henri ROLAND, Professeurs.

– Pour le *droit européen* : par Christian PHILIP, Professeur, puis par Thierry DEBARD et Christian PHILIP, Professeurs, puis par Thierry DEBARD, Professeur, pour les aspects de droit public. Par Emmanuel GUINCHARD, *Senior Lecturer in law*, pour les aspects de droit privé.

– Pour *droit financier* et le *droit fiscal* : par Gabriel MONTAGNIER †; puis par Jean-Luc ALBERT, Professeur.

– Pour le *droit international privé* : par Jacques PRÉVAULT †, Professeur; puis par Emmanuel GUINCHARD, *Senior Lecturer in law*.

– Pour le *droit international public* : par Raoul PADIRAC †, Maître-assistant; puis par Christian PHILIP, Professeur; puis par Yann KERBRAT, Professeur.

– Pour le *droit rural* : par Jacques PRÉVAULT †, Professeur; puis par Dominique GRILLET, Maître de conférences; puis par Sylvie FERRÉ-ANDRÉ, Professeur.

– Pour le *droit de la sécurité sociale* : par Marie-Andrée GUERICOLAS, Docteur en droit, ancienne collaboratrice technique à l'Institut d'études du travail; puis par Gérard VACHET, Professeur; puis par Gérard VACHET et Dominique ASQUINAZI-BAILLEUX, Professeurs.

– Pour le *droit du travail* : par Joseph FROSSARD †, Professeur et Marie-Andrée GUERICOLAS; puis par Joseph Frossard †, Professeur; puis par Serge FROSSARD, Maître de conférences.

– Pour le *droit pénal* et la *procédure pénale* : par Albert CHAVANNE †, André DECOCQ, Professeurs et Marie-Claude FAYARD †, Maître-assistant; puis par Adrien-Charles DANA, Yves MAYAUD et André VARINARD, Professeurs.

– Pour la *procédure civile* et les *voies d'exécution* : par Henri ROLAND et Jean VINCENT †, Professeurs; puis par Henri ROLAND, Professeur.

– Pour les *expressions et mots latins* : par Laurent BOYER †, Professeur.

Liste des références utilisées

→ *Lexique* Cette flèche indique au lecteur les termes (définis dans le lexique) susceptibles de compléter sa recherche.

Lexique Cette couleur indique que le terme est défini dans le lexique.

Ce symbole signale les articles de code correspondant à la définition.

Les principaux codes sont abrégés ainsi :

C. assur.	Code des assurances
C. civ.	Code civil
C. com.	Code de commerce
C. consom.	Code de la consommation (à jour ord. n° 2016-301)
C. envir.	Code de l'environnement
C. mon. fin.	Code monétaire et financier
C. pén.	Code pénal
C. pr. civ.	Code de procédure civile
C. pr. exéc.	Code des procédures civiles d'exécution
C. pr. pén.	Code de procédure pénale
C. rur.	Code rural et de la pêche maritime
C. trav.	Code du travail
C. urb.	Code de l'urbanisme
CASF	Code de l'action sociale et des familles
CESEDA	Code de l'entrée et du séjour des étrangers et du droit d'asile
CGCT	Code général des collectivités territoriales
CGI	Code général des impôts
COJ	Code de l'organisation judiciaire
CPI	Code de la propriété intellectuelle
CRPA	Code des relations entre le public et l'administration
CSI	Code de la sécurité intérieure
CSP	Code de la santé publique
CSS	Code de la Sécurité sociale

IMPORTANT

Les articles 1100 à 1386-1 du Code civil, suivis d'un astérisque*, cités au bas des définitions qui les concernent, **sont ceux issus de la renumérotation opérée par l'ordonnance n° 2016-131 du 10 février 2016.** L'attention du lecteur est attirée sur le fait que **ces articles ne sont applicables qu'à compter du 1er octobre 2016** et, pour les contrats en cours, sous réserve de l'application du droit antérieur.

Afin de guider le lecteur dans le changement de numérotation, une table de renvois est reproduite en fin d'ouvrage.

Ce symbole signale les références aux grands arrêts de la jurisprudence. Ces derniers sont référencés comme suit :

GACA	*Grands arrêts du contentieux administratif*, 5e éd., 2016
GADIP	*Grands arrêts de droit international privé*, 5e éd., 2006
GADPG	*Grands arrêts du droit pénal général*, 9e éd., 2014
GADT	*Grands arrêts de droit du travail*, 4e éd., 2008
GAJA	*Grands arrêts de la jurisprudence administrative*, 20e éd., 2015
GAJC	*Grands arrêts de la jurisprudence civile*, Tome 1 et Tome 2, 13e éd., 2015
GAJF	*Grands arrêts de la jurisprudence fiscale*, 5e éd., 2009
GAJFi	*Grands arrêts de la jurisprudence financière*, 6e éd, 2014
GAPP	*Grands arrêts de la procédure pénale*, 9e éd., 2016
GDCC	*Grandes décisions du Conseil constitutionnel*, 17e éd., 2013

Autres abréviations couramment utilisées dans l'ouvrage :

al.	alinéa
Art.	Article
C. aviat.	Code de l'aviation civile
C. déf.	Code de la défense
C. dom. Ét.	Code du domaine de l'État
C. dom. publ. fluv.	Code du domaine public fluvial et de la navigation intérieure
C. douanes	Code des douanes
C. éduc.	Code de l'éducation
C. expr.	Code de l'expropriation
C. for.	Code forestier
C. marchés	Code des marchés publics
C. mut.	Code de la mutualité
C. patr.	Code du patrimoine
C. pens. mil.	Code des pensions militaires d'invalidité et des victimes de guerre
C. route	Code de la route
C. transp.	Code des transports
C. voirie rout.	Code de la voirie routière
Cass.	Cour de cassation
CCH	Code de la construction et de l'habitation
CDU	Code des douanes de l'Union
CE	Conseil d'État
CGPPP	Code général de la propriété des personnes publiques

Charte UE	Charte des droits fondamentaux de l'Union européenne
Civ. 1re, 2e	Cour de cassation 1re, 2e chambre civile
CJA	Code de justice administrative
CJF	Code des juridictions financières
CJM	Code de justice militaire
Cons. const.	Conseil constitutionnel
Const.	Constitution
Contra	Solution contraire
Conv. EDH	Convention européenne de sauvegarde des droits de l'Homme et des libertés fondamentales
Cour EDH	Cour européenne des droits de l'Homme
CPCE	Code des postes et communications électroniques
Crim.	Cour de cassation, chambre criminelle
DDHC	Déclaration des droits de l'Homme et du Citoyen
Décr.	Décret
JO	*Journal officiel*
JOUE	*Journal officiel de l'Union européenne*
L.	Loi
LF	Loi de finances
LFSS	Loi de financement de la sécurité sociale
LO	Loi organique
LOLF	Loi organique relative aux lois de finances
LPF	Livre des procédures fiscales
LPFP	Loi de programmation des finances publiques
mod.	modifié
Ord.	Ordonnance
QPC	Question prioritaire de constitutionnalité
Règl.	Règlement
Soc.	Cour de cassation, chambre sociale
T. confl.	Tribunal des conflits
TFUE	Traité sur le fonctionnement de l'Union européenne
TGI	Tribunal de grande instance
TUE	Traité sur l'Union européenne

• Retrouvez en fin d'ouvrage une liste des sigles ainsi qu'une sélection des sites Internet utiles.

A

Abandon

[Droit civil]

1° Acte juridique par lequel une personne renonce à un droit. L'abandon suppose une intention, à la différence de la perte.

→ *Renonciation.*

2° Fait de délaisser une personne ou un lieu.

→ *Abandon de domicile, Abandon d'enfant, Abandon de famille, Déguerpissement, Délaissement, Objets abandonnés.*

Abandon de biens

[Droit civil]

→ *Déguerpissement, Délaissement.*

Abandon de domicile

[Droit civil]

Fait pour un époux de délaisser le domicile conjugal, sans l'accord de son conjoint. Lorsque les époux vivent séparés depuis 2 ans, il y a altération définitive du lien conjugal, cause de divorce.

C. civ., art. 238.

Abandon d'enfant

[Droit civil]

Fait, pour les parents, de se désintéresser manifestement de leur enfant.

Si la durée du désintéressement est de plus d'un an avant une demande en déclaration d'abandon, l'enfant peut être déclaré abandonné par le TGI en vue de son adoption, sauf en cas de détresse des parents ou si un membre de sa famille a demandé, pendant ce délai, à assumer sa charge et que cette demande a été jugée conforme à son intérêt.

C. civ., art. 350; C. pr. civ., art. 1158 s.

[Droit pénal]

Crime ou *délit*, selon les circonstances, consistant dans le fait d'exposer ou de faire exposer, de délaisser ou de faire délaisser, en un lieu solitaire ou non, un mineur de moins de 15 ans.

C. pén., art. 223-3 s., 227-1 s.

→ *Délaissement.*

Abandon de famille

[Droit pénal]

Fait :

1° de ne pas exécuter intégralement pendant plus de 2 mois, une décision judiciaire ou une convention judiciairement homologuée, qui impose le versement de prestations ou pensions au profit d'un enfant mineur, d'un descendant, d'un ascendant ou du conjoint;

2° ou de s'abstenir de notifier un changement de domicile au créancier de ces prestations ou pensions, dans le délai d'un mois à compter de ce changement.

Depuis le 1er mars 1994, ne sont plus des délits l'abandon physique du foyer familial par le père ou la mère, ainsi que l'abandon par le mari de sa femme enceinte. Quant à l'abandon moral des enfants, qui était lui aussi incriminé, il s'agit désormais d'une hypothèse de *mise en péril des mineurs*.

C. pén., art. 227-3 s.

Abattement

[Droit financier ou fiscal]

→ *Réfaction.*

Abattement supplémentaire

[Sécurité sociale]

Possibilité offerte à certaines professions limitativement énumérées de déduire de la base de cotisations de Sécurité sociale une somme égale au montant de la déduction supplémentaire pour frais professionnels dont elles bénéficiaient en matière fiscale avant le 1er janvier 2001. Cette déduction est limitée à 7 600 euros par année civile.

CSS, Arrêté 20 déc. 2002, art. 9.

Ab intestat

[Droit civil]

Littéralement « sans testament ».
Se dit d'une succession dont les biens sont attribués aux héritiers selon les règles fixées par le législateur lorsque le défunt n'a pas laissé de testament ou, lorsqu'ayant rédigé un testament, celui-ci est nul ou caduc. Se dit aussi des héritiers qui sont appelés à ce type de succession.

C. civ., art. 721 s.; C. pr. civ., art. 1304 s.

Ab irato

[Droit général]

Un acte est fait *ab irato* lorsqu'il est accompli dans un mouvement de colère. Cet acte n'est pas nul du seul fait de la colère qui l'inspire.

Abolition

[Droit général]

Mise à néant d'un état de droit jugé contraire à l'évolution des mœurs : abolition des privilèges, de la peine de mort, de la contrainte par corps.

→ *Abrogation, Désuétude, Retrait.*

Abondement

[Droit du travail]

→ *Plan d'épargne d'entreprise.*

À bon droit

[Procédure civile]

Formule par laquelle la Cour de cassation approuve la qualification adoptée par le juge du fond et rejette, en conséquence, le pourvoi. D'autres formules sont équivalentes, telles que : l'arrêt (de cour d'appel) a pu estimer, l'arrêt retient exactement, l'arrêt se trouve légalement justifié.

Abordage

[Droit maritime et fluvial/ Droit international public]

Collision de deux navires de mer ou entre un navire de mer et un ou plusieurs bateaux de navigation intérieure. La réglementation légale de l'abordage est, toutefois, étendue aux avaries sans collision, résultant par exemple des remous occasionnés par le déplacement de l'un des navires. Le droit fluvial connaît un régime analogue d'imputation des responsabilités et de réparation des préjudices nés de la collision entre bateaux de navigation intérieure.

C. transp., art. L. 4131-1 s., L. 5131-1 s.

Abornement

[Droit civil/Droit international public]

Marquage matériel sur le terrain, notamment par des bornes, de la délimitation d'une frontière.

→ *Bornage.*

Aboutissants

[Droit civil]

Désigne, s'agissant d'une propriété foncière, les pièces de terre qui sont adjacentes à ses petits côtés.

→ *Tenants.*

Abrogation

[Droit général]

Suppression d'une règle de droit par une nouvelle disposition qui lui est substituée pour l'avenir.

La loi fait obligation à l'autorité administrative d'abroger expressément, d'office ou à la demande d'une personne intéressée, tout règlement illégal dont elle est l'auteur, ainsi que tout règlement *sans objet*, que cette situation existe dès l'origine ou qu'elle résulte de circonstances de droit ou de fait postérieures à la publication du règlement (L. n° 2000-321 du 12 avr. 2000, art. 16-1).

GAJA n° 86.

→ *Abolition, Désuétude, Retrait.*

[Droit pénal]

Depuis la réforme du Code pénal, la peine cesse de recevoir exécution quand elle a été prononcée pour un fait qui, en vertu d'une loi postérieure au jugement, n'a plus le caractère d'une infraction pénale.

C. pén., art. 112-4.

Absence

[Droit civil]

État d'une personne dont on ignore si elle est encore en vie, alors qu'aucun événement particulier ne fait présumer son décès. Il autorise une demande de constatation, par le juge des tutelles, d'une *présomption* d'absence et, sous condition de l'écoulement d'un certain délai (10 ans depuis un jugement de présomption d'absence ou, à défaut, 20 ans depuis le jour des dernières nouvelles), une demande de *déclaration* d'absence par le TGI. La première de ces situations emporte présomption que la personne est vivante en vue de préserver ses intérêts d'ici son retour. La seconde produit les effets du décès.

C. civ., art. 112 s.; C. pr. civ., art. 1062 s.

GAJC, t. 2, n° 143-144.

→ *Disparition.*

Absentéisme

[Droit du travail]

Phénomène traduisant, dans une période donnée, l'absence autorisée ou non des salariés de leur lieu de travail. Le taux d'absentéisme est le rapport entre les salariés absents et les effectifs de l'entreprise à une date déterminée.

Absentéisme scolaire

[Droit administratif/Droit pénal]

Manquement à l'obligation scolaire pour des motifs non légitimes énumérés par la loi. Un avertissement est adressé aux personnes responsables de l'enfant, leur rappelant les sanctions pénales applicables et les informant sur les dispositifs d'accompagnement parental auxquels elles peuvent avoir recours. En cas de persistance du défaut d'assiduité, le directeur de l'établissement d'enseignement réunit les membres concernés de la communauté éducative afin de proposer aux personnes responsables de l'enfant une aide et un accompagnement adaptés et contractualisés avec celles-ci. Un personnel d'éducation référent est désigné pour suivre les mesures mises en œuvre au sein de l'établissement d'enseignement. Le directeur de l'établissement d'enseignement informe les collectivités territoriales et les autorités concernées par la protection de l'enfance des mesures prises dans l'établissement scolaire contre l'absentéisme et le décrochage scolaire. Il est l'interlocuteur de ces collectivités et de ces autorités et doit être informé, en retour, du soutien dont il peut bénéficier afin de mener à bien les missions d'accompagnement des personnes responsables de l'enfant et de prévention de l'absentéisme.

C. éduc., art. L. 131-8.

→ *Contrat de responsabilité parentale.*

Absolu

[Droit civil/Procédure civile]

1° Qui est opposable à tous. Les jugements relatifs à la nationalité ont autorité absolue de chose jugée.

2° Qui est illimité. Les mineurs non émancipés ont une incapacité absolue de disposer à titre gratuit entre vifs ou par testament.

3° Qui est insusceptible d'abus. Le droit du père ou de la mère de refuser le consentement au mariage de leur enfant mineur est absolu, ne pouvant engendrer aucune responsabilité.

→ *Abus de droit, Autorité de chose jugée, Droit absolu, Erga omnes, Nullité, Opposabilité.*

Absolution

[Droit pénal]

→ *Exemption de peine.*

Absolutisme

[Droit constitutionnel]

Système politique dans lequel le détenteur du pouvoir l'exerce sans limites.

→ *Monarchie.*

Abstention

[Droit général]

Attitude consistant à ne pas exercer un droit ou une fonction ou à ne pas exécuter un devoir.

C. civ., art. 1241.*

[Procédure (principes généraux)]

Acte par lequel un juge renonce spontanément à connaître du procès, soit parce qu'il existe une cause de récusation en sa personne, soit parce qu'il y a pour lui un motif de conscience rendant souhaitable son abstention. On dit que le juge se déporte.

C. pr. civ., art. 339; COJ, art. L. 111-7; CJA, art. R. 721-1.

GACA n° 4.

→ *Déport, Récusation.*

Abstention délictueuse

[Droit pénal]

→ *Omission de porter secours.*

Abstentionnisme électoral

[Droit constitutionnel]

Phénomène de non-participation à une élection ou à un référendum qui se définit par la différence entre le nombre des électeurs inscrits et le total des votants (*suffrages exprimés* + bulletins blancs et nuls).

→ *Bulletins (ou votes) blancs, Bulletins nuls.*

Abstrait

[Droit civil]

Qui est général, impersonnel, indépendant de la situation concrète. La cause abstraite de l'obligation, dans tel type de contrat, est la considération – toujours la même – de la contrepartie due par le cocontractant (dans la vente, le prix pour le vendeur, la chose pour l'acheteur); la cause concrète vise les motivations individuelles : pourquoi l'un a voulu vendre, pourquoi l'autre a voulu acheter.

→ *Acte abstrait, In abstracto.*

Abstrat

[Droit général]

Énumération des mots-clefs d'un arrêt, placée en tête ou au pied de son texte, dont la reproduction dans les tables des revues permet d'identifier la solution et de faciliter les recherches.

Abus

[Droit général]

Usage excessif et sanctionné en tant que tel, d'une prérogative ou d'une situation en elles-mêmes licites.

→ *Abus de droit.*

Abus d'autorité

[Droit civil]

Contrainte morale, prenant appui sur une autorité de fait ou de droit, exercée sur une personne, pour l'amener à accomplir un acte juridique (mariage, contrat, etc.) ou non (séduction dolosive par ex.).

[Droit pénal]

Expression désignant l'ensemble des qualifications pénales s'appliquant aux fonctionnaires qui commettent un délit dans l'exercice de leurs fonctions, soit contre un particulier, soit contre la chose publique.

C. pén., art. 432-1 s.

Abus de biens sociaux

[Droit commercial/Droit pénal]

Délit dont se rendent coupables les dirigeants de sociétés par actions ou de SARL, qui, de mauvaise foi, font des biens ou du crédit de la société un usage qu'ils savent contraire à l'intérêt de celle-ci, à des fins personnelles ou pour favoriser une autre société ou entreprise dans laquelle ils sont intéressés directement ou indirectement.

C. com., art. L. 241-3-4°, L. 242-6-3°, L. 243-1, L. 244-1, L. 244-5.

Abus de blanc-seing

[Droit pénal]

Mention frauduleuse, au-dessus d'une signature, d'une obligation ou décharge, ou de tout autre acte pouvant compromettre la personne ou la fortune du signataire.

L'abus de blanc-seing n'est plus un délit spécifique depuis la réforme du Code pénal, mais il peut être sanctionné au titre de l'*abus de confiance* ou du *faux* en écriture lorsqu'il en recoupe les éléments constitutifs.

Abus de confiance

[Droit pénal]

Fait par une personne de détourner, au préjudice d'autrui, des fonds, des valeurs, ou un bien quelconque qui lui ont été remis et qu'elle a acceptés à charge de les rendre, de les représenter ou d'en faire un usage déterminé.

C. pén., art. 314-1.

Abus de dépendance économique

[Droit commercial]

→ *Abus de domination.*

Abus de domination

[Droit commercial/Droit pénal]

Comportement d'une entreprise ou d'un groupe d'entreprises consistant à abuser de sa puissance économique.

La domination économique n'est pas en elle-même condamnable, seul l'abus est sanctionné lorsqu'il est de nature à fausser ou restreindre le jeu de la concurrence. Cet abus de domination peut revêtir 2 formes.

La première, appelée *abus de position dominante*, consiste pour une entreprise ou un groupe d'entreprises, disposant d'une place prépondérante sur un marché déterminé à profiter de sa situation pour adopter certains comportements nocifs pour la concurrence.

La seconde, appelée abus de l'état de dépendance économique, consiste à se comporter, à l'égard d'un client ou d'un fournisseur qui ne dispose pas de solution équivalente, de manière inacceptable.

C. com., art. L. 420-2.

→ *Pratiques anticoncurrentielles.*

Abus de droit

[Droit privé/Procédure (principes généraux)]

Théorie d'origine jurisprudentielle selon laquelle est constitutif d'une faute pouvant donner lieu à réparation civile dans les conditions du *droit commun*, le fait, pour le titulaire d'un droit, de le mettre en œuvre soit de manière anormale, en dehors de sa finalité, soit dans le seul but de nuire à autrui.

C. civ., art. 384, 618, 1240; C. pr. civ., art. 32-1, 559, 581, 628; CJA, art. R. 741-12.*

GAJC, t. 1, n° 69 et 72-73; GAJF n° 10.

→ *Amende, Dilatoire, Quérulence, Trouble de voisinage.*

[Droit du travail]

→ *Rupture du contrat de travail.*

[Droit européen]

L'article 17 de la *Convention européenne des droits de l'homme* et l'article 54 de la *Charte des droits fondamentaux de l'Union européenne* interdisent l'abus de droit consistant à se prévaloir de leurs dispositions pour accomplir des actes visant à la destruction de droits ou libertés qu'elles protègent.

Abus de droit fiscal

[Droit fiscal]

Théorie fiscale qui s'est autonomisée par rapport à l'approche civiliste. Elle fonde la faculté pour l'administration d'écarter (comme ne lui étant pas opposables) des actes réguliers de contribuables lorsqu'ils sont simulés ou motivés exclusivement par la volonté d'échapper à l'impôt. S'inspirant de la jurisprudence, le législateur en a reprécisé la portée en identifiant « l'abus de droit fiscal » au travers soit d'actes ayant un caractère fictif soit que, recherchant le bénéfice d'une application littérale des textes ou de décisions à l'encontre des objectifs, poursuivis par leurs auteurs, ils n'ont pu être inspirés par aucun autre motif que celui d'éluder ou d'atténuer les charges fiscales que l'intéressé aurait dû normalement supporter eu égard à sa situation ou à ses activités réelles. Un Comité de l'abus de droit fiscal peut être consulté à la demande du contribuable en cas de désaccord sur les rectifications qui lui ont été notifiées.

LPF, art. L. 64 et L. 64 B.

Abus d'égalité

[Droit commercial]

Décision des actionnaires représentant la moitié du capital social faisant obstacle à la réalisation d'une opération essentielle pour la société, et donc contraire à l'intérêt social, dans le seul but de favoriser leurs propres intérêts au détriment de celui des autres actionnaires.

L'abus d'égalité peut donner lieu à indemnisation ou à la désignation d'un mandataire aux fins de représenter les autres actionnaires et de voter en leur nom.

→ *Abus de majorité, Abus de minorité.*

ACTU

Abus de faiblesse

[Droit civil/Droit commercial/Droit pénal]

Exploitation de l'état d'ignorance, de vulnérabilité ou de sujétion psychologique ou physique d'une personne pour l'amener à prendre des engagements dont elle est incapable d'apprécier la portée. Depuis l'ordonnance n° 2016-131 du 10 février, l'abus de faiblesse constitue le vice (nouveau) de violence, lorsqu'une partie à un contrat, abusant de l'état de dépendance dans lequel se trouve son contractant, obtient de lui un engagement qu'il n'aurait pas souscrit en l'absence d'une telle contrainte et en tire un avantage manifestement excessif. Il constitue un délit pénal, lequel est aggravé lorsqu'il est commis par le dirigeant d'une secte.

C. civ., art. 1143; C. consom., art. L. 121-8 s., L. 132-13 à L. 132-13; C. pén., art. 223-15-2.*

Abus de majorité

[Droit commercial]

Décision prise par un actionnaire ou un groupe d'actionnaires détenteurs de la majorité du capital, contrairement à l'intérêt social et dans l'unique dessein de favoriser le groupe majoritaire au détriment de la minorité.

La sanction de l'abus peut consister en l'allocation de dommages et intérêts ou en l'annulation de l'opération abusive.

Abus de marché

[Droit commercial]

Expression d'origine européenne (dir. 2003/6/CE) désignant les manquements aux règles spécifiques de bon fonctionnement des marchés financiers. Autrefois dénommés « délits d'initiés », ces manquements sont pénalement sanctionnés.

C. mon. fin., art. L. 465-1.

Abus de minorité

[Droit commercial]

Décision des associés minoritaires contraire à l'intérêt social et prise dans l'unique dessein de favoriser les intérêts minoritaires au détriment des autres associés.

La sanction de l'abus peut consister en l'allocation de dommages et intérêts ou dans la désignation d'un mandataire chargé de voter au nom des associés minoritaires.

Abus de position dominante

[Droit commercial/Droit pénal/ Droit européen]

Prévu et réprimé en droit européen et en droit interne français, ce type de comportement, imputable à une entreprise investie d'un pouvoir d'influence sur un marché donné, est interdit dès lors qu'il affecte la structure des rapports de concurrence. Ce comportement est susceptible de déclencher des sanctions administratives prononcées par la Commission européenne ou les autorités nationales de concurrence et, parallèlement, des poursuites civiles intentées par les victimes devant les juridictions de l'ordre judiciaire.

TFUE, art. 102; C. com., art. L. 420-2.

→ *Abus de domination.*

Abusus

[Droit civil]

Mot latin désignant l'un des trois attributs du droit de propriété, le droit de disposer (disposition juridique par l'aliénation ou disposition matérielle par la destruction).

→ *Acte de disposition, Disposer, Fructus, Usus.*

ACTU

Académie

[Droit administratif]

Circonscription régionale de l'administration scolaire et universitaire englobant, d'ordinaire, plusieurs départements et placée sous l'autorité d'un recteur d'académie qui est aussi chancelier des universités de son ressort. Dans les *départements d'outre-mer*, l'académie ne comprend qu'un seul département et le *recteur* est, de ce fait, directeur des services départementaux de l'Éducation nationale.

Depuis le 1er janvier 2016, ont été créées 17 régions académiques regroupant généralement plusieurs académies. À leur tête, sont placés des recteurs de région qui sont nommés, dans les régions comprenant plusieurs académies, parmi les recteurs des académies de la région.

À cause de mort

[Droit civil]

Qualifie les actes qui ne développent leurs effets qu'après la mort de leurs auteurs. Le testament est l'*acte à cause de mort* par excellence. On dit en latin *mortis causa*.

→ *Entre vifs.*

Acceptation

[Droit civil]

1° Acte par lequel une personne donne son agrément à une offre légale ou provenant d'un tiers, lui permettant de se prévaloir, si elle le désire, d'une situation juridique (acceptation d'une *succession*, d'un *legs*, d'une *stipulation pour autrui*, d'une *cession de créance*, d'une demande en divorce).

C. civ., art. 233, 768, 793, 910, 932.

2° Manifestation de volonté par laquelle une personne donne son accord à une offre de contrat qui lui est faite, dans les termes de cette offre.

C. civ., 1113, 1118* s., 1690.*

→ *Silence.*

[Droit commercial]

Engagement par lequel le tiré s'engage à payer à l'échéance le montant de la *lettre de change*, au *bénéficiaire* de celle-ci ou plus généralement à son porteur. L'acceptation constitue le *tiré* débiteur principal du *bénéficiaire*.

C. com., art. L. 511-15 s.; C. mon. fin., art. L. 134-1.

Acceptation à concurrence de l'actif net

[Droit civil]

Acceptation d'une succession par un héritier, qui suppose un inventaire des biens du défunt (comportant une estimation de l'actif et du passif) et qui permet à cet héritier de ne payer les dettes qu'à concurrence de l'actif net recueilli, d'éviter la confusion de ses biens personnels avec ceux de la succession et de conserver contre celle-ci tous les droits qu'il avait antérieurement acquis sur les biens du défunt. Cette option a remplacé l'*acceptation de succession sous bénéfice d'inventaire*, mais en conserve l'esprit avec une procédure simplifiée et dont la publicité (par voie électronique au *Bulletin officiel des annonces civiles et commerciales*) permet d'identifier rapidement les créanciers.

C. civ., art. 787 s.; C. pr. civ., art. 1334 s.

→ *Inventaire.*

Acceptation des risques (Théorie de l')

[Droit civil]

Selon cette théorie, celui qui cause un dommage à autrui lors de la pratique d'une activité dangereuse peut néanmoins s'exonérer de sa responsabilité si la victime a participé librement à cette activité (par ex. une compétition sportive).

Abandonnée par la jurisprudence, elle a été réintroduite par la loi en matière sportive, uniquement pour exclure l'indemnisation des dommages matériels causés par un pratiquant à un autre pratiquant par le fait d'une chose dont il est gardien.

C. sport, art. L. 321-3-1.

Acceptation de succession sous bénéfice d'inventaire

[Droit civil]

Acceptation qui limitait le poids des dettes successorales à l'actif de la succession. A été remplacée, au 1er janvier 2007, par l'*acceptation à concurrence de l'actif net*.

→ *Inventaire.*

Acceptation pure et simple

[Droit civil]

Acceptation d'une succession par un héritier sans la réserve de ne payer les dettes qu'à concurrence de l'actif net. Cette option l'oblige à répondre des dettes de la succession au-delà de l'actif recueilli, au besoin sur son propre patrimoine. Cependant, cet héritier peut demander au juge d'être déchargé de tout ou partie d'une dette successorale, s'il avait des motifs légitimes d'ignorer l'existence de cette dette au jour de son acceptation et si l'acquittement de cette dette aurait pour effet d'obérer gravement son patrimoine personnel.

C. civ., art. 782 s.

Accès à la nature

[Droit de l'environnement]

Sous cet intitulé, qui est celui du titre VI de son livre III, le Code de l'environnement prescrit l'élaboration d'un plan départemental des espaces, sites et itinéraires relatifs aux sports de nature incluant des itinéraires de promenade et de randonnée, condamne la circulation des véhicules à moteur en dehors des voies ouvertes à cette fin, interdit le camping et l'installation de caravanes sur les rivages de la mer, condamne la dépose de passagers par aéronef dans les zones de montagne, etc. le tout dans une optique de préservation de l'état de nature et de mise à la portée de chacun des milieux naturels.

C. envir., art. L. 361-1 s.; C. sport, art. L. 364-1; C. urb., art. R. 111-42.

→ *Accès au rivage, Coefficient d'occupation des sols.*

Accès à un juge (Droit d')

[Procédure (Principes généraux)]

Droit pour tout individu de s'adresser aux tribunaux, en toute liberté et égalité d'armes avec son adversaire, pour la défense de ses intérêts. Le principe du libre accès à la justice est reconnu par la Cour EDH comme un droit fondamental faisant partie du droit à un *procès équitable* énoncé par l'article 6, § 1 de la Convention EDH. Ce droit ne doit pas être simplement théorique et abstrait, mais concret et effectif et ne pas être compromis par des obstacles juridiques ou financiers liés à l'insuffisance des ressources du plaideur (arrêt *Golder c/ Roy. Uni*, 21 févr. 1975).

Il est également garanti par les autres instruments internationaux de protection des droits de l'homme, notamment la *Charte des droits fondamentaux de l'Union européenne* (art. 47).

C. pr. civ., art. 30.

GDCC n° 6, 7, 15 et 34.

→ *Aide à l'accès au droit, Aide juridictionnelle, Due process of law, Exécution des décisions de justice (Droit à l').*

Accès au rivage

[Droit de l'environnement]

Face à la prolifération des résidences secondaires dans les zones côtières et au développement des autorisations privatives d'occupation du domaine public maritime, la loi a dû poser le principe du libre accès au rivage, considérant que l'usage libre et gratuit des plages par le public constituait leur « destination fondamentale ». Les propriétés privées riveraines du domaine public maritime sont frappées d'office d'une servitude de passage sur une bande de 3 mètres de largeur le long du littoral destinée exclusivement au passage des piétons. Et, pour permettre le désenclavement des plages, il peut être créé une servitude de passage des piétons transversale au rivage, grâce à laquelle les chemins privés d'usage collectif sont reliés à la voirie publique.

C. envir., art. L. 321-9; C. urb., art. L. 160-6, L. 160-6-1, L. 160-7, R. 160-8 s.; CGPPP, art. L. 2124-4.

Accès aux documents administratifs (Droit d')

[Droit administratif]

Droit reconnu aux administrés d'accéder à la plupart des documents administratifs non nominatifs, ou des documents nominatifs les concernant. En outre, toute personne a le droit de connaître les informations contenues dans un document administratif dont les conclusions lui sont opposées.

En cas de refus, les intéressés peuvent saisir la *Commission d'accès aux documents administratifs (CADA)*. Ils sont irrecevables à saisir directement du refus la juridiction administrative compétente.

Droit également garanti par la Charte des droits fondamentaux de l'Union européenne (art. 42).

→ *Données publiques, Transparence.*

Accession

[Droit civil]

Extension légale du droit de propriété sur une chose à tout ce qu'elle produit et à tout ce qui s'unit ou s'incorpore à elle.

Si une personne construit avec ses matériaux sur un terrain appartenant à un tiers, le propriétaire du sol devient propriétaire de la construction par accession.

C. civ., art. 546 s., 712.

GAJC, t. 1, n° 72-73 et 74.

→ *Adjonction, Alluvions, Avulsion, Mélange, Spécification.*

[Droit international public]

→ *Adhésion.*

Accessoire

[Droit civil]

Élément annexe, si intimement lié à un objet principal que l'acte de transfert (vente, legs, cession de créance) ou la constitution de sûreté (hypothèque, cautionnement) portant sur cet objet principal s'étend à tous ses accessoires. Par exemple, la cession de créance comprend les accessoires de la créance cédée, tels que caution, privilège et hypothèque.

Selon la théorie de l'accessoire, le principe est que tout élément dépendant d'un élément principal suit le régime juridique de celui-ci.

C. civ., art. 1018, 1406, 1615, 1692, 2293, 2397, 2423.

GAJC, t. 2, n° 304.

→ *Accessorium sequitur principale.*

Accessorium sequitur principale

[Droit civil]

L'accessoire suit le principal : le bien principal communique sa condition juridique au bien qui s'agglomère à lui.

C. civ., art. 546, 566, 1018, 1406, 1615, 1692.

→ *Accession, Accessoire.*

Accident bénin

[Sécurité sociale]

Accident n'entraînant ni arrêt de travail, ni soins médicaux, donnant lieu à une prise en charge par les organismes de Sécurité sociale. L'entreprise peut être autorisée à ne pas déclarer les accidents « bénins » sous réserve de tenir un registre ouvert à cet effet.

CSS, art. L. 441-4.

Accident collectif

[Droit pénal/Procédure pénale]

Événement provoquant directement ou indirectement des dommages corporels ou matériels à l'égard de nombreuses victimes, ayant pour origine ou pour facteur contributif une intervention humaine susceptible de recevoir une qualification pénale. En cas d'homicides involontaires ou d'atteintes involontaires à l'intégrité de la personne, et si les circonstances sont ou apparaissent d'une grande complexité, des juridictions spécialisées en connaissent, dont la liste et le ressort sont fixés par décret.

C. pr. pén., art. 706-176 à 706-182.

Accident de mission

[Sécurité sociale]

Accident survenant sur le parcours aller-retour entre le domicile et le lieu inhabituel de travail. Accident assimilé à un *accident du travail* et non à un *accident de trajet.*

CSS, art. L. 411-1.

Accident de trajet

[Sécurité sociale]

L'accident de trajet est l'accident survenant à un travailleur pendant le trajet d'aller et retour entre :

1° la résidence principale, une résidence secondaire présentant un caractère de stabilité ou tout autre lieu où le travailleur se rend de façon habituelle pour des motifs d'ordre familial et le lieu de travail. Ce trajet peut ne pas être le plus direct lorsque le détour effectué est rendu nécessaire dans le cadre d'un covoiturage régulier;

2° le lieu de travail et le restaurant, la cantine ou d'une manière plus générale, le lieu où le travailleur prend habituellement ses repas, et dans la mesure où le parcours n'a pas été interrompu ou détourné pour un motif dicté par l'intérêt personnel et étranger aux nécessités essentielles de la vie courante, ou indépendant de l'emploi.

L'accident de trajet donne droit aux mêmes réparations qu'un *accident du travail*. Toutefois, la victime et ses ayants droit disposent d'un recours selon le *droit commun* contre l'auteur de l'accident, même si celui-ci est l'employeur ou l'un de ses préposés.

CSS, art. L. 411-2.

Accident du travail

[Sécurité sociale]

Accident, quelle qu'en soit la cause, survenu par le fait ou à l'occasion du travail à toute personne salariée ou travaillant à quelque titre ou à quelque lieu que ce soit pour un ou plusieurs employeurs ou chefs d'entreprise.

L'accident du travail ouvre droit aux prestations en nature de l'assurance-maladie sans *ticket modérateur* et avec système de *tiers payant* et aux prestations en espèces; indemnités journalières en cas d'incapacité temporaire, rente en cas d'incapacité permanente ou accident mortel, capital en cas d'incapacité permanente inférieure à 10 %.

En cas d'accident du travail, la victime ne dispose d'aucun recours contre son employeur ou les préposés de celui-ci sauf faute intentionnelle, faute inexcusable ou s'il s'agit d'un accident de la circulation survenant sur une voie ouverte à la circulation publique et impliquant un véhicule terrestre à moteur.

CSS, art. L. 411-1, L. 455-1-1.

Accipiens

[Droit civil]

Mot latin désignant la personne qui reçoit l'exécution d'une prestation – en pratique le paiement d'une somme d'argent – ou qui est qualifiée pour la recevoir. Généralement, l'*accipiens* est le *créancier*.

→ *Adjectus solutionis gratia, Répétition de l'indu, Solvens.*

Accises

[Droit financier ou fiscal]

Terme désignant les impôts indirects frappant de manière spécifique tel ou tel produit, comme les taxes fiscales sur les alcools ou les cigarettes.

Habituellement dénommées : « contributions indirectes » dans le Code général des impôts complété par un Recueil des contributions indirectes et des réglementations assimilées.

Accompagnement du majeur en matière sociale et budgétaire

[Droit civil]

→ *Mesure d'accompagnement social personnalisé, Mesure judiciaire d'aide à la gestion du budget familial.*

Accompagnement parental

[Droit civil]

Mesure de suivi individualisé d'un mineur (par des actions de conseil et de soutien à la fonction éducative), proposé par le maire à ses parents ou représentant légal (ou à leur initiative), lorsqu'il ressort des constatations du maire ou des informations portées à sa connaissance, que l'ordre, la sécurité ou la tranquillité publics sont menacés à raison du défaut de surveillance ou d'assiduité scolaire de ce mineur; elle ne peut être proposée si une mesure d'assistance éducative a été ordonnée et lorsqu'un *contrat de responsabilité parentale* a déjà été conclu avec les parents, mais le renvoi à l'existence d'un tel contrat ne vaut que pour les contrats conclus avant l'abrogation de l'article L. 222-4-1, CASF par la loi n° 2013-108 du 31 janvier.

CASF, art. L. 141-2.

→ *Absentéisme scolaire, Conseil pour les droits et devoirs des familles.*

Acconier

[Droit maritime]

Entrepreneur de manutention, chargé des opérations de chargement et de déchargement d'un navire; peut se voir aussi confier des opérations juridiques, telles que la réception, la reconnaissance, la garde et la délivrance des marchandises.

C. transp., art. L. 5422-19 s.; Décr. n° 66-1078, 31 déc. 1966, art. 80 à 83.

Accord

[Droit général]

Rencontre des volontés en vue de produire l'effet de droit recherché par les parties : contrat, mariage, divorce par consentement mutuel, concordat…

→ *Consentement.*

[Droit international public]

Dénomination particulière d'un traité. En France, les accords sont négociés et conclus par le gouvernement, le plus souvent le ministre des Affaires étrangères, tandis que les traités sont conclus par le président de la République.

→ *Traité.*

Accord amiable

[Droit commercial]

→ *Conciliation conventionnelle, Conciliation organisée par le juge, Médiation conventionnelle, Médiation organisée par le juge.*

Accord atypique

[Droit du travail]

Accord collectif ne respectant pas les conditions substantielles de conclusion des conventions et accords collectifs de travail. Le plus souvent ces accords, au lieu d'être négociés avec les organisations syndicales représentatives, sont conclus avec des représentants du personnel, en dehors des règles spécifiques qui régissent cette hypothèse. De tels accords ne sont pas nuls, mais n'ont qu'une efficacité restreinte. Leur portée juridique est semblable à celle des engagements unilatéraux de l'employeur.

GADT n° 158 et 176.

→ *Engagement unilatéral de volonté.*

ACTU

Accord-cadre

[Droit administratif]

Contrat pouvant être passé entre une *personne publique* et des fournisseurs, en vue de déterminer à l'avance certains termes (relatifs à la nature des biens ou services à livrer, aux prix, éventuellement aux quantités) régissant des *marchés publics* à passer au cours d'une période déterminée. La notion d'accord-cadre intègre également les marchés à bons de commande depuis l'ordonnance n° 2015-899 du 23 juillet 2015 relative aux marchés publics. Pour garantir l'égal accès des fournisseurs à la *commande publique*, l'accord-cadre, qui n'est pas en soi un marché public, doit être conclu en respectant les modalités prévues par ceux-ci.

C. marchés, art. 1; Ord. n° 2015-899 du 23 juill., art. 4.

Accord collatéral

[Droit international public]

Accord passé entre les parties à un traité et un État ou une organisation internationale tiers(e), qui prévoit que les effets de certains droits et/ou obligations du traité seront étendus à ce dernier ou cette dernière.

→ *Clause de la nation la plus favorisée.*

Accord collectif

[Droit du travail]

L'accord collectif se différencie de la *convention collective* en ce qu'il ne traite que de points particuliers.

C. trav., art. L. 2221-2.

Accord d'association

[Droit européen]

Forme majeure des relations internationales de l'Union européenne, l'accord d'association lie l'Union et ses États membres d'une part et un ou plusieurs États tiers ou organisations internationales d'autre part. Il est adopté, pour l'Union, par le Conseil après approbation du Parlement européen. Il crée, selon l'article 217 TFUE, « une association caractérisée par des droits et obligations réciproques, des actions en commun et des procédures particulières ». Il ne constitue pas nécessairement, pour un État tiers, une étape en vue de l'adhésion.

Accord de maintien de l'emploi

[Droit du travail]

Accord collectif d'entreprise à durée déterminée (au maximum cinq ans) par lequel, en cas de graves difficultés économiques conjoncturelles, l'employeur prend l'engagement de maintenir les emplois pendant la durée de l'accord en contrepartie d'aménagements de la durée du travail, de l'organisation et de la répartition du travail et de la rémunération. Ces aménagements doivent se faire dans le respect d'un certain nombre de dispositions expressément visées (notamment les durées maximales de travail et minimales de repos, le régime des heures supplémentaires, ou encore le caractère chômé du 1er mai). L'accord de maintien de l'emploi est soumis à des conditions de validité renforcées (les syndicats signataires doivent être majoritaires en termes d'audience électorale). Cet accord s'applique aux contrats de travail des salariés concernés qui l'ont accepté, y compris aux clauses contractuelles plus favorables dont la mise en œuvre est suspendue pendant la durée de l'accord.

C. trav., art. L. 5125-1 s.

Accord de méthode

[Droit du travail]

Expression issue du langage des juristes pour désigner 2 types d'accords collectifs. Une première catégorie est constituée par

les accords collectifs de branche qui déterminent, dans le cadre des dispositions du Code du travail, le cas échéant, la portée des textes conventionnels de branche face aux textes conventionnels d'entreprise.
Dans le domaine du *licenciement* pour motif économique, les accords de méthode sont des accords de groupe, de branche ou d'entreprise dont l'objet est relatif à la procédure de licenciement. On encadre ainsi par la négociation les modalités de consultation du comité d'entreprise et on offre aux acteurs sociaux la possibilité de substituer dans une certaine mesure une procédure conventionnelle à une procédure légale.

C. trav., art. L. 2253-3, L. 1233-21 s.

→ *Accord collectif, Convention collective.*

Accord de mobilité interne

[Droit du travail]

Accord collectif portant sur les conditions de la mobilité professionnelle ou géographique interne à l'entreprise. La loi prédétermine en partie le contenu en prévoyant expressément les types de clauses qui doivent figurer au texte de l'accord. Celui-ci s'impose aux contrats de travail, y compris aux clauses contractuelles contraires plus favorables, dont l'application est suspendue. De manière originale, ce dernier aspect ne fait pas obstacle à l'obligation pour l'employeur de recueillir le consentement du salarié lors de la mise en œuvre des mesures de mobilité prévues à l'accord.

C. trav., art. L. 2242-17 s.

Accord de modulation

[Droit du travail]

→ *Heures supplémentaires.*

Accord de principe

[Droit civil/Droit général]

Accord exprimant la commune volonté des parties de conclure une convention dont l'existence est d'ores et déjà acquise, mais dont la détermination de ses conditions les oblige à concourir ultérieurement et de bonne foi à leur réalisation.

Accord de siège

[Droit international public]

Traité conclu entre une organisation internationale et l'État hôte sur le territoire duquel l'organisation est établie aux fins de préciser les droits et obligations de l'organisation et de son personnel sur le territoire de ce dernier.

→ *Siège.*

Accord dérogatoire

[Droit du travail]

Accord d'entreprise ou de branche qui, sous certaines conditions, peut déroger soit à des dispositions légales considérées comme d'ordre public, soit à des clauses d'un texte conventionnel couvrant un champ d'application plus large. C'est ainsi qu'un accord d'annualisation (qui répartit les heures de travail dans un cadre annuel) est un accord dérogatoire au régime juridique des heures supplémentaires, qui se décomptent d'ordinaire dans un cadre hebdomadaire. Certains accords, bien que présentés par la loi comme dérogatoires, reposent en réalité sur une logique de supplétivité.

C. trav., art. L. 2252-1, L. 2253-2, L. 3122-9 s.

→ *Accord collectif, Convention collective, Supplétif.*

Accord en forme simplifiée

[Droit international public]

Traité non soumis à *ratification* ou approbation et qui engage l'État ou l'organisation internationale dès sa signature. Ces accords en forme simplifiée sont courants à l'époque contemporaine; ils sont aux États-Unis (*executive agreements*) de l'ordre de 3 pour

2 traités ratifiés et représentent en France au moins 30 % des accords conclus. Le fait de savoir si l'État peut ou non s'engager sous cette forme est décidé par les participants aux négociations en tenant compte des règles constitutionnelles de l'État qu'ils représentent.

Accord procédural

[Droit international privé]

Lorsque les parties à un litige ont la libre disposition de leurs droits, elles peuvent s'accorder sur l'application de la loi du for. Cet accord est valable malgré l'existence d'une convention internationale ou d'une clause contractuelle désignant la loi normalement compétente. Il peut être exprès ou implicite.

GADIP n° 84.

Accords de Schengen

[Droit européen/Procédure pénale]

→ *Schengen (Accords de)*

Accouchement secret ou sous X

[Droit civil]

Garantie offerte à la femme qui demande, lors d'un accouchement dans un établissement de santé (public ou privé conventionné), à pouvoir conserver l'anonymat (en préservant le secret de son admission et de son identité). Le secret de l'accouchement a pour corollaire le secret de la maternité, qui permet à la femme de donner naissance à un enfant sans apparaître sur son acte de naissance et partant, sans reconnaître de lien juridique de filiation avec lui. Tirant son origine des tours d'abandon (plateau tournant inséré dans le mur d'un hospice et dans lequel on déposait, à l'extérieur, un nouveau-né qui était recueilli de l'autre côté du mur de manière totalement anonyme, généralement par une religieuse), cette garantie tend à éviter des infanticides. L'enfant est ensuite remis aux services départementaux de l'aide sociale à l'enfance ou recueilli par un organisme français autorisé pour l'adoption. La mère dispose d'un délai de 2 mois à compter de la naissance pour reprendre l'enfant, et le père dispose du même délai pour reconnaître son enfant né sous X.

Étant donné les conséquences d'une telle demande et l'importance pour toute personne de connaître ses origines, la mère est invitée à laisser, si elle l'accepte, des renseignements sur sa santé et celle du père, sur les origines de l'enfant et sur les circonstances de la naissance ainsi que sur son identité sous pli fermé. Ce type d'accouchement ne constitue plus une *fin de non-recevoir* à l'action en recherche de maternité.

C. civ., art. 62-1, 326; CASF, art. L. 222-6.

GAJC, t. 1, n° 48, § 8.

Accréditer

[Droit international public]

Donner qualité à une personne pour représenter un État auprès d'un autre État (comme agent diplomatique) ou auprès d'une organisation internationale.

→ *Agent diplomatique, Agrément, Persona grata.*

Accréditif

[Droit commercial]

Nom sous lequel on désigne généralement la lettre de crédit remise par un banquier à son client pour lui permettre de toucher des fonds ou de se faire ouvrir un crédit par un banquier sur une autre place.

→ *Lettre de crédit.*

Accroissement

[Droit civil]

1° Droit en vertu duquel, en cas de pluralité d'héritiers ou de légataires, la part du renonçant ou défaillant augmente de plein droit la part de ceux qui viennent à la succession, en proportion de leur vocation respective : la part de l'héritier renonçant échoit à ses représentants, à défaut à ses cohéritiers et, s'il est seul, elle est dévolue au degré subséquent ; le legs échoit à ses colégataires, lorsqu'il aura été fait à plusieurs conjointement. Ce droit entre en mouvement, principalement, par la renonciation à l'hérédité ou au legs ou par la caducité de celui-ci.

C. civ., art. 805, al. 2, 1044.

2° Désigne aussi la clause d'un contrat prévoyant la réversibilité de la portion des prémourants au profit des survivants (rente viagère, *tontine*, achat en commun).

GAJC, t. 1, n° 134-137.

3° Désigne enfin une forme d'accession naturelle qui résulte d'un apport de terres par un fleuve ou une rivière à un fonds riverain et qui profite au propriétaire de ce fonds ; encore appelée *alluvions* ou *atterrissement*.

C. civ., art. 556.

Accueil d'embryon

[Droit civil]

Réimplantation, chez une femme, d'un embryon conçu *in vitro* avec des gamètes ne provenant d'aucun des deux membres du couple receveur. Ce procédé n'est ouvert que lorsque sont remplies, pour le couple, les conditions d'accès à l'*assistance médicale à la procréation*. La demande parentale devra être réalisée dans un délai de 5 ans à compter de la conception des embryons.

La loi autorise l'accueil d'un embryon surnuméraire par un couple tiers : à titre exceptionnel, et sur autorisation du président du TGI, les 2 membres du couple (ou le survivant en cas de décès) peuvent consentir, par écrit, à ce que les embryons conservés soient accueillis par un autre couple pour lequel une assistance médicale à la procréation sans recours à un tiers donneur ne peut aboutir.

CSP, art. L. 2141-2 s.

→ *Conception in vitro, Don de gamètes, Embryon humain, Embryons surnuméraires, Fœtus, Gestation pour autrui, Insémination artificielle, Recherches impliquant la personne humaine, Transfert d'embryon.*

Accusatoire (Procédure)

[Procédure (principes généraux)]

→ *Procédure accusatoire.*

Accusé

[Procédure pénale]

Au sens strict et en droit français, personne soupçonnée d'un crime et traduite, pour ce fait, devant la cour d'assises, afin d'y être jugée. Au sens large et européen de la jurisprudence de la Cour EDH, toute personne soupçonnée d'une infraction et traduite devant un juge pour être entendue et jugée, quelle que soit la gravité de l'infraction.

C. pr. pén., art. 214 s.

→ *Prévenu.*

Achalandage

[Droit commercial]

Partie de la clientèle davantage retenue par l'emplacement du *fonds de commerce* que par la personne ou l'activité du commerçant.

→ *Clientèle.*

À charge d'appel

[Procédure civile]

Se dit des jugements dont il est possible de demander la réformation ou l'annulation par la voie de l'appel.

C. pr. civ., art. 543; COJ, art. R. 211-3, R. 221-3, R. 221-37; C. com., art. R. 721-6; C. trav., art. D. 1462-3; C. rur., art. L. 493-1.

→ *Taux du ressort.*

Acompte

[Droit administratif/Droit financier ou fiscal]

Paiement partiel effectué en règlement d'une dette fiscale ou de la fraction exécutée d'une fourniture convenue de biens ou de services.

→ *Avance.*

[Droit civil]

Paiement partiel qui est imputé sur le montant de la dette. Le versement d'un acompte, à la différence de celui d'*arrhes*, retire toute possibilité de rétractation : en cas de désistement la somme versée est perdue et le solde est dû.

C. civ., art. 1589; C. consom., art. L. 214-1 à L. 214-4.

→ *Dédit.*

A contrario

[Droit général]

Raisonnement par lequel on déduit que si une règle est posée pour une situation déterminée, la règle inverse vaut pour les situations non visées. Par exemple, s'il m'est interdit de déroger, par convention, aux lois d'ordre public (C. civ., art. 6), *a contrario*, je peux déroger à celles qui ne sont pas d'ordre public.

→ *A fortiori, A pari.*

Acquêts

[Droit civil]

Dans les régimes de communauté, biens acquis à titre onéreux par les époux pendant le mariage, ensemble ou séparément, grâce aux revenus tirés de leur travail ou aux économies faites sur les fruits et revenus de leurs biens propres. Ils sont communs.

C. civ., art. 1401 s., 1498 s.

→ *Communauté réduite aux acquêts, Communauté universelle, Participation aux acquêts.*

Acquiescement

[Procédure civile]

Fait, de la part d'un plaideur, de se soumettre aux prétentions de l'autre.

L'acquiescement à la demande emporte reconnaissance du bien-fondé des prétentions de l'adversaire et renonciation à l'action.

L'acquiescement au jugement emporte soumission aux chefs de celui-ci et renonciation aux voies de recours.

C. pr. civ., art. 408, 409.

[Droit international public]

Acte unilatéral d'un État par lequel celui-ci accepte de se voir reconnaître ou opposer les droits ou obligations qu'un autre prétend créer à son égard. L'acquiescement peut, en certains cas, être déduit de la passivité de l'État.

Acquisition dérivée

[Droit civil]

Acquisition de la propriété consécutive à une aliénation, c'est-à-dire une manifestation de volonté émise par le précédent propriétaire (vente, donation, legs…).

→ *Acquisition originaire.*

Acquisition intra-européenne

[Droit financier ou fiscal/Droit européen]

Dans l'actuel régime transitoire de TVA au sein de l'Union européenne, achat fait par une entreprise (assujettie à la TVA) dans un autre État membre de l'Union. La TVA est due dans l'État de l'acheteur.

→ *Importations, Exportations.*

Acquisition originaire

[Droit civil]

Acquisition non consécutive à une aliénation par le précédent propriétaire. Il peut s'agir de l'appropriation d'un bien sans maître (bien nouvellement créé acquis par *spécification* ou chose abandonnée acquise par *occupation*, *accession* par production), mais aussi de l'acquisition consécutive à une perte de la propriété non volontaire par le précédent propriétaire (accession par incorporation, *prescription acquisitive*, *expropriation pour cause d'utilité publique*...).

→ *Acquisition dérivée.*

Acquit

[Droit civil]

Mention portée sur un titre par le créancier, suivie de sa signature et destinée à prouver le paiement de la dette. Elle est précédée de la préposition « pour ».

→ *Quittance.*

Acquit-à-caution

[Droit financier ou fiscal/Droit douanier]

Pour prévenir la fraude sur les vins et les alcools, ceux-ci ne peuvent circuler que si leur détenteur possède une sorte de quittance prouvant le paiement de l'impôt (« congé »), ou un document lui permettant, sous la garantie d'une caution, de les déplacer en suspension d'impôt (« acquit-à-caution »).

Acquittement

[Procédure pénale]

Décision d'une cour d'assises déclarant non coupable l'*accusé* traduit devant elle.

C. pr. pén., art. 363.

GAPP n° 52.

→ *Relaxe.*

Acte

[Droit civil]

1° En la forme, un acte est un écrit nécessaire à la validité ou à la preuve d'une situation juridique : on désigne parfois l'acte, au sens formel, par le mot *instrumentum*.

→ *Écrit.*

2° Au fond, un acte, désigné généralement par l'expression « *acte juridique* », est une manifestation de volonté destinée à produire des effets de droit. En ce sens, l'acte est appelé parfois *negotium*.

C. civ., art. 1100-1.*

→ *Fait juridique, Fond, Forme.*

Acte à cause de mort

[Droit civil]

Acte juridique ne produisant d'effets qu'à la mort d'une personne (*testament*).

→ *Acte entre vifs.*

Acte à titre gratuit

[Droit civil]

Acte juridique accompli en vue d'enrichir le patrimoine d'autrui, sans contrepartie pour son auteur (ex. : *remise de dette*).

C. civ., art. 1107, al. 2.*

→ *Acte à titre onéreux, Contrat à titre gratuit, Contrat à titre onéreux.*

Acte à titre onéreux

[Droit civil]

Acte juridique accompli en contrepartie d'un avantage, que celui-ci soit perçu sous la forme d'une dation immédiate ou d'une promesse pour l'avenir.

À ne pas confondre avec le *contrat synallagmatique* : l'acte à titre onéreux, bien que procurant des avantages pour chaque contractant, ne crée pas nécessairement des obligations juridiques réciproques.

C. civ., art. 1107, al. 1er.*

→ *Acte à titre gratuit, Contrat à titre gratuit, Contrat à titre onéreux, Remise de dette.*

Acte abstrait

[Droit civil/Droit commercial]

Acte juridique valable indépendamment de sa cause, par exemple une *lettre de change* ou un *chèque bancaire et postal*.

GAJC, t. 2, n° 254 et 300-301.

Acte additionnel aux constitutions de l'Empire

[Droit constitutionnel]

Acte constitutionnel, d'inspiration libérale, applicable en France suite au rétablissement impérial de Napoléon 1er de mars à juillet 1815 (*Cent-Jours*).

Acte administratif

[Droit administratif]

Notion fondamentale du droit administratif, pouvant être analysée à partir de plusieurs points de vue conduisant à des définitions différentes :

1° Considéré sous l'angle de ses caractères propres :

- du point de vue organique, l'acte administratif est en principe signé par une autorité administrative;
- du point de vue formel, l'acte administratif peut être unilatéral ou contractuel;
- du point de vue matériel, l'acte administratif unilatéral peut être un *acte individuel*, ou au contraire avoir une portée générale, et être alors un acte réglementaire.

2° Considéré sous l'angle de son régime juridique, l'acte administratif est tout acte relevant du droit administratif et de la compétence de la juridiction administrative, que cet acte soit unilatéral ou conventionnel, qu'il émane ou non d'une autorité administrative.

Acte apparent

[Droit civil]

Acte révélant une situation juridique différente de la situation véritable, laquelle se cache dans un acte secret.

L'acte apparent est appelé également « acte ostensible ».

C. civ., art. 1201.*

→ *Acte déguisé, Acte fictif, Acte secret, Apparence, Contre-lettre, Déguisement, Dissimulation, Simulation.*

Acte authentique

[Droit civil/Procédure civile]

Écrit établi par un officier public (notaire par ex.), sur support papier ou électronique, dont les affirmations font foi jusqu'à *inscription de faux* et dont les *grosses*, revêtues de la formule exécutoire, sont susceptibles d'*exécution forcée*.

Lorsqu'il est établi par un *notaire*, l'acte authentique est dispensé de toute mention manuscrite exigée par la loi, sauf disposition contraire expresse.

C. civ., art. 710-1, 1369 s.; C. pr. civ., art. 303 s., 509-3, 1435, 1439.*

→ *Acte contresigné par avocat, Acte sous signature privée, Copie exécutoire, Publicité foncière.*

Acte bilatéral

[Droit civil]

Acte juridique résultant de la volonté de 2 personnes.

→ *Acte unilatéral, Consentement.*

Acte-condition

[Droit civil]

Acte dont le résultat est de rendre applicable à un individu une norme juridique (ou un ensemble de normes juridiques) qui ne lui était pas applicable jusqu'alors. L'acte-condition, qui place cet individu dans une situation juridique entièrement préétablie par le droit, peut être un acte juridique (mariage, nomination d'un fonctionnaire) ou un fait juridique (tirage au sort d'un juré).

Acte confirmatif

[Droit civil]

Acte par lequel une personne renonce à demander l'annulation d'un *acte juridique* entaché de nullité relative.

C. civ., art. 1182 s.*

→ *Confirmation.*

[Droit administratif/Droit européen]

Acte se bornant à confirmer un acte précédent; ne faisant pas grief par lui-même, il ne peut faire l'objet d'un recours en annulation devant le juge administratif ou celui de l'Union européenne.

Acte consensuel

[Droit civil]

Acte juridique résultant de la seule manifestation de volonté, sans qu'aucune condition de forme ne soit requise.

Le *consensualisme* est la règle.

C. civ., art. 1109, 1172*.*

→ *Acte solennel.*

Acte conservatoire

[Droit civil]

Acte juridique ayant pour seul objet de sauvegarder un droit (ex. : renouvellement d'une inscription hypothécaire, interruption d'une prescription...) ou d'éviter la perte d'un bien (ex. : réparation d'un bâtiment dégradé). C'est un acte nécessaire et urgent, qui nécessite moins de pouvoir que les actes d'administration et de disposition.

→ *Acte d'administration, Acte de disposition, Mesures conservatoires.*

Acte constitutif

[Droit civil]

Acte juridique créant des droits nouveaux ou modifiant une situation antérieure. Par exemple, acte constitutif d'une hypothèque ou jugement de divorce.

→ *Acte déclaratif.*

Acte contresigné par avocat

[Droit civil]

Acte privé comportant, outre la signature des parties, celle de leur avocat commun ou des avocats de chacune d'entre elles par laquelle l'avocat contresignataire atteste avoir éclairé pleinement son client sur les conséquences juridiques de cet acte.

À la différence de l'*acte sous signature privée* ordinaire, l'acte contresigné par avocat fait pleine foi de l'écriture et de la signature des parties tant à leur égard que vis-à-vis de leurs héritiers ou ayants cause.

Il est dispensé de toute mention manuscrite exigée par la loi, sauf disposition dérogatoire expresse.

Cet acte se distingue de l'*acte authentique* en ce qu'il n'a ni date certaine, ni force exécutoire, mais la procédure de faux lui est applicable.

C. civ., art. 1374; L. n° 71-1130 du 31 déc. 1971, art. 66-3-1.*

Acte d'administration

[Droit civil]

1° *Au sens large*, acte ayant pour but la gestion normale d'un patrimoine, en conservant sa valeur et en le faisant fructifier, tel un bail.

2° *Au sens étroit*, on oppose acte d'administration à *acte de disposition* : le premier cité tend à maintenir les droits dans le patrimoine et ne peut de ce fait entraîner leur transmission. On l'oppose aussi à l'*acte conservatoire* qui ne vise pas à mettre en valeur le patrimoine, mais à le conserver en l'état.

3° *Dans le droit des incapables*, les actes d'administration sont définis comme des actes d'exploitation ou de mise en valeur du patrimoine de la personne protégée dénués de risque anormal. Le décret n° 1484 du 22 décembre 2008 dresse, pour les personnes placées en curatelle ou en tutelle, d'une part une liste des actes qui sont regardés comme des actes d'administration en toutes circonstances, d'autre part une liste des actes regardés comme tels sauf circonstances d'espèce contraires.

C. civ., art. 452, 496 et 502.

[Procédure civile]

Sauf disposition contraire, l'exercice d'une mesure d'exécution et d'une mesure conservatoire est considéré comme un acte d'administration.

C. pr. exéc., art. L. 111-9.

Acte d'administration judiciaire

[Procédure (principes généraux)]

→ *Mesure d'administration judiciaire.*

Acte d'appel

[Procédure civile]

Acte formalisant l'appel sous le régime abrogé de l'ancien Code de procédure civile.

→ *Déclaration d'appel.*

Acte d'avocat à avocat

[Procédure civile]

Acte de procédure rédigé par l'avocat près le TGI et signifié à son confrère au palais par un huissier audiencier; on emploie aussi l'expression acte du palais.

Il peut aussi être procédé à une notification directe, c'est-à-dire à la remise de l'acte en double exemplaire à l'avocat destinataire, lequel restitue aussitôt à son confrère l'un des exemplaires après l'avoir daté et visé.

C. pr. civ., art. 671 à 673.

→ *Acte d'avoué à avoué.*

Acte d'avoué à avoué

[Procédure civile]

Acte de procédure qui était rédigé par l'*avoué* près la cour d'appel et signifié à son confrère au palais par un huissier audiencier ou par notification directe. Il a disparu depuis le 1er janvier 2012 avec la suppression de la profession d'avoué.

→ *Acte d'avocat à avocat.*

Acte d'enfant sans vie

[Droit civil]

Désigne un enfant mort-né ou qui est né vivant mais non viable. Les parents d'un tel enfant peuvent néanmoins demander qu'il soit inscrit sur leur livret de famille et obtenir la délivrance d'un *acte de l'état civil* portant mention des circonstances de sa naissance. L'enfant ne bénéficie pas pour autant de la personnalité juridique; aucun lien de filiation ne le relie à ses parents et il ne porte donc pas de nom de famille, mais un prénom peut lui être attribué. Cet acte sera inscrit sur les registres de décès, rendant possible l'inhumation ou la crémation de l'enfant. Il se distingue de l'enfant né vivant et viable et qui décède avant que sa naissance ait été déclarée à l'état civil et pour lequel un acte de naissance et de décès seront dressés.

C. civ., art. 79-1, al. 2.

→ *Acte de naissance, Enfant sans vie, Infans conceptus pro nato habetur quoties de commodis ejus agitur, Naissance.*

Acte d'huissier de justice

[Procédure civile]

→ *Clerc d'huissier de justice, Exploit d'huissier de justice, Huissier de justice.*

Acte d'instruction

[Procédure pénale]

Mesure d'information judiciaire utile à la manifestation de la vérité, prise ou ordonnée par une juridiction d'instruction, et qui a notamment pour effet d'interrompre la prescription de l'action publique.

C. pr. pén., art. 7 s., 81.

L'acte d'instruction est souvent pris au sens large, et il est alors synonyme de toute mesure d'investigation.

GAPP n° 8.

Acte de commerce

[Droit commercial]

Acte juridique ou *fait juridique* soumis aux règles du droit commercial, en raison de sa nature (ainsi l'achat pour revendre), de sa forme (ainsi la lettre de change), ou en raison de la qualité de commerçant de son auteur.

C. com., art. L. 110-1, L. 110-2.

Acte de décès

[Droit civil]

Acte dressé par l'officier d'état civil pour constater légalement le décès d'une personne, généralement sur la déclaration d'un parent du défunt. Ses énonciations peuvent être combattues par l'apport de la preuve contraire.

C. civ., art. 78 s.

→ *Certificat de décès, Décès.*

Acte de disposition

[Droit civil]

Acte juridique comportant transmission d'un droit réel ou souscription d'un engagement juridique important et pouvant avoir pour effet de diminuer la valeur du patrimoine. Par exemple, la vente ou la donation d'un bien, la signature d'un bail de plus de 9 ans, la souscription d'un emprunt.

Le droit des incapacités définit l'acte de disposition comme l'acte qui engage le patrimoine de la personne protégée, pour le présent et l'avenir, par une modification importante de son contenu, une dépréciation significative de sa valeur en capital ou une altération durable des prérogatives de son titulaire. De tels actes sont énumérés par le décret n° 1484 du 22 décembre 2008 pour les personnes placées en curatelle ou en tutelle, mais certains d'entre eux peuvent être écartés d'une telle qualification en raison de leur faible incidence sur le patrimoine, les prérogatives ou le mode de vie de la personne protégée.

C. civ., art. 452, 496 et 502.

→ *Acte d'administration, Acte conservatoire.*

[Procédure civile]

Le droit des incapacités range dans la catégorie des actes de disposition, d'une manière générale, tout acte de procédure emportant perte du droit d'action, toute action relative à un droit extrapatrimonial de la personne en tutelle, toute action relative à un droit patrimonial ou extrapatrimonial de la personne en curatelle.

Acte de l'état civil

[Droit civil]

Acte instrumentaire dressé par un *officier de l'état civil* ou sous sa responsabilité et destiné à prouver l'état d'une personne (naissance, mariage, décès).

Les usagers peuvent être dispensés de produire un tel acte à l'appui de leurs démarches administratives lorsque les organismes habilités à en requérir la production font procéder, directement auprès des officiers de l'état civil dépositaires de ces actes, à la vérification des données de l'état civil fournies par l'usager.

C. civ., art. 34 s.

→ *État de la personne.*

Acte (anormal) de gestion

[Droit fiscal]

Acte de gestion qui apparaît comme contraire aux intérêts de l'entreprise. L'acte en question, sur le plan fiscal, peut se traduire par des charges imputées à l'entreprise sans contreparties suffisantes, imputation ayant pour effet de réduire le résultat imposable. L'administration peut contester une déduction opérée qui paraît ne pas relever d'une gestion commerciale normale mais elle doit apporter la preuve du caractère anormal de l'acte de gestion en cause. S'agissant des

Bénéfices industriels et commerciaux (BIC), sont en particulier visées au titre des frais généraux de toute nature les dépenses qui n'auraient pas un caractère utile pour l'entreprise c'est-à-dire qui ne seraient pas assurées dans son intérêt. En matière de Bénéfices non commerciaux (BNC), l'approche est quelque peu différente car sont ici visées les dépenses nécessitées par l'exercice de la profession.

CGI, art. 35, 39, 93.

Acte de gestion

[Droit international public]

Ou acte *jure gestionis*. Acte d'ordre privé et commercial accompli par un État ou l'un de ses démembrements pour lequel cet État n'est pas fondé à opposer son immunité de juridiction pour empêcher une action devant une juridiction d'un autre État.

→ *Acte de souveraineté, Immunité de juridiction.*

Acte de gouvernement

[Droit public]

Qualification à prétention explicative donnée à certains actes émanant d'autorités de l'État, dont les juridictions tant administratives que judiciaires se refusent à connaître, et qui en général soit concernent les relations du gouvernement et du Parlement, soit mettent directement en cause l'appréciation de la conduite des relations internationales par l'État. Exemples : décision d'engager les forces militaires françaises dans une opération de maintien de la paix, nomination par le président de la République d'un membre du Conseil constitutionnel.

GAJA nº 3 et 76.

Acte de naissance

[Droit civil]

Acte de l'état civil constatant la naissance d'une personne née vivante et viable (ou, avec des adaptations, d'un enfant né sans vie), et qui contient l'indication du jour, de l'heure et du lieu de sa naissance, ainsi que son sexe, ses nom et prénoms et, au cas où ils sont désignés, l'identité de ses père et mère.

C. civ., art. 55 s.

→ *Acte d'enfant sans vie, Conception, Enfant sans vie, Infans conceptus pro nato habetur quoties de commodis ejus agitur, Naissance.*

Acte de notoriété

[Droit civil]

1º Acte instrumentaire dressé, selon le cas, par un officier public (notaire, officier d'état civil, autorité diplomatique ou consulaire) ou un magistrat (juge d'instance), faisant état des déclarations de plusieurs personnes attestant de faits notoirement connus.

2º L'acte de notoriété destiné à établir la qualité d'héritier est établi exclusivement par un notaire. Il contient à la fois des constatations (visa de l'acte de décès, mention des pièces justificatives produites) et des déclarations relatives à l'affirmation, signée du ou des ayants droit auteurs de la demande, de leur vocation à recueillir la succession, ainsi que celles résultant de toute personne dont les propos peuvent être utiles. Cet acte fait foi jusqu'à preuve contraire et non pas jusqu'à inscription de faux, car le notaire n'a pas constaté personnellement la vocation successorale de l'intéressé et n'a pas à juger de la valeur du titre qui lui est présenté (par ex. par un légataire). Il n'en demeure pas moins fort utile en pratique et permet aux héritiers désignés dans l'acte d'avoir la libre disposition des biens ou des fonds de la succession, notamment à l'égard d'éventuels détenteurs (établissements bancaires par ex.). Il doit être mentionné en marge de l'acte de décès.

3º L'acte de notoriété dressé pour suppléer à l'acte de naissance d'une personne en vue de son mariage est dressé par un notaire ou, à l'étranger, par les autorités diplomatiques ou consulaires françaises.

C. civ., art. 71 (notaire), 310-3, 317, 335, 730-1 s., 815-11; C. pr. civ., art. 1157, 1157-1.

→ *Attestation de la qualité d'héritier, Attestation notariée immobilière, Certificat d'hérédité/d'héritier, Disposition des comptes du défunt, Intitulé d'inventaire.*

Acte de poursuite

[Procédure pénale]

Au sens large, tout acte qui déclenche l'*action publique* (avertissement, convocation par procès-verbal, comparution immédiate, comparution sur reconnaissance préalable de culpabilité, citation directe, plainte avec constitution de partie civile, réquisitoire introductif), ou qui permet son exercice jusqu'à son aboutissement (réquisitoire supplétif – définitif – exercice des voies de recours…).

Dans un sens plus restreint, acte interruptif de la prescription de l'action publique.

C. pr. pén., art. 7 s.

GAPP n° 8.

[Droit financier ou fiscal]

→ *Poursuites (Actes de).*

Acte de procédure

[Procédure (principes généraux)]

Acte soumis à certaines formes, effectué par un auxiliaire de justice ou un plaideur, destiné à entamer, alimenter, suspendre ou arrêter une instance (*assignation*, *conclusions*…).

C. pr. civ., art. 2, 4, 112 s., 411.

→ *Acte judiciaire.*

Acte de souveraineté

[Droit international public]

Ou acte *jure imperii*. Acte qui, par sa nature ou ses finalités, participe à l'exercice de la souveraineté d'un État et pour lequel cet État bénéficie d'une immunité de juridiction devant les juridictions d'États étrangers.

→ *Acte de gestion, Immunité de juridiction.*

Acte déclaratif

[Droit civil]

Acte constatant une situation juridique préexistante. Par exemple, reconnaissance volontaire d'un enfant ou déclaration judiciaire de paternité.

→ *Acte constitutif.*

Acte déguisé

[Droit civil]

Acte juridique destiné à demeurer secret, que les parties travestissent en un acte apparent qui ne reflète pas leur volonté (ex. : donation déguisée en vente).

C. civ., art. 911 et 1201.*

→ *Acte apparent, Acte fictif, Acte secret, Apparence, Contre-lettre, Déguisement, Dissimulation, Simulation.*

Acte détachable

[Droit administratif]

Expression désignant, dans un acte administratif complexe, constitué d'une mesure principale et d'actes connexes, ceux de ces actes que le juge administratif accepte de soumettre à un régime contentieux distinct de celui appliqué à la mesure principale.

En droit des contrats administratifs, la théorie de l'acte détachable tend à perdre de son intérêt puisque, depuis la décision du Conseil d'État du 4 avril 2014, *Département du Tarn et Garonne*, tout tiers à un contrat peut former à l'encontre de celui-ci un recours de plein contentieux.

Acte du Palais

[Procédure civile]

Terme recouvrant l'*acte d'avocat à avocat*, et naguère l'*acte d'avoué à avoué*, dont la caractéristique est d'être notifié dans l'enceinte du Palais entre les représentants des parties.

Acte en la forme administrative

[Droit civil/Droit financier/Droit fiscal]

Écrit qui peut être reçu et authentifié par un maire, président de conseil départemental, régional, d'un établissement public rattaché à une collectivité territoriale ou regroupant ces collectivités territoriales, d'un syndicat mixte, en vue de sa publication au *fichier immobilier* concernant des droits réels immobiliers et les baux passés en la forme administrative par ces collectivités et établissements publics.

CGCT, art. L. 1311-13 s.

Acte entre vifs

[Droit civil]

Acte juridique produisant ses effets du vivant des parties (ex. : *donation*).

→ *Acte à cause de mort.*

Acte exécutoire

[Procédure (principes généraux)]

→ *Titres exécutoires.*

Acte extrajudiciaire

[Procédure civile]

Acte intervenant en dehors d'une instance judiciaire, signifié par un *huissier de justice* et dont l'objet est l'exercice ou la conservation d'un droit; ainsi une *sommation* de payer, un *protêt*, un commandement de saisie.

→ *Acte judiciaire.*

Acte fictif

[Droit civil]

Acte simulé par lequel les parties créent l'apparence d'un lien de droit alors qu'elles n'ont pas entendu s'obliger, ou masquent une autre opération destinée à rester occulte.

→ *Acte apparent, Acte déguisé, Acte secret, Apparence, Contre-lettre, Déguisement, Dissimulation, Simulation.*

Acte gracieux

[Procédure civile]

→ *Décision gracieuse.*

Acte individuel

[Droit administratif]

Acte destiné à produire ses effets au profit, ou à l'encontre, d'un destinataire déterminé ou de plusieurs destinataires individualisés.

On l'oppose à l'*acte réglementaire*, qui a une portée générale et impersonnelle.

Acte instrumentaire

[Droit civil]

Écrit destiné à prouver l'existence d'une situation juridique, cette situation pouvant résulter d'un « acte » (au sens de *negotium*, *acte juridique*) ou d'un *fait juridique*.

→ *Écrit.*

Acte judiciaire

[Procédure (principes généraux)]

Acte lié au déroulement d'une procédure contentieuse ou gracieuse, ou tendant à une exécution forcée, émanant des parties ou de certains *auxiliaires de justice* (avocat, huissier de justice, greffier) : ainsi une assignation, la convocation d'un témoin, la rédaction et la signification de *conclusions*.

Désigne aussi, tous les actes, autres qu'un jugement ordinaire, effectués par le juge.

→ *Acte de procédure, Acte extrajudiciaire, Acte juridictionnel.*

Acte juridictionnel

[Procédure (principes généraux)]

D'un point de vue matériel, s'entend de tout acte, quel qu'en soit l'auteur, par lequel une autorité compétente procède à une vérification de légalité sur un acte juridique ou matériel.

D'un point de vue formel, cette qualification est traditionnellement réservée aux actes matériellement juridictionnels émanant d'une juridiction (juge, tribunal) et aussi, d'un point de vue plus moderne, aux *autorités administratives indépendantes*, lorsqu'elles sont autorisées par la loi à prendre de tels actes, qu'elles présentent des garanties d'indépendance et d'impartialité et suivent les règles du *procès équitable*.

Un tel acte possède l'*autorité de chose jugée*, la *force exécutoire*, un caractère le plus souvent déclaratif. Le juge qui a posé un acte juridictionnel est dessaisi. Selon la majorité des auteurs, l'acte gracieux est de nature juridictionnelle, bien qu'il ne tranche aucun litige.

→ *Arrêt, Décision gracieuse, Dessaisissement du juge, Formel, informel, Formel, matériel, Jugement, Jurisdictio, Juridiction provisoire, Mesure d'administration judiciaire.*

Acte juridique

[Droit civil]

Manifestation de volonté destinée à produire des effets de droit. Il peut être conventionnel ou unilatéral et obéit, en tant que de raison, pour sa validité et ses effets, aux règles qui gouvernent les contrats. Cité par le nouvel article 1100 C. civ. comme l'une des sources des obligations aux côtés des *faits juridiques*, de « l'autorité seule de la loi », et de l'exécution volontaire ou de la promesse d'exécution d'un devoir de conscience envers autrui (*obligation naturelle*).

C. civ., art. 1100-1.*

[Droit général]

La théorie et les classifications fondamentales des actes juridiques, principalement présentées en France par l'École de Bordeaux du Doyen Léon Duguit et de ses élèves (Bonnard, Vizioz, Réglade) permettent une forme de synthèse analytique de toutes les branches du droit. L'acte juridique est alors l'acte qui apporte une modification à l'*ordonnancement juridique* (ou ordre juridique). Les principales catégories d'actes juridiques sont les suivantes :

- *Actes subjectifs et actes objectifs :* différenciés par la portée individuelle des premiers (qui peuvent être aussi bien des actes unilatéraux que conventionnels) et par la portée plus large des seconds (*Acte-règle*). Ces 2 sortes d'actes donnent naissance respectivement à des *situations juridiques subjectives* et *situations juridiques objectives*.
- *Actes collectifs :* ils se caractérisent par une pluralité de déclarations de volontés concordantes engagées dans la réalisation d'une opération juridique qui est généralement de droit public (ex. : vote d'une loi, élection d'un parlementaire, référendum), mais qui peut être aussi de droit privé (ex. : adhésion de nouveaux associés à une association préexistante).
- *Actes conventionnels :* ils se caractérisent par un concours de volontés (avec une interdépendance entre les vouloirs individuels, ce qui les distingue des actes collectifs) qui détermine tous les éléments et effets de l'acte sous réserve d'éléments complémentaires éventuellement prévus et imposés par le droit. Le contrat est l'exemple par excellence d'une convention.

GAJC, t. 1, n° 18, 33-34 et 160.

→ *Acte, Acte-condition, Acte instrumentaire.*

Acte mixte

[Droit commercial]

Acte qui présente la caractéristique d'être commercial pour l'une des parties et civil pour l'autre.

Ainsi, la vente d'un appareil ménager par un commerçant à un simple particulier.

Il est soumis aux règles du droit commercial sur option de la partie non commerçante.

C. com., art. L. 110-3, L. 721-3.

→ *Compétence, Preuve.*

Acte notarié

[Droit civil]

→ *Acte authentique, Notaire.*

Acte novatoire

[Droit civil]

→ *Novation.*

Acte recognitif

[Droit civil]

Acte instrumentaire par lequel une personne reconnaît l'existence d'une situation juridique attestée par un écrit antérieur, sans intention de modifier l'acte antérieur. Ce qu'il contient de plus ou de différent par rapport au titre original n'a pas d'effet. Signé par les parties, il se distingue ainsi de la *copie*.
Il ne dispense pas de la présentation du titre original, sauf si sa teneur y est spécialement relatée. Il a pour effet soit de remplacer l'acte primordial perdu, soit d'interrompre une prescription.

C. civ., art. 695, 1380.*

Acte-règle

[Droit général]

Acte juridique dont l'effet est de créer, de modifier ou de supprimer une situation juridique dite objective, c'est-à-dire touchant un nombre de personnes physiques ou morales (souvent les 2 en même temps) constituant un groupe placé dans un cadre juridique uniforme du point de vue de l'acte générateur de cette situation.

Acte réglementaire

[Droit administratif]

→ *Acte individuel, Acte administratif, Règlement.*

Acte secret

[Droit civil]

Acte reflétant la véritable intention des parties et qui se cache derrière un *acte apparent*.

C. civ., art. 1201 s.*

→ *Acte déguisé, Acte fictif, Apparence, Contre-lettre, Déguisement, Dissimulation, Simulation.*

Acte solennel

[Droit civil]

Acte juridique dont la validité est subordonnée par la loi à l'accomplissement de certaines formalités.

→ *Acte consensuel, Ad validitatem, Ad probationem, Consensualisme, Formalisme.*

Acte sous seing privé

[Droit civil]

→ *Acte sous signature privée.*

Acte sous signature d'avocat

→ *Acte contresigné par avocat.*

Acte sous signature privée

[Droit civil]

Acte écrit, généralement instrumentaire, plus rarement nécessaire à l'existence de la situation juridique, rédigé par un particulier et comportant la *signature* des parties. Autrefois appelé « acte sous seing privé », il n'a de *force probante* qu'autant qu'il n'y a pas dénégation ou méconnaissance de l'écriture ou de la signature par celui auquel on l'oppose, à moins que la partie qui s'en prévaut n'en démontre la sincérité.

C. civ., art. 1372 s.*

→ *Acte authentique, Acte contresigné par avocat, Blanc-seing, Vérification d'écriture.*

Acte translatif

[Droit civil]

Acte juridique transférant un ou plusieurs droits ou une universalité de droits au profit d'une personne. La vente est translative de propriété.

→ *Acte constitutif.*

Acte-type

[Droit administratif]

Nom donné à des modèles de rédaction d'actes juridiques, préparés par des autorités supérieures à celles auxquelles est imposé de manière plus ou moins directe le recours à ces sortes de formulaires.

Dans le cadre de la déconcentration, l'usage de ce procédé permet d'assurer une unité d'action très forte à l'intérieur de l'Administration.

Dans le cadre de la décentralisation, cette technique constitue au profit de l'État un moyen d'affaiblir la portée du principe selon lequel le pouvoir de tutelle, là où il subsiste, ne comporte pas de pouvoir d'instruction.

→ *Instruction (Pouvoir d').*

Acte unilatéral

[Droit civil]

Acte juridique résultant de la manifestation de volonté d'une seule personne (ex. : un testament).

→ *Acte bilatéral, Consentement.*

[Droit public]

Acte de puissance publique par lequel l'État, par exemple sous la forme d'une loi ou d'un décret, ou une autre personne publique, crée des droits ou obligations au profit ou à la charge des personnes, notamment privées.

Acte unique européen

[Droit européen]

Traité modifiant les textes constitutifs des *Communautés européennes*, signé en février 1986, et entré en vigueur en juillet 1987. Modifie certaines dispositions institutionnelles en renforçant, même si c'est de manière limitée, les pouvoirs du Parlement européen (*Procédure de coopération*). Intègre la *coopération politique* dans le système européen. Fixe au 31 décembre 1992 l'achèvement du marché intérieur et prévoit l'adoption des mesures nécessaires avant cette date. Son adoption a traduit une volonté de relance de la construction européenne.

Actes d'autorité et de gestion (Distinction des)

[Droit administratif]

Théorie émise par la doctrine du XIXe siècle, largement abandonnée aujourd'hui, qui fondait l'application de la compétence et du droit administratifs sur l'opposition des actes d'autorité (ou de puissance publique) mettant en œuvre les privilèges d'actions reconnus à l'Administration, et des actes de gestion ne mettant en jeu aucune des prérogatives conférées à celle-ci.

Actes de gestion

[Droit administratif]

→ *Actes d'autorité et de gestion (Distinction des)*

Actes de pure faculté

[Droit civil]

Actes accomplis sur son fonds par le propriétaire, sans empiéter sur le fonds d'autrui, mais qui ne constituent pas un acte susceptible de faire acquérir, par usucapion, un droit sur ce fonds (par ex. une servitude). Ainsi le propriétaire d'un mur joignant le fonds voisin mais non mitoyen ne peut, s'il ouvre dans ce mur des jours de tolérance, acquérir, par possession prolongée, le droit d'interdire au voisin de les obstruer si celui-ci venait à acquérir la mitoyenneté du mur.

C. civ., art. 2262.

→ *Actes de tolérance, Faculté.*

Actes de tolérance

[Droit civil]

Actes de jouissance sur le fonds d'autrui que tolère le propriétaire de ce fonds, par bienveillance ou esprit de bon voisinage, insusceptibles, pour cette raison, de fonder un droit par prescription. On parle également d'actes de simple tolérance.

C. civ., art. 2262.

→ *Actes de pure faculté.*

Actes frustratoires

[Procédure (principes généraux)]

Actes de procédure ou d'exécution nuls ou inutiles dont les frais restent à la charge de l'auxiliaire de justice qui les a rédigés de façon irrégulière ou injustifiée.

C. pr. civ., art. 650, 698.

→ *Dépens.*

Actes préparatoires

[Droit pénal]

Lors de la réalisation d'une infraction, actes qui s'inscrivent dans la phase immédiatement antérieure au commencement d'exécution, et qui ne constituent pas une tentative punissable.

C. pén., art. 121-5.

[Droit administratif]

Décision prise par une autorité administrative qui n'est qu'un élément dans le processus d'adoption d'une décision finale. Exemple : délibération d'un *conseil municipal* décidant de créer une commission d'études en vue de construire une nouvelle mairie. Ne portant aucun effet juridique par elle-même, cette décision ne peut pas faire l'objet d'un recours contentieux; mais son illégalité éventuelle pourrait être invoquée à l'appui d'un recours formé contre la décision finale – si celle-ci intervient.

→ *Grief (Actes faisant).*

Actif

[Droit civil]

Lato sensu, ensemble des biens et droits qui constituent le *patrimoine* d'une personne.

Au sens strict, excédent du patrimoine, une fois déduit le *passif*. Il détermine l'état de solvabilité, c'est-à-dire l'aptitude à faire face à ses dettes.

GAJF n° 22.

→ *Avoir, Insolvabilité.*

[Droit commercial]

Ensemble des biens, mobiliers et immobiliers, des créances et sommes d'argent que possède une entreprise, qui figure dans la partie gauche du bilan.

→ *Bilan (Théorie du).*

Action

[Procédure (principes généraux)]

→ *Action en justice.*

[Droit constitutionnel]

→ *Constitutionnalité (Contrôle de).*

[Droit financier]

Dans le cadre de la présentation par objectifs du budget de l'État, l'action est la composante élémentaire du *programme*, qui peut en comprendre une ou plusieurs.

Exemple : la *mission* « Action extérieure de l'État » comporte (entre autres) un programme 105 « Action de la France en Europe et dans le monde », qui comporte (entre autres) une action « Coopération de sécurité et de défense ».

[Droit commercial]

Titre négociable, émis par les sociétés par actions, qui représente une fraction du capital social et constate le droit de l'associé dans la société.

Certaines actions, dites *actions de préférence*, peuvent conférer à leurs souscripteurs des droits supplémentaires, ou au contraire réduire leurs prérogatives, par exemple par suppression du droit de vote.

C. com., art. L. 228-7 s.

→ *Action d'apport, Action de capital, Action de jouissance, Action gratuite, Titre au porteur.*

Action à fins de subsides

[Droit civil/Procédure civile]

Action en justice qui appartient à tout enfant dont la filiation paternelle n'est pas légalement établie, pour obtenir de celui qui a eu des relations sexuelles avec sa mère pendant la période légale de la conception, une pension destinée à couvrir ses frais d'entretien et d'éducation, sans avoir à prouver la paternité. L'action peut être exercée pendant toute la minorité de l'enfant et, si elle ne l'a pas été pendant cette période, dans les 10 ans qui suivent sa majorité.

C. civ., art. 342 s.

Action à futur

[Procédure civile]

→ *In futurum.*

Action *ad exhibendum*

[Procédure civile]

Littéralement, « en vue d'exhiber ». S'applique à la demande d'un plaideur tendant à obtenir la production d'une pièce susceptible d'établir la réalité de ses allégations et que détient son adversaire ou un tiers. Le Code de procédure civile reconnaît au juge le pouvoir d'enjoindre, sous *astreinte*, la représentation de tous éléments de preuve utiles à la manifestation de la vérité, dès l'instant qu'il n'existe pas d'empêchement légitime.

C. pr. civ., art. 11, 138 s.

Action associationnelle

[Procédure (principes généraux)]

Action en justice exercée par une association.

→ *Action collective.*

Action attitrée

[Procédure civile]

Action dont l'exercice est réservé aux seules personnes que la loi qualifie pour élever ou combattre une prétention, ou pour défendre un intérêt déterminé (ex. : action en divorce, dont les sujets actif et passif ne peuvent être que les époux; action en recherche de paternité ou de maternité, réservée à l'enfant, ou à ses héritiers le cas échéant).

C. pr. civ., art. 31; C. civ., art. 325, al. 2, 327, al. 2.

→ *Action banale, Intérêt à agir, Qualité pour agir.*

Action au porteur

[Droit commercial]

C. com., art. L. 228-1.

→ *Titre au porteur.*

Action aux fins d'établissement de la filiation

[Droit civil]

→ *Établissement de la filiation (actions aux fins d')*

Action banale

[Procédure civile]

Dénomination doctrinale de l'action qui est ouverte à tous ceux qui ont un intérêt personnel au succès ou au rejet d'une prétention.

C. pr. civ., art. 31.

→ *Action attitrée, Intérêt à agir, Qualité pour agir.*

Action civile

[Procédure pénale]

Action en réparation d'un dommage directement causé par un crime, un délit ou une contravention. Appartenant à tous ceux qui ont personnellement souffert dudit dommage, elle peut être exercée, au choix de la victime, soit en même temps que l'*action publique* devant les juridictions répressives, soit séparément devant les juridictions civiles.

Elle doit être distinguée de la *constitution de partie civile*, qui permet à la victime d'une infraction de mettre en mouvement l'action publique indépendamment de son droit à réparation, et donc de toute demande de ce chef. Elle se distingue également de l'action de nature civile, qui est exercée devant les tribunaux civils en réparation d'un dommage, mais en l'absence de toute infraction pénale.

C. pr. pén., art. 2 s.

GAPP n° 9, 10 et 11.

Action collective

[Procédure (principes généraux)]

Action en justice exercée par une personne morale à but désintéressé – association, syndicat ou ordre professionnel – pour la défense des intérêts à caractère collectif entrant dans son objet.

Contrairement aux syndicats, qui peuvent devant toutes les juridictions exercer tous les droits réservés à la partie civile relativement aux faits portant un préjudice direct ou indirect à l'intérêt collectif de la profession qu'ils représentent (C. trav., art. L. 2132-3), les associations ne se voient pas reconnaître de façon générale la possibilité d'agir en justice pour la défense des intérêts qu'elles représentent : ce n'est en principe que si le législateur leur concède ce droit, en vertu de dispositions expresses, qu'elles peuvent se manifester auprès des tribunaux, tant civils que répressifs, qu'il y ait ou non infraction pénale.

Toutefois, s'agissant de défendre une cause d'intérêt général devant le juge civil, la jurisprudence contemporaine adopte une position plus libérale. Selon un arrêt de la première chambre civile du 18 septembre 2008, « même hors habilitation législative, et en l'absence de prévision statutaire expresse quant à l'emprunt des voies judiciaires, une association peut agir en justice au nom d'intérêts collectifs, dès lors que ceux-ci entrent dans son objet social ».

C. pr. pén., art. 2 à 2-21; C. pr. civ., art. 31; C. consom., art. L. 621-1 s.; C. mon. fin., art. L. 452-1.

GAPP n° 12.

→ *Action de groupe, Action en représentation conjointe.*

Action confessoire

[Droit civil/Procédure civile]

Action réelle qui tend à la reconnaissance ou à l'exercice d'un droit à une *servitude*, à un *usufruit* ou à un usage.

→ *Action négatoire.*

Action d'apport

[Droit commercial]

Action remise à celui qui fait un apport en nature lors de la constitution de la société par actions ou de l'augmentation de son capital.

On l'oppose à l'action de numéraire dont le montant est libéré en espèces ou par compensation, ou qui est émise par suite d'une incorporation au capital des réserves, bénéfices ou primes d'émission.

C. com., art. L. 228-7.

Action d'état

[Droit civil]

Action en justice portant sur l'*état de la personne*.

On en distingue deux catégories. Les actions *en réclamation d'état* permettent au demandeur d'obtenir en justice la reconnaissance de son véritable état (ainsi, des actions aux fins d'établissement de la filiation), alors que les actions *en contestation d'état* sont intentées par les personnes qui ont qualité pour nier devant le tribunal l'état apparent d'autrui (ainsi, des actions en contestation de la filiation).

C. civ., art. 325 s., 332 s.

GAJC, t. 1, n° 44 à 48.

→ *Contestation de filiation, Recherche de maternité, Recherche de paternité.*

Action d'office

[Procédure civile]

Action intentée, en dehors de toute demande, par le *ministère public* en vertu du devoir général de sa charge, soit dans les cas spécifiés par la loi, soit pour assurer la défense de l'ordre public.

C. pr. civ., art. 422, 423.

Action de capital

[Droit commercial]

Action dont la valeur nominale n'a pas été remboursée à l'actionnaire. On l'oppose à l'*action de jouissance*.

C. com., art. L. 225-198.

Action déclaratoire

[Procédure civile]

Action tendant à faire reconnaître en justice, en dehors de tout *litige* né et actuel, l'existence ou l'inexistence d'un droit, la régularité ou l'irrégularité d'une situation juridique.

Quelques textes prévoient des cas particuliers d'action déclaratoire. La tendance actuelle de la jurisprudence est à la *recevabilité*.

C. civ., art. 29-3, 771 s.; C. pr. civ., art. 1040; CPI, art. L. 615-9.

→ *Action interrogatoire, Action de jactance, Mesures d'instruction.*

Action de concert

[Droit commercial]

Accord en vue d'acquérir ou de céder des droits de vote ou en vue d'exercer des droits de vote, pour mettre en œuvre une politique vis-à-vis de la société ou pour obtenir le contrôle de cette société.

Il est tenu compte de la totalité des actions détenues par les signataires de l'accord pour déterminer les seuils de participation dans les sociétés cotées.

C. com., art. L. 233-10.

ACTU

Action de groupe

[Procédure civile]

L'action de groupe, connue du monde anglo-saxon sous le nom de *class action*, introduite dans notre droit par la loi n° 2014-344 du 17 mars 2014, permet la réparation des préjudices individuels subis par des consommateurs placés dans une situation similaire ou identique et ayant pour cause commune un manquement d'un ou des mêmes professionnels à leurs obligations légales ou contractuelles, à l'occasion de la vente de biens ou de la fourniture de services, ou provenant de pratiques anticoncurrentielles. Seuls les préjudices patrimoniaux résultant des dommages matériels sont indemnisables.

L'action est laissée à l'initiative des seules associations de consommateurs agréées par l'État et jugée par l'un des TGI spécialement désignés à cette fin.

L'objectif de la procédure mise en place est de faciliter l'action du consommateur isolé victime d'un préjudice peu élevé, qui hésiterait pour ce motif à demander réparation.

L'action de groupe suit un schéma procédural en deux temps. Dans une première phase, le juge statue sur la responsabilité du professionnel et définit le groupe des consommateurs victimes; dans une seconde phase, le professionnel procède à l'indemnisation individuelle des préjudices subis, le juge n'intervenant qu'en cas de difficulté d'exécution.

La loi n° 2016-41 du 26 janvier 2016 de modernisation de notre système de santé a introduit l'action de groupe en matière de produits de santé en vue d'obtenir la réparation des préjudices individuels subis par les usagers placés dans une situation similaire ou identique et ayant pour cause commune le manquement d'un producteur ou d'un fournisseur ou d'un utilisateur desdits produits à ses obligations légales ou contractuelles. Seuls sont visés les dommages corporels. Le texte entre en vigueur au plus tard le 1er octobre 2016.

Le projet de loi « Justice du XXIe siècle » du 31 juillet 2015 apportera deux innovations majeures. D'une part, il crée un cadre commun aux actions de groupe, d'autre part, il ouvre cette action en matière de discrimination à l'embauche et au travail.

C. consom., art. L. 623-1 à 623-32, R. 423-1 à 423-22; COJ, art. L. 211-15; CSP, art. L. 1143-1 s.

→ *Action collective, Action en représentation conjointe.*

Action *de in rem verso*

[Droit civil]

Action permettant d'agir dans le cas d'*enrichissement injustifié*, sanctionnant la règle que nul ne doit s'enrichir injustement aux dépens d'autrui. Cette action n'est recevable qu'à défaut de toute autre action et à condition qu'elle ne se heurte pas à un obstacle de droit, tel que la prescription.

C. civ., art. 1303 s.*

GAJC, t. 2, n° 241 à 242.

Action de jactance

[Procédure civile]

Action en justice dirigée contre une personne qui se vante publiquement d'avoir un droit contre une autre, afin de l'obliger à établir la réalité de ses allégations, sous peine d'être vouée à un silence perpétuel. Cette action, dénommée aussi provocatoire, est normalement irrecevable dès lors que le plaignant ne subit pas un préjudice matériel ou moral effectif, parce que contraire à la liberté d'agir (ou de ne pas agir) en justice.

Action de jouissance

[Droit commercial]

Titre remis à l'actionnaire au cours de la vie sociale, lorsque la société procède à l'amortissement de son capital, en remboursant par anticipation la valeur nominale des actions aux actionnaires.

C. com., art. L. 225-198.

Action de numéraire

[Droit commercial]

C. com., art. L. 228-7.

→ *Action d'apport.*

Action de préférence

[Droit commercial]

Catégorie d'actions offrant à leurs titulaires des prérogatives distinctes de celles associées aux actions ordinaires. Ce type d'action peut procurer un avantage pécuniaire (dividende prioritaire, dividende majoré...) à son détenteur. Le droit de vote peut aussi être affecté, soit parce qu'il est supprimé, soit parce qu'il est augmenté dans les conditions autorisées par les textes (vote double, limitation du nombre de voix). De tels droits sont attribués à titre temporaire ou permanent.

C. com., art. L. 228-11.

→ *Action rachetable.*

Action de reconnaissance d'enfant

[Droit civil]

→ *Reconnaissance d'enfant.*

Action directe

[Droit civil]

1° Action en justice que le créancier, peut exercer directement, en son nom personnel et pour le paiement de sa créance contre le débiteur de son propre débiteur. C'est ainsi que le bailleur peut exercer l'action en paiement du loyer contre le sous-locataire. On oppose l'action directe à l'*action oblique*.

C. civ., art. 1199 et 1341-3* et, pour des exemples, 1753, 1798, 1994.*

GAJC, t. 2, n° 268, 276 et 283.

→ *Action oblique, Action paulienne, Mandat, Sous-location, Sous-traitance.*

2° En assurance de responsabilité, l'expression désigne l'action exercée directement par la victime contre l'assureur du responsable de son dommage, afin de mettre en jeu la garantie prévue au contrat d'assurance.

C. assur., art. L. 124-3.

Action disciplinaire

[Procédure (principes généraux)]

Action dont l'objet est de réprimer un manquement aux règles déontologiques d'une profession (fonctionnaire, magistrat, avocat, officier ministériel…) dont le résultat – éventuel – consiste en une sanction de type professionnel : réprimande, *blâme*, suspension, *révocation*, etc. Se distingue à la fois de l'action publique, exercée dans l'intérêt général et de l'*action civile* qui n'existe qu'au profit du particulier lésé. Sa finalité est de préserver la considération due au corps auquel appartient la personne poursuivie.

→ *Déontologie, Discipline, Pouvoir disciplinaire.*

Action en contestation d'état

[Droit civil]

→ *Action d'état.*

Action en contestation de filiation

[Droit civil]

→ *Contestation de filiation.*

Action en désaveu de paternité

[Droit civil]

→ *Désaveu de paternité.*

Action en garantie

[Droit civil]

→ *Garantie (appel en).*

Action en inscription de faux

[Droit civil/Procédure civile]

→ *Acte authentique, Faux, Faux incident, Inscription de faux.*

Action en justice

[Procédure (principes généraux)]

Pouvoir reconnu aux sujets de droit de s'adresser à la justice pour obtenir le respect de leurs droits ou de leurs intérêts légitimes. Désigne aussi le droit pour l'adversaire de discuter le bien-fondé de la prétention émise contre lui.

C. pr. civ., art. 30.

→ *Action attitrée, Action banale, Intérêt à agir, Qualité pour agir.*

Action en pétition d'hérédité

[Droit civil]

→ *Pétition d'hérédité.*

Action en réclamation d'état

[Droit civil]

→ *Action d'état.*

Action en réduction

[Droit civil]

→ *Réduction pour cause d'excès.*

Action en représentation conjointe

[Procédure civile]

Action en justice exercée par une association agréée de consommateurs, reconnue représentative sur le plan national, en vue d'obtenir la réparation du préjudice subi individuellement par des consommateurs, personnes physiques, identifiés, du fait du même professionnel; l'association doit obtenir un mandat à agir d'au moins 2 consommateurs et a qualité pour agir devant toute juridiction.

La même possibilité est ouverte aux associations de défense des investisseurs.

C. consom., art. L. 622-1 s., R. 422-1 s.; C. mon. fin., art. L. 452-2.

→ *Action collective, Action de groupe.*

Action en revendication

[Droit civil/Procédure civile]

Action réelle, dite pétitoire, donnée au propriétaire contre qui détient indûment son bien et refuse de le restituer en contestant son droit. Aboutit, en cas de succès, à la reconnaissance du droit de propriété et à la restitution du bien en cause. Cette action est imprescriptible.

C. civ., art. 2227, 2276, 2277, 2332.

GAJC, t. 1, n° 68 et 84 à 86.

→ *Action pétitoire, Action possessoire, Droit de propriété, En fait de meubles, la possession vaut titre, Réserve de propriété.*

Action estimatoire

[Droit civil]

Action en justice par laquelle l'acquéreur d'une chose demande une diminution du prix en raison de vices cachés qui altèrent la valeur de cette chose.

C. civ., art. 1644.

→ *Action rédhibitoire, Vice caché.*

Action gratuite

[Droit commercial]

Titre de capital de nature ordinaire, émis ou attribué sans contrepartie aux dirigeants et salariés des sociétés par actions. Dans la société anonyme, l'assemblée générale extraordinaire autorise l'opération, dans certaines limites (max. 30 % du capital social). L'attribution des titres n'est définitive qu'à l'expiration d'une période d'au minimum deux ans, à laquelle fait suite une période de conservation obligatoire par le salarié ou le dirigeant attributaire. Durant ces deux périodes, la cessibilité des actions est exclue ou restreinte.

C. com., art. L. 225-197-1 s.

Action hypothécaire

[Droit civil/Procédure civile]

Action réelle par laquelle le créancier hypothécaire non payé à l'échéance exerce, en cas d'aliénation de l'immeuble hypothéqué, son *droit de suite* à l'encontre du tiers détenteur en vue de faire vendre ledit immeuble et de se faire colloquer à son rang sur le prix.

C. civ., art. 2458.

Action illicite sur les prix

[Droit commercial/Droit pénal]

Délit consistant à diffuser par quelque moyen que ce soit, des informations mensongères ou calomnieuses, en jetant sur le marché des offres destinées à troubler les cours ou en utilisant tout autre moyen frauduleux afin d'opérer ou de tenter d'opérer la hausse ou la baisse artificielle du prix de biens ou de services.

C. com., art. L. 443-2; C. pén., art. 717-2, 727-2.

Action immobilière

[Droit civil/Procédure civile]

Action en justice par laquelle on demande la reconnaissance d'un droit réel ou personnel sur un immeuble (ex. : *revendication*).

Les actions immobilières relèvent de la compétence exclusive *ratione materiae* du TGI, *ratione loci* du lieu de situation de l'immeuble.

C. civ., art. 526; C. pr. civ., art. 44; C. com., art. L. 721-7.

ACTU

Action interrogatoire

[Procédure civile]

Action en justice visant à mettre le défendeur en demeure de prendre parti immédiatement, alors que la loi lui concède un délai, soit pour exercer une option (l'héritier a 4 mois pour prendre parti), soit pour élever une prétention (l'incapable a 5 ans pour demander la nullité d'un engagement). En principe cette action est autorisée dans certains cas en droit des sociétés et dans le Code civil depuis l'ordonnance n° 2016-131 du 10 février 2016 qui crée trois actions interrogatoires permettant de lever le doute : en présence d'un pacte de préférence, en cas d'incertitude sur les pouvoirs d'un représentant, en cas de possibilité d'une action en nullité.

C. civ., art. 1123, 1158*, 1183*, 1844-12; C. com., art. L. 235-6.*

→ *Action déclaratoire, Action provocatoire, Sommation interpellative.*

Action mixte

[Droit civil/Procédure civile]

Action en justice par laquelle on réclame à la fois la reconnaissance d'un droit réel et d'un droit personnel, par exemple une action en résolution d'une vente pour défaut de paiement du prix.

C. pr. civ., art. 46.

Action mobilière

[Droit civil/Procédure civile]

Action en justice sanctionnant un droit personnel ou réel portant sur un meuble, une créance.

La compétence des actions mobilières est partagée entre le TGI et les tribunaux d'exception en fonction de la nature de l'affaire ou du montant de la demande.

C. civ., art. 529; COJ, art. L. 211-3 et L. 221-4.

Action négatoire

[Procédure civile]

Action réelle par laquelle le demandeur soutient que son immeuble n'est pas grevé d'une *servitude*, d'un *usufruit* ou d'un *droit d'usage*.

Le terme désigne également l'action en négation de nationalité par laquelle la personne agit pour faire décider qu'elle n'a point la qualité de Français.

C. civ., art. 29-3.

→ *Action confessoire.*

Action nominative

[Droit commercial]

En principe, la forme nominative est obligatoirement revêtue par les titres qui ne sont pas admis aux négociations sur un marché réglementé.

C. com, art. L. 225-109; C. mon. fin., art. L. 212-3.

→ *Titre nominatif.*

Action oblique

[Droit civil/Procédure civile]

Action en justice que le créancier peut exercer pour le compte de son débiteur lorsque la carence de ce dernier dans l'exercice de ses droits et obligations compromet les droits de ce créancier. Elle ne peut concerner les droits et actions exclusivement rattachés à la personne du débiteur

C. civ., art. 1199 et 1341-1*.*

→ *Action directe, Action paulienne, Action personnelle.*

Action paulienne

[Droit civil/Procédure civile]

Action en justice (qui aurait été créée à Rome par le prêteur Paulus, d'où son nom) par laquelle le créancier demande, en son nom personnel, l'inopposabilité à son égard des actes accomplis par son débiteur en fraude de ses droits. Lorsqu'il s'agit d'un acte à titre onéreux, le créancier doit établir que le tiers contractant avait connaissance de la fraude.

C. civ., art. 1199 et 1341-2*.*

GAJC, t. 2, n° 251 et 252.

→ *Action directe, Action oblique.*

Action personnelle

[Procédure civile]

Action en justice par laquelle on demande la reconnaissance ou la sanction d'un *droit personnel*, quelle qu'en soit la source (convention, délit, loi, gestion d'affaires, enrichissement injuste).

Relative en général à un meuble corporel ou incorporel, une telle action peut, par exception, concerner un immeuble.

COJ, art. L. 221-4, R. 211-3.

L'expression « action personnelle » est également utilisée pour désigner l'action exclusivement attachée à la personne, impliquant une appréciation d'ordre moral ou familial, et qui, pour cette raison, est insusceptible d'être transmise aux héritiers ou d'être exercée par la voie oblique.

C. civ., art. 1341-2.*

→ *Action oblique.*

Action pétitoire

[Droit civil/Procédure civile]

Action en justice mettant en cause l'existence d'un *droit réel* immobilier, notamment le droit de propriété immobilière.

C. pr. civ., art. 1265 s.; COJ, art. R. 211-4, 221-40.

→ *Action possessoire.*

Action populaire

[Droit administratif]

→ *Intérêt à agir.*

Action possessoire

[Droit civil/Procédure civile]

Action en justice qui tendait à protéger un fait juridique, la *possession* et même la détention paisible d'un immeuble. Supprimée par la loi n° 2015-177 du 16 février, elle comprenait trois types d'action qui disparaissent du Code civil (abrogation de l'article 2279), les dispositions réglementaires des autres codes ayant vocation à être abrogées.

C. pr. civ., art. 1264 s.; COJ, art. R. 211-4.

→ *Complainte, Dénonciation de nouvel œuvre, Réintégrande.*

Action prétorienne

[Procédure civile]

Action procédant de la jurisprudence, non d'un texte législatif ou réglementaire.

→ *Droit prétorien.*

Action provocatoire

[Procédure civile]

→ *Action de jactance.*

Action publique

[Procédure pénale]

Action en justice portée devant une juridiction répressive pour l'application des peines à l'auteur d'une infraction. Même si elle peut être mise en mouvement par la partie civile, elle est toujours exercée par les magistrats ou par les fonctionnaires auxquels elle est confiée par la loi.

C. pr. pén., art. 1er.

GAPP n° 7.

→ *Action civile.*

Action rachetable

[Droit commercial]

Espèce particulière d'*action de préférence*, pour laquelle les statuts de la société émettrice prévoient d'avance le principe et les modalités de rachat à l'initiative de la société.

C. com., art. L. 228-12, III, L. 228-12-1.

Action récursoire

[Droit civil]

Action en justice exercée par celui qui a dû exécuter une obligation dont un autre était tenu en tout ou en partie, soit contre le véritable débiteur pour lui faire supporter le poids de la condamnation, soit contre un coobligé pour obtenir le paiement de la part lui incombant.

C. civ., art. 1317, 1318*, 2305, 2310; C. éduc., art. L. 911-4; C. mon. fin., art. L. 313-22-1.*

[Droit administratif]

Lorsqu'une personne publique a été condamnée par le juge administratif à indemniser une victime, elle peut se retourner contre l'agent public auteur d'une *faute* personnelle à l'origine du dommage. À l'inverse, lorsque l'agent public a été condamné par un juge judiciaire, il peut chercher à obtenir du juge administratif qu'il mette à la charge de l'Administration une part au moins de la réparation.

GAJA n° 63 et 104.

Action rédhibitoire

[Droit civil/Procédure civile]

Action en justice par laquelle l'acheteur demande la résolution de la vente en raison des *vices cachés* de la chose.

C. civ., art. 1644.

→ *Action estimatoire.*

Action réelle

[Droit civil/Procédure civile]

Action en justice par laquelle on demande que soit reconnu ou protégé un droit réel principal ou accessoire sur un immeuble, plus rarement sur un meuble.

C. pr. civ., art. 44.

Action résolutoire

[Droit civil/Procédure civile]

Action en justice d'une partie à un contrat tendant à la libération de son engagement contractuel parce que l'autre partie refuse ou est hors d'état de remplir sa propre obligation.

C. civ., art. 1224 s.*

→ *Résolution.*

Action révocatoire

[Droit civil/Procédure civile]

Synonyme d'*action paulienne*, bien que le succès de celle-ci ne conduise qu'à l'inopposabilité à l'égard d'un créancier de certains actes accomplis par son débiteur et non pas à leur révocation.

Action sanitaire et sociale

[Droit administratif]

Vaste ensemble d'aides financières et de prestations diverses, successeur de ce que l'on appelait jadis l'*assistance publique*, destiné à aider des catégories sociales en danger ou en difficulté, telles que l'enfance et l'adolescence défavorisées, les personnes âgées ou handicapées, ou à veiller à la protection de la santé notamment en matière maternelle et infantile.

Cette action est largement prise en charge par le *département*. Il existe d'autres formes d'action sanitaire et sociale assurées par la Sécurité sociale.

[Sécurité sociale]

Activité des caisses de Sécurité sociale ayant pour but de participer à l'amélioration de l'état sanitaire de l'ensemble de la population ou d'un groupe social déterminé (handicapés par ex.) et d'intervenir, tant sur le plan social que financier en faveur des individus ou groupes, sous forme de prestations supplémentaires (prestations extralégales).

CSS, art. L. 262-1.

Action sociale *ut singuli* ou *ut plures*

[Procédure civile]

Action en réparation du préjudice subi par la société par suite de la faute de gestion de ses mandataires sociaux, introduite par un associé (*ut singuli*) ou plusieurs associés (*ut plures*) agissant au lieu et place de la société. L'action sociale étant une action de substitution, les dommages-intérêts profitent à la seule société.

Action syndicale

[Procédure (principes généraux)]

→ *Action collective.*

Actionnaire

[Droit commercial]

Titulaire d'une action de société de capitaux.

→ *Action.*

Actionnariat des salariés

[Droit du travail]

Accès des salariés au capital d'une société. Ce peut être la société où ils sont employés (actionnariat dans l'entreprise) ou toute autre société (capitalisme populaire). Le législateur s'est efforcé de faciliter l'actionnariat des salariés dans l'entreprise.

C. trav., art. L. 3332-15 s.

Activité minimale d'assujettissement (AMA)

[Sécurité sociale]

Critère d'assujettissement au régime agricole. L'AMA est atteinte lorsque la superficie mise en valeur est au moins égale à la *surface minimale d'assujettissement (SMA)* du département. Lorsque la surface agricole ne peut être prise comme référence, le temps consacré à l'activité agricole doit être au minimum de 1 200 heures par an.

CSS, art. L. 722-5.

Activités sociales et culturelles

[Droit du travail]

Dans une entreprise ou un établissement, ensemble des actions ou institutions non obligatoires et indépendantes du contrat de travail, destinées à l'amélioration des conditions de bien-être des salariés, anciens salariés, et de leur famille. Il peut s'agir d'aides temporaires ou de services permanents (cantines, colonies de vacances, bibliothèques, animations culturelles...). Lorsqu'il en existe un, le *comité d'entreprise* a vocation à gérer ou à contrôler l'ensemble des actions sociales et culturelles.

C. trav., art. L. 2323-83 s., R. 2323-20 s.

GADT n° 146.

Actor sequitur forum rei

[Procédure civile]

Règle de compétence, selon laquelle le demandeur doit porter son action devant le tribunal du lieu où demeure le défendeur.

C. pr. civ., art. 42.

GAJC, t. 1, n° 25.

Actori incumbit probatio

[Procédure civile]

La preuve incombe au demandeur.

C. civ., art. 1353; C. pr. civ., art. 6.*

GAJC, t. 1, n° 17.

Adage

[Droit général]

→ *Aphorisme (Adage, Brocard).*

Ad agendum

[Procédure civile]

Littéralement, « en vue de l'action ». Locution accolée à un mandat pour en désigner l'objet spécifique. Par le mandat *ad agendum*, le titulaire de l'action en justice confie à une personne mission d'entreprendre et de conduire le procès à sa place, tant en demande qu'en défense (ex. : une assemblée de copropriétaires chargeant le syndic d'agir en responsabilité contre un tiers pour le compte de la copropriété). Se distingue du mandat *ad litem* qui ne vise que la représentation dans l'accomplissement des actes de procédure et ne confère ni pouvoir d'initiative ni pouvoir de direction.

C. civ., art. 475, 504.

Ad exhibendum

[Procédure civile]

→ *Action ad exhibendum.*

Adhésion

[Droit civil]

→ *Contrat d'adhésion.*

[Droit du travail]

Acte en principe unilatéral par lequel les organisations professionnelles ou syndicales, ou les employeurs, entendent devenir partie à une convention collective déjà entrée en vigueur pour l'appliquer, soit dans son intégralité (parties normative et contractuelle), soit partiellement (partie normative seulement). L'adhésion déroge au *droit commun* des contrats.

C. trav., art. L. 2261-3 s.

[Droit international public]

1° Acte par lequel un État ou une organisation internationale qui n'a participé à la négociation d'un traité et ne l'a, par conséquent, ni approuvé ni signé, consent à être lié par lui. On emploie aussi le mot accession.

2° Acte par lequel un État ou une organisation internationale devient membre d'une organisation internationale.

→ *Admission, Approbation.*

Ad hoc

[Droit général]

Expression latine signifiant « pour cela »; ainsi, on nomme un tuteur, un administrateur, un *juge ad hoc*, c'est-à-dire pour une situation ou une personne donnée.

C. civ., art. 388-1; C. pr. civ., art. 1201-1 à 1201-3.

→ *Tuteur ad hoc.*

Adjectus solutionis gratia

[Droit civil]

Tierce personne, inscrite au contrat, à qui le débiteur est autorisé à payer.

→ *Accipiens.*

Adjonction

[Droit civil]

Union matérielle de deux meubles corporels, appartenant à des propriétaires différents, qui restent séparables quoique formant un ensemble nouveau. Cet ensemble devient, par *accession*, la propriété du propriétaire de la chose principale, à charge de payer à l'autre la valeur de la chose accessoire.

C. civ., art. 566 s.

Adjudicataire

[Procédure civile]

Personne qui, dans une vente aux enchères de meuble ou d'immeuble, porte la dernière et la plus forte enchère et qui est déclarée attributaire du bien enchéri.

En cas de non-paiement du prix et des frais, la vente est résolue de plein droit et l'adjudicataire défaillant est tenu au paiement de la différence entre son enchère et le prix de la revente si celui-ci est moindre.

C. pr. exéc., art. L. 322-9 s., R. 221-37, R. 221-38, R. 221-39.

→ *Adjudication.*

Adjudication

[Droit administratif]

Ancien mode de passation des *marchés publics* dans lequel la commande était attribuée automatiquement au candidat consentant le prix le plus bas, après mise en concurrence préalable des candidats. En raison des critiques liées aux conséquences de cet automatisme, cette procédure a été supprimée (2001).

[Droit civil/Procédure civile]

Attribution d'un bien meuble ou immeuble mis aux enchères à la personne offrant le prix le plus élevé. En matière de *saisie immobilière*, le jugement d'adjudication constitue un titre d'*expulsion* à l'encontre du saisi. Lorsqu'il ne statue sur aucun incident, le jugement d'adjudication ne fait que constater l'enchère et, faute de caractère juridictionnel, est insusceptible de pourvoi en cassation.

C. pr. exéc., art. L. 322-5 à L. 322-13, R. 221-33, 233-5.

→ *Adjudicataire.*

Adjudication de territoire

[Droit international public]

Attribution d'un territoire à un État par voie arbitrale ou juridictionnelle.

Adjugé

[Procédure civile/Droit civil]

Se dit de ce que le juge accorde à la partie conformément à ses prétentions : adjuger au demandeur le bénéfice de ses conclusions.

Dans une vente aux enchères, désigne l'attribution d'un bien à celui qui en offre le meilleur prix (l'*adjudicataire*).

→ *Adjudication, Bien-fondé.*

Ad litem

[Procédure civile]

Expression employée pour préciser qu'un acte ou une décision est pris « en vue d'un procès » (ex. : provision, mandat *ad litem*).

C. civ., art. 255, 6°; C. pr. civ., art. 18, 19, 411 s., 771, 809.

→ *Ad agendum, Mandat de représentation en justice.*

Adminicule

[Droit civil]

Élément préalable de preuve, incomplet, mais qui rend vraisemblable un fait et qui est suffisamment grave pour que soit admis, en matière civile, un autre moyen de preuve que l'écrit constatant l'acte (par ex. l'audition de témoins).

C. civ., art. 1361 s.*

→ *Commencement de preuve par écrit.*

Administrateur

[Droit civil]

Personne chargée de gérer un ou plusieurs biens ou un patrimoine appartenant à autrui ou en indivision avec lui.

→ *Ad hoc.*

Administrateur délégué

[Droit commercial]

Membre du *conseil d'administration* chargé par ce dernier des fonctions de président du conseil d'administration en cas d'empêchement temporaire ou de décès de ce dernier.

C. com., art. L. 225-50.

Administrateur de société

[Droit commercial]

Membre du *conseil d'administration* d'une société anonyme nommé par l'assemblée constitutive, ou par l'assemblée générale ordinaire, ou par les statuts pour une durée limitée : 6 ans au maximum dans les 2 premiers cas, 3 ans s'il y a désignation statutaire. Il est rééligible et révocable à tout moment par l'assemblée générale ordinaire. L'administrateur peut être une personne physique ou une personne morale. Dans ce dernier cas, celle-ci se fera représenter par une personne physique qui encourra les mêmes responsabilités qu'un administrateur personne physique.

C. com., art. L. 225-17 s.

Administrateur (général) des finances publiques

[Droit financier]

Corps de fonctionnaires de l'État dirigeant les services déconcentrés de la DGFiP mais aussi des services à compétence nationale et des directions spécialisées. Selon les fonctions, l'administrateur peut être assimilé à un comptable public ou à un ordonnateur secondaire. Un décret du 20 février 2009 a créé et organisé ce corps. Cette création a accompagné la disparition d'un ensemble de fonctions financières « historiques » : Trésorier-payeur général, Directeur départemental des impôts, Receveur des finances, Directeur des services fiscaux, Directeur départemental du trésor.

Administrateur judiciaire

[Droit commercial/Procédure civile]

Mandataire, personne physique ou morale, chargé, par décision de justice, d'administrer les biens d'autrui (gestion d'une tutelle, d'une succession litigieuse) ou d'exercer des fonctions d'assistance ou de surveillance dans la gestion de ses biens (par exemple en cas de grave mésentente entre associés).

L'accès à cette profession est subordonné à des conditions d'honorabilité et de compétence (stage et examen d'aptitude) et à une inscription sur une liste établie par une commission nationale. Ils étaient 117 au 1er janvier 2015 (dernier chiffre publié).

Les administrateurs judiciaires peuvent procéder par voie électronique lorsque les tiers destinataires ou émetteurs des actes ont expressément demandé ou consenti à ce qu'il soit procédé selon cette voie.

C. civ., art. 815-6, 1429; COJ, art. L. 311-14, D. 311-11; C. com., art. L. 811-1 s., L. 814-12.

→ *Administrateur provisoire.*

Administrateur judiciaire (dans les procédures de sauvegarde, de redressement et de liquidation judiciaires)

[Droit commercial/Procédure civile]

Dans la procédure de sauvegarde, l'administrateur judiciaire a la charge de surveiller le débiteur dans sa gestion ou de l'assister pour tous les actes de gestion ou pour certains d'entre eux. Le tribunal peut aussi le charger d'effectuer les actes nécessaires à la mise en œuvre du plan, qu'il détermine.

Dans la procédure de *redressement judiciaire*, il assiste le débiteur pour tous les actes relatifs à la gestion ou certains d'entre eux, ou assure seul, entièrement ou en partie, l'administration de l'entreprise, selon la décision prise par le tribunal.

Il peut exceptionnellement intervenir dans la procédure de *liquidation judiciaire.* On en compte environ 150.

L'administrateur judiciaire doit justifier d'un diplôme du niveau de la maîtrise, d'un stage professionnel et de la réussite à un examen d'aptitude. Il est inscrit sur une liste établie par une Commission nationale. La fonction peut être exercée à titre salariée.

C. com., art. L. 622-1, L. 626-24, L. 631-12, L. 641-10, L. 811-1, L. 811-2, L. 811-7-1, R. 811-1 s.

→ *Mandataire judiciaire au redressement et à la liquidation des entreprises, Sauvegarde (Procédure de).*

Administrateur légal

[Droit civil]

Personne qui exerce les pouvoirs attribués par la loi dans le cadre de l'*administration légale* des biens d'autrui. Par exemple, les ou le parent(s) chargé(s) d'administrer les biens de leur enfant mineur.

C. civ., art. 382 s.

Administrateur provisoire

[Droit commercial]

Agents chargés par le juge d'assurer momentanément la gestion d'une société. Leur nomination constitue une mesure exceptionnelle, supposant rapporter la preuve de circonstances rendant impossible le fonctionnement normal de la société ou menaçant celle-ci d'un péril imminent (jurisprudence constante depuis un arrêt de la Cour de cassation de 2007).

→ *Administrateur judiciaire, Séquestre.*

Administrateur-séquestre

[Droit civil/Procédure civile]

Mandataire de justice chargé de la garde de biens placés sous *séquestre* : chose litigieuse, meubles saisis, prix consigné…

C. civ., art. 602, 1961 s.; C. pr. civ., art. 1281-1, 1281-2.

→ *Administrateur judiciaire.*

Administration

[Droit administratif]

1° Avec une minuscule : fait, activité d'administrer.

2° Avec une majuscule : synonyme de service public au sens formel du terme. Par extension, synonyme de la *puissance publique*.

[Droit civil]

1° Pouvoir d'accomplir les actes nécessaires à la conservation et à la mise en valeur d'un bien ou d'un patrimoine.

2° Ensemble des actes accomplis dans ce but.

→ *Acte d'administration.*

Administration conjointe

[Droit civil]

Clause d'un contrat de mariage par laquelle les époux entendent cogérer l'ensemble des biens de la communauté. Seuls les actes conservatoires peuvent être faits séparément par chacun des époux.

C. civ., art. 1503.

[Droit européen]

Dans l'Union européenne, l'administration conjointe, ou mixte, suppose l'intervention à la fois des services de la Commission européenne et de ceux des États membres, par exemple en matière de *Politique agricole commune*.

→ *Compétences concurrentes (ou partagées).*

Administration de mission

[Droit administratif]

Par opposition à l'Administration traditionnelle, assurant le fonctionnement des services publics dans le cadre des règles du droit administratif et financier classique, ou Administration de gestion, une Administration de mission est en principe une structure légère, souvent interministérielle, ayant pour tâche d'imaginer et de contribuer à mettre en place les solutions destinées à répondre à des problèmes inédits, considérés, à tort ou à raison, comme ne pouvant être résolus par la seule intervention de l'Administration traditionnelle et par le seul recours aux techniques administratives classiques.

→ *Agences régionales de santé, Autorités administratives indépendantes.*

Administration internationale

[Droit international public]

Administration directe d'un territoire par un groupe d'États ou une organisation internationale dans l'attente, à l'époque contemporaine, d'une décision sur son avenir.

Administration judiciaire (Mesure d')

[Procédure civile]

→ *Mesure d'administration judiciaire.*

ACTU

Administration légale

[Droit civil]

Administration d'un patrimoine ou d'un ensemble de biens, dévolue par la loi à une personne déterminée.

Les biens des enfants mineurs sont en principe administrés par leurs parents; le père et la mère sont conjointement administrateurs légaux s'ils exercent en commun l'*autorité parentale.* Dans les autres cas (l'un des parents est décédé ou privé de l'exercice de l'autorité parentale), l'administration légale appartient à celui des parents qui exerce l'autorité parentale. La distinction de régime juridique entre une administration légale pure et simple qui correspondait au premier cas et une administration légale dite sous contrôle judiciaire qui s'appliquait aux seconds, a disparu au 1er janvier 2016. Désormais, toutes les administrations légales sont soumises à un régime commun dans lequel le juge des tutelles n'intervient qu'en cas de désaccord entre les administrateurs légaux ou pour soumettre certaines situations à son contrôle périodique si la situation du mineur paraît l'exiger ou pour autoriser les actes de disposition les plus graves.

C. civ., art. 382 à 387-6, 388-1-1 à 388-2 et 391.

→ *Jouissance légale, Tutelle.*

Administration pénitentiaire

[Droit pénal/Procédure pénale]

Administration chargée du service public pénitentiaire sous l'autorité du garde des Sceaux, ministre de la Justice, avec le concours des autres services de l'État, des collectivités territoriales, des associations et d'autres personnes publiques ou privées. Elle comprend des personnels de direction, des personnels de surveillance, des personnels d'insertion et de probation et des personnels administratifs et techniques.

L'administration pénitentiaire doit assurer à chaque personne détenue une protection effective de son intégrité physique en tous lieux collectifs et individuels. Elle garantit aux mineurs détenus le respect des droits fondamentaux reconnus à l'enfant.

L. n° 2009-1436 du 24 nov. 2009.

Administré

[Droit administratif]

Terme traditionnellement employé pour désigner le citoyen dans ses rapports avec l'Administration. Sans traduction dans les langues des autres grands États, il est un vestige de la conception monarchique et napoléonienne ayant longtemps marqué les relations, fortement inégalitaires, entre les individus et la *puissance publique*.

Admissibilité des modes de preuve

[Droit civil]

→ *Preuve (Admissibilité des modes de).*

Admission

[Droit international public]

Décision d'une organisation internationale qui accepte un État ou une autre organisation internationale comme nouveau membre.

Admission au travail

[Droit du travail]

→ *Âge d'admission au travail.*

Admission des créances

[Droit commercial]

Dans les procédures de sauvegarde, de redressement et de liquidation judiciaires, décision du *juge-commissaire* – prise au vu des propositions du mandataire judiciaire – admettant l'existence, la validité et le montant d'une créance régulièrement déclarée.

C. com., art. L. 624-1, L. 624-2, L. 631-18, L. 641-14.

→ *Déclaration des créances, Sauvegarde (Procédure de).*

Admission en non-valeur

[Droit financier ou fiscal]

En matière de recouvrement des créances publiques, décision prise par des autorités administratives variant suivant la nature de la créance (fiscale, non fiscale) en vue de décharger un comptable public de sa responsabilité à l'égard d'une créance devenue irrécouvrable (insolvabilité du débiteur). Elle n'a d'effet que dans les relations du comptable public et de l'État; à la différence de la *remise de dette*, elle n'éteint pas la dette du redevable, qui peut toujours être recherchée en paiement.

[Sécurité sociale]

Décision qui consiste à autoriser le non-recouvrement de cotisations de Sécurité sociale eu égard à la situation spécifique du débiteur.

CSS, art. L. 243-3, D. 243-2.

Admonestation

[Droit pénal]

Mesure de nature éducative consistant en des réprimandes, que peut prendre notamment le juge des enfants à l'encontre d'un mineur pénalement poursuivi.

Ord. 2 févr. 1945, art. 8, 20-1.

ADN (Acide DésoxyriboNucléique)

[Droit civil/Droit pénal]

→ *Empreinte génétique.*

Ad nutum

[Droit général]

Littéralement, « sur un hochement de tête ». La révocabilité *ad nutum* est celle qui peut être prononcée à tout moment par la décision souveraine d'une seule personne ou de l'organisme habilité à cet effet.

Adoptant

[Droit civil]

Qui adopte un enfant et devient ainsi son père ou sa mère.

→ *Adopté.*

Adopté

[Droit civil]

Qui a fait l'objet d'une adoption.

→ *Adoptant.*

Adoptif

[Droit civil]

Qui est relatif à l'adoption. On dit parfois « parent adoptif » ou « enfant adoptif ».

Adoption

[Droit civil]

Création par jugement d'un lien juridique de filiation entre 2 personnes qui, sous le rapport du sang, sont généralement étrangères l'une à l'autre. Elle peut être simple ou plénière.

L'adoption est aujourd'hui ouverte aux couples mariés de personnes de même sexe et obéit au régime général de l'adoption. Sont autorisées à la fois l'adoption conjointe par deux parents de même sexe et l'adoption unilatérale de l'enfant du conjoint de même sexe.

C. civ., art. 343 s., 345-1, 360.

GAJC, t. 1, n° 26-27, 28, 51 à 54-56.

→ *Autorité centrale pour l'adoption internationale, Conseil national pour l'accès aux origines personnelles, Conseil supérieur de l'adoption.*

Adoption (des traités)

[Droit international public]

Étape qui clôt la négociation d'un traité et fixe définitivement le contenu de celui-ci, elle est souvent concomitante à la signature.

→ *Authentification, Signature des traités et accords.*

Adoption plénière

[Droit civil]

Adoption provoquant une rupture de tout lien juridique entre la famille d'origine et l'enfant adopté. Elle est irrévocable, soumise à conditions, et doit faire l'objet d'un jugement. Une fois celui-ci prononcé, l'enfant dispose d'un nouvel état civil. L'adopté a, dans la famille de l'adoptant, les mêmes droits et les mêmes obligations qu'un enfant dont la filiation est légalement établie. L'adoption plénière de l'enfant du conjoint est permise : lorsque l'enfant n'a de filiation établie qu'à l'égard de ce conjoint; lorsque l'enfant a déjà fait l'objet d'une adoption plénière par ce seul conjoint et n'a de filiation établie qu'à son égard; lorsque l'autre parent que le conjoint s'est vu retirer totalement l'autorité parentale; lorsque l'autre parent que le conjoint est décédé et n'a pas laissé d'ascendants au premier degré ou lorsque ceux-ci se sont manifestement désintéressés de l'enfant.

C. civ., art. 343 s.

GAJC, t. 1, n° 51.

→ *Adoption simple.*

Adoption simple

[Droit civil]

Adoption laissant subsister des liens juridiques entre l'enfant et sa famille d'origine, tout en créant des liens de filiation entre l'adoptant et l'adopté. L'adoption est permise quel que soit l'âge de l'adopté, mais l'adopté de plus de 13 ans doit personnellement consentir à son adoption. L'enfant précédemment adopté par une seule personne, en la forme simple ou plénière, peut l'être une seconde fois, par le conjoint de cette dernière, en la forme simple.

C. civ., art. 360 s.

GAJC, t. 1, n° 53.

→ *Adoption plénière.*

Ad probationem

[Droit général]

Littéralement, en vue de la preuve. Qualifie une exigence de forme qui ne constitue pas un élément intrinsèque de validité, mais qui est simplement requise pour établir l'existence ou la teneur d'un acte.

Ad solemnitatem

[Droit général]

Littéralement, pour la solennité. Expression signifiant que la forme prescrite est exigée pour la validité de l'acte et qu'en son absence il y a lieu à nullité.

Adultère

[Droit civil]

Relations sexuelles entre un époux (ou le partenaire d'un *PACS*) et une personne autre que son conjoint. Jadis sanctionné par la loi pénale, il constitue, en tant que violation du devoir de fidélité, une faute, mais il ne peut être pris en considération comme motif de divorce qu'en cas de violation grave ou renouvelée des devoirs et obligations du mariage et à condition de rendre intolérable le maintien de la vie commune.

C. civ., art. 212, 242.

GAJC, t. 1, n° 29-30 et 39; GAJC, t. 2, n° 188-189.

Ad validitatem

[Droit général]

Littéralement, pour la validité. Synonyme de *Ad solemnitatem*.

Aéronef

[Droit commercial]

Appareil susceptible de s'élever, de se maintenir et d'évoluer dans les airs (ex. : avion, ballon, dirigeable, hélicoptère, etc.).

C. transp., art. L. 6100-1.

→ *Saisie d'aéronef.*

[Droit pénal]

→ *Piraterie.*

Affacturage

[Droit commercial]

Opération de crédit par laquelle un établissement de crédit, appelé « factor » ou « affactureur », règle, moyennant rémunération, les créances professionnelles de l'un de ses adhérents. L'affactureur en devient alors titulaire par subrogation, mais ne dispose d'aucun recours contre son adhérent en cas de défaillance du débiteur cédé.

Outre sa fonction de mobilisation de créance, l'affacturage comprend également la fourniture par l'affactureur à son adhérent de divers services de gestion.

Affaire en état

[Procédure (principes généraux)]

Une affaire est dite en état lorsqu'elle est prête à être portée à l'*audience des plaidoiries*, audience qui sera suivie du jugement.

C. pr. civ., art. 779, 912.

→ *Mise en état.*

Affaires courantes

[Droit constitutionnel]

Questions auxquelles doit se limiter un gouvernement démissionnaire après le vote d'une motion de censure ou le rejet d'une question de confiance. Il expédie les affaires courantes et ne peut engager des actions nouvelles.

Affectation

[Droit administratif]

En droit des biens, synonyme de *classement*. En droit de la fonction publique, détermination de l'emploi assigné à un agent.

[Droit civil]

Procédé technique original d'utilisation des biens qui consiste à soumettre ceux-ci à un usage précis, en prenant en considération, soit la protection des intérêts d'une ou plusieurs personnes (affectation personnelle), soit l'exploitation des biens indépendamment des intérêts d'une personne déterminée (affectation réelle); l'affectation d'un bien en détermine le régime juridique, fait de règles communes à toutes les affectations et de règles propres à chacune de ces deux catégories.

→ *Destination, Fiducie, Patrimoines d'affectation (Théorie des).*

[Droit financier ou fiscal]

Liaison juridique, réglementée restrictivement par le droit budgétaire, établie entre une recette et une dépense au financement de laquelle est en tout ou partie destinée la perception de la ressource.

[Droit pénal]

Destination particulière d'une somme d'argent ou d'un bien, convenue ou imposée, et dont la violation peut être constitutive d'abus de confiance.

Affectio societatis

[Droit commercial]

Intention, qui doit animer les associés, de collaborer sur un pied d'égalité.

L'*affectio societatis* implique non seulement un esprit de collaboration mais aussi le droit, pour chaque associé, d'exercer un contrôle sur les actes des personnes chargées d'administrer la société.

Tous les associés dans le contrat de société doivent se considérer comme unis à tous les autres avec la volonté de poursuivre ensemble l'œuvre commune.

C. civ., art. 1832, 1833.

Affection grave et incurable

[Droit civil]

Affection qui ouvre des droits à la personne qui en est atteinte, comme le droit d'être informée que son traitement pourrait avoir pour effet secondaire d'abréger sa vie, le droit de décider de limiter ou d'arrêter tout traitement lorsqu'elle est en phase avancée ou terminale de cette affection.

CSP, art. L. 1111-10 à 13.

→ *Atteinte à la dignité de la personne, Corps humain, Être humain, Fin de vie, Organe humain, Soins palliatifs.*

Affection iatrogène

[Droit civil]

Affection causée par le traitement médical, indépendante de toute faute dans le choix de celui-ci ou de tout défaut du produit médicamenteux, dont les conséquences dommageables sont réparées au titre de la solidarité nationale.

CSP, art. L. 1142-4, R. 1142-5; COJ, art. L. 311-12.

→ *Risques sanitaires.*

Affection longue et coûteuse

[Sécurité sociale]

Maladie qui entraîne la suppression du ticket modérateur. Il y a une liste des maladies longues et coûteuses.

CSS, art. L. 322-3 3º.

Affermage

[Droit administratif]

Mode de gestion déléguée de services publics, ou de bâtiments publics. Dans son principe, l'État ou une collectivité territoriale, qui a financé et réalisé lui-même les installations, à la différence de la *concession*, en confie la gestion à une personne privée (très généralement une société) moyennant le versement périodique d'une somme fixée forfaitairement. Le fermier est rémunéré par les sommes perçues sur les usagers. L'affermage est largement employé pour l'exploitation des réseaux d'eau potable.

Affermer

[Droit rural]

Donner à bail un fonds rural moyennant un prix indépendant des résultats de l'exploitation. En principe le prix du fermage est fixé en monnaie.

C. rur., art. L. 411-1.

→ *Métayage.*

Affichage d'un jugement

[Droit pénal]

Peine complémentaire encourue pour certains crimes ou délits, consistant à placarder la décision de condamnation en des lieux et pour une durée déterminée par la juridiction.

C. pén., art. 131-10, 131-35, 131-39.

→ *Diffusion.*

Affidavit

[Procédure civile]

Terme latin signifiant : « Il a affirmé » ou « Il a attesté ». Certificat de déclaration faite sous serment devant une autorité compétente (en général étrangère) et présenté pour servir de preuve. Il est très utilisé dans le monde anglo-saxon pour désigner les déclarations faites sous serment.

[Droit commercial/Droit fiscal]

Certificat délivré au porteur étranger de valeurs mobilières afin de lui permettre d'être affranchi des impôts dont ces valeurs sont déjà frappées dans son pays d'origine.

Affiliation à la Sécurité sociale

[Sécurité sociale]

L'affiliation est une situation de droit qui consacre le rattachement d'un assuré social à une caisse déterminée. Le critère d'affiliation est, en principe, le lieu de résidence habituelle de l'assuré, cependant le lieu de travail reste utilisé pour certaines professions.

CSS, art. R. 312-1.

Affirmation

[Droit général]

Déclaration de sincérité et de véracité qui n'est exigée que dans les cas prescrits par la loi; par exemple, de l'avocat dans la *distraction des dépens*, des créanciers qui produisent dans un redressement judiciaire ou une liquidation judiciaire, des rédacteurs de certains procès-verbaux (garde-pêche, garde-chasse), des tuteurs dans la reddition de leurs comptes en justice...

Affirmative action

[Droit constitutionnel]

Discrimination positive mise en place aux États-Unis au début des années 1960 pour favoriser la disparition de la ségrégation raciale.

Affouage

[Droit rural]

Droit de ramasser en forêt du bois, généralement à usage de chauffage, de construction ou de réparation. Dans les forêts communales, le conseil municipal peut fixer les conditions de la répartition des coupes délivrées pour l'affouage aux affouagistes. La commune a le droit de prononcer la vente de l'affouage au profit des titulaires de ce droit. Faute d'avoir exercé leur droit dans les délais fixés par le conseil municipal, les affouagistes sont déchus des droits qui s'y rapportent.

C. for., art. L. 145-1, L. 243-3, al. 3.

Affrètement

[Droit commercial]

Contrat par lequel une personne (fréteur) s'engage, moyennant rémunération, à mettre un *navire*, un *aéronef* ou tout autre engin de transport (bateau, camion...), ainsi éventuellement que les moyens matériels et humains (équipage) nécessaires au fonctionnement de cet engin, à la disposition d'une autre (affréteur) pour le transport des marchandises ou de personnes.

C. transp., art. L. 5423-1 s., L. 6400-2; Décr. n° 66-1078, 31 déc. 1966, art. 1 à 30.

→ *Fret.*

A fortiori

[Droit général]

Raisonnement par lequel on étend l'application d'une règle juridique à une situation autre que celle prévue, parce que les raisons de le faire sont encore plus fortes.

→ *A contrario, A pari.*

Âge d'admission au travail

[Droit du travail]

C'est l'âge auquel cesse l'obligation scolaire, soit actuellement 16 ans.

C. trav., art. L. 4153-1.

Agence centrale des organismes de Sécurité sociale (ACOSS)

[Sécurité sociale]

Organisme national ayant pour fonction de gérer la trésorerie des 3 caisses nationales de Sécurité sociale et d'assumer la direction et le contrôle des unions de recouvrement.

CSS, art. L. 225-1 s.

→ *Union de recouvrement.*

Agence de la biomédecine

[Droit civil]

Établissement public administratif de l'État, placé sous la tutelle du ministre chargé de la Santé et compétent dans des domaines de la greffe, de la reproduction, de l'embryologie et de la génétique humaines. Elle se substitue à l'Établissement français des greffes et a notamment pour missions, dans son domaine de compétence, de participer à l'élaboration et l'application de la réglementation et de règles de bonnes pratiques; de suivre, d'évaluer et de contrôler les activités médicales et biologiques et de veiller à la transparence de ces activités; de promouvoir le don d'organes, de tissus et de cellules issus du corps humains, ainsi que le don de gamètes; de gérer l'attribution des greffons…

CSP, art. L. 1418-1 s.

Agence de l'environnement et de la maîtrise de l'énergie (ADEME)

[Droit de l'environnement]

Établissement public de l'État à caractère industriel et commercial, placé sous la tutelle des ministres chargés de la Recherche, de l'Environnement et de l'Énergie, dont la mission est de susciter, animer, coordonner, faciliter ou réaliser toutes opérations ayant pour objet la lutte contre la pollution de l'air, la limitation et l'élimination des *déchets*, la réalisation d'économies d'énergie et le développement des énergies renouvelables, l'essor des technologies propres et économes, la lutte contre les nuisances sonores.

C. envir., art. L. 131-3.

Agence de gestion et de recouvrement des avoirs saisis et confisqués

[Procédure pénale/Droit financier/Droit fiscal]

Établissement public de l'État à caractère administratif, placé sous la tutelle conjointe du ministre de la Justice et du ministre chargé du Budget, chargé d'assurer, sur l'ensemble du territoire et sur mandat de justice, la gestion des sommes et biens saisis, confisqués ou faisant l'objet d'une mesure conservatoire au cours d'une procédure pénale, voire leur aliénation ou destruction.

C. pr. pén., art. 706-159 à 706-165.

Agence de notation

[Droit commercial]

Organisme rendant publiques ses évaluations de la solvabilité d'un débiteur ou de la qualité de crédit attachée à certains produits financiers, tels les actions de sociétés commerciales ou les titres d'emprunt émis par les États. En Europe, ces organismes sont agréés et surveillés par l'*Autorité européenne des marchés financiers (AEMF)*.

Règl. (CE) 1060/2009 du 16 sept. 2009, mod. Règl. 513/2011 du 11 mai 2011.

→ *Analyse financière, Autorités européennes de surveillance (AES).*

Agence départementale

[Droit administratif]

Organisme pouvant être créé, depuis 1982, par accord entre le département et des communes en vue de leur apporter une assistance d'ordre technique, juridique ou financier.

CGCT, art. L. 5511.1.

Agence de voyages

[Droit civil/Droit commercial]

Entreprise (personne physique ou morale) justifiant de garantie financière et d'aptitude professionnelle, chargée d'organiser des voyages ou séjours individuels ou collectifs, de fournir des titres de transport et des réservations d'hôtellerie, d'organiser des services d'accueil touristique.

C. tourisme, art. L. 211-1.

Agence du service civique

[Droit général]

Groupement d'intérêt public, créé par la loi n° 241 du 10 mars 2010 relative au *service civique*, ayant notamment pour mission de promouvoir et valoriser le service civique, d'en définir les orientations stratégiques et missions prioritaires, d'en évaluer et contrôler la mise en œuvre.

C. serv. nat., art. L. 120-2.

Agence européenne

[Droit européen]

Organisme de droit public européen, distinct des institutions de l'Union (Conseil, Commission, Parlement) possédant une personnalité juridique propre. Créé par un acte de droit dérivé (règlement en principe) pour remplir une tâche de nature technique, scientifique ou de gestion précisée dans son acte constitutif. A ses propres organes et son propre budget (soumis au contrôle de la Commission et du Parlement).

Il existe aujourd'hui plusieurs dizaines d'agences européennes. Par ex. le Centre européen pour le développement de la formation professionnelle (la plus ancienne, 1975), l'Agence européenne pour l'évaluation des médicaments (1993), *Europol* (1995), *Eurojust* (2002), l'Autorité européenne de sécurité alimentaire (2002), l'Agence pour le contrôle des frontières, dite *Frontex* (2004), l'Agence européenne de défense (2004), l'Agence européenne des droits fondamentaux (2007)...

Agence française de l'adoption

[Droit civil]

Groupement d'intérêt public entre l'État, les départements et des personnes morales de droit privé. Sa mission est d'informer, de conseiller et de servir d'intermédiaire pour l'adoption de mineurs étrangers de 15 ans.

CASF, art. L. 225-15, L. 225-16.

→ *Autorité centrale pour l'adoption internationale.*

Agence française de sécurité sanitaire des aliments

[Droit civil]

Établissement public de l'État qui a pour mission de contribuer à assurer la sécurité sanitaire dans le domaine de l'alimentation, depuis la production des matières premières jusqu'à la distribution au consommateur final.

CSP, art. L. 1323-1 s., R. 1323-1 s.

Agence France Trésor

[Droit financier ou fiscal]

Service de la Direction générale du Trésor au ministère des Finances chargé de la prévision et de la gestion de la *trésorerie* de l'État, et des opérations d'émission et de gestion de la *dette* de l'État.

→ *Dette publique.*

Agence internationale de l'énergie

[Droit international public]

Organisation internationale autonome créée en 1974, après le premier choc pétrolier, par les États membres de l'OCDE. Elle a pour vocation principale d'aider les États à anticiper les crises énergétiques majeures et à coordonner leurs actions en cette matière. Siège : Paris.

Agence internationale de l'énergie atomique

[Droit international public]

Organisation internationale créée en 1957 et reliée à l'ONU. S'efforce de développer la contribution de l'énergie atomique à la paix et à la prospérité, et contrôle le respect de l'utilisation pacifique des installations. *Siège* : Vienne.

Agence nationale de sécurité du médicament et des produits de santé (ANSM)

[Droit civil]

Établissement public de l'État participant à l'application des lois et règlements relatifs à la fabrication, à la commercialisation, à l'utilisation des produits à finalité sanitaire destinés à l'homme et des produits à finalité cosmétique. Sont visés, notamment, les médicaments, les produits contraceptifs, les lentilles de contact. Il est chargé de garantir un accès équitable à l'innovation pour tous les patients et la sécurité des produits de santé tout au long de leur cycle de vie, depuis les essais initiaux jusqu'à la surveillance après autorisation de mise sur le marché.

CSP, art. L. 5311-1 s., R. 5311-1.

Agence publique

[Droit administratif]

Structure administrative bénéficiant de la personnalité juridique, le plus souvent sous la forme d'un établissement public administratif ou industriel et commercial, en général par démembrement de l'État, et chargée d'une mission d'intérêt général.

En 2012, un rapport du Conseil d'État (« Les agences : une nouvelle gestion publique ? ») en recense 1 244.

Agences de l'eau

[Droit de l'environnement]

Établissements publics administratifs dotés de la personnalité civile et de l'autonomie financière, au nombre de 6 en métropole, chargés de mettre en œuvre les SDAGE (schémas directeurs d'aménagement et de gestion des eaux) et les SAGE (schémas d'aménagement et de gestion des eaux) en favorisant une gestion équilibrée et économe de la ressource en eau, l'alimentation en eau potable, la régulation des crues et le développement durable des activités économiques. Ces agences perçoivent des redevances et accordent des prêts ou subventions aux personnes qui contribuent à la bonne gestion de la ressource halieutique et aquatique.

C. envir., art. L. 213-8-1, R. 213-30 s.

→ *Bassins hydrographiques.*

Agences régionales de santé

[Droit général]

Établissements publics de l'État à caractère administratif dont la mission est de mettre en œuvre un ensemble de programmes et d'actions concourants à la réalisation, à l'échelon régional, d'une part de la politique nationale de santé, d'autre part des principes de l'action sociale et médico-sociale, enfin des principes fondamentaux régissant l'assurance-maladie. Elles sont aussi chargées de l'organisation des soins psychiatriques dans leur territoire, spécialement de l'aménagement d'un dispositif de réponse aux urgences psychiatriques.

Les agences régionales de santé se substituent à de nombreux organismes : agences régionales de l'hospitalisation, unions régionales des caisses d'assurance-maladie, groupements régionaux de santé publique, etc.

CSP, art. L. 1431-1 s., L. 3222-1.

Agent commercial

[Droit commercial]

Intermédiaire du commerce, qui, en qualité de mandataire professionnel indépendant, sans être lié par un contrat de travail, négocie et conclut des contrats au nom et pour le compte des commerçants. N'étant pas lui-même commerçant, il est immatriculé sur un registre spécial tenu par le greffe du tribunal de commerce.

C. com., art. L. 134-1.

Agent comptable

[Droit financier ou fiscal]

Synonyme de comptable (public). Cette appellation est notamment donnée aux comptables des universités et de la plupart des établissements publics. On la trouve également employée dans le domaine de la *Sécurité sociale*, bien que la majeure partie des organismes gérant ce *service public* ait un statut de droit privé.

→ *Comptables publics.*

Agent d'affaires

[Droit commercial]

Personne qui, moyennant une rémunération, se charge professionnellement des intérêts des particuliers en les conseillant, et parfois en agissant à leur place.

Agent de change

[Droit commercial]

Ancien officier ministériel qui, jusqu'en 1988, était investi du privilège de négocier les valeurs mobilières pour le compte de ses clients.

→ *Prestataire de services d'investissement.*

Agent de justice

[Procédure civile/Procédure pénale]

Agent contractuel de droit public recruté pour une durée maximale de 5 ans non renouvelable, en vue d'assurer des activités d'accueil et d'assistance auprès des justiciables et du public dans les juridictions et les *maisons de justice et du droit*, et de contribuer à la prise en charge et au suivi éducatif des mineurs et jeunes majeurs délinquants dans les services de l'administration pénitentiaire et de la protection judiciaire de la jeunesse.

Décr. n° 99-916 du 27 oct. 1999, art. 1er.

Agent de la DGCCRF

[Droit commercial]

Fonctionnaire en charge de la police de la concurrence et de la consommation. Il est doté d'un pouvoir d'enquête et de sanction propre de certaines pratiques professionnelles déloyales. Il peut être tenu de prêter main-forte aux mesures d'instruction diligentées par les autorités de régulation, spécialement l'Autorité de la concurrence. On en dénombre environ 3 000 sur tout le territoire.

C. com., art. L. 450-1 s., L. 465-1 s.; C. consom., art. L. 511-3 s.

→ *Direction générale de la concurrence, de la consommation et de la répression des fraudes (DGCCRF), Pratiques anticoncurrentielles, Pratiques commerciales déloyales.*

Agent de maîtrise

[Droit du travail]

Catégorie professionnelle généralement prévue par les conventions collectives. L'agent de maîtrise est chargé de diriger, coordonner, contrôler le travail d'un certain nombre d'ouvriers ou d'employés dans l'exécution de tâches dont la responsabilité lui incombe (chefs d'équipe, contremaîtres, chefs d'atelier). La loi ne définit pas l'agent de maîtrise et l'assimile parfois au *cadre*.

Agent de police judiciaire

[Procédure pénale]

→ *Officiers (et agents) de police judiciaire (OPJ et APJ)*

Agent de probation

[Droit pénal]

→ *Travailleur social.*

Agent des sûretés

[Droit civil]

En cas de financement par plusieurs établissements de crédit d'une opération jugée plus ou moins risquée, les sûretés demandées par les dispensateurs du crédit peuvent être constituées et gérées par un interlocuteur unique, dénommé agent des sûretés, désigné par la collectivité des prêteurs dans l'acte qui constate l'obligation garantie.

C. civ., art. 2328-1.

Agent diplomatique

[Droit international public]

Tout membre du personnel diplomatique d'une mission diplomatique.

→ *Ambassadeur, Mission diplomatique, Personnel diplomatique.*

Agent général d'assurances

[Droit civil]

Personne physique, justifiant de certaines connaissances, qui représente une ou plusieurs compagnies d'assurances dans une circonscription déterminée, en vertu d'un contrat de nomination.

L'agent d'assurances recherche la souscription de contrats pour le compte de sa compagnie et il gère ces contrats. Dans les branches Incendie, Accidents, Risques divers (IARD) et Vie, les agents d'assurances bénéficient d'un statut.

C. assur., art. L. 511-1 s., L. 520-1, L. 520-2, R. 511-1 s.

Agent immobilier

[Droit civil]

Personne physique ou morale qui exerce à titre habituel l'activité d'intermédiaire dans les opérations de vente, d'achat, de location et de gestion d'immeubles et de fonds de commerce, ainsi que les cessions de parts de sociétés donnant vocation à de tels biens.

L. n° 70-9, 2 janv. 1970, art. 1er.

Agent international

[Droit international public]

Nom générique servant à désigner toute personne par qui une organisation internationale agit, qu'il s'agisse d'un collaborateur occasionnel (expert, arbitre…) ou d'un fonctionnaire international.

→ *Fonctionnaire international.*

Agent judiciaire de l'État

[Droit financier ou fiscal/Procédure civile]

Haut fonctionnaire du ministère de l'économie (le directeur des affaires juridiques) ayant le monopole de la représentation de l'État devant les tribunaux de l'ordre judiciaire pour toute action tendant à faire déclarer l'État créancier ou débiteur, à l'exception, principalement, des matières domaniales, fiscales et douanières. Autrefois désigné « agent judiciaire du Trésor », son appellation correspond mieux au caractère interministériel de sa fonction.

Agent public

[Droit administratif]

Expression générique désignant tout collaborateur d'un service public, le plus souvent administratif, associé pour une certaine durée à l'exécution directe de l'activité spécifique de celui-ci et relevant à ce titre du droit administratif.

Un grand nombre d'entre eux a la qualité juridique de *fonctionnaire* et est soumis à des règles générales uniformes. Les différents *services publics* emploient également des salariés soumis au droit privé, en nombre plus ou moins grand selon la nature de leurs activités.

Agent sportif

[Droit général]

Personne qui met en rapport, moyennant rémunération, des parties intéressées à la conclusion d'un contrat relatif à l'exercice rémunéré d'une activité sportive ou d'entraînement ou qui prévoit la conclusion d'un contrat de travail ayant pour objet cet exercice. Cette profession ne peut être exercée que par une personne physique détentrice d'une licence d'agent sportif délivrée par la fédération sportive concernée.

C. sport, art. L. 222-7.

Agglomération

[Droit général]

Espace sur lequel sont groupés des immeubles bâtis rapprochés et dont l'entrée et la sortie sont signalées par des panneaux placés à cet effet le long de la route qui le traverse ou qui le borde.

C. route, art. R. 110-2.

[Droit administratif]

Conurbation pouvant être juridiquement structurée par un établissement public de coopération intercommunale, notamment sous la forme de *communauté urbaine* ou d'agglomération.

→ *Communauté d'agglomération, Établissement public de coopération intercommunale (EPCI).*

Agglomération nouvelle

[Droit administratif]

Regroupement de communes reconnu par l'État, dont les entités constitutives disposent de 6 mois pour choisir le statut : commune nouvelle ou syndicat d'agglomération nouvelle.

La commune ou le syndicat exerce les compétences des communes en matière de programmation et d'investissement dans les domaines de l'urbanisme, du logement, des transports et réseaux divers. Les opérations d'aménagement étant achevées, le syndicat peut être transformé en *communauté d'agglomération*.

CGCT, art. L. 5311-1 s.

Agios

[Droit commercial]

Frais qui grèvent les diverses opérations effectuées par un banquier.

AGIRC (Association générale des institutions de retraites des cadres)

[Sécurité sociale]

Association regroupant l'ensemble des institutions gestionnaires du régime complémentaire de retraite et de prévoyance des cadres. Ce régime a été créé pour s'ajouter au régime général de Sécurité sociale pour la partie de rémunération située au-delà de la tranche A des salaires (correspondant au plafond de Sécurité sociale).

→ *Plafond.*

Agissements parasitaires

[Droit civil/Droit commercial]

Comportement d'un entrepreneur qui cherche à tirer profit de la réputation acquise par un tiers, en faisant usage du nom célèbre ou de la marque notoire employé par ce tiers. La captation de la clientèle d'autrui ayant lieu sans recherche de confusion, il n'y a pas *concurrence déloyale*, mais une sorte d'*abus de droit* justiciable de la responsabilité civile.

C. civ., art. 1240.*

→ *Parasitisme.*

Agréage

[Droit civil]

Acceptation de la marchandise par l'acheteur dans la vente comportant une faculté de dégustation, comme celle du vin dans un restaurant.

C. civ., art. 1587.

→ *Vente à la dégustation.*

Agréé

[Droit commercial/Procédure civile]

Avant l'unification des professions judiciaires par la loi n° 71-1130 du 31 décembre 1971, auxiliaire de justice habilité par un tribunal de commerce à assister et à représenter devant lui les plaideurs.

→ *Avocat.*

Agrément

[Droit administratif/Droit financier ou fiscal]

Accord devant être obtenu de l'Administration pour que certaines réalisations projetées par les particuliers puissent être exécutées, ou bénéficient d'un régime financier ou fiscal de faveur.

[Droit commercial]

Procédure par laquelle les associés de certaines sociétés approuvent ou refusent la cession ou la transmission de parts ou d'actions à une personne; ils peuvent ainsi s'opposer à l'admission de nouveaux associés ou à l'accroissement de la participation d'associés en place.

Le refus d'agrément entraîne le plus souvent obligation pour les associés de racheter les parts ou actions du cédant ou de les faire acquérir par un tiers. À défaut, la société procède à une réduction de son capital.

[Droit international public]

Acceptation, par l'État auprès duquel doit être accrédité un agent diplomatique, de la personne choisie à cet effet par un autre État.

→ *Accréditer, Persona grata.*

[Sécurité sociale]

Accord donné par l'autorité de tutelle à la nomination du personnel de direction, à l'établissement des statuts et des règlements intérieurs des caisses, à l'application des conventions collectives du travail du personnel des caisses.

Agression

[Droit international public]

1° « Emploi de la force armée par un État contre la souveraineté, l'intégrité territoriale ou l'indépendance politique d'un autre État, ou de toute autre manière incompatible avec la Charte des Nations unies » (définition formulée, au terme de longs travaux, par une résolution de l'Assemblée générale des Nations unies du 14 décembre 1974 qui, dans son art. 3, donne une énumération non limitative d'actes constitutifs d'une agression).

2° Crime international, autrefois qualifié de crime contre la paix, relevant de la compétence de la Cour pénale internationale.

Agression sexuelle

[Droit pénal]

Toute *atteinte sexuelle* commise avec violence, contrainte, menace ou surprise : *viol*,

autres agressions sexuelles, *exhibition sexuelle* et *harcèlement sexuel*.
La contrainte peut être physique ou morale. La contrainte morale peut résulter de la différence d'âge existant entre une victime mineure et l'auteur des faits et de l'autorité de droit ou de fait que celui-ci exerce sur cette victime.
Constitue également une agression sexuelle le fait de contraindre, ou de tenter de contraindre, une personne par la violence, la menace ou la surprise à subir une atteinte sexuelle de la part d'un tiers.
Les viols et les agressions sexuelles sont qualifiés d'incestueux lorsqu'ils sont commis sur la personne d'un mineur par : 1° un ascendant; 2° un frère, une sœur, un oncle, une tante, un neveu ou une nièce; 3° le conjoint, le concubin d'une des personnes mentionnées aux 1° et 2° ou le partenaire lié par un pacte civil de solidarité avec l'une des personnes mentionnées aux mêmes 1° et 2°, s'il a sur le mineur une autorité de droit ou de fait.

C. pén., art. 222-22, 222-22-1, 222-22-2, 222-31-1.

Agriculture

[Droit rural]

Selon le Code rural et de la pêche maritime « sont réputées agricoles toutes les activités correspondant à la maîtrise et à l'exploitation d'un cycle biologique de caractère végétal ou animal et constituant une ou plusieurs étapes nécessaires au déroulement de ce cycle ainsi que les activités exercées par un exploitant agricole qui sont dans le prolongement de l'acte de production ou qui ont pour support l'exploitation ». Sont aussi agricoles, « les activités de cultures marines nonobstant le statut social dont relèvent ceux qui les pratiquent » et les « activités de préparation et d'entraînement des équidés domestiques en vue de leur exploitation, à l'exclusion des activités de spectacle. Un centre équestre est donc admis, par la jurisprudence, au statut des baux ruraux. Il en est de même de la production et, le cas échéant, de la commercialisation, par un ou plusieurs exploitants agricoles, de biogaz, d'électricité et de chaleur par la méthanisation, lorsque cette production est issue pour au moins 50 % de matières provenant de ces exploitations ».
Les activités agricoles sont des activités civiles.

C. rur., art. L. 311-1, L. 411-1 s.

Agroécologie

[Droit rural]

Forme d'agriculture favorisant la culture biologique et redonnant de l'importance à l'agronomie, façon de concevoir des systèmes de production qui s'appuient sur les fonctionnalités proposées par les écosystèmes afin de diminuer les pressions sur l'environnement et préserver les ressources naturelles.

Aide à l'accès au droit

[Procédure (principes généraux)]

Aide, généralement financière, accordée aux citoyens qui en ont besoin en vue d'obtenir une information sur leurs droits et obligations, un accompagnement dans leur démarche, une *assistance* au cours des procédures non juridictionnelles, une consultation en matière juridique et une assistance à la rédaction et à la conclusion des actes juridiques.

L. n° 91-647, 10 juill. 1991, art. 53 s.

→ *Aide juridictionnelle, Conseil départemental de l'accès au droit.*

Aide au recouvrement

[Procédure pénale]

Mesure par laquelle toute personne physique qui, s'étant constituée partie civile, a bénéficié d'une décision lui accordant des

dommages et intérêts en réparation du préjudice qu'elle a subi du fait d'une infraction pénale, peut solliciter du fonds de garantie des victimes des actes de terrorisme et d'autres infractions qu'il intervienne pour en permettre le recouvrement, dès lors que la personne condamnée s'est abstenue de tout paiement volontaire dans un délai de 2 mois suivant le jour où la décision est devenue définitive.
Cette aide peut être obtenue y compris si l'auteur de l'infraction fait l'objet d'une obligation d'indemnisation de la victime dans le cadre d'une peine de sanction-réparation, d'un sursis avec mise à l'épreuve ou d'une décision d'aménagement de peine ou de libération conditionnelle.

C. pr. pén., art. 706-15-1, 706-15-2; C. assur., art. L. 422-7 à L. 422-10.

Aide aux pays en développement

[Droit international public]

1° *Aide économique :* aide consistant à assurer aux pays en développement des débouchés et des prix stables pour leurs produits.
2° *Aide financière :* mise à la disposition des pays en développement de ressources financières (prêts ou dons) pour leur permettre de procéder aux investissements nécessaires.
3° *Aide multilatérale :* aide fournie aux pays en développement par les organisations internationales (par opposition à l'aide bilatérale fournie directement d'État à État). Un grand nombre d'organisations internationales, universelles (*Organisation des Nations unies (ONU)*, *Conférence des Nations unies pour le commerce et le développement (CNUCED)*, etc.) ou régionalisées (*Organisation de coopération et de développement économique (OCDE)*, *Union européenne*, etc.) participent à cette aide.
4° *Aide technique :* mise à la disposition des pays en développement des connaissances techniques nécessaires à leur développement (bourses d'études, envoi d'experts, formation de cadres locaux, fourniture de matériel).

Aide familial

[Droit rural/Sécurité sociale]

Notion propre au régime d'assurance-maladie des exploitants agricoles et des professions artisanales. Il s'agit des ascendants, descendants, frères et sœurs ou alliés au même degré du chef d'entreprise agricole ou artisanale qui participent effectivement aux travaux de l'entreprise artisanale ou qui vivent sur l'exploitation agricole et participent à sa mise en valeur sans y avoir la qualité de salarié.
Dans le régime agricole, ce statut est limité à 5 ans depuis la loi n° 2006-11 du 5 janvier 2006.
Il ne peut y avoir d'aides familiaux dans une société. La *Mutualité sociale agricole* ne peut procéder à l'affiliation d'un aide familial que dans une exploitation de forme individuelle, à l'exception du GAEC.

C. rur., art. L. 722-10-2.

→ *Associé d'exploitation.*

Aide judiciaire

[Procédure (principes généraux)]

Institution créée en 1972 pour remplacer l'assistance judiciaire. Celle-ci avait été instituée en 1851 pour aider financièrement le plaideur, démuni de ressources, à mener ou à subir un procès devant une juridiction civile, pénale ou administrative. Elle a été remplacée par l'*aide juridictionnelle* en 1991.

Aide juridictionnelle

[Procédure (principes généraux)]

Appellation actuelle de l'ancienne *aide judiciaire*, elle est destinée à aider financièrement le plaideur dont les ressources ne dépassent pas une certaine somme. Elle lui permet, devant les juridictions civiles, pénales, administratives, de bénéficier totalement ou partiellement du concours gratuit d'un avocat et de celui de tous officiers publics ou ministériels que requiert la procédure, ainsi que de la dispense du paiement de l'avance ou de la consignation des frais afférents aux instances, procédures ou actes pour lesquels elle a été accordée. Elle peut également être accordée en vue de parvenir à une *transaction* avant l'introduction de l'instance ou dans le cadre d'une *convention de procédure participative*. Elle englobe l'intervention de l'avocat au cours de la *garde à vue* et de la retenue douanière, lors de la médiation pénale, de la *composition pénale* et de la *comparution sur reconnaissance préalable de culpabilité*. Elle couvre aussi les cas de médiation judiciaire et le contrôle des mesures d'hospitalisation psychiatrique.

L'aide juridictionnelle est totale ou partielle selon le niveau des ressources du plaideur (plafond de 1 000 € pour l'aide totale, de 1 500 € pour l'aide partielle); elle ne bénéficie au demandeur que si son action n'apparaît pas manifestement irrecevable ou dénuée de fondement.

L'aide juridictionnelle a un caractère subsidiaire et n'est donc pas accordée lorsque les frais couverts par cette aide sont pris en charge au titre d'un contrat d'assurance de protection juridique.

La demande d'aide juridictionnelle a un effet interruptif de prescription et de *péremption*.

Il existe un système spécial d'aide juridictionnelle pour les litiges transfrontaliers (L. n° 647 du 10 juill. 1991, art. 3-1, 6, 10, 40-1, 61).

C. pr. civ., art. 696, 1105; L. n° 91-647 du 10 juill. 1991; Décr. n° 91-1266 du 19 déc. 1991.

GACA n° 3.

→ *Aide à l'accès au droit, Assistance judiciaire, Bureaux d'aide juridictionnelle, Prescription de l'action publique.*

Aide médicale de l'État (AME)

[Sécurité sociale]

Prise en charge des soins dispensés à l'étranger, même en situation irrégulière, résidant en France de manière ininterrompue depuis plus de trois mois, sous la réserve d'un seuil de ressources. Les CPAM délivrent une carte d'admission à l'AME qui est individuelle ou familiale selon la situation.

CASF., art. L. 251-1.

Aide personnalisée au logement

[Sécurité sociale]

Aide destinée aux locataires, aux accédants à la propriété, aux propriétaires occupants pour leurs résidences neuves ou anciennes, à condition que leur logement ait bénéficié d'aides de l'État ou de prêts conventionnés ou que le bailleur du logement s'engage à respecter certaines obligations précisées par conventions passées avec l'État.

Cette aide est personnalisée en ce qu'elle tend à s'adapter précisément à l'évolution des ressources du ménage, à la charge relative du logement et à la situation familiale.

L'aide personnalisée au logement ne peut se cumuler avec l'*allocation de logement familiale*, mais celle-ci continuera à être servie si le droit à l'aide personnalisée au logement n'est pas ouvert.

CCH, art. L. 351-2 s.

Aide sociale

[Sécurité sociale]

Secours apporté par les collectivités publiques aux personnes dont les ressources sont insuffisantes. L'aide sociale a succédé en 1953 à l'*assistance publique*. Elle prend diverses formes : aide médicale, aide aux personnes âgées, aux personnes handicapées, aide à l'enfance, etc. Elle est organisée au niveau départemental.

→ *Action sanitaire et sociale, Bureau d'aide sociale.*

Aire piétonne

[Droit général]

Emprise affectée, de manière temporaire ou permanente, à la circulation des piétons et à l'intérieur du périmètre de laquelle la circulation des véhicules est soumise à des prescriptions particulières.

C. route, art. R. 110-2.

Aisances de voirie

[Droit administratif]

Terme générique désignant les droits reconnus aux riverains des voies publiques : droit d'accès (supprimé pour les autoroutes), de vue, d'écoulement des eaux (sous certaines restrictions).

→ *Voirie.*

Aisances et dépendances

[Droit civil]

Formule redondante utilisée par les notaires pour viser globalement les dépendances qui constituent l'accessoire de l'immeuble vendu et se dispenser ainsi de les énumérer avec précision.

Ajournement

[Procédure civile]

Expression de l'ancien Code de procédure civile de 1806 pour désigner l'*assignation*.

→ *Citation en justice.*

Ajournement du prononcé de la peine

[Droit pénal/Procédure pénale]

Mesure consistant à ne pas opter de suite, en matière correctionnelle ou en matière contraventionnelle, soit pour une peine, soit pour sa dispense, mais à remettre la décision à plus tard.

• L'*ajournement simple* procède d'un report de la décision sur la peine dans l'espoir d'une évolution favorable, lorsqu'il apparaît que le reclassement du coupable est en voie d'être acquis, que le dommage causé est en voie d'être réparé et que le trouble résultant de l'infraction va cesser (C. pén., art. 132-60 à 132-62).

• L'*ajournement avec mise à l'épreuve* est un report du prononcé de la peine dans les conditions et selon les modalités de l'ajournement simple, mais en plaçant l'intéressé sous le régime de la mise à l'épreuve (C. pén., art. 132-63 à 132-65).

• L'*ajournement avec injonction*, qui n'est pas applicable aux mineurs, est une modalité particulière de mise à l'épreuve, la juridiction enjoignant au coupable de se conformer à une ou plusieurs prescriptions qu'elle détermine (C. pén., art. 132-66 à 132-70).

• L'*ajournement aux fins de consignation d'une somme d'argent* est une création de la loi n° 2014-896 du 15 août 2014. Elle consiste à ajourner le prononcé de la peine à l'égard d'une personne en la soumettant à l'obligation de consigner une somme d'argent en vue de garantir le paiement d'une éventuelle peine d'amende (C. pén., art. 132-70-3).

• L'*ajournement aux fins d'investigation*, également mise en place par la loi précitée du 15 août 2014, et très inspirée de la césure du procès pénal en droit pénal des mineurs, intervient lorsqu'il apparaît nécessaire d'ordonner à l'égard d'une personne physique des investigations complémentaires sur sa personnalité ou sa situation matérielle, familiale et sociale, lesquelles peuvent être confiées au service pénitentiaire d'insertion et de probation ou à une personne morale habilitée (C. pén., art. 132-70-1 et 132-70-2).

C. pén., art. 132-58, 132-60 à 132-70-3; C. pr. pén., art. 747-3 s.; Ord. 2 févr. 45, art. 24-5 à 24-8.

➜ *Césure du procès pénal, Dispense de peine.*

Aléa

[Droit civil]

➜ *Contrat aléatoire, Perte d'une chance.*

Aléa thérapeutique

[Droit civil]

Événement dommageable survenant à la suite d'un acte de prévention, de diagnostic ou de soins, mais qui n'est pas imputable à la faute d'un professionnel ou d'un établissement de santé.

CSP, art. 1142-1.

GAJC, t. 2, n° 162-163.

➜ *Risques sanitaires.*

Alerte

[Droit commercial]

➜ *Procédure d'alerte.*

[Droit civil/Droit de l'environnement/Droit pénal]

➜ *Droit d'alerte, Lanceur d'alerte.*

Alibi

[Procédure pénale]

Littéralement, en latin, adverbe signifiant « ailleurs ». En français, nom désignant le moyen de défense par lequel celui qui l'invoque fait valoir qu'il ne peut être objectivement l'auteur d'une infraction, notamment en raison du fait qu'il se trouvait dans un lieu autre que celui où elle a été commise.

Aliénabilité

[Droit civil]

Caractéristique juridique d'un bien dont le propriétaire peut valablement transmettre son droit à un tiers ou constituer un droit réel à son profit.

➜ *Cessibilité, Inaliénabilité.*

Aliénation

[Droit civil]

Transmission volontaire d'un bien, procédant d'une volonté contractuelle ou extra-contractuelle, par laquelle l'aliénateur renonce à son droit de propriété au profit de l'acquéreur, qui peut ainsi devenir propriétaire de la chose. L'aliénation peut être faite à titre onéreux ou à titre gratuit, entre vifs ou *à cause de mort*, à titre particulier ou à titre universel.

Aliénation mentale

[Droit civil]

Altération des facultés mentales telle que l'individu n'a pas pleinement conscience des actes ou des faits dont il est l'auteur.

Le droit protège la personne atteinte d'une telle affection, mais celui qui a causé un dommage alors qu'il était sous l'empire d'un trouble mental n'en est pas moins obligé à réparation.

C. civ., art. 414-1 s., 425 s.

➜ *Altération des facultés mentales ou corporelles, Démence, Habilitation familiale, Hospitalisation d'un aliéné, Protection des majeurs, Soins psychiatriques.*

[Droit pénal/Procédure pénale]

L'aliénation mentale est une cause d'irresponsabilité pénale, dès lors qu'elle correspond à un trouble psychique ou neuropsychique ayant aboli le discernement ou le contrôle des actes de l'auteur de l'infraction. Elle fait l'objet d'une déclaration après une procédure contradictoire à laquelle sont associées les parties civiles, qui peut être accompagnée de la précision qu'il existe des charges suffisantes

établissant que l'intéressé a commis les faits qui lui sont reprochés.
La juridiction peut ordonner, par décision motivée, l'admission en soins psychiatriques de la personne, sous la forme d'une hospitalisation complète dans un établissement spécialisé, de même que des mesures de sûreté peuvent être prononcées.

C. pén., art. 122-1, al. 1er; C. pr. pén., art. 706-119 à 706-140.

→ *Altération des facultés mentales ou corporelles, Responsabilité du fait des choses.*

Aliéné mental

[Droit civil]

Personne atteinte de troubles mentaux. On dit également un aliéné.

GAJC, t. 2, n° 196, 206-208 et 229-231.

→ *Aliénation mentale, Curatelle, Habilitation familiale, Hospitalisation d'un aliéné, Soins psychiatriques, Sauvegarde de justice, Tutelle.*

Alignement

[Droit administratif]

Mode unilatéral d'établissement par l'Administration des limites matérielles de certaines dépendances du domaine public (voies publiques, voies ferrées), par rapport aux propriétés riveraines.

C. voirie rout., art. L. 112-1 s.

Aliments

[Droit civil]

Prestation ayant généralement pour objet une somme d'argent, destinée à satisfaire les besoins vitaux d'une personne qui ne peut plus assurer elle-même sa propre subsistance.

C. civ., art. 205 s.

GAJC, t. 1, n° 50, 57-58; GAJC, t. 2, 186 et 278-280.

→ *Obligation alimentaire, Pension alimentaire.*

Alinéa

[Droit général]

Depuis une circulaire du Premier ministre du 20 octobre 2000, pour les textes émanant du gouvernement et du Parlement, est compté pour un alinéa tout mot ou groupe de mots renvoyé à la ligne, quel que soit le signe de ponctuation placé à la fin de la ligne précédente (point, 2 points, virgule ou autre) ou au début de la ligne commençant le nouvel alinéa (guillemets, tiret, chiffre ou autre).

Allégation

[Procédure civile]

Doit s'entendre, strictement, de l'articulation des faits de nature à fonder une prétention. Première étape de la démonstration en justice, nécessairement suivie de la production des preuves et de la *qualification* juridique de ces faits.

C. pr. civ., art. 6.

→ *Demandeur, Pertinence, Prétentions des plaideurs, Principe de concentration des moyens.*

Alliance

[Droit civil]

Lien juridique existant, du fait du mariage, entre un époux et les parents de son conjoint. Il crée entre les alliés des droits, obligations et interdictions.

C. civ., art. 161, 164, 206.

GAJC, t. 1, n° 57-58; GAJC, t. 2, n° 186.

→ *Parenté.*

Allocataire

[Sécurité sociale]

Personne physique à qui est reconnu le droit aux prestations familiales. Ce droit est ouvert à toute personne, résidant en France et assumant la charge effective et permanente d'au moins un enfant résidant également en France.

CSS, art. L. 512-1.

Allocation

[Sécurité sociale]

Prestation en argent attribuée à une personne pour faire face à un besoin.

Allocation aux adultes handicapés

[Sécurité sociale]

Prestation destinée à donner un minimum de ressources aux adultes handicapés qui ne peuvent prétendre à un avantage de vieillesse ou d'invalidité d'un montant au moins égal à cette allocation.

CSS, art. L. 821-1.

Allocation de cessation anticipée d'activité des travailleurs de l'amiante (ACAATA)

[Sécurité sociale]

Allocation permettant un départ anticipé à la retraite des salariés ayant été exposés à l'amiante dans des établissements de fabrication, flocage, calorifugeage, constructions et réparations navales.

LFSS pour 1999, L. n° 98-1194 du 23 déc. 1998, art. 41.

Allocation de chômage

[Droit du travail]

Aide en espèces attribuée, sous certaines conditions, aux chômeurs. On distingue :

• *L'allocation d'assurance*, attribuée au titre de l'assurance chômage. Elle est limitée dans le temps. Elle est calculée. en fonction de la rémunération antérieurement perçue ou en fonction de la rémunération ayant servi au calcul des contributions d'assurance chômage.

C. trav., art. L. 5421-1, L. 5422-1 s., R. 5422-1 s.

• *L'allocation de solidarité spécifique*, attribuée au titre du régime de solidarité et versée pour l'essentiel aux chômeurs qui ont épuisé leurs droits résultant de l'*assurance chômage*.

C. trav., art. L. 5423-1, L. 5423-2, L. 5423-6, L. 5423-1 s., D. 5424-62.

→ *Pôle emploi.*

Allocation d'éducation de l'enfant handicapé

[Sécurité sociale]

Prestation familiale destinée aux enfants handicapés n'ayant pas dépassé 20 ans et dont l'incapacité permanente est au moins égale à 80 % ou 50 % si l'enfant fréquente un établissement d'éducation spéciale pour handicapés ou si l'état de l'enfant exige le recours à un service d'éducation spéciale ou de soins à domicile.

CSS, art. L. 541-1.

Allocation de logement familiale

[Sécurité sociale]

Prestation familiale destinée à compenser la charge du loyer ou d'accession à la propriété de la résidence principale de l'allocataire, compte tenu de ses ressources, de la composition de son foyer et des conditions minimales de salubrité et de peuplement du logement. Contrairement à l'aide personnalisée au logement, ce ne sont pas certains logements qui sont éligibles à l'allocation, mais certaines personnes. On distingue 2 types d'allocations, dont les conditions d'attribution sont quasi identiques : l'allocation de logement dite « à caractère familial » destinée aux personnes chargées de famille, l'allocation de logement dite « à caractère social ».

CSS, art. L. 542-1 s., L. 831-1.

Allocation de rentrée scolaire

[Sécurité sociale]

Allocation attribuée sous condition de ressources aux ménages ou personnes qui ont bénéficié d'une prestation familiale au cours de tout ou partie de la période de 12 mois qui précède le 1er septembre de la rentrée scolaire du ou des enfants ouvrant droit à cette allocation.

CSS, art. L. 543-1 s.

Allocation de solidarité aux personnes âgées

[Sécurité sociale]

Allocation ayant remplacé les différentes prestations qui composaient le minimum vieillesse. Cette allocation, dont le montant varie en fonction de la composition du foyer, est accordée sous condition de résidence stable et régulière en France et de ressources.

CSS, art. L. 815-1.

Allocation de solidarité spécifique

[Droit du travail]

→ *Assurance chômage.*

Allocation de soutien familial

[Sécurité sociale]

Prestation familiale destinée à tout enfant orphelin de père et (ou) de mère, tout enfant dont la filiation n'est pas légalement établie à l'égard de l'un et (ou) de l'autre de ses parents et tout enfant dont le père et (ou) la mère ne fait pas face à son obligation alimentaire.
Elle cesse d'être versée lorsque le père ou la mère se marie, vit maritalement ou conclut un pacte civil de solidarité.

CSS, art. L. 523-1, 2.

Allocation forfaitaire

[Sécurité sociale]

Somme destinée à couvrir le salarié des dépenses inhérentes à la fonction ou à l'emploi. La déduction des allocations forfaitaires de l'assiette des cotisations est subordonnée à leur utilisation effective conformément à leur objet.

CSS, Arrêté du 20 déc. 2002, art. 2.

Allocation forfaitaire de repos maternel

[Sécurité sociale]

Allocation accordée aux femmes ayant la qualité de travailleur indépendant lorsqu'elles diminuent leur activité en raison de leur maternité.

CSS, art. L. 613-19, al. 1.

Allocation journalière d'accompagnement de personnes en fin de vie

[Sécurité sociale]

Allocation versée aux personnes qui accompagnent à domicile une personne en phase avancée ou terminale d'une affection grave et incurable, quelle qu'en soit la cause et qui remplissent certaines conditions.

CSS, art. L. 168-1.

Allocation journalière de présence parentale

[Sécurité sociale]

Allocation attribuée à la personne qui interrompt ou réduit son activité dans le cadre d'un congé de présence parentale lorsque l'enfant dont elle assume la charge est atteint d'une maladie ou d'un handicap graves nécessitant une présence soutenue ou des soins contraignants pendant une durée minimale.

CSS, art. L. 544-1 s.

Allocation personnalisée d'autonomie

[Sécurité sociale]

Allocation destinée à aider son bénéficiaire à acquitter les tarifs dépendance de la structure d'accueil.

CASF, art. L. 232-8.

Allocation supplémentaire d'invalidité

[Sécurité sociale]

Allocation versée à un titulaire d'une pension vieillesse ou invalidité atteint d'une invalidité générale réduisant sa capacité de travail ou de gains.

CSS, art. L. 815-24.

Allocations familiales

[Sécurité sociale]

Prestation familiale d'entretien versée mensuellement à toute personne résidant en France pour chaque *enfant à charge* résidant en France à partir du second. Elles sont modulées en fonction des revenus du foyer.

CSS, art. L. 521-1.

Allotissement

[Droit civil]

Opération du partage consistant à former des lots en vue d'attribuer à chaque copartageant la part qui lui revient.

C. civ., art. 826 s.

[Droit administratif]

Division d'un marché public de travaux, de fournitures ou de services en plusieurs lots pouvant être attribués à des entreprises différentes, ce qui permet notamment à des entreprises de petite taille de participer à des marchés importants.

C. marchés, art. 10.

Alluvions

[Droit civil]

Dépôts de terre apportés par un cours d'eau, de manière successive et imperceptible, sans détachement, en amont d'une portion reconnaissable de la rive et accroissant la propriété du riverain.

C. civ., art. 556 s., 596.

→ *Accroissement, Atterrissement, Lais et relais.*

Altération des facultés mentales ou corporelles

[Droit civil]

Dégradation, médicalement constatée, des aptitudes de l'esprit ou du corps (en raison de la maladie, de l'infirmité ou de l'affaiblissement dû à l'âge). Elle confère à celui qu'elle affecte le bénéfice d'une mesure de protection juridique (par ordre croissant d'incapacité, *sauvegarde de justice*, *curatelle* et *tutelle*, mais aussi *habilitation familiale*), à condition qu'elle le mette dans l'impossibilité de pourvoir seul à ses intérêts et qu'elle soit de nature à empêcher l'expression de sa volonté.

C. civ., art. 425 s.

→ *Aliénation mentale, Démence, Hospitalisation d'un aliéné, Mandat de protection future, Protection des majeurs.*

[Droit pénal/Procédure pénale]

Trouble psychique ou neuropsychique dont l'auteur d'une infraction était atteint au moment des faits, et qui a, non pas aboli, mais amoindri son discernement ou entravé le contrôle de ses actes. La responsabilité pénale demeure, mais la juridiction tient compte de cette circonstance lorsqu'elle détermine la peine et en fixe le régime. Depuis la loi n° 2014-896 du 15 août 2014, une diminution de peine est en cause : si est encourue une peine privative de liberté, celle-ci est réduite du tiers, ou, en cas de crime puni de la réclusion criminelle ou de la détention criminelle à perpétuité, elle est ramenée à trente ans. La juridiction peut toutefois, par une décision spécialement motivée en matière correctionnelle, décider de ne pas appliquer cette diminution.

C. pén., art. 122-1, al. 2.

Alternance

[Droit constitutionnel]

Sous-entendu : des partis politiques à la direction de l'État. La reconnaissance de la légitimité des tendances politiques à se succéder au pouvoir par la voie électorale est un élément essentiel de la *démocratie pluraliste*.

En régime parlementaire, l'alternance ne peut résulter que des élections législatives; en régime présidentiel ou semi-présidentiel, elle est susceptible d'affecter à la fois la Présidence et le Parlement, et peut aboutir à des formes de *cohabitation*.

Le phénomène d'alternance est facilité par le bipartisme ou, au moins, la bipolarité de la vie politique.

Alternatives à l'emprisonnement

[Droit pénal]

Toute peine susceptible d'être prononcée librement par le juge à la place de l'emprisonnement, sans jamais pouvoir se cumuler avec lui.

→ *Peines alternatives (Système des).*

Alternatives aux poursuites

[Procédure pénale]

Procédures se substituant à l'engagement d'un procès pénal, mises en œuvre par le procureur de la République sur le principe de l'opportunité des poursuites : la médiation et la *composition pénale* en sont les symboles les plus forts.

C. pr. pén., art. 41-1, 41-2.

Ambassade

[Droit international public]

Mission diplomatique permanente auprès d'un État étranger. Désigne aussi les locaux de cette mission dirigée par un *ambassadeur*.

→ *Agent diplomatique.*

Ambassadeur

[Droit international public]

Chef d'une *mission diplomatique*.

→ *Agent diplomatique.*

Aménagement commercial

[Droit commercial]

Dispositif de contrôle des implantations commerciales (grandes surfaces et ensembles commerciaux de plus de 1 000 m^2) confié à une commission administrative. Réunie au niveau du département, et présidée par le préfet, celle-ci délivre les autorisations d'exploitation commerciale, après avoir effectué un contrôle au regard des exigences d'aménagement du territoire, de la protection de l'environnement et de la qualité de l'urbanisme.

C. com., art. L. 750-1 s.

Aménagement de peine

[Droit pénal/Procédure pénale]

Mesures destinées à éviter l'exécution de courtes peines d'emprisonnement (hors *récidive*, peine égale ou inférieure à 2 ans; en état de récidive, peine égale ou inférieure à un an), consistant à privilégier une *semi-liberté*, un placement à l'extérieur, un *placement sous surveillance électronique statique*, un fractionnement, une *suspension*, une *libération conditionnelle*, ou une *conversion*.

Les aménagements en cause peuvent être prononcés tant par les juridictions de jugement que par les juridictions de l'application des peines.

C. pén., art. 132-25 à 132-28; C. pr. pén., art. 707.

Aménagement du territoire

[Droit administratif]

Expression synthétique utilisée pour désigner la politique, et les moyens, visant à une utilisation économique et humaine plus rationnelle de l'espace géographique national.

Aménagement foncier

[Droit administratif/Droit rural]

Ensemble des actions tendant à assurer aux propriétés et aux exploitations agricoles et forestières une utilisation rationnelle. L'aménagement foncier est une compétence obligatoire du *département*. Il existe 4 modes d'aménagement : l'« aménagement foncier agricole et forestier » qui a remplacé le *remembrement* rural, les « échanges et cessions d'immeubles ruraux », la « mise en valeur des terres incultes » et la « réglementation et la protection des boisements ».

C. rur., art. L. 121-1 s.

Amende

[Droit civil]

Au sens large, sanction pécuniaire prévue par une loi civile et prononcée par une juridiction civile en cas de violation de certaines règles juridiques limitativement énumérées.

C. civ., art. 10, 50.

Dans un sens plus restreint, l'amende civile est une somme d'argent mise à la charge de l'auteur d'une faute, infligée par un particulier ayant reçu un pouvoir de type disciplinaire. Ce type d'amende civile a pratiquement disparu de notre droit. Le chef d'entreprise ne peut plus infliger d'amende à ses salariés pas plus que le bailleur à l'encontre de son locataire.

[Droit pénal]

Peine pécuniaire obligeant le condamné à verser une certaine somme d'argent au Trésor public. L'amende pénale est à distinguer de l'amende fiscale, laquelle est à la fois une peine et une mesure de réparation destinée à récupérer les sommes dont le fisc a pu être privé.

GADPG n° 48.

[Droit du travail]

Sanction pécuniaire à caractère disciplinaire, infligée au salarié par le chef d'entreprise. L'amende, autrefois réglementée, a été interdite par la loi du 17 juillet 1978.

C. trav., art. L. 1331-2.

[Procédure civile]

Sanction pécuniaire pouvant être mise à la charge du plaideur, soit qu'il ait simplement succombé sur un incident de procédure qu'il avait soulevé (*vérification d'écriture*, *inscription de faux*, *récusation*), soit qu'il ait agi ou exercé une voie de recours de façon abusive ou dans une intention dilatoire (appel, pourvoi en cassation, tierce opposition, recours en révision…).

C. pr. civ., art. 32-1, 295, 305, 353, 559, 581, 628, 1216; C. civ., art. 388-3, 417.

Amende administrative

[Droit civil/Droit commercial/ Droit administratif]

Pénalité pécuniaire prononcée, non par le juge, mais par une autorité administrative traditionnelle ou indépendante, surtout prévue en matière fiscale, douanière ou de droit de la concurrence.

La loi n° 2014-344 du 17 mars 2014 sur la consommation a multiplié les cas d'amende administrative que peut infliger, notamment, la *Direction générale de la concurrence de la consommation et de la répression des fraudes (DGCCRF)* pour sanctionner le manquement aux règles régissant le *contrat hors établissement*, le démarchage téléphonique, le droit de rétractation.

La sanction administrative est plus efficace que la sanction judiciaire (le Parquet, débordé, ne donne pas nécessairement suite au procès-verbal) ; elle a un effet de dissuasion, donc de prévention, supérieure à celui engendré par l'amende pénale.

Les libertés publiques, de source européenne ou constitutionnelle, restreignent la faculté de réprimer les mêmes faits au moyen de textes sanctionnés d'amende administrative et d'infractions pénales.

C. consom., art. L. 132-22, 242-10 s., 242-21, 522-1 s.; C. com., art. L. 465-1, 465-2.

Amende forfaitaire

[Procédure pénale]

Modalité d'extinction de l'action publique propre à certaines contraventions, notamment au Code de la route, par laquelle le contrevenant évite toute poursuite en s'acquittant d'une amende soit immédiatement entre les mains de l'agent verbalisateur, soit de manière différée au moyen par exemple d'un timbre-amende.

L'amende forfaitaire est *majorée* lorsque les ultimes délais de paiement n'ont pas été respectés par le contrevenant.

À l'inverse, l'amende forfaitaire est *minorée* pour certaines contraventions au Code de la route (dont sont exclues celles relatives au stationnement) si le contrevenant en règle le montant dans des délais spécifiques.

C. pr. pén., art. 529 s., R. 49 s.

Amende transactionnelle

[Procédure pénale]

Alternative aux poursuites, créée par la loi n° 2014-896 du 15 août 2014, consistant, pour un officier de police judiciaire, tant que l'*action publique* n'a pas été mise en mouvement, et sur autorisation du procureur de la République, à proposer à l'auteur de certaines contraventions ou de certains délits une transaction sous forme d'une amende ne pouvant excéder le tiers du montant encouru, outre, le cas échéant, l'obligation de réparer le dommage résultant de l'infraction. La transaction est homologuée par le président du tribunal de grande instance ou par un juge par lui désigné.

C. pr. pén., art. 41-1-1, R. 15-33-37-1 s.

Amendement

[Droit constitutionnel]

1° Proposition de modification d'un texte de loi au cours de sa discussion parlementaire. En France, en vertu de l'article 44 Const., le droit d'amendement appartient aux membres du Parlement et au Gouvernement; il s'exerce en commission ou en séance dans les conditions fixées par la loi organique et par les règlements des assemblées.

L'amendement peut se voir opposer diverses exceptions d'irrecevabilité. Selon l'article 45 Const., il ne doit pas être dépourvu de lien avec le texte qu'il modifie (*cavalier législatif*).

2° Aux États-Unis, modification de la constitution : ainsi, 27 amendements ont été apportés à la constitution de 1787.

→ *Révision.*

[Droit international public]

Acte modificatif d'un traité antérieur adopté par les parties contractantes.

→ *Révision des traités.*

[Droit pénal]

Vertu attribuée à la sanction pénale, quelle qu'en soit la nature ou l'intensité, sous forme d'amélioration personnelle du délinquant et de sa réinsertion dans la société.

Ameubli

[Droit civil]

→ *Ameublissement.*

Ameublissement

[Droit civil]

La clause d'ameublissement figurant dans un contrat de mariage a pour objet de faire entrer dans la communauté un ou plusieurs immeubles qui, en vertu du régime matrimonial légal, seraient propres à l'un des époux. On dit que l'immeuble, objet d'une telle convention, est ameubli.

C. civ., art. 1497.

Amiable compositeur

[Procédure civile]

Arbitre ayant reçu des parties le droit de rendre sa décision non selon le droit, mais en *équité* et sans observer les règles ordinaires de la procédure.

Le même pouvoir peut être donné au juge étatique, en matière civile, lorsque les parties ont la libre disposition de leurs droits mais sous réserve d'appel si les parties n'y ont pas spécialement renoncé.

C. pr. civ., art. 12, 57-1, 1478, 1490, 1512.

Amicus curiae

[Procédure (principes généraux)]

Personnalité faisant autorité dans un domaine d'activité et qu'une juridiction prend l'initiative, exceptionnelle, d'entendre comme « ami de la cour » (et non comme témoin ou expert), pour connaître son opinion sur le problème débattu devant elle, en vue de garantir, grâce à ses lumières, un *procès équitable*, au sens européen du terme.

Le décret n° 104 du 22 février 2010 a introduit en droit administratif, sans le nommer, le recours à l'*amicus curiae.*

C. pr. civ., art. 27, al. 2; CJA, art. R. 625-3.

GAJC, t. 1, n° 12, 51 et 133.

Amnistie

[Droit pénal]

Synonyme de pardon légal. Sans effacer les faits matériels et leurs conséquences civiles, l'amnistie, prévue par une loi, éteint l'*action publique* et efface la peine prononcée.

C. pén., art. 133-9 s.

Amodiation

[Droit administratif]

Dans le droit des mines, nom donné à la convention par laquelle le titulaire du droit d'exploitation (État ou concessionnaire) procède à la location de la mine à un tiers, moyennant une redevance.

[Droit civil/Droit rural]

Bail d'un fonds de terre dont le paiement se fait à portion de fruits.

Amortissement de la dette publique

[Droit financier ou fiscal]

Extinction progressive de la *dette publique* par voie de remboursement.

→ *Caisse de la dette publique.*

Amortissement du capital

[Droit commercial]

Remboursement, en cours de vie sociale, de tout ou partie du montant des apports en capital aux porteurs de titres. Les actions ainsi amorties deviennent des actions de jouissance.

C. com., art. L. 225-198 s.

→ *Action de jouissance.*

Amortissement industriel

[Droit commercial/Droit financier ou fiscal]

Technique consistant dans la constatation comptable de la dépréciation subie pendant l'exercice écoulé par une immobilisation de l'entreprise, assortie de la mise en réserve de la somme correspondante, en *franchise d'impôt*, en vue de son renouvellement ultérieur.

Ce point de vue comptable statique – l'amortissement simple enregistrement d'une perte de valeur – est aujourd'hui repoussé au second plan par une conception fiscale dynamique, encore que déformant trop souvent la réalité – l'amortissement, instrument d'une politique d'autofinancement de l'entreprise.

Amovibilité

[Droit administratif/Procédure civile/Procédure pénale]

→ *Inamovibilité.*

Ampliation

[Droit administratif]

Double, en la forme authentique, d'un acte administratif.

Amplitude

[Droit du travail]

Durée qui s'écoule dans une journée civile entre l'heure de la première prise de travail et l'heure à laquelle cesse la dernière période travaillée. Cette notion présente un intérêt pour mesurer l'emprise temporelle du travail sur la vie des salariés dont l'activité salariée journalière est morcelée en plusieurs périodes travaillées, comme c'est parfois le cas, notamment, pour les salariés à temps partiel. La Cour de cassation a déduit de dispositions européennes et légales que l'amplitude journalière ne peut être supérieure à 13 heures. Des règles spécifiques sont prévues pour le travail à temps partiel.

C. trav., art. L. 3123-16.

Analogie

[Droit général]

→ *A contrario, A fortiori, A pari, Interprétation stricte.*

GAJC, t. 2, n° 291 et 305.

Analyse financière

[Droit commercial]

Activité consistant à diligenter des travaux de recherche sur les instruments financiers et leurs émetteurs. La réglementation exige de leurs auteurs, par exemple les agences de notation, transparence et indépendance, lorsqu'est diffusé auprès du public le résultat de ces travaux ou toute autre information susceptible d'être analysée en une recommandation d'investissement.

C. mon. fin., art. L. 544-1 s.

Anatocisme

[Droit civil]

Capitalisation des *intérêts* échus. Les intérêts, intégrés au capital, produisent eux-mêmes des revenus, ce qui tend à augmenter rapidement le poids de la dette. L'anatocisme n'est possible que si la demande en a été judiciairement formée et que les intérêts sont dus pour au moins une année entière.

C. civ., art. 1343-2.*

→ *Capital.*

Ancien régime

[Droit général]

Régime politique, économique et social antérieur à la Révolution française de 1789.

Angarie

[Droit international public]

Réquisition, moyennant indemnité, d'un navire neutre par un État belligérant, dans les eaux soumises à la juridiction de ce dernier.

Le droit d'angarie a connu un élargissement dans la pratique des Première et Seconde Guerres mondiales, des États neutres l'ayant invoqué et exercé à l'égard de navires belligérants se trouvant dans leurs ports.

Animal

Au sens non juridique, être vivant qui n'est ni un être humain ni une plante.

[Droit civil/Droit rural]

Traditionnellement, les animaux étaient soumis par le Code civil au régime des *meubles* (biens corporels). Cependant, depuis une loi du 16 février 2015, l'article 515-14 du Code civil les définit comme « des êtres vivants doués de sensibilité » et précise que « sous réserve des lois qui les protègent, les animaux sont soumis au régime des biens ». Cette évolution fait écho à l'affirmation déjà présente dans le Code rural selon laquelle l'animal « étant un être sensible » il nécessite une protection particulière (son propriétaire est garant des « conditions compatibles avec les impératifs biologiques de son espèce », les « mauvais traitements » sont interdits).

C. civ., art. 515-14; C. rur., art. L. 214-1 s.

GAJC, t. 2, nº 186.

Animaux nuisibles

[Droit de l'environnement]

Animaux dont la nocivité tient à l'une des raisons suivantes : défense de la santé et de la sécurité publiques, prévention des dommages causés aux activités agricoles, forestières et aquacoles, protection de la flore et de la faune. À partir d'une liste nationale, le préfet détermine chaque année dans son département la liste des animaux nuisibles en fonction de la situation locale et pour l'un des motifs énumérés ci-dessus.

Le propriétaire ou le fermier peut alors procéder à l'élimination de ces animaux sur ses propriétés en tout temps, mais uniquement par des moyens autorisés ou avec des engins homologués.

C. envir., art. L. 427-6, L. 427-8 s.

→ *Battue administrative.*

Animus

[Droit civil]

Littéralement, « esprit », « intention ». État d'esprit d'une personne qui se comporte comme titulaire d'un droit sur une chose (*animus domini, possidendi*) ou qui veut faire une libéralité (*animus donandi*).

On oppose l'*animus* au *corpus* qui n'est que l'exercice objectif d'un droit.

Animus necandi

[Droit pénal]

« Intention de tuer ». Élément moral du meurtre et de l'empoisonnement.

Année judiciaire

[Procédure civile]

L'année judiciaire coïncide avec l'année civile, commençant le 1er janvier et se terminant le 31 décembre, afin que la permanence et la continuité du service public de la justice demeurent toujours assurées.

COJ, art. L. 111-4, R. 111-1.

Annexe

[Droit général]

Pièce jointe à un acte principal en vue de le compléter (ex. : annexe d'un traité, d'un décret...) ou de le justifier (ex. : annexes déposées au Registre du commerce, justifiant les inscriptions relatives à une société commerciale).

Annexe comptable

[Droit commercial]

Document comptable destiné à compléter et commenter l'information donnée par le bilan et le compte de résultat de manière à donner une image fidèle de la situation financière de l'entreprise.

C. com., art. L. 123-13.

Annexe de propres

[Droit civil]

Sous la communauté légale, bien acquis pendant le mariage qui, pour cette raison devrait être commun, mais qui est traité comme un propre par attraction d'un bien se trouvant déjà dans le patrimoine propre à l'un des époux. La communauté a droit à *récompense* pour la valeur de l'acquisition nouvelle.

C. civ., art. 1406.

→ *Communauté réduite aux acquêts.*

Annexion

[Droit international public]

Adjonction d'un nouveau territoire à un État. L'annexion est le plus souvent réalisée par la force et est, en ce cas, contraire au droit international.

Annonce judiciaire et légale

[Procédure civile]

Publicité dans certains journaux habilités à cette fin (L. n° 55-4 du 4 janv. 1955, art. 2), ordonnée par le juge ou par la loi, destinée à annoncer ou à faire connaître certains actes juridiques ou judiciaires (extrait de jugement homologuant un changement de régime matrimonial, vente aux enchères, constitution de société).

→ *Bulletin officiel des annonces civiles et commerciales (BODACC), Publicité d'actes juridiques.*

Annualisation

[Droit du travail]

Autrefois désigné par le terme de modulation, ce système permet de répartir les heures de travail sur l'année. La durée légale de travail est transposée forfaitairement par le législateur à 1 607 heures par an. La mise en place de l'annualisation, qui déroge aux dispositions de droit commun relatives aux heures supplémentaires, résulte d'une convention ou d'un accord collectif étendu ou d'un accord d'entreprise ou d'établissement. Les mêmes règles régissent la répartition de la durée et des horaires de travail sur une période supérieure à la semaine et inférieure à l'année, en les adaptant chaque fois au cadre temporel choisi.

C. trav., art. L. 3122-2 s.

→ *Heures supplémentaires.*

Annualité

[Droit financier ou fiscal]

Principe le plus ancien du droit budgétaire, comportant certains assouplissements, selon lequel l'autorisation de percevoir les impôts et d'exécuter les dépenses publiques doit être donnée chaque année, par le vote du *budget*, et n'est valable que pour cette durée – ce qui entraîne à la fin de celle-ci l'annulation des crédits budgétaires non encore utilisés.

→ *Crédit budgétaire, Loi de programmation des finances publiques.*

Annuité

[Droit civil]

Somme d'argent que le débiteur doit remettre annuellement au créancier en vue de se libérer de sa dette. L'annuité comprend une partie du capital augmenté des intérêts.

Annuité d'emprunt

[Droit financier ou fiscal]

L'annuité est en principe la somme versée annuellement par l'emprunteur au prêteur, à la fois au titre de l'*amortissement du capital* et du service des intérêts. Cependant, certaines présentations statistiques excluent les intérêts annuels.

Annulabilité

[Droit général]

Caractère d'un acte entaché d'un vice de forme ou de fond de nature à en faire prononcer l'annulation.

Annulation

[Droit général]

Anéantissement rétroactif d'un *acte juridique*, pour inobservation de ses conditions de formation, ayant pour effet soit de dispenser les parties de toute exécution, soit de les obliger à des restitutions réciproques. La Cour de justice de l'Union européenne et le Conseil d'État ont admis que des annulations ne produisent effet que pour l'avenir. La Cour de cassation s'interroge à ce sujet.

On parle d'annulation *ex tunc*, pour l'annulation d'un acte juridique produisant ses effets depuis l'origine de celui-ci, c'est-à-dire avec effet rétroactif (règle de principe).

Et d'annulation *ex nunc*, pour l'annulation dont les effets ne se produisent qu'à compter du jugement, voire à une date postérieure, en respectant les effets passés de l'acte (situation exceptionnelle pour tenir compte, essentiellement, d'exigences de *sécurité juridique*).

C. civ., art. 2224, 1844-10.*

→ *Nullité, Rescision, Résiliation, Résolution.*

[Procédure civile]

Anéantissement rétroactif d'un *acte de procédure* (par mise en œuvre d'une exception de procédure) ou d'un jugement (à la suite d'un appel, d'un pourvoi en cassation ou d'un recours en révision) en raison d'une *irrégularité de fond* ou d'un *vice de forme*.

C. pr. civ., art. 112 s., 117 s., 175 s., 430, 446, 458 s., 562, al. 2, 595, 604, 649, 693 s., 698.

→ *Appel-nullité, Exception.*

Anomale

[Droit civil]

→ *Succession.*

A non domino

[Droit général]

Littéralement, « d'un non-maître », « d'un non-propriétaire ». Expression latine signifiant que l'on a reçu un bien d'une personne qui n'en était pas propriétaire.

Antériorité

[Droit commercial]

Droit ou fait plus ancien opposable à un titre de propriété industrielle et le rendant nul.

Anthropométrie

[Droit pénal]

Technique d'identification des délinquants fondée sur les mensurations du corps humain et certains signes particuliers (oreilles, nez, pieds, etc.).

Antichrèse

[Droit civil]

Mot qui désignait le *gage* immobilier avant l'entrée en vigueur de la loi n° 2009-526, 12 mai 2009.

C. civ., art. 2373, 2387 s.

Antidate

[Droit civil/Droit commercial]

Erreur ou fraude consistant à donner à un écrit juridique une date antérieure à celle du jour où il a été signé par les parties. L'antidate ne débouche sur une sanction que dans les hypothèses où la date de l'acte est déterminante, soit pour fixer la priorité entre droits concurrents, soit pour marquer le point de départ d'une situation légale ou judiciaire.

→ *Postdate.*

Antitrust

[Droit commercial]

→ *Droit de la concurrence.*

A pari

[Droit général]

Raisonnement par lequel on étend l'application d'une règle juridique prévue pour une situation déterminée à une situation comparable.

GAJC, t. 2, n° 305.

→ *A contrario, A fortiori, Analogie.*

Apartheid

[Droit international public]

Politique de ségrégation raciale appliquée en Afrique du Sud jusqu'en 1991 en vue d'assurer la primauté des Blancs.

Apatride

[Droit international privé]

Individu qui n'a aucune nationalité. On emploie aussi le terme allemand *Heimatlos*.

Cette situation résulte généralement de la perte de la nationalité d'origine (par ex. par suite d'une déchéance), sans acquisition d'une nationalité nouvelle.

C. civ., art. 19-1, 20-3, 21-2, 21-24-1, 25; CESEDA, art. L. 721-1, R. 721-1.

Apériteur

[Droit civil]

Désigne, parmi les coassureurs d'un même risque, celui qui les représente tous (société apéritrice) auprès de l'assuré, notamment pour l'établissement de la police, l'encaissement des primes et le règlement des sinistres.

C. assur., art. L. 352-1.

→ *Coassurance.*

Aphorisme (Adage, Brocard)

[Droit général]

Mots, en langage juridique, tellement voisins que, rapprochés souvent du terme de *sentence* (pris dans son sens non juridictionnel), parfois du terme de proverbe, on les tient pour quasi-synonymes. Les nuances, toujours pour le juriste, paraissent néanmoins importantes. Seul le mot de brocard, de moins en moins utilisé dans le langage courant, désigne toujours une formule juridique, caractérisée par son extrême brièveté, mais sachant résumer tout le fond d'un problème de droit directement saisi sous ses aspects humains. Longtemps frappés en langue latine (*summun jus, summa injuria*), les brocards passent en langue française (en mariage il trompe qui peut; le mort saisit le vif). Constamment et magnifiquement utilisés par les vieux auteurs, non sans abus, ils sont délaissés souvent, non sans abus aussi, par les auteurs modernes. Le sens du mot brocard n'est plus guère distinct de celui d'aphorisme, devenu rare en matière juridique, dont le contenu est pourtant plus sociologique. Le sens du mot brocard se perd surtout dans celui du mot adage, de beaucoup le plus employé, voire presque le seul, mais qui a une forte résonance morale.

→ *Maxime.*

Apologie

[Droit pénal/Procédure pénale]

→ *Terrorisme.*

Apostille

[Droit civil]

Adjonction (ou modification) portée en marge, en bas de page ou à la fin d'un acte. L'apostille est annoncée par le renvoi qui n'est autre que le signe graphique (généralement une croix), porté dans le corps de l'acte et reproduit en marge, indiquant que le libellé du texte est modifié.

Apparence

[Droit civil/Droit commercial]

État d'une situation qui se présente sur la scène juridique de façon déformée.

La situation juridique apparente peut même être, en réalité, inexistante. Des motifs de sécurité juridique inclinent parfois à déduire des conséquences juridiques d'une situation apparente (héritier apparent, mandataire apparent), afin de permettre aux tiers qui ont légitimement cru en cette situation, de s'en prévaloir.

GAJC, t. 1, n° 104; GAJC, t. 2, n° 221-225, 244 et 282; GAJF n° 10.

→ *Acte apparent, Acte déguisé, Acte fictif, Acte secret, Confusion des patrimoines, Contre-lettre, Déguisement, Dissimulation, Simulation.*

Apparences (Théorie des)

[Droit fiscal]

Une imposition est établie sur la base des apparences que le contribuable a lui-même créées. Ces apparences sont ainsi opposables par l'administration au contribuable.

[Droit européen]

En application de l'article 6-1 de la Convention, la Cour EDH estime que le juge doit certes être impartial mais qu'en outre les conditions de son intervention doivent revêtir, aux yeux du justiciable ordinaire, toutes les apparences de l'impartialité.

Apparentement

[Droit constitutionnel]

1° Affiliation relâchée d'un élu à un groupe parlementaire, qui requiert l'accord de ce groupe, mais n'impose pas strictement sa discipline.

Les élus d'un parti peuvent s'apparenter à un groupe proche de leurs convictions politiques lorsqu'ils sont insuffisamment nombreux pour former leur propre *groupe parlementaire*.

2° Dans le mode de scrutin mixte dit des apparentements, groupement des listes de candidats présentées par différents partis en vue de gagner des sièges aux dépens des listes adverses isolées : si les listes apparentées obtiennent la majorité absolue des suffrages exprimés, elles emportent tous les sièges à pourvoir dans la circonscription et les répartissent entre elles à la proportionnelle.

Lors des législatives de 1951, ce mode de scrutin a permis aux partis de gouvernements, apparentés, d'écarter la menace des deux oppositions, inconciliables entre elles, des gaullistes et des communistes.

L. 9 mai 1951.

Appel

[Procédure (principes généraux)]

Voie de recours de droit commun (ordinaire) de réformation ou d'annulation par laquelle un plaideur porte le procès devant une juridiction du degré supérieur, voire devant la même juridiction autrement composée (appel des décisions rendues par la cour d'assises en premier ressort).

En matière civile, l'appel a été longtemps, aussi, une voie d'achèvement du procès permettant de juger au second degré un litige quelque peu différent de celui débattu au premier degré. La tendance actuelle, au contraire, est à la restauration de la première instance dominée désormais par l'application stricte du *principe de concentration des moyens*.

C. pr. civ., art. 542; C. pr. pén., art. 380-1; CJA, art. L. 321-1, L. 811-1, R. 811-1.

GACA n° 28.

→ *Appel-nullité, Tantum devolutum quantum appellatum, Tantum devolutum quantum judicatum.*

Appel *a minima*

[Procédure pénale]

Acte d'appel émanant du *ministère public* par lequel il demande à la juridiction du second degré d'aggraver une peine qu'il estime insuffisante.

Appel d'offres

[Droit administratif]

Procédure de droit commun de passation des *marchés publics* excédant certains montants, soumise à publicité préalable, dans laquelle la personne publique choisit, sans négociations avec les candidats, l'offre économiquement la plus avantageuse, sur la base de critères objectifs préalablement portés à la connaissance des candidats. L'appel d'offres est dit « ouvert » lorsque tout intéressé peut soumettre une offre,

« restreint » lorsque seuls des candidats sélectionnés en ont le droit.

C. marchés, art. 26, 33; Ord. nº 2015-899 du 23 juill., art. 42.

Appel des causes

[Procédure civile]

Audience au cours de laquelle, devant le TGI et devant la cour d'appel, le président décide, soit de l'ouverture d'une mise en état par un juge du même nom, soit du renvoi immédiat à l'audience des plaidoiries, soit d'une conférence ultérieure avec les avocats s'il estime nécessaire un ultime échange de conclusions ou une ultime communication de pièces.

C. pr. civ., art. 759 s., 905, 907, 940.

→ *Affaire en état, Audience de procédure, Mise en état.*

Appel en garantie

[Procédure civile]

→ *Garantie.*

Appel incident

[Procédure civile]

Appel formé en réplique à l'*appel principal*, par la partie intimée (le défendeur en appel), et qui est dirigé contre l'appelant ou contre les autres intimés.

Sur un appel principal ou sur un appel incident provoqué par le premier, un appel incident peut aussi être formé par toute partie, même non intimée.

L'appel incident n'est recevable que si l'appel principal l'est lui-même.

C. pr. civ., art. 548 s., 909.

→ *Appel provoqué par l'appel principal.*

Appel-nullité

[Procédure civile]

Appel dont l'objet n'est pas la réformation du jugement mais la dénonciation de son irrégularité. Dans les cas où la loi a supprimé la voie de l'appel, la jurisprudence restaure néanmoins, sous le nom d'appel-nullité autonome, un recours en annulation mais uniquement si le jugement est entaché d'*excès de pouvoir*, c'est-à-dire rendu en méconnaissance par les premiers juges de l'étendue de leurs pouvoirs juridictionnels. La violation de l'obligation de motivation ne constitue pas un excès de pouvoir, pas plus que la violation du principe de la contradiction ou la méconnaissance de l'objet du litige. Même solution lorsque l'appel contre certains jugements avant-dire droit est différé au jour où le jugement sur le fond sera rendu : l'appel (restauré) sera immédiatement admis en cas d'excès de pouvoir. Cette jurisprudence a été étendue par la suite à tous les types de recours (pourvoi en cassation, tierce-opposition, etc.).

Appel principal

[Procédure (principes généraux)]

Appel formé par le plaideur qui a perdu un procès en première instance, comme demandeur ou comme défendeur.

Le recours peut viser tous les points du débat judiciaire ou seulement certains d'entre eux.

C. pr. civ., art. 562, 901; C. pr. pén., art. 380-3, 515; CJA, art. L. 811-1 s. et R. 811-1 s.

→ *Effet dévolutif des voies de recours, Effet suspensif des voies de recours, Tantum devolutum quantum appellatum.*

Appel provoqué par l'appel principal

[Procédure civile]

Dans un procès concernant plus de 2 parties, appel formé par un plaideur n'ayant pas la possibilité d'user d'un *appel incident*, faute d'avoir été l'objet d'un appel principal. Ce plaideur, quoique non intimé, peut *interjeter appel* parce qu'il a été partie en première instance.

C. pr. civ., art. 549 s.

Appel public à l'épargne

[Droit commercial]

Procédé de financement d'une société consistant à placer et à faire coter ses titres sur un marché financier réglementé, ou à recourir à des modes de publicité, de démarchage, ou de placement par des établissements de crédit ou des prestataires de services d'investissement. A été supprimé par l'ordonnance du 22 janvier 2009 et remplacé par la notion européenne d'*offre au public de titres financiers*.

C. mon. fin., art. L. 411-1 s. (anciens et nouveaux).

Appelant

[Procédure civile]

Nom du demandeur en appel.

→ *Intimé.*

Appelé

[Droit civil]

Personne désignée par le disposant d'une libéralité pour bénéficier, à la mort du *grevé* ou pour le cas de sa déchéance ou de sa renonciation, de la restitution des biens composant la libéralité. On l'appelle aussi second gratifié.

C. civ., art. 1048 s.

→ *Libéralité graduelle.*

[Procédure civile]

Toute personne formellement invitée à comparaître en justice en qualité de partie ou de tiers mis en cause ou de témoin.

Appellation d'origine

[Droit commercial]

Dénomination d'un pays, d'une région ou d'une localité servant à désigner un produit qui en est originaire et dont la qualité ou les caractères sont dus au milieu géographique comprenant des facteurs naturels et des facteurs humains.

Son usage est à la disposition de tous les producteurs du bien envisagé.

C. consom., art. L. 431-1.

→ *Indication géographique protégée (IGP).*

Appellation d'origine contrôlée

[Droit rural]

→ *Appellation d'origine protégée.*

Appellation d'origine protégée

[Droit rural/Droit européen]

Label (AOP) qui désigne la dénomination d'un produit dont la production, la transformation et l'élaboration doivent avoir lieu dans une aire géographique déterminée avec un savoir-faire reconnu et constaté (ex. : mozzarella di buffala Campana). Le règlement CE n° 510/2006 a établi les règles relatives à la protection des appellations d'origine et des indications géographiques protégées (AOP et IGP) et organisé un système d'enregistrement européen des dénominations géographiques qui leur assure une protection juridique dans l'Union européenne. Ce système visant à « fédérer » est similaire à l'appellation d'origine contrôlée (AOC) utilisé en France jusqu'au 1er janvier 2012, depuis lors, seuls les vins font référence à l'AOC.

C. rur., art. L. 641-10.

→ *Indication géographique protégée.*

Applicabilité directe

[Droit international public/Droit européen]

Caractère d'une norme adoptée par une organisation internationale ou énoncée dans un traité international qui s'applique directement dans le droit interne des États sans qu'il soit besoin, voire possible, que cet État transpose préalablement cette règle dans son droit interne par l'adoption d'une loi ou d'un acte réglementaire. Classique en droit de l'Union européenne (art. 288 TFUE), l'applicabilité directe est moins systématique pour les règles du droit international public (actes « *self-executing* »).

→ *Effet direct.*

Application immédiate des lois

[Droit général]

→ *Effet immédiat de la loi (Principe de l').*

« Appliquer ou expliquer »

[Droit commercial]

Obligation des grandes entreprises (sociétés cotées) de se soumettre, dans l'intérêt des investisseurs, aux recommandations de *droit souple* émanant des organisations professionnelles (rassemblées parfois dans des « code de conduite »), sauf à expliquer les raisons pour lesquelles ces recommandations ne conviennent pas. Traduction de la formule anglaise « comply or explain ».

Recommandation n° 2014/208/UE de la Commission du 9 avr. 2014 sur la qualité de l'information sur la gouvernance d'entreprise.

→ *Gouvernement des entreprises, Code AFEP-MEDEF*

Appoint

[Droit civil/Droit commercial]

Complément exact en petite monnaie de la somme due que le débiteur qui paie en billets et en pièces doit verser au créancier de telle sorte que celui-ci n'ait aucune monnaie à rendre.

C. mon. fin., art. L. 112-5.

Apport

[Droit civil]

Sous le régime de la communauté légale, biens qui constituent des *biens propres* du fait qu'ils étaient la propriété de l'époux avant le mariage ou qu'ils lui sont advenus pendant le mariage à titre gratuit et qui, au moment de la dissolution, sont séparés des biens communs, les acquêts, pour être repris en nature à titre de biens personnels.

C. civ., art. 1467.

Apport en industrie

[Droit commercial]

Apport de travail, de compétence ou de savoir-faire, l'apport en industrie ne concourt pas à la formation du capital. L'apporteur en industrie est cependant un véritable associé dont l'activité est rémunérée par un droit sur les bénéfices sociaux.

C. civ., art. 1843-2.

→ *Apport en nature, Apport en numéraire, Apport(s) en société.*

Apport en nature

[Droit commercial]

L'apport en nature est l'apport d'un bien autre qu'une somme d'argent, tel que *fonds de commerce*, *immeuble*, *créance*, droits sociaux, droit de propriété intellectuelle...

Seul l'apport en nature réalisé en propriété transfère cette dernière, au contraire de l'apport en jouissance.

Dans les sociétés à risque limité, l'évaluation de l'apport en nature est généralement soumise au contrôle d'un commissaire aux apports.

C. civ., art. 1843-3.

→ *Apport en industrie, Apport en numéraire, Apport(s) en société.*

Apport en numéraire

[Droit commercial]

Cet apport est constitué par le versement d'une somme d'argent à la société lors de sa constitution ou d'une augmentation de *capital*.

Il faut distinguer la souscription de l'apport (ou promesse de verser une certaine somme) de sa libération (le versement effectif).

C. civ., art. 1843-3.

→ *Apport en industrie, Apport en nature, Apport(s) en société.*

Apport(s) en société

[Droit civil/Droit commercial]

Biens mis en commun par les associés lors de la constitution d'une société.

Ces apports peuvent se présenter sous plusieurs formes : en numéraire, en nature ou en industrie (c'est-à-dire en travail ou en services). En contrepartie de ses apports, chaque associé reçoit des droits sociaux (parts ou actions).

C. civ., art. 1832, 1835, 1843-1 à 1843-3; C. com., art. L. 222-1, L. 223-7, L. 223-9, L. 223-32, L. 225-3, L. 225-127.

→ *Apport en industrie, Apport en nature, Apport en numéraire.*

Apport partiel d'actif

[Droit commercial]

Opération par laquelle une société apporte à une autre société, nouvelle ou préexistante, une partie seulement de son patrimoine, moyennant attribution, au profit de ses associés, de droits sociaux de la société bénéficiaire de l'apport.

Elle peut être soumise au régime des scissions et emporter alors, si elle a pour objet une branche autonome d'activité, transmission universelle du patrimoine.

C. com., art. L. 236-1 s., spéc. L. 236-22.

Apposition des scellés

[Procédure civile/Droit civil]

Mesure conservatoire destinée à empêcher la disparition ou la destruction de certains objets. Sur décision du juge, l'huissier de justice désigné appose les *scellés* sur la porte du local s'il est fermé ou, après ouverture forcée, sur les meubles et effets se trouvant à l'intérieur.

C. pr. civ., art. 1304 à 1315.

→ *État descriptif du mobilier, Levée des scellés.*

Appréciation de légalité (Recours en)

[Droit administratif]

→ *Recours en appréciation de légalité.*

Appréhension

[Procédure civile]

→ *Saisie-appréhension.*

Apprentissage

[Droit du travail]

L'apprentissage est une forme d'éducation alternée. Il a pour but de donner à des jeunes travailleurs ayant satisfait à l'obligation scolaire une formation générale, théorique et pratique, en vue de l'obtention d'une qualification professionnelle sanctionnée par un diplôme de l'enseignement professionnel ou technologique du second degré ou du supérieur ou un titre professionnel homologué (L. du 23 juill. 1987).

Le contrat d'apprentissage, qui peut être à durée déterminée, est un contrat de travail de type particulier par lequel un employeur s'engage à assurer à un jeune travailleur, outre le versement d'un salaire, une formation professionnelle méthodique et complète, dispensée pour partie en entreprise et pour partie en centre de formation d'apprentis.

C. trav., art. L. 6211-1.

Approbation

[Droit international public]

Mode d'expression d'un État ou d'une organisation internationale à être lié(e) par un traité. Voisin de la ratification, il s'en distingue par l'autorité qui l'exprime; en

France les traités sont ratifiés par le Président de la République, les accords sont approuvés par le gouvernement, le plus souvent par le ministre des Affaires étrangères.

Apurement des comptes

[Droit financier ou fiscal]

En matière de contrôle des comptes des collectivités publiques, ensemble d'opérations administratives consistant à vérifier la régularité des opérations de recettes et de dépenses publiques exécutées par les comptables publics, ainsi que des mouvements de fonds et de valeurs auxquels ils ont procédé au cours de la période contrôlée, puis à arrêter ces comptes s'ils sont réguliers.

L'apurement (administratif) se distingue du jugement des comptes, opéré par des juridictions (Cour des comptes, chambres régionales des comptes), qui aboutit non à une décision administrative mais à un véritable arrêt ou jugement réglant définitivement dès son prononcé la situation du comptable, en le déclarant quitte, ou en *débet*. Les seuils de répartition de cette compétence ont été modifiés par la loi n° 2011-1862 du 13 décembre 2011 relative à la répartition des contentieux et à l'allègement de certaines procédures juridictionnelles.

→ *Comptables publics, Directeur départemental des finances publiques.*

Cette conception large de l'apurement est critiquée par certains spécialistes, qui réservent le terme à la constatation par l'autorité chargée de la vérification du compte de gestion du comptable « de l'exacte reprise des résultats actifs et passifs de ce compte au compte suivant ».

Aquilien

[Droit civil]

Équivalent savant de l'adjectif « délictuel ».

Arbitrage

[Droit constitutionnel]

Depuis 1958, le président de la République assure par son arbitrage le fonctionnement régulier des pouvoirs publics ainsi que la continuité de l'État (Const., art. 5). La pratique a tendu à transformer cette mission en un authentique pouvoir suprême de décision politique. D'autres autorités peuvent disposer, à un niveau inférieur, d'un pouvoir comparable (ex. : les « arbitrages budgétaires » du Premier ministre en matière de répartition des crédits budgétaires entre les différents ministères).

[Droit public]

Les personnes publiques peuvent dans certains cas recourir à un arbitre plutôt qu'à une juridiction étatique pour trancher un litige.

GACA n° 74.

[Droit du travail]

Procédure facultative de règlement des conflits collectifs de travail, qui consiste à confier à un tiers, choisi par les parties, la solution du conflit.

Le recours à l'arbitrage est exclu pour régler les différends individuels nés à l'occasion du contrat de travail en raison du caractère d'ordre public de la compétence attribuée à la juridiction prud'homale.

C. trav., art. L. 1411-4, L. 2524-1 s.

→ *Cour supérieure d'arbitrage.*

[Procédure civile]

Procédure de règlement des *litiges* conventionnellement prévue par les parties : celles-ci s'engagent, au terme d'une convention d'arbitrage (*compromis* ou *clause compromissoire*), à soumettre leur litige à une ou plusieurs personnes privées en nombre impair, appelées arbitres, à qui elles confèrent ainsi un véritable pouvoir juridictionnel.

Le recours à l'arbitrage est exclu pour les litiges du travail en raison du caractère d'ordre public de la compétence attribuée à

la juridiction prud'homale. Il est également prohibé en ce qui concerne les contestations intéressant les collectivités publiques et les établissements publics, plus généralement dans toutes les matières mettant en cause l'ordre public.
Par extension, le mot est parfois appliqué à un juge étatique déclaré *amiable compositeur* par les plaideurs.

C. civ., art. 2060; C. pr. civ., art. 1442 s.; CRPA, art. L. 432-1.

→ *Arbitre, Conciliation conventionnelle, Conciliation organisée par le juge, Convention d'arbitrage, Médiation conventionnelle, Médiation organisée par le juge, Sentence arbitrale.*

Arbitrage international

[Droit international privé/Procédure civile]
Est international l'arbitrage qui met en cause des intérêts du commerce international.

C. pr. civ., art. 1504 s.

[Droit international public]
Mode de règlement juridictionnel des différends interétatiques et transnationaux par des arbitres, choisis par les parties, chargés de rendre une décision revêtue de l'*autorité de chose jugée*.

→ *Sentence arbitrale.*

Arbitraire

[Droit général]
Pris substantivement, le mot est l'équivalent d'appréciation souveraine (du juge). Utilisé comme adjectif, arbitraire qualifie une décision procédant de la seule volonté, nullement de l'observation d'une règle existante.

Arbitre

[Procédure civile]
Personne privée, ayant le plein exercice de ses droits civils, chargée d'instruire et de juger un litige à la place d'un juge public, à la suite d'une *convention d'arbitrage*.
Le terme « arbitre » est aujourd'hui délaissé en législation au profit de celui de « *tribunal arbitral* » afin de souligner le caractère pleinement juridictionnel de la procédure arbitrale.

C. pr. civ., art. 1450 s.

→ *Amiable compositeur, Clause compromissoire.*

Arbitre-rapporteur

[Procédure civile]
Personne désignée naguère pour fournir au tribunal de commerce un avis technique après avoir tenté une conciliation. Cette fonction a été supprimée.

Archéologie préventive

[Droit de l'environnement/ Droit administratif]
Mission de service public qui a pour objet d'assurer, à terre et sous les eaux, la détection, la conservation ou la sauvegarde par l'étude scientifique, des éléments du patrimoine archéologique qui risquent d'être affectés par les travaux publics ou privés concourant à l'aménagement.

C. patr., art. L. 521-1 s., R. 522-1 s.

Architecte des bâtiments de France (ABF)

[Droit de l'environnement]
L'architecte des bâtiments de France appartient au corps des architectes et urbanistes de l'État. Il est chargé d'assurer la protection du patrimoine architectural, urbain et paysager.
L'intervention de l'architecte des bâtiments de France est nécessaire dans le cadre des *espaces protégés*. Il doit donner son avis sur toute demande d'autorisation de travaux : permis de construire, de démolir, de lotir, implantation de lignes électriques, déboise-

ment, localisation de publicité. Selon l'espace en cause ou le type de travaux, son avis est conforme ou simple. En présence d'un *avis conforme*, l'autorité qui délivre l'autorisation est liée et ne peut s'opposer à l'avis qu'en engageant un recours devant le préfet de région. En cas d'*avis simple*, l'autorité conserve son pouvoir de décision. Le plus souvent, l'accord de l'ABF est exigé, tel est le cas du projet de travaux situé dans un secteur sauvegardé ou de la démolition d'un bâtiment dans un site inscrit ou classé.

C. urb., art. L. 313-1, R. 423-35, 423-54, 423-59, 423-67-1 s., 424-3, 425-2, 425-18.

Archives

[Droit général]

Ensemble des documents produits ou reçus par toute personne physique ou morale et par tout service ou organisme public ou privé dans l'exercice de leur activité, conservés dans un intérêt public tant pour la justification des droits de toute personne que pour la documentation historique de la recherche.

Les archives sont dites publiques lorsqu'elles procèdent : 1° de l'activité de l'État, des collectivités territoriales, des établissements publics; 2° de l'activité des organismes de droit privé chargés des services publics ou d'une mission de service public; 3° proviennent des minutes et répertoires des officiers publics et ministériels.

C. patr., art. L. 211-1, L. 212-1 s., R. 212-1 s.

Archives audiovisuelles de la justice

[Procédure (Principes généraux)]

Les audiences publiques devant les juridictions de l'ordre administratif ou judiciaire peuvent faire l'objet d'un enregistrement audiovisuel ou sonore lorsque cet enregistrement présente un intérêt pour la constitution d'archives historiques de la justice.

La reproduction ou la diffusion de l'enregistrement audiovisuel ou sonore est subordonnée à une autorisation accordée par le président du tribunal de grande instance de Paris, une fois entendue toute personne justifiant d'un intérêt pour agir. Après 50 ans, la reproduction et la diffusion sont libres.

C. patr., art. L. 221-1 s., R. 221-1 s.

→ *Commission consultative des archives audiovisuelles de la justice.*

Argument

[Procédure (principes généraux)]

Raisonnement invoqué pour soutenir un *moyen* de procédure ou de fond (argument de texte, d'équité…).

→ *Cause.*

Aristocratie

[Droit constitutionnel]

(Du grec *aristoi*, les meilleurs, et *cratos*, gouvernement). Régime politique où le pouvoir est détenu par une classe considérée comme l'élite. Ex. : aristocratie militaire de Sparte, aristocratie ploutocratique de Venise.

Armateur

[Droit maritime]

Celui qui exploite un navire en son nom. Présumé être le propriétaire du navire, il peut en être parfois l'affréteur.

C. transp., art. L. 5411-1, L. 5411-2.

Armes

[Droit pénal]

Est une *arme par nature* tout objet conçu pour tuer ou blesser.

Est une *arme par destination* tout autre objet susceptible de présenter un danger pour les personnes, dès lors qu'il est utilisé pour tuer, blesser ou menacer ou qu'il est destiné, par celui qui en est porteur, à tuer, blesser ou menacer.

Est une *arme dite « simulée »* tout objet qui, présentant avec une arme par nature une ressemblance à même de créer une confusion, est utilisé pour menacer de tuer ou de blesser ou est destiné, par celui qui en est porteur, à menacer de tuer ou de blesser.

L'*utilisation d'un animal* pour tuer, blesser ou menacer est assimilée à l'usage d'une arme.

C. pén., art. 132-75.

Armes à sous-munitions

[Droit pénal]

Armes conçues pour disperser un grand nombre de projectiles explosifs, laissant sur le terrain une importante quantité de sous-munitions non explosées. Constitutives d'une grave menace humanitaire, notamment pour les populations civiles, elles sont l'objet d'une interdiction, pénalement sanctionnée, en application de la convention multilatérale signée par la France à Oslo, le 3 décembre 2008.

C. défense, art. L. 2344-1 à L. 2344-11.

Armes de destruction massive

[Droit pénal/Procédure pénale]

Armes nucléaires et biens connexes aux matières nucléaires, armes biologiques ou à base de toxines, armes chimiques, dont les facteurs de prolifération sont érigés en infractions, elles-mêmes soumises à des procédures particulières d'enquête, de poursuite, d'instruction et de jugement.

C. pr. pén., art. 706-167 à 706-175.

Armistice

[Droit international public]

Convention conclue entre belligérants pour l'interruption des hostilités, et qui précède souvent les pourparlers de paix. Se distingue de la suspension d'armes, trêve de brève durée pour régler des intérêts pressants mais limités (par ex. : évacuation des morts et blessés).

Arpentage

[Droit civil]

Mesurage d'une terre, originairement par arpent (34,19 ares), aujourd'hui par toute unité du système métrique. L'arpentage est l'opération préalable de tout *bornage*.

ARRCO (Association pour les régimes de retraites complémentaires des salariés)

[Sécurité sociale]

Association regroupant des institutions de retraites complémentaires. Depuis le 1er janvier 1999, c'est un régime unique; toutes les institutions relevant de l'ARRCO appliquent une réglementation entièrement unifiée qui s'est substituée d'office aux règlements de chacun des régimes.

Relèvent de ces régimes non seulement les salariés non-cadres, mais également les salariés cadres pour la partie de leur rémunération (tranche A) qui ne dépasse pas le plafond de Sécurité sociale.

→ *Plafond.*

Arrérages

[Droit civil]

Somme d'argent versée périodiquement à un *créancier* et résultant d'une *rente* ou d'une pension.

C. civ., art. 1978 s.

Arrestation

[Procédure pénale]

Fait d'appréhender une personne, en ayant recours à la force si besoin est, en vue de sa comparution devant une autorité judiciaire ou administrative, ou à des fins d'incarcération.

Hors le cas de flagrance, l'arrestation exige un *mandat*.

Arrêt

[Procédure (principes généraux)]

Décision de justice rendue par certaines juridictions (cours d'appel, Cour de cassation, juridictions administratives autres que les tribunaux administratifs..., juridictions européennes ou internationales).

→ *Décision, Jugement, Ordonnance, Verdict.*

Arrêt de règlement

[Procédure (principes généraux)]

Décision solennelle prise par une cour souveraine (Parlement d'Ancien Régime), de portée générale, et liant les juridictions inférieures.

Il est interdit aux juridictions françaises de rendre des arrêts de règlement.

C. civ., art. 5.

GAJC, t. 1, n° 11, 12 et 50.

→ *Cour de cassation.*

Arrêt des poursuites individuelles

[Droit commercial]

→ *Suspension des poursuites individuelles.*

Arrêté

[Droit administratif/Droit constitutionnel]

Acte exécutoire à portée générale ou individuelle émanant d'un ou de plusieurs ministres (arrêté ministériel ou interministériel) ou d'autres autorités administratives (arrêté préfectoral, municipal, etc.).

Arrêté de cessibilité

[Droit administratif]

Dans la procédure d'*expropriation pour cause d'utilité publique*, arrêté préfectoral déterminant la liste des parcelles foncières – ou des droits réels immobiliers – à exproprier, si cette liste ne résulte pas déjà de la déclaration d'utilité publique.

C. expr., art. L. 132-1 et R. 132-1.

Arrêté de compte

[Droit civil]

Approbation, après vérification, de l'état récapitulatif d'un compte, rendant ce compte intangible, sauf demande de redressement en cas d'erreur, d'omission ou de présentation inexacte.

C. civ., art. 511, 810-8, 2022; C. pr. civ., art. 1269.

Arrêté de conflit

[Droit administratif]

Décision préfectorale qui tend à dessaisir une juridiction judiciaire d'un litige à l'égard duquel l'Administration l'estime incompétente, et qui porte le problème de compétence devant le *Tribunal des conflits*.

Arrhes

[Droit civil]

Somme d'argent imputable sur le prix total, versée par le débiteur au moment de la conclusion du contrat et constituant un moyen de *dédit*, sauf stipulation contraire.

Les arrhes sont perdues si le débiteur revient sur son engagement, mais le solde n'est pas dû; si c'est celui qui les a reçues qui revient sur son engagement, il doit les restituer au double. Il ne faut pas confondre « arrhes » et « *acompte* » bien que, dans la pratique, les deux termes soient souvent utilisés indistinctement.

Dans les contrats de consommation, les sommes versées d'avance sont des arrhes, sauf stipulation contraire et sont productives d'intérêts au taux légal en matière civile.

C. civ., art. 1590; C. consom., art. L. 214-1 à L. 214-4.

→ *Intérêt légal.*

Arriéré

[Droit civil]

Dette impayée à l'échéance en tout ou en partie, dont le paiement différé donne lieu à un intérêt de retard, soit conventionnel s'il a été prévu, soit légal, celui-ci ne courant que du jour de la demande en justice.

Arrondissement

[Droit administratif]

1° Circonscription administrative, dépourvue de personnalité juridique, se situant entre le département et le canton, au nombre d'environ 350.

→ *Sous-préfet.*

2° Division interne de certaines grandes villes.

→ *Conseil d'arrondissement, Maire d'arrondissement.*

Artisan

[Droit commercial]

Celui qui exerce, pour son propre compte, un métier manuel pour lequel il justifie d'une qualification professionnelle et prend personnellement part à l'exécution du travail. Il doit être immatriculé au Répertoire de métiers.

L'activité artisanale a le caractère civil, de sorte que l'artisan échappe à la compétence des tribunaux de commerce et au droit commercial. Néanmoins une tendance récente est d'étendre aux artisans le bénéfice des règles commerciales favorables, ainsi les procédures collectives de règlement de l'insolvabilité professionnelle issues du Livre VI du Code de commerce.

La définition jurisprudentielle de l'artisan est plus stricte que la définition administrative qui oblige à s'immatriculer au Répertoire de métiers celui qui n'emploie pas plus de 10 salariés et exerce à titre principal ou secondaire une activité professionnelle indépendante de production, de transformation, de réparation, ou de prestation de services, à l'exclusion de l'agriculture et de la pêche.

Elle est en revanche plus compréhensive que la définition du droit fiscal qui n'accorde le bénéfice de certains avantages qu'à ceux qui travaillent seuls ou avec le concours d'une main-d'œuvre familiale et d'un compagnon ou apprenti.

→ *Chambre de métiers et de l'artisanat.*

Ascendant

[Droit civil]

Personne dont un individu est juridiquement issu (parent, grand-parent). Le Code civil consacre le droit de l'enfant à entretenir des relations personnelles avec ses ascendants, auquel seul son intérêt peut faire obstacle. Si tel est le cas, le juge aux affaires familiales fixe les modalités des relations entre l'enfant et un tiers, parent ou non, en particulier lorsque ce tiers a résidé de manière stable avec lui et l'un de ses parents, a pourvu à son éducation, à son entretien ou à son installation, et a noué avec lui des liens affectifs durables.

C. civ., art. 148, 161, 173, 205, 371-4, 734 s., 935.

→ *Collatéral, Degré de parenté, Descendant, Enfant, Filiation, Ligne, Relations personnelles.*

Asile

[Droit international public]

• *Asile conventionnel :* situation d'un ressortissant étranger qui se voit octroyer un titre de séjour et reconnaître une protection spéciale en application de la Convention de Genève du 28 juillet 1951 sur les réfugiés, à raison du fait que, craignant « avec raison d'être persécutée du fait de sa race, de sa religion, de sa nationalité, de son appartenance à un groupe social ou de ses opinions politiques » dans le pays dont il a la nationalité, il ne peut ou, du fait de cette crainte, ne veut se réclamer de la protection de ce pays.

• *Asile constitutionnel :* situation d'un ressortissant étranger qui se voit octroyer un titre de séjour et reconnaître une protection spéciale par application du principe de la Constitution française de 1946 : « tout homme persécuté en raison de son action en faveur de la liberté a droit d'asile sur les territoires de la République ».

→ *Cour nationale du droit d'asile, Réfugié.*

Asile diplomatique

[Droit international public]

Pratique qui consiste pour un chef de mission diplomatique à refuser de livrer aux autorités locales une personne qui s'est réfugiée dans l'ambassade. Cette pratique s'appuie sur l'inviolabilité des locaux diplomatiques garantie par le droit international.

Assassinat

[Droit pénal]

Meurtre commis avec *préméditation*.

C. pén., art. 221-3.

Assedic (Association pour l'emploi dans l'industrie et le commerce)

→ *Assurance chômage, Pôle emploi, Unedic (Union nationale pour l'emploi dans l'industrie et le commerce).*

Assemblée constituante

[Droit constitutionnel]

Assemblée parlementaire élue avec le mandat d'élaborer une Constitution; par exemple, en France, en 1871 ou en 1945-1946.

Assemblée des chambres

[Procédure civile]

Réunion des 3 premières chambres à la cour d'appel de Paris, des 2 premières chambres dans les autres cours d'appel, en vue de recevoir le serment des magistrats et de procéder à l'installation des membres de la cour et du parquet général, ainsi que du directeur de greffe.

COJ, art. R. 312-10.

Assemblée des Français de l'étranger (AFE)

[Droit constitutionnel]

Instance représentative des *Français établis hors de France*, l'AFE, présidée par le ministre des Affaires étrangères, comprend principalement 155 membres élus pour 6 ans au suffrage universel direct dans 52 circonscriptions.

Cependant, l'article 24 de la Constitution, tel que révisé en 2008, disposant que les Français de l'étranger sont représentés à la fois à l'Assemblée nationale et au Sénat, les 12 sénateurs et les 11 députés élus à l'étranger en font également partie, ainsi que 12 personnalités désignées par le ministre.

Sa compétence est essentiellement consultative.

→ *Conseil consulaire.*

Assemblée du contentieux

[Droit administratif]

Plus haute formation de jugement du Conseil d'État, l'Assemblée du contentieux, composée de membres des sections contentieuses et administratives, connaît en pratique, principalement, des questions nouvelles les plus importantes. Ses arrêts ont une portée de principe.

CJA, art. L. 122-1.

→ *Assemblée générale, Section.*

Assemblée fédérale

[Droit constitutionnel]

1° À titre général, assemblée d'un Parlement d'un *État fédéral* et, plus particulièrement, celle représentant les États fédérés.

2° En Suisse, dénomination du Parlement bicaméral (Conseil national et Conseil des États).

3° En Allemagne, assemblée appelée à élire le Président fédéral, composée des membres du *Bundestag* et d'un nombre égal de représentants des assemblées des États fédérés.

Assemblée générale

[Droit civil/Droit commercial]

Réunion périodique de tous les membres d'une association ou d'une société (civile ou commerciale) pour approuver la gestion et prendre les décisions les plus importantes.

Outre les assemblées ordinaires, sont tenues des assemblées extraordinaires pour la modification des statuts.

L'assemblée statue à l'unanimité (dans les sociétés de personnes), sauf clause statutaire contraire; à titre exceptionnel (dans les sociétés de capitaux), à la majorité simple (assemblée ordinaire) ou qualifiée (assemblée extraordinaire).

C. civ., art. 1844, 1852, 1853; C. com., art. L. 225-96, L. 225-98, L. 225-100.

[Droit administratif]

Formation la plus solennelle du Conseil d'État dans l'exercice de ses attributions administratives et législatives.

CJA, art. R. 123-12.

Assemblée générale des Nations unies

[Droit international public]

Organe plénier de l'ONU, où tous les États membres sont représentés sur un pied d'égalité, et dont les compétences s'étendent à l'ensemble des buts des Nations unies, mais avec la réserve que l'Assemblée générale ne dispose que d'un pouvoir de recommandation (sauf quand il s'agit de la vie intérieure de l'Organisation).

→ *Conseil de sécurité.*

Assemblée nationale

[Droit constitutionnel]

Première chambre du Parlement français, élue au suffrage universel direct. L'Assemblée nationale exerce (avec le Sénat) le pouvoir législatif et financier. Elle contrôle le gouvernement (questions, enquêtes), dont elle peut, seule, mettre en jeu la responsabilité politique, soit spontanément (motion de censure) soit sur question de confiance posée par le gouvernement. En contrepartie, elle peut être dissoute par le président de la République.

Sous la IIIe République, l'Assemblée nationale était la réunion des députés et des sénateurs en vue de l'élection du président de la République.

→ *Sénat.*

Assemblée parlementaire

[Droit constitutionnel]

Chambre du *Parlement*, appelée à en exercer, ou co-exercer, les pouvoirs, notamment législatifs et financiers.

Assemblée plénière

[Procédure civile/Procédure pénale]

Formation de la Cour de cassation comprenant, sous la présidence du Premier président, les présidents et les doyens des chambres ainsi qu'un conseiller pris au sein de chaque chambre (19 membres). Elle intervient *obligatoirement* lorsque, la juridiction de renvoi ne s'étant pas inclinée, un second pourvoi est formé et fondé sur les mêmes moyens que le premier. Sa saisine est *facultative* lorsque l'affaire pose une question de principe, notamment s'il existe des solutions divergentes soit entre les juges du fond, soit entre les juges du fond et la Cour de cassation.

Dans tous les cas, sa décision s'impose à la juridiction de renvoi.

Elle peut, à titre exceptionnel, juger sans renvoyer.

COJ, art. L. 421-5, L. 431-6, 431-9, R. 431-12 et R. 431-13.

[Droit européen]

Formation la plus solennelle de la Cour de justice de l'Union européenne.

TFUE, art. 251.

Assemblées générales dans certaines juridictions de l'ordre judiciaire

[Procédure civile/Procédure pénale]

Réunion de tout ou partie des personnels d'une juridiction en vue de délibérer sur l'administration générale de cette juridiction, essentiellement en donnant des avis et en procédant à des échanges de vues sur l'activité de la juridiction.

La loi distingue, pour le TGI et la cour d'appel (et pour les TI à effectif important) plusieurs formations : l'assemblée des magistrats du siège, l'assemblée des magistrats du parquet, l'assemblée des magistrats du siège et du parquet, l'assemblée des fonctionnaires du greffe, l'assemblée plénière des magistrats et des fonctionnaires, cette dernière comportant une commission plénière.

COJ, art. R. 212-22 s., 222-10, 312-27 s. et 435-1 s.

Assermenté

[Procédure civile/Procédure pénale]

Qui a prêté le serment requis par la loi. S'emploie surtout pour les gardes particuliers qui doivent être assermentés pour pouvoir constater, par procès-verbaux, les infractions portant atteinte aux propriétés dont ils ont la garde.

C. pr. pén., art. 29, 29-1, R. 15-33-29; COJ, art. R. 221-44; C. envir., art. L. 428-21, L. 437-13.

Assesseurs

[Procédure civile]

Manière de désigner les juges qui encadrent le président d'une juridiction collégiale. Ce juge assesseur peut être un magistrat de carrière (conseiller à la cour entourant le président de chambre) ou un juge non professionnel (représentant des bailleurs et des preneurs aux côtés du président du tribunal paritaire des baux ruraux).

COJ, art. R. 212-7; C. rur., art. L. 492-3 s., R. 492-1; CSS, art. L. 142-4.

[Procédure pénale]

1° Magistrats professionnels, au nombre de 2, qui siègent aux côtés du président de la cour d'assises. Ils doivent être choisis parmi les juges des enfants pour la *cour d'assises des mineurs*.

2° Magistrats professionnels siégeant aux côtés du président dans les cours d'assises spéciales sans jurés, au nombre de 6 ou de 8, selon qu'elles statuent en premier ressort ou en appel.

3° Juges de proximité siégeant au sein de la formation collégiale du tribunal correctionnel.

4° Personnes siégeant au sein du tribunal pour enfants, choisies en fonction de l'intérêt qu'elles portent aux questions de l'enfance.

5° Personnes siégeant au sein des tribunaux maritimes, choisies au regard des garanties d'impartialité et de leur expérience de la navigation maritime dans les dix années précédant leur prise de fonctions.

C. pr. pén., art. 398, 399-1, 529 s., 698-6, 712-13-1; COJ, art. L. 251-4; Ord. nº 45-174 du 2 févr. 1945, art. 20, al. 2; L. du 17 déc. 1926 modifiée portant code disciplinaire et pénal de la marine marchande, art. 7 s.

[Procédure (principes généraux)]

→ *Collégialité.*

Assiette de l'impôt

[Droit financier ou fiscal]

1° Ensemble d'opérations administratives tendant à établir l'existence et le montant de la matière imposable, et à constater la présence du fait générateur de l'impôt, c'est-à-dire de l'acte ou de la situation qui est la condition de la naissance de la dette d'impôt.

2° L'élément lui-même retenu pour le calcul de l'impôt par l'application du tarif, par exemple le montant du revenu annuel.

Assiette des cotisations

[Sécurité sociale]

Base de calcul des cotisations. Elle comprend toutes les sommes versées aux travailleurs en contrepartie ou à l'occasion du travail.

CSS, art. L. 242-1.

Assignation

[Procédure civile]

Acte de procédure adressé par le demandeur au défendeur par l'intermédiaire d'un huissier de justice, pour l'inviter à comparaître devant une juridiction de l'ordre judiciaire et valant, devant le TGI, conclusions pour le demandeur.

L'assignation est dite « à personne » lorsque l'acte est remis à la personne même de son destinataire, « à domicile » dans le cas contraire, par remise à toute personne présente au domicile ou à la résidence avec dépôt d'un avis de passage, ou en l'étude de l'huissier.

C. pr. civ., art. 55, 56, 654 s., 692, 750, 788, 829, 836, 854 s., 908, 1136-4; C. pr. exéc., art. R. 151-3, R. 322-4 s., R. 442-4.

→ *Citation en justice, Conclusions, Procédure à jour fixe, Requête conjointe.*

Assignation à résidence

[Droit international privé]

Lorsqu'un étranger frappé par un arrêté d'*expulsion* ne peut pas quitter le territoire, il peut lui être assigné un lieu de résidence.

Assignation à résidence avec surveillance électronique

[Procédure pénale]

Mesure obligeant une personne mise en examen à demeurer à son domicile ou dans une résidence fixée par le juge d'instruction ou le juge des libertés et de la détention, et de ne s'en absenter qu'aux conditions et pour les motifs déterminés par ce magistrat. Elle ne peut être ordonnée, par ordonnance motivée et après débat contradictoire, que si les obligations du *contrôle judiciaire* se révèlent insuffisantes. Elle est prononcée pour une durée qui ne peut excéder 6 mois, mais avec des prolongations possibles, sans que la durée totale du placement dépasse 2 ans. Elle est en principe exécutée sous le régime du placement sous surveillance électronique fixe. Mais elle peut également prendre la forme d'un placement sous surveillance électronique mobile si la personne est mise en examen pour une infraction punie de plus de sept ans d'emprisonnement et pour laquelle le *suivi socio-judiciaire* est encouru.

La personne qui ne respecte pas les obligations résultant de l'assignation à résidence avec surveillance électronique peut faire l'objet d'un *mandat d'arrêt* ou d'un *mandat d'amener* et être placée en détention provisoire.

Les mineurs âgés de seize à dix-huit ans peuvent être placés sous assignation à résidence avec surveillance électronique lorsqu'ils encourent une peine d'emprisonnement d'au moins deux ans. Les dispositions relatives au placement sous surveillance électronique mobile ne leur sont toutefois pas applicables.

En cas d'*état d'urgence*, le ministre de l'intérieur peut prononcer l'assignation à résidence, dans le lieu qu'il fixe, de toute personne résidant dans la zone concernée, et à l'égard de laquelle il existe des raisons sérieuses de penser que son comportement constitue une menace pour la sécurité et l'ordre publics. La personne peut également être astreinte à demeurer dans le lieu d'habitation déterminé par le ministre de l'intérieur, pendant la plage horaire qu'il fixe, dans la limite de douze heures par vingt-quatre heures. Lorsque la personne assignée à résidence a été condamnée à une peine privative de liberté pour un crime qualifié d'acte de terrorisme, ou pour un délit recevant la même qualification, puni de dix ans d'emprisonnement, et a fini l'exécution de sa peine depuis moins de huit ans, le ministre de l'intérieur peut également ordonner qu'elle soit placée sous surveillance électronique mobile. Ce placement est prononcé après accord de la personne concernée, recueilli par écrit.

C. pr. pén., art. 137 et 142-5 à 142-13; Ord. n° 45-174 du 2 févr. 1945, art. 10-3; L. n° 55-385 du 3 avr. 1955, art. 6, réd. L. n° 2015-1501 du 20 nov. 2015.

Assignation à toutes fins

[Procédure civile]

Citation en justice devant le tribunal d'instance dont l'objet est double : tenter de concilier les parties, à défaut statuer sur leurs prétentions.

C. pr. civ., art. 836 s.

Assises

[Procédure pénale]

Au sens strict, *cour d'assises*, compétente, en premier ressort ou en appel, pour connaître des crimes.

Par extension, période, dite « session d'assises », durant laquelle siège cette juridiction.

C. pr. pén., art. 231 s.

Assistance

[Droit civil]

1° Obligation mise à la charge d'un époux d'apporter à son conjoint des soins attentifs, une aide matérielle et morale (comparer avec le devoir de *secours*).

C. civ., art. 212.

2° Mesure de protection de certains incapables majeurs placés sous le régime de la curatelle. Le curateur, par son assistance, signe les actes à côté de l'incapable, ou lui donne préalablement l'autorisation d'agir. Celui qui assiste ne représente pas.

C. civ., art. 459, 467 s.

→ *Représentation.*

[Droit pénal]

Modalité de complicité en matière de crime ou de délit, consistant à en faciliter la préparation ou la consommation.

C. pén., art. 121-7.

→ *Complicité.*

Assistance des plaideurs

[Procédure civile]

À la différence de la représentation en justice qui consiste en un véritable mandat emportant pouvoir et devoir d'accomplir au nom du mandant les actes de la procédure, l'assistance est une mission de conseil et de défense du plaideur qui n'oblige en rien la partie. Sauf disposition ou convention contraire, la mission d'assistance est incluse dans le mandat de représentation.

C. pr. civ., art. 18, 19, 411, 412, 751, 827, 853, 899, 913, 931, 973, 1136-6.

→ *Ad litem, Contribution pour l'aide juridique, Avocat, Défenseur, Mandat de représentation en justice, Représentation en justice des plaideurs.*

Assistance éducative

[Droit civil]

Ensemble de mesures qui peuvent être prises par le juge des enfants lorsque la santé, la sécurité, la moralité ou les conditions d'éducation ou de développement physique, affectif, intellectuel et social d'un mineur non émancipé sont gravement compromises. Le juge peut ordonner le placement de l'enfant hors de sa famille ou le maintenir dans son milieu en imposant le respect de certaines obligations, sans supprimer l'*autorité parentale*.

C. civ., art. 375 s.

Assistance judiciaire

[Procédure civile]

→ *Aide juridictionnelle.*

Assistance maritime

[Droit commercial/Droit international privé/ Droit international public]

Obligation coutumière consistant à porter secours aux navires en danger. Incombant à tout marin naviguant à proximité du bâtiment en détresse, l'assistance est en principe gratuite et ne donne qu'exceptionnellement lieu à rémunération, à proportion de la valeur des biens sauvés (règle *no cure, no pay*).

C. transp., art. L. 5132-1 s. et not. convention de Londres du 28 avr. 1989.

Assistance médicale à la procréation

[Droit civil]

Ensemble des pratiques cliniques et biologiques (dont la liste est fixée par un arrêté du ministre chargé de la Santé) permettant la *conception in vitro*, la conservation des gamètes (ovocytes et spermatozoïdes), des tissus germinaux (testiculaires et ovariens, ce qui inclut la technique de congélation ultra-rapide des ovocytes, explicitement autorisée) et des embryons, le transfert d'embryons et l'*insémination artificielle*. Elle est destinée à répondre à la demande parentale d'un couple et a pour objet de remédier à l'infertilité dont le caractère pathologique a été médicalement diagnostiqué ou d'éviter la transmission à l'enfant ou à un membre du couple d'une maladie d'une particulière gravité. Mais elle est refusée aux couples composés de personnes de même sexe.

CSP, art. L. 2141-1 s.; C. civ., art. 16-7, 311-19 et 311-20; C. pr. civ., art. 1157-2 et 1157-3.

GAJC, t. 1, n° 49.

→ *Accueil d'embryon, Bioéthique, Don de gamètes, Embryon humain, Embryons surnuméraires, Gestation pour autrui, Recherches impliquant la personne humaine.*

Assistance mutuelle

[Droit international public]

Aide que des États se promettent mutuellement par traité au cas où l'un d'eux serait victime d'une agression.

Assistance publique

[Sécurité sociale]

→ *Aide sociale.*

Assistant de justice

[Procédure civile]

Auxiliaire du juge, diplômé d'études supérieures juridiques d'une durée minimale de 4 ans, recruté par engagement écrit pour une durée de 2 ans renouvelable 2 fois, chargé d'apporter son concours aux travaux préparatoires réalisés par les magistrats des tribunaux d'instance, des TGI, des cours d'appel et de la Cour de cassation pour l'exercice de leurs attributions ainsi que pour les activités de l'École nationale de la magistrature (ENM).

L. n° 125 du 8 févr. 1995, art. 20.

[Droit administratif]

D'une manière analogue, des assistants de justice peuvent être nommés auprès du Conseil d'État, des cours administratives d'appel et des tribunaux administratifs.

CJA, art. L. 122-2 et L. 227-1.

Assistante maternelle

[Droit du travail]

Personne qui accueille habituellement à son domicile, moyennant rémunération, un ou plusieurs mineurs confiés par des particuliers ou des personnes morales de droit privé. La catégorie des assistantes maternelles recouvre, depuis 1977, les anciennes nourrices et gardiennes d'enfants. Agréées nécessairement par les services de la protection maternelle et infantile au sein des départements, elles sont assimilées à des salariés et bénéficient, en conséquence, avec quelque aménagement parfois, des dispositions du Code du travail.

Assistants spécialisés

[Procédure pénale]

Fonctionnaires de catégorie A ou B, ou personnes titulaires, dans des matières définies par décret, d'un diplôme national sanctionnant une formation d'une durée au moins égale à quatre années d'études supérieures après le baccalauréat, remplissant les conditions d'accès à la fonction publique et justifiant d'une expérience professionnelle minimale de quatre années. Ils sont affectés dans les juridictions spécialisées qui connaissent des crimes contre l'humanité et des crimes et délits de guerre, des infractions en matières économique et financière, en matière sanitaire, et en matière de criminalité organisée, ainsi que des délits non intentionnels en rapport avec des accidents collectifs. Précédées d'une formation obligatoire préalable, leurs fonctions, d'une durée temporaire, consistent à participer aux procédures sous la responsabilité des magistrats, et à alléger ainsi leurs tâches dans les affaires les plus complexes.

C. pr. pén., art. 628-9, 706, 706-2, 706-79, et 706-181.

Association

[Droit administratif/Droit civil/ Droit commercial]

1° Convention par laquelle 2 ou plusieurs personnes mettent en commun leurs connaissances ou leur activité dans un but autre que de partager des bénéfices (L. 1er juill. 1901, art. 1er). Synonyme de contrat d'association.

2° Personne morale issue de cette convention. Selon leur type (déclarée, reconnue d'utilité publique, composée en majeure partie d'étrangers, ou ayant son siège social à l'étranger), les associations bénéficient d'une capacité juridique plus ou moins étendue. Elles ne peuvent se livrer à des activités économiques lucratives qu'à titre accessoire, et pour autant que leurs statuts le prévoient (C. com., art. L. 442-7). Objet d'une réglementation initialement singulière, à raison de la méfiance qu'inspiraient les groupements privés non lucratifs, les associations voient leur régime s'aligner progressivement sur celui des sociétés : en cas de lacune, la jurisprudence en applique les règles par voie d'analogie; de plus, la loi récente permet aux associations de procéder à certaines opérations typiques des sociétés commerciales (émission de certains titres financiers, possibilité de réaliser des fusions d'associations).

GAJC, t. 2, n° 229-231 et 291; GDCC n° 27.

→ *Contrat (Établissements d'enseignement privé sous), Économie sociale et solidaire, Société, Titre associatif.*

Association d'avocats

[Procédure civile]

Contrat écrit que peuvent passer entre eux des avocats en constituant une association dont l'objet est la mise en commun des moyens et le partage des frais généraux. En principe, chacun des membres de l'association est tenu des actes accomplis par l'un d'eux, au nom de l'association, à proportion de ses droits dans l'association. Mais le contrat peut prévoir, à l'unanimité des associés, que la mise en cause de la responsabilité professionnelle de l'un de ses membres n'engagera pas celle des autres associés. Une telle association est dite « association d'avocats à responsabilité professionnelle individuelle ».

La transformation d'une *Société civile professionnelle* (SCP) en association d'avocats à responsabilité professionnelle individuelle (AARPI) bénéficie de la neutralité fiscale, en ce sens que sont écartées les conséquences fiscales de la cessation d'entreprise.

L. nº 71-1130 du 31 déc. 1971 (art. 7 s.); Décr. nº 91-1197 du 27 nov. 1991 (art. 124 s.).

Association communale de chasse agréée (ACCA)

[Droit de l'environnement]

Association servant de support juridique à la constitution, à l'échelon communal (ou intercommunal), d'un territoire de chasse suffisamment grand pour se prêter à une gestion rationnelle. Les propriétaires de surfaces inférieures à un certain seuil ont l'obligation de faire apport à l'ACCA de leur droit de chasse sur leurs parcelles, sauf refus recevable de la part de propriétaires de grande surface ou d'opposants à la pratique de la chasse par conviction personnelle.

Les ACCA ont pour but de favoriser sur leur territoire le développement du gibier et de la faune sauvage dans le respect d'un véritable équilibre agro-sylvo-cynégétique, d'assurer la régulation des animaux nuisibles et de veiller au respect des plans de chasse.

Les ACCA n'existent que dans les départements énumérés par arrêtés ministériels ou dans les communes désignées par le préfet du département.

C. envir., art. L. 422-2 à 422-17.

Association de consommateurs

[Procédure civile/Procédure pénale]

Association dont l'objet statutaire est la défense des intérêts des consommateurs. Lorsqu'elle est agréée par arrêté conjoint du ministre chargé de la Consommation et du garde des Sceaux, la loi lui reconnaît qualité pour exercer les droits reconnus à la partie civile relativement aux faits portant un préjudice direct ou indirect à l'intérêt collectif des consommateurs et qui peut recevoir mandat d'agir devant les juridictions civiles au nom des consommateurs victimes d'un préjudice personnel dû au même professionnel.

Les associations de consommateurs disposent aussi d'une action préventive en suppression des clauses abusives stipulées dans un contrat proposé par un professionnel à un consommateur.

Depuis la loi nº 2014-344 du 17 mars 2014, elles ont seules qualité pour former une *action de groupe*.

C. consom., art. L. 621-1 à L. 623-32, L. 641-1 et R. 411-1 s.

→ *Action de groupe, Action en représentation conjointe.*

Association de défense des investisseurs

[Procédure civile/Procédure pénale]

Association dont l'objet statutaire est la défense des investisseurs en valeurs mobilières ou en produits financiers, pouvant agir devant toutes les juridictions, même par voie de constitution de partie civile, relativement aux faits portant un préjudice direct ou indirect à l'intérêt collectif des investisseurs, et pouvant recevoir mandat de demander réparation du préjudice personnel subi par au moins 2 investisseurs et causé par le même professionnel.

C. mon. fin., art. L. 452-1 s.

→ *Action en représentation conjointe.*

Association de malfaiteurs

[Droit pénal]

Tout groupement formé ou entente établie en vue de la préparation, caractérisée par un ou plusieurs faits matériels, d'un ou plusieurs crimes ou d'un ou plusieurs délits punis d'au moins 5 ans d'emprisonnement.

C. pén., art. 450-1.

Association européenne de libre-échange

[Droit européen/Droit international public]

Organisation internationale créée en 1960 par 7 États (Autriche, Danemark, Norvège, Portugal, Royaume-Uni, Suède, Suisse) qui ont décidé d'établir entre eux une *zone de libre-échange*.

La Finlande s'y est jointe en 1961, l'Islande en 1970, puis le Liechtenstein.

L'entrée progressive de la plupart de ses membres dans l'Union européenne (Danemark et Royaume-Uni d'abord, puis le Portugal, enfin en 1995 l'Autriche, la Finlande et la Suède), en a fait un cadre quasiment vide. Conçue par les Anglais comme une « contre CEE », l'AELE se réduit à 4 membres (Islande, Liechtenstein, Norvège et Suisse) et se fond, aujourd'hui, dans l'*Espace économique européen*, dont la Suisse s'est toutefois retirée.

Association foncière agricole

[Droit rural]

Association syndicale de propriétaires fonciers constituées suivant le régime de la loi du 21 juin 1865 et qui a pour objet la construction, l'entretien d'ouvrages et la réalisation de travaux visant à la mise en valeur des propriétés, la prévention des risques naturels ou sanitaires, l'environnement. Elle a le statut d'établissements publics à caractère administratif.

C. rur., art. L. 131-1 à L. 133-7 et R. 133-1 à R. 133-10.

Association foncière pastorale

[Droit rural]

Association syndicale de propriétaires de terrains à destination agricole, pastorale ou boisés qui se situent dans des zones classées montagne où le maintien d'une activité pastorale extensive est de nature à protéger le milieu naturel et à sauvegarder la vie sociale. Elle propose un regroupement des terres dispersées des propriétaires pour créer une unité permettant une gestion adaptée. Elle a le statut d'établissement public à caractère administratif.

Les propriétaires réunis dans ces associations peuvent également rechercher des moyens de mise en valeur autres qu'agricoles, pastoraux ou forestiers tels que les loisirs et la détente. Pour ce faire, ces associations peuvent mettre en œuvre les investissements nécessaires tels que remonte-pentes, golfs, aires de jeux, gîtes ruraux, fermes-auberges. Elles sont le moyen, pour les propriétaires qu'elles réunissent, de décider eux-mêmes des utilisations de leurs terrains et d'en organiser la mise en valeur.

C. rur., art. L. 135-1 s.

Association générale des institutions de retraite des cadres

[Sécurité sociale]

→ *AGIRC (Association générale des institutions de retraite des cadres).*

Association intermédiaire

[Droit du travail]

Association, conventionnée par l'État, ayant pour objet d'embaucher des personnes dépourvues d'emploi, rencontrant des difficultés sociales et professionnelles particulières, afin de les mettre à titre onéreux à la disposition de personnes physiques ou morales avec l'objectif de faciliter leur insertion professionnelle.

C. trav., art. L. 5132-2 et L. 5132-7 s.

Association internationale de développement (AID)

[Droit international public]

Institution spécialisée des Nations unies créée en 1960, affiliée comme la BIRD à la *Banque mondiale*.

Accorde des prêts à long terme (jusqu'à 50 ans et sans intérêts) aux pays les moins avancés pour leur permettre de financer tous projets de développement (même non directement productifs). *Siège* : Washington.

Association pour la gestion du fonds de financement de l'AGIRC et de l'ARRCO (AGFF)

[Sécurité sociale]

Association créée par l'accord du 10 février 2001 sur les retraites complémentaires. Elle remplace l'association pour la structure financière (ASF). Elle assure le financement des retraites complémentaires *ARRCO* et *AGIRC* liquidées à partir de 60 ans.

Association syndicale

[Droit administratif]

Expression générique désignant plusieurs sortes de groupements de propriétaires fonciers réunis en vue de l'exécution de travaux destinés au profit commun de leurs fonds.

Les principaux types en sont représentés par : les associations libres (qui sont de simples personnes morales de droit privé), les associations autorisées et les associations constituées d'office (qui sont des établissements publics, relevant à ce titre du droit administratif et bénéficiant de prérogatives de puissance publique).

Associations agréées de protection de l'environnement

[Droit de l'environnement]

Associations dont l'objet statutaire est la protection de la nature, de l'eau, de l'air, des sols, des sites et paysages, la gestion de la faune sauvage, la lutte contre les pollutions et les nuisances. Ces associations peuvent être, sous certaines conditions, agréées par l'autorité administrative, ce qui leur donne qualité pour : 1° agir contre toute décision administrative produisant des effets dommageables pour l'environnement, 2° exercer les droits reconnus à la partie civile en cas d'infraction dans les domaines de leur activité, 3° être mandatées par les personnes ayant subi un préjudice individuel de même origine en vue d'en obtenir réparation devant toute juridiction au nom de celles-ci (*action en représentation conjointe*).

C. envir., art. L. 141-1 s., R. 141-1 à R. 142-9.

Associations familiales

[Droit civil/Procédure civile]

Associations de la loi du 1er juillet 1901 qui ont pour but essentiel la défense de l'ensemble des intérêts matériels et moraux soit de toutes les familles, soit de certaines catégories d'entre elles. Elles sont regroupées dans des unions départementales et une union nationale, lesquelles ont des compétences spécifiques dont celle d'exercer, sans le moindre agrément, l'action civile relativement aux faits de nature à nuire aux intérêts matériels et moraux des familles.

CASF, art. L. 211-1 s.

→ *Action collective, Action de groupe.*

Associé

[Droit civil/Droit commercial]

Membre d'une *société*, qui a effectué des apports et a vocation à participer au fonctionnement du groupement, à partager les bénéfices ou les pertes. Dans un sens plus étroit, désigne le membre d'une société de personnes, par opposition à l'*actionnaire*.

→ *Sociétaire.*

Associé d'exploitation

[Droit rural]

Membre de la famille de l'exploitant, l'associé d'exploitation est une personne âgée de 18 ans révolus à moins de 35 ans qui, bien qu'ayant pour activité principale la participation à la mise en œuvre de l'exploitation, n'est pas salariée de l'entreprise. C'est un statut faiblement rémunérateur mais plus favorable que celui d'*aide familial*. Il est réservé aux descendants, frères, sœurs ou alliés au même degré du chef d'exploitation ou de son conjoint.

L'associé d'exploitation bénéficie d'un statut particulier comportant notamment un intéressement au résultat de l'exploitation ou une allocation dont le montant est fixé à l'échelon national.

La condition d'associé d'exploitation prend fin deux ans après le mariage de l'associé d'exploitation, ou si l'associé d'exploitation s'installe en qualité d'exploitant ou de co-exploitant, ou lorsque l'associé d'exploitation atteint son 35e anniversaire.

C. rur., art. L. 321-6 s.

Assujettissement

[Sécurité sociale]

Obligation d'affilier aux assurances sociales du régime général, quel que soit leur âge et même si elles sont titulaires d'une pension, toutes les personnes quelle que soit leur nationalité, salariées ou travaillant à quelque titre ou en quelque lieu que ce soit, pour un ou plusieurs employeurs et quels que soient le montant et la nature de leur rémunération, la forme, la nature ou la validité de leur contrat.

CSS, art. L. 311-2.

Assurance

[Droit civil/Droit commercial]

→ *Contrat d'assurance.*

Assurance accidents du travail et maladies professionnelles des exploitants agricoles (ATEXA)

[Sécurité sociale/Droit rural]

Assurance qui couvre les risques professionnels : accidents du travail, maladies professionnelles. Elle ouvre droit à des prestations en nature et en espèces.

C. rur., art. L. 752-1 s.

Assurance capitalisation

[Droit civil]

Contrat par lequel en contrepartie de primes périodiquement versées par l'assuré, une société d'assurance s'engage à verser la *capitalisation* de ces sommes, augmentées des produits financiers issus de leur placement, diminuées des frais de gestion, soit à l'assuré s'il est toujours en vie, soit, en cas de décès, à un bénéficiaire désigné par lui.

Ce contrat, puisque ses effets dépendent de la durée de la vie humaine, comporte un aléa et constitue ainsi un contrat d'assurance sur la vie soumis à l'article L. 132-12 (exclusion du capital de la succession de l'assuré) et à L. 132-13 (dispense du rapport à succession et de la réduction pour atteinte à la réserve).

GAJC, t. 1, n° 133.

Assurance chômage

[Droit du travail]

Système d'indemnisation du *chômage* total, à base conventionnelle, créé en 1958 par une convention nationale interprofessionnelle, étendue et rendue obligatoire en 1967. Le système a été unifié par une loi-cadre du 16 janvier 1979 qui a imposé à l'État l'obligation de subventionner le régime géré par l'*Unedic*. La convention de 1958 a été remplacée par une convention du 24 février 1984 qui distingue l'assurance chômage proprement dite, financée par les entreprises et les salariés, et le régime de solidarité, pris en charge par les collectivités et destiné à aider les nouveaux demandeurs d'emploi, les chômeurs en fin de droit, les chômeurs en formation et les préretraités.

En 2008, le réseau de l'Agence nationale pour l'emploi (ANPE) a fusionné avec celui des associations pour l'emploi dans l'industrie et le commerce (Assedic) dans une institution nationale publique, *Pôle emploi*, chargée à la fois de l'accompagnement des demandeurs d'emploi et du versement des allocations de chômage et des allocations du régime de solidarité. La perception des cotisations d'assurance chômage est transférée aux Urssaf.

C. trav., art. L. 5312-1 s.

→ *Allocation de chômage.*

Assurance complémentaire santé

[Sécurité sociale]

Contrat individuel ou collectif d'assurance souscrit auprès d'une mutuelle, d'une entreprise régie par le Code des assurances ou d'une institution de prévoyance, en vue d'assurer à l'assuré des prestations complémentaires de celles versées par la Sécurité sociale. Les personnes ayant de faibles ressources, résidant en France, bénéficient d'un crédit d'impôt pour faciliter leur adhésion. Assurance généralisée au 1er janvier 2016.

CSS, art. L. 863-1.

Assurance décès

[Sécurité sociale]

Assurance qui garantit aux ayants droit de l'assuré qui décède le paiement forfaitaire d'une somme appelée capital-décès.

CSS, art. L. 361-1 s.

→ *Assurance en cas de décès, Assurance en cas de vie, Assurance-vie.*

Assurance de protection juridique

[Procédure civile/Procédure pénale/Procédure administrative]

Opération par laquelle un assureur, moyennant paiement d'une prime ou d'une cotisation, prend en charge, en cas de litige opposant l'assuré à un tiers, les frais de la procédure civile, pénale ou administrative dans laquelle l'assuré est impliqué comme défendeur ou comme demandeur (dans la limite de certains plafonds) ou fournit des services pour aider l'assuré à résister à une réclamation dont il est l'objet ou à obtenir réparation à l'amiable du dommage qu'il subit.

L'assurance de protection juridique relaie opportunément l'*aide juridictionnelle* pour tous ceux qui n'y ont pas accès du fait de leurs ressources.

C. assur., art. L. 127-1 s.

Assurance en cas de décès

[Droit civil]

Assurance par laquelle l'assureur s'engage, moyennant payement d'une prime, à verser au tiers désigné dans le contrat un capital ou une rente en cas de mort de l'assuré souscripteur.

→ *Assurance en cas de vie, Assurance-vie.*

Assurance en cas de vie

[Droit civil]

Assurance dans laquelle le risque couvert est constitué par la survie de l'assuré à un âge déterminé ou à une date déterminée.

→ *Assurance capitalisation, Assurance décès, Assurance-vie.*

Assurance garantie des salaires

[Droit du travail]

Système d'assurance contre le risque de non-paiement des salaires et sommes assimilées, lorsque l'entreprise est en état de redressement ou de liquidation judiciaire. L'employeur est tenu d'assurer ses salariés et verse à cet effet une cotisation à l'association patronale « Assurance garantie des salaires » perçue par l'organisme gestionnaire du régime d'assurance chômage qui avance les fonds au profit des salariés bénéficiaires de la garantie.

C. trav., art. L. 3253-6 s.

→ *Pôle emploi.*

Assurance invalidité

[Sécurité sociale]

Assurance accordant une pension aux assurés ayant subi de manière durable une réduction de leur capacité de travail.

Le risque invalidité est couvert dans tous les régimes de Sécurité sociale.

CSS, art. L. 341-1 s.

Assurance-maladie

[Sécurité sociale]

Assurance procurant des « prestations en espèces » et des « prestations en nature » en cas de maladie. Le risque maladie est couvert dans tous les régimes de base obligatoires.

Toutefois certains régimes n'accordent pas de prestations en espèces, par exemple régime agricole pour les exploitants agricoles, régime des professions non salariées non agricoles, pour les professions libérales.

CSS, art. L. 321-1 s.

→ *Prestation(s), Sécurité sociale.*

Assurance-maladie des exploitants agricoles (AMEXA)

[Sécurité sociale/Droit rural]

Cette assurance couvre les risques maladie, maternité, invalidité pour les exploitants agricoles. En cas de maladie, elle n'ouvre droit qu'à des prestations en nature.

Elle a été instituée par une loi du 25 janvier 1961. C'est la *Mutualité Sociale Agricole (MSA)* ou un groupement d'assureurs (GAMEX) qui est chargé de la gestion de l'AMEXA.

C. rur., art. L. 732-3.

Assurance maternité

[Sécurité sociale]

Assurance procurant des prestations en espèces et des prestations en nature sans *ticket modérateur* en cas de maternité. Le régime maternité est couvert dans tous les régimes de base obligatoires.

Toutefois certains régimes n'accordent pas d'indemnité journalière mais des allocations forfaitaires par exemple régime des professions non salariées non agricoles.

CSS, art. L. 331-1 s.

→ *Sécurité sociale.*

Assurance veuvage

[Sécurité sociale]

Dispositif qui garantit au conjoint survivant de l'assuré du régime général une allocation de veuvage temporaire lorsque, résidant en France, il satisfait à des conditions d'âge et de ressources fixées par décret.

CSS, art. L. 356-1.

Assurance-vie

[Droit civil]

Contrat d'assurance par lequel une personne (le souscripteur) obtient d'un assureur, moyennant paiement d'une prime, le versement, à elle-même (l'assuré) si elle survit à une date déterminée ou, en cas de décès, à un tiers (le bénéficiaire) qu'elle désigne, un capital ou une rente. Il bénéficie d'un régime fiscal de faveur. Dans le cas d'une assurance de groupe, le souscripteur ne se confond pas avec l'assuré : le premier prend en charge le paiement des primes pour le compte de celui (l'assuré) dont la survie ou le décès est pris en considération.

C. assur., art. L. 131 s. et R. 131 s.

GAJC, t. 1, n° 133; GAJC, t. 2, n° 133.

→ *Assurance capitalisation, Assurance en cas de décès, Assurance en cas de vie, Stipulation pour autrui.*

Assurance vieillesse

[Sécurité sociale]

Assurance accordant une pension aux personnes qui justifient d'une certaine durée d'assurance et qui partent à la retraite à un âge qui sera relevé progressivement et qui sera fixé à 62 ans pour les assurés nés à compter du 1er janvier 1955. Le risque vieillesse est couvert dans tous les régimes de base obligatoires. Certains régimes accordent toutefois des pensions à des personnes qui partent à la retraite avant l'âge légal.

CSS, art. L. 351-1 s.

→ *Coefficient d'anticipation, Décote, Retraite anticipée, Surcote.*

Assurance volontaire

[Sécurité sociale]

Régime facultatif couvrant les régimes vieillesse – veuvage – invalidité et accidents du travail et ouvert aux personnes qui ne sont pas couvertes contre ces risques par un régime obligatoire.

CSS, art. L. 742-1 s.

Assuré social

[Sécurité sociale]

Toute personne affiliée à un régime de Sécurité sociale.

Astreinte

[Droit civil/Procédure civile]

Condamnation pécuniaire prononcée par le juge (du fond ou des référés), en vue de faire pression sur le débiteur récalcitrant pour qu'il exécute en nature son obligation. Le débiteur doit ainsi s'acquitter, à l'égard du créancier, d'une certaine somme d'argent par jour (ou semaine, ou mois) de retard.

En principe *provisoire*, c'est-à-dire sujette à révision, l'astreinte peut être *définitive* si le tribunal en a ainsi expressément décidé. Mais une astreinte définitive ne peut être ordonnée qu'après le prononcé d'une astreinte provisoire et pour une durée que le juge détermine.

Tout juge peut, même d'office, ordonner une astreinte pour assurer l'exécution de sa décision. Le juge de l'exécution a reçu des pouvoirs spéciaux en ce domaine. En matière d'*expulsion*, l'astreinte a toujours un caractère provisoire et son montant après liquidation ne peut excéder le *quantum* du préjudice subi.

C. pr. civ., art. 11, 134, 137, 139, 491, 1441-1; C. pr. exéc., art. L. 131-1 s., L. 421-1, L. 421-2, R. 131-1 s.

GAJC, t. 2, n° 249-250.

→ *Liquidation de l'astreinte.*

[Droit administratif]

Pour éviter l'inexécution d'une décision rendue par une juridiction administrative contre une personne morale de droit public, ou un organisme de droit privé chargé de la gestion d'un service public, cette juridiction peut prononcer une astreinte en vue d'en assurer l'exécution.

CJA, art. L. 911-3 s.

GAJA n° 84; GACA n° 72.

[Droit européen]
Somme que la Cour de justice peut, dans certains cas prévus aux alinéas 2 et 3 de l'article 260 TFUE, mettre à la charge d'un État dans le cadre d'une procédure de manquement, par mois de retard à exécuter son arrêt.
→ *Manquement (Recours en).*

Astreinte (Période d')

[Droit du travail]
Selon le législateur (reprenant une analyse prétorienne antérieure), période pendant laquelle le salarié, sans être à la disposition permanente et immédiate de l'employeur, a l'obligation de demeurer à son domicile ou à proximité afin d'être en mesure d'intervenir pour effectuer un travail au service de l'entreprise, la durée de cette intervention étant considérée comme un temps de travail effectif. L'astreinte doit donner lieu à des compensations (financières ou sous forme de repos) et est assimilée à du temps de repos par la loi.
On distingue astreinte et temps de travail effectif; ce dernier suppose que le salarié est à la disposition de l'employeur sans pouvoir librement vaquer à des occupations personnelles.

C. trav., art. L. 3121-1 et L. 3121-5.

GADT n° 59.

Atermoiement

[Droit commercial]
Forme de concordat, selon lequel le débiteur s'engage à régler intégralement ses dettes, mais avec un certain retard. On parle aujourd'hui d'accord (ou règlement) amiable. La procédure de conciliation constitue actuellement une voie possible pour un tel règlement préventif des difficultés.
→ *Conciliation organisée par le juge.*

Atteinte à la dignité de la personne

[Droit civil/Droit pénal]
1° Manquement à la considération due à la personne humaine, sous forme notamment de discriminations, de *traite des êtres humains*, de dissimulation forcée du visage, de *proxénétisme*, de recours à la prostitution de mineurs ou de personnes particulièrement vulnérables, de l'exploitation de la mendicité, de conditions abusives de travail ou d'hébergement, de *travail forcé* et de *réduction en servitude*, de *bizutage*, ou d'atteintes au respect dû aux morts

Conv. EDH, art. 3; C. civ., art. 16, 1719; C. pén., art. 225-1 s.; CASF, art. L. 311-3.

GDCC n° 33.

2° Toute personne a le droit de recevoir les soins les plus appropriés à son état de santé; cependant, les actes de prévention, d'investigation ou de soins ne doivent pas lui faire courir de risques disproportionnés par rapport au bénéfice escompté; ils ne doivent pas non plus être poursuivis par une obstination déraisonnable; ils peuvent même être suspendus ou ne pas être entrepris s'ils apparaissent inutiles, disproportionnés ou n'ayant pas d'autre effet que le seul maintien artificiel de la vie; dans ce cas, le médecin sauvegarde la dignité du mourant et assure la qualité de sa vie en lui dispensant des *soins palliatifs*.
Les professionnels de santé doivent mettre en œuvre tous les moyens à leur disposition pour assurer à chacun une vie digne jusqu'à la mort. Si le médecin constate qu'il ne peut soulager la souffrance d'une personne, en phase avancée ou terminale d'une affection grave et incurable, qu'en lui appliquant un

traitement qui peut avoir pour effet secondaire d'abréger sa vie, il doit en informer le malade, la personne de confiance désignée par le malade pour le cas où il serait hors d'état de manifester sa volonté, la famille ou, à défaut, un des proches.

CSP, art. L. 1110-2, L. 1110-5, L. 1111-10, L. 1110-13.

→ *Corps humain, Dignité de la personne humaine, Être humain, Fin de vie, Inviolabilité du corps humain, Logement décent, Organe humain, Prostitution (lutte contre la).*

3° L'administration pénitentiaire garantit à toute personne détenue le respect de sa dignité et de ses droits. L'exercice de ceux-ci ne peut faire l'objet d'autres restrictions que celles résultant des contraintes inhérentes à la détention, du maintien de la sécurité et du bon ordre des établissements, de la prévention de la récidive et de la protection de l'intérêt des victimes. Ces restrictions tiennent compte de l'âge, de l'état de santé, du handicap et de la personnalité de la personne détenue.

L. n° 2009-1436 du 24 nov. 2009 pénitentiaire, art. 22.

Atteinte à la liberté du travail

[Droit du travail]

→ *Liberté du travail.*

Atteinte sexuelle

[Droit pénal]

Acte d'ordre sexuel, soit commis avec violence, contrainte, menace ou surprise, auquel cas il est constitutif d'une agression sexuelle toujours punissable, quelle qu'en soit la victime, soit réalisé sans violence, contrainte, menace ni surprise, auquel cas il n'est punissable qu'à l'égard des mineurs.

Les atteintes sexuelles sont qualifiées d'incestueuses lorsqu'elles sont commises sur la personne d'un mineur par : 1° un ascendant; 2° un frère, une sœur, un oncle, une tante, un neveu ou une nièce; 3° le conjoint, le concubin d'une des personnes mentionnées aux 1° et 2° ou le partenaire lié par un pacte civil de solidarité avec l'une des personnes mentionnées aux mêmes 1° et 2°, s'il a sur le mineur une autorité de droit ou de fait.

C. pén., art. 222-22 s., 222-31-1, 227-15 s., 227-27-2-1.

→ *Agression sexuelle, Inceste, Mise en péril des mineurs.*

Atteintes à l'état civil

[Droit pénal]

Ensemble d'infractions, de caractère délictuel ou contraventionnel, qui compromettent l'état civil des personnes. Regroupées sous une division particulière du Code pénal, elles concernent le non-respect du nom assigné par l'état civil, la *bigamie*, la célébration d'un mariage religieux sans mariage civil préalable, l'entrave à la liberté des funérailles, le non-respect des règles de tenue des actes d'état civil, la non-déclaration d'une naissance, la non-déclaration de découverte d'un enfant nouveau-né, l'inhumation sans autorisation ou en violation des dispositions législatives et réglementaires.

C. pén., art. 433-19 s. et R. 645-3 s.

Atteintes à la filiation

[Droit pénal]

Infractions relatives, d'une part, à la provocation à l'*abandon* d'enfant, d'autre part, à la substitution volontaire d'enfant, ainsi qu'à la simulation ou dissimulation d'enfant.

C. pén., art. 227-12 s.

→ *Simulation d'enfant, Substitution d'enfant.*

Atteintes à la sûreté de l'État

[Droit pénal]

Ensemble de crimes et de délits qui compromettent, soit la défense nationale, soit les relations de la France avec l'étranger, soit la sécurité de l'État et la paix publique. Depuis la réforme du Code pénal, les atteintes à la sûreté de l'État sont référencées sous le titre des atteintes aux *intérêts fondamentaux de la nation*.

C. pén., art. 410-1.

Atteintes à la vie privée

[Droit civil/Droit pénal]

Fautes civiles ou pénales lésant le droit de chaque citoyen au respect de sa personnalité, dans le cadre de sa *vie privée* ou de l'intimité de celle-ci.

C. civ., art. 9; C. pén., art. 226-1 s.

GAJC, t. 1, n° 21, 22; GDCC n° 29, 34, 35, 45 et 48.

Atteintes aux intérêts fondamentaux de la Nation

→ *Intérêts fondamentaux de la Nation.*

Atteintes involontaires

[Droit pénal]

Expression générique, qui regroupe l'homicide involontaire et les violences involontaires contre les personnes, par opposition aux atteintes volontaires, soit à la vie, soit à l'intégrité physique ou psychique des personnes.

C. pén., art. 221-6 s., 222-19 s., R. 622-1 et R. 625-2 s.

Attendu

[Procédure civile/Procédure pénale]

Nom donné aux alinéas de la partie d'une décision de justice contenant l'exposé factuel de l'affaire, les phases de la procédure et la motivation du juge. Chacun commence par les mots : « Attendu que… ». Cette partie précède l'énoncé du *dispositif*.

→ *Considérant.*

Attentat à la pudeur

[Droit pénal]

Acte illicite d'ordre sexuel, avec ou sans violence, auquel la victime, personne de l'un ou l'autre sexe, se trouve physiquement mêlée. Depuis la réforme du Code pénal, les attentats à la pudeur sont désormais qualifiés d'atteintes sexuelles, et relèvent, soit des agressions sexuelles, soit de la *mise en péril des mineurs*.

C. pén., art. 222-22 s. et 227-25 s.

→ *Agression sexuelle, Atteinte sexuelle.*

Atterrissement

[Droit civil]

Mouvement de la terre dû à l'action d'un cours d'eau qui opère soit accroissement par dépôt sur la rive, soit constitution d'îles ou d'îlots par émergence au-dessus du lit.

C. civ., art. 556 et 560.

→ *Accroissement, Alluvions, Lais et relais.*

Attestation

[Procédure civile]

Déposition écrite rédigée par une personne qui pourrait être convoquée comme témoin dans une enquête. Elle peut être produite spontanément par un plaideur ou provoquée par le juge. Elle contient la relation des faits auxquels son auteur a assisté ou qu'il a personnellement constatés.

C. pr. civ., art. 199 s.

Attestation d'embauche

[Droit du travail]

Document écrit (copie de la déclaration préalable à l'embauche ou de l'accusé de réception) que doit remettre l'employeur au salarié au moment de l'embauche et attestant de celle-ci. Cette mesure tend à lutter contre le travail dissimulé.

C. trav., art. R. 1221-9.

ACTU

Attestation de la qualité d'héritier

[Droit civil]

Tout successible en ligne directe peut justifier de sa qualité d'héritier par la production d'une attestation signée de l'ensemble des héritiers, par laquelle ils attestent qu'il n'existe pas de testament ni d'autres héritiers du défunt, ni de contrat de mariage; qu'ils autorisent le porteur du document à percevoir pour leur compte les sommes figurant sur les comptes du défunt ou à clôturer ces derniers; qu'il n'y a ni procès, ni contestation en cours concernant la qualité d'héritier ou la composition de la succession. Ce document permet d'obtenir, sur présentation des factures, du bon de commande des obsèques ou des avis d'imposition, le débit sur les comptes de paiement du défunt des sommes nécessaires au paiement de tout ou partie des actes conservatoires (au sens de l'article 784-1 C. civ.) auprès des établissements de crédit teneurs desdits comptes (dans la limite d'un montant fixé par arrêté), ainsi que pour obtenir la clôture des comptes du défunt et le versement des sommes y figurant, dès lors que le montant total des sommes détenues par l'établissement est inférieur à un montant fixé par arrêté. Pour la clôture des comptes, l'attestation doit également préciser que la succession ne comporte aucun bien immobilier.

C. mon. fin., art. L. 312-1-4.

→ *Acte de notoriété, Attestation notariée immobilière, Certificat d'hérédité/d'héritier, Disposition des comptes du défunt, Intitulé d'inventaire.*

Attestation notariée immobilière

[Droit civil]

Acte établi par un notaire en vue de certifier la propriété (ou, plus généralement, un droit réel immobilier) d'héritiers sur un immeuble, après transmission par décès; l'acte certifie cette propriété après avoir visé les pièces qui établissent la dévolution. Il permet alors d'accomplir les formalités de publicité des mutations immobilières. Les tiers doivent tenir pour exacte l'attestation du notaire et peuvent considérer l'intéressé comme héritier et propriétaire apparent.

→ *Acte de notoriété, Certificat d'hérédité/d'héritier, Intitulé d'inventaire.*

Attraire

[Procédure civile]

Citer en justice. Par exemple, attraire des témoins devant le TGI.

Attributaire

[Sécurité sociale]

Personne physique ou morale entre les mains de laquelle sont versées les prestations familiales. Généralement, l'attributaire est l'*allocataire*, mais ce peut être son conjoint ou concubin ou la personne qui assure l'entretien de l'enfant.

CSS, art. L. 513-1.

Attribution préférentielle

[Droit civil/Droit rural]

Dans le partage d'une indivision (successorale, communautaire, sociale), attribution d'un bien à celui des indivisaires qui, en vertu des critères légaux, est jugé le plus apte à le recevoir.

C. civ., art. 831 s., 1476 et 1844-9; C. rur., art. L. 321-23 s.

GAJC, t. 1, n° 116.

Aubain

[Droit international privé]

Terme de l'époque féodale, désignant l'individu né hors de la seigneurie (du latin : *alibi natus*) et frappé, de ce fait, de certaines incapacités.

Audiatur et altera pars

[Procédure civile]

L'autre partie doit être entendue. Aucune partie ne peut être jugée si elle n'a pas été entendue au procès ou si elle n'y a pas été appelée. Cette règle exprimant le principe de la contradiction s'applique à tous les moments et actes de la procédure.

C. pr. civ., art. 14 s.

→ *Contradictoire (Principe du), Droits de la défense, Procès équitable.*

Audience

[Procédure générale]

Séance au cours de laquelle une juridiction prend connaissance des prétentions des parties, instruit le procès, entend les plaidoiries et rend son jugement.

Le plus souvent, l'audience est publique.

La loi organique du 7 novembre 1958 relative au Conseil constitutionnel prévoit, dans sa rédaction du 10 décembre 2009, la publicité de l'audience en matière de *question prioritaire de constitutionnalité* (art. 23-10).

C. pr. civ., art. 430 s.; CJA, art. L. 6 et 736-1; C. pr. pén., art. 306, 400, 620.

GACA n° 60.

→ *Audience de procédure, Audience des plaidoiries, Publicité des débats.*

Audience de cabinet

[Procédure civile]

Examen d'une affaire par le juge dans son bureau où il entend les avocats et les parties sans forme et hors la présence du public (audience du juge des tutelles, audience du juge des affaires familiales...).

Audience de la Chambre

[Procédure civile]

Formation de chacune des chambres de la Cour de cassation composée de 5 de ses membres ayant voix délibérative, appelée à statuer sur les pourvois délicats qui ne peuvent être examinés par la formation ordinaire à 3 magistrats.

COJ, art. L. 431-1, R. 431-5.

Audience délocalisée

[Procédure civile]

→ *Siège.*

Audience foraine

[Procédure civile]

Audience qui se tient dans une commune autre que celle où est fixé le *siège* de la juridiction.

COJ, art. R. 124-2 et R. 232-3.

Audience d'orientation

[Procédure civile]

Audience que tient le juge de l'exécution au cours d'une procédure de *saisie immobilière* et dont l'objet est d'examiner la validité de la saisie, de statuer sur les contestations et demandes incidentes liées à celles-ci et de déterminer les modalités selon lesquelles la procédure sera poursuivie (vente amiable ou vente forcée).

C. pr. exéc., art. R. 322-15 s.

Audience des plaidoiries

[Procédure civile]

Audience succédant à la phase d'*instruction* et précédant celle du *délibéré* au cours de laquelle les parties développent oralement leurs prétentions et répondent aux questions du juge et au terme de laquelle le ministère public présente ses observations.

C. pr. civ., art. 430 s.

Audience de procédure

[Procédure civile]

Séance d'un tribunal non consacrée aux plaidoiries, au cours de laquelle le président ou le *juge de la mise en état* confère de l'avancement de la cause avec les représentants des parties pour déterminer la suite procédurale à lui donner (renvoi pour plaidoirie, renvoi pour instruction, renvoi pour conclusions complémentaires).

C. pr. civ., art. 759 s., 905.

→ *Appel des causes, Calendrier de procédure, Mise en état.*

Audience solennelle

[Procédure civile]

Formation exceptionnelle de la cour d'appel composée du premier président et de conseillers appartenant à plusieurs chambres; constituée en vue de statuer sur les renvois après cassation, si le premier président en décide ainsi eu égard à la nature ou la complexité de l'affaire.

L'audience solennelle est également compétente pour connaître du contentieux des élections au Conseil national des barreaux, aux Conseils de l'ordre et au bâtonnat.

Devant toutes les juridictions se tient, pendant la première quinzaine de janvier, une audience solennelle de rentrée au cours de laquelle il est fait un exposé de l'activité de la juridiction durant l'année écoulée.

À la Cour de cassation, les chambres se réunissent en audience solennelle dans les cas prévus par les textes.

COJ, art. L. 312-2, R. 111-2, R. 212-1, R. 312-9 et R. 421-5.

Audiencer

[Procédure civile]

Fixer la date de l'audience à laquelle une affaire, prête à être jugée sur le fond, sera appelée pour être plaidée.

C. pr. civ., art. 760.

Audit

[Droit général]

Mission de vérification de la conformité d'une opération ou de la situation d'une entreprise aux règles de droit en vigueur; confiée à un professionnel indépendant (l'auditeur) par une personne (le prescripteur) souhaitant s'informer sur l'intérêt de cette opération ou de cette situation, elle peut aller jusqu'à évaluer les risques de l'initiative ou de l'activité vérifiée, ainsi que son degré d'efficacité. On parle ainsi d'audit juridique, d'audit fiscal, social, etc.

[Droit européen/Droit de l'environnement]

Dans l'Union européenne, le règlement EMAS (Éco Management Audit Scheme), adopté en 1993 et modifié plusieurs fois, permet l'organisation volontaire d'un audit environnemental, évaluation des performances en la matière, d'une entreprise ou collectivité.

[Droit européen]

La *Cour des comptes européenne* n'est pas une juridiction, mais un organisme d'audit.

Auditeur

[Droit administratif/Droit financier ou fiscal]

Grade de début de carrière des membres du Conseil d'État et des magistrats de la Cour des comptes.

Auditeur à la Cour de cassation

[Procédure civile/Procédure pénale]

Magistrat, d'un rang moins élevé qu'un conseiller référendaire, exerçant auprès de la Cour de cassation des attributions administratives (documentation, travaux d'aide à la décision).

COJ, art. R. 421-7.

Auditeur de justice

[Procédure civile]

Élève à l'*École nationale de la magistrature* (ENM) recruté par concours, sur titres ou sur épreuves. Au cours de sa formation qui dure 31 mois, il participe à l'activité juridictionnelle des tribunaux auprès desquels il est affecté, notamment en assistant le juge d'instruction ou le ministère public et en participant, avec voix consultative, aux délibérations des juridictions civiles. À la sortie de l'École, l'auditeur de justice est nommé magistrat.

Ord. n° 58-1270 du 22 déc. 1958, art. 15 s.

Audition à l'étranger

[Procédure pénale]

Si les nécessités de l'instruction l'exigent, le juge d'instruction peut, dans le cadre d'une commission rogatoire adressée à un État étranger et avec l'accord des autorités compétentes de l'État concerné, se transporter avec son greffier sur le territoire de cet État aux fins de procéder à des auditions.

Il en est de même du procureur de la République, qui peut, dans le cadre d'une demande d'entraide adressée à un État étranger et avec l'accord des autorités compétentes de l'État concerné, se transporter sur le territoire d'un État étranger aux fins de procéder à des auditions.

C. pr. pén., art. 41 et 93-1.

Audition des parties

[Procédure civile]

Le magistrat peut à tout moment, et même d'office, entendre les parties en dehors d'une procédure de *comparution personnelle*.

Le mineur, dès lors qu'il est capable de discernement, a le droit d'être entendu dans toutes les procédures le concernant.

C. pr. civ., art. 20, 23, 338-1 s., 1188, 1189; C. civ., art. 373-2-11, 388-1.

Audition des témoins

[Procédure civile]

Devant les juridictions civiles, l'audition des témoins a lieu soit à la barre du tribunal, soit devant un juge commis à cet effet.

C. pr. civ., art. 208 s.

→ *Enquête, Témoins.*

[Procédure pénale]

En procédure pénale, les règles applicables à l'audition des témoins diffèrent sensiblement d'une phase de procédure à l'autre : alors qu'elles sont plutôt de type inquisitoire lors de l'enquête de police et pendant l'instruction préparatoire, elles connaissent un régime plus accusatoire lors de la procédure de jugement (témoignage oral, public et contradictoire).

Audition des tiers

[Procédure civile]

Le juge a la faculté d'entendre, sans formalités, les personnes qui peuvent l'éclairer ainsi que celles dont l'intérêt risque d'être affecté par la décision.

C. pr. civ., art. 27.

Audition libre

[Procédure pénale]

Audition, consentie et sans contrainte, d'une personne par des enquêteurs hors la présence d'un avocat. Si, au cours de l'audition, des raisons plausibles permettent de soupçonner qu'elle a commis ou tenté de commettre une infraction, la contrainte peut être exercée, soit sous forme de retenue, qui ne saurait excéder quatre heures, soit par un placement en garde à vue.

C. pr. pén., art. 62 et 78.

Au marc le franc

[Droit civil/Droit commercial/ Procédure civile]

→ *Marc le franc (Au).*

Au principal

[Procédure civile]

Quant au fond, par opposition à avant-dire droit ou à *provisoire*.

→ *Jugement avant-dire droit ou avant-faire droit, Principal.*

Auteur

[Droit civil]

1° Celui qui transmet un droit ou une obligation à une autre personne appelée *ayant cause*, par exemple le vendeur vis-à-vis de l'acquéreur.

2° Créateur d'une œuvre de l'esprit ou d'une œuvre d'art. La qualité d'auteur appartient à la personne sous le nom de laquelle l'œuvre est divulguée.

CPI, art. L. 113-1.

[Droit pénal]

Personne à qui peut être imputée la commission d'une infraction ou sa tentative, pour en avoir réalisé les éléments constitutifs.

Cette réalisation peut être d'ordre matériel, ou seulement moral ou intellectuel : dans le premier cas, l'auteur commet lui-même l'infraction; dans le second cas, il n'agit pas personnellement, mais incite ou provoque autrui à la commettre. Alors que l'auteur matériel est toujours sanctionné, l'auteur moral ou intellectuel ne l'est qu'en référence à des hypothèses ciblées (assassinat, empoisonnement, certains crimes ou délits à l'encontre d'un mineur, recrutement à des fins terroristes), sauf à rebondir sur la complicité, mais ce qui n'en fait pas une réponse toujours acquise.

C. pén., art. 121-4, 221-51, 227-28-3, 421-2-4.

→ *Co-activité, Complicité.*

Authenticité

[Droit civil]

→ *Acte authentique.*

Authentification

[Droit civil]

Opération destinée à conférer à un acte le caractère authentique.

→ *Acte authentique.*

Attestation de l'exacte provenance d'un objet ou d'un écrit.

→ *Certification conforme, Légalisation.*

[Droit international public]

Acte par lequel les participants à la négociation d'un traité attestent que le texte soumis à approbation ou ratification est celui qu'elles ont adopté. Elle est généralement réalisée par la signature du traité.

→ *Adoption (des traités), Signature des traités et accords.*

Autocontrôle

[Droit commercial]

Situation dans laquelle une société possède directement ou indirectement, son propre capital.

L'autocontrôle fait l'objet d'une réglementation limitative.

C. com., art. L. 225-206 s. et L. 233-29 s.

Autocratie

[Droit constitutionnel]

Pouvoir absolu d'un homme.

Autodéfense

[Droit pénal]

Fait par une personne de prévenir une agression, sans respecter les conditions de nécessité et de proportionnalité de la *légitime défense* (engin piégé susceptible de tuer…).

C. pén., art. 122-5 et 122-6.

GADPG n° 22.

Autodétermination

[Droit constitutionnel]

Fait pour un peuple de choisir librement (par référendum) s'il entend ou non être

souverain et constituer un État, déterminer son système politique et économique.
[Droit international public]
→ *Droit des peuples à disposer d'eux-mêmes.*

Auto-entrepreneur

[Droit commercial]
Créé par la loi de modernisation de l'économie (L. n° 2008-1776 du 4 août 2008), et inspiré par le projet européen de promotion du *small business*, ce statut permet au particulier d'exercer, à titre accessoire ou principal, une activité professionnelle indépendante. Restant dans les limites réglementaires, il est dispensé de la comptabilité ordinaire et de l'obligation d'immatriculation, une loi du 18 juin 2014 ayant supprimé cette dernière facilité pour les commerçants et les artisans. L'auto-entrepreneur est soumis, sur option, à un prélèvement libératoire forfaitaire (fiscal et social). Sur déclaration complémentaire de l'intéressé, le dispositif peut se combiner avec celui de l'*Entrepreneur individuel à responsabilité limitée* (EIRL).
→ *Micro-entreprises (Régime des).*

Autofinancement

[Droit commercial]
Politique d'une entreprise qui consiste à prélever une part importante des bénéfices distribuables pour assurer le financement des investissements.
C'est une source essentielle de financement pour les entreprises françaises, qui se manifeste par la constitution de *réserves*.

Autonomie de la volonté

[Droit général]
Principe de philosophie juridique et de théorie générale du droit en vertu duquel la volonté librement exprimée a le pouvoir de créer des obligations.
→ *Consensualisme, Liberté contractuelle.*

Autonomie financière

[Droit administratif/Droit financier ou fiscal]
Situation d'une collectivité ou d'un organisme disposant d'un pouvoir propre de gestion de ses recettes et de ses dépenses, regroupées en un budget ou dans un document équivalent. Pour être complète, elle suppose l'existence de ressources propres à la collectivité en cause.
Elle est souvent – mais pas forcément – accompagnée de la reconnaissance de la personnalité morale à l'organisme en cause.

Autonomie institutionnelle et procédurale des États

[Droit européen]
Liberté dont disposent les États membres de l'*Union européenne* pour s'organiser sur le plan des institutions politiques et administratives (nature et forme de l'État, régime politique, organisation juridictionnelle…), sous réserve que l'exercice de cette liberté ne porte pas atteinte à la pleine application du droit de l'Union.

Autopsie

[Sécurité sociale]
En cas de décès consécutif à un accident du travail, l'autopsie peut être sollicitée par les ayants droit de la victime ou requise par la caisse de Sécurité sociale afin de recueillir un avis médical sur la cause du décès.
Le refus des ayants droit qu'une autopsie soit effectuée leur fait perdre le bénéfice de la présomption d'imputabilité. Ils doivent apporter la preuve du lien de causalité entre l'accident et le décès.
CSS, art. L. 442-4.

Autopsie judiciaire

[Procédure pénale]
Autopsie ordonnée dans le cadre d'une enquête judiciaire ou d'une information

judiciaire. Elle ne peut être réalisée que par un praticien titulaire d'un diplôme attestant de sa formation en médecine légale ou d'un titre justifiant de son expérience en médecine légale.

Il ne peut être refusé aux proches du défunt qui le souhaitent d'avoir accès au corps avant sa mise en bière, sauf pour des raisons de santé publique. L'accès au corps se déroule dans des conditions qui leur garantissent respect, dignité, décence et humanité.

À l'issue d'un délai d'un mois à compter de la date de l'autopsie, les proches du défunt ayant qualité pour pourvoir aux funérailles peuvent demander la restitution du corps auprès du procureur de la République ou du juge d'instruction, qui doit y répondre par une décision écrite dans un délai de quinze jours.

C. pr. pén., art. 230-28 à 230-31.

Autorisation

[Droit administratif]

Procédure permettant à l'administration une surveillance particulièrement serrée de certaines activités. Elle impose que ces activités, examinées une à une, soient formellement acceptées par l'autorité au regard de conditions plus ou moins sévères selon les cas. Par la suite, un contrôle plus ou moins constant de l'autorité pourra aboutir au retrait de l'autorisation.

Peut prendre la forme d'une « attribution de licence » (ex. : ouverture d'un débit de boissons).

→ *Déclaration.*

Autorisation de plaider

[Droit administratif]

Autorisation donnée par le tribunal administratif au contribuable d'une collectivité territoriale d'exercer une action en justice *à la place de cette collectivité.*

CGCT, art. L. 2132-5 s. (pour la commune), L. 3133-1 s. (pour le département) et L. 4143-1 s. (pour la région); CJA, art. L. 212-2.

Autorisation de travail

[Droit international privé]

Tout étranger qui désire exercer en France une profession salariée, doit présenter un contrat de travail visé par l'autorité administrative ou une autorisation de travail.

Une exception est faite pour les ressortissants d'un État membre de l'Union européenne, qui n'ont pas besoin de titre de travail et peuvent exercer tout emploi (en dehors de ceux dans l'administration publique, au sens strict de l'article 45 TFUE).

C. trav., art. L. 5221-2, L. 5221-5 s. et R. 5221-1 s.

Autorisations d'engagement

[Droit financier ou fiscal]

1° *État :* autorisations budgétaires représentant la limite supérieure des dépenses pouvant être engagées au titre de l'année. Elles sont valables seulement pendant celle-ci (à la différence des anciennes *autorisations de programme*), mais leur montant non utilisé en fin d'année peut – sauf en matière de dépenses de personnel – être reporté sans limite sur l'année suivante.

2° *Collectivités territoriales :* limite supérieure des dépenses qui peuvent être engagées pour le financement des dépenses de fonctionnement (hors personnel et subventions aux organismes privés) résultant d'engagements conventionnels, de délibérations ou de décisions conduisant à verser, au-delà d'un exercice (et sans limitation de durée sauf décision contraire) une subvention, une participation ou une rémunération à un tiers.

CGCT, art. L. 2311-3, L. 3312-4, L. 4312-4.

→ *Crédit budgétaire, Crédits de paiement, Engagement.*

Autorisations de programme

[Droit financier ou fiscal]

1° *État :* avant 2006, autorisations budgétaires valables – par dérogation à la règle de l'annualité budgétaire – sans limitation de durée, ouvertes dans les *lois de finances* et permettant à l'administration de procéder à l'*engagement* de dépenses d'investissement (et, exceptionnellement, de fonctionnement) devant s'échelonner sur plusieurs années, mais non à leur paiement qui devait donner lieu à l'ouverture ultérieure de *crédits de paiement*. Remplacées depuis 2006 par les *autorisations d'engagement*.

2° *Collectivités territoriales :* les budgets des *régions*, des *départements*, des *communes* et des établissements publics de coopération intercommunale peuvent comporter, pour leurs dépenses d'investissement, des autorisations de programme analogues à celles qui existaient pour l'État.

→ *Délibération de programme.*

Autorité bancaire européenne

[Droit commercial/Droit européen]

Autorité indépendante de l'Union européenne, chargée d'édicter la réglementation appropriée pour la surveillance prudentielle des établissements de crédit des États membres. Fait partie, avec d'autres autorités indépendantes sectorielles, du Système européen de surveillance financière. Les règlements et directives composant le paquet « Union bancaire européenne » ont confié à la *Banque centrale européenne* la compétence exécutive pour l'agrément, la surveillance et le traitement administratif du risque d'insolvabilité des grands établissements bancaires de la zone euro.

→ *Autorités européennes de surveillance.*

Autorité centrale pour l'adoption internationale

[Droit civil]

Organisme chargé, auprès du Premier ministre, d'orienter et de coordonner l'action des administrations et des autorités compétentes en matière d'adoption internationale.

CASF, art. L. 148-2, R. 148-4 s.

→ *Agence française de l'adoption.*

Autorité de chose jugée

[Procédure (principes généraux)]

L'autorité de chose jugée crée une présomption de vérité légale au profit du jugement. Elle désigne l'autorité attachée à un *acte juridictionnel*, qui en interdit la remise en cause en dehors des voies de recours légalement ouvertes.

La dimension *négative* de la chose jugée interdit aux parties de porter en justice une affaire déjà jugée, sous réserve qu'il s'agisse de la même demande, entre les mêmes parties, agissant en les mêmes qualités, portant sur le même objet, soutenue par la même cause. Une telle demande se heurtera à une *fin de non-recevoir* tirée de la chose jugée. En matière civile, le critère de l'identité de cause suscite des difficultés particulières. D'un côté, une demande nouvelle est recevable lorsque des événements intervenus après la première décision sont venus modifier la situation antérieurement reconnue en justice. D'un autre côté, en vertu du *principe de concentration des moyens*, il ne suffit plus d'invoquer un fondement juridique nouveau au soutien d'une demande identique pour caractériser un changement de cause lors d'un second procès.

Plus débattue en doctrine comme en droit positif, la dimension *positive* de la chose jugée consiste à reconnaître force probatoire aux motifs d'une décision de justice précédemment rendue, dès lors qu'ils constituent le soutien nécessaire du dispositif de cette décision : les éléments ainsi examinés et tranchés dans les motifs d'un précédent jugement s'imposent au juge statuant dans une affaire ultérieure, dont la cause et l'objet sont pourtant différents mais qui suppose de résoudre les mêmes éléments ainsi tranchés antérieurement.

L'autorité de la chose jugée sert de fondement à l'*exécution forcée* du droit judiciairement établi. Le jugement a non seulement autorité de chose jugée, mais aussi *force de chose jugée*, lorsqu'une voie de recours suspensive de l'exécution (opposition, appel, pourvoi dans les rares cas où il est suspensif) ne peut pas ou plus être exercée contre lui, soit parce que le jugement a été rendu en dernier ressort, soit parce que le délai pour agir est expiré ou encore parce que les voies de recours ont déjà été exercées; en outre, le jugement est dit *irrévocable*, lorsque les voies de recours extraordinaires ont été utilisées ou ne peuvent plus l'être.

L'autorité de chose jugée est *relative* ou *absolue*.

Elle est le plus souvent *relative* en droit civil et dans certaines formes du contentieux administratif notamment, ce qui signifie que la chose jugée ne crée de droits ou d'obligations qu'en faveur ou à l'encontre de ceux qui ont été parties ou représentés à l'instance. Pour autant, la décision ayant autorité de chose jugée est opposable aux tiers, qui doivent la respecter, sauf à former une tierce opposition. Elle est invoquée par les parties au moyen d'une fin de non-recevoir (dite faussement exception de chose jugée), par les tiers à l'aide de l'exception de relativité de chose jugée. Elle peut être relevée d'office par le juge. L'autorité est dite *absolue* ou *erga omnes* lorsque les effets juridiques de la décision rendue s'imposent à tous, non seulement aux parties à l'instance, mais également à l'ensemble des tiers *lato sensu* (individus, juges, administration...). Il en va ainsi, parfois, des jugements administratifs (ex. : décisions prononçant une annulation pour excès de pouvoir). Cela a été longtemps le cas en procédure pénale, mais ce principe y est aujourd'hui en déclin.

Enfin, les décisions provisoires, si elles sont dépourvues de l'autorité de chose jugée au principal (elles ne lient pas le juge du fond), possèdent l'autorité de chose jugée au provisoire : elles ne peuvent être modifiées par le juge du provisoire qu'en cas de circonstances nouvelles.

C. civ., art. 1355, et 2052; C. pr. civ., art. 95, 125, 171, 480, 488, 500 et 1484; C. consom., art. L. 623-28.*

GAJC, t. 1, n° 11; GAJC, t. 2, n° 252 et 259; GAJA n° 13; GACA n° 65; GDCC n° 7, 12, 25, 28, 47 et 49.

→ *Cause, Force de chose jugée, Moyen, Opposabilité, Référé civil, Relevé d'office des moyens, Res inter alios judicata aliis nec prodesse nec nocere potest, Validation.*

[Procédure pénale]

Situation dans laquelle une personne, jugée de façon définitive pour une infraction pénale, ne peut plus faire l'objet de poursuites pour les mêmes faits, y compris sous une qualification différente.

GAPP n° 47 à 53.

→ *Non bis in idem.*

Autorité de contrôle prudentiel et de résolution (ACPR)

[Droit commercial/Droit financier]

Autorité administrative indépendante créée le 9 mars 2010 par la fusion des autorités d'agrément et de contrôle de la banque (Commission bancaire, Comité des établissements de crédit) et de l'assurance (Autorité de contrôle des assurances et des mutuelles, Comité des entreprises d'assurance). Elle veille à la préservation de la stabilité du système financier et à la protection des clients, assurés, adhérents et bénéficiaires des personnes soumises à son contrôle. Dans l'accomplissement de ses missions, elle prend en compte les objectifs de stabilité financière dans l'ensemble de l'Espace économique européen et de mise en œuvre convergente des dispositions nationales et régionales en tenant compte des bonnes pratiques et recommandations issues des dispositifs de supervision européens. Elle coopère avec les autorités compétentes des autres États. En particulier, au sein de l'Espace économique européen, elle apporte son concours aux structures de supervision des groupes transfrontaliers. L'Autorité est en outre compétente pour examiner les politiques de rémunération des salariés des banques et prestataires de services d'investissement. Elle contribue, seule ou sous la supervision de la *Banque centrale européenne*, à l'élaboration et la mise en œuvre des mesures de prévention et de résolution des crises bancaires.

C. mon. fin., art. L. 612-1 s.

Autorité de la chose interprétée

[Droit européen]

1° Les arrêts interprétatifs de la *Cour de justice de l'Union européenne*, saisie par renvoi préjudiciel d'une juridiction nationale, ont force obligatoire à l'égard de cette juridiction et, au-delà, à l'égard de toutes les autres juridictions nationales appelées à faire application des règles interprétées.

2° Par extension, une certaine doctrine considère que les arrêts de la Cour EDH ont autorité de la chose interprétée, en ce sens que, bien que n'ayant pas *autorité de chose jugée*, les solutions qu'ils donnent doivent être respectées, à l'avenir, par les juges nationaux pour toutes les affaires soulevant une question similaire au regard de la Convention EDH, à condition que la solution dégagée par la Cour soit précise et complète; on parle aussi d'effet immédiat des arrêts de la Cour européenne. Le juge national doit considérer qu'un droit interne déclaré non conforme à la Convention est inapplicable à l'avenir. C'est l'autorité propre de la jurisprudence de la Cour en tant que celle-ci interprète les dispositions de la Convention EDH.

ACTU

Autorité de la concurrence

[Droit commercial]

Autorité administrative indépendante (succédant au *Conseil de la concurrence*) instituée par la loi du 4 août 2008, dite de modernisation de l'économie. Dotée d'une compétence consultative en matière de réglementation de la concurrence, *lato sensu*, elle est juge de première instance des pratiques anticoncurrentielles (ententes, abus de domination) et est nouvellement dotée d'un pouvoir décisionnel en matière de concentrations. En 2015, l'Autorité de la concurrence a vu son champ de compétence consultative étendu à la question de la fixation des tarifs, et à celle de la liberté d'installation, des professions réglementées du secteur juridique (notaires, huissiers, commissaires-priseurs, etc.).

C. com., art. L. 441-1 s., L. 461-1 s., L. 462-2-1 s.

Autorité de régulation des communications électroniques et des postes (ARCEP)

[Droit administratif/Droit commercial]

Autorité administrative indépendante en charge de la régulation des communications électroniques et les postes, elle est composée d'un collège de sept membres. L'ARCEP a pris la suite de l'Autorité de régulation des télécommunications en étendant ses compétences au secteur postal. Ses décisions peuvent faire l'objet de recours auprès du juge administratif (Conseil d'État) et judiciaire (cour d'appel de Paris).

C. pr. exéc., art. L. 36-5 s.

Autorité de régulation des jeux en ligne (ARJEL)

[Droit administratif/Droit pénal]

Autorité administrative indépendante créée par une loi du 12 mai 2010, chargée de veiller au respect des objectifs de la politique des jeux et des paris en ligne soumis à agrément. Elle exerce la surveillance des opérations de jeu ou de pari en ligne et participe à la lutte contre les sites illégaux et contre la fraude.

L. n° 2010-476 du 12 mai 2010, art. 34 à 45.

→ *Régulation.*

Autorité de régulation des activités ferroviaires et routières (ARAFER)

[Droit administratif/Droit commercial]

Autorité administrative indépendante en charge de la régulation des professionnels du secteur du transport terrestre. Est compétente pour traiter de certaines questions de service public, comme la surveillance des concessions d'autoroute.

Autorité des marchés financiers (AMF)

[Droit commercial/Droit européen]

Autorité publique indépendante dotée de la personnalité morale. Son rôle consiste à veiller à la protection de l'épargne investie dans les instruments financiers et, plus généralement, dans les placements par *offre au public de titres financiers* (ex-*appel public à l'épargne*), à l'information des investisseurs et au fonctionnement régulier des marchés d'instruments financiers.

Depuis la loi du 1er août 2003, l'AMF reçoit les attributions auparavant dévolues à la Commission des opérations de bourse, au Conseil des marchés financiers et au Conseil de discipline de la gestion financière, de la fusion desquels elle est issue.

C. mon. fin., art. L. 621-1 s.

→ *Autorité européenne des marchés financiers (AEMF).*

Autorité des normes comptables

[Droit commercial/Droit financier]

Créée en 2009, cette institution établit sous forme de règlement les normes comptables générales ou sectorielles que doivent respecter les entreprises. Elle participe à l'élaboration des normes comptables internationales.

→ *Conseil de normalisation des comptes publics.*

Autorité européenne des marchés financiers (AEMF)

[Droit commercial]

L'AEMF (ou en anglais ESMA) est l'une des autorités européennes de surveillance, siégeant à Paris. Elle a été instituée pour coordonner l'action des autorités nationales et est par ailleurs dotée de pouvoirs propres d'agrément et de sanction de certains opérateurs (notamment des agences de notation).

Règl. CE n° 1095/2010 du 24 nov. 2010.

→ *Autorités européennes de surveillance (AES).*

Autorité internationale des fonds marins

[Droit international public]

Organisation internationale instituée par la Convention des Nations unies sur le droit de la mer de 1982 et l'Accord de 1994 relatif à l'application de la partie XI de ladite Convention, elle est principalement chargée de la gestion des activités d'exploration et d'exploitation conduites dans la *Zone internationale des fonds marins*. Entrée en fonction en novembre 1994, son siège est à Kingston à la Jamaïque.

Autorité judiciaire

[Droit constitutionnel/Procédure (principes généraux)]

Expression de la loi constitutionnelle du 3 juin 1958, puis de la Constitution de 1958 (art. 64 à 66-1) désignant l'ensemble des magistrats assurant le service de la justice civile et pénale, par opposition à la justice administrative. Manière de ne pas reconnaître l'existence d'un véritable pouvoir judiciaire.

GDCC n° 7 et 34 (autorité juridictionnelle), 6, 7, 28, 29, 45, 46 et 50 (juridiction).

→ *Corps judiciaire, Judiciaire, Magistrat.*

Autorité parentale

[Droit civil]

Ensemble des prérogatives conférées par la loi aux père et mère (y compris les parents de même sexe), sur la personne et les biens de leur enfant mineur et non émancipé. Chaque prérogative est constituée d'un droit (agir) et d'un devoir (agir dans l'intérêt du mineur). Les parents doivent ainsi protéger l'enfant dans sa sécurité, sa santé et sa moralité, assurer son éducation et permettre son développement, dans le respect dû à la personne. Jadis conférée au seul père, sous le nom de « *puissance paternelle* », l'autorité parentale est, en principe, exercée en commun par les parents.

C. civ., art. 365, 371-1, 372 s., 376 s.; C. pr. civ., art. 1179, 1202 s.

GAJC, t. 1, n° 24-26, 54-56 et 61-62.

→ *Administration légale, Jouissance légale, Tutelle.*

[Droit pénal]

En cas de condamnation pour un crime ou un délit d'atteinte volontaire à la vie ou à l'intégrité de la personne, d'agressions sexuelles, et de harcèlement moral, commis par le père ou la mère sur la personne de son enfant ou de l'autre parent, la juridiction de jugement se prononce sur le retrait total ou partiel de l'autorité parentale, en application des articles 378, 379 et 379-1 du Code civil. Si les poursuites ont lieu devant la cour d'assises, celle-ci statue sur cette question sans l'assistance des jurés.

Il en est de même lorsqu'une atteinte sexuelle incestueuse est commise contre un mineur par une personne titulaire sur celui-ci de l'autorité parentale. La juridiction peut alors statuer sur le retrait de cette autorité concernant les frères et sœurs mineurs de la victime.

C. pén., art. 221-5-5, 222-31-2, 222-48-2, 227-27-3.

Autorités administratives indépendantes

[Droit administratif]

Le plus souvent collégiales, ces autorités, qui sont des institutions de l'État agissant en son nom mais dont le statut s'efforce de garantir l'indépendance d'action aussi bien vis-à-vis du gouvernement que du Parlement, ont été créées en vue d'assurer dans leur domaine de compétence, sans intervention directe de l'*Administration*, un certain nombre de garanties telles que la protection des droits et des libertés (*Commission nationale de l'informatique et des libertés*), ou le bon fonctionnement de certains secteurs de l'économie (*Conseil supérieur de l'audiovisuel*). Selon les cas, elles disposent dans leur domaine – parfois cumulativement – d'un pouvoir d'avis, de recommandation, de sanction, de décision individuelle, voire d'un véritable pouvoir réglementaire. Un problème majeur – et non résolu actuellement – posé par ces autorités est de concilier leur indépendance et l'existence d'un contrôle démocratique de leur activité.

Le *Défenseur des droits* est une autorité constitutionnelle indépendante remplaçant le *Médiateur de la République*, la *HALDE* et le *Défenseur des enfants* (Const. art. 71-1).

GDCC n° 8.

→ *Acte juridictionnel, Autorités publiques indépendantes, Régulation.*

Autorités européennes de surveillance (AES)

[Droit commercial]

Dénomination générique des autorités de régulation de l'Union européenne, instituées pour la surveillance des secteurs bancaire, financier et celui des assurances et pensions professionnelles. Forment ensemble, avec le Comité européen de risque systémique (CERS), le système européen de stabilité financière (SESF).

Règl. CE n° 1092/2010, 1093/2010, 1094/2010 et 1095/2010 du 24 nov. 2010.

Autorités publiques

[Droit administratif/Droit constitutionnel]

→ *Pouvoirs publics.*

Autorités publiques indépendantes

[Droit public]

Variantes des autorités administratives indépendantes, caractérisées par le fait qu'elles disposent de la personnalité morale (ex. : *Autorité des marchés financiers*, *Haute autorité pour la diffusion des œuvres et la protection des droits sur Internet*).

Auto-saisine

[Procédure civile]

→ *Saisine.*

Auxiliaire de culture

[Droit rural]

Être vivant qui détruit les ravageurs ou atténue leurs effets. Ce sont souvent des animaux qui consomment les ennemis des cultures (ex. : coccinelles, araignées, chauves-souris, certains oiseaux…). Il peut s'agir aussi de parasites ou de micro-organismes, tels que des champignons ou bactéries qui provoquent des maladies au sein des populations de ravageurs.

Auxiliaires

[Droit administratif]

Personnels non titulaires employés par l'État, les collectivités territoriales et leurs établissements publics, théoriquement pour occuper des emplois momentanément privés de leur titulaire, mais dont une notable partie en réalité occupe durablement ces postes, puis fait l'objet souvent d'une intégration dans le personnel titulaire.

Auxiliaires de justice

[Procédure civile]

Hommes de loi dont la mission est destinée à faciliter la marche de l'instance et la bonne administration de la justice, en assistant le juge (*greffier*, *huissier de justice*) ou les parties (*avocat*).

→ *Administrateur judiciaire, Avocat au Conseil d'État et à la Cour de cassation, Commissaire-priseur judiciaire, Mandataire judiciaire au rétablissement personnel des particuliers, Mandataire judiciaire au redressement et à la liquidation des entreprises.*

Aval

[Droit commercial]

Garantie donnée sur un effet de commerce par une personne appelée « donneur d'aval » ou « avaliste » ou « avaliseur », qui s'engage à payer tout ou partie de son montant à l'échéance, si le ou les signataires pour lesquels l'aval a été donné, appelés les « avalisés », ne le font pas. L'opération s'apparente donc à un cautionnement cambiaire.

C. com., art. L. 511-21 et L. 512-4; C. mon. fin., art. L. 131-28 s.

Avance

[Droit administratif/Droit financier ou fiscal]

Paiement partiel effectué préalablement à l'exécution même fragmentaire d'une prestation convenue.

→ *Acompte.*

Avancement d'hoirie

[Droit civil]

Expression utilisée antérieurement au 1er janvier 2007, pour désigner l'actuel *avancement de part successorale*.

Avancement de part successorale

[Droit civil]

Libéralité, généralement une *donation*, faite à un *héritier* présomptif, par anticipation sur ce qu'il recevra au jour du décès et qui, rapportable à la *succession*, s'imputera sur sa part successorale afin de respecter l'égalité entre les héritiers; pour ne pas être rapportable, la libéralité doit avoir été faite expressément hors part successorale, auquel cas elle sera éventuellement réductible pour excès si elle porte atteinte à la réserve des héritiers réservataires. On parlait autrefois d'avancement d'hoirie.

C. civ., art. 843.

→ *Préciput, Quotité disponible, Rapport des dons et des legs à fin d'égalité, Rapport des dons et des legs à fin de réduction, Réservataire, Réserve.*

Avantage en nature

[Sécurité sociale]

Bien, produit ou service servi gratuitement à un salarié ou économie réalisée par lui, qui doit être intégré dans l'assiette des cotisations (par ex. logement, nourriture, voiture...).

CSS, Arrêté du 10 déc. 2002.

Avantage matrimonial

[Droit civil]

Enrichissement procuré à l'un des époux par le simple jeu des règles du régime matrimonial conventionnel et échappant en principe aux règles des libéralités. Exemple : *Préciput*.

C. civ., art. 1516, 1525 et 1527.

Avantages contributifs

[Sécurité sociale]

Avantages servis en contrepartie de cotisations.

Avantages individuels acquis (Maintien des)

[Droit du travail]

Clause d'une convention collective nouvelle par laquelle certains des avantages contenus dans la convention collective précédente sont maintenus; cette clause est interprétée de façon restrictive en droit prétorien. La loi du 13 novembre 1982 a prévu sous certaines conditions le maintien des avantages individuels acquis, après dénonciation (ou mise en cause) d'une convention collective non suivie de l'entrée en vigueur d'une nouvelle convention collective négociée après la dénonciation. L'avantage individuel est défini de manière prétorienne comme un avantage qui procure au salarié une rémunération ou un droit dont il bénéficie individuellement et à titre personnel. Le caractère acquis est appréhendé quant à lui comme un doit déjà ouvert et non simplement éventuel, ce qui peut être compris comme un avantage correspondant à la survenance continue ou cyclique d'un droit.

C. trav., art. L. 2261-13 et L. 2261-14.

GADT n° 172.

Avantages non contributifs

[Sécurité sociale]

Avantages servis sans contrepartie de cotisations.

Avant-contrat

[Droit civil]

Accord de volontés par lequel deux ou plusieurs personnes s'engagent à réaliser dans l'avenir un contrat définitif (par ex. : promesse de vente, promesse de prêt). On les appelle aussi contrats préalables, contrats préparatoires, contrats provisoires.

C. civ., art. 1589.

GAJC, t. 2, n° 260 et 261.

Avant-dire droit

[Procédure civile]

→ *Jugement avant-dire droit ou avant-faire droit.*

Avarie

[Droit commercial]

Dommage subi par la marchandise transportée ou par l'engin de transport.

Avarie commune

[Droit maritime]

Sacrifice d'une partie de l'embarcation maritime (le navire et les marchandises transportées) effectué intentionnellement dans le but d'éviter le naufrage. Donne lieu à recours contributif, de la part des propriétaires des biens sacrifiés, contre les propriétaires des biens sauvés. Cette institution, expression de la solidarité humaine face au risque de mer (*assistance maritime*), fait l'objet d'une réglementation informelle d'origine internationale (les règles d'York et d'Anvers du Comité maritime international).

Avenant

[Droit civil/Droit commercial]

Modification apportée à un contrat antérieur ou à un contrat-type. Document constatant cette modification.

C. assur., art. L. 112-3, al. 5.

Avenir

[Procédure civile]

Acte invitant l'adversaire à se rendre à l'audience de liaison de l'instance. Supprimé depuis la procédure de la *mise en état*.

Avertissement

[Droit financier ou fiscal]

Ancien nom de l'*avis d'imposition*.

[Droit administratif/Procédure civile]

Sanction disciplinaire.

→ *Poursuite disciplinaire.*

[Procédure pénale]

Moyen non formaliste utilisé par le *ministère public* pour déclencher l'action publique devant le tribunal correctionnel ou le tribunal de police. Le document qui en tient lieu doit indiquer l'infraction poursuivie et viser le texte de loi qui la réprime, et ne dispense de la citation directe que s'il est suivi de la comparution volontaire de la personne à laquelle il est adressé.

C. pr. pén., art. 389.

→ *Comparution volontaire.*

[Sécurité sociale]

Invitation par lettre recommandée de la direction régionale des affaires sanitaires et sociales au débiteur d'avoir à régulariser sa situation quant aux cotisations dues. Cet avertissement précède l'action en recouvrement. Elle peut être remplacée par une *mise en demeure*.

CSS, art. L. 244-2.

Aveu

[Droit civil/Procédure civile]

Déclaration par laquelle une personne tient pour vrai un fait qui peut produire contre elle des conséquences juridiques défavorables.

L'aveu est judiciaire lorsque la déclaration est faite en justice : il lie le juge. Au contraire, le tribunal conserve son libre pouvoir d'appréciation en présence d'un aveu extrajudiciaire.

C. civ., art. 1383, 1383-1* et 1383-2*; C. pr. civ., art. 198.*

[Procédure pénale]

Reconnaissance par un délinquant du ou des faits délictueux qui lui sont imputés. L'aveu ne lie pas le juge pénal.

C. pr. pén., art. 428 et 536.

Avis

[Droit général]

Terme juridique s'appliquant dans toutes les branches du droit au résultat de consultations, facultatives ou obligatoires selon le cas, demandées aux organes les plus divers (personnes ou commissions, conseils, fonctionnaires qualifiés, Conseil d'État, etc.).

Ces consultations n'ont que rarement un caractère obligatoire dans leur contenu : on dit alors qu'une « décision sera prise sur avis conforme de… ».

Avis à tiers-détenteur

[Droit financier ou fiscal/Procédure civile]

Sorte de *saisie-attribution* ou de *saisie des rémunérations du travail* en forme très simplifiée, permettant aux comptables publics de demander à tout tiers, détenant (ou devant) des sommes appartenant à un redevable d'impôts assortis du privilège du Trésor, de leur verser en l'acquit du redevable le montant de ces impôts jusqu'à concurrence de la somme qu'ils détiennent – à peine pour ces tiers d'en devenir personnellement débiteurs. L'avis à tiers-détenteur est très souvent employé à l'égard, notamment, des employeurs ou des locataires des contribuables, ou de la banque où ils possèdent un compte. Des procédures analogues existent sous le nom d'*opposition à tiers détenteur* pour recouvrer les titres exécutoires des *collectivités territoriales* et, sous le nom d'opposition administrative, pour le recouvrement des amendes et condamnations pécuniaires.

LPF, art. L. 262 s.; CGCT, art. L. 1617-5.

Avis consultatif

[Droit international public]

Opinion sans force juridique obligatoire rendue par une juridiction internationale sur une question de droit.

Avis contentieux

[Procédure civile/Droit administratif/Procédure pénale]

Avis que peuvent solliciter les juridictions judiciaires civiles auprès de la *Cour de cassation*, les juridictions administratives auprès du *Conseil d'État*, lorsqu'elles sont saisies d'une question de droit nouvelle, présentant une difficulté sérieuse et se posant dans de nombreux litiges. En matière prud'homale, l'avis a été étendu aux demandes d'interprétation d'une convention ou d'un accord collectif. Cet avis, qui doit être donné dans les 3 mois de la réception du dossier, ne lie pas la juridiction qui en a fait la demande.

La même possibilité a été concédée aux juridictions pénales, à l'exception des juridictions d'instruction et de la cour d'assises.

C. pr. civ., art. 1031-1 s.; COJ, art. L. 441-1 s., R. 441-1 s.; CJA, art. L. 113-1 et R. 113-1 s.; C. pr. pén., art. 706-64 s.

GACA n° 1.

Avis d'imposition

[Droit financier ou fiscal]

Avis adressé à un redevable d'impôts directs perçus par voie de *rôle* pour l'informer du montant et des modalités de paiement de sa dette fiscale, appelé autrefois avertissement.

LPF, art. L. 253.

Avis de clémence

[Droit commercial]

L'avis de clémence précise les conditions auxquelles est subordonnée l'exonération totale ou partielle de sanction d'une *entreprise* qui, avec d'autres, a mis en œuvre une *entente* prohibée, si elle a contribué à établir la réalité de cette pratique, et à identifier ses auteurs en apportant des éléments d'information dont l'autorité ou l'administration ne disposait pas.

C. com., art. L. 464-2, IV.

Avis de la Cour de cassation

[Procédure civile]

→ *Cour de cassation.*

Avis de mise en recouvrement

[Droit financier ou fiscal]

Titre exécutoire émis par le comptable public de la DGFiP ou de la DGDDI en vue du recouvrement notamment de sommes, droits, taxes et redevances de toute nature lorsque le recouvrement n'a pas été effectué à la date exigible.

LPF, art. L. 256 et L. 257.

→ *Liquidation, Voies d'exécution.*

Aviseur

[Droit douanier]

Personne étrangère à l'administration et qui contribue à fournir à celle-ci des renseignements ou avis ayant amené à la découverte de la fraude et qui à ce titre est rémunérée.

Arrêté modifié du 18 avr. 1957.

Avocat

[Procédure administrative/Procédure civile/Procédure pénale]

Auxiliaire de justice exerçant l'ensemble des attributions antérieurement dévolues à des professions supprimées (en 1971, celle d'avoué près le TGI et d'agréé près le tribunal de commerce; en 1991, celle de conseil juridique; en 2012, celle d'avoué près les cours d'appel). L'avocat cumule actuellement les fonctions de *conseil*, de *mandataire* et de *défenseur* des plaideurs. On en recense 62 073 sur l'ensemble du territoire national, au 1er janvier 2015 (dernier chiffre publié).

L'avocat peut plaider devant toutes les juridictions, à l'exception de la Cour de cassation et du Conseil d'État, et tous les conseils disciplinaires, mais doit respecter le principe de territorialité en ce qui concerne la postulation.

La profession d'avocat peut être exercée de manière fort diverse :

- à titre purement individuel, ou bien en qualité de collaborateur (*Collaboration [Contrat de... entre avocats]*), ou de salarié (*Avocat salarié*);
- en association (*Association d'avocats*);
- en société (*Société civile professionnelle*, *Société d'exercice libéral*, *Société de participations financières de professions libérales*, *Société en participation*).

L. n° 71-1130 du 31 déc. 1971, art. 4 et 5; Décr. n° 91-1197 du 27 nov. 1991.

GDCC n° 6, 32, 46 et 50.

→ *Acte contresigné par avocat, Démarchage, Fiducie, Profession unique.*

Avocat au Conseil d'État et à la Cour de cassation

ACTU

[Droit administratif/Procédure civile/Procédure pénale]

Officier ministériel assistant et représentant les plaideurs devant le Conseil

d'État et devant la Cour de cassation. Appelé parfois avocat aux Conseils. On en recense 111 au 1er janvier 2015 (dernier chiffre publié).
En vue d'augmenter de façon progressive le nombre des offices nécessaires pour assurer une offre de services satisfaisante sans bouleverser les conditions d'activité des offices existants, la loi n° 990 du 6 août 2015 (Loi Macron), permet au ministre de la Justice, au vu des besoins identifiés par l'Autorité de la concurrence (selon des critères définis par le décret n° 2016-215 du 26 févr. 2016), de nommer titulaire de l'office créé le demandeur qui remplit les conditions requises pour l'exercice de la profession d'avocat aux Conseils.
La profession peut être exercée en qualité de salarié (ord. n° 2014-239 du 27 févr. 2014). L'avocat salarié n'a pas de clientèle personnelle; il bénéficie de l'indépendance que comporte son serment dans l'exercice des missions qui lui sont confiées; il n'est subordonné à l'égard de son employeur que pour la détermination de ses conditions de travail.

C. com., art. L. 462-4-2.

Avocat aux Conseils

[Procédure (principes généraux)]

→ *Avocat au Conseil d'État et à la Cour de cassation.*

Avocat collaborateur libéral

[Procédure civile]

→ *Collaboration (Contrat de... entre avocats).*

Avocat général

[Procédure civile/Procédure pénale]

Membre du *Parquet général* exerçant les fonctions du *ministère public* dans le cadre de la Cour de cassation ou des cours d'appel. À la *Cour de cassation*, les premiers avocats généraux, les avocats généraux et les avocats généraux référendaires portent la parole, au nom du procureur général devant les chambres auxquelles ils sont affectés; ils sont tenus à l'écart du rapport et du projet d'arrêt du conseiller rapporteur au motif, selon la Cour EDH, que la transmission de ces documents seraient attentatoire à l'exigence d'égalité des armes et au respect du principe du contradictoire.

COJ, art. L. 432-2 s., R. 312-16, 312-18 et R. 421-1.

[Droit européen]

Auprès de la Cour de justice de l'UE, les avocats généraux, au nombre de 11 à compter du 7 octobre 2015, ont une mission identique à celle des rapporteurs publics devant les juridictions administratives françaises : dans leurs conclusions, ils proposent en toute indépendance une solution à la Cour.

Auprès du Tribunal de l'UE, un juge peut être désigné pour faire office d'avocat général dans une affaire déterminée.

Avocat salarié

[Procédure administrative/Procédure civile/ Procédure pénale]

La rédaction d'un contrat écrit est exigée; soumis au conseil de l'Ordre, il précise le montant de la rémunération.

Cet avocat, qui ne peut avoir de clientèle personnelle, conserve son indépendance dans l'exercice de sa profession. Le contentieux éventuel, né de ce contrat, est soumis à l'arbitrage du *bâtonnier*.

Avoir

[Droit civil/Droit commercial]

Ensemble des biens constituant le patrimoine d'une personne physique ou morale.

Dans le compte relatif à une personne, la colonne « Avoir » représente ce qui est dû à cette personne, la colonne « Doit » ce qu'elle doit à des tiers.

→ *Actif, Passif.*

Avoir fiscal

[Droit financier ou fiscal]

Crédit d'impôt destiné à atténuer ou à supprimer, chez l'actionnaire d'une société soumise à l'*impôt sur les sociétés*, le montant de cet impôt ayant grevé les bénéfices qui lui ont été distribués (*dividendes*). Supprimé à partir de 2005.

Avortement

[Droit civil]

→ *Interruption volontaire de grossesse.*

[Droit pénal]

Fait de procurer ou de tenter de procurer l'interruption de la grossesse d'autrui, avec ou sans le consentement de l'intéressée. Qualifié dans le Code pénal et dans le Code de la santé publique « d'interruption illégale de grossesse », ce fait est puni de peines correctionnelles, mais il est justifié lorsque l'interruption est pratiquée, soit avant la fin de la douzième semaine de grossesse, soit pour motif médical.

C. pén., art. 223-10 et 223-11; CSP, art. L. 2222-2 s.

→ *Faits justificatifs.*

Avoué

[Procédure civile]

Officier ministériel qui était chargé devant les cours d'appel de postuler (c'est-à-dire de faire tous les actes nécessaires à la procédure) et de conclure (faire connaître les prétentions de son client). La loi n° 2011-94 du 25 janvier 2011 a opéré la fusion des professions d'avocat et d'avoué à la cour d'appel, entraînant la suppression de la profession d'avoué à la date du 1er janvier 2012. La représentation devant la cour est désormais assurée par un avocat exerçant dans le ressort de la cour.

→ *Avocat, Conclusions, Postulation, Société d'exercice libéral.*

Avulsion

[Droit civil]

Déplacement, par l'effet brusque du courant, d'une « partie considérable et reconnaissable d'un champ riverain » avec projection sur le fonds inférieur ou sur la rive opposée. À la différence de l'alluvion qui déclenche le mécanisme de l'accession, l'accrue du terrain formée par avulsion ne donne lieu à accession qu'à défaut de revendication dans le délai d'un an.

C. civ., art. 559.

→ *Alluvions.*

Ayant cause

[Droit civil]

Personne qui tient son droit d'une autre appelée *auteur*. Par exemple, l'acheteur est l'ayant cause du vendeur.

C. civ., art. 1372, 1373*, 1374*.*

Ayant cause à titre particulier

[Droit civil]

Ayant cause n'ayant acquis de son *auteur* qu'un ou plusieurs droits déterminés (par opposition à une universalité qui comporte un actif et un passif).

C. civ., art. 1014 s.

→ *Ayant cause à titre universel, Ayant cause universel.*

Ayant cause à titre universel

[Droit civil]

Ayant cause recevant une fraction du patrimoine de son *auteur*, composée de droits et d'obligations (actif et passif).

C. civ., art. 1010 s.

→ *Ayant cause à titre particulier, Ayant cause universel.*

Ayant cause universel

[Droit civil]

Personne qui a vocation à recueillir l'ensemble du patrimoine de son *auteur*.

C. civ., art. 1003 s.

→ *Ayant cause à titre universel, Ayant cause à titre particulier.*

Ayant droit

[Droit civil]

Celui qui est titulaire d'un droit. À ne pas confondre avec l'*ayant cause*, qui désigne celui auquel les droits d'une personne ont été transmis.

[Sécurité sociale]

Personnes qui bénéficient des prestations versées par un régime de Sécurité sociale, non à titre personnel mais du fait de ses liens avec l'assuré : conjoint, personne liée à l'assuré par un *pacte civil de solidarité (PACS)*, enfant à charge, ascendant sous certaines conditions, concubin.

CSS, art. L. 161-14, L. 313-3 et L. 613-10.

B

Bail

[Droit civil]

Variété de *louage de choses*. Désigne aussi l'acte instrumentaire qui constate ce contrat.

C. civ., art. 1709, 1711 et 1713 s.

GAJC, t. 1, n° 74 et 116; GAJC, t. 2, n° 177, 203-204, 271 à 273-274.

Bail à cheptel

[Droit rural]

Location d'un fonds de bétail que l'une des parties donne à l'autre pour le garder, le nourrir et le soigner, sous les conditions convenues entre elles; le bétail concerne toute espèce d'animaux susceptible de croît ou de profit pour l'agriculture ou le commerce.

• *Dans le cheptel simple*, la totalité du bétail est fournie par l'une des parties, le preneur profitant de la moitié du croît et supportant la moitié de la perte.

• *Dans le cheptel à moitié*, chacun des contractants fournit la moitié des bestiaux qui demeurent communs pour le profit ou pour la perte.

• *Dans le cheptel donné au fermier*, (appelé aussi cheptel de fer) ou *au métayer* (s'il s'agit d'un bail à cheptel donné au métayer), le propriétaire d'une exploitation rurale la donne à ferme à charge qu'à l'expiration du bail, le fermier laissera un même fonds de bétail que celui qu'il a reçu; de nature immobilière (car le fonds de bétail est un immeuble par destination), ce bail fait supporter en entier au fermier la perte, même totale et par cas fortuit, du bétail. Si en revanche il s'agit d'un bail à cheptel donné au métayer, lorsque le cheptel périt en entier sans la faute du métayer, la perte est pour le bailleur.

Il existe également dans le Code civil un bail improprement appelé cheptel mis en place lorsqu'une ou plusieurs vaches sont données pour les loger et les nourrir, le bailleur en conservant la propriété : il a seulement le profit des veaux qui en naissent.

C. civ., art. 1800 s.; C. rur., art. L. 421-1.

→ *Croît.*

Bail à colonat partiaire

[Droit rural]

Synonyme de *métayage*, seule expression aujourd'hui utilisée par le législateur (*cf.* loi n° 2009-526 du 12 mai 2009).

C. rur., art. L. 417-1 s.

Bail à complant

[Droit rural]

Bail applicable uniquement au vignoble et dérogatoire au statut du fermage. Son particularisme majeur est de diviser la propriété du sol qui reste acquise au bailleur et la propriété de la vigne qui est transmise au preneur, qualifié de « complanteur ». Les produits de la vigne, raisin et vin, sont partagés entre le bailleur et le preneur. Le complanteur est titulaire d'un droit réel cessible. En cas de cession de la vigne, le bailleur dispose d'un droit de préemption sur cette cession; quant au complanteur, il peut exercer un droit de préemption si le bailleur cède son fonds. Ce bail, qui est exclu du statut de fermage, se rencontre surtout dans le Languedoc et en région nantaise.

Dans le bail à complant, si l'une des parties juge nécessaire de replanter la vigne, elle devra trouver un accord avec l'autre. En cas de désaccord, elles devront recourir obligatoirement à l'arbitrage de l'autorité administrative, statuant comme amiable compositeur à la requête de la partie la plus diligente, parties entendues ou dûment appelées.

Un délai maximum de quatre ans est accordé pour la reconstitution de la vigne à partir du 1er avril suivant la dernière récolte.

C. rur., art. L. 441-1 s.

Bail à construction

[Droit civil]

Contrat de bail de longue durée (de 18 ans minimum à 99 ans maximum) par lequel le preneur s'engage à édifier des constructions sur le terrain du bailleur dont il a la jouissance.

Le preneur acquiert un droit réel immobilier (*droit de superficie*) susceptible d'hypothèque et de saisie immobilière. Le bailleur devient, en principe, propriétaire des constructions en fin de bail.

CCH, art. L. 251-1 s. et R. 251-1 s.

→ *Concession immobilière, Emphytéose.*

Bail à domaine congéable

[Droit rural]

Bail rural dont la particularité est qu'il prévoit la location du fonds de terre mais aussi la cession des superficies et constructions au preneur (le domanier). On désigne les droits du preneur à bail sur ces constructions et superficies par l'expression « droits réparatoires ». Ces droits sont cessibles. À la fin du bail, le preneur sortant peut céder ses droits réparatoires au preneur entrant. Né en Bretagne, ce bail est très peu utilisé, si ce n'est, parfois, dans sa région d'origine.

C. rur., art. L. 431-1 s.

→ *Droit de superficie.*

Bail à ferme

[Droit rural]

Bail ayant pour objet un fonds rural, conclu, en principe, pour une période de 9 ans. Il est renouvelable à son terme à défaut de congé délivré et dûment justifié.

Le preneur est qualifié fermier et le loyer fermage. Le bail à ferme doit être rédigé par écrit, et un état des lieux doit être dressé. L'enregistrement du bail n'est pas une obligation s'il est passé sous seing privé mais cette formalité permet de lui conférer date certaine.

Le statut du fermage ne permet pas au fermier de disposer de son droit en raison de l'absence de valeur vénale du bail rural. Cependant, un bail rural cessible hors du cadre familial a été créé en 2006, mais est très peu pratiqué.

C. civ., art. 1764 s.; C. rur., art. L. 411-1 s.

Bail à long terme

[Droit rural]

Forme moderne de bail rural de longue durée de 18 à 25 ans. Il donne une grande stabilité à l'exploitant et assure un loyer plus élevé au propriétaire, ainsi que des avantages fiscaux substantiels en cas de transmission à titre gratuit (exonération de l'assiette taxable pouvant aller jusqu'à 75 %).

À son terme, ce bail se renouvelle en principe ordinairement par périodes de 9 ans.

C. rur., art. L. 416-1 s.; CGI, art. 793 s.

Bail à loyer

[Droit civil]

→ *Bail d'habitation, Louage de choses.*

Bail à métayage

[Droit rural]

→ *Métayage.*

Bail à nourriture

[Droit civil]

Contrat par lequel l'une des parties s'engage à nourrir, entretenir et loger le cocontractant sa vie durant, contre une rémunération ou, le plus souvent, l'aliénation d'un bien ou d'un capital.

Bail à réhabilitation

[Droit civil]

Contrat par lequel un organisme d'habitation à loyer modéré ou une société d'économie mixte dont l'objet est de donner à bail des logements s'engage à réaliser des travaux d'amélioration sur l'immeuble du bailleur, en vue de le sous-louer à un usage d'habitation pendant la durée du bail (12 ans). Le preneur est titulaire d'un droit réel qui est sujet à hypothèque et à saisie immobilière.

CCH, art. L. 252-1 s.

Bail commercial

[Droit commercial]

Bail d'un immeuble dans lequel le locataire exploite un fonds commercial ou artisanal dont il est propriétaire. Les baux commerciaux sont soumis à un régime juridique très particulier, caractérisé par un droit de renouvellement, au profit du commerçant locataire, lui conférant ce que l'on appelle faussement « propriété commerciale ».

Depuis la loi du 4 août 2008, les baux civils conclus pour un usage exclusivement professionnel (professions libérales notamment) peuvent être, sur option des parties, exclusivement et entièrement soumis au statut des baux commerciaux.

C. com., art. L. 145-1 s.

Bail d'habitation

[Droit civil]

Bail d'un immeuble à usage d'habitation normalement régi par les dispositions spécifiques de la loi n° 89-462 du 6 juillet 1989 protectrice des droits du locataire. Cette loi s'applique aussi aux accessoires du logement (garages, jardins...) et aux locaux à usage mixte professionnel et d'habitation. Le local doit constituer la résidence principale du locataire, entendue comme « le logement occupé au moins huit mois par an, sauf obligation professionnelle, raison de santé ou cas de force majeure, soit par le preneur ou son conjoint, soit par une personne à charge ». Sont exclus de son champ d'application : les logements-foyers, les logements meublés, les logements de fonction et les logements consentis aux travailleurs saisonniers. Le contrat de location est établi par écrit et doit respecter les modalités fixées par décret.

→ *Colocation, Logement meublé.*

Bail emphytéotique

[Droit civil/Droit rural]

→ *Emphytéose.*

Bail pastoral

[Droit rural]

Bail de pâturage, en zone d'économie montagnarde, qui relève souvent de conventions pluriannuelles de pâturage. La convention ne confère pas au preneur une jouissance exclusive ou continue. Il peut s'agir aussi de baux ruraux ordinaires relevant du statut des baux ruraux.

C. rur., art. L. 481-1.

→ *Association foncière pastorale.*

Bail rural

[Droit rural]

→ *Bail à cheptel, Bail à colonat partiaire, Bail à complant, Bail à domaine congéable,*

Bail à ferme, Bail à long terme, Bail emphytéotique, Bail pastoral.

Bail rural cessible

[Droit rural]

Bail qui offre la possibilité de transmettre une exploitation en faire-valoir indirect, hors du cadre familial. Sa durée minimale est de 18 ans. Le loyer d'un bail cessible est celui d'un fermage mais il peut être majoré de 50 %. Le régime fiscal du bail cessible est aligné sur celui des baux à long terme.

C. rur., art. L. 418-1 à L. 418-5.

Bail vert

[Droit de l'environnement]

Dénomination que les praticiens appliquent aux baux commerciaux et aux baux professionnels portant sur des locaux de plus de 2 000 m^2, lorsqu'ils comportent une annexe environnementale. Cette annexe doit contenir le descriptif complet des équipements existants dans le bâtiment se rapportant au traitement des déchets, au chauffage, au refroidissement, à la ventilation et à l'éclairage, ainsi qu'un état des consommations annuelles.

C. envir., art. L. 125-9.

Bailleur

[Droit civil]

Dans le contrat de bail, personne qui s'engage à procurer au cocontractant (*le locataire ou preneur*) la jouissance d'une chose mobilière ou immobilière, contre une rémunération.

Balance des paiements

[Droit général]

Document statistique présentant, pour une période donnée, l'ensemble des paiements intervenus entre un État et l'étranger.

On peut notamment distinguer, à l'intérieur de ces mouvements, la balance des transactions courantes, principalement composée de la balance commerciale correspondant aux biens (« transactions visibles ») et aux services (« transactions invisibles ») importés et exportés, et la balance financière retraçant divers flux financiers, tels que les investissements à l'étranger ou les mouvements liés aux réserves de change.

Ballottage

[Droit constitutionnel]

Résultat non décisif obtenu dans une élection à 2 (ou plusieurs) tours lorsqu'aucun des candidats (ou aucune des listes) n'a recueilli la majorité absolue.

Bande cyclable

[Droit général]

Voie exclusivement réservée aux cycles à 2 ou 3 roues sur une *chaussée* à plusieurs voies.

C. route, art. R. 110-2.

Bande d'arrêt d'urgence

[Droit général]

Partie d'un accotement situé en bordure de la *chaussée* et spécialement réalisée pour permettre, en cas de nécessité absolue, l'arrêt ou le stationnement des véhicules.

C. route, art. R. 110-2.

Bande organisée

[Droit pénal]

Circonstance aggravante de certaines infractions, définie comme tout groupement formé ou toute entente établie en vue de la préparation, caractérisée par un ou plusieurs faits matériels d'une ou de plusieurs infractions.

C. pén., art. 132-71.

Bannissement

[Droit pénal]

Peine criminelle politique infamante, consistant dans l'interdiction de résider en France. Cette peine a disparu depuis la réforme du Code pénal.

Banque

[Droit commercial]

Établissement de crédit habilité de façon générale à recevoir du public des fonds à vue ou à moins de 2 ans de terme et à effectuer toutes les *opérations de banque*.

C. mon. fin., art. L. 511-1.

Banque centrale européenne (BCE)

[Droit européen/Droit commercial]

Prévue par le traité de *Maastricht* pour gérer la monnaie unique et définir la politique monétaire de l'Union européenne (art. 127 s. TFUE). Précédée, à partir du 1er janvier 1994, par un Institut monétaire européen (IME), elle a commencé ses activités le 1er janvier 1999. Dirigée par un Conseil des gouverneurs des banques centrales nationales et un directoire nommé par le Conseil européen.

Au centre des débats sur la « crise de l'euro », la BCE s'est engagée, depuis la nomination à sa tête en 2011 de Mario Draghi, dans une politique hardie : le 8 décembre 2011, elle accepte des opérations illimitées de refinancement des banques; le 6 septembre 2012, elle annonce le rachat illimité des emprunts d'États en difficulté, à condition que ceux-ci fassent appel au *Mécanisme européen de stabilité*.

Prolongeant cette décision, suivie en pratique de peu d'effets, la BCE lance, le 22 janvier 2015, un plan massif de rachat de dettes souveraines, de 60 milliards d'euros par mois, à mettre en œuvre pendant 18 mois. Ce programme de « *Quantitative Easing* » (en français, « assouplissement quantitatif »), et donc de création monétaire, est de nature à limiter les risques de déflation, à résorber de façon significative les tensions sur les dettes des États membres qui acceptent de se plier à une discipline budgétaire, et également à faire baisser la valeur de l'euro et par conséquent à améliorer la compétitivité des produits européens sur les marchés mondiaux.

Lors de l'instauration de l'*Union bancaire européenne*, la BCE a été désignée comme organe compétent pour l'agrément et la surveillance prudentielle des grands établissements de crédit de la zone Euro.

Siège : Francfort.

→ *Autorité bancaire européenne, Système européen des banques centrales (SEBC).*

Banque de données juridiques

[Droit général]

Ensemble d'informations juridiques enregistrées sur des supports numériques et exploitées par un ordinateur.

Ces informations, variables d'une banque de données à une autre, concernent généralement les textes législatifs et réglementaires, les décisions de jurisprudence et des références doctrinales. Avec le développement de la numérisation des documents et des sites Internet, elles prennent une importance considérable dans l'accès à l'information des citoyens. Voir par exemple, les sites www.legifrance.gouv.fr et dalloz.fr.

Banque de France

[Droit financier ou fiscal]

Institution centrale du système monétaire et bancaire français, dont le capital est entièrement détenu par l'État, mais à l'égard duquel elle est pleinement indépendante, et dont le statut et les fonctions ont été profondément remaniés en 1993 et en 1998 pour les adapter aux exigences de l'Union économique et monétaire entrée en vigueur le 1er janvier 1999.

Intégrée au *Système européen des banques centrales (SEBC)*, elle exerce ses fonctions dans le respect des missions et des objectifs fixés à celui-ci par les articles 105 et suivants du traité CE, devenus 127 et suivants TFUE, notamment de l'objectif prioritaire de stabilité des prix.

Depuis 1999 la définition de la politique monétaire relevant du SEBC, la définition de la politique de change du Conseil (de l'Union européenne) et sa conduite du SEBC, les missions fondamentales de la Banque de France sont, dans ce cadre juridique, de :

- participer à l'accomplissement des missions du SEBC;
- soutenir la politique économique du gouvernement sans préjudice de l'objectif principal de stabilité des prix;
- gérer les réserves de change de l'État;
- veiller au bon fonctionnement et à la sécurité des systèmes de paiement, sans préjudice de la responsabilité prioritaire du SEBC en ce domaine;
- exercer le monopole légal d'émission des billets de banque en France métropolitaine et dans les départements d'outre-mer.

Elle exerce en outre une série d'autres fonctions essentielles, notamment celles :

• de banque de refinancement au profit des établissements privés et publics de crédit;

• d'organe de réglementation et de contrôle des banques, directement ou par l'intermédiaire d'organismes auxquels elle est étroitement associée.

Elle tient également le compte du Trésor, sur lequel est centralisé l'essentiel des opérations budgétaires et de trésorerie de l'État, mais elle ne peut pas lui accorder des avances ou des concours financiers d'aucune sorte, ni acheter directement des titres de la *dette publique*.

C. mon. fin., art. L. 141-1 s.

Banque européenne d'investissement (BEI)

[Droit européen]

Créée par le Traité CEE et destinée au financement des investissements, en particulier dans les régions ou les secteurs économiques en difficulté. Indépendante des autres institutions de l'Union, la BEI a pour actionnaires les États membres; elle dispose de la personnalité morale; elle n'a pas de but lucratif. Ses activités de prêt sont importantes (plus de 50 milliards d'euros par an). Elle doit jouer un rôle majeur dans la réalisation du plan d'investissement pour la croissance et l'emploi annoncé par la Commission Juncker en novembre 2014. *Siège* : Luxembourg.

TFUE, art. 308.

Banque européenne pour la reconstruction et le développement (BERD)

[Droit européen]

Créée en 1990 pour favoriser la transition vers la démocratie pluraliste et l'économie de marché des pays d'Europe centrale et orientale. Regroupe plus de 60 États, dont les États membres de l'Union européenne et la *Banque européenne d'investissement*. *Siège* : Londres.

Banque internationale pour la reconstruction et le développement (BIRD)

[Droit international public]

Institution spécialisée des Nations unies créée en 1945, elle est l'une des principales organisations du Groupe de la Banque mondiale. Favorise, au moyen de garanties et de prêts, les investissements de capitaux dans certains pays, essentiellement les pays en développement. *Siège* : Washington.

Banque mondiale (Groupe)

[Droit international public]

Organisation internationale de développement regroupant cinq institutions, dont la BIRD et le CIRDI. *Siège* : Washington.

→ *Banque internationale pour la reconstruction et le développement.*

Banque publique d'investissement (BPI)

[Droit financier]

Créée par la loi n° 2012-1559 du 31 décembre 2012, il s'agit d'un groupe public « au service du financement et du développement des entreprises, agissant en appui des politiques publiques conduites par l'État et conduites par les régions » (art. 1). Ce « groupe » fédère l'établissement public OSEO qui devient établissement public BPI-Groupe, la société anonyme OSEO devenant société anonyme BPI-Groupe, ainsi que CDC Entreprises et le Fonds Stratégique d'investissement. Disposant de structures régionales, cette banque est voulue comme l'instrument dominant de l'action publique en faveur de l'investissement des entreprises. Elle est présidée par le Directeur général de la Caisse des dépôts et consignations.

→ *Caisse des dépôts et consignations.*

Banqueroute

[Droit pénal]

Délit consistant en des faits de gestion frauduleuse par toute personne, physique ou morale, exerçant une activité commerciale ou artisanale, tout agriculteur et toute personne physique exerçant une activité professionnelle indépendante, y compris une profession libérale soumise à un statut législatif ou réglementaire ou dont le titre est protégé. Les poursuites nécessitent l'ouverture d'une procédure de redressement judiciaire ou de liquidation judiciaire.

C. com., art. L. 626-1 s., L. 654-1 s.

Bans

[Droit civil]

Publication du projet de mariage par affichage à la mairie du lieu de célébration et à la mairie du domicile de chacun des futurs époux pendant 10 jours.

C. civ., art. 63, 166 et 169.

Barre

[Procédure (Principes généraux)]

Endroit de la salle d'audience où se tiennent les avocats pour plaider, les témoins pour déposer. Autrefois, il existait une barrière qui séparait l'enceinte réservée aux magistrats de celle occupée par le public.

L'expression : « à la barre du tribunal » signifie que l'opération a lieu à l'audience, devant le juge.

→ *Barreau.*

Barreau

[Procédure civile]

Les avocats inscrits auprès d'un TGI constituent un ordre appelé barreau, doté de la personnalité civile. Il y a, en principe, un barreau auprès de chaque TGI. Plusieurs barreaux établis dans le ressort d'une même cour d'appel peuvent cependant décider de fusionner en un barreau unique.

Un avocat ne peut être inscrit qu'à un seul barreau. Chaque barreau est administré par un *conseil de l'Ordre* présidé par un *bâtonnier*.

L. n° 71-1130 du 31 déc. 1971, art. 15 s.; Décr. n° 91-1197 du 27 nov. 1991, art. 1er s.

→ *Bureau secondaire d'avocat, Ordre des avocats, Tableau de l'ordre.*

Base de données économiques et sociales

[Droit du travail]

Base de données, régulièrement mise à jour, qui rassemble un ensemble d'informations économiques et sociales que l'employeur met à disposition du comité d'entreprise et, à défaut, des délégués du personnel. Les membres du *comité d'hygiène, de sécurité et des conditions de travail (CHSCT)* ainsi que les délégués syndicaux ont également accès à ces informations. La loi prévoit de manière limitative les thèmes dans lesquels l'employeur doit dispenser des informations dont le contenu est précisé par décret. Les données livrées par l'employeur doivent concerner les deux années précédentes et intègrent des perspectives sur les trois années suivantes.

C. trav., art. L. 2323-8.

Base légale

[Procédure civile]

Mots utilisés dans les expressions « *défaut* » et « *manque de base légale* » qui est un cas d'ouverture à cassation.

→ *Défaut de base légale, Pourvoi en cassation.*

Base mensuelle de calcul

[Sécurité sociale]

Base servant de calcul aux prestations familiales à l'exception de l'allocation de logement. Elle évolue en fonction de l'augmentation des prix.

CSS, art. L. 551-1.

Bassins hydrographiques

[Droit de l'environnement]

Circonscriptions administratives de l'eau (7 en Métropole, 5 en Outre-mer) animées par le préfet de région qui coordonne la politique de l'État en matière de police et de gestion des ressources en eau, afin de réaliser la cohérence des actions menées en ce domaine dans les régions et départements concernés.

Chaque bassin est doté d'un ou plusieurs schémas directeurs d'aménagement et de gestion des eaux (SDAGE) fixant des objectifs de quantité et de qualité ainsi que les orientations fondamentales d'une gestion équilibrée de l'eau. Le SDAGE peut prescrire l'élaboration d'un SAGE pour un groupement de sous-bassin ou un sous-bassin représentant une unité hydrographique ou un système aquifère.

C. envir., art. L. et R. 212-1 s.

Bateau

[Droit commercial]

Toute construction flottante destinée principalement à la navigation sur les *eaux intérieures*.

C. transp., art. L. 4000-2, L. 4000-3.

→ *Navire, Saisie de bateau.*

Bâtonnier

[Procédure civile]

Chef élu d'un *barreau* pour une durée de 2 ans, élu six mois avant la fin du mandat de son prédécesseur. Il préside le conseil de l'*Ordre des avocats* et exerce des fonctions administratives et disciplinaires; notamment il règle les litiges nés d'un contrat de collaboration ou d'un contrat de travail et les différends entre avocats à l'occasion de leur exercice professionnel.

Les bâtonniers d'un même ressort de cour d'appel désignent, tous les deux ans, l'un d'entre eux pour les représenter dans le règlement de toute question d'intérêt commun relative à la procédure d'appel.

→ *Dauphin, Vice-bâtonnier.*

Battue administrative

[Droit de l'environnement]

Destruction des animaux nuisibles sur prescription de l'autorité publique.

Le maire, en vertu de ses pouvoirs de police, peut prendre, « à défaut des propriétaires ou des détenteurs du droit de chasse à ce dûment invités », toutes les mesures utiles pour détruire les animaux nuisibles, en organisant des battues sous le contrôle administratif du préfet et en requérant les habitants avec armes et chiens.

Le préfet, de son côté, ordonne, chaque fois qu'il est nécessaire, des chasses et battues générales ou particulières aux nuisibles, après avis du directeur départemental de l'agriculture et de la forêt et du président de la fédération des chasseurs.

C. envir., art. L. 427-4 s.; CGCT, art. L. 2122-21.

Beau-fils, belle-fille

[Droit civil]

1° Époux d'une fille (gendre) ou épouse d'un fils (bru).

2° Fils ou fille que le conjoint a eu d'un précédent lit. En ce sens-là, le beau-fils et la belle-fille, s'ils sont dans un rapport d'alliance avec leur beau-père (parâtre) et belle-mère (marâtre), ne peuvent ni souffrir, ni profiter de l'obligation alimentaire existant entre gendre et bru d'une part, beau-père, belle-mère d'autre part.

Beau-frère, belle-sœur

[Droit civil]

Frère ou sœur d'un conjoint et, réciproquement, conjoint d'un frère ou d'une sœur. Ces personnes, quoiqu'unies par un lien d'alliance, ne sont tenues ni à l'obligation alimentaire des alliés en ligne directe, ni à un empêchement à mariage une fois le mariage générateur de l'*alliance* dissous par décès ou divorce.

Beau-père, belle-mère

[Droit civil]

1° Père ou mère du conjoint.

2° Pour l'enfant d'un premier lit, l'homme (ou la femme) avec lequel (ou laquelle) son père (ou sa mère) s'est remarié(e). Dans ce cas, on parle de parâtre (ou de marâtre).

→ *Beau-fils, belle-fille.*

Bénéfice de discussion

[Droit civil]

Droit accordé à la caution poursuivie en exécution par le créancier, d'exiger de ce dernier que les biens du débiteur principal soient préalablement discutés, c'est-à-dire saisis et vendus.

Une telle faculté est également ouverte à l'acquéreur dans une vente à réméré et au tiers détenteur d'un immeuble hypothéqué quand il existe d'autres immeubles hypothéqués à la même dette.

C. civ., art. 1666, 2298 s., 2319, 2320, 2465, 2466.

Bénéfice de division

[Droit civil]

Exception de procédure par laquelle, en cas de cautionnement multiple, l'une des cautions poursuivie pour le tout exige du juge que l'action en paiement soit fractionnée entre toutes les cautions solvables au jour des poursuites.

C. civ., art. 2303 et 2304.

→ *Cofidéjusseurs.*

Bénéfice d'émolument

[Droit civil]

Droit reconnu à chaque époux commun en biens de ne supporter les dettes communes nées du chef de l'autre que dans la limite de la part d'actif qu'il recueille dans le partage de communauté, à condition d'avoir fait dresser inventaire.

Sous l'empire du Code civil encore applicable dans sa rédaction de 1804 aux personnes mariées avant le 1er février 1966, ce bénéfice ne peut être invoqué que par l'épouse.

C. civ., art. 1483 s.

Bénéfice de juridiction

[Procédure civile]

→ *Privilège de juridiction.*

Bénéfice de l'exploitation agricole

[Droit rural/Droit fiscal]

Sont considérés comme bénéfices de l'exploitation agricole (BA) pour l'application de l'impôt sur le revenu, les revenus que l'exploitation de biens ruraux procure aux fermiers, métayers, ou aux propriétaires exploitants eux-mêmes. À titre d'exemples, il peut s'agir, des bénéfices provenant de la production forestière, apicole, des revenus issus des activités de préparation et d'entraînement des équidés domestiques, en vue de leur exploitation dans les activités autres que celles du spectacle, ou encore, des revenus provenant de la production d'énergie à partir de produits ou sous-produits majoritairement issus de l'exploitation agricole... Cette catégorie présente des règles spécifiques relatives au mode d'imposition du bénéfice, aux déclarations à déposer et aux délais à respecter, voire aux réductions applicables.

CGI, art. 63 s.

Bénéfices

[Droit civil/Droit commercial]

Excédent des éléments d'actif sur les éléments passifs de l'entreprise. Cette somme apparaît au passif du bilan par une inscription qui en rétablit l'équilibre.

C. civ., art. 1832 et 1844-1; C. com., art. L. 232-10 s.

→ *Dividendes.*

Bénéfices industriels et commerciaux (BIC)

[Droit fiscal]

Au titre de l'impôt sur le revenu, il s'agit des bénéfices réalisés par des personnes physiques et provenant de l'exercice d'une profession commerciale, industrielle ou artisanale.

CGI, art. 34 s.

Bénéfices des professions non commerciales (BNC)

[Droit fiscal]

En réalité, catégorie de revenus identifiée souvent sous l'expression raccourcie de Bénéfices non commerciaux (BNC). Il s'agit des bénéfices des professions libérales des charges et offices dont les titulaires n'ont pas la qualité de commerçants. Cette catégorie fut longtemps considérée comme « fourre-tout » car à ce type de revenus sont rajoutés ceux tirés d'activités lucratives ne se rattachant pas à une autre catégorie de bénéfices ou de revenus.

CGI, art. 92 s.

Benelux

[Droit international public]

Union douanière et économique entre la Belgique, les Pays-Bas et le Luxembourg (1944).

Bicamérisme

[Droit constitutionnel]

Système d'organisation du Parlement consistant dans sa division en 2 chambres.
À côté de l'assemblée représentant les citoyens, une seconde chambre peut être constituée pour assurer la représentation soit d'une classe sociale ou d'une élite, soit des groupes économiques et sociaux, soit des collectivités territoriales ou entités fédérées.
Aux yeux de ses partisans, la seconde chambre est un élément d'équilibre; elle permet

d'assurer une meilleure représentation de la *Nation* et garantit un meilleur travail législatif.

→ *Assemblée nationale, Sénat.*

Bicéphalisme

[Droit constitutionnel]

→ *Dyarchie.*

Bien

[Droit civil]

1° *Lato sensu*, objet possible des désirs ou besoins individuels des personnes, pouvant être satisfaits.

2° Au sens juridique, le terme recouvre, d'une part, toute chose, caractérisée par sa rareté, dont l'utilité justifie l'appropriation (qu'elle soit corporelle ou incorporelle), d'autre part, tout droit subjectif (réel ou personnel).

C. civ., art. 516 s.

GAJC, t. 1, n° 70-71.

→ *Chose, Droit, Droit personnel, Droit réel, Immeuble, Meuble.*

Bien corporel

[Droit civil]

Chose caractérisée par sa réalité, son existence concrète, dont l'utilité justifie l'appropriation (ex. : une chaise, une table…; contre-ex. : l'air).

→ *Biens incorporels, Choses corporelles, Droit corporel, Meuble.*

Bien-fondé

[Procédure (principes généraux)]

Conformité d'une demande en justice aux règles de droit qui lui sont applicables. Dans le cas contraire, on dit que la prétention est mal fondée ou non fondée.

C. pr. civ., art. 30 et 71.

→ *Défense au fond, Mal-fondé, Recevabilité.*

Biens à venir

[Droit civil]

→ *Biens présents et à venir.*

Biens communaux

[Droit civil/Droit rural]

Biens fonciers, du domaine privé d'une commune, dont les habitants ont la jouissance en nature (pâturages, bois, marais). Ils occuperaient aujourd'hui encore 10 % du territoire. À ces biens est attaché l'*affouage*.

C. civ., art. 542.

Biens communs

[Droit civil]

Dans les régimes de *communauté entre époux*, biens sur lesquels les époux ont les mêmes pouvoirs et qui sont partagés par moitié entre eux (cas du divorce) ou entre l'époux survivant et les héritiers de l'autre, à la dissolution du régime matrimonial, sauf stipulation de parts inégales.

C. civ., art. 1401, 1421 s., 1520 s.

→ *Biens propres.*

Biens consomptibles

[Droit civil]

→ *Chose consomptible.*

Biens culturels

[Droit civil]

Expression utilisée dans de nombreux textes, mais dont le champ n'a pas été fixé avec précision par le législateur, alors que les biens ainsi visés sont soumis à des règles particulières. Ainsi, leur exportation est subordonnée à l'obtention d'un certificat de l'autorité administrative. On y englobe les œuvres d'art (tableaux, tapisseries, sculptures), les objets d'antiquité (objets ayant plus de 100 ans) et les objets de collection (timbres n'ayant plus cours…) et, plus généralement, les biens qui présentent un intérêt majeur pour le patrimoine national au point de vue de l'histoire, de l'art ou de l'archéologie.

C. patr., art. L. 11-1 s., R. 112-1 (et annexe 2).

→ *Patrimoine culturel.*

Biens de famille

[Droit civil/Procédure civile]

1° Biens qui, par la volonté du conjoint ou d'un ascendant, étaient soumis à un régime juridique particulier d'insaisissabilité, afin de permettre leur conservation dans l'intérêt de la famille. La loi n° 2011-1862 du 13 décembre 2011 (art. 12), ne maintient l'institution que pour les seuls biens de famille ayant fait l'objet d'une publication au bureau des hypothèques avant sa promulgation.

2° Dans un autre sens, on considère comme biens de famille les biens reçus par donation ou succession que la loi réserve, en l'absence de descendant et en cas de prédécès des parents, aux frères et sœurs du défunt ou à leurs descendants.

3° Dans un sens plus restreint, les *souvenirs de famille*.

C. civ., art. 757-3.

Biens d'occasion

[Droit commercial]

Sont considérés comme d'occasion « les biens qui, à un stade quelconque de la production ou de la distribution, sont entrés en la possession d'une personne pour son usage propre, par l'effet de tout acte à titre onéreux ou à titre gratuit ».

C. com., art. L. 321-1.

Biens dotaux

[Droit civil]

Dans le *régime dotal* (aujourd'hui abrogé), biens de l'épouse qui, par la volonté exprimée dans le contrat de mariage, étaient inaliénables et insaisissables.

C. civ., anciens art. 1540 s.

→ *Biens paraphernaux.*

Biens incorporels

[Droit civil]

Biens immatériels artificiellement créés au sein du système juridique, par des techniques juridiques (par ex. un brevet, une clientèle). Les biens incorporels sont constitués, d'un côté, par les choses incorporelles dès lors que leur utilité en justifie l'appropriation, d'un autre côté, par les droits (qui sont par essence incorporels).

→ *Bien corporel, Droit incorporel, Meuble.*

Biens indivis

[Droit civil]

Biens faisant l'objet d'une *indivision* dont la gestion est étroitement réglementée par la loi. Mises à part les mesures conservatoires qui peuvent être prises par un indivisaire seul, il est demandé l'unanimité des indivisaires pour les actes qui ne ressortissent pas à l'exploitation normale des biens ainsi que pour tous les actes de disposition, et la majorité des 2 tiers pour les actes d'administration, la vente de meubles indivis nécessaires au paiement de dettes, les baux à usage d'habitation, l'attribution d'un mandat général d'administration.

La règle de l'unanimité pour les actes de disposition est éventuellement écartée par le TGI qui peut autoriser l'aliénation d'un bien indivis à la demande de l'un ou des indivisaires titulaires d'au moins 2 tiers des droits indivis.

C. civ., art. 815-2, 815-3, 815-5-1.

→ *Partage.*

Biens insaisissables

[Procédure civile]

Biens échappant aux saisies soit totalement, soit partiellement, ou ne pouvant être saisis que par certains créanciers seulement. Il s'agit essentiellement des biens que la loi déclare insaisissables (effets de commerce, prestations sociales, RSA...), des créances à caractère alimentaire sauf pour le paiement des aliments déjà fournis, des biens mobiliers nécessaires à la vie et au travail du saisi et de sa famille (vêtements, linge, table et chaises, animaux d'appartement, poste téléphonique, etc.), à moins que ce soit des biens de valeur en raison de leur importance, de leur matière, de leur rareté, de leur ancienneté ou de leur caractère luxueux ou que la cause de la saisie réside dans le paiement de leur prix.

L'*insaisissabilité* a, parfois, sa source dans la volonté. Ainsi une personne physique, immatriculée à un registre professionnel ou exerçant une activité professionnelle agricole ou indépendante, peut déclarer, dans un acte notarié qui sera publié au *service de la publicité foncière*, insaisissable tout bien immobilier non affecté à son usage professionnel, à l'exception de la résidence principale dont l'insaisissabilité est de droit (loi Macron du 6 août 2015, art. 206).

C. com., art. L. 526-1 s.; C. pr. exéc., art. L. 112-1 s., R. 112-1 s.; C. rur., art. L. 725-11; CSS, art. L. 322-7, 355-2, 434-1, 752-6; CASF, art. L. 117-3, 351-9.

→ *Biens de famille, Œuvre d'art, Souvenirs de famille.*

Biens paraphernaux

[Droit civil]

Dans le *régime dotal* (aujourd'hui abrogé), biens de l'épouse qui, par la volonté des époux exprimée dans le contrat de mariage, étaient soumis à son administration et qui échappaient ainsi à la dotalité.

C. civ., anciens art. 1574 s.

→ *Biens dotaux, Biens propres.*

Biens présents et à venir

[Droit civil]

On entend par « biens présents » les biens dont on est propriétaire au jour de la conclusion de l'acte juridique, et par « biens à venir » ceux qu'on est susceptible d'acquérir par la suite ou qu'on laissera à son décès. L'expression n'est technique que dans sa formulation conjonctive : elle désigne l'état actif du patrimoine tel qu'il apparaît au moment du dénouement de la situation juridique; c'est dans ce sens qu'il faut comprendre le droit de gage général reconnu à tout créancier par l'article 2284 du Code civil.

C. civ., art. 943.

→ *Donation de biens à venir.*

Biens propres

[Droit civil]

Dans un régime matrimonial de communauté, biens appartenant à l'un ou à l'autre des époux et qui ne tombent pas dans la masse des biens communs. À la dissolution de la communauté, chaque époux reprend ses biens propres.

C. civ., art. 225, 1403 s., 1428, 1434, 1435, 1467, 1472.

GAJC, t. 1, n° 97.

→ *Biens communs.*

Biens réservés

[Droit civil]

Autrefois dans les régimes de communauté et dans celui de la séparation de biens avec société d'acquêts, biens que la femme acquérait dans l'exercice d'une profession séparée de celle de son mari. Ces biens étaient communs, mais la femme en avait l'administration, la jouissance, et en principe la libre disposition.

C. civ., anciens art. 224 s.

GAJC, t. 1, n° 90.

Depuis la loi n° 85-1372 du 23 décembre 1985 les biens provenant de « l'industrie personnelle des époux » sont confondus dans la masse des biens communs, le mari et la femme ayant sur eux les mêmes pouvoirs.

C. civ., art. 1401 et 1421 s.

Biens sans maître

[Droit civil]

Biens faisant partie d'une succession ouverte depuis plus de 30 ans et pour laquelle aucun successible ne s'est présenté, ou immeubles qui n'ont pas de propriétaire connu et pour lesquels depuis plus de 3 ans les taxes foncières n'ont pas été acquittées ou ont été acquittées par un tiers.

Ces biens sans maître appartiennent à la commune sur le territoire de laquelle ils sont situés; mais leur propriété est transférée, sur délibération du conseil municipal, à l'établissement public de coopération intercommunale à fiscalité propre dont la commune est membre, et, de plein droit, à l'État à défaut de délibération municipale.

C. civ., art. 539 et 713; CGPPP, art. L. 1123-1 s.

→ *Déshérence, Vacance.*

Biens sectionaux

[Droit rural]

Héritage de l'Ancien régime, les biens sectionaux (ou biens de section) sont, en milieu rural, des biens appartenant à une section de commune. Ils sont distincts de ceux de la commune elle-même. Ce sont le plus souvent des forêts ou des pâturages, dont les habitants de la section de commune jouissent. À ce titre, les revenus tirés de l'exploitation d'une forêt reviennent aux habitants de la section et pas à l'ensemble des habitants de la commune. La section de commune possède la personnalité juridique. Elle a essentiellement une fonction patrimoniale.

CGCT, art. L. 2411-1 s. et D. 2411-1 à R. 2411-13.

Biens vacants

[Droit civil]

→ *Vacance.*

Bigamie

[Droit civil/Droit pénal]

Fait, pour une personne déjà engagée dans les liens du mariage, d'en contracter un autre avant la dissolution du précédent. La bigamie est un délit attentatoire à l'état civil des personnes et entraîne la nullité du second mariage. Selon la jurisprudence, la circonstance que la seconde union soit contractée entre les mêmes personnes que la première ne fait pas obstacle à l'existence d'une bigamie (cas d'un mariage coutumier monogamique suivi d'un mariage civil en France).

C. civ., art. 147, 172, 184, 188 et 189; C. pén., art. 433-20.

GAJC, t. 1, n° 15-16.

Bijoux de famille

[Droit civil]

→ *Souvenirs de famille.*

GAJC, t. 1, n° 93 et 99.

Bilan (Théorie du)

[Droit financier ou fiscal]

Théorie fondant la conception fiscale du revenu pour les entreprises, et selon laquelle le bénéfice imposable est représenté par la différence entre les actifs nets des bilans de clôture et d'ouverture de chaque exercice comptable. Elle conduit à imposer non seulement les profits courants d'exploitation et les profits accessoires (ce qui correspondrait à la théorie de la source), mais aussi les profits exceptionnels comme les plus-values.

CGI, art. 38-2.

[Droit administratif]

Méthode de contrôle de la légalité d'un acte administratif élaborée par la juridiction administrative à propos du contentieux de la légalité des déclarations d'utilité publique, et qu'elle a étendue à d'autres domaines, selon laquelle cette utilité est absente lorsque la comparaison des inconvénients et des avantages de l'opération projetée lui fait apparaître que les premiers seraient excessifs par rapport aux seconds. On peut rapprocher cette théorie de celle de l'*erreur manifeste d'appréciation* en ce sens qu'elles renvoient toutes deux à l'intensité du contrôle exercé par le juge administratif.

GAJA n° 81.

Bilan consolidé

[Droit commercial]

→ *Comptes consolidés.*

Bilan de compétence

[Droit du travail]

Entrant dans le champ des dispositions relatives à la formation professionnelle, le bilan de compétence a pour objet de permettre à des travailleurs d'analyser leurs compétences professionnelles et personnelles ainsi que leurs aptitudes et leurs motivations afin de définir un projet professionnel et, le cas échéant, un projet de formation. La réalisation de ce bilan peut donner lieu à un congé.

C. trav., art. L. 6313-1 et L. 6322-42.

Bilan de santé

[Sécurité sociale]

Examen de santé gratuit dont l'assuré et les membres de sa famille peuvent bénéficier à certaines périodes de leur vie.

Bilan social

[Droit du travail]

Document chiffré, établi par le chef d'entreprise après consultation des représentants du personnel et faisant apparaître la situation de l'entreprise dans le domaine social. La loi du 12 juillet 1977 et les textes d'application déterminent de façon rigoureuse les indicateurs du bilan, afin que des comparaisons utiles puissent être faites sur une période minimum de 3 ans. Toutefois le bilan social n'est obligatoire que dans les entreprises ou établissements de 300 salariés au moins.

C. trav., art. L. 2323-20 s.

Bilatéral

[Droit civil]

Caractérise l'acte qui naît de la rencontre de deux volontés (le type en est le contrat) ou qui fait naître des obligations réciproques à la charge de chacune des parties (vente, bail, assurance).

→ *Synallagmatique, Unilatéral.*

Billet à ordre

[Droit commercial]

Titre négociable par lequel une personne, le souscripteur, s'engage à payer à une époque déterminée une somme d'argent à un *bénéficiaire* ou à son ordre. Ce titre n'est pas commercial par la forme, à la différence de la lettre de change.

C. com., art. L. 512-1 s.; C. mon. fin., art. L. 134-2.

→ *Effet de commerce.*

Billet à ordre-relevé (BOR)

[Droit commercial]

Billet à ordre circulant de façon informatique, selon le même procédé que la *lettre de change-relevé*. Le titre lui-même ne circule plus; seules les informations contenues dans ce titre sont transcrites sur support informatique et circulent par ce biais.

Billet au porteur

[Droit civil/Droit commercial]

Le billet au porteur, ou titre au porteur, est un titre de créance ne comportant pas le nom du bénéficiaire et qui se transmet par la tradition (remise de la main à la main). Négociable, non pas cessible (*cession de créance*), un titre stipulé au porteur peut se concevoir sous une forme dématérialisée. La remise du titre est alors remplacée, par prévision de la loi, par une formalité immatérielle, comme une inscription en compte.

→ *Dématérialisation, Titre au porteur, Titre nominatif.*

Billet de banque

[Droit commercial/Droit financier ou fiscal]

Titre au porteur émis par la Banque de France et servant de monnaie.

C. mon. fin, art. L. 122-1.

→ *Cours forcé, Cours légal, Monnaie.*

Billet de fonds

[Droit commercial]

Billet à ordre signé par l'acquéreur d'un fonds de commerce pour le paiement du prix, payable à des échéances déterminées. Ce sont des effets de commerce susceptibles d'être escomptés.

Billet de passage

[Droit commercial]

Titre représentatif d'un contrat de transport de personnes. *Lettre de voiture* pour le transport de marchandises.

Biocontrôle

[Droit rural]

Ensemble des méthodes de protection des végétaux par le recours aux mécanismes et interactions régissant les relations entre espèces dans le milieu naturel. Le principe du biocontrôle est fondé sur la gestion des équilibres des populations d'agresseurs plutôt que sur leur éradication.

→ *Auxiliaire de culture.*

Bioéthique

[Droit civil/Droit pénal]

Éthique gouvernant les recherches médicales et leurs applications pratiques à l'être humain. Désigne aussi la discipline qui réfléchit à cette question. Les lois de bioéthique, assorties de sanctions pénales, portent sur le respect du corps humain, l'étude génétique de la personne, le don et l'utilisation des éléments et produits du corps humain, l'*assistance médicale à la procréation*, les *recherches impliquant la personne humaine* aux fins thérapeutiques ou scientifiques, les diagnostics prénatal et préimplantatoire.

C. civ., art. 16 s.; CSP, art. L. 1111-2 s., L. 1121-1 s., L. 1131-1 s., L. 1211-1 s., L. 1231-1 s.; C. pén., art. 226-25 s. et 511-2 s.

GDCC n° 33.

→ *Clonage, Conception in vitro, Don de gamètes, Embryons surnuméraires, Insémination artificielle.*

Biométrie

[Droit civil]

Technique d'identification de la personne par reconnaissance de certaines de ses caractéristiques physiques préalablement enregistrées (empreintes digitales, ADN, etc.). Le recours à la biométrie met en opposition les exigences de sécurité de la société et la nécessaire protection de la vie privée.

Biotope (Arrêté de)

[Droit de l'environnement/Droit rural]

Mesure de protection de l'environnement par des arrêtés préfectoraux créant des zones naturelles d'équilibre biologique pour prévenir la disparition des espèces énumérées par arrêté interministériel. À cette fin, ces arrêtés prescrivent les mesures favorisant la conservation des biotopes nécessaires à l'alimentation, au repos et à la reproduction de ces espèces, tels que mares, marécages, landes, dunes; ils peuvent interdire l'écobuage, le brûlage des chaumes, la destruction des talus et des haies…

C. envir., art. R. 411-15, R. 415-1.

Bipartisme

[Droit constitutionnel]

Système de partis dans lequel 2 seulement des partis en présence ont une vocation majoritaire et alternent plus ou moins régulièrement au pouvoir, le parti vainqueur aux élections formant le gouvernement, le parti battu constituant l'opposition.

Cette alternance au pouvoir suppose l'accord des 2 partis sur les données fondamentales du régime.

Bipolarisation

[Droit constitutionnel]

Système dans lequel les partis tendent à se regrouper autour de 2 pôles, à s'organiser en 2 coalitions rivales. Terme souvent utilisé en France, sous la Ve République, pour désigner le double regroupement des forces politiques : conservateurs et libéraux d'une part, socialistes et autres formations de gauche d'autre part.

Bizutage

[Droit pénal]

Hors les cas de violences, de menaces ou d'atteintes sexuelles, le bizutage est le fait pour une personne d'amener autrui, contre son gré ou non, à subir ou commettre des actes humiliants ou dégradants ou à consommer de l'alcool de manière excessive, lors de manifestations ou de réunions liées aux milieux scolaire et socio-éducatif. Il s'agit d'un délit puni de six mois d'emprisonnement et 7 500 € d'amende, peines portées à un an d'emprisonnement et à 15 000 € d'amende lorsque l'infraction est commise sur une personne dont la particulière vulnérabilité, due à son âge, à une maladie, à une infirmité, à une déficience physique ou psychique ou à un état de grossesse, est apparente ou connue de son auteur.

C. pén., art. 225-16-1 à 225-16-3.

Blâme

[Procédure civile]

Sanction disciplinaire consistant dans la réprobation officielle de la conduite d'une personne soumise à un statut professionnel (avocat, huissier, magistrat…), de gravité moyenne, se situant après l'avertissement et avant la suspension et la radiation (destitution ou révocation).

→ *Action disciplinaire, Déontologie, Pouvoir disciplinaire.*

ACTU

Blanchiment de capitaux illicites

[Droit pénal]

Fait de faciliter, par tout moyen, la justification mensongère de l'origine des biens ou des revenus de l'auteur d'un crime ou d'un délit ayant procuré à celui-ci un profit direct ou indirect, ainsi que d'apporter un concours à une opération de placement, de dissimulation ou de conversion du produit de l'une de ces infractions.

Les biens ou les revenus sont présumés être le produit direct ou indirect d'un crime ou d'un délit dès lors que les conditions matérielles, juridiques ou financières de l'opération de placement, de dissimulation ou de conversion ne peuvent avoir d'autre justification que de

dissimuler l'origine ou le bénéficiaire effectif de ces biens ou revenus.
Est autorisée par la loi n° 2015-1197 du 30 septembre 2015 la ratification de la convention du Conseil de l'Europe relative au blanchiment, au dépistage, à la saisie et à la confiscation des produits du crime et au financement du terrorisme du 16 mai 2005, signée à Strasbourg le 23 mars 2011.

C. pén., art. 324-1 et 324-1-1.

[Procédure civile]

La lutte contre le recyclage dans les circuits financiers ordinaires de l'argent d'origine illicite, qu'il s'agit de l'obligation de vigilance (identification du client et de la nature de la relation d'affaires) ou de l'obligation de déclaration (faire connaître le soupçon au service compétent dénommé TRACFIN), s'impose aux officiers ministériels auxiliaires de justice, aux avocats, aux administrateurs et mandataires judiciaires, aux commissaires-priseurs judiciaires, aux sociétés de ventes volontaires de meubles aux enchères publiques…
La loi a posé certaines limites, par exemple pour les avocats qui ne sont pas assujettis à de telles obligations « lorsque l'activité se rattache à une procédure juridictionnelle ».

C. mon. fin., art. L. et R. 561-2 s.

Blanc-seing

[Droit civil]

Signature apposée sur un titre avant la rédaction de l'acte par la personne à laquelle il est remis. Désigne aussi le document contenant cette signature. Pour limiter les *abus de blanc-seing*, lorsqu'une personne s'engage envers une autre, par un *acte sous signature privée*, à lui payer une somme d'argent ou à lui livrer un bien fongible, cet acte ne fait preuve que s'il comporte la signature de celui qui souscrit cet engagement ainsi que la mention, écrite par lui-même, de la somme ou de la quantité en toutes lettres et en chiffres; en cas de différence, l'acte sous signature privée vaut preuve pour la somme écrite en toutes lettres.

C. civ., art. 1376.*

→ *Bon pour.*

Bleus budgétaires

[Droit financier ou fiscal]

Jusqu'en 2005, fascicules (à la couverture bleue) détaillant, pour chaque ministère, les crédits budgétaires figurant dans le projet de loi de finances transmis par le gouvernement au Parlement. Ces annexes bleues sont désormais présentées par *mission* et par *programme*.

→ *Crédit budgétaire, Jaunes budgétaires, Loi de finances, Oranges budgétaires, Verts budgétaires.*

Bloc de constitutionnalité

[Droit constitutionnel]

Ensemble des normes constitutionnelles prises en compte lors du contrôle de la constitutionnalité des lois exercé par le *Conseil constitutionnel* et pour lequel il estime que le *Parlement* est lié dans l'exercice de son pouvoir législatif : le dispositif articulé de la *Constitution*; les textes auxquels renvoie le *Préambule* (*Déclaration des droits de l'Homme et du Citoyen* de 1789, Préambule de 1946 et *Charte de l'environnement* de 2004); les principes ou objectifs de valeur constitutionnelle qui en sont déduits et notamment les « *principes fondamentaux reconnus par les lois de la République* ».

→ *Principes de valeur constitutionnelle.*

Bloc de contrôle

[Droit commercial]

Quantité de titres donnant le contrôle de la société émettrice.

Leur négociation obéit parfois à certaines règles particulières, notamment en cas de cession en bourse.

Blocs de compétence (Système des)

[Droit administratif]

Système de résolution des problèmes de répartition des compétences juridictionnelles entre les 2 ordres judiciaire et administratif, parfois utilisé par le juge administratif, et consistant, dans un but de simplification, à attribuer à la compétence d'un même ordre l'ensemble des litiges particuliers auquel peut donner lieu une même matière.

Terme utilisé pour désigner les modalités de répartition des compétences entre l'État et les collectivités territoriales dans le cadre de la décentralisation.

GAJA n° 85.

Blocus

[Droit international public]

Action visant à faire pression sur un État en lui interdisant par la force toute communication ou échanges économiques avec l'extérieur.

BODACC

[Droit civil/Droit commercial]

→ *Bulletin officiel des annonces civiles et commerciales (BODACC).*

Bois et forêts

[Droit rural]

Sont considérés comme des bois et forêts au titre du Code forestier les plantations d'essences forestières et les reboisements ainsi que les terrains à boiser du fait d'une obligation légale ou conventionnelle.

Les forêts, bois et arbres sont placés sous la sauvegarde de la nation, sans préjudice des titres, droits et usages collectifs et particuliers. La protection et la mise en valeur des forêts sont reconnues d'intérêt général.

C. for., art. L. 111-2.

Bon

[Droit commercial]

→ *Titres de créances négociables.*

Bon de caisse

[Droit commercial]

Titre nominatif, au porteur ou à ordre, émis par une banque ou par une entreprise commerciale et représentatif d'un emprunt productif d'intérêts et remboursable par celui qui l'a émis à une échéance fixe.

C. mon. fin., art. L. 223-1.

Bon de délégation

[Droit du travail]

Formulaire rempli par un représentant du personnel ou un délégué syndical, faisant état de son absence momentanée de son poste de travail en raison de l'exercice de son mandat. Le bon de délégation, s'il peut être imposé en vue du contrôle du temps consacré aux fonctions représentatives, ne peut en aucun cas être soumis, pour sa délivrance, à une quelconque autorisation de l'employeur.

Ce système de contrôle est né de la pratique.

Bon père de famille

[Droit civil]

Standard juridique, issu d'une traduction du latinisme *bonus pater familias*. Désignait traditionnellement une norme de comportement attendu d'une personne titulaire d'un droit, à savoir le comportement d'un individu normalement prudent, diligent et soigneux. Cette référence classique sert à apprécier si tel comportement a été fautif ou non, ou pour déterminer si la personne en charge des intérêts d'autrui ou détentrice en « bon père de famille » de ses biens, a correctement rempli son obligation envers ce tiers. La loi n° 2014-873 du 4 août 2014 pour l'égalité réelle entre les femmes et les hommes a supprimé l'expression du Code civil et l'a remplacée par les adjectif et adverbe « raisonnable » et « raisonnablement », considérant que cette norme de comportement s'applique à l'homme comme à la femme, parent d'enfant comme sans enfant et que l'expression est dès lors devenue un archaïsme inapproprié.

C. civ., art. 601, 627, 1197, 1301-1*, 1728, 1766, 1806, 1880 et 1962.*

→ *In abstracto, Standards juridiques.*

Bon pour

[Droit civil]

Formalité, aujourd'hui abrogée par une loi du 12 juillet 1980 et par laquelle celui qui s'engageait, dans un acte unilatéral non entièrement écrit de sa main, à remettre une somme d'argent ou des choses qui se comptent au poids, au nombre ou à la mesure, faisait précéder sa signature des mots manuscrits « Bon pour » ou toute autre expression équivalente, afin d'éviter les *abus de blanc-seing*.

Cette formalité se trouve remplacée par une autre : lorsqu'une personne s'engage envers une autre, par un *acte sous signature privée*, à lui payer une somme d'argent ou à lui livrer un bien fongible, cet acte ne fait preuve que s'il comporte la signature de celui qui souscrit cet engagement ainsi que la mention, écrite par lui-même, de la somme ou de la quantité en toutes lettres et en chiffres. En cas de différence entre les 2 mentions, l'acte sous signature privée vaudra pour la somme écrite en toutes lettres.

C. civ., art. 1376.*

→ *Blanc-seing, Reconnaissance de dette.*

Bona intelligentur nisi deducto aere alieno

[Droit civil]

L'*actif* n'existe que le *passif* déduit.

Bonapartisme

[Droit constitutionnel]

Mouvement politique tendant au rétablissement de l'Empire au profit d'un membre de la famille Bonaparte.

Plus largement, doctrine politique prônant un État républicain, fort voire autoritaire, mais dont le chef prend appui sur un dialogue avec le peuple par le biais de plébiscites. La présidence du général de Gaulle s'est dans une certaine mesure inscrite dans cette tradition.

Boni de liquidation

[Droit commercial]

Excédent d'actif apparaissant après la liquidation d'une société, lorsque les créanciers ont été payés et les associés remboursés de leur apport.

Ce *boni* de liquidation est partagé entre les associés et éventuellement entre les porteurs de parts de fondateur.

Bonification d'intérêt

[Droit financier ou fiscal]

Aide pouvant être apportée par l'État à un emprunteur, consistant à prendre à sa charge une partie de l'intérêt à verser au prêteur.

Bonne foi

[Droit civil]

1° Loyauté dans la conclusion et l'exécution des actes juridiques. Les contrats doivent être négociés, formés et exécutés de bonne foi, exigence d'ordre public.

C. civ., art. 1104, 1112*, 1303-4*, 1342-3*, 1352-1* s., 1645.*

2° Croyance erronée et non fautive en l'existence ou l'inexistence d'un fait, d'un droit ou d'une règle juridique.

En matière civile, la bonne foi est toujours présumée.

C. civ., art. 201, 220, 435, 549, 550, 555, 2272, 2274, 2275.

GAJC, t. 1, n° 36 et n° 83; GAJC, t. 2, n° 142, n° 161, n° 260 et n° 266-267.

→ *Loyauté, Mauvaise foi.*

[Droit pénal]

→ *Intention.*

ACTU

Bonnes mœurs

[Droit civil/Droit pénal]

Règles imposées par la morale sociale à une époque donnée et dont la violation, éventuellement constitutive d'infractions pénales, est susceptible de provoquer l'annulation d'une convention. L'expression a disparu des dispositions du Code civil relatives aux contrats et aux obligations (ord. n° 2016-131 du 10 févr.), mais peut s'induire d'autres dispositions, par exemple celle d'*ordre public*.

C. civ., art. 6, 900, 1387.

→ *Outrage aux bonnes mœurs.*

Bons du Trésor

[Droit financier ou fiscal]

Emprunts à court terme émis par l'État pour financer ses besoins de trésorerie. Destinés aux banques et aux investisseurs français et étrangers, ces bons sont des titres négociables sur le marché monétaire, représentés par des inscriptions en compte-courant. Ils sont de 2 sortes, les bons à taux fixe et intérêts payés d'avance (BTF) d'une durée maximale de 1 an et les bons du Trésor à taux annuel normalisé (BTAN) d'une durée de 2 à 5 ans.
Jusqu'en 1998, l'État a émis, pour les particuliers, des bons sur formules (c'est-à-dire matérialisés par des titres), d'une durée de 3 mois à 5 ans, avec un intérêt progressant avec la durée de détention.

→ *Dette publique, Obligations assimilables du Trésor, Valeurs du Trésor.*

Bons offices

[Droit international public]

Mode de règlement des différends interétatiques consistant dans l'action d'un tiers destinée à rapprocher les parties pour les amener à entamer ou reprendre des négociations en vue de régler pacifiquement leur différend.

→ *Médiation internationale.*

Bonus-Malus

[Droit civil/Droit administratif]

1° Désigne, dans l'assurance automobile, la clause par l'effet de laquelle le montant de la prime est majoré ou minoré en fonction du nombre d'accidents dont a eu à répondre l'assuré.

C. assur., art. A. 121-1.

2° Un système de bonus-malus a été instauré pour favoriser la vente des véhicules émettant peu de gaz carbonique.

Bordereau Dailly

[Droit commercial]

→ *Bordereau de cession de créances professionnelles.*

Bordereau de cession de créances professionnelles

[Droit commercial]

Écrit par lequel une entreprise (le cédant), transfère la propriété des créances professionnelles déterminées, ainsi que des sûretés qui les garantissent, à un établissement de crédit (le cessionnaire), qui soit lui verse immédiatement le montant de la créance cédée, soit reçoit ces créances afin de garantir un crédit consenti au cédant.

Ce titre est encore appelé « bordereau Dailly », du nom du sénateur auteur de la proposition de loi.

C. mon. fin., art. L. 313-23 s.

→ *Cession professionnelle de créances.*

Bordereau de collocation

[Procédure civile]

Titre délivré à chaque créancier à l'issue d'une procédure d'ordre pour lui permettre de se faire payer ce qui lui revient (sa *collocation*).

La réforme des procédures de saisie immobilière et de distribution du prix d'un immeuble a supprimé les bordereaux de collocation.

C. pr. exéc., art. L. 331-1 s., R. 251-1 s.

→ *Ordre.*

Bordereau de communication de pièces

[Procédure civile]

Liste des pièces communiquées dans un procès civil, dressée par l'avocat qui procède à la communication et que signe l'avocat destinataire pour faire preuve de l'accomplissement de la formalité. Il est permis de recourir à la voie électronique si le destinataire des notifications y consent expressément.

C. pr. civ., art. 748-1 s., 753, 815 et 961.

→ *Communication de pièces, Pièces.*

Bordereau récapitulatif des cotisations

[Sécurité sociale]

Document accompagnant le versement des cotisations et indiquant, d'une part, le nombre de salariés de l'établissement ou de l'entreprise et, d'autre part, l'assiette et le montant des cotisations dues.

Bornage

[Droit civil/Droit rural]

Opération juridique de délimitation de 2 fonds de terres contigus. Le bornage consiste à déterminer par des marques apparentes (les bornes), la limite séparative de 2 propriétés.

La décision judiciaire qui statue sur une demande en bornage ne fixe qu'une ligne divisoire entre les fonds et ne fait pas obstacle à une action en revendication.

C. civ., art. 646; C. rur., art. D. 161-12; COJ, art. R. 221-12, R. 221-13.

Bouclier fiscal

[Droit financier]

Appellation donnée au plafonnement du montant des impôts directs payés par un contribuable, qui lui garantissait que le total de l'*impôt sur le revenu*, de l'*impôt de solidarité sur la fortune*, des taxes foncières et d'habitation de son habitation principale et de différents prélèvements sociaux payés au cours d'une année (dont la CSG) ne devait pas dépasser 50 % de ses revenus nets de l'année précédente. Ce dispositif a été supprimé par la loi de finances rectificative de juillet 2011.

Bouquet

[Droit civil]

Dans l'aliénation d'un bien en viager, somme d'argent que le débirentier paye immédiatement; cette somme représente une partie du prix, tout le reste donnant lieu à des versements périodiques échelonnés durant la vie du crédirentier (*arrérages*).

Bourse commune

[Procédure civile]

Mise en commun de la portion des émoluments versés par les officiers ministériels en vue de subvenir aux dépenses de fonctionnement des organismes corporatifs et des œuvres sociales ainsi que de garantir la responsabilité professionnelle des membres de la compagnie.

C. com., art. D. 741-24.

Bourse de commerce ou de marchandises

[Droit commercial]

Lieu où s'effectuent des achats et des ventes, généralement à terme, de certaines marchandises courantes ayant un vaste marché (laines, café, cacao).

Bourse de marchandises

[Droit commercial]

→ *Bourse de commerce ou de marchandises*

Bourse de valeurs

[Droit commercial]

Lieu où se négociaient, au comptant ou à terme, des valeurs mobilières par l'intermédiaire des sociétés de bourse.

La loi du 2 juillet 1996 a supprimé les bourses de valeurs et a créé les *marchés réglementés*. La directive européenne, dite « MIF », y a ajouté les « Systèmes multilatéraux de négociation ».

Bourse du travail

[Droit du travail]

Ensemble des locaux mis à la disposition des syndicats par une municipalité. Les bourses du travail, sous l'aspect institutionnel, ont perdu leur fonction de placement; elles ont actuellement pour mission de permettre les réunions syndicales, de favoriser la documentation; généralement un service de renseignements et d'aide aux salariés est constitué.

Boycottage

[Droit commercial]

Action discriminatoire émanant d'une personne privée, fondée sur des motifs idéologiques, et ayant pour objet ou pour effet la mise à l'écart d'un professionnel. Peut être, selon les cas, sanctionné civilement et pénalement.

→ *Mise à l'index.*

[Droit international public]

Mesure de contrainte non-militaire décidée par un État ou une organisation internationale à l'encontre d'un autre État consistant en l'interruption des relations commerciales avec ce dernier.

→ *Contre-mesure, Représailles.*

Branches d'un moyen

[Procédure (principes généraux)]

→ *Moyen.*

Brevet

[Droit civil]

L'acte dressé en brevet est établi par le *notaire* en un seul exemplaire qui est remis à l'intéressé (certificat de vie, procuration, acte de notoriété).

Décr. n° 71-941 du 26 nov. 1971, art. 26.

→ *Minute.*

Brevet d'invention

[Droit commercial]

Titre délivré par les pouvoirs publics (*INPI*), conférant un monopole temporaire d'exploitation (en principe 20 ans) sur une invention à celui qui la révèle, en donne une description suffisante et complète, et revendique ce monopole.

CPI, art. L. 611-1 et L. 611-2.

Brevet européen à effet unitaire

[Droit européen/Droit commercial]

Expression visant le brevet créé par le règlement (UE) n° 1257/2012 du Parlement européen et du Conseil du 17 décembre 2012 mettant en œuvre la coopération renforcée dans le domaine de la création d'une protection unitaire conférée par un brevet

(complété par le règlement (UE) n° 1260/2012 du Conseil du 17 décembre 2012 mettant en œuvre la coopération renforcée dans le domaine de la création d'une protection unitaire conférée par un brevet en ce qui concerne les modalités applicables en matière de traduction, la question de la traduction ayant été très controversée). La principale caractéristique de ce brevet unitaire est de fournir une protection uniforme et de produire les mêmes effets dans tous les États participants (tous les États membres de l'Union européenne sauf l'Espagne et l'Italie). Le règlement n° 1257/2012 sera applicable à partir de l'entrée en vigueur de l'accord sur une juridiction unifiée du brevet qui doit encore être ratifié par un nombre suffisant d'États. La France a ratifié cet accord (loi n° 2014-199 du 24 février 2014).
Titre régional de la propriété industrielle, pouvant se substituer aux titres nationaux tels, en France, le *brevet d'invention*.

ACTU

Brexit

[Droit européen]
Néologisme (« *Britain exit* ») désignant la possible sortie du Royaume Uni de l'Union européenne, du fait d'un référendum organisé par le gouvernement britannique en juin 2016, à l'issue de négociations avec l'Union sur les conditions de son maintien en tant qu'État membre.

BRICS

[Droit international public]
Acronyme anglais désignant le groupe d'États émergents particulièrement dynamique, sur le plan économique, et donc influent sur le plan politique, formé par le Brésil, la Russie, l'Inde, la Chine et l'Afrique du Sud.
→ *G 20.*

Brocard

[Droit général]
→ *Aphorisme.*

Bruit

[Droit de l'environnement]
La lutte contre les nuisances sonores fait l'objet d'une multitude de textes réglementaires, chacun ne s'appliquant qu'à une source de bruit particulière : bruit des activités industrielles, des transports, des matériels et engins de chantier, des équipements domestiques, etc.
Il existe, néanmoins, un dispositif de portée beaucoup plus générale qui concerne les bruits de voisinage. Aucun bruit particulier ne doit, par sa durée, sa répétition ou son intensité, porter atteinte à la tranquillité du voisinage ou à la santé de l'homme, dans un lieu public ou privé; la personne à l'origine de ce bruit s'expose à la peine d'amende prévue pour les contraventions de la troisième classe.
CSP, art. R. 1334-30 s., R. 1337-6 s.; C. pén., art. R. 623-2; C. pr. pén., art. R. 48-1.
→ *Trouble de voisinage.*

Bruxelles I et I *bis*

[Droit international privé/Droit européen/Procédure civile]
L'expression Bruxelles I désigne le règlement (CE) n° 44-2001 du 22 décembre 2000 concernant la compétence judiciaire, la reconnaissance et l'exécution des décisions en matière civile et commerciale. Ce règlement a été remplacé, depuis le 10 janvier 2015, par le règlement (UE) n° 1215/2012 du Parlement européen et du Conseil du 12 décembre 2012 concernant la compétence judiciaire, la reconnaissance et l'exécution des décisions en matière civile et commerciale. Ce dernier, dit règlement Bruxelles I *bis*, innove, d'une part, en élargissant son champ d'application aux situa-

tions dans lesquelles un consommateur ou travailleur intente une action en justice contre un défendeur domicilié hors l'Union européenne et, d'autre part, en consacrant le principe d'un *exequatur de plano* dans un État membre des décisions rendues dans un autre État membre de l'Union européenne.

C. pr. civ., art. 509-1, 509-3, 1382 et 1424-1.

Bruxelles II et II *bis*

[Droit international privé/Droit européen/ Procédure civile]

Dénomination des règlements européens relatifs à la compétence, la reconnaissance et l'exécution des décisions en matière de divorce, séparation de corps, annulation de mariage et responsabilité parentale. Le règlement CE n° 2201/2003 du Conseil du 27 novembre 2003, dit règlement Bruxelles II *bis*, a abrogé le règlement 1347/2000 du Conseil du 29 mai 2000, dit règlement Bruxelles II, auquel il s'est substitué depuis le 1er mars 2005. Selon ce règlement abrogatif, le principe est que les décisions rendues dans un État membre sont reconnues dans les autres États membres sans qu'il soit nécessaire de recourir à aucune procédure.

→ *Exequatur, Reconnaissance, Reconnaissance transfrontalière, Titre exécutoire européen.*

Budget

[Droit financier ou fiscal]

Une définition générale en est donnée par l'article 7 du décret n° 2012-1246 du 7 novembre 2012 relatif à la gestion budgétaire et comptable publique : « acte par lequel sont prévues et autorisées les recettes et les dépenses. Le cas échéant, il prévoit et autorise les emplois et engagements de dépenses ».

1° *Collectivités territoriales et établissements publics : Acte* (*ce mot*, dans ses 2 sens) par lequel sont prévues et autorisées par le collège délibérant de ces personnes juridiques les recettes et les dépenses de celles-ci pour l'année en cause.

2° *État :* partie de la *loi de finances* correspondant aux autorisations de recettes et de dépenses de l'État pour l'année en cause. Ces autorisations sont réparties en 3 ensembles : le budget général, les budgets annexes, les *comptes spéciaux*.

• Budget général : de *droit commun*, les prévisions de recettes et les autorisations de dépenses de l'État sont inscrites au budget général, normalement sans affectation de certaines ressources à des charges déterminées (principe d'*universalité*).

• Budgets annexes : comptes décrivant les charges et les recettes de services de l'État dont l'activité, au moins en théorie, tend à produire des biens ou des services moyennant une rémunération, affectée au service qui les produit.

3° *État :* « budget » d'un ministère : expression souvent employée pour désigner les crédits budgétaires à la disposition de celui-ci (en pratique inclus dans le *décret de répartition* le concernant).

→ *Crédits budgétaires, Dotation, Mission, Performance (publique).*

Budget autonome

[Droit financier ou fiscal]

Nom donné aux budgets de toutes les entités publiques distinctes de l'État, et ainsi dotées de la personnalité juridique, fixant elles-mêmes le montant de leurs charges et de leurs ressources dans les conditions déterminées par la loi (ex. : *collectivités territoriales*, établissements publics).

Budget économique (de la nation)

[Droit financier]

En matière de comptabilité économique nationale, exposé prévisionnel chiffré de l'ensemble des activités de l'économie nationale pour l'année en cause.

Budget social (de la nation)

[Droit financier]

Document d'information regroupant sous forme chiffrée l'essentiel des actions conduites en matière sociale pendant l'année en cause.

Budgets annexes

[Droit financier]

→ *Budget.*

Budgets opérationnels de programme (BOP)

[Droit financier]

Segmentations des programmes budgétaires au niveau territorial adéquat (par ex. central, régional, départemental) en vue de l'exécution concrète de leur contenu par les unités opérationnelles. Ils ont à leur tête un responsable de BOP – qui peut en gérer plusieurs – qui est en pratique, dans les *régions*, le chef d'un service déconcentré de l'État (par ex. *préfet*). Ces fractionnements des programmes obéissent aux mêmes règles que ceux-ci. Les fonctions du responsable de BOP ont été précisées aux articles 70 et suivants du décret n° 2012-1246 du 7 novembre 2012 relatif à la gestion budgétaire et comptable publique.

Bulletin de greffe

[Procédure civile]

Simple billet imprimé, daté et signé par le greffier servant à adresser des avis, convocations, ou injonctions aux avocats et déposé par celui-ci au lieu où sont effectuées, au siège du tribunal, les notifications entre avocats.

C. pr. civ., art. 826, al. 2 et 3.

Bulletin de paie

[Droit du travail]

Document obligatoirement délivré par l'employeur, au moment de la paie, à la personne qu'il emploie et qui permet à cette dernière de vérifier si elle a bien reçu son dû. Les dispositions légales prévoient un certain nombre de mentions obligatoires.

C. trav., art. L. 3243-1 s. et R. 3243-1 s.

Bulletin de vote

[Droit public]

Matérialisation d'une participation à un scrutin, sous forme d'un billet, d'une feuille portant, particulièrement dans les opérations électorales, les procédures d'assemblées, de plébiscite ou de référendum, la ou les mentions traduisant la volonté juridique du titulaire du droit de voter.

Bulletin officiel des annonces civiles et commerciales (BODACC)

[Droit civil/Droit commercial]

Bulletin annexe au *Journal officiel* de la République française dans lequel sont insérées, par extrait, les déclarations faites au *Registre du commerce et des sociétés* en ce qui concerne les immatriculations des personnes physiques et morales, la modification du statut des sociétés et leur radiation, la cession des fonds de commerce, la location-gérance, etc.

C. com., art. R. 123-209 s.; Décr. n° 78-704 du 3 juill. 1978, art. 2 s.

Bulletin officiel du ministère de la Justice

[Procédure (Principes généraux)]

Bulletin, à périodicité mensuelle, dans lequel sont publiées, notamment, les directives, instructions, circulaires, notes qui comportent une interprétation du droit positif ou une description des procédures administratives n'ayant pas fait l'objet d'une publication au *Journal officiel*.

Bulletins (ou votes) blancs

[Droit constitutionnel]

Votes n'exprimant pas un choix positif (enveloppes vides, ou contenant un bulletin parfaitement vierge), mais dont la signification politique est incontestable, en ce qu'ils traduisent un refus du choix proposé, en même temps qu'une volonté de participation civique, par opposition aux abstentionnistes. Les bulletins blancs ne sont pourtant pas considérés comme des suffrages exprimés; mais la loi n° 2014-172 du 21 février 2014, entrée en vigueur le 1er avril suivant, prévoit qu'ils sont désormais décomptés séparément, et ne sont donc plus confondus avec les bulletins nuls.

Bulletins nuls

[Droit constitutionnel]

Bulletins de vote non conformes aux prescriptions de la loi électorale et qui, de ce fait, ne sont pas valables (ex. : bulletins portant des signes de reconnaissance). N'entrent pas en ligne de compte dans le dénombrement des suffrages exprimés.

Bundesrat

[Droit constitutionnel]

Seconde chambre du Parlement allemand composée de représentants des gouvernements des Länder, correspondant dans une certaine mesure au Sénat français.

Bundestag

[Droit constitutionnel]

L'équivalent en Allemagne de l'*Assemblée nationale* française. Élit le *Chancelier* et peut le renverser par la procédure de *défiance constructive*.

Bureau

[Droit civil]

Organe assurant la gestion d'une association et comprenant au moins un président, un secrétaire, un trésorier, choisis parmi les membres du Conseil.

[Droit constitutionnel]

Organe directeur des travaux d'une assemblée parlementaire. Il comprend : le président, des vice-présidents (qui suppléent le président), des secrétaires (chargés de contrôler les votes et la rédaction des procès-verbaux des séances), des questeurs (chargés des problèmes d'administration intérieure).

[Procédure civile]

Organe collégial fonctionnant dans le cadre d'une juridiction et dont les attributions sont tantôt administratives (bureau de la Cour de cassation), tantôt juridictionnelles (bureaux des conseils de prud'hommes), tantôt simplement judiciaires (bureaux d'aide juridictionnelle).

COJ, art. R. 411-7 et 421-2.

Bureau d'aide sociale

[Droit administratif]

→ *Centre communal d'action sociale.*

ACTU

Bureau de conciliation et d'orientation

[Procédure civile]

Formation du conseil de prud'hommes se composant d'un représentant des employeurs et d'un représentant des salariés. Sa fonction primordiale est d'essayer de concilier les parties. En cas d'échec de cette tentative, le bureau de conciliation et d'orientation peut, par simple mesure d'administration judiciaire, renvoyer les parties devant sa formation ordinaire, sa formation restreinte ou sa formation de départage selon les cas. Il assure la mise en état des affaires.

Dans l'éventualité de non-comparution non justifiée d'une partie, le bureau de conciliation et d'orientation devient *bureau de jugement* en formation restreinte et juge l'affaire en l'état des pièces et moyens communiqués par la partie comparante.

Il peut ordonner la délivrance de certificats de travail et de bulletins de paie, ainsi que le versement de provisions sur salaires et indemnités lorsque l'existence de l'obligation n'est pas sérieusement contestable.

C. trav., art. L. 1423-13, L. 1454-1, L. 1454-1-2, L. 1454-1-3, R. 1423-34, R. 1454-7 et R. 1454-14.

→ *Conciliation organisée par le juge.*

ACTU

Bureau de jugement

[Procédure civile]

Formation du conseil de prud'hommes connaissant des conflits individuels du travail à l'égard desquels la conciliation n'a pas abouti. Elle comprend 2 représentants des employeurs, 2 représentants des salariés.

Le bureau de jugement peut siéger en formation restreinte composée d'un conseiller prud'homme salarié et d'un conseiller prud'homme employeur. C'est devant une telle formation que les parties peuvent être renvoyées par le *bureau de conciliation et d'orientation* si le litige concerne un licenciement ou une demande de résiliation judiciaire du contrat de travail.

C. trav., art. L. 1411-1 s., L. 1423-12 et R. 1423-35.

Bureau de placement

[Droit du travail]

Entreprise privée qui se charge de rapprocher les employeurs cherchant du personnel et les demandeurs d'emploi.

Les bureaux de placement payants ont été en principe supprimés.

C. trav., art. L. 5321-1 s. et L. 5323-1 s.

Bureau de vote

[Droit constitutionnel]

Organisme, composé d'élus locaux et d'électeurs, qui, dans chaque commune ou section de vote, dirige et surveille le scrutin, reçoit les bulletins, les dépouille et dresse les procès-verbaux.

Bureau international du travail

[Droit du travail/Droit international public]

Organe administratif permanent de l'Organisation internationale du travail.

Bureau secondaire d'avocat

[Procédure civile]

Installation professionnelle permanente distincte du *cabinet principal d'avocat*, devant correspondre à un exercice effectif de la profession. L'ouverture d'un bureau secondaire est subordonnée à une information de l'avocat auprès de son conseil de l'ordre et à une autorisation du barreau dans le ressort duquel il envisage de s'établir. Le barreau d'accueil doit se prononcer dans le mois suivant la réception de la demande, le défaut de réponse dans ce délai valant décision implicite d'autorisation.

L. n° 1130 du 31 déc. 1971, art 8-1.

Bureaux d'aide aux victimes (BAV)

[Procédure pénale]

Structures d'accueil des victimes d'infractions pénales, composées de représentants d'une ou plusieurs associations d'aide aux victimes, et mises en place dans chaque tribunal de grande instance par conventions passées entre les chefs de cour d'appel et les associations concernées.

Ces bureaux ont pour mission d'informer les victimes, et de répondre aux difficultés qu'elles sont susceptibles de rencontrer tout au long de la procédure pénale. À ce titre, ils orientent les victimes vers les magistrats ou services compétents, notamment les juridictions de l'application des peines, pour la mise en œuvre des dispositions relatives à l'interdiction pouvant peser sur le condamné d'entrer en relation avec elles, en rapport avec une cessation temporaire ou définitive d'incarcération, ou une ou plusieurs réductions de peines. Les victimes sont de même dirigées, le cas échéant, vers le dispositif d'indemnisation auquel elles peuvent prétendre, comme le service d'aide au recouvrement des victimes d'infractions (SARVI) ou la commission d'indemnisation des victimes d'infractions (CIVI).

C. pr. pén., art. 706-15-4, 712-16-1, 712-16-2 et 721-2; Décr. nº 2012-681 du 7 mai 2012.

Bureaux d'aide juridictionnelle

[Procédure (principes généraux)]

Formation chargée de se prononcer sur les demandes d'admission à l'*aide juridictionnelle* relatives aux procédures, à l'exécution des décisions et aux transactions. Il existe un bureau au siège de chaque TGI pour les instances portées devant les juridictions du premier et du second degré, tant administratives que judiciaires, un bureau auprès de la Cour de cassation, un bureau auprès du Conseil d'État. L'intéressé peut demander une nouvelle délibération lorsque le bénéfice de l'aide juridictionnelle lui a été refusé pour dépassement du plafond des ressources.

L. nº 91-647 du 10 juill. 1991, art. 12 s.; Décr. nº 91-1266 du 19 déc. 1991, art. 6 s.

Bureaux de l'exécution des peines (BEX)

[Procédure pénale]

Services d'accueil des condamnés placés auprès des parquets. La mise en place des BEX s'est faite par étapes successives. Créés en 2002, ils sont d'abord passés par une phase d'expérimentation, avant d'entrer dans la généralisation, ce que confirme la loi nº 2014-896 du 15 août 2014, qui pose en principe l'institution, à compter du 18 août 2015, d'un bureau de l'exécution des peines dans chaque tribunal de grande instance et dans chaque cour d'appel, pour les majeurs comme pour les mineurs, dont la composition, les missions et les modalités de fonctionnement sont précisées par décret.

Les BEX procèdent d'une idée simple : profiter de la présence du condamné à l'audience pour, d'une part, l'informer sur la peine prononcée, ses conséquences et les voies de recours et, d'autre part, avec son accord, engager une première étape d'exécution. La rapidité et la centralisation de ce travail rendaient nécessaire la création d'un service nouveau dirigé par un professionnel de la procédure et de l'exécution des peines, à savoir le greffier.

Les BEX avaient une autre mission : informer les victimes de leurs droits, mais seulement lorsqu'il n'existait pas de bureau d'aide aux victimes (BAV) au sein de la juridiction. Cette mission annexe et supplétive ne peut que disparaître, la loi précitée du 15 août 2014 ayant en effet décidé de l'existence d'un bureau d'aide aux victimes dans chaque tribunal de grande instance.

C. pr. pén., art. 709-1, D. 48-2 à D. 48-4.

C

Cabinet ministériel

[Droit constitutionnel]

1° Ensemble des membres du gouvernement (sauf en Grande-Bretagne où le cabinet est une formation restreinte regroupant, choisis par le Premier ministre, les seuls ministres les plus importants et aux réunions duquel se prennent, et non pas en Conseil des ministres, les décisions essentielles).

2° Ensemble des collaborateurs directs d'un ministre, nommés et révoqués librement par lui (en principe directeur de cabinet, chargés de mission, chef de cabinet, conseillers techniques). Traditionnellement important en France et politisé, le cabinet assure la liaison avec les services administratifs du ministère (d'où le reproche d'être un instrument de pression sur l'Administration) et, ce qui est normal, les relations du ministre avec l'extérieur (Parlement, presse ou sa circonscription électorale d'origine par ex.).

Cabinet principal d'avocat

[Procédure civile]

Cabinet dont doit disposer l'avocat dans le ressort de son barreau, permettant l'exercice professionnel dans le respect des principes essentiels de la profession.

→ *Bureau secondaire d'avocat, Domiciliation.*

Cabotage

[Droit commercial]

1° (Maritime) Navigation côtière.

2° (Transports en général) Opération de transport confinée à l'intérieur d'un territoire national. On parle de « liberté de cabotage » pour les transporteurs européens, ce qui vise le droit reconnu à ces professionnels d'effectuer des prestations de transport intérieur dans un pays de l'Union européenne autre que celui de leur établissement.

Cadastre

[Droit civil/Droit financier ou fiscal/ Droit rural]

1° Représentation cartographique de l'ensemble du territoire national sur une base communale et selon sa division en parcelles de propriété.

Les feuillets correspondants, soumis à une publicité sur place et par extrait, et déposés auprès de l'Administration et dans chaque mairie, se composent de 3 séries de documents :

- la matrice, qui énumère les parcelles appartenant à chaque propriétaire dans la commune;
- les états de section, sorte de répertoire permettant la consultation du plan;
- le plan cadastral proprement dit, qui est une carte à grande échelle.

Il y a concordance du cadastre et du *fichier immobilier*.

2° Administration fiscale chargée d'établir, de mettre à jour et de conserver les documents précédents.

Cadavre

[Droit civil]

Désigne le *corps humain* privé de vie. Il bénéficie d'une très forte protection. Sont prohibés, notamment, la fixation sans autorisation de l'image d'une personne décédée, l'exposition dans un musée de cadavres plastinés à des fins commerciales, l'identification par *empreinte génétique*, sauf accord exprès de la personne manifesté de son vivant, le *prélèvement d'organes* dès lors que le décédé s'y est opposé de son vivant (fût-il à finalité thérapeutique ou scientifique), la pénalisation de toute atteinte portée à l'intégrité du cadavre…

C. civ., art. 16-1-1, 16-2, 16-11, 81; CSP, art. L. 1232-1 s.; C. pén., art. 225-17.

→ *Atteinte à la dignité de la personne, Autopsie, Crémation, Funérailles, Inhumation.*

Cadre

[Droit du travail]

En général : terme générique d'origine militaire pour désigner les officiers, utilisé par analogie dans l'entreprise à l'égard des salariés appartenant à la catégorie des employés supérieurs en raison de la formation reçue ou de l'exercice d'un commandement.

Pour l'application de la convention collective nationale du 14 mars 1947 modifiée instituant un régime de retraite et de prévoyance des cadres, sont assimilés aux cadres certains salariés percevant une rémunération atteignant un seuil minimum déterminé. Certains cadres peuvent être soumis à des dispositions forfaitaires en matière de durée du travail.

C. trav., art. L. 3121-38 s.

Les VRP font partie de la section encadrement des conseils de prud'hommes.

C. trav., art. L. 1441-6.

Caducité

[Droit civil]

État d'un *acte juridique* valable mais privé d'effet en raison de la survenance d'un fait postérieurement à sa création. C'est ainsi que le testament est caduc si le légataire meurt avant le testateur et qu'un contrat valablement formé devient caduc si l'un de ses éléments essentiels disparaît.

C. civ., art. 930-2, 1039 s., 1042, 1043, 1088, 1099, 1186, 1187*, 1392.*

→ *Nullité, Résiliation, Résolution.*

[Procédure civile]

Anéantissement, le plus souvent rétroactif, des effets d'un acte de procédure initialement valable. La caducité sanctionne l'inaccomplissement par les plaideurs, dans un délai de rigueur ou à un moment déterminé, d'une formalité subséquente essentielle à l'efficacité de l'acte initial (ex. : caducité de la citation pour non-remise d'une copie de l'assignation au greffe du TGI dans les 4 mois de l'assignation, au greffe du tribunal d'instance ou du tribunal de commerce 8 jours au plus tard avant la date de l'audience, défaut de comparution sans motif légitime, non-respect du délai fixé par le juge, par exemple pour une nouvelle convention réglant les effets du divorce, défaut de signification de la déclaration d'appel dans le mois de l'avis à l'appelant).

Elle est déclarée d'office par le juge. Si la prescription n'a pas fait son œuvre, une nouvelle assignation peut être formée. La caducité de la citation entraîne l'extinction de l'instance.

C. pr. civ., art. 385, 406, 407, 468, 469, 757, 791, 839, 857, 902, 908, 911-1, 922,

1101, 1113, 1425-7; C. trav., art. R. 1454-12, R. 1463-1.

Cahier des charges

[Droit administratif]

Document administratif détaillant, généralement avec minutie, les obligations et éventuellement les droits du titulaire de certains contrats administratifs (*concession*) et du bénéficiaire de certaines autorisations (*lotissement*), ou explicitant les modalités de réalisation de certaines décisions (par ex. *ZAC*).

[Procédure civile]

Document rédigé le plus souvent par l'avocat du créancier saisissant, dans la saisie d'immeuble, et contenant toutes les conditions de la prochaine vente par adjudication. Déposé au greffe, il peut être l'objet de contestations. L'expression est remplacée dans les textes plus récents par celle de cahier des conditions de vente et de l'état hypothécaire.

C. pr. civ., art. 1275; C. pr. exéc., art. R. 322-10 s.

Caisse d'allocations familiales

[Sécurité sociale]

Caisse chargée de servir les prestations familiales dues aux salariés de toute profession, aux employeurs et travailleurs indépendants des professions non agricoles ainsi qu'à la population non active.

CSS, art. L. 212-1.

Caisse d'amortissement de la dette sociale (CADES)

[Droit financier ou fiscal]

Structure financière créée en 1996 pour apurer, à l'origine, les déficits accumulés par les organismes de Sécurité sociale depuis 1993. Son financement est assuré par des emprunts, et, à l'origine, par un impôt perçu sur tous les revenus (*Contribution pour le remboursement de la dette sociale* : CRDS) complété aujourd'hui par d'autres sources de financement comme la *Contribution sociale généralisée* (CSG). Cette caisse bénéficie aussi du transfert du fonds de réserve des retraites.

Caisse d'assurance retraite et de la santé au travail

[Sécurité sociale]

Caisse chargée de liquider et servir les pensions de l'assurance vieillesse du régime général, de fixer les cotisations accidents du travail et des maladies professionnelles et de mettre en œuvre les programmes d'action sanitaire et sociale.

CSS, art. L. 215-1.

Caisse d'épargne

[Droit financier ou fiscal]

Établissement de crédit organisé sous la forme d'une société coopérative, et autorisé, malgré son statut coopératif, à exercer toutes les opérations de banque, comme les dépôts de fonds du public (sur des livrets d'épargne, dont le « livret A » à statut privilégié, ou sur des comptes bancaires classiques), les opérations de crédit et de change, le placement et la gestion de valeurs mobilières, le conseil à la gestion de patrimoine – voire l'assurance-vie. Cependant son particularisme est marqué par des missions d'intérêt général, notamment l'affectation d'une partie de ses excédents d'exploitation au financement de projets d'économie sociale, et locale (prêts aux *collectivités locales*). Le capital des caisses est détenu par des « sociétés locales d'épargne ». L'ensemble des caisses est organisé en réseau, dont le chef de file est la Caisse nationale des Caisses d'épargne.

Le groupe Caisse d'Épargne, fortement ébranlé par la crise financière de l'automne 2008, s'est engagé dans un processus d'adossement aux Banques populaires, et une loi du 18 juin 2009 a créé l'Organe central des caisses d'épargne et des banques populaires.

C. mon. fin., art. L. 512-85 s. et L. 512-106.

Caisse de la dette publique

[Droit financier ou fiscal]

Établissement public administratif doté d'un comptable public, issu en 2003 de la fusion de la Caisse d'amortissement de la dette publique et du Fonds de soutien des rentes, chargé de concourir par des opérations diversifiées au maintien sur les marchés financiers de la qualité des emprunts émis ou garantis par l'État ainsi qu'à leur amortissement.

Caisse de mutualité sociale agricole

[Sécurité sociale/Droit rural]

Caisse départementale ou pluri-départementale, chargée de la gestion des régimes obligatoires de protection sociale des salariés et non-salariés des professions agricoles

C rur., art. L. 723-2.

Caisse des dépôts et consignations

[Droit financier ou fiscal]

Puissant groupe d'épargne et de crédit, investisseur de long terme, revêtant la forme juridique d'une personne morale de droit public *sui generis* et de diverses filiales.

Créée en 1816, elle avait à l'origine pour mission de recevoir les dépôts obligés des notaires et les *consignations*; la caisse est principalement alimentée aujourd'hui par la collecte de fonds d'épargne et de retraite. L'emploi de ces fonds est très diversifié : certains sont placés au profit du Trésor, dont la Caisse est un *correspondant*, la majeure partie est utilisée pour des prises de participation et des prêts au profit de personnes publiques, spécialement des collectivités territoriales, et des organismes de logement social. La Caisse contribue également à la rénovation des universités, à la création d'entreprises et au *développement durable*. Acteur public décisif dans le financement de l'économie, elle a contribué à la mise en œuvre de différentes institutions comme le Fonds stratégique d'investissement (FSI) et la Banque publique d'investissement (BPI). Son nom pourrait évoluer en 2016 et devenir Caisse des dépôts et du développement durable.

C. mon. fin., art. L. 518-2.

Caisse des Français à l'étranger

[Sécurité sociale]

Caisse qui gère les personnes qui s'assurent volontairement à un régime français de Sécurité sociale.

CSS, art. L. 766-4.

Caisse noire

[Droit financier ou fiscal]

Masse de fonds que des agents publics peuvent arriver à réunir grâce à des procédures irrégulières et qui est gérée en dehors des règles de la comptabilité publique en vue, très généralement, d'accroître les ressources budgétaires normales du service.

Caisse primaire d'assurance-maladie

[Sécurité sociale]

Organisme chargé de servir les prestations en nature et en espèces maladie, maternité, invalidité, décès et risques professionnels du régime général.

CSS, art. L. 211-1.

Caisses de Sécurité sociale

[Sécurité sociale]

Organismes de gestion du régime général de la Sécurité sociale. On distingue :

- la Caisse nationale d'assurance-maladie des travailleurs salariés, les Caisses régionales et primaires d'assurance-maladie, qui gèrent les risques maladie, maternité, invalidité, décès, accident du travail;

- la Caisse nationale d'allocations familiales, et les Caisses d'allocations familiales qui gèrent les allocations familiales;

- la Caisse nationale d'assurance vieillesse des travailleurs salariés, la Caisse régionale d'assurance vieillesse pour les départements du Haut-Rhin, Bas-Rhin et Moselle, affectées à la gestion du risque vieillesse;

- enfin des Caisses générales de Sécurité sociale pour les départements d'outre-mer.

Les Caisses nationales sont des établissements publics à caractère administratif.

En dehors du régime général, chaque régime de Sécurité sociale possède sa propre organisation, comportant des caisses particulières : caisses de mutualité agricole, caisses professionnelles et interprofessionnelles du régime des indépendants, sociétés de secours minières du régime des Mines, etc.

Calendrier de procédure

[Procédure civile]

Programme chronologique de déroulement de l'instance établi par le *juge de la mise en état* en accord avec les avocats. Le calendrier de procédure fixe la date de l'échange des conclusions, celle de la clôture, celle des débats ainsi que la date du prononcé de la décision. Si l'un des avocats ne respecte pas ce calendrier, le juge peut clore l'instruction à son égard; si ce sont les 2 avocats qui n'agissent pas dans les délais impartis, le juge peut prendre une ordonnance de radiation de l'affaire non susceptible de recours.

C. pr. civ., art. 764, 780 et 781.

→ *Audience de procédure, Mise en état.*

Cambiaire

[Droit commercial]

Ce qui a trait à la lettre de change et, par extension, aux autres effets de commerce (ex. : le recours cambiaire).

→ *Droit cambiaire.*

Campagne électorale

[Droit constitutionnel]

Ensemble des opérations de propagande qui précède une élection ou un référendum.

Campus France

[Droit administratif]

Agence nationale pour la promotion de l'enseignement supérieur français à l'étranger. La loi du 27 juillet 2010 lui a conféré le statut d'établissement public industriel et commercial.

Cancellation

[Droit général]

Suppression manuscrite de tout ou partie d'un acte juridique réalisée par rature, rayure, biffage. Selon les espèces et le moment où elle intervient, la cancellation opère d'elle-même ou requiert approbation. Surtout employée en matière testamentaire et lorsque la chambre de l'instruction ordonne la cancellation de certains actes dans l'exercice de son pouvoir de contrôle des actes de l'instruction.

Candidature

[Droit constitutionnel]

Action de se porter candidat à une fonction dont le titulaire est désigné par élection ou nomination.

Canon

[Droit général]

→ *Droit canonique.*

Canton

[Droit administratif]

Circonscription administrative, dépourvue de personnalité juridique, se situant entre l'arrondissement et la commune, au nombre d'environ 4 000 en France métropolitaine, servant entre autres de cadre à l'élection des conseillers généraux.

La loi du 17 mai 2013 a organisé la réduction de moitié de ce nombre, dans le but d'assurer la *parité* entre hommes et femmes, par l'élection de 2 conseillers départementaux, de sexe différent, par canton.

Cantonnement

[Droit civil/Procédure civile]

Réduction judiciaire de l'assiette d'une garantie pour mieux l'ajuster au montant de la dette et ménager ainsi le crédit du débiteur : cantonnement de l'hypothèque légale ou judiciaire.

D'une manière générale, le juge de l'exécution a le pouvoir d'ordonner la mainlevée de toute mesure abusive. En cas de saisies simultanées de plusieurs immeubles, il peut réduire l'assiette de la saisie en suspendant les poursuites sur tel ou tel d'entre eux.

C. civ., art. 2444, 2445; C. pr. exéc., art. L. 321-6, R. 321-12; CPI, art. L. 332-2.

Capacité

[Droit civil]

Aptitude à acquérir et à exercer un droit. Ainsi, toute personne physique peut contracter sauf en cas d'incapacité prévue par la loi.

On distingue 2 degrés dans la capacité juridique. La capacité de *jouissance* est l'aptitude à avoir des droits et des obligations (toute personne physique a, en principe, la capacité de jouissance). La capacité d'*exercice* est le pouvoir de mettre en œuvre soi-même et seul ses droits et ses obligations, sans *assistance*, ni *représentation* par un tiers.

→ *Incapacité.*

Capacité d'ester en justice

[Procédure (principes généraux)]

Le recours à la justice est une prérogative si importante que la *jouissance* de la faculté d'ester (d'agir) en justice est ouverte à toute personne physique ou morale, même étrangère.

En revanche, nombreuses sont les personnes (mineures, majeures en *tutelle* ou *curatelle*) qui n'ont pas la capacité d'*exercice*, c'est-à-dire l'aptitude à faire valoir, elles-mêmes ou elles seules, leurs droits et intérêts en justice.

C. civ., art. 468, 475, 504; C. pr. civ., art. 117.

→ *Ester en justice, Incapacité, Irrégularité de fond, Nullité d'un acte de procédure.*

Capacité en droit

[Droit administratif]

Diplôme délivré au terme d'une formation de 2 ans, accessible sans baccalauréat, qui permet entre autres la poursuite d'études juridiques en licence et au-delà.

Capitaine

[Droit commercial]

Premier des marins à bord d'un navire. Recruté par l'exploitant du navire, le capitaine commande la marche de celui-ci et assume, outre la direction nautique et commerciale de l'expédition, des responsabilités de puissance publique au cours du transport maritime (actes de l'état civil, police judiciaire).

C. transp., art. L. 5511-4.

Capital

[Droit civil]

1° Ensemble des biens figurant à l'actif d'un patrimoine, par opposition aux revenus qu'ils produisent.

C. civ., art. 270, 1906, 1908, 1913.

[Droit commercial]

→ *Capital social.*

2° Principal de la dette de somme d'argent.

→ *Intérêt.*

Capital social

[Droit civil/Droit commercial]

La valeur des apports en numéraire et en nature forme le capital social, dont le montant minimum est déterminé par la loi pour certains types de sociétés. Le capital peut être augmenté sous certaines conditions, mais le principe de l'intangibilité du capital social explique l'existence d'une réglementation plus rigoureuse des réductions de capital, dans l'intérêt des créanciers sociaux.

C. civ., art. 1835; C. com., art. L. 210-2.

Capital variable

[Droit commercial]

→ *Société à capital variable.*

C. com., art. L. 231-1 s.

Capitalisation

[Droit civil/Droit commercial]

Transformation des intérêts perçus par un créancier en capital, en vue de la production de nouveaux intérêts.

C. civ., art. 1343-2.*

→ *Anatocisme, Assurance capitalisation.*

[Sécurité sociale]

Système dans lequel les cotisations versées chaque année sont affectées au compte individuel de chaque *participant* et capitalisées à intérêts composés compte tenu de la mortalité.

À l'âge de la retraite, le participant reçoit le capital correspondant aux versements et intérêts ou une rente viagère correspondant à ce capital.

Capitaux de couverture

[Sécurité sociale]

Capitaux servant à garantir les prestations jusqu'à leur terme. Les régimes de prévoyance doivent désormais être gérés en « capitaux de couverture », cette technique étant appelée également « *capitalisation* ».

Capitaux propres

[Droit commercial]

Les capitaux propres représentent l'ensemble des sommes qui reviendraient aux associés en cas de dissolution de la société. Ils regroupent l'ensemble des sommes investies par les détenteurs du capital par opposition aux ressources d'origine externe.

Le montant figure au passif du bilan comptable; il correspond à la somme algébrique du capital, des réserves et des résultats.

Capitulations (Régime des)

[Droit international public]

(De *capitulum* : chapitre, clause). Régime, aujourd'hui disparu, en vigueur dans des pays hors chrétienté (Turquie, Égypte, Chine) et consistant en ce que les étrangers échappaient à la compétence des autorités locales et restaient soumis à celle de leurs autorités nationales (spécialement de leurs consuls).

Captation de données informatiques

[Procédure pénale]

Opérations effectuées sous l'autorité et le contrôle d'un juge d'instruction, pour les nécessités de l'information concernant un crime ou un délit entrant dans le champ d'application de la criminalité et de la délinquance organisée, consistant, sans le consentement des intéressés, à accéder, en tous lieux, à des données informatiques, à les enregistrer, à les conserver et à les transmettre, telles qu'elles s'affichent sur un écran pour l'utilisateur d'un système de traitement automatisé de données, ou telles qu'il les y introduit par saisie de caractères.

C. pr. pén., art. 706-102-1 à 706-102-9.

Captation d'héritage

[Droit civil]

Manœuvres dolosives exercées sur autrui ayant pour effet d'obtenir une libéralité; elles peuvent être le fait du bénéficiaire de la libéralité ou d'un tiers. La loi pose des présomptions irréfragables de captation d'héritage : ainsi le tuteur ne peut être gratifié par le mineur dont il a la charge.

C. civ., art. 907, 909.

Captation de parole et d'image

[Droit civil]

→ *Atteintes à la vie privée.*

Carence

[Procédure civile]

Absence de biens meubles susceptibles de saisie entre les mains du débiteur à laquelle on assimile les biens meubles ne présentant pas de valeur marchande. L'huissier de justice dresse alors un procès-verbal de carence. Il en va de même en cas d'*apposition des scellés* lorsque le greffier en chef du tribunal d'instance ne trouve aucun effet mobilier.

C. pr. exéc., art. R. 221-14; C. pr. civ., art. 1304.

[Droit administratif]

On appelle carence de l'Administration l'inaction de celle-ci, spécialement dans les hypothèses où elle aurait dû agir, ce qui engage alors la responsabilité de la personne publique en cause si un préjudice est né de cette carence.

[Droit européen]

Recours organisé par l'article 265 TFUE permettant à la Cour de justice ou au Tribunal de l'Union européenne de constater l'illégalité d'une inaction du Conseil, du Conseil européen, de la Commission, du Parlement ou de la Banque centrale européenne.

Carnet de maternité

[Sécurité sociale]

Carnet remis à une femme enceinte et mentionnant les différents examens médicaux obligatoires.

CSS, art. R. 331-4.

Carnet de santé

[Sécurité sociale]

Document remis à l'assuré social et à chacun de ses ayants droit âgés de plus de seize ans, mentionnant les différents soins pratiqués.

CSS, art. R. 162-1-1.

Carrières

[Droit administratif/Droit civil]

Gisement de substances minérales ou fossiles défini par opposition aux mines, celles-ci étant fixées par énumération législative (houille, bauxite, fer, cobalt...).

Les carrières comprennent les matériaux de construction, d'empierrement, d'amendement pour la culture des terres, etc. Elles appartiennent au propriétaire du sol qui peut les exploiter moyennant une autorisation administrative, à moins qu'un intérêt économique national ou régional ne conduise à accorder un permis de carrière à un autre que le propriétaire du sol.

C. minier, art. L. 111-1, L. 311-1 s.; C. civ., art. 598; C. envir., art. L. 515-1 s.

Carte bancaire

[Droit civil/Droit commercial]

→ *Carte de paiement.*

Carte communale

[Droit administratif/Droit rural]

Les petites communes non dotées d'un *plan local d'urbanisme* peuvent établir un document délimitant les zones constructibles et les zones naturelles, en vue d'organiser leur évolution en matière d'urbanisme.

Elle doit être compatible avec les autres documents d'aménagement, tels que schéma de cohérence territoriale ou charte du parc naturel régional.

C. urb., art. L. 131-4 s.

→ *Schéma de cohérence territoriale.*

Carte d'assurance-maladie (Vitale)

[Sécurité sociale]

Carte électronique individuelle délivrée à tout bénéficiaire de l'assurance-maladie et qui permet une télétransmission des feuilles de soins aux organismes de Sécurité sociale, en vue de faciliter le remboursement de l'assuré.

CSS, art. L. 161-31.

Carte de paiement

[Droit civil/Droit commercial]

Carte émise par un établissement de crédit ou par une institution ou un service autorisé à effectuer des opérations de banque et permettant à son titulaire de retirer ou de transférer des fonds. Est aujourd'hui qualifiée d'« instrument de paiement » et fait l'objet d'une réglementation commune au titre des « opérations de paiement » (efficacité, date de valeur, opposition, responsabilité, frais engendrés, etc.).

C. mon. fin., art. L. 133-1 s.

Carte de travail

[Droit international privé]

→ *Autorisation de travail.*

Carte grise

[Droit administratif]

En matière de réglementation des véhicules, appellation familière synonyme de certificat d'immatriculation. Ce document comporte notamment le numéro minéralogique du véhicule délivré par la préfecture du domicile du titulaire.

Carte judiciaire

[Procédure civile]

Document faisant apparaître le siège et le ressort des diverses juridictions de l'ensemble du territoire national. Les divisions judiciaires de la France obéissent à des considérations multiples, souvent peu conciliables entre elles : importance de la population, poids de l'activité économique, fréquence du contentieux, exigence de proximité, nécessité de spécialisation, coût budgétaire…

→ *Conseil de prud'hommes, Cour d'appel, Cour de cassation, Juridiction de proximité, Tribunal de commerce, Tribunal de grande instance, Tribunal des affaires de sécurité sociale, Tribunal d'instance, Tribunal mixte de commerce, Tribunal paritaire des baux ruraux.*

Carte nationale d'identité

[Droit administratif/Droit pénal]

Document délivré par l'autorité publique à tout national en faisant la demande, et dont les mentions permettent d'établir l'identité de son titulaire en cas de vérification d'identité par la police. Sa possession est facultative, et l'identité peut être prouvée par tout autre moyen.

Carte professionnelle

[Droit du travail/Droit administratif (pour les nationaux)]

Dans certaines professions, carte délivrée par des organes administratifs ou corporatifs, et nécessaire en fait ou en droit pour l'exercice de cette activité. L'une des plus connues est la carte d'identité professionnelle de journaliste, qui permet de bénéficier des facilités accordées par les autorités administratives pour l'exercice de cette profession.

C. trav., art. L. 7111-6.

Carte verte

[Droit civil]

En matière d'assurance obligatoire des véhicules terrestres à moteur, pour la responsabilité civile de l'auteur d'un accident, appellation familière désignant le document établi par la société d'assurance pour faciliter la circulation internationale des véhicules assurés et valant attestation d'assurance.

C. assur., art. R. 211-14 s.

Carte Vitale

[Sécurité sociale]

→ *Carte d'assurance-maladie (Vitale).*

Cartel

[Droit commercial]

→ *Entente.*

Cas fortuit

[Droit civil]

Au sens large, synonyme de « *force majeure* ». Par souci de simplification, l'ordonnance n° 2016-131 du 10 février ne vise plus que la force majeure.

Dans un sens étroit et discuté, impossibilité d'exécuter une obligation tenant à des causes internes (vice du matériel par ex.).

→ *Cause étrangère.*

Casier civil

[Droit civil]

→ *Répertoire civil.*

Casier fiscal

[Droit fiscal]

Prévu par la loi du 6 janvier 1948, il est destiné à réunir au plan départemental « les divers documents d'informations intéressant la situation fiscale des redevables ».

CGI, art. 1649.

Casier judiciaire

[Droit pénal]

Relevé national et automatisé des condamnations pénales et de certaines autres décisions. Les informations ainsi centralisées font l'objet de 3 « bulletins » (B1 – B2 – B3), qui peuvent être délivrés à des destinataires précis, mais dont le contenu varie selon la qualité de ceux-ci.

Traditionnellement réservé aux personnes physiques, le casier judiciaire s'applique désormais aux personnes morales, dans la logique du principe de leur responsabilité pénale, tel qu'il est retenu depuis la réforme du Code pénal.

Le terrorisme fait l'objet d'un fichage spécial depuis la loi n° 2015-912 du 24 juillet 2015 relative au renseignement. Un fichier judiciaire national automatisé des auteurs d'infractions terroristes (FIJAIT) a été créé, distinct du fichier judiciaire national automatisé des auteurs d'infractions sexuelles ou violentes (FIJAISV), dans le but de doter les services chargés de la lutte contre le terrorisme d'un outil plus performant, notamment destiné à prévenir le risque de récidive.

C. pr. pén., art. 706-25-3 s., 768 s., R. 50-30 s., R. 62 s.

Casques bleus

[Droit international public]

Nom donné aux soldats engagés dans les opérations de maintien de la paix et les missions d'observation de l'Organisation des Nations unies.

→ *Opérations de maintien de la paix.*

Cassation

[Procédure civile/pénale/administrative]

Annulation par la Cour suprême d'une décision passée en force de chose jugée et rendue en violation de la loi.

En principe, la *Cour de cassation* ne pouvant pas substituer sa décision à celle des premiers juges, faute de connaître des faits, renvoie pour un nouveau jugement devant une autre juridiction de même nature ou devant la même juridiction composée d'autres magistrats. Mais il existe des hypothèses où la Cour peut casser sans renvoyer; ainsi lorsque la cassation n'implique pas qu'il soit à nouveau statué sur le fond.

Lorsque le pourvoi est fondé sur la violation des dispositions de la Convention européenne des droits de l'homme (CEDH), il y a lieu à un contrôle de proportionnalité. Ce contrôle exigerait, selon une certaine doctrine, une prise en compte des faits du dossier peu compatible avec la mission spécifique de la Cour de cassation; mais une opinion dissidente estime que le contrôle de proportionnalité reste un contrôle de droit.

C. pr. civ., art. 604, 605 et 623 s., 626, 627, 1015; COJ, art. L. 411-2, L. 411-3, L. 430-4; CJA, art. L. 111-1 et L. 331-1; C. pr. pén., art. 567 s.

GAJA n° 52.

→ *Principe de proportionnalité.*

Castration chimique

[Droit pénal]

→ *Traitement inhibiteur de la libido.*

Casus belli

[Droit international public]

Circonstance de nature à provoquer une déclaration de guerre.

Caucus

[Droit constitutionnel]

Système utilisé aux États-Unis dans les États n'organisant pas de *primaires* pour désigner les délégués aux conventions de chaque parti devant choisir leur candidat aux élections, particulièrement l'élection présidentielle. Seuls les militants du parti peuvent en principe participer aux débats et, ensuite, au vote.

Causalité

[Droit administratif]

En matière de responsabilité, lien de cause à effet entre l'action de l'Administration et le dommage subi par une victime, établi selon la méthode de la causalité adéquate. Le lien causal peut être interrompu ou atténué par le fait du tiers, la faute de la victime ou la force majeure.

[Droit civil]

Dans le droit des *obligations*, lien de cause à effet entre la faute d'une personne ou le rôle d'une chose et le préjudice subi par un tiers. Plusieurs facteurs pouvant intervenir dans la réalisation d'un dommage, la doctrine s'est efforcée de préciser cette notion; on a parfois soutenu que tout fait en l'absence duquel le dommage n'aurait pas eu lieu a une valeur causale (théorie de l'équivalence des conditions); mais on a dit, à l'inverse, qu'il fallait rechercher la *cause adéquate*, c'est-à-dire celle qui, normalement, est de nature à provoquer le dommage considéré. La jurisprudence applique généralement la théorie de la causalité adéquate.

GAJC, t. 2, n° 190, 193, 202, 209-210, 232-234, 236-237 et 243.

[Droit pénal]

Dans les délits *non intentionnels*, depuis la loi n° 2000-647 du 10 juillet 2000 tendant à en préciser la définition, la causalité est un critère d'appréciation de la responsabilité pénale des personnes physiques, pour se conjuguer désormais avec 2 catégories de fautes.

Lorsque la causalité est *directe*, une *faute simple* suffit à la responsabilité.
Lorsque la causalité est *indirecte*, c'est-à-dire lorsque les prévenus ont créé ou contribué à créer la situation qui a permis la réalisation du dommage ou n'ont pas pris les mesures permettant de l'éviter, une *faute qualifiée* est requise pour engager leur responsabilité, sous la forme, soit d'une violation manifestement délibérée d'une obligation particulière de prudence ou de sécurité prévue par la loi ou le règlement, soit d'une faute caractérisée ayant exposé autrui à un risque d'une particulière gravité qui ne pouvait être ignoré.

C. pén., art. 121-3.

→ *Délit non intentionnel.*

Cause

[Droit civil]

• *Existence de la cause.* Traditionnellement, on considère, en droit (français) des obligations, que la *cause* de l'obligation du débiteur est le but immédiat et direct qui le conduit à s'engager. On oppose à la cause, ainsi définie, le *motif* qui est un mobile personnel, subjectif et lointain. La cause est, au contraire, objective; nécessaire à la validité des actes juridiques, elle est toujours la même pour chaque catégorie d'actes (par ex. : dans un contrat synallagmatique, la cause de l'obligation de l'une des parties réside dans l'objet de l'obligation de l'autre; dans un acte à titre gratuit, la cause est l'intention libérale). L'ordonnance n° 2016-131 du 10 février n'utilise pas le mot, mais le concept se retrouve à l'article 1169* C. civ. puisqu'un contrat à titre onéreux est nul lorsque, au moment de sa formation, la contrepartie convenue au profit de celui qui s'engage est illusoire ou dérisoire.

C. civ., art. 1128 et 1169*.*

GAJC, t. 1, n° 14, 28, 29-30, 118-119, 122; GAJC, t. 2, n° 156, 157, 254, 261, 272, 281, 284-285, 289-290, 300-301, 309.

• *Licéité de la cause.* La notion de cause, lorsqu'elle est envisagée sous l'aspect de sa licéité ou de sa légalité, recouvre les motifs personnels qui conduisent une partie à contracter. Lorsque le motif est illicite (contraire à l'ordre public), il entraîne la nullité de l'acte à la double condition d'être la *cause impulsive et déterminante* de l'opération, même quand l'autre partie n'a pas eu connaissance du caractère illicite ou immoral de ce motif, que le contrat soit à titre gratuit ou onéreux.

C. civ., art. 1162.*

[Procédure civile]

La notion de cause intervient pour fixer les éléments de la demande en justice. Selon certains, la cause serait constituée par la règle de droit invoquée par le demandeur; pour d'autres, elle se ramènerait aux faits invoqués dans la prétention; pour d'autres enfin, elle est constituée par un ensemble de faits juridiquement qualifiés.
La cause sert aussi pour vérifier si le litige n'a pas déjà été jugé (comparaison du dispositif d'un jugement et d'une demande en justice ultérieure dans leurs éléments de fait et de droit). Sous ce rapport, il semble que la notion de cause n'ait plus à intervenir; puisque le demandeur doit présenter, dès la première demande, l'ensemble des moyens qu'il estime de nature à fonder celle-ci, il y a nécessairement chose jugée quant à la cause.

C. civ., art. 1355; C. pr. civ., art. 6 et 7.*

→ *Autorité de chose jugée, Moyen, Moyen de pur droit, Principe de concentration des moyens.*

Au sens large, contestation dont est saisi le juge. Ainsi entendue, la cause s'identifie au *procès* et se distingue du *litige* qui reste un conflit de prétentions dépourvu de formalisme tant que ne se produit pas l'élévation du contentieux. C'est de la cause définie comme un différend cristallisé dans une procédure qu'il est question dans les expressions *mettre en cause, être hors de cause, appeler la cause, état de la cause.*

📕 *C. pr. civ., art. 331 s., 336 et 759.*

Cause étrangère

[Droit civil]

Événement (par ex. guerre, inondation) ou fait d'un tiers qui intervient dans la réalisation d'un dommage en présentant le triple caractère d'imprévisibilité, d'irrésistibilité et d'extériorité et qui, par ces caractères, exonère une personne de toute responsabilité délictuelle ou contractuelle. Le *cas fortuit* et la *force majeure* en constituent 2 espèces : expressions synonymes, l'ordonnance n° 2016-131 du 10 février privilégie la seconde en droit commun des contrats et dans le régime juridique de l'obligation, la première subsistant dans certains contrats, par exemple en matière de bail.

📕 *C. civ., art. 1218*, 1231-1*, 1307-2*, 1307-4*, 1307-5*, 1308* et 1360* (force majeure), 1722 (bail).*

Cause réelle et sérieuse

[Droit du travail]

Depuis la loi du 13 juillet 1973, fait ou situation justifiant un licenciement. Elle n'est pas nécessairement une faute (ex. : insuffisance professionnelle, trouble caractérisé dans l'entreprise à la suite d'un comportement non fautif du salarié). La cause réelle et sérieuse peut reposer sur un fait économique, c'est-à-dire pour le législateur une situation non inhérente à la personne du salarié.

📕 *C. trav., art. L. 1232-1 et L. 1233-2.*

⚖ *GADT n° 101 à 103, 106 et 107.*

Cautio judicatum solvi

[Procédure civile]

Caution qu'un Français, défendeur à une action, pouvait, avant 1972, exiger d'un demandeur étranger, pour garantir le recouvrement des sommes que ce dernier serait condamné à lui payer.

Caution

[Droit civil]

Personne qui s'engage, envers le créancier, à satisfaire l'exécution de l'obligation, si le débiteur n'y satisfait pas lui-même.

Lorsque la caution accepte d'exécuter elle-même, dans le cas où le débiteur principal ne remplirait pas son engagement, elle est appelée « *caution personnelle* ». En cas de contrat conclu envers un créancier professionnel, il est exigé de la caution, à peine de nullité relative, l'écriture d'une mention manuscrite précédant sa signature, sauf si le cautionnement est consenti par acte authentique; en outre l'engagement de la caution ne doit pas être manifestement disproportionné à ses biens et revenus.

Lorsque la caution, au lieu de s'engager à exécuter personnellement, offre en garantie une hypothèque sur un immeuble lui appartenant, elle est dite « *caution réelle* ». À vrai dire, cette dénomination est devenue incorrecte depuis que la Cour de cassation a jugé qu'une sûreté réelle consentie pour garantir la dette d'un tiers, n'est pas un cautionnement, parce qu'elle est nécessairement adaptée aux capacités financières du garant.

📕 *C. civ., art. 1347-6*, 2288 s., 2317 s.; C. consom., art. L. 331-1 s.*

→ *Bénéfice de discussion, Bénéfice de division.*

[Procédure civile]

Un plaideur pour obtenir l'*exécution provisoire* d'un jugement doit, si le juge le demande, fournir caution (ou consigner une certaine somme) en vue de répondre de toutes restitutions ou réparations.

📕 *C. pr. civ., art. 517, 518 et 519.*

→ *Cautionnement, Consignation.*

Cautionnement

[Droit civil/Droit commercial]

1° Contrat par lequel la *caution* s'engage.

C. civ., art. 2288 s.

GAJC, t. 2, n° 252, 259, 282, 292 et 293-296, 297-298 et 308.

→ *Sûreté.*

2° Dépôt de fonds ou de valeurs destinés à garantir une créance éventuelle.

→ *Caution, Consignation, Lettre d'intention.*

Cautionnement électoral

[Droit constitutionnel]

Somme d'argent que doit déposer le candidat à une élection et qui lui est remboursée s'il obtient un certain pourcentage de suffrages. But de l'institution : décourager les candidatures fantaisistes.

Cavalerie (Traite de)

[Droit commercial]

→ *Effet de complaisance.*

Cavalier législatif

[Droit constitutionnel]

Expression imagée d'origine britannique (« *rider* ») désignant une disposition sans lien avec les autres dispositions du texte dans lequel elle est insérée et qui, ayant enfourché cette monture, passe l'obstacle du vote en même temps qu'elle.

Pratique inopportune, qui peut être interdite, sous le contrôle du *Conseil constitutionnel*, lorsque le contenu de certaines lois est prédéterminé par la *Constitution* (*lois de finances* ou *lois de financement de la sécurité sociale*, *lois organiques*). De même, selon l'article 45, la recevabilité d'un *amendement* est subordonnée à la condition qu'il présente un lien, au moins indirect, avec le texte auquel il s'applique.

[Droit financier ou fiscal]

• *Cavalier budgétaire :* disposition législative étrangère, par sa nature, au domaine des lois de finances et irrégulièrement introduite dans l'une d'elles pour des raisons de simple opportunité, ce qui la voue à être privée d'effet par le *Conseil constitutionnel* en cas de saisine de celui-ci.

• *Cavalier social :* disposition présente dans une loi de financement de la Sécurité sociale et qui par son contenu ne relève pas d'un tel type de texte et encourt de ce fait la censure du Conseil constitutionnel. Il existe plusieurs types de cavaliers sociaux : d'une part, des dispositions qui peuvent ne pas avoir « d'effet ou ont un effet trop indirect sur les dépenses des régimes obligatoires de base ou des organismes concourant à leur financement », d'autre part, des dispositions qui n'ont pas pour objet « d'améliorer l'information et le contrôle du Parlement sur l'application des lois de financement de la Sécurité sociale » ou, enfin, qui peuvent être étrangères à la partie de la loi de financement de la Sécurité sociale concernée.

Cédant, Cessionnaire

[Droit civil]

→ *Cession de créance.*

Cédule

[Droit financier ou fiscal]

Synonyme vieilli de catégorie administrative de revenus imposables à l'impôt sur le revenu. On parlait ainsi, par exemple, de cédules des traitements et salaires, ou des revenus fonciers.

Célérité

[Procédure civile]

La célérité de la justice se mesure au temps mis pour juger une affaire.

C. pr. civ., art. 485, al. 2, 792 al. 2.

→ *Délai raisonnable, Référé civil, Urgence.*

Censure

[Droit administratif]

Examen auquel l'État soumettait jadis les écrits et les spectacles avant d'en autoriser ou interdire la publication ou la représentation. En France, la censure a disparu pour la presse par l'effet de la loi du 22 juillet 1881 qui déclare que « tout journal, tout écrit périodique peut être publié sans autorisation préalable », et pour les représentations théâtrales par l'effet du décret du 8 juin 1906. Cependant, les films doivent avant leur exploitation recevoir le visa d'une commission qui peut en limiter la présentation à certains publics (voire, théoriquement, l'interdire totalement), et les livres et périodiques peuvent faire l'objet d'interdiction d'exposition ou de vente – généralement à certains publics – en raison de leur contenu (ex. : extrême violence, appel à la haine raciale...).

[Droit constitutionnel]

1° Procédure par laquelle une assemblée parlementaire met en jeu la responsabilité politique du gouvernement par un blâme motivé à l'adresse de ce dernier.

Le vote d'une motion de censure entraîne la démission forcée du gouvernement. En régime parlementaire rationalisé, la censure obéit à des règles précises concernant sa recevabilité, sa discussion et son vote.

Constitution de 1958, art. 49, al. 2.

2° Sanction disciplinaire applicable à un parlementaire dans les conditions prévues par le règlement intérieur de l'assemblée.

[Procédure civile]

Sanction frappant un officier public ou ministériel pour infraction aux règles professionnelles ou manquement à la probité, à l'honneur ou à la délicatesse.

Se dit aussi du contrôle juridictionnel exercé par la *Cour de cassation* sur les décisions rendues par les juridictions dites inférieures.

→ *Cassation, Pouvoir disciplinaire.*

Cent-Jours

[Droit constitutionnel]

Durée du rétablissement impérial de Napoléon 1er, de mars à juillet 1815, au cours duquel était censé s'appliquer l'*Acte additionnel aux constitutions de l'Empire*.

ACTU

Centrale d'achat

[Droit commercial]

Groupement de commerçants, constitué sous forme de société ou de groupement d'intérêt économique, qui effectue des achats pour le compte de ses membres, agissant le plus souvent en qualité de commissionnaire.

Il faut distinguer, de la centrale d'achat proprement dite, le groupement d'achat consistant à réunir les membres désirant réaliser leurs achats en commun dans une structure coopérative.

Il existe enfin des organismes appelés centrales de référencement, qui, sans réaliser eux-mêmes les achats, se bornent à référencer les fournisseurs et à négocier avec eux les conditions d'approvisionnement.

Les divers contrats susceptibles d'unir les commerçants détaillants à une centrale ou à une entreprise tête de réseau font l'objet d'une surveillance accrue au titre du droit de la concurrence et du droit de la loyauté des pratiques commerciales; et ce, à raison de la position de faiblesse des distributeurs et afin de protéger leur liberté d'entreprendre au moment de la sortie du réseau. Ils sont, le cas échéant, notifiés pour information à l'Autorité de la concurrence.

C. com., art. L. 341-1 s.; L. 462-10.

→ *Réseau de distribution.*

Centralisation

[Droit administratif]

Système d'administration reposant sur l'attribution des pouvoirs de décision à des autorités soumises, médiatement ou immédiatement, au pouvoir hiérarchique du gouvernement.

Du point de vue de la technique d'organisation, la centralisation peut revêtir 2 formes : la *concentration*, système irréalisable pratiquement, rassemblant au siège du gouvernement les autorités précitées; la *déconcentration*, système pratiqué en droit positif, consistant à confier des pouvoirs de décision à celles de ces autorités (par ex. les préfets) qui sont en fonction dans les différentes circonscriptions administratives.

Centralisme démocratique

[Droit constitutionnel]

Principe directeur de la structure des partis communistes. Ce principe signifie :

a) élection de tous les organes dirigeants du parti, de la base au sommet;

b) compte rendu périodique de gestion devant les militants;

c) discipline rigoureuse (interdiction des fractions) dans le parti et subordination de la minorité à la majorité;

d) obligation stricte pour les organismes inférieurs d'appliquer les décisions des organismes supérieurs.

Les points *a*) et *b*) représentent la partie démocratique du système, les points *c*) et *d*) la partie centraliste.

Centre communal d'action sociale (CCAS)

[Droit administratif]

Établissement public communal ou intercommunal, successeur depuis 1968 des anciens Bureaux d'aide sociale, chargé d'une mission générale de prévention et de développement social, et d'un rôle d'instruction des demandes d'aide sociale. Il distribue en outre des prestations en espèces ou en nature aux habitants les plus démunis.

Centre d'analyse stratégique

[Droit administratif]

Organisme consultatif rattaché au Premier ministre, chargé d'éclairer le gouvernement dans la définition des politiques publiques en matière économique, sociale, environnementale ou culturelle. A remplacé, en 2006, le Commissariat général au Plan, avant d'être à son tour remplacé, en 2013, par le *Commissariat général à la stratégie et à la prospective*.

→ *Plan de développement économique et social.*

Centre d'étude des revenus et des coûts (CERC)

[Droit administratif]

→ *Conseil de l'emploi, des revenus et de la cohésion sociale (CERC)*

Centre de détention

[Droit pénal]

Établissement pénitentiaire dont le régime est principalement orienté vers la resocialisation des condamnés. Parmi ces établissements figurent les centres pour jeunes condamnés et les établissements ouverts.

→ *Prisons.*

Centre de formalités des entreprises (CFE)

[Sécurité sociale/Droit financier ou fiscal]

Centre permettant aux entreprises de souscrire en un même lieu et sur un même document les déclarations auxquelles elles sont tenues par les lois et règlements dans les domaines juridique, administratif, fiscal, social et statistique afférents à leur création, à la modification de leur situation et à la cessation de leur activité.

Centre de gestion agréé

[Droit financier ou fiscal]

Dans le cadre de la politique d'amélioration de la connaissance des revenus des professions non salariées, il a été institué des centres de gestion agréés, dénommés associations agréées pour les professions libérales, auxquels ces professionnels peuvent confier la tenue de leur comptabilité, ce qui confère plus d'exactitude à celle-ci et ouvre droit en conséquence à ces professionnels à des abattements sur leur bénéfice imposable sous certaines conditions. L'agrément est donné par l'Administration fiscale.

Centre de placement immédiat

[Droit pénal/Procédure pénale]

Établissement d'accueil en urgence de mineurs délinquants. Il a pour mission de réaliser, pendant un délai de 1 à 3 mois, un travail d'évaluation et d'observation de la situation personnelle, familiale, scolaire ou professionnelle des mineurs accueillis, afin de proposer au juge une orientation adaptée.

→ *Centre éducatif fermé, Centre éducatif renforcé.*

Centre de préparation à l'administration générale (CPAG)

[Droit administratif]

→ *Instituts régionaux d'Administration (IRA).*

Centre des impôts

[Droit financier ou fiscal]

Ancienne cellule de base de l'organisation territoriale des services fiscaux, chargée du calcul de l'impôt des particuliers ou entreprises.

→ *Service des impôts.*

Centre éducatif fermé (CEF)

[Droit pénal]

Établissement public ou privé habilité dans des conditions prévues par décret en Conseil d'État, dans lequel les mineurs sont placés en application d'un contrôle judiciaire ou d'un sursis avec mise à l'épreuve ou d'un placement à l'extérieur ou à la suite d'une libération conditionnelle. Au sein de ces centres, les mineurs font l'objet des mesures de surveillance et de contrôle permettant d'assurer un suivi éducatif et pédagogique renforcé et adapté à leur personnalité. La violation des obligations auxquelles le mineur est astreint peut entraîner, selon le cas, le placement en détention provisoire ou l'emprisonnement du mineur.

Ord. n° 45-174 du 2 févr. 1945, art. 33.

Centre éducatif renforcé

[Droit pénal/Procédure pénale]

Établissement d'accueil de mineurs délinquants multirécidivistes en grande difficulté ou en voie de marginalisation. Ils se caractérisent par des programmes d'activités intensifs pendant des sessions de 3 à 6 mois et un encadrement éducatif permanent.

→ *Centre éducatif fermé, Centre de placement immédiat.*

Centre européen de la recherche nucléaire (CERN)

[Droit international public]

Organisation internationale créée en 1952 à titre provisoire dans le but de mettre en commun les ressources des États européens pour procéder à la recherche scientifique visant à l'utilisation pacifique de l'énergie nucléaire. Il a été pérennisé en 1954 sous le nom d'Organisation européenne pour la recherche nucléaire mais l'acronyme CERN a été conservé.

Centre national d'études judiciaires

[Procédure civile]

→ *École nationale de la magistrature.*

Centre national de la fonction publique territoriale (CNFPT)

[Droit administratif]

Établissement public administratif, créé en 1987, chargé notamment de contribuer au recrutement et à la formation des personnels des collectivités territoriales.

Centre national de la recherche scientifique (CNRS)

[Droit administratif]

Établissement public à caractère scientifique et technologique, le CNRS, créé en 1939, est le plus grand organisme public français de recherche; son organisation a été réformée par un décret du 29 octobre 2009 afin d'en améliorer la gouvernance (par un conseil d'administration dont le président assure la direction générale de l'établissement).

Centre régional de formation professionnelle des avocats (CRFPA)

[Procédure civile]

Établissement d'utilité publique, doté de la personnalité morale, et institué sur le plan régional par le décret n° 91-1197 du 27 novembre 1991 (art. 42 s.) et non plus, comme auparavant, dans le cadre de chaque cour d'appel.

Chaque centre est administré par un conseil regroupant des magistrats, des avocats et un universitaire.

Il est chargé de former les candidats ayant réussi l'examen d'entrée au centre et d'assurer la préparation du certificat d'aptitude à la profession d'avocat. Il a aussi la mission de la formation permanente des membres des barreaux.

L. n° 71-1130 du 31 déc. 1971, art. 13 s.

Certain

[Droit civil/Procédure civile]

1° Qui ne peut être mis en doute, autorisant la pratique d'une saisie (*créance* certaine).

2° Qui est déterminé (*corps certain*).

→ *Compensation, Date certaine.*

ACTU

Certificat A1

[Sécurité sociale]

Certificat émis sur le fondement des règlements de coordination CE n° 883/2004 et CE n° 987/2009, délivré par le pays d'emploi, qui atteste de la couverture sociale des salariés détachés.

Certificat complémentaire de protection

[Droit commercial]

Titre qui se substitue pour un certain temps au brevet à son expiration, conférant à son titulaire les mêmes droits et soumis aux mêmes limitations et qui permet de compléter la protection de l'invention en matière de médicaments, compensant ainsi l'impossibilité de l'exploiter avant d'avoir obtenu l'autorisation de mise sur le marché (AMM).

CPI, art. L. 611-3.

Certificat de coutume

[Droit international privé]

Attestation rédigée en français et délivrée par un jurisconsulte étranger (avocat, notaire, consul), affirmant l'existence d'une règle de droit étrangère ou en exposant le contenu.

Procédé utilisé fréquemment lorsque, dans un État étranger où n'existe pas de législation écrite, les règles de droit émanent soit de la coutume, soit de la jurisprudence.

Certificat de décès

[Droit civil]

Attestation du décès d'une personne, établie par un médecin et qui est nécessaire pour procéder à la fermeture du cercueil.

CGCT, art. L. 2223-42.

→ *Acte de décès, Décès.*

Certificat de droit de vote

[Droit commercial]

→ *Certificat d'investissement.*

Certificat d'hérédité/d'héritier

[Droit civil]

1° Hors départements d'Alsace-Moselle, le certificat d'hérédité est une attestation délivrée par le tribunal d'instance ou le maire, au vu de témoignages, aux fins d'établir la qualité d'héritier; entouré de faibles garanties, il présente moins d'intérêt qu'un *acte de notoriété*. Un certificat de propriété peut valoir certificat d'hérédité.

C. civ., art. 730.

2° Dans les départements d'Alsace-Moselle, c'est le juge cantonal du lieu d'ouverture de la succession qui établit un certificat d'héritier pour attester de la qualité d'héritier et de la quotité des droits du successible. Il vaut acte de notoriété sur le reste du territoire, mais un héritier peut prouver sa qualité selon le *droit commun* de l'article 730, du Code civil.

→ *Attestation de la qualité d'héritier, Attestation notariée immobilière, Intitulé d'inventaire.*

Certificat d'investissement

[Droit commercial]

Titre négociable, né du démembrement d'une action. Il confère à son titulaire tous les droits pécuniaires attachés à l'action et se distingue d'un certificat de droit de vote (en principe incessible quant à lui). Ces titres sont en voie d'extinction, depuis que l'ordonnance du 24 juin 2004 les a, pour l'avenir, remplacés par les actions de préférence.

C. com., art. L. 225-186 et L. 228-30 s.; C. mon. fin., art. L. 212-11.

Certificat de nationalité

[Droit international privé]

Attestation délivrée par le greffier en chef du tribunal d'instance, au vu de pièces justificatives dont il est fait mention, selon laquelle la personne qui la demande a la nationalité française. Sa validité peut être judiciairement contestée. En cas de refus de délivrance, l'intéressé peut saisir le ministre de la Justice, qui décide s'il y a lieu de procéder à cette délivrance.

C. civ., art. 31 s.; COJ, art. D. 221-1.

Certificat de non-paiement

[Droit commercial]

Titre institué par la loi n° 85-695 du 11 juillet 1985 en remplacement du protêt exécutoire. Délivré par le *tiré* au porteur du *chèque* impayé qui lui en fait la demande, ou automatiquement lorsque le chèque reste impayé au-delà d'un certain délai et après une nouvelle présentation infructueuse, il a pour but de faire constater officiellement le non-paiement du chèque et permet la délivrance par un huissier d'un titre exécutoire rendant possible toutes les formes de saisie.

C. mon. fin., art. L. 131-73.

→ *Protêt.*

Certificat d'obtention végétale

[Droit commercial/Droit rural]

→ *Obtention végétale.*

Certificat de travail

[Droit du travail]

Document obligatoirement remis par l'employeur au salarié à l'expiration de son

contrat de travail, et qui mentionne l'identité des parties, la date d'entrée et de sortie du salarié, la nature de l'emploi qu'il a occupé.
Le certificat doit être signé par l'employeur.

C. trav., art. L. 1234-19 et D. 1234-6.

Certificat d'urbanisme

[Droit administratif]

Document informatif pouvant être demandé à l'Administration, qui indique les dispositions d'urbanisme et les limitations administratives au droit de propriété et les taxes et participations d'urbanisme applicables à un terrain déterminé, ainsi que les équipements publics existants ou prévus.
En outre, lorsque la demande détaille l'opération de construction projetée, le certificat précise si le terrain peut être utilisé pour la réalisation de celle-ci.
Il est prudent, avant l'acquisition d'un terrain à bâtir, de demander la délivrance de ce document.

C. urb., art. L. 410-1.

Certificat d'utilité

[Droit commercial]

Titre de propriété industrielle susceptible de protéger une invention brevetable pendant une courte durée (6 ans) sans établissement d'un rapport de recherche.

CPI, art. L. 611-2.

Certificat de vie

[Droit civil]

Acte par lequel certaines personnes qui exercent des fonctions publiques (notaire, président de tribunal, maire) attestent l'existence actuelle d'une personne. Ce certificat doit être, en principe, présenté par tout crédirentier désireux d'obtenir le paiement des arrérages auxquels il a droit.

C. civ., art. 1983; C. pens. retr., art. D. 43.

Certificat successoral européen

[Droit international privé]

Créé à l'article 62 du règlement (UE) n° 650/2012 du Parlement européen et du Conseil du 4 juillet 2012 relatif à la compétence, la loi applicable, la reconnaissance et l'exécution des décisions, et l'acceptation et l'exécution des actes authentiques en matière de successions et à la création d'un certificat successoral européen, ce certificat vise à régler l'une des difficultés classiques du droit international privé des successions, à savoir la preuve à l'étranger de la qualité d'héritier, de légataire et des pouvoirs des exécuteurs testamentaires ou des tiers administrateurs. Cette preuve est établie par le certificat successoral européen puisque, en vertu de l'article 69 du règlement n° 650/201 (applicable depuis le 17 août 2015), la personne désignée dans le certificat comme étant l'héritier, le légataire, l'exécuteur testamentaire ou l'administrateur de la succession est réputée avoir, dans les 25 États membres de l'Union européenne participant à l'application du règlement (c'est-à-dire les 28 moins le Danemark, l'Irlande et le Royaume-Uni), la qualité mentionnée dans ledit certificat et/ou les droits ou les pouvoirs énoncés dans ledit certificat.

C. pr. civ., art. 509-1, 509-2, 509-3, 509-6, 509-9, 1381-1 s.

Certification conforme

[Droit civil/Procédure civile]

Attestation de l'identité existant entre la copie et l'original d'un acte ou de l'exactitude de la consignation par écrit d'une déclaration verbale. Ainsi tout témoin est tenu de signer le procès-verbal d'enquête ou de le certifier conforme à sa déposition.

C. pr. civ., art. 220, al. 2.

[Droit administratif]

Depuis 2001, l'État, les *collectivités territoriales* et leurs établissements publics, les organismes de Sécurité sociale ne peuvent plus exiger la production de la copie certifiée conforme à l'original d'un document délivré par l'un d'entre eux. Les photocopies des originaux doivent être acceptées, mais en cas de doute la production de l'original peut être demandée.

→ *Collationnement.*

Certification de produits et de services

[Droit commercial]

Constitue une certification la délivrance par un tiers indépendant, accrédité par l'autorité publique, d'une attestation de conformité des biens commerciaux à un référentiel qualité. Cette attestation peut être répercutée sur l'étiquetage du produit ou la présentation du service sous forme d'un signe distinctif.

C. consom., art. L. 433-3 s.; en matière médicale : CSP, art. L. 5211-3 s.

Certification des comptes (des administrations publiques)

[Droit constitutionnel/Droit financier]

Induite par l'exigence constitutionnelle de régularité, de sincérité et de fidélité des comptes des administrations publiques (art. 47-2 de la Constitution), la certification des comptes de l'État et de l'ensemble des branches du régime général de la sécurité sociale, est réalisée par la *Cour des comptes* sans que cette dernière n'ait l'exclusivité de cette mission pour l'ensemble des administrations publiques. Il est à noter que, sauf à titre expérimental et sur la base du volontariat, les comptes des collectivités territoriales ne sont pas encore soumis à cette exigence.

CJF, art. L. 111-3-1 A, LO 132-2-1 (sécurité sociale); LOLF, art. 58 5° (État).

Certification en matière de chèque

[Droit commercial]

Procédé par lequel le *tiré*, en apposant sa signature au recto du *chèque*, bloque, sous sa responsabilité, la provision au profit du porteur, jusqu'à l'expiration du délai légal de présentation.

C. mon. fin., art. L. 131-14, R. 131-2.

Césarisme

[Droit constitutionnel]

Système de gouvernement dans lequel le pouvoir politique, qui appartient théoriquement au peuple, est en fait abandonné par celui-ci à un homme qui le concentre entre ses mains et l'exerce autoritairement (ex. : Premier et Second Empires, où l'instrument du césarisme a été le *plébiscite*).

Cessante ratione legis, cessat ejus dispositio

[Droit général]

La loi cesse de s'appliquer lorsque les motifs la justifiant ont disparu.

Cessation des paiements

[Droit commercial]

État du débiteur qui est dans l'impossibilité de faire face à son passif exigible avec son actif disponible. La cessation des paiements donne en principe lieu à l'ouverture de la procédure de *redressement* ou de *liquidation judiciaire*. La loi contemporaine tend à repousser la date de cessation des paiements, lorsqu'elle permet au débiteur en difficulté de faire état, pour une dette échue, d'une « réserve de crédit » ou d'un moratoire accordé par le créancier.

C. com., art. L. 631-1.

Cessibilité

[Droit administratif]

→ *Arrêté de cessibilité.*

[Droit civil/Droit commercial]
Qualité d'un bien incorporel (part sociale, titre, fonds de commerce, etc.) permettant sa cession.

Cession

[Droit civil]
Transmission d'un droit *entre vifs*.
→ *Vente.*

Cession à bail

[Droit international public]
Transfert temporaire de compétence opéré par un État au profit d'un autre État sur une portion de son territoire.
Procédé utilisé par les grandes puissances à la fin du XIXe siècle pour favoriser leur pénétration économique en Chine, et repris après la Seconde Guerre mondiale à la faveur de la politique des bases stratégiques.

Cession de contrat

[Droit civil]
Un contractant (le cédant) peut céder sa qualité de partie à un tiers au contrat (le cessionnaire), avec l'accord de son cocontractant (le cédé).

C. civ., art. 1216 s.*

→ *Cession de créance, Cession de dette.*

Cession de créance

[Droit civil]
Contrat par lequel le créancier, appelé cédant, transmet, à titre onéreux ou gratuit, tout ou partie de sa créance contre son débiteur (appelé débiteur cédé) à un tiers, appelé cessionnaire. Le consentement du débiteur n'est pas requis, mais le cessionnaire n'est saisi à l'égard des tiers que si le débiteur cédé est informé du changement de créancier.

C. civ., art. 1321 à 1326* et 1701-1.*

GAJC, t. 2, nº 256-257, 268, 271, 276 et 304.

→ *Cession professionnelle de créances.*

Cession de dette

[Droit civil]
Contrat par lequel un débiteur transmet sa dette à un tiers qui sera désormais tenu à sa place envers le créancier. La cession de dette n'est possible qu'avec l'accord du créancier.

C. civ., art. 1327 s.*

Cession de droits litigieux

[Droit civil]
Cession d'une créance dont l'existence ou la validité fait l'objet d'un procès ou d'une contestation.
En raison des dangers que cette cession présente, le débiteur cédé peut éliminer le nouveau créancier en lui remboursant le prix réel de la cession (et non le montant nominal de la créance), avec les frais et loyaux coûts ainsi que les intérêts à compter du jour où le cessionnaire évincé s'est acquitté.

C. civ., art. 1597, 1699 s.

→ *Retrait litigieux.*

Cession de droits successifs

[Droit civil]
Convention par laquelle un héritier, appelé à la succession, cède à un cohéritier ou à un tiers, tout ou partie de ses droits dans la succession.

C. civ., art. 783, 1696.

→ *Pacte sur succession future.*

Cession de rémunération

[Droit du travail]
Délégation de tout ou partie du salaire faite par le salarié à un créancier, que l'employeur paiera directement.
La cession de salaire obéit à des règles strictes de *quantum* et de forme.

C. trav., art. R. 3252-1 s. et R. 3252-45 s.

Cession de terrain contre locaux futurs

[Droit civil]

Contrat par lequel un vendeur, généralement un particulier, cède un terrain à un tiers, généralement une société, qui s'engage à construire des édifices et à remettre certains appartements au vendeur à titre de paiement de tout ou partie du prix de vente.

Cession professionnelle de créances

[Droit commercial]

Entre professionnels, les opérations d'apport/cession de créances, effectuées à titre principal ou de garantie, peuvent se réaliser selon des voies simplifiées, dégagées du formalisme publicitaire traditionnellement associé à la cession civile de créance. En matière de refinancement bancaire, d'apport à un organisme de titrisation ou de constitution d'une fiducie, le législateur fixe expressément les conditions de prise d'effet de la cession à l'égard du débiteur cédé et des tiers et oblige parfois au recours à un bordereau formalisé.

C. mon. fin., art. L. 214-169; C. civ., art. 2018-2.

→ Bordereau de cession de créances professionnelles.

Césure du procès pénal

[Procédure pénale]

Fractionnement de la procédure de jugement applicable aux mineurs délinquants, consistant à prononcer la culpabilité du mineur lors d'une première audience, et à ajourner le prononcé de la sanction (mesure éducative, sanction éducative, ou peine) à une audience fixée dans un délai maximal de six mois, le mineur étant dans l'intervalle soumis à des mesures d'investigations, de contrôle et de placement.

L'objet de cette césure est de permettre un jugement plus rapide sur la culpabilité et l'action civile, tout en donnant le temps à la juridiction de recueillir les éléments de personnalité nécessaires au prononcé d'une réponse pénale adaptée.

Ord. n° 45-174 du 2 févr. 1945, art. 24-5 à 24-8.

Chaîne de contrats

[Droit civil/Droit commercial]

Lato sensu, l'expression est employée comme synonyme de groupe de contrats. Elle désigne une pluralité de conventions se succédant dans le temps et portant sur le même objet.

Stricto sensu, l'expression est réservée à l'hypothèse où chaque contrat du groupe est translatif de propriété. Lorsque les contrats successifs sont de même nature, la chaîne est dite *homogène* (suite de ventes intervenant entre fabricant et grossiste, puis entre grossiste et détaillant, enfin entre détaillant et client). Lorsque les contrats sont de nature différente, la chaîne est *hétérogène* (ex. : succession d'une vente et d'un contrat d'entreprise : vente de matériaux à un entrepreneur qui construit une maison pour un particulier).

La notion de chaîne de contrats est invoquée pour permettre à un membre quelconque de la chaîne d'exercer une action contractuelle (garantie des vices cachés, défaut de conformité, action résolutoire) contre une personne qui est partie à un autre contrat de la chaîne. La Cour de cassation n'admet une telle action contractuelle directe qu'en présence d'une série de contrats emportant transfert de propriété, ce qui permet de préserver l'effet relatif des contrats puisque le demandeur exerce l'action même qui lui a été transmise avec la chose.

GAJC, t. 2, n° 173-176, 266-267 et 268.

Chambre

[Droit constitutionnel]

Assemblée législative. Dans un Parlement bicaméral, on appelait autrefois chambre basse la chambre élue et chambre haute la chambre nommée ou héréditaire (par ex., respectivement, la Chambre des communes et la Chambre des Lords en Grande-Bretagne).

→ *Parlement.*

[Procédure (principes généraux)]

Réunion de plusieurs magistrats d'un même tribunal tenue à des fins juridictionnelles, soit d'instruction, soit de jugement. En règle générale, les chambres d'une même juridiction n'ont pas de compétence propre et la décision rendue est considérée comme l'œuvre de la juridiction tout entière.

COJ, art. R. 212-3, R. 212-6, R. 312-1 et R. 421-3 s.; C. com., art. D. 721-3.

→ *Bureau, Section.*

Le terme désigne aussi, s'agissant des corporations d'auxiliaires de justice (huissiers, notaires, commissaires-priseurs) l'organe représentatif des membres de la même profession ayant qualité pour délibérer sur les questions d'intérêt commun (règlement intérieur, discipline, etc.).

→ *Chambre de discipline.*

Chambre civile

[Procédure civile]

Chambre de la Cour de cassation chargée de l'examen des pourvois formés en matière de droit privé (droit civil, droit commercial, droit social, procédure civile, etc.).

Il existe 5 chambres civiles qui ont reçu les noms suivants : première, deuxième, troisième chambre civile, chambre commerciale et financière, chambre sociale.

Chaque chambre siège soit en formation plénière, soit en formation de *section*.

COJ, art. L. 421-1, R. 421-3 s., R. 431-1 et R. 431-2.

Chambre commerciale (départements alsaciens-mosellans)

[Procédure civile]

Juridiction commerciale particulière aux départements du Bas-Rhin, du Haut-Rhin et de la Moselle, composée d'un membre du TGI, président, et de 2 assesseurs, commerçants élus. La compétence de la chambre commerciale est celle des tribunaux de commerce.

C. com., art. L. 731-1 s.

→ *Tribunal de commerce, Tribunal mixte de commerce.*

Chambre commerciale et financière

[Procédure civile]

Nom donné à la quatrième chambre civile de la Cour de cassation.

Chambre criminelle

[Procédure pénale]

Formation de la Cour de cassation chargée de l'examen des pourvois en matière pénale.

C. pr. pén., art. 567.

Chambre d'accusation

[Procédure pénale]

→ *Chambre de l'instruction.*

Chambre d'agriculture

[Droit rural]

Organisme représentatif, dans le cadre du département, des intérêts des différents agents économiques de l'agriculture (agriculteurs, propriétaires, salariés...), composé de membres élus exerçant principalement des attributions consultatives.

C. rur., art. L. 511-1.

[Droit de l'environnement]

Les chambres d'agriculture sont appelées, avec les organisations syndicales et le centre national de la propriété forestière, à participer, dans le cadre des lois et règlements en vigueur, à l'action des pouvoirs publics en matière de protection de l'environnement ou de gestion de l'espace rural.

C. envir., art. L. 132-2.

Chambre de commerce et d'industrie

[Droit commercial]

Établissement public composé de professionnels élus par leurs pairs et chargés de défendre les intérêts généraux du commerce et de l'industrie.

Les chambres de commerce et d'industrie sont instituées à l'échelon départemental et régional. L'ensemble de ces établissements publics forme un réseau, qui est représenté auprès de l'État et de l'Union européenne par l'Assemblée des chambres françaises de commerce et d'industrie.

C. com., art. L. 710-1, L. 711-1 s.

Chambre de commerce internationale (CCI)

[Droit commercial/Droit international privé/Procédure civile]

Organisme privé dont le siège est à Paris, la CCI a pour objectif de recueillir et codifier les pratiques en vigueur dans certains secteurs du commerce international (ex. : *Incoterm*, *Crédit documentaire*, Garanties sur demande). Elle constitue aussi un centre d'arbitrage international pour les litiges entre professionnels.

Chambre de compensation

[Droit commercial]

À l'origine, lieu de réunion quotidienne ou pluri-quotidienne des banquiers d'une même place afin de compenser leurs créances réciproques. Aujourd'hui, la *compensation* des effets de commerce est dématérialisée et s'effectue *via* le système bancaire de télé-compensation. En matière boursière, les chambres de compensation, agréées en tant qu'établissement de crédit, jouent le rôle de contrepartie centrale pour les opérations de marché.

C. com., art. L. 511-26, al. 2; C. mon. fin., art. L. 440-1.

→ *Clearing.*

Chambre de discipline

[Procédure civile]

Juridiction corporative chargée de statuer sur les infractions aux devoirs professionnels commises par un officier public ou ministériel, telle la chambre de discipline des notaires.

→ *Discipline, Pouvoir disciplinaire.*

Chambre de l'instruction

[Procédure pénale]

Formation de la cour d'appel, qui s'est substituée, depuis la loi n° 2000-516 du 15 juin 2000, à l'ancienne chambre d'accusation. Elle statue :

- principalement :

  - sur appel des ordonnances ou décisions rendues dans le cadre d'une instruction;

- accessoirement :

  - comme juridiction disciplinaire des officiers et agents de police judiciaire;
  - en matière d'extradition, de réhabilitation judiciaire, de contentieux de l'amnistie, de règlement de juges…

C. pr. pén., art. 191 s.

Chambre de métiers et de l'artisanat

[Droit commercial/Droit civil]

Établissement public créé généralement dans un cadre départemental et régional, chargé, par l'intermédiaire de membres élus, de représenter auprès des autorités administratives les intérêts généraux des artisans.

Il existe un réseau des chambres de métiers et de l'artisanat, constitutif d'un établissement public chargé de contribuer au développement des entreprises et des territoires relativement au secteur de l'artisanat.

C. artisanat, art. 5 s.

Chambre des appels correctionnels

[Procédure pénale]

Formation de la cour d'appel compétente pour statuer en appel sur les affaires jugées en premier ressort par les tribunaux correctionnels et par les tribunaux de police.

C. pr. pén., art. 510 s.

Chambre des Communes

[Droit constitutionnel]

Chambre basse du Parlement britannique, élue au suffrage universel direct et dont la majorité détermine l'orientation politique du pays.

Chambre des députés

[Droit constitutionnel]

→ *Chambre.*

Chambre des Lords

[Droit constitutionnel]

Chambre haute du parlement britannique, ayant perdu en 1911 ses pouvoirs financiers et en 1949 l'essentiel de ses pouvoirs législatifs, mais profondément réformée du point de vue de sa composition à partir de 1999 (suppression de principe de la pairie héréditaire, création d'une Cour suprême remplaçant les Lords juges…).

Chambre des Représentants

[Droit constitutionnel]

L'une des 2 assemblées composant le Congrès américain, dont les membres sont renouvelés tous les 2 ans. Partage avec le *Sénat* les pouvoirs législatif et budgétaire.

Chambre des requêtes

[Procédure civile]

Chambre de la Cour de cassation qui, avant 1947, statuait sur la recevabilité des pourvois, avant leur examen par la chambre civile.

Chambre détachée

[Procédure civile/Procédure pénale]

Formation de jugement du TGI implantée dans une des communes de son ressort et lui servant d'annexe locale, en vue de rapprocher la justice du justiciable.

COJ, art. R. 212-18 s.

Chambre du conseil

[Procédure civile]

Formation de toute juridiction civile siégeant sans publicité.

Les attributions de la chambre du conseil sont le plus souvent gracieuses, mais sont parfois aussi contentieuses.

C. pr. civ., art. 22, 433 s., 1016, 1074, 1200-8, 1245.

→ *Huis clos, Juridiction gracieuse, Publicité des débats.*

[Droit financier ou fiscal]

La Cour des comptes examine en chambre du conseil les différents rapports qu'elle rendra ensuite publics.

CJF, art. R. 112-15.

Chambre mixte

[Procédure civile/Procédure pénale]

Formation de la Cour de cassation composée de magistrats appartenant au moins à 3 chambres de la Cour (au minimum 13 magistrats : le premier président et pour chaque chambre le président, le doyen, 2 conseillers).

Sa saisine est *obligatoire* en cas de partage égal des voix dans une chambre.

Sa saisine est *facultative* lorsqu'une affaire pose une question relevant des attributions de plusieurs chambres, lorsqu'une affaire a reçu ou est susceptible de recevoir des solutions divergentes.

COJ, art. L. 421-4, L. 431-5, L. 431-7 et R. 431-11.

ACTU

Chambre régionale et territoriale des comptes

[Droit financier ou fiscal]

Juridiction financière qui fonctionnait à l'origine dans le cadre de chaque région. Un regroupement de certaines d'entre elles fut opéré en 2012. La fusion de certaines régions a conduit à un nouveau regroupement des chambres qui sont au nombre de 13 à compter du 1er janvier 2016. Il existe aussi 5 Chambres territoriales.

Elle est chargée d'un triple rôle :

1° Le jugement des comptes des *comptables publics* ou de fait des régions, des départements, des communes, et de leurs établissements publics, en vue de déterminer s'ils sont quittes ou en *débet*. Ces jugements peuvent faire l'objet d'un appel devant la Cour des comptes.

2° Un examen de leur gestion, de nature administrative, portant sur la régularité des actes de gestion, l'économie des moyens mis en œuvre et l'évaluation des résultats par rapport aux objectifs, pouvant donner lieu à des observations critiques qui leur sont adressées.

3° Un contrôle budgétaire, de nature administrative, éventuellement sanctionné par des décisions du *préfet*, quand le budget de ces collectivités n'est pas voté à temps, ou est voté ou exécuté en déficit, ou néglige de doter des dépenses obligatoires de crédits suffisants.

CJF, art. L. 210-1 s.

→ *Apurement des comptes, Cour des comptes.*

Chambre sociale

[Procédure civile]

Nom donné à la cinquième chambre civile de la Cour de cassation et à une chambre de la cour d'appel compétente pour les affaires de sécurité sociale, de contrat de travail et d'application des lois sociales.

C. trav., art. R. 1461-2; COJ, art. R. 311-6, R. 421-3.

Chambres juridictionnelles

[Droit européen]

Le traité de Nice a prévu la possibilité pour le Conseil de créer des chambres juridictionnelles adjointes au Tribunal de première instance, devenu « Tribunal » en 2009, pour exercer dans un domaine spécifique des compétences juridictionnelles de première instance. Pourvoi ou appel, selon la décision les constituant, peuvent être formés devant le Tribunal. Une première chambre juridictionnelle a été créée en 2004 pour connaître du contentieux de la fonction publique européenne (« *Tribunal de la fonction publique de l'Union européenne* »).

Le traité de *Lisbonne* les dénomme désormais Tribunaux spécialisés, et confie leur création au Parlement et au Conseil (art. 257 TFUE).

→ *Tribunal de l'Union européenne.*

ACTU

Chambres réunies

[Procédure civile/Procédure pénale]

1° Formation de la Cour de cassation, remplacée depuis 1967 par l'*Assemblée plénière*.

2° Formation de 7 membres regroupant 2 chambres du tribunal de grande instance (ou de la cour d'appel) présidée par le président du tribunal (ou le premier président de la cour) et comprenant, outre les présidents de chambre,

2 magistrats assesseurs affectés dans chacune de ces chambres. Les chambres réunies peuvent être saisies lorsque l'affaire est d'une particulière complexité ou qu'elle est susceptible de recevoir devant les chambres des solutions divergentes.

COJ, art. R. 212-9-1, 312-11-1.

Chance

[Droit civil]

→ *Perte d'une chance.*

Chancelier

[Droit constitutionnel]

Sous l'Ancien Régime, important officier de la Couronne, souvent titulaire de la garde des sceaux, chargé de conserver les documents juridiques actés par le Roi, de diriger l'administration des Conseils et celle de la justice.

En Grande-Bretagne, ministre de la justice (alors que le chancelier de l'Échiquier est celui des finances).

Chef du gouvernement en Autriche ou en Allemagne. Dans ce pays, le régime politique est souvent qualifié de « démocratie du chancelier », ce qui montre le caractère prédominant de l'institution.

Chancellerie

[Droit administratif]

Établissement public existant dans chaque académie, dirigé par le *recteur*, et gérant un budget concourant aux frais de représentation du recteur.

Désigne aussi le service qui, au sein d'un rectorat, assure la tutelle de l'État sur les universités de l'académie.

[Droit constitutionnel/Procédure civile]

1° Bureaux ou résidence du *chancelier*, titre donné au chef du gouvernement dans certains pays.

2° Services en France du ministère de la Justice et des Libertés. Terme fréquemment utilisé pour désigner l'administration centrale de ce ministère, notamment dans le langage du Palais.

[Droit international public]

Bureaux d'une ambassade ou d'un consulat où l'on délivre certains actes.

Change

[Droit commercial]

Échange d'une monnaie contre une autre.

Le change peut avoir pour objet une monnaie métallique ou fiduciaire ou des instruments financiers.

On désigne également sous ce terme le bénéfice réalisé sur la différence des cours entre les deux monnaies.

Changement de régime matrimonial

[Droit civil]

Modification partielle ou totale du *régime matrimonial*. Alors que le Code civil avait posé la règle de l'immutabilité des conventions matrimoniales, devenue, par la loi du 13 juillet 1965, celle d'une mutabilité contrôlée, depuis la loi du 23 juin 2006 les époux peuvent convenir, après 2 années d'application du régime matrimonial et dans l'intérêt de la famille, de modifier leur régime ou d'en changer entièrement par un acte notarié. L'acte notarié n'est soumis à l'homologation du TGI qu'en présence d'enfants mineurs ou en cas d'opposition d'un enfant majeur ou d'un créancier. Le changement a effet entre les parties à la date de l'acte ou du jugement qui le prévoit et, à l'égard des tiers, 3 mois après que mention en a été portée en marge de l'acte de mariage. Toutefois, en l'absence même de cette mention, le changement n'en est pas moins opposable aux tiers si, dans les actes passés avec eux, les époux ont déclaré avoir modifié leur régime matrimonial.

C. civ., art. 1397 s.; C. pr. civ., art. 1300 s.; COJ, art. L. 213-3.

GAJC, t. 1, nº 91.

Changement fondamental de circonstances

[Droit international public]

Motif pour mettre fin à un *traité* ou pour s'en retirer lorsque ces circonstances ont constitué une base essentielle du consentement des parties à être liées par ce traité et que ce changement a eu pour effet de transformer radicalement la portée des obligations qui restent à exécuter en vertu du traité (Convention de Vienne de 1969 sur le droit des traités).

→ *Rebus sic stantibus.*

Chantage

[Droit pénal]

Fait d'obtenir ou de tenter d'obtenir, en menaçant de révéler ou d'imputer des faits de nature à porter atteinte à l'honneur où à la considération, soit une signature, un engagement ou une renonciation, soit la révélation d'un secret, soit la remise de fonds, de valeurs ou d'un bien quelconque.

C. pén., art. 312-10 s.

Chapeau

[Procédure civile]

Dans la terminologie du Palais, nom donné à l'énoncé, en termes abstraits, de la norme juridique qui a été violée (arrêt de cassation) ou respectée (arrêt de rejet) par la décision attaquée. Le chapeau est ainsi dénommé parce qu'il surmonte (il coiffe) les motifs qui suivent.

Le chapeau est dit « de tête » quand il figure immédiatement après le visa du texte de loi en cause; il est qualifié « d'intérieur » lorsqu'il apparaît dans le corps de l'arrêt et sert d'amorce au raisonnement de la Cour de cassation discutant le moyen du pourvoi.

Chapitre budgétaire

[Droit financier ou fiscal]

1° *État* : avant 2006, unité fondamentale de division des crédits budgétaires au niveau de laquelle était réalisée la spécialisation de ceux-ci, selon leur nature (dépenses de personnel, de matériel…) ou leur destination.

→ *Crédit budgétaire.*

Actuellement, la spécialisation des crédits est organisée par *programme*, de façon très différente.

2° *Collectivités territoriales* : le chapitre demeure l'unité essentielle de division et de vote du budget d'une collectivité, le cas échéant lui-même structuré en articles.

Charge

[Procédure civile]

1° Exigence à laquelle la loi soumet le plaideur pour faire valoir utilement ses prétentions. Par exemple, le demandeur a la charge de l'*allégation* et la charge de la *preuve*.

C. pr. civ., art. 2, 6, 9.

2° Fonction publique exercée dans le cadre d'un *office ministériel* (charge de notaire, de greffier). Le mot est souvent utilisé dans le sens d'étude, d'office.

Chargé d'affaires

[Droit international public]

→ *Agent diplomatique, Rang diplomatique.*

Charges

[Droit civil]

Dans les *libéralités* : obligations imposées par le disposant au gratifié qui accepte, sous peine pour ce dernier, s'il ne les exécute pas, de perdre la libéralité, sauf à solliciter leur révision en justice.

C. civ., art. 900-2.

Charges du *mariage* : dans un régime matrimonial, postes du passif comprenant essentiellement les dettes liées à l'entretien du ménage et à l'éducation des enfants. Chaque époux y contribue à proportion de ses facultés respectives, mais la communauté légale supporte définitivement les charges du mariage.

C. civ., art. 214, 371-2, 1448, 1449 et 1537; COJ, art. L. 213-3.

GAJF n° 20.

→ *Dettes ménagères.*

[Sécurité sociale]

Ensemble des contributions obligatoires versées par les employeurs à différents organismes à finalité sociale et liées à la masse salariale.

Charges indues

[Sécurité sociale]

Dépenses supportées actuellement par le régime général de la Sécurité sociale, qui devraient normalement incomber à la collectivité et être couvertes par l'impôt.

Chargeur

[Droit maritime]

Propriétaire des marchandises faisant l'objet d'un contrat de transport; lorsque le propriétaire procède à l'*affrètement* d'un navire, pour faire déplacer ses marchandises, il est dénommé affréteur, non pas chargeur.

Charia

[Droit général]

Loi islamique, dont la source principale est le Coran.

→ *Laïcité.*

Charte

[Droit constitutionnel]

Acte de l'ancien droit qui accordait un titre ou un privilège.

En droit anglais, acte fondamental intéressant surtout les finances et les libertés, concédé par le roi sous la pression armée des barons, du clergé, du peuple de Londres (Grande Charte de 1215). En droit français, actes constitutionnels de la Restauration (1814) et de la monarchie de Juillet (1830).

[Droit international public]

Acte constitutif d'une organisation internationale (ex. : Charte des Nations unies).

Charte de l'environnement

*[Droit constitutionnel/
Droit de l'environnement]*

Texte à valeur constitutionnelle, qui place les principes de sauvegarde de l'environnement au même niveau que les droits de l'homme et du citoyen. La France est le premier pays à avoir inclus dans sa Constitution une telle charte, en l'intégrant dans le Préambule de la Constitution en 2005, au même titre que la *Déclaration des droits de l'Homme et du Citoyen* de 1789. Le *Conseil constitutionnel* et le *Conseil d'État* lui ont reconnu un plein effet juridique.

→ *Précaution (Principe de), Prévention (Principe de), Principe pollueur-payeur.*

Charte des droits fondamentaux de l'Union européenne

[Droit européen]

Déclaration des principaux droits politiques et sociaux adoptée par le Conseil européen de Nice en décembre 2000. Non juridiquement obligatoire, elle a néanmoins été utilisée par la Cour au titre des principes généraux de droit dont celle-ci assure le respect. Incorporée en 2004 au traité établissant une constitution pour l'Europe (Partie II), qui lui donnait donc une valeur juridique mais n'est jamais entré en vigueur. Le traité de *Lisbonne* (art. 6 TUE) se contente d'un renvoi mais lui donne une valeur juridique contraignante (sous réserve d'une exception par un protocole spécial pour le Royaume-Uni et la Pologne, et par une déclaration pour la Tchéquie). Elle comprend principalement 6 chapitres (dignité, liberté, égalité, solidarité, citoyenneté, justice) et est désormais très fréquemment invoquée, devant les juridictions nationales comme devant celles de l'Union.

Charte du travail

[Droit du travail]

Organisation des relations professionnelles sous le régime de l'État Français, dit « de Vichy ». Elle se caractérisait par le principe du syndicat unique et obligatoire placé sous le contrôle de l'État.

Charte européenne des droits sociaux fondamentaux

[Droit européen]

Adoptée à Strasbourg le 9 décembre 1989 par le Conseil européen. N'a pas été signée par le Royaume-Uni, qui s'y est rallié en 1997. Simple déclaration solennelle mais définit les principaux droits sociaux qui seront garantis et mis en œuvre, selon les cas, par les États ou l'Union européenne.

Charte-partie

[Droit maritime]

Écrit qui constate un contrat d'*affrètement*.

Il doit contenir un certain nombre de mentions.

Décr. du 31 déc. 1966, art. 5.

Charte sociale européenne

[Droit du travail/Droit européen]

Traité international élaboré par le *Conseil de l'Europe* et relatif aux problèmes sociaux. Signée à Turin le 18 octobre 1961, elle ne fut ratifiée par la France qu'en 1973. La Charte révisée en 1996 est entrée en vigueur 3 ans plus tard.

Le Comité européen des droits sociaux s'assure de son respect.

Charter

[Droit commercial]

Dérivé du vocabulaire technique des transports (*Charte-partie*), cette expression est employée pour désigner des compagnies de transport qui proposent des vols irréguliers, de groupe ou à bas prix.

Chasse

[Droit de l'environnement]

Recherche, poursuite ou attente du *gibier* ayant pour but, ou pour résultat, sa capture vivant ou sa mise à mort.

La chasse est une activité à caractère environnementale, culturelle, sociale et économique qui participe à la gestion durable du patrimoine faunique et contribue à l'équilibre entre le gibier, les milieux et les activités humaines.

C. envir., art. L. 420-1, L. 420-3.

→ *Louveterie, Plan de chasse.*

Chaussée

[Droit général]

Partie(s) de la route normalement utilisée(s) pour la circulation des véhicules.

C. route, art. R. 110-2.

→ *Bande d'arrêt d'urgence, Voie de circulation.*

Chef

[Procédure civile]

Un des points de la prétention soumise au juge, lequel doit statuer sur chacun des chefs de la demande.

Le terme désigne, aussi, la disposition particulière d'un jugement répondant à un des articulats de la demande.

C. pr. civ., art. 5, 562, 591.

→ *Infra petita, Ultra petita.*

Chef (De son)

[Droit civil]

À titre personnel, en son nom propre. Venir à une succession de son chef c'est y être appelé, non par représentation, mais en vertu d'une vocation propre correspondant à son degré de parenté vis-à-vis du défunt.

➜ *Tête (Par).*

Chef d'entreprise

[Droit du travail]

Personne physique représentant l'employeur. C'est généralement le propriétaire de l'entreprise individuelle et, dans une société, le représentant statutaire.

➜ *Employeur, Entreprise.*

Chef de famille

[Droit civil]

Qualité autrefois reconnue au mari pour assurer la direction matérielle et morale de la famille; depuis les lois des 13 juill. 1965, 4 juin 1970, 11 juill. 1975 et 23 déc. 1985, les époux assurent ensemble cette direction.

➜ *Administration légale, Autorité parentale.*

Chef de l'État

[Droit constitutionnel]

Titre apparu dans les monarchies constitutionnelles, à une époque où le roi avait une situation prééminente dans l'État, et qui a subsisté, alors même que se sont amenuisées (jusqu'à l'effacement dans certains régimes) les fonctions correspondantes. Le chef de l'État peut être héréditaire (roi) ou élu (président de la République), individuel ou collégial (Directoire, Présidium).

➜ *Président de la République, Responsabilité pénale.*

Chemin d'exploitation

[Droit rural/Procédure civile]

Chemin servant exclusivement à la communication entre divers fonds, présumés appartenir, en l'absence de titre, aux propriétaires riverains, chacun en droit soi, et dont l'usage est commun à tous les intéressés. Les litiges relatifs à l'entretien sont de la compétence du juge d'instance, sous réserve de la compétence de la juridiction de proximité.

C. rur., art. L. 162-1 s.; COJ, art. R. 221-14, 6°, R. 221-48.

Chemin rural

[Droit administratif/Procédure civile/ Droit rural]

Chemin affecté à l'usage du public, appartenant au domaine privé de la commune, à l'opposé des voies communales, qui sont du domaine public. Les contestations s'y rapportant sont jugées par les tribunaux de l'ordre judiciaire.

C. rur., art. L. 161-1 et L. 161-2; C. voirie rout., art. L. 141-1, L. 161-1, R. 161-1, R. 161-2; C. envir., art. L. 361-1, L. 361-2, L. 362-1.

Cheptel

[Droit rural]

➜ *Bail à cheptel, Métayage.*

Chèque bancaire et postal

[Droit commercial]

Titre par lequel une personne appelée « tireur » donne l'ordre à un banquier ou à un établissement assimilé, le « *tiré* », de payer à vue une somme déterminée soit à son profit, soit à une troisième personne, le « bénéficiaire », ou porteur, soit à son ordre.

C. mon. fin., art. L. 131-1 s.

GAJC, t. 1, n° 131.

Chèque barré

[Droit commercial]

1° *Barrement général :* chèque au recto duquel figurent 2 barres parallèles ne comportant aucune inscription entre elles, dont le paiement ne peut être effectué par le tiré qu'à un banquier ou à un établissement assimilé, à un chef de bureau de chèques postaux, ou à un client connu du tiré.

2° *Barrement spécial :* chèque au recto duquel figurent 2 barres parallèles entre lesquelles est inscrit le nom d'un banquier, dont le paiement ne peut être effectué par le tiré qu'au banquier ainsi désigné.

Un barrement général peut être transformé en barrement spécial; l'inverse est impossible. Le barrement d'un chèque n'est pas une condition de validité du titre.

C. mon. fin., art. L. 131-44, L. 131-45 et L. 131-71, al. 3.

Chèque certifié

[Droit commercial]

En certifiant le chèque, le *tiré* atteste l'existence actuelle de la *provision* et s'engage à la bloquer au profit du porteur jusqu'à l'expiration du délai légal de présentation.

C. mon. fin., art. L. 131-14.

→ *Chèque bancaire et postal.*

Chèque de voyage

[Droit commercial]

Chèque tiré à l'ordre d'un de ses clients par une banque sur l'un de ses établissements, ou sur l'une de ses succursales, moyennant le versement d'une somme égale à son montant, outre une certaine commission. Ce chèque permet au porteur (le client) de toucher des fonds dans toute ville où la banque émettrice a une succursale ou un correspondant.

→ *Chèque bancaire et postal.*

Chèque emploi associatif

[Sécurité sociale]

Titre concernant les associations à but non lucratif employant au plus 3 salariés. Il vise à faciliter l'embauche et le paiement des salariés, à simplifier les déclarations et le calcul des charges sociales.

C. trav., art. L. 1272-1 à L. 1272-5.

ACTU

Chèque emploi-service universel (CESU)

[Droit du travail/Sécurité sociale]

Le chèque emploi-service universel est un titre emploi ou un titre spécial de paiement permettant notamment à un particulier de déclarer des salariés occupant des emplois dans le champ des services à la personne et de les rémunérer. Il permet également d'acquitter tout ou partie du montant des prestations de services fournies par les organismes agréés pour exercer leur activité dans ces mêmes domaines.

Ce titre de paiement remplace le chèque emploi-service et le titre emploi-service depuis le 1er janvier 2007.

C. trav., art. L. 1271-1 s.

Chèque sans provision

[Droit pénal]

Chèque, soit émis sans provision préalable, soit privé de tout ou partie de sa provision après émission, soit frappé d'opposition à paiement.

Depuis la loi n° 91-1382 du 31 décembre 1991, le délit spécifique d'émission de chèque sans provision est supprimé, et les conséquences du défaut de provision sont désormais exclusivement bancaires. Seuls les deux autres faits continuent à être érigés en délits, s'ils ont été commis avec l'intention de porter atteinte aux droits d'autrui.

C. mon. fin., art. L. 163-2 et L. 131-73.

Chèque santé

[Sécurité sociale]

Prise en charge par l'employeur de la couverture santé pour des salariés dont la durée du contrat de travail ou de mission est inférieure ou égale à 3 mois et pour ceux dont la durée effective de travail, prévue par contrat, est inférieure ou égale à 15 heures par semaine.

CSS, art. L. 911-7-1, D. 911-7.

Chèque sur le trésor

[Droit financier ou fiscal]

Mode ordinaire, avec le virement bancaire ou postal, de règlement des dépenses publiques, sous la forme d'un chèque établi à l'ordre du créancier et tiré par l'État sur lui-même. Au-delà d'un certain montant le paiement par virement est obligatoire, sauf exceptions.

→ *Comptable assignataire.*

Chèque syndical

[Droit du travail]

Subvention versée par l'employeur aux syndicats implantés dans l'entreprise; son montant est déterminé par l'audience respective de chaque syndicat et par le nombre de sympathisants. Cette pratique, qui ne résulte que d'accords d'entreprise, est controversée.

Chèque vacance

[Droit du travail]

Titre acquis par l'employeur et cédé à moindre coût aux salariés qui ont épargné à cet effet; les salariés dont les revenus sont peu élevés remettent ce titre en paiement des dépenses effectuées pour les vacances auprès des collectivités publiques et des prestataires de services agréés.

C. trav., art. L. 3263-1.

Chiffre noir de la délinquance

[Droit pénal]

Différence entre la criminalité réelle (par hypothèse résultant d'une estimation) et la criminalité apparente telle qu'elle figure dans les statistiques à partie de l'activité des services de police.

→ *Criminalité.*

Chirographaire

[Droit civil]

→ *Créancier chirographaire.*

Chômage

[Droit du travail]

Arrêt d'activité. Est en chômage, le travailleur apte au travail qui manque involontairement d'emploi ou a signé une rupture conventionnelle du contrat de travail. Le chômage peut être total, ou simplement partiel en cas de réduction anormale de la durée du travail.

• *Chômage cyclique :* situation de chômage se reproduisant avec une certaine régularité en raison des variations cycliques de l'économie ou de la production.

• *Chômage saisonnier :* chômage limité à une période de l'année et qui s'y reproduit régulièrement.

• *Chômage technique :* arrêt d'activité d'un établissement dont le fonctionnement est paralysé par un événement insurmontable (manque d'énergie, de matières premières, éventuellement grève).

• *Chômage structurel :* chômage causé par une modification des structures économiques.

C. trav., art. L. 5421-1 s. et L. 5122-1.

→ *Allocation de chômage, Pôle emploi.*

Chose

[Droit civil]

1° Dans un premier sens et généralement au pluriel, *bien* matériel qui existe indépendamment du sujet, dont il est un objet de désir, et qui ne ressortit pas exclusivement au monde juridique (par opposition au droit). Sur cette chose peuvent s'exercer des droits subjectifs.

→ *Choses corporelles, Choses fongibles, Choses de genre, Droit réel, Immeuble, Image (Droit à l'), Meuble.*

2° Dans un second sens, au singulier, question, problème, affaire. Par exemple, la chose jugée.

Chose commune

[Droit civil]

Chose qui n'est pas susceptible d'appropriation et qui est à l'usage de tous, comme l'air, l'eau.

C. civ., art. 714.

→ *Eaux pluviales, Res nullius.*

Chose consomptible

[Droit civil]

Chose qui se consomme par le premier usage, son utilisation provoquant sa destruction (ex. : les boissons, les denrées).

C. civ., art. 587 et 1874.

GAJC, t. 1, n° 79.

Chose d'autrui

[Droit civil]

Chose n'appartenant pas à celui qui devait en transmettre la propriété. En ce cas, l'opération translative (vente, échange, legs, gage) est nulle et donne lieu à des dommages et intérêts au profit de celui qui est de bonne foi.

C. civ., art. 1021, 1599, 1704, 2335.

Choses corporelles

[Droit civil]

Choses du monde sensible et réel, qualifiées en droit romain comme celles « qui peuvent être touchées » (une table, une voiture...). Sur ces choses sont exercés des droits.

→ *Bien corporel, Biens incorporels, Droit corporel, Droit incorporel.*

Choses de genre

[Droit civil]

Expression générique qui permet de désigner des corps certains de manière abstraite, les choses de genre n'étant déterminées que par leur poids, leur nombre ou leur mesure (1 kg de blé, une douzaine d'œufs, un mètre de tissus de laine...). L'opération intellectuelle de spécification permet de passer de la chose de genre, abstraite, au corps certain, concret.

→ *Choses fongibles.*

Choses fongibles

[Droit civil]

1° Souvent employé comme synonyme de choses de genre.

Par opposition, les choses non fongibles sont appelées « corps certains ».

2° Choses équivalentes (par ex. en paiement) et interchangeables les unes par rapport aux autres (ex. : 100 kg de blé et la même quantité de cette denrée, une voiture de série).

C. civ., art. 1347-1.*

→ *Compensation, Fongibilité.*

Choses frugifères

[Droit civil]

Choses produisant des *fruits*.

C. civ., art. 520, 582 s., 815-10, 1614, 1652.

→ *Produits, Usufruit.*

Choses hors du commerce

ACTU

[Droit général]

Choses susceptibles d'appropriation dont l'aliénation est interdite : elles sont hors du commerce juridique. La notion de choses qui « sont dans le commerce » pour pouvoir faire l'objet d'une convention a disparu de l'article 1128* C. civ., le texte issu de l'ordonnance n° 2016-131 du 10 février l'englobant dans l'exigence d'un « contenu licite et certain ».

C. civ., art. 1598, 1878, 2260.

→ *Commercium.*

Choses incorporelles

[Droit civil]

Choses dépourvues de toute substance matérielle, qui se conçoivent uniquement par l'esprit. D'origine artificielle (ex. : information, inventions, savoir-faire, œuvres écrites ou composées) et non naturelle (contre-exemple : l'air), elles naissent des relations économiques, par lesquelles elles acquièrent une certaine valeur.

→ *Biens incorporels.*

Cinquième République

[Droit constitutionnel]

Régime politique français, résultant de l'entrée en vigueur de la Constitution du 4 octobre 1958, caractérisé notamment par la revalorisation du statut du *président de la République*, la rationalisation du travail parlementaire, la création du *Conseil constitutionnel*.

Depuis l'instauration en 1962 du suffrage universel direct pour l'élection du président de la République, la France est dotée d'un *régime semi-présidentiel*. Affectée par plus de 20 révisions constitutionnelles, et notamment celle du 23 juillet 2008 qui crée, entre autres, le *Défenseur des droits* ou la saisine du Conseil constitutionnel par voie d'exception, la Ve République est, après la IIIe, le régime le plus durable que la France ait connu depuis la fin de l'*Ancien régime*.

→ *Quatrième République, Troisième République.*

Circonscription d'action régionale

[Droit administratif]

Nom donné à la *région* jusqu'à la loi du 5 juillet 1972. Les circonscriptions d'action régionale avaient elles-mêmes succédé en 1960 aux régions de programme créées en 1955.

Circonscription électorale

[Droit constitutionnel]

Portion du territoire dont la population a le droit d'élire un ou plusieurs représentants. Les circonscriptions électorales peuvent coïncider avec les circonscriptions administratives ou être des circonscriptions spéciales.

La délimitation des circonscriptions peut aboutir à des inégalités dans la représentation (si les circonscriptions ont un nombre inégal d'électeurs) ou donner lieu à des manipulations politiques (découpage favorable à tel parti : système connu aux États-Unis sous le nom de *gerrymandering*).

Const., art. 25, al. 3.

Circonstances aggravantes

[Droit pénal]

Événements ou qualités limitativement énumérés par la loi et dont la constatation entraîne l'application d'une peine plus lourde que celle normalement applicable.

C. pén., art. 132-71 s.

Circonstances atténuantes

[Droit pénal]

Événements entourant la commission d'une infraction, ou traits de caractère relatifs à la personne de son auteur, librement appréciés par le juge et entraînant une modulation de la peine dans le sens de la clémence.

Depuis la réforme du Code pénal, la notion même de circonstances atténuantes a disparu, comme une conséquence normale de la suppression des peines minimales. Mais cette disparition n'est que d'ordre conceptuel, puisque figurent expressément au titre des modes de personnalisation des peines, tant les circonstances de l'infraction, que la personnalité de son auteur.

C. pén., art. 132-1, al. 3.

Circonstances exceptionnelles

[Droit administratif]

Théorie d'origine jurisprudentielle, s'analysant principalement en une extension temporaire des compétences normales de l'Administration dans la mesure nécessaire pour permettre la poursuite du fonctionnement des services publics, en présence de situations de fait exceptionnelles.

GAJA n° 30 et 32.

[Droit constitutionnel]

→ *Pouvoirs exceptionnels.*

Circulaire

[Droit administratif]

Instruction de service écrite adressée par une autorité supérieure à des agents subordonnés en vertu de son pouvoir hiérarchique.

Bien que juridiquement dépourvues de force obligatoire vis-à-vis des administrés en dehors du cas exceptionnel où leur auteur serait investi d'un pouvoir réglementaire, les circulaires jouent en fait un rôle majeur dans les relations de l'Administration avec les administrés. Ceux-ci peuvent se prévaloir des circulaires (légales) à l'encontre de l'Administration. De plus, en matière fiscale, pour des raisons de sécurité juridique, les circulaires dérogeant à la loi fiscale de façon favorable aux contribuables peuvent, malgré leur illégalité, être opposées au fisc dans certaines conditions.

Depuis 2009, les circulaires sont tenues à la disposition du public sur un site Internet relevant du Premier ministre (www.circulaires.gouv.fr) ; à défaut les services de l'État ne peuvent s'en prévaloir à l'égard des administrés. Le site du Premier ministre a perdu son exclusivité en 2012 : un arrêté de cette autorité peut prévoir la publication sur un autre site « pour les circulaires et instructions intervenant dans certains domaines marqués par un besoin régulier de mise à jour portant sur un nombre important de données » (par ex. en matière fiscale sur le site http ://bofip.impots.gouv.fr).

Les circulaires déjà signées et non reprises sur le site Internet avant le 1er mai 2009 sont réputées abrogées.

Décr. n° 2008-1281 du 8 déc. 2008.

GADPG n° 6; GAJC, t. 1, n° 13; GAJA n° 105.

[Sécurité sociale]

Les circulaires et instructions ministérielles régulièrement publiées au Bulletin officiel du ministère sont opposables à l'Urssaf.

CSS, art. L. 243-6-2.

Citation directe

[Procédure pénale]

Acte de procédure par lequel le *ministère public* ou la victime saisit *directement* la juridiction de jugement en informant le prévenu des coordonnées de l'audience.

C. pr. pén., art. 550 s.

→ *Réquisitoire.*

Citation en justice

[Procédure civile]

Terme générique désignant l'acte de procédure par lequel on somme une personne ou un témoin de comparaître devant un juge, un tribunal ou un conseil de discipline.

C. pr. civ., art. 406, 468.

→ *Assignation.*

Citoyen

[Droit constitutionnel]

Individu jouissant, sur le territoire de l'État dont il relève, des droits civils et politiques.

Citoyenneté européenne

[Droit européen]

Instituée par le traité de *Maastricht* au profit de toute personne ayant la nationalité d'un État membre de l'Union européenne. S'ajoute aux droits et obligations liés à la qualité de citoyen de cet État.

Est prévu (art. 20 TFUE) un droit de vote et d'éligibilité aux élections municipales et européennes, une protection diplomatique pour l'ensemble des ressortissants de l'Union européenne dans les pays tiers, un droit de pétition devant le Parlement européen, ou de déposer plainte sur des cas de mauvaise administration née de l'action d'institutions ou d'organes de l'Union européenne à un médiateur nommé par le Parlement européen. S'appuie aussi sur la liberté de circulation et de séjour pour tous dans l'espace de l'Union.

Le traité de *Lisbonne* ajoute un droit d'initiative populaire permettant de saisir la Commission d'une proposition de règlement ou directive.

Citoyens assesseurs

[Procédure pénale]

Créés par la loi n° 2011-939 du 10 août 2011, ces citoyens étaient appelés à compléter, en qualité d'assesseurs certaines juridictions, notamment les tribunaux correctionnels et tribunaux de l'application des peines; opérationnels du 1er janvier 2012 au 30 avril 2013 dans le ressort des cours d'appel de Dijon et de Toulouse, leur expérimentation a été arrêtée au 1er mai 2013, sans attendre la date prévue pour un bilan et son extension éventuelle au 1er janvier 2014.

C. pr. pén., art. 10-1 à 10-14, 399-2, 510-1, 712-13-1, 720-4-1 et 730-1.

Civil

[Droit général]

Adjectif qui s'oppose, selon les cas, à :

- administratif : tribunal civil/administratif,
- militaire : autorités civiles/militaires, populations civiles/militaires,
- naturel : obligation civile/naturelle, fruits civils/naturels,
- pénal : juridictions civiles/pénales, action civile/pénale,
- politique : droits civils/politiques,
- public : vie privée/publique,
- religieux : mariage civil/religieux.

Civilement responsable

[Droit civil]

Personne devant répondre des conséquences civiles d'une infraction commise par autrui; par exemple : chef d'entreprise et préposé; parents et enfant mineur.

Civil law

[Droit général]

Mots anglais signifiant Loi civile et désignant le système juridique des pays qui admettent que le droit écrit d'expression législative constitue la principale source du droit, à l'opposé des pays de *Common law* dont la base du droit réside dans la coutume et la jurisprudence.

Clandestinité

[Droit civil]

État d'une situation juridique (ex. : la possession) ou souvent d'un acte juridique (ex. : formation d'un mariage, constitution d'une société) qui demeure secret alors qu'il est de l'intérêt des tiers d'en avoir connaissance. La clandestinité est sanctionnée de façon diverse (obstacle à la prescription acquisitive pour la possession; nullité pour le mariage).

C. civ., art. 165, 191, 192, 2261.

[Droit pénal]

État d'une infraction dont la réalisation peut ne pas être immédiatement apparente (abus de confiance, abus de biens sociaux...), ce qui soulève la question de savoir si le point de départ du délai de *prescription de l'action publique* ne mérite pas d'être reporté au jour de la connaissance effective de cette infraction, ou des possibilités objectives d'une telle connaissance.

Class action

[Procédure civile]

Expression anglaise traduite en français par *action de groupe*.

Classement

[Droit administratif]

Dans les hypothèses où l'exigence en est requise, acte réalisant l'incorporation juridique d'un bien dans le domaine public d'une collectivité, dans la mesure où il sera ensuite suivi d'effet concret.

Classement sans suite

[Procédure pénale]

Décision prise par le *ministère public* en vertu du principe de l'opportunité des poursuites, écartant momentanément la mise en mouvement de l'action publique.

C. pr. pén., art. 40.

Classification commune des actes médicaux (CCAM)

[Sécurité sociale]

La classification commune des actes médicaux est appelée à se substituer aux 2 nomenclatures déjà existantes : la nomenclature des actes professionnels (NGAP) en médecine de ville et le catalogue des actes médicaux (CDAM) en établissement hospitalier.

La CCAM recense, classe et codifie 7 200 actes techniques différents.

Clause

[Droit civil/Droit international public]

Disposition particulière d'un acte juridique.

→ *Disposition (d'un traité).*

Clause abusive

[Droit civil]

Clause figurant dans un contrat conclu entre un professionnel et un non-professionnel ou consommateur qui a pour objet ou pour effet de créer au détriment du non-professionnel ou consommateur un *déséquilibre significatif* entre les droits et obligations des parties au contrat. Une telle clause est réputée non écrite.

Il existe 2 listes de clauses abusives : une liste dite « noire » contenue dans l'article R. 132-1, C. consom., qui énumère 12 clauses présumées abusives de manière irréfragable eu égard à la gravité de l'atteinte qu'elles portent à l'équilibre du contrat (par ex., réserver au professionnel le droit de modifier unilatéralement les stipulations du contrat relatives à sa durée, aux caractéristiques ou au prix du bien à livrer ou du service à rendre). Une liste dite « grise » qui figure à l'article R. 132-2, C. consom. et comprend 12 clauses simplement présumées abusives, laissant au professionnel la possibilité d'apporter la preuve du caractère non abusif de la clause litigieuse (par ex., reconnaître au professionnel la faculté de résilier le contrat sans préavis d'une durée suffisante).

Le juge est tenu d'écarter, après avoir recueilli les observations des parties, l'application d'une clause dont le caractère abusif ressort des éléments du débat.

C. consom., art. L. 212-1 à L. 212-3, L. 232-1, R. 132-1, R. 132-2.

GAJC, t. 2, n° 159.

→ *Association de consommateurs, Relevé d'office des moyens.*

Clause « alsacienne »

[Droit civil]

Encore appelée clause de reprise d'apport ou de liquidation alternative, elle permet à chacun des époux de reprendre les biens tombés de son chef en communauté et non constitutifs d'acquêts, lors de la dissolution par divorce d'une communauté universelle. Validée par la loi du 23 juin 2006 à condition de figurer dans le contrat de mariage ou dans un acte modificatif du régime matrimonial, cette pratique notariale a longtemps été contestée.

C. civ., art. 265, al. 3.

Clause attributive de compétence

[Procédure civile]

Disposition contractuelle confiant le règlement du litige à une juridiction légalement sans qualité pour en connaître, qu'il s'agisse de compétence d'attribution ou de compétence territoriale.

Cette clause n'est valable que dans certains cas et sous certaines conditions. En tout cas, elle est autonome de la convention principale dans laquelle elle s'insère.

C. pr. civ., art. 41 et 48; C. consom., art. L. 232-3.

→ *Compétence d'attribution ou ratione materiae, Compétence territoriale ou ratione personae vel loci, Prorogation de juridiction.*

Clause commerciale

[Droit civil]

Clause contenue dans un contrat de mariage permettant l'attribution à l'un des époux, à la dissolution de la communauté, d'un bien commun moyennant une indemnité maintenant l'égalité du partage, ou autorisant le survivant des époux à acquérir, contre indemnité aux héritiers, un bien propre au conjoint prédécédé.

Ce bien est le plus souvent un fonds de commerce, d'où le nom donné à la clause. Lorsque la clause porte sur un bien propre, elle constitue un *pacte sur succession future*, exceptionnellement autorisé.

C. civ., art. 1390 s. et 1511 s.

GAJC, t. 1, n° 134-137.

Clause compromissoire

[Droit international public]

Disposition d'un traité prévoyant le recours au règlement arbitral ou judiciaire pour les différends relatifs à l'interprétation ou à l'application dudit traité qui pourraient surgir entre les parties.

[Procédure civile/Droit commercial]

Clause insérée dans un contrat, le plus souvent commercial, par laquelle les parties s'engagent à recourir à l'arbitrage pour les différends qui surgiraient entre elles relativement à ce contrat. Cette clause est valable dans les contrats conclus à raison d'une activité professionnelle. La condition de professionnalité doit être remplie par les deux parties et être appréciée à la date de signature du contrat.

Les textes fixant la compétence d'attribution du Tribunal de commerce prévoient une dérogation possible à cette compétence par voie de clause compromissoire. La jurisprudence en déduit une licéité éventuellement plus large des clauses (par exemple, celles stipulées à l'occasion de cessions

de parts de sociétés entre non professionnels).
À ne pas confondre avec le *pacte commissoire*.

C. civ., art. 2061; C. pr. civ., art. 1442 s.; C. com., art. L. 721-3, al. 2.

→ *Compromis.*

Clause d'accroissement

[Droit civil]

→ *Accroissement.*

Clause d'administration conjointe

[Droit civil]

→ *Main commune.*

Clause d'agrément

[Droit commercial]

→ *Agrément.*

Clause d'ameublissement

[Droit civil]

→ *Ameublissement.*

Clause d'arbitrage

[Droit international public]

Disposition d'un traité prévoyant que les différends relatifs à l'interprétation ou à l'application de ce traité pouvant surgir entre les parties seront soumis à l'*arbitrage* à la demande de l'une d'elles.

→ *Clause compromissoire, Compromis, Convention d'arbitrage.*

Clause de conciliation conventionnelle

[Droit civil]

→ *Conciliation conventionnelle.*

Clause de conscience

[Droit du travail]

Disposition légale par laquelle le journaliste salarié qui quitte une entreprise de presse en raison de la cession du journal, de la cessation de publication ou d'un changement notable dans le caractère ou l'orientation du journal, peut obtenir une indemnité. Dans la dernière hypothèse évoquée, l'octroi de l'indemnité n'a lieu que lorsque ce changement crée une situation de nature à porter atteinte à ses intérêts moraux.

C. trav., art. L. 7112-5.

Clause de dédit formation

[Droit du travail]

Clause par laquelle un salarié accepte, dans son contrat de travail, de demeurer un certain temps au service de l'entreprise en contrepartie d'une formation que cette dernière prend en charge. En cas de démission avant l'expiration du temps de fidélité, le salarié doit rembourser tout ou partie des frais de formation.

Clause de désignation

[Sécurité sociale]

Clause d'une convention de branche désignant l'organisme auquel doivent adhérer toutes les entreprises de la branche, déclarée inconstitutionnelle pour l'avenir (Cons. const. 13 juin 2013, n° 2013-672, DC).

Clause d'*earn out*

[Droit commercial]

La clause d'*earn out*, dite aussi clause d'intéressement, permet de déterminer une partie d'un prix de cession de droits sociaux en fonction des performances à venir et spécialement des chiffres d'affaires futurs réalisés par la société.
Est stipulée de manière alternative ou complémentaire à la clause de *garantie de passif*.

Clause d'échelle mobile

[Droit civil]

Clause d'un contrat à exécution successive permettant d'actualiser le montant de la prestation en fonction des variations d'un certain indice de référence.

Dans les dispositions statutaires ou conventionnelles, seule est autorisée l'*indexation* sur les prix des biens, produits ou services ayant une relation directe avec l'objet du statut ou de la convention ou avec l'activité de l'une des parties; en principe, l'indexation sur le niveau général des prix ou des salaires est interdite.

C. mon. fin., art. L. 112-1 à L. 112-4.

GAJC, t. 2, n° 248.

→ *Échelle mobile des salaires, Nominalisme monétaire, Valorisme monétaire.*

Clause d'exclusivité

[Droit civil/Droit commercial]

Clause par laquelle l'acheteur, le cessionnaire ou le locataire de biens meubles s'engage vis-à-vis de son vendeur, de son cédant ou de son bailleur à ne pas faire usage d'objets semblables ou complémentaires en provenance d'un autre fournisseur. Sa durée de validité ne saurait excéder 10 ans.

C. com., art. L. 330-1.

[Droit du travail]

Clause par laquelle un salarié s'engage auprès de son employeur à lui consacrer l'intégralité de son activité professionnelle. *A priori* nulle en ce qu'elle porte atteinte à la liberté du travail, elle n'est validée par la Cour de cassation que si elle est indispensable à la protection des intérêts légitimes de l'entreprise et si elle est justifiée par la nature de la tâche à accomplir et proportionnée au but recherché.

C. trav., art. L. 1121-1.

Clause de garantie de passif

[Droit commercial]

→ *Garantie de passif.*

Clause de *hardship*

[Droit civil]

→ *Hardship (Clause de).*

Clause d'inaliénabilité

[Droit civil]

→ *Inaliénabilité.*

Clause d'intéressement

[Droit commercial]

→ *Clause d'earn out.*

Clause de liquidation alternative

[Droit civil]

→ *Clause « alsacienne ».*

Clause de médiation conventionnelle

[Procédure civile]

→ *Médiation conventionnelle.*

Clause de migration

[Sécurité sociale]

Clause d'une convention de branche aux termes de laquelle une entreprise qui relève d'un organisme de prévoyance différent de celui de la branche doit adhérer à ce dernier, dans un certain délai. Invalidée par le Conseil constitutionnel par décision de 13 juin 2013.

Clause de mobilité

[Droit du travail]

Clause d'un contrat de travail par laquelle le salarié accepte par avance une mutation géographique (le plus souvent) ou professionnelle qui, sans cette clause, serait susceptible de constituer une modification du contrat et ne pourrait en ce cas être imposée unilatéralement. Elle doit définir de façon précise sa zone géographique d'application. Son existence et sa mise en œuvre doivent être justifiées par l'intérêt légitime de l'entreprise.

GADT n° 52.

Clause de la nation la plus favorisée

[Droit international public]

Disposition par laquelle les parties à un traité s'engagent dans celui-ci à faire bénéficier aux autres contractants les avantages que chacune viendrait à accorder ultérieurement à un État tiers par un autre traité. Cette clause, qui permet d'étendre les effets d'un traité à un État tiers, est fréquente dans les accords économiques.

→ *Accord collatéral, GATT (Accord général sur les tarifs douaniers et le commerce).*

Clause de non-concurrence

[Droit commercial/Droit du travail]

Clause d'un contrat par laquelle l'une des parties s'interdit, dans certaines limites de temps et de lieu, d'exercer une activité professionnelle déterminée susceptible de faire concurrence à l'autre partie. Cette clause se rencontre notamment dans les contrats portant sur le fonds de commerce.

On la trouve aussi dans les contrats de travail où elle est parfois appelée clause de non-réembauchage et par laquelle, dans les mêmes limites, un salarié s'interdit, lors de son départ de l'entreprise, de s'engager chez un concurrent ou de s'établir à son compte. La validité de cette clause a été subordonnée de manière prétorienne à un certain nombre de conditions : la clause doit ainsi être indispensable à la protection des intérêts légitimes de l'entreprise, limitée dans le temps et dans l'espace, tenir compte des spécificités de l'emploi du salarié, et comporter pour l'employeur l'obligation de verser au salarié une contrepartie financière.

GADT n° 45 et 46.

[Procédure civile]

Dans les professions juridiques et judiciaires réglementées, les clauses de non-concurrence sont interdites afin de ne pas freiner l'installation comme titulaires des anciens salariés.

Clause de non-réembauchage

[Droit du travail]

→ *Clause de non-concurrence.*

Clause de non-responsabilité

[Droit civil]

Clause par laquelle une personne s'exonère d'avance de la responsabilité qu'elle risque d'encourir à la suite de tel ou tel dommage (accident, vol, perte). On dit aussi clause exclusive (ou élisive) de responsabilité, clause d'irresponsabilité.

La clause de non-responsabilité, nulle en matière délictuelle, est valable en matière contractuelle, sauf si le dommage provient d'un *dol*, d'une faute lourde ou d'une faute professionnelle.

Il existe un grand nombre d'exceptions légales à la validité des clauses d'irresponsabilité. De telles clauses sont, notamment, interdites dans les contrats entre professionnel et consommateur, les contrats relatifs à des produits défectueux, les contrats relatifs à la construction, les contrats de transport terrestre interne en ce qui concerne les marchandises, les ventes judiciaires et volontaires de meubles aux enchères publiques.

C. civ., art. 1245-14, 1792-5; C. consom., art. R. 132-1; C. com., art. L. 133-1, L. 321-14; CCH, art. L. 261-6.*

GAJC, t. 2, n° 166-167 et 185.

Clause de non-rétablissement

[Droit civil/Droit du travail]

→ *Clause de non-concurrence.*

Clause de recommandation

[Sécurité sociale]

Clause d'une convention de branche recommandant aux entreprises de la branche un ou plusieurs organismes d'assurance.

CSS, art. L. 912-1.

Clause de reprise d'apport

[Droit civil]

→ *Clause « alsacienne ».*

Clause de réserve de propriété

[Droit civil/Droit commercial]

Clause par laquelle un vendeur – pour garantir sa créance – se réserve la propriété de la chose vendue jusqu'au paiement intégral du prix par l'acheteur. Cette clause est opposable aux tiers, notamment aux créanciers de l'acquéreur mis en *redressement* ou en *liquidation judiciaire* lorsque certaines conditions sont réunies.

C. civ., art. 2367 s.; C. com., art. L. 624-16 s.

GAJC, t. 2, n° 304.

→ *Réserve de propriété.*

Clause de sauvegarde

[Sécurité sociale]

Garantie accordée au *participant* contre le non-paiement par l'employeur de ses cotisations au régime AGIRC et qui lui permet de conserver ses droits s'il a subi le précompte de sa part personnelle de cotisation.

Clause de sécurité syndicale

[Droit du travail]

Convention conclue entre un employeur et un syndicat et qui a pour objet de limiter la liberté d'adhésion syndicale au profit du syndicat signataire.

Les atteintes à la liberté sont plus ou moins importantes, et atteignent une efficacité particulièrement redoutable dans les « closed-shop ». Elles sont interdites en France.

C. trav., art. L. 2141-1 s.

→ *Closed-shop (Clause).*

Clause de style

[Droit civil]

Clause que l'on retrouve souvent dans les actes de même genre et qui est insérée automatiquement en dehors de tout consentement express.

Clause exorbitante du droit commun

[Droit administratif]

Stipulation insérée dans un contrat passé par l'Administration ou pour son compte, et dont le caractère exorbitant du droit privé entraîne la qualification administrative de ce contrat.

La clause exorbitante, inhabituelle ou inconcevable dans un contrat de droit privé, est celle qui révèle le caractère d'intérêt général d'un contrat et implique, de ce fait, l'application des règles du droit administratif.

GAJA n° 24.

[Droit civil]

Clause qui déroge au droit habituel et prévoit une règle exceptionnelle.

→ *Droit commun (Régime, Règle de).*

Clause gazole

[Droit commercial]

Mode de révision du prix du transport par référence à la variation de l'indice gazole publié par le Comité national routier courant de la date de la commande de transport à la date de sa réalisation.

C. transp., art. L. 3222-2.

ACTU

Clause générale de compétence

[Droit administratif]

Appelée aussi clause de compétence générale, elle autorise une collectivité territoriale à intervenir dans les domaines présentant un intérêt public local, sous réserve de ne pas empiéter sur les compétences confiées par un texte à une autre personne publique. À compter de l'entrée en vigueur de la loi n° 2015-991 du 7 août 2015 portant nouvelle organisation territoriale de la République, cette clause bénéficie uniquement aux *communes*.

Clause léonine

[Droit commercial/Droit civil]

Clause privant un associé de tout droit aux profits de la société ou lui attribuant la totalité des profits, mettant à sa charge la totalité des pertes ou l'exonérant de toute contribution au passif social.

Cette clause est réputée non écrite dans le contrat de société. La jurisprudence en décelait parfois la présence dans d'autres contrats passés par les associés, dont les promesses de cession de titres à prix plancher. Mais la sanction de l'inefficacité est désormais appliquée de façon restrictive : la clause léonine prohibée doit, lorsqu'elle demeure formellement extérieure aux statuts, avoir une influence néfaste sur le fonctionnement de la société.

C. civ., art. 1844-1, al. 2.

Clause limitative de responsabilité

[Droit civil]

Clause qui fixe un plafond au montant des dommages et intérêts et qui obéit au même régime que la *clause de non-responsabilité*, étant pareillement tenue en échec en cas de faute dolosive ou lourde. Dans l'hypothèse de manquement à une obligation essentielle, il est nécessaire que la clause limitative de réparation contredise la portée de l'obligation essentielle en la vidant de toute substance pour qu'elle soit réputée non écrite.

GAJC, t. 2, n° 157, 166-167, 173-176, 177, 185, 268 et 278-280.

Clause or, clause valeur-or

[Droit civil]

Clause par laquelle le débiteur s'engage à payer sa dette en monnaie métallique or (clause or), ou à en faire varier le montant en fonction du cours de l'or (clause valeur-or). De telles clauses sont illicites comme étant contraire au *cours légal* et au *cours forcé*.

GAJC, t. 2, n° 245-247.

→ *Indexation.*

Clause passerelle

[Droit européen]

Disposition du traité sur l'*Union européenne* (art. 42), abrogée par le traité de *Lisbonne*, permettant au *Conseil des ministres* statuant à l'unanimité de décider que, dans certains domaines, les décisions seraient prises à l'avenir à la majorité qualifiée (et non plus à l'unanimité). Permettait de modifier les procédures de décision du Conseil sans recourir à la procédure lourde de révision des traités. A été mise en œuvre pour l'asile et l'immigration.

Trouve aujourd'hui un certain écho dans la procédure actuelle de *révision des traités*, dite simplifiée, prévue à l'article 48-7 TUE.

Clause pénale

[Droit civil]

1° Dans un contrat, clause par laquelle le débiteur, s'il manque à son engagement ou l'exécute avec retard, devra verser au créancier une somme d'argent dont le montant, fixé à l'avance, est indépendant du préjudice causé.

La clause pénale survit à la caducité de l'acte dans lequel elle est stipulée.

C. civ., art. 1231-5.*

GAJC, t. 2, n° 168 et 261.

2° Dans un testament, clause par laquelle le testateur exclut de sa succession ou du bénéfice d'un legs, l'héritier ou le légataire qui n'accomplirait pas une condition qu'il lui impose.

Clause réputée non écrite

[Droit civil]

→ *Non écrit.*

Clause résolutoire

[Droit civil]

→ *Pacte commissoire.*

Clearing

[Droit commercial]

Procédé de règlement des créances et des dettes entre les banques, par *compensation*.

→ *Chambre de compensation.*

Clearing house

[Droit commercial]

→ *Chambre de compensation.*

ACTU

Clerc de notaire

[Droit civil/Procédure civile]

Collaborateur d'un notaire chargé de préparer les actes qui entrent dans le monopole du titulaire de l'office. La possibilité donnée aux clercs assermentés d'être habilités à l'effet de donner lecture des actes et de recueillir les signatures des parties est supprimée à compter du 1er août 2016 (L. n° 990 du 6 août 2015, art. 53, I, 3°).

Les clercs de notaire sont devenus « les collaborateurs des offices de notaire ».

Clerc d'huissier de justice

[Procédure civile]

Le clerc d'huissier assermenté est légalement qualifié pour procéder aux significations à la place et sous la responsabilité de son patron. Il peut aussi, à condition de remplir certaines conditions, être habilité à procéder à des constats qui sont contresignés par l'huissier de justice, lequel est civilement responsable du fait de son clerc. Ce qui se rapporte à l'exécution forcée reste de la compétence exclusive de l'huissier.

L. du 27 déc. 1923, art. 6 s.; Décr. n° 984 du 9 sept. 1992, art. 1er.

→ *Constat d'huissier de justice.*

Clientèle

[Droit civil/Droit commercial]

Ensemble des personnes (clients) qui sont en relations d'affaires avec un professionnel.

Si ce professionnel est un commerçant la clientèle est dite commerciale. S'il exerce une profession civile et en particulier libérale (avocat, médecin, etc.) il s'agit d'une clientèle civile. L'une et l'autre sont en principe susceptibles d'être cédées.

Clonage

[Droit civil/Droit pénal]

Le clonage reproductif désigne l'intervention ayant pour but de faire naître un enfant génétiquement identique à une autre personne vivante ou décédée. Le clonage thérapeutique désigne une méthode expérimentale d'autoréparation des organes du corps humain, visant à produire du matériel vivant via l'injection de cellules-souches de la moelle osseuse, pour remplacer un organe détruit, et dont la compatibilité avec le malade est garantie par la parenté génétique assurée par le clonage (le donneur et le receveur étant une seule et même personne).

Le Code civil porte une interdiction générale du clonage que réitère le Code de la santé publique en condamnant la constitution par clonage d'embryons humains, que ce soit à des fins de recherche, à des fins commerciales ou industrielles, à des fins thérapeutiques.

Le Code pénal considère le clonage reproductif comme un crime, qu'il punit de 30 ans de réclusion, et il réprime par 7 ans d'emprisonnement la constitution par clonage d'embryons humains, quelle que soit la fin poursuivie.

C. civ., art. 16-4, al. 3; C. pén., art. 214-2, 511-1 s., 511-17 s.; CSP, art. L. 2151-1 s., L. 2163-1 s.

Closed-shop (Clause)

[Droit du travail]

La clause *closed-shop* (ou entreprise fermée) est une clause restrictive de la liberté syndicale pratiquée parfois dans les États nord-américains dans les conventions collectives. Le patron qui y souscrit s'interdit d'embaucher des salariés non-membres du syndicat signataire.

→ *Clause de sécurité syndicale.*

Clôture des débats

[Procédure civile]

Fin de l'audience de jugement intervenant après l'audition du *ministère public*, partie jointe. Après la clôture, les parties ne peuvent déposer aucune note à l'appui de leurs observations, si ce n'est pour répondre aux arguments développés par le ministère public ou à la demande du président invitant les parties à fournir tels éclaircissements de fait ou de droit.

C. pr. civ., art. 445.

→ *Affaire en état, Débats, Note en délibéré, Réouverture des débats.*

Cloud computing

→ *Informatique dans le nuage.*

Co-activité

[Droit pénal]

Participation à une infraction de manière déterminante et nécessaire qui donne lieu à une poursuite de l'agent comme coauteur, dans les mêmes conditions que les autres auteurs.

C. pén., art. 121-4.

GADPG n° 36.

Coalition

[Droit du travail]

Groupement de patrons ou d'ouvriers en vue de défendre des intérêts professionnels, notamment d'exercer une pression dans le sens de la baisse ou de la hausse des salaires. Interdites par la loi Le Chapelier (1791), les coalitions ont été érigées en délit par le Code pénal. Le délit de coalition a disparu en 1864, avant que l'interdiction des coalitions ouvrières ne cède devant la reconnaissance légale des syndicats par la loi Waldeck-Rousseau du 21 mars 1884.

[Droit constitutionnel]

Dans les régimes parlementaires à multipartisme indiscipliné, la coalition gouvernementale est l'ensemble, souvent instable, des forces politiques qui composent la majorité, soutiennent le gouvernement et y participent. Le soutien sans participation peut également exister.

Coassurance

[Droit civil/Droit commercial]

Répartition d'un risque important (maritime, industriel, immobilier...) entre plusieurs assureurs.

Chaque assureur n'est engagé que pour le montant qu'il accepte de couvrir, dans la limite du « plein de souscription » (somme maximale garantie).

C. assur., art. L. 352-1 et R. 331-31.

→ *Apériteur.*

Cocontractant

[Droit civil]

Partie avec laquelle on contracte. Par exemple, dans la vente, le cocontractant de l'acheteur est le vendeur et réciproquement.

Code

[Droit général]

→ *Codification.*

Code AFEP-MEDEF

[Droit commercial]

Recueil des recommandations adressées aux sociétés cotées et proposant des règles de bonne conduite applicables aux dirigeants sociaux. Y sont traitées des questions sensibles telles la rémunération des dirigeants, leur déontologie, la composition des conseils et comités. Géré par les organisations patronales dont il porte le nom et actualisé par voie d'interprétation par un organisme dédié (Haut Comité de suivi de l'application du code de gouvernement d'entreprises), le code fait l'objet d'une adhésion volontaire par les sociétés, lesquelles doivent communiquer sur les recommandations auxquelles elles décident de déroger dans leur rapport annuel et leurs documents de référence. Les gestionnaires du code peuvent dénoncer publiquement, dans leur rapport annuel d'activité, les sociétés adhérentes qui n'appliqueraient pas convenablement le code.

→ *« Appliquer ou expliquer », Gouvernement des entreprises.*

Code de bonnes pratiques agricoles

[Droit de l'environnement]

Ensemble de dispositions relatives à l'épandage des fertilisants, au stockage des effluents d'élevage, à la rotation des cultures... destinées à servir de référence aux agriculteurs en vue de protéger les eaux contre la pollution par les nitrates.

Ce code, dont l'application est facultative, est un exemple de *droit souple*.

C. envir., art. R. 211-78.

Code de conduite

[Droit commercial]

Établi par un organisme indépendant de l'État, le code de conduite regroupe une liste d'engagements ou de standards correspondant aux bonnes pratiques professionnelles dans un secteur donné. Les entreprises peuvent décider d'y souscrire unilatéralement; en ce cas, leur violation est génératrice de responsabilité à l'égard des tiers victimes. Les codes de conduite sont parfois homologués par l'administration (ex. : C. mon. fin., art. L. 611-3-1).

Code de l'organisation judiciaire

[Procédure civile]

Code réalisé par le décret n° 329 du 16 mars 1978, refondu par l'ordonnance n° 673 du 8 juin 2006 et le décret n° 522 du 2 juin 2008, rassemblant tous les textes relatifs à l'organisation et au fonctionnement des juridictions judiciaires de *droit commun* (TI, TGI, cour d'appel, Cour de cassation).

ACTU

Code des douanes de l'Union européenne

[Droit financier ou fiscal/ Droit européen]

Fruit du règlement n° 952/2013 du Parlement européen et du Conseil du 9 octobre 2013, ce nouveau code entre en vigueur progressivement de 2013 au 1er mai 2016, sous réserve de la systématisation dans l'Union des outils informatiques nécessaires.

Codécision

[Droit européen]

Sur certains sujets, le traité de Maastricht, allant au-delà de la *procédure de coopération* instituée par l'*Acte unique européen* en 1986, accorde au Parlement européen un pouvoir dit de codécision. Le traité d'Amsterdam élargit le champ des domaines où joue la procédure de codécision, la coopération subsistant pour les dispositions du traité relatives à l'Union monétaire. Procédure de principe en matière législative selon la « *Constitution européenne* », la codécision est devenue dans le traité de *Lisbonne* la « procédure législative ordinaire » (art. 294 TFUE).

La codécision permet au Parlement européen de rejeter la position commune du Conseil et, si tel est le cas, l'acte ne peut être adopté. S'il l'amende et si le Conseil ne retient pas ces amendements, un comité mixte de conciliation est réuni pour trouver un accord. Alors qu'à défaut d'accord, le traité de Maastricht permettait au Conseil d'imposer sa position (sauf vote contraire à la majorité absolue des membres du Parlement), depuis le traité d'Amsterdam l'acte n'est pas adopté dans cette hypothèse de non-accord entre Conseil et Parlement. S'il y a accord au comité mixte de conciliation, il doit être confirmé par un vote à la majorité des suffrages exprimés au Parlement et à la majorité qualifiée au Conseil faute de quoi la proposition d'acte n'est pas adoptée.

Codicille

[Droit civil]

Acte soumis aux formalités d'un testament et modifiant ou révoquant un testament antérieur.

Codification

[Droit général]

1° La codification, dans sa conception originelle de rassemblement, dans un unique code, des règles intéressant une matière, vise à donner un souffle cohérent à cette matière (ex. : le Code civil de 1804, le Code de procédure civile de 1976 et les principes directeurs du procès qui l'inaugurent). Aujourd'hui encore, nombre de codes correspondent à cette philosophie et regroupent, de manière ordonnée et cohérente, les matières qui font partie d'une même branche du droit (ainsi C. com., C. pén.). Certains de ces codes comportent une partie législative (dont les articles commencent par la lettre L.) et une partie réglementaire (dont les articles commencent par la lettre R.), par ex. C. com., CJA, COJ, C. rur.

2° Dans un sens plus contemporain : regroupement purement administratif, dans un texte d'origine généralement gouvernementale, d'un ensemble souvent complexe et jusque-là épars, de dispositions législatives ou réglementaires intéressant une même matière. On parle de codification à *droit constant*, mais si les dispositions ainsi rassemblées conservent leur portée et leur force juridique originaires, cette méthode pose des problèmes délicats lorsque la codification ne respecte pas strictement la lettre des textes qu'elle rassemble. Par exemple, le Code du travail, celui des procédures civiles d'exécution.

3° Au bout de cette logique, on trouve des codes qui ne constituent plus un tout organique et se présentent souvent comme de simples compilations réunissant dans un même ensemble les dispositions touchant à un ordre de matières déterminé (C. de la pharmacie, C. des Caisses d'épargne, C. du tourisme, C. de l'éducation, C. du patrimoine, C. général de la propriété des personnes publiques, etc.).

[Droit international public]

Opération consistant à énoncer par écrit, au moyen notamment de traités, les règles du droit international (en grande partie coutumières) relatives à une matière déterminée.

→ *Commission du droit international.*

Coefficient d'anticipation

[Sécurité sociale]

Coefficient de minoration appliqué à la retraite complémentaire lorsque le salarié part avant 65 ans (âge porté progressivement à 67 ans) sans justifier de la durée maximale d'assurance (de 166 à 172 trimestres selon l'âge de naissance).

→ *Assurance vieillesse, Décote, Retraite anticipée, Surcote.*

Coefficient d'occupation des sols (COS)

[Droit administratif]

Rapport exprimant le nombre de mètres carrés de plancher constructibles par mètre carré au sol, pour une catégorie donnée de terrains. Ce rapport, qui peut différer selon la destination de la construction à réaliser (habitations, bureaux, commerces…) est déterminé par les *plans locaux d'urbanisme*, qui peuvent ouvrir le droit d'accorder des *permis de construire* en dépassement du COS, en respectant le *plafond légal de densité (PLD)*. La loi n° 2014-366 du 24 mars 2014 pour l'accès au logement et un urbanisme rénové (Loi ALUR) supprime les coefficients d'occupation des sols et les règles de superficie minimale de terrains, son objectif étant la densification des espaces bâtis et la réduction de l'ouverture à l'urbanisation des espaces naturels, agricoles ou forestiers.

C. urb., art. L. 151-4, L 151-28 et L 151-29.

Coemploi

[Droit du travail]

Situation dans laquelle deux sociétés sont considérées comme engagées simultanément à l'égard d'un ou plusieurs salariés, au-delà de l'employeur désigné au contrat de travail. Cela suppose, pour la Cour de cassation, qu'un salarié accomplisse indistinctement son travail sous la direction commune et au profit de deux sociétés liées entre elles par une confusion d'intérêt, d'activité et de direction. Il s'agit de faire apparaître en réalité la véritable identité de celui qui exerce les pouvoirs de l'employeur.

Coexistence pacifique

[Droit international public]

Système international consistant dans une tolérance réciproque entre États à systèmes économiques et politiques opposés, qui renoncent à imposer l'un des systèmes par la force pour recourir à des formes pacifiques de compétition (compétition économique, scientifique, etc.).

→ *Guerre.*

Coface

[Droit public/Droit commercial]

Créée en 1946 par l'État, la Compagnie française d'assurance pour le commerce extérieur est aujourd'hui une société anonyme garantissant notamment les opérations d'exportation. La garantie publique à l'export qu'assurait la Coface pour le compte et sous le contrôle de l'État est transférée courant 2016 à BPIFrance.

C. assur., art. R. 442-1 s.

Cofidéjusseurs

[Droit civil]

Désigne les personnes qui se sont rendues cautions d'un même débiteur pour une même dette.

C. civ., art. 2302 s. et 2310.

→ *Bénéfice de division.*

Cogestion

[Droit du travail]

Gestion de l'entreprise exercée en commun par le chef d'entreprise et les représentants des salariés, et impliquant pour ces derniers le pouvoir de participer aux décisions sans être nécessairement actionnaires ou bailleurs de fonds de l'entreprise.

L'institution des comités d'entreprise, en France, n'a pas réalisé la cogestion.

Cohabitation

[Droit civil]

État de 2 ou plusieurs personnes habitant ensemble.

Devoir des époux de partager le même toit, d'habiter ensemble. La cohabitation a pour corollaire l'obligation de partager le même lit, c'est-à-dire d'avoir des relations sexuelles, qui fonde, avec le principe d'exclusivité de ces relations, la *présomption de paternité*.

Les partenaires liés par un pacte civil de solidarité s'engagent, eux aussi, à une vie commune.

C. civ., art. 215, 515-4.

GAJC, t. 1, n° 38.

→ *Colocation, Communauté de vie, Séparation de corps, Séparation de fait.*

[Droit constitutionnel]

1° Expression utilisée pour caractériser le fonctionnement de la Ve République lorsque la majorité présidentielle et la majorité parlementaire sont de tendances politiques opposées. Cette situation s'est produite entre mars 1986 et mai 1988, puis d'avril 1993 à mai 1995 et à nouveau de mai 1997 à mai 2002. Traduit un glissement de la réalité du pouvoir au profit du Premier ministre contraire à l'esprit de la Ve République. Le calendrier électoral en vigueur depuis 2002 (élections législatives consécutives à l'élection présidentielle) rend désormais difficile sa survenue.

2° Aux États-Unis, une forme de cohabitation apparaît lorsque le Président et le Congrès ne sont pas de la même tendance politique (par ex., Président Obama démocrate alors que les républicains dominent la Chambre des représentants et, depuis novembre 2014, le Sénat).

Coïndivisaire

[Droit civil]

Propriétaire avec un ou plusieurs autres soit d'un bien indivis, soit d'une masse de biens indivis, tels les biens héréditaires jusqu'au partage de la succession.

Coin fiscal

[Droit financier ou fiscal]

Néologisme d'origine anglo-saxonne désignant la différence – née des prélèvements fiscaux – entre un revenu originaire avant impôt et ce même revenu demeurant disponible entre les mains du contribuable après les différents impôts ayant grevé ce revenu. Par exemple, la différence entre le bénéfice par action d'une société anonyme avant l'application de l'impôt sur les sociétés et le dividende disponible chez l'actionnaire après application de son impôt sur le revenu mesure le « coin fiscal » résultant de l'application successive de ces 2 impôts.

Colis

[Droit commercial]

Unité de marchandise transportée.

Colitigants

[Procédure civile]

Plaideurs qui, dans un procès à sujets multiples, occupent la même position procédurale, soit en qualité de demandeurs, soit en qualité de défendeurs.

→ *Consorts, Litisconsorts.*

Collaboration (Contrat de... entre avocats)

[Procédure civile]

Contrat écrit par lequel un avocat s'engage à exercer tout ou partie de son activité dans le cabinet d'un autre avocat, contre une rémunération sous la forme d'une rétrocession d'honoraires. L'avocat collaborateur demeure maître de l'argumentation qu'il développe.

Ce mode d'exercice de la profession d'avocat est très répandu. Le barreau de Paris compte 10 033 collaborateurs (96 % exercent à titre libéral) sur 23 958 avocats inscrits.

Décr. n° 91-1197 du 27 nov. 1991, art. 129 s.

Collatéral

[Droit civil]

Adjectif qualifiant le lien de parenté existant entre un individu et une ou plusieurs autres personnes *descendant* d'un auteur commun, mais ne descendant pas les uns des autres.

Le terme est également utilisé comme substantif (frère, sœur, oncle, tante…).

C. civ., art. 734 s.

→ *Ascendant, Degré de parenté, Enfant, Ligne.*

[Droit international public]

→ *Accord collatéral.*

Collationnement

[Droit civil/Procédure civile]

Vérification que la copie d'un acte ou d'un document est conforme à l'original, que les objets compris dans une saisie de meubles ou dans un inventaire n'ont pas été détournés avant leur vente ou leur partage.

C. pr. exéc., art. R. 221-12, R. 221-36.

→ *Certification conforme, Récolement.*

Collectif

[Droit financier ou fiscal]

Terme autrefois employé pour désigner les lois de finances rectificatives.

Collectivités locales

[Droit administratif]

Expression souvent employée dans la pratique comme synonyme de *collectivités territoriales*, expression seule retenue par la Constitution.

ACTU

Collectivités territoriales

[Droit administratif]

Expression générique désignant des entités de droit public correspondant à des groupements humains géographiquement localisés sur une portion déterminée du territoire national, auxquels l'État a, en vertu du principe de *décentralisation*, conféré la personnalité juridique et le pouvoir de s'administrer par des autorités élues. Elles disposent de ressources propres, essentiellement fiscales et elles ont vocation à se voir attribuer par l'État les compétences qui peuvent le mieux être exercées à leur échelon (*principe de subsidiarité*).

Depuis la révision constitutionnelle de 2003, les collectivités territoriales comprennent les communes, les départements de métropole et d'outre-mer (DOM), les régions de métropole et d'outre-mer (ROM), ainsi que les collectivités d'outre-mer à statut particulier fixé par la loi.

La loi n° 2010-1563 du 16 décembre 2010 de réforme des collectivités territoriales visait principalement à assurer l'extension et l'approfondissement de l'*intercommunalité*, surtout grâce aux établissements publics de coopération qu'elle créait (*métropole*) ou dont elle renforçait la légitimité et les pouvoirs (notamment les communautés urbaines, communautés d'agglomération et communautés de communes).

Après l'alternance de 2012, l'« Acte III de la décentralisation » a pour objectifs l'affirmation des métropoles, la mobilisation des régions pour la croissance et l'emploi, et le développement des solidarités territoriales et de la démocratie locale. En ce sens, la loi n° 2014-58 du 27 janvier 2014 rétablit la clause de compétence générale au profit de chaque catégorie de collectivités territoriales, que la loi de 2010 avait supprimée; elle détermine les collectivités « chefs de file » pour les opérations qui nécessitent le concours de plusieurs types de collectivités ou groupements; elle crée la *Conférence territoriale de l'action publique* ; surtout, elle étoffe le statut des métropoles, dont certaines (*Grand Paris*, Lyon, Aix-Marseille-Provence) font l'objet de dispositions spéciales.

L'objectif de mobilisation des régions pour la croissance et l'emploi s'est traduit, quant à lui, par une nouvelle délimitation des régions afin d'accroître leur poids économique. La loi du 16 janvier 2015 entrée en vigueur le 1er janvier 2016, créé ainsi 13 régions métropolitaines en lieu et place des 22 existantes. La loi du 7 août 2015 portant nouvelle organisation territoriale de la République a ensuite fait évoluer les compétences de la région en lui retirant la clause de compétence générale, comme cela avait été prévu en 2010. La région bénéficie, parallèlement, de compétences renforcées dans les domaines de l'emploi et du développement économique dans une logique de spécialisation. La loi de 2015 a également retiré la clause de compétence générale aux départements tout en concentrant leurs interventions sur les solidarités humaine et territoriale. Seule la commune dispose encore de cette clause, la loi de 2015 reprend, sur ce point, les dispositions du texte de 2010.

Const., art. 1er, 72, 72-1-2-3 et 4, 73 et 74.

→ *Collectivités territoriales d'outre-mer, Communes, Département, Région.*

Collectivités territoriales d'outre-mer

[Droit administratif]

1° Au sens large, ensemble des collectivités territoriales situées outre-mer.

2° Dans un sens strict, catégorie de *collectivités territoriales* créée par la loi constitutionnelle du 28 mars 2003, régie par l'article 74 de la Constitution et distincte des départements et régions d'outre-mer, comprenant principalement la Polynésie française, Saint-Barthélemy, Saint-Martin, Saint-Pierre-et-Miquelon, et Wallis-et-Futuna. Chacune de ces collectivités dispose d'un statut particulier tenant compte de ses intérêts propres au sein de la République.

3° La Nouvelle-Calédonie bénéficie, depuis la loi constitutionnelle du 20 juillet 1998, d'un statut spécifique « transitoire », qui la place hors de la catégorie précédente (Const., art. 76 et 77).

4° Les terres australes et antarctiques françaises sont régies par l'article 72-3 de la Constitution, qui renvoie à une loi ordinaire.

5° En vertu du dernier alinéa de l'article 73 de la Constitution, une collectivité unique peut être substituée par la loi, avec l'accord des populations intéressées, à un département et une région d'outre-mer.

Const., art. 72-3 s.

→ *Départements d'outre-mer.*

Collège des magistrats

[Procédure civile/Procédure pénale]

Magistrats, des cours et tribunaux et du *ministère de la Justice et des libertés*, élus par les magistrats de l'ordre judiciaire et dont la mission est de procéder à l'élection des magistrats appelés à siéger à la Commission d'avancement, laquelle est chargée de dresser et d'arrêter le tableau d'avancement ainsi que les listes d'aptitude aux fonctions (ord. n° 1270 du 22 déc. 1958, art. 13-1 s.).

Collégialité

[Procédure (principes généraux)]

Principe en vertu duquel la justice est rendue par plusieurs magistrats qui prennent leurs décisions à la majorité absolue des voix, la collégialité étant regardée comme une garantie de justice éclairée, impartiale et indépendante. Dans le système à *juge unique*, au contraire, le pouvoir de statuer appartient à un seul magistrat. Le recours au juge unique est plus fréquent dans l'ordre judiciaire que dans l'ordre administratif.

Une illustration traditionnelle du juge unique en matière pénale était donnée par le *juge d'instruction*. Désormais, depuis la loi n° 2007-291 du 5 mars 2007 tendant à renforcer l'équilibre de la procédure pénale, l'instruction relève d'un principe de collégialité, dont la mise en œuvre, initialement fixée au 1er janvier 2010, mais plusieurs fois reportée, a été repoussée au 1er janvier 2017 par la loi de finances pour 2015 (art. 98).

COJ, art. L. 121-2, L. 212-1, 212-3, 431-1, R. 212-7, R. 312-1, R. 312-7 et R. 431-5; C. pr. pén., art. 83 s.; C. trav., art. L. 1422-12 et L. 1422-13; C. com., art. L. 722-1; C. rur., art. L. 492-1; CJA, art. L. 3, L. 122-1 et R. 122-7.

GACA n° 1.

Collègue

[Droit général]

Désigne dans leurs rapports entre eux les personnes exerçant des fonctions officielles communes (fonctionnaires de même rang, magistrats, universitaires par ex.) ou remplissant une mission en commun (ministres, députés, membres du conseil d'administration d'une association, d'une société par ex.).

→ *Confrère.*

Collocation

[Procédure civile]

Décision du juge déterminant le rang et les droits d'un créancier qui se trouve en concours avec d'autres lors de la répartition du produit des biens saisis entre les mains d'un débiteur commun.

Le terme de collocation a été supprimé des nouveaux textes.

→ *Contribution, Distribution des deniers.*

Colocation

[Droit civil]

Location d'un même logement par plusieurs locataires, constituant leur résidence principale, et formalisée par la conclusion d'un contrat unique ou de plusieurs contrats entre les locataires et le bailleur, à l'exception de la location consentie exclusivement à des époux ou à des partenaires liés par un pacte civil de solidarité au moment de la conclusion initiale du contrat. Son régime juridique est celui des baux d'habitation, mais avec des adaptations.

→ *Bail d'habitation, Logement meublé.*

Colonat partiaire

[Droit rural]

→ *Métayage.*

Colonisation

[Droit international public]

Politique d'expansion politique et économique pratiquée à partir du XVIe siècle par certains États à l'égard de peuples moins développés obligés d'accepter des liens plus ou moins étroits de dépendance.

→ *Annexion, Capitulations (Régime des), Cession à bail, Concession, Condominium, Décolonisation, Porte ouverte, Protectorat.*

Colportage

[Droit pénal/Droit commercial]

→ *Démarchage.*

Comecon

[Droit international public]

Le Conseil d'aide économique mutuelle ou Comecon était l'organisation à compétence économique regroupant les États de l'Europe de l'Est et même certains États extérieurs à l'Europe (Mongolie, Cuba, Vietnam). Créé en 1949 pour contrer le plan Marshall, le Comecon n'a pas su réaliser une intégration comparable aux Communautés européennes. Considéré comme un instrument au service de l'URSS par lequel celle-ci organisait sa tutelle, il a disparu avec l'effondrement de l'URSS.

Comitas gentium

[Droit international public]

Usages de pure convenance à distinguer du droit international coutumier. Juridiquement la courtoisie ne lie pas plus les États que les individus. Le manquement aux usages n'engage pas la responsabilité internationale de son auteur.

→ *Courtoisie internationale, Coutume internationale.*

Comité consultatif de la législation et de la réglementation financières

[Droit commercial]

Organisme voisin du *Comité consultatif du secteur financier*, saisi pour avis avant l'adoption de toute règle nouvelle de niveau français ou européen dans les secteurs de l'assurance, la banque, la monnaie électronique, à l'exception du bon fonctionnement des marchés financiers (ressortissant à la compétence de l'Autorité des marchés financiers).

C. mon. fin., art. L. 614-2.

Comité consultatif du secteur financier

[Droit commercial]

Organisme consultatif présidé par le ministre chargé de l'Économie et des Finances, dont le vice-président est le gouverneur de la *Banque de France*, et composé d'une cinquantaine de membres nommés par arrêté ministériel (ancien Conseil national du crédit et du titre). Il étudie les conditions de fonctionnement du système bancaire et financier, notamment dans ses relations avec la clientèle et dans la gestion des moyens de paiement. Il adresse chaque année au président de la République et au Parlement un rapport relatif au fonctionnement du système bancaire et financier qui est publié au *Journal officiel*.

C. mon. fin., art. L. 614-1.

Comité consultatif national d'éthique pour les sciences de la vie et de la santé

[Droit civil]

Autorité indépendante, d'une quarantaine de membres, ayant pour mission de donner des avis sur les problèmes éthiques et les questions de société soulevées par les progrès de la connaissance dans les domaines de la biologie, de la médecine et de la santé.

CSP, art. L. 1412-1 s.

→ *Éthique biomédicale.*

Comité d'alerte sur l'évolution des dépenses de l'assurance maladie

[Sécurité sociale]

Comité chargé d'alerter le Parlement, le Gouvernement, les caisses nationales d'assurance maladie en cas d'évolution des dépenses d'assurance maladie, incompatible avec le respect des objectifs votés par le Parlement.

CSS, art. L. 114-4-1.

Comité de l'administration régionale (CAR)

[Droit administratif]

Successeur de la Conférence administrative régionale, le CAR est un organisme consultatif composé des préfets des départements et de hauts fonctionnaires, placé auprès du *préfet de région* qui le préside, où sont examinées les décisions stratégiques à prendre par les autorités de l'État dans la *région*, notamment en matière d'investissements publics.

Comité de créanciers

[Droit commercial]

Obligatoire dans les entreprises les plus importantes, seulement facultative dans les autres hypothèses, la création de comités de créanciers dont le nombre et la composition sont précisés par les textes, permet à ces derniers d'intervenir dans le déroulement des procédures de sauvegarde et de redressement judiciaire.

C. com., art. L. 626-29 s.

Comité d'entreprise

[Droit du travail]

Organe de l'entreprise qui réunit le chef d'entreprise et les représentants élus du personnel, en vue d'associer ceux-ci à la marche de l'entreprise.

Comité central d'entreprise : quand une entreprise comporte plusieurs *établissements*, il existe un comité central d'entreprise composé des délégués élus par chacun des comités d'établissement.

C. trav., art. L. 2321-1 s. et L. 2411-1 s.

GADT n° 142 à 145.

Comité d'entreprise européen

[Droit du travail]

Par transposition de la directive européenne du 22 septembre 1994, le Code du travail prévoit la mise en place d'un comité d'entreprise européen dans les entreprises qui emploient au moins mille salariés dans les États membres de l'Union européenne ainsi que dans les États membres de l'espace économique européen et comptant au moins un établissement ou entreprise employant au moins 150 salariés dans au moins 2 États différents. Cette institution permet la représentation des travailleurs dans ces entreprises de dimension communautaire et organise le droit des salariés à l'information et à la consultation. La mise en œuvre est soumise à un accord négocié au sein d'un groupe spécial; à défaut d'accord, la loi détermine la composition et la compétence du comité d'entreprise européen.

C. trav., art. L. 2341-1 s.

Comité départemental d'examen des problèmes de financement des entreprises (CODEFI)

[Droit commercial]

Organisme administratif rattaché aux départements, ayant pour mission la détection, la prévention et le traitement des difficultés financières des entreprises (de moins de 400 salariés). Intervient en amont des procédures collectives, peut faciliter la restructuration amiable du passif social de l'entreprise en difficulté ou octroyer des prêts.

→ *Comité interministériel de restructuration industrielle (CIRI).*

Comité d'évaluation et de contrôle des politiques publiques

[Droit constitutionnel]

Organe créé en son sein par l'Assemblée nationale, pour donner plein effet à l'article 24 de la Constitution qui, dans sa rédaction de 2008, déclare que le Parlement « contrôle l'action du gouvernement » et « évalue les politiques publiques ».

Comité de gestion des juridictions judiciaires

[Procédure civile]

Réunion

- au tribunal de grande instance : du président du tribunal, du procureur de la République et du directeur de greffe,
- à la cour d'appel : du premier président, du procureur général et du directeur de greffe,

en vue de débattre des questions de gestion et de fonctionnement de la juridiction et des questions proposées par ses membres.

COJ, art. R. 212-60, R. 212-61.

Comité de groupe

[Droit du travail]

Structure de représentation du personnel mise en place au sein d'un groupe d'entreprises dans lequel une entreprise dite dominante exerce une influence ainsi qualifiée sur d'autres entreprises qu'elle contrôle. L'influence dominante est, ou bien présumée sur constatations de certains éléments prévus par la loi, ou bien démontrée sur le fondement de relations permanentes et importantes établissant l'appartenance des entreprises au même groupe économique. Le comité de groupe a des prérogatives restreintes comparées à celles qui sont exercées par un comité d'entreprise; il reçoit des informations économiques et sociales.

C. trav., art. L. 2331-1 s.

Comité d'hygiène, de sécurité et des conditions de travail (CHSCT)

[Droit du travail]

Organisme institué dans les établissements et chargé de contribuer à la protection de la santé physique et mentale et de la sécurité des salariés, de veiller à l'application des règles de sécurité et de contribuer à l'amélioration des conditions de travail.

C. trav., art. L. 4611-1 et R. 4612-1 s.

Comité des ministres

[Droit européen]

Principale institution du *Conseil de l'Europe*. Composé des ministres des affaires étrangères des États membres (ou de leurs représentants), il adopte notamment les conventions européennes, en pratique à l'unanimité mais sans que les abstentions fassent blocage.

Comité des régions

[Droit européen]

Institué par le traité de *Maastricht* pour associer les collectivités territoriales au système de l'Union européenne. Limité à 350 membres par le traité de *Lisbonne*. Rôle consultatif, à sa propre initiative, ou sur saisine de la Commission, du Parlement ou du Conseil (art. 305 s. TFUE).

Comité des représentants permanents des États membres (Coreper)

[Droit européen]

Prépare les travaux du Conseil de l'Union européenne et exécute les mandats qui lui sont confiés par celui-ci. L'importance de fait prise par ce comité dans le processus de décision de l'Union européenne n'a pas été sans conséquence sur l'évolution des équilibres institutionnels.

TUE, art. 16.7; TFUE, 240.1.

Comité de suivi des retraites

[Sécurité sociale]

Commission chargée de suivre l'évolution des régimes de retraite.

CSS, art. L. 114-4.

Comité économique et social

[Droit européen]

Organe consultatif représentant les partenaires socioprofessionnels dans le cadre de l'Union européenne. Limité à 350 membres (dont 24 pour la France), il joue un rôle utile pour faire prendre conscience de la dimension européenne aux organisations représentatives du monde économique et social.

Comité électoral

[Droit constitutionnel]

Groupement local de citoyens, membres ou sympathisants d'un parti, en vue de patronner un ou plusieurs candidats et de soutenir leur campagne.

Comité interministériel de restructuration industrielle (CIRI)

[Droit commercial]

Organisme administratif de niveau national, compétent pour étudier la restructuration amiable des entreprises en difficultés (de plus de 400 salariés). Œuvre le cas échéant de concert avec les organisations locales (CODEFI).

Comité national de réflexion éthique sur l'expérimentation animale

[Droit rural]

Placé auprès de la *commission nationale de l'expérimentation animale*, il a pour mission d'émettre des avis sur les questions d'expérimentation animale.

C. rur., art. R. 214-122 s.

Comité national « trames verte et bleue »

[Droit environnement]

Instance d'information, d'échange et de consultation sur les continuités écologiques qui doit être saisie par le ministre de l'Environnement des projets de textes en la matière. Il est composé d'élus, de représentants de l'État, d'organismes socio-professionnels, de propriétaires, d'associations de préservation de la biodiversité, de personnalités scientifiques... en tout 50 membres.

C. envir., art. D. 371-1 s.

→ *Trame verte, trame bleue.*

Comité secret

[Droit constitutionnel]

Chaque assemblée parlementaire peut décider, à la demande du dixième de ses membres ou du Premier ministre, de ne pas siéger en public : elle se réunit alors en comité secret. Usage rarissime, par exemple pour protéger des secrets liés à la Défense nationale.

Const., art. 33.

Comités de bassin

[Droit de l'environnement]

Organes représentatifs des intérêts locaux en matière d'eau (1 par bassin hydrographique) dont la fonction est d'être consultée sur les actions d'intérêt commun au bassin et d'adopter le schéma directeur d'aménagement et de gestion des eaux (SDAGE).

C. envir., art. L. 213-8 s.

→ *Bassins hydrographiques.*

Comitologie

[Droit européen]

Pratique institutionnelle du système de l'Union européenne conduisant le Conseil à instituer, dans les actes normatifs qu'il adopte (sur proposition de la Commission et, le cas échéant, en codécision avec le Parlement) de nombreux comités, composés d'experts des États, destinés à assister et contrôler la Commission dans l'exercice de ses compétences d'exécution.

Le traité de *Lisbonne* permet désormais à la Commission d'adopter des actes réglementaires délégués (art. 290 TFUE) ou d'exécution (art. 291, mis en œuvre par un nouveau règlement « comitologie », du 16 févr. 2011, qui distingue procédure consultative et procédure d'examen).

Command (Déclaration de)

[Droit civil/Droit commercial]

Faculté réservée par la convention à l'acquéreur (le commandé) de se substituer le véritable bénéficiaire (le command) d'une vente amiablement consentie; le commandé déclare conclure pour autrui sans en révéler la véritable identité au vendeur. On l'appelle aussi « élection d'ami ».

CGI, art. 686.

[Procédure civile]

Déclaration faite dans les 24 heures d'une adjudication d'immeuble, par laquelle l'adjudicataire fait connaître le nom et l'acceptation du véritable bénéficiaire de l'opération.

Cette faculté de se substituer un tiers n'ayant pas participé aux enchères a été supprimée par l'ordonnance n° 2006-461 du 21 avril 2006 afin de satisfaire l'objectif de mise en concurrence des enchérisseurs selon une procédure transparente.

C. pr. exéc., art. L. 322-8.

Commande publique

[Droit administratif]

Expression souvent employée pour désigner la commande de biens, de services ou de réalisation de travaux, par les personnes publiques.

C. marchés, art. 1.

Commandement

[Procédure civile]

Acte signifié au débiteur, par l'intermédiaire d'un huissier de justice, l'invitant à payer sous peine d'être saisi. Cet acte suppose que le créancier est muni d'un titre exécutoire. Préambule d'une *saisie-vente*, d'une *saisie-appréhension* ou d'une *saisie immobilière*.

Lorsque le commandement vise une dette de loyer, il doit mentionner la faculté pour le locataire de saisir le fonds de solidarité pour le logement et être signifié à la caution.

Le commandement peut avoir un autre objet : libérer des locaux; il sert alors de préliminaire obligatoire à une mesure d'expulsion.

C. pr. exéc., art. L. 221-1, R. 221-1, R. 222-2, R. 321-1, R. 411-1 et R. 412-1.

→ *Sommation.*

Commandement de l'autorité légitime

[Droit pénal]

Fait justificatif qui supprime le caractère délictueux d'actes accomplis en exécution d'un ordre donné par une autorité publique, compétente et légitime, à moins que cet ordre ne soit manifestement illégal.

C. pén., art. 122-4.

GADPG n° 20.

Commanditaire

[Droit commercial]

Associé d'une société en commandite, simple bailleur de fonds n'ayant pas la qualité de commerçant et n'étant tenu que sur son apport.

C. com., art. L. 222-1 s.

→ *Société en commandite par actions (SCA), Société en commandite simple (SCS).*

Commandité

[Droit commercial]

Associé commerçant d'une société en commandite, responsable personnellement et indéfiniment des dettes sociales.

C. com., art. L. 222-1.

Commencement d'exécution

[Droit pénal]

Acte caractérisant la tentative punissable, qui doit tendre directement à l'infraction avec intention de la commettre, ou qui a pour conséquence immédiate et directe la consommation de celle-ci.

C. pén., art. 121-5.

GADPG n° 30.

→ *Tentative.*

Commencement de preuve par écrit

[Droit civil]

Tout titre signé, émanant de celui contre lequel la demande est formée, mais qui ne peut, pour des raisons de fond ou de forme, constituer un écrit nécessaire à la preuve des actes juridiques (ex. : une reconnaissance d'enfant né hors mariage faite sous signature privée, et non en la forme authentique n'est qu'un commencement de preuve par écrit); la production d'un tel document, s'il rend vraisemblable le fait allégué et est corroboré par un autre moyen de preuve, supplée à l'écrit lorsque ce dernier est exigé par la loi mais qu'il a été impossible, matériellement ou moralement, de se le procurer, ou lorsqu'il est d'usage de ne pas en établir un ou lorsqu'il a été perdu par force majeure.

C. civ., art. 1361 s.*

→ *Acte authentique, Acte contresigné par avocat, Acte sous signature privée.*

[Procédure civile]

Lorsqu'une comparution personnelle a été ordonnée, le juge peut tirer toute conséquence de droit des déclarations des parties, de l'absence ou du refus de répondre de l'une d'elles et en faire état comme équivalent à un commencement de preuve par écrit.

C. civ., art. 1362, al. 2; C. pr. civ., art. 198.*

→ *Comparution personnelle, Serment probatoire.*

Commerçant

[Droit commercial]

Personne assujettie aux règles du droit commercial. Désigne le professionnel indépendant qui effectue des actes de commerce, à titre habituel, en son nom et pour son compte propre.

C. com., art. L. 121-1 et L. 110-1 (ex-art. 1er et 632).

Commerce électronique

[Droit commercial/Droit financier ou fiscal]

Expression désignant les transactions commerciales entre entreprises et particuliers (dites « B 2 C » pour : *business to consumer*) ou entre entreprises (« B 2 B »), portant sur des biens ou des services et représentées par la transmission et le traitement par des réseaux informatisés (Internet, par ex.) de données numériques pouvant correspondre à du texte, à des sons ou à des images. On distingue :

- *le commerce électronique indirect*, dans lequel seule la commande est passée par voie informatique, son objet étant délivré sous une forme traditionnelle, comme l'envoi d'un objet, et qui ne se distingue pas du commerce classique;

- *le commerce électronique direct*, dans lequel la délivrance de l'objet de la commande se fait sous une forme informatisée (téléchargement), et qui pose en matière juridique et fiscale des problèmes nouveaux.

Commerce équitable

[Droit commercial]

Label imposant des obligations aux entreprises qui choisissent d'en faire usage pour la distribution de leurs produits et services. Ce label, qui s'inscrit dans la politique publique de développement durable, est géré par une commission administrative dédiée.

L. n° 2005-882 du 2 août 2005, art. 60.

Commercium

[Droit général]

Mot latin pour qualifier le commerce au sens juridique.

À Rome, le *commercium* s'applique aux citoyens et assimilés qui ont le privilège d'accéder aux actes du *jus civile*, notamment aux modes de transfert de la propriété. La notion en est venue à distinguer les choses qui sont dans le commerce et celles qui ne le sont pas. Aujourd'hui le terme distingue les choses qui peuvent faire l'objet de conventions et les autres restées *extra commercium*. On dit ainsi que les droits de famille sont placés *extra commercium*, que les marchandises offertes au marché sont *in commercio*.

→ *Choses hors du commerce, Hors du commerce.*

Commettant

[Droit civil]

Personne qui charge une autre, le préposé, d'exécuter une mission en son nom. La responsabilité du commettant du fait de son préposé s'étend à tous les actes du préposé, à moins que le préposé n'ait agi hors des fonctions auxquelles il était employé, sans autorisation et à des fins étrangères à ses attributions.

C. civ., art. 1242, al. 5.*

GAJC, t. 2, n° 221-225.

[Droit commercial]

→ *Commissionnaire.*

Comminatoire

[Droit civil/Procédure civile]

Adjectif qualifiant une mesure révocable destinée à faire pression sur un débiteur. L'*astreinte* prononcée par le juge a un caractère comminatoire.

C. pr. exéc., art. L. 131-2.

Commissaire adjoint de la République

[Droit administratif]

Dénomination donnée au *sous-préfet* entre 1982 et 1988. Le décret du 29 février 1988 a rétabli le titre de sous-préfet.

Commissaire aux apports

[Droit commercial]

Personne chargée dans les sociétés par actions et les SARL d'apprécier, sous sa responsabilité, la valeur des apports en nature effectués par un associé, lors de la constitution de la société ou de l'augmentation de son capital, et des avantages particuliers qui peuvent être consentis à un associé ou à un non-associé par la société, en contrepartie des services rendus à l'occasion de ces opérations.

Ces commissaires aux apports sont en principe désignés à l'unanimité des associés ou fondateurs et, dans les autres cas, par le Président du tribunal de commerce.

C. com., art. L. 223-9, L. 225-8, L. 225-147.

Commissaire aux comptes

[Droit commercial]

Personne, physique ou morale, exerçant une activité réglementée consistant à contrôler très strictement la régularité, la sincérité, et la fidélité des comptes sociaux des sociétés par actions et de certains autres groupements ou entités (fonds dépourvus de personnalité morale).

À l'issue de son contrôle, le commissaire aux comptes certifie les comptes et, en cas de difficulté, émet des réserves ou refuse de certifier les comptes sociaux.

Le commissaire aux comptes doit également informer les organes de direction et les actionnaires d'un certain nombre d'opérations réglementées, ainsi que des irrégularités qu'il peut relever dans l'exercice de sa mission.

C. com., art. L. 221-9 s., L. 225-218 s. et L. 820-1 s.

ACTU

Commissaire de justice

[Procédure civile]

Profession nouvelle regroupant les professions d'huissier de justice et de commissaire-priseur judiciaire que le gouvernement est autorisé à créer par ordonnance dans un délai de dix mois à compter de la publication de la loi nº 990-2015 du 6 août 2015, art. 61-III, dite Loi Macron.

Commissaire de police

[Procédure pénale]

Agent de la police nationale, qui, investi de la qualité d'officier de police judiciaire, est habilité à accomplir certains actes de procédure.

Commissaire de la République

[Droit administratif]

Dénomination donnée au *préfet* entre 1982 et 1988. Le décret du 29 février 1988 a rétabli le titre de préfet.

Commissaire du gouvernement

[Droit administratif]

1º Auprès du *Tribunal des conflits*, des tribunaux administratifs, des cours administratives d'appel, des formations contentieuses du *Conseil d'État* : ancienne appellation d'un membre de la juridiction chargé, en toute indépendance, de présenter à l'audience sous forme de « conclusions » son opinion sur la solution que lui paraissait appeler le problème juridique soumis à la juridiction.

Un décret du 7 janvier 2009 a remplacé cette appellation peu heureuse par celle, plus neutre, de *rapporteur public*.

CJA, art. L. 7.

GAJA nº 101.

2º La loi du 28 octobre 2008 relative aux juridictions financières a, de manière comparable, remplacé l'expression « commissaire du gouvernement » par celle de « représentant du ministère public ». Ce représentant est le *procureur général* devant la Cour des comptes et le *procureur financier* devant les Chambres régionales des comptes.

3º Auprès des formations administratives du Conseil d'État, chargées d'une fonction consultative au profit du gouvernement, principalement sur les projets de textes législatifs et réglementaires : haut fonctionnaire désigné par décret pour présenter et défendre le point de vue du ministère dont il relève sur le projet soumis à l'avis du Conseil d'État.

CJA, art. R. 123-24.

4º Auprès de certains organismes soumis à un contrôle de l'État : représentant de l'État exerçant sur leur fonctionnement les contrôles prévus par les textes les régissant (par ex. auprès de la *Coface*, en vertu du décret du 9 oct. 2009).

Commissaire-enquêteur

[Droit administratif/ Droit de l'environnement]

Personne chargée de conduire l'*enquête publique préalable*.

C. expr., art. R. 11-4; C. envir., art. L. 123-10 s.

Commissaire européen

[Droit européen]

Membre de la *Commission européenne*.

ACTU

Commissaire-priseur judiciaire

[Procédure civile]

Officier ministériel chargé, dans son ressort, de procéder aux ventes judiciaires de meubles et effets mobiliers corporels aux enchères publiques, c'est-à-dire aux ventes prescrites par la loi ou par décision de justice.

Les commissaires-priseurs judiciaires exercent leur fonction sur l'ensemble du territoire national, à l'exception des départements du Bas-Rhin, du Haut-Rhin, de la Moselle et de Mayotte ainsi que de la collectivité de St Pierre et Miquelon; mais ils ne peuvent procéder à titre habituel aux prisées et aux ventes en dehors du ressort du TGI du siège de leur office. Au nombre de 413 au 1er janvier 2015 (dernier chiffre publié).

Le commissaire-priseur judiciaire peut exercer sa profession en qualité de salarié d'une personne physique ou morale titulaire d'un office de commissaire-priseur judiciaire.

Depuis le 1er février 2016, en application de la loi n° 990 du 6 août 2015 pour la croissance, l'activité et l'égalité des chances économiques (dite Macron), le ministre de la justice peut créer des offices de commissaire-priseur là où il est utile de renforcer la proximité ou l'offre de services et nommer dans l'office créé toute personne qualifiée pour exercer la fonction. La même loi charge le gouvernement de créer une nouvelle profession de *commissaire de justice* (art. 61-III).

Le commissaire-priseur judiciaire peut exercer sa profession en qualité de salarié d'une personne physique (pas plus de deux salariés par titulaire) ou morale titulaire d'un office de commissaire-priseur judiciaire (nombre limité au double de celui des associés).

Ord. du 26 juin 1816, art. 1er 1-1 et 3; Décr. n° 2012-121 du 30 janv. 2012.

→ *Commissaire-priseur de ventes volontaires, Société d'exercice libéral (SEL), Vente aux enchères publiques.*

Commissaire-priseur de ventes volontaires

[Droit général]

« Opérateur », ayant la qualification requise, dont la fonction est d'organiser et de réaliser les ventes volontaires de meubles aux enchères publiques, seul habilité à diriger la vente, à désigner le dernier enchérisseur ou à déclarer le bien non-adjugé et à dresser le procès-verbal de la vente.

Il peut exercer à titre individuel ou au sein de sociétés de ventes volontaires dont il était dirigeant, associé ou salarié.

Les notaires et les huissiers de justice ont également qualité pour procéder à de telles ventes dans les communes où il n'est pas établi d'office de commissaire-priseur, à la condition qu'il s'agisse d'une activité accessoire.

C. com., art. L. 321-2, L. 321-4 s.

→ *Commissaire-priseur judiciaire, Opérateurs de ventes volontaires de meubles aux enchères publiques, Vente aux enchères publiques.*

Commissariat général à l'égalité des territoires (CGET)

[Droit administratif]

Issu du regroupement de la Délégation à l'aménagement du territoire et à l'attractivité régionale (DATAR), du Secrétariat général du comité interministériel des villes (SGCIV), et de l'Agence nationale pour la cohésion sociale et l'égalité des chances (Acsé), le CGET a été créé par le décret n° 2014-394 du 31 mars 2014 afin d'assurer la mise en œuvre de la politique de cohésion économique et sociale sur le territoire. Au titre de ses missions, figure le pilotage des contrats de plan État-régions et des contrats de ville, mais aussi la tutelle de l'Agence nationale pour la rénovation urbaine (ANRU) pour le compte du ministre chargé de la ville.

Commissariat général à la stratégie et à la prospective

[Droit administratif]

Organisme créé en 2013, placé auprès du Premier ministre, résultant de la fusion du *Centre d'analyse stratégique* et du *Conseil de l'emploi des revenus et de la cohésion sociale*, chargé de contribuer à la détermination des grandes orientations du pays à moyen et long terme.

Commission

[Droit civil/Droit commercial]

1° Rémunération due à un commissionnaire, et, par extension, à tout mandataire.

2° Contrat de commission : contrat par lequel une personne s'engage à accomplir un ou plusieurs actes pour le compte d'un commettant, sans que le nom de ce dernier soit indiqué au cocontractant qui sait pourtant que le commissionnaire agit pour autrui.

C. com., art. L. 132-1.

[Procédure (principes généraux)]

Mission donnée par un juge à un agent de l'autorité publique, aux fins de surveillance (*juge-commissaire* dans les procédures collectives de sauvegarde, redressement et liquidation judiciaires), de remplacement (magistrat chargé d'instruire à la place de la juridiction qualifiée pour cause d'éloignement), de conservation (huissier désigné pour rétablir la minute de la décision au greffe) ou de règlement d'une situation juridique (notaire commis pour liquidation de régime matrimonial).

→ *Commission rogatoire.*

Se dit aussi de l'agrément nécessaire à l'exercice régulier de certaines fonctions, telles celles de garde-pêche particulier qui est commissionné, s'agissant des eaux du domaine public fluvial, par chaque association agréée de pêcheurs détenant un droit de pêche sur le lot considéré.

C. envir., art. L. 437-13.

Commission consultative des archives audiovisuelles de la justice

[Procédure (principes généraux)]

Supprimée par le décret n° 2013-420 du 23 mai 2013, elle comprenait 16 membres (parlementaires, historiens, magistrats) et était chargée de donner son avis sur l'enregistrement sonore ou audiovisuel des audiences publiques qu'envisageait le président d'une juridiction.

→ *Archives audiovisuelles de la justice.*

Commission d'accès aux documents administratifs (CADA)

[Droit administratif]

Autorité administrative indépendante et consultative chargée de veiller à la liberté d'accès aux documents administratifs.

→ *Accès aux documents administratifs (Droit d'), Données publiques, Transparence.*

Commission d'enquête

[Droit constitutionnel]

→ *Commission parlementaire.*

ACTU

Commission d'évaluation et de contrôle de la médiation de la consommation

[Droit civil]

Commission créée par l'ordonnance n° 2015-1033 du 20 août 2015, chargée d'établir et d'actualiser la liste des médiateurs de la consommation, d'évaluer leur activité de médiation et d'en contrôler la régularité. Un décret en Conseil d'État est nécessaire à l'entrée en vigueur de cette création.

C. consom., art. L. 615-1 à L. 615-4 et R. 155-1 s.

→ *Médiation conventionnelle.*

Commission d'examen des pratiques commerciales

[Droit commercial]

Commission composée de parlementaires, de magistrats et de représentants des milieux professionnels chargée d'émettre des avis et des recommandations sur certaines pratiques relevant du domaine du droit de la concurrence.

C. com., art. L. 440-1.

Commission d'indemnisation des victimes d'infractions (CIVI)

[Droit civil/Procédure civile/ Procédure pénale]

Juridiction civile siégeant au TGI, compétente pour accorder, dans certaines conditions, une réparation aux victimes d'une infraction pénale, lorsqu'elles ne peuvent être indemnisées à un autre titre (auteur inconnu, insolvable...), réparation prise en charge par le *Fonds de garantie des victimes des actes de terrorisme et d'autres infractions*.

La commission est composée de deux magistrats du siège et d'une personne majeure s'étant signalée par l'intérêt qu'elle porte aux problèmes des victimes d'infractions.

COJ, art. L. 214-1, L. 214-2, R. 214-1 s.; C. pr. pén., art. 706-3 s. et R. 50-1 s.

Commission d'office

[Procédure pénale]

Mesure par laquelle un avocat est désigné d'autorité pour assister dans sa défense une personne mise en examen, un prévenu ou un accusé.

C. pr. pén., art. 116, 274, 317 et 417.

[Procédure civile]

En cas d'octroi de l'*aide juridictionnelle*, lorsque son bénéficiaire n'a pas sollicité un avocat pour défendre ses intérêts ou qu'aucun avocat n'a accepté de le faire, le bâtonnier désigne l'avocat qui sera chargé de soutenir sa cause.

Commission de compensation

[Sécurité sociale]

Commission consultée pour avis sur la fluctuation des soldes de compensation entre régimes de sécurité sociale.

CSS, art. L. 114-3.

Commission de conciliation

[Droit civil/Procédure civile]

Le département est le cadre de nombreuses commissions de conciliation :

• *Commissions départementales de conciliation en matière de baux commerciaux* composée, à égalité, de bailleurs et de locataires et de personnes qualifiées et qui sont compétentes pour les litiges de principe sur l'existence même du déplafonnement du loyer et, lorsque celui-ci n'est pas contesté, sur les litiges de *quantum* et de valeur locative.

C. com., art. L. 145-35, D. 145-12 s.

• *Commissions départementales de conciliation en matière de baux d'habitation* (L. n° 89-462 du 6 juill. 1989, art. 20) qui doivent s'efforcer de concilier les parties à un contrat de location qu'il soit initial ou renouvelé.

• Les *Commissions de règlement des litiges de la consommation* instituées pour régler

amiablement les différends entre les consommateurs et les vendeurs ou prestataires de services ont été abrogées par le décret n° 2015-1469 du 13 novembre 2015 (art. 30).
→ *Conciliateur de justice, Surendettement.*

Commission de déontologie de la fonction publique

[Droit administratif]

Commission placée auprès du premier ministre pour apprécier le respect des principes déontologiques inhérents à l'exercice d'une fonction publique.

L. n° 83-634, 13 juill., art. 25 octies.
→ *Conflit d'intérêts.*

Commission départementale de la coopération communale

[Droit administratif]

Commission composée d'élus locaux (communes, département) et présidée par le préfet, investie d'un rôle d'information et de proposition en vue de renforcer la coopération intercommunale, dont elle tient à jour un état pour le département.

CGCT, art. L. 5211-42 s.

Commission départementale des impôts directs et des taxes sur le chiffre d'affaires

[Droit financier ou fiscal]

Organisme administratif composé de trois représentants des contribuables, de deux représentants de l'État (agents de l'administration), et d'un juge administratif qui la préside avec voix prépondérante en cas de partage (cette composition peut changer selon l'objet de sa saisine). Cette commission a un pouvoir de décision en matière de fixation des forfaits de bénéfices agricoles, et une compétence d'avis en cas de contestation d'une rectification fiscale portant sur des questions de fait (valeurs…) concernant la taxe sur la valeur ajoutée, l'impôt sur les sociétés ou l'impôt sur le revenu des professions non salariées. Il existe aussi une Commission nationale et des commissions communales des impôts directs.

CGI, art. 1651; LPF, art. 1 s. et 59 A s.

Commission départementale de surendettement des particuliers

[Droit civil]

Instituée dans chaque département, elle a pour mission de traiter la situation de *surendettement* des personnes physiques. Elle a le pouvoir d'imposer les mesures ordinaires de désendettement (réduction du taux des intérêts, par ex.), de prescrire la suspension de l'exigibilité des créances pour 2 ans, de recommander les mesures les plus graves (telles l'effacement partiel des dettes), d'orienter le dossier vers une procédure de *rétablissement personnel*.
Cette commission est présidée par le préfet ou son représentant.

C. consom., art. L. 712-1-1 s., L. 721-1 s. et R. 331-1 s.

Commission de recours amiable

[Sécurité sociale]

Commission formée au sein du conseil d'administration des caisses locales de Sécurité sociale, qui examine les réclamations des particuliers contre les décisions de la caisse. Le recours amiable précède et peut éviter le recours contentieux.

CSS, art. R. 142-1 s.

Commission de transport (Contrat de)

[Droit commercial]

Contrat cadre d'organisation du transport de marchandises, souscrit auprès d'un professionnel (le commissionnaire de transport). La liberté d'organisation de la prestation de transport ainsi conférée au professionnel, dont la possibilité de recourir à des tiers, trouve sa contrepartie dans un régime spécifique de responsabilité.

C. com., art. L. 132-3 s.; C. transp., art. L. 1432-7 s.

Commission de vérification des comptes des entreprises publiques

[Droit financier ou fiscal]

Organisme non juridictionnel de contrôle financier, supprimé en 1976. Ses attributions ont été confiées à la *Cour des comptes*, dont elle n'était d'ailleurs qu'une émanation de par sa composition.

Commission des accidents du travail et maladies professionnelles

[Sécurité sociale]

Commission exerçant les missions dévolues à la Caisse nationale d'assurance-maladie des travailleurs salariés (CNAMTS) quant à la prévention des accidents du travail et des maladies professionnelles.

CSS, art. R. 221-9.

Commission des comptes de la sécurité sociale

[Sécurité sociale]

Commission chargée d'analyser les comptes des régimes de sécurité sociale.

CSS, art. L. 114-1.

Commission des droits et de l'autonomie des personnes handicapées (CDAPH)

[Sécurité sociale]

Commission qui se substitue à la Commission départementale d'éducation spéciale compétente pour les enfants handicapés et à la Commission technique d'orientation et de reclassement professionnel compétente pour les adultes (COTOREP). Ces maisons départementales des personnes handicapées sont le « guichet unique » d'accès aux droits et aux prestations pour les personnes handicapées.

CASF, art. L. 146-9.

Commission des infractions fiscales (CIF)

[Droit fiscal]

Autorité administrative indépendante dont la fonction consultative consiste, sur saisine du ministre chargé des Finances, à examiner les affaires devant conduire au dépôt de plaintes « tendant à l'application de sanctions pénales en matière d'impôts directs, de taxe sur la valeur ajoutée et autres taxes sur le chiffre d'affaires, de droits d'enregistrement, de taxe de publicité foncière et de droit de timbre ». L'avis de cette commission lie le ministre puisque le dépôt de plainte ne peut se faire que sur avis conforme de celle-ci. La loi n° 2013-1117 du 6 décembre 2013 relative à la lutte contre la fraude fiscale et la grande délinquance économique et financière en a redéfini la composition (art. 13). Elle doit établir un rapport annuel d'activité à l'intention du Gouvernement et du Parlement.

CGI, art. 1741 A; LPF, art. L. 228, R. 228-1 s.

→ *Procureur de la République financier.*

Commission des opérations de bourse (COB)

[Droit commercial]

→ *Autorité des marchés financiers.*

Commission des représentants

[Droit du travail]

Rémunération des représentants de commerce consistant en un pourcentage du montant des commandes recueillies.

C. trav., art. L. 7313-11 s.

ACTU

Commission du contentieux du stationnement payant

[Droit administratif]

Juridiction administrative spécialisée créée pour connaître, à compter du 1er janvier 2018, des recours formés contre les décisions individuelles relatives aux droits de stationnement, lesquels auront le caractère de redevance d'occupation du domaine public, et non plus le caractère d'amende pénale.

Elle sera composée d'un président et de magistrats de l'ordre administratif, mais elle pourra aussi comprendre des magistrats de l'ordre judiciaire. Les décisions seront rendues par le président ou par un juge statuant seul, sauf lorsque l'objet de l'affaire justifiera son inscription au rôle de la formation collégiale.

Commission du droit international

[Droit international public]

Organe subsidiaire de l'Assemblée générale des Nations unies, composé de 34 juristes indépendants choisis de manière à représenter les différents systèmes juridiques du monde, elle est chargée « d'encourager le développement progressif du droit international et sa codification ». La Commission du droit international élabore des « projets d'articles » auxquels les juridictions internationales font fréquemment référence pour établir le contenu du droit coutumier international, et qui ont servi de base à des traités de *codification* importants, comme les conventions de Vienne sur les relations diplomatiques (1961), les relations consulaires (1963) et le droit des traités (1969, 1981).

Commission européenne

[Droit européen]

Institution de l'Union européenne composée aujourd'hui de 28 commissaires (un de chaque nationalité) indépendants des gouvernements des États membres.

Le président de la Commission est proposé à la majorité qualifiée par le Conseil européen et soumis à l'approbation du Parlement européen. Les autres membres sont choisis d'un commun accord par le Conseil et le président désigné. Le Parlement européen auditionne chaque commissaire avant d'approuver la composition de la Commission, puis le Conseil européen achève la procédure. Nommée pour un mandat de 5 ans, la Commission peut cependant être contrainte à la démission par le Parlement.

La Commission promeut l'intérêt général de l'Union. Elle est dotée d'un pouvoir d'initiative (elle propose règlements et directives), d'exécution (mise en œuvre et contrôle du respect du droit de l'Union) et de représentation (en particulier par rapport aux États tiers). Jean Monnet voulait qu'elle soit la « locomotive de l'Europe » mais elle a aujourd'hui du mal à s'affirmer.

Une nouvelle Commission est entrée en fonction le 1er novembre 2014, présidée par Jean-Claude Juncker, ancien Premier ministre du Luxembourg, candidat du Parti Populaire Européen (droite) et qui a obtenu l'approbation du Parlement européen à une large majorité (avec l'appui notamment du groupe socialiste). Le commissaire français est Pierre Moscovici, chargé des affaires économiques et financières.

Commission européenne des droits de l'Homme

[Droit international public/Droit européen]

Organe créé par la *Convention européenne des droits de l'Homme* pour :

a) examiner la recevabilité des requêtes étatiques ou (si l'État mis en cause le permettait) individuelles, formées pour violation des droits reconnus;

b) tenter un règlement amiable.

Disparaît en novembre 1998 avec l'entrée en vigueur du protocole n° 11 modifiant la convention et confiant l'ensemble du mécanisme de contrôle à la *Cour européenne des droits de l'Homme*.

Commission européenne pour l'efficacité de la justice (CEPEJ)

[Procédure civile/Droit international public]
Commission réunissant des experts des 47 états membres du Conseil de l'Europe, créée en 2002 en vue de promouvoir l'Europe du droit et le respect des droits fondamentaux en référence à la Convention EDH.

Elle a pour tâche d'analyser les résultats des systèmes judiciaires, d'identifier les problèmes que ces systèmes rencontrent, de proposer des moyens d'amélioration de leurs performances et de leur fonctionnement. En outre, il lui incombe de poursuivre la réflexion sur les potentialités des nouvelles technologies de l'information de nature à perfectionner l'efficacité de la justice.

Commission mixte paritaire

[Droit constitutionnel]
Commission composée d'un nombre égal de parlementaires des 2 chambres du Parlement français et chargée, en cas de désaccord entre celles-ci, d'élaborer un texte transactionnel susceptible d'être adopté par elles (Const., art. 45, al. 2).

ACTU

Commission nationale de contrôle des techniques de renseignement

[Procédure pénale]
Mise en place par la loi n° 2015-912 relative au renseignement, la Commission nationale de contrôle des techniques de renseignement est une autorité administrative indépendante, qui a pour mission de veiller à ce que le recueil de renseignement soit mis en œuvre sur le territoire national conformément à la législation en vigueur, dans le respect de la vie privée et de toutes ses composantes, notamment le secret des correspondances, la protection des données personnelles et l'inviolabilité du domicile.

CSI, art. L. 801-1, L. 831-1 s.; Décr. n° 2015-1186 du 29 sept. 2015.

Commission nationale de la déontologie et des alertes en matière de santé publique et d'environnement

[Droit civil/Droit de l'environnement]
Commission composée de parlementaires, de magistrats, de personnalités qualifiées, chargée d'émettre des recommandations générales sur les principes déontologiques propres à l'expertise scientifique et technique dans les domaines de la santé et de l'environnement, de définir les critères qui fondent la recevabilité d'une alerte, de transmettre les alertes dont elle est saisie aux ministres compétents...

L. n° 2013-316 du 16 avr. 2013, art. 2 s.

Commission nationale de l'expérimentation animale

[Droit rural]
Placée auprès des ministres chargés de la Recherche et de l'Agriculture, la Commission nationale de l'expérimentation animale est notamment chargée de donner un avis sur tout projet de modification des dispositions législatives ou réglementaires relatives à l'expérimentation animale.

C. rur., art. R. 214-130 à R. 214-133.

Commission nationale de l'informatique et des libertés (CNIL)

[Droit administratif]

→ *Fichiers.*

Commission nationale de la négociation collective

[Droit du travail]

Commission comprenant des représentants des pouvoirs publics, des représentants des organisations syndicales de salariés les plus représentatives et des représentants des organisations d'employeurs les plus représentatives; elle est chargée de faire des propositions de nature à faciliter le développement de la négociation collective, de donner un avis sur l'extension et l'élargissement des conventions collectives et sur la fixation du *SMIC*.

C. trav., art. L. 2271-1 s.

Commission nationale des accidents médicaux

[Droit civil]

Commission composée de professionnels de santé, de représentants des usagers et de personnalités qualifiées, chargée d'établir la liste des experts en accidents médicaux (que consultent nécessairement les commissions régionales de conciliation et d'indemnisation) et de veiller à une application homogène du dispositif de réparation des *risques sanitaires*.

CSP, art. L. 1142-10 s., R. 1142-24 s., R. 1142-41-1.

→ *Aléa thérapeutique, Office national d'indemnisation des accidents médicaux (ONIAM).*

Commission nationale des comptes de campagne et des financements politiques

[Droit constitutionnel]

Autorité administrative indépendante créée en 1990, chargée de vérifier le respect par les partis politiques de leurs obligations comptables et financières, et la régularité des comptes de campagne des candidats à de nombreuses élections.

Commission nationale des impôts directs et taxes sur le chiffre d'affaires

[Droit fiscal]

Présidée par un conseiller d'État, elle a été créée par la loi n° 2007-1824 du 25 décembre 2007. Cette commission intervient en matière de litiges relatifs à la détermination du bénéfice ainsi que du chiffre d'affaires des entreprises exerçant une activité industrielle ou commerciale et dont le chiffre d'affaires hors taxe dépasse un certain seuil (50 000 000 € pour ce qui est des entreprises dont le commerce principal est de vendre des marchandises, objets et denrées à emporter ou consommer sur place ou de fournir le logement; 25 000 000 € pour les autres entreprises). Elle peut être saisie en cas de désaccord persistant sur les rectifications notifiées à l'initiative du contribuable ou de l'administration.

CGI, art. 1651 H; LPF, art. L. 59, L. 59 A, L. 59 C.

Commission nationale du débat public

[Droit de l'environnement]

Autorité administrative indépendante de 21 membres (élus, magistrats, usagers…) chargée de veiller au respect de la participation du public à l'élaboration des projets d'aménagement ou d'équipement d'intérêt national présentant de forts enjeux socio-économiques ou ayant des impacts significatifs sur l'environnement (création d'autoroutes, de lignes ferroviaires, de gazoducs, équipements culturels, sportifs, touristiques…)

C. envir., art. L. 121-1 s. et R. 121-1 s.

Commission parlementaire

[Droit constitutionnel]

1° Formation créée au sein d'une assemblée parlementaire, chargée de la préparation du travail législatif (examen des projets et propositions de lois avant leur délibération en séance plénière).

On distingue les commissions permanentes (finances, affaires étrangères, etc.), limitées en France à 8 dans chaque assemblée (Const., art. 43, al. 1) et les commissions spéciales formées au cas par cas pour l'examen d'un projet, ou d'une proposition de loi déterminée.

2° Organisme créé par une assemblée parlementaire avec mission de réunir des éléments d'information sur une question déterminée (commission d'enquête, Const., art. 51-2).

Commission pour la transparence financière de la vie politique

[Droit constitutionnel]

Autorité administrative indépendante créée en 1988, chargée de recueillir et contrôler les déclarations de patrimoine de nombreux élus, remplacée en 2013 par la *Haute autorité pour la transparence de la vie publique*.

Commission rogatoire

[Procédure civile/Procédure pénale/ Droit international privé]

Acte par lequel un magistrat délègue ses pouvoirs à un autre magistrat ou à un officier de police judiciaire, pour qu'il exécute à sa place un acte d'instruction.

→ *Commission.*

Une telle délégation est possible en France à la demande d'un État étranger et à l'étranger à la demande de l'État français (commission rogatoire internationale).

C. pr. civ., art. 157, 730 s., 733 s., 1272; C. pr. pén., art. 151 s. et D. 33 à 36.

→ *Audition à l'étranger.*

Commission syndicale

[Droit administratif]

→ *Section de commune.*

Commissions d'aménagement commercial

[Droit administratif/Droit commercial]

Organes institués en 1973 (loi Royer) sous l'appellation de commissions d'urbanisme commercial pour essayer de concilier les intérêts des commerces et artisanats locaux (petits et moyens) et des « grandes surfaces ». Ce système confie aux commissions départementales, composées d'élus locaux, de représentants des activités commerciales et artisanales, et de représentants des usagers, un véritable pouvoir d'autorisation de s'installer à l'égard des « grandes surfaces », sous le contrôle d'une Commission nationale. La nouvelle dénomination résulte de la loi de modernisation de l'économie (4 août 2008).

C. com., art. L. 751-1 s.

→ *Aménagement commercial.*

Commissions paritaires régionales interprofessionnelles

[Droit du travail]

→ *Représentation universelle des salariés.*

Commissionnaire

[Droit commercial]

Intermédiaire du commerce, agissant en son nom mais pour le compte d'un autre (le commettant) qui supporte les effets des opérations commerciales par lui réalisées. Se distingue, à ce point de vue, du mandataire qui n'est pas personnellement responsable et engage directement le maître de l'affaire.

C. com., art. L. 132-1 s. et L. 110-1; C. transp., art. L. 1411-1 (déf. commission de transport).

→ *Mandat.*

Commodat

[Droit civil]

Mot qui, antérieurement à la loi n° 2009-526 du 12 mai 2009, désignait le prêt à usage dans le Code civil.

C. civ., art. 1875 s.

→ *Prêt.*

Common law

[Droit général]

Droit commun des pays anglo-saxons, qui résulte non de textes législatifs mais de la pratique des juridictions.

→ *Droit civil, Droit prétorien, Due process of law, Jurisprudence.*

Commonwealth

[Droit international public]

Association de la Grande-Bretagne et d'anciennes possessions britanniques ayant accédé au rang d'États pleinement indépendants. Jusqu'en 1947, le *British Commonwealth* comportait l'allégeance de tous ses membres (britanniques d'origine et de tradition) à la Couronne; depuis son extension, il n'y a plus qu'un *Commonwealth of Nations*, dont les membres reconnaissent la Couronne comme « symbole de libre association ». L'absence d'armature juridique confère au *Commonwealth* une extrême souplesse.

Communauté

[Droit constitutionnel]

Mode d'aménagement des relations entre la France et ses colonies proposé en 1958 (Titre XII de la Constitution). À la différence de l'Union française, la Communauté est fondée sur le principe d'une libre adhésion par le vote de la Constitution (la Guinée vote « non » et devient aussitôt indépendante). Cette formule a été transitoire du fait de la volonté des pays africains d'acquérir une indépendance véritable. La loi constitutionnelle du 4 juin 1960 transforme la Communauté en une union internationale laquelle n'aura pas de réalité. La Communauté dite « rénovée » devient un fantôme et les relations de la France avec ces nouveaux États s'établissent sur une base purement bilatérale. A disparu de la Constitution en 1992.

Communauté d'agglomération

[Droit administratif]

Établissement public à fiscalité propre pouvant être créé pour établir une coopération intercommunale entre des villes de taille moyenne.

Elle doit regrouper un ensemble d'un seul tenant de plus de 50 000 habitants, autour d'une ou plusieurs communes centres de plus de 15 000 habitants (en principe).

Elle exerce, à la place des communes membres, un certain nombre de compétences obligatoires, en matière de développement urbain, d'habitat social et de politique de la ville, et elle doit en outre opter pour l'exercice d'un certain nombre d'autres compétences relatives à des grands équipements urbains.

CGCT, art. L. 5216-1 s.

→ *Agglomération, Communauté de communes, Communauté urbaine, Établissement public de coopération intercommunale (EPCI).*

ACTU

Communauté de communes

[Droit administratif]

Établissement public pouvant être créé entre plusieurs communes d'un seul tenant, sans condition de population minimale avant l'entrée en vigueur de la loi n° 2015-991 du 15 août 2015 portant nouvelle organisation territoriale de la République. Désormais, les communautés de communes doivent, en principe, regrouper 15 000 habitants, des dérogations étant néanmoins possibles avec un seuil plancher fixé à 5 000 habitants. Cette évolution doit favoriser la constitution d'établissements publics de taille plus importante.

La communauté exerce à la place des communes membres un certain nombre de compétences, principalement en matière d'aménagement de l'espace, de développement économique et d'équipements.

CGCT, art. L. 5214-1 s.

Communauté de vie

[Droit civil]

Devoir essentiel du mariage, au fondement des autres devoirs conjugaux. Il combine un aspect sexuel (désigné par l'expression « communauté de lit ») et un aspect matériel (le « vivre ensemble » sous le même toit, la *cohabitation* au sens strict).

La cessation de la communauté de vie entre les époux, lorsqu'ils vivent séparés depuis 2 ans lors de l'assignation en divorce, est un motif de divorce pour altération définitive du lien conjugal.

C. civ., art. 215, 238, al. 1, 515-4.

GAJC, t. 1, nº 38.

→ *Devoir conjugal.*

Communauté des États indépendants (CEI)

[Droit international public]

Créée en décembre 1991 entre la Russie, l'Ukraine, la Biélorussie, l'Arménie, l'Azerbaïdjan, la Moldavie et les cinq Républiques d'Asie centrale de l'ex-URSS. N'a pu engendrer que des liens très lâches entre ces États et a pour seul élément permanent l'engagement de tenir les frontières des États signataires pour intangibles.

Communauté d'universités et d'établissements (COMUE)

[Droit administratif]

Établissement public à caractère scientifique, culturel et professionnel créé par la loi du 22 juillet 2013 relative à l'enseignement supérieur et à la recherche permettant de regrouper des établissements d'enseignement supérieur et des organismes de recherche sans procéder à une fusion. Dotée d'un conseil d'administration et d'un conseil académique, la COMUE permet de mener une politique concertée de recherche et de formation sur un territoire.

C. éduc., art. L. 718-7.

→ *Pôle de recherche et d'enseignement supérieur (PRES).*

Communauté entre époux

[Droit civil]

Régime matrimonial en vertu duquel tout (*communauté universelle*) ou partie (*communauté réduite aux acquêts*) des biens dont disposent les époux forme une masse commune et est partagée entre eux ou entre l'époux survivant et les héritiers du défunt, à la dissolution du régime.

C. civ., art. 1400 s. et 1497 s.

GAJC, t. 1, nº 90, 92 à 98; GAJC, t. 2, nº 302.

→ *Acquêts.*

Communauté européenne

[Droit européen]

Dénomination, issue du traité de *Maastricht*, de l'ancienne Communauté économique européenne. Disparaît en 2009.

→ *Communautés européennes.*

Communauté européenne de défense (CED)

[Droit européen]

Organisation prévue par le traité du 27 mai 1952 entre les 6 États déjà membres de la CECA, mais non effectivement créée à la suite du refus de ratification de la France (30 août 1954).

Ce projet, qui tendait à intégrer les forces armées des « Six » sous une autorité supranationale, répondait à la crainte suscitée par la perspective du réarmement allemand envisagé par les États-Unis au moment de la guerre de Corée.

Communauté légale

[Droit civil]

→ *Communauté réduite aux acquêts, Communauté universelle.*

Communauté universelle

[Droit civil]

Régime matrimonial choisi par les époux qui souhaitent (par contrat devant notaire) faire entrer dans la communauté tous leurs biens, présents et à venir, y compris leurs biens propres. Associé à une clause d'attribution intégrale des biens au conjoint survivant, ce régime permet de transmettre au survivant la totalité du patrimoine des époux, hors succession. Rarement adoptée au moment de la formation du mariage, elle est un outil de gestion et d'anticipation successorale utilisé en cours de mariage par un changement de régime matrimonial.

C. civ., art. 1526.

→ *Acquêts, Communauté entre époux, Communauté réduite aux acquêts.*

Communauté politique européenne

[Droit européen]

Prévue par l'article 38 du traité CED et dont le statut fut élaboré dès 1953 par une assemblée *ad hoc* constituée par l'Assemblée de la CECA. Aurait abouti à une véritable union fédérale. Mort-née du fait de la non-entrée en vigueur du traité CED.

Communauté réduite aux acquêts

[Droit civil]

Régime matrimonial qui s'applique de plein droit à tous les époux mariés depuis le 1er février 1966 s'ils n'ont pas choisi un autre régime matrimonial par contrat de mariage. Les biens communs aux époux se réduisent aux seuls *acquêts*.

C. civ., art. 1400 s.

GAJC, t. 1, n° 94.

→ *Communauté entre époux, Communauté universelle.*

Communauté urbaine

[Droit administratif]

Établissement public pouvant être créé pour établir une coopération intercommunale dans les grandes agglomérations urbaines.

Les communautés urbaines doivent regrouper des communes d'une population totale de plus de 250 000 habitants (seuil non applicable à celles antérieures à la loi du 12 juill. 1999).

Les communautés urbaines exercent de plein droit à la place des communes membres un nombre important de compétences en matière de développement économique, d'aménagement de l'espace communautaire, de logement social, de politique de la ville, de protection de l'environnement et de gestion de grands services d'intérêt collectif.

CGCT, art. L. 5215-1 s.

→ *Communauté d'agglomération, Communauté de communes, Métropole.*

Communautés européennes

[Droit européen]

Organisations internationales d'*intégration* ayant pour but de réaliser l'unification

européenne en soumettant les souverainetés étatiques, dans certains domaines, à une autorité commune.
Les traits caractéristiques des Communautés (existence d'organes composés de personnes indépendantes des gouvernements, importance des compétences concédées par les États, introduction de la règle de la majorité, rapports directs avec les particuliers...) ont permis de parler d'organisations supranationales.
6 pays fondateurs : Allemagne, Belgique, France, Italie, Luxembourg, Pays-Bas. 27 États membres lors de l'entrée en vigueur du traité de *Lisbonne*.
Les 3 Communautés d'origine étaient :
1° La *Communauté européenne du charbon et de l'acier, CECA (1951)*. Libre concurrence de la production et des échanges sous le contrôle de la Haute Autorité : pouvoir de police, interventions de conjoncture (sur la production et les prix) et en matière de développement (aide au financement des investissements, à la modernisation des entreprises, à la recherche), compétences sociales (amélioration des conditions de vie de la main-d'œuvre).
La CECA, créée pour 50 ans, s'est fondue en 2002 dans le moule général du traité CE.
2° La *Communauté économique européenne ou Marché commun (1957)*. Devenue Communauté européenne et partie intégrante de l'*Union européenne* en 1993 avec le traité de *Maastricht*, elle a disparu en 2009, absorbée par l'Union européenne, en vertu du traité de Lisbonne. À la fois :

a) *union douanière :* libre circulation des marchandises par la suppression des barrières douanières et la disparition des restrictions quantitatives, tarif extérieur commun;

b) *union économique et monétaire :* libre circulation des personnes, services et capitaux, rapprochement des législations (sociale, fiscale...), politiques économiques communes par secteurs (agriculture, transports, énergie) ou générales (conjoncturelle, monétaire, commerciale et de développement).

3° La *Communauté européenne de l'énergie atomique ou Euratom (1957)*. Coordination de la recherche et diffusion des connaissances, encouragement des initiatives des entreprises et création d'entreprises communes, organisation d'un marché commun atomique, politique commune en matière d'approvisionnement, protection sanitaire et contrôle de sécurité. C'est la seule Communauté qui subsiste.

Commune déléguée

[Droit administratif]

Au choix du *conseil municipal*, statut des anciennes *communes* ayant formé une *commune nouvelle*.

CGCT, art. L. 2113-10.

Commune nouvelle

[Droit administratif]

Commune créée en lieu et place de communes contiguës.

CGCT, art. L. 2113-1.

Commune renommée

[Droit civil]

Rumeur publique ou croyance commune tenant pour vrais des faits dont il n'existe aucune preuve directe.
La commune renommée n'est qu'exceptionnellement admise comme moyen de preuve.

ACTU

Communes

[Droit administratif]

Collectivités territoriales de base de l'organisation administrative française, très inégales par leurs ressources et leur population, gérées selon un régime juridique en principe uniforme par un conseil municipal et un maire. En France métropolitaine, le nombre des communes excédait traditionnellement 36 000, mais la création de communes nouvelles tend à faire diminuer ce chiffre.

Depuis l'entrée en vigueur de la loi n° 2015-991 du 7 août 2015 portant nouvelle organisation territoriale de la République, la commune est la seule catégorie de collectivités territoriales à bénéficier de la *clause générale de compétence*.

CGCT, art. L. 2111-1 s.

→ *Décentralisation.*

Communication au ministère public

[Procédure civile]

Connaissance du dossier d'une affaire civile donnée au *ministère public* pour recueillir son avis sur l'application de la loi en l'espèce. Cette communication a lieu soit à son initiative s'il estime devoir intervenir, soit à la demande du tribunal, soit sur ordre de la loi.

C. pr. civ., art. 303, 425 s., 798.

Communication de pièces

[Procédure civile]

Les plaideurs doivent se communiquer les *pièces* dont ils se servent tant en appel qu'en première instance.

Cette communication, si elle n'est pas faite spontanément, peut être exigée par l'intermédiaire du juge ou du tribunal qui peuvent assortir sa non-exécution, dans un certain délai, d'une astreinte.

C. pr. civ., art. 15, 74, 132 s., 753, 765, 906, 1545.

→ *Communication électronique, Compulsoire.*

Communication du dossier

[Droit administratif]

Garantie fondamentale de la défense consistant en l'obligation pour l'Administration de mettre à même toute personne liée à elle de prendre connaissance du contenu de son dossier personnel préalablement à toute mesure disciplinaire, ou même seulement prise en considération de sa personne, et ceci à peine de nullité de la procédure engagée.

Communication électronique

[Procédure civile]

La voie électronique est autorisée pour effectuer les envois, remises et notifications des actes de procédure, des pièces, avis, avertissements ou convocations, des rapports, des procès-verbaux ainsi que des expéditions revêtus de la forme exécutoire des décisions juridictionnelles, à condition que le destinataire ait expressément consenti à une telle utilisation. L'adhésion d'un auxiliaire de justice assistant ou représentant une partie à un réseau de communication électronique, par exemple le *Réseau privé virtuel avocats*, vaut consentement de sa part à recevoir la notification d'actes de procédure par la voie électronique. De plus il doit adresser un avis numérique de réception.

Le décret n° 2015-282 du 11 mars 2015 précise les modalités du consentement du destinataire à l'utilisation du procédé électronique. Les avis simples émanant du greffe peuvent être adressés par tout moyen, notamment par un courrier électronique à une adresse préalablement déclarée ou au moyen d'un message écrit transmis au numéro de téléphone préalablement déclaré, étant précisé que cette déclaration mentionne le consentement de la partie à l'utilisation de la voie électronique (C. pr. civ., art. 748-9 nouveau).

Les procédés utilisés doivent garantir la fiabilité de l'identification des parties, l'intégrité, la sécurité, la confidentialité et la conservation des documents échangés ainsi que la certitude des dates d'envoi et de réception.

Le décret n° 2010-434 du 29 avril 2010 relatif à la communication par voie électronique prévoit que, pour les auxiliaires de justice et le ministère public, vaut signature électronique l'identification réalisée lors des transmissions par voie électronique. Cette disposition, qui était applicable jusqu'au 31 décembre 2014, a été prorogée jusqu'au 31 décembre 2018 par le décret n° 2014-1633 du 26 déc. 2014.

Devant les cours d'appel, à la suite du décret n° 2009-1524 du 9 décembre 2009 et de l'arrêté du 30 mars 2011, les actes de procédure, à peine d'irrecevabilité relevée d'office, sont soumis à la juridiction par voie électronique, le support papier ne pouvant être utilisé qu'en cas d'impossibilité de transmission par voie électronique imputable à une cause étrangère à celui qui l'accomplit.

Un arrêté du 21 juin 2013 réglemente la communication électronique entre les avocats et entre les avocats et la juridiction devant le tribunal de commerce. La plateforme nationale d'échanges et de suivi sécurisé mis à la disposition des greffiers est dénommée « i-greffes ».

La communication par voie électronique n'est qu'un vecteur de transmission des données procédurales; elle n'affecte pas la nature de l'acte de procédure, elle n'en est qu'une modalité d'exécution.

C. pr. civ., art. 748-1 s., 930-1, 1424-6.

→ *Courrier électronique, Dématérialisation, Écrit électronique, Exploit d'huissier de justice, Huissier de justice, Signification, Téléprocédures.*

[Procédure pénale]

Peut être autorisée par le Premier ministre, aux seules fins de défense et de promotion des intérêts fondamentaux de la Nation, la surveillance des communications qui sont émises ou reçues à l'étranger. Les professions dites « protégées » (magistrats, avocats et journalistes) et les titulaires de mandats parlementaires sont exclus du dispositif.

CSI, art. L. 854-1 s.

Communication individuelle

[Droit international public]

Requête présentée par un individu à l'un des comités institués par traité aux Nations unies dans le domaine des droits de l'homme, en particulier au Comité des droits de l'homme ou au Comité contre la torture, et tendant à faire constater la violation par un État de droits garantis par ces traités.

Commutation de peine

[Droit pénal]

Mesure de remplacement d'une peine par une autre, à la suite d'une grâce présidentielle. Ainsi, une peine privative de liberté peut être commuée en une peine d'amende.

C. pén., art. 133-7 s.

Commutative (Justice)

[Droit général]

→ *Justice.*

Comorientes

[Droit civil]

→ *Comourants.*

Comourants

[Droit civil]

Ou comorientes. Personnes qui meurent dans un même événement (par ex. dans un accident de transport) et dont l'une au moins avait vocation à succéder à l'autre. Il est souvent difficile de fixer le moment précis du décès de plusieurs personnes disparues dans de telles circonstances et donc de savoir laquelle a survécu, ne serait-ce qu'un instant, pour hériter de l'autre. Le Code civil de 1804 réglait la dévolution successorale en s'appuyant sur des présomptions difficiles à appliquer. Ces présomptions ont été abolies et l'ordre chronologique des décès sera établi par tout moyen. À défaut, la loi pose une présomption générale de décès simultanés et la succession de chacune des personnes décédées sera dévolue sans que l'autre y soit appelée.

C. civ., art. 725-1.

Compagnie

[Procédure civile]

Terme d'usage pour désigner l'organisation corporative de certaines professions, ainsi celle de *commissaire-priseur judiciaire*.

→ *Ordre professionnel.*

Compagnies républicaines de sécurité (CRS)

[Droit administratif]

Catégorie d'agents civils de la force publique, au même titre que les agents de police, mais organisés militairement. Les CRS, très mobiles, dont les missions sont diverses et excèdent très largement le maintien de l'ordre au sens courant du terme, sont rattachées au ministère de l'Intérieur et agissent sur ordre direct des autorités civiles compétentes, auxquelles elles sont hiérarchiquement subordonnées.

→ *Gendarmerie.*

Comparution

[Procédure civile]

Devant les tribunaux de *droit commun*, comparaître signifie constituer avocat (TGI et cour d'appel) dans le délai fixé par l'*assignation*.

C. pr. civ., art. 751 et 899.

Devant les tribunaux d'exception, comparaître signifie se présenter soi-même ou envoyer un mandataire à l'audience lors de l'appel de la cause, on parle alors de *procédure orale*. Devant le conseil des prud'hommes, l'oralité est dite *renforcée* en ce sens que les parties sont tenues de se présenter en personne, sauf à justifier d'un motif légitime que le juge appréciera.

C. pr. civ., art. 56, 446-1, 827, 828, 853, 883, 887; C. trav., art. R. 1453-1 et 1453-2.

→ *Constitution d'avocat.*

Comparution immédiate

[Procédure pénale]

Modalité de saisine du tribunal correctionnel qui remplace, depuis la loi n° 83-466 du 10 juin 1983, la saisine directe. Elle concerne uniquement les affaires en état d'être jugées, qu'elles soient flagrantes ou non, et elle n'est applicable ni aux mineurs, ni en matière de délits de presse, de délits politiques ou d'infractions dont la procédure de poursuite est prévue par une loi spéciale.

C. pr. pén., art. 395 s.

Comparution personnelle

[Procédure (principes généraux)]

Mesure d'instruction par laquelle les parties sont convoquées devant le tribunal pour y être interrogées sur les faits de la cause.

[Procédure civile]

La comparution personnelle ne désigne pas l'obligation où se trouvent les plaideurs de se présenter eux-mêmes devant le juge (la représentation en justice par un mandataire étant autorisée parfois sous certaines conditions, v. *comparution*), mais la mesure d'instruction consistant à entendre directement les parties ou l'une d'elles.

La comparution personnelle peut être prescrite en toute matière, et même d'office; elle se déroule en présence des défenseurs et donne lieu à l'établissement d'un procès-verbal.
Elle peut viser une personne morale qui comparaît alors par l'intermédiaire de son représentant légal.

C. civ., art. 1362; C. pr. civ., art. 184 s., 1136-6.*

→ *Audition des parties, Mesures d'instruction.*

Comparution sur reconnaissance préalable de culpabilité

[Procédure pénale]
Mode de saisine du tribunal correctionnel, encore appelé le « plaider coupable », mis en place par la loi n° 2004-204 du 9 mars 2004 (loi Perben II), consistant à éviter la lourdeur d'un examen en audience dès lors que l'auteur de l'infraction reconnaît les faits qui lui sont reprochés et sa culpabilité. Le procureur de la République peut alors lui proposer d'exécuter une ou plusieurs des peines principales ou complémentaires encourues, et, en cas d'acceptation, l'intéressé est aussitôt présenté devant le président du TGI (ou le juge délégué par lui), aux fins d'homologation de la proposition ainsi faite. La procédure n'est applicable, ni aux mineurs de 18 ans, ni en matière de délits de presse, de délits d'homicides involontaires, de délits politiques ou de délits dont la procédure de poursuite est prévue par une loi spéciale.
Depuis la loi n° 2011-1862 du 13 décembre 2011, relative à la répartition des contentieux et à l'allégement de certaines procédures juridictionnelles, la mise en œuvre de la procédure est possible, non seulement à l'issue d'une enquête préliminaire ou de flagrance, mais encore à l'issue d'une instruction.

C. pr. pén., art. 180-1 et 495-7 s.

Comparution volontaire

[Procédure pénale]
Mode de saisine non formaliste du tribunal correctionnel et du tribunal de police, par lequel le prévenu, en général sur avertissement du ministère public, se présente spontanément devant la juridiction répressive, ce qui dispense de la délivrance d'une citation directe.

C. pr. pén., art. 389.

Compensation

[Droit civil]
Extinction simultanée d'obligations réciproques entre deux personnes.
La compensation n'a lieu, en principe, qu'entre deux obligations fongibles, certaines, liquides et exigibles, mais elle peut être prononcée en justice même si l'une des obligations quoique certaine, n'est pas encore liquide ou exigible.

C. civ., art. 1347 s., 1575.*

GAJC, t. 2, n° 253 et 256-257.

Compensation démographique

[Sécurité sociale]
Transferts financiers opérés d'un régime de Sécurité sociale à un autre, pour remédier au déséquilibre des ressources et des dépenses existant dans certains secteurs en raison d'un rapport défavorable entre le nombre des affiliés actifs et des affiliés non actifs. C'est ainsi que la compensation démographique est pratiquée entre le régime général et le régime des non-salariés.

Compensation du handicap

[Sécurité sociale]
Prestation accordée à toute personne handicapée résidant de façon stable et régulière en France métropolitaine ou dans les DOM.

CASF, art. L. 245-1.

Compétence

[Droit général]

Pour une autorité publique ou une juridiction, aptitude légale à accomplir un acte ou à instruire et juger un procès.

Compétence à connaître d'un litige : *ratione materiae* (les procès hors du champ pénal, en fonction de leur nature civile ou commerciale, etc. ; les infractions en fonction de leur gravité), *ratione personae* (en fonction de la personne), *ratione loci* (en fonction d'une circonstance de lieu).

Pour un professionnel du droit, qualification technique permettant de remplir ses fonctions au mieux des intérêts dont il a la charge dans le respect des règles déontologiques. L'avocat, par exemple, est tenu d'un devoir de compétence, l'obligeant à accomplir toutes les diligences utiles à la défense des intérêts de son client et à faire valoir une évolution jurisprudentielle dont la transposition à la cause qu'il défend a des chances sérieuses de la faire prospérer.

Compétence civile

[Procédure civile]

→ *Cour d'appel, Juridiction de proximité, Taux de compétence, Tribunal de commerce, Tribunal de grande instance, Tribunal d'instance.*

Compétence commerciale

[Procédure civile]

→ *Tribunal de commerce.*

Compétence d'attribution ou *ratione materiae*

[Procédure administrative/Procédure civile]

Compétence d'une *juridiction* en fonction de la nature des affaires, parfois aussi de leur importance pécuniaire.

Les règles de compétence d'attribution répartissent les litiges entre les divers ordres, degrés et natures de juridiction.

C. pr. civ., art. 33 s., 49, 96; COJ, art. L. 213-3, L. 311-1, L. 411-2 s., R. 211-3 s., R. 213-8, R. 221-3 à R. 221-45, R. 231-3 s., D. 311-1 s., R. 411-2 s.; C. com., art. L. 721-3; C. trav., art. L. 1411-1; CJA, art. L. 211-1, L. 211-2 et L. 311-2 s.

→ *Compétence territoriale ou ratione loci, Degré de juridiction, Ordre de juridictions, Prorogation de juridiction, Renvoi.*

[Droit constitutionnel]

Champ de compétence normative établi par la constitution sous la forme d'une liste de matières spécifiques en principe limitativement énumérées, qui détermine par contraste une compétence dite générale ou de réserve. Aux États-Unis, la compétence d'attribution va ainsi à l'État fédéral, les États fédérés ayant la compétence générale; en France, elle est donnée au Parlement (face au *Premier ministre*, titulaire du *pouvoir réglementaire*).

Compétence de la compétence

[Droit constitutionnel]

Définition de la *souveraineté de l'État*, selon Jellinek.

Compétence discrétionnaire, liée

[Droit administratif]

→ *Pouvoir discrétionnaire, Pouvoir lié.*

Compétence exclusive

[Procédure civile]

Il y a compétence exclusive lorsque la connaissance d'un certain contentieux est absolument réservée à une juridiction déterminée, qu'il s'agisse de compétence d'attribution ou de compétence territoriale. Ainsi, le TGI a compétence exclusive en matière d'*état de la personne*, de succession, d'actions immobilières, de sauvegarde, de redressement judiciaire et de liquidation judiciaire (débiteur ni commerçant ni immatriculé au répertoire des métiers), de droit d'enregistrement, d'affaires de douanes.

Les cas de compétence exclusive constituent autant de questions préjudicielles obligeant la juridiction saisie à tort à surseoir à statuer jusqu'à ce que le tribunal, seul compétent, se soit prononcé.

COJ, art. L. 211-4 et R. 211-4; C. pr. civ., art. 1066, 1070, 1166.

→ *Question préjudicielle.*

Compétence internationale

[Droit international privé]

→ *Conflit de juridictions.*

[Droit pénal/Procédure pénale]

→ *Compétence universelle, Personnalité active (Principe de la), Personnalité passive (Principe de la), Territorialité (Principe de).*

Compétence matérielle ou *ratione materiae*

[Procédure pénale]

Aptitude d'une juridiction pénale à connaître des infractions en fonction de leur nature (ex. : contraventions, délits, crimes).

GAPP n° 4.

Compétence nationale

[Droit international public]

Expression utilisée dans la Charte de l'ONU (art. 2, § 7) pour désigner les affaires qui, relevant de la compétence exclusive des États membres, sont soustraites à la compétence des organes de l'ONU.

Le contenu du « domaine réservé » n'étant pas déterminé, les organes de l'ONU décident discrétionnairement chaque fois qu'un État soulève l'exception de compétence nationale, et ils ont le plus souvent passé outre (principales applications en matière coloniale).

Compétence personnelle ou *ratione personae*

[Procédure pénale]

Aptitude d'une juridiction pénale à connaître de certaines infractions en fonction de la qualité personnelle du délinquant (ex. : mineur de 18 ans).

Compétence territoriale ou *ratione loci*

[Procédure pénale]

Aptitude d'une juridiction pénale à connaître d'une infraction en fonction d'une circonstance de lieu (ex. : lieu de commission de l'infraction, de la résidence ou de l'arrestation du prévenu).

Compétence territoriale ou *ratione personae vel loci*

[Procédure administrative/Procédure civile]

Les règles de compétence territoriale précisent quel est, de tous les tribunaux d'une même catégorie répartis sur le territoire, celui qui devra connaître de l'affaire. Par exemple, le tribunal d'instance compétent en matière de funérailles est celui dans le ressort duquel s'est produit le décès.

C. pr. civ., art. 42 s., 1066, 1070, 1166; COJ, art. R. 211-11 s., R. 221-46 s., R. 311-3, D. 311-8 s. et R. 331-3; CJA, art. R. 312-1.

→ *Compétence d'attribution ou ratione materiae.*

Compétence universelle

[Droit international public]

Aptitude reconnue aux juridictions étatiques de juger des faits commis à l'étranger et ne présentant aucun lien de rattachement avec le for tel que la nationalité de l'auteur ou de la victime. La compétence universelle est prévue dans certains traités.

C. pr. pén., art. 689-1 s.

→ *Cour pénale internationale.*

Compétences concurrentes (ou partagées)

[Droit constitutionnel]

Lorsqu'une Constitution répartit les compétences normatives entre plusieurs institutions, l'attribution de ces compétences peut être effectuée de façon partagée ou concurrente. Ainsi, l'article 34 de la Constitution française prévoit l'intervention du Parlement dans un certain nombre de matières (enseignement, environnement...) où il ne déterminera que les principes fondamentaux, que le Gouvernement complétera par la voie réglementaire.

Dans certains États fédéraux, voire dans des États à régionalisme politique, la Constitution procède à la répartition de la compétence normative en créant, à côté des compétences exclusives attribuées à l'État central, des compétences concurrentes, dans lesquelles les entités inférieures sont libres d'agir tant que le niveau supérieur n'intervient pas, alors que l'intervention de celui-ci laisse en général une marge d'appréciation aux entités précitées, qui conservent par ailleurs l'intégralité des compétences non évoquées par la Constitution.

Const. allemande, art. 72.

[Droit européen]

La plupart des compétences attribuées par le traité de *Lisbonne* à l'Union européenne le sont à titre de compétences « partagées », au sens où les États membres peuvent exercer leur compétence dans la mesure où l'Union n'exerce pas la sienne (marché intérieur, cohésion économique et sociale, agriculture, environnement, espace de liberté, de sécurité et de justice...). N'échappent à ce statut que les compétences exclusives de l'Union, ainsi que quelques autres dans lesquelles l'Union ne peut mener que des actions d'appui ou de coordination.

TFUE, art. 2 et 4.

Compétences exclusives

[Droit constitutionnel]

Lorsqu'une Constitution répartit les compétences normatives entre plusieurs institutions (État fédéral et États fédérés; Parlement et Gouvernement), certaines de ces compétences peuvent être attribuées dans leur intégralité à l'une ou l'autre de ces institutions. Par ex., le Parlement français est exclusivement compétent en matière de détermination des crimes et des délits et des peines qui leur sont applicables (Const., art. 34); de même, l'État fédéral allemand détient la compétence en matière d'affaires étrangères et de défense (Const., art. 73).

[Droit européen]

Consacrant la jurisprudence en ce sens élaborée par la Cour de justice, le traité de *Lisbonne* attribue des compétences exclusives à l'Union dans un nombre restreint de matières, notamment l'union douanière, la politique monétaire et la politique commerciale commune. Dans ces matières, les États membres ont perdu tout droit d'agir (sauf révision éventuelle du traité).

TFUE, art. 3.

Complainte

[Procédure civile]

Action en justice qui permettait d'agir au possessoire lorsque le possesseur d'un bien réel immobilier, ou même le simple détenteur précaire, était victime d'un trouble actuel. Supprimée par la loi n° 2015-177 du 16 février.

C. pr. civ., art. 1264.

→ *Action possessoire, Dénonciation de nouvel œuvre, Réintégrande.*

Complément d'heures

[Droit du travail]

Dans le cadre du travail à temps partiel, il s'agit de la possibilité d'aménager par avenant au contrat de travail une augmentation temporaire de la durée contractuelle de travail. Cette possibilité doit être expressément prévue par un texte conventionnel étendu. Lorsque des heures complémentaires sont effectuées au-delà de la durée convenue à l'avenant, elles sont soumises à une majoration de rémunération de 25 %.

C. trav., art. L. 3123-25.

→ *Heures complémentaires, Travail.*

Complément de libre choix du mode de garde

[Sécurité sociale]

Compensation des frais de garde d'un enfant dont les parents poursuivent une activité professionnelle. Peu importe que l'enfant fasse l'objet d'une garde auprès d'une assistante maternelle agréée ou auprès d'une aide à domicile ou qu'il soit confié à une association ou une entreprise habilitée à accueillir les enfants.

CSS, art. L. 531-5.

Complément familial

[Sécurité sociale]

Prestation familiale attribuée au ménage ou à la personne qui assume la charge d'au moins 3 enfants tous âgés de 3 ans et plus.

CSS, art. L. 522-1 s.

Complicité

[Droit pénal]

Situation de celui qui, par aide ou assistance, facilite la préparation ou la consommation d'une infraction, sans en réaliser lui-même les éléments constitutifs, ou encore provoque à une infraction ou donne des instructions pour la commettre.

Depuis la réforme du Code pénal, le complice de l'infraction est puni comme auteur.

C. pén., art. 121-6 et 121-7.

GADPG n° 33.

Composition pénale

[Procédure pénale]

Mesure de compensation ou de réparation proposée par le procureur de la République, tant que l'action publique n'a pas été mise en mouvement, à une personne majeure qui reconnaît avoir commis un ou plusieurs délits ou une ou plusieurs contraventions dont la liste est fixée par la loi ou le règlement. Après avoir été validée par le président du tribunal, son exécution éteint l'action publique.

C. pr. pén., art. 41-2 s.

Compostage

[Droit de l'environnement/Droit rural]

Procédé biologique aérobie contrôlé, comportant habituellement une phase de montée en température, qui permet l'hygiénisation et la stabilisation par dégradation/réorganisation de la matière organique et conduit à l'obtention d'un compost utilisable comme amendement ou engrais organique.

Arrêté du 20 avr. 2012 relatif aux prescriptions générales applicables aux installations classées de compostage soumises à enregistrement.

Compromis

[Droit civil]

Terme employé de façon impropre par les praticiens pour désigner la convention provisoire par laquelle les parties constatent leur accord sur les conditions d'une vente, en attendant de régulariser l'opération devant notaire.

→ *Promesse synallagmatique de vente.*

[Procédure civile]

Convention par laquelle 2 ou plusieurs personnes décident de soumettre un litige déjà né et concernant des droits dont elles ont la libre disposition à l'*arbitrage* d'un tiers.

L'administration ne peut, sauf cas exceptionnels, signer un compromis.

C. civ., art. 2059 s.; C. pr. civ., art. 1442 s.

→ *Clause compromissoire, Convention d'arbitrage.*

[Droit international public]
Accord entre sujets de droit international (États, organisations internationales ou entreprises transnationales) en vue de soumettre à l'arbitrage ou à une juridiction internationale permanente le différend qui les oppose.

Comptabilité commerciale ou professionnelle

[Droit commercial]
Procédé permettant d'enregistrer grâce à la tenue permanente de comptes toutes les opérations commerciales réalisées par un commerçant individu ou par une entreprise commerciale, et de dégager, soit à tout moment certaines situations partielles (situation de caisse, situation client par ex.), soit, en fin d'exercice, la situation financière générale de cet individu ou de cette entreprise par la présentation du bilan.
Le droit français est sur ce point très largement déterminé par les directives européennes d'harmonisation (Dir. 2013/34/UE relative aux états financiers annuels).
La teneur des obligations comptables est différenciée, d'un secteur économique à un autre, ou suivant la taille de l'entreprise.
La comptabilité, régulièrement tenue, revêt une valeur probante.

C. com., art. L. 123-12 s.; C. civ., art. 1378.*

→ *Autorité des normes comptables, Micro-entreprises (Régime des).*

Comptabilité publique

[Droit financier ou fiscal]
1° Au sens le plus étroit, ensemble des règles particulières fixant la tenue des comptes de l'État, des *collectivités territoriales*, et des établissements publics soumis à ces règles. Pour l'État, elle comprend essentiellement une comptabilité budgétaire chargée de retracer l'exécution des recettes et des dépenses autorisées par le *budget*, une comptabilité générale retraçant l'ensemble de ses opérations, de son patrimoine et de sa situation financière et qui ne peut différer de celle des entreprises que dans la mesure exigée par la spécificité des actions de l'État, et une sorte de comptabilité analytique (moins fine que dans les entreprises) destinée à analyser et connaître les coûts de chacune des différentes *actions* de chaque *programme* budgétaire.
2° Au sens large, qui est le plus souvent utilisé en France, l'expression embrasse l'ensemble des règles juridiques déterminant les obligations et les responsabilités des ordonnateurs et des comptables, ainsi que les règles d'exécution des recettes non fiscales et des dépenses des personnes publiques.

→ *Certification des comptes (des administrations publiques).*

Comptable assignataire

[Droit financier ou fiscal]
Comptable public sur la caisse duquel un ordonnateur doit assigner – c'est-à-dire faire effectuer – le paiement d'une dépense d'une *personne publique*. Ce comptable est chargé d'effectuer le contrôle de la régularité de la mise en paiement de la dépense par l'*ordonnateur*.

Comptable de fait

[Droit financier ou fiscal]
Terme désignant toute personne se rendant coupable d'un acte constitutif de *gestion de fait*.

Comptable principal

[Droit financier ou fiscal]
Comptable public rendant un *compte de gestion* à la Cour des comptes ou à une

Chambre régionale des comptes après avoir éventuellement intégré dans sa comptabilité les opérations d'autres comptables publics (dits : comptables secondaires). Dans chaque département, seul le Directeur départemental des finances publiques est comptable principal, devant la Cour des comptes, de toutes les dépenses et les recettes de l'État.

Comptables publics

[Droit financier ou fiscal]

Catégorie d'agents ayant seuls qualité, sous leur responsabilité pécuniaire, pour recouvrer les créances et payer les dettes de la majeure partie des personnes publiques, ainsi que pour manier et conserver les fonds et valeurs appartenant ou confiés à celles-ci.

Les fonctions de comptable et d'ordonnateur sont en principe incompatibles, mais pour les produits fiscaux à caractère indirect les comptables procèdent eux-mêmes à la liquidation de l'impôt, et il peut être créé auprès des *ordonnateurs* des régies d'avances ou de recettes.

Compte administratif

[Droit administratif/Droit financier]

En matière de finances des collectivités territoriales et des établissements publics, document voté par le collège délibérant (conseil municipal...) après la clôture de l'exercice budgétaire, afin de comparer les opérations effectuées et les autorisations budgétaires.

Il correspond à ce qu'est pour l'État la *loi de règlement*.

CGCT, art. L. 1612-12.

Compte-courant

[Droit civil/Droit commercial]

Convention par laquelle deux personnes qui sont périodiquement créancières et débitrices réciproques, font figurer leurs créances et dettes en articles de compte indivisible, seul le solde étant dû après clôture.

On appelle « remettant » celui qui est bénéficiaire d'une créance, « récepteur » celui qui opère la même inscription à son débit.

GAJC, t. 2, n° 286.

Compte-courant d'associé

[Droit commercial]

Cette formule inexacte désigne le prêt consenti par un associé à la société dont il est membre.

La durée du prêt de l'associé peut être indéterminée ou déterminée, par exemple du fait de l'existence d'une convention de blocage.

Les intérêts versés font l'objet d'une réglementation fiscale spécifique.

Compte d'exploitation

[Droit commercial]

→ *Compte de résultat.*

Compte de dépôt

[Droit commercial]

Compte ouvert par un établissement de crédit et en particulier par une banque à une personne, commerçante ou non commerçante, qui dépose des fonds et les retire par chèque ou par virement. Depuis 2008, toute personne physique ou morale domiciliée en France, qui n'a pas de facilité bancaire, a droit à l'ouverture d'un tel compte auprès de l'établissement de crédit de son choix.

C. mon. fin., art. L. 312-1.

Compte de gestion

[Droit financier ou fiscal]

Ensemble des documents chiffrés et des pièces justificatives des recettes et des dépenses, par lesquels un *comptable principal* justifie devant la Cour des comptes ou devant une

Chambre régionale des comptes les opérations qu'il a exécutées ou centralisées durant une année financière.

Compte de pertes et profits

[Droit commercial]

→ *Compte de résultat.*

Compte de résultat

[Droit commercial]

Document légal de synthèse qui enregistre tous les produits et les charges de l'entreprise.

La différence est le résultat net comptable qui sera repris (en soustraction s'il s'agit d'une perte) au passif du bilan.

C. com., art. L. 123-13.

Compte épargne-temps

[Droit du travail]

Compte qui permet au salarié qui le désire d'accumuler des droits à congés payés ou de bénéficier d'une rémunération, immédiate ou différée, en contrepartie des périodes de congé ou de repos non prises ou des sommes qu'il y a affectées. Le compte peut être alimenté de diverses manières (prévues conventionnellement) à l'initiative de l'employeur, pour les heures de travail accomplies au-delà de la durée collective à son initiative, ou à celle du salarié, par exemple par le report d'une fraction des congés payés annuels supérieure à 24 jours. Les sommes qui figuraient sur ce compte peuvent être utilisées, à l'initiative du salarié et avec l'accord de l'employeur, pour compléter la rémunération ou pour cesser progressivement son activité. Les comptes épargne temps sont institués par voie conventionnelle (convention ou accord d'entreprise ou d'établissement, ou, à défaut, convention ou accord de branche).

C. trav., art. L. 3151-1 s.

Compte joint

[Droit civil/Droit commercial]

Compte ouvert au nom de plusieurs personnes, établissant entre elles une solidarité tant active que passive. Se caractérise par la possibilité pour chaque titulaire d'engager la totalité des fonds sous sa seule signature et par la présomption de copropriété entre tous les déposants. Le compte est joint dans le fonctionnement, disjoint dans la liquidation.

C. civ., art. 1310.*

Compte personnel de formation (CPF)

[Droit du travail]

Compte ouvert à partir, en principe, de 16 ans jusqu'à la retraite pour toute personne salariée, à la recherche d'un emploi ou accompagnée dans un projet d'orientation et d'insertion professionnelles lui permettant de suivre, à son initiative ou avec son accord exprès, une formation professionnelle éligible au regard de critères légaux. Le refus de mobiliser ce compte n'est pas fautif. Celui-ci est abondé chaque année, pour un salarié à temps complet, de 24 heures, jusqu'à 120 heures, puis au-delà de 12 heures par an jusqu'à un plafond de 150 heures.

Lorsque la formation doit se dérouler sur le temps de travail, ne serait-ce qu'en partie, le salarié doit obtenir l'accord préalable de l'employeur sur le contenu et le calendrier de la formation, le temps de formation coïncidant avec le temps de travail étant rémunéré comme du temps de travail effectif.

Le CPF a remplacé le DIF (droit individuel à la formation) à compter de janvier 2015. Les heures déjà acquises et non consommées au titre du DIF sont transférées sur ce nouveau compte et utilisables dans un délai de 5 ans.

C. trav., art. L. 6323-1 s.

Compte personnel de prévention de la pénibilité

[Sécurité sociale]

Il a pour objet de comptabiliser sous forme de points, les droits que chaque travailleur, exposé à des facteurs de pénibilité, acquiert du fait de cette exposition. La gestion du compte est assurée par la CARSAT qui reçoit annuellement des employeurs les fiches. Le salarié est informé de son nombre de points annuellement et des utilisations possibles : prise en charge de frais d'heures de formation, financement d'un complément de rémunération en cas de réduction de la durée de travail, financement de la majoration de durée d'assurance vieillesse (surcote) et d'un départ à la retraite avant l'âge légal de 62 ans.

C. trav., art. L. 4162-1 s.

Comptes consolidés

[Droit commercial]

Bilan et comptes d'une société décrivant la situation active et passive et les résultats de ses filiales (c'est-à-dire les sociétés dans lesquelles elle détient une participation majoritaire ou significative).

C. com., art. L. 233-16 s.

Comptes spéciaux

[Droit financier ou fiscal]

Anciennement comptes spéciaux du trésor, il s'agit de comptes ouverts dans les écritures du Trésor en vue – par dérogation à la règle d'*universalité* – d'affecter certaines recettes à certaines dépenses (ex. : avances aux collectivités territoriales).

Le Parlement autorise dans la *loi de finances* les opérations qu'ils retracent, soit dans leur masse soit dans leur solde. Il existe quatre types de comptes spéciaux : les comptes d'affectation spéciale, les comptes de commerce, les comptes d'opération monétaire, les comptes de concours financiers (LO du 1er août 2001, art. 19).

Compulsoire

[Droit civil/Procédure civile]

Procédure abrogée grâce à laquelle un plaideur pouvait se faire délivrer copie d'un acte public auquel il n'avait pas participé ou obtenir la représentation de l'original en vue de le collationner avec la copie.

C. pr. civ., art. 138.

→ *Collationnement, Communication de pièces.*

Computation

[Procédure (principes généraux)]

→ *Délai, Délai de procédure.*

Concentration

[Droit administratif]

Mode très théorique d'organisation administrative selon lequel tous les pouvoirs de décision seraient rassemblés au profit d'autorités étatiques situées au siège géographique des pouvoirs publics.

[Droit commercial]

Au sens large, toute opération juridique tendant à créer une unité de décision entre des entreprises, dans le but d'en accroître la puissance économique.

Dans un sens plus strict, opérations juridiques tendant à créer une unité de décision entre des entreprises soit par la création de liens structurels modifiant l'identité juridique des entreprises intéressées (*Fusion*), soit par la création de liens financiers laissant subsister l'indépendance juridique des entreprises en cause.

Franchissant certains seuils d'importance, ces opérations doivent être déclarées aux autorités de concurrence et font l'objet d'un contrôle préventif.

C. com., art. L. 430-2 s.

→ *Autorité de la concurrence, Groupe de sociétés.*

[Droit européen]

Au sein de l'Union européenne, la Commission effectue un contrôle préalable des opérations de concentration d'entreprises susceptibles, par leur importance, de porter atteinte au libre jeu de la concurrence dans le marché intérieur.

Concentration des moyens

[Procédure civile]

→ *Autorité de chose jugée, Principe de concentration des moyens.*

Conception

[Droit civil]

Dans la reproduction humaine, fusion d'un spermatozoïde et d'un ovule. En droit français, la personnalité juridique de l'enfant né vivant et viable remonte à la date de sa conception qui, sous cet aspect, se confond avec la procréation.

C. civ., art. 16, 311, 312, 725, 906.

→ *Accueil d'embryon, Assistance médicale à la procréation, Don de gamètes, Embryon humain, Embryons surnuméraires, Gestation pour autrui, Infans conceptus pro nato habetur quoties de commodis ejus agitur, Insémination artificielle, Transfert d'embryon.*

Conception *in vitro*

[Droit civil]

Fécondation, en laboratoire, d'un ovule avec des spermatozoïdes.

→ *Accueil d'embryon, Assistance médicale à la procréation, Don de gamètes, Embryon humain, Embryons surnuméraires, Gestation pour autrui, Infans conceptus pro nato habetur quoties de commodis ejus agitur, Insémination artificielle, Transfert d'embryon.*

Concert

[Droit commercial]

→ *Action de concert.*

Concert européen

[Droit international public]

Entente des grandes puissances européennes au cours du XIXe siècle pour régler en commun, par une suite de réunions intermittentes, les grands problèmes européens.

Concession

[Droit administratif]

Il existe plusieurs variétés de concessions, présentées ci-après, mais qui toutes correspondent à un contrat passé entre une personne publique qui est le concédant (État, collectivités territoriales) et une personne de droit privé ou de droit public (le concessionnaire).

1° *Concession de service public :* mode de gestion d'un service public consistant à confier la gestion à un concessionnaire recruté contractuellement agissant à ses risques et rémunéré par des perceptions prélevées sur les usagers.

2° *Concession de travaux publics (Décr. du 26 avr. 2010) :* procédé de réalisation d'un *ouvrage public* dans lequel le concessionnaire le réalise et se rémunère sur les usagers en l'exploitant à titre onéreux pendant un temps déterminé (ex. : autoroutes à péage).

3° *Concession d'occupation du domaine public :* contrat de droit administratif conférant à son bénéficiaire, moyennant rémunération, le droit d'utiliser privativement une partie plus ou moins étendue du domaine public.

→ *Concession de voirie, Délégation de service public.*

[Droit international public]
Affectation d'un quartier de ville aux étrangers qui y résident, avec le droit pour eux d'avoir leur propre administration et leur propre juridiction.
Appliqué en Chine à partir de 1840, le régime des concessions a disparu progressivement après la Première Guerre mondiale.

Concession commerciale

[Droit commercial]
Contrat liant un fournisseur à un commerçant, auquel il réserve la vente de ses produits, à la condition qu'il accepte un contrôle commercial, comptable, voire financier de son entreprise et parfois s'engage à s'approvisionner, dans ce secteur, exclusivement chez le concédant.

C. com., art. L. 330-3.

→ *Franchisage.*

Concession de voirie

[Droit administratif]
Contrat administratif autorisant une occupation privative – et donc anormale – d'une portion de la voirie par un particulier, moyennant une redevance. Malgré son caractère contractuel, cette autorisation, précaire, peut être révoquée en indemnisant le concessionnaire.

→ *Permission de voirie.*

Concession funéraire

[Droit civil/Droit administratif]
Contrat administratif par lequel la commune attribue à un particulier, pour servir à sa sépulture et/ou à celle de sa famille, la jouissance d'un emplacement dans un cimetière pour une durée variable, temporaire, trentenaire, cinquantenaire, perpétuelle, moyennant le versement d'un capital.
Le droit de sépulture attaché à la concession est un droit réel immobilier « *sui generis* » caractérisé par sa nature extra-patrimoniale et son affectation à la famille. Il n'appartient qu'aux seuls membres de la famille unis entre eux par les liens du sang ainsi qu'au conjoint survivant; mais il peut faire l'objet d'une donation ou d'un legs en faveur d'un tiers.

CGCT, art. L. 2223-13 s.

Concession immobilière

[Droit civil]
Contrat par lequel le propriétaire d'un immeuble attribue la jouissance du bien, contre rémunération annuelle, et pendant au moins 20 ans, à un preneur qui peut apporter tous aménagements de son choix et édifier.
À l'expiration du contrat, le propriétaire doit en principe indemniser le concessionnaire pour les constructions effectuées.

L. n° 67-1253 du 30 déc. 1967, art. 48 à 61.

→ *Bail à construction, Droit de superficie, Emphytéose.*

Conciliateur de justice

[Droit civil/Procédure civile]
Type particulier de conciliateur, créé par le décret n° 78-381 du 20 mars 1978 pour faciliter, en dehors de toute procédure judiciaire, le règlement amiable des différends portant sur des droits dont les intéressés ont la libre disposition; on parle alors de *conciliation conventionnelle*.
Par la suite, il est devenu un véritable auxiliaire du juge (notamment du juge d'instance) qui peut, dans le cadre d'une procédure judiciaire en cours, lui déléguer son pouvoir général de conciliation visé à l'article 21, C. pr. civ., pour procéder aux tentatives préalables de conciliation prescrites par la loi (sauf en matière de divorce ou de séparation de corps); on parle alors de *conciliation organisée par le juge*; le juge ne peut d'ailleurs déléguer son pouvoir de conciliation qu'à un conciliateur de justice.

Dans les deux cas, le conciliateur de justice est une personne privée justifiant d'une expérience en matière juridique d'au moins 3 ans; nommé par ordonnance du premier président de la cour d'appel, il exerce ses fonctions à titre bénévole (alors que le *médiateur* qui serait désigné par le juge est rémunéré) et accomplit sa mission avec compétence, diligence et impartialité. On compte 1 894 conciliateurs de justice au 1er janvier 2015 (dernier chiffre publié).

C. pr. civ., art. 129-1 à 129-5, 830 à 833, 1536 à 1541

→ *Médiateur, Médiation conventionnelle, Médiation organisée par le juge.*

Conciliation conventionnelle

[Droit civil]

L'expression « clause de conciliation conventionnelle » désigne la clause d'un contrat par laquelle les parties s'engagent à tenter de trouver une solution amiable dans l'hypothèse où un différend surviendrait entre elles et à ne saisir le juge qu'en cas d'échec de la tentative de conciliation.

En présence d'une telle clause, et selon la jurisprudence, une partie qui saisit le juge sans tenter préalablement une conciliation avec l'autre partie se heurte à une *fin de non-recevoir*, sauf en matière prud'homale où le juge peut être saisi directement puisque la procédure débute par une tentative de conciliation. Cette fin de non-recevoir n'est pas susceptible d'être régularisée par la mise en œuvre de la clause en cours d'instance. En doctrine, on réserve l'expression « clause de conciliation conventionnelle » à l'hypothèse où les parties règlent entre elles leurs différends, sans recours à un tiers, à la différence de la *médiation conventionnelle*.

[Procédure civile]

Tout processus structuré par lequel deux ou plusieurs parties tentent de parvenir à un accord, en dehors de toute procédure judiciaire, en vue de la résolution amiable de leurs différends, avec l'aide d'un tiers choisi par elles (et qui peut être un *conciliateur de justice*). L'acte de saisine d'une juridiction doit désormais préciser les diligences entreprises en vue de parvenir à une résolution amiable du litige.

C. pr. civ., art. 56, 58, 1530 et 1531, 1536 à 1541.

[Droit du travail]

Procédé de règlement amiable des conflits collectifs de travail. La procédure de conciliation est facultative, sauf convention la rendant obligatoire.

→ *Arbitrage, Conciliation organisée par le juge, Médiation organisée par le juge.*

Conciliation internationale

[Droit international public]

Mode de règlement pacifique des différends internationaux consistant dans l'intervention d'une commission chargée, en mettant en œuvre une procédure contradictoire, d'examiner l'affaire et de proposer une solution.

Conciliation organisée par le juge

[Droit administratif]

Dans les tribunaux administratifs et les cours administratives d'appel, les chefs de juridiction peuvent organiser avec l'accord des parties une mission de conciliation.

CJA, art. L. 211-4.

[Droit commercial/Droit civil]

Mesure applicable aux personnes, physiques ou morales, de droit privé, à condition qu'elles exercent une activité professionnelle indépendante (commerciale, libérale ou artisanale), qu'elles éprouvent une difficulté juridique, économique ou financière, avérée ou prévisible, et ne se trouvent pas en cessation des paiements depuis plus de 45 jours. Le conciliateur désigné par le président du tribunal a pour mission de favoriser la conclusion d'un accord amiable entre le débiteur et ses principaux créanciers, en vue de mettre fin aux difficultés de l'entreprise. Cet accord est, selon les cas, soumis à l'homologation du tribunal ou à la constatation de son président. Dans tous les cas, l'accord suspend les instances en cours et interdit les poursuites individuelles, entre les signataires et pour les créances faisant l'objet de l'accord.

Par décision du juge, le conciliateur peut être désigné en tant que mandataire à l'exécution de l'accord. Il peut être chargé, à la demande du débiteur, de la préparation d'un plan de cession totale ou partielle de l'entreprise, lequel sera éventuellement mis en œuvre dans le cadre d'une procédure collective ultérieure.

En cas d'échec de la procédure de conciliation, est institué un passage privilégié vers la procédure de sauvegarde (*sauvegarde accélérée*), si le débiteur peut faire état d'une catégorie de créanciers susceptibles de voter un plan de restructuration du passif.

Les agriculteurs font l'objet d'une procédure propre.

C. com., art. L. 611-4 s., spéc. L. 611-10, L. 628-1 s.; C. rur., art. L. 351-1 s.

[Procédure civile]

Mode de résolution des conflits menée sous l'égide du juge, visant à une solution négociée du litige. Il entre dans l'office de tout juge judiciaire une mission de conciliation, qui consiste à amener les parties à un règlement amiable du conflit par la voie de la conciliation (C. pr. civ., art. 21). La conciliation directement menée par le juge peut être qualifiée de conciliation judiciaire au sens strict.

Mais le juge peut aussi déléguer cette mission à un tiers, qui ne peut être qu'un *conciliateur de justice*. On parle alors de *conciliation judiciaire déléguée* (ou de conciliation judiciaire au sens large).

Lorsqu'elle intervient durant la phase préalable de certains procès, on parle de *conciliation préalable* (ainsi en matière de séparation de corps et de divorce). Sauf exception légale (préalable obligatoire de conciliation devant le conseil des prud'hommes), il n'y a pas, à ce jour, de tentative obligatoire de conciliation dans les procès civils, commerciaux, sociaux mais l'acte de saisine d'une juridiction doit préciser les diligences entreprises en vue de parvenir à une résolution amiable du litige.

La conciliation judiciaire (déléguée ou non) peut aussi être mise en œuvre en cours d'instance judiciaire, au moment que le juge estime le plus opportun.

Lorsque la conciliation aboutit, la teneur de l'accord est consignée soit dans un procès-verbal signé par les parties et le juge (les extraits délivrés par le juge valent titre exécutoire), soit dans un constat signé par les parties et le conciliateur, auquel le juge d'instance peut conférer *force exécutoire* sauf opposition d'une partie.

Le projet de loi « Justice du XXIe siècle » du 31 juillet 2015 pose le principe d'une tentative de règlement amiable par un conciliateur de justice pour les petits litiges du quotidien relevant du tribunal d'instance ou du juge de proximité.

C. pr. civ., art. 21, 56, 58, 127 s. et 830 s.; C. trav., art. L. 1454-10.

[Droit du travail]

Phase obligatoire de l'instance prud'homale qui précède la procédure devant le bureau de jugement, pendant laquelle deux juges tentent de mettre les parties d'accord.

C. trav., art. L. 1411-1.

→ *Arbitrage, Conciliation conventionnelle, Médiation conventionnelle, Médiation organisée par le juge.*

Conclusions

[Procédure (principes généraux)]

Acte de procédure par lequel le demandeur expose ses chefs de demande et les raisons de fait et de droit invoquées à leur soutien, le défendeur ses moyens de défense. C'est par le dépôt des conclusions que le débat est lié. Le juge a l'obligation de répondre à tous les chefs des conclusions.

On désigne aussi par le terme « conclusions » l'avis que le *ministère public* donne à la juridiction, en matière civile, soit par écrit, soit oralement à l'audience.

C. pr. civ., art. 4, 15, 56, 431, 783, 815, 908, 909 et 961.

→ *Avocat, Liaison de l'instance, Multipostulation, Postulation, Réquisitions.*

[Droit administratif/Droit européen]

→ *Avocat général, Commissaire du gouvernement, Rapporteur public.*

Conclusions qualificatives

[Procédure civile]

Conclusions qui formulent expressément non seulement les moyens en fait, mais aussi en droit, sur lesquels sont fondées les prétentions des parties. Le Code de procédure civile impose que les conclusions déposées devant le *tribunal de grande instance* et la *cour d'appel* soient qualificatives.

C. pr. civ., art. 753, al. 1 et 954, al. 1.

Conclusions récapitulatives

[Procédure civile]

Dernières conclusions en date, procédant à la synthèse intellectuelle des prétentions et moyens présentés ou invoqués dans les conclusions antérieures. Le Code de procédure civile impose que les dernières conclusions déposées devant le TGI et la cour d'appel soient récapitulatives. Les points non récapitulés étant réputés abandonnés, le tribunal ou la cour n'est tenu de se prononcer que sur les dernières écritures et n'expose donc pas sa décision à cassation pour défaut de réponse à conclusions dès lors qu'il s'agit de prétentions et moyens qui n'ont pas été rappelés.

Devant la cour d'appel, les prétentions sont récapitulées sous forme de dispositif. La cour ne statue que sur les prétentions énoncées au dispositif.

C. pr. civ., art. 753, al. 2 et 3, 954, al. 2.

Concordat

[Droit commercial]

Le concordat désignait, par le passé, l'issue volontaire d'une procédure de faillite décidée par la collectivité des créanciers. Cette institution se retrouve indirectement aujourd'hui dans l'institution des comités de créanciers votant le plan dans la procédure de sauvegarde.

→ *Règlement amiable, Sauvegarde (Procédure de).*

[Droit international public]

Traité conclu entre le Saint-Siège et un État en vue de régler la condition de l'Église et du culte dans cet État.

Concours

[Droit administratif]

Mode de recrutement ordinaire des fonctionnaires consistant en une sélection et un classement des candidats assurés par un jury indépendant, se prononçant soit à partir d'épreuves écrites ou orales (concours sur épreuves), soit par appréciation comparée des titres universitaires ou professionnels des candidats (concours sur titres).

Concours (Loi du)

[Droit civil/Procédure civile]

Règle en vertu de laquelle les créanciers supportent, à proportion de leurs droits, l'insolvabilité de leur débiteur. Son application est exceptionnelle en droit civil où la *déconfiture* est un état inorganique qui

tolère que le paiement soit le prix de la course. La loi du concours n'entre en vigueur que par la procédure de l'opposition au règlement du prix, une fois la saisie opérée.
Une dérogation à la loi du concours est admise en cas de pluralité de saisies des rémunérations : les créances résiduelles les plus faibles sont payées prioritairement dans les conditions fixées par décret.
Au rebours, le principe égalitaire de la contribution au *marc le franc* gouverne la liquidation du passif commercial.

C. civ., art. 2285; C. trav., art. L. 3252-8.

→ *Contribution, Distribution par contribution.*

Concours au Trésor public

[Droit financier ou fiscal]

Avant la réforme de la Banque de France de 1993 qui a interdit à celle-ci toute forme – directe ou indirecte – de crédits ou de prêts à l'État, on désignait ainsi des avances de trésorerie que la Banque de France consentait de façon permanente à l'État dans la limite d'un plafond légal.

→ *Fonds de concours.*

Concours de la force publique

[Procédure civile]

L'*huissier de justice* qui se heurte, dans sa mission d'exécution, à une difficulté insurmontable par ses propres moyens (menaces, rébellion, interventions musclées de syndicats ou d'associations de défense) peut requérir l'emploi de la force publique en adressant une demande au préfet accompagnée de l'exposé de ses diligences et de la résistance qu'il a rencontrée. Le refus de l'État, ou son défaut de réponse dans les 2 mois, ouvre droit à réparation.
Par ailleurs, les opérations d'ouverture des portes et des meubles exigent, lorsque l'occupant du local est absent ou en refuse l'accès, la présence d'un représentant de la municipalité, d'une autorité de police ou de gendarmerie ou, à défaut, de deux témoins majeurs indépendants du créancier et de l'huissier.

C. pr. exéc., art. L. 142-1, L. 153-1, L. 153-2, R. 151-1 s., R. 153-1.

→ *Exécution forcée, Force exécutoire, Force publique.*

Concours (ou cumul) idéal d'infractions

[Droit pénal]

→ *Conflit de qualifications.*

Concours réel d'infractions

[Droit pénal]

Situation dans laquelle un délinquant a, par ses agissements, commis plusieurs infractions distinctes, sans qu'elles soient séparées entre elles par une condamnation définitive. Il est autant de responsabilités qu'il est d'infractions réalisées, mais le principe du *non-cumul des peines* interdit que soient prononcées ou exécutées des peines de même nature au-delà du maximum légal le plus élevé.
Le concours réel se distingue, d'une part, de la *récidive*, qui consiste à commettre un nouveau crime ou délit, voire une contravention, après une condamnation définitive pour une première infraction (C. pén., art. 132-8 s.), d'autre part de la réitération d'infractions, qui correspond à des infractions également séparées par une condamnation définitive, mais sans pour autant rejoindre la récidive, faute de répondre à ses conditions légales (C. pén., art. 132-16-7).

C. pén., art. 132-2.

Concubinage

[Droit civil]

Union de fait, caractérisée par une vie commune présentant un caractère de stabilité et de continuité, entre 2 personnes, de sexe différent ou de même sexe, qui vivent en couple, alors que l'union conjugale n'a pas été célébrée. L'union de fait peut ou non être accompagnée d'un *pacte civil de solidarité (PACS)*.

C. civ., art. 515-8.

GAJC, t. 1, n° 28, 29-30 et 49; GAJC, t. 2, n° 188-189.

→ *Union civile.*

Concurrence

[Droit commercial]

→ *Droit de la concurrence.*

Concurrence déloyale

[Droit commercial]

Ensemble de procédés commerciaux contraires à la loi ou aux usages, constitutifs d'une faute intentionnelle ou non et de nature à causer un préjudice aux concurrents, dont ils pourront demander réparation.

Se distingue des *pratiques commerciales trompeuses* ou déloyales, sanctionnées dans les rapports avec les consommateurs.

C. civ., art. 1240.*

Concurrence fiscale dommageable

[Droit financier ou fiscal]

Pratique, combattue par l'Organisation de coopération et de développement économique (OCDE) et par l'Union européenne, consistant pour un État, en vue de favoriser ses exportations ou d'attirer des entreprises ou des capitaux étrangers, à diminuer de façon excessive ses impôts en dessous de ceux des États concurrents, et souvent aussi à pratiquer le secret bancaire au profit des capitaux importés.

Concussion

[Droit pénal]

Fait, par une personne dépositaire de l'autorité publique ou chargée d'une mission de service public, soit de recevoir, exiger ou ordonner de percevoir à titre de droits ou contributions, impôts ou taxes publics, une somme qu'elle sait ne pas être due, ou excéder ce qui est dû, soit d'accorder une exonération ou franchise de ces droits en violation de la loi.

C. pén., art. 432-10.

Condition

[Droit civil]

1° Élément de validité ou d'efficacité d'un acte (la capacité pour conclure un contrat; l'*intérêt à agir* pour la recevabilité de la demande en justice, etc.).

2° Modalité d'un acte juridique faisant dépendre l'existence d'un droit d'un événement futur dont la réalisation est incertaine.

En fonction de ses effets, on distingue la condition *suspensive* et la condition *résolutoire* : la condition est dite *suspensive* lorsque son accomplissement rend l'obligation pure et simple et le droit ne naît qu'à compter de cet accomplissement – et non plus rétroactivement comme c'était le cas sous l'empire du droit antérieur à l'ordonnance n° 2016-131 du 10 février – sauf si les parties ont prévu sa rétroactivité au jour du contrat. Si la condition est résolutoire, la survenance de l'événement fait disparaître le droit rétroactivement.

→ *Terme.*

En fonction du rôle éventuel de la volonté dans la réalisation de la condition, on distingue la condition casuelle, potestative et mixte :

• *La condition casuelle* est celle qui dépend uniquement des circonstances, du hasard.

• *La condition potestative* est celle qui dépend de la volonté de l'une des parties à l'acte juridique ou au contrat. Elle est valable lorsque la volonté dont elle dépend est celle du créancier de l'obligation. Elle ne l'est pas lorsqu'elle dépend de la seule volonté du débiteur (je paierai si je veux), condition dite purement potestative. *La condition simplement potestative*, dépendant de la volonté du débiteur et d'une circonstance indépendante de sa volonté, est licite.

• Est valable également *la condition mixte* qui dépend à la fois de la volonté de l'une des parties et de la volonté d'un tiers.

Dans les actes à titre onéreux, les conditions *impossibles, illicites* ou *immorales* sont nulles et rendent nulle la convention qui en dépend, alors que dans les libéralités de telles clauses sont réputées non écrites.

C. civ., art. 900, 1304 à 1304-7*.*

GAJC, t. 2, nº 149.

Condition des étrangers

[Droit international privé et public]

Ensemble de droits dont peuvent jouir des étrangers en territoire français.

Certaines restrictions, de droit public et de droit privé, frappent les étrangers.

C. civ., art. 11; CESEDA; C. trav., art. L. 1262-4, L. 5221-2 s. et L. 8251-1 s.

Condition potestative

[Droit civil]

→ *Condition.*

Condition préalable

[Droit pénal]

Circonstance indispensable à la commission d'une infraction, mais sans pour autant en caractériser un élément constitutif au sens précis et étroit du terme. Ainsi en est-il, dans le vol, de l'existence préalable d'une chose susceptible d'appropriation, condition sans laquelle un acte répréhensible de soustraction ne saurait se concevoir.

Conditions générales de vente

[Droit commercial]

Document établi unilatéralement par le professionnel vendeur ou prestataire de services, contenant les modalités de son offre générale de contracter. Figure fréquemment au verso du contrat-type proposé par le professionnel et est ainsi destiné à acquérir valeur contractuelle du fait de la signature du document par le cocontractant.

Au titre de la transparence commerciale, dans le but de prévenir et contrôler les atteintes au droit de la concurrence, la législation contemporaine oblige ledit vendeur ou prestataire à produire ses conditions générales, contenant des mentions obligatoires relatives aux prix et modalités de règlement, sur simple demande d'un potentiel client professionnel.

Les conditions générales constituent le « socle unique de la négociation commerciale », ce qui signifie que l'acheteur ne peut substituer d'office ses propres conditions d'achat et doit négocier le contrat à partir des conditions standard offertes par le vendeur ou le prestataire de services.

C. com., art. L. 441-6.

→ *Clause abusive, Conformité, Vice caché.*

Condominium

[Droit international public]

Régime de co-souveraineté de 2 ou plusieurs États sur un même territoire (ex. : Condominium franco-britannique sur les Nouvelles-Hébrides jusqu'à leur accession à l'indépendance, en 1980, sous le nom de Vanuatu).

Confédération

[Droit constitutionnel/Droit international public]

Association d'États indépendants qui ont, par traité, délégué l'exercice de certaines compétences (diplomatie, défense...) à des

organes communs, sans constituer cependant un nouvel État superposé aux États membres (différence fondamentale avec l'État fédéral).
Les compétences confédérales sont exercées par un organe de type diplomatique, qui prend à l'unanimité ou à une majorité renforcée des décisions qui ne peuvent atteindre la population qu'indirectement, par l'intermédiaire des États confédérés. Ex. : Confédération des États-Unis (1781-1787), Confédération germanique (1815-1866), Confédération helvétique (1291-1848).
[Droit du travail]
Groupement réunissant les fédérations professionnelles et les unions interprofessionnelles.
Principales confédérations : Confédération générale du travail (CGT), Confédération générale du travail – Force ouvrière (CGT-FO), Confédération française des travailleurs chrétiens (CFTC), Confédération française démocratique du travail (CFDT), Confédération française de l'encadrement – Confédération générale des cadres (CFE-CGC).

Conférence

[Droit international public]
1° Réunion internationale de personnes (hommes d'État, diplomates, experts, etc.) pour discuter de questions d'intérêts communs à plusieurs États (s'oppose à l'organisation internationale par son caractère épisodique).
2° Terme souvent employé pour désigner l'organe délibérant d'une organisation internationale (ex. : Conférence générale de l'Unesco, Conférence générale de l'OIT).
[Procédure civile]
Entretien sur l'état de la cause, entre le président et les avocats, au moment où l'affaire est appelée à l'audience pour la première fois, en vue de fixer la suite de la procédure : renvoi direct à l'*audience des plaidoiries* si l'affaire est déjà en état d'être jugée (circuit court), renvoi à une seconde conférence (circuit moyen) ou instruction devant le *juge de la mise en état (JME)* (circuit long).
C. pr. civ., art. 759, 905, 907.
→ *Appel des causes, Mise en état.*

Conférence des Nations unies pour le commerce et le développement (CNUCED)

[Droit international public]
Organe subsidiaire de l'Assemblée générale de l'ONU créé en 1964 pour suivre les problèmes relatifs au commerce entre pays industrialisés et pays en développement. Est devenu un organe essentiel du dialogue Nord/Sud.

Conférence des parties

[Droit international public]
Réunion périodique des parties à un traité instituée par celui-ci. Le traité peut accorder d'amples pouvoirs à la conférence, y compris celui de prendre des décisions obligatoires dans les relations entre parties ou de contrôler le respect par chacune d'elles de ses obligations conventionnelles. L'institution d'une conférence des parties est très fréquente dans les traités de protection de l'environnement.
→ *COP.*

Conférence des présidents

[Droit constitutionnel]
Organisme parlementaire composé du président de l'assemblée, des vice-présidents, des présidents de groupes, des présidents des commissions, du rapporteur général du budget et d'un membre du gouvernement, dont le rôle est d'examiner l'ordre des travaux de l'assemblée et de faire toutes propositions concernant le règlement de l'*ordre du jour* en complément des discus-

sions fixées par priorité par le gouvernement.

→ *Procédure accélérée.*

Conférence territoriale de l'action publique

[Droit administratif]

Placée sous la présidence du président du Conseil régional, et composée des présidents des Conseils départementaux et de représentants des EPCI et des communes, elle est chargée dans chaque région de favoriser l'exercice concerté des compétences des collectivités territoriales et de leurs groupements (loi n° 2014-58 du 27 janv. 2014).

Conférences de La Haye

[Droit international privé]

Conférences tenues à La Haye entre 1893 et 1905, reprises depuis 1925 et surtout depuis 1951, dans le but d'élaborer des conventions internationales en matière de *droit international privé*. Ces conférences sont tenues dans le cadre d'une organisation internationale du même nom : la Conférence de La Haye de droit international privé.

[Droit international public]

Conférences internationales tenues en 1899 et 1907 dans le but de codifier et compléter les règles de droit international, principalement dans le double domaine du règlement pacifique des conflits et de l'humanisation du droit de la guerre.

Premier exemple d'une grande conférence internationale réunie dans un but purement normatif, en dehors de tout règlement politique immédiat.

Confiance légitime (Principe de)

[Droit européen/Droit administratif]

Principe du droit de l'Union européenne déduit du principe de *sécurité juridique*, selon lequel le justiciable de bonne foi – souvent en fait une entreprise – peut compter sur une certaine stabilité des textes sur lesquels il a fondé certaines décisions, généralement d'ordre économique. En conséquence, un changement trop rapide et imprévisible de ces textes peut justifier l'octroi d'une indemnité, voire la non-application de la règle nouvelle à ces décisions.

En droit administratif, ce principe n'est reconnu que dans le champ d'application du droit de l'Union européenne. Cependant, on peut retrouver la notion à la base de principes jurisprudentiels classiques, comme l'interdiction pour l'Administration de prendre des actes rétroactifs.

Par ailleurs, le Conseil constitutionnel s'y est référé dans sa décision n° 2013-682 DC.

GAJA n° 108; GDCC n° 51.

Confidentialité

[Procédure civile]

Exigence imposant au destinataire d'une information de ne pas la révéler à autrui, en vue d'en empêcher une utilisation préjudiciable. La médiation et la conciliation conventionnelle sont soumises au principe de confidentialité, les constatations faites et les déclarations reçues à cette occasion ne pouvant être ni produites ni invoquées dans une autre instance; le système de communication électronique mis à la disposition des juridictions, quand il se fait *via* le réseau ouvert au public (Internet), oblige à recourir à des moyens de cryptologie préservant la confidentialité des informations…

C. pr. civ., art. 129-3, 1531.

→ *Secret professionnel.*

Confirmation

[Droit civil]

Manifestation de volonté par laquelle le titulaire d'une action en nullité relative renonce à agir et, par un nouveau consentement, valide rétroactivement l'acte.

La confirmation peut être tacite.

C. civ., art. 1182 s.*

→ *Acte confirmatif.*

[Procédure (principes généraux)]

Maintien par la juridiction statuant sur un appel ou une opposition du jugement rendu en premier ressort contradictoirement ou par défaut.

→ *Émender, Infirmation, Réformation.*

Confiscation

[Droit pénal]

Peine par laquelle est dévolu autoritairement à l'État tout ou partie des biens ou droits incorporels d'une personne (y compris un animal), sauf disposition particulière prévoyant leur destruction ou leur attribution.

La confiscation est obligatoire pour les objets qualifiés, par la loi ou le règlement, dangereux ou nuisibles, ou dont la détention est illicite, que ces biens soient ou non la propriété du condamné. De plus, lorsque la chose confisquée n'a pas été saisie ou ne peut être représentée, la confiscation est ordonnée en valeur, avec application éventuelle de la *contrainte judiciaire*. Cette confiscation en valeur peut être exécutée sur tous biens, quelle qu'en soit la nature, appartenant au condamné ou, sous réserve des droits du propriétaire de bonne foi, dont il a la libre disposition.

C. pén., art. 131-21.

Conflit

[Droit administratif/Procédure civile]

1° *Conflit positif d'attributions* : procédure tendant à permettre à l'Administration de faire dessaisir, par le *Tribunal des conflits*, le tribunal judiciaire qui, selon elle, aurait été saisi à tort d'un litige, en invoquant son incompétence au regard des règles de répartition des compétences juridictionnelles entre les 2 ordres de juridictions. Ce conflit ne peut être élevé en matière pénale.

2° *Conflit négatif d'attributions* : procédure tendant à éviter, par l'intervention automatique ou sollicitée du Tribunal des conflits, qu'un litige ne puisse trouver de juges dans l'hypothèse où chaque ordre de juridictions considérerait que l'autre ordre est seul compétent pour en connaître.

3° *Conflit de jugements* (plus souvent appelé contrariété de jugements) : procédure tendant à permettre à un plaideur de faire juger par le Tribunal des conflits le fond d'un litige à l'occasion duquel chaque ordre de juridictions aurait rendu au fond des décisions dont la contradiction juridiquement infondée entraînerait pour lui un déni de justice.

L. du 24 mai 1872, art. 12 à 15; Décr. n° 283 du 27 févr. 2015, art. 18 s.

→ *Contrariété de jugements, Règlement de juges.*

Conflit collectif de travail

[Droit du travail]

Différend mettant en jeu un intérêt collectif, qui oppose un ou des employeurs à un groupe de salariés.

Le conflit collectif s'accompagne généralement d'une grève.

- *Conflit collectif d'ordre juridique* : c'est celui qui porte sur l'application ou l'interprétation d'une source de droit.
- *Conflit collectif d'ordre économique et social* : ayant pour origine une tension d'ordre social, il tend à modifier les relations juridiques entre salariés et employeurs en vue d'un nouvel équilibre.

C. trav., art. L. 2511-1 s.; C. pén., art. 431-1.

→ *Conciliation conventionnelle, Médiation conventionnelle.*

ACTU

Conflit d'intérêts

[Droit général]

Constitue un conflit d'intérêts toute situation d'interférence entre un intérêt public et des intérêts publics ou privés qui est de nature à influencer ou à paraître influencer l'exercice indépendant, impartial et objectif d'une fonction.

Les membres du Gouvernement, les personnes titulaires d'un mandat électif local ainsi que celles chargées d'une mission de service public (fonctionnaires, militaires, membres des juridictions administratives et financières et, prochainement, magistrats judiciaires et membres du Conseil supérieur de la magistrature) exercent leurs fonctions avec dignité, probité et intégrité et veillent à prévenir ou à faire cesser immédiatement tout conflit d'intérêts.

À l'obligation générale de prévention ou de cessation des conflits d'intérêts, s'ajoutent deux obligations particulières, sous forme de déclarations imposées : une *déclaration de situation patrimoniale*, dont l'objet est de faire le point sur la fortune des assujettis, et une *déclaration d'intérêts*, qui porte sur leurs différentes activités, rémunérées ou non, annexes à celles publiquement exercées, chacune devant être adressée au président de la *Haute Autorité pour la transparence de la vie publique*.

La loi du 20 avril 2016 relative à la déontologie et aux droits et obligations des fonctionnaires vise à prévenir et faire cesser les conflits d'intérêts dans la fonction publique, et rend obligatoire, pour les emplois dont le niveau hiérarchique ou la nature des fonctions le justifient, des déclarations d'intérêts.

Élus et membres du gouvernement : LO n° 2013-906 et L. n° 2013-907 du 11 oct. relatives à la transparence de la vie publique. Fonctionnaires : L. n° 83-634 du 13 juill., art. 25 bis. Magistrats des juridictions administratives et financières : CJA, art. L. 131-2 s.; CJF, art. L. 120-5 s., art. L. 220-5 s. Magistrats judiciaires : futur art. 7-1 à 7-4, ord. n° 58-1270 du 22 déc. (projet de LO du 31 juill. 2015, n° 3200, art. 21). Membres du CSM : futur art. 10-1, LO n° 94-100 du 5 févr. 1994 (projet de LO du 31 juill. 2015, n° 3200, art. 32). Militaires : C. défense nationale, art. L. 4122-3.

→ *Commission de déontologie de la fonction publique, Déclaration d'intérêts, Lanceur d'alerte, Prise illégale d'intérêts.*

[Procédure civile]

La même situation de conflit entre des intérêts opposés est connue du droit de l'arbitrage pour les relations entre les arbitres et les parties; d'où l'obligation qui incombe à chaque arbitre de révéler, avant d'accepter sa mission, toute circonstance susceptible d'affecter son indépendance ou son impartialité et de le faire aussi après l'acceptation de sa mission en cas de survenance de circonstances nouvelles.

C. pr. civ, art. 1456.

Plus généralement elle concerne l'exercice de toute profession juridique ou judiciaire (avocat par ex.).

Conflit de compétence

[Procédure civile]

→ *Connexité, Contredit, Déclinatoire de compétence, Litispendance.*

[Procédure pénale]

Lorsque des procédures pénales parallèles, conduites dans plusieurs États membres de l'Union européenne, et ayant pour objet les mêmes personnes pour les mêmes faits, sont susceptibles de donner lieu à des jugements définitifs, les autorités compétentes des États membres concernés communiquent entre elles des informations relatives à ces procédures et examinent ensemble de quelle manière elles peuvent limiter les conséquences négatives de leur coexistence.

C. pr. pén., art. 695-9-54 s.

Conflit de juridictions

[Droit international privé]

Expression traditionnellement utilisée pour désigner les questions de compétence internationale directe des tribunaux, de procédure applicable à un litige international et d'effets des jugements étrangers.

C. civ., art. 14, 15 et 2412; C. pr. civ., art. 509 s., 670-3, 683 s., 695, 733 s., 1210-4 s., 1382 s. et 1424-1 s.

GADIP n° 2, 4, 10, 24-25, 37, 41, 43, 45, 49, 54, 57, 59-60, 70, 71, 72 et 87.

Conflit de lois dans l'espace

[Droit international privé]

Concours de 2 ou plusieurs ordres juridiques émanant d'États différents et susceptibles d'être appliqués à un même fait juridique.

C'est un conflit de compétences législatives (ex. : accident de la circulation survenu en Espagne à deux personnes ayant leur résidence habituelle en France : la responsabilité civile doit-elle être appréciée selon la loi de l'État où a eu lieu l'accident, ou selon la loi de la résidence habituelle des intéressés ?). La solution du conflit s'opère traditionnellement grâce à une règle dite de conflit de lois.

Cette dernière peut être unilatérale, c'est-à-dire ne délimiter le champ d'application que de la seule loi du for, ou bilatérale, c'est-à-dire désigner la loi applicable en mettant sur un pied d'égalité loi du for et loi étrangère.

La méthode des règles de conflit de lois subit aujourd'hui la concurrence des lois d'application immédiate.

C. civ., art. 3, 311-14, 311-17, 370-3, al. 1er et 1397-2.

GADIP n° 32-34 et 74-78.

Conflit de lois dans le temps

[Droit général]

Concurrence entre plusieurs normes, due à leur succession dans le temps. En principe, la loi nouvelle est immédiatement applicable, sans rétroactivité; la loi ancienne est immédiatement abrogée, sans prorogation provisoire. Ces 2 règles générales comportent des exceptions.

→ *Droit transitoire, Droit acquis, Effet immédiat de la loi (Principe de l'), Loi de validation, Loi interprétative, Non-rétroactivité, Rétroactivité de la loi, Sécurité juridique (Principe de).*

GAJC, t. 1, n° 5-8, 9, 46-47; GAJC, t. 2, n° 276.

Conflit de nationalités

[Droit international privé]

Situation d'un individu qui est susceptible soit d'invoquer 2 nationalités différentes (conflit positif), soit d'être renié par 2 États différents qui, l'un et l'autre, ne le considèrent pas comme leur sujet (conflit négatif).

La première hypothèse (cumul de nationalités) est fréquente, du fait que les législations des différents États n'adoptent pas toutes les mêmes critères pour déterminer la nationalité des individus.

C. civ., art. 20-3, 23 et 25.

GADIP n° 46.

Conflit de qualifications

[Droit international privé]

Discordance entre les qualifications d'une même institution données par des systèmes juridiques différents (ex. : la rédaction d'un testament par un officier ministériel est considérée, en droit français, comme une simple question de forme; aux Pays-Bas, le Code civil en fait une condition de fond pour la validité du testament).

GADIP nº 9 et 27.

→ *Qualification.*

[Droit pénal]

Situation dans laquelle le comportement d'un délinquant relève *a priori* de plusieurs textes d'incrimination, si bien que se pose la question du cumul ou du non-cumul des qualifications pénales en concours (ex. : la présentation d'un bilan falsifié aux fins d'obtention d'un prêt peut être qualifiée aussi bien d'usage de faux que d'escroquerie). La solution est fonction des valeurs sociales protégées : le cumul est la règle en cas de valeurs différentes, alors que le non-cumul s'impose si ces valeurs sont les mêmes.

GADPG nº 19.

Conflit mobile

[Droit international privé]

Situation dans laquelle un conflit de lois dans l'espace se complique d'un conflit dans le temps (ex. : un étranger a obtenu la nationalité française; la loi française admet le divorce, la loi étrangère le refuse; l'étranger, naturalisé Français, peut-il divorcer, alors que la loi sous l'empire de laquelle il avait contracté mariage interdit le divorce ?).

GADIP nº 21 et 48.

Conformité

[Droit civil/Droit commercial]

Exigence légale pesant sur le vendeur tenu de livrer un bien conforme au contrat, c'est-à-dire correspondant à la description donnée par le vendeur et présentant les qualités déclarées par celui-ci. En cas de défaut de conformité, l'acheteur a le choix entre la réparation et le remplacement du bien.

On considère également que le bien est conforme au contrat lorsqu'il présente les caractéristiques définies d'un commun accord par les parties ou qu'il est propre à tel usage spécial recherché par l'acheteur et connu du vendeur.

Dans le but de renforcer la protection des consommateurs, les conditions générales de vente des contrats de consommation doivent mentionner l'existence, les conditions de mise en œuvre et le contenu de cette garantie légale et l'existence d'une garantie commerciale optionnelle et payante, et d'un service après-vente.

C. consom., art. L. 211-2, L. 217-4 s.

→ *Vice caché.*

GAJC, t. 2, nº 268.

Confrère

[Droit général]

Désigne dans leurs rapports entre eux les membres de certaines professions libérales (avocat, médecin, architecte, etc.), de certaines sociétés savantes, scientifiques, littéraires, religieuses (Académie par ex.).

→ *Collègue.*

Confrontation

[Procédure (principes généraux)]

Procédé d'instruction consistant pour le juge à mettre en présence plusieurs personnes en vue de comparer leurs dires. Peuvent être confrontés soit les témoins entre eux, soit les parties entre elles, soit les parties avec les témoins. Le cas échéant, il est procédé à l'audition en présence d'un technicien.

C. pr. civ., art. 189, 190 et 215.

Confusion

[Droit civil]

Mode d'extinction d'une situation juridique par la réunion sur la même tête de deux qualités contraires qui doivent être réparties sur deux personnes pour que la situation juridique demeure (ex. : si le créancier hérite de son débiteur, il cumule deux qualités opposées qui entraînent confusion et donc extinction du rapport d'obligation). La confusion éteint la créance et ses accessoires, sous réserve des droits acquis par ou contre des tiers.

C. civ., art. 705, 1349 et 1349-1*.*

Confusion des patrimoines

[Droit commercial]

Situation d'apparence, dans laquelle plusieurs êtres juridiques formellement distincts agissent comme une entreprise unique et indivisible. Cette institution permet, en cas d'insolvabilité, d'englober dans la procédure collective ouverte à l'encontre d'une personne physique ou morale les intérêts d'une autre personne, qui ont été gérés contrairement au principe d'indépendance des personnes juridiques. La situation de confusion risque spécialement de survenir dans les groupes de sociétés, lorsque la société dominante empiète sur la gestion d'une société dominée et est à l'origine d'un enchevêtrement des situations patrimoniales aux yeux des tiers.

C. com., art. L. 621-2.

Confusion des peines

[Droit pénal]

Modalité d'application de la règle du *non-cumul des peines*, lorsque, à l'occasion de procédures séparées, la personne poursuivie a été reconnue coupable de plusieurs infractions en *concours réel*.

C. pén., art. 132-4 s.

GADPG n° 52.

Congé

[Droit civil]

Acte par lequel l'une des parties au contrat de louage manifeste à l'autre partie sa volonté de mettre fin au contrat.

C. civ., art. 1736, 1737.

[Droit financier ou fiscal]

→ *Acquit-à-caution.*

[Droit du travail]

1° Selon une ancienne terminologie, *rupture du contrat de travail* à durée indéterminée.

→ *Congédiement, Licenciement, Résiliation.*

2° Suspension organisée du contrat de travail en vue d'accorder un avantage au salarié.

Congé de conversion

[Droit du travail]

Prélude au licenciement pour motif économique, il permet à un salarié de suivre une formation en vue de son reclassement; le salarié perçoit une allocation pendant la durée du congé qui suspend temporairement le contrat de travail. Cette allocation résulte d'une convention liant l'État et les organismes professionnels ou interprofessionnels, les organisations syndicales ou les entreprises.

C. trav., art. L. 5123-2.

ACTU

Congé de formation économique et sociale et de formation syndicale

[Droit du travail]

D'une durée minimale d'une demi-journée, ne pouvant dépasser 12 jours dans l'année, le congé de formation économique et sociale et de formation syndicale permet à tout salarié de recevoir, dans un centre rattaché à une organisation syndicale représentative sur le plan national ou dans un institut spécialisé, une formation économique, sociale ou syndicale; le congé est rémunéré par l'employeur sur demande d'une organisation syndicale, en l'absence d'accord collectif liant l'employeur le prévoyant. L'employeur peut obtenir le remboursement du maintien de la rémunération auprès de l'organisation syndicale demandeuse.

C. trav., art. L. 3142-7 s.

Congé de maternité

[Droit du travail]

Suspension du contrat de travail de la femme avant et après son accouchement (durée légale : 16 semaines pouvant être prolongées en raison des circonstances d'ordre familial ou pathologique).

C. trav., art. L. 1225-17 s.

Congé de mobilité

[Droit du travail]

Congé qui peut être proposé au salarié dont on envisage le licenciement pour motif économique dans une entreprise d'au moins mille salariés qui a conclu un accord collectif de gestion prévisionnelle des emplois et des compétences. Ce congé, pris pendant le préavis que le salarié est dispensé d'exécuter, a pour objet de favoriser le retour à un emploi stable par des mesures d'accompagnement, des actions de formation et (c'est son originalité) des périodes de travail. Ces dernières peuvent s'effectuer dans l'entreprise qui a proposé le congé, ou en dehors, et prendre la forme soit d'un contrat de travail à durée indéterminée, soit d'un contrat de travail à durée déterminée.

C. trav., art. L. 1233-77 s.

Congé de paternité

[Droit du travail]

Suspension, après la naissance d'un enfant, du contrat de travail du père ou, éventuellement, de la personne qui, sans être le père, est mariée, pacsée ou vit maritalement avec la mère. Le congé est d'une durée maximale de 11 jours calendaires pour un enfant, 18 jours en cas de naissances multiples. Non fractionnable, le congé doit être pris dans un délai de 4 mois à partir de la naissance.

C. trav., art. L. 1225-35 s.

Congé de reclassement

[Droit du travail]

Congé proposé par l'employeur à tout salarié dont il envisage le licenciement pour motif économique dans une entreprise ou un établissement employant au moins mille salariés. Ce congé, d'une durée maximale de douze mois, a pour objet de permettre au salarié de bénéficier d'actions de formation et des prestations d'une cellule d'accompagnement des démarches de recherches d'emploi.

C. trav., art. L. 1233-71 s.

Congé individuel de formation

[Droit du travail]

Congé de droit, accordé, pour les établissements d'au moins 200 salariés, dans la limite de 2 % de l'effectif, au salarié qui désire suivre un stage de formation. La durée du congé de formation peut atteindre un an.

C. trav., art. L. 6322-1 s.

Congé parental

[Droit du travail]

Congé accordé aux parents d'un enfant né ou adopté qui prend effet à dater de l'expiration du congé de maternité ou d'adoption et qui peut se prolonger jusqu'au troisième anniversaire de l'enfant.

La loi du 4 août 2014 relative à l'égalité réelle entre homme et femme a réformé le congé parental dans le but de permettre au second parent de prendre également un congé parental.

C. trav., art. L. 1225-47 s.

Congé pour événements familiaux

[Droit du travail]

Autorisation exceptionnelle d'absence, de 1 à 4 jours, à l'occasion d'événements familiaux concernant un salarié et sur justification de ceux-ci [mariage, naissance (non-cumul avec le *congé de maternité*), décès du conjoint ou du partenaire lié par un pacte civil de solidarité, d'un parent ou beau-parent, d'un frère, d'une sœur ou d'un enfant].

C. trav., art. L. 3142-1.

Congé sabbatique

[Droit du travail]

Il s'agit d'un congé pour convenance personnelle (il n'a pas à être motivé), d'une durée comprise entre 6 et 11 mois, qui peut être pris par un salarié ayant exercé une activité professionnelle pendant une certaine durée et sous condition d'ancienneté dans l'entreprise. Il n'est pas rémunéré et constitue une simple suspension du contrat de travail.

C. trav., art. L. 3142-91 s.

Congé spécial

[Droit administratif]

Position administrative particulière dans laquelle certains fonctionnaires peuvent être placés d'office ou sur leur demande, où ils conservent leur traitement, et qui prend fin en général par une mise à la retraite normale ou anticipée.

Congés payés

[Droit du travail]

Suspensions du contrat de travail, dans un cadre annuel, pendant lesquelles le salarié reçoit sa rémunération habituelle.

C. trav., art. L. 3141-1 s.

Congés pour enfant malade et de présence parentale

[Droit du travail]

Jours d'absence autorisés et non rémunérés liés à l'état de santé de l'enfant. Le congé pour maladie est ouvert en cas de maladie ou d'accident d'un enfant de moins de 16 ans à la charge du salarié et limité à 3 jours par an (sauf pour les nourrissons de moins d'un an, la limite étant alors portée à cinq jours). Le congé de présence parentale est ouvert lorsque l'enfant à charge du salarié est atteint d'une maladie, d'un handicap ou victime d'un accident rendant indispensable une présence soutenue et des soins contraignants et est limité à trois cent dix jours ouvrés par an.

C. trav., art. L. 1225-61 s.

→ *Don de jours de repos.*

Congédiement

[Droit du travail]

Renvoi du salarié par l'employeur qui prend l'initiative de la rupture du contrat de travail. On dit plus volontiers « *licenciement* ».

Congrégation

[Droit administratif]

En l'absence d'une définition légale, la jurisprudence et l'Administration considèrent qu'elle se caractérise principalement comme une communauté de personnes réunies par une même foi religieuse, plaçant leur vie (menée en principe en commun) sous cette même foi, et soumise à une même autorité. Les congrégations « reconnues » ont la personnalité juridique; elles sont toutefois soumises à certaines interdictions.

→ *Association.*

Congrès

[Droit constitutionnel]

1° Nom donné au Parlement des États-Unis (Const., art. 1er).

2° En France, assemblée résultant de la réunion des 2 chambres pour l'adoption d'une loi de révision constitutionnelle (Const., art. 89, al. 3).

Par ailleurs, depuis la révision constitutionnelle du 23 juillet 2008, le président de la République peut prendre la parole devant le Congrès sur quelque sujet que ce soit. Sa déclaration peut donner lieu, mais hors sa présence, à un débat non suivi d'un vote (Const., art. 18, al. 2).

3° Réunion périodique des délégués d'un parti politique en vue de décider des programmes et des questions politiques et pour renouveler les organes dirigeants.

[Droit international public]

Réunion de chefs d'États, de ministres des Affaires étrangères ou de plénipotentiaires en vue du règlement de questions politiques importantes.

Conjoint

[Droit civil]

→ *Obligation conjointe.*

Conjoint à charge

[Sécurité sociale]

Conjoint d'un salarié ou d'un non-salarié n'exerçant aucune activité professionnelle entraînant son assujettissement à un régime obligatoire de Sécurité sociale.

Conjoint associé

[Sécurité sociale]

Personne qui participe à l'activité de l'entreprise artisanale ou commerciale exploitée en société. Elle doit être affiliée au régime social des indépendants.

CSS, art. L. 613-1 et L. 622-8.

[Droit commercial]

→ *Société entre époux.*

Conjoint collaborateur

[Sécurité sociale]

Personne qui participe effectivement et habituellement à l'activité professionnelle non salariée de son conjoint. Elle relève à titre obligatoire du régime social des indépendants. L'option pour ce statut n'est ouverte que lorsque le chef d'entreprise exerce son activité en entreprise individuelle ou est le gérant d'une SARL, EURL ou d'une SELARL.

CSS, art. L. 622-8, L. 742-6.

Conjoint (ou partenaire) de l'entrepreneur individuel

[Droit commercial]

Au plan civil, le conjoint de l'entrepreneur individuel peut opter entre trois statuts distincts (collaborateur, salarié ou associé). L'exercice de cette option est soumis à publicité et produit diverses conséquences protectrices des prérogatives dudit conjoint : au titre du régime matrimonial, s'agissant des actes de disposition relatifs à l'entreprise indivise; au titre de la participation dans la gestion courante de l'entreprise (le conjoint collaborateur immatriculé jouit d'un mandat tacite). Pour l'application de ces statuts, le partenaire pacsé est assimilé au conjoint marié.

C. com., art. L. 121-4 s.

Conjoint salarié

[Sécurité sociale]

Personne qui participe effectivement à l'entreprise ou à l'activité de son époux, travailleur non salarié, à titre professionnel et habituel et qui perçoit un salaire correspondant au salaire normal de sa catégorie professionnelle.

CSS, art. L. 311-6.

Conjoint successible

[Droit civil]

Conjoint qui succède aux biens de son époux décédé, à condition de ne pas être divorcé (la loi du 23 juin 2006 a supprimé toute référence au conjoint séparé de corps, qui devient donc un conjoint successible). Sa part dans la succession de son époux varie selon la qualité et le nombre des autres héritiers (présence ou non d'enfants, des père et mère du défunt). Ainsi, en présence d'un ou plusieurs enfants communs, sa part est, à son choix et sous réserve d'une volonté contraire plus favorable exprimée par le *de cujus*, un quart en pleine propriété ou la totalité en usufruit; par acte de volonté expresse (testament ou donation dite au dernier vivant), le *de cujus* peut lui permettre de choisir une troisième option, qui elle-même varie selon le nombre d'enfants communs : la moitié en pleine propriété s'il n'y a qu'un enfant commun, le tiers en pleine propriété s'ils sont deux, un quart en pleine propriété et les 3/4 en usufruit à partir de trois enfants au moins. En présence d'enfants qui ne sont pas issus des deux époux, le conjoint survivant a droit à la propriété du quart, sans possibilité d'usufruit, le législateur ayant voulu éviter le concours de ce conjoint sur les biens avec les enfants de son conjoint.

C. civ., art. 732, 756 s., 1091 s.; C. pr. civ., 1341.

GAJC, t. 1, n° 100 et 141.

→ *Conjoint survivant.*

Conjoint survivant

[Droit civil]

Celui des 2 époux qui survit à l'autre.

En plus de ses droits dans la succession, il est reconnu au conjoint survivant un droit de jouissance gratuite sur le logement qui lui servait d'habitation principale et sur les meubles qu'il contient, pendant un an à compter du décès, droit d'ordre public que le défunt ne peut pas supprimer par testament. Le conjoint survivant peut aussi exiger de conserver son droit de jouissance sur ce logement et ce mobilier, sa vie durant (sauf volonté contraire de son conjoint prédécédé) et à la seule condition de notifier sa décision aux autres héritiers.

C. civ., art. 763 s.

→ *Conjoint successible.*

Conjonctif

[Droit civil]

S'applique au testament fait dans le même acte par 2 ou plusieurs personnes, soit au profit d'un tiers, soit à titre de disposition réciproque et mutuelle. Le testament conjonctif est prohibé.

C. civ., art. 968.

Connaissement

[Droit maritime]

Titre de transport maritime de marchandises. Délivré par le représentant du transporteur, ce document constitue la preuve de la remise des marchandises à bord. Il doit être présenté à l'arrivée pour obtenir la restitution des choses transportées. Titre négociable, et titre représentatif de la marchandise, le connaissement est, pendant la durée du voyage, le support des opérations de vente, de crédit et de garantie de l'exportation.

C. transp., art. L. 5422-3 s.

Connexité

[Procédure civile]

Il existe une connexité entre deux demandes en justice portées devant des juridictions distinctes lorsqu'elles sont étroitement liées entre elles, si bien qu'en les jugeant séparément on risque d'aboutir à une contrariété de jugements. Il est dans l'intérêt d'une bonne justice de les faire instruire et juger ensemble en demandant à l'une de ces juridictions de se dessaisir et de renvoyer en l'état la connaissance de l'affaire à l'autre juridiction.

C. pr. civ., art. 101 s., 367.

La connexité est, en outre, une condition de recevabilité des demandes incidentes.

C. pr. civ., art. 70.

→ *Demande incidente, Déclinatoire de compétence, Litispendance.*

[Procédure administrative]

Situation dans laquelle 2 juridictions administratives ont à connaître chacune d'une demande, alors que la solution de l'un des litiges dépend nécessairement de la solution de l'autre. Si le Conseil d'État est l'une de ces juridictions, il est compétent pour les 2 affaires; sinon, la compétence est le plus souvent déterminée par le président de la *section* du contentieux.

CJA, art. R. 341-1 s.

[Procédure pénale]

Hypothèse légale de prorogation de compétence tenant à des liens étroits entre plusieurs infractions, soit qu'il y ait de l'une à l'autre unité de temps, de lieu ou de dessein, soit qu'une relation de cause à effet les unisse, soit qu'il y ait encore recel après appropriation illicite d'une chose.

C. pr. pén., art. 203.

[Droit européen]

Lorsque la Cour de justice et le Tribunal de l'Union européenne sont saisis d'affaires ayant le même objet, le Tribunal peut se dessaisir ou suspendre la procédure jusqu'au prononcé de l'arrêt de la Cour (Statut de la CJUE, art. 54).

Conquête

[Droit international public]

Acquisition par un État du territoire d'un autre État à la suite d'opérations militaires qui ont abouti au complet anéantissement de ce dernier.

Consanguins

[Droit civil]

Se dit des frères et sœurs engendrés par le même père mais nés de mères différentes.

→ *Germains, Utérins.*

Conseil communautaire

[Droit administratif]

Organe délibérant des établissements publics de coopération intercommunale à fiscalité propre. La loi du 17 mai 2013 a prévu que, lors des élections municipales, les conseillers municipaux élus en tête de liste seraient *ipso facto* conseillers communautaires.

Conseil constitutionnel

[Droit constitutionnel]

Organe institué par la Constitution de 1958 pour assurer le contrôle de constitutionnalité, notamment sur les lois avant-promulgation, veiller à la régularité des référendums et des élections législatives ou présidentielles, jouer un rôle consultatif en cas de recours aux procédures exceptionnelles de l'article 16, constater l'empêchement pour le chef de l'État d'exercer ses fonctions, et décider de l'incidence du décès ou de l'empêchement d'un candidat à la présidence de la République sur le processus électoral.

Il est composé de 9 membres nommés pour 9 ans, renouvelables par tiers : 3 par le président de la République, 3 par le président de l'Assemblée nationale, 3 par le président du Sénat; les anciens présidents de la République en sont membres de droit (un projet de loi constitutionnelle du 13 mars 2013, non abouti, prévoyait la disparition des membres de droit). Le président (Laurent Fabius depuis 2016) est désigné par le président de la République.

Si la saisine du Conseil est automatique pour les lois organiques et les règlements des Assemblées, peuvent saisir le Conseil le président de la République, le Premier ministre, les présidents des 2 assemblées pour ce qui est du contrôle de constitutionnalité des lois et des engagements internationaux. En outre, depuis 1974, 60 députés ou 60 sénateurs peuvent le saisir s'ils estiment qu'une loi votée, ou depuis 1992, un engagement international, est contraire à la Constitution – ce qui, dans la pratique, a considérablement élargi les conditions et les cas de saisine. La révision constitutionnelle du 23 juillet 2008 (Const., art. 61, al. 1) crée la possibilité pour une juridiction, lorsqu'il est soutenu devant elle qu'une disposition législative porte atteinte aux droits et libertés garantis par la Constitution, de saisir le Conseil constitutionnel par la voie préjudicielle sur renvoi du Conseil d'État ou de la Cour de cassation. Par contre n'a pas été retenue l'hypothèse souvent évoquée d'une saisine directe du Conseil constitutionnel par les citoyens.

Le Conseil constitutionnel a su progressivement prendre une place considérable dans le système politique de la Ve République. Sa jurisprudence a construit une véritable « charte des libertés », notamment du fait de la proclamation de la pleine valeur constitutionnelle du Préambule de la Constitution (1971), et clarifié les rapports entre les pouvoirs publics constitutionnels.

➜ *Question prioritaire de constitutionnalité.*

Conseil consulaire

[Droit international public]

Organe établi auprès de chaque ambassade et de chaque poste consulaire français par la loi du 22 juillet 2013 relative à la représentation des *Français établis hors de France*. Composé de membres élus au suffrage universel direct et présidé par l'ambassadeur ou le chef de poste consulaire, il est chargé de formuler des avis sur les questions consulaires ou d'intérêt général, notamment culturel, éducatif, économique et social, concernant les Français résidant dans la circonscription consulaire.

Conseil d'administration

[Droit commercial]

Organe collégial composé de trois membres au moins et dix-huit au plus, investi des plus larges pouvoirs pour gérer les sociétés anonymes dites « de type classique », sous réserve des pouvoirs attribués aux autres organes de la société. Le législateur a instauré en 2011 le principe d'une parité homme/femme dans la composition des conseils des plus grandes sociétés.

C. com., art. L. 225-17 s.

➜ *Conseil de surveillance, Directoire.*

Conseil d'arrondissement

[Droit administratif]

À Paris, Lyon et Marseille, il existe des conseils élus d'arrondissement, dotés essentiellement d'un pouvoir consultatif sur les affaires et sur les équipements publics concernant leur circonscription. Ils ont également un rôle de relais à jouer entre la population de l'arrondissement et les institutions de la commune.

CGCT, art. L. 2511-3 s.

Conseil d'État

[Droit administratif]

Juridiction la plus élevée de l'ordre administratif, divisée en « sections » (section du contentieux) ou en chambres depuis la loi du 20 avril 2016 relative à la déontologie et aux droits et obligations des fonctionnaires.

Le Conseil d'État possède des attributions juridictionnelles et des attributions administratives consultatives principalement au profit du gouvernement (sections administratives).

1° En matière juridictionnelle, il est à la fois juge de *premier ressort* de certains litiges, juge d'appel de certains jugements des tribunaux administratifs (contentieux des élections aux conseils municipaux et généraux), et juge de cassation des arrêts rendus par les cours administratives d'appel et, plus généralement, par l'ensemble des juridictions de l'ordre administratif rendant des jugements en dernier ressort.

CJA, art. L. 111-1, L. 122-1, L. 311-1 et L. 321-1.

GAJA n° 5.

2° En matière administrative, sa principale attribution est d'émettre des avis sur les questions juridiques ou sur les projets de lois ou décrets dont il est saisi par le gouvernement. En outre, de nombreux membres issus du Conseil d'État occupent hors de celui-ci d'importantes fonctions dans les cabinets ministériels ou dans la *fonction publique* supérieure.

Const., art. 39; CJA, art. L. 112-1 s. et R. 123-2 s.

→ *Dualité de juridictions, Conseiller d'État, Maître des requêtes, Vice-président du Conseil d'État.*

Conseil d'orientation des retraites

[Sécurité sociale]

Organisme ayant pour mission de décrire les évolutions et les perspectives des régimes de retraite, aux fins de fournir des indicateurs et des instruments d'orientation aux décideurs publics.

CSS, art. L. 114-2.

Conseil de cabinet

[Droit constitutionnel]

Formation ministérielle réunissant les membres du gouvernement sous la présidence du Premier ministre.

Conseil de famille

[Droit civil]

Assemblée de parents et de personnes qualifiées chargée, sous la présidence du juge des tutelles, d'autoriser certains actes graves accomplis au nom d'un mineur ou d'un majeur en tutelle, et de contrôler la gestion du tuteur.

C. civ., art. 397 s., 456 s., 505 s.; C. pr. civ., art. 1234 s.

Conseil de l'emploi, des revenus et de la cohésion sociale (CERC)

[Droit administratif]

Organisme consultatif « chargé de contribuer à la connaissance des revenus, des inégalités sociales et des liens entre l'emploi, les revenus et la cohésion sociale ». Il étudie les évolutions intervenant dans ces domaines, et il attire l'attention sur les évolutions souhaitables, notamment en matière de mécanismes de redistribution des revenus. Ses travaux donnent lieu à des rapports transmis aux *pouvoirs publics* et qui sont rendus publics. A remplacé en 2000 le Conseil supérieur de l'emploi, des revenus et des coûts avant de devenir en 2013, par fusion avec le *Centre d'analyse stratégique*, le *Commissariat général à la stratégie et à la prospective*.

Conseil de l'Europe

[Droit international public/Droit européen]

Organisation internationale créée en 1949 et ouverte aux États démocratiques d'Europe (actuellement 47 États appartenant aussi bien à l'Europe de l'Est que de l'Ouest, tels que la Russie, l'Arménie, la Turquie ou l'Azerbaïdjan, regroupant au total plus de 800 millions d'habitants). Le *Comité des ministres* est l'institution principale du Conseil, qui comporte également une assemblée parlementaire, un secrétaire général et un commissaire aux droits de l'homme. Le Conseil de l'Europe exerce son activité dans tous les domaines (sauf le domaine militaire), mais n'a pas de pouvoir de décision. D'abord lieu de débats, il est surtout le cadre d'élaboration de conventions harmonisant les législations des États les ratifiant. *Siège* : Strasbourg.

→ *Convention européenne des droits de l'Homme, Cour européenne des droits de l'homme.*

Conseil de l'Ordre

[Droit général]

Organisme dont les membres sont élus par ceux qui appartiennent à un *ordre*.

[Procédure civile]

Conseil de l'Ordre des avocats. Il existe dans chaque barreau un conseil de l'Ordre (de 3 à 24 membres, à Paris 42) élu par tous les avocats pour trois ans et renouvelable par tiers chaque année. Il a à sa tête le bâtonnier et est investi d'attributions administratives et disciplinaires. Il existe un conseil de l'Ordre dans chaque barreau institué auprès du TGI. Pourtant dans le cadre de la même cour d'appel plusieurs barreaux peuvent se regrouper et forment alors un seul barreau avec un conseil de l'Ordre unique (L. n° 71-1130 du 31 déc. 1971, art. 15 s.; Décr. n° 91-1197 du 27 nov. 1991, art. 4 s.).

→ *Conseil régional de discipline.*

Conseil de l'Union européenne

[Droit européen]

Composé d'un représentant de chaque État membre au niveau ministériel, le Conseil siège en différentes formations : affaires générales, affaires étrangères (il s'agit alors d'élaborer l'action extérieure de l'Union), économie et finances, agriculture... Il est présidé selon une rotation semestrielle des États membres (Pays-Bas et Slovaquie en 2016; Malte et Royaume-Uni en 2017) sauf le conseil des affaires étrangères, présidé par le *Haut représentant de l'UE pour les affaires étrangères*. Il statue le plus souvent à la *majorité qualifiée.*

Ses principales attributions consistent à exercer, conjointement avec le Parlement, les fonctions législative et budgétaire. Lorsqu'il est saisi d'un projet d'acte législatif, il délibère et vote en public.

TUE, art. 16; TFUE, art. 237 s.

→ *Union européenne.*

Conseil de la concurrence

[Droit commercial]

Depuis 2008 : *Autorité de la concurrence*.

Conseil de la République

[Droit constitutionnel]

Nom du *Sénat* sous la IVe République.

Conseil de normalisation des comptes publics

[Droit financier]

Instance consultative créée en 2009 et ayant pour fonction d'émettre des avis préalables sur les projets de normes comptables applicables aux personnes publiques et privées exerçant une activité non marchande financée majoritairement par des ressources publiques et notamment des prélèvements obligatoires.

ACTU

Conseil de prud'hommes

[Droit du travail/Procédure civile]

Juridiction d'exception *paritaire*, composée de salariés et d'employeurs élus, chargée de concilier et, à défaut, de juger les litiges individuels qui peuvent s'élever à l'occasion de tout contrat de travail. Il existe 210 conseils des prud'hommes au 1er janvier 2015 (dernier chiffre publié).

Chaque conseil de prud'hommes comporte 5 sections autonomes : Encadrement, Industrie, Commerce et services commerciaux, Agriculture, Activités diverses. Le conseil de prud'hommes siège en 3 formations : *bureau de conciliation et d'orientation*, *bureau de jugement*, référé.

Lorsqu'un conseil de prud'hommes ne peut se constituer ou rencontre de graves difficultés l'empêchant de fonctionner normalement, le premier président de la cour d'appel désigne un ou plusieurs juges du ressort de cette cour pour le suppléer.

→ *Juge des référés.*

En cas de partage des voix dans une formation du conseil, l'affaire est reprise en présence d'un juge du tribunal de grande instance qui intervient comme juge départiteur.

C. trav., art. L. 1411-1 s., L. 1423-10-1, L. 1454-2 et R. 1412-1 s.; C. pr. civ., art. 879; COJ, art. L. 261-1.

GADT n° 18 à 30; GDCC n° 42 et 43.

Conseil de quartier

[Droit administratif]

→ *Quartiers.*

Conseil de régulation financière et du risque systémique

[Droit commercial/Droit financier ou fiscal]

→ *Haut conseil de stabilité financière.*

Conseil de résolution unique (CRU)

[Droit commercial]

→ *Union bancaire européenne.*

Conseil de sécurité

[Droit international public]

Organe principal de l'ONU, composé de 15 membres (5 permanents et 10 élus pour 2 ans par l'Assemblée générale), chargé de la responsabilité principale du maintien de la paix : règlement pacifique des différends (pouvoir de recommandation), action coercitive en cas d'agression ou de menace d'agression, recours à des méthodes d'apaisement des conflits. Un débat a lieu sur un élargissement du nombre de ses membres permanents (Allemagne, Japon, un État d'Afrique et d'Amérique du Sud) accompagné éventuellement de la suppression du droit de *veto.*

→ *Sécurité collective.*

Conseil de surveillance

[Droit commercial]

Organe de supervision dans la société anonyme organisée selon le principe dualiste. Composé d'entre 3 et 18 membres, ce Conseil est compétent pour exercer collégialement le contrôle permanent de la gestion des affaires sociales. Il nomme les membres du *Directoire*, peut éventuellement les révoquer et rend compte en toutes circonstances, devant l'assemblée des actionnaires, des contrôles effectués. Depuis la loi de 2011, le conseil de surveillance doit être composé en recherchant une représentation équilibrée des femmes et des hommes.

C. com., art. L. 225-57 s.

→ *Conseil d'administration.*

Conseil de tutelle

[Droit international public]

Organe de l'ONU chargé sous l'autorité de l'Assemblée générale de contrôler l'administration des territoires sous tutelle. Ne se réunit plus du fait de la disparition de ces derniers.

→ *Tutelle (Territoire sous).*

Conseil départemental

[Droit administratif]

Appellation donnée au conseil général à compter des élections de mars 2015 du fait de l'application de la loi n° 2013-403 du 17 mai 2013.

Cette assemblée locale est chargée d'administrer les affaires relevant de la compétence du *département* en tant que collectivité territoriale. Elle élit en son sein le président du conseil départemental.

Les conseillers généraux étaient auparavant élus au suffrage universel direct dans le cadre cantonal pour 6 ans, avec un renouvellement par moitié tous les 3 ans. Depuis 2015, les conseillers départementaux, toujours élus au *suffrage* universel direct, sont renouvelés en même temps, par bloc. Le nombre des *cantons* a été réduit de moitié pour permettre l'élection de deux personnes de sexe différent dans chacun d'eux.

CGCT, art. L. 3121-1 s.

Conseil départemental de l'accès au droit

[Procédure (principes généraux)]

Groupement d'intérêt public chargé, dans chaque département, de recenser les besoins, de définir une politique locale et de dresser l'inventaire des actions menées dans le domaine de l'*aide à l'accès au droit*. Il est saisi, pour information, de tout projet d'action et, pour avis, de toute demande de concours financier de l'État. Il en existe 99 (dernier chiffre publié).

Le projet de loi « Justice du XXIe siècle » du 31 juillet 2015 prévoit d'étendre la mission du CDAD à la mise en œuvre d'une politique locale de résolution amiable des litiges et de renforcer l'implication des juridictions, par exemple en confiant la vice-présidence du conseil au procureur de la République.

Conseil des impôts

[Droit financier ou fiscal]

→ *Conseil des prélèvements obligatoires.*

Conseil des marchés financiers

[Droit commercial]

→ *Autorité des marchés financiers.*

Conseil des ministres

[Droit constitutionnel]

Formation réunissant l'ensemble des membres du gouvernement sous la présidence du chef de l'État (cependant, la pratique est fluctuante sous la Ve République en ce qui concerne la participation des secrétaires d'État). C'est en Conseil des ministres qu'est arrêtée la politique gouvernementale et que sont prises certaines décisions importantes (adoption des projets de loi, nomination des hauts fonctionnaires, décision de poser la question de confiance…).

Const., art. 9, 13 et 49.

[Droit européen]

→ *Conseil de l'Union européenne.*

Conseil des prélèvements obligatoires

[Droit administratif/Droit financier ou fiscal]

Organisme consultatif placé auprès de la Cour des comptes, successeur depuis octobre 2005 du Conseil des impôts, présidé par le premier président de la Cour des comptes et composé de hauts magistrats et fonctionnaires ainsi que de personnalités qualifiées. Il est chargé d'apprécier l'évolution et l'impact économique, social et budgétaire des *prélèvements obligatoires*, de formuler des recommandations sur toute question les concernant et de réaliser des études à la demande du Premier ministre ou du Parlement. Il établit un rapport annuel de ses travaux.

Conseil des prises

[Droit administratif]

Juridiction administrative spécialisée, chargée de statuer sur la validité de la capture de navires ennemis.

Conseil des ventes volontaires de meubles aux enchères publiques

[Procédure civile/Droit civil/ Droit commercial]

Établissement d'utilité publique dont la mission est :

1° d'enregistrer les déclarations des opérateurs de ventes volontaires de meubles aux enchères publiques;

2° d'enregistrer les déclarations des ressortissants des États membres de l'Union européenne et des États parties à l'accord sur l'Espace économique européen, qui souhaitent accomplir, à titre occasionnel, en France, l'activité de ventes volontaires de meubles aux enchères publiques qu'ils exercent, à titre permanent, dans l'un de ces États;

3° de sanctionner les manquements desdits opérateurs aux lois, règlements et obligations professionnelles;

4° de vérifier le respect des prescriptions légales en matière de lutte contre le blanchiment des capitaux et le financement du terrorisme;

5° d'observer l'économie des enchères;

6° d'élaborer un recueil des obligations déontologiques des opérateurs;

7° de formuler des propositions de réformes au sujet de l'activité de ventes volontaires aux enchères publiques.

C. com., art. L. 321-18 s., R. 321-36 s.

→ *Commissaire-priseur de ventes volontaires, Commissaire-priseur judiciaire, Opérateurs de ventes volontaires de meubles aux enchères publiques, Vente aux enchères publiques.*

Conseil économique et social

[Droit international public]

Organe de l'ONU, composé de 54 membres élus pour 3 ans par l'Assemblée générale, et chargé de promouvoir la coopération économique et sociale internationale (études, rapports, préparation de projets de conventions, convocation de conférences internationales, recommandations à l'Assemblée générale, aux membres de l'ONU et aux institutions spécialisées).

Conseil économique, social et environnemental

[Droit constitutionnel/Droit rural]

Assemblée purement consultative composée de représentants des principales activités économiques et sociales de la nation. Il est saisi par le gouvernement, soit obligatoirement pour tout plan ou projet de loi de programmation à caractère économique, social ou environnemental, soit facultativement pour les projets de loi de programmation définissant les orientations pluriannuelles; il peut aussi se saisir lui-même des questions entrant dans sa compétence. La révision constitutionnelle du 23 juillet 2008 a ajouté le terme « environnemental » à l'appellation du Conseil économique et social et permet désormais la saisine du Conseil par voie de pétition dans les conditions fixées par une loi organique du 28 juin 2010.

Const., art. 69 à 71.

Conseil économique, social et environnemental régional

[Droit administratif/Droit rural]

Organe consultatif de la *région*, « environnemental » depuis la loi du 12 juillet 2010 (*Grenelle* II), composé de représentants des organismes et activités à caractère économique, social, environnemental, culturel, sportif, professionnel, familial, éducatif et scientifique.

CGCT, art. L. 4134-1.

→ *Conseil régional, Préfet de région.*

Conseil en investissements financiers

[Droit commercial]

Membre d'une profession réglementée, fournissant des conseils en investissement et proposant des services d'intermédiaire pour le placement d'*instruments financiers*.

C. mon. fin., art. L. 541-1 s.

Conseil en propriété industrielle

[Droit commercial/Procédure civile]

Professionnel offrant, à titre habituel et rémunéré, ses services au public pour conseiller, assister ou représenter ses clients en vue de l'obtention, du maintien, de l'exploitation et de la défense des droits de propriété industrielle.

Nul n'est autorisé à faire usage du titre de conseil en propriété industrielle s'il ne justifie de conditions de compétence (diplôme national de deuxième cycle, examen d'aptitude, pratique professionnelle) et s'il n'est inscrit sur la liste des conseils en propriété industrielle établie par le directeur de l'*Institut national de la propriété industrielle*.

CPI, art. L. 422-1 s. et R. 422-1 s.

Conseil européen

[Droit européen]

Non prévu à l'origine par les traités, le Conseil européen a été créé en décembre 1974 à l'initiative du Président V. Giscard d'Estaing puis officialisé par l'Acte unique européen en 1987.

Il réunit principalement, sous l'autorité de son président, les chefs d'État ou de gouvernement des États membres, 2 fois par semestre depuis le traité de *Lisbonne*, sans préjudice de réunions extraordinaires si nécessaire.

Il se prononce en principe par consensus.

Le traité de Lisbonne, dont il s'agit d'une des principales innovations, prévoit un président du Conseil européen stable (alors qu'auparavant la présidence était assurée par le pays présidant le Conseil des ministres), élu à la majorité qualifiée par le Conseil européen pour 2 ans et demi, renouvelable une fois (fonction non compatible avec une fonction nationale). Le premier président ainsi désigné, le Belge Herman Van Rompuy, a pris ses fonctions le 1er janvier 2010. Son successeur est, depuis le 1er décembre 2014, Donald Tusk, ancien chef du gouvernement polonais.

Le Conseil européen donne à l'Union les impulsions nécessaires à son développement, sans exercer de fonction législative.

Son rôle croissant marque l'évolution de l'Union vers un fonctionnement de plus en plus intergouvernemental au détriment de la « méthode communautaire » utilisée à l'origine.

TUE, art. 15; TFUE, art. 235 et 236

→ *Conseil de l'Union européenne.*

Conseil général

[Droit administratif]

→ *Conseil départemental.*

ACTU

Conseil général de l'environnement et du développement durable (CGEDD)

[Droit de l'environnement]

Conseil placé sous l'autorité directe du ministre de l'environnement. Il a un rôle d'information et de conseil des ministres intéressés par les problématiques du développement durable (ministre du logement, de l'urbanisme, de la ville...) dans de multiples domaines, tels la prévention des pollutions, la lutte contre le changement climatique, l'aménagement du territoire, la politique foncière. Il est également chargé d'une mission permanente d'inspection générale portant sur la régularité, la qualité et l'efficacité de l'action des services de l'État placés sous l'autorité des ministres concernés.

Décr. n° 1229 du 2 oct. 2015.

Conseil interministériel

[Droit constitutionnel]

Réunion préparatoire à certaines décisions gouvernementales. Réunit sous la présidence du chef de l'État ou du Premier ministre non seulement les ministres et secrétaires d'État intéressés par les questions à l'ordre du jour, mais aussi des hauts fonctionnaires dont les responsabilités couvrent le domaine étudié.

Conseil judiciaire

[Droit civil]

Personne autrefois chargée d'assister les prodigues et les faibles d'esprit.

→ *Curateur.*

Conseil juridique

[Droit civil/Droit commercial/ Procédure civile]

Profession juridique exercée, soit à titre personnel, soit dans le cadre d'une société, consistant à donner des consultations et à rédiger des actes sous seing privé dans les matières commerciales et fiscales.

La loi n° 90-1259 du 31 décembre 1990 a supprimé la profession de conseil juridique. Ceux qui l'exerçaient sont devenus, de plein droit, avocats, à dater du 1er janvier 1992, à moins qu'ils n'aient préféré exercer une autre profession.

→ *Avocat, Démarchage, Exercice du droit, Profession unique.*

Conseil municipal

[Droit administratif]

Assemblée élue au suffrage universel direct pour 6 ans, chargée d'administrer par ses délibérations les affaires de la commune. Elle élit le maire.

CGCT, art. L. 2121-1 s.

Conseil national d'évaluation des normes

[Droit général]

Conseil composé de représentants de l'Administration, du Parlement et des collectivités locales qui est obligatoirement consulté par le Gouvernement sur l'impact technique et financier pour les collectivités territoriales des projets de loi ou de règlement créant ou modifiant des normes qui leur sont applicables.

CGCT, art. L. 1212-1 s.

Conseil national de l'aide juridique

[Procédure (principes généraux)]

Organe composé de 24 membres, présidé par un conseiller d'État ou un conseiller à la Cour de cassation, qui donne son avis sur les projets de loi et de décret relatif à l'aide juridique, à l'*aide à l'accès au droit*, à l'aide à l'intervention de l'avocat au cours de la garde à vue, à la médiation et à la *composition pénale*.

→ *Contribution pour l'aide juridique.*

Conseil national de la protection de la nature

[Droit de l'environnement]

Organe consultatif présidé par le ministre chargé de la protection de la nature. Son rôle est double : d'une part, donner au ministre son avis sur les moyens propres à maintenir la diversité de la flore et de la faune sauvage ainsi qu'assurer la protection des espaces naturels et la préservation des équilibres biologiques, d'autre part, étudier les mesures législatives et réglementaires et les travaux scientifiques afférents à ces objets.

C. envir., art. R. 133-1 s.

Conseil national de la transition écologique

[Droit de l'environnement]

Instance consultative composée de cinquante membres (représentants des élus, des entreprises, des associations...), présidée par le ministre chargé de l'écologie. Son avis est sollicité sur les projets de loi concernant, à titre principal, l'environnement ou l'énergie, ainsi que sur les stratégies relatives au développement durable et à la biodiversité. Ce Conseil apporte son concours à l'élaboration et à la mise en œuvre de la politique nationale en faveur de la *transition écologique*.

C. envir., art. L. 133-1 s., D. 134-1 s.

ACTU

Conseil national de protection de l'enfance

[Droit général]

Institué auprès du Premier ministre, ce Conseil est chargé de proposer au Gouvernement les orientations nationales de la politique de protection de l'enfance, de formuler des avis sur toute question s'y rattachant et d'en évaluer la mise en œuvre; il promeut la convergence des politiques menées au niveau local, dans le respect de la libre administration des collectivités territoriales.

CASF, art. L. 112-3.

Conseil national des barreaux

[Procédure civile/Procédure pénale]

Établissement d'utilité publique doté de la personnalité morale destiné à favoriser une action commune de tous les *barreaux* français, ainsi que les relations avec les barreaux européens.

Composé de 80 *avocats* élus au scrutin de liste à la proportionnelle par 2 collèges de délégués (collège ordinal, collège général) qui sont, eux-mêmes élus. Il comprend de droit le président de la conférence des bâtonniers et le bâtonnier de l'*ordre des avocats* au barreau de Paris.

Dans le respect des dispositions réglementaires en vigueur, il unifie, par voie de dispositions générales, les règles et usages de la profession. Il existe ainsi un Règlement intérieur unifié (RIU) des barreaux de France édité par le CNB, devenu le Règlement intérieur national (RIN) de la profession d'avocat, modifié en dernier lieu par la décision à caractère normatif du 11 février 2011.

Il ne possède aucun pouvoir disciplinaire qui reste dévolu aux Ordres d'avocats; en revanche, sa commission formation doit notamment approuver les programmes des centres régionaux de formation professionnelle.

L. nº 71-1130 du 31 déc. 1971, art. 21-1; Décr. nº 91-1197 du 27 nov. 1991, art. 19 s.; COJ, art. L. 311-14.

Conseil national des greffiers des tribunaux de commerce

[Procédure civile]

Conseil représentant auprès des pouvoirs publics la profession des greffiers des tribunaux de commerce. Il est chargé d'assurer la défense de leurs intérêts collectifs.

C. com., art. L. 741-2 et R. 741-10 s.

Conseil national du crédit et du titre

[Droit commercial]

Aujourd'hui dénommé *Comité consultatif du secteur financier*.

Conseil national du développement durable

[Droit de l'environnement]

Ce Conseil a été remplacé par le *Conseil national de la transition écologique*.

Conseil national du droit

[Droit général]

Organe collégial, créé en 2008 pour une durée de 5 ans, composé de personnalités judiciaires et universitaires, chargé d'une mission de réflexion sur l'enseignement du droit, sur la formation et l'emploi des juristes, sur les orientations et les modalités de la recherche juridique.

Un nouveau conseil national du droit, aux missions identiques, a été créé par le décret n° 2014-829 du 22 juillet 2014.

Conseil national pour l'accès aux origines personnelles

[Droit civil]

Organisme, placé auprès du ministre chargé des Affaires sociales, dont la mission est de faciliter l'accès aux origines personnelles des personnes adoptées ou pupilles de l'État et d'émettre un avis sur les mesures législatives et réglementaires prises dans ce domaine.

CASF, art. L. 147-1.

→ *Accouchement secret ou sous X.*

Conseil pour les droits et devoirs des familles

[Droit civil]

Créé par délibération du conseil municipal (création obligatoire dans les communes de plus de 50 000 habitants) et présidé par le maire ou son représentant, ce conseil est informé de l'existence d'une mesure d'assistance éducative et de la conclusion, avant son abrogation par la loi n° 2013-108 du 31 janvier, d'un *contrat de responsabilité parentale*; il est aussi consulté lorsque le maire envisage de proposer un *accompagnement parental*. Il doit être réuni par son président pour : entendre une famille, l'informer de ses droits et devoirs envers un enfant, lui adresser des recommandations destinées à prévenir des comportements susceptibles de mettre l'enfant en danger ou de causer des troubles pour autrui; examiner avec la famille les mesures d'aide à l'exercice de la fonction parentale susceptibles de lui être proposées et l'opportunité d'informer les professionnels de l'action sociale et les tiers intéressés des recommandations qui lui sont faites et, le cas échéant, des engagements qu'elle aurait pris dans le cadre d'un contrat de responsabilité parentale, lorsque ce dernier était encore en vigueur. Ce conseil peut proposer au maire de saisir le président du conseil départemental pour mettre en œuvre une mesure d'accompagnement en économie sociale et familiale, lorsque le suivi social ou les informations portées à sa connaissance font apparaître que la situation d'une famille ou d'un foyer est de nature à compromettre l'éducation des enfants, la stabilité familiale et qu'elle a des conséquences pour la tranquillité ou la sécurité publiques.

CASF, art. L. 141-1.

→ *Absentéisme scolaire, Accompagnement parental.*

Conseil régional

[Droit administratif]

Assemblée élue au suffrage universel direct pour 6 ans, chargée d'administrer par ses délibérations les affaires de la région. Elle élit le président du Conseil régional.

CGCT, art. L. 4131-1 s.

→ *Comité économique et social, Préfet de région, Région.*

Conseil régional de discipline

[Procédure civile]

Conseil de discipline commun aux *barreaux* établis dans le ressort d'une cour d'appel, composé d'anciens bâtonniers et de membres des différents conseils de l'ordre.

À Paris, le conseil de l'ordre siège comme conseil de discipline, mais il peut constituer des formations restreintes de 5 membres présidées par un ancien bâtonnier.

Conseil stratégique de la dépense publique (CSDP)

[Droit financier]

Créé en 2014, présidé par le président de la République, il comprend en particulier le Premier ministre et le ministre de l'Économie et des Finances mais n'a aucun représentant des collectivités locales ou des organismes de sécurité sociale. Le Président de la République peut « inviter » à participer à ce conseil « les représentants des organismes ayant à connaître de la dépense publique ainsi que toute personnalité qualifiée ». Son rôle est de « proposer et suivre le programme de réalisation des économies structurelles qui sont présentées dans le cadre du programme de stabilité de la France » et d' « assurer le redressement des comptes de la Nation tout en veillant à favoriser la croissance et l'emploi ».

Conseil supérieur de l'adoption

[Droit civil]

Organisme chargé, auprès du Premier ministre, d'émettre des avis et de formuler toutes propositions utiles relatives à l'adoption, y compris l'adoption internationale. Il est aussi consulté sur les mesures législatives et réglementaires prises en ce domaine.

CASF, art. L. 148-1 et D. 148-1.

Conseil supérieur de l'audiovisuel (CSA)

[Droit administratif]

Autorité administrative indépendante créée en 1989, réformée en dernier lieu par deux lois, organique et ordinaire, du 15 novembre 2013, composée d'un président nommé par le président de la République, et de 6 autres membres nommés par le Président du Sénat et par celui de l'Assemblée nationale. Elle est investie d'une fonction très large de régulation de la communication audiovisuelle publique et privée; notamment, le CSA nomme les présidents des sociétés de l'audiovisuel public, et décide de l'attribution des fréquences d'émission aux stations privées (radios et télévisions « libres »). Il veille au contenu des émissions publicitaires, au respect du pluralisme des opinions, au respect, dans les émissions, de la personne humaine, des exigences de protection de l'enfance et de l'adolescence ainsi que l'interdiction générale des incitations à la haine ou à la violence fondées sur des motifs de sexe, de mœurs, de religion ou de nationalité. Il dispose d'un pouvoir de sanction et il publie un rapport public annuel.

GDCC n° 8.

Conseil supérieur de l'économie sociale et solidaire

[Droit commercial]

→ *Économie sociale et solidaire.*

Conseil supérieur de l'égalité professionnelle entre les femmes et les hommes

[Droit du travail]

Conseil participant à la mise en œuvre de la politique d'égalité professionnelle entre les femmes et les hommes.

C. trav., art. D. 1145-1 s.

Conseil supérieur de la coopération

[Droit commercial]

Organisme consultatif compétent dans le secteur des coopératives

L. 10 sept. 1947, art. 5-1.

Conseil supérieur de la magistrature (CSM)

[Droit constitutionnel]

Organe constitutionnel destiné à garantir l'indépendance de l'autorité judiciaire. Profondément modifié par la révision constitutionnelle du 23 juillet 2008 (L. n° 2008-724) et la loi organique n° 2010-830 du 22 juillet 2010, il a fait l'objet d'un projet de loi constitutionnelle déposé à l'Assemblée nationale le 14 mars 2013 (n° 815) réformant sa composition et ses compétences, mais non abouti.

Le CSM actuel comprend une formation compétente à l'égard des magistrats du siège et une autre pour les magistrats du parquet.

Chacune de ces formations (15 membres) délibère valablement si elle réunit, outre le président de séance, au moins 8 de ses membres.

La formation compétente pour les magistrats du siège fait des propositions pour les nominations à la Cour de cassation et celles de premier président de cour d'appel ou de président d'un TGI. Les autres magistrats du siège sont nommés sur son avis conforme.

La formation relative aux magistrats du parquet donne un avis sur les nominations. Le Conseil statue également comme conseil de discipline pour les magistrats du siège et donne un avis sur les sanctions disciplinaires relatives aux magistrats du parquet.

Le Conseil se réunit en formation plénière pour répondre aux demandes d'avis formulées par le président de la République, aux questions de déontologie ou relatives au fonctionnement de la justice posées par le ministre de la Justice.

La révision de 2008 vise à garantir l'indépendance du Conseil, autrefois présidé par le président de la République avec le ministre de la Justice comme vice-président. Elle permet en outre que le Conseil soit saisi par un justiciable dans les conditions fixées par la loi organique du 22 juillet 2010.

Un courant doctrinal préconise de ne pas confiner les attributions du CSM à la nomination et à la discipline des magistrats et de lui donner, sous la dénomination de Conseil supérieur de la justice, la maîtrise de la gestion du système juridictionnel.

Const., art. 64, 65; LO n° 94-100 du 5 févr. 1994.

→ *Saisine par un justiciable du Conseil supérieur de la magistrature.*

Conseil supérieur de la prud'homie

[Droit du travail/Procédure civile]

Conseil siégeant auprès du ministre de la Justice et du ministre chargé du Travail, appelé à formuler des avis et des suggestions, à effectuer des études sur l'organisation et le fonctionnement des conseils de prud'hommes. Il comprend des représentants désignés par les ministres de la Justice, de l'Agriculture et du Travail, des représentants des salariés et des employeurs (24 membres au total). Une commission permanente formée par le président et 13 membres évite les convocations trop nombreuses en séance plénière.

C. trav., art. L. 1431-1 s. et R. 1431-1 s.

Conseil supérieur des Français de l'étranger

[Droit constitutionnel]

Est devenu en 2004 l'*Assemblée des Français de l'étranger*.

Conseil supérieur des tribunaux administratifs et cours administratives d'appel

[Droit administratif]

Organisme présidé par le vice-président du Conseil d'État et composé, en outre, de 12 membres, destiné à conforter l'indépendance des membres de ces juridictions, notamment par la formulation de propositions relatives à leur carrière et à leur discipline.

CJA, art. L. 232-1.

Conseil syndical

[Droit civil]

Organe du syndicat des copropriétaires dont les membres sont désignés par l'assemblée générale parmi les copropriétaires, leurs conjoints, leurs partenaires pacsés, leurs représentants ou leurs usufruitiers et dont la mission est d'assister le syndic et de contrôler sa gestion relative à la copropriété.

L. n° 65-557 du 10 juill. 1965, art. 21.

Conseiller

[Procédure (principes généraux)]

Magistrat siégeant dans les cours d'appel, à la Cour de cassation, dans les juridictions administratives et dans les juridictions financières. À la Cour des comptes, il existe des conseillers référendaires, et des conseillers maîtres parmi lesquels les présidents des chambres sont exclusivement choisis.

COJ, art. R. 312-8 et R. 421-1 s.; CJA, art. L. 231-2; CJF, art. L. 112-1 et L. 212-3.

Conseiller d'État

[Droit administratif]

Membre du *Conseil d'État*, d'un grade plus élevé que ceux d'auditeur ou de maître des requêtes, exerçant des responsabilités administratives ou juridictionnelles.

Des conseillers d'État en service extraordinaire, n'exerçant que des fonctions administratives, peuvent être nommés par décret en conseil des ministres pour une durée de 5 ans.

Conseiller de la mise en état

[Procédure civile]

Magistrat de la cour d'appel sous le contrôle duquel l'affaire est instruite au niveau du second degré, comme elle l'est en première instance sous la direction du *juge de la mise en état (JME)*.

C. pr. civ., art. 907, 911-1, 912 s., 939 s.; COJ, art. R. 312-6.

Conseiller du salarié

[Droit du travail]

Le salarié convoqué à l'entretien préalable à un éventuel licenciement ou à un entretien en vue d'une rupture conventionnelle peut se faire assister, lorsqu'il n'existe pas d'institution représentative du personnel dans l'entreprise, par un conseiller extérieur à celle-ci; ce dernier est choisi sur une liste dressée par le préfet après avis des organisations syndicales.

C. trav., art. L. 1232-4, L. 1232-7, L. 1232-8, L. 1237-12 et D. 1232-5.

Conseiller du travail

[Droit du travail]

Travailleur social titulaire d'un diplôme délivré par le ministère du Travail, dont les fonctions consistent de manière générale à veiller, sur les lieux du travail, au bien-être et à l'adaptation des salariés. Il exerce des fonctions de conseiller technique pour les questions sociales auprès du comité d'entreprise. Il peut être chargé par celui-ci de la direction des institutions sociales de l'entreprise.

C. trav., art. D. 4632-4 s.

Conseiller en investissements participatifs

[Droit commercial]

C. mon. fin., art. L. 547-1 s.

→ *Financement participatif.*

Conseiller en service extraordinaire

[Procédure civile]

Personne remplissant les conditions pour être candidat à l'auditorat de justice, justifiant de 25 années d'activité professionnelle et d'une compétence la qualifiant particulièrement pour l'exercice des fonctions judiciaires à la Cour de cassation, nommée pour 8 ans en vue d'exercer les attributions des conseillers à la Cour de cassation.

→ *Auditeur de justice.*

Conseiller prud'homme

[Droit du travail/Procédure civile]

Nom donné au juge siégeant au conseil de prud'hommes. Les conseillers prud'hommes élus par les salariés disposent, à raison de leur mandat, d'une protection juridique contre les licenciements, lesquels doivent être préalablement autorisés par l'autorité administrative.

Les conseillers prud'hommes employeurs et salariés suivent une formation initiale à l'exercice de leur fonction juridictionnelle; à défaut ils sont réputés démissionnaires. Ils sont astreints, également, à une formation continue.

Le manquement par le conseiller prud'homme aux devoirs de sa fonction donne lieu à une action disciplinaire portée devant une Commission nationale qui peut prononcer un blâme, une suspension, une déchéance limitée à 10 ans ou une interdiction définitive d'exercer.

COJ, art. R. 111-3; C. trav., art. L. 1421-2, L. 1423-3, L. 1442-1, L. 1442-2, L. 1442-13 à 1442-16-2, R. 1423-55 s.

Conseiller rapporteur

[Procédure civile]

Conseillers prud'hommes qui sont désignés par le *bureau de jugement* (ou par son président) et qui ont pour mission d'instruire l'affaire en prescrivant toute mesure nécessaire à sa mise en état.

C. trav., art. L. 1454-1-2.

Conseiller référendaire

[Procédure civile]

Jeune *magistrat* détaché à la *Cour de cassation* pour une période de 10 ans en vue, à l'origine, de décharger les conseillers de plein exercice des tâches administratives et matérielles. Ses pouvoirs ont été notablement accrus. Aujourd'hui, les conseillers référendaires ont voix délibérative dans le jugement des affaires qu'ils sont chargés de rapporter, et ils peuvent être appelés à compléter l'effectif d'une chambre avec voix délibérative, sous condition d'ancienneté.

COJ, art. L. 431-3.

Conseiller territorial

[Droit administratif]

Avait vocation à remplacer, à partir de 2014, le conseiller général et le conseiller régional, en tant qu'administrateur unique du *département* et de la *région*.

Finalement, après l'alternance de 2012, cette innovation est abandonnée avant même d'avoir été mise en œuvre.

Consensualisme

[Droit civil]

Principe déduit de la théorie de l'autonomie de la volonté en vertu duquel un acte juridique n'est soumis à aucune forme particulière pour sa validité, le consentement ayant à lui seul le pouvoir de créer des obligations.

C. civ., art. 1101, 1109* et 1172* s.*

→ *Acte consensuel, Acte solennel, Ad validitatem, Autonomie de la volonté, Formalisme, Formes.*

Consensus

[Droit constitutionnel]

1° Accord général sur les valeurs sociales essentielles et spécialement sur le régime politique établi, ce qui a pour effet de modérer les antagonismes politiques (lutte dans le cadre du régime et non sur le régime lui-même).

2° Méthode d'adoption des décisions consistant dans la recherche d'un accord mutuel sans que l'on procède à un vote formel (ou même pour éviter de recourir à un tel vote).

[Droit international public]

Mode d'adoption d'un texte sans recours à un vote formel; l'adoption est constatée en l'absence de toute objection présentée par un participant.

→ *Unanimité.*

Consentement

[Droit civil]

1° Dans la création d'un acte juridique, acceptation par une partie de la proposition faite par l'autre. L'échange des consentements entraîne l'accord de volonté qui lie les parties.

C. civ., art. 1101, 1109*, 1128* s. et 1172*, al. 1er.*

2° Autorisation ou approbation donnée par la personne qualifiée à un acte concernant une autre personne : consentement des parents au mariage de leur enfant mineur, consentement des père et mère à l'adoption de leur enfant.

C. civ., art. 148, 233, 347.

→ *Acceptation, Accord, Dol, Erreur, Offre, Vice du consentement, Violence.*

Consentement de la victime

[Droit pénal]

Acceptation par une personne de faits constitutifs d'une infraction pénale à son encontre. Pareil consentement n'a en principe aucune portée justificative et n'exclut donc pas la responsabilité pénale de l'auteur de ces faits (ex. : l'euthanasie).

Conservateur/Conservation des hypothèques

[Droit civil/Droit financier ou fiscal]

Institution administrative créée en 1799, la conservation des hypothèques (parfois dénommée bureau des hypothèques) avait, sous l'autorité d'un conservateur des hypothèques, la double mission d'assurer la publicité des actes relatifs aux immeubles et de percevoir certaines taxes. Une ordonnance du 10 juin 2010 ayant supprimé le régime des conservateurs des hypothèques à compter du 1er janvier 2013, ses missions reviennent désormais au *service de la publicité foncière*. Le salaire du conservateur ayant été supprimé, lui est substituée, au profit de l'État, une taxe dénommée « contribution de sécurité immobilière »; la responsabilité de l'État a pris le relais de celle assurée jusqu'alors par le conservateur.

→ *Administrateur (général) des finances publiques, Fichier immobilier, Publicité foncière.*

Conservatoire de l'espace littoral et des rivages lacustres

[Droit de l'environnement]

Établissement public de l'État à caractère administratif qui a pour mission de mener une politique foncière de sauvegarde du littoral et de respect des sites naturels et de l'équilibre écologique, dans les communes riveraines des mers, océans, étangs salés et plans d'eau de plus de 1 000 ha, des estuaires et deltas en aval de la limite de salure des eaux, avec extension possible à des secteurs géographiquement limitrophes.

Pour réaliser ces objectifs, le Conservatoire peut procéder à toutes opérations foncières, acquérir à l'amiable, exproprier, préempter, être gratifié par legs ou donations.

C. envir., art. L. 322-1 s. et R. 322-1 s.

Considérant

[Procédure (principes généraux)]

Synonyme d'*attendu*. Utilisé notamment dans la rédaction des arrêts ou décisions de certaines cours d'appel, du Conseil d'État, du Tribunal des conflits et du Conseil constitutionnel.

Consignation

[Droit civil/Procédure civile]

Dépôt d'espèces, de valeurs ou d'objets entre les mains d'une tierce personne à charge pour elle de les remettre à qui de droit. Ainsi du plaideur qui dépose au greffe de la juridiction la somme nécessaire à la couverture des frais et vacations de l'expert. Ainsi du débiteur qui se heurte au refus du créancier de recevoir le paiement et qui s'acquitte en déposant son dû à la Caisse des dépôts et consignations.

Quand une loi ordonne une consignation sans en indiquer le lieu, le juge ne peut autoriser de consignations auprès d'organismes autres que la *Caisse des dépôts et consignations*.

C. civ., art. 1345-1, 2350, 2435; C. pr. civ., art. 1426 s.; C. mon. fin., art. L. 518-17 s.; C. pr. exéc., art. L. 321-5, L. 322-9, L. 322-12, L. 322-14, L. 334-1, R. 322-56.*

→ *Exécution provisoire, Offres réelles.*

[Procédure pénale]

1° Versement d'une somme d'argent par la victime d'une infraction, sous peine d'irrecevabilité de sa constitution de partie civile devant le juge d'instruction ou de sa citation directe devant le tribunal correctionnel, dont le montant, fixé par la juridiction d'instruction ou par la juridiction de jugement, est destiné à garantir le paiement de l'amende civile en cas de procédure abusive ou dilatoire, ou le paiement des frais susceptibles d'être mis à sa charge.

C. pr. pén., art. 88, 88-1, 88-2, 392-1.

2° Le capitaine d'un navire peut, avec l'accord préalable du procureur de la République près la juridiction territorialement compétente, ordonner la consignation dans un lieu fermé, pendant la durée strictement nécessaire, d'une personne mettant en péril la préservation du navire, de sa cargaison ou de la sécurité des personnes se trouvant à bord, lorsque les aménagements du navire le permettent. En cas d'urgence, la consignation est immédiatement ordonnée par le capitaine, qui en informe aussitôt le procureur de la République afin de recueillir son accord.

Avant l'expiration d'un délai de quarante-huit heures à compter de l'ordre de consignation du capitaine, le juge des libertés et de la détention, saisi par le procureur de la

République, statue par ordonnance motivée insusceptible d'appel sur la prolongation de la mesure pour une durée maximale de cent vingt heures.

C. transp., art. L. 5531-19.

Consilium fraudis

[Droit civil]

Conscience, de la part d'un débiteur, qu'en effectuant un acte, il va aggraver son insolvabilité. Conscience, de la part d'un tiers, qu'en traitant avec une personne, il va aggraver la situation de celle-ci au détriment de ses créanciers.

→ *Action paulienne.*

Consolidation

[Droit civil]

Réunion sur la même tête de l'usufruit et de la nue-propriété d'un bien; elle provoque l'extinction de l'usufruit. De même, toute servitude est éteinte lorsque le fonds à qui elle est due, et celui qui la doit, sont réunis dans la même main.

C. civ., art. 617 et 705.

→ *Confusion.*

Consolidation comptable

[Droit commercial]

Pratique comptable consistant à établir, dans les groupes de sociétés, des comptes reflétant la réalité financière de l'ensemble des sociétés groupées.

→ *Bilan consolidé, Comptes consolidés.*

Consolidation de blessure

[Sécurité sociale]

Date à partir de laquelle l'état de santé de l'assuré est stabilisé et que des séquelles durables résultent de l'accident ou de la maladie. Elle marque la fin du versement des indemnités journalières et le point de départ d'une rente ou pension. Date qui fixe le point de départ de l'action en réparation du dommage et de l'action subrogatoire en remboursement des prestations servies à la victime par un organisme de sécurité sociale.

CSS, art. L. 433-1 et L. 141-1.

Consolidation de la dette publique

[Droit financier ou fiscal]

Mesure de gestion tendant à allonger le délai de remboursement, par la substitution de titres à plus long terme à des titres à court terme.

ACTU

Consommateur

[Droit civil/Droit commercial]

Défini par la loi n° 2014-344 du 17 mars 2014 et « au sens du Code de la consommation » comme « toute personne physique qui agit à des fins qui n'entrent pas dans le cadre d'une activité commerciale, industrielle, artisanale ou libérale », le consommateur ne peut plus être, comme la jurisprudence antérieure avait semblé l'admettre dans certains cas, un professionnel qui acquiert un bien pour son activité, mais sans rapport avec cette activité (achat d'une alarme pour sécuriser son point de vente par ex.). Directement issue du droit européen (directive de 2011), cette définition ne vise pas toutes les activités professionnelles, par exemple les agriculteurs, qui pourraient donc être des consommateurs même lorsqu'ils acquièrent un bien dans le cadre de leur activité professionnelle.

C. consom., art. préliminaire.

GAJC, t. 2, n° 159, 166-167, 261 et 284-285.

[Procédure civile]
Les règles protectrices du consommateur quant au fond et accrues par la loi précitée du 17 mars 2014 (information, rétractation, clauses abusives, garantie) se doublent de mesures de faveur au plan procédural. Citons les procédures simplifiées par déclaration au greffe ou en *injonction de faire*; la compétence de la juridiction du lieu où le consommateur demeurait au moment de la conclusion du contrat ou de la survenance du fait dommageable; la création de l'*action en représentation conjointe*; la condamnation de la *gestion de dettes*; la possibilité pour le juge de relever d'office les moyens de défense du consommateur; et surtout l'institution récente de l'*action de groupe*.

C. consom., art. L. L. 622-1 s., 623-1 s.; C. pr. civ., art. 1425-1 s.; C. mon. fin., art. L. 452-1.

Consommation de l'infraction

[Droit pénal]
Réalisation de l'*infraction* dans toutes ses composantes, et par la réunion de ses conditions préalables, et par l'accomplissement de ses éléments constitutifs, et par la production de son résultat. L'infraction consommée se distingue ainsi de l'infraction seulement tentée.

C. pén., art. 121-4 et 121-5.

Consomptible

[Droit civil]
→ *Chose consomptible.*

Consorts

[Droit général]
Personnes qui, en dépit d'une communauté d'intérêts, ne relèvent pas nécessairement d'un statut juridique identique. Le terme, encore utilisé pour les dénominations sociales, est surtout en usage de nos jours en droit judiciaire dans la locution *litisconsorts*.

Constat d'huissier de justice

[Procédure civile]
Acte par lequel, à la demande du juge ou d'un particulier, un huissier de justice (ou un clerc habilité) relate les *constatations* qu'il a faites; cet acte étant exclusif de tout avis sur les conséquences de fait et de droit qui peuvent en résulter ne vaut que comme simple renseignement en matière pénale, mais fait foi jusqu'à preuve contraire dans les autres matières.

Ord. n° 45-2592 du 2 nov. 1945 (art. 1er et 1er bis).

→ *Clerc d'huissier de justice.*

Constat d'urgence

[Droit administratif]
→ *Référé administratif.*

Constatation

[Droit général]
Fait d'établir l'état d'une chose, d'un lieu, en le consignant dans un écrit qui ne possède que la valeur d'un simple renseignement.

Constatations

[Procédure civile]
Mesure d'instruction à laquelle recourt le juge qui a besoin d'être éclairé sur une question de fait requérant les lumières d'un *technicien*. Les constatations ne lient pas le juge.

C. pr. civ., art. 179 s., 249 s.

Constituant

[Droit constitutionnel]

→ *Pouvoir constituant.*

Constituante

[Droit constitutionnel]

Nom donné à la 1re phase de la Révolution française, au cours de laquelle est élaborée la Constitution du 3 septembre 1791.

→ *Assemblée constituante.*

Constitution

[Droit constitutionnel]

1° *Au sens matériel :* ensemble des règles écrites ou coutumières qui déterminent la forme de l'État (unitaire ou fédéral), l'organisation de ses institutions, la dévolution et les conditions d'exercice du pouvoir (y compris le respect des droits fondamentaux).

2° *Au sens formel :* acte juridique suprême de l'État consignant les règles constitutionnelles au sens matériel. Si sa modification obéit à une procédure plus solennelle que la procédure législative ordinaire (ex. : majorité qualifiée, référendum), on est en présence d'une constitution *rigide*. Par opposition, une constitution est dite *souple* si elle peut être révisée dans des conditions identiques à ou proches de la procédure législative ordinaire.

GDCC n° 25.

→ *Bloc de constitutionnalité, Constitutionnalité (Contrôle de), Constitution européenne, Loi, Ordre juridique, Supraconstitutionnalité, Traité.*

Constitution d'avocat

[Procédure civile]

Mandat donné par un plaideur à un avocat en vue d'être représenté et assisté dans un procès.

Cette constitution est en principe obligatoire devant le TGI, la cour d'appel et la Cour de cassation. Elle emporte élection de domicile. Elle a remplacé la *constitution d'avoué*.

C. pr. civ., art. 751, 755 s., 790, 814, 816, 899, 901, 903, 920, 921, 923, 960, 962, 975; C. pr. exéc., art. R. 322-40.

Constitution d'avoué

[Procédure civile]

Mandat qui était donné par un *plaideur* à un *avoué* de le représenter devant la cour d'appel. Cette constitution est confiée à un avocat depuis le 1er janvier 2012.

→ *Constitution d'avocat.*

Constitution de partie civile

[Droit pénal]

→ *Partie civile.*

Constitution européenne

[Droit européen]

Nom usuel du traité signé à Rome le 29 octobre 2004 « établissant une constitution pour l'Europe ». Adoptée sur la base d'un projet élaboré par la *Convention pour l'avenir de l'Europe*, elle représente une étape dans la construction européenne avec plusieurs éléments significatifs (introduction de la Charte des droits fondamentaux (Partie II), création des fonctions de Président du *Conseil européen* ou de ministre des Affaires étrangères, fusion des 3 *piliers* nés à Maastricht, nouveau mode de vote à la *majorité qualifiée* au sein du Conseil, nouvelle composition de la *Commission*, définition des compétences de l'Union, renforcement du rôle des parlements nationaux...). Le processus de ratification ayant été bloqué par les « non » de la France (25 mai 2005) et des Pays-Bas (1er juin), elle n'a pu entrer en vigueur mais ses dispositions ont été largement reprises par le traité de *Lisbonne*.

Constitutionnalisme

[Droit constitutionnel]

Conception des hommes de la Révolution de 1789, comme aussi des fondateurs du droit constitutionnel au XIXe siècle, qui lie la notion de constitution à celle de régime libéral (*cf.* DDHC, art. 16).

Constitutionnalité (Contrôle de)

[Droit constitutionnel]

Contrôle destiné à préserver la suprématie de la constitution, par un examen de conformité des actes juridiques de rang inférieur, notamment les lois.

1° Contrôle par un organe politique (ex. : Sénats impériaux).

2° Contrôle par un organe juridictionnel :

- par voie d'action, quand la loi est attaquée directement devant un tribunal (Cour suprême ordinaire ou Cour spéciale) en vue de la faire annuler à l'égard de tout le monde (ex. : Allemagne) ;

- par voie d'exception, lorsque, à l'occasion d'un litige devant un tribunal quelconque, une partie se défend contre l'application d'une loi en invoquant son inconstitutionnalité. Dans certains cas le tribunal, sans pouvoir l'annuler, refusera de l'appliquer dans ce litige s'il la juge inconstitutionnelle (système en vigueur notamment aux États-Unis où il a revêtu à une certaine époque [1880-1936] le caractère d'un « *gouvernement des juges* »). Dans d'autres cas, le tribunal renverra la question à une juridiction constitutionnelle spéciale (« modèle européen »).

→ *Conseil constitutionnel, Conventionnalité (Contrôle de), Question prioritaire de constitutionnalité.*

Consul

[Droit international public]

Agent officiel qu'un État établit dans les villes d'un autre État avec mission de protéger ses ressortissants à l'étranger et d'exercer, à leur égard, diverses compétences (état civil, délivrance et visa des passeports, légalisation de signatures, actes notariés, exécution de commissions rogatoires, etc.).

1° *Consul de carrière :* consul exerçant ses fonctions à titre exclusif en tant que fonctionnaire de l'État qui l'a nommé.

2° *Consul honoraire* (ou marchand) : personne choisie sur place par un État, parmi ses nationaux ou parmi les ressortissants de l'État de résidence, pour exercer des fonctions consulaires (qui ne sont alors que l'accessoire d'une autre activité professionnelle, commerciale notamment).

Consulat

[Droit constitutionnel]

Régime politique républicain, issu du coup d'État du 18 brumaire an VIII (9 nov. 1799) fomenté par Napoléon Bonaparte, qui met fin au *Directoire*. Le Premier consul transformera dès que possible ce régime autoritaire en Empire (1804).

→ *Premier empire.*

Consultation

[Procédure civile]

Mission confiée par le juge ou par le tribunal à un *technicien* et consistant, lorsque l'examen des faits ne nécessite pas des investigations complexes, à donner son opinion verbalement, éventuellement par écrit, après un examen contradictoire des faits litigieux.

C. pr. civ., art. 256.

[Procédure (principes généraux)]

Se dit aussi de l'*avis* donné par un juriste professionnel dans un cas litigieux.

Consumérisme

[Droit commercial]

→ *Consommateur.*

Contenance

[Droit civil]

Dimension d'un fonds bâti ou non bâti. Le droit sanctionne son inadéquation à la mesure réelle, tantôt par l'ajustement du prix (diminution ou supplément), tantôt par la résolution du contrat.

Dans la vente de lots de copropriété, il est demandé, à peine de nullité, de spécifier la superficie de la partie privative. Si la superficie est inférieure d'1/20e à celle exprimée dans l'acte, il y a lieu à diminution du prix proportionnelle à la moindre mesure.

C. civ., art. 1616 s.; L. n° 65-557 du 10 juill. 1965, art. 46.

Conteneur

[Droit commercial]

Moyen de stockage de la marchandise transportée (se distingue du *colis*). Peut faire l'objet de contrats de location. Est régi par des dispositions spécifiques en cas d'*avarie*.

Contentieux

[Procédure (principes généraux)]

Substantif : un contentieux est formé par un ensemble de procès se rapportant au même objet : contentieux privé, pénal, administratif, fiscal, etc. On parle aussi d'un contentieux des loyers, de la sécurité sociale, de la responsabilité, des transports, etc.

Adjectif : qui fait l'objet d'un désaccord, spécialement juridique. Parfois, synonyme de juridictionnel.

Contentieux administratif

[Droit administratif]

Terme susceptible de plusieurs acceptions, toutes fondées sur l'idée de litige.

1° Ensemble des règles d'organisation et de fonctionnement des juridictions administratives.

2° Ensemble des litiges dont la connaissance appartient aux juridictions administratives.

Distinction des contentieux. Classification opérée parmi les recours du contentieux administratif, ayant donné lieu principalement :

- à un regroupement quadripartite fondé sur les pouvoirs du juge (contentieux de l'annulation, de la pleine juridiction, de l'interprétation et de la répression) ;
- à un regroupement bipartite dont le critère est la nature de la situation juridique contentieuse déférée au juge (contentieux objectif et subjectif).

Contentieux de la sécurité sociale

[Procédure civile/Sécurité sociale]

Ensemble des litiges relatifs à l'application de la législation et de la réglementation de sécurité sociale et de mutualité sociale agricole.

Le *contentieux général* est jugé par des juridictions spécialisées, suivant une procédure simplifiée et peu coûteuse. Mais il existe des contentieux spéciaux (*contentieux technique*) qui échappent aux juridictions ordinaires de Sécurité sociale.

CSS, art. L. 142-1 s.

→ *Tribunal des affaires de sécurité sociale.*

Contentieux du contrôle technique

[Sécurité sociale]

Contentieux disciplinaire destiné à réprimer les fautes, abus et fraudes relevés à l'encontre des médecins, chirurgiens-dentistes, sages-femmes et pharmaciens à l'occasion des soins dispensés ou des prestations servies aux assurés sociaux : actes non justifiés, actes fictifs, prescriptions de complaisance. En première instance la juridiction du contrôle technique compétente est la section des assurances du *conseil régional de discipline* de l'Ordre. En appel, les affaires sont examinées par la section des assurances sociales du conseil national de l'Ordre compétent. À ne pas confondre avec le *contentieux technique*.

CSS, *art. L. 145-1 s.*

Contentieux technique

[Sécurité sociale]

Litiges relatifs au degré d'invalidité ou à l'état d'incapacité permanente en cas d'accident du travail ou de maladie professionnelle. Litiges relatifs à la tarification des accidents du travail. Les premiers sont portés devant les tribunaux du contentieux de l'incapacité puis devant la *Cour nationale de l'incapacité et de la tarification des accidents du travail*. Les seconds sont portés directement devant la Cour nationale de l'incapacité et de la tarification. À ne pas confondre avec le *contentieux du contrôle technique*.

CSS, art. L. 143-1 s.

Contestation de filiation

[Droit civil]

Action en justice permettant de contester une filiation légalement établie, en prouvant que la mère n'a pas accouché de l'enfant (contestation de maternité) ou que le mari ou l'auteur de la reconnaissance n'est pas le père (contestation de paternité). En l'absence de possession d'état conforme au titre de naissance, l'action est ouverte à tout intéressé pendant 10 ans. Lorsque la possession d'état est conforme au titre, elle est réservée à l'enfant, à ses père et mère et au parent prétendu; l'action se prescrit alors par 5 ans à compter du jour où la possession d'état a cessé ou du décès du parent dont le lien de filiation est contesté.

C. civ., art. 332 s.

→ *Désaveu de paternité.*

Contingent

[Droit financier ou fiscal]

En matière de finances locales, synonyme de contribution exigée d'une collectivité pour participer au financement de certaines dépenses (ex. : contingent communal d'aide sociale).

Continuité de l'État

[Droit international public]

Principe selon lequel un gouvernement ne peut répudier les obligations souscrites par son prédécesseur.

Contra non valentem agere non currit praescriptio

[Droit civil]

Littéralement : contre celui qui ne peut agir en justice, la prescription ne court pas. La prescription ne court pas ou est suspendue contre celui qui est dans l'impossibilité d'agir par suite d'un empêchement résultant de la loi, de la convention ou de la force majeure.

C. civ., art. 2234 s.

→ *Suspension*

Contractuel

[Droit administratif]

Personne recrutée par un organisme public sur le fondement d'un contrat, de façon théoriquement provisoire, et n'ayant donc pas la qualité de fonctionnaire. Le recrutement de contractuels, naguère destiné à procurer à l'Administration des agents supplémentaires peu qualifiés (« auxiliaires »), sert également aujourd'hui à recruter des spécialistes hautement qualifiés en leur accordant des avantages de rémunérations supérieurs à ceux des fonctionnaires, en l'absence desquels l'Administration parviendrait difficilement à les recruter.

Contradiction

[Procédure (principes généraux)]

→ *Contradictoire (Principe du), Défense (Liberté de la).*

Contradictoire (Principe du)

[Procédure (principes généraux)]

→ *Principe du contradictoire.*

Contrainte

[Droit international public]

1° Pression exercée sur un État par le moyen de la force; est illicite lorsqu'elle utilise la force armée ou est assimilable à une intervention dans les affaires de cet État.

2° Cause de nullité d'un traité lorsqu'elle a été exercée sur un État ou son représentant afin d'obtenir son engagement.

→ *Intervention, Vice du consentement.*

[Droit pénal]

Force à laquelle l'auteur d'une infraction n'a pu résister au moment des faits, ce qui exclut sa responsabilité pénale.

C. pén., art. 122-2.

GADPG n° 44.

→ *Imputabilité.*

[Procédure civile]

Acte délivré par l'administration des Finances ou par une caisse de Sécurité sociale, susceptible d'exécution forcée contre le redevable.

→ *Titres exécutoires.*

[Sécurité sociale]

Procédure de recouvrement des cotisations de Sécurité sociale. La contrainte décernée par le directeur d'un organisme de Sécurité sociale pour le recouvrement des cotisations et majorations de retard comporte, à défaut d'opposition du débiteur devant le tribunal des affaires de sécurité sociale, dans les 15 jours à compter de la signification par huissier ou de la notification par lettre recommandée, tous les effets d'un jugement et confère notamment le bénéfice de l'hypothèque judiciaire.

CSS, art. L. 244-9, R. 133-3.

Contrainte judiciaire

[Procédure pénale]

Emprisonnement, utilisé comme moyen de pression, d'une personne majeure, solvable et âgée de moins de 65 ans, ordonné par le juge de l'application des peines, en cas d'inexécution volontaire d'une ou plusieurs condamnations à une peine d'amende prononcées en matière criminelle ou en matière correctionnelle pour un délit puni d'une peine d'emprisonnement, y compris en cas d'inexécution volontaire de condamnations à des amendes fiscales ou douanières. La durée de l'emprisonnement est déterminée par le magistrat dans la limite maximum fixée par la loi en fonction du montant de l'amende ou de leur montant cumulé.

La contrainte judiciaire se substitue, depuis la loi n° 2004-204 du 9 mars 2004 à l'ancienne contrainte par corps, dont les conditions et le régime étaient quelque peu différents, notamment pour exclure de ses dispositions les infractions politiques, ce qui n'est plus le cas désormais.

C. pr. pén., art. 749 s.

Contrainte par corps

[Procédure pénale]

→ *Contrainte judiciaire.*

ACTU

Contrainte pénale

[Droit pénal/Procédure pénale]

Peine correctionnelle alternative, créée par la loi n° 2014-896 du 15 août 2014, encourue par les personnes physiques majeures. Venant au deuxième rang des peines applicables aux délits, entre l'emprisonnement et l'amende, la contrainte pénale « emporte pour le condamné l'obligation de se soumettre, sous le contrôle du juge de l'application des peines, pendant une durée comprise

entre six mois et cinq ans et qui est fixée par la juridiction, à des mesures de contrôle et d'assistance ainsi qu'à des obligations et interdictions particulières destinées à prévenir la récidive en favorisant son insertion ou sa réinsertion au sein de la société ». Elle peut être prononcée « lorsque la personnalité et la situation matérielle, familiale et sociale de l'auteur d'un délit puni d'une peine d'emprisonnement d'une durée inférieure ou égale à cinq ans et les faits de l'espèce justifient un accompagnement socio-éducatif individualisé et soutenu ».
La contrainte pénale est promise à la généralisation à compter du 1er janvier 2017. Elle est, *de lege ferenda*, ouverte à la possibilité de devenir la seule peine principale applicable à certains délits, par la suppression envisagée de la peine d'emprisonnement encourue.

C. pén., art. 131-4-1; C. pr. pén., art. 713-42 à 713-48.

Contrariété de jugements

[Procédure civile]

Inconciliabilité de deux décisions intervenues entre les mêmes parties, sur les mêmes moyens et relativement au même objet, rendant impossible leur exécution respective et donnant lieu à pourvoi en cassation contre le jugement second en date. Lorsque la contradiction est constatée, elle se résout au profit du premier jugement et la cassation est prononcée sans renvoi.

C. pr. civ., art. 617 et 618.

Contrat

[Droit civil]

Accord de volonté entre deux ou plusieurs personnes destiné à créer, modifier, transmettre ou éteindre des obligations (*bail*, entreprise, *vente*...). La liberté de contracter ou de ne pas contracter, de choisir son contractant et de déterminer le contenu et la forme du contrat est la règle, dans les limites fixées par la loi. Le contrat est formé par la rencontre d'une *offre* et d'une *acceptation* par lesquelles les parties manifestent leur volonté de s'engager, cette volonté pouvant résulter d'une déclaration ou d'un comportement non équivoque de son auteur. Le contrat est formé au jour où l'acceptation est parvenue à l'offrant et son lieu est celui de cette acceptation. Le contrat ne peut déroger à la loi, ni par ses stipulations, ni pas son but, que ce dernier ait été connu ou non par toutes les parties. Les contrats légalement formés tiennent lieu de loi à ceux qui les ont faits.

C. civ., art. 1101 s.*

GAJC, t. 2, nº 142 à 146, 152-155, 156, 161, 164, 180, 181 et 244.

→ *Autonomie de la volonté, Bonne foi, Cause, Clause pénale, Dol, Erreur, Effet relatif des contrats, Force obligatoire des contrats, Imprévision (Théorie de l'), Interprétation des contrats et conventions, Pacta sunt servanda, Pourparlers, Prix, Résolution, Responsabilité civile, Simulation, Violence.*

Contrat (Établissements d'enseignement privé sous)

[Droit administratif]

Contrat conclu par des établissements d'enseignement privé, le plus souvent confessionnels dans la pratique, ayant usé des possibilités ouvertes depuis la loi du 31 décembre 1959 (« loi Debré ») leur accordant une aide financière des pouvoirs publics en contrepartie d'un contrôle pédagogique et financier.
On distingue :

- *le contrat d'association*, ouvert aux établissements d'enseignement du premier et du second degré, ainsi que ceux du technique, dispensant un enseignement selon les règles et les programmes de l'enseignement public, aux termes duquel les pouvoirs publics prennent en charge les dépenses de fonctionnement et les salaires des enseignants, qui peuvent être soit des personnels de l'enseignement public soit (très généralement) des personnels propres à l'établissement;

- *le contrat simple*, applicable à l'enseignement du premier degré, qui laisse aux enseignants leur qualité de personnel privé. Leur rémunération est payée sur fonds publics.

Contrat à distance

[Droit civil]

Contrat conclu entre un professionnel et un consommateur sans la présence physique simultanée des parties, par le recours exclusif à une ou plusieurs techniques de communication à distance jusqu'à la conclusion du contrat. Son régime juridique spécifique est inapplicable dans de nombreux domaines : services sociaux, services financiers, services de santé, services de transport...

C. consom, art. L. 221-1 à L. 222-18, L. 242-1 s.

Contrat à durée déterminée (CDD)

[Droit civil]

Lorsqu'un contrat est conclu pour une durée déterminée, chaque partie doit l'exécuter jusqu'à son terme et nul ne peut exiger le renouvellement du contrat. Mais il peut être prorogé si les contractants en manifestent la volonté avant son expiration et la prorogation ne peut alors porter atteinte aux droits des tiers. Il peut aussi être renouvelé par l'effet de la loi ou par l'accord des parties. Le renouvellement donne naissance à un nouveau contrat dont le contenu est identique au précédent mais dont la durée est alors indéterminée. La reconduction peut être tacite par exécution de leurs obligations par les parties après l'expiration du terme du contrat conclu.

C. civ., art. 1212 s.*

[Droit du travail]

→ *Contrat de travail.*

Contrat à durée indéterminée (CDI)

[Droit civil]

Lorsqu'un contrat est conclu pour une durée indéterminée, chaque partie peut y mettre fin à tout moment, sous réserve de respecter le délai de préavis contractuellement prévu ou, à défaut, un délai raisonnable.

C. civ., art. 1211.*

[Droit du travail]

→ *Contrat de travail.*

Contrat à exécution successive

[Droit civil]

Contrat comportant l'exécution d'*obligations* s'échelonnant dans le temps, au moins pour l'une des parties, soit que les prestations se répètent (contrat d'abonnement à un journal), soit qu'il existe entre les parties un rapport continu d'obligation (contrat de bail ou de travail).

C. civ., art. 1111-1, al. 2.*

→ *Contrat instantané.*

Contrat à titre gratuit

[Droit civil]

Le contrat est à titre gratuit lorsque l'une des parties procure à l'autre un avantage sans attendre ni recevoir de contrepartie.

C. civ., art. 1107, al. 2.*

→ *Acte à titre gratuit, Acte à titre onéreux, Contrat à titre onéreux.*

Contrat à titre onéreux

[Droit civil]

Contrat dans lequel chacune des parties reçoit de l'autre un avantage en contrepartie de celui qu'elle procure.

C. civ., art. 1107, al. 1er, 1169*.*

→ *Acte à titre gratuit, Acte à titre onéreux, Contrat à titre gratuit.*

Contrat administratif

[Droit administratif]

Contrat passé par une personne publique ou pour son compte et soumis à la compétence et au droit administratif, soit par disposition expresse de la loi, soit en raison de la présence de clauses exorbitantes du *droit commun* dans ses stipulations, soit parce qu'il confère à son titulaire une participation directe à l'exécution d'une activité de service public.

Tous les contrats des personnes publiques ne sont donc pas des contrats administratifs, certains étant soumis aux règles du droit privé.

GAJA n° 24 et 68.

Contrat aléatoire

[Droit civil]

Contrat à titre onéreux dans lequel les parties acceptent de faire dépendre ses effets, quant aux avantages et aux pertes qui en résulteront, d'un événement incertain : l'existence ou la valeur d'une prestation n'est pas connue au moment de sa formation, parce qu'elle dépend d'un événement futur et incertain (ex. : contrat de rente viagère, jeu, pari, assurance), ce qui laisse à chacune une chance de gain ou un risque de perte. C'est pourquoi les ventes aléatoires (par exemple avec réserve d'usufruit) ne sont pas rescindables pour lésion.

C. civ., art. 1108, al. 2.*

→ *Contrat commutatif.*

GAJC, t. 2, n° 147-148.

Contrat cadre

[Droit civil/Droit commercial]

Accord par lequel les parties conviennent des caractéristiques générales de leurs relations contractuelles futures et dont les modalités d'exécution sont fixées par des contrats d'application.

C. civ., art. 1111.*

ACTU

Contrat cadre de distribution (ou convention de négociation commerciale)

[Droit commercial]

Convention passée en la forme écrite entre un fournisseur de produits ou services et son distributeur ou un grossiste, attestant les modalités de négociation et les obligations respectives des parties pour aboutir à la fixation du prix des prestations. Conclue en la forme d'un document unique ou d'un contrat cadre annuel, cette convention a un contenu minimal imposé par la loi, pour des raisons de transparence et de loyauté des relations commerciales, dont le non-respect est sanctionné d'amende administrative.

C. com., art. L. 441-7, L. 441-7-1.

Contrat commutatif

[Droit civil]

Le contrat est commutatif lorsque chacune des parties s'engage à procurer à l'autre un avantage qui est regardé comme l'équivalent de celui qu'elle reçoit.

C. civ., art. 1108, al. 1.*

→ *Contrat aléatoire.*

Contrat consensuel

[Droit civil]

Contrat qui se forme par le seul échange des consentements.

C. civ., art. 1109, al. 1er.*

→ *Acte consensuel, Acte solennel, Autonomie de la volonté, Consensualisme, Contrat réel, Contrat solennel.*

Contrat d'accompagnement dans l'emploi

[Droit du travail]

Contrat à durée indéterminée ou contrat à durée déterminée (alors d'une durée minimale, en principe, de 6 mois), conclu avec des personnes rencontrant des difficultés sociales et professionnelles particulières d'accès à l'emploi. Il a remplacé le contrat emploi-solidarité.

Constituant l'une des formes possibles du contrat unique d'insertion, il est conclu en application d'une convention passée avec une collectivité territoriale, une autre personne de droit public, un organisme de droit privé à but non lucratif ou une personne morale chargée de la gestion d'un service public, pour pourvoir des emplois, hors des services de l'État, visant à satisfaire des besoins collectifs non satisfaits. Il permet de bénéficier d'actions d'accompagnement professionnel et, par avenant, de périodes d'immersion auprès d'un autre employeur dans le cadre d'une opération de prêt de main-d'œuvre à but non lucratif. Il ouvre droit à une aide financière modulable et plafonnée.

C. trav., art. L. 5134-20 s.

→ *Contrat unique d'insertion.*

Contrat d'accueil et d'intégration

[Droit international privé/ Droit administratif]

Contrat entre l'État français et un étranger (ou couple d'étrangers), en vertu duquel ce dernier suit une formation destinée à faciliter son intégration dans la société française, en lui en présentant les valeurs fondamentales comme l'égalité homme-femme ou la laïcité, voire en lui assurant une maîtrise minimale de la langue française. La formation est gratuite pour l'intéressé. L'autorité administrative renouvelant le titre de séjour de l'étranger prend en considération, le cas échéant, son refus caractérisé de respecter le contrat d'accueil et d'intégration. Ce contrat n'est passé qu'entre l'État et les étrangers ne relevant pas d'un État membre de l'UE, d'un État de l'AELE partie à l'accord sur l'Espace économique européen (Islande, Liechtenstein et Norvège) ou de la Suisse.

CESEDA, art. L. 111-10, L. 311-9, L. 311-9-1, L. 751-1, R. 311-19 s., R. 311-30-9, R. 311-30-12 s., R. 314-1.

Contrat d'adhésion

[Droit civil/Droit public]

Contrat rédigé à l'avance par l'une des parties, plus puissante économiquement ou socialement, qui le propose à l'adhésion de ses multiples contractants – ces derniers n'ayant que la liberté d'accepter ou de refuser le contenu global de la proposition de convention (ex. : contrat de transport avec une compagnie aérienne ou de chemin de fer).

C. civ., art. 1110, al. 2, 1171*.*

→ *Contrat de gré à gré.*

Contrat d'arbitre

[Procédure civile]

Contrat de prestation de services par lequel des parties en litige confient à un arbitre la mission de juger leur différend et fixent la durée de l'arbitrage, les règles de procédure et les règles de droit applicables au fond du litige. Ce contrat est distinct de la *convention d'arbitrage* dont l'objet est l'engagement des litigants de soumettre leur litige à des arbitres.

Contrat d'assurance

[Droit civil/Droit commercial]

Contrat par lequel une partie, l'assuré, se fait remettre moyennant une rémunération (la prime), pour lui ou pour un tiers, en cas de réalisation d'un risque, une prestation par une autre partie, l'assureur, qui, prenant en charge un ensemble de risques, les compense conformément à la loi de la statistique.

C. civ., art. 1964; C. assur., art. L. 112-1 s.

GAJC, t. 2, n° 157, 161 et 171.

Contrat d'assurance de groupe

[Droit civil/Sécurité sociale]

Contrat souscrit par une personne morale ou un chef d'entreprise en vue de l'adhésion d'un ensemble de personnes répondant à des conditions définies au contrat, pour la couverture des risques dépendant de la durée de la vie humaine, des risques portant atteinte à l'intégrité physique de la personne ou liés à la maternité, des risques d'incapacité de travail ou d'invalidité ou du risque chômage.

C. assur., art. L. 140-1 s.

Contrat d'entreprise

[Droit civil/Droit commercial]

Contrat par lequel une personne (l'entrepreneur) s'engage à réaliser un ouvrage, bien ou service pour une autre personne (le maître de l'ouvrage), moyennant une rémunération, en conservant son indépendance dans l'exécution du travail.

C. civ., art. 1710 et 1779 à 1799-1.

GAJC, t. 2, n° 152-155 et 275.

Contrat d'insertion dans la vie sociale

[Droit du travail]

Contrat conclu entre l'État et un jeune de 16 à 25 ans révolus rencontrant des difficultés d'insertion sociale et professionnelle, à la demande de celui-ci. Il lui permet de bénéficier d'une allocation versée pendant les périodes durant lesquelles il ne perçoit ni une rémunération au titre d'un emploi ou d'un stage, ni une autre allocation.

C. trav., art. L. 5131-4 s.

Contrat d'intégration

[Droit rural]

Contrat passé entre une firme commerciale et un agriculteur, d'où résulte une intégration de ce dernier dans des circuits commerciaux. Il vise à lier économiquement un agriculteur à un groupe industriel sans nier son indépendance juridique. Cette situation fait l'objet d'une législation spéciale, protectrice des agriculteurs.

C. rur., art. L. 326-1.

Contrat de bienfaisance

[Droit civil]

→ *Libéralité.*

Contrat de bière

[Droit commercial]

À l'origine, contrat conclu entre un brasseur et un débitant ou revendeur, par lequel, en contrepartie de certains avantages qui lui sont consentis par le premier (bail d'immeubles, prêt de matériel, cautionnement d'un emprunt, etc.), le second s'engage à s'approvisionner en bière exclusivement chez son cocontractant.

Ce terme désigne aujourd'hui, de manière plus générale, toutes les conventions ou clauses d'approvisionnement exclusif par lesquelles une personne s'engage envers une autre à ne s'approvisionner en produits ou marchandises déterminées qu'auprès d'elle.

C. com., art. L. 330-1 et L. 330-2.

→ *Concession commerciale.*

Contrat de capitalisation

[Droit civil]

→ *Assurance capitalisation, Capitalisation.*

Contrat de génération

[Droit du travail]

Dispositif créé par la loi n° 2013-185 du 1er mars 2013 ayant pour triple objectif de faciliter l'insertion durable des jeunes dans

l'emploi, favoriser l'embauche et le maintien dans l'emploi des salariés âgés et d'assurer la transmission des savoirs et des compétences. Contrairement à ce que sa dénomination peut laisser croire, il ne s'agit pas d'un *contrat de travail* mais, au regard des objectifs légaux, d'un ensemble d'engagements associés à des objectifs, voire des indicateurs chiffrés, compris dans un *accord collectif* de travail d'entreprise, de groupe ou de branche, conclu, après un diagnostic, pour une durée maximale de trois ans. À défaut d'accord collectif, ces engagements et ces mesures doivent figurer dans un plan d'action élaboré par l'employeur pour la même durée maximale.
Ce dispositif volontariste incite fortement les employeurs de droit privé et les établissements publics à caractère industriel et commercial à mettre en œuvre une gestion active des âges, en dépassant les déclarations générales, pour instituer par voie conventionnelle (ou, à défaut, unilatérale) des actions précises et quantifiées. Les employeurs concernés qui occupent au moins 300 salariés, ne sont pas couverts par un tel accord et n'ont pas élaboré de plan d'action, s'exposent à une pénalité. Les entreprises de moins de 50 salariés et celles dont l'effectif se situe entre 50 et 300 salariés bénéficient de diverses aides sous un certain nombre de conditions.

C. trav., art. L. 5121-6 s.

Contrat de gré à gré

[Droit civil]

Contrat dont chaque partie peut librement négocier les clauses.

C. civ., art. 1110, al. 1er.*

→ *Contrat d'adhésion.*

Contrat de licence

[Droit commercial]

Contrat par lequel le titulaire d'un droit de propriété industrielle (brevet, marque, dessin ou modèle) concède à un tiers, en tout ou en partie, la jouissance de son droit d'exploitation, gratuitement ou à titre onéreux, moyennant le paiement de redevances ou *royalties*.

Contrat de mariage

[Droit civil]

Convention par laquelle les futurs époux fixent le statut de leurs biens pendant le mariage et le sort de ces biens à la dissolution.
L'expression « conventions matrimoniales », souvent utilisée comme synonyme, désigne non seulement le régime matrimonial, mais encore des conventions annexes, telles les libéralités adressées aux futurs époux par leurs parents ou par des étrangers.

C. civ., art. 1387 s., 1445.

→ *Communauté universelle.*

Contrat de mission

[Droit du travail]

→ *Contrat de travail.*

Contrat de procédure

[Procédure civile]

→ *Calendrier de procédure.*

Contrat de professionnalisation

[Droit du travail]

Contrat à durée déterminée ou non qui a pour objet de permettre à son bénéficiaire d'acquérir une qualification professionnelle reconnue par la loi et de favoriser son insertion ou sa réinsertion professionnelle, en associant enseignements (général, professionnel ou technique) et acquisition d'un savoir-faire par l'exercice en entreprise d'une ou plusieurs activités professionnelles en lien avec la qualification professionnelle recherchée. Créé par la loi n° 2004-391 du 4 mai 2004 en remplacement d'autres types de contrats dits d'insertion en alternance, ce contrat est ouvert notamment aux jeunes entre 16 et 25 ans révolus, pour compléter leur formation initiale, et aux demandeurs d'emploi de 26 ans et plus. Il est conclu pour une durée d'au moins 6 mois, lorsqu'il est à durée déterminée. Le contrat de professionnalisation à durée indéterminée comprend une action de professionnalisation d'au moins 6 mois située au début de l'exécution du contrat. Chaque salarié signataire d'un tel contrat bénéficie de l'accompagnement d'un tuteur désigné par l'employeur.

C. trav., art. L. 6325-1 s. et D. 6325-1 s.

Contrat de responsabilité parentale

[Droit civil]

Contrat autrefois proposé par le président du conseil général, aux parents d'un mineur en cas d'*absentéisme scolaire*, de trouble porté au fonctionnement d'un établissement scolaire ou de toute autre difficulté liée à une carence de l'*autorité parentale*. Il rappelait leurs obligations aux titulaires de l'autorité parentale et comportait toute mesure d'aide et d'actions sociales de nature à remédier à la situation. La non-exécution des obligations mentionnées dans le contrat ou le refus de signature sans motif légitime du fait des parents pouvait entraîner la suspension de tout ou partie des allocations familiales et du complément familial pendant un an au maximum.

CASF, ancien art. L. 222-4-1, abrogé par L. n° 2013-108 du 31 janvier.

Contrat de sécurisation professionnelle

[Droit du travail]

Introduit dans le Code du travail en lieu et place de la convention de reclassement personnalisé par la loi du 11 juillet 2011, ce contrat passé entre un salarié et *Pôle emploi* a pour objet l'organisation et le déroulement d'un parcours de retour à l'emploi. L'employeur est tenu de proposer un tel contrat à tout salarié compris dans une procédure de *licenciement* pour motif économique. L'acceptation par le salarié du contrat de sécurisation professionnelle met fin au contrat de travail sans *préavis* mais ne le prive pas du bénéfice de l'indemnité de licenciement. Le salarié pourra profiter, après une phase de prébilan (permettant une évaluation des compétences et une orientation professionnelle en vue de l'élaboration d'un projet professionnel), de mesures d'accompagnement ainsi que de périodes de formation et de travail. Les modalités de mise en œuvre de ce contrat sont prévues par un accord conclu et agréé dans les mêmes conditions que les accords relatifs à l'assurance chômage.

C. trav., art. L. 1233-65 s.

Contrat de service civique ou de volontariat associatif

[Sécurité sociale]

Contrat ayant pour objet de renforcer la cohésion nationale et la mixité sociale par des actions de type très varié à caractère éducatif, environnemental, humanitaire, sportif à l'exclusion des actions à caractère religieux ou politique.

C. serv. nat., art. L. 120-1 s.

→ *Service civique.*

Contrat de transport

[Droit civil/Droit commercial]

Contrat par lequel, moyennant rétribution, un opérateur professionnel se charge de faire parcourir un itinéraire déterminé, dans des conditions précisées, à une chose ou à une personne, que ce soit par terre, mer ou air.

C. civ., art. 1782 s.; C. com., art. L. 133-1 s.; C. transp., art. L. 1432-1 s.

GAJC, t. 2, n° 204-205, 277, 278-280.

→ *Connaissement, Lettre de voiture.*

Contrat de travail

[Droit du travail]

Convention par laquelle une personne, le salarié, met son activité professionnelle à la disposition et sous la subordination d'une autre personne, l'employeur, qui lui verse en contrepartie une rémunération.

C. trav., art. L. 1221-1 s.

GADT n° 1 à 3; GAJC, t. 1, n° 31; GAJC, t. 2, n° 220.

• *Contrat de travail à durée déterminée :* contrat de travail affecté d'un terme. Il ne peut être conclu que dans des hypothèses limitativement énumérées par la loi.

C. trav., art. L. 1241-1 s.

GADT n° 35-38.

• *Contrat de travail à durée indéterminée :* sans précision de terme, c'est le contrat de travail de droit commun; il peut être rompu à tout moment par la volonté unilatérale de l'une des parties, sous réserve, lorsque la rupture émane de l'employeur, de l'existence d'une cause réelle et sérieuse de rupture et de l'observation de la procédure de licenciement.

C. trav., art. L. 1221-2.

• *Contrat de travail temporaire :* contrat de travail écrit d'un type particulier (également appelé contrat de mission) qui lie un salarié à un entrepreneur de travail temporaire. Est entrepreneur de travail temporaire toute personne physique ou morale, dont l'activité exclusive est de mettre à la disposition provisoire d'utilisateurs des salariés qu'elle embauche et rémunère à cet effet, en fonction d'une qualification convenue. Le travail temporaire, qui est un prêt de main-d'œuvre à but lucratif, est autorisé à titre exceptionnel et exclusif par la loi, dans le cadre que celle-ci impose. En dehors de ce dernier, le prêt de main-d'œuvre à but lucratif est interdit et constitue un délit, le corps humain étant en droit français hors du commerce.

C. trav., art. L. 1251-1 s.

Contrat financier

[Droit commercial]

Variété d'instrument financier. Catégorie résiduelle regroupant certaines opérations spéculatives, telles les dérivés de crédit et autres contrats à terme. Non soumis à l'obligation de dématérialisation, propre aux titres financiers, ces instruments peuvent être négociés sur les marchés financiers.

C. mon. fin., art. L. 211-1, D. 211-1 A.

Contrat hors établissement

[Droit civil]

Nouvelle catégorie de contrat introduite par la loi n° 2014-344 du 17 mars 2014 et faisant l'objet d'une protection particulière du consommateur en matière d'information précontractuelle et de droit de rétractation. Il s'agit notamment des contrats passés hors lieu où le professionnel exerce en permanence ou habituellement son activité, mais en présence simultanée des deux parties (ce qui le différencie de la vente à distance); des contrats passés pendant une excursion organisée par un professionnel dans le but (ou ayant pour effet) de promouvoir et de vendre des produits ou des services au consommateur.

C. consom., art. L. 221-1 s., L. 242-1 s.

Contrat initiative-emploi

[Droit du travail]

Contrat de travail à durée déterminée spécial (d'une durée minimale, en principe, de

6 mois) ou à durée indéterminée conclu avec des personnes sans emploi rencontrant des difficultés sociales et professionnelles d'accès à l'emploi. La durée de travail hebdomadaire est en principe d'au moins 20 heures. Ce contrat constitue une des formes possibles du *contrat unique d'insertion* et permet de bénéficier d'actions d'accompagnement professionnel et d'actions de formation dans le cadre de la formation professionnelle continue. Il ouvre droit à une aide financière modulable et plafonnée.

C. trav., art. L. 5134-65 s.

→ *Contrat unique d'insertion.*

Contrat innommé

[Droit civil]

Contrat qui ne figure pas au nombre des variétés spécialement réglementées par la loi (contrat d'hôtellerie ou de déménagement par ex.), quoiqu'il finisse par recevoir de la pratique une dénomination propre. Son régime juridique relève exclusivement du droit commun des contrats.

C. civ., art. 1105.*

→ *Contrat nommé.*

Contrat instantané

[Droit civil]

Contrat donnant naissance à des obligations susceptibles d'être exécutées en une seule fois (ex. : contrat de vente).

C. civ., art. 1111-1, al. 1.*

→ *Contrat à exécution successive.*

Contrat judiciaire

[Procédure civile]

Convention intervenue en cours d'instance entre les plaideurs et destinée à mettre fin au procès.

Le juge donne acte aux parties de leur accord par une décision qui n'est pas juridictionnelle.

→ *Jugement de donné acte, Jugement d'expédient, jugement convenu.*

Contrat nommé

[Droit civil/Droit commercial]

Contrat d'usage courant, qualifié et nommé par la loi qui les réglemente spécialement (vente, louage, dépôt, assurance...). Ils sont soumis aux règles générales des contrats, sous réserve des règles qui leur sont propres.

C. civ., art. 1105.*

→ *Contrat innommé.*

Contrat pignoratif

[Droit civil/Droit commercial]

Contrat (du latin *pignorare*, « mettre en gage ») par lequel le débiteur remet à son créancier, en garantie de ce qu'il doit, la possession d'un ou plusieurs biens de son patrimoine (*gage* de meubles corporels, gage immobilier, *endossement* d'un *effet de commerce*...).

C. civ., art. 2333 s., 2387 s.

Contrat réel

[Droit civil]

Contrat qui exige pour sa formation la remise de la chose sur laquelle il porte : *prêt*, *gage*, *dépôt*.

C. civ., art. 1109, al. 3 et 1172*, al. 3.*

GAJC, t. 1, n° 130; GAJC, t. 2, n° 284-285.

→ *Autonomie de la volonté, Consensualisme, Contrat solennel, Contrat consensuel.*

Contrat rural

[Droit rural]

Le contrat rural est une forme de contrat régional mis en place en Île de France et regroupant 3 partenaires, la région, le département, et une commune ou structure intercommunale de moins de 2 000 habitants ayant une compétence de maîtrise d'ouvrage et de gestion d'équipement. Le Conseil départemental et le Conseil régional accordent des subventions aux communes de moins de 2 000 habitants pour améliorer leur cadre de vie et leur fonctionnement. Les subventions concernent des travaux d'investissement relatifs à la mise en valeur des villages (création de chemins piétons, de pistes cyclables), l'environnement (création d'espaces verts et d'itinéraires de promenades publiques), les équipements culturels, le patrimoine historique (restauration et mise en valeur des monuments), le sport (équipements sportifs à l'exclusion des tennis et des golfs) et la vie locale (locaux associatifs, bâtiments administratifs, crèches, halte-garderies, écoles maternelles, bureaux de poste, équipements touristiques ruraux, locaux commerciaux ou artisanaux).

Contrat solennel

[Droit civil]

Contrat dont la formation est subordonnée, à peine de nullité (sauf possible régularisation), à l'accomplissement de formalités déterminées par la loi, généralement à la rédaction d'un écrit. Ainsi l'hypothèque conventionnelle ne peut être consentie que par un acte passé en forme authentique (C. civ., art. 2416).

C. civ., art. 1109, al. 2 et 1172*, al. 2.*

→ *Acte solennel, Ad solemnitatem, Autonomie de la volonté, Consensualisme, Contrat consensuel, Contrat réel.*

Contrat sous forme électronique

[Droit civil]

Contrat dont l'offre et l'acceptation sont formées de manière dématérialisée, par un procédé numérique (internet, courriel).

Il n'est valide que si le destinataire de l'*offre* a eu la possibilité de vérifier le contenu de sa commande, notamment son prix total, et d'en corriger les éventuelles erreurs, avant de la confirmer pour exprimer son acceptation définitive. L'offrant en accuse réception par voie électronique « sans délai injustifié ». La commande, son acceptation, l'accusé de réception sont considérés comme reçus lorsque les parties destinataires peuvent y avoir accès.

C. civ., art. 1125 s., 1174* s., 1366*, 1367*, 1369*; C. consom., art. L. 213-1, L. 221-14, L. 224-7, L. 242-2.*

Contrat synallagmatique

[Droit civil]

Contrat faisant naître à la charge des parties des prestations réciproques et interdépendantes, si bien que chaque contractant est à la fois débiteur et créancier. Dans la vente, le vendeur est créancier du prix et débiteur de la chose; l'acquéreur est créancier de la chose et débiteur du prix.

C. civ., art. 1106, al. 1er, 1168*.*

GAJC, t. 2, n° 156 et 180.

→ *Contrat unilatéral.*

Contrat temporaire

[Droit du travail]

→ *Contrat de travail.*

Contrat-type

[Droit général]

Variété de *contrat d'adhésion* élaboré à l'avance par l'une des parties conformément à un modèle établi, non par une entreprise isolée, mais par un organisme représentatif de la profession (ex. : le contrat-type de fermage ou de métayage régit la situation du preneur et du bailleur à défaut d'arrangement individuel).

C. civ., art. 1110, al. 2.*

GAJC, t. 2, n° 161.

Contrat unilatéral

[Droit civil]

Contrat faisant naître des prestations à la charge d'une seule des parties (ex. : la donation ne crée d'engagement qu'à la charge du donateur sauf si elle est avec charges).

C. civ., art. 1106, al. 2.*

→ *Contrat synallagmatique.*

Contrat unique d'insertion

[Droit du travail]

Dispositif créé par la loi n° 2008-1249 du 1er décembre 2008, destiné à favoriser l'emploi et composé d'une « convention individuelle » tripartite et d'un contrat de travail. La convention est signée par l'employeur, le bénéficiaire et soit, le *Pôle emploi*, pour le compte de l'État, ou des organismes de placement publics ou privés (comme les entreprises de travail temporaires), soit le président du conseil départemental lorsque cette convention concerne un bénéficiaire du revenu de solidarité active. Le contrat de travail conclu en application de la convention prend la forme ou bien d'un *contrat d'accompagnement dans l'emploi* (dans le secteur non marchand), ou bien d'un *contrat initiative-emploi* (dans le secteur marchand).

C. trav., art. L. 5134-19-1 s.

ACTU

Contrats de partenariat (sous-entendu : public/privé)

[Droit administratif]

Catégorie, créée en 2004 et modifiée par la loi du 28 juillet 2008, de contrats administratifs soumise à un régime juridique propre, conçue pour permettre essentiellement à l'État et à ses établissements publics, en vue de projets complexes ou urgents répondant à des conditions précises, et en pratique de grande envergure (construction de prisons, d'hôpitaux), de confier à des partenaires privés une mission globale comprenant principalement le *financement* d'investissements matériels ou immatériels nécessaires à l'exécution du service public par la personne publique elle-même (ce qui est une différence essentielle avec la *délégation de service public*), la *réalisation* de ceux-ci, et leur *maintenance*. La rémunération des partenaires privés (qui ont la propriété de leurs réalisations) fait l'objet de paiements échelonnés sur la durée du contrat, ce qui étale la charge budgétaire.

Désignés désormais sous le vocable « marchés de partenariat », l'ordonnance du 23 juillet 2015 relative aux marchés publics tend à rapprocher leur régime juridique de celui applicable aux marchés de droit commun, excepté pour certaines règles relatives à la passation et à l'exécution.

Ord. n° 2015-899 du 23 juill., art. 66 s.

Contrats de plan

[Droit administratif]

Conventions signées entre l'État et les *régions*, prévoyant l'apport financier de l'État pour la réalisation d'un programme d'actions et d'équipement jugé prioritaires par les régions. Dénommées « contrats de projet » entre 2007 et 2013. Les contrats de plan 2014-2020 comportent 5 objectifs prioritaires (enseignement supérieur, filières d'avenir, très haut débit, transition énergétique et mobilités multimodales).

Contrats de ville

[Droit administratif]

Contrats passés entre l'État et des communes connaissant des difficultés sociales, destinés à réaliser des actions concertées et cofinancées en vue de prévenir les risques d'exclusion sociale et d'améliorer la vie quotidienne des habitants pendant la période du 12e plan (2000-2006). Pour la période 2007-2013, ils ont été remplacés par les contrats urbains de cohésion sociale.

L. n° 2014-173 du 21 févr. 2014 de programmation pour la ville et la cohésion urbaine, art. 6.

Contrats « responsables »

[Sécurité sociale]

Contrats d'assurance complémentaire santé proposés par une mutuelle, une entreprise régie par le Code des assurances ou une institution de prévoyance qui répond à un niveau de prise en charge des frais encadré par décret (par exemple, ne peut couvrir la participation financière de l'assuré).

CSS, art. L. 871-1, R. 871-1 s.

Contrats urbains de cohésion sociale

[Droit administratif]

→ *Contrats de ville.*

Contravention

[Droit pénal]

Infraction la moins grave après les crimes et les délits, sanctionnée de peines contraventionnelles.

Ces peines sont l'amende, certaines peines privatives ou restrictives de droits, des peines complémentaires, et la *sanction-réparation*. Le taux maximum de l'amende est de 3 000 € pour les *personnes physiques*, et du quintuple de ce montant pour les *personnes morales*.

C. pén., art. 111-1, 131-12 s. et 131-40 s.

GADPG n° 3.

Contravention de grande voirie

[Droit administratif]

Tend à réprimer toute atteinte portée à des dépendances du domaine public, hors voirie routière. Est instituée par la loi ou par décret selon le montant de l'amende encourue. La poursuite, à l'initiative du préfet, relève des tribunaux administratifs.

CGPPP, art. L. 2132-2 s.; CJA, art. L. 774-1.

Contredit

[Procédure civile]

Voie de recours spécifique formée contre une décision par laquelle le juge s'est prononcé sur la compétence sans statuer sur le fond du litige. Lorsque le juge s'est déclaré compétent, l'instance est suspendue jusqu'à l'expiration du délai (15 jours) pour former contredit, et, en cas de contredit, jusqu'à ce que la cour d'appel ait rendu sa décision.

C. pr. civ., art. 80 s. et 94.

Contre-enquête

[Procédure civile]

Enquête grâce à laquelle le plaideur peut, sans autorisation du juge, faire entendre ses propres témoins sur les articulats de la partie adverse, admise à prouver ses dires par témoignage.

C. pr. civ., art. 204.

Contre-expertise

[Procédure civile]

Mesure d'instruction destinée à faire vérifier par d'autres hommes de l'art les résultats d'une précédente *expertise*. Elle n'est pas de droit et doit être ordonnée par le juge.

Contrefaçon

[Droit commercial/Droit pénal]

Fait pour un autre que le titulaire d'un droit de propriété intellectuelle ou son licencié d'exploiter ce monopole, portant ainsi atteinte aux droits de son titulaire.

La contrefaçon est un délit correctionnel. Elle constitue aussi un fait générateur de responsabilité civile, soumis aux régimes spéciaux de poursuite et de réparation institués par le Code de la propriété intellectuelle.

Contre-lettre

[Droit civil]

Acte écrit et secret, entre les parties, destiné à modifier le contenu ou les effets d'un *acte apparent*. Il produit effet entre les parties (sauf dans les cas où la loi en dispose autrement) et n'est pas opposable aux tiers qui peuvent néanmoins s'en prévaloir La contre-lettre doit être prouvée par écrit dès lors que l'acte apparent est constaté sous cette forme, du moins dans les rapports des contractants.

C. civ., art. 1201 et 1202*.*

→ *Acte déguisé, Acte fictif, Acte secret, Apparence, Déguisement, Dissimulation, Interposition de personnes, Simulation.*

Contremaître

[Droit du travail]

→ *Agent de maîtrise.*

Contre-mesure

[Droit international public]

Mesure de justice privée prise par un État ou une organisation internationale à l'encontre d'un autre État en réaction à un fait internationalement illicite de ce dernier. La contre-mesure peut consister, soit en un acte inamical mais intrinsèquement licite (rétorsion) soit en un acte intrinsèquement illicite (représailles); en ce dernier cas, l'illicéité de la contre-mesure est exclue du fait qu'elle répond à la violation du droit international par un autre sujet.

→ *Embargo, Exceptio non adimpleti contractus, Représailles, Rétorsion.*

Contre-passation

[Droit commercial]

Technique consistant à annuler, par une écriture inverse de la précédente, une opération comptable faite antérieurement : ainsi dans le compte-courant, en cas de non-paiement des effets de commerce dont le montant avait été porté au crédit du client.

Contreseing ministériel

[Droit constitutionnel]

1° Signature apposée sur un acte par un ou plusieurs ministres, à côté de la signature du chef de l'État, en vue de l'authentifier, c'est-à-dire de la certifier.

2° Dans le régime parlementaire, le contreseing a pris une autre signification : c'est la formalité de prise en charge par le cabinet ministériel de la responsabilité politique d'actes dont le chef de l'État, élément irresponsable de l'exécutif, n'est que nominalement l'auteur. Dans un régime (comme celui de la Ve République) où le chef de l'État exerce effectivement les pouvoirs que la Constitution lui confère, le contreseing traduit l'accord nécessaire du président de la République et du gouvernement pour certains actes (ou l'accord au sein du gouvernement quand il s'agit du contreseing des actes du Premier ministre).

Const., art. 19.

Contribution

[Procédure civile]

La procédure de distribution par contribution est celle qui permet de répartir entre des créanciers chirographaires, au *marc le franc* de leurs créances, les sommes provenant d'une saisie mobilière, ou d'une saisie immobilière en l'absence de créanciers hypothécaires ou privilégiés ou après leur désintéressement.

L'agent chargé de la vente prépare un projet de répartition et s'efforce de concilier les prétentions des créanciers. S'il obtient leur accord, il procède à la répartition. À défaut d'accord l'incident est porté devant le juge de l'exécution du lieu de la vente.

C. pr. exéc., art. L. 251-1, R. 251-1 à R. 251-11.

→ *Distribution des deniers.*

Contribution à la dette

[Droit civil]

Règlement final intervenant, une fois le créancier satisfait (*obligation à la dette*), entre l'auteur du paiement et le véritable débiteur ou entre l'auteur du paiement et ses coobligés. Marque le deuxième stade dans la procédure de règlement de certains passifs : après le passif provisoire, acquitté en tout ou partie par un répondant, vient le compte définitif qui fait assumer le poids de la dette à celui ou à ceux qui en sont réellement tenus. Ainsi les proches du mari supporteront seuls en définitive la charge des dommages et intérêts personnels dont le règlement avait été poursuivi sur les biens communs. Ainsi l'obligé solidaire, qui a payé le tout, récupérera sur les codébiteurs la part contributive de chacun.

C. civ., art. 1485, 1486, 2310.

→ *Action récursoire.*

Contribution Climat-Énergie

[Droit de l'environnement]

→ *Taxe carbone.*

Contribution économique territoriale

[Droit financier ou fiscal]

Impôt remplaçant, depuis le 1er janvier 2010, la *taxe professionnelle*. Il repose sur 2 « cotisations » : d'une part, la Cotisation foncière des entreprises (CFE), d'autre part, la Cotisation sur la valeur ajoutée des entreprises (CVAE). Les personnes et activités imposables relèvent du même régime que précédemment dans le cadre de la taxe professionnelle. La soumission à la CVAE suppose d'être préalablement assujetti à la CFE.

CGI, art. 1447-0 s.

Contribution exceptionnelle et temporaire

[Sécurité sociale]

Contribution non génératrice de droits, appelée depuis le 1er janvier 1997 dans le régime AGIRC, permettant le maintien global des ressources appelées antérieurement pour financer les systèmes de cotisations et garanties forfaitaires supprimées depuis le 1er janvier 2001.

Contribution pour l'aide juridique

[Procédure (principes généraux)]

Contribution d'un montant de 35 euros, créée en 2011 afin de financer le coût de l'assistance d'un avocat pour les gardés à vue et qui était exigée de tout demandeur à une instance judiciaire ou administrative Elle a été supprimée à compter du 1er janvier 2014.

Contribution pour le remboursement de la dette sociale

[Sécurité sociale/Droit financier ou fiscal]

Prélèvement fiscal assis sur l'ensemble des revenus : revenus d'activité, de remplacement, du patrimoine, produits de placement, destiné à apurer des déficits accumulés par la Sécurité sociale. Elle sera perçue jusqu'à leur extinction.

CGI, art. 1600-OG.

Contribution sociale de solidarité

[Sécurité sociale]

Contribution annuelle basée sur le chiffre d'affaires acquitté par les sociétés au profit du régime social des indépendants.

CSS, art. L. 651-1 s.

Contribution sociale généralisée (CSG)

[Droit financier ou fiscal/Sécurité sociale]

Imposition de nature fiscale créée en 1991, à la structure complexe, frappant à un taux proportionnel l'ensemble des revenus d'activités ou du patrimoine de chaque contribuable, destinée à financer la Sécurité sociale (branche Familles, Fonds de solidarité Vieillesse, branche Maladie, Caisse nationale de solidarité pour l'autonomie). Pour les revenus d'activités, elle est, malgré sa nature fiscale, directement perçue par les organismes de recouvrement de la Sécurité sociale (Urssaf). La CSG représente une manifestation du double phénomène d'élargissement de l'assiette des prélèvements fiscaux sur les revenus, face à l'impôt progressif sur le revenu traditionnel (dont son produit dépasse le montant), qui n'est plus payé que par la moitié des contribuables potentiels, et de la fiscalisation des ressources de la Sécurité sociale qui évite d'accroître de façon difficilement supportable ses cotisations. Elle contribue aussi désormais au financement de la Caisse d'amortissement de la dette sociale (CADES).

CGI, art. 1600-0 C s.; CSS, art. L. 136-1 s.

Contrôle

[Droit commercial]

Rapport de domination existant entre deux sociétés juridiquement distinctes. Ce rapport s'établit en termes de participation au capital et d'exercice du droit de vote. La loi présume le contrôle à partir du franchissement de seuils numériques; plus exceptionnellement, elle l'apprécie en fait, à partir de l'action individuelle ou concertée de la (ou des) société(s) dominante(s).

C. com., art. L. 233-3.

→ *Action de concert, Groupe de sociétés.*

Contrôle administratif

[Droit administratif]

→ *Tutelle.*

Contrôle budgétaire

[Droit administratif/Droit financier ou fiscal]

→ *Chambre régionale et territoriale des comptes.*

Contrôle budgétaire et comptable ministériel

[Droit financier]

Service de contrôle et d'exécution des dépenses et recettes de l'État effectuées au niveau central, fonctionnant au sein des ministères, dont la création en 2005 a été induite par la mise en œuvre de la nouvelle gestion publique introduite par la LOLF. Il est dirigé par un contrôleur budgétaire et comptable ministériel, ayant la qualité de comptable public, placé sous l'autorité du ministre du Budget et recruté principalement parmi les directeurs des finances publiques et les membres du *contrôle général économique et financier*. Il comporte 2 départements :

- un département de contrôle budgétaire chargé, par voie de visa ou d'avis, d'exercer un contrôle sur la prévision et l'exécution du budget du ministère, en vue de la maîtrise de la dépense publique; le contenu de ce contrôle est précisé pour chaque ministère par arrêté du ministre du Budget;
- un département comptable, qui est le *comptable assignataire* des dépenses et des recettes du ministère et qui en tient la comptabilité.

Les chefs de ces départements sont choisis parmi les membres du contrôle général économique et financier. Les ministères de petite taille sont dotés d'une organisation allégée.

Contrôle d'identité

[Procédure pénale]

Examen, effectué par un *OPJ* ou un *APJ*, sur la voie ou dans un lieu public, d'un document de nature à prouver l'identité d'une personne. Il constitue la première étape de l'opération tendant à établir l'identité.

C. pr. pén., art. 78-1 à 78-5.

→ *Vérification d'identité.*

Contrôle de constitutionnalité

[Droit constitutionnel]

→ *Constitutionnalité (Contrôle de).*

Contrôle de conventionnalité

[Droit général]

→ *Conventionnalité (Contrôle de).*

Contrôle de l'emploi

[Droit du travail]

→ *Emploi.*

Contrôle de légalité

[Droit administratif]

1° Dans un sens général, contrôle exercé par une autorité administrative ou juridictionnelle, destiné à assurer la conformité d'un acte administratif aux règles juridiques de valeur supérieure.

2° L'extension de la décentralisation en 1982 a conduit au remplacement de l'ancienne *tutelle* administrative sur les *collectivités territoriales* par un contrôle de légalité, beaucoup plus respectueux de leur autonomie, et qui ne comporte plus, notamment, l'approbation de certains de leurs actes par l'État. Si le préfet (ou le sous-préfet) estime qu'un acte pris par elles est illégal, il peut seulement former un recours juridictionnel contre celui-ci – et non pas en prononcer lui-même l'annulation.

Au contrôle de légalité s'ajoute, en matière budgétaire, le *contrôle budgétaire*.

→ *Légalité (Principe de).*

[Droit pénal]

Examen de conformité opéré par les juridictions pénales pour interpréter les actes administratifs, réglementaires ou individuels, et pour en apprécier la légalité lorsque, de cet examen, dépend la solution du procès pénal qui leur est soumis.

C. pén., art. 111-5.

GADPG n° 7 et 8.

Contrôle des changes

[Droit financier ou fiscal]

Ensemble de mesures dérogatoires au principe de la liberté des relations financières avec l'étranger, soumettant à des limitations ou à des autorisations les transferts de capitaux et de moyens de paiement à l'étranger, ainsi que la possession d'avoirs en devises par les nationaux. Complètement supprimé le 1er janvier 1990, en application des obligations communautaires de la France.

Contrôle des structures des exploitations agricoles

[Droit rural]

Outil de mise en application de la politique d'orientation agricole qui vise à contrôler les modifications d'exploitation du fonds agricole et non de la détention des biens agricoles. Il cherche à privilégier l'installation des jeunes agriculteurs et les exploitations de taille moyenne. Il s'est substitué à la « réglementation des cumuls » en 1980 qui tentait d'empêcher certaines opérations de concentration des terres pour éviter le démembrement d'exploitations viables.

C. rur., art. L. 331-1 s.

Contrôle financier déconcentré

[Droit financier]

Contrôles des dépenses exécutées au niveau des administrations déconcentrées de l'État. Exercé par le contrôleur financier de région, placé auprès du Directeur régional des finances publiques, il est fondé essentiellement sur un examen *a posteriori* des dépenses et sur une coopération entre le comptable public et les *ordonnateurs*.

→ *Contrôle budgétaire et comptable ministériel.*

Contrôle général économique et financier (Corps du)

[Droit financier]

Corps de contrôle issu de la fusion, en 2005, de 4 corps de contrôle existants des services de l'État, de ses établissements publics et d'*entreprises publiques* : le contrôle d'État, le contrôle financier, l'inspection de l'industrie et du commerce, l'inspection générale des postes et télécommunications. Cette fusion, induite par la nouvelle gestion publique introduite par la LOLF, a accompagné le passage à une nouvelle logique du contrôle, privilégiant l'aide à la décision par rapport au contrôle étroit des réglementations – ce dernier devant être assuré désormais par des procédures de contrôle interne aux services eux-mêmes.

Contrôle judiciaire

[Procédure pénale]

Mesure restrictive de liberté consistant à astreindre la personne mise en examen à se soumettre à une ou plusieurs obligations légalement définies, choisies en vue des nécessités de l'instruction ou à titre de mesure de sûreté.

Si ces obligations se révèlent insuffisantes, la personne peut faire l'objet d'une *assignation à résidence* avec surveillance électronique. À titre exceptionnel, si les obligations du contrôle judiciaire ou de l'assignation à résidence avec surveillance électronique ne permettent pas d'atteindre ces objectifs, elle peut être placée en *détention provisoire*.

Lorsqu'une personne ne réside pas dans l'État membre de la procédure pénale qui la concerne, et afin de garantir sa comparution en justice et de promouvoir, le cas échéant, le recours à des mesures alternatives à la détention provisoire, des règles particulières sont applicables à la reconnaissance et au suivi, dans un État membre de l'Union européenne, des décisions de placement sous contrôle judiciaire prononcées par une autorité judiciaire française, ainsi qu'à la reconnaissance et à l'exécution en France de décisions équivalentes prononcées par les autorités compétentes d'un autre État membre de l'Union européenne.

C. pr. pén., art. 137 s., 696-48 s., R. 16 s.

Contrôle juridictionnel

[Droit administratif]

Contrôle exercé par le juge sur la légalité des actes administratifs. Il est dit :

- normal lorsque le juge vérifie la *compétence* de l'auteur de l'acte, l'absence de *vice de forme*, de violation de la loi et de *détournement de pouvoir*;

- minimum lorsqu'en présence d'un pouvoir discrétionnaire de l'Administration, le juge ne vérifie, du point de vue de la légalité interne, que l'exactitude matérielle des faits, l'absence d'*erreur de droit*, d'*erreur manifeste d'appréciation* et de détournement de pouvoir;

- maximum lorsqu'il confine au contrôle d'opportunité (théorie du bilan).

Contrôle partenarial et hiérarchisé de la dépense publique

[Droit financier]

Système moderne (LOLF) de contrôle des différentes phases d'exécution des dépenses publiques, destiné à accélérer cette exécution, consistant à associer les services de l'*ordonnateur* au contrôle originairement exercé par le seul comptable public, et à moduler le contenu du contrôle du comptable en fonction des risques liés au montant ou à la nature de la dépense, ou aux pratiques de l'ordonnateur.

Contrôle politique

[Droit constitutionnel]

Contrôle exercé par le Parlement sur « l'action du gouvernement » (art. 24 de la Constitution). Il le fait par des moyens divers : procédure des questions, commissions d'enquête, mise en cause de la *responsabilité politique* du gouvernement... La mission d'évaluation des politiques publiques peut y être rattachée.

Contrôleur financier

[Droit financier ou fiscal]

→ *Contrôle général économique et financier (Corps du)*

Contrôleur général des lieux de privation de liberté

[Droit administratif]

Autorité administrative indépendante chargée, sans préjudice des prérogatives que la loi attribue aux autorités judiciaires ou juridictionnelles, de contrôler les conditions de prise en charge et de transfèrement des personnes privées de liberté, afin de s'assurer du respect de leurs droits fondamentaux. Le Contrôleur peut visiter à tout moment, sans demande préalable, tout lieu où des personnes sont privées de leur liberté par une décision d'une autorité publique (prisons, mais aussi lieux de rétention administrative concernant les étrangers demandeurs de titre de séjour ou en attente de mesures d'éloignement), ainsi que tout établissement de santé habilité à recevoir des patients hospitalisés sans leur consentement (hôpitaux psychiatriques). Les autorités responsables des lieux concernés ne peuvent s'opposer à la visite que pour des motifs graves et impérieux liés à la défense nationale, à la sécurité publique, à des catastrophes naturelles ou à des troubles sérieux dans le lieu visité; elles doivent fournir au Contrôleur général les justifications de leur opposition.

Il est nommé en raison de ses compétences et connaissances professionnelles par décret du président de la République, après avis de la commission compétente de chaque assemblée, pour une durée de 6 ans. Son mandat n'est pas renouvelable.

Il est saisi par le Premier ministre, les membres du gouvernement, les membres du Parlement ou le Défenseur des droits. Il peut aussi se saisir de sa propre initiative.

L. n° 2007-1545 du 30 oct. 2007.

Contumace

[Procédure pénale]

→ *Défaut en matière criminelle.*

Convention

[Droit civil]

Accord de deux ou plusieurs volontés individuelles en vue de produire un effet de droit.

Le contrat est une espèce qui appartient au genre qu'est la convention. Les effets de la convention peuvent différer des effets d'un contrat (ex. : accord de volontés en vue de modifier ou éteindre une obligation). Néanmoins, les deux termes sont souvent utilisés indifféremment.

C. civ., art. 1100 s.*

[Droit constitutionnel]

1° En 1787, la convention de Philadelphie a adopté la constitution des États-Unis d'Amérique.

→ *Assemblée constituante.*

2° Aux États-Unis, assemblée de délégués de chaque parti pour la désignation des candidats aux élections présidentielles. Des conventions d'État ou des élections primaires désignent des délégués aux conventions nationales, qui désignent les candidats de chaque parti à la présidence.

3° Régime politique français résultant du coup d'État du 10 août 1792 qui « suspend » la Constitution de 1791, établit la République et entraîne l'élection d'une « Convention ». Ce régime de fait est d'inspiration rousseauiste (souveraineté populaire, monocamérisme, délégation verticale du pouvoir), qui se retrouve dans la Constitution de l'An I (24 juin 1793), jamais mise en œuvre. Au paroxysme de la violence révolutionnaire succède la « Convention thermidorienne », qui débouchera sur le *Directoire*.

[Droit européen]

1° La procédure ordinaire de révision des traités de l'Union européenne prévoit, sauf dans l'hypothèse d'une modification de faible ampleur, l'intervention d'une Convention, composée de représentants des parlements et des exécutifs nationaux ainsi que de la Commission et du Parlement européen, chargée d'examiner le projet de révision, et d'adopter par consensus une recommandation à l'intention de la Conférence intergouvernementale qui établira le texte du traité nouveau.

Ainsi, la méthode utilisée lors de la *Convention pour l'avenir de l'Europe* a été pérennisée.

TUE, art. 48.

2° Voir *Convention du Conseil de l'Europe*.

[Droit international public]

Synonyme d'accord ou *traité*.

Convention-cadre

[Droit international public]

Traité international qui énonce de grands principes et les lignes générales d'un régime destiné à être précisé par des traités ultérieurs (ex. conventions-cadres de Rio de 1992 sur les changements climatiques et la biodiversité).

→ *Protocole de Kyoto.*

Convention collective

[Droit du travail]

Accord conclu entre, d'une part, un employeur ou un groupement d'employeurs et, d'autre part, une ou plusieurs organisations syndicales de salariés possédant un caractère représentatif dans le champ de la convention, en vue de déterminer l'ensemble des conditions d'emploi et de travail des salariés et de leurs garanties sociales. La loi n° 2008-789 du 20 août 2008 a subordonné la validité des conventions collectives à un certain nombre de conditions reposant sur une audience électorale minimale du ou des organisations représentatives de salariés signataires (30 % des suffrages exprimés au premier tour des élections des représentants du personnel titulaires au comité d'entreprise) et sur une absence d'opposition de la part de l'(des) organisation(s) non-signataire(s) qui aurai(en)t recueilli la majorité des suffrages exprimés lors du premier tour des dernières élections des représentants du personnel titulaires au comité d'entreprise.

C. trav., art. L. 2211-1 s.

GADT n° 157.

→ *Accord atypique, Commission nationale de la négociation collective, Droit d'opposition, Syndicat professionnel.*

Convention d'arbitrage

[Procédure civile]

Terme désignant les deux formes de recours à l'arbitrage : la *clause compromissoire*, le *compromis*.

La convention d'arbitrage est indépendante du contrat auquel elle se rapporte, n'étant pas affectée par l'inefficacité de celui-ci; inversement la clause compromissoire, lorsqu'elle est nulle, est réputée non écrite, n'affectant pas la validité du contrat auquel elle devait s'appliquer.

C. pr. civ., art. 1442 s.

Convention de procédure participative

[Droit civil/Procédure civile]

Convention par laquelle les parties à un différend qui n'a pas encore donné lieu à la saisine d'un juge ou d'un arbitre (devant le tribunal de grande instance la convention peut-être signée tant que le délai de quatre mois pour enrôler l'assignation n'est pas expiré), s'engagent à œuvrer conjointement et de bonne foi à la résolution amiable de leur différend. Nul ne peut, s'il n'est avocat, assister une partie dans une procédure participative. La convention ne peut porter que sur les droits dont les parties ont la libre disposition. Néanmoins, elle peut être conclue par des époux en vue de rechercher une solution consensuelle en matière de divorce ou de séparation de corps; la demande en divorce ou en séparation devant alors, en cas d'accord, nécessairement être formée et jugée suivant les règles prévues pour le divorce. Lorsqu'une procédure participative est en cours, tout recours au juge pour résoudre le litige est irrecevable, sauf, en cas d'urgence, pour demander des mesures provisoires ou conservatoires. L'accord intervenu, partiel ou total, peut être soumis au juge pour homologation. En cas d'échec, les parties soumettent leur litige au juge, mais sont dispensées de la conciliation (à l'exception des litiges en matière prud'homale) ou de la médiation préalable le cas échéant prévue.

L'aide juridictionnelle est possible en cas de procédure participative.

Le projet de loi « Justice du XXIe siècle » du 31 juillet 2015 envisage de permettre la conclusion d'une telle convention même si le juge est déjà saisi du litige et d'en étendre l'objet à la mise en état de l'affaire, prévoyant l'accomplissement contradictoire d'actes de preuve par les avocats des parties et leur utilisation ultérieure au cours de l'instance.

C. civ., art. 2062 s., 2238; C. pr. civ., art. 1542 à 1564.

→ *Modes alternatifs de règlement des différends ou des conflits ou des litiges.*

Convention de rupture

[Droit du travail]

→ *Rupture du contrat de travail.*

Convention du Conseil de l'Europe

[Droit européen]

Accord international, adopté par le *Comité des ministres*, soumis à la ratification des États membres du *Conseil de l'Europe*. À la suite de la *Convention européenne des droits de l'homme* qui en est le premier et le plus éclatant exemple, plus de 200 conventions ont ainsi été conclues dans les domaines les plus divers (*Charte sociale européenne*, Convention culturelle, Convention sur la lutte contre la traite des êtres humains...). Mais elles ne lient que les États qui les ratifient.

Convention européenne des droits de l'Homme

[Droit international public/Droit européen]

Expression abrégée mais usuelle de la Convention européenne de sauvegarde des droits de l'Homme et des libertés fondamentales adoptée à Rome le 4 novembre 1950 par les 47 États membres du *Conseil de l'Europe* pour imposer aux États signataires le respect des principaux droits fondamentaux, énoncés dans les 18 premiers articles ainsi que dans certains protocoles adoptés ultérieurement.

Texte de droit positif assorti d'un mécanisme de garantie (Commission et *Cour européenne des droits de l'Homme*) ouvert aux victimes, modifié par le protocole n° 11 adopté en 1994 et entré en vigueur le

1er novembre 1998 qui supprime la Commission et organise le système de contrôle autour de la seule Cour. Le protocole n° 14, signé le 13 mai 2004 et entré en vigueur le 1er juin 2010, cherche à améliorer le fonctionnement de la Cour en simplifiant l'examen de la recevabilité des requêtes, en général confié à un juge unique. Les protocoles n° 15 et 16, non encore entrés en vigueur, apportent des modifications procédurales ponctuelles (délai de saisine ramené de 6 à 4 mois; saisine de la Cour pour avis par les hautes juridictions nationales).

GADPG n° 5; GAJF n° 5.

→ *Charte des droits fondamentaux de l'Union européenne.*

Convention internationale du travail

[Droit international public/Droit du travail]

Convention portant sur le droit du travail et adoptée par la Conférence internationale du travail (assemblée plénière de l'OIT composée sur la base du tripartisme en vigueur dans cette organisation). 189 conventions, dont certaines ratifiées par de nombreux États, ont été adoptées. Un mécanisme de contrôle de leur application fonctionne de manière plutôt satisfaisante et constitue un exemple rare et original.

Convention internationale relative aux droits de l'enfant

[Droit civil/Droit international public]

Convention (dite aussi de New York) adoptée par l'Organisation des Nations unies le 20 novembre 1989, ratifiée par 192 États dont la France mais pas les USA, dressant le catalogue des droits des mineurs : droit inhérent à la vie, droit de connaître ses origines, droit à une identité, droit à une nationalité, droit à la liberté d'expression… Cette convention a exercé une influence non négligeable sur la législation française de l'enfance, notamment en favorisant l'audition de l'enfant en justice, la reconnaissance du droit de l'enfant d'entretenir des relations avec ses deux parents, l'abolition de la disparité des filiations.

Convention matrimoniale

[Droit civil]

→ *Contrat de mariage.*

Convention pour l'avenir de l'Europe

[Droit européen]

Créée par le Conseil européen de Laeken en décembre 2001 avec pour mission de préparer une *Constitution européenne*. Composée de 105 membres titulaires représentant États membres et États candidats (gouvernements et parlements nationaux), le Parlement européen et la Commission. Présidée par Valéry Giscard d'Estaing. A pu remettre son projet, adopté par consensus en juin 2003. Le traité établissant une constitution pour l'Europe, qui en est issu en 2004, a été rejeté par référendum en France et aux Pays-Bas et abandonné, mais nombre de ses dispositions ont été reprises dans le traité de *Lisbonne*.

→ *Convention.*

Conventionnalité (Contrôle de)

[Droit général]

Contrôle visant à établir la conformité ou la non-conformité d'une norme de droit interne à une convention internationale (supérieure dans la hiérarchie des normes). Au cours d'une *instance* devant une juridiction administrative ou judiciaire, il désigne le contrôle exercé par celle-ci sur un texte législatif invoqué par une partie, en vue de s'assurer qu'il ne méconnaît pas une convention internationale ou un texte international de force juridique équivalente, comme un texte de droit dérivé européen. Dans ce cas, le texte national est écarté par le juge. Il n'est possible pour le justiciable d'invoquer le *moyen* visant à écarter la norme interne que si la norme internationale est d'*effet direct*.

→ *Constitutionnalité (Contrôle de), Procédure générale.*

GAJC, t. 1, n° 1 et 4.

Conventions

[Sécurité sociale]

Accords nationaux régissant les rapports entre les caisses primaires d'assurance-maladie et les praticiens et auxiliaires médicaux, et conclus au niveau national pour chacune des professions concernées, entre les caisses nationales des divers régimes d'assurance-maladie et une ou plusieurs organisations syndicales représentatives de la profession intéressée.

CSS, art. L. 162-5.

Conventions de la Constitution

[Droit constitutionnel]

Expression britannique, approximativement synonyme de celle de *coutume constitutionnelle*. Ces conventions (ex. : discours du Trône rédigé par le Premier ministre) sont respectées par les acteurs politiques, mais leur violation ne pourrait être sanctionnée par un juge.

→ *Coutume.*

Conventions réglementées

[Droit commercial]

Réponse du droit des sociétés de capitaux (notamment SARL et SA) aux situations de conflit d'intérêts entre la société personne morale et ses dirigeants ou certains de ses membres (associés ou actionnaires de 10 %). Se traduit, outre certaines opérations interdites, nulles en toutes circonstances (ex. : garanties fournies par la société pour engagement personnel du dirigeant ou de l'associé), par une procédure de révélation des opérations litigieuses devant conduire à leur autorisation par les organes délibératifs ou de contrôle de la société. Selon les cas, le non-respect de ces procédures de prévention des conflits se traduit par la nullité de l'opération, ou par la responsabilité de la personne intéressée.

Un dispositif analogue a été institué plus récemment au sein des personnes morales de droit privé, non commerçantes, ayant une activité économique (sociétés civiles, associations, etc.).

C. com., art. L. 223-19 et L. 225-86 s., L. 612-5.

Conventions UE/ACP

[Droit européen]

Conventions régissant les relations économiques de l'Union européenne avec les États en voie de développement d'Afrique, des Caraïbes ou du Pacifique (pays ACP). D'abord conclues à Yaoundé (1963) puis à Lomé (1975) et désormais signées à Cotonou (2000), ces conventions ont longtemps été considérées comme une référence dans le dialogue Nord/Sud. Le système actuel, fondé sur la libéralisation des échanges, la conditionnalité de l'aide et un dialogue politique, est l'objet de débats, les exigences de l'Union paraissant excessives à certains.

Conversion

[Droit civil]

À l'intérieur d'un même cadre juridique, passage d'un mécanisme à un autre, d'une modalité à une autre, éventuellement d'un état à un autre état. Ainsi, lorsque la séparation de corps a duré 2 ans, elle peut être convertie en divorce à la demande de l'un des époux; l'usufruit du conjoint survivant, quelle qu'en soit l'origine, donne ouverture à une faculté de conversion en rente viagère sous certaines conditions.

C. civ., art. 306 s., 759.

[Procédure civile]

Changement de nature ou d'objet d'une procédure d'exécution s'inscrivant dans le prolongement d'une procédure originaire différente. Le créancier saisissant qui a procédé à une saisie conservatoire de sommes d'argent peut la convertir en *saisie-attribution*, une fois en possession d'un titre exécutoire; dans les mêmes circonstances, la saisie conservatoire des droits d'associés peut être transformée en saisie-vente; dans l'un et l'autre cas il est demandé un acte de conversion établi par huissier. Parfois, il faut un jugement; il en va ainsi lorsqu'une *saisie-vente* ordinaire des éléments corporels d'un fonds de commerce est en cours et que, pour éviter une vente morcelée préjudiciable, une action en conversion tendant à une vente globale du fonds est introduite par un créancier ou le débiteur saisi.

C. pr. exéc., art. L. 523-2, R. 222-7, 523-7, 524-4; C. com., art. L. 143-3 s.

Conversion de la dette publique

[Droit financier ou fiscal]

Mesure de gestion de la dette publique tendant à réduire le taux d'intérêt à servir aux prêteurs.

Conversion de peine

[Droit pénal/Procédure pénale]

Mesure destinée à éviter l'exécution d'une courte peine d'emprisonnement (6 mois au plus), consistant, pour le juge de l'application des peines, à ordonner qu'il sera sursis à son exécution, et que le condamné accomplira à sa place un travail d'intérêt général non rémunéré.

En cas d'exécution partielle d'un travail d'intérêt général, le juge de l'application des peines peut pareillement ordonner la conversion de la partie non exécutée en *jours-amendes*.

C. pén., art. 132-57; C. pr. pén., art. 723-15.

Conversion de rente

[Sécurité sociale]

Transformation d'une rente en un capital.

Convocation par officier de police judiciaire (COPJ)

[Procédure pénale]

Procédure par laquelle un mineur est directement convoqué par un officier de police judiciaire devant le tribunal pour enfants sans instruction préparatoire.

Cette procédure est applicable aux mineurs de plus de seize ans poursuivis pour un délit puni d'au moins trois ans d'emprisonnement et aux mineurs de plus de treize ans poursuivis pour un délit puni d'au moins cinq ans d'emprisonnement.

Dans les deux cas, elle ne peut être mise en œuvre que si le mineur a, antérieurement, été poursuivi en application de l'ordonnance du 2 février 1945. Elle ne peut être engagée que si des investigations sur les faits ne sont pas nécessaires, et si des investigations sur la personnalité du mineur ont été accomplies au cours des douze mois précédant la convocation.

Le *tribunal correctionnel pour mineurs* est exclu de ce mode de saisine.

Ord. 2 févr. 45, art. 8-3.

Convocation par procès-verbal

[Procédure pénale]

Procédure simplifiée de poursuite devant le tribunal correctionnel, qui a remplacé le rendez-vous judiciaire, et qui est applicable à des affaires peu complexes pouvant être jugées rapidement.

Lorsque les charges réunies sont suffisantes, et que l'affaire est en état d'être jugée, le prévenu est invité à comparaître devant le tribunal dans un délai compris entre 10 jours et 2 mois. Un double du procès-verbal, comportant notamment l'heure et la date de l'audience, est remis à la personne poursuivie. Il vaut convocation devant la juridiction de jugement.

C. pr. pén., art. 388, 393 et 394.

Coobligé

[Droit civil]

Personne qui est tenue au paiement d'une dette avec une ou plusieurs autres, soit conjointement, soit solidairement. Le terme le plus courant est codébiteur.

→ *Cofidéjusseurs, Obligation conjointe, Solidarité.*

Coopération décentralisée

[Droit administratif]

Coopération que les *collectivités territoriales* françaises peuvent engager avec des collectivités territoriales étrangères dans la limite de leurs compétences. Elle prend la forme de conventions, ou de participation à des sociétés d'économie mixte locale ou à des groupements d'intérêt public.

L'expression est parfois employée aussi pour désigner les actions de coopération au profit de collectivités de pays en développement engagées par des collectivités territoriales françaises.

Coopération politique européenne

[Droit européen]

Mise en place par l'accord Davignon du 27 octobre 1970. Organise un mécanisme de concertation des politiques étrangères des États membres des *Communautés européennes*. Même si les rencontres prévues à ce titre se sont multipliées et si des résultats intéressants ont été enregistrés, cette coopération n'a pas débouché sur une politique extérieure commune. Intégrée dans les traités constitutifs par l'Acte unique européen, elle connaîtra un développement important avec le traité de Maastricht et la création d'une *politique étrangère et de sécurité commune (PESC)*.

Coopération renforcée

[Droit européen]

Possibilité, ouverte par l'article 20 TUE, que le Conseil autorise neuf États membres au moins à réaliser un objectif de l'Union, en dehors des compétences exclusives de celle-ci, alors qu'il apparaît qu'un tel objectif ne pourrait être atteint dans un délai raisonnable par l'Union dans son ensemble.

Illustre positivement la souplesse de la construction européenne, en permettant à un groupe d'États de jouer un rôle de pionniers.

Coopérative

[Droit général/Droit commercial]

Entreprise recherchant pour ses membres les services les meilleurs aux plus bas prix (production, consommation, agriculture, artisanat, commerce de détail, habitation, reconstruction, crédit...). L'activité, à caractère social de l'ensemble des coopératives, part du principe, non de la suppression systématique du profit, mais de la réduction de son rôle et surtout de sa répartition entre les adhérents, avec égalité de ceux-ci dans la gestion, abstraction faite du nombre des parts et de l'ancienneté (sauf rares exceptions). L'expérience toute contemporaine montre les difficultés qu'éprouvent les coopératives à n'être pas confondues, même par certains de leurs adhérents, avec les entreprises du type capitaliste ordinaire. Sous le nom de « révision coopérative », le législateur institue le principe d'un contrôle quinquennal indépendant visant à vérifier la conformité de l'organisation et du fonctionnement des groupements aux principes de la coopération et à l'intérêt des adhérents.

L. n° 47-1775 du 10 sept. 1947, art. 1er s.

→ *Économie sociale et solidaire.*

Coopérative agricole (Société)

[Droit rural]

Entreprise relevant de la loi du 10 septembre 1947 et du Code rural et de la pêche maritime qui la soumet à un statut particulier qui n'est ni civil ni commercial.

Créée par des agriculteurs, elle permet d'assurer en commun l'utilisation d'outils, de production, de conditionnement ou de stockage, la transformation des produits des exploitations adhérentes, d'approvisionner les agriculteurs ou encore de commercialiser leurs produits. Il existe des coopératives agricoles pour tous les types de production.

C. rur., art. L. 521-1 s.

Coopérative d'utilisation de matériel agricole (CUMA)

[Droit rural]

Groupement d'agriculteurs en vue de l'achat et de l'utilisation en commun du matériel de culture. Forme de coopérative permettant aux petits propriétaires de bénéficier d'un matériel qu'ils ne pourraient acheter individuellement.

C. rur., art. L. 521-1 s.

Coopérative ouvrière de production

[Droit du travail]

Société à capital variable, ayant la forme de société anonyme ou de société à responsabilité limitée, constituée par des salariés en vue de l'exercice en commun d'activités de production ou de services. Afin d'obtenir des capitaux, il peut être fait appel, en qualité de sociétaires, à des non-coopérateurs, nécessairement minoritaires, dans les organes de gestion.

Cooptation

[Droit constitutionnel]

Mode de recrutement des gouvernants consistant dans la désignation des nouveaux gouvernants par ceux qui sont déjà en fonction.

En vigueur dans les dictatures, la cooptation joue aussi un rôle important au sein des partis politiques (même dans les régimes démocratiques).

[Droit administratif]

Procédé de recrutement de certains membres ou, successivement, de tous les membres d'un conseil ou d'une assemblée (le plus souvent de nature juridictionnelle ou scientifique) par les membres mêmes de ce conseil ou de cette assemblée, afin d'assurer l'indépendance dans le recrutement et la qualité particulière des personnes choisies.

Coordonnateur

[Sécurité sociale]

Personne chargée de favoriser sur le plan local une liaison efficace entre les services et établissements à caractère sanitaire et social, concernant les retraités et les personnes âgées (Circ. n° 82-13 du 7 avr. 1982).

COP

[Droit international public]

Acronyme anglais signifiant *Conference of parties* (conférence des parties) souvent utilisé dans le champ du droit international de l'environnement. Par ex., la COP 21 qui s'est tenue à Paris en décembre 2015 a été la vingt et unième *conférence des parties* à la Convention cadre des Nations Unies sur les changements climatiques du 9 mai 1992.

Copie

[Droit civil]

Reproduction littérale d'un titre original, non signée par les parties. La copie fiable a la même force probante que l'original, cette fiabilité étant laissée à l'appréciation du juge, sauf pour la copie exécutoire ou authentique d'un acte authentique qui est réputée fiable de plein droit. Est présumée fiable jusqu'à preuve du contraire, toute copie résultant d'une reproduction à l'identique de la forme et du contenu de l'acte et dont l'intégrité est garantie dans le temps par un procédé conforme à des conditions fixées par décret.

C. civ., art. 1379.*

Copie certifiée conforme du jugement

[Procédure civile]

Simple copie du jugement affirmée identique à la *minute* délivrée par le directeur de greffe et non munie de la formule exécutoire.

→ *Copie exécutoire, Expédition de jugement.*

Copie exécutoire

[Procédure civile]

Expédition d'un jugement ou d'un acte authentique revêtue de la *formule exécutoire* apposée par le détenteur de la minute (greffier, notaire). Sa présentation est indispensable pour la mise à exécution.

La délivrance d'une seconde copie exécutoire d'un jugement est possible en cas de motif légitime. S'il s'agit d'un acte authentique, elle est subordonnée à l'autorisation du président du TGI.

C. pr. civ., art. 465, 502 et 1439; Décr. n° 71-941 du 26 nov. 1971, art. 32 s.

→ *Expédition, Grosse.*

Copie exécutoire à ordre

[Droit civil/Procédure civile]

Copie d'un acte notarié reçu en *minute*, revêtue de la formule exécutoire, à ordre et transmissible suivant certaines conditions, par *endossement*.

L. n° 76-519 du 15 juin 1976 (art. 1er).

Copropriété

[Droit civil]

1° Modalité du droit de propriété découlant de la pluralité des titulaires du droit sur la chose, d'où il résulte que le droit de propriété de chacun est ramené à une quote-part (1/2, 1/3, 1/4) dont le copropriétaire peut librement disposer, tandis que la gestion du bien indivis lui-même est soumise à l'accord de tous, parce que le droit s'applique, matériellement, à la totalité du bien.

2° Le terme désigne souvent, dans la pratique et le langage usuel, la situation d'un immeuble construit et divisé en appartements attribués privativement à des personnes déterminées : la copropriété ne porte alors que sur les parties communes et le gros œuvre.

Le règlement de copropriété est un document écrit qui doit obligatoirement déterminer les parties communes et privatives, les quotes-parts des charges, les conditions de jouissance des parties communes et privatives et fixer les règles relatives à l'administration des parties communes.

L. n° 65-557 du 10 juill. 1965; C. civ., art. 815 s.

→ *Indivision, Méthode de Grenoble, Méthode de Paris.*

Corporate governance

[Droit commercial]

→ *Gouvernement des entreprises.*

Corps certain

[Droit civil]

Chose caractérisée par son irréductible individualité et, par conséquent, insusceptible d'être remplacée par une autre dans un paiement.

→ *Choses fongibles.*

Corps de fonctionnaires

[Droit administratif]

Ensemble de fonctionnaires de l'État soumis au même statut particulier et ayant vocation à parvenir aux mêmes grades.

Chaque corps comprend un ou plusieurs grades ou classes, et relève de l'une des 3 catégories (A, B, C) de fonctionnaires correspondant à des niveaux décroissants de fonctions et d'exigences de diplômes pour leur recrutement.

→ *Fonctionnaire, Statut.*

Corps diplomatique

[Droit international public]

Ensemble des agents diplomatiques en poste dans un État donné. Il existe un doyen du corps diplomatique, qui est le chef de mission le plus ancien (voire dans certains États de droit le nonce apostolique) mais qui a seulement un rôle protocolaire ou une autorité morale.

Corps électoral

[Droit constitutionnel]

Ensemble des citoyens qui ont le droit de vote.

Corps humain

[Droit général]

Aspect physique de l'*être humain*. Il est protégé par les principes d'inviolabilité et d'*intégrité*, qui connaissent toutefois des tempéraments.

Si l'on a longtemps mis en avant le principe d'*indisponibilité du corps humain*, le droit positif met davantage l'accent sur sa non-patrimonialité : le corps lui-même, ses éléments et ses produits ne peuvent faire l'objet d'un droit patrimonial; toute convention visant à leur conférer une valeur patrimoniale – c'est-à-dire toute convention à titre onéreux – est nulle.

En outre, en vertu du principe de non-brevetabilité, le corps humain, aux différents stades de sa constitution et de son développement, pas plus que de la simple découverte de l'un de ses éléments (y compris la séquence totale ou partielle d'un gène), ne peuvent constituer des inventions brevetables.

Le respect dû au corps humain ne cesse pas avec la mort. Les restes des personnes décédées, y compris les cendres de celles dont le corps a donné lieu à une crémation, doivent être traités avec respect, dignité et décence.

C. civ., art. 16 à 16-13; CPI, art. L. 611-18; CSP, art. L. 1131-1 s., L. 1211-4 s., L. 1244-1 s.

GAJC, t. 1, n° 21 et n° 51; GAJC, t. 2, n° 166-167 et n° 202.

→ *Affection grave et incurable, Atteinte à la dignité de la personne, Cadavre, Crémation, Fin de vie, Inviolabilité du corps humain, Organe humain, Soins palliatifs.*

Corps judiciaire

[Procédure civile/Procédure pénale]

Ensemble des magistrats de carrière de l'ordre judiciaire soumis à des règles communes constituant le statut de la magistrature, exerçant auprès de la Cour de cassation, des cours d'appel, des tribunaux de première instance ou à l'administration centrale du ministère de la Justice. Les juges de proximité, les juges élus ou nommés des conseils de prud'hommes, des tribunaux de commerce, des tribunaux des affaires de sécurité sociale, des tribunaux paritaires des baux ruraux ne sont pas membres de ce corps.

→ *Magistrat, Magistrature, Ordre de juridictions.*

Corpus

[Droit civil]

Le *corpus* (corps) constitue l'élément matériel de la possession; il désigne le pouvoir de fait exercé sur une chose.

→ *Animus.*

Corréalité

[Droit pénal]

→ *Co-activité.*

[Droit civil/Droit commercial]
Synonyme de solidarité.

Correctionnalisation judiciaire

[Procédure pénale]
Pratique qui consiste, pour les autorités de poursuite ou d'instruction, à déférer à la juridiction correctionnelle ce qui est constitutif d'un crime, par exemple en négligeant l'existence de circonstances aggravantes.
La personne mise en examen et la partie civile peuvent s'opposer à cette solution en faisant appel de l'ordonnance de renvoi devant le tribunal correctionnel. En revanche, ce dernier ne peut se déclarer incompétent si cet appel n'a pas été exercé ou ne peut plus l'être, à moins que les faits, qualifiés de non intentionnels, soient en réalité intentionnels.
C. pr. pén., art. 186-3 et 469, al. 4.
GAPP n° 4.

Correspondant du Trésor public

[Droit financier ou fiscal]
Organisme ou particulier déposant auprès du Trésor public, à titre obligatoire ou facultatif, tout ou partie de ses disponibilités. Exemple : les *collectivités territoriales*.
→ *Régie d'avances, de recettes.*

Corridor biologique

[Droit rural]
Désigne un ou plusieurs milieux reliant fonctionnellement entre eux différents habitats vitaux pour une espèce ou un groupe d'espèces, tels que sites de reproduction, de nourrissage, de repos, de migration, etc. On parle aussi de « *biocorridor* ».
→ *Trame verte, trame bleue.*

Corruption

[Droit international public]
Cause de nullité d'un traité lorsqu'elle s'est exercée sur la personne qui a exprimé le consentement de l'État ou de l'organisation internationale à être lié(e) et qu'elle a résulté de l'action directe ou indirecte d'un autre sujet ayant participé à la négociation.
→ *Vice du consentement.*

Corruption (Délit de)

[Droit pénal]
Comportement pénalement incriminé par lequel sont sollicités, agréés ou reçus des offres, promesses, dons ou présents, à des fins d'accomplissement ou d'abstention d'un acte, d'obtention de faveurs ou d'avantages particuliers. La corruption est dite *passive* lorsqu'elle est le fait du corrompu, elle est dite *active* lorsqu'elle est le fait du corrupteur.
C. pén., art. 432-11, 433-1 et 433-2.

Corruption active

[Droit pénal]
Fait, par quiconque, de proposer, sans droit, à tout moment, directement ou indirectement, des offres, des promesses, des dons, des présents, ou des avantages quelconques à une personne dépositaire de l'autorité publique, chargée d'une mission de service public ou investie d'un mandat électif public, pour elle-même ou pour autrui, pour qu'elle accomplisse ou s'abstienne d'accomplir, ou parce qu'elle a accompli ou s'est abstenue d'accomplir, un acte de sa fonction, de sa mission ou de son mandat, ou facilité par sa fonction, sa mission ou son mandat.
C. pén., art. 433-1.

Corruption passive

[Droit pénal]
Fait, par une personne dépositaire de l'autorité publique, chargée d'une mission de service public, ou investie d'un mandat électif public, de solliciter ou d'agréer, sans droit, à tout moment, directement ou indi-

rectement, des offres, promesses, dons, présents, ou avantages quelconques, pour elle-même ou pour autrui, pour accomplir ou avoir accompli, pour s'abstenir ou s'être abstenue d'accomplir un acte de sa fonction, de sa mission ou de son mandat, ou facilité par sa fonction, sa mission ou son mandat.

C. pén., art. 432-11.

Corse

[Droit administratif]

La collectivité territoriale de Corse est une *région* dotée de compétences plus étendues, et d'une organisation particulière marquée par l'existence d'un Conseil exécutif de Corse.

Elle deviendra une collectivité à statut unique regroupant la collectivité territoriale et les départements à compter du 1er janvier 2018.

CGCT, art. L. 4421-1 s.

GDCC n° 10.

Cosac

[Droit européen]

Reconnue par un protocole annexé au Traité d'Amsterdam, la Cosac (Conférence des organes spécialisés dans les affaires communautaires, puis de l'Union européenne, dans chaque parlement national) permet, 2 fois par an, un échange d'expériences et de points de vue entre les parlements nationaux (6 représentants pour chacun). Une délégation du Parlement européen participe aux travaux de la Cosac.

Cosaisine

[Procédure pénale]

Faculté, pour le président d'un TGI, de désigner un ou plusieurs juges d'instruction pour être adjoints au juge d'instruction saisi, lorsque la gravité ou la complexité de l'affaire le justifie. Les pôles de l'instruction sont seuls compétents pour les informations soumises à une cosaisine.

La mesure n'est que d'application provisoire, en attendant l'entrée en vigueur de la *collégialité* de l'instruction, initialement fixée au 1er janvier 2010, mais reportée au 1er janvier 2017 par la loi de finances pour 2015 (art. 98).

C. pr. pén., art. 83-1 et 83-2.

Costume judiciaire

[Procédure (principes généraux)]

Tenue vestimentaire que doivent porter les magistrats et certains auxiliaires de justice (greffier, avocat) lorsqu'ils exercent leurs fonctions ou assistent aux cérémonies publiques. Pour les magistrats, il est distingué selon le type d'audience, ordinaire ou solennelle (par ex., costume du 1er président de la Cour de cassation lorsqu'il préside l'assemblée plénière : robe rouge à grandes manches, manteau et cape de fourrure, simarre de soie noire, ceinture de soie rouge à glands d'or, toque de velours noir bordée de 2 galons d'or, cravate en dentelle).

Le costume judiciaire ne symbolise plus l'appartenance des magistrats à la justice royale; il est le signe de l'éminence et de l'intemporalité de la fonction de justice.

Les magistrats administratifs ne portent pas de robe; ils siègent toujours en tenue civile.

COJ, art. R. 111-6.

→ *Insigne, Robe noire, Robe rouge, Toge, Toque.*

Cotation des actes médicaux

[Sécurité sociale]

Nomenclature générale des actes professionnels et des actes de biologie médicale attribuant à chaque acte une lettre-clé et un coefficient, en vue de son remboursement par les caisses d'assurance-maladie. La lettre-clé indique la catégorie de l'acte et représente une valeur en euros variables, fixée et révisée selon la réglementation sur les honoraires des praticiens, auxiliaires médicaux et biologistes : le coefficient est un nombre indiquant la valeur relative de chaque acte, en fonction de son importance.

Cote boursière

[Droit commercial]

Liste officielle des cours des valeurs et marchandises négociées en bourse. Les textes parlent aujourd'hui d'« admission aux négociations sur un marché réglementé ».

→ *Instruments financiers.*

Cote d'impôt

[Droit financier ou fiscal]

Dans le vocabulaire de la pratique administrative, synonyme d'imposition individuelle à un impôt direct quelconque (par ex. : la « cote d'impôt sur le revenu » d'un contribuable désigne le montant d'impôt qu'il doit payer au titre d'une année).

Cotisations de Sécurité sociale

[Sécurité sociale]

Versements des assurés sociaux et de leurs employeurs assis sur le revenu professionnel et destinés au financement de la Sécurité sociale.

Dans le régime agricole, on distingue les cotisations techniques affectées à la couverture des dépenses de prestations, des cotisations complémentaires affectées aux dépenses de gestion, d'action sanitaire et sociale et aux frais de contrôle médical.

CSS, art. L. 241-1.

Coup d'accordéon

[Droit commercial]

L'opération de coup d'accordéon a pour but d'assainir la situation financière d'une société. Elle consiste en la succession quasi simultanée de deux opérations, réduction de *capital* dans un premier temps, suivie d'une augmentation de capital généralement souscrite par le repreneur de l'entreprise.

C. com., art. L. 224-2.

Coup d'État

[Droit constitutionnel]

Action de force contre les pouvoirs publics, exécutée par une partie des gouvernants ou par des agents subordonnés, notamment des militaires (dans ce dernier cas on parle aussi de *putsch* ou de *pronunciamiento*), et qui vise à renverser le régime établi (exceptionnellement à le défendre : ex. les coups d'État « en chaîne » du Directoire pour rétablir l'harmonie, souvent rompue, entre les pouvoirs publics).

Couple

[Droit civil]

Au sens classique, situation de fait d'un homme et une femme réunis. Le couple était dit légitime lorsqu'il était marié, illégitime dans le cas contraire.

Au sens moderne, situation de deux personnes unies par des liens affectifs et partageant une vie commune, que ces personnes soient de sexe différent ou de même sexe, et quel que soit le mode de vie à deux adopté – *mariage*, mais aussi *PACS* ou *concubinage* – (ex. : la loi du 9 juill. 2010 relative « aux violences au sein des couples » s'applique à toutes les unions et non seulement aux couples mariés).

→ *Homosexualité, Ordonnance de protection, Union civile.*

Coups et blessures par imprudence

[Droit pénal]

→ *Atteintes involontaires.*

Cour administrative d'appel

[Droit administratif]

Juridiction administrative de second degré. Il en existe 8 (Bordeaux, Douai, Lyon, Marseille, Nancy, Nantes, Paris, Versailles). Elle est compétente pour connaître des appels contre les jugements rendus en *premier ressort* par les tribunaux administratifs, à l'exception de ceux portant sur les *recours en appréciation de légalité* et sur les litiges relatifs aux élections municipales et départementales, qui continuent de relever en appel du *Conseil d'État*. Les arrêts rendus par les CAA peuvent faire l'objet d'un recours en cassation devant celui-ci.

CJA, art. R. 221-7 s.

Cour africaine des droits de l'homme et des peuples

[Droit international public]

Juridiction régionale créée en 2006 en application du Protocole de Ouagadougou du 10 juin 1998 à la Charte africaine des droits de l'homme et des peuples de 1981. *Ratione materiae*, elle est compétente pour connaître de différends relatifs à l'interprétation ou à l'application de la Charte. Elle peut statuer sur des requêtes individuelles introduites contre des États qui ont expressément accepté sa compétence à cet effet. La Cour peut en outre, à la demande d'un État membre de l'Union africaine, de tout organe de l'Union africaine ou d'une organisation africaine reconnue par l'Union africaine, donner un avis sur toute question juridique concernant la Charte ou tout instrument pertinent relatif aux droits de l'homme.

Cour constitutionnelle

[Droit constitutionnel]

Juridiction en charge du respect de la constitution, qui contrôle en particulier la constitutionnalité des lois et veille au respect des droits fondamentaux. Sa composition (désignation par le pouvoir exécutif ou le pouvoir législatif ou les 2) et son mode de saisine (par voie d'action et/ou d'exception) varient selon les pays.

→ *Conseil constitutionnel, Constitutionnalité (Contrôle de).*

Cour d'appel

[Procédure civile]

Juridiction de droit commun de l'ordre judiciaire statuant sur les appels interjetés contre les décisions rendues par les TGI, les tribunaux d'instance, les tribunaux de commerce, les conseils de prud'hommes, les tribunaux paritaires des baux ruraux situés dans son ressort géographique, qui couvre presque toujours plusieurs départements. La France métropolitaine en compte 30. Outre-Mer, il existe 6 cours d'appel (1 dans chacun des DOM sauf Mayotte qui dépend de Saint-Denis de La Réunion, 1 à Nouméa pour la Nouvelle-Calédonie, 1 à Papeete pour la Polynésie française), ainsi qu'un tribunal supérieur d'appel à Saint-Pierre-et-Miquelon.

Elle connaît, aussi, de diverses contestations intéressant les auxiliaires de justice (avocats, huissiers, notaires).

La cour d'appel de Paris a des domaines propres de compétence, jugeant, par exemple, les recours contre les décisions de l'Autorité de la concurrence ou celles (individuelles) de l'Autorité des marchés financiers ou statuant sur les actions en indemnisation des victimes de la contamination par le virus de l'immunodéficience humaine. En outre, elle est seule compétente pour les recours en matière de délivrance, rejet ou maintien des brevets d'invention.

COJ, art. L. 311-1 s., R. 311-3 et D. 311-8 s.

Cour d'assises

[Procédure pénale]

Juridiction répressive compétente, en premier ressort ou en appel, pour juger les crimes. À raison d'une cour d'assises par département, elle est composée de 2 catégories de membres délibérant ensemble : d'une part, 3 magistrats professionnels qui forment la cour, d'autre part, des jurés de jugement non professionnels qui forment le jury, au nombre de 9 lorsque la cour d'assises statue en premier ressort et de 6 lorsqu'elle statue en appel, tous étant désignés par tirages au sort à partir des listes électorales.

Il existe une formation spéciale de la cour d'assises dans le ressort de chaque cour d'appel, composée d'un président, et de 6 ou 8 assesseurs, selon qu'elle statue en premier ressort ou en appel, tous magistrats professionnels, ce qui en fait une cour d'assises sans jurés. Elle est chargée de juger les crimes commis sur le territoire de la République par les militaires dans l'exercice du service, du moins, pour les crimes de droit commun, lorsqu'il y a un risque de divulgation d'un secret de la défense nationale. Relativement aux crimes commis par des militaires hors du territoire de la République, est compétente la cour d'assises spéciale ayant son siège à Paris. Les cours d'assises spéciales connaissent également de certains crimes contre les intérêts fondamentaux de la nation, des crimes terroristes, et, depuis la réforme du Code pénal, des crimes en matière de trafics de stupéfiants.

C. pr. pén., art. 231 s., 296, 365-1, 697-4, 698-6 et 698-7; CJM, art. L. 111-1.

→ *Feuille de motivation.*

Cour d'assises des mineurs

[Procédure pénale]

Juridiction spécialisée pour juger les crimes commis par les mineurs âgés de 16 à 18 ans. Elle peut également connaître des crimes et délits commis par le mineur avant d'avoir atteint l'âge de seize ans révolus lorsqu'ils forment avec le crime principalement poursuivi un ensemble connexe ou indivisible.

Elle diffère assez peu de la cour d'assises des majeurs, mais marque son originalité par le fait que son président peut être le conseiller délégué à la protection de l'enfance, et que les deux assesseurs doivent être choisis parmi les juges des enfants du ressort de la cour d'appel. Il n'est aucune spécificité quant au jury criminel, qui reste composé de jurés tirés au sort sur la liste de la cour d'assises des majeurs.

Ord. n° 45-174 du 2 févr. 1945, art. 20; C. pr. pén., art. 306.

Cour de cassation

[Procédure civile/Procédure pénale]

Juridiction placée au sommet de la hiérarchie pour les juridictions civiles et pénales de l'ordre judiciaire.

Elle comprend 5 chambres civiles et une chambre criminelle, peut statuer aussi en *chambre mixte* et en *Assemblée plénière*.

Chargée de favoriser l'unité d'interprétation des règles juridiques, la Cour de cassation, saisie par un pourvoi, ne peut connaître que des questions de droit et non des questions de fait abandonnées à l'appréciation souveraine des juges du fond.

Outre son rôle de juge de cassation, la Cour suprême a reçu compétence pour statuer sur certains litiges : prise à partie, action en responsabilité professionnelle à l'encontre des avocats au Conseil d'État et à la Cour de cassation, liste d'experts.

Une loi du 15 mai 1991 permet, en matière civile, à une juridiction de saisir la Cour de cassation, pour connaître son avis sur une question de droit nouvelle présentant une difficulté sérieuse d'interprétation et se posant dans un grand nombre de litiges. L'avis ainsi donné ne s'impose pas aux juges du fond.

La loi n° 2001-339 du 25 juin 2001 a ouvert la même possibilité aux juridictions pénales, mais de façon plus limitée, l'excluant pour les juridictions d'instruction, la Cour d'assises et les affaires dans lesquelles une personne est placée en détention provisoire ou sous contrôle judiciaire.

COJ, art. L. 411-1 à L. 441-4, R. 411-1 à R. 441-4; C. pr. civ., art. 1031-1 s.; C. pr. pén., art. 706-64 s.

GDCC n° 6, 7, 12, 15, 28, 29, 45 à 48 et 50; GAJC, t. 1, n° 11, 51 et n° 133; GAJC, t. 2, n° 152-155, 160, 161 et 197-198.

→ *Audience solennelle, Auditeur à la Cour de cassation, Avis contentieux, Avocat général, Cassation, Conseiller, Conseiller référendaire, Conseiller en service extraordinaire, Parquet général, Service de documentation, des études et du rapport (SDER).*

Cour de discipline budgétaire et financière

[Droit financier ou fiscal]

Juridiction administrative chargée principalement, sous le contrôle de cassation du Conseil d'État, de réprimer les irrégularités budgétaires en prononçant des peines pécuniaires contre les agents d'exécution des budgets de l'État, des collectivités territoriales et des établissements publics. Les élus locaux (sauf dans quelques cas) et les ministres ne sont pas justiciables de la cour.

CJF, art. L. 311-1 s.

Cour de justice des Communautés européennes (CJCE)

[Droit européen]

→ *Cour de justice de l'Union européenne (CJUE).*

Cour de justice de la République

[Droit constitutionnel]

Instituée par la loi constitutionnelle du 27 juillet 1993, juridiction politique ayant remplacé la *Haute Cour de justice*, pour connaître de la responsabilité pénale des membres du gouvernement pour les actes accomplis dans l'exercice de leurs fonctions. Se compose de 15 membres soit 12 parlementaires élus en leur sein et en nombre égal par l'Assemblée nationale et le Sénat, et 3 magistrats du siège à la Cour de cassation dont l'un préside la Cour. La réforme a voulu faciliter et juridictionnaliser la mise en œuvre de la responsabilité des ministres, suite au dossier du sang contaminé, tout en maintenant le principe d'une juridiction spécifique considérée comme garante de l'indépendance du pouvoir politique.

Un projet de loi constitutionnelle déposé le 14 mars 2013 (n° 816) à l'Assemblée nationale, non abouti, visait à supprimer cette juridiction, les ministres devant relever des juridictions de *droit commun*, y compris pour les actes pris dans l'exercice de leur fonction.

Const., art. 68-1.

ACTU

Cour de justice de l'Union européenne (CJUE)

[Droit européen]

Nom donné par le traité de *Lisbonne* à l'ensemble du système juridictionnel de l'Union européenne. Elle comprend pour l'heure 3 juridictions, chiffre qui devrait passer à 2 en septembre 2016 :

1° La Cour de justice (ex-Cour de justice des Communautés européennes, CJCE), qui est chargée d'assurer le respect du droit dans l'interprétation et l'application des traités. Composée de 28 juges et de 11 avocats généraux, nommés d'un commun accord par les États membres et indépendants, la Cour a de nombreuses compétences (elle peut, par ex., annuler un acte du Conseil ou de la Commission, constater le manquement par un État de l'une des obligations lui incombant, interpréter, sur renvoi préjudiciel des juridictions nationales, les traités et actes de droit dérivé...). Rendant environ 600 arrêts par an, la Cour qui siège à Luxembourg est devenue une sorte de Cour suprême européenne, surtout avec l'extension des compétences du Tribunal de première instance. Elle a exercé un rôle moteur dans la construction européenne par une interprétation souvent extensive des compétences de l'Union, par l'unité assurée au droit de l'Union et par la sanction de ses éventuelles violations.

2° Le *Tribunal de l'Union européenne* (ex-Tribunal de première instance).

3° Le *Tribunal de la fonction publique de l'Union européenne*. Ce tribunal est appelé à disparaître prochainement. En effet, en septembre 2016, la compétence pour connaître en première instance des affaires de la fonction publique de l'Union européenne ainsi que les sept postes des juges siégeant au Tribunal de la fonction publique de l'Union européenne devraient être transférés au Tribunal de l'Union européenne (Règlement (UE, Euratom) 2015/2422 du Parlement européen et du Conseil du 16 décembre 2015 modifiant le protocole n° 3 sur le statut de la Cour de justice de l'Union européenne, considérant n° 9).

TUE, art. 19.

GDCC n° 7, 15, 18, 26, 48 à 50.

→ *Chambres juridictionnelles.*

Cour de révision et de réexamen

[Droit pénal]

Formation de la Cour de cassation compétente pour statuer, et sur les *recours en révision*, et sur les demandes de réexamen d'une décision pénale de condamnation faisant suite à un arrêt de la Cour européenne des droits de l'homme.

C. pr. pén., art. 622 s.

Cour de sûreté de l'État

[Procédure pénale]

Juridiction d'exception, instituée par une loi du 15 janvier 1963, chargée de juger en temps de paix l'ensemble des infractions contre la sûreté intérieure et extérieure de l'État. A été supprimée par une loi du 4 août 1981.

Cour des comptes

[Droit financier ou fiscal]

Juridiction administrative, soumise au contrôle de cassation du Conseil d'État, chargée d'exercer un contrôle sur pièces ou sur place des finances de l'État et de ses établissements publics, de la Sécurité sociale et d'organismes même privés bénéficiant de concours financiers de l'État. Ses attributions essentielles sont représentées :

1° à l'égard des comptables publics ou de fait de l'État et de ses établissements publics, par le jugement de leur *compte de gestion* ou des documents en tenant lieu, en vue de déterminer s'ils sont quittes ou en *débet* vis-à-vis des personnes publiques dont ils ont exécuté les opérations;

2° à l'égard des *ordonnateurs* des mêmes personnes publiques, par la formulation d'observations non juridictionnelles sur la régularité et l'efficience de leur gestion; les plus importantes sont publiées dans le rapport public annuel de la Cour, publié par le *Journal officiel*. La réforme budgétaire appliquée par l'État à partir de 2006 (budgétisation par objectifs) a largement renforcé le rôle d'audit de performance joué par la Cour;

3° par la vérification de la régularité des comptes et par l'appréciation de la gestion des entreprises publiques. Ces investigations, à caractère non juridictionnel, abou-

tissent à un compte rendu aux ministres intéressés et à un rapport public biennal;
4° par une compétence de juge d'appel à l'égard des jugements définitifs des chambres régionales des comptes;
5° plus généralement, la Cour des comptes est chargée constitutionnellement d'assister le gouvernement et le Parlement dans le contrôle des *lois de finances*, ce qu'elle fait notamment en produisant au profit de ce dernier de nombreux documents, d'information ainsi qu'une certification de la régularité, sincérité et fidélité des comptes de l'État, mais aussi dans l'évaluation des politiques publiques.

CJF, art. L. 111-1 s.; Const., art. 47-2.

→ *Certification des comptes (des administrations publiques), Chambre régionale et territoriale des comptes, Comptable de fait, Haut Conseil des finances publiques, Performance (publique).*

Cour des comptes européenne

[Droit européen]

Créée par le traité de Bruxelles du 22 juillet 1975 et installée (siège : Luxembourg) en octobre 1977, la Cour n'est pas une juridiction mais un organe d'*audit*. Chargée du contrôle de la légalité et de la régularité ainsi que de la bonne gestion financière des recettes et dépenses des institutions de l'Union européenne. Elle fournit au Parlement et au Conseil, institutions dotées du pouvoir budgétaire, une *déclaration d'assurance* quant à la fiabilité des comptes.

TFUE, art. 285 s.

Cour européenne des droits de l'homme

[Droit international public/Droit européen]

Juridiction créée dans le cadre du *Conseil de l'Europe* et de la *Convention européenne des droits de l'Homme* et des libertés fondamentales.

Les juges (un par État) sont élus par l'Assemblée parlementaire du Conseil, sur la base de propositions de 3 noms formulées par chaque État. Le mandat est de 9 ans, non renouvelable. Les juges sont répartis en 5 sections. La Cour peut être saisie d'une violation imputable à un État par une victime ou, rarement, par un autre État. La plupart des requêtes (plus de 50 000 par an) sont déclarées irrecevables par un juge unique (pour non-épuisement des recours internes, dépassement du délai de recours de 6 mois...); les autres affaires sont confiées à un comité de 3 juges, à une chambre de 7 juges ou, de façon exceptionnelle, à la Grande chambre.

La Cour assure le contrôle du respect de la convention et de ses protocoles additionnels, en procédant à une interprétation souvent constructive de leurs dispositions, par exemple en ce qui concerne le droit à un procès équitable (art. 6), à la vie familiale (art. 8) ou à la liberté d'expression (art. 10). En cas de violation, l'arrêt, dont le respect est obligatoire, condamne l'État, le contraint le cas échéant à modifier sa législation, et met à sa charge l'indemnisation de la victime. Ainsi, la Cour oriente, en matière de droits fondamentaux, toute l'activité des juridictions nationales chargées du contrôle de conventionnalité. *Siège* : Strasbourg.

GDCC n° 6, 7, 15, 28, 35, 37, 38, 41, 48 et 50.

Cour interaméricaine des droits de l'homme

[Droit international public]

Juridiction internationale constituée en 1979 sur le fondement de la Convention américaine relative aux droits de l'homme de 1969 et compétente pour constater la violation par les États parties des droits individuels garantis par ce traité et accorder une réparation adéquate.

Cour internationale de justice

[Droit international public]

Organe judiciaire principal des Nations unies, fonctionnant conformément à un statut annexé à la Charte, et dont la mission est de régler par des arrêts les différends d'ordre juridique entre États et de donner des avis consultatifs aux organes de l'ONU et aux institutions spécialisées. *Siège* : La Haye. Succède à la Cour permanente de justice internationale contemporaine de la SDN.

Cour nationale de l'incapacité et de la tarification des accidents du travail

[Sécurité sociale]

Anciennement « Commission nationale technique ».

Juridiction compétente pour statuer sur les appels formés contre les décisions des tribunaux du contentieux de l'*incapacité* qui sont rendus en premier ressort; compétente également pour connaître des décisions rendues par les caisses régionales d'assurance-maladie en matière de tarification des accidents du travail. Elle siège à Amiens.

CSS, art. L. 143-3.

Cour nationale du droit d'asile

[Droit administratif]

Juridiction administrative qui statue sur les recours formés contre les décisions de l'Office français de protection des réfugiés et apatrides (personne persécutée en raison de son action en faveur de la liberté; personne exposée dans son pays à la peine de mort, à la torture, à des peines ou traitements inhumains ou dégradants; civil menacé gravement, directement et individuellement, en raison d'une violence généralisée résultant d'une situation de conflit armé interne ou international). Elle examine aussi les requêtes qui lui sont adressées par les réfugiés visés par l'une des mesures prévues par les articles 31, 32 et 33 de la Convention de Genève du 28 juillet 1951 (réfugiés menacés dans un territoire et entrés illégalement en France, mais qui se sont présentés spontanément aux autorités françaises; expulsion d'un réfugié se trouvant régulièrement en France, pour des raisons de sécurité nationale ou d'ordre public; expulsion d'un réfugié qui constitue un danger ou qui, ayant été condamné définitivement pour un crime ou un délit particulièrement grave, constitue une menace pour la communauté française).

Elle est présidée par un membre du Conseil d'État, désigné par le vice-président de cette institution. Son organisation a été modifiée par un décret du 16 août 2013. Elle rend près de 40 000 décisions par an.

CESEDA, art. L. 731-1 s., R. 732-1 s.

Cour pénale internationale (CPI)

[Droit international public]

Juridiction internationale ayant pour mission de poursuivre les responsables de crimes de guerre, de crimes contre l'humanité, de génocide et de crime d'agression commis par des ressortissants d'États parties à son Statut ou sur le territoire de ceux-ci. Son Statut a été adopté à Rome le 17 juillet 1998; il est entré en vigueur le 1er juillet 2002 après sa ratification par 60 États (au 1er janvier 2015 : 139 signatures et 123 ratifications). La Cour ne peut connaître que de faits survenus postérieurement à cette date. *Siège* : La Haye.

→ *Crime contre l'humanité, Crime et délit de guerre, Tribunal pénal international.*

Cour permanente d'arbitrage (CPA)

[Droit international public]

Institution créée par la première conférence de La Haye (1899) pour favoriser le règlement arbitral des différends internationaux, la CPA est une organisation internationale qui tient à jour une liste permanente de jurisconsultes (4 au plus par État) parmi lesquels les parties peuvent choisir un ou plusieurs arbitres, et assure le greffe des tribunaux arbitraux qui opèrent en son sein. *Siège* : La Haye.

Cour permanente de justice internationale

[Droit international public]

Première juridiction internationale permanente dotée d'une compétence générale, la CPJI a été créée en 1922 et dissoute en 1946. Elle est la devancière de la *Cour internationale de justice*.

Cour supérieure d'arbitrage

[Droit du travail]

Juridiction d'exception chargée d'examiner les pourvois formés par les parties contre les sentences arbitrales pour excès de pouvoir ou violation de la loi.

C. trav., art. L. 2524-7 s. et R. 2524-2 s.

→ *Arbitrage.*

Cour suprême

[Droit général]

Juridiction placée au sommet d'une pyramide de juridictions, chargée de maintenir la cohérence dans l'application du droit, et dont les décisions ne sont pas, sauf exceptions, susceptibles d'être contestées. Ex. : Cour suprême des États-Unis d'Amérique; depuis 2009, Cour suprême du Royaume-Uni.

Courrier électronique

[Droit général]

Message envoyé par un réseau public de communication, sous forme de texte, de voix, de son ou d'image, puis stocké sur un serveur du réseau ou dans l'équipement terminal du destinataire, jusqu'à ce que ce dernier le récupère.

→ *Communication électronique, Écrit électronique, Téléprocédures.*

Cours d'eau

[Droit civil/Droit administratif]

• *Cours d'eau non domaniaux.* Rivières ne pouvant servir ni à la navigation ni au flottage des trains de bois, dont le lit appartient aux propriétaires des 2 rives qui jouissent des droits de *riveraineté*. Le riverain est tenu à un entretien régulier du cours d'eau (maintien dans son profil d'équilibre, enlèvement des embâcles, recépage de la végétation des rives). L'expression a succédé à celle de « cours d'eau non navigable ni flottable ».

C. civ., art. 556 s. et 644; C. envir., art. L. 215-1 s., L. 215-14 et L. 215-16.

• *Cours d'eau domaniaux.* Cours d'eau appartenant à l'État, aux collectivités territoriales ou à leurs groupements et faisant partie du domaine public fluvial. Les propriétés riveraines sont grevées d'une servitude de halage et de marchepied; les îles, îlots, atterrissements qui se forment dans le lit de ces cours d'eau reviennent à la personne publique propriétaire du domaine concerné.

C. civ., art. 556, 557, 560 et 562; CGPPP, art. L. 2111-7, L. 2111-8, L. 2111-13 et L. 2131-2 s.

→ *Halage (Servitude de), Marchepied (Servitude de), Pêche (Droit de).*

Cours de bourse

[Droit commercial]

Prix atteint par une valeur mobilière ou une marchandise au cours d'une séance de la bourse, un jour donné et qui dépend du volume respectif des offres et des demandes d'un titre ou d'une denrée.

Cours forcé

[Droit civil/Droit commercial]

Régime monétaire dans lequel les particuliers ne peuvent pas exiger de la Banque de France la conversion en or de leurs billets de banque. L'institution du cours forcé aggrave singulièrement les conséquences du *cours légal*.

GAJC, t. 2, n° 245-247.

Cours légal

[Droit financier ou fiscal/Droit commercial/ Droit civil]

Une monnaie, même électronique, a cours légal lorsque le créancier est obligé de l'accepter en paiement. C'est le cas pour les billets libellés en euros émis par les banques centrales des États de la zone *euro*.

Cependant, cette obligation est tenue partiellement en échec dans certains cas. Notamment, pour lutter contre la *fraude fiscale* et le *blanchiment de capitaux illicites*, le paiement par chèque, carte bancaire ou virement est obligatoire au-delà d'un certain montant (3 000 euros pour les non-commerçants) ; par ailleurs, la jurisprudence de la Cour de cassation faisant prévaloir l'obligation de faire l'*appoint* sur la règle du cours légal (Crim. 14 déc. 2006, *M. Marchand*) aboutit à limiter, en fait, le cours légal des grosses coupures.

C. mon. fin., art. L. 112-5, L. 112-6 s., L. 141-5, D. 112-3.

→ *Cours forcé.*

Courtage

[Droit commercial]

Contrat par lequel une personne appelée *courtier* met en relations 2 personnes qui désirent contracter. L'opération de courtage constitue un acte de commerce.

C. com., art. L. 110-1.

Courtage matrimonial

[Droit civil]

Profession qui consiste pour celui qui l'exerce à mettre des personnes en rapport, moyennant une rémunération, afin de faciliter leur mariage.

GAJC, t. 1, n° 14.

Courtier

[Droit commercial]

→ *Courtage.*

Courtier de marchandises assermenté

[Droit commercial]

Personne physique ou morale, ayant la qualité de commerçant, habilitée à procéder à la vente aux enchères publiques, volontaire ou forcée, de marchandises en gros et à constater le cours desdites marchandises, lorsqu'elles sont négociées en bourse. Les membres de cette profession réglementée sont inscrits auprès d'une cour d'appel, soumis à des exigences particulières de qualification et de déontologie et regroupés au sein d'un Conseil national des courtiers assermentés.

C. com., art. L. 131-1, L. 131-12 s. et R. 131-1.

→ *Bourse de commerce ou de marchandises, Commissaire-priseur de ventes volontaires, Commissaire-priseur judiciaire, Vente aux enchères publiques.*

Courtoisie internationale

[Droit international privé/Droit international public]

Usages sans caractère d'obligation suivis dans les rapports internationaux pour de simples raisons d'égards mutuels.

Coutume

[Droit civil]

Pratique, usage, habitude qui, avec le temps, et grâce au consentement et à l'adhésion populaire, devient une règle de droit, bien qu'elle ne soit pas édictée en forme de commandement par les pouvoirs publics. Elle est issue d'un usage général et prolongé (*repetitio*) et de la croyance en l'existence d'une sanction à l'observation de cet usage (*opinio necessitatis*). Elle constitue une source de droit, sous réserve de ne pas être contraire à la loi.

→ *Désuétude, Droits savants, Pays de droit romain, Sources du droit, Usage.*

Coutume constitutionnelle

[Droit constitutionnel]

Règle non écrite résultant de précédents concordants respectée par les pouvoirs publics d'un État. Ainsi, la Grande-Bretagne et Israël n'ont pas à proprement parler de constitution écrite, mais une constitution largement coutumière, complétée par divers textes. Ailleurs, la coutume peut être un complément à la constitution écrite qu'elle vient interpréter, compléter ou, exceptionnellement, modifier.

Coutume internationale

[Droit international public]

Norme non écrite de droit international dont l'existence est démontrée par la conjonction d'une pratique générale et de l'*opinio juris* des États, c'est-à-dire la conviction qu'en suivant cette pratique ils obéissent à une règle de droit.

→ *Codification, Courtoisie internationale.*

ACTU

Couverture frais de santé

[Sécurité sociale]

Couverture complémentaire à adhésion obligatoire de remboursement des frais occasionnés par une maladie, une maternité ou un accident, mis en place par les entreprises au plus tard le 1er janvier 2016. Il s'agit de la généralisation par voie professionnelle d'une garantie « frais de santé ». Le niveau de prise en charge est fixé par décret, l'employeur assurant au minimum la moitié du financement de cette couverture minimale.

CSS, art. L. 911-7.

Crainte révérencielle

[Droit civil]

Respect scrupuleux de l'autorité des parents susceptible d'altérer la liberté de décision de l'enfant. La peur de désobéir par la seule crainte révérencielle n'est pas une cause d'annulation d'un contrat car elle n'est pas jugée constitutive d'une violence morale. En revanche, l'exercice d'une contrainte sur les époux ou l'un d'eux, y compris par crainte révérencielle envers un ascendant, constitue un cas de nullité du mariage.

C. civ., art. 180.

Créance

[Droit civil]

Synonyme de droit personnel; généralement utilisé pour désigner le droit d'exiger la remise d'une somme d'argent.

GAJC, t. 1, n° 120.

→ *Dette, Obligation.*

[Procédure civile]

Conditions pour saisir : en principe, un créancier ne peut déclencher une procédure de saisie que si sa créance est certaine (ayant une existence actuelle et incontestable), *liquide* (estimée en argent), *exigible* (non affectée d'un terme suspensif).

C. pr. exéc., art. L. 111-2.

→ *Saisie-appréhension, Saisie-attribution, Saisie conservatoire de droit commun, Saisie immobilière, Saisie-vente.*

Créancier

[Droit civil]

Titulaire d'un droit de créance.

C. civ., art. 878 s., 882, 1311 s., 1341* à 1341-3*, 2285; C. pr. exéc., art. L. 111-2.*

→ *Tiers.*

Créancier chirographaire

[Droit civil]

Créancier de somme d'argent ne bénéficiant d'aucune garantie particulière pour le recouvrement de son dû.

Il est donc en concours avec les autres créanciers dans le partage du produit de la vente des biens du débiteur insolvable.

C. civ., art. 2285; C. pr. exéc., art. L. 112-1.

→ *Contribution, Créancier hypothécaire, Créancier privilégié, Marc le franc (Au).*

Créancier gagiste

[Droit civil]

→ *Gage.*

Créancier hypothécaire

[Droit civil]

Créancier bénéficiant d'un droit d'*hypothèque* sur un immeuble du débiteur.

Ce droit constitue une garantie lui permettant d'obtenir la remise du produit de la vente de l'immeuble sur saisie, par préférence aux autres créanciers.

C. civ., art. 2393 s.

Créancier privilégié

[Droit civil]

Créancier qui, en raison de la nature de son droit personnel, peut obtenir paiement avant d'autres créanciers et bénéficie d'un rang déterminé par la loi.

C. civ., art. 2324 s.

Crédirentier

[Droit civil]

Personne créancière des *arrérages* d'une rente.

→ *Débirentier, Rente.*

Crédit (Opérations de)

[Droit civil/Droit commercial]

Constitue une opération de crédit tout acte par lequel une personne met ou promet de mettre des fonds à la disposition d'une autre personne ou prend, dans l'intérêt de celle-ci, un engagement par signature tel qu'un *aval*, un *cautionnement* ou une *garantie*.

C. mon. fin., art. L. 313-1; C. consom., art. L. 311-1.

Crédit à la consommation

[Droit civil]

Crédit destiné à financer les besoins personnels ou familiaux du consommateur, à l'exclusion, notamment, des prêts d'une durée inférieure ou égale à 3 mois, de ceux qui portent sur des immeubles, de ceux dont le montant est inférieur à 200 € ou supérieurs à 75 000 € ou de ceux procédant des cartes à débit différé n'excédant pas 40 jours. Un régime très protecteur de l'emprunteur lui est applicable, notamment par la nécessité d'une information préalable du consommateur lui permettant d'appréhender clairement l'étendue de son engagement, par l'obligation pour le prêteur d'expliquer les données figurant sur la fiche pré-contractuelle d'information, d'attirer l'attention de l'emprunteur sur les conséquences financières du crédit, de vérifier sa solvabilité et de consulter le *fichier national des incidents de remboursement des crédits aux particuliers (FICP)*, enfin, par l'octroi à l'emprunteur d'une faculté de rétractation sans motifs dans un délai de 14 jours calendaires.

Lorsqu'une offre de crédit renouvelable est présentée sur le lieu de vente ou par un moyen de vente à distance, pour une opération supérieure à un certain montant, elle doit être accompagnée d'une proposition de crédit amortissable permettant de comparer le coût respectif des crédits.

C. consom., art. L. 312-1 s., L. 751-1 s., L. 752-1 s.

GAJC, t. 2, n° 261 et n° 284-285.

Crédit agricole

[Droit rural]

Le Crédit agricole est dit aussi « banque verte » en raison de son origine. D'abord au service des seuls agriculteurs, il est un réseau français de banques coopératives et mutualistes composé de caisses régionales au nombre de 39. Il est devenu au fil du temps un groupe bancaire généraliste international (Crédit agricole de Genève, de Dubaï par ex.). Les salariés des caisses de crédit agricole mutuel restent affiliés à la *Mutualité sociale agricole (MSA)*.

Crédit-bail

[Droit commercial]

Technique contractuelle moderne (d'origine américaine où elle porte le nom de *leasing*) de crédit à moyen terme, par laquelle une entreprise dite de crédit-bail acquiert, sur la demande d'un client, la propriété de biens d'équipement mobiliers ou immobiliers à usage professionnel, en vue de les donner en location à ce client pour une durée déterminée et en contrepartie de redevances ou loyers. À l'issue de la période fixée, le locataire jouit d'une option. Il peut : soit restituer le bien à la société financière, soit demander le renouvellement du contrat, soit acquérir le bien pour un prix qui tient compte, au moins pour partie, des versements effectués à titre de loyers.

Conçu à l'origine pour les biens d'équipement mobiliers, le crédit-bail peut s'appliquer à l'acquisition ou à la construction d'immeubles à usage professionnel. Dans tous les cas, les prestations habituelles de crédit-bail ne peuvent être proposées que par des entreprises agréées en qualité d'établissement de crédit.

C. mon. fin., art. L. 313-7 à L. 313-11.

GAJC, t. 2, n° 168, 289-290.

→ *Lease-Back.*

Crédit budgétaire

[Droit financier ou fiscal]

Autorisation de dépenser, limitée dans son montant et spécialisée quant à son objet, inscrite au *budget* d'une *personne publique* et représentant en principe le plafond des dépenses de l'espèce que celle-ci peut effectuer au cours de l'année budgétaire.

Pour le budget de l'État, chaque crédit budgétaire est dédoublé en 2 autorisations connexes mais distinctes : une autorisation d'engagement et un crédit de paiement.

Dans les autres budgets, s'il peut exister dans certains cas des *autorisations de programme*, le principe est que chaque crédit budgétaire permet à la fois l'*engagement* et le règlement de la dépense.

Crédit d'heures

[Droit du travail]

Temps dont dispose un représentant du personnel ou un délégué syndical pour l'exercice de son mandat. On dit également « heures de délégation »; elles sont payées comme temps de travail et prises sur ce dernier.

C. trav., art. L. 2143-13 s., L. 2315-1 s. et L. 2325-6 s.

GADT n° 150.

Crédit d'impôt

[Droit financier ou fiscal]

À l'origine, technique permettant de concilier l'existence d'une éventuelle retenue fiscale à la source, effectuée lors du versement des intérêts aux porteurs des valeurs mobilières françaises à revenu fixe (obligations), avec le principe d'unicité de l'impôt sur le revenu, selon lequel tout revenu n'est soumis qu'une fois à cet impôt.

Dans ce but, le montant de cette retenue constitue pour les obligataires français une créance sur l'État, appelée crédit d'impôt, qui vient en déduction de l'impôt sur le revenu dû par eux, ou qui leur est remboursée s'ils ne sont pas imposables.

Dans un sens plus général, désigne toute somme venant s'imputer sur le montant brut d'impôt à payer par application de diverses règles fiscales.

→ *Avoir fiscal.*

Crédit documentaire

[Droit commercial]

Au sens large, opération de crédit dont la réalisation est conditionnée par la remise de documents. Au sens étroit, mode de règlement d'une opération de vente à l'exportation consistant, pour un banquier, à payer le vendeur moyennant remise des titres accessoires à la marchandise, dont le document de transport appelé *connaissement*.

Crédit foncier de France

[Droit financier ou fiscal]

Institution de crédit revêtant la forme juridique d'une société anonyme, créée initialement pour consentir des prêts hypothécaires aux propriétaires d'immeubles. Privatisé depuis 1999, et devenu une filiale du Groupe Caisse d'épargne, le Crédit foncier soutient les investissements des collectivités locales et joue un rôle important dans le financement de la construction privée.

Crédit immobilier

[Droit civil]

Ce type de crédit vise les prêts consentis par les établissements de crédit (banques ou établissements financiers) destinés à financer : 1° en ce qui concerne les immeubles à usage d'habitation ou à usage mixte, leur acquisition en propriété ou en jouissance ou l'achat de parts sociales donnant vocation à leur attribution en propriété ou en jouissance, les dépenses relatives à leur réparation, leur amélioration, leur entretien (au-dessus de 75 000 €), ou leur construction; 2° l'achat de terrains en vue de construire de tels immeubles.

Le législateur en réglementant le crédit immobilier a eu en vue la protection de l'emprunteur.

C. consom., art. L. 313-1 s.

Crédit local de France

[Droit financier ou fiscal]

Successeur depuis 1987 de la Caisse d'aide à l'équipement des collectivités locales (CAECL), le Crédit local de France disposait d'un statut de société anonyme mais son capital était détenu en majorité par l'État et la *Caisse des dépôts et consignations*. Par une alliance avec le Crédit communal de Belgique, il a formé en 1996 le groupe Dexia. Prêteur au profit des *collectivités locales*, le groupe ne fut sauvé de la faillite lors de la crise financière de 2008 que du fait de l'intervention des États belge et français. Au vu de ses difficultés persistantes son démantèlement fut décidé en 2011.

Crédit municipal (Caisses de)

[Droit financier ou fiscal/Droit civil]

Forme moderne des monts-de-piété, dont la mission originaire a été de faire échapper aux usuriers des emprunteurs très modestes au moyen de prêts sur gages corporels consentis à des taux favorables.

Aujourd'hui, leurs services s'adressent à une clientèle très large, grâce à l'institution de prêts sur valeurs mobilières, ainsi que sur traitements et pensions publics. Leur activité est actuellement freinée par l'étroitesse de leurs moyens financiers.

Les caisses de crédit municipal sont des établissements publics communaux de crédit et d'aide sociale, instituées par décret sur demande du ou des conseils municipaux.

C. mon. fin., art. L. 514-1 s.

Crédit renouvelable

[Droit civil]

Appelé aussi crédit *revolving*, crédit à la consommation non amortissable, c'est-à-dire dont la durée et le montant des remboursements en capital et intérêts ne sont pas déterminés à l'origine, mais consistent en une réserve d'argent que l'emprunteur dépense à son rythme et qui se reconstitue automatiquement au fur et à mesure des remboursements.

Le taux d'usure applicable n'est plus fixé par type de crédit mais par montant emprunté (– de 3 000, entre 3 001 et 6 000, + de 6 000).

Pour certains contrats de consommation dont le montant est supérieur à un seuil fixé par décret, l'offre de crédit renouvelable s'accompagne obligatoirement d'une offre de crédit amortissable lui présentant clairement la comparaison des deux types de crédit.

C. consom., art. L. 312-57 s., D. 311-4-1, D. 311-4-2.

Crédits de paiement

[Droit financier ou fiscal]

Dans le budget de l'État, où les autorisations budgétaires sont dédoublées en *autorisations d'engagement* et en *crédits de paiement*, ces derniers représentent la limite supérieure des dépenses pouvant être réglées (en termes techniques : ordonnancées ou payées) pendant l'année, après avoir été engagées dans la limite des autorisations d'engagement. L'équilibre du budget s'apprécie en tenant compte des seuls crédits de paiement.

→ *Engagement, Ordonnancement.*

Crémation

[Droit administratif/Droit civil]

Incinération du corps d'un mort. C'est l'un des deux modes de funérailles autorisés par la loi. La crémation a lieu 24 heures au moins et six jours au plus après le décès. Les cendres provenant du corps du défunt doivent être traitées avec respect, dignité et décence. Elles ne peuvent être ni partagées, ni gardées au domicile. Elles sont conservées dans une urne cinéraire qui peut être ou inhumée dans une sépulture, ou déposée dans un columbarium, ou scellée sur un monument funéraire; elles peuvent aussi être dispersées soit dans un espace aménagé à cet effet dans un cimetière ou dans le site cinéraire le plus proche du lieu du dépôt de l'urne, soit en pleine nature (sauf sur les voies publiques), moyennant déclaration à la mairie du lieu de naissance du défunt.

CGCT, art. L. 2223-18-1 s. et R. 2213-34 s.; C. civ., art. 16-1-1.

→ *Corps humain, Funérailles, Inhumation, Obsèques.*

Criées

[Droit civil/Procédure civile]

Audience du TGI au cours de laquelle il est procédé à l'adjudication d'immeubles sur expropriation forcée ou sur vente volontaire après 3 criées. L'expression : vente à la criée désigne toute vente publique aux enchères.

Le terme « criée » a pour origine la proclamation publique faite à haute voix par un sergent ou un huissier annonçant les ventes par autorité de justice. L'affiche a remplacé la criée.

C. pr. civ., art. 1272, 1275; C. pr. exéc., art. R. 221-38.

→ *Adjudication, Enchère ou enchères publiques.*

Crime

[Droit pénal]

Infraction de droit commun ou *infraction politique*, sanctionnée, pour les *personnes physiques*, de la réclusion ou de la détention à perpétuité ou à temps, voire d'une peine d'amende et de peines complémentaires, et, pour les *personnes morales*, de l'amende et, dans les cas prévus par la loi, de peines privatives ou restrictives de droits.

C. pén., art. 111-1, 131-1 s. et 131-37 s.

GADPG, n° 26.

Crime contre l'espèce humaine

[Droit pénal]

Juridiquement distinct du *crime contre l'humanité*, le crime contre l'espèce humaine renvoie à l'eugénisme et au clonage reproductif.

C. pén., art. 214-1 et 214-2.

Crime contre l'humanité

[Droit international public]

Crime juridiquement consacré en 1945 par le statut du Tribunal international de Nuremberg, et aujourd'hui défini à l'article 7 du Statut de la *Cour pénale internationale* comme une attaque généralisée ou systématique dirigée contre toute population civile pouvant se manifester par 11 types d'actes (meurtre, extermination, réduction en esclavage, déportation, torture…).

→ *Tribunal militaire international, Tribunal pénal international.*

[Droit pénal/Procédure pénale]

Génocide, provocation à commettre un génocide, et acte qualifié, relevant d'une liste légale, commis en exécution d'un plan concerté à l'encontre d'un groupe de population civile dans le cadre d'une attaque généralisée ou systématique.

Les crimes contre l'humanité relèvent d'un pôle judiciaire spécialisé au sein des juridictions parisiennes, dont la compétence est concurrente de celle des juridictions habilitées à en connaître en application des règles de *droit commun*.

C. pén., art. 211-1, 211-2, et 212-1; C. pr. pén., art. 628-1 à 628-10.

Crime et délit de guerre

[Droit international public]

Violation grave du droit international humanitaire engageant la responsabilité pénale internationale de son auteur. Le crime de guerre est aujourd'hui défini à l'article 8 du Statut de la *Cour pénale internationale* du 17 juillet 1998.

→ *Tribunal pénal international.*

[Droit pénal/Procédure pénale]

Infraction commise, lors d'un conflit armé international ou non international et en relation avec ce conflit, en violation des lois et coutumes de la guerre ou des conventions internationales applicables aux conflits armés, à l'encontre des personnes ou des biens.

Les crimes et délits de guerre relèvent d'un pôle judiciaire spécialisé au sein des juridictions parisiennes, dont la compétence est concurrente de celle des juridictions habilitées à en connaître en application des règles de *droit commun*.

C. pén., art. 461-2 à 461-31; C. pr. pén., art. 628-1 à 628-10.

Criminalistique (La)

[Droit pénal]

Ensemble de disciplines scientifiques qui contribuent à permettre aux autorités de police et de justice, de déterminer les circonstances exactes de la commission d'une infraction et d'en identifier les auteurs (ex. : médecine légale, dactyloscopie, techniques des empreintes digitales, recherche d'ADN...).

Criminalité

[Droit pénal]

Ensemble des infractions à la loi pénale commises pendant une période de référence (en général l'année) dans un pays déterminé. On distingue la criminalité légale (ensemble des infractions sanctionnées par les juridictions pénales), la criminalité apparente (ensemble des faits apparemment constitutifs d'infractions connus des autorités publiques), la criminalité réelle (ensemble des infractions commises, en incluant, par une évaluation, celles demeurées inconnues).

Criminalité et délinquance organisées

[Droit pénal]

Ensemble des crimes et délits caractérisés par une préparation minutieuse, avec de multiples intervenants, et à dimension en général internationale. La liste en est donnée par les articles 706-73 et 706-74 du Code de procédure pénale, et les infractions visées connaissent des modalités renforcées d'enquête, de poursuite, d'instruction et de jugement.

Criminel tient le civil en état (Le)

[Procédure (principes généraux)]

Principe de droit processuel au titre duquel le juge civil, lorsqu'il est saisi de l'action en réparation d'une infraction, doit surseoir à statuer jusqu'à ce que le juge pénal se soit lui-même définitivement prononcé sur l'action publique lorsque celle-ci a été mise en mouvement.

La règle du sursis à statuer n'est pas applicable devant le juge des référés, puisque l'ordonnance de référé n'a pas au principal l'*autorité de chose jugée*.

C. pr. pén., art. 4, al. 2.

Criminologie

[Droit pénal]

Au sens étroit : ensemble des doctrines et recherches ayant pour objet de déterminer les causes de la criminalité (criminogenèse). Au sens large, étude scientifique du phénomène criminel dans ses 3 composantes : la norme pénale, le crime, la réaction sociale.

Crise ministérielle

[Droit constitutionnel]

À la fois événement qui provoque la chute du gouvernement en régime parlementaire et période pendant laquelle le gouvernement démissionnaire n'est pas remplacé par un nouveau.

Croît

[Droit rural]

Fruit naturel provenant de l'accroissement d'un troupeau par la naissance de petits.

→ *Bail à cheptel.*

Cryogénisation

[Droit civil]

Conservation du corps d'un défunt par un procédé de congélation. La jurisprudence administrative refuse l'autorisation de recourir à ce procédé; seules l'*inhumation* et la *crémation* sont conformes à la loi.

→ *Obsèques.*

Culpabilité

[Droit pénal]

Situation d'une personne qui se voit reprocher l'élément moral d'une infraction, soit au titre de l'intention, par hostilité aux valeurs sociales protégées, soit au titre de la non-intention, par indifférence auxdites valeurs. La culpabilité suppose acquise l'*imputabilité*.

C. pén., art. 121-3.

Cumul

[Droit administratif]

1° *Cumul de responsabilités :* possibilité reconnue par la jurisprudence administrative à la victime d'un préjudice imputable à la fois à une personne publique et à la faute personnelle d'un de ses agents, de mettre en jeu indifféremment la responsabilité de la personne publique ou celle propre de l'agent quand la faute de ce dernier n'est pas dénuée de tout lien avec le fonctionnement du service public. Il peut s'agir soit d'un cumul de fautes distinctes commises par l'Administration et par l'agent, soit d'une seule faute juridiquement imputable à l'un et à l'autre.

GAJA n° 21 et 31.

→ *Action récursoire.*

2° *Cumul d'emplois :* fait, en général interdit ou limité, d'occuper simultanément plusieurs emplois publics, ou un emploi public et une profession privée.

3° *Cumul de rémunérations :* perception simultanée, en général interdite ou limitée, de rémunérations publiques ou privées dans les hypothèses où le cumul d'emplois est autorisé.

[Droit pénal]

→ *Concours réel d'infractions, Conflit de qualifications, Non-cumul des peines.*

Cumul de mandats

[Droit constitutionnel]

Possibilité d'exercer parallèlement plusieurs mandats électifs. Assez rare à l'étranger mais courant en France. Une loi votée en 1985, révisée notamment en 2000, avait limité les cumuls autorisés (seulement deux mandats et une seule présidence de l'exécutif même si les instances de regroupement intercommunal, non élues au suffrage universel, n'étaient pas comptabilisées).

Suite au rapport Jospin sur la rénovation de la vie politique (nov. 2012), la loi organique n° 2014-125 du 14 février 2014 interdit le cumul de fonctions exécutives locales avec le mandat de député ou de sénateur. Une loi ordinaire du même jour étend cette interdiction aux députés au Parlement européen.

Ces lois ne prennent effet qu'en 2017.

→ *Incompatibilités.*

Cumul des mandats sociaux

[Droit commercial]

Dans le droit des sociétés anonymes, le cumul des mandats sociaux est réglementé dans un sens restrictif, afin de favoriser le bon accomplissement, par les dirigeants, de leur mission d'administration et de contrôle, dans l'intérêt des associés et sociétés concernées.

Le cumul, par un dirigeant, de son mandat social avec un contrat de travail est encadré par les dispositions combinées du droit des sociétés et du droit du travail.

Curatélaire

[Droit civil]

Personne majeure placée sous le régime de la *curatelle*.

Curatelle

[Droit civil]

1° Régime de protection des majeurs qui permet d'assister une personne lorsque, en raison d'une altération de ses facultés mentales ou corporelles mais sans être hors d'état d'agir elle-même, elle est dans l'impossibilité de pourvoir seule à ses intérêts et a besoin d'être assistée ou contrôlée d'une manière continue dans les actes importants de la vie civile.

La curatelle ne peut être prononcée que s'il est établi que la *sauvegarde de justice* ne peut assurer une protection suffisante; à l'inverse, si la personne doit être représentée d'une manière continue dans (tous) les actes de la vie civile, elle doit être placée en *tutelle* (l'oisiveté et la prodigalité ne sont plus des causes d'ouverture d'une curatelle).

La curatelle peut être renforcée, permettant au curateur, dont la mission en principe se borne à l'assistance, de percevoir seul les revenus de la personne en curatelle et d'assurer lui-même le règlement des dépenses auprès des tiers. Elle doit être articulée avec l'*habilitation familiale* créée au 1er janvier 2016.

C. civ., art. 425, 440 s. et 472; C. pr. civ., art. 1253 s.

GAJC, t. 1, nº 64; GAJC, t. 2, nº 235.

→ *Altération des facultés mentales ou corporelles.*

2º Mode de gestion d'une succession vacante par l'autorité administrative chargée du domaine et désignée par ordonnance du juge.

C. civ., art. 809 s.; C. pr. civ., art. 1342.

Curateur

[Droit civil]

1º Personne chargée d'assister un majeur placé sous le régime de la curatelle.

C. civ., art. 446 s.; C. pr. civ., art. 1253 s.

→ *Curatelle.*

2º Autorité administrative en charge de la gestion d'une succession vacante.

C. pr. civ., art. 1343 s.

Curateur *ad hoc*

[Droit civil]

Personne désignée par le juge ou le conseil de famille, à la demande du curateur, du procureur de la République, de l'intéressé ou d'office, lorsque, en l'absence de subrogé curateur, le curateur ne peut agir pour le compte de la personne protégée, en raison des limitations de sa mission ou de l'opposition d'intérêts existants entre lui et la personne protégée à l'occasion d'un acte ou d'une série d'actes.

C. civ., art. 455.

→ *Tuteur ad hoc.*

Cure de désintoxication

[Droit pénal]

Mesure à caractère thérapeutique dont l'objectif est d'obtenir qu'une personne puisse se désaccoutumer progressivement d'un produit agissant comme un poison (alcooliques dangereux pour autrui et toxicomanes).

Cyber-administration

[Droit administratif]

Parfois appelée e-administration ou administration électronique, cette notion désigne l'ensemble des services mis en ligne par l'administration, dénommés téléservices.

Depuis l'ordonnance nº 2014-1330 du 6 novembre 2014, l'administré dispose du droit de saisir l'administration de l'État par voie électronique, cette demande faisant l'objet d'un accusé de réception susceptible de faire naître une *décision implicite*.

Cybersignature

[Droit civil/Droit commercial]

→ *Signature électronique.*

D

DALO

[Droit administratif/Sécurité sociale]

→ *Droit au logement opposable.*

Damnum emergens

[Droit civil]

Littéralement : perte éprouvée. En matière de responsabilité civile, l'étendue du dommage matériel et, corrélativement, le montant de l'indemnité de réparation sont déterminés par 2 éléments : nécessairement par la perte éprouvée, éventuellement par le manque à gagner (*lucrum cessans*).

Danger sanitaire

[Droit rural]

Dangers de nature à porter atteinte à la santé des animaux et des végétaux ou à la sécurité sanitaire des aliments et les maladies d'origine animale ou végétale qui sont transmissibles à l'homme. Ils sont classés selon trois catégories en fonction de leur dangerosité et de leur nouveauté.

C. rur., art. L. 201 s.

Dangerosité

[Droit pénal]

État d'une personne qui doit être établi par un comité médical pour appliquer à cette personne, le cas échéant, une mesure de rétention ou de surveillance de sûreté.

→ *Rétention de sûreté.*

Date certaine

[Droit civil]

Date d'un titre juridique qui ne peut être contestée par les tiers, tout spécialement par les ayants cause à titre particulier de l'une des parties à la convention.

La date certaine d'un *acte sous signature privée* résulte de son enregistrement, ou de sa mention dans un acte authentique, ou du décès de l'une des parties.

C. civ., art. 1377.*

→ *Certain.*

Date de valeur

[Droit civil/Droit commercial]

Date à partir de laquelle une opération enregistrée dans un compte est prise en considération par l'organisme financier pour le calcul des intérêts éventuels. Elle ne peut différer – s'agissant de paiement par chèque en euros – de plus d'un jour ouvré (3 jours pour les titres vendus au comptant) de la date retenue pour sa capitalisation sur un compte de dépôt.

La date de valeur d'une somme portée au crédit du compte du bénéficiaire ne peut être postérieure à celle du jour ouvrable au cours duquel le montant de l'opération de paiement est crédité sur le compte du prestataire de services de paiement du bénéficiaire.

La date de valeur du débit inscrit au compte de paiement du payeur ne peut être anté-

rieure au jour où le montant de l'opération de paiement est débité de ce compte.
Toute stipulation contraire est réputée non écrite.
Quand un particulier verse des espèces sur un compte dans la devise de ce compte, ce versement reçoit une date de valeur aussitôt que les fonds sont reçus.

C. mon. fin., art. L. 131-1-1 et L. 133-14.

Dation en paiement

[Droit civil/Droit fiscal]

Remise, à titre de paiement et de l'accord des deux parties, d'une chose différente de celle qui faisait l'objet de l'obligation.
Le Code général des impôts (art. 1716 *bis*) prévoit cette modalité exceptionnelle de paiement pour les droits de mutation à titre gratuit et le droit de partage qui peuvent être acquittés par la remise d'œuvres d'art, de livres, d'objets de collection, de documents, de haute valeur artistique ou historique, ou encore de certains immeubles à de strictes conditions précisées au texte.

C. civ., art. 1342-4, al. 2, 1581, 2315; C. patr., art. L. 122-1; CGPPP, art. L. 1111-5.*

Dauphin

[Droit constitutionnel]

Sous l'*Ancien régime*, titre porté par le fils aîné du Roi de France, appelé à lui succéder.

[Procédure civile]

Nom donné à l'avocat qui est élu au moins six mois avant la fin du mandat du bâtonnier en exercice, pour devenir lui-même bâtonnier, automatiquement, le 1er janvier qui suit l'expiration du mandat de son prédécesseur.

→ *Vice-bâtonnier.*

Déballage

[Droit commercial]

→ *Vente au déballage.*

Débat d'orientation budgétaire

[Droit financier ou fiscal]

Dans les communes de plus de 3 500 habitants, les départements et les régions, débat sur les orientations générales du prochain budget, devant obligatoirement avoir lieu au sein du conseil municipal dans les 2 mois précédant la discussion de celui-ci.
Un débat semblable existe au printemps au Parlement, sur la base d'un rapport d'information et d'orientation présenté par le gouvernement, en vue de la mise au point définitive par celui-ci du projet de *loi de finances* de l'année à venir.

CGCT, art. L. 2312-1, L. 3312-1 et L. 4311-1.

Débats

[Procédure (principes généraux)]

Phase du procès qui, après l'instruction, est réservée aux *plaidoiries* des parties. Elle débute parfois par le *rapport* d'un magistrat désigné, suivi des plaidoiries du demandeur, puis du défendeur.

• En procédure civile, le *ministère public*, prend la parole le dernier, lorsqu'il est *partie jointe*.

• En procédure pénale, c'est le *prévenu* ou l'*accusé* qui a la parole le dernier.

• En procédure administrative, le *rapporteur public* présente ses conclusions avant les plaidoiries, ou après elles (au Conseil d'État).

Lorsque les débats sont achevés, le président de la juridiction prononce leur clôture et met l'affaire en délibéré.
Les débats sont publics, sauf lorsque la loi exige ou permet qu'ils aient lieu à *huis clos*.

C. pr. civ., art. 22, 28, 431 s., 1136-1; C. pr. pén., art. 306 s. et 458 s.; CJA, art. L. 6, L. 731-1 et R. 731-1, R. 732-1.

→ *Clôture des débats, Partie principale, Publicité des débats.*

Débats parlementaires

[Droit constitutionnel]

Au sein du Parlement français, ensemble des discussions, en séance, en principe publiques (sauf *comité secret*) et dont le *Journal officiel* rend compte, permettant aux différents groupes politiques de présenter leur point de vue, mais ne se terminant pas dans tous les cas par un vote.

Les débats sont organisés dans les conditions établies notamment par le règlement de chaque assemblée (choix des orateurs, temps de parole...) et sont, depuis 1958, largement orientés par le Gouvernement (« *rationalisation* »).

Const., art. 33, 44, 45, 49, 50-1.

Débauchage

[Droit du travail]

Sous ce vocable, on désigne les manœuvres et les comportements déloyaux visés par le Code du travail, par lesquels un nouvel employeur se rend complice d'un salarié qui rompt abusivement son contrat de travail.

C. trav., art. L. 1237-3.

Debellatio

[Droit international public]

Conquête d'un État par un autre, suivie de la disparition de la personnalité juridique du premier.

Débet

[Droit financier ou fiscal]

Terme de comptabilité publique, désignant la situation d'un comptable public (ou d'un particulier dans certains cas) qui a été constitué débiteur d'une personne publique par une décision administrative (« arrêté de débet ») ou juridictionnelle (« jugement, ou arrêt, de débet »), après l'examen de ses comptes. Se dit aussi de cette dette elle-même. La personne en débet peut dans certaines circonstances bénéficier d'une remise gracieuse (« remise de débet ») prononcée par le ministre du Budget; celle-ci ne peut, être totale en cas de manquement à certaines obligations, une somme restant à la charge du comptable public.

LF pour 1963, art. 60.

→ *Remise de dette.*

[Droit privé]

→ *Reddition de compte.*

Débirentier

[Droit civil]

Débiteur des *arrérages* d'une rente.

→ *Crédirentier, Rente.*

Débiteur

[Droit civil]

Personne tenue envers une autre d'exécuter une prestation.

→ *Créancier.*

Débits de tabac

[Droit financier]

Seuls points de vente autorisés des produits du monopole fiscal des tabacs, dont le personnel est soumis à un régime juridique complexe qui en fait des préposés de l'Administration, soumis à son pouvoir disciplinaire.

La vente de tabac en dehors d'un débit autorisé, même à titre gratuit, est une infraction au monopole de production et de commercialisation des tabacs détenu par l'État, passible de lourdes sanctions pénales. Certains débits de tabac sont accessoirement chargés de la vente des timbres-amendes pour le paiement des contraventions de la circulation routière et du stationnement. En outre, les débitants peuvent se livrer, et se livrent en fait, à des activités annexes de vente de nature commerciale.

Débours

[Procédure civile]

Dépenses tarifées avancées par un avocat, par un officier ministériel ou public au profit d'une partie et qui doivent lui être remboursées (ainsi frais de déplacement, de papeterie, de correspondance, de publicité). Ces débours, dans un procès, font partie des *dépens*.

C. pr. civ., art. 695, 5°.

→ *Émolument.*

Débouté

[Procédure civile]

Décision du juge déclarant la demande insuffisamment ou mal fondée, que ce soit en première instance ou sur recours (débouté d'appel, par ex.). Par extension, le terme vise aussi le rejet de la prétention du demandeur pour irrecevabilité ou irrégularité.

→ *Mal-fondé.*

Débouté d'opposition

[Procédure pénale]

Décision prise par le tribunal, lorsque, après une opposition formée contre une décision par *défaut*, l'opposant, bien que cité ou avisé de la date de la nouvelle audience, ne comparait pas. Cette décision confère à la première décision rendue par défaut toute sa valeur.

Débrayage

[Droit du travail]

Action de se mettre en grève ou grève de courte durée.

Débudgétisation

[Droit financier ou fiscal]

Néologisme désignant la pratique qui consiste, pour dégonfler la masse des dépenses figurant au budget de l'État, à transférer certaines d'entre elles sur d'autres entités. Ainsi, les aides à des entreprises ou à des collectivités publiques peuvent être prises en charge par d'autres bailleurs publics de fonds, parmi lesquels la *Caisse des dépôts et consignations* a longtemps occupé une place importante; de même, des compétences entraînant de lourdes charges peuvent être attribuées aux collectivités territoriales, dotées de budgets autonomes.

Décentralisation

[Droit administratif]

Système d'administration consistant à permettre à une collectivité humaine (décentralisation territoriale) ou à un service (décentralisation technique) de s'administrer eux-mêmes sous le contrôle de l'État, en les dotant de la personnalité juridique, d'autorités propres et de ressources.

L'autonomie des *collectivités territoriales* a été accentuée par la loi du 2 mars 1982 (« Loi Defferre ») et les textes subséquents. Depuis sa révision en 2003, la Constitution dispose que la décentralisation est le principe d'organisation de la France.

Const., art. 1er et 72 s.

GDCC no 9.

Décès

[Droit civil]

Mort de la personne physique mettant un terme à sa personnalité juridique, sous réserve de la protection posthume de ses dernières volontés, de son image, de son cadavre et de sa mémoire.

C. civ., art. 78 s., 227, 515-7, 617, 720 s., 1377, 1742, 1795, 1870, 1939, 1991, 2003; CSP, art. L. 1111-4, L. 1111-10 s., L. 1232-1, R. 1232-1 s.*

→ *Acte de décès, Certificat de décès, Crémation, Funérailles, Obsèques.*

Déchéance

[Droit civil]

Perte d'un droit, soit à titre de sanction, soit en raison du non-respect de ses conditions d'exercice.

C. civ., art. 618, 800, 1305-4, 1477, 1913.*

→ *Déchéance du terme.*

[Droit constitutionnel]

Sanction des inéligibilités. La déchéance du mandat parlementaire est constatée par le Conseil constitutionnel.

[Procédure civile]

→ *Forclusion.*

Déchéance de l'autorité parentale

[Droit civil]

→ *Retrait d'autorité parentale.*

ACTU

Déchéance de nationalité

[Droit constitutionnel/Droit civil]

Selon l'article 25 du Code civil, une personne ayant acquis la nationalité française peut s'en voir privée, par décret pris après avis conforme du Conseil d'État, notamment lorsqu'elle a été condamnée pour certains crimes ou délits, à condition que les faits reprochés se soient produits dans le délai de 10 ans après l'acquisition de la nationalité française et que la déchéance n'ait pas pour résultat de la rendre apatride.

Le Conseil des ministres avait adopté, le 23 décembre 2015, un projet de loi constitutionnelle visant à permettre que les binationaux nés Français, reconnus coupables de crimes terroristes, puissent également être déchus de leur nationalité française.

Cependant, faute d'accord entre l'Assemblée nationale et le Sénat sur les conditions de la déchéance, le président de la République a décidé, le 30 mars 2016, de ne pas poursuivre cette procédure.

Déchéance du terme

[Droit civil]

Le débiteur est déchu du terme lorsque, par son fait, il ne fournit pas les sûretés promises au créancier ou diminue celles qu'il avait données par le contrat à son créancier.

C. civ., art. 1305-4 et 1305-5*.*

[Droit commercial]

Le jugement qui ouvre ou prononce la *liquidation judiciaire* rend exigibles les créances non échues. Cette règle permet de simplifier le règlement du *passif* et de placer tous les créanciers antérieurs dans une situation identique.

C. com., art. L. 643-1.

Déchéance professionnelle

[Droit pénal]

Sanction consistant à interdire au condamné l'exercice d'une activité professionnelle, à titre de *peine principale* (alternative à l'emprisonnement), de *peine complémentaire* ou de *peine accessoire*.

Depuis la réforme du Code pénal, du fait de la disparition des peines accessoires, aucune déchéance ne peut être appliquée si la juridiction ne l'a expressément prononcée. Mais la portée de cette disposition, limitée au code lui-même, laisse entières certaines déchéances conçues comme des peines accessoires dans d'autres textes, sous réserve d'en être relevé, en tout ou partie, par le jugement de condamnation, ou par un jugement ultérieur, dans les conditions fixées par le Code de procédure pénale.

C. pén., art. 132-21; C. pr. pén., art. 702-1 et 703.

Déchéance quadriennale

[Droit financier ou fiscal]

→ *Prescription quadriennale.*

Déchets

[Droit civil/Droit de l'environnement]

Est un déchet tout résidu d'un processus de production, de transformation ou d'utilisation, toute substance, matériau, produit ou plus généralement tout bien meuble abandonné ou que son détenteur destine à l'abandon.

L'élimination des déchets nocifs, dangereux, radioactifs est strictement réglementée par le Code de l'environnement, celle des déchets domestiques par le Code des collectivités territoriales, celle des déchets d'activités de soins par le Code la santé publique.

La responsabilité du propriétaire du terrain sur lequel sont entreposés des déchets ne peut être recherchée que s'il apparaît que tout autre détenteur de ces déchets est inconnu ou a disparu.

C. envir., art. L. 541-1 s.; CGCT, art. L. 2224-5 s. et R. 2224-23 s.; CSP, art. L. 1335-2 s., R. 1335-1 s.

Décision

[Procédure (principes généraux)]

Terme général utilisé en procédure pour désigner les actes émanant d'une juridiction collégiale ou d'un magistrat unique. Les actes juridictionnels émanant du Conseil constitutionnel ont aussi reçu le nom de décision. Ce mot s'applique également au résultat des discussions d'un organisme collectif.

→ *Arrêt, Assemblée générale, Délibération, Jugement, Ordonnance.*

[Droit constitutionnel]

Nom officiel des mesures prises (sans *contreseing ministériel*) par le président de la République en vertu de l'article 16 de la Constitution.

→ *Pouvoirs exceptionnels.*

Décision-cadre

[Droit européen]

Dans l'Union européenne jusqu'au traité de *Lisbonne*, acte juridique normatif adopté au titre de la coopération en matière de police et de justice (« 3e pilier ») correspondant à la *directive* en matière communautaire (« 1er pilier »). Par ex., la décision-cadre de 2002 instituant le *mandat d'arrêt européen*.

Décision contentieuse

[Procédure civile/Procédure administrative]

Décision qui statue sur une contestation (principale ou incidente) et qui tranche le litige selon le droit. La décision contentieuse opère *dessaisissement du juge*, elle est revêtue de l'*autorité de chose jugée* et dotée de la *force exécutoire*.

C. pr. civ., art. 480 et 481.

→ *Acte juridictionnel, Contentieux, Procédure en matière contentieuse.*

Décision d'espèce

[Procédure civile/Procédure administrative]

Décision de justice dont la solution s'explique par les circonstances de l'affaire et dont la motivation juridique, par suite, n'est pas appelée à rayonner en dehors de l'espèce débattue.

→ *Décision de principe.*

Décision de non-admission

[Procédure civile/Procédure administrative]

→ *Non-admission.*

Décision de principe

[Procédure civile/Procédure administrative]

Se dit surtout des arrêts de la Cour de cassation et du Conseil d'État statuant sur une question controversée et dont la motivation générale, en raison même de sa généralité, a vocation à s'appliquer au-delà du cas particulier jugé et à faire jurisprudence.

→ *Décision d'espèce, Jurisprudence.*

Décision gracieuse

[Procédure civile]

Décision prise par le juge saisi, en l'absence de litige, d'une demande dont la loi exige, en raison de la nature de l'affaire ou de la qualité du requérant, qu'elle soit soumise à son contrôle (ex. : homologation d'une adoption, prononcé d'un divorce par consentement mutuel...).

La décision gracieuse est susceptible de voies de recours. Pourtant, la jurisprudence décide qu'elle n'a pas l'*autorité de chose jugée* et qu'elle ne dessaisit pas le juge, contre l'opinion de nombreux auteurs.

C. pr. civ., art. 25, 543, 952.

→ *Acte juridictionnel, Mesure d'administration judiciaire, Procédure en matière gracieuse.*

Décision implicite

[Droit administratif]

Règle de procédure administrative selon laquelle le défaut de réponse de l'Administration au terme d'un délai de 2 mois – sauf exceptions – à une demande ou à une réclamation qui lui avait été adressée équivalait à une décision de rejet, ce qui permettait à son auteur de saisir la juridiction administrative.

Cependant, depuis la loi du 12 avril 2000 relative aux droits des citoyens dans leurs rapports avec l'Administration, dans certains cas prévus par décret, et pour inciter l'Administration à statuer rapidement, le silence gardé pendant 2 mois – en règle générale – par l'Administration sur une demande qui lui était adressée équivalait à l'acceptation de celle-ci. Hors le cas de la Sécurité sociale, il ne pouvait pas s'agir de demandes présentant un caractère financier.

Enfin, la loi n° 2013-1005 du 12 novembre 2013 habilitant le gouvernement à simplifier les relations entre l'administration et les citoyens établit le principe selon lequel le silence gardé pendant 2 mois par une autorité administrative sur une demande vaut décision d'acceptation. Des exceptions ont toutefois été prévues par la loi s'agissant des demandes portant réclamation ou présentant un caractère financier, mais aussi par de nombreux décrets d'application.

CRPA, art. L. 231-1 s.

GAJA n° 102.

Décision préalable (Règle de la)

[Droit administratif]

Règle de procédure selon laquelle les juridictions administratives ne peuvent être saisies, en règle générale, que par voie d'un recours dirigé contre une décision administrative, explicite ou implicite, contraire aux intérêts du requérant.

→ *Décision implicite.*

Décisoire

[Procédure civile]

1° Qui emporte la décision dans un procès, à l'image du *serment décisoire*.

2° Qui tranche un point litigieux. À propos des motifs, se dit des éléments qui auraient dû figurer dans le dispositif de la décision et apparaissent dans les motifs, par une erreur de rédaction.

C. civ., art. 1384.*

→ *Motifs, Serment probatoire.*

Decisoria litis

[Droit international privé]

Éléments de fond d'un litige, par opposition aux éléments de procédure. Cette distinction a été mise en évidence par la doctrine italienne du Moyen Âge.

→ *Ordinatoria litis.*

Déclarant

[Droit général]

Personne faisant connaître à qui de droit un fait (naissance, décès), une identité (command), une obligation (déclaration affirmative, telle l'affirmation de sincérité par laquelle les parties à une vente ou un échange d'immeubles déclarent que l'acte exprime l'intégralité du prix ou de la soulte convenue). Sa responsabilité peut être engagée soit à raison de sa carence, soit à raison de l'inexactitude de sa déclaration.

C. civ., art. 55 s., 78, 973; CGI, art. 850, 863, 1837.

→ *Command (Déclaration de).*

Déclaratif

[Droit civil/Procédure civile]

→ *Effet déclaratif, Jugement déclaratif.*

Déclaration

[Droit administratif]

Procédure de police permettant la surveillance de certaines activités en imposant aux particuliers de prévenir l'Administration de la naissance de cette activité (ex. : l'obligation de déclaration des marchands ambulants).

[Droit constitutionnel]

Depuis 2008, le gouvernement peut, en vertu de l'article 50-1 de la Constitution, faire une déclaration sur un sujet déterminé, devant l'une ou l'autre des assemblées, suivie d'un débat et éventuellement d'un vote, sans engager sa responsabilité.

→ *Déclaration de politique générale.*

Déclaration annuelle des données sociales (DADS)

[Sécurité sociale]

Déclaration que doit fournir l'employeur auprès de l'Urssaf et des services fiscaux avant le 31 janvier de l'exercice suivant l'année civile et qui doit contenir certaines informations en matière de rémunérations et d'assiettes de cotisations.

CSS, art. R. 243-14 s.

Déclaration au greffe

[Procédure civile]

Procédure simplifiée de saisine du tribunal, en vigueur devant certaines juridictions d'exception (tribunal d'instance, conseil de prud'hommes, tribunal paritaire des baux ruraux) consistant dans la présentation au greffe, soit oralement, soit par écrit, de l'objet de la demande et de ses motifs.

C. pr. civ., art. 54, 829, 843, 882; C. trav., art. R. 1452-2.

→ *Déclaration d'appel.*

Déclaration d'abandon

[Procédure civile]

→ *Abandon d'enfant, Déclaration judiciaire de délaissement parental, Délaissement parental d'un enfant.*

Déclaration d'appel

[Procédure civile]

Acte par lequel un plaideur manifeste sa volonté d'interjeter appel. La déclaration d'appel vaut demande d'inscription au rôle.

C. pr. civ., art. 900, 901, 919, 932, 950.

→ *Communication électronique, Mise au rôle, Requête conjointe.*

Déclaration d'assurance

[Droit européen/Droit financier]

Document fourni par la *Cour des comptes européenne* au Parlement et au Conseil tendant à certifier la fiabilité des comptes de l'Union, et permettant, parmi d'autres documents, au Parlement statuant sur recommandation du Conseil de donner décharge à la Commission sur l'exécution du budget.

TFUE, art. 287 et 319.

Déclaration d'insaisissabilité

[Droit civil]

→ *Biens insaisissables.*

[Droit commercial]

Complément de l'insaisissabilité de plein droit de la résidence principale de l'entrepreneur personne physique, la déclaration d'insaisissabilité constitue une mesure spéciale de protection des autres immeubles non affectés à un usage professionnel. Effectuée en la forme notariée par une personne physique exerçant une activité professionnelle indépendante, cette déclaration est soumise à publicité; elle empêche les créanciers professionnels ultérieurs de saisir les immeubles considérés. Elle est en principe efficace dans la procédure collective du déclarant.

C. com., art. L. 526-1, al. 2 s.

→ *Entrepreneur individuel à responsabilité limitée (EIRL), Insaisissabilité.*

ACTU

Déclaration d'intérêts

[Droit pénal]

État exhaustif des activités, participations, fonctions et mandats, susceptibles de faire naître un *conflit d'intérêts*, dont la transmission obligatoire, pénalement sanctionnée, au président de la *Haute Autorité pour la transparence de la vie publique* pèse sur les députés et sénateurs, les représentants au Parlement européen, les membres du Gouvernement, les titulaires de certaines fonctions exécutives locales, certains élus territoriaux, et les titulaires d'autres fonctions ou emplois publics visés par la loi.

C. élect., art. LO 135-1 s.; LO n° 2013-906 et L. n° 2013-907 du 11 oct. 2013.

→ *Déclaration de situation patrimoniale.*

[Droit constitutionnel/Procédure civile]

→ *Conflit d'intérêts.*

[Droit administratif]

La loi du 20 avril 2016 relative à la déontologie et aux droits et obligations des fonctionnaires oblige certains d'entre eux à déclarer leurs intérêts, en général auprès de leur autorité de nomination.

Déclaration d'urgence

[Droit constitutionnel]

Selon la Constitution de 1958, déclaration du gouvernement qui, dans la procédure législative, permet au Premier ministre de demander la formation d'une *commission mixte paritaire* après une seule lecture par chaque Assemblée (au lieu de 2 normalement) (art. 45), ou qui réduit à 8 jours (au lieu d'un mois) le délai dans lequel le Conseil constitutionnel doit statuer (art. 61).

→ *Procédure accélérée.*

Déclaration d'utilité publique

[Droit administratif]

Acte administratif de l'État (décret, arrêté ministériel ou préfectoral) représentant une phase liminaire d'une opération foncière projetée par une *personne publique*, de nature à permettre une *expropriation pour cause d'utilité publique*, constatant le caractère d'utilité publique qu'elle présente, après qu'a été recueilli l'avis de la population, et qui est la condition de la poursuite de la procédure engagée.

C. expr., art. L. 121 s.

→ *Déclaration de projet, Enquête publique préalable.*

Déclaration de command

[Droit civil/Procédure civile]

GAJA n° 81.

→ *Command (Déclaration de).*

Déclaration de créance

→ *Déclaration des créances.*

Déclaration de force exécutoire

[Procédure civile/Droit européen/ Droit international privé]

Expression du droit de l'Union européenne désignant la déclaration par laquelle l'autorité compétente d'un État membre requis (tribunal, greffier, notaire…) constate qu'une décision (transaction ou acte authentique) rendue dans un autre État membre et qui y est exécutoire est également exécutoire dans l'État requis, ce qui permet de la faire exécuter sur ce territoire, au besoin avec le concours de la force publique. Il s'agit, en d'autres termes, d'un diminutif de l'*exequatur*. La suppression de l'exequatur devenant peu à peu le principe, la déclaration de force exécutoire disparaît progressivement.

Depuis le 10 janvier 2015, une décision rendue dans un État membre et qui est exécutoire dans cet État membre jouit de la force exécutoire dans les autres États membres sans qu'une déclaration constatant la force exécutoire soit nécessaire (Règl. UE n° 1215/2012 du 12 déc. 2012, art. 39, 81).

→ *Bruxelles I et I bis, Injonction de payer européenne, Jugement étranger, Ordonnance européenne de saisie conservatoire, Procédure européenne de règlement des petits litiges, Titre exécutoire européen.*

Déclaration de jugement commun

[Procédure civile]

Un des objets de l'*intervention* forcée : un tiers est mis en cause dans un procès, en vue de lui rendre opposable le jugement sollicité et de lui fermer, ainsi, et l'exception de relativité de la chose jugée et le recours à la *tierce opposition*.

C. pr. civ., art. 331.

→ *Mise en cause.*

Déclaration de politique générale

[Droit constitutionnel]

Déclaration par laquelle le Premier ministre, en principe en cours d'exercice de ses fonctions, après délibération du Conseil des ministres, présente à l'Assemblée nationale ses projets politiques, en engageant la responsabilité politique du gouvernement (art. 49, al. 1 de la Const. de 1958). Le Premier ministre peut aussi demander au Sénat l'approbation d'une déclaration de politique générale, mais le refus d'approbation ne peut entraîner la chute du gouvernement (art. 49, al. 4).

À la suite de la formation de chacun de ses gouvernements, M. Valls a présenté devant l'Assemblée nationale une déclaration de politique générale, les 8 avril et 16 septembre 2014, avant d'en obtenir la confiance.

Déclaration de projet

[Droit de l'environnement/ Droit administratif]

Lorsque la réalisation d'un aménagement est susceptible d'affecter l'environnement, elle est précédée d'une enquête publique qui débouche sur une déclaration de projet, par laquelle l'État ou la collectivité territoriale concernée se prononce sur l'intérêt général de l'opération projetée.

Si l'expropriation est poursuivie au profit d'une collectivité, la déclaration de projet est suivie de la *déclaration d'utilité publique*; si elle est poursuivie au profit de l'État, la déclaration d'utilité publique en tient lieu.

C. envir., art. L. 126-1; C. expr., art. L. 122-1.

ACTU

Déclaration de situation patrimoniale

[Droit pénal/Droit constitutionnel]

État exhaustif des éléments du patrimoine des députés et sénateurs, des représentants au Parlement européen, des membres du Gouvernement, des titulaires de certaines fonctions exécutives locales, de certains élus territoriaux, et des titulaires d'autres fonctions ou emplois publics visés par la loi, soumis à une transmission obligatoire, pénalement sanctionnée, au président de la *Haute Autorité pour la transparence de la vie publique* à l'entrée et à la sortie du mandat ou des fonctions, et lorsque son objet connaît des variations importantes en cours d'exercice.

C. élect., art. LO 135-1 s.; LO n° 2013-906 et L. n° 2013-907 du 11 oct. 2013.

→ *Déclaration d'intérêts.*

[Droit administratif]

La loi du 20 avril 2016 relative à la déontologie et aux droits et obligations des fonctionnaires étend l'obligation de déclaration de situation patrimoniale aux emplois de la fonction publique dont le niveau hiérarchique ou la nature des fonctions le justifient.

Déclaration de soupçon

[Droit pénal]

Déclaration à laquelle sont tenus les organismes financiers et certains professionnels (notaires, avocats, antiquaires...), ayant pour objet de porter à la connaissance d'un service placé sous l'autorité du ministre chargé de l'Économie et du ministre chargé du Budget, dit TRACFIN (Traitement du renseignement et action contre les circuits financiers clandestins), les opérations et sommes soupçonnées d'être d'origine illicite et d'être destinées à du blanchiment d'argent.

C. mon. fin., art. L. 561-2, L. 561-15, L. 561-23 et R. 561-33.

Déclaration des créances

[Droit commercial]

Déclaration effectuée auprès du mandataire judiciaire (sauvegarde ou redressement judiciaire) ou du liquidateur par tous les créanciers – à l'exception des salariés – détenant une créance de somme d'argent née antérieurement au jugement d'ouverture ou une créance postérieure régulière non privilégiée.

La déclaration des créances doit mentionner les principaux éléments faisant preuve de l'existence et du montant de la créance.

Historiquement tenue pour équivalente à une demande en justice visant au payement, la déclaration des créances a pour but l'estimation du montant du passif exigible avant que ne soit déterminée l'issue de la procédure et, éventuellement, la collocation des créanciers à partir des actifs. La déclaration peut être aujourd'hui réalisée par le débiteur lui-même pour le compte de ses créanciers, à charge de ratification par ces derniers. Son omission est sanctionnée par une privation du droit de participer aux répartitions (inopposabilité de la créance à la procédure collective), sauf si le juge relève le créancier tardif de la forclusion.

C. com., art. L. 622-24 et L. 641-3.

→ *Admission des créances.*

Déclaration des droits

[Droit constitutionnel/Droit international public]

Document énonçant les droits fondamentaux des individus face à l'État, précédant une constitution (France, 1791) ou y inclus (10 premiers amendements, adoptés en 1789 et entrés en vigueur en 1791, à la constitution des États-Unis de 1787). Certaines déclarations sont reliées au texte constitutionnel par le biais d'un préambule (ex. Const. françaises de 1946 et de 1958).

L'affirmation des droits de l'Homme s'est élargie au plan international avec la *Déclaration universelle des droits de l'Homme* votée par l'ONU en 1948, les Pactes internationaux des *droits de l'Homme* et la Convention EDH adoptée par le Conseil de l'Europe en 1950. Le traité de *Lisbonne* renvoie quant à lui à la *Charte des droits fondamentaux de l'Union européenne*.

ACTU

Déclaration judiciaire de délaissement parental

[Procédure civile]

Nouvelle dénomination de la déclaration d'abandon d'un enfant, introduite par l'article 40 de la loi n° 2016-297du 14 mars 2016 relative à la protection de l'enfant. Le tribunal de grande instance, lorsqu'il déclare l'enfant délaissé, délègue par la même décision l'autorité parentale à la personne, à l'établissement ou au service départemental de l'aide sociale à l'enfance qui a recueilli l'enfant ou à qui ce dernier a été confié.

C. civ., art. 381-2; C. pr. civ., art. 1158 s.

→ *Délaissement parental d'un enfant.*

Déclaration des droits de l'Homme et du citoyen

[Droit constitutionnel]

Déclaration des droits, adoptée par l'Assemblée nationale constituante le 26 août 1789, composée de 17 articles proclamant notamment l'égalité, la liberté, la propriété, la sûreté et la résistance à l'oppression. Aujourd'hui rappelée par le Préambule de la Constitution de 1958 et intégrée par le Conseil constitutionnel au *bloc de constitutionnalité*.

Déclaration nominative simplifiée

[Sécurité sociale]

Système de déclaration concernant les particuliers-employeurs utilisée principalement par des associations mandataires.

CSS, art. L. 133-5-3.

Déclaration préalable à l'embauche (DPAE)

[Sécurité sociale]

Tout employeur qui recrute un salarié doit le déclarer préalablement à son embauche auprès d'un organisme de protection sociale. Cette formalité doit être accomplie par le biais de la déclaration unique d'embauche.

Déclaration unifiée des cotisations sociales individualisées (DUESI)

[Sécurité sociale]

Procédure informatisée de déclaration et de paiement des cotisations.

CSS, art. L. 133-5.

Déclaration unique d'embauche (DUE)

[Sécurité sociale]

Le dispositif de la déclaration unique d'embauche permet à l'employeur d'effectuer au moyen d'un document unique les différentes formalités liées à l'embauche d'un salarié auprès d'un interlocuteur unique : l'Urssaf.

Décr. n° 98-252, 1er avr. 1998.

Déclaration universelle des droits de l'Homme

[Droit international public]

Résolution adoptée par l'Assemblée générale des Nations unies le 10 décembre 1948, qui reconnaît aux individus un certain nombre de droits et libertés.

Bien qu'il n'ait valeur que de recommandation d'un idéal à atteindre, il est le textemère des conventions internationales ultérieures, tels la Convention européenne des droits de l'homme et du citoyen ou les *Pactes internationaux des droits de l'Homme* de 1966.

Déclassement

[Droit constitutionnel]

→ *Délégalisation.*

[Droit administratif]

Acte administratif ayant pour objet de faire sortir un bien du *domaine public*, et de le transférer dans le *domaine privé* de la *personne publique* en cause.

CGPPP, art. L. 2141-1.

Déclinatoire de compétence

[Droit administratif]

Acte introductif de la procédure de *conflit* positif d'attributions, adressé par le préfet au tribunal judiciaire qu'il estime incompétent, et l'invitant à se dessaisir du litige.

[Procédure civile]

Exception de procédure permettant de contester la compétence du tribunal saisi, qui doit être soulevée avant toute conclusion au fond et toute *fin de non-recevoir*, et contenir l'indication de la juridiction que le plaideur estime devoir être compétente.

C. pr. civ., art. 75, 96.

→ *Connexité, Incompétence d'attribution, Incompétence territoriale, Litispendance.*

Décolonisation

[Droit international public]

Processus (pacifique ou violent, rapide ou par étapes) par lequel une colonie accède au rang d'État indépendant.

→ *Colonisation.*

De commodo et incommodo

[Droit administratif]

Désignation traditionnelle de l'enquête préalable à la *déclaration d'utilité publique*.

→ *Enquête publique préalable.*

Déconcentration

[Droit administratif]

→ *Centralisation.*

Déconfiture

[Droit civil/Procédure civile]

État d'insolvabilité notoire d'un débiteur civil ne déclenchant aucune procédure collective de règlement du passif et produisant seulement des effets limités aux rapports du débiteur endetté avec chacun de ses créanciers : déchéance du bénéfice du terme, dissolution des sociétés de personnes, refus de livraison dans une vente à crédit, octroi d'un délai de grâce, interdiction de se porter enchérisseur… Le seul effet « collectif » est l'ouverture de la procédure de distribution par *contribution* entre les créanciers chirographaires poursuivants, à raison de l'insuffisance des deniers à distribuer.

La déconfiture peut donner lieu à la constatation d'une situation de *surendettement*. Si l'insolvabilité est irrémédiable, il peut être procédé à la liquidation du patrimoine personnel du débiteur.

C. civ., art. 1337, 1613, 1913, 2003, 2309 et 2285; C. consom., art. L. 711-1 s., L. 724-1 s.; C. pr. exéc., art. L. 251-1 s. et R. 251-1 s.*

→ *Insolvabilité, Rétablissement personnel (Procédure de).*

Déconventionnement

[Sécurité sociale]

Mise hors convention d'un praticien qui ne respecte pas les dispositions des conventions nationales conclues entre les organisations syndicales les plus représentatives des professions de santé et les caisses nationales d'assurance-maladie : par exemple application de tarifs supérieurs aux tarifs conventionnels. Les assurés qui font appel à ces praticiens sont remboursés sur la base d'un tarif fixé par arrêté interministériel à un montant très faible. La mise hors convention d'une durée de 6 mois entraîne la perte des avantages sociaux pour les médecins pendant cette période.

Décote

[Droit financier ou fiscal]

Réduction du montant d'un impôt accordée, généralement de façon dégressive, aux redevables de sommes peu importantes, pour éviter que l'on ne passe sans transition de l'absence d'impôt à payer à une imposition au taux plein.

➜ *Franchise.*

[Sécurité sociale]

Abattement sur le taux de la pension pour les assurés qui partent en retraite avant l'âge de 67 ans pour ceux nés à compter du 1er janvier 1955 sans avoir le nombre de trimestres nécessaires (entre 166 à 172 trimestres selon l'année de naissance et tous régimes confondus).

CSS, art. R. 351-27; L. n° 2014-40 du 20 janv. 2014.

➜ *Assurance vieillesse, Coefficient d'anticipation, Retraite anticipée, Surcote.*

Découpage électoral

[Droit constitutionnel]

➜ *Circonscription électorale.*

Découplage

[Droit rural]

Principe du droit de l'Union européenne, suivant lequel les aides versées à l'exploitant agricole ne dépendent plus de la quantité produite mais de la surface exploitée. Les États membres de l'Union ont eu la possibilité d'opter pour un découplage total ou partiel selon les types de production.

En France, l'aide découplée qui existait en 2014 et était appelée *droit à paiement unique (DPU)* a été remplacée en 2015 par une aide en trois parties : le paiement de base, appelé DPB (droit au paiement de base), le paiement vert et le paiement redistributif.

Le découplage est une évolution de la politique agricole commune qui lui a permis d'être compatible avec les exigences de l'Organisation mondiale du commerce (OMC).

Découvert de la loi de finances

[Droit financier ou fiscal]

Excédent éventuel de l'ensemble des charges inscrites dans une loi de finances sur l'ensemble de ses ressources, devenu structurel en France depuis plus de 3 décennies.

➜ *Déficit budgétaire, Loi de finances, Loi de programmation des finances publiques.*

Décret

[Droit administratif/Droit constitutionnel]

Acte juridique exécutoire à portée générale (*Règlement*) ou individuelle signée soit par le président de la République, soit par le Premier ministre.

1° Le président de la République signe d'une part les décrets qui, aux termes de la Constitution ou des lois organiques, relèvent de sa compétence, d'autre part tous ceux qui sont délibérés en Conseil des ministres (art. 13). Ces décrets sont contresignés par le Premier ministre et, « le cas échéant, par les ministres responsables » (sauf dans les cas exceptionnels où il n'y a pas *contreseing* : art. 19).

2° Le Premier ministre signe tous les autres décrets. Ils sont contresignés, « le cas échéant, par les ministres chargés de leur exécution » (art. 22). Depuis le début de la Ve République, des décrets relevant de la compétence du Premier ministre sont aussi signés par le président de la République (le Conseil d'État ne considère pas cette pratique comme illégale).

3° Décret en Conseil d'État : décret adopté après avoir été soumis pour avis au Conseil d'État.

Décret d'avances

[Droit financier ou fiscal]

Crédits supplémentaires que le gouvernement peut exceptionnellement s'ouvrir à lui-même dans des hypothèses limitativement déterminées, et à charge de ratification ultérieure par le Parlement.

Décret de répartition

[Droit financier ou fiscal]

Décret pris après le vote de la *loi de finances* de l'année et de la ou des lois de finances rectificatives afin de répartir les masses de crédits entre les différents ministres par mission au titre du *budget* général et selon les budgets annexes et comptes spéciaux concernés.

→ *Crédit budgétaire.*

Décret-loi

[Droit constitutionnel]

Sous les IIIe et IVe Républiques, décret du gouvernement pris en vertu d'une habilitation législative dans un domaine relevant normalement de la compétence du Parlement, et possédant force de la loi, c'est-à-dire susceptible de modifier les lois en vigueur.

De nombreux décrets-lois ont permis au gouvernement de réaliser rapidement des réformes nécessaires (souvent impopulaires), mais au prix du renoncement du Parlement à exercer réellement sa compétence majeure.

→ *Ordonnance.*

De cujus

[Droit civil]

Premiers mots de la formule « *de cujus successione agitur* » (littéralement : celui de la succession de qui il s'agit); utilisés de nos jours pour désigner le défunt auteur de la succession : on dit le *De cujus.*

Dédit

[Droit civil]

Faculté de se dérober à son engagement ou d'en interrompre l'exécution. Ce mot désigne également la somme d'argent que doit verser le débiteur s'il use de la faculté qui lui est reconnue de ne pas exécuter son obligation.

C. civ., art. 1590; C. consom., art. L. 214-1 et L. 214-2.

GAJC, t. 2, n° 261.

→ *Acompte, Arrhes.*

Dédoublement fonctionnel

[Droit public]

Expression, à l'origine employée en droit international public par G. Scelle à propos de l'État, puis transposée dans les autres domaines du droit public, désignant le phénomène selon lequel une autorité publique agit parfois au nom de 2 personnes publiques différentes. Exemple du maire, qui selon les attributions qu'il exerce, agit tantôt au nom de sa commune et tantôt au nom de l'État.

De facto

[Droit général]

→ *De jure.*

Défaut

[Procédure civile]

Situation découlant de la défaillance d'un plaideur. Elle ne conduit pas nécessairement à un jugement par défaut. Si c'est le demandeur qui ne comparaît pas, le défendeur peut requérir un jugement sur le fond qui sera contradictoire. Si c'est le défendeur qui ne comparaît pas alors que la citation n'a pas été délivrée à personne, il est à nouveau invité à comparaître, après quoi il est statué au fond et le jugement rendu en son absence n'est qualifié par défaut que si la décision est en dernier ressort et si la citation n'a pas été remise en mains propres à son destinataire.

C. pr. civ., art. 471 s.

→ *Jugement dit contradictoire, Jugement par défaut, Jugement réputé contradictoire, Opposition, Relevé de forclusion.*

[Procédure pénale]

Situation découlant de la défaillance d'un prévenu ou d'un accusé au procès pénal, donnant lieu à un jugement par défaut ou au défaut en matière criminelle.

C. pr. pén., art. 379-2 s., 487 s. et 544 s.

Défaut-congé (Jugement de)

[Procédure civile]

Jugement que le tribunal peut prendre, à l'initiative du défendeur, lorsque le demandeur s'abstient d'accomplir les actes de procédure dans les délais requis. Le juge, sans examiner le fond, déclare la citation caduque; il donne congé au défendeur, en le libérant de l'instance engagée contre lui.

C. pr. civ., art. 468.

Défaut de base légale

[Procédure civile]

Le défaut de base légale (on dit aussi manque de base légale) réside dans une motivation insuffisante du jugement qui ne contient pas une description convenable des faits dont la constatation est nécessaire pour apprécier si la loi a été correctement appliquée; ce défaut ne permet pas à la Cour de cassation de savoir si, en l'espèce, la règle de droit a été justement appliquée. Ainsi en va-t-il en cas de motif dubitatif ou hypothétique, d'imprécision sur un fait utile à l'appréciation de la légalité ou même d'absence d'une constatation matérielle qu'il faut connaître pour savoir si la décision est fondée en droit. Constitue un cas d'ouverture à *cassation*.

C. pr. civ., art. 604.

Défaut de conformité

[Droit civil]

→ *Conformité.*

Défaut de motifs

[Procédure civile]

Vice de forme d'un jugement consistant dans une absence totale de motifs, une contradiction de motifs ou un défaut de réponse à conclusions et constituant un cas d'ouverture à cassation.

C. pr. civ., art. 455.

→ *Pourvoi en cassation.*

Défaut en matière criminelle

[Procédure pénale]

Procédure criminelle destinée au jugement d'un accusé absent sans excuse valable à l'ouverture de l'audience. Il en est de même lorsque l'absence de l'accusé est constatée au cours des débats, et qu'il n'est pas possible de les suspendre jusqu'à son retour. Sauf à renvoyer l'affaire à une session ultérieure après délivrance d'un mandat d'arrêt, la cour d'assises statue sans l'assistance des jurés, à moins que l'absence de l'accusé ait été constatée après le commencement des débats, ou que ne soient présents d'autres accusés jugés simultanément.

En cas de condamnation, la voie de l'appel est fermée à l'accusé. Si celui-ci se constitue prisonnier, ou s'il est arrêté avant la *prescription de la peine*, l'arrêt de la cour d'assises est non avenu dans toutes ses dispositions, et il est procédé à son égard à un nouvel examen de son affaire dans les conditions du *droit commun*.

Cette procédure par défaut s'est substituée, depuis la loi n° 2004-204 du 9 mars 2004 (loi Perben II) à l'ancienne procédure de *contumace*.

C. pr. pén., art. 379-2 s.

→ *Procédure par défaut.*

Défendeur

[Procédure (principes généraux)]

Personne contre laquelle un procès est engagé par le *demandeur*. Ne pas confondre avec le *défenseur*.

→ *Intimé.*

Défense (Liberté de la)

[Procédure (principes généraux)]

Le principe de la liberté de la défense doit être respecté tant par le plaideur à l'égard de son adversaire que par le juge. Il constitue une exigence fondamentale de toute procédure. La liberté de la défense postule, outre le respect de la contradiction, la liberté pour les parties de présenter elles-mêmes des observations orales et de choisir librement leur défenseur et le droit pour le défenseur d'organiser comme il l'entend la défense de son client. Le principe est si fort qu'il justifie, le cas échéant, la réouverture des débats. Il trouve toutefois sa limite en matière civile dans le pouvoir reconnu au juge qui s'estime éclairé de faire cesser les plaidoiries ou de mettre un terme aux explications des plaideurs.

C. pr. civ., art. 14 à 19, 440 s.; Conv. EDH, art. 6.

→ *Contradictoire (Principe du), Droits de la défense, Égalité des armes, Procès équitable.*

Défense à l'action

[Procédure civile]

On entend par « défense » tous les moyens qui permettent au défendeur de riposter à l'attaque en justice dont il est l'objet.

→ *Défense au fond, Demande reconventionnelle, Exception, Fin de non-recevoir ou de non-valoir.*

Défense au fond

[Procédure civile]

Moyen de défense par lequel le défendeur conteste le *bien-fondé* de la prétention du demandeur, en fait ou en droit. Elle peut être présentée en tout état de cause : d'une part, elle peut être soulevée à tout moment au sein d'une même instance; d'autre part, elle peut être invoquée à toute hauteur d'un procès, en première instance, en appel, et même en cassation dans la mesure où elle ne constitue pas un moyen nouveau. Par exemple, le moyen pris, par le défendeur, de la nullité d'un contrat dont le demandeur requiert l'exécution, constitue une défense au fond.

C. pr. civ., art. 71, 72.

Défenseur

[Procédure civile]

Personne ayant reçu mission d'assister le plaideur, c'est-à-dire de le conseiller et d'argumenter pour lui. Le type en est l'*avocat* qui a le pouvoir de plaider devant toutes les juridictions, hormis les juridictions suprêmes (Cour de cassation, Conseil d'État). Ne pas confondre avec le *défendeur*.

→ *Assistance, Représentation.*

Défenseur des droits

[Droit constitutionnel]

Autorité constitutionnelle indépendante qui veille au respect des droits et libertés par les administrations de l'État, les collectivités locales, les établissements publics ainsi que tout organisme investi d'une mission de service public, ou à l'égard duquel une loi organique lui attribue compétence. Il peut se saisir d'office et être saisi par toute personne s'estimant lésée par le fonctionnement d'un service public ou d'un organisme investi d'une mission de service public. Nommé pour 6 ans par le président de la République, son mandat n'est pas renouvelable. Depuis la LO n° 2011-333 du 29 mars 2011, il remplace le *médiateur de la République*, le *Défenseur des enfants*, la *HALDE* et la Commission nationale de déontologie de la sécurité.

Const., art. 71-1.

[Droit pénal/Procédure pénale]

La loi lui confie un droit partiel d'exercer l'action publique par citation directe au cas du refus de la proposition de transaction ou d'inexécution d'une transaction, relative à une discrimination, acceptée et homologuée par le Procureur.

Défenseur des enfants

[Droit civil/Droit administratif]

Ancienne autorité administrative indépendante, chargée de défendre et de promouvoir les droits de l'enfant consacrés par la loi ou par une convention internationale.

À la suite de la révision constitutionnelle du 23 juillet 2008, le *Défenseur des droits* a remplacé diverses autorités dont le Défenseur des enfants (LO du 29 mars 2011). Cependant, l'un des 3 adjoints du Défenseur des droits conserve le titre de Défenseur des enfants.

Défenseur syndical

[Procédure civile/Droit du travail]

Personne habilitée à assister ou à représenter le salarié ou l'employeur devant les conseils de prud'homme et les cours d'appel en matière prud'homale.

La liste des défenseurs syndicaux est établie par l'autorité administrative sur proposition des organisations d'employeurs et de salariés représentatives au niveau national et interprofessionnel, national et multiprofessionnel ou dans au moins une branche, dans des conditions fixées par décret.

Le temps d'exercice des fonctions est assimilé à un temps de travail.

C. trav., art. L. 1453-4 à L. 1453-9 (réd. Loi Macron du 6 août 2015).

Déféré d'appel

[Procédure civile]

Saisine de la cour d'appel, par simple requête, d'une contestation relative aux ordonnances du conseiller de la mise en état lorsqu'elles ont pour effet de mettre fin à l'instance, lorsqu'elles constatent son extinction, lorsqu'elles ont trait à des mesures provisoires en matière de divorce ou de séparation de corps, lorsqu'elles statuent sur une exception de procédure ou un incident mettant fin à l'instance, la *fin de non-recevoir* tirée de l'irrecevabilité de l'appel ou de sa caducité, ou lorsqu'elles prononcent l'irrecevabilité des conclusions pour tardiveté.

C. pr. civ., art. 916.

Déféré préfectoral

[Droit administratif]

Dans le cadre du *contrôle administratif* exercé par l'État sur l'activité juridique des communes, départements et régions, acte par lequel le préfet défère au tribunal administratif les décisions de ces collectivités locales qu'il considère comme illégales.

CGCT, art. L. 2131-6, L. 3132-1 et L. 4142-1.

Défèrement

[Procédure pénale]

Procédure consistant à traduire une personne appréhendée ou gardée à vue devant l'autorité judiciaire compétente (procureur de la République, juge des libertés et de la détention…).

Défiance constructive

[Droit constitutionnel]
Procédure de rationalisation du régime parlementaire allemand (Const., art. 67), en vertu de laquelle le *Bundestag* ne peut renverser le gouvernement qu'en élisant un nouveau Chancelier, de façon à empêcher que des oppositions devenues ensemble majoritaires mais incapables de s'accorder (ex. : coalition des extrêmes) ne puissent plonger le pays dans l'instabilité.
→ *Parlementarisme.*

Déficit budgétaire

[Droit financier ou fiscal]
Depuis la disparition, à partir de 2006, de la distinction entre charges budgétaires définitives et temporaires, cette expression ne comporte plus de contenu technique; parfois encore employée comme synonyme de *découvert de la loi de finances*.

Définitif

[Procédure civile]
Qualificatif dont le sens varie selon l'objet auquel il s'applique :
1° Qui est fixé et arrêté (astreinte définitive, partage définitif). S'oppose à provisionnel.
→ *Provision (Par).*
2° Qui statue sur le fond, par opposition à avant-dire droit et préparatoire.
→ *Jugement avant-dire droit ou avant-faire droit.*
3° Qui est insusceptible d'être révisé, à la différence de ce qui est provisoire, comme l'ordonnance de référé par exemple.
→ *Référé civil.*

Défiscalisé

[Droit financier ou fiscal]
Néologisme, synonyme d'exonéré d'impôt (généralement utilisé en matière d'imposition du revenu et des bénéfices). Les termes de « placement défiscalisé », souvent employés dans la presse, peuvent désigner tantôt un placement d'argent dont les intérêts sont exonérés (intérêts du livret A, par ex.), tantôt un placement dont le capital lui-même échappe, en tout ou partie, à l'impôt sur les revenus à partir desquels il a été réalisé.

Déflation

[Droit financier ou fiscal]
Au sens actif du terme (politique de –), action tendant à réduire la quantité de monnaie – sous toutes ses formes – disponible à un moment donné. Ceci se traduit par une réduction de la demande des biens et des services, et l'on parle parfois de situation déflationniste pour caractériser une conjoncture marquée par l'insuffisance de la demande face à l'offre.

Degré de juridiction

[Procédure (principes généraux)]
Le degré d'une juridiction précise sa place dans la hiérarchie judiciaire.
Depuis 1958, seule la cour d'appel est une juridiction de second degré dans l'ordre judiciaire, sous réserve, cependant, depuis la loi n° 2000-516 du 15 juin 2000, de la *cour d'assises*, dont les arrêts rendus en premier ressort peuvent faire l'objet d'un appel porté devant une autre cour d'assises désignée par la chambre criminelle de la Cour de cassation, avec un nombre plus élevé de jurés ou d'*assesseurs*.
COJ, art. L. 311-1 et R. 311-3; C. pr. pén., art. 380-1 s.
→ *À charge d'appel, Double degré de juridiction, Jugement en dernier ressort, Jugement en premier ressort.*
La juridiction d'appel, en droit administratif, est exercée par les cours administratives d'appel ou, dans quelques cas, par le Conseil d'État.
CJA, art. L. 211-2 et L. 211-3.

Degré de parenté

[Droit civil]

Critère de mesure de la proximité d'une personne par rapport à une autre personne appartenant à la même famille. Chaque intervalle entre 2 générations vaut un degré. Ainsi :

- en ligne directe (c'est-à-dire pour des personnes qui descendent les unes des autres), le père et le fils sont, l'un par rapport à l'autre, parents au premier degré; les petits-enfants par rapport à leurs grands-parents (et réciproquement) sont parents au deuxième degré;

- en ligne collatérale (personnes qui descendent d'un ancêtre commun), les degrés se comptent aussi par intervalle de générations, mais en remontant depuis une personne jusqu'à l'auteur commun avec une autre, puis en redescendant, dans l'autre ligne, de cet auteur commun jusqu'à la personne avec laquelle on veut établir l'éloignement en degrés; ainsi, les frères et sœurs sont parents au deuxième degré, l'oncle ou la tante par rapport à leurs neveux ou nièces sont parents au troisième degré (et réciproquement), les cousins germains sont parents au quatrième degré.

C. civ., art. 741 s.

→ *Ascendant, Collatéral, Descendant, Enfant, Ligne.*

Dégrèvement

[Droit financier ou fiscal]

Décharge d'impôt totale ou partielle, accordée pour des raisons de légalité ou de bienveillance par l'Administration fiscale.

Déguerpissement

[Droit civil]

Acte par lequel le titulaire d'un droit réel sur un immeuble se désiste, par volonté unilatérale, de la propriété ou de la possession de cet immeuble afin de s'affranchir des charges foncières ou des obligations réelles qui le grèvent, par exemple abandon de la mitoyenneté d'un mur pour ne pas contribuer à sa réparation ou à sa reconstruction.

C. civ., art. 656, 667 et 699.

→ *Délaissement.*

Déguisement

[Droit civil]

Simulation dont l'objet est de modifier l'acte apparent, soit en s'en prenant à sa nature (donation cachée derrière le paravent d'une vente), soit en s'en prenant à l'une de ses conditions (dissimulation de prix pour diminuer les droits d'enregistrement).

→ *Acte apparent, Acte déguisé, Acte fictif, Acte secret, Apparence, Contre-lettre, Dissimulation, Interposition de personnes, Prête-nom, Simulation.*

Déjudiciarisation

[Droit civil/Procédure civile]

Suppression de l'intervention du juge dans telle situation ne relevant pas, à proprement parler, de son pouvoir juridictionnel. Ainsi, le traitement des situations de *surendettement* a été en grande partie déjudiciarisé par la loi n° 2010-737 du 1er juillet 2010 réformant le crédit à la consommation, puisque le juge d'instance n'intervient plus que pour homologuer certaines recommandations émanant de la commission de surendettement, juger des contestations formées contre les décisions de celle-ci et décider de l'ouverture d'une procédure de *rétablissement personnel* avec liquidation judiciaire par notaire.

De jure

[Droit général]

1° « *De jure, de facto* » (du latin : de droit, de fait). Ces deux expressions permettent d'opposer des situations juridiques (*de jure*) à des situations de pur fait (*de facto*).

→ *Juris et de jure.*

2° *De jure* signifie aussi « *de plein droit* » pour caractériser l'acquisition automatique d'une qualité ou d'une prérogative.

Délai

[Droit général]

Certaines formalités de la vie juridique, les actes et formalités de la procédure doivent normalement être accomplis dans le cadre de certains délais. L'inobservation de ces délais entraîne des conséquences de gravité variable (*prescription civile*, *forclusion*, *caducité*).

Les délais peuvent être calculés en jours, en mois, en année ou même d'heure à heure.

• *Point de départ d'un délai :* le jour qui est le point de départ du délai (*Dies a quo*) n'est pas normalement compté. Pour un acte fait ou un événement survenu le 10 janvier, le délai court à partir du 11.

• *Point d'arrivée :* le jour auquel se termine un délai (*Dies ad quem*) peut ou non être compté :

- lorsque le délai est *franc*, la formalité peut être accomplie le lendemain du *dies ad quem*;

- lorsque le délai n'est *pas franc*, la formalité doit être accomplie le jour même de l'expiration du délai, le *dies ad quem*. Par exemple, la prescription extinctive, qui se compte par jours, est acquise lorsque le dernier jour du terme est accompli. Autrement dit, le délai est franc lorsqu'on ne compte dans son calcul ni le terme de départ ni le terme d'arrivée.

Fixés en principe par la loi les délais peuvent être parfois suspendus (*moratoire*, *délai de grâce*). Ils peuvent être fixés par le juge dans certains cas.

C. civ., art. 1305 s., 2224, 2225, 2226, 2228, 2229.*

→ *Délai de forclusion, Délai préfix, Délai de procédure, Délai(s) de paiement.*

Délai-congé

[Droit du travail]

→ *Préavis.*

Délai de carence

[Droit du travail]

Il s'agit du délai qui doit s'écouler en principe (sauf exceptions limitativement énoncées par la loi) entre 2 contrats de travail à durée déterminée successifs sur un même poste de travail. Sa durée est tributaire de la durée (renouvellement compris) du contrat à durée déterminée initial arrivé à expiration.

C. trav., art. L. 1244-3 s.

[Sécurité sociale]

Délai qui s'écoule entre la survenance d'une incapacité de travail et son indemnisation au titre de l'assurance-maladie.

CSS, art. L. 323-1 et R. 323-1.

Délai de forclusion

[Droit civil/Procédure civile]

Délai dont l'inobservation empêche l'intéressé forclos d'accomplir telle formalité, une fois qu'il est expiré.
Le délai de forclusion n'est pas régi par les dispositions relatives au délai de prescription, sauf en ce qui concerne l'application de la loi dans le temps et l'interruption du délai par l'effet d'une demande en justice, d'une mesure conservatoire ou d'un acte d'exécution forcée.

C. civ., art. 2220, 2222, 2241 et 2244; C. pr. civ., art. 540.

→ *Prescription extinctive, Relevé de forclusion.*

Délai de grâce

[Droit civil]

Report ou échelonnement du paiement des sommes dues que le juge peut accorder, dans la limite de 2 années, compte tenu de la situation du débiteur et en considération des besoins du créancier.

Le juge peut aussi prescrire que les échéances reportées porteront intérêt à un taux réduit, mais non inférieur au taux légal, et que les paiements s'imputeront d'abord sur le capital.

C. civ., art. 1343-5; C. pr. civ., art. 510 s.; COJ, art. L. 213-6.*

Délai(s) de paiement

[Droit commercial]

Ils ont été encadrés dans les rapports professionnels par la loi française, sur l'impulsion du droit de l'UE cherchant à améliorer le financement des petites et moyennes entreprises. Depuis la loi du 4 août 2008, le délai de principe est de 30 jours suivants réception de la marchandise ou exécution de la prestation de service professionnelle. Ce délai peut être contractuellement étendu à un maximum de 45 jours fin de mois ou 60 jours après émission de la facture. Ces règles sont aménagées dans certains secteurs économiques sensibles (agroalimentaire, transports), par la loi ou par l'effet de l'accord collectif entre organisations professionnelles. Devant figurer dans les conditions générales de vente du professionnel, les délais de paiement doivent être réguliers, sous peine de sanction civile ou pénale.

C. com., art. L. 441-6, L. 442-6 et L. 443-1.

Délai de procédure

[Procédure (principes généraux)]

Temps accordé à l'un ou l'autre des protagonistes d'une procédure pour réaliser une formalité précise (mise au rôle, voie de recours par ex.). À côté de ce délai dit *d'action*, existe un délai *d'attente* qui oblige à temporiser pendant un certain temps, tel le délai de comparution laissé au défendeur pour organiser sa défense.

[Procédure civile]

Les délais nécessaires au bon déroulement de l'instance (échange des conclusions, dépôt d'un rapport d'expertise), dits délais *ad litem*, sont fixés par le juge qui peut les proroger. D'autres délais, au contraire, peuvent être réduits (urgence).

Les délais de procédure civile sont des délais non francs. Lorsque le délai est calculé en jours, le *dies a quo* ne compte pas (mais le dernier jour du délai est compté). Quand celui-ci est calculé en mois ou en année le *dies a quo* constitue le premier jour du *délai*. Tout délai expire le dernier jour à 24 heures. Mais si le délai expire un samedi, un dimanche, un jour férié ou chômé il est prorogé jusqu'au premier jour ouvrable suivant. La même prorogation s'applique lorsque l'acte ne peut être transmis par voie électronique le dernier jour du délai pour une cause étrangère à celui qui l'accomplit.

C. pr. civ., art. 3, 640 s., 748-7, 840, 1463, 1477.

→ *Dies ad quem, dies a quo, Jours de fêtes légales, Mise en état, Relevé de forclusion.*

[Procédure pénale]

Pour le calcul des délais en procédure pénale, il est généralement admis que le *dies a quo* n'est pas compris, les délais en cause commençant donc à s'écouler le lendemain de l'acte, de l'événement ou de la décision qui les fait courir.

Tout délai expire en principe le dernier jour à minuit. Le délai qui expirerait normalement un samedi ou un dimanche ou un jour férié ou chômé est prorogé jusqu'au premier jour ouvrable suivant.

Par exception le délai de pourvoi en cassation est franc.

C. pr. pén., art. 568 et 801.

[Droit administratif]

La jurisprudence administrative compute les délais selon des règles identiques en fait à celles des délais francs, malgré leur suppression. Pour un acte notifié le 10 janvier, le délai général de recours de 2 mois expire le 11 mars au soir. Si ce jour est un samedi, un dimanche, un jour férié ou chômé, le délai est prolongé jusqu'au premier jour ouvrable suivant. En cas de recours contre une *décision implicite* de rejet, le délai court dès le lendemain du jour où elle est acquise et il expire le *dies ad quem*. Par exemple, demande parvenue à l'Administration le 10 janvier; rejet implicite le 10 mars au soir; le délai du recours contentieux court à compter du 11 et expire le 11 mai au soir.

CJA, art. R. 421-1.

GACA n° 36.

Délai de réflexion

[Droit civil]

Délai minimal protecteur pendant lequel il est interdit au destinataire d'une offre de l'accepter.

Tel est le cas pour toute prestation de chirurgie esthétique, pour la souscription d'un crédit immobilier, l'acquisition ou la construction d'un immeuble à usage d'habitation, le prêt viager hypothécaire, le contrat d'enseignement privé à distance. Une acceptation intervenant pendant ce délai est inefficace.

C. civ., art. 1122; C. consom., art. L. 313-34 et L. 315-11; CCH, art. L. 271-1; CSP, art. L. 6322-2; C. éduc., art. L. 444-8.*

→ *Droit de repentir.*

Délai de reprise

[Sécurité sociale]

Délai pendant lequel l'Urssaf peut contrôler les déclarations des employeurs et effectuer des redressements. Le délai de reprise des cotisations et contributions sociales est de 3 années civiles plus l'année en cours suivant l'envoi de la mise en demeure. Ainsi, pour une mise en demeure envoyée le 22 mai 2015, sont exigibles les cotisations dues au titre des années 2012, 2013, 2014 et l'année en cours 2015. Les cotisations et contributions dues avant le 1er janvier 2011 sont prescrites.

CSS., art. L. 244-3.

Délai de rétractation

[Droit civil]

Délai minimal protecteur pendant lequel le contractant qui bénéficie d'un *droit de repentir* peut revenir sur son consentement. Ce délai peut être fixé par la loi (d'une durée allant de 7 à 30 jours) ou être prévu par le contrat.

C. civ., art. 1122.*

Délai de viduité

[Droit civil]

Délai de 300 jours que devait respecter la veuve ou la femme divorcée avant de se remarier; ce délai avait pour but d'éviter la confusion de *part*, c'est-à-dire l'incertitude relative à la paternité de l'enfant à naître. Ce délai a été supprimé par la loi du 26 mai 2004 sur le divorce.

Délai franc, délai non franc

[Procédure (principes généraux)]

→ *Délai, Délai de procédure.*

Délai préfix

[Droit civil/Procédure civile]

Délai accordé pour accomplir un acte, à l'expiration duquel on est frappé d'une forclusion.

Le délai préfix ne peut, en principe, être ni interrompu ni suspendu.

C. pr. civ., art. 122; C. civ., art. 2220.

→ *Prescription civile.*

Délai raisonnable

[Procédure (principes généraux)/ Procédure administrative/civile/pénale]

Standard juridique désignant une durée légitime, minimale ou maximale, pendant laquelle une action peut, doit ou ne doit pas, être accomplie. L'appréciation du caractère raisonnable du délai est laissée à l'appréciation souveraine des juges du fond.

En procédure civile, désigne la durée légitime accordée au juge pour statuer sur un litige. Garantie fondamentale d'une bonne justice, sa violation entraîne la mise en œuvre de la responsabilité de l'État pour fonctionnement défectueux du service public de la justice. Le caractère raisonnable de la durée d'une procédure s'apprécie *in concreto* et en prenant en compte l'ensemble de la procédure, au vu de la nature et de l'objet du litige, de la complexité de l'affaire, du comportement des parties et de celui des autorités étatiques.

Conv. EDH, art. 6, § 1; CJA, art. 311-1; COJ, art. L. 141-1 et L. 141-2; C. pr. pén., art. préliminaire.

GACA n° 5.

→ *Célérité, Déni de justice, Procès équitable, Responsabilité du fait du fonctionnement défectueux de la justice.*

[Droit civil]

En droit des contrats, désigne par ex. la durée minimale pendant laquelle le pollicitant ne peut rétracter son offre, ou encore la durée maximale au-delà de laquelle l'offre est frappée de caducité et ne peut plus être acceptée, ou encore le temps imparti à un débiteur mis en demeure pour exécuter son obligation.

C. civ., art. 1116, 1117*, 1195*, 1211*, 1226*, 1231*, 1307-1*.*

Délaissement

[Droit civil]

Faculté ouverte au tiers acquéreur d'un immeuble hypothéqué, qui n'est pas personnellement obligé à la dette, d'abandonner l'immeuble au créancier hypothécaire exerçant le droit de suite, afin d'éviter que la saisie et la vente de l'immeuble ne soient poursuivies contre lui.

C. civ., art. 2463, 2467.

→ *Déguerpissement.*

[Droit maritime]

En cas de sinistre important, droit pour l'assuré de recevoir l'intégralité de l'indemnité, moyennant abandon à l'assureur de la chose assurée (le navire) ou de ses restes.

C. assur., art. L. 172-24 et L. 172-27.

[Droit pénal]

Crime ou délit, selon les circonstances, consistant à abandonner, en un lieu quelconque, soit un mineur de 15 ans, soit une personne qui n'est pas en mesure de se protéger en raison de son âge ou de son état physique ou psychique.

C. pén., art. 223-3 s. et 227-1 s.

ACTU

Délaissement parental d'un enfant

[Droit civil]

Un enfant est considéré comme délaissé lorsque ses parents n'ont pas entretenu avec lui les relations nécessaires à son éducation ou à son développement pendant l'année qui précède l'introduction d'une requête en *déclaration judiciaire de délaissement parental*, sans que ces derniers en aient été empêchés par quelque cause que ce soit.

C. civ., art. 381-1 s.; C. pr. civ., art. 1158 s.

Délateur

[Droit pénal]

Qualification de la personne qui a tenté de commettre un crime ou un délit et qui a

permis, en avertissant l'autorité administrative ou judiciaire, d'éviter la réalisation de l'infraction, et le cas échéant, d'identifier les autres auteurs ou complices.
Dans les cas prévus par la loi, le délateur bénéficie d'une exemption de peines.

C. pén., art. 132-78.

Délation de serment

[Procédure civile/Procédure pénale]

Acte par lequel l'appréciation de la cause est remise à la bonne foi d'une partie qui est invitée, par le juge ou le plaideur, à jurer de la véracité d'un fait ou de la réalité d'un engagement. Le serment est dit décisoire lorsqu'il est déféré d'office par l'une des parties à l'autre; il peut aussi être déféré d'office par le juge.

C. civ., art. 1384 s.; C. pr. civ., art. 317 s.*

→ *Relation de serment, Serment probatoire.*

Délégalisation

[Droit constitutionnel]

Technique prévue à l'article 37-2 de la Constitution de 1958 permettant au Gouvernement, d'une part, de modifier par décret, après avis du Conseil d'État, des dispositions législatives adoptées avant 1958 dans des matières devenues réglementaires depuis lors et, d'autre part et surtout, de demander au Conseil constitutionnel de déclarer que certaines dispositions législatives adoptées depuis 1958 l'ont été à tort car relevant du domaine réglementaire et peuvent donc être modifiées par le règlement.

Délégation

[Droit administratif]

→ *Délégation de pouvoir, Délégation de signature.*

[Droit civil]

Opération par laquelle une personne, le délégant, obtient d'une autre, le délégué, qu'elle s'oblige envers une troisième, le délégataire, qui l'accepte comme débiteur. le délégant obtient ainsi du délégué qu'il paye en son nom une dette au délégataire.
Le délégué ne peut, sauf stipulation contraire, opposer au délégataire aucune exception tirée de ses rapports avec le délégant ou des rapports entre ce dernier et le délégataire. Généralement, le délégué est débiteur du délégant et ce dernier est débiteur du délégataire. La délégation est parfaite lorsque, selon la volonté expresse des parties, elle produit un effet novatoire par extinction de la dette du délégant envers le délégataire et aussi celle du délégué envers le délégant; il ne reste alors qu'une seule dette, celle du délégué envers le délégataire. Elle est imparfaite lorsqu'elle laisse subsister les engagements initiaux, en y ajoutant l'engagement du délégué envers le délégataire, auquel cas elle joue le rôle d'une sûreté personnelle au profit du délégataire, puisqu'il aura 2 débiteurs au lieu d'un seul.

C. civ., art. 1336 s.*

GAJC, t. 2, nº 254.

[Droit constitutionnel]

1° Délégation de pouvoirs : transfert partiel de l'exercice du pouvoir législatif au gouvernement.

→ *Décret-Loi, Ordonnance.*

2° Délégation de vote : autorisation qu'un parlementaire donne à l'un de ses collègues de voter à sa place. Comme cette procédure favorise l'absentéisme, la Constitution de 1958 (art. 27) pose le principe du vote personnel; la délégation de vote n'est permise que dans 6 cas et nul ne peut en recevoir plus d'une (Ord. du 7 nov. 1958).

Délégation à l'emploi

[Droit du travail]

Organisme de l'Administration centrale du ministère du Travail chargé des problèmes de l'emploi; la Délégation dispose à cette fin du *Pôle emploi* et de l'Association pour la formation professionnelle des adultes.

Délégation à l'Union européenne

[Droit européen]

Organe chargé du suivi des questions relatives à l'Union européenne tant à l'Assemblée nationale qu'au Sénat. Depuis 2008, Commission des affaires européennes (Const., art. 88-4).

Délégation de compétence

[Droit administratif]

→ *Délégation de pouvoir.*

Délégation de gestion

[Droit administratif]

Dans le cadre de la coopération entre services de l'État, technique juridique permettant à un ou à plusieurs de charger l'un d'entre eux de réaliser pour leur compte des actes juridiques ou des prestations déterminées concourant à l'accomplissement de leurs missions. D'une durée limitée mais reconductible, la délégation donne lieu à un acte écrit. Exemple : en cas d'utilisation en commun des matériels ou de véhicules, l'un des services utilisateurs peut recevoir délégation pour en assurer seul l'entretien.

Délégation de pouvoir

[Droit pénal]

Mode d'exonération de la responsabilité pénale, par lequel un chef d'entreprise apporte la preuve qu'il a délégué ses pouvoirs à un préposé investi par lui pour veiller à la bonne observation des dispositions en vigueur, avec pour effet de transférer sa responsabilité au délégataire.

Le chef d'entreprise ne peut être exonéré de sa responsabilité que lorsqu'il démontre que l'infraction a été commise dans un service dont il a confié la direction ou la surveillance à un préposé pourvu de la compétence, ainsi que de l'autorité nécessaire pour veiller efficacement aux mesures édictées.

GADPG n° 37.

[Droit administratif]

Transfert par une autorité administrative, dans les limites légales, d'une ou plusieurs de ses compétences à un autre agent (désigné par son titre). Pendant sa durée, l'autorité délégataire est substituée, dans les responsabilités encourues et dans l'exercice des compétences déléguées, à l'autorité délégante qui cesse de pouvoir exercer ces dernières.

→ *Délégation de signature.*

Délégation de service public

[Droit administratif]

Procédé de gestion des *services publics* consistant pour la personne publique (généralement une collectivité territoriale) qui en a légalement la charge à externaliser une activité en en confiant le fonctionnement à une autre personne juridique (généralement une société privée), au moyen d'un contrat à durée limitée conclu avec celle-ci. Pour qu'il y ait délégation de service public, le contrat doit stipuler une rémunération substantielle liée aux résultats de l'exploitation du service. Le délégataire peut être chargé à ses frais de construire des ouvrages ou d'acquérir des biens nécessaires au service. Ce procédé, fréquent en matière de services publics industriels et commerciaux, comme la distribution de l'eau, est interdit pour certains services publics administratifs qui, par leur nature ou en raison d'un texte, ne peuvent être assurés que par la collectivité qui les a légalement en charge (comme la police ou l'état civil).

Depuis l'entrée en vigueur de l'ordonnance n° 2016-65 du 29 janvier 2016, les délégations de service public sont qualifiées de contrats de concession au sens de cette ordonnance, et leur régime juridique obéit donc aux prescriptions posées par ce texte.

CGCT, art. L. 1411-1 s.

→ *Affermage, Concession, Régie.*

[Droit pénal]

Les collectivités territoriales et leurs groupements ne sont responsables pénalement que des infractions commises dans l'exercice d'activités susceptibles de faire l'objet de conventions de délégation de service public.

C. pén., art. 121-2, al. 2.

Délégation de signature

[Droit administratif]

Habilitation donnée par une autorité administrative, dans les limites légales, à un agent nominativement désigné d'exercer, concurremment avec elle, une ou plusieurs de ses compétences en signant au nom du délégant les décisions correspondantes. Le délégant, qui n'est pas ici dessaisi de ses compétences, en conserve la responsabilité éventuelle.

→ *Délégation de pouvoir.*

ACTU

Délégation unique du personnel

[Droit du travail]

Modalité d'organisation de la représentation élue du personnel qui permet, sur décision unilatérale de l'employeur et dans les entreprises de moins de 300 salariés, de confier aux délégués du personnel élus les fonctions des représentants du personnel dans les institutions collégiales de représentation du personnel (comité d'entreprise, comité d'hygiène, de sécurité et des conditions de travail), moyennant quelques adaptations. Les institutions représentatives demeurent distinctes, chacune conserve sa personnalité morale (si elle en bénéficie) et ses attributions, mais les personnes physiques représentant les salariés sont les mêmes dans toutes les institutions représentatives.

C. trav., art. L. 2326-1 s.

→ *Comité d'entreprise, Comité d'hygiène, de sécurité et des conditions de travail (CHSCT), Délégué du personnel, Représentants du personnel.*

De lege ferenda

[Droit général]

« Selon la loi telle qu'elle devrait être adoptée ». Se dit d'une analyse qui, après étude du droit positif, se réfère au droit tel que l'on souhaiterait qu'il fût.

De lege lata

[Droit général]

« Selon la loi en vigueur ». Se dit d'une analyse du droit positif en considérant le droit tel qu'il existe.

Délégué à la protection des majeurs

[Procédure civile]

Magistrat désigné par le premier président de la cour d'appel pour assurer la présidence de la formation de jugement qui statue sur les appels des décisions rendues par le juge des tutelles et le conseil de famille, ou y exercer les fonctions de rapporteur.

COJ, art. L. 312-6-1.

Délégué aux prestations familiales

[Droit civil/Sécurité sociale]

Personne physique ou morale que le juge des enfants désigne pour gérer tout ou partie des prestations familiales ou du revenu de solidarité active, lorsqu'il prend une *mesure judiciaire d'aide à la gestion du budget familial*. Au-delà de la gestion des prestations familiales selon les besoins liés à l'entretien, à la santé et à l'éducation des enfants, gestion pour laquelle il doit s'efforcer de recueillir l'adhésion des bénéficiaires de ces prestations, le délégué exerce auprès de la famille une action éducative visant à rétablir les conditions d'une gestion autonome des prestations.

CASF, art. L. 474-1 s. et R. 474-16 s.; C. civ., art. 375-9-1; CSS, art. L. 552-6 et L. 755-4.

Délégué du personnel

[Droit du travail]

Représentant élu du personnel d'un établissement, chargé de faire observer les conditions de travail, de transmettre les réclamations du personnel à l'employeur et, éventuellement, d'exercer les attributions reconnues au comité d'entreprise quand celui-ci n'existe pas. Il est également un interlocuteur privilégié des inspecteurs du travail.

C. trav., art. L. 2311-1 s. et R. 2312-1 s.

GADT n° 136 à 140.

Délégué syndical

[Droit du travail]

Représentant, auprès du chef d'entreprise, d'un syndicat représentatif ayant constitué une section syndicale. Il ne faut pas confondre le délégué syndical avec le *représentant syndical* au comité d'entreprise et avec le *représentant de la section syndicale*. Ce dernier ne dispose pas, en principe (sauf cas très particulier), de compétence en matière de négociation de textes conventionnels, à l'inverse du délégué syndical, qui est membre de droit de la délégation syndicale à la négociation.

C. trav., art. L. 2143-1 s. et R. 2143-1 s.

GADT n° 126, 130, 135 et 141.

Délégués consulaires

[Droit commercial/Procédure civile]

Principaux électeurs des juges du tribunal de commerce. Rassemblés en un collège, dans chaque circonscription électorale, ils sont élus par les commerçants immatriculés au registre du commerce, les chefs d'entreprise inscrits au répertoire des métiers, leurs conjoints collaborateurs, les sociétés à caractère commercial et les cadres ayant des fonctions de direction commerciale, technique ou administrative.

C. com., art. L. 713-6 s., L. 723-1, L. 723-2, R. 711-3, R. 711-4, R. 711-12.

Délibératif

[Procédure (principes généraux)/ Droit administratif]

→ *Voix délibérative, voix consultative.*

Délibération

[Droit constitutionnel/Droit administratif/ Droit international public]

1° Examen et discussion d'une affaire par un organe collectif avant qu'il prenne une décision.

2° Résultat de cette discussion : la décision prise. Ce terme est spécialement employé pour désigner les décisions prises par les assemblées des collectivités territoriales.

Const., art. 13 al. 1.

→ *Vœu.*

Délibération de programme

[Droit administratif]

Programme prévisionnel de dépenses d'investissement envisagées par une collectivité territoriale pour les années à venir, voté par le Conseil délibérant de celle-ci avec l'indication de l'échéancier prévu des réalisations.

Délibéré

[Procédure (principes généraux)]

Phase de l'instance au cours de laquelle, les pièces du dossier ayant été examinées, les plaidoiries entendues, les magistrats se concertent avant de rendre leur décision à la majorité.

Les délibérations des juges sont secrètes. Par dérogation, à la Cour de cassation, le premier président peut autoriser certaines personnes à assister au délibéré, notamment les professeurs des universités et les personnes qui participent à une session de formation en vue d'accéder à la profession d'avocat aux Conseils.

CJA, art. L. 8; CJF, art. R. 141-13; COJ, art. R. 431-7-1; C. pr. civ., art. 447 s.; C. pr. pén., art. 355 s.

Délictuel

[Droit civil/Droit général]

Qui a sa source dans un délit. La responsabilité délictuelle se distingue de la responsabilité contractuelle, car elle n'a pas son origine dans l'inexécution d'un contrat.

→ *Extracontractuel.*

Délictueux

[Droit civil/Droit général]

S'applique à l'agissement qui a le caractère d'un délit, qu'il soit civil ou pénal.

Délimitation des espaces terrestres et/ou maritimes

[Droit international public]

Opération juridique consistant à déterminer le tracé de la frontière entre deux États. Conventionnelle ou juridictionnelle, la délimitation est exécutée sur le terrain par une commission de *démarcation* composée d'experts, qui procède à l'*abornement*.

→ *Bornage.*

Délinquant

[Droit pénal]

Auteur ou complice d'une infraction pénale, qui peut faire l'objet d'une poursuite de ce chef.

Délinquant primaire

[Droit pénal]

Auteur ou complice d'une infraction pénale, qui ne se trouve pas dans un état de *récidive*.

Délit

[Droit pénal]

Au sens large, le délit est synonyme d'*infraction*.

Au sens strict, le délit est une infraction dont l'auteur est puni de peines correctionnelles.

Les peines correctionnelles encourues par les personnes physiques sont l'emprisonnement (10 ans au plus), la *contrainte pénale*, l'amende (supérieure ou égale à 3 750 €), le jour-amende, le stage de citoyenneté, le travail d'intérêt général, des peines privatives ou restrictives de droits, des peines complémentaires, et la *sanction-réparation*. Pour les *personnes morales*, les peines applicables sont l'amende, dont le taux maximum est égal au quintuple de celui prévu pour les personnes physiques, certaines peines privatives ou restrictives de droits dans les cas prévus par la loi, et la sanction-réparation.

C. pén., art. 111-1 s., 131-3 s. et 131-37 s.

GADPG n° 26.

Délit civil

[Droit civil]

Au sens large : tout fait illicite de l'homme engageant sa *responsabilité civile*, en raison du *dommage* causé à autrui (on oppose le délit civil au *délit* pénal).

Dans une acception étroite : fait de l'homme résultant d'une faute intentionnelle et engageant sa responsabilité civile (par opposition au quasi-délit qui résulte d'une faute non intentionnelle).

C. civ., art. 1240 s.*

Délit-contravention

[Droit pénal]

Infraction dont le caractère hybride la rattache à la fois aux délits et aux contraventions. Elle constitue un délit par les peines dont elle est assortie, mais reste proche des contraventions par le régime applicable, tant en raison de son caractère purement matériel, qui la rend indifférente à l'intention ou à la faute, que de la possibilité de cumuler les peines encourues (délits en matière de chasse, d'urbanisme, d'environnement ou de droit du travail...).

Dans la logique de la réforme du Code pénal, qui pose le principe qu'il n'y a point de crime ou de délit sans élément moral, même lorsque la loi ne le prévoit pas expressément, les délits-contraventions sont appelés à disparaître.

C. pén., art. 121-3.

GADPG n° 26 et 42.

Délit d'audience

[Procédure civile/Procédure pénale]

Outrage adressé à un magistrat ou à un juré commis au cours de l'audience, pour la sanction duquel le président et le tribunal disposent de pouvoirs exceptionnels, à effet immédiat.

C. pén., art. 434-24; C. pr. civ., art. 439; C. pr. pén., art. 404 et 675 s.

Délit de fuite

[Droit pénal]

Infraction consistant dans le fait, pour tout conducteur d'un véhicule ou engin terrestre, fluvial ou maritime, sachant qu'il vient de causer ou d'occasionner un accident, de ne pas s'arrêter et de tenter ainsi d'échapper à la responsabilité pénale ou civile qu'il peut avoir encourue.

C. pén., art. 434-10.

Délit non intentionnel

[Droit pénal]

Délit dont l'élément moral consiste en une faute plus ou moins prononcée. Il s'agit, soit d'une faute d'imprudence, de négligence ou de manquement à une obligation de prudence ou de sécurité prévue par la loi ou le règlement, soit d'une faute délibérée par mise en danger de la personne d'autrui, soit d'une faute caractérisée ayant exposé autrui à un risque d'une particulière gravité qui ne pouvait être ignoré.

Depuis la loi n° 2000-647 du 10 juillet 2000 tendant à préciser la définition des délits non intentionnels, la *causalité* est également un critère d'appréciation de la responsabilité pénale des personnes physiques, pour se conjuguer désormais avec ces différentes catégories de fautes.

C. pén., art. 121-3.

Délit *praeter*-intentionnel

[Droit pénal]

→ *Infraction praeter intentionnelle.*

Délits d'initiés

[Droit pénal]

Délits attentatoires à la transparence des marchés financiers, consistant pour des personnes disposant, notamment à l'occasion de l'exercice de leur profession ou de leurs fonctions, d'informations privilégiées sur les perspectives d'évolution de titres, d'instruments financiers ou d'actifs négociés ou admis sur un marché réglementé, de réaliser ou de permettre de réaliser, directement ou indirectement, une ou plusieurs opérations avant que le public ait connaissance de ces informations, ou encore de les communiquer à un tiers.

C. mon. fin., art. L. 465-1.

Délivrance

[Droit civil]

1° Remise d'un acte (par ex. la copie exécutoire d'un jugement) ou d'une chose à quelqu'un. En matière mobilière, elle s'opère par *tradition* ou livraison.

2° Obligation qui pèse sur le débiteur d'une chose (bailleur, coéchangiste, donateur, entrepreneur, héritier, etc.) de mettre celle-ci à la disposition du créancier.

C. civ., art. 1004, 1011, 1014, 1689, 1719 et 1720.

3° Dans les contrats qui ont pour objet le transfert de propriété ou d'un autre droit, désigne l'obligation de mettre la chose à disposition de l'acquéreur. L'obligation de délivrer la chose emporte alors obligation de la conserver jusqu'à la délivrance, en y apportant tous les soins d'une personne raisonnable.

C. civ., art. 1197 et 1604 à 1624.*

Délocalisation de procédure

[Procédure civile]

Faculté ouverte au *magistrat* ou à l'auxiliaire de justice qui est partie à un litige de la compétence d'une juridiction dans le ressort de laquelle il exerce ses fonctions, de saisir une juridiction limitrophe.

C. pr. civ., art. 47.

→ *Renvoi, Siège.*

ACTU

Délocalisation procréative

[Droit civil]

Pratique consistant pour des personnes ayant un projet parental supposant le recours à l'*assistance médicale à la procréation* à mettre en œuvre ce projet dans un pays étranger, pour des raisons matérielles (par ex. délais d'attente moindres) et/ou juridiques (conditions d'accès à un procédé moins rigoureuses, voire contournement de l'interdiction d'un procédé interdit dans le pays d'origine, telle la gestation pour autrui, prohibée en France).

Expression plus neutre que celle de « tourisme procréatif » – le mot tourisme supposant un voyage accompli simplement pour le plaisir.

→ *Gestation pour autrui, Insémination artificielle avec tiers donneur.*

Demande additionnelle

[Procédure civile]

Demande par laquelle le demandeur, en cours d'instance, formule une prétention nouvelle, mais connexe à sa demande initiale.

C. pr. civ., art. 65, 70.

→ *Connexité, Demande incidente.*

Demande en intervention

[Procédure civile]

Demande incidente dirigée par l'une des parties contre un tiers, un garant par exemple (intervention forcée), ou demande formée spontanément par un tiers contre l'un des plaideurs (intervention volontaire). L'*intervention* est autorisée en appel pour la première fois. Le juge a le pouvoir de provoquer l'intervention forcée d'un tiers, par l'intermédiaire de l'un des plaideurs même en vue de la condamnation de ce tiers.

C. pr. civ., art. 66, 325 s., 554, 555, 910.

→ *Déclaration de jugement commun, Mise en cause.*

Demande en justice

[Procédure (principes généraux)]

Acte par lequel une personne soumet au tribunal une prétention; il émane normalement du demandeur.

C. pr. civ., art. 53.

→ *Déclaration des créances, Demande additionnelle, Demande incidente, Demande en intervention, Demande reconventionnelle.*

Demande incidente

[Procédure civile]

Demande intervenant au cours d'un procès déjà engagé, par opposition à la *demande initiale*. Elle émane du demandeur (*demande additionnelle*) ou du défendeur (*demande reconventionnelle*); elle peut aussi provenir d'un tiers (*intervention* volontaire) ou être dirigée contre lui (intervention forcée).

C. pr. civ., art. 4, 63.

Demande indéterminée

[Procédure civile]

Demande dont l'objet n'est pas susceptible d'évaluation pécuniaire (ex. : question d'état de la personne) ou dont la valeur est difficilement déterminable (ex. : tableau de famille).

La demande est aussi dite indéterminée lorsqu'elle trouve son origine dans l'exécution d'une obligation elle-même chiffrée, ainsi de l'action en garantie des vices cachés d'une chose dont on connaît le prix de vente : le juge de proximité en connaît si le montant de cette obligation n'excède pas 4 000 €, le tribunal d'instance au-delà et jusqu'à 10 000 €, le TGI au-delà de ce plafond.

Lorsque le taux de ressort dépend du montant du litige, l'indétermination de la demande rend l'appel toujours possible.

C. pr. civ., art. 40; COJ, art. L. 221-4, L. 231-3.

→ *Indéterminé.*

Demande initiale

[Procédure civile]

Acte par lequel une prétention est soumise au juge et qui introduit l'instance, par opposition à la *demande incidente*.

La demande initiale est formée : en matière contentieuse, soit par assignation de l'adversaire, soit par requête conjointe des parties; en matière gracieuse par requête unilatérale remise au secrétariat de la juridiction. La loi se contente parfois d'une simple déclaration au greffe ou de la présentation volontaire des plaideurs devant le juge.

La demande initiale, en délimitant l'objet du litige, fixe l'étendue de l'office du juge et commande la recevabilité des demandes incidentes.

C. pr. civ., art. 53, 54, 60, 61.

→ *Connexité, Saisine.*

Demande introductive d'instance

[Procédure civile]

Expression de l'ancienne procédure.

→ *Demande initiale.*

Demande nouvelle

[Procédure civile]

Demande qui diffère de la demande introductive d'instance par l'un de ses éléments constitutifs, parties, objet ou cause, qu'elle soit présentée par le demandeur, par le défendeur ou par un tiers.

Le principe de l'*immutabilité du litige* tendrait à déclarer irrecevable toute demande nouvelle formulée en cours d'instance; mais il est aujourd'hui tombé en désuétude et la demande nouvelle est recevable pourvu qu'il existe entre la demande initiale et la demande nouvelle un lien de *connexité*. En appel, les *prétentions nouvelles* sont en principe irrecevables.

C. pr. civ., art. 564 s.

→ *Cause, Demande additionnelle, Demande en intervention, Demande reconventionnelle.*

Demande reconventionnelle

[Procédure civile]

Demande par laquelle le défendeur originaire formule une prétention visant à obtenir un avantage juridique autre que le simple rejet de la prétention de son adversaire.

Elle se distingue de la simple défense au fond, par laquelle le défendeur n'ajoute rien au rejet de la prétention adverse mais conteste simplement son bien-fondé; elle manifeste la volonté du défendeur d'attaquer à son tour en soumettant au tribunal un chef de demande.

C. pr. civ., art. 37, 39, 64, 70, 567.

Demandeur

[Procédure civile]

Personne qui prend l'initiative d'un procès et qui supporte en cette qualité, la triple charge de l'*allégation* des faits, de leur *pertinence* et de leur *preuve*.

→ *Appelant.*

Démarcation

[Droit international public]

Opération consistant à matérialiser sur le terrain, par l'implantation de bornes, la frontière terrestre entre deux États.

→ *Délimitation des espaces terrestres et/ou maritimes.*

ACTU

Démarchage

[Droit commercial/Droit pénal/Droit civil/Procédure civile]

Opération qui consiste à rechercher des clients ou à solliciter des commandes pour le compte d'une entreprise, par des visites à domicile ou au lieu du travail.

Le démarchage en vue du placement d'instruments financiers ou de services bancaires – démarchage bancaire et financier – est strictement réglementé, de même que le démarchage téléphonique. Le démarchage en matière de propriété industrielle est interdit.

Depuis la loi n° 2014-344 du 17 mars 2014 et le décret n° 2014-1251 du 28 octobre 2014, les avocats sont autorisés à recourir au démarchage, sous la dénomination de « sollicitation personnalisée », à condition que la sollicitation personnalisée procure une information sincère sur la nature des prestations proposées, que sa mise en œuvre respecte les principes essentiels de la profession et qu'elle exclut tout élément comparatif ou dénigrant. Elle prend la forme d'un envoi postal ou d'un courrier électronique (le SMS est expressément exclu) et précise le mode de calcul du coût de la prestation.

Toute autre personne reste frappée d'interdiction à se livrer au démarchage en vue de donner des consultations ou de rédiger des actes en matière juridique, à peine de sanctions pénales (2 ans d'emprisonnement, 150 000 euros d'amende). Toutefois, les conseillers en propriété industrielle sont autorisés, dans des conditions fixées par décret en Conseil d'État, à recourir à la publicité ainsi qu'à la sollicitation personnalisée (L. n° 990 du 5 août 2015, art. 173).

C. consom., art. L. 221-16, L. 221-17, L. 221-18, L. 223-1 s.; C. mon. fin., art. L. 341-1 s. et L. 353-1 s.; CPI, art. L. 423-1; L. n° 71-1130 du 31 déc. 1971, art. 66-4; Décr. n° 2005-790 du 12 juill. 2005, art. 15.

Dématérialisation (valeurs mobilières et autres titres financiers)

[Droit commercial]

Opération consistant à inscrire dans un compte ouvert par la société émettrice ou un mandataire habilité les titres nominatifs et au porteur au nom de leurs titulaires, et à supprimer leur représentation matérielle (registre de transfert, support écrit).

C. mon. fin., art. L. 211-4.

→ *Tradition.*

Dématérialisation des procédures

[Procédure (principes généraux)]

Suppression du support papier dans les diverses procédures (civile, pénale, administrative) pour les opérations d'émission, de transmission et de conservation des actes de l'instance et remplacement par un support électronique qui a une valeur juridique identique à celle du support papier.

Pour les avocats, la dématérialisation permet un gain de temps très appréciable, évite les déplacements au greffe, facilite la gestion des dossiers, annule pratiquement les coûts d'expédition. Pour les tribunaux, l'intérêt le plus marquant est une meilleure productivité.

Le décret n° 146 du 10 février 2015 prévoit le principe de la dématérialisation des échanges de données et de la transmission des actes dans le cadre de la procédure des juridictions financières.

C. pr. civ., art. 748-1 à 748-9, 930-1.

→ *Communication électronique, Courrier électronique, Écrit électronique, Signature électronique, Téléprocédures.*

Démembrement de propriété

[Droit civil]

Situation caractérisée par la répartition des attributs du droit de propriété entre plusieurs titulaires de droits réels (*usufruit*, *servitude* ou autre droit de jouissance).

→ *Droit réel.*

Démembrements de la puissance publique

[Droit administratif]

Expression fréquemment utilisée pour désigner l'ensemble des collectivités territoriales et établissements publics, auquel on ajoute parfois les organismes à façade privée montés par l'Administration en vue de poursuivre son action en échappant aux règles du droit administratif et de la comptabilité publique.

Démence

[Droit pénal]

Atteinte des facultés mentales de l'auteur ou du complice d'une infraction au moment des faits, ce qui justifie que sa responsabilité pénale soit écartée ou atténuée.

Depuis la réforme du Code pénal, la démence disparaît en tant que notion spécifique, pour être remplacée par le *trouble psychique ou neuropsychique* ayant aboli ou altéré le discernement de celui qui en est atteint.

C. pén., art. 122-1.

→ *Aliénation mentale, Altération des facultés mentales ou corporelles, Protection des majeurs.*

Demeure

[Procédure civile]

Pour une personne physique, lieu où celle-ci a son domicile ou, à défaut, sa résidence; pour une personne morale, lieu où celle-ci est établie.

C'est un critère personnel de localisation des litiges déterminant la compétence territoriale des juridictions.

C. pr. civ., art. 42.

Démission

[Droit public]

1° Acte par lequel on renonce à une fonction ou à un mandat.

2° *Démission d'office :* démission forcée dans les cas définis par les textes juridiques en vigueur.

3° *Démission en blanc :* démission présentée sous forme d'une lettre signée mais non datée, remise à ses électeurs par le candidat à une élection, à titre de garantie de la fidèle exécution de ses engagements.

Pratique contraire au principe de l'interdiction du mandat impératif.

→ *Mandat politique.*

[Droit du travail]

Acte par lequel un salarié prend l'initiative d'une rupture, qui lui est imputable, de son contrat de travail à durée indéterminée.

C. trav., art. L. 1237-1 s.

GADT n° 83 à 86.

→ *Congédiement, Licenciement.*

Démocratie

[Droit constitutionnel]

Étymologiquement : gouvernement par le peuple.

Plus concrètement, régime dans lequel tous les citoyens possèdent de manière égalitaire un droit de participation (vote) et un droit de contestation à l'égard du pouvoir (liberté d'opposition). Cependant la liberté d'opposition n'est reconnue que dans la *démocratie libérale*, mais non dans la *démocratie populaire*.

Démocratie directe

[Droit constitutionnel]

1° Sens général : par opposition à la *démocratie représentative*, forme de démocratie dans laquelle les citoyens exercent eux-mêmes le pouvoir, sans intermédiaire. Trouvant sa forme originelle dans l'Athènes classique, elle ne connaît aujourd'hui que de rares manifestations, par exemple dans certains cantons suisses.

2° Pour certains auteurs (Maurice Duverger), l'expression désigne, par opposition à la *démocratie médiatisée*, le régime dans lequel les citoyens choisissent eux-mêmes leur gouvernement, du moins son chef (ex. : États-Unis, avec l'élection du président au suffrage universel; Grande-Bretagne, avec le bipartisme permettant aux citoyens de choisir le Premier ministre – leader du parti majoritaire – à travers l'élection de la Chambre des communes).

Démocratie libérale

[Droit constitutionnel]

Démocratie qui cherche à résoudre l'antagonisme entre le pouvoir et la liberté – antagonisme tenant à l'existence d'une majorité s'imposant à la minorité – au moyen de procédés divers de conciliation et d'équilibre : reconnaissance aux individus de droits opposables à l'État (notamment liberté d'opposition), aménagement de la structure de l'État de manière à limiter le pouvoir politique (principe de constitutionnalité, séparation des pouvoirs, indépendance du pouvoir judiciaire…).

Démocratie médiatisée

[Droit constitutionnel]

Régime dans lequel la multiplicité des partis politiques empêche que les citoyens puissent choisir directement le chef du gouvernement à travers l'élection parlementaire : ce choix dépend des tractations entre les états-majors politiques et des « jeux parlementaires ».

Démocratie participative

[Droit constitutionnel]

La démocratie participative vise à enrichir les formes traditionnelles de démocratie élective, parfois victimes d'un certain discrédit, et à susciter une adhésion plus forte des citoyens au système politique, par l'organisation de procédures (débats, enquêtes publiques, instances consultatives, initiatives populaires…) permettant de les faire participer, ainsi que leurs associations représentatives, à l'élaboration même des décisions politiques.

→ *Principe de participation.*

Démocratie pluraliste

[Droit constitutionnel]

Démocratie fondée sur la reconnaissance de la légitimité d'une pluralité effective de partis politiques, et de leur alternance au pouvoir. Cette conception de la démocratie a représenté l'une des différences essentielles entre les démocraties libérales « occidentales » et les démocraties populaires (et l'Union soviétique).

→ *Démocratie libérale, Démocratie populaire, Parti dominant, Parti unique.*

Démocratie populaire

[Droit constitutionnel]

Régime politique marxiste et totalitaire institué au lendemain de la Seconde Guerre mondiale dans les États d'Europe centrale et orientale situés dans la zone d'influence de l'URSS.

Ces régimes ont été créés sur le modèle soviétique, avec cependant des éléments originaux plus ou moins marqués.

Les événements survenus dans la plupart de ces États fin 1989 ont conduit à la fin de ce régime politique et à la mise en place (malgré certaines difficultés) d'une *démocratie pluraliste*.

→ *Dictature, Totalitarisme.*

Démocratie représentative

[Droit constitutionnel]

Forme de démocratie dans laquelle les citoyens donnent mandat à certains d'entre eux d'exercer le pouvoir en leur nom et à leur place.

→ *Mandat politique.*

Démocratie semi-directe

[Droit constitutionnel]

Forme de démocratie qui combine la démocratie représentative et la démocratie directe : le pouvoir est normalement exercé par des représentants, mais les citoyens peuvent dans certaines conditions intervenir directement dans son exercice, notamment par le *référendum* ou par le droit de révocation des élus.

→ *Initiative populaire, Révocation populaire.*

Démocratie sociale

[Droit constitutionnel/Droit social]

Forme de démocratie dans laquelle l'action des pouvoirs publics prend en compte le point de vue des partenaires sociaux.

Selon l'article 1er de la Constitution de 1958, « la France est une République [...] sociale ». Un projet de loi constitutionnelle du 13 mars 2013, non abouti, visait à insérer dans la Constitution et généraliser les obligations de dialogue social déjà prévues par l'article L. 1 du Code du travail.

La loi n° 2014-288 du 5 mars 2014, relative entre autres à la démocratie sociale, régit les critères de représentativité des organisations patronales et salariales, leur mode de financement ainsi que les comptes des comités d'entreprise.

Dénaturation

[Droit civil/Procédure (principes généraux)/Droit international privé]

Dénaturer consiste à changer la nature d'une chose, à lui donner un autre caractère, à y introduire des changements. En droit :

1° La dénaturation est, au sens strict, l'action par laquelle le juge du fond interprète ou refuse d'appliquer, une clause claire et précise d'un document qui lui est soumis, alors que cette clause n'avait pas à être interprétée, en raison, précisément, de sa clarté et de sa précision.

C. civ., art. 1192.*

2° Dans un sens plus large et selon une certaine jurisprudence de la Cour de cassation, la dénaturation consiste aussi, pour le juge du fond, à donner une mauvaise interprétation d'une clause ambiguë d'un acte juridique ou d'un contrat d'application fréquente, ou encore d'une loi étrangère. Normalement, dans ces deux cas, l'ambiguïté de la clause ou le fait qu'il s'agisse d'une loi étrangère, aurait dû chasser tout grief de dénaturation, mais pour des raisons de politique judiciaire (unification du droit), la Cour de cassation y voit une dénaturation, ce qui lui permet, sous ce couvert, de donner aux juges du fond sa propre interprétation.

La dénaturation est un cas d'ouverture à cassation.

GAJC, t. 2, nº 161; GADIP nº 36.

→ *Interprétation des contrats et conventions.*

Dénégation d'écriture

[Procédure civile]

→ *Vérification d'écriture.*

Déni de justice

[Procédure (principes généraux)]

Selon la loi, « il y a déni de justice lorsque les juges refusent de répondre aux requêtes ou négligent de juger les affaires en état et en tour d'être jugées ». Le déni de justice est non seulement une cause de responsabilité civile, mais aussi un délit pénal exposant son auteur, outre une peine d'amende, à l'interdiction d'exercer ses fonctions de 5 à 20 ans.

Dans un sens plus moderne et extensif, le déni de justice s'entend du manquement de l'État à son devoir de protection juridictionnelle des citoyens, par exemple un délai anormal d'audiencement, la diffusion dans la presse d'un rapport confidentiel adressé par un magistrat à la Chancellerie.

Conv. EDH, art. 6 § 1; C. civ., art. 4; C. pr. civ., art. 366-9; COJ, art. L. 141-1, L. 141-3; C. pén., art. 434-7-1.

→ *Délai raisonnable, Prise à partie, Responsabilité du fait du fonctionnement défectueux de la justice.*

Se dit aussi de la situation résultant d'une double déclaration d'incompétence de la part des tribunaux de l'ordre judiciaire et de l'ordre administratif successivement saisis.

→ *Conflit.*

Deniers publics

[Droit financier ou fiscal]

Jadis l'une des notions reconnues comme fondamentales en matière de finances publiques, le concept de deniers publics a connu, en droit positif, un déclin parallèle à celui de service public, entraîné par la difficulté croissante d'en cerner les frontières.

Aujourd'hui, le législateur évite systématiquement d'en faire usage, mais la notion conserve un intérêt en jurisprudence financière, et en doctrine; on a pu, récemment encore, ordonner autour d'elle une présentation générale des finances publiques, en distinguant : une notion juridique, correspondant aux fonds appartenant ou confiés aux organismes publics; une notion politique, correspondant aux fonds mis en œuvre par un organisme de nature juridique quelconque dans le cadre d'une mission de service public.

Dénomination sociale

[Droit commercial]

Appellation de la société déterminée dans les statuts.

C. com., art. L. 210-2.

→ *Raison sociale.*

Dénonciation

[Droit international public]

Acte par lequel une partie à un traité met fin à son engagement.

La dénonciation n'est opposable que dans la mesure où elle respecte les formes et les conditions prévues dans le traité lui-même.

→ *Retrait.*

[Droit du travail]
Acte par lequel l'une ou l'autre des parties à une convention collective à durée indéterminée entend se dégager de l'accord. Les effets de la dénonciation sont plus ou moins étendus selon qu'elle émane de l'ensemble ou d'une partie seulement des signataires employeurs ou salariés. La loi n° 2008-789 du 20 août 2008 crée une hypothèse très particulière où la dénonciation est ouverte à des organisations non-signataires.

C. trav., art. L. 2261-9 s.

GADT n° 171.

[Procédure pénale]
Acte par lequel un citoyen signale aux autorités policières, judiciaires ou administratives une infraction commise par autrui. La dénonciation est, dans certains cas, ordonnée par la loi.

C. pr. pén., art. 91, 337 et 451.

[Procédure civile]
Notification d'un acte de procédure à une personne qui n'en est pas le destinataire mais qui a néanmoins intérêt à le connaître. Tel est le cas de l'acte de saisie-attribution qui est adressé directement au tiers saisi; le débiteur poursuivi a besoin de savoir que les fonds inscrits à son compte ont été attribués au saisissant dans la limite de la créance cause de la saisie; on doit donc lui dénoncer le procès-verbal de saisie (dans les 8 jours de son établissement) à peine de caducité.

C. pr. exéc., art. R. 211-3.

Dénonciation calomnieuse

[Droit pénal/Droit civil]
Délit qui consiste à porter des accusations mensongères contre une personne déterminée, auprès d'un officier de justice ou de police administrative ou judiciaire, ou de toute autorité ayant le pouvoir d'y donner suite, y compris les supérieurs hiérarchiques ou l'employeur de la personne dénoncée.

C. pén., art. 226-10; C. civ., art. 727.

Dénonciation de nouvel œuvre

[Droit civil/Procédure civile]
Ancienne *action possessoire* qui pouvait être exercée par le possesseur ou même par le simple détenteur d'un immeuble contre le propriétaire d'un fonds voisin qui effectuait des travaux dont l'achèvement créait un trouble pour le demandeur.
La *complainte* était l'action possessoire générale dont la dénonciation de nouvel œuvre n'était qu'une variété supposant, elle, que le trouble à sanctionner n'était pas encore effectif, seulement éventuel. Supprimée par la loi n° 2015-177 du 16 février.

C. pr. civ., art. 1264 à 1267.

➜ *Réintégrande.*

ACTU

Déontologie

[Droit général]
La déontologie regroupe, pour les personnes exerçant certaines activités publiques ou privées, les règles juridiques et morales qu'elles ont le devoir de respecter.
Tel est le cas pour les fonctionnaires, les magistrats, les membres des professions libérales réglementées (avocat, officier ministériel, médecin par ex.).
Les manquements aux règles de la déontologie, qui sont variables d'une fonction ou d'une profession à une autre, sont de nature à provoquer des poursuites disciplinaires.
Le Conseil supérieur de la magistrature a rendu public, le 10 juin 2010 le « Recueil des obligations déontologiques des magistrats » recensant 7 valeurs au fondement de l'action de la justice : l'indé-

pendance, l'*impartialité*, l'intégrité, la légalité, l'attention à autrui, la discrétion, la réserve.

La loi du 20 avril 2016 relative à la déontologie et aux droits et obligations des fonctionnaires complète de façon substantielle les dispositifs préexistants en matière de déontologie, tant pour les militaires que pour les fonctionnaires civils, en prévoyant notamment la création auprès du Premier ministre de la *Commission de déontologie de la fonction publique*, en reconnaissant le droit pour tout fonctionnaire de saisir un référent déontologique, en établissant des obligations de *déclaration d'intérêts* et de situation patrimoniale pour les emplois dont le niveau hiérarchique ou la nature des fonctions le justifient, en réglementant les cumuls d'activités, en instituant deux collèges de déontologie respectivement auprès des juridictions administratives et des juridictions financières.

➜ *Conflit d'intérêts, Discipline, Pouvoir disciplinaire.*

Département

[Droit administratif]

Fraction du territoire constituant à la fois une circonscription administrative pour les services de l'État et une collectivité territoriale se situant entre la *région* et la *commune*. Le territoire métropolitain est divisée en 96 départements.

CGCT, art. L. 3111-1 s.

➜ *Conseil départemental, Décentralisation, Départements d'outre-mer, Paris, Préfet.*

Département ministériel

[Droit constitutionnel]

➜ *Ministère, Portefeuille.*

Départements d'outre-mer (DOM)

[Droit administratif]

Collectivités territoriales créées en 1946 pour resserrer les liens juridiques existant entre la métropole et 4 de ses anciennes colonies : la Guadeloupe, la Guyane, la Martinique et La Réunion. Les départements d'outre-mer étaient soumis à un régime d'assimilation législative, le droit métropolitain leur étant applicable de plein droit (sous réserve de certaines adaptations). Ce régime a été sensiblement assoupli par la révision de la Constitution adoptée en 2003. Mayotte bénéficie de ce statut depuis le 31 mars 2011, mais avec une application étalée dans le temps (LO du 7 déc. 2010).

Depuis le renouvellement des conseils départementaux et régionaux en 2015, la Guyane et la Martinique sont devenues des collectivités uniques en raison de la fusion entre le département et la région composant ces deux territoires.

CGCT, art. L. 3441-1 s.

➜ *Collectivités territoriales d'outre-mer.*

Départiteur

[Procédure civile]

➜ *Conseil de prud'hommes.*

Dépaysement

[Procédure civile]

Nom couramment donné au *renvoi*.

Dépendance du domaine public

[Droit administratif]

Synonyme de bien faisant partie du domaine public.

Dépendance économique

[Droit du travail]

État d'un travailleur, salarié ou non, vis-à-vis de la personne qui l'emploie, lorsqu'il tire du travail qu'il exécute pour cette personne ses principaux moyens d'existence.

→ *Abus de domination.*

Dépendances

[Droit civil]

→ *Aisances et dépendances.*

Dépens

[Procédure civile/Procédure administrative]

Les dépens représentent la part des *frais* engendrés par le procès que le gagnant peut se faire rembourser par le perdant, à moins que le tribunal, par décision motivée, n'en mette la totalité ou une fraction à la charge du gagnant.

Ils comprennent : 1° les droits, taxes, redevances ou émoluments perçus par les secrétariats des juridictions ou l'administration des Impôts; 2° les indemnités des témoins; 3° la rémunération des *techniciens*; 4° les *débours* tarifés; 5° les *émoluments* des officiers publics ou ministériels; 6° la rémunération des avocats dans la mesure où elle est réglementée y compris les droits de plaidoirie; 7° les frais occasionnés par la notification d'un acte à l'étranger; 8° les frais d'interprétariat et de traduction liés aux *mesures d'instruction* dans le cadre communautaire; 9° le coût des enquêtes sociales ordonnées en matière familiale; 10° la rémunération de la personne désignée par le juge pour entendre le mineur; 11° les rémunérations et frais afférents aux mesures en matière de déplacement illicite international d'enfants.

C. pr. civ., art. 52, 639, 695, 696, 700; CJA, art. L. 761-1 et R. 761-1.

GACA n° 70.

→ *Distraction des dépens, Irrépétibles, Liquidation des dépens, Vérification des dépens.*

Dépenses

[Droit civil]

Nouvelle dénomination des « *impenses* ».

Dépenses de transfert

[Droit financier ou fiscal]

Catégorie de la classification économique des dépenses de l'État, regroupant les crédits destinés à des paiements effectués sans contrepartie directe de la part des bénéficiaires.

On y trouve essentiellement les subventions économiques, les crédits d'assistance ainsi que les intérêts de la dette publique – qui en comptabilité nationale ne sont pas classés parmi les opérations de transfert.

Dépenses en capital

[Droit financier ou fiscal]

Catégorie de la classification économique des dépenses de l'État, regroupant les crédits destinés aux investissements effectués directement par l'État ou subventionnés par lui sous des formes diverses.

Le terme est synonyme de dépenses d'investissement (ou d'équipement).

Dépenses fiscales

[Droit financier ou fiscal]

Terme générique désignant les exonérations ou allégements d'impôts divers accordés par les pouvoirs publics pour inciter les particuliers ou les entreprises à certains comportements qu'ils souhaitent encourager. Exemple : incitations à l'épargne, à la construction d'immeubles d'habitation, à l'investissement industriel. Cette forme d'incitation se traduit, comme les subventions directes, par une charge pour le budget (moins-values de recettes), ce qui explique leur nom. Elles font l'objet d'une évaluation annuelle (difficile) dans un document annexé au projet de la loi de finances.

Déplacement

[Sécurité sociale]

• *Petit déplacement* : déplacement professionnel occasionné par le travail qui ne répond pas aux critères du grand déplacement. Les frais éventuellement exposés par le salarié pour ce déplacement sont considérés comme des frais professionnels.

• *Grand déplacement* : déplacement qui interdit au salarié de regagner chaque jour le lieu de sa résidence qui engage en conséquence des frais supplémentaires de nourriture et de logement.

CSS, Arrêté du 20 déc. 2002.

De plein droit

[Droit général]

Qui n'exige aucune démarche juridique et se produit automatiquement. L'ordonnance de référé est exécutoire à titre provisoire de plein droit, c'est-à-dire que le juge n'a pas à la prononcer. À l'automaticité s'ajoute le caractère impératif, en ce sens que le dispositif légal qui opère sans formalité ne peut être écarté par la volonté privée.

Déport

[Procédure civile/Procédure administrative]

→ *Abstention, Arbitre, Conflit d'intérêts, Récusation.*

Déposition

[Procédure civile/Procédure pénale]

Déclaration d'un tiers faisant connaître aux autorités qualifiées (justice, police) ce qu'il a vu ou entendu ou appris relativement à un fait litigieux ou incriminé.

C. pr. civ., art. 208 s., 220; C. pr. pén., art. 101 s., 324 s., 435 s. et 513.

Dépôt

[Droit civil]

Contrat réel par lequel une personne (le déposant) remet une chose mobilière à une autre (le dépositaire), qui accepte de la garder et s'engage à la restituer en nature lorsque la demande lui en sera faite.

C. civ., art. 1915 à 1954, 1961; CSP, art. L. 1113-1 s.

GAJC, t. 2, n° 166-167.

[Droit commercial]

→ *Entiercement.*

Dépôt de bilan

[Droit commercial]

Formalité consistant, pour un débiteur en état de *cessation des paiements*, à saisir le tribunal compétent (de commerce ou de grande instance) en vue de l'ouverture d'une procédure de redressement judiciaire, en fournissant au tribunal certaines pièces comptables dont le bilan.

C. com., art. L. 631-1 et R. 631-1.

Dépôt de garantie

[Droit civil]

Somme d'argent versée par le locataire pour garantir l'exécution de ses obligations locatives. Ce dépôt ne peut être supérieur à un mois de loyer en principal.

Dans la vente d'immeuble à construire, le dépôt de garantie est la contre-partie de l'engagement du vendeur de réserver à l'acheteur une partie de l'immeuble.

L. n° 89-462 du 6 juill. 1989, art. 22; CCH, art. L. 261-15.

Dépôt légal

[Droit administratif]

Obligation légale faite aux imprimeurs, éditeurs et importateurs, ainsi qu'aux producteurs, de déposer auprès de l'Administration un certain nombre d'exemplaires des imprimés de toute nature, des œuvres cinématographiques, musicales, photographiques, phonographiques, ainsi que des logiciels, bases de données et documents multimédias qu'ils mettent dans le commerce. Pour les écrits, le dépôt est fait auprès de la Bibliothèque nationale de France (BNF) ainsi que, pour les journaux et périodiques, auprès du ministère de l'Intérieur. Les autres dépositaires sont le Centre national du cinéma et l'Institut national de l'audiovisuel.

C. patr., art. L. 131-1 s.

Dépôt nécessaire

[Droit civil]

Dépôt effectué sous l'empire d'un événement imprévu (incendie, ruine, pillage, naufrage) et qui, en raison de son caractère contraint, peut être prouvé librement. Le dépôt hôtelier (dépôt des bagages par le voyageur à l'hôtel) est traité comme un dépôt nécessaire.

C. civ., art. 1949 s.

Dépôt-vente

[Droit civil]

Contrat qui combine le dépôt chez un commerçant d'un bien mobilier et le mandat de vente donné par le propriétaire de ce bien à ce commerçant, pour qu'il le présente à sa clientèle et le vende au nom et pour le compte du propriétaire. On peut y voir une vente sous condition résolutoire, puisque le commerçant doit restituer la marchandise invendue.

Député

[Droit constitutionnel]

Membre élu de l'Assemblée nationale.

Déréglementation

[Droit général]

Dans le cadre du libéralisme économique pratiqué par la plupart des grands États, politique consistant à supprimer le plus grand nombre possible des réglementations imposant des contraintes aux opérateurs économiques, telles que la fixation de prix minimum ou des disciplines en matière de concurrence.

On dit aussi : dérégulation.

Déréférencement de sites

[Droit pénal/Procédure pénale]

Obligation pour les exploitants de moteurs de recherche ou d'annuaires sur Internet, de prendre toutes mesures utiles pour faire cesser le référencement des adresses électroniques qui leur sont communiquées par la Direction générale de la police nationale et qui concernent les sites de provocation à des actes de terrorisme ou en en faisant l'apologie et ceux diffusant des images et représentations de mineurs à caractère pornographique.

Derelictio

[Droit civil]

Terme latin signifiant *abandon*.

La *derelictio* désigne l'acte par lequel une personne renonce :

1° soit à toute maîtrise sur une chose mobilière qui devient alors sans maître, *res nullius*, appropriable par celui qui la recueille ou susceptible d'être vendu comme objet abandonné. La *derelictio* a un caractère volontaire, ce qui la distingue de la perte et du vol;

2° soit à son droit sur un immeuble dont elle est propriétaire ou copropriétaire en vue d'échapper à la charge qui le grève (abandon de mitoyenneté, abandon d'un fonds assujetti à une servitude).

C. civ., art. 539, 656, 667, 699, 713 et 717; CGPPP, art. L. 1123-1 s.

→ *Biens sans maître, Déguerpissement, Déshérence, Objets abandonnés, Occupation, Res derelictae, Vacance.*

Dérisoire

[Droit civil]

Qui est trop infime pour être juridiquement pertinent; dans une vente, le prix dérisoire est assimilé à un défaut de prix; dans une *clause pénale*, la peine manifestement dérisoire peut être augmentée par le juge.

C. civ., art. 1231-5, al. 2.*

Dérivé de crédit

[Droit commercial]

Aussi dénommé *equity swap* en langage financier, le dérivé de crédit, issu de la pratique, est un « instrument financier à terme permettant de transférer le risque de crédit lié à un actif sous-jacent, indépendamment des autres risques liés à cet actif sous-jacent ».

C. mon. fin., art. R. 214-14, al. 2.

Dernières écritures

[Procédure civile]

→ *Conclusions récapitulatives, Écritures.*

Dérogation

[Droit civil]

Exclusion du *droit commun* dans un cas particulier. Le terme est surtout utilisé en matière conventionnelle, pour désigner la stipulation par laquelle les parties écartent l'application d'une loi qui n'est ni impérative ni d'ordre public.

→ *Impératif, Ordre public.*

Déroutement

[Droit commercial]

Changement de l'itinéraire prévu pour un engin de transport. Acte grave en matière maritime ou aérienne qui, sauf force majeure ou fait du prince, doit être autorisé par le propriétaire de l'engin ou l'affréteur responsable du transport.

Désaffectation

[Droit administratif]

Synonyme de *déclassement*.

→ *Affectation.*

Désaveu d'avocat ou d'officier ministériel

[Procédure civile]

Action par laquelle un plaideur soutenait qu'un avocat ou un officier ministériel avait dépassé les limites de son mandat. Le désaveu, s'il était justifié, provoquait la nullité de l'acte de procédure critiqué.

Le [nouveau] Code de procédure civile a remplacé (sauf pour les avocats au Conseil d'État et à la Cour de cassation) le désaveu par une action en responsabilité personnelle à l'encontre du mandataire infidèle.

C. pr. civ., art. 417, 697 et 698.

Désaveu de paternité

[Droit civil]

Action en justice par laquelle le mari tentait de prouver qu'il n'était pas le père de l'enfant de sa femme. Cette action permettait de combattre la *présomption* de paternité. Elle fut ouverte à la mère elle-même par la loi du 3 janvier 1972, puis à des tiers par la jurisprudence.

L'action en désaveu a été remplacée par une action en *contestation de filiation*.

C. civ., art. 332 s.

Descendant

[Droit civil]

Individu qui tient sa filiation d'une personne qui l'a précédée dans la suite des générations. Cette parenté en ligne directe fait naître une vocation successorale privilégiée et engendre des rapports d'obligation ou des empêchements réciproques (aliments, témoignage, mariage...).

C. civ., art. 205, 207 et 734 s.

→ *Ascendant, Collatéral, Degré de parenté, Enfant, Ligne, Relations personnelles.*

Descente sur les lieux

[Procédure civile]

→ *Vérifications personnelles du juge.*

ACTU

Déséquilibre significatif

[Droit civil]

Situation de disproportion sensible entre les droits et obligations des parties à un contrat, en défaveur de la partie faible. L'appréciation du déséquilibre significatif ne porte ni sur l'objet principal du contrat ni sur l'adéquation du prix à la prestation.

En droit de la consommation, le déséquilibre significatif entraîne le caractère abusif des clauses d'un contrat, ainsi réputées non écrites. En droit civil, dans un contrat d'adhésion, toute clause qui crée un déséquilibre significatif est réputée non écrite.

C. civ., art. 1171; C. consom., art. L. 212-1.*

[Droit commercial]

Le Code de commerce sanctionne le fait de soumettre ou de tenter de soumettre un partenaire commercial à des obligations créant un déséquilibre significatif dans les droits et les obligations des parties, indépendamment de l'existence d'une partie faible au contrat.

C. com., art. L. 442-6 I 2°.

→ *Clause abusive.*

Désertion

[Droit pénal]

Fait pour tout militaire de :

1° S'évader, s'absenter sans autorisation, refuser de rejoindre sa formation de rattachement ou ne pas s'y présenter à l'issue d'une mission, d'une permission ou d'un congé.

2° Mis en route pour rejoindre une autre formation de rattachement, ne pas s'y présenter.

3° Se trouver absent sans autorisation au moment du départ du bâtiment ou de l'aéronef auquel il appartient ou à bord duquel il est embarqué.

Le régime pénal de la désertion est fonction du temps de paix ou de guerre, ainsi que de l'affectation du militaire dans une formation de rattachement située sur le territoire de la République ou hors du territoire de la République.

CJM, art. L. 321-2 à L. 321-7.

Déshérence

[Droit civil]

Situation d'une succession en l'absence d'héritier, c'est-à-dire de parent au degré successible, de conjoint survivant ou de légataire universel. La succession en déshérence est acquise à l'État.

C. civ., art. 539, 724 et 811 s.; C. pr. civ., art. 1354; CGPPP, art. L. 1122-1 et L. 1123-1.

GAJC, t. 1, n° 101.

→ *Biens sans maître, Vacance.*

Désistement

[Droit administratif]

Renonciation du requérant à sa demande, qui met fin à l'instance.

CJA, art. R. 636-1.

GACA n° 44.

[Droit constitutionnel]

Retrait de candidature, après un premier tour de scrutin, en faveur d'un autre candidat.

[Droit international]

Se dit, lorsqu'il se rapporte à une instance, de l'acte par lequel une partie retire sa requête et met fin à la procédure.

[Droit pénal]
Attitude de l'auteur d'une tentative d'infraction, par laquelle, en dehors de toute pression extérieure, il renonce à son projet délictueux avant d'être parvenu à la consommation du crime ou du délit, ce qui lui évite toute responsabilité pénale et le garantit de l'impunité.

C. pén., art. 121-5.

Le désistement n'est retenu que dans la mesure où il n'est pas motivé par des éléments extérieurs à l'auteur de la tentative. Cependant, l'intervention d'un tiers n'exclut pas en elle-même le caractère volontaire du désistement.

GADPG n° 31.

→ *Tentative.*

[Procédure civile]
Renonciation du demandeur, soit à l'*instance* actuelle (la demande peut alors être renouvelée), soit à l'*appel* ou à l'*opposition* (le jugement passe alors en force de chose jugée), soit à un ou plusieurs *actes de procédure* (l'instance se poursuit abstraction faite de l'acte retiré), soit encore à la *faculté d'agir* en justice (le droit substantiel est alors perdu).

C. pr. civ., art. 384, 385, 394 s., 400 s., 1024.

Déspécialisation

[Droit commercial]
Fait, pour le titulaire d'un bail commercial, d'adjoindre à son activité principale des activités connexes ou complémentaires, ou encore d'exercer une ou plusieurs activités différentes de celles prévues au contrat. Les lois du 12 mai 1965 et 16 juillet 1971 ont assoupli les conditions de déspécialisation.

C. com., art. L. 145-47, L. 145-51.

Dessaisissement du juge

[Procédure (principes généraux)]
Effet attaché à un acte juridictionnel, en vertu duquel le juge perd le pouvoir de statuer sur une affaire une fois le jugement rendu. Il conserve cependant le pouvoir d'interpréter sa décision, de réparer une erreur ou une *omission matérielle*.

En procédure civile, le Code permet aussi au juge de compléter son jugement en cas d'omission de statuer (*infra petita*), de le rectifier s'il a statué sur des choses non demandées (*ultra petita*, *extra petita*).

Le juge ne pourrait connaître à nouveau de l'affaire que si elle faisait l'objet d'une voie de recours de rétraction (opposition, tierce opposition, recours en révision, par ex.) ou si le jugement rendu était avant-dire droit (en cas de circonstances nouvelles).

C. pr. civ., art. 461 à 464 et 481.

→ *Lata sententia, judex desinit esse judex, Omission de statuer.*

Dessins et modèles

[Droit commercial]
Créations de forme, de traits ou de couleurs sur lesquelles le créateur peut obtenir un monopole temporaire d'exploitation, à condition qu'elles soient nouvelles et présentent un caractère propre. La protection peut être assurée soit par des dispositions spécifiques, soit par le régime du droit d'auteur. Un règlement européen de 2001 offre un régime uniforme de protection de ces créations pour le territoire de l'Union européenne.

CPI, art. L. 111-1 s. et L. 511-1 s.; Règl. (CE) n° 6/2002 du 12 déc. 2001.

Destination

[Droit civil]
Norme d'usage d'une chose déclenchant le régime juridique approprié.

La location d'un immeuble constitue, selon la destination envisagée, un bail commercial, un bail rural, un bail d'habitation… Le meuble qui, pour son service et son exploi-

tation, est rattaché à un fonds, ressortit fictivement à la catégorie des immeubles et est soumis à leur régime.
La destination est source à la fois de devoir et de droit pour son utilisateur, qui doit la respecter, mais qui a également droit à ce que la chose dont l'utilisation lui est conférée soit apte à sa destination.
→ *Affectation, Immeuble par destination, Vice caché.*

Destination du père de famille

[Droit civil]
En matière d'acquisition des servitudes, désigne le rapport de fait que le propriétaire de deux fonds établit entre eux, lorsque ce rapport constituerait une servitude si ces deux fonds étaient attribués à des propriétaires distincts (ex. : voie de passage sur un fonds en vue de desservir le second). Ce rapport de fait se transforme en une servitude lorsque les deux héritages viennent à appartenir à deux propriétaires différents, tout spécialement à la suite d'un partage successoral. La destination du père de famille vaut titre à l'égard des servitudes continues et apparentes.
C. civ., art. 692 s.
GAJC, t. 1, n° 80.

Destitution

[Droit civil]
Retrait des fonctions de la personne qui a reçu une charge civique (ex. : tutelle).
C. civ., art. 396.
[Procédure civile]
Sanction disciplinaire privant du droit d'exercer un office public ou une fonction.
→ *Poursuite disciplinaire.*
[Droit constitutionnel]
Depuis 2007, le président de la République peut être destitué, par le Parlement constitué en *Haute cour*, en cas de manquement à ses devoirs manifestement incompatible avec l'exercice de son mandat et dans les conditions précisées par une loi organique du 24 novembre 2014.
Const., art. 68.
→ *Impeachment.*

Désuétude

[Droit civil/Droit public]
Situation d'une règle de droit qui, en fait, n'est pas ou plus appliquée. Selon la jurisprudence, elle n'emporte pas abrogation de la règle de droit, et, si un plaideur invoque une loi tombée en désuétude, le juge ne peut refuser de l'appliquer (Cass. ch. réunies, 10 mars 1960); un courant doctrinal en sens contraire se dessine. Mais le principe n'est pas absolu; certaines pratiques, bien qu'elles soient directement contraires à la loi, sont validées par la jurisprudence (ex. : le don manuel est valable quoique non notarié).
→ *Abolition, Abrogation, Coutume, Retrait.*

Détachement

[Droit administratif]
Position administrative d'un fonctionnaire placé hors de son corps d'origine pour exercer des fonctions (en général) dans une autre Administration, mais continuant à bénéficier dans son corps d'origine de ses droits à l'avancement et à la retraite.
→ *Corps de fonctionnaires, Disponibilité, Hors cadre.*
[Droit du travail]
Situation d'un salarié placé provisoirement au service d'une autre entreprise; le salarié détaché fait partie des effectifs de l'entreprise d'origine qui peut le rémunérer.
C. trav., art. L. 1231-5.
→ *Mutation, Transfert.*
[Sécurité sociale]
Situation d'un travailleur qui est envoyé de France à l'étranger par son employeur afin

d'y exercer une activité salariée pour une durée limitée et qui reste affilié pendant cette période au régime français de Sécurité sociale. Ce maintien peut être opéré en application soit des règlements internationaux ou conventions bilatérales de Sécurité sociale, soit des dispositions de la législation interne française.

Le détachement suppose qu'un lien de dépendance subsiste entre le travailleur et l'entreprise qui le détache, impliquant au minimum le versement par cette dernière des cotisations dues au régime français.

Le travailleur détaché a droit aux prestations du régime français.

CSS, art. L. 761-1 et L. 761-2.

Détention

[Droit civil]

Dans un sens large, maîtrise matérielle exercée sur un bien, indépendamment du titre qui pourrait la justifier.

De façon plus restrictive, la détention est la maîtrise temporaire sur un bien en vertu d'un titre attribuant à autrui la propriété du bien; d'origine légale, judiciaire ou conventionnelle, cette situation de fait se caractérise par la conscience du détenteur que la chose appartient à autrui et qu'il devra la restituer. On oppose « détention précaire » et « *possession* ».

C. civ., art. 2255, 2279, 2286.

→ *Prescription acquisitive.*

Détention criminelle

[Droit pénal]

Peine criminelle privative de liberté consistant dans l'incarcération d'un condamné à un crime de nature politique avec un régime pénitentiaire différent de celui applicable aux condamnés de droit commun. Ce régime est nécessairement plus favorable compte tenu de la nature même de l'infraction commise.

C. pén., art. 131-1 s.

→ *Infraction politique.*

Détention provisoire

[Procédure pénale]

Mesure d'incarcération d'un mis en examen pendant l'information judiciaire, ou d'un prévenu dans le cadre de la comparution immédiate. De caractère exceptionnel, elle ne peut être prise que dans des cas déterminés et par un magistrat du siège après un débat contradictoire au cours duquel il entend les réquisitions du ministère public, puis les observations du mis en examen et le cas échéant celles de son conseil.

C. pr. pén., art. 137 et 144 s.

GAPP n° 35, 36 et 39.

Détenu

[Droit pénal]

Au sens large, d'après la loi pénitentiaire du 24 novembre 2009, désigne toute personne admise dans un *établissement pénitentiaire*, indépendamment de la nature ou de la gravité de la mesure prononcée contre elle, et qui bénéficie des droits énumérés aux articles 22 et suivants de ladite loi.

Détournement de fonds ou d'objets

[Droit civil]

→ *Divertissement.*

[Droit pénal]

Atteinte aux droits d'autrui sur une chose ou sur des fonds, au besoin par une appropriation, en abusant de la confiance donnée par autrui. Par exemple, détournement d'objets donnés en gage ou de fonds publics dont on est le dépositaire.

Détournement de mineur

[Droit pénal]

Incrimination du fait de soustraire un mineur à l'autorité ou à la direction de ceux auxquels il était soumis ou confié. Cette incrimination a disparu du nouveau Code pénal qui diversifie les atteintes dont les mineurs peuvent être victimes.

→ *Soustraction de mineurs.*

Détournement de pouvoir

[Droit administratif]

Illégalité consistant, pour une autorité administrative, à mettre en œuvre l'une de ses compétences dans un but autre que celui en vue duquel elle lui a été conférée.

GAJA n° 4.

Détournement de procédure

[Droit administratif]

Illégalité consistant à substituer à une procédure régulière une autre procédure plus commode pour l'Administration ou plus expéditive, mais non applicable à l'opération poursuivie.

GAJA n° 74.

[Procédure pénale]

Pratique illégale consistant, pour l'autorité policière ou l'autorité judiciaire, à sortir de sa compétence ou d'une procédure imposée, afin de gagner en facilité ou en efficacité répressive. Ainsi, un fonctionnaire spécialisé ne peut se saisir d'une infraction ne relevant pas de sa compétence, par exemple un agent d'une CRS pour une infraction douanière. La sanction est la nullité des actes effectués, mais elle peut être accompagnée de poursuites disciplinaires, voire pénales (*abus d'autorité*), contre leur auteur.

Détresse

[Droit international public]

Cause d'exclusion de la responsabilité internationale d'un État ou d'une organisation internationale lorsque l'auteur du fait n'avait raisonnablement pas d'autre moyen que de le commettre pour sauver sa propre vie ou celle de personnes qu'il avait la charge de protéger.

→ *État de nécessité, Responsabilité internationale.*

Dette

[Droit civil]

Au sens large, synonyme d'« *obligation* » (d'accomplir une prestation de donner, faire ou ne pas faire); dans le rapport d'obligation, elle constitue l'envers de la *créance*. Dans un sens plus précis et fréquemment utilisé, *prestation* de somme d'argent.

→ *Déconfiture, Insolvabilité, Rétablissement personnel (Procédure de)., Surendettement.*

Dette de valeur

[Droit civil]

Obligation pécuniaire portant, non sur une somme fixée à l'avance, mais sur une valeur estimée au moment de l'exigibilité, en vue de pallier les fluctuations monétaires. Le rapport successoral, par exemple, oblige l'héritier à restituer la valeur du bien donné appréciée à l'époque du partage, nullement à la date de la donation.

C. civ., art. 860 et 924-2.

Dette publique

[Droit financier ou fiscal]

Au sens le plus souvent employé, ensemble des fonds empruntés par l'État ou déposés auprès de lui.

Parmi les principales classifications dont elle fait l'objet, on peut retenir notamment :

• *Dette flottante :* dette constituée principalement par les *bons du Trésor*, les *obligations assimilables du Trésor*, et les dépôts des correspondants du Trésor. Son montant varie en permanence. Elle comprend la dette négociable, représentée par des instruments financiers pouvant être négociés sur les marchés financiers (comme les bons du Trésor et les obligations assimilables), et la dette non négociable (comme les dépôts des correspondants).

• *Dette inscrite* (sous-entendu : au grand livre de la dette publique) : dette représentée par les emprunts à moyen et long terme, très peu utilisés aujourd'hui. On l'appelle parfois dette consolidée. De cette dette publique proprement dite, il convient de distinguer – encore qu'on l'y englobe parfois – la *dette viagère*; celle-ci ne résulte pas d'emprunts ou de dépôts, elle correspond aux diverses pensions (retraite, invalidité...) servies par l'État à ses agents passés ou présents.

• *« Dette au sens du traité de Maastricht »* : dette de l'ensemble des administrations publiques (État, collectivités territoriales, organismes de Sécurité sociale), hors crédits à caractère commercial. Elle est calculée en éliminant les dettes entre ces entités. Cette notion sert à mesurer le déficit de la France au regard de ses obligations vis-à-vis du *Pacte de stabilité et de croissance*.

→ *Consolidation de la dette publique.*

Dettes ménagères

[Droit civil]

Dettes correspondant à l'entretien du ménage ou à l'éducation des enfants, que l'un ou l'autre époux peut contracter seul, mais qui obligent solidairement les 2 époux. La solidarité n'a pas lieu pour les dépenses manifestement excessives eu égard au train de vie du ménage, à l'utilité ou l'inutilité de l'opération, à la bonne ou à la mauvaise foi du tiers contractant. Elle n'a pas lieu, non plus, s'ils n'ont été conclus du consentement des 2 époux, pour les achats à tempérament, ni pour les emprunts, à moins que ces derniers ne portent sur des sommes modestes nécessaires pour couvrir les besoins de la vie courante et que le montant cumulé de ces sommes, en cas de pluralité d'emprunts, ne soit pas manifestement excessif eu égard au train de vie du ménage, auquel cas la solidarité joue.

Un dispositif quasi identique est prévu pour les partenaires liés par un pacte civil de solidarité lorsqu'ils contractent pour les besoins de la vie courante.

C. civ., art. 220, 515-4.

Dévaluation

[Droit financier ou fiscal]

Dans un système de changes fixes entre les monnaies (qui n'existe plus), réduction du taux de change de la monnaie nationale décidée par les pouvoirs publics. Dans un vocabulaire rigoureux, ne peut se concevoir dans le cadre actuel d'un système de changes flottants – faute d'une référence fixe – mais il peut se produire une perte de valeur d'une monnaie par rapport à telle ou telle autre, que la presse continue alors d'appeler une dévaluation.

Développement durable (Principe du)

[Droit de l'environnement]

Mode de développement soucieux d'éviter l'exploitation excessive des ressources naturelles, visant à satisfaire les besoins et la santé des générations présentes sans compromettre la capacité des générations futures à répondre aux leurs. Consacré lors du sommet de Rio en 1992, ce principe implique d'une part, que le développement économique actuel doit se faire dans le respect d'exigences environnementales (limitation de l'impact climatique, préservation des ressources biologiques et énergétiques...) de façon à ne pas compromettre le bien-être des générations futures et, d'autre part, que les politiques publiques doivent concilier la protection et la mise en valeur de l'environnement, l'amélioration économique et le progrès social. En France, l'article 6 de la *Charte de l'environnement* lui confère une valeur juridique suprême.

C. envir., art. L. 110-1.

Devis

[Droit civil]

État préparatoire à un contrat d'entreprise contenant l'énumération et la spécification des travaux à effectuer, avec indication du prix des matériaux et de la main-d'œuvre. Selon l'intention des parties et les usages professionnels, le devis constitue un simple projet ou une promesse unilatérale de contrat.

Lorsque le prix d'un service ne peut être déterminé *a priori* ou indiqué avec exactitude, le prestataire de services est tenu de communiquer au destinataire – qui en fait la demande – la méthode de calcul du prix permettant de le vérifier, ou un devis suffisamment détaillé.

C. civ., art. 1711 et 1787 s.; C. com., art. L. 441-6, II.

Devise

[Droit financier ou fiscal]

Synonyme de monnaie. Mais, encore que l'on pourrait parler de devise nationale pour désigner l'unité monétaire interne (le dollar dans le cas des États-Unis), le terme est presque uniquement employé au pluriel et sans adjectif : il désigne alors, de manière collective, l'ensemble des monnaies étrangères par opposition à la monnaie nationale.

Devoir conjugal

[Droit civil]

Aspect de la communauté de vie à laquelle s'engagent les époux en vertu du mariage, envisagée dans la dimension physique. Désigne l'obligation née du *mariage*, qui impose à chacun des époux d'accepter d'entretenir des relations sexuelles avec son conjoint, sauf circonstances telles que l'état de santé, l'âge ou la nature des relations. L'excès de ces relations comme leur absence justifie l'allocation de dommages et intérêts et peut constituer une cause de divorce pour faute. La loi n° 2013-404 du 17 mai 2013 ouvrant le mariage aux couples de personnes de même sexe n'a pas modifié la rédaction de ce texte.

C. civ., art. 215.

→ *Communauté de vie.*

ACTU

Devoir de conscience

[Droit civil]

Obligation dictée par la seule conscience morale, par opposition à l'obligation juridique, dictée et sanctionnée par le droit positif.

La promesse d'exécution d'un devoir de conscience envers autrui peut faire naître une *obligation*.

C. civ., art. 1100.*

→ *Obligation naturelle.*

Devoir de conseil

[Droit civil/Droit commercial]

Devoir pesant sur le contractant professionnel d'éclairer le client non initié sur l'opportunité de passer une convention, de s'abstenir ou de faire tel autre choix. Le garagiste, par exemple, doit suggérer un échange standard et non effectuer d'autorité des réparations coûteuses excédant la valeur du véhicule.

En jurisprudence, le devoir de conseil est très rarement distingué du *devoir d'information*, lequel, exclusif de tout avis, consiste à instruire le partenaire, objectivement et complètement, sur l'objet du contrat, afin qu'il puisse décider en connaissance de cause.

C. consom., art. L. 111-1 s.; CSP, art. L. 1111-2.

[Procédure civile]

Obligation pesant sur les officiers ministériels, les avocats, les assistants des personnes vulnérables (curateurs) d'aller au-delà de l'accomplissement de l'acte pour lequel ils ont été saisis et de mettre la personne en mesure de prendre sa décision elle-même et en connaissance de cause, en la renseignant sur ses droits, en lui indiquant la portée de l'opération envisagée, en lui précisant les risques encourus.

Devoir d'information

[Droit civil]

1° Devoir pesant sur un contractant de transmettre à l'autre partie toute information dont il aurait connaissance, dès lors que son importance est déterminante pour le consentement de cette dernière et que, légitimement, celle-ci ignore cette information ou fait confiance à son cocontractant.

Ont une importance déterminante les informations qui ont un lien direct et nécessaire avec le contenu du contrat ou la qualité des parties. L'estimation de la valeur de la prestation est exclue de ce devoir d'information. Les parties ne peuvent ni limiter, ni exclure ce devoir. Le manquement à ce devoir peut entraîner l'annulation du contrat.

C. civ., art. 1112-1.*

2° Devoir légal pesant sur le professionnel, vendeur de biens ou prestataire de services, d'informer son partenaire sur les caractéristiques de la chose commercialisée ou de l'opération projetée (au moyen, notamment, de mentions informatives et de documents annexes).

C. consom., art. L. 111-1 à L. 111-8, R. 111-1, 111-2.

GAJC, t. 1, n° 12 et 17.

→ *Garantie commerciale, Droit de rétractation, Obligation de conseil, Obligation de renseignement.*

3° Devoir pesant sur tout professionnel de santé d'éclairer le patient sur les voies thérapeutiques s'offrant à lui et les risques fréquents ou graves normalement prévisibles que comporte l'adoption de telle thérapie. Il incombe au professionnel d'administrer la preuve qu'il a rempli cette obligation.

Le défaut d'information sur les risques inhérents à un acte d'investigation, de traitement ou de prévention fait perdre au patient la chance d'éviter la réalisation du risque en cas de refus de l'acte ou des soins proposés. Dans le cas où le patient, même correctement informé, aurait accepté de subir l'opération ou le traitement, la responsabilité ne découle pas de la perte d'une chance mais du défaut de préparation psychologique aux conséquences du risque réalisé.

CSP, art. L. 1111-2, R. 4127-35.

Devoir de mise en garde

[Droit civil]

Devoir pesant sur le banquier d'indiquer à l'emprunteur non averti (ou à la caution non avertie) le caractère excessif du crédit consenti (ou de la garantie sollicitée) par rapport aux capacités financières de celui-ci (ou de celle-ci). Le préjudice né du manquement à un devoir de mise en garde s'analyse en la *perte d'une chance* de ne pas contracter génératrice de dommages et intérêts dont le *quantum* est inférieur par principe au montant de la dette.

C. consom., art. L. 312-14.

→ *Obligation de conseil.*

Devoir de réserve

[Procédure civile]

→ *Obligation de réserve.*

Devoir juridique

[Droit civil]

Le devoir est une norme comportementale générale, d'ordre moral et social, qui s'impose à tous. La notion de devoir juridique est plus large que celle d'obligation et excède la sphère contractuelle. Le respect d'un devoir juridique peut être obtenu par le bénéficiaire à l'aide d'une action en justice. Les devoirs qui sont imposés aux individus trouvent le plus souvent leur source dans les principes généraux du droit au nombre de 3 selon le jurisconsulte Ulpien : *honeste vivere, alterum non laedere, suum cuique tribuere* (vivre honnêtement, ne pas léser autrui, rendre à chacun ce qui lui est dû), mais la catégorie s'est étoffée depuis lors.

→ *Obligation civile.*

Devoir moral

[Droit général]

Obligation dont l'exécution ne peut en principe être poursuivie en justice, ne chargeant l'obligé que d'un *devoir de conscience*. L'accomplissement d'une telle obligation réalise un paiement, non une libéralité, excluant la répétition au titre de l'indu.

→ *Obligation naturelle.*

Dévolutif

[Procédure civile]

→ *Effet dévolutif des voies de recours.*

Dévolution

[Droit civil]

Au sens large, transfert de la *succession* aux successibles. Au sens strict, en cas de défaillance d'un degré ou d'une ligne, report de la vocation héréditaire sur le degré suivant ou sur l'autre ligne.

C. civ., art. 731, 734 s. et 741 s., 748, 750, 757-1.

→ *Degré de parenté.*

Diagnostic préimplantatoire

[Droit civil]

Diagnostic biologique réalisé à partir de cellules prélevées sur l'embryon *in vitro*. Un tel diagnostic n'est autorisé que si le couple, du fait de sa situation familiale, a une forte probabilité de donner naissance à un enfant atteint d'une maladie génétique d'une particulière gravité reconnue comme incurable.

CSP, art. L. 2131-4 s.

Diagnostic prénatal

[Droit civil]

Ce diagnostic s'entend des pratiques médicales, y compris l'échographie obstétricale et fœtale, ayant pour but de détecter *in utero* chez l'*embryon* ou le *fœtus* une affection d'une particulière gravité; il doit être précédé d'une consultation médicale adaptée à l'affection recherchée. Toute femme enceinte est informée de la possibilité de recourir à des examens de biologie médicale et d'imagerie permettant d'évaluer le risque que l'embryon ou le fœtus présente une affection susceptible de modifier le déroulement et le suivi de la grossesse.

CSP, art. L. 2131-1.

Diagnostics techniques

[Droit civil]

Informations diverses, regroupées dans un unique dossier technique, que doit présenter le vendeur (parfois le bailleur) d'un bien immobilier, portant sur la détection de l'amiante, du plomb, des termites, l'état de l'installation du gaz, de l'électricité, des risques naturels... sanctionnées généralement par l'annulation de la vente ou la diminution du prix.

À ces diagnostics ponctuels, la loi du 24 mars 2014 relative au logement (Loi ALUR) ajoute un diagnostic technique global des immeubles en copropriété comportant une analyse de l'état de l'immeuble, un état de la situation du syndicat des copropriétaires et un descriptif des améliorations possibles.

CCH, art. L. 133-6, L. 134-1 s., L. 731-1 s.; CSP, art. L. 1134-5; C. envir., art. L. 125-5; L. n° 557 du 10 juill. 1965, art. 46

Dialogue compétitif (Procédure de)

[Droit administratif]

Procédure spéciale et très réglementée de passation des *marchés publics*, destinée à la réalisation de projets exceptionnellement complexes, réservée à des cas où la personne publique ne peut définir seule les moyens techniques ou le montage juridique ou financier nécessaires à la réalisation du projet. Elle s'ouvre par un dialogue avec chacune des entreprises présélectionnées après une mise en concurrence, en vue de retenir pour la suite de la procédure, celles dont les propositions paraissent le mieux adaptées à la réalisation du projet.

C. marchés, art. 36 et 37; Ord. n° 2015-899 du 23 juill., art. 42.

Dialogue Nord-Sud

[Droit international public]

Expression utilisée pour caractériser les négociations entre pays industrialisés et pays en développement sur l'établissement de nouvelles relations économiques (construction du « nouvel ordre économique international » ou NOEI). Menées dans le cadre de conférences *ad hoc* ou dans le système des Nations unies. Sans grands résultats pour l'heure.

Diamant

[Droit civil]

Nom donné au geste libéral (bijou, gravure, tableau, somme d'argent…) par lequel le testateur marque sa reconnaissance à celui qu'il a désigné comme exécuteur testamentaire. Selon les circonstances, le diamant est traité comme *présent d'usage* ou libéralité rémunératoire, éventuellement comme *legs* ordinaire.

Dictature

[Droit constitutionnel]

Régime dans lequel les détenteurs du pouvoir, qui s'en sont emparé souvent par la force (coup d'État, révolution), l'exercent autoritairement, sans véritable participation du peuple et sans tolérer d'opposition. La dictature peut être soit une réaction de défense de l'ordre établi insuffisamment protégé par la démocratie (dictatures réactionnaires ou conservatrices, ex. : dictatures fascistes), soit un instrument de transformation de la société (dictatures révolutionnaires, ex. : dictatures du prolétariat).

→ *Démocratie populaire, Totalitarisme.*

Dies a quo

[Droit général]

Expression latine : à dater du jour où.
Point de départ d'un *délai*.

C. pr. civ., art. 640, 641

→ *Délai de procédure, Dies ad quem.*

Dies ad quem

[Droit général]

Expression latine : jusqu'au jour où.
Point d'arrivée d'un *délai*.

C. pr. civ., art. 642

→ *Délai de procédure, Dies a quo.*

Diffamation

[Droit pénal]

Allégation ou imputation d'un fait, constitutive d'un délit ou d'une contravention selon son caractère public ou non, qui porte atteinte à l'honneur ou à la considération d'une personne ou d'un corps constitué.

C. pén., L. 29 juill. 1881.

Différend international

[Droit international public]

Désaccord sur un point de droit ou de fait, contradiction ou opposition de thèses juridiques ou d'intérêts entre deux sujets internationaux, États ou organisations internationales. Un différend peut être politique ou juridique lorsqu'il porte sur l'application ou la consistance d'un droit.

Difficultés d'exécution

[Procédure civile]

Obstacles juridiques opposés par une partie ou un tiers à l'exécution de tout titre exécutoire, justifiant, au nom de l'ordre public, la compétence du *juge de l'exécution*, même si les difficultés d'exécution portent sur le fond du droit.

COJ, art. L. 213-6 et R. 213-10; C. pr. exéc., art. R. 151-1 s.

Diffusion

[Droit pénal]

Peine complémentaire pouvant être prononcée par le tribunal pour certains crimes ou délits, consistant à procéder à la publication de la décision de condamnation. Les frais afférents sont à la charge de la personne condamnée. Le support de la publication (*Journal officiel* ou tout autre support de presse, y compris de nature électronique), est désigné par la juridiction elle-même.

C. pén., art. 131-10, 131-35 et 131-39.

→ *Affichage d'un jugement.*

Diffusion et partage de l'information opérationnelle

[Procédure pénale]

Mise en œuvre, par le ministre de l'Intérieur, des traitements de données à caractère personnel afin de faciliter la diffusion et le partage d'informations opérationnelles détenues par les différents services ou unités de la police ou de la gendarmerie.

Décr. nº 2014-187 du 20 févr. 2014, art. 1.

Dignité

[Procédure pénale]

Le respect de la dignité s'impose en procédure pénale dans la mise en œuvre des mesures de contrainte (garde à vue, etc.) et aussi lors de l'exécution des peines (conditions et modalités d'exécution des peines privatives de liberté).

Dignité de la personne humaine

[Droit civil/Droit public]

Valeur infinie de la personne humaine, qui commande de la traiter toujours d'abord comme une fin, et jamais comme un simple moyen. C'est l'attribut fondamental de la personnalité humaine, qui la fonde à la fois comme sujet moral et sujet de droit.

Principe à valeur constitutionnelle, également garanti en droit international, notamment par la *Convention européenne des droits de l'Homme* et par la *Charte des droits fondamentaux de l'Union européenne* (art. 1er), la sauvegarde de la dignité de la personne humaine est, selon le Conseil d'État, une composante de l'ordre public qu'il incombe aux autorités investies du pouvoir de police de faire respecter.

C. civ., art. 16.

GDCC nº 15, 32, 33, 37, 38, 41, 46 et 50; GAJA nº 92.

→ *Atteinte à la dignité de la personne.*

Dilatoire

[Procédure civile]

Qui tend à gagner du temps. Le moyen dilatoire peut être licite, telle l'exception de l'héritier qui invoque le délai de 4 mois pour délibérer en vue de suspendre, durant cette période, la procédure dirigée contre lui. Mais, le plus souvent, le procédé dilatoire est répréhensible, car il n'a d'autre fin que de ralentir abusivement le cours de la justice; ainsi de l'appel manifestement infondé dont le seul objet est d'éluder l'exécution du jugement. Un tel comportement est sanctionné par une amende civile et l'allocation de dommages et intérêts.

C. pr. civ., art. 32-1, 559, 581 et 628.

→ *Abus de droit, Amende.*

Diligence requise

[Droit international public]

Obligation coutumière du droit international, dont l'existence a été consacrée par la Cour internationale de Justice et le Tribunal international du droit de la mer, qui oblige tout État à ne pas laisser son territoire utilisé pour des actes contraires aux droits d'autres États et à prévenir les dommages à l'environnement qui pourraient être causés hors du territoire par des activités qui s'y déroulent.

→ *Prévention (Principe de).*

Diligences

[Procédure civile]

Dans le langage du Palais, faire ses diligences, c'est accomplir les actes de procédure (constitution d'avocat, conclusions...) selon les formes et dans les délais requis sous peine, selon les cas, de *caducité* de la citation, de *radiation* de l'affaire, de *jugement par défaut*.

Diplomatie

[Droit international public]

1° Ensemble des moyens et activités qu'un État consacre à la gestion de sa politique étrangère.

2° Carrière ou profession de diplomatie.

→ *Agent diplomatique.*

3° Art des négociations entre États.

→ *Relations diplomatiques.*

Dire

[Procédure civile]

1° Déclaration écrite insérée dans le cahier des conditions d'une vente judiciaire, soulevant une contestation relative aux conditions de la vente sur laquelle se prononce le juge de l'exécution au cours de l'*audience d'orientation* (C. pr. exéc., art. R. 322-11, R. 322-15).

2° Observations d'une partie transmise à un expert.

3° D'une manière générale, avis, opinion, estimation : *à dire d'expert.*

ACTU

Directeur des services de greffe judiciaires

[Procédure civile]

Greffier en chef placé à la tête du greffe de la Cour de cassation, d'une cour d'appel, d'un TGI, chargé d'exprimer les besoins nécessaires au fonctionnement de la juridiction, de participer à l'exécution de la dépense et à son suivi, de tenir les documents et les registres prévus par les textes, d'assurer la conservation des minutes et des archives, de tenir la comptabilité administrative des opérations de recettes et de dépenses. Il a la garde des scellés et de toutes sommes et pièces déposées au greffe.

Dans les secrétariats de parquet autonome, le secrétaire en chef du parquet est directeur de greffe.

La réforme statutaire des personnels de greffe du 15 octobre 2015 crée, pour le nouveau corps des services de greffe judiciaires, une structure en trois grades : directeur, directeur principal, directeur hors classe et institue un emploi de directeur fonctionnel desdits services de greffe, en vue de valoriser les lourdes responsabilités des fonctions d'encadrement dans les structures les plus importantes.

COJ, art. R. 123-1, R. 123-3 s.; C. trav., art. R. 1423-37 s.; Décr. n° 2015-1273 et n° 2015-1274 du 15 oct. 2015.

→ *Greffier, Secrétariat-greffe.*

Directeur départemental des finances publiques

[Droit financier ou fiscal]

→ *Trésorier-payeur général/Directeur départemental des finances publiques.*

Directeur général (de SA)

[Droit commercial]

Organe représentatif de la Société anonyme (SA) de forme classique. Nommé par le conseil d'administration, dont il n'est pas nécessairement membre, et pouvant selon les termes des statuts s'identifier au (ou se dissocier du) *président du conseil d'administration*, le directeur général est une personne physique dotée des pouvoirs les plus étendus pour engager la personne morale. Son statut, assimilé au plan social à celui des salariés, est empreint de spécificité à la mesure de l'importance de ses fonctions : il est librement révocable et n'est indemnisé qu'en l'absence de justes motifs (sauf s'il est aussi président). Pour le meilleur exercice de ses fonctions, le directeur général peut se voir assisté de directeurs généraux délégués (au nombre maximal de 5).

C. com., art. L. 225-51-1 s.

Direction de l'information légale et administrative (DILA)

[Droit administratif]

Créée par un décret du 11 janvier 2010 et placée auprès du Premier ministre, la DILA est garante de l'accès des citoyens au droit et elle contribue à la transparence de la vie publique, économique et financière. Elle remplace les directions de La Documentation française et des Journaux officiels.

Direction du procès

[Procédure civile]

Maîtrise de l'introduction de l'*instance* et de son déroulement. Dans la tradition française, la direction du procès civil appartient aux plaideurs et à leurs conseils. Toutefois, le Code de procédure civile réserve des pouvoirs importants au juge dans la direction du procès, tant devant les juridictions ordinaires que devant les juridictions d'exception. À la suite d'une évolution (réformes de 1935, 1965, 1971) un pouvoir de direction considérable a été donné, devant le TGI et devant la cour d'appel, à un magistrat de la *mise en état* pour la progression de l'instance et l'instruction de l'affaire.

C. pr. civ., art. 1 à 3, 763 s. et 907.

→ *Conseiller de la mise en état, Juge de la mise en état (JME), Principe d'initiative, Principe dispositif, Procédure inquisitoire.*

Direction générale de la concurrence, de la consommation et de la répression des fraudes (DGCCRF)

[Droit commercial]

Émanation du ministère de l'Économie, en charge du contrôle de l'action des entreprises au regard des exigences du droit de la concurrence et de la consommation (sécurité des produits, loyauté de l'information et des pratiques professionnelles). La DGCCRF est dotée d'environ 3 000 agents qui peuvent agir en lien avec les autorités de régulation, sont investis d'un pouvoir d'enquête et peuvent enjoindre la cessation de pratiques illicites ou la mise en conformité à peine d'amende administrative.

C. com., art. L. 465-1 s.; C. consom., art. L. 511-3 s.

Direction générale des douanes et droits indirects (DGDDI)

[Droit financier et Droit fiscal]

Créée en 1948 par la fusion de la Direction générale des douanes et de la Direction des contributions indirectes, cette Direction, placée sous l'autorité du ministre du Budget, a conservé son autonomie et ses spécificités lors de la fusion en 2008 de la DGI et de la DGCP donnant naissance à la DGFiP. Ses fonctions dépassent largement le seul domaine douanier (droits de douane, contrôles...) et des droits indirects traditionnels (tabacs, alcools, produits pétroliers); cette administration financière joue un rôle important dans la collecte de nombreux impôts (TVA sur les importations, Taxe générale sur les activités polluantes...) et assure un nombre non moins significatif de fonctions de contrôle et de protection (lutte contre la contrefaçon, contre les trafics internationaux...).

Direction générale des finances publiques (DGFiP)

[Droit financier]

Créée par un décret du 3 avril 2008, la DGFiP résulte de la fusion, au sein du ministère du Budget, des anciennes Direction générale des impôts et Direction générale de la comptabilité publique.

Directive

[Droit administratif]

Acte à portée générale par lequel l'Administration procède à une autolimitation de son *pouvoir discrétionnaire*, en arrêtant à l'avance les principes qui fonderont son action dans certaines matières, sans la déposséder de son pouvoir d'appréciation. Leur régime juridique n'est pas homogène, mais elles ont en commun leur opposabilité à l'Administration lors de la prise par celle-ci d'actes individuels dans les domaines auxquels elles s'appliquent.

Au plan sémantique, la notion de directive a depuis peu cédé la place à celle de « lignes directrices », sans que cela ne modifie le sens de la définition. Cette nouvelle terminologie permet de prévenir toute confusion avec la « directive » de l'Union européenne. À noter que l'expression « lignes directrices » est utilisée, tant dans le droit du Conseil de l'Europe que dans celui de l'Union européenne, dans un sens voisin de celui qu'elle revêt désormais en droit français.

GAJA n° 80.

[Droit constitutionnel]

Sous la Ve République, instruction que le président de la République adresse au Premier ministre (voire à un ministre) pour lui assigner des objectifs (avec parfois un calendrier de travail). Depuis 1974, certaines directives sont publiées, ce qui les rend plus contraignantes. Le Premier ministre adresse, lui aussi, des directives aux départements ministériels.

[Droit européen]

Dans le droit de l'Union européenne, acte normatif liant les États membres destinataires quant au résultat à atteindre, tout en leur laissant le choix des moyens et de la forme pour en transposer le contenu en droit interne. Dans la CECA, l'acte comparable était la recommandation; dans le 3e pilier de l'Union européenne (jusqu'au traité de *Lisbonne*), il s'agissait de la décision-cadre.

GDCC n° 18; GAJA n° 111.

→ *Règlement.*

Directives anticipées

[Droit civil]

→ *Testament de fin de vie.*

Directoire

[Droit commercial]

Organe composé d'un à sept membres, investi des plus larges pouvoirs pour gérer les sociétés anonymes dites « de type nouveau », sous réserve des pouvoirs attribués aux autres organes sociaux.

C. com., art. L. 225-57.

→ *Conseil d'administration, Conseil de surveillance.*

[Droit constitutionnel]

1° Nom de l'organe exécutif institué en France par la Constitution de l'an III; par extension, nom donné au régime.

2° Dénomination générique d'un organe exécutif à forme collective, composé d'un petit nombre de membres égaux prenant les décisions à la majorité (ex. : Conseil fédéral suisse).

Dirigisme

[Droit public]

Nom – à connotation péjorative – donné au système de gestion de l'économie pratiqué en France au lendemain de la Seconde Guerre mondiale et dans lequel l'État orientait et contrôlait l'activité économique et sociale par une intervention directe ou indirecte (planification, nationalisations, subventions, etc.).

Dirimant

[Droit général]

Qui annule ou fait obstacle, de manière absolue. Ainsi, un empêchement est dirimant lorsqu'il constitue un obstacle absolu à la réalisation d'un acte juridique et entraînerait sa nullité s'il était passé outre : la parenté en ligne directe est un empêchement dirimant au mariage, qui ne peut être levé par une quelconque autorisation.

Dans un sens plus commun, une objection dirimante est une objection qui ruine le raisonnement qu'elle combat.

Discernement

[Droit pénal]

Faculté de comprendre la portée de ses actes, qui conditionne la responsabilité pénale au titre de l'imputabilité.

En matière de minorité, la loi retient la responsabilité pénale du mineur capable de discernement sans tenir compte de l'âge qu'il peut avoir au moment des faits. Seule la « sanction » à intervenir doit être fixée dans sa nature et son montant en fonction de l'âge.

C. pén., art. 122-8.

GADPG n° 43.

→ *Imputabilité, Minorité pénale.*

Discipline

[Droit administratif]

→ *Pouvoir disciplinaire.*

[Procédure civile]

Ensemble des règles de *déontologie* professionnelle auxquelles sont soumis les magistrats, les avocats, les officiers ministériels, les divers auxiliaires de la justice. Leur violation les expose à des poursuites disciplinaires dont le régime est adapté à chacune des catégories (ainsi *Conseil supérieur de la magistrature*, *conseil régional de discipline* des avocats).

→ *Pouvoir disciplinaire.*

Discipline de vote

[Droit constitutionnel]

Attitude commune imposée aux membres d'un groupe parlementaire, lors d'un vote. La discipline de vote est très forte à la Chambre des Communes britannique, beaucoup plus relâchée au sein du Congrès américain.

Discount

[Droit commercial]

→ *Prix abusivement bas, Soldes.*

Discrédit

[Droit pénal]

Incrimination frappant le fait de dénigrer publiquement, par actes, paroles, écrits ou images de toute nature, un acte ou une décision juridictionnelle, dans des conditions de nature à porter atteinte à l'autorité de la justice ou à son indépendance.

C. pén., art. 434-25.

Discrétionnaire

[Droit civil]

Qualifie un droit dont l'exercice relève de la liberté pleine et entière de son titulaire; il est insusceptible d'abus, donc exclusif de toute responsabilité, nonobstant les conséquences nuisibles que son exercice peut engendrer pour autrui (refus de consentir au mariage d'un enfant mineur, acceptation ou refus d'une succession, révocation d'un mandataire…).

C. civ., art. 2004.

→ *Abus de droit, Droit absolu.*

[Procédure civile]

S'applique au pouvoir du juge du fond lorsque son appréciation échappe au contrôle de la Cour de cassation. Plus généralement, s'applique au pouvoir du juge lorsqu'il se prononce au regard de la seule opportunité.

[Droit administratif]

→ *Pouvoir discrétionnaire, Pouvoir lié.*

Discrimination

[Droit civil]

Situation dans laquelle, sur le fondement de son appartenance ou de sa non-appartenance, vraie ou supposée, à une ethnie ou une race, de sa religion, de ses convictions, de son âge, de son handicap, de son orientation sexuelle ou de son sexe, une personne est traitée de manière moins favorable qu'une autre ne l'est, ne l'a été ou ne l'aura été dans une situation comparable (discrimination directe). Il y a discrimination indirecte lorsqu'une disposition, un critère ou une pratique neutre en apparence est susceptible d'entraîner pour les mêmes motifs un désavantage particulier pour des personnes par rapport à d'autres.

Ces deux types de discrimination sont interdits. Il suffit à la victime de présenter à la juridiction compétente les faits permettant de présumer l'existence d'une discrimination; la partie défenderesse ayant la charge de prouver que la mesure dénoncée est justifiée par des éléments objectifs étrangers à toute discrimination.

C. assur., art. L. 111-8; L. n° 2008-496 du 27 mai 2008, art. 1 s.

→ *Égalité femmes-hommes, Testing (Procédé du).*

[Droit commercial]

→ *Pratiques discriminatoires.*

[Droit pénal]

Constitue une discrimination, toute distinction opérée entre les personnes physiques à raison de leur origine, de leur sexe, de leur situation de famille, de leur grossesse, de leur appartenance physique, de leur patronyme, de leur état de santé, de leur handicap, de leurs caractéristiques génétiques, de leurs mœurs, de leur orientation ou identité sexuelle, de leur âge, de leurs opinions politiques, de leurs activités syndicales, de leur appartenance ou de leur non-appartenance, vraie ou supposée, à une ethnie, une nation, une race ou une religion déterminée.

Constitue également une discrimination toute distinction opérée entre les personnes morales pour les mêmes raisons tenant à leurs membres ou à certains d'entre eux.

Est aussi une discrimination toute distinction opérée entre les personnes parce qu'elles ont subi ou refusé de subir des faits de harcèlement sexuel, tels que définis à l'article 222-33 du Code pénal, ou témoigné de tels faits.

C. pén., art. 225-1 s.

[Droit du travail]

Toute distinction, exclusion ou préférence, tout traitement différent fondé sur des motifs reconnus comme discriminatoires par la loi (comme la race, la religion, le sexe, l'opinion politique, la nationalité ou l'origine sociale…), qui a pour objet ou pour effet de porter préjudice à la (aux) personne(s) victime(s) en matière d'emploi ou de profession. La Convention n° 111 de l'OIT prohibe la discrimination. On appelle discrimination positive le fait d'établir une différence au profit de personnes entrant dans l'une des catégories précitées, dans le seul but de rétablir une égalité socialement rompue (par ex. encourager l'emploi des femmes) ; ce type de pratique n'est pas nécessairement prohibé.

C. trav., art. L. 1132-1 s., L. 1141-1 s. et L. 2141-5 ; L. n° 2008-496 du 27 mai 2008.

GADT n° 72 et 73.

Discrimination indirecte : distinction constatée entre des groupes identifiés de personnes, au détriment de l'un d'eux (comme s'il y avait prise en compte d'un mobile discriminatoire), résultant de la mise en œuvre d'une règle au contenu neutre (c'est-à-dire qui ne distingue pas entre ces groupes de personnes). La discrimination indirecte se manifeste dans le registre des effets produits par une règle, alors que la discrimination directe s'intéresse aux motifs d'une règle qui établit une distinction.

C. trav., art. L. 1132-1 s. ; L. n° 2008-496 du 27 mai 2008.

→ *Haute autorité de lutte contre les discriminations et pour l'égalité (HALDE).*

Discrimination à rebours

[Droit européen]

Hypothèse, dont les directives et la jurisprudence s'efforcent de limiter la survenue, dans laquelle le national d'un État serait empêché, parce qu'il se trouve dans une situation purement interne, de bénéficier dans cet État des droits conférés par l'Union européenne, au titre de la *libre circulation*, aux ressortissants des autres États membres, notamment en termes de diplômes ou de qualifications professionnelles.

Discrimination positive

[Droit public]

Lorsque le principe abstrait d'égalité ne suffit pas à résorber des inégalités de fait affectant certains groupes de la population, le législateur peut, sous réserve que la Constitution n'y fasse pas obstacle, mettre en place des régimes juridiques favorisant les membres de ces groupes, par exemple du point de vue de l'accès à l'université, aux fonctions électives ou à la *commande publique*, dans le but de se rapprocher d'une égalité réelle.

GDCC n° 42.

Discussion

[Droit civil]

→ *Bénéfice de discussion.*

Disjonction d'instances

[Procédure civile]

Décision par laquelle un tribunal décide l'éclatement d'une instance en plusieurs, parce que les questions litigieuses, groupées dans une même procédure, doivent être instruites et jugées séparément, faute de *connexité* suffisante entre elles.

Pratiquement, la disjonction d'instances se présente comme une disjonction de demandes, le tribunal statuant immédiatement sur la demande principale et reportant l'examen d'une *demande reconventionnelle*.

C. pr. civ., art. 367, 368 et 766.

→ *Jonction d'instances.*

Disparition

[Droit civil]

Événement qui, en raison des circonstances dans lesquelles il est survenu, fait douter de la survie d'une personne. Sa non-représentation, consécutive au péril de mort auquel elle s'est trouvée exposée, conduit à bref délai à un jugement déclaratif de décès.

C. civ., art. 88 s.

→ *Absence.*

Disparition forcée

[Droit pénal/Droit international public]

Arrestation, détention, enlèvement ou toute autre forme de privation de liberté d'une personne, dans des conditions la soustrayant à la protection de la loi, par un ou plusieurs agents de l'État ou par une personne ou un groupe de personnes agissant avec l'autorisation, l'appui ou l'acquiescement des autorités de l'État, lorsque ces agissements sont suivis de disparition et accompagnés soit du déni de la reconnaissance de la privation de liberté, soit de la dissimulation du sort qui a été réservé à la personne et de l'endroit où elle se trouve.

La disparition forcée est punie de la réclusion criminelle à perpétuité.

C. pén., art. 212-1, 9º.

Dispense

[Droit civil]

Exemption d'une condition de fond ou de forme, accordée à une personne par les pouvoirs publics ou par la loi, avant la conclusion d'un acte, l'attribution d'un état ou d'une fonction. Ainsi deux personnes ne peuvent contracter mariage avant 18 ans révolus sauf dispense accordée par le procureur de la République. Outre la condition, la dispense vise aussi l'exemption d'une obligation ou d'une charge (impôts, tutelle...). La dispense peut aussi résulter de la volonté d'une personne privée, ainsi lorsque le donateur dispense le donataire du rapport à succession.

C. civ., art. 145, 396, 847, 849.

Dispense de peine

[Droit pénal]

Mesure par laquelle le juge correctionnel ou de police qui a retenu la culpabilité du prévenu décide cependant de ne prononcer aucune sanction contre lui lorsqu'il lui apparaît que son reclassement est acquis, que le dommage est réparé, et que le trouble social occasionné par l'infraction a cessé.

C. pén., art. 132-58 et 132-59.

GADPG nº 53.

→ *Ajournement du prononcé de la peine.*

Disponibilité

[Droit administratif]

Position d'un fonctionnaire placé temporairement hors de son corps d'origine, avec suspension de ses droits à l'avancement et à la retraite.

→ *Détachement.*

Disponible

[Droit civil]

→ *Quotité disponible.*

Disposant

[Droit civil]

Personne qui fait un acte de *disposition à titre gratuit*, soit par donation, soit par testament.

Disposer

[Droit civil]

Pour une loi : édicter, ériger en règle; la loi dispose, les conventions stipulent.

Pour un juge : décider (dans le *dispositif du jugement*).

Pour un propriétaire : exercer l'une des prérogatives du droit de propriété; le propriétaire « dispose » de son bien soit par un acte juridique, en le vendant, en le donnant, etc., soit par un acte matériel, en le transformant ou en le détruisant.

→ *Abusus, Acte de disposition, Fructus, Usus.*

Dispositif (Principe)

[Procédure civile]

→ *Principe dispositif.*

Dispositif du jugement

[Procédure civile]

Partie finale d'un jugement débutant par la formule « Par ces motifs », qui contient la solution du litige et à laquelle est attachée l'autorité de la chose jugée.

Cette autorité n'existe pas pour les *motifs* du jugement qui étayent le dispositif; elle ne s'étend pas davantage à ce qui a été implicitement jugé comme étant la conséquence nécessaire du dispositif.

C. pr. civ., art. 452, 455 et 480.

→ *Motifs.*

Disposition (d'un traité)

[Droit international public]

Clause d'un *traité* ou d'accord international.

Disposition à titre gratuit

[Droit civil]

Transfert d'un bien au profit d'un tiers avec une intention libérale, soit par *donation* entre vifs, soit par *testament*.

C. civ., art. 893 s.

→ *Acte à titre gratuit.*

Disposition des comptes du défunt

[Droit civil]

Tout successible en ligne directe peut faire payer par les comptes du défunt les frais funéraires et de dernière maladie, les impôts restant dus, les loyers et autres dettes successorales dont le règlement est urgent, dans la limite d'un montant fixé par arrêté du ministre chargé de l'économie. Dans la même limite, il peut obtenir la clôture des comptes du défunt et le versement des sommes qui y figurent.

Le successible justifie de sa qualité d'héritier auprès des établissements bancaires par la production d'un *acte de notoriété* ou d'une *attestation de la qualité d'héritier*.

C. mon. fin., art. L. 312-1-4.

Dispositions finales

[Droit international public]

Clauses figurant à la fin d'un *traité* dans lesquelles sont indiquées les procédures de signature et d'engagement, les conditions d'entrée et vigueur du traité ainsi que, parfois, les modalités de sa dénonciation et/ou de sa révision.

Dissimulation

[Droit civil/Droit commercial]

Action visant à tenir secrète la vérité de l'opération juridique, en dénaturant, en modifiant, ou en supprimant l'*acte apparent*, ou encore en cachant l'identité du véritable bénéficiaire.

C. civ., art. 1201.*

→ *Acte déguisé, Acte fictif, Acte secret, Apparence, Contre-lettre, Déguisement, Simulation.*

Dissimulation du visage

[Droit pénal]

Infraction consistant à occulter le visage à la vue du public dans des conditions proscrites par la loi pénale. Nul ne peut, dans l'espace public, porter une tenue destinée à dissimuler son visage (contravention de deuxième classe : loi n° 2010-1192 du 11 oct. 2010, art. 1 à 3).

De même, le fait pour toute personne d'imposer à une ou plusieurs autres personnes de dissimuler leur visage par menace, violence, contrainte, abus d'autorité ou abus de pouvoir, en raison de leur sexe, est puni d'un an d'emprisonnement et de 30 000 € d'amende. Lorsque le fait est commis au préjudice d'un mineur, les peines sont portées à 2 ans d'emprisonnement et à 60 000 € d'amende (C. pén., art. 225-4-10).

Par ailleurs, est puni de l'amende prévue pour les contraventions de la cinquième classe le fait pour une personne, au sein ou aux abords immédiats d'une manifestation sur la voie publique, de dissimuler volontairement son visage afin de ne pas être identifiée dans des circonstances faisant craindre des atteintes à l'ordre public (C. pén., art. R. 645-14).

Dissolution

[Droit constitutionnel]

Acte par lequel le chef de l'État ou le gouvernement met fin par anticipation au mandat de l'ensemble des membres d'une assemblée parlementaire.

Le droit de dissolution est un élément essentiel du régime parlementaire, dans lequel il contrebalance le droit pour le Parlement de mettre en jeu la responsabilité politique du gouvernement, mais permet également au gouvernement de choisir le moment qu'il estime le plus opportun pour de nouvelles élections (dissolution « à l'anglaise », mais impossible en Grande Bretagne depuis le Fixed Term Parliament Act de 2011).

La dissolution peut être discrétionnaire, c'est-à-dire laissée à la libre initiative de l'exécutif (Const. de 1958, art. 12) ; ou conditionnelle, par ex. liée à la fréquence des crises ministérielles (Const. de 1946, art. 51) ; ou automatique, l'ouverture d'une crise provoquant *ipso facto* la dissolution.

Sous la Ve République, la dissolution, prérogative fondamentale du chef de l'État exercée sans *contreseing*, peut être prononcée en vue de :

a) faire arbitrer par le peuple un conflit entre Parlement et gouvernement (1962) ou une crise grave (1968) ;

b) permettre au chef de l'État de choisir, à tort éventuellement, le moment le plus favorable pour consulter les électeurs (1997) ;

c) conformer la majorité parlementaire à la majorité présidentielle (1981 et 1988) ;

d) sanctionner une majorité soutenant un gouvernement de *cohabitation*.

[Droit pénal]

Peine « capitale » susceptible d'être prononcée contre une personne morale.

C. pén., art. 131-39-1°.

[Droit privé]

Disparition d'une institution provoquée par l'arrivée d'un événement déterminé. Les causes de dissolution varient selon le type d'institution. Ainsi le décès d'un époux met fin au mariage, alors que celui d'un associé d'une société anonyme laisse subsister la société.

[Droit commercial]

Marquant la fin de la vie de la société-personne morale, la dissolution, qui peut être légale, amiable ou judiciaire, est un événement important devant être publié pour pouvoir être opposé aux tiers. La dissolution donne lieu à *liquidation* de la société, phase pendant laquelle la personne morale subsiste, amoindrie.

C. civ., art. 1844-7 s.

Distance

[Droit civil]

Espacement entre 2 fonds contigus que doit respecter le propriétaire voisin lorsqu'il plante, construit ou établit des vues à la limite de son fonds. Par exemple, les arbres, arbrisseaux et arbustes ne peuvent être plantés qu'à la distance prescrite par les règlements particuliers existants ou par les usages constants et reconnus, à défaut à la distance déterminée par la loi (2 mètres de la ligne séparative pour les arbres dépassant 2 mètres).

C. civ., art. 671 à 680.

→ *Vues et jours.*

[Procédure civile]

Éloignement géographique du défendeur par rapport à la juridiction saisie, justifiant une dérogation à la durée habituelle des délais. Lorsque la demande est portée devant une juridiction qui a son siège en France métropolitaine, le délai de comparution, d'appel, d'opposition, de recours en révision et de pourvoi en cassation est augmenté d'1 mois pour la partie qui demeure

dans un département, une région ou une collectivité d'Outre-mer, de 2 mois pour celles qui demeurent à l'étranger.
En cas d'urgence, le juge a le pouvoir d'abréger les délais de comparution ou de permettre de citer à jour fixe.

C. pr. civ., art. 643 s.

Distinction des contentieux

[Droit administratif]

→ *Contentieux administratif.*

Distraction des biens saisis

[Procédure civile]

Incident de saisie par lequel un tiers se prétend propriétaire de tout ou partie des biens saisis et agit pour soustraire ce bien à la saisie.

C. pr. exéc., art. R. 221-50 s., R. 311-8.

→ *Incidents de saisie, Saisie-revendication.*

Distraction des dépens

[Procédure civile]

Possibilité ouverte à l'avocat du gagnant, dans les matières où le ministère d'avocat est obligatoire, de demander que la condamnation aux *dépens* soit assortie à son profit du droit de recouvrer directement contre la partie condamnée ceux des dépens dont il a fait l'avance sans avoir reçu provision.

C. pr. civ., art. 699.

Distributeur agréé

[Droit commercial]

→ *Distribution sélective.*

Distribution des deniers

[Procédure civile]

1° Dispositif de règlement du passif intervenant en cas de réalisation d'un bien du débiteur *en dehors de toute procédure d'exécution*. La personne que désigne le président du TGI établit un projet de répartition des fonds entre les créanciers déclarés et procède au paiement. Si le projet est contesté, elle procède à une tentative de conciliation; en cas d'échec, c'est le TGI qui répartit les sommes à distribuer.

C. pr. civ., art. 1281-1 s.

2° *Si les deniers proviennent d'une procédure d'exécution*, l'agent chargé de la vente élabore un projet de répartition du prix entre les créanciers dans le mois suivant la date de la vente forcée. À défaut de contestation sous quinzaine, il procède au paiement des créanciers. En cas de contestation, après une tentative infructueuse de conciliation, il saisit le juge de l'exécution.

C. pr. exéc., art. R. 251-1 à R. 251-11.

→ *Contribution, Ordre.*

Distribution par contribution

[Procédure civile]

→ *Marc le franc (Au), Contribution.*

Distribution sélective

[Droit commercial]

Système consistant pour un fournisseur à se lier contractuellement à un certain nombre de distributeurs choisis sur la base de critères qualitatifs et auxquels, sans consentir d'exclusivité, il réserve la vente de ses produits moyennant le respect par eux de certains engagements.

C. com., art. L. 330-3.

Distributive (Justice)

→ *Justice.*

District

[Droit administratif]

Ancienne forme d'*établissement public de coopération intercommunale*, qui a dû se transformer au plus tard fin 2001 en *communauté de communes* ou en *communauté d'agglomération* (ou éventuellement en *communauté urbaine* pour ceux comptant plus de 500 000 habitants).

Dit pour droit

[Droit européen]

Expression, au présent de l'indicatif, par laquelle la Cour de justice de l'Union européenne, saisie d'un *renvoi* préjudiciel par un juge national, s'apprête, après avoir analysé ce renvoi, à donner, dans le dispositif de son arrêt, son interprétation ou son appréciation de la validité du droit de l'Union, qui permettra au juge national de statuer sur le fond.

Divertissement

[Droit civil]

Action par laquelle un héritier ou un époux détourne frauduleusement un bien de la succession ou de la communauté. La loi n° 2009-526 du 12 mai 2009 a remplacé le mot « divertissement » par le mot « détournement ».

C. civ., art. 778, 800 et 1477.

→ *Recel.*

Dividende fiscal

[Droit financier ou fiscal]

Termes parfois employés pour désigner le phénomène d'accroissement des rentrées fiscales entraîné automatiquement par l'accroissement du montant des revenus et profits, ainsi que de l'activité économique, en période d'expansion. Cet accroissement est en général plus que proportionnel par rapport à celle-ci, en raison notamment de la progressivité du barème de l'impôt sur le revenu et du déplacement des achats vers des produits ou services plus coûteux et donc soumis à des taux d'impôt indirect plus élevés (TVA).

Dividendes

[Droit civil/Droit commercial]

Désigne la part des bénéfices réalisés par une société qui est distribuée à la fin d'un exercice aux associés en application d'une délibération de l'assemblée annuelle. Leur distribution est spécialement encadrée dans les sociétés à risque limité (SARL, sociétés par actions), afin que le gage des créanciers ne soit pas entamé par une rémunération des associés non justifiée par les résultats excédentaires de la société.

C. civ., art. 1844-1; C. com., art. L. 232-10 s.

Division

[Droit civil]

→ *Bénéfice de division.*

Division des dettes

[Droit civil]

Principe successoral en vertu duquel les dettes du défunt se partagent de plein droit entre les héritiers, chacun ne pouvant être poursuivi que pour la part qu'il prend dans la succession (sauf *indivisibilité* de la dette). D'une manière générale, en cas de pluralité de débiteurs et de créanciers, l'obligation se fractionne entre eux en l'absence de clause de *solidarité*.

C. civ., art. 870, 1309.*

→ *Obligation conjointe.*

Divorce

[Droit civil]

Rupture du lien conjugal provoquant la dissolution du mariage, du vivant des 2 époux, à la suite d'une décision judiciaire, rendue à la requête de l'un d'eux ou de l'un et de l'autre, dans l'un des cas prévus par la loi.

Obligatoirement prononcé par un jugement du juge aux affaires familiales, il peut être demandé pour 4 causes : soit sur la requête conjointe des époux lorsqu'ils s'entendent sur la rupture du mariage et ses effets (divorce par consentement mutuel); soit sur acceptation de la demande de l'un des époux par l'autre ou par demande conjointe lorsqu'ils acceptent le principe de la rupture sans considération des faits à l'origine de celle-ci et laissent au juge le soin de statuer sur les conséquences du divorce (divorce accepté) ; soit sur demande de l'un des époux lorsque le lien conjugal est définitivement altéré par cessation de la communauté de vie entre eux ou par séparation depuis au moins 2 ans à la date de l'*assignation* (divorce par altération définitive du lien conjugal) ; soit sur demande de l'un des époux lorsque des faits constitutifs d'une violation grave ou renouvelée des devoirs et obligations du mariage sont imputables à son conjoint et rendent intolérable le maintien de la vie commune (divorce pour faute).

C. civ., art. 229 s. ; C. pr. civ., art. 1070 s.

GAJC, t. 1, n° 39, 40, 41 et 42.

Divulgation

[Droit pénal]

Fait de révéler une information de nature à porter atteinte à l'honneur ou à la considération d'une personne, afin d'obtenir soit une signature, un engagement ou une renonciation, soit la révélation d'un secret, soit la remise de fonds, de valeurs ou d'un bien quelconque. Cette révélation est constitutive du délit de chantage; la simple menace de révéler les mêmes faits dans le même but est traitée en chantage par le Code pénal.

C. pén., art. 312-10.

→ *Secret professionnel, Vie privée.*

Doctorat

[Droit administratif]

→ *Licence-Master-Doctorat.*

Doctrine

[Droit général]

Opinion des auteurs qui écrivent dans le domaine du droit. Par extension, l'ensemble des auteurs.

Doctrine administrative

[Droit fiscal]

Ensemble d'interprétations des textes fiscaux énoncées par des autorités administratives fiscales centrales ou déconcentrées à destination de l'appareil administratif, interprétations formulées publiquement au travers de différents supports comme les instructions fiscales au sein du Bulletin officiel des impôts mais aussi de réponses ministérielles, de commentaires administratifs. Cette interprétation de la loi fiscale produit des effets de droit qui peuvent, le cas échéant, être opposables à l'administration par un contribuable. Cette doctrine permet au contribuable de s'appuyer sur une interprétation générale de textes ou sur une interprétation relative à une situation de fait au regard d'un texte fiscal soumise par un contribuable. Ainsi, par exemple, « les agents de l'administration sont-ils tenus de respecter les règles figurant dans la charte (du contribuable vérifié) à la date où ce document est remis au contribuable dès lors qu'elles ont pour objet de garantir les droits du contribuable ».

LPF, art. L. 80A, L. 80B.

Documents

[Procédure civile]

Écrits susceptibles de contribuer à la preuve des faits du procès. Des documents peuvent être fournis spontanément par les parties : leur communication peut être exigée des parties ou des tiers par le juge, à peine d'astreinte, ou par le technicien, avec si besoin est l'intervention du juge.

C. pr. civ., art. 11, 132 s. ; LPF, art. L. 143.

→ *Communication de pièces, Pièces.*

Documents administratifs

[Droit administratif]

Les fonctionnaires sont astreints à une obligation de discrétion à l'égard des informations qu'ils possèdent à raison de leurs fonctions, parfois renforcée en *secret professionnel* pénalement sanctionné. Cependant, une dérogation importante a été apportée à ce principe, lorsque l'information est contenue dans un document administratif, par les textes instituant la règle de la liberté d'*accès aux documents administratifs*.

Doit

[Droit civil/Droit commercial]

→ *Actif, Avoir, Passif.*

Dol

[Droit civil]

En matière contractuelle, le dol désigne, d'une part, au stade de la formation de l'acte, le fait pour un contractant d'obtenir le consentement de l'autre par des manœuvres ou des mensonges, ou la dissimulation intentionnelle par l'un des contractants d'une information dont il sait le caractère déterminant pour l'autre partie, d'autre part, au stade de son exécution, la faute du débiteur qui se dérobe intentionnellement à ses obligations.

C. civ., art. 777, 887, 901, 1130, 1137*, 1231-3*, 1231-4*, 1345*, 1967, 2053.*

GAJC, t. 2, n° 150.

En matière extracontractuelle, faute consistant à causer intentionnellement un dommage à autrui.

[Droit international public]

Conduite frauduleuse d'un État ou d'une organisation internationale ayant pris part à la négociation d'un traité destinée à inciter un autre État ou une autre organisation internationale à conclure le traité et à s'engager. Est une cause de nullité du traité.

[Droit pénal]

Attitude psychologique du délinquant consistant de sa part à avoir voulu commettre l'infraction. Il y a *dol éventuel* lorsque l'agent n'a pas voulu le résultat dommageable tout en ayant prévu la possibilité de sa réalisation. Dans ce cas il répond d'une simple faute non intentionnelle. La théorie selon laquelle les fautes non intentionnelles les plus graves mériteraient d'être assimilées à de véritables intentions (excès de vitesse persistant…) n'a jamais été retenue, ni en jurisprudence, ni dans la loi, parce qu'elle consacre un raisonnement par analogie : ainsi, la *faute délibérée*, malgré son caractère volontaire, reste non intentionnelle, tout en étant soumise à un régime répressif plus sévère.

C. pén., art. 121-3.

Il y a *dol indéterminé* lorsque l'agent a agi intentionnellement sans se fixer un résultat bien déterminé; il répondra du résultat effectivement causé car le droit présume que l'intention est toujours conforme au résultat atteint. On dit que, indéterminée dans son principe, elle est déterminée par l'événement (« *Dollus indeterminatus determinatur eventu* »).

GADPG n° 39.

→ *Faute.*

Domaine privé

[Droit administratif]

Biens des personnes publiques qui ne font pas partie de leur domaine public. Leur régime juridique obéit en principe aux règles de fond et de compétence juridictionnelle du droit privé.

CGPPP, art. L. 2211-1 et L. 2212-1.

Domaine public

[Droit administratif]

Partie du patrimoine des personnes publiques soumise à un régime juridique de droit administratif très protecteur; les biens classés dans cette catégorie sont (tant qu'ils y demeurent) imprescriptibles et inaliénables. La sortie d'un bien du domaine public résulte d'une procédure dite de *déclassement*.

• *Le domaine public immobilier* est constitué par des biens qui, soit sont affectés à l'usage direct du public, soit sont affectés à un service public à condition, dans ce cas, « qu'ils fassent l'objet d'un aménagement indispensable à l'exécution des missions de ce service » (ex. : caserne, prison). Certains biens sont expressément rangés dans le domaine privé comme, en principe, les immeubles à usage de bureau. Pour faciliter la valorisation économique du domaine public, des droits réels (limités) existent au profit des personnes privées sur les constructions qu'elles sont autorisées à y édifier.

• *Le domaine public mobilier*, essentiellement culturel, est constitué par les biens présentant un intérêt public du point de vue de l'histoire, de l'art, de l'archéologie, de la science ou de la technique. Exemple : collections des musées.

CGPPP, art. L. 2111-1 s., L. 2112-1 et L. 2122-6.

GAJA n° 69.

→ *déclassement, Droit réel.*

Domaine réservé

[Droit international public]

→ *Compétence nationale.*

[Droit constitutionnel]

Doctrine politique, évoquée périodiquement sous la Ve République, selon laquelle le président de la République disposerait, quelles que soient les dispositions pertinentes de la Constitution, d'une suprématie politique dans certaines matières, notamment la défense et les relations extérieures.

Domicile

[Droit civil]

Lieu dans lequel une personne est censée demeurer en permanence. C'est la raison pour laquelle les actes judiciaires faits à son domicile lui sont opposables. En droit positif, le domicile est situé au lieu où la personne a choisi d'avoir son principal établissement. On oppose ce domicile dit encore volontaire au domicile légal qui est celui assigné d'office par la loi, pour certaines personnes : ainsi, le mineur est légalement domicilié chez ses parents, ou chez celui de ses parents avec lequel il réside s'ils ont des domiciles distincts.

Pour la personne sans domicile stable, le lieu d'exercice de ses droits civils est celui où elle a fait élection de domicile soit auprès d'un centre communal ou intercommunal d'action sociale, soit auprès d'un organisme agréé à cet effet.

C. civ., art. 102 s.; CASF, art. L. 264-1.

GAJC, t. 1, n° 25.

→ *Demeure, Domiciliation, Résidence.*

[Droit pénal]

→ *Violation de domicile.*

Domicile élu

[Droit civil/Procédure civile]

Lieu, autre que le domicile réel, choisi par les parties à un acte juridique pour l'exécution de cet acte. Grâce à l'élection de domicile, les demandes relatives à cet acte peuvent être faites au domicile convenu et la procédure poursuivie, éventuellement, devant le tribunal dans le ressort duquel se trouve ce domicile.

C. civ., art. 111; C. pr. civ., art. 682, 689, 751, 855, 899, 973, 1136-5, 1136-8; C. pr. exéc., art. R. 141-1, 321-3.

→ *Élection de domicile.*

Domiciliataire

[Droit commercial]

Personne au domicile de laquelle un *effet de commerce* doit être présenté au paiement.

Domiciliation

[Droit civil]

Les personnes sans domicile stable peuvent se domicilier auprès d'un centre communal ou intercommunal d'action sociale ou auprès d'un organisme agréé à cette fin; le centre ou l'organisme est tenu de recevoir la correspondance destinée aux personnes domiciliées et de la mettre à leur disposition. La domiciliation permet de prétendre aux services des prestations sociales, à la délivrance d'un titre national d'identité et à l'inscription sur les listes électorales.

Le droit à la domiciliation a été institué par la loi n° 2007-290 du 5 mars 2007 relative au *droit au logement opposable*.

CASF, art. L. 264-1 s., D. 264-6 s.

[Droit commercial]

1° Indication du lieu choisi pour le paiement d'un effet de commerce (généralement un banquier).

C. mon. fin., art. L. 131-9, L. 134-1 et L. 134-2; C. com., art. L. 511-2 et L. 512-3.

2° Formalité exigée pour la constitution de l'entreprise ou l'ouverture d'un établissement secondaire. La domiciliation peut se réaliser dans les locaux d'un tiers, agréé pour exercer cette activité et rémunéré pour ce faire (en vertu d'un contrat de domiciliation).

C. com., art. L. 123-10 s., R. 123-166-1 s.

[Procédure civile]

Le conseil de l'Ordre des avocats peut autoriser, à titre temporaire et pour une durée qu'il fixe, l'avocat à se domicilier soit au sein des locaux affectés par l'Ordre, soit dans les locaux du cabinet d'un autre avocat dans le ressort du même barreau (Règlement intérieur national, déc. 5 oct. 2011, art. 15).

Dominion

[Droit international public]

Nom donné aux anciennes colonies britanniques ayant obtenu de la métropole l'autonomie interne et la personnalité internationale et accédant ainsi à la qualité de membres du *Commonwealth*.

Le terme n'est plus employé depuis que le *British Commonwealth* est devenu le *Commonwealth of nations.*

ACTU

Dommage

[Droit civil/Sécurité sociale]

1° Au sens large, synonyme de *préjudice*. Pour ouvrir droit à réparation, il doit être certain et direct. En matière contractuelle, il doit, de surcroît, être prévisible.

→ *Damnum emergens, Lucrum cessans, Préjudice d'agrément, Préjudice de caractère personnel, Préjudice esthétique.*

2° Au sens strict, toute atteinte certaine à un intérêt reconnu et protégé par le droit. Le dommage désigne alors le fait brut à l'origine de la lésion affectant la personne. En ce sens, il est distinct du *préjudice*, qui correspond à la conséquence de cette lésion. Ainsi, l'article L. 623-2 du Code de la consommation précise que l'action de groupe ne peut porter que sur la réparation des « préjudices patrimoniaux résultant des dommages matériels » subis par les consommateurs.

Dommage corporel

[Droit civil]

Dommage portant atteinte à l'intégrité physique d'une personne, blessure, mutilation, infirmité, invalidité. Quoique la personne humaine soit hors du commerce juridique, la jurisprudence admet en ce domaine la validité des clauses exonératoires de responsabilité.

→ *Clause de non-responsabilité.*

Dommage écologique

[Droit de l'environnement/Droit rural]

Dommage causé au milieu naturel ne lésant directement aucune personne ni aucun patrimoine, telle la disparition d'une espèce animale non exploitée par l'homme sous une marée d'hydrocarbures.

Un tel préjudice obéit à un régime spécifique, étranger au schéma classique de la responsabilité civile. D'une part, quant à la procédure, il incombe à l'exploitant à la source du dommage réalisé ou menaçant de prendre les mesures de prévention et de restauration qui s'imposent, le préfet ayant le pouvoir de l'y contraindre en cas de carence. D'autre part, quant au fond, la réparation est une réparation en nature consistant dans une remise en état initial de l'environnement.

C. envir., art. L. 160-1 à L. 165-2, R. 161-1 à R. 163-1.

→ *Préjudice environnemental.*

Dommage matériel

[Droit civil]

Dommage subi par la personne dans son patrimoine, procédant le plus souvent d'une lésion portée à des biens corporels (incendie d'un immeuble, destruction d'un véhicule), d'une manière plus générale de la lésion d'un intérêt à caractère économique.

Dommage moral

[Droit civil]

Dommage qui porte atteinte aux attributs extrapatrimoniaux de la personne (considération, honneur, réputation), à la personnalité morale (croyances, convictions, pudeur), aux sentiments ou à l'agrément de vie (mort d'un être cher, rupture de fiançailles, gêne sexuelle). Malgré son caractère immatériel, le dommage moral est réparable, quelles que soient sa consistance et sa gravité. Il peut être invoqué par une personne morale.

C. pr. pén., art. 3.

→ *Préjudice, Préjudice d'anxiété, Préjudice esthétique, Pretium doloris.*

Dommage par ricochet

[Droit civil]

Dommage matériel ou moral qu'éprouvent, par répercussion du dommage subi par la victime directe, les personnes qui lui sont proches par la parenté, l'alliance, l'affection, la profession ou telle autre relation (enfant, conjoint, concubin, employeur, associé).

→ *Victime par ricochet.*

Dommages et intérêts

[Droit civil]

Somme d'argent destinée à réparer le dommage subi par une personne en raison de l'inexécution, de l'exécution tardive, ou de l'exécution défectueuse d'une *obligation* ou d'un *devoir juridique* par le cocontractant ou un tiers; on parle alors de dommages et intérêts *compensatoires*. Lorsque le dommage subi provient du retard dans l'exécution, les dommages et intérêts sont dits *moratoires*.

C. civ., art. 266, 1231-1 s., 1240*, 1404.*

→ *Clause de non-responsabilité, Clause limitative de responsabilité, Responsabilité civile.*

Dommages et intérêts punitifs

[Droit civil]

Dommages et intérêts visant à sanctionner le responsable d'un dommage en amoindrissant voire en annulant le bénéfice qu'il tire de la *faute lucrative* qu'il a commise.

La notion n'est pas reconnue en droit positif français mais est admise en droit comparé, notamment aux États-Unis ou encore au Québec sous le nom de « dommages et intérêts exemplaires ».

Dommages et intérêts restitutoires

[Droit civil]

Dommages et intérêts destinés à réparer intégralement le dommage subi par la victime afin de la remettre dans la situation antérieure au dommage. Sauf cas exceptionnels, la notion n'est pas reconnue en droit positif français, alors qu'elle est admise en droit comparé.

Don croisé d'organes

[Droit civil]

Don intervenant en cas d'incompatibilité entre donneur et receveur potentiels rendant impossible la greffe, par appel à un autre couple rencontrant la même difficulté : le donneur du premier couple, incompatible avec son receveur « familial », donne son organe au receveur du second couple avec lequel il est compatible. Et inversement.

Le don croisé d'organes est destiné à lutter contre la pénurie de greffons.

CSP, art. L. 1231-1.

Don de gamètes

[Droit civil]

Apport par un tiers de spermatozoïdes ou d'ovocytes en vue d'une *assistance médicale à la procréation*. Le consentement des donneurs et, s'ils font partie d'un couple, celui de l'autre membre du couple, sont recueillis par écrit et peuvent être révoqués à tout moment.

Le don de gamètes est anonyme; les données à caractère personnel qui s'y rapportent, sont directement contrôlées par la commission nationale de l'informatique et des libertés (CNIL).

Le donneur majeur qui n'a pas procréé se voit proposer le recueil et la conservation d'une partie de ses gamètes ou de ses tissus terminaux en vue d'une éventuelle réalisation ultérieure, à son bénéfice, d'une assistance médicale à la procréation.

CSP, art. L. 1244-1 s.

→ *Accueil d'embryon, Conception in vitro, Embryon humain, Embryons surnuméraires, Insémination artificielle, Transfert d'embryon.*

Don de jours de repos

[Droit du travail]

Le don de jours de repos permet à un parent d'enfant gravement malade de bénéficier de jours de congé rémunérés supplémentaires grâce aux dons de jours de repos non pris, offerts spontanément, en accord avec l'employeur, par d'autres salariés de l'entreprise. L'enfant doit avoir moins de vingt ans et être atteint d'une maladie, d'un handicap ou victime d'un accident rendant indispensable une présence soutenue et des soins contraignants. Ces jours de congé supplémentaires sont considérés comme du temps de travail effectif.

C. trav., art. L. 1225-65-1 s.

→ *Congés pour enfant malade et de présence parentale.*

Don d'organes

[Droit civil]

→ *Prélèvement d'organes.*

Don manuel

[Droit civil]

Donation ayant lieu de la main à la main, se réalisant par la remise matérielle de la chose donnée, ce qui exclut les meubles incorporels et les meubles immatriculés insusceptibles de tradition.

Le don manuel n'est pas nécessairement clandestin, partant, affranchi de toute taxation. D'une part, les parties sont tenues de faire connaître, lors d'une transmission à titre gratuit entre vifs ou lors d'une succession, s'il existe ou non des donations antérieures, quelle qu'en soit la forme; d'autre part, les actes renfermant soit la déclaration par le donataire, soit la reconnaissance judiciaire d'un don manuel sont sujets aux droits de mutation.

CGI, art. 757, 784.

GAJC, t. 1, n° 131 et 132; GAJF n° 23.

→ *Traditio.*

Donataire

[Droit civil]

Personne bénéficiaire d'une donation.

Donateur

[Droit civil]

Personne qui fait une donation.

Donation

[Droit civil]

Contrat par lequel une personne (le *donateur*) transfère, immédiatement et irrévocablement, avec intention libérale, la propriété d'un bien, sa nue-propriété, ou l'un des autres droits réels principaux (*usufruit*) à une autre (le *donataire*) qui l'accepte sans contrepartie.

C. civ., art. 893 s. et 931 s.

GAJF n° 23.

→ *Libéralité graduelle, Libéralité résiduelle.*

Donation de biens à venir

[Droit civil]

→ *Institution contractuelle.*

Donation déguisée

[Droit civil]

Donation ayant, en la forme, l'apparence d'un contrat d'une autre nature, spécialement d'un contrat à titre onéreux; par exemple vente d'un bien avec quittance du prix à un acheteur qui n'a rien payé.

C. civ., art. 911 et 931.

GAJC, t. 1, n° 130; GAJF n° 23.

Donation entre époux

[Droit civil]

Autrefois soumise à un régime de révocabilité *ad nutum*, la donation entre époux se rapproche aujourd'hui du droit commun des donations et n'est jamais révocable pour cause de survenance d'enfants. Elle est toujours révocable (hors cette cause) s'il s'agit d'une donation de biens à venir. Elle n'est révocable que pour cause d'ingratitude ou d'inexécution des conditions sous lesquelles elle a été faite, s'il s'agit d'une donation de biens présents.

C. civ., art. 1091 s.

→ *Institution contractuelle.*

Donation entre vifs

[Droit civil]

→ *Donation, Entre vifs.*

Donation indirecte

[Droit civil]

Donation qui résulte d'un acte qui, par sa nature, ne comporte pas nécessairement une libéralité (ex. : remise de dette) et qui ne comporte aucun déguisement.

C. civ., art. 931.

GAJF n° 23.

Donation mutuelle

[Droit civil]

Donation caractérisée par une réciprocité, essentielle dans l'intention libérale, accidentelle dans l'exécution.

Lorsque les libéralités interviennent entre tiers, la mutualité sort la plénitude de ses effets : chacun est, à la fois, donateur et donataire.

Lorsque la donation mutuelle est consentie entre époux, qu'elle porte sur les biens à venir, la mutualité n'est effective qu'unilatéralement : la libéralité ne profite qu'au seul survivant.

Donation-partage

[Droit civil]

Acte par lequel une personne, de son vivant, transfère à ses héritiers présomptifs (c'est la *donation*) et répartit entre eux (c'est le *partage*), ses biens présents; ils en deviennent immédiatement et irrévocablement propriétaires ou nus-propriétaires ou usufruitiers, selon que la donation porte sur la *propriété* des biens ou leur *nue-propriété* ou leur *usufruit*. Elle bénéficie d'un régime juridique et fiscal très favorable.

Si le Code civil n'autorisait la donation-partage qu'au profit des descendants, son domaine s'est progressivement agrandi : une loi du 5 janvier 1988 en a étendu la possibilité au profit d'autres personnes (pour faciliter la transmission d'une entreprise individuelle) et aujourd'hui, elle est possible en faveur de tous les héritiers présomptifs (L. du 23 juin 2006). Cette dernière loi autorise même la *donation-partage « transgénérationnelle »* (par laquelle les enfants de l'ascendant peuvent consentir à ce que leurs propres descendants soient allotis en leurs lieu et place, en tout ou en partie, ce qui constitue un *pacte sur succession future* exceptionnellement autorisé par la loi) et la *donation-partage conjonctive* qui permet à un couple d'englober dans un même acte des enfants de lits différents, à condition qu'il y ait au moins un enfant commun (les biens communs peuvent alors être attribués indifféremment à n'importe quel enfant, même non commun, en conservant le régime fiscal de faveur, alors que les biens propres à chaque époux doivent revenir à ses propres enfants).

Il n'y a de donation-partage que dans la mesure où l'ascendant effectue une répartition matérielle de ses biens entre ses descendants.

C. civ., art. 1075, 1075-1, 1075-2, 1076 s. et 1078-4 s.

→ *Libéralité-partage, Partage conjonctif, Partage d'ascendant, Testament-partage.*

Donation-partage conjonctive

[Droit civil]

→ *Donation-partage.*

Donation-partage transgénérationnelle

[Droit civil]

→ *Donation-partage.*

Donation *propter nuptias*

[Droit civil]

Donation faite en vue du mariage, destinée à permettre au futur époux de faire face aux frais de première installation et de disposer d'une source de revenus. La donation *propter nuptias* déroge au principe de l'irrévocabilité des donations : elle peut s'appliquer à des biens à venir, obliger le donataire à acquitter les dettes mêmes futures du donateur, réserver au donateur la liberté de disposer d'un bien compris dans la libéralité pour aider à l'installation d'un nouveau foyer, n'étant établie qu'au profit des futurs époux ou de l'un d'eux, non au profit des enfants à naître.

C. civ., art. 947 et 1081 s.

Donné acte (ou Donner acte)

[Procédure civile]

→ *Jugement de donné acte.*

Donnée à caractère personnel

[Droit civil]

Information relative à une personne physique identifiée ou qui peut être identifiée, directement ou indirectement, par référence à un numéro d'identification ou à un ou plusieurs éléments qui lui sont propres. Pour déterminer si une personne est identifiable, il convient de considérer l'ensemble des moyens dont dispose ou auxquels peut avoir accès le responsable du traitement ou toute autre personne en vue de permettre cette identification.

L. n° 78-17 du 6 janv. 1978.

→ *Données sensibles, Traitement des données personnelles, Vie privée.*

Données publiques

[Droit administratif]

Ensemble des données produites ou collectées par les personnes publiques (État, collectivités locales, établissements publics) ou par des organismes privés chargés d'une mission de service public. Ces données peuvent être géographiques, météorologiques, financières, juridiques, etc.

La loi n° 78-753 du 17 juillet 1978 reconnaît à toute personne un droit d'accès et de réutilisation des documents détenus dans le cadre de sa mission de service public par une administration, quelle que soit leur forme ou leur support.

L'accessibilité de la donnée publique implique aussi la liberté d'accès aux documents administratifs. Elle prévoit quelques restrictions, nécessaires pour préserver le respect de la vie privée ou le secret des affaires notamment.

→ *Accès aux documents administratifs (Droit d'), Transparence.*

Données sensibles

[Droit civil]

Données à caractère personnel qui, directement ou indirectement, font apparaître les origines raciales ou les opinions publiques, philosophiques ou religieuses ou les appartenances syndicales ou les mœurs des personnes. Elles font l'objet d'une protection renforcée par la loi Informatique et libertés n° 78-15 du 6 janvier 1978 et par la directive n° 95/46/CE du 24 octobre 1995.

L. n° 78-17 du 6 janv. 1978, art. 8.

→ *Données à caractère personnel, Vie privée.*

Donner (Obligation de)

[Droit civil]

Au sens technique, obligation de transférer la propriété d'un bien.

C. civ., art. 1197 et 1604 s.*

→ *Obligation de donner.*

Dopage

[Droit pénal]

Infraction correctionnelle consistant à utiliser au cours des compétitions et manifestations organisées ou autorisées par des fédérations sportives ou en vue d'y participer, des substances ou procédés de nature à modifier artificiellement ses capacités ou à masquer l'utilisation de substances ou procédés ayant ces mêmes propriétés.

CSP, art. L. 3631-1 s.

Dossier

[Procédure civile]

1° Réunion des documents, actes de procédure, jugements relatifs à un litige dont est saisie une juridiction civile, commerciale, sociale, dans un dossier sur lequel se trouvent mentionnés en outre les divers événements de la procédure.

Le dossier peut être tenu sur support électronique.

2° Chemise dans laquelle l'avocat réunit ses notes de plaidoirie et classe les pièces qu'il a produites. Quand l'affaire ne requiert pas de plaidoirie, le juge peut autoriser le dépôt au greffe du dossier des avocats.

C. pr. civ., art. 446-1, 727, 729-1, 779, 1200-6.

→ *Mention au dossier, Registre d'audience, Répertoire général des affaires.*

Dossier médical personnel

[Sécurité sociale]

Dossier constitué de l'ensemble du dossier mentionné à l'article L. 1111-8 du Code de la santé publique, notamment des informations qui permettent le suivi des actes et prestations de soins. Le dossier médical personnel comporte également un volet spécialement destiné à la prévention.

Il permet, dans le respect des règles déontologiques, le suivi médical.

CSP, art. L. 1111-14.

Dossier unique de personnalité

[Procédure pénale]

Ensemble des éléments relatifs à la personnalité d'un mineur et à son environnement social et familial recueillis, au cours des enquêtes ou des procédures d'assistance éducative dont il fait l'objet, y compris dans le ressort de juridictions différentes.

Placé sous le contrôle du procureur de la République et du juge des enfants qui connaissent habituellement de la situation du mineur, il est ouvert dès qu'une mesure d'investigation sur la personnalité est ordonnée, ou si le mineur fait l'objet d'une liberté surveillée préjudicielle, d'un placement sous contrôle judiciaire, d'une assignation à résidence avec surveillance électronique ou d'un placement en détention provisoire. Il est versé au dossier des différentes procédures d'*assistance éducative* et pénales postérieures à son ouverture, et est actualisé par les investigations menées dans le cadre de ces procédures.

Les informations qui y sont contenues sont confidentielles, et la liste des personnes pouvant y avoir accès est limitative, avec des modalités soumises à de strictes conditions : magistrats saisis de la procédure, avocats du mineur, parents du mineur, tuteur ou représentant légal, partie civile, professionnels de la protection judiciaire de la jeunesse, et personnels du service ou de l'établissement du secteur associatif habilité saisi d'une mesure judiciaire concernant le mineur.

Ord. n° 45-174 du 2 févr. 1945, art. 5-2.

Dot

[Droit civil]

Libéralité adressée par un tiers (parent ou étranger) aux futurs époux, ou à l'un d'eux, et généralement contenue dans le contrat de mariage. La dot peut être constituée sous la forme d'un capital ou d'une rente. Lorsque le père et la mère ont doté conjointement l'enfant commun sans précision de part, ils sont censés avoir doté chacun pour moitié.

C. civ., art. 1438 s.

Au sens strict : sous le régime dotal, biens apportés par la femme qui étaient inaliénables et insaisissables et soumis à l'administration du mari. Le législateur a supprimé pour l'avenir le régime dotal (L. 13 juill. 1965).

→ *Biens dotaux.*

Dotation

[Droit financier ou fiscal]

À partir de 2006, au sein du budget général, unité dérogatoire de spécialisation des crédits budgétaires destinés à financer des charges pour lesquelles il n'est pas possible de fixer des objectifs de performance (ex. : présidence de la République, Assemblée nationale, Sénat).

→ *Crédit budgétaire.*

Dotation d'équipement des territoires ruraux (DETR)

[Droit financier]

Dotation instituée par la loi de finances pour 2011 avec la fusion de la DGE communale et de la dotation de développement rural. Elle bénéficie aux communes de moins de 2 000 habitants (ou de 3 500 habitants dans les DOM), à des communes de taille démographique plus importante ayant un potentiel financier réduit, ainsi que les EPCI à fiscalité propre dont la population n'excède pas 50 000 habitants, sous certaines conditions. Gérée départementalement sous l'autorité du préfet, la DETR donne lieu à l'attribution de subventions pour des dépenses qui peuvent être d'investissement mais aussi de fonctionnement ou de personnel.

CGCT, art. L. 2334-32 s.

Dotation générale de décentralisation (DGD)

[Droit administratif/Droit financier ou fiscal]

Subvention versée par l'État aux départements et régions en vue de compenser (avec d'autres recettes) les charges supplémentaires imposées à leurs budgets en raison des compétences nouvelles que l'État leur a transférées en application des lois de décentralisation.

CGCT, art. L. 1614 et L. 1614-4.

Dotation globale d'équipement (DGE)

[Droit administratif/Droit financier ou fiscal]

Subvention versée par l'État aux départements, qui l'utilisent librement, en vue de participer à leurs dépenses d'équipement (investissements).

CGCT, art. L. 3334-10 et L. 3413-1.

Dotation globale de fonctionnement (DGF)

[Droit administratif/Droit financier ou fiscal]

Subvention versée par l'État aux collectivités territoriales, et représentant leur recette de fonctionnement la plus importante après les impôts directs locaux.

CGCT, art. L. 2334-1, L. 3334-1 et L. 4332-4.

Douane (Droits de)

[Droit financier ou fiscal]

Impôts assis, sans préjudice de l'application des impôts nationaux de consommation, sur les marchandises importées, dans le but principalement de protéger les producteurs nationaux. Exceptionnellement, ils peuvent frapper les exportations.

Il n'existe plus de droits de douane dans les échanges entre États membres de l'Union européenne, mais un tarif douanier commun est applicable aux importations en provenance des États tiers.

→ *Direction générale des douanes et droits indirects.*

Double (Formalité du)

[Droit civil/Procédure civile]

→ *Double original, Exploit d'huissier de justice.*

Double degré de juridiction

[Procédure (principes généraux)]

Il y a double degré de juridiction lorsqu'après un premier jugement, un appel peut être interjeté.

→ *À charge d'appel, Degré de juridiction.*

Double original

[Droit civil]

Nécessité juridique d'établir, pour la preuve d'un contrat synallagmatique constaté par un *acte sous signature privée*, autant d'originaux qu'il existe d'intérêts opposés; les intéressés étant souvent au nombre de 2, l'acte est dressé en 2 exemplaires, d'où l'expression, parfois utilisée de « formalité du double ». Quant aux contrats sous forme électronique, la loi dispose que l'exigence d'une pluralité d'originaux est satisfaite lorsque l'acte est établi et conservé selon les prescriptions légales et que le procédé permet à chaque partie de disposer d'un exemplaire ou d'y avoir accès.

C. civ., art. 1375.*

[Procédure civile]

L'exigence d'un double original a été écartée pour les actes, exploits et procès-verbaux des huissiers de justice qui peuvent désormais les établir en un seul original accompagné d'expéditions certifiées conformes. Les textes réglementent l'usage de l'électronique pour l'établissement, la conservation et la transmission des actes, exploits et procès-verbaux des huissiers.

Ord. n° 45-2592 du 2 nov. 1945, art. 2; Décr. n° 56-122 du 29 févr. 1956, art. 26.

→ *Exploit d'huissier de justice.*

Double peine

[Droit pénal]

Expression non juridique, issue du langage courant, qui caractérise la situation d'un étranger résidant en France qui, ayant commis une infraction pénale sur le territoire français, a fait l'objet d'une peine de prison ou d'amende, et voit cette peine « doublée » par une mesure d'éloignement constituée, soit par l'interdiction du territoire français (peine complémentaire prononcée par le juge pénal), soit par l'expulsion (mesure de police administrative prononcée par le ministre de l'Intérieur ou le préfet), soit des 2 mesures à la fois.

→ *Non bis in idem.*

Doute (Bénéfice du)

[Procédure pénale]

Principe général de procédure pénale qui oblige le juge à prononcer une relaxe ou un acquittement, dès lors qu'une incertitude persiste sur les faits objet des poursuites, sur la réalisation des conditions de l'infraction, ou encore sur la participation des personnes mises en cause.

→ *In dubio pro reo.*

Douzièmes provisoires

[Droit financier/Droit constitutionnel/Droit européen]

Nom donné sous les IIIe et IVe Républiques, en cas de retard dans le vote de la loi de finances, à des autorisations budgétaires valables pour un mois et permettant provisoirement à l'Administration de percevoir les recettes, et de payer des dépenses à concurrence d'un douzième environ des crédits ouverts l'année précédente. Système également applicable au budget de l'Union européenne (art. 315 TFUE).

Doyen

[Droit administratif]

Enseignant élu par le conseil d'administration d'une *faculté* et placé à la tête de celle-ci pour une durée de 5 ans renouvelable une fois. Le titre de doyen est employé, en pratique, quand l'*Unité de formation et de recherche (UFR)* a pris le nom de faculté.

C. éduc., art. L. 713-3.

[Droit général/Procédure civile]

Membre le plus ancien dans la fonction (ainsi le plus ancien des doyens de chambre porte le titre de doyen de la Cour de cassation et prend rang immédiatement après les présidents de section), ou le plus âgé d'une assemblée (ainsi doyen d'âge à l'Assemblée nationale).

COJ, art. R. 421-6, R. 421-8.

Drogue

[Droit pénal]

→ *Dopage, Stupéfiants (trafic et usage de).*

Droit

[Droit général]

Désigne, en son sens de *droit objectif*, un ensemble de règles visant à organiser la conduite de l'homme en société et dont le respect est assuré par la puissance publique.

Le droit objectif reconnaît et sanctionne lui-même des droits subjectifs, prérogatives attribuées dans leur intérêt à des individus, qui leur permettent de jouir d'une chose, d'une valeur ou d'exiger d'autrui une prestation.

[Droit financier ou fiscal]

Synonyme d'impôt, souvent utilisé pour désigner certains impôts indirects les plus anciens. On parle ainsi de droits de douane, de droits de timbre.

Droit à l'environnement

[Droit de l'environnement]

Selon la Charte de l'environnement que la loi constitutionnelle n° 205 du 1er mars 2005 a annexée à la Constitution en insérant dans son préambule un renvoi à ladite Charte, « Chacun a le droit de vivre dans un environnement équilibré et respectueux de la santé » (art. 1er).

La consécration constitutionnelle d'un droit à l'environnement – sur la nature duquel la doctrine est divisée – a de très nombreuses utilités, notamment en favorisant la réparation du dommage écologique au-delà de la théorie des troubles anormaux de voisinage, en justifiant la reconnaissance de voies de fait, en offrant une base légale au recours pour excès de pouvoir contre les règlements contraires à l'environnement. Et surtout, il sert de fondement au contrôle de l'« environnementalité » des lois par le Conseil constitutionnel.

Droit à l'exécution

[Procédure civile]

→ *Exécution des décisions de justice (Droit à l').*

Droit à l'oubli numérique

[Droit civil]

Expression parfois employée pour désigner la prérogative reconnue à un individu d'obtenir que l'information, présente sur Internet, relative à sa personne ne soit plus liée à son nom par une liste de résultats affichée à la suite d'une recherche effectuée à partir de son nom.

Cette prérogative a été reconnue par un arrêt de la Cour de Justice de l'Union européenne (n° C-131/12 du 13 mai 2014). La Cour de Justice précise que sa mise en œuvre implique d'articuler *in concreto* les intérêts en présence, en fonction de la nature de l'information en question, de sa sensibilité pour la vie privée de la personne concernée et de l'intérêt du public à disposer de cette information, lequel peut varier, notamment, en fonction du rôle joué par cette personne dans la vie publique.

→ *Droit au déréférencement, Traitement des données personnelles, Vie privée.*

Droit à paiement unique (DPU)

[Droit rural]

La *Politique agricole commune* applicable progressivement à partir de 2004 a introduit 2 nouveaux principes, parmi lesquels le *découplage* des aides. Le droit au paiement unique (DPU) a été remplacé par une aide en trois parties : le paiement de base, appelé DPB (droit au paiement de base), le paiement vert et le paiement redistributif. Le paiement « de base » est versé en fonction des surfaces détenues par les agriculteurs. Ce dispositif vise à réduire les disparités entre agriculteurs.

Droit à pension

[Droit civil]

En droit des successions, pension alimentaire accordée au conjoint successible dans le besoin, sur sa demande. Elle est prélevée sur la *succession* supportée par tous les héritiers et, en cas d'insuffisance, par tous les légataires particuliers proportionnellement à leur émolument.

C. civ., art. 767.

→ *Droit au logement temporaire, Droit viager au logement, Pension alimentaire.*

[Sécurité sociale]

→ *Droits propres, Pension.*

Droit à produire

[Droit rural]

→ *Quota agricole.*

Droit à un juge

[Procédure (principes généraux)]

→ *Accès à un juge (Droit d').*

Droit à un procès équitable

[Procédure (principes généraux)]

→ *Procès équitable.*

Droit absolu

[Droit civil]

Droit dont la caractéristique est d'être opposable à tous, tel le droit de propriété.

Se dit aussi d'un droit discrétionnaire, c'est-à-dire d'un droit dont l'exercice est insusceptible d'engendrer une responsabilité pour abus.

→ *Droit international privé.*

Par opposition aux droits relatifs ou conditionnels, se dit d'un droit dont l'exercice n'est pas susceptible d'être aménagé ou restreint par l'État (synonyme de « droit intangible »).

→ *Discrétionnaire, Droits intangibles, Erga omnes.*

Droit acquis

[Droit civil]

En cas de conflit entre deux lois qui se succèdent, se dit d'un droit attribué sous l'empire de la règle antérieure et qui est maintenu malgré les dispositions contraires du nouveau texte.

Parce qu'il est difficile de déterminer ceux des droits qui sont acquis (par opposition aux simples expectatives), la théorie des droits acquis est aujourd'hui combattue et en déclin.

C. civ., art. 2.

→ *Conflit de lois dans le temps, Effet immédiat de la loi (Principe de l'), Expectative.*

Droit administratif

[Droit public]

Au sens large, le droit administratif correspond à l'ensemble des règles du droit privé et du droit public qui s'appliquent à l'Administration dans sa gestion des services publics, et dans ses rapports avec les particuliers. Dans un sens plus restrictif, communément admis, le droit administratif s'entend seulement de celles de ces règles qui dérogent au droit privé et dont les juridictions administratives assurent normalement le respect.

Droit administratif pénal

[Droit pénal/Droit administratif]

Ensemble des disciplines répressives ou punitives dont l'application voire l'élaboration dépend de l'Administration (environnement, impôt…) ou d'autorités indépendantes (*Autorité des marchés financiers*, *Autorité de la concurrence*…). Ces disciplines doivent respecter les principes fondamentaux du droit pénal dans la mesure où elles participent à la « matière pénale » au sens de la Convention EDH.

Droit au bail

[Droit civil/Droit commercial]

→ *Droit au renouvellement, Propriété commerciale.*

Droit au déréférencement

[Droit civil]

Droit, pour un individu, de demander à un moteur de recherche Internet, sous certaines conditions, la suppression d'informations référencées le concernant.

→ *Droit à l'oubli numérique.*

Droit au logement opposable

[Droit administratif/Sécurité sociale]

Droit reconnu à des personnes déterminées par la loi et résidant régulièrement en France de façon permanente, de se voir attribuer par l'intermédiaire de l'État un logement « décent et indépendant » si elles ne sont pas en mesure d'y accéder ou de s'y maintenir par leurs propres moyens. Son effectivité (« opposabilité ») est garantie par l'État, selon une procédure faisant intervenir d'abord, à titre amiable, une commission de médiation jouant un rôle de filtrage et d'aiguillage. À défaut d'attribution d'un logement ou d'un hébergement adapté dans un certain délai, le demandeur peut former un recours devant le *tribunal administratif*, dont le président ordonne le logement de l'intéressé, éventuellement sous *astreinte*.

CCH, art. L. 300-1, L. 441-2-3 et L. 441-2-3-1.

Droit au logement temporaire

[Droit civil]

Droit d'ordre public consistant en la jouissance gratuite du logement et du mobilier qui le garnit, accordé de plein droit, pendant un an, au conjoint successible qui l'occupait effectivement, à l'époque du décès, à titre d'habitation principale, si ce logement appartenait aux époux ou dépendait totalement de la succession. Si l'habitation était assurée au moyen d'un bail à loyer, ou d'un logement appartenant pour partie indivise au défunt, les loyers ou l'indemnité d'occupation seront remboursés au conjoint survivant, par la succession, pendant un an. Ce droit a été étendu au partenaire d'un *PACS* par une loi du 23 juin 2006.

C. civ., art. 763.

→ *Droit à pension, Droit viager au logement.*

Droit au recours

[Droit général]

Principe *juridique* fondamental, notamment issu de la Convention EDH, en vertu duquel toute personne intéressée dispose du droit à un recours effectif devant un juge *indépendant* et *impartial.*

GACA n° 2; GDCC n° 6, 7, 15 et 34.

→ *Accès à un juge (Droit d'), Procès équitable.*

Droit au renouvellement

[Droit civil/Droit commercial]

Dans les baux commerciaux ou d'habitation, prérogative du locataire, dont le contrat est parvenu à son terme, de poursuivre ce contrat aux mêmes conditions et pour la même durée, dès lors que le bailleur ne peut pas invoquer une cause de non-renouvellement : congé pour reprise du logement ou congé pour vente du logement.

C. com., art. L. 145-8 s.

Droit cambiaire

[Droit commercial]

Ensemble des règles applicables aux effets de commerce, propres à ceux-ci et qui se distinguent des règles du droit commun des obligations.

C. com., art. L. 511-1 s.

→ *Effet de commerce.*

Droit canonique (ou Droit canon)

[Droit général]

Droit de l'Église catholique contenu aujourd'hui dans le *Codex juris canonici* promulgué par le Pape Jean-Paul II (1983).

→ *Droits savants.*

Droit civil

[Droit général]

Issu de l'expression latine *jus civile*, désigne l'ensemble des règles de droit normalement applicables dans les rapports des personnes privées entre elles. Il couvre le droit des personnes (état et incapacité), le droit de la famille (unions, désunions et filiations), le droit des biens (propriété et ses démembrements, sûretés), le droit des obligations et le droit patrimonial de la famille (régimes matrimoniaux, successions et libéralités). Il constitue le droit commun par rapport aux règles correspondant à des milieux spéciaux et qui se sont constituées en disciplines propres (droit commercial, droit rural, droit social...). Dans un sens plus général, désigne l'ensemble du droit privé.

On entend parfois par pays de droit civil, ou de tradition civiliste, ou de droit « continental », l'ensemble des pays qui, par opposition aux pays de *Common law*, reposent sur une tradition romano-germanique.

→ *Droit commun (Régime, Règle de), Droit privé.*

Droit collaboratif

[Droit privé]

Processus amiable de règlement des différends avant toute saisine d'une juridiction et qui repose sur l'engagement contractuel des parties et de leurs avocats conseils (matérialisé dans une charte collaborative) de rechercher de manière négociée et de bonne foi, lors de réunions à quatre (dites rencontres de règlement), une solution globale à leur différend reposant sur la satisfaction des intérêts mutuels de chacune des parties.

→ *Modes alternatifs de règlement des différends ou des conflits ou des litiges.*

Droit commercial

[Droit privé]

Ensemble des règles juridiques applicables aux commerçants dans l'exercice de leur activité professionnelle et régissant aussi, quoique de manière plus exceptionnelle, l'activité commerciale, voire les actes de commerce accomplis par toute personne. Alors qu'elles étaient traditionnellement reliées à l'existence d'une juridiction spécifique, le *Tribunal de commerce*, ces règles s'en affranchissent aujourd'hui en maints secteurs (ex. *droit de la concurrence*, procédures d'insolvabilité) et tendent à devenir le droit commun de l'activité professionnelle indépendante (par opposition au *droit du travail*). Traditionnellement présenté comme une réglementation spécifique de droit privé, le droit commercial est en réalité transversal, public-privé, à raison des diverses interventions de l'État à visée économique (contrôle administratif des professions, régulation des secteurs sensibles, instauration de la transparence commerciale et protection des consommateurs, aménagement du territoire, etc.).

Droit commun (Régime, Règle de)

[Droit général]

• Au sens large : règle applicable à une *situation juridique*, ou à un rapport juridique entre des personnes physiques ou morales, quand il n'est pas prévu qu'une règle particulière régit cette situation ou à ce rapport.

Il ne faut pas assimiler régime juridique de droit commun et régime juridique applicable dans le plus grand nombre des cas, car il peut arriver que des règles particulières s'appliquent à la quasi-totalité des situations (ex. : le délai de droit commun de la prescription fiscale de 10 ans de l'article L. 169 LPF ne trouve que rarement à s'appliquer). Une règle de droit commun est, en langage non juridique, une règle qui joue « par défaut ».

• Au sens strict : règles normalement applicables en droit privé ; le droit civil constitue le droit commun.

Droit communautaire

[Droit européen]

Aujourd'hui *droit de l'Union européenne*.

GADPG n° 4; GAJC, t. 1, n° 4; GAJF n° 6.

→ *Communautés européennes, Constitution, Traité.*

Droit constitutionnel

[Droit général]

Ensemble des règles juridiques relatives aux « institutions grâce auxquelles l'autorité s'établit, se transmet ou s'exerce dans l'État » (M. Prélot).

Les règles fondamentales de ce droit sont en général contenues dans un document spécial : la *Constitution*.

Droit continental

[Droit général]

→ *Droit civil.*

Droit corporel

[Droit civil]

Se dit parfois d'un droit portant sur une chose réelle. Mais, d'un point de vue technique, tout droit est en lui-même incorporel, qu'il porte sur une *chose corporelle* ou sur une *chose incorporelle*.

Droit d'alerte

[Droit du travail]

Se dit soit du pouvoir reconnu aux salariés ou aux membres du *Comité d'hygiène, de sécurité et des conditions de travail (CHSCT)* d'aviser immédiatement l'employeur de l'existence d'un danger grave et imminent, soit du droit reconnu aux représentants du personnel, selon une procédure complexe, d'informer les dirigeants d'une société ou les associés eux-mêmes de faits de nature à affecter de manière préoccupante la situation économique de l'entreprise.

C. trav., art. L. 2323-50 s., R. 2323-18 s., L. 4131-2 s. et D. 4132-1 s.

→ *Procédure d'alerte.*

[Droit civil/Droit de l'environnement/Droit pénal]

Droit pour toute personne physique ou morale de rendre public un fait, une donnée ou une action dont la méconnaissance lui paraît faire peser un risque grave sur la santé publique ou l'environnement.

Le *lanceur d'alerte* de mauvaise foi s'expose aux sanctions pénales de la dénonciation calomnieuse.

L. n° 2013-316 du 16 avr. 2013, art. 1 et 12.

Droit d'auteur

[Droit civil]

Prérogative attribuée à l'auteur d'une œuvre de l'esprit (écrits, conférences, œuvres dramatiques, chorégraphiques, cinématographiques, graphiques, phonographiques, logiciels…).

Le droit d'auteur comporte un droit pécuniaire (droit de tirer profit de l'œuvre) et un *droit moral*.

CPI, art. L. 111-1 s. et L. 121-1 s.

→ *Propriété littéraire et artistique.*

Droit d'habitation

[Droit civil]

→ *Habitation (Droit d').*

Droit d'ingérence humanitaire

[Droit international public]

Théorie selon laquelle, contrairement aux principes d'interdiction du recours à la force et de non-intervention affirmés par la charte des Nations unies, une action internationale pourrait être entreprise sur le territoire d'un État sans l'accord de celui-ci lorsqu'un peuple serait gravement menacé dans sa survie même.

Invoquée en 1999 parmi les principales justifications de l'intervention de l'*OTAN* au Kosovo, cette thèse est aujourd'hui supplantée par celle de la responsabilité de protéger.

→ *Responsabilité de protéger.*

Droit d'opposition

[Droit du travail]

Le droit d'opposition est une faculté, ouverte à un ou plusieurs syndicats représentatifs non-signataires d'un texte conventionnel (*convention collective* ou *accord collectif*), d'affirmer leur opposition au texte conventionnel dans un court délai après la signature. Si l'opposition exprimée est majoritaire, la convention ou l'accord est réputé non écrit. La majorité requise se définit au regard du nombre des suffrages exprimés recueillis par les organisations syndicales opposantes au premier tour des élections des représentants titulaires du personnel au comité d'entreprise ou, à défaut, des délégués du personnel.

C. trav., art. L. 2232-2, L. 2232-6 et L. 2232-12.

Droit d'usage

[Droit civil]

→ *Usage.*

Droit de clientèle

[Droit général/Droit commercial]

Catégorie mixte, doctrinale, désignant des prérogatives plus proches du droit réel que du droit personnel. Sa spécificité tient à la réunion de trois éléments : le droit de clientèle est le fruit du travail de l'homme (source), son support est incorporel (objet), son opposabilité est absolue (effet). Entrent dans cette catégorie le droit de présentation de l'officier ministériel, le droit de l'écrivain sur son œuvre, le droit de l'inventeur sur son brevet, le droit du producteur sur l'appellation d'origine... Le dénominateur commun est d'offrir la possibilité de se constituer et d'exploiter une clientèle.

→ *Brevet d'invention, Droits intellectuels, Propriété industrielle, Propriété littéraire et artistique.*

Droit de communication

[Droit financier ou fiscal]

Prérogative légale du fisc, lui permettant en matière de contrôle fiscal de se faire communiquer les renseignements dont il a besoin par les autres administrations, et surtout par des professionnels publics ou privés tels que les banques ou les établissements financiers ou d'épargne.

LPF, art. L. 81 s.

Droit de connaître ses origines personnelles

[Droit civil]

→ *Origines personnelles (Accès aux).*

Droit de créance

[Droit civil]

→ *Créance.*

Droit de gage

[Droit civil]

→ *Gage.*

Droit de gage général

[Droit civil]

Pouvoir que tout créancier tient de la loi sur l'ensemble des biens de son débiteur (immobiliers et mobiliers, présents et à venir), grâce auquel le paiement peut être poursuivi par la saisie de l'un quelconque des éléments du patrimoine de l'obligé. À ne pas confondre avec la sûreté réelle du même nom.

L'assiette du droit de *gage* cesse d'être générale lorsque le débiteur immatriculé à un registre professionnel ou exerçant une activité civile, agricole ou indépendante a déclaré insaisissables sa résidence principale et ses biens fonciers non affectés à sa profession, ou lorsque, en tant qu'*Entrepreneur individuel à responsabilité limitée (EIRL)*, il a affecté à son activité professionnelle un patrimoine séparé de son patrimoine personnel (les créanciers non professionnels ont pour seul gage le patrimoine non affecté).

C. civ., art. 2284, 2285; C. com., art. L. 526-1 s., L. 526-6 s.

→ *Biens insaisissables, Patrimoines d'affectation (Théorie des).*

Droit de jouissance spéciale

[Droit civil]

Droit réel donnant accès à une utilité particulière du bien qui est objet de ce droit.

Le propriétaire peut consentir, sous réserve des règles d'ordre public, un droit réel conférant le bénéfice d'une jouissance spéciale de son bien.

C. civ., art. 544.

Droit de garde

[Droit civil]

→ *Garde.*

Droit de l'Union européenne

[Droit européen]

Auparavant droit communautaire. Le droit originaire, ou primaire, regroupe les traités fondateurs des *Communautés européennes* et tous les traités qui les ont ensuite modifiés. Le droit dérivé (des traités) comporte tous les actes juridiques adoptés par les institutions (règlements, directives, décisions...), y compris les accords externes, conclus avec des organisations ou États tiers.

En vertu des traités ou de la jurisprudence de la Cour de justice, le droit de l'Union se caractérise par l'*applicabilité directe* (non subordonné à une réception en droit interne) et l'*effet direct* (sur les particuliers qui peuvent en demander l'application au juge interne) dont bénéficient certains de ses éléments, et plus encore par la primauté sur le droit national.

Un ensemble de voies de droit concourt à sa mise en œuvre (recours en annulation, en carence, en constatation de manquement, en responsabilité extracontractuelle, exception d'illégalité ou renvoi préjudiciel).

GADPG n° 4; GAJC, t. 1, n° 4; GAJF n° 6; GDCC n° 25.

→ *Constitution européenne, Primauté du droit de l'Union européenne, Traité, Union européenne.*

Droit de la concurrence

[Droit commercial]

Dans une acception étroite : corps des règles qui permettent de réprimer ceux qui, de différentes manières, entravent le libre jeu de la concurrence, notamment en constituant des *ententes* ou en exploitant une *position dominante*.

Au sens large : ensemble des règles juridiques gouvernant les rivalités entre agents économiques dans la recherche et la conservation d'une clientèle. En ce sens, la concurrence doit être non seulement libre, mais aussi loyale. Sous l'angle de la loyauté et de la transparence des pratiques commerciales, ce droit tend à partager certains objectifs du *droit de la consommation*.

C. com., art. L. 410-1 s.

→ *Concurrence déloyale.*

[Droit européen]

Dans l'Union européenne, la Commission est chargée de réprimer les entraves à la libre concurrence entre entreprises, résultant d'ententes illicites et d'*abus de position dominante*, et d'opérer un contrôle sur les concentrations d'entreprises. Elle surveille également les États membres (interdiction des aides d'État; ouverture obligatoire de la *commande publique* aux entreprises non nationales).

TFUE, art. 101 s.

ACTU

Droit de la consommation

[Droit civil/Droit commercial]

Droit régissant les rapports des consommateurs avec les professionnels, dont les textes généraux sont rassemblés dans un Code de la consommation qui traite, tel qu'issu de l'ordonnance nº 2016-301 du 14 mars, pour la partie législative, de l'information des consommateurs et des pratiques commerciales (Livre I), de la formation et de l'exécution des contrats (Livre II), du crédit (Livre III), de la conformité et de la sécurité des produits et services (Livre IV), des pouvoirs d'enquête et des suites données aux contrôles (Livre V), du règlement des litiges (Livre VI), du traitement des situations de surendettement (Livre VII), des associations agréées de défense des consommateurs et des institutions de la consommation (Livre VIII).

Droit de la mer

[Droit international public]

Droit des espaces maritimes, applicable aux sujets du droit international, notamment aux États. À ne pas confondre avec le *droit maritime*.

→ *Haute mer, Mer territoriale, Plateau continental, Zone économique exclusive, Zone internationale des fonds marins.*

Droit de plaidoirie

[Procédure civile/Procédure administrative]

Droit alloué aux avocats pour chaque *plaidoirie* faite à l'audience des juridictions administratives et des juridictions judiciaires (sauf exceptions). Il est payable directement à la Caisse nationale des barreaux en vue d'alimenter le régime d'assurance vieillesse des avocats. Son montant est de 13 euros.

CSS, art. L. 723-3, R. 723-26-1 à 723-26-8.

Droit de plantation

[Droit rural]

→ *Quota agricole.*

Droit de préemption

[Droit administratif]

→ *Préemption (Droit de).*

Droit de préférence

[Droit civil]

1° Droit de certains créanciers (hypothécaires, privilégiés) d'obtenir, par préférence aux autres créanciers, généralement chirographaires, paiement sur le produit de la vente du bien saisi.

Les *privilèges* et les hypothèques font l'objet d'un classement que règle le Code civil. Ainsi, entre les créanciers, l'hypothèque n'a rang que du jour de son inscription au *service de la publicité foncière* (ex-conservation des hypothèques) et, si plusieurs inscriptions sont requises le même jour, c'est l'inscription prise en vertu du titre le plus ancien qui est réputée d'un rang antérieur.

C. civ., art. 2323, 2324, 2331-1 s., 2332-1 s., 2376 et 2425.

→ *Créancier hypothécaire, Créancier privilégié, Rang des privilèges et des hypothèques.*

2° Faculté légale ou conventionnelle grâce à laquelle une personne peut acquérir, par préférence aux autres candidats acquéreurs, un bien mis en vente par son propriétaire aux prix et conditions proposés par celui-ci. Par exemple, le propriétaire d'une parcelle boisée contiguë à une autre parcelle boisée inférieure à 4 hectares bénéficie d'un droit de préférence en cas de vente de cette parcelle (et de cession de droits indivis ou de droits réels de jouissance relative à celle-ci).

C. for., art. L. 331-19.

→ *Préemption (Droit de).*

Droit de présentation

[Procédure civile]

→ *Liberté d'installation, Office ministériel, Officier ministériel.*

Droit de prélèvement

[Droit international privé]

Dans le cas de partage d'une même succession entre des cohéritiers étrangers et français, ceux-ci, et eux seuls, pouvaient, en vertu d'une loi du 14 juillet 1819 (art. 2), prélever sur les biens situés en France une portion égale à la valeur des biens situés en pays étranger dont ils étaient exclus, à quelque titre que ce soit, en vertu des lois et coutumes locales. Cette disposition a été déclarée contraire à la Constitution par le Conseil constitutionnel le 5 août 2011 (décision n° 2011-159 QPC), au motif que si le législateur français pouvait fonder une différence de traitement sur la circonstance que la loi étrangère privilégie l'héritier étranger au détriment de l'héritier français, il méconnaît le principe d'égalité devant la loi en réservant le droit de prélèvement sur la seule succession au seul héritier français, établissant ainsi une différence de traitement entre les héritiers (français et étrangers) venant également à la succession d'après la loi française et qui ne sont pas privilégiés par la loi étrangère; cette différence de traitement est sans rapport direct avec l'objet de la loi, qui tend, notamment, à protéger la réserve héréditaire et l'égalité entre héritiers garanties par la loi française.

L. 14 juill. 1819, art. 2.

Droit de propriété

[Droit civil]

Selon la théorie classique, droit réel principal conférant à son titulaire, le propriétaire, toutes les prérogatives sur le bien, objet de son droit; traditionnellement on distingue 3 prérogatives : l'*usus*, l'*abusus* et le *fructus*. Le droit de propriété constitue lui-même un bien. Il est imprescriptible.

Pour certains auteurs toutefois, il désigne non un bien, mais la relation d'exclusivité qui existe entre chaque bien et la personne à laquelle il appartient.

C. civ., art. 544 s. et 2227.

GAJC, t. 1, n° 2, 68, 69, 70, 71, 72 et 73; GDCC n° 15, 17, 19, 23, 29 à 31, 34, 38, 41 et 51.

→ *Action en revendication, Droit réel, Nationalisation.*

Droit de repentir

[Droit civil/Droit commercial]

Faculté reconnue par la loi ou établie par le contrat, permettant à son bénéficiaire, pendant un certain délai, de rétracter unilatéralement son engagement, par dérogation au principe de l'irrévocabilité de la promesse (réméré, propriété littéraire et artistique, devis et marchés, démarchage à domicile, contrats à distance, contrats hors établissement). La loi utilise très souvent le terme « rétractation ».

Le droit de repentir s'exerce sans contrepartie, sauf exceptions (stipulation d'arrhes, droit de repentir de l'auteur, coût de renvoi des biens) et sans avoir à justifier de motifs. Il suspend l'efficacité du contrat en interdisant l'exécution de l'obligation qui pèse sur le consommateur pendant toute la durée du délai pendant lequel il peut être exercé.

La loi n° 2014-344 du 17 mars 2014 relative à la consommation distingue désormais deux temps dans l'exercice du droit de rétractation. Le consommateur dispose de 14 jours à partir de la conclusion du contrat pour faire part au professionnel de sa décision de rétractation et, s'il use de ce droit, il a 14 jours supplémentaires à compter de la communication de sa décision pour renvoyer le bien au professionnel. Quant au professionnel, il est tenu de rembourser le consommateur de la totalité des sommes versées au plus tard dans les 14 jours suivant la date à laquelle il a été informé de la rétractation.

Le droit de rétractation ne peut être exercé dans un certain nombre de cas parmi lesquels la fourniture de biens susceptibles de se périmer rapidement, les travaux de réparation strictement nécessaires pour répondre à l'urgence, les contrats conclus lors d'une enchère publique.

C. consom., art. L. 221-5, L. 221-18 s.; C. assur., art. L. 132-5-1 et L. 211-16; CPI, art. L. 121-4 et L. 121-7.

→ *Délai de réflexion, Délai de rétractation.*

Droit de réponse

[Droit pénal]

Prérogative reconnue à une personne nommée ou désignée dans une publication de faire connaître son point de vue, ses explications ou sa contestation sur les circonstances et conditions dans lesquelles elle l'a été. Ce droit de réponse s'impose au directeur de la publication qui doit l'insérer dans les 3 jours de la réception de la réponse.

Cette insertion doit être faite à la même place et en mêmes caractères que l'article qui l'aura provoquée et sans aucune intercalation.

C. pén., L. 29 juill. 1881, art. 13.

Droit de reprise

[Droit civil]

→ *Reprise (Droit de).*

Droit de rétention

[Droit civil]

→ *Rétention (Droit de).*

Droit de retour

[Droit civil]

→ *Retour (Droit de).*

Droit de rétractation

[Droit civil]

→ *Droit de repentir*

Droit de retrait

[Droit du travail]

Tout salarié qui a un motif raisonnable de penser qu'une situation de travail présente un danger grave et imminent pour sa vie ou pour sa santé peut cesser temporairement son activité sans subir de retenue de salaire.

C. trav., art. L. 4131-1 s.

Droit de suite

[Droit civil/Procédure civile]

1° Droit permettant au *créancier hypothécaire* ou privilégié de saisir l'immeuble garantissant le paiement de la dette en quelque main qu'il se trouve, même entre les mains d'un tiers acquéreur.

Plus généralement, prérogative du titulaire d'un *droit réel* de saisir le bien objet du droit quel qu'en soit le possesseur.

C. civ., art. 2393, 2398 et 2461; C. pr. exéc., art. R. 321-4, 321-5.

→ *Hypothèque, Privilège, Propter rem.*

2° Droit reconnu – sous de strictes conditions – à l'auteur d'une œuvre graphique ou plastique de percevoir un pourcentage du prix de revente de cette œuvre après la première vente effectuée par l'auteur. L'artiste est ainsi associée au bénéfice d'une éventuelle plus-value de sa création.

CPI, art. L. 122-8, L. 334-1, R. 122-1.

Droit de superficie

[Droit civil]

Droit de propriété sur les édifices et plantations reposant sur le terrain d'autrui. Le droit de superficie est une dérogation au principe de l'*accession* qui attribue au propriétaire du sol la propriété du dessus.

C. civ., art. 552 et 553.

→ *Bail à construction, Tréfoncier, Tréfonds.*

Droit de visite

[Droit civil]

Prérogative reconnue initialement aux ascendants de recevoir leurs descendants mineurs (enfants ou petits-enfants) confiés à la garde d'un parent ou d'un tiers. Plus généralement, l'enfant a le droit d'entretenir des relations personnelles avec ses ascendants et seul l'intérêt de l'enfant peut faire obstacle à l'exercice de ce droit. Ce droit a été étendu à ceux qui ont élevé l'enfant.

À l'égard du parent qui exerce le droit de visite et lorsque la continuité et l'effectivité des liens avec ce parent l'exigent, le juge aux affaires familiales peut organiser ce droit dans un *espace de rencontre* qu'il désigne à cet effet.

C. civ., art. 371-4, 373-2-1, 375-7 et 459-2.

GAJC, t. 1, n° 61-62.

→ *Relations personnelles.*

Droit des affaires

Expression parfois usitée pour désigner le *droit commercial*.

Droit des gens

[Droit international public]

Expression aujourd'hui datée, synonyme de *droit international public*.

Droit des peuples à disposer d'eux-mêmes

[Droit international public]

Droit pour un peuple de déterminer lui-même sa propre forme de gouvernement ainsi que de se rattacher à l'État de son choix (droit de sécession et droit d'être consulté en cas d'échange ou de cession).

Droit consacré par la Charte de l'ONU (art. 1, § 2) et divers textes plus récents pour les peuples soumis à une domination coloniale ou étrangère.

Droit des transports

[Droit général/Droit commercial]

Ensemble des règles applicables aux contrats de transport de voyageurs et de marchandises (transports ferroviaires, aériens, fluviaux, maritimes, routiers) et portant statut des personnels et matériels, véhicules ou bâtiments. Le droit des transports est principalement régi par la Code des transports et diverses conventions internationales.

Droit du commerce international

[Droit général/Droit commercial/ Droit international privé]

Ensemble des règles applicables aux opérations économiques qui ne sont pas purement internes à un État. L'originalité de cette branche du droit ne procède pas tant d'institutions qui lui seraient spécifiquement dédiées (l'OMC, par exemple, n'a guère de rôle direct pour la régulation des échanges privés à travers les frontières), que de la combinaison particulière de règles aux sources variées, bien souvent rendue nécessaire par la concurrence des droits nationaux et les besoins des opérateurs mondiaux (les règles d'origine supranationale et/ou informelle ont, à ce titre, une place de choix). L'*arbitrage international*, par exemple sous l'égide de la *Chambre de commerce internationale*, est un mode fréquent de règlement des différends de cet ordre, soit qu'ils surgissent dans les rapports entre opérateurs professionnels privés, soit qu'ils surgissent dans les rapports mixtes public/privé (contrats d'État ou investissements).

Droit du travail

[Droit général]

En tant que branche du droit, le droit du travail recouvre l'ensemble des règles juridiques ayant pour objet, dans le secteur privé, les relations du travail entre employeurs et salariés et régissant les rapports d'emploi (l'accès à l'emploi, le contrat de travail, les licenciements...) et les rapports professionnels, qui présentent une dimension collective (grève, négociation et conventions collectives, syndicats, représentation du personnel...). Le droit du travail, traditionnellement considéré comme une branche du droit privé, déborde largement celui-ci en organisant l'intervention de l'État et de ses services dans les relations du travail. Il comporte par ailleurs un certain nombre de principes qui, par leur généralité, pénètrent dans le secteur public (liberté syndicale, droit de grève).

Droit économique

[Droit général]

Formule soulignant la publicisation contemporaine du *droit commercial*.

Droit et fait dans le procès

[Procédure (principes généraux)]

Dans un procès, les parties doivent alléguer les faits, événements, circonstances matérielles qui soutiennent leurs prétentions juridiques. Le juge a la faculté d'exiger d'elles des justifications à cet égard.

Elles doivent, en outre, exposer leurs moyens en droit tant dans l'assignation que dans les *conclusions* de première instance et d'appel.

La mission du juge est d'appliquer aux faits du procès les règles de droit qui les régissent. Il doit vérifier les qualifications proposées par les plaideurs et peut soulever d'office un *moyen de pur droit*.

Les juridictions du fond apprécient souverainement les faits du procès. Seules les questions de droit sont soumises au contrôle du juge de cassation (Cour de cassation, Conseil d'État saisis d'un pourvoi).

C. pr. civ., art. 6 à 8, 12, 56, 753 et 954.

→ *Allégation, Fond, Forme, Moyen, Pertinence, Qualification, Relevé d'office des moyens, Requalification.*

Droit éventuel

[Droit civil]

Droit subjectif dont la naissance dépend d'un événement incertain et qui n'existera que du jour de la réalisation de cet événement, telle la vocation d'un héritier présomptif à une succession non encore ouverte.

→ *Expectative.*

Droit extrapatrimonial

[Droit général]

Droit subjectif qui, n'étant pas en lui-même susceptible d'une évaluation pécuniaire, n'entre pas directement dans le patrimoine de la personne et est exclu du commerce juridique (droit au nom, droit moral de l'auteur, droit à l'image, droit à la vie privée, droit à la famille, droit à l'intégrité physique...). Son non-respect peut toutefois être sanctionné par une réparation civile en dommages et intérêts.

Le droit extrapatrimonial est incessible, insaisissable et imprescriptible. Dans un sens large, l'expression « droits extrapatrimoniaux » inclut les libertés fondamentales (liberté d'expression, liberté de conscience et de religion...).

C. civ., art. 16-1.

→ *Commercium, Dommage moral, Droit patrimonial.*

Droit fixe de procédure

[Procédure pénale]

Sauf lorsqu'elles ne statuent que sur les intérêts civils, toutes les décisions de condamnation émanant d'une juridiction répressive sont assorties à l'encontre du condamné du paiement d'un droit fixe de procédure.

Le recouvrement et les garanties de paiement de ce droit fixe de procédure sont prévus par le même article.

CGI, art. 1018 A.

Droit-fonction

[Droit général]

Droit à orientation altruiste : le pouvoir qu'il confère doit être exercé dans l'intérêt d'une autre personne, non dans une pensée égoïste. Tel est le cas de l'autorité parentale définie par la loi comme un ensemble de droits et de devoirs ayant pour finalité l'intérêt de l'enfant (le protéger dans sa sécurité, sa santé et sa moralité, assurer son éducation...).

C. civ., art. 371-1.

Droit immobilier

[Droit civil]

Droit portant sur un *immeuble*.

C. civ., art. 516 s.

Droit impératif

[Droit international public]

→ *Jus cogens.*

Droit incorporel

[Droit civil]

Se dit parfois d'un droit portant sur une chose incorporelle (ex. : *droit personnel*, ou *droits intellectuels*). Mais, d'un point de vue technique, tout droit est en lui-même incorporel, qu'il porte sur une chose corporelle ou sur une chose incorporelle.

→ *Choses corporelles, Droit corporel, Droit personnel.*

Droit individuel à la formation (DIF)

[Droit du travail]

→ *Compte personnel de formation (CPF).*

Droit intermédiaire

[Droit général]

Expression née sous l'Empire napoléonien, désignant la période du droit sous la Révolution française. Présentant souvent une connotation négative, elle entend effacer la dimension de rupture représentée par la Révolution pour n'y voir qu'un intermédiaire entre le droit qui l'a précédée, celui de l'Ancien Régime, et le droit napoléonien qui l'a suivie.

→ *Droit révolutionnaire.*

Droit international pénal

[Droit international public]

Ensemble des règles du *droit international public*, pour l'essentiel conventionnel, portant sur l'incrimination et la répression des crimes.

→ *Cour pénale internationale.*

Droit international privé

[Droit international privé]

Ensemble des règles applicables aux questions de nationalité et aux personnes privées dans leurs relations internationales, c'est-à-dire lorsqu'elles ont des liens avec les systèmes juridiques de plusieurs États, ce qui suppose de déterminer la loi qui leur est applicable et la juridiction compétente. Cette branche du droit, de source traditionnellement nationale, s'internationalise et, dans le cadre de l'Union européenne, depuis notamment le traité d'Amsterdam, s'européanise.

Droit international public

[Droit international public]

Ensemble des règles juridiques régissant les relations entre les États et les autres sujets de la société internationale.

Droit judiciaire

[Procédure (principes généraux)]

Ensemble des règles gouvernant l'organisation et le fonctionnement des juridictions civiles et pénales de l'ordre judiciaire. Certains auteurs désignent sous le nom de droit judiciaire privé la procédure civile. Il serait sans doute préférable de parler de droit procédural.

→ *Droit processuel.*

Droit maritime

[Droit commercial]

Ensemble des règles juridiques relatives à l'activité des hommes en mer, spécialement la navigation (y compris de plaisance) et le déplacement professionnel des personnes et des marchandises (transport). La matière est aujourd'hui partiellement regroupée dans le Code des transports.

Ord. n° 2010/1307 du 28 oct. 2010.

→ *Droit de la mer.*

Droit matériel

[Droit général]

→ *Formel, matériel.*

[Droit international privé]

→ *Substantiel.*

Droit mobilier

[Droit civil]

Droit portant sur un *meuble*.

C. civ., art. 527 s.

Droit moral

[Droit civil]

Droit de l'auteur d'une œuvre littéraire ou artistique de la divulguer, d'en fixer les conditions d'exploitation et d'en défendre l'intégrité. Ce droit est perpétuel, inaliénable et imprescriptible.

On oppose le droit moral au droit pécuniaire portant sur les profits obtenus par l'exploitation de l'œuvre, lequel droit est limité dans le temps : la durée de la vie pour l'auteur, 50 ans pour les droits voisins…

CPI, art. L. 121-1 s.

→ *Droit d'auteur, Propriété littéraire et artistique.*

Droit naturel

[Droit général]

Expression susceptible d'acceptions fort différentes :

1° Recherche du juste par une analyse rationnelle et concrète des réalités sociales, orientée par la considération de la finalité de l'homme et de l'univers.

2° Principes immuables et éternels parce qu'inhérents à la nature humaine, découverts par la raison, permettant d'éprouver la valeur des règles de conduite positives admises par le *droit objectif*. Sous ce regard, les garanties du *procès équitable*, par exemple, sont issues du droit naturel.

→ *Droit positif.*

Droit objectif

[Droit général]

Ensemble des règles visant à organiser la conduite de l'homme en société et dont le respect est assuré par la *puissance publique*.

→ *Droit, Règle de droit ou règle juridique.*

Droit patrimonial

[Droit civil]

Droit subjectif qui, susceptible d'une évaluation pécuniaire, entre dans le patrimoine de la personne. Le droit patrimonial est dans le commerce juridique, il est cessible, saisissable et prescriptible (ex. : droit de propriété, droit à réparation en cas de dommage, droit à restitution après un prêt...).

→ *Droit extrapatrimonial.*

Droit pénal

[Droit pénal]

Ensemble des règles de droit ayant pour objet la définition des infractions ainsi que des sanctions qui leur sont applicables. On parle encore de « droit criminel ». En un sens large, le droit pénal englobe également les règles qui tendent à la sanction des états dangereux.

→ *Procédure pénale.*

Droit pénal international

[Droit international public/Droit pénal]

Ensemble des règles du droit pénal relatives aux infractions présentant un élément d'extranéité ainsi qu'aux crimes internationaux.

→ *Droit international pénal.*

Droit personnel

[Droit civil]

Synonyme de droit de *créance*.

Le droit personnel est le droit subjectif d'exiger d'une personne une *prestation*.

→ *Action personnelle, Obligation.*

Droit positif

[Droit général]

Ensemble des règles juridiques en vigueur dans un État ou dans la communauté internationale, à un moment donné, quelle que soit leur source. C'est le droit « posé », le droit tel qu'il existe réellement.

→ *Droit naturel.*

Droit prétorien

[Droit général]

À Rome, droit issu de l'activité juridique du préteur par opposition au droit civil né de la loi et de la coutume. Aujourd'hui, règle juridique qui se dégage de la jurisprudence.

→ *Common law, Jurisprudence.*

Droit privé

[Droit général]

Ensemble des règles régissant les rapports entre particuliers et les relations juridiques entre l'Administration et les particuliers lorsqu'elles ne sont pas exorbitantes du droit commun.

→ *Droit civil, Droit commun (Régime, règle de), Droit public.*

Droit processuel

[Procédure (principes généraux)]

Dans une conception classique (Chiovenda en 1912, Vizioz en 1927, Motulsky en 1973), l'expression s'entend de la comparaison des différentes procédures (administrative, civile, disciplinaire, pénale) et de l'étude des problèmes généraux qui les concernent toutes (théories de l'action, de la juridiction et de l'instance). Dans une conception contemporaine plus moderne, désigne les droits fondamentaux du procès qui composent un droit commun de garanties reconnues aux justiciables par les normes internationales, européennes et constitutionnelles (droit à un juge, à des garanties de bonne justice et à l'exécution de la décision du juge).

→ *Droit judiciaire, Procédurier, Procès équitable, Processualiste.*

[Procédure civile]
Droit d'ordre formel, issu de l'exercice d'une action, se superposant au *droit substantiel*, sans l'absorber.
→ *Forme, Lien d'instance.*

Droit public

[Droit public]
Ensemble des règles organisant l'État et ses démembrements, et régissant les rapports entre la puissance publique et les particuliers.
→ *Droit privé.*

Droit réel

[Droit civil]
Selon la théorie classique, droit qui porte directement sur une chose. On oppose le droit réel au *droit personnel*. Les droits réels principaux sont, d'une part, le droit de propriété (qui comporte 3 prérogatives : le droit d'user de la chose, le droit d'en percevoir les fruits, le droit d'en disposer), d'autre part, les démembrements du droit de propriété, qui ne confèrent à leur titulaire qu'une partie des 3 prérogatives attachées à ce droit (ex. : servitude, usufruit…). Par opposition aux droits réels principaux, il existe des droits réels accessoires; ils sont liés à l'existence d'une créance dont ils garantissent le recouvrement (ex. : hypothèque). Contrairement à une opinion dépassée, il n'existe pas de *numerus clausus* des droits réels démembrés. L'autonomie de la volonté permet au propriétaire de consentir, sous réserve des règles d'ordre public, un droit réel conférant le bénéfice d'une jouissance spéciale de son bien en dehors des cas légaux.

C. civ., art. 544 s., 1103.*

GAJC, t. 1, n° 66-67.

→ *Action réelle, Bien, Choses, Droit de propriété.*

Droit révolutionnaire

[Droit général]
Droit né de la Révolution française qui, notamment en posant le principe de l'égalité des droits entre tous les Hommes et en uniformisant le droit dans l'ensemble du pays, marqua une rupture avec le droit de l'Ancien régime et le système des privilèges.
→ *Droit intermédiaire.*

Droit romain

[Droit général]
→ *Droit civil, Pays de droit romain.*

Droit rural

[Droit rural]
Ensemble des règles, initialement regroupées dans un Code rural régissant l'aménagement et l'équipement de l'espace rural, la santé publique vétérinaire et la protection des végétaux, l'exploitation agricole (installation, financement, calamités), les baux ruraux, les organismes professionnels agricoles, la production et les marchés, les dispositions sociales, l'enseignement, la formation professionnelle et le développement agricole. Ce code est devenu le Code rural et de la pêche maritime.
Le droit rural moderne tend à réaliser une coexistence harmonieuse entre les différents usages de l'espace rural (agriculture, commerce, artisanat, forêts, grands travaux, habitat, loisirs), il veille à prémunir contre les pollutions et les nuisances et à rééquilibrer les rapports entre ville et campagne.

Droit souple (*soft law*)

[Droit général]
Expression nouvelle employée pour désigner un ensemble disparate de dispositifs d'origines diverses (directives, circulaires, recommandations, déclarations, résolution, guides de déontologie, codes de conduite…) qui ont en commun de ne pas

avoir de valeur normative impérative, n'étant créateur ni de droits ni d'obligations, mais qui n'en exercent pas moins une influence régulatrice sur les comportements en cause.

Droit subjectif

[Droit civil]

Les droits subjectifs sont les prérogatives reconnues aux sujets de droit par le *droit objectif* (c'est-à-dire par les règles de droit) et sanctionnées par lui. Ils peuvent être classés entre droits patrimoniaux et droits extrapatrimoniaux.

➜ *Droit, Droit extrapatrimonial, Droit patrimonial, Faculté, Fonction, Liberté civile, Pouvoir, Situations juridiques objectives, Situations juridiques subjectives.*

Droit substantiel

[Droit général/Procédure civile]

Droit qui constitue la matière du litige (propriété, créance, usufruit...). Dans le contentieux privé, support nécessaire de toute déduction en justice, exigeant, en outre, pour sa mise en œuvre, le droit d'agir, dit *droit processuel*.

➜ *Fond.*

Droit temporaire au logement

[Droit civil]

➜ *Droit au logement temporaire.*

Droit transitoire

[Droit général]

Au sens large, ensemble des règles destinées à résoudre les *conflits de lois dans le temps*, telles que le principe de *non-rétroactivité* de la loi nouvelle et la règle de l'*effet immédiat de la loi* nouvelle.

Au sens strict, règles spécialement créées, dans une situation légale particulière, pour s'appliquer à la période intermédiaire entre l'abrogation d'une loi ancienne et l'entrée en vigueur de la loi nouvelle.

C. civ., art. 2, 17-1, 17-2; C. pén., art. 112-1 s.

➜ *Droits acquis.*

Droit viager au logement

[Droit civil]

Droit d'habitation et d'usage, accordé au conjoint successible, sauf volonté contraire du défunt exprimée dans un testament authentique, sur le logement qu'il occupait effectivement, à l'époque du décès, à titre d'habitation principale et qui appartenait aux époux ou qui dépend totalement de la succession, ainsi que sur le mobilier le garnissant. Ce (double) droit lui est accordé jusqu'à son décès.

C. civ., art. 764 s.

➜ *Droit à pension, Droit au logement temporaire.*

Droits à construire

[Droit administratif]

Ils sont déterminés, pour chaque parcelle de terrain, par application des règles prévues par les documents d'urbanisme, et notamment les *plans locaux d'urbanisme*.

Une loi du 20 mars 2012 avait établi une majoration automatique de 30 % des droits à construire, mais a été abrogée, après *alternance*, par une loi du 6 août 2012.

C. urb., art. L. 151-20, L 151-28, L 151-29.

➜ *Coefficient d'occupation des sols.*

Droits civils et politiques

[Droit général]

Droits fondamentaux des personnes reconnus par les instruments internationaux de protection des *droits de l'Homme*, tels que la liberté de la personne, sa dignité, le respect de sa personnalité, sa protection dans ses relations avec l'État et sa participation aux décisions de ce dernier.

Pacte international relatif aux droits civils et politiques, 19 déc. 1966; Conv. EDH, 4 nov. 1950; Charte UE.

→ *Charte des droits fondamentaux de l'Union européenne, Convention européenne des droits de l'Homme, Déclaration des droits, Droit d'ingérence humanitaire, Droits économiques et sociaux, Garantie des droits, Habeas Corpus, Liberté civile, Pactes internationaux des droits de l'Homme.*

Droits conditionnels

[Droit général]

Caractérise les droits de l'Homme auxquels les États peuvent déroger sous la condition de ne pas porter atteinte à la substance même du droit (par ex. droit à la vie privée et familiale). On les qualifie parfois aussi de droits relatifs.

→ *Droits intangibles.*

Droits de délaissement

[Droit de l'environnement]

À l'intérieur des zones délimitées par le Plan de prévention des risques technologiques (PPRT), les *communes* ou les établissements publics de coopération intercommunale peuvent instaurer un droit de délaissement des bâtiments ou parties de bâtiments existants lorsque des risques importants d'accident à cinétique rapide présentent un danger grave pour la vie humaine. Le droit de délaissement confère au propriétaire la possibilité d'exiger de la personne publique l'acquisition du bien exposé au risque à un prix qui fait abstraction de la dépréciation supplémentaire due à l'intervention de la servitude de délaissement.

Lorsque le bien en cause est une copropriété et que les 2/3 des propriétaires représentant au moins 2/3 des quotes-parts de parties communes ont exercé leur droit de délaissement, le représentant de l'État dans le département peut déclarer d'utilité publique l'expropriation des immeubles et droits réels non délaissés, dès lors que les charges nécessaires à l'entretien des lots délaissés sont disproportionnées au regard de l'intérêt qui s'attache à cet entretien.

Le droit de délaissement peut également s'exercer dans bien d'autres hypothèses, notamment lorsque le bien est situé dans une zone d'aménagement concerté, ou soumise au droit de préemption urbain, ou réservée par un plan d'aménagement local d'urbanisme pour un ouvrage public.

C. envir., art. L. 515-16, II et L. 515-16-1; C. urb., art. L. 230-1 s.

Droits de douane

[Droit financier ou fiscal]

→ *Douane (Droits de).*

Droits de l'enfant

[Droit civil]

Ensemble des droits énumérés par la Convention internationale relative aux droits de l'enfant adoptée par l'Assemblée générale des Nations unies le 20 novembre 1989 et ratifiée par la France le 7 août 1990 : droit de l'enfant de préserver son identité, son nom et ses relations familiales, droit d'exprimer librement son opinion sur toute question l'intéressant, droit d'être protégé contre l'exploitation économique et sexuelle, droit à l'éducation, liberté de pensée, de conscience et de religion, droit pour les handicapés de mener une vie pleine et décente…

Au sens de cette convention, un enfant s'entend de tout être humain âgé de moins de 18 ans.

→ *Défenseur des enfants, Minorité.*

Droits de l'Homme

[Droit général]

Selon la conception de la démocratie libérale, droits inhérents à la nature humaine, donc antérieurs et supérieurs à l'État, déclarés au plan national puis international, et protégés notamment par la voie juridictionnelle.

Diverses classifications en ont été présentées. Par ex. :

- par « génération » : droits civils et politiques exercés le plus souvent individuellement (1re); droits économiques et sociaux, exercés en général plus collectivement (2e); droits des peuples (droit au développement, à l'environnement, à un patrimoine commun de l'humanité...) (3e);

- en fonction du rapport entre l'individu et l'État : droits-libertés (ex. liberté individuelle, droit de grève); droits-participation (ex. droit de vote); droits-créances (ex. droit à la santé, au logement); droits-garanties (ex. droit au juge).

C. civ., art. 7 s.

→ *Charte des droits fondamentaux de l'Union européenne, Convention européenne des droits de l'Homme, Déclaration des droits, Droit naturel, Droits civils et politiques, Droits économiques et sociaux, Droits fondamentaux, Garantie des droits, Habeas Corpus, Libertés publiques, Ingérence humanitaire, Pactes internationaux des droits de l'Homme.*

Droits de la défense

[Procédure (principes généraux)]

1° *En procédure civile et administrative* (et bien que l'expression ait été abandonnée dans les codes en raison de sa connotation pénale), désigne les garanties fondamentales qui assurent aux plaideurs la possibilité de faire valoir leurs droits librement et contradictoirement.

GAJA n° 26 et 51.

2° *En procédure pénale*, ensemble des garanties qui permettent à un mis en cause, mis en examen, prévenu ou accusé, d'assurer efficacement sa défense dans l'instruction ou le procès qui le concerne et qui est sanctionné, sous certaines conditions, par la nullité de la procédure. Consacrés par les instruments internationaux des *droits de l'Homme*, le Conseil constitutionnel et le Code de procédure pénale, ils se ramènent, pour l'essentiel, au droit à l'assistance d'un avocat, aux principes de la contradiction et de l'*égalité des armes*, à l'exercice de voies de recours.

3° *Dans le domaine extra-pénal*, le *Conseil constitutionnel* veille aussi au respect des droits de la défense. Il a censuré, de ce chef, dans sa décision 86-224 DC, 23 janvier 1987, une loi qui, en transférant à la juridiction judiciaire la compétence en matière de concurrence, n'avait pas reconduit le sursis à statuer qui peut constituer « dans certaines circonstances, une garantie essentielle des droits de la défense ».

Pacte international des droits civils et politiques, art. 14; Conv. EDH, art. 6, § 2 et 3; C. pr. pén., art. préliminaire; C. pr. civ., art. 14 à 20.

GAPP n° 22, 23 et 45; GDCC n° 6, 8, 17, 27, 32, 34, 45, 46, 48 et 50.

→ *Contradictoire (Principe du), Défense (Liberté de la), égalité des armes, Procès équitable.*

Droits de la personnalité

[Droit civil]

Ensemble des droits reconnus par la loi à toute personne, en ce qu'ils sont des attributs inséparables de sa personnalité (droit à la vie et à l'intégrité corporelle, droit à l'honneur et à l'image, droit au respect de la présomption d'innocence...). Ce sont des droits extrapatrimoniaux, dotés d'une opposabilité absolue.

C. civ., art. 9, 9-1, 16 et 16-1 s.

→ *Atteintes à la vie privée, Dignité, Droit extrapatrimonial, Vie privée.*

Droits de tirage spéciaux (DTS)

[Droit commercial/Droit international privé/ Droit international public]

Instrument monétaire international, créé en 1969 à partir d'un panier de monnaies, destiné à compléter les réserves de change officielles des États membres du *Fonds monétaire international*, qui le gère. Sert aussi d'unité de compte pour le FMI et pour certaines obligations monétaires, notamment entre personnes privées dans le droit international des transports.

Droits dérivés

[Sécurité sociale]

Droits à pension nés des cotisations d'un assuré et bénéficiant à son conjoint lorsque l'assuré décède : par exemple, une pension de réversion.

Droits économiques et sociaux

[Droit général]

Droits définis dans des instruments internationaux de protection des droits de l'Homme et dans le Préambule de la Constitution de 1946 et qui consacrent des prérogatives autres que les libertés civiles et politiques (droit à un emploi, droit à un niveau de vie suffisant, droit à l'éducation, droit de participer à la vie culturelle...).

Pacte international, 19 déc. 1966, relatif aux droits économiques, sociaux et culturels.

→ *Charte des droits fondamentaux de l'Union européenne, Convention européenne des droits de l'Homme, Déclaration des droits, Droits civils et politiques, Droits de l'Homme, Droits fondamentaux, Garantie des droits, Habeas Corpus, Ingérence humanitaire, Pactes internationaux des droits de l'Homme.*

Droits fondamentaux

[Droit général]

1° Dans le constitutionnalisme allemand, ensemble de droits protégés aux articles 1 à 20 de la Loi fondamentale de 1949, bénéficiant de la *supraconstitutionnalité* (art. 79). Par extension, droits protégés par une constitution et, plus généralement (droits proclamés au plan international), s'imposant au législateur.

2° Ensemble évolutif de droits englobant actuellement pour l'essentiel les *droits de l'homme* classiques et des *droits économiques et sociaux* comme le droit de grève. Le rétablissement de certains d'entre eux, réputés consubstantiels à tout être humain (comme le droit à la vie) est aujourd'hui considéré par beaucoup de gouvernements, en cas de violation grave et persistante par un État, comme une exigence suffisamment impérieuse pour justifier une intervention internationale à l'intérieur de ses frontières.

→ *Charte des droits fondamentaux de l'Union européenne, Convention européenne des droits de l'Homme, Déclaration des droits, Droit processuel, Droits civils et politiques, Droits économiques et sociaux, Garantie des droits, Habeas Corpus, Ingérence humanitaire, Pactes internationaux des droits de l'Homme, Procès équitable.*

Droits hors du commerce

ACTU

[Droit civil]

Expression qui désignait dans le Code civil, jusqu'à l'ordonnance réformant le droit des obligations en 2016, les droits ne pouvant faire l'objet d'une convention. Considérée comme désuète, elle a été supprimée. L'interdiction prend désormais une autre forme dans le Code civil, qui dispose que le contrat ne peut déroger à l'ordre public ni par ses stipulations, ni par son but (C. civ., art. 1162*).

→ *Commercium.*

Droits intangibles

[Droit général]

Caractérise les droits de l'Homme qui ne supportent aucune dérogation (droit à la vie, etc.). On les qualifie parfois aussi de droits absolus.

→ *Droits conditionnels.*

Droits intellectuels

[Droit général/Droit commercial]

Variété de droits de clientèle dont le trait spécifique réside dans ce que l'activité créatrice de clientèle repose sur l'œuvre de l'esprit : droit de l'auteur, de l'artiste, de l'inventeur.

→ *Droit d'auteur, Droit de clientèle, Propriété industrielle, Propriété intellectuelle, Propriété littéraire et artistique.*

Droits litigieux

[Droit civil]

Droits, le plus souvent de créance, qui font l'objet d'une contestation en justice. La « litigiosité » du droit a son principal intérêt dans la cession de créance : le débiteur cédé s'acquitte de son obligation en payant le prix de cession qui est toujours inférieur au montant de la créance transmise. On dit qu'il exerce le *retrait litigieux*.

C. civ., art. 1597 et 1699.

→ *Cession de droits litigieux.*

Droits propres

[Sécurité sociale]

Droits à pension nés des cotisations d'un assuré.

→ *Droits dérivés.*

Droits rechargeables

[Sécurité sociale]

Droit pour le salarié qui reprend un emploi après une période de chômage de conserver le reliquat de ses droits aux allocations non-utilisés, pour les ajouter, en tout ou en partie, en cas de nouvelle perte d'emploi, aux nouveaux droits acquis au titre de la nouvelle période d'activité.

Droits savants

[Droit général]

L'expression regroupe sous la même étiquette le droit romain et le *droit canonique*. La raison en est que ces 2 droits sont écrits et techniques face à la coutume, usage né du peuple et demeuré oral jusqu'à sa mise par écrit à partir du XIIIe siècle (Coutume de Clermont-en-Beauvaisis par Beaumanoir en 1280) et, surtout du XVIe siècle (Coutume de Paris dans ses rédactions de 1510, 1580 et 1605).

→ *Coutume, Pays de droit romain.*

Droits simples

[Droit financier ou fiscal]

Sur un *avis d'imposition*, termes désignant le montant brut d'impôt sur le revenu dû par application du barème de l'impôt sur le revenu au revenu net imposable, avant la mise en œuvre des corrections tendant à minorer (ou à majorer) la somme due.

Droits successifs

[Droit civil]

Part héréditaire, dans une *succession* déjà ouverte, pouvant faire l'objet d'une cession à un tiers, sous réserve de la préemption offerte à chaque cohéritier, lui permettant de se substituer à tout acquéreur.

C. civ., art. 793, 891 et 1696 s.

Droits voisins

[Droit civil]

Droits reconnus aux artistes-interprètes, aux producteurs de phonogrammes ou de vidéogrammes et aux entreprises de communication audiovisuelle, ainsi dénommées parce qu'ils ont des ressemblances marquées avec le droit d'auteur (l'expression complète est : droits voisins du droit d'auteur).

CPI, art. L. 211-1 s.

Dualisme

[Droit international public]

Conception doctrinale selon laquelle droit interne et droit international sont deux ordres juridiques distincts. Par conséquent, un acte international ne produit des effets en droit interne qu'après y avoir fait l'objet d'une réception, par exemple sous la forme d'une loi.

→ *Monisme.*

Dualisme juridictionnel

[Droit général]

→ *Dualité de juridictions.*

Dualité de juridictions

[Procédure (principes généraux)]

Principe d'organisation du système juridictionnel français, ayant valeur constitutionnelle, selon lequel il existe 2 catégories (dites : « ordres ») de juridictions :

- des juridictions administratives, dont la juridiction suprême est le *Conseil d'État*, chargées de connaître de la plupart des litiges dans lesquels sont en cause l'État ou les autres collectivités publiques;

- des juridictions judiciaires, dont la fonction est de trancher les litiges entre personnes privées et d'assurer la répression des infractions et dont la juridiction suprême est la *Cour de cassation*.

Les conflits de compétence pouvant surgir entre les deux ordres de juridictions sont tranchés par le *Tribunal des conflits*.

GDCC nº 6 et 7.

→ *Contentieux, Contentieux administratif, Ordre de juridictions.*

Ducroire

[Droit commercial]

Convention par laquelle le commissionnaire se porte garant, vis-à-vis du commettant, de l'exécution de l'opération par le tiers avec qui il traite pour le compte du commettant.

C. com., art. L. 132-1.

Due process of law

[Procédure (principes généraux)]

Principe anglo-saxon selon lequel on ne peut valablement statuer et juger qu'en observant les formes d'une procédure régulière. Il s'agit d'un des principes conducteurs de la procédure pénale qui doit garantir les droits du citoyen faisant l'objet de poursuites pénales.

→ *Procès équitable.*

Dumping

[Droit commercial]

À l'origine, pratique qui consiste à vendre sur les marchés extérieurs à des prix inférieurs à ceux qui sont pratiqués sur le marché national.

Plus généralement : pratique consistant à offrir, dans le but d'accaparer un marché en faisant disparaître les concurrents, des produits ou des services à un prix inférieur à leur prix de revient. En droit civil et pénal, ces pratiques peuvent être sanctionnées pour des raisons inhérentes à la protection des marchés et des concurrents. En matière internationale, les textes issus des accords de l'*Organisation mondiale du commerce* sanctionnent ces pratiques dans les rapports entre États.

→ *Vente à perte.*

Dumping fiscal

[Droit financier ou fiscal]

→ *Concurrence fiscale dommageable.*

Dumping social

[Droit du travail]

Néologisme désignant la politique de certains États consistant à établir une législation permettant de pratiquer des rémunérations de moindre niveau et des règles de droit du travail et de droit syndical moins rigoureuses que celles qui sont en vigueur dans les États réputés concurrents économiques, dans le but d'attirer l'implantation d'entreprises sur leur territoire.

Duplicata

[Droit général]

Second exemplaire de l'original d'une pièce ou d'un acte qui, à la différence de la *copie*, a valeur d'*original*.

Duplique

[Procédure (principes généraux)]

Réponse du défendeur à la réplique du demandeur, présentée au cours des débats ou sous la forme de conclusions complémentaires.

→ *Réplique, Contradictoire (Principe du).*

Durée du travail

[Droit du travail]

Temps pendant lequel le salarié exerce son activité au service de l'employeur. La durée légale de travail est déterminée en droit positif dans le cadre de la semaine civile (du lundi 0 heure au dimanche 24 heures), sauf accord d'annualisation pouvant prévoir une autre période de référence sur tout ou partie de l'année. La durée légale hebdomadaire a été fixée à 35 heures par les lois dites « Aubry » du 13 juin 1998 et du 19 janvier 2000 (auparavant 39 heures). Au-delà de la durée légale, les heures effectuées sont dites supplémentaires et sont rémunérées à un taux majoré et peuvent donner droit à un temps de repos. La durée légale ne correspond donc pas nécessairement à la durée effective du travail.

Dans la semaine, les heures peuvent être réparties, selon les cas, entre 4, 5 ou 6 jours; la durée quotidienne ne peut excéder 10 heures et la durée hebdomadaire, en principe, 48 heures et, en moyenne, 44 heures sur une période quelconque de 12 semaines consécutives.

La durée du travail ne correspond pas nécessairement à un travail productif qui lui-même est distinct du temps de travail effectif et de l'amplitude. Le temps de travail effectif est celui pendant lequel le salarié est à la disposition de l'employeur et doit se conformer à ses directives sans pouvoir vaquer librement à des occupations personnelles (pendant l'arrêt d'une machine, il n'y a pas de travail productif, mais on est en présence d'un temps de travail effectif).

C. trav., art. L. 3121-1, L. 3121-10, L. 3121-11 et L. 3121-34 s.

GADT n° 58.

→ *Amplitude, Annualisation, Astreinte (Période d'), Heures supplémentaires.*

Dyarchie

[Droit constitutionnel]

Gouvernement exercé conjointement par 2 personnes (mais ne disposant pas nécessairement des mêmes compétences). On qualifie parfois de dyarchie le couple président/Premier ministre sous la Ve République.

E

Earn out

→ *Clause d'earn out.*

Eaux closes

[Droit de l'environnement]

Fossé, canal, étang, réservoir ou autre plan d'eau dont la configuration, qu'elle résulte de la disposition naturelle des lieux ou d'un aménagement permanent de ceux-ci par la main de l'homme, fait obstacle au passage du poisson, hors événement hydrologique exceptionnel. Sur ces eaux closes le propriétaire du fonds a tout droit d'usage et de disposition; il n'est pas soumis à la police des eaux, devant seulement respecter les obligations générales relatives à la protection du milieu aquatique et du patrimoine piscicole.

C. envir., art. L. 431-4, L. 432-1 s., R. 431-7.

Eaux intérieures

[Droit international public]

Eaux maritimes situées en deçà de la ligne de base de la *mer territoriale* sur lesquelles l'État riverain exerce sa pleine souveraineté (ports, havres et rades, baies de faible ouverture, etc.).

[Droit général]

Selon le Code des transports (art. L. 4000-1) les eaux intérieures sont constituées : 1° des cours d'eau, estuaires et canaux en amont du premier obstacle à la navigation des navires, 2° des lacs et des plans d'eau.

Eaux marines

[Droit de l'environnement]

Terme désignant les eaux, fonds marins et sous-sols situés au-delà de la ligne de base servant pour la mesure de la largeur des eaux territoriales et s'étendant jusqu'aux confins de la zone où la France détient et exerce sa compétence.

C. envir., art. L. 219-8, 1°.

Eaux pluviales

[Droit civil]

Eaux de pluie. Elles constituent une *chose commune*. Tout propriétaire a le droit d'user et de disposer des eaux pluviales qui tombent sur son fonds, à condition de ne pas aggraver la situation du fonds inférieur sur lequel elles coulent.

C. civ., art. 640, 641.

Échange

[Droit civil]

Contrat par lequel une personne cède un bien à une autre contre la remise, par celle-ci, d'un autre bien. L'échange est voisin de la vente, qui a pour contrepartie, non un bien déterminé, mais une somme d'argent dont la fongibilité est absolue. Les parties à ce contrat sont appelées coéchangistes ou copermutants.

C. civ., art. 1702 s.; C. rur., art. L. 124-1 s. et L. 411-39.

Échantillonnage

[Sécurité sociale]

Technique qui consiste pour un inspecteur de l'Urssaf à limiter la vérification détaillée à un échantillon représentatif de la population concernée et à en extrapoler les résultats à l'ensemble de cette population.

CSS, art. R. 243-59-2.

Échéance

[Droit civil]

Date à laquelle le débiteur doit exécuter son obligation.

C. civ., art. 1305-2.*

Échec à l'exécution de la loi

[Droit pénal]

Infraction consistant de la part d'une personne dépositaire de l'autorité publique et agissant dans l'exercice de ses fonctions, à prendre des mesures destinées à faire échec à l'exécution de la loi. Cette infraction peut être commise par un fonctionnaire qui agit de façon isolée et à titre personnel alors que l'ancien texte se référait à la notion de « coalition » qui supposait une action concertée entre plusieurs individus. L'exercice du droit de grève d'une manière illicite pourrait illustrer cette incrimination.

C. pén., art. 432-1.

Échelage

[Droit civil]

→ *Tour d'échelle.*

Échelle mobile des salaires

[Droit du travail]

Indexation des salaires sur le niveau général des prix (échelle mobile simple) ou, à la fois sur les prix et le revenu national (échelle mobile double). Sauf en ce qui concerne le *SMIC*, et avant lui le SMIG, l'*indexation* des salaires est généralement interdite.

C. trav., art. L. 3231-3.

→ *Clause d'échelle mobile.*

Échevinage

[Procédure (principes généraux)]

Mode de composition de certaines juridictions associant un ou plusieurs magistrats de carrière et des personnes issues de certaines catégories socioprofessionnelles (preneurs et bailleurs pour le tribunal paritaire des baux ruraux) ou représentant l'ensemble des citoyens (cour d'assises).

Écoconditionalité

[Droit rural]

La conditionnalité, mise en place depuis 2005 par la PAC, garantit une agriculture plus durable. Ce dispositif soumet le versement de certaines aides communautaires au respect d'exigences en matière d'environnement, de santé et de protection animale.

École classique

[Droit pénal]

Courant de pensée né au XVIIIe siècle qui, en matière pénale, fonde le droit de punir sur l'idée de contrat social et assigne ainsi à la peine un but strictement utilitaire. Cette école, qui met en œuvre une solution répressive de la criminalité, repose sur un double postulat : le libre arbitre de l'homme, donc sa responsabilité, et l'efficacité de la peine pour lutter contre le phénomène criminel.

→ *École de la défense sociale, École positiviste.*

École de l'exégèse

[Droit général]

→ *Exégèse.*

École de la défense sociale

[Droit pénal]

Courant de pensée né à la fin du XIXe siècle qui, en matière pénale, fonde le droit de punir sur l'idée d'une nécessaire protection de la collectivité contre les individus qui présentent un état dangereux. Si, initialement, cette école se désintéressait quelque peu de l'auteur de l'infraction, les mouvements contemporains de défense sociale (défense sociale nouvelle notamment) se caractérisent au contraire par un esprit nettement individualiste, puisque la protection de la société passe nécessairement par la resocialisation des délinquants en appliquant à chacun, compte tenu de sa personnalité, la sanction qui paraîtra la meilleure, peine ou mesure de sûreté.

→ *École classique, École positiviste.*

École de la libre recherche scientifique

[Droit général]

Doctrine (dont l'un des pères est François Gény) s'inscrivant en rupture complète avec l'école de l'*Exégèse* et récusant l'idée selon laquelle tout le droit serait dans la *loi*.

Elle considère que les sources formelles du droit (la loi, la *coutume*), sont inaptes à résoudre à elles seules l'intégralité des problèmes juridiques qui peuvent se poser dans une société. En l'absence de législation applicable, l'interprète se trouve dans une situation semblable à celle du législateur; il lui appartient de mettre en œuvre une méthode scientifique, consistant à rechercher librement la solution adéquate en se fondant, au-delà de la loi, sur des éléments objectifs, à savoir les considérations rationnelles et morales d'une part, les caractéristiques de la vie économique et sociale d'autre part.

École nationale d'Administration (ENA)

[Droit administratif]

École qui, depuis 1945, assure le recrutement et la formation des agents supérieurs des plus grands corps de l'État, tels que les ministères et les juridictions administratives (Conseil d'État, Cour des comptes, cours administratives d'appel, chambres régionales des comptes, tribunaux administratifs).

École nationale de la magistrature (ENM)

[Droit privé/Procédure civile/ Procédure pénale]

École qui a succédé au Centre national d'études judiciaires. Elle assure la formation professionnelle des auditeurs de justice (recrutés par concours ou sur titre) et la formation continue des magistrats. Elle peut contribuer à la formation des personnes qui n'appartiennent pas au corps judiciaire mais qui sont amenées à exercer dans l'ordre judiciaire certaines fonctions juridictionnelles (juges des tribunaux de commerce, juges de proximité) ou non (délégués du procureur, médiateurs ou conciliateurs de justice…).

Ord. n° 58-1270 du 22 déc. 1958, art. 14 s.

→ *Auditeur de justice, Magistrat.*

École nationale des finances publiques (ENIFP)

[Droit financier/Droit fiscal]

Service à compétence nationale créé par un arrêté du 4 août 2010 et assurant un ensemble de missions notamment au profit des agents de la DGFiP (concours, formation professionnelle initiale, missions de production documentaire…). La création de cette école s'inscrit dans le cadre de la réforme des métiers des finances publiques induite par la création en 2008 de la Direction générale des finances publiques avec l'unification de la Direction générale des impôts et de la Direction générale de la comptabilité publique dont le processus général (national et territorial) a été mené à son terme fin 2012. La création de l'ENIFP entraîne la disparition en tant que telles de l'École nationale des impôts et de l'École nationale du Trésor public.

École nationale supérieure de sécurité sociale (EN3S)

[Sécurité sociale]

École chargée de la formation initiale et continue du personnel d'encadrement, des agents de direction et des agents comptables des organismes de sécurité sociale, financée pour partie par les organismes ou régimes de sécurité sociale.

CSS, art. L. 123-3 et R. 123-6 s.

École positiviste

[Droit pénal]

École de pensée développée au XIXe siècle par certains criminalistes italiens qui, s'appuyant sur le postulat d'un déterminisme absolu, autrement dit sur la négation du libre arbitre et de la responsabilité morale, proposaient une construction entièrement nouvelle du droit pénal, la lutte contre la criminalité étant assurée par des mesures de défense (mesures de sûreté) choisies non en fonction de la gravité de l'infraction mais de l'état dangereux du délinquant, en fonction de sa personnalité concrète révélée par les recherches criminologiques.

→ *École classique, École de la défense sociale.*

Écoles de la deuxième chance

[Droit public]

Écoles qui proposent une formation à des personnes de 18 à 25 ans dépourvues de qualification professionnelle ou de diplôme, chacune bénéficiant d'un parcours de formation personnalisé; elles délivrent une attestation de fin de formation indiquant le niveau de compétence acquis de manière à faciliter l'accès à l'emploi ou à une certification professionnelle.

C. éduc., art. R. 214-9 s.

Écoles nationales des douanes

[Droit fiscal]

Il s'agit de trois Écoles nationales chargées de la formation initiale et continue des agents recrutés spécifiquement pour intégrer la Direction générale des douanes et droits indirects (DGDDI). Elles sont localisées sur trois sites : Tourcoing pour ce qui est des inspecteurs élèves, Rouen pour les agents de constatation et contrôleurs, La Rochelle pour les agents exerçant leur fonction en tenue d'uniforme.

Économats

[Droit du travail]

Magasins de vente à crédit exploités par l'employeur, où les salariés viennent se fournir.

Les économats sont en principe interdits.

C. trav., art. L. 3254-1 s.

Économie concertée

[Droit général]

Système de relations entre l'État et l'économie privée, dans lequel la puissance publique s'efforce d'engager le dialogue avec les destinataires de ses décisions économiques avant la prise de celles-ci. Il s'oppose au dirigisme autoritaire.

Économie des moyens

[Droit administratif]

Faculté le plus souvent reconnue au juge administratif de prononcer l'annulation d'un acte administratif en ne se fondant que sur l'un des moyens présentés par le requérant.

GACA n° 64.

Économie mixte

[Droit général]

Se dit d'une économie dans laquelle coexistent des entreprises privées, et des entreprises publiques ou contrôlées par l'État. Dans un sens plus large, on applique également cette expression à une économie dans laquelle des catégories importantes d'entreprises dépendent largement, pour leur activité, de commandes du secteur public. En fait, presque toutes les économies sont des économies mixtes, même dans les États qui rejettent ce qualificatif pour des raisons politiques (*cf.* aux États-Unis, l'importance des commandes de l'État dans le secteur de l'aviation).

Économie sociale et solidaire

[Droit général]

L'économie sociale et solidaire est un mode d'entreprendre et de développement économique adapté à tous les domaines de l'activité humaine auquel adhèrent des personnes morales de droit privé qui remplissent les conditions énumérées par la loi n° 2014-856 du 31 juillet 2014 : poursuivre un but autre que le seul partage des bénéfices; adopter un mode de gouvernance démocratique, définie et organisée par les statuts, prévoyant l'information et la participation, dont l'expression n'est pas seulement liée à leur apport en capital ou au montant de leur contribution financière, des associés, des salariés et des parties prenantes aux réalisations de l'entreprise; suivre un mode de gestion conforme à des principes eux aussi énumérés par la loi, tels que l'affectation majoritaire des bénéfices à l'objectif de maintien ou de développement de l'activité de l'entreprise.

Elle est composée des activités de production, de transformation, de distribution, d'échange et de consommation de biens ou de services mises en œuvre : par les personnes morales de droit privé constituées sous la forme de coopératives, de mutuelles ou d'unions relevant du Code de la mutualité ou de sociétés d'assurance mutuelles relevant du Code des assurances, de fondations ou d'associations régies par la loi du 1er juillet 1901 relative au contrat d'association ou, le cas échéant, par le Code civil local applicable aux départements du Bas-Rhin, du Haut-Rhin et de la Moselle; par les sociétés commerciales qui respectent les conditions qui viennent d'être indiquées, recherchent une utilité sociale et appliquent les principes de gestion définis par la loi.

Un Conseil supérieur de l'économie sociale et solidaire adopte, sur proposition de ses membres, un guide définissant les conditions d'amélioration continue des bonnes pratiques des entreprises de l'économie sociale et solidaire.

Écotaxe

[Droit de l'environnement/Droit financier ou fiscal]

1° Toute taxe applicable aux activités ayant un impact négatif sur l'environnement (par ex. le *bonus-malus* écologique en matière automobile).

2° En France, dénomination usuelle dans le débat public de la taxe poids lourds, issue de directives européennes et dont le principe a été adopté par la loi I sur le *Grenelle de l'environnement*, visant à taxer le transport de marchandises sur le réseau routier non soumis à des péages, et ainsi à rationaliser le financement des infrastructures de transport. Les troubles engendrés à l'automne 2013 par la perspective de sa mise en vigueur ont amené le gouvernement Ayrault à en reporter l'application. Le gouvernement Valls y a en définitive renoncé un an plus tard.

→ *Taxe carbone.*

Écoutes téléphoniques
[Procédure pénale]
→ *Interceptions.*

Écran législatif
[Droit public]
Principe selon lequel le juge administratif se refuse à déclarer illégal un acte administratif conforme à une loi mais contraire à un acte de valeur juridique supérieure.
1° Jusqu'en 1989, ce principe s'est appliqué à un acte contraire à un acte communautaire mais conforme à une loi postérieure à ce dernier.
2° L'introduction de l'exception d'inconstitutionnalité devrait résorber l'hypothèse d'un acte contraire à la Constitution mais conforme à une loi.

Écrit
[Droit général]
Identifié au papier qui le porte (ou à sa copie), l'écrit est aujourd'hui défini, avec le support électronique, comme une suite de lettres, de caractères, de chiffres ou de tous autres signes ou symboles dotés d'une signification intelligible, quel que soit leur support.
C. civ., art. 1365.*

Écrit électronique
[Droit général]
Document informatique transmis de manière dématérialisée, via Internet, et admis en preuve au même titre que l'écrit sur support papier, à la double condition que l'auteur du message puisse être dûment identifié et que les modalités d'établissement et de conservation dudit document garantissent son authenticité.
C. civ., art. 1127, 1174*, 1366* s. ; C. pr. civ., art. 287, al. 2.*
→ *Communication électronique, Courrier électronique, Dématérialisation des procédures, Preuve littérale, Signature électronique, Téléprocédures.*

Écritures
[Procédure civile]
Dans le langage du Palais, actes de procédure écrits par lesquels les parties exposent leurs prétentions et leurs moyens, principalement les *conclusions*.

Écrou
[Droit pénal]
Registre constitué de feuillets mobiles constatant officiellement l'entrée et la sortie d'un prisonnier dans une prison et établissant ainsi à tout instant la position pénitentiaire exacte de ce détenu.
C. pr. pén., art. 724 et D. 148 s.
→ *Levée d'écrou.*

Édition (contrat d')
[Droit civil]
Contrat par lequel l'auteur d'une œuvre de l'esprit (ou ses ayants droit) cède, à des conditions déterminées, à une personne appelée éditeur le droit de fabriquer en nombre des exemplaires de l'œuvre ou de réaliser l'œuvre sous une forme numérique, à charge pour elle d'en assurer la publication et la diffusion.
L'ordonnance n° 2014-1348 du 12 novembre 2014 modernise la matière renforçant l'obligation de l'éditeur d'assurer une exploitation permanente et suivie de l'œuvre et sanctionnant la défaillance à cet égard par une résiliation de plein droit de la cession des droits d'exploitation.
CPI, art. L. 132-1 s.

Éducateur spécialisé
[Sécurité sociale]
Personne titulaire d'un diplôme d'État dont la mission est de faciliter la rééducation et la

« resocialisation » des enfants et adolescents inadaptés, délinquants ou non.

Éducation ouvrière

[Droit du travail]

Ancienne expression désignant l'actuelle formation économique, sociale et syndicale.

→ *Congé.*

Éducation permanente

[Droit général/Droit du travail]

Ensemble des moyens et des actions ayant pour fin l'instruction et la formation professionnelle; elle comprend la formation initiale (scolarité obligatoire, études secondaires et universitaires), l'apprentissage et, pendant l'activité professionnelle, la formation professionnelle continue.

C. trav., art. L. 6111-1 s.

Éducation surveillée

[Droit pénal]

Ensemble des services du ministère de la Justice qui s'occupent des problèmes posés par la délinquance juvénile et par l'enfance en danger moral.

Effectivité

[Droit civil]

Caractère réel et concret d'un droit, au-delà de sa reconnaissance abstraite dans des textes de loi. Le droit d'accès à un juge, par exemple, n'est effectif que si le justiciable démuni bénéficie d'une *aide juridictionnelle*.

[Droit international public]

Les effectivités sont invoquées pour justifier la reconnaissance ou l'opposabilité d'une situation ou d'un fait réellement établis (reconnaissance d'un État ou d'un gouvernement quelles que soient les circonstances de leur naissance dès lors que cet État existe effectivement ou que ce gouvernement exerce un pouvoir effectif; opposabilité de la nationalité conférée par un État dès lors qu'elle consacre des liens effectifs, etc.).

Effet constitutif

[Procédure civile]

→ *Jugement constitutif.*

Effet déclaratif

[Droit civil]

Effet attribué à un *acte déclaratif*. En particulier, l'acte déclaratif a un effet rétroactif.

GAJC, t. 1, nº 121.

[Procédure civile]

→ *Jugement déclaratif.*

Effet de commerce

[Droit commercial]

Titre négociable qui constate l'existence, au profit du porteur, d'une créance à court terme de somme d'argent et qui sert à son paiement.

On distingue : la *lettre de change* ou traite, le *billet à ordre*, le *chèque* et le *warrant*.

C. com., art. L. 511-1 s.

Effet de complaisance

[Droit commercial]

Lettre de change dépourvue de *provision* émise par le tireur sur le tiré, à la suite d'une entente frauduleuse avec celui-ci, afin de procurer au tireur un crédit factice et de prolonger son apparente solvabilité. Il arrive que l'opération soit répétée pour permettre le remboursement de la traite précédente; on parle dans ce cas « d'effets ou traites de cavalerie ». Il y a « effets croisés » lorsque 2 commerçants, réciproquement gênés dans leurs affaires, se rendent le service de tirer l'un sur l'autre des effets de complaisance.

Effet dévolutif des voies de recours

[Procédure administrative]
Devant les juridictions administratives, l'appel a un effet dévolutif, en ce sens que le juge d'appel est saisi de l'ensemble du litige soumis au premier juge, dans la limite des conclusions et moyens présentés par l'appelant.

GACA n° 27.

→ *Appel, Évocation.*

[Procédure civile]
Effet normalement attaché aux voies de recours en vertu duquel le litige, dans sa complexité de fait et de droit, est porté devant le juge saisi du recours (le premier juge sur *opposition*, le juge du second degré sur *Appel*). Le Code de procédure civile a donné plus d'ampleur qu'auparavant à l'effet dévolutif devant la cour d'appel.
La *Cour de cassation* ne connaissant que des questions de droit, le pourvoi n'a pas d'effet dévolutif.

C. pr. civ., art. 561 et 572.

→ *Demande nouvelle, Prétentions nouvelles, Tantum devolutum quantum appellatum, Tantum devolutum quantum judicatum.*

Effet direct

[Droit international public/Droit européen]
Principe, notamment reconnu en droit européen, établi par les traités au profit des règlements (aujourd'hui par l'art. 288 TFUE) et étendu par la *Cour de justice de l'Union européenne* à certaines dispositions des traités eux-mêmes et à d'autres actes des institutions européennes en fonction de critères déterminés (clarté, précision et inconditionnalité), selon lequel les dispositions qui en bénéficient peuvent être invoquées directement par les justiciables devant les juridictions nationales car créant des droits en leur faveur (arrêt *Van Gend en Loos*, 5 févr. 1963). L'effet direct est également reconnu aux dispositions des traités internationaux qui, créant des droits au profit des particuliers, sont suffisamment précises et inconditionnelles pour pouvoir être invoquées devant un juge national.

→ *Applicabilité directe.*

Effet immédiat de la loi (Principe de l')

[Droit général]
Principe en vertu duquel la loi nouvelle régit immédiatement les situations juridiques constituées après sa publication, ainsi que les effets à venir des situations en cours (à l'exception des situations d'origine contractuelle ne relevant pas d'un ordre public impérieux). Les lois nouvelles sont normalement dotées de l'effet immédiat.

GAJC, t. 1, n° 5-8, 9 et 10; GAJF n° 3; GADPG n° 9, 10, 11, 12, 13 et 14.

→ *Conflit de lois dans le temps, Droit acquis, Loi d'application immédiate, Loi de validation, Loi interprétative, Non-rétroactivité, Rétroactivité de la loi, Sécurité juridique (Principe de).*

Effet obligatoire des contrats

[Droit civil]
→ *Force obligatoire des contrats.*

Effet relatif des contrats

[Droit civil]
Principe en vertu duquel le contrat ne crée d'obligations qu'entre les parties; les tiers ne peuvent, inversement, être rendus ni débiteurs, ni créanciers, par un contrat auquel ils n'ont pas participé : ils ne peuvent en demander l'exécution ni se voir contraints de l'exécuter (mais ils peuvent s'en prévaloir ou le subir dans la mesure où il constitue un fait juridique).
Le principe de la relativité est écarté, dans certains cas, par la loi ou la jurisprudence, qui admettent la transmission des créances et des

dettes aux *ayants cause à titre particulier*. Par exemple, l'acquéreur d'un immeuble loué doit continuer le bail passé par son vendeur (vis-à-vis duquel il est un tiers), pouvant exiger le paiement des loyers et devant assurer la jouissance paisible des lieux.

C. civ., art. 1199 s.*

GAJC, t. 2, n° 173-176, 241 et 243.

→ *Chaîne de contrats, Force obligatoire des contrats, Groupe de contrats, Res inter alios acta alliis nec prodesse nec nocere potest.*

Effet relatif des traités

[Droit international public]

→ *Relativité des traités.*

Effet rétroactif

[Droit civil]

→ *Rétroactivité.*

Effet suspensif des voies de recours

[Procédure administrative]

En contentieux administratif, les voies de recours contre les jugements rendus en premier ressort n'ont pas d'effet suspensif, sauf exceptions (rares) prévues par un texte. Un palliatif de cette règle est représenté par le droit qu'a le juge d'appel d'ordonner le *sursis* à l'exécution du jugement attaqué devant lui.

[Procédure civile]

Effet attaché aux voies de recours ordinaires (*opposition* et *appel*), en vertu duquel il est temporairement fait échec à l'exécution du jugement soit pendant le délai permettant de former opposition ou appel, soit en cas d'exercice de l'une ou l'autre de ces voies de recours durant tout le temps nécessaire au règlement du recours ainsi formé. L'effet suspensif est écarté lorsque l'*exécution provisoire* a été ordonnée ou est de droit; il est aussi exclu dans certaines matières en vertu d'une disposition expresse (par ex., l'appel de l'ordonnance du juge des libertés et de la détention prescrivant la mainlevée d'une mesure de soins psychiatriques n'a pas d'effet suspensif).

Les voies de recours extraordinaires n'ont pas, en principe, d'effet suspensif. Le pourvoi en cassation, par exemple, n'empêche pas l'exécution de la décision attaquée, laquelle ne peut donner lieu qu'à restitution, non à dommages et intérêts.

C. pr. civ., art. 539 et 579; CSP, art. L. 3211-12-4, R. 3211-20; C. pr. exéc., art. L. 111-11.

Effet utile

[Droit européen/Droit international public]

Principe d'interprétation d'un acte juridique visant à donner un sens et un effet aux dispositions de celui-ci qui ne les rendent pas inutiles, c'est-à-dire sans véritable application. Utilisé de manière extensive par la *Cour de justice de l'Union européenne* pour affermir l'existence d'un ordre juridique propre et l'autorité du droit de l'Union.

Effets croisés

[Droit commercial]

→ *Effet de complaisance.*

Effraction

[Droit pénal]

Mode d'action consistant dans le forcement, la dégradation ou la destruction de dispositifs de fermeture ou de clôture. Il s'agit d'une circonstance aggravante de certaines infractions.

C. pén., art. 132-73.

Égalité

[Droit public/Droit général]

Principe juridique fondamental, garanti tant par des actes internationaux que par la

Constitution (DDHC, art. 1er et art. 1er du dispositif de la Constitution de 1958), en vertu duquel tous les citoyens dans la même situation bénéficient des mêmes droits et sont soumis aux mêmes obligations, sans considération de leur origine ou de leurs croyances.

S'imposant au législateur et aux autorités exécutives, ce principe est à l'origine d'une importante jurisprudence du *Conseil constitutionnel* et du *Conseil d'État*.

GDCC nº 42; GAJA nº 61.

Égalité des armes

[Procédure (Principes généraux)]

Principe, inclus dans le droit à un *procès équitable*, en vertu duquel toutes les parties à un procès doivent bénéficier d'une parfaite égalité de traitement et de moyens dans la préparation et l'exposé de leur cause. Le principe interdit que l'une des parties à un procès soit placée dans une situation de désavantage manifeste par rapport à l'autre partie. Issu de la jurisprudence de la Cour EDH (sur le fondement de l'art. 6 de la Convention) et de celle du Conseil constitutionnel, il a été introduit dans l'article préliminaire du Code de procédure pénale; si, en procédure pénale, il tend à protéger l'équilibre procédural entre l'accusation et la défense, il vaut pour tous les contentieux, entre toutes les parties à une instance, y compris le ministère public.

→ *Avocat général, Contradictoire (Principe du), Défense (Liberté de la), Droits de la défense, Procès équitable.*

Égalité des citoyens devant les charges publiques

[Droit administratif]

Fondement de la responsabilité sans faute des autorités publiques en vertu duquel une charge anormale et spéciale imposée dans l'intérêt général à un administré doit donner lieu à indemnisation.

GAJA nº 38 et 47.

→ *Responsabilité de la puissance publique.*

[Droit constitutionnel]

La rupture de l'égalité devant les charges publiques, notamment en matière de fiscalité, est, pour le Conseil constitutionnel, un motif de censure de la loi.

GDCC nº 44.

Égalité femmes-hommes

[Droit général]

Principe proclamé par l'article 3 TUE et l'article 1er de la Constitution.

Visant à compléter diverses lois spécifiques, la loi nº 2014-873 du 4 août 2014 pour l'égalité réelle entre les femmes et les hommes traite la question dans toutes ses dimensions : égalité professionnelle, lutte contre la précarité, protection contre les violences, image dans les médias, parité en politique et dans les responsabilités sociales.

Selon son article 1er, l'État et les collectivités territoriales, ainsi que leurs établissements publics, mettent en œuvre une politique pour l'égalité « selon une approche intégrée » comportant « notamment » (*sic*) 10 domaines d'intervention dont la lutte contre le système prostitutionnel et les stéréotypes sexistes, les actions en faveur de la mixité dans les métiers et une meilleure articulation dans les temps de vie, la diffusion des recherches sur la construction sociale des rôles sexués.

→ *Discrimination, Parité.*

Égalité fiscale

[Droit financier ou fiscal]

Principe de politique fiscale selon lequel la charge fiscale supportée par les contribuables devrait être proportionnée à leurs revenus (et à leur fortune pour certains). Il est interprété aujourd'hui comme impli-

quant non l'égalité des contributions individuelles (impôt proportionnel aux revenus) mais leur progressivité en fonction des revenus.
L'interventionnisme économique et social en réduit notablement la portée effective.

Ei incumbit probatio qui dicit non qui negat

[Droit civil]
La preuve incombe à celui qui affirme une chose, non à celui qui nie la chose. Adage selon lequel il incombe à chaque plaideur (tour à tour *demandeur* et *défendeur*) de prouver la véracité de ce qu'il affirme. Le jeu des présomptions atténue considérablement la portée de l'adage.

C. civ., art. 1353; C. pr. civ., art. 6.*

Élargissement

[Droit européen]
Processus conduisant à l'accroissement progressif du nombre des États membres de l'*Union européenne*. Un premier élargissement a vu l'adjonction aux 6 États originaires, le 1er janvier 1973, du Royaume-Uni, du Danemark et de l'Irlande. Un second élargissement a concerné, en 2 temps, l'Europe du Sud (Grèce en 1981, Espagne et Portugal en 1986). Le troisième élargissement a permis d'accueillir au 1er janvier 1995 l'Autriche, la Finlande et la Suède (la Norvège ayant, comme en 1972, dit non par référendum). Un quatrième élargissement a eu lieu le 1er mai 2004 avec l'entrée de 10 nouveaux États membres, pays d'Europe centrale ou orientale (les 3 États baltes – Estonie, Lettonie et Lituanie – Hongrie, Pologne, République tchèque, Slovaquie, Slovénie) et pays méditerranéens (Chypre, Malte). La Bulgarie et la Roumanie sont entrées dans l'Union européenne le 1er janvier 2007 portant à 27 le nombre des États membres. La Croatie est devenue le 28e État membre au 1er juillet 2013.
Ces élargissements permanents sont un vrai défi pour l'Union européenne par leurs conséquences tant institutionnelles qu'économiques.
Les conditions procédurales et de fond de l'adhésion à l'Union européenne sont fixées par l'article 49 TUE.

Élargissement d'une convention collective

[Droit du travail]
Le ministre du Travail, sous certaines conditions, peut rendre applicable une convention collective en dehors de son champ professionnel ou territorial.

C. trav., art. L. 2261-17 s.

→ *Extension d'une convention collective.*

Electa una via, non datur recursus ad alteram

[Procédure pénale]
Littéralement : « une voie ayant été choisie, on ne peut en adopter une autre ».
Adage traditionnel, aujourd'hui consacré dans le Code de procédure pénale, qui, afin de parer à des chantages éventuels, interdit à la victime d'une infraction ayant exercé son action en réparation devant la juridiction civile compétente, de se raviser par la suite afin de la porter devant la juridiction répressive. Il n'en est autrement que si celle-ci a été saisie par le ministère public, avant qu'un jugement sur le fond ait été rendu par la juridiction civile.

C. pr. pén., art. 5.

→ *Action civile.*

Électeurs inscrits

[Droit constitutionnel]
Électeurs dont les noms figurent sur les listes électorales et qui peuvent donc participer au vote.

Élection

[Droit constitutionnel]

Choix par les citoyens de certains d'entre eux pour la conduite des affaires publiques. Ce procédé permet aussi aux électeurs de choisir indirectement une orientation politique (ne pas confondre avec *votation*).

1° *Élections générales :* celles auxquelles il est procédé en cas de fin collective du mandat d'une assemblée (expiration normale des pouvoirs ou dissolution).

2° *Élection partielle :* celle à laquelle il est procédé en cas de vacance individuelle d'un siège. La Constitution de 1958 limite les élections partielles avec l'institution des suppléants; les 2 principaux cas sont la démission et l'annulation d'une élection par le Conseil constitutionnel.

[Droit administratif]

En droit administratif, les cas d'élections aux divers corps et conseils délibérants ou consultatifs sont extrêmement nombreux.

→ *Conseil départemental, Conseil municipal, Conseil régional.*

Élection de domicile

[Droit civil]

→ *Domicile élu.*

[Procédure civile]

Déclaration par laquelle un plaideur se domicilie en un lieu autre que son domicile réel et grâce à laquelle les actes de la procédure sont valablement notifiés au domicile ainsi élu.

La constitution d'avocat, par exemple, emporte élection de domicile au cabinet de l'avocat constitué.

C. civ., art. 111; C. pr. civ., art. 682, 689, 751, 855, 899 et 973; C. pr. exéc., art. R. 141-1, 321-3.

Électorat

[Droit constitutionnel]

Droit ou fonction d'électeur.

1° *Électorat-droit :* conception découlant de la théorie de la *souveraineté populaire*, selon laquelle le suffrage est un droit appartenant à titre originaire à chaque citoyen et dont celui-ci est libre d'user ou de ne pas user.

2° *Électorat-fonction :* conception découlant de la théorie de la *souveraineté nationale*, selon laquelle le suffrage est une fonction publique dont la nation souveraine peut réserver l'exercice aux plus aptes.

En fait, la discussion sur la conception de l'électorat, très importante lors de la Révolution de 1789, n'a plus qu'un intérêt théorique, les progrès de la démocratie ayant conduit à considérer l'électorat comme un droit malgré la référence à la souveraineté nationale.

Électronique

[Droit civil/Procédure civile/ Droit commercial]

→ *Commerce électronique, Communication électronique, Écrit électronique, Signature électronique.*

Élément constitutif de l'infraction

[Droit pénal]

Composante, matérielle ou psychologique, du comportement puni par la loi. C'est la réunion des éléments constitutifs de l'infraction qui permet l'application de la loi.

→ *Condition préalable, Intention.*

Élévation du contentieux

[Procédure civile]

Passage d'une procédure gracieuse à une procédure contentieuse du fait de la contestation d'un tiers. Par exemple, lorsqu'un tiers ou le parquet s'oppose à une décision gracieuse, la procédure devient contentieuse.

→ *Décision gracieuse, Procédure en matière gracieuse, Requête.*

Éligibilité

[Droit constitutionnel/Droit administratif]

Aptitude à être candidat et élu, qui suppose la réunion de diverses conditions (âge, nationalité, droits civiques...).

→ *Inéligibilité.*

Émancipation

[Droit civil]

Acte juridique par lequel un mineur acquiert la pleine capacité d'exercice et se trouve de ce fait assimilé à un majeur, sauf pour se marier et se donner en adoption. Mais il doit obtenir l'autorisation du juge pour exercer une activité commerciale.

L'émancipation est soit légale, soit judiciaire. Elle est légale lorsqu'elle est accordée directement par la loi (ex. : le mariage émancipe de plein droit). Elle est judiciaire lorsqu'elle résulte d'une décision du juge, l'émancipation ne pouvant plus résulter de la seule manifestation de volonté des détenteurs de l'autorité parentale et de l'intéressé; elle doit être demandée au juge des tutelles, qui ne l'accordera que pour de justes motifs et si le mineur a au moins 16 ans.

C. civ., art. 413-1 s., 907; C. com., art. L. 121-2.

Émargement

[Procédure civile]

Signature apposée par le destinataire d'un acte de procédure en marge de l'original de cet acte, parfois sur un registre *ad hoc*, afin de certifier que la formalité a été accomplie.

C. pr. civ., art. 667.

[Droit constitutionnel/Droit administratif]

Dispositif anti-fraude requérant de chaque électeur qu'il appose, après avoir voté, sa signature sur la liste d'émargement, copie de la *liste électorale*.

Embargo

[Droit international public]

1° Défense faite par un État aux navires étrangers de quitter ses ports.

2° Mesure coercitive prise par un État ou une organisation internationale à l'encontre d'un autre État et consistant en la suspension ou la rupture des échanges commerciaux avec ce dernier, en totalité ou pour certains produits (embargo sur les armes, embargo pétrolier, etc.).

→ *Boycottage, Contre-mesure.*

Embauche

[Droit du travail]

Engagement d'un salarié.

C. trav., art. 1221-6 s.

Embryon humain

[Droit civil]

Désigne le produit de la *conception* humaine pendant les 3 premiers mois de la vie utérine. À partir du quatrième mois, l'embryon devient fœtus au moment où se dessinent les caractères spécifiques de l'espèce humaine.

Un protocole de recherche sur un embryon humain ou sur des cellules-souches embryonnaires peut être autorisé par l'Agence de la biomédecine, si les quatre conditions suivantes sont réunies : *1°)* la pertinence scientifique du projet de recherche est établie, *2°)* la recherche, fondamentale ou appliquée, s'inscrit dans une finalité médicale, *3°)* en l'état des connaissances scientifiques, la recherche ne peut être menée sans recourir à ces embryons ou ces cellules-souches embryonnaires, *4°)* le projet et les conditions de mise en œuvre du protocole respectent les principes éthiques relatifs à la recherche sur l'embryon et les cellules-souches embryonnaires. La décision de l'Agence est communiquée aux ministres concernés (santé et recherche) qui peuvent, dans un délai d'un mois et conjointement, demander un nouvel examen du dossier soit en cas de doute sur le respect des principes éthiques ou sur la pertinence scientifique d'un protocole autorisé, soit dans l'intérêt de la santé publique ou de la recherche scientifique, lorsque le protocole a été refusé.

La recherche ne peut être effectuée, sous le bénéfice de cette autorisation, qu'après le consentement écrit et préalable du couple dont sont issus les embryons (ou du membre survivant de ce couple), par ailleurs dûment informés des possibilités d'accueil des embryons par un autre couple ou d'arrêt de leur conservation. Elle ne peut être menée qu'à partir d'embryons conçus *in vitro* dans le cadre d'une assistance médicale à la procréation et qui ne font plus l'objet d'un projet parental. Les embryons sur lesquels une recherche a été conduite ne peuvent être transférés à des fins de gestation.

C. civ., art. 10; CSP, art. L. 2141-3, 2151-2 s.

→ *Accueil d'embryon, Clonage, conception, Fœtus, Surnuméraire, Transfert d'embryon.*

Embryons surnuméraires

[Droit civil]

La loi autorise la création d'embryons dits surnuméraires : elle permet de concevoir plusieurs embryons dans le cadre d'une assistance médicale à la procréation. On qualifie de surnuméraires ceux qui n'auront pas donné lieu à un *accueil d'embryon*.

Si les membres du couple n'ont plus de projet parental (ils sont consultés chaque année sur ce point), ils peuvent :

- consentir à ce que leurs embryons soient accueillis par un autre couple;
- autoriser une recherche sur l'embryon (dans des conditions strictement encadrées par la loi) ou permettre qu'il soit utilisé à des fins thérapeutiques;
- ou décider qu'il sera mis fin à leur conservation.

Lorsqu'il y a désaccord entre les intéressés ou non-réponse de l'un d'eux, il est mis fin à la conservation des embryons si la durée de celle-ci est au moins égale à 5 ans.

CSP, art. L. 2141-4.

→ *Assistance médicale à la procréation, Conception in vitro, Don de gamètes, Embryon humain, Fœtus, Gestation pour autrui, Insémination artificielle, Recherches impliquant la personne humaine, Transfert d'embryon.*

Embuscade

[Droit pénal]

Délit consistant à attendre un certain temps et dans un lieu déterminé un fonctionnaire de la police nationale, un militaire de la gendarmerie, un membre du personnel de l'administration pénitentiaire ou toute autre personne dépositaire de l'autorité publique, ainsi qu'un sapeur-pompier civil ou militaire ou un agent d'un exploitant de réseau de transport public de voyageurs, dans le but, caractérisé par un ou plusieurs faits matériels, de commettre à son encontre, à l'occasion de l'exercice de ses fonctions ou de sa mission, des violences avec usage ou menace d'une arme.

L'embuscade est punie de 5 ans d'emprisonnement et de 75 000 € d'amende.

Lorsque les faits sont commis en réunion, les peines sont portées à 7 ans d'emprisonnement et à 100 000 € d'amende.

C. pén., art. 222-15-1.

→ *Guet-apens, Préméditation.*

Émender

[Procédure civile]

Pour une cour d'appel qui rend un arrêt confirmatif, corriger la décision des premiers juges sur tel ou tel point particulier.

→ *Infirmation.*

Éméritat

[Droit administratif]

Titre pouvant être conféré temporairement aux professeurs d'enseignement supérieur admis à la retraite et leur permettant – à titre bénévole – d'animer des séminaires de doctorat, de diriger des thèses et de siéger dans des jurys de soutenance de thèses.

L'éméritat peut également être conféré aux maîtres de conférences habilités à diriger les recherches admis à la retraite, ce qui leur permet de continuer à participer à des activités de recherche.

→ *Honorariat.*

Émetteur de monnaie électronique

[Droit commercial]

Les émetteurs de monnaie électronique sont les établissements de monnaie électronique et les établissements de crédit.

Ils émettent et gèrent la *monnaie électronique*.

C. mon. fin., art. L. 525-1.

→ *Carte de paiement.*

Émission

[Droit civil/Droit commercial]

Moment où se situe, selon l'opinion dominante, la rencontre des volontés dans les contrats conclus entre absents : l'acceptation est supposée donnée à l'instant où le destinataire de l'offre extériorise, d'une manière ou d'une autre, sa volonté d'acquiescer, non à la date où le partenaire vient à en être informé.

Émolument

ACTU

[Droit civil]

Au sens large, profit, bénéfice que l'on retire d'une chose ou d'une situation. On dit, en maxime, qu'il n'y a pas d'émolument sans charge.

Au sens strict, part d'actif attribuée à un copartageant.

→ *Bénéfice d'émolument.*

[Procédure civile]

Rétribution des actes effectués par les officiers ministériels (huissiers...) et les avocats, dont la caractéristique est d'être tarifée par l'autorité publique. Il existe des émoluments d'acte, proportionnels ou fixes, et des émoluments de formalités, lesquels rémunèrent les opérations préalables ou postérieures à un acte qui sont nécessaires à son accomplissement.

Les émoluments sont compris dans les *dépens*.

C. pr. civ., art. 695.

→ *Débours, Honoraires, Tarifs des professions juridiques et judiciaires.*

[Droit commercial]

Tarif arrêté conjointement par le ministre de la justice et le ministre de l'économie, s'agissant des prestations de certaines professions réglementées du secteur juridique. Ces fixations tarifaires sont révisables tous les cinq ans, après consultation de l'Autorité de la concurrence.

C. com., art. L. 462-2-1.

Empêchement

[Droit civil]

1° Obstacle à l'accomplissement d'une mission (par ex., d'une expertise). Il est dit *légitime* lorsqu'il justifie l'inexécution d'une obligation.

2° Se dit plus particulièrement des obstacles juridiques à la formation du mariage. Si l'obstacle est tel que le mariage célébré au mépris de la loi est annulé, l'empêchement est *dirimant*.

L'empêchement est simplement *prohibitif* si l'officier de l'état civil qui le constate, a le devoir de ne pas célébrer l'union, étant admis que s'il passe outre, le mariage n'est pas annulable pour ce motif.

C. civ., art. 144 s., 161 à 164 et 342-7.

→ *Force majeure.*

[Droit constitutionnel]

Impossibilité officiellement constatée pour un gouvernant d'exercer ses fonctions.

Si l'empêchement est définitif, il est nécessaire de pourvoir au remplacement; mais, d'ici là, un intérim peut être prévu, tout comme dans l'hypothèse où l'empêchement est provisoire.

Const., art. 7.

Emphytéose

[Droit administratif/Droit civil/Droit rural]

Bail de longue durée, de 18 à 99 ans, portant sur un immeuble, généralement rural, et conférant au preneur un droit réel, susceptible d'hypothèque, cessible et saisissable.

Il existe, aussi, un bail emphytéotique administratif, dont l'objet est un bien immobilier appartenant à l'État ou à certains établissements publics (réseaux des chambres de commerce, des chambres de métiers, des chambres d'agriculture, établissements publics de santé), conclu en vue de la réparation, de la restauration ou de la mise en valeur dudit bien.

Signalons, enfin, que les collectivités territoriales peuvent conclure un tel bail sur leurs biens immobiliers, notamment pour l'accomplissement d'une mission de service public.

C. rur., art. L. 451-1 s.; CGPPP, art. L. 2122-20; CGCT, art. L. 1311-2 s.; CSP, art. L. 6148-2.

→ *Bail à construction, Concession immobilière, Droit de superficie.*

Empire

[Droit constitutionnel]

1° État ou ensemble d'États soumis à l'autorité d'un Empereur (Empire romain, Premier et Second Empires français…).

2° Ensemble colonial dominé par la métropole.

3° Par extension, État qui, en raison de sa puissance économique ou militaire, étend sa suprématie sur d'autres (« empires » américain, soviétique).

Emploi

[Droit administratif]

Dans le droit de la fonction publique, terme désignant un poste de travail prévu au budget et doté des crédits nécessaires à la rémunération de son titulaire.

[Droit civil]

Achat d'un bien avec des capitaux disponibles.

Il y a remploi lorsque l'achat est précédé de la vente d'un bien permettant d'obtenir les capitaux nécessaires à la nouvelle acquisition.

Les contrats de mariage, en vue d'une meilleure administration des patrimoines, comportent souvent des clauses d'emploi ou de remploi.

C. civ., art. 501, 1094-3, 1406, 1434 s. et 1541.

→ *Remploi, Subrogation.*

[Droit du travail]

Tâches permanentes, définies et localisées dans l'organisation du travail de l'entreprise (le sens est alors proche de celui de poste de travail). Plus généralement, ensemble des tâches correspondant à une fonction attachée à une qualification professionnelle. Le terme peut aussi désigner de manière très globale le travail salarié.

C. trav., art. L. 1233-3 et L. 1242-1.

• *Contrôle de l'emploi* : contrôle administratif exercé par l'inspection du travail sur les mouvements de main-d'œuvre en vue de permettre la mise en œuvre d'une politique locale ou nationale de l'emploi.

Depuis la loi du 30 décembre 1986 l'Administration n'a plus compétence pour autoriser les embauches ou les licenciements.

C. trav., art. L. 1221-10 s., L. 1221-16 et L. 5123-1 s.

• *Emplois réservés :* emplois publics ou semi-publics attribués à certaines personnes jugées dignes d'intérêt, soit exclusivement, soit par préférence.

C. trav., art. L. 5212-15.

• *Plein emploi :* situation d'équilibre entre les ressources en main-d'œuvre et les emplois de main-d'œuvre.

→ *Chômage, Pôle emploi.*

Emploi d'avenir

[Droit du travail]

Emploi destiné à faciliter l'insertion professionnelle et l'accès à la formation de jeunes entre 16 et 25 ans non ou peu qualifiés, situés notamment dans des zones urbaines difficiles ou les départements d'outre-mer. Mis en place par une loi n° 2012-1189 du 26 octobre 2012, ces emplois ouvrent droit à une aide de l'État et sont pourvus par un contrat d'accompagnement dans l'emploi ou un contrat initiative-emploi, moyennant certaines adaptations de leur régime juridique (par exemple, lorsque le contrat est à durée déterminée, sa durée minimale est de 12 mois et sa durée maximale de 36 mois).

C. trav., art. L. 5134-110 s.

→ *Contrat d'accompagnement dans l'emploi, Contrat initiative-emploi.*

Employé

[Droit du travail]

Salarié chargé de tâches administratives ou de relations avec le public.

→ *Cadre, Ouvrier.*

Employé de maison

[Droit du travail]

Salarié attaché au service du foyer ou d'une personne et effectuant des travaux domestiques. Les règles qui leur sont applicables sont largement exorbitantes du droit commun du travail (seules quelques dispositions du Code du travail, limitativement visées par la loi, leur bénéficient).

C. trav., art. L. 7221-1 s.

Employeur

[Droit du travail]

Personne physique ou morale partie à un contrat de travail conclu avec un salarié. L'employeur exerce des pouvoirs de direction, de contrôle et de sanction; il est débiteur de la fourniture de travail et des salaires. Il se distingue du *chef d'entreprise* qui est une personne physique exerçant en son nom ses prérogatives. La détermination de l'employeur est parfois délicate, lorsqu'une entreprise éclate en plusieurs sociétés : on distingue alors l'employeur de droit (cocontractant) et l'employeur de fait (bénéficiaire direct de la prestation de travail).

C. trav., art. L. 1253-1 s.

→ *Pouvoirs de l'employeur.*

Empoisonnement

[Droit pénal]

Fait d'attenter intentionnellement à la vie d'autrui par l'emploi ou l'administration de substances de nature à entraîner la mort.

C. pén., art. 221-5 et 121-3.

Empreinte génétique

[Droit civil/Droit pénal]

Ensemble des caractéristiques génétiques d'un être vivant qui en déterminent l'originalité. L'examen de ces caractéristiques, dans le cadre d'une procédure judiciaire, permet d'identifier une personne. Lorsqu'elle n'est pas réalisée judiciairement, l'empreinte génétique ne peut être entreprise qu'à des fins médicales ou de recherche scientifique, et sous réserve d'avoir recueilli le consentement préalable et éclairé de la personne qui y est soumise. Le non-respect de ces règles est pénalement sanctionné.

Les empreintes génétiques permettent de dresser le profil génétique d'un individu, qui lui est propre comme lui est propre son empreinte digitale. Les empreintes génétiques sont obtenues par le recours à des techniques sophistiquées appliquées à des traces de sang, de sperme, de cheveux etc. permettant de relever les séquences d'ADN (acide désoxyribonucléique) agent principal de la transmission des caractères héréditaires.

C. civ., art. 16-10 s.; CSP, art. L. 1131-1; C. pén., art. 226-25 s.; C. pr. pén., art. 706-54; CESEDA, art. L. 111-6.

→ *Examen des caractéristiques génétiques, Expérimentation sur la personne humaine, Identification génétique.*

Emprise

[Droit administratif]

Fait pour l'Administration de déposséder un particulier d'un bien immobilier, légalement ou illégalement, à titre temporaire ou définitif, à son profit ou au profit d'un tiers.

L'indemnisation des actes constitutifs d'une emprise irrégulière relève des tribunaux judiciaires en cas d'extinction du droit de propriété. Toutefois, dans les hypothèses où l'emprise n'emporte pas une dépossession définitive, l'indemnisation relève de la compétence du juge administratif.

Emprisonnement

[Droit pénal]

Peine privative de liberté, de nature correctionnelle, consistant dans l'incarcération du condamné, pendant un temps fixé par le juge dans les limites prévues par la loi.

L'emprisonnement en matière contraventionnelle disparaît en application de l'article 131-12 du Code pénal.

C. pén., art. 131-3.

Encan

[Droit civil]

→ *Vente à l'encan.*

Enchère inversée

[Droit commercial]

Mode de conclusion du contrat, où l'acquéreur du produit ou du service fixe un cahier des charges et sollicite la meilleure offre de prix. Ce processus peut se réaliser par la voie électronique; il est réglementé au titre des pratiques restrictives de concurrence.

C. com., art. L. 442-10.

Enchère ou Enchères publiques

[Droit commercial/Droit pénal/ Procédure civile]

Offre d'acheter à un certain prix au cours d'une *adjudication*, en général à une somme supérieure à la mise à prix initiale ou à la mise à prix ultérieurement modifiée; à défaut d'enchère à cette hauteur, le bien peut être adjugé à qui a fait l'offre la plus élevée, ou remis en vente sur baisses successives de ce montant.

Toute personne capable peut se porter enchérisseur sauf dispositions particulières et à l'exception des ventes effectuées dans un cercle purement privé.

C. civ., art. 1686; C. com., art. L. 320-1 s.; C. pr. civ., art. 1272 s.; C. pr. exéc., art. L. 221-3, 322-5, R. 221-33 s., 322-39 s.

→ *Criées, Folle enchère, Surenchère.*

L'article 313-6 du Code pénal incrimine le fait de fausser le jeu des enchères dans le cadre d'une adjudication publique.

→ *Vente aux enchères publiques.*

Enclave

[Droit civil]

Situation d'un fonds entouré de tous côtés par des fonds appartenant à d'autres propriétaires et qui n'a sur la voie publique aucune issue, ou qu'une issue insuffisante pour son exploitation. Le propriétaire du fonds enclavé peut réclamer à ses voisins un passage pour la desserte complète de son fonds, moyennant indemnité.

C. civ., art. 682 s.

[Droit international public]

Territoire ou partie du territoire d'un État encerclé par le territoire d'un autre État. Se dit aussi (enclavé) d'un État sans accès à la mer.

En dernier ressort

[Procédure civile]

Qualifie soit la décision qui est insusceptible d'appel, soit la décision qui a déjà fait l'objet d'un appel, l'une et l'autre ne pouvant plus être attaquées que par le pourvoi en cassation.

COJ, art. R. 221-23, R. 221-37 s.; C. com., art. R. 721-6; C. trav., art. R. 1462-1; C. rur., art. R. 491-1; CSS, art. R. 142-25.

→ *À charge d'appel, Taux du ressort.*

Endossement

[Droit commercial]

Mode normal de transmission des effets de commerce au moyen d'une signature apposée au dos du titre (ou sur une feuille qui lui est attachée, appelée « l'allonge »), par laquelle le cédant (*l'endosseur*) donne l'ordre au débiteur de payer au cessionnaire (*l'endossataire*) le montant de l'effet.

C. com., art. L. 511-8 et L. 512-3; C. mon. fin., art. L. 131-16 s., L. 134-1 et L. 134-2.

Une loi du 15 juin 1976 a prévu pour les actes notariés la création de copies exécutoires à ordre.

Énergies renouvelables

[Droit de l'environnement]

Ressources naturelles que la loi énumère : énergies éolienne, solaire, géothermique, aérothermique, hydrothermique, marine et hydraulique, énergies issues de la biomasse, du gaz de décharge, du gaz de stations d'épuration d'eaux usées et du biogaz.

Les énergies renouvelables sont sans déchet, reproductibles quasiment à l'infini, ouvertes à la décentralisation et respectueuses de l'environnement.

C. énergie, art. L. 211-3.

→ *Éoliennes*

En fait de meubles, la possession vaut titre

[Droit civil]

Adage signifiant qu'en matière mobilière :

1° La possession fait acquérir la propriété, sous certaines conditions, lorsque l'acquisition est *a non domino* (règle de fond).

GAJC, t. 1, n° 88 et 132.

2° Elle fait présumer la propriété, lorsque l'acquisition est *a domino* (règle de preuve).

C. civ., art. 2276 et 2277.

GAJC, t. 1, n° 87.

Enfant

[Droit civil]

Au sens étroit : descendant au premier degré.

Au sens large : toute personne mineure protégée par la loi (enfant abandonné, assisté, délaissé...).

C. civ., art. 18-1, 58 et 371 s.; CASF, art. L. 221-1 s.; Convention de New York relative aux droits de l'enfant, 26 janv. 1990, art. 1er.

→ *Ascendant, Collatéral, Degré de parenté, Descendant, Filiation, Ligne.*

[Droit du travail]

En droit du travail est considéré comme un enfant l'adolescent qui n'a pas dépassé l'âge de la fréquentation scolaire (16 ans). Le travail est interdit aux enfants. Toutefois, sous certaines conditions, les enfants de plus de 15 ans peuvent être apprentis. Les enfants peuvent également se livrer pendant les vacances scolaires à des travaux légers; ils peuvent figurer dans les spectacles moyennant une autorisation préfectorale.

C. trav., art. L. 4153-1 s.; C. rur., art. 983 s.

→ *Minorité pénale.*

Toute décision concernant un enfant doit prendre en compte son intérêt, ses besoins fondamentaux, physiques, intellectuels, sociaux et affectifs, ainsi que le respect de ses droits. Les enfants de 6, 9, 12 et 15 ans doivent faire l'objet d'une visite médicale obligatoire, aux fins de dresser un bilan de leur état de santé physique et psychologique, avec, pour la visite de la sixième année, le dépistage des troubles spécifiques du langage et de l'apprentissage; suite à ces visites, une prise en charge et un suivi adaptés sont réalisés par l'équipe éducative, les professionnels de santé et les parents. Au-delà de 15 ans, des examens médicaux périodiques sont également effectués pendant tout le cours de la scolarité.

CASF, art. L. 112-4; C. éduc., art. L. 541-1.

→ *Mesure judiciaire d'aide à la gestion du budget familial, Observatoire départemental de protection de l'enfance, Protection de l'enfance.*

Enfant à charge

[Droit financier ou fiscal]

En matière de calcul de l'impôt sur le revenu, enfant pouvant être pris en compte, suivant le cas, soit pour la détermination du nombre de parts dans le système du quotient familial, soit pour le bénéfice d'un abattement forfaitaire sur le revenu net imposable. En principe, il s'agit d'enfants légitimes, naturels, adoptifs ou recueillis, même disposant de revenus, âgés de moins de 21 ans au 1er janvier de l'année de perception des revenus imposables.

CGI, art. 6-3, art. 194 s.

[Sécurité sociale]

Enfant dont l'*allocataire* a la charge effective et permanente, c'est-à-dire enfant dont il assure de manière générale le logement, la nourriture et l'éducation. Il n'est pas nécessaire qu'il y ait un lien juridique de parenté entre l'enfant et l'allocataire; il peut donc s'agir d'un enfant naturel non reconnu ou d'un enfant recueilli.

CSS, art. L. 512-3.

Enfant conçu ou né pendant le mariage

[Droit civil]

Expression qui s'est substituée, depuis l'ordonnance n° 2005-759 du 4 juillet 2005, à celle d'enfant légitime, ordonnance qui énonce que « tous les enfants dont la filiation est légalement établie ont les mêmes droits et les mêmes devoirs dans leurs rapports avec leur père et mère. Ils entrent dans la famille de chacun d'eux » (C. civ., art. 310). Néanmoins, les enfants conçus ou nés pendant le mariage bénéficient de la présomption de paternité, tandis que les autres doivent faire l'objet d'une reconnaissance de la part de leur père. Dans tous les cas, la filiation à l'égard de la mère est établie par sa désignation dans l'acte de naissance.

C. civ., art. 311-25 et 312 s.

→ *Conception, Filiation légitime, Légitime, Pater is est quem nuptiae demonstrant.*

Enfant né hors-mariage

[Droit civil]

Périphrase par laquelle on désigne, depuis l'ordonnance n° 2005-759 du 4 juillet 2005, l'enfant qui n'est pas né, ni a été conçu, pendant le mariage; on l'appelait auparavant « enfant naturel ». L'ordonnance affirmant en principe que « tous les enfants dont la filiation est légalement établie ont les mêmes droits et les mêmes devoirs dans leurs rapports avec leur père et mère. Ils entrent dans la famille de chacun d'eux » (C. civ., art. 310), elle a atténué la distinction entre les *enfants conçus ou nés pendant le mariage* et les autres, puisque désormais la mère est automatiquement désignée dans l'acte de naissance de l'enfant, qu'elle soit mariée ou non (à moins qu'elle ait demandé, lors de l'accouchement, le secret de son admission et de son identité) et sans qu'elle ait besoin d'effectuer une démarche de reconnaissance. En revanche, les enfants qui ne sont pas conçus ou nés pendant le mariage devront être reconnus par leur père.

C. civ., art. 311-25 et 312 s.

→ *Accouchement secret ou sous X, Filiation légitime, Filiation naturelle, Légitime, Pater is est quem nuptiae demonstrant, Reconnaissance d'enfant.*

Enfant sans vie

[Droit civil]

Enfant mort-né ou né vivant mais non viable. Un acte d'enfant sans vie peut être dressé par l'officier de l'état civil sur production d'un certificat médical d'accouchement, lequel ne peut être délivré qu'en cas d'accouchement spontané ou d'interruption de grossesse provoquée pour raison médicale. Cet acte n'est source ni de personnalité juridique ni de lien de filiation; mais il permet, à la demande du père ou de la mère, l'attribution d'un prénom, de le faire inscrire sur leur livret de famille et l'inhumation ou la crémation du corps de l'enfant.

C. civ., art. 79-1, al. 2; CSP, art. R. 1112-75.

→ *Acte d'enfant sans vie, Acte de naissance, Infans conceptus pro nato habetur quoties de commodis ejus agitur, Naissance.*

Engagement

[Droit civil/Droit international public]

Au sens strict, manifestation de volonté par laquelle une personne s'oblige. Il est une source de l'obligation. En ce sens, il peut être contractuel, ou unilatéral. Dans un sens moins strict, obligation résultant de cet engagement.

[Droit financier ou fiscal]

Acte ou *fait juridique* faisant naître à l'encontre d'une *personne publique* une *obligation* génératrice d'une charge budgétaire.

L'engagement d'une dépense peut être représenté, par exemple, par le recrutement d'un agent public, ou par la signature d'un marché public.

Engagement à l'essai

[Droit du travail]

→ *Essai.*

Engagement d'honneur

[Droit civil]

Engagement dépourvu de valeur obligatoire, marquant simplement la volonté de négocier.

→ *Accord de principe, Lettre d'intention.*

Engagement de responsabilité

[Droit constitutionnel]

Le Premier ministre peut engager la responsabilité du gouvernement, à la suite de son entrée en fonction ou, plus tard, au cours de son action, pour vérifier l'existence ou le maintien de la confiance de l'Assemblée nationale; en cas de désaveu, il est contraint de démissionner.

Selon un célèbre mécanisme de rationalisation, il peut également engager la responsabilité du gouvernement sur le vote de certains textes.

Const., art. 49, al. 1 et 3.

→ *Question de confiance.*

Engagement maritime (Contrat d')

[Droit commercial/Droit du travail]

Contrat de travail du marin. Le Code du travail maritime, aujourd'hui abrogé, lui conférait une certaine spécificité, qui était l'héritage du passé (notamment le système dit de « l'inscription maritime » dont les grandes lignes remontent à Colbert).

C. transp., art. L. 5541-1 s.; COJ, art. R. 521-13.

ACTU

Engagement perpétuel

[Droit civil]

Engagement non assorti d'une durée, que celle-ci soit déterminée ou indéterminée.

Les engagements perpétuels sont prohibés par le droit civil français. Ce principe ancien est désormais consacré par le Code civil au titre des dispositions générales relatives au contrat. Les contractants peuvent mettre un terme à tout moment à cet engagement, sous réserve de respecter un délai raisonnable de préavis.

C. civ., art. 1210.*

Engagement unilatéral de volonté

[Droit civil]

Théorie selon laquelle la volonté d'une seule personne suffit à faire naître une obligation à la charge de cette personne dès lors qu'elle exprime un engagement ferme et précis, comme dans une offre de contracter adressée à une personne déterminée.

→ *Acte unilatéral.*

Engin spatial

[Droit international public]

Appareil lancé depuis la terre et destiné à se déplacer dans l'espace extra-atmosphérique dans un but d'exploration ou d'exploitation de cet espace.

→ *Objet spatial.*

Engineering

[Droit commercial]

→ *Ingénierie.*

Énonciatif

[Droit général]

Qualifie l'énumération légale qui, dépourvue de caractère limitatif, autorise l'application du texte qui la contient à d'autres espèces.

Enquête

[Droit constitutionnel]

→ *Commission parlementaire.*

[Procédure civile/Procédure pénale]

Procédure incidente ou principale par laquelle est administrée la preuve par *témoins*.

C. pr. civ., art. 199, 204 s.

→ *Contre-enquête.*

[Droit international public]

Selon le contexte :

- procédure ayant pour but d'établir la réalité des faits qui sont à l'origine d'un différend international, afin d'en faciliter le règlement grâce à un examen moins passionné du problème par les parties;

- procédure d'établissement des faits, généralement confiée à une commission d'enquête, diligentée par une organisation internationale pour l'accomplissement de ses missions.

Enquête de flagrance

[Procédure pénale]

Enquête particulière applicable aux crimes et les délits flagrants, au sens large, c'est-à-dire, qui sont en train d'être commis (flagrance au sens strict), qui viennent d'être commis ou dont l'auteur soupçonné est poursuivi par la clameur publique ou trouvé en possession d'objets ou d'indices laissant penser qu'il a participé au crime ou au délit. Elle donne à la police judiciaire, en raison de l'actualité de l'infraction, des pouvoirs plus étendus que pour l'enquête préliminaire. Ces moyens justifient des actes de contrainte à finalité probatoire afin de rechercher tout renseignement utile à l'enquête. La durée maximale de l'enquête de flagrance est de huit jours par décision du procureur de la République pour les crimes ou les délits punis d'une peine supérieure ou égale à cinq ans d'emprisonnement.

C. pr. pén., art. 53 s.

Enquête de personnalité

[Procédure pénale]

Enquête de caractère psychologique, familial et social sur la situation d'un mis en examen, obligatoire en matière criminelle et facultative en matière de délit.

C. pr. pén., art. 81.

Elle peut être également ordonnée par le procureur de la République, dans le cadre de ses attributions.

C. pr. pén., art. 41 s.

GAPP n° 20.

→ *Dossier unique de personnalité.*

Enquête de police

[Procédure pénale]

Ensemble des opérations d'investigations menées préalablement à la saisine des juridictions compétentes par les officiers et agents de police judiciaire, en vue de constater les infractions à la loi pénale, d'en rassembler les preuves et d'en rechercher les auteurs.

Enquête préliminaire

[Procédure pénale]

Enquête diligentée d'office ou à la demande du parquet par la police ou la gendarmerie avant l'ouverture de toute information et permettant au *ministère public* d'être éclairé sur le bien-fondé d'une poursuite.

C. pr. pén., art. 75 s.

Enquête publique préalable

[Droit administratif/ Droit de l'environnement]

Phase préalable à certaines opérations administratives, notamment la *déclaration d'utilité publique*, destinée à permettre à tous les intéressés de consigner sur un registre leurs observations sur le caractère d'intérêt général d'un projet ou, en cas de répercussion sur l'environnement, de recueillir les appréciations suggestions et contre-propositions du public.

C. expr., art. R. 111-1 s.; C. envir., art. L. 123-1 s., R. 123-5.

Enquête sociale

[Droit civil]

Une telle enquête est souvent ordonnée en matière civile (pour la garde des enfants en cas de procédure de divorce, en matière d'assistance éducative), en vue de recueillir des renseignements sur la situation de la famille et les conditions dans lesquelles vivent les enfants. Elle est confiée le plus souvent à une association spécialisée, pour être effectuée par un éducateur qualifié ou par une assistante sociale.

C. civ., art. 373-2-12; C. pr. civ., art. 695, 1072, 1171, 1183 et 1221; COJ, art. R. 312-45.

Enquête sous pseudonyme

[Procédure pénale]

Dans le but de constater les infractions mentionnées aux articles 706-72 et 706-73 C. pr. pén. et, lorsque celles-ci sont commises par un moyen de communication électronique, d'en rassembler les preuves et d'en rechercher les auteurs, les officiers et agents de police judiciaire peuvent, sous certaines conditions, procéder à des actes limitativement énumérés, sans en être pénalement responsables (par exemple : participer sous un pseudonyme à des échanges électroniques; être en contact par ce moyen de communication avec les personnes susceptibles d'être les auteurs de ces infractions…).

À peine de nullité, ces actes ne peuvent constituer une incitation à commettre ces infractions.

C. pr. pén., art. 706-87-1.

Enregistrement

[Droit civil/Droit financier ou fiscal]

Formalité fiscale qui a une triple finalité : donner *date certaine* aux *actes sous signature privée* contre les tiers, permettre la perception des droits qui frappent la convention constatée dans l'acte, assurer la conservation des actes.

Les parties qui présentent à la formalité un acte sous signature privée soumis à l'enregistrement dans un délai déterminé doivent y joindre un double qui reste déposé au service des impôts. Si l'enregistrement est facultatif, la trace de l'acte est assurée par l'analyse qui en est faite par un receveur des impôts (devenu « le comptable de la direction générale des finances publiques chargé de la formalité de l'enregistrement ») qui l'enregistre. Dans chaque cas, un cachet portant mention de l'enregistrement est apposé sur l'original ou sur chacun de ses exemplaires.

C. civ., art. 1377, 1589-2; CGI, art. 635 s., 849 et 1929.*

Enregistrement audiovisuel

[Procédure civile]

Le juge, lorsqu'il procède lui-même à une mesure d'instruction, peut faire établir un enregistrement sonore, visuel ou audiovisuel de tout ou partie des opérations d'instruction. Chaque partie peut en obtenir un exemplaire, une copie ou une transcription.

C. pr. civ., art. 174.

Enregistrement des traités

[Droit international public]

Inscription des traités aux archives du secrétariat de l'ONU, imposée aux États membres pour que les traités puissent être invoqués devant les organes de l'ONU (art. 102 de la Charte de l'ONU).

ACTU

Enrichissement injustifié

[Droit civil]

Enrichissement injustifié d'une personne en relation directe avec l'appauvrissement d'une autre, constitutif d'une source autonome d'obligation. L'enrichissement est injustifié lorsqu'il ne procède ni de l'accomplissement d'une obligation par l'appauvri ni de son intention libérale.

Celui qui bénéficie d'un enrichissement injustifié au détriment d'autrui doit, à celui qui s'en trouve appauvri, une indemnité égale à la moindre des deux valeurs de l'enrichissement et de l'appauvrissement. La personne appauvrie peut exercer l'*action de in rem verso* pour recouvrer cette indemnité.

C. civ., art. 1303.*

GAJC, t. 2, n° 243.

Enrichissement sans cause

→ *Enrichissement injustifié.*

Enrôlement

[Procédure civile]

→ *Mise au rôle.*

Enseigne

[Droit commercial]

Signe apposé sur un établissement commercial et le distinguant des autres établissements.

En tant que de raison

[Droit général]

Selon ce que commande la raison. Formule autorisant la transposition par analogie d'une norme juridique à une situation qu'elle ne prévoit pas, parce que l'extension analogique est justifiée par une identité de raison.

→ *A pari.*

Entente

[Droit commercial/Droit européen/ Droit pénal]

Action collective ayant pour objet ou pour effet de fausser ou d'entraver le jeu de la concurrence, formalisée dans un accord ou résultant seulement d'une pratique concertée. Les ententes sont en principe interdites en droit français et européen. Toutefois certaines d'entre elles peuvent être justifiées notamment en démontrant la contribution qu'elles apportent au progrès économique.

C. com., art. L. 420-1; TFUE, art. 101.

Entente interrégionale

[Droit administratif]

Institution de coopération pouvant être créée entre des régions limitrophes (de 2 à 4). Elle a la forme juridique d'un établissement public, qui exerce à la place des régions membres les compétences qui lui sont dévolues, et qui assure en outre la cohérence de leurs programmes économiques.

CGCT, art. L. 5621-1.

Entente préalable

[Sécurité sociale]

Accord donné par avance par la caisse pour prendre en charge le remboursement de certains soins ou traitements.

CSS, art. L. 315-2 s.

Entiercement

[Droit civil/Droit commercial]

Remise, aux fins de sûreté, d'un objet mobilier à un tiers qui en assume la garde pour le compte d'autrui. L'application la plus courante de ce mécanisme est le warrantage dans les magasins généraux, ainsi que le *séquestre* d'une chose litigieuse par autorité de justice.

C. civ., art. 2337; C. com., art. L. 521-1.

→ *Gage, Warrant.*

En tout état de cause

[Procédure (principes généraux)]

1° Formule par laquelle le juge écarte un texte (invoqué par l'une des parties) pour une raison indiscutable, sans avoir ainsi à s'interroger sur d'autres problèmes, peut-être plus délicats à trancher, posés par son application. Par exemple, le juge constate qu'en raison de sa date, tel texte n'est pas applicable aux faits de l'espèce, et qu'ainsi le justiciable n'est, « en tout état de cause », pas fondé à s'en prévaloir; dans ces conditions, il n'aura pas à rechercher s'il y a eu, ou non, violation de ses dispositions.

2° À toute hauteur de la procédure, c'est-à-dire à tout moment au sein d'une même instance (première instance ou appel par ex.), ou à toute hauteur du procès, en première instance, en appel, ou même en cassation.

C. pr. civ., art. 72.

Entraide

[Droit rural]

L'entraide entre agriculteurs ou « coup de main » est un échange de services agricoles ou en moyens d'exploitations, y compris ceux entrant dans le prolongement de l'acte de production. Elle présente 3 caractéristiques : la gratuité, la réciprocité et l'équivalence. Selon la loi, l'entraide est un contrat à titre gratuit.

L'entraide est neutre fiscalement. Elle est exonérée de toute imposition et cotisation sociale. Elle n'entre pas dans le calcul des bénéfices agricoles et n'est pas assujettie à TVA.

C. rur., art. L. 325-1 s.

Entraide pénale internationale

[Droit pénal/Procédure pénale]

→ *Eurojust, Europol, Interpol.*

Entrave

[Droit pénal/Droit du travail]

Délit consistant en un empêchement apporté soit à la libre désignation, à la libre élection, ou à l'exercice régulier des fonctions d'un représentant élu du personnel, d'un comité dans lequel siègent ces derniers ou d'un délégué syndical, soit au libre exercice du droit syndical. Ce délit consiste aussi en la méconnaissance des règles encadrant le licenciement de ces salariés investis d'un mandat.

C. trav., art. L. 2146-1, L. 2316-1, L. 2328-1 et L. 2431-1 s.

GADT n° 158.

[Droit pénal]

1° Délit consistant à gêner volontairement l'arrivée de secours destinés à faire échapper une personne à un péril imminent ou à combattre un sinistre présentant un danger pour la sécurité des personnes.

C. pén., art. 223-5.

2° Série de délits consistant à faire obstacle à l'exercice des libertés d'expression, du travail d'association, de réunion ou de manifestation. Par exemple, le fait pour un employeur d'empêcher la libre désignation d'un délégué syndical ou de s'opposer à l'exercice régulier de ses fonctions.

C. pén., art. 431-1 s.

Entre vifs

[Droit civil]

Se dit des actes qui produisent leurs effets durant la vie de leurs auteurs, telle la *donation*. En latin, *inter vivos*.

→ *À cause de mort.*

Entrée en vigueur

[Droit général]

Date à partir de laquelle une loi ou un règlement s'impose au respect de tous. En l'absence de précision dans le texte, cette date est le lendemain de la publication au *Journal officiel*. S'il y a urgence, entrent en vigueur dès leur publication les lois dont le décret de promulgation le prescrit et les actes administratifs pour lesquels le gouvernement l'ordonne par une disposition spéciale.

La publication est assurée, le même jour, sur papier et sous forme électronique.

C. civ., art. 1er.

Entremise

[Droit pénal]

Le fait d'intervenir entre un ou des parents désireux d'abandonner leur enfant et un candidat à l'adoption afin de faciliter cette opération est une infraction prévue à l'article 227-12 du Code pénal.

Il en est de même de l'entremise entre des parents et une femme qui accepte de porter l'enfant et de leur remettre.

→ *Gestation pour autrui.*

Entrepôt de douane

[Droit financier ou fiscal]

1° Terme générique recouvrant plusieurs régimes juridiques, désignant l'institution de droit fiscal qui permet à des produits importés d'être stockés ou transformés sans acquitter provisoirement les droits de douane, et à des produits nationaux destinés à être exportés de bénéficier des avantages réservés aux exportations dès leur placement sous ce régime.

2° Locaux où sont entreposées les marchandises bénéficiant des règles ci-dessus.

Entrepreneur

[Droit civil]

Dans le contrat de louage d'ouvrage et d'industrie, ou contrat d'entreprise, partie qui s'engage à exécuter des travaux au profit de l'autre. En droit immobilier, l'entrepreneur est chargé de construire des édifices, à la différence du promoteur qui n'est qu'un intermédiaire obligé, envers le maître d'un ouvrage, de faire procéder à la réalisation d'un programme de construction.

C. civ., art. 1792 s.

→ *Promoteur immobilier.*

[Droit commercial]

En droit des affaires, le mot désigne la personne physique, commerçante ou non commerçante, exerçant une activité professionnelle indépendante (v. par ex. Entrepreneur individuel à responsabilité limitée).

Entrepreneur individuel à responsabilité limitée (EIRL)

[Droit commercial/Droit rural]

Statut qui vise à permettre aux personnes physiques exerçant une activité économique individuelle d'affecter, sur simple déclaration, un patrimoine à leur activité professionnelle, permettant ainsi la séparation du patrimoine personnel du patrimoine professionnel. Le patrimoine affecté à l'activité professionnelle comprend l'ensemble des éléments matériels ou immatériels nécessaires à l'exercice de cette activité, dont l'entrepreneur individuel est titulaire ou propriétaire (avec dérogation pour les agriculteurs qui n'affectent pas leurs propriétés rurales). Moyennant le respect de certaines règles de bonne conduite (tenue de comptabilité séparée, emploi du sigle « EIRL »...), l'entrepreneur obtient ainsi le bénéfice de la séparation patrimoniale, sans avoir à créer une société : ses créanciers personnels ne pouvant saisir que les biens personnels, tandis que les droits des créanciers professionnels ont pour seul gage les biens professionnels affectés.

À la différence de la société dite « *Entreprise unipersonnelle à responsabilité limitée (EURL)* », l'EIRL n'est pas doté de la personnalité morale; il constitue un patrimoine d'*affectation*, dérogeant au principe français d'unité et d'unicité du patrimoine (v. aussi *déclaration d'insaisissabilité*). Conçu pour inciter à l'entreprise individuelle indépendante, ce statut peut se combiner avec celui, administratif et fiscal, connu sous le nom d'*auto-entrepreneur*.

C. com., art. L. 526-6 s.

Entreprise

[Droit civil]

→ *Entrepreneur, Louage d'ouvrage et d'industrie.*

[Droit commercial]

Unité économique qui implique la mise en œuvre de moyens humains et matériels de production ou de distribution des richesses reposant sur une organisation préétablie.

[Droit du travail]

Ensemble organisé de personnes et d'éléments corporels et/ou incorporels permettant l'exercice d'une activité économique qui poursuit un objectif propre. Plusieurs sociétés juridiquement distinctes peuvent, au regard du droit du travail, constituer une seule entreprise. Dépourvue de la personnalité morale, l'entreprise est le plus souvent considérée, en droit du travail, comme une catégorie juridique qui fournit un cadre à la mise en œuvre d'un certain nombre de règles (représentation du personnel, transfert des contrats de travail...).

→ *Chef d'entreprise, Responsabilité pénale du chef d'entreprise, Unité économique et sociale.*

Entreprise agricole à responsabilité limitée (EARL)

[Droit rural]

Société civile à objet agricole, l'EARL peut être unipersonnelle ou pluripersonnelle, auquel cas elle comporte au plus 10 associés dont la majorité doit être exploitants. C'est une société plus souple que le GAEC. Elle ne nécessite pas d'agrément.

C. rur., art. L. 324-1 s.

→ *Groupement agricole d'exploitation en commun (GAEC).*

Entreprise de l'économie sociale et solidaire

[Droit commercial]

Coopérative ou personne morale de droit privé (société, association...) distinguée par une qualification administrative à raison des objectifs poursuivis et des modes de gestion. Pour pouvoir être agréées et faire publiquement état de la qualité d'entreprise de l'économie sociale et solidaire, les personnes morales doivent poursuivre un but autre que le seul partage des bénéfices, prévoir une « gouvernance démocratique » associant à la décision les salariés et autres parties prenantes aux réalisations de l'entreprise, gérer le profit dégagé par l'entreprise dans un but altruiste.

Un sous-ensemble est constitué des *entreprises solidaires d'utilité sociale*, œuvrant en qualité d'employeur pour l'insertion professionnelle et la lutte contre les exclusions.

Les entreprises de l'économie sociale et solidaire peuvent se donner pour objet exclusif d'émettre et de gérer des « titres de monnaies locales complémentaires », alternatifs aux moyens de payement bancaires habituels.

L. n° 2014-856 du 31 juill. 2014.

→ *Économie sociale et solidaire.*

Entreprise d'investissement

[Droit commercial]

Variété de *prestataire de services d'investissement*, à côté des établissements bancaires. Personne morale faisant l'objet d'un agrément administratif préalable et étant surveillée dans l'exercice de ses activités.

C. mon. fin., art. L. 531-1, L. 531-4 s.

Entreprise de marché

[Droit commercial]

Anciennes sociétés de bourse; personne morale gestionnaire d'un marché financier. Est soumise en France au contrôle de l'*Autorité des marchés financiers*.

C. mon. fin., art. L. 421-1 s.

Entreprise de recherche et d'activités pétrolières (ERAP)

[Droit financier ou fiscal]

Établissement public industriel et commercial, dont le nom s'explique par les circonstances de sa création en 1965 (portage du capital de l'État dans la société pétrolière ELF, dont il s'est totalement dégagé depuis 1996), chargé de prendre, au nom de l'État, des participations dans des entreprises relevant des secteurs de l'énergie, de la pharmacie et des télécommunications (ex. : *France Télécom*).

Entreprise nationalisée

[Droit administratif/Droit du travail]

→ *Nationalisation.*

Entreprise privée de protection des navires

[Droit commercial/Droit maritime]

Profession réglementée consistant à assurer la sécurité des navires français. Réponse contemporaine à la résurgence de la piraterie en certains endroits du monde.

C. transp., art. L. 5441-1; CSI, art. L. 611-1.

Entreprise solidaire d'utilité sociale

[Droit commercial/Droit du travail]

Variété d'*entreprise de l'économie sociale et solidaire*, considérée en sa qualité d'employeur et d'agent de réinsertion.

C. trav., art. L. 3332-17-1.

→ *Économie sociale et solidaire.*

Entreprise unipersonnelle à responsabilité limitée (EURL)

[Droit civil/Droit commercial]

Forme unipersonnelle de la *Société à responsabilité limitée* (SARL). Son régime juridique est celui des personnes morales sociétaires, aménagé pour tenir compte de la présence d'un associé unique, maître de l'affaire. À distinguer nettement de l'*Entrepreneur individuel à responsabilité limitée* (EIRL).

→ *Société unipersonnelle.*

Entreprises publiques

[Droit administratif]

Catégorie d'organismes – dont certains nient la spécificité – qui ont en commun une personnalité juridique distincte de celle de l'État, une activité industrielle ou commerciale, et dont le capital est détenu majoritairement par une personne publique – très généralement l'État – qui possède un pouvoir de contrôle; les systèmes de gestion sont très proches de ceux du secteur privé. Cet ensemble est hétérogène par le statut de ses composants, qui va de l'établissement public à la société de droit privé, et par le fait que, si certaines entreprises publiques gèrent des services publics : EDF, GDF, par exemple, d'autres gèrent des activités de nature purement commerciale, comme c'était le cas de la Régie nationale Renault, d'ailleurs redevenue entreprise privée en 1996.

Entretien (Devoir d')

[Droit civil]

Devoir pesant sur les père et mère (et désormais sur les parents de même sexe), d'assumer matériellement leur fonction parentale. Ce devoir est conçu largement. Il impose non seulement de protéger l'enfant, de subvenir à ses besoins élémentaires (en nourriture, logement, vêtements...), mais aussi, plus généralement, de lui apporter tout ce dont il a besoin pour vivre et se développer. Il est indissociable du devoir d'éducation.

Chacun des parents y contribue à proportion de ses ressources et de celles de l'autre parent, ainsi que des besoins de l'enfant.

L'obligation d'entretien ne cesse pas de plein droit à la majorité de l'enfant et la contribution du parent peut être versée directement entre les mains de l'enfant majeur.

C. civ., art. 203, 371-2 et 373-2-5.

Entretien professionnel

[Droit du travail]

Entretien auquel le salarié a droit tous les deux ans, et dont il est informé à son embauche, pour envisager ses perspectives d'évolution professionnelle, notamment en termes de qualifications et d'emploi (en non pour évaluer son travail). Il est également proposé systématiquement au salarié qui reprend son emploi après une période d'interruption, pour certains congés familiaux ou pour congé sabbatique, pour longue maladie ou en raison d'une période de mobilité volontaire sécurisée ainsi qu'à l'issue d'une période de travail à temps partiel. L'entretien donne lieu à un document écrit dont une copie est transmise au salarié. Tous les six ans, il fait en outre un état récapitulatif du parcours professionnel du salarié.

C. trav., art. L. 6315-1.

Enveloppe

[Droit financier ou fiscal]

Montant global des crédits budgétaires destinés à être affectés à un but, ou à un ensemble de buts déterminés (néologisme).

Enveloppe Soleau

[Droit commercial]

Mode de preuve de la date d'une création ou d'une invention, l'enveloppe Soleau est constituée de deux compartiments renfermant chacun un exemplaire de la création ou de l'invention, adressée à l'*Institut national de la propriété industrielle*; l'INPI attribue à l'enveloppe un numéro d'enregistrement comportant la date du dépôt, conserve l'un des compartiments et adresse l'autre au déposant.

CPI, art. R. 511-1 s.

Environnement

[Droit général]

Mot dépourvu d'un contenu juridique précis. Le terme fait image pour désigner le milieu naturel, urbain, industriel (parfois aussi économique, social et politique) au sein duquel vivent les hommes. Pour protéger ceux-ci contre les nuisances et pollutions engendrées par ce milieu, des réglementations très diversifiées ont vu le jour aux plans national et international (Union européenne, notamment) et ont connu un développement foisonnant, encouragées – parfois de façon excessive – par les mouvements écologistes.

Un Code de l'environnement, publié en 2000-2001, rassemble en un vaste *Corpus* les nombreuses dispositions relatives aux espaces, ressources et milieux naturels, aux sites et paysages, aux espèces animales et végétales, aux équilibres biologiques. La réglementation en ce domaine s'inspire des principes suivants : le principe de précaution, le principe d'action préventive, le *principe pollueur-payeur*, le principe de participation.

C. envir., art. L. 110-1.

→ *Charte de l'environnement, Nuisances, Pollution, Précaution (Principe de), Prévention (Principe de).*

Envoi en possession

[Droit civil]

Acte par lequel le juge autorise certains légataires universels ou, en cas d'*absence*, les héritiers présomptifs, à entrer en possession des biens du défunt ou de l'absent. L'État qui recueille une succession en *déshérence* doit également solliciter l'envoi en possession pour appréhender les biens de ladite succession.

C. civ., art. 724, 811 et 1008.

GAJC, t. 1, n° 124.

→ *Saisine.*

Éoliennes

[Droit de l'environnement]

Machines à pales tournantes utilisant la force motrice du vent pour produire de l'électricité. L'installation de telles machines est soumise à autorisation de la part du préfet après enquête publique; elle n'est accordée que si toutes mesures sont prises pour sauvegarder les intérêts énoncés par l'article L. 511-1 du Code de l'environnement (commodité du voisinage, santé, sécurité et salubrité publiques, protection de la nature et des paysages, etc.). En outre, lorsque la hauteur des mâts est supérieure à 50 mètres, la délivrance de l'autorisation est subordonnée au respect d'une distance d'éloignement des habitations d'au moins 500 mètres.

Une procédure unique regroupant l'obtention du titre d'exploitation, le permis de construire, l'autorisation de défrichement est en cours d'expérimentation dans certaines régions : Normandie, Champagne Ardennes, Midi Pyrénées.

C. envir., art. L. et R. 553-1 s.

→ *Énergies renouvelables.*

Épargne-logement

[Droit financier ou fiscal]

Encouragement à la construction, consistant en un mécanisme de crédit différé dans lequel des sommes préalablement épargnées par le futur constructeur lui permettent, après un certain temps, d'obtenir une prime majorant le montant de ses intérêts, ainsi qu'un prêt à un taux favorable proportionné à la durée et au montant de l'épargne et consenti par la Caisse d'Épargne ou la Banque ayant collecté l'épargne.

Épargne retraite

[Sécurité sociale]

Dispositif qui vise à compléter les pensions dues au titre des régimes de retraite par répartition légalement obligatoires, permet de disposer, à partir du départ à la retraite, de ressources provenant d'une épargne constituée individuellement ou collectivement à partir de versements sur une base volontaire ou obligatoire réalisés à titre privé ou lors de l'activité professionnelle.

L. n° 2010-1330 du 9 nov. 2010, art. 107.

Épave

[Droit civil]

Bien mobilier perdu par son propriétaire qui demeure inconnu.

C. civ., art. 717.

→ *Derelictio, Res derelictae.*

[Droit international public]

Navire ou élément d'un navire naufragé ou échoué et ayant perdu sa capacité de se déplacer de manière autonome, ainsi que tout bien échoué ou à la dérive provenant d'un navire.

Épuisement des recours internes (Règle de l')

[Droit international public]

→ *Recours internes (Épuisement des).*

Épuration

[Droit administratif]

Après la Seconde Guerre mondiale, éviction des services publics de ceux de leurs collaborateurs ayant manifesté une sympathie active à l'égard du régime hitlérien ou du gouvernement de Vichy.

Équilibre budgétaire

[Droit financier]

→ *Règle d'or.*

Équilibre des droits des parties

[Procédure pénale]

→ *Égalité des armes.*

Équilibre (ou balance) des forces

[Droit international public]

Principe de politique (dont la consécration remonte au traité de Westphalie, 1648) selon lequel le rapport des forces entre États doit rester stable, grâce à un jeu de bascule qui empêche la prédominance de l'un par le groupement des moyens politiques économiques ou militaires de certains autres.

Équipes communes d'enquête

[Procédure pénale]

Elles sont constituées, soit lorsqu'il y a lieu d'effectuer, dans le cadre d'une procédure française, des enquêtes complexes impliquant la mobilisation d'importants moyens concernant d'autres États membres, soit lorsque plusieurs États membres effectuent des enquêtes relatives à des infractions exigeant une action coordonnée et concertée entre les États membres concernés. Ces équipes qui participent à l'entraide judiciaire internationale exigent l'accord préalable du ministère de la Justice et le consentement du ou des États membres concernés.

C. pr. pén., art. 695-2.

Équipollent

[Droit civil/Procédure civile]

1° Adjectif marquant l'identité de régime entre 2 notions juridiques : par exemple, la faute lourde est équipollente au dol.

2° Substantif : énonciations d'un acte ayant le même sens que les termes consacrés, ce qui permet d'éviter la nullité pour manquement aux formes.

Équité

[Droit général]

L'équité est la réalisation suprême de la justice, allant parfois au-delà de ce que prescrit la loi. « Il jugera ton peuple avec justice, et les malheureux avec équité » Ps. 75.

En droit positif, l'invocation de l'équité conduit, soit à faire prévaloir l'égalité dans les rapports d'échange (par exemple pour fixer les droits de chaque propriétaire quand deux choses ont été adjointes et forment un tout), soit à écarter ou assouplir la règle applicable à l'espèce (refus de condamner une mère qui a volé un pain pour nourrir ses enfants).

C. civ., art. 270, 278, 565, 1194, 1579.*

[Droit international public]

1° Application, pour la solution d'un litige donné, des principes de la justice, afin de combler les lacunes du droit positif ou d'en corriger l'application lorsqu'elle serait trop rigoureuse.

2° Base de règlement des différends internationaux choisie par les parties lorsqu'elles demandent à une juridiction internationale de statuer en équité (*ex æquo et bono*).

[Procédure civile]

Le jugement est rendu en équité lorsque le juge statue en *amiable compositeur*, au vu des particularités de l'espèce et de son sentiment du juste et du bon, indépendamment des règles de droit applicables.

Le Code de procédure civile reconnaît à toute juridiction de l'ordre judiciaire le pouvoir de trancher en équité, lorsqu'il s'agit de droits dont les parties ont la libre disposition et qu'un accord exprès des plaideurs a délié le juge de l'obligation de statuer en droit. Il invite également le juge qui statue sur les *dépens* à se régler sur des considérations d'équité.

C. pr. civ., art. 12, al. 3, 57-1 et 700.

→ *amiable compositeur, ex æquo et bono, Procès équitable.*

Équivalence

[Droit du travail]

→ *Heures supplémentaires.*

Équivalence des prestations

[Droit civil]

Dans les contrats synallagmatiques, le défaut d'équivalence des prestations n'est pas une cause de nullité du contrat, à moins que la loi n'en dispose autrement.

C. civ., art. 1168.*

Équivoque

[Droit civil/Droit général]

1° *Matière contractuelle :* qui est susceptible de deux sens, obligeant à une interprétation qui, selon les cas, donne la préférence au sens engendrant le plus d'efficacité, au sens convenant le mieux à la matière du contrat ou au sens correspondant aux usages locaux.

2° *Matière réelle* : vice de la possession tenant au fait qu'on ne sait pas à quel titre les actes de jouissance sont accomplis, à titre de propriétaire privatif ou de copropriétaire indivis, à titre de propriétaire ou d'héritier, etc.

Érasmus

[Droit européen]

Érasme, humaniste hollandais (1536), théologien chrétien, qui chercha l'entente entre Catholiques et Réformés, dont le nom sert aujourd'hui d'enseigne aux programmes de bourses étudiantes.

Programme de bourses de l'Union européenne qui vise, depuis 1987, à permettre à une part croissante d'étudiants de passer une période d'études dans un autre État membre, période qui doit être prise en compte dans le cursus universitaire de l'étudiant concerné par son université d'origine (système d'unités de valeur capitalisables et transférables dits ECTS). Connaît un grand succès qui se prolonge aujourd'hui sous différentes formes (ex. : *Socrates*, *Tempus*...).

➜ *Licence-Master-Doctorat.*

Erga omnes

[Droit général]

Littéralement : « à l'égard de tous ». Expression latine signifiant qu'un acte, une décision ou un jugement a un effet à l'égard de tous, et non seulement à l'égard des seules personnes directement concernées.

➜ *Inter partes, Opposabilité.*

Erratum

[Droit général]

Erreur matérielle dans la reproduction d'un texte, justifiant le redressement par simple rectificatif. Spécialement usité pour les publications au *Journal officiel*.

Errements

[Procédure civile]

Terme désignant les étapes d'une procédure, l'état de son développement, surtout utilisé dans la formule : *reprendre la procédure sur ses derniers errements* pour dire recommencer la procédure, non à son début, mais à partir de l'acte de procédure entaché de nullité.

Erreur

[Droit civil]

Fausse représentation de l'existence d'un fait ou des qualités d'une chose, ou de l'existence ou de l'interprétation d'une règle de droit.

L'erreur de droit ou de fait, à moins qu'elle ne soit inexcusable, est une cause de nullité du contrat lorsqu'elle porte sur les qualités essentielles de la prestation due ou sur celles du cocontractant.

C. civ., art. 180, 777, 887, 901, 1130 à 1136*, 1139*, 1302-1*, 1302-2* et 2052.*

GAJC, t. 1, n° 35; GAJC, t. 2, n° 147-148, 149, 151 et 269-270.

[Droit international public]

Cause de nullité d'un traité lorsque l'erreur porte sur un fait ou une situation que l'État ou l'organisation internationale contractant(e) supposait exister au moment où le traité a été conclu et qui constituait une base essentielle de son engagement.

Erreur de droit

[Droit civil]

Fausse représentation de l'existence ou de l'interprétation d'une règle de droit. Elle n'est admise que très exceptionnellement par le législateur : elle constitue ainsi, à moins qu'elle ne soit inexcusable, est une cause de nullité du contrat lorsqu'elle porte sur les qualités essentielles de la prestation due ou sur celles du cocontractant.

*C. civ., art. 1132**.

[Droit pénal]

Représentation inexacte du contenu de la loi ou ignorance de son existence. Admise par le Code pénal, elle n'est exclusive de la responsabilité pénale que si elle a été invincible pour le prévenu.

C. pén., art. 122-3.

GADPG n° 46.

[Droit administratif]

Motif d'annulation par le juge d'un acte administratif dont l'auteur s'est trompé sur la portée ou le sens du texte sur lequel il s'est fondé pour adopter l'acte contesté.

GAJA n° 66.

→ *Nemo censetur ignorare legem.*

Erreur de fait

[Droit civil]

Représentation inexacte portant sur l'existence d'un fait ou les qualités d'une chose.

L'erreur de fait, à moins qu'elle ne soit inexcusable, est une cause de nullité du contrat lorsqu'elle porte sur les qualités essentielles de la prestation due ou sur celles du cocontractant.

*C. civ., art. 1132**.

[Droit pénal]

Représentation inexacte d'un fait matériel ou ignorance de son existence. L'erreur de fait exclut la culpabilité pénale lorsqu'elle intervient à propos d'une infraction intentionnelle et lorsqu'elle porte sur une circonstance essentielle de l'incrimination.

GADPG n° 45.

[Droit administratif]

Motif d'annulation par le juge d'un acte administratif, dont l'auteur s'est trompé quant à l'exactitude matérielle ou à la qualification juridique des faits ayant déterminé son adoption.

GAJA n° 27 et 28.

Erreur judiciaire

[Procédure pénale/Procédure civile]

Erreur commise par ceux qui exercent la fonction juridictionnelle.

En matière civile, l'erreur, lorsqu'elle est simplement matérielle, donne lieu à une requête en rectification; lorsqu'elle a entraîné une fausse appréciation de la situation de fait, elle provoque un *recours en révision*.

En matière pénale, la condamnation définitive d'une personne, par erreur, ouvre le pourvoi en révision. Suite à une décision de condamnation de la France par la Cour EDH, une procédure de réexamen de l'affaire a été instituée.

C. pr. pén., art. 622 s. et 626-1 s.; C. pr. civ., art. 462 et 595.

→ *In judicando, Omission matérielle, Pourvoi en cassation.*

Erreur manifeste d'appréciation

[Droit administratif]

Théorie jurisprudentielle imaginée par les juridictions administratives pour étendre leur contrôle sur le pouvoir discrétionnaire de l'Administration, leur permettant face à ce qu'elles considèrent comme des erreurs particulièrement flagrantes de celle-ci, de contrôler l'appréciation des faits à laquelle elle s'est livrée.

GAJA n° 27.

Error communis facit jus

[Droit général]

Littéralement : une erreur commune fait le droit.

Il est des cas où une croyance commune provoque des conséquences juridiques pourtant contraires au droit. Tel est le cas pour l'héritier apparent.

GAJC, t. 1, n° 104.

→ *Apparence.*

Esclavage

[Droit pénal]

C. pén., art. 224-1 s.

→ *Réduction en esclavage.*

Escompte

[Droit commercial]

1° Technique de *mobilisation de créance* par laquelle un banquier endossataire paie le montant de l'*effet de commerce* à l'endosseur, avant l'échéance prévue par l'effet, sous déduction d'une somme représentant les intérêts du montant de l'effet à courir jusqu'à l'échéance.

2° Somme déduite par le banquier du montant de l'effet, correspondant à l'intérêt à courir jusqu'à l'échéance.

Escroquerie

[Droit pénal]

Délit consistant dans le fait, soit par l'usage d'un faux nom ou d'une fausse qualité, soit par l'abus d'une qualité vraie, soit par l'emploi de manœuvres frauduleuses, de tromper une personne physique ou morale et de la déterminer ainsi, à son préjudice ou au préjudice d'un tiers, à remettre des fonds, des valeurs ou un bien quelconque, à fournir un service ou à consentir un acte opérant obligation ou décharge.

C. pén., art. 313-1.

Espace aérien

[Droit international public]

1° Espace aérien *approprié* : l'espace au-dessus du territoire et des eaux territoriales d'un État, sur lequel ce dernier exerce sa souveraineté.

2° Espace aérien *libre* : l'espace au-dessus de la haute mer et des zones maritimes étatiques autres que la *mer territoriale* et les *eaux intérieures* sur lequel les États n'exercent aucune compétence fondée sur la territorialité (mais il existe une réglementation internationale de l'utilisation de l'espace aérien libre).

Espace de liberté, de sécurité et de justice

[Droit européen/Droit international privé]

Nom donné à l'ex-3e pilier de *Maastricht* et Amsterdam (coopération policière et judiciaire en matière pénale) pour caractériser la volonté affichée par le Conseil de Tempere (1999) de construire à la fois une coopération policière et judiciaire approfondie (Europol et Eurojust) et une politique commune du droit d'asile et de l'immigration.

Le traité de *Lisbonne* lui consacre le titre V de la IIIe Partie du TFUE (art. 67 s.). Ainsi entendue, l'expression vise également la coopération judiciaire en matière civile, à l'instar des règlements *Bruxelles I bis*, et *Rome II*.

Espace de rencontre

[Droit civil]

Lieu permettant l'exercice d'un *droit de visite*, c'est-à-dire la rencontre entre un enfant et l'un de ses parents ou un tiers, ou la remise de l'enfant à un parent ou à un tiers; lieu neutre destiné à favoriser la continuité des relations de l'enfant malgré la séparation des parents.

Les espaces de rencontre sont agréés par le préfet du département sur des critères de sécurité, d'hygiène, de confort et de qualification des personnes d'accueil. Seuls les espaces agréés peuvent faire l'objet d'une désignation par l'autorité judiciaire.

C. civ., art. 373-2-1, 373-2-9, 375-7; CASF, art. D. 216-1 s.

Espace économique européen

[Droit européen]

Traité signé en mai 1992 entre les pays de l'AELE (Association européenne de libre-échange) et de la CEE (Communauté économique européenne, aujourd'hui Union européenne). A pour objectif de créer un marché unique, les pays de l'AELE s'engageant sur l'ensemble de l'acquis communautaire, mais sans être liés par les politiques communes. La Suisse a refusé par référendum de ratifier le traité de Porto et reste donc à l'écart de l'EEE qui comprend les 28 États membres de l'Union européenne, l'Islande, le Liechtenstein et la Norvège.

Espace extra-atmosphérique

[Droit international public]

Espace au-delà de l'espace aérien, dont le régime juridique est fixé pour l'essentiel par un traité de 1967 : insusceptibilité d'appropriation nationale, liberté d'exploration, d'utilisation, démilitarisation. La limite entre espace aérien et espace extra-atmosphérique n'a pas été définie en droit international.

Espace social européen

[Droit européen]

Dénomination couvrant la politique sociale mise en œuvre par l'Union européenne. S'est progressivement développé avec la libre circulation des personnes, des programmes communautaires d'action sociale, le Fonds social européen, l'Acte unique européen (art. 118 A et B), jusqu'aux traités de Maastricht et d'Amsterdam lesquels intègrent des dispositions relatives à la politique sociale.

TFUE, Titre X, IIIe Partie, art. 151 s.

Espace unique de paiement en euro (SEPA)

[Droit européen]

Système d'harmonisation des virements et prélèvements bancaires au sein de l'Espace économique européen, Monaco et la Suisse, permettant d'effectuer un virement d'un pays à un autre en un jour ouvrable. En anglais « Single euro payments area ».

Espaces de réflexion éthique

[Droit civil]

Créés au niveau régional ou interrégional, en lien avec des centres hospitalo-universitaires, ils constituent des lieux de formation, de documentation, de rencontre et d'échanges interdisciplinaires sur les questions d'éthique dans le domaine de la santé; ils font également fonction d'observatoires régionaux ou interrégionaux des pratiques au regard de l'éthique et participent à l'organisation de débats publics afin de promouvoir l'information et la consultation des citoyens sur les questions de bioéthique.

CSP, art. L. 1412-6.

Espaces protégés

[Droit de l'environnement]

Terme générique désignant :

- les abords des *monuments historiques*,
- les *sites* inscrits ou classés,
- les *zones de protection du patrimoine architectural, urbain et paysager*,
- les *secteurs sauvegardés*.

Ces différents espaces sont placés sous un régime de protection impliquant le contrôle de l'*architecte des bâtiments de France*.

Espèce

[Droit général]

Affaire, cas particulier dont il s'agit. Ainsi dit-on couramment : en l'espèce, les données de l'espèce, les textes applicables à l'espèce, etc.

Espèces (En)

[Droit civil/Droit privé]

En numéraire. Désigne le paiement opéré avec des billets de banque et des pièces métalliques ayant cours légal, par opposition au paiement par chèque, par *virement*, ou par *carte de paiement*.

Les paiements en espèces, suspectés d'alimenter une économie « souterraine » et de favoriser la fraude fiscale, sont interdits au-dessus de certains montants : 3 000 € pour les paiements adressés à un professionnel ou émanant d'un professionnel lorsque le débiteur a son domicile fiscal en France ou agit pour les besoins d'une activité professionnelle (15 000 € dans les cas contraires), 1 500 € en ce qui concerne le règlement des salaires... L'interdiction ne s'applique pas aux règlements faits entre particuliers ni aux paiements réalisés à l'étranger.

C. mon. fin., art. L. 112-6 s., art. D. 112-3.

→ *Liquidité, Numéraire.*

Espionnage

[Droit pénal]

Ensemble d'infractions commises par une personne autre qu'un Français ou un militaire au service de la France consistant à renforcer les informations d'une puissance étrangère ou à affaiblir les intérêts de la nation.

Commises par un Français ou un militaire au service de la France, ces mêmes infractions sont qualifiées de *trahison*.

C. pén., art. 411-1 s.

Essai

[Droit du travail]

Période, instituée avec précision par voie contractuelle (et, le cas échéant, conventionnelle), située au début de l'exécution du *contrat de travail*, dont la finalité est de permettre aux parties d'apprécier à l'expérience si le contrat leur donne satisfaction; l'employeur peut ainsi se rendre compte des compétences du salarié dans son travail et le salarié apprécier si les fonctions occupées lui conviennent. La loi fixe des durées maximales variables selon les catégories de salariés. Pendant cette période, la rupture de ce contrat est simplifiée. L'employeur qui licencie n'a pas à respecter les règles de droit commun du *licenciement* (notamment la procédure de droit commun et la motivation de la lettre de rupture par l'invocation d'une cause réelle et sérieuse de licenciement); en revanche, il devra respecter un préavis. Par ailleurs, les règles applicables aux licenciements fondés sur un certain type de cause (comme la faute ou une cause à caractère discriminatoire) ou concernant des salariés protégés (salariés victimes d'un accident du travail ou d'une maladie professionnelle, en congé de maternité, investis d'un mandat électif ou syndical...) doivent être observées en période d'essai.

C. trav., art. L. 1221-19 s.

GADT n° 41 à 43.

Essai professionnel

[Droit du travail]

Technique de recrutement des salariés par laquelle il est demandé aux candidats à un emploi d'exécuter une pièce ou d'effectuer un travail correspondant à la qualification exigée. L'essai professionnel, bien que d'essence contractuelle, ne s'intègre pas dans un contrat de travail et se distingue en cela de l'*engagement à l'essai*.

Ester en justice

[Procédure]

Participer, comme demandeur, défendeur ou intervenant, à l'exercice d'une action en justice, à un procès.

→ *Capacité d'ester en justice.*

Estoppel

[Droit international public]

Objection péremptoire qui s'oppose à ce qu'un État partie à un procès puisse contredire une position qu'il a prise antérieurement et dans laquelle les tiers avaient placé leur légitime confiance.

→ *Acquiescement.*

[Procédure générale]

Notion sanctionnant, en *Common law*, les contradictions de comportement d'un plaideur au cours des phases successives du procès. Cette application du principe de loyauté procédurale est également reçue en procédure civile française, étant précisé que la seule circonstance qu'une partie se contredise au détriment d'autrui n'emporte pas nécessairement *fin de non-recevoir*, notamment quand sont en cause des actions de nature distincte n'opposant pas les mêmes parties.

La théorie de l'estoppel a été consacrée par le législateur en matière d'arbitrage, mais selon le Conseil d'État, elle n'est pas applicable à la procédure contentieuse fiscale.

C. pr. civ., art. 1466.

→ *Loyauté.*

Établissement

[Droit commercial/Droit européen]

Réunion de moyens humains et de biens en vue d'exercer, de manière durable, une activité économique. La réglementation distingue l'établissement principal (qui correspond en principe, pour une personne morale, au lieu de fixation de son siège social) d'éventuels établissements secondaires (pour une définition, v. par ex. C. com., art. R. 123-40). En chaque lieu d'établissement, des sujétions administratives sont susceptibles de s'imposer à l'opérateur dans l'intérêt du marché et des tiers locaux (ex. : publicités légales).

La liberté d'établissement est organisée dans l'Union européenne (TFUE, art. 49 s.), au profit des ressortissants d'un État membre désireux de s'établir professionnellement sur le territoire d'un autre État membre pour y exercer une activité non salariée.

[Droit international privé]

On désigne par « établissement » d'un étranger l'installation matérielle de cet étranger sur le territoire national, avec l'intention d'y exercer une activité rémunératrice.

[Droit du travail]

Unité technique de production, correspondant à une subdivision de l'entreprise, et constituant un périmètre possible de mise en place des institutions représentatives du personnel ou d'implantation syndicale, de même qu'un cadre, à certaines conditions, pour la négociation annuelle obligatoire dans l'entreprise. Par la loi du 5 mars 2014, le législateur est revenu à une conception fonctionnelle de l'établissement, dont les critères de définition varient suivant l'institution représentative (du personnel ou des syndicats) en cause. À cette occasion, il a édicté pour la première fois une définition de l'établissement (en l'occurrence dans le cadre de l'implantation syndicale) qui renoue avec la définition prétorienne antérieure à 2011, époque à laquelle la Cour de cassation avait opéré un revirement de jurisprudence diversement apprécié. Ainsi, un établissement regroupe des salariés placés sous la direction d'un représentant de l'employeur et constitue une communauté de travail ayant des intérêts propres, susceptibles de générer des revendications communes et spécifiques.

Comité d'établissement : organisme analogue au *comité d'entreprise*, dans le cadre de l'établissement.

C. trav., art. L. 2143-3.

GADT n° 134.

Établissement d'enseignement supérieur consulaire

[Droit commercial]

Nouvelle dénomination des écoles de gestion et de management gérées par les Chambres de commerce et d'industrie territoriales et de région. Sont organisées en forme de société de droit privé (société anonyme).

C. com., art. L. 711-4, L. 711-17 s.

Établissement d'utilité publique

[Droit privé]

Personne morale de droit privé (à la différence de l'*établissement public* qui est une personne morale de droit public) gérant une activité présentant un intérêt général et jouissant à ce titre d'un régime juridique de faveur. Quand la qualité d'établissement d'utilité publique n'a pas été attribuée par un texte à la personne morale en cause, l'examen de la *jurisprudence* montre que cette qualification est souvent difficile à déterminer.

Établissement de crédit

[Droit commercial]

Personne morale qui effectue à titre de profession habituelle des *opérations de banque*. Les établissements de crédit peuvent aussi effectuer des opérations connexes à leur activité (opération de change; opération sur or et métaux précieux; placement, souscription, achat, gestion de valeurs mobilières...). Ils peuvent en outre, dans des conditions définies par le ministre chargé de l'Économie, prendre et détenir des participations dans des entreprises existantes ou en création.

C. mon. fin., art. L. 511-1 à L. 511-4, L. 311-1 et 311-2.

Établissement de la filiation (actions aux fins d')

[Droit civil]

Actions visant à faire établir un lien de filiation : action en recherche de paternité ou de maternité, action aux fins de rétablissement de la présomption de paternité du mari de la mère, action en contestation de la possession d'état.

C. Civ., art. 310-1, 311-25 s.

→ *Recherche de maternité, Recherche de paternité.*

Établissement français du sang

[Droit administratif]

Établissement public de l'État à caractère administratif et placé sous la tutelle du ministre chargé de la Santé. Il doit contribuer à la définition et à l'application de la politique de transfusion sanguine, contrôler et coordonner l'activité des établissements de transfusion sanguine et remplir des missions d'intérêt national relatives à l'activité de la transfusion sanguine.

CSP, art. R. 1222.

Établissement nouveau

[Sécurité sociale]

Établissement nouvellement créé qui bénéficie d'un taux collectif au regard de la tarification des accidents du travail pendant l'année de sa création et les 2 années civiles suivantes. À l'expiration de ce délai, les taux sont collectifs, mixtes ou réels en fonction de l'effectif.

CSS, art. D. 242-6-17.

Établissement pénitentiaire

[Droit pénal]

Lieu où une personne faisant l'objet d'une mesure privative de liberté est détenue pour le temps d'exécution de cette mesure.

→ *Détenu.*

Établissement public

[Droit administratif]

Naguère, catégorie juridique du droit administratif présentant des traits vigoureux d'originalité : l'établissement public était toute entité de droit public, autre qu'une collectivité territoriale, dotée de la personnalité juridique et chargée de la gestion d'une activité de service public dans le cadre limité de sa spécialité. Exemple : université. Cette originalité s'est estompée pour plusieurs raisons, notamment :

- des personnes de droit public innomées se sont ajoutées aux établissements publics traditionnels;
- les nationalisations d'après-guerre avaient fait naître des établissements publics qui ne géraient pas des services publics;
- la recherche d'un regroupement des moyens matériels et financiers des communes a entraîné l'apparition d'établissements publics polyvalents dont l'assise est territoriale, très proches par leurs caractères de véritables collectivités territoriales.

Sous ces réserves, on distingue généralement :

1° *Établissements publics administratifs :* ceux chargés de la gestion d'une activité classique de service public; ils sont régis par les règles du droit administratif et leur contentieux relève normalement des juridictions administratives.

2° *Établissements publics industriels et commerciaux :* catégorie controversée d'EP gérant, dans des conditions comparables à celles des entreprises privées, des activités de nature industrielle ou commerciale. Leur fonctionnement et leur contentieux empruntent à la fois au droit public et au droit privé.

GAJA n° 7 et 35.

→ *Décentralisation.*

Établissement public de coopération intercommunale (EPCI)

[Droit administratif]

Catégorie d'établissements publics regroupant diverses structures juridiques de coopération intercommunale : les métropoles, les communautés urbaines, les communautés d'agglomération, les communautés de communes, les syndicats de communes et les syndicats d'agglomération nouvelle.

Les établissements relevant des 4 premières catégories, à fiscalité propre, sont administrés par un *conseil communautaire* (ou de métropole), élu lors des élections municipales.

CGCT, art. L. 5210-1.

→ *Intercommunalité.*

Établissement stable

[Droit financier ou fiscal]

En matière de conventions fiscales internationales, expression désignant une installation fixe d'affaires, comme une succursale, une usine, un chantier d'une certaine durée, par laquelle une entreprise d'un État A exerce une activité dans un État B. La conséquence de cette qualification est d'attribuer à l'État B l'imposition des profits réalisés par cette installation.

Établissements de paiement

[Droit civil/Droit commercial]

Personnes morales, autres que les établissements de crédit et les personnes assimilées (Banque de France, Trésor Public), fournissant à titre de profession habituelle des *services de paiement*, ou des services connexes, notamment des crédits octroyés exclusivement dans le cadre de l'exécution d'opérations de paiement.

Les établissements de paiement doivent obtenir un agrément délivré par l'ex-comité des établissements de crédit et des entreprises d'investissement (CECEI, absorbé par l'ACPR) et remplir diverses conditions : organisation structurée, dispositif de contrôle, capital minimum, etc.

C. mon. fin., art. L. 522-1 s.

→ *Prestataire de services de paiement.*

État

[Droit constitutionnel/Droit international public]

Terme prenant systématiquement une majuscule dans les acceptions suivantes :

1° Institutionnalisation de la société politique en une personne morale de droit public, exerçant son autorité sur un territoire et sur une population, titulaire de la souveraineté et bénéficiant d'une reconnaissance internationale.

→ *Nation.*

2° Dans un sens plus étroit et concret : ensemble des organes politiques, des gouvernants, par opposition aux gouvernés (par ex. quand on dit que l'État est envahissant, qu'il faut réformer l'État, etc.).

État civil

[Droit civil]

1° Expression souvent employée pour désigner l'*état de la personne*, en raison de la laïcité du service qui assure la conservation de l'état des personnes physiques, mais aussi parce que l'état des personnes est destiné à la vie du droit et à permettre aux individus de bénéficier de prérogatives juridiques.

2° Service public chargé d'établir, de conserver et éventuellement de communiquer, sous certaines conditions, les actes de l'état civil (acte de naissance, de mariage, de décès…).

C. civ., art. 34 s., 55 s., 63 s., 78 s. et 98 s.

GAJC, t. 1, n° 26-27.

→ *Acte de l'état civil, Livret de famille, Officier de l'état civil, Registre d'état civil, Répertoire civil.*

ACTU

État d'urgence

[Droit administratif/Droit constitutionnel]

Régime restrictif des libertés publiques, créé par une loi du 3 avril 1955, pouvant être appliqué sur tout ou partie du territoire national, se caractérise surtout par l'extension des pouvoirs ordinaires de police des autorités civiles.

Suite aux attentats du 13 novembre 2015, l'état d'urgence a été décrété en Conseil des ministres et, conformément à la loi de 1955, prorogé au-delà de 12 jours pour une durée de 3 mois, par la loi n° 2015-1501 du 20 novembre qui vise en outre à en améliorer l'efficacité par des dispositions relatives, entre autres, aux assignations à résidence et aux perquisitions. Le Conseil constitutionnel a validé celles de ces dispositions dont il était saisi dans sa décision n° 2015-527 QPC du 22 décembre 2015 et 536 QPC du 19 février 2016. La prorogation de l'état d'urgence a également été renouvelée (notamment jusqu'au 26 juillet 2016, Conseil des ministres du 20 avril).

Le Conseil des ministres avait par ailleurs adopté le 23 décembre 2015 un projet de loi constitutionnelle tendant à adjoindre à l'article 36 de la Constitution, consacré à l'*état de siège*, un article 36-1 relatif à l'état d'urgence, ainsi que les grandes lignes d'un programme législatif destiné à renforcer la lutte contre le terrorisme.

Le projet de loi constitutionnelle précité prévoyait également que des binationaux nés Français, reconnus coupables de crimes terroristes, puissent être déchus de leur nationalité française.

Mais, faute d'accord entre l'Assemblée nationale et le Sénat sur les conditions de cette déchéance, le président de la République a décidé le 30 mars 2016 l'abandon de cette procédure de révision constitutionnelle.

État dangereux

[Droit pénal]

Prédisposition à la délinquance d'un individu dont la situation ne constitue pas toujours une atteinte à l'ordre social.

C. pén., art. 121-3.

→ *Mise en danger.*

État de droit

[Droit public]

Expression, traduite de l'allemand *Rechtsstaat*, employée pour caractériser un État dont l'ensemble des autorités politiques et administratives, centrales et locales, agit en se conformant effectivement aux règles de droit en vigueur et dans lequel tous les individus bénéficient également de *libertés publiques* et de garanties procédurales et juridictionnelles. En droit français, l'État de droit s'incorpore techniquement dans le *principe de légalité*.

Correspond au concept anglo-saxon de *rule of law*.

État de la personne

[Droit civil]

Ensemble des éléments caractérisant la situation juridique d'une personne au plan individuel (date et lieu de naissance, nom, prénom, sexe, capacité, domicile), au plan familial (filiation, mariage) et au plan politique (qualité de français ou d'étranger), de nature à permettre d'individualiser cette personne dans la société dans laquelle elle vit. L'état des personnes relève de l'ordre public. En théorie, le droit est attaché aux principes de l'immutabilité et de l'*indisponibilité de l'état de la personne*.

C. civ., art. 3.

GAJC, t. 1, n° 26-27 et 51.

→ *Atteintes à la vie privée, État civil, Vie privée.*

État de nécessité

[Droit international public]

Cause d'exclusion de la responsabilité internationale d'un État ou d'une organisation internationale lorsque le fait accompli était le seul moyen pour cet État ou cette organisation internationale de protéger un intérêt essentiel contre un péril grave et imminent.

→ *Détresse, Responsabilité internationale.*

[Droit pénal]

Cause d'irresponsabilité pénale par justification, bénéficiant à la personne qui, face à un danger actuel ou imminent qui menace elle-même, autrui ou un bien, accomplit un acte nécessaire à la sauvegarde de la personne ou du bien, sauf s'il y a disproportion entre les moyens employés et la gravité de la menace.

C. pén., art. 122-7.

GADPG n° 24.

État de siège

[Droit constitutionnel/Droit administratif]

Régime restrictif des libertés publiques pouvant être appliqué par décret sur tout ou partie du territoire en cas de menace étrangère ou d'insurrection, et caractérisé par l'accroissement du contenu des pouvoirs ordinaires de police, par la possibilité d'un dessaisissement des autorités civiles au profit des autorités militaires, et par l'élargissement de la compétence des tribunaux militaires.

Selon l'article 36 de la Constitution de 1958, l'état de siège est proclamé par le gouvernement, mais sa prorogation au-delà de 12 jours doit être autorisée par le Parlement.

→ *État d'urgence.*

État des inscriptions

[Droit civil/Procédure civile]

→ *Publicité foncière.*

État des lieux

[Droit civil]

Document établi contradictoirement entre le bailleur et le preneur et décrivant la consistance et l'état des lieux loués, d'une part avant l'entrée en jouissance pour vérifier que le propriétaire met bien à la disposition du locataire un local en bon état d'usage et de réparation, d'autre part à la fin du bail afin de faire le départ entre les dégradations imputables au locataire et celles qui résultent de la vétusté. Dans les locaux à usage d'habitation, l'état des lieux doit être établi selon les modalités fixées par décret.

C. civ., art. 1730 et 1731; L. n° 89-462 du 6 juill. 1989, art. 3-2.

État descriptif du mobilier

[Procédure civile]

Substitut à l'*apposition des scellés* (après l'ouverture d'une succession), lorsqu'une telle mesure apparaît inopportune (il s'agit d'effets nécessaires à l'usage des personnes qui restent dans les lieux) ou excessive (la consistance des biens ne justifie pas une procédure aussi lourde). L'huissier de justice se contente d'établir une description sommaire du mobilier concerné.

C. pr. civ., art. 1353, 1373.

→ *Scellés, Levée des scellés.*

État estimatif

[Droit civil]

Inventaire et *prisée*, article par article, des biens mobiliers faisant l'objet d'un acte juridique, spécialement d'une donation.

C. civ., art. 948.

État exécutoire

[Droit administratif]

→ *Titre de perception.*

État fédéral

[Droit constitutionnel/Droit international public]

État composé (par opposition à l'État unitaire), formé soit par association d'États antérieurement indépendants, soit par dissociation d'un État antérieurement unitaire, et obéissant à 3 principes :

• *Superposition :* l'État fédéral au sens strict se superpose à une pluralité d'États fédérés, l'ensemble formant l'État fédéral au sens large.

• *Participation :* les États fédérés participent à la révision de la constitution fédérale (ils ont ainsi la garantie de leur statut), ainsi qu'à la législation fédérale, une des 2 assemblées représentant les États fédérés.

• *Autonomie :* les États fédérés disposent d'une constitution, ainsi que d'une large autonomie législative, dans des domaines déterminés par la constitution fédérale.

Inventé en 1787 par la constitution des États-Unis, le modèle de l'État fédéral s'est répandu, malgré sa complexité, en Europe (Allemagne, Autriche, Belgique, Russie) et ailleurs (Canada, Brésil, Inde, Australie...).

→ *Confédération, Fédéralisme.*

État fédéré

[Droit constitutionnel]

État membre d'un État fédéral. Par exemple, la Bavière au sein de l'Allemagne, ou la Californie au sein des États-Unis.

État français

[Droit constitutionnel]

Nom utilisé par le *régime de Vichy* durant l'Occupation allemande pendant la seconde guerre mondiale.

État-gendarme

[Droit constitutionnel]

→ *Libéralisme.*

État-nation

[Droit constitutionnel]

État dont la population est composée d'un seul groupe national.

→ *Nation, Nationalités (Principe des).*

État-providence

[Droit constitutionnel]

→ *Dirigisme.*

État unitaire

[Droit constitutionnel]

État comportant un centre unique d'impulsion politique auquel la population est uniformément soumise sur tout le territoire, les circonscriptions territoriales ne jouissant d'aucune autonomie politique.

États généraux

[Droit constitutionnel]

Assemblée représentative des 3 ordres de la société française sous l'Ancien Régime (clergé, *noblesse*, *Tiers-État*), convoquée épisodiquement par le roi pour donner des avis ou voter des subsides. La dernière et la plus célèbre des réunions des états généraux fut celle réunie à Versailles le 5 mai 1789, qui ouvrit le chemin de la Révolution.

Éthique biomédicale

[Droit pénal]

Ensemble des règles déontologiques et juridiques qui dominent l'activité de la recherche médicale et qui tendent à prévenir les crimes contre l'espèce humaine, notamment sous forme d'eugénisme ou de *clonage* reproductif.

C. pén., art. 214-1 s. et 511-1 s.

Étranger

[Droit international privé/Droit international public]

Aux yeux de la loi française, sont considérés comme étrangers les individus qui n'ont pas la nationalité française, quand bien même ils seraient ressortissants de pays qui ont avec la France des liens étroits (Andorrans, Monégasques), ainsi que les individus n'ayant aucune nationalité (apatrides).

C. civ., art. 11.

GADIP n° 20.

Être humain

[Droit général]

Personne physique (par opposition aux *personnes morales*), dotée de la *personnalité juridique* et dont la loi assure la primauté dans l'ordre juridique en interdisant toute atteinte à sa dignité et en garantissant son respect dès le commencement de la vie. Le respect dû au *corps humain* persiste après la mort; les restes des personnes décédées, y compris les cendres, doivent être traités avec respect, dignité et décence.

C. civ., art. 16, 16-1.

→ *Affection grave et incurable, Atteinte à la dignité de la personne, État de la personne, Fin de vie, Inviolabilité du corps humain, Organe humain, Soins palliatifs.*

Être moral

[Droit général]

→ *Personnalité juridique, Personnalité morale, Personne morale.*

Étude d'impact

[Droit administratif]

Les études préalables à la réalisation d'aménagements ou d'ouvrages qui, par leurs dimensions ou par leurs conséquences sur le milieu naturel, peuvent porter atteinte à celui-ci, doivent comporter l'étude de leurs conséquences prévisibles sur l'environnement.

[Droit constitutionnel]

En vertu d'une loi organique du 15 avril 2009, les projets de loi font l'objet d'études d'impact, qui envisagent l'ensemble de leurs conséquences économiques, sociales et environnementales, et par ex. leur articulation avec le droit européen.

Const., art. 39.

Étudiants

[Droit administratif]

Personnes qui, après l'obtention du baccalauréat ou d'un titre équivalent, poursuivent des études supérieures dans le cadre d'une université, d'une grande école, ou d'une classe préparatoire à celle-ci.

[Sécurité sociale]

Les étudiants sont assujettis à un régime spécial de Sécurité sociale. Sont étudiants au regard de ce régime, les élèves des établissements d'enseignement supérieur, des écoles techniques supérieures, des grandes écoles et classes préparatoires à ces écoles qui, n'étant ni assurés sociaux, ni ayants droit d'assurés sociaux sont âgés de moins de 28 ans.

CSS, art. L. 381-4, R. 381-5.

Eugénisme

[Droit pénal]

Pratique tendant à l'organisation de la sélection des personnes, constitutive d'un crime contre l'espèce humaine.

C. pén., art. 214-1.

Sans préjudice des recherches tendant à la prévention et au traitement des maladies génétiques, aucune transformation ne peut être apportée aux caractères génétiques dans le but de modifier la descendance de la personne.

Euratom

[Droit international public]

→ *Communautés européennes.*

Eureka

[Droit international public/Droit européen]

Conçue par la France en 1985 pour servir de pendant à l'initiative de défense stratégique (IDS ou guerre des étoiles) proposée par les États-Unis. Rassemble les pays membres de l'Union européenne, la Commission, les pays de l'AELE et la Turquie. Regroupe sur un projet commun de recherche à la fois les industriels et les Administrations. Plus de 500 projets déjà financés.

Euro

[Droit européen/Droit financier]

Nom de la monnaie unique, introduite le 1er janvier 1999, en application du traité de Maastricht. Mise en circulation le 1er janvier 2002, l'euro a succédé à l'unité de compte européenne (Ecu) et aux monnaies nationales. 1 euro = 6,55957 francs.

Sa gestion est confiée à la *Banque centrale européenne*.

Symbole fort de l'identité européenne, l'Euro s'est retrouvé menacé du fait de la crise des dettes des États membres de la Zone Euro; mais les mesures adoptées par la Banque centrale européenne et une meilleure discipline budgétaire des États semblent avoir permis de restaurer la confiance dans la monnaie européenne, d'autant plus que la baisse significative de son cours, notamment face au dollar, améliore la compétitivité de l'économie de la Zone.

19 États sur 28 membres de l'Union européenne participent à la zone Euro : Allemagne, Autriche, Belgique, Chypre, Espagne, Estonie, Finlande, France, Grèce, Irlande, Italie, Luxembourg, Malte, Pays-Bas, Portugal, Slovaquie, Slovénie, ainsi que la Lettonie depuis janvier 2014 et la Lituanie depuis janvier 2015.

Eurogroupe

[Droit européen]

Réunion des États ayant adopté l'euro comme monnaie. D'abord informelle, cette structure, reconnue par le traité de *Lisbonne*, a pour objet la coordination des politiques économiques et budgétaires des États membres. A un président élu.

TFUE, art. 137.

Eurojust

[Droit européen/Procédure pénale]

Organe de l'Union européenne créé dans le but de renforcer la lutte contre les formes graves de criminalité. Doté de la personnalité juridique et pouvant intervenir soit collégialement soit par l'intermédiaire d'un représentant national, il a pour mission la promotion, l'amélioration de la coordination et de la coopération entre les autorités compétentes des États membres de l'Union européenne. Sa compétence couvre les formes de criminalité ainsi que les infractions pour lesquelles *Europol* a compétence (trafic illicite de stupéfiants, terrorisme, blanchiment, criminalité informatique et participation à une organisation criminelle). Pourrait préfigurer un futur parquet européen.

C. pr. pén., art. 695-4 s.; TFUE, art. 85.

Europol

[Droit européen/Procédure pénale]

Organisme (Office européen de police) qui a pour objectif d'améliorer, dans le cadre de la coopération entre les États membres de l'Union européenne, la lutte contre toute une série d'infractions graves et transfrontalières.

TFUE, art. 88.

Euthanasie

[Droit pénal/Droit général]

En grec, littéralement « bonne mort », celle qui délivre de souffrances intolérables. Fait pour un tiers compatissant de provoquer la mort d'une personne atteinte d'une maladie grave et incurable. L'euthanasie est dite « active », lorsqu'elle advient par l'administration d'une substance mortelle; en droit pénal français, elle relève, pour l'heure, de la qualification d'assassinat.

L'euthanasie est dite « passive » lorsqu'elle résulte d'une interruption des soins (dite parfois « orthothanasie »), elle est indirectement reconnue pas le droit français : si l'acharnement thérapeutique tend à être proscrit, une personne atteinte d'une affection grave et incurable peut décider de limiter ou d'arrêter tout traitement et toute personne majeure peut rédiger des directives anticipées concernant sa fin de vie pour le cas où elle serait un jour hors d'état d'exprimer sa volonté.

Évaluation du litige

[Procédure civile]

Lorsque le *taux de compétence* et le *taux du ressort* d'une juridiction sont liés à la valeur du *litige*, la question de son évaluation se pose en cas de pluralité de demandes soit initiales soit incidentes. Dans l'hypothèse la plus courante où plusieurs demandes sont formées dès le début de l'instance par un demandeur unique contre un seul défendeur, chaque prétention est considérée isolément.

C. pr. civ., art. 35 s.

Évasion fiscale

[Droit financier ou fiscal]

Fait de soustraire une matière imposable (revenu, capital) à l'application de la loi fiscale en général, ou d'un tarif d'impôt particulier, sans transgresser la lettre de la loi – ce qui correspondrait à la fraude fiscale – en mettant systématiquement à profit toutes les possibilités de minorer l'impôt, ouvertes soit par ses règles soit par ses lacunes.

Au plan international, elle peut consister par exemple, pour une entreprise, à localiser tout ou partie de ses profits imposables dans des « *paradis fiscaux* » par la pratique des *prix de transfert*.

Éviction

[Droit civil]

Perte d'un droit apparent d'une personne sur une chose en raison de l'existence du droit d'un tiers sur cette même chose. Le vendeur d'un bien est garant de l'éviction éventuelle de l'acquéreur.

C. civ., art. 884 s., 1626 s., 1705 et 1725 s.

→ *Garantie.*

[Droit commercial]

Refus, par le bailleur, de renouveler un bail commercial et qui l'oblige à verser au preneur évincé une *indemnité d'éviction*.

Évocation

[Procédure civile]

Pouvoir reconnu à la cour d'appel d'attraire à elle le fond du litige, c'est-à-dire de trancher les points non jugés en première instance, lorsqu'elle se trouve saisie d'un jugement ayant ordonné une mesure d'instruction, d'un jugement ayant mis fin à l'instance sur exception de procédure, ou d'un contredit de compétence. En toutes circonstances, la cour doit estimer de bonne justice de donner à l'affaire une solution définitive.

C. pr. civ., art. 89 et 568.

[Procédure pénale]

Faculté donnée à la chambre de l'instruction saisie d'un appel portant sur un acte de la procédure, de s'emparer de l'ensemble de l'affaire pour connaître de l'entier dossier de la procédure et exercer son pouvoir de révision au fond. En cas d'évocation, la chambre de l'instruction pourra dessaisir le juge d'instruction et mener elle-même l'instruction jusqu'à son terme.

C. pr. pén., art. 206, al. 3, 207, al. 2, 221-1 et 221-2.

[Procédure administrative]

Le juge d'appel peut, par l'effet évocatif de l'appel, statuer sur le fond du litige, s'il est saisi en ce sens par l'appelant, lorsque le premier juge a irrégulièrement mis fin à l'instance pour une raison de compétence ou de procédure, sans aborder le fond du litige.

GACA nº 29.

→ *Effet dévolutif des voies de recours.*

Ex æquo et bono

[Procédure (principes généraux)]

Littéralement, « en fonction du juste et du bon ». Juger *ex æquo et bono* signifie juger en *équité*.

C. pr. civ., art. 12, al. 4.

Examen contradictoire de l'ensemble de la situation fiscale personnelle

[Droit fiscal]

Technique de contrôle fiscal du contribuable, visant à vérifier la sincérité de ses déclarations annuelles de revenu global en s'assurant, par une série de recoupements fondés sur l'établissement d'une balance de trésorerie (rapprochement de ses dépenses et de ses recettes), de la cohérence entre ses revenus déclarés et ses mouvements de trésorerie réels.

LPF, art. L. 12 et L. 47.

Examen de personnalité

[Procédure pénale]

→ *Enquête de personnalité.*

Examen des caractéristiques génétiques

[Droit civil]

Cet examen ne peut être entrepris qu'à des fins médicales ou de recherche scientifique, en recueillant, préalablement à sa réalisation et par écrit, le consentement exprès de la personne, après qu'elle a été informée de sa nature et de sa finalité; ce consentement mentionne la finalité de l'examen et est révocable à tout moment et sans forme. Le non-respect de ces conditions constitue une infraction pénale.

En cas de diagnostic d'une anomalie génétique grave, les membres de la famille potentiellement concernés doivent être informés. Cette information incombe par priorité à la personne elle-même; mais celle-ci peut souhaiter être tenue dans l'ignorance du diagnostic ou vouloir ne pas avertir personnellement les membres de sa famille; il revient alors au médecin prescripteur de rempli cette tâche.

C. civ., art. 16-10; CSP, art. L. 1131-1, L. 1131-1-2, L. 1131-1-3; C. pén., art. 226-25.

→ *Empreinte génétique, Identification génétique.*

Exceptio non adimpleti contractus

Littéralement, exception du contrat non accompli.

→ *Exception d'inexécution.*

Exception

[Procédure (principes généraux)]

Au sens large, tout *moyen de défense* (ex. : « Le juge de l'action est juge de l'exception »).

Au sens strict, en procédure civile, synonyme d'*exception de procédure*.

Exception d'illégalité

[Droit administratif]

Moyen de défense procédural par lequel une partie allègue en cours d'instance l'illégalité de l'acte administratif qui lui est opposé.

En matière d'actes réglementaires, l'invocation de l'illégalité par voie d'exception échappe à toute condition de délai, alors que cette invocation par voie d'action est très généralement enfermée dans un délai de 2 mois.

[Procédure civile]

Du point de vue de la compétence juridictionnelle, le principe selon lequel « le juge de l'action est juge de l'exception » est souvent tenu en échec par application du principe fondamental de séparation des autorités administratives et judiciaires. Le juge civil ne peut pas apprécier la légalité d'un acte administratif, soit réglementaire, soit individuel (il y a *question préjudicielle*), sauf si l'acte en cause porte atteinte à la propriété ou aux libertés dont il est traditionnellement le gardien. Par atténuation à cette règle, le Tribunal des conflits a jugé (17 oct. 2011, arrêt n° 3828) que les tribunaux civils n'ont pas à surseoir à statuer jusqu'au règlement de la question préjudicielle par la juridiction administrative « lorsqu'il apparaît manifestement, au vu d'une jurisprudence établie, que la contestation [de la légalité] peut être accueillie par le juge saisi au principal ». De plus, lorsqu'est en cause la conformité d'un acte administratif au droit de l'Union européenne, le principe d'effectivité du droit de l'Union justifie la suppression du renvoi préjudiciel à l'autre ordre de juridiction.

GACA n° 39.

[Droit pénal]

Moyen de défense invoqué par un prévenu, devant une juridiction répressive, tendant à démontrer que l'acte administratif sur lequel est fondée la poursuite n'est pas conforme à une norme qui lui est hiérarchiquement supérieure.

Le juge pénal qui, nonobstant le principe de séparation des pouvoirs, se reconnaît une telle prérogative, devra se borner à rejeter des débats le texte jugé illégal.

La compétence du juge pénal pour examiner l'exception d'illégalité est retenue par l'article 111-5 du Code pénal.

GADPG n° 7 et 8.

[Droit européen]

TFUE, art. 277.

Exception d'incompétence

[Procédure civile]

Moyen de défense pris de l'*incompétence d'attribution* ou de l'*incompétence territoriale* d'une juridiction. Il doit être soulevé *in limine litis*.

→ *Incompétence d'attribution, Incompétence territoriale.*

Exception d'inconstitutionnalité

[Droit constitutionnel]

Moyen de défense pris de la non-conformité d'un texte légal à la Constitution et aux exigences constitutionnelles.

→ *Conseil constitutionnel, Constitutionnalité (Contrôle de), Question prioritaire de constitutionnalité.*

Exception d'inconventionnalité

[Droit général/Procédure (principes généraux)]

Moyen de défense pris de la non-conformité d'une norme à une Convention internationale (supérieure dans la *hiérarchie des normes*), par ex. à la Convention européenne des droits de l'homme.

→ *Conseil constitutionnel, Conventionnalité (Contrôle de).*

Exception d'inexécution

[Droit civil]

Dans un contrat synallagmatique, sanction mise à la disposition d'un contractant en cas d'inexécution et ou d'exécution imparfaite de l'engagement pris envers lui, consistant pour lui à refuser d'exécuter ou à suspendre l'exécution de sa propre obligation.

C. civ., art. 1217 s., 1612, 1651 et 1653.*

[Droit international public]

Motif de suspension ou de terminaison d'un traité tiré de la violation substantielle de ce celui-ci par une autre partie.

→ *Exceptio non adimpleti contractus.*

Exception d'irrecevabilité

[Droit constitutionnel]

Moyen employé par le gouvernement pour s'opposer à la prise en considération d'une proposition de loi ou d'un amendement contraire à une disposition constitutionnelle. Exemple : Exception d'irrecevabilité soulevée contre une proposition de loi ne rentrant pas dans le domaine législatif (art. 34 de la Constitution de 1958) ou concernant une matière déléguée au gouvernement (art. 38) ou ayant pour conséquence une diminution des ressources ou un accroissement des charges publiques (art. 40).

Un parlementaire peut également déposer une motion d'irrecevabilité pour les mêmes raisons.

Exception de nullité

[Droit civil]

Moyen de défense pris de la nullité d'un contrat, invoqué par un créancier en réponse à une action en exécution (ou à une action en réparation pour inexécution) du contrat.

L'exception de nullité ne se prescrit pas si elle se rapporte à un contrat qui n'a reçu aucune exécution.

[Procédure civile]

Moyen de défense appartenant à la catégorie des *exceptions de procédure*, consistant, pour son auteur, à invoquer la nullité d'un acte de la procédure, pour irrégularité de forme ou irrégularité de fond.

C. civ., art. 1185; C. pr. civ., art. 112 à 121.*

→ *Quae temporalia sunt ad agendum perpetua sunt ad excipiendum.*

Exception de procédure

[Procédure civile]

Moyen de défense par lequel le défendeur tend à faire déclarer la procédure irrégulière ou éteinte, ou à en suspendre le cours, indépendamment de tout examen du fond du droit. Il peut ainsi demander au juge de refuser d'examiner la prétention du demandeur parce que l'instance a été mal engagée (incompétence du tribunal, irrégularité d'un acte de procédure), ou encore de surseoir à statuer jusqu'à la mise en cause d'un garant, ou jusqu'à l'expiration du délai accordé à un héritier pour faire inventaire et délibérer. Après décision sur l'exception, la procédure reprend son cours devant le même tribunal ou est recommencée devant lui ou devant un autre.

C. pr. civ., art. 73, 100 s., 112 s., 1038.

→ *Appel en garantie, Connexité, Incompétence, Litispendance, Nullité, Ordre public.*

Exception préjudicielle

[Procédure pénale]

Synonyme de *question préjudicielle*.

Exception préliminaire

[Droit international public]

Incident provoqué par une partie à un litige devant une juridiction internationale et tendant à empêcher que la juridiction ne se prononce sur le fond d'une affaire au motif qu'elle ne serait pas compétente ou que la requête ne serait pas recevable.

Excès de pouvoir

[Droit administratif]

Terme générique désignant indifféremment toutes les formes d'illégalité pouvant vicier un acte administratif.

→ *Recours.*

[Procédure civile]

Une juridiction de l'ordre judiciaire commet un excès de pouvoir lorsqu'elle empiète sur les attributions du pouvoir législatif ou du pouvoir exécutif ou lorsqu'elle méconnaît l'étendue de son pouvoir de juger, soit en déniant un pouvoir que la loi lui attribue (excès de pouvoir négatif), soit en s'arrogeant un pouvoir que la loi ne lui attribue pas (excès de pouvoir positif).

L'excès de pouvoir est sanctionné par un pourvoi en cassation et par l'éviction des règles interdisant ou limitant l'exercice des voies de recours.

La Cour de cassation refuse de considérer que la violation de principe du contradictoire constitue un excès de pouvoir.

→ *Appel-nullité.*

Excision

[Droit pénal]

Au sens général, retrait d'une ou plusieurs parties de tissus organiques, généralement lors d'une intervention chirurgicale.

Au sens strict, mutilation génitale féminine non motivée par des raisons médicales (ablation du clitoris), pratiquée dans certains pays du monde, sur les petites ou jeunes filles avant l'âge de quinze ans, au nom de la tradition.

Elle est réprimée par le Code pénal au titre des violences physiques ayant entraîné une mutilation ou une infirmité permanentes (C. pén., art. 222-9 s.).

Le 26 novembre 2012, l'Assemblée générale des Nations unies, a adopté une résolution contre les mutilations génitales féminines dans le monde. De même, l'assemblée parlementaire du Conseil de l'Europe a adopté la résolution 1952 (2013) sur le droit des enfants à l'intégrité physique, qui condamne cette pratique, constitutive d'une violation du droit des enfants à l'intégrité physique.

→ *Mutilation sexuelle.*

Exclusivité (Clause d')

[Droit commercial]

Clause d'un contrat par laquelle l'une des parties s'engage à ne pas conclure d'autres accords identiques avec un tiers. Dans le commerce mobilier, la loi limite à dix ans la durée de validité d'une telle clause.

C. com., art. L. 330-1 s.

→ *Concession commerciale, Contrat de bière, Contrat de licence.*

Excuse

[Droit civil]

Raison alléguée conduisant, si elle est reconnue légitime, à la décharge d'un devoir civique (tutelle, témoignage), parfois à la dispense d'une exigence légale (comparution personnelle en justice).

Exécuteur testamentaire

[Droit civil]

Personne chargée, par le testateur, de procéder à l'exécution de son testament. Les pouvoirs de l'exécuteur testamentaire ont été progressivement étendus par la jurisprudence et cette extension a été consacrée par la loi n° 2006-728 du 23 juin 2006. Il prend toutes mesures conservatoires utiles; il peut provoquer la vente du mobilier à défaut de liquidités suffisantes pour acquitter les dettes urgentes de la succession; il est nécessairement mis en cause en cas de contestation relative à la validité ou à l'exécution des dispositions de dernière volonté.

C. civ., art. 1025 à 1034.

Exécutif (Pouvoir)

[Droit constitutionnel]

1° Fonction consistant à assurer l'exécution des lois. En fait, il ne s'agit pas d'une exécution passive : la fonction exécutive est devenue une fonction d'impulsion, d'animation et de direction générale de l'État.

2° Organe, ou ensemble d'organes (chef de l'État, gouvernement) qui exerce la fonction exécutive et se différencie du Parlement notamment par le nombre restreint de ses membres.

L'exécutif peut être moniste (confié à un seul homme : roi, dictateur, président de la République en régime présidentiel), collégial (ou parfois réduit à 2 hommes égaux, ainsi les consuls romains), directorial (confié à un petit groupe d'hommes : Directoire de la Constitution de l'an III, Conseil fédéral suisse), dualiste (confié à la fois à une personne, le chef de l'État, et au gouvernement; structure caractéristique de l'exécutif en régime parlementaire).

Exécution

[Droit civil]

Mise en œuvre d'une prestation à un contrat.

L'exécution est dite en nature lorsque la prestation est réalisée telle qu'elle est prévue au contrat. L'exécution en nature peut prendre la forme d'une *exécution volontaire* ou d'une *exécution forcée.*

Lorsque le débiteur n'a pas réalisé sa prestation (totalement ou partiellement) et que l'exécution en nature n'a pu être obtenue, le créancier peut demander réparation des conséquences de l'inexécution et obtenir ainsi une exécution par équivalent, au titre de la responsabilité contractuelle.

C. civ., art. 1217 s.*

Exécution des décisions de justice (Droit à l')

[Procédure (Principes généraux)]

Droit de tout justiciable d'obtenir l'exécution effective des décisions de justice « définitives et obligatoires » au sens de la Cour EDH, c'est-à-dire irrévocables. Dégagé par la Cour EDH dans l'arrêt *Hornsby c/ Grèce* du 19 mars 1997, il constitue le troisième et dernier volet du droit à un procès équitable, le premier étant le droit à un juge (arrêt *Golder c/ Roy. Uni*, 21 févr. 1975) et le deuxième le droit à un bon juge, entendu comme le droit à un juge indépendant et impartial et qui statue selon une procédure offrant toutes les garanties d'une bonne justice (publicité, équité, célérité).

L'*huissier de justice* chargé de l'exécution, a accès direct aux informations concernant le débiteur poursuivi (adresse, identité de l'employeur, composition du patrimoine immobilier).

C. pr. exéc., art. L. 111-1, L. 152-1 à L. 152-3, L. 153-1, L. 153-2; LPF, art. L. 151A.

→ *Accès à un juge (Droit d'), Due process of law, Procès équitable.*

Exécution d'office

[Droit administratif]

Pouvoir d'assurer l'exécution physique de ses décisions, reconnu à l'Administration soit par la loi dans certaines hypothèses, soit par la jurisprudence administrative, de manière générale, en cas d'urgence ou d'absence de toute autre procédure juridique conduisant au même but.

GAJA nº 10.

Exécution des peines

[Procédure pénale]

Des principes généraux gouvernent l'exécution des peines : ils sont relatifs aux droits des personnes incarcérées et à ceux des victimes. L'autorité judiciaire est tenue de garantir l'intégralité de ces droits tout au long de l'exécution de la peine quelles qu'en soient les modalités.

C. pr. pén., art. 707 s.

Exécution forcée

[Procédure civile]

Tout créancier peut, dans les conditions prévues par la loi, contraindre son débiteur défaillant à exécuter ses obligations à son égard.

Le créancier d'une obligation peut, après mise en demeure, en poursuivre l'exécution en nature sauf si cette exécution est impossible ou s'il existe une disproportion manifeste entre son coût pour le débiteur et son intérêt pour le créancier.

Les frais de l'exécution forcée sont à la charge du débiteur, mais non les frais de recouvrement entrepris sans titre exécutoire qui sont supportés par le créancier.

Les autorités judiciaires compétentes en ce domaine sont le *juge de l'exécution* et le *ministère public*, l'officier ministériel qualifié est l'*huissier de justice*.

C. pr. exéc., art. L. 111-1, L. 111-8, L. 111-10, L. 121-1 à L. 122-3; C. pr. civ., art. 500 s.; C. civ., art. 1221, 2244.*

→ *Concours de la force publique, Contrainte judiciaire, Exécution volontaire, Force exécutoire, Force publique, Titres exécutoires.*

Exécution provisoire

[Procédure civile]

Faculté accordée à la partie gagnante à un procès de poursuivre, à ses risques et périls, l'exécution immédiate de la décision judiciaire qui en est assortie, dès sa signification, malgré l'effet suspensif attaché au délai de la voie de recours ouverte ou à son exercice. Parfois, l'exécution provisoire est ordonnée par le juge (elle est alors dite facultative) lorsque celui-ci l'estime nécessaire (par exemple en cas d'urgence). Parfois, l'exécution provisoire résulte de la nature même de la décision considérée et est alors de plein droit (ordonnances de référé ou sur requête, décisions prescrivant des mesures provisoires ou conservatoires, jugements prud'homaux ordonnant la remise de certificats de travail).

En cas d'appel contre une décision assortie de l'exécution provisoire, le premier président, ou le conseiller de la mise en état, dès qu'il est saisi, peut, à la demande de l'intimé, ordonner la radiation du rôle de l'affaire lorsque l'appelant ne justifie pas avoir exécuté la décision frappée de l'appel, à moins qu'il ne lui apparaisse que l'exécution risquerait d'entraîner des conséquences manifestement excessives ou que l'appelant est dans l'impossibilité d'exécuter la décision. Le demandeur se trouve alors privé du droit de voir son appel examiné.

C. pr. civ., art. 489, 514, 1079, 1497; C. pr. exéc., art. L. 111-10, L. 311-4; COJ, art. L. 311-7; C. trav., art. R. 1454-28.

→ *Effet suspensif des voies de recours.*

Exécution sur minute

[Procédure civile]

Exécution d'une décision de justice mise en œuvre sur la seule présentation de la *minute* de la décision du juge (ainsi ordonnance sur requête, éventuellement ordonnance de référé), sans qu'il soit nécessaire à la partie gagnante de signifier, au préalable, une expédition de la décision revêtue de la formule exécutoire.

C. pr. civ., art. 495 et 503.

Exécution volontaire

[Droit civil/Procédure civile]

Exécution spontanée de son obligation par un créancier, qu'elle résulte d'un contrat ou d'une décision de justice.

L'exécution volontaire du contrat, en connaissance de la cause de nullité affectant ce contrat, vaut *confirmation*.

L'exécution volontaire d'un jugement constitue une exception au principe selon lequel les jugements ne peuvent être exécutés contre ceux auxquels ils sont opposés qu'après leur avoir été notifiés.

C. civ., art. 1182 et 2244; C. pr. civ., art. 503.*

→ *Exécution forcée.*

Exécutoire

[Procédure civile]

Qui permet de procéder à une exécution avec, au besoin, le *concours de la force publique*.

En matière de saisies, exécutoire s'oppose à conservatoire pour désigner les saisies qui débouchent sur la réalisation du gage des créanciers.

→ *Force exécutoire, Titres exécutoires.*

Exégèse

[Droit général]

Interprétation et explication des règles de droit, tout particulièrement de celles contenues dans les lois.

L'« École de l'Exégèse » au XIXe siècle reconnaissait à la loi un rôle quasi exclusif comme source de droit, négligeant la coutume et la jurisprudence, considérant que la législation contenait, au moins virtuellement, toutes les solutions nécessaires qu'on pouvait découvrir à travers la recherche de l'intention du législateur. L'exégèse n'était donc pas, contrairement à l'opinion couramment exprimée, une école du littéralisme, mais une école du psychologisme.

Exemption de peine

[Droit pénal]

1° *Au sens large*, hypothèse dans laquelle la déclaration de culpabilité à l'encontre d'un prévenu ne se double pas du prononcé d'une peine. Elle est alors illustrée par la *dispense de peine*, telle que prévue et aménagée par l'article 132-59 du Code pénal.

2° *Au sens strict*, mesure de clémence destinée à récompenser la dénonciation de certaines infractions (association de malfaiteurs, fausse monnaie, terrorisme...), bénéficiant à toute personne qui, ayant participé à leur tentative, en a averti l'autorité administrative ou judiciaire, et a permis d'éviter leur réalisation et, le cas échéant, d'identifier les autres auteurs ou complices.

C. pén., art. 132-78, al. 1er.

→ *Réduction de peine.*

Exequatur

[Procédure civile/Droit international privé]

1° Force exécutoire octroyée par l'autorité judiciaire française à une décision rendue par une juridiction étrangère. Désigne également la procédure au terme de laquelle cette force sera, ou non, accordée.

Selon la Cour de cassation, l'accueil d'un jugement étranger dans l'ordre juridique français exige le contrôle de la compétence internationale indirecte du juge étranger fondée sur le rattachement du litige au juge saisi, le contrôle de sa conformité à l'ordre public international de fond et de procédure ainsi que l'absence de fraude.

En principe, tout jugement rendu par une juridiction étrangère ne peut être exécuté en France sans *exequatur* préalable. Le processus de fédéralisation inhérent à la construction européenne entraîne toutefois l'apparition d'exceptions croissantes dans le cadre de l'Union européenne. Il en va ainsi, notamment, de l'*injonction de payer européenne*, de la *procédure européenne de règlement des petits litiges*, du *titre exécutoire européen*, ainsi que, dans certains cas, en matière alimentaire (Règlement (CE) n° 4/2009 du Conseil du 18 décembre 2008 relatif à la compétence, la loi applicable, la reconnaissance et l'exécution des décisions et la coopération en matière d'obligations alimentaires, art. 17 s.). L'octroi *de plano* de l'exequatur est d'ailleurs devenu, en matière civile et commerciale, le principe, avec l'entrée en vigueur en 2015 du règlement Bruxelles I *bis*. Même lorsque l'*exequatur* constitue encore un préalable nécessaire, son obtention est aujourd'hui aisée. Le jugement étranger peut en outre produire, même sans *exequatur*, certains effets qui ne nécessitent aucune contrainte (ex. : valeur probante).

C. assur., art. L. 322-2; C. civ., art. 357-1; C. pr. civ., art. 509 à 509-7; C. pr. exéc., art. L. 111-3; COJ, art. R. 212-8; C. mon. fin., art. L. 500-1

GADIP n° 41, 45, 57, 70 et 87.

2° Ordre d'exécution, donné par le TGI, d'une sentence rendue par une justice privée (sentences arbitrales françaises ou étrangères). L'*exequatur* est apposé sur la minute de la sentence arbitrale ou sur une copie de la sentence réunissant les conditions nécessaires à son authenticité. L'ordonnance qui refuse l'*exequatur* est motivée et peut être frappée d'appel dans le mois; l'ordonnance qui l'accorde n'est susceptible d'aucun recours.

L'*exequatur* des sentences arbitrales rendues à l'étranger à propos de contrats soumis à un régime administratif d'ordre public relève du juge administratif.

C. civ., art. 2412; C. pr. civ., art. 1487, 1488, 1499, 1500, 1516, 1517, 1526, 1527; COJ, art. R. 212-8.

→ *Bruxelles I et I bis, Déclaration de force exécutoire, Obligation alimentaire, Reconnaissance transfrontalière, Titre exécutoire européen.*

[Droit international public]

Acte qui reconnaît à un consul étranger sa qualité officielle et l'autorise à exercer ses fonctions.

Exercice

[Droit commercial]

Période de la vie d'une société s'étendant généralement sur une année, à l'issue de laquelle les dirigeants de sociétés établissent et présentent aux associés certains documents comptables (*inventaire*, compte de résultats, bilan) et rédigent un rapport écrit, afin de renseigner les associés sur la vie de la société et de leur faire part des résultats obtenus au cours de la période écoulée et de leur affectation.

[Droit financier]

Synonyme d'année budgétaire. Exemple : dépenses se rattachant à l'exercice 2016.

Exercice (Comptabilité d')

[Droit financier]

En matière de *comptabilité publique*, système d'imputation comptable des opérations consistant à rattacher aux comptes d'une année budgétaire (« exercice ») toutes les créances et les dettes de l'État nées juridiquement au cours de cette année, quelle que soit l'année où elles sont encaissées ou payées (système également appelé de « constatation des droits »). Ce principe, qui conduit par exemple à comptabiliser les dépenses dès leur *engagement* par l'*ordonnateur* afin de donner une image fidèle de la situation financière de l'État, est appliqué en matière de comptabilité générale de l'État depuis la LOLF (*loi organique relative aux lois de finances*) ; il correspond à la pratique suivie en comptabilité commerciale (dite de spécialisation, ou d'indépendance, des exercices). En revanche, l'exécution des lois de finances annuelles est retracée en comptabilité budgétaire suivant le système de la gestion.

→ *Gestion (Système de la).*

Exercice du droit

[Droit général]

Activité de consultation juridique et de rédactions d'actes sous seing privé pour autrui exercée de manière habituelle et rémunérée. La qualité pour l'exercice du droit est commandée, en premier lieu, par le statut professionnel : certains professionnels peuvent exercer à titre principal, tels les avocats, les notaires, les huissiers ainsi que les fonctionnaires et enseignants (mais uniquement en matière de consultation) ; d'autres professionnels ont une compétence limitée, par exemple les experts-comptables, les agents immobiliers, les agents d'assurances dont l'intervention n'est permise qu'à la condition d'être l'accessoire direct de la prestation fournie. En second lieu, l'exercice du droit est subordonné, en outre, à une exigence de diplôme : la personne autorisée par profession à pratiquer le droit ne peut se livrer à cette pratique que si elle est titulaire de la licence en droit.

L. n° 71-1130 du 31 déc. 1971, art. 54 à 66-3.

Exhérédation

[Droit civil]

Action par laquelle le testateur prive les héritiers de leurs droits successoraux. L'exhérédation ne peut pas porter sur la *réserve* héréditaire dont bénéficient certains héritiers proches parents du *de cujus*, sauf renonciation anticipée de leur part à l'action en réduction.

C. civ., art. 913 s. et 929.

GAJC, t. 1, n° 101.

Exhibition sexuelle

[Droit pénal]

Fait de montrer certaines parties du corps se rattachant à l'acte sexuel ou d'effectuer devant d'autres personnes des gestes sexuels. L'exhibition ainsi définie est pénalement sanctionnée lorsqu'elle est imposée à la vue d'autrui dans un lieu accessible aux regards du public. Il s'agit alors d'un délit, mais de caractère non intentionnel, visé à travers le comportement lui-même et les conséquences choquantes qu'il engendre auprès d'autrui.

C. pén., art. 222-32.

Exigibilité

[Droit civil/Procédure civile]

→ *Créance.*

Expatriation

[Sécurité sociale]

Situation du travailleur exerçant son activité à l'étranger sans pouvoir bénéficier du statut de détaché (*Détachement*). En vertu du principe de la territorialité des lois, le travailleur expatrié relève du régime local de Sécurité sociale. Il peut toutefois, sous certaines conditions adhérer à l'*assurance volontaire* des travailleurs expatriés.

CSS, art. L. 762-1 s.

Expectative

[Droit civil]

Généralement, attente de la survenance d'un événement incertain. Juridiquement, l'expectative s'applique spécialement à la naissance d'un droit qui n'est pas encore né et dont on ne sait pas s'il naîtra (*droit éventuel*).

→ *Droit acquis.*

Expédition

[Droit civil]

Copie d'un acte authentique, délivrée par l'officier public dépositaire de l'original, avec certification de conformité.

Les officiers publics ou ministériels et les autres dépositaires d'actes sont tenus de délivrer expédition ou *copie* des actes aux parties elles-mêmes, à leurs héritiers ou ayants droit.

C. pr. civ., art. 1435 s.

Expédition de jugement

[Procédure civile]

Copie littérale du jugement délivrée par le greffier en chef avec certification de conformité à la minute. Si l'expédition est assortie de la formule exécutoire, elle prend le nom de *grosse* ou de *copie exécutoire*.

C. pr. civ., art. 465, 502 et 1435 s.

→ *Copie certifiée conforme du jugement.*

Expérimentation

[Droit administratif]

Procédé permettant au législateur, ou éventuellement au pouvoir réglementaire, de prévoir des dispositions à caractère expérimental afin de juger de l'opportunité de la mise en œuvre d'un nouveau dispositif avant son éventuelle généralisation.

L'expérimentation peut notamment être utilisée en droit des collectivités territoriales avant de procéder à de nouveaux transferts de compétences dans le cadre de la décentralisation.

Const., art. 37-1 et 72, al. 4.

Expérimentation sur la personne humaine

[Droit pénal]

Délit consistant à pratiquer ou à faire pratiquer sur une personne une recherche impliquant la personne humaine sans avoir recueilli le consentement libre, éclairé et exprès de l'intéressé, des titulaires de l'autorité parentale ou du tuteur. Mais l'infraction n'est pas applicable à l'examen des caractéristiques génétiques d'une personne, ou à son identification par ses empreintes génétiques, effectué à des fins de recherche scientifique.

C. pén., art. 223-8.

→ *Empreinte génétique, Recherches impliquant la personne humaine.*

Expert

[Procédure (principes généraux)]

Technicien à qui le juge demande de donner son avis sur des faits nécessitant des connaissances techniques et des investigations complexes.

Il est établi pour l'information des juges :

1° une liste nationale dressée par le bureau de la Cour de cassation; les experts sont désignés pour une durée de 7 ans et leur réinscription pour un même temps est soumise à une nouvelle candidature;

2° une liste dressée par chaque cour d'appel; l'expert est inscrit à titre probatoire pour une durée de 3 ans, après quoi il peut être réinscrit de 5 ans en 5 ans.

Le juge doit motiver sa décision d'expertise lorsqu'il désigne en tant qu'expert une personne qui ne figure pas sur les listes établies par les cours d'appel ou la Cour de cassation.

COJ, art. R. 312-43 et R. 411-5; C. pr. civ., art. 265.

Expert-comptable

[Droit général]

Membre d'une profession libérale réglementée, organisée en ordre, dont la fonction est la tenue de la comptabilité (surtout dans les petites et moyennes entreprises et les sociétés civiles), la surveillance de la comptabilité (régularité des comptes, bon fonctionnement du service comptable), la révision des comptes pour juger de leur sincérité. L'expert-comptable peut également, mais sans pouvoir en faire l'objet principal de son activité, donner des consultations, effectuer tous travaux ou toutes études d'ordre juridique, fiscal ou social, et donner son avis dans ces matières, au profit d'entreprises dans lesquels il assure des missions d'ordre comptable ou d'accompagnement administratif de caractère permanent ou habituel, ou dans la mesure où lesdites interventions sont directement liées au travaux comptables dont ils sont chargés.

La profession peut être exercée en France sous la forme de succursale par des personnes physiques ou morales pratiquant légalement l'expertise comptable sur le territoire de l'UE.

Ord. n° 45-2138 du 19 sept. 1945, art. 22.

Expert de gestion

[Droit commercial]

Expert désigné en justice à la demande d'un ou plusieurs associés représentant une certaine fraction du capital social, du ministère public, du comité d'entreprise, ou des autorités de régulation (AMF, etc.), pour examiner une ou plusieurs opérations de gestion réalisées par une SARL ou une société par actions et présenter un rapport sur elle(s).

C. com., art. L. 225-231 et L. 223-37.

Expert en diagnostic d'entreprise

[Droit commercial/Procédure civile]

Spécialiste dont le rôle consiste à établir un rapport sur la situation économique et financière d'une entreprise, en cas de conciliation ou de procédures de sauvegarde ou de *redressement judiciaire*, ou à concourir à l'élaboration d'un tel rapport sauf en cas de conciliation.

Désigné en justice, il est choisi sur une liste nationale ou régionale d'experts.

C. com., art. L. 813-1.

→ *Sauvegarde (Procédure de).*

Expertise

[Procédure (principes généraux)]

Procédure de recours à un *technicien* consistant à demander à un spécialiste, dans les cas où le recours à des *constatations* ou à une *consultation* ne permettrait pas d'obtenir les renseignements nécessaires, d'éclairer le tribunal sur certains aspects du procès nécessitant l'avis d'un homme de l'art.

C. pr. civ., art. 232 s., 263 s.

GAPP n° 21; GACA n° 19.

Expertise médicale

[Sécurité sociale]

Procédure d'arbitrage concernant les litiges relatifs à l'appréciation de l'état d'un malade ou d'un accidenté du travail et opposant le médecin traitant et le médecin-conseil de la caisse.

Par exception au principe du droit judiciaire français selon lequel l'expertise n'est qu'un élément d'information destiné à éclairer les juges, l'avis de l'expert s'impose ici à tous.

CSS, art. L. 141-1.

Exploit d'huissier de justice

[Procédure civile]

Acte rédigé et signifié par un huissier de justice (ex. : sommation, commandement, protêt, constat, assignation…) établi en un original accompagné d'expéditions certifiées conformes. L'original et les expéditions peuvent être établis sur des supports différents. L'expédition, lorsqu'elle est dressée sur support électronique, est transmise par voie électronique, sauf si la partie ou son représentant demande une édition sur support papier.

Les actes, exploits et procès-verbaux doivent être établis conformément à une norme de présentation fixée par arrêté du ministre de la Justice.

C. pr. civ., art. 648 s.; Ord. n° 45-2592 du 2 nov. 1945, art. 2.

→ *Double original.*

Exposé des motifs

[Droit constitutionnel]

Document, non publié au *Journal officiel* mais mis en ligne sur Légifrance, rubrique Dossiers législatifs, qui précède le texte d'une loi et marque une déclaration d'intention pouvant servir à l'interprétation du texte.

Expropriation pour cause d'utilité publique

[Droit administratif]

Procédure permettant à une personne publique (État, collectivité territoriale, établissement public) de contraindre une personne privée à lui céder un bien immobilier ou des droits réels immobiliers, dans un but d'utilité publique, et moyennant une juste et préalable indemnité. Dans certains cas, elle peut être mise en œuvre au profit de personnes juridiques privées en vue de la réalisation d'un objectif d'utilité publique. Dans tous les cas, la *déclaration d'utilité publique* doit émaner d'une autorité de l'État.

C. expr., art. L. 1 s.

GAJA n° 81.

→ *Arrêté de cessibilité, Réquisition, Juge de l'expropriation, Bilan (Théorie du).*

Expulsion

[Droit administratif/Droit civil/ Droit international privé]

Ordre donné par le ministère de l'Intérieur à un étranger de quitter le territoire français. Cet ordre est contenu dans un arrêté d'expulsion.

CESEDA, art. L. 213-1, L. 521-1 à L. 524-4 et L. 551-1.

[Procédure civile]

Action consistant à obliger l'occupant sans titre ou le locataire en fin de bail d'un immeuble de vider les lieux. Son exercice est réglementé par le Code des procédures civiles d'exécution.

Le créancier doit posséder une décision de justice ou un procès-verbal de conciliation exécutoire. Il faut notifier à l'occupant un *commandement* d'avoir à libérer les locaux. L'huissier de justice qui en est chargé saisit le représentant de l'État afin que celui-ci informe de l'existence du commandement la commission de coordination des actions de prévention des expulsions locatives.

S'il s'agit d'un local d'habitation, un délai de 2 mois doit être respecté (réduit ou supprimé s'il s'agit d'un occupant entré dans les lieux par voie de fait ou lorsque la procédure de relogement n'a pas été suivie d'effet du fait du locataire).

Des délais complémentaires peuvent être accordés par le juge des référés ou par le juge de l'exécution (sans pouvoir être inférieurs à trois mois ni supérieurs à trois ans) en fonction de la bonne ou mauvaise volonté manifestée par l'occupant dans l'exécution de ses obligations, et des situations respectives du propriétaire et de l'occupant, notamment en ce qui concerne l'âge, l'état de santé et de fortune, la situation de famille, les circonstances atmosphériques ainsi que des diligences en vue du relogement.

Il est interdit de procéder à l'expulsion d'un local d'habitation entre le 1er novembre et le 31 mars de chaque année (*trêve hivernale*).

Les meubles, à l'expiration du délai imparti pour leur évacuation à la personne expulsée, sont mis en vente aux *enchères publiques*.

CCH, art. L. 613-1 s.; C. pr. exéc., art. L. 411-1 s., R. 411-1 s.; COJ, art. R. 221-5.

Extension d'une convention collective

[Droit du travail]

Application d'une convention collective à l'ensemble des employeurs (et, par voie de conséquence, de leurs salariés), même non affiliées à l'une des organisations patronales signataires, situées dans son champ d'application professionnel et géographique. L'extension résulte d'un arrêté du ministre chargé du Travail.

C. trav., art. L. 2261-15 s.

GADT n° 173 à 175.

→ *Élargissement d'une convention collective.*

Exterritorialité

[Droit international public]

Fiction du droit international qui a été utilisée pour expliquer les immunités qui font échapper certaines personnes ou certaines choses (agents et locaux diplomatiques notamment) à l'autorité de l'État de résidence comme s'ils étaient sur le territoire national. Cette fiction jouait également pour les navires en haute mer.

Extinction de l'instance

[Procédure (principes généraux)]

L'instance prend normalement fin lors du prononcé du jugement.

Elle s'éteint aussi à titre principal par une *péremption*, un *désistement* d'*instance*, ou la *caducité* de la citation.

Elle peut s'éteindre par voie de conséquence lorsque la faculté d'action a disparu, ainsi à la suite d'un *acquiescement*, du décès de l'une des parties lorsque l'action n'est pas transmissible, d'un *désistement* d'*action*, d'une *transaction*.

C. pr. civ., art. 384 et 385.

Extorsion

[Droit pénal]

Crime ou délit consistant à obtenir par violence, menace de violences ou contrainte, soit une signature, un engagement ou une renonciation, soit la révélation d'un secret, soit la remise de fonds, de valeurs ou d'un bien quelconque. L'infraction correspond au chantage de l'ancien Code pénal.

C. pén., art. 312-1 s.

Extracontractuel

[Droit civil]

Qui ne trouve pas sa cause dans le contrat.

C. civ., art. 1240 s.*

Extradition

[Droit international public/ Procédure pénale]

Procédure d'entraide répressive internationale par laquelle un État, appelé État requis, accepte de livrer un délinquant qui se trouve sur son territoire à un autre État, l'État requérant, pour que ce dernier puisse juger cet individu ou, s'il a déjà été condamné, pour lui faire subir sa peine.

GADPG n° 16.

Extrait

[Droit civil]

1° Reproduction partielle d'un acte, délivrée par le dépositaire ayant même valeur probatoire que l'original. Exemple : extrait d'un acte de l'état civil.

2° Sommaire d'un acte résumant ses passages essentiels en vue d'une publicité.

C. civ., art. 2478.

→ *In extenso.*

Extranéité

[Droit civil]

Qualifie la situation des personnes qui ne sont ni parties ni représentées à un acte juridique. L'extranéité admet des degrés, du tiers ordinaire indirectement intéressé (créancier chirographaire) au *tiers* complètement étranger aux auteurs de l'opération juridique.

→ *Penitus extranei.*

[Droit international privé]

Élément d'une situation juridique mettant en contact 2 ou plusieurs systèmes juridiques nationaux et exigeant le règlement d'un conflit de lois et/ou de juridictions (ex. : nationalités différentes dans le droit familial, lieu étranger de situation d'un bien, de réalisation d'un dommage, de conclusion ou d'exécution d'un contrat).

→ *Condition des étrangers.*

Extrapatrimonial

[Droit général]

Qui est en dehors du patrimoine, intéressant la personne elle-même et non ses biens, donc incessible et intransmissible : droit à l'honneur, à la dignité, à la présomption d'innocence, au respect de la vie privée, etc.

→ *Patrimonial.*

Extra petita

[Procédure civile]

Littéralement, « en dehors de ce qui a été demandé ». Expression caractérisant la décision du juge qui s'est prononcé sur un point dont il n'était pas saisi, au mépris du principe d'indisponibilité du litige.

Le prononcé sur choses non demandées ne constitue pas un cas d'ouverture à cassation, mais une irrégularité donnant lieu à la procédure simplifiée de l'*omission de statuer*, à moins qu'elle ne s'accompagne d'une autre violation de la loi.

C. pr. civ., art. 5 et 464.

→ *Indisponibilité du litige (Principe d'), Infra petita, Ultra petita.*

Extraterritorial

[Droit constitutionnel/Droit international public]

Se dit des lois et actes nationaux susceptibles d'être appliqués à des comportements ou des situations sis hors du territoire de l'État dans lesquels ils sont adoptés.

Ex tunc, ex nunc

[Procédure (Principes généraux)]

→ *Annulation.*

F

Facilités de caisse

[Droit commercial]

Avances de courte durée (inférieures à un mois généralement) consenties par une banque à son client pour lui permettre de faire face à ses échéances.

Factoring

[Droit commercial]

→ *Affacturage.*

Facture

[Droit commercial]

Écrit dressé par un opérateur économique et constatant les conditions auxquelles il a vendu des marchandises, loué des objets ou assuré un certain service. Y figurent obligatoirement certaines mentions, dont le prix hors taxes et les délais de règlement.

C. com., art. L. 441-3.

Facultatif

[Droit civil]

1° Qui n'est pas obligatoire mais, au contraire, laissé à l'initiative de l'individu ou à l'appréciation du juge. Conclure un contrat de mariage est une faculté; le divorce pour faute est une cause facultative de divorce.

2° Type d'obligation.

→ *Obligation facultative.*

Faculté

[Droit civil]

1° Une faculté est une possibilité d'option en vue d'une situation juridique. Accordée par la loi ou par la convention elle permet à son bénéficiaire de choisir entre plusieurs partis et de faire naître une situation juridique, ou de l'empêcher de naître. Les facultés sont ordinairement conditionnées, ainsi la faculté d'option de l'héritier.

2° Dans un sens plus large, exprime l'exercice d'une liberté fondamentale, par exemple, la faculté d'agir en justice, d'aller et venir.

3° Dans un sens plus restreint, qualificatif de certains actes accomplis par le propriétaire sur son fonds.

→ *Actes de pure faculté.*

Faculté de rachat

[Droit civil/Sécurité sociale]

Possibilité accordée à un épargnant en retraite supplémentaire d'obtenir la conversion en capital de la rente susceptible de lui être versée. Cette faculté est écartée dans les régimes de retraite à prestations définies mentionnées au premier alinéa du I de l'article L. 137-11 du Code de la sécurité sociale.

→ *Réméré.*

Facultés

[Droit administratif]

Éléments essentiels de l'organisation de l'Enseignement supérieur, avant la réforme initiée par la loi du 12 novembre 1968; les facultés, qui étaient des établissements publics avaient à leur tête un conseil et un *doyen* élus et étaient groupées en une université à l'intérieur de chaque académie.

Actuellement, nombre d'Unités de formation et de recherche ont adopté le nom de « faculté », mais cette appellation ne correspond à aucune originalité de leur statut.

→ *doyen, Recteur, Université.*

[Droit civil]

Synonyme de moyens financiers, surtout dans les rapports entre époux.

C. civ., art. 214.

Faillite civile

[Droit civil]

Nom parfois donné à la procédure de *rétablissement personnel* d'une personne physique surendettée.

Faillite personnelle

[Droit commercial]

Sanction prononcée, dans le cadre d'une procédure de redressement ou de liquidation judiciaire, à l'encontre des dirigeants de personnes morales, des commerçants, des agriculteurs ou des personnes immatriculées au répertoire des métiers, qui se sont rendus coupables d'agissements malhonnêtes ou gravement imprudents. Cette sanction facultative, applicable aux seules personnes physiques, peut être prononcée à tout stade de la procédure. Elle emporte interdiction de diriger, de gérer, d'administrer ou de contrôler, directement ou indirectement, toute entreprise commerciale ou artisanale, toute exploitation agricole et toute personne morale ayant une activité économique, pour une durée qui ne peut être supérieure à quinze ans. Elle s'accompagne d'autres déchéances et interdictions (privation du droit de vote attaché aux actions, incapacité d'exercer une fonction élective, etc.). Le tribunal est doté d'un pouvoir modérateur des sanctions et peut, à la demande de l'intéressé, relever celui-ci de tout ou partie des interdictions. Par exemple, il peut limiter l'interdiction de diriger, de gérer, d'administrer ou de contrôler, à certaines personnes morales seulement.

C. com., art. L. 653-1 s.

→ *Liquidation judiciaire, Redressement judiciaire.*

Fait du prince

[Droit administratif]

Dans le droit des contrats administratifs, expression désignant toute mesure qui, prise par une autorité publique, aboutit à renchérir le coût d'exécution des prestations contractuelles.

Certaines de ces mesures ouvrent droit à ce titre à indemnisation quand elles émanent de l'Administration qui a contracté.

→ *Imprévision (Théorie de l').*

[Droit civil]

Cas de *force majeure* consistant dans une prescription de la puissance publique, par exemple une expropriation, une réquisition, le retrait d'un permis de construire.

C. civ., art. 1218.*

Fait générateur

[Droit civil]

Événement qui déclenche la mise en œuvre d'une situation juridique. Par exemple, l'inexécution de l'obligation est un fait générateur de la responsabilité contractuelle.

[Droit financier ou fiscal]

Fait générateur de l'impôt : acte ou *fait juridique* dont la survenance fait naître la créance d'impôt du fisc, indépendamment du moment où interviendra la *liquidation* de celle-ci. Exemples : perception d'un salaire (impôt sur le revenu), décès d'une personne (droits de succession).

[Sécurité sociale]

C'est le paiement des rémunérations qui constitue le fait générateur des cotisations sans qu'il y ait lieu de tenir compte de la période de travail à laquelle elles se rattachent.

CSS, art. R. 243-6.

Fait internationalement illicite

[Droit international public]

Toute violation du droit international imputable à un État ou une organisation internationale engageant sa *responsabilité internationale*.

1° *Fait internationalement illicite composé ou composite :* série d'actions ou d'omissions qui, prises dans leur ensemble, constituent une violation du droit international.

2° *Fait internationalement illicite continu :* violation du droit international qui se prolonge dans le temps ; s'accompagne de l'obligation pour son auteur d'y mettre fin.

3° *Fait internationalement illicite instantané :* violation d'une obligation internationale qui a lieu à un moment précis et ne se prolonge pas dans le temps.

Fait juridique

[Droit civil]

Agissement ou événement auquel la loi attache des effets de droit. Se distingue du fait matériel, fait auquel la loi n'attache pas de conséquence juridique. Les faits juridiques sont tantôt dits involontaires ou naturels (naissance, décès…), tantôt volontaires ou humains (accident, paiement, délit, quasi-contrat…). Ils sont tantôt illicites (délit, quasi-délit…), tantôt licites (quasi-contrat…).

C. civ., art. 1100-2.*

→ *Acte juridique, Délit civil, Faute.*

Fait maison

[Droit civil]

Plat fait sur place, à partir de produits bruts, dans le cadre d'une activité de restauration commerciale. Par dérogation l'appellation, qui pourra figurer sur la carte et tout autre support, est étendue par voie réglementaire, à des produits entrant dans la composition de plats eux-mêmes faits maison, bien qu'ayant subi une transformation de leur état brut nécessaire à leur utilisation.

C. consom., art. L. 122-19 à L. 122-21.

Faits du procès

[Procédure (principes généraux)]

→ *Droit et fait dans le procès.*

Faits justificatifs

[Droit pénal]

Circonstances matérielles ou qualités personnelles intervenant comme des causes d'irresponsabilité pénale par la neutralisation du caractère délictueux des actes commis (ordre de la loi, légitime défense, état de nécessité, immunités…).

Famille

[Droit civil]

Au sens large : ensemble des personnes descendant d'un auteur commun et rattachées entre elles par un lien horizontal (*mariage*, mais aussi *concubinage*), et un lien vertical (la *filiation*).

Au sens étroit : groupe formé par les parents et leurs descendants, ou même, plus restrictivement encore, par les parents et leurs enfants mineurs.

On distingue la famille d'origine qui résulte d'un lien de sang de la famille adoptive qui résulte d'un lien de droit.

→ *Adoption, Adoption plénière, Adoption simple, Alliance, Parenté.*

Famille monoparentale

[Droit civil]

Désigne une famille dont les enfants ne sont élevés que par un seul parent. L'origine de la monoparentalité est diverse (veuvage, divorce, séparation de fait…). Elle peut donner lieu, sous condition de ressources, à des prestations sociales particulières.

→ *Monoparental.*

Famille recomposée

[Droit civil]

Se dit d'une *famille* nouvellement formée, après la disparition ou l'éclatement de la famille d'origine, dont les membres sont, pour les uns, originaires de la première famille (tel ou tel parent, tels enfants), pour d'autres, extérieurs à elle (enfants d'autres lits, enfants reconnus, enfants légitimés...). La recomposition naît d'unions antérieures diverses (remariages, *concubinage*, *PACS*...) présentement défaites. Le législateur contemporain tend à soutenir ce type de recomposition par des mesures juridiques dérogatoires (y compris en matière de libéralités et de succession) et des dispositions fiscales favorables.

→ *Donation-partage.*

Famille unilinéaire

[Droit civil]

Famille dans laquelle la filiation de l'enfant n'est établie qu'à l'égard de l'un de ses parents, père ou mère, d'où il résulte que l'enfant n'a dans son ascendance qu'une seule ligne, soit patrilinéaire, soit matrilinéaire.

Fascisme

[Droit constitutionnel]

Régime politique fondé sur le culte du chef, un parti unique de masse et l'ambition du contrôle total de la société par l'État. L'archétype en est le fascisme italien, sous la direction de Mussolini (le *Duce*). Le nazisme est une forme accentuée du fascisme.

Faute

[Droit administratif]

1° *Faute du service public :* en matière de responsabilité de l'Administration, expression désignant tout défaut de fonctionnement des services publics de nature à engager la responsabilité pécuniaire de l'Administration à l'égard des administrés.

2° *Faute de service :* en matière de responsabilité de l'agent public, expression désignant toute faute qui, n'ayant pas le caractère de faute personnelle, ne peut engager la responsabilité civile de son auteur que ce soit envers l'Administration ou envers les administrés.

3° *Faute personnelle :* en matière de responsabilité de l'agent public, expression désignant toute faute qui présente au regard de la jurisprudence tant judiciaire qu'administrative des caractères propres à engager la responsabilité pécuniaire de son auteur. Cette notion de faute personnelle s'est dédoublée : on peut distinguer la faute personnelle classique, qui permet aux administrés de rechercher la responsabilité de son auteur devant les tribunaux judiciaires (et à l'Administration de se retourner contre l'agent si elle a dû indemniser la victime en application de la théorie du *cumul* des responsabilités), et la faute personnelle à coloration disciplinaire, intéressant uniquement les rapports de l'agent et de l'Administration, et qui permet à celle-ci d'obtenir de celui-là réparation du préjudice qu'il a pu lui causer.

♟ *GAJA n° 2, 31 et 44.*

→ *Action récursoire, Responsabilité du fait du fonctionnement défectueux de la justice.*

[Droit civil]

Attitude d'une personne qui par négligence, imprudence ou malveillance ne respecte pas ses engagements contractuels (faute contractuelle) ou son devoir de ne causer aucun dommage à autrui (faute civile appelée également faute délictuelle ou quasi-délictuelle).

La notion de faute est susceptible de degré :

- la faute *intentionnelle* est caractérisée par la double volonté d'avoir voulu l'acte et d'avoir recherché ses conséquences dommageables. La faute intentionnelle de la victime exclut son indemnisation; elle est inassurable;

- la faute *inexcusable* est une faute d'une exceptionnelle gravité, dérivant d'un acte ou d'une omission volontaire, de la conscience du danger que devait en avoir son auteur et de l'absence de toute cause justificative;

- la faute *lourde* est dépourvue de malignité, mais dénote chez son auteur, et à un niveau très élevé, l'erreur, la sottise, l'insouciance, l'incurie. Elle empêche le contractant fautif de limiter la réparation du préjudice aux dommages prévus au prévisible lors du contrat et de s'en affranchir par une clause de non-responsabilité;

- la faute *légère* se définit comme la faute à laquelle est exposé tout individu, elle consiste en une imprudence, une négligence, une maladresse, bref une erreur de conduite vénielle. En principe, toute personne répond de sa faute légère tant au plan contractuel qu'au plan délictuel;

- la faute *très légère* est celle que ne commettrait pas une personne hors du commun. Elle n'engage pas la responsabilité du débiteur contractuel.

C. civ., art. 1231-3, 1240* s., 1345*.*

GAJC, t. 2, n° 195, 196 et 197-198.

→ *Délit civil.*

[Droit pénal]

Élément moral des délits non intentionnels, consistant :

- soit en une imprudence, négligence ou manquement à une obligation de prudence ou de sécurité prévue par la loi ou le règlement, s'il est établi que l'auteur des faits n'a pas accompli les diligences normales compte tenu, le cas échéant, de la nature de ses missions ou de ses fonctions, de ses compétences ainsi que du pouvoir et des moyens dont il disposait;

- soit en une violation manifestement délibérée d'une obligation particulière de prudence ou de sécurité prévue par la loi ou le règlement;

- soit en une faute caractérisée ayant exposé autrui à un risque d'une particulière gravité qui ne pouvait être ignoré.

C. pén., art. 121-3.

→ *Délit non intentionnel.*

[Droit du travail]

Selon le législateur, il s'agit d'agissements du salarié considérés par l'employeur comme fautifs. S'il est acquis que l'appréciation de l'employeur en la matière, pour être chronologiquement première, n'est pas souveraine, puisque la faute qu'a cru pouvoir déceler l'employeur est susceptible d'être contestée judiciairement, la portée exacte de cette conception de la faute, qui repose sur l'appréciation d'une des parties au contrat de travail, est très débattue.

C. trav., art. L. 1331-1.

• *Faute grave :* la faute grave du salarié, appréciée par les tribunaux et contrôlée par la Cour de cassation, est, selon cette dernière, un fait ou un ensemble de faits imputables au salarié qui constituent une violation des obligations découlant du contrat de travail ou des relations de travail d'une importance telle qu'elle rend impossible le maintien du salarié pendant la durée du préavis. Elle permet à l'employeur de renvoyer le salarié sans préavis et sans indemnités de licenciement.

C. trav., art. L. 1234-1 et L. 1234-9.

• *Faute lourde :* la faute lourde est celle qui traduit la volonté du salarié de nuire à l'employeur ou à l'entreprise. Elle emporte les mêmes effets que la faute grave dans le domaine du licenciement et est en outre privative de l'indemnité compensatrice de congés payés. Seule la faute lourde expose un gréviste qui l'aurait commise à un licenciement pour motif disciplinaire. D'après la Cour de cassation, elle est aussi la seule qui mette en jeu la responsabilité pécuniaire du salarié qui s'en est rendu coupable dans l'exécution de ses obligations.

C. trav., art. L. 2511-1 et L. 3141-26.

[Sécurité sociale]

• *Faute inexcusable :* en matière d'accident du travail, il y a faute inexcusable lorsque l'employeur avait ou aurait dû avoir conscience du danger auquel était exposé le salarié et qu'il n'a pas pris les mesures nécessaires pour l'en préserver. La faute inexcusable de l'employeur ou d'un salarié substitué dans la direction permet à la victime de bénéficier d'une majoration de sa rente et d'avoir droit à des indemnités complémentaires (réparation de ses souffrances physiques et morales, du préjudice esthétique et d'agrément, de la perte ou diminution de ses chances de promotion professionnelles). En cas d'accident mortel, les ayants droit de la victime peuvent demander réparation du préjudice moral. Dorénavant, la faute inexcusable de l'employeur permet également à la victime et à ses ayants droit d'obtenir la réparation non seulement des chefs de préjudices énumérés à l'article L. 452-3 du Code de la sécurité sociale, mais aussi de l'ensemble des dommages non couverts par le Livre IV dudit code.

La faute inexcusable de la victime entraîne la réduction de la rente de la victime ou de ses ayants droit.

CSS, art. L. 452-1 s. et 453-1.

→ *Obligation de sécurité de résultat.*

• *Faute intentionnelle :* en matière d'accidents du travail la faute intentionnelle doit s'entendre d'une faute qui a été commise volontairement dans l'intention délibérée de causer un dommage (coups-blessures au cours d'une rixe, etc.).

L'accident dû à une faute intentionnelle de la victime ne donne droit à aucune prestation au titre de la législation sur les accidents du travail. Toutefois les prestations en nature de l'assurance-maladie sont accordées. Si l'accident est dû à la faute intentionnelle de l'employeur ou de l'un de ses préposés, la victime perçoit toutes les prestations normales prévues en cas d'accident du travail et peut, en outre, demander à l'auteur de l'accident des indemnités complémentaires afin d'obtenir la réparation intégrale du préjudice subi, conformément aux règles du droit commun de la responsabilité.

CSS, art. L. 452-5 s. et L. 453-1.

Faute contractuelle

[Droit civil]

→ *Faute.*

Faute délictuelle

[Droit civil]

Par opposition à la faute contractuelle, faute qui se situe en dehors du champ contractuel.

Par opposition à la faute quasi délictuelle, fait illicite accompli avec l'intention de causer un dommage à autrui.

C. civ., art. 1240 s.*

→ *Délit civil.*

Faute disciplinaire

[Droit général]

Violation par les membres d'un corps ou d'une profession des obligations attachées à l'exercice de leurs fonctions. Pour le magistrat, constitue une faute disciplinaire tout manquement aux devoirs de son état, à l'honneur, à la délicatesse ou à la dignité, ainsi que la violation grave et délibérée d'une règle de procédure assurant une garantie essentielle des droits des parties.

→ *Déontologie, Discipline, Pouvoir disciplinaire, Responsabilité du fait du fonction-*

nement défectueux de la justice, Saisine par un justiciable du Conseil supérieur de la magistrature, Sanction disciplinaire.

Faute lucrative

[Droit civil]

Faute génératrice d'un résultat profitable pour son auteur, résultat qui est distinct du préjudice subi par la victime et qui subsiste, au moins pour partie, après l'action en responsabilité engagée contre le fautif. En matière contractuelle, on parle alors de la violation efficace du contrat.

La sanction adéquate de la faute lucrative exigerait la restitution intégrale du bénéfice de cette faute, c'est-à-dire l'attribution de *dommages et intérêts restitutoires*.

Faute quasi délictuelle

[Droit civil]

Fait illicite volontaire, mais non intentionnel, en ce que la volonté qui y est impliquée ne s'est pas portée sur le résultat dommageable.

C. civ., art. 1241 s.*

→ *Délit civil.*

Faux

[Droit civil/Procédure civile]

Procédure principale ou incidente dirigée contre un *acte authentique* pour montrer qu'il a été altéré, modifié, complété par de fausses indications, ou même fabriqué. Une procédure analogue peut être utilisée à titre principal ou incident contre un *acte sous signature privée* ayant déjà été l'objet d'une *vérification d'écriture* si la partie soutient que l'acte a été matériellement altéré ou falsifié depuis sa vérification.

Il en va de même à l'encontre d'un acte sous signature privée contresigné par un avocat.

C. civ., art. 52, 1371; C. pr. civ., art. 286, 299 s., 303 s., 1028 s., 1470.*

→ *Inscription de faux.*

[Droit pénal]

Crime ou délit réalisé par toute altération frauduleuse de la vérité, de nature à causer un préjudice et accomplie par quelque moyen que ce soit, dans un écrit (public, authentique, privé) ou tout autre support d'expression de la pensée qui a pour objet ou qui peut avoir pour effet d'établir la preuve d'un droit ou d'un fait ayant des conséquences juridiques.

Le faux est « matériel » lorsqu'il affecte le contenant représenté par l'écrit ou le support, et « intellectuel » lorsqu'il porte sur son contenu.

C. civ., art. 1371; C. pén., art. 441-1 s.*

Faux incident

[Procédure civile]

L'inscription de faux contre un acte authentique, lorsqu'elle est formée incidemment devant un TGI ou une cour d'appel, relève du juge saisi du principal. Dans les autres cas, il est sursis à statuer jusqu'au jugement sur le faux par le TGI.

C. pr. civ., art. 306 s., 314.

→ *Faux.*

Faux témoignage

[Droit pénal]

Délit consistant à mentir sous serment devant toute juridiction ou devant un officier de police judiciaire agissant en exécution d'une commission rogatoire.

Le faux témoin est exempt de peine s'il a rétracté spontanément son témoignage avant la décision mettant fin à la procédure rendue par la juridiction d'instruction ou par la juridiction de jugement.

C. pén., art. 434-13.

Fécondation *in vitro* (FIV)

[Droit civil]

Technique de procréation artificielle qui est soit endogène, soit exogène.

Elle est *endogène* lorsqu'il y a fécondation, en laboratoire, d'ovules de la mère par des spermatozoïdes du père, puis implantation chez la mère suivie d'une gestation normale. En ce cas, la filiation va de soi; la présomption de paternité s'applique si les parents sont mariés; à défaut de mariage, le consentement du père à la procréation emporte reconnaissance de l'enfant.

Elle est *exogène* quand l'ovule fécondé *in vitro* est celui d'une autre femme, mais elle ne l'est que pour partie puisque l'enfant est génétiquement issu de l'autre membre du couple. Pour que la procréation soit entièrement exogène, il faut que les gamètes soient, tant du côté maternel que paternel, fournies par des tiers. La procréation artificielle exogène, qu'elle le soit en tout ou partie, engendre un lien de filiation obligatoire envers les deux membres du couple et l'interdiction pour quiconque de le contester.

→ *Accueil d'embryon.*

Fédéralisme

[Droit constitutionnel/Droit international public]

Mode de regroupement de diverses communautés (associations sportives, syndicats professionnels, collectivités politiques), ou doctrine y tendant.

→ *État fédéral.*

Fédération

[Droit constitutionnel/Droit international public]

Synonyme d'*État fédéral*.

[Droit du travail]

→ *Syndicat professionnel.*

Fédération départementale des chasseurs

[Droit de l'environnement]

Association regroupant, principalement, les titulaires du permis de chasser ayant validé celui-ci dans le département et les personnes titulaires de droits de chasse sur des terrains situés dans le département et bénéficiaires d'un plan de chasse ou d'un plan de gestion.

La fédération départementale des chasseurs exerce, sous le contrôle du préfet, des missions de service public dans les domaines suivants : mise en valeur du patrimoine cynégétique départemental, contribution à la prévention du braconnage, préparation à l'examen du permis de chasser, coordination des actions des associations communales de chasse agréées, indemnisation des dégâts de grand gibier, élaboration du schéma départemental de gestion cynégétique (qui comprend, outre les plans de chasse et les plans de gestion, des dispositions relatives à la sécurité des chasseurs et à la préservation des habitats naturels de la faune sauvage).

C. envir., art. L. 421-5, 425-1 s., R. 421-33 s.

Fente successorale

[Droit civil]

Partage du patrimoine successoral en deux parties égales, l'une étant attribuée à la ligne paternelle, l'autre à la ligne maternelle, mais sans considération de l'origine des biens. Elle n'opère que lorsque le *de cujus* ne laisse que des ascendants ou des collatéraux.

C. civ., art. 368-1, 738, 738-1, 746 s.

Fermage

[Droit rural]

→ *Bail à ferme.*

Ferme

[Droit administratif]

→ *Affermage.*

Fermeture d'établissement

[Droit pénal]

Sanction complémentaire analysée comme une mesure de sûreté et encourue pour certains crimes ou délits se traduisant par l'interdiction d'exercer, dans l'établissement considéré, l'activité dans le cadre de laquelle l'infraction a été commise.

C. pén., art. 131-10 et 131-33.

GADPG n° 49.

→ *Sanctions administratives.*

Fêtes légales

[Droit général]

→ *Jours de fêtes légales.*

Feuille d'audience

[Procédure civile]

→ *Registre d'audience.*

Feuille de motivation

[Procédure pénale]

Feuille annexée à un arrêt rendu par une cour d'assises et rédigée par un magistrat professionnel pour préciser les principaux éléments à charge évoqués au cours des débats qui ont convaincu la *cour d'assises* de la culpabilité de l'accusé et justifient sa condamnation.

C. pr. pén., art. 365-1.

Fiançailles

[Droit civil]

Promesse réciproque de deux personnes qui prennent l'engagement d'entrer prochainement dans les liens du mariage. Bien que ne constituant pas un contrat juridiquement obligatoire, les fiançailles constituent un fait juridique : leur rupture abusive engage la responsabilité civile délictuelle de l'auteur de la rupture. Le décès accidentel de l'un des fiancés peut, éventuellement, ouvrir un droit à réparation de l'autre contre le tiers responsable.

GAJC, t. 1, n° 32.

→ *Promesse de mariage.*

Fiche d'antécédents

[Procédure pénale]

Type de fichier de la police judiciaire contenant toute information à caractère personnel recueillie au cours d'une enquête, concernant les auteurs présumés ou les victimes. Limité à certains types de délits ou crimes, ce fichier est placé sous le contrôle du procureur de la République.

C. pr. pén., art. 230-6 à 230-11.

Fichier central des dispositions de dernière volonté

[Droit civil]

Fichier centralisant les testaments authentiques, les testaments privés déposés chez un notaire et les donations entre époux. Le notaire chargé du règlement d'une succession peut ainsi savoir si le défunt avait pris des dispositions particulières pour organiser la transmission de son patrimoine.

Fichier de données personnelles

[Droit civil]

Tout ensemble structuré de données à caractère personnel accessibles selon des critères déterminés, que cet ensemble soit centralisé, décentralisé ou réparti de manière fonctionnelle ou géographique.

Ces fichiers sont encadrés par la loi n° 78-17 du 6 juillet 1978 relative à l'informatique, aux fichiers et aux libertés et par la directive n° 95/46/CE relative à la protection des personnes physiques à l'égard du traitement des données à caractère personnel et à la libre circulation de ces données.

→ *Traitement des données personnelles.*

Fichier immobilier

[Droit civil]

Ensemble des fiches (fiche personnelle par titulaire d'un droit réel immobilier, fiche d'immeuble pour les immeubles urbains, fiche parcellaire faisant apparaître pour chaque parcelle la liste des mutations de propriété successives) sur lesquelles sont reproduites, par extrait, les indications faisant l'objet de la publicité foncière avec référence au classement des documents publiés dans les archives. C'est un instrument de classement qui permet de retrouver facilement les actes juridiques publiés.

Décr. n° 55-22 du 4 janv. 1955, art. 1er; Décr. n° 55-1350 du 14 oct. 1955, art. 1er à 17.

Fichier informatique

[Droit pénal]

Recueil d'informations nominatives, relatives aux personnes, traité par les procédés informatiques. Même commis par négligence, le fait de procéder ou faire procéder à des traitements d'informations nominatives sans avoir respecté les conditions légales prévues à cet effet est une infraction prévue à l'article 226-16 du Code pénal (v. pour les autres incriminations, C. pén., art. 226-17 s.).

Fichier national des incidents de remboursement des crédits aux particuliers (FICP)

[Droit civil]

Fichier national recensant 2 sortes d'informations : d'une part les incidents de paiement liés au crédit accordé aux personnes physique pour des besoins non professionnels (achats à tempérament, acquisition d'un immeuble, découverts de toute nature), d'autre part les mesures prises dans le cadre du *surendettement* (*plan conventionnel de redressement*, mesures de désendettement imposées ou recommandées par la commission de surendettement, *rétablissement personnel*).

C. consom., art. L. 751-1 s.

Fichier national des personnes interdites d'acquisition et de détention d'armes

[Procédure pénale]

→ *FINIADA.*

Fichier Schengen

[Droit européen]

→ *Schengen (Accords de).*

Fichiers

[Droit administratif]

Dans le but de garantir la vie privée et les libertés la loi réglemente la tenue des fichiers publics et privés, informatisés ou non, et organise un droit d'accès et de rectification au profit des intéressés. Une Commission nationale de l'informatique et des libertés veille au respect de la loi.

L. n° 78-17, 6 janv. 1978.

Fichiers d'analyse sérielle

[Procédure pénale]

Fichiers qui permettent de rassembler les preuves et d'identifier les auteurs grâce à l'établissement de liens entre les individus, les événements ou les infractions, des crimes et délits présentant un caractère sériel.

Ils consistent de la part des services et unités de la police et de la gendarmerie nationale, chargés d'une mission de police judiciaire, à mettre en œuvre sous le contrôle des autorités judiciaires un traitement automatisé de données à caractère personnel collectées au cours de certains types d'enquêtes.

C. pr. pén., art. 230-12 à 230-18 et 230-20 à 230-24.

Fiction

[Droit général]

Procédé de technique juridique permettant de considérer comme existante une situation manifestement contraire à la réalité; la fiction permet de déduire des conséquences juridiques différentes de celles qui résulteraient de la simple constatation des faits. Ainsi, dans le droit des successions, la fiction de la continuation de la personne du défunt par celle des héritiers permet d'éviter tout hiatus dans l'existence du droit de propriété sur les biens faisant partie de la succession.

→ *Représentation.*

Fidéicommis

[Droit civil]

Disposition à cause de mort par laquelle le testateur adresse une libéralité à un bénéficiaire apparent en le chargeant de faire parvenir les biens légués à une autre personne.

→ *Libéralité graduelle, Libéralité résiduelle, Substitution fidéicommissaire.*

Fidéjusseur

[Droit civil]

Terme vieilli désignant la caution.

Fiducie

[Droit civil/Droit commercial]

Opération, inspirée du *trust* des pays anglo-saxons, par laquelle une personne physique ou morale, appelée constituant, transfère temporairement (pour un maximum de 99 ans à compter de la signature du contrat) des biens, droits ou sûretés, présents ou futurs, à un ou plusieurs fiduciaires (ce peut être un avocat) qui tiendront ces biens séparés de leur patrimoine propre et agiront dans un but déterminé au profit d'un ou plusieurs bénéficiaires. D'origine légale ou conventionnelle, elle réalise un patrimoine d'affectation séparé du patrimoine personnel du fiduciaire. Ce nouveau cadre juridique, qui doit être expressément prévu et donne lieu à la signature d'un écrit enregistré, peut avoir une fonction de *gestion* de patrimoine ou de *sûreté*, au choix des parties au contrat de fiducie; le constituant ou le fiduciaire peut être le bénéficiaire de ce contrat. À moins qu'il n'en soit disposé autrement dans le contrat de fiducie, le constituant peut, à tout moment, désigner un tiers chargé de s'assurer de la préservation de ses intérêts dans le cadre de l'exécution du contrat et qui peut disposer des pouvoirs que la loi accorde au constituant. Un registre national des fiducies est créé à fins de contrôle administratif et fiscal (il n'est pas accessible aux créanciers, personnes privées du constituant ou du fiduciaire). Le droit des procédures collectives reconnaît différemment l'efficacité des fiducies, suivant que celles-ci ont été suivies d'une mise en possession du fiduciaire ou que les choses grevées sont restées à la disposition du constituant.

Seuls peuvent avoir la qualité de fiduciaires les établissements de crédit, les institutions et services énumérés à l'article L. 518-1 du Code monétaire et financier, les entreprises d'investissement, les entreprises d'assurance, les membres de la profession d'avocat.

C. civ., art. 2011 s.; C. com., art. L. 622-23-1.

Filature

[Procédure pénale]

Action consistant de la part des *OPJ* et *APJ* à accomplir des actes de surveillance et de suivi (filature) d'une personne suspectée d'avoir commis une infraction. La légalité de ce procédé qui participe à la recherche de la preuve et admis par la chambre criminelle de la Cour de cassation est soumise pour son objet et pour les procédés utilisés aux dispositions de l'article 706-80 du Code de procédure pénale.

Filiale

[Droit commercial]

Société dont le capital est détenu pour plus de moitié par une autre, dite société mère, dont elle est juridiquement distincte, mais économiquement et financièrement dépendante.

Ce mot désigne plus fréquemment une société liée par une relation financière à une autre société dont elle dépend.

Le droit fiscal consacre une notion plus large, puisque le régime de faveur des sociétés mères est accordé aux sociétés détenant au moins 10 % du capital d'une autre, et même parfois moins.

C. com., art. L. 233-1.

→ *Groupe de sociétés.*

Filiation

[Droit civil]

Lien juridique entre *parents* (au sens strict du terme des père et mère) et enfants. Tous les enfants dont la filiation est légalement établie, quelle que soit la nature de celle-ci, ont les mêmes droits et les mêmes devoirs dans leurs rapports avec leurs parents dans la famille de chacun d'eux.

C. civ., art. 310.

→ *Ascendant, Descendant, Enfant conçu ou né pendant le mariage, Enfant né hors-mariage.*

Filiation adoptive

[Droit civil]

→ *Adoption.*

Filiation adultérine

[Droit civil]

Filiation d'un enfant dont le père ou la mère était, au temps de sa conception, engagé dans les liens du mariage avec une autre personne, selon le cas, que sa mère ou son père. Cette filiation ne constitue plus une cause d'infériorité à succéder : l'enfant né d'une telle filiation relève de la catégorie des *enfants nés hors-mariage*.

GAJC, t. 1, n° 50 et 100.

→ *Adultère.*

Filiation incestueuse

[Droit civil]

Filiation qui caractérise un enfant né de relations entre des personnes ayant un lien de parenté ou d'alliance. Elle ne peut être établie en même temps des 2 côtés dans le cas d'*inceste* absolu (entre ligne directe ou entre frères et sœurs), hypothèse pour laquelle la loi n'admet aucune dispense en faveur du mariage du père et de la mère.

C. civ., art. 161 s. et 310-2.

GAJC, t. 1, n° 50 et 53.

Filiation légitime

[Droit civil]

Expression, aujourd'hui abandonnée par la loi, sinon par la doctrine et la pratique, qui caractérisait les *enfants conçus ou nés pendant le mariage* de leurs parents.

GAJC, t. 1, n° 43, 44 et 45.

→ *Pater is est quem nuptiae demonstrant.*

Filiation naturelle

[Droit civil]

Expression, aujourd'hui abandonnée par la loi, qui désignait la filiation caractérisant les enfants conçus et nés hors le mariage de leurs parents. La filiation était dite simple, lorsque les parents n'étaient pas, à l'époque de la conception ou de la naissance, engagés dans les liens du mariage, entre eux ou avec un tiers; elle était dite adultérine lorsque l'un des parents au moins était marié avec un tiers.

GAJC, t. 1, n° 46, 47, 48, 49 et 50.

→ *Accouchement secret ou sous X, Enfant né hors-mariage, Filiation adultérine.*

Filibustering

[Droit constitutionnel]

Obstruction parlementaire, résultant pour un sénateur américain d'une prise de parole qui ne peut être interrompue (hors épuisement physique) que par un vote aux 3/5e de l'assemblée, ce qui favorise l'adoption de solutions de compromis. Ce droit a été sensiblement restreint depuis 2013.

Filière

[Droit commercial]

Titre à ordre, transmissible par endossement, établi en vue du règlement de marchés à termes successifs passés dans une *Bourse de marchandises* et portant sur les mêmes quantités des mêmes marchandises jusqu'à l'exécution finale du marché.

Filouterie

[Droit pénal]

Fait, par une personne qui sait être dans l'impossibilité absolue de payer ou qui est déterminée à ne pas payer, de se faire servir des boissons ou aliments, ou d'obtenir certains services.

C. pén., art. 313-5.

→ *Grivèlerie.*

Fin de non-recevoir ou de non-valoir

[Procédure civile]

Moyen de défense par lequel le plaideur, sans engager le débat sur le fond, soutient que son adversaire est irrecevable à agir en justice (pour défaut d'intérêt ou de qualité, défaut de pouvoir juridictionnel du tribunal saisi, ou à raison des délais de prescription ou des délais préfix, ou de la chose jugée). Elle vise à mettre un terme définitif à l'action.

Les fins de non-recevoir peuvent être proposées *en tout état de cause*, sans que celui qui les invoque ait à faire la preuve d'un *grief*.

C. pr. civ., art. 122 s.

→ *Défense à l'action, Irrecevabilité.*

Fin de vie

[Droit civil]

Période de la vie que le législateur contemporain prend en considération pour assurer aux personnes qui sont dans cet état les soins qui leur sont nécessaires, dans le respect de la dignité de la personne humaine et pour leur apporter le meilleur apaisement possible de leurs souffrances. Si les soins apparaissent inutiles, disproportionnés ou n'ayant d'autre effet que le seul maintien artificiel de la vie, ils peuvent être suspendus ou ne pas être entrepris.

CSP, art. L. 1110-5, L. 1110-5-1, L. 1111-4 et L. 1111-13.

→ *Affection grave et incurable, Atteinte à la dignité de la personne, Corps humain, Être humain, Organe humain, Soins palliatifs, Testament de fin de vie, Tiers de confiance.*

ACTU

Financement participatif

[Droit commercial]

Le financement participatif, dont la terminologie est inspirée de l'anglais « *crowdfunding* », consiste en une mise en relation directe d'un emprunteur avec des particuliers prêteurs. Le droit français a autorisé cette modalité en instituant deux professions réglementées nouvelles exerçant à travers des plateformes Internet destinées au public :

- celle de *conseiller en investissements participatifs*, lorsque le financement passe par l'émission de titres financiers, de capital ou de créance, par une entreprise ayant le statut de SA ou de SAS (émission se réalisant sans formalisation du prospectus exigé en cas d'offre au public);

- celle d'*intermédiaire en financement participatif*, lorsque le financement passe par des prêts rémunérés ou des dons (l'intermédiaire pouvant exercer, sous condition d'agrément et de contrôle administratif ultérieur, sans relever du statut des établissements de crédit).

Ce dispositif doit bénéficier aux petites et moyennes entreprises innovantes pour des levées de fonds d'au plus un million d'euros. Des règles de bonne conduite s'appliquent aux intermédiaires et des montants maximum de financement sont établis par prêteur.

Au niveau local, le financement participatif peut être pris en charge par des associations, reconnues d'utilité publique, en vue de l'aide à la création d'entreprises.

Ord. n° 2014-559 du 30 mai 2014; Décr. n° 2014-1053 du 16 sept. 2014; L. n° 2014-856 du 31 juill. 2014, art. 95.

→ *Conseiller en investissements participatifs, Intermédiaire en financement participatif.*

Finances locales

[Droit financier ou fiscal]

Terme générique désignant les finances des *collectivités locales* et de leurs établissements publics.

FINIADA

[Procédure pénale]

Fichier comportant des données à caractère personnel relatives aux personnes interdites d'acquisition et de détention d'armes.

La finalité de ce fichier réside dans la mise en œuvre d'un suivi au niveau national.

C. défense, art. L. 2336-6.

Fisc

[Droit financier ou fiscal]

Terme désignant l'ensemble des services chargés d'établir et de percevoir les impôts.

Flagrant délit

[Procédure pénale]

Crime ou délit qui se commet actuellement, ou qui vient de se commettre. L'infraction relève alors de modalités d'enquête particulières (enquête de flagrance), et, s'il s'agit d'un délit, peut donner lieu à *comparution immédiate* devant le tribunal correctionnel.

C. pr. pén., art. 53 s.

Fœtus

[Droit civil]

Désigne le produit de la conception humaine après les 3 premiers mois de la vie utérine, au moment où se dessinent les caractères spécifiques de l'espèce humaine. Selon la Cour de cassation, le fœtus n'a pas d'existence juridique autonome; en conséquence, la qualification d'homicide involontaire est inapplicable à l'auteur d'un accident qui cause la perte du fœtus d'une femme enceinte.

→ *Embryon humain, Infans conceptus pro nato habetur quoties de commodis ejus agitur.*

Foire

[Droit civil/Droit commercial]

Manifestation commerciale au cours de laquelle, de façon collective et temporaire, des personnes physiques ou morales exposent des biens ou offrent des services pouvant faire l'objet d'une vente directe avec enlèvement de la marchandise ou exécution du contrat de services.

Les offres de contrat faites à cette occasion doivent spécifier que le consommateur ne dispose pas d'un délai de rétractation.

C. consom., art. L. 224-59 à L. 224-62; C. com., art. R. 762-3.

Folle enchère

[Procédure civile]

→ *Réitération des enchères.*

Fonction

[Droit civil]

On parle de fonction lorsqu'une personne met son activité au service du public, pour remplir une tâche déterminée, soit directement, soit dans le cadre d'une organisation collective publique ou privée.

La fonction peut être exercée d'une façon indépendante (commerçant, industriel, officier ministériel, avocat, médecin). Elle peut être exercée d'une façon dépendante, sous le couvert d'une organisation collective : ainsi un service public, une association, une société civile ou de commerce. On parle alors de *pouvoirs*.

Fonction publique

[Droit administratif]

1° *Au sens le plus large*, et d'ailleurs très flou, ensemble du personnel permanent de l'État et des collectivités territoriales, composé de catégories d'agents relevant de régimes juridiques variés. On dit : entrer dans la fonction publique.

2° *Dans une acception plus étroite* généralement retenue par le langage juridique, situation de l'ensemble des agents de l'État et des collectivités territoriales ayant la qualité juridique de *fonctionnaires*.

Le principe d'unicité de la fonction publique d'État et de la fonction publique des collectivités territoriales permet théoriquement le passage de l'une à l'autre dans des emplois comparables.

→ *Grille de la fonction publique.*

Fonctionnaire

[Droit administratif]

Notion retenue par différents textes pour en définir le champ d'application et dont le contenu varie de l'un à l'autre.

Au regard du statut général des fonctionnaires, de l'État et des collectivités territoriales, personne nommée dans un *emploi* permanent et titularisée dans un grade de la hiérarchie.

Fonctionnaire international

[Droit international public]

Agent international exerçant d'une façon continue et exclusive des fonctions pour le compte d'une organisation internationale, et soumis de ce fait à un statut particulier (comportant notamment l'obligation d'indépendance à l'égard de toute autorité autre que l'organisation).

Fonctionnaires de fait (Théorie des)

[Droit administratif]

Assouplissement jurisprudentiel des règles de compétence relatives à l'édiction des actes administratifs, permettant de considérer comme valables certains actes malgré l'incompétence objective de leur auteur, en se fondant soit sur la nécessaire continuité du fonctionnement des services publics essentiels (même en période de circonstances exceptionnelles), soit sur l'apparence vraisemblable aux yeux du public de leur qualité pour agir.

GAJA n° 30.

Fond

[Droit général]

Traditionnellement, dans le droit, le fond s'oppose à la *forme* lorsqu'il s'agit de créer, de maintenir ou d'éteindre une situation juridique, d'assurer le fonctionnement d'une institution juridique. Le fond concerne les éléments qui représentent le contenu, la matière et la substance du droit ou de la situation juridique envisagés : ainsi le consentement des époux ou de leurs parents dans le mariage, l'objet ou la *cause* dans le contrat.

[Procédure (principes généraux)]

Ce qui fait la matière du procès par opposition à la procédure et à la compétence.

Questions de fait ou de droit qui, humainement ou juridiquement, ont rendu le procès inévitable et que le juge doit trancher. Le fond du procès, en ce qui concerne un litige, peut porter sur une question de fond au sens général du terme (annulation d'un mariage pour défaut de consentement) ou sur une question de *forme* (absence de publication des bans, de publicité de la cérémonie du mariage).

[Procédure civile]

→ *Formalisme, Irrégularité de fond, Matière litigieuse, Nullité d'un acte de procédure, Principal.*

Fondation

[Droit civil]

Sens large : « la fondation est l'acte par lequel une ou plusieurs personnes physiques ou morales décident l'*affectation* irrévocable de biens, droits ou ressources à la réalisation d'une œuvre d'intérêt général et à but non lucratif » (loi n° 87-571 du 23 juill. 1987).

Sens plus restreint : personne morale créée en vue de réaliser ce but.

Les fondations peuvent accepter librement les dispositions entre vifs, ou par testament, faites à leur profit, sauf opposition de l'autorité publique motivée par l'inaptitude de l'organisme légataire ou donataire à utiliser la *libéralité* conformément à son objet statutaire.

C. civ., art. 910, al. 2 et 3.

→ *Affectation.*

Fondation d'entreprise

[Droit civil/Droit commercial]

Personne morale, à but non lucratif, créée en vue de la réalisation d'une œuvre d'intérêt général par les sociétés civiles ou commerciales, les établissements publics à caractère industriel et commercial, les coopératives ou les mutuelles.

La fondation d'entreprise exige une autorisation administrative; sa durée est limitée et sa capacité restreinte (elle ne peut recevoir ni dons ni legs ni faire appel à la générosité publique, sauf la possibilité d'abondement des salariés de l'entreprise ayant créé la fondation).

L. n° 87-571 du 23 juill. 1987, art. 19-1 s.

→ *Fonds de dotation.*

Fondation du patrimoine

[Droit général/Droit de l'environnement]

Personne morale de droit privé à but non lucratif, reconnue d'utilité publique, qui a pour but de promouvoir la connaissance, la conservation et la mise en valeur du patrimoine national. En particulier, elle contribue à la sauvegarde des monuments, édifices, ensembles mobiliers ou éléments remarquables des espaces naturels ou paysagers menacés de dégradation, de disparition, ou de dispersion.

C. patr., art. L. 143-2 s. et R. 143-2 s.; C. envir., art. L. 300-3.

→ *Affectation.*

Fondation partenariale

[Droit général]

Espèce de *fondation universitaire*, dotée de la personnalité juridique, pouvant réunir une université et d'autres organismes (sociétés civiles et commerciales, établissements publics à caractère industriel et commercial, coopératives, mutuelles) et dont les ressources comprennent, outre celles des fondations d'entreprise (versements des fondateurs, subventions publiques…), les legs, les donations et le mécénat.

C. éduc., art. L. 719-13.

Fondation universitaire

[Droit général]

Affectation irrévocable, décidée par un établissement public à caractère scientifique, culturel et professionnel, de biens (droits ou ressources) à la réalisation d'une œuvre ou d'une activité d'intérêt général à but non lucratif conforme aux missions du service public de l'enseignement supérieur, à savoir la formation initiale et continue, la recherche scientifique et technique, la diffusion de la culture, la coopération internationale.

La fondation universitaire n'est pas dotée de la personnalité morale, mais dispose de l'autonomie financière.

C. éduc., art. L. 719-12.

→ *Fondation partenariale.*

Fondé de pouvoir

[Droit commercial]

Personne liée à l'entreprise par un contrat de travail, mais ayant les pouvoirs d'un mandataire.

Fondement

[Procédure civile]

→ *Moyen.*

Fonds

[Droit général]

Terme usuel pouvant désigner un immeuble non bâti (fonds de terre), une entreprise commerciale à caractère individuel (*fonds de commerce*), un cabinet de clientèles civiles (fonds libéral), un fonds artisanal et plus généralement un capital.

Fonds agricole

[Droit rural]

Sur le modèle du *fonds de commerce*, il est exploité dans l'exercice d'une activité agricole. De nature civile, il peut faire l'objet d'un *nantissement*. Sont seuls susceptibles d'être compris dans le nantissement, le cheptel mort et vif, les stocks et, s'ils sont cessibles, les contrats et les droits incorporels servant à l'exploitation du fonds, ainsi que l'enseigne, le nom d'exploitation, les dénominations, la clientèle, les brevets et autres droits de propriété industrielle qui y sont attachés.

Entité juridique récente, le fonds agricole doit permettre à l'exploitation agricole de passer d'une logique patrimoniale et familiale à une logique d'entreprise.

C. rur., art. L. 311-3.

→ *Agriculture.*

Fonds commun

[Droit administratif/Droit financier ou fiscal]

Institution assez fréquemment utilisée pour établir une solidarité financière entre des services publics ou des collectivités publiques, avec l'espoir, trop souvent déçu, que des excédents de recettes versés au fonds par les services ou les collectivités prospères aideront les finances déficitaires des autres (ex. célèbre : le fonds commun des réseaux de chemin de fer après la guerre de 1914).

Fonds commun de créances

[Droit civil/Droit commercial]

→ *Fonds commun de titrisation.*

Fonds commun de placement (FCP)

[Droit commercial]

Copropriété d'instruments financiers et de sommes d'argent placées à court terme ou à vue. Le fonds commun de placement n'a pas la personnalité morale et n'est pas régi par les dispositions applicables au contrat de société ou à l'indivision.

C. mon. fin., art. L. 214-20 s.

Fonds commun de titrisation

[Droit commercial]

Anciennement dénommé fonds commun de créances. Copropriété dont l'objet exclusif est d'acquérir les créances bancaires et d'émettre, en une seule fois, des parts représentatives desdites créances. Cette patrimonialisation des créances facilite le respect des ratios de répartition des actifs et des passifs imposés aux banques (les créances titrisées sortent du bilan), allège les risques de non-remboursement qui sont assumés par le fonds et permet de passer du marché monétaire au marché financier.

C. mon. fin., art. L. 214-167 s.

→ *Titrisation.*

Fonds d'assurance formation

[Droit du travail]

Créé par un accord collectif, au niveau de la branche professionnelle, voire au niveau interprofessionnel, il mutualise les contributions des employeurs soumis à l'obligation de financer la formation professionnelle. Les frais de formation des salariés travaillant dans les entreprises adhérentes sont pris en charge par le fonds.

C. trav., art. L. 6332-7 s., R. 6332-46 s.

Fonds d'indemnisation des avoués

[Procédure civile]

Créé par la loi n° 2011-94 du 25 janvier 2014 qui a opéré la fusion des professions d'*avocat* et d'*avoué* à la cour d'appel, pour permettre l'indemnisation des avoués dont les charges ont été supprimées par cette loi. Alimenté par une contribution spécifique payée par toutes les parties à une procédure d'appel, initialement fixée à 150 euros et portée à 225 euros au 1er janvier 2015 et prorogé jusqu'au 31 décembre 2026.

Fonds d'indemnisation des victimes de l'amiante (FIVA)

[Sécurité sociale]

Fonds ayant pour mission de réparer les préjudices subis par les personnes atteintes d'une maladie occasionnée par l'amiante.

LFSS pour 2001, L. n° 2000-1257 du 23 déc. 2000, art. 53-II.

Fonds d'investissement alternatif (FIA)

[Droit commercial/Droit financier]

Dénomination française et européenne des *Hedge Funds*. Il s'agit d'une variété d'organismes de placement collectifs, réalisant des opérations risquées et diversifiées, ne portant pas seulement sur des valeurs mobilières. De ce fait, distingués des organismes de placement collectif en valeurs mobilières (OPCVM), ces organismes sont gérés par des entreprises agréées par les autorités de régulation financière (en France, l'AMF); soumis à une réglementation différente suivant qu'ils sont destinés à collecter l'épargne de professionnels ou de non-professionnels, les fonds d'investissement alternatifs bénéficient de la libre circulation sur le marché européen depuis la directive dite AIFM (2011/61/UE du 8 juill. 2011).

C. mon. fin., art. L. 214-1, L. 214-24 s. (Ord. n° 2013-673 du 26 juill. 2013).

Fonds de bétail

[Droit civil/Droit rural]

→ *Bail à cheptel.*

Fonds de commerce

[Droit commercial]

Ensemble des éléments mobiliers corporels (matériel, outillage, marchandises) et incorporels (droit au bail, nom, enseigne) qu'un commerçant ou un industriel groupe et organise en vue de la recherche d'une clientèle, et qui constitue une entité juridique distincte des éléments qui le composent. Le droit commercial saisit le fonds au titre des opérations qui le prennent pour objet : cession, constitution de garantie (nantissement), location-gérance. Le bénéfice de cette réglementation est parfois étendu aux autres fonds professionnels, notamment artisanal et agricole.

C. com., art. L. 141-1 s.

Fonds de compensation pour la taxe sur la valeur ajoutée (FCTVA)

[Droit financier et Droit fiscal]

Créé par la loi de finances pour 1978, ce fonds est destiné à rembourser (intégralement) la taxe sur la valeur ajoutée acquittée par les collectivités territoriales et leurs groupements sur leurs dépenses réelles d'investissement. Ne sont de ce fait prises en compte que des dépenses d'investissement contribuant à l'accroissement du patrimoine ou portant sur des éléments existants augmentant la durée d'utilisation. Ne relèvent pas de cette approche les dépenses de maintien dans un état normal d'utilisation des éléments d'actifs. Ce fonds bénéficie à une liste limitative de « collectivités ». Il donne lieu habituellement à un reversement fondé sur la règle de la pénultième année, au travers d'un taux forfaitaire, sur la base d'états déclaratifs établis à partir des dépenses inscrites dans le compte administratif de la collectivité.

CGCT, art. L. 1615 s.

Fonds de concours

[Droit financier ou fiscal]

Qualification budgétaire appliquée à des sommes de nature non fiscale versées au budget de l'État par des personnes physiques ou morales et destinées à apporter un financement complémentaire à des dépenses d'intérêt public, ainsi qu'aux *legs* et donations attribués à l'État. Leur existence est également prévue dans les budgets communaux.

Fonds de dotation

[Droit général/Droit fiscal]

Personne morale de droit privé à but non lucratif qui reçoit des biens et droits de toute nature qui lui sont apportés à titre gratuit, les gère en les capitalisant et utilise les revenus en provenant à la réalisation d'une œuvre ou d'une mission d'intérêt général ou à l'assistance d'une autre personne morale ayant un objet analogue.

Sa constitution est aussi simple que celle d'une association (déclaration à la préfecture, publication de cette déclaration au *Journal officiel*) ; son régime juridique aussi avantageux que celui d'une fondation reconnue d'utilité publique, puisque les dons et legs qui lui sont consentis ne sont pas soumis à autorisation.

L. n° 776-2008 du 4 août, art. 140.

Fonds de garantie automobile

[Droit civil]

Institution destinée à indemniser les victimes d'accidents corporels causés par des véhicules automobiles terrestres à moteur, lorsque l'auteur n'est pas identifié ou n'est pas assuré ; le fonds intervient également en cas d'accident de chasse, lorsque l'auteur est inconnu ou non assuré ou que son assureur est insolvable.

Le Fonds de garantie automobile porte désormais le nom de Fonds de garantie des assurances obligatoires de dommage.

C. assur., art. L. 421-1 et L. 421-8.

Fonds de garantie des assurances obligatoires de dommages

[Droit civil]

→ *Fonds de garantie automobile.*

Fonds de garantie des dépôts

[Droit civil]

Fonds qui a pour objet d'indemniser les déposants en cas d'indisponibilité de leurs dépôts et autres fonds remboursables de leur banque à hauteur de 100 000 euros, au maximum, par déposant et par établissement. Sont exclus du champ de la garantie les dépôts non nominatifs (bons anonymes, espèces dans un coffre) et les dépôts en devises autres que celles des pays de l'espace européen.

C. mon. fin., art. L. 312-4, L. 312-16.

Fonds de garantie des victimes des actes de terrorisme et d'autres infractions

[Procédure civile/Procédure pénale]

Organisme compétent :

1° pour décider d'une indemnité, et en verser le montant, destinée à réparer les dommages corporels des victimes d'actes de terrorisme commis sur le territoire national et des personnes victimes à l'étranger de ces mêmes actes; par arrêt de la Cour de justice des Communautés européennes, il a été jugé que le bénéfice de cette indemnisation ne pouvait être refusé aux ressortissants des autres États membres de l'Union européenne (5 juin 2008, aff. C-164/07);

2° pour verser les indemnités allouées par la *commission d'indemnisation des victimes d'infractions*. Doté de la personnalité civile, le fonds est alimenté par un prélèvement sur les contrats d'assurance de biens, et il est subrogé dans les droits que possède la victime contre la personne responsable du dommage.

C. assur., art. L. 422-1 s.; C. pr. pén., art. 706-3.

Fonds de solidarité vieillesse

[Sécurité sociale]

Fonds destiné à financer les avantages de vieillesse non contributifs relevant de la solidarité nationale. Les dépenses sont financées par une fraction de la cotisation sociale généralisée (CSG).

CSS, art. L. 135-1.

Fonds dominant

[Droit civil]

Immeuble, bâti ou non, au profit duquel est établie une servitude.

C. civ., art. 697 s.

→ *Fonds servant.*

Fonds européen agricole de garantie (FEAGA)

[Droit européen]

→ *Fonds européen d'orientation et de garantie agricole (FEOGA).*

Fonds européen agricole pour le développement rural (FEADER)

[Droit européen/Droit rural]

→ *Fonds européen d'orientation et de garantie agricole (FEOGA), Fonds structurels.*

Fonds européen d'orientation et de garantie agricole (FEOGA)

[Droit européen/Droit rural/Droit financier]

Ancienne ligne du budget européen consacrée aux dépenses de la politique agricole commune, représentant environ 40 % du budget de l'Union. La section « garantie » du Fonds (la plus importante), retraçant les dépenses relatives aux organisations communes de marché (interventions et restitutions), est devenue en 2007 le FEAGA (Fonds européen agricole de garantie), tandis que la section « orientation », dont l'objectif était l'amélioration des structures agricoles, devenait le FEADER (Fonds européen agricole pour le développement rural) dont la programmation 2014-2020 est en cours de réalisation et se caractérise notamment par des mesures agro-environnementales.

Cependant, le FEOGA est toujours cité à l'article 175 TFUE.

Fonds européen de développement (FED)

[Droit européen]

Alimenté non par le budget de l'Union européenne mais par des contributions directes des États membres, il sert au financement des opérations au profit des pays en développement liés à l'Union par les *conventions UE/ACP*.

Fonds européen de développement économique régional (FEDER)

[Droit européen]

Ligne du budget européen consacrée à une action visant l'atténuation des disparités de développement entre les régions des États membres. Créé en 1975, le FEDER a vu depuis ses crédits augmenter de façon importante. Il concourt à la politique de cohésion économique, sociale et territoriale de l'Union européenne (art. 176 TFUE).

Fonds européen pour les investissements stratégiques

[Droit européen]

J.-C. Juncker, nouveau président de la *Commission européenne*, a proposé en novembre 2014 la création d'un Fonds destiné à lutter contre la crise économique et à relancer l'investissement dans l'Union européenne. Son capital de départ serait de 21 milliards d'euros (16 émanant du budget de l'UE et 5 de la *Banque européenne d'investissement*) mais pourrait, grâce aux opérateurs privés, mobiliser jusqu'à 315 milliards sur 3 ans.

Fonds fiduciaire

[Droit financier]

Instrument financier, doté ou non de la personnalité juridique, bénéficiant d'un patrimoine d'affectation, géré de façon autonome (encaissements, décaissements, contrôle...) et ce aux fins de la réalisation d'un objectif spécifique. Cet instrument relève d'une gouvernance particulière définie par ses fondateurs dont la contribution est elle-même prédéfinie ainsi que l'ensemble des ressources du fonds (donations, revenus générés, dons de particuliers...). La technique du fonds fiduciaire est particulièrement utilisée au plan international (Banque Mondiale, FMI, Union européenne, etc.); ex. FMI : Fonds pour l'allègement de la dette après une catastrophe (ADAC), Fonds pour la réduction de la pauvreté et la croissance (Fonds RPC); Union européenne : Fonds fiduciaire UE-Afrique pour les infrastructures; le plus récent étant le Fonds fiduciaire de l'Union européenne pour la République centrafricaine « Fonds UE Bêkou », institué en 2014 entre la France, l'Allemagne, les Pays-Bas et la Commission européenne.

→ *Fiducie, Fondation, Fonds de concours, Fonds de dotation.*

ACTU

Fonds interprofessionnel de l'accès au droit et à la justice

[Procédure civile]

Fonds créé par la loi Macron (n° 990 du 6 août 2015, art. 50) dont la finalité principale est la redistribution entre certains professionnels du droit des rémunérations tarifées, afin de favoriser la couverture de l'ensemble du territoire par des professions judiciaires et juridiques et l'accès du plus grand nombre au droit. La réglementation de ce fonds a été précisée par le décret n° 2016-230 du 26 février.

C. com., art. L. 444-2.

Fonds marins

[Droit international public]

Sol et sous-sol marins situés au-delà des limites de la juridiction nationale des États côtiers, soumis à un régime spécifique excluant toute appropriation privative.

→ *Zone internationale des fonds marins.*

Fonds monétaire international

[Droit international public]

Institution spécialisée des Nations unies créée en 1945 en vue de favoriser la coopération monétaire internationale et l'expansion du commerce international. Fournit une aide financière aux États membres qui ont des difficultés temporaires de paiements en devises étrangères. *Siège* : Washington.

Fonds propres

[Droit commercial]

Les fonds propres regroupent, au passif du bilan, l'ensemble des valeurs qui permettent à l'entreprise de fonctionner sans endettement externe.

L'essentiel est constitué des *capitaux propres*, augmentés des avances conditionnées et du produit des *titres participatifs*.

Fonds servant

[Droit civil]

Immeuble bâti ou non bâti supportant la charge d'une servitude.

C. civ., art. 699 s.

→ *Fonds dominant.*

Fonds social européen (FSE)

[Droit européen]

Ligne du budget européen relative aux dépenses en matière sociale, le FSE (art. 162 TFUE) a pour objectif principal d'améliorer les possibilités d'emploi des travailleurs dans le marché intérieur. Il promeut la mobilité professionnelle et géographique, l'adaptation aux mutations des systèmes de production, la formation et la reconversion professionnelles.

Fonds sociaux

[Sécurité sociale]

Fonds d'action sociale alimentés, selon les régimes de Sécurité sociale, à l'aide du prélèvement direct sur les cotisations ou à partir des produits financiers et déterminés à des interventions individuelles (aides personnalisées) ou à des interventions collectives (financement de maisons de cures, d'équipements pour handicapés…).

CSS, art. R. 251-1.

Fonds souverains

[Droit financier]

Fonds d'investissement détenus par des États, alimentés souvent par l'exploitation de matières premières, notamment le pétrole. Plusieurs gèrent des centaines de milliards de dollars. En novembre 2008, la France a à son tour annoncé la création d'un « fonds d'investissement stratégique d'intérêt national », doté de 20 milliards d'euros (État et *Caisse des dépôts et consignations*).

Fonds structurels

[Droit européen/Droit financier]

Instruments financiers de l'Union européenne pour faciliter certaines interventions par objectif. Existent notamment le FEDER (*Fonds européen de développement économique régional*) en matière d'aménagement du territoire, le FSE (*Fonds social européen*) pour la politique sociale et le FEOGA (*Fonds européen d'orientation et de garantie agricole*) pour la *politique agricole commune*, transformé en 2005, en FEAGA (*Fonds européen agricole de garan-*

tie) et FEADER (*Fonds européen agricole pour le développement rural*).

Fonds vert pour le climat

[Droit international public]

Mécanisme international de financement créé en 2011 par les parties à la Convention cadre des Nations unies sur les changements climatiques et destiné à soutenir financièrement des projets visant la diminution des émissions de gaz à effet de serre, la lutte contre la déforestation ou la mise en place des mesures d'adaptation aux conséquences du réchauffement climatique. Les bénéficiaires de l'aide seront en priorité les pays en développement les plus vulnérables.

Fongibilité

[Droit civil]

Qualité des choses qui peuvent se remplacer indifféremment les unes par les autres. La fongibilité est dite objective (sens strict du terme) lorsque 2 choses sont exactement équivalentes (un kg de farine pour un kg de farine). Elle est dite subjective lorsque le rapport d'équivalence est déterminé par la volonté des parties à un contrat (sens large), par exemple, pour une *obligation alternative*.

→ *Choses fongibles.*

Fongibilité asymétrique

[Droit financier]

Nom donné à la règle selon laquelle, à l'intérieur d'un *programme* budgétaire, les crédits correspondant aux dépenses de personnel ne peuvent pas être augmentés par le gestionnaire de celui-ci par prélèvement sur des crédits d'une autre nature (matériel ou investissement, par ex.). Représente une exception importante au principe selon lequel la répartition des crédits au sein d'un même programme n'est qu'indicative, ce qui permet (fongibilité) de redéployer les crédits en fonction des besoins réels (par ex., en comblant une insuffisance de crédits de matériel en prélevant sur des crédits de personnel ou d'investissement).

For ou *Forum*

[Procédure civile/Droit international privé]

Ce mot désigne un tribunal et, par extension, sa compétence.

→ *Actor sequitur forum rei, Forum actoris, Forum shopping, Lex fori.*

Force de chose jugée

[Procédure civile/Procédure (principes généraux)]

Efficacité caractérisant un jugement qui n'est susceptible d'aucun recours suspensif d'exécution ou qui n'en est plus susceptible (les délais étant expirés ou les recours ayant été exercés) et qui, par conséquent, peut être mis à exécution sans attendre.

C. pr. civ., art. 500 et 501.

→ *Autorité de chose jugée, En dernier ressort, Exécution des décisions de justice (Droit à l'), Jugement définitif, Jugement irrévocable.*

Force exécutoire

[Procédure civile]

Effet attaché aux décisions judiciaires, qu'elles soient juridictionnelles ou gracieuses, aux actes des notaires, à certains actes de l'Administration, qui permet de pratiquer une saisie contre le débiteur, ou d'expulser un occupant d'un local, en recourant, s'il le faut, à la force publique.

La force exécutoire peut également être donnée par le juge à l'acte constatant l'accord des parties intervenu devant lui ou conclu hors sa présence.

C. pr. civ., art. 384, al. 3, 502 s.

→ *Exécution forcée, Expulsion, Formule exécutoire, Titres exécutoires.*

ACTU

Force majeure

[Droit civil]

Au sens large, tout événement imprévisible et insurmontable empêchant le débiteur d'exécuter son obligation; la force majeure est exonératoire.

Au sens étroit, la force majeure s'oppose au *cas fortuit*; elle est un événement non seulement imprévisible et insurmontable mais encore d'origine externe, absolument étranger à la personne du débiteur (force de la nature, fait du prince, fait d'un tiers), ce qui exclurait par exemple la survenance d'une maladie.

Suite à la réforme du 10 février 2016, la force majeure est constituée, en matière contractuelle, lorsqu'un événement échappant au contrôle du débiteur, qui ne pouvait être raisonnablement prévu lors de la conclusion du contrat et dont les effets ne peuvent être évités par des mesures appropriées, empêche l'exécution de son obligation par le débiteur. Si l'empêchement est temporaire, l'exécution de l'obligation est suspendue à moins que le retard qui en résulterait ne justifie la résolution du contrat. Si l'empêchement est définitif, le contrat est résolu de plein droit et les parties sont libérées de leurs obligations dans les conditions prévues par le code civil.

C. civ., art. 1218, 1231-1*, 1307-4*, 1307-5*, 1308*, 1351* et 2234.*

→ *Cause étrangère, Fait du prince.*

[Droit international public]

Circonstance excluant la responsabilité internationale d'un sujet international (État ou organisation internationale) consistant en la survenance d'une force irrésistible ou d'un événement extérieur imprévu qui échappe au contrôle de ce sujet et fait qu'il lui était matériellement impossible de respecter ses obligations.

→ *Responsabilité internationale.*

[Droit pénal]

Situation qui s'impose à une personne et qui permet de ce fait d'écarter la responsabilité de cette dernière.

→ *Contrainte.*

[Droit administratif]

En droit de la responsabilité, événement imprévisible exonérant l'administration de sa responsabilité en cas de survenance d'un dommage.

En droit des contrats administratifs, la force majeure libère le cocontractant de son obligation d'exécuter le contrat et entraîne la résiliation de celui-ci.

Force multinationale

[Droit international public]

Force armée composée de contingents de plusieurs États placés sous un commandement unique, généralement déployée avec l'autorisation du *Conseil de sécurité* des Nations unies.

Force obligatoire des contrats

[Droit civil]

Force attachée par la loi aux contrats légalement formés, en vertu de laquelle ce que les parties ont voulu dans le contrat s'impose à elles, dans les conditions mêmes où elles l'ont voulu. Ils ne peuvent être modifiés ou révoqués que par consentement mutuel des parties, ou pour les causes prévues par la loi.

La force obligatoire n'implique pas une application nécessairement littérale et rigide des contrats. Ceux-ci doivent être exécutés de *bonne foi*. Ils obligent non seulement à ce qui y est exprimé, mais encore à toutes les suites que leur donnent l'équité, l'usage ou la loi.

C. civ., art. 1103*, 1104*, 1193* et 1194*.

→ *Effet relatif des contrats, Opposabilité.*

Force probante

[Procédure (principes généraux)]

Efficacité d'un moyen de *preuve*. Un *acte sous signature privée* fait foi entre les parties, sauf l'action en *vérification d'écriture* qui peut aboutir à la constatation judiciaire du fait que le défendeur n'a pas réellement signé le document. L'acte authentique fait foi jusqu'à *inscription de faux* de sa réalité et des constatations de l'officier public (procédure naguère coûteuse et périlleuse); sa force probante est donc supérieure à celle qui est attachée à l'acte sous signature privée; mais cette supériorité ne s'attache qu'aux énonciations correspondant aux constatations personnelles de l'officier public; celles qui ne font que relater les dires des parties ne valent que jusqu'à preuve contraire. Quant à l'*acte contresigné par avocat*, il fait pleine foi de l'écriture et de la signature des parties, mais la procédure de faux lui est applicable.

La loi fixe, non seulement la valeur probatoire des divers types d'actes, mais aussi la force probatoire relative des preuves en conflit; par exemple, la preuve par écrit l'emporte sur la *preuve testimoniale*.

L'écrit sous forme électronique est admis en preuve au même titre que l'écrit sous forme papier; il a la même force probante.

C. civ., art. 1366* s., 1383-2*.

→ *Aveu, Commencement de preuve par écrit, Faux.*

[Procédure civile]

Le jugement a la force probante d'un acte authentique; par conséquent, il ne fait foi jusqu'à inscription de faux que des faits que le juge y a énoncés comme les ayant accomplis lui-même ou comme ayant eu lieu en sa présence.

C. pr. civ., art. 457.

Force publique

[Droit administratif/Procédure civile/ Procédure pénale]

Ensemble des forces (police, armée) qui sont à la disposition du gouvernement pour maintenir l'ordre, à la disposition des officiers publics pour obtenir le respect de la loi et l'exécution des décisions de justice, ainsi pour exécuter une expulsion ou pour pénétrer dans l'habitation d'un débiteur, objet d'une saisie-vente qui est absent ou refuse l'entrée.

Le refus de l'État de prêter son concours à l'exécution des jugements et autres titres exécutoires ouvre droit à réparation.

C. pr. exéc., art. L. 142-1, L. 153-1, L. 153-2, L. 322-2, R. 153-1.

GAJA n° 38.

→ *Concours de la force publique.*

Forclusion

[Procédure civile]

Perte, par l'expiration d'un délai, de la faculté de faire valoir un droit (entamer une instance, accomplir un acte, exercer un recours, etc.).

C. civ., art. 2220, 2222, 2241; CSS, art. R. 142-18; C. pr. civ., art. 125, 528, 528-1, 540.

→ *Délai de forclusion, Délai préfix, Relevé de forclusion.*

Foreign court theory

[Droit international privé]

Formule signifiant que, lorsque le juge statue dans une hypothèse où existe une possibilité de renvoi, il adopte la position qu'aurait prise le juge étranger (double renvoi).

Forfait

[Droit civil]

Prix d'une prestation ou d'un ensemble de prestations fixé à l'avance et de manière définitive. En matière immobilière, si la construction d'un bâtiment a été prévue à forfait, l'architecte ou l'entrepreneur ne peut réclamer aucun supplément de prix, nonobstant l'augmentation de la main-d'œuvre ou des matériaux ou les changements apportés au plan d'origine.

C. civ., art. 1793.

[Droit financier ou fiscal]

1° Ancien mode de fixation simplifiée du bénéfice imposable dans la catégorie des bénéfices industriels et commerciaux (BIC), ainsi que du montant de TVA à payer, réservé aux plus petites entreprises. Ce système reposait sur une évaluation calculée par l'administration fiscale à partir d'éléments objectifs (nombre de salariés, montant des achats et des stocks), il peut donner lieu à discussion avec le contribuable.

2° Ce mot désignait aussi ce bénéfice lui-même, ou la TVA à payer (« un forfait de x milliers de francs »).

Ce système qui concernait en 1992 moins de 20 % des entreprises, contre 86 % en 1970, a été remplacé en 1999 par le régime dit des micro-entreprises. Il subsistait cependant un système de forfait pour la détermination du bénéfice agricole des petits exploitants qui a été supprimé au profit d'un régime simplifié.

Forfait de communauté

[Droit civil]

Clause d'un contrat de mariage par laquelle l'un des époux est autorisé à prendre la totalité de la communauté lors de sa liquidation moyennant versement d'une somme forfaitaire. Cette clause n'est plus prévue par le Code civil.

C. civ., art. 1497 s.

Forfait générique

[Sécurité sociale]

Pour des médicaments figurant dans un groupe générique, le remboursement des frais peut être limité à un tarif forfaitaire de responsabilité décidé par le comité économique des produits de santé.

Forfait journalier

[Sécurité sociale]

Somme que paient les malades admis en hospitalisation complète ou en hébergement dans les établissements d'hospitalisation publics ou privés et dans les établissements sociaux.

Des cas d'exonération sont prévus. Le forfait journalier peut être pris en charge par l'*aide sociale* ou par les mutuelles.

CSS, art. L. 174-4.

Forfait social

[Sécurité sociale]

Contribution patronale sur les rémunérations exclues de l'assiette des cotisations mais soumises à la CSG.

CSS, art. L. 137-15.

Forfaiture

[Droit pénal]

Crime commis par un fonctionnaire public dans l'exercice de ses fonctions.

Cette incrimination n'a pas été conservée par le nouveau Code pénal.

Formalisme

[Droit général]

Principe juridique en vertu duquel une formalité (ex. : la rédaction d'un écrit) est exigée par la loi pour la validité d'un acte.

À côté de ce formalisme substantiel, il existe d'autres espèces de formalisme ayant pour fin la preuve ou la publicité

→ *Acte consensuel, Acte solennel, Ad solemnitatem, Consensualisme, Mentions informatives.*

[Procédure civile]

Le principe selon lequel la forme est exigée *ad solemnitatem* est applicable aux actes du juge (ex. : enquête, jugement...) et aux actes de procédure (ex. : pour l'assignation, mention de la date, du tribunal compétent, de la signature de l'huissier...), sanctionné par la déchéance ou la nullité. Il répond au souci de garantir le principe de la contradiction, la liberté de la défense et le délai raisonnable de la procédure.

Formation citoyenne

[Procédure pénale]

→ *Citoyens assesseurs.*

Formation continue

[Droit général]

Formation postscolaire, destinée à des personnes engagées dans la vie active, qui a pour objet de favoriser l'insertion ou la réinsertion professionnelle des travailleurs, de permettre leur maintien dans l'emploi, de favoriser le développement de leurs compétences et l'accès aux différents niveaux de qualification professionnelle, de contribuer au développement économique et culturel et à leur promotion sociale. Elle se réalise notamment par le moyen des *congés* individuels de formation.

C. trav., art. L. 6311-1 s.

[Procédure civile]

Les magistrats sont soumis à une obligation de formation continue organisée par l'École nationale de la magistrature. De leur côté, les avocats doivent consacrer 20 heures par année civile à la mise à jour et au perfectionnement des connaissances nécessaires à l'exercice de leur profession.

La formation professionnelle continue s'impose aussi aux huissiers, aux notaires, aux greffiers de tribunal de commerce, aux commissaires-priseurs judiciaires et aux avocats au Conseil d'État et à la Cour de cassation. Parmi les modalités d'exécution de cette obligation, on retrouve pour chacune de ces professions la participation à des formations, l'assistance à des colloques et la publication de travaux à caractère juridique.

Formation de jugement

[Procédure (principes généraux)]

Composition d'un tribunal pour rendre une décision juridictionnelle. Pour sa désignation, plusieurs appellations sont utilisées; *chambre*, *section*, sous-section, bureau.

→ *Audience de la chambre, Audience de procédure, Bureau de conciliation et d'orientation, Bureau de jugement, Conseil d'État, Conseil de Prud'hommes, Cour de cassation.*

Formation en alternance

[Droit du travail]

Dispositif permettant aux jeunes de 16 à 25 ans d'acquérir une qualification (contrats de professionnalisation) ou aux salariés sous contrat de travail à durée indéterminée de favoriser leur maintien dans l'emploi (périodes de professionnalisation) en alliant une activité sur les lieux de travail à des enseignements généraux, professionnels et technologiques dans des établissements publics ou privés. L'entreprise bénéficie d'une exonération de cotisations sociales.

C. trav., art. L. 6324-1 s. et L. 6325-1 s.

Forme

[Droit général]

La forme dans le droit s'attache aux manifestations extérieures de la volonté, qu'il s'agisse d'un acte juridique fait par un particulier ou par un administrateur, ou bien d'un jugement émanant d'un organe judiciaire.

La forme poursuit des buts très différents selon les cas, ce qui explique que sa méconnaissance n'engendre pas les mêmes effets :

- protéger une personne (donation) ou un justiciable (formes du procès) – Sanction : la nullité;
- prévenir les tiers (publicité d'une vente d'immeuble) – Sanction : l'inopposabilité;
- assurer la sécurité du commerce (effets de commerce) – Sanction : la dégénérescence de l'acte;
- ménager une preuve – Sanction : impossibilité de prouver autrement;
- acquitter les droits fiscaux (timbrage, enregistrement) – Sanction : amende fiscale.

Dans le droit du procès, les actes de procédure et les actes des juges sont soumis à certaines conditions de forme, sanctionnées par la nullité de l'acte.

→ *Fond, Formalisme.*

Forme des référés

[Procédure civile]

La procédure dite « en la forme des référés » est une procédure accélérée et simplifiée qui suit les formes et délais de la procédure de référé mais qui, à la différence majeure de l'ordonnance de référé, a l'autorité de la chose jugée au principal relativement à la contestation qu'elle tranche.

C. pr. civ., art. 492-1, 1460.

Formel, informel

[Droit général]

Un acte juridique présente un caractère formel lorsqu'un document en atteste l'existence. Dans le cas contraire, l'acte est dit informel (verbal, implicite, se déduisant d'une attitude par ex.).

Formel, matériel

[Droit général]

Techniques de classification des actes juridiques.

Les classifications formelles s'attachent à la distinction des différents organes compétents et aux formes ou procédures suivant lesquelles ces actes sont accomplis.

Les classifications matérielles correspondent à des distinctions fondées sur l'analyse du contenu des actes juridiques.

[Droit international privé]

Les règles de conflit de lois qui désignent la loi applicable sont qualifiées règles *formelles* ou *indirectes.*

Les règles de droit contenant les dispositions applicables à la situation en cause sont qualifiées règles matérielles, *substantielles, directes.*

Formule exécutoire

[Procédure civile]

Formule insérée dans l'*expédition* d'un acte ou d'un jugement par l'officier public qui le délivre (*notaire*, directeur de greffe) et permettant au bénéficiaire de poursuivre l'exécution en recourant si cela est nécessaire à la *force publique.*

La formule se termine ainsi : « En conséquence, la République française mande et ordonne à tous huissiers de justice sur ce requis de mettre ledit arrêt (ou ledit jugement) à exécution, aux procureurs généraux et aux procureurs de la République près les tribunaux de grande instance d'y tenir la main, à tous commandants et officiers de la force publique de prêter main-forte lorsqu'ils en seront légalement requis... » (Décr. n° 1047 du 12 juin 1947, art. 1er).

C. pr. civ., art. 465, 502.

→ *Force exécutoire, Titres exécutoires.*

[Procédure administrative]
Il existe une formule spéciale pour les décisions rendues par les juridictions administratives.

Fortune de mer

[Droit maritime/Droit civil]
1° Expression héritée de la distinction de l'Ancien droit entre la fortune de terre et la fortune de mer des entrepreneurs d'expédition maritime. Elle figure, dans le droit maritime classique, l'existence d'un patrimoine d'affectation, exception au concept classique de l'unité du patrimoine. De nos jours, les armateurs de navires peuvent limiter leur responsabilité à l'égard de leurs contractants ou de tiers si les dommages se produisent à bord ou en rapport avec la navigation. Le plafonnement s'inscrit dans les limites définies par la Convention internationale de Londres du 19 novembre 1976 en fonction du jaugeage du bâtiment et de la nature des dommages. Si le total des créances nées d'un même événement dépasse le plafond, le montant des réparations dues par l'armateur est constitué en un fonds de limitation unique affecté exclusivement aux créanciers à qui la limitation de responsabilité est opposable, qui ne pourront prétendre à aucun droit sur les autres biens de l'armateur.

C. transp., art. L. 5121-1 s.

→ *Patrimoine, Patrimoines d'affectation (Théorie des).*

2° Tout risque de mer fortuit (naufrage, prise, incendie).

C. assur., art. L. 172-11.

Forum actoris

[Droit international privé]
Compétence du tribunal du demandeur (situation exceptionnelle).

C. civ., art. 14.

GADIP n° 43, 49 et 71.

Forum shopping

[Droit international privé]
Stratagème pour échapper à l'application d'une loi et consistant, pour les plaideurs, à porter leur litige devant une juridiction étrangère, qui ne sera pas obligée d'appliquer cette loi.

→ *Fraude.*

Fouchet (Plan)

[Droit européen]
Nom donné à l'initiative prise par le général de Gaulle en 1960 pour établir une union politique européenne sur une base confédérale. Le projet de traité élaboré par une commission d'experts présidée par Christian Fouchet (projet présenté en nov. 1961) fut abandonné en 1962 faute d'accord.

Fouille

[Procédure pénale]
Modalité de la *perquisition* qui s'effectue ailleurs que dans un immeuble, sur une personne (à l'aéroport par ex.) ou dans un véhicule.

La fouille d'un véhicule doit préserver la liberté individuelle dont seule l'autorité judiciaire est la gardienne.

DGCC n° 29.

Foyer fiscal

[Droit financier ou fiscal]
Ensemble des personnes établissant légalement une seule déclaration annuelle de leurs revenus. Exemple-type pour un couple marié : le mari, la femme et leurs enfants mineurs. Il est composé d'une seule personne dans le cas d'un célibataire sans enfant. Le calcul de l'impôt sur le revenu dû par un foyer fiscal s'effectue selon la technique du *quotient familial*.

CGI, art. 6.

Fractionnement de la peine

[Droit pénal]

En matière correctionnelle, la juridiction peut décider, pour un motif d'ordre médical, familial, professionnel ou social, que l'emprisonnement prononcé pour une durée de 2 ans, ou, si la personne est en état de récidive légale, pour une durée égale ou inférieure à un an au plus, sera, pendant une période ne pouvant excéder 4 ans, exécuté par fractions, aucune d'entre elles ne pouvant être inférieure à 2 jours.

C. pén., art. 132-27.

Frais

[Procédure civile]

Au sens large, ensemble des dépenses occasionnées par un procès. Au sens strict, désigne les frais *irrépétibles*.

Les frais de l'exécution forcée sont, sauf s'ils étaient inutiles, à la charge du débiteur, alors que les frais de recouvrement entrepris sans titre exécutoire sont dus par le créancier, à moins que les démarches accomplies en vue de recouvrer la créance aient été nécessaires.

C. pr. exéc., art. L. 111-8.

→ *Débours, Dépens.*

Frais d'atelier

[Sécurité sociale]

Frais engagés par le travailleur à domicile et afférents au loyer, au chauffage, à l'éclairage du local de travail, à la force motrice, à l'amortissement normal des moyens de production. L'entreprise a une option :

• Ne pas tenir compte de la déduction forfaitaire pour frais d'atelier fixée pour certaines catégories de travailleurs. Dans ce cas, l'assiette des cotisations est constituée par le montant des salaires à l'exclusion de toutes indemnités pour frais d'atelier ou de tout remboursement de frais.

• Faire application de la déduction forfaitaire. Dans ce cas, doivent être réintégrés dans l'assiette des cotisations les remboursements de frais réels ou les majorations ou allocations forfaitaires représentatives de frais d'atelier.

CSS, art. L. 242-1.

Frais d'entreprise

[Sécurité sociale]

Frais, pris en charge par l'employeur, qui correspondent à des charges d'exploitation de l'entreprise. Ils doivent remplir simultanément 3 critères : caractère exceptionnel, intérêt de l'entreprise et être exposé en dehors de l'exercice normal de l'activité du travailleur. Sont exclus de l'assiette des cotisations même en cas d'option pour la déduction forfaitaire spécifique pour frais professionnels.

Frais funéraires

[Sécurité sociale]

Frais de transport du corps au lieu de sépulture en France, en cas d'accident du travail suivi de mort, pris en charge par la caisse primaire d'assurance-maladie.

CSS, art. L. 455-1 et L. 455-2.

[Droit civil]

Ensemble des dépenses engendrées par les *funérailles*. Ces frais sont privilégiés sur la généralité des meubles, venant en deuxième position après les frais de justice. Ils font partie des dettes de la succession, mais le renonçant, qui n'y est pas assujetti, les doit néanmoins si la succession à laquelle il renonce est celle de l'ascendant ou du descendant.

C. civ., art., 806, 2331.

Frais professionnels

[Sécurité sociale]

Sommes versées aux salariés pour les couvrir des charges de caractère spécial inhérentes à la fonction ou à l'emploi. Au sens strict, les charges inhérentes sont uniquement celles qui tiennent à la nature de l'emploi ou de la fonction, abstraction faite de tous les éléments qui se rapportent à la situation personnelle de chaque salarié. Les frais professionnels sont déductibles de l'assiette des cotisations de Sécurité sociale.

CSS, art. L. 242-1; Arrêté du 20 déc. 2002.

Franc

[Droit financier ou fiscal/Droit commercial]

Unité monétaire de la France de sa création par la loi du 28 thermidor an III (15 août 1795) jusqu'à son remplacement, le 1er janvier 1999, par l'*euro* dont la mise en circulation est intervenue le 1er janvier 2002.

Franc CFA

[Droit financier ou fiscal/Droit commercial]

(CFA : jadis = colonies françaises d'Afrique; aujourd'hui = Communauté financière africaine).

Unité monétaire commune à une quinzaine d'États africains jadis Territoires d'outre-mer français (sauf la Guinée Bissau), formant avec la France (et les Comores) la *Zone franc*. La parité du franc CFA et de l'*euro* est fixée par les États membres de la Zone franc. Avant 2002, 1 *franc* valait 100 francs CFA; au 1er avril 2016, 1 euro = 655,96 francs CFA.

Il existe également un franc comorien (KMF), obéissant à des règles analogues, et dont la parité au 1er avril 2016 est : 1 euro = 494,08 francs comoriens.

Franc CFP

[Droit financier ou fiscal/Droit commercial]

(CFP : jadis = colonies françaises du Pacifique; aujourd'hui = change franc Pacifique).

Unité monétaire utilisée dans les ex-Territoires d'outre-mer du Pacifique (Nouvelle-Calédonie, Polynésie française, Wallis et Futuna), qui sont seulement associés à l'Union européenne et ne font donc pas partie de la zone *euro*. La France continue d'émettre cette monnaie et en fixe elle-même la parité par rapport à l'euro. Avant 2002, 1 *franc* valait 18 francs CFP; au 1er avril 2016, 1 euro = 119,33 francs CFP.

En revanche, dans les *départements d'outre-mer* (ainsi que dans les collectivités de Saint-Martin, Saint-Barthélemy et Saint-Pierre-et-Miquelon), qui font partie de l'Union européenne et de l'Union économique et monétaire, l'unité monétaire est l'*euro*, comme en France métropolitaine.

Franc, franche

[Droit civil]

Sans obligation, non grevé d'hypothèque, libre de toute servitude, affranchi de toute charge (l'expression complète est « franc et quitte de toute charge ») : franc de port, par exemple, signifie que le destinataire d'une marchandise n'a pas à en payer les frais d'envoi.

[Procédure civile]

On parle de délai franc lorsque l'on ne compte ni le *dies a quo* ni le *dies ad quem*.

→ *Délai.*

Français établis hors de France

[Droit constitutionnel]

Citoyens français résidant à l'étranger et inscrits dans une ambassade ou un consulat. Peuvent voter dans ces lieux pour les consultations à caractère national (élection du président de la République et référendum). Depuis 2012, ils élisent directement 11 députés à l'Assemblée nationale dans le cadre d'autant de circonscriptions entre lesquelles les différents pays sont répartis. Ils concourent également, mais au suffrage indirect, à l'élection de 12 sénateurs.

→ *Assemblée des Français de l'étranger.*

France Télécom

[Droit administratif/Droit financier ou fiscal]

Succédant à l'ancienne Direction générale des Télécommunications au sein du ministère des PTT, France Télécom est devenue, sous la pression de la Communauté européenne, une société anonyme dont l'État ne détient plus directement ou indirectement (*ERAP*) que 13 % environ du capital. Depuis 1998, elle ne bénéficie plus d'un monopole légal et se trouve donc exposée à la concurrence d'autres opérateurs, tout en continuant d'assurer le service public universel des télécommunications, qui doit garantir à tous un service téléphonique de qualité à un prix abordable, ainsi que l'acheminement des appels des numéros d'urgence. Sa marque commerciale est « Orange ».

→ *Service public.*

Franchisage

[Droit commercial]

Contrat par lequel le titulaire d'un signe distinctif, généralement déposé à titre de marque (le franchiseur), en concède l'usage à un commerçant indépendant (le franchisé) auprès duquel il assume une fonction de conseil et d'assistance commerciale, moyennant le paiement d'une redevance sur le chiffre d'affaires du franchisé ainsi que son engagement de s'approvisionner en tout ou en partie auprès du franchiseur ou de tiers déterminés et de respecter un certain nombre de normes tant pour l'implantation que pour la gestion du point de vente.

C. com., art. L. 330-3, L. 341-1 s.

Franchise

[Droit civil/Droit commercial]

Dans le droit des assurances, part d'un dommage que l'assuré conserve à sa charge. Elle est absolue lorsqu'elle est supportée par l'assuré, quelle que soit l'importance du dommage; elle est simple, lorsque la fraction du dommage dont elle est l'objet est réparée par l'assureur au-delà d'un certain seuil de préjudice.

C. assur., art. L. 121-1, R. 126-2, R. 211-13, R. 220-6, A. 125-1.

Franchise (Contrat de)

[Droit commercial]

→ *Franchisage.*

Franchise d'impôt

[Droit financier ou fiscal]

Technique d'exonération fiscale consistant à ne pas percevoir un impôt lorsque le montant théoriquement dû n'atteint pas un chiffre minimum.

→ *Décote.*

Franchise médicale

[Sécurité sociale]

Participation forfaitaire des assurés sur les médicaments, les actes effectués par un auxiliaire médical et le transport. Ces franchises ont pour but de financer les investissements consacrés à la lutte contre le cancer, la maladie d'Alzheimer et l'améliorer les soins palliatifs.

L. n° 2007-1786, 19 déc. 2007, art. 52.

Franchising

[Droit commercial]

→ *Franchisage.*

Francisation

[Droit maritime]

Formalité conférant à un bâtiment de mer le droit de naviguer sous pavillon français.

C. douanes, art. 216 s.

[Droit civil]

Procédure, destinée à favoriser l'intégration dans la communauté nationale, consistant à donner le caractère linguistique français à un nom ou prénom étranger, par traduction, suppression de consonance ou modification d'orthographe. S'applique non seulement aux étrangers, mais aux nationaux eux-mêmes (loi n° 72-964 du 26 oct. 1972, art. 1 s.).

Franco (ou Franco de port/ Franco de tous frais)

[Droit commercial]

Les frais de transport sont payés par l'expéditeur; le destinataire est dispensé de tout payement autre que celui du prix de la marchandise elle-même. Équivalent de l'expression « port payé ».

Francophonie

[Droit international public]

→ *Organisation internationale de la francophonie (OIF).*

Fratrie

[Droit civil]

Ensemble des frères et sœurs conçu comme une communauté affective et éducative. Le principe selon lequel l'enfant ne doit pas être séparé de sa fratrie est écarté lorsqu'une résidence commune est impossible (ex. : cas d'une *famille recomposée*) ou lorsque l'intérêt de l'enfant l'exige.

C. civ., art. 371-5.

Fraude

[Droit général/Droit civil]

Action révélant chez son auteur la volonté de nuire à autrui (conjoint, cocontractant, copartageant, plaideur), à tout le moins de préjudicier à ses droits, ou de tourner certaines prescriptions légales (fraude fiscale).

C. civ., art. 131, 259-1, 262-2, 882, 1202, 1341-2*, 1397, 1421, 1426, 1447, 1573, 1574.*

GAJF n° 10.

→ *Action paulienne, Escroquerie, Fraus omnia corrumpit, Prise à partie, Responsabilité du fait du fonctionnement défectueux de la Justice.*

[Droit international privé]

Adaptation consciente de moyens licites à des fins contraires à la loi. La fraude à la loi consiste, le plus souvent, à modifier, par des artifices, les circonstances de fait d'après lesquelles est déterminée la règle de conflit. La jurisprudence tient compte de la fraude commise au détriment non seulement de la loi française, mais encore de la loi étrangère.

GADIP n° 6.

→ *Forum shopping.*

Fraude fiscale

[Droit financier ou fiscal]

Soustraction illégale à la loi fiscale de tout ou partie de la matière imposable qu'elle devrait frapper.

→ *Évasion fiscale.*

Fraus omnia corrumpit

[Droit civil]

Adage latin (littéralement, « la fraude corrompt tout ») exprimant que tout acte juridique entaché de fraude peut être l'objet d'une action en nullité.

Freins et contrepoids (Système des)

[Droit constitutionnel]

En anglais : « *Checks and balances* ». Système constitutionnel, en vigueur notamment aux États-Unis d'Amérique, consistant à aménager les rapports entre les pouvoirs publics de manière qu'ils se tiennent mutuellement en équilibre (ex. : droit de *veto* suspensif du Président sur les lois; agrément sénatorial sur les nominations présidentielles...).

Freinte de route

[Droit commercial]

Perte de poids ou de volume de la marchandise transportée en raison des circonstances naturelles. L'usage international veut que, cantonnée dans des proportions usuelles, elle ne soit pas indemnisée par le transporteur. Différent de l'*avarie*.

Fret

[Droit maritime]

Prix du service rendu pour le transport sur un navire de marchandises d'un point à un autre. Ce terme sert aussi à désigner, dans le langage courant, la marchandise transportée. En ce sens, il est passé dans le vocabulaire de tous les modes de transport (routiers, aériens, etc.).

Fréteur

[Droit maritime]

Propriétaire d'un navire qui, moyennant le paiement d'une somme appelée fret, s'engage à mettre son bâtiment à la disposition d'une autre personne, l'affréteur, pour le transport de marchandises d'un point à un autre.

→ *Affrètement.*

Front

[Droit constitutionnel]

Coalition de partis politiques (ex. : Front populaire).

Frontaliers

[Sécurité sociale]

Travailleurs qui, tout en conservant leur résidence dans la zone frontalière d'un État où ils retournent en principe tous les jours, vont travailler dans la zone frontalière d'un État limitrophe. En droit communautaire, il n'est pas nécessaire que le pays de résidence et le pays d'emploi soient limitrophes.

Frontex

[Droit européen]

Agence de l'Union européenne, créée en 2004 afin d'assurer une collaboration opérationnelle des forces de sécurité des États membres chargées de l'application du droit de l'Union relatif à la protection de ses frontières avec les États tiers.

→ *Schengen (Accords de).*

Frontière

[Droit international public]

Ligne de partage des territoires et des espaces maritimes de deux États.

• *Frontière artificielle* : celle qui consiste en une ligne idéale (parallèle, ligne entre 2 points déterminés).

• *Frontière maritime* : ligne de partage des espaces maritimes de deux États dont les côtes sont adjacentes ou se font face.

• *Frontière naturelle* : celle qui est formée par un accident géographique (fleuve, lac, mer, montagne).

• *Frontière terrestre* : ligne de partage du territoire terrestre des États.

Fructus

[Droit civil]

Mot latin désignant l'un des trois attributs du droit de propriété sur une chose, le droit d'en percevoir les fruits, au sens large du terme, sans altération de la substance de la chose.

C. civ., art. 544.

→ *Abusus, Usus.*

Frugifère

[Droit civil]

→ *Choses frugifères.*

Fruits

[Droit civil]

1° Biens produits périodiquement et régulièrement par les choses sans altération de leur substance.

On distingue :

- *les fruits naturels :* qui comprennent les produits spontanés de la terre et le croît des animaux;

- *les fruits industriels :* qui sont des produits obtenus par le travail de l'homme;

- *les fruits civils :* qui sont obtenus grâce à un contrat dont le capital est l'objet, tels les loyers et autres revenus en argent procurés par une chose.

C. civ., art. 547 s., 582 s., 1614, 2389.

2° Par extension, qualification donnée à des biens qui constituent des produits au sens exact (dans la mesure où ils entament la substance de la chose qui les fournit), mais dont la production, comme celle des fruits, est périodique et régulière (par ex., les arbres abattus dans une forêt aménagée en coupes réglées; les matériaux extraits d'une carrière régulièrement exploitée).

C. civ., art. 591 et 598.

→ *Produits, Usufruit.*

Frustratoire

[Procédure civile]

→ *Actes frustratoires.*

Fuite (Délit de)

[Droit pénal]

→ *Délit de fuite.*

Funérailles

[Droit civil/Procédure civile]

Ensemble des cérémonies accomplies en l'honneur d'un mort dont les conditions sont réglées librement par l'intéressé de son vivant, lequel décide si son corps sera inhumé ou incinéré, si ses obsèques auront un caractère civil ou religieux, précise la destination de ses cendres... Le tribunal d'instance du lieu du décès, seul compétent en la matière en cas de litige, statue dans les 24 heures; sa décision est susceptible d'appel devant le premier président de la cour d'appel qui doit se prononcer immédiatement.

C. pr. civ., art. 1061-1; COJ, art. R. 221-7, R. 221-47; CGCT, art. L. 2223-19 s.

→ *Corps humain, Crémation, Inhumation, Obsèques, Pompes funèbres, Sépulture.*

Fusion

[Droit commercial]

Opération juridique consistant à regrouper plusieurs sociétés (ou entités personnifiées) qui disparaissent en une seule, par voie de transmission universelle de patrimoine.

La scission constitue l'opération inverse, dont on rapproche parfois l'apport partiel d'actif, autre modalité typique de réorganisation des sociétés pouvant se réaliser par le transfert ou l'isolement de branches autonomes d'activités (actifs et passifs étant liés).

C. com., art. L. 236-1; C. civ., art. 1844-4.

Fusion des professions

[Droit commercial]

→ *Profession unique.*

Fusion – regroupement de communes

[Droit administratif]

→ *Communes, Commune nouvelle.*

G

G 20 (Groupe des 20)

[Droit international public]

Instance internationale permettant aux États les plus puissants sur le plan économique, y compris les pays émergents, de se concerter sur l'évolution de l'économie mondiale. Le G 20 s'est réuni au niveau des chefs d'État ou de gouvernement pour la première fois en 2008, esquissant ainsi un gouvernement économique mondial.

Gage

ACTU

[Droit civil/Droit commercial]

1° Convention par laquelle le constituant accorde à un *créancier* le droit de se faire payer par préférence aux autres créanciers sur un bien mobilier corporel ou un ensemble de bien mobiliers corporels, présents ou futurs. Le gage n'est plus un contrat réel, se formant par la remise de la chose; la seule rédaction d'un écrit suffit à le constituer valablement.

Le gage est opposable aux tiers par la publicité qui en est faite; il l'est également par la dépossession, entre les mains du créancier ou d'un tiers convenu, du bien qui en fait l'objet.

C. civ., art. 2329 et 2333 s.; C. com., art. L. 521-1 s.

GAJC, t. 2, n° 271.

2° *Gage automobile.* Lorsqu'il porte sur un véhicule terrestre à moteur, le gage est opposable aux tiers par la déclaration qui en est faite à l'autorité administrative; un reçu de la déclaration est remis au créancier; la détention de ce reçu équivaut à la détention de la chose, si bien que le gage automobile est un gage avec dépossession, nonobstant la fictivité de cette dernière.

C. civ., art. 2351 à 2353.

3° *Gage immobilier. Sûreté* réelle née de la convention des parties et permettant au créancier de prendre possession d'un immeuble et d'en imputer annuellement les fruits et les revenus d'abord sur les intérêts, ensuite sur le capital de sa créance, jusqu'au règlement de cette dernière. Depuis l'ordonnance n° 2006-346 du 23 mars 2006 portant réforme du droit des sûretés, il doit être établi par un acte notarié et ne constitue plus un *nantissement*. Autrefois appelé antichrèse.

C. civ., art. 2373, 2387 s.

4° *Gage des stocks.* Sûreté mobilière sans dessaisissement, efficace à raison de son inscription sur un registre de publicité, le gage des stocks garantit les crédits consentis à des professionnels sur leur actif circulant (matières premières, produits intermédiaires et produits finis). Institué dans le Code de commerce au bénéfice des établissements de crédit, le gage des stocks fut pour ces derniers jugé d'usage impératif à l'exclusion de la forme plus souple du gage de droit de commun (lequel était pourtant conçu pour pouvoir également porter sur les universalités de biens fongibles, dont les stocks). La jurisprudence de la Cour de cassation, très contestée et confirmée en Assemblée plénière (2015), fut aussitôt rabattue par l'effet d'une Ordonnance octroyant aux établissements bancaires la faculté de recourir au gage de droit commun afin d'obtenir une garantie sur les stocks.

C. com., art. L. 527-1 s. nouveaux (rédac. Ord. n° 2016-56 du 29 janv. 2016).

→ *Droit de rétention, Entiercement, Warrant.*

Gain journalier de base

[Sécurité sociale]

Salaire servant à calculer les indemnités journalières de maladie et maternité.

CSS, art. R. 323-4.

Gain manqué

[Droit civil]

→ *Lucrum cessans.*

Galiléo

[Droit européen]

Nom du projet européen de système de positionnement par satellites, en cours de réalisation, et destiné à doter l'Union européenne d'un système autonome, indépendant notamment du monopole américain GPS.

Gallodrome

[Droit pénal]

Lieu où sont organisés des combats de coqs. Parce que de tels combats sont autorisés seulement dans les localités où une tradition ininterrompue peut être établie, toute création d'un nouveau gallodrome est punie des peines encourues pour sévices graves ou actes de cruauté envers les animaux, interdiction déclarée conforme à la Constitution par une décision du Conseil constitutionnel n° 2015-477 QPC du 31 juillet.

C. pén., art. 521-1.

Garantie

[Droit civil]

1° Moyens juridiques permettant de garantir le créancier contre le risque d'insolvabilité du débiteur; en ce sens, synonyme de *sûreté*.

2° Obligation mise à la charge d'un contractant destinée à assurer la jouissance paisible de fait et de droit de la chose remise à l'autre partie, alors même que le trouble ne résulte pas de son fait (ex. : garantie par le vendeur des vices cachés de la chose, de l'éviction, de la conformité...).

C. civ., art. 884, 1628, 1641, 1693, 1705, 1721 et 1725; C. consom., art. L. 217-4 à L. 217-16.

→ *Conformité, Éviction, Garantie décennale, Vices cachés.*

3° Théorie juridique de Boris Starck, selon laquelle le fondement de la responsabilité civile se trouve dans l'atteinte aux droits de la victime, en comparant le droit de cette victime à la sécurité et le droit de chacun à agir. Ainsi, la victime d'un accident verra son droit à la sécurité l'emporter sur toute autre considération et elle n'aura pas à prouver la faute de l'auteur de l'accident. À l'inverse, chacun est libre d'exercer son droit de critique à l'égard d'une œuvre, droit qui ne cède qu'en cas de faute dans l'exercice de ce droit.

[Droit international public]

Engagement pris par un ou plusieurs États de répondre de l'exécution des obligations internationales d'un État tiers ou de maintenir une situation juridique donnée.

Garantie (Appel en)

[Procédure civile]

Action appartenant au plaideur qui a la faculté de se retourner contre un garant.

Le demandeur en garantie, lorsqu'il n'est obligé qu'en tant que détenteur d'un bien (garantie formelle) peut requérir, avec sa mise hors de cause, que le garant lui soit substitué comme partie principale; il n'en demeure pas moins soumis à l'exécution du jugement prononcé contre le garant, dès l'instant que ce jugement lui a été notifié.

Le garant peut être appelé dans l'instance principale (intervention forcée). Il peut aussi voir sa garantie mise en œuvre dans un procès distinct et ultérieur.

C. pr. civ., art. 334 s.

→ *Action récursoire, Demande en intervention, Intervention, Propter rem.*

Garantie à première demande

[Droit civil]

Cette garantie naît du contrat passé entre le garant, personne physique ou morale, et le bénéficiaire, le créancier, à la demande du débiteur, le donneur d'ordre; le garant s'engage à verser telle somme d'argent au bénéficiaire à la première réquisition de ce dernier, sans contestation pour quelque motif que ce soit. La garantie à première demande se distingue du cautionnement : elle est autonome, indépendante du contrat de base, qui lie originellement le créancier et son débiteur; les 2 mécanismes ont des objets différents, le garant ne paie pas la dette d'autrui mais la sienne propre; surtout, c'est l'avantage capital, le garant ne peut invoquer les exceptions qui appartiennent au débiteur, comme le ferait la caution.

La garantie à première demande, inconnue naguère, a connu progressivement le succès après 1970; elle constitue une sûreté automatique, drastique, qui a, souvent, pour elle la préférence des créanciers.

C. civ., art. 2321.

GAJC, t. 2, n° 300-301.

→ *Garantie autonome.*

Garantie autonome

[Droit civil]

Engagement par lequel le garant s'oblige, en considération d'une obligation souscrite par un tiers, à verser une somme soit à première demande, soit suivant des modalités convenues. La garantie est autonome en ce sens que son existence et son étendue ne dépendent pas du contrat de base, mais des seuls termes de l'engagement souscrit.

C. civ., art. 2287-1, 2321.

→ *Garantie à première demande.*

Garantie commerciale

[Droit civil]

Engagement contractuel pris par un professionnel à l'égard d'un consommateur permettant à ce dernier d'obtenir le remboursement du prix d'achat d'un bien, son remplacement ou sa réparation. Elle s'ajoute aux garanties légales. Le professionnel doit remettre au consommateur qui souscrit à cette garantie un contrat écrit l'informant de son contenu, des modalités de sa mise en œuvre, de son coût, de sa durée et de son étendue territoriale, ainsi que le nom et l'adresse du garant; il doit, en outre, mentionner de façon claire et précise que, indépendamment de la garantie commerciale, le vendeur est tenu de la garantie légale de conformité des articles L. 217-4 s. du Code de la consommation et de celle relative aux défauts de la chose vendue des articles 1641 s. du Code civil.

C. consom., art. L. 211-2, L. 217-15 et L. 217-16.

Garantie d'emprunt

[Droit financier ou fiscal]

Engagement par lequel l'État ou une autre personne publique accorde sa caution à un organisme dont il veut faciliter les opérations d'emprunt, en garantissant aux prêteurs le service des intérêts et le remboursement du capital en cas de défaillance de leur débiteur.

Garantie d'éviction

[Droit civil]

→ *Éviction.*

Garantie de conformité

[Droit civil]

→ *Conformité.*

Garantie de passif

[Droit commercial]

Convention par laquelle le cédant de droits sociaux garantit au cessionnaire la valeur de son acquisition. Établie à la vue des documents comptables produits par le vendeur, cette convention garantit l'exactitude de la situation patrimoniale, active et passive, de la société au jour de la cession. En fonction des stipulations propres de la convention, la mise en œuvre de cette garantie se traduit par une indemnité versée à la société ou, plus fréquemment, par une restitution à l'acquéreur de tout ou partie du prix payé. La garantie de passif constitue un complément aux garanties légales du droit de la vente, lesquelles sont toutefois de faible recours lorsqu'elles sont appliquées aux droits sociaux. La jurisprudence récente admet, sur la foi des déclarations du cédant, de mettre en œuvre la responsabilité civile de droit commun du fait du dol ou de la réticence dolosive, nonobstant l'existence de garanties conventionnelles spéciales.

Garantie décennale

[Droit civil]

Responsabilité de plein droit pesant sur le constructeur d'un ouvrage (architecte, entrepreneur, technicien…) envers le maître ou l'acquéreur de l'ouvrage pour les dommages qui compromettent la solidité de l'ouvrage ou le rendent impropre à sa destination parce que l'affectant dans l'un de ses éléments d'équipement ou l'un de ses éléments constitutifs. Cette responsabilité couvre aussi les dommages qui affectent la solidité des éléments d'équipement faisant corps avec les ouvrages de viabilité, de fondation, d'ossature, de clos ou de couvert.

Cette garantie dure dix ans à compter de la réception des travaux.

C. civ., art. 1792, 1792-1, 1792-2, 1792-4-1.

Garantie des droits

[Droit général]

Ensemble des dispositions ou moyens mis en œuvre dans un État pour prévenir la violation des droits de l'homme par les gouvernants. Cette garantie est apportée notamment par la voie juridictionnelle (droit à un juge, *droits de la défense*, protection de la sécurité juridique…). Le droit à un *procès équitable*, constitue la garantie de la garantie des droits.

Selon l'article 16 de la DDHC, toute société dans laquelle la garantie des droits n'est pas assurée n'a point de constitution. Le *Conseil constitutionnel* fonde de nombreuses déclarations d'inconstitutionnalité sur le fait que la garantie des droits n'a pas été respectée.

→ *Droits de l'homme.*

Garantie des risques locatifs (GRL)

[Droit civil]

Dispositif d'assurance unique dont le but est de permettre aux bailleurs de s'assurer contre les risques locatifs, selon un mécanisme associant les assureurs et l'État.

Garantie des vices cachés

[Droit civil]

→ *Vice caché.*

Garantie minimale de points

[Sécurité sociale]

Inscription au compte de tout *participant* du régime de retraite des cadres, d'un nombre minimum de points, en contrepartie de cotisations, et ce même si le salaire versé est inférieur ou dépasse de peu le plafond de Sécurité sociale. Ce système a été institué pour tenir compte du fait que le plafond de Sécurité sociale progresse plus rapidement que le salaire des cadres.

Garantie universelle des loyers (GUL)

[Droit civil]

Dispositif qui avait pour objet de couvrir, sous la forme d'un système d'aides, les bailleurs contre les risques d'impayés de loyers, afin de favoriser l'accès au logement et de prévenir les risques d'expulsion.

Ce dispositif, qui ne devait entrer en vigueur qu'en 2016, avec un caractère facultatif, est devenu caduc faute de décret d'application.

Loi n° 89-462 du 6 juill. 1989, art. 24-1.

Garde

[Droit civil]

• Droit de la famille :

Prérogative essentielle de l'*autorité parentale*. Elle confère à son titulaire le pouvoir de contraindre ses enfants mineurs à vivre sous son toit, mais aussi de décider plus généralement du mode de vie de l'enfant, de ses relations et de ses activités. Elle connaît toutefois certaines limites, tenant aux relations de l'enfant avec les tiers (ex. : avec ses ascendants).

C. civ., art. 371-3, 371-4 et 373-2.

→ *Droit de visite.*

• Droit des obligations :

Obligation imposée à un contractant de garder et surveiller une chose (ex. : le dépositaire a une obligation de garde).

Pouvoir de contrôle et de direction sur une chose que l'on utilise. Ce pouvoir est une condition d'existence de la responsabilité civile du gardien si la chose est à l'origine d'un dommage.

Certains auteurs, et quelquefois la jurisprudence, distinguent la garde de la *structure* et la garde du *comportement;* la première porterait sur la matière composant la chose (pouvoir de contrôle sur les vices de la chose), la seconde sur son fonctionnement du fait de l'utilisation. Le gardien du comportement n'est pas nécessairement gardien de la structure.

C. civ., art. 1242, 1243*, 1915, 1927 s.*

GAJC, t. 2, n° 204-205.

→ *Responsabilité du fait des choses.*

Garde à vue

[Procédure pénale]

Mesure de contrainte par laquelle un officier de police judiciaire retient dans les locaux de la police, d'office ou sur instruction du procureur de la République, pendant une durée légalement déterminée et sous le contrôle de l'autorité judiciaire, toute personne à l'encontre de laquelle il existe une ou plusieurs raisons plausibles de soupçonner qu'elle a commis ou tenté de commettre un crime ou un délit puni d'une peine emprisonnement. La durée de la garde à vue dépend de la nature de l'infraction : elle est plus longue en cas de criminalité ou de délinquance organisées (terrorisme, trafic de stupéfiants...). Dès le début de sa garde à vue, la personne peut demander à être assistée par un avocat et que ce dernier assiste à ses auditions et confrontations ; des dérogations exceptionnelles à ce principe sont prévues, sur autorisation du procureur de la République ou du juge des libertés et de la détention ou du juge d'instruction, pour une durée qui varie selon la nature de l'infraction et l'autorité ayant qualité pour se prononcer.

C. pr. pén., art. 62-2 s. et 706-88.

GAPP n° 25 à 28 ; GDCC n° 50.

Garde champêtre

[Droit civil/Droit administratif]

Agent communal nommé par le maire, agréé par le procureur de la République et assermenté, chargé d'assurer la police des campagnes, de veiller à la conservation des propriétés rurales et de constater les contraventions aux règlements et arrêtés de police municipale, à certaines dispositions du Code de la route et du Code pénal énumérées par décret en Conseil d'État.

CGCT, art. L. 2213-17 ; CSI, art. L. 521-1 s. et R. 521-1 s.

Garde des Sceaux

[Droit général]

Titre donné au ministre de la Justice et des libertés parce qu'il est dépositaire du Sceau de la République française qui est apposé sur les révisions constitutionnelles notamment.

Ce ministre conduit la politique pénale déterminée par le gouvernement, adressant à cette fin aux magistrats du ministère public des instructions générales, à l'exclusion de toute instruction dans les affaires individuelles.

C. pr. pén., art. 30.

→ *Sceau.*

Garde particulier

[Droit de l'environnement]

Personne privée commissionnée par le propriétaire d'un domaine afin d'en assurer la surveillance et de constater les infractions portant atteinte à sa propriété. Le garde particulier doit être agréé par le préfet (ou le sous-préfet), puis prêter serment devant le juge du tribunal d'instance. Ses procès-verbaux font foi jusqu'à preuve contraire.

Le garde-chasse particulier est habilité à procéder à la saisie du gibier à l'occasion des infractions qu'il constate, comme le garde-pêche particulier est autorisé à saisir, dans les mêmes circonstances, les instruments de pêche et les poissons pêchés.

C. envir., art. L. 428-21, 437-13 ; C. pr. pén., art. 29, 29-1.

Garde républicaine

[Droit administratif]

→ *Gendarmerie.*

Gardien

[Droit civil]

→ *Garde.*

[Procédure civile]

→ *Saisie-exécution, Saisie-vente, Scellés.*

Garnissement

[Droit civil]

Action de garnir de meubles suffisants le local loué afin de répondre du loyer. Le locataire qui ne remplit pas cette obligation s'expose à être expulsé.

C. civ., art. 1752.

GATT (Accord général sur les tarifs douaniers et le commerce)

[Droit international public]

Accord conclu à Genève en 1947 en vue d'organiser la coopération internationale en matière d'échanges de biens et marchandises (réduction des tarifs douaniers, élimination des restrictions quantitatives et des mesures discriminatoires, règlement des conflits commerciaux entre États). Des conférences se sont tenues régulièrement dans ce cadre pour négocier de nouveaux avantages commerciaux multilatéraux. A été intégré en 1994 parmi les accords de l'*Organisation mondiale du commerce (OMC)*.

Gaz à effet de serre

[Droit de l'environnement]

Gaz de l'atmosphère, tant naturels qu'anthropiques, qui absorbent et renvoient un rayonnement infrarouge. La lutte contre l'intensification de l'effet de serre et la prévention des risques liés au réchauffement climatique sont des « priorités nationales ». Les mesures prises à cette fin sont contenues dans le Code de l'environnement, le Code des transports et le Code de l'énergie.

C. envir., art. L. 229-1 s.

→ *Protocole de Kyoto.*

Gel des biens

[Droit pénal]

Mesure pouvant être prise, en matière de lutte contre le financement des activités terrestres, par le ministre chargé de l'Économie. Elle s'impose aux organismes financiers et aux personnes visées aux articles L. 562-1 à 5 et 7 du Code monétaire et financier. L'article L. 564-2 du même code décide des biens concernés par cette mesure ainsi que de sa durée.

C. mon. fin., art. L. 564-1 s.

Gemmage

[Droit rural]

Contrat de louage d'ouvrage qui peut accompagner un bail rural, par lequel le propriétaire d'un domaine forestier concède à un preneur (le gemmeur) des lots de pins pour en prélever la résine.

C. rur., art. R. 741-70.

Gendarmerie

[Droit administratif]

Corps militaire aux attributions variées mais plus spécialement orientées vers la *police* administrative et la police judiciaire.

La gendarmerie est composée de la gendarmerie départementale, implantée de manière stable dans un grand nombre de communes, et de la gendarmerie mobile qui constitue des réserves mobiles pour assurer le maintien de l'ordre sur tout le territoire national. La garde républicaine, intégrée à la gendarmerie, assure – outre des fonctions de prestige – la protection des sites où sont installés les principaux *pouvoirs publics* (Palais de l'Élysée, Hôtel Matignon, Assemblée nationale, Sénat…).

Alors qu'une partie de la gendarmerie était déjà placée, depuis 2002, sous l'autorité hiérarchique du ministre de l'Intérieur afin d'assurer des missions de sécurité intérieure, cette évolution s'accentue depuis la loi du 3 août 2009 faisant du ministre de l'Intérieur le responsable de l'organisation, de l'emploi et des moyens de la gendarmerie nationale, hors interventions militaires, notamment à l'extérieur du territoire national, et bien que les personnels conservent leur statut militaire.

Une loi du 12 mars 2012 autorise la ratification du traité créant la force européenne (EUROGENDFOR) et unissant l'Espagne, la France, l'Italie, les Pays-Bas et le Portugal.

C. défense, art. L. 3225-1.

→ *Compagnies républicaines de sécurité (CRS).*

Généalogiste

[Droit civil]

Personne dressant une suite d'ancêtres établissant une filiation. Hormis le cas des successions soumises au régime de la vacance ou de la déshérence, nul ne peut se livrer à la recherche d'héritiers dans une succession ouverte ou dont un actif a été omis lors du

règlement de la succession, s'il n'est porteur d'un mandat à cette fin. En l'absence de mandat, le généalogiste ne peut recevoir aucune rémunération.
L. n° 2006-728 du 23 juin.

Genera non pereunt

[Droit civil/Droit commercial]
Adage latin. Littéralement, « Les choses de genre ne périssent pas ».
Lorsqu'on est débiteur d'une chose de genre, on ne peut s'abriter, pour se soustraire à l'exécution de son obligation derrière le fait que des objets que l'on voulait livrer ont péri. En effet, on ne conçoit pas que les choses de même genre disparaissent toutes ensemble et on peut donc toujours se procurer des biens équivalents pour satisfaire à son obligation.
→ *Choses fongibles.*

Generalia specialibus non derogant

[Droit général]
Maxime latine. Littéralement, « Les choses générales ne dérogent pas aux choses spéciales ».
Les lois de portée générale ne dérogent pas à celles qui ont un objectif spécial.
→ *Specialia generalibus derogant.*

Génocide

[Droit international public]
S'entend de l'un quelconque des actes suivants, lorsqu'ils sont commis dans l'intention de détruire, en tout ou en partie, un groupe national, ethnique, racial ou religieux, comme tel : meurtre de membres du groupe, atteinte grave à l'intégrité physique ou mentale de membres du groupe, soumission intentionnelle du groupe à des conditions d'existence devant entraîner sa destruction physique totale ou partielle, mesures visant à entraver les naissances au sein du groupe, transfert forcé d'enfants du groupe à un autre groupe (Convention des Nations unies du 9 déc. 1948).
[Droit pénal]
Infraction consistant à commettre ou à faire commettre l'exécution d'un plan concerté tendant à la destruction totale ou partielle d'un groupe national, ethnique, racial ou religieux ou d'un groupe déterminé à partir de tout autre critère arbitraire.
C. pén., art. 211-1.

Gens du voyage

[Droit civil]
Dénomination appliquée aux personnes dont l'habitat traditionnel est constitué de résidences mobiles et qui sont en déplacements continuels. Les communes figurant à un schéma départemental doivent aménager des aires permanentes d'accueil pour le séjour des gens du voyage.
Les gens du voyage ne doivent pas être confondus avec les forains et les marchands ambulants.
L. n° 2000-614 du 5 juill.
→ *Nomades.*

Gentlemen's agreement

[Droit international public]
Accord international liant moralement les parties mais dépourvu de force juridique.

Géolocalisation

[Procédure pénale]
Moyen technique permettant de localiser en temps réel, sur l'ensemble du territoire national, une personne à son insu, un véhicule ou tout autre objet, sans le consentement de son propriétaire ou de son possesseur. Juridiquement l'opération doit être justifiée par les nécessités d'une enquête ou d'une instruction relative à un crime ou à un délit punis d'au moins cinq ans d'emprisonnement pour les délits d'atteinte aux biens

et de trois ans pour les délits d'atteinte aux personnes.

Géomètre expert

[Droit civil/Procédure civile]

Technicien exerçant une profession libérale, dont la fonction est de réaliser les études et les travaux topographiques fixant les limites des biens fonciers, en dressant des plans de division, de partage, de vente, d'échange ou de bornage. Il est seul compétent pour établir les documents d'arpentage grâce auxquels le *cadastre* est mis à jour. Il est le spécialiste des lotissements.

L. n° 942 du 7 mai 1946, art. 1er.

Gérance libre

[Droit commercial]

→ *Location-gérance.*

Gérant (d'entreprise ou de succursale)

[Droit commercial]

Dénomination de la personne physique qui dirige une entreprise ou une fraction de celle-ci. Peut-être soumis à un statut de salarié (par exemple les gérants de succursale) ou à un statut de mandataire présentant des garanties différentes (typiquement le *gérant de société*).

Désigne parfois, par contraction, le « locataire-gérant » du fonds de commerce.

→ *Location-gérance.*

Gérant de société

[Droit commercial]

Personne placée à la tête d'une société de personnes ou d'une SARL pour la diriger. Dans la SARL, ce représentant est investi des pouvoirs les plus étendus pour agir au nom de la société, sous réserve des pouvoirs attribués aux autres organes sociaux.

Gérant majoritaire

[Droit commercial/Sécurité sociale]

Gérant détenant à lui seul ou avec d'autres gérants plus de la moitié du capital social. Il relève du régime social des indépendants.

CSS, art. D. 632-1.

Gérant-mandataire

[Droit civil/Droit commercial]

Personne physique ou morale chargée de gérer un fonds commercial ou artisanal moyennant le versement d'une commission proportionnelle au chiffre d'affaires.

Le gérant-mandataire est immatriculé au *Registre du commerce et des sociétés* ou au Répertoire de métiers; il n'est pas salarié. De son côté, le mandant demeure propriétaire du fonds et supporte les risques de l'exploitation (à la différence de l'hypothèse de la *location-gérance*).

Le contrat de gérance-mandat fixe la mission et les pouvoirs exacts du gérant-mandataire.

C. com., art. L. 146-1.

Gérant minoritaire ou égalitaire

[Droit commercial/Sécurité sociale]

Gérant de SARL ne détenant pas plus de la moitié du capital social, étant entendu que les parts appartenant en toute propriété ou en usufruit à son conjoint, son partenaire lié par un pacte de solidarité ou à ses enfants mineurs non émancipés sont considérées comme possédées par lui. Il relève du régime général des salariés s'il est rémunéré.

CSS, art. L. 311-3, 11°.

Germains

[Droit civil]

Du latin, *germanus* (= vrai).

1° Se dit des enfants ayant les mêmes père et mère.

→ *Consanguins, Utérins.*

2° Se dit aussi des cousins qui ont au moins un grand-parent commun (4e degré en ligne collatérale).

→ *Degré de parenté.*

Gerrymandering

[Droit constitutionnel]

Pratique consistant à délimiter les circonscriptions électorales de façon à avantager les candidats du pouvoir en place (la dénomination vient d'un Gouverneur du Massachusetts au début du XIXe siècle, E. Gerry).

Gestation pour autrui

[Droit civil]

Convention consistant pour une femme (parfois appelée « mère porteuse » ou « mère de substitution »), à porter un enfant pour le compte d'un couple et à renoncer, au profit de ce couple, à établir avec l'enfant un lien juridique de filiation. La convention peut être gratuite ou à titre onéreux.

Cette pratique est généralement le fait de couples dont la femme ne peut porter un enfant (absence ou malformation de l'utérus par ex.) ou de couples d'hommes qui, par hypothèse, ne peuvent procréer.

Lorsque l'enfant est conçu avec les gamètes de la mère de substitution (par insémination avec les gamètes d'un élément masculin du couple), on devrait plutôt parler de « maternité de substitution » ou de « *procréation* pour autrui ». *Stricto sensu*, l'expression « gestation pour autrui » devrait être réservée à l'hypothèse où l'enfant est conçu sans recours aux gamètes de la mère (après fécondation *in vitro*). Toutefois, bien souvent, l'expression « gestation pour autrui » désigne toutes ces hypothèses et est employée indifféremment avec celle de « maternité de substitution ».

En France, la convention de gestation pour autrui est nulle comme contraire à l'*indisponibilité du corps humain* et de l'*état de la personne*. Le droit français refuse notamment de retranscrire l'acte de naissance (établi dans l'état civil d'un pays étranger) d'un enfant issu d'une convention de gestation pour autrui licite dans ce pays. Selon la Cour de cassation, cette solution ne porte pas atteinte au droit au respect de la vie privée et familiale de l'enfant au sens de l'article 8 de la Convention EDH, non plus qu'à son intérêt supérieur garanti par l'article 3 § 1 de la Convention internationale relative aux droits de l'enfant.

En revanche, la Cour EDH, dans deux arrêts du 26 juin 2014 (*Labassé*, n° 65941/11, et *Menneson*, n° 65191/11), considérant que le droit d'établir sa filiation participe de la vie privée, a décidé qu'est contraire au droit de tout individu au respect de son identité, partie intégrante du droit au respect de la vie privée au sens de l'article 8 de la Convention EDH, le refus de transcription sur les registres français d'état civil de la filiation d'enfants nés d'une gestation pour autrui à l'étranger et contraire à l'intérêt supérieur de l'enfant de le priver d'un lien juridique de filiation alors que la réalité biologique de ce lien est établie et que l'enfant et le parent concerné revendiquent sa pleine reconnaissance.

Le Conseil d'État a statué dans le même sens à propos de la délivrance de certificats de nationalité française aux enfants nés à l'étranger d'une gestation pour autrui : la seule circonstance que la naissance d'un enfant à l'étranger ait pour origine un contrat [de gestation pour autrui] qui est entaché de nullité au regard de l'ordre public français ne saurait conduire à priver cet enfant de la nationalité française à laquelle il a droit (filiation établie), sinon il y aurait atteinte au droit au respect de la vie privée (CE, 12 déc. 2014).

C. civ., art. 16-7, 16-9.

→ *Accueil d'embryon, Assistance médicale à la procréation, Délocalisation procréative,*

Don de gamètes, Embryon humain, Embryons surnuméraires, Insémination artificielle, Transfert d'embryon.

Gestion (Système de la)

[Droit financier ou fiscal]

En matière de *comptabilité publique*, système d'imputation comptable des opérations consistant à rattacher aux comptes d'une année tous les encaissements et tous les paiements effectués par la personne publique au cours de cette année, quelle que soit l'année (courante ou antérieure) durant laquelle les créances ou les dettes correspondantes sont nées juridiquement. Cette méthode correspond en comptabilité commerciale (où elle n'est plus employée) à ce que l'on appelait la comptabilité de caisse; elle est utilisée par l'État pour suivre l'exécution des lois de finances annuelles (comptabilité « budgétaire »), avec un assouplissement en fin d'année pour des raisons pratiques.

→ *Exercice (Comptabilité d').*

Gestion alternative

[Droit commercial/Droit financier]

→ *Fonds d'investissement alternatif (FIA).*

Gestion d'affaires

[Droit civil]

Fait pour une personne, le gérant, de gérer sciemment et utilement l'affaire d'autrui, à l'insu ou sans opposition du maître de cette affaire (ou « géré »). Les actes de gestion peuvent être aussi bien matériels que juridiques. Les engagements pris par le gérant obligent le tiers qui doit, en outre, si l'initiative était utile ou nécessaire, rembourser au gérant ses dépenses. Elle constitue un *quasi-contrat* et, plus spécialement d'un quasi-mandat : le gérant est soumis à toutes les obligations d'un mandataire.

C. civ., art. 219, 815-4, 1301 s.*

GAJC, t. 2, nº 238 et 239.

Gestion de dettes

[Droit civil]

Activité consistant pour un intermédiaire à proposer, moyennant rémunération, soit d'examiner la situation d'un débiteur dans la perspective d'un plan de remboursement, soit de rechercher pour le compte de celui-ci l'obtention de délais de paiement, soit d'intervenir pour les besoins de la procédure de surendettement. Toute convention ayant un tel objet est nulle de plein droit. Mais cette nullité ne concerne pas les membres des professions juridiques et judiciaires réglementées, ni les différents intervenants dans le cadre des procédures de prévention, de règlement amiable, de redressement, de liquidation judiciaire concernant les entreprises.

C. consom., art. L. 322-1 et L. 342-5.

Gestion de fait

[Droit financier ou fiscal]

Irrégularité constituée par le maniement direct ou indirect, par toute personne n'ayant pas la qualité de comptable public, de fonds destinés à une *personne publique* ou extraits irrégulièrement de sa caisse. Son auteur, passible d'une amende pénale, est soumis aux mêmes obligations et responsabilités que les *comptables publics*.

→ *Comptable de fait.*

Gestion déléguée

[Droit administratif]

→ *Délégation de service public.*

Gestion privée, gestion publique

[Droit administratif]

Distinction opérée parmi les procédés juridiques utilisés par l'Administration dans la gestion de ses services, longtemps retenue par une partie de la doctrine comme critère de délimitation de la compétence respective des 2 ordres de juridiction.

On dit qu'il y a gestion privée lorsque l'Administration use des mêmes voies juridiques que les particuliers, gestion publique quand elle recourt à des procédés propres à la puissance publique. La compétence serait judiciaire dans le premier cas, administrative dans le second.

→ *Ordre de juridictions.*

Gibier

[Droit de l'environnement]

Terme désignant les animaux sauvages, c'est-à-dire les animaux non domestiqués, qui sont l'objet de la *chasse* et qui ont le caractère de *res nullius* appartenant au premier occupant, en l'espèce le chasseur qui les capture, les blesse ou les tue.

→ *Occupation.*

Glose

[Droit général]

Note explicative d'un texte.

Glossateurs

[Droit général]

École de romanistes fondée au XIIe siècle par *Irnerius* à Bologne et qui étudia les textes de Justinien d'après la méthode exégétique.

→ *Exégèse, Post-glossateurs.*

Gouvernance

[Droit constitutionnel]

L'idéologie de la bonne gouvernance, d'origine anglo-saxonne, tend à appréhender la gestion, aussi bien des institutions publiques que des personnes privées, sous l'angle de l'efficacité économique, de la *transparence* et des procédures participatives, dans un contexte économique libéralisé.

Gouvernement

[Droit constitutionnel/Droit international public]

1° *Au sens large :* ensemble des organes (individus, organes collégiaux, assemblées) investis du pouvoir politique (ex. : dans les expressions gouvernement républicain, gouvernement parlementaire, présidentiel).

2° *Au sens étroit :* notamment en *régime parlementaire*, organe collégial, dirigé par le chef de gouvernement, chargé, avec le chef de l'État, de la fonction exécutive.

Ainsi, le gouvernement Valls II, entré en fonction fin août 2014, comporte, outre le Premier ministre, 16 ministres et 17 secrétaires d'État.

→ *Exécutif (pouvoir).*

Gouvernement de fait

[Droit constitutionnel]

Gouvernement dépourvu de titre juridique en raison de son origine irrégulière (coup d'État, révolution).

Un gouvernement de fait, qui est dans son principe provisoire, se transforme en gouvernement de droit soit en recourant aux procédures d'investiture conformes à l'idée de légitimité en vigueur, soit en inculquant une nouvelle idée de légitimité, soit par l'effet de la durée qui finit par faire oublier l'irrégularité de sa formation. Sur le plan international, des efforts ont été tentés pour sanctionner par la non-reconnaissance les gouvernements de fait.

[Droit international public]

Gouvernement de fait international : nom donné à l'action de certains États (notamment des grandes puissances) lorsqu'ils s'érigent unilatéralement en organe législatif ou exécutif de la société internationale (ex. : Concert européen au XIXe siècle, directoire des grandes puissances pendant et à la fin des 2 guerres mondiales).

Gouvernement des entreprises

[Droit commercial]

Formule d'inspiration anglo-américaine (*corporate governance*), désignant les standards de bonne conduite applicables aux dirigeants de sociétés de capitaux ouvertes. Ces standards donnent lieu à l'élaboration de « codes » rédigés par les organisations syndicales, auxquels les sociétés sont incitées à adhérer.

C. com., art. L. 225-37, L. 225-68.

→ *« Appliquer ou expliquer », Code AFEP-MEDEF.*

Gouvernement des juges

[Droit constitutionnel]

Selon l'expression d'Edouard Lambert, d'abord appliquée à la Cour suprême américaine, dérive du contrôle de constitutionnalité par laquelle les juges, par une interprétation tendancieuse de la Constitution, parviennent à mettre en échec les institutions démocratiquement légitimes, titulaires du pouvoir législatif.

Gouvernement économique

[Droit européen/Droit commercial]

Recouvre l'évolution en cours depuis la crise financière de 2008 visant à réglementer aussi bien les mouvements financiers que les politiques budgétaires des États membres. Régulation et supervision financières, taxation bancaire, révision du traité de *Lisbonne* pour garantir la solidarité financière et des sanctions pour les États ne respectant pas les critères de Maastricht… Si l'évolution se poursuit, l'Europe pourrait enfin disposer d'un cadre garantissant une certaine harmonisation des politiques économiques de ses membres.

→ *Autorités européennes de surveillance (AES).*

Gouvernement provisoire de la République française

[Droit constitutionnel]

Issu du Comité français de libération nationale, le GPRF est formé à Alger le 3 juin 1944, s'installe à Paris après la libération de la capitale, et prépare, notamment par la loi du 2 novembre 1945, la mise en place de la IVe République. Dirigé par le général de Gaulle jusqu'au 20 janvier 1946.

Gouverneur

[Droit public]

1° Sous l'Ancien régime, représentant du roi dans les provinces, aux attributions principalement militaires, puis surtout honorifiques à partir du règne de Louis XIV.

2° Titre de certains hauts responsables de la fonction publique, militaires ou civils (Gouverneur de la Banque de France).

3° Aux États-Unis d'Amérique, titulaire du pouvoir exécutif d'un État fédéré, élu au suffrage universel, secondé le plus souvent par un lieutenant-général.

4° Gouverneur général : représentant du monarque britannique dans les États dont il est le chef d'État (hors Royaume-Uni) : Australie, Canada…

Grâce

[Droit constitutionnel/Droit pénal]

Mesure de clémence, décidée par le chef de l'État usant d'un droit qu'il tient de la Constitution, en vertu de laquelle un condamné est dispensé à sa requête (le recours en grâce) de subir tout ou partie de sa peine ou doit exécuter une sanction plus douce que celle initialement prononcée.

C. pén., art. 133-7 s.; Const., art. 17.

GADPG nº 56.

→ *Commutation de peine.*

Grâce amnistiante

[Droit constitutionnel/Droit pénal]

Institution hybride de la *grâce* et de l'*amnistie* en vertu de laquelle l'amnistie accordée à une catégorie de condamnés est réservée par le législateur aux seuls individus qui auront obtenu un décret de grâce pris par le pouvoir exécutif (président de la

République ou Premier ministre) dans un délai déterminé.

Gracieuse (Décision)

[Procédure (principes généraux)]

→ *Décision gracieuse.*

Grade

[Droit administratif]

Dans le droit de la fonction publique, titre d'un fonctionnaire lui donnant vocation à occuper un emploi déterminé et le situant à l'intérieur de la hiérarchie administrative.

Grades et titres universitaires

[Droit administratif]

En toutes disciplines, les grades sanctionnent les différents niveaux d'acquisition des connaissances à l'intérieur de l'Espace européen de l'enseignement supérieur. Les grades sont le baccalauréat, la *licence*, le *master* et le *doctorat*.

Les titres fixent les éventuels niveaux intermédiaires entre les grades (ex. : cas de l'étudiant demandant la délivrance de la maîtrise après réussite de la première année de master).

Graffitis

[Droit pénal]

Inscriptions, signes ou dessins, sans autorisation préalable, sur les façades, les véhicules, les voies publiques ou le mobilier urbain, dont la réalisation est constitutive de destructions, dégradations ou détériorations légères, pénalement sanctionnées par le minimum de l'amende correctionnelle.

C. pén., art. 322-1.

ACTU

Grand Paris

[Droit administratif]

La « Société du Grand Paris » est un Établissement public industriel et commercial (EPIC) chargé de concevoir et réaliser un réseau de transport public de nature à dynamiser le développement économique et urbain de la région Île-de-France (L. du 3 juin 2010).

La société précitée est partenaire du projet de « Nouveau Grand Paris » qui prévoit la modernisation et l'extension du réseau des transports publics nécessaire à l'amélioration des conditions de vie et à la construction de nouveau logements.

La « *Métropole* du Grand Paris », *intercommunalité* regroupant notamment Paris et les communes des Hauts de Seine, de Seine Saint-Denis et du Val de Marne, a été créée au 1er janvier 2016 en application de la loi n° 2014-58 du 27 janvier 2014. Elle dispose de compétences en matière d'aménagement, de politique locale de l'habitat, de développement économique, social et culturel, et d'environnement. Le fonctionnement de cette métropole a été remanié par la loi n° 2015-991 du 7 août 2015 portant nouvelle organisation territoriale de la République afin de garantir une meilleure représentation des communes au sein du conseil métropolitain. La loi précise également le statut des sous-divisions géographiques qui composent la métropole : ce sont des établissements publics dotés de la personnalité morale qui fonctionnent comme des syndicats de communes.

→ *Paris (Ville de).*

Grand port maritime

[Droit administratif]

→ *Port autonome.*

Grande chambre

[Procédure civile/Droit européen]

Dénomination donnée à :

- la formation solennelle de 17 juges de la Cour européenne des droits de l'homme chargée de la révision des arrêts des chambres dans des cas exceptionnels;

- une des formations de la Cour de justice de l'Union européenne appelée à statuer sur les affaires particulièrement complexes ou importantes à la demande d'un État ou d'une institution, exigeant un *quorum* de 9 juges.

Grands corps de l'État

[Droit administratif]

Un corps de fonctionnaires, et plus généralement d'*agents publics*, est un ensemble d'agents soumis au même statut particulier et ayant vocation à parvenir aux mêmes *grades*. Certains de ces corps, ainsi que les institutions auxquelles appartiennent leurs membres, sont communément qualifiés de « grands corps », en raison de leur prestige, du rôle essentiel qu'ils jouent dans le fonctionnement de l'État ainsi que de la place importante qu'occupent dans la vie économique et politique nationale de nombreuses personnalités qui en sont issues. On range d'ordinaire dans ces grands corps le Conseil d'État, la Cour des comptes, l'Inspection générale des Finances; à côté de ces grands corps administratifs il existe des grands corps techniques représentés par les ingénieurs issus de l'École Polytechnique, de l'École des Mines de Paris, de l'École nationale des Ponts et Chaussées.

Gratification

[Droit du travail]

Somme d'argent remise par l'employeur au personnel pour marquer sa satisfaction du travail accompli ou à l'occasion d'événements familiaux.

Normalement la gratification est une libéralité; elle peut constituer un complément de salaire et en suivre le régime juridique si elle réunit les critères de l'*usage*.

Gratuité de la justice

[Procédure administrative/Procédure civile]

Depuis 1978, a été instaurée devant les juridictions civiles et administratives (non devant les juridictions pénales) *la gratuité de la justice.*

Désormais devant ces juridictions, les plaideurs n'ont plus à supporter une partie importante des anciens frais de justice; ces frais sont pris en charge par l'État. Ont été supprimés, en particulier : le timbre des actes, l'enregistrement des actes et des jugements, les redevances de greffe (sauf au tribunal de commerce), les frais postaux des greffes.

Mais, en dépit de cette réforme, le recours à la justice n'est pas entièrement gratuit et reste coûteux :

- le plaideur doit, en effet, comme auparavant, acquitter les frais d'actes et de significations faits par des officiers ministériels (huissiers de justice), les honoraires d'avocats, les frais de mémoire devant le Conseil d'État et la Cour de cassation, les frais d'enquête et d'expertise. Il peut en être partiellement ou totalement déchargé par l'aide juridictionnelle;

- le droit d'enregistrement des actes des huissiers de justice accomplis en application des règles de procédure et qui se rattachent directement à une instance ou à l'exécution d'une décision de justice, a été rétabli à compter du 15 janvier 1992, tout au moins lorsque ces actes sont accomplis à la requête d'une personne qui ne bénéficie pas de l'aide juridique totale ou partielle.

- depuis le 1er janvier 2012, en vue d'alimenter le *fonds d'indemnisation des avoués*, un droit d'appel est exigé de toute partie à l'instance d'appel lorsque la constitution d'avocat est obligatoire. Ce droit de 225 € devrait s'éteindre le 31 décembre 2026.

COJ, art. L. 111-2; CJA, art. R. 761-1 s.; C. pr. civ., art. 695 s.; CGI, art. 1635 bis P.

→ *Dépens, Émolument, Honoraires, Taxes.*

[Procédure pénale]
Sont à la charge de l'État et sans recours envers les condamnés les frais de justice, c'est-à-dire ceux qui sont relatifs aux actes ordonnés par un magistrat ou un officier de police judiciaire nécessaires à l'accomplissement de l'œuvre de justice et limitativement énumérés à l'article 92 du Code de procédure pénale : frais de translation du condamné, des témoins, frais de saisie...
D'autres frais de justice, dont la liste figure à l'article 93 du Code de procédure pénale sont avancés par l'État mais recouvrables contre la personne condamnée.
En contrepartie de la gratuité, il est prévu un droit fixe de procédure pour toutes décisions des juridictions répressives, droit dû par le condamné et la partie civile ayant mis en mouvement l'action publique.
Quant aux frais de défense, ils sont supportés par ceux qui les ont exposés, délinquant, partie civile, civilement responsable.

C. pr. pén., art. 92, 93, 800-1; CGI, art. 1018A.

Gré à gré (Marchés de)

[Droit administratif]
Dénomination ancienne des marchés négociés.

Greffe

[Procédure civile/Procédure pénale]
→ *Directeur des services de greffe judiciaires, Greffier, Greffier en chef, Secrétariat-greffe.*

Greffier

ACTU

[Procédure (principes généraux)]
Dans la tradition française, le greffier est un officier public et ministériel placé à la tête d'un greffe.
Actuellement seuls les tribunaux de commerce possèdent un greffe dirigé par un greffier titulaire de *charge*.
À la Cour de cassation, à la cour d'appel, au TGI, au tribunal d'instance, au conseil de prud'hommes, le greffe est dirigé par un directeur des services de greffe judiciaires qui est un fonctionnaire (réforme de 1966) de catégorie A, assisté de greffiers dont le statut a été modifié par les décrets n° 2015-1275 et n° 2015-1276 du 15 octobre 2015, dans le dessein de valoriser les missions du greffier et de moderniser l'organisation des greffes. Il existe désormais des greffiers « fonctionnels » subdivisés en deux groupes. Ceux du premier groupe peuvent être chargés de fonctions de chef de greffe ainsi que de fonctions juridictionnelles dans les cas et sous les conditions prévus par les textes, être chef de service dans une juridiction, avoir la responsabilité d'un service d'accueil unique des justiciables... Ceux du second groupe se voient confier le rôle de chef de greffe ou de service mais seulement dans les juridictions comportant l'exercice de responsabilités particulièrement importantes.
Le greffe des juridictions administratives est composé d'un greffier en chef, d'un ou plusieurs greffiers et d'autres agents de greffe.

COJ, art. L. 123-1, L. 123-2, L. 533-1, R. 123-1 s., R. 212-16 s., R. 222-5 s., R. 223-10 s., R. 232-4, R. 312-19, R. 434-1, R. 533-1 s., R. 553-1, R. 563-1 s.; CJA, art. R. 226-1 s.; C. com., art. L. 741-1 et L. 743-12.

→ *Directeur des services de greffe judiciaires, Secrétariat-greffe.*

Greffier de tribunal de commerce

[Procédure civile/Droit commercial]
Officier public et ministériel qui exerce, à titre individuel ou dans le cadre d'une

société, ou comme salarié (dans la limite de deux greffiers salariés par greffe tenu par une personne physique, dans la limite du double des greffiers associés par greffe tenu par une personne morale), les fonctions de greffier auprès d'un tribunal de commerce. À ce titre, il assiste les juges du tribunal de commerce à l'audience et le président dans les tâches administratives qui lui sont propres et dirige l'ensemble des services du greffe. On recense environ 233 greffiers auprès de ces juridictions au 1er janvier 2015 (dernier chiffre publié).

Assurant localement la tenue du *Registre du commerce et des sociétés*, le greffier est, avec les centres de formalités des entreprises, un des principaux interlocuteurs des commerçants et de certains professionnels indépendants pour l'accomplissement des mesures de publicité légale.

C. com., art. L. 741-1 s., L. 743-12, L. 743-12-1, R. 742-1 s.

Greffier en chef

[Procédure civile/Procédure pénale]

Chef d'un *greffe*, chargé de la direction des services administratifs et de la gestion financière de la juridiction.

COJ, art. R. 123-3 s.

→ *Directeur des services de greffe judiciaires, Secrétariat-greffe.*

Grenelle de l'environnement

[Droit de l'environnement]

Par référence aux accords de Grenelle de mai 1968, vaste débat public organisé en octobre 2007, auquel ont notamment participé le gouvernement, les syndicats et les associations de protection de l'environnement, dans le but d'élaborer des solutions à long terme en la matière.

La mise en œuvre de ses conclusions est difficile.

→ *Développement durable (Principe du), Écotaxe, Protocole de Kyoto, Taxe carbone.*

Grève

[Droit administratif/Droit du travail]

Cessation concertée et collective du travail dans le but d'appuyer une revendication professionnelle.

Formellement condamné autrefois par la doctrine et la jurisprudence, le droit de grève des fonctionnaires – sauf interdictions spéciales et limitées – est reconnu depuis la Constitution de 1946.

- *Grève perlée :* ralentissement de la cadence du travail sans qu'il y ait arrêt complet. La grève perlée n'est pas reconnue par la jurisprudence (il ne s'agit pas d'une grève au sens juridique).

- *Grève politique :* grève n'ayant pas un but professionnel, destinée à agir sur la puissance publique.

- *Grève sauvage :* grève déclenchée en dehors d'un mot d'ordre d'un syndicat.

- *Grève de solidarité :* grève faite à l'appui de revendications qui ne sont pas propres aux grévistes.

- *Grève surprise :* grève déclarée sans préavis, ni avertissement.

- *Grève sur le tas :* grève sur les lieux de travail pendant les heures de service.

- *Grève « thrombose »* (ou « bouchon ») : grève limitée à un service, un atelier ou une catégorie professionnelle qui paralyse l'ensemble de l'entreprise.

- *Grève mixte :* grève dont l'objectif ou les caractères sont à la fois professionnels et politiques.

- *Grève tournante :* grève qui affecte successivement divers ateliers ou diverses catégories du personnel de l'entreprise.

- *Grève du zèle :* mouvement de protestation qui conduit les salariés qui s'y livrent à exécuter leurs obligations de manière particulièrement scrupuleuse et même tatillonne, ce qui conduit à un ralentissement de la production. D'un point de vue juridique il ne s'agit pas d'une grève.

C. trav., art. L. 2511-1 s.

GAJA n° 59; GDCC n° 12, 15, 17, 31 et 39; GADT n° 183, 185, 194 et 195.

→ *Service minimum.*

Grevé

[Droit civil]

Entendu strictement, qualifie, dans le mécanisme de la substitution fideicommissaire, le gratifié qui ne reçoit qu'à charge de conserver et de rendre.

Au sens large, désigne la personne (donataire) ou le bien affecté d'une charge (hypothèque).

→ *Appelé, Libéralité graduelle.*

Grief

[Procédure civile/Procédure pénale]

Préjudice subi par un plaideur du fait de l'irrégularité formelle d'un acte de procédure et lui permettant d'en faire prononcer la nullité, même s'il s'agit d'une formalité substantielle ou d'ordre public.

C. pr. civ., art. 114.

→ *Nullité d'un acte de procédure, Pas de nullité sans grief, Vice de forme.*

L'existence d'un grief n'est pas exigée pour soulever victorieusement une nullité de fond ou une *fin de non-recevoir*.

C. pr. civ., art. 119 et 124.

→ *Irrégularité de fond, Nullité d'un acte de procédure.*

Grief (Actes faisant)

[Droit administratif]

Expression désignant, dans la terminologie du recours pour excès de pouvoir, les actes administratifs de nature à produire par eux-mêmes des effets juridiques et contre lesquels ce recours est ainsi recevable.

Grille de la fonction publique

[Droit administratif]

Dans la conception théorique de la détermination du montant des traitements des fonctionnaires de l'État et des collectivités locales, l'ensemble de ces agents fait l'objet d'un classement dans une sorte de « grille » où ils sont répartis en fonction de leur *grade* pour se voir attribuer un « indice » de traitement. La hiérarchie de ceux-ci forme ainsi une « échelle des traitements ». La prolifération des compléments de rémunération, et la création de traitements dits « hors échelle » (ou : « échelles-lettres »), ont dénaturé ce système.

Grivèlerie

[Droit pénal]

Filouterie consistant, par une personne qui sait être dans l'impossibilité absolue de payer ou qui est déterminée à ne pas payer, à se faire servir des boissons ou des aliments offerts à la vente, ou encore des carburants ou lubrifiants dont elle fait remplir tout ou partie des réservoirs d'un véhicule par des professionnels de la distribution.

C. pén., art. 313-5.

→ *Filouterie.*

Gros ouvrage

[Droit civil]

En matière de construction immobilière, éléments porteurs concourant à la stabilité et à la solidité de l'édifice, et éléments d'équipement qui font indissociablement corps avec les ouvrages de viabilité, de fondation, d'ossature, de clos ou de couvert. L'entrepreneur, les architectes et les promoteurs sont responsables pendant 10 ans des vices affectant un gros ouvrage.

C. civ., art. 1792 et 1792-2.

→ *Garantie décennale.*

Grosse

[Procédure civile]

Ancien terme disparu : *expédition* revêtue de la formule exécutoire d'un acte authentique ou d'un jugement et qui était écrite en gros caractères (d'où son nom, par opposition à la *minute*, écrite en petits caractères).

C. pr. civ., art. 502, 1439.

→ *Copie exécutoire.*

Groupe d'action financière sur le blanchiment des capitaux (GAFI)

[Droit financier ou fiscal]

Créé en 1989 par le G7, ce « groupe » est composé de 36 membres (34 pays et 2 organisations régionales, la Commission européenne et le Conseil de coopération du golfe) et compte, en sus, des membres associés et des organisations observateurs et a eu pour fonction initiale de définir des normes de lutte contre le blanchiment des capitaux au travers d'un ensemble de recommandations à vocation universelle. En 2001, son domaine d'action a été étendu au financement du terrorisme.

Groupe de contrats

[Droit civil/Droit commercial]

Au sens large, ensemble de contrats liés entre eux parce qu'ils portent sur un même objet ou concourent à un même but.

Au sens strict, l'expression est employée lorsque ces contrats ne sont pas translatifs de propriété (ex. : succession de 2 contrats d'entreprise non translatifs de propriété), par opposition à la *chaîne de contrats*. En droit positif, l'*effet relatif des contrats* s'oppose à ce qu'une partie à l'un des contrats du groupe dispose d'une action contractuelle contre une partie à un autre contrat du groupe, auquel elle ne serait pas partie. Mais certains auteurs invoquent la notion de groupe de contrats pour contourner cet obstacle.

C. civ., art. 1199 s.*

GAJC, t. 2, n° 173-176.

Groupe de pression

[Droit public]

Groupement organisé pour influencer les pouvoirs publics dans un sens favorable aux intérêts de ses membres ou à une cause d'intérêt général. On emploie dans le même sens le mot anglais *lobby* (pluriel *lobbies*) qui signifie couloir, vestibule, le *lobbying* étant l'action qui consiste à faire les couloirs des assemblées ou les antichambres des cabinets ministériels. À l'origine, les *lobbies* étaient des organismes techniques d'exécution au service des groupes de pression, mais aujourd'hui le mot est employé souvent pour désigner le groupe de pression lui-même.

Groupe de sociétés

[Droit commercial]

Ensemble de sociétés juridiquement indépendantes, mais formant une même unité économique en raison de liens financiers étroits. Le droit des affaires, *lato sensu*, prend exceptionnellement en compte le groupe comme objet spécifique de réglementation, pour des raisons de police de l'activité économique (protection des travailleurs, de la concurrence, etc.).

→ *Contrôle, Filiale.*

Groupe parlementaire

[Droit constitutionnel]

1° Groupe formé de membres d'une assemblée parlementaire partageant les mêmes opinions politiques (sans qu'il y ait nécessairement coïncidence parfaite avec un parti politique déterminé).

L'inscription à un groupe n'est pas obligatoire; les parlementaires qui ne font partie d'aucun groupe sont dits « non-inscrits ».

La formation des groupes parlementaires peut être subordonnée à l'exigence d'un effectif minimum (15 membres à l'Assemblée nationale et, depuis 2011, 10 au Sénat).
→ *Apparentement.*

2° L'article 51-1 de la Constitution de 1958, issu de la révision constitutionnelle de 2008, prévoit que le règlement de chaque assemblée détermine les droits des groupes parlementaires, et notamment ceux des groupes d'opposition (qui se déclarent comme tels) et des groupes minoritaires (groupes de la majorité en dehors du plus gros d'entre eux, ou qui n'appartiennent ni à la majorité ni à l'opposition).

Groupement agricole d'exploitation en commun (GAEC)

[Droit rural]

Société civile particulière d'exploitation agricole ayant pour objet la mise en commun d'activités agricoles dans laquelle en principe chaque associé a l'obligation de travailler tout en conservant le statut social et économique d'exploitant individuel. Sa constitution est soumise à l'agrément des pouvoirs publics. Jusqu'à la loi LMAP du 27 juillet 2010, un GAEC ne pouvait pas être constitué par 2 époux, partenaires ou concubins seulement. L'article L. 323-2 du Code rural précise désormais : « un groupement agricole d'exploitation en commun peut être constitué de 2 époux, de 2 concubins ou de 2 partenaires liés par un pacte civil de solidarité y compris lorsqu'ils en sont les seuls associés ».

Un GAEC ne peut réunir plus de 10 associés.

C. rur., art. L. 323-1 s.

Groupement d'intérêt économique (GIE)

[Droit commercial]

Groupement de personnes physiques ou morales, de nature juridique originale, distincte de la société et de l'association, dont l'objet est de faciliter l'exercice de l'activité économique de ses membres par la mise en commun de certains aspects de cette activité : comptoirs de vente, services d'importation ou d'exportation, laboratoire de recherches, etc. Le GIE a la personnalité juridique à dater de son immatriculation au *registre du commerce et des sociétés*; il est de nature civile ou commerciale, selon son objet.

C. com., art. L. 251-1.

Groupement d'intérêt économique et environnemental (GIEE)

[Droit rural]

Groupement d'agriculteurs favorisant l'émergence de dynamiques collectives privilégiant les projets « agroécologiques » et les dynamiques locales dans un projet pluriannuel. Ses membres doivent porter collectivement un projet de transition vers un système de production agricole nouveau qui combine les performances économiques, environnementales et sanitaires.

C. rur., art. L. 315-1.

→ *Agroécologie.*

Groupement d'intérêt public

[Droit administratif]

Personne morale publique *sui generis* pouvant être constituée entre des personnes morales de droit public et (souvent) de droit privé, en vue d'exercer ensemble des activités à but non lucratif dans des secteurs prévus par les textes et aussi divers que, par exemple, la recherche, l'action sanitaire et sociale, voire l'administration locale (gestion en commun d'équipements informatiques, notamment).

GAJA n° 99.

Groupement de prévention agréé

[Droit commercial]

→ *Procédure d'alerte.*

Groupement européen d'intérêt économique (GEIE)

[Droit commercial/Droit européen]

Étroitement inspiré du GIE du droit français, ce groupement a pour objet le développement de la coopération transfrontière entre entreprises établies dans divers États de l'Union européenne.

L'immatriculation du GEIE dans un État membre lui confère une pleine capacité juridique dans les États de l'Union.

Règl. (CE) nº 2137-85 du 25 juill. 1985; C. com., art. L. 252-1.

Groupement foncier agricole (GFA)

[Droit rural]

Société civile foncière destinée à créer ou conserver une ou des exploitations agricoles, il assure la gestion des exploitations dont il est propriétaire soit en faire-valoir direct, soit en les donnant en location (faire-valoir indirect). Rarement investisseur, le GFA est principalement un outil de transmission qui permet d'éviter les démembrements d'exploitations familiales lors de leur transmission à titre gratuit. Il bénéficie d'allégements fiscaux importants.

C. rur., art. L. 322-1 s.

Groupement foncier rural (GFR)

[Droit rural]

Conçu pour des domaines de nature mixte, rurale et forestière, le groupement foncier rural est un outil visant à rationaliser la gestion des biens ruraux, là où auparavant il convenait de constituer cumulativement un *groupement foncier agricole* et un *groupement forestier*.

Ses biens sont régis, notamment en matière fiscale, par les dispositions propres aux groupements fonciers agricoles, pour la partie agricole, et par les dispositions propres aux groupements forestiers, pour la partie forestière.

Une SAFER peut y être partie prenante.

C. rur., art. L. 322-22.

Groupement forestier

[Droit rural]

Société civile ayant pour objet la constitution, la conservation, l'amélioration, l'équipement ou encore la gestion d'un ou plusieurs massifs forestiers, l'acquisition de forêts ou de terrains à boiser, à l'exclusion de toutes opérations, telles que la transformation des produits forestiers, qui ne constituerait pas un prolongement normal de l'activité agricole.

C. for., art. L. 331-1 s.

Guerre

[Droit constitutionnel/Droit international public]

1º Lutte armée entre États, voulue par l'un d'eux au moins, et entreprise en vue d'un intérêt national.

2º Dans un sens plus large :

- *Guerre civile :* conflit armé ayant éclaté au sein d'un État et dépassant, par son extension et sa prolongation, une simple rébellion.
- *Guerre froide :* état de tension politique entre États idéologiquement opposés qui cherchent mutuellement à s'affaiblir, mais sans aller jusqu'à déclencher une guerre mondiale (expression forgée à la fin de la Seconde Guerre mondiale pour caractériser la rivalité entre le bloc occidental et le bloc communiste).
- *Guerre juste* (ou licite) : guerre dont le but est légitime, ce qui est le cas de la guerre de légitime défense et de la guerre-exécution entreprise par l'ONU.
- *Guerre psychologique :* guerre de propagande, dans laquelle les moyens mis en œuvre visent à saper le moral de l'adversaire (popu-

lation et armée) et à diminuer ainsi ou même à briser sa volonté de combattre.

• *Guerre révolutionnaire ou subversive :* guerre menée à l'intérieur d'un État, par une partie de la population contre les autorités politiques en place, en vue de conquérir le pouvoir et d'instaurer un ordre politique et social nouveau. Peut donner lieu à des ingérences étrangères et prendre ainsi une dimension internationale.

• *Guerre totale :* guerre engageant toutes les ressources d'un État et s'étendant à toutes les personnes, non-combattants compris.

3° En France, la déclaration de guerre est autorisée par le Parlement.

Const., art. 35.

Guet-apens

[Droit pénal]

Fait d'attendre un certain temps une ou plusieurs personnes dans un lieu déterminé pour commettre à leur encontre une ou plusieurs infractions.

Il s'agit d'une circonstance aggravante qui affecte les infractions de violences commises sur une victime exerçant des fonctions publiques déterminées par l'article 222-14-1 du Code pénal prévu par la loi tendant à la prévention de la délinquance.

C. pén., art. 132-71-1.

→ *Embuscade, Préméditation.*

Guichet unique

[Sécurité sociale]

Dispositif offrant la possibilité aux entrepreneurs de spectacles vivants d'effectuer auprès d'un même organisme toutes les démarches liées à l'embauche et à l'emploi de salariés occasionnels.

CSS, art. L. 133-9.

H

Habeas Corpus

[Droit général]

« Que tu aies le corps » (sous-entendu : *ad subjiciendum*, pour le produire devant le tribunal). Nom de l'un des textes les plus célèbres dans l'histoire de la liberté, adopté par le Parlement anglais en 1679.

En vertu de cette loi, toute personne emprisonnée a le droit d'être présentée à un juge pour qu'il statue sur la validité de l'arrestation.

→ *Sûreté.*

Habilis ad nuptias, habilis ad pacta nuptiala

[Droit civil]

Celui qui a la capacité pour se marier est également capable de donner son consentement au contrat de mariage qui le concerne.

Habilitation

[Droit général]

→ *Loi d'habilitation.*

[Droit civil/Procédure civile]

Investiture légale ou judiciaire conférant à une personne le pouvoir d'accomplir un ou plusieurs actes juridiques, soit en son nom personnel, soit par représentation d'autrui. Par exemple, en cas d'empêchement de l'un des époux, l'autre peut se faire habiliter par le *juge aux affaires familiales* à le représenter dans l'exercice des pouvoirs résultant du régime matrimonial.

C. civ., art. 217, 219, 815-4, 1426, 2405, 2406 et 2446; C. pr. civ., art. 1286 s.

→ *Homologation.*

ACTU

Habilitation familiale

[Droit civil]

Toute personne dans l'impossibilité de pourvoir seule à ses intérêts en raison d'une altération, médicalement constatée, soit de ses facultés mentales, soit de ses facultés corporelles de nature à empêcher l'expression de sa volonté, peut bénéficier d'une mesure de protection juridique prévue au Code civil, dont l'habilitation familiale. Celle-ci permet au juge des tutelles d'habiliter une ou plusieurs personnes choisies parmi ses proches (ascendants, descendants, frères et sœurs, partenaires d'un PACS, concubin) à la représenter ou à passer un ou des actes en son nom, afin d'assurer la sauvegarde de ses intérêts. Elle ne peut être ordonnée par le juge qu'en cas de nécessité et lorsqu'il ne peut être suffisamment pourvu aux intérêts de la personne par l'application des règles du droit commun de la représentation ou par les stipulations du mandat de protection future conclu par l'intéressé. La mission de la personne habilitée est exercée à titre gratuit. Sa création récente (2015) vise à décharger les juges des tutelles et les greffiers en chef de missions qu'ils ne peuvent plus accomplir faute de moyens et qui sont donc reportées sur ses proches.

C. civ., art. 425 s. et 494-1 s.; COJ, art. L. 221-9.

→ *Mesures de protection judiciaire des majeurs et mineurs émancipés, Mesures de protection juridique des majeurs et mineurs émancipés, Protection des majeurs.*

Habitat indigne

[Droit civil]

Constitue un habitat indigne les locaux ou installations utilisés aux fins d'habitation qui sont impropres par nature à cet usage, ainsi que les logements dont l'état expose les occupants à des risques manifestes pour leur sécurité physique ou leur santé.

La loi n° 366 du 24 mars 2014 pour l'accès au logement et un urbanisme rénové (Loi ALUR) prévoit une série de mesures destinées à renforcer les outils de lutte contre l'habitat indigne, dégradé ou insalubre : unification des polices de l'habitat indigne (art. 75), délimitation de zones d'habitat dégradé dans lesquelles une mise en location exige une autorisation ou une déclaration (art. 92, 93), possibilité d'une astreinte élevée (1 000 € par jour au maximum) à l'encontre du propriétaire qui n'exécute pas les travaux prescrits (art. 79), application de la peine complémentaire de la confiscation, au profit de l'État, de l'usufruit de tout ou partie des biens ayant servi à commettre l'infraction (le coupable ne conserve que la nue-propriété).

→ *Logement décent, Marchand de sommeil.*

Habitation (Droit d')

[Droit civil]

Droit à l'*usage* d'une maison reconnu à une personne déterminée, dans la mesure de ses besoins et de ceux de sa famille.

Le droit d'habitation est un droit réel.

C. civ., art. 625 s.

HADOPI

[Droit administratif]

→ *Haute autorité pour la diffusion des œuvres et la protection des droits sur Internet (HADOPI).*

Halage (Servitude de)

[Droit civil/Droit administratif]

Servitude légale assujettissant le riverain d'un cours d'eau ou d'un lac domanial à ménager, sur l'une de ses rives, un certain espace (7,80 mètres de largeur) pour l'établissement du chemin de halage et à laisser libre de toute construction, plantation ou clôture, sur une certaine largeur, la bordure dudit chemin.

C. civ., art. 556, al. 2 et 650; CGPPP, art. L. 2131-2.

→ *Marchepied (Servitude de).*

Handiphobie

[Droit pénal]

Circonstance aggravante lorsque des atteintes volontaires sont commises sur une personne particulièrement vulnérable en raison de son handicap.

C. pén., art. 222-3, 2°, 6°, 222-8, 2° et 6°.

Harcèlement moral

[Droit pénal/Droit du travail]

Constitutif d'un délit, le harcèlement moral est prohibé par le Code du travail. Le législateur n'a pas défini son contenu mais stigmatise les comportements répétés de harcèlement moral qui ont pour objet ou pour effet une dégradation des conditions de travail susceptible de porter atteinte aux droits du salarié et à sa dignité, d'altérer sa santé physique ou mentale, ou de compromettre son avenir professionnel. La loi désigne implicitement ce comportement comme constitutif d'une faute disciplinaire. Afin de surmonter les problèmes très délicats liés à la preuve de ces actes, le régime de celle-ci a été aménagé, en dehors des poursuites pénales, le salarié n'ayant qu'à établir des faits qui permettent de présumer l'existence d'un harcèlement moral. À noter que tout salarié est protégé par ce texte, sans distinction de sexe ou de fonctions, et que le harcèlement peut se manifester en dehors de tout rapport d'autorité ou de relation hiérarchique.

C. trav., art. L. 1152-1 s.; C. pén., art. 222-33-2; C. déf., art. L. 4123-10-2.

→ *Violences psychologiques.*

Harcèlement sexuel

[Droit pénal/Droit du travail]

Le harcèlement sexuel est le fait d'imposer à une personne, de façon répétée, des propos ou comportements à connotation sexuelle qui, soit portent atteinte à sa dignité en raison de leur caractère dégradant ou humiliant, soit créent à son encontre une situation intimidante, hostile ou offensante.

Est assimilé au harcèlement sexuel le fait, même non répété, d'user de toute forme de pression grave dans le but réel ou apparent d'obtenir un acte de nature sexuelle, que celui-ci soit recherché au profit de l'auteur des faits ou au profit d'un tiers.

Une aggravation des peines est prévue dans cinq cas, qui tiennent essentiellement à la vulnérabilité de la victime.

Le harcèlement sexuel fait également l'objet de dispositions du Code du travail visant à interdire que l'attitude des salariés, d'acceptation ou de refus, face à de tels agissements, soit prise en compte par l'employeur dans le cadre des décisions personnelles qu'il serait amené à prendre concernant la relation de travail. Le régime juridique de la preuve est semblable à celui du harcèlement moral.

C. pén., art. 222-33 s.; C. trav., art. L. 1153-1 s.

ACTU

Hardship (Clause de)

[Droit civil/Droit international privé/Droit commercial]

Clause en vertu de laquelle les parties à un contrat (international le plus souvent) s'engagent à renégocier leur accord lorsque l'économie de celui-ci se trouve bouleversée par des circonstances extérieures à leurs volontés.

La loi prescrit l'insertion de clauses de renégociation dans certains contrats de distribution (produits agricoles et alimentaires notamment).

À défaut de clause de renégociation, le droit commun des obligations incite désormais les parties à renégocier de bonne foi en cas de bouleversement imprévu des circonstances, à peine de révision par le juge ou de terminaison du contrat.

C. civ., art. 1195; C. com., art. L. 441-8.*

→ *Imprévision (Théorie de l'), Rebus sic stantibus, Renégociation.*

Harmonisation fiscale

[Droit financier ou fiscal/Droit européen]

Rapprochement des systèmes fiscaux des États membres de l'Union européenne, dans la mesure nécessaire au bon fonctionnement du Marché intérieur, et notamment à la réalisation des conditions d'une concurrence équilibrée entre les entreprises d'États membres différents. Se réalise à l'aide de directives devant être adoptées à l'unanimité, dont les États ont l'obligation de transposer le contenu dans leur législation nationale.

Principale réalisation : l'harmonisation des TVA nationales.

Haut conseil de la famille

[Droit civil]

Assemblée placée sous la présidence du Premier ministre, composée notamment de représentants des assurés sociaux, des employeurs, des syndicats, du mouvement familial et du Parlement, dont la mission est de réaliser des travaux d'évaluation et de prospective sur la politique familiale et la politique démographique et de mener des réflexions sur le financement de la branche famille de la Sécurité sociale.

CASF, art. D. 141-1 à 141-7.

Haut conseil de financement de la protection sociale

[Sécurité sociale]

Organisme chargé de dresser un état des lieux du système de financement de la protection sociale, d'analyser ses caractéristiques et ses changements et de formuler le cas échéant des recommandations et des propositions de réforme.

CSS, art. D. 114-0-1.

Haut conseil de stabilité financière

[Droit commercial/Droit financier ou fiscal]

Organisme de supervision du secteur financier. Ce Conseil, présidé par le ministre de l'Économie, réunit les présidents de l'*Autorité de contrôle prudentiel et de résolution*, de l'*Autorité des marchés financiers* et de l'*Autorité des normes comptables*. Il veille à la coopération entre les institutions françaises représentées en son sein, évalue les risques du secteur financier et participe à l'élaboration des normes internationales et européennes y relatives.

C. mon. fin., art. L. 631-2 s.

A son pendant au niveau de l'Union européenne (Comité européen du risque systémique, membre avec les Autorités européennes de surveillance du Système européen de stabilité financière).

Haut conseil des finances publiques (HCFP)

[Droit financier]

Organisme « indépendant » placé auprès de la Cour des comptes et présidé par le Premier président de celle-ci, il comprend onze membres : quatre magistrats de la Cour des comptes, un membre nommé par le président du Conseil économique, social et environnemental, le directeur général de l'INSEE et quatre personnalités compétentes dans le domaine des prévisions économiques et des finances publiques, nommées respectivement par les présidents des deux assemblées parlementaires et des deux commissions des finances publiques.

Cette instance, créée en 2012, a en particulier pour fonction d'émettre un avis sur l'estimation du produit intérieur brut (et notamment la prévision de croissance) sur laquelle repose le projet de loi de programmation des finances publiques, sur les prévisions macroéconomiques fondant les projets de lois de finances et de financement de la sécurité sociale, sur la « cohérence » de l'article liminaire du projet de loi de finances de l'année au regard des orientations pluriannuelles de solde structurel définies dans la loi de programmation des finances publiques, sur les prévisions macroéconomiques sur lesquelles repose le projet de programme de stabilité établi au titre de la coordination des politiques économiques des États membres de l'Union européenne, ou encore, sur les écarts « importants » que fait apparaître la comparaison des résultats de l'exécution de l'année écoulée avec les orientations pluriannuelles de solde structurel définies dans la loi de programmation des finances publiques.

LO nº 2012-1403 du 17 déc. 2012, art. 11.

Haut conseiller

[Procédure civile/Procédure pénale]

Qualification honorifique réservée aux conseillers à la Cour de cassation et aux membres du Conseil supérieur de la magistrature.

Haut représentant de l'Union européenne pour la politique étrangère

[Droit européen]

Fonction créée par le traité d'Amsterdam pour représenter l'Union dans le cadre de la *politique étrangère et de sécurité commune*. Avec le traité de *Lisbonne*, il préside le Conseil des ministres des Affaires étrangères, est de droit vice-président de la Commission et dispose d'un service diplomatique. Véritable ministre des Affaires étrangères de l'Union (le titre était prévu par la Constitution européenne mais non retenu à Lisbonne).

Le Conseil européen a désigné en 2010 la Britannique Catherine Ashton comme premier titulaire de cette fonction dans sa nouvelle acception, mais son rôle effacé a fait régulièrement l'objet de critiques. Dans la Commission Juncker entrée en fonction en novembre 2014, c'est l'Italienne Federica Mogherini qui est devenue Haut représentant.

Haute autorité

[Droit européen]

Institution la plus importante de la CECA (traité de Paris, 1951) qui deviendra la Commission dans les traités de Rome instituant la CEE et l'Euratom. Se fond dans la Commission unique résultant du traité de fusion des exécutifs au 1er juillet 1967.

→ *Communautés européennes.*

Haute autorité de lutte contre les discriminations et pour l'égalité (HALDE)

[Droit administratif]

Autorité administrative indépendante, installée en 2005, compétente en cas de discrimination prohibée par la loi ou par un traité signé par la France, en matière de race, de sexe, d'origine ethnique, de convictions religieuses ou autres, d'âge, de handicap ou d'orientation sexuelle. Elle pouvait être saisie de différentes façons, notamment par simple lettre de la victime, ou s'autosaisir, et dispose de pouvoirs importants et diversifiés pour faire cesser ou prévenir les discriminations. Elle a été remplacée, comme d'autres autorités indépendantes, par le *Défenseur des droits*.

[Procédure pénale]

La HALDE pouvait être invitée à présenter ses observations dans le cadre d'une procédure pénale portant sur des faits discriminatoires. Sa présence était de droit lorsqu'elle le demandait elle-même.

→ *Discrimination, Testing (Procédé du).*

Haute autorité de santé

[Sécurité sociale]

Autorité publique indépendante à caractère scientifique, dotée de la personnalité juridique, chargée de procéder à l'évaluation périodique du service attendu des produits, actes ou prestations de santé et du service qu'ils rendent.

CSS, art. L. 161-37.

Haute autorité pour la diffusion des œuvres et la protection des droits sur Internet (HADOPI)

[Droit administratif]

Autorité administrative indépendante qui a notamment pour objectif de limiter le téléchargement illicite; en son sein, la Commission de protection des droits peut adresser des « recommandations » aux abonnés Internet qui le pratiquent. Le collège de l'HADOPI a, quant à lui, une mission d'encouragement au développement de l'offre légale.

CPI, art. L. 331-12 s.

GDCC n° 34.

Haute autorité pour la transparence de la vie publique

[Droit public/Droit pénal]

Autorité administrative indépendante qui remplace la *Commission pour la transparence financière de la vie politique* ; elle est présidée par une personnalité nommée en Conseil des ministres après avis du Parlement, et composée de six experts indépendants et deux personnalités qualifiées nommées par les Présidents de l'Assemblée nationale et du Sénat.

Sa mission consiste à contrôler la véracité des *déclarations de situation patrimoniale* et d'intérêt qui lui seront transmises en début et fin de mandat par les personnalités politiques et les agents publics énumérés par la loi.

Sont sanctionnés pénalement : le non-respect des obligations de transmission, le fait de ne pas déférer aux injonctions de la Haute Autorité, le fait de publier ou de divulguer ces informations hors les cas prévus par la loi.

L. n° 2013-907 du 11 oct. 2013, art. 4, 6, 11 et 26; L. n° 2016-483 du 20 avr. 2016 relative à la déontologie et aux droits et obligations des fonctionnaires, art. 3, 5, 12, 13, 15, 16.

Haute cour

[Droit constitutionnel]

Appellation donnée au Parlement lorsqu'il se réunit pour la destitution du *président de la République* en cas de manquement à ses devoirs manifestement incompatible avec l'exercice de son mandat. Une loi organique du 24 novembre 2014 détermine, en application de l'article 68 de la Constitution, les modalités de cette procédure.

La Haute cour n'est pas une juridiction, contrairement à la *Haute cour de justice* antérieurement compétente, devant laquelle le président de la République pouvait être mis en accusation pour *haute trahison*.

→ *Cour de justice de la République.*

Haute cour de justice

[Droit constitutionnel/Procédure pénale]

Juridiction politique répressive, qui était composée de parlementaires des 2 assemblées et devant laquelle pouvait être mis en accusation le président de la République pour *haute trahison*.

Const., ancien art. 68.

→ *Cour de justice de la République, Haute cour.*

Haute mer

[Droit international public]

Espace marin insusceptible d'appropriation situé au-delà des zones maritimes sur lesquelles les États côtiers exercent leur souveraineté ou disposent de droits souverains.

→ *Zone économique exclusive, Zone internationale des fonds marins.*

Pour l'application de la loi pénale dans l'espace, voir article 113-12 du Code pénal.

Haute trahison

[Droit constitutionnel/Droit pénal]

Crime pour lequel le président de la République pouvait être mis en accusation devant la *Haute cour de justice*. L'accusation de haute trahison n'est plus possible depuis la loi constitutionnelle n° 2007-238 du 23 février 2007, qui lui a substitué une procédure politique de *destitution*.

Héberge

[Droit civil]

Sur un mur séparant 2 bâtiments contigus de hauteur inégale, ligne formée par la partie supérieure de la construction la moins élevée et jusqu'à laquelle le mur est mitoyen.

C. civ., art. 653.

→ *Mitoyenneté.*

Heimatlos

[Droit international privé]

→ *Apatride.*

Herbe (Vente d')

[Droit rural]

Convention dérogatoire au statut des baux ruraux consistant en une vente de récolte sur pied portant, le plus souvent, sur de l'herbe à faucher ou à pâturer, par laquelle le preneur ne supporte aucune obligation d'entretien des terres dont il récolte seulement les fruits. En pratique, la vente d'herbe est souvent requalifiée bail à ferme par les tribunaux, notamment sur des critères de durée ou de répétition de l'utilisation des lieux. Son efficacité est donc liée à une courte durée (saison des foins, par ex.) et elle ne doit pas être renouvelée avec la même personne d'une année sur l'autre.

C. rur., art. L. 411-1.

Hérédité

[Droit civil]

Ensemble des biens que laisse une personne à son décès. La loi n° 2009-526 du 12 mai 2009 remplace « l'hérédité » par les mots « la succession » dans tous les articles concernés du Code civil.

Héritage

[Droit civil]

1° Ensemble des biens transmis par succession.

2° Synonyme d'*immeuble* (vieilli).

Héritier

[Droit civil]

1° *Au sens large :* celui qui succède au défunt par l'effet soit de la loi, soit du testament.

2° *Dans un sens plus précis :* celui qui succède au défunt en vertu de la seule loi, par opposition au *légataire* institué par testament.

3° *Parfois*, ce mot désigne les seuls successibles qui ont la *saisine*.

C. civ., art. 724, 731 s.

Heures complémentaires

[Droit du travail]

Dans le contrat de travail à temps partiel, les heures complémentaires sont celles qui peuvent être exigées par l'employeur, sous certaines conditions, au-delà de la durée prévue au contrat. Sauf cas particulier, les heures complémentaires sont soumises à une majoration de rémunération de 10 %.

C. trav., art. L. 3123-17.

Heures d'équivalence

[Droit du travail]

Compte tenu des temps morts pouvant exister dans l'exercice de certaines activités, le législateur prévoit que, dans certains secteurs, la durée du travail peut dépasser 35 heures par semaine, la rémunération étant versée sur une base de 35 heures. Les heures d'équivalence, bien que représentant ainsi les périodes d'inaction (ce qui explique l'absence de rémunération), n'en constituent pas moins un *temps de travail* effectif mais se distinguent des *heures supplémentaires* par leur régime juridique.

C. trav., art. L. 3121-9.

Heures de délégation

[Droit du travail]

→ *Crédit d'heures.*

Heures légales

[Procédure civile]

Heures de la journée pendant lesquelles peuvent et doivent être effectuées les significations et les exécutions d'actes ou de jugements : entre 6 heures et 21 heures sauf au juge à accorder, en cas de nécessité, la faculté d'opérer en dehors des heures légales et, s'agissant des mesures d'exécution, seulement dans les lieux qui ne servent pas à l'habitation.

C. pr. civ., art. 508 et 664; C. pr. exéc., art. L. 141-1, al. 2.

→ *Jours de fêtes légales.*

Heures supplémentaires

[Droit du travail]

Heures de travail effectuées, dans le cadre d'une semaine civile, en sus de la durée légale du travail, soit 35 heures hebdomadaires. La possibilité d'effectuer des heures supplémentaires est limitée par les durées maximales de travail de 48 heures par semaine et, sur une période quelconque de 12 semaines consécutives, de 44 heures en moyenne par semaine. Le décompte des heures supplémentaires peut être modifié par des accords d'annualisation prévoyant leur répartition sur l'année. Les heures supplémentaires emportent une majoration de la rémunération et peuvent donner droit à des périodes de repos.

• *Contingent d'heures supplémentaires :* contingent annuel calculé par salarié et déterminé par une convention ou un accord collectif de travail d'entreprise ou d'établissement ou, à défaut, de branche; à défaut de clause conventionnelle il est de 220 heures par an et par salarié. L'employeur peut avoir recours à ces heures par décision unilatérale qui s'impose, en droit positif, au salarié.

Au-delà du contingent annuel d'heures supplémentaires (une fois celui-ci épuisé), l'employeur peut décider de recourir encore aux heures supplémentaires, le régime des contreparties de celles-ci étant alors spécifique.

C. trav., art. L. 3121-11 s.

Hiérarchie des normes

[Droit général]

Organisation des différentes règles juridiques, selon laquelle les règles de valeur inférieure, par exemple contenues dans un arrêté, doivent être conformes à celles qui ont une valeur supérieure. Dans l'ordre juridique français, c'est la Constitution qui prime.

Const., art. 54, 55 et 88-1 s.

GAJA nº 96.

→ *Légalité (Principe de).*

Hoirie

[Droit civil]

Mot ancien employé pour *succession* ou part successorale.

Avancement d'hoirie se dit aujourd'hui avancement de part successorale.

→ *Hérédité.*

Holding

[Droit commercial]

Société dont l'objet est de gérer les participations qu'elle détient dans d'autres sociétés, dans le but d'y exercer un contrôle prépondérant. C'est un instrument de la *concentration* des entreprises.

Homicide

[Droit pénal]

Fait de donner la mort à autrui, constitutif de meurtre lorsqu'il est intentionnel et d'homicide involontaire lorsqu'il est non intentionnel.

C. pén., art. 221-1 à 221-4 et 221-6.

Homologation

[Droit civil/Procédure civile]

Procédure par laquelle un juge approuve un acte juridique et lui confère la force exécutoire après contrôle de légalité et, généralement, d'opportunité : homologation de la convention réglant les conséquences d'un divorce par consentement mutuel, homologation d'un changement de régime matrimonial, homologation d'une décision concernant un mineur, d'un accord de conciliation. L'homologation relève de la matière gracieuse.

C. civ., art. 232, 278, 279, 507 et 1397; C. pr. civ., art. 25, 131-12, 768, 832-1, 833, 1099, 1301, 1565.

GAJC, t. 1, n° 42.

→ *Décision gracieuse.*

Homoparentalité

[Droit civil/Droit général]

Désigne la fonction de prise en charge, d'éducation, et de protection de l'enfant, lorsqu'elle est exercée par un couple homosexuel ou une personne célibataire homosexuelle, indépendamment de la reconnaissance, par le droit, d'un lien de parenté avec l'enfant.

→ *Discrimination, Homoparenté, Homosexualité, Parentalité.*

Homoparenté

[Droit civil]

Lien de filiation juridique reconnu entre un enfant et une personne homosexuelle, en l'absence de lien de filiation biologique entre eux. Jusqu'à une période récente, le droit français ne reconnaissait aucune forme d'homoparenté. Il n'en va plus ainsi désormais.

D'abord, à la suite d'une condamnation de la France par la Cour EDH, les juges administratifs ne refusent plus la demande d'agrément (aux fins d'adoption) en raison de l'homosexualité du demandeur. Ensuite, la loi n° 2013-404 du 17 mai 2013 a ouvert, l'adoption aux couples mariés de personnes de même sexe. La loi autorise l'adoption conjointe par deux parents de même sexe et l'adoption unilatérale de l'enfant du conjoint de même sexe. En outre, un projet envisage d'ouvrir l'*insémination artificielle avec tiers donneur* aux couples de même sexe (féminins, par hypothèse) mais n'a pas encore été adopté à l'heure où le présent lexique est mis sous presse.

→ *Discrimination, Homoparentalité, Homosexualité.*

Homosexualité

[Droit civil/Droit général]

Désigne l'attirance sexuelle ou les rapports sexuels entre personnes du même sexe. Le droit positif tend à une harmonisation des droits entre couples hétérosexuels et couples de même sexe (loi n° 944 du 15 nov. 1999 créant le *pacte civil de solidarité*, et loi n° 2013-404 du 17 mai 2013 ouvrant le mariage aux couples de même sexe).

C. civ., art. 143, 515-1 s. et 515-8.

GAJC, t. 2, n° 188-189.

→ *Discrimination, Homoparentalité, Homoparenté, Mariage.*

ACTU

Honoraires

[Droit privé/Droit commercial]

Rétribution des services rendus par les membres des professions libérales (ex. : médecins, architectes).

Dans les contrats spéciaux tels que le contrat d'entreprise ou encore le mandat lorsqu'il est conclu à titre onéreux, le mot est synonyme de rémunération (de l'entrepreneur ou du mandataire), dès lors que le prestataire de services est membre d'une profession libérale. La jurisprudence décide que cette rémunération peut être révisée par le juge dans certaines conditions.

Certains honoraires sont plafonnés, comme ceux liés à la mise en location d'un logement.

Dans le secteur du droit, les conventions d'honoraires sont obligatoirement conclues en forme écrite. Plus généralement, les prestations de service rétribuées d'honoraires sont parfois soumises aux règles du droit des affaires, et notamment au formalisme imposé afin de détecter les pratiques professionnelles illicites ou déloyales.

C. com., art. L. 441-6, L. 444-1

GAJC, t. 2, nº 281.

→ *Prix.*

[Procédure civile]

Rétribution, dont le montant n'est pas tarifé, de certains auxiliaires de justice concernant leurs prestations qui relèvent du secteur concurrentiel. Elle est fixée, selon les usages, en fonction de la situation de fortune des clients, de la difficulté de l'affaire, des frais exposés par le professionnel, de sa notoriété et de ses diligences.

S'agissant de l'avocat, les honoraires de *postulation* (laquelle était traditionnellement tarifée), de consultation, d'assistance, de conseil, de rédaction d'actes juridiques sous signature privée et de plaidoirie sont déterminés en accord avec le client, accord obligatoirement matérialisé par une convention écrite, sauf en cas d'urgence, de force majeure ou d'intervention au titre de l'aide juridictionnelle. Par dérogation, en matière de saisie immobilière, de partage, de licitation et de sûretés judiciaires, les droits et émoluments de l'avocat sont définis sur la base d'un tarif arrêté par la Chancellerie et Bercy.

L'autorité administrative chargée de la concurrence et de la consommation peut vérifier, en usant des pouvoirs mentionnés à l'article L. 511-8 du Code de la consommation, que les avocats respectent bien leurs obligations.

L. nº 71-1130 du 31 déc. 1971, art. 5 s.; Ord. du 10 sept. 1817, art. 15.

→ *Dépens, Émolument, Irrépétibles, Pacte de quota litis, Tarifs des professions juridiques et judiciaires.*

[Sécurité sociale]

Les tarifs des honoraires et frais accessoires sont fixés par des conventions nationales. Les actes effectués sont remboursés sur la base de tarifs conventionnels (*Convention*). Toutefois, pour les praticiens non conventionnés ou exclus de la convention par la caisse pour violation de celle-ci, le remboursement est effectué sur la base de tarifs d'autorité.

→ *Tarif.*

Les conventions nationales prévoient que les praticiens et auxiliaires médicaux conventionnés peuvent demander des dépassements des tarifs conventionnels en cas de circonstances exceptionnelles de temps ou de lieu dues à des exigences particulières du malade (ils indiquent alors DE sur la feuille de soins).

La convention nationale des médecins autorise également ceux-ci à pratiquer des dépassements de tarifs lorsqu'ils bénéficiaient d'un droit permanent à dépassement (DP) ou lorsqu'ils ont fait savoir à la caisse primaire qu'ils entendent

pratiquer des tarifs différents des tarifs conventionnels, c'est-à-dire des « honoraires libres ».
Dans le cas où des dépassements de tarif sont autorisés, les assurés ne sont remboursés que sur la base des tarifs conventionnels.

Honorariat

[Droit administratif]

Sauf refus ou retrait motivés, tout fonctionnaire de l'État ou des collectivités territoriales admis à la retraite après 20 ans de services accomplis peut se prévaloir de l'honorariat de son grade ou emploi. Cette qualification est purement honorifique, et ne peut (sauf exceptions) être mentionnée à l'occasion d'activités privées lucratives.

→ *Éméritat.*

Horaire individualisé

[Droit du travail]

Modalités de détermination de l'horaire de travail permettant au salarié, en dehors de plages horaires fixes et obligatoires, de choisir ses heures d'arrivée au travail et de départ du travail de telle sorte qu'au terme de la période de référence (par ex. 1 semaine ou 15 jours), il ait accompli les heures normalement dues. La variabilité qui ne porte que sur la partie mobile de l'horaire, atténue le caractère collectif de l'horaire de travail. On utilise également les expressions « horaire variable » ou « horaire flexible ».

C. trav., art. L. 3122-23 s.

Hors cadre

[Droit administratif]

Position administrative de certains fonctionnaires détachés, dans laquelle ceux-ci cessaient de bénéficier de leurs droits à l'avancement et à la retraite dans leur corps d'origine pour être soumis au régime statutaire de l'Administration ou de l'institution auprès de laquelle ils exercent leurs fonctions.
Cette position a été supprimée par la loi du 20 avril 2016 relative à la déontologie et aux droits et obligations des fonctionnaires, étant précisé que les agents placés en position hors cadre avant l'entrée en vigueur de cette loi sont néanmoins maintenus dans cette position jusqu'au terme de la période fixée lors de la mise hors cadre.

→ *Corps de fonctionnaires, Détachement.*

Hors de cause

[Procédure civile]

Se dit du plaideur qu'une décision libère des liens d'une instance dans laquelle il était impliqué à tort, ou qui a cessé de le concerner.

C. pr. civ., art. 336.

Hors du commerce

[Droit général]

→ *Choses hors du commerce, Droits hors du commerce.*

Hors part successorale

[Droit civil]

Qualifie la *libéralité* que le gratifié n'a pas à rapporter lors du partage de la succession et qui s'ajoute donc à sa part *ab intestat*, sous réserve de respecter la part réservataire des héritiers réservataires.

C. civ., art. 843, 1078-1 et 1078-2.

→ *Avancement de part successorale, Préciput, Rapport des dons et des legs à fin d'égalité, Rapport des dons et des legs à fin de réduction, Réservataire, Réserve.*

Hospitalisation d'un aliéné

[Droit civil]

Procédure de placement d'un aliéné dans un établissement de soins, public ou privé; elle remplace la procédure d'*internement* et peut intervenir d'*office* sur décision du préfet s'appuyant sur un rapport médical circonstancié, confirmé, dans les 24 heures de l'admission, par le certificat d'un psychiatre de l'établissement, lorsque l'aliéné compromet l'ordre public ou la sûreté des personnes; en cas de danger imminent les commissaires de police à Paris, les maires et leurs adjoints en province, peuvent ordonner une mesure provisoire à charge d'en référer au préfet dans les 24 heures.

L'hospitalisation peut aussi résulter de la *demande d'un tiers* (famille, entourage, préfet à titre subsidiaire), à la double condition que la maladie mentale impose des soins immédiats et une surveillance en milieu hospitalier et que le malade soit hors d'état de consentir à son hospitalisation; la demande doit être appuyée par 2 certificats médicaux dont l'un peut émaner d'un médecin de l'établissement et être supprimé en cas d'urgence.

Qu'il s'agisse d'hospitalisation d'office ou d'hospitalisation sur demande d'un tiers, la personne hospitalisée sans son consentement doit être informée de sa situation juridique et de ses droits (droit de communiquer avec certaines autorités, de saisir la commission départementale des hospitalisations psychiatriques, etc.) et en toutes circonstances la dignité de sa personne doit être respectée et sa réinsertion recherchée. Un contrôle par un *juge des libertés et de la détention* a été mis en place.

CSP, art. L. 3211-1 s., L. 3211-12-2.

→ *Aliéné mental, Aliénation mentale.*

Huis clos

[Procédure (principes généraux)]

Exception au principe de la publicité des débats judiciaires en vertu de laquelle une juridiction peut interdire au public l'accès du prétoire par une décision motivée, lorsque l'ordre public, la sérénité des débats, la dignité de la personne, les intérêts d'un tiers, l'intimité de la vie privée ou les bonnes mœurs risquent de souffrir de la publicité.

C. pr. civ., art. 22, 433 s.; C. pr. pén., art. 306 et 400; CJA, art. L. 731-1.

→ *Chambre du conseil, Publicité des débats.*

ACTU

Huissier de justice

[Procédure civile]

Officier ministériel et officier public chargé des significations (judiciaires et extrajudiciaires), de l'*exécution forcée* des actes publics (jugements et actes notariés), du recouvrement amiable ou judiciaire de toutes créances et, dans les lieux sans commissaires-priseurs judiciaires, des prisées et ventes publiques judiciaires ou volontaires de meubles, des constatations, de l'apposition et de la *levée des scellés*, ainsi que du service d'audience des tribunaux (l'huissier *audiencier* assiste aux audiences solennelles, fait l'appel des causes et, à titre exceptionnel, assure le maintien de l'ordre sous l'autorité du président).

L'huissier de justice exerce en outre, moyennant information de la chambre régionale et du procureur général, les activités accessoires d'administrateur d'immeubles, d'agent d'assurances, de médiateur conventionnel ou désigné par un juge. À l'avenir, lorsque le gouvernement aura pris les mesures nécessaires par voie d'ordonnance ainsi que l'autorise le législateur (loi Macron n° 990 du 6 août 2015, art. 64), il pourra être désigné en justice pour exercer à titre habituel les fonctions de mandataire judiciaire dans le cadre des procédures de liquidation judiciaire et de rétablissement professionnel concernant les débiteurs sans salariés et au chiffre d'affaires modeste (moins de 100 000 €).

Les huissiers de justice ont qualité pour instrumenter dans le ressort du TGI de leur résidence, mais à compter du 1er janvier 2017, en application de la loi Macron, leur compétence territoriale deviendra nationale en ce qui concerne les significations, l'exécution forcée et les activités exercées à titre accessoire mais, en ce qui concerne leurs autres activités, restera limitée au ressort de la cour d'appel au sein duquel ils ont établi leur résidence professionnelle.

Dans le cadre d'une procédure d'exécution (ou d'une mesure conservatoire), les actes signifiés par voie électronique à un tiers sont faits concurremment par les huissiers de justice du tribunal de grande instance où le débiteur a son domicile ou sa résidence.

L'huissier de justice peut exercer sa profession en qualité de salarié d'une personne physique ou morale titulaire d'un office d'huissier de justice. La personne physique titulaire de l'office ne peut pas employer plus de deux huissiers salariés, la personne morale plus du double du nombre des huissiers associés. On compte 3 265 huissiers de justice au 1er janvier 2014 (dernier chiffre publié).

C. pr. exéc., art. L. 122-1, L. 122-2; Ord. n° 45-2592 du 2 nov. 1945, art. 1er; Décr. n° 56-222 du 29 févr. 1956, art. 5 s.

→ *Commissaire de justice, Exploit d'huissier de justice, Liberté d'établissement, Société civile professionnelle, Société d'exercice libéral (SEL).*

Humanité

→ *Crime contre l'humanité, Patrimoine commun de l'humanité.*

Hypothèque

[Droit civil]

Droit réel accessoire grevant un immeuble et constitué au profit d'un créancier en garantie du paiement de la dette. L'hypothèque n'entraîne pas dessaisissement du propriétaire.

L'hypothèque autorise le créancier non payé à l'échéance à faire saisir et vendre l'immeuble en quelque main qu'il se trouve (*droit de suite*) et à se payer sur le prix avant les créanciers chirographaires (*droit de préférence*). Entre les créanciers, l'hypothèque n'a de rang que du jour de l'inscription prise au *service de la publicité foncière* par le créancier. Le créancier hypothécaire peut demander en justice que l'immeuble lui demeure en paiement.

L'hypothèque est ou légale, ou judiciaire, ou conventionnelle. Elle ne s'applique qu'aux biens immobiliers. Toutefois, il existe quelques cas d'hypothèques mobilières (navires, aéronefs).

C. civ., art. 2393 s., 2425 s., 2458 et 2461.

GAJC, t. 2, n° 308 et 309.

→ *Mesures conservatoires, Prêt viager hypothécaire, Rang des privilèges et des hypothèques, Sûretés judiciaires.*

Hypothèque rechargeable

[Droit civil]

Cette variété d'hypothèque permettait l'affectation de l'hypothèque à la garantie de créances autres que celles mentionnées par l'acte constitutif. Le constituant, au fur et à mesure de ses remboursements, « rechargeait » l'hypothèque initiale et se créait une nouvelle capacité de crédit correspondant à la différence entre le montant du capital garanti par l'hypothèque initiale et le total de ses remboursements. L'hypothèque rechargeable a été abrogée pour l'avenir par la loi n° 2014-344 du 17 mars 2014. Mais la loi n° 2014-1545 du 20 décembre 2014 l'a rétablie en matière professionnelle uniquement : le constituant peut offrir l'hypothèque d'origine constituée à des fins professionnelles à la garantie d'une autre créance professionnelle, éventuellement vis-à-vis d'un nouveau créancier, encore que le premier n'ait pas été payé.

C. civ., art. 2422.

Identification génétique

[Droit civil]

Manière de reconnaître un individu par le relevé des caractéristiques inscrites dans l'ADN de ses cellules. Cette identification ne peut être recherchée, en matière civile, qu'en exécution d'une mesure d'instruction ordonnée par le juge dans le cadre d'une action relative à la filiation ou relative à des subsides; elle exige le consentement de l'intéressé et ne peut être réalisée après la mort sauf accord exprès de la personne manifestée de son vivant.

Le refus de se soumettre au test génétique, ordonné par le tribunal lors d'une action en recherche de paternité, peut être interprété comme un aveu de paternité si ce refus est corroboré par d'autres éléments de preuve.

C. civ., art. 16-11 s.; CSP, art. L. 1131-1, L. 1131-5 et L. 1131-6.

→ *Empreinte génétique, Examen des caractéristiques génétiques.*

Identité

[Droit civil]

Ensemble des composantes grâce auxquelles il est établi qu'une personne est bien celle qui se dit ou que l'on présume telle (nom, prénoms, nationalité, filiation...).

La loi n° 2012-410 du 27 mars 2012 organise la protection de cette identité.

→ *Carte nationale d'identité, Contrôle d'identité, État civil, État de la personne.*

Identité de genre

[Droit civil]

L'expression renvoie à une perception et à un vécu intime de soi déconnectés des déterminations physiologiques, par opposition à l'identité sexuelle qui se fonde sur ces déterminations et la biologie pour fonder la distinction des hommes et des femmes. Elle est l'objet de polémiques d'autant plus fortes, qu'un courant de pensée souhaite substituer dans la loi la première à la seconde, afin de prendre en considération la situation des personnes transidentitaires « victimes de discriminations et d'exclusion sociale », selon l'avis du 27 juin 2013 de la Commission nationale consultative des droits de l'homme.

La commission estime, en effet, que les personnes dites « transgenres », c'est-à-dire celles qui n'ont pas suivi de traitement (médical ou chirurgical) de réassignation sexuelle et dont la morphologie sexuelle ne correspond pas à leur genre, seraient davantage protégées par l'adoption du critère d'identité de genre.

La loi n° 2014-873 du 4 août 2014 pour l'égalité réelle entre les femmes et les hommes contient quelques dispositions visant à lutter dans les médias contre la diffusion d'images alimentant les stéréotypes de genre.

Identité judiciaire

[Procédure pénale]

Service et activité de police judiciaire, ayant pour but l'identification des personnes, ainsi que le traitement des traces et indices.

L'utilisation des moyens d'identité judiciaire aux fins d'établir l'identité d'une personne est, depuis 1983, réglementée par la loi.

C. pr. pén., art. 78-3.

→ *Vérification d'identité.*

Identité sexuelle

→ *Identité de genre.*

IFRS

[Droit Commercial]

Norme comptable internationale obligatoire pour toutes les sociétés cotées publiant des comptes consolidés, et facultative dans les autres hypothèses.

Ces normes IFRS, pour favoriser les comparaisons à l'échelon européen et même mondial, assurent la prééminence de l'économique sur le juridique; ainsi par exemple, le crédit-bail figure-t-il à l'actif du bilan.

Illégalité

[Droit général]

Strictement : caractère de ce qui est contraire à la loi, entendue au sens formel (textes votés par le Parlement).

Dans un sens plus large : méconnaissance du droit en général; utilisé abusivement comme synonyme d'illicéité.

→ *Légalité (Principe de).*

Illicéité

[Droit général]

Caractère de ce qui n'est pas permis, de ce qui est contraire à un texte (loi, décret, arrêté), à l'ordre public, aux bonnes mœurs.

[Droit civil]

Pour les actes juridiques, vice affectant un élément constitutif et justifiant l'annulation; pour les faits juridiques, violation d'une norme de comportement déclenchant la responsabilité de son auteur.

→ *Condition, Immoral, Responsabilité civile.*

[Droit international public]

Comportement d'un sujet contraire au droit international.

→ *Fait internationalement illicite, Responsabilité internationale.*

Image (Droit à l')

[Droit civil]

• *Image de la personne.* Droit d'une personne sur sa représentation. Initialement conçu comme un aspect du droit à la vie privée, il tend à être reconnu comme un droit autonome par la jurisprudence. Il confère en principe à une personne un droit exclusif sur son image et l'utilisation qui en est faite. Celle-ci pourra, en conséquence, interdire à quiconque de photographier, filmer, exposer en public ou publier dans la presse son image sans son consentement, à peine de dommages et intérêts, de destruction des clichés et d'interdiction pour l'avenir de toute publicité. Toutefois, le droit à l'image connaît des limites, liées notamment au droit à l'information et à la liberté de la presse. Le droit pénal sanctionne les atteintes au droit à l'image, telles que la captation d'image dans un lieu privé, ou le montage réalisé avec les paroles ou l'image de l'intéressé.

• *Image des biens.* Le propriétaire d'une chose ne dispose pas d'un droit exclusif sur l'image de celle-ci, mais il peut s'opposer à l'utilisation de cette image par un tiers lorsqu'elle lui cause un trouble anormal.

C. civ., art. 9 et 16; C. pén., art. 226-1 et 226-8.

GAJC, t. 1, n° 70-71.

Imagerie cérébrale

[Droit civil]

Les techniques d'imagerie cérébrale ne peuvent être employées qu'à des fins médicales ou de recherche scientifique, ou dans le cadre d'expertises judiciaires, après consentement exprès et écrit de la personne en cause.

C. civ., art. 16-14.

Immatriculation

[Droit civil]

Action par laquelle une personne ou une chose est inscrite sur un registre par un numéro d'identification. Ce numéro est complété par des mentions faisant état des caractéristiques de la personne ou de la chose immatriculée; l'immatriculation permet d'organiser une certaine publicité et d'appliquer un statut.

→ *Immatriculation au registre du commerce et des sociétés.*

Immatriculation à la Sécurité sociale

[Sécurité sociale]

Opération administrative qui consiste à inscrire officiellement un travailleur sur la liste des assurés sociaux d'une caisse. Cette immatriculation, qui se traduit par l'attribution d'un numéro, est définitive.

CSS, art. R. 312-4.

Immatriculation au registre du commerce et des sociétés

[Droit commercial]

Opération qui consiste à inscrire officiellement les personnes physiques commerçantes, les sociétés, et les groupements d'intérêt économique, au *Registre du commerce et des sociétés*. Elle est obligatoire; réalisée au moment du démarrage de l'activité et tenue à jour durant l'exploitation de l'entreprise, cette inscription permet aux exploitants personnes physiques de jouir des avantages attachés à la qualité de commerçant (tel le droit de demander le renouvellement du bail commercial).

Aux sociétés (autres que les sociétés en participation), elle confère la personnalité morale.

C. com., art. L. 123-1; C. civ., art. 1842.

Immatriculation des navires et aéronefs

[Droit international public]

Enregistrement d'un navire ou d'un aéronef sur le registre d'un État; elle confère à l'engin la nationalité de ce dernier.

Immatriculation des syndicats de copropriétaires

[Droit civil]

La loi n° 2014-366 du 24 mars 2014 pour l'accès au logement et un urbanisme renforcé (loi ALUR) institue un registre auquel sont immatriculés les syndicats de copropriétaires, chargé de recevoir, à la diligence du syndic, une série d'informations relatives à chaque copropriété : identification, budget prévisionnel, carnet d'entretien, diagnostic technique, etc.

L'entrée en vigueur de cette immatriculation est prévue par étapes : au 31 décembre 2016 pour les copropriétés de plus de 200 lots, au 31 décembre 2017 pour celles de plus de 50 lots, au 31 décembre 2018 pour les autres syndicats.

CCH, art. 711-1.

Immeuble

[Droit civil]

Initialement, catégorie de biens corporels, désignant un fonds de terre et ce qui y est incorporé (*immeuble par nature*), ainsi que le bien mobilier qui en permet l'exploitation (*immeuble par destination*). Par extension, sont également considérés comme immeubles les droits (incorporels) portant sur les immeubles ci-dessus définis.

De la *summa divisio*, « tous les biens sont meubles ou immeubles », il résulte, selon la formule de la jurisprudence, que tout bien qui n'est pas qualifié d'immeuble par le Code civil, est *meuble*.

C. civ., art. 516 s.

Immeuble par destination

[Droit civil]

Meuble que la loi répute immeuble parce qu'il est, par volonté de son propriétaire, soit affecté au service et à l'exploitation d'un immeuble (ex. d'un tracteur servant à une exploitation agricole), soit attaché à ce dernier à perpétuelle demeure (ex. d'une cheminée encastrée dans le mur).

Les animaux que le propriétaire d'un fonds y a placés pour le service et l'exploitation de ce fonds sont soumis au régime des immeubles par destination.

C. civ., art. 524 s.; C. pr. exéc., art. L. 112-3.

→ *Affectation, Destination.*

Immeuble par nature

[Droit civil]

Fonds de terre et ce qui est incorporé à ce fonds et ne peut être déplacé (bâtiments, plantations).

C. civ., art. 518 s.

Immobilisation d'un véhicule terrestre à moteur

[Procédure civile]

Acte, produisant les effets d'une saisie, par lequel un huissier de justice peut, à la demande d'un *créancier* muni d'un titre exécutoire, immobiliser, en quelque lieu qu'il se trouve, le véhicule terrestre à moteur appartenant au débiteur.

Dans les 8 jours après l'immobilisation, l'huissier de justice signifie au débiteur un commandement. Le débiteur jouit d'un délai d'un mois pour vendre à l'amiable le véhicule. Ce délai dépassé, la vente aura lieu aux enchères publiques.

C. pr. exéc., art. L. 223-2, R. 223-6 s.

→ *Saisie des véhicules terrestres à moteur.*

Immobilisation de véhicule

[Droit pénal]

Peine privative ou restrictive de droits, consistant à priver temporairement le condamné de l'usage d'un ou de plusieurs véhicules lui appartenant, pour une durée fixée par le juge dans le respect d'un maximum légal.

C. pén., art. 131-6, 131-14 et R. 131-5 s.

Immobilisation des fruits

[Procédure civile]

Effet de la signification d'un commandement de saisie immobilière. Les fruits sont ajoutés au prix d'adjudication et distribués comme lui aux créanciers hypothécaires et privilégiés.

C. pr. exéc., art. L. 321-3, R. 321-16 s.

Immoral

[Droit civil]

Contraire aux bonnes mœurs et, par conséquent, source de nullité de l'acte juridique entaché de ce vice.

C. civ., art. 6 et 1162.*

→ *Bonnes mœurs, Illicéité.*

Immunité

[Droit pénal]

1° Fait justificatif (débattu en doctrine) tiré de la liberté d'expression des députés et sénateurs (*immunités parlementaires*), ou des intervenants devant un tribunal (*immunité judiciaire*), qui interdit toute poursuite en diffamation, injure ou outrage.

L. 29 juill. 1881, art. 41.

2° Exception à la recevabilité de l'action publique, pour des raisons de décence, tenant aux rapports de parenté ou d'alliance entre l'auteur de l'infraction et la victime (immunités familiales).

C. pén., art. 311-12.

→ *Immunité d'exécution, Immunité de juridiction.*

Immunité d'exécution

[Droit international public/ Droit international privé/Procédure civile/ Procédure pénale]

Privilège qui protège ses bénéficiaires contre toute exécution forcée. Il bénéficie en particulier aux États étrangers et aux organismes qui en sont l'émanation directe, lesquels échappent en conséquence à toute voie d'exécution, au nom du respect de la souveraineté étatique. Les États peuvent renoncer à leur immunité d'exécution sur des biens utilisés ou destinés à être utilisés à des fins publiques, mais seulement de manière expresse.

Cette immunité n'exclut pas l'*exequatur* qui n'est pas, en lui-même, un acte d'exécution, mais une simple mesure préalable à l'exécution forcée.

C. pr. exéc., art. L. 111-1, al. 3; C. mon. fin., art. L. 153-1.

GADIP nº 65 et 66.

Immunité de juridiction

[Droit international public/ Droit international privé/Procédure civile/ Procédure pénale]

Privilège dont bénéficient les États, les chefs d'État étrangers, certains ministres et les agents diplomatiques, au nom du respect de la souveraineté, et en vertu duquel ces personnes ne peuvent être déférées aux juridictions de l'État où elles résident, ni en matière pénale ni en matière civile.

L'immunité de juridiction des États n'entre en mouvement qu'autant que l'acte qui donne lieu au litige participe, par sa nature ou sa finalité, à l'exercice de la souveraineté et n'est donc pas un acte de gestion privée.

GADIP nº 47.

→ *Acte de gestion, Acte de souveraineté, Immunité d'exécution.*

Immunité de la défense

[Procédure civile/Procédure pénale]

→ *Immunité judiciaire.*

Immunité du président de la République

[Droit constitutionnel]

Principe selon lequel un président de la République ne peut être l'objet de procédures judiciaires, tant civiles que pénales, pendant l'exercice de son mandat. Suspend celles-ci qui pourront être reprises à l'issue de ce dernier (*cf.* Jacques Chirac).

Un projet de loi constitutionnelle déposé à l'Assemblée nationale en mars 2013, non abouti, tendait à limiter cette immunité à la seule *responsabilité pénale*.

Const., art. 67.

→ *Chef de l'État.*

Immunité judiciaire

[Procédure civile/Procédure pénale]

Cause d'impunité s'opposant à toute poursuite pour diffamation, injure ou outrage dont bénéficient les plaideurs, les défenseurs, les témoins et les experts pour les discours prononcés ou les écrits produits devant les tribunaux. Cette immunité, étant donné son fondement, la protection des droits de la défense, ne couvre pas les faits diffamatoires étrangers à la cause, lesquels pourront donner ouverture à l'action publique, ou à l'action civile des parties, lorsque ces actions leur auront été réservées par les tribunaux; elle ne couvre pas non plus les propos tenus en dehors de l'audience.

L'immunité judiciaire s'applique également au « compte rendu fidèle fait de bonne foi

des débats judiciaires » (art. 41, L. du 29 juill. 1881).
→ *Délit d'audience.*

Immunités diplomatiques et consulaires

[Droit international public]
Privilèges reconnus aux agents diplomatiques et consulaires en vue de favoriser le libre exercice de leurs fonctions : inviolabilité des agents (plus réduite pour les consuls), des locaux et de la correspondance, immunité de juridiction (limitée aux actes de la fonction pour les consuls) et d'exécution, exemptions fiscales.
→ *Immunité d'exécution, Immunité de juridiction.*

Immunités parlementaires

[Droit constitutionnel]
Prérogatives qui mettent les parlementaires à l'abri des poursuites judiciaires, en vue d'assurer le libre exercice de leur mandat.
→ *Inviolabilité parlementaire, Irresponsabilité parlementaire.*

Immutabilité de l'état de la personne

[Droit civil]
En théorie, principe selon lequel nul ne peut modifier l'un quelconque des éléments de son état, par sa seule volonté. Mais certains de ces éléments ont, *de facto*, vocation à changer (domicile, état matrimonial...). En pratique, le droit prend acte de la mutabilité objective des éléments de l'état de la personne. L'expression en vient donc à désigner plutôt le principe selon lequel il est impossible de modifier, rectifier ou faire disparaître le déroulement des événements conduisant à un changement de l'un de ces éléments, enregistrés par les divers actes de l'état civil.
→ *État de la personne.*

Immutabilité du litige (Principe de l')

[Procédure civile]
Principe destiné à favoriser la loyauté des débats, en vertu duquel la *matière litigieuse* ne devrait pas être modifiée, dès l'instant que l'instance a été liée.
Ce principe tombe progressivement en désuétude. Formulé pour écarter les demandes nouvelles en appel, il n'empêche pas, s'il y a connexité, la présentation de demandes additionnelles, reconventionnelles, en intervention.
C. pr. civ., art. 4, 70 et 564.
→ *Demande nouvelle, Liaison de l'instance, Loyauté, Prétentions nouvelles.*

[Procédure administrative]
Principe selon lequel un moyen fondé sur une cause juridique nouvelle ne peut être présenté devant le juge administratif après l'expiration du délai de recours contentieux.
GACA n° 50.

Imparité

[Procédure (Principes généraux)]
Règle générale de fonctionnement des juridictions selon laquelle les juges statuent en nombre impair, afin de permettre l'obtention d'une majorité.
La règle de l'imparité n'est pas en vigueur devant la *Cour de cassation*, le partage des voix donnant lieu à un renvoi devant une *chambre mixte*.
COJ, art. L. 121-2, L. 431-5, R. 212-7, R. 431-5; CJA, art. R. 222-18 et R. 222-25.
→ *Collégialité, Paritaire.*

Impartialité

[Procédure générale]
Exigence déontologique et éthique inhérente à toute fonction juridictionnelle : le juge doit bannir tout *a priori*, excluant

pareillement faveur et préférence, préjugé et prévention, ne céder à aucune influence de quelque source qu'elle soit, ne pas se mettre en situation de conflit ou de conjonction d'intérêts avec l'une des parties; son obligation première est de tenir la balance égale entre les parties et de départager les prétentions en conflit uniquement par référence au droit, à l'équité, à la justice, sans autre considération. Elle se distingue de l'indépendance du juge, en ce sens que celle-ci est un statut (de protection du juge contre les pouvoirs exécutif et législatif, mais aussi tous les pouvoirs de fait), alors que l'impartialité est une vertu.

Plusieurs mécanismes garantissent l'impartialité des juridictions civiles, en particulier, la *récusation* pour intérêt personnel, amitié, inimitié, les *incompatibilités* de fonctions avec les mandats politiques et autres professions, l'interdiction pour des époux de siéger dans le même tribunal, le *renvoi* pour suspicion légitime, le *déport*.

Selon la Cour EDH, l'exigence d'impartialité se dédouble. D'un côté, le tribunal doit être *subjectivement* impartial, aucun de ses membres ne manifestant de parti pris personnel (impartialité personnelle); d'un autre côté, le tribunal doit être *objectivement* impartial (impartialité organique), n'offrant aucune prise à un doute légitime.

Conv. EDH, art. 6; COJ, art. L. 111-5 à L. 111-11, L. 562-10; C. pr. civ., art. 47, 356 s., 364; C. pr. pén., art. préliminaire; C. trav., art. L. 1421-2.

GAPP n° 1, 3 et 46; GDCC n° 7, 8 et 28.

Impasse budgétaire

[Droit financier ou fiscal]

Synonyme de découvert de la loi de finances, d'usage fréquent sous la IVe République, inusité aujourd'hui.

Impeachment

[Droit constitutionnel]

Procédure pénale consistant dans la mise en accusation d'un membre de l'exécutif par l'une des chambres du Parlement devant l'autre chambre érigée en juge.

En Grande-Bretagne cette procédure a été à l'origine de la responsabilité politique des ministres devant la Chambre des communes, celui que menaçait l'*impeachment* préférant l'esquiver en démissionnant.

Aux États-Unis, le président lui-même peut être destitué après avoir été mis en accusation par la Chambre des Représentants et jugé par le Sénat (à la majorité des 2/3) pour « trahison, concussion ou autres crimes ou délits ».

→ *Destitution.*

Impenses

[Droit civil]

Dépenses faites pour la conservation, l'amélioration ou l'embellissement d'une chose (impenses nécessaires, utiles, voluptuaires). Elles donnent droit à une certaine indemnisation à condition d'avoir été nécessaires ou utiles.

La loi n° 2009-527 du 12 mai 2009 sur la simplification du droit remplace ce terme par celui de « dépenses ».

C. civ., art. 815-13, 862, 1469, 1634, 1635.

Impératif

[Droit général]

Caractérise la disposition législative ou réglementaire qui ne peut pas être écartée par une volonté individuelle contraire.

Imperium

[Procédure (principes généraux)]

Mot latin exprimant une prérogative du juge (= le préteur) distincte de la *Jurisdictio*, ayant un caractère plus administratif que juridictionnel : pouvoir de donner des ordres aux plaideurs et aux tiers, d'accorder des autorisations, des mesures d'instruction, d'organiser le service du tribunal et des audiences, etc. Dans le symbole traditionnel de la justice, c'est le glaive qui traduit l'*Imperium*, les 2 plateaux représentant la *Jurisdictio*. Se rapporte à tout ce qui n'est pas appréciation du droit des parties (*acte de raisonnement*) ; désigne les diverses manifestations du pouvoir de commandement qui est dévolu au juge (*acte d'autorité*).

➜ *Acte juridictionnel, Décision gracieuse, Jurisdictio, Mesure d'administration judiciaire.*

Implication (d'un véhicule terrestre à moteur dans un accident de la circulation)

[Droit civil]

Notion qui sert de fondement au droit à l'indemnisation des victimes d'un accident de la circulation. Pour que le véhicule soit impliqué et, partant, que son conducteur ou gardien soit tenu à réparation, il n'est pas demandé qu'il ait eu une fonction causale; il suffit que sa présence ait été objectivement nécessaire à la survenance du dommage. Au plan probatoire, la jurisprudence distingue 2 situations : ou bien le véhicule, qu'il soit à l'arrêt ou en mouvement, a été heurté et il y a implication; ou bien la victime n'a pas eu de contact avec le véhicule et il lui incombe de prouver l'implication.

L. n° 85-677 du 5 juill. 1985, art. 1; C. assur., art. L. 211-1.

Importations, Exportations

[Droit financier ou fiscal]

Ces mots ne sont mentionnés ici que pour signaler qu'ils ne s'appliquent plus depuis le 1er janvier 1993 (début du *Marché intérieur*) que dans les échanges entre les États de l'Union européenne et les pays tiers. Dans les relations entre les États membres, ils sont remplacés respectivement par les expressions : Acquisitions intracommunautaires – Livraisons intracommunautaires.

Impôt

[Droit financier ou fiscal]

Prestation pécuniaire, requise autoritairement des assujettis selon leurs facultés contributives par l'État, les collectivités territoriales et certains établissements publics, à titre définitif et sans contrepartie identifiable, en vue de couvrir les charges publiques ou d'intervenir dans le domaine économique et social.

• *Impôt de répartition :* type périmé de prélèvement fiscal, dans lequel le montant d'impôt à percevoir est fixé à l'avance, puis réparti selon divers systèmes entre les contribuables.

• *Impôt de quotité :* forme moderne de l'imposition, dans laquelle seule est fixée à l'avance par la loi la quotité – c'est-à-dire la fraction, généralement exprimée en pourcentage – de matière imposable (revenu, chiffre d'affaires...) que le redevable devra payer : dans ce système, le montant exact de la recette fiscale totale effective dépend des aléas économiques affectant le montant de la matière imposable.

GDCC n° 2.

Impôt de solidarité sur la fortune

[Droit fiscal]

Impôt annuel sur le patrimoine, frappant la valeur nette de celui-ci, son régime a été profondément réformé à plusieurs reprises. Les limites sont actualisées chaque année dans la même proportion que la limite supérieure de la première tranche du barème de l'impôt sur le revenu. Sont notamment exonérés les biens professionnels, les objets d'art, et, sous certaines conditions, les parts ou actions de sociétés.

CGI, art. 885 A s.

Impôt direct, indirect

[Droit financier ou fiscal]

Distinction vieillie, susceptible de plusieurs interprétations.

2 critères principaux ont été avancés :

• *Critère économique* (dit de l'incidence de l'impôt) : est direct l'impôt établi directement à la charge de celui qui doit en supporter la charge (ex. : *impôt sur le revenu*) ; est indirect celui qui, payé par un assujetti, est ensuite légalement répercuté par lui sur un tiers, qui est le contribuable effectif (ex. : *taxe sur la valeur ajoutée*).

• *Critère administratif :* étaient qualifiés de « directs » les impôts perçus, par voie de rôle, par les comptables directs du Trésor (ex-percepteurs) ; étaient indirects ceux perçus par les comptables de la DGI. La réorganisation du recouvrement des impôts (unification autour de la DGFiP), opérée pour la commodité des contribuables (assurer à ceux-ci un « interlocuteur fiscal unique » : IFU) à partir des années 2000 a ôté toute valeur à cette distinction, tout en notant cependant que la DGDDI demeure en tant qu'administration collectrice d'une fiscalité indirecte.

Impôt européen

[Droit européen/Droit financier ou fiscal]

Proposé par beaucoup pour donner une réalité à la notion de ressources propres devenues de simples contributions des États membres. Permettrait aussi d'augmenter un budget européen bien limité (1,2 % du PIB). Mais la conjoncture économique et la nécessité de réduire les dépenses publiques rendent politiquement difficile la création d'un tel impôt, dont il est d'ailleurs difficile de choisir l'assiette.

Impôt négatif sur le revenu

[Droit financier ou fiscal]

Système de transferts sociaux, proposé notamment aux États-Unis et en Grande-Bretagne, selon lequel les individus, en deçà d'un certain chiffre de revenus fixé en fonction de leurs charges de famille, non seulement ne seraient pas imposés à l'impôt sur le revenu, mais encore percevraient une aide financière de l'État.

→ *Prime pour l'emploi.*

Impôt sur le revenu

[Droit financier ou fiscal]

Impôt unique sur le revenu des personnes physiques, frappant selon un barème progressif l'ensemble des revenus du foyer fiscal, qui regroupe les 2 époux et leurs enfants à charge. La prise en compte des charges de famille est assurée soit par le jeu du *quotient familial*, soit par un abattement forfaitaire sur le revenu net imposable, soit par la déduction (plafonnée) d'une pension alimentaire. Certains revenus bénéficient d'une imposition à un taux proportionnel.

CGI, art. 1 s.

→ *Contribution sociale généralisée (CSG).*

Impôt sur les sociétés

[Droit financier ou fiscal]

Désignation courante de l'impôt sur les bénéfices des sociétés et autres personnes morales, qui frappe essentiellement les bénéfices des sociétés de capitaux. Il est perçu par les comptables de la DGFiP, au taux ordinaire de 33,33 %. L'imposition des profits des sociétés de personnes est effectuée directement dans la personne de leurs associés pour la fraction qui leur revient, au titre de l'*impôt sur le revenu* dû par chacun. Ce taux a donné lieu à diverses adaptations en fonction de la qualité du « redevable » et a conduit notamment le législateur à réduire celui-ci au profit des PME (CA HT inférieur à 7,63 millions d'euros) et à appliquer un taux de 15 % pour la fraction des bénéfices allant jusqu'à 38 120 euros, le tarif normal s'appliquant au-delà.

CGI, art. 205 s. et 1668.

→ *Transparence fiscale.*

Imprescriptibilité

[Droit civil]

Caractère d'un droit ou d'une action insusceptible de s'éteindre par prescription. Ainsi du droit de propriété ou du droit de demander le partage.

C. civ., art. 815 et 2227.

→ *Prescription extinctive.*

Imprévisibilité

[Droit civil]

Caractère de ce qui échappe à la prévision d'une personne raisonnable, à ce qu'un « homme avisé » n'aurait pas pu prévoir. Elle suppose, bien souvent, l'anormalité, la soudaineté, la rareté. L'imprévisibilité est l'un des éléments de définition de la *force majeure*, d'où découle l'exonération de la responsabilité en matière contractuelle et délictuelle.

→ *Bon père de famille, Cas fortuit, Cause étrangère.*

ACTU

Imprévision (Théorie de l')

[Droit administratif]

Théorie déduite par la jurisprudence administrative de la nécessaire continuité des services publics.

Elle permet au titulaire d'un contrat administratif de demander à l'Administration l'indemnisation partielle du préjudice qu'il subit, au cas où la survenance d'événements imprévisibles et extérieurs aux parties vient bouleverser le prix de revient des prestations.

GAJA nº 29.

[Droit civil/Droit commercial]

Théorie en vertu de laquelle le juge doit, à titre exceptionnel, rétablir l'équilibre d'un contrat dont les conditions d'exécution ont été gravement modifiées au détriment de l'une des parties, à la suite d'événements raisonnablement imprévisibles lors de la conclusion de la convention.

Admise par la jurisprudence administrative et traditionnellement rejetée par les juges judiciaires (jurisprudence dite « Canal de Craponne »), la révision judiciaire peut désormais avoir lieu, après renégociation infructueuse des parties (ord. 10 févr. 2016).

Une loi spéciale peut parfois imposer la stipulation d'une clause de renégociation pour tenir compte des fluctuations des prix à la hausse comme à la baisse; ainsi en matière agricole.

C. civ., art. 1195; C. com., art. L. 441-8; C. rur., art. L. 631-24, L. 632-2-1.*

GAJC, t. 2, nº 165.

→ *Hardship (Clause de), Rebus sic stantibus.*

Impuberté

[Droit civil]

État d'une personne qui n'a pas l'âge requis pour se marier (18 ans).

Le mariage contracté par un impubère est nul de nullité absolue. Une dispense d'âge peut être accordée par le procureur de la République pour des motifs graves, généralement la naissance annoncée d'un enfant.

C. civ., art. 144 et 184.

Imputabilité

[Droit pénal]

Fondement moral de la responsabilité pénale, reposant sur le discernement et le libre arbitre. Sont en conséquence des causes de non-imputabilité, et donc d'irresponsabilité, les troubles psychiques ou neuro-psychiques et la contrainte.

C. pén., art. 122-1 et 122-2.

GADPG n° 44.

→ *Discernement, Erreur de droit.*

Imputation

[Droit civil]

Détermination en quantité ou en qualité de la portion d'une masse de biens (ou d'une valeur) affectée par une opération juridique qui ne porte que sur une partie. C'est ainsi qu'en cas de paiement partiel d'une dette, la somme remise au créancier s'impute d'abord sur les intérêts, ensuite sur le capital.

C. civ., art. 1342-10.*

In abstracto

[Droit général]

Se dit de l'appréciation objective d'une situation juridique, effectuée par référence au comportement qu'aurait eu une personne prudente et avisée placée dans la même situation, c'est-à-dire par référence à l'ancien standard du « *bon père de famille* », et non au regard des aptitudes ou particularités propres de l'individu concerné. Ainsi, en principe, la faute qui engendre la responsabilité délictuelle est appréciée *in abstracto.*

→ *In concreto.*

Inaliénabilité

[Droit civil]

Caractéristique juridique d'un bien ou d'un droit qui ne peut pas faire l'objet d'une transmission d'une personne à une autre. L'inaliénabilité procède, généralement, d'une interdiction légale : biens du domaine public, éléments et produits du corps humain, droit d'usage et d'habitation concédé *intuitu personae.* Plus rarement, elle a sa source dans la volonté de l'homme, à travers une clause d'inaliénabilité; celle-ci est valable, à condition d'être temporaire et justifiée par un intérêt sérieux et légitime, tant dans les actes à titre gratuit que dans les actes à titre onéreux.

C. civ., art. 16-1, 537, 631, 634 et 900-1; CGPPP, art. L. 3111-1.

GAJC, t. 1, n° 75.

→ *Aliénation.*

Inaliénabilité du domaine public

[Droit administratif]

Règle selon laquelle les dépendances du domaine public ne peuvent pas être cédées à des tiers avant d'avoir fait l'objet d'une mesure de *déclassement*.

CGPPP, art. L. 3111-1.

Inamovibilité

[Droit administratif]

Garantie de leur indépendance reconnue à certains magistrats et fonctionnaires et consistant, non dans l'impossibilité juridique de mettre fin à leurs fonctions, mais dans l'obligation pour l'Administration qui voudrait les exclure du service public, ou les déplacer, de mettre en œuvre des procédures protectrices exorbitantes du droit commun disciplinaire.

Inamovibilité des magistrats

[Procédure administrative/Procédure civile/ Procédure pénale]

Réaffirmée par la Constitution de 1958, l'inamovibilité protège les magistrats du siège contre toute mesure arbitraire de suspension, rétrogradation, déplacement même en avancement, révocation. L'inamovibilité est instituée pour la garantie des plaideurs, en assurant l'indépendance de la magistrature. Les magistrats du parquet ne bénéficient pas de l'inamovibilité.

Les magistrats des juridictions administratives – y compris financières – sont inamovibles, en droit ou en fait (Conseil d'État).

Const., art. 64; Ord. n° 58-1270 du 22 déc. 1958, art. 4; CJF, art. L. 120-1, L. 212-8; CJA, art. L. 231-3.

GDCC n° 28.

→ *Faute disciplinaire, Impartialité, Responsabilité du fait du fonctionnement défectueux de la justice.*

In bonis

[Droit commercial]

Du latin « dans ses biens ». Se dit d'un débiteur solvable, qui est encore maître de ses biens, par opposition à celui qui est en état d'insolvabilité et qui est dessaisi de ses pouvoirs de gestion, dans le cadre d'une procédure collective notamment.

Incapable

[Droit civil]

Se dit d'une personne frappée d'*incapacité*.

Incapacité

[Droit civil]

État d'une personne privée par la loi de la jouissance ou de l'exercice de certains droits.

L'incapacité d'*exercice* désigne l'inaptitude d'une personne à faire valoir par elle-même ou à exercer seule certains droits dont elle demeure titulaire; dans le premier cas, elle devra être représentée à l'acte par un tiers, dans le second, elle sera assistée d'un tiers. L'incapacité peut être générale (concerner tous les droits) ou spéciale (ne concerner que certains droits). Ainsi, sont incapables de contracter, dans la mesure définie par la loi, les mineurs non émancipés ainsi que les majeurs protégés.

L'incapacité de *jouissance* désigne l'inaptitude d'une personne à devenir titulaire d'un ou plusieurs droits; elle ne peut pas être générale (c'est-à-dire concerner tous les droits), car elle reviendrait à priver une personne de toute existence juridique, à la réduire à l'état de *mort civile*, sanction abolie en France depuis une loi de 1854.

C. civ., art. 414 s., 909 et 1146.*

GAJC, t. 1, n° 59-60.

→ *Administration légale, Capacité, Curatelle, Protection des majeurs, Tutelle.*

Incapacité permanente partielle (IPP)

[Droit civil/Sécurité sociale]

Élément d'appréciation du dommage corporel subi par une personne et qui correspond à une impossibilité partielle d'exercer une activité professionnelle; elle incluait en outre, jusqu'à la loi n° 73-1200 du 27 décembre 1973, l'indemnisation de la part des préjudices de caractère personnel qui était postérieure à la consolidation des blessures; désormais, ces préjudices font l'objet d'une indemnisation distincte dans leur composante postérieure à cette consolidation.

Incapacité temporaire de travail (ITT)

[Droit civil/Sécurité sociale]

État dans lequel se trouve une personne qui, à la suite d'un dommage corporel subi par elle, ne peut plus exercer d'activité professionnelle pendant une période donnée.

Incapacités électorales

[Droit constitutionnel]

Situations entraînant la perte du droit de vote :

1° *Incapacité intellectuelle :* celle qui frappe certaines personnes sous *tutelle*.

2° *Incapacité morale ou indignité :* celle qui frappe les individus qui ont subi certaines condamnations.

C. élect., art. L. 2.

Incapacités et déchéances

[Droit pénal]

Peines complémentaires encourues pour certains crimes ou délits, consistant dans l'interdiction de droits civiques, civils et de famille.

C. pén., art. 131-10 et 131-26.

Incarcération provisoire

[Procédure pénale]

Mesure de détention de 4 jours au maximum susceptible d'être prononcée par un juge d'instruction lorsque la chambre d'examen des mises en *détention provisoire* ne peut être réunie immédiatement ou lorsque la personne mise en examen demande un délai pour préparer sa défense.

C. pr. pén., art. 145.

Incessibilité

[Droit civil]

→ *Cessibilité.*

Inceste

[Droit civil/Droit pénal]

Notion née en sciences humaines, désignant les relations sexuelles entre des personnes qui sont parentes ou alliées au degré prohibé par les lois et la coutume. En principe, le mot ne figure pas dans les textes de loi car c'est un interdit anthropologique, universel en son principe mais variable dans ses modalités concrètes, selon les sociétés. Le droit renonce à appréhender toutes les situations prohibées mais régit vigoureusement certaines d'entre elles.

• *En droit civil*, l'inceste crée un empêchement à mariage dont la méconnaissance entraîne la nullité absolue du mariage. Le mariage est prohibé, en premier lieu, en ligne directe, entre tous les ascendants et descendants et les alliés dans la même ligne, en second lieu, en ligne collatérale, entre frère et sœur, entre frères, et entre sœurs (nouvelle formulation issue de la loi du 17 mai 2013 ouvrant le mariage aux personnes de même sexe); il l'est, en dernier lieu, entre l'oncle et la nièce ou le neveu, et entre la tante et le neveu ou la nièce (*idem*). En outre, l'inceste fait obstacle à l'établissement d'une filiation incestueuse complète. En revanche, il ne s'oppose pas à l'octroi de subsides.

C. civ., art. 161 s., 310-2, 342, 342-7.

→ *Filiation incestueuse.*

• *En droit pénal*, le caractère incestueux d'une relation sexuelle constitue une circonstance aggravante des infractions de ce type. Pour répondre à l'annulation, par le Conseil constitutionnel, des dispositions concernées qui visaient, comme auteur d'un inceste, non seulement les ascendants, mais aussi, « toute personne ayant autorité sur la victime », les nouveaux articles 222-31-1 et 227-27-2 désignent comme auteur de l'inceste « l'ascendant, le frère, la sœur, l'oncle, la tante, le neveu, la nièce, le conjoint, le concubin d'une des personnes sus-mentionnées, ou le partenaire lié par un pacte civil de solidarité avec les mêmes personnes, s'il a sur le mineur une autorité de droit ou de fait ». Dans ces hypothèses, on parle désormais d'agression sexuelle incestueuse.

De même, les viols et les agressions sexuelles prévus aux articles 227-25 à 227-27 sont qualifiés d'incestueux lorsqu'ils sont commis sur un mineur par les personnes ainsi désignées.

C. pén., art. 222-31-1 et 227-27-2.

Incidents de saisie

[Procédure civile]

Questions soulevées au cours d'une procédure d'exécution pouvant émaner, soit d'un créancier qui, par la voie de l'opposition, demande une jonction des poursuites, une saisie complémentaire, ou sollicite une subrogation dans les poursuites; soit du débiteur saisi contestant l'existence ou le montant de la créance, la validité de la saisie pour vice de forme ou de fond; soit d'un tiers se prétendant propriétaire du bien appréhendé et agissant en distraction de saisie.

Le juge de l'exécution (sauf pour la saisie des rémunérations du travail de la compétence du juge d'instance) connaît de ces contestations même si elles portent sur le fond du droit, à moins qu'elles n'échappent à la compétence des juridictions de l'ordre judiciaire.

C. pr. exéc., art. L. 221-1, L. 221-5, L. 221-6, R. 211-10, R. 221-40 s., R. 321-8; C. trav., art. L. 3252-1 s. et R. 3252-1 s.; COJ, art. L. 213-6, al. 1.

→ *Distraction des biens saisis.*

Incidents du procès

[Procédure civile]

Au sens strict, questions soulevées au cours d'une instance déjà ouverte et qui ont pour effet de suspendre ou d'arrêter la marche de l'instance (relatives à la compétence, à l'administration de la preuve, à la régularité de la procédure, aux exceptions dilatoires…).

Au sens large, les incidents comprennent les demandes qui, intervenant en cours d'instance, visent à modifier la physionomie de la demande, c'est-à-dire les demandes incidentes introduisant des demandes nouvelles entre les mêmes parties ou appelant en cause des personnes jusque-là étrangères au procès.

C. pr. civ., art. 50, 63 s., 367 s., 378 s., 394 s., 406 s., 771, 776

Incompatibilités

[Droit constitutionnel]

Interdiction faite au titulaire d'un mandat politique de cumuler celui-ci avec des fonctions qui pourraient en compromettre l'exercice.

Ne pas confondre incompatibilité et *inéligibilité* : l'incompatibilité ne vicie pas l'élection, mais oblige l'élu à choisir entre le mandat qu'il a sollicité et la fonction incompatible.

GDCC n° 3.

→ *Cumul de mandats.*

[Procédure civile]

Interdiction pour les magistrats et certains auxiliaires de justice, avocats, officiers ministériels, administrateurs judiciaires, mandataires liquidateurs, techniciens d'avoir certaines activités qui porteraient atteinte au bon exercice de la profession. Telle l'activité salariée ou commerciale pour un avocat, tel l'exercice d'un mandat électif pour les magistrats.

Il existe aussi des incompatibilités pour parenté ou alliance. Ainsi, les conjoints, les parents et alliés jusqu'au troisième degré inclus ne peuvent, sauf dispense, être simultanément membres d'un même tribunal ou d'une même cour en quelque qualité que ce soit. La même règle s'applique à la personne liée au juge par un pacte civil de solidarité.

COJ, art. L. 111-10 et R. 111-4; Ord. n° 58-1270 du 22 déc. 1958, art. 8 à 9-2.

Incompétence

[Procédure (principes généraux)]

Chez un agent public, défaut de pouvoir, matériellement ou territorialement, qui conduit à l'annulation de l'acte qu'il a posé. Le maire, par exemple, est incompétent au-delà des limites de sa commune.

Défaut d'aptitude pour une juridiction à connaître d'une demande introductive d'instance, d'une *question préjudicielle*, d'une *demande incidente*.

→ *Compétence exclusive, Déclinatoire de compétence, Exception d'illégalité.*

Incompétence d'attribution

[Procédure civile]

Inaptitude légale d'une juridiction à connaître d'une affaire en raison de la nature de la demande ou de la situation des parties. Le moyen peut toujours être soulevé par les parties sous la forme d'une exception d'incompétence, qui doit être motivée, indiquer la juridiction devant laquelle l'affaire devrait être portée et être présentée *in limine litis*.

Quant à la juridiction saisie, elle a la faculté de relever d'office son incompétence, mais dans des cas bien précis. Le juge du premier degré le peut uniquement lorsque la règle violée est d'ordre public ou lorsque le défendeur ne comparaît pas. La Cour de cassation et la cour d'appel ne le peuvent que si l'affaire relève d'une juridiction administrative ou répressive ou échappe à la connaissance de la juridiction française.

C. pr. civ., art. 75 s., 92 et 1038.

→ *Compétence d'attribution ou ratione materiae, Déclinatoire de compétence.*

Incompétence négative

[Droit constitutionnel]

Expression doctrinale. Le Conseil constitutionnel censure une loi pour incompétence négative lorsque le Parlement n'a pas exercé pleinement la compétence normative qu'il tient de la constitution (art. 34), et a abusivement renvoyé à des décrets réglementaires.

GDCC n° 19.

Incompétence territoriale

[Procédure civile]

Inaptitude légale d'une juridiction à connaître d'une affaire tenant à la méconnaissance des critères géographiques de répartition des litiges. En matière gracieuse, le juge peut toujours relever son incompétence territoriale, alors qu'en matière contentieuse ce pouvoir ne lui appartient que dans les procès relatifs à l'*état de la personne*, dans les cas où la loi attribue compétence exclusive à une autre juridiction, ou si le défendeur ne comparaît pas.

La partie qui conteste la compétence territoriale doit procéder de la même manière que pour le déclinatoire de compétence d'attribution.

C. pr. civ., art. 75 et 93; C. com., art. R. 662-4 s.

→ *Compétence territoriale ou ratione loci, Déclinatoire de compétence.*

In concreto

[Droit général]

Se dit de l'appréciation subjective d'une situation juridique, effectuée à la lumière du comportement concret de l'individu, en tenant compte de ses aptitudes ou particularités (force physique, caractère, profession…), sans référence à ce qu'aurait été le comportement standard d'une personne prudente et avisée. Ainsi, en matière de responsabilité civile, le caractère intentionnel de la faute est apprécié *in concreto*.

→ *In abstracto.*

Incorporel

[Droit civil]

→ *Biens incorporels.*

Incoterm

[Droit commercial]

Terme commercial international. Formule, résumée en 3 lettres standardisées (EXW, FOB, CIF, DDP…) déterminant un lieu de livraison des marchandises et répartissant entre les parties à l'opération internationale certaines obligations accessoires à la vente telles que le chargement, l'assurance, le transport, le dédouanement. La liste des incoterms et leur signification sont périodiquement révisées par la *Chambre de commerce internationale*.

Incrimination

[Droit pénal]

Acte législatif ou réglementaire par lequel est définie une infraction.

Incubateur d'entreprises

[Droit commercial]

Personne morale fournissant une aide aux personnes physiques envisageant de créer ou reprendre une entreprise. Cette aide est formalisée par la conclusion d'un « contrat d'appui au projet d'entreprise » dont les termes essentiels et les effets sont prévus par la réglementation.

C. com., art. L. 127-1 s.

Inculpation

[Procédure pénale]

→ *Mise en examen.*

Inculpation tardive

[Procédure pénale]

→ *Mise en examen tardive.*

Indemnité

[Droit civil]

Somme d'argent destinée à réparer un préjudice, ou à rembourser un débours qui n'est pas à la charge du *solvens*.

→ *Dommages et intérêts.*

[Droit du travail]

• *Indemnité de clientèle :* indemnité versée par l'employeur au représentant de commerce congédié sans qu'il ait commis de faute, pour rémunérer l'apport, la création ou l'augmentation de la clientèle dus à son activité.

C. trav., art. L. 7313-13 s.

• *Indemnité compensatrice de congés payés :* indemnité due par l'employeur au salarié qui quitte l'entreprise avant d'avoir pris son congé annuel ou sans l'avoir pris complètement.

C. trav., art. L. 3141-26 s.

• *Indemnité de congés payés :* substitut du salaire touché par le salarié pendant son congé annuel. Cette indemnité est assimilée à un salaire et en observe le régime juridique.

C. trav., art. L. 3141-22 s.

• *Indemnité de licenciement :* indemnité versée au salarié congédié sans avoir commis de faute grave, alors qu'il compte une certaine ancienneté dans l'entreprise. L'indemnité est calculée en fonction de cette ancienneté.

C. trav., art. L. 1234-9 s.

• *Indemnité compensatrice de préavis :* indemnité due en cas d'inobservation du préavis de licenciement.

C. trav., art. L. 1234-5.

• *Indemnité de rupture abusive :* dommages et intérêts dus à la victime d'une rupture abusive du contrat de travail. Le législateur incite à se reporter à un référentiel sous forme de barème forfaitaire.

C. trav., art. L. 1235-3 s.

[Sécurité sociale]

• *Indemnités journalières :* prestations en espèces de l'assurance-maladie ou de l'assurance accidents du travail, versées aux travailleurs pendant leur *incapacité temporaire de travail* en remplacement du salaire.

CSS, art. L. 323-1, L. 331-3 et L. 431-1.

Indemnité d'éviction

[Droit commercial]

Indemnité à laquelle peut prétendre le titulaire d'un bail commercial dont le renouvellement est refusé, sans que le bailleur puisse invoquer un droit de *reprise*.

Cette indemnité, évaluée par les tribunaux selon les indications du législateur, peut être très élevée et la menace de son versement constitue une forte incitation au renouvellement du bail.

C. com., art. L. 145-14 s.

Indemnité d'immobilisation

[Droit civil]

Dans une promesse unilatérale de vente, somme d'argent due par le bénéficiaire de la promesse en contrepartie de l'avantage que lui procure le promettant en s'engageant à ne pas conclure avec d'autres pendant la durée de l'option au cas où le bénéficiaire ne lèverait pas l'option en renonçant à l'acquisition.

Indemnité d'occupation

[Droit civil]

Indemnité dont est redevable l'indivisaire qui use et jouit privativement de la chose indivise.

C. civ., art. 815-9.

Indemnité de caractère personnel

[Droit civil/Sécurité sociale]

Indemnité destinée à réparer les préjudices de caractère personnel.

CSS, art. L. 452-3.

Indemnité de résidence

[Droit administratif]

→ *Traitement budgétaire.*

Indemnité journalière forfaitaire

[Sécurité sociale]

Indemnité accordée aux femmes ayant la qualité de travailleur indépendant lorsqu'elles interrompent leur activité professionnelle en raison de leur maternité.

CSS, art. L. 613-19, al. 2.

Indemnité parlementaire

[Droit constitutionnel]

Somme d'argent allouée aux parlementaires en vue d'assurer le libre accès du Parlement à tous les citoyens et le libre exercice du mandat à tous les élus.

En France, l'indemnité parlementaire est complétée par une indemnité, d'un montant presque équivalent, « représentative de frais de mandat ».

Indéterminé

[Droit civil]

Qui n'est pas fixé, qui est imprécis quant à sa date (terme incertain) ou quant à son *quantum* (prix d'une vente indéterminée mais déterminable).

[Procédure civile]

Qui n'est pas évaluable en argent. Vise la demande en justice non chiffrable, soit parce qu'elle présente un caractère extrapatrimonial (action relative à l'*état de la personne*), soit parce que la prétention d'ordre patrimonial ne donne pas lieu à liquidation : demande en résolution d'un contrat, demande d'expulsion, de réintégration. Tout jugement qui statue sur une demande indéterminée est susceptible d'appel sauf disposition contraire.

C. pr. civ., art. 40; COJ, art. L. 231-3, R. 221-4.

→ *Demande indéterminée.*

Indexation

[Droit civil/Droit commercial]

Évolution du montant d'une obligation de somme d'argent en fonction de la variation d'un indice de référence fixé par la loi, le juge ou les parties. Ainsi, avec une clause d'indexation portée dans une convention à exécution successive ou à échéance différée, la somme portée sur le titre pourra être modifiée au moment du paiement, en fonction d'un indice économique ou monétaire. L'indexation est strictement encadrée par la loi.

C. mon. fin., art. L. 112-1 s.

GAJC, t. 2, n° 248.

→ *Clause d'échelle mobile, Échelle mobile des salaires, Nominalisme monétaire, Valorisme monétaire.*

[Droit financier ou fiscal]

Procédé consistant, pour faciliter le placement d'un emprunt, à garantir le prêteur contre la dépréciation de la monnaie en rattachant le montant des intérêts, ou du capital, à la valeur d'un bien ou d'un service réputé suivre l'évolution générale des prix.

Indicatif

[Droit général]

Donné à titre d'exemple. Synonyme de « *énonciatif* ».

Indication de paiement

[Droit civil]

Mention des paiements partiels déjà faits par le débiteur que le créancier inscrit, soit sur le titre de sa créance restée en sa possession, soit sur le double d'un titre ou d'une quittance que possède le débiteur et qui fait foi contre lui quoique non datée, ni signée.

C. civ., art. 1378-2.*

Indication de provenance

[Droit commercial/Droit rural]

Terme géographique indiquant le lieu d'origine d'un produit et lié dans l'esprit de la clientèle à une connotation de qualité (ex. : origine France, pour de la viande de bœuf).

→ *Appellation d'origine.*

Indication géographique protégée (IGP)

[Droit rural]

1° *Produits agricoles et denrées alimentaires :* label européen de provenance et de qualité qui désigne des *produits agricoles* et des *denrées alimentaires* étroitement liés à une zone géographique, dans laquelle se déroule au moins leur production, leur transformation ou leur élaboration (ex. : huîtres Marennes Oléron, fine de claire IGP).

C. rur., art. L. 641-11.

[Droit civil/Droit commercial]

2° *Produits industriels et artisanaux :* la loi n° 2014-344 du 17 mars 2014 protège, par la notion d'indication géographique protégée, les produits manufacturés, industriels et artisanaux, autres qu'agricoles, forestiers, alimentaires ou de la mer provenant d'une zone géographique déterminée qui confère à ces produits une qualité, une réputation ou d'autres caractéristiques. La reconnaissance d'une telle indication repose sur l'homologation d'un cahier des charges; leur défense est confiée à un organisme indépendant auquel peut adhérer tout opérateur respectant le cahier des charges.

CPI, art. L. 721-1 s.

→ *Appellation d'origine protégée.*

Indice

[Droit général]

Chiffre utilisé en économie pour mesurer les variations d'une quantité.

→ *Indexation, Présomption.*

Indice de traitement

[Droit administratif]

Le traitement brut du fonctionnaire public est déterminé en multipliant son indice par la valeur du point d'indice. L'échelle des indices numériques est prolongée, pour les plus hautes rémunérations, par des « échelles-lettres ». Il peut être « bonifié », c'est-à-dire augmenté, pour certaines catégories de fonctionnaires, à raison de la nature des fonctions exercées (par ex. pour un Recteur); la (nouvelle) bonification indiciaire (NBI) s'ajoute au traitement de base.

Indices

[Droit civil/Procédure (principes généraux)]

Ensemble de faits connus à partir desquels on établit, au moyen du raisonnement inductif, l'existence du fait contesté dont la preuve n'est pas directement possible.

La preuve indiciaire est admissible dans les mêmes cas que la preuve par témoin.

C. civ., art. 1382.*

Indignité successorale

[Droit civil]

Déchéance frappant un héritier coupable d'une faute grave prévue limitativement par la loi. De plein droit (condamnation à une peine criminelle, art. 726, C. civ.) ou sur déclaration du TGI (condamnation à une peine correctionnelle, témoignage mensonger, dénonciation calomnieuse, art. 727, C. civ.) elle entraîne l'exclusion de la succession *ab intestat* de celui envers qui le successible s'est montré indigne.

→ *Ingratitude.*

Indisponibilité

[Droit civil]

État d'un bien, d'un droit ou d'une action qui échappe au libre pouvoir de la volonté individuelle par interdiction ou restriction du droit d'en disposer. Par exemple, la saisie d'un bien fait perdre au propriétaire le droit de l'aliéner, les actions d'état ne peuvent faire l'objet d'une quelconque négociation.

C. pr. exéc., art. L. 141-2, L. 321-2, R. 221-13.

→ *Abusus, Disposer, Hors du commerce.*

Indisponibilité de l'état de la personne

[Droit civil]

Principe selon lequel les éléments qui composent l'*état de la personne* sont placés hors du commerce. Une personne ne saurait ainsi, même à titre gratuit, se dépouiller de tel ou tel élément composant son *état civil*; de même, les actions relatives à la filiation ne peuvent faire l'objet de renonciation. La jurisprudence a utilisé ce principe, avant l'intervention des lois sur la *bioéthique* de 1994, pour prohiber les conventions de *gestation pour autrui* (qui, par anticipation, prévoient un état civil en discordance avec la réalité de la maternité biologique). En revanche, elle considère qu'il ne fait pas obstacle à une modification de l'acte d'état civil d'une personne ayant subi une opération médicale lui ayant fait changer de sexe (transsexuel).

Ce principe est relatif et est, à ce titre, contesté par certains auteurs : l'adoption et le mariage traduisent ainsi des actes de volonté ayant une influence sur l'état de la personne.

C. civ., art. 323.

→ *Corps humain.*

Indisponibilité du corps humain

[Droit civil]

Principe traditionnel qui devrait signifier, au sens strict, que le *corps humain*, ses éléments ou ses produits sont indisponibles, c'est-à-dire qu'ils ne peuvent faire l'objet d'une transaction, que ce soit à titre onéreux ou à titre gratuit (ex. : interdiction de la convention de *gestation pour autrui*). Toutefois, ce principe est très relatif en droit positif puisque les éléments et produits du corps humain peuvent, sous certaines conditions légales, faire l'objet d'un don (sang, sperme, etc.). Le droit positif tend à lui préférer aujourd'hui le principe de non-patrimonialité.

Indisponibilité du litige (Principe d')

[Procédure civile]

Corollaire du *principe dispositif*, le principe d'indisponibilité du litige (ou principe de neutralité du juge) signifie que le juge est tenu par la *matière litigieuse* telle qu'elle a été définie par les parties. Il interdit notamment au juge de modifier l'objet du litige dont il a été saisi : celui-ci doit se prononcer « sur tout ce qui est demandé et seulement sur ce qui est demandé ». En revanche, le principe d'indisponibilité laisse intact le pouvoir du juge de requalifier juridiquement l'objet du litige.

C. pr. civ., art. 4, 5.

→ *Autorité de chose jugée, Immutabilité du litige (Principe de l'), Principe dispositif.*

Indivisibilité

[Droit civil]

État de ce qui ne peut être divisé et doit être envisagé dans son ensemble. Se dit principalement des obligations dont l'exécution partielle est impossible en raison soit de la nature de l'objet de l'obligation, soit de la volonté des parties.

Chacun des créanciers d'une obligation à prestation indivisible peut en exiger le paiement intégral, sans en rendre compte aux autres; mais il ne peut seul disposer de la créance ni recevoir le prix au lieu de la chose.

Chacun des débiteurs d'une telle obligation en est tenu pour le tout; mais il peut exercer des recours en contribution contre les autres.

C. civ., art. 1320, 2349, 2393.*

[Procédure pénale]

Hypothèse jurisprudentielle de prorogation de compétence tenant à des liens unitaires entre plusieurs infractions, sans recouper précisément les cas plus larges de *connexité*. Ainsi en est-il des infractions commises dans le même trait de temps, dans le même lieu, sous l'impulsion des mêmes mobiles et procédant de la même cause.

[Procédure civile]

Il y a indivisibilité lorsque la situation juridique qui est l'objet du procès intéresse plusieurs personnes, de telle manière que l'on ne peut la juger sans que la procédure et le jugement retentissent sur tous les intéressés.

Connexité renforcée, l'indivisibilité exerce principalement son influence sur la compétence, sur l'exercice et les effets des voies de recours.

C. pr. civ., art. 367, 529, 552, 553, 562, 584, 591, 615 et 624.

→ *Connexité.*

[Droit constitutionnel]

Héritière de la tradition révolutionnaire, la Constitution de 1958 proclame, en son article 1er, l'indivisibilité de la République, qui s'applique, dans les conditions qu'elle détermine, à la fois à son territoire et à l'expression de la souveraineté de son peuple.

Indivisibilité du ministère public

[Procédure civile]

Spécificité des magistrats du parquet. Les membres d'un même parquet constituent un ensemble indivisible, chacun d'eux représentant le parquet tout entier. Il en résulte qu'ils sont interchangeables, pouvant valablement se remplacer au cours de la même affaire, à l'opposé des magistrats du siège qui doivent rester identiques pendant toutes les audiences du même procès.

Indivision

[Droit civil]

Situation juridique née de la loi ou de la convention des parties et qui se caractérise par la concurrence de droits de même nature exercés sur un même bien ou sur une même masse de biens par des personnes différentes (les coïndivisaires), sans qu'il y ait division matérielle de leurs parts. L'indivision est un état provisoire, sauf lorsqu'il y a indivision forcée, c'est-à-dire lorsque la chose commune est indispensable à l'usage de tous (cour, mur mitoyen, puits); dans ce cas, aucun des coïndivisaires ne peut exiger le partage.

C. civ., art. 515-5-1, 815 s., 1844, 1873-1 s., 2414; C. com., art. L. 526-11; C. rur., art. L. 323-6.

→ *Biens indivis, Licitation, Partage.*

Indu

[Droit civil]

→ *Répétition de l'indu.*

In dubio pro reo

[Droit pénal]

« Dans le doute, en faveur de l'accusé ». Maxime latine signifiant que le doute profite à l'accusé.

Inéligibilité

[Droit constitutionnel]

Situation qui entraîne l'incapacité d'être élu :
1° *Inéligibilité absolue :* situation qui rend inéligible dans toutes les circonscriptions électorales (ex. : certaines condamnations, la fonction de *Défenseur des droits*).
2° *Inéligibilité relative :* situation qui rend inéligible dans certaines circonscriptions seulement (cas des fonctionnaires d'autorité qui sont inéligibles dans le ressort où ils exercent leurs fonctions).

GDCC n° 3.

Inexcusable

[Droit civil]

→ *Faute.*

Inexistence

[Droit administratif]

Théorie en vertu de laquelle l'acte juridique auquel il manque un élément essentiel doit être considéré comme inefficace, alors même qu'aucun texte ne le proclame. En droit administratif, où le juge n'est pas lié par la règle civiliste « pas de nullité sans texte », l'intérêt principal de cette théorie se manifeste au plan contentieux. Elle permet notamment, en présence d'illégalités particulièrement graves, de sanctionner l'illégalité de certains actes administratifs malgré la rigueur des règles relatives aux délais de procédure ou à la compétence limitée des juges judiciaires.

GAJA n° 71.

[Droit civil]

Théorie en vertu de laquelle l'acte juridique auquel il manque un élément essentiel (par ex. le consentement) doit être considéré comme inefficace par toute personne, alors même qu'aucun texte ne le proclame, et sans qu'il soit besoin d'une décision de justice pour le constater. Selon cette théorie, l'inexistence serait imprescriptible. En droit positif, la sanction de l'inexistence tend à être délaissée au profit de la nullité.

→ *Nullité.*

[Procédure civile]

Théorie en vertu de laquelle des actes de procédure ou des jugements doivent être considérés comme inexistants dès lors qu'ils ne remplissent pas les conditions minimales pour répondre à de telles qualifications. Il en irait ainsi d'actes de procédure particulièrement informels, ou de jugements rendus sans forme par une parodie de tribunal. L'inexistence n'est pas prononcée, mais seulement constatée, car il n'y a pas d'apparence de régularité à détruire. Malgré l'utilité de cette théorie, la jurisprudence écarte cette notion en termes très généraux (Cass. ch. mixte, 7 juill. 2006, n° 03-20.026).

In extenso

[Droit général]

Mots latins signifiant « en entier ».
Reproduction complète et exacte d'un acte juridique; un extrait est une reproduction incomplète.

Infans conceptus pro nato habetur quoties de commodis ejus agitur

[Droit civil]

L'enfant simplement conçu est considéré comme né toutes les fois que cela peut lui apporter un avantage.

C. civ., art. 312 s.

→ *Enfant conçu ou né pendant le mariage.*

Infanticide

[Droit pénal]

Meurtre d'un enfant nouveau-né, qui était spécialement incriminé avant la réforme du Code pénal, et qui rentre aujourd'hui dans la circonstance aggravante plus générale du meurtre commis sur un mineur de 15 ans.

C. pén., art. 221-4, 1°.

→ *Part (Le).*

Infection nosocomiale

[Droit civil]

Infection survenant au cours d'une prise en charge médicale et qui n'était ni présente ni en incubation au début de la prise en charge. Elle donne lieu à indemnisation. La réparation couvre, non seulement l'infection d'origine exogène liée aux germes provenant de l'environnement, mais aussi l'infection d'origine endogène dès lors que c'est à l'occasion de l'intervention médicale que le germe a pénétré dans l'organisme du patient.

CSP, art. L. 1142-1, 1142-1-1 s., R. 6111-6.

→ *Aléa thérapeutique, Risques sanitaires.*

Infiltration

[Procédure pénale]

Mode d'établissement de faits infractionnels qui consiste en la surveillance par un agent officiel (de la police judiciaire ou des douanes) de personnes suspectées d'avoir commis un crime ou un délit en se faisant passer auprès de ces personnes pour un coauteur, un complice ou un receleur. Cette pratique est subordonnée à l'autorisation du procureur de la République ou, après avis préalable de ce dernier, à celle du juge d'instruction saisi. Elle est réservée aux crimes et aux délits qui prévoient la possibilité d'y recourir (criminalité organisée…).

C. pr. pén., art. 706-81 s.

Infirmation

[Procédure (principes généraux)]

Annulation totale d'une décision judiciaire par la juridiction du second degré.

→ *Confirmation, Émender, Réformation.*

Inflation

[Droit financier ou fiscal]

Situation de déséquilibre économique et monétaire caractérisée par une hausse continue des prix, qui diminue d'autant le pouvoir d'achat de l'unité monétaire. Est dite « galopante » quand cette hausse est très rapide.

→ *Stagflation.*

Inflation normative

[Droit général]

Excès de textes juridiques, lois, décrets, arrêtés, règlements, directives, dû principalement à la pluralité des autorités légiférantes (Parlement, Gouvernement, assemblées locales, Union européenne, Cour EDH), à la méconnaissance des règles de la *légistique*, à l'illusion que toute difficulté est soluble dans la loi.

L'intempérance normative est source de graves défauts (dispositions ineptes, contradictoires, sujettes à interprétation divergente) et constitue un obstacle à l'intelligibilité et à l'accessibilité, qui sont pourtant des objectifs de valeur constitutionnelle.

Une mission parlementaire a présenté une multitude de propositions destinées à améliorer la fabrique de la loi.

Information

[Procédure pénale]

→ *Instruction.*

Information (droit à l')

[Procédure pénale]

Toute personne suspectée ou poursuivie, soumise à une mesure privative de liberté, se voit remettre lors de la notification de cette mesure un document énonçant dans des termes simples et accessibles, et dans une langue qu'elle comprend, les droits (au nombre de neuf) dont elle bénéficie au cours de la procédure : droit aux informations concernant l'infraction reprochée; droit de faire des déclarations, répondre ou se taire lors des auditions ou interrogatoires; droit à l'assistance d'un avocat; droit à l'interprétation et à la traduction; droit d'accès aux pièces du dossier; droit d'informer un tiers de la mesure dont la personne fait l'objet; droit d'être examinée par un médecin; connaître les délais avant comparution devant une autorité judiciaire; connaître les modalités de contestation, de réexamen ou de demande de mise en liberté dont elle bénéficie.

C. pr. pén., art. 803-6.

Information financière

[Droit commercial]

→ *Comptabilité commerciale ou professionnelle.*

Informatique dans le nuage

[Droit général/Droit commercial]

Ces termes désignent une technologie d'externalisation des logiciels et des données informatiques (habituellement stockés dans l'entreprise) au profit d'un sous-traitant.

La protection des données personnelles dans le cadre du « *cloud computing* » a donné lieu à une recommandation de la Commission nationale de l'informatique et des libertés.

Informatique juridique

[Droit général]

Application au droit des techniques modernes permettant de mettre en mémoire et d'utiliser les divers éléments de l'information juridique.

→ *Fichiers, Nomenclature juridique, Thesaurus.*

Informatisation de la justice

[Procédure (principes généraux)]

Déploiement dans les services judiciaires des nouvelles technologies de l'information et de la communication, notamment en dotant les juridictions des matériels nécessaires à la numérisation des procédures, à une mise en état interactive avec les auxiliaires de justice, à l'équipement de salles d'audience en vidéoconférence et en accompagnant ces installations d'une formation des personnels et d'une diffusion de guides méthodologiques.

→ *Communication électronique, Courrier électronique, Dématérialisation des procédures, Écrit électronique, Signature électronique, Téléprocédures, Vidéoconférence (Système de).*

Infraction

[Droit pénal]

Action ou omission violant une norme de conduite strictement définie par un texte d'incrimination entraînant la responsabilité pénale de son auteur. Elle peut être constitutive d'un crime, d'un délit ou d'une contravention en fonction des peines prévues par le texte.

C. pr. pén., art. 706-73 et 706-81 s.; C. douanes, art. 67 bis.

Infraction complexe

[Droit pénal]

Infraction dont la matérialité passe par une pluralité d'actes de nature différente. Ainsi de l'escroquerie qui, pour être matériellement réalisée, suppose, d'une part, un mensonge, d'autre part, la remise d'un bien ou la fourniture d'un service.

Infraction continue

[Droit pénal]

Infraction dont la matérialité est susceptible de se prolonger dans le temps. Ainsi du recel de chose qui se commet tant que persiste la détention du bien.

GADPG n° 29.

Infraction continuée

[Droit pénal]

Appellation proposée par la doctrine pour désigner un ensemble de comportements infractionnels de même nature (ex. : vol) commis successivement dans le cadre d'une seule et même entreprise criminelle.

Infraction d'habitude

[Droit pénal]

Infraction dont la matérialité passe par une pluralité d'actes de nature identique. La criminalité ou la délinquance qui lui correspond est donc liée, moins à un acte isolé, qu'à sa répétition, tel l'exercice illégal de la médecine.

Infraction formelle

[Droit pénal]

Infraction dont la matérialité ne contient pas le résultat redouté à l'origine de l'incrimination. Ainsi du crime d'empoisonnement qui a pour résultat redouté la mort de la victime, mais qui est juridiquement consommé par la simple administration de substances à même de la donner, peu importe qu'elle soit ou non effective.

Infraction impossible

[Droit pénal]

Tentative punissable d'une infraction, dont l'échec est dû à l'impossibilité matérielle d'en atteindre le résultat. Par exemple, le fait de « tuer » une personne déjà morte.

GADPG n° 32.

Infraction instantanée

[Droit pénal]

Infraction dont la matérialité n'est pas susceptible de se prolonger dans le temps. Le vol en est une illustration, qui se réalise instantanément par le fait même du prélèvement de la chose objet de la soustraction.

GADPG n° 29.

Infraction intentionnelle

[Droit pénal]

Infraction dont l'auteur est mu par une hostilité aux valeurs sociales protégées. Dans le Code pénal, tous les crimes sont intentionnels. Les délits ne le sont qu'à défaut de précision contraire en termes de non-intention.

C. pén., art. 121-3.

→ *Délit non intentionnel.*

Infraction internationale

[Droit pénal]

Agissements contraires aux règles du droit international public (commis par un État au détriment d'un autre État) et réprimés pénalement sur le fondement d'une norme internationale.

On distingue habituellement 3 catégories d'infractions internationales : les crimes contre la paix (agissements pouvant déclencher un conflit : guerre d'agression), les crimes de guerre (agissements contraires aux lois et coutumes de la guerre) ; les crimes contre l'humanité.

Infraction maritime

[Droit pénal]

La notion d'infraction maritime a été précisée et élargie par l'ordonnance du 2 novembre 2012. Il s'agit des infractions à l'encontre des règles de sécurité applicables au navire et à la navigation, au sens de la Convention sur le règlement international pour prévenir les abordages en mer (Londres, 20 oct. 1972), de la Convention internationale pour la sauvegarde de la vie humaine en mer (Londres, 1er nov. 1974) et de la Convention internationale de 1978, amendée, sur les normes de formation des gens de mer, de délivrance des brevets et de veille.

Ord. nº 2012-1218 du 2 nov. 2012.

→ *Tribunal maritime.*

Infraction militaire

[Droit pénal]

Au sens strict, manquements au devoir ou à la discipline militaire prévus par le Code de justice militaire et donc inconcevables en dehors de la vie militaire (insoumission, désertion). Plus largement on utilise également cette terminologie pour certaines infractions de droit commun plus sévèrement sanctionnées par le Code de justice militaire parce qu'elles prennent dans la vie militaire une gravité particulière (voie de fait envers un supérieur).

Infraction naturelle ou artificielle

[Droit pénal]

Selon cette distinction, d'ailleurs controversée, le premier type concerne les incriminations pour lesquelles la réprobation émane de la conscience collective, correspondant à la violation de principes supérieurs de morale, respectés en tout temps et en tous lieux, et qu'il serait pratiquement impossible de ne pas sanctionner. Le second type correspond, au contraire, à des incriminations très librement établies par le législateur pour créer ou modeler un ordre social déterminé en fonction de contingences diverses (économiques par ex.), sans référence précise à une norme morale, et donc le plus souvent propres à un système de droit positif.

Infraction obstacle

[Droit pénal]

Comportements qui n'engendrent pas en eux-mêmes de trouble pour l'ordre social, mais qui sont, malgré tout, érigés en infraction dans un but de prophylaxie sociale parce qu'ils sont dangereux et constituent les signes avant-coureurs d'une criminalité.

Infraction permanente

[Droit pénal]

Infraction instantanée dont les effets se prolongent dans le temps (ex. : la bigamie, l'apposition d'une affiche en un lieu interdit). La doctrine s'est interrogée sur l'opportunité d'organiser la répression, moins sur la matérialité instantanée de l'infraction, que sur la permanence de ses effets. Mais cette proposition n'a jamais été consacrée, ni en jurisprudence, ni dans la loi.

Infraction politique

[Droit pénal]

Selon une conception *objective*, tous agissements qui portent directement atteinte à un intérêt ou à une prérogative de nature politique, telle une atteinte à l'existence ou à l'organisation de l'État, autrement dit lorsque la valeur sociale protégée par la qualification pénale est politique (fonctionnement des pouvoirs constitutionnels par ex.). Selon une conception *subjective*, toute infraction peut être qualifiée de politique dès lors que les mobiles qui l'inspirent menacent les mêmes intérêts et prérogatives. Dans ce dernier cas, on réserve le terme d'infractions complexes à celles qui, lésant un intérêt privé, sont commises dans un but politique et celui d'infractions connexes aux agissements de droit commun qui se rattachent par un rapport de causalité à une infraction politique.

GADPG nº 27.

Infraction *praeter* intentionnelle

[Droit pénal]

Infraction intentionnelle légalement considérée comme ayant dépassé la volonté de son auteur quant au résultat. Ainsi des coups et blessures volontaires ayant entraîné la mort sans intention de la donner, que le

Code pénal érige en crime (C. pén., art. 222-7), mais sous une qualification moindre que celle correspondant à une volonté meurtrière.

Infraction purement matérielle

[Droit pénal]

Infraction indifférente à tout débat sur la culpabilité de son auteur, la responsabilité pénale étant liée à la seule matérialité des faits. Les contraventions en sont l'archétype.

GADPG nº 42.

Infraction putative

[Droit pénal]

Infraction n'existant que dans l'esprit de celui qui croit la commettre, faute d'une loi ou d'un règlement l'incriminant. Par application du principe de la légalité, l'action ou l'omission correspondante n'est pas punissable.

GADPG nº 32.

→ *Infraction impossible.*

Infra petita

[Procédure civile]

Littéralement « en deçà de la demande ». Le tribunal statue *infra petita* lorsqu'il ne répond pas à tous les chefs de demande. Il peut compléter son jugement après avoir été saisi par simple requête, unilatérale ou commune.

C. pr. civ., art. 5 et 463.

→ *Extra petita, Indisponibilité du litige (Principe d'), Omission de statuer, Principe dispositif, Ultra petita.*

In futurum

[Droit civil/Procédure civile]

« Pour l'avenir ». S'emploie surtout en matière de *preuve*, pour indiquer qu'elle est préconstituée, c'est-à-dire établie par avance, pour servir lors d'un éventuel procès.

Le Code de procédure civile permet au juge de prescrire, en dehors de toute contestation actuelle au fond, les *mesures d'instruction* nécessaires à la conservation ou à l'établissement d'une preuve dont pourrait dépendre la solution d'un litige ultérieur; on parle par ex. : d'enquête ou d'expertise *in futurum.* Ces mesures sont provisoires.

C. pr. civ., art. 145.

→ *Jugement avant-dire droit ou avant-faire droit, Provisoire.*

Ingénierie

[Droit commercial]

Contrat par lequel l'une des parties, l'ingénieur, s'engage moyennant rémunération à procéder pour le compte d'une autre, le maître de l'ouvrage, à l'élaboration d'un projet détaillé de construction d'une unité industrielle (ingénierie de consultation ou *consulting engineering*) et parfois à sa réalisation (ingénierie commerciale).

Ingérence humanitaire

[Droit international public]

→ *Droit d'ingérence humanitaire, Non-ingérence (Principe de), Responsabilité de protéger.*

Ingratitude

[Droit civil]

Cause de révocation des libéralités lorsque le gratifié a attenté à la vie du disposant, ou s'est rendu coupable envers lui de sévices, délits ou injures graves, ou refuse de lui verser des aliments.

C. civ., art. 955 s. et 1046.

→ *Indignité successorale.*

Inhumation

[Droit civil]

Enterrement du corps d'une personne décédée. C'est l'un des deux modes de funérailles autorisés par la loi, avec la crémation.

L'inhumation a lieu 24 heures au moins et six jours au plus après le décès, une fois autorisée la fermeture du cercueil par l'officier d'état civil, sur présentation du certificat établi par le médecin ayant constaté le décès et vérifié que celui-ci ne posait pas de problème médico-légal.

CGCT, art. L. 2223-42, R. 2213-17, R. 2213-33.

→ *Crémation, Funérailles, Obsèques, Pompes funèbres, Sépulture.*

Initiative législative

[Droit constitutionnel]

Droit reconnu aux parlementaires ou au gouvernement – ou aux 2 concurremment – de déposer des propositions de lois (parlementaires) ou des projets de lois (gouvernement), ainsi que de présenter des amendements.

Initiative populaire

[Droit constitutionnel]

Procédé de la démocratie semi-directe permettant au peuple, sous forme d'une pétition comportant un nombre déterminé de signatures, de soumettre au Parlement un projet qu'il est contraint d'examiner. Selon une autre modalité, le projet est directement soumis à la votation populaire.

Const., art. 11, al. 3 s.

→ *Référendum d'initiative minoritaire et populaire.*

[Droit européen]

Droit prévu par le traité de *Lisbonne* pour un million de citoyens européens de plusieurs États membres de proposer à la Commission européenne l'élaboration d'un règlement ou directive. La Commission devra motiver un refus. Le Conseil et le Parlement ayant fixé la procédure, cette possibilité est ouverte depuis le 1er avril 2012.

TUE art. 11; TFUE art. 24.

Injonction

[Droit administratif]

Ordre de faire, adressé par un juge, à une personne publique.

Le principe de séparation des pouvoirs avait longtemps interdit, en principe, à tous les tribunaux d'adresser des injonctions à l'Administration, sauf en matière d'*astreinte* et en cas de *voie de fait*.

Le *Défenseur des droits* peut également adresser des injonctions à l'Administration.

CJA, art. L. 911-1 s.

GACA n° 71.

[Procédure civile]

Ordre donné par le juge à une partie ou, dans certaines conditions, à un tiers, de produire en justice un élément de preuve ou d'adopter tel comportement (garder le silence à l'audience) ou d'accomplir telle obligation (rencontrer un conciliateur). Ce pouvoir est reconnu à tout magistrat. Le juge peut l'exercer d'office ou à la requête d'une partie, à titre définitif ou provisoire. L'exécution de la décision d'injonction peut être assurée grâce à une *astreinte*.

Le magistrat de la mise en état, outre ce pouvoir général, peut adresser des injonctions aux avocats pour provoquer la ponctualité de l'échange des conclusions et de la communication des pièces.

C. pr. civ., art. 3, 11, 24, 129, 133, 139, 145, 763 et 809; C. pr. exéc., art. L. 131-1; C. civ., art. 255.

→ *Action ad exhibendum.*

Injonction *anti-suit*

[Droit international privé/Procédure civile]

Injonction par la juridiction d'un État interdisant à une partie d'engager ou de poursuivre une procédure devant les juridictions d'un autre État. La légalité d'une telle interdiction est contestée au motif que la décision injonctive étrangère porte atteinte à une prérogative de souveraineté étatique en affectant la compétence juridictionnelle de l'État dont le for est interdit. La Cour de cassation juge que « n'est pas contraire à l'ordre public international l'*anti-suit injunction* dont, hors champ d'application de conventions ou du droit communautaire, l'objet consiste seulement à sanctionner la violation d'une obligation contractuelle préexistante » (en l'espèce respect d'une clause attributive de compétence en faveur d'une juridiction étrangère).

Injonction de faire

[Procédure civile]

Ordonnance prescrivant l'exécution en nature d'une obligation de faire. Elle peut être rendue, d'une part au terme d'une procédure provisoire, en référé, dès lors que l'obligation n'est pas sérieusement contestable (ex. : livraison d'une chose, restitution d'un bien, fourniture d'un service...), d'autre part au terme d'une procédure définitive, *monitoire*, par le juge d'instance ou le juge de proximité (dans les limites de leur compétence d'attribution), lorsque la demande paraît fondée (et à condition que l'obligation soit née d'un contrat passé entre personnes n'ayant pas toutes la qualité de commerçant).

Les litiges civils nés de l'application du Code de la consommation peuvent faire l'objet de cette procédure.

C. pr. civ., art. 809, al. 2 et 1425-1 s.; C. consom., art. R. 142-2.

→ *Procédure monitoire, Provisoire, Référé civil.*

Injonction de payer

[Procédure civile]

Procédure simplifiée et accélérée permettant de poursuivre le recouvrement de certaines créances civiles ou commerciales (créance ayant une cause contractuelle ou résultant d'une obligation statutaire et s'élevant à un montant déterminé, engagement lié à une lettre de change ou à un billet à ordre) en obtenant d'une juridiction (président du TGI, tribunal d'instance, président du tribunal de commerce) la délivrance d'une ordonnance en injonction de payer qui, à défaut d'opposition dans un certain délai, vaut titre exécutoire.

Le recouvrement d'une créance de sécurité sociale peut être demandé selon cette procédure, lorsque la créance résulte d'une prise en charge injustifiée ou d'un indu de prestation.

C. pr. civ., art. 1405 s.; CSS, art. R. 142-27-1.

→ *Injonction de payer européenne, Procédure monitoire.*

Injonction de payer européenne

[Droit européen/Procédure civile/ Droit international privé]

Procédure monitoire de recouvrement des créances pécuniaires, liquides et exigibles, incontestées dans les litiges transfrontaliers (une des parties a son domicile ou sa résidence dans un État membre autre que l'État membre de la juridiction saisie). La demande d'injonction est présentée selon un formulaire-type. Si cette demande remplit les conditions voulues, la juridiction délivre l'injonction de payer européenne dans un délai de 30 jours au plus; cette injonction est signifiée ou notifiée au défendeur conformément au droit national de l'État dans lequel la signification ou la notification doit être effectuée. Si aucune opposition n'est formée, la juridiction d'origine déclare l'injonction exécutoire au moyen d'un formulaire-type et l'exécution peut être poursuivie dans les autres États membres sans qu'une déclaration constatant la force exécutoire soit nécessaire et sans qu'il soit possible de contester sa reconnaissance (règlement du Parlement européen et du Conseil n° 1896-2006 du 12 déc. 2006, entré en vigueur le 12 déc. 2008).

Pour la France, la compétence en la matière est dévolue, selon la nature de la créance, au juge du tribunal d'instance ou au président du tribunal de commerce. Ce règlement a fait l'objet d'une modification mineure qui entrera en vigueur en 2017 (règlement (UE) 2015/2421 du Parlement européen et du Conseil du 16 décembre 2015 modifiant le règlement (CE) n° 861/2007 instituant une procédure européenne de règlement des petits litiges et le règlement (CE) n° 1896/2006 instituant une procédure européenne d'injonction de payer).

C. pr. civ., art. 1424-1 s.; COJ, art. L. 221-7; C. com., art. L. 721-3-1.

→ *Procédure monitoire.*

Injonction de soins

[Droit pénal]

Peine complémentaire que la loi peut prévoir en matière de crime et de délit. Elle frappe les personnes physiques. Elle a été introduite par la loi n° 2007-297 du 5 mars 2007 (loi Clément).

C. pén., art. 131-10.

→ *Obligation de soins.*

Injonction structurelle

[Droit commercial]

Se dit, en droit de la concurrence, du remède ordonné par les autorités administratives compétentes et consistant, pour l'entreprise en position de domination du marché, à se défaire de certaines activités ou à céder certains établissements afin de recréer les conditions d'une concurrence réelle.

C. com., art. L. 752-26.

In judicando

[Procédure civile]

« Dans la manière de juger », quant au fond, non quant à la forme. Se rapporte au mal-jugé, qu'il s'agisse d'une erreur de droit consistant dans la mauvaise interprétation de la loi justiciable à ce titre du pourvoi en cassation, ou d'une erreur de fait ayant sa source dans une appréciation inexacte des données de l'espèce et justifiant l'ouverture de l'appel et du recours en révision.

C. pr. civ., art. 542, 593, 604.

→ *In procedendo.*

Injure

[Droit civil]

Offense envers une personne.

Entre époux, l'injure qui n'est plus une cause spécifique de divorce peut constituer une ouverture au « divorce pour faute », au titre de la violation grave ou renouvelée des devoirs et obligations du mariage, rendant le maintien de la vie commune intolérable (C. civ., art. 242).

Entre donateur et donataire, l'injure constitue un cas d'ingratitude débouchant éventuellement sur la révocation (C. civ., art. 955).

[Droit pénal]

Toute expression outrageante, termes de mépris ou invective, qui ne renferme l'imputation d'aucun fait précis. Dans la mesure où elle n'est pas précédée de provocations, l'injure est un délit lorsqu'elle est publique, et une contravention lorsqu'elle n'est pas publique.

L. 29 juill. 1881, art. 29, al. 2 et 33; C. pén., art. R. 621-2.

Injusticiabilité

[Procédure (principes généraux)]

Immunité juridictionnelle dont bénéficient notamment les actes édictés par les assemblées parlementaires ou par leurs organes internes, ces actes échappant, sauf exception, à l'appréciation des tribunaux tant judi-

ciaires qu'administratifs par application du principe de la *séparation des pouvoirs*.
➜ *Justiciabilité.*

In limine litis

[Procédure civile]
« Au seuil du procès ».
Le seuil du procès se situe avant le moment où l'instance va être liée par le dépôt des *conclusions* au fond des plaideurs.
Cette formule latine s'applique principalement aux exceptions de procédure pour indiquer qu'elles doivent être invoquées dès le début de l'instance, avant toute *défense au fond* ou *fin de non-recevoir*, à peine d'irrecevabilité.
S'oppose à *en tout état de cause*.
C. pr. civ., art. 74.
➜ *Liaison de l'instance.*

In mitius

[Droit pénal]
➜ *Rétroactivité in mitius.*

Inopérant

[Droit administratif]
➜ *Moyen inopérant.*

Inopposabilité

[Droit civil/Procédure civile]
Caractéristique d'un acte que les tiers peuvent tenir pour inexistant et comme ne produisant aucun effet à leur égard, bien qu'il soit parfaitement valable et efficace entre les parties. Les causes de l'inopposabilité sont diverses : défaut de publicité lorsque celle-ci est requise, absence d'*enregistrement* rendant la date incertaine, existence d'une *simulation* ou d'une *fraude*.
En procédure, l'inopposabilité aux tiers d'une décision de justice est constatée par la voie de la *tierce opposition*.
➜ *Action paulienne, Contre-lettre, Nullité, Opposabilité.*

In pari causa, melior est causa possidentis

[Droit civil]
Maxime latine. Lorsqu'aucun des plaideurs ne peut faire la preuve, la préférence est donnée à celui qui tient en sa possession l'objet en litige.

In procedendo

[Procédure civile]
« Dans la manière de procéder ». Qualifie les irrégularités de procédure, aussi bien manquement aux formes qu'inobservation des délais, que les parties peuvent dénoncer par voie d'*exception* ou de *fin de non-recevoir* et qui constituent une cause d'*appel* et de *pourvoi en cassation*.
C. pr. civ., art. 542 et 604.
➜ *In judicando.*

Inquisitoire (Procédure)

[Procédure (principes généraux)]
➜ *Procédure inquisitoire.*

ACTU

Insaisissabilité

[Droit administratif]
La Cour de cassation qualifie de principe général du droit l'insaisissabilité des biens de toute nature des personnes publiques; il en est ainsi même si elles exercent des activités industrielles ou commerciales. Pour protéger les intérêts légitimes de leurs créanciers, notamment à l'égard des jugements rendus contre ces personnes publiques, des textes ont institué des palliatifs, parfois dénommés « voies d'exécution administratives ».
CGPPP, art. L. 2311-1.

[Droit civil/Procédure civile]
Caractère de ce qui ne peut être saisi, c'est-à-dire mis sous *main de Justice*,

dans l'intérêt d'un particulier, de sa famille ou de l'ordre public.

→ *Biens insaisissables.*

[Droit commercial]

La résidence principale d'un entrepreneur indépendant est de plein droit insaisissable (depuis une loi de 2015) ; mais l'entrepreneur peut renoncer à cette protection par voie de déclaration expresse et formelle. Les autres immeubles de l'entrepreneur sont susceptibles d'être eux aussi soumis à un régime d'insaisissabilité, sur déclaration formelle et publiée et à condition de n'être pas affectés à l'activité professionnelle.

C. com., art. L. 526-1 s.

→ *Déclaration d'insaisissabilité.*

[Droit du travail]

En raison de son caractère alimentaire, la rémunération est partiellement insaisissable.

C. trav., art. L. 3252-1 s. et R. 3252-1 s.

Inscription

[Droit civil]

Formalité par laquelle est obtenue la publicité de certains actes portant sur des immeubles (ex. : inscription hypothécaire au *service de la publicité foncière*) ou sur certains meubles. Elle consiste dans l'inscription, sur un registre tenu par l'administration, des informations relatives à cet immeuble ou à ce meuble.

C. civ., art. 2426 s.

Inscription au rôle

[Procédure civile]

→ *Mise au rôle, Répertoire général des affaires.*

Inscription d'office

[Droit administratif]

Pouvoir accordé par des textes aux autorités de l'État chargées du *contrôle de légalité* ou du *contrôle budgétaire* d'inscrire ou de faire inscrire elles-mêmes au budget des organismes publics ou des collectivités territoriales les crédits pour les dépenses obligatoires que l'organe délibérant de ces personnes publiques refuserait de doter de crédits suffisants.

Inscription de faux

[Procédure civile]

Action judiciaire, intentée par voie principale ou incidente, dirigée contre un *acte authentique* ou un *acte contresigné par avocat* et visant à démontrer qu'il a été altéré, modifié, complété par de fausses indications, ou même fabriqué de toutes pièces. L'inscription de faux constitue une défense au fond.

C. pr. civ., art. 306 et 314; C. civ., art. 1319.*

→ *Faux.*

Inscription maritime

[Droit maritime]

Ancienne dénomination de l'administration des affaires maritimes chargée de recenser les gens de mer.

L. 13 déc. 1926, portant C. trav. maritime.

Insémination artificielle

[Droit civil]

Technique d'assistance médicale consistant à féconder un ovule *in vivo*, dans l'utérus maternel, par injection médicale de spermatozoïdes, sans qu'il y ait rapport sexuel. Les gamètes peuvent provenir du conjoint (Insémination avec conjoint, IAC) ou d'un tiers (Insémination avec donneur anonyme, IAD).

Le recours à l'*assistance médicale à la procréation* sous la forme d'une insémination artificielle avec tiers donneur anonyme à l'étranger, ne fait pas obstacle au prononcé de l'adoption par l'épouse de la mère de l'enfant né de cette procréation, dès lors que les conditions légales de l'adoption sont réunies et que l'adoption est conforme à l'intérêt de l'enfant (Cour de cassation, deux avis du 22 sept. 2014, n° 15010 et 15011).

C. civ., art. 311-19, 311-20; CSP, art. L. 1244-3.

→ *Accueil d'embryon, Don de gamètes, Gestation pour autrui.*

Insémination artificielle avec tiers donneur

[Droit civil]

Technique d'assistance médicale consistant à féconder un ovule *in vivo*, dans l'utérus maternel, par injection médicale de spermatozoïdes provenant d'un tiers donneur anonyme.

L'*assistance médicale à la procréation* avec tiers donneur peut être mise en œuvre :

- lorsqu'il existe un risque de transmission d'une maladie d'une particulière gravité à l'enfant ou à un membre du couple;

- ou, en présence d'une infertilité masculine, lorsque les techniques d'assistance médicale à la procréation au sein du couple ne peuvent aboutir ou lorsque le couple y renonce.

Le législateur encadre cette technique strictement. Le don de gamètes mâles ne peut être fait qu'à un couple constitué d'un homme et d'une femme; les consentements du donneur (et celui de l'autre membre de son couple le cas échéant), ainsi que du couple receveur, essentiellement révocables, doivent être donnés par écrit; les activités de recueil, traitement, conservation et cession sont le privilège de certains établissements autorisés par l'administration; aucun lien de filiation ne peut être établi entre l'auteur du don et l'enfant issu de la procréation; les identités respectives du donneur et du receveur sont tenues secrètes. Le don de gamètes est favorisé : une personne peut être donneur sans avoir jamais eu d'enfant elle-même; en revanche, elle n'est pas revenue sur la règle française de l'anonymat absolu du tiers donneur.

Le consentement donné à une assistance médicale à la procréation avec tiers donneur interdit toute action aux fins d'établissement ou de contestation de la filiation.

CSP, art. L. 1244-1 s. et L. 2141-1 s.

→ *Don de gamètes.*

Insémination *post mortem*

[Droit civil]

Insémination avec le sperme conservé d'un donneur décédé. Cette insémination demandée par la femme survivante est interdite pour éviter la conception d'enfants orphelins de père et le développement de familles monoparentales.

Le comité consultatif national d'éthique (10 février 2011) est, au contraire, favorable au transfert *in utero* d'un embryon après le décès de l'homme, à condition que l'homme y ait expressément consenti de son vivant et qu'un délai minimum de réflexion soit imposé à la femme après le décès.

CSP, art. L. 2141-2.

Insigne

[Procédure civile]

Marque distinctive de la fonction judiciaire lorsqu'elle est exercée par un magistrat non professionnel. Par exemple, les juges de proximité portent une médaille en bronze doré, comportant la mention « République française », suspendue en sautoir à un ruban de couleur bleu ciel.

COJ, art. R. 111-6.

→ *Costume judiciaire.*

Insinuation

[Droit civil]

Mode de publicité des donations sur un registre tenu au greffe du tribunal, avant la promulgation du Code civil.

De nos jours, la publicité des donations est réalisée par le dépôt de l'acte au *service de la publicité foncière* et la transcription d'un extrait sur le *fichier immobilier*.

In solidum

[Droit civil]

Pour le tout.

→ *Obligation in solidum.*

Insolvabilité

[Droit pénal]

Situation d'une personne hors d'état de payer ses dettes.

Est un délit le fait, par un débiteur, même avant la décision judiciaire constatant sa dette, d'organiser ou d'aggraver son insolvabilité soit en augmentant le passif ou en diminuant l'actif de son patrimoine, soit en diminuant ou en dissimulant tout ou partie de ses revenus, soit en dissimulant certains de ses biens, en vue de se soustraire à l'exécution d'une condamnation de nature patrimoniale prononcée par une juridiction répressive ou, en matière délictuelle, quasi délictuelle ou d'aliments, prononcée par une juridiction civile.

Est également responsable le dirigeant de droit ou de fait d'une personne morale qui organise ou aggrave l'insolvabilité de celle-ci dans les mêmes conditions, en vue de la soustraire aux obligations pécuniaires résultant d'une condamnation prononcée en matière pénale, délictuelle ou quasi délictuelle.

C. pén., art. 314-7 s.

[Droit civil/Procédure civile/ Droit commercial/Droit européen/ Droit international privé]

Situation de la personne dont l'actif est insuffisant pour faire face à son passif exigible. Le droit français moderne et le droit de l'Union européenne (règlement UE n° 1346/2000, remplacé à compter du 26 juin 2017 par le règlement (UE) 2015/848 du Parlement européen et du Conseil du 20 mai 2015 relatif aux procédures d'insolvabilité) répondent au défi de l'insolvabilité par l'institution de diverses procédures, contraignantes ou volontaires, curatives ou préventives, devant permettre de surmonter la difficulté financière momentanée et/ou de remédier aux difficultés structurelles par des cessions d'actifs lorsque le débiteur exploite une entreprise.

→ *Conciliation organisée par le juge, Déconfiture, Liquidation judiciaire, Règlement amiable, Rétablissement personnel (Procédure de), Sauvegarde (Procédure de), Surendettement.*

Insolvabilité et Insolvabilité *bis*

[Droit européen/Droit international privé]

Appellation désignant, respectivement, l'actuel et le futur règlement européen relatif aux procédures d'insolvabilité, à savoir, d'une part, le règlement (CE) n° 1346/2000 du Conseil du 29 mai 2000 relatif aux procédures d'insolvabilité, et, d'autre part, à partir du 26 juin 2017, le règlement (UE) 2015/848 du Parlement européen et du Conseil du 20 mai 2015 relatif aux procédures d'insolvabilité.

Inspecteurs de l'environnement

[Droit de l'environnement]

Fonctionnaires et agents appartenant aux services de l'État chargés de l'environnement (et à ses établissements publics, comme l'Office national de la chasse), habilités pour rechercher et constater les infractions à la législation sur l'environnement. Ces inspecteurs sont commissionnés par spécialité, l'une couvrant les domaines de l'eau, de la nature et des sites, l'autre les domaines des installations classées et de la prévention des pollutions, des risques et des nuisances.

C. envir., art. L. 172-1 s.

Inspection des finances

[Droit financier ou fiscal]

Corps supérieur d'inspection, directement rattaché au ministre des Finances, compétent à l'origine pour contrôler tous les comptables publics civils, et dont les attributions ont été étendues à la vérification des opérations administratives des *ordonnateurs* secondaires (comme les préfets) et au contrôle de la gestion de tous les organismes assujettis à la tutelle du ministre des Finances ou bénéficiaires de subventions publiques.

En outre, ce corps exerce une influence non négligeable sur les principales activités de l'État en raison du nombre de ses membres qui occupent des postes de direction dans les ministères ou dans des organismes semi-publics.

Inspection du travail

[Droit du travail]

Corps de fonctionnaires chargé, entre autres, de contrôler l'application de la législation du travail et de l'emploi.

C. trav., art. L. 8112-1 s. et R. 8111-1 s.

GADT n° 32.

Inspection générale des affaires sociales (IGAS)

[Sécurité sociale]

Corps d'inspecteurs ayant une fonction de contrôle dans les domaines de la santé, de l'aide sociale à l'enfance, des établissements sociaux et médicaux sociaux.

CSP, art. L. 1421-1; CASF, art. L. 221-9 et L. 331-1.

Installation des magistrats

[Procédure civile]

Cérémonie au cours de laquelle un magistrat est accueilli par la juridiction à laquelle il est nommé, constituant une formalité préalable indispensable à l'exercice des fonctions. L'installation a lieu en assemblée de chambres ou en audience solennelle; il peut y être procédé par écrit en cas de nécessité.

COJ, art. R. 111-8, 312-10; Ord. n° 58-1270 du 22 déc. 1958, art. 7.

Installation progressive

[Droit rural]

Afin de faciliter l'accès aux responsabilités de chef d'exploitation, un dispositif d'installation progressive des agriculteurs a été mis en place sur une période maximale de cinq ans.

C. rur., art. L. 330-2.

Installations classées pour la protection de l'environnement (ICPE)

[Droit administratif/ Droit de l'environnement]

Installations de toute nature, telles que chantiers, usines, exploitations, pouvant présenter des dangers pour la commodité du voisinage, la sécurité ou la salubrité publique, la protection de l'environnement ou des sites et monuments. Leur création donne lieu à autorisation ou à déclaration suivant la gravité des dangers ou des inconvénients que peut présenter leur exploitation, et elles sont soumises à des inspections

pour contrôler le respect des règles qui leur sont applicables.
Les éoliennes relèvent aussi du régime des installations classées.

C. envir., art. L. 511-1 s.

[Droit rural]
Les nuisances provenant d'une activité professionnelle, notamment agricole, n'ouvrent pas droit à réparation dès lors que l'installation polluante classée est préexistante (théorie de la pré-occupation) et conforme aux autorisations réglementaires d'exercice.

CCH, art. L. 112-16.

→ *Compostage.*

Installations, ouvrages, travaux et activités (IOTA)

[Droit de l'environnement]
L'expression vise les actions réalisées à des fins non domestiques et entraînant des prélèvements sur les eaux (superficielles ou souterraines), une modification du niveau ou du mode d'écoulement des eaux, la destruction de frayères, des déversements même non polluants.
Les IOTA sont classés dans une nomenclature les soumettant à une autorisation, ou une déclaration, selon les dangers qu'ils présentent et la gravité de leurs effets sur la ressource en eau et les écosystèmes aquatiques.
Les installations comprises dans les IOTA ne figurent pas à la nomenclature des *installations classées pour la protection de l'environnement (ICPE).*

C. envir., art. L. 214-1 s. et R. 214-1 s.

Instance

[Droit général]
Terme sans contenu précis, employé au pluriel pour désigner un organe (généralement) public, compétent pour connaître d'une affaire; par exemple, on dit dans ce sens : saisir d'une réclamation les instances compétentes.

[Procédure civile]
Terme technique désignant une suite d'actes de procédure allant de la demande en justice jusqu'au jugement.
Son ouverture fait naître entre les plaideurs un lien juridique particulier : le *lien d'instance*. Les voies de recours donnent lieu à une instance nouvelle, à l'exception de l'opposition.

→ *Droit processuel, Liaison de l'instance.*

Instigation

[Droit pénal]
Mode de complicité consistant, par don, promesse, menace, ordre, abus d'autorité ou de pouvoir, à provoquer à une infraction ou à donner des instructions pour la commettre.
L'instigation est parfois érigée en infraction autonome, punissable en tant que telle, auquel elle n'est plus dépendante de la théorie de la complicité, et donc d'un fait principal punissable. L'instigateur est alors l'auteur moral ou intellectuel de l'infraction.

C. pén., art. 121-7.

Institut agronomique, vétérinaire et forestier de France

[Droit rural]
Établissement public national de coopération en matière d'enseignement et de recherche agricole, qui a notamment pour mission d'élaborer et de mettre en œuvre des stratégies de recherche et de formation communes aux établissements qu'il rassemble aux niveaux national, européen et international mais aussi d'apporter au ministère chargé de l'agriculture une expertise en matière de formation, de recherche et de développement.

C. rur., art. L. 812-7.

Institut d'émission

[Droit financier ou fiscal]

Synonyme de *Banque de France*.

Institut international pour l'unification du droit privé

[Droit privé]

→ *Unidroit.*

Institut national de l'information géographique et forestière (IGN)

[Droit de l'environnement]

Établissement public national à caractère administratif qui a pour vocation de décrire, d'un point de vue géométrique et physique, la surface du territoire national et l'occupation de son sol, ainsi que de mettre à jour l'inventaire permanent des ressources forestières nationales (Décr. n° 2011-1371 du 27 oct. 2011).

Institut national de la consommation (INC)

[Droit civil]

Établissement public national, à caractère industriel et commercial, doté de la personnalité morale, ayant pour objet de fournir un appui technique aux organisations de consommateurs (études juridiques, économiques et techniques, essais comparatifs, publications spécialisées), de diffuser des informations relatives à la défense des intérêts des consommateurs, de mettre en œuvre des actions de formation sur les questions de consommation.

C. consom., art. L. 822-1 s. et R. 531-1 s.

Institut national de la propriété industrielle (INPI)

[Droit commercial]

Établissement public rattaché au ministère de l'Industrie, qui a essentiellement pour rôle de délivrer les brevets d'invention, d'en assurer la conservation, de recevoir le dépôt des marques et des dessins et modèles ainsi que d'assurer la publicité des actes juridiques ayant ces droits pour objet.

L'INPI assure également la tenue de la version nationale du *Registre du commerce et des sociétés.*

CPI, art. L. 411-1.

Institut national de la recherche agronomique (INRA)

[Droit rural]

Cet établissement public à caractère scientifique et technologique intervient dans les domaines de l'agriculture, de l'alimentation et de l'environnement, pour une agriculture compétitive et durable et un environnement préservé et valorisé. Il contribue à l'expertise, à la formation et à la promotion de la culture scientifique et technique, ainsi qu'au débat entre la science et la société. Il est le premier institut de recherche agronomique en Europe, le deuxième dans le monde.

Institut national des hautes études de la sécurité et de la justice

[Droit général/Procédure (principes généraux)]

Établissement public à caractère administratif destiné, dans les domaines de la formation, de la recherche et de l'analyse stratégique en matière de sécurité (intérieure, sanitaire, environnementale, économique) et de justice (ainsi que des questions juridiques) à diffuser toutes connaissances utiles en la matière, à promouvoir les enseignements universitaires y relatifs, à étudier les évolutions statistiques de l'ensemble du processus pénal au sein d'une structure interne dénommée « observatoire national de la délinquance et des réponses pénales ».

CSI, art. R. 123-1 s.

Institut national du travail, de l'emploi et de la formation professionnelle

[Droit du travail]

École chargée de la formation des inspecteurs du travail et de l'emploi; implantée à Marcy l'Étoile, près de Lyon, elle constitue un service du ministère chargé du Travail.

Instituts des métiers du notariat

[Droit privé]

Établissements d'utilité publique, placés sous l'autorité du Centre national de l'enseignement professionnel notarial, chargés de préparer au brevet de technicien supérieur « notariat » (2 ans), au diplôme de l'institut des métiers de notariat (1 an) et de participer à la formation professionnelle permanente des collaborateurs des offices de notaire.

Instituts régionaux d'Administration (IRA)

[Droit administratif]

Établissements publics, au nombre de 5 en France, chargés de recruter et de former des fonctionnaires de catégorie A destinés à exercer des tâches d'administration générale. Il existe plusieurs concours d'accès : pour les candidats déjà fonctionnaires; pour les étudiants; pour les personnes ayant acquis une expérience dans le privé ou la vie associative ou élective. La préparation au concours est assurée notamment par des Instituts de préparation à l'Administration générale (IPAG) rattachés à l'enseignement supérieur (*CEPAG* auprès des IEP), et qui préparent à d'autres concours administratifs.

Institution

[Droit général]

1° Structure fondamentale de l'organisation sociale, manifestant la dimension créatrice et organisatrice de la volonté humaine. On distingue habituellement :

- les *institutions-organes*, qui sont des organismes dont le statut et le fonctionnement sont régis par le droit, comme le Parlement ou la famille;

- les *institutions-mécanismes*, qui sont des faisceaux de règles régissant une certaine institution-organe ou une situation juridique donnée, tels que le droit de dissolution, le mariage ou la responsabilité civile.

2° Concept fondamental de la théorie juridique du Doyen Hauriou, défini comme une organisation sociale, créée par un pouvoir, dont l'autorité et la durée sont fondées sur l'acceptation par la majorité des membres du groupe de l'idée fondamentale qu'elle réalise, et qui repose sur un équilibre de forces ou une séparation de pouvoirs. En assurant une expression ordonnée des intérêts adverses en présence, elle assure un état de paix sociale qui est la contrepartie de la contrainte qu'elle fait peser sur ses membres. L'institution, dans cette perspective, correspond à une partie des institutions-organes définies ci-dessus.

Institution contractuelle

[Droit civil]

Encore appelée donation de biens à venir, contrat par lequel une personne, l'instituant, promet à une autre, l'institué, de lui laisser à sa mort, tout ou partie de sa succession. Elle réalise un *pacte sur succession future*, exceptionnellement autorisé par la loi, dans un contrat de mariage (par un tiers au profit des époux ou entre eux) ou entre époux (pendant le mariage).

C. civ., art. 1082 s.

Institution spécialisée

[Droit international public]

Organisation internationale pourvue d'attributions déterminées dans les domaines économique, social, culturel, sanitaire, technique, et reliée à l'ONU par un accord de liaison approuvé par l'Assemblée générale. L'ONU coordonne l'activité des institutions spécialisées par l'intermédiaire du Conseil économique et social.

→ *Organisation internationale du travail, Organisation mondiale de la santé, Organisation maritime internationale, Organisation météorologique mondiale.*

Institutions de prévoyance

[Sécurité sociale]

Personnes morales de droit privé ayant une activité économique, sans avoir de caractère commercial, administrées paritairement par des membres adhérents (entreprises) et participants (assurés), constituées sur la base d'une convention ou d'un accord collectif, ou d'un référendum organisé dans le cadre de l'entreprise ou par la réunion d'une assemblée générale constituée de membres adhérents et de membres participants, mettant en œuvre l'ensemble des opérations d'assurance liées à la personne humaine et acceptant ces mêmes opérations en réassurance.

CSS, art. L. 931-1 s.

Institutions de retraite supplémentaire Sécurité sociale

[Sécurité sociale]

Personnes morales de droit privé servant des prestations s'ajoutant à celles du régime de base de Sécurité sociale et à celles des régimes de retraite complémentaire obligatoire (*ARRCO*, *AGIRC*). Elles sont constituées dans le cadre d'une entreprise, d'un groupe d'entreprises ou d'une branche professionnelle. La constitution de nouvelles institutions de retraite supplémentaire n'est pas possible.

CSS, art. L. 941-1 s.

Institutionnalisation

[Droit constitutionnel]

Processus par lequel le pouvoir politique est dissocié des individus qui l'exercent et soumis aux règles juridiques étatiques. Sens dérivé : le résultat de ce processus.

Instruction

[Procédure civile/Procédure administrative]

Phase de l'instance au cours de laquelle les parties précisent et prouvent leurs prétentions et au cours de laquelle le tribunal réunit les éléments lui permettant de statuer sur elles.

C. pr. civ., art. 10, 143 s. et 763 s.; CJA, art. R. 611-1 s.

→ *Affaire en état, Mesures d'instruction, Mise en état, Preuve (Procédures de).*

[Procédure pénale]

Phase de l'instance pénale constituant une sorte d'avant-procès, qui permet d'établir l'existence d'une infraction et de déterminer si les charges relevées à l'encontre des personnes poursuivies sont suffisantes pour qu'une juridiction de jugement soit saisie. Cette phase, facultative en matière de délit, sauf dispositions spéciales, obligatoire en matière de crime, est conduite par le juge d'instruction sous le contrôle de la chambre de l'instruction.

C. pr. pén., art. 79 s.

Instruction (Pouvoir d')

[Droit administratif]

Terme susceptible de 2 acceptions :

1° Pouvoir appartenant au supérieur hiérarchique d'adresser des directives à ses subordonnés.

2° Compétence dévolue à une autorité de préparer et de mettre en état des affaires sur lesquelles le pouvoir de décision appartient à une autre autorité.

Instruments financiers

[Droit commercial]

On appelle instruments financiers les titres de capital et de créances, les parts ou actions d'organismes de placements collectifs, ainsi que d'autres instruments à terme.

C. mon. fin., art. L. 211-1.

Instrumentum

[Droit général]

Écrit authentique ou sous signature privée contenant la substance de l'acte juridique ou du contrat envisagé par son ou ses auteurs.

→ *Acte instrumentaire, Negotium.*

Intégration

[Droit international public/Droit européen]

Fusion de certaines compétences étatiques dans une *organisation internationale* supranationale.

Les organisations d'intégration se distinguent ainsi des organisations interétatiques classiques dites de coopération.

→ *Union européenne.*

Intégrité

[Droit civil]

L'intégrité du *corps humain* désigne la nécessité de préserver celui-ci de toute altération essentielle, en le protégeant dans sa substance et dans son intimité fondamentale. Il peut être dérogé à ce principe, sous réserve d'un consentement préalable et éclairé, dans plusieurs hypothèses encadrées par la loi : en cas de nécessité médicale pour la personne ou, à titre exceptionnel, dans l'intérêt thérapeutique d'autrui, notamment pour un *prélèvement d'organes.*

L'intégrité de l'espèce humaine désigne la nécessité de protéger celle-ci dans sa substance et dans sa complétude. Elle conduit à proscrire les pratiques eugéniques et le *clonage*, ainsi que les croisements inter-espèces et la création d'être hybrides.

C. civ., art. 16-3 et 16-4.

→ *Inviolabilité du corps humain.*

Intention

[Droit civil]

But que la volonté interne assigne à une opération juridique, lui conférant ainsi sa singularité. Par exemple, l'intention libérale est un des éléments constitutifs de la libéralité grâce auquel on peut l'identifier avec certitude.

→ *Animus.*

[Droit pénal]

Élément constitutif de l'infraction consistant dans une manifestation d'hostilité aux valeurs sociales protégées, caractérisée par une double volonté, et du comportement matérialisant l'infraction, et du résultat de celle-ci.

L'intention est différente des mobiles, qui n'interviennent pas dans sa définition, et ne participent donc pas des éléments de la responsabilité pénale.

C. pén., art. 121-3.

→ *Erreur de droit, Erreur de fait, Mobiles.*

Interceptions

[Procédure pénale]

Opérations par lesquelles, sous l'autorité et le contrôle d'un magistrat, sont captées, enregistrées et transcrites les correspondances émises par la voie des télécommunications, lorsque les nécessités d'une enquête ou d'une information l'exigent.

CJM, art. L. 212-75; C. pr. pén., art. 100 s. et 706-95.

GAPP n° 15.

Interceptions de sécurité

[Procédure pénale]

Pour défendre les intérêts supérieurs de la Nation, peuvent être autorisées les interceptions de correspondances émises par la voie de communication électronique, susceptibles de fournir des renseignements utiles.

Dans le même but, et lorsque les renseignements ne peuvent être recueillis par un autre moyen légalement autorisé, il est possible de recourir à l'utilisation de dispositifs techniques permettant la captation, la fixation, la transmission et l'enregistrement de paroles prononcées à titre privé ou confidentiel, ou d'images dans un lieu privé.

CSI, art. 811-3, 852-1 et 853-1.

Intercommunalité

[Droit administratif]

Forme de coopération entre des communes consistant, pour plus d'efficacité ou d'économie, à exercer en commun un certain nombre de leurs compétences, au moyen d'établissements publics de coopération intercommunale.

Interdiction

[Droit civil]

Situation juridique d'une personne qui se trouve privée de la jouissance ou de l'exercice de ses droits, en totalité ou en partie, en vertu de la loi ou d'une décision judiciaire :

- *L'interdiction légale* résultait automatiquement de certaines condamnations pénales. Elle a été supprimée en 1994.
- *L'interdiction judiciaire* frappait le dément et résultait d'une décision de justice; mais elle a été supprimée par la loi du 3 janvier 1968 et remplacée par la *tutelle*.

ACTU

Interdiction administrative du territoire

[Droit administratif]

Une loi du 13 novembre 2014 relative à la lutte contre le terrorisme permet au ministre de l'Intérieur de prendre une mesure d'interdiction du territoire à l'égard d'un étranger, à condition qu'il ne se trouve pas en France et n'y réside pas habituellement, lorsque sa présence constituerait une menace « réelle, actuelle et suffisamment grave pour un intérêt fondamental de la société » (ressortissants des États membres de l'Union européenne et assimilés) ou une menace « grave pour l'ordre public, la sécurité intérieure ou les relations internationales de la France » (ressortissants d'autres États).

La décision est écrite, en principe motivée, et notifiée. Celui qui la viole peut faire l'objet d'une *reconduite à la frontière*.

CESEDA, art. L. 214-1.

Interdiction de gérer

[Droit commercial/Droit pénal]

Sanction pénale, prononcée à titre principal ou complémentaire, du commerçant ou professionnel indépendant condamné à raison de sa pratique malhonnête des affaires (vol, escroquerie, faillite, fraude fiscale). Donne lieu à une inscription sur le fichier des interdits de gérer.

C. pén., art. 434-40-1; C. com., art. L. 654-15.

Interdiction de séjour

[Droit pénal]

Peine principale ou complémentaire emportant défense de paraître dans certains lieux déterminés par la juridiction. Elle comporte, en outre, des mesures de surveillance et d'assistance. Elle ne peut excéder une durée de 10 ans en cas de condamnation pour crime et de 5 ans en cas de condamnation pour délit.

C. pén., art. 131-6, 131-10 et 131-31.

ACTU

Interdiction de sortie du territoire

[Droit administratif/Droit pénal]

Une loi du 13 novembre 2014 relative à la lutte contre le terrorisme permet au ministre de l'Intérieur de prendre une mesure d'interdiction de sortie du territoire à l'égard de Français suspectés de vouloir se livrer à l'étranger à des activités terroristes, ou qui pourraient porter atteinte à la sécurité publique lors de leur retour sur le territoire français.

La mesure est écrite et motivée; elle est valable 6 mois, renouvelable jusqu'à 2 ans, susceptible de contrôle juridictionnel devant la juridiction administrative. Elle emporte invalidation du passeport et de la carte nationale d'identité, qui doivent être restitués à l'Administration.

La violation de l'interdiction de sortie, de l'obligation de restitution, ainsi que de l'interdiction de transport qui peut être adressé à une entreprise est sanctionnée pénalement.

CSI, art. L. 224-1.

Interdiction des droits civils, civiques et de famille

[Droit pénal]

Peine complémentaire encourue pour certains crimes ou délits, consistant dans la privation de droits limitativement énumérés (droit de vote, éligibilité, droit d'être tuteur ou curateur...), pour une durée maximale de 10 ans en cas de condamnation pour crime et de 5 ans en cas de condamnation pour délit.

C. pén., art. 131-10 et 131-26.

Interdiction du territoire

[Droit pénal]

Peine encourue par un étranger coupable de crime ou de délit, entraînant de plein droit sa reconduite à la frontière, le cas échéant, à l'expiration de sa peine d'emprisonnement ou de réclusion. Elle peut être prononcée à titre définitif ou pour une durée de 10 ans au plus. Elle est soumise à un certain nombre de conditions destinées à tenir compte de la situation personnelle et familiale du condamné, de même qu'elle ne concerne pas certaines catégories d'étrangers, en raison de leurs liens privilégiés avec la France.

C. pén., art. 131-30, 131-30-1 et 131-30-2.

Interdits de gérer (fichier national)

[Droit commercial]

Fichier automatisé tenu par le Conseil national des greffiers de Tribunaux de commerce, recensant les faillites personnelles et autres mesures d'interdiction professionnelle.

C. com., art. L. 128-1.

Intéressement

[Droit du travail]

Ensemble de techniques permettant d'associer les salariés aux résultats et performances de l'entreprise. L'intéressement est facultatif, mis en place par un accord (pas forcément collectif) et les sommes dont bénéficient les salariés dans le cadre de sa mise en œuvre n'ont pas le caractère de rémunération.

C. trav., art. L. 3311-1 s. et R. 3311-1 s.

Intérêt

[Droit civil/Procédure (principes généraux)]

Somme d'argent représentant le prix de l'usage d'un capital.

Intérêts moratoires : somme d'argent destinée à réparer le préjudice subi par le créancier du fait du retard dans l'exécution par le débiteur de son obligation de se libérer de sa dette.

C. civ., art. 1231-6, 1343-5*, 1905 s.*

Intérêts compensatoires : somme d'argent destinée à réparer le préjudice subi par une personne du fait de l'inexécution par un contractant de son obligation ou par un tiers de sa dette.

→ *Dommages et intérêts, Intérêt conventionnel, Intérêt légal.*

Intérêts composés : intérêts calculés sur le montant du capital primitif accru de ses intérêts accumulés jusqu'à l'échéance.

C. civ., art. 1343-2.*

→ *Anatocisme, Intérêt légal.*

Intérêt à agir

[Procédure (principes généraux)]

Condition de recevabilité de l'action consistant dans l'avantage que procurerait au demandeur la reconnaissance par le juge du bien-fondé de sa prétention. L'intérêt doit être personnel, direct, né et actuel. Le défaut d'intérêt d'une partie constitue une *fin de non-recevoir* que le juge peut soulever d'office.

C. pr. civ., art. 31, 122.

→ *Action attitrée, Action banale, Pas d'intérêt, pas d'action, Qualité pour agir.*

[Droit administratif]

À défaut d'action populaire qui permettrait à tout justiciable de saisir le juge administratif de recours contre tout acte administratif, le requérant doit démontrer, comme une des conditions de recevabilité de sa requête, qu'il est affecté dans ses droits et intérêts par l'acte dont il conteste la légalité. Pour apprécier l'intérêt à agir des personnes morales, le juge prend en compte leur objet social.

GAJA n° 8, 12, 15 et 16; GACA n° 32 et 33.

ACTU

Intérêt conventionnel

[Droit civil/Droit commercial/Droit pénal]

Intérêt fixé librement par les parties, à condition que son *taux effectif global* n'excède pas, de plus du tiers, au moment où il est consenti, le taux effectif moyen pratiqué au cours du trimestre précédent par les établissements de crédit et les sociétés de financement pour des opérations de même nature comportant des risques analogues. Ces taux effectifs moyens sont calculés trimestriellement par la Banque de France selon les différents types de crédit : prêts immobiliers (à taux fixe, à taux variable, prêt relais), crédits de trésorerie, prêts aux personnes physiques pour leurs besoins professionnels (découverts en compte), prêts aux personnes morales n'ayant pas d'activité industrielle, commerciale, artisanale, agricole…

Pour les crédits de trésorerie, le seuil de l'usure est calculé en fonction du montant du crédit : jusqu'à 3 000 € (petits achats), de 3 000 à 6 000 (équipement de la maison et petits travaux), au-delà (financement des véhicules et des travaux importants).

Le taux excessif, dit usuraire, peut donner lieu à une poursuite pénale.

Le taux de l'intérêt conventionnel du prêt consenti à un consommateur ou à un non-professionnel doit être calculé sur la base d'une année civile de 365 ou 366 jours.

C. civ., art. 1907; C. consom., art. L. 314-1 s. et R. 313-1 s., D. 313-6 s.; C. mon. fin., art. L. 313-1.

→ *Taux effectif global, Usure.*

Intérêt de l'entreprise

[Droit du travail]

Catégorie juridique-cadre, distincte de l'intérêt de l'employeur, qui est utilisée par la chambre sociale de la Cour de cassation comme critère explicite ou implicite de justification ou de légitimation d'un certain nombre d'actes ou de décisions prises par l'employeur dans l'exercice de son pouvoir de direction des personnes ou de son pouvoir de direction économique. Ces actes ou ces décisions peuvent revêtir une forme contractuelle, ce qui explique que l'intérêt de l'entreprise joue un rôle majeur dans des domaines contractuels comme la clause de non-concurrence. Outil d'appréciation qui permet, *in fine*, l'exercice d'un contrôle tendant à restreindre l'exercice par l'employeur de ses pouvoirs, l'intérêt de l'entreprise a un contenu en grande partie tributaire du contexte dans lequel on l'invoque.

Intérêt de la loi (Recours dans l')

[Procédure civile]

→ *Pourvoi dans l'intérêt de la loi.*

[Droit administratif]

Issu de la théorie du *ministre-juge*, le recours dans l'intérêt de la loi permet à un ministre de saisir, dans certains cas, le Conseil d'État afin qu'il déclare un acte administratif ou un jugement illégal, seulement à titre de « censure doctrinale », sans conséquences directes sur l'affaire en cause.

GACA n° 26.

→ *Pourvoi dans l'intérêt de la loi.*

ACTU

Intérêt légal

[Droit civil/Droit commercial/ Procédure civile]

Intérêt dont le taux sert de référence en matière civile et commerciale, notamment au regard du calcul des indemnités de retard. Ce taux doit être dissuasif pour inciter les débiteurs à la ponctualité des paiements; autrefois unique, et publié une fois par année civile, il est désormais publié semestriellement et est calculé de manière duale : l'une pour les créances dues aux particuliers n'agissant pas pour des besoins professionnels, l'autre pour tous les autres cas (essentiellement les entreprises); son calcul est fonction du taux directeur de la Banque centrale européenne sur les opérations principales de refinancement et des taux pratiqués par les établissements de crédit et les sociétés de financement qui, pour les personnes physiques, sont les taux effectifs moyens de crédits consentis aux particuliers; il se définit comme la somme de ce taux directeur de la Banque centrale européenne et une partie de la différence entre le taux représentatif d'un taux de refinancement de la catégorie considérée (particuliers ou autres emprunteurs) et le taux directeur de la Banque centrale.

Ce taux est majoré de 5 points si le débiteur n'a pas exécuté la décision de justice plus de 2 mois à partir du jour où elle est devenue exécutoire, fût-ce par provision. Mais le juge de l'exécution peut exonérer le débiteur de tout ou partie de cette augmentation en considération de sa situation. Pour le premier semestre 2016, il a été fixé à 4,54 % pour les créances des particuliers et à 1,01 % pour tous les autres cas.

C. mon. fin., art. L. 313-2, L. 313-3, D. 313-1A; C. civ., art. 1231-7 et 1346-4*.*

→ *Pénalité de retard.*

Intérêt social

[Droit civil/Droit commercial]

Notion essentiellement jurisprudentielle censée orienter les tribunaux dans la recherche de solutions conformes à l'intérêt de la société.

Pour certains, l'intérêt social est l'intérêt de l'entreprise et englobe donc non seulement l'intérêt des associés mais aussi celui des tiers concernés (créanciers, fournisseurs, clients, administration fiscale...).

Pour d'autres, c'est l'intérêt collectif des associés, qui n'est autre que la recherche d'un profit.

C. civ., art. 1848.

Intérêts fondamentaux de la Nation

[Droit pénal]

Valeurs sociales protégées contre un certain nombre de crimes et de délits (trahison, espionnage, attentat, complot, atteintes à la défense nationale), représentées par l'indépendance de la nation, l'intégrité de son territoire, sa sécurité, la forme républicaine de ses institutions, les moyens de sa défense et de sa diplomatie, la sauvegarde de sa population en France et à l'étranger, l'équilibre de son milieu naturel et de son environnement, les éléments essentiels de son potentiel scientifique et économique, et de son patrimoine culturel. Depuis la réforme du Code pénal, le concept de « sûreté de l'État » est fondu dans celui des intérêts fondamentaux de la nation.

C. pén., art. 410-1.

Intérim

[Droit administratif/Droit constitutionnel]

Temps pendant lequel une fonction est remplie par un autre que le titulaire. Par exemple, la Constitution de 1958 confie l'intérim de la fonction présidentielle au président du Sénat.

[Droit du travail]

→ *Travail temporaire.*

Interjeter appel

[Procédure (principes généraux)]

Faire appel d'une décision rendue en premier ressort.

Interlocuteur social unique

[Sécurité sociale]

Organisme chargé du recouvrement de l'ensemble des cotisations et contributions sociales personnelles dues par les professions industrielles, commerciales et artisanales.

CSS, art. L. 133-6.

Interlocutoire

[Procédure civile]

Qualifie le jugement qui, en cours d'instance, ordonne une mesure d'instruction laissant présager quelle sera la solution au fond.

→ *Jugement avant-dire droit ou avant-faire droit, L'interlocutoire ne lie pas le juge, Préparatoire.*

Intermédiaire en financement participatif

[Droit commercial]

C. mon. fin., art. L. 548-1 s.

→ *Financement participatif.*

International thermonuclear experimental reactor (ITER)

[Droit international public]

Organisation internationale regroupant tous les grands pays industrialisés dont la mission est de démontrer la faisabilité scientifique et technologique de l'énergie de fusion nucléaire, et ouvrir ainsi la voie à son exploitation industrielle et commerciale. A son siège à Cadarache (Bouches du Rhône).

Internationalisation

[Droit international public]

Soumission de certains espaces (ville, territoire, fleuve, canal) à un régime d'administration internationale. Exemple : Dantzig, Tanger, la Sarre, le canal de Suez, le Rhin… ont connu ou connaissent un régime d'internationalisation.

Internement

[Droit civil]

Ancienne procédure de placement d'un aliéné dans un établissement public ou privé de soins, par l'autorité administrative, éclairée par un avis médical.

→ *Hospitalisation d'un aliéné.*

Inter partes

[Droit général/Procédure (principes généraux)]

Entre les parties. Expression signifiant que la force obligatoire ou exécutoire d'un contrat ou d'un jugement n'existe qu'entre les parties contractantes ou litigantes.

C. civ., art. 1199 et 1355*.*

→ *Autorité de chose jugée, Effet relatif des contrats, Erga omnes, Tiers.*

Interpellation

[Droit constitutionnel]

Demande d'explication adressée par un parlementaire au gouvernement sur sa politique générale ou sur une question déterminée.

Selon la tradition parlementaire, l'interpellation donne lieu à un débat sanctionné par le vote d'un ordre du jour entraînant la chute du gouvernement s'il est rédigé en termes défavorables à ce dernier. En France, depuis 1946, l'interpellation n'est plus un procédé de mise en jeu de la responsabilité gouvernementale (sous la Ve République, le Conseil constitutionnel s'est même opposé formellement à son rétablissement).

[Droit civil]

Désigne la *mise en demeure*.

Interpol

[Procédure pénale]

Organisation internationale créée en 1923 pour promouvoir la coopération policière internationale. Avec l'adhésion de 187 pays (2009), Interpol, dont le secrétariat général se trouve à Lyon, a 3 fonctions essentielles :

- le service en matière de communication policière mondiale sécurisée (système I-24/7) ;
- le service en matière de données et de bases de données opérationnelles aux fins du travail de police. Cette tâche est facilitée par la sécurisation des communications;
- le service en matière d'appui opérationnel de police.

Dans le domaine de la délinquance transfrontalière (ex. : criminalité organisée, terrorisme, trafic d'êtres humains, etc.), des groupes de travail spécialisés réunissent les professionnels du monde entier pour l'élaboration de règles communes d'action.

Financé par ses États membres, Interpol est l'abréviation de *International Criminal Police Organization*.

→ *Eurojust, Europol.*

Interposition de personnes

[Droit général]

Situation dans laquelle un acte conclu au bénéfice d'une personne doit profiter en fait à une autre. Ainsi en matière de libéralités adressées à un incapable de recevoir à titre gratuit, l'interposition de personne est, avec le déguisement de l'acte, le procédé habituel de fraude à la loi, ce qui entraîne la nullité de la libéralité. Le Code civil édicte une présomption d'interposition qui frappe les parents, les enfants et l'époux de l'incapable jusqu'à preuve du contraire.

C. civ., art. 911.

→ *Acte apparent, Apparence, Déguisement, Simulation.*

Interprétation d'un jugement

[Procédure civile]

En dépit du *dessaisissement du juge* après le prononcé du jugement, les parties peuvent demander au tribunal l'interprétation de certaines formules du jugement dont le sens n'est pas clair, tant que sa décision n'est pas frappée d'appel.

C. pr. civ., art. 461.

Interprétation d'une norme juridique

[Droit public]

En droit public, l'interprétation ne consiste pas seulement à dégager le sens exact d'un texte qui serait peu clair, mais aussi à en déterminer la portée, c'est-à-dire le champ d'application temporel, spatial et juridique, ainsi que l'éventuelle supériorité vis-à-vis d'autres normes.

Les juges judiciaires peuvent interpréter les actes administratifs réglementaires et, dans certains cas, les actes individuels; les juges administratifs peuvent, sauf exceptions (par ex. en raison du *renvoi préjudiciel* en matière de droit de l'Union européenne), interpréter les traités.

GAJA n° 89.

Interprétation des contrats et conventions

[Droit civil]

Activité intellectuelle consistant à donner une signification claire à la volonté que les parties ont voulu manifester dans le contrat. L'interprétation des contrats relève de l'appréciation souveraine des juges du fond. Ceux-ci s'inspirent des directives contenues dans le Code civil : recherche de la commune intention des parties contractantes, référence à l'usage, à l'interprétation par une « personne raisonnable », recherche de cohérence, préférence donnée à l'efficacité de la clause, prévalence de l'intérêt du débiteur, etc.

C. civ., art. 1188 s.; C. consom., art. L. 211-1, al. 2 et L. 212-1, al. 2.*

GAJC, t. 2, n° 160.

→ *Dénaturation.*

Interprétation stricte

[Droit pénal]

Principe dérivé de la légalité pénale, selon lequel les lois d'incrimination et de pénalité doivent être appliquées sans extension ni restriction.

C. pén., art. 111-4.

GADPG n° 17 et 18.

ACTU

Interprofessionnalité

[Procédure civile]

État de ce qui est commun à plusieurs professions du droit.

L'interprofessionnalité est *capitalistique* lorsque le capital social et les droits de vote peuvent être détenus par toute personne exerçant une profession juridique ou judiciaire (huissier de justice, notaire, commissaire-priseur judiciaire, avocat, avocat aux Conseils, administrateur judiciaire, mandataire judiciaire) ou par toute personne légalement établie dans un État membre de l'Union européenne qui exerce une activité soumise à un statut législatif ou réglementaire ou subordonnée à la possession d'une qualification nationale ou internationale, et exerçant l'une quelconque desdites professions. Une seule exigence est posée : il faut que parmi les associés il y ait un membre de la profession exercée et que celui-ci fasse partie du conseil d'administration ou du conseil de surveillance de la société.

L'interprofessionnalité *d'exercice* désigne la société qui a pour objet l'exercice en commun des professions d'avocat, d'avocat aux Conseils, d'huissier de justice, de notaire, de commissaire-priseur judiciaire, d'administrateur judiciaire, de mandataire judiciaire, de conseil en propriété industrielle et d'expert-comptable. La loi n° 990 du 6 août 2015 (art. 65) habilite le gouvernement à prendre, par ordonnance dans un délai de huit mois, les mesures nécessaires à la création de ces sociétés interprofessionnelles, tout en préservant les principes déontologiques propres à chaque profession, tout en prenant en considération les incompatibilités et les risques de conflit inhérents à chaque profession, et en sauvegardant l'intégrité des missions liées au statut d'officier public et ministériel…

L'interprofessionnalité, en augmentant la taille des structures et en offrant une pluralité de services, devrait engendrer une diminution des coûts.

Interruption

[Droit civil]

Incident qui, en matière de *prescription civile*, arrête le cours du délai et anéantit rétroactivement le temps déjà accompli, de telle sorte que si, après cet incident, la prescription recommence à courir, il ne sera pas possible de tenir compte du temps déjà écoulé : un nouveau délai courra de même durée que l'ancien.

Sont interruptifs de prescription, la reconnaissance par le débiteur du droit de celui contre lequel il prescrivait, la demande en justice même en référé, une mesure conservatoire, un acte d'exécution forcée.

C. civ., art. 2231 et 2240 s.

→ *Suspension.*

Interruption de l'instance

[Procédure civile]

Modification de la situation des parties (décès, arrivée à la majorité) ou de leur représentant (cessation des fonctions de l'avocat) intervenant avant l'ouverture des débats et empêchant la poursuite régulière de la procédure tant qu'il n'y a pas eu *reprise d'instance*.

L'instance reprend son cours dans l'état où elle se trouvait au moment où elle a été interrompue.

C. pr. civ., art. 369 s.

→ *Ouverture des débats.*

Interruption illégale de la grossesse

[Droit pénal]

Délit consistant à pratiquer volontairement l'expulsion du fœtus en dehors des hypothèses et des conditions autorisées par la loi.

CSP, art. L. 2222-2 s.; C. pén., art. 223-10.

Interruption volontaire de grossesse (IVG)

[Droit civil]

Intervention destinée à mettre fin à une grossesse que la femme enceinte peut demander avant la douzième semaine de grossesse, lorsqu'elle ne veut pas poursuivre sa grossesse.

CSP, art. L. 2212-1.

→ *Interruption illégale de la grossesse.*

Intervention

[Droit international public]

1° Acte d'ingérence d'un État dans les affaires intérieures ou extérieures d'un autre.

L'intervention est illicite lorsqu'elle utilise des moyens de contrainte.

→ *Non-ingérence (Principe de).*

2° Procédure incidente engagée par un tiers à un procès international visant à lui permettre de participer au procès dans le but de préserver ses droits.

[Procédure civile/Procédure administrative]

Introduction volontaire ou forcée d'un tiers dans un procès déjà ouvert. L'intervention n'est recevable que si elle se rattache aux prétentions des parties par un lien suffisant.

C. pr. civ., art. 37, 66, 169, 325 s., 334 s., 554, 555, 910, 1244.

GACA n° 48.

→ *Déclaration de jugement commun, Demande en intervention, Garantie, Mise en cause.*

Interversion de la prescription

[Droit civil/Procédure civile]

Mécanisme qui opérait substitution de la prescription trentenaire à une prescription originaire plus courte, en cas d'*interruption* des prescriptions fondées sur une présomption de paiement. La règle de l'interversion a été supprimée : désormais, lorsqu'une prescription a été interrompue, c'est une prescription de même durée qui recommence à courir après l'événement interruptif.

C. civ., art. 2231.

Interversion de titres

[Droit civil]

Situation du détenteur qui, ne pouvant prescrire en raison de son titre précaire, oppose au propriétaire sa prétention d'avoir un droit de propriété, ou fait état d'un titre apparent le rendant propriétaire; le titre précaire est alors remplacé par un titre nouveau ou par une prétention juridique : il y a interversion de titres.

C. civ., art. 2268 et 2270.

Intimé

[Procédure civile]

Nom donné à celui contre lequel un appel a été formé.

C. pr. civ., art. 547 s.

→ *Appelant, Défendeur.*

Intime conviction

[Procédure pénale]

Technique probatoire qui permet au juge, la liberté de la preuve étant de règle, de forger sa conviction à partir des éléments de preuve débattus contradictoirement devant lui. L'intime conviction ne dispense pas le juge de l'obligation de motiver sa décision.

Intimité

[Droit civil]

→ *Atteintes à la vie privée.*

Intitulé d'inventaire

[Droit civil]

Partie liminaire d'un inventaire contenant les noms, professions et demeures des requérants, des comparants et des défaillants, l'identité des commissaires-priseurs judiciaires et experts et la situation des biens qui vont être décrits et estimés. En matière successorale, établi par un notaire, il contient en outre la qualité et l'étendue de la vocation successorale des personnes qui requièrent l'inventaire (le notaire devra s'enquérir des documents justifiant de cette vocation et les vérifier); il leur permettra de prouver leur qualité d'héritier, jusqu'à preuve du contraire et non pas jusqu'à inscription de faux.

→ *Acte de notoriété, Attestation de la qualité d'héritier, Attestation notariée immobilière, Certificat d'hérédité/d'héritier.*

Intra vires

[Droit civil]

Expression signifiant qu'une personne (héritier, légataire, associé) n'est tenue de payer les dettes que dans la mesure de ce qu'elle recueille ou possède dans l'actif correspondant (succession, régime matrimonial, société).

C. civ., art. 787, 791 et 1483 s.

→ *Acceptation à concurrence de l'actif net, Émolument, Ultra vires.*

Introduction de l'instance

[Droit administratif]

La procédure devant les juridictions administratives étant une procédure écrite, et le procès administratif se présentant comme un procès fait à un acte administratif et non à l'Administration, l'instance est introduite par le dépôt d'un mémoire dirigé – sauf en matière de travaux publics – contre une *décision préalable* de l'Administration. Sauf exceptions – nombreuses – le ministère d'un avocat est obligatoire.

[Procédure civile]

L'instance est entamée par une *demande initiale* émanant normalement du demandeur.
En matière contentieuse, cette demande est formée par *assignation* ou par *requête conjointe*. Elle peut l'être parfois par requête unilatérale, par déclaration verbale au secrétariat-greffe. Il est permis aux plaideurs, dans certains cas, de se présenter volontairement devant le juge.
En matière gracieuse, la demande est formée par *requête* ou par déclaration verbale au secrétariat-greffe.

C. pr. civ., art. 53, 54 et 60.

→ *Déclaration au greffe, Mise au rôle, Saisine.*

Intuitu pecuniae

[Droit civil/Droit commercial]

« En considération de l'argent ». Expression signifiant que, dans un contrat (ex. : société de capitaux), la considération du capital apporté est plus importante que la qualité de la personne qui l'apporte.

→ *Intuitu personae.*

Intuitu personae

[Droit civil/Droit commercial]

« En considération de la personne ». L'expression signifie que les qualités personnelles du cocontractant, constituent un élément déterminant de la conclusion d'un contrat (ex. : travail, société de personnes).

→ *Intuitu pecuniae.*

Invalidité

[Sécurité sociale]

Incapacité de travail permanente de la victime d'un accident du travail. Incapacité de travail de l'assuré social lorsque son état de maladie ne relève plus de l'assurance-maladie.

CSS, art. L. 341-1.

Inventaire

[Droit civil]

Dénombrement et évaluation des biens d'une personne.
La loi rend obligatoire l'inventaire dans certaines hypothèses. Ainsi en va-t-il en cas d'acceptation de la succession à concurrence de l'actif net, qui suppose un inventaire de la succession comportant une estimation, article par article, des éléments de l'actif et du passif; ou en cas de vacance de la succession (le curateur a la même obligation).

C. civ., art. 386, 503, 600, 626, 789, 809-2, 811-1, 1483; C. pr. civ., 386, 600, 626, 811-1, 1377 s.

[Droit commercial]

Document comptable décrivant et estimant les éléments actifs et passifs de l'entreprise. Il permet de récapituler, à la clôture de l'exercice, la situation réelle de l'entreprise.

Le commerçant doit établir un inventaire annuellement.

C. com., L. 123-12.

[Procédure civile]

Procès-verbal dressé par un huissier de justice, lors d'une saisie de meubles, décrivant tous les objets et effets placés sous *main de Justice*.

Dans la *saisie-vente*, l'huissier de justice, après avoir adressé au débiteur un commandement, se rend sur les lieux et dresse un inventaire des objets mobiliers saisissables, inventaire signifié au débiteur ou au tiers chez lequel la saisie a été pratiquée.

C. pr. exéc., art. R. 221-16.

→ *Récolement.*

Inventeur (d'un trésor)

[Droit civil]

Personne qui découvre un *trésor*.

C. civ., art. 716.

Investissement international

[Droit international public]

Notion dont le contenu est variable selon les usages et les instruments qui la mentionnent ; caractérise généralement un apport, en espèce ou en nature, réalisé par le national d'un État ou une personne morale constituée sur le territoire d'un État, y ayant son siège ou contrôlée par des nationaux de cet État, dans un autre État.

Investissement participatif

[Droit commercial]

→ *Financement participatif.*

Investisseurs institutionnels

[Droit financier ou fiscal/Droit commercial]

Organismes détenteurs de capitaux très importants, comme les sociétés d'investissement, les fonds de pensions, les compagnies d'assurances, amenés par leurs activités à placer sur les marchés des capitaux (bourse, marché monétaire, marché des devises) les fonds qu'ils collectent. Ils occupent sur ces marchés une place déterminante.

Investiture

[Droit constitutionnel]

1° Désignation par un parti politique du ou des candidats qu'il présentera aux élections.

2° Sous la IVE République (jusqu'à la réforme constitutionnelle de 1954), vote par lequel l'Assemblée nationale accordait sa confiance au président du Conseil désigné par le président de la République et l'autorisait à former le gouvernement.

Inviolabilité du corps humain

[Droit civil]

Expression de l'adage *Noli me tangere* (« Ne me touche pas ») et du caractère sacré du *corps humain*, principe selon lequel il ne saurait être porté atteinte à la personne humaine en son corps. De ce principe découlent, en droit pénal, les infractions contre les personnes (*homicide*, coups et blessures…) et, en droit civil, l'obligation de réparer les dommages corporels ou encore l'impossibilité (en principe) d'ordonner l'exécution forcée d'une obligation de faire ou de ne pas faire. Le juge peut prescrire toutes mesures propres à empêcher ou faire cesser une atteinte illicite au corps humain ou des agissements illicites portant sur des éléments ou des produits de celui-ci, y compris après la mort.

Le principe de l'inviolabilité connaît des tempéraments, à l'image du principe d'*intégrité* du corps humain, qui en est la première expression.

C. civ., art. 16-1 s. ; CSP, art. L. 1111-4.

→ *Atteinte à la dignité de la personne, Droits de la personnalité, Être humain, Fin de vie, Organe humain, Soins palliatifs.*

Inviolabilité du domicile

[Droit civil]

Principe selon lequel il est interdit de pénétrer dans le domicile d'autrui contre son gré. Ce principe est l'un des droits de la personnalité et relève du droit à la protection de la vie privée plus que du droit de propriété; il profite tant au locataire qu'au propriétaire. L'inviolabilité du domicile connaît des tempéraments (perquisitions, visites domiciliaires et constats) mais ceux-ci sont étroitement réglementés.

Le Code pénal sanctionne à ce titre la *violation de domicile*.

C. pén., art. 226-4, 432-8.

→ *Droits de la personnalité, Vie privée.*

Inviolabilité parlementaire

[Droit constitutionnel]

Privilège, destiné à protéger la *séparation des pouvoirs*, qu'ont les parlementaires d'échapper aux poursuites pénales pour crimes et délits, intentées pour des actes étrangers à l'exercice de leur mandat.

L'inviolabilité n'est jamais absolue, et elle a été restreinte en France par la loi constitutionnelle du 4 août 1995 : elle ne joue pas en cas de flagrant délit; elle ne fait pas obstacle au déclenchement des poursuites; seules les mesures privatives de liberté doivent être autorisées par le bureau de l'assemblée concernée (sauf, bien sûr, les condamnations définitives); cependant, l'assemblée conserve le droit de suspendre pour la durée de la session les poursuites ou mesures privatives de liberté.

Const., art. 26, al. 2 et 3.

→ *Irresponsabilité parlementaire.*

In vitro

→ *Conception in vitro.*

Ipso facto/ipso jure

[Droit général]

Expressions latines, signifiant : par le fait même/de plein droit.

Irrecevabilité

[Procédure (principes généraux)]

Sanction de l'inobservation d'une prescription légale consistant à rejeter, sans l'examiner au fond, un acte qui n'a pas été formulé en temps voulu ou qui ne remplit pas les conditions exigées (ex. : appel formé hors délai). Lorsqu'elle s'applique à l'action en justice, l'irrecevabilité est soulevée par un moyen de défense appelé *fin de non-recevoir*.

C. pr. civ., art. 122, 909, 1115.

[Droit constitutionnel]

→ *Exception d'irrecevabilité.*

Irréfragable

[Droit civil]

→ *Présomption.*

Irrégularité de fond

[Procédure civile]

Vice de procédure n'affectant pas l'acte en lui-même mais tenant à des circonstances extérieures rendant la demande ou la défense irrégulière au fond, par exemple le défaut de capacité d'ester en justice, le défaut de pouvoir du représentant d'une personne atteinte d'une incapacité d'exercice, la constitution d'un avocat non habilité. À l'opposé du vice de forme, l'irrégularité de fond peut être proposée *en tout état de cause* et provoque la nullité sans qu'il soit besoin de justifier d'un *grief*.

C. pr. civ., art. 117 s.

→ *Nullité d'un acte de procédure.*

Irrépétibles

[Procédure civile/pénale/administrative]

Se dit des frais de justice exposés par les parties et non compris dans les *dépens* (comme les honoraires de l'avocat) et comme tels insusceptibles d'être recouvrés par le gagnant contre le perdant. Toutefois, le juge peut condamner la partie tenue aux dépens ou, à défaut, la partie perdante à payer à l'autre partie la somme qu'il détermine au titre des frais irrépétibles, et le cas échéant, à l'avocat du bénéficiaire de l'aide juridictionnelle, une somme au titre des honoraires et frais, non compris dans les dépens, que le bénéficiaire de l'aide aurait exposés s'il n'avait pas eu cette aide. Dans les deux cas, le juge tient compte de l'équité ou de la situation économique de la partie condamnée.

C. pr. civ., art. 700; CJA, art. L. 761-1; C. pr. pén., art. 375 et 475-1.

GACA n° 70.

Irresponsabilité du chef de l'État

[Droit constitutionnel]

Privilège en vertu duquel le chef de l'État échappe à tout contrôle juridictionnel ou parlementaire pour les actes accomplis dans l'exercice de ses fonctions, sauf cas exceptionnels prévus par la Constitution.

Const., art. 67.

→ *Destitution, Haute cour, Impeachment.*

Irresponsabilité parlementaire

[Droit constitutionnel]

Privilège, destiné à protéger la *séparation des pouvoirs*, qu'ont les parlementaires d'échapper aux poursuites judiciaires pour les opinions et les votes émis dans l'exercice de leur mandat.

Const., art. 26.

Irrévocabilité

[Droit civil/Procédure civile]

Caractère de ce qui engage définitivement, de ce qui ne peut pas être remis en cause par volonté contraire subséquente : l'adoption plénière est irrévocable, la donation entre vifs est irrévocable.

C. civ, art. 359, 894, 953.

Caractère d'une décision de justice qui est insusceptible d'être attaquée par une voie de recours extraordinaire, soit qu'elle a déjà été exercée, soit que le délai pour l'introduire est expiré.

Itératif défaut (Sur)

[Procédure pénale]

Qualification de la décision prise contre un opposant à une décision rendue par défaut et qui ne comparait pas lors de l'audience sur opposition tout en ayant eu connaissance de sa date. L'itératif défaut scelle la décision qui ne pourra être attaquée que par la voie de l'appel.

C. pr. pén., art. 494.

→ *Débouté d'opposition.*

Itinéraires de promenade et de randonnée

[Droit de l'environnement]

Afin de faciliter l'accès à la nature, le département établit un plan départemental des itinéraires de promenade et de randonnée qui empruntent les voies publiques existantes, les chemins relevant du domaine privé du département, les chemins ruraux et qui peuvent emprunter, après conventions passées avec les propriétaires intéressés, les chemins et sentiers appartenant à des personnes privées. Les piétons y circulent librement dans le respect des lois et des droits des riverains; sur les chemins ruraux, la circulation des motos, 4 × 4 et quads est interdite.

C. envir., art. L. 361-1.

J

Jaunes budgétaires

[Droit financier]

Annexes générales destinées à l'information et au contrôle du Parlement et devant être déposées au Parlement avant la discussion des opérations auxquelles elles se rattachent.

→ *Verts budgétaires, Oranges budgétaires.*

Jeton de présence

[Droit commercial]

Somme fixe allouée annuellement aux administrateurs de sociétés anonymes, et de certaines compagnies, en rémunération de leurs fonctions.

C. com., art. L. 225-45.

Jeu

[Droit administratif/Droit civil/Droit pénal]

Contrat aléatoire par lequel les parties s'engagent réciproquement à assurer un gain à celle qui obtiendra un résultat dépendant d'un événement qu'elles peuvent, au moins partiellement, provoquer (ex. : jeu d'adresse, de hasard).

Le législateur, considérant que le jeu (et le pari) est immoral comme source d'argent facile et cause de ruine, refuse au gagnant l'action en paiement et au perdant l'action en remboursement. De plus, le Code de la sécurité intérieure incrimine pénalement le fait de participer à la tenue d'une maison de jeux de hasard où le public est librement admis, le fait de tenir sur la voie publique tous jeux de hasard non autorisés par la loi, le fait de faire de la publicité en faveur d'une maison de jeu non autorisée, etc.

Par dérogation, une autorisation temporaire d'ouvrir des lieux de jeux de hasard peut être accordée, par le ministre de l'Intérieur et à de strictes conditions, aux casinos des communes classées stations balnéaires, thermales, climatiques, de tourisme. En outre, la loi habilite, dans ces casinos autorisés, l'exploitation de machines à sous.

Quant au Code civil, il met à part les jeux liés à l'adresse physique (football, tennis, pétanque…) à condition que l'enjeu ne soit pas excessif.

C. civ., art. 1965 s.; C. mon. fin., art. L. 432-20; CSI, art. L. 321-1 à L. 321-7, L. 324-1 à L. 324-5, D. 321-13.

→ *Loterie, Pari.*

Jeune entreprise innovante

[Sécurité sociale]

Entreprise pouvant bénéficier pour certains de leurs salariés participants à la recherche et l'innovation, d'une exonération de cotisations patronales. L'entreprise doit employer moins de 250 personnes et réaliser un chiffre d'affaires inférieur à 50 millions d'euros.

Jeune entreprise universitaire

[Sécurité sociale]

Entreprise pouvant bénéficier d'une exonération de cotisations patronales. L'entreprise doit être dirigée en partie par des étudiants ou diplômés d'un master ou d'un doctorat ou des personnes ayant des activités d'enseignement ou de recherche et avoir pour activité principale des travaux de recherches.

Jeunes adultes délinquants

[Droit pénal]

Délinquants de 18 à 25 ans environ pour lesquels un courant de pensée, se fondant sur le fait que la maturation physiologique, psychologique ou sociale, n'est pas achevée à 18 ans, propose d'instaurer un régime de responsabilité proche de celui des mineurs. En droit français, il existe quelques règles spécifiques pour cette catégorie de délinquants : exclusion de certaines mentions au casier judiciaire – régime pénitentiaire spécifique.

Jeux en ligne

[Droit civil]

Jusqu'à présent, seuls la Française des jeux (FDJ) et le Pari mutuel urbain (PMU), monopoles d'État, pouvaient organiser des jeux (et des paris) sur internet. La loi n° 2010-476 du 12 mai 2010 relative à l'ouverture à la concurrence et à la régulation du secteur des jeux d'argent et de hasard en ligne, autorise des opérateurs privés à proposer des jeux en ligne aux joueurs français, à condition d'avoir obtenu l'agrément de l'ARJEL (*Autorité de régulation des jeux en ligne*). En dehors des paris hippiques et sportifs, seuls peuvent être proposés en ligne les jeux de cercle constituant des jeux de répartition qui reposent sur le hasard et le savoir-faire, c'est-à-dire principalement le poker.

→ *Loterie, Pari.*

Jonction d'instances

[Procédure civile]

Mesure d'administration judiciaire par laquelle un tribunal (ou un *juge de la mise en état [JME]* ou un *juge rapporteur*) décide d'instruire et de juger en même temps 2 ou plusieurs instances unies par un lien étroit de connexité.

C. pr. civ., art. 367 et 368.

→ *Disjonction d'instances.*

[Droit européen]

En droit de l'Union européenne, la jonction d'affaires ayant le même objet peut être décidée pour cause de *connexité* à tout moment de la procédure.

Art. 54 du règlement de procédure de la Cour et art. 68 de celui du Tribunal.

Jonction des possessions

[Droit civil]

Bénéfice accordé au possesseur actuel de compléter le temps nécessaire à l'accomplissement de la *prescription acquisitive*, en ajoutant à sa propre possession celle de son auteur, de quelque manière qu'il lui ait succédé, soit à titre universel ou particulier, soit à titre lucratif ou onéreux.

C. civ., art. 2265.

Jouissance

[Droit civil]

1° Utilisation d'une chose (*usus*).

2° Droit de percevoir les fruits d'une chose, de les conserver ou de les consommer (*fructus*).

C. civ., art. 544.

→ *Usage, Usufruit.*

Jouissance à temps partagé

[Droit civil]

Droit personnel d'occupation d'un bien immobilier à usage d'habitation pour une période déterminée ou déterminable de l'année, conféré par un professionnel à la suite d'une offre de contracter strictement réglementée et offrant au consommateur une faculté de rétractation dans les 14 jours de son acceptation. On parle aussi de *time sharing*.

C. consom., art. L. 224-69 s.

→ *Société d'attribution d'immeubles en jouissance à temps partagé.*

Jouissance divise

[Droit civil]

Date la plus proche du partage – que fixent souverainement les juges du fond – à laquelle les biens à partager sont évalués et à partir de laquelle chacun des copartageants fait siens les fruits des biens que le partage lui attribue et les perçoit dorénavant à titre exclusif.

Une date plus ancienne peut être retenue si elle apparaît plus favorable à la réalisation de l'égalité.

C. civ., art. 829.

Jouissance légale

[Droit civil]

Usufruit accordé par la loi, sur les biens de l'enfant mineur et attaché à l'*administration légale* : elle appartient soit aux parents en commun, soit à celui d'entre eux qui a la charge de l'administration. Ce droit cesse, sous réserve d'autres causes d'extinction, dès que l'enfant a 16 ans accomplis.

C. civ., art. 386-1 s. et 729-1.

Jour de carence

[Droit administratif/Droit social]

Jour non indemnisé au début de chaque congé maladie ordinaire, afin de lutter contre l'absentéisme. Pour les salariés du régime général, il existe ainsi 3 jours de carence (en général pris en charge par l'entreprise ou un régime de prévoyance).

La loi de finances pour 2012 avait institué 1 jour de carence dans la fonction publique mais, après l'*alternance* de mai 2012, il a été supprimé.

Jour fixe

[Procédure civile]

→ *Procédure à jour fixe.*

ACTU

Journal officiel (JO)

[Droit administratif/Droit européen]

1° France : publication gouvernementale dont l'édition « Lois et décrets » assure la publicité légale des lois, des ordonnances et des décrets, ainsi que de certains autres actes. Depuis le 1er janvier 2016, il est édité uniquement sous forme électronique consultable gratuitement (www.journal-officiel.gouv.fr), la version papier ayant été supprimée. Toutefois, un administré peut demander à l'administration la communication sur papier d'un acte ayant été publié au *Journal officiel.*

En France métropolitaine et dans les départements d'outre-mer, les textes publiés au *JO* entrent en vigueur le lendemain de leur publication (sauf cas particuliers).

D'autres éditions publient le compte rendu des débats de l'Assemblée nationale et du Sénat, et des informations diverses.

C. civ., art. 1er.

→ *Entrée en vigueur.*

2° Union européenne : il existe un *JOUE* comportant 2 éditions principales : Législation (L), Communication et informations (C). Elles sont éditées simultanément sur papier et sous forme électronique consultable gratuitement (www.europa.eu.int/eur-lex), mais c'est la version électronique qui fait foi depuis le 1er juillet 2013. En règle générale, les directives et les règlements européens entrent en vigueur le vingtième jour suivant leur publication.

TFUE, art. 297.

Journaliste professionnel

[Droit du travail]

Celui qui a pour occupation principale, régulière et rétribuée l'exercice de sa profession dans une ou plusieurs entreprises de presse, publications quotidiennes ou périodiques, agences de presse et qui en tire le principal de ses ressources.

C. trav., art. L. 7111-1 s. et R. 7111-1 s.

Journée de solidarité

[Droit du travail]

Journée de travail instituée légalement en vue d'assurer le financement des actions en faveur de l'autonomie des personnes âgées ou handicapées. La date de cette journée, qui prend la place d'un jour chômé, est déterminée par convention ou accord collectif de branche ou d'entreprise ou, à défaut, par l'employeur. Cette journée (dans la limite de 7 heures) ne donne lieu ni à rémunération ni à qualification d'heure supplémentaire ou d'heure complémentaire.

C. trav., art. L. 3133-7 s.

Jours

[Droit général]

Jours ordinaires du calendrier sans distinction entre les *jours ouvrables* et les *jours fériés*.

→ *Jours ouvrés.*

[Droit civil]

→ *Vues et Jours.*

Jours-amendes

[Droit pénal]

1° Peine correctionnelle applicable aux personnes physiques, destinée à se substituer à la peine d'emprisonnement encourue et consistant pour le condamné à verser au Trésor une somme dont le montant global résulte de la fixation par le juge d'une contribution quotidienne pendant un certain nombre de jours. Le montant de chaque jour-amende est déterminé en tenant compte des ressources et des charges du prévenu, tout en ne pouvant excéder 1 000 €. Quant au nombre de jours-amendes, il est déterminé en tenant compte des circonstances de l'infraction, sans pouvoir dépasser 360. Le défaut total ou partiel de paiement entraîne l'incarcération du condamné pour une durée correspondant au nombre de jours-amendes impayés.

La peine de jours-amendes ne peut être prononcée cumulativement avec la peine d'amende.

C. pén., art. 131-5, 131-9 et 131-25.

2° Peine correctionnelle pouvant se substituer, sur décision du juge de l'application des peines, à l'exécution d'une condamnation définitive pour un délit de droit commun comportant une peine d'emprisonnement ferme de 6 mois au plus.

C. pén., art. 132-7.

Jours calendaires

[Droit général]

Dans un délai calculé en jours, jours de calendrier toujours comptabilisés quel que soit leur caractère, à moins que le délai expire un samedi, un dimanche, un jour férié ou chômé, auquel cas le délai est prorogé jusqu'au premier jour ouvrable suivant. La notion de jours calendaires concerne, par exemple, le paiement des indemnités versées par la sécurité sociale.

Jours chômés

[Droit du travail]

Les jours chômés sont des jours pendant lesquels le travail est suspendu. Hormis les dérogations contenues dans les conventions collectives, les jours fériés (c'est-à-dire de fêtes légales) ne sont obligatoirement chômés que pour les mineurs qui travaillent dans les établissements industriels autres que les usines à feu continu. Le 1er mai est, pour les salariés, le seul jour de l'année qui soit, en vertu de la loi, une journée à la fois fériée, chômée et payée.

→ *Jours de fêtes légales.*

Jours de fêtes légales

[Droit général]

Jours de fêtes civiles ou religieuses. Outre les dimanches, il existe 11 jours fériés déterminés par la loi : le 1er janvier, le lundi de Pâques, le 1er mai, le 8 mai, le jeudi de l'Ascension, le lundi de Pentecôte, le 14 juillet, le 15 août (L'Assomption), le 1er novembre (la Toussaint), le 11 novembre, le 25 décembre (Noël). Ces jours donnent lieu soit à une absence légale de travail (1er mai), soit à un aménagement conventionnel favorable à l'absence de travail.

→ *Jours chômés.*

C. trav., art. L. 3133-1 s. et D. 3133-1.

[Procédure civile]

Il n'est pas permis de signifier ou d'exécuter un acte ou un jugement les jours de fêtes légales. Une permission du juge est cependant possible en cas de nécessité.

Lorsqu'un délai expire un samedi, un dimanche, un jour férié ou chômé, il est prorogé jusqu'au premier jour ouvrable suivant.

C. pr. civ., art. 508, 642 et 664; C. pr. exéc., art. L. 141-1.

→ *Heures légales.*

Jours fériés

[Droit général]

→ *Jours chômés, Jours de fêtes légales.*

Jours ouvrables

[Droit général]

Jours consacrés au travail et aux activités professionnelles. Il s'agit donc de tous les jours de la semaine à l'exclusion de celui réservé au repos hebdomadaire (en principe le dimanche) et des jours fériés-chômés en vertu de la loi ou de dispositions conventionnelles.

C. trav., art. L. 3133-1.

→ *Jours chômés, Jours de fêtes légales.*

Jours ouvrés

[Droit du travail]

Jours effectivement travaillés dans l'entreprise.

Judicature

[Procédure civile]

Condition judiciaire, dignité du juge et durée de ses fonctions.

Judiciaire

[Droit constitutionnel/Procédure (principes généraux)]

Qui relève de la justice, par opposition au législatif ou à l'exécutif.

Qui relève de l'ordre judiciaire, c'est-à-dire des tribunaux soumis au contrôle de la Cour de cassation, par opposition à l'ordre administratif.

→ *Autorité judiciaire, Corps judiciaire, Ordre de juridictions.*

Judiciaire (Pouvoir)

[Droit constitutionnel]

Selon la doctrine de la *séparation des pouvoirs* présentée par Montesquieu, le pouvoir judiciaire est, après les pouvoirs législatif et exécutif, le 3e pouvoir dans l'État.

Consacré juridiquement à partir de la constitution américaine de 1787 (art. III). La constitution de 1958 ne reconnaît qu'une *autorité judiciaire*.

[Droit international public]

Qui relève d'une juridiction internationale permanente, par opposition à une juridiction *ad hoc*.

Judiciarisation

[Procédure (Principes généraux)]

Propension à recourir au juge pour la solution de litiges ou le contrôle de situations qui pourraient être réglées autrement, sans son intervention. On dit plus rarement juridictionnalisation.

Juge

[Procédure civile]

Magistrat de l'ordre judiciaire, professionnel ou non.

Le terme désigne plus spécialement le juge du tribunal d'instance, les juges ou premiers juges du TGI et ceux du tribunal de commerce.

➜ *Conseiller, Corps judiciaire, Magistrat.*

[Droit administratif]

En droit administratif, mot polysémique, utilisé notamment dans les sens suivants :

1° Membre des juridictions administratives.

2° Synonyme de juridiction.

3° Manière de désigner la mission du juge. Ainsi, selon l'art. L. 111-1 CJA, le *Conseil d'État* peut être saisi en qualité de juge de premier ressort, de juge d'appel ou de juge de cassation.

GDCC n° 6.

Juge *ad hoc*

[Droit international public]

Juge qu'un État, partie à un litige porté devant une juridiction internationale permanente (Cour internationale de Justice, Tribunal international du droit de la mer) peut désigner dans ce litige, lorsque la formation de jugement ne comprend pas un juge de la nationalité dudit État.

Juge aux affaires familiales (JAF)

[Droit civil/Procédure civile]

Juge du TGI délégué aux affaires familiales. Il a été substitué, au 1er février 1994, au juge aux affaires matrimoniales, mais avec une compétence élargie qui ne cesse de s'accroître.

Il est spécialement chargé de veiller à la sauvegarde des intérêts des enfants mineurs, exerçant à leur égard, depuis le 1er janvier 2011, les fonctions de *juge des tutelles* et connaissant de l'*administration légale*, de l'*émancipation*, de la contribution à l'entretien et à l'éducation des enfants, de l'exercice de l'*autorité parentale*. De plus, il connaît du divorce, de la séparation de corps, de la liquidation et du partage des intérêts patrimoniaux des époux, des partenaires d'un *PACS* et des concubins ainsi que des actions liées à la fixation de l'*obligation alimentaire*, de la contribution aux charges du mariage ou du PACS et des actions qui concernent le fonctionnement des régimes matrimoniaux et des indivisions des pacsés. Il a encore pour charge la protection contre les *violences au sein des couples* et la protection de la personne majeure menacée de mariage forcé. Enfin, il veille au maintien des liens de l'enfant avec chacun de ses parents.

Le juge aux affaires familiales peut renvoyer l'affaire à la formation collégiale du TGI.

C. civ., art. 57, 60, 210, 211, 220-1, 373-2-6 s., 515-9 s.; COJ, art. L. 213-3 s., R. 213-8 et R. 213-9; C. pr. civ., art. 1070 s., 1136-1 à 1142, 1286, 1292.

Juge aux ordres

[Procédure civile]

Naguère, juge du TGI désigné pour présider au déroulement d'une procédure d'*ordre*.

Cette fonction est dévolue aujourd'hui au juge de l'exécution.

➜ *Distribution des deniers.*

Juge chargé d'instruire l'affaire

[Procédure civile]

➜ *Juge rapporteur.*

Juge chargé de suivre la procédure

[Procédure civile]

Magistrat responsable de l'instruction des procès civils devant le TGI, au cours de la période 1935-1971.

→ *Juge de la mise en état (JME).*

Juge-commissaire

[Procédure civile]

Magistrat désigné pour suivre une procédure déterminée, ainsi une *enquête*, un *redressement judiciaire* ou une *liquidation judiciaire*.

Juge consulaire

[Procédure civile]

Nom donné par tradition aux magistrats des tribunaux de commerce.

Le statut des juges consulaires est entièrement révisé par le projet de loi « Justice du XXIe siècle » du 31 juillet 2015.

Juge d'appui

[Procédure civile]

Dénomination donnée, en matière d'arbitrage, au président du TGI (parfois au président du tribunal de commerce) lorsqu'il est appelé soit à statuer sur les difficultés de constitution du tribunal arbitral, soit à trancher les différends liés à la récusation, à l'abstention, à l'empêchement ou à la démission d'un arbitre, soit à proroger le délai de l'instance arbitrale.

C. pr. civ., art. 1451 à 1454, 1456, 1457, 1459, 1463.

Juge d'instance

[Procédure civile]

→ *Tribunal d'instance.*

Juge d'instruction

[Procédure pénale]

Magistrat du siège du TGI désigné dans cette fonction pour 3 années renouvelables. Il constitue la juridiction d'instruction du premier degré. Sa disparition au profit d'un juge de l'instruction ou de l'enquête qui était annoncée en 2010, semble abandonnée.

Juge de l'application des peines (JAP)

[Procédure pénale]

Magistrat du siège du TGI, qui constitue, avec le tribunal de l'application des peines, le premier degré des juridictions de l'application des peines.

Les décisions qui relèvent de sa compétence sont de 2 sortes : d'une part, des ordonnances motivées prises sur avis de la commission de l'application des peines et sans débat contradictoire ; d'autre part, des jugements motivés rendus à l'issue d'un débat contradictoire après avis du représentant de l'administration pénitentiaire.

C. pr. pén., art. 712-1 s. et D. 49 s.

Juge de l'exécution (JEX)

[Procédure civile]

La fonction de ce juge unique a été confiée au président du TGI, celui-ci pouvant déléguer ses pouvoirs à un ou à plusieurs juges de sa juridiction.

Ce magistrat a une compétence exclusive pour connaître des difficultés relatives aux titres exécutoires et à toutes les contestations découlant d'une procédure d'exécution forcée, même si elles portent sur le fond du droit (validité d'un acte notarié, *quantum* d'une créance, dommage causé par une mesure d'exécution forcée). C'est lui aussi qui a qualité pour ordonner certaines mesures conservatoires et statuer sur la procédure de saisie immobilière. Il a le droit d'ordonner une astreinte et le pouvoir d'allouer des dommages et intérêts en cas de résistance abusive du débiteur à l'exécution d'un titre exécutoire. Il a la faculté de renvoyer l'affaire à la formation collégiale. En appel, ses décisions sont portées devant une chambre de l'exécution.

Le juge de l'exécution a perdu, à la suite de la loi n° 2010-1609 du 22 décembre 2010, la connaissance de la *saisie des rémunérations du travail*, du traitement des situations de *surendettement* et de la procédure de *rétablissement personnel*. Ces questions sont devenues de la compétence du juge d'instance.

COJ, art. L. 213-5 à L. 213-7, L. 221-8, L. 221-8-1, R. 212-17, R. 213-10 s.; C. pr. exéc., art. L. 121-1, L. 511-3, R. 121-1 à R. 121-24.

→ *Exécution forcée.*

Juge de l'expropriation

[Procédure civile/Droit administratif]

Juge du TGI chargé de fixer le montant des indemnités d'expropriation, à défaut d'accord amiable entre l'expropriant et l'exproprié.

C. expr., art. L. 211-1 s.; COJ, art. L. 261-1.

→ *Expropriation pour cause d'utilité publique.*

Juge de la mise en état (JME)

[Procédure civile]

Dans les affaires portées devant les tribunaux de *droit commun*, un juge de la *mise en état* ou un conseiller (en appel) est désigné lors de la mise au rôle. Il convoque les parties, exige le dépôt des conclusions dans les délais qu'il fixe lui-même, statue sur les exceptions de procédure et sur les incidents mettant fin à l'instance, veille à la communication des pièces et prononce, lorsque l'affaire est en état, une ordonnance de clôture.

C. pr. civ., art. 762 s., 907 s., 911-1 à 916.

Juge de paix

[Procédure civile]

Magistrat chargé, avant la création des tribunaux d'instance, de rendre la justice dans le cadre d'une justice de paix (ressort : le canton).

ACTU

Juge de proximité

[Procédure civile/Procédure pénale]

Juge non professionnel recruté pour 7 ans non renouvelables parmi les anciens magistrats, les conciliateurs de justice, les membres des professions libérales, les personnes qualifiées, après avis du Conseil supérieur de la magistrature; il accomplit des vacations, tant au civil qu'au pénal, éventuellement en concours avec l'exercice de son activité professionnelle. Bien que n'appartenant pas au corps judiciaire, son statut est intégré à l'ordonnance n° 58-1270 du 22 décembre 1958 qui régit ce corps (art. 41-17 s.).

Jusqu'au 31 décembre 2016, il exerce ses fonctions au sein de la *juridiction de proximité*. À compter du 1er janvier 2017, celle-ci devant disparaître, il exercera ses fonctions au sein du TGI (participation à la formation collégiale de jugement, audition des parties lors de leur comparution personnelle…) et au sein du TI, assurant le service qui lui est confié par le chef de la juridiction.

COJ, art. L. 121-5 à L. 121-7, L. 212-3-1; C. pr. civ., art. 847-5.

→ *Corps judiciaire, Magistrat.*

Juge délégué aux affaires matrimoniales (JAM)

[Droit civil]

Magistrat du TGI qui était responsable, jusqu'au 31 janvier 1994, des procédures de séparation de corps et de divorce. À compter du 1er février 1994 il a été remplacé par le *juge aux affaires familiales (JAF)*.

Juge délégué aux victimes (JUDEVI)

[Procédure pénale]

Magistrat désigné pour veiller, dans le respect de l'équilibre des droits des parties, à la prise en compte des droits reconnus par la loi aux victimes.

Est chargé de cette fonction le président de la commission d'indemnisation des victimes d'infractions. Il peut être désigné par le président du TGI pour présider les audiences correctionnelles statuant après renvoi sur les seuls intérêts civils.

C. pr. pén., art. 476-1 s.

Juge départiteur

[Procédure civile]

→ *Conseil de prud'hommes, Partage des voix.*

Juge des enfants

[Procédure civile/Procédure pénale]

Magistrat du TGI dans le ressort duquel siège le tribunal pour enfants, désigné dans ces fonctions pour une durée de 3 ans renouvelable. Véritable spécialiste des problèmes de l'enfance, il a des attributions pénales et civiles. En matière pénale, il est tout à la fois juridiction d'instruction et de jugement pour les infractions commises par les mineurs. En matière civile, il est compétent dans le domaine de l'assistance éducative et plus généralement lorsqu'un mineur doit être protégé et assisté. Il a qualité pour prescrire une *mesure judiciaire d'aide à la gestion du budget familial*.

C. civ., art. 375-1; COJ, art. L. 252-1 s., R. 252-1 et R. 252-2.

Juge des libertés et de la détention (JLD)

[Droit civil/Procédure civile]

En matière civile, le juge des libertés et de la détention a reçu compétence en matière de *soins psychiatriques* imposés à une personne. En premier lieu il peut être saisi à tout moment par diverses personnes (le malade, son conjoint, son tuteur, le procureur de la République) aux fins d'ordonner la mainlevée immédiate d'une mesure de soins psychiatriques; il peut se saisir d'office. En second lieu, saisi par le directeur de l'établissement ou le préfet, il doit obligatoirement se prononcer sur la poursuite d'une hospitalisation complète soit avant l'expiration d'un délai de 12 jours de l'admission en cas d'hospitalisation sur demande d'un tiers ou d'hospitalisation d'office pour atteinte à l'ordre public, soit avant l'expiration d'un délai de 6 mois à compter de la décision judiciaire prononçant l'irresponsabilité pénale pour trouble mental. Lorsque le juge n'a pas statué dans l'un de ces délais, la mainlevée est acquise à l'issue de chacun d'eux.

CSP, art. L. 3211-12-1 s., R. 3211-7 s.

[Procédure pénale]

Juge compétent pour ordonner ou prolonger la détention provisoire. Il prononce ces mesures en lieu et place du juge d'instruction. Saisi par ce dernier, le JLD est un magistrat du siège ayant rang de président, premier vice-président ou vice-président.

C. pr. pén., art. 137-1.

→ *Détention provisoire.*

Juge des loyers

[Procédure civile/Droit rural]

Les difficultés nées d'un contrat de bail d'immeubles sont confiées indépendamment de la valeur du litige à certaines juridictions.

Le juge de *droit commun* en matière de bail est le tribunal d'instance. Il connaît plus spécialement des *baux d'habitation* et *à usage professionnel.*

Pour les *baux commerciaux*, la compétence de principe est celle du président du TGI, éventuellement celle de ce tribunal ou du tribunal de commerce.

Pour les *baux ruraux* (*bail à ferme*, *bail à cheptel*, *bail à métayage*, *bail à complant*...), c'est le tribunal paritaire des baux ruraux qui connaît des contestations entre bailleurs et preneurs.

COJ, art. R. 213-2-1° et 2° et R. 221-38; C. rur., art. L. 491-1 s.; C. com., art. R. 145-23.

→ *Bail commercial, Bail d'habitation.*

Juge des référés

[Droit administratif]

En contentieux administratif sont juges des référés les présidents des tribunaux administratifs et des cours administratives d'appel et les magistrats qu'ils désignent, et au *Conseil d'État* le président de la section du contentieux et les conseillers d'État qu'il désigne.

CJA, art. L. 511-2.

→ *Référé administratif.*

[Procédure civile]

Juge statuant selon la procédure des référés, ayant exclusivement le pouvoir de prendre des décisions provisoires qui ne lient en aucune manière le juge du fond susceptible d'intervenir plus tard dans la même affaire. Les magistrats investis de ce pouvoir sont : le premier président de la cour d'appel, le président du TGI dont la compétence s'étend à toutes les matières où il n'existe pas de procédure particulière de référé; le juge d'instance; le président du tribunal de commerce; le président du tribunal paritaire des baux ruraux, le président du tribunal des affaires de sécurité sociale.

Le *conseil de prud'hommes* a une formation de référé (un employeur, un salarié) avec recours au *juge départiteur* en cas de *partage des voix.*

On ne confondra pas le juge des référés avec le juge statuant *en la forme des référés.*

C. pr. civ., art. 484, 492-1, 808, 809, 848, 872, 893 et 956; COJ, art. L. 213-2, L. 221-6, L. 331-7-1; C. trav., art. R. 1455-1 s.; CSS, art. R. 142-21-1.

→ *Juridiction provisoire, Protection juridictionnelle provisoire, Référé civil.*

Juge des tutelles

[Droit civil/Procédure civile]

Juge du tribunal d'instance chargé d'organiser et de faire fonctionner la *tutelle* des incapables majeurs et des régimes de protection aménagés en leur faveur : *sauvegarde de justice*, *curatelle*, *mesure d'accompagnement judiciaire.*

Le juge des tutelles est également compétent pour statuer sur les actions relatives à l'exercice du *mandat de protection future*, sur la constatation de présomption d'absence et répond aux demandes d'autorisation ou d'habilitation présentées par un époux en cas de refus ou d'empêchement de son conjoint. En revanche, il ne connaît plus, depuis le 1er janvier 2011, de la tutelle des mineurs, désormais confiée au *juge aux affaires familiales.*

Les décisions du juge des tutelles sont susceptibles d'appel devant la cour d'appel dans le délai de 15 jours, selon une procédure orale en chambre du conseil.

C. pr. civ., art. 1211 s., 1262-1 s.; COJ, art. L. 221-3, L. 221-9 et R. 222-2; C. civ., art. 416 s.

Juge rapporteur

[Procédure civile]

Magistrat qui exerce, au sein du tribunal de commerce, les attributions qui sont dévolues au *juge de la mise en état (JME)* devant le TGI et qui est désigné par la formation de jugement, lorsque l'affaire n'est pas mûre pour être jugée.

Le juge rapporteur a reçu du décret n° 2012-1451 du 24 décembre 2012 la dénomination de juge chargé d'instruire l'affaire.

C. pr. civ., art. 861 s., 939 s.

→ *Conseiller rapporteur, Rapport.*

[Droit européen]

Juge désigné par le président de la Cour de justice dès le dépôt d'une requête et chargé de l'affaire. À la fin de la procédure écrite, il présente un rapport préalable comportant notamment des propositions sur la formation de jugement à laquelle il convient de renvoyer l'affaire ou sur l'omission d'audience de plaidoirie ou de conclusions de l'avocat général. La formation de jugement, dont il fait partie, peut lui avoir confié l'instruction de l'affaire (comparution personnelle de parties, expertise…).

Art. 15, 27 et 28, 59, 65 du règlement de procédure de la Cour.

Juge unique (Système du)

[Procédure (principes généraux)]

Système, opposé à celui de la *collégialité*, dans lequel le juge exerce ses fonctions seul.

[Droit administratif]

Le système du juge unique connaît un certain nombre d'applications en matière de contentieux administratif, essentiellement en matière de référé et pour certaines affaires énumérées relevant généralement de la compétence du tribunal administratif.

CJA, art. L. 122-1, L. 511-2, R. 222-1, R. 222-13 et R. 222-33.

[Procédure civile]

Juge qui exerce ses fonctions seul : le juge d'instance, le juge de la mise en état, le juge des enfants, le juge de l'exécution, le juge délégué aux affaires familiales, le président et le premier président statuant en référé, le juge des loyers, le TGI pour le contentieux des accidents de la circulation exercent ainsi leurs pouvoirs juridictionnels ou gracieux.

Le Code de procédure civile permet de soumettre les affaires civiles relevant d'un TGI (sauf en matière disciplinaire et en matière d'*état de la personne*) à un juge unique; mais tout plaideur peut, sans donner de motif, exiger que le procès soit renvoyé devant la formation collégiale du tribunal.

Un juge unique peut tenir l'audience d'adjudication en cas de saisie immobilière.

Signalons encore que, devant le TGI et la cour d'appel, le magistrat chargé du rapport peut, si les avocats ne s'y opposent pas, tenir seul l'audience pour entendre les plaidoiries, quitte à en rendre compte à la formation collégiale dans son délibéré.

À la Cour EDH, un très grand nombre de requêtes, celles qui donnent lieu à une procédure non contradictoire et sans juge rapporteur, sont examinées par un juge unique et non par un comité de 3 membres.

COJ, art. L. 212-1, L. 212-2, R. 212-8, R. 212-9, R. 311-4; C. pr. civ., art. 786, 801 s., 945-1.

→ *Collégialité.*

[Procédure pénale]

1° Magistrat pouvant juger seul les affaires relevant de sa compétence. Ainsi du juge de proximité, du juge de police, du juge des enfants, du juge de l'application des peines…

2° Composition du tribunal correctionnel, caractérisée par la présence d'un seul magistrat sur les 3 normalement requis au titre de la collégialité, et qui exerce les pouvoirs conférés au président. Les délits qui en relèvent sont énumérés à l'article 398-1 du Code de procédure pénale, sous réserve que la peine encourue, compte tenu de l'état de récidive légale du *prévenu*, ne soit pas supérieure à 5 ans d'emprisonnement. Si la complexité des faits le justifie, un retour à la collégialité reste possible, soit d'office, soit à la demande des parties ou du ministère public.

C. pr. pén., art. 398 s.

→ *Décision gracieuse.*

Jugement

[Procédure (principes généraux)]

Terme général pour désigner toute décision prise par un collège de magistrats ou par un magistrat statuant comme juge unique. Désigne plus spécialement les jugements rendus par le TGI, par le tribunal de commerce et par le tribunal administratif.

Le jugement peut être établi sur support électronique; dans ce cas il est signé au moyen d'un procédé de *signature électronique* sécurisé répondant aux exigences légales et dont les modalités d'application sont précisées par arrêté du garde des Sceaux.

C. pr. civ., art. 456.

→ *Arrêt, Décision, Ordonnance, Sentence, Verdict.*

Jugement avant-dire droit ou avant-faire droit

[Procédure civile]

Décision prise par le juge à titre accessoire, au cours de l'instance, soit pour aménager une situation temporaire – jugement *provisoire* (ex. : mise sous séquestre d'un bien litigieux, garde des enfants) –, soit pour organiser l'instruction – jugement *préparatoire* (lorsque la mesure d'instruction est neutre et ne préjuge pas le fond du litige), ou *interlocutoire* (lorsqu'elle semble préjuger le fond du litige).

Un tel jugement ne dessaisit pas le juge et n'a pas d'*autorité de chose jugée* au principal. Il n'est susceptible d'appel et de pourvoi en cassation que dans les cas spécifiés par la loi (par exemple, l'arrêt d'appel se prononçant sur la compétence sans statuer au fond).

→ *L'interlocutoire ne lie pas le juge, Protection juridictionnelle provisoire.*

C. pr. civ., art. 482, 483, 545, 608.

Jugement constitutif

[Procédure civile]

Lorsque le jugement, au lieu de reconnaître simplement une situation juridique antérieure à l'instance, crée une situation juridique nouvelle, il est dit constitutif. Ses effets partent alors du jour où il a été prononcé. On peut citer le jugement de divorce, le jugement d'adoption, le jugement prononçant le redressement judiciaire ou la liquidation judiciaire de l'entreprise, les décisions en matière de nationalité. Ces jugements ont souvent une autorité absolue de chose jugée. La *décision gracieuse* a normalement un caractère constitutif.

C. civ., art. 29-5, 324.

→ *Jugement déclaratif.*

Jugement contradictoire

[Procédure civile]

Jugement rendu à l'issue d'une procédure au cours de laquelle les parties ont comparu en personne ou par mandataire. Ce jugement est insusceptible d'*opposition*.

C. pr. civ., art. 467.

→ *Défaut, Jugement dit contradictoire, Jugement par défaut, Jugement réputé contradictoire.*

Jugement d'expédient, jugement convenu

[Procédure civile]

On parle de jugement d'expédient ou de jugement convenu lorsque le juge, après l'avoir constaté, s'approprie l'accord des parties et prononce un véritable jugement comprenant des motifs et un dispositif.

À la différence du *contrat judiciaire*, il est revêtu de l'autorité de la chose jugée et ne peut être critiqué que par les voies de recours.

→ *Jugement de donné acte (ou donner acte).*

Jugement de donné acte (ou donner acte)

[Procédure civile]

Jugement qui, à la demande d'une ou de plusieurs parties, se borne à faire état d'une constatation, d'une déclaration, telles qu'un accord, une confirmation, une réserve, sans en tirer immédiatement de conséquences juridiques. Dépourvu de caractère juridictionnel, il n'a pas l'autorité de la chose jugée.

→ *Contrat judiciaire, Jugement d'expédient, jugement convenu.*

Jugement déclaratif

[Procédure civile]

Jugement constatant un fait préexistant, tel un lien de filiation, ou reconnaissant au profit d'un plaideur l'existence d'un droit au moment de l'ouverture du procès, par exemple un droit de créance.

Ce jugement consolide la situation juridique antérieure, qui sort du doute, et ses effets remontent logiquement au jour de l'assignation.

→ *Jugement constitutif.*

Jugement définitif

[Procédure civile]

Jugement qui tranche une contestation principale ou incidente, opérant dessaisissement du juge et emportant autorité de la chose jugée. Il reste sujet aux voies de recours. S'oppose au *jugement avant-dire droit.*

C. pr. civ., art. 480.

→ *Irrévocabilité, Jugement sur le fond, Principal.*

Jugement dit contradictoire

[Procédure civile]

Jugement rendu soit à la suite d'un *défaut* de comparution du demandeur, soit à la suite d'un défaut de diligence de l'une ou l'autre des parties, que la loi identifie complètement au *jugement contradictoire,* bien qu'au fond le jugement soit par défaut. Il n'est donc pas susceptible d'*opposition.*

C. pr. civ., art. 468, al. 1 et 469, al. 1.

→ *Jugement par défaut, Jugement réputé contradictoire.*

Jugement en dernier ressort

[Procédure civile]

Jugement ou arrêt contre lequel aucun *appel* ne peut être interjeté, seule restant possible l'introduction de voies de recours extraordinaires (*recours en révision* ou *pourvoi en cassation*).

C. pr. civ., art. 593 et 605; COJ, art. R. 211-3 et R. 221-23 s.

→ *En dernier ressort, Force de chose jugée, Jugement en premier ressort.*

Jugement en l'état

[Procédure civile]

Jugement déboutant le plaideur en raison de l'insuffisance des justifications produites. Contrairement à ce que laisse croire sa dénomination, ce jugement ne permet pas le renouvellement d'une demande identique, fût-elle assortie de nouveaux éléments de preuve; car une telle demande porterait atteinte à l'autorité de la chose jugée dont le jugement en l'état est revêtu dès son prononcé. Mais cette solution ne concerne que le jugement ayant statué au fond. Si le jugement a déclaré une demande irrecevable en l'état, une nouvelle instance aux mêmes fins est possible après régularisation de la situation.

Jugement en premier ressort

[Procédure civile]

Jugement contre lequel un *appel* peut être interjeté. Par exemple, le tribunal d'instance connaît en premier ressort des actions dont un contrat de louage d'immeubles est l'objet, la cause ou l'occasion, lorsque la demande excède la somme de 4 000 € ou est indéterminée.

COJ, art. R. 211-3, R. 221-3 s., R. 221-37.

→ *À charge d'appel, Jugement en dernier ressort.*

Jugement étranger

[Droit international privé]

Jugement rendu au nom d'une souveraineté étrangère. Certains de ses effets – ce dernier terme étant pris dans un sens très général –, comme la valeur probante ou l'effet de titre, sont admis *de plano*.

À l'inverse, le recours à l'exécution forcée est en principe subordonné à l'*exequatur*, du moins en droit commun car, en droit européen, à côté des exceptions qui étaient progressivement apparues (*titre exécutoire européen*, *injonction de payer européenne*, et procédure européenne de *règlement des petits litiges* notamment), l'octroi *de plano* de l'*exequatur* est devenu, en matière civile et commerciale, le principe, avec l'entrée en vigueur en 2015 du règlement dit *Bruxelles I bis*. Enfin, l'autorité de la chose jugée est, en droit commun, selon les catégories de jugements, admise *de plano* (jugements constitutifs et jugements relatifs à l'état et à la capacité des personnes) ou subordonnée à l'*exequatur* (jugements déclaratifs patrimoniaux) ; en droit européen, elle est admise *de plano*.

GADIP n° 2, 4, 10, 24-25, 41, 45, 57, 70 et 87.

Jugement gracieux

[Procédure civile]

→ *Décision gracieuse.*

Jugement irrévocable

[Procédure civile]

Jugement qui n'est pas susceptible d'être frappé par des voies extraordinaires de recours, soit que ces recours aient été exercés, soit que les délais pour les exercer soient expirés.

→ *Autorité de chose jugée, Voies de recours.*

Jugement mixte

[Procédure civile]

Jugement qui tranche dans son dispositif une partie du *principal* et ordonne en même temps une mesure d'instruction ou une mesure provisoire, ou qui statue sur une *exception*, une *fin de non-recevoir* ou tout autre incident mettant fin à l'instance. Ce jugement peut être attaqué par une voie de recours (appel, pourvoi en cassation) comme un jugement qui tranche tout le principal.

C. pr. civ., art. 544 et 606.

→ *Jugement avant-dire droit ou avant-faire droit, Jugement définitif, Jugement sur le fond.*

Jugement par défaut

[Procédure civile]

Jugement rendu nonobstant le défaut de comparution du défendeur, qui n'est qualifié par défaut que si la décision est *en dernier ressort* et si la citation n'a pas été délivrée à personne. Le jugement par défaut peut être frappé d'*opposition* et doit être notifié dans les 6 mois de sa date.

C. pr. civ., art. 473, 474 al. 2, 476, 478, 479.

→ *Jugement contradictoire, Jugement réputé contradictoire, Jugement dit contradictoire.*

[Procédure pénale]

Est ainsi qualifié un jugement correctionnel rendu lorsque la personne poursuivie n'a pas été régulièrement citée à personne, ou lorsqu'il est pleinement établi qu'elle n'a pas eu connaissance de cette citation.

C. pr. pén., art. 412.

→ *Défaut en matière criminelle.*

Jugement préparatoire

[Procédure civile]

→ *Jugement avant-dire droit ou avant-faire droit.*

Jugement provisoire

[Procédure civile]

→ *Jugement avant-dire droit ou avant-faire droit, Protection juridictionnelle provisoire.*

Jugement réputé contradictoire

[Procédure civile]

Jugement que la loi traite fictivement comme étant contradictoire malgré le défaut de comparution du défendeur, soit parce que la décision est susceptible d'appel, soit parce que l'assignation a été notifiée à la personne même du défaillant. Ce jugement est inattaquable par l'*opposition*, mais obéit pour le reste au régime des jugements par défaut (*péremption*, *relevé de forclusion*).

C. pr. civ., art. 473, al. 2, 477, 478, 479.

→ *Jugement contradictoire, Jugement dit contradictoire, Jugement par défaut.*

Jugement sur le fond

[Procédure civile]

Le jugement sur le fond ou *jugement définitif*, statue en principe sur tout ou partie de la question litigieuse, objet du procès.

Un jugement sur le fond peut trancher aussi l'incident consécutif à une *exception* ou à une *fin de non-recevoir* (ainsi nullité d'un acte de procédure).

Un tel jugement dessaisit le juge quand il statue sur le fond du procès; il a l'autorité de la chose jugée, à la différence du *jugement avant-dire droit*.

C. pr. civ., art. 480.

→ *jugement définitif, Principal.*

Jugement sur pièces

[Procédure (principes généraux)/ Procédure civile]

Jugement rendu sans que l'affaire ait été au préalable plaidée, au seul vu des pièces contenues dans le dossier et des conclusions écrites déposées par les parties.

En droit judiciaire privé, la suppression du débat oral, s'observait surtout devant la Cour de cassation où l'ampleur des mémoires développés de part et d'autre est telle que les plaidoiries deviennent superflues la plupart du temps.

Mais le désir d'accélérer le cours de la justice a conduit le législateur, en 2005, à prévoir la renonciation aux débats oraux. Quand il lui apparaît que l'affaire ne requiert pas de plaidoiries, le président ou le juge de la mise en état, s'il a reçu délégation à cet effet, peut, à la demande des avocats et après l'accord du ministère public le cas échéant, autoriser le dépôt des dossiers au greffe de la chambre à une date qu'il fixe.

C. pr. civ., art. 779, al. 3, 786-1.

Junior-entreprise

[Sécurité sociale]

Association régie par la loi du 1er juillet 1901 fondée par des élèves de l'enseignement supérieur dans le but de réaliser des études pour le compte de tiers moyennant rémunération. Les cotisations de Sécurité sociale sont évaluées forfaitairement.

Jura novit curia

[Droit général/Droit international privé]

Littéralement, « la cour connaît le droit ». Cette maxime ne joue que partiellement lorsqu'est invoquée une loi étrangère, une collaboration étant alors instaurée entre le juge et les parties. D'après la Cour de cassation, il incombe au juge qui reconnaît applicable un droit étranger d'en rechercher la teneur, soit d'office soit à la demande d'une partie qui l'invoque, avec le concours des parties et personnellement s'il y a lieu, et de donner à la question litigieuse une solution conforme au droit positif étranger. Cette obligation faite au juge n'est toutefois que de moyens, et l'impossibilité de prouver la loi étrangère entraîne l'application de la loi française à titre subsidiaire.

GADIP n° 82 et 83.

→ *Office du juge.*

Juridicité

[Droit général]

Caractère de ce qui est placé sous l'empire du droit, par opposition aux normes de la vie sociale : mœurs, convenances, morale, religion. La possibilité d'une sanction juridictionnelle en constitue un critère.

→ *Juridique.*

Juridiction

[Droit général]

Dans un sens large, proche de celui du mot anglais similaire (*jurisdiction*), synonyme un peu vieilli d'autorité, de souveraineté. On dit par exemple qu'une entreprise relève de la juridiction fiscale de tel ou tel État pour signifier que cet État a le pouvoir de l'imposer.

[Procédure (principes généraux)]

Dans un sens fonctionnel, et employé au singulier uniquement, le terme désigne la *jurisdictio*, le pouvoir de dire le droit.

Dans un sens organique, et employé au singulier comme au pluriel, il désigne les organes qui sont dotés de ce pouvoir. Les juridictions font l'objet de plusieurs classifications, selon l'ordre auquel elles appartiennent (administratif, tels les tribunaux administratifs – ou judiciaire, tels les tribunaux répressifs ou les tribunaux civils), selon leur nature (de droit commun ou d'exception) ou, enfin, selon le degré qu'elles occupent dans la hiérarchie judiciaire (juridiction de première instance, d'appel, de cassation).

→ *Dualité de juridictions, Jurisdictio, Ordre de juridictions.*

Juridiction administrative (La)

[Droit administratif]

Ensemble des juridictions de l'ordre administratif, normalement soumises au contrôle du Conseil d'État soit par la voie de l'appel, soit par la voie de la cassation.

L'expression est aussi employée pour caractériser n'importe quelle juridiction de cet ensemble.

Juridiction arbitrale

[Procédure (principes généraux)]

→ *Amiable compositeur, Arbitrage, Arbitrage international, Arbitre, Clause compromissoire, Compromis, Tribunal arbitral.*

Juridiction commerciale

[Procédure civile]

→ *Tribunal de commerce.*

Juridiction d'attribution

[Droit administratif]

Par opposition à *juridiction de droit commun*, termes ordinairement employés en procédure administrative pour désigner ce que le droit judiciaire privé nomme plus volontiers *juridiction d'exception*. Depuis 1953, le Conseil d'État n'est plus en premier *ressort* qu'un juge d'attribution.

Juridiction d'exception

[Procédure (principes généraux)]

Juridiction dont la compétence d'attribution est déterminée par un texte précis.

[Procédure civile]

Les juridictions d'exception ont une simple compétence d'attribution et ne connaissent que des affaires qui leur ont été confiées par un texte précis; tel est le cas pour les tribunaux d'instance, les tribunaux de commerce, les conseils de prud'hommes, les tribunaux paritaires des baux ruraux, les tribunaux des affaires de sécurité sociale.

[Procédure pénale]

Les juridictions pénales d'exception sont la Cour de justice de la République, les juridictions pour mineurs, les juridictions des forces armées, les tribunaux territoriaux des forces armées, les tribunaux militaires aux armées, et les tribunaux maritimes commerciaux. En revanche, la *Haute Cour* n'est pas une juridiction.

Juridiction d'instruction, Juridiction de jugement

[Procédure pénale]

Les juridictions pénales sont réparties en 2 catégories : les juridictions d'instruction dont l'intervention n'est pas toujours obligatoire (juge d'instruction, chambre de l'instruction); les juridictions de jugement (de droit commun et d'exception).

Juridiction de droit commun

[Procédure (principes généraux)]

Tribunal normalement compétent, sauf lorsqu'un texte spécial exclut expressément cette compétence.

[Droit administratif]

Les juridictions administratives de droit commun sont les tribunaux administratifs et les cours administratives d'appel.

[Procédure civile]

Les juridictions de droit commun sont le TGI et la cour d'appel. Elles ont une vocation de principe à tout juger, déduction faite des affaires expressément dévolues aux juridictions d'exception.

→ *Compétence exclusive, Plénitude de juridiction.*

[Procédure pénale]

Les juridictions pénales de droit commun sont le tribunal de police, le tribunal correctionnel, la cour d'appel et la cour d'assises.

Juridiction de la rétention de sûreté

[Procédure pénale]

Formation juridictionnelle régionale compétente pour statuer sur le cas des personnes susceptibles de faire l'objet d'une mesure de *rétention de sûreté*. Composée d'un président de chambre et de 2 conseillers de la cour d'appel désignés par le premier président de la Cour, pour une durée de 3 ans.

C. pr. pén., art. 706-53-13 s.

→ *Rétention de sûreté.*

ACTU

Juridiction de proximité

[Procédure civile]

Juridiction à *juge unique*, exercée par un juge non professionnel, connaissant en matière civile, en dernier ressort, des actions personnelles ou mobilières jusqu'à la valeur de 4 000 €, ou, mais à charge d'appel, des demandes indéterminées qui ont pour origine l'exécution d'une obligation dont le montant n'excède pas 4 000 €.

Elle devrait disparaître à compter du 1er janvier 2017, le *juge de proximité* étant conservé, mais avec d'autres attributions.

COJ, art. L. 231-1 s., D. 231-1, R. 231-3 s.

[Procédure pénale]

En matière pénale, elle est compétente pour connaître des contraventions des quatre premières classes. Au 1er janvier 2017, la connaissance de ces infractions est transférée au tribunal de police, mais les juges de proximité qui, eux, ont été maintenus au sein des TGI et affectés au tribunal de police, en connaîtront en priorité et la juridiction elle-même sera maintenue en activité jusqu'au 30 juin 2017 pour évacuer les affaires en cours.

C. pr. pén., art. 523.

Juridiction de renvoi

[Procédure civile/pénale/administrative]

Juridiction chargée de réexaminer l'affaire après *cassation* de la décision attaquée, lorsque la cassation implique qu'il soit à nouveau statué sur le fond et que les faits, tels qu'ils ont été souverainement appréciés, ne permettent pas à la Cour suprême de mettre directement fin au litige en appliquant la règle de droit appropriée.

La juridiction de renvoi doit être du même ordre, du même degré et de même nature que celle dont la décision est cassée. Le renvoi peut aussi avoir lieu devant la même juridiction composée d'autres magistrats.

C. pr. civ., art. 1032 s.; COJ, art. L. 411-3 et L. 431-4; C. pr. pén., art. 609 s.; CJA, art. L. 821-2.

[Droit européen]

Juridiction nationale ayant adressé un *renvoi préjudiciel* à la Cour de justice.

TFUE, art. 267.

Juridiction gracieuse

[Procédure civile]

→ *Décision gracieuse.*

Juridiction judiciaire

[Procédure civile/Procédure pénale]

Ensemble des tribunaux de l'ordre judiciaire (tribunaux répressifs, tribunaux civils, commerciaux, prud'homaux, ruraux, de Sécurité sociale) soumis au contrôle de la Cour de cassation.

→ *Corps judiciaire.*

Juridiction obligatoire (Clause facultative de)

[Droit international public]

Clause de l'article 36, § 2 du statut de la Cour internationale de justice prévoyant la faculté pour les États d'accepter d'avance, par une simple déclaration unilatérale, la compétence obligatoire de la Cour pour le règlement de litiges d'ordre juridique.

Juridiction ordinale

[Procédure civile]

Juridiction d'un ordre professionnel, tel le conseil de discipline institué dans le ressort de chaque cour d'appel pour connaître des infractions et fautes commises par les avocats.

Juridiction provisoire

[Procédure (principes généraux)]

Dans un sens *fonctionnel*, l'expression désigne le pouvoir conféré au juge de prendre des *mesures provisoires*. En vertu du principe « qui peut le plus, peut le moins », les juges saisis du fond d'une affaire disposent généralement d'un tel pouvoir et prononcent à cette fin des mesures.

→ *Jugement avant-dire droit ou avant-faire droit.*

Dans un sens *organique*, et employé au singulier comme au pluriel, il désigne les organes qui sont spécialement institués par la loi pour prononcer des mesures provisoires au terme d'une procédure accélérée, et qui ne peuvent rendre que des décisions de cette nature (juges statuant en référé ou sur requête). On parle parfois des *juridictions* du provisoire.

→ *Protection juridictionnelle provisoire, Référé administratif, Référé civil, Référé pénal, Requête.*

Juridictionnalisation

[Droit général]

Fait de soumettre une situation ou un régime juridique, par ex. l'application des peines, à une procédure juridictionnelle, avec les garanties que celle-ci apporte (débat contradictoire, appel…).

Plus généralement, mesure de l'évolution des branches du droit en fonction du rôle plus ou moins important qu'y joue le juge (par ex. juridictionnalisation croissante du droit constitutionnel).

Juridictions de l'application des peines

[Procédure pénale]

Instances destinées à répondre à tous les besoins d'exécution des peines et qui reproduisent le modèle de l'organisation judiciaire, avec des juridictions du premier degré (juge de l'application des peines et tribunal de l'application des peines) et une juridiction d'appel (chambre de l'application des peines).

C. pr. pén., art. 712-1 s. et D. 49 s.

Juridictions militaires

[Procédure pénale]

→ *Tribunal militaire aux armées, Tribunal territorial des forces armées.*

Juridictions spécialisées

[Procédure pénale]

Juridiction pénale à laquelle est attribuée une compétence territoriale particulière par dérogation aux règles normales de dévolution des contentieux, en raison de la complexité des infractions concernées (criminalité et délinquance organisées, terrorisme, matière économique et financière, matière sanitaire, pollution maritime). La spécialisation intervient soit au niveau régional ou interrégional soit au profit des juridictions parisiennes (crimes contre l'humanité, crimes de guerre).

Juridique

[Droit général]

Adjectif révélant que l'expression qu'elle qualifie est relative au droit dans son sens le plus large. Ainsi la théorie juridique se réfère-t-elle à des règles juridiques qui seront appliquées à un complexe de faits, qu'il s'agisse d'une consultation à donner, d'un contrat à rédiger, d'un procès à juger.

Un *acte juridique* engendre des effets de droit.

→ *Fait juridique, Juridicité.*

Le raisonnement juridique permet de préciser sous quelle *qualification* juridique une situation de fait doit être appréhendée.

Juris et de jure

[Droit civil]

On dit d'une présomption qu'elle est *juris et de jure* (de droit et pour le droit), ou irréfragable, lorsqu'elle est absolue et ne peut être combattue par une preuve contraire.

C. civ., art. 1354.*

→ *Juris tantum, Présomption.*

Jurisconsulte

→ *Consultation.*

Jurisdictio

[Procédure (principes généraux)]

Terme latin désignant le pouvoir dont est investi le juge de dire le droit en répondant à une situation de fait dont il est saisi, par une déclaration rendue selon les règles légales, la

procédure prescrite et les preuves autorisées. L'*acte juridictionnel*, à l'opposé de l'acte administratif, a pour spécificité le *dessaisissement du juge*, l'autorité de la chose jugée et le caractère déclaratif du jugement.
Si, d'ordinaire, l'acte de juridiction suppose un litige auquel il est mis fin, il n'en est pas toujours ainsi. On tend ainsi à admettre aujourd'hui que la procédure gracieuse relève de l'activité juridictionnelle, alors même que celle-ci se déroule en l'absence de tout *litige*.
→ *Imperium.*

Jurisprudence

[Droit général]
Dans un sens ancien, science du droit.
Au sens large, ensemble des décisions de justice rendues pendant une certaine période dans un domaine du droit ou dans l'ensemble du droit.
Dans un sens plus restreint, ensemble des décisions concordantes rendues par les juridictions sur une même question de droit.
Au sens strict, propositions contenues dans les décisions rendues par les juridictions de rang supérieur, et présentant l'apparence d'une norme, en raison de leur formulation générale et abstraite.
En droit public, on parle volontiers de « jurisprudence prétorienne » pour souligner le caractère créateur de la jurisprudence administrative et son rôle de source très importante du droit administratif.
GAJC, t. 1, n° 11.
→ *Common law, Droit prétorien, Revirement de jurisprudence.*

Juris tantum

[Droit civil]
On dit qu'une présomption est *juris tantum*, lorsqu'elle peut être combattue par la preuve contraire.
C. civ., art. 1382.*
→ *Juris et de jure, Présomption.*

Jury

[Procédure pénale]
Élément propre à certaines juridictions, formé de jurés, simples citoyens, appelés, à titre exceptionnel et temporaire, à rendre la justice pénale.
C. pr. pén., art. 254 s.
GAPP n° 2.

Jus abutendi, jus fruendi, jus utendi

[Droit civil]
Ces expressions latines expriment les prérogatives du propriétaire sur sa chose.
Jus abutendi : expression désignant le droit du propriétaire d'un bien d'en *disposer*.
→ *Abusus.*
Jus fruendi : expression désignant le droit du propriétaire de percevoir les fruits de sa chose.
→ *Fructus.*
Jus utendi : expression désignant le droit du propriétaire d'un bien de l'utiliser.
C. civ., art. 544.
→ *Usus.*

Jus civile

[Droit international privé]
1° Droit privé propre à chaque peuple, par opposition au *jus gentium*.
2° Distinction établie par le droit romain entre les règles applicables aux seuls citoyens romains et celles applicables aux étrangers ou aux peuplades soumises à la domination romaine.

Jus cogens

[Droit international public]
« Norme impérative du droit international général, reconnue par la communauté internationale dans son ensemble en tant que norme à laquelle aucune dérogation n'est permise et qui ne peut être modifiée

que par une nouvelle norme du droit international général ayant le même caractère » (art. 53 de la Convention de Vienne sur le droit des traités, du 23 mai 1969).

Jus gentium

[Droit international privé]

Droit des gens, c'est-à-dire ensemble de règles juridiques ayant leur fondement dans la nature des choses, applicables à tous les peuples et non simplement aux sujets d'un État déterminé.

→ *Jus civile.*

Jusnaturalisme

[Droit général]

Doctrine de philosophie juridique qui conteste que le droit puisse est réduit à une collection de règles artificielles et contingentes édictées par des instances officielles. Les jusnaturalistes considèrent, au contraire, que le *droit naturel* irrigue le *droit positif* dont il constitue l'un des fondements les plus sûrs, parfois l'unique base rationnelle comme en matière de droits de l'homme et de relations internationales, et dont le rôle créateur est attesté, entre autres, par le renvoi explicite de la loi aux concepts d'équité et de principe général et par la multitude des *standards juridiques* (bonne foi, proportionnalité...), normes souples abandonnées à la sagesse des juges chargés d'en déterminer le contenu à la lumière des données propres à chaque espèce, donc en dehors de toute contrainte normative.

→ *Droit souple (soft law).*

Jus sanguinis

[Droit international privé]

Détermination de la nationalité d'après la filiation de l'individu.

C. civ., art. 18 s.

Jus soli

[Droit international privé]

Détermination de la nationalité d'après le lieu de naissance de l'individu.

C. civ., art. 19 s.

Juste titre

[Droit civil]

→ *Titre (Juste).*

Justice

[Droit général]

1° La justice désigne ce qui est juste. Rendre la justice consiste essentiellement à dire ce qui est juste dans l'espèce concrète soumise au tribunal.

La justice est dite *distributive* lorsqu'elle vise à répartir entre les personnes les biens, les droits et les devoirs, les honneurs, en fonction de la valeur, des aptitudes, des besoins de chacun et de son rôle dans la société.

La justice *commutative* est celle qui prétend veiller à une égalité arithmétique dans les échanges.

2° Le mot justice désigne aussi l'*autorité judiciaire*, ou l'ensemble des juridictions d'un pays donné.

GAJA n° 64.

→ *Corps judiciaire, Judiciaire (Pouvoir), Magistrats.*

Justice de paix

[Procédure civile]

→ *Juge de paix.*

Justice politique

[Droit constitutionnel]

Expression employée pour désigner les juridictions spéciales instituées pour connaître des activités politiques contraires à l'intérêt général de l'État (l'intérêt de la magistrature ordinaire exigeant qu'elle ne soit pas mêlée aux controverses politiques).

Ainsi, la *Haute cour de justice*, qui était compétente jusqu'en 2007 pour juger le président de la République en cas de haute trahison; mais la *Haute cour* qui remplace cette juridiction n'est qu'une instance politique de destitution du président de la République.

→ *Cour de justice de la République.*

Justice restaurative

[Procédure pénale]

Constitue une mesure de justice restaurative toute mesure permettant à une victime ainsi qu'à l'auteur d'une *infraction* de participer activement à la résolution des difficultés résultant de l'infraction, et notamment à la réparation des préjudices de toute nature résultant de sa commission. Cette mesure ne peut intervenir qu'après que la victime et l'auteur de l'infraction ont reçu une information complète à son sujet et ont consenti expressément à y participer. Elle est mise en œuvre par un tiers indépendant formé à cet effet, sous le contrôle de l'autorité judiciaire ou, à la demande de celle-ci, de l'administration pénitentiaire. Elle est confidentielle, sauf accord contraire des parties et excepté les cas où un intérêt supérieur lié à la nécessité de prévenir ou de réprimer des infractions justifie que des informations relatives au déroulement de la mesure soient portées à la connaissance du procureur de la République. La victime et l'auteur d'une infraction, sous réserve que les faits aient été reconnus, peuvent se voir proposer une mesure de justice restaurative à l'occasion de toute procédure pénale et à tous les stades de la procédure, y compris lors de l'exécution de la peine.

C. pr. pén., art. 10-1.

Justice retenue, déléguée

[Droit administratif]

La Révolution ayant soustrait l'Administration au contrôle des juges, le Conseil d'État n'a exercé pendant longtemps qu'une justice « retenue », au nom du chef de l'État. À partir de la loi du 24 mai 1872, le pouvoir juridictionnel lui est pleinement « délégué », sous réserve de la théorie du *ministre-juge*.

GAJA n° 5.

Justice transitionnelle

[Droit général]

Dans les pays où l'État de droit est établi ou rétabli, ensemble des mesures destinées à apurer le passé, par des procédures classiques (poursuites contre les criminels, amnisties...) ou plus originales, sur le modèle de la Commission Vérité et Réconciliation créée en Afrique du Sud après la fin du régime d'apartheid.

Justiciabilité

[Procédure (principes généraux)]

Fait de relever du pouvoir de juger d'une juridiction.

Par extension, possibilité, le cas échéant douteuse, qu'une disposition puisse être invoquée utilement devant le juge (par ex. la justiciabilité du *principe de subsidiarité*).

→ *Injusticiabilité.*

Justiciable

[Procédure (principes généraux)]

1° *Nom.* La personne considérée dans ses rapports avec la justice, soit qu'elle demande justice, soit qu'elle soit appelée en justice.

2° *Adj.* Qui relève de telle ou telle juridiction : les employeurs et les salariés sont justiciables du conseil de prud'hommes pour ce qui concerne leurs différends relatifs au contrat de travail.

K

Know-How

[Droit commercial]

→ *Savoir-faire.*

Kyoto

[Droit de l'environnement]

→ *Protocole de Kyoto.*

L

Label

[Droit du travail]

Marque créée par un syndical professionnel. Apposée sur le produit destiné à la vente et protégée, elle atteste que le produit a été fabriqué conformément aux conditions de travail prévues par la loi ou la convention collective.

C. trav., art. L. 2134-1 s.

→ *Marque syndicale.*

Label agricole

[Droit commercial/Droit rural]

Signe distinctif apposé sur une denrée alimentaire ou un produit agricole non alimentaire et non transformé, pour attester qu'ils possèdent un ensemble distinct de qualités et caractéristiques préalablement fixées dans un cahier des charges et établissant un niveau de qualité supérieure (ex. : label rouge).

C. consom., art. L. 432-2; C. rur., art. L. 641-1.

Laïcité

[Droit public]

Principe d'organisation et de fonctionnement des services de l'État et de toutes les autres personnes publiques, selon lequel l'État est non confessionnel, par opposition, par ex., à la Cité antique ou à un État théocratique dans lequel la loi civile se confondrait avec la loi religieuse, comme dans les États musulmans dont les préceptes de l'Islam inspirent l'organisation et la législation. Toute une série de conséquences en sont tirées. Notamment, il ne doit favoriser ou défavoriser la propagation des croyances ou des règles de vie en société d'aucune religion, spécialement dans le cadre de l'enseignement primaire et secondaire.

Pour des raisons historiques, ce principe ne s'applique pas dans les départements d'Alsace-Moselle avec un contenu aussi large qu'ailleurs.

Const., art. 1.

GAJA n° 23.

→ *Charia.*

Lais et relais

[Droit administratif/Droit civil]

Terrains constitués par les apports (les lais) ou par le retrait (les relais) de la mer et des *cours d'eau.*

Les *alluvions* profitent au propriétaire riverain, qu'il s'agisse d'un cours d'eau domanial ou non. En cas de relais, c'est le propriétaire de la rive découverte qui bénéficie de l'atterrissement sans que le riverain du côté opposé puisse réclamer le terrain perdu.

C. civ., art. 556, 557; CGPPP, art. L. 2111-13; C. envir., art. L. 215-6.

→ *Atterrissement.*

Laisse de basse mer

[Droit international public]

Ligne de plus basse mer, elle correspond au point zéro des cartes géographiques; est en principe le point de départ de la mer territoriale.

→ *Eaux intérieures, Ligne de base, Mer territoriale.*

Lanceur d'alerte

[Droit civil/Droit de l'environnement]

Toute personne physique ou morale a le droit de rendre publique ou de diffuser de bonne foi une information concernant un fait, une donnée ou une action, dès lors que la méconnaissance de ce fait, de cette donnée ou de cette action lui paraît faire peser un risque grave sur la santé publique ou sur l'environnement.

L. n° 2013-316 du 16 avr. 2013, art. 1 et 12.

[Droit public]

Celui qui révèle l'existence d'un *conflit d'intérêts* au sens de la loi du 11 octobre 2013 sur la transparence de la vie publique est protégé contre toute sanction dont il pourrait être menacé de ce fait.

[Droit commercial/Droit du travail/ Droit pénal]

Inspirée du dispositif américain dit de *whistle-blowing*, la loi française protège spécialement les salariés dénonçant les délits commis par et dans l'entreprise qui les emploie. Elle dispose qu'un tel salarié, agissant de bonne foi, ne peut faire l'objet d'aucune mesure de sanction de la part de son employeur, ce dernier ayant, en cas de dénonciation effective d'une infraction, à apporter la preuve de la justification des mesures qu'il entend imposer au salarié.

Le fait de lancer une alerte de mauvaise foi ou avec l'intention de nuire ou avec la connaissance au moins partielle de l'inexactitude des faits rendus publics ou diffusés est puni des peines prévues au premier alinéa de l'article 226-10 du Code pénal.

C. trav., art. L. 1132-3-3.

→ *Droit d'alerte.*

Langue

[Droit général]

1° *Langue nationale :* « La langue de la République est le français » (Const., art. 2), mais les langues régionales appartiennent au patrimoine de la France (Const., art. 75-1).

La politique de défense et de promotion de la langue française résulte de la « loi Toubon » du 4 août 1994; y contribuent notamment la Délégation générale à la langue française et aux langues de France, service rattaché au ministère de la Culture, et la Commission d'enrichissement de la langue française, qui remplace l'ancienne Commission générale de terminologie et de néologie.

2° *Langue du Palais* : vocabulaire de technique juridique communément utilisé par les magistrats, les avocats, les auxiliaires de justice bien qu'il n'ait pas de réalité dans les textes légaux : écritures, rendez-vous judiciaire…

GACA n° 43.

[Droit international public]

1° *Langue diplomatique :* langue commune que des États conviennent d'adopter dans leurs relations (rédaction des traités, délibérations dans les organes internationaux) afin d'éviter les inconvénients que présenterait l'emploi par chacun de sa propre langue. Autrefois le français, aujourd'hui, le plus souvent, l'anglais.

2° *Langue officielle :* langue dans laquelle doivent être rédigés les actes officiels émanant d'une conférence ou d'un organe international.

3° *Langue de travail :* expression désignant dans la pratique des organisations internationales (ONU notamment) celles des langues officielles qui sont employées dans le travail courant : traduction des discours, procès-verbaux, etc.

[Droit européen]

1° Le régime linguistique des institutions de l'Union européenne est fixé, en application de l'article 342 TFUE, par le Conseil unanime, sauf dispositions prévues par le statut de la Cour de justice : le délibéré se fait en français; la langue de procédure est, en principe, celle du requérant, sauf lorsqu'un État membre est défendeur.

Il existe actuellement 24 langues officielles, mais certaines sont des langues de travail prédominantes.

2° Au sein du Conseil de l'Europe, les langues officielles sont le français et l'anglais, mais il y a d'autres langues de travail.

La plume est serve, mais la parole est libre

[Procédure civile/Procédure pénale]

Principe en vertu duquel les membres du *parquet* sont tenus de prendre *par écrit* des réquisitions conformes aux instructions de leurs supérieurs hiérarchiques, mais sont libres, à l'audience, de développer *oralement* des conclusions différentes reflétant leur propre conviction. L'application de la règle prend une acuité particulière en matière pénale.

C. pr. pén., art. 33.

Lata sententia, judex desinit esse judex

[Procédure civile]

Adage latin « La sentence une fois rendue, le juge cesse d'être juge ». En prononçant son jugement sur le fond, le juge épuise ses pouvoirs. Il est dessaisi et ne peut plus revenir, sauf cas exceptionnel, sur ce qu'il a jugé.

C. pr. civ., art. 481.

→ *Dessaisissement du juge.*

Lato sensu

Littéralement : « au sens large ». Utilisation extensive d'une disposition légale, réglementaire, conventionnelle, ou d'un mot.

→ *Stricto sensu.*

Lease-back

[Droit commercial]

Opération par laquelle le propriétaire d'un immeuble industriel ou commercial le vend à une entreprise de crédit-bail qui lui en confère aussitôt la jouissance par un contrat de *crédit-bail*. Concevable pour les meubles comme pour les immeubles, le *lease-back* est surtout utilisé pour les immeubles et permet à l'utilisateur de se procurer des fonds. La *fiducie*, utilisée à fins de sûreté, pourrait concurrencer en pratique cette opération.

Leasing

[Droit commercial]

→ *Crédit-bail.*

Lecture

[Droit constitutionnel]

Dans la terminologie parlementaire, discussion d'un projet ou d'une proposition de loi par une assemblée législative.

Const., art. 45.

Légalisation

[Droit civil/Droit général]

Procédure par laquelle un fonctionnaire public certifie l'authenticité de la signature et de la qualité de l'auteur d'un acte.

Dans un sens moins technique, consécration par la loi d'une pratique illicite ou non réglementée (ex. : le débat sur la légalisation de la gestation pour autrui).

Légalité (Contrôle de)

[Droit administratif]

→ *Contrôle de légalité.*

Légalité (Principe de)

[Droit administratif]

Principe fondamental de l'action administrative, déduit du libéralisme politique, à titre de garantie élémentaire des administrés, et selon lequel l'Administration ne peut agir qu'en conformité avec le droit, dont la loi écrite n'est qu'un des éléments.

→ *Contrôle de légalité, État de droit.*

[Droit financier ou fiscal]

(Légalité de l'impôt). Principe fondamental du droit fiscal, remontant à la Déclaration des droits de 1789 et aujourd'hui inscrit à l'article 34 de la Constitution, selon lequel tout impôt – qu'il soit levé par une collectivité locale ou par l'État – ne peut être créé que par une loi.

[Droit pénal]

Principe, contenu dans l'adage latin « *Nullum crimen sine lege, nulla poena sine lege* », selon lequel les crimes et les délits doivent être légalement définis avec clarté et précision, ainsi que les peines qui leur sont applicables. Pour ce qui est des contraventions, soumises aux mêmes exigences, leur définition relève, depuis la Constitution de 1958, du domaine réglementaire.

C. pén., art. 111-2 et 111-3.

Légataire

[Droit civil]

Bénéficiaire d'un *legs*.

Légation

[Droit international public]

1° Siège d'une mission diplomatique.

2° Droit de légation : droit pour un État d'envoyer des agents diplomatiques à d'autres États (droit de légation actif) ou d'en recevoir (droit de légation passif).

Legem patere quam fecisti

[Droit général]

Littéralement : « respecter la loi que tu as faite ». Une autorité administrative ne peut déroger par une mesure individuelle au règlement (général) qu'elle a pris antérieurement, si celui-ci ne prévoit pas cette possibilité. Cette expression particulière du principe fondamental de légalité interdit par exemple à un maire d'accorder une dérogation individuelle à un arrêté de police dont il est l'auteur.

Légicentrisme

[Droit général]

Croyance dogmatique en la toute-puissance de la loi jugée habile à fournir, en toutes circonstances, la solution adéquate à la difficulté rencontrée. Cette confiance absolue à l'égard du législateur débouche sur l'hypertrophie normative et favorise l'avènement de la légicratie. Le développement des pouvoirs du juge, qui peut désormais écarter l'application d'une loi qu'il juge contraire à un engagement international, voire l'abroger dans le cas du Conseil constitutionnel (notamment depuis la création de la *question prioritaire de constitutionnalité*), oblige à considérer que cette vision des sources du droit est obsolète.

→ *Nomophilie, Non-Droit.*

Législateur

[Droit constitutionnel]

Mot employé dans 2 sens :

1° *au sens matériel*, désigne tout organe pouvant édicter des règles juridiques générales (normes de droit), que ce soit le gouvernement ou le Parlement;

2° *au sens formel*, synonyme de Parlement.

→ *Formel, informel, Formel, matériel.*

Législatif (Pouvoir)

[Droit constitutionnel]

1° Selon la doctrine de la *séparation des pouvoirs* présentée par Locke et Montesquieu, pouvoir éminent dans l'État consistant à discuter et voter les lois.

2° Organe qui exerce la fonction législative : le Parlement.

Législature

[Droit constitutionnel]

1° Durée du mandat d'une assemblée législative.

2° Cette assemblée elle-même.

Légistique

[Droit général]

Art de légiférer, méthode de confection des textes. Les lois doivent répondre à une nécessité de portée générale, mûrir à travers les travaux préparatoires, s'inscrire dans un ensemble législatif cohérent, être intelligible et accessible, facilement applicables par les praticiens. La légistique rejette le circonstanciel, l'incantatoire, l'imprécision, les défigurations du projet initial par des amendements successifs et improvisés.

→ *Politique juridique ou législative, Technique juridique ou législative.*

Légitimation

[Droit civil]

Institution légale qui conférait à un enfant né hors mariage, pour l'avenir, le statut d'enfant légitime. Elle résultait soit d'un mariage, soit d'une décision de justice.

L'ordonnance n° 2005-759 du 4 juillet 2005, tirant les conséquences de l'égalité de statut entre tous les enfants, quelles que soient les conditions de leur naissance, a supprimé les expressions et les notions juridiques de filiation légitime et naturelle et, partant, a aboli la légitimation : « tous les enfants dont la filiation est légalement établie ont les mêmes droits et les mêmes devoirs dans leurs rapports avec leur père et mère. Ils entrent dans la famille de chacun d'eux » (C. civ., art. 310).

C. civ., art. 310 s.

→ *Enfant conçu ou né pendant le mariage, Enfant né hors-mariage, Filiation adultérine, Filiation légitime, Filiation naturelle, Légitime.*

Légitime

[Droit civil]

1° Qui est lié au mariage : enfant légitime par opposition à enfant naturel; union légitime par opposition à l'union libre, au concubinage, au pacte civil de solidarité. L'adjectif est tombé largement en désuétude à la faveur de l'ordonnance n° 2005-759 du 4 juillet 2005, qui a supprimé les expressions et les notions juridiques d'enfant légitime et naturel : « tous les enfants dont la filiation est légalement établie ont les mêmes droits et les mêmes devoirs dans leurs rapports avec leur père et mère. Ils entrent dans la famille de chacun d'eux » (C. civ., art. 310).

→ *Enfant conçu ou né pendant le mariage, Enfant né hors-mariage, Filiation adultérine, Filiation légitime, Filiation naturelle, Légitimation.*

2° Qui est justifié : croyance légitime, excuse légitime.

3° Qui est équitable, juste, mérité : un salaire légitime.

4° Qui est légal, conforme au droit : le légitime propriétaire est le véritable propriétaire.

Légitime défense

[Droit international public]

Réaction armée à un acte d'*agression*. Elle est individuelle lorsqu'elle est le fait du seul État victime de l'agression; elle est collective lorsque des États tiers viennent en aide à l'État attaqué en application d'un accord d'assistance mutuelle.

→ *Organisation du traité de l'Atlantique-Nord (OTAN, sigle anglais NATO).*

[Droit pénal]

Cause d'irresponsabilité pénale par justification, bénéficiant à la personne qui, devant une atteinte injustifiée envers elle-même, autrui, ou un bien, accomplit, dans le même temps, un acte de défense, sauf s'il y a disproportion entre les moyens employés et la gravité de l'atteinte. Cette disproportion est légalement présumée si, pour interrompre l'exécution d'un crime ou d'un délit contre un bien, l'auteur de l'acte de défense commet un homicide volontaire.

C. pén., art. 122-5 et 122-6.

GADPG n° 21, 22 et 23.

Légitimité

[Droit constitutionnel]

Qualité d'un pouvoir d'être conforme aux aspirations des gouvernés (notamment sur son origine et sa forme), ce qui lui vaut l'assentiment général et l'obéissance spontanée. La légitimité n'est pas immuable :

• *Légitimité démocratique :* fondée sur l'investiture populaire des gouvernants (élection).

• *Légitimité monarchique* (ou de droit divin) : fondée sur l'histoire et/ou l'investiture divine (directe ou providentielle) du roi.

• *Légitimité théocratique :* fondée sur la révélation divine.

Legs

[Droit civil]

Libéralité contenue dans un testament et qui ne prend effet qu'à la mort de son auteur.

• *Legs particulier :* legs qui porte sur un ou plusieurs biens déterminés ou déterminables.

• *Legs de residuo :* legs fait à une personne à charge pour elle de remettre, à son décès, ce dont elle n'aura pas disposé à telle personne désignée par le testateur. À la différence de la *substitution fidéicommissaire* (devenue *libéralité graduelle*), le legs *de residuo* ne comporte pas l'obligation pour le gratifié de conserver le bien.

• *Legs à titre universel :* legs qui porte sur une quote-part des biens laissés par le testateur à son décès.

• *Legs universel :* legs qui donne à son bénéficiaire vocation à recueillir l'ensemble de la succession.

C. civ., art. 1002 s.

GAJC, t. 1, n° 127-128 et 129.

→ *Libéralité résiduelle, Ultra vires.*

Le juge de l'action est juge de l'exception

[Procédure (principes généraux)]

Principe selon lequel, sous certaines conditions, le juge tant civil que pénal ou administratif, saisi d'une demande principale ou de l'action publique, peut statuer sur tous les moyens de défense évoqués au cours de l'instance alors que, proposés à titre principal, ils auraient échappé à sa compétence.

C. pr. civ., art. 49; C. pr. pén., art. 384.

→ *Défense à l'action, Demande incidente, Exception, Fin de non-recevoir ou de non-valoir, Question préjudicielle.*

Leonardo

[Droit européen]

Nom, depuis 1995, du programme de mobilité de l'Union européenne en matière de formation professionnelle.

Léonin

[Droit commercial]

→ *Clause léonine.*

Lésion

[Droit civil]

Préjudice contemporain de l'accord de volontés résultant de la différence de valeur entre les prestations d'un contrat synallagmatique ou entre les lots attribués à des copartageants. Elle ouvre une action en *rescision* ou en complément de part.

La simple lésion donne lieu à rescision en faveur du mineur non émancipé contre toutes sortes de conventions, alors que pour les majeurs, elle n'est prise en considération que dans certains contrats et qu'à un certain taux (par ex., sept douzièmes dans la vente).

C. civ., art. 435, 465, 488, 889 s., 1075-3, 1674 s., 1706, 2052 et 2202.

GAJC, t. 1, n° 59-60; GAJC, t. 2, n° 263 et 264.

Lettre d'intention

[Droit civil/Droit commercial]

Engagement de faire ou ne pas faire ayant pour objet le soutien apporté à un débiteur dans l'exécution de son obligation envers son créancier. En cas d'inexécution de son obligation par le débiteur, le garant n'est pas tenu de se substituer à lui; il doit simplement indemniser le créancier de son préjudice. Auparavant, on disait aussi lettre de confort ou de patronage.

C. civ., art. 2287-1, 2322.

GAJC, t. 2, n° 299.

Lettre de cadrage, de plafond

[Droit financier]

Durant la préparation du projet de loi de finances de l'année suivante, une lettre de cadrage est adressée par le Premier ministre à chaque ministre, en vue d'assurer la maîtrise des dépenses publiques, pour l'informer des priorités gouvernementales dont il devra tenir compte dans ses demandes de crédits. Les collectivités locales pratiquent aussi ce type de lettre pour permettre aux adjoints ou vice-présidents de préparer le budget de leurs délégations.

À la fin des arbitrages budgétaires, les plafonds des demandes possibles de crédits budgétaires pour chaque *mission*, et d'effectifs d'emplois, sont notifiés à chaque ministre par une lettre de plafond.

Lettre de change

[Droit commercial]

Titre par lequel une personne, appelée *tireur*, donne l'ordre à l'un de ses débiteurs, appelé *tiré*, de payer une certaine somme, à une certaine date, à une troisième personne appelée *bénéficiaire* ou *porteur*, ou à son ordre. La lettre de change, ou *traite*, est un acte de commerce par la forme.

C. com., art. L. 511-1 s. et L. 110-1; C. mon. fin., art. L. 134-1.

→ *Acceptation.*

Lettre de change-relevé (LCR)

[Droit commercial]

Procédé de dématérialisation, aujourd'hui majoritairement employé, selon lequel les lettres de change ne circulent plus entre les banques que sous forme magnétique. Ce sont donc les informations elles-mêmes qui circulent. Toutefois, un relevé est adressé au *tiré* par sa banque afin de lui indiquer l'échéancier des traites, de lui permettre de vérifier la régularité des opérations et d'indiquer les lettres de change qu'il entend payer.

Ces LCR comportent outre les mentions classiques de l'article L. 511-1 du Code de commerce, les coordonnées bancaires du tiré et une clause de retour sans frais.

On distingue les LCR papier des LCR magnétiques; seules les premières sont de véritables effets de commerce bénéficiant des garanties du droit bancaire car elles sont constatées par un écrit.

Au contraire, la LCR magnétique, qui n'est pas constatée par un écrit, n'est pas un véritable effet de commerce.

C. com., art. L. 511-1 s.

Lettre de créance

[Droit international public]

Document officiel qui accrédite un agent diplomatique et que celui-ci, arrivé dans son poste, remet au chef de l'État (ou au ministre des Affaires étrangères s'il s'agit d'un chargé d'affaires).

Lettre de crédit

[Droit commercial]

Lettre adressée par un banquier à un correspondant d'une autre place pour l'inviter à payer une somme d'argent ou à consentir un crédit à l'un de ses clients pendant un certain délai et jusqu'à concurrence d'une somme déterminée. Cette lettre, créée à la demande du client, est parfois destinée à être remise par lui à un bénéficiaire dont il est débiteur. La lettre de crédit, encore appelée lettre accréditive, n'est pas un effet de commerce mais un titre de banque particulier.

→ *Accréditif.*

Lettre de plafond

[Droit financier ou fiscal]

→ *Lettre de cadrage, de plafond.*

Lettre de provision

[Droit international public]

Document officiel délivré au consul par l'État qui le nomme et transmis au gouvernement de l'État où il doit exercer ses fonctions en vue d'obtenir l'*exequatur*.

Lettre de rappel

[Droit financier ou fiscal]

En matière de recouvrement des recettes encaissées par les percepteurs, une lettre de rappel doit être envoyée au débiteur qui n'a pas payé dans les délais avant de lui notifier un *commandement*, qui préludera à une procédure de saisie-exécution.

LPF, art. L. 255.

Lettre de voiture

[Droit commercial]

Écrit formaliste constatant le contrat de transport de marchandises entre l'expéditeur, le transporteur et le destinataire. À la différence du *connaissement*, elle ne représente pas la marchandise.

C. com., art. L. 132-8 et L. 132-9.

Lettre missive

[Droit civil]

Écrit contenant un message adressé à une personne déterminée.

→ *Lettre recommandée, Lettre simple.*

Lettre par courrier électronique

[Droit civil]

Une lettre simple relative à la conclusion ou à l'exécution d'un contrat peut être envoyée par courrier électronique; l'apposition de la date d'expédition résulte d'un procédé électronique présumé fiable, jusqu'à preuve du contraire, lorsqu'il satisfait aux exigences fixées par décret en Conseil d'État.

C. civ., art. 1127-4.*

Une lettre recommandée relative au même domaine peut être envoyée par courrier électronique, à condition que ce courrier soit acheminé selon un procédé présentant toute garantie d'identification du tiers chargé de l'acheminement, de l'expéditeur et du destinataire, et permettant d'établir si la lettre a été remise ou non au destinataire.

• Si la lettre recommandée est créée et acheminée entièrement par voie électronique, l'opérateur informe le destinataire qu'une lettre recommandée va lui être envoyée, qu'il peut l'accepter ou la refuser. En cas d'acceptation le destinataire reçoit la lettre à son adresse électronique (boîte mail).

• Si la lettre recommandée, créée par voie électronique est imprimée sur papier et acheminée par la voie postale traditionnelle, l'opérateur procède à l'impression, à la mise sous enveloppe et à sa remise aux services postaux.

C. civ., art. 1127-5.*

→ *Communication électronique, Courrier électronique, Dématérialisation, Écrit électronique, Lettre recommandée, Lettre simple, Signature électronique, Téléprocédures.*

Lettre recommandée, Lettre simple

[Droit général]

La lettre recommandée est une lettre confiée à un service d'acheminement du courrier et qui est remise en mains propres à son destinataire qui doit signer, au moment de la remise, une attestation de la réalité de cette remise.

La lettre simple est une lettre confiée à un service d'acheminement du courrier, sans remise en mains propres à son destinataire.

[Droit administratif]

Les décisions des juridictions administratives sont notifiées en général par lettre recommandée avec demande d'avis de réception.

[Procédure civile]

Lettre recommandée : procédé de notification des actes en la forme ordinaire, utilisé dans les procédures sans représentation obligatoire et devant les juridictions d'exception (conseil de prud'hommes, tribunal des affaires de sécurité sociale...). Par souci de confidentialité, la lettre est remise sous enveloppe ou pli fermé. La date de *notification* est celle de l'expédition (qui figure sur le cachet du bureau d'émission) pour celui qui y procède; à l'égard de celui à qui elle est faite, c'est la date de réception de la lettre, c'est-à-dire celle qui est apposée par l'administration des Postes lors de la remise de la lettre à son destinataire.

La loi reconnaît à la lettre recommandée sous forme électronique la même valeur qu'à sa version papier.

L'obligation de doubler par l'envoi d'une lettre simple les notifications du greffe opérées par lettre recommandée avec accusé de réception a été supprimée par le décret n° 2015-282 du 11 mars 2015 relatif à la simplification de la procédure civile, à la communication électronique et à la résolution amiable des différends.

La lettre simple est aussi utilisée; c'est ainsi que le greffier de la Cour de cassation fait connaître au défendeur le pourvoi dont il est l'objet.

C. pr. civ., art. 667 s., 688-2, 844, 891, 946, 1136-3, 1136-9; C. trav., art. R. 1452-2 s.; CSS, art. R. 142-20-2.

→ *Lettre par courrier électronique.*

Levée d'écrou

[Procédure pénale]

Constatation officielle de mise en liberté d'un individu détenu. La date et les raisons motivant la libération sont mentionnées sur le registre d'*écrou*.

C. pr. pén., art. 724 s.

Levée de jugement

[Procédure civile]

Acte par lequel la partie qui a obtenu un jugement s'en fait délivrer, par le greffier, une expédition revêtue de la formule exécutoire en vue de le faire exécuter.

→ *Copie exécutoire, Expédition.*

Levée des scellés

[Procédure civile/Droit civil]

Acte par lequel l'huissier de justice autorisé par le président du TGI à apposer les *scellés* procède à leur enlèvement, soit sans *inventaire* lorsque toutes les parties appelées sont présentes (ou représentées) et ne s'y opposent pas, soit avec inventaire dans le cas contraire. Le procès-verbal de levée des scellés constate l'intégrité des scellés ou l'état de leurs altérations.

C. pr. civ., art. 1316 s.

→ *Apposition des scellés.*

Lex fori

[Droit international privé]

Loi nationale du tribunal saisi.

Un tribunal statue *lege fori* s'il applique à un litige, pour résoudre un conflit de lois, la loi de l'État à la souveraineté duquel il est soumis.

Lex loci

[Droit international privé]

Loi locale, c'est-à-dire loi du lieu où s'est produit un fait juridique.

Lex mercatoria

[Droit civil/Droit international privé]

Littéralement : « la loi des marchands ».

Expression désignant les règles aménagées par les professionnels en matière de contrats internationaux et suivies spontanément par les milieux d'affaires. Cette loi marchande devient dans une large mesure indépendante des règles étatiques.

GADIP n° 22.

Lex rei sitae

[Droit international privé]

Loi de la situation de la chose.

Certains biens sont traditionnellement régis par la loi de l'État où ils sont situés, même s'ils appartiennent à des étrangers (ex. : les immeubles). Toutefois, depuis le 17 août 2015, date d'entrée en application du règlement Successions (règlement (UE) n° 650/2012 du Parlement européen et du Conseil du 4 juillet 2012 relatif à la compétence, la loi applicable, la reconnaissance et l'exécution des décisions, et l'acceptation et l'exécution des actes authentiques en matière de successions et à la création d'un certificat successoral européen), les immeubles sont, en matière successorale, soumis à la loi de la résidence habituelle du défunt. Ceci constitue un bouleversement de la règle de conflit de traditionnelle en matière successorale, qui diffère selon que l'on a affaire à des meubles (*mobilia sequuntur personam*) ou des immeubles (*lex rei sitae*).

C. civ., art. 3, al. 2.

GADIP n° 3 et 48.

Lex societatis

[Droit international privé]

Loi en principe applicable à la constitution, au fonctionnement et à la dissolution d'une société. Cette loi, en droit international privé français, est déterminée par la situation du siège social. Par exemple, si le siège social est situé en France, la *lex societatis* est la loi française. Toutefois, si les tiers peuvent se prévaloir du siège statutaire, celui-ci ne leur est pas opposable par la société si son siège réel est situé en un autre lieu.

C. civ., art. 1837; C. com., art. L. 210-3.

Liaison de l'instance

[Procédure civile]

L'instance est liée à la première audience à laquelle sont échangées les conclusions sur le fond. La liaison de l'instance rend la procédure contradictoire (il n'y a plus place pour un *jugement par défaut*) et les *exceptions de procédure* irrecevables; elle fait obstacle au désistement ultérieur du demandeur sans l'accord de la partie adverse.

→ *Conclusions, Instance, Lien d'instance.*

Libéralisme

[Droit public]

Système selon lequel l'État doit se borner à assumer les fonctions indispensables à la vie en société et à la cohésion sociale et abandonner les autres activités à l'initiative privée.

L'État libéral est aussi qualifié d'État-arbitre (puisqu'il n'a pas à s'immiscer dans les rapports entre les individus, mais seulement à veiller au respect des règles du jeu libéral), ou d'État-gendarme (son rôle essentiel étant d'assurer le maintien de l'ordre et la défense nationale).

Libéralité

[Droit civil]

Définie par le législateur comme « l'acte par lequel une personne dispose à titre gratuit de tout ou partie de ses biens ou de ses droits au profit d'une autre personne », la libéralité suppose que cet acte par lequel une personne procure à autrui, ou s'engage à lui procurer un avantage, le soit sans contrepartie. Elle suppose ainsi un déplacement de valeur du patrimoine du disposant vers le patrimoine du gratifié, à la différence du contrat de bienfaisance où il n'y a pas disposition de ses biens, mais fourniture d'une activité bénévole (mandat non salarié), concession d'une jouissance gratuite (prêt à usage), ou mise à la disposition d'un tiers de son crédit uniquement (caution).

Il ne peut être fait de libéralité que par *donation* entre vifs ou par testament.

C. civ., art. 893 s. et 1107.*

→ *Legs.*

[Droit du travail]

Gratification accordée par l'employeur à un salarié en sus de son salaire et qui n'a pas la nature juridique de ce dernier.

Libéralité en avancement d'hoirie

[Droit civil]

→ *Avancement de part successorale, Hors part successorale.*

Libéralité en avancement de part successorale

[Droit civil]

→ *Avancement de part successorale, Hors part successorale.*

Libéralité graduelle

[Droit civil]

Libéralité grevée d'une charge comportant l'obligation pour le *donataire* ou le *légataire* de conserver les biens ou droits qui en sont l'objet et de les transmettre, à son décès, à un second gratifié désigné dans l'acte. Une telle libéralité, ouverte à toute personne au rebours de la *substitution fidéicommissaire* qu'elle remplace, ne peut porter que sur des biens et droits identifiables à la date de la transmission et subsistant en nature au décès du *grevé*.

Le second gratifié, dont les droits s'ouvrent à la mort du grevé, est réputé tenir ses droits de l'auteur de la libéralité.

C. civ., art. 1048 à 1056.

→ *Appelé, Fidéicommis, Libéralité résiduelle.*

Libéralité-partage

[Droit civil]

Dénomination du *partage d'ascendant* (loi n° 728 du 23 juin 2006).

Libéralité résiduelle

[Droit civil]

Disposition d'une libéralité par laquelle le donateur ou le testateur prévoit qu'un second gratifié recueillera ce qui subsistera du don ou du *legs* fait à un premier gratifié à la mort de celui-ci.

La libéralité résiduelle, à l'opposé de la *libéralité graduelle*, n'oblige pas le gratifié en premier à conserver les biens reçus; il peut en disposer à titre onéreux et, en cas de vente, les droits du second bénéficiaire ne se reportent ni sur le produit de l'aliénation, ni sur le nouveau bien acquis. En revanche, le premier gratifié ne peut pas disposer par testament des biens reçus à titre résiduel et le disposant peut lui interdire de procéder par donation entre vifs.

C. civ., art. 1057 s.

Libération conditionnelle

[Droit pénal]

Mesure de libération anticipée d'un condamné à une ou plusieurs peines privatives de liberté, s'il manifeste des efforts sérieux de réadaptation sociale. Accordée par le juge de l'application des peines ou le tribunal de l'application des peines, selon la durée de détention prononcée ou restant à subir, elle n'est possible que sous couvert d'un temps d'épreuve, correspondant à l'accomplissement d'une partie incompressible de la peine prononcée. Elle doit être précédée d'un débat contradictoire.

C. pr. pén., art. 712-6 s. et 729 s., 730-3.

Libération sous contrainte

[Procédure pénale]

Mesure qui peut être prise par le *juge de l'application des peines* au profit des personnes condamnées à une peine d'emprisonnement inférieure ou égale à cinq ans et qui en ont exécuté les deux-tiers. Elle entraîne l'exécution du reliquat de peine sous le régime de la *semi-liberté*, du *placement à l'extérieur*, du *placement sous surveillance électronique statique* ou de la *libération conditionnelle*.

C. pr. pén., art. 707 et 720.

Libération d'actions et de parts sociales

[Droit commercial]

Versement de la somme d'argent ou remise des biens représentant la valeur nominale de l'action souscrite.

Pour les sociétés par actions, les actions de numéraire doivent être libérées d'au moins la moitié lors de la souscription.

Pour les sociétés à responsabilité limitée, les parts de numéraire doivent être libérées d'au moins un cinquième de leur montant lors de la souscription.

C. com., art. L. 225-3, L. 228-27 et L. 223-7.

Liberté civile

[Droit civil]

La liberté juridique ou civile consiste dans le droit de faire tout ce qui n'est pas défendu par la loi.

Elle se présente comme une prérogative ouvrant à son bénéficiaire, lorsqu'il le désire, un accès inconditionné aux situations juridiques qui se situent dans le cadre de cette liberté. Une liberté est en principe non définie ni causée (susceptible non pas d'abus, mais d'excès); elle est également, en principe, inconditionnée (ainsi se marier ou non, contracter ou non, acquérir ou aliéner, tester, faire concurrence à d'autres commerçants…).

GAJC, t. 1, n° 31.

→ *Droits civils et politiques.*

Liberté contractuelle

[Droit général]

Principe général du droit, directement issu de la théorie de l'*autonomie de la volonté*, selon lequel les sujets de droit sont libres de conclure ou non un contrat et de déterminer leurs obligations réciproques.

GDCC n° 9, 30 et 41.

Liberté d'aller et de venir

[Droit constitutionnel]

Droit pour chacun de se déplacer librement dans le pays dont il est le national. Principe de valeur constitutionnelle, étendu aux citoyens de l'Union européenne (art. 20

TFUE qui consacre la *liberté de circuler* des citoyens européens au sein de l'Union). En revanche, la présence des étrangers et leurs mouvements sont soumis à des restrictions définies par chaque État au nom de sa souveraineté (sous réserve du respect des engagements internationaux pris par cet État).

GDCC n° 6, 29, 32 et 47.

Liberté d'association

[Droit constitutionnel]

Liberté de créer et faire fonctionner une *association*. Le Conseil constitutionnel, dans sa célèbre décision du 16 juillet 1971, pose les principes, issus de la loi du 1er juillet 1901, garantissant son respect.

GDCC n° 9, 15, 27 et 30.

→ *Principes fondamentaux reconnus par les lois de la République.*

Liberté d'entreprendre

[Droit constitutionnel/Droit commercial]

Principe à valeur constitutionnelle, dérivé de la liberté individuelle générale et du droit de propriété, favorisant l'accès aux professions indépendantes de toute nature et protégeant le pouvoir d'initiative des entrepreneurs dans l'exercice de leur activité professionnelle.

Liberté d'établissement

[Droit européen]

→ *Établissement.*

Liberté d'expression

[Droit général]

Liberté de communiquer ses opinions, le cas échéant par voie de presse. Fortement protégée (art. 19 DUDH, art. 10 CEDH, art. 11 Charte des droits fondamentaux de l'UE, art. 11 DDHC), cette liberté n'est cependant pas absolue, par exemple du fait de l'*obligation de réserve* imposée aux fonctionnaires, ou encore en raison de diverses incriminations (*diffamation*, incitation à la haine...).

→ *Laïcité, Liberté de penser, Liberté de la presse, Loi mémorielle.*

ACTU

Liberté d'installation

[Droit général/Procédure civile]

La loi n° 2015-990 du 6 août 2015 pour la croissance, l'activité et l'égalité des chances économiques (dite loi Macron) instaure une libéralisation progressive et régulée des conditions d'installation des professions de notaire, huissier de justice et commissaire-priseur judiciaire, afin d'assurer une meilleure couverture du territoire national par ces professions réglementées.

Dans les zones où l'implantation d'offices apparaît utile pour renforcer la proximité ou l'offre de services, les notaires, les huissiers de justice et les commissaires-priseurs judiciaires peuvent s'installer librement, en ce sens que le ministère de la justice nomme titulaire de l'office créé le demandeur qui remplit les conditions de nationalité, d'aptitude, d'honorabilité, d'expérience et d'assurance nécessaires à l'exercice de la profession.

Au contraire, dans les zones où l'implantation d'offices supplémentaires serait de nature à porter atteinte à la continuité de l'exploitation des offices existants et à compromettre la qualité du service rendu, le ministre de la justice peut refuser une demande de création d'office, après avis de l'Autorité de la concurrence.

Les zones dont il s'agit sont déterminées par une carte établie conjointement par les ministres de la justice et de l'économie, sur proposition de l'Autorité de la concurrence. Cette carte identifie les secteurs dans lesquels la création de nouveaux offices est souhaitable, elle est assortie de recommandations sur le rythme d'installation compatible avec une augmentation progressive du nombre de professionnels dans la zone concernée (les critères d'établissement de cette carte sont fixés par le décret n° 216 du 26 févr. 2016).

Ce nouveau régime ne prive pas le notaire, l'huissier de justice ou le commissaire-priseur judiciaire du droit de présenter son successeur à l'agrément de la Chancellerie selon les dispositions de l'article 91 de la loi du 28 avril 1816. Le Conseil constitutionnel (décision n° 2015-715 DC du 5 août 2015) a jugé que la création de deux modes de nomination sur office créé ou sur office existant, l'un libre et gratuit, l'autre onéreux et sur présentation du successeur par le titulaire de l'office, ne portait pas atteinte au principe d'égalité, le législateur ayant traité différemment des situations différentes.

L. n° 2015-990 du 6 août 2015, art. 52; L. du 25 ventôse an XI, art. 4; Ord. n° 45-2592 du 2 nov. 1945, art. 4; Ord. du 26 juin 1816, art 1er-1-1.

→ *Office ministériel, Profession réglementée.*

Liberté de circuler

[Droit européen]

Selon l'article 20 TFUE, le droit de circuler et de séjourner librement sur le territoire des États membres est l'un des attributs de la *citoyenneté européenne*.

En outre, selon l'article 26, le marché intérieur de l'Union européenne assure la libre circulation des marchandises, des personnes, des services et des capitaux.

→ *Liberté d'aller et de venir.*

Liberté de la défense

[Procédure (principes généraux)]

→ *Contradictoire (Principe du), Défense (Liberté de la), Droits de la défense.*

Liberté de penser

[Droit constitutionnel]

Liberté permettant à chaque individu d'avoir l'opinion de son choix. Doit signifier aussi liberté d'expression sauf restriction strictement encadrée (ex. : l'obligation de réserve des fonctionnaires).

DDHC, art. 10 et 11.

GDCC n° 15, 24, 27, 31, 34 et 37.

→ *Laïcité, Liberté d'expression, Liberté de la presse, Loi mémorielle.*

Liberté de la presse

[Droit constitutionnel]

À envisager quel que soit le moyen concerné (presse écrite, radio, télévision, Internet). Toute restriction est strictement encadrée (ex. : publications destinées à la jeunesse); voir aussi la décision du Conseil constitutionnel relative au CSA du 28 juillet 1989, ou pour Internet, la décision HADOPI du 10 juin 2009.

GDCC n° 31.

→ *Laïcité, Liberté d'expression, Liberté de penser, Loi mémorielle.*

Liberté des conventions matrimoniales

[Droit civil]

Principe selon lequel les époux sont libres d'organiser par convention leurs relations patrimoniales sous réserve de respecter les règles d'ordre public et les bonnes mœurs.

C. civ., art. 1387.

→ *Changement de régime matrimonial, Régime matrimonial.*

Liberté des mers (Principe de la)

[Droit international public]

→ *Haute mer.*

Liberté du commerce et de l'industrie

[Droit commercial/Droit administratif]

Principe posé par la loi des 2-17 mars 1791 (art. 7), selon lequel toute personne peut exercer librement toutes activités économiques et professionnelles, dans le cadre des lois et règlements en vigueur.

GAJA n° 41; GDCC n° 17 et 30.

Liberté du travail

[Droit du travail]

Liberté, ayant valeur de principe constitutionnel et reconnue à toute personne, d'exercer une activité salariée de son choix et de mettre fin, au besoin, aux relations de travail.

La liberté du travail comporte actuellement de nombreuses restrictions.

Atteinte à la liberté du travail : délit qui consiste en des violences, voies de fait, menaces, manœuvres frauduleuses, dans le but d'obliger des travailleurs à se joindre à un mouvement de grève.

GADT n° 210.

Liberté subsidiée

[Sécurité sociale]

Régime des organismes mutualistes qui s'autofinancent grâce aux cotisations de leurs membres, mais sont aidés par des subventions de l'État.

Liberté surveillée

[Droit pénal]

Mesure de sûreté prise à l'encontre d'un mineur délinquant qui a pour effet de le placer sous la surveillance et le contrôle éducatif d'un délégué, sous l'autorité du juge des enfants. Cette mesure peut être ordonnée à titre d'observation, d'épreuve ou d'éducation. Dans le dernier cas, elle concerne aussi bien les mineurs en liberté que ceux qui sont en internat ou dans un établissement pénitentiaire.

Liberté syndicale

[Droit du travail]

La liberté syndicale a de multiples aspects. Sur le plan individuel, c'est le droit des travailleurs de s'affilier au syndicat de leur choix ou de rester en dehors de tout syndicat. C'est encore celui d'exercer une activité syndicale hors de l'entreprise ou dans l'entreprise. Sur le plan collectif, c'est le droit des syndicats de se constituer et de fonctionner librement.

C. trav., art. L. 2141-1 s.

GADT n° 124-125 et 175; GDCC n° 13, 39 et 48.

Libertés publiques

[Droit public]

Droits de l'Homme reconnus, définis et protégés juridiquement. On peut les classer en 3 catégories :

1° *Droits individuels*, qui assurent à l'individu une certaine autonomie en face du pouvoir dans les domaines de l'activité physique (sûreté personnelle, liberté d'aller et venir, liberté et inviolabilité du domicile), de l'activité intellectuelle et spirituelle (liberté d'opinion, de conscience), de l'activité économique (droit de propriété, liberté du commerce et de l'industrie).

2° *Droits politiques*, qui permettent à l'individu de participer à l'exercice du pouvoir (droit de vote, éligibilité aux fonctions publiques). Les libertés de la presse, de réunion, d'association, qui débordent certes le domaine politique, peuvent être aussi des « libertés-opposition ».

3° *Droits sociaux et économiques*, qui sont le droit pour l'individu d'exiger de l'État certaines prestations (droit au travail, à l'instruction, à la santé) en même temps que des droits collectifs (droit syndical, droit de grève).

→ *Droits fondamentaux.*

Libre administration (Principe de)

[Droit public]

Principe d'administration, par des conseils élus, des *collectivités territoriales* décentralisées, que le Parlement doit respecter en raison de son rang constitutionnel, mais qui est mis en œuvre « dans les conditions prévues par la loi ».

Const., art. 72.

Libre circulation

[Droit européen]

→ *Liberté de circuler.*

Libre circulation des travailleurs

[Droit du travail/Droit européen]

Droit des travailleurs de chacun des pays membres de l'Union européenne de répondre à tout emploi offert dans un autre pays membre et d'être traités, dans tout pays membre, comme le travailleur national (art. 45 TFUE).

Libre pratique

[Droit européen]

Dans la terminologie du marché commun, sont considérés comme étant en libre pratique dans un État membre les produits originaires d'un État extérieur à l'union douanière, mais ayant effectivement supporté les droits de douane et respectant les réglementations applicables lors de leur entrée sur le territoire de l'Union. Dès lors assimilés aux produits originaires d'un État membre, ils bénéficient du même régime de libre circulation d'un État membre à un autre.

Licéité

[Droit général/Droit civil]

→ *Illicéité.*

Licence

[Droit administratif]

→ *Autorisation.*

[Droit commercial]

→ *Contrat de licence.*

Licence-Master-Doctorat (LMD)

[Droit administratif]

Système d'organisation des études dans le cadre de l'Espace universitaire européen d'enseignement supérieur, visant à personnaliser ces études en fonction du projet personnel de l'étudiant, à faciliter sa mobilité éventuelle entre les universités européennes et à assurer une meilleure reconnaissance internationale des diplômes. Dans les 5 premières années d'études elle est fondée sur un système de « crédits », unités de mesure de travail de l'étudiant déterminées par chaque université (équivalent aux ECTS du programme européen *Érasmus*) et globalement, sur une division des grades universitaires en 3 niveaux : la licence à baccalauréat + 3 ans (correspondant à 6 semestres d'études, soit 180 crédits), le master à bac + 5 (correspondant à 4 semestres supplémentaires, soit 120 crédits supplémentaires); il est d'ailleurs possible de demander après l'obtention de la première année du master la délivrance du diplôme de l'ancienne maîtrise. Au-delà du master l'étudiant peut poursuivre en doctorat, normalement obtenu à bac + 8 après soutenance d'une thèse. Le master en droit ne peut être délivré que par les universités habilitées, qui en pratique doivent comporter des Unités de formation et de recherche structurées en facultés de droit et/ou posséder des formations juridiques complètes de premier et deuxième cycles. Cette organisation ne concerne pas les études médicales et paramédicales.

Licenciement

[Droit du travail]

Résiliation du contrat de travail à durée indéterminée par l'employeur. Pour licencier, l'employeur doit observer une procédure. Il n'a le droit de licencier que pour une cause réelle et sérieuse. La procédure du licenciement varie, suivant qu'il s'agit d'un licenciement pour motif personnel (inhérent à la personne du salarié) ou d'un licenciement pour motif économique.

• *Licenciement individuel :* licenciement d'un seul salarié, par opposition au licenciement collectif.

• *Licenciement pour motif économique :* licenciement effectué par l'employeur pour un ou plusieurs motifs non inhérents à la personne du salarié résultant d'une suppression ou transformation d'emploi ou d'une modification, refusée par le salarié, d'un élément essentiel du contrat de travail, consécutive notamment à des difficultés économiques ou à des mutations technologiques. Les procédures de ce type de licenciements, complexes, varient en fonction du nombre de salariés concernés par le projet et peuvent faire intervenir les représentants du personnel et l'administration du travail.

C. trav., art. L. 1232-1 s.

GADT n° 106 et 107.

→ *Congédiement.*

Licitation

[Droit civil/Procédure civile]

Vente aux enchères d'un bien (immeuble ou meuble) *indivis*, suivie d'une répartition de son produit par attribution à chaque indivisaire d'une portion privative correspondant à ses droits indivis.

Pour les *immeubles*, les enchères sont reçues soit par un notaire commis par le TGI, soit à l'audience des *criées* par un juge désigné par le tribunal, les règles à observer étant celles de la vente des biens immobiliers appartenant aux mineurs ou aux majeurs en tutelle.

Pour les *meubles*, les enchères sont portées soit au lieu où se trouvent les objets à liciter, soit dans une salle des ventes, soit en tout autre lieu plus approprié pour solliciter la concurrence à moindres frais. Il est procédé comme en matière de *saisie-vente.*

Les indivisaires, s'ils sont tous capables et présents ou représentés, peuvent décider à l'unanimité que l'adjudication se déroulera entre eux.

C. civ., art. 815-5-1, 841, 883, 1476 et 1686 s. ; C. pr. civ., art. 1377 et 1378 ; C. pr. exéc., art. R. 221-33 à R. 221-39.

→ *Enchère ou enchères publiques, Partage, Privatif.*

Lien d'instance

[Procédure civile]

Lien juridique d'origine légale, qui s'institue entre le demandeur et le défendeur, et se superpose au rapport juridique fondamental dont la reconnaissance est demandée en justice.

L'existence de ce lien investit les plaideurs de prérogatives, de droits, de devoirs, de facultés.

→ *Droit processuel, Droit substantiel, Instance, Liaison de l'instance, Litige, Procès.*

Lieu d'établissement

[Droit civil]

Le lieu du principal établissement d'une personne physique détermine son *domicile.*

[Droit commercial]

Terme géographique qui indique l'emplacement d'une entreprise sans connotation de qualité.

Ligne

[Droit civil]

La suite des générations (chaque génération s'appelle un degré) forme la ligne. Elle est dite directe lorsqu'elle englobe les personnes qui descendent l'une de l'autre. Elle est dite collatérale lorsqu'elle concerne des personnes qui ne descendent pas les unes des autres, mais d'un auteur commun.

La ligne se subdivise en ligne paternelle et ligne maternelle lorsque la succession échoit à des ascendants ou à des collatéraux (division par moitié).

C. civ., art. 742, 743 et 746 s.

→ *Collatéral, Degré de parenté, Descendant, Enfant.*

Ligne (Opérations au-dessus/au-dessous de la)

[Droit financier ou fiscal]

Expression empruntée aux finances publiques britanniques pour désigner naguère, dans la *loi de finances*, les ressources et les charges définitives (opérations au-dessus de la ligne) et les opérations temporaires telles que les prêts et avances du *Trésor public* (opérations au-dessous de la ligne).

La réforme budgétaire de 2006 a abandonné cette distinction dans la présentation des lois de finances.

Ligne de base

[Droit international public]

Ligne qui suit la configuration générale des côtes d'un État et qui sert de point de départ pour le calcul de la largeur de la *mer territoriale*. La ligne de base normale est la *laisse de basse mer* le long du rivage.

Ligne directrice

[Droit administratif]

→ *Directive.*

Ligue

[Droit international public]

Alliance entre villes ou États pour défendre des intérêts communs ou poursuivre une politique concertée (Ligue Hanséatique – Ligue d'Augsbourg).

[Droit constitutionnel]

En France, nom donné à des formations politiques paramilitaires qui, contestant la démocratie, développent leur action hors du cadre électoral et parlementaire en recourant à la propagande et à l'agitation (nombreuses et actives dans les années 1930 : Croix de Feu, Francisme, etc.).

Elles peuvent être dissoutes par décret.

Ligue arabe

[Droit international public]

Organisation internationale créée en 1945 en vue de resserrer les liens entre les États arabes sur les plans politique, économique, social tout en sauvegardant leur indépendance et leur souveraineté.

Lingua

[Droit européen]

Programme de l'Union européenne pour développer l'enseignement des langues étrangères.

L'interlocutoire ne lie pas le juge

[Procédure civile]

Ancien adage signifiant que lorsque le juge aborde le fond du procès, il n'est pas lié par les décisions avant-dire droit qui ont antérieurement statué sur des mesures d'instruction.

→ *Interlocutoire, Jugement avant-dire droit ou avant-faire droit, Préparatoire.*

Liquidation

[Droit civil/Droit commercial]

Ensemble des opérations préliminaires au *partage* d'une indivision, quelle qu'en soit l'origine (ouverture d'une succession, dissolution d'une société). Elle consiste à payer le passif sur les éléments d'actif, à convertir en argent liquide tout ou partie de ces éléments afin que le partage puisse être effectué. Elle permet de dégager l'actif net et de le conserver jusqu'au partage.

Dans le cadre du *rétablissement personnel*, il peut être procédé à la liquidation du patrimoine du débiteur surendetté, suivie éventuellement d'une clôture de la procédure pour insuffisance d'actif.

C. civ., art. 1467, 1844-8; C. consom., art. L. 742-1 s.

[Droit commercial/Droit pénal]

Vente accompagnée ou précédée de publicité et annoncée comme tendant, par une réduction de prix, à l'écoulement accéléré de la totalité ou d'une partie des marchandises d'un établissement commercial, à la suite d'une décision, quelle qu'en soit la cause, de cessation, de suspension saisonnière ou de changement d'activité ou de modification substantielle des conditions d'exploitation. Ces ventes doivent faire l'objet d'une déclaration à l'autorité administrative.

C. com., art. L. 310-1.

[Droit financier ou fiscal]

En matière de dépenses publiques, opération postérieure à l'*engagement* consistant à calculer le montant exact d'une charge à payer, après avoir éventuellement vérifié la réalité de la prestation qui devait être fournie à la personne publique (règle du « service fait »).

En matière de recettes, la liquidation d'une créance consiste de même dans la détermination du montant de la somme à recevoir.

[Sécurité sociale]

Opération qui consiste à reconnaître les droits d'un assuré à pension et à la calculer.

Liquidation de l'astreinte

[Procédure civile]

Fixation du montant définitif de la somme d'argent que doit le débiteur qui n'a pas exécuté son obligation ou l'a exécutée avec retard, nonobstant l'*astreinte* dont il était l'objet. L'astreinte finale est chiffrée en tenant compte du comportement de celui à qui l'injonction a été adressée et des difficultés qu'il a rencontrées pour l'exécuter, sans considération pour le préjudice subi par le créancier.

La liquidation de l'astreinte rend possible le recours à l'exécution forcée.

C. pr. exéc., art. L. 131-3 et L. 131-4, R. 131-2, R. 131-3.

Liquidation des dépens

[Procédure civile]

Opération destinée à déterminer le montant des dépens dont la charge ou la répartition entre les plaideurs est fixée par le jugement; la contestation de cette liquidation donne lieu à vérification par le secrétaire de la juridiction et, éventuellement, à une *ordonnance de taxe*.

C. pr. civ., art. 701 s.

→ *Vérification des dépens.*

Liquidation judiciaire

[Droit commercial]

Procédure applicable à tout débiteur, commerçant, artisan, ou exerçant une activité professionnelle indépendante ainsi qu'à toute personne morale de droit privé se trouvant en cessation des paiements et dont le redressement est manifestement impossible.

La liquidation judiciaire a pour but de mettre fin à l'activité de l'entreprise ou à réaliser le patrimoine du débiteur par une cession globale ou séparée de ses droits et de ses biens : un liquidateur est donc nommé pour vendre les biens, encaisser les créances et payer les dettes.

Une procédure de liquidation judiciaire simplifiée, plus rapide, peut être appliquée aux débiteurs de moindre importance.

C. com., art. L. 640-1 s.

[Droit civil]

Procédure introduite par la loi n° 2003-710 du 1er août 2003 pour mettre un terme à la situation de surendettement d'une personne physique, lorsqu'il apparaît qu'il n'est pas possible de prendre des mesures de *rétablissement personnel* en raison de l'insuffisance de l'actif.

C. consom., art. L. 742-1.

→ *Mandataire judiciaire au rétablissement personnel des particuliers.*

Liquidité

[Droit civil/Procédure civile]

On dit d'une créance qu'elle est liquide lorsque son montant est précisément connu, déterminé dans sa quotité, en d'autres termes, chiffré. La Cour de cassation admet, pourtant, que l'exigence de liquidité est satisfaite lorsque le titre de créance contient tous les éléments permettant l'évaluation de la créance.

La liquidité de la créance est une condition nécessaire à la mise en œuvre de toute saisie d'exécution.

L'expression « en liquide » s'applique à un paiement fait en instruments monétaires, billets et pièces (paiement en *espèces*), sans user du chèque ou de la carte, souvent pour ne pas laisser de trace. Actuellement, le chèque est obligatoire pour toute somme supérieure à 1 000 € lorsque le débiteur a son domicile fiscal sur le territoire de la République française ou agit pour les besoins d'une activité professionnelle et à 15 000 € lorsqu'il justifie qu'il n'a pas son domicile fiscal sur le territoire de la République française et qu'il n'agit pas pour les besoins d'une activité professionnelle.

C. mon. fin., art. L. 112-6 s., D. 112-3; C. pr. exéc., art. L. 111-2, L. 111-6, L. 211-1, L. 221-1, L. 231-1, L. 311-2.

→ *Carte de paiement, Numéraire, Saisie-vente.*

Lisbonne (Traité de)

[Droit européen]

Signé à Lisbonne le 13 décembre 2007 pour pallier l'échec du projet de *Constitution* européenne.

Il conserve, pour l'essentiel, les dispositions institutionnelles de cette Constitution (sa partie I). N'intègre pas le texte de la *Charte des droits fondamentaux de l'Union européenne*, partie II de la Constitution, même si un renvoi lui confère la même valeur juridique que les traités (TUE, art. 6, § 1) sauf pour le Royaume-Uni, la Pologne et la Tchéquie. À la place de la partie III, modifie sensiblement plusieurs dispositions de droit institutionnel et matériel.

Il fait disparaître l'« architecture en *piliers* » qui caractérisait l'Union européenne depuis le traité de *Maastricht*, et par conséquent la *Communauté européenne*, au profit de la seule *Union européenne*. Ainsi, désormais, les 2 traités fondamentaux sont le Traité sur l'Union européenne (TUE) et le Traité sur le fonctionnement de l'Union européenne (TFUE, ex-TCE). Après 2 référendums en Irlande et une ultime tentative de blocage du Président tchèque, est finalement entré en vigueur le 1er décembre 2009.

Liste bloquée

[Droit constitutionnel]

Liste de candidats que l'électeur n'a pas le droit de modifier.

→ *Panachage.*

Liste électorale

[Droit constitutionnel]

Répertoire alphabétique officiel, révisé chaque année par une commission administrative, des personnes qui, possédant le droit de vote, exercent celui-ci dans la commune.

Lit de justice

[Droit constitutionnel]

Sous l'Ancien régime, séance solennelle du Parlement, marquée par la présence du Roi, qui peut notamment imposer sa volonté aux magistrats jusqu'alors rétifs à l'enregistrement d'un édit ou d'une ordonnance.

Litigants

[Procédure (principes généraux)]

Expression désignant les différentes parties à un procès (demandeur, défendeur, intervenant).

→ *Colitigants, Litisconsorts.*

Litige

[Procédure (principes généraux)]

On parle de litige lorsqu'une personne ne peut obtenir amiablement la reconnaissance d'une prérogative qu'elle croit avoir et qu'elle envisage de saisir un tribunal pour lui soumettre sa prétention. Avant la saisine du juge, on parle d'un simple différend ou d'un conflit de prétentions.

Le terme, bien que très large, est, en pratique, synonyme de *procès*.

→ *Instance, Lien d'instance.*

Litisconsorts

[Procédure civile]

On appelle litisconsorts les plaideurs qui, dans un procès, se trouvent du même côté de la barre : copropriétaires, codébiteurs, cohéritiers, par exemple. Leurs intérêts peuvent être distincts ou être unis par la *solidarité*, la *connexité* ou l'*indivisibilité*.

C. pr. civ., art. 36, 323 et 324.

→ *Colitigants, Consorts.*

Litispendance

[Procédure civile/Droit international privé/Droit européen]

Il y a litispendance lorsque le même litige que celui dont un tribunal est saisi, est porté devant une seconde juridiction de même degré et également compétente pour en connaître.

L'exception de litispendance est soulevée par l'une des parties au moyen d'un déclinatoire, avant tout débat au fond; ce déclinatoire est présenté au tribunal saisi en second. À défaut, la juridiction saisie en second peut se dessaisir d'office.

En cas de litispendance à l'intérieur de l'Union européenne, l'ancien règlement Bruxelles I du 22 décembre 2000 prescrivait le sursis de la juridiction saisie en second lieu jusqu'à ce que soit établie la compétence du tribunal premier saisi et, dans l'affirmative, le dessaisissement du tribunal saisi en second lieu. Le règlement Bruxelles I *bis*, qui a remplacé Bruxelles I depuis le 10 janvier 2015, maintient ce principe mais lui apporte une exception, en disposant que lorsqu'une juridiction d'un État membre à laquelle une clause attributive de juridiction attribue une compétence exclusive est saisie, toute juridiction d'un autre État membre (même première saisie) sursoit à statuer jusqu'à ce que la juridiction saisie sur le fondement de la convention déclare qu'elle n'est pas compétente en vertu de la convention. Cette règle exceptionnelle est elle-même sujette à quelques dérogations, notamment en matière de protection d'une partie faible.

C. pr. civ., art. 100, 102, 104 s.

→ *Bruxelles I et I bis, Connexité, Déclinatoire de compétence.*

Littéral

[Droit général]

1° En matière de preuve, désigne ce qui est exprimé par écrit (preuve littérale).

2° En matière d'interprétation, qualifie celle qui s'attache uniquement à la lettre du texte, contrairement à l'interprétation exégétique.

→ *Exégèse.*

Livraison

[Droit civil]

Dans les contrats de consommation, le professionnel, à défaut de précision contractuelle, doit livrer le bien (ou exécuter la prestation) au plus tard 30 jours après la conclusion du contrat; sinon le consommateur peut résoudre le contrat après avoir enjoint le professionnel de s'exécuter dans un délai raisonnable; il a droit au remboursement des sommes versées au plus tard dans les 14 jours de la résiliation.

C. consom., art. L. 216-1 s.

→ *Délivrance.*

Livres de commerce

[Droit civil/Droit commercial]

Écrit susceptible de servir de preuve littérale dans certains cas. Les mentions portées sur les livres de commerce font preuve contre le commerçant qui les a tenus; elles font aussi preuve en sa faveur dans les litiges entre commerçants; en revanche, les mêmes registres sont dépourvus d'autorité probatoire contre les personnes non commerçantes.

C. civ., art. 1378; C. com., art. L. 123-23.*

[Droit commercial]

→ *Comptabilité commerciale ou professionnelle.*

Livret de famille

[Droit civil]

Livret établi et remis par l'officier de l'état civil : 1° aux époux lors de la célébration du mariage; 2° aux parents, ou à celui d'entre eux à l'égard duquel la filiation est établie, lors de la déclaration de naissance du premier enfant; 3° à l'adoptant, lors de la transcription sur les registres de l'état civil du jugement d'adoption d'un enfant par une personne seule; 4° à l'occasion de l'établissement d'un acte d'*enfant sans vie*, à la demande des parents qui en sont dépourvus.

Figurent sur ce livret, selon le cas, un extrait de l'acte de mariage et un extrait de l'acte de naissance des parents et de l'enfant. Ultérieurement, le livret sera complété par divers extraits, dont ceux relatifs aux décès des enfants morts avant leur majorité.

Décr. n° 74-449 du 15 mai 1974, art. 1 s.

Lobby

[Droit constitutionnel]

→ *Groupe de pression.*

Locataire

[Droit civil]

Dans le contrat de bail, celui qui obtient le droit d'utiliser la chose louée contre le versement d'une somme d'argent appelée loyer. Le locataire est également désigné par le terme « preneur ».

→ *Bail.*

Location-accession à la propriété immobilière

[Droit civil]

Contrat passé entre un vendeur d'immeuble et une personne (accédant) qui désire avoir la faculté, après une période de jouissance à titre onéreux, d'acquérir la propriété.

L'accédant doit verser au vendeur le prix de la vente, dont le paiement est différé ou fractionné, ainsi qu'une redevance. Celle-ci est la contrepartie de son droit à la jouissance du logement et de son droit de devenir, s'il le désire, propriétaire (L. n° 595 du 12 juill. 1984).

→ *Location-vente.*

Location-gérance

[Droit commercial]

Contrat par lequel le propriétaire d'un fonds de commerce, appelé « bailleur » ou « loueur » confie, en vertu d'un contrat de location, l'exploitation de son fonds à une personne appelée « gérant » (ou « locataire-gérant ») qui exploite ce fonds en son nom, pour son compte et à ses risques et périls, et qui paie au propriétaire un loyer ou redevance.

C. com., art. L. 144-1.

Location-vente

[Droit civil]

Contrat par lequel le propriétaire d'une chose (matériel électronique, automobile) la loue à une personne qui, à l'expiration d'un temps déterminé, a la faculté ou l'obligation de l'acheter.

→ *Crédit-bail, Lease-back, Location-accession à la propriété immobilière.*

Locaux abandonnés

[Droit civil]

→ *Reprise des locaux abandonnés.*

Locaux insalubres ou dangereux

[Droit civil]

Les caves, sous-sols, combles, pièces dépourvues d'ouverture sur l'extérieur et autres locaux par nature impropres à l'habitation ne peuvent être mis à disposition aux fins d'habitation, à titre gratuit ou onéreux. Il en va de même pour les locaux mis à disposition dans des conditions qui conduisent manifestement à leur suroccupation.

CSP, art. L. 1331-22 et L. 1331-23.

Lock-out

[Droit du travail]

Décision par laquelle un employeur interdit aux salariés l'accès de l'entreprise à l'occasion d'un conflit collectif du travail. En droit français le *lock-out* est en principe illicite. Il ne peut en aucun cas être une mesure de rétorsion à l'encontre d'une grève. Ce n'est que dans un nombre très limité d'hypothèses que la jurisprudence a admis que le *lock-out* puisse être justifié, souvent pour des raisons de sécurité au travail.

GADT n° 200 à 203.

Locus regit actum

[Droit international privé]

Formule latine, inventée par les post-glossateurs, selon laquelle un acte juridique est soumis aux conditions de forme édictées par la législation en vigueur dans le pays où il a été conclu.

GADIP n° 40.

Logement décent

[Droit civil]

Logement répondant aux normes d'habitabilité édictées par les textes, normes relatives à la sécurité (réseau d'électricité, dispositif de retenue des personnes en bon état d'usage...), à la salubrité (matériaux et revêtements sans risques, ventilation et éclairement suffisants), aux équipements (sanitaires corrects, chauffage normal), à la surface (au moins une pièce de 9 m^2 et de 2,20 m de hauteur). La sanction de l'indécence réside dans la mise en conformité du logement donnant lieu, faute d'entente, à une décision du juge qui fixe la nature des travaux à réaliser et le délai de leur exécution, qui peut réduire le montant des loyers ou suspendre son paiement. En outre, lorsqu'il est établi un constat de non-décence, l'allocation logement, conservée par l'organisme payeur, n'est pas versée pendant un délai maximal de 18 mois et elle est définitivement perdue si, au terme de ce délai, aucune mise en conformité n'a été effectuée.

C. civ., art. 1719; L. n° 462 du 6 juill. 1989, art. 6 et 20-1; CSS, art. L. 542-2; CCH, art. L. 300-1, R. 111-1-1 s.; Décr. n° 120 du 30 janv. 2002, art. 3 et 4.

→ *Habitat indigne.*

Logement de fonction

[Droit du travail]

Logement fourni au salarié en vertu du contrat de travail et nécessaire à l'exécution de ses fonctions. Considéré comme un avantage en nature, le logement de fonction fait partie de la rémunération du salarié.

Logement familial

[Droit civil]

Habitation servant de résidence principale aux époux et leurs enfants. L'affectation familiale de cette habitation rend compte de plusieurs règles spécifiques :

- le choix du logement, à l'origine, requiert l'accord des deux époux;

- le sort ultérieur de ce logement est également soumis au principe de cogestion, l'un des époux ne pouvant disposer sans l'autre de ses droits personnels sur le logement;

- les droits de locataire appartiennent de plein droit aux deux époux indivisiblement, même si le bail a été conclu par un seul avant le mariage (cotitularité du bail);

- en cas de divorce, le juge peut concéder à l'un des conjoints un bail sur l'ancien logement familial malgré son appartenance exclusive à l'autre, dès lors que l'époux attributaire exerce l'autorité parentale sur les enfants résidant habituellement dans ce logement;

- la préservation du cadre de vie de la famille survit au décès, puisque le conjoint survivant a la jouissance gratuite du logement familial pendant un an à compter de l'ouverture de la succession.

Des dispositions analogues sont prévues pour des partenaires liés par un PACS.

C. civ., art. 215, 255, 285-1, 763, 764, 1751.

Logement meublé

[Droit civil]

Logement décent équipé d'un mobilier en nombre et en qualité suffisante pour permettre au locataire d'y dormir, manger et vivre convenablement au regard des exigences de la vie courante. Le décret n° 2015-981 du 31 juillet 2015 énumère, pour chaque pièce, les éléments de mobilier conformes à sa destination.

Lorsque le logement meublé est loué à titre de résidence principale, son régime est désormais très proche du statut locatif contenu dans le Titre 1er de la loi n° 89-462 du 6 juill. 1989, à part la durée du bail (un an en général, 9 mois pour un étudiant). Si le locataire peut résilier le contrat à tout moment, moyennant un préavis d'un mois, le bailleur ne peut donner congé, à l'expiration du bail, qu'en justifiant celui-ci, soit par sa décision de reprendre ou de vendre le logement, soit par un motif légitime et sérieux.

Lorsque le logement meublé n'est pas la résidence principale du locataire, celui-ci est dit touristique et son régime, plus souple, relève du Code civil et du Code du tourisme.

L. n° 89-462 du 6 juill., Titre 1er bis.

→ *Bail d'habitation.*

Logements intermédiaires

[Droit civil]

Qualification donnée aux logements qui, dans les zones urbaines marquées par un décalage des loyers du parc privé et du parc social, font l'objet d'une aide publique, directe ou indirecte, et sont destinés à être occupés à titre de résidence principale par

des personnes physiques aux ressources moyennes. Leur prix d'acquisition ou leur loyer n'excède pas certains plafonds fixés par décret.
Les logements intermédiaires donnent lieu à un nouveau bail de longue durée dénommé « bail réel immobilier ».

CCH, art. L. 254-1 s., 302-16.

Loi

[Droit général]

1° Au sens strict (parfois dit « formel »), règle de droit écrite, générale et permanente, adoptée par le Parlement selon la procédure législative et dans le domaine de compétence établis par la Constitution (Const., art. 34). Avant 1958, le critère seulement organique et formel de la loi lui ouvrait un domaine illimité.

GDCC n° 16 (définition matérielle), 19, 24 et 42 (expression de la volonté générale), 24 et 26 (valeur normative).

• *Loi impérative* : loi qui ne peut être éludée par celui auquel elle s'applique.

• *Loi supplétive* (ou interprétative) : loi qui ne s'impose à un individu qu'à défaut de manifestation de volonté contraire de sa part.

2° Au sens large (parfois dit « matériel »), règle de droit édictée, qu'elle soit d'origine parlementaire (loi au sens strict) ou non (directives, règlements, ordonnances, décrets, arrêtés).

GADPG n° 5; GAJC, t. 1, n° 4.

→ *Acte-règle, Constitution, Loi ordinaire, Loi organique, Ordre juridique, Règlement, Traité.*

Loi-cadre

[Droit constitutionnel]

Loi qui se borne à poser des principes généraux et laisse au gouvernement le soin de les développer en utilisant son pouvoir réglementaire.

Loi constitutionnelle

[Droit constitutionnel]

Loi de révision de la Constitution adoptée selon la procédure prévue par cette dernière. L'expression est aussi employée pour désigner la Constitution elle-même.

Loi d'application immédiate

[Droit international privé]

Loi dont l'application aux situations internationales est directe et ne passe pas par le mécanisme de la *règle de conflit de lois*. Certaines de ces lois sont dites de police, parce que leur application immédiate s'avère nécessaire en raison de l'objectif poursuivi par le législateur.

C. civ., art. 3, al. 1er, 212 s., 311-15, 370-3, al. 3, 375 s.; C. consom., L. 232-1 et L. 711-2; C. trav., art. L. 1262-4; C. assur., art. L. 112-3, al. 1er; C. mon. fin., art. L. 151-1 s.; C. com., art. L. 420-1.

GADIP n° 53.

→ *Conflit de lois dans le temps, Effet immédiat de la loi (principe de l'), Non-rétroactivité, Rétroactivité de la loi, Sécurité juridique (Principe de).*

Loi d'autonomie

[Droit international privé]

Règle de conflit de lois désignant la loi à laquelle les parties se sont explicitement ou implicitement référées.

GADIP n° 11 et 35.

Loi d'avenir pour l'agriculture, l'alimentation et la forêt

[Droit rural]

L'objectif de cette loi est de transposer en droit français les orientations de la politique agricole commune de l'Union européenne pour 2014-2020. Elle énonce les orientations à long terme, et réaffirme la nécessité des outils de gestion, de régulation, et d'organisation en les confortant ou les renforçant. Il s'agit en même temps d'assurer le renouvellement des générations, de préserver la force et l'excellence de l'agriculture française dans un monde globalisé, de construire les performances économiques et environnementales des exploitations d'aujourd'hui, et surtout que l'agriculture, l'alimentation et la forêt soient reconnues à l'avenir comme une composante économique, sociale et territoriale essentielle à l'équilibre de notre pays. Cela passe par le renforcement de la compétitivité des filières agricoles et agroalimentaires, dans le prolongement du cadre rénové de la politique agricole commune à partir de 2014 et en complément du travail réalisé conjointement par l'État et les professionnels au sein des filières.

L. n° 2014-1170 du 13 octobre 2014.

Loi d'habilitation

[Droit général]

Loi autorisant le gouvernement à prendre, par ordonnances, pendant un délai limité, des mesures qui sont normalement du domaine de la loi. Les ordonnances sont prises en Conseil des ministres après avis du Conseil d'État et entrent en vigueur dès leur publication.

Const., art. 38.

Loi de finances

[Droit financier ou fiscal/ Droit constitutionnel]

Expression générique désignant les lois qui déterminent la nature, le montant et l'affectation des ressources et des charges de l'État. Outre l'autorisation de percevoir les impôts de l'État et des collectivités, et l'ouverture par grandes masses des crédits budgétaires de l'État, elles ne peuvent contenir que certaines dispositions législatives ordinaires.

→ *Cavalier législatif, Crédit budgétaire.*

Elles sont votées selon une procédure particulière.

• *Loi de finances de l'année :* prévoit et autorise l'ensemble des ressources et des charges pour la durée de l'année civile.

• *Loi de finances rectificative :* pouvant être adoptée en cours d'année pour adapter à l'état des besoins la loi de finances de l'année en cours.

• *Loi de règlement :* permet au Parlement, après la clôture d'une année budgétaire, d'exercer son contrôle sur l'exécution des lois de finances précitées par le gouvernement, par la comparaison des autorisations de recettes et de dépenses contenues dans celles-ci et des opérations réellement exécutées; elle arrête en outre le montant du résultat budgétaire pour cette année et est accompagnée d'un ensemble de documents comme les rapports annuels de performance (un par programme) et précédée de la certification des comptes de l'État opérée par la Cour des comptes. Depuis 2007, la Loi de règlement a changé de dénomination et est devenue la Loi de règlement des comptes et rapport de gestion.

Const., art. 34, 47, 47-2.

GDCC n° 22, 23.

→ *Décret de répartition.*

Loi de financement de la Sécurité sociale

[Droit financier ou fiscal/Sécurité sociale]

Créée en 1996 sur l'inspiration des *lois de finances* cette catégorie de lois, destinée à assurer le contrôle du Parlement sur l'évolution des dépenses de la Sécurité sociale, détermine les conditions générales de son équilibre financier et, compte tenu de ses prévisions de recettes, elle en fixe les objectifs de dépenses. Dépourvues de caractère contraignant aussi bien en matière de dépenses que de recettes, ces lois servent néanmoins de fondement à un réseau complexe de règles permettant une régulation souple du montant des dépenses de Sécurité sociale de l'année.

Const., art. 34, 47-1.

GDCC n° 38.

Loi de modernisation de l'agriculture et de la pêche (LMAP)

[Droit rural]

Les grands axes de cette loi n° 2010-874 du 27 juillet 2010 couvrent l'alimentation, la production, la formation, le renforcement de la compétitivité de l'agriculture française, le développement durable des territoires agricoles et forestiers, la gouvernance de la pêche maritime et de l'agriculture, les outre-mer et la faveur à l'installation des jeunes agriculteurs. Ambitieuse, la LMAP créée des programmes nationaux de développement, de fonds nationaux et de commissions nationales afin d'encadrer l'évolution de l'agriculture.

→ *Loi d'avenir pour l'agriculture, l'alimentation et la forêt.*

Loi de programmation des finances publiques

[Droit financier ou fiscal]

Selon l'article 34 de la Constitution révisé le 23 juillet 2008, cette loi a pour objet de définir les orientations pluriannuelles des finances publiques dans une perspective d'équilibre des comptes. Son rôle a été renforcé par la loi organique relative aux lois de programmation des finances publiques du 17 décembre 2012.

→ *Annualité, Loi de finances, Loi organique relative à la programmation et à la gouvernance des finances publiques (LOPGFP).*

Loi de ratification

[Droit général]

Loi approuvant les ordonnances prises par le gouvernement en vertu d'une loi d'habilitation et leur conférant un caractère législatif. Tant qu'elles ne sont pas ratifiées, les ordonnances restent des actes administratifs dont la légalité peut être discutée par le recours pour excès de pouvoir ou par la voie de l'exception d'illégalité.

Const., art. 38.

GDCC n° 6, 14 et 17.

Loi de règlement

[Droit financier ou fiscal]

→ *Loi de finances.*

Loi de validation

[Droit constitutionnel]

Loi votée par le Parlement dont l'objet ou l'effet est de valider rétroactivement des actes juridiques qui n'avaient pas été créés valablement sous l'empire d'une loi ancienne, de manière à les rendre définitifs et insusceptibles d'annulation. Ce type de loi est nécessairement, ou naturellement, rétroactif. C'est pourquoi le Conseil constitutionnel et la Cour EDH subordonnent leur validité à l'existence « d'impérieux motifs d'intérêt général ».

GAJC, t. 1, n° 9; GDCC n° 7.

→ *Conflit de lois dans le temps, Droit acquis, Effet immédiat de la loi (Principe de l'), Non-rétroactivité, Rétroactivité de la loi, Sécurité juridique (Principe de).*

Loi écran

[Droit public]

→ *Écran législatif.*

Loi expérimentale

[Droit général]

Vise la loi (ou le règlement) comportant, pour un objet et une durée limités, des dispositions à caractère expérimental, afin d'en éprouver la pertinence. La loi ne deviendra définitive qu'après une évaluation positive et un nouveau vote.

Const., art. 37-1.

Loi interprétative

[Droit général]

Loi qui se borne à préciser le sens obscur, ambigu, ou contesté, d'une loi antérieure, sans créer de droits nouveaux. Cette loi est naturellement, ou nécessairement, rétroactive, puisqu'elle s'incorpore à la loi qu'elle interprète. Elle s'applique aux instances en cours.

GAJC, t. 1, n° 10; GADPG n° 10.

→ *Conflit de lois dans le temps, Droit acquis, Effet immédiat de la loi (Principe de l'), Loi de validation, Non-rétroactivité, Rétroactivité de la loi, Sécurité juridique (Principe de).*

Loi mémorielle

[Droit général]

Loi déclarant, voire imposant, le point de vue officiel d'un État sur des événements historiques, à l'image de la loi n° 90-615 du 13 juillet 1990 tendant à réprimer tout acte raciste, antisémite ou xénophobe (dite loi « Gayssot »), de la loi n° 2001-70 du 29 janvier 2001 sur le génocide arménien, ou encore de loi n° 2001-434 du 23 mai 2001 sur l'esclavage.

La loi n° 2005-158 du 23 février 2005 qui proclamait le « rôle positif » de la colonisation française, a été très contestée et progressivement largement vidée de son contenu.

Dans sa décision n° 2012-647 DC du 28 février 2012, le Conseil constitutionnel a déclaré inconstitutionnelle une loi « visant à réprimer la contestation de l'existence des génocides ». Il considère qu'une disposition législative ayant pour objet de « reconnaître » un crime de génocide ne saurait, en elle-même, être revêtue de la portée normative qui s'attache à la loi et qu'en réprimant la contestation de l'existence et de la qualification juridique de crimes qu'il aurait lui-même reconnus et qualifiés comme tels, le législateur a porté une atteinte inconstitutionnelle à l'exercice de la liberté d'expression et de communication.

Loi ordinaire

[Droit constitutionnel]

Acte adopté par le Parlement selon la procédure législative de droit commun établie par la Constitution. S'oppose donc aux lois adoptées selon une procédure spéciale et disposant d'une autorité supérieure (*loi constitutionnelle*, *loi organique*) et même, dans un sens atténué, à celles n'en disposant pas (*loi de finances*, *loi d'habilitation*...).

→ *Loi.*

Loi organique

[Droit constitutionnel]

Loi votée par le Parlement pour préciser ou compléter les dispositions de la Constitution. La Constitution de 1958 prévoit limitativement les cas de recours aux lois organiques et fait de celles-ci une nouvelle catégorie de lois entre les lois constitutionnelles et les lois ordinaires en les soumettant à des conditions particulières d'adoption et de contrôle (art. 46).

Loi organique relative à la programmation et à la gouvernance des finances publiques (LOPGFP)

[Droit financier et fiscal]

S'inscrivant dans le prolongement de différents textes adoptés par l'Union européenne et du Traité intergouvernemental sur la stabilité, la coordination et la gouvernance au sein de l'Union économique et monétaire (TSCG) du 2 mars 2012, cette loi organique du 17 décembre 2012 renforce et précise le contenu des lois de programmation des finances publiques en particulier s'agissant des orientations à moyen terme des finances publiques françaises dans une perspective d'équilibre budgétaire, des trajectoires des soldes structurels et effectifs annuels des comptes des administrations publiques; elle institue un mécanisme de correction lorsque le solde structurel représente au moins 0,5 % du produit intérieur brut sur une année donnée ou au moins 0,25 % du produit intérieur brut par an en moyenne sur deux années consécutives; ce texte renforce le contenu des différentes lois financières et crée une instance consultative indépendante, le *Haut Conseil des finances publiques*.

→ *Loi de programmation des finances publiques, Règle d'or.*

Loi organique relative aux lois de finances (LOLF)

[Droit financier ou fiscal]

Adoptée en application de l'article 47 de la Constitution, et en remplacement de l'ordonnance du 2 janvier 1959, la loi du 1er août 2001, modifiée le 12 juillet 2005, rénove profondément les conditions d'adoption des *lois de finances*. Elle élargit les droits d'initiative et de vote du Parlement et lui permet de mieux contrôler les performances de l'État, dont l'activité est désormais ventilée en missions, programmes et actions. Elle a aussi profondément bouleversé la gestion des finances publiques par les Administrations de l'État.

GDCC nº 23.

Loi personnelle

[Droit international privé]

→ *Statut personnel.*

Loi plus douce

[Droit pénal]

→ *Rétroactivité in mitius.*

Loi réelle

[Droit international privé]

→ *Lex rei sitae, Statut réel.*

Loi référendaire

[Droit constitutionnel]

Loi adoptée par *référendum*.

En France, loi résultant de l'adoption par référendum d'un projet de loi ou, depuis la révision constitutionnelle de 2008, d'une proposition à l'initiative d'1/5e des membres du Parlement soutenue par 1/10e des électeurs inscrits, soumis au peuple par le président de la République, dans les cas et selon les procédures prévues à l'article 11 de la Constitution de 1958. L'article 88-5 prévoit également la possibilité d'un référendum à propos de l'adhésion d'un nouvel État membre à l'Union européenne.

La loi référendaire peut être constitutionnelle si elle vise à adopter ou réviser la Constitution (par ex., Const., art. 89).

GDCC nº 13.

Loi uniforme

[Droit international privé]

On désigne ainsi une législation contenue dans une convention internationale et qui réalise, entre les États ayant ratifié cette convention, une unification du droit dans les matières visées par le traité, exemple : loi uniforme en matière d'effets de commerce (convention de Genève de 1930).

Lois de police

[Droit international privé]

→ *Loi d'application immédiate.*

Lois de Rolland

[Droit administratif]

Principes de fonctionnement des *services publics* dégagés en doctrine en 1926 par Louis Rolland (égalité, continuité, mutabilité ou adaptabilité). Sous l'influence du droit de l'Union européenne, s'ajoutent aujourd'hui, pour certaines activités, l'universalité et la transparence.

→ *Service universel.*

Lois du pays

[Droit constitutionnel/Droit administratif]

Catégorie particulière de textes propre à la Nouvelle-Calédonie et à la Polynésie française, marquant le statut de large autonomie de ces collectivités d'outre-mer, votés par leurs assemblées délibérantes dans des matières énumérées. En Nouvelle-Calédonie elles ont la même force juridique qu'une *loi* et ne peuvent faire l'objet que d'un contrôle du Conseil constitutionnel avant leur promulgation. En Polynésie elles n'ont qu'une force réglementaire; leur contentieux relève du seul Conseil d'État.

→ *Pouvoir réglementaire.*

Lois fondamentales

[Droit constitutionnel]

1° *Au singulier ou au pluriel :* expression désignant officiellement la Constitution ou l'ensemble des textes formant la Constitution d'un pays.

2° *Lois fondamentales du royaume :* lois généralement coutumières qui, sous l'Ancien Régime, tenaient lieu en quelque sorte de Constitution (règles de transmission de la Couronne, inaliénabilité du domaine royal, etc.). Ces lois visaient l'intérêt exclusif de l'État.

Loterie

[Droit civil]

Sont réputées loteries les ventes effectuées par la voie du sort, ou auxquelles ont été réunies des primes dues même partiellement au hasard et, généralement, toutes opérations offertes au public pour faire naître l'espérance d'un gain qui serait dû même partiellement au hasard et pour lesquelles un sacrifice financier des participants est exigé par l'opérateur.

Les loteries de toute espèce sont prohibées à peine de sanctions pénales : 3 ans d'emprisonnement, 90 000 euros d'amende, confiscation obligatoire des appareils de loterie, fermeture d'établissements.

Sont exceptées de l'interdiction les loteries destinées à des actes de bienfaisance, à l'encouragement des arts, au financement d'activités sportives à but non lucratif, les loteries foraines, les lotos traditionnels appelés « poules au gibier », « rifles » ou « quines », organisés dans un cercle restreint, uniquement dans un but non spéculatif (culturel, scientifique, éducatif...) et avec des mises inférieures à 20 euros.

La loterie n'est ni un *jeu*, car elle n'implique aucune intervention active des acheteurs, ni un *pari*, car elle ne suppose pas une prise de position sur une question donnée.

CSI, art. L. 322-1 à L. 322-7; C. consom., art. L. 121-20 et R. 121-11 s.

GAJC, t. 2, n° 244.

→ *Jeux en ligne.*

Lotissement

[Droit administratif]

De façon générale, toute division d'une même propriété foncière qui, qu'elle qu'en soit la cause, a pour objet ou pour effet de porter à plus de 2, sur une période de moins de 10 ans, le nombre de terrains issus de ladite propriété, en vue de l'implantation de bâtiments. Cette opération est soumise à une réglementation détaillée.

Immeuble divisé en lots. Ce terme désigne plus précisément la division d'un terrain en parcelles, par un organisme public ou privé, en vue de la construction.

C. urb., art. L. 442-1 s.

Lots

[Droit civil]

Fraction de biens, en nature ou en valeur, revenant à chaque copartageant sur l'ensemble à distribuer. Dans la formation et la composition des lots, on s'efforce d'éviter de diviser les unités économiques dont le fractionnement entraînerait la dépréciation et la loi du 23 juin 2006 a posé que l'égalité dans le partage est une égalité en valeur.

Dans la copropriété des immeubles bâtis, la propriété est répartie entre les copropriétaires par lots comprenant chacun une partie privative et une quote-part des parties communes.

C. civ., art. 826, 830 s., 1077-1 et 1080.

→ *Copropriété, Lotissement, Partage.*

Louage

[Droit civil]

Contrat par lequel l'une des parties s'engage à procurer à l'autre, soit la jouissance d'une chose, soit ses services ou son industrie, temporairement et moyennant un certain prix.

C. civ., art. 1708 s.

→ *Bail, Louage de choses, Louage d'ouvrage et d'industrie, Louage de services.*

Louage d'ouvrage et d'industrie

[Droit civil]

Dans la terminologie du Code civil (art. 1779), les mots ouvrage et industrie étaient synonymes, englobant le contrat de travail, le contrat de transport et le *contrat d'entreprise*.

Aujourd'hui, on ne parle du louage d'ouvrage que pour désigner le contrat (dénommé contrat d'entreprise) en vertu duquel une personne (le locateur d'ouvrage ou entrepreneur) s'engage au profit d'une autre (le *maître de l'ouvrage*) à exécuter un travail indépendant moyennant un certain prix.

C. civ., art. 1710 et 1792 s.

GAJC, t. 2, n° 275.

Louage de choses

[Droit civil]

Contrat par lequel l'une des parties s'engage à procurer à l'autre, pendant un certain temps, la jouissance d'une chose, moyennant un certain prix. On appelle *bail* à loyer le louage des maisons et des meubles, bail à ferme celui des héritages ruraux.

C. civ., art. 1711 et 1713 s.

GAJC, t. 2, n° 271.

→ *Locataire.*

Louage de services

[Droit civil/Droit du travail]

Terminologie ancienne désignant le travail salarié.

Louveterie

[Droit de l'environnement/Droit rural]

Service administratif placé sous le contrôle de la direction départementale de l'agriculture et de la forêt qui a pour objet la destruction des loups et des animaux nuisibles. Des battues, ordonnées par le préfet, sont organisées par des lieutenants de louveterie dont les fonctions sont bénévoles; ces battues peuvent également porter sur des animaux d'espèces soumises à un plan de chasse et s'exercer sur les propriétés privées sans le consentement des propriétaires, étant des mesures d'intérêt général.

C. envir., art. L. 427-1 s. et R. 427-1 s.

Loyauté

[Droit civil]

Corollaire de l'obligation de bonne foi, le principe de loyauté contractuelle, applicable tant au stade de la négociation et de la formation du contrat qu'au stade de son exécution, interdit à une partie à un contrat de tromper son cocontractant et lui impose d'adopter une attitude cohérente, telle que ce dernier puisse décider de sa propre conduite en connaissance de cause.

[Procédure civile]
Principe selon lequel le juge et les parties doivent, dans leurs comportements procéduraux, faire preuve de *bonne foi* et de probité. Ce principe n'est pas explicitement posé par le Code de procédure civile mais on peut y voir un principe émergent de la procédure civile : outre l'*estoppel*, qui en est une manifestation, la Cour de cassation reconnaît les principes de loyauté des débats et de loyauté de la preuve en matière civile. Des commissions de réflexion proposent, à l'instar d'une certaine doctrine, de l'inscrire dans le Code de procédure civile comme principe directeur du procès, ce que le décret n° 2011-48 du 13 janvier 2011 a réalisé pour l'instance arbitrale.

C. civ., art. 1104; C. pr. civ., art. 1464.*

Lucrum cessans

[Droit civil]
Manque à gagner qui peut donner lieu à réparation par application des règles de la responsabilité civile. Avec la perte éprouvée (le *damnum emergens*) ils constituent, en responsabilité civile, les 2 éléments de calcul pour l'indemnisation du préjudice subi.

C. civ., art. 1231-2.*

Lugano II

[Droit international privé/Droit européen/ Procédure civile]
Expression désignant la convention concernant la compétence judiciaire, la reconnaissance et l'exécution des décisions en matière civile et commerciale, signée à Lugano le 30 octobre 2007 et entrée en vigueur le 1er janvier 2010. Cette convention remplace la convention de Lugano de 1988 au même objet, d'où son nom. Elle régit les relations entre l'Union européenne et les États membres de l'*Association européenne de libre-échange* (AELE). Elle est aujourd'hui en vigueur entre l'Union européenne (avec une ratification séparée pour le Danemark), l'Islande, la Norvège et la Suisse.

M

Maastricht (Traité de)

[Droit européen]

Traité sur l'Union européenne conclu à Maastricht le 7 février 1992. Étape essentielle dans l'achèvement du processus d'intégration économique des Communautés, il jette les bases de l'*Union européenne*. Modifie en ce sens les traités aussi bien sur le plan institutionnel que par des politiques et formes de coopération nouvelles. Programme l'établissement d'une monnaie unique.

Ratifié par la France en septembre 1992 par référendum, il est entré en vigueur le 1er novembre 1993.

→ *Banque centrale européenne (BCE), Piliers, Politique étrangère et de sécurité commune (PESC), Subsidiarité, Union économique et monétaire.*

Magasin collectif d'indépendants

[Droit commercial]

Réunion dans une même enceinte, sous une même dénomination, d'un certain nombre de commerçants ou d'artisans désireux d'exploiter leur entreprise selon des règles communes, tout en conservant la propriété de leur fonds.

C. com., art. L. 125-1 s.

Magasins généraux

[Droit commercial]

Établissements commerciaux agréés et contrôlés par l'Administration qui reçoivent en dépôt de la part de commerçants, d'industriels, d'agriculteurs ou d'artisans, des marchandises ou des denrées qui sont gardées pour le compte du déposant ou de celui à qui est transmis le titre constatant le dépôt.

C. com., art. L. 522-1 s.

→ *Récépissé-warrant, Warrant.*

Magistrat

[Procédure civile/Procédure pénale]

Dans les juridictions de l'ordre judiciaire, les magistrats de carrière sont chargés de juger lorsqu'ils sont au *siège*, et de requérir l'application de la loi quand ils sont au *parquet*.

Recrutés par concours ou par intégration sur titres, ils sont placés dans un statut distinct de celui des fonctionnaires (ord. n° 58-1270, 22 déc. 1958) et forment le *corps judiciaire*; ils jouissent, lorsqu'ils appartiennent au siège, de l'*inamovibilité*. Ils siègent dans les TGI, les tribunaux d'instance, les cours d'appel et à la Cour de cassation tant en matière civile qu'en matière pénale. Dans les tribunaux d'exception siègent des juges élus ou nommés, non professionnels, qui ne sont pas des magistrats au sens exact du terme (juges du commerce, conseillers prud'homaux, juges de proximité, etc.).

→ *Échevinage, Juge, Prise à partie, Responsabilité du fait du fonctionnement défectueux de la justice.*

[Procédure administrative]

Les membres des juridictions administratives bénéficient de garanties d'indépendance qui sont, en droit ou en fait, presque aussi étendues que celles des magistrats de l'ordre judiciaire. Les textes législatifs qualifient d'ailleurs de magistrats les juges des comptes (Cour des comptes, chambres régionales des comptes) depuis longtemps, et la loi n° 2012-347 du 12 mars 2012 (art. 86) énonce à son tour que « les membres des tribunaux administratifs et des cours administratives d'appel sont des magistrats ».

GDCC n° 7, 8, 32, 41, 46, 47 et 51.

Magistrat de liaison

[Droit pénal]

Magistrat français en poste dans un pays étranger sous l'autorité de l'ambassade de France et dont la mission consiste à œuvrer pour faciliter l'entraide pénale internationale et favoriser les rapprochements entre les systèmes juridiques différents afin de mieux lutter contre la délinquance transfrontalière. Par réciprocité, la France accepte sur son territoire des magistrats de liaison étrangers.

Magistrature

[Procédure civile/Procédure pénale]

Corps des *magistrats* exerçant leurs fonctions dans le cadre de l'*autorité judiciaire*.

La magistrature assise (ou du *siège*) désigne l'ensemble des magistrats qui rendent la justice en prononçant des décisions (ils restent assis pendant leur fonction). La magistrature *debout* comprend les magistrats du *parquet* qui ne rendent pas la justice mais qui la requièrent au nom de l'État, ainsi nommés parce que le magistrat se lève et se tient debout pour exposer ses réquisitions et conclusions.

Ord. n° 58-1270 du 22 déc. 1958.

→ *Corps judiciaire.*

Main commune

[Droit civil]

Clause par laquelle les époux conviennent que la communauté sera administrée conjointement; tout acte de disposition ou d'administration est fait sous la signature des deux époux. Cette clause, depuis la loi du 23 décembre 1985, a été rebaptisée *clause d'administration conjointe.*

C. civ., art. 1503 s.

Main courante

[Droit pénal]

Registre sur lequel sont consignées, à mesure qu'elles se produisent, les activités des services de police dans un commissariat (convocation, interpellation, constat) et notées les déclarations des plaignants (vol, perte, accident, dépôt de plainte).

Main de Justice

[Procédure civile]

Sceptre terminé par une main d'ivoire que les rois, dans les cérémonies, par exemple les lits de Justice, tenaient à la main.

Symbole de l'autorité de la Justice et de la puissance qu'elle détient pour faire exécuter ses commandements, contraindre les personnes et procéder sur leurs biens. On dit que telle chose est placée sous la main de la Justice, à la suite notamment d'une confiscation, d'un séquestre, d'une saisie… (ex. : fusil confisqué pour chasse prohibée).

Main-d'œuvre

[Droit du travail]

Ensemble des salariés d'une entreprise, d'une région ou d'un pays.

Mainlevée

[Droit civil/Procédure civile]

Acte par lequel un particulier ou un juge arrête les effets d'une hypothèque, d'une saisie, d'une opposition, ou d'une mesure de protection des majeurs (sauvegarde de justice, curatelle, tutelle…), d'une mesure de *soins psychiatriques*.

C. civ., art. 67, 173, 177, 439, al. 2, 443, al. 1er, 2440, 2441, 2446 s.; CSP, art. L. 3211-12; C. pr. exéc., art. L. 121-2, R. 221-47, R. 232-8, R. 512-1, R. 512-2.

[Droit international public]

Décision qui met fin à l'immobilisation d'un navire. Peut être ordonnée en urgence par le *Tribunal international du droit de la mer* à la demande de l'État du pavillon, en application de la Convention des Nations unies sur le droit de la mer de 1982.

Mainmorte

[Droit civil]

S'applique aux biens appartenant aux personnes morales qui se trouvent, du fait que leur possesseur a une existence indéfinie, retirés du circuit économique et échappent, notamment, aux règles des mutations par décès : les biens sont dits de mainmorte parce que la main qui les détient (la personne morale) ne meurt pas.

Maintien dans les lieux

[Droit civil]

Droit que la loi reconnaît à certains locataires et sous certaines conditions, dans le cas de la loi n° 48-1360 du 1er septembre 1948 (art. 4), de demeurer dans le local loué, à l'expiration du bail, alors même que le bailleur s'y opposerait.

GAJC, t. 2, n° 272.

→ *Droit au renouvellement, Reprise (Droit de).*

Maintien irrégulier d'un étranger sur le territoire national (Délit de)

[Droit pénal]

Fait pour un étranger de se maintenir, sans motif légitime, sur le territoire national alors qu'il a fait l'objet d'une mesure d'éloignement (arrêté d'expulsion, reconduite à la frontière, obligation de quitter le territoire ou interdiction judiciaire du territoire) après avoir fait l'objet d'une mesure de rétention ou d'assignation à résidence sans qu'il ait pu être procédé à son éloignement. L'infraction est passible de 1 an d'emprisonnement et de 3 750 € d'amende. En revanche le séjour irrégulier d'un étranger, en tant que tel, n'est plus punissable.

CESEDA, art. L. 624-1, al. 3.

Maire

[Droit administratif]

Autorité communale élue en son sein par le conseil municipal.

En tant qu'agent de la commune, le maire exécute les délibérations du conseil municipal et possède des pouvoirs propres d'action; il est placé alors sous le contrôle de légalité du préfet (ou du sous-préfet en dehors de l'arrondissement chef-lieu du département). Le maire remplit également des fonctions pour le compte de l'État (publication des lois et règlements, tenue de l'état civil…), sous l'autorité hiérarchique de celui-ci.

CGCT, art. L. 2122-21 et L. 2122-27.

Maire d'arrondissement

[Droit administratif]

À Paris, Lyon et Marseille il existe des maires d'arrondissement, élus par le *conseil d'arrondissement*. Ils ont un rôle de consultation sur les équipements publics de leur circonscription, et un pouvoir de gestion pour certaines affaires.

CGCT, art. L. 2511-25 s.

Maison centrale

[Droit pénal]

Établissement qui reçoit les condamnés définitifs à une peine privative de liberté, sauf pour les condamnés à l'emprisonnement d'une durée inférieure ou égale à un an ou auxquels il reste à subir une peine d'une durée inférieure à un an, à être maintenus, à titre exceptionnel, en maison d'arrêt, et incarcérés dans un quartier distinct, si les conditions tenant à la préparation de leur libération, leur situation familiale ou leur personnalité le justifient.

Les maisons centrales, ainsi que les quartiers maisons centrales dans les centres pénitentiaires qui en sont dotés, comportent une organisation et un régime de sécurité renforcés, dont les modalités internes permettent également de préserver et de développer les possibilités de réinsertion sociale des condamnés.

C. pr. pén., art. 717 et D. 70 s.

Maison d'arrêt

[Droit pénal]

Lieu où sont enfermées les personnes mises en examen, *prévenu* et *accusé* soumis à la détention provisoire.

Il y a une maison d'arrêt près de chaque TGI, de chaque cour d'appel et de chaque cour d'assises, sauf auprès de certains tribunaux et certaines cours désignés par décret.

C. pr. pén., art. 714.

Maison de l'emploi

[Droit du travail]

Les maisons de l'emploi contribuent à la coordination des actions menées dans le cadre du service public de l'emploi et exercent des actions en matière de prévision des besoins de main-d'œuvre et de reconversion des territoires, notamment en cas de restructurations. Elles participent également à l'accueil et à l'orientation des demandeurs d'emploi, à l'insertion, à l'orientation en formation, à l'accompagnement des demandeurs d'emploi et des salariés et à l'aide à la création d'entreprise. Il existe au moins une maison de l'emploi par région administrative.

C. trav., art. L. 5313-1 s.

Maison de justice et du droit

[Procédure civile/Procédure pénale]

À l'origine, expérience tentée par plusieurs parquets dans le cas d'infraction pénale. Une rencontre est organisée entre la victime et l'auteur de l'infraction, en présence d'un représentant du parquet et d'un membre du barreau. Le but est d'amener la victime et l'auteur de l'infraction à un accord qui mettra fin à une poursuite pénale, peut-être même à un emprisonnement pour un délinquant primaire.

Par la suite, ces antennes de justice ont été institutionnalisées : placées sous l'autorité des chefs du TGI, elles ont une mission de prévention de la délinquance et de conciliation tant en matière pénale que civile; elles concourent à l'aide aux victimes et à l'accès au droit en informant et en orientant le public. La France en compte 137 au 1er janvier 2015 (dernier chiffre publié).

COJ, art. R. 131-1 s.

→ *Aide à l'accès au droit, Conciliation organisée par le juge, Médiation organisée par le juge, Médiation pénale.*

Maison de naissance

[Sécurité sociale]

Structures au sein desquelles des sages-femmes assurent notamment la surveillance médicale de la grossesse et des suites de l'accouchement, la préparation à la naissance et à la parentalité, l'accouchement et les soins postnataux à la mère et à l'enfant. Chaque maison n'assure ni l'hébergement des parturientes et de leurs nouveaux nés, ni la prise en charge des urgences obstétricales.

CSP, art. L. 4151-1 à L. 4151-4.

ACTU

Maison des services publics

[Droit administratif]

Lieux dans lesquels sont regroupés, en milieu rural ou urbain, des représentants d'administrations de l'État, des collectivités locales, ou des organismes de Sécurité sociale, en vue d'assurer un service de proximité au profit des usagers.

La loi du 7 août 2015 portant nouvelle organisation territoriale de la République a modifié leur dénomination et étendu leur périmètre. Il s'agit désormais de maisons de services au public pouvant regrouper des services publics, mais aussi des activités privées nécessaires à la satisfaction des besoins de la population.

Maître d'œuvre

[Droit administratif/Droit civil]

Personne, entreprise qui est chargée de réaliser un ouvrage ou des travaux immobiliers pour le compte du *maître de l'ouvrage*, ou d'en diriger la réalisation. Dans le cas de travail public en *régie*, maître d'œuvre et maître de l'ouvrage sont confondus.

Maître de l'ouvrage

[Droit administratif]

Personne publique ou privée pour le compte de laquelle des travaux ou un ouvrage immobilier sont réalisés. Ex. : commune faisant construire un bâtiment municipal.

→ *Ouvrage public.*

[Droit civil]

Dans le contrat de louage d'ouvrage et d'industrie, partie contractante qui obtient, moyennant un prix, les services de l'entrepreneur ou locateur. Le maître de l'ouvrage est celui qui commande l'ouvrage, alors que le maître d'œuvre est celui qui coordonne les divers travaux de construction dudit ouvrage.

Maître des requêtes

[Droit administratif]

Au sein du *Conseil d'État*, titulaire du *grade* intermédiaire entre ceux d'*auditeur* et de *conseiller d'État*.

De hauts fonctionnaires peuvent être nommés, pour 4 ans, par le vice-président du Conseil d'État, en tant que maîtres des requêtes en service extraordinaire.

Maître restaurateur

[Droit civil]

Titre délivré par le préfet pour distinguer les personnes physiques qui dirigent une entreprise exploitant un fonds de commerce de restauration, ou qui y exercent leur activité, pour la qualité de leur établissement et de leur cuisine. Sorte de guide Michelin étatique et officiel au vu d'un cahier des charges.

C. consom., art. L. 122-21.

Maîtrise des armements

[Droit international public]

Historiquement, lutte contre la course aux armements due à l'initiative des 2 superpuissances opposées durant la Guerre froide (États-Unis et URSS), et consistant en une régulation de l'évolution des armements (notamment nucléaires), de manière à maintenir l'équilibre militaire. Différence avec le désarmement qui consiste dans la destruction de stocks d'armes existants.

Majeur protégé

[Droit civil]

→ *Protection des majeurs.*

Majoration de retard

[Droit général/Sécurité sociale]

Majoration appliquée aux cotisations de Sécurité sociale qui n'ont pas été versées aux dates limites d'exigibilité.

CSS, art. R. 243-18.

→ *Intérêt légal.*

Majoration pour tierce personne

[Sécurité sociale]

Majoration attribuée seulement aux personnes titulaires de pensions personnelles, soit liquidées au titre de l'inaptitude au travail, soit substituées à une pension d'invalidité, qui sont dans l'obligation d'avoir recours à l'assistance d'une tierce personne pour effectuer les actes ordinaires de la vie courante.

CSS, art. L. 355-1.

Majorité

[Droit civil]

1° Âge fixé par la loi pour user de ses droits civils ou politiques. Fixée à 18 ans, la majorité confère, en droit civil, la *capacité* d'exercice.

C. civ., art. 414.

→ *Impuberté.*

2° Dans une assemblée délibérative, nombre minimum de voix exigé pour qu'une décision soit valablement prise.

[Droit commercial]

→ *Assemblée générale.*

[Droit constitutionnel]

1° Pluralité des voix dans une élection.

• *Majorité absolue :* plus de la moitié des suffrages exprimés.

• *Majorité qualifiée*: majorité exigeant des conditions plus difficiles à réunir que la majorité absolue (ex. : majorité des 2/3).

• *Majorité relative* (ou simple) : plus de voix que n'en a obtenues un autre concurrent (par ex. 45 % si deux autres candidats ont obtenu respectivement 30 et 25 %).

Lors du vote sur un texte au sein d'une assemblée, la majorité s'exprime différemment : elle est ordinaire s'il suffit que le nombre des oui soit plus important que celui des non (par ex., Const., art. 89 al. 2 1re phrase); elle peut être relative aux membres composant l'assemblée (par ex. Const., art. 49 al. 2, soit 289 sur 577) ou qualifiée (par ex., Const., art. 89 al. 3, soit les 3/5e des suffrages exprimés).

2° Parti ou coalition de partis détenant la majorité des sièges du Parlement et servant d'appui au gouvernement en régime parlementaire. La majorité est plus ou moins solide selon qu'elle est homogène ou composite.

[Droit pénal]

Âge à partir duquel un individu est soumis au droit commun de la responsabilité pénale.

Cet âge est fixé à 18 ans.

ACTU

Majorité qualifiée

[Droit européen]

Le Conseil des ministres de l'Union européenne statue, sauf disposition expresse des traités prévoyant une décision à l'*unanimité*, par un vote à la majorité qualifiée. Le vote à la majorité est effectif seulement depuis le début des années 1980; auparavant, suite au compromis de Luxembourg en 1966, il n'y avait pas vote mais recherche systématique du *consensus*.

Le nombre de voix attribué à chaque État est alors fonction de son importance (de 29 voix pour l'Allemagne, la France, l'Italie et le Royaume-Uni, jusqu'à 3 pour Malte). Après l'adhésion de la Croatie, le total des voix est de 352, et la majorité est fixée à 260.

Du fait de l'entrée en vigueur du traité de *Lisbonne* (1er déc. 2009), un système enfin plus lisible a été établi mais n'est mis en œuvre que depuis novembre 2014 : 55 % du nombre des États membres représentant 65 % de la population (sous réserve de procédures et conditions particulières).

Jusqu'au 1er avril 2017, un membre du Conseil peut cependant demander à ce qu'un vote soit effectué selon les règles en vigueur avant le 1er novembre 2014.

Maladie mentale

[Droit civil]

→ *Altération des facultés mentales ou corporelles, Hospitalisation d'un aliéné.*

Maladie professionnelle

[Sécurité sociale]

Sont des maladies professionnelles les affections limitativement énumérées à l'article L. 461-2 du Code de la sécurité sociale et inscrites dans des tableaux dits de maladies professionnelles. Les tableaux indiquent pour chaque maladie reconnue comme professionnelle le délai de prise en charge, le type de maladie et la liste indicative ou limitative des principaux travaux susceptibles de la provoquer. Peuvent également être reconnues comme maladies professionnelles les maladies déjà désignées dans les tableaux spécifiques pour lesquelles toutes les conditions tenant aux critères techniques de reconnaissance ne sont pas remplies (délai de prise en charge, durée d'exposition…) et les maladies non inscrites sur les tableaux précités qui entraînent le décès ou une incapacité d'au moins 25 %. Une relation directe avec le travail habituel doit être établie.

Les maladies professionnelles ouvrent droit aux mêmes réparations qu'un *accident du travail.*

CSS, art. L. 461-1.

Mal-fondé

[Procédure (principes généraux)]

Se dit d'une prétention non justifiée en fait ou en droit et, aussi, d'une décision de justice réformée ou annulée par la cour d'appel.

C. pr. civ., art. 30, 71.

→ *Bien-fondé, Débouté, Recevabilité.*

Maltraitance

[Droit pénal]

Tout acte ou attitude physique, propos verbal, compromettant le bien-être, l'épanouissement ou le développement d'un être vivant, y compris les animaux. Elle peut revêtir plusieurs formes juridiques.

C. pén., art. 223-13, 434-2, 521-1 et R. 654-1.

→ *Harcèlement moral.*

Malus

[Droit civil]

→ *Bonus-Malus.*

Mandat

[Droit civil]

Acte par lequel une personne est chargée d'en représenter une autre pour l'accomplissement d'un ou de plusieurs actes juridiques.

Le mandat est conventionnel lorsqu'il résulte d'un contrat conclu entre le représenté (ou mandant) et le représentant (ou mandataire). Il peut aussi résulter de la loi ou d'un jugement.

C. civ., art. 436, 477 s., 812 s., 1431, 1432 et 1984 s.

GAJC, t. 2, nº 275, 281 et 283.

[Procédure pénale]

Ordre écrit ou mise en demeure par lequel, ou par laquelle, un magistrat ou une juridiction pénale décide de l'audition, de la comparution, de la mise en détention ou de la garde à vue d'une personne.

→ *Mandat d'amener, Mandat d'arrêt, Mandat de comparution, Mandat de dépôt, Mandat de recherche.*

[Droit administratif]

Un contrat passé entre 2 personnes privées (par ex. une société d'économie mixte et un entrepreneur) peut être un contrat administratif si l'un des contractants a agi en tant que mandataire ou pour le compte d'une personne publique.

GAJA n° 78.

[Droit constitutionnel]

→ *Cumul de mandats, Mandat politique.*

Mandat (Territoires sous)

[Droit international public]

Territoires détachés de l'Empire allemand et de l'Empire ottoman à la fin de la Première Guerre mondiale et confiés à l'administration de puissances chargées, sous le contrôle de la SDN (Commission des mandats), d'accomplir à leur égard la « mission sacrée de civilisation » consistant à assurer le bien-être et le développement de leurs populations.

Le régime des mandats a pris fin par suite soit de l'émancipation de la collectivité sous-mandat (Irak, Syrie, Liban, Transjordanie) ou de son rattachement à un autre État (Palestine partagée entre Jordanie et Israël), soit de la transformation du mandat en tutelle sous le contrôle de l'ONU (anciennes possessions allemandes d'Afrique et du Pacifique), soit de la révocation du mandat par l'ONU (Sud-Ouest Africain).

Mandat *ad hoc*

[Droit commercial]

Désignation d'une personne, à la demande du représentant de l'entreprise, par le président du tribunal de commerce ou du TGI en vue de rechercher la conclusion d'un accord entre l'entreprise et ses créanciers.

La souplesse du mandat *ad hoc* est à l'origine de son succès.

C. com., art. L. 611-3.

Mandat à effet posthume

[Droit civil]

Mandat donné de son vivant par le défunt à une ou plusieurs personnes en vue de gérer tout ou partie de sa succession, qui doit être justifié par un intérêt sérieux et légitime au regard de la personne de l'héritier (héritier mineur ou atteint d'un handicap) ou du patrimoine successoral (gestion de l'entreprise familiale en attendant la reprise par un des enfants).

C. civ., art. 812 s.

Mandat apparent (Théorie du)

[Droit civil/Droit commercial]

Situation d'une personne qui se trouve engagée par les actes d'une autre qui a agi, soit sans aucun mandat de sa part, soit en excédant ses pouvoirs de mandataire dans des conditions de vraisemblance telles que les tiers qui ont traité avec elle ont pu légitimement croire à l'existence de ce mandat.

GAJC, t. 2, n° 282.

→ *Apparence.*

Mandat d'amener

[Procédure pénale]

Ordre donné à la force publique par un magistrat instructeur ou une juridiction pénale de jugement des crimes ou des délits, de conduire immédiatement une personne devant eux pour, selon le cas, l'entendre ou la juger. Il ne peut être délivré par le magistrat instructeur que s'il existe à l'encontre de cette personne des indices graves ou concordants rendant vraisemblable qu'elle ait pu participer, comme auteur ou complice, à la commission d'une infraction, y compris si cette personne est témoin assisté ou mise en examen.

C. pr. pén., art. 122, 320, 320-1, 419-1 et 512.

→ *Mandat d'arrêt, Mandat de comparution, Mandat de dépôt.*

Mandat d'arrêt

[Procédure pénale]

Ordre donné à la force publique par un magistrat instructeur ou par une juridiction pénale de jugement des crimes ou des délits, de rechercher la personne à l'encontre de laquelle il est décerné et de la conduire devant eux pour, selon le cas, l'entendre ou la juger, après l'avoir, le cas échéant, conduite à la maison d'arrêt indiquée sur le mandat où elle sera reçue et détenue.

C. pr. pén., art. 122, 272-1, 379-2, 397-4, 410-1, 465, 469 et 512.

→ *Mandat d'amener, Mandat de comparution, Mandat de dépôt.*

Mandat d'arrêt européen

[Droit européen/Procédure pénale]

Nécessaire pour lutter efficacement contre le terrorisme et la grande criminalité organisée, il a été créé par une décision-cadre européenne du 13 juin 2002 pour remplacer l'extradition entre États membres et ses procédures toujours longues et complexes. Il revêt la forme d'une décision judiciaire émise par un État membre de l'Union européenne en vue de l'arrestation et de la remise par un autre État membre de la personne recherchée, pour l'exercice de poursuites pénales ou pour l'exécution d'une peine ou d'une mesure de sûreté privative de liberté. Transposition faite en France, après révision constitutionnelle en 2003, par la loi dite Perben II du 9 mars 2004.

C. pr. pén., art. 695-11 à 51.

Mandat d'intérêt commun

[Droit civil/Droit commercial]

Mandat qui se caractérise par le pouvoir accordé au mandataire d'agir à la fois dans l'intérêt du mandant et dans son propre intérêt (ex., le contrat de promotion immobilière), ce qui a pour effet de le faire échapper à la révocation *ad nutum* du mandat ordinaire.

C. civ., art. 1831-1; C. com., art. L. 134-4.

Mandat de comparution

[Procédure pénale]

Mise en demeure adressée par un magistrat instructeur à une personne de se présenter devant lui à la date et l'heure indiquées par le mandat, parce qu'il existe à son encontre des indices graves ou concordants rendant vraisemblable qu'elle ait pu participer, comme auteur ou complice, à la commission d'une infraction, y compris si cette personne est témoin assisté ou mise en examen.

C. pr. pén., art. 122.

La cour d'assises peut aussi faire sommation à un accusé de comparaître en commettant à cet effet un huissier de justice assisté de la force publique.

C. pr. pén., art. 312.

→ *Mandat d'amener, Mandat d'arrêt, Mandat de dépôt.*

Mandat de dépôt

[Procédure pénale]

Ordre donné au chef d'un établissement pénitentiaire, par un juge des libertés et de la détention ou par une juridiction pénale de jugement des crimes ou des délits, de recevoir et détenir, selon le cas, soit une personne mise en examen et qui fait l'objet d'une ordonnance de placement en détention provisoire, soit un *prévenu* ou un *accusé*.

C. pr. pén., art. 122, 367, 465 et 469.

Le président de la cour d'assises peut délivrer le même type de mandat à l'encontre de toute personne assistant à une audience et qui, après avoir troublé l'ordre public, résiste à un ordre d'expulsion.

C. pr. pén., art. 321 et 322.

→ *Mandat d'amener, Mandat d'arrêt, Mandat de comparution.*

Mandat de paiement

[Droit financier ou fiscal]

Pièce établie par un ordonnateur et transmise au *comptable assignataire* pour que celui-ci paie une dépense publique à un créancier. Ce document, interne à l'Administration, est accompagné d'un titre de règlement (chèque sur le Trésor, ordre de virement) qui permettra au créancier de percevoir son dû.

→ *Ordonnancement.*

Mandat de protection future

[Droit civil]

Mandat par lequel une personne capable organise sa propre protection juridique, pour le cas où elle ne pourrait plus pourvoir seule à ses intérêts par suite d'une altération de ses facultés personnelles, en désignant un tiers de confiance chargé de la représenter dans les actes de la vie civile. Ce tiers de confiance peut être toute personne physique ou une personne morale inscrite sur la liste des mandataires judiciaires à la protection des majeurs. Le mandat évite l'ouverture d'une mesure judiciaire.

Le mandat, lorsqu'il est notarié, permet au mandataire d'accomplir tous les actes patrimoniaux que le *tuteur* peut faire seul ou avec autorisation, à l'exception des actes de disposition à titre gratuit, à moins qu'ils ne soient autorisés par le juge des tutelles.

Le mandat sous seing privé doit être soit contresigné par un avocat, soit établi selon un modèle défini par décret en Conseil d'État. Il n'autorise que les actes conservatoires et de gestion courante, avec possibilité de recourir au juge des tutelles pour voir ordonner un acte plus important se révélant nécessaire dans l'intérêt du mandant.

Lorsque le mandat s'étend à la protection de la personne, le mandataire peut exercer les mêmes pouvoirs qu'un tuteur ou un curateur.

C. civ., art. 477 à 494; C. pr. civ., art. 1258 s.

→ *Habilitation familiale, Mandat à effet posthume, Tiers de confiance.*

Mandat de recherche

[Procédure pénale]

Ordre donné à la force publique par le procureur de la République ou par un magistrat instructeur de rechercher la personne à l'encontre de laquelle il est décerné et de la placer en garde à vue. Il faut qu'il existe une ou plusieurs raisons plausibles de soupçonner qu'elle a commis ou tenté de commettre une infraction et, s'agissant de l'ordre donné par le procureur de la République, que les nécessités de l'enquête portant sur un crime flagrant ou un délit flagrant puni d'au moins 3 ans d'emprisonnement l'exigent.

C. pr. pén., art. 70 et 122.

Mandat de représentation en justice

[Procédure civile]

Mandat dont l'objet est l'accomplissement au nom du plaideur des actes de la procédure. Ce mandat emporte mission d'*assistance* et impose à l'auxiliaire de justice qui en est chargé de remplir les obligations qui en découlent jusqu'à l'exécution du jugement.

L'avocat ne peut se décharger de son mandat tant qu'il n'est pas remplacé par un nouveau représentant effectivement constitué en ses lieu et place.

En principe, le mandataire doit justifier qu'il a reçu mandat de représenter une partie. Mais l'avocat est dispensé d'une telle justification; de plus il est réputé, à l'égard du juge et de la partie adverse, avoir reçu pouvoir spécial pour des actes inhabituels : désistement, acquiescement, offres, aveu, consentement.

C. pr. civ., art. 18, 19, 411 s.

→ *Ad agendum, Ad litem, assistance, Désaveu d'avocat ou d'officier ministériel, Postulation, Représentation en justice des plaideurs.*

Mandat domestique

[Droit civil]

Expression désignant le pouvoir qu'avait la femme mariée, antérieurement à la loi du 13 juillet 1965, de représenter son mari pour l'accomplissement des actes nécessaires à la vie du ménage. Ladite loi a attribué aux 2 époux le pouvoir autonome de passer les contrats pour l'entretien du ménage ou l'éducation des enfants.

C. civ., art. 220.

Mandat impératif

[Procédure civile]

L'acceptation d'un mandat impératif par un conseiller prud'homme constitue un manquement grave à ses devoirs, sanctionné, selon le moment où le fait est reconnu, par l'annulation de l'élection accompagnée d'une inéligibilité pendant dix ans au maximum ou par la déchéance du mandat prononcée par la Commission nationale de discipline.

C. trav., art. L. 1442-11

Mandat fictif

[Droit financier ou fiscal]

Mandat de paiement correspondant à une dette inexistante ou autre que celle qu'il mentionne, établi généralement en vue d'alimenter une *caisse noire* ou de régler irrégulièrement une autre dépense. L'auteur et les bénéficiaires d'un mandat fictif font l'objet d'une déclaration de *gestion de fait* par la Cour des comptes ou par une chambre régionale des comptes en cas de découverte de son émission.

Mandat politique

[Droit constitutionnel]

Mission que les citoyens (mandants) confient à certains d'entre eux (mandataires) d'exercer le pouvoir en leur nom et pour leur compte. En régime démocratique, le mandat politique procède de l'élection.

1° *Mandat impératif :* conception du mandat politique selon laquelle les élus, tenant leur mandat des électeurs de leur circonscription (*souveraineté populaire*), doivent se conformer à leurs directives et peuvent être révoqués par eux.

2° *Mandat représentatif :* conception du mandat politique selon laquelle les élus, tenant leur mandat de la nation elle-même (*souveraineté nationale*), l'exercent en toute indépendance à l'égard de leurs électeurs, dont ils n'ont pas à recevoir d'ordres ou d'instructions et qui ne peuvent les révoquer.

Const., art. 27.

→ *Cumul de mandats.*

Mandat successoral

[Droit civil]

→ *Mandataire successoral.*

Mandataire judiciaire à la protection des majeurs

[Droit civil]

Intervenant extérieur à la famille exerçant à titre habituel les mesures de *protection des majeurs* que le juge des tutelles lui confie au titre du mandat spécial auquel il peut être recouru dans le cadre de la *sauvegarde de justice*, de la *curatelle*, de la *tutelle* ou de la *mesure d'accompagnement judiciaire*.

L'appellation recouvre l'ensemble des opérateurs tutélaires actuels : salariés des associations familiales, gérants de tutelle, délégués à la tutelle d'État, gérants d'établissement hospitalier.

Le mandataire judiciaire à la protection des majeurs doit satisfaire à diverses conditions (moralité, âge, formation et expérience professionnelle), être agréé en cette qualité par le préfet du département sur avis conforme du procureur de la République et être inscrit sur une liste dressée par ledit préfet.

Dans les établissements publics hébergeant des personnes adultes handicapées ou des personnes âgées, l'activité de mandataire peut être confiée, sous certaines conditions, à un service de l'établissement.

C. civ., art. 417, 420, 450; CASF, art. L. 471-1 s., L. 473-1 s., D. 471-1 s., R. 472-1 s.

Mandataire judiciaire au redressement et à la liquidation des entreprises

[Droit commercial/Procédure civile]

Le mandataire judiciaire est désigné par décision de justice pour représenter les créanciers dans les procédures de sauvegarde, de redressement et de liquidation; il agit au nom et dans l'intérêt collectif des créanciers; il est, le cas échéant, chargé de procéder à la liquidation d'une entreprise.

L'accès à cette profession est réservé aux personnes offrant des garanties d'aptitude professionnelle, d'honorabilité, de moralité, inscrites sur une liste établie par une commission nationale. La profession peut-être exercée en qualité de salarié d'une personne physique (dans la limite de quatre salariés par office) ou personne morale (dans la limite du quadruple des associés de l'office) inscrite sur cette liste.

Le mandataire judiciaire au redressement et à la liquidation des entreprises a succédé au syndic. Au 1er janvier 2016, on décomptait 302 mandataires judiciaires (dernier chiffre publié).

Dans le cadre de la réforme des professions réglementées, l'idée a été lancée d'une profession de l'exécution judiciaire qui rassemblerait les huissiers de justice, les commissaires-priseurs judiciaires et les mandataires judiciaires.

C. com., art. L. 622-20, L. 641-4, L. 812-1 s. et R. 812-1 s.

Mandataire judiciaire au rétablissement personnel des particuliers

[Droit civil/Procédure civile]

Personne qui assure le suivi d'une procédure de *rétablissement personnel* d'un particulier, sur désignation du juge du tribunal d'instance (autrefois du juge de l'exécution). Véritable pivot de la procédure, sa mission consiste d'abord à publier le jugement d'ouverture de la procédure, à établir un bilan de la situation économique et sociale du débiteur, à vérifier les créances et à évaluer les éléments d'actif et de passif. Puis, pendant la phase de liquidation et en qualité cette fois de liquidateur, il exerce les droits et actions du débiteur sur son patrimoine (vente des biens, répartition du produit des actifs entre les créanciers).

Une liste de mandataires de ce type est dressée par le procureur de la République. Elle comprend des mandataires judiciaires, des huissiers de justice, des personnes morales mandataires judiciaires à la protection des majeurs, des associations familiales ou de consommateurs.

C. consom., art. L. 742-4, L. 742-10, L. 742-12, L. 742-14 et R. 334-32, R. 334-34, R. 334-36, R. 334-39, R. 334-41 s., R. 334-61.

Mandataire successoral

[Droit civil]

Personne qualifiée, physique ou morale, désignée par le juge à l'effet d'administrer provisoirement une succession en raison de l'inertie, de la carence, de la faute d'un ou plusieurs héritiers dans la gestion de l'hérédité, de leur mésentente, ou de la complexité de la situation successorale.

C. civ., art. 813-1 s.; C. pr. civ., art. 1355 s.

→ *Mandat à effet posthume.*

Mandatement

[Droit financier ou fiscal]

→ *Ordonnancement.*

Mandement

[Procédure (principes généraux)]

Ordonnance prescrivant à un plaideur de présenter telle ou telle pièce ou de mettre en cause un tiers, ou à un *tiers* de fournir une *attestation* écrite ou un *témoignage* ou de communiquer certains documents nécessaires au jugement du procès.

→ *Injonction, Intervention, Mise en cause, Pièces.*

Manœuvrier

[Droit pénal/Procédure pénale]

Professionnel intervenant à la demande d'un *OPJ* pour accomplir une prestation utile à l'enquête de police (serrurier, brancardier, etc.). Cette mission n'exige pas la prestation de serment préalable.

C. pén., art. R. 642-1.

Manque de base légale

[Procédure civile]

→ *Défaut de base légale.*

Manquement (Recours en)

[Droit européen]

Recours permettant à la *Commission européenne* ou à tout État membre de saisir la Cour de justice du non-respect par un État membre des obligations qui lui incombent en vertu des traités pour le contraindre à appliquer le droit de l'Union européenne. Si la Cour de justice constate le manquement, l'État est tenu d'y mettre fin; une amende et/ou une *astreinte* peuvent être prononcées contre lui.

TFUE, art. 258 s.

Manu militari

[Droit général]

« Par la main militaire ».

Expression signifiant que l'on a recours à la force publique pour l'exécution d'une obligation ou d'un ordre.

→ *Exécution forcée, Force exécutoire.*

Marc le franc (Au)

[Droit civil/Procédure civile]

Dans la procédure de *distribution par contribution*, paiement des créanciers chirographaires proportionnellement au montant de leurs créances (40 %, 60 %), lorsque la somme à distribuer est inférieure au total des sommes dues. Le marc et la livre étaient des mesures de poids, devenues des unités monétaires. On disait au marc la livre, puis au marc le franc, il faut dire aujourd'hui au marc l'euro.

C. civ., art. 2285.

→ *Contribution, Distribution des deniers.*

Marchand de sommeil

[Droit civil/Droit pénal]

Terme d'usage banal, consacré par la loi n° 366 du 24 mars 2014 pour l'accès au logement et un urbanisme rénové (Loi ALUR), désignant le bailleur soumettant une personne, dont la vulnérabilité ou l'état de dépendance sont apparents ou connus de lui, à des conditions d'hébergement incompatibles avec la dignité humaine. Selon cette loi, les personnes condamnées pour hébergement indigne (5 ans d'emprisonnement, 150 000 € d'amende) sont frappées de l'interdiction d'acheter des locaux d'habitation à d'autres fins que leur occupation personnelle et encourent la peine complémentaire de confiscation au profit de l'État de l'usufruit de tout ou partie des biens ayant servi à commettre l'infraction (le coupable ne conserve que la nue-propriété). Par ailleurs, le notaire chargé de l'*acte authentique* de vente doit vérifier si l'acquéreur a fait l'objet d'une telle condamnation.

C. pén., art. 225-14, 225-19; CCH, art. L. 123-3 (3°), L. 511-6, L. 551-1; CSP, art. L. 1337-4.

→ *Habitat indigne.*

Marchandage

[Droit du travail]

Opération à but lucratif, interdite et sanctionnée pénalement, consistant en une fourniture de main-d'œuvre qui a pour effet de causer un préjudice aux salariés ou d'éluder l'application des lois, des règlements ou des conventions collectives.

C. trav., art. L. 8231-1 s. et D. 8232-1 s.

Marché à bons de commande

ACTU

[Droit administratif]

Marché public, normalement d'une durée maximale de 4 ans, conclu avec un ou plusieurs fournisseurs, et exécuté à mesure des besoins de la personne publique par l'émission de bons de commande. Cette forme de marché est spécialement adaptée aux fournitures de biens ou de services quand, par exemple, la quantité exacte ne pourrait être déterminée à l'avance.

Avec l'entrée en vigueur de l'ordonnance n° 2015-899 du 23 juillet 2015 relative aux marchés publics, les marchés à bons de commande font partie de la catégorie des accords-cadres.

C. marchés, art. 77; Ord. n° 2015-899 du 23 juill., art. 4.

Marché à forfait

[Droit civil]

Dans le contrat de louage d'ouvrage et d'industrie, convention conclue entre le maître de l'ouvrage et l'entrepreneur, en vertu de laquelle le prix est fixé dès l'origine de façon définitive pour l'ensemble de l'ouvrage.

C. civ., art. 1793 et 1794.

Marché à procédure adaptée

ACTU

[Droit administratif]

Également dénommé : marché sans formalités préalables. Mode de passation simplifié des achats de biens et de services des personnes publiques ne dépassant pas un certain montant; les modalités de l'acquisition sont déterminées par l'acheteur en fonction de ses besoins et de ses moyens et permettent une négociation avec les fournisseurs potentiels. En dessous d'un certain montant (25 000 € HT) la personne publique peut librement choisir entre les fournisseurs potentiels, sans avoir à procéder préalablement à une publicité de son intention d'achat et à une mise en concurrence de ces fournisseurs.

C. marchés, art. 26 et 28; Ord. n° 2015-899 du 23 juill., art. 42.

Marché au comptant

[Droit commercial]

Ensemble des opérations de ventes et d'achats de valeurs mobilières sur un marché boursier, qui s'exécutent immédiatement par le versement de l'argent et la remise des titres, sous réserve du délai nécessaire aux intermédiaires.

Marché commun

[Droit international public]

→ *Communautés européennes.*

Marché intérieur

[Droit européen]

Espace constitué du territoire des États membres de l'Union européenne, dans lequel la libre circulation des personnes, des marchandises, des services et des capitaux est assurée (TFUE, art. 26 s.).

Marché monétaire, financier

[Droit financier ou fiscal]

Le marché monétaire est le marché sur lequel sont émis et échangés les titres à court ou très court terme, comme les *bons du Trésor* pour l'État; le marché financier est celui sur lequel sont émis et échangés les titres à moyen ou long terme (7 ans ou plus), comme les *actions* et les *obligations*.

→ *Marché réglementé.*

ACTU

Marché négocié

[Droit administratif]

Dénomination officielle : procédure négociée.

Mode dérogatoire de passation des *marchés publics*, utilisable seulement dans des cas énumérés, dans lequel la personne publique choisit son cocontractant après consultation de candidats et négociation des conditions du marché avec un ou plusieurs d'entre eux. Selon les cas ils peuvent être dispensés de publicité et de mise en concurrence.

C. marchés, art. 34 et 35; Ord. n° 2015-899 du 23 juill., art. 42.

Marché réglementé

[Droit commercial]

Système, géré par une « entreprise de marché » et reconnu par arrêté du ministre de l'Économie sur proposition de l'AMF, au sein duquel se négocient des instruments financiers tels qu'actions ou autres titres de capital ou de créance.

C. mon. fin., art. L. 421-1 s.

Marché sans formalités préalables

[Droit administratif]

→ *Marché à procédure adaptée.*

ACTU

Marché sur appel d'offres

[Droit administratif]

Mode de droit commun de passation des *marchés publics*, dans lequel la personne publique choisit l'offre économiquement la plus avantageuse, sur la base de critères objectifs préalablement portés à la connaissance des candidats, et sans négociation avec ceux-ci. Sauf cas dérogatoire, il est obligatoire quand le marché dépasse certains montants, différents pour l'État et pour les *collectivités territoriales*.

Il est dit « ouvert » lorsque tout candidat peut remettre une offre, « restreint » lorsque seuls des candidats sélectionnés peuvent remettre une offre.

C. marchés, art. 26 et 33; Ord. n° 2015-899 du 23 juill., art. 42.

Marchepied (Servitude de)

[Droit civil/Droit administratif]

Servitude légale obligeant le propriétaire riverain d'un cours d'eau domanial (ou d'un lac) à laisser libre de toute plantation ou clôture un espace de 3,25 m de largeur le long de chaque rive et d'y laisser circuler les pêcheurs et les piétons.

C. civ., art. 556, al. 2 et 650; CGPPP, art. L. 2131-2.

Marchés d'intérêt national

[Droit administratif]

Marchés de gros ou de demi-gros dédiés aux transactions entre professionnels de produits agricoles et alimentaires déterminés, conçus dans leur principe pour raccourcir les circuits de distribution et diminuer ainsi le prix de ces denrées, et pour contribuer à garantir la sécurité d'approvisionnement des grandes agglomérations. Le classement d'un marché en MIN est décidé par l'État sur proposition du *conseil régional*; leur gestion peut être confiée à une personne publique (souvent une *société d'économie mixte* locale) ou à une société privée.

Leur efficacité économique peut être renforcée par l'institution – facultative – d'un périmètre de protection (« périmètre de référence ») à l'intérieur duquel est interdite toute création ou extension d'un négoce de gros portant sur les produits commercialisés par le MIN.

C. com., art. L. 761-1 s.

Marchés de partenariat

[Droit administratif]

→ *Contribution, Distribution des deniers.*

ACTU

Marchés publics

[Droit administratif]

Les marchés publics sont des contrats administratifs conclus à titre onéreux avec des opérateurs économiques privés ou publics par l'*État* et ses *établissements publics* ainsi que par les *collectivités territoriales* et leurs établissements publics, en vue de la fourniture de travaux, de biens ou de services. Ils sont soumis à des règles précises de passation, en vue d'assurer l'égal accès à la commande publique de toutes les entreprises, l'égalité de leur traitement et la transparence des procédures. Les règles de passation et d'exécution des marchés publics ont été remaniés par l'ordonnance n° 2015-899 du 23 juillet 2015 relative aux marchés publics, appelée à remplacer le code des marchés publics. Les principales formes de marchés publics sont : l'*appel d'offres*, le *marché à procédure adaptée*, le *marché négocié*, le *dialogue compétitif*.

C. marchés, art. 1er et 26; Ord. n° 2015-899 du 23 juill., art. 4.

[Droit européen]

De nombreuses directives européennes visent à l'harmonisation des législations nationales relatives aux marchés publics, afin d'assurer une plus grande transparence des procédures de passation, et d'ouvrir les marchés passés dans chaque État membre à la concurrence d'entreprises d'autres États.

Mariage

[Droit civil/Droit international privé]

Acte juridique reçu en forme solennelle par l'officier d'état civil, en vertu duquel deux personnes établissent entre elles une union dont la loi civile règle impérativement les conditions, les effets et la dissolution.

Traditionnellement, le mariage désigne l'union d'un homme et d'une femme. Depuis la loi n° 2013-404 du 17 mai 2013, le mariage peut être contracté « par deux personnes de sexe différent *ou de même sexe* ».

Par dérogation au principe que les qualités et conditions requises sont régies, pour chacun des époux, par sa loi personnelle, deux personnes de même sexe peuvent contracter mariage lorsque, pour au moins l'une d'elles, soit sa loi personnelle, soit la loi de l'État sur le territoire duquel elle a son domicile ou sa résidence le permet.

Le mariage est un contrat dans la mesure où il résulte d'un échange de consentements. Mais il est aussi une institution; il est l'acte fondateur d'une nouvelle famille, acte pris devant et envers la société; il est régi par des principes d'ordre public (prohibition de l'*inceste*, de la polygamie...) et remplit des fonctions sociales singulières (principes de solidarité, devoir d'assistance, de *secours*...). Sous ce regard, il est célébré publiquement lors d'une « cérémonie républicaine » par un *officier de l'état-civil*.

Ce terme désigne également l'état de la personne mariée.

C. civ., art. 144 s., 165 et 202-1, 212 s.

GAJC, t. 1, n° 31, 33, 35, 36, 37, 38 et 65.

→ *Concubinage, Conjoint, Divorce, Homoparenté, Nubilité, Union libre.*

Mariage blanc

[Droit civil]

Expression convenue pour qualifier l'union frauduleusement contractée sans intention matrimoniale. Un tel mariage, dénué du consentement *ad hoc*, encourt la nullité absolue. La fraude à la loi double l'absence de volonté nuptiale, qui vise à tourner la réglementation pour obtenir par ce moyen détourné qui un droit de séjour, qui une carte de travail, qui une somme d'argent...

La loi s'efforce de protéger la liberté du consentement, notamment en subordonnant la célébration du mariage à l'audition commune des futurs époux par l'officier de l'état civil, ou si celui-ci l'estime nécessaire, à des entretiens séparés.

C. civ., art. 63.

Mariage forcé

[Droit civil]

Une personne majeure menacée de mariage forcé peut demander au *juge aux affaires familiales* de délivrer à son profit une ordonnance d'interdiction temporaire de sortie du territoire français, de telle sorte qu'il soit impossible de la contraindre à se rendre à l'étranger pour y être marié contre son gré.

C. civ., art. 515-13; COJ, art. L. 213-3 in fine.

→ *Violences au sein des couples.*

[Droit pénal]

Le mariage forcé est susceptible de plusieurs incriminations pénales :

- le fait, dans le but de contraindre une personne à contracter un mariage ou à conclure une union à l'étranger, d'user à son égard de manœuvres dolosives afin de la déterminer à quitter le territoire de la République est puni de trois ans d'emprisonnement et d'une amende de 45 000 € (C. pén., art. 222-14-4);
- le fait de soumettre une personne à des tortures ou à des actes de barbarie est puni de vingt ans de réclusion criminelle, lorsqu'il est commis afin de contraindre cette personne à contracter un mariage ou à conclure une union ou en raison de son refus de contracter ce mariage ou cette union (C. pén., art. 222-3, 6° *bis*);
- le meurtre commis contre une personne en raison de son refus de contracter un mariage ou de conclure une union est puni de la réclusion criminelle à perpétuité (C. pén., art. 221-4, 10°).

La compétence des juridictions françaises est retenue par dérogation à l'article 113-7 du Code pénal, lorsque l'infraction est commise à l'étranger à l'encontre d'une personne résidant habituellement sur le territoire français (C. pén., art. 221-5-4).

Mariage posthume

[Droit civil]

Le président de la République peut, pour des motifs graves (généralement la naissance annoncée ou réalisée d'un enfant), autoriser la célébration du mariage en cas de décès de l'un des futurs époux, dès lors qu'une réunion suffisante de faits établit sans équivoque son consentement. Les effets de ce mariage remontent à la date du jour précédant le décès, mais n'emportent aucun droit successoral au profit du survivant et aucun régime matrimonial.

C. civ., art. 96-1, 171.

GAJC, t. 1, n° 37.

Mariage putatif

[Droit civil]

Mariage nul, mais qui, en raison de la bonne foi de l'un au moins des époux, est réputé valable pour le passé à l'égard de cet époux. À l'égard des enfants, le mariage nul est toujours putatif, même si les 2 époux sont de mauvaise foi. Dans ces conditions, les effets de la nullité ne se produisent, à l'égard de ces personnes, que pour l'avenir.

C. civ., art. 201 et 202.

GAJC, t. 1, n° 36.

→ *Bonne foi.*

Marque

[Droit commercial]

→ *Marques de fabrique, de commerce et de services.*

Marque d'appel

[Droit commercial]

→ *Prix d'appel.*

ACTU

Marque de l'Union européenne

[Droit commercial/Droit européen]

Ex-« marque communautaire ». Titre régional de la propriété intellectuelle, distinguant un produit ou un service des biens concurrents. Le titre fait l'objet d'un enregistrement unitaire auprès de l'Office européen pour la propriété intellectuelle (ex-Office de l'Harmonisation dans le marché intérieur, OHMI), siégeant à Alicante, Espagne. Sa protection est unitaire sur l'entier territoire de l'Union européenne.

Règl. UE n° 207/2009 du 27 févr. 2009; Règl. UE n° 2015/2424 du 16 déc. 2015.

Marque syndicale

[Droit du travail]

Un syndicat peut avoir un *label* ou une marque destinés à certifier l'origine d'un produit fabriqué ou vendu sous son contrôle. Les syndicats ouvriers ont parfois tiré de ce droit celui de négocier et de conclure des accords tendant à obliger l'employeur à n'embaucher que les adhérents du syndicat propriétaire de la marque ou du label; un tel accord est nul comme portant atteinte à la liberté syndicale.

C. trav., art. L. 2134-1 s. et L. 2135-2.

→ *Clause de sécurité syndicale.*

Marques de fabrique, de commerce et de services

[Droit commercial]

Signe susceptible de représentation graphique servant à distinguer les produits ou services d'une personne physique ou morale de ceux des concurrents.

CPI, art. L. 711-1.

Masse

[Droit civil/Droit commercial]

Au sens large, expression qui désigne le passif d'une part, l'actif d'autre part, lors de la liquidation d'une indivision ou d'une entreprise, ou l'ensemble de biens formant un tout soumis à un régime juridique propre (masse des biens communs sous la communauté légale).

La masse des obligataires est constituée par l'ensemble des porteurs d'obligations d'une même émission.
La masse des porteurs de parts de fondateurs désigne l'ensemble des porteurs de parts d'une société de capitaux.
La masse des créanciers regroupait, avant la loi n° 85-99 du 25 janvier 1985, l'ensemble des créanciers dont les droits étaient antérieurs au jugement d'ouverture de la procédure collective. Ainsi distinguait-on alors les créanciers dans la masse (créances antérieures) et les créanciers de la masse dont les créances apparaissaient en cours de procédure.

C. com., art. L. 228-46.

Masse des douanes (La)

[Droit fiscal/Droit financier]

Nom d'un établissement public administratif créé en 1997 et désormais gestionnaire des biens de la Masse (création fort ancienne propre aux agents des douanes) qui a, à présent, pour vocation d'assurer le logement des douaniers.

Décr. n° 97-1181 du 24 déc. 1997 portant statut de la Masse des douanes.

Masse parlementaire

[Droit constitutionnel]

Au Royaume-Uni, et dans d'autres pays dont le monarque britannique est le chef de l'État, masse d'armes déposée au sein d'une assemblée parlementaire pour y représenter le pouvoir royal.

Masse partageable

[Droit civil]

Réunion des éléments actifs et passifs d'un ensemble servant d'assiette pour le calcul des droits des copartageants. En matière héréditaire, la masse partageable comprend les biens existant au décès ainsi que les fruits y afférents, les valeurs soumises au rapport ou à la réduction, les dettes des copartageants envers le défunt ou envers l'indivision, le tout sous déduction du passif successoral.

C. civ., art. 825.

Master

→ *Licence-master-doctorat.*

Matériel

→ *Formel, matériel.*

Maternité

[Droit civil]

Lien généalogique et juridique existant entre la mère et son *enfant*.

→ *Ascendant, Descendant, Filiation, Gestation pour autrui, Paternité, Procréation médicalement assistée, Recherche de maternité.*

Maternité de substitution

[Droit civil]

→ *Gestation pour autrui.*

Matière

[Procédure (principes généraux)]

Désigne d'abord le *genre du litige*, l'ensemble des affaires comprises dans un même contentieux et correspondant à une branche déterminée du droit (matière civile, commerciale, sociale, prud'homale). Ainsi comprise, la matière constitue un des critères de répartition des compétences entre les différentes juridictions.
Le terme est également utilisé pour exprimer la nature de la juridiction exercée et la procédure qui en découle. En ce sens on oppose la matière contentieuse à la matière gracieuse.

→ *Procédure en matière gracieuse.*

[Droit constitutionnel]

Élément du champ normatif. Suivie d'un qualificatif, la matière désigne le domaine dans lequel le Parlement ou le Gouvernement détient le pouvoir normatif : matière législative, matière réglementaire. Les matières autres que celles qui sont du domaine de la loi ont un caractère réglementaire.

Const., art. 34, 37.

Matière gracieuse

[Procédure civile]

→ *Décision gracieuse, Procédure en matière gracieuse.*

Matière litigieuse

[Procédure civile]

Désigne l'objet et l'ensemble des faits constitutifs d'un litige. En principe, les parties ont, seules, la libre disposition de la matière litigieuse, en vertu du *principe dispositif*.

À certains égards, la matière litigieuse représente le *fond* du *litige*, par opposition à la procédure qui en serait la *forme*.

C. pr. civ., art. 6 et 7.

Matière mixte

[Procédure civile]

→ *Action mixte.*

Matrice

[Droit financier ou fiscal]

→ *Cadastre.*

Mauvaise foi

[Droit général]

Comportement incorrect qui participe, à des degrés divers, de l'insincérité, de l'infidélité, voire de la déloyauté. Conduit toujours à un régime de défaveur qui se marque, selon les cas, par l'aggravation de la responsabilité, la perte d'un bénéfice ou l'amoindrissement d'un droit (ex. : à l'inverse du possesseur de *bonne foi* qui fait les fruits siens, le possesseur de mauvaise foi doit les restituer en intégralité).

C. civ., art. 220, 549, 800, 1413, 1635.

→ *Loyauté.*

Maxime

[Droit général]

Proposition d'origine généralement ancienne, servant de règle juridique ou de mode d'interprétation du droit (ex. : *cessante ratione legis, cessat ejus dispositio*).

→ *Aphorisme (Adage, Brocard).*

Mécanisme européen de stabilité (MES)

[Droit européen/Droit financier]

Prenant le relais de dispositifs antérieurs provisoires, comme le Fonds européen de stabilité financière (FESF), le MES a été créé en tant qu'institution financière internationale autonome par un traité (« TIMES »), signé à Bruxelles le 2 février 2012 et entré en vigueur le 27 septembre suivant, réunissant les pays de la zone euro. Sous une stricte conditionnalité de politique économique, il permet de mobiliser des ressources massives (700 milliards d'euros) au profit d'États membres connaissant de graves problèmes de financement de leur dette. Siège à Luxembourg.

→ *Pacte budgétaire européen.*

Mécanisme de surveillance unique (MSU), Mécanisme de résolution unique (MRU)

[Droit commercial/Droit européen]

Principale réalisation de l'Union bancaire européenne, consistant à transférer à la *Banque centrale européenne*, agissant de concert avec les autorités nationales compétentes, les compétences pour l'agrément et le contrôle préventif des grands établissements de crédit établis dans la zone euro, ainsi que pour le traitement administratif des situations d'insolvabilité.

Médecin-conseil

[Sécurité sociale]

Médecins relevant du contrôle médical des caisses de Sécurité sociale chargés de l'examen des assurés.

CSS, art. R. 166-8.

Médecin contrôleur

[Sécurité sociale]

Médecin mandaté par l'employeur, en application de l'article L. 1226-1 du Code du travail, pour vérifier le bien-fondé de l'arrêt de travail. Lorsqu'il conclut à l'absence de justification d'un arrêt de travail ou fait état de l'impossibilité de procéder à l'examen de l'assuré, il transmet son rapport au service du contrôle médical de la caisse dans un délai maximal de 48 heures.

CSS, art. L. 315-1, II.

Médecin conventionné

[Sécurité sociale]

Médecin relevant de l'accord national conclu entre les caisses nationales d'assurance-maladie des différents régimes de Sécurité sociale et les organisations les plus représentatives des médecins.

Les honoraires du médecin conventionné sont remboursés à l'assuré par les caisses dans les conditions prévues à la convention nationale.

Médecin traitant

[Sécurité sociale]

Médecin choisi par le salarié avec son accord. L'absence de choix ne permet pas à l'assuré d'être remboursé dans des conditions normales.

CSS, art. L. 162-5-3.

→ *Parcours de soins.*

Médecine de caisse

[Sécurité sociale]

Type d'organisation de la médecine dans lequel le paiement du médecin est effectué par les caisses de Sécurité sociale, ce système étant susceptible d'aménagements très divers.

Médecine du travail

[Droit du travail]

Institution destinée à exercer une surveillance sur la santé des travailleurs dans l'entreprise et dont le rôle est uniquement préventif.

C. trav., art. L. 4621-1 s. et R. 4621-1 s.

Médecine libérale

[Sécurité sociale]

La médecine libérale est celle dont l'organisation repose sur les principes fondamentaux suivants :

- libre choix du médecin par le malade;
- liberté de prescription du médecin;
- secret professionnel;
- paiement direct des honoraires par le malade;
- liberté d'installation du médecin.

Ces principes sont reconnus par le Code de la sécurité sociale.

Médiateur

[Droit général]

Personne ayant pour mission d'entendre les parties à un différend, de confronter leurs points de vue et de leur soumettre un projet de solution amiable de ce différend.

Le recours à un médiateur est spécialement prévu dans certains domaines du droit (droit du travail, droit de l'assurance-construction, difficultés avec une administration, etc.).

On parle de *médiateur institutionnel* lorsque les pouvoirs publics ont préétabli un cadre juridique à son activité, généralement dans des domaines à forte implication sociale, ainsi en droit de la consommation (chaque professionnel devant être en mesure d'indiquer aux consommateurs quel est le médiateur compétent en cas de litige) ou en droit public (médiateurs de l'Éducation nationale, de la police nationale, de l'armée, des établissements publics industriels et commerciaux, tels que la Poste, la SNCF, la RATP, etc.).

Il peut aussi être *librement choisi par les parties*, en dehors de toute instance en justice, en vue d'aboutir à une solution négociée de leur différend, dans le cadre d'une *médiation conventionnelle*.

Ce peut enfin être *le juge saisi d'un litige qui prend l'initiative* de convaincre les parties de recourir à un médiateur (il doit recueillir leur accord); on parle alors de *médiation organisée par le juge*.

Dans tous les cas le médiateur peut être une personne physique ou une personne morale, qui désignera une personne physique avec l'accord des parties. Il doit remplir des conditions de moralité, d'indépendance, de formation, d'expérience et de compétence relative tant à la nature du litige qu'à la pratique de la médiation. Sa mission est rémunérée (à la différence du *conciliateur de justice*, qui officie de manière bénévole), en principe à parts égales entre les parties.

Se sont ainsi créées et développées des associations de médiateurs, des structures de médiation dans les juridictions, ainsi que des listes de médiateurs agréés (parmi lesquels ils sont choisis) : la médiation tend à s'institutionnaliser en dehors de la justice, à l'image de l'arbitrage, au sein de « centres de médiation ».

C. pr. civ., art. 131-1 à 131-15.

→ *Conciliation conventionnelle, Conciliation organisée par le juge.*

Médiateur de la République

[Droit constitutionnel/Droit administratif]

Autorité indépendante instituée en 1973 à l'exemple de l'*Ombudsman*, le Médiateur était chargé, face à une Administration considérée comme de plus en plus bureaucratique et complexe, de simplifier et d'humaniser la protection des administrés, sans se substituer aux tribunaux.

Il a été remplacé par le *Défenseur des droits*, par la LO du 29 mars 2011.

→ *Ombudsman.*

Médiateur des normes applicables aux collectivités territoriales

[Droit financier/Droit administratif]

Créé par le décret n° 2014-309 du 7 mars 2014, il est rattaché au Premier ministre et nommé pour un an. Son rôle est d'établir un rapport annuel adressé au Premier ministre (bilan d'activité, propositions d'amélioration) et d'adresser des recommandations aux administrations. Il peut être saisi, par l'intermédiaire du préfet de département, par les collectivités territoriales et leurs groupements pour ce qui est des difficultés rencontrées « dans la mise en œuvre de lois et de règlements ». Cette création complète le paysage institutionnel en la matière puisqu'il existe déjà, depuis la loi n° 2013-921 du 17 octobre 2013, un « conseil national d'évaluation des normes applicables aux collectivités territoriales et à leurs établissements publics » dont les fonctions portent sur l'évaluation de ces normes et leur impact technique et financier. Le décret 2014-309 ne fait aucun lien entre ces deux « acteurs ».

Médiateur des relations commerciales agricoles

[Droit rural]

Nommé par décret, ce médiateur peut être saisi de tout litige relatif à la conclusion ou à l'exécution d'un contrat ayant pour objet la vente ou la livraison de produits agricoles, ou la vente ou la livraison de produits alimentaires destinés à la revente ou à la transformation, y compris les litiges liés à la renégociation du prix prévue à l'article L. 441-8 du Code de commerce. Il prend toute initiative de nature à favoriser la résolution amiable du litige entre parties.

C. rur., art. L. 631-27.

ACTU

Médiation conventionnelle

[Droit civil]

Dans l'expression « clause de médiation conventionnelle », elle désigne la clause d'un contrat par laquelle les parties s'engagent à recourir à un tiers, dénommé médiateur, pour tenter de trouver une solution amiable dans l'hypothèse où un différend surviendrait entre elles à propos du contrat et à ne saisir le juge qu'en cas d'échec de cette médiation. Sa violation est sanctionnée par une fin de non-recevoir, à condition que la clause de médiation conventionnelle contienne les conditions particulières de sa mise en œuvre.

En matière de consommation, la clause obligeant le consommateur à recourir obligatoirement à une médiation préalablement à la saisine du juge est interdite.

C. consom., art. L. 612-4.

[Droit du travail]

Procédure de règlement des différends collectifs de travail, qui consiste à demander l'avis d'un tiers qualifié, le médiateur. Celui-ci formule une recommandation qui lie les parties qui l'ont acceptée.

C. trav., art. L. 2523-1 s.

[Procédure civile]

Tout processus structuré par lequel deux ou plusieurs personnes tentent de parvenir à un accord, en dehors de toute procédure judiciaire, en vue de la résolution amiable de leurs différends, avec l'aide d'un tiers dénommé *médiateur*, qui accomplit sa mission avec impartialité, compétence et diligence.

Le Code de la consommation, à la suite de l'ordonnance n° 2015-1033 du 20 août 2015, consacre un titre entier à la médiation des litiges de la consommation, posant le principe que tout consommateur a le droit de recourir gratuitement à un médiateur de la consommation en vue de la résolution amiable du litige qui l'oppose à un professionnel, et que le professionnel garantit au consommateur le recours effectif à un tel mécanisme, soit en mettant en place son propre dispositif, soit en proposant le recours à un tiers médiateur. La même ordonnance étend cette mesure à de nombreux domaines : banque, assurance, sécurité sociale, énergie.

Parfois, la loi rend la médiation obligatoire préalablement à la saisine du juge; c'est le cas des litiges, entre professionnels, relatifs à la vente de produits alimentaires ou agricoles.

C. pr. civ., art. 1530, 1532 à 1535; C. consom., art. L. 211-3, L. 612-1 s., R. 152-1 s.; C. civ., art. 2238; C. rur., art. L. 631-28.; C. assur., art. L. 112-2; CSS, art. L. 932-15; Code de l'énergie, art. L. 122-1; C. mut., art. L. 221-6-1, L. 221-18.

→ *Arbitrage, Conciliation conventionnelle, Conciliation organisée par le juge, Médiation organisée par le juge.*

Médiation internationale

[Droit international public]

Mode de règlement non-juridictionnel des différends internationaux consistant dans l'interposition d'une tierce personne, qui favorise les échanges entre parties et propose une solution.

→ *Bons offices.*

Médiation organisée par le juge

[Droit administratif]

Les différends transfrontaliers relevant de la compétence du juge administratif, à l'exclusion de ceux qui concernent la mise en œuvre par l'une des parties de prérogatives de puissance publique, peuvent faire l'objet d'une médiation dans les conditions prévues aux articles 21, 21-2 à 21-4 de la loi n° 95-125 du 8 février 1995 relative à l'organisation des juridictions et à la procédure civile, pénale et administrative. Est transfrontalier le différend dans lequel, à la date où il est recouru à la médiation, une des parties au moins est domiciliée ou a sa résidence habituelle dans un État membre de l'Union européenne autre que la France et une autre partie au moins est domiciliée ou a sa résidence habituelle en France. Le différend transfrontalier s'entend également du cas où une instance juridictionnelle ou arbitrale est introduite en France entre des parties ayant recouru préalablement à une médiation et étant toutes domiciliées en ayant toutes leur résidence habituelle dans un autre État membre de l'Union européenne à la date à laquelle elles ont recouru à la médiation. Les juridictions administratives ainsi saisies d'un litige transfrontalier doivent obtenir l'accord des parties pour pouvoir ordonner une médiation. Saisie de conclusions en ce sens, la juridiction peut, dans tous les cas où un processus de médiation a été engagé dans le cadre de ces dispositions, homologuer et donner force exécutoire à l'accord issu de la médiation.

CJA, art. L. 771-3 à L. 771-3-2.

[Procédure civile]

Tentative de résolution amiable des litiges par l'intervention d'une tierce personne, appelée *médiateur*, désignée par le juge saisi du litige, mais avec l'accord des parties, ayant pour mission d'entendre celles-ci, de confronter leurs points de vue et de leur soumettre un projet de solution. Si la médiation réussit, l'accord peut être homologué par le juge; il a alors la même *force exécutoire* qu'un jugement. La médiation peut être utilisée pour réaliser les tentatives préalables de conciliation prescrites en matière de divorce et de séparation de corps. Elle est soumise au principe de *confidentialité*. Cette médiation est dite « judiciaire » lorsqu'elle est menée en cours d'instance devant le juge civil.

C. pr. civ., art. 131-1 à 131-15, 1530 s.; C. civ., art. 255, 373-2-10, 1071; L. n° 95-125 du 8 févr. 1995, art. 21 à 25.

→ *Arbitrage, Conciliation conventionnelle, Conciliation organisée par le juge, Médiation conventionnelle.*

Médiation pénale

[Droit pénal/Procédure pénale]

En matière pénale, le recours à un médiateur entre dans les attributions du procureur de la République. Préalablement à sa décision sur l'action publique, il peut faire procéder, avec l'accord des parties, à une mission de médiation entre elles, s'il lui apparaît qu'une telle mesure est susceptible d'assurer la réparation du dommage causé à la victime, de mettre fin au trouble résultant de l'infraction ou de contribuer au reclassement de l'auteur des faits.

C. pr. pén., art. 41-1.

→ *Maisons de justice et du droit.*

Mélange

[Droit civil]

Union de deux choses mobilières appartenant à des propriétaires différents, formant une matière nouvelle dont les éléments composants deviennent inséparables. Le bien nouveau est commun aux deux propriétaires et doit être licité à leur profit.

C. civ., art. 573.

→ *Adjonction, Spécification.*

Mélanges

[Droit général]

Nom donné à un ouvrage collectif composé par des disciples en l'honneur de leur maître (universitaire), parfois, mais plus rarement, en l'honneur d'une autre personnalité du monde du droit (haut magistrat, avocat...). On parle aussi de *Liber amicorum*.

Membre (d'une organisation internationale)

[Droit international public]

État ou organisation internationale partie au traité constitutif d'une organisation internationale et qui, en cette qualité, peut participer pleinement à ses activités. On distingue les membres originaires, qui ont participé à la négociation de l'acte constitutif, des autres membres, admis à l'issue d'une procédure prévue dans le traité constitutif.

→ *Admission, Observateur.*

Membre de la famille

[Sécurité sociale]

Notion propre au régime d'assurance vieillesse agricole. Il s'agit du conjoint, de l'ascendant et, à partir de 18 ans, du descendant, du frère, sœur ou allié au même degré du chef d'exploitation ou de son conjoint, à condition qu'il vive sur l'exploitation agricole et participe à sa mise en valeur bien que n'étant ni salarié, ni associé d'exploitation.

C. rur., art. L. 732-34.

Mémoire

[Procédure administrative]

1° *Mémoire introductif :* requête déposée, pour la saisir d'un *recours*, devant une juridiction administrative par le requérant ou son conseil, pouvant exposer de manière seulement succincte les moyens invoqués, et présentant les conclusions du demandeur.

GACA n° 43.

2° *Mémoire ampliatif :* mémoire pouvant faire suite au précédent pour développer les moyens qui seraient trop sommairement exposés dans le mémoire introductif. Devant les juridictions administratives, la procédure se déroule sous forme d'échanges de mémoires (procédure écrite).

[Procédure civile]

Document écrit contenant l'exposé des prétentions d'un plaideur.

L'échange de mémoires est une des caractéristiques de la procédure devant la *Cour de cassation*.

C. pr. civ., art. 978, 982, 989.

Mémorandum

[Droit international public]

Rapport, éventuellement confidentiel, sur une question donnée, comprenant souvent en conclusion injonctions ou propositions, adressé par un État à un autre État ou par un organe à un autre organe d'une organisation internationale. Dans certains cas, synonyme d'accord ou traité (ex. Mémorandum d'accord sur le règlement des différends de l'OMC).

Menaces

[Droit pénal]

Délits liés à l'expression d'un projet nuisible par atteinte aux personnes ou aux biens.

C. pén., art. 222-17 s. et 322-12 s.

Ménage de fait

[Droit civil]

→ *Concubinage.*

Mensualisation

[Droit financier ou fiscal]

En matière d'impôt sur le revenu, succédané du système de retenue à la source dans lequel le contribuable opte pour le prélèvement d'office mensuel, sur un compte bancaire, de sommes à valoir sur son impôt de l'année. Il n'est alors plus soumis à l'obligation de payer des « *tiers provisionnels* ». La mensualisation, qui répartit mieux dans le temps à la fois les rentrées fiscales et les paiements des contribuables, est étendue à d'autres impôts directs (taxe d'habitation, taxes foncières bâtie et non bâtie).

[Droit du travail]

On désigne sous le nom de mensualisation diverses mesures adoptées initialement par voie de négociation collective puis par voie légale qui tendent au rapprochement du statut de l'ouvrier manuel, payé à l'heure, et du statut de l'employé payé au mois. Ces mesures consistent notamment dans la généralisation du paiement mensuel du salaire, qui s'accompagne des avantages sociaux qui y ont été associés, tels que : paiement des jours fériés, garantie du salaire en cas de maladie, attribution d'importantes indemnités de licenciement, etc.

C. trav., art. L. 3242-1 s.

Mention au dossier

[Procédure civile]

Indication portée par écrit sur le *dossier* de l'affaire tenu par le *secrétariat-greffe*. Elle permet de formaliser certaines décisions prises au cours de l'instruction, ainsi que les avis et les lettres adressés par la juridiction. Dans les procédures orales, les prétentions des parties y sont notées, à moins qu'elles ne soient consignées dans un procès-verbal.

C. pr. civ., art. 727.

Mention en marge

[Droit général]

Annotation placée en marge d'un acte aux fins d'adjonction, de rectification ou de mise à jour. Ainsi d'un acte de naissance complété par l'indication du mariage ou de la reconnaissance d'un enfant; ou encore du même acte définitivement actualisé par l'inscription du décès.

C. civ., art. 49, 79.

Mention manuscrite

[Droit civil]

Énonciation apposée à la main au pied d'un acte juridique, avant la signature, par laquelle l'attention du débiteur est attirée sur l'étendue et la portée de l'obligation qu'il souscrit. Par exemple, la caution d'un créancier professionnel doit faire précéder sa signature de la mention manuscrite suivante : « En me portant caution de X…, dans la limite de la somme de… couvrant le paiement du principal, des intérêts et, le cas échéant, des pénalités ou intérêts de retard et pour la durée de…, je m'engage à rembourser au prêteur les sommes dues sur mes revenus et mes biens si X… n'y satisfait pas lui-même ».

C. civ., art. 1174, al. 2, 1369*, 1376*; C. consom., art. L. 331-1.*

→ *Bon pour, Formalisme, Forme.*

Mentions informatives

[Droit civil/Droit commercial]

Précisions qui doivent figurer dans le document contractuel en vue de renseigner le partenaire sur les prestations offertes et les protections accordées par la loi. La méconnaissance de ce formalisme impératif est sanctionnée, généralement, par la nullité du contrat.

Menus ouvrages

[Droit civil]

En matière de construction immobilière, les menus ouvrages sont les éléments autres que les *gros ouvrages* façonnés et installés par l'entrepreneur, spécialement les canalisations ou les huisseries. La responsabilité de l'entrepreneur, en cas de vices cachés, est encourue pendant 2 ans à dater de la réception des travaux.

C. civ., art. 1792-3.

Mer territoriale

[Droit international public]

Espace maritime d'une largeur maximale de 12 milles marins à compter des lignes de base. Cette zone est incluse dans le territoire de l'État côtier. L'État y exerce des pouvoirs souverains sous réserve du libre *passage inoffensif* des navires étrangers.

→ *Droit de la mer, Haute mer, Ligne de base, Plateau continental, Zone contiguë.*

Mercuriale

[Droit civil/Droit commercial]

État périodique du prix courant de certaines denrées, utilisé par les tribunaux pour déterminer le montant du préjudice subi en cas de perte ou de détérioration.

Mère porteuse

[Droit civil]

→ *Gestation pour autrui.*

Message

[Droit constitutionnel]

Acte par lequel le président de la République communique avec les assemblées parlementaires.

À la différence du président des États-Unis, le président de la République française ne va pas au Parlement lire lui-même son message; il le fait lire. Depuis la révision constitutionnelle du 23 juillet 2008, le président de la République peut cependant prendre la parole devant le Parlement réuni en Congrès.

Const., art. 18.

Mesure d'accompagnement judiciaire (MAJ)

[Droit civil/Procédure civile]

Mesure destinée à rétablir l'autonomie d'une personne majeure dans la gestion de ses ressources, lorsque la *mesure d'accompagnement social personnalisé* n'a pas porté ses fruits. Seul un *mandataire judiciaire à la protection des majeurs* peut être désigné par le juge pour exercer cette fonction. Cette mesure d'accompagnement n'entraîne aucune des incapacités attachées à la curatelle ou à la tutelle.

La MAJ s'est substituée à la tutelle aux prestations sociales dont les mesures sont devenues caduques de plein droit depuis le 31 décembre 2011.

C. civ., art. 495 s.; C. pr. civ., art. 1262 s.; CASF, art. R. 272-2 s.

→ *Mesures de protection judiciaire des majeurs et mineurs émancipés, Mesures de protection juridique des majeurs et mineurs émancipés, Protection des majeurs.*

Mesure d'accompagnement social personnalisé (MASP)

[Droit civil]

Mesure administrative applicable à la personne majeure qui perçoit des prestations sociales et dont la santé ou la sécurité est menacée par les difficultés qu'elle éprouve à gérer seule ses ressources. Cette mesure prend la forme d'un contrat conclu entre l'intéressé et le département, prévoyant des actions en faveur de l'insertion sociale et tendant à rétablir les conditions d'une gestion autonome des prestations sociales, avec possibilité d'affecter lesdites prestations en priorité au paiement du loyer et des charges locatives en cours.

En cas d'échec de la mesure, le procureur de la République, informé par le président du conseil départemental, peut saisir le juge des tutelles aux fins du prononcé d'une *sauvegarde de justice*, ou de l'ouverture d'une *curatelle*, d'une *tutelle* ou d'une *mesure d'accompagnement judiciaire*.

CASF, art. L. 271-1 s. et R. 271-1.

→ *Mesures de protection judiciaire des majeurs et mineurs émancipés, Mesures de protection juridique des majeurs et mineurs émancipés, Protection des majeurs.*

Mesure d'administration judiciaire

[Procédure civile/Procédure (principes généraux)]

Acte relatif au fonctionnement d'une juridiction intéressant soit l'ensemble de la juridiction (règlement des audiences et du rôle des affaires, délégation et roulement des magistrats, désignation des juges de la mise en état ou des magistrats appelés à statuer comme juge unique), soit un litige déterminé (jonction d'instances, radiation du rôle, ordonnance de clôture, renvoi à la formation collégiale). Aucun recours n'est ouvert contre un tel acte qui ne peut être déféré à la Cour de cassation, fût-ce pour excès de pouvoir.

C. pr. civ., art. 107, 126-3, al. 2, 129-5, 368, 383, 499, 537, 1224; COJ, art. R. 111-7, R. 121-1, R. 212-8, R. 212-9-1, R. 213-7, R. 213-9, R. 213-11, R. 213-12, R. 312-9, R. 312-11-1, R. 434-1, R. 532-11, R. 562-11.

→ *Acte juridictionnel, Décision gracieuse.*

Mesure d'exécution

[Procédure civile]

Moyen tendant à obtenir la sanction d'un droit subjectif. Le créancier a le choix des mesures propres à assurer l'exécution ou la conservation de sa créance, à condition de ne pas excéder ce qui se révèle nécessaire pour le paiement de son obligation. Le *juge de l'exécution* a le pouvoir d'ordonner la mainlevée de toute mesure inutile ou abusive.

C. pr. exéc., art. L. 111-7, 121-2.

→ *Exécution forcée, Mesures conservatoires, Mesures provisoires.*

Mesure d'ordre intérieur

[Droit administratif]

En contentieux administratif, catégorie juridique en voie de régression dont l'existence s'explique surtout par la crainte d'un encombrement des juridictions, et qui regroupe des décisions administratives mineures dont le juge administratif se refuse à connaître en raison du peu d'importance du préjudice causé aux administrés.

Exemple : décision de l'Administration universitaire d'inscrire un étudiant dans tel groupe de travaux dirigés plutôt que dans tel autre.

GAJA n° 91.

→ *Acte de gouvernement, État de droit.*

Mesure judiciaire d'aide à la gestion du budget familial

[Droit civil/Sécurité sociale]

Mesure que le juge des enfants peut ordonner lorsque les prestations familiales ou le revenu de solidarité active (RSA) ne sont pas employés pour les besoins liés au logement, à l'entretien, à la santé et à l'éducation des enfants et que l'accompagnement en économie sociale et familiale, prévu à l'article L. 222-3 du Code de l'action sociale et des familles, n'apparaît pas suffisant. Ces prestations sont alors versées, en tout ou en partie, à une personne physique ou morale qualifiée, appelée « *délégué aux prestations familiales* ». La charge de cette mesure incombe à l'organisme débiteur des prestations familiales.

C. civ., art. 375-9-1; CSS, art. L. 552-6; C. pr. civ., art. 1200-2 s.

→ *Protection de l'enfance.*

Mesures conservatoires

[Droit civil]

La mesure conservatoire est une mesure urgente qui a pour objet de préserver un droit (représentation d'un présumé absent), un bien (apposition des scellés) ou une personne (admission en soins psychiatriques).

CSP, art. L. 3212-1 s.

[Procédure civile]
La loi n° 91-650 du 9 juillet 1991, art. 67 s., a institué des règles nouvelles en matière de mesures conservatoires, en distinguant les saisies conservatoires et les *sûretés judiciaires*. Ces règles ont été reprises par le Code des procédures civiles d'exécution.

Le recours à l'une ou l'autre de ces procédures suppose que celui qui possède une créance paraissant fondée en son principe obtienne une autorisation du *juge de l'exécution* (en matière commerciale du président du tribunal de commerce), en justifiant de circonstances susceptibles d'en menacer le recouvrement. Cette autorisation n'est pas exigée dans plusieurs hypothèses, notamment lorsque la créance est constatée par un titre exécutoire, parce qu'alors la créance est certaine.

À peine de caducité de la mesure conservatoire, le créancier doit, dans le délai fixé par décret, agir au fond en vue d'obtenir un titre exécutoire.

On entend, également, par mesures conservatoires les mesures que prescrit le juge des référés, soit pour prévenir un dommage imminent, soit pour faire cesser un trouble manifestement illicite. Le décret n° 2011-1043 du 1er septembre 2011 réglemente à part les mesures conservatoires prises après l'ouverture d'une succession.

C. pr. civ., art. 809, 849, 873, 894, 1304 s.; C. pr. exéc., art. L. 111-1, al. 2, L. 511-1 s., R. 511-1 s.; C. trav., art. R. 1455-6; C. comm., art. L. 721-7.

→ *Mesure d'exécution, Mesures provisoires, Saisie conservatoire.*

[Procédure pénale]
Possibilité, sur requête du procureur de la République, en cas d'information ouverte en matière de délinquance ou de criminalité organisées (C. pr. pén., art. 706-73 et 706-74), ou pour l'une des infractions, punie d'une peine égale ou supérieure à 3 ans d'emprisonnement, du titre 1er du livre III du Code pénal (crimes et délits contre les biens), d'ordonner aux frais avancés du Trésor et selon les modalités prévues par les procédures civiles d'exécution, des mesures conservatoires sur les biens meubles ou immeubles, divis ou indivis de la personne mise en examen, afin de garantir le paiement des amendes et l'indemnisation des victimes.

La condamnation de la personne vaut validation des mesures conservatoires. La décision de non-lieu, de relaxe ou d'acquittement emporte, de plein droit, leur mainlevée.

C. pr. pén., art. 706-103 et 706-166.

Mesures d'exécution sur les véhicules terrestres à moteur

[Procédure civile]
Mesures d'exécution forcée susceptibles d'être sollicitées par un créancier auprès d'un huissier de justice, lorsque le débiteur est propriétaire d'un véhicule terrestre à moteur (automobile par ex.). L'huissier de justice choisi par le créancier peut effectuer une déclaration à la Préfecture où le véhicule a été immatriculé. Cette déclaration, notifiée au débiteur, opérera la saisie.

S'il est à craindre que le débiteur fasse disparaître le véhicule, l'huissier a la faculté de procéder à l'immobilisation du véhicule, en quelque lieu qu'il se trouve. Sa réalisation sera ensuite exécutée.

C. pr. exéc., art. L. 223-1, L. 223-2, R. 223-1 à R. 223-13.

→ *Immobilisation d'un véhicule terrestre à moteur.*

Mesures d'instruction

[Procédure (principes généraux)]
Mesures ordonnées à la demande des parties ou d'office par le juge et tendant à établir la réalité et l'exactitude des faits sur les-

quels porte une difficulté juridique ou un litige.

CJA, art. R. 621-1 s.

GACA n° 56.

[Procédure civile]

Les mesures d'instruction dans le procès civil peuvent être ordonnées en tout état de cause, parfois même en conciliation ou au cours du délibéré; elles ont un caractère incident.

Elles peuvent aussi être ordonnées en dehors de tout procès, par voie principale (requête ou référé), toutes les fois qu'il existe un motif légitime de conserver ou d'établir la preuve de faits dont peut dépendre la solution d'un litige éventuel (enquête, expertise à futur en particulier).

Dans chaque juridiction, il est désigné un juge chargé de contrôler l'exécution des mesures d'instruction.

C. pr. civ., art. 10, 11, 143 s., 155, 175 s., 819, 1538, 1547; COJ, art. R. 212-37, R. 213-12-1.

→ *In futurum, Preuve (Procédures de).*

Mesures de protection judiciaire des majeurs et mineurs émancipés

[Droit civil]

L'expression regroupe toutes les mesures de la compétence du juge des tutelles pour protéger la personne majeure ou mineure émancipée. Le Code civil vise d'une part les 4 mesures de protection judiciaire commandées par l'altération des facultés personnelles (*sauvegarde de justice*, *curatelle*, *tutelle*, *habilitation familiale*), d'autre part une *mesure d'accompagnement judiciaire* pour aider le majeur (ou le mineur émancipé) dans sa gestion financière sans entraîner une incapacité et à condition que sa santé ou sa sécurité soit compromise par ses difficultés à gérer de manière satisfaisante ses prestations sociales.

C. civ., art. 425 s. et 495 s.

→ *Mesure d'accompagnement social personnalisé (MASP), Mesures de protection juridique des majeurs et mineurs émancipés, Protection des majeurs.*

Mesures de protection juridique des majeurs et mineurs émancipés

[Droit civil]

Par cette expression, le Code civil vise : 1° les 4 mesures, dites de protection judiciaire car elle suppose l'intervention du juge des tutelles (*sauvegarde de justice*, *curatelle*, *tutelle*, *habilitation familiale*) que le juge peut ordonner pour un majeur, ou pour un mineur émancipé, dont les facultés personnelles sont altérées; 2° le *mandat de protection future*. En revanche, l'accompagnement judiciaire, qui n'entraîne aucune incapacité, n'est pas une mesure de protection juridique.

C. civ., art. 425 s. et 495 s.

→ *Mesure d'accompagnement social personnalisé (MASP), Mesures de protection juridique des majeurs et mineurs émancipés.*

Mesures de sûreté

[Droit pénal]

Sanctions à caractère préventif et dépourvues de but rétributif et de caractère afflictif et infamant, fondées sur la constatation d'un état dangereux. Les mesures de sûreté peuvent consister en une neutralisation, un traitement thérapeutique, un traitement rééducatif.

Mesures préparatoires

[Droit administratif]

En contentieux administratif, catégorie juridique regroupant les actes de l'Administration dont le juge administratif se refuse à connaître parce qu'ils se bornent à préparer une décision sans être, par eux-mêmes, des actes faisant *grief*.

Mesures provisoires

[Procédure civile]

Mesures décidées par le juge en vertu de la *juridiction provisoire*. Elles peuvent être prises pour le temps de l'instance (ex. : pension *ad litem*, mise sous séquestre d'un objet, garde des enfants...) ou même en dehors de tout procès (*référé civil*...). Les mesures provisoires sont tantôt des mesures d'anticipation lorsqu'elles ont le même contenu que celui que pourrait avoir la décision définitive (ex. : référé provision), tantôt des mesures d'expectative ou de conservation lorsqu'elles ont pour but de préserver l'efficacité d'un éventuel jugement définitif à venir ou d'organiser l'attente jusqu'à cette date.

C. civ., art. 254 s. et 375-5; C. pr. civ., art. 484, 493, 662, 1117, 1184 et 1185.

→ *Mesure d'exécution, Mesures conservatoires.*

[Droit administratif]

Selon l'article L. 511-1 CJA, le juge des référés statue par des mesures qui présentent un caractère provisoire.

GACA n° 20.

[Droit international public]

Mesure d'urgence à caractère conservatoire que peut décider une juridiction internationale ou un comité des Nations unies à la demande d'une partie ou même *proprio motu* afin d'empêcher une atteinte irréversible à un droit avant la décision au fond.

Mesures transitoires

[Droit administratif]

Le principe de *sécurité juridique* impose que l'autorité investie du pouvoir réglementaire adopte les mesures transitoires qu'implique l'entrée en vigueur d'une réglementation nouvelle, notamment lorsque celle-ci porte atteinte de manière excessive à des situations contractuelles légalement formées.

GAJA n° 108.

Métayage

[Droit rural]

Contrat en vertu duquel le propriétaire d'un domaine rural, le loue temporairement à une autre personne, appelée métayer, qui l'exploite moyennant partage des *fruits* et des pertes dans la proportion d'un tiers pour le bailleur et de 2/3 pour le preneur (principe du tiercement).

Ce contrat était encore appelé bail à colonat partiaire, mais la loi de simplification et de clarification du droit n° 2009-526 du 12 mai 2009, remplace l'expression « colonat partiaire » par « métayage » et celle de « colon partiaire » par « métayer ».

C. rur., art. L. 417-1 s.

→ *Bail à ferme.*

Métier d'art

[Droit civil/Droit général]

Activité indépendante de création, de transformation, de réparation et de restauration du patrimoine, caractérisée par la maîtrise de gestes et de techniques appliquée au travail de la matière, nécessitant un apport artistique.

Méthode D'Hondt

[Droit constitutionnel]

Mode d'attribution des sièges dans le cadre du scrutin proportionnel, élaboré par V. D'Hondt, juriste et mathématicien belge (1841-1901), proche de celui dit de la plus forte moyenne.

→ *Représentation proportionnelle.*

Méthode de Grenoble

[Droit civil]

Procédé de construction d'appartements en copropriété caractérisé par l'existence d'une indivision entre les accédants pendant toute la période nécessaire à l'édification. Toute décision ne peut être prise qu'à l'unanimité.

→ *Méthode de Paris.*

Méthode de Paris

[Droit civil]

Procédé de construction d'appartements en copropriété caractérisé par la création d'une société chargée de mener à bien les travaux. Le gérant peut traiter seul au nom de la société.

→ *Méthode de Grenoble.*

ACTU

Métropole

[Droit administratif]

1° France continentale, pour les collectivités d'outre mer.

2° Catégorie d'*établissement public de coopération intercommunale* créée par la loi du 16 décembre 2010, et renforcée par celles du 27 janvier 2014 et du 7 août 2015. La transformation en métropoles des EPCI regroupant 400 000 habitants dans une aire de plus de 650 000 habitants devient automatique, alors qu'elle reste facultative dans d'autres cas.

Les métropoles tendent à cumuler, dans leur aire territoriale, les compétences exercées par les anciens EPCI et d'autres compétences jusqu'alors assumées par d'autres collectivités, notamment les départements. Celles du *Grand Paris*, de Lyon et d'Aix-Marseille-Provence bénéficient de dispositions spécifiques, la métropole de Lyon étant une collectivité territoriale à statut particulier.

CGCT, art. L. 5217-1.

Meuble

[Droit civil]

Le terme désigne 2 catégories de biens :

- *Les biens corporels :* sont meubles par nature les biens qui peuvent se transporter d'un lieu à un autre. La référence aux animaux et la précision « soit qu'ils se meuvent par eux-mêmes soit qu'ils ne puissent changer de place que par l'effet d'une force étrangère » ont été supprimées par la loi n° 2015-177 du 16 février.

C. civ., art. 528.

→ *Animal.*

- *Les biens incorporels*, qui sont des droits portant sur une chose mobilière par nature (droit réel, droit personnel, action en justice) ou des droits détachés de tout support matériel mais que la loi considère arbitrairement comme des meubles (parts sociales, droits intellectuels...). Ce sont les meubles par détermination de la loi.

C. civ., art. 529 s.

→ *Immeuble.*

Meubles meublants

[Droit civil]

Meubles destinés à l'usage (tables, sièges, lits...) et à l'ornement (tapisseries, glaces) d'un appartement ou d'un local.

C. civ., art. 534.

Meurtre

[Droit pénal]

Homicide intentionnel.

→ *Assassinat.*

Micro-entreprises (Régime des)

[Droit financier ou fiscal]

Mode d'évaluation simplifiée (et approchée) du bénéfice imposable des plus petites entreprises industrielles ou commerciales ou des activités non commerciales très peu importantes consistant, pour déterminer le bénéfice net imposable, à retrancher du montant des recettes brutes une évaluation forfaitaire des frais professionnels fixée en pourcentage de ces recettes (71 % pour les entreprises de ventes, 50 % pour les entreprises de prestations de services). Les contribuables bénéficiant de ce régime sont dispensés du paiement de la TVA, ce qui équivaut à une exonération, avec ses avantages et ses inconvénients.

Il est possible de renoncer à ce système et d'opter pour le système de droit commun de calcul de l'impôt, fondé sur les données de la comptabilité (système du « bénéfice réel »), avec assujettissement ordinaire à la TVA.

CGI, art. 50-0 et 102 ter.

[Droit commercial]

Notion parfois utilisée, par référence aux seuils du droit fiscal ou de la sécurité sociale, afin de simplifier la vie administrative des entreprises. La comptabilité professionnelle peut être ainsi allégée; et le formalisme de publicité légale réalisé en situation de gratuité (v. par ex. C. com., art. L. 743-13).

Micro-État

[Droit international public]

État à territoire exigu et très peu peuplé. L'admission de très nombreux micro-États à l'ONU à la suite de la décolonisation soulève des problèmes délicats sur lesquels le secrétaire général a attiré l'attention, les États en question n'étant pas toujours en mesure de faire face aux obligations prévues par la Charte des Nations unies.

Micro social

[Sécurité sociale]

Dispositif simplifié de déclaration et de paiement trimestriel des cotisations et contributions de sécurité sociale des travailleurs indépendants.

Mines

[Droit administratif/Droit civil]

Gisements de substances minérales ou fossiles que la loi, en raison de leur valeur, a déclarés distincts du sol quant au régime de propriété.

La liste limitative se trouve dans le Code minier. Y figurent les sels de sodium et de potassium, le fer, le cuivre, les hydrocarbures liquides et gazeux… ; l'apparition sur cette liste de ces derniers ayant entraîné les plus grandes modifications à l'ensemble des régimes juridiques des mines.

C. minier, art. L. 111-1 s.

Mineur

[Droit civil]

Personne physique qui n'a pas encore atteint l'âge de la *majorité* (18 ans) et qui, de ce fait, est privée de la possibilité d'exercer elle-même ses droits et est placée sous un régime de protection.

C. civ., art. 388 s.

GAJC, t. 2, n° 196.

→ *Administration légale, Autorité parentale, Capacité, Émancipation, Jouissance légale, Responsabilité du fait des choses, Tutelle.*

Minières

[Droit administratif/Droit civil]

Catégorie de gisements aujourd'hui supprimée par la loi, comprenant essentiellement les minières de fer, qui figurent aujourd'hui dans la catégorie des mines, et les tourbières, qui figurent aujourd'hui dans la catégorie des carrières.

Minimum garanti

[Sécurité sociale]

Minimum servant de référence à de nombreuses allocations, indemnités ou plafonds : évaluation des avantages en nature pour le calcul des cotisations sociales, calcul de la prise en charge par l'employeur des frais réels de repas, calcul de l'allocation spécifique versée par l'État en cas de chômage partiel.

C. trav., art. L. 3231-12.

Ministère

[Droit constitutionnel]

1° Ensemble des membres composant le cabinet ministériel ou gouvernement (ex. : ministère Valls).

2° Groupe de services publics placés sous l'autorité d'un ministre (ex. : ministère des Affaires étrangères, de la Justice, de l'Agriculture, etc.). Chaque ministère est composé d'une administration centrale et de services extérieurs situés dans diverses circonscriptions.

Ministère d'avocat

[Procédure (principes généraux)]

Fait, pour une partie, d'être représentée en justice par un avocat. Le ministère d'avocat est par principe obligatoire, facultatif sur dérogation expresse.

CJA, art. R. 431-1 s., R. 432-1 s., R. 811-7; C. pr. civ., art. 751, 814, 901, 960, 973; L. n° 71-1130 du 31 déc. 1971, art. 4 et 6.

GACA n° 2.

→ *Constitution d'avocat.*

Ministère de la Justice et des Libertés

[Droit général/Procédure (principes généraux)]

Ministère gérant, à l'échelon national, le service public de la justice : recrutement des magistrats, nomination des officiers ministériels, gestion des juridictions et des prisons, élaboration des projets de loi dans de multiples domaines, organisation et gouvernance de 4 écoles : École nationale de la magistrature (ENM), École nationale des greffes (ENG), École nationale de l'administration pénitentiaire (ENAP), École nationale de la protection judiciaire de la jeunesse (ENPJJ).

Le ministère de la Justice, en pratique dénommée « *Chancellerie* », comporte 5 directions (Affaires civiles et Sceau, Affaires criminelles et Grâces…), plusieurs services (Inspection générale des services judiciaires…) et un Secrétariat général.

→ *Garde des Sceaux.*

Ministère public

[Procédure civile/Procédure pénale/ Droit financier]

Ensemble des magistrats de carrière qui sont chargés, devant certaines juridictions, de requérir l'application de la loi et de veiller aux intérêts généraux de la société.

Indépendants des juges du *siège*, les magistrats du *parquet* sont hiérarchisés et ne bénéficient pas de l'inamovibilité.

En matière civile, le ministère public peut être *partie principale* ou *partie jointe*. En matière pénale, il est toujours partie principale.

C. pr. civ., art. 163, 277, 303, 311, 421 s., 443, 744, 798, 1040, 1136-3, 1240; C. pr. exéc., art. L. 121-5, L. 121-6; C. pr. pén., art. 31 s.; COJ, art. L. 122-1 s., L. 312-7, L. 432-1, R. 212-12 s., R. 312-14, R. 432-1 s.; CJF, art. L. 112-2.

GAPP n° 6.

→ *Commissaire du gouvernement, Communication au ministère public, parquet, Parquet général, Procureur général, Procureur de la République, Procureur de la République financier, Rapporteur public.*

Ministre

[Droit constitutionnel]

Membre du gouvernement, selon la distinction exposée ci-après.

1° *Ministre à portefeuille :* ministre chargé d'un département ministériel, c'est-à-dire de la gestion des services de l'État correspondant à un domaine d'action.

2° *Ministre délégué :* ministre placé auprès du Premier ministre ou d'un ministre pour gérer sous son autorité, mais avec l'ensemble des pouvoirs reconnus à un ministre, un domaine déterminé de sa compétence.

3° *Ministre d'État :* traditionnellement ministre sans portefeuille, nommé seulement pour des raisons de dosage politique. Sous la Ve République, dans les gouvernements qui en comportent, les ministres d'État sont au contraire chargés d'un département ministériel et se différencient seulement des autres ministres par ce titre prestigieux.

[Droit administratif]

Les ministres disposent d'un pouvoir réglementaire pour assurer le bon fonctionnement des services placés sous leur autorité.

GAJA n° 45.

→ *Secrétaire d'État.*

Ministre-juge

[Droit administratif]

Conception, périmée depuis la fin du XIXe siècle, selon laquelle, en matière de contentieux administratif, chaque ministre représentait pour son département une juridiction de première instance, qui devait ainsi être saisie préalablement à tout recours porté devant le Conseil d'État. On parlait alors de justice retenue.

GAJA n° 5.

→ *Justice retenue, déléguée.*

Minorité

[Droit civil]

État de celui qui n'a pas encore atteint la majorité légale fixée à 18 ans.

C. civ., art. 388, 414.

GAJC, t. 1, n° 59-60.

→ *Administration légale, Majorité, Mineur, Responsabilité du fait des choses, Tutelle.*

[Droit commercial]

→ *Assemblée générale.*

Minorité pénale

[Droit pénal]

État de l'auteur d'une infraction qui n'a pas encore atteint l'âge de 18 ans. Le régime de la responsabilité pénale est alors variable : soit le mineur a moins de 13 ans et il n'est justiciable que de mesures d'assistance, de surveillance et d'éducation, voire de sanctions éducatives à partir de 10 ans; soit il a entre 13 et 18 ans, et il peut être condamné à une peine privative de liberté ou à une peine d'amende, mais diminuée de moitié dans sa durée ou son montant par rapport au maximum encouru, sauf à ne pas appliquer cette diminution aux mineurs âgés de plus de 16 ans, compte tenu des circonstances de l'espèce et de la personnalité de l'intéressé.

C. pén., art. 122-8; Ord. 2 févr. 1945, art. 20-2 et 20-3.

→ *Discernement.*

Minorités (Protection des)

[Droit international public]

Régime de protection de populations distinctes de la majorité nationale au point de vue ethnique, linguistique, religieux. À l'époque contemporaine, est une branche du droit international des droits de l'homme (ex. Convention-cadre pour la protection des minorités nationales du 1er févr. 1995).

Minute

[Droit civil/Procédure civile]

Original d'un acte rédigé (autrefois en petits caractères) par un *officier public*, ou d'un jugement revêtu de la signature du président et du greffier.

Les minutes ne sortent pas de l'étude de l'officier public ou du greffe. Il en est délivré des copies exécutoires (appelées aussi *grosses*), ou de simples copies certifiées conformes.

Les notaires tiennent jour par jour un répertoire (dénommé minutier) de tous les actes qu'ils reçoivent sur support papier ou sur support électronique. L'acte notarié dressé sur support électronique est enregistré pour sa conservation dans un minutier central contrôlé par le Conseil supérieur du notariat.

C. patr., art. L. 211-4, R. 212-15; Décr. n° 941 du 26 nov. 1971, art. 23 à 28, 32 et 33.

→ *Exécution sur minute, Original.*

Mise à l'index

[Droit du travail]

Interdiction faite à une personne d'exercer son activité professionnelle en faisant appel à d'autres personnes, appartenant ou non à la même profession, pour qu'elles fassent pression sur la personne visée et cessent avec elles toutes relations professionnelles.

Mise à pied

[Droit du travail]

Suspension à durée déterminée du contrat de travail, décidée par l'employeur soit à titre de sanction (mise à pied disciplinaire), soit pour des raisons économiques (mise à pied économique). Sauf si elle autorise l'attribution effective d'indemnités de chômage partiel, la mise à pied économique requiert le consentement du salarié faute de quoi elle équivaut à un licenciement.

Mise à pied conservatoire : mise à pied à durée indéterminée d'un salarié qui a commis une faute, dans l'attente d'une sanction définitive. Le représentant du personnel ou le représentant d'un syndicat qui a commis une faute grave peut être mis à pied durant la procédure destinée à obtenir l'autorisation administrative de licencier. La jurisprudence a précisé son régime juridique (quant à la cause, au moment, aux incidences sur la rémunération).

C. trav., art. L. 1332-3, L. 2421-1 et L. 2421-3.

Mise à prix

[Procédure civile]

Fixation du prix à partir duquel les enchères seront portées. Dans la *saisie immobilière*, le montant de la mise à prix est fixé par le créancier poursuivant; à défaut d'enchère, celui-ci est déclaré adjudicataire d'office à ce montant.

Dans la vente de meubles aux enchères publiques, le vendeur peut imposer un prix de réserve en dessous duquel le bien ne peut-être vendu. Si ce prix n'est pas atteint lors des enchères, le commissaire-priseur est autorisé à se déclarer adjudicataire à ce prix.

C. pr. exéc., art. L. 322-6, R. 322-10, R. 322-31, R. 322-32.

→ *Adjudication, Vente aux enchères publiques.*

Mise au rôle

[Procédure civile]

Acte par lequel l'avocat du demandeur saisit le TGI en remettant au greffe une copie de l'*assignation*, ce qui permettra de l'inscrire au registre des affaires en cours. Devant la cour d'appel, la déclaration d'appel vaut demande d'inscription au rôle.

C. pr. civ., art. 757 et 901 in fine.

Mise en accusation

[Procédure pénale]

Décision de renvoi d'un mis en examen devant la cour d'assises, relevant de la compétence du juge d'instruction ou de la chambre de l'instruction.

→ *Mise en examen.*

Mise en cause

[Procédure civile]

Demande en intervention forcée émanant soit du demandeur, soit du défendeur et dirigée contre un tiers en vue de lui rendre opposable le jugement à intervenir ou d'obtenir une condamnation contre lui. Elle peut, parfois, être provoquée d'office par le juge du premier ou du second degré.

C. pr. civ., art. 66 et 331 s.

→ *Déclaration de jugement commun, Demande en intervention, Garantie (Appel en), Tierce opposition.*

[Procédure pénale]

Personne visée par la plainte de la victime d'une infraction pénale ou par un témoin et contre laquelle il existe des indices rendant vraisemblable qu'elle ait pu participer à la commission de l'infraction dont est saisi un juge d'instruction. Selon l'article 113-2 du Code procédure pénale (L. nº 2000-516 du 15 juin 2000) cette personne est entendue comme *témoin assisté*.

Mise en danger

[Droit pénal]

1º Au sens du *droit pénal général*, composante de la non-intention par violation manifestement délibérée d'une obligation de sécurité ou de prudence imposée par la loi ou le règlement.

C. pén., art. 121-3.

2º Au sens du *droit pénal spécial*, ensemble des délits regroupés sous cette qualification générique : *risques causés à autrui*, délaissement d'une personne hors d'état de se protéger, entrave aux mesures d'assistance, omission de porter secours, expérimentation sur la personne humaine, interruption illégale de la grossesse, provocation au suicide et abus frauduleux de l'état d'ignorance ou de faiblesse.

C. pén., art. 223-1 à 223-20.

Mise en délibéré

[Procédure (principes généraux)]

→ *Délibéré.*

Mise en demeure

[Droit administratif]

Injonction adressée par une autorité administrative, dans les cas prévus par les textes, pour ordonner à un particulier ou à une collectivité publique de prendre une mesure obligatoire ou de mettre fin à un comportement illégal.

[Droit civil/Procédure civile]

Acte par lequel un créancier demande à son débiteur d'exécuter son obligation. Elle a pour effet principal de faire courir les dommages et intérêts moratoires.

En droit commun, la mise en demeure est faite par *exploit d'huissier*. Elle peut aussi résulter d'un autre acte équivalent, telle une lettre missive lorsqu'il ressort de ses termes une interpellation suffisante, telle la clause de la convention portant que, par la seule échéance du terme, le débiteur sera en demeure.

C. civ., art. 1221, 1222*, 1223*, 1225*, 1226*, 1344* s., 1392, 1652.*

→ *Commandement, Sommation.*

[Droit du travail]

Injonction adressée à l'employeur par le directeur régional des entreprises, de la concurrence, de la consommation, du travail et de l'emploi de prendre toute mesure pour mettre fin à une situation dangereuse constatée par l'inspecteur du travail et résultant d'une violation de principes généraux de prévention prévus dans la loi ou d'une infraction à l'obligation générale de santé et de sécurité. L'inspecteur du travail peut aussi mettre un employeur en demeure de se conformer, dans un délai déterminé, à des normes réglementaires en matière d'hygiène et de sécurité.

C. trav., art. L. 4721-1 s.

[Droit financier ou fiscal]
En matière d'impôts indirects, une mise en demeure doit être notifiée au débiteur n'ayant pas acquitté dans les délais les sommes portées sur l'*avis de mise en recouvrement* qu'il a reçu, avant qu'une saisie-exécution soit engagée. Elle tient lieu du commandement prévu par le Code de procédure civile.

LPF, art. L. 257.

[Sécurité sociale]
Injonction des unions de recouvrement (Urssaf) adressée au débiteur afin qu'il régularise sa situation quant aux cotisations dues. Cette mise en demeure précède l'action en recouvrement. Elle peut être remplacée par un *avertissement*.

CSS, art. L. 244-2.

Mise en état

[Procédure civile]
Une affaire est en état lorsque, l'instruction ayant été effectuée, elle est prête à venir à l'audience pour être plaidée.
Dans la procédure dite « de mise en état », laquelle n'intervient que pour les affaires complexes exigeant une préparation poussée, l'instruction est contrôlée et déclarée close par un *juge de la mise en état* ou par un *conseiller de la mise en état*.

C. pr. civ., art. 762 s. et 910 s.

→ *Affaire en état, Appel des causes, Audience de procédure.*

Mise en examen

[Procédure pénale]
Décision par laquelle une personne est mise en cause au cours de l'instruction, qui s'est substituée à l'ancienne inculpation.
À peine de nullité, le juge d'instruction ne peut mettre en examen que les personnes à l'encontre desquelles il existe des indices graves ou concordants rendant vraisemblable qu'elles aient pu participer, comme auteur ou comme complice, à la commission des infractions dont il est saisi. Il ne peut y procéder que s'il estime ne pas pouvoir recourir à la procédure de *témoin assisté*.

C. pr. pén., art. 80-1.

GAPP n° 32 et 34.

Mise en examen tardive

[Procédure pénale]
Faute commise par un juge d'instruction consistant à entendre comme témoin une personne à l'encontre de laquelle il existe des indices graves et concordants d'avoir participé aux faits, et ayant pour résultat de faire échec aux droits de la défense.

C. pr. pén., art. 105.

Mise en péril des mineurs

[Droit pénal]
Expression générique du Code pénal regroupant une série d'incriminations destinées à sanctionner des comportements qui ont pour dénominateur commun de mettre en danger des mineurs, soit physiquement, soit moralement (privation de soins et d'aliments, abandon d'enfant, provocations à commettre des crimes ou des délits, corruption de mineurs, exploitation de l'image pornographique d'un mineur, atteinte sexuelle sur la personne d'un mineur).

C. pén., art. 227-15 s.

Mission

[Droit financier ou fiscal]
Dans le cadre de la présentation par objectifs du budget de l'État, les missions, au nombre d'une trentaine, sont des divisions de celui-ci regroupant un ensemble de programmes (pouvant relever éventuellement de ministères différents), ou des dotations là où elles existent, concourant à la mise en œuvre d'une même politique publique.

Pour le budget général, la mission est l'unité de vote des crédits budgétaires par le Parlement.

Exemples de missions : « justice », « culture », « défense », « recherche et enseignement supérieur »...

[Droit constitutionnel]

Une mission temporaire (par ex. l'élaboration d'un rapport en vue d'une réforme) confiée par le gouvernement à un parlementaire n'est pas incompatible avec l'exercice de son mandat, à condition de ne pas excéder 6 mois et de ne pas donner lieu à rémunération.

Mission d'expertise économique et financière (MEEF)

[Droit administratif]

Cellule administrative fonctionnant auprès du directeur régional des finances publiques, chargée essentiellement d'éclairer les préfets de la région, à leur demande, sur les dossiers des projets d'investissement de l'État. Cette expertise ne prend pas la forme classique d'un avis favorable ou défavorable mais, après étude des différents aspects du dossier, d'un bilan des points forts et des points faibles du projet.

Mission de service public

[Droit administratif]

→ *Service public.*

Mission diplomatique

[Droit international public]

Organe diplomatique assurant la représentation d'un État auprès d'un autre État. Il est composé d'un ensemble de personnes : chef de mission, conseillers, secrétaires des affaires étrangères, personnel administratif et technique.

→ *Ambassadeur, Agent diplomatique, Personnel diplomatique.*

Mitage

[Droit administratif/ Droit de l'environnement]

Expression imagée souvent employée en droit de l'environnement, avec une connotation péjorative, pour désigner l'invasion d'une zone protégée par un habitat d'abord dispersé, donnant au tissu naturel de cette zone un aspect « mité » et portant une atteinte, notamment esthétique, à l'environnement.

Mitigation

[Droit civil]

Obligation pour un créancier, y compris la victime d'un *dommage corporel*, de mettre en œuvre tous les moyens raisonnables de nature à minimiser l'étendue et l'importance de son dommage, postérieurement à la réalisation de ce dernier. Condamnée par la jurisprudence française comme attentatoire au principe de la *réparation intégrale*, elle est en germe dans les articles 1149 et 1151 du Code civil (responsabilité contractuelle) et L. 172-23 du Code des assurances (assurances maritimes) et admise par la législation ou la jurisprudence de certains États européens (Allemagne, Italie, Royaume-Uni).

Mi-temps thérapeutique

[Sécurité sociale]

Reprise d'un travail à temps partiel lorsque cette reprise est reconnue comme étant de nature à favoriser l'amélioration de l'état de santé de l'assuré tout en lui conservant en partie ou en totalité le bénéfice des indemnités journalières de l'assurance-maladie.

CSS, art. L. 323-3.

Mitoyenneté

[Droit civil]

État d'un bien sur lequel 2 voisins ont un droit de copropriété et qui sépare des immeubles, nus ou construits, contigus. La loi réglemente, outre la mitoyenneté des murs, celle des clôtures, des fossés et des haies.

C. civ., art. 653 s.

Mobiles

[Droit civil]

→ *Cause.*

[Droit pénal]

Raisons profondes ayant inspiré l'action ou l'omission d'un criminel ou d'un délinquant : haine, vengeance, cupidité, passion…

Il est de principe que les mobiles sont indifférents à l'*intention*, pour ne pas en être une composante, mais ils peuvent être retenus par le juge aux fins de personnalisation de la peine.

→ *Dol.*

Mobilia sequuntur personam

[Droit international privé]

Règle, inventée par les glossateurs et restée en vigueur, selon laquelle les biens mobiliers suivent la personne de leur propriétaire. Par exemple, en matière de succession, les meubles sont soumis à la loi du domicile du défunt. Depuis le 17 août 2015, date d'entrée en application du règlement Successions (règlement (UE) n° 650/2012 du Parlement européen et du Conseil du 4 juillet 2012 relatif à la compétence, la loi applicable, la reconnaissance et l'exécution des décisions, et l'acceptation et l'exécution des actes authentiques en matière de successions et à la création d'un certificat successoral européen), les meubles sont soumis à la loi de la résidence habituelle du défunt, notion plus souple que le domicile. Il est à noter qu'en outre les immeubles sont également soumis à cette loi, ce qui constitue un bouleversement de la règle de conflit de lois traditionnelle en matière successorale, qui diffère selon que l'on a affaire à des meubles (*mobilia sequuntur personam*) ou des immeubles (*lex rei sitae*).

GADIP n° 18.

Mobilière (Contribution)

[Droit financier ou fiscal]

Impôt direct local remplacé en 1974 par la *taxe d'habitation*.

Mobilisation de créance

[Droit commercial]

Opération par laquelle un créancier retrouve auprès d'un organisme (organisme mobilisateur) la disponibilité de fonds avancés.

Plusieurs techniques sont utilisables parmi lesquelles l'*escompte* des effets de commerce.

→ *Cession professionnelle de créances.*

Mobilité

[Droit du travail]

Caractéristique d'une situation de l'emploi qui conduit, selon des procédures diverses, les salariés à subir ou choisir, dans l'entreprise ou hors d'elle, des mutations géographiques ou professionnelles.

Mobilité volontaire sécurisée : période dont peut bénéficier, avec l'accord de son employeur, un salarié d'une ancienneté minimale de 24 mois dans une entreprise ou un groupe d'entreprise d'au moins 300 salariés afin d'exercer une activité dans une autre entreprise. L'exécution du contrat de travail est suspendue pendant cette période. À l'issue de celle-ci, le salarié peut retrouver de plein droit son précédent emploi ou un emploi similaire de qualification et rémunération équivalentes ou choisir de ne pas réintégrer l'entreprise d'origine, auquel cas le contrat de travail est rompu.

C. trav., art. L. 1222-12 s.

→ *Accord de mobilité interne, Clause de mobilité.*

Mobilité bancaire

[Droit civil]

Pour faciliter le changement de domiciliation bancaire, la loi n° 2014-344 du 17 mars 2014 relative à la consommation édicte que la clôture de tout compte de dépôt ou compte sur livret est gratuite, que l'établissement d'arrivée peut effectuer les formalités nécessaires au transfert sur le nouveau compte des virements et prélèvements et que l'établissement de départ propose, dans les 5 jours de la demande de clôture, un récapitulatif des opérations automatiques et récurrentes ayant transité sur le compte clôturé.

C. mon. fin., art. L. 312-1-7, R. 312-4-4.

Modalité

[Droit civil]

Particularité qui n'est pas de l'essence de l'obligation mais qui en affecte l'existence, l'exigibilité, la durée (*condition* et *terme*) ou qui agence la multiplicité de ses objets (caractère alternatif ou facultatif de l'obligation) ou la pluralité de ses sujets (*solidarité*, *indivisibilité*).

C. civ., art. 1304 s. et 1307* s.*

Modèles

[Droit commercial]

→ *Dessins et modèles.*

Modérateur (Pouvoir)

[Droit civil/Procédure civile]

Qualifie le pouvoir, conféré au juge par la loi dans des cas exceptionnels, d'écarter le jeu normal de la règle de droit lorsque son application à l'espèce serait injuste. Ainsi la *clause pénale* peut être modérée ou augmentée si elle manifestement excessive ou dérisoire, le délai d'expulsion de deux mois peut être prorogé lorsque l'*expulsion* aurait pour la personne concernée des conséquences d'une exceptionnelle dureté, etc.

C. civ., art. 270, 1231-5; C. pr. exéc., art. L. 412-2.*

Modernisation de l'action publique

[Droit administratif]

Depuis l'alternance de 2012, remplace la révision générale des politiques publiques lancée sous le mandat présidentiel précédent.

L'objectif est le même : améliorer la *gouvernance* publique, mieux évaluer l'efficacité des politiques publiques et, si possible, en limiter le coût.

Modes alternatifs de règlement des différends ou des conflits ou des litiges

[Droit civil/Procédure civile]

Ensemble de procédés visant à résoudre les différends, conflits ou litiges, de manière amiable et négociée, sans intervention de nature juridictionnelle, notamment par la voie de la conciliation ou de la médiation par le truchement de la *transaction*, mode conventionnel de solution de la contestation, ou encore par une *convention de procédure participative*. Ils constituent un mode non juridictionnel de règlement des différends. En abrégé, souvent désignés par les sigles MARD, MARC et MARL (en anglais ADR, *Alternative dispute resolution*), la première expression semblant l'emporter dans les derniers textes publiés.

Depuis le 1er avril 2015, l'acte de saisine d'une juridiction de première instance doit préciser les diligences entreprises en vue de parvenir à une résolution amiable du litige.

C. pr. civ., art. 56, 58.

→ *Conciliation conventionnelle, Conciliation organisée par le juge, Droit collaboratif, Médiation conventionnelle, Médiation organisée par le juge.*

Modes de scrutin

[Droit constitutionnel]

Modalités d'une élection. Peuvent être très divers (majoritaire ou proportionnel, mixtes, uninominal ou de liste, à un ou plusieurs tours). Le choix de l'un ou de l'autre a un impact considérable sur le résultat d'une élection, comme sur le *système de partis* (ainsi, le scrutin majoritaire à un tour favorise le bipartisme).

Modulation

[Droit du travail]

→ *Annualisation.*

Moins prenant (En)

[Droit civil]

Opération de liquidation consistant à attribuer au copartageant, qui est redevable vis-à-vis de la masse à partager, une part diminuée du montant de son rapport, qu'il s'agisse de *rapport des dettes* ou de rapport des libéralités.

C. civ., art. 858, 864, al. 1, 924.

→ *Rapport en moins prenant.*

Monarchie

[Droit constitutionnel]

Étymologiquement, régime politique où un seul gouverne. En réalité, régime dont le chef d'État est un roi, le plus souvent déterminé par voie héréditaire.

1° *Monarchie absolue :* celle où le monarque n'est soumis à aucun contrôle positif (il n'y a en dehors de lui que des organes consultatifs), exemple : *Ancien régime* français aux XVIIe et XVIIIe siècles.

2° *Monarchie limitée (ou constitutionnelle) :* celle où le monarque a consenti à se limiter en établissant une Constitution et en acceptant l'existence à côté de lui d'autres organes subordonnés mais efficients (notamment une assemblée élue) (ex. : en France, sous la Restauration, 1814-1830). Dans de nombreuses monarchies parlementaires, le roi ne joue plus qu'un rôle politique symbolique.

Monarchie de Juillet

[Droit constitutionnel]

Régime politique issu de la révolution de 1830, mettant fin à la *Restauration*. La Charte du 14 août 1830 met en place un *régime parlementaire* dualiste, dominé par le monarque, Louis-Philippe d'Orléans. Régime abattu par la révolution de février 1848.

Mondialisation

[Droit international public]

La mondialisation – ou globalisation – est un phénomène voulant caractériser, depuis la chute de l'URSS, une sorte d'universalisation des principes gouvernant aussi bien l'économie (avec comme base l'économie de marché) que l'organisation interne des États (démocratie et droits de l'Homme) comme la nécessaire ouverture des États dans des partenariats divers.

Monisme

[Droit international public]

Conception doctrinale selon laquelle droit interne et droit international sont des manifestations d'un même ordre juridique.

Le monisme avec primat du droit interne aboutit à ruiner le caractère obligatoire du droit international, qui se réduit à un droit public externe, que tout État peut unilatéralement modifier.

Le monisme avec primat du droit international est seul à correspondre à l'état actuel du droit positif. Ainsi, l'acte de droit international a vocation à s'appliquer en tant que tel en droit interne et à primer sur les éléments de celui-ci, ou au moins certains d'entre eux.

Const., art. 55.

→ *Dualisme.*

Monitoire (Procédure)

[Procédure (principes généraux)]

→ *Procédure monitoire.*

Monnaie

ACTU

[Droit civil/Droit commercial]

Instrument légal assurant l'exécution des obligations de sommes d'argent (*instrument de paiement*) et servant d'étalon de valeur pour l'estimation des biens n'ayant pas d'expression pécuniaire (*instrument de compte*).

• La monnaie est *métallique* lorsqu'elle est constituée par des métaux précieux.

• On parle de monnaie *divisionnaire* lorsque des pièces de faible valeur sont fabriquées avec des métaux variés (cuivre, nickel).

• La monnaie *fiduciaire* consiste en billets dont la valeur est déterminée impérativement par l'État.

C. mon. fin., art. L. 121-1 s., L. 122-1 s.

GAJC, t. 2, n° 245-247.

→ *Billet de banque, Clause or, clause valeur-or, Cours forcé, Cours légal, Euro.*

• La *monnaie scripturale* n'est pas matérialisée; elle est représentée par le solde des comptes de dépôts bancaires dont on peut disposer par voie de chèques ou de virements.

• Des « titres de monnaies locales complémentaires » peuvent être émis et gérés par des organismes privés, relevant du statut des *entreprises de l'économie sociale et solidaire*. Ces titres doivent permettre de réaliser des paiements ou de conserver une valeur d'échange, pour les membres de communautés rétives à l'emploi de la monnaie ayant cours légal et du circuit bancaire.

C. mon. fin., art. L. 311-5 s.

[Droit constitutionnel/Droit européen]

L'émission de la monnaie est historiquement considérée comme un attribut de la puissance politique (droit des grandes seigneuries de « battre monnaie » au Moyen-Âge) et donc de la souveraineté dans l'État moderne.

La compétence monétaire est exercée ou contrôlée par les autorités politiques de l'État, mais un statut de plus ou moins grande indépendance peut être établi au profit de la Banque centrale nationale, institut d'émission de la monnaie (par ex. la Réserve Fédérale américaine).

La compétence monétaire peut être partagée au plan international, par exemple dans le cadre d'une confédération. Créant l'Union européenne, le traité de Maastricht a programmé la mise en place d'une monnaie unique, remplaçant les monnaies nationales (alors qu'une monnaie commune se serait seulement ajoutée à elles), pour les États membres le souhaitant et remplissant un certain nombre de critères : l'*Euro*.

Monnaie de paiement

*[Droit civil/Droit commercial/
Droit international privé]*

En France, le paiement des obligations de sommes d'argent s'effectue en Euros, sauf prévision contraire des contrats internationaux ou pour l'exécution d'un jugement étranger.

La jurisprudence oppose parfois Monnaie de compte et Monnaie de paiement, lorsque le *quantum* de la dette est évalué par référence à une monnaie différente de celle employée pour l'extinction de la dette.

C. civ., art. 1343-3.*

Monnaie électronique

[Droit commercial]

Monnaie émise et stockée sous une forme immatérielle, électronique ou magnétique. Permettant de réaliser des paiements, les unités de monnaie numérique représentent une créance sur l'établissement émetteur et sont remboursables à leur valeur nominale.

C. mon. fin., art. L. 315-1 s. (L. 28 janv. 2013).

→ *Émetteur de monnaie électronique.*

Monocamérisme

[Droit constitutionnel]

Système d'organisation du Parlement consistant dans l'institution d'une chambre unique.

Monocratie

[Droit constitutionnel]

Du grec *monos*, seul, et *cratos*, gouvernement. Nom générique des régimes politiques où le pouvoir appartient à un seul.

Monoparental

[Droit civil]

Synonyme, parfois, d'unilinéaire visant l'enfant qui n'est légalement rattaché qu'à son père ou à sa mère et n'a, par conséquent, d'ascendants que dans une seule ligne, paternelle ou maternelle. Le plus souvent qualifie la famille dans laquelle l'enfant, aurait-il une double ascendance, vit avec un seul de ses parents.

→ *Famille unilinéaire.*

Monopole de droit

[Droit administratif]

1° Privilège d'exploitation exclusive concédé à une entreprise publique ou privée par une loi formelle. Une des plus lourdes atteintes imaginables à la *liberté du commerce et de l'industrie*.

2° Tous les monopoles ne sont pas d'ordre industriel et commercial. Il en est de purement administratif, comme la collation des grades universitaires par les établissements d'enseignement d'État.

Monopole de fait

[Droit administratif/Droit commercial]

Situation économique dans laquelle toute concurrence est éliminée, soit naturellement par la puissance irrésistible d'une entreprise sur le marché, soit conditionnellement par l'intervention de la police qui, pour des raisons d'ordre public, refuse toutes les facilités qu'elle peut donner sur le *domaine public* à toute entreprise autre que celle de son choix.

Monopoles fiscaux

[Droit financier ou fiscal]

Monopoles d'État portant sur la production ou le commerce de certains produits de large consommation, comme le tabac, créés pour permettre au budget de bénéficier des « surprix » pratiqués par les services du monopole.

Monroe (Doctrine de)

[Droit international public]

Doctrine, formulée par le président des États-Unis Monroe, en 1823, qui repousse toute ingérence des puissances européennes sur le continent américain, en contrepartie du désintéressement des États-Unis touchant les affaires européennes. Simple règle de conduite de la politique américaine, périmée d'ailleurs en ce qui concerne l'isolationnisme.

Mont-de-Piété

[Droit civil]

Établissement de prêt sur gage, aujourd'hui dénommé caisse de crédit municipal.

→ *Crédit municipal (Caisses de).*

Monuments historiques

[Droit de l'environnement/Droit administratif]

Édifices privés ou publics présentant, au point de vue de l'Histoire ou de l'art, un intérêt public. Peu importe que le bâtiment soit ancien ou contemporain, de grande ou petite dimension, qu'il ait une portée nationale ou locale.

L'immeuble classé au titre des monuments historiques ne peut être détruit, ou déplacé, ni être l'objet d'un travail de restauration, de réparation ou de modification quelconque sans l'autorisation de l'autorité administrative.

L'immeuble qui, sans justifier une demande de classement immédiat, offre un intérêt d'Histoire ou d'art suffisant pour rendre désirable sa préservation, peut être inscrit sur l'inventaire supplémentaire des monuments historiques. Cette inscription engendre l'obligation d'informer l'administration de tous travaux envisagés et, si ceux-ci relèvent d'un permis, ils exigent l'accord de l'autorité administrative.

Outre le classement et l'inscription, la loi prévoit un périmètre de protection de 500 mètres autour de l'immeuble classé ou inscrit (d'un parc ou jardin classé ou inscrit). Lorsqu'un immeuble est situé dans ce champ de visibilité, il ne peut faire l'objet de la part des propriétaires privés, des collectivités et établissements publics, d'aucune construction, démolition, transformation ou modification de nature à en affecter l'aspect sans une autorisation préalable du maire, du préfet ou du président de l'EPCI.

C. envir., art. L. 341-1 s.; C. patr., art. L. 621-1 s.; C. urb., art. L. 425-5, R. 421-16, 423-28, 425-1.

Moratoire

[Droit civil/Procédure civile]

Délai qui suspend les poursuites contre tous les débiteurs ou contre certaines catégories seulement, et que la loi accorde lorsque les circonstances générales (une guerre par ex.) rendent difficile ou impossible le paiement des obligations.

→ *Délai de grâce, Dommages et intérêts.*

Mort

[Droit civil]

Cessation de la vie dont le constat, préalablement à tout prélèvement d'organes à des fins thérapeutiques ou scientifiques, doit être fait selon des critères aujourd'hui imposés par la loi : « si la personne présente un arrêt cardiaque et respiratoire persistant, le constat de la mort ne peut être établi que si les 3 critères cliniques suivants sont simultanément présents : *1°)* Absence totale de conscience et d'activité motrice spontanée; *2°)* Abolition de tous les réflexes du tronc cérébral; *3°)* Absence totale de ventilation spontanée ». Le constat de la mort peut aussi être établi pour une personne dont le décès est constaté cliniquement mais qui est assistée par ventilation mécanique et conserve une fonction hémodynamique, après vérification de l'absence de ventilation par une épreuve dite d'hypercapnie et après attestation du caractère irréversible de la destruction encéphalique à l'aide d'examens médicaux décrits par le Code de la santé publique.

La mort entraîne la disparition de la *personnalité juridique*, mais le respect dû au corps humain ne cesse pas avec la mort et les restes des personnes décédées, y compris les cendres, doivent être traités avec respect, dignité et décence.

C. civ., art. 16 et 16-1-1; CSP, art. R. 1232-1 s.

→ *Cadavre, Crémation, Cryogénisation, Décès, Funérailles, Inhumation.*

Mort (Peine de)

[Droit pénal]

Peine corporelle criminelle, abolie par la loi du 9 octobre 1981, et relevant d'une interdiction constitutionnelle depuis la loi constitutionnelle n° 2007-239 du 23 février 2007. Elle s'exécutait par décapitation en droit commun, et par fusillade en matière politique.

Const., art. 66-1.

Mort civile

[Droit pénal]

Peine qui consistait, en droit romain notamment, à priver celui qui la subissait de sa personnalité juridique, de son vivant. Elle a été abolie par une loi du 31 mai 1854. Jusqu'à cette date, elle frappait les condamnés à mort ou les condamnés à des peines afflictives perpétuelles.

Mort suspecte

[Procédure pénale]

En cas de découverte d'un cadavre, qu'il s'agisse ou non d'une mort violente, mais si la cause en est inconnue ou suspecte, l'officier de police judiciaire qui en est avisé informe immédiatement le Procureur de la République, se transporte sans délai sur les lieux, et procède aux premières constatations.

C. pr. pén., art. 74.

Motifs

[Droit civil]

→ *Cause.*

[Procédure civile]

Soutien rationnel de l'argumentation développée par les plaideurs dans les *conclusions*, et par les magistrats dans les jugements et arrêts. Certains motifs sont dits *décisifs*, constituant le soutien nécessaire du dispositif. D'autres sont qualifiés *décisoires* lorsqu'ils désignent des éléments de décision qui auraient dû figurer dans le *dispositif*. Aucun des deux n'a l'autorité de la chose jugée.

Le défaut ou la contradiction de motifs constitue un cas d'ouverture du pourvoi en cassation. Il en va de même du motif de droit erroné; mais, si celui-ci est surabondant, il suffit à la Cour de cassation d'en faire abstraction pour rejeter le pourvoi.

C. pr. civ., art. 455, 604 et 620.

→ *Défaut de base légale, Décisoire, Moyen.*

[Droit administratif]

→ *Contrôle juridictionnel, Erreur de droit, Erreur de fait, Motivation, Violation de la loi.*

Motion

[Droit constitutionnel]

→ *Résolution.*

Motion de censure

[Droit constitutionnel]

→ *Censure.*

Motivation

[Droit administratif]

1° *Motivation des actes administratifs.* Obligation instituée à la charge des diverses Administrations et de la Sécurité sociale, en vue de garantir les droits des intéressés, d'informer ceux-ci des motifs de droit et de fait ayant fondé certaines catégories de décisions individuelles défavorables qui les concernent.

Les décisions soumises à motivation et qui ne sont pas prises à la demande de leur destinataire ne peuvent pas intervenir avant que celui-ci ait été mis à même de présenter des observations écrites ou orales.

→ *Droits de la défense.*

2° *Motivation des décisions de justice.* Obligation imposée aux juges administratifs par l'article L. 9 CJA, notamment afin de permettre l'exercice de voies de recours, dont le non-respect, par absence de motivation ou contrariété de motifs, entraîne l'annulation desdites décisions. Le Conseil d'État est cependant connu pour la concision de ses motivations (« Imperatoria brevitas »).

GACA n° 64.

[Procédure civile]

Raisons de fait et de droit que doit exposer le jugement après l'exposé succinct des prétentions respectives des parties et de leurs moyens et avant l'énoncé de la solution dans le *dispositif*. Les *motifs* ne doivent pas être d'ordre général, dubitatifs, hypothétiques, erronés, insuffisants ou contradictoires. Les vices de motivation justifient un pourvoi en cassation.

C. pr. civ., art. 455 et 604.

Moyen

[Procédure (principes généraux)]

Fondement invoqué par un plaideur pour justifier ou critiquer une prétention. Il peut s'agir d'un *moyen de fait* ou d'un *moyen de droit*. Les moyens sont le soutien nécessaire de la demande et de la défense. Ce sont eux qui forment le fondement de la *cause*.

C. pr. civ., art. 15, 16, 56, 71, 73, 446-1, 446-2, 563, 619, 753, 954.

→ *Conclusions qualificatives, Conclusions récapitulatives, Droit et fait dans le procès, Immutabilité du litige (Principe de l'), Principe de concentration des moyens.*

Moyen de cassation

[Procédure civile]

Critique adressée à la décision attaquée par un pourvoi en cassation ne devant mettre en œuvre qu'un seul cas d'ouverture. La structure du moyen est tripartite. Le moyen expose, d'abord, la partie contestée du dispositif de la décision attaquée (« fait grief à l'arrêt... »), puis les raisons des juges du fond données au soutien de leur décision (« aux motifs que... »), enfin la critique elle-même introduite par la locution : « alors que... ». S'il y a plusieurs critiques de la même disposition justifiées par les mêmes motifs, chaque critique est appelée branche du moyen.

C. pr. civ., art. 619, 632 s., 978.

→ *Ordre public.*

Moyen de défense

[Procédure civile]

Voie de droit par laquelle le défendeur à l'action en justice conteste le bien-fondé, la régularité ou la recevabilité de la demande formée contre lui.

À la différence de la *demande reconventionnelle*, le moyen de défense ne vise pas à modifier l'objet du litige (c'est-à-dire le résultat économique attendu par les parties) mais à influencer le contenu du jugement qui tranchera le litige.

Moyen de droit

[Procédure civile]

Fondement juridique, raison tirée d'une règle de droit, propre à justifier ou critiquer une demande ou une décision.

C. pr. civ., art. 12.

Moyen de fait

[Procédure civile]

Éléments de fait spécialement allégués par un plaideur pour justifier ou critiquer une prétention.

C. pr. civ., art. 6 et 7.

Moyen d'ordre public

[Procédure civile/Procédure administrative]

Moyen qui touche à un principe essentiel du droit.

→ *Ordre public.*

Moyen de pur droit

[Procédure civile]

Moyen dont l'examen s'effectue sous le seul rapport de la règle de droit et n'exige la considération d'aucun fait qui n'ait été déjà déduit en justice, qui ne soit déjà litigieux (à l'opposé du moyen mélangé de fait et de droit qui implique d'apprécier si le moyen est bien ou mal fondé en droit mais aussi en fait).

Devant la Cour de cassation, moyen qui permet de reconsidérer le fondement juridique d'une prétention à partir des faits établis, considérés comme données acquises à l'abri d'une nouvelle appréciation. C'est pourquoi les nouveaux moyens de pur droit sont recevables devant elle.

C. pr. civ., art. 619.

→ *Moyen, Relevé d'office des moyens, Qualification, Requalification.*

Moyen inopérant

[Procédure administrative]

Dans la terminologie de la procédure administrative, moyen insusceptible d'être retenu par le juge, comme ne pouvant par nature être invoqués pour soutenir des *conclusions*. Par exemple, on ne peut plaider le détournement de pouvoir pour critiquer une décision que l'Administration avait juridiquement l'obligation de prendre. Il est parfois délicat de les distinguer du moyen irrecevable, mais la portée de cette distinction est pratiquement des plus réduites.

GACA n° 49.

[Procédure civile]

Moyen de cassation qui ne permet pas, même s'il est fondé, d'atteindre son but, soit parce qu'il est étranger à l'arrêt attaqué (par ex., moyen dirigé contre la législation, non contre une disposition de l'arrêt), soit parce que le vice dénoncé n'a pas exercé une influence décisive sur le dispositif critiqué (par ex., motif erroné non indispensable au soutien de la décision attaquée).

C. pr. civ., art. 620.

Multi-assurances

[Droit civil]

Pluralité de garanties découlant, pour le consommateur déjà assuré, d'une nouvelle assurance souscrite en complément d'un achat de bien ou de service couvrant les risques de mauvais fonctionnement, de perte, de vol, d'endommagement. L'assuré dispose du droit de renoncer, sans frais ni pénalité, à ce nouveau contrat (dit affinitaire), droit qu'il peut exercer dans un délai maximum de 14 jours.

C. assur., art. L. 112-10, R. 113-11, 113-12.

Multinationale

[Droit international public/ Droit commercial/Droit international privé]

Entreprise, firme, société dépassant le cadre national, soit qu'elle exerce des activités (production, prestation de services) dans plusieurs pays, soit qu'elle dispose de capitaux de caractère plurinational, soit que sa direction soit assurée par des personnes de différentes nationalités.

Multipartisme

[Droit constitutionnel]

Système où plusieurs partis politiques se disputent le pouvoir, ce qui oblige généralement à former des gouvernements de coalition plus ou moins stables.

ACTU

Multipostulation

[Procédure civile]

Dérogation au principe de territorialité de la postulation instituée lors de la création de tribunaux de grande instance à la périphérie de Paris, maintenue et aménagée par la loi Macron n° 2015-990 du 6 août 2015 pour la croissance, l'activité et l'égalité des chances économiques. Les avocats inscrits au barreau de l'un des tribunaux de grande instance de Paris, Bobigny, Créteil et Nanterre peuvent postuler auprès de chacune de ces juridictions; les avocats ayant postulé devant l'un des TGI de Paris, Bobigny et Créteil peuvent exercer leur activité de représentation devant la cour d'appel de Paris; ceux qui ont postulé devant le TGI de Nanterre le peuvent devant la cour de Versailles.

L. n° 71-1130 du 31 déc. 1971, art. 5-1.

Multipropriété

[Droit civil]

→ *Jouissance à temps partagé, Société d'attribution d'immeubles en jouissance à temps partagé.*

Municipalité

[Droit administratif]

Ensemble formé par le *maire* et ses adjoints.

Mutation

[Droit civil/Droit commercial]

Transfert d'un bien d'un patrimoine dans un autre (mutation à titre particulier) ou substitution d'une personne à une autre à la tête d'un patrimoine (mutation à titre universel).

[Droit du travail]

Transformation de la situation d'un salarié résultant de son affectation à un autre poste ou à une autre fonction, ou dans un autre service ou établissement de la même entreprise. Quand la mutation constitue une modification du contrat de travail, elle ne peut être décidée et mise en œuvre qu'après que l'employeur a obtenu l'accord du salarié, même, en droit positif, lorsqu'elle est envisagée à la suite d'un comportement du salarié considéré par l'employeur comme fautif.

Mutation domaniale

[Droit administratif]

Faculté reconnue à l'État – à l'origine par la jurisprudence du Conseil d'État (1909) – d'affecter des biens immobiliers appartenant à une collectivité publique à une autre collectivité publique (ou à lui-même) dans un but d'intérêt général (ex. : construction d'une autoroute nécessitant la disposition par l'État d'une parcelle de terrain communale que la commune ne veut pas lui céder pour s'opposer à l'opération). Cette faculté permet de pallier les conséquences de l'impossibilité d'exproprier des *dépendances* du domaine public. La collectivité privée de l'usage du bien en demeure propriétaire, et ne peut ainsi prétendre qu'à une indemnité fondée sur la théorie jurisprudentielle des dommages de travaux publics.

CGPPP, art. L. 2123-4.

Mutatis mutandis, Servatis servandis

[Droit général]

Littéralement : « En changeant ce qui doit être changé », « En conservant ce qui doit être conservé ».

La formule sert à établir la comparaison pour traduire le rapprochement entre 2 règles qui poursuivent la même finalité (*servatis servandis*) mais à travers des mécanismes qui n'en diffèrent pas moins (*mutatis mutandis*). Les choses changées qui devaient être changées : applicabilité d'une règle à un cas analogue à la condition nécessaire d'une adaptation.

Mutilation sexuelle

[Droit général]

Ablation totale ou partielle des organes génitaux externes. Le droit international condamne ces pratiques, qui constituent des violations du droit à l'intégrité physique, à commencer par les mutilations génitales féminines, telles que l'*excision*.

[Droit pénal]

Le fait de faire à un mineur des offres ou des promesses ou de lui proposer des dons, présents ou avantages quelconques, ou d'user contre lui de pressions ou de contraintes de toute nature, afin qu'il se soumette à une mutilation sexuelle est puni, lorsque cette mutilation n'a pas été réalisée, de cinq ans d'emprisonnement et de 75 000 € d'amende. Est puni des mêmes peines le fait d'inciter directement autrui, par l'un de ces moyens, à commettre une mutilation sexuelle sur la personne d'un mineur, lorsque cette mutilation n'a pas été réalisée.

C. pén., art. 227-24-1, 226-14.

Mutualité

[Sécurité sociale]

Mouvement social d'importance considérable prenant pour base juridique le système de l'association, avec :

1° utilisation constante du principe de solidarité et d'entraide, traduit dans la collecte des cotisations;

2° recherche désintéressée de la prévoyance et de l'assurance au profit des adhérents.

On ne peut garder ici de cet immense sujet que ces 2 idées : lointainement issues des corporations et des compagnonnages du Moyen Âge, les mutuelles sont devenues des organes d'équilibre et de complément de la Sécurité sociale (1946), et assurent à leurs adhérents des prestations complémentaires.

Mutualité sociale agricole (MSA)

[Sécurité sociale/Droit rural]

Ensemble des organismes sociaux chargés de la protection des travailleurs de l'agriculture (salariés et exploitants).

C. rur., art. L. 723-1 s.

Mutuum

[Droit civil]

Dénomination romaine du prêt de consommation, contrat en vertu duquel une personne, le prêteur, remet à une autre, l'emprunteur, pour qu'elle s'en serve, une chose fongible et consomptible, à charge pour elle d'en restituer une semblable de même qualité, en même quantité, au terme convenu.

La désignation de ce prêt par le mot latin a été condamnée par la loi n° 2009-526 du 12 mai 2009.

C. civ., art. 1892 s.

GAJC, t. 2, n° 284-285.

Mutuus dissensus

[Droit civil]

Dissentiment mutuel. Termes latins marquant la nécessité d'une volonté réciproque pour rompre le rapport d'obligation.

C. civ., art. 1193.*

N

Naissance

[Droit civil]

Instant qui marque la sortie de l'enfant du sein maternel.

La naissance est la condition de l'acquisition de la capacité juridique qui remonte, dans ses effets, au jour de la *conception*, tout au moins si l'enfant est né vivant et viable.

Le seul fait de la naissance ne constitue pas un préjudice réparable. L'enfant né avec un handicap n'obtient réparation de son préjudice que si une faute médicale a provoqué le handicap, l'a aggravé ou n'a pas permis de l'atténuer.

C. civ., art. 55, 56, 93 et 326; CASF, art. L. 114-5.

→ *Acte de naissance, Acte d'enfant sans vie, Enfant sans vie, Infans conceptus pro nato habetur quoties de commodis ejus agitur, Personnalité juridique.*

Nantissement

[Droit civil]

Affectation, en garantie d'une obligation, d'un bien meuble incorporel ou d'un ensemble de biens meubles incorporels, présents ou futurs.

Le nantissement d'une créance prend effet entre les parties et devient opposable aux tiers à la date de l'acte; pour être opposable au débiteur de la créance nantie, il doit lui être notifié, à moins que ce dernier ne soit intervenu à l'acte.

Après notification, seul le créancier nanti reçoit valablement paiement tant en capital qu'en intérêts.

C. civ., art. 2329 et 2355 à 2366.

→ *Gage.*

[Droit commercial]

Forme de gage sans dépossession du débiteur utilisée en droit commercial (nantissement du fonds de commerce, du matériel et de l'outillage, des véhicules automobiles).

Le nantissement constitue en fait une hypothèque mobilière.

C. com., art. L. 142-1 s., L. 525-1 s.

[Procédure civile/Droit commercial]

Le nantissement du fonds de commerce, des parts sociales, des valeurs mobilières, peut être autorisé par le juge à titre conservatoire.

C. pr. exéc., art. R. 531-1 s.

→ *Mesures conservatoires, Sûretés judiciaires.*

Nation

[Droit constitutionnel]

Groupement humain dont les membres ont entre eux des affinités tenant à des éléments communs à la fois objectifs (origine ethnique, langue, religion, mode de vie) et subjectifs (histoire commune, sentiment de parenté spirituelle, désir de vivre ensemble) qui les unissent et les distinguent des autres groupements nationaux.

L'intensité de ces liens de solidarité nationale a conduit à la formation de l'*État-nation*; forme d'État dont la pratique montre qu'il assure seul une continuité véritable (*cf.* les problèmes de l'ex-URSS ou de l'ex-Yougoslavie, ou encore la réunification allemande).

Nationalisation

[Droit administratif]

Expropriation législative, subordonnée à une juste et préalable indemnisation, des propriétaires ou actionnaires de firmes industrielles ou tertiaires sous l'impulsion de considérations diverses, avec transfert du pouvoir de direction à des organes généralement censés représenter la collectivité nationale, et, pour la doctrine dominante, attribution de leur patrimoine à l'État.

Const., art. 34.

GDCC n° 30; GAJC, t. 1, n° 2.

→ *Privatisation.*

Nationalisme

[Droit constitutionnel/Droit international public]

1° Doctrine selon laquelle la nation a le droit de pratiquer une politique dictée par la seule considération de sa puissance et de sa grandeur (politique motivée par la volonté de domination, l'esprit de revanche ou la peur de dangers extérieurs).

2° Doctrine et action politique des individus qui cherchent à réaliser l'indépendance de leur nation en la libérant de la domination étrangère.

Nationalité

[Droit international privé]

Lien juridique et politique qui rattache une personne, physique ou morale, à un État.

Le TGI est seul compétent pour connaître des contestations sur la nationalité française ou étrangère des personnes physiques. Les questions de nationalité sont préjudicielles devant toute autre juridiction de l'ordre administratif ou judiciaire, à l'exception des juridictions répressives comportant un jury criminel.

C. civ., art. 17 s. et 29 s.; C. pr. civ., art. 1038 s.; COJ, art. D. 211-10.

→ *État de la personne, Question préjudicielle, Certificat de nationalité.*

[Droit international public]

Lien de rattachement d'un particulier ou d'un engin (navire, aéronef, etc.) à un État qui justifie l'exercice par ce dernier d'une compétence personnelle et confère à l'État le droit d'exercer sa *protection diplomatique.*

Nationalités (Principe des)

[Droit international public]

Principe selon lequel toute *nation* a le droit de se constituer en État indépendant. Principe appliqué au XIXe siècle (Belgique, 1830; Italie, 1859) et surtout par les traités de paix de 1919-1920 pour la constitution des États d'Europe centrale.

Natura 2000

[Droit de l'environnement/Droit européen]

Réseau européen de conservation des habitats de la faune et de la flore sauvages, y compris en mer, issu d'une directive du 21 mai 1992.

Naturalisation

[Droit international privé/Droit international public]

Acquisition volontaire d'une nationalité, qui emporte généralement l'abandon de la nationalité d'origine.

En France, la naturalisation est accordée par l'autorité administrative, d'une manière discrétionnaire, aux individus qui l'ont sollicitée et remplissent certaines conditions.

C. civ., art. 21-15 s.

Nature de juridiction

[Procédure civile]

La nature d'une juridiction précise si elle est un tribunal de *droit commun* ou un tribunal d'exception.

→ *Juridiction de droit commun, Juridiction d'exception.*

Navette

[Droit constitutionnel]

Va-et-vient d'un projet ou d'une proposition de loi d'une assemblée à l'autre en régime bicaméral, tant que subsiste entre elles un désaccord sur le texte en discussion. La navette peut être illimitée (ex. : sous la IIIe République), mais la tendance des constitutions récentes est de prévoir la possibilité d'y mettre un terme par un vote de l'assemblée élue au suffrage universel direct, soit sur l'initiative de celle-ci (ex. : Constitution de 1946 après la révision de 1954), soit sur celle du gouvernement (ex. : Constitution de 1958, art. 45).

Navire

[Droit international public/Droit maritime]

Bâtiment destiné à la navigation maritime apte à naviguer en mer et soumis à une *immatriculation*. Il s'agit des hydroptères, aéroglisseurs, engins submersibles, engins flottants.

C. transp., art. L. 5000-2, I.

→ *Bateau.*

Nécessité

[Droit civil]

État de besoin : caractère de ce dont on a absolument besoin.

→ *Aliments, Pension alimentaire.*

État de nécessité : situation dans laquelle se trouve une personne qui, pour éviter un grave péril, cause à autrui un dommage de moindre importance. Sert de fait justificatif.

Situation critique justifiant une solution inhabituelle.

C. civ., art. 371-3.

→ *Impenses.*

[Droit administratif]

En considération de la nécessité (associée le plus souvent à l'urgence), des tolérances sont apportées par la jurisprudence, particulièrement administrative, dans la rigueur des règles de compétence et de forme en faveur d'actes publics indispensables (ex. : état civil, impôts, réquisitions).

→ *Circonstances exceptionnelles.*

[Droit international public]

→ *État de nécessité.*

[Procédure civile]

Circonstance de fait justifiant une solution exorbitante permettant au juge d'ordonner l'*exécution provisoire* d'un jugement, d'autoriser soit une *signification*, soit une exécution en dehors des *heures légales* et des *jours ouvrables*, de procéder non contradictoirement en prescrivant une mesure à l'insu de la partie adverse. Le plus souvent, la mesure paraîtra nécessaire par suite de l'*urgence* et du péril en la demeure.

C. pr. civ., art. 17, 515, 664, 812, 851, 874, 897.

→ *Mesures provisoires, Référé civil, Requête.*

Nécessité (Principe de)

[Droit pénal/Procédure pénale]

Principe général aux termes duquel toute mesure de contrainte exercée, dans le cadre d'une procédure pénale, à l'encontre d'une personne suspectée ou poursuivie, doit être totalement indispensable en fonction des objectifs de l'enquête (saisie-perquisition, interception, etc.). Principe complémentaire de celui de proportionnalité, il est régulièrement affirmé tant dans la jurisprudence tant constitutionnelle qu'européenne.

En droit pénal de fond le principe de nécessité peut également conduire le juge constitutionnel à rejeter une incrimination et surtout une peine qui ne seraient pas considérées comme strictement et évidemment nécessaires.

C. pr. pén., art. prél. III al. 3; DDHC art. 8.

→ *Principe de proportionnalité.*

Négligence caractérisée (Contravention de)

[Droit pénal]

Infraction destinée à protéger la propriété littéraire et artistique sur Internet, caractérisée par le fait, sans motif légitime, pour la personne titulaire d'un accès à des services de communication au public en ligne, soit de ne pas avoir mis en place un moyen de sécurisation de cet accès, soit d'avoir manqué de diligence dans la mise en œuvre de ce moyen. La poursuite implique néanmoins une double condition préalable. En premier lieu la réception d'une lettre de recommandation émanant de la commission de protection des droits, de mettre en œuvre un moyen de sécurisation à la suite d'une reproduction d'œuvres protégées par un droit d'auteur (téléchargement sans autorisation). En second lieu le constat d'une utilisation de l'accès aux mêmes fins dans l'année suivant la présentation de la recommandation. C'est une contravention de 5e classe. Une peine complémentaire de suspension à un service de communication en ligne d'une durée d'un mois au maximum, initialement prévue, a été supprimée par le décret n° 2013-596 du 8 juillet 2013.

CPI, art. L. 335-7-1 et R. 335-5.

Negligence-clause

[Droit maritime]

Littéralement : clause de négligence. Clause par laquelle l'armateur exclut sa responsabilité pour les fautes commises par le capitaine et ses préposés.

Négociation

[Droit international public]

Discussion en vue d'aboutir à un accord.

[Droit civil]

→ *Pourparlers.*

Négociation collective

[Droit du travail]

Ensemble des discussions entre les représentants des employeurs ou des organisations professionnelles d'une part, et des syndicats représentatifs de salariés d'autre part, en vue de conclure une convention collective. La négociation est soumise à un formalisme particulier, lorsque la convention est susceptible d'être étendue. Le niveau de la négociation peut être national, régional ou local. Depuis 1982, la loi a prévu des obligations de négocier, annuelles, triennales ou quinquenales, dans un certain nombre de domaines.

C. trav., art. L. 2231-1 s., L. 2241-1 s. et L. 2242-1 s.

GADT n° 157-158.

Négociation commerciale

[Droit commercial]

Le droit économique moderne encadre la négociation commerciale entre producteurs et distributeurs, afin d'éviter les abus de puissance économique. Ceci se traduit par diverses obligations formelles appliquées aux professionnels, dont celle de la rédaction d'un écrit annuel relatant la négociation intervenue en vue de la fixation des prix.

C. com., art. L. 441-1 s., spéc. art. L. 441-7 s.

→ *Contrat cadre de distribution (ou convention de négociation commerciale).*

Negotium

[Droit général]

Dans un acte juridique ou dans un contrat, le *negotium* (le mot veut dire « affaire ») concerne la question de fond que vise cet acte ou ce contrat, par opposition à l'*instrumentum* qui, en la forme, traduit matériellement la volonté de l'auteur de l'acte ou des contractants.

Nemo auditur propriam turpitudinem allegans

[Droit civil/Procédure civile]

Littéralement : « personne n'est entendu (par un juge) lorsqu'il allègue sa propre turpitude ».

Adage employé (le plus souvent en n'utilisant que ses 2 premiers mots) pour refuser éventuellement la restitution des prestations après le prononcé de la nullité d'une convention contraire à la morale et aux *bonnes mœurs*.

Nemo censetur ignorare legem

[Droit général]

Littéralement : « personne n'est censé ignorer la loi ». Adage interdisant à quiconque de se retrancher derrière son ignorance du droit ou sa mauvaise compréhension pour échapper à ses obligations. C'est une fiction juridique qui assure l'efficacité de la loi.

Nemo dat quod non habet

[Droit civil/Droit commercial]

Littéralement : personne ne peut transférer la propriété d'une chose qui ne lui appartient pas.

C. civ., art. 1021.

Nemo judex in re sua

[Procédure (principes généraux)]

Littéralement : « nul n'est juge en sa propre cause ». Cet adage, qui est destiné à garantir l'*impartialité* des décisions de justice, explique les *incompatibilités* et les incapacités dont les magistrats sont frappés, notamment l'incompatibilité de la fonction juridictionnelle avec l'exercice de toute autre activité publique, civile ou salariée et l'impossibilité pour un juge d'appartenir au même tribunal que son conjoint, parent ou allié.

Ord. n° 58-1270 du 22 déc. 1958, art. 8 à 9-2; COJ, art. L. 111-6 s.

Nemo liberalis nisi liberatus

[Droit civil]

Littéralement : « pas de libéralité sans libération préalable ». La personne qui a des dettes ne doit pas faire des libéralités. C'est pourquoi l'héritier acceptant pur et simple n'est tenu d'exécuter les legs de sommes d'argent qu'à concurrence de l'actif successoral net, après avoir payé les dettes de la succession.

C. civ., art. 785, al. 2.

Nemo plus juris ad alium transferre potest quam ipse habet

[Droit civil]

Littéralement : « une personne ne peut transférer à autrui plus de droits qu'elle n'en a elle-même ». Adage souvent cité par ses 3 premiers mots.

C. civ., art. 2477, al. 2.

Neutralisation

[Droit international public]

Régime juridique conventionnel applicable à une partie du territoire d'un État et qui consiste en l'interdiction de toute manifestation de puissance militaire dans ce secteur (ex. : archipel norvégien du Spitzberg, archipel finlandais des îles d'Aland).

Neutralisme

[Droit international public]

Position politique de certains États qui consistait dans un refus de s'affilier à l'un des « blocs » antagonistes, occidental ou communiste. Avec l'effondrement de l'Union soviétique et des régimes communistes de l'Europe de l'Est, le neutralisme a perdu beaucoup de son intérêt.

Neutralité

[Droit international public]

1° Neutralité occasionnelle : situation des États non belligérants pendant une guerre déterminée (ex. : Irlande au cours de la Seconde Guerre mondiale).

2° Neutralité permanente : statut des États qui sont tenus par traité de ne jamais entreprendre de guerre offensive (ex. : Suisse [1815], Autriche [1955]).

Nice (Traité de)

[Droit européen]

Adopté par le Conseil européen le 11 décembre 2000, signé le 26 février 2001, entré en vigueur le 1er février 2003, il avait d'abord pour objectif d'adapter les institutions européennes aux prochains élargissements. Résultat d'un compromis difficile, il détermine la composition de la Commission, établit une nouvelle pondération des voix du Conseil, décide du nombre de députés européens dans une Union élargie, renforce le champ du vote à la majorité qualifiée au Conseil ou les possibilités d'usage de la coopération renforcée. Prévoit aussi une réforme des juridictions de l'Union européenne en renforçant le rôle du tribunal de première instance et en prévoyant la création de *chambres juridictionnelles*, réforme consolidée par le traité de *Lisbonne*.

Noblesse

[Droit général]

Le second des 3 ordres de l'ancienne France (clergé, noblesse, tiers état). La noblesse fut d'abord d'origine militaire (noblesse d'épée). Puis sans délaisser complètement les armes, la noblesse devint un état lié à la haute fonction publique. L'exercice de ces fonctions conférait la noblesse par anoblissement du roi (noblesse de robe). Cet élément de l'état des personnes emportait certains privilèges. La nuit du 4 août 1789 supprima les 3 ordres pour fondre tous les habitants du royaume dans une seule classe au sein de la Nation.

→ *États généraux, Tiers-État.*

Nom

[Droit civil]

Vocable servant à désigner une personne, porté par les membres d'une même famille et dont il peut être obtenu le changement par décret à condition de justifier d'un intérêt légitime. Il constitue l'un des éléments de l'*état civil*.

Traditionnellement, lorsque la filiation de l'enfant est établie à l'égard de ses 2 parents, le nom du père (nom patronymique) seul était transmis aux enfants issus du mariage. Désormais, les parents peuvent choisir le nom transmis, soit celui du père ou celui de la mère, soit les 2 accolés dans l'ordre choisi par eux, mais dans la limite d'un nom de famille pour chacun d'eux. En l'absence de déclaration conjointe à l'officier de l'état civil mentionnant le choix du nom de l'enfant, celui-ci prend le nom de celui de ses parents à l'égard duquel sa filiation est établie en premier lieu et le nom de son père si sa filiation est établie simultanément à l'égard de l'un et de l'autre.

En cas de désaccord parental signalé par l'un des parents à l'officier de l'état civil et lorsque la filiation de l'enfant est établie à l'égard de ses deux parents au moment de la déclaration de sa naissance ou, par la suite, de façon simultanée : il sera attribué à l'enfant les noms de ses deux parents, dans la limite du premier nom pour chacun d'eux et accolés selon l'ordre alphabétique.

En cas d'adoption simple, le nom conféré à l'adopté résulte de l'adjonction du nom de l'adoptant à son propre nom, alors qu'en cas d'adoption plénière l'adopté prend le nom de l'adoptant.

C. civ., art. 57, 58, 61 s., 311-21, 311-22, 357, 357-1, 363, 363-1.

GAJC, t. 1, n° 23.

→ *Nom commercial, Nom d'usage, Patronyme, Prénom, Pseudonyme, Surnom.*

Nom commercial

[Droit commercial]

Dénomination sous laquelle une personne physique ou morale exploite son fonds de commerce et dont il constitue un élément.

GAJC, t. 1, n° 24.

Nom d'usage

[Droit civil]

1° Nom de son autre parent que toute personne majeure peut ajouter à son propre nom. Si la personne est mineure, cette faculté d'adjonction exige, lorsque les parents sont investis conjointement de l'autorité parentale, une décision commune de leur part; à défaut d'accord, le juge peut autoriser cette adjonction.

2° Chacun des époux peut porter, à titre d'usage, le nom de l'autre époux durant le mariage, par substitution ou adjonction à son propre nom, dans l'ordre qu'il choisit. Il peut en conserver l'usage après divorce soit avec l'accord du conjoint, soit avec l'autorisation du juge.

Les correspondances des autorités administratives sont adressées aux usagers sous leur nom de famille, sauf demande expresse de la personne concernée de voir figurer son nom d'usage sur les correspondances qui lui sont envoyées (loi n° 2014-873 du 4 août 2014, art. 59).

C. civ., art. 225-1, 264 et 300.

Nom de domaine

[Droit général]

Adresse informatique d'une personne dans un domaine. Il est défini comme la « dénomination unique à caractère universel qui permet de localiser une ressource, un document sur Internet et qui indique la méthode pour y accéder, le nom du serveur et le chemin à l'intérieur du serveur » (Vocabulaire de l'Internet au *JO* 16 mars 1999).

Nom de famille

[Droit civil]

→ *Nom, Patronyme.*

Nomades

[Droit civil]

Personnes qui, en raison de leur mode de vie, n'ont pas de résidence stable, assimilées aux marchands ambulants, à moins d'être dépourvues de ressources régulières.

La loi leur impose le rattachement à une localité qui leur tient lieu de domicile.

→ *Gens du voyage.*

Nomenclature des actes professionnels ou cotation des actes médicaux

[Sécurité sociale]

Pour chiffrer la valeur d'un acte, on se réfère à une cotation indiquée dans une nomenclature. C'est grâce à cette nomenclature que le praticien peut codifier les actes qu'il effectue afin de déterminer le montant de ses honoraires et celui de leur remboursement par la Sécurité sociale. La nomenclature prévoit 2 éléments de codification : la lettre clé et le coefficient. Il existe 20 lettres clés représentant 20 types d'actes différents. À chacune d'elles correspond une valeur pécuniaire. Complément de la lettre clé, le coefficient indique l'importance de l'acte réalisé, compte tenu de sa difficulté technique et de son coût : le coefficient est mentionné à la suite de la lettre clé.

CSS, art. L. 162-1-7 s.

Nomenclature juridique

[Droit général]

Une nomenclature juridique est l'ensemble des rubriques ou mots-clés permettant, dans les répertoires, recueils, tables des matières, fichiers des bibliothèques, d'effectuer le recensement et l'exposé des diverses sources d'information juridique.

Une informatique juridique et judiciaire suppose l'élaboration de nomenclatures.

Nomenklatura

[Droit constitutionnel]

En URSS, et dans les autres pays communistes, élite du parti au pouvoir contrôlant l'État et l'ensemble des rouages de la société (économie, médias...) et jouissant de privilèges.

Nominalisme monétaire

[Droit privé]

Principe en vertu duquel le débiteur ne doit jamais que la somme numérique énoncée au contrat, dans les espèces ayant cours au moment du paiement; les fluctuations de valeur de la monnaie sont donc juridiquement indifférentes, et la dévaluation profite au débiteur; en droit, un euro est toujours égal à un euro. On l'oppose au *valorisme monétaire*.

Le principe nominaliste est atténué par le jeu de l'*indexation* et évincé en présence d'une *dette de valeur*, laquelle implique l'actualisation de son montant au jour de son exécution.

C. civ., art. 1343, 1895; C. mon. fin., art. L. 112-1, al. 1.*

→ *Clause d'échelle mobile, Indexation.*

Nominations (Contrôle des)

[Droit constitutionnel]

Depuis la révision constitutionnelle de 2008, et en vertu de la LO du 23 juillet 2010, est institué pour un certain nombre de nominations relevant du président de la République un contrôle parlementaire par le biais des commissions permanentes compétentes. On notera que ce contrôle reste moins important que celui exercé par le Sénat aux États-Unis (des fonctions importantes – art. 13, al. 3 – échappent à ce contrôle; il n'y a pas de vote de l'Assemblée et du Sénat).

Const., art. 13, al. 5 et art. 56.

Nomophilie

[Droit général]

Propension à soumettre à une norme tous les rapports humains, rien de la vie sociale ne devant rester en dehors du droit. Le risque de cette tendance est l'amenuisent de la liberté individuelle et l'asphyxie de l'esprit d'initiative.

→ *Légicentrisme, Non-Droit.*

Non-admission

[Procédure civile]

Décision par laquelle la Cour de cassation écarte un pourvoi parce qu'il est irrecevable (décision attaquée non rendue en dernier ressort, absence d'*intérêt à agir*) ou lorsqu'il n'est pas de nature à entraîner la cassation (moyen manquant en fait, moyen méconnaissant le pouvoir discrétionnaire des juges du fond). La décision de non-admission, bien qu'elle n'ait pas à être spécialement motivée, a la même autorité qu'un arrêt de rejet.

C. pr. civ., art. 1014.

[Procédure administrative]

Une procédure du même type existe devant le Conseil d'État.

CJA, art. L. 822-1.

[Procédure pénale]
Une disposition analogue est prévue en matière pénale.

C. pr. pén., art. 567-1-1.

→ *Irrecevabilité.*

Non-alignés (Mouvement des)

[Droit international public]
Mouvement d'États en développement créé au début des années 1960 qui refusait historiquement l'alternative entre Est et Ouest. Le Mouvement fédère encore 120 États mais a perdu de son influence et de sa vigueur depuis la chute du Mur.

Non-assistance à personne en danger

[Droit pénal]
→ *Omission de porter secours.*

Non avenu

[Droit civil]
S'applique à un acte entaché d'une telle irrégularité qu'il est considéré comme sans valeur, comme n'ayant jamais existé avant même son annulation en justice.
L'expression la plus usuelle est : nul et non avenu.

Non bis in idem

[Droit pénal]
Formule latine qui exprime le principe selon lequel une personne déjà jugée définitivement pour un fait délictueux, ne peut être poursuivie à nouveau pour le même fait.

[Droit européen]
Principe protégé par le protocole n° 7 annexé à la *Convention européenne des droits de l'Homme*.

Nonce

[Droit international public]
Ambassadeur du Saint-Siège.

Non-cumul des peines

[Droit pénal]
Principe en vertu duquel un individu, convaincu de plusieurs crimes ou délits, non séparés par une condamnation définitive, ce que l'on nomme le concours réel d'infractions, ne peut se voir infliger, en cas de poursuite unique, que la seule peine afférente à l'infraction la plus grave. Ce principe, étant limité aux peines de même nature, le délinquant peut se voir imposer toutes celles encourues, pour chacune des infractions, dès lors qu'elles sont différentes. En revanche, lorsque plusieurs peines de même nature sont encourues, une seule d'entre elles peut être retenue dans la limite du maximum légal le plus élevé. En cas de poursuites séparées, le système dit de la *confusion des peines*, permettra l'application de cette solution lorsque plusieurs peines ont été prononcées.

C. pén., art. 132-3.

GADPG n° 51 et 52.

Non-dénonciation d'infractions

[Droit pénal]
Fait, pour toute personne, ayant connaissance d'un crime dont il est encore possible de limiter les effets ou dont les auteurs sont susceptibles de commettre de nouveaux crimes qui pourraient être empêchés, de ne pas en informer les autorités judiciaires ou administratives. Une immunité familiale est prévue pour cette infraction, pour certains proches précisément énumérés, mais elle est exclue pour les crimes commis contre les mineurs.
La non-dénonciation, aux mêmes autorités, des privations, mauvais traitements ou atteintes sexuelles infligés à un mineur ou à une personne qui n'est pas en mesure de se protéger en raison de son âge, d'une maladie, d'une infirmité ou d'une déficience physique ou psychique ou d'un état de grossesse,

fait l'objet d'une incrimination spécifique qui n'exige pas que la dénonciation ait pu prévenir les effets produits par les actes visés ou l'empêchement de leur renouvellement. Aucune immunité familiale n'est prévue mais les personnes astreintes au secret peuvent être exceptées de ces dispositions dans les conditions prévues par l'article 226-13 du Code pénal, de la même manière que pour la non-dénonciation de crime.

C. pén., art. 434-1 et 434-3.

Non-Droit

[Droit général]

Concept dégagé par le doyen Carbonnier pour désigner l'absence du droit dans un certain nombre de situations que le droit avait pourtant vocation théorique à régir. Le non-droit ne se confond pas avec l'incomplétude du droit car les lacunes d'une loi peuvent toujours être comblées et devenir règles par l'interprétation. Il répond plutôt à une option de politique législative, en particulier à une volonté de non-intervention dans l'ignorance des conséquences possibles de la législation ou par souci de laisser tel domaine de la vie sociale sous l'empire des mœurs.

→ *Légicentrisme, Nomophilie.*

Non écrit

[Droit civil]

1° Vise, par opposition aux clauses formelles, les clauses sous-entendues qui n'en ont pas moins un caractère obligatoire quoique non exprimées (par ex. obligation implicite de sécurité).

2° L'expression « réputée non écrite » s'applique à une clause illicite dont la nullité ne retentit pas sur le sort du contrat qui la contient. Ainsi dans toute disposition entre vifs ou testamentaire, les conditions impossibles, illicites ou immorales sont réputées non écrites, c'est-à-dire que l'on en fait abstraction, à moins qu'elles n'aient été la cause impulsive et déterminante de la libéralité. Selon la Cour de cassation, la clause réputée non écrite doit recevoir application tant qu'elle n'a pas été déclarée telle par le juge.

C. civ., art. 900, 1184.*

→ *Clause abusive.*

Non-imputabilité (Causes de)

[Droit pénal]

→ *Imputabilité.*

Non-ingérence (Principe de)

[Droit international public]

Synonyme de non-intervention.

→ *Intervention.*

Non inscrit

[Droit constitutionnel]

→ *Groupe parlementaire.*

Non-justification de ressources

[Droit pénal]

Incrimination pénale générique considérée comme assimilable au recel. Elle résulte du seul fait pour un individu qui se trouve en relations habituelles, soit avec des personnes se livrant à la commission de crimes ou délits punis d'au moins 5 ans d'emprisonnement et dont ils tirent un profit, direct ou indirect, soit avec les victimes de telles infractions, de ne pas pouvoir justifier, globalement, de ressources correspondant à son train de vie ou plus précisément de l'origine du bien détenu.

Ces peines sont aggravées pour certaines infractions précisément énumérées ou lorsqu'elles sont commises à l'encontre de mineurs. Par ailleurs, ces faits sont sanctionnés de manière spécifique en matière de terrorisme, de proxénétisme ou d'exploitation de la mendicité.

C. pén., art. 225-6-3e, 225-12-5, 321-6 et 421-2-3.

Non-lieu

[Procédure pénale]

Décision par laquelle une juridiction d'instruction, se fondant sur un motif de droit ou une insuffisance des charges, ne donne aucune suite à l'action publique.

C. pr. pén., art. 177, al. 1er et 212, al. 1er.

[Procédure administrative]

Décision par laquelle le juge administratif constate, le cas échéant d'office, que le litige dont il est saisi n'a plus d'objet, par exemple parce que l'acte attaqué a été retiré.

GACA n° 45.

Non-liquet

[Droit international public]

Désigne la situation dans laquelle un juge ou un arbitre ne peut statuer pour la raison qu'il est insuffisamment informé sur les faits de l'affaire ou que le droit ne lui donne pas d'éléments suffisant pour pouvoir trancher.

Non-prolifération

[Droit international public]

Politique de lutte contre la prolifération des *armes de destruction massive*, en particulier des armes nucléaires et des armes chimiques et bactériologiques, conduite par les États sur la base de traités et par le Conseil de sécurité des Nations Unies par le moyen de décisions prises unilatéralement.

→ *Prolifération des armes de destruction massive (Lutte contre la).*

Non-représentation d'enfant

[Droit pénal]

Infraction consistant dans le fait de refuser indûment de représenter un enfant mineur à la personne qui a le droit de le réclamer, notamment parce qu'elle se fonde sur une décision de justice relative, par exemple, au droit de garde ou de visite.

C. pén., art. 227-5.

Non-rétroactivité

[Droit général]

Principe en vertu duquel une norme juridique nouvelle ne peut remettre en cause les situations anciennes nées de l'application de la règle antérieure, ce qui vise à la fois les situations terminées et les effets déjà réalisés des situations en cours. Il n'a de valeur constitutionnelle qu'en droit pénal et peut être remis en cause par le législateur dans les autres matières, notamment en droit fiscal.

C. civ., art. 2; C. pén., art. 112-1.

GAJC, t. 1, n° 5 à 10; GADPG n° 9 à 14; GDCC n° 7, 8, 32, 41, 46, 47 et 51.

→ *Conflit de lois dans le temps, Droit acquis, Effet immédiat de la loi (Principe de l'), Loi de validation, Loi interprétative, Rétroactivité de la loi, Sécurité juridique (Principe de).*

Normalisation

[Droit civil/Droit commercial]

Activité d'intérêt général qui a pour objet de fournir des documents de référence élaborés de manière consensuelle par toutes les parties intéressées, portant sur des règles, des caractéristiques, des recommandations ou des exemples de bonnes pratiques, relatives à des produits, à des services, à des méthodes, à des processus ou à des organisations (Décr. n° 697 du 16 juin 2009, art. 1).

La soumission de la production et de la distribution à des normes de simplification, d'uniformisation et de performance vise à favoriser le rendement et l'innovation économiques et à donner une meilleure satisfaction aux usagers. Nonobstant, les normes sont d'application volontaire, à moins qu'elles ne soient rendues obligatoires par arrêté ministériel (art. 17).

Norme

[Droit général]

Terme synonyme de règle de droit, de règle juridique, obligatoire, générale et impersonnelle.

GAJC, t. 1, nº 1.

→ *Constitution, Hiérarchie des normes, Loi, Règlement, Traité.*

Norme impérative du droit international

[Droit international public]

→ *Jus cogens.*

ACTU

Notaire

[Droit civil]

Officier public et *officier ministériel* délégataire du sceau de l'État, le notaire est chargé de conférer l'authenticité aux actes instrumentaires et de conseiller les particuliers. Il est tenu de s'assurer de l'efficacité de l'acte auquel il prête son concours et doit veiller à l'accomplissement des formalités nécessaires à la mise en place des sûretés qui en garantissent l'exécution. Il n'est pas tenu à une obligation de mise en garde en ce qui concerne l'opportunité économique de l'opération.

L'acte reçu en la forme authentique par un notaire est dispensé de toute mention manuscrite exigée par la loi, sauf dérogation expresse.

Les notaires exercent, en principe, leurs fonctions sur l'ensemble du territoire national, à l'exception de la Nouvelle-Calédonie, de la Polynésie française, des îles Wallis-et-Futuna et de St Pierre-et-Miquelon.

La profession de notaire peut être exercée à titre individuel ou à titre d'associé, dans le cadre d'une *société d'exercice libéral (SEL)*, d'une *société civile professionnelle (SCP)*, d'une *société de participations financières de professions libérales (SPFPL)*. Elle peut l'être également en qualité de salarié d'une personne morale ou physique titulaire d'un office. Chaque office peut salarier un nombre de notaires quadruple du nombre de notaires titulaires de l'office ou associés de l'office.

Au 30 septembre 2015, la France comptait 9 782 notaires dont 7 065 exercent sous la forme associée au sein de 3 003 sociétés.

Depuis le 1er février 2016, toute personne remplissant les conditions pour être notaire peut être nommée directement par le ministre de la justice en cette qualité dans les zones où l'implantation d'offices de notaire apparaît utile pour renforcer la proximité ou l'offre de services. La nomination peut, aussi, comme précédemment, être faite dans un office vacant et non créé sur présentation du successeur et moyennant finances.

C. civ., art. 71, 515-3, 710-1, 1369, 1370*, 1371*; L. du 25 ventôse an XI, art. 4, 9 s.; Décr. nº 71-942 du 26 nov. 1971, art. 8.*

→ *Acte authentique, Acte contresigné par avocat, Acte de notoriété, Minute.*

Note en délibéré

[Procédure civile]

Note que remet au tribunal un plaideur au cours du délibéré.

Une telle note, qui doit être communiquée à l'adversaire, ne peut modifier ni la *cause* ni l'*objet* de la demande, ni les moyens sur lesquels elle est fondée. Elle n'est recevable que si elle vise à répondre aux arguments développés par le ministère public ou aux demandes du juge ayant invité les parties à fournir telles explications de fait ou de droit. Cette pratique est critiquable.

C. pr. civ., art. 445.

→ *Clôture des débats.*

[Procédure administrative]

À l'issue de l'*audience*, toute partie peut adresser au président de la formation de jugement une note en délibéré, le cas échéant comme une réplique aux conclusions du *rapporteur public*. En fonction de son contenu, elle peut conduire à la réouverture de l'instruction.

CJA, art. R. 731-3.

GACA n° 62.

Notes d'audience

[Droit pénal]

Transcription écrite par le greffier d'un tribunal répressif, du déroulement des débats : déclarations des témoins, réponses du prévenu… Le document signé par son auteur est visé par le président.

C. pr. pén., art. 453.

Notification

[Droit administratif]

Mode de publicité employé normalement en matière d'actes individuels et consistant à informer personnellement l'intéressé de la mesure en cause.

GACA n° 36.

→ *Publication.*

[Droit européen/Procédure civile/ Droit international privé]

Formalité par laquelle un acte extrajudiciaire, un acte judiciaire ou un jugement est porté à la connaissance des intéressés. Sous certaines conditions, elle peut être dématérialisée et réalisée sous la forme électronique.

La notification peut, selon les cas, être effectuée par un *huissier de justice* (on parle alors de *signification*) ou par la voie postale ou par remise contre émargement ou récépissé (procédé toujours possible alors même que la loi n'aurait prévu que la voie postale). La voie postale est utilisée uniquement quand elle est autorisée par un texte, les parties restant alors libres de lui préférer une signification.

Pour les avis et convocations adressés par le greffe au demandeur dans certaines procédures, un décret n° 2015-282 du 11 mars autorise le recours à « tous moyens » (voie postale, courrier électronique, SMS…).

Dans le cadre de l'Union européenne, en matière civile et commerciale, le règlement principal est le règlement (CE) du Parlement européen et du Conseil n° 1393/2007 du 13 novembre 2007. Son fonctionnement repose sur la désignation par chaque État membre d'entités d'origine et d'entités requises (officiers ministériels ou autorités compétents pour transmettre ou recevoir lesdits actes dans un autre État membre). Les actes sont transmis directement entre ces entités. Le règlement prévoit, dans certains cas, d'autres moyens de communication, notamment la voie diplomatique et la voie postale. D'autres règlements européens, comme le règlement (CE) n° 861/2007 du Parlement européen et du Conseil du 11 juillet 2007 instituant une procédure européenne de règlement des petits litiges peuvent prévoir des modes de notification particuliers, en l'espèce, à titre de principe, la voie postale avec accusé de réception indiquant la date de réception.

Le Code de procédure civile aménage des règles particulières pour les notifications à destination de l'étranger ou en provenance de l'étranger; ces règles ne jouent que sous réserve de l'application des règlements européens et des traités internationaux (une liste de ces derniers étant disponible sur le site du bureau d'entraide civile internationale du ministère de la Justice).

C. pr. civ., art. 651 s., 665 s., 683 s., 693.

→ *Lettre recommandée, Lettre simple.*

[Procédure pénale]

L'article 550 du Code de procédure pénale précise que les notifications sont faites par voie administrative. Elles concernent notamment certaines décisions des juridictions d'instruction. Il en est ainsi des ordonnances de règlement du juge d'instruction ainsi que celles qui sont susceptibles de faire l'objet d'une voie de recours. Il en est de même des arrêts de la chambre de l'instruction qui sont notifiés, selon les cas, aux personnes concernées ainsi qu'à leurs avocats (mis en examen, témoin assisté, partie civile). La notification peut être verbale, avec émargement au dossier, ou par lettre recommandée et, pour un détenu, réalisée par le chef de l'établissement pénitentiaire.

Toute notification d'un acte à un avocat qui peut être effectuée par lettre recommandée, avec ou sans accusé de réception, peut aussi être réalisée par un moyen de télécommunication à l'adresse électronique de l'avocat, en en conservant une trace écrite.

L'utilisation de la voie électronique par l'autorité judiciaire est généralisée à toute personne, à la double condition qu'elle y ait préalablement consenti, par une déclaration expresse recueillie, au cours d'une procédure, qui précisera le mode utilisé, une trace écrite étant conservée au dossier, et que les procédés techniques utilisés permettent d'établir, de manière certaine, selon le type de notification jusqu'alors prévu, la date d'envoi et la date de réception.

C. pr. pén., art. 183, 217 et 803-1 I et II.

→ *Lettre recommandée, Lettre simple, Signification.*

Notification entre avocats

[Procédure civile]

Entre avocats, la notification d'un acte peut être faite soit par un huissier audiencier (signification d'*acte du palais*), soit par remise directe de l'avocat à son confrère.

C. pr. civ., art. 671 s.

→ *Acte d'avocat à avocat, Visa.*

Notion à contenu variable

[Droit général]

En théorie du droit, désigne une notion qui ne se laisse pas enfermer dans une définition technique précise et ne répond pas à des critères précisément établis (*bonne foi*, *équité*, raisonnable, *urgence*...). Le caractère flou de la notion à contenu variable confère au juge un grand pouvoir d'appréciation dans sa mise en œuvre.

→ *Bonnes mœurs, Standard juridique.*

Notion-cadre

[Droit général]

Expression utilisée comme synonyme de *standard juridique*.

Notoriété

[Droit civil]

Caractère de ce qui est connu du plus grand nombre. La notoriété est utile pour prouver un fait; parfois elle sert de condition à l'application d'une règle de droit.

C. civ., art. 311-1, 1994.

→ *Acte de notoriété.*

Nouvelle délibération

[Droit constitutionnel]

Par un acte contresigné par le *Premier ministre* et dans le délai de *promulgation* de la *loi*, le *président de la République* peut demander au *Parlement* de délibérer à nouveau d'une loi que celui-ci vient d'adopter.

Const., art. 10.

ACTU

Novation

[Droit civil]

Convention par laquelle une obligation est éteinte et remplacée par une obligation nouvelle. La nouveauté peut résider dans un changement de débiteur, ou un changement de créancier, ou la substitution d'obligation entre les mêmes parties.

L'obligation ancienne s'éteint avec tous ses accessoires, à l'exception des sûretés qui peuvent être réservées pour la garantie de la nouvelle obligation avec le consentement des tiers garants.

C. civ., art. 1329 à 1335*.*

Nubilité

[Droit civil]

État d'une personne en âge de se marier. Selon le Code civil de 1804, la femme était nubile à 15 ans, l'homme à 18 ans. Depuis la loi du 4 avril 2006 relative aux violences au sein des couples, l'âge nubile est de 18 ans pour les filles comme pour les garçons, sauf dispense d'âge pour motifs graves.

C. civ., art. 144, 145, 184.

Nue-propriété

[Droit civil]

Selon la théorie classique, prérogatives conservées par un propriétaire sur une chose qui fait l'objet d'un démembrement de propriété. Il donne à son titulaire le droit de disposer juridiquement de la chose, mais ne lui confère ni l'usage, ni la jouissance, lesquels sont les prérogatives de l'usufruitier sur cette même chose.

Fiscalement, la valeur de la nue-propriété correspond à une quotité de la valeur de la pleine propriété fixée selon un barème établi par référence à l'âge de l'usufruitier, mais seul l'usufruitier est assujetti à l'ISF pour la valeur totale de l'immeuble.

C. civ., art. 578 s.; CGI, art. 669.

GAJC, t. 1, n° 76 à 78.

→ *Abusus, Propriété, Usufruit.*

Nuisances

[Droit général/Droit de l'environnement]

Par ce néologisme, on désigne les troubles de plus en plus grands qui portent atteinte à la vie collective du fait des moyens modernes de l'industrie et de ses conséquences sur la société. Nuisances physiques (ex. : les fumées, le bruit, surtout auprès des aérodromes). Nuisances intellectuelles (ex. : l'abus de publicité, le « matraquage » musical). Nuisances « catastrophiques » (ex. : les accidents redoutables par automobiles individuelles et « poids lourds » chargés de matières explosives et inflammables lancés à grande vitesse). Nuisances lumineuses (trouble excessif causé par les émissions de lumière artificielle).

CSP, art. R. 1334-30; C. envir., art. L. 220-1, 571-1 s., L. 583-1.

→ *Pollution.*

Nuit

[Droit du travail]

→ *Travail.*

[Droit pénal/Procédure pénale]

Au sens légal, période comprise entre 21 heures et 6 heures, au cours de laquelle il n'est pas possible, pour les autorités de police, sauf exceptions prévues par les textes, de pénétrer dans un domicile pour y réaliser certaines opérations telle une perquisition ou d'exécuter un mandat de justice.

Au sens commun, période d'obscurité, entre le lever et le coucher du soleil, pendant laquelle existe une présomption de légitime défense pour justifier l'acte de celui qui repousse l'entrée par effraction, violence ou ruse dans un lieu habité.

C. pr. pén., art. 59, 134; C. pén., art. 122-6.

Nul en France ne plaide par procureur...

[Procédure civile]

Règle de forme imposant au mandataire judiciaire de révéler, dans toutes les pièces de la procédure, le nom de son mandant. Sous l'Ancien droit, l'adage se complétait des mots « … hors le Roi », qui était ainsi le seul à pouvoir plaider par procureur.

C. pr. civ., art. 415.

Nul et non avenu

[Droit civil]

→ *Non avenu.*

Nullité

[Droit administratif]

→ *Abrogation, Annulation, Retrait, Inexistence.*

[Droit civil]

Sanction prononcée par le juge et consistant dans la disparition rétroactive de l'acte juridique qui ne remplit pas les conditions requises pour sa formation.

• *La nullité* est *absolue* lorsque la règle violée a pour objet la sauvegarde de l'intérêt général.

• *La nullité* est dite *relative* lorsqu'elle sanctionne une règle dont le seul objet est la sauvegarde d'un intérêt privé.

Les régimes respectifs des nullités absolue et relative sont différents. L'action en nullité absolue est ouverte à toute personne justifiant d'un intérêt et ne peut être écartée par une confirmation. Si la nullité est relative, elle ne peut être demandée que par la partie que la loi entend protéger et elle peut être couverte par la confirmation.

• *Nullité virtuelle :* nullité qui peut être prononcée alors qu'aucun texte ne la prévoit expressément.

• *Nullité textuelle :* nullité qui ne peut être prononcée que si un texte la prévoit de façon formelle (ex. : les nullités de mariage).

C. civ., art. 180 s., 184, 190, 1178 à 1185*.*

→ *Annulation, Inexistence, Inopposabilité, Rescision, Résiliation, Résolution.*

Nullité d'un acte de procédure

[Procédure civile]

Sanction de l'irrégularité commise dans la rédaction ou dans la signification d'un acte de procédure (exception de nullité).

Les conditions d'exercice de la nullité ne sont pas les mêmes selon qu'il s'agit d'un *vice de forme* ou d'une *irrégularité de fond.*

C. pr. civ., art. 112 à 121, 430, 446, 458, 649, 650, 698.

→ *Inexistence.*

[Procédure pénale]

Au-delà de la distinction traditionnelle entre les nullités textuelles requises lorsque la loi indique que la formalité est prévue à peine de nullité et les nullités substantielles ou virtuelles qui peuvent être retenues lorsque la loi est muette, dès lors que l'irrégularité est grave et compromet les droits de la défense, la jurisprudence distingue plus globalement les nullités d'ordre public et les nullités à grief.

D'une manière générale, toute juridiction, y compris la Cour de cassation, qui est saisie d'une demande d'annulation pour violation des formes prescrites à peine de nullité ou d'inobservation des formalités substantielles ne peut prononcer la nullité que lorsque celle-ci a eu pour effet de porter atteinte aux intérêts de la partie concernée. Il faut donc établir la preuve d'un grief autrement dit d'un préjudice. Néanmoins cette solution est exclue pour les nullités d'ordre public (par ex. organisation, composition, compétence des juridictions) ou lorsqu'il y a eu une méconnaissance grave des droits de la défense, parce qu'elles portent en elles-mêmes l'existence d'un grief.

C. pr. pén., art. 802.

GAPP n° 22 et 23.

Nullité des jugements

[Procédure civile]

Il est interdit d'introduire une action en nullité contre un acte de juridiction. Le plaideur qui estime que la procédure a été irrégulière ou que le tribunal a mal jugé ne peut attaquer le jugement ou l'arrêt que par les voies de recours classiques.

C. pr. civ., art. 460.

→ *Inexistence, Voies de nullité n'ont lieu contre les jugements.*

Nullum crimen, nulla poena sine lege

[Droit pénal]

« Il n'y a pas de crime, il n'y a pas de peine sans loi. » Formule latine qui exprime le principe fondamental de la légalité des délits et des peines.

Numéraire

[Droit civil/Droit commercial/ Droit du travail]

S'applique au paiement en billets de banque et pièces métalliques par opposition au paiement par chèque, par virement ou par carte. Le recours au numéraire n'est permis qu'à hauteur d'une certaine somme variable selon la nature de la créance à régler.

C. mon. fin., art. L. 112-6 s., D. 112-3 s.

→ *Espèces (En).*

Numérisation des procédures

[Procédure (principes généraux)]

→ *Dématérialisation des procédures.*

Numéro d'immatriculation (NIR)

[Sécurité sociale]

Numéro d'identification au répertoire de l'INSEE attribué à tout assuré immatriculé qui se compose de 13 chiffres, divisés en 6 blocs :

- le sexe : un chiffre (1 pour les hommes, 2 pour les femmes);

- l'année de naissance : 2 chiffres (les 2 derniers du millésime);

- le mois de naissance : 2 chiffres;

- le numéro du département de naissance : 2 chiffres;

- le numéro de commune de naissance : 3 chiffres (selon la codification du répertoire des communes);

- le rang d'inscription sur la liste des naissances de la commune : 3 chiffres.

Le numéro de 13 chiffres est parfois suivi de 2 chiffres qui constituent une « clé » de contrôle.

O

Obiter dictum

[Procédure (principes généraux)]

Littéralement : « dit en passant ».

Expression de la procédure anglaise, dont la doctrine, sur le continent, fait parfois usage. L'*obiter dictum* qualifie l'argument qui n'entre pas dans la *ratio decidendi*, qui n'est pas invoqué pour faire la décision. S'applique à un raisonnement dénué de force obligatoire, certes de nature à éclairer l'espèce, mais aussi à révéler l'opinion du magistrat susceptible de fonder ultérieurement un autre jugement. C'est un signal adressé aux justiciables pour l'avenir.

Objecteur de conscience

[Droit administratif/Droit pénal]

Citoyen qui refuse, par respect d'une règle morale, de porter les armes pour accomplir ses obligations militaires, mais sans se soustraire à la justice de son pays (différence avec l'insoumission ou la désertion). Certains États (dont la France) ont admis l'objection de conscience, en accordant aux objecteurs un statut spécial les dispensant du service armé, remplacé par l'affectation à des tâches civiles. Le problème juridique de l'objection de conscience a cessé de se poser en France avec la suspension de l'appel sous les drapeaux.

→ *Service national.*

Objectifs de valeur constitutionnelle

[Droit constitutionnel]

Objectifs d'intérêt général, tels que la sauvegarde de l'ordre public, la préservation du pluralisme ou la bonne administration de la justice, auxquels le *Conseil constitutionnel* peut se référer dans l'exercice du *contrôle de constitutionnalité* pour modérer les effets de certains principes constitutionnels ou opérer entre eux des conciliations.

→ *Principes de valeur constitutionnelle.*

Objet

[Droit civil]

• L'objet du *contrat* désigne l'opération juridique que les parties ont voulu effectuer (ex. : une vente, un prêt, un contrat de travail).

• L'objet de l'*obligation* désigne la prestation ou la chose que chacune des parties s'est engagée à fournir (le prix pour l'acheteur, la chose pour le vendeur, par ex.). L'objet de l'obligation est présent ou futur; il doit être possible, déterminé ou déterminable, la déterminabilité pouvant être déduite du contrat, d'une référence aux usages ou de relations antérieures des parties.

C. civ., art. 1163.*

[Procédure civile]

L'objet du litige désigne le résultat économique et social défini par les parties au procès dans leurs prétentions respectives, formulées en demande et en défense.

La demande en justice vise un objet déterminé, dont la nature définit, le plus souvent, celle de l'action. Demander l'annulation d'un contrat est une *action personnelle*;

poursuivre la reconnaissance d'une servitude est une *action réelle*.
La notion d'objet intervient aussi lorsque, pour savoir s'il y a ou non chose jugée, on confronte une décision déjà rendue et une nouvelle demande en justice.

C. pr. civ., art. 4, 5; C. civ., art. 1355.*

Objet social

[Droit civil/Droit commercial]

Activités qu'une société se propose d'exercer. L'objet social est défini par ses *statuts*.

C. civ., art. 1835; C. com., art. L. 210-2.

Objet spatial

[Droit international public]

Désigne tout objet lancé dans l'espace extra-atmosphérique depuis la terre ou provenant d'un *engin spatial* lancé par l'homme.

Objets abandonnés

[Procédure civile/Droit civil]

Terme générique couvrant les colis non réclamés au transporteur (Décr. 13 août 1810), les effets mobiliers laissés par le voyageur à l'hôtel (L. 31 mars 1896), les objets confiés à un professionnel pour réparation et non retirés par son propriétaire (L. 31 déc. 1903), les bagages délaissés à la consigne dans les gares (L. 7 mars 1932). Passé un certain délai, six mois en général, ces objets sont vendus aux enchères, les litiges s'y rapportant relevant à compter du 1er janvier 2013 de la compétence du président du tribunal de grande instance ou du tribunal d'instance selon la valeur en jeu.

L. n° 2011-1862, 13 déc. 2011 art. 11 et 13; COJ, art. R. 221-15.

ACTU

Objets d'occasion

[Droit général]

Biens qui, à un stade quelconque de la production ou de la distribution, sont entrés en possession d'une personne pour son usage propre à la suite d'un acte onéreux ou à titre gratuit, ou qui ont subi des altérations ne permettant pas leur mise en vente comme neufs.

C. com., art. L. 321-1, al. 3.

Obligataire

[Droit commercial]

→ *Obligation.*

ACTU

Obligation

[Droit civil]

Au sens large, devoir imposé par la loi.
Au sens étroit, lien de droit entre deux personnes par lequel l'une, le *débiteur*, est tenue d'une *prestation* vis-à-vis de l'autre, le *créancier*. L'obligation est synonyme de *dette*, et apparaît comme la face négative de la *créance*. Selon le Code civil, « les obligations naissent d'actes juridiques, de faits juridiques ou de l'autorité seule de la loi » et, aussi, « de l'exécution volontaire ou de la promesse d'exécution d'un devoir de conscience envers autrui ».

C. civ., art. 1100.*

→ *Contribution à la dette, Droit personnel, Obligation à la dette, Obligation naturelle.*

[Droit commercial]

Titre négociable émis par un groupement qui emprunte un capital important, généralement à long terme et divise sa dette en un grand nombre de coupures.
Chaque obligataire se trouve dans la situation d'un prêteur titulaire d'une créance productive d'un intérêt et fait partie de la masse.
L'obligation s'oppose à l'action en ce qu'elle assure généralement un revenu

fixe indépendant des résultats de l'exercice et ne confère pas à son titulaire le droit de participer à la gestion de la société, sauf à être consulté dans certains cas exceptionnels (modification de l'objet ou de la forme de la société, fusion ou scission).

C. com., art. L. 228-38 s.

Obligation à la dette

[Droit civil]

Obligation de se soumettre à la poursuite du créancier et d'acquitter l'intégralité de la dette, quitte à agir, par la voie récursoire, à l'encontre du véritable débiteur ou du coobligé.

→ *Action récursoire, Contribution à la dette.*

ACTU

Obligation à terme

[Droit civil]

Obligation dont l'exigibilité est différée jusqu'à la survenance d'un événement futur et certain, encore que la date en soit incertaine. Ce qui n'est dû qu'à terme ne peut être exigé avant l'échéance; mais ce qui a été payé d'avance ne peut être répété. À défaut d'accord des parties, le juge peut fixer le terme en considération de la nature de l'obligation et de la situation des parties. Cette innovation de la loi du 10 février 2016 portant réforme du droit des obligations consacre les solutions jurisprudentielles.

C. civ., art. 1305 à 1305-5*.*

Obligation alimentaire

[Droit civil]

Obligation mise à la charge d'une personne en vue de fournir des secours, principalement en argent, exceptionnellement en nature, à un proche parent ou allié qui se trouve dans le besoin. La même obligation pèse sur la succession de l'époux prédécédé en faveur du conjoint survivant qui est dans la nécessité.

C. civ., art. 205 s., 210, 211, 342, 367, 371-2, 758, 767.

→ *Aliments, Pension alimentaire.*

[Procédure civile/Droit européen/Droit international privé]

Le règlement du Conseil n° 4/2009 du 18 décembre 2008 est relatif à la compétence, la loi applicable, la reconnaissance et l'exécution des décisions et la coopération en matière d'obligations alimentaires. D'après ce règlement, la décision exécutoire d'un État membre lié par le Protocole de La Haye de 2007 jouit de la force exécutoire dans un autre État membre sans qu'une déclaration constatant la force exécutoire soit nécessaire, c'est-à-dire sans qu'un *exequatur* soit requis. Dans certaines circonstances exceptionnelles, un réexamen dans l'État d'origine ou un refus d'exécution dans l'État d'exécution sont possibles. Au contraire, lorsque l'État n'est pas lié par le protocole de La Haye (Royaume-Uni et Danemark), il est prévu une procédure d'exequatur simplifié similaire à celle du règlement n° 44/2001 dit Bruxelles I (procédure unilatérale et contrôle purement formel en première instance, procédure contradictoire et contrôle substantiel limité en cas de recours).

COJ, art. L. 213-3.

→ *Recouvrement des pensions alimentaires.*

Obligation alternative

[Droit civil]

L'obligation alternative comprend deux objets, le débiteur pouvant se libérer en n'acquittant que l'un des deux, à son choix. Si le débiteur ne choisit pas dans le temps convenu ou un dans un délai raisonnable, l'autre partie peut exercer ce choix ce qui fait perdre à l'obligation son caractère alternatif.

L'impossibilité d'exécuter la prestation choisie due à la force majeure libère le débiteur.

C. civ., art. 1307 à 1307-5*.*

→ *Obligation facultative.*

Obligation civile

[Droit civil]

Obligation dont l'inexécution est sanctionnée par le droit. Expression utilisée pour l'opposer à l'*obligation naturelle*.

Obligation conditionnelle

[Droit civil]

Obligation dépendant d'un événement futur et incertain, soit que la condition suspende l'obligation jusqu'à ce que l'événement arrive, soit qu'elle la résilie selon que l'événement arrivera ou n'arrivera pas.

C. civ., art. 1304 à 1304-7*.*

→ *Condition.*

Obligation conjointe

[Droit civil]

Obligation qui se divise de plein droit entre les créanciers ou les débiteurs, de telle sorte que chaque créancier ne peut exiger que sa part de la créance commune ou que chaque débiteur ne peut être poursuivi que pour sa part de la dette commune.

C. civ., art. 1309, 1320*.*

→ *Division des dettes.*

ACTU

Obligation cumulative

[Droit civil]

Obligation qui a pour objet plusieurs prestations également dues, si bien que le débiteur n'est libéré que par l'exécution de toutes.

C. civ., art. 1306.*

Obligation conjonctive

[Droit civil]

Obligation contraignant le débiteur à exécuter plusieurs prestations pour être libéré.

Obligation de conseil

[Droit civil/Droit commercial]

→ *Devoir de conseil.*

Obligation de discrétion professionnelle

[Droit administratif]

→ *Accès aux documents administratifs (Droit d').*

ACTU

Obligation de donner

[Droit civil/Droit commercial]

Obligation de transférer la propriété d'une chose (en latin *dare*), non de faire une libéralité (en latin *donare*). Depuis l'ordonnance n° 2016-131 du 10 février 2016 relative à la réforme des contrats, la référence à l'obligation de donner a été supprimée du Code civil.

→ *Obligation de faire, Obligation de ne pas faire.*

Obligation d'emploi

[Droit du travail]

Protection instituée par la loi en faveur de certains travailleurs jugés dignes d'intérêt (invalides de guerre, leurs veuves, leurs orphelins, travailleurs handicapés…) et qui consiste à imposer aux employeurs, occupant au moins 20 salariés, l'emploi d'un certain pourcentage de ces salariés sous peine du paiement d'une taxe qualifiée de « contribution ».

C. trav., art. L. 5212-1 s.

ACTU

Obligation de faire

[Droit général]

Obligation dont l'objet est une prestation quelconque, matérielle ou intellectuelle : transporter une chose, réparer, prodiguer des soins. Les nouveaux textes depuis la réforme du droit des contrats du 10 février 2016 n'évoquent plus l'obligation de faire.

→ *Obligation de donner, Obligation de ne pas faire.*

Obligation d'information précontractuelle

[Droit civil/Droit commercial]

→ *Devoir d'information.*

Obligation de mise en garde

→ *Devoir de mise en garde.*

Obligation de moyens

[Droit civil]

Obligation en vertu de laquelle le débiteur n'est pas tenu d'un résultat précis. Ainsi le médecin s'engage seulement à tout mettre en œuvre pour obtenir la guérison du malade sans garantir cette dernière. Le créancier d'une telle obligation ne peut mettre en jeu la responsabilité de son débiteur que s'il prouve que ce dernier a commis une faute, n'a pas utilisé tous les moyens promis.

CSP, art. L. 1142-1.

GAJC, t. 2, n° 162-163.

→ *Obligation de résultat.*

ACTU

Obligation de ne pas faire

[Droit général]

Obligation qui s'accomplit dans une abstention (ne pas bâtir) ou une tolérance (laisser passer). L'expression n'est plus visée dans les textes issus de la réforme du droit des contrats du 10 février 2016.

→ *Obligation de donner, Obligation de faire.*

[Droit européen]

Le fait qu'une *directive* de l'*Union européenne* comporte une obligation de ne pas faire quelque chose est de nature à permettre à la Cour de justice de déclarer d'*effet direct* les dispositions de cette directive, si elle n'a pas fait l'objet d'une *transposition* nationale dans les délais.

Obligation de prudence et de diligence

[Droit civil]

→ *Obligation de moyens.*

Obligation de reclassement

[Droit du travail]

Obligation d'origine prétorienne qui impose à l'employeur de faire tout ce qui est en son pouvoir pour rechercher de manière active une autre possibilité d'emploi à l'égard d'un salarié dont l'occupation de l'emploi actuel est compromise, soit en raison de l'incapacité du salarié, soit en raison de la menace qui pèse sur le maintien de l'emploi en question. La portée de cette obligation est extrêmement développée et sa bonne exécution requiert le cas échéant de rechercher le reclassement au-delà de l'entreprise à l'intérieur d'un groupe, y compris, sous certaines conditions, parmi les entreprises étrangères de celui-ci si le salarié en fait la demande. Le respect de cette obligation conditionne la licéité du licenciement d'un salarié devenu inapte ou celle d'un licenciement pour motif économique.

C. trav., art. L. 1226-2, L. 1226-10 et L. 1233-4.

Obligation de renseignement

[Droit civil]

Obligation, découverte par la jurisprudence dans certains contrats sur le fondement de l'exigence de bonne foi ou de l'interprétation en faveur du débiteur, en vertu de laquelle la partie dominante, supposée la plus compétente, est tenue de fournir à son partenaire non initié toutes indications utiles relatives à l'objet du contrat.

CSP, art. L. 1111-2 s.

→ *Devoir de conseil, Devoir d'information.*

Obligation de réserve

[Droit administratif/Procédure (principes généraux)]

1° Une obligation de réserve pèse sur les fonctionnaires et sur les magistrats (v. pour ces derniers Ord. n° 58-1270 du 22 déc. 1958, art. 43 et 79). Elle impose à celui qui y est soumis, tant dans l'exercice qu'en dehors de ses fonctions, un devoir particulier de loyalisme à l'égard de l'État et des autorités publiques, l'interdiction de toute parole, de tout écrit, de toute attitude qui se révéleraient incompatibles avec la fonction. Cette obligation doit être respectée même dans l'exercice d'un mandat syndical. Le manquement à l'obligation de réserve est apprécié en fonction du poste occupé par le fonctionnaire ou le magistrat, du caractère et de la forme donnés à la manifestation critiquée.

GAJA n° 65.

2° Le terme « réserve » vise, également, le respect dû à la justice par le plaideur, auquel il est interdit de parler à l'audience sans y avoir été invité, de donner des signes d'approbation ou de désapprobation, ou de causer des désordres de quelque nature que ce soit. Grâce à cette exigence les débats judiciaires peuvent se dérouler dans la dignité.

C. pr. civ., art. 24, 439, 441.

→ *Délit d'audience, Déontologie, Pouvoir disciplinaire.*

Obligation de résultat

[Droit civil]

Obligation en vertu de laquelle le débiteur est tenu d'un résultat précis. Ainsi le transporteur de personnes s'engage envers le voyageur à le déplacer d'un endroit à un autre; ce qui est demandé c'est qu'il arrive indemne à la destination prévue. L'existence d'une telle obligation permet au créancier de mettre en jeu la responsabilité de son débiteur par la simple constatation que le résultat promis n'a pas été atteint, sans avoir à prouver une faute.

CSP, art. L. 1142-1.

GAJC, t. 2, n° 162-163.

→ *Obligation de moyens, Obligation de sécurité de résultat.*

Obligation de sécurité

[Droit civil]

Obligation introduite par la jurisprudence dans certains types de contrat et par laquelle le débiteur est tenu d'assurer, outre la prestation principale, objet du contrat, la sécurité du créancier. Ainsi dans le contrat de transport de personnes, le transporteur doit non seulement déplacer le voyageur d'un endroit à un autre, mais encore faire en sorte qu'il soit sain et sauf à l'arrivée. Cette obligation a été étendue aux contrats les plus divers relatifs, par exemple, aux manèges forains, aux établissements hôteliers, aux restaurants, aux agences de voyages, aux salles de spectacles. L'obligation de sécurité peut être une *obligation de moyens* ou une *obligation de résultat*.

De son côté le législateur dispose que les produits et les services doivent, dans des conditions normales d'utilisation ou dans d'autres conditions raisonnablement prévisibles par le professionnel, présenter la sécurité à laquelle on peut légitimement s'attendre et ne pas porter atteinte à la santé des personnes.

C. consom., art. L. 421-1 s.

GAJC, t. 2, n° 266-267 et 277.

→ *Obligation de sécurité de résultat.*

Obligation de sécurité de résultat

[Sécurité sociale]

En vertu du contrat de travail le liant à son salarié, l'employeur est tenu envers celui-ci d'une obligation de sécurité de résultat. Dès lors, le manquement à cette obligation a le caractère d'une faute inexcusable au sens de l'article L. 452-1 du Code de la sécurité sociale, lorsque l'employeur avait ou aurait dû avoir conscience du danger auquel était exposé le salarié et qu'il n'a pas pris les mesures nécessaires pour l'en préserver.

Obligation de soins

[Procédure pénale]

Mesure générale prise dans le cadre d'une procédure pénale, destinée à contraindre une personne à se soumettre à des examens médicaux, des traitements ou des soins, y compris sous un régime d'hospitalisation, notamment à des fins de désintoxication. Elle peut être prise avant toute déclaration de culpabilité dans le cadre d'un contrôle judiciaire ou après cette déclaration, dans le cadre d'une mesure de mise à l'épreuve liée à un ajournement de peines, à un emprisonnement probatoire ou un aménagement de peines. La mesure n'implique aucune expertise médicale ni aucune coordination entre les autorités judiciaires et sanitaires.

C. pén., art. 132-45-10°; C. pr. pén., art. 138-10°.

ACTU

Obligation de somme d'argent

[Droit général]

Obligation ayant pour objet le paiement d'une somme d'argent. Une telle obligation est une obligation de résultat absolu, étant donné que l'argent est une *chose de genre* qui ne périt pas; en conséquence le débiteur d'une obligation monétaire inexécutée ne peut s'exonérer en invoquant un cas de *force majeure*.

L'ordonnance n° 131 du 10 février 2016 portant réforme du droit des contrats consacre, dans la section relative au paiement, une sous-section spéciale aux obligations de sommes d'argent en rassemblant les règles propres à leur paiement : *nominalisme monétaire*, *imputation* du paiement par priorité sur les intérêts, *anatocisme*, report ou rééchelonnement des paiements par le *délai de grâce*.

C. civ., art. 1343 à 1343-5*.*

→ *Espèces (En), Numéraire, Paiement.*

Obligation déterminée

[Droit civil]

→ *Obligation de résultat.*

ACTU

Obligation essentielle

[Droit civil]

Obligation à défaut de laquelle le contrat perd sa raison d'être et son utilité. C'est pourquoi, selon l'ordonnance du 10 février 2016 réformant le droit des obligations, toute clause qui prive de sa substance l'obligation essentielle du débiteur est réputée non écrite.

C. civ., art. 1170.*

GAJC, t. 2, n° 157.

Obligation facultative

[Droit civil]

Obligation ayant un objet unique, le débiteur pouvant toutefois se libérer en effectuant une autre prestation. L'obligation facultative est éteinte si l'exécution de la prestation initialement prévue devient impossible pour cause de force majeure.

C. civ., art. 1308.*

→ *Obligation alternative.*

ACTU

Obligation indivisible

[Droit civil]

Obligation qui, en raison des caractères naturels ou conventionnels de son objet, est insusceptible de division entre les créanciers ou les débiteurs : chacun des créanciers peut exiger le paiement intégral, chacun des débiteurs est tenu pour le tout.

Dans la terminologie de l'ordonnance du 10 février 2016 réformant le droit des contrats, l'obligation indivisible est devenue l'obligation à prestation indivisible.

C. civ., art. 1320.*

Obligation *in solidum*

[Droit civil]

Obligation pour le tout.

Obligations de plusieurs personnes tenues chacune pour le tout envers le créancier, alors qu'il n'existe entre elles aucun lien de représentation. L'obligation *in solidum* créée par la jurisprudence, a permis en particulier à la victime d'un dommage d'obtenir réparation de l'intégralité du préjudice en poursuivant l'un quelconque des coauteurs; sous cet aspect elle constitue une garantie de solvabilité.

GAJC, t. 2, n° 258.

→ *Obligation solidaire.*

Obligation intégrale

[Droit international public]

Obligation internationale dont la réalisation échappe au principe de réciprocité; caractérise la plupart des obligations énoncées dans les traités de protection des droits de l'homme.

→ *Réciprocité.*

Obligation naturelle

[Droit civil]

Obligation dont l'inexécution n'est pas juridiquement sanctionnée et ne contraint qu'en conscience; son exécution spontanée vaut paiement et n'est pas susceptible de répétition.

La promesse d'exécution d'un *devoir de conscience* peut faire naître une obligation juridique.

C. civ., art. 1100, 1302*.*

→ *Obligation civile.*

Obligation plurale

[Droit civil]

Obligation qui comporte, soit plusieurs objets (*obligation conjonctive*, *obligation facultative*, *obligation cumulative*, *obligation alternative*), soit plusieurs sujets (*obligation solidaire*, conjointe, *in solidum*).

C. civ., art. 1306 s.*

→ *Obligation alternative, Obligation conjointe, Obligation in solidum, Solidarité.*

Obligation *propter rem*

[Droit civil]

→ *Obligation réelle, Propter rem.*

Obligation réelle

[Droit civil]

Obligation pesant sur un débiteur qui est tenu seulement en tant que détenteur d'une chose déterminée, par exemple entretenir un mur mitoyen.

Le débiteur est quitte par l'abandon de la chose (délaisser l'immeuble hypothéqué) ou d'un droit (renoncer au droit de mitoyenneté).

C. civ., art. 656, 667, 699, 2463 et 2467.

→ *Déguerpissement, Délaissement, Propter rem.*

ACTU

Obligation solidaire

[Droit civil]

Modalité de l'obligation plurale empêchant la division de la dette ou de la créance entre ses sujets passifs ou actifs. Chacun des débiteurs solidaires doit s'acquitter du tout vis-à-vis du créancier; chacun des créanciers solidaires peut demander le paiement du tout au débiteur.

C. civ., art. 220, 389-5, 515-4, 1310 s., 1418.*

GAJC, t. 2, n° 259.

→ *Solidarité.*

Obligations assimilables du Trésor

[Droit financier ou fiscal]

Obligations d'une durée pouvant aller jusqu'à 30 ans, émises par le *Trésor public* depuis 1985 et qui représentent avec les *bons du Trésor* les principaux instruments d'emprunt de l'État en vue de la couverture de ses besoins de trésorerie. Elles sont émises mensuellement, sous forme de séries successives rattachées (d'où leur nom) à une série antérieure dont elles ont les mêmes caractéristiques sauf le prix, ce qui en facilite la gestion par l'État.

Obligations convertibles (OCA), Obligations échangeables (OEA)

[Droit commercial]

Variétés de *valeurs mobilières* composées, soumises depuis 2004 à un régime juridique uniforme (« valeurs mobilières donnant accès au capital » social).

Les obligations convertibles sont susceptibles d'être converties par la société émettrice en actions de ladite société, à la demande de l'obligataire, soit à tout moment, soit lors d'une période d'option déterminée.

Les obligations échangeables, quant à elles, sont des obligations pouvant être échangées, sur décision du porteur, contre des actions souscrites par un tiers en vue de l'éventuel échange futur.

C. com, art. L. 228-91.

Obsèques

[Droit civil]

Équivalent de *funérailles*.

Les frais d'obsèques constituent une dette alimentaire dont l'enfant est tenu à l'égard de ses ascendants; en conséquence il doit assumer la charge des frais d'obsèques dans la mesure de ses ressources lorsque l'actif successoral est insuffisant, même s'il a renoncé à leur succession.

Dans le cas où le défunt est dépourvu de ressources et n'a aucun parent pour pourvoir à ses funérailles, le service en est assuré gratuitement par la commune.

C. civ., art. 371 et 808; CGCT, art. L. 2223-27.

→ *Funérailles, Pompes funèbres, Sépulture.*

Observance (mécanisme d')

[Droit international public]

Mécanisme de contrôle et de sanction institué dans le cadre du *Protocole de Kyoto* du 11 décembre 1997 sur les changements climatiques pour garantir l'exécution par les États de leurs engagements.

Observateur

[Droit international public]

1° Personne désignée par un État et admise à ce titre à assister aux travaux d'un organe international, mais sans droit de vote ni qualité pour souscrire un engagement.

2° Agent chargé par une organisation internationale de suivre sur place le déroulement d'une opération (ex. : une consultation populaire) ou l'évolution d'une situation.

3° Forme de participation limitée aux travaux d'une organisation internationale. Utilisée par l'ONU et les institutions spécialisées pour permettre la participation d'entités non étatiques (mouvements de libération nationale) ou d'autres organisations internationales intergouvernementales (régionales) et non gouvernementales.

Observatoire de la récidive et de la désistance

[Droit pénal]

Chargé de rassembler et d'analyser les données existantes, tant quantitatives que qualitatives, sur les différents types d'infractions commises, sur les modalités d'exécution des décisions de justice dans le domaine pénal, sur les modalités de suivi, d'accompagnement et de contrôle des personnes sous *main de Justice* et sur les facteurs de sortie de la délinquance, cet observatoire met ces données et analyses à disposition de l'ensemble des publics visés sous la forme, notamment, d'un rapport annuel et public. Il formule toute recommandation utile pour améliorer la connaissance des phénomènes observés.

Décr. n° 2014-883 du 1er août 2014.

Observatoire départemental de protection de l'enfance

[Droit civil]

Institué sous l'autorité de chaque président de conseil départemental, cet organisme a pour missions, notamment, de recueillir, d'examiner et d'analyser les données relatives à l'enfance en danger dans son ressort, d'être informé des évaluations des services et établissements intervenant dans le domaine de la protection de l'enfance, de suivre la mise en œuvre du schéma départemental de protection de l'enfance et de formuler des propositions et avis sur la mise en œuvre de la politique de *protection de l'enfance* dans le département.

CASF, art. L. 226-3-1.

→ *Mesure judiciaire d'aide à la gestion du budget familial.*

ACTU

Obsolescence programmée

[Droit civil/Droit pénal]

Ensemble des techniques par lesquelles un metteur sur le marché vise à réduire délibérément la durée de vie d'un produit pour en augmenter le taux de remplacement. L'obsolescence programmée est un délit passible d'emprisonnement (deux ans) et d'amende (300 000 €).

C. consom., art. L. 441-2.

Obstruction à un acte de chasse

[Droit pénal]

Fait, par des actes d'entrave concertés, d'empêcher le déroulement d'un ou plusieurs actes de chasse. L'infraction est punie de l'amende des contraventions de 5e classe. La chasse s'entend de tout acte volontaire lié à la recherche, à la poursuite et à l'atteinte du gibier pour le capturer ou le tuer.

C. envir., art. R. 428-12-1.

Obtention végétale

[Droit commercial/Droit rural]

Nouvelle espèce végétale créée par l'homme, susceptible d'une protection par un certificat d'obtention végétale. Les pays utilisant les Certificats d'obtention végétale (COV) sont regroupés au sein de l'Union pour la protection des obtentions végétales (UPOV). Les COV se distinguent de la catégorie des brevets.

CPI, art. L. 623-2.

Occupation

[Droit administratif]

L'occupation du domaine public de l'État ou d'autres personnes publiques peut donner lieu à autorisation.

C. dom. Ét., art. R. 53; CGPPP, art. L. 2122-1.

[Droit civil]

Mode d'acquisition de la propriété par la prise de possession d'une chose n'appartenant à personne.

→ Chasse, Pêche (Droit de), Res nullius.

[Droit international public]

Établissement par un État de son autorité sur un territoire qui ne fait pas partie de son territoire national, et notamment mode d'acquisition d'un territoire sans maître. On parle d'occupation militaire lorsqu'un territoire est placé sous le contrôle armé d'un ou plusieurs États dont il ne relève pas.

Occupation abusive des halls d'immeuble

[Droit administratif/Droit pénal]

Infraction résultant du fait d'occuper en réunion les espaces communs ou les toits des immeubles collectifs d'habitation en empêchant, délibérément, l'accès ou la libre circulation des personnes ou le bon fonctionnement des services de sécurité et de sûreté. Les voies de fait ou les menaces accompagnant l'occupation constituent une circonstance aggravante. Cette infraction peut désormais faire l'objet d'une transaction pénale, proposée par un officier de police judiciaire.

CCH, art. L. 126-3; C. pr. pén., art. 41-1-1.

Occupation des locaux

[Droit du travail]

Fait, pour des ouvriers en *grève*, de demeurer sur les lieux du travail. L'occupation des locaux neutralise certaines prérogatives du droit de propriété et peut entraver la liberté du travail; dans ce dernier cas, l'employeur peut obtenir, en référé, l'expulsion des occupants.

Occupation du terrain d'autrui

[Droit pénal]

Délit consistant dans le fait de s'installer en réunion, en vue d'établir une habitation même temporaire, sur un terrain appartenant, soit à une commune qui respecte ses obligations concernant l'accueil et les gens du voyage, soit à tout autre propriétaire autre que la commune si l'on ne peut justifier de son autorisation ou de celle du titulaire du droit d'usage du terrain.

C. pén., art. 322-4-1.

Occupation temporaire

[Droit administratif]

Prérogative permettant à l'exécutant de *travaux publics* de pénétrer sur des terrains privés pour en extraire des matériaux ou pour y entreposer du matériel ou des déblais. Cette occupation, limitée à 5 ans, procède d'une autorisation préfectorale et donne lieu à indemnité.

Octroi

[Droit financier ou fiscal]

Droit qui frappait certaines denrées à leur entrée sur le territoire de villes spécialement autorisées à le percevoir. Administration qui percevait ce droit et dont les douanes sont le lointain héritier.

[Droit constitutionnel]
Mode autocratique d'établissement des constitutions par décision unilatérale du chef de l'État, qui consent à réglementer l'exercice de son pouvoir (ex. : Charte de 1814 octroyée par Louis XVIII).

Octroi de mer

[Droit financier et fiscal]
Un octroi de mer, *taxe d'effet équivalent* à un droit de douane selon la Cour de Justice de l'Union européenne, est perçu, dans les 4 régions d'outre-mer, sur les marchandises importées et sur les livraisons de biens effectuées à titre onéreux par les personnes qui les ont produites. La décision n° 940/2014/UE du Conseil du 17 décembre 2014 reconduit le dispositif jusqu'au 31 décembre 2020, ce qu'un projet de loi (avril 2015) retranscrit.

Œuvre collective

[Droit civil]
Œuvre créée à l'initiative et sous le nom de la personne physique qui l'édite et dans laquelle la contribution personnelle des divers auteurs se fond dans l'ensemble réalisé sans qu'il soit possible d'attribuer à chacun un droit distinct sur cet ensemble. La personne éditrice est investie des droits de l'auteur.

CPI, art. L. 113-2, L. 113-5.

Œuvre composite

[Droit civil]
Œuvre nouvelle à laquelle est incorporée une œuvre préexistante sans la collaboration de l'auteur originaire (par exemple adaptation cinématographique d'un roman). Cette œuvre est la propriété de l'auteur de l'œuvre dérivée sous réserve des droits de l'auteur de l'œuvre préexistante.

CPI, art. L. 113-4.

Œuvre d'art

[Droit civil/Procédure civile/Droit fiscal]
Réalisation exprimant le pouvoir créateur de l'artiste et portant l'empreinte de sa personnalité, ce qui implique que l'œuvre soit exécutée de la main même de l'artiste, qu'elle poursuive un but esthétique et non utilitaire, qu'elle soit réalisée en un seul exemplaire (céramique) ou en un nombre réduit d'exemplaires (8 pour les sculptures, 30 pour les photographies). À ces conditions, elles jouissent de la protection du droit d'auteur.
Les œuvres d'art sont exonérées de l'impôt de solidarité sur la fortune. Lorsqu'elles font partie des collections des musées de France appartenant aux personnes morales de droit privé à but non lucratif, elles sont frappées d'insaisissabilité. L'État peut exercer sur certaines ventes d'œuvres d'art publiques ou privées un droit de préemption le subrogeant à l'adjudicataire ou à l'acheteur.

C. patr., art. L. et R. 123-1 s., L; 451-10; CGI, art. 885 I, Annexe III, art. 98A.

Œuvre de collaboration

[Droit civil]
Œuvre à la création de laquelle plusieurs personnes physiques ont concouru et qui est la propriété commune des coauteurs. Ainsi en est-il entre l'auteur qui a imaginé les aventures d'un personnage de bande dessinée et l'artiste qui a donné sa forme graphique audit personnage.

CPI, art. L. 113-2, L. 113-3.

Œuvres orphelines

[Droit civil]
Œuvres dont le titulaire de droits n'a pas été identifié ou n'a pu être localisé. La directive n° 2012/28 UE du 25 octobre 2012 vise à faciliter la numérisation et la diffusion de telles œuvres.

Off shore (Permis)

[Droit international public]

Permis qu'un État peut accorder, sur les espaces maritimes relevant de sa juridiction, afin de permettre la recherche et l'exploitation du pétrole.

Offense

[Droit constitutionnel/Droit pénal]

Délit spécial que constituaient, lorsqu'ils concernaient le chef de l'État, des manques d'égards qui seraient restés impunis s'ils avaient concerné une autre personne. Cette infraction spécifique a été abrogée par la loi n° 2013-711 du 5 août 2013 à la suite d'une décision de la *Cour européenne des droits de l'homme* du 14 mars de la même année. Aux termes de l'article 31-2e nouveau de la loi de 1881, le président de la République dispose, pour des diffamations ou des injures réalisées en raison de sa fonction ou de sa qualité, de la possibilité de porter plainte pour obtenir la condamnation de l'auteur.

L. 29 juill. 1881, art. 26, 31-2e.

Office

[Droit administratif]

Terme qui a connu dans l'entre-deux-guerres une grande fortune, et qui était appliqué à l'origine à des établissements publics à caractère industriel. Aujourd'hui, le mot a perdu sa spécificité et entre dans l'appellation d'une série d'organismes disparates généralement constitués sous la forme d'établissements publics industriels et commerciaux.

Office (Mesures prises d')

[Procédure (principes généraux)]

Une décision, une mesure est prise d'office par une *juridiction*, par un *magistrat*, par un représentant du *ministère public*, lorsque cette autorité, usant de son pouvoir d'initiative, peut le faire sans être sollicitée par une demande préalable des parties, soit en vertu d'une disposition légale ou réglementaire (ainsi ordonner une mesure d'instruction, déclarer caduque une *assignation*, soulever une *incompétence*, un moyen de droit pur), soit en vertu des pouvoirs propres de cette autorité (ainsi requérir ou relever une nullité d'ordre public). Le pouvoir d'initiative du juge se développe dans la mesure où la procédure civile actuelle présente un caractère plus inquisitoire que naguère.

C. pr. civ., art. 10.

→ *Relevé d'office des moyens.*

Office du juge

[Procédure civile/Droit international privé]

L'office du juge définit quel est son rôle dans la direction du procès civil, quels sont ses pouvoirs et leurs limites.

Les réformes, en particulier celle de la procédure de « *mise en état* des causes », ont visé à accroître le rôle du juge dans l'instance.

En droit international privé, il entre dans la mission du juge français, s'agissant des droits dont les parties n'ont pas la libre disposition, de mettre en œuvre, même d'office, la règle de conflit de lois et de rechercher, au besoin avec le concours des parties, la teneur du droit étranger applicable. S'agissant des droits disponibles, cette obligation est subordonnée à l'invocation par une partie de l'application d'une loi étrangère.

→ *Direction du procès, Droit et fait dans le procès, Jura novit curia, Procédure inquisitoire, Relevé d'office des moyens.*

[Droit européen]

La construction européenne a enrichi l'office du juge national, qui est devenu le juge de droit commun du droit de l'Union.

ACTU

Office européen de la propriété intellectuelle

[Droit européen/Droit commercial]

Successeur, à partir de mars 2016, de l'Office pour l'harmonisation du marché intérieur (OHMI). Agence en charge de l'enregistrement, pour le compte de l'Union européenne, de certains titres régionaux de la propriété intellectuelle (marques, dessins et modèles). Siège à Alicante, en Espagne.

Règl. UE nº 2015/2424 du 16 déc. 2015.

Office français de l'immigration et de l'intégration

[Droit international public/Droit du travail]

Établissement public administratif de l'État chargé de contrôler l'immigration en France des travailleurs étrangers. A remplacé l'Agence nationale de l'accueil des étrangers et des migrations, laquelle avait remplacé l'office des migrations internationales, succédant lui-même l'office national d'immigration.

C. trav., art. L. 5223-1 s. et R. 5223-1 s.

Office ministériel

[Procédure civile]

Charge d'un *officier ministériel* investi par l'autorité publique du droit viager d'exercer une fonction indépendante parajudiciaire : avocat au Conseil d'État et à la Cour de cassation, commissaire-priseur judiciaire, huissier de justice, notaire, greffier de tribunal de commerce. L'office ministériel réunit deux éléments : *le titre*, élément extrapatrimonial correspondant aux exigences requises pour l'exercice de la fonction; *la finance* exprimant la valeur patrimoniale de l'office découlant de l'exercice du droit de présentation du successeur à l'agrément de la Chancellerie.

L'*autorité de la concurrence* a désormais une compétence consultative auprès du ministre de la Justice s'agissant d'œuvrer progressivement à la liberté d'installation des offices publics ou ministériels dans le but d'une couverture harmonieuse du territoire national.

C. com., art. L. 462-4-1.

→ *Liberté d'installation, Profession réglementée.*

Office national d'indemnisation des accidents médicaux (ONIAM)

[Droit civil]

Office national d'indemnisation des accidents médicaux, des affections iatrogènes et des infections nosocomiales, établissement public à caractère administratif de l'État, chargé de l'indemnisation au titre de la solidarité nationale des préjudices subis par le patient qui : 1° ne mettent pas en cause la responsabilité d'un professionnel ou d'un établissement de santé; 2° sont directement imputables à un acte de prévention, de diagnostic ou de soins, à l'exclusion des dommages imputables à des actes dépourvus de finalité préventive, diagnostique, thérapeutique ou reconstructrice, y compris dans leur phase préparatoire ou de suivi; 3° entraînent pour le patient des conséquences anormales au regard de son état de santé; 4° dépassent un certain seuil de gravité fixée par décret (taux d'incapacité permanente supérieure à 25 %).

L'ONIAM qui a indemnisé la victime peut exercer une action récursoire contre le professionnel, l'établissement de santé, le service ou l'organisme concerné ou son assureur en cas de faute établie à l'origine du dommage.

CSP, art. L. 1142-1, L. 1142-21, L. 1142-22, D. 1142-1 s.

→ *Affection iatrogène, Infection nosocomiale, Risques sanitaires.*

Office national de l'eau et des milieux aquatiques

[Droit de l'environnement]

Établissement public de l'État à caractère administratif dont la mission est de mener, au niveau national, des actions destinées à favoriser une gestion globale, durable et équilibrée de la ressource en eau, des écosystèmes aquatiques, de la pêche et du patrimoine piscicole.

C. envir., art. L. 213-2 s., R. 213-12-1 s.

Office national de la chasse et de la faune sauvage

[Droit de l'environnement]

Établissement public de l'État à caractère administratif placé sous la double tutelle du ministre chargé de la chasse et du ministre chargé de l'agriculture. Ses fonctions sont multiples : réaliser des études, des recherches et des expérimentations concernant la conservation, la restauration et la gestion de la faune sauvage et de ses habitants; participer à la surveillance de la faune sauvage et au respect de la réglementation de la police de la chasse; organiser matériellement l'examen du permis de chasse...

C. envir., art. L. 421-1.

Office national des forêts (ONF)

[Droit administratif/ Droit de l'environnement]

Établissement public national à caractère industriel et commercial chargé de la mise en œuvre du régime forestier, lequel comprend les principes d'aménagement et les règles particulières de gestion et d'exploitation applicables aux bois et forêts domaniales, aux bois et forêts des collectivités territoriales et à ceux des établissements publics.

C. for., art. L. 221-1 s.

Offices publics d'aménagement et de construction (OPAC)

[Droit administratif]

Établissements publics à caractère industriel et commercial, créés en 1971, ayant compétence pour réaliser toutes opérations d'urbanisme ainsi que des constructions répondant ou non aux normes des habitations à loyer modéré.

→ *Offices publics de l'habitat.*

Offices publics de l'habitat

[Droit administratif]

Catégorie d'établissements publics industriels et commerciaux locaux rattachés aux *départements* ou aux *communes*, créée en 2007 pour se substituer, au départ, de plein droit aux Offices publics d'habitation à loyer modéré (OPHLM) et aux Offices publics d'aménagement et de construction (OPAC) existants, pour mieux s'adapter aux compétences accrues de ces collectivités territoriales dans le domaine du logement social et de la cohésion sociale. Parmi leurs principaux objets figurent la construction, l'amélioration, la gestion ou la vente d'immeubles d'habitation relevant du logement social, ainsi que la réalisation d'interventions foncières et d'opérations d'aménagement urbain, pour leur compte ou pour le compte de tiers.

CCH, art. L. 421-1 s.

Officialité

[Droit canonique]

Tribunal ecclésiastique, présidé par l'official, délégué par l'évêque.

Officier de l'état civil

[Droit civil]

Officier public chargé dans chaque commune de la tenue et de la conservation des actes de l'état civil.

C'est le *maire* et les adjoints qui sont, en principe, officiers de l'état civil; ils sont placés à ce titre sous le contrôle de l'autorité judiciaire.

À l'étranger, les fonctions d'officier de l'état civil sont exercées par les chefs de mission diplomatique pourvus d'une circonscription consulaire et les chefs de poste consulaire (Décr. n° 2008-521 du 2 juin 2008, art. 2).

C. civ., art. 34-1, 48 s.; CGCT, art. L. 2122-32.

→ *Acte de l'état civil, Registre d'état civil.*

Officier ministériel

[Procédure civile]

Personne titulaire d'un office qui lui est conféré à vie par l'autorité publique et pour lequel il a le droit de présenter un successeur (L. du 28 avr. 1816, art. 91). L'officier ministériel jouit d'un monopole pour l'exercice de ses fonctions, dans le périmètre que la réglementation lui accorde. Certains jouissent en outre du droit de faire des actes publics (officiers publics), tels les notaires, les greffiers des tribunaux de commerce, les huissiers de justice et les commissaires-priseurs judiciaires. Le terme de charge est aussi employé pour désigner un *office ministériel*.

→ *Société civile professionnelle, Société d'exercice libéral (SEL), Société de ventes volontaires de meubles aux enchères publiques.*

Officier public

[Droit civil/Procédure civile]

Titulaire d'un office ayant qualité pour dresser des actes authentiques (ex. : le *maire* en tant qu'officier de l'état civil, le *notaire*, le greffier du tribunal de commerce, l'huissier de justice).

C. civ., art. 1369; CGCT, art. L. 2122-32.*

→ *Officier ministériel.*

Officiers (et agents) de police judiciaire (OPJ et APJ)

[Procédure pénale]

Ensemble des fonctionnaires, placés sous l'autorité du parquet et le contrôle de la chambre de l'instruction ayant pour mission d'accomplir les opérations ressortissant à l'*enquête de police* (préliminaire), ou à la flagrance (*flagrant délit*) et d'effectuer les délégations des magistrats instructeurs (*commission rogatoire*, *mandat*). Les OPJ ont plénitude de pouvoirs et peuvent, pour toute une série d'infractions, proposer au procureur de la République, une transaction; les APJ se bornent à les seconder.

C. pr. pén., art. 16, 20 et 21.

Offre

[Droit civil]

Manifestation de volonté par laquelle l'offrant, ou pollicitant, propose à une personne déterminée ou indéterminée la conclusion d'un contrat dont il énonce les éléments essentiels et exprime sa volonté d'être lié en cas d'acceptation. En l'absence de ces deux qualités (précision et fermeté de la proposition), on est en présence d'une simple invitation à entrer en *pourparlers*.

L'offre de contracter peut être présentée par voie électronique. Le professionnel qui propose par cette voie la fourniture de biens ou de services, met à disposition les conditions contractuelles applicables d'une manière qui permette leur conservation et leur reproduction. Il doit en outre énoncer certaines précisions, par exemple les étapes à suivre pour conclure le contrat par voie électronique.

L'offre ne peut être rétractée avant l'expiration du délai fixé par son auteur ou, à défaut, à l'issue d'un délai raisonnable, la rétraction déclenchant la responsabilité extracontractuelle de son auteur. Au-delà de ce délai, elle est caduque ainsi qu'en cas d'incapacité ou de décès.

C. civ., art. 1114 s., 1127-1* à 1127-6*; C. consom., art. L. 224-73, 313-24, 313-55, 313-56, 315-9 à 315-11.*

Offre au public de titres financiers

[Droit commercial]

La notion d'offre de titres financiers au public se substitue désormais à celle d'*appel public à l'épargne*.

Cette offre au public se définit d'une part comme une communication adressée sous quelque forme et par quelque moyen que ce soit à des personnes et présentant une information suffisante sur les conditions de l'offre et sur les titres à offrir, de manière à mettre un investisseur en mesure de décider d'acheter ou de souscrire ces titres financiers, et d'autre part, comme un placement de titres financiers par des intermédiaires financiers.

C. mon. fin., art. L. 411-1 s.

Offre de concours

[Droit administratif]

Contrat administratif par lequel un particulier, ou une personne publique, s'engage à contribuer aux frais de réalisation d'un travail devant être exécuté par une (autre) personne publique.

Offre publique d'achat (OPA), Offre publique d'échange (OPE)

[Droit commercial]

Procédures tendant à assurer, dans les sociétés dont les titres sont admis aux négociations sur un marché réglementé, un traitement égal de tous les actionnaires lors de la prise ou du renforcement du contrôle de la société par un tiers. Elle consiste pour ce tiers à faire savoir aux actionnaires qu'il est disposé à acquérir leurs titres à un prix déterminé (OPA) ou à les échanger contre d'autres actions ou obligations (OPE).

Offre publique de retrait

[Droit commercial]

Opération par laquelle une société dont les titres sont admis aux négociations sur un marché réglementé, peut, à certaines conditions, être contrainte de procéder à l'achat des titres minoritaires.

Dans certains cas, cette société peut contraindre les actionnaires minoritaires à céder leurs actions; on parle alors de retrait obligatoire.

ACTU

Offres réelles

[Droit civil]

Procédure par laquelle le débiteur d'une somme d'argent ou d'un corps certain met en demeure le créancier d'accepter le paiement ou d'en permettre l'exécution. Si l'obstruction persiste plus de deux mois après la mise en demeure, le débiteur peut consigner la somme d'argent à la Caisse des dépôts et consignations ou, s'il s'agit d'une chose à livrer, la séquestrer auprès d'un gardien professionnel. Consignation ou séquestre libère le débiteur à compter de sa notification au créancier.

Ce dispositif se substitue au système des offres réelles des anciens textes à compter du 1er octobre 2016 (Ord. nº 131 du 10 févr. 2016, art. 9).

C. civ., art. 1345 s.; C. pr. civ., art. 1426 s.*

Oisiveté

[Droit civil]

État d'une personne n'exerçant aucune profession, naguère justiciable d'un placement en *curatelle* lorsque son inactivité l'exposait à tomber dans le besoin ou compromettait l'exécution de ses obligations familiales. Désormais, la curatelle ne peut avoir pour cause que l'existence de troubles mentaux.

GAJC, t. 1, n° 63.

→ *Prodigue.*

Oligarchie

[Droit constitutionnel]

Régime politique où le pouvoir appartient à un nombre restreint d'individus, notamment à une classe (aristocratie) ou aux plus riches (ploutocratie).

→ *Nomenklatura.*

Olographe

[Droit civil]

→ *Testament.*

Ombudsman

[Droit constitutionnel]

Terme suédois, désignant une personnalité indépendante, chargée dans certains pays (pays scandinaves, Grande-Bretagne...) d'examiner les plaintes formulées par les citoyens contre les autorités administratives, et d'intervenir, s'il y a lieu, auprès du gouvernement.

→ *Défenseur des droits, Médiateur de la République.*

Omission de porter secours

[Droit pénal]

Infraction réalisée par le fait de s'abstenir volontairement de porter, à une personne en péril, l'assistance dont elle a besoin et qu'il est possible de lui prêter sans risque pour soi-même ni pour les tiers soit par son action personnelle soit en provoquant un secours.

C. pén., art. 223-6, al. 2.

Omission de statuer

[Procédure civile]

Le juge, en cas de manquement à son obligation de statuer *omnia petita*, peut compléter sa décision en se prononçant sur le chef de demande omis, à condition de ne pas porter atteinte à la chose jugée quant aux autres chefs. Il est saisi par une simple requête; la décision rectificative est mentionnée sur la minute du jugement modifié.

C. pr. civ., art. 463.

→ *Extra petita, Omission matérielle, Ultra petita.*

Omission matérielle

[Procédure civile]

Énoncé défectueux de la pensée du juge caractérisé soit par un oubli (omission d'un chef de dispositif), soit par une erreur de calcul, de frappe, d'orthographe ou autre. Ces vices de transcription peuvent être réparés par la juridiction qui a statué, « selon ce que le dossier révèle, ou, à défaut, ce que la raison commande », c'est-à-dire sans modifier en quoi que ce soit la substance de ce qui a été jugé.

Le juge, lorsqu'il est saisi par requête statue sans audience, à moins qu'il n'estime nécessaire d'entendre les parties.

C. pr. civ., art. 462.

Onus probandi incumbit actori

[Droit civil/Procédure civile]

La charge de la preuve incombe à celui qui allègue tel ou tel fait juridique ou matériel.

C. civ., art. 1353; C. pr. civ., art. 9.*

→ *Présomption.*

Opérateurs de ventes volontaires de meubles aux enchères publiques

[Droit civil/Procédure civile]

Personnes physiques ou morales autorisées à pratiquer ce type de ventes : sociétés de forme commerciale du même nom, personnes agissant à titre individuel, notamment dans le cadre de sociétés civiles, commissaires-priseurs judiciaires au sein de sociétés à forme commerciale, notaires et huissiers de justice (dans le cadre de leur office et à titre accessoire dans les communes qui ne disposent pas de commissaires-priseurs judiciaires).

La loi n° 2014-344 du 17 mars 2014 (art. 27) réserve l'expression « ventes aux enchères publiques » aux ventes organisées et réalisées par les personnes citées à l'article L. 321-2 C. com. et sanctionne pénalement tout autre usage de cette dénomination, exception faite de la vente des meubles de l'État ou des domaines ou de celle des meubles relevant du code des douanes.

C. com., art. L. 321 s. et R. 321-1 s., 321-36.

→ *Société de ventes volontaires de meubles aux enchères publiques, Vente aux enchères publiques.*

Opération complexe

[Droit administratif]

Ensemble formé par une série de décisions administratives aboutissant à une décision finale, par exemple en matière de déclaration d'utilité publique, permettant ainsi de faire échec à l'expiration des délais de recours contentieux.

GACA n° 40.

Opérations de banque

[Droit commercial]

Les opérations de banque comprennent la réception des fonds du public, les opérations de crédit, ainsi que la mise à disposition de la clientèle, ou la gestion de moyens de paiement.

C. mon. fin., art. L. 311-1 s.

→ *Crédit (Opérations de).*

Opérations de maintien de la paix

[Droit international public]

Opérations sans caractère coercitif déployées par le Conseil de sécurité ou l'Assemblée générale des Nations unies en vue d'exercer une influence modératrice sur des éléments antagonistes ou de fournir une aide à une population confrontée à une crise humanitaire. Consistent dans l'envoi de missions d'observations chargées de contrôler une situation (respect d'une frontière, d'un cessez-le-feu…) ou de contingents ayant pour mission de s'interposer entre les adversaires et/ou de fournir une aide matérielle (soins, nourriture, etc.).

Ces opérations supposent le consentement des États sur le territoire desquels elles se déroulent.

→ *Casques bleus, Force multinationale, Sécurité collective.*

Opiner

[Procédure civile]

Pour un magistrat, faire connaître son opinion au cours du délibéré : opiner pour les prétentions du demandeur, opiner contre la proposition du président de la juridiction.

Opinio juris

[Droit international public]

Littéralement « croyance de droit ». Désigne la conviction ou la volonté d'un sujet de l'ordre juridique international (État ou organisation internationale) de considérer que sa pratique est rendue nécessaire par le respect d'une règle de droit. Permet de distinguer une coutume d'un simple usage.

→ *Coutume internationale, Usage.*

Opportunité des poursuites

[Procédure pénale]

Principe procédural en vertu duquel liberté est reconnue aux magistrats du *ministère public* de ne pas déclencher de poursuites pour un fait présentant toutes les caractéristiques d'une infraction. Ce principe, qui s'oppose à celui de la légalité des poursuites peut être mis en échec par une plainte avec constitution de partie civile de la victime de l'infraction.

C. pr. pén., art. 40 et 40-1, 85 s.

Opposabilité

[Droit civil/Procédure civile]

Rayonnement d'un acte ou d'un jugement à l'égard de ceux qui n'y ont été ni parties ni représentés. Les tiers doivent respecter la situation juridique créée par le contrat et peuvent s'en prévaloir pour rapporter la preuve d'un fait. De même, les tiers à un procès doivent respecter l'ordonnancement juridique né du jugement (sauf à exercer la voie de la *tierce opposition*), qui ne crée de droits et obligations qu'à l'égard des parties (chose jugée relative).

En matière civile, la prétendue autorité absolue de certains jugements n'est autre que l'opposabilité de tous les jugements aux tiers et la possibilité de les critiquer par la tierce opposition.

C. civ., art. 29-5, 324, 1200, 1355*; C. pr. civ., art. 591.*

→ *Effet relatif des contrats, Erga omnes, Inopposabilité.*

GAJC, t. 2, n° 177, 178, 179.

Opposition

[Droit constitutionnel]

Le ou les partis qui s'opposent à l'équipe au pouvoir en exerçant une fonction de surveillance et de critique, en informant l'opinion, voire en préparant une équipe gouvernementale de rechange.

→ *Groupe parlementaire, Statut de l'opposition.*

[Procédure (principes généraux)]

Voie de recours ordinaire de rétractation ouverte au plaideur contre lequel a été rendue une décision par défaut, lui permettant de saisir le tribunal qui a déjà statué, en lui demandant de juger à nouveau l'affaire en fait et en droit.

L'opposition n'existe pas pour les décisions rendues par les juridictions de sécurité sociale, les tribunaux paritaires des baux ruraux, les tribunaux administratifs et les cours d'assises.

Elle est exclue contre certaines décisions : ordonnances de référé rendues en premier ressort, ordonnances du juge de la mise en état, sentences arbitrales, décisions d'instruction.

C. pr. civ., art. 150, 170, 490, 504, 505, 571 s., 776 et 1503; C. pr. pén., art. 489 à 495, 512, 579 et 589; CJA, art. R. 831 s.

GACA n° 24.

→ *Injonction de payer, Jugement par défaut, Relevé de forclusion.*

[Sécurité sociale]

L'exécution de la contrainte peut être interrompue par opposition faite par le débiteur dans les 15 jours à compter de la signification par huissier ou de la notification par lettre recommandée.

CSS, art. R. 133-3.

Opposition à mariage

[Droit civil]

Droit reconnu à certaines personnes et au procureur de la République de faire défense à l'*officier de l'état civil* de célébrer le mariage projeté, en considération d'empêchements légaux. Le père, la mère, et, à défaut de l'un et de l'autre, les aïeuls et aïeules peuvent former opposition au mariage de leurs enfants et descendants, même majeurs. À défaut d'aucun ascendant, le frère ou la sœur, l'oncle ou la tante, le cousin ou la cousine germains, majeurs, ne peuvent former opposition que dans les 2 cas suivants : 1° lorsque le consentement du conseil de famille est requis (C. civ., art. 159) et n'a pas été obtenu; 2° lorsque l'opposition est fondée sur l'état de démence du futur époux. Le droit de former opposition à la célébration du mariage appartient aussi à la personne engagée par mariage avec l'une des 2 parties contractantes, pour signaler cette situation. Le ministère public peut former opposition pour les cas où il pourrait demander la nullité du mariage, notamment lorsqu'il existe des indices sérieux laissant présumer que le mariage envisagé risque d'être contracté sous l'empire de la contrainte (informé dans ce cas par l'officier de l'état civil).

L'acte d'opposition cesse de produire effet après une année révolue, mais il peut être renouvelé, sauf après mainlevée judiciaire d'une opposition au mariage formée par un ascendant, auquel cas aucune nouvelle opposition, formée par un ascendant, n'est recevable; sa mainlevée peut être ordonnée par le TGI. Toutefois, lorsque l'opposition est faite par le ministère public, elle ne cesse de produire effet que sur décision judiciaire.

C. civ., art. 66 s., 172 s.

GAJC, t. 1, n° 15-16.

Opposition à tiers détenteur

[Procédure civile/Droit rural]

Mesure d'exécution ouverte aux caisses de mutualité sociale agricole pour obtenir le recouvrement forcé des cotisations, majorations et pénalités de retard qui leur sont dues au titre des régimes de protection sociale agricole. L'opposition, qui suppose un titre exécutoire, est dirigée contre les tiers détenteurs ou redevables de sommes appartenant au débiteur des cotisations; elle produit l'effet translatif de la *saisie-attribution*.

C. rur., art. L. 725-12 et R. 725-12 s.; C. pr. exéc., art. L. 241-1 et R. 241-1.

[Procédure civile/Sécurité sociale]

Procédure à laquelle peuvent recourir les organismes de Sécurité sociale, s'agissant des travailleurs non salariés des professions non agricoles, pour parvenir au paiement des cotisations sociales (assurance-maladie, maternité, vieillesse, allocations familiales), qui doivent être consacrées par un titre exécutoire. Le tiers qui reçoit l'opposition est tout dépositaire détenteur ou redevable de fonds appartenant ou devant revenir au débiteur. L'opposition produit l'effet d'attribution immédiate de la saisie-attribution.

CSS, art. L. 652-3.

[Droit financier ou fiscal]

→ *Avis à tiers-détenteur.*

Opposition administrative

[Droit financier ou fiscal]

→ *Avis à tiers-détenteur.*

Opposition au démarchage téléphonique

[Droit civil/Droit commercial]

Le consommateur, qui désire ne pas être importuné par des appels téléphoniques de prospection commerciale, peut s'inscrire gratuitement sur une liste d'opposition au démarchage téléphonique. Cette inscription entraîne l'obligation pour le professionnel de ne pas démarcher téléphoniquement le consommateur à peine d'une amende administrative de 15 000 € ou de 75 000 €, selon qu'il s'agit d'une personne physique ou d'une personne morale.

C. consom., art. L. 223-1 s.

Option

[Droit civil]

Faculté ouverte par la loi ou la volonté, permettant à une personne de choisir entre plusieurs partis, généralement dans un certain délai. Une promesse unilatérale de vente, par exemple, investit le bénéficiaire d'un droit d'option lui permettant soit de conclure la vente en levant l'option dans le délai, soit de ne pas la conclure en laissant passer le délai. Le conjoint survivant en présence d'enfants communs recueille, à son choix, soit l'usufruit de la totalité des biens, soit la propriété du quart des biens.

C. civ., art. 757.

→ *Option successorale de l'héritier.*

Option de compétence

[Procédure civile]

Tempérament à la règle selon laquelle le demandeur doit saisir le tribunal du lieu désigné par la loi, à l'exclusion de tous autres.

L'option de compétence désigne la faculté ouverte au demandeur de choisir entre plusieurs lieux de rattachement. En matière contractuelle, par exemple, il peut porter sa cause soit devant la juridiction du lieu où demeure le défendeur, soit devant la juridiction du lieu de la livraison effective de la chose, soit devant la juridiction du lieu de l'exécution de la prestation de service.

Le droit de l'Union européenne connaît également des options de compétence, en particulier en matière contractuelle, délictuelle et en ce qui concerne les obligations alimentaires (Règl. CE du Conseil du 22 déc. 2000, art. 5).

C. pr. civ., art. 46.

Option de nationalité

[Droit international privé]

Faculté offerte par le Code de la nationalité de répudier, de renoncer à répudier, de décliner ou de réclamer la nationalité française.

C. civ., art. 17-12, 18-1, 19-4, 20-2 s., 22-3, 23 s. et 32-4.

[Droit international public]

Droit reconnu aux habitants d'un territoire de choisir individuellement, dans un délai déterminé, entre la nationalité de l'État prédécesseur et celle de l'État successeur en cas de *succession d'États*.

Option de souscription ou d'achat d'actions

[Droit commercial/Droit du travail]

Droit accordé à un salarié d'acheter ou de souscrire, lors d'une augmentation de capital, dans le futur, un certain nombre d'actions de la société qui l'emploie (ou d'une autre société du groupe), à un prix fixé lors de l'attribution de ce droit.

C. com., art. L. 225-177 s.

Option successorale de l'héritier

[Droit civil]

Elle permet à l'héritier de choisir entre l'*acceptation pure et simple*, l'*acceptation à concurrence de l'actif net* ou la *renonciation à succession*; il dispose d'un délai de réflexion de 4 mois, passé lequel il peut être contraint d'opter dans les 2 mois suivant la sommation qui lui est faite; faute de choix dans ce délai, il est réputé acceptant pur et simple.

C. civ., art. 768, 771, 772, 773; C. pr. civ., art. 1334 s.

GAJC, t. 1, n° 102.

Option zéro

[Droit international public]

Démantèlement des missiles nucléaires d'une portée de 1 000 à 5 000 km. L'option « double zéro » signifie quant à elle le démantèlement parallèle des missiles à plus courte portée (500 à 1 000 km).

Oralité

[Procédure civile]

Dans une procédure, caractère de ce qui se fait par échanges verbaux, en dehors de toutes écritures, comme les plaidoiries à l'audience qui sont énoncées de vive voix.

Devant les juridictions d'exception, la procédure est en principe orale.

C. pr. civ., art. 23, 23-1, 440, 441, 443, 846, 860-1, 946, 1136-6, 1245; C. trav., art. R. 1453-3.

→ *Procédure orale.*

Oranges budgétaires

[Droit financier]

Institués par la loi de finances pour 2005, il s'agit de documents dits de « politique transversale » permettant « pour chaque politique concernée » de développer la stratégie mise en œuvre, les crédits, les objectifs et indicateurs y concourant. Ils concourent à l'amélioration de la coordination par un ministre chef de file d'actions de l'État relevant de plusieurs ministères et de plusieurs programmes participant à une politique interministérielle.

→ *Jaunes budgétaires, Verts budgétaires.*

Ordinal

[Procédure civile]

Qui a trait à un ordre professionnel. Le conseil de l'Ordre des avocats est la juridiction ordinale exerçant la fonction disciplinaire vis-à-vis des membres d'un barreau.

→ *Conseil régional de discipline.*

Ordinatoria litis

[Droit international privé]

Règles de procédure proprement dite, par opposition aux règles de fond.

→ *Decisoria litis.*

Ordonnance

[Droit constitutionnel]

1° Acte normatif adopté en Conseil des ministres, avec l'autorisation du Parlement, dans les matières qui sont du domaine de la loi (art. 38 de la Const. de 1958). Le pouvoir de faire des ordonnances est limité dans sa durée et dans son objet. Avant sa ratification par le Parlement, l'ordonnance a valeur de règlement; après sa ratification, elle prend valeur de loi.

GDCC n° 17.

→ *Décret-loi.*

2° Autres ordonnances :

• Celles fondées sur l'article 92 de la Constitution, abrogé en 1995, destinées à accompagner la mise en place des institutions de la Ve République.

• Celles par lesquelles le gouvernement peut mettre en vigueur son projet de budget lorsque le Parlement ne s'est pas prononcé dans les 70 jours (art. 47), ou son projet de loi de financement de la Sécurité sociale lorsque le Parlement ne s'est pas prononcé dans les 50 jours (art. 47-1).

• Celles qui permettent au gouvernement d'étendre aux collectivités d'outre-mer régies par l'article 74 de la Constitution et à la Nouvelle-Calédonie, avec les adaptations nécessaires, les lois en vigueur en métropole (art. 74-1).

• Celles prises en vertu d'une habilitation donnée par une loi référendaire, intervenue dans l'un des cas prévus par l'article 11.

GAJA n° 77.

[Procédure civile/Procédure pénale/Procédure administrative]

Décision rendue par le chef d'une juridiction (ainsi ordonnance sur *requête* ou en référé du président du TGI ou du premier président de la cour d'appel). La même qualification est donnée aux décisions rendues par les magistrats chargés de l'instruction (*juge de la mise en état, juge d'instruction, juge des libertés et de la détention*) et à certaines décisions du juge de l'application des peines. Il est important de savoir si une telle ordonnance est un *acte d'administration judiciaire* ou un *acte juridictionnel*.

C. pr. civ., art. 484, 493, 713, 775 s., 782, 808, 812, 848, 851, 872, 874, 897, 956, 958,

1136-7; C. pr. pén., art. 86, 145 s., 177 s. et 712-4; CJA, art. R. 742-1 s.

→ *Arrêt, Décision, Jugement, Référé civil.*

Ordonnance de clôture

[Procédure civile]

Ordonnance qui devant les tribunaux de *droit commun* et en matière civile, constate l'achèvement de l'instruction et renvoie l'affaire devant la formation de jugement pour être plaidée.

C. pr. civ., art. 760, 779, 780, 782, 912.

→ *Affaire en état, Mise en état.*

[Procédure pénale]

Ordonnance par laquelle le juge d'instruction règle en toute liberté l'information qu'il a ouverte. Elle peut être : de renvoi devant le tribunal de police ou correctionnel selon que le magistrat estime qu'il s'agit d'une contravention ou d'un délit; de *mise en accusation* devant la cour d'assises si le fait a le caractère d'un crime; de *non-lieu* si aucune suite ne peut être donnée à l'action publique.

Si l'instruction concerne un mineur, outre une ordonnance de non-lieu, il peut décerner une ordonnance de renvoi devant le tribunal de police pour les contraventions des quatre premières classes. Pour celles de 5e classe et les délits le renvoi s'effectue, au choix du magistrat, devant le juge des enfants ou le tribunal pour enfants. Dans certains cas, cependant, le renvoi est obligatoire devant le tribunal pour enfants et pour certains mineurs récidivistes devant le tribunal correctionnel des mineurs. Pour les crimes enfin, il s'agira d'un renvoi devant le tribunal pour enfants pour les mineurs de 16 ans et d'une mise en accusation devant la cour d'assises des mineurs, pour ceux dont l'âge est compris entre 16 et 18 ans.

C. pr. pén., art. 177, 178, 179 et 181; Ord. 2 févr. 1945, art. 9.

Ordonnance d'injonction de faire

[Procédure civile]

→ *Injonction de faire.*

Ordonnance d'injonction de payer

[Procédure civile]

→ *Injonction de payer.*

Ordonnance de protection

[Procédure civile/Droit civil]

Ordonnance prise en urgence par le *juge aux affaires familiales* lorsque les violences exercées au sein du couple (ou par un ancien conjoint, un ancien pacsé, un ancien concubin) mettent en danger la personne qui en est victime et/ou un ou plusieurs enfants. L'ordonnance prescrit, pour une durée maximale de 6 mois, des mesures diverses : interdiction à la partie défenderesse de détenir une arme ou de rencontrer certaines personnes, autorisation donnée à la victime de dissimuler son domicile, attribution de l'exercice de l'autorité parentale, octroi de l'*aide juridictionnelle*, etc. L'ordonnance de protection, qui peut être provoquée par voie d'*assignation* en la forme des référés, est exécutoire à titre provisoire. Sa violation est sanctionnée pénalement.

La même procédure est utilisable dans le cas où une personne majeure est menacée de mariage forcé.

C. civ., art. 515-9 à 515-13; C. pr. civ., art. 1136-3 à 1136-14.

Ordonnance de référé

[Procédure civile]

→ *Référé civil.*

Ordonnance de taxe

[Procédure civile]

Ordonnance rendue par le président d'une juridiction lorsque des contestations surgissent relativement à la *liquidation des dépens*.

C. pr. civ., art. 708, 709 et 713 s.

→ *Vérification des dépens.*

Ordonnance européenne de saisie conservatoire

[Droit européen/Droit international privé]

Procédure facultative permettant à un créancier d'éviter que le recouvrement ultérieur de sa créance pécuniaire ne soit mis en péril par le transfert ou le retrait de fonds détenus par ou pour le compte du débiteur sur un compte bancaire tenu dans un État membre autre que celui soit de la juridiction saisie soit du domicile du créancier. L'ordonnance européenne de saisie conservatoire a été instituée par le règlement (UE) nº 655/2014 du Parlement européen et du Conseil portant création d'une procédure d'ordonnance européenne de saisie conservatoire des comptes bancaires, destinée à faciliter le recouvrement transfrontière de créances en matière civile et commerciale, qui sera applicable à compter du 18 janvier 2017 dans toute l'Union européenne sauf le Royaume-Uni et le Danemark.

Ordonnance pénale (Procédure de l')

[Procédure pénale]

Procédure simplifiée de jugement des contraventions et de certains délits dont la liste comporte 14 rubriques (vol, recel, filouterie, destruction et dégradation, délits du Code de la route, certains délits prévus par le Code de commerce, usage de stupéfiants, etc.). Elle peut être utilisée par le procureur de la République pour des faits simples et établis, dès lors que les renseignements concernant l'auteur de l'infraction (personnalité, charges et ressources) sont suffisants pour déterminer la peine et que la faible gravité des faits n'implique pas de prononcer un emprisonnement ou une amende supérieure à la moitié de celle encourue, sans toutefois pouvoir excéder 5 000 euros. Cette procédure est exclue, notamment, pour les mineurs et si la victime a fait citer directement le prévenu avant que l'ordonnance ait été rendue et, en matière délictuelle, si les faits ont été commis en état de récidive légale.

Le magistrat saisi, s'il n'estime pas nécessaire un débat contradictoire, rend une ordonnance motivée qui, soit relaxe, soit condamne, après avoir qualifié les faits, en fixant la ou les peines à subir. En matière délictuelle, l'ordonnance peut également statuer sur les dommages et intérêts et les restitutions, si la victime, au cours de l'enquête de police, a fait une demande en ce sens, valant constitution de partie civile.

C. pr. pén., art. 495 s., 524 s. et R. 42 s.

Ordonnance sur requête

[Procédure civile]

→ *Requête.*

Ordonnancement

[Droit financier ou fiscal]

Acte administratif donnant, conformément aux résultats de la liquidation, l'ordre au comptable public de payer la dette de la personne publique.

Certaines dépenses peuvent être payées sans avoir été au préalable ordonnancées. Lorsque l'ordonnancement émane non d'un ordonnateur principal de l'État (ministre), mais d'un ordonnateur secondaire de celui-ci ou de l'ordonnateur d'une collectivité territoriale, ou d'un établissement public, cet acte prend le nom de mandatement.

Ordonnancement juridique (ou Ordre juridique)

[Droit privé/Droit public]

« État social existant à un moment donné d'après les règles de droit s'imposant aux hommes du groupement social considéré et les *situations juridiques* qui s'y rattachent » (Léon Duguit, *Droit constitutionnel*, t. II, 2e éd., p. 220).

→ *Acte juridique.*

Ordonnateurs

[Droit financier ou fiscal]

Catégorie d'agents publics de l'État, des collectivités territoriales et des établissements publics, seuls compétents pour prescrire l'exécution des recettes et des dépenses publiques. À cet effet ils ont seuls qualité : en matière de recettes, en principe, pour constater et liquider les créances de ces personnes publiques et pour émettre les ordres de recette correspondants (que l'Administration peut rendre exécutoires elle-même) ; en matière de dépenses, pour engager celles-ci et, le cas échéant, les liquider et les ordonnancer.

Les ordonnateurs sont incompétents pour procéder au maniement des *deniers publics*, réservé aux *comptables publics*, mais il peut être créé dans leurs services des régies d'avances ou de recettes.

→ *Engagement, Liquidation, Ordonnancement.*

[Procédure civile]

Le premier président de la cour d'appel et le procureur général près cette cour, sont conjointement ordonnateurs secondaires des dépenses et des recettes des juridictions de leur ressort relatives au personnel, au fonctionnement et aux interventions.

COJ, art. D. 312-66.

Ordre

[Procédure civile]

La procédure d'ordre était suivie lorsqu'il fallait distribuer à des créanciers hypothécaires ou privilégiés le prix de vente d'un immeuble (vente amiable ou sur adjudication), en déterminant l'ordre à observer compte tenu de leur rang respectif.

L'ordre a été abrogé par l'ordonnance n° 2006-461 du 21 avril 2006, laquelle a institué une nouvelle procédure de distribution du prix applicable à la vente d'un immeuble après procédure d'exécution forcée ainsi qu'à la vente d'un immeuble en dehors de toute procédure d'exécution, après purge des inscriptions.

La distribution *amiable* est conduite à la diligence de la partie poursuivante qui élabore un projet de distribution soumis à l'homologation du juge de l'exécution en l'absence de contestation; à défaut, si les parties à nouveau réunies s'entendent finalement, le juge confère force exécutoire au procès-verbal d'accord.

À défaut de procès-verbal d'accord, le juge de l'exécution rend une décision arrêtant l'état de répartition; c'est la distribution *judiciaire.*

C. pr. exéc., art. L. 331-1, L. 331-2, L. 334-1, R. 331-1 à R. 334-3.

→ *Distribution des deniers.*

Ordre administratif ou judiciaire

[Procédure civile]

→ *Dualité de juridictions, Juridiction, Juridiction administrative, Juridiction judiciaire.*

Ordre d'héritiers

[Droit civil]

Catégories (au nombre de 4) dans lesquelles sont classés les héritiers présomptifs d'une personne : descendants et leurs enfants; père et mère, frères et sœurs et descendants de ces derniers; ascendants autres que les père et mère; collatéraux autres que les frères et sœurs et les descendants de ces derniers. Ces ordres, hiérarchisés, sont exclusifs les uns des autres (par ex. le père et la mère n'héritent que si le défunt n'a pas laissé de descendants), sous réserve du jeu d'autres règles telles que la *fente successorale* et la *représentation* et sous réserve des droits du conjoint survivant, lequel concourt avec les descendants et les père et mère mais évince tous les autres parents.

C. civ., art. 734 s.

→ *Ascendant, Collatéral, Conjoint successible, Conjoint survivant, Descendant, Héritier, Parenté, Solidarité.*

Ordre de juridictions

[Procédure (principes généraux)]

Au sens traditionnel, ensemble de tribunaux placés sous le contrôle de cassation d'une même juridiction supérieure. Dans ce sens, on distingue un ordre judiciaire (civil ou pénal), couronné par la *Cour de cassation*, et un ordre administratif, couronné par le *Conseil d'État*. Si un plaideur commet une erreur sur l'ordre de juridiction compétent pour connaître du litige, l'incompétence est d'ordre public.

Les conflits entre ces 2 ordres sont tranchés par le *Tribunal des conflits*.

Le développement du rôle du *Conseil constitutionnel*, avec la *question prioritaire de constitutionnalité*, conduit à s'interroger sur l'émergence d'un ordre constitutionnel, représenté par celui-ci.

→ *Dualité de juridictions.*

[Droit public]

Au sens de l'article 34 de la Constitution attribuant compétence au Parlement pour la création de nouveaux ordres de juridiction, tel qu'interprété par le Conseil constitutionnel, catégorie de juridictions (éventuellement réduites à une seule), suffisamment originales par leur composition ou leur compétence pour se distinguer des autres tribunaux. Dans ce sens, le Conseil constitutionnel a décidé (1977) que la Cour de cassation constituait un ordre de juridiction.

→ *Ordre public.*

Ordre de la loi

[Droit pénal]

Fait justificatif qui exclut la responsabilité pénale de celui qui devient l'agent d'exécution de la loi. Le texte du Code pénal consacrant une jurisprudence qui acceptait une permission, fût-elle implicite de la loi, justifie expressément la simple autorisation comme l'ordre, qu'ils résultent d'une disposition législative, s'agissant d'un crime ou d'un délit, ou réglementaire, s'agissant d'une contravention.

C. pén., art. 122-4, al. 1er.

→ *Commandement de l'autorité légitime.*

Ordre des avocats

[Procédure civile]

Organisation corporative réunissant obligatoirement tous les avocats attachés à un même *barreau*.

→ *Avocat, Conseil de l'Ordre, Ordre professionnel, Tableau de l'Ordre.*

Ordre du jour

[Droit civil/Droit commercial]

Ensemble de questions inscrites au programme de la séance d'une assemblée délibérante d'association, de société, de syndicat de copropriétaires.

[Droit constitutionnel]

1° Ensemble des questions inscrites au programme de la séance d'une assemblée.

Selon l'article 48 de la Constitution, l'ordre du jour comportait, par priorité et dans l'ordre fixé par le gouvernement, la discussion des projets de loi déposés par le gouvernement et des propositions de loi acceptées par lui… La révision constitutionnelle du 23 juillet 2008 limite ce droit prioritaire du gouvernement lequel ne dispose plus de ce pouvoir que 2 semaines de séance sur 4.

2° L'ordre du jour du Conseil des ministres est établi par le président de la République, en concertation avec le Premier ministre.

Ordre juridique

[Droit général]

Les règles juridiques sont regroupées en secteurs ou ordres qui comportent en leur sein l'ensemble des principes et de la réglementation répondant à une idée juridique et sociale. Par exemple, le droit privé, le droit public, le droit interne, le droit international, le droit de l'Union européenne, sont des ordres juridiques.

GDCC n° 25; GAJC, t. 1, n° 1 et 4; GADPG n° 4 et 5.

→ *Constitution, Loi, Règlement, Traité.*

Ordre professionnel

[Droit administratif/Droit civil/ Procédure civile]

Groupement professionnel ayant la personnalité juridique, auquel sont obligatoirement affiliés les membres de certaines professions libérales (ex. : avocats, médecins) et investi de fonctions administratives (notamment, inscription au tableau professionnel, nécessaire pour exercer) et juridictionnelles (en matière disciplinaire).

L'organe chargé de la représentation de telle profession judiciaire ou juridique (conseil national des barreaux, conseil national des administrateurs judiciaires et des mandataires judiciaires, conseil supérieur du notariat…) peut exercer devant toutes les juridictions les droits réservés à la partie civile relativement aux faits portant un préjudice direct ou indirect à l'intérêt collectif de la profession qu'il représente.

C. com., art. L. 741-2, L. 814-2; Ord. n° 45-2500 du 2 nov. 1945, art. 6; Ord. n° 45-2592 du 2 nov. 1945, art. 8; Ord. n° 45-2590 du 2 nov. 1945, art. 9; Ord. du 10 sept. 1817, art. 13; L. n° 71-1130 du 31 sept. 1971, art. 21-1.

GAJA n° 50.

→ *Chambre de discipline, Compagnie, Poursuite disciplinaire, Pouvoir disciplinaire, Tableau de l'Ordre.*

ACTU

Ordre public

[Droit général]

Vaste conception d'ensemble de la vie en commun sur le plan politique et juridique. Son contenu varie évidemment du tout au tout selon les régimes politiques. À l'ordre public s'opposent, d'un point de vue dialectique, les libertés individuelles dites publiques ou fondamentales et spécialement la liberté de se déplacer, l'inviolabilité du domicile, les libertés de pensée et d'exprimer sa pensée. L'un des points les plus délicats est celui de l'affrontement de l'ordre public et de la morale.

→ *Bonnes mœurs.*

[Droit civil]

Caractère des règles juridiques qui s'imposent dans les rapports sociaux, pour des raisons de moralité ou de sécurité impératives. Selon l'ordonnance du 10 février 2016, le contrat ne peut déroger à l'ordre public ni par ses stipulations (ex. licéité de l'objet), ni par son but (ex. licéité de la cause) même si l'autre partie n'avait pas connaissance de ce but. Le nouveau texte ne demande plus la conformité du contrat aux bonnes mœurs. Les bonnes mœurs ont-elles disparu ? Ou la notion reste-t-elle incluse dans celle d'ordre public ?

Dans le domaine économique, la doctrine distingue 2 sortes d'ordre public : *l'ordre public de protection* qui tend à la défense d'intérêts particuliers estimés primordiaux (par ex. l'intérêt du consommateur face au professionnel) et dont la violation n'entraînerait qu'une *nullité* relative; *l'ordre public de direction* dont la méconnaissance serait source de nullité absolue parce que la norme en cause correspond aux exigences fondamentales de l'économie (par ex. la prohibition de certaines indexations pour éviter leur effet inflationniste).

C. civ., art. 1102, 1162*.*

GAJC, t. 1, n° 14, 15 et 16; GDCC n° 3, 8, 16, 29, 31, 32, 35, 37, 41, 47 et 50.

[Droit international privé]

Notion particulariste d'un État ayant pour effet de rejeter toute règle ou décision étrangère qui entraînerait la naissance d'une situation contraire aux principes fondamentaux du droit national.

En matière de conflit de lois, le juge français peut s'abriter derrière l'ordre public pour écarter une loi étrangère normalement applicable, lorsque son application porterait atteinte aux règles constituant les fondements politiques, juridiques, économiques et sociaux de la société française.

GADIP n° 13, 19, 26, 30-31, 38-39, 57, 63-64 et 67-69.

[Procédure (principes généraux)]

Lorsqu'une règle de procédure est d'ordre public, sa violation peut être invoquée par les deux plaideurs, soulevée d'office par le ministère public et relevée d'office par le tribunal saisi.

Un moyen d'ordre public peut être présenté pour la première fois devant la Cour de cassation ou le Conseil d'État, dans certains cas et sous certaines conditions. Par exemple, devant la Cour de cassation, l'incompétence d'attribution, même si la règle violée est d'ordre public, ne peut être relevée d'office que si l'affaire dépend d'une juridiction répressive ou administrative ou échappe à la connaissance de la juridiction française.

C. pr. civ., art. 56, 58, 92, 114, 120, 125 et 423.

GACA n° 51.

→ *Moyen, Relevé d'office des moyens.*

Ordre public social

[Droit du travail]

Caractère s'attachant à la plupart des règles légales ou réglementaires de droit du travail et en vertu duquel les stipulations conventionnelles ou contractuelles qui seraient contraires, dans un sens défavorable aux salariés, au contenu des règles étatiques sont invalides. En assurant une application des dispositions légales ou réglementaires face à des clauses moins favorables aux salariés, il fixe par là des seuils qui garantissent un minimum de protection juridique et sociale, d'où son rattachement à l'ordre public de protection. Il ne s'oppose pas en revanche à une dérogation conventionnelle ou contractuelle dans un sens plus favorable aux salariés et même l'encourage parfois. En droit du travail français contemporain, cependant, les dérogations légales à ce caractère d'ordre public social, possiblement défavorables aux salariés, se sont multipliées.

→ *Principe de faveur.*

Ordres (Les trois)

[Droit constitutionnel]

→ *États généraux, Noblesse, Tiers-État.*

Ordures ménagères

[Droit de l'environnement]

La réglementation des ordures ménagères répond aux mêmes objectifs que la réglementation des déchets en général : prévention de la nocivité des déchets pour l'homme et l'environnement, élimination et, si possible, recyclage dans un souci de lutte contre le gaspillage et de recherche d'économie d'énergie.

La collecte et le traitement des déchets domestiques sont l'affaire des communes en liaison avec le département et la région. De façon générale, dans les zones agglomérées groupant plus de 500 habitants permanents, les ordures ménagères sont collectées porte à porte au moins une fois par semaine. Dans les autres zones, la commune choisit entre le porte-à-porte et la mise à la disposition de centre de réception.

C. envir., art. L. 541-21, R. 541-13; CGCT, art. L. 2224-13 s., R. 2224-23 s.

Organe humain

[Droit général]

Partie du *corps humain* nettement identifiable par sa fonction spécifique (le foie, les reins par ex.) et qui ne peut, en l'état actuel de la science, se reconstituer après ablation. Son don est strictement réglementé par la loi et doit être gratuit.

C. civ., art. 16-1 et 16-5 s.; CSP, art. L. 1231-1 s.

→ *Atteinte à la dignité de la personne, Don croisé d'organes, Être humain, Fin de vie, Inviolabilité du corps humain, Prélèvement d'organes, Soins palliatifs.*

Organe subsidiaire

[Droit international public]

Organe créé par un organe principal d'une organisation internationale comme nécessaire à l'exercice de ses fonctions (ex. : tribunal administratif de l'ONU, Commission du droit international, Cnuced, *Opérations de maintien de la paix*).

Organisation de coopération et de développement économique (OCDE)

[Droit international public]

Organisation internationale substituée en 1961 à l'*Organisation européenne de coopération économique (OECE)*. Groupant Allemagne, Australie, Autriche, Belgique, Canada, Corée, Danemark, Espagne, États-Unis, Finlande, France, Grèce, Hongrie, Irlande, Islande, Italie, Japon, Luxembourg, Mexique, Norvège, Nouvelle-Zélande, Pays-Bas, Pologne, Portugal, République slovaque, République tchèque, Royaume-Uni, Suède, Suisse, Turquie, l'OCDE permet aux pays membres de confronter leurs politiques économiques et monétaires et de coordonner leurs politiques d'aide aux pays en développement. *Siège* : Paris.

Organisation de l'aviation civile internationale (OACI)

[Droit international public]

Institution spécialisée des Nations unies créée en 1947 en vue d'accroître la sécurité et l'efficacité dans le domaine des transports aériens internationaux. *Siège* : Montréal.

Organisation de l'unité africaine (OUA)

[Droit international public]

Organisation internationale créée en 1963 en vue de renforcer l'unité du continent africain, d'intensifier la coopération entre les États membres et d'éliminer le colonialisme sous toutes ses formes. *Siège* : Addis-Abeba.

S'est transformée en 2002 en Union africaine.

Organisation des États américains (OEA)

[Droit international public]

Organisation internationale résultant de la transformation de l'Union panaméricaine par la Charte de Bogota (1948).

35 États indépendants des Amériques en sont membres permanents (Cuba en a été exclu en 1962). *Siège* : Washington.

Organisation des Nations unies (ONU)

[Droit international public]

Organisation internationale à vocation universelle, qui a pris en 1945 le relais de la *Société des Nations*, et dont les buts sont : le maintien de la paix et de la sécurité internationales (règlement pacifique des conflits, répression des actes d'agression), le développement entre les nations des relations amicales fondées sur le respect du principe de l'égalité des droits des peuples et de leur droit à disposer d'eux-mêmes, la réalisation de la coopération internationale dans tous les domaines (économique, social, culturel, humanitaire) et la protection des droits de l'Homme. 193 États en sont membres. *Siège* : New York.

→ *Assemblée générale, Conseil de sécurité, Conseil de tutelle, Conseil économique et social, Cour internationale de justice, Secrétariat.*

Organisation des pays exportateurs de pétrole (OPEP)

[Droit international public]

Organisation des pays exportateurs de pétrole, créée en 1960. *Siège* : Vienne. *Pays membres* : Algérie, Angola, Arabie Saoudite, Émirats arabes unis, Équateur, Irak, Iran, Koweït, Libye, Nigeria, Qatar, Venezuela.

Organisation du traité de l'Asie du Sud-Est (OTASE)

[Droit international public]

Organisation de défense collective créée par le traité de Manille du 8 septembre 1954 entre l'Australie, la France, la Nouvelle-Zélande, le Pakistan, les Philippines, la Thaïlande, le Royaume-Uni et les États-Unis.

Dissoute en 1977. Ne comportait pas de commandement unifié, à la différence de l'*OTAN*. *Siège* : Bangkok.

Organisation du traité de l'Atlantique-Nord (OTAN, sigle anglais NATO)

[Droit international public]

Organisation internationale créée en 1951 par la convention d'Ottawa pour donner toute sa force au pacte régional d'assistance mutuelle dit Pacte Atlantique signé à Washington en avril 1949. L'OTAN peut disposer de contingents militaires nationaux placés sous un commandement intégré. 28 États membres (Albanie, Allemagne, Belgique, Bulgarie, Canada, Croatie, Danemark, Espagne, Estonie, États-Unis, France, Grèce, Hongrie, Islande, Italie, Lettonie, Lituanie, Luxembourg, Norvège, Pays-Bas, Pologne, Portugal, République tchèque, Roumanie, Royaume-Uni, Slovaquie, Slovénie, Turquie). La France s'est retirée du commandement intégré de l'OTAN en 1966 sans quitter le Pacte Atlantique; elle l'a réintégré en 2009.

Reste marquée par une forte prépondérance des États-Unis. *Siège* : Bruxelles.

Organisation européenne de coopération économique (OECE)

[Droit international public/Droit européen]

Organisation internationale créée en 1947 pour coordonner les plans nationaux d'utilisation de l'aide américaine (Plan Marshall) et développer la coopération économique entre les États membres.

Transformée en 1961 en *Organisation de coopération et de développement économique (OCDE)*. *Siège* : Paris.

Organisation frauduleuse de l'insolvabilité

[Droit pénal]

→ *Insolvabilité.*

Organisation internationale

[Droit international public]

Groupement permanent d'États doté d'organes destinés à exprimer, sur des matières d'intérêt commun, une volonté distincte de celle des États membres.

Dans la terminologie de l'ONU, les organisations internationales sont désignées sous le nom d'organisations intergouvernementales, par opposition aux organisations non gouvernementales.

1° *Organisation régionale :* organisation dont le champ d'application est limité à des États liés par une solidarité géographique (ex. : Conseil de l'Europe).

2° *Organisation d'intégration ou supranationale :* organisation pourvue de pouvoirs réels de décision non seulement à l'égard des États membres mais aussi à l'égard des ressortissants de ces États (ex. : Union européenne).

3° *Organisation technique :* organisation spécialisée dans une activité donnée (ex. : Unesco, OIT...).

4° *Organisation universelle :* organisation ayant vocation à réunir tous les États (ex. : ONU, Unesco...).

Organisation internationale de la francophonie (OIF)

[Droit international public]

Chargée de promouvoir la francophonie, l'OIF regroupe aujourd'hui 57 États membres et 23 États observateurs dont certains n'ont pas en majorité le français comme langue nationale mais veulent s'inscrire dans un mouvement pour la diversité culturelle et linguistique. L'OIF agit directement pour la promotion du français mais joue également un rôle politique important (médiation lors de conflits concernant un État membre, aide au respect des droits de l'homme et au développement de la démocratie). Fonctionnement : sommet des chefs d'État et de gouvernement tous les 2 ans, conférence ministérielle chaque année, conseil permanent de la francophonie réunissant les représentants personnels des chefs d'État 3 fois par an et un secrétaire général (Mme Michaëlle Jean depuis 2014). L'institution est également dotée de 5 « opérateurs » spécialisés : TV5, Agence intergouvernementale de la francophonie, Agence universitaire de la francophonie, Association internationale des maires francophones, Université Senghor d'Alexandrie. *Siège* : Paris.

Organisation internationale du travail (OIT)

[Droit international public]

Institution internationale créée par le traité de Versailles en 1919 pour améliorer les conditions de vie et de travail dans le monde. Actuellement, institution spécialisée des Nations unies. *Siège* : Genève.

Organisation maritime internationale (sigle anglais IMO)

[Droit international public]

Institution spécialisée des Nations unies, créée en 1959 sous le nom d'Organisation consultative de la navigation maritime, elle est devenue Organisation maritime internationale en 1976. Sa mission est de garantir la sécurité de la navigation maritime internationale et de lutter contre la pollution du milieu marin causée par les navires et les installations portuaires. Les conventions internationales les plus importantes adoptées sur ces sujets ont été adoptées sous ses auspices. *Siège* : Londres.

Organisation météorologique mondiale (OMM)

[Droit international public]

Institution spécialisée des Nations unies, créée en 1947, dont la mission est de développer les services de prévision météorologique grâce à la coopération internationale. *Siège* : Genève.

Organisation mondiale de la santé (OMS)

[Droit international public]

Institution spécialisée des Nations unies créée en 1948 en vue d'assurer la coopération internationale pour l'amélioration de la santé. *Siège* : Genève.

Organisation mondiale des douanes (OMD)

[Droit fiscal]

Institution spécialisée créée en 1952 sous la dénomination de Conseil de coopération douanière (CCD), elle est à l'origine d'une harmonisation internationale des procédures et systèmes douaniers notamment au travers d'un ensemble de conventions comme celle de 1988 sur le Système harmonisé de désignation et de codification des marchandises. Elle constitue un prolongement technique des travaux de l'OMC. Au 1er janvier 2016, 180 administrations douanières étaient associées à cette organisation. *Siège* : Bruxelles.

Organisation mondiale du commerce (OMC)

[Droit international public]

Organisation née le 1er janvier 1995 et résultant des accords de Marrakech du 15 avril 1994. Succède au GATT. A pour mission de veiller à la loyauté des échanges commerciaux et dispose à cet effet de véritables pouvoirs concernant le règlement des différends commerciaux entre les États membres. *Siège* : Genève.

Organisation non gouvernementale (ONG)

[Droit international public]

Selon l'article 71 de la Charte de l'ONU, groupement de personnes privées poursuivant, par-dessus les frontières étatiques, la satisfaction d'intérêts ou d'idéaux communs et susceptible d'être consulté par l'ONU et les institutions spécialisées (ex. : Croix-Rouge internationale, Fédération syndicale mondiale, Chambre de commerce internationale…).

Organisation pour l'alimentation et l'agriculture (sigle anglais FAO)

[Droit international public]

Institution spécialisée des Nations unies créée en 1945.

S'efforce d'aider les pays à améliorer en quantité et en qualité leurs ressources alimentaires. *Siège* : Rome.

Organisation supranationale

[Droit international public]

→ *Organisation internationale.*

Orientation professionnelle

[Droit du travail]

Ensemble de techniques ayant pour but de conseiller l'individu dans le choix d'un métier ou d'une profession.

Organisme de titrisation

[Droit commercial]

→ *Titrisation, Fonds commun de titrisation.*

Original

[Droit civil/Procédure civile]

Synonyme de *minute*. Désigne le document primitif (acte ou jugement) revêtu de la signature des parties ou du juge, par opposition aux reproductions (copie, extrait, photocopie).

C. civ., art. 1375, 1379* al. 3.*

→ *Double original, Minute.*

Origines personnelles (Accès aux)

[Droit civil]

Toute femme ayant le droit d'accoucher anonymement, les enfants nés dans ces conditions ne peuvent avoir connaissance de leurs parents de naissance que si le secret de leur ascendance est levé; ce qui se produit en cas de déclaration expresse de la mère en ce sens, en cas de décès de la mère à moins qu'elle ait de son vivant réitéré son opposition à la révélation de son identité déjà formulée à l'occasion d'une demande d'accès à ses origines présentée par l'enfant, et encore, s'il n'y a pas eu de manifestation expresse de la volonté de la mère de préserver le secret de son identité, après avoir vérifié sa volonté. Les mêmes règles sont applicables à la révélation de l'identité du père.

L'accès d'une personne à ses origines ne fait naître ni droit, ni obligation au profit ou à la charge de qui que ce soit; mais n'empêche pas l'établissement de la filiation maternelle.

C. civ., art. 325; CASF, art. L. 147-1 s., L. 222-6, L. 223-7, L. 224-5 s.

→ *Accouchement secret ou sous X, Conseil national pour l'accès aux origines personnelles.*

Orléanisme

[Droit constitutionnel]

→ *Régime parlementaire.*

ORSEC

[Droit administratif]

Anciennement Organisation des secours. Remplacée aujourd'hui par le dispositif d'Organisation de la réponse de sécurité civile, consistant en un schéma général des secours en matériel et personnel pouvant être mis en œuvre de manière coordonnée par l'Administration, à l'initiative des préfets, en cas d'événements calamiteux divers, mais de quelque envergure.

OSEO

[Droit administratif et financier]

Établissement public à caractère industriel et commercial, *holding* de plusieurs filiales, destiné à favoriser l'innovation et la recherche dans les entreprises, et à soutenir la croissance des PME, principalement par des cofinancements. Intégré depuis 2013 à la nouvelle *Banque publique d'investissement* (BPI).

Otage

[Droit pénal]

→ *Prise d'otage.*

Outrage

[Droit pénal]

Au sens général, l'expression s'entend de toute atteinte grave à l'honneur ou à la dignité d'une personne qui outrepasse les bornes en fait d'offense ou d'injure. Au sens pénal, il constitue une infraction lorsqu'il est réalisé par des menaces, des écrits ou des images de toute nature s'ils ne sont pas rendus publics ou encore par l'envoi d'objets quelconques, dès lors qu'ils concernent une personne chargée d'une mission de service public, dans l'exercice ou à l'occasion de l'exercice de sa fonction. Encore faut-il que ces faits soient de nature à porter atteinte à la fonction dont la personne est investie. L'infraction est plus lourdement sanctionnée lorsqu'elle vise un dépositaire de l'autorité publique, lorsqu'elle est commise dans un établissement scolaire ou éducatif ou en réunion.

Constitue également un délit, l'outrage public à l'hymne national et au drapeau tricolore lors d'une manifestation organisée ou réglementée par une autorité publique. Constitue une contravention, la destruction, la détérioration ou l'utilisation de manière dégradante d'un drapeau dans un lieu public ou ouvert au public de même que le fait de diffuser ou faire diffuser, même dans un lieu privé, l'enregistrement des images relatives à la commission de ces infractions, si cette diffusion est commise dans des conditions de nature à troubler l'ordre public et avec l'intention d'outrager.

C. pén., art. 433-5, 433-5-1 et R. 645-15.

Outrage aux bonnes mœurs

[Droit pénal]

Infraction qui, aux termes du Code pénal de 1810, réprimait écrits, dessins, discours et d'une manière plus générale tous moyens d'expression ou de reproduction de la pensée lorsqu'ils pouvaient constituer une propagande en faveur de l'immoralité, notion évidemment variable selon les temps et les lieux. Dans l'actuel Code pénal seules les atteintes portées à la moralité d'un mineur sont sanctionnées. L'incrimination est cependant plus large puisqu'elle vise la fabrication, le transport, la diffusion, par quelque moyen que ce soit et quel qu'en soit le support, non seulement des messages pornographiques mais aussi violents ou de nature à porter atteinte à la dignité humaine, ou encore d'inciter des mineurs au terrorisme, à se livrer à des jeux les mettant physiquement en danger. Le fait de faire commerce d'un tel message est également réprimé.

C. pén., art. 227-24.

Ouverture

[Procédure civile]

Terme précisant les cas dans lesquels est accordé le pouvoir d'exercer une action (divorce par ex.) ou un recours (*recours en révision*).

C. civ., art. 229; C. pr. civ., art. 583, 595 et 605.

→ *Pourvoi en cassation.*

[Droit civil/Droit commercial]

L'expression est également utilisée en droit civil et en droit commercial, marquant le point de départ d'une opération juridique (ainsi règlement d'une succession, procédure de redressement ou de liquidation judiciaires).

[Droit constitutionnel]

Se dit d'un gouvernement qui attire à lui des personnalités de l'*opposition* ou de la *société civile*.

Ouverture de crédit

[Droit commercial]

Convention expresse par laquelle un banquier s'engage à mettre certaines sommes à la disposition de son client pendant une période déterminée.

Ouverture des débats

[Procédure civile]

L'ouverture des débats se produit à l'audience des plaidoiries au moment où la parole est donnée à l'avocat du demandeur. Lorsqu'un rapport doit être fait, l'audience débute par l'audition du rapporteur.

C. pr. civ., art. 440.

→ *Réouverture des débats.*

Ouverture des portes

[Procédure civile]

Les opérations de saisie supposent un accès aux lieux où la mesure d'exécution doit être pratiquée. L'*huissier de justice*, sur justification d'un *titre exécutoire*, huit jours après la signification du *commandement* de payer, peut pénétrer dans le local servant à l'habitation et, le cas échéant, faire procéder à l'ouverture des portes et des meubles. En l'absence de l'occupant du local ou si ce dernier en refuse l'accès, l'huissier ne peut y pénétrer qu'en présence du maire de la commune, d'un conseiller ou d'un fonctionnaire municipal, d'une autorité de police ou de gendarmerie, ou, à défaut, de deux témoins majeurs. Et si les lieux sont occupés par un tiers en vertu d'un droit opposable au débiteur, il faut une autorisation préalable du juge.

C. pr. exéc., art. L. 142-1, L. 142-2, L. 142-3, L. 322-2, R. 322-1.

Ouvrage d'art

[Droit général]

Construction nécessaire à l'établissement d'une vois de communication : pont, tunnel, viaduc…

Ouvrage public

[Droit administratif]

En dehors des cas déterminés par la loi, qualification jurisprudentielle permettant d'appliquer des règles de droit public protectrices des particuliers et du bien en cause, appliquée à des immeubles affectés à un service public et qui, dans la majorité des cas, constituent des dépendances du *domaine public* des personnes publiques, tirant généralement leur origine de la réalisation d'un travail public (CE, avis, 29 avr. 2010).

GAJA n° 67.

→ *Travaux publics.*

Ouvrier

[Droit du travail]

Salarié qui concourt directement à la production. *Ouvrier qualifié :* celui qui possède une formation acquise par l'apprentissage, l'enseignement professionnel ou une longue pratique; on dit aussi ouvrier professionnel (OP).

→ *Employé.*

Oyant compte

[Droit privé]

Celui auquel un compte doit être présenté. Oyant est le participe présent du verbe ouïr.

→ *Reddition de compte, Rendant compte.*

P

Pacage

[Droit civil/Droit rural]

Pâturage des chèvres et des moutons en forêt interdit sauf autorisation spéciale dans les forêts de l'État. Ceux qui justifient d'un droit de pacage peuvent réclamer une indemnité.

C. civ., art. 688.

Pacta sunt servanda

[Droit général/Droit international public]

Locution latine affirmant le principe majeur selon lequel les traités et, plus généralement, les contrats doivent être respectés de bonne foi par les parties qui les ont conclus.

Principe cardinal du droit des traités, elle exprime le caractère obligatoire des traités pour les États parties en droit international.

C. civ., art. 1193, 1194*.*

→ *Réserve.*

Pacte

[Droit civil]

Nom spécifique donné à certains accords de volonté : *pacte civil de solidarité*, *pacte de famille*, *pacte tontinier*, etc.

→ *Accord, Contrat, Convention, Transaction.*

[Droit constitutionnel]

Procédé monarchique d'établissement de la Constitution par accord entre une assemblée qui la propose et le roi qui l'accepte (ex. : la Charte de 1830 résulte d'un pacte entre la Chambre des députés et le futur Louis-Philippe).

[Droit international public]

Terme synonyme de traité (ex. Pacte de la SDN).

→ *Traité.*

Pacte budgétaire européen

[Droit européen/Droit financier]

Institué par le *traité sur la stabilité, la coordination et la gouvernance (TSCG)*, il établit l'obligation pour les États concernés de respecter un équilibre budgétaire quasi-total (« *règle d'or* »). Celui-ci étant considéré comme atteint si le solde structurel annuel des administrations publiques correspond à l'objectif à moyen terme spécifique à chaque pays, tel que défini par le *pacte de stabilité et de croissance* révisé, avec une limite inférieure de déficit structurel de 0,5 % du produit intérieur brut aux prix du marché (art. 3 b.).

→ *Mécanisme européen de stabilité.*

ACTU

Pacte civil de solidarité (PACS)

[Droit civil/Droit général]

Dénomination donnée à l'accord conclu entre 2 personnes de sexe différent ou de même sexe, en vue d'organiser leur vie en commun. Ce pacte engendre un devoir de vie commune, d'aide matérielle et d'assistance réciproques et crée une solidarité des partenaires pour le paiement des dettes ménagères sauf dépenses manifestement excessives, sauf achats à tempérament et emprunts conclus sans le consentement de l'autre. Au plan patrimonial, à moins de clauses contraires de la convention, chacun des partenaires conserve l'administration, la jouissance et la libre disposition de ses biens personnels.

Le PACS produit de multiples conséquences : imposition commune des revenus et du capital, exonération des droits de mutation à titre gratuit en cas de donation ou de legs (mais sur le plan civil aucun droit sur la succession sans testament), attribution de la qualité d'ayant droit pour les assurances maladie et maternité, transmissibilité du bail d'habitation, droit de jouissance de la résidence principale et des meubles pendant 1 an après le décès…

La déclaration conjointe des partenaires est enregistrée au greffe du tribunal d'instance dans le ressort duquel ils fixent leur résidence et publiée en marge de l'acte de naissance de chaque partenaire. Il peut y être mis fin d'un commun accord ou par volonté unilatérale. Lorsque le pacs est passé par acte notarié, le notaire instrumentaire recueille la déclaration conjointe, procède à l'enregistrement du pacte et fait procéder aux formalités de publicité. Ultérieurement, il enregistrera l'acte portant modification de la convention initiale ainsi que la dissolution du pacs survenue à la suite d'un décès, d'un mariage ou de la volonté des partenaires.

Le projet de loi « Justice du XXIe siècle » du 31 juillet 2015 prévoit de transférer à l'officier de l'état civil, douze mois après la publication de la loi, les compétences actuellement dévolues au greffier du tribunal d'instance lorsque les partenaires du PACS ont recours à un acte sous signature privée.

C. civ., art. 515-1 s.; CGI, art. 6, 764 bis, 780, 885-A et 885 W; CSS, art. L. 161-14 et D. 712-19.

GAJC, t. 1, n° 28.

→ *Concubinage, Union civile.*

Pacte commissoire

[Droit civil/Procédure civile]

1° Convention qui prévoit que la *résolution* de la vente sera encourue de plein droit en cas de non-paiement du prix dans le terme convenu.

C. civ., art. 1656.

2° Clause par laquelle un créancier gagiste ou hypothécaire obtient de son débiteur qu'il deviendra propriétaire de la chose gagée ou hypothéquée en cas de non-paiement. Pour le gage, cette clause, est possible lors de sa constitution ou postérieurement. Pour l'hypothèque, elle ne peut être convenue, que dans la convention qui la constitue et doit faire l'objet d'une publicité par mention dans le bordereau d'inscription; de plus elle ne peut porter sur l'immeuble qui constitue la résidence principale du débiteur.

C. civ., art. 2348 et 2459.

→ *Voie parée.*

Pacte d'actionnaires

[Droit civil/Droit commercial]

Convention réunissant les principaux associés d'une société et visant à créer à leur profit un certain nombre de prérogatives ne résultant pas de l'application de la législation des sociétés, comme l'exercice d'un *droit de préférence* accordé aux signataires en cas de projet de cession de droits d'associé.

Pacte de famille

[Droit civil]

1° Accord conclu par les père et mère ou par les parents de même sexe, relativement aux modalités de l'exercice de l'autorité parentale, à l'éducation de l'enfant mineur ou à son placement sous l'autorité d'un tiers dont le juge aux affaires familiales peut tenir compte quand il est appelé à statuer sur ces questions.

C. civ., art. 376-1.

2° Le terme est, parfois, utilisé, dans le langage courant, pour désigner le *contrat de mariage* parce que sa signature réunit souvent les 2 familles et qu'il peut être l'occasion de donations aux futurs époux.

C. civ., art. 1387 s.

3° En droit patrimonial de la famille, l'*institution contractuelle* et la *donation-partage* étaient, traditionnellement, des pactes de famille, mais de nouveaux pactes de famille sont apparus : ainsi, celui issu de l'acte notarié par lequel un héritier réservataire renonce, par anticipation, à remettre en cause les libéralités qui porteraient atteinte à sa *réserve*; ou encore, dans le cadre d'une *libéralité graduelle* ou d'une *libéralité résiduelle*, l'acceptation de la charge par le grevé sur sa part de réserve héréditaire; ou enfin, l'admission de la donation-partage transgénérationnelle.

C. civ., art. 929 s., 1054, al. 2 et 1078-4 s.

→ *Pacte sur succession future, Renonciation à l'action en réduction.*

ACTU

Pacte de préférence

[Droit civil]

Convention par laquelle le propriétaire d'un bien, pour le cas où il le vendrait, le réserve au bénéficiaire de la clause, de préférence à toute autre personne, pour un prix déterminé ou déterminable. En cas de méconnaissance de cette clause et de vente à un tiers, le bénéficiaire peut agir en nullité ou demander au juge sa substitution audit tiers, si celui-ci connaissait l'existence du pacte et l'intention du bénéficiaire de s'en prévaloir En cas de bonne foi, il peut seulement obtenir la réparation du préjudice subi.

CPI, art. L. 132-4.

GAJC, t. 2, n° 260.

→ *Action interrogatoire, Avant-contrat.*

Pacte *de quota litis*

[Procédure civile]

Littéralement, pacte sur la quote-part du procès. Pacte entre un avocat et son client fixant par avance les honoraires à un pourcentage de la somme qu'accordera le tribunal au client et qui sera effectivement réglée. Ce pacte est frappé de nullité d'ordre public. En revanche, est licite la convention qui, outre la rémunération des prestations effectuées, prévoit la fixation d'un *honoraire* complémentaire en fonction du résultat obtenu ou du service rendu, à condition qu'elle soit intervenue dès l'origine.

L. n° 1130 du 31 déc. 1971, art. 10; Ord., 10 sept. 1817, art. 15.

Pacte de rachat

[Droit civil]

→ *Réméré.*

Pacte de responsabilité et de solidarité

[Droit général]

Prolongeant le Crédit d'impôt pour la croissance et l'emploi (2012), ce Pacte est un ensemble de mesures visant à améliorer la compétitivité des entreprises, notamment par une baisse des charges sociales, de nature à permettre une relance des embauches de la part des entreprises.

Pacte de stabilité et de croissance (PSC)

[Droit européen/Droit financier]

Ensemble de dispositions représentées par une résolution du *Conseil européen* et par 2 règlements du Conseil de juin et juillet 1997 par lesquelles, notamment, les États membres de la Communauté européenne (aujourd'hui Union européenne) s'engagent, conformément aux dispositions du traité de CE relatives à l'*Union économique et monétaire*, à respecter l'objectif à moyen terme d'une situation budgétaire globale (État, collectivités locales, régimes sociaux) proche de l'équilibre ou excédentaire, et à prendre éventuellement les mesures correctrices nécessaires demandées par le Conseil. Ces dispositions, révisées par un règlement du Parlement et du Conseil du 16 novembre 2011, relèvent aujourd'hui de l'article 126 TFUE, précisé par le Protocole n° 12.

→ *Mécanisme européen de stabilité, Pacte budgétaire européen, Règle d'or.*

Pacte de Varsovie

[Droit international public]

Traité d'amitié, de coopération et d'assistance mutuelle, signé le 14 mai 1955, qui institue entre les États de l'Europe de l'Est (communistes) un système de défense calqué sur celui de l'*OTAN*. Disparaît en 1991.

Pacte successoral

[Droit civil]

→ *Renonciation à l'action en réduction.*

Pacte sur succession future

[Droit civil]

Selon la définition donnée par la loi, « convention qui a pour objet de créer des droits ou de renoncer à des droits sur tout ou partie d'une succession non encore ouverte ou d'un bien en dépendant ». Longtemps objet de défiance de la part du législateur, de tels pactes ne sont licites que dans les cas et sous les conditions prévus par la loi, mais le législateur contemporain a multiplié les pactes exceptionnellement valides (par ex., la renonciation anticipée d'un héritier réservataire présomptif à exercer une action en réduction pour atteinte à la réserve dans une succession non ouverte, ou encore la *donation-partage* transgénérationnelle).

Ne constitue pas un pacte sur succession future prohibé la convention qui fait naître au profit de son bénéficiaire un droit actuel de créance qui s'exercera contre la succession du débiteur.

C. civ., art. 722, 929, 1082, 1093, 1389, 1390 et 1873-13.

GAJC, t. 1, n° 134-137.

→ *Institution contractuelle, Pacte de famille, Renonciation à l'action en réduction.*

Pacte tontinier

[Droit civil]

→ *Tontine.*

Pactes internationaux des droits de l'Homme

[Droit international public]

Traités, l'un relatif aux droits civils et politiques, l'autre aux droits économiques, sociaux et culturels, adoptés par l'ONU le 19 décembre 1966 (et entrés en vigueur en 1976). Ils constituent les deux instruments internationaux principaux de protection universelle des droits de l'Homme.

→ *Droits civils et politiques.*

Paiement

[Droit civil]

Exécution volontaire d'une obligation, quel qu'en soit l'objet (versement d'une somme d'argent, livraison de marchandises...) libérant le débiteur et éteignant la dette,

sauf lorsque la loi ou le contrat prévoit une *subrogation* dans les droits du créancier.
Le paiement en France d'une obligation de somme d'argent s'effectue en euros. Lorsque l'obligation procède d'un contrat international ou d'un jugement étranger, il peut avoir lieu en une autre devise.
Le paiement est un fait qui peut être prouvé par tous les moyens.

C. civ., art. 1342 s., 1343-3*; C. mon. fin., art. L. 112-5 s.*

→ *Espèces (En), Établissements de paiement, Offres réelles, Prestataire de services de paiement, Services de paiement.*

Paiement de l'indu

[Droit civil]

→ *Répétition de l'indu.*

Pair(s)

[Droit général/Droit constitutionnel]

Au sens commun égal (du latin *par*) : élection, jugement par ses pairs.
Au sens historique : dignité, titre et fonction confiés aux vassaux et aux membres de la très haute noblesse pour le service du Conseil et de la Justice à la cour des seigneurs puis à la cour du roi. À la fin de l'époque monarchique, les pairs de France comptaient 38 pairs laïcs et 6 pairs ecclésiastiques; le titre était depuis longtemps honorifique.
Au début du XIXe siècle, en 1814 et en 1830, le droit constitutionnel ressuscita les pairs en créant une chambre haute, la Chambre des pairs nommés par le roi pour faire pièce à la chambre basse, la Chambre des députés élus au suffrage censitaire.

→ *Chambre des Lords.*

Palais (Sous la foi du)

[Procédure civile]

Sous le sceau du secret. Se dit de ce qui est confidentiel entre avocats.

→ *Secret professionnel.*

Panachage

[Droit constitutionnel]

Faculté pour l'électeur de composer lui-même sa liste en prenant des candidats sur plusieurs des listes en présence.

→ *Liste bloquée.*

Panonceau

[Droit privé]

Double écusson à l'effigie de la République placé au-dessus de la porte d'entrée de l'immeuble où se trouve l'étude d'officiers ministériels : notaires, huissiers, commissaires-priseurs.

Pantouflage

[Droit pénal]

→ *Prise illégale d'intérêts.*

Papiers domestiques

[Droit civil]

Tous documents privés, même non signés, établis par les particuliers pour conserver la mémoire d'un événement les concernant et conservés par les familles. Ils ne font pas foi au profit de celui qui les a écrits, mais ils font foi contre lui lorsqu'ils énoncent un paiement reçu ou qu'ils mentionnent que l'écrit a été fait pour suppléer le défaut de titre en faveur de qui ils énoncent une obligation.

C. civ., art. 46, 1378-1.*

Paradis fiscaux

[Droit financier ou fiscal]

États ou territoires qui, en général pour attirer les capitaux étrangers, ont une fiscalité sensiblement plus favorable que celle du reste du monde, alliée souvent à des mesures connexes. On y trouve d'ordinaire un faible niveau d'imposition, l'absence d'informations fiscales vis-à-vis de l'extérieur, un contrôle des changes inexistant ou très faible et la pratique du secret bancaire.

L'OCDE s'efforce d'encadrer leur action. On distingue à présent les territoires non coopératifs.

CGI, art. 155 A, 238 A, 238-0A.

→ *Concurrence fiscale dommageable, Évasion fiscale, Prix de transfert.*

Parallélisme des formes

[Droit administratif/Droit constitutionnel]

Principe d'application générale en droit public, selon lequel une décision prise par une autorité, dans des formes déterminées, ne peut normalement être anéantie par elle qu'en respectant les mêmes formes.

Paraphe

[Droit international public]

Signature abrégée d'un traité (simples initiales des négociateurs) qui intervient pour des motifs divers, soit que les négociateurs n'aient pas encore reçu les pleins pouvoirs pour signer, soit qu'on veuille réserver la signature à des personnalités de premier plan au cours d'une cérémonie solennelle.

[Droit civil/Droit commercial/ Procédure civile]

Signature abrégée (initiales) apposées sur les différents feuillets d'un acte pour éviter toute fraude (substitution ou remplacement) et approuvant toutes les corrections, ratures, surcharges figurant dans le corps du texte ou en marge de celui-ci.

Les livres, registres et répertoires des officiers de l'état civil, des notaires, des huissiers de justice, des commissaires-priseurs judiciaires et des courtiers sont paraphés (et cotés) par le juge du tribunal d'instance en vue de garantir l'exacte chronologie des opérations.

COJ, art. R. 221-45.

→ *Signature.*

Parasitisme

[Droit commercial]

Fait pour un commerçant de chercher à profiter, sans créer nécessairement la confusion, de la réputation d'un concurrent ou des investissements réalisés par celui-ci.
De tels agissements peuvent être poursuivis soit au titre de la concurrence déloyale, soit par application du régime général de la responsabilité civile.

C. civ., art. 1240.*

→ *Concurrence déloyale.*

Parcours de soins

[Sécurité sociale]

Parcours suivi par l'assuré sur prescription du *médecin traitant*. La consultation d'un spécialiste sans prescription du médecin traitant ne permet pas à l'assuré d'être remboursé dans des conditions normales, diminution de 40 %.

Parcs naturels

[Droit administratif/ Droit de l'environnement/Droit rural]

Forme moderne de la protection des sites et monuments. Cette institution est apparue dans les années 1960 en relation avec la découverte de l'importance pour l'homme de la protection de son environnement naturel, menacé par les *nuisances* et pollutions de toutes sortes.
Juridiquement, cette institution connaît 3 formes :
1° *Parcs nationaux :* la sauvegarde rigoureuse de la faune, de la flore et du paysage l'emporte nettement dans les textes sur les considérations économiques.
2° *Parcs naturels régionaux :* leur inspiration différente entraîne la disparition de cet ordre de priorité. Si l'idée de protection de la nature n'est pas absente des textes, ceux-ci visent aussi largement à animer certains secteurs ruraux, et surtout à ménager à

proximité des métropoles des espaces où le citadin puisse se détendre en retrouvant la nature.
3° *Parcs naturels marins :* catégorie d'aire marine protégée.

Parentalité

[Droit civil]

Fonction d'être parent, qu'elle soit exercée par les parents juridiques ou par des tiers. Le terme, issu des sciences sociales, désigne la fonction parentale de prise en charge, d'éducation, et de protection de l'enfant, indépendamment de l'existence d'un lien généalogique et juridique.
Le droit positif tend à prendre en compte la parentalité, au-delà de la stricte parenté juridique. Un comité national de soutien à la parentalité a pour mission de contribuer à la conception, la mise en œuvre et le suivi de la politique et des mesures de soutien à la parentalité et des actions d'aide éducative définies par les autorités publiques.
Le juge aux affaires familiales peut fixer les modalités des relations entre l'enfant et un tiers, « en particulier lorsque ce tiers a résidé de manière stable avec lui et l'un de ses parents, a pourvu à son éducation, à son entretien et a noué avec lui des liens affectifs durables ». La loi reconnaît ainsi l'existence d'une fonction parentale accomplie par un tiers. Pour autant, elle continue de réserver l'exercice de l'*autorité parentale* aux seuls parents (qui peuvent seulement la déléguer à un tiers, dans des conditions strictes).

CASF, art. D. 141-9; C. civ., 371-4, al. 2.

→ *Ascendant, Homoparentalité, Parenté, Parents, Relations personnelles.*

Parenté

[Droit civil]

Lien généalogique, reconnu par le droit, unissant des personnes entre elles. La parenté est directe lorsque les personnes descendent les unes des autres. Elle est collatérale lorsque les individus descendent d'un auteur commun.

C. civ., art. 731, 734, 741, 742, 743 et 746.

→ *Ascendant, Collatéral, Degré de parenté, Descendant, Enfant, Homoparenté, Ligne, Ordre d'héritiers, Parentalité, Relations personnelles.*

ACTU

Parenté d'intention

[Droit civil]

Parenté artificielle reposant sur la volonté d'avoir une descendance associée à une assistance médicale à la procréation. Une telle parenté n'ayant pas sa source dans un rapport charnel est indépendante de tout lien de sang; elle procède d'un recours au matériel génétique d'autrui : spermatozoïde d'un autre homme inséminé chez la femme, ovule d'une autre femme implanté chez la future mère après la fécondation in vitro. L'enfant, bien que génétiquement étranger au père dans le 1er cas, à la mère dans le second cas, n'en a pas moins une filiation établie vis-à-vis du père ou de la mère d'intention et cette parenté d'intention ne peut faire l'objet d'aucune contestation.

C. civ., art. 311-20.

→ *Fécondation in vitro (FIV).*

Parents

[Droit civil]

Au sens large, personnes unies par un lien de *parenté*.
Au sens restreint, synonyme de père et mère. Depuis la loi n° 2013-404 du 17 mai 2013 ouvrant le mariage aux personnes de même sexe, le mot « parents » est employé pour remplacer l'expression « père et mère » dans les textes légaux, afin de désigner ceux

auxquels le droit reconnaît, par l'effet du mariage et de l'adoption, un lien juridique d'ascendance directe avec un enfant, fussent-ils de même sexe.

→ *Ascendant, Collatéral, Degré de parenté, Descendant, Homoparenté, Ligne, Ordre d'héritiers, Parentalité, Parenté d'intention, Relations personnelles.*

Parère

[Droit commercial/Procédure civile]

Attestation délivrée par une autorité compétente (chambre de commerce, organisme professionnel, syndicat, etc.) pour faire la preuve d'un usage professionnel.

→ *Sachant.*

Pari

[Droit civil]

Contrat aléatoire par lequel les personnes, qui sont en désaccord sur un sujet quelconque, conviennent que le parieur dont l'opinion sera reconnue exacte recevra des autres une somme d'argent ou telle autre prestation.

À la différence du *jeu*, le pari n'implique aucune participation des parties à l'événement pris en considération. Le gain escompté dépend uniquement de la vérification d'un fait : fait déjà accompli mais inconnu des parieurs, fait futur étranger à leur action.

Le paiement d'un pari est purement volontaire; mais, lorsque le perdant a volontairement acquitté sa promesse, il ne peut pas en demander le remboursement.

Ce régime est parfois écarté par la loi, ainsi pour le pari mutuel urbain portant sur des courses de chevaux et les paris en ligne sur les épreuves hippiques et sportives.

C. civ., art. 1965 et 1967; L. n° 476 du 12 mai 2010, art. 4.

→ *Jeux en ligne, Loterie.*

Paris (Ville de)

[Droit administratif]

Le territoire de la ville de Paris est l'assiette géographique de 2 collectivités territoriales distinctes : la commune de Paris et le département de Paris. Depuis 1977 chacune est en principe soumise au droit commun des collectivités de même nature, avec toutefois un certain nombre de particularités. Notamment, le Conseil de Paris – présidé par le maire – exerce également les attributions dévolues dans les autres départements au conseil départemental; la représentation de l'État dans ce département – comme dans certains autres – est assurée par un préfet assisté d'un préfet délégué pour la police.

CGCT, art. L. 2511-1, L. 2512-1 et L. 3411-1.

→ *Grand Paris.*

Paritaire

[Procédure civile]

Qui réunit à égalité des éléments différents. Par exemple, le conseil de prud'hommes comprend pour chaque formation un nombre égal de représentants employeurs et de représentants salariés.

ACTU

Parité

[Droit constitutionnel/Droit européen]

Principe selon lequel les hommes et les femmes doivent être également représentés dans certaines institutions ou partis politiques. Il est au service du principe d'égalité entre hommes et femmes, désormais consacré par l'article 3 TUE et l'article 1er de la Constitution.

[Procédure civile]

L'ordonnance n° 2015-949 du 31 juillet 2015 prévoit diverses règles destinées à favoriser l'égal accès des femmes et des hommes au sein des ordres professionnels. Par exemple, pour les barreaux dont l'effectif est supérieur à 30, les élections au conseil de l'ordre ont lieu au scrutin binominal à deux tours, chaque binôme étant composé de personnes de sexe différent.

→ *Égalité femmes-hommes.*

Parlement

[Droit constitutionnel]

1° Sous l'Ancien Régime, cour souveraine de justice investie de certaines prérogatives politiques : chargés d'enregistrer les édits et ordonnances royaux, les parlements pouvaient refuser cet enregistrement et formuler à cette occasion des remontrances, d'où leur attitude souvent frondeuse à l'égard du roi.

→ *Lit de justice.*

2° Composé d'une ou plusieurs assemblées délibérantes, le Parlement a pour fonction de voter les lois et, notamment en régime parlementaire, de contrôler politiquement le gouvernement.

→ *Bicamérisme, Monocamérisme.*

Parlement européen

[Droit européen]

Dénommé « Assemblée européenne » par les traités initiaux mais se proclame « Parlement européen » dès 1962, appellation définitivement reconnue par l'*Acte unique européen*. Il est composé jusqu'en 1979 de délégués des parlements nationaux et, depuis cette date, de représentants des peuples élus au suffrage universel direct tous les 5 ans, à la fin du mois de mai 2014 en dernier lieu. 751 députés, y compris le Président (Martin Schulz).

Le PE participe de façon de plus en plus décisive au pouvoir normatif, qu'il partage avec le Conseil. Longtemps doté d'un simple pouvoir consultatif, l'Acte unique lui attribue une large part du pouvoir budgétaire et introduit pour l'adoption de certains règlements et directives la *procédure de coopération* ou l'avis conforme (conclusion des accords avec les pays tiers et adhésion de nouveaux États). Le traité de Maastricht a étendu le champ des compétences où jouent la procédure de coopération et l'avis conforme, mais a surtout créé la procédure de codécision devenue depuis le traité d'Amsterdam la procédure de *droit commun* avec un Conseil ne pouvant plus imposer son point de vue. Le traité de *Lisbonne* fait de la codécision le principe (« procédure législative ordinaire ») et en limite les exceptions.

Le Parlement européen participe à la nomination du Président et des membres de la *Commission*, à l'encontre de laquelle il peut voter une motion de censure.

Parlementarisme

[Droit constitutionnel]

Synonyme de *régime parlementaire*.

Parlementarisme rationalisé : régime parlementaire réglementé de manière à prévenir l'instabilité gouvernementale résultant de l'absence d'une majorité cohérente, notamment par l'octroi de prérogatives au gouvernement dans la procédure législative, et par la réglementation de la mise en jeu de la responsabilité gouvernementale (délai de réflexion, majorité qualifiée, désignation concomitante du nouveau chef du gouvernement…).

→ *Défiance constructive, Régime parlementaire.*

Parquet

[Procédure civile/Procédure pénale]

Magistrats composant le *ministère public* dans chaque TGI, placés sous l'autorité d'un *procureur de la République*. Il est tenu une liste de rang des membres du parquet (procureur, procureur-adjoint, vice-procureur, substitut) dans les cérémonies publiques, les assemblées générales et les formations de la juridiction.

Il existe également un *procureur de la République financier* à compétence nationale et un parquet auprès des juridictions financières (procureur financier des Chambres régionales des comptes).

COJ, art. L. 212-6, R. 122-5, R. 212-12 s., R. 217-1.

→ *Procureur de la République.*

Parquet général

[Procédure civile/Procédure pénale]

Nom donné à l'ensemble des magistrats exerçant les fonctions du *ministère public* : dans l'ordre judiciaire, à la *Cour de cassation* et auprès des cours d'appel, dans l'ordre administratif, à la *Cour des comptes* et à la *Cour de discipline budgétaire et financière*.

COJ, art. L. 312-7, L. 432-1 s., R. 312-14 s. et R. 432-1 s.

→ *Procureur général.*

Parquetier

[Procédure civile/Procédure pénale]

Désignation familière du magistrat du parquet.

Parricide

[Droit pénal]

Homicide intentionnel des pères ou mères légitimes, naturels ou adoptifs ou de tout autre ascendant légitime, incriminé naguère comme infraction spécifique et aujourd'hui circonstance aggravante du meurtre.

C. pén., art. 221-4 (2e).

Part (Le)

[Droit civil]

Vieux mot, venant du latin *partus* (« enfanté ») et désignant l'accouchement puis, dans quelques expressions, l'enfant nouveau-né. Ainsi, il y aurait *confusion de part*, c'est-à-dire incertitude sur la paternité d'un enfant, si l'on admettait la polyandrie (situation d'une femme qui aurait plusieurs maris) ou si une femme se remariait précipitamment après la dissolution d'un premier mariage. *La suppression de part* désigne la suppression d'enfant et se trouve réalisée, le plus souvent, par inhumation clandestine d'un enfant né vivant, mais décédé peu après sa naissance, de mort naturelle ou violente. Quant à la *supposition de part*, elle consiste dans l'attribution de la maternité d'un enfant à une femme qui n'en a pas accouché.

C. pén., art. 227-13.

Part bénéficiaire

[Droit commercial]

→ *Part de fondateur.*

Part de fondateur

[Droit commercial]

Titre négociable émis par les sociétés par actions, destiné à faire participer certaines personnes aux bénéfices réalisés par la société en contrepartie des services rendus généralement lors de la constitution de la société ou d'une augmentation de capital.

L'émission de parts de fondateur a été interdite pour l'avenir par la loi du 24 juillet 1966.

C. com., art. L. 228-4.

Part sociale

[Droit commercial]

Droit que l'associé reçoit en contrepartie de son apport. Ce droit représente une fraction du capital social et détermine les prérogatives financières et politiques (droit de vote) de l'associé.

Part virile (Par)

[Droit civil]

Synonyme de : par tête.

1° Employé en matière délictuelle pour déterminer la contribution de chacun des

coauteurs à la dette d'indemnisation; le partage de cette dette se fait par parts viriles lorsque tous les responsables ont été condamnés sur le fondement de la responsabilité objective de l'article 1242*, alinéa 1er du Code civil.
2° L'expression est couramment employée en matière de répartition du passif successoral pour dire que le créancier hypothécaire, s'il ne peut poursuivre pour le tout par l'action hypothécaire que celui qui a reçu dans son lot l'immeuble hypothéqué, dispose contre chaque héritier, légataire universel ou légataire à titre universel d'une action personnelle, mais pour leur part et portion successorale seulement.

C. civ., art. 827, 873, 1009 et 1012.

Partage

[Droit civil]

Opération qui met fin à une indivision, en substituant aux droits indivis sur l'ensemble des biens une pluralité de droits privatifs sur des biens déterminés.
Le partage est amiable lorsque tous les indivisaires sont présents, capables et donnent leur consentement à l'opération. À défaut, le partage est fait en justice.
L'évaluation des biens a lieu au jour du partage; ce jour est dénommé jour de la *jouissance divise* parce que le droit aux revenus des copartageants ne naît qu'à ce moment-là. Grâce à cette date d'évaluation, la plus-value acquise ou la moins-value subie pendant le cours de l'indivision profite ou préjudicie à tous les indivisaires.
Le droit de demander le partage est imprescriptible.

C. civ., art. 507, 815, 816, 826, 835 s., 883 et 1474 s.; C. pr. civ., art. 1358 s.

GAJC, t. 1, n° 115 et 117 à 121.

→ *Acte déclaratif, Donation-partage, Liquidation, Lots, Pacte de famille, Testament-partage.*

Partage conjonctif

[Droit civil]

Acte par lequel les père et mère procèdent ensemble au partage de tous leurs biens entre tous leurs descendants.
Le partage conjonctif ne peut être réalisé que par *donation-partage*. Quand la donation-partage intervient dans une famille recomposée, l'enfant non commun peut être alloti du chef de son auteur en biens propres de celui-ci ou en biens communs, sans que le conjoint puisse toutefois être codonateur des biens communs.

C. civ., art. 968 et 1076-1.

Partage d'ascendant

[Droit civil]

Acte par lequel une personne fait la distribution et le partage de ses biens et de ses droits entre ses héritiers présomptifs ou même entre des descendants de degrés différents, qu'ils soient ou non ses héritiers présomptifs. Cet acte prend la forme soit d'une donation (*donation-partage*), soit d'un testament (*testament-partage*). Selon la dernière législation, on parle de libéralités-partages.

C. civ., art. 1075 s.

GAJC, t. 1, n° 122, 141.

Partage des voix

[Procédure civile]

Désigne l'hypothèse où aucune majorité ne se dégage au cours d'un délibéré. Une telle situation se produit lorsque les juges statuent en nombre pair, comme au *conseil de prud'hommes*; dans ce cas l'affaire est reprise devant la même formation présidée par un juge du tribunal de grande instance. Les juges chargés du départage sont désignés chaque année, en fonction de leurs aptitudes et connaissances, par le président du TGI. Au *Tribunal des conflits*, il est constitué une formation spécifique comprenant quatre membres de plus que la formation ordinaire.

C. trav., art. L. 1454-2 s.

→ *Chambre mixte, Imparité.*

Partenariat public/privé

[Droit administratif]

→ *Contrats de partenariat (sous-entendu : public/privé).*

Parti dominant

[Droit constitutionnel]

Parti principal de gouvernement coexistant avec d'autres partis qui sont hors d'état de le concurrencer sérieusement. Tantôt ce système donne une apparence de pluralisme à un régime de parti unique (par ex. : dans certaines dictatures communistes dites « démocraties populaires » où le parti communiste tolérait quelques organisations politiques mineures, ou dans de nombreux pays sous-développés), tantôt il tempère le multipartisme (ex. : parti social-démocrate au pouvoir en Suède de 1932 à 1976). Le rôle dominant officiellement attribué au Parti communiste dans ces dictatures a été aboli dans celles qui ont connu des mouvements de démocratisation à partir de 1989.

→ *Parti unique.*

Parti politique

[Droit constitutionnel]

Groupement d'hommes et de femmes qui partagent les mêmes idées sur l'organisation et la gestion de la société et qui cherchent à les faire triompher en accédant au pouvoir par la voie électorale.

Les partis politiques concourent à la structuration du débat politique, à la sélection des élites politiques et à l'exercice du pouvoir; ils peuvent jouer pour leurs adhérents un rôle d'ascenseur social ou favoriser l'égal accès des hommes et des femmes aux responsabilités politiques.

On distingue traditionnellement les partis de cadres, ou de notables, composés de personnalités influentes, faiblement structurés et n'imposant pas de discipline de vote à leurs élus (ex. parti radical d'aujourd'hui) et les partis de masses, encadrant de manière permanente le plus grand nombre possible de militants et soumettant leurs élus à une stricte discipline (ex. parti communiste avant son déclin).

Const., art. 4.

→ *Système de partis.*

Parti unique

[Droit constitutionnel]

Parti seul admis et détenant la réalité du pouvoir. Système en vigueur dans les régimes fascistes, les dictatures communistes et les régimes autoritaires de pays du Tiers-monde.

→ *Parti dominant.*

Participant

[Sécurité sociale]

Personne qui, dans les régimes complémentaires, va bénéficier des droits acquis du fait de sa propre activité.

Participation

[Droit général]

Principe d'aménagement du fonctionnement des institutions politiques et administratives ainsi que de la gestion des entreprises privées, et qui consiste à associer au processus de prise des décisions les intéressés (citoyens, administrés, salariés) ou leurs représentants.

[Droit commercial]

→ *Société en participation.*

[Droit du travail]

En droit du travail, la participation peut s'entendre de 2 façons : ce peut être la participation du personnel à la marche de l'entreprise ou la participation du personnel aux résultats de l'entreprise.

→ *Actionnariat des salariés, Cogestion, Comité d'entreprise, Intéressement, Participation aux résultats de l'entreprise.*

Participation à un groupe formé dans une perspective délictueuse

[Droit pénal]

Infraction résultant du fait de participer sciemment à un groupement, même formé de façon temporaire, en vue de la préparation de violences volontaires contre les personnes, ou de destructions ou dégradations de biens. L'incrimination de ces actes préparatoires à une infraction implique que l'entente délictueuse soit caractérisée par l'existence d'un ou plusieurs faits matériels, accomplis par l'auteur lui-même ou connus de lui ce qui, pour le Conseil constitutionnel, écarte toute idée de responsabilité pénale collective.

C. pén., art. 222-14-2.

→ *Participation criminelle.*

Participation aux acquêts

[Droit civil]

Régime matrimonial conventionnel, d'inspiration allemande, qui tient à la fois d'un régime séparatiste et d'un régime communautaire. Pendant le mariage tout se passe comme si les époux étaient mariés sous un régime de *séparation de biens*; à la dissolution chacun des époux a droit à une somme égale à la moitié des acquêts réalisés par l'autre, acquêts dont la valeur est égale à la différence entre le patrimoine final et le patrimoine originaire.

C. civ., art. 1569 s.

Participation aux résultats de l'entreprise

[Droit du travail]

On désigne sous cette expression les mécanismes mis en place par l'ordonnance du 16 août 1967 pour assurer aux salariés une part des profits réalisés par leur entreprise en période d'expansion économique. La participation aux résultats de l'entreprise est obligatoire dans les entreprises d'au moins cinquante personnes ainsi qu'au niveau de chaque branche professionnelle. Elle prend la forme d'une participation financière à effet différé, mise en place par un accord de participation. Ce dernier peut être un accord collectif (c'est la seule possibilité envisagée au niveau de la branche professionnelle) mais aussi résulter d'un accord conclu au sein du comité d'entreprise, voire d'une ratification par le personnel, à la majorité des deux tiers, d'un projet proposé par l'employeur.

Réserve spéciale de participation : somme inscrite au passif du bilan d'une entreprise après clôture de l'exercice et qui représente les sommes destinées aux salariés au titre de la participation.

C. trav., art. L. 3321-1 s. et R. 3322-1 s.

→ *Intéressement.*

Participation criminelle

[Droit pénal]

→ *Complicité, Participation à un groupe formé dans une perspective délictueuse.*

Particule

[Droit civil]

Préposition précédant le nom de famille (de, du, de la, des) qui n'est qu'une forme orthographique du nom, nullement une marque de noblesse.

Partie

[Droit civil]

Personne physique ou morale qui participe à un acte juridique, à une convention, par opposition aux *tiers* (le vendeur et l'acheteur sont parties au contrat de vente par exemple).

La qualité de partie au contrat peut être cédée à un tiers avec l'accord du cocontractant.

C. civ., art. 1193, 1199*, 1201*.*

→ *Cession de contrat, Effet obligatoire des contrats, Effet relatif des contrats, Penitus extranei.*

[Procédure (principes généraux)]

Personne physique ou morale, privée ou publique, engagée dans une *instance* en justice; en principe, l'acquisition de la qualité de partie se réalise par le soutien d'une prétention, mais, exceptionnellement, la loi l'attribue à une personne indépendamment de ce soutien.

Une partie possède une position procédurale ou « qualité processuelle » (demandeur, défendeur, intervenant, appelant, intimé) qui entraîne de nombreuses conséquences et ne doit pas être confondue avec la qualité en laquelle elle aborde au fond le procès (propriétaire, locataire, créancier, débiteur, garant, caution, etc.).

C. pr. civ., art. 1er, 14, 15, 16, 18, 19, 20, 27, 138, 171-1, 184 s., 323, 441, 442, 446-1 à 446-4 et 546.

→ *Colitigants, Inter partes, Intervention, Litigants, Litisconsorts.*

[Droit international public]

Sujet lié par un traité.

Devant une juridiction internationale, personne engagée à titre principal dans un procès international.

Partie civile

[Procédure pénale]

Nom donné à la victime d'une infraction lorsqu'elle exerce les droits qui lui sont reconnus en cette qualité devant les juridictions répressives (mise en mouvement de l'action publique, action civile en réparation). Cette qualité est réservée à ceux qui ont personnellement souffert du dommage directement causé par l'infraction.

C. pr. pén., art. 2.

→ *Plainte avec constitution de partie civile.*

Partie jointe

[Procédure civile]

Position qu'occupe le *ministère public* lorsqu'il intervient dans un procès où il n'est ni demandeur ni défendeur, pour présenter ses observations sur l'application de la loi. Son intervention suppose une affaire dont il a communication. Il fait connaître son avis à la juridiction, soit en lui adressant des conclusions écrites, soit oralement à l'audience.

C. pr. civ., art. 421, 424 s.

→ *Communication au ministère public.*

Partie principale

[Procédure civile]

Mode d'action du *ministère public* quand il se présente, dans un procès civil, en qualité de demandeur ou de défendeur. La loi lui fait obligation d'agir dans les cas qu'elle spécifie (nullité de mariage, assistance éducative, action déclaratoire de nationalité). En dehors de ces cas, elle le laisse juge de l'opportunité de se porter partie principale pour la défense de l'ordre public.

C. pr. civ., art. 421, 422 et 423.

GAJC, t. 1, n° 15-16.

Parties communes

[Droit civil]

Dans le droit de la copropriété, parties des bâtiments et des terrains affectés à l'usage ou à l'utilité de tous les copropriétaires ou de plusieurs d'entre eux (sol, cour, jardin, voies d'accès, gros œuvre des bâtiments, escaliers, ascenseur…) qui sont l'objet d'une propriété indivise entre eux et dont la conservation et l'administration relèvent de la collectivité des copropriétaires.

L. n° 557 du 10 juill. 1965, art. 3.

→ *Affectation, Copropriété, Parties privatives, Syndic de copropriété.*

Parties privatives

[Droit civil]

Dans le droit de la copropriété, parties des bâtiments (spécialement les appartements) et des terrains réservés à l'usage exclusif d'un copropriétaire déterminé et qui sont sa propriété exclusive.

→ *Copropriété, Parties communes.*

Pas d'intérêt, pas d'action

[Procédure (principes généraux)]

Adage selon lequel une action en justice n'est pas recevable si son auteur ne justifie pas de son intérêt à l'engager.

C. pr. civ., art. 31; C. pr. pén., art. 2 s.

→ *Intérêt à agir.*

Pas de nullité sans grief

[Procédure civile]

Le prononcé de la *nullité* d'un acte de procédure entachée d'un *vice de forme* est soumis à la démonstration que l'irrégularité ait causé un préjudice à la partie qui l'invoque.

C. pr. civ., art. 114, al. 2.

Pas de nullité sans texte

[Procédure civile]

Nécessité, pour que la violation des formes rende l'acte de procédure annulable, que la formalité ait été expressément prescrite à peine de nullité, sauf s'il s'agit d'une formalité substantielle ou d'ordre public.

C. pr. civ., art. 114, al. 1.

→ *Nullité, Vice de forme.*

Pas-de-porte

[Droit commercial]

Somme d'argent, de montant très variable, versée soit par le locataire d'un bail commercial au propriétaire lors de la conclusion du contrat de bail, soit par le cessionnaire d'un bail commercial au précédent locataire lors de la cession du bail par celui-ci.

Passage (Droit de)

[Droit civil]

→ *Enclave.*

Passage inoffensif (Règle du libre)

[Droit international public]

Règle coutumière du droit international selon laquelle l'État riverain ne peut interdire l'accès de sa *mer territoriale* aux navires étrangers, à condition qu'ils ne portent pas atteinte à la sécurité, à l'ordre public et aux intérêts fiscaux de cet État.

Passeport

[Droit civil/Droit international public]

Document d'identité délivré par l'État et destiné en particulier à permettre à son titulaire de voyager à l'étranger.

Le passeport comporte un composant électronique sécurisé contenant les données d'identification de son titulaire : nom, prénom, sexe, date et lieu de naissance, domicile, taille et couleur des yeux, empreintes digitales, photographie.

→ *Visa.*

Passerelle (Technique de la)

[Procédure civile]

Mode de saisine d'une juridiction de fond par le biais d'une ordonnance de référé. Le juge saisi en référé, qui estime qu'il n'y a pas lieu à référé, peut renvoyer l'affaire à une audience dont il fixe la date pour qu'il soit statué au fond; son ordonnance de non-lieu à référé emporte saisine du tribunal, sans qu'il soit besoin d'une nouvelle assignation. Cette passerelle vers une procédure à jour fixe exige qu'une partie l'ait demandée et qu'il y ait urgence à rendre une solution au fond.

C. pr. civ., art. 811, 849-1, 873-1, 896 et 917, al. 2.

→ *Renvoi, Saisine.*

Passif

[Droit commercial]

Dans son sens général, le passif est formé de l'ensemble des dettes d'une entreprise, commerciale ou non.

Dans son acception comptable, il désigne la partie du bilan qui regroupe les dettes de l'entreprise envers les tiers, le capital investi par les entrepreneurs ainsi que les *réserves* et certaines *provisions*, et le résultat (positif ou négatif de l'exercice). Le total du passif est, de ce fait, toujours égal au total de l'actif.

[Droit civil]

Ensemble des obligations à caractère économique grevant le patrimoine de l'individu dont les créanciers peuvent poursuivre l'exécution sur la totalité de son actif.

Désigne, aussi, les dettes qui affectent une masse particulière de biens et dont le recouvrement est normalement limité à l'actif de cette masse (passif de la succession, passif de la communauté, passif de l'indivision).

C. civ., art. 815-17, 870 s., 1409, 1482, 1844-9, 2285.

→ *Actif, Avoir.*

Patec

[Droit rural]

Mot ancien (on dit aussi *patus, pate, pegale*) qui désigne un ensemble de biens indivisibles, destinés à un usage commun, que les propriétaires de biens riverains possèdent en commun ; le droit de *jouissance* qu'ils exercent sur ces biens est restreint au droit d'y circuler ; il leur est impossible de les clôturer et ils demeurent inconstructibles.

Pater is est quem nuptiae demonstrant

[Droit civil]

« *Le père est celui que les noces démontrent* ». Principe selon lequel le mari de la mère est présumé être le père de l'enfant conçu ou né pendant le mariage. Cette présomption, qui n'est pas irréfragable, repose sur l'idée que les époux ont entre eux des relations sexuelles, exclusives de toutes autres.

La présomption de paternité est notamment écartée en cas de conception pendant une période de séparation légale ou en cas d'absence de désignation du mari en qualité de père dans l'acte de naissance. Mais elle est rétablie de plein droit en présence d'une possession d'état à l'égard du mari de la mère si aucun lien de filiation n'est établi à l'égard d'un tiers.

C. civ., art. 312 à 315.

GAJC, t. 1, n° 43, 44, 45, 49.

→ *Désaveu de paternité, Filiation légitime.*

Paternité

[Droit civil]

Lien généalogique et juridique existant entre le père et son enfant.

La paternité coïncide en principe avec un lien biologique et génétique. Mais, de plus en plus souvent, l'un et l'autre sont disjoints (*adoption*, *insémination artificielle avec tiers donneur* par exemple).

La paternité est dite légale lorsqu'elle est juridiquement établie, qu'elle le soit en mariage ou hors mariage.

Traditionnellement, la paternité était dite « légitime » quand elle découlait d'une présomption légale liée au mariage, « naturelle » quand elle procédait de relations hors mariage. Mais ces adjectifs ont été supprimés par l'ordonnance du 4 juillet 2005 sur la filiation.

C. civ., art. 312, 316 et 327.

→ *Ascendant, Descendant, Enfant, Filiation, Maternité, Ordre d'héritiers, Parenté, Relations personnelles.*

Patrimoine

[Droit civil]

Ensemble des biens et des obligations d'une personne, envisagé comme une universalité de droit, c'est-à-dire comme une masse mouvante dont l'actif et le passif ne peuvent être dissociés.

C. civ., art. 2284 et 2285.

GAJF n° 1; GAJC, t. 1, n° 223.

→ *Affectation, Extrapatrimonial, Patrimonial.*

Patrimoine commun de l'humanité

[Droit international public]

Espace ou bien insusceptible d'appropriation parce que considéré comme appartenant à l'humanité tout entière. Justifie l'internationalité de certains espaces : les fonds marins au-delà du plateau continental de chaque État côtier (Convention de Montego Bay du 10 déc. 1982), la lune et les autres corps célestes (traité du 27 janv. 1967).

→ *Patrimoine mondial, Zone internationale des fonds marins.*

Patrimoine culturel

[Droit général]

Ensemble des biens, immobiliers ou mobiliers, relevant de la propriété publique ou privée, qui présentent un intérêt historique, artistique, archéologique, esthétique, scientifique ou technique.

C. patr., art. L. 111-2, R. 112-4.

→ *Biens culturels.*

Patrimoine culturel immatériel de l'humanité

[Droit international public]

Ensemble de « pratiques, représentations, expressions, connaissances et savoir-faire – ainsi que les instruments, objets, artefacts et espaces culturels qui leur sont associés – que les communautés, les groupes et, le cas échéant, les individus reconnaissent comme faisant partie de leur patrimoine culturel » et considérés tels, par le Comité du patrimoine culturel immatériel de l'*Unesco*, en application de la Convention de 2003 pour la sauvegarde du patrimoine culturel immatériel, entrée en vigueur en 2006 (ex. : la tapisserie d'Aubusson depuis 2009, le repas gastronomique des Français depuis 2010, le fest-noz depuis 2012, les ostensions septennales limousines depuis 2013).

→ *Patrimoine commun de l'humanité, Patrimoine mondial.*

Patrimoine mondial

[Droit international public]

Sites culturels et naturels considérés, en application de la Convention de 1972 relative à la protection du patrimoine mondial, comme dotés d'une « valeur universelle exceptionnelle » qui nécessite leur préservation en tant qu'élément du patrimoine mondial de l'humanité. Ils sont inscrits sur la liste du patrimoine mondial par le Comité éponyme de l'*Unesco*.

→ *Patrimoine commun de l'humanité.*

Patrimoines d'affectation (Théorie des)

[Droit privé/Droit commercial/ Droit financier ou fiscal]

Théorie selon laquelle, contrairement à l'analyse classique d'Aubry et Rau, le patrimoine n'est pas lié à l'idée de personne, ne constitue pas « l'universalité juridique de tous les objets extérieurs sur lesquels une personne a pu ou pourra avoir des droits à exercer », mais correspond à l'affectation d'une masse de biens à un but, ce but pouvant être soit la conservation des biens, soit leur liquidation, soit leur administration. L'intérêt de cette théorie est d'admettre qu'une même personne puisse avoir plusieurs patrimoines différenciés par la diversité de leurs affectations.

Cette théorie connaît des applications importantes en matière d'*assiette de l'impôt* (*1er sens*) sur le revenu des entreprises individuelles, de *fiducie*, de *fondation*.

La loi n° 2010-658 du 15 juin 2010 relative à l'*entrepreneur individuel à responsabilité limitée*, prévoit la création d'un patrimoine professionnel séparé : toute personne physique peut affecter telle partie de ses biens à son activité professionnelle, sans création d'une personne morale, et ne répondre de ses créances professionnelles que sur son patrimoine affecté.

C. com., art. L. 526-6 s.

→ *Affectation, Auto-entrepreneur, Déclaration d'insaisissabilité, Destination.*

Patrimonial

[Droit général]

Caractérise ce qui est appréciable en argent comme faisant partie du patrimoine conçu comme une masse de biens et qui, par conséquent, est susceptible de cession et de transmission.

→ *Extrapatrimonial.*

Patronyme

[Droit civil]

Nom de famille par opposition au prénom. Étant donné sa résonance masculine (du grec *pater*, père, et *onuma*, nom) et les nouvelles règles de dévolution du nom (qui est choisi par les parents et peut être leurs 2 noms accolés), les expressions « patronyme » et nom « patronymique » ont été supprimées des textes du Code civil et remplacées par celle de « *nom de famille* » (L. du 4 mars 2002).

→ *Nom, Nom d'usage.*

Paulienne (Action)

[Droit civil]

Action par laquelle un créancier, agissant en son nom personnel, attaque les actes faits par son débiteur en fraude de ses droits, en vue de les faire déclarer inopposables à son égard. Elle aurait été créée à Rome par le prêteur Paulus (d'où son nom).

C. civ., art. 1341-2.*

→ *Action directe, Action oblique, Fraude.*

Pause (Temps de)

[Droit du travail]

A été défini de manière prétorienne comme un arrêt de travail de courte durée sur le lieu de travail ou à proximité. La Cour de cassation estime qu'il n'est pas incompatible avec des interventions éventuelles et exceptionnelles demandées durant cette période au salarié en cas de nécessité, notamment pour des motifs de sécurité. Tout salarié a droit à un temps de pause d'au moins 20 minutes au bout de 6 heures de travail quotidien.

C. trav., art. L. 3121-33.

GADT n° 61.

→ *Durée du travail.*

Pavillon

[Droit international public]

Drapeau placé à la poupe d'un navire qui indique la nationalité de celui-ci, déterminée par le lieu d'immatriculation de celui-ci. Pavillon de complaisance : pavillon libéralement accordé par certains petits États (Libéria, Panama…), présentant des avantages pour les armateurs (charges fiscales et sociales moins lourdes), mais ne consacrant pas un lien de rattachement substantiel entre le navire et l'État (lequel ne dispose pas des moyens propres à exercer un contrôle effectif sur sa flotte de commerce considérable).

→ *Immatriculation, Francisation.*

Pays

[Droit administratif]

Fraction du territoire reconnue par l'État comme présentant une cohésion géographique, culturelle, économique ou sociale. Pour tenir compte de leur communauté d'intérêts, les collectivités locales concernées définissaient avec l'État ou la région un projet de développement du pays. Catégorie mise en extinction par la loi du 16 décembre 2010.

Pays de droit romain

[Droit général]

La France de l'Ancien Régime était divisée en 2 zones juridiques selon une ligne (sinueuse) allant de l'embouchure de la Charente jusqu'au lac de Genève. Au nord, le pays était régi par des coutumes orales, nombreuses, différentes entre elles, d'influence germanique, au sud par le droit romain, lointain héritier de la compilation de l'empereur Justinien, enseigné depuis dans les écoles et les universités et propagé en Europe par des juristes de renom. Tombé en routine bien avant le Code civil, le droit romain n'était plus que *l'Hodiernus pandectarum usus*, devenu et regardé un peu comme la coutume générale des pays du midi.

→ *Coutume, Droit civil, Droits savants.*

Pays (ou États) en développement (PED)

[Droit international public]

Expression plus volontiers utilisée aujourd'hui que celle de pays (ou États) sous-développés recouvrant d'ailleurs des réalités assez contrastées.

Certains pays, issus des PED, sont désormais qualifiés d'émergents en raison de leur grand dynamisme économique.

D'autres, au contraire, se caractérisent par l'étendue et l'importance de leurs déficiences (faiblesse du revenu national; insuffisance des ressources alimentaires; insuffisance de l'équipement sanitaire, de l'équipement culturel et de la scolarisation; sous-industrialisation) : ce sont les Pays les moins avancés (PMA). Enfin, de nombreux États sont dans une situation intermédiaire.

Le problème de l'aide des États riches à ces pays n'a pu jusqu'ici faire l'objet d'une solution satisfaisante malgré sa gravité pour l'équilibre mondial.

→ *Aide aux Pays en développement, BRICS, Conventions UE/ACP, Tiers-monde.*

Péage

[Droit administratif]

Droit perçu, pour l'usage d'un ouvrage public par les particuliers, au profit de la personne publique ou du concessionnaire qui, ayant construit l'ouvrage, est chargé de la gestion.

Pêche (Droit de)

[Droit de l'environnement]

Droit de rechercher et de capturer les poissons. L'exercice de ce droit exige l'adhésion à une association agréée de pêche et de protection du milieu aquatique, le paiement de la redevance pour pollution de l'eau d'origine non domestique, le respect des divers règlements relatifs au temps de pêche, aux dimensions des poissons, au nombre des captures autorisées, aux procédés prohibés...

La pêche a lieu dans les fleuves, rivières et canaux domaniaux. Dans les eaux privées, les propriétaires riverains ont, chacun de leur côté, le droit de pêche jusqu'au milieu du cours d'eau; mais ils doivent en retour effectuer les travaux d'entretien sur les berges et dans le lit du cours d'eau, nécessaires au maintien de la vie aquatique.

C. envir., art. L. 432-1, L. 435-1, L. 435-4, L. 436-1, L. 436-4, L. 436-5, R. 436-6 s.

➜ *Vice de forme.*

Pêche maritime

[Droit européen]

Dans le cadre de l'Union européenne a été mise en place une politique commune de la pêche (art. 38 s. TFUE). La conservation des ressources biologiques de la mer est même l'une des compétences exclusives de l'Union (art. 3 TUE).

Pécule

[Droit pénal]

Partie de la rémunération du travail d'un délinquant détenu, affectée à la constitution d'une réserve, qui lui est remise au moment de sa libération.

C. pr. pén., art. 728-1 al. 1er, D. 320-2.

Pédophilie

[Droit pénal]

Définie, d'une manière générale, comme l'attirance sexuelle d'un adulte pour les jeunes enfants, de l'un ou l'autre sexe, cette attitude ne fait pas l'objet d'une incrimination pénale en tant que telle. Néanmoins, le code pénal sanctionne plusieurs actes sexuels réalisés à l'encontre de mineurs de 15 ans; par exemple, les atteintes sexuelles sans violence, contrainte, menace ou surprise réalisées contre ces mineurs; les enregistrements et la diffusion d'images pornographiques représentant ces mineurs; le fait de consulter habituellement des services de communication en ligne mettant à disposition de telles images, d'en acquérir ou d'en détenir. Dans d'autres cas, la minorité de 15 ans est une circonstance aggravante de certaines infractions : viol, agression sexuelle.

C. pén., art. 222-14-2e, 222-29-1er, 227-23 et 227-25.

Peine

[Droit pénal]

Sanction punitive, qualifiée comme telle par le législateur, infligée par une juridiction répressive au nom de la société, à l'auteur d'une infraction. Outre la rétribution de la faute commise, elle a pour fonction de favoriser l'amendement, l'insertion ou la réinsertion de ce dernier. L'objectif poursuivi par la sanction étant d'assurer la protection de la société, de prévenir la commission de nouvelles infractions et de restaurer l'équilibre social, dans le respect de l'intérêt des victimes.

On distingue, selon leur gravité et en fonction de la classification tripartite des infractions, les peines criminelles, les peines correctionnelles et les peines contraventionnelles et, selon leur nature, les peines de droit commun et les peines politiques. La peine politique est une sanction propre à certaines infractions qui sont réputées, de ce fait politiques. Aujourd'hui, la seule peine politique spécifique est la détention criminelle à perpétuité et à temps.

C. pén., art. 130-1.

• *Peines criminelles :* pour les personnes physiques, le Code pénal supprimant toutes distinctions entre peines afflictives et infamantes, ne conserve que la réclusion criminelle et la détention criminelle. Elles peuvent être à perpétuité, de 30 ans, 20 ans, 15 ans au plus, mais ne peuvent être inférieures à 10 ans. On ajoutera l'amende et les peines complémentaires de l'article 131-10 du Code pénal.

C. pén., art. 131-1 et 131-2.

Pour les personnes morales, outre l'amende systématiquement encourue et fixée au quintuple de celle applicable aux personnes physiques et à 1 000 000 € lorsque l'incrimination criminelle ne la prévoit pas pour la même infraction, le législateur énumère différentes peines qui doivent être prévues dans le texte d'incrimination : dissolution, interdiction d'exercer, placement sous surveillance, fermeture d'établissement, exclusion des marchés publics, etc.

C. pén., art. 131-39.

• *Peines correctionnelles :* pour les personnes physiques, l'emprisonnement de 10 ans, 7 ans, 5 ans, 3 ans, 1 an, 6 mois, 2 mois au plus ; la contrainte pénale ; l'amende égale ou supérieure à 3 750 €, le jour-amende, le travail d'intérêt général, le stage de citoyenneté, les peines privatives ou restrictives de droit prévues à l'article 131-6 (suspension de permis de conduire, confiscation, interdiction de porter une arme, etc.), les peines complémentaires prévues à l'article 131-10, la sanction-réparation.

C. pén., art. 131-3 s.

Pour les personnes morales, les peines correctionnelles sont les mêmes que les peines criminelles. On peut y ajouter la sanction-réparation applicable au seul délit.

C. pén., art. 131-37, 131-38 et 131-29-1.

• *Peines de police :* pour les personnes physiques, la peine d'amende fixée à 38 € pour les contraventions de 1re classe, 150 € pour la 2e classe, 450 € pour la 3e classe, 750 € pour la 4e classe, 1 500 € montant porté à 3 000 € en cas de récidive, pour la 5e classe, les peines privatives ou restrictives de droit prévues à l'article 131-14 (suspension de permis de conduire, confiscation d'une arme, interdiction d'émettre des chèques, etc.), pour les seules contraventions de 5e classe et plusieurs peines complémentaires certaines communes à toutes les contraventions (art. 131-16, C. pén.), d'autres propres aux contraventions de 5e classe (art. 131-17, C. pén.) et la peine de sanction-réparation prévue par l'article 131-15-1.

C. pén., art. 131-12.

Pour les personnes morales, l'amende dont le taux est porté au quintuple de celui prévu pour les personnes physiques, les peines privatives ou restrictives de droit prévues à l'article 131-42 (interdiction d'émettre des chèques, confiscation) et la sanction-réparation pour les seules contraventions de 5e classe.

C. pén., art. 131-40.

Peine accessoire

[Droit pénal]

Sanction découlant de plein droit d'une peine principale. Le Code pénal posant le principe qu'aucune peine ne peut être appliquée si une juridiction ne l'a pas expressément prononcée, la notion de peine accessoire paraissait devoir disparaître. Ce principe ne s'applique cependant rigoureusement que pour les seules infractions prévues par le Code pénal. Pour les infractions relevant d'un autre texte, il n'est obligatoire que pour les peines applicables aux mineurs et, pour les majeurs, uniquement pour l'interdiction des droits civiques, civils et de famille. Cette solution a été partiellement remise en cause par le Conseil constitutionnel qui, à la suite d'une *question prioritaire de constitutionnalité* sur l'article L. 7 du Code électoral, a considéré que l'automaticité d'une sanction est contraire aux exigences qui découlent du principe d'individualisation des peines.

C. pén., art. 132-17 et 132-21.

GADPG n° 47.

Peine complémentaire

[Droit pénal]

Sanction qui s'ajoute, ou peut s'ajouter, à la peine principale selon qu'elle est obligatoire ou facultative pour le juge.

C. pén., art. 131-10.

Peine de substitution

[Droit pénal]

Sanction que le législateur met à la disposition du juge pénal pour qu'il la prononce à la place de l'emprisonnement ou à la place de l'amende correctionnelle ou contraventionnelle normalement encourus. Prévue dans la partie générale du Code pénal ce sont : la contrainte pénale, le jour-amende, le stage de citoyenneté, le travail d'intérêt général, la sanction réparation, les peines privatives ou restrictives de droit prévues par les articles 131-6 pour les délits et 131-14 pour les contraventions de 5e classe. Les peines complémentaires, lorsqu'elles sont prévues par le texte d'incrimination, peuvent également être prononcées à titre de peine principale.

C. pén., art. 131-3, 131-4-1, 131-5, 131-5-1, 131-6 à 131-8-1, 131-11, 131-15 et 131-18.

Peine incompressible

[Droit pénal]

Peine perpétuelle réelle, applicable pour quelques infractions d'homicides aggravés (meurtres d'enfants par ex.) qui résulte d'une décision d'une cour d'assises précisant qu'aucune mesure conduisant à une libération anticipée ne pourra être accordée au condamné. La situation de ce dernier pourra néanmoins être réexaminée après 30 ans.

C. pén., art. 221-4; C. pr. pén., art. 720-4.

Peine justifiée

[Procédure pénale]

Théorie tirée d'une interprétation extensive de l'article 598 du Code de procédure pénale par la Cour de cassation qui conduit la Haute juridiction à rejeter le pourvoi formé pour erreur de droit contre une décision juridictionnelle, non seulement en cas de simple erreur de plume dans la citation du texte de la loi, mais aussi en cas d'erreur dans le raisonnement juridique de la décision attaquée, au motif que, de toute façon, la peine prononcée est la même que celle portée par la loi qui s'applique réellement à l'infraction. Il semble que depuis un arrêt d'Assemblée plénière du 8 juillet 2005 (no 99-83.846), cette théorie ne soit plus appliquée par la Cour de cassation.

C. pr. pén., art. 598.

Peine-plancher

[Droit pénal]

Peine privative de liberté minimale que devait prononcer une juridiction de jugement, sauf décision motivée contraire, à l'encontre de certains délinquants, principalement les récidivistes.

Cette limite au principe général d'individualisation de la sanction qui concernait les majeurs comme les mineurs récidivistes a été supprimée par la loi no 2014-896 du 15 août 2014.

Peine principale

[Droit pénal]

Sanction obligatoirement attachée par le législateur, à un comportement déterminé qui caractérise l'incrimination pénale et la nature criminelle, correctionnelle ou contraventionnelle de celle-ci. La réclusion et la détention criminelle en matière criminelle, l'emprisonnement et l'amende au-delà de 3 750 € en matière correctionnelle et l'amende inférieure à 1 500 €, seuls permettent de qualifier l'infraction et sont qualifiées de « peines de référence » par certains auteurs.

C. pén., art. 131-10.

Peine privée

[Droit civil]

Sanction civile que la loi inflige, parfois, à l'auteur d'agissements déloyaux et qui aboutit à conférer un avantage à la personne qui en est victime. Par exemple,

l'héritier qui a recelé des biens ou des droits successoraux ou dissimulé l'existence d'un cohéritier perd sa part dans les biens ou les droits détournés ou recelés et est réputé accepter purement et simplement la succession, nonobstant toute renonciation ou acceptation à concurrence de l'actif net.
On dit aussi que la responsabilité civile n'a pas qu'une fonction indemnitaire et qu'en présence d'une faute grave le juge majore les dommages et intérêts à titre de peine privée toutes les fois que le préjudice ne peut être exactement évalué.

C. civ., art. 778 et 1477; C. assur., art. L. 113-8.

→ *Divertissement, Recel.*

Peines alternatives (Système des)

[Droit pénal]

Principe selon lequel toutes les peines étant équivalentes le juge répressif peut, librement, choisir pour sanctionner une infraction de retenir l'une ou l'autre des peines légalement encourues.

Pénalité de retard

[Droit commercial]

Sanction frappant l'entreprise qui ne respecte pas le délai de paiement convenu, lequel ne peut pas dépasser 45 jours fin de mois ou 60 jours à compter de la date d'émission de la facture. Le montant de la pénalité, qui ne peut être inférieur à 3 fois le taux de l'*intérêt légal*, est calculé par référence au taux de la banque centrale européenne; il est exigible sans qu'un rappel soit nécessaire.

C. com., art. L. 441-6.

→ *Intérêt, Intérêt conventionnel.*

Pénalité par référence

[Droit pénal]

Système de détermination de la sanction au terme duquel la peine applicable à une infraction précise est fixée par un texte différent de celui qui prévoit l'incrimination.

Pendant(e)

[Droit civil/Procédure civile]

1° S'agissant de la *condition*, vise la période d'attente pendant laquelle on ignore si l'événement pris comme condition se réalisera ou ne se réalisera pas (condition pendante).

2° En procédure, désigne ce qui n'est pas encore jugé : instance pendante.

Penitus extranei

[Droit civil/Procédure civile]

Du latin : tout à fait étrangers. Expression par laquelle on désigne les *tiers absolus*, c'est-à-dire les personnes complètement étrangères à une *convention* ou à un *jugement*, par opposition aux tiers *ordinaires*, ayants cause ou créanciers.

C. civ., art. 1199, 1200*.*

→ *Erga omnes, Inter partes, Partie, Tierce opposition.*

Pénologie

[Droit pénal]

Au sens générique de ce terme, partie du droit pénal général qui traite des règles applicables aux sanctions répressives. Plus précisément, on parle de la science des peines (science pénitentiaire) dont l'objet, en étudiant les mesures d'exécution des sanctions, est de déterminer les solutions pénales les plus efficaces, permettant ainsi d'orienter la politique criminelle.

Pension

[Sécurité sociale]

Allocation régulière versée au titre de l'assurance vieillesse ou de l'assurance invalidité.

CSS, art. L. 341-1 et L. 351-1.

→ *Droits propres.*

Pension alimentaire

[Droit civil]

Somme d'argent versée périodiquement pour faire vivre une personne dans le besoin, en exécution d'une *obligation alimentaire*, du devoir de secours ou d'une obligation d'entretien.

La pension alimentaire est insaisissable.

C. civ., art. 205 s., 214, 270, 342, 371-2, 373-2-2, 758, 767; C. pr. exéc., art. L. 112-2.

GAJC, t. 1, n° 57-58.

→ *Action à fins de subsides, Droit à pension, Entretien (Devoir d'), Recouvrement des pensions alimentaires, Secours (Devoir de).*

Pension d'invalidité de veuve ou de veuf

[Sécurité sociale]

Pension accordée au conjoint survivant de l'assuré qui est lui-même atteint d'une invalidité de nature à lui ouvrir droit à pension d'invalidité, mais qui n'a pas de *droits propres*. Il doit être âgé de moins de 55 ans car sinon il touche la pension de vieillesse de veuve ou de veuf.

CSS, art. L. 342-1.

Pension de réversion

[Sécurité sociale]

Pension versée au conjoint survivant d'une personne qui avait acquis de son vivant des droits à une retraite ou à un avantage de l'assurance vieillesse.

CSS, art. L. 353-1.

Pension de titres

[Droit commercial]

Opération consistant, pour une personne morale, un fonds commun de placement ou un fonds commun de créances, à céder à un autre de ces organismes des titres moyennant un prix convenu, puis à en opérer la rétrocession.

C. mon. fin., art. L. 211-27 s.

Pension vieillesse de veuve ou de veuf

[Sécurité sociale]

Pension qui se substitue automatiquement à 55 ans à la *pension d'invalidité de veuve ou de veuf* obtenue avant cet âge par le conjoint survivant atteint d'une incapacité permanente de travail.

CSS, art. L. 342-6 et R. 342-6.

Percepteur

[Droit financier ou fiscal]

Naguère, comptable public gérant une *perception*. Bien que le titre ait disparu, la langue courante continue souvent de nommer ainsi le comptable du Trésor gérant une *trésorerie* et chargé de percevoir les impôts directs (impôt sur le revenu, impôts locaux) et une grande variété de produits non fiscaux comme les amendes pénales. Dans les communes rurales il est également le comptable des communes de sa circonscription et à ce titre il en paie également les dépenses.

Perception

[Droit financier ou fiscal]

→ *Trésorerie.*

Péremption

[Droit civil]

Anéantissement, du fait de l'écoulement d'un délai déterminé, de certains actes, sans retentissement sur le droit qui les justifie. Ainsi l'inscription hypothécaire se périme au bout d'un certain délai, en ce sens que le créancier perd le bénéfice de la date de l'inscription primitive qui fixait le rang en cas de concours avec d'autres créanciers hypothécaires, mais il conserve tout de même son hypothèque après l'expiration du délai.

C. civ., art. 2435.

Péremption d'instance

[Procédure civile]

Extinction du lien d'instance prononcée, à la demande de l'adversaire, quand la partie a laissé passer un délai de 2 ans sans poursuivre la procédure.

La péremption n'empêche pas de renouveler la demande, si la prescription n'est pas déjà accomplie. Toutefois, la péremption en cause d'appel ou d'opposition confère au jugement la *force de chose jugée*, même s'il n'a pas été notifié.

C. pr. civ., art. 385 s. et 1009-2; C. trav., art. R. 1452-8.

Péremption du jugement

[Procédure civile]

Anéantissement du jugement par défaut ou du jugement réputé contradictoire (au seul motif qu'il est susceptible d'appel) lorsqu'il n'a pas été notifié dans les 6 mois de sa date.

C. pr. civ., art. 478.

Performance (publique)

[Droit administratif/Droit financier ou fiscal]

Concept officiellement introduit par la réforme du budget de l'État appliquée en 2006 pour souligner l'exigence de qualité dans la gestion administrative et financière de celui-ci, en s'inspirant du principe « des trois E » (Économie, Efficacité, Efficience) des *Government Auditing Standards* des États-Unis. Dans une présentation générale, une action publique peut être qualifiée de performante (ou d'efficiente) quand les objectifs ont été atteints (efficacité) en ne mobilisant que les moyens financiers et matériels nécessaires (économie). Afin de faciliter l'évaluation de la performance publique, la *loi de finances* comporte des projets annuels de performance (PAP), et la loi de *règlement* correspondante des rapports annuels de performance (RAP).

La recherche de la performance publique s'inscrit dans la démarche dite d'optimisation des ressources (*value for money*) des Anglo-Saxons.

→ *Loi organique relative aux lois de finances.*

Péril en la demeure

[Procédure civile]

→ *Nécessité.*

Période complémentaire

[Droit financier ou fiscal]

En *comptabilité publique*, période durant laquelle des paiements ou des recettes correspondant à des dettes ou à des créances nées au cours d'une année n peuvent être encore exécutés au début de l'année $n + 1$ tout en étant comptabilisés dans le budget de l'année *n*. Cet assouplissement au système de la gestion est en principe de 20 jours pour l'État. Dans les *collectivités territoriales* il porte le nom de journée complémentaire, la journée comptable du 31 décembre étant fictivement prolongée de plusieurs jours.

→ *Gestion (Système de la).*

Période d'observation

[Droit commercial]

Période ouverte par le jugement de sauvegarde ou de redressement judiciaire (le jugement d'ouverture) au cours de laquelle est préparé un plan de sauvegarde ou de redressement de l'entreprise.

La période d'observation ne peut dépasser la durée d'une année que de manière exceptionnelle.

C. com., art. L. 621-3 et L. 631-7.

Période de sûreté

[Droit pénal]

Mesure d'exécution des peines privatives de liberté non assorties du sursis, selon laquelle le condamné ne peut bénéficier pendant une période variable, des dispositions concernant la suspension ou le fractionnement de la peine, le placement à l'extérieur, les permissions de sortir et la libération conditionnelle. Elle est obligatoire pour certaines infractions lorsque la peine prononcée est égale ou supérieure à 10 ans; d'une durée égale à la moitié de la peine ou de 18 ans en cas de peine perpétuelle, elle peut être portée aux 2/3 de la peine ou à 22 ans, voire exceptionnellement à 30 ans pour quelques infractions; elle est facultative dans les autres cas lorsque la peine prononcée est supérieure à 5 ans; sa durée ne peut excéder les 2/3 de la peine ou 22 ans en cas de peine perpétuelle. Cette mesure n'est pas applicable aux mineurs.

C. pén., art. 132-23; Ord. 2 févr. 1945, art. 20-2, al. 9.

Période de survie

[Droit du travail]

Expression de la langue des juristes pour désigner la période qui s'ouvre au moment où la dénonciation d'une convention ou d'un accord collectif de travail devient effective (au terme du délai de préavis) et pendant laquelle le texte dénoncé continue à produire effet. Cette période dure au maximum un an à compter de l'expiration du préavis de dénonciation.

C. trav., art. L. 2261-10.

Période suspecte

[Droit commercial]

Dans les procédures de redressement et de liquidation judiciaires, période qui s'étend de la date de cessation des paiements à la date du jugement d'ouverture de la procédure. La date de la cessation des paiements retenue par le tribunal détermine donc la durée de la période suspecte, laquelle ne peut excéder 18 mois, ou 24 mois dans certains cas exceptionnels.

Les actes accomplis par le débiteur pendant cet intervalle peuvent être frappés de nullité lorsqu'ils portent atteinte à l'actif disponible de l'entreprise. Certains de ces actes sont nuls en raison de leur nature même, d'autres ne le sont qu'à la condition que le contractant ait eu connaissance de l'état de cessation des paiements au moment de la réalisation de l'acte suspect.

C. com., art. L. 632-1 s.

Périodes assimilées

[Sécurité sociale]

Dans le droit de la Sécurité sociale, certaines prestations ne sont accordées que si l'assuré justifie des conditions de durée de travail, de cotisations ou d'immatriculation. C'est la raison pour laquelle la législation assimile à des périodes d'activité des périodes d'inactivité professionnelle involontaire, comme le chômage, la maladie ou l'accident du travail. Elles sont qualifiées de périodes assimilées.

CSS, art. L. 351-3.

Permis de conduire

[Droit pénal]

Titre, dont la possession est obligatoire, délivré par l'administration, attestant de la capacité de son titulaire et l'autorisant à faire circuler un véhicule à moteur d'une catégorie déterminée, sur des voies publiques, ouvertes ou non à la circulation.

• *Suspension :* sanction consistant en une interdiction provisoire de conduire, prononcée, soit par le préfet à titre de mesure administrative contre un conducteur responsable d'infractions graves aux règles de la circulation routière, soit par le tribunal correctionnel ou de police à titre de peine complémentaire facultative sanctionnant certaines infractions routières ou non. Cette sanction peut également être prononcée à titre de substitut à une courte peine d'emprisonnement.

C. route, art. L. 224-2; C. pén., art. 131-6 et 131-14.

• *Retrait :* annulation du permis de conduire prononcée à titre de sanction par le tribunal.

• *Rétention :* retrait du permis de conduire, à titre conservatoire, effectué par les officiers ou agents de police judiciaire à la suite d'un dépistage positif d'une imprégnation alcoolique, du constat d'une ivresse manifeste ou d'un soupçon d'usage de stupéfiants du conducteur d'un véhicule ou de l'accompagnateur d'un élève conducteur. Le retrait peut aussi être motivé par un refus opposé par le conducteur au dépistage de l'alcoolémie ou des substances classées comme stupéfiants ou pour un dépassement de la vitesse autorisée de 40 km/heure ou plus.

C. route, art. L. 224-1.

• *Perte de validité :* effet de plein droit de la réduction du nombre de points affectant le permis de conduire à la suite de certaines infractions, lorsque ce nombre devient nul.

C. route, art. L. 223-1.

Le trafic de points, concernant le permis de conduire, consistant à proposer une rémunération, à accepter cette rémunération ou à se porter candidat pour qu'une personne, autre que le véritable conducteur, soit désignée dans une requête en exonération ou en une réclamation contre une contravention entraînant la perte de points, est un délit passible de 6 mois d'emprisonnement et de 15 000 € d'amende. Les peines sont doublées si ce comportement est habituel ou si ce service est proposé publiquement.

C. route, art. L. 223-9.

Permis de construire

[Droit administratif]

Autorisation préalable à la généralité des constructions et travaux connexes, qui a pour but de vérifier que l'édifice respectera les règles d'urbanisme et de construction en vigueur.

C. urb., art. L. 421-1 s.

Permission de sortir

[Droit pénal]

Autorisation accordée à un détenu, sous certaines conditions variables, de s'absenter d'un établissement pénitentiaire, pendant un temps déterminé qui s'impute sur la durée de la peine en cours d'exécution, pour lui permettre de préparer sa réinsertion professionnelle ou sociale, pour maintenir ses liens familiaux ou pour accomplir une obligation exigeant sa présence.

C. pr. pén., art. L. 723-3, D. 142 s.

Permission de voirie

[Droit administratif]

Acte administratif unilatéral autorisant une occupation privative – et donc anormale – d'une portion de la *voirie* par un particulier, moyennant une redevance. Cette permission, précaire, est révocable sans indemnité.

→ *Concession de voirie.*

ACTU

Perquisition

[Procédure pénale]

Recherche policière ou judiciaire des éléments de preuve d'une infraction. Strictement réglementée, elle peut être réalisée au domicile de toute personne ou en tout autre lieu où pourraient se trouver des objets, documents ou données informatiques, dont la découverte serait utile à la manifestation de la vérité. Elle est soumise à des règles particulières lorsqu'elle se déroule dans certains lieux : bureau ou domicile d'un avocat; cabinet d'un médecin, d'un notaire ou d'un huissier; locaux d'une entreprise de presse ou domicile d'un journaliste. Une perquisition peut également être réalisée chez une personne qui, placée sous contrôle judiciaire ou sous assignation à résidence sous surveillance électronique, est soumise à une interdiction de détenir une arme, lorsqu'il existe des indices graves et concordants que des armes se trouvent actuellement au domicile de cette personne.

Une perquisition dite « immatérielle », soumise aux mêmes garanties que la perquisition classique, permet, à partir d'un système informatique implanté dans des locaux d'un service ou d'une unité de police ou de gendarmerie, d'accéder à des données, intéressant une enquête en cours, stockées dans un autre système informatique, dès lors qu'elles sont accessibles à partir du système initial. Les officiers de police judiciaire peuvent requérir toute personne susceptible de fournir des éléments, notamment les codes, pour accéder aux données recherchées.

Dans le cadre de l'*état d'urgence*, les autorités administratives (préfet) peuvent se voir conférer le pouvoir d'ordonner des perquisitions, en présence d'un *OPJ*, dans tout lieu, y compris un domicile, sauf celui de l'exercice d'un mandat parlementaire ou de l'activité professionnelle d'un avocat, d'un magistrat ou d'un journaliste, de jour comme de nuit s'il existe des raisons sérieuses de penser que le lieu est fréquenté par une personne dont le comportement constitue une menace pour la sécurité et l'ordre publics.

C. pr. pén., art. 56 s., 57-1, 76, 92, 94 s., 141-5, 706-89 s.; L. n° 55-385 du 3 avril 1955, art. 11.

→ *Référé perquisition.*

Persona grata

[Droit international public]

Expression latine signifiant « personne agréée », employée pour désigner l'agent diplomatique qui jouit de la confiance du gouvernement auprès duquel il est ou doit être accrédité. La désignation comme *persona non grata* équivaut au refus de l'agrément ou à l'invitation au rappel de l'agent diplomatique.

→ *Agrément.*

Personnalisation du pouvoir

[Droit constitutionnel]

Phénomène d'identification du pouvoir, par les gouvernés, à un gouvernant déterminé.

Ne pas confondre pouvoir personnalisé et pouvoir personnel : celui-ci n'est autre que l'omnipotence d'un gouvernant dont l'action ne connaît pas de limites, alors que le pouvoir personnalisé peut s'exercer dans le respect des règles constitutionnelles (ex. : A. Merkel en Allemagne, N. Sarkozy en France).

Personnalité active (Principe de la)

[Droit pénal]

Principe au terme duquel la compétence de la loi pénale est liée à la nationalité de l'auteur d'une infraction. En ce sens, tout Français auteur d'un crime à l'étranger relève de la loi française. S'agissant d'un délit, commis dans les mêmes conditions, encore faut-il que ces faits soient réprimés par la législation du pays où ils ont été commis (principe de réciprocité). La poursuite qui ne peut être exercée que par le ministère public, implique une plainte de la victime ou une dénonciation officielle par l'autorité du pays où les faits ont été réalisés. Une condamnation définitive à l'étranger, pour les mêmes faits, si la peine a été subie ou prescrite, exclut toute poursuite en France.

C. pén., art. 113-6, 113-8, 113-9.

→ *Personnalité passive (Principe de la).*

Personnalité des lois

[Droit international privé]

Système juridique selon lequel plusieurs lois sont susceptibles d'être appliquées sur un même territoire, en raison de la coexistence de groupes ethniques différents : le rattachement de la personne au groupe ethnique entraîne application à l'individu de la loi qui régit ce groupe.

Personnalité des peines

[Droit pénal]

Principe selon lequel une peine ne peut frapper une personne autre que celle à qui les faits peuvent être reprochés soit comme auteur, soit comme complice.

C. pén., art. 121-1.

Personnalité internationale

[Droit international public]

Aptitude à être titulaire de droits et de devoirs internationaux. Les organisations internationales sont, comme les États, des personnes internationales, mais leur capacité juridique est moins complète que celle des États : c'est une capacité fonctionnelle, qui dépend des buts et fonctions de l'organisation.

Personnalité juridique

[Droit général]

Aptitude à être sujet de droit qui est reconnue de plein droit et sans distinction à tous les êtres humains (personnes physiques) et, sous certaines conditions, variables selon leur nature, aux *personnes morales*.

→ *Personne juridique.*

Personnalité morale

[Droit général]

Nom donné à la *personnalité juridique* des *personnes morales*.

→ *Être moral.*

Personnalité passive (Principe de la)

[Droit pénal]

Principe au terme duquel la compétence de la loi pénale est liée à la nationalité de la victime. En ce sens, la loi française s'applique à l'auteur de tout crime ou délit puni d'emprisonnement commis à l'étranger, quelle que soit la nationalité de l'auteur, si la victime est française au moment de l'infraction. S'agissant d'un délit, la poursuite ne peut être exercée que par le ministère public. Elle est nécessairement précédée d'une plainte de la victime ou de ses ayants droit ou d'une dénonciation officielle de l'autorité du pays où l'infraction a été réalisée. Une condamnation définitive à l'étranger, si la peine a été subie ou est prescrite, exclut toute poursuite en France.

C. pén., art. 113-7, 113-8.

→ *Personnalité active (Principe de la).*

Personne

[Droit général]

À défaut de précision explicite ou résultant du contexte, terme pouvant désigner une personne morale aussi bien que physique.

Personne de confiance

[Droit civil]

→ *Tiers de confiance.*

Personne juridique

[Droit général]

Titulaire de droits et d'obligations ayant, de ce fait, un rôle dans l'activité juridique.

On dit également : sujet de droits. Tous les *êtres humains* sont des personnes juridiques.

→ *Corps humain, Personnalité juridique.*

Personne mise en examen

[Droit pénal]

→ *Mise en examen.*

Personne morale

[Droit général]

Groupement doté de la personnalité juridique, donc titulaire lui-même de droits et d'obligations abstraction faite de la personne des membres qui le composent : société, association, syndicat, État, collectivités territoriales, établissements publics.

La Cour de cassation affirme, s'agissant du droit privé, que « la personnalité morale n'est pas une création de la loi »; qu'elle appartient, en principe, à tout groupement pourvu d'une possibilité d'expression collective pour la défense d'intérêts licites, dignes, par suite, d'être juridiquement reconnus et protégés.

C. civ., art. 1842; L. du 1er juill. 1901, art. 5 et 6.

GAJF n° 21; GAJC, t. 1, n° 19-20.

→ *Être moral, Personnalité morale.*

Personne publique

[Droit public]

Personne morale relevant du droit public (*État*, *collectivités territoriales*, *établissements publics* en droit interne; États et *organisations internationales* en droit international).

Personne vulnérable

[Droit pénal]

Circonstance aggravante de nombreuses infractions, tenant au fait que la victime, en raison de son âge, d'une maladie, d'une infirmité, d'une déficience physique ou psychique, d'un état de grossesse, mérite une protection particulière dès lors que cette situation est apparente ou connue de l'auteur des faits.

Personnel diplomatique

[Droit international public]

Membres du personnel d'une mission diplomatique qui ont la qualité de diplomates (Convention de Vienne de 1961 sur les relations diplomatiques).

→ *Agent diplomatique, Ambassadeur, Mission diplomatique.*

Perte d'une chance

[Droit civil]

Préjudice résultant de la disparition, due au fait d'un tiers, de la probabilité d'un événement favorable et donnant lieu à une réparation mesurée sur la valeur de la chance perdue déterminée par un calcul de probabilités et qui ne peut être égale à l'avantage qu'aurait procuré cette chance si elle s'était réalisée.

La réparation est subordonnée au caractère raisonnable de la chance perdue.

GAJC, t. 2, n° 142, 187, 190.

→ *Devoir d'information.*

Perte de fondement juridique

[Procédure civile]

Survenance, après le prononcé d'une décision, d'un événement entraînant la disparition d'un élément de fait ou de droit qui lui servait de fondement juridique, telle l'intervention d'une loi nouvelle déclarée applicable aux faits antérieurs à son entrée en vigueur. Dès lors, la décision, irréprochable à l'origine, devient critiquable par le pourvoi en cassation.

C. pr. civ., art. 604.

Perte de la chose due

[Droit civil]

→ *Res perit domino.*

Pertinence

[Procédure civile]

Adéquation des moyens à l'objet du litige. S'entend, essentiellement, de la pertinence de l'*allégation* des faits qui doit tomber directement sur l'espèce et de la pertinence de la *preuve* qui doit conduire à une démonstration appropriée. La pertinence est, dans les deux cas, souverainement appréciée par le juge. Mais la reconnaissance de la pertinence d'une allégation ou d'une *preuve* n'enlève pas au juge sa liberté de décision.

C. pr. civ., art. 6, 9 et 222.

→ *Charge, Demandeur.*

Petit dépôt de nuit

[Procédure pénale]

Expression désignant la possibilité exceptionnelle de retenir, en cas de nécessité, une personne faisant l'objet d'un déferrement devant un magistrat à l'issue d'une garde à vue ou d'une retenue douanière ou policière, pendant une période maximum de 20 heures à compter du moment précis où la garde à vue ou la retenue a été levée. Le magistrat, devant lequel l'individu doit comparaître, est immédiatement informé de l'arrivée de cette personne dans les locaux de la juridiction.

C. pr. pén., art. 803-2 et 803-3.

Petita

[Procédure (principes généraux)]

→ *Extra petita, Infra petita, Ultra petita.*

Petite loi

[Droit constitutionnel]

État transitoire d'une loi, au cours de son élaboration par chaque assemblée parlementaire, avant son adoption définitive par le Parlement.

Pétition

[Droit constitutionnel]

Recours gracieux que les citoyens peuvent adresser par écrit aux assemblées parlementaires pour dénoncer un abus de l'Administration, préconiser une modification législative… Procédé aujourd'hui peu utilisé.

Pétition d'hérédité

[Droit civil]

Du verbe latin *petere* « chercher à atteindre ». *Action en justice* accordée à l'héritier quel qu'il soit (successeur universel, à titre universel, légataire, institué contractuel) pour faire reconnaître sa vocation successorale contre ceux qui détiennent les biens de l'hérédité et se prétendent seuls héritiers. Elle est portée devant le TGI du lieu d'ouverture de la succession.

GAJC, t. 1, n° 103, 118-119.

Pétitoire

[Procédure civile]

→ *Action pétitoire, Action possessoire.*

Phare

[Droit européen/Droit international public]

Programme de l'Union européenne pour l'assistance et la reconstruction économique des pays d'Europe centrale et orientale (1989-2006).

Pièces

[Procédure (principes généraux)]

Documents utilisés par les plaideurs à l'appui de leurs prétentions ou de leurs dénégations et qu'ils doivent respectivement se communiquer en vue d'une discussion contradictoire. Ces documents qui peuvent avoir une origine officielle ou privée, contiennent le plus souvent des écrits, des éléments de compte, des représentations figuratives (plan, modèle, etc.).

C. pr. civ., art. 15, 16, 56, 132 s., 837, 843, 1136-3, 1136-4.

→ *Communication électronique, Communication de pièces, Compulsoire, Contradictoire (Principe du), Documents.*

[Procédure civile]

À la requête d'une partie, le juge peut ordonner à un tiers de fournir certains documents nécessaires à la connaissance des faits litigieux.

C. pr. civ., art. 11, 138.

→ *Action ad exhibendum, Injonction, Tiers.*

Pièces à conviction

[Procédure pénale]

Tout objet produit devant une juridiction répressive et qui a pour objectif d'attester de la matérialité d'une infraction. Elles sont le plus souvent obtenues dans le cadre d'une visite domiciliaire ou d'une perquisition suivie d'une saisie. Elles sont, après inventaire, placées sous scellés. L'évolution des techniques de la police scientifique a conduit le législateur à organiser une procédure spécifique pour la conservation des scellés, possibles pièces à conviction, dans l'hypothèse d'un éventuel recours en révision, lorsqu'une condamnation définitive a été prononcée par une cour d'assises. Dans un tel cas, la destruction ou la remise à l'agence de gestion et de recouvrement des avoirs confisqués est soumise à des règles particulières.

C. pr. pén., art. 41-6 et 97.

Pigiste

[Droit du travail]

Journaliste professionnel, collaborateur occasionnel d'une entreprise d'information. Libre de son temps, de la nature de ses articles, il n'est pas placé à ce titre dans un rapport de subordination avec l'entreprise bénéficiaire de ses services; il est rémunéré à la pige, c'est-à-dire à l'article. Toutefois une loi du 4 juillet 1974 et les conventions collectives rapprochent le pigiste du journaliste salarié.

Pignoratif

[Droit civil]

Relatif au gage.

→ *Contrat pignoratif.*

Piliers

[Droit européen]

Le traité de *Maastricht*, créant l'Union européenne, avait mis en place, selon le jargon européen, une « architecture en piliers ». À côté du pilier communautaire et monétaire, intégré, 2 piliers s'organisaient autour de mécanismes essentiellement intergouvernementaux : la *politique étrangère et de sécurité commune* (« 2e pilier »); la coopération en matière d'affaires intérieures et de justice (« 3e pilier »). Alors que le traité d'Amsterdam avait déjà communautarisé une partie du 3e pilier, le traité de *Lisbonne* (entré en vigueur au 1er déc. 2009) supprime les piliers. L'ensemble de l'action de l'Union relève désormais des règles en vigueur pour les politiques communes, même si sont maintenues certaines dispositions spécifiques pour la politique étrangère et de sécurité comme pour l'*espace de liberté, de sécurité et de justice*.

Piquet de grève

[Droit du travail]

Rassemblement de grévistes, généralement à l'entrée de l'entreprise où se déroule le conflit collectif. S'il s'agit pour les grévistes d'informer leurs camarades et de les inviter à se joindre au mouvement, le piquet, sous cet aspect, est licite; s'il s'agit au contraire de faire obstacle à l'exercice de la liberté du travail, il est illicite.

Pirate

[Droit international public/Droit pénal]

Hors-la-loi qui, au contraire du corsaire, n'avait pas de lettre de marque et se livrait, pour son propre compte, à des actions de pillages sur mer.

Piraterie

[Droit international public]

Infraction coutumière du droit international constituée par tout acte illicite de violence ou de détention ou toute déprédation commis par l'équipage ou des passagers d'un navire, agissant à des fins privées, et dirigé contre un autre navire ou aéronef se trouvant en haute mer ou dans une zone ne relevant de la juridiction d'aucun État, ou contre des personnes ou des biens à leur bord (Convention de Montego Bay de 1982, art. 101).

[Droit pénal]

Crime consistant, pour toute personne se trouvant à bord d'un aéronef en vol, d'un navire en mer ou de tout autre moyen de transport collectif, à s'en emparer ou à en exercer le contrôle par violence ou menace de violence. Une loi du 5 janvier 2011, ayant pour objet de lutter principalement contre la piraterie maritime, a précisé les conditions des contrôles en haute mer par des bâtiments de l'État chargés de la surveillance en mer et les pouvoirs des agents lors de la visite des navires (saisies, déroutement du navire, rétention à bord). Les mesures de coercition prises à l'encontre des personnes retenues à bord ainsi que les garanties dont elles doivent bénéficier sont définies par le Code de la défense et réalisées sous le contrôle des autorités judiciaires.

C. pén., art. 224-6; C. défense, art. L. 1521-11 à L. 1521-18.

Pisciculture

[Droit de l'environnement]

Exploitation d'élevage de poissons destinés à la consommation, au repeuplement, à l'ornement, à des fins expérimentales ou scientifiques, ainsi qu'à la valorisation touristique.

Les piscicultures échappent à la législation sur l'eau et la pêche, sauf en ce qui concerne les règles relatives à la pollution des rivières et au contrôle des repeuplements.

Les piscicultures qui sont postérieures au 1er octobre 2006 doivent être autorisées conformément aux règles des installations classées.

C. envir., art. L. 431-6 s., R. 431-8.

→ *Eaux closes.*

Piste cyclable

[Droit général]

Chaussée exclusivement réservée aux cycles à 2 ou 3 roues.

C. route, art. R. 110-2.

Placement

[Droit du travail]

Rapprochement de l'offre et de la demande d'emploi.

→ *Bureau de placement, Pôle emploi.*

[Procédure civile]

→ *Mise au rôle.*

Placement à l'extérieur

[Procédure pénale]

Mode d'exécution des peines privatives de liberté aux termes duquel le condamné est astreint à exercer sous le contrôle de l'administration, des activités en dehors de l'établissement pénitentiaire et doit rejoindre ledit établissement en dehors des périodes nécessaires à cette activité.

Cette mesure peut être décidée *ab initio* par la juridiction de jugement pour toute peine égale ou inférieure à 2 ans d'emprisonnement, y compris dans le cadre d'un sursis partiel, durée ramenée à un an en cas de récidive si le condamné justifie d'une activité professionnelle ou d'une assiduité au suivi d'un stage, d'un enseignement, d'une formation professionnelle, de la recherche d'un emploi (1er), de sa participation essentielle à la vie de sa famille (2e), de la nécessité de suivre un traitement médical (3e), de l'existence d'efforts sérieux de réadaptation sociale résultant d'un engagement durable dans un projet d'insertion (4e).

Le juge de l'application des peines peut également décider de cette mesure en matière d'aménagement des peines pour des sanctions de même durée dans le cadre d'une libération sous contrainte ou comme préalable à une mesure de libération conditionnelle. Ce magistrat est chargé dans tous les cas de la mise en œuvre de cette mesure dont il peut modifier les conditions d'application ou décider du retrait.

Le travail à l'extérieur est exécuté selon les cas sous surveillance du personnel pénitentiaire ou sans surveillance de ce personnel.

C. pén., art. 132-25, 132-26; C. pr. pén., art. 720, 723-1.

→ *Placement sous surveillance électronique statique.*

Placement à l'isolement

[Procédure pénale]

Décision, prise par l'autorité administrative pénitentiaire, de soumettre un détenu, sauf s'il est mineur, à un régime excluant tout contact avec les autres prisonniers, notamment, par un encellulement individuel pour des raisons de protection ou de sécurité. La décision est prise d'office ou à la demande du détenu pour 3 mois et n'est renouvelable pour la même durée qu'après un débat contradictoire. La prolongation au-delà d'un an implique un avis de l'autorité judiciaire. Cette mesure, qui n'est pas disciplinaire, est soumise à une procédure précise. Les personnes placées à l'isolement sont astreintes à un contrôle médical régulier.

La mesure peut également être décidée à l'encontre d'un prévenu par un *juge d'instruction* ou un *juge des libertés et de la détention*, si elle est indispensable aux nécessités de l'information. La décision prise par ordonnance susceptible d'appel, ne peut excéder la durée du mandat de dépôt mais peut être renouvelée à chaque prolongation de la détention.

C. pr. pén., art. 145-4-1 et 726-1 s., R. 57-7-62 à R. 57-7-78.

Placement sous surveillance électronique mobile

[Droit pénal]

Mesure de sûreté post-carcérale intervenant généralement dans le cadre d'un suivi socio-judiciaire pour des personnes majeures, condamnées à une privation de liberté égale ou supérieure à 7 ans ou de 5 ans pour une personne condamnée pour un crime ou un délit commis une nouvelle fois en état de récidive légale ou de violences commises dans le cadre d'un couple dont la dangerosité a été établie par une expertise médicale.

La décision prise par la juridiction de jugement, doit apparaître indispensable pour prévenir la récidive et implique le consentement du condamné.

La mesure emporte obligation, pour la personne qui y est soumise, de porter un émetteur dit bracelet électronique pour une durée de 2 ans, renouvelable une fois en matière délictuelle et 2 fois en matière criminelle, permettant à tout moment de déterminer à distance sa localisation sur le territoire national.

La mesure sera effectivement mise en œuvre par le juge de l'application des peines.

La mesure s'applique également dans le cadre d'une libération conditionnelle, d'une surveillance judiciaire des personnes dangereuses ou d'une surveillance de sûreté.

C. pén., art. 131-36-9 s.; C. pr. pén., art. 706-53-19, 723-30, 731-1 et 763-10 s. et R. 61-7 s.

Placement sous surveillance électronique statique

[Droit pénal]

Modalité d'exécution des peines privatives de liberté. Cette alternative à l'incarcération consiste à s'assurer de la présence du condamné, à des périodes fixées, dans un lieu déterminé par le juge de l'application des peines, en général le domicile, au moyen d'un système électronique de contrôle à distance, matérialisé par un bracelet fixé à la cheville.

Cette mesure peut être décidée *ab initio* par la juridiction de jugement pour toute peine égale ou inférieure à 2 ans d'emprisonnement, y compris dans le cadre d'un sursis partiel, durée ramenée à un an en cas de récidive si le condamné, dont l'accord est indispensable, justifie d'une activité professionnelle ou d'une assiduité au suivi d'un stage, d'un enseignement, d'une formation professionnelle, de la recherche d'un emploi (1er); de sa participation essentielle à la vie de sa famille (2e); de la nécessité de suivre un traitement médical (3e); de l'existence d'efforts sérieux de réadaptation sociale résultant d'un engagement durable dans un projet d'insertion (4e).

Elle peut également être décidée par le juge de l'application des peines pour des sanctions de même durée en matière d'aménagement de peine, dans le cadre de la libération sous contrainte ou de la période probatoire préalable à une libération conditionnelle et, en tout état de cause, un an avant la date à laquelle cette libération est possible. Ce magistrat est chargé dans tous les cas de la mise en œuvre de cette mesure dont il peut modifier les conditions d'application ou décider du retrait.

Elle peut encore être décidée par le juge d'instruction ou le juge des libertés et de la détention, au titre des obligations du contrôle judiciaire ou comme conséquence d'une assignation à résidence avec surveillance électronique.

C. pén., art. 132-26-1 s.; C. pr. pén., art. 723-7 s. et 723-28 et R. 57-10 s.

Placement sous surveillance judiciaire

[Droit pénal]

Peine applicable aux personnes morales dont l'objectif est de contrôler le comportement de l'être moral sanctionné afin d'éviter toute récidive. Cette mesure entraîne la désignation d'un mandataire de justice chargé d'une mission dont il devra rendre compte tous les 6 mois.

C. pén., art. 131-39-3e et 131-46.

Placet

[Procédure civile]

Désignait autrefois (et plus rarement aujourd'hui dans la pratique du palais), l'acte remis au greffe par l'avocat du demandeur pour l'*enrôlement* d'une affaire civile. Le mot vient de ce que l'acte, copie intégrale de l'assignation délivrée au défendeur par le demandeur, contient la formule « qu'il plaise au tribunal ». On se contente aujourd'hui de la remise au *greffe* ou au secrétariat de la juridiction d'une copie de l'*assignation*.

C. pr. civ., art. 757 et 857.

→ *Saisine.*

Plafond

[Sécurité sociale]

Dans le droit de la Sécurité sociale, les rémunérations perçues par les salariés ne doivent être prises en compte pour le calcul des cotisations que jusqu'à concurrence d'un certain montant appelé plafond. Toutefois, désormais, certaines cotisations sont déplafonnées et portent sur la totalité des salaires.

CSS, art. D. 242-16.

Plafond légal de densité (PLD)

[Droit administratif]

Limite de densité de construction qui pouvait être instituée par tout *établissement public de coopération intercommunale* (ou par un conseil municipal), exprimée sous la forme d'un rapport entre la surface de plancher d'une construction et la surface du terrain où elle devait être implantée. Au-delà, l'exercice du droit de construire était considéré comme n'étant plus attaché à la propriété du sol, mais comme appartenant à la collectivité, qui pouvait subordonner le dépassement du plafond au versement d'une redevance. Ce plafond a été supprimé par la loi n° 2014-1655 du 29 décembre 2014.

→ *Coefficient d'occupation des sols (COS).*

Plafonnement de l'impôt

[Droit financier]

→ *Bouclier fiscal.*

Plagiat

[Droit général/Droit civil]

Appropriation de la paternité intellectuelle de tout ou partie de l'œuvre d'autrui par dissimulation du nom de son véritable auteur. Ne constitue pas nécessairement le délit de *contrefaçon*.

Plaider coupable (Procédure du)

[Procédure pénale]

→ *Comparution sur reconnaissance préalable de culpabilité.*

Plaideur

[Procédure civile]

Dans le langage du palais, désigne celui qui est partie à un procès comme demandeur, défendeur, intervenant, non celui qui plaide la cause (généralement l'avocat). Néanmoins, la partie assistée de son représentant peut présenter elle-même des observations orales, le juge ayant la faculté de lui retirer la parole si la passion ou l'inexpérience l'empêche de discuter sa cause avec la décence convenable ou la clarté nécessaire.
Devant les juridictions d'exception, les parties présentent oralement à l'audience leurs prétentions et les moyens à leur soutien.

C. pr. civ., art. 8, 13, 441, 446-1.

→ *Défenseur, Partie, Procédure orale.*

Plaidoirie

[Procédure (principes généraux)]

Exposé verbal, à l'audience, des prétentions, preuves et arguments des parties. Devant les tribunaux de *droit commun*, les avocats jouissent du monopole de la plaidoirie.
Dans certaines procédures – qui n'appellent pas de plaidoiries impérativement –, les avocats peuvent accepter de déposer leurs dossiers sans plaider, éventuellement après avoir donné de brèves explications orales. L'évolution de la procédure civile tend à réduire le rôle de la plaidoirie.

C. pr. civ., art. 440, 779, al. 3 et 786-1.

→ *Dossier, Droit de plaidoirie, Jugement sur pièces, Mémoire.*

[Procédure administrative]

Devant les juridictions administratives, la procédure est principalement écrite; les plaidoiries ont donc moins d'importance que devant les ou certains tribunaux judiciaires. Au Conseil d'État, seuls les avocats aux Conseils peuvent présenter des observations orales, à la différence des tribunaux administratifs où les parties peuvent présenter leurs observations, selon les cas elles-mêmes ou par le biais de leurs avocats.

Plainte

[Procédure pénale]

Acte par lequel la partie lésée par une infraction porte celle-ci à la connaissance du procureur de la République, directement ou par l'intermédiaire d'une autre autorité.

C. pr. pén., art. 40.

Plainte avec constitution de partie civile

[Procédure pénale]

Acte par lequel la partie lésée par un crime ou un délit met l'action publique en mouvement devant le juge d'instruction et, le cas échéant, exerce l'action civile. La plainte initiale déposée entre les mains du juge d'instruction oblige celui-ci, sauf si la poursuite s'avère impossible, à ouvrir une information.

Néanmoins, la recevabilité de cette constitution, s'agissant de la plupart des délits, n'est possible que si la personne justifie, soit que le procureur de la République lui a fait connaître, à la suite d'une plainte déposée devant lui ou un service de police judiciaire, qu'il n'engagera pas lui-même les poursuites, soit qu'un délai de 3 mois s'est écoulé depuis le dépôt de la plainte, délai courant à compter du récépissé de dépôt ou de la lettre recommandée avec avis de réception de l'envoi de la plainte ou de la copie au magistrat de la plainte déposée auprès de la police. S'agissant des personnes morales à but lucratif, elles doivent justifier de leurs ressources en joignant un bilan et un compte de résultats.

C. pr. pén., art. 85 s., et 392-1, al. 2.

GAPP n° 7.

→ *Partie civile.*

Plan conventionnel de redressement

[Droit civil]

Plan adopté dans le cadre de la procédure devant la *commission départementale de surendettement des particuliers*, qui a pour but de faciliter la résorption du passif du débiteur surendetté. Ce plan, qui doit être approuvé par le débiteur et les principaux créanciers, peut comporter des mesures de report ou de rééchelonnement des paiements des dettes, de réduction ou de suppression du taux d'intérêt, de substitution de garantie, etc.

C. consom., art. L. 732-1 s. et R. 334-2, R. 334-3.

→ *Reste à vivre, Rétablissement personnel (Procédure de), Surendettement.*

Plan d'épargne d'entreprise

[Droit du travail]

Système d'épargne collective ouvrant aux salariés de l'entreprise la faculté de participer, avec l'aide de celle-ci, à la constitution d'un portefeuille de valeurs mobilières. L'apport des salariés peut résulter des versements au titre de la participation aux résultats de l'entreprise; le complément patronal est appelé abondement. Il est également possible de mettre en place par convention ou accord collectif de travail un plan d'épargne interentreprises.

C. trav., art. L. 3332-1 s. et R. 3332-1 s.

Plan d'épargne pour la retraite collectif

[Droit du travail]

Institué par convention ou accord collectif de travail, il permet aux salariés d'effectuer périodiquement des versements, notamment de sommes issues de l'*intéressement* ou de la *participation*, sur un compte d'épargne. Si le plan le prévoit, l'entreprise peut elle-même effectuer des versements sur ce plan. Les sommes ou valeurs inscrites sur ce compte doivent en principe être conservées jusqu'à la retraite et sont ensuite délivrées sous forme de rente viagère acquise à titre onéreux. Le versement sous forme de capital peut être prévu dans le texte conventionnel établissant le plan.

C. trav., art. L. 3334-1 s.

Plan d'occupation des sols (POS)

[Droit administratif]

→ *Plan local d'urbanisme.*

Plan de cession

[Droit commercial]

Dans les procédures de redressement et de liquidation judiciaires, le plan permet la cession totale ou partielle de l'entreprise; dans ce dernier cas, la cession porte sur un ensemble d'éléments d'exploitation formant une ou plusieurs branches complètes et autonomes d'activités.

C. com., art. L. 642-1.

→ *Plan de continuation.*

Plan de chasse

[Droit de l'environnement]

Plan déterminant le nombre minimum et maximum d'animaux prélevés sur le territoire de chasse s'agissant de certaines espèces de gibier. Sa finalité est d'assurer le développement durable des populations de gibier et de préserver leurs habitats en conciliant les intérêts agricoles, sylvicoles et cynégétiques.

C. envir., art. L. 425-6.

Plan de continuation

[Droit commercial]

Plan de redressement qui admet la poursuite de l'exploitation de l'entreprise par le débiteur lui-même. Le plan de continuation est ordonné lorsque le maintien du débiteur paraît souhaitable à la poursuite de l'activité et s'il existe des possibilités sérieuses de redressement et de règlement du passif, la continuation de l'entreprise pouvant s'accompagner, s'il y a lieu, de l'arrêt, de la cession ou de l'adjonction de certaines branches d'activité.

→ *Plan de cession.*

Plan de développement économique et social

[Droit administratif]

Après la Seconde Guerre mondiale, dans le cadre d'une économie internationale encore largement cloisonnée, la France a lancé une série de plans quinquennaux, non autoritaires, en vue de planifier la reconstruction, puis le développement, de son économie.

Depuis 1993 le système originaire des plans économiques quinquennaux, préparés par le gouvernement et adoptés par le Parlement, a été abandonné de fait, pour 2 raisons principales : techniquement il devenait de plus en plus difficile de définir plusieurs années à l'avance l'évolution de l'économie française dans un système d'économies ouvertes (mondialisation); politiquement la planification même souple était difficilement conciliable avec les exigences d'une économie libérale. Le Commissariat général au Plan avait néanmoins subsisté, avec une mission de réflexion prospective sur les orientations stratégiques de l'État dans certains domaines (emploi, santé, intégration sociale), jusqu'à son remplacement en 2006 par le *Centre d'analyse stratégique*, puis par le *Commissariat général à la stratégie et à la prospective* en 2013.

Plan de redressement

[Droit commercial]

Dans la procédure de *redressement judiciaire*, le plan de redressement tend à assurer la poursuite de l'activité de l'entreprise, le maintien de l'emploi et l'apurement du passif.

Le plan de redressement permet donc la continuation de l'entreprise par ses dirigeants ou la cession totale ou partielle de cette dernière.

C. com., art. L. 631-1.

Plan de sauvegarde

[Droit commercial]

Le plan de sauvegarde a pour but d'assurer le redressement de la situation économique de l'entreprise et donc de maintenir l'emploi tout en assurant le paiement des créanciers, le tout sous la gestion du débiteur lui-même.

En procédure de sauvegarde, la cession ne peut être que partielle et ne peut concerner qu'une ou plusieurs branches d'activité.

Le projet de plan peut prévoir une augmentation de capital ouverte aux créanciers désireux de convertir leurs droits dans la procédure en actions.

C. com., art. L. 626-1 à L. 626-3 et L. 626-16.

→ *Sauvegarde (Procédure de).*

Plan de sauvegarde de l'emploi

[Droit du travail]

Ensemble des mesures résultant d'un accord collectif (soumis à des conditions de validité renforcées, les syndicats signataires devant être majoritaires en termes d'audience électorale) ou prises unilatéralement par l'employeur à l'occasion d'un licenciement collectif pour motif économique, et destinées à éviter des licenciements et à faciliter le reclassement du personnel licencié. Lorsqu'il n'est pas négocié, ce plan est soumis pour avis au comité d'entreprise. Il est également soumis à la validation (pour les plans négociés) ou à l'homologation (pour les plans décidés unilatéralement) de l'autorité administrative, qui dans tous les cas est associée à son suivi.

C. trav., art. L. 1233-57 s. et L. 1233-61 s.

GADT n° 108 et 110-111.

Plan de transport

[Droit du travail]

Plan que doit établir une entreprise de transports terrestres réguliers de voyageurs pour adapter son organisation aux dessertes prioritaires et niveaux de service à maintenir (fréquences et plages horaires) définis par l'autorité organisatrice des transports (État, région, département, commune...) en cas de perturbations prévisibles de trafic (dont en particulier les grèves).

Plan local d'urbanisme

[Droit administratif]

Document de planification stratégique de l'espace communal, établi à l'échelle d'une ou plusieurs communes, qui détermine l'affectation des sols par zones (constructibles, non constructibles), les voies de circulation à conserver ou à créer, les paysages et l'environnement à préserver et les règles concernant les constructions autorisées.

Il comporte notamment un rapport de présentation, un *projet d'aménagement et de développement durables*, un règlement et des annexes.

Il succède à l'ancien plan d'occupation des sols, dont l'objet était essentiellement limité à la définition de celle-ci. Il doit être compatible avec les autres documents de planification de l'espace, notamment avec le schéma de cohérence territoriale dans l'aire duquel il s'inscrit. Les permis de construire délivrés doivent en respecter les dispositions.

C. urb., art. L. 151-1 s.

Plan régional d'agriculture durable (PRAD)

[Droit rural]

Plan qui fixe les grandes orientations de la politique agricole, agroalimentaire et agroindustrielle, dans une région en tenant compte de ses spécialités territoriales ainsi que de l'ensemble des enjeux économiques, sociaux et environnementaux.

C. rur., art. L. 111-2-1.

Planche à billets

[Droit financier ou fiscal]

« Faire fonctionner la planche à billets » : expression familière, qui était utilisée naguère pour désigner une création excessive de monnaie par la Banque de France, en vue notamment d'aider le Trésor public à financer le *découvert de la loi de finances*. Aujourd'hui, les concours directs ou indirects de la *Banque de France* à l'État sont interdits.

Plateau continental

[Droit international public]

Prolongement submergé du territoire sur lequel l'État côtier exerce des droits souverains et exclusifs pour l'exploitation des ressources. La convention de Montego Bay du 10 décembre 1982 fixe sa largeur maximale à 200 milles à compter des lignes de base de la mer territoriale, mais reconnaît la possibilité d'une extension au-delà, jusqu'à 350 milles ou 100 milles de l'isobathe des 2 500 mètres, sous réserve de la saisine préalable de la Commission des limites du plateau continental.

→ *Droit de la mer.*

Plébiscite

[Droit constitutionnel]

Déviation du *référendum* consistant en ce que les électeurs sont moins appelés à se prononcer sur un texte qu'à témoigner leur confiance à l'homme d'État qui le leur soumet (ex. : plébiscites napoléoniens).

[Droit international public]

Consultation collective des habitants d'un territoire à céder pour savoir s'ils acceptent ou non l'annexion (on emploie aussi le mot référendum).

Plein contentieux (Recours de)

[Droit administratif]

Synonyme de *pleine juridiction*.

→ *Recours.*

Plein emploi

[Droit du travail]

→ *Emploi.*

Pleine juridiction

[Droit administratif/Procédure (principes généraux)]

On dit qu'une juridiction – spécialement administrative – a des pouvoirs de pleine juridiction quand elle peut à la fois connaître de tous les éléments de fait et de droit d'un litige et prendre toute décision de nature à corriger pleinement la violation du droit qui était intervenue. Par exemple, quand elle peut non seulement annuler une décision administrative ou un contrat mais, selon les cas, par exemple condamner la *personne publique* à payer une indemnité, ou modifier le contenu d'une décision administrative comme – notamment – en contentieux fiscal. La possibilité pour le plaideur d'accéder à un stade de la procédure à une juridiction disposant de pouvoirs de pleine juridiction est l'une des conditions d'existence d'un « recours effectif », qui est l'une des composantes du concept européen du *procès équitable*.

GAJA n° 22 et 84.

→ *Plein contentieux (Recours de), Recours.*

En droit judiciaire privé, l'expression est employée, soit comme synonyme de *juri-*

diction de droit commun par opposition à *juridiction d'exception*, soit pour désigner les juges du fond par opposition au juge de cassation (qui ne connaît que du droit).

→ *Plénitude de juridiction.*

Pleine propriété

[Droit civil]

Propriété constituée de la totalité de ses attributs (*usus*, *fructus*, *abusus*) par opposition à la nue-propriété.

C. civ., art. 544.

→ *Nue-propriété, Usufruit.*

Pleins pouvoirs

[Droit international public]

« S'entend d'un document émanant de l'autorité compétente d'un État et désignant une ou plusieurs personnes pour représenter l'État pour la négociation, l'adoption ou l'*authentification* du texte d'un traité, pour exprimer le consentement de l'État à être lié par un traité ou pour accomplir tout autre acte à l'égard du traité » (Convention de Vienne sur le droit des traités, du 23 mai 1969).

→ *Adoption (des traités).*

Pleins pouvoirs (Loi de)

[Droit constitutionnel]

Expression employée, notamment sous les IIIe et IVe Républiques, pour désigner la loi par laquelle le Parlement habilite le gouvernement à prendre, pour une durée déterminée, des actes réglementaires dans des matières relevant normalement de la compétence législative.

→ *Décret-loi.*

Plénipotentiaire

[Droit international public]

Personne habilitée, en vertu des pleins pouvoirs dont elle est munie, à représenter un gouvernement dans une négociation ou pour l'accomplissement d'une mission. Ministre plénipotentiaire de la 2e classe.

→ *Rang diplomatique.*

Plénitude de juridiction

[Procédure civile]

Qualité appartenant, parmi les *juridictions de droit commun* en matière civile, à la seule *cour d'appel*. Elle lui permet de connaître en appel les affaires qui ont été portées au premier degré devant un tribunal qui n'était pas compétent. La cour d'appel purge le vice d'incompétence.

Plus couramment désigne l'aptitude d'une juridiction à connaître du litige dans toutes ses composantes tant de fait que de droit.

C. pr. civ., art. 79, 561.

[Procédure pénale]

Au sens large, principe de procédure selon lequel les juridictions de jugement, en matière répressive, sont compétentes pour statuer sur toutes les exceptions soulevées en défense par le prévenu ou l'accusé, sauf les exceptions préjudicielles légalement définies.

C. pr. pén., art. 384.

Au sens strict, compétence inconditionnelle de la cour d'assises pour juger les personnes renvoyées devant elle à l'exception des mineurs, qu'elle statue en premier ressort ou en appel.

C. pr. pén., art. 231.

Ploutocratie

[Droit constitutionnel]

Régime où le pouvoir politique appartient aux plus riches (ex. : ploutocratie censitaire de la Restauration et de la monarchie de Juillet).

Plumitif

[Procédure civile]

→ *Registre d'audience.*

Pluralisme juridique ou législatif

[Droit général]

Courant doctrinal qui dénie à l'État le monopole de la production des normes juridiques, dans le but de rendre compte de la variété des modes de production des règles de droit et de la complexité du phénomène juridique (place importante accordée à la coutume, par ex.), par opposition au *légicentrisme*, qui tend à considérer que tout le droit est dans la loi.

→ *Nomophilie.*

Pluralité d'originaux

[Droit civil]

→ *Double original.*

Plus-value

[Droit financier ou fiscal]

Accroissement de la valeur réelle ou monétaire d'un bien intervenu entre le début et la fin d'une période. La plus-value, qui est par nature un gain en capital, est néanmoins de plus en plus largement taxée par le fisc au titre de l'imposition des revenus.

CGI, art. 150-0 A s.

Point

[Sécurité sociale]

Élément servant de calcul aux retraites complémentaires qui s'obtient en divisant le montant des cotisations par le *salaire de référence*.

Pôle de l'instruction

[Procédure pénale]

Regroupement des juges d'instruction de certains TGI dont la compétence, déterminée par décret, peut recouvrir le ressort de plusieurs TGI. L'activité du pôle peut être coordonnée par un ou plusieurs des juges en fonction de leurs spécialisations.

Les juges d'instruction des pôles sont seuls compétents pour connaître des informations en matière de crimes et celles qui donnent lieu à une co-saisine sur tout leur ressort de compétence.

C. pr. pén., art. 52-1, 83-1, 83-2 et D. 15-4-4 s.

Pôle de recherche et d'enseignement supérieur (PRES)

[Droit administratif]

Établissement public à caractère scientifique et culturel regroupant des universités et grandes écoles afin de mener en commun certains projets. Les PRES ont été remplacés en 2013 par les *Communautés d'universités et d'établissements (COMUE)*.

→ *Université.*

Pôle emploi

[Droit du travail]

Institution nationale publique créée par la loi n° 2008-126 du 13 février 2008 et issue de la fusion de l'Agence nationale pour l'emploi (ANPE) et des Associations pour l'emploi dans l'industrie et le commerce (Assedic). Dotée de la personnalité morale et chargée à la fois de l'accompagnement des demandeurs d'emploi (accueil, information, orientation, formation et conseil) et du versement des allocations de chômage et des allocations du régime de solidarité, cette institution a aussi pour but la prospection du marché du travail, la collecte des offres d'emploi et la mise en relation des offres et des demandes d'emploi. Elle a également en charge les inscriptions sur la liste des demandeurs d'emploi, la tenue à jour de cette liste et le contrôle de la demande d'emploi. La réforme dont cette institution est issue affiche clairement que le suivi et l'accompagnement du demandeur d'emploi seront confiés à des agences privées, dans un souci d'amélioration de l'efficacité et de réduction des coûts.

→ *Allocation de chômage, Assurance chômage.*

Pôle métropolitain

[Droit administratif]

Établissement public créé par des établissements publics de coopération intercommunale formant un ensemble de plus de 300 000 habitants en vue d'actions de développement économique, d'aménagement de l'espace, de promotion de l'innovation, de la recherche, de l'enseignement supérieur et de la culture.

CGCT, art. L. 5731-1.

→ *Métropole.*

Police

[Droit administratif]

Police administrative : ensemble des moyens juridiques et matériels ayant pour but d'assurer le maintien de la tranquillité, de la sécurité et de la salubrité publiques.

GAJA n° 34 et 74.

[Procédure pénale]

Police judiciaire : fonctionnaires de la police nationale, de la gendarmerie et certaines autres personnes nommément désignées ayant pour mission de constater les infractions, d'en établir la preuve, d'en identifier les auteurs et d'exécuter, une fois l'information ouverte, les délégations des juridictions d'instruction.

C. pr. pén., art. 12 s.

Cette expression est également utilisée dans 2 autres sens. D'une part pour désigner les actes de recherche et de constatation des infractions. D'autre part, pour désigner un service précis de la police nationale chargé de la lutte contre la grande criminalité (la PJ).

Police d'assurance

[Droit civil/Droit commercial]

Document signé par l'assureur et par le souscripteur et qui constate l'existence et le contenu du contrat d'assurance.

C. assur., art. L. 112-4, L. 112-5, R. 112-1 et R. 172-2.

Police scientifique et technique

→ *Criminalistique.*

Politique

[Droit constitutionnel]

1° Science du gouvernement des États.

2° Manière de gouverner (ex. : politique libérale, autoritaire, réactionnaire…).

3° Ensemble des affaires publiques (ex. : politique intérieure, politique extérieure…).

Politique agricole commune (PAC)

[Droit européen/Droit rural]

Établie dans le cadre des Communautés européennes, la PAC a été essentiellement construite sur des mécanismes touchant au prix des produits (prix uniques élevés, prix garantis et prix protégés). Son coût, après différentes mesures limitant la hausse des prix et introduisant des quotas de production, a conduit à une première réforme en 1992, dont les objectifs étaient une réduction significative des prix agricoles et une maîtrise de la production compensée par des aides diverses versées aux agriculteurs. En 1999, un nouvel accord a permis de sauvegarder les grands principes de la PAC tout en diminuant encore son coût. En 2003, une nouvelle révision a rompu le lien entre aides et production agricole (principe de découplage) et a contribué à un développement rural plus diversifié. La dernière révision du dispositif a fixé la PAC pour la période 2014-2020. Le dispositif est plus « vert » et plus juste, en faveur de la redistribution à destination de l'élevage et de l'emploi. 30 % des aides directes sont liés à des pratiques agricoles respectueuses de l'environnement.

→ *Fonds européen d'orientation et de garantie agricole (FEOGA), Fonds européen agricole pour le développement rural (FEADER), Fonds structurels.*

Politique criminelle

[Droit pénal]

Ensemble des procédés et moyens, tant préventifs que répressifs, par lesquels un État s'efforce de mettre en place une stratégie, sous-tendue par des options idéologiques, destinée à lutter contre le phénomène criminel.

Lorsqu'elle utilise le droit pénal cette politique peut non seulement se réaliser par des choix législatifs mais encore, au plan judiciaire, par des directives concernant la mise en œuvre de l'action publique par les parquets. Cette politique, dite d'action publique, est déterminée au plan national par le gouvernement et conduite par le garde des Sceaux qui assure la cohérence de son application sur le territoire de la République en adressant aux magistrats du ministère public des instructions générales. Au plan régional, les procureurs généraux animent et coordonnent l'action des procureurs de la République, le cas échéant, en adaptant les instructions générales au contexte de leur ressort. Les procureurs de la République mettent en œuvre la politique ainsi définie, également en l'adaptant, en cas de nécessité, au contexte de leur ressort. On utilise assez souvent l'expression synonyme de politique pénale.

C. pr. pén., art. 30 à 36, 39-1.

Politique étrangère et de sécurité commune (PESC)

[Droit européen]

Prévue par le traité de *Maastricht* (ex-2e pilier). Institutionnalisation de la *coopération politique européenne* et approfondissement par le fait de prévoir l'adoption d'actions communes dans les domaines relevant de la politique étrangère et de la sécurité, la sécurité incluant « la définition à terme d'une politique de défense commune ». Le traité d'Amsterdam a introduit des dispositions renforçant les mécanismes établis par le traité de Maastricht. Le traité de *Lisbonne* (entré en vigueur le 1er déc. 2009) en fait une véritable politique de l'Union européenne. Le rôle défini pour le *Haut représentant de l'Union européenne pour la politique étrangère* et la création du service extérieur sont des avancées significatives. Résultats toujours décevants malgré une concertation réelle entre les États membres.

Politique juridique ou législative

[Droit général (droit privé/droit public)]

Partie de la science législative qui, dans une perspective d'amélioration du droit positif, fixe les orientations de la réforme et élabore le contenu de la nouvelle règle en conciliant l'idéalisme de la solution théorique avec la réalité des faits économiques et sociaux.

→ *Technique juridique ou législative.*

Politique pénale

[Droit pénal]

→ *Politique criminelle.*

Politiques publiques

[Droit constitutionnel]

Ensemble des actions d'intérêt général (éducation, défense, santé, logement...), conduites par les pouvoirs publics, et notamment l'État, législateur et autorité budgétaire.

Pollicitant

[Droit civil]

Auteur d'une pollicitation, c'est-à-dire d'une proposition ferme et précise de contracter.

→ *Consentement.*

Pollicitation

[Droit civil]

→ *Offre.*

« Pollueur/Payeur »

[Droit de l'environnement]

→ *Préjudice environnemental.*

Pollution

[Droit général/Droit de l'environnement]

Effet sur la terre, les eaux, l'atmosphère, des déversements de déchets, de produits résiduaires solides, liquides ou gazeux et de l'utilisation systématique de substances chimiques qui, au-delà d'une limite de quantité vite atteinte, détruisent la fertilité des sols après l'avoir exaltée; effet enfin du déséquilibre de la vie naturelle par l'anéantissement de certaines classes de vie (oiseaux, insectes, arbres et plantes), incapables de résister à l'excès des stérilisations et des déjections industrielles.

Le Code de l'*environnement* condamne les diverses pollutions, atmosphérique, marine, fluviale et réglemente de nombreux dispositifs destinés à les enrayer ou à les réduire.

C. envir., art. L. 219-7 s., L. 220-1, L. 222-1, L. 432-2.

→ *Nuisances.*

Polyarchie

[Droit constitutionnel]

Système politique caractérisé par une pluralité de centres autonomes de décision, le pouvoir n'étant pas détenu par une élite ou une classe déterminée, mais réparti entre des groupes concurrents contraints à la négociation et au compromis.

Polysynodie

[Droit constitutionnel]

Mode de gouvernement du début de la régence de Louis XV, consistant à confier les différents départements ministériels à des conseils, en l'occurrence présidés et dominés par des membres de la noblesse d'épée. Résultats plus que mitigés.

Pompes funèbres

[Droit général]

Mission de service public comprenant le transport des corps, la fourniture des cercueils, urnes, tentures, la mise à disposition de personnel nécessaire aux *obsèques*, inhumations, exhumations et crémations... Ce service dit *extérieur*, par opposition au service *intérieur* confié aux établissements du culte, peut être assuré par les communes ou toute autre entreprise ou association bénéficiaire d'une habilitation.

CGCT, art. L. 2223-19 s. et R. 2223-23-5 s.

→ *Funérailles.*

Pondération

[Droit international public]

Système qui tend à donner aux États, au sein d'une organisation internationale, une place proportionnelle à leur importance de fait (pondération de la représentation ou du vote).

Pont

[Droit du travail]

Jour ouvrable exceptionnellement chômé parce que situé entre 2 jours fériés chômés ou entre un jour férié chômé et un jour de repos hebdomadaire. Les conventions collectives ou les accords d'établissement prévoient fréquemment la rémunération ou la récupération des heures non travaillées.

C. trav., art. L. 3122-27.

→ *Jours chômés.*

Port autonome

[Droit administratif]

Expression désignant à la fois un port relevant de l'une des catégories de ports établies par la loi et l'*établissement public* chargé, avec le soutien financier de l'État et en général le concours de la chambre de commerce, de sa gestion. La loi du 4 juillet 2008 portant réforme portuaire a organisé la transformation des plus importants ports autonomes en « grands ports maritimes ».

Port franc

[Droit financier ou fiscal]

→ *Zone franche.*

Portabilité

[Droit du travail]

Mécanisme par lequel certains droits obtenus par un salarié à l'occasion de l'exécution d'un contrat de travail lui restent définitivement acquis parce qu'attachés à sa personne, indépendamment de sa situation juridique ultérieure (chômage, nouveau contrat conclu auprès d'un autre employeur...). Cela concerne particulièrement les droits acquis en matière de formation professionnelle au titre du *compte personnel de formation (CPF)*.

C. trav., art. L. 6323-1 et L. 6323-3.

[Sécurité sociale]

Maintien des garanties de couverture complémentaire prévoyance et santé, appliquées dans l'entreprise, aux salariés dont la rupture du contrat de travail ouvre droit à l'assurance chômage.

Portable (Créance)

[Droit civil]

Caractère d'une créance que le débiteur doit spontanément acquitter au domicile du créancier. Tel est le cas des créances de somme d'argent dès l'instant que la loi, le contrat ou le juge n'a pas désigné un autre lieu de paiement. Cette portabilité, dont le domaine pratique est considérable, s'explique par des raisons techniques en corrélation avec la généralisation de la monnaie scripturale.

C. civ., art. 1343-4.*

→ *Quérable (créance).*

ACTU

Portage salarial

[Droit du travail]

Ensemble de relations contractuelles organisées entre une entreprise de portage, une personne portée et des entreprises clientes, comportant pour la personne portée le régime du salariat et la rémunération de sa prestation chez le client de l'entreprise de portage. L'originalité de ce système réside dans le bénéfice accordé à la personne portée du régime du salariat alors que son employeur (l'entreprise de portage) ne lui fournit pas le travail. Contrairement au travail temporaire, on fait appel ici aux services de la personne portée plus qu'à l'entreprise de portage, qui n'offre qu'un support juridique à l'activité du porté. Le recours au portage salarial a été strictement encadré par l'ordonnance n° 2015-380 du 2 avril 2015. Le contrat de travail de portage salarial peut être à durée déterminée ou indéterminée et est dans tous les cas soumis à un régime juridique spécifique (ex. : la rémunération minimale est propre à ce contrat).

C. trav., art. L. 1251-64 s.

→ *Travail temporaire.*

Porte ouverte

[Droit international public]

Régime lié à l'expansion coloniale européenne et consistant dans l'obligation imposée à certains États d'assurer la liberté de concurrence économique (absence de discrimination) aux ressortissants de tous les pays. Régime (aujourd'hui disparu) appliqué en Chine, au Maroc, au Congo belge.

Portefeuille

[Droit constitutionnel]

Département ministériel. Ministre sans portefeuille : *ministre* qui fait partie du gouvernement sans être à la tête d'un département ministériel.

Porte-fort

[Droit civil]

→ *Promesse de porte-fort.*

Position dominante

[Droit commercial/Droit pénal]

Position d'une entreprise ou d'un groupe d'entreprises sur un marché déterminé qui, compte tenu notamment des potentialités de concurrence, se trouve dans la situation d'agir sans tenir notablement compte des concurrents.

En droit interne français comme en droit de l'Union européenne, ce n'est pas la position dominante en elle-même qui est condamnable, mais le comportement abusif de l'entreprise ou du groupe d'entreprises qui la détiennent : cet abus peut être constitué par des conditions de vente discriminatoires, un refus de vente ou dans certains cas par la rupture de relations commerciales antérieures.

C. com., art. L. 420-2.

→ *Abus de domination.*

Positivisme juridique

[Droit général]

Doctrine qui ne reconnaît de valeur qu'aux règles du droit positif et rejette toute métaphysique et toute idée de droit naturel. Selon le positivisme étatique, tout le droit est contenu dans le droit positif dont l'État est la source et la justification. Selon le positivisme sociologique en revanche, le droit n'est pas l'ensemble des règles ordonnées par l'État, mais l'ensemble des règles appliquées par le corps social, dont elles sont par ailleurs le produit et reflètent les évolutions.

Possession

[Droit civil]

Détention ou jouissance d'une chose ou d'un droit que nous tenons ou que nous exerçons par nous-mêmes, ou par un autre qui la tient ou qui l'exerce en notre nom. Une telle possession, exercée avec une âme de propriétaire, permet d'acquérir la propriété par la prescription. Elle s'oppose à la *détention* précaire, laquelle implique la reconnaissance du droit d'autrui.

C. civ., art. 2255 s.

GAJC, t. 1, n° 84 à 88 et 132.

→ *Action possessoire, Animus, Corpus, détention, Droit de propriété, En fait de meubles la possession vaut titre, Envoi en possession, Précarité.*

Possession d'état

[Droit civil]

Désigne l'apparence d'un état donné servant, notamment, de preuve du mariage, de la filiation ou de la nationalité. Elle se compose de 3 éléments, désignés par des mots latins :

- *Nomen :* la personne porte le nom correspondant à l'état dont elle a la possession;
- *Tractatus :* la personne est traitée par son entourage (sa famille) comme ayant l'état en cause;
- *Fama :* la personne a la réputation aux yeux du public d'avoir l'état dont apparence est donnée.

C. civ., art. 30-2, 30-3, 195 s., 310-1, 310-3, 311-1, 311-2, 317, 325, 330 et 335.

GAJC, t. 1, n° 44 à 48.

→ *Acte de notoriété, Filiation légitime, Filiation naturelle, Pater is est quem nuptiae demonstrant.*

Possessoire

[Procédure civile]

→ *Action possessoire.*

Postdate

[Droit civil/Droit commercial]

Erreur ou fraude consistant à donner à un écrit juridique une date postérieure à celle de sa signature.

→ *Antidate.*

Post-glossateurs

[Droit général]

École de romanistes qui a succédé, au XIVe siècle, en Italie du Nord, à l'École des *glossateurs*.

Poste (La)

[Droit administratif]

Jadis service public administratif assuré en régie par l'État, La Poste était devenue en 1991 un établissement public industriel et commercial. À la veille de la libéralisation complète de l'activité postale, la loi du 9 février 2010 l'a transformée en société anonyme à capitaux publics.

Outre la distribution du courrier (activité en déclin), elle déploie une activité bancaire (avec sa filiale La Banque postale).

Poste de travail

[Droit du travail]

Ensemble de tâches correspondant à une qualification professionnelle déterminée et localisé plus ou moins précisément dans l'organigramme ou l'organisation du travail de l'entreprise. Dans une acception large, la Cour de cassation assimile parfois le poste de travail à l'emploi, notamment dans le domaine des contrats à durée déterminée.

C. trav., art. L. 1244-1.

→ *Emploi, Qualification professionnelle.*

ACTU

Postulation

[Procédure civile]

La postulation consiste pour l'avocat (autrefois pour l'*avoué*), mandataire d'un client en première instance et en appel, à faire pour lui les actes de procédure que nécessite le procès et à favoriser le déroulement de l'instance.

La postulation, au rebours de l'assistance, obéit au principe de territorialité que la loi n° 2015-990 du 6 août 2015 pour la croissance, l'activité et l'égalité des chances économiques, avec entrée en vigueur au 1er août 2016, a notablement assoupli. Les avocats peuvent postuler devant l'ensemble des tribunaux de grande instance du ressort de la cour d'appel dans lequel ils ont établi leur résidence professionnelle et devant ladite cour d'appel. Et, s'agissant de saisie immobilière, de partage et de licitation, d'aide juridictionnelle et des affaires dans lesquelles l'avocat n'est pas avocat plaidant, la territorialité est plus limitée, restreinte au seul tribunal auprès duquel est établie leur résidence professionnelle. Des dispositions similaires sont applicables aux associations et aux sociétés constituées entre avocats.

Devant la cour d'appel, dans les procédures avec représentation obligatoire, la postulation a lieu obligatoirement par voie électronique.

C. pr. civ., art. 411 s., 930-1; L. n° 71-1130 du 31 déc. 1971, art. 5, 5-1.

→ *Assistance des plaideurs, Mandat de représentation en justice, Multipostulation, Représentation en justice des plaideurs.*

Potestatif

[Droit civil]

Se dit, par opposition à fortuit ou casuel, de ce qui dépend de la volonté humaine, non du hasard. La condition potestative dont la réalisation est soumise à la seule volonté du débiteur est nulle et rend nulle l'obligation qui en dépend; mais cette nullité ne peut être invoquée lorsque l'obligation a été exécutée en connaissance de cause.

C. civ., art. 1304-2.*

→ *Condition.*

Pourboire

[Droit du travail]

Somme d'argent remise par un tiers, client de l'employeur, au salarié, à l'occasion de l'accomplissement de ses fonctions. Le pourboire ne concerne donc que les salariés en contact avec la clientèle. Le pourboire est un élément du salaire.

C. trav., art. L. 3244-1 s.

ACTU

Pourparlers

[Droit civil]

Discussion entre personnes explorant la possibilité de conclure un accord. Les négociations précontractuelles sont régies par le principe de liberté (d'initiative, de déroulement, de rupture), l'exigence de la bonne foi et le devoir de garder secrète les informations confidentielles reçues à cette occasion.

La rupture unilatérale des pourparlers engage la responsabilité de son auteur lorsqu'elle intervient dans des circonstances fautives, contraires à l'exigence de bonne foi (par ex., brusque volte-face). Le préjudice réparable ne saurait consister dans la perte de chance de réaliser des gains que permettait d'espérer la conclusion du contrat, mais seulement dans le remboursement des frais exposés pour la négociation.

C. civ., art. 1112, 1112-2*.*

GAJC, t. 2, n° 142.

Poursuite

[Procédure pénale]

Ensemble des actes accomplis par le *ministère public*, certaines administrations ou la victime d'une infraction, dans le but de saisir les juridictions répressives compétentes et d'aboutir à la condamnation du coupable.

→ *Acte de poursuite.*

Poursuite disciplinaire

[Droit administratif/Procédure civile/ Procédure pénale]

Action contre un fonctionnaire, un magistrat ou un membre d'une profession libérale réglementée, exercée devant une instance de nature administrative ou juridictionnelle compétente pour le sanctionner en cas de manquement aux règles de la *déontologie*.

Une poursuite disciplinaire peut aussi être la conséquence d'une infraction pénale ordinaire mettant en cause l'honorabilité et la moralité de celui qui en est l'auteur.

→ *Discipline, Pouvoir disciplinaire, Saisine par un justiciable du Conseil supérieur de la magistrature.*

Poursuites (Actes de)

[Droit financier ou fiscal]

En matière de recouvrement forcé des impôts, termes utilisés comme simples synonymes de *voies d'exécution*. « Engager des poursuites contre un contribuable en retard de paiement. »

Pourvoi dans l'intérêt de la loi

[Procédure (principes généraux)]

Pourvoi formé, de sa propre initiative, par le procureur général près la Cour de cassation (ou par le ministre compétent en contentieux administratif) contre une décision ayant acquis *force de chose jugée*, non attaquée par les parties, alors qu'elle lui semble contraire aux lois et règlements en vigueur ou aux formes de procéder (L. n° 67-523 du 3 juill. 1967, art. 17). Les parties, avisées par le greffier, sont recevables à formuler des observations écrites. Si le pourvoi aboutit, la cassation laisse subsister la décision attaquée entre les parties et n'a d'effet que pour l'avenir, pour des situations identiques.

C. pr. civ., art. 639-1, 639-2; C. pr. pén., art. 621.

→ *Intérêt de la loi (Recours dans l'), Pourvoi sur ordre du ministre de la Justice et des libertés.*

Pourvoi en cassation

[Procédure civile/Procédure pénale]

Recours contre une décision en dernier ressort porté devant la Cour de cassation et fondé sur la *violation de la loi*, l'*excès de pouvoir*, l'*incompétence*, l'inobservation des formes, le *défaut de base légale*, la *contrariété de jugements*, la *perte de fondement juridique* ou le *défaut de motifs*.

COJ, art. L. 411-2; C. pr. civ., art. 604 s., 975 s.; C. pr. pén., art. 567 s.

→ *In judicando, In procedendo.*

[Droit administratif]

Recours contre une décision rendue en dernier ressort par une juridiction administrative. Il est porté devant le Conseil d'État.
Il peut être fondé sur l'un des 4 cas d'ouverture du recours pour *excès de pouvoir* à l'exception du détournement de pouvoir.

CJA, art. L. 821-1 s.

[Droit européen]

Dans l'organisation juridictionnelle de l'Union européenne, les décisions du Tribunal peuvent faire l'objet d'un pourvoi devant la Cour de justice, « limité aux questions de droit ».

TFUE, art. 256.

→ *Réexamen.*

Pourvoi en révision

[Procédure pénale/Procédure civile]

→ *Recours en révision et en réexamen, Révision.*

Pourvoi incident

[Procédure civile]

Pourvoi émanant de la partie défenderesse au pourvoi principal. Doit être présenté dans le délai de 2 mois reconnu au défendeur pour déposer son mémoire en défense. Obéit aux mêmes règles que l'*appel incident*.

C. pr. civ., art. 614, 980, 991 et 1010.

Pourvoi-nullité

[Procédure civile]

→ *Appel-nullité.*

Pourvoi provoqué

[Procédure civile]

Pourvoi incident formé dans le délai de 2 mois reconnu au défendeur pour déposer son mémoire en défense et émanant d'une partie contre laquelle n'avait pas été formé le pourvoi. Obéit aux mêmes règles que l'*appel provoqué par l'appel principal*.

C. pr. civ., art. 614 et 1010.

Pourvoi sur ordre du ministre de la Justice et des libertés

[Procédure civile/Procédure pénale]

Formé par le procureur général de la Cour de cassation, sur ordre du garde des Sceaux, contre un acte de procédure civile entaché d'excès de pouvoir ou contre un acte du procès pénal, il produit ses effets à l'égard des parties dans le premier cas (L. n° 523 du 3 juill. 1967, art. 18), mais ne peut nuire au condamné dans le second cas.
Ce pourvoi doit être exercé dans un délai de 5 ans à compter de l'établissement de l'acte attaqué.

C. pr. pén., art. 620; C. pr. civ., art. 639-3.

→ *Pourvoi dans l'intérêt de la loi.*

Pouvoir

[Droit civil]

Le pouvoir est une prérogative permettant à une personne de gouverner une autre personne publique ou privée (mandats politiques, autorité parentale, tutelle) ou de gérer les biens d'une autre personne pour le compte de celle-ci (dirigeants de sociétés, représentation légale, judiciaire ou contractuelle).

C. civ., art. 113, 217, 219, 389-3, 408, 440, 1984.

→ *Fonction, Représentation.*

[Droit international public]

→ *Pleins pouvoirs.*

[Procédure civile]

Aptitude à agir en justice au nom et pour le compte soit d'une personne morale, soit d'une personne physique atteinte d'une *incapacité* d'exercice. Ainsi, il est permis au tuteur d'introduire sans autorisation une action relative aux droits patrimoniaux d'un mineur ou majeur en tutelle.

Le défaut de pouvoir constitue une *irrégularité de fond* affectant la validité de l'acte.

C. civ., art. 504; C. pr. civ., art. 117.

À côté du pouvoir *ad agendum* qui confère l'initiative et la direction de l'instance, il existe un pouvoir *ad litem* par lequel une personne confie à un auxiliaire de justice le soin de la représenter et de l'assister dans une procédure à laquelle elle est partie.

C. pr. civ., art. 411 s.

→ *Assistance des plaideurs, Représentation en justice des plaideurs.*

[Droit constitutionnel]

→ *Exécutif, Judiciaire, Législatif, Séparation des pouvoirs.*

Pouvoir constituant

[Droit constitutionnel]

Pouvoir qualifié pour établir ou modifier la Constitution.

1° Pouvoir constituant originaire : celui qui s'exerce d'une manière inconditionnée pour doter d'une constitution un État qui n'en a pas (nouvel État) ou n'en a plus (après une révolution).

2° Pouvoir constituant dérivé (ou institué) : celui qui s'applique à la révision d'une constitution déjà en vigueur, selon les règles posées par celle-ci.

Pouvoir disciplinaire

[Droit administratif/Procédure (principes généraux)]

Pouvoir plus ou moins étendu d'infliger des sanctions, reconnu à certaines autorités administratives ou juridictionnelles à l'égard, soit d'agents hiérarchiquement subordonnés, soit d'autorités décentralisées, soit de collaborateurs ou d'usagers des services publics.

On citera comme exemple le régime applicable aux fonctionnaires et aux magistrats.

• *Fonctionnaires :* le pouvoir disciplinaire appartient en principe à l'autorité investie du pouvoir de nomination, après avis d'un conseil de discipline paritaire (représentants du personnel et de l'Administration de l'État ou des collectivités locales). Les sanctions, pour les fonctionnaires de l'État, sont l'avertissement, le blâme, la radiation du tableau d'avancement, l'abaissement d'échelon, l'exclusion de fonctions pour 15 jours, le déplacement d'office, la rétrogradation, l'exclusion de fonctions de 6 mois à 2 ans, la mise à la retraite d'office, la révocation.

• *Magistrat du siège :* action disciplinaire portée devant le Conseil supérieur de la magistrature présidé par le premier président de la Cour de cassation. Sanctions : réprimande avec inscription au dossier, déplacement d'office, retrait de certaines fonctions, interdiction d'être juge unique pendant 5 ans au maximum, abaissement d'échelon, exclusion temporaire de fonctions pour une durée maximum d'un an, rétrogradation, mise à la retraite d'office, révocation avec ou sans suspension des droits à pension (Ord. n° 1270 du 22 déc. 1958, art. 45).

• *Magistrats du parquet :* pouvoir disciplinaire appartenant au garde des Sceaux qui doit demander l'avis de la formation du *Conseil supérieur de la magistrature* compétente pour les magistrats du parquet et que préside le Procureur général près la Cour de cassation. Les sanctions sont les mêmes que pour les magistrats du siège.

Un régime disciplinaire assez strict existe aussi pour les professions libérales et les officiers ministériels (Ord. n° 45-1418 du 28 déc. 1945, art. 2; Décr. n° 73-1202 du 28 déc. 1973, art. 3 s.).

→ *Déontologie, Discipline, Saisine par un justiciable du Conseil supérieur de la magistrature.*

[Droit du travail]

Prérogative juridique reconnue à l'employeur d'infliger à un salarié fautif une sanction disciplinaire. Il s'agit pour la Cour de cassation d'une des facettes de la subordination. La loi du 4 août 1982 a organisé la mise en œuvre et le contrôle du pouvoir disciplinaire de l'employeur; un *droit* disciplinaire a dès lors encadré le *pouvoir* disciplinaire. La question de la source de ce pouvoir, moins vive depuis que la loi a assis l'existence de celui-ci, a été très débattue. De nos jours le droit positif semble orienté vers une conception contractuelle de ce pouvoir : le contrat de travail fonde l'existence du pouvoir disciplinaire en même temps qu'il en détermine les limites.

C. trav., art. L. 1331-1 s.

GADT n° 65 (Soc., 16 juin 1945).

→ *Sanction disciplinaire.*

Pouvoir discrétionnaire, Pouvoir lié

[Droit administratif]

Classification opérée parmi les pouvoirs de l'Administration par référence à la plus ou moins grande liberté qui lui est reconnue d'apprécier l'opportunité de la mesure à prendre et la détermination de son contenu. La compétence de l'Administration est « liée » si la réunion des conditions légales l'oblige à prendre l'acte. Elle est « discrétionnaire » si cette réunion l'autorise seulement à agir, sans que le contrôle du juge soit d'ailleurs exclu des éléments de légalité de l'acte autres que l'adéquation de celui-ci aux circonstances de fait.

GAJA n° 27.

→ *Directive.*

[Procédure pénale]

Pouvoir particulier, reconnu au président d'une cour d'assises, de prendre, au cours des débats, au besoin en les ayant anticipées, toutes mesures qu'il croit utiles pour découvrir la vérité (audition de personnes, communication de pièces). Ce pouvoir, exercé en son honneur et conscience, doit, en toute hypothèse, assurer le respect des droits de la défense.

C. pr. pén., art. 310.

Pouvoir exécutif/législatif/judiciaire

[Droit constitutionnel]

→ *Exécutif (Pouvoir), Législatif (Pouvoir), Judiciaire (Pouvoir).*

Pouvoir hiérarchique

[Droit administratif]

Pouvoir appartenant au supérieur sur les actes de ses subordonnés, qui comprend traditionnellement un pouvoir d'*instruction* (*premier sens*), un pouvoir de réformation (annulation ou correction) et un pouvoir de substitution d'action, mais dont l'étendue réelle n'est pas uniforme dans toutes les hypothèses.

Pouvoir institutionnalisé

[Droit constitutionnel]

Pouvoir dissocié de la personne des gouvernants et transféré à des institutions juridiques stables et permanentes dont les gouvernants ne sont que les agents provisoires. Le pouvoir de l'État est de ce type.

Pouvoir juridictionnel

[Procédure (principes généraux)]

→ *Acte juridictionnel, Judiciaire (Pouvoir), Jurisdictio.*

Pouvoir lié

[Droit administratif]

→ *Pouvoir discrétionnaire, Pouvoir lié.*

Pouvoir politique

[Droit constitutionnel]

Pouvoir qui s'exerce dans le cadre d'une *société politique*.

→ *Séparation des pouvoirs.*

Pouvoir réglementaire

[Droit constitutionnel/Droit administratif]

Par opposition au pouvoir législatif appartenant au *Parlement* et l'habilitant à voter des *lois*, pouvoir appartenant à la fois à l'État (Premier ministre, en principe), aux *collectivités territoriales* (assemblées délibérantes, autorités exécutives) ainsi qu'à certaines autres entités (parfois de droit privé, si elles ont été expressément habilitées à cet effet) de prendre des actes à portée générale et impersonnelle aux dénominations diverses. Ces actes, de nature administrative, présentent le caractère commun d'être soumis au contrôle des juridictions administratives.

Const., art. 21, 37 et 72.

GAJA n° 17 et 34.

→ *Conseil d'État, Cour administrative d'appel, Règlement, Tribunal administratif.*

ACTU

Pouvoirs adjudicateurs

[Droit administratif]

Dénomination générique des personnes publiques (l'État et ses établissements publics autres qu'industriels et commerciaux, ainsi que les collectivités territoriales et les établissements publics locaux) lorsqu'elles procèdent à la passation de *marchés publics*.

Les pouvoirs adjudicateurs prennent la dénomination d'entités adjudicatrices lorsqu'ils exercent des activités d'opérateurs de réseaux (eau, électricité, voies ferrées...).

L'ordonnance n° 2015-899 du 23 juillet 2015 relative aux marchés publics étend la notion de pouvoirs adjudicateurs à l'ensemble des établissements publics de l'État, y compris lorsqu'ils ont un caractère industriel et commercial. L'ensemble de ces acheteurs publics est soumis aux règles de l'ordonnance pour la passation et l'exécution des marchés publics.

C. marchés, art. 2 et 134; Ord. n° 2015-899 du 23 juill., art. 9,10 et 11.

Pouvoirs de l'employeur

[Droit du travail]

Le droit du travail positif reconnaît expressément 3 pouvoirs à l'employeur : le pouvoir de direction, le pouvoir de contrôle et le pouvoir disciplinaire. Le pouvoir de direction permet de prendre les mesures nécessaires à la bonne marche de l'entreprise, dans les limites définies par la législation en vigueur, les conventions collectives, le règlement intérieur et les stipulations du contrat de travail. À ce titre, l'employeur peut édicter des règles de travail (dans un règlement intérieur), ce pouvoir réglementaire étant une facette du pouvoir de direction. Il peut aussi, en vertu de ce pouvoir, diriger l'activité professionnelle de chaque salarié. Le pouvoir de contrôle lui permet de vérifier la bonne exécution des ordres et des directives et le respect des règles fixées (par l'État ou par lui-même). Le pouvoir disciplinaire l'autorise à fixer des sanctions dans le règlement intérieur (sous cet angle, le pouvoir réglementaire participe du pouvoir disciplinaire) et sanctionner les fautes commises par le salarié dans l'exécution de sa prestation de travail. La question de l'unité de ces trois pouvoirs ou de leur distinction est encore débattue. Les études les plus récentes ont en outre identifié un autre pouvoir admis de manière plus ou moins diffuse par le droit positif : le pouvoir de récompenser (*cf.* les travaux de P.-E. Berthier). Le pouvoir est alors entendu comme la faculté de prendre des décisions dotées d'un potentiel d'imposition au salarié et qui, sans nécessairement accroître ou préciser ses obligations, correspondent à la satisfaction d'une attente de l'employeur. La récompense, dans ce cadre, est une décision prise par l'employeur à la suite ou en vue d'un acte du salarié considéré par l'employeur comme méritant.

→ *Employeur, Pouvoir disciplinaire, Règlement intérieur.*

Pouvoirs exceptionnels

[Droit constitutionnel]

Pouvoirs renforcés reconnus au président de la République par la Constitution de 1958 (art. 16) en cas de circonstances particulièrement graves. Ils répondent à cette idée que l'état de nécessité commande et justifie un droit constitutionnel d'exception. Le président de la République est seul juge du recours à l'article 16. Il prend, sans *contreseing ministériel*, « les mesures exigées par les circonstances ». Mais il ne peut dissoudre l'Assemblée nationale ni réviser la Constitution. Le Conseil constitutionnel procède de plein droit à un contrôle du recours à l'article 16 après 60 jours d'exercice des pouvoirs exceptionnels.

GAJA n° 76.

Pouvoirs implicites

[Droit international public]

Compétences qui, sans être expressément énoncées dans l'acte constitutif d'une organisation internationale, doivent être cependant reconnues à celle-ci comme lui ayant été tacitement conférées en tant qu'elles sont nécessaires pour lui permettre d'exercer effectivement ses fonctions.

[Droit constitutionnel]

À partir de 1819 (aff. *Mc Culloch*), la Cour suprême des États-Unis a mis en œuvre la doctrine des pouvoirs implicites (« *Implied powers* ») pour déclarer comme relevant de l'État fédéral des compétences qui ne lui étaient pas expressément attribuées par la Constitution.

→ *Compétence d'attribution ou ratione materiae.*

Pouvoirs partagés

[Droit constitutionnel]

Sous la Ve République, pouvoirs que le *chef de l'État* exerce en adoptant des actes qui nécessitent le *contreseing* du *Premier ministre.*

Pouvoirs propres

[Droit constitutionnel]

Sous la Ve République, pouvoirs, listés à l'article 19 de la Constitution, que le *chef de l'État* exerce en étant dispensé d'obtenir le *contreseing* du *Premier ministre.*

Pouvoirs publics

[Droit constitutionnel/Droit administratif]

Termes souvent employés, bien qu'au contenu juridique assez imprécis, pour désigner les organes de l'État, et même parfois ceux des collectivités territoriales. Dans ce sens, on parle aussi d'autorités publiques, encore que ces mots paraissent avoir un contenu encore plus extensif.

Pratique (La)

[Droit général]

1° Réalisation effective et concrète des règles du droit.

2° Collectivité des praticiens du Droit : notaire, avocat, conseil juridique.

3° Manière habituelle de procéder propre à une branche d'activité (pratique commerciale) ou à une profession (pratique notariale) donnant souvent lieu à des usages qui ne sont pas toujours rigoureusement conformes au droit.

Pratique commerciale agressive

[Droit civil/Droit commercial/Droit pénal]

Pratique qui, du fait de sollicitations répétées et insistantes ou de l'usage d'une contrainte physique ou morale, est de nature à altérer de manière significative la liberté de choix d'un consommateur, à vicier son consentement ou à entraver l'exercice de ses droits contractuels. Une telle pratique est punie d'emprisonnement (2 ans maximum) et d'une amende (300 000 € au plus).

C. consom., art. L. 121-6, L. 121-7, L. 132-11, L. 132-12.

Pratique commerciale déloyale

[Droit civil/Droit commercial]

Pratique contraire aux exigences de la diligence professionnelle susceptible d'altérer substantiellement le comportement économique du consommateur, raisonnablement attentif et avisé, à l'égard d'un bien ou d'un service.

C. consom., art. L. 121-1.

Pratique commerciale trompeuse

[Droit civil/Droit commercial/Droit pénal]

Pratique créant une confusion avec un autre bien ou service, une marque, un nom commercial ou un autre signe distinctif d'un concurrent, ou reposant sur des indications fausses ou de nature à induire en erreur lorsqu'elles portent sur des éléments décisifs (disponibilité du bien, caractéristiques essentielles, prix, etc.).

Le Code de la consommation répute trompeuses plus d'une vingtaine de pratiques commerciales qu'il énumère très longuement.

Une pratique commerciale trompeuse constitue un délit.

C. consom., art. L. 121-2 à L. 121-5 et L. 441-1.

Pratiques anticoncurrentielles

[Droit commercial/Droit pénal]

→ *Abus de domination, Entente.*

Pratiques discriminatoires

[Droit commercial]

Fait de pratiquer, à l'égard d'un partenaire économique, des prix et plus généralement des conditions de fourniture ou de services différents de ceux pratiqués à l'égard d'autres clients sans pouvoir justifier ces différences de traitement. Avant 2008, ces discriminations engageaient la responsabilité civile de ceux qui les consentent ou les obtiennent. La discrimination demeure, en certaines circonstances, répréhensible au titre des pratiques anticoncurrentielles et notamment des abus de position dominante.

C. com., art. L. 442-6 et L. 420-2.

Pratiques restrictives de concurrence

[Droit commercial/Droit pénal]

Comportements érigés en infractions pénales ou seulement constitutifs d'une faute civile, présumés de façon irréfragable restreindre la concurrence, et pour cette raison interdits indépendamment de leur impact réel sur le marché. Elles s'opposent aux *pratiques anticoncurrentielles* qui ne sont sanctionnées que dans la mesure où elles ont eu pour objet ou pour effet de fausser la concurrence.

C. com., art. L. 442-1 s.

→ *Pratiques discriminatoires, Prix imposé, Vente à prime.*

Préalable

[Droit général]

→ *Privilège du préalable, Question préalable.*

Préambule

[Droit constitutionnel]

Partie introductive d'une constitution, précédant le dispositif, et contenant un exposé des motifs ou de la procédure suivie pour l'élaborer; parfois, le préambule est plus substantiel, et comporte ou se réfère à une déclaration des droits.

→ *Déclaration des droits.*

[Droit international public]

Partie préliminaire d'un traité, précédant le dispositif, et contenant notamment l'exposé des motifs et l'objet du traité.

Préavis

[Droit du travail]

Période de temps qui s'écoule entre la notification du *licenciement* ou de la *démission* et le moment où le contrat de travail cesse de produire effet. Pendant ce temps, les obligations des parties restent inchangées et continuent d'être exécutées. Il est loisible à l'employeur de dispenser le salarié d'exécuter le contrat pendant le préavis, sans pouvoir se libérer pour autant de l'obligation de verser à celui-ci la rémunération qui lui est due (on parle alors improprement d'indemnité compensatrice de préavis). Les dispositions relatives à la *rupture du contrat de travail* pendant la période d'*essai* parlent de « délai de prévenance ». La prise d'acte de la rupture suppose une méconnaissance du préavis.

C. trav., art. L. 1221-25 s., L. 1234-1 s. et L. 1237-1.

GADT n° 117-118.

Préavis de grève

[Droit du travail]

Délai observé entre la décision de faire grève et la cessation du travail. Le préavis de grève est obligatoire dans les services publics.

C. trav., art. L. 2512-2.

Précarité

[Droit civil]

Ce qui caractérise la détention exercée par une personne sur une chose corporelle lorsque cette emprise matérielle est exercée sans l'intention de se comporter comme le titulaire du droit réel qui légitimerait les actes accomplis. Ceux qui possèdent précairement, c'est-à-dire pour autrui, ne prescrivent jamais.

Qualifie aussi les situations qui peuvent être remises en question à tout moment, à la discrétion d'une seule partie; par exemple : occupation précaire d'un logement.

C. civ., art. 2257 et 2266.

→ *Détention, Possession.*

Précarité de l'emploi

[Droit du travail]

Par cette expression est visée la situation des salariés qui ne travaillent pas de façon continue ou dont les contrats de travail sont de courte durée (travail occasionnel, contrats à durée déterminée, intérim…).

Précatif

[Droit civil]

Qui a valeur de prière, donc dépourvu de caractère contraignant.

→ *Vœu.*

Précaution (Principe de)

[Droit administratif/ Droit de l'environnement/Droit général/ Droit international public]

Principe, issu de la Déclaration de Rio de Janeiro de 1992 sur l'environnement et le développement durable; il a d'abord été codifié à l'article L. 110-1 du Code de l'environnement selon lequel « l'absence de certitudes, compte tenu des connaissances scientifiques et techniques du moment, ne doit pas retarder l'adoption de mesures effectives et proportionnées visant à prévenir un risque de dommages graves et irréversibles à l'environnement à un coût économiquement acceptable ». Il a accédé ensuite au rang de règle constitutionnelle à l'article 5 de la *Charte de l'environnement* ; il est en outre considéré comme une règle coutumière naissante du droit international par le *Tribunal international du droit de la mer*.

Sa portée demeure incertaine. Dans une conception large il représente un principe d'orientation des décisions publiques, spécialement en matière de santé humaine, animale ou végétale, selon lequel l'absence de certitudes scientifiques sur la réalité d'un risque ne doit pas empêcher de prendre des mesures de prévention raisonnables en vue d'en prévenir la réalisation, comme l'interdiction d'importer certains produits suspectés d'être porteurs d'un risque (organismes génétiquement modifiés, par ex.).

C'est sur le fondement de ce principe et à propos du danger supposé du fait des ondes émises par les antennes relais de téléphonie mobile, que plusieurs juges des référés ont fait interdiction d'implanter de telles antennes (ou ordonner de les enlever).

Charte de l'environnement, art. 5; C. envir., art. L. 110-1.

GDCC n° 40.

Précédent

[Procédure (principes généraux)]

Solution antérieurement donnée dans un litige semblable, invoquée comme référence, parfois dotée d'un caractère obligatoire, notamment dans les pays de *Common law*.

→ *Jurisprudence.*

Préciput

[Droit civil]

Droit reconnu à une personne de prélever un bien dans une masse à partager, avant le partage.

1° *En matière matrimoniale*, droit reconnu par le contrat de mariage au survivant des époux, ou l'un d'eux s'il survit, de prélever sur la communauté, avant tout partage, soit une certaine somme, soit certains biens en nature, soit une certaine quantité d'une espèce déterminée de biens.

2° *En matière de libéralités*, s'applique à la donation dispensée de rapport à succession à fin d'égalité, que l'héritier bénéficiaire peut retenir jusqu'à concurrence de la quotité disponible.

Désormais, les termes « par préciput » et « préciputaire » sont remplacés par l'expression « hors part successorale ».

C. civ., art. 843 s., 919, 1078-1, 1078-2 et 1515 s.

→ *Hors part successorale.*

Précompte

[Droit du travail]

Retenue opérée par l'employeur sur le *salaire* afin de payer les cotisations salariales de Sécurité sociale.

Préemption (Droit de)

[Droit administratif]

Droit reconnu dans certains cas à l'Administration, et à certains organismes de droit privé accomplissant une mission de service public, d'acquérir la propriété d'un bien lors de son aliénation par préférence à tout autre acheteur.

C. urb., art. L. 210-1 s. (droit de préemption urbain); C. patr., art. L. 123-1 s.

[Droit rural]

Le statut du fermage a instauré, sous certaines conditions, un droit de préemption du preneur en place en cas de vente des biens dont il est le locataire. Ce droit prime celui de la SAFER.

C. rur., art. L. 412-1 s.

→ *Société d'aménagement foncier et d'établissement rural (SAFER).*

[Droit civil]

Faculté de substitution conférée à un tiers grâce à laquelle ce tiers peut évincer l'acquéreur choisi par le vendeur et acquérir le bien mis en vente par préférence à lui aux mêmes prix et conditions.

C. civ., art. 815-14; C. rur., art. L. 412-1.

→ *Pacte de préférence.*

Préférences généralisées

[Droit international public]

Mises en place par la *CNUCED* et développées dans les années 1970. Ont consisté en des avantages douaniers accordés sans réciprocité par les pays industrialisés au profit des exportations des pays en développement.

Préfet

[Droit administratif]

Dépositaire unique de l'autorité de l'État dans le département, le préfet occupe un emploi soumis à la décision discrétionnaire du gouvernement. Parmi ses nombreuses fonctions, il représente le *Premier ministre* et chacun des ministres, il a la haute main sur l'ensemble des *services déconcentrés de l'État* dans le département, sauf dans quelques cas; il assure le *contrôle de légalité* des collectivités territoriales du département.

→ *Commissaire de la République.*

ACTU

Préfet de région

[Droit administratif]

Préfet en fonction au chef-lieu de la *région*. Outre les attributions de tout *préfet* dans son propre département, il représente l'État dans la région, sur laquelle il exerce le *contrôle de légalité*; il a la haute main sur les services déconcentrés de l'État dont les compétences excèdent celles d'un département. Il dispose de compétences particulières en matière de développement économique régional, d'aménagement du territoire et d'investissements exécutés par l'État ou subventionnés par lui, dans l'exercice desquelles il est assisté à titre consultatif par le *Comité de l'administration régionale*.

Le nombre des préfets de région a été réduit depuis le 1er janvier 2016 en raison de la réorganisation des services de l'État consécutive au redécoupage des régions, la loi n° 2015-29 du 16 janvier 2015 ayant créé 13 régions métropolitaines en lieu et place des 22 existantes.

Préjudice

[Droit civil/Sécurité sociale]

Dommage matériel (perte d'un bien, d'une situation professionnelle...), corporel (blessure) ou moral (souffrance, atteinte à la considération, au respect de la vie privée) subi par une personne par le fait d'un tiers. Le terme est employé en particulier pour exprimer la mesure de ce qui doit être réparé : on parle de préjudice réparable. Cette notion inclut les conséquences du dommage.

C. civ., art. 1231-2 et 1240* s.*

GAJC, t. 2, n° 186 à 194.

→ *Damnum emergens, Dommage, Dommages et intérêts, Lucrum cessans, Mitigation, Perte d'une chance.*

[Droit international public]
Synonyme de *Dommage*.

Préjudice au principal

[Procédure civile]
Il y a préjudice au *principal* lorsque la juridiction saisie aborde le fond du droit. Les ordonnances de référé ne pouvaient pas, naguère, préjudicier au *principal*. La formule a disparu : le [nouveau] Code de procédure civile fait seulement allusion aux « mesures qui ne se heurtent à aucune contestation sérieuse »; mais la règle demeure : l'ordonnance de référé statuant au provisoire n'a pas au principal l'autorité de la chose jugée.

C. pr. civ., art. 488, 808, 848, 872 et 956; C. trav., art. R. 1455-5.

→ *Référé civil.*

Préjudice d'agrément

[Droit civil]
Préjudice lié à l'impossibilité pour la victime d'une atteinte à son intégrité physique de pratiquer régulièrement l'activité spécifique, sportive ou de loisir qu'elle exerçait antérieurement. À ne pas confondre avec le préjudice résidant dans la perte de qualité de vie privant des joies usuelles de l'existence, qui est un préjudice fonctionnel.

CSS, art. L. 452-3.

→ *Préjudice esthétique.*

Préjudice d'anxiété

[Droit civil]
Préjudice moral lié à l'angoisse ressentie par les personnes exposées à un risque de dommage, particulièrement au risque que se déclare une maladie.
La Cour de cassation a admis la réparation d'un préjudice d'anxiété pour des salariés exposés au risque de l'amiante, quoiqu'il n'ait entraîné aucune maladie (Soc., 11 mai 2010, n° 09-42-241 à 09-42-257). Depuis les arrêts du 3 mars 2015 de la chambre sociale (n° 13-20.474, 13-26.175, 13-20.486), l'indemnisation du préjudice d'anxiété est subordonnée à la condition que le salarié ait travaillé dans un établissement mentionné sur une liste établie par arrêté.

Préjudice d'établissement

[Droit civil]
Préjudice consistant en la perte d'espoir et de chance de réaliser soit un projet de vie personnelle, soit un nouveau projet de vie familiale en cas de séparation ou de dissolution de la précédente union, perte découlant de la gravité du handicap Ce préjudice est spécifique, distinct du *préjudice d'agrément* et du *préjudice fonctionnel*.

Préjudice d'impréparation

[Droit civil]
En cas de manquement d'un professionnel de santé à son devoir d'information sur les risques d'un acte médical, et lorsque l'un de ces risques se réalise, préjudice moral résultant du défaut de préparation aux conséquences d'un tel risque.
La Cour de cassation a considéré que dans ce cas le juge ne peut laisser le patient sans réparation (Civ. 1re, 23 janv. 2014, n° 12-22123).

Préjudice de (Sans)

[Droit général]
→ *Sans préjudice de.*

Préjudice de caractère personnel

[Droit civil]
Ensemble des préjudices d'ordre physiologique, psychologique et moral : *pretium doloris*, *préjudice d'agrément*, *préjudice esthétique*.
Les recours subrogatoires des tiers payeurs s'exercent poste de préjudice par poste de préjudice à l'exclusion des préjudices à caractère personnel, étant précisé que la victime, qui n'a été indemnisée qu'en partie, peut exercer ses droits contre le respon-

sable pour ce qui lui reste dû, par préférence au tiers payeur qui ne l'a que partiellement dédommagée.
Cependant, le recours peut être étendu à l'indemnisation versée au titre des préjudices personnels, si le tiers payeur établit qu'il a effectivement et préalablement versé à la victime une prestation indemnisant un poste de préjudice personnel.

CSS, art. L. 376-1; L. n° 677 du 5 juill. 1985, art. 31.

Préjudice environnemental

[Droit de l'environnement/Droit rural]

Désigne, principalement, les détériorations directes ou indirectes mesurables de l'environnement qui créent un risque d'atteinte grave à la santé humaine du fait de la contamination des sols, ou qui affectent gravement l'état écologique, chimique ou quantitatif (ou le potentiel écologique) des eaux, ou qui compromettent le maintien ou le rétablissement dans un état de conservation favorable des habitats naturels et de certaines espèces de faune sauvage.
En application du *principe pollueur-payeur*, la responsabilité environnementale incombe à l'exploitant dont l'activité est à la source du dommage causé à l'environnement (art. 4 de la *Charte de l'environnement*).

C. envir., art. L. 160-1 s. et R. 160-1 s.

→ *Dommage écologique.*

Préjudice esthétique

[Droit civil]

Préjudice affectant l'apparence physique d'une personne et provenant de la persistance d'une disgrâce après un accident : cicatrices, déformations, mutilations...

→ *Préjudice d'agrément.*

Préjudice fonctionnel

[Sécurité sociale]

Préjudice comprenant les atteintes aux fonctions physiologiques, la perte de la qualité de vie et les troubles ressentis par la victime dans ses conditions d'existence personnelle, familiales et sociales.

Préjudice par ricochet

[Droit civil]

→ *Dommage par ricochet, Victime par ricochet.*

Préjudiciel

[Procédure civile/Droit européen]

→ *Question préjudicielle, Renvoi.*

Prélèvement

[Droit civil]

Opération par laquelle un copartageant prend dans la masse indivise certains biens avant tout partage, soit en contrepartie de ce qui lui est dû, soit par attribution préférentielle moyennant indemnité, soit à titre de « préciput et hors part ».

C. civ., art. 815-17, 1470, 1511 et 1515.

→ *Attribution préférentielle, Hors part successorale, Préciput.*

Prélèvement CECA

[Droit européen]

Impôt perçu par l'ancienne CECA (Communauté européenne du charbon et de l'acier), durant son existence, sur le chiffre d'affaires des entreprises charbonnières et sidérurgiques, destiné à assurer son autonomie financière par rapport à ses États membres.

→ *Communautés européennes, Union européenne.*

Prélèvement corporel externe

[Procédure pénale]

Possibilité pour un officier de police judiciaire, dans le cadre d'une enquête, de procéder ou faire procéder sous son contrôle contre tout témoin ou personne mise en cause, à un prélèvement externe, c'est-à-dire sans intervention corporelle interne, nécessaire à la réalisation d'examens techniques et scientifiques de comparaison avec les traces et indices prélevés pour les nécessités de l'enquête. Le refus opposé à cette demande est pénalement sanctionné, lorsqu'il émane d'une personne soupçonnée. Le prélèvement biologique aux fins de réaliser une *empreinte génétique*, lorsqu'il est fait par écouvillon buccal, relève de ce système mais il est fondé sur un texte spécifique.

C. pr. pén., art. 55-1, et 706-56.

Prélèvement d'organes

[Droit civil]

Le prélèvement (et la greffe) d'organes constitue une priorité nationale, mais le prélèvement réalisé sur une personne vivante, qui en fait le don, ne peut être opéré que dans l'intérêt thérapeutique direct d'un receveur qui, normalement, doit avoir la qualité de père ou mère du receveur; des exceptions à cette règle sont prévues au profit du conjoint, des frères et sœurs, des enfants, grands-parents, oncles et tantes, cousins germains, conjoint du père ou de la mère, ainsi qu'en cas de vie commune d'au moins 2 ans entre le donneur et le receveur et lorsque le donneur peut apporter la preuve d'un lien affectif étroit et stable depuis au moins deux ans avec le receveur.

CSP, art. L. 1231-1; C. civ., art. 16-6, 16-8.

→ *Don croisé d'organes, Organe humain.*

Prélèvement libératoire

[Droit financier ou fiscal]

Impôt à taux forfaitaire retenu à la source et se substituant, sur option du contribuable, à l'impôt progressif sur le revenu pour réaliser une imposition atténuée de certains revenus (intérêts des placements à revenu fixe tels que les obligations).

CGI, art. 125 A.

Prélèvements agricoles

[Droit européen/Droit rural]

Élément quantitativement mineur des *ressources propres* de l'Union européenne, provenant de la *Politique agricole commune*.

À l'importation, les prélèvements peuvent être comparés à des droits de douane mobiles, incitant les négociants à s'approvisionner en priorité en produits européens, tout en maintenant artificiellement les prix de ceux-ci au-dessus des cours mondiaux.

Il existe également des prélèvements internes à l'Union, notamment sur le sucre et l'isoglucose.

Prélèvements obligatoires

[Droit financier ou fiscal]

Expression désignant, en pratique, l'ensemble représenté par les impôts perçus en France au profit de l'État, des *collectivités territoriales* et de l'*Union européenne*, et par les cotisations sociales obligatoires effectivement versées aux organismes de *Sécurité sociale*.

Préméditation

[Droit pénal]

Circonstance aggravante de certains crimes ou délits résultant du dessein mûri et réfléchi d'accomplir l'infraction. Elle implique non seulement l'antériorité de l'intention, mais encore sa persistance jusqu'à la réalisation de l'acte.

C. pén., art. 132-72.

Premier empire

[Droit constitutionnel]

Régime politique issu du sénatus-consulte du 28 floréal an XII (18 mai 1804), transformant le *Consulat* en Empire. Autocratie dominée par l'Empereur Napoléon 1er, dont la défaite militaire va causer l'abdication et la *Restauration* monarchique en 1814 (sous réserve des *Cent-Jours*).

Premier ministre

[Droit constitutionnel]

Nom donné dans certains États (France, Grande-Bretagne) au chef du gouvernement.

Autres appellations : Président du Conseil (IIIe et IVe Républiques), Chancelier (République fédérale allemande).

Longtemps « *primus inter pares* », le chef du gouvernement français est aujourd'hui doté de pouvoirs propres. Son rôle politique est cependant variable selon qu'il est, ou non, en convergence de vues politiques avec le chef de l'État.

Const., art. 21.

→ *Pouvoir réglementaire, Cohabitation.*

Premier président, Président de chambre, Président, Vice-président

[Procédure civile/Procédure pénale]

Le premier président est le magistrat placé à la tête de la Cour de cassation ou d'une cour d'appel. Les chambres de ces juridictions ont à leur tête un président de chambre, les sections de chambre à la Cour de cassation un président de section.

À la tête du TGI est placé un président du tribunal; les chambres sont présidées par des premiers vice-présidents et par des vice-présidents.

COJ, art. R. 212-3 s., R. 312-1 s. et R. 421-1 s.

Premier ressort

[Procédure civile]

→ *À charge d'appel, Jugement en premier ressort, Ressort.*

Premiers juges (Les)

[Procédure civile]

Juges qui se sont prononcés en première instance, ainsi dénommés par la juridiction d'appel dans son arrêt.

Preneur

[Droit civil/Droit rural]

→ *Locataire.*

Prénom

[Droit civil]

Vocable servant à distinguer les membres d'une même famille ou les individus portant un nom de famille identique.

Les prénoms sont choisis librement par les parents, sous réserve du contrôle du juge aux affaires familiales qui peut estimer que le choix n'est pas conforme à l'intérêt de l'enfant ou méconnaît le droit des tiers à voir protéger leur nom de famille. Le *juge aux affaires familiales* est saisi par le *procureur de la République*, lui-même alerté par l'*officier de l'état civil*.

C. civ., art. 57, 58, 60, 357 in fine, 361; C. pr. civ., art. 1055-1 s.

→ *Nom, Patronyme, Pseudonyme, Surnom.*

Préparatoire

[Procédure civile]

Qualificatif du jugement avant-dire droit ordonnant une mesure d'instruction qui ne préjuge pas le fond du litige, à l'opposé du jugement *interlocutoire*.

→ *Jugement avant-dire droit ou avant-faire droit.*

Préposé

[Droit civil]

Personne qui agit sous la direction d'une autre appelée *commettant*.

Le préposé ne répond pas – sauf faute pénale ou faute civile intentionnelle – des dommages qu'il cause à autrui dans le cadre de son activité professionnelle; le commettant, seul, engage sa responsabilité, car de tels dommages sont considérés comme un risque d'entreprise. La responsabilité du commettant n'est neutralisée qu'en cas d'abus de fonction, lorsque le préposé a agi sans autorisation, à des fins étrangères à ses attributions le plaçant hors de ses fonctions.

C. civ., art. 1242, al. 5.*

Prérapport

[Procédure civile]

Projet de rapport établi par l'*expert*, peu avant la fin de ses investigations, en vue de provoquer les observations des parties. Le prérapport, lorsqu'il est prescrit par le juge, constitue une formalité substantielle dont l'inobservation entache l'expertise de nullité, à condition que la partie fasse la preuve du *grief* que lui cause l'irrégularité.

L'établissement d'un prérapport favorise l'effectivité du principe du contradictoire.

→ *Contradictoire (Principe du).*

Prérogatives et charges

[Droit civil]

Dans toute situation juridique, qu'elle soit subjective ou objective, il existe une certaine combinaison de prérogatives et de charges.

Les prérogatives l'emportent normalement sur les charges lorsque la *situation juridique* a un caractère subjectif. En revanche, dans les *situations juridiques objectives*, les charges l'emportent sur les prérogatives.

Prérogatives et charges de puissance publique

[Droit administratif]

Moyens juridiques exorbitants du droit commun reconnus à l'Administration et, le cas échéant, à d'autres organismes afin de leur permettre de remplir leurs missions d'intérêt général.

GAJA n° 7.

→ *Puissance publique.*

[Droit civil]

Dans toute situation juridique, qu'elle soit subjective ou objective, il existe une certaine combinaison de prérogatives et de charges.

Les prérogatives l'emportent normalement sur les charges lorsque la *situation juridique* a un caractère subjectif. En revanche, dans les *situations juridiques objectives*, les charges l'emportent sur les prérogatives.

Prescription acquisitive

[Droit civil]

Moyen d'acquérir un bien ou un droit par l'effet de la possession sans que celui qui l'allègue soit obligé d'en rapporter un titre ou qu'on puisse lui opposer l'exception déduite de la mauvaise foi. Le délai de prescription requis pour acquérir la propriété immobilière est de 30 ans; il est ramené à 10 ans au profit de celui qui acquiert un immeuble de *bonne foi* et par juste titre. En matière mobilière, la prescription est instantanée en application de la maxime : *en fait de meubles, la possession vaut titre*.

C. civ., art. 690, 2258 à 2277.

GAJC, t. 1, n° 68, 83, 104.

→ *Interruption, Possession, Usucapion.*

Prescription civile

[Droit civil]

Consolidation d'une situation par l'écoulement d'un certain délai.

La prescription est acquisitive lorsque l'écoulement du délai a pour effet de faire acquérir un droit réel à celui qui en fait l'exerce (on l'appelle aussi *usucapion*). Elle est extinctive lorsqu'elle fait perdre un droit réel ou un droit personnel du fait de l'inaction prolongée du titulaire du droit (encore appelée prescription libératoire).

C. civ., art. 2219, 2229 s. et 2262 s.

→ *Interruption, Interversion de la prescription, Suspension.*

Prescription de l'action publique

[Procédure pénale]

Principe selon lequel l'écoulement d'un délai (10 ans pour les crimes, 3 ans pour les délits, 1 an pour les contraventions) entraîne l'extinction de l'action publique et rend de ce fait toute poursuite impossible.

Il existe aussi des délais spéciaux parfois plus longs (30 ans pour les crimes de terrorisme et 20 ans pour de nombreux crimes ou délits commis contre les mineurs de 15 ans, par ex.), parfois plus courts (3 mois pour les délits de presse par ex.). Les crimes contre l'humanité sont imprescriptibles.

Ces délais peuvent être interrompus par des actes de poursuite ou d'instruction, anéantissant le délai déjà écoulé ou suspendus en cas d'obstacles de droit ou de fait à leur écoulement. Il en est ainsi des procès-verbaux dressés dans le cadre de l'enquête préliminaire qui interrompent le délai de la prescription ou d'une demande d'autorisation de poursuite adressée à la chambre à laquelle appartient un parlementaire qui suspend son écoulement.

C. pr. pén., art. 7, 8 et 9; C. pr. exéc., art. L. 111-4.

GAPP n° 8.

Prescription de la peine

[Droit pénal]

Principe selon lequel toute peine, lorsque celle-ci n'a pas été mise à exécution dans un certain délai fixé par la loi à 20 ans pour les crimes, 5 ans pour les délits et 3 ans pour les contraventions, ne peut plus être subie. Les peines prononcées pour crimes contre l'humanité sont imprescriptibles.

Le délai commence à courir le jour où la condamnation devient définitive. Il peut être suspendu (peine avec sursis par ex.) ou interrompu (actes ou décisions du ministère public ou des juridictions d'application des peines; pour les amendes et confiscations, actes du Trésor ou de l'Agence de gestion et de recouvrement des avoirs saisis ou confisqués, qui tendent à leur exécution).

C. pén., art. 133-2, 3 et 4; C. pr. pén., art. 707-1.

Prescription extinctive

[Droit civil]

Mode d'extinction d'un droit personnel ou d'un droit réel du fait de l'inaction de son titulaire pendant un certain laps de temps. Les actions *personnelles* ou *mobilières* se prescrivent par 5 ans à compter du jour où le titulaire du droit a connu ou aurait dû connaître les faits lui permettant de l'exercer, ce délai de droit commun étant allongé ou réduit dans des cas spécifiques (par ex. 10 ans pour la réparation d'un dommage corporel, 2 ans pour l'action des professionnels pour les biens ou les services qu'ils fournissent aux consommateurs). Quant aux actions réelles immobilières, elles se prescrivent par 30 ans, le droit de propriété étant imprescriptible.

C. civ., art. 2219 s.; CSP, art. L. 1142-28; C. assur., art. 211-19.

→ *Interruption, Interversion de la prescription, Suspension.*

[Procédure civile]

L'exécution des titres exécutoires procédant d'une décision de justice ne peut être poursuivie que pendant dix ans. S'il s'agit d'un titre exécutoire notarié, le délai de prescription est celui de la créance constatée dans le titre.

C. pr. exéc., art. L. 111-4.

[Droit européen]

L'action en responsabilité extracontractuelle devant la Cour de justice de l'Union européenne se prescrit par 5 ans à compter de la survenance du dommage.

Prescription quadriennale

[Droit financier ou fiscal]

Prescription libératoire propre à la majeure partie des personnes publiques, acquise par l'écoulement d'un délai de 4 années partant du premier jour de l'année suivant celle de la naissance de la dette.

Préséance

[Droit administratif/Droit international public]

→ *Protocole, Rang diplomatique.*

Présentation immédiate devant le tribunal pour enfants (Procédure de)

[Procédure pénale]

Procédure permettant au procureur de la République de traduire directement, donc sans instruction, un mineur devant un tribunal pour enfants. Cette solution, tendant à l'accélération du jugement des mineurs, est strictement encadrée. Il faut d'abord que le mineur ait déjà fait l'objet de procédures en application de l'ordonnance du 2 février 1945, que des investigations sur les faits ne soient pas nécessaires et que celles sur sa personnalité aient déjà été accomplies au cours des 12 derniers mois. Cependant, si l'insuffisance des éléments de personnalité résulte de l'absence du mineur aux convocations, les investigations réalisées par le service de la PJJ, dans le cadre de l'article 8 de l'ordonnance, pourront être prises en compte. Il faut ensuite que la peine encourue, s'agissant des mineurs de 13 à 16 ans soit comprise entre 5 et 7 ans d'emprisonnement. Pour ceux de 16 à 18 ans, en cas de flagrance elle doit être supérieure à 1 an d'emprisonnement et à 3 ans dans les autres cas.

Le mineur peut alors être jugé dans un délai compris entre 10 jours et 2 mois s'il a entre 13 et 16 ans et de 10 jours à 1 mois s'il a entre 16 et 18 ans. Le délai peut être inférieur à 10 jours si le mineur, son avocat et ses représentants légaux y consentent expressément. Le juge des enfants peut, sur réquisition du parquet, décider d'un contrôle judiciaire, d'une assignation à résidence sous surveillance électronique ou d'une détention provisoire, jusqu'à l'audience de jugement.

Ord. du 2 févr. 1945, art. 14-2.

Présents d'usage

[Droit civil]

Cadeaux faits à l'occasion d'événements importants de la vie (mariage, anniversaire, etc.) mais qui ne doivent pas apparaître comme excessifs par rapport à la situation de fortune de l'auteur de la libéralité. Ainsi définis les présents d'usage échappent aux règles des donations notamment au rapport à fin d'égalité entre les héritiers et à la taxation fiscale.

C. civ., art. 852.

→ *Rapport des dons et des legs à fin d'égalité.*

Président de la République

[Droit constitutionnel]

Titre du *chef de l'État* dans une République.

Le statut présidentiel a été revalorisé par la Constitution de 1958, notamment du fait de l'élection du président au suffrage universel direct (1962) et de l'octroi en sa faveur de *pouvoirs propres.*

Const., art. 5 s.

Président directeur général

[Droit commercial]

→ *Président du conseil d'administration.*

Président du conseil d'administration

[Droit commercial]

Personne physique élue par le *conseil d'administration* d'une *société anonyme*, parmi ses membres, pour diriger celui-ci. Traditionnellement, le président est également chargé d'assurer sous sa responsabilité, mais dans les limites qui lui sont fixées par la loi et par l'objet social, la direction générale de la société, avec l'assistance facultative d'un ou de 2 directeurs généraux. Lorsque les statuts le prévoient, sa mission peut cependant se borner à la seule présidence du conseil, la direction de la société étant alors assurée par un *directeur général*. Cette dissociation des fonctions de Président et de DG est obligatoire dans les sociétés d'économie mixte (SEM).

C. com., art. L. 225-51 et L. 225-51-1.

Présidentialisme

[Droit constitutionnel]

Contrefaçon du régime présidentiel consistant dans l'hégémonie du président (parfois proche de la dictature) et l'abaissement corrélatif du Parlement, ce qui a pour effet de rompre l'équilibre des pouvoirs. Régime de nombreux États sud-américains et africains.

Présidium

[Droit constitutionnel]

Organe original de l'ex-régime soviétique, élu par le Soviet Suprême, et faisant fonction à la fois de chef d'État à structure collégiale et d'organe de suppléance du *Soviet* Suprême dans l'intervalle de ses sessions. N'a jamais su affirmer une autorité par rapport aux secrétaires généraux du parti communiste.

Présomption

[Droit civil]

Mode de raisonnement juridique en vertu duquel de l'établissement d'un fait on induit un autre fait qui n'est pas prouvé. La présomption est dite de l'homme (ou du juge) lorsque le magistrat tient lui-même et en toute liberté ce raisonnement par induction, pour un cas particulier; elle n'est admise que lorsque la preuve par témoins est autorisée. Les présomptions judiciaires ne peuvent être admises que si elles sont « graves, précises et concordantes ».

La présomption est légale, c'est-à-dire instaurée de manière générale, lorsque le législateur tire lui-même d'un fait établi un autre fait dont la preuve n'est pas apportée. La présomption légale est simple lorsqu'elle peut être combattue par la preuve du contraire. Lorsque la présomption ne peut être renversée, elle est dite irréfragable ou absolue.

Les présomptions simples sont dites également *juris tantum*, les présomptions irréfragables sont désignées parfois par l'expression latine *juris et de jure*.

On qualifie de présomption mixte la présomption dont la preuve contraire est réglementée par le législateur, qui restreint les moyens de preuve ou l'objet de la preuve.

C. civ., art. 112, 311, 553, 653, 654, 911, 1354, 1382*.*

→ *Preuve.*

Présomption d'imputabilité

[Sécurité sociale]

Principe selon lequel, en matière d'accident de travail, l'accident est lié au travail et la lésion est liée à l'accident. Il s'agit d'une présomption simple susceptible de la preuve contraire.

CSS, art. L. 411-1.

Présomption d'innocence

[Procédure pénale]

Principe selon lequel, en matière pénale, toute personne poursuivie est considérée comme innocente des faits qui lui sont reprochés, tant qu'elle n'a pas été déclarée coupable par un jugement irrévocable de la juridiction compétente. Inscrite dans la plupart des instruments internationaux de protection des droits de l'homme et dans la Déclaration des droits de l'Homme et du citoyen de 1789 et ayant à ce titre valeur constitutionnelle, cette présomption a notamment pour effet de faire bénéficier du doute la personne concernée. Ce principe jusqu'alors affirmé dans le Code civil qui en organisait la protection judiciaire est aujourd'hui solennellement exprimé dans un article placé en exergue du Code de procédure pénale.

C. civ., art. 9-1; C. pr. pén., art. prél. III.

Présomption de faute

[Droit administratif]

Dans certaines matières, la responsabilité publique peut être engagée pour faute présumée, la victime n'*ayant pas à démontrer cette* faute, mais l'Administration pouvant cependant prouver son absence (par ex. en cas de dommage causé à un usager par un ouvrage public dont le défaut d'entretien normal est présumé).

→ *Responsabilité de la puissance publique.*

Présomption de paiement

[Droit civil]

La loi établit une présomption de libération du débiteur dans deux éventualités :

- du fait d'une mention en ce sens portée par le créancier sur le titre original resté en sa possession ou sur son double pourvu qu'il soit entre les mains du débiteur;

- du fait de la remise volontaire par le créancier au débiteur de l'original de son titre de créance (ou de sa copie exécutoire).

C. civ., art. 1342-9, 1378-2*.*

Présomption de paternité

[Droit civil]

→ *Pater is est quem nuptiae demonstrant.*

Pressions sur la justice

[Droit pénal]

Infraction consistant dans le fait de publier, sur une affaire soumise à une juridiction, avant l'intervention d'une décision juridictionnelle définitive, des commentaires de nature à constituer des pressions en vue d'influencer les déclarations des témoins ou la décision de la juridiction d'instruction ou de jugement.

C. pén., art. 434-16.

Prestataire de services d'investissement

[Droit commercial]

Seuls habilités à fournir les services d'investissement portant sur les instruments financiers (titres de capital et titres de créance notamment) et en particulier la réception, la transmission et l'exécution d'ordres pour le compte de tiers, ils ont remplacé les anciennes sociétés de bourse.

C. mon. fin., art. L. 531-1 s.

Prestataire de services de paiement

[Droit civil/Droit commercial]

Les seuls prestataires de services de paiement habilités sont les établissements de crédit, les établissements de monnaie électronique et les établissements de paiement auxquels sont assimilés la Banque de France et l'institut d'émission des départements d'outre-mer, le Trésor public et la Caisse des dépôts et consignation.

C. mon. fin., art. L. 521-1.

Prestation(s)

[Droit civil]

Ce qui est dû par le débiteur d'une *obligation* : livrer une marchandise, fabriquer un meuble, verser une somme d'argent, donner une consultation, réaliser une construction.

C. civ., art. 1163.*

→ *Créance, Dette.*

[Sécurité sociale]

On distingue les prestations en nature qui consistent en un remboursement total ou partiel des frais chirurgicaux, médicaux, pharmaceutiques, d'appareillages et d'analyses, des prestations en espèces qui compensent la perte de salaire résultant de l'incapacité de travail : indemnités journalières en cas d'incapacité temporaire, rente ou pension en cas d'incapacité permanente. On distingue également les prestations contributives qui sont accordées en contrepartie des cotisations (par ex. les pensions de vieillesse) des prestations non contributives qui sont accordées à des personnes qui n'ont pas ou ont insuffisamment cotisé.

Prestation compensatoire

[Droit civil]

Capital destiné à compenser, autant qu'il est possible, la disparité que la rupture du mariage crée dans les conditions de vie respectives des époux divorcés et dont le paiement a lieu soit sous la forme du versement d'une somme d'argent, soit par l'attribution de biens en propriété ou d'un droit temporaire ou viager d'usage, d'habitation ou d'usufruit.

À titre exceptionnel, lorsque l'âge ou l'état de santé du créancier ne lui permet pas de subvenir à ses besoins, le juge peut fixer la prestation compensatoire sous forme de rente viagère.

C. civ., art. 270 s.; C. pr. civ., art. 1079 et 1080.

GAJC, t. 1, n° 40 et 41.

Prestation d'accueil du jeune enfant

[Sécurité sociale]

Prestation qui se substitue à l'ensemble des prestations liées à la petite enfance (allocation pour jeune enfant, aide à l'emploi d'une assistance maternelle agréée, allocation de garde d'enfant à domicile, allocation parentale d'éducation, allocation d'adoption) pour tous les enfants nés ou adoptés depuis le 1er janvier 2004.

Elle comporte une prime de naissance versée au cours du 7e mois de grossesse, une allocation de base versée de la naissance ou de l'adoption jusqu'au 3e anniversaire de l'enfant et un complément de libre choix d'activité ou de mode de garde accordé jusqu'aux 6 ans de l'enfant.

CSS, art. L. 531-1.

ACTU

Prestation de services

[Droit civil]

Terme générique qui désigne toute activité déployée à titre onéreux ne correspondant pas à la fourniture d'un bien. Le service peut être matériel (hôtellerie, transport), intellectuel (conseil juridique, soins médicaux) ou financier (assurance, crédit) et relève de figures contractuelles très variées : mandat, entreprise, contrat de travail, bail, prêt…

Bien que le droit de la consommation place côte à côte les produits et les services, la réglementation de la matière n'est pas uniforme.

Prestation de services avec prime

[Droit civil]

→ *Vente à prime.*

Prestation partagée d'éducation

[Sécurité sociale]

Prestation accordée à la personne qui choisit de ne plus exercer d'activité professionnelle ou de travailler à temps partiel pour s'occuper d'un enfant ou qui suit une formation professionnelle non rémunérée.

CSS, art. L. 531-4.

Prestations différées

[Sécurité sociale]

Prestations de prévoyance complémentaire dues par l'organisme qui délivrait sa garantie au moment du fait dommageable initial alors même que le contrat a été résilié ou le salarié licencié.

L. n° 89-1009 du 31 déc. 1989, art. 7 (dite « Loi Évin »).

Prêt

[Droit civil]

Contrat par lequel l'une des parties, le prêteur, met à la disposition de l'autre, l'emprunteur, une chose pour qu'il s'en serve, à charge de restitution en nature ou en valeur.

Le prêt de consommation était dit *mutuum* et le prêt à usage *commodat* jusqu'à la loi n° 2009-526 du 12 mai 2009 qui supprime l'utilisation de cette terminologie. Le prêt à usage a pour objet une chose non consomptible qui doit être restituée en nature par l'emprunteur. Le prêt de consommation porte sur une certaine quantité de choses qui se consomment par l'usage, obligeant l'emprunteur à rendre autant de choses de même espèce et qualité.

Les prêts consentis par des particuliers sont des contrats réels exigeant pour leur formation la remise de la chose prêtée, à l'opposé des prêts consentis par des professionnels du crédit auxquels cas c'est dans l'obligation souscrite par le prêteur que l'obligation de l'emprunteur trouve sa cause.

C. civ., art. 1874 s., 1892 s.

GAJC, t. 2, n° 287-288.

→ *Crédit à la consommation, Crédit immobilier.*

Prêt viager hypothécaire

[Droit civil]

Prêt accordé par un établissement de crédit ou un établissement financier à une personne physique, sous forme d'un capital ou de versements périodiques, garanti par une hypothèque constituée sur un immeuble de l'emprunteur à usage exclusif d'habitation, dont le remboursement – principal et intérêt – ne peut être exigé qu'au décès de l'emprunteur ou bien lors de la cession ou du démembrement de la propriété de l'immeuble hypothéqué, s'ils surviennent avant le décès.

Ce contrat permet à tout propriétaire d'un logement d'obtenir un crédit sans générer de charge financière du vivant de l'emprunteur, puisque son remboursement incombe à la succession et que les sommes versées à l'emprunteur ne constituent pas des revenus imposables.

C. consom., art. L. 315-1 s.

Prête-nom

[Droit civil]

Personne qui fait figurer son nom dans un contrat comme si elle agissait pour son propre compte, alors qu'en réalité elle n'intervient que comme mandataire d'une autre, sans que le cocontractant ait connaissance de cette interposition.

→ *Simulation, Surnom.*

Prétentions des plaideurs

[Procédure civile]

Questions de fait et de droit que les plaideurs soumettent au juge et qui sont fixées, pour le demandeur, par l'acte introductif d'instance, pour le défendeur, par les conclusions en défense (*exceptions*, *fins de non-recevoir*, dénégations). Ces prétentions peuvent être modifiées par des demandes incidentes lorsque celles-ci se rattachent aux prétentions originaires par un lien suffisant.

Formant l'*objet* du litige, elles délimitent l'étendue de la *saisine* du juge, déclenchant l'obligation pour la juridiction du premier degré de se prononcer sur tout ce qui est demandé et seulement sur ce qui est demandé et l'interdiction pour la juridiction du second degré de statuer sur des demandes nouvelles.

C. pr. civ., art. 4, 5, 9, 15, 446-1, 455.

→ *Demande nouvelle, Extra petita, Infra petita, objet, Prétentions nouvelles, Ultra petita.*

Prétentions nouvelles

[Procédure civile]

Prétentions non soumises aux premiers juges, présentées pour la première fois devant la cour d'appel. Afin de préserver la fonction de réformation de l'appel, elles sont en principe irrecevables, à moins qu'elles aient pour objet d'opposer la compensation, de faire écarter les prétentions adverses ou de faire juger les questions nées de l'intervention d'un tiers, de la survenance ou de la révélation d'un fait. L'irrecevabilité de la prétention nouvelle peut être relevée d'office par le juge.

C. pr. civ., art. 564.

→ *Demande nouvelle, Immutabilité du litige (Principe de l'), Moyen.*

Pretium doloris

[Droit civil/Sécurité sociale]

Littéralement, le « prix de la douleur », qu'une circulaire du ministre de la Justice du 15 septembre 1977 recommande d'appeler « l'indemnisation des souffrances » et qui correspond aux dommages et intérêts accordés par les tribunaux au titre de réparation des souffrances physiques ou morales éprouvées par la victime d'un accident ou d'un acte criminel, ou par ses proches parents.

L'indemnité qui tend à réparer le préjudice résultant de telles souffrances causées par un tiers à un assuré social, constitue l'une des composantes de « l'*indemnité de caractère personnel* », créée par cette loi. Elle devra réparer non seulement les souffrances antérieures à la consolidation des blessures, mais aussi celles postérieures à cette consolidation, alors que jusqu'à l'entrée en vigueur de la loi précitée, celles-ci étaient indemnisées au titre de l'*incapacité permanente partielle*.

CSS, art. L. 452-3.

Prétoire

[Procédure civile]

Autrefois, lieu où le préteur rendait la justice; aujourd'hui salle où se tiennent les audiences des juridictions.

Prétorienne (Jurisprudence)

[Droit général]

Se dit, par référence aux pouvoirs étendus du magistrat romain appelé préteur, d'une jurisprudence dont la solution n'est pas fondée sur une règle législative ou réglementaire préexistante, mais sur l'application par le juge d'une norme qu'il a, plus ou moins largement, dégagée lui-même. Elle manifeste le pouvoir créateur de droit de la jurisprudence. Le droit de la responsabilité de

l'administration, par exemple, résulte d'une jurisprudence largement prétorienne.
→ *Sources du droit.*

Preuve

[Procédure (principes généraux)/Droit civil]
Dans un sens large, établissement de la réalité d'un fait ou de l'existence d'un acte juridique. Dans un sens plus restreint, procédé utilisé à cette fin (écrit, témoignage...).
Lorsque les moyens de preuve sont préalablement déterminés et imposés par la loi, la preuve est dite *légale*. Dans le cas contraire, elle est dite libre ou *morale*. Il incombe à chaque partie de prouver conformément à la loi les faits nécessaires au succès de sa prétention.
C. civ., art. 1353 s.; C. pr. civ., art. 9, 15.*

ACTU

Preuve (Admissibilité des modes de)

[Droit civil]
L'acte juridique doit être prouvé par écrit (sous signature privée ou authentique) lorsqu'il porte sur une valeur excédant un montant fixé par décret (1 500 €) et il ne peut être prouvé contre ou outre un écrit que par un autre écrit. L'exigence d'une *preuve littérale* est écartée en cas d'impossibilité matérielle ou morale de se procurer un écrit, de non-usage de procéder par écrit, de perte de l'écrit par force majeure.
Il peut être suppléé à l'écrit par l'aveu judiciaire, le serment décisoire ou un *commencement de preuve par écrit* corroboré par un autre moyen de preuve.
À l'opposé de l'acte juridique, le fait juridique peut être prouvé par tout moyen.
C. civ., art. 1359 s.*
→ *Preuve testimoniale.*

Preuve (Droit à la)

[Procédure civile]
Prérogative reconnue à tout plaideur de pouvoir faire la démonstration d'un fait ou d'un acte nécessaire au succès de sa prétention, sans qu'on puisse lui opposer le droit au respect de l'intimité de la vie privée, le droit au secret des correspondances, le droit au secret des affaires, etc.
La primauté du droit à la preuve est subordonnée à cette exigence que la pièce en cause constitue l'unique mode de preuve offert à la partie sur laquelle pèse le fardeau probatoire et au respect du principe selon lequel nul ne peut se constituer une preuve à soi-même, étant précisé que ce principe est inapplicable à la preuve d'un fait juridique.
C. civ., art. 10, 1363; C. pr. civ., art. 11, 138, 145; Conv. EDH, art. 6.*
→ *Ad probationem, Charge, Instrumentum, Présomption.*

Preuve (Procédures de)

[Procédure (principes généraux)]
Les plaideurs, pour l'établissement des faits du procès, recourent à des procédures d'instruction particulières : *vérification d'écriture*, *inscription de faux*, *enquête*, *expertise*, *comparution personnelle*, *serment*, *vérifications personnelles du juge*, *présomption*.
Dans le cadre européen, le règlement CE n° 1206/2001 du 28 mai 2001 établit une coopération entre juridictions des États membres en matière de preuve dans le domaine civil et commercial. Ou bien la juridiction compétente d'un État membre, dite juridiction requise, procède à un acte d'instruction à la demande d'une juridiction d'un autre État membre devant laquelle la procédure est engagée, dénommée juridiction requérante. Ou bien il y a exécution directe de l'acte d'instruction par la juridic-

tion requérante sur le territoire de l'État requis, mécanisme autorisé dans le seul cas où l'exécution peut avoir lieu sans recourir à des mesures coercitives.

C. pr. civ., art. 132 s.

En matière pénale, sauf si la loi en dispose autrement, une infraction peut être établie par tout mode de preuve. Le juge fondera sa décision à partir des preuves apportées au débat et contradictoirement discutées, selon son *intime conviction*.

C. pr. pén., art. 427.

→ *Mesures d'instruction.*

Preuve indiciaire

[Droit civil/Procédure civile]

Preuve reposant sur des *indices*.

Preuve intrinsèque

[Droit civil]

Preuve découlant des termes ou de l'économie d'un acte. Par exemple, les actes à titre onéreux accomplis par un individu en état de démence ne peuvent être annulés après sa mort que s'ils portent en eux-mêmes la preuve d'un trouble mental (preuve intrinsèque).

C. civ., art. 414-2.

GAJC, t. 1, n° 123, 125, 126.

Preuve littérale

[Droit civil]

Preuve par écrit résultant d'une suite de lettres, de caractères, de chiffres ou de tout autre signe ou symbole dotés d'une signification intelligible, quel que soit leur support.

C. civ., art. 1359, 1365*.*

GAJC, t. 1, n° 18.

→ *Écrit, Écrit électronique.*

Preuve testimoniale

[Droit civil/Procédure civile]

Preuve par témoins, librement admissible pour les faits juridiques, recevable sous certaines conditions pour les actes juridiques, notamment lorsque l'intérêt en cause ne dépasse pas 1 500 €.

Les déclarations des tiers relativement aux faits litigieux sont recueillies par le juge par voie d'*attestation* ou par voie d'*enquête* selon qu'elles sont écrites ou orales. Leur valeur probante est laissée à l'appréciation du juge.

C. civ., art. 1381; C. pr. civ., art. 199 s.*

→ *Témoin.*

Prévention

[Droit du travail/Sécurité sociale]

Ensemble des mesures réglementaires ou techniques tendant à éviter les accidents et les maladies.

Prévention (Principe de)

[Droit international public]

Règle coutumière du droit international, d'abord énoncée dans la Déclaration de Stockholm de 1972, reprise dans la Déclaration de Rio de Janeiro de 1992 sur l'environnement et le développement durable, selon laquelle les États sont tenus de mettre en œuvre tous les moyens à leur disposition pour éviter que les activités qui se déroulent sur leur territoire, ou sur tout espace relevant de leur juridiction, ne causent un préjudice sensible à l'environnement d'un autre État.

[Droit de l'environnement]

Principe visant à empêcher la survenance d'atteintes à l'environnement dont les risques sont connus ou prévisibles par des mesures adoptées *a priori* avant la réalisation d'un ouvrage ou d'une activité. Relèvent de ce principe les études d'impact dont l'objet est d'évaluer à l'avance les effets de l'action envisagée sur le milieu naturel, l'autorisation préalable pour les installations classées, l'interdiction de fabrication de produits non recyclables...

Charte de l'environnement, art. 3; C. envir., art. L. 110-1, I, 2°.

→ *Précaution (Principe de).*

Prévenu

[Procédure pénale]

Personne contre laquelle est exercée l'action publique devant les juridictions de jugement en matière correctionnelle et contraventionnelle.

→ *Accusé.*

Prévoyance

[Sécurité sociale]

Faculté offerte aux entreprises de faire bénéficier les salariés d'un régime de garantie destiné à assurer notamment la couverture complémentaire des risques maladie invalidité et décès. Cette garantie peut se faire dans le cadre d'une institution de prévoyance, d'une mutuelle ou d'un organisme d'assurance.

CSS, art. L. 931-1.

Primaires (*primaries*)

[Droit constitutionnel]

1° Pré-élections officiellement organisées dans certains États des États-Unis en vue de permettre aux électeurs de participer eux-mêmes à la désignation des candidats à l'élection présidentielle proprement dite.

Les électeurs élisent ainsi des délégués à la Convention nationale qui investira, dans chaque parti, le candidat, ce qui tend à démocratiser le choix des candidats en réduisant l'influence des comités de partis.

2° Organisées en France depuis 2007 par le parti socialiste pour désigner un candidat à l'élection présidentielle. Leur succès en 2011 pourrait installer durablement ce dispositif dans la vie politique française comme en témoigne la décision de l'UMP/Les Républicains de procéder à une primaire en vue de l'élection présidentielle de 2017.

→ *Caucus.*

Primauté du droit de l'Union européenne

[Droit européen]

Principe selon lequel s'il y a conflit entre le droit de l'Union européenne et le droit national, le premier l'emporte sur le second. Affirmée par la Cour de justice de l'Union dans le silence des traités (aff. 6/64, *Costa*, 15 juill. 1964), la primauté était proclamée à l'article I-6 du traité établissant une Constitution pour l'Europe, en définitive non ratifié; elle a disparu du traité de *Lisbonne*, et se trouve reléguée à la « déclaration n° 17 » jointe à l'Acte final de la Conférence.

GAJA n° 96; GDCC n° 25.

Prime

[Droit des assurances]

Somme versée par l'assuré en échange de la prise en charge par l'assureur d'un risque prévu au contrat.

C. assur., art. L. 112-4.

[Droit commercial]

→ *Vente à prime.*

Prime d'émission

[Droit commercial]

Somme exigée des souscripteurs à une augmentation de capital, en plus de la valeur nominale de l'action. Cette somme destinée à atténuer la perte subie par les titres du fait de l'augmentation de capital s'analyse en un supplément d'apport.

Le montant total des primes d'émission est comptabilisé à un poste spécial : la réserve des primes d'émission.

Prime pour l'emploi

[Droit financier ou fiscal]

Incitation financière au retour des personnes sans emploi à une activité professionnelle et à leur maintien dans un emploi, attribuée aux personnes ayant exercé l'année précédente une activité professionnelle salariée ou non salariée, à temps plein ou à temps partiel, et dont les revenus d'activité sont compris entre un minimum (pour s'assurer de la réalité de cette activité) et un maximum dépendant de leur situation familiale. Cette aide s'apparente dans sa technique au système de l'*impôt négatif sur le revenu* : toute personne estimant y avoir droit porte sur sa déclaration annuelle de revenus le montant de ses revenus d'activité; si elle n'est pas imposable l'Administration lui verse automatiquement le montant de la prime, si elle est imposable la prime s'impute sur son impôt sur le revenu, le solde éventuel lui étant automatiquement versé.

Dispositif supprimé à compter du 1er janvier 2016 au profit d'une fusion avec le *Revenu de solidarité active*.

Primes

[Droit du travail]

Sommes versées par l'employeur au salarié en sus du salaire normal, soit à titre de remboursement de frais, soit pour encourager la productivité, tenir compte de certaines difficultés particulières du travail, ou récompenser l'ancienneté. La nature juridique de ces sommes appelées « primes » varie selon les cas.

Principal

[Procédure civile]

Dans une acception étroite, désigne, d'une part, le capital dont il est demandé paiement, d'autre part, les intérêts échus au moment de l'introduction de l'instance. L'évaluation de la demande sert (souvent) à déterminer la compétence et à fixer le taux du ressort.

Dans une acception plus large, le principal, s'entend de l'objet du litige tel qu'il est déterminé par les prétentions respectives des parties. Il vise le *fond* du procès, la question de *droit substantiel*, par opposition aux exceptions de procédure, aux incidents de preuve, aux mesures provisoires. C'est en ce sens que l'on dit, par exemple, que les jugements avant-dire droit n'ont pas au principal l'autorité de la chose jugée.

C. pr. civ., art. 4, 480 et 484.

→ *Évaluation du litige, Jugement définitif, Préjudice au principal.*

Principe « compétence-compétence »

[Procédure civile]

Formule impropre utilisée par la doctrine et les praticiens de l'arbitrage pour exprimer le défaut de pouvoir juridictionnel du juge étatique saisi d'un litige relevant d'une convention d'arbitrage. Le juge étatique doit se déclarer incompétent sans plus, le tribunal arbitral étant seul compétent pour connaître des contestations relatives à son pouvoir juridictionnel, donc pour statuer sur sa propre compétence.

Le juge étatique ne retrouve qualité à ce sujet que dans le cas où le tribunal arbitral n'est pas encore saisi ou lorsque la convention arbitrale est manifestement nulle ou inapplicable.

C. pr. civ., art. 1448, 1465.

Principe d'initiative

[Procédure civile]

Principe selon lequel l'initiative, le déroulement, et l'extinction de l'instance appartiennent d'abord aux parties, sous réserve de l'*office du juge*.

C. pr. civ., art. 1er à 3.

→ *Direction du procès, Droit et fait dans le procès, Principe dispositif.*

Principe de cohérence

[Procédure civile]

→ *Estoppel.*

Principe de concentration des moyens

[Procédure civile]

Principe de création purement prétorienne (Cass. Ass. plén., 7 juill. 2006, n° 04-10-672), selon lequel « il incombe au demandeur de présenter dès l'instance relative à la première demande l'ensemble des moyens qu'il estime de nature à fonder celle-ci ». Le non-respect de cette obligation est sanctionné par une *fin de non-recevoir* prise de l'autorité de la chose jugée : la partie qui, dans un procès ultérieur portant sur le même objet et les mêmes faits, et impliquant les mêmes parties, invoquerait une demande identique en se fondant sur des moyens de droit différents (non examinés et non débattus lors du premier procès), se heurterait à une fin de non-recevoir tirée de la chose jugée.

Le principe s'impose tant en défense qu'en demande. La concentration des moyens ne doit pas être étendue à une concentration implicite des demandes. Selon la Cour de cassation, le demandeur n'est pas tenu de présenter dans la même instance toutes les demandes fondées sur les mêmes faits.

Ce principe visant à réduire le risque de manœuvres dilatoires et, partant, à favoriser le jugement dans un délai raisonnable, la limitation qu'il opère au droit d'accès à un tribunal s'inscrit dans un objectif légitime (CEDH, 27 mars 2015 n° 12686/10).

→ *Cause, Loyauté.*

Principe de faveur

[Droit civil]

1° Dans le conflit opposant deux intérêts en présence, préférence donnée *a priori* à l'un d'eux estimé supérieur. Par exemple, dans le doute, le contrat de gré à gré s'interprète en faveur du débiteur et le contrat d'adhésion contre celui qui l'a proposé; la dévolution testamentaire est préférée à la dévolution légale par respect pour la volonté du défunt.

C. civ., art. 1190.*

2° En dehors de tout conflit, avantage concédé par la loi pour servir telle cause socialement ou humainement prioritaire, comme le maintien du mariage déclaré putatif en faveur de l'époux de bonne foi.

[Droit du travail]

Expression de la langue des juristes permettant de désigner de manière commode une règle dont la teneur varie suivant les occurrences. *A minima*, il s'agit de se référer à la règle signifiée par l'énoncé de l'article L. 2251-1 du Code du travail : « une convention ou un accord peut comporter des stipulations plus favorables aux salariés que les dispositions légales en vigueur ». Par induction amplifiante, on vise une règle qui peut aller jusqu'à considérer que lorsque 2 règles de droit de source distincte portant sur le même objet ou ayant la même cause sont applicables à la relation de travail salariée ou aux rapports professionnels, il convient de faire application de la règle la plus favorable aux salariés. La pertinence de ces inductions amplifiantes, pourtant courantes dans bien des discours doctrinaux, est contestable, au moins en partie. Quelle que soit la teneur exacte de ce prétendu « principe de faveur », la mise en œuvre peut s'avérer délicate. L'identification des règles qui entrent en concours n'est pas toujours évidente et l'appréciation à porter (en termes de plus ou moins favorable aux salariés) à l'issue de la comparaison est parfois malaisée. Ce type de comparaison appliqué à un concours entre règles issues de conventions collectives distinctes a été dans certains cas relégué à une fonction supplétive par la loi n° 2004-391 du 4 mai 2004.

C. trav., art. L. 2251-1, L. 2252-1, L. 2253-3 et L. 2254-1.

GADT n° 179, 180 et 181.

→ *Ordre public social.*

Principe de non-contradiction au détriment d'autrui

[Procédure civile]

→ *Estoppel.*

Principe de participation

[Droit de l'environnement]

Principe selon lequel toute personne a le droit d'accéder aux informations détenues par les autorités publiques et d'être informée des projets de décisions ayant une incidence sur l'environnement, dans des conditions lui permettant de formuler ses observations qui seront prises en considération par l'instance compétente.

Issu de la Convention d'Aarhus (1998), le principe de participation est consacré en droit interne par l'article 7 de la *Charte de l'environnement*, dont le Conseil constitutionnel assure le respect.

La procédure de mise en œuvre du principe de participation est organisée par la loi n° 2012-1460 du 27 décembre 2012 : mise à la disposition du public, par voie électronique en général, du projet de décision accompagné d'une note de présentation, publication par la même voie des consultations programmées, dépôt des observations du public par voie électronique ou postale, adoption différée du projet pour permettre la prise en compte de l'avis du public, rédaction d'une synthèse des observations reçues avec précision de celles que le texte a prises en considération.

Parmi les traductions institutionnelles du principe, citons les associations de défense de l'environnement qui sont en même temps canaux d'information, organes d'expertise et actrices du contentieux, les *enquêtes publiques préalables* qui permettent de faire connaître au public la teneur des projets de travaux et de recueillir ses appréciations, suggestions et contrepropositions, et la *Commission nationale du débat public* grâce à laquelle est ouverte une vaste discussion sur l'opportunité, les objectifs et les caractéristiques des projets d'aménagement ou d'équipement d'intérêt national.

C. envir., art. L. 110-1, II 4° et 5°, L. 120-1, L. 120-2; Charte de l'environnement, art. 7; C. rur., art. L. 914-3.

Principe de précaution

[Droit administratif/ Droit de l'environnement/ Droit international public]

→ *Précaution (Principe de).*

Principe de prévention

[Droit de l'environnement/ Droit international public]

→ *Prévention (Principe de).*

Principe de proportionnalité

[Droit européen]

Principe d'interprétation de la Cour EDH selon lequel les atteintes (envisagées abstraitement par les textes) portées par la puissance publique aux droits fondamentaux protégés par la Convention EDH doivent être proportionnées au but poursuivi, un juste équilibre devant être recherché entre l'intérêt public et l'intérêt privé.

Un principe voisin gouverne l'élaboration du droit de l'Union européenne : l'action des institutions européennes ne doit pas excéder ce qui est nécessaire pour atteindre les objectifs du Traité, les directives devant être préférées aux règlements pour éviter l'excès de législation.

TUE, art. 5; Conv. EDH, art. 8 à 11 et 15.

[Droit général]

Principe d'adéquation de la réaction à l'action, en vigueur dans les domaines les plus variés. Le médecin peut renoncer à poursuivre des traitements « disproportionnés » qui n'ont d'autre objet ou effet que le maintien artificiel de la vie; le juge répressif doit respecter un rapport de proportionnalité entre la faute commise et la sanction prononcée; la personne agressée n'est pas en légitime défense s'il y a disproportion entre les moyens employés et la gravité de la menace. Le créancier professionnel ne peut pas se prévaloir d'un cautionnement manifestement disproportionné aux biens et revenus de la caution personne physique.

C. pén., art. 122-7; CSP, art. L. 1110-5, R. 4127-37, I.

GDCC nº 27, 41 à 44, 45 et 47; GAJC, t. 2, nº 156, 297-298.

[Procédure civile]

Le principe de proportionnalité est proclamé en termes explicites en matière de voies d'exécution. Si le créancier a le choix des mesures propres à assurer l'exécution ou la conservation de sa créance, c'est à la condition que ces mesures n'excèdent pas ce qui se révèle nécessaire pour obtenir le paiement de l'obligation, sinon le juge a le pouvoir d'ordonner la *mainlevée* de toute mesure inutile ou abusive.

C. pr. exéc., art. L. 111-7.

→ *Cantonnement, Réduction d'hypothèque.*

La Cour de cassation, lorsqu'elle statue sur la compatibilité ou l'incompatibilité de l'application d'un texte interne avec le respect dû à un droit garanti par la Convention européenne, exerce un contrôle de proportionnalité consistant soit à s'attacher à l'objectif recherché par celui qui a porté atteinte au droit fondamental de son adversaire, soit à déterminer si l'atteinte à ce droit n'est pas démesurée. Ce type de contrôle exige, selon certains, une prise en compte des faits du dossier peu compatible avec la mission de la Cour de cassation, alors que d'autres estiment que le contrôle de proportionnalité reste un contrôle de droit.

→ *Cassation.*

[Procédure pénale]

Principe général permettant de déterminer si une mesure procédurale, particulièrement de contrainte, prise à l'égard d'une personne suspectée ou poursuivie, préserve l'équilibre indispensable entre la protection des intérêts de la société et ceux de la personne dont les droits fondamentaux doivent être respectés. La proportionnalité s'apprécie particulièrement par rapport à la gravité de l'infraction reprochée.

Ce principe, partiellement consacré dans certains textes internationaux (art. 5 Conv. EDH), a été développé dans la jurisprudence de la Cour EDH avant d'être affirmé dans l'article préliminaire du Code de procédure pénale. Il s'impose au législateur, dans l'élaboration de la loi, comme au juge dans l'application concrète de la règle, par exemple lorsqu'il s'agit de priver un individu de sa liberté. Le contrôle de proportionnalité occupe une place essentielle dans la jurisprudence de la Cour EDH et celle du Conseil constitutionnel, particulièrement en matière d'atteinte à la vie ou à la liberté.

C. pr. pén., art. prél. III, al. 3.

Principe de proximité

[Droit de l'environnement]

Principe selon lequel le transport des déchets doit être limité « en distance », c'est-à-dire que les déchets doivent être traités aussi près que possible de leur lieu de production ou de collecte, afin de minimiser les nuisances, voire les dangers, liés à leur transport.

C. envir., art. L. 541-1, 4°.

Principe de sécurité juridique

[Droit administratif/Droit général (droit privé, droit public)]

→ *Sécurité juridique (Principe de).*

Principe de subsidiarité

[Droit européen]

Introduit dans le traité de *Maastricht*, pour chercher à définir le jeu du partage des compétences entre les États membres et la Communauté, et pour répondre à la critique d'extension indéfinie du champ d'action communautaire. La Communauté intervient seulement « si et dans la mesure où les objectifs de l'action envisagée ne peuvent pas être réalisés de manière suffisante par les États membres et peuvent donc, en raison des dimensions ou des effets de l'action envisagée, être mieux réalisés au niveau communautaire ». Le Traité d'Amsterdam ajoute un protocole important sur l'application des principes de subsidiarité et de proportionnalité.

Le traité de *Lisbonne* (entré en vigueur le 1er déc. 2009) crée un mécanisme de contrôle du respect de ce principe en permettant à chaque Parlement national de voter un avis motivé obligeant la Commission à réexaminer son projet de loi ou loi-cadre, et de demander à son gouvernement de saisir la Cour de Justice si un acte voté lui paraît contraire à la subsidiarité.

[Droit constitutionnel/Droit administratif]

Dans la rédaction de l'article 72 de la Constitution issue de la révision de 2003, le principe de subsidiarité est devenu un principe régissant l'organisation territoriale de la France.

→ *Collectivités territoriales.*

Principe dispositif

[Procédure civile]

1° Principe selon lequel les parties à un procès civil ont la pleine maîtrise de la *matière litigieuse*. Il a pour corollaire le principe d'indisponibilité de la matière litigieuse pour le juge.

Dans la conception originaire, il en résulte que les parties ont la maîtrise des faits dans le procès, et que le juge a celle du droit (*Da mihi factum, tibi dabo jus*, « donne-moi le fait, je te donnerai le droit »). Mais le principe dispositif, principe d'organisation de la maîtrise de la matière litigieuse, est conçu par le (nouveau) Code de procédure civile de façon plus souple (ex. : obligation pour les parties de présenter des *conclusions qualificatives* devant le TGI et la cour d'appel).

C. pr. civ., art. 5, 6, 7.

2° *Au sens large*, exprime aussi l'idée que l'instance est à la disposition des plaideurs qui sont souverains quant à son déclenchement, son étendue, son déroulement et son extinction. Il inclut alors le *principe d'initiative*.

C. pr. civ., art. 1er s.

→ *Direction du procès, Principe d'initiative.*

Principe du contradictoire

[Procédure (principes généraux)]

Principe naturel de l'instance en vertu duquel toute personne doit être informée de l'existence d'un procès engagé contre elle et doit être en mesure de discuter librement les prétentions, les arguments et les preuves de son adversaire. Le respect du principe du contradictoire est la condition indispensable de la liberté de la défense.

Le juge doit en toutes circonstances observer et faire observer le principe de la contradiction; il ne peut retenir dans sa décision que les explications qu'il a recueillies contradictoirement et ne peut fonder sa décision sur les moyens de droit qu'il a relevés d'office sans avoir au préalable invité les parties à présenter leurs observations.

C. pr. civ., art. 16; CJA, art. L. 5; C. pr. pén., art. préliminaire; CJF, art. L. 140-7; Conv. EDH, art. 6, § 1 à 3.

GACA n° 53; GDCC n° 5, 6, 8, 32, 45 à 49.

→ *Défense (Liberté de la), Égalité des armes, Procès équitable.*

Principe pollueur-payeur

[Droit de l'environnement]

Principe selon lequel les frais résultant des mesures de prévention, de réduction de la pollution et de lutte contre celle-ci doivent être supportés par le pollueur. Les manifestations de ce principe sont diverses : institution de taxes et redevances spécifiques ainsi que de la Taxe générale sur les activités polluantes (TGAP), édiction de normes anti-pollution (normes à la source pour les techniques de fabrication de matériels, normes d'émission, normes de qualité du milieu ambiant), compensation financière lorsque la remise dans l'état antérieur est impossible.

Charte de l'environnement, art. 4; C. envir., art. L. 110-1, I, 3°.

Principes de valeur constitutionnelle

[Droit constitutionnel]

1° Au sens large, tous principes inclus dans le *bloc de constitutionnalité*, dont le Conseil constitutionnel assure le respect. Ils peuvent émaner du dispositif même de la Constitution (ex. *inamovibilité des magistrats* du siège, art. 64), ou être expressément consacrés par les textes auxquels se réfère le *Préambule* (ex. *Principe pollueur-payeur*), ou encore n'en être que déduits au terme d'une interprétation jurisprudentielle plus ou moins constructive.

2° Au sens strict, correspondant à la 3e catégorie précitée, principes qui, bien que n'étant pas explicitement énoncés dans les textes de valeur constitutionnelle, sont reconnus par le Conseil constitutionnel comme s'imposant au législateur avec la même force qu'eux (par ex., l'indépendance de la juridiction administrative, les *droits de la défense*, l'indépendance des professeurs d'université ou l'égalité des justiciables devant la justice).

GDCC n° 27; GAJA n° 93.

→ *Principes fondamentaux reconnus par les lois de la République, Principes généraux du droit, Principes particulièrement nécessaires à notre temps.*

Principes directeurs du procès civil

[Procédure civile]

Intitulé du chapitre premier du Code de procédure civile sous lequel sont énoncées les règles fondamentales du procès civil, lesquelles déterminent le rôle respectif des parties et du juge et définissent les garanties d'une bonne justice : *principe dispositif*, *principe du contradictoire*, *liberté de la défense*…

C. pr. civ., art. 1er à 20.

→ *Procès équitable.*

Principes directeurs du procès pénal

[Procédure pénale]

Ensemble des règles fondamentales, de portée *supra* législative (internationale ou constitutionnelle) qui encadrent et gouvernent le procès pénal et, à ce titre, s'imposent tant au législateur qu'au juge. Ces règles de droit qui innervent et dirigent toute la procédure pénale ont pour objectif d'organiser un procès assurant une protection efficace des droits de la personne (mis en cause et victime).

C. pr. pén., art. préliminaire.

→ *Principes généraux du droit, Procès équitable.*

Principes fondamentaux reconnus par les lois de la République

[Droit général]

Expression vague, figurant à l'alinéa 1 du Préambule de la Constitution de 1946, auquel renvoie celui de la Constitution de 1958, et sur laquelle le Conseil constitutionnel s'est fondé pour invalider certaines lois contraires aux principes qu'il estimait relever de cette catégorie.

GDCC n° 27.

→ *Liberté d'association, Principes de valeur constitutionnelle.*

Principes généraux *de* droit

[Droit international public]

Source du droit international constituée par des principes juridiques non écrits dégagés par les juridictions internationales à partir de l'observation des solutions généralement admises dans les ordres juridiques internes. Ils concernent principalement le droit processuel (autorité de la chose jugée, principe du contradictoire, etc.).

Principes généraux *du* droit

[Droit administratif]

Principale source non écrite du droit administratif, représentée par des règles de droit obligatoires pour l'Administration et dont l'existence est affirmée de manière prétorienne par le juge. Leur respect s'impose à toutes les autorités administratives, même dans les matières où le gouvernement est investi par la Constitution d'un pouvoir réglementaire autonome non subordonné à la loi.

GAJA n° 72.

[Droit civil/Procédure civile]

Les principes généraux du droit jouent également un rôle important en droit privé, spécialement en droit civil (la fraude corrompt tout, l'erreur est créatrice de droit, la bonne foi est toujours présumée…) et en procédure civile (principe accusatoire, principe dispositif, principe du contradictoire…).

→ *Principes de valeur constitutionnelle.*

[Droit international public]

Règles du droit international d'une grande importance dans l'ordre juridique international (ex. principe de non-intervention, principe de souveraineté) et/ou d'une grande généralité (ex. principe de l'utilisation non dommageable du territoire), qualifiés comme tels par les juridictions internationales et certains instruments internationaux. Se distinguent des *principes généraux de droit* (*supra*) en ce qu'ils ne constituent pas une source autonome du droit international.

[Droit pénal/Procédure pénale]

Sources non écrites du droit criminel dégagées par la Cour de cassation et le Conseil constitutionnel. Déclarées fondamentales par ces juridictions, elles éclairent, complètent ou renforcent certains droits ou libertés implicitement ou explicitement retenus dans les textes en vigueur. S'imposant tant au législateur qu'au juge ces principes assurent en procédure pénale une meilleure protection des droits de la défense.

GADPG n° 2; GDCC n° 15, 17 et 27.

[Droit européen]

La Cour de justice a élaboré des principes généraux du droit communautaire, devenus du droit de l'Union, notamment pour pallier certaines carences des traités initiaux en matière de droits fondamentaux, et ainsi lui permettre de censurer tant les institutions européennes que les États membres qui ne s'y conformaient pas. Son œuvre créatrice s'est appuyée sur les traditions constitutionnelles communes aux États membres (arrêt *IHG*, 1970) et sur les instruments internationaux de protection des droits de l'homme auxquels ils avaient souscrit, et tout particulièrement la Convention EDH (arrêt *Nold*, 1974). Ces sources, visées par le traité de Maastricht et auxquelles celui d'Amsterdam a donné toute leur portée juridique, sont désormais mentionnées à l'article 6. 3 TUE.

Principes particulièrement nécessaires à notre temps

[Droit constitutionnel]

Principes issus du *Préambule* de la *Constitution* de 1946, à caractère politique, économique et social, intégrés par le *Conseil constitutionnel* au *bloc de constitutionnalité*.

GDCC n° 15.

Principes structurants de l'instance

[Procédure (principes généraux)]

→ *Procédure générale.*

Prior tempore potior jure

[Droit civil]

Celui qui est le premier dans le temps, en droit l'emporte.

La priorité entre des créanciers munis d'une garantie sujette à publicité est réglée par l'ordre des publications. Toutefois, en présence d'inscriptions requises le même jour, on ne tient plus compte de l'ordre du registre et on répute d'un rang antérieur l'inscription opérée en vertu du titre le plus ancien. Le principe d'antériorité règle aussi les rapports entre deux acquéreurs successifs d'un même bien tenant leur droit d'une même personne. S'il s'agit d'un meuble corporel, celui qui a pris possession en premier est préféré s'il est de bonne foi; s'il s'agit d'un immeuble, la préférence est donnée à celui qui a publié en premier son titre d'acquisition.

C. civ., art. 1198, 2425.*

→ *Rang des privilèges et des hypothèques.*

Prise (Droit de)

[Droit international public]

Droit pour un belligérant de saisir les navires de commerce ennemis et leur cargaison en vue de faire prononcer leur confiscation par sa juridiction des prises.

Prise à partie

[Procédure civile/Procédure pénale]

Action en responsabilité dirigée contre les magistrats non professionnels des juridictions de l'ordre judiciaire, tels les juges consulaires et les conseillers prud'homaux, en cas de dol, de fraude, de concussion ou de faute lourde commis par eux, soit dans le cours de l'instruction, soit lors des jugements, ainsi qu'en cas de *déni de justice*. La procédure à cette fin doit être autorisée par le premier président de la cour d'appel dans le ressort de laquelle siège le juge incriminé. L'État est civilement responsable des dommages et intérêts auxquels le juge est condamné, sauf son recours contre celui-ci.

COJ, art. L. 141-2 et L. 141-3; C. pr. civ., art. 366-1 s.

→ *Faute, Faute disciplinaire, Pouvoir disciplinaire, Responsabilité du fait du fonctionnement défectueux de la justice, Saisine par un justiciable du Conseil supérieur de la magistrature.*

Prise d'otage

[Droit pénal]

Circonstance aggravante de l'arrestation, de l'enlèvement, de la détention ou de la séquestration d'une personne lorsqu'une telle action est réalisée dans le but de préparer ou faciliter la commission d'un crime ou d'un délit, de favoriser la fuite ou assurer l'impunité des auteurs ou complices, d'un crime ou d'un délit ou d'obtenir l'exécution d'un ordre ou d'une condition (ex. : versement d'une rançon).

Lorsque la prise d'otage est réalisée dans le cadre d'un conflit armé et en relation avec ce conflit, elle constitue un crime de guerre.

C. pén., art. 224-4 et 461-2.

Prise illégale d'intérêts

[Droit pénal/Droit administratif]

Naguère dénommée ingérence, fait, pour une personne dépositaire de l'autorité publique (fonctionnaire, par ex.) ou investie d'un mandat électif public (conseiller municipal, par ex.) ou chargée d'une mission de service public, de prendre ou de conserver un intérêt quelconque dans une activité, voire dans une seule opération, sur laquelle elle dispose du fait de sa fonction d'un pouvoir personnel ou partagé de surveillance ou de décision, ou qu'elle a la charge de gérer ou de payer. Ce serait le cas, par exemple, d'un entrepreneur membre d'une *municipalité* et auquel serait attribué un marché de travaux publics de sa commune. Pour des raisons pratiques, quelques dérogations limitées sont prévues pour les communes de moins de 3 500 habitants.

En outre les membres du gouvernement, les titulaires d'une fonction exécutive locale, les *fonctionnaires* quittant leurs fonctions ne peuvent prendre ou recevoir une participation par travail, conseil ou capitaux pendant un délai de 3 ans dans une entreprise privée avec laquelle ils ont eu un lien résultant du contrôle ou de la surveillance de l'entreprise, de la passation de contrats ou d'avis sur les contrats passés avec l'entreprise ou encore de la proposition à l'autorité compétente, de décisions relatives à des opérations réalisées par l'entreprise.

La transgression de ces dispositions constitue un délit passible d'emprisonnement et d'amende.

Par ailleurs, en matière communale, sont illégales les délibérations du *conseil municipal* auxquelles aurait pris part l'un de ses membres intéressé à une affaire délibérée, si sa participation a exercé une influence déterminante sur le vote intervenu.

C. pén., art. 432-12 et 13; CGCT, art. L. 2131-11.

→ *Conflit d'intérêts.*

Prisée

[Droit civil/Procédure civile]

Estimation de la valeur d'objets mobiliers compris dans une liquidation, un partage, une donation ou une vente aux enchères.

C. civ., art. 789, 809-2, 829, 948 et 1029; C. pr. civ., art. 1273.

→ *Inventaire.*

Prises d'eau fondées en titre

[Droit administratif]

Droit d'usage, reposant sur des titres remontant à l'Ancien Régime ou à la période révolutionnaire, permettant à son titulaire d'utiliser la force motrice des rivières (généralement non navigables ou flottables) en échappant à la législation de droit commun sur l'utilisation de l'énergie hydraulique, par exemple en vue d'actionner un moulin ou une petite usine produisant de l'électricité (revendue à Électricité de France).

Prisons

[Droit pénal]

Terme générique qui, dans le langage courant, désigne les établissements dans lesquels sont subies les mesures privatives de liberté. On distingue les maisons d'arrêt et les établissements pour peine. Ces derniers comprennent les maisons centrales et les centres de détention, les établissements pénitentiaires spécialisés pour mineurs, les centres de semi-liberté et les centres pour peines aménagées. Des établissements pour courtes peines devraient prochainement être créés. Par ailleurs, il est prévu de classer les établissements selon les niveaux de sécurité : renforcée, intermédiaire, adaptée, allégée.

C. pr. pén., art. 717 et D. 70; L. n° 2012-409 du 27 mars 2012 de programmation, relative à l'exécution des peines et annexe.

Privatif

[Droit civil]

Qui bénéficie exclusivement à une personne déterminée. Le contraire de privatif est indivis.

Privatisation

[Droit administratif]

Néologisme susceptible de 2 acceptions :

1° Action de confier au secteur privé des activités jusque-là gérées en *régie* directe par une personne morale de droit public.

→ *Délégation de service public.*

2° Action de transférer au secteur privé le capital d'entreprises appartenant à la puissance publique, et qui, très souvent avaient fait l'objet auparavant d'une *nationalisation*.

Privilège

[Droit civil]

Droit que la loi reconnaît à un créancier, en raison de la nature de sa créance, d'être préféré aux autres créanciers, même hypothécaires, sur l'ensemble des biens de son débiteur (privilège général) ou sur certains d'entre eux seulement (privilège spécial).

Les privilèges spéciaux (bailleur d'immeuble, vendeur de meuble) priment les privilèges généraux (frais de justice, salaires). Entre les créanciers privilégiés, la préférence se règle par les différentes qualités des privilèges que fixe la loi. Quant aux créanciers privilégiés qui sont dans le même rang, ils sont payés par concurrence.

C. civ., art. 2324 s.

GAJC, t. 2, n° 305 et 307.

→ *Privilèges immobiliers, Privilèges mobiliers.*

Privilège de juridiction

[Droit international privé/Procédure civile]

Règle de compétence internationale des tribunaux français fondée sur la nationalité française d'une partie : le demandeur français peut attraire un étranger devant les tribunaux français et le défendeur français peut être cité par un étranger devant les tribunaux français.

Cette règle a vu son champ d'application se réduire drastiquement sous l'effet du droit européen. Elle est en particulier interdite, pour la compétence au fond et lorsque le défendeur est domicilié dans un État membre de l'Union européenne, par le règlement Bruxelles I *bis*. Même en droit commun, elle est d'application limitée puisqu'elle revêt un caractère subsidiaire, en ce sens qu'elle ne s'applique que dans le cas où aucun critère ordinaire de compétence territoriale n'est réalisé en France. Enfin, les articles 14 et 15 du Code civil ne font désormais plus obstacle à l'accueil des jugements étrangers (disparition de leur caractère indirectement exclusif).

C. civ., art. 14 et 15.

Privilège du préalable

[Droit administratif]

Droit conféré législativement à l'Administration, dans de nombreuses matières, de prendre des décisions exécutoires par elles-mêmes, c'est-à-dire sans que l'Administration ait à respecter la règle du droit privé selon laquelle nul ne se décerne un titre à soi-même.

Privilège du premier saisissant

[Procédure civile]

À la différence de l'ancienne *saisie-arrêt*, le premier créancier qui intente une *saisie-attribution* possède un privilège pour être payé le premier sur les fonds soumis à cette procédure et qui se trouvent entre les mains du tiers saisi. En effet, l'attribution immédiate de la créance saisie au profit du saisissant n'est pas remise en cause par la notification ultérieure d'autres saisies ou la survenance d'un jugement d'ouverture d'une procédure collective.

C. pr. exéc., art. L. 211-2.

Privilège du salarié

[Droit du travail]

Garantie de paiement des salaires et de certaines indemnités accordée au salarié lorsque l'entreprise est en état de cessation de paiement.

Le privilège général couvre les 6 derniers mois de travail effectif; le superprivilège, qui prime toutes les autres créances, garantit le paiement des sommes dues pour les 60 derniers jours de travail, ou les 90 derniers jours s'agissant des représentants de commerce, dans la limite d'un plafond. La garantie de paiement est renforcée par l'*assurance garantie des salaires*.

C. trav., art. L. 3253-2 s. et D. 3253-1.

Privilèges diplomatiques et consulaires

[Droit international public]

Ensemble de droits et d'exemptions reconnus aux membres des missions diplomatiques étrangères et, par extension, aux agents des organisations internationales, pour leur permettre d'accomplir leurs missions sans entrave de la part de l'État sur le territoire duquel ils opèrent.

→ *Immunités diplomatiques et consulaires.*

Privilèges immobiliers

[Droit civil]

Privilèges portant soit sur certains immeubles déterminés (privilège du vendeur sur l'immeuble vendu, du copartageant sur les immeubles de la succession…), soit sur la généralité des immeubles du débiteur (frais de justice, salaires et créances résultant du contrat de travail).

C. civ., art. 2374 s.

Privilèges mobiliers

[Droit civil]

Privilèges grevant soit la totalité des meubles (frais de justice, frais funéraires et de dernière maladie, créances de sécurité sociale), soit certains d'entre eux (vendeur de meubles sur la chose vendue, bailleur d'immeuble sur les meubles garnissant les lieux loués, etc.).

C. civ., art. 2330 à 2332.

GAJC, t. 2, n° 306.

Prix

[Droit civil]

Somme d'argent sur laquelle porte l'obligation de payer née d'un contrat à titre onéreux. Au sens strict, désigne la somme due au vendeur par l'acquéreur d'un bien dans un contrat de *vente*, ou à l'entrepreneur par le maître de l'ouvrage dans un *contrat d'entreprise* (lorsque le service n'est pas fourni par le membre d'une profession libérale). Par extension, *lato sensu*, désigne également le loyer dans le bail, le salaire dans le contrat de travail, les primes dans le contrat d'assurance, le cachet pour l'engagement d'un artiste, les intérêts dans le prêt.

Naguère, le prix devait être déterminé par les parties au moment de la conclusion du contrat, à peine de nullité. Depuis les arrêts de l'Assemblée plénière du 1er décembre 1995, l'indétermination du prix n'est plus qu'une simple modalité d'exécution du contrat, l'abus dans la fixation unilatérale du prix ne donnant lieu qu'à *résiliation* ou à indemnisation. Ce point de vue a été confirmé par l'ordonnance n° 131 du 10 février 2016 portant réforme des contrats s'agissant de la fixation unilatérale du prix dans les contrats-cadres et les contrats de prestation de service.

C. civ., art. 1164, 1165*, 1583 et 1591; C. consom., art. L. 112-1 s., R. 113-1; C. com., art. L. 410-2 et L. 442-5.*

GAJC, t. 2, n° 152-155, 262, 281.

→ *Honoraires, Obligation de somme d'argent, Vil.*

Prix abusivement bas

[Droit commercial]

Vente à un prix anormalement bas par rapport à celui pratiqué sur le marché par les concurrents, pour des produits identiques. Susceptible d'être sanctionné au titre des *pratiques anticoncurrentielles* ou des *pratiques restrictives de concurrence*.

C. com., art. L. 420-5, L. 442-9.

Prix d'appel

[Droit commercial]

Procédé consistant, pour un distributeur, à mener une action publicitaire intense sur un produit de marque, pour lequel il adopte un niveau de marge très bas et dont il dispose en faible quantité; puis à inciter les clients, attirés par cette publicité, à acheter un produit substituable à celui sur lequel elle a porté. Est susceptible d'être sanctionné en tant que *pratique commerciale déloyale*.

Prix de transfert

[Droit financier ou fiscal]

Mécanisme d'évasion fiscale des groupes de sociétés, destiné à faire apparaître la plus grande partie des bénéfices du groupe dans un État à fiscalité modérée. Dans ce but, les prix des prestations de service et des ventes facturées aux établissements situés dans des États à forte pression fiscale sont artificiellement majorés, diminuant leurs bénéfices au profit de ceux de la firme ayant procédé à la facturation et se trouvant dans un État à faible pression fiscale.

→ *Évasion fiscale, Paradis fiscaux.*

Prix d'usage

[Droit civil]

Valeur marchande associée à l'usage du service rendu par un produit, par opposition au prix de vente de ce même produit, attaché à la propriété de ce bien. Du 1er janvier 2015 au 31 décembre 2017, certains produits dont la liste sera fixée par décret, pourront faire l'objet d'un double affichage de leur prix de vente et de leur prix d'usage sur la base du volontariat. L'objectif est de permettre au consommateur de prendre conscience d'une alternative à l'achat, par exemple dans la location du bien, ce qui permet de douter de l'application volontaire de la mesure.

L. n° 2014-344 du 17 mars, art. 4.

Prix imposé

[Droit commercial/Droit pénal]

Délit consistant dans le fait d'imposer, directement ou indirectement, un caractère minimal au prix de revente d'un produit ou à celui d'une prestation de service.

C. com., art. L. 442-5.

Prix prédateurs

[Droit commercial]

Fait d'offrir ou de pratiquer, à l'égard des consommateurs, des prix de vente abusivement bas par rapport au coût de production de transformation et de commercialisation.

→ *Vente à perte.*

Pro forma

[Droit civil/Droit commercial]

Pour la forme. À la différence d'une facture ordinaire qui est un appel au règlement des marchandises fournies ou des travaux exécutés, la facture *pro forma* n'est qu'une évaluation de biens ou de services remise à un éventuel client en vue de lui permettre d'obtenir un crédit ou une licence d'importation.

Probation

[Droit pénal/Procédure pénale]

→ *Ajournement du prononcé de la peine, Sursis avec mise à l'épreuve.*

Procédure

[Procédure (principes généraux)]

Au sens large, branche du droit dont l'objet est de fixer les règles d'organisation et de compétence des tribunaux, d'instruction des procès et d'exécution des décisions de justice.

Au sens étroit, ensemble des formalités qui doivent être suivies pour parvenir à une solution juridictionnelle de nature civile, pénale ou administrative selon le cas.

→ *Droit judiciaire, Droit processuel.*

Procédure à bref délai

[Procédure civile]

Devant la cour d'appel, procédure de renvoi direct à l'audience décidée par le président de la chambre saisie lorsque l'affaire présente un caractère d'urgence ou est en état d'être jugée, ou lorsqu'il s'agit de l'appel de certaines ordonnances (référé, par ex.). À cette audience, il est choisi entre le circuit long ou le circuit court.

C. pr. civ., art. 905.

Procédure à jour fixe

[Procédure civile]

Procédure particulièrement rapide qui permet au demandeur d'assigner le défendeur directement à l'audience des plaidoiries, lorsqu'il y a urgence à éviter le cheminement habituel de l'instance.

Fonctionne devant le TGI et devant la cour d'appel.

Le président du TGI, saisi en référé, peut, à la demande de l'une des parties, autoriser une assignation à jour fixe, afin de gagner du temps.

C. pr. civ., art. 788 s. et 917 s.

→ *Passerelle (Technique de la).*

Procédure accélérée

[Droit constitutionnel]

Dispositif de la procédure législative. Sur initiative du gouvernement, à laquelle l'opposition conjointe des conférences des présidents des 2 assemblées peut faire échec, la procédure accélérée (procédure d'urgence avant 2008) permet notamment de réunir la Commission mixte paritaire après une seule lecture dans chaque chambre du texte en discussion.

Const., art. 45.

Procédure accusatoire

[Procédure (principes généraux)]

Procédure menée dans certains droits archaïques devant des hommes libres, et présentant un caractère *oral, public* et *contradictoire*, les preuves étant *légales* et *formelles*.

Si, à la suite d'une longue évolution, ce type de procédure a été conservé par certains systèmes juridiques (par ex. : Angleterre), dans le droit français contemporain, une procédure est dite accusatoire lorsque le rôle principal dans le déclenchement et dans la conduite de l'instance, dans la recherche des preuves, est réservé aux parties.

Ce trait se retrouve spécialement, bien qu'avec des nuances, dans le procès civil et dans la phase de jugement du procès pénal.

➜ *Direction du procès, Mise en état, Office du juge, Principe dispositif, Procédure inquisitoire.*

Procédure administrative

[Droit administratif]

Au sens contentieux, procédure suivie devant les juridictions administratives, régie par des règles spécifiques caractérisées par l'importance des éléments écrits par rapport aux éléments oraux ainsi que par ses traits inquisitoires.

Dans un sens non contentieux, ensemble des règles s'imposant à l'administration lors de l'édiction d'actes administratifs unilatéraux dans l'objectif de mieux garantir les droits des administrés face à l'administration. Ces règles ont été codifiées au sein du Code des relations entre le public et l'administration entré en vigueur le 1er janvier 2016.

➜ *Procédure inquisitoire.*

Procédure civile

[Procédure civile]

Procédure suivie, en matière civile, commerciale, prud'homale, rurale et sociale devant les juridictions de l'ordre judiciaire.

Cette procédure est de type accusatoire, elle obéit essentiellement au *principe d'initiative* (le déclenchement du procès ou son arrêt dépend des parties), au *principe dispositif* (la matière litigieuse est l'affaire des parties) et au *principe du contradictoire.*

➜ *Droit judiciaire, Droit processuel.*

Procédure collaborative

[Procédure civile]

➜ *Convention de procédure participative, Droit collaboratif.*

Procédure contradictoire

[Procédure civile]

Procédure dans laquelle les parties comparaissent en personne ou par mandataire selon les modalités propres à la juridiction devant laquelle la demande est portée.

C. pr. civ., art. 467 s.

➜ *Comparution, Défaut, Droits de la défense, Jugement contradictoire, Jugement dit contradictoire, Jugement par défaut, Jugement réputé contradictoire, Mandat de représentation en justice, Procès équitable.*

Procédure d'alerte

[Droit commercial]

Procédure dont la finalité est de permettre la détection précoce des difficultés des entreprises, afin de susciter le plus rapidement possible une réaction de la part des dirigeants.

L'alerte consiste à demander des explications aux dirigeants, et dans certains cas à en informer le président du tribunal, dès la constatation de faits de nature à compromettre la continuité de l'exploitation. Elle peut être lancée par le commissaire aux comptes, le comité d'entreprise, le président du tribunal de commerce ou de grande instance, un groupement de prévention agréé ou encore par les associés ou actionnaires, sous certaines conditions. La procédure d'alerte varie en fonction de la personne qui la déclenche.

C. com., art. L. 611-1 (alerte du groupement de prévention agréé), L. 223-36 et L. 225-232 (alerte des associés non gérants et des actionnaires), L. 612-3 (alerte du commissaire aux comptes), L. 611-2 s. (alerte du président du tribunal); C. trav., art. 2323-78 s. (alerte du comité d'entreprise).

➜ *Droit d'alerte.*

Procédure de codécision

[Droit européen]

→ *Codécision.*

Procédure de coopération

[Droit européen]

Mécanisme introduit par l'*Acte unique européen* pour, dans certaines matières, donner au Parlement européen un pouvoir autre que consultatif dans l'adoption des actes, essentiellement par l'institution de 2 lectures avant que le Conseil ne puisse décider.

Ne s'appliquait plus, après le traité d'Amsterdam, qu'à l'Union monétaire du fait de l'extension de la procédure de codécision. Supprimé par le traité de *Lisbonne*.

→ *Procédure de codécision.*

Procédure de sauvegarde

[Droit commercial]

→ *Sauvegarde (Procédure de).*

Procédure en matière contentieuse

[Procédure civile]

Procédure suivie par une juridiction lorsqu'elle doit trancher un litige par un *acte juridictionnel*.

Il en existe plusieurs types, selon les circonstances de l'affaire et la nature de la juridiction saisie. Le plus souvent elle se décompose, schématiquement, en quelques grandes phases : *liaison de l'instance*, orientation de la procédure, *mise en état*, *débats* oraux.

C. pr. civ., art. 750 s. et 899 s.

→ *Décision contentieuse, Imperium, Jurisdictio.*

Procédure en matière gracieuse

[Procédure civile]

Procédure suivie par une juridiction saisie, en l'absence de litige, d'une demande dont la loi exige qu'elle soit soumise au contrôle d'un juge. Elle se caractérise notamment par la simplicité des formes de la demande (il suffit, devant le tribunal d'instance, d'une déclaration verbale de la partie au greffe), par l'éviction du principe de publicité de l'audience, et par la nécessité, devant le TGI et devant la cour d'appel, de communiquer l'affaire au ministère public (lorsqu'il y a des débats, le ministère public est tenu d'assister à l'audience ou de faire connaître son avis) et de désigner un magistrat rapporteur chargé de l'instruire.

C. pr. civ., art. 25 s., 60, 61, 797 s. et 950 s.

→ *Chambre du conseil, Décision gracieuse, Imperium, Jurisdictio.*

Procédure européenne de règlement des petits litiges

[Droit européen/Droit international privé/ Procédure civile]

Procédure écrite inspirée du droit anglais se déroulant par échange de formulaires-type de saisine, de demande, de réponse, sans représentation obligatoire des parties, enfermée dans des délais brefs, grâce à laquelle le justiciable obtient le règlement des litiges transfrontaliers de faible importance (demande ne dépassant pas 2 000 €). La décision rendue dans un État membre est reconnue et exécutée dans un autre État membre sans qu'une déclaration constatant sa force exécutoire soit nécessaire et sans qu'il soit possible de s'opposer à sa reconnaissance (Règlement du Parlement européen et du Conseil n° 861/2007 du 11 juill. 2007, art. 20).

Cette procédure ne recouvre pas les matières fiscales, douanières et administratives et, dans le domaine civil et commercial, ne s'applique ni à l'état et la capacité des personnes physiques, ni aux régimes matrimoniaux, obligations alimentaires, testaments et successions, ni aux faillites, ni à la Sécurité sociale, ni à l'arbitrage, ni au droit du travail.

Le tribunal d'instance ou le tribunal de commerce (dans les limites de sa compétence d'attribution) sont compétents pour connaître des demandes formées en application de ce règlement. Ce dernier sera substantiellement modifié en 2017 lorsque le règlement (UE) 2015/2421, du Parlement européen et du Conseil du 16 décembre 2015 modifiant le règlement (CE) n° 861/2007 instituant une procédure européenne de règlement des petits litiges et le règlement (CE) n° 1896/2006 instituant une procédure européenne d'injonction de payer, entrera en application. En particulier, le plafond de la demande passera à 5 000 euros.

C. pr. civ., art. 1382 s.; COJ, art. L. 221-4-1; C. com., art. L. 721-3-1.

Procédure générale (Principes structurants de l'instance)

[Procédure (principes généraux)]

Ensemble de principes généraux dominant toutes les procédures civiles, pénales, administratives et disciplinaires (par ex. : respect de la liberté de la défense et du *principe du contradictoire*). Une certaine doctrine contemporaine, d'inspiration mondialiste et centrée sur la garantie processuelle de la garantie des droits substantiels, dégage trois principes structurants des instances, quel que soit le type de procédure et qui, à des degrés variables, sont d'ores et déjà émergeant en jurisprudence : la confiance et le respect de l'Autre, qui impliquent la reconnaissance d'un principe de loyauté; l'écoute de l'Autre par le principe du dialogue, ce que traduit déjà le principe de la contradiction; la proximité, par le principe de célérité, le temps remplaçant la proximité géographique. Le tout fondant et traduisant l'émergence d'une démocratie procédurale.

→ *Défense (Liberté de la), Procédure administrative, Procédure civile, Procédure pénale.*

Procédure inquisitoire

[Procédure (principes généraux)]

Apparue historiquement à un moment où le pouvoir était capable d'imposer aux plaideurs le recours à des auxiliaires qualifiés et à une justice rendue par des magistrats professionnels, la procédure inquisitoire était *écrite, secrète* et *non contradictoire*, le juge obéissant à son *intime conviction*.

Dans le droit français contemporain, la procédure est dite inquisitoire lorsque le juge exerce un rôle prépondérant dans la conduite de l'instance et dans la recherche des preuves : phase d'instruction du procès pénal, procédure administrative.

En fait, des compromis ont été trouvés entre procédure accusatoire et procédure inquisitoire, le caractère contradictoire étant toujours la garantie nécessaire de la liberté de la défense.

→ *Contradictoire (Principe du), Direction du procès, Mise en état, Office du juge, Procédure accusatoire.*

Procédure législative

[Droit constitutionnel]

Ensemble des règles, établies principalement par la Constitution, qui doivent être suivies pour l'adoption des lois, de l'initiative à la promulgation, en passant par les différentes étapes de la discussion parlementaire (examen en commissions, inscription à l'*ordre du jour*, dépôt d'amendements, diverses lectures dans chaque assemblée, avec discussion générale, discussion article par article et vote) et, éventuellement, la saisine du Conseil constitutionnel.

[Droit européen]
Le traité de *Lisbonne* distingue une « procédure législative ordinaire », applicable sauf exceptions à l'adoption de directives et de règlements, qui implique la codécision du Parlement et du Conseil, et des procédures législatives « spéciales », par exemple en matière budgétaire (art. 289 TFUE).
→ *Codécision.*

Procédure monitoire

[Procédure (principes généraux)]
Procédure permettant un traitement définitif des demandes portant sur des créances apparemment fondées, selon des formes accélérées et simplifiées. La procédure monitoire aboutit à une ordonnance en *injonction de payer* ou en *injonction de faire* et repose sur une inversion du contentieux : l'ordonnance devient définitive en l'absence d'opposition de la part du défendeur. Initialement réservée aux petites créances en matière commerciale, elle a été élargie à toutes les créances civiles ou commerciales, qu'elles soient d'origine contractuelle ou statutaire, sans plafond de montant; limitée, à l'origine, aux injonctions de payer, elle a été élargie aux injonctions de faire.
C. pr. civ., art. 809, al. 2, 1405 s., 1424-1 s. et 1425-1 s.; C. consom., art. R. 142-2.
→ *Injonction de payer européenne.*

Procédure orale

[Procédure civile]
Procédure qui, jusqu'à présent, reposait uniquement sur des échanges verbaux, à l'exception toutefois de l'acte introductif d'instance généralement établi par écrit.
Le décret n° 2010-1165 du 1er octobre 2010 relatif à la procédure orale en matière civile, commerciale et sociale fait une place non négligeable à l'écrit et crée un ensemble de règles communes auxdites procédures « orales » devant le tribunal d'instance, le tribunal de commerce, le tribunal paritaire des baux ruraux, le tribunal des affaires de sécurité sociale. D'une part, les parties peuvent être autorisées à formuler leurs prétentions et leurs moyens par écrit sans se présenter à l'audience; elles peuvent également se référer aux prétentions et aux moyens qu'elles auraient formulés par écrit. D'autre part, le juge qui organise les échanges entre les parties comparantes, a le pouvoir de dispenser une partie qui en fait la demande de se présenter à une audience ultérieure, auquel cas la communication entre les parties a lieu par lettre recommandée avec demande d'avis de réception ou par notification entre avocats. En outre, le juge peut inviter les parties à fournir les explications de fait et de droit qu'il estime nécessaires et les mettre en demeure de produire tous documents propres à l'éclairer et ce par tout moyen. En bref, l'essentiel des dispositions nouvelles enlève une bonne part de sa spécificité à la procédure orale.
C. pr. civ., art. 446-1 à 446-4, 846 s., 861 s., 939; CSS, art. R. 142-20-2.

Procédure ordinaire

[Procédure civile]
Procédure généralement suivie devant le TGI et devant la cour d'appel.

Procédure par défaut

[Procédure civile]
Procédure menée contre un défendeur qui n'a pas comparu et n'a été ni assigné ni réassigné à personne, dans le cas où l'affaire est jugée en premier et dernier ressort (appel exclu).
C. pr. civ., art. 471 s.
→ *Jugement par défaut.*

[Procédure pénale]
La procédure est également applicable en matière pénale. Pour les contraventions et les délits, le *prévenu* peut demander à être

jugé en son absence. Néanmoins le tribunal peut estimer nécessaire la comparution personnelle du prévenu.

Il existe une procédure particulière en matière criminelle.

C. pr. pén., art. 487 et 544.

→ *Défaut.*

Procédure participative

→ *Convention de procédure participative, Droit collaboratif.*

Procédure pénale

[Procédure pénale]

Ensemble des règles qui définissent la manière de procéder pour la constatation des infractions, l'instruction préparatoire, la poursuite et le jugement des délinquants.

ACTU

Procédure simplifiée d'aménagement des peines

[Procédure pénale]

Procédure particulière d'aménagement des peines d'emprisonnement de courte durée, non exclusive des procédures de droit commun. Elle concerne d'une manière générale des personnes dont la durée de la peine à subir est inférieure ou égale à 2 ans (délai ramené à un an si le condamné est en état de récidive) et dont la personnalité et la situation permettent un tel aménagement.

C. pr. pén., art. 723-15 à 723-17-1.

Procédure sommaire

[Procédure civile]

Procédure simplifiée suivie naguère devant les tribunaux de *droit commun* dans des cas exceptionnels. Remplacée par une *procédure à jour fixe.*

[Sécurité sociale]

Procédure permettant au trésorier-payeur général d'assurer le recouvrement de sommes dues par l'employeur ou le travailleur indépendant au profit des organismes de Sécurité sociale. Procédure peu utilisée.

CSS, art. L. 133-1.

Procédures négociées (marchés publics)

[Droit administratif]

→ *Marché négocié.*

Procédurier

[Procédure civile]

Qui aime la procédure, ses arcanes, ses péripéties, ses rebondissements. Le mot est généralement pris en mauvaise part et stigmatise le chicaneur qui se complaît dans les procès.

→ *Processualiste, Quérulence.*

Procès

[Procédure administrative/Procédure civile/Procédure pénale]

Difficulté de fait ou de droit soumise à l'examen d'un juge ou d'un arbitre.

→ *Litige.*

Procès équitable

[Procédure (principes généraux)]

Le droit à un procès équitable constitue aujourd'hui la pierre angulaire des procédures juridictionnelles. Il faut l'entendre comme le droit à un procès équilibré entre toutes les parties (*aequus* = équilibre) dont les principales manifestations, dans la jurisprudence de la Cour EDH, sont : le droit à un recours effectif devant un tribunal; le droit à un tribunal indépendant et impartial; le droit à un procès public, respectant l'*égalité des armes* et conduisant à un jugement rendu dans un *délai raisonna-*

ble; le droit à l'exécution effective de la décision obtenue.

Issu du *droit naturel*, le droit à un procès équitable est devenu un droit substantiel, la garantie de la garantie des droits.

Pacte inter. droits civils et politiques, art. 14; Conv. EDH, art. 6, § 1; C. pr. pén., art. prél., § 1, al. 1; Charte des droits fondamentaux de l'Union européenne, art. 47.

GAJA n° 101; GDCC n° 6, 46, 48 et 50.

→ *Accès à un juge (Droit d'), Droits de la défense, Droit processuel, Due process of law, Exécution des décisions de justice (Droit à l'), Procédure générale (Principes structurants de l'instance).*

Procès-verbal

[Procédure civile]

Acte de procédure établi par un officier public et relatant des constatations, des déclarations ou des dépositions (procès-verbal d'enquête, de conciliation, de saisie par ex.). Cet acte a un caractère authentique.

C. pr. civ., art. 130, 182, 194, 219, 446-1, 887, 1315; C. pr. exéc., art. R. 221-14.

[Procédure pénale]

Acte par lequel une autorité habilitée pour ce faire, reçoit les plaintes ou dénonciations verbales, constate directement une infraction ou consigne le résultat des opérations effectuées en vue de rassembler des preuves. En principe les procès-verbaux ont valeur de simple renseignement; néanmoins quelques-uns d'entre eux, rédigés par certains agents publics et constatant des infractions, font foi jusqu'à preuve contraire, d'autres jusqu'à inscription de faux.

C. pr. pén., art. 429 s. et 537.

Processualiste

[Procédure civile]

Spécialiste du *droit processuel*.

→ *Procédurier, Quérulence.*

Processuel

[Procédure (principes généraux)]

→ *Droit processuel, Procédure générale (Principes structurants de l'instance).*

Procréation médicalement assistée (PMA)

[Droit civil]

Expression utilisée autrefois pour désigner ce qu'on appelle aujourd'hui l'*assistance médicale à la procréation*.

Procuration

[Droit civil/Procédure civile]

Pouvoir qu'une personne donne à une autre d'agir en son nom. Mot utilisé aussi pour désigner l'acte qui confère ce *pouvoir*.

C. pr. civ., art. 828, 853; C. civ., art. 1153 s., 1985.*

→ *Mandat, Mandat de représentation en justice, Représentation, Représentation en justice des plaideurs.*

Procureur de la République

[Procédure civile/Procédure pénale]

Magistrat placé à la tête du *ministère public* près le TGI. En toutes matières, le ministère public est exercé devant les juridictions du premier degré du ressort du TGI par le procureur de la République. Autorité de poursuite, le procureur de la République veille, parmi ses autres attributions, à l'exécution des jugements et autres titres exécutoires.

La Cour EDH a jugé que le procureur de la République n'est pas une autorité judiciaire, au sens qu'elle donne à cette notion au regard de l'article 5 § 3 de la Conv. EDH (contrôle des arrestations et gardes à vue), non pas tant qu'il manque d'indépendance vis-à-vis du pouvoir exécutif (du fait qu'il est soumis à l'autorité du garde des Sceaux, membre de l'Exécutif, qu'il ne bénéficie pas de l'inamovibilité et qu'il doit requérir conformément aux instructions reçues de son supérieur hiérarchique), mais parce qu'il est aussi autorité de poursuite et que son impartialité dans le contrôle de ces arrestations et gardes à vue est ainsi altérée (arrêt *Medvedyev*, 10 juill. 2008 n° 3394/03, arrêt *Vassis* du 27 juin 2013 n° 62736/09).

COJ, art. L. 122-2, L. 212-6 et R. 212-12 s.; C. pr. exéc., art. L. 121-5.

→ *Ministère public, Parquet.*

Procureur de la République financier

[Procédure pénale]

Magistrat spécialisé du ministère public, placé auprès du tribunal de grande instance de Paris, aux côtés du procureur de la République de cette juridiction. Il est soumis aux mêmes règles de nomination que ce dernier. Cette fonction est exercée par un avocat général près la Cour de cassation pour une durée maximale de 7 ans. Il n'exerce les fonctions du ministère public, en personne ou par ses substituts, que pour les affaires relevant de ses attributions et ne peut agir dans un autre domaine.

Les attributions relevant de sa compétence sont fixées par le Code de procédure pénale. Il a une compétence exclusive pour la poursuite des délits d'initié et de manipulation des cours (C. mon. fin., art. 465-1 et 465-2) et concurrente avec celle des parquets, normalement compétents, pour toute une série d'infractions énumérées par l'article 705 du Code de procédure pénale (manquements au devoir de probité, corruption et trafic d'influence, escroquerie à la TVA etc.), pour des affaires qui sont ou apparaîtraient d'une grande complexité en raison, notamment, du grand nombre d'auteurs, de complices ou de victimes ou du ressort géographique sur lequel elles s'étendent. Sa compétence, en matière de fraude fiscale (CGI, art. 1741 et 1743) lorsqu'elle est commise en bande organisée ou paraît résulter d'un des comportements prévus par l'article L. 228 du LPF, reste subordonnée à une saisine de l'administration fiscale sur avis conforme de la *Commission des infractions fiscales (CIF)*. La compétence de poursuite est étendue au blanchiment des infractions concernées et connexes.

COJ, art. L. 271-1 à L. 271-14; C. pr. pén., art. 705 s.

Procureur financier

[Droit financier]

Magistrat responsable du parquet auprès de chaque chambre régionale des comptes et qui assure ainsi la fonction du ministère public (ancienne dénomination : *commissaire du gouvernement*).

Il est le correspondant du procureur général près la Cour des comptes, suit le bon déroulement des procédures (avis, conclusions, réquisitions) et veille à l'application de la loi.

CJF, art. R. 212-15 s.

Procureur général

[Procédure civile/Procédure pénale]

Magistrat placé à la tête du *ministère public* d'une cour. À la Cour de cassation, il est assisté de premiers avocats généraux, d'avocats généraux et d'avocats généraux référendaires. À la cour d'appel, il est assisté d'avocats généraux et de substituts généraux.

La fonction de procureur général près d'une cour d'appel est exercée par un magistrat hors hiérarchie de la Cour de cassation et ne peut durer plus de 7 ans. La nomination d'un procureur général procède d'un décret du président de la République après avis simple du Conseil supérieur de la magistrature.

COJ, art. L. 312-7, L. 432-1 s., R. 312-14 s. et R. 432-1 s.

→ *Parquet général.*

[Droit financier ou fiscal]
Il existe également un procureur général, assisté d'avocats généraux, à la Cour des comptes et à la Cour de discipline budgétaire et financière.

CJF, art. L. 112-2 et L. 311-4.

Prodigue

[Droit civil]
Personne qui se livre habituellement à des dépenses déraisonnables entamant son capital. Les prodigues pouvaient bénéficier d'un régime de protection appelé *curatelle*. Un tel cas d'ouverture a été supprimé.

GAJC, t. 1, n° 63.

→ *Oisiveté.*

Production de pièces

[Procédure (principes généraux)]
→ *Action ad exhibendum, Pièces.*

Production des créances

[Droit commercial]
Expression vieillie désignant la procédure de déclaration des créances lors d'une procédure de redressement judiciaire.
→ *Admission des créances, Contribution, Déclaration des créances, Ordre.*

Produit brut (Règle du)

[Droit financier ou fiscal]
Règle de comptabilité publique exigeant, par application du principe budgétaire d'universalité, que soient comptabilisés distinctement les recettes et les frais entraînés par leur perception, ce qui permet une meilleure information. Le système contraire (produit net) conduirait à ne présenter au Parlement que le solde de ces 2 masses.

Produit intérieur brut (PIB)

[Droit général]
Total des « valeurs ajoutées » de l'ensemble des branches de production de biens et de services d'un pays, y compris les services fournis à titre gratuit, notamment par les Administrations publiques. Son montant, qui permet de mesurer et de comparer la valeur des biens et services produits globalement par chaque État, s'est élevé en France, en 2015, à environ 2 100 milliards d'euros.

Produits

[Droit général]
Au sens strict, biens qui résultent de l'exploitation non régulière d'une chose et qui altèrent la substance de celle-ci. *Au sens large*, tout ce qu'une chose peut produire, tant les produits au sens strict que les produits qui n'altèrent pas la substance de la chose et que l'on appelle des *fruits*.

Dans le domaine de la santé, le législateur réglemente le don et l'utilisation des produits du corps humain : sang, gamètes, cheveux, etc.

C. civ., art. 16-1, 16-2, 16-5, 16-6, 16-8 et 590 s.; CSP, art. L. 1211-1 s., L. 1241-1 s.

Produits défectueux

[Droit civil]
Biens meubles n'offrant pas la sécurité à laquelle on peut légitimement s'attendre et dont le défaut, lorsqu'il provoque un dommage à la personne ou aux biens, déclenche la responsabilité de plein droit du producteur, du fabricant, du distributeur, du vendeur ou du loueur à l'égard de quiconque.

La responsabilité du fait des produits défectueux ne s'applique pas à la réparation du dommage provenant d'une atteinte au produit défectueux lui-même.

C. civ., art. 1245 s.*

GAJC, t. 2, n° 236-237 et 266-267.

→ *Obsolescence programmée.*

ACTU

Profession réglementée

[Droit général]

Activité ou ensemble d'activités professionnelles dont l'accès, l'exercice ou une des modalités d'exercice est subordonné directement ou indirectement, en vertu de dispositions légales (législatives, réglementaires ou administratives), à la possession de qualifications professionnelles déterminées. La limitation légale de l'utilisation d'un titre professionnel aux détenteurs d'une qualification professionnelle donnée en constitue une modalité d'exercice.

Relèvent notamment des professions réglementées les professions libérales (médecin, architecte, avocat) et les offices ministériels (notaires, huissiers de justice, commissaires-priseurs…).

La loi n° 2015-990 du 6 août 2015 pour la croissance, l'activité et l'égalité des chances économiques permet d'accéder, dans des circonstances déterminées, à certaines professions juridiques (notaire, huissier de justice, commissaire-priseur) sans avoir à acquitter le prix d'un office, favorise l'accès aux offices existants et le renouvellement de leur titulaire en fixant à 70 ans la limite d'âge, assouplit les règles de tarification et multiplie les cas d'exercice de la profession en tant que salarié. Ces dispositions s'inscrivent dans la perspective d'ouvrir les prestations juridiques à la logique du marché.

→ *Liberté d'installation, Office ministériel, Professions libérales, Tarifs des professions juridiques et judiciaires.*

Profession unique

[Procédure civile]

Lors de la réforme des barreaux, en 1971, qui avait réalisé la fusion de la profession d'avocat avec celles d'avoué de première instance et d'agréé près les tribunaux de commerce, on avait envisagé la fusion de la profession d'*avocat* et de celle de *conseil juridique*. Cette fusion était destinée à supprimer le clivage excessif existant entre le judiciaire et le juridique. Cette opération a été réalisée par la loi n° 90-1259 du 31 décembre 1990, à la date du 1er janvier 1992. La loi du 25 janvier 2011 (n° 2011-94) réalise la fusion des professions d'avocat et d'avoué à la cour au 1er janvier 2012.

Il est envisagé d'instituer une « grande profession du droit » exerçant, sous le titre d'avocat, dans un domaine juridique quasi illimité, mais avec certificat de spécialisation : avocat-notaire, avocat-conseil en propriété industrielle (cette fusion est aujourd'hui abandonnée), avocat-fiduciaire.

Le Conseil national des barreaux a fait connaître son opposition à la fusion entre la profession réglementée d'avocat et la profession non réglementée de juriste d'entreprise; le barreau de Paris, au contraire, s'est déclaré favorable à l'avocat en entreprise.

→ *Avocat, Conseil juridique, Exercice du droit.*

Professionnel

[Droit civil/Droit commercial]

Personne physique ou morale qui, dans le cadre de sa profession, exerce une activité de fabrication, de distribution ou de prestation de services. Étant réputé compétent et avisé, le professionnel est soumis à des règles dérogatoires protectrices du consommateur profane. La qualification de contractant professionnel déclenche le mécanisme de la *clause abusive*, constitue le vendeur de *mauvaise foi* connaissant les vices cachés de la chose vendue et l'obligeant à en réparer toutes les conséquences dommageables (nonobstant toute clause limitative de garantie).

La qualification de « professionnel » tend à regrouper les entrepreneurs indépendants de tout type et à faire bénéficier ceux-ci de certains avantages autrefois réservés aux commerçants, comme la faculté de s'engager par avance à résoudre les litiges par voie d'arbitrage.
Les services publics à caractère administratif, en principe exclus du droit de la consommation, peuvent être traités comme des professionnels lorsqu'ils fournissent des prestations individualisées à titre onéreux, tels les hôpitaux.

C. consom., art. préliminaire.

GAJC, t. 2, n° 159, 266-267.

→ *Consommateur.*

Professions libérales

[Droit civil]

Les professions libérales groupent les personnes exerçant à titre habituel, de manière indépendante et sous leur responsabilité, une activité de nature généralement civile ayant pour objet, dans l'intérêt du client ou du public, des prestations principalement intellectuelles, techniques ou de soins. Ces activités sont mises en œuvre au moyen de qualifications professionnelles appropriées et dans le respect de principes éthiques ou de règles déontologiques, sans préjudice des dispositions législatives applicables aux autres formes de travail indépendant.

L. n° 2012-387, 22 mars 2012, art. 29-I.

→ *Profession réglementée.*

Profil médical

[Sécurité sociale]

Tableaux statistiques codés, établis trimestriellement par les caisses de Sécurité sociale, et faisant apparaître, pour chaque médecin du ressort de la caisse, le nombre et la nature des actes médicaux réalisés, le coût et la nature des prescriptions ordonnancées.

Profilage

[Droit pénal]

Technique criminalistique contribuant à l'établissement de la preuve pénale en facilitant l'identification d'un criminel inconnu. Elle consiste à établir le profil psychologique de l'auteur potentiel d'une infraction à partir de l'acte réalisé et des différentes constatations effectuées par les services d'enquête sur la « scène du crime ». Elle est, notamment, utilisée pour résoudre la question des meurtres ou des viols en série.

Programme

[Droit financier ou fiscal]

Dans le cadre de la présentation par objectifs du budget de l'État, articulée selon l'arborescence *missions*, programmes, *actions*, le programme est une division de la mission regroupant tous les crédits budgétaires destinés à mettre en œuvre une action publique – ou un ensemble cohérent d'actions – relevant d'un même ministère. Il lui est associé des objectifs précis à atteindre complétés par l'indication des résultats attendus (« projet annuel de performance ») qui feront l'objet d'une évaluation en fin d'exercice budgétaire (« rapport annuel de performance »). En matière d'exécution du budget, les crédits budgétaires sont seulement spécialisés au niveau du programme (ou des dotations le cas échéant), ce qui assure une large souplesse de gestion (liberté pour le responsable d'un programme de transférer des crédits de fonctionnement sur des crédits d'investissement, et réciproquement, sans pouvoir d'ailleurs augmenter les crédits de dépenses de personne). Les programmes, en moyenne au nombre de 130 dans le budget général, sont regroupés par missions (ex. : la mission « santé » comprend les programmes « prévention et sécurité sanitaire », « protection maladie » et « offre de soins et qualité du système de soins »).

→ *Crédit budgétaire, Fongibilité asymétrique.*

Programme de stabilité

[Droit financier ou fiscal]

→ *Stabilité (Programme de), Loi de programmation des finances publiques.*

Programme national de la forêt et du bois

[Droit rural]

Programme qui recense les orientations nationales de la politique forestière en matière environnementale, économique et sociale pour une période maximale de dix ans, déclinées dans chaque région en programme régional de la forêt et du bois. Les conseils y ayant trait sont nommés « conseil supérieur » et « commissions régionales » de la forêt et du bois.

C. for., art. L. 121-1 s.

Projet d'aménagement et de développement durables

[Droit de l'environnement]

Élément du *Plan local d'urbanisme*. Il définit les orientations générales des politiques d'aménagement, d'urbanisme *et* de protection des espaces naturels.

Projet de loi

[Droit général]

Texte d'initiative gouvernementale soumis au vote du Parlement.

→ *Proposition de loi.*

Prolifération des armes de destruction massive (Lutte contre la)

[Droit pénal/Procédure pénale]

La loi n° 2011-266 du 14 mars 2011 crée toute une série d'infractions pour lutter contre ce type d'armes, qu'elles soient nucléaires, biologiques ou à base de toxines ou chimiques, ainsi que pour les vecteurs capables de conduire ces armes à leur cible. Les faits sanctionnés, visant à la prolifération, concernent l'exportation sans autorisation de ces armes ou le fait de se faire délivrer, par des moyens frauduleux, une autorisation. Est également visé le fait de financer, par quelques moyens que ce soit, ou de donner des conseils à cette fin, lorsque les fonds sont destinés à l'acquisition ou au commerce de ces armes, indépendamment de la commission effective des infractions. Les peines sont considérablement aggravées lorsqu'il s'agit de permettre à un État de se doter d'une arme nucléaire. La provocation, l'encouragement, l'incitation, de quelque manière que ce soit, à la commission de tels faits, sont sanctionnés même si ces actes ne sont pas suivis d'effet, lorsqu'il s'agit d'armes nucléaires ou biologiques. Un mécanisme d'exemption et de diminution de peine est prévu, pour les armes nucléaires, en cas de repentir actif pour les auteurs et les complices de ces infractions. Pour les armes biologiques, seule l'exemption est prévue alors que rien n'est envisagé pour les armes chimiques.

Des règles procédurales spécifiques sont organisées. Elles concernent, notamment, l'instauration d'une compétence des juridictions parisiennes, concurrente à celle des *juridictions de droit commun* et l'allongement des délais de la prescription de l'action publique. Les régimes procéduraux visant les infractions commises en bande organisée ou le terrorisme sont applicables si les conditions en sont réunies.

C. déf., art. L. 1333-13-1 à L. 1333-13-11, L. 2341-1 à L. 2341-6-2, L. 2342-3 et L. 2342-60, L. 2339-14 à L. 2339-19; C. pr. pén., art. 706-167 à 706-175.

→ *Armes de destruction massive.*

Promesse de mariage

[Droit civil]

Assurance que donne une personne à une autre de l'épouser. Si la promesse est réciproque, il s'agit de *fiançailles*.

ACTU

Promesse de porte-fort

[Droit civil]

Engagement pris par une personne d'obtenir d'un tiers la *ratification* ou l'exécution d'une obligation résultant d'un acte auquel elle n'est pas partie, engagement constitutif d'une obligation de faire qui est toujours de résultat.

Lorsque le porte-fort a pour objet la ratification d'un engagement, celui-ci est rétroactivement validé à la date à laquelle le porte-fort a été souscrit.

Dans la promesse de porte-fort d'exécution, le promettant ne s'engage pas à se substituer au débiteur, mais à indemniser le bénéficiaire de la promesse en cas de défaillance de celui-ci.

C. civ., art. 1204.*

Promesse *post mortem*

[Droit civil]

Clause par laquelle les parties à une convention décident que les obligations qu'elles créent ne seront exécutées qu'au jour du décès de l'une d'elles.

GAJC, t. 1, n° 134-137.

→ *À cause de mort.*

Promesse synallagmatique de vente

[Droit civil]

Avant-contrat par lequel une personne s'engage à vendre un bien déterminé à des conditions, notamment de prix, qui sont acceptées par le bénéficiaire. Cette promesse vaut vente, sauf si la réalisation du contrat définitif est subordonnée par la loi ou par la convention des parties à l'accomplissement d'une formalité ou à la réalisation d'un événement.

C. civ., art. 1589.

GAJC, t. 2, n° 256-257 et 261.

ACTU

Promesse unilatérale

[Droit civil/Droit commercial]

Contrat par lequel une partie, le promettant, accorde à l'autre, le bénéficiaire, le droit d'opter pour la conclusion d'un contrat dont les éléments essentiels sont déterminés et pour la formation duquel ne manque que le consentement du bénéficiaire.

La révocation de son engagement par le promettant pendant le délai d'option, n'empêche pas la formation du contrat promis.

Le contrat conclu avec un tiers au courant de la promesse et en violation de celle-ci est nul.

La promesse, lorsqu'elle porte sur un immeuble, un droit immobilier, un fonds de commerce… doit être constatée par acte authentique, ou par un *acte sous signature privée* enregistré dans les 10 jours, à peine de nullité.

C. civ., art. 1124, 1589-1 et 1589-2; CCH, art. L. 290-1, L. 290-2.*

GAJC, t. 2, n° 261 et 263.

Promissoire

[Procédure civile]

→ *Serment promissoire.*

Promoteur immobilier

[Droit civil]

Le promoteur est un intermédiaire, le plus souvent professionnel, qui réalise des constructions collectives ou individuelles

au profit d'accédants qui en deviendront propriétaires.
Le promoteur se charge du plan de financement, des rapports avec l'autorité publique et les corps de métiers. Il effectue toutes les opérations et formalités juridiques, financières et administratives devant assurer l'accession à la propriété. À cette fin, un contrat de promotion immobilière est conclu avec l'accédant.
Le promoteur est garant de l'exécution des obligations mises à la charge des personnes avec lesquelles il a traité au nom du maître de l'ouvrage ainsi que des vices cachés.

C. civ., art. 1831-1 s.; CCH, art. L. 222-1 s.

Promotion immobilière (Contrat de)

[Droit civil]

Contrat consistant en un mandat d'intérêt commun par lequel un « promoteur immobilier » s'engage envers le maître d'un ouvrage à faire procéder, pour un prix convenu et par des contrats de louage d'ouvrage, à la réalisation d'un programme de construction d'un ou de plusieurs immeubles.
Le promoteur s'oblige également à procéder ou à faire procéder à tout ou partie des opérations juridiques, administratives et financières nécessaires à la réalisation du contrat.

C. civ., art. 1831-1; CCH, art. L. 221-1 et R. 222-1 s.

→ *Vente d'immeuble à construire.*

Promotion sociale

[Droit du travail]

Accession d'un travailleur en cours d'emploi à une qualification supérieure ou à une situation indépendante (promotion individuelle) ou formation collective des responsables syndicaux et représentants du personnel (promotion collective).

Promulgation

[Droit constitutionnel]

Acte par lequel le chef de l'État constate officiellement l'existence de la loi et la rend exécutoire.
Selon la Constitution de 1958, la loi doit être promulguée dans les 15 jours qui suivent sa transmission au gouvernement, sauf usage par le président de la République de son droit de demander une nouvelle délibération de la loi ou recours en inconstitutionnalité devant le Conseil constitutionnel.

Prononcé du jugement

[Procédure civile/Procédure pénale]

Lecture, en principe à l'audience publique du tribunal, du dispositif du jugement. Le prononcé du jugement peut, aussi, résulter de sa mise à disposition au greffe de la juridiction, à la date indiquée par le président.
Les décisions gracieuses sont prononcées hors la présence du public.
La date du jugement est celle à laquelle il est prononcé.

C. pr. civ., art. 450 à 453, 1016; C. pr. pén., art. 485; L. du 24 mai 1872, art. 9.

→ *Publicité des jugements.*

Pronunciamiento

[Droit constitutionnel]

→ *Coup d'État.*

Proportionnalité (Principe de)

[Droit général/Droit européen/Procédure civile/Procédure pénale]

→ *Principe de proportionnalité.*

Proposition de loi

[Droit général]

Texte émanant d'un député ou d'un sénateur proposé au Parlement pour être adopté comme loi.

→ *Projet de loi.*

Propres (Biens)

[Droit civil]

→ *Biens propres.*

Propriété

[Droit civil]

→ *Droit de propriété.*

« Propriété commerciale »

[Droit commercial]

Dénomination coutumière du droit conféré au commerçant, locataire du local dans lequel il exploite son fonds de commerce, d'obtenir du bailleur le renouvellement de son bail lorsque celui-ci arrive à expiration, ou en cas de refus injustifié, d'obtenir à certaines conditions une *indemnité d'éviction* représentant le préjudice causé par la privation des locaux.

C. com., art. L. 145-8 s.

Propriété industrielle

[Droit commercial]

La propriété industrielle est constituée par l'ensemble des droits protégeant, par la reconnaissance d'un monopole temporaire d'exploitation, certaines créations nouvelles et certains signes distinctifs.

Les créations de caractère technique peuvent faire l'objet d'un *brevet d'invention*; les créations de caractère ornemental sont l'objet du dépôt d'un dessin ou d'un modèle.

Les signes distinctifs sont constitués essentiellement de la marque, du *nom commercial*, de l'*enseigne*, et de l'*appellation d'origine*.

→ *Dessins et modèles.*

Propriété intellectuelle

[Droit général]

Ensemble composé, d'une part, des droits de *propriété industrielle*, d'autre part, de la *propriété littéraire et artistique*.

Propriété littéraire et artistique

[Droit civil]

Ensemble des droits pécuniaires et moraux dont est titulaire un écrivain ou un artiste sur son œuvre.

CPI, art. L. 111-1 s.

Propriété retenue à titre de garantie

[Droit civil]

→ *Clause de réserve de propriété.*

Propriété spatio-temporelle

[Droit civil]

→ *Multipropriété, Société d'attribution d'immeubles en jouissance à temps partagé.*

Propter rem

[Droit civil/Procédure civile]

« À cause de la chose. » Qualifie la situation de la personne qui n'est pas personnellement obligée, mais qui répond néanmoins de la dette parce qu'elle détient un bien sur lequel le créancier dispose d'un droit de suite. Tel est le cas de l'acquéreur d'un immeuble hypothéqué qui est exposé aux poursuites du créancier hypothécaire à qui pourtant il ne doit rien; seulement, comme il s'agit d'une obligation *propter rem*, l'acquéreur n'est pas redevable sur son patrimoine propre et se libère suffisamment en faisant abandon de l'immeuble grevé d'hypothèque.

C. civ., art. 2463 et 2467.

→ *Déguerpissement, Délaissement, Obligation propter rem.*

Prorata (Règle du)

[Sécurité sociale]

Lorsque des travailleurs sont employés simultanément et régulièrement par plusieurs employeurs et reçoivent une rémunération totale supérieure au plafond de Sécurité sociale, la part de cotisations « plafonnées » incombant à chaque employeur est déterminée au prorata des rémunérations effectivement versées dans la limite du plafond. La cotisation « déplafonnée » est acquittée par chaque employeur sur la totalité des rémunérations qu'il a versées.

CSS, art. L. 242-3.

Prorata temporis

[Droit civil]

Du latin : à proportion du temps.

Prorogation de contrat

[Droit civil]

Dans un contrat à durée déterminée, report du terme extinctif initialement prévu. La prorogation du contrat doit être décidée avant son expiration; elle ne peut porter atteinte aux droits des tiers.

C. civ., art. 1213.*

Prorogation de juridiction

[Procédure civile]

On parle de prorogation de juridiction lorsqu'un procès est porté devant une juridiction qui ne devrait normalement pas en connaître, au point de vue de la compétence d'attribution ou de la compétence territoriale, soit du fait que l'exception d'incompétence n'est pas invoquée en temps utile, soit à la suite d'une *clause attributive de compétence*. Par exemple, lorsque le litige est né, les parties peuvent toujours convenir que leur différend sera jugé par une juridiction incompétente en raison du montant de la demande.

La prorogation de juridiction n'est pas inconnue du droit européen. Le règlement CE du Conseil n° 44-2001 du 22 décembre 2000 (art. 23) donne effet à la clause désignant la juridiction d'un État membre, lorsque l'une des parties au moins y a un domicile, et déclare cette compétence exclusive.

C. pr. civ., art. 41 et 48.

ACTU

Prostitution (lutte contre la)

[Droit pénal]

Pour lutter contre la prostitution, la loi n° 2016-444 du 13 avril abroge le délit de *racolage* et institue des mesures de prévention, notamment : la création d'une contravention de 5e classe pour sanctionner le recours aux services d'une personne qui se prostitue; le droit pour les personnes victimes de cette activité de bénéficier d'un système de protection et d'assistance avec un processus de sortie de la prostitution; la création d'un Fonds dédié à cette prévention et à l'accompagnement social et professionnel des personnes prostituées; la délivrance d'une autorisation provisoire de séjour d'une durée de 6 mois pour les personnes étrangères engagées dans le parcours de sortie.

C. pén., art. 225-12-1 et 611-1; C. pr. pén., art. 706-40-1; CASF, art. L. 121-9 et L. 451-1 ; CESEDA, art. L. 316-1-1 ; CCH, art. L. 441-1; C. éduc., art. L. 312-16 et L. 312-17-1.

→ *Atteinte à la dignité de la personne, Proxénétisme.*

Protection de l'enfance

[Droit général]

Elle a pour but de prévenir les difficultés auxquelles les parents peuvent être confrontés dans l'exercice de leurs responsabilités éducatives, d'accompagner les familles et d'assurer, le cas échéant, selon des modalités adaptées à leurs besoins, une prise en charge partielle ou totale des mineurs. Elle prévoit ainsi un ensemble d'interventions en faveur des mineurs et de leurs parents. Ces dernières s'étendent également aux majeurs de moins de 21 ans connaissant des difficultés susceptibles de compromettre gravement leur équilibre.

La protection de l'enfance a aussi pour but la prévention des difficultés que rencontrent les mineurs privés de la protection de leur famille et leur prise en charge.

CASF, art. L. 112-3.

→ *Ascendant, Enfant, Mesure judiciaire d'aide à la gestion du budget familial, Observatoire départemental de protection de l'enfance.*

Protection des majeurs

[Droit civil]

Le dispositif de protection des personnes majeures vulnérables est à double face. La *protection juridique* nécessite la constatation médicale d'une altération des facultés mentales ou physiques; elle est mise en œuvre par le juge des tutelles qui choisit la mesure en fonction du degré d'incapacité de la personne (*sauvegarde de justice*, *curatelle*, *tutelle*, *habilitation familiale*). Comme la mesure de protection est en général restrictive des droits des majeurs, elle ne peut être ordonnée qu'en cas de nécessité, devant être refusée lorsqu'il peut être suffisamment pourvu aux intérêts de la personne par application des règles du *droit commun* (représentation, régime matrimonial, etc.) ou des stipulations du mandat de protection future.

La *protection sociale* vise à régler certaines situations de précarité, de marginalisation, d'exclusion, postulant un mécanisme plus léger, moins restrictif de liberté. Ainsi en est-il de la *mesure d'accompagnement social personnalisé* proposée par les services du département pour aider à la gestion des revenus et, si besoin est, d'une mesure de gestion budgétaire et d'accompagnement social, dénommée *mesure d'accompagnement judiciaire*.

C. civ., art. 415 s., 425, 428 s. et 495 s.; CASF, art. L. 271-1 s.; C. pr. civ., art. 1211 s., 1260-1 s.

GAJC, t. 1, n° 63.

→ *Aliénation mentale, Altération des facultés mentales ou corporelles, Démence, Mesures de protection judiciaire des majeurs et mineurs émancipés, Mesures de protection juridique des majeurs et mineurs émancipés.*

Protection diplomatique

[Droit international public/Droit européen]

Protection que l'État peut assurer à ses nationaux lorsqu'ils ont été lésés par des actes contraires au droit international commis par un État étranger et qu'ils n'ont pu obtenir réparation par les voies de droit interne de cet État.

L'État qui exerce la protection diplomatique endosse la réclamation de son ressortissant et se substitue complètement à lui dans le débat contentieux qui devient un débat entre États.

Les citoyens de l'Union européenne bénéficient, sur le territoire d'États étrangers, d'une protection diplomatique et consulaire multilatérale de la part des États membres de l'Union.

→ *Recours internes (Épuisement des).*

ACTU

Protection européenne des victimes

[Procédure pénale]

Décision d'entraide judiciaire, prise par l'autorité compétente d'un État membre de l'Union européenne, appelé État d'émission, aux fins d'assurer le respect sur le territoire d'un autre État, appelé État d'exécution, de mesures prises à l'encontre d'une personne suspectée, poursuivie ou condamnée qui peut être à l'origine d'un danger encouru par une victime (interdiction de se rendre en certains lieux où séjourne la victime ou qu'elle fréquente; interdiction d'entrer en contact avec la victime ou de l'approcher à une certaine distance ou dans certaines conditions).

C. pr. pén., art. 696-90 à 696-107.

Protection fonctionnelle

[Droit international public]

Protection assurée par une organisation internationale à ses agents (ou à leurs ayants droit) victimes d'un dommage causé par un État en violation du droit international.

[Droit administratif]

Protection assurée par l'Administration à ses agents victimes d'agression ou de harcèlement dans l'exercice de leurs fonctions, ou qui font l'objet de poursuites civiles ou pénales à raison de fautes de service.

Cette protection peut aussi bénéficier au conjoint, au concubin, aux partenaires de PACS ou encore aux enfants de l'agent public.

→ *Faute.*

Protection judiciaire (Mise sous)

[Droit pénal]

Mesure éducative permettant le contrôle et la surveillance d'un mineur, prononcée par un tribunal pour enfants ou une cour d'assises des mineurs, par décision motivée, pour une durée maximum de 5 ans. Cette mesure, qui peut s'appliquer au-delà de la majorité (23 ans au maximum), est un cadre juridique permettant au juge des enfants de prononcer certaines mesures de protection en milieu ouvert ou de placement éducatif, ce dernier impliquant l'assentiment de l'intéressé au-delà de 18 ans.

Ord. du 2 févr. 1945, art. 16 bis.

Protection judiciaire de la jeunesse (PJJ)

[Droit pénal]

Administration du ministère de la Justice composée d'une direction centrale et de services déconcentrés interrégionaux et territoriaux dont la mission est de prendre en charge les mineurs à la fois lorsqu'ils sont en danger dans le cadre de l'assistance éducative ou pour assurer le suivi des mesures éducatives, des sanctions éducatives ou des peines prononcées par les juridictions pénales des mineurs. Les personnels interviennent aussi bien dans des structures en milieu ouvert que fermé (établissements de placement éducatif, établissements de placement éducatif et d'insertion; centres éducatifs fermés et, depuis quelques années, dans les établissements pénitentiaires pour mineurs [EPM]). Pour l'accomplissement de leurs missions, les services de la PJJ sont organisés en unités éducatives : hébergement collectif; hébergement diversifié; centre éducatif renforcé (CER); centre d'activités de jour; service éducatif auprès d'un tribunal (SEAT); service éducatif en établissement pénitentiaire pour mineurs.

C. pr. pén., art. D. 49-54 s.

Protection juridictionnelle provisoire

[Procédure (principes généraux)]

Ensemble des règles et des mesures assurant au justiciable le droit de bénéficier de décisions provisoires dans tous les cas où la durée d'un procès ordinaire pourrait lui porter préjudice. En cas d'*urgence* notamment, l'État a un devoir de protection juridictionnelle provisoire à l'égard des citoyens : un manquement à ce devoir serait constitutif d'un *déni de justice*.

En matière administrative, civile, européenne et pénale, cette protection est assurée, notamment, par les procédures de référé ou sur *requête*, par le *sursis à exécution*, ou encore par l'arrêt de l'*exécution provisoire*.

Dans les textes émanant de l'Union européenne ou du Conseil de l'Europe, et dans les arrêts de leurs juridictions, l'expression est employée, en particulier, pour désigner le sursis à exécution des textes accordé par les tribunaux.

→ *Avant-dire droit, Juridiction provisoire, Mesures provisoires, Procédure monitoire, Référé administratif, Référé civil, Référé pénal.*

ACTU

Protection universelle maladie (PUM)

[Sécurité sociale]

Depuis le 1er janvier 2016, toute personne travaillant ou, lorsqu'elle n'exerce pas d'activité professionnelle, résidant en France de manière stable et régulière bénéficie, en cas de maladie ou de maternité de la prise en charge de ses frais de santé. Il s'agit de garantir un droit au remboursement des soins de manière continue. Les ayants droit ont jusqu'au 31 décembre 2019 pour s'inscrire à titre personnel.

CSS, art. L. 160-1.

Protectorat

[Droit international public]

Rapport juridique conventionnel entre 2 États, dans lequel l'État protégé abandonne à l'État protecteur, en échange de l'engagement pris par ce dernier de le défendre, le droit de gérer ses affaires extérieures et d'intervenir dans son administration.

Institution liée à l'expansion coloniale, le protectorat a disparu avec l'accession des États protégés à l'indépendance.

Protêt

[Droit commercial]

Acte authentique dressé par un huissier de justice ou par un notaire à la demande du porteur d'un effet de commerce pour constater officiellement :

- soit le non-paiement à l'échéance de l'effet (c'est le « protêt faute de paiement ») ;
- soit le refus d'acceptation d'une traite par le tiré (c'est le « protêt faute d'acceptation »).

C. mon. fin., art. L. 131-61, L. 134-1 et L. 134-2; C. com., art. L. 511-52 et L. 512-3.

L'établissement du protêt est indispensable à la conservation des recours cambiaires par le porteur de l'effet de commerce.

→ *Certificat de non-paiement.*

Protêt exécutoire

[Droit commercial]

→ *Certificat de non-paiement.*

Protocole

[Droit international public]

1° Cérémonial diplomatique.

2° Procès-verbal d'une conférence diplomatique.

3° Terme synonyme d'accord entre États, de traité, et employé plus spécialement pour désigner un accord qui complète un accord précédent (ex. *Protocole de Kyoto*).

[Droit général]

Ensemble des règles à observer en matière d'étiquette dans les cérémonies publiques et dans les relations officielles. Le protocole fixe l'ordre de préséance dans lequel sont placées les différentes autorités à Paris, en province et outre-mer, réglemente les visites que se doivent les autorités entre elles, les honneurs militaires et les honneurs funèbres, et l'utilisation de la cocarde tricolore (Décr. n° 655 du 13 sept. 1989).

Protocole d'Ankara

[Droit européen]

Protocole signé par la Turquie l'engageant à étendre l'union douanière existant entre elle et l'Union européenne à tous les nouveaux États membres entrés dans l'Union le 1er mai 2004. Son refus d'intégrer Chypre dans cette ouverture a entraîné en décembre 2006 la suspension partielle de certains domaines de négociations d'adhésion entre l'Union et la Turquie.

Protocole de Kyoto

[Droit de l'environnement]

Traité international négocié dans le cadre de la *Convention-cadre* de Rio du 9 mai 1992 sur les changements climatiques. Adopté en 1997 et entré en vigueur en 2005, il vise la réduction des émissions de Gaz à effet de serre (GES), responsables du réchauffement climatique. Établit notamment un mécanisme de permis négociables d'émission, destiné à favoriser l'élimination des systèmes de production les plus polluants.

Provision

[Droit commercial]

Créance de somme d'argent que possède le tireur contre le tiré d'un effet de commerce.

[Procédure (principes généraux)]

Sommes accordées par le juge du fond, ou par le juge des référés – en attendant le jugement définitif – lorsque l'existence de l'obligation n'est pas sérieusement contestable, mais qu'il est impossible d'en déterminer actuellement le montant exact (dommages et intérêts en matière de responsabilité, paiement des salaires en cas de licenciement).

C. pr. civ., art. 771, 776, 809, 849, 873.

→ *Procédure monitoire, Provision ad litem, Référé civil.*

Provision (Par)

[Procédure (principes généraux)]

Se dit principalement de ce qui n'est pas définitif et peut être rapporté ou modifié. Ainsi de l'*exécution forcée* d'une décision que le gagnant poursuit malgré la trêve qu'impose l'effet suspensif du délai et de l'exercice des voies de recours ordinaires. Ainsi de la liquidation, à titre provisoire, des astreintes que le juge des référés a prononcées; la condamnation est sujette à révision en plus ou en moins.

C. pr. civ., art. 514.

→ *Provision.*

Provision *ad litem*

[Droit civil/Procédure civile]

Somme d'argent versée par un époux à son conjoint lors d'un procès qui les oppose (divorce, séparation de corps ou nullité du mariage) pour qu'il puisse faire face aux frais de l'instance.

La provision s'impute sur la masse des biens à partager.

C. civ., art. 255; C. pr. civ., art. 771.

Sommes qu'une partie dépose au greffe ou entre les mains de son mandataire (avocat) et qui est à valoir sur les frais et les honoraires de l'auxiliaire de justice (avocat, expert...).

C. pr. civ., art. 269, 280.

Provisions comptables

[Droit commercial]

Les provisions permettent de constater comptablement la dépréciation d'un bien et les risques et charges qui ne se sont pas encore réalisés, mais que les circonstances rendent probables.

Les provisions pour dépréciation enregistrent la perte de valeur des éléments d'actif non amortissables (terrain, fonds de commerce) et apparaissent à l'actif du bilan, sous la valeur d'acquisition du bien correspondant dont elles sont déduites.
Les provisions pour risques et charges (supplément d'impôt, litiges en cours) ne peuvent, au contraire, être rattachés à un élément particulier de l'actif et sont donc inscrites à un poste de passif du bilan.

Provisoire

[Procédure (principes généraux)]
Au sens familier : qui a une durée temporaire. Au sens technique, se dit d'une décision qui n'a pas autorité de la chose jugée au principal, qui ne lie pas le juge du fond; qualifie également les mesures contenues dans cette décision.
→ *Avant-dire droit, Juridiction provisoire, Mesures provisoires, Protection juridictionnelle provisoire, Référé administratif, Référé civil, Référé pénal.*

Provocation

[Droit pénal]
Fait consistant à inciter autrui à commettre une infraction. Elle peut être réalisée par don, promesse, menace, ordre, abus d'autorité et de pouvoirs. Elle est dans certains cas érigée en infraction autonome (au terrorisme, à la rébellion, à l'espionnage de mineurs, au suicide, etc.); dans les autres cas elle constitue un acte de complicité.
C. pén., art. 121-7, al. 2.

Proxénétisme

[Droit pénal]
Activité délictueuse de celui ou de celle qui, de quelque manière que ce soit, contraint une personne à se prostituer, favorise ou tire profit de la prostitution d'autrui. De nombreux faits, pouvant directement ou indirectement faciliter la prostitution, sont assimilés par le législateur à l'infraction de proxénétisme.
C. pén., art. 225-5 s.

Proxy advisor/proxy voting

[Droit commercial]
Anglicisme visant, dans les sociétés cotées, le vote par procuration confié à des tiers spécialisés (*proxy advisors*, agences en conseil de vote). Traditionnellement prohibée en France, cette modalité a été reconnue sur l'impulsion du droit de l'Union européenne.
C. com., art. L. 225-106 s.

Prud'hommes

[Droit du travail/Procédure civile]
→ *Conseil de prud'hommes.*

Pseudonyme

[Droit civil]
Vocable de fantaisie qu'une personne utilise pour se désigner dans l'exercice d'une activité, généralement littéraire ou artistique. Cette utilisation est licite dans le domaine des arts, du journalisme et de la littérature et ouvre droit à une protection contre une usurpation.
CPI, art. L. 113-6, L. 123-3, L. 132-11 et L. 711-1.
→ *Nom, Prénom, Prête-nom, Sobriquet, Surnom.*

Puberté

[Droit civil]
→ *Nubilité.*

Publication

[Droit administratif/Droit européen]
Mode de publicité employé normalement en matière d'actes législatifs et réglementaires, et consistant à diffuser la connaissance de l'acte en cause au moyen de modes de communication de masse, en particulier

par l'insertion dans un recueil officiel de textes (pour l'État, le *Journal officiel*). L'équivalent au niveau européen est le *Journal officiel de l'Union européenne (JOUE)*.

GACA nº 37.

[Procédure civile]

→ *Notification.*

Publication de mariage

[Droit civil]

→ *Bans.*

Publication des arrêts de la Cour de cassation

[Procédure (Principes généraux)]

Selon leur importance, les arrêts de la Cour de cassation sont publiés plus ou moins largement. Une lettre alphabétique placée à la fin de l'arrêt indique le mode de diffusion retenu : la lettre D (diffusé) signifie que l'arrêt sera uniquement transmis au service de documentation et d'études, la lettre P (publié) que l'arrêt sera publié au *Bulletin des arrêts de la Cour de cassation*, la lettre B (associée à la lettre P) que l'arrêt sera, en outre, publié au *Bulletin d'information de la Cour de cassation*, la lettre R (en pratique P+B+R) que l'arrêt sera mentionné au *Rapport annuel de la Cour de cassation*, la lettre I que l'arrêt figurera sur le site propre de la Cour de cassation. Les décisions les plus considérables portent la mention P+B+R+I.

Publication des condamnations

[Droit pénal]

Sanction autonome s'ajoutant à la peine proprement dite et prévue par certains textes. Elle prend la forme d'un affichage, d'une insertion dans la presse, ou d'une communication au public par voie électronique. Elle peut être prononcée comme peine de substitution. Nonobstant son caractère obligatoire elle a été jugée conforme à la Constitution par le Conseil constitutionnel à la suite d'une *question prioritaire de constitutionnalité* dès lors que la juridiction dispose de la possibilité d'individualiser cette sanction. La seule possibilité, donnée au juge, de publier l'intégralité ou des extraits de la décision ne permet pas d'assurer le respect de l'exigence d'individualisation.

C. pén., art. 131-35.

Publication des traités

[Droit international public]

Réalisée au *Journal officiel*, elle est une condition d'entrée en vigueur des traités et accords dans l'ordre juridique français.

→ *Enregistrement.*

Publication du commandement

[Procédure civile]

Dans la procédure de saisie immobilière, les effets de la saisie (indisponibilité du bien, immobilisation des fruits, restriction aux droits de jouissance et d'administration) courent, à l'égard des tiers, du jour de la publication du commandement au fichier immobilier; vis-à-vis du débiteur, du jour de la signification dudit commandement.

C. pr. exéc., art. L. 321-5, R. 321-6.

Publicité comparative

[Droit commercial]

La publicité comparative n'est licite que lorsqu'elle est loyale, au sens que définissent les dispositions du Code de la consommation.

C. consom., art. L. 122-1 à L. 122-7.

→ *Concurrence déloyale.*

Publicité d'actes juridiques

[Droit civil/Droit commercial]

Utilisation de procédés divers (affichage, annonces dans des journaux spécialisés ou non, tenue de registres) afin d'assurer la sécurité des transactions et l'égalité de tous dans l'accès à la connaissance d'une situation donnée. La publicité est sanctionnée par le législateur.

→ *Annonce judiciaire et légale, Publicité foncière, Service de la publicité foncière.*

Publicité de la justice

[Procédure (principes généraux)]

→ *Archives audiovisuelles de la justice, Procès équitable, Publicité des débats, Publicité des jugements.*

Publicité des débats

[Procédure (principes généraux)]

Principe selon lequel la procédure permettant d'aboutir à la décision doit être accessible au public. Elle implique que le public ait accès à la salle d'audience. La publicité des débats est conçue comme une garantie de la liberté de la défense et un moyen de contrôler la manière dont la justice est rendue.

La règle est écartée lorsqu'elle paraît incompatible avec la discrétion que requièrent certaines affaires (familiales notamment) ou susceptibles de compromettre la sérénité des débats. La loi, parfois, en décide ainsi : c'est le cas des affaires portées devant la *chambre du conseil*; parfois, c'est le tribunal qui prononce, pour des motifs d'opportunité, le *huis clos*.

La publicité des débats se manifeste encore par la possibilité d'en rendre compte dans la presse, sauf dans certaines matières (divorce, filiation...) ou décision contraire du tribunal. En revanche, tout enregistrement sonore ou visuel dans les salles d'audience est interdit sous sanction pénale; seules peuvent être autorisées par le président des prises de vue avant le commencement de l'audience avec le consentement des parties et du ministère public.

Lors de poursuites disciplinaires, l'intéressé peut exiger que les débats le concernant soient publics.

C. pr. civ., art. 22 et 433 s.; COJ, art. L. 111-12; CJA, art. L. 6; C. pr. pén., art. 306 et 400; L. du 24 mai 1872, art. 7; Conv. EDH, art. 6, § 1; Pacte international relatif aux droits civils et politiques, art. 14, § 1; L. du 29 juill. 1881 sur la liberté de la presse, art. 38 ter et 39.

GAJA n° 26.

Publicité des jugements

[Procédure (principes généraux)]

Principe selon lequel, la justice étant rendue au nom du peuple souverain, les décisions de justice sont accessibles à tous. Quiconque peut ainsi obtenir du greffe, sauf de rares exceptions, la copie de tout jugement, même si la décision ne la concerne pas.

Dans les cas où il est interdit de rendre compte des débats (filiation, divorce...), il est néanmoins possible aux revues techniques de publier les décisions à condition que soit respecté l'anonymat des parties.

L. du 29 juill. 1881 sur la liberté de la presse, art. 39, al. 2.

→ *Prononcé du jugement.*

Publicité foncière

[Droit civil]

Technique ayant pour but de porter à la connaissance des tiers, et par là même de leur rendre opposables, certains actes juridiques portant sur des immeubles (vente, donation, constitution de droits réels, bail de plus de 12 ans, privilèges et hypothèques). Avant 1955, la loi employait le mot de transcription.

Tout acte ou droit doit, pour donner lieu aux formalités de publicité foncière, résulter d'un acte reçu en la forme authentique par un notaire exerçant en France, ou d'une

décision juridictionnelle ou d'un acte authentique émanant d'une autorité administrative. Mais cette disposition n'est pas applicable aux formalités de publicité foncière des assignations en justice, des commandements valant saisie, des différents actes de procédure qui s'y rattachent et des jugements d'adjudication, des documents portant limitation administrative au droit de propriété ou portant servitude administrative, des procès-verbaux établis par le service du cadastre, des documents d'arpentage établis par un géomètre et des modifications provenant de décisions administratives ou d'événements naturels.
Si le dépôt au rang des minutes d'un notaire d'un acte sous seing privé, contresigné ou non, même avec reconnaissance d'écriture et de signature, ne peut donner lieu aux formalités de publicité foncière, toutefois, même lorsqu'ils ne sont pas dressés en la forme authentique, les procès-verbaux des délibérations des assemblées générales préalables ou consécutives à l'apport de biens ou droits immobiliers à une société ou par une société ainsi que les procès-verbaux d'abonnement peuvent être publiés au service de la publicité foncière (ex-conservation des hypothèques) à la condition d'être annexés à un acte qui en constate le dépôt au rang des minutes d'un notaire.

C. civ., art. 710-1; Décr. n° 22 du 4 janv. 1955, Décr. n° 1350 du 14 oct. 1955.

→ *Conservateur/Conservation des hypothèques.*

Publicité restreinte

[Procédure pénale]

Système de publicité des débats concernant les juridictions pour mineurs (tribunal pour enfants, cour d'assises des mineurs, tribunal correctionnel des mineurs) conduisant à permettre l'assistance aux débats des seules personnes autorisées par le législateur : victime même non constituée partie civile, témoins, proches parents, tuteur ou représentant légal, membres du barreau, représentant des services ou institutions s'occupant d'enfants, travailleurs sociaux. Toute publication du compte rendu des débats est également interdite.

Ord. du 2 févr. 1945, art. 14 et 20, al. 8.

Puissance maritale

[Droit civil]

Prépondérance qui était attribuée par la loi au mari sur la personne et les biens de sa femme. Plusieurs textes fondamentaux ont progressivement mis à néant la puissance maritale, à commencer par la loi du 13 juillet 1907 sur le libre salaire de la femme mariée, pour finir par la loi du 23 décembre 1985 établissant une parfaite égalité des époux dans l'administration des biens propres et des biens communs.

Puissance paternelle

[Droit civil]

Désignait, autrefois, l'ensemble des prérogatives du père sur la personne et les biens de ses enfants mineurs. La loi du 4 juin 1970 l'a abolie et l'a remplacée par l'*autorité parentale* qu'elle a définie comme un ensemble de droits et de devoirs ayant pour finalité l'intérêt de l'enfant et qu'elle a attribuée aux deux parents.

C. civ., art. 371-1.

Puissance publique

[Droit administratif]

1° *La puissance publique :* expression floue, désignant dans son sens le plus général l'ensemble des personnes publiques.
Le recours à cette terminologie procède des conceptions les plus anciennes en matière d'État, qui voient en celui-ci non une organisation de services publics voués à la satisfaction des besoins généraux de la collectivité, mais une entité supérieure par essence aux

individus et possédant un pouvoir de souveraineté sur ceux-ci.
2° *Activités de puissance publique :* analyse des procédés juridiques de fonctionnement de l'État, en vue notamment de découvrir un critère de répartition des compétences entre les 2 ordres de juridictions, et qui a fait historiquement l'objet de 2 interprétations.
Dans la conception du XIXe siècle, activités de l'État dans lesquelles celui-ci agit unilatéralement par voie de prescriptions ou de prohibitions. Cette conception est liée à celle d'un État principalement réduit aux services publics régaliens.
Aujourd'hui, les défenseurs de cette notion mettent l'accent, par ces termes, beaucoup moins sur l'idée de commandement que sur celle d'un mode possible d'exécution des services publics – qui se sont multipliés et diversifiés – dans des conditions exorbitantes de celles que régit le droit privé, ce qui justifie l'application du droit administratif à ces situations.
→ *Prérogatives et charges de puissance publique.*

Pupille

[Droit civil]

Enfant placé sous le régime de la tutelle. Se dit également des enfants placés sous le contrôle des services de l'Aide sociale à l'enfance (enfants recueillis sans filiation, enfants orphelins, enfants dont les parents sont déchus de l'autorité parentale). Ces enfants sont dits pupilles de l'État et soumis à une tutelle administrative (le tuteur est le préfet).
Les pupilles de la Nation sont les orphelins de guerre.

C. civ., art. 347, 349, 351, 390; C. pr. civ., art. 1261 s.; C. pens. mil., art. L. 461 s.; CASF, art. L. 222-5, L. 224-1 s.

Pur et simple

[Droit civil]

1° Se dit d'une obligation qui n'est affectée d'aucune modalité, n'étant ni conditionnelle, ni à terme, ni solidaire.
2° En matière de succession, qualifie l'acceptation de l'héritier donnée sans réserve du bénéfice d'inventaire (dénommée, aujourd'hui, *acceptation à concurrence de l'actif net*), d'où résulte la charge indéfinie du passif héréditaire.

C. civ., art. 768, 782 et 785.

Purge des hypothèques

[Droit civil]

Procédure par laquelle le tiers acquéreur d'un immeuble hypothéqué offre aux créanciers hypothécaires de leur verser le montant du prix d'acquisition ou de la valeur de l'immeuble, s'il l'a acquis à titre gratuit, ce qui aura pour effet de libérer l'ensemble des hypothèques qui le grèvent.

C. civ., art. 2475 s.

Putsch

[Droit constitutionnel]

→ *Coup d'État.*

Q

Quae temporalia sunt ad agendum perpetua sunt ad excipiendum

[Droit civil/Procédure civile]

Principe selon lequel même lorsqu'une action en nullité d'un acte ne peut plus être intentée parce qu'elle est prescrite, son bénéficiaire peut toujours invoquer cette nullité, sans être tenu par un délai, au titre de ses moyens de défense, à condition que cette exception tirée de la nullité de l'acte vise à faire obstacle à une demande d'exécution d'un acte juridique qui n'a pas été exécuté.

C. civ., art. 1185.*

Qualification

[Droit général]

Opération intellectuelle consistant à rattacher une situation de fait ou de droit à une catégorie juridique déjà existante (concept, institution). Elle permet de déterminer le régime applicable à cette situation. La qualification *légale* est l'acte par lequel le législateur définit une catégorie juridique en précisant les conditions nécessaires de sa définition. La qualification *judiciaire* est l'acte par lequel le juge vérifie la concordance entre une situation particulière donnée et les conditions posées par la qualification légale. Elle opère la jonction entre le fait et le droit.

→ *Régime juridique (d'une notion).*

[Droit civil]

En droit civil, la qualification du contrat (vente, ou donation, par ex.) ou du type de contrat (gratuit ou à titre onéreux) permet de déterminer les règles qui devront lui être appliquées.

GAJC, t. 2, n° 160.

[Droit international privé]

En droit international privé, la qualification consiste à déterminer la nature juridique d'une situation de fait ou d'une question de droit, afin de pouvoir la rattacher à une catégorie typique, ce qui permettra de déterminer la loi qui lui est applicable. Exemple : rechercher si l'acte notarié est une condition de forme ou de fond du testament.

[Droit pénal]

Définition, ou identification, du fait infractionnel par le législateur ou par le juge.

La qualification légale est l'acte par lequel le législateur définit les incriminations.

La qualification judiciaire est l'acte par lequel le juge vérifie la concordance des faits matériels commis, au texte d'incrimination susceptible de s'appliquer.

[Procédure civile]

Le juge a le pouvoir et le devoir de vérifier l'exactitude de la qualification présentée par les parties, à moins que celles-ci, en vertu d'un accord exprès, et uniquement pour les droits dont elles ont la libre disposition, ne l'aient lié par les qualifications et les points de droit auxquels elles entendent limiter le débat.

À supposer que le demandeur ne qualifie pas les faits et actes qu'il allègue, il revient au juge de le faire. Le juge commettrait un *déni de justice*, s'il déclarait les prétentions mal fondées au motif que son auteur n'en aurait proposé aucune justification juridique mais il doit respecter les limites du litige, ne pouvant se fonder sur d'autres faits que ceux qui sont dans le débat.

L'hypothèse d'une absence de qualification par les parties est de plus en plus rare. D'une part, lorsqu'il introduit l'instance par voie d'*assignation*, le demandeur a l'obligation de préciser le fondement juridique de ses prétentions (sinon, la demande est rejetée). D'autre part, dans de nombreux cas, les parties doivent produire des *conclusions qualificatives*.

C. pr. civ., art. 12, 15.

→ *Droit et fait dans le procès, Principe de concentration des moyens.*

[Procédure administrative]

Dans le cadre du recours pour excès de pouvoir, et au titre de la violation de la loi, le juge administratif vérifie normalement la qualification juridique des faits opérée par l'Administration, c'est-à-dire si les faits sont de nature à justifier légalement la décision prise. Dans les domaines où le contrôle n'est pas normal mais minimum, le juge ne vérifie cette qualification qu'en cas d'erreur manifeste d'appréciation.

GAJA n° 27.

→ *Contrôle juridictionnel, Moyen de pur droit, Moyen, Requalification.*

Qualification professionnelle

[Droit du travail]

Ensemble de connaissances et de compétences reconnues par un diplôme ou par un titre, ou issue de l'expérience professionnelle. Élément essentiel sur lequel repose la prestation de travail convenue entre les parties au contrat, la qualification professionnelle permet d'articuler l'emploi et le contrat de travail et sert fréquemment dans les conventions collectives pour déterminer le montant de la rémunération.

Qualité pour agir

[Procédure (principes généraux)]

Titre légal conférant à un individu le pouvoir de solliciter du juge l'examen de sa prétention. En règle générale, la qualité à agir en justice n'ayant pas été réservée par la loi à certaines personnes, elle appartient à tout intéressé, c'est-à-dire à tous ceux qui peuvent justifier d'un intérêt direct et personnel à la reconnaissance du bien-fondé de leur prétention.

Mais il arrive que la loi attribue le monopole de l'action à certaines personnes qui ont, seules, qualité pour agir. On parle alors d'*action attitrée*. Tel est le cas de l'*action de groupe* qui est réservée aux associations de consommateurs représentatives au niveau national pour faire reconnaître le principe de la responsabilité du professionnel.

C. pr. civ., art. 31; C. civ., art. 325, 327 et 328; C. consom., art. L. 623-1.

GAJA n° 9; GACA n° 31.

→ *Action banale, Intérêt à agir.*

Qualité substantielle

[Droit civil]

Caractéristique d'une chose objet d'un contrat, qui a été prise en considération par les parties contractantes, de telle sorte qu'en l'absence de cet élément, l'accord de volonté n'aurait pu se réaliser, par exemple, constructibilité d'un terrain, authenticité d'une œuvre d'art.

L'erreur sur une qualité substantielle est sanctionnée par la nullité du contrat.

Les nouveaux textes (ord. n° 131 du 10 févr. 2016) visent les qualités essentielles, non plus substantielles de la prestation ou du contractant.

C. civ., art. 1133, 1134*.*

Qualités du jugement

[Procédure civile]

Partie d'un jugement civil rédigée naguère par l'*avoué* du gagnant et contenant les noms des parties, la qualité en laquelle elles avaient figuré dans l'instance et leurs conclusions. Depuis 1958, ces renseignements sont insérés dans le jugement par le magistrat rédacteur qui peut se contenter d'exposer succinctement les prétentions respectives des parties et leurs moyens et, même, se borner au visa des conclusions avec l'indication de leur date.

C. pr. civ., art. 455.

Quantitative Easing

[Droit européen]

→ *Banque centrale européenne.*

Quantum

[Droit civil/Procédure civile]

Mot signifiant « montant », servant à l'appréciation de dommages et intérêts (responsabilité civile) ou d'une part contributive (ex. : contribution d'un époux aux charges du ménage).

Quartiers

[Droit administratif]

En vue d'améliorer la « démocratie de proximité », chaque *commune* de 80 000 habitants ou plus est géographiquement divisée en quartiers, dont le *conseil municipal* de la commune fixe le périmètre. Il les dote d'un conseil de quartier pouvant être consulté par le maire sur toute question intéressant le quartier et la ville, et disposant d'un pouvoir de proposition.

Peuvent être facultativement créés dans les communes de plus de 20 000 habitants.

CGCT, art. L. 2143-1.

ACTU

Quasi-contrat

[Droit civil]

Fait purement volontaire dont il résulte un engagement de celui qui en profite sans y avoir droit, et parfois un engagement de son auteur envers autrui. Cette définition, inscrite dans l'ordonnance n° 2016-131 du 10 février 2016, est suffisamment souple pour autoriser le juge à traiter comme quasi-contrat d'autres situations que celles réglementées par le code civil au titre de la gestion d'affaires, du paiement de l'indu et de l'enrichissement sans cause (aujourd'hui dénommé injustifié).

C. civ., art. 1300.*

GAJC, t. 2, n° 244.

→ *Enrichissement injustifié, Gestion d'affaires, Répétition de l'indu.*

Quasi-délit

[Droit civil]

Fait de l'homme illicite mais commis sans intention de nuire, qui cause un dommage à autrui et oblige son auteur à le réparer : négligence, imprudence, inattention.

C. civ., art. 1241.*

→ *Délit civil, Responsabilité civile.*

Quasi-usufruit

[Droit civil]

Droit réel correspondant à l'usufruit mais s'en distinguant parce qu'il porte sur des choses consomptibles par le premier usage. Puisque la jouissance de telles choses ne peut se réaliser que par leur destruction matérielle (aliments) ou leur aliénation juridique (argent), le quasi-usufruitier, à l'opposé de l'usufruitier, a le droit d'en *disposer*, ne devant rendre à la fin de l'usufruit que des choses de même quantité et qualité ou leur valeur estimée à la date de la restitution.

C. civ., art. 587.

GAJC, t. 1, n° 79.

→ *Abusus, Fructus, Usufruit, Usus.*

Quatrième République

[Droit constitutionnel]

Régime politique résultant de la Constitution du 27 octobre 1946. *Régime parlementaire* marqué, comme la *Troisième République*, par une forte instabilité gouvernementale et par la délégation, par le Parlement, du pouvoir législatif au Gouvernement. Disparaît en 1958, du fait des événements d'Algérie.

→ *Cinquième République.*

Quérable (Créance)

[Droit civil]

Caractère d'une créance dont le créancier doit aller réclamer l'exécution au domicile du débiteur. La créance est quérable à défaut d'une autre désignation par la loi, le contrat ou le juge.

C. civ., art. 1342-6.*

→ *Portable (créance).*

Quérulence

[Droit général]

Désigne, au Québec, le « comportement morbide d'une personne qui, se sentant lésée, multiplie indûment les procédures judiciaires ».

→ *Abus de droit, Procédurier, Processualiste.*

Questeur

[Droit constitutionnel]

Membre du bureau d'une assemblée parlementaire chargé des problèmes d'administration intérieure de l'assemblée (personnel, locaux, matériel).

Question

[Droit constitutionnel]

Procédure permettant à un parlementaire d'interroger les membres du gouvernement : un des moyens classiques du contrôle parlementaire.

1° *Questions au gouvernement* : procédure instituée en 1994 (en remplacement des « questions d'actualité ») pour revaloriser le système des questions orales. L'article 48 *in fine* de la Constitution prévoit qu'une séance par semaine au moins est consacrée aux questions des parlementaires. Selon l'article 133 du Règlement de l'Assemblée nationale, la moitié des questions est posée par des membres d'un groupe d'opposition. L'exercice reste décevant au plan du contrôle parlementaire et relève davantage du spectacle politique.

2° *Question écrite* : question publiée au *Journal officiel*, de même que la réponse du ministre qui doit en principe intervenir dans un délai d'un mois.

Question de confiance

[Droit constitutionnel]

Procédure par laquelle le gouvernement engage lui-même sa responsabilité devant le Parlement, en lui demandant d'approuver l'ensemble ou un point déterminé de sa politique, faute de quoi il démissionnera.

La question de confiance est un moyen de pression du gouvernement sur le Parlement, les députés pouvant hésiter à assumer la responsabilité d'une crise ministérielle. En régime parlementaire rationalisé, la question de confiance est réglementée (par ex. art. 49 de la Constitution française de 1958 ou art. 68 de la Loi fondamentale allemande de 1949).

→ *Engagement de responsabilité.*

Question préalable

[Droit constitutionnel]

Question posée par un membre d'une assemblée délibérante et tendant à faire décider qu'il n'y a pas lieu de délibérer sur le sujet inscrit à l'ordre du jour de l'assemblée.

Art. 91-5 du Règlement de l'Assemblée nationale.

[Droit international privé]

En matière de conflit de lois, une question est dite préalable lorsque son examen commande la solution de la question principale. Ainsi, avant de rechercher si un enfant adoptif vient à la succession de l'adoptant, il convient de vérifier la régularité de l'adoption. La doctrine est partagée sur le point de savoir si la question préalable doit, comme la question principale, être résolue par application du système de conflits de lois du juge saisi.

[Procédure (principes généraux)]

Question que le juge doit examiner pour vérifier si certaines des conditions requises pour l'existence de la question principale sont réunies; ainsi l'action en réclamation d'une succession (question principale) suppose que la qualité d'héritier (question préalable) appartient bien au demandeur. Procéduralement, la question préalable est de la compétence du juge saisi de la *question principale*, à la différence de la *question préjudicielle*.

Question préjudicielle

[Procédure (principes généraux)]

La question préjudicielle est celle qui oblige le tribunal à surseoir à statuer jusqu'à ce qu'elle ait été soumise à la juridiction compétente qui rendra à son sujet un acte de juridiction. On distingue les questions préjudicielles *générales* qui relèvent de la compétence d'un autre ordre de juridiction (v. notamment le décret n° 2015-233 du 27 févr. 2015 relatif aux questions entre juridictions administratives et juridictions civiles) et les questions préjudicielles *spéciales* dont la solution dépend d'une autre juridiction appartenant au même ordre.

En procédure pénale on distingue les questions préjudicielles à l'action qui empêchent le déclenchement de l'action publique, dans l'attente d'une décision judiciaire, et les questions préjudicielles au jugement qui suspendent la procédure jusqu'à la résolution de la difficulté juridique par le juge compétent.

C. pr. civ., art. 49, 126-14, 1041 et 1042; C. pr. pén., art. 384 s. et 522.

→ *Question préalable, Question prioritaire de constitutionnalité, Renvoi préjudiciel.*

Question principale

[Procédure (principes généraux)]

Dans une instance, la question principale est celle qui porte sur l'*objet* même de la prétention soumise au juge.

C. pr. civ., art. 4.

→ *Question préalable, Question préjudicielle.*

Question prioritaire de constitutionnalité (QPC)

[Droit constitutionnel]

Procédure issue de la révision constitutionnelle du 23 juillet 2008, et applicable depuis le 1er mars 2010.

À l'occasion d'une instance en cours (administrative, civile ou pénale), une partie peut soulever un moyen tiré de ce qu'une disposition législative applicable au litige ou à la procédure ou qui constitue le fondement des poursuites, porte atteinte aux droits et libertés que la Constitution garantit.

La question de constitutionnalité doit être examinée en priorité par rapport à une éventuelle question de conventionnalité. Si elle n'est pas dépourvue de caractère sérieux et si cette disposition n'a pas déjà été déclarée conforme à la Constitution par le

Conseil constitutionnel, sauf changement de circonstances, la juridiction saisie doit statuer sans délai sur sa transmission au Conseil d'État ou à la Cour de cassation selon le cas. La haute juridiction saisie se prononce alors, dans un délai de 3 mois, sur le renvoi au Conseil constitutionnel. Si ce dernier déclare la disposition non conforme à la Constitution, elle est abrogée, éventuellement de manière différée.

Const., art. 61-1; LO n° 2009-1523, 10 déc. 2009; Décr. n° 2010-148 et 149, 16 févr. 2010.

GDCC n° 48.

→ *Conseil constitutionnel.*

Qui auctor est se non obligat

[Droit civil]

Celui qui donne son autorisation à un acte juridique n'est point obligé par cet acte.

Quinquennat

[Droit constitutionnel]

Durée (5 ans) du mandat du président de la République en France.

→ *Septennat.*

Quirataire

[Droit maritime]

Propriétaire d'une part dans un navire acheté en copropriété.

Quittance

[Droit civil]

Acte écrit et remis au débiteur par lequel le créancier reconnaît avoir reçu le montant de sa créance. En matière de baux d'habitation, le bailleur est tenu de transmettre gratuitement au locataire qui en fait la demande une quittance détaillant les versements effectués (loyer, droit de bail, charges).

C. civ., art. 1378-2 al. 2 et 1908.*

→ *Reçu.*

Quitus

[Droit civil]

Acte qui arrête un compte et qui atteste que la gestion de celui qui le tenait est exacte et régulière. L'approbation du compte emporte, en règle générale, décharge de responsabilité. Par exemple, le *quitus* donné au syndic par l'assemblée des copropriétaires libère le syndic de toute responsabilité vis-à-vis de la copropriété.

[Droit commercial]

Acte par lequel la gestion d'une personne est approuvée.

En matière de société, les mandataires des associés doivent recevoir leur *quitus* à l'expiration de chaque exercice social (il en va de même dans une association); l'obtention du *quitus* n'empêchant pas que soit ultérieurement engagée une action en responsabilité pour faute de gestion.

[Droit financier ou fiscal]

Arrêt rendu par la Cour des comptes (ou jugement rendu par une Chambre régionale des comptes) constatant que les comptes présentés par un comptable public cessant ses fonctions sont réguliers et lui permettent d'obtenir la levée des sûretés qu'il avait constituées à son entrée en fonctions.

Quorum

[Droit civil/Droit commercial]

Nombre de participants, présents ou représentés, nécessaire pour qu'une assemblée (d'une association ou d'une société, par ex.) puisse valablement délibérer.

[Droit constitutionnel/Droit international public]

Nombre de membres dont la présence est nécessaire pour qu'une assemblée, une commission, une conférence, puisse valablement siéger.

[Procédure civile]

À la *Cour de cassation*, si à l'audience d'une chambre, par suite d'absence ou d'empêchement, le nombre des membres ayant voix délibérative est inférieur à 5, il peut être fait appel à des conseillers d'autres chambres en suivant l'ordre du rang.

Devant le Tribunal des conflits, le *quorum* est de cinq membres sur six et, dans sa formation élargie de départage, le Tribunal des conflits ne peut statuer que si tous ses membres sont présents. Devant les juridictions de fond (TGI, cour d'appel), des règles analogues sont prescrites avec, toutefois, une possibilité supplémentaire, celle de requérir un *avocat* choisi dans l'ordre du tableau pour suppléer les autres magistrats eux-mêmes défaillants.

COJ, art. L. 212-4, R. 212-5, R. 312-3, R. 431-6; L. du 24 mai 1872, art. 5 et 6.

ACTU

Quota agricole

[Droit rural/Droit commercial/ Droit européen]

Mesure de contingentement de la production subie en vertu de la politique agricole commune, par exemple en matière laitière. Avec les évolutions de la *Politique agricole commune (PAC)*, le contingentement laitier a disparu le 31 mars 2015, le contingentement betteravier disparaîtra en 2017. Le quota ne doit pas être confondu avec le droit à prime, aide individuelle sollicitée à titre compensatoire aux restrictions internes ou européennes. L'aide découplée qui existait en 2014, appelée *droit à paiement unique (DPU)*, a été remplacée en 2015 par une aide en trois parties : le paiement de base, appelé DPB (droit au paiement de base), le paiement vert et le paiement redistributif. Le paiement « de base » est versé en fonction des surfaces détenues par les agriculteurs.

Quotas d'émission

[Droit de l'environnement]

Un plafond global d'émission de gaz à effet de serre est imposé aux installations exerçant dans les secteurs de l'énergie, des métaux ferreux, des produits minéraux, du papier et du carton. À l'intérieur de ce plafond, les émetteurs se voient allouer un budget individuel d'émission fractionné en unités négociables, les droits ou quotas d'émission; ils sont tenus de restituer, à la fin de chaque année, un nombre de quotas correspondants à leurs rejets effectifs. L'émetteur qui a dépassé la limite prescrite doit acheter les droits qui lui manquent à un émetteur qui, lui, a réduit ses émissions en deçà de son budget. Ainsi fonctionne un mécanisme d'échange incitant les industries à émettre moins que leur allocation en vue de tirer profit de la vente de leurs quotas non utilisés.

Le système européen d'échange des quotas d'émission de gaz à effet de serre, qui existe depuis 2003, est l'outil de base de la politique européenne de lutte contre le changement climatique. Depuis 2012, il englobe le secteur de l'aviation et un décret n° 220 du 25 février 2014 crée son extension aux installations nucléaires de base.

C. envir., art. L. 229-5 s., D. 229-1 s., R. 229-5 s.

Quotient électoral

[Droit constitutionnel]

Dans la représentation proportionnelle, nombre de voix qui donne à une liste autant de sièges qu'il est contenu de fois dans le nombre de suffrages recueillis par elle.

Le quotient électoral est, soit déterminé par circonscription (en divisant le nombre total des suffrages exprimés par le nombre de sièges à pourvoir), soit uniforme pour tout le territoire (nombre fixé à l'avance, ou obtenu en divisant le nombre total des suffrages exprimés dans le pays par le nombre total des sièges à pourvoir).

Quotient familial

[Droit financier ou fiscal]

Technique d'allégement de la progressivité de l'impôt sur le revenu, destinée à prendre en compte l'importance des charges de famille du contribuable. Le barème progressif de l'impôt est appliqué non au revenu global du foyer fiscal, mais au résultat de la division de ce revenu par un nombre de « parts » dépendant du nombre de personnes de ce foyer. De façon générale, chacun des époux compte pour une part, les 2 premiers enfants à charge pour une demi-part et les suivants pour une part. Le montant de l'impôt correspondant à une part est ensuite multiplié par le nombre de parts. Un plafonnement lié à l'avantage financier dégagé par ce dispositif a été institué par le législateur.

CGI, art. 193 s.

Quotité disponible

[Droit civil]

Portion du patrimoine d'une personne dont elle peut disposer librement par donation ou testament, en présence d'héritiers réservataires. Déterminée par la loi, elle varie en fonction de la qualité et du nombre des héritiers réservataires. Par exemple, la quotité disponible est de moitié si le disposant ne laisse à son décès qu'un enfant, d'un tiers s'il en laisse deux et d'un quart s'il en laisse trois ou plus; elle est des 3/4 si, à défaut de descendant, le défunt laisse un conjoint survivant non divorcé (concrètement, dans cette situation, le conjoint est réservataire pour un quart, même si les époux étaient séparés de corps).

C. civ., art. 912 s., 1054 et 1094 s.

GAJC, t. 1, n° 138 à 141.

→ *Réserve.*

R

Rabat d'arrêt

[Procédure civile]

Procédure introduite par une requête et permettant de rapporter un arrêt rendu par la Cour de cassation, à la suite d'une erreur matérielle de procédure imputable à une défaillance de ses services, ayant pu affecter la solution donnée au pourvoi. Après rabat, il est statué à nouveau comme s'il s'agissait d'un recours en révision. Née des usages de la Cour de cassation, elle n'est réglementée par aucun texte.

Rachat

[Droit commercial]

Dans un contrat d'assurance sur la vie, versement par l'assureur d'une somme d'argent, dite valeur de rachat, à la demande de l'assuré; l'obligation de l'assureur, qui était conditionnelle ou à terme (décès de l'assuré), est alors transformée en une obligation à échéance immédiate.

Rachat de cotisations

[Sécurité sociale]

Possibilité offerte aux assurés de demander à la caisse de racheter, sous certaines conditions, jusqu'à 12 trimestres de cotisations retraite pour des périodes d'études supérieures et pour des années qui n'ont pas donné lieu à validation de 4 trimestres.

CSS, art. L. 351-14-1.

Rachat des titres sociaux

[Droit commercial]

Procédure exceptionnelle, par laquelle une *société anonyme*, en particulier, se porte acquéreur des titres représentant son propre capital social. Un tel rachat peut être réalisé en vue de l'annulation des titres, ou de leur détention provisoire par la société aux fins de gestion et de réattribution ultérieure.

Au titre du principe de liberté et d'innovation des émetteurs en matière financière, le législateur a autorisé la catégorie des actions de préférence rachetables, pour lesquelles un rachat à l'initiative de l'émetteur est statutairement organisé.

C. com., art. L. 225-207 s., L. 228-12 s.

→ *Action rachetable.*

Racisme (Actes de)

[Droit pénal]

Comportements fondés, consciemment ou non, sur la théorie selon laquelle il y a supériorité de certaines races sur les autres et conduisant à une véritable ségrégation en fonction de l'appartenance à une race, alors même que, scientifiquement, toute classification raciale est impossible chez les humains. Aujourd'hui plusieurs de ces faits sont pénalement incriminés (injures, discriminations, diffamation, provocation).

Racket

[Droit pénal]

→ *Extorsion.*

Racolage

ACTU

[Droit pénal]

Infraction abrogée par la loi n° 2016-444 du 13 avril, qui résultait du fait, pour une personne se livrant à la prostitution, d'aborder, ou plus généralement d'attirer vers elle, y compris, par une attitude passive, un client potentiel, quel que soit le moyen utilisé, dès lors qu'il présentait un caractère de publicité.

→ *Prostitution (lutte contre la).*

Radiation

[Procédure civile]

Sanction disciplinaire privant la personne radiée des droits attachés à son inscription sur la liste dont elle est exclue : l'avocat rayé du tableau ne peut plus exercer la profession d'avocat.

→ *Poursuite disciplinaire, Pouvoir disciplinaire.*

Radiation des hypothèques

[Droit civil]

Exécution par le service chargé de la publicité foncière (ex-conservateur des hypothèques) d'un acte ou d'un jugement de *mainlevée* d'une hypothèque et qui se réalise par une mention en marge de l'inscription.

C. civ., art. 2440 à 2443.

Radiation du rôle

[Procédure civile]

Mesure d'administration judiciaire, insusceptible de recours, prononçant la suppression de l'affaire du rang des affaires en cours, à titre de sanction du défaut de diligence des parties, et entraînant la suspension de l'instance. L'affaire est rétablie sur justification de l'accomplissement des diligences dont le défaut avait provoqué la radiation.

Le mécanisme de la radiation est également prévu pour inexécution de la décision (exécutoire par provision) frappée d'appel ou de la décision frappée de pourvoi en cassation.

C. pr. civ., art. 381, 383, 446-2 al. 3, 526, 781, 1009-1 et 1009-2.

→ *Retrait du rôle.*

Raison sociale

[Droit commercial]

Nom attribué à une société et composé à partir de celui des associés personnellement responsables du passif social ou de certains d'entre eux.

La raison sociale est aujourd'hui remplacée par la *dénomination sociale* dans toutes les sociétés.

[Procédure civile]

Depuis 2011, les sociétés civiles professionnelles ne sont plus soumises à l'exigence d'une raison sociale et peuvent adopter un nom de fantaisie à titre de dénomination sociale.

Rang des privilèges et des hypothèques

[Droit civil]

Place à laquelle vient un *privilège* ou une *hypothèque* dans l'ensemble hiérarchisé des sûretés : les privilèges sont classés selon un ordre déterminé par la loi en fonction de la nature des créances; les hypothèques sont classées par ordre d'ancienneté d'après la date de leur inscription.

C. civ., art. 2325, 2326, 2331 et 2425.

Rang diplomatique

[Droit international public]

Ordre de préséance entre agents diplomatiques accrédités auprès d'un État.

1re classe : ambassadeurs et nonces;

2e classe : envoyés, ministres et internonces;

3e classe : chargés d'affaires (accrédités auprès d'un ministre des Affaires étrangères). À l'intérieur de chaque classe, la préséance est déterminée par l'ancienneté, c'est-à-dire par la date de remise des lettres de créance (Convention de Vienne de 1961).

RAPO (recours administratifs préalables obligatoires)

[Droit administratif]

→ *Recours.*

Rappel à l'ordre

[Droit constitutionnel]

Sanction disciplinaire applicable à un parlementaire dans les conditions prévues par le règlement intérieur de l'assemblée.

Rappel à l'ordre d'un maire

[Droit administratif/Droit pénal]

Mesure au terme de laquelle un maire ou son représentant rappelle verbalement, le cas échéant à la suite d'une convocation en mairie, à un auteur de faits susceptibles de porter atteinte au bon ordre, à la sûreté, à la sécurité ou à la salubrité publiques, les dispositions qui s'imposent à lui pour se conformer à l'ordre et à la tranquillité publics. Lorsqu'il s'agit d'un mineur, le rappel intervient en présence, sauf impossibilité, de ses parents, de ses représentants légaux ou d'une personne exerçant une responsabilité éducative à l'égard du mineur.

CSI, art. L. 132-7.

Rappel à la loi

[Procédure pénale]

Mesure alternative à une poursuite au terme de laquelle le procureur de la République, directement ou par l'intermédiaire d'un officier de police judiciaire, d'un délégué ou d'un médiateur du procureur de la République, s'efforce d'expliquer à l'auteur des faits les obligations découlant de sa responsabilité pénale et civile ainsi que les devoirs qu'implique la vie en société.

C. pr. pén., art. 41-1.

Rapport

[Procédure civile]

1° Exposé par écrit des éléments de fait et de droit du procès que le *juge de la mise en état* présente à l'audience avant les plaidoiries, dans les cas où le président de la chambre a estimé que l'affaire le requérait.

C. pr. civ., art. 440 et 785.

→ *Juge rapporteur.*

2° À la Cour de cassation, présentation des moyens et arguments des parties faite par le conseiller ou le conseiller référendaire désigné par le président de la formation de jugement. Le conseiller rapporteur prépare deux projets d'arrêt, l'un de rejet, l'autre de cassation.

C. pr. civ., art. 1012 et 1017.

3° Document fourni par un *expert* à l'issue de sa mission, par lequel il rend compte de son activité et donne son avis sur les questions techniques qui ont été soumises à son examen.

C. pr. civ., art. 282.

→ *Expertise.*

[Procédure administrative]

Devant les tribunaux administratifs, les cours administratives d'appel, et le Conseil d'État, présentation orale des éléments de fait et de droit du litige par le magistrat chargé de l'instruction, avant les plaidoiries éventuelles. À la différence du *rapporteur public*, qui propose dans ses conclusions la solution de droit à donner au litige, le juge-rapporteur n'a pas à émettre d'opinion, car il fait partie de la formation de jugement.

CJA, art. R. 611-9, R. 611-16 et R. 611-20.

[Droit européen]

→ *Juge rapporteur.*

Rapport à justice

[Procédure civile]

Attitude du plaideur qui s'en remet au jugement du tribunal (et à sa sagesse) pour trancher le point en litige, sans argumenter sa défense. S'en rapporter à justice ne s'analyse ni en un abandon de ses prétentions, ni en un acquiescement à la demande; c'est une sorte de contestation assimilable à une défense au fond.

Rapport des dettes

[Droit civil]

Expression abandonnée par la loi du 23 juin 2006 portant réforme des successions et des libéralités parce que, à l'opposé du rapport des libéralités, le rapport des dettes est une opération de partage concernant la composition des lots.

Lorsque la masse partageable a une créance à l'encontre de l'un des copartageants, ce dernier en est alloti dans le partage à concurrence de ses droits dans la masse; à due concurrence, la dette s'éteint par confusion; au-delà, il doit le paiement sous les conditions et délais qui affectaient l'obligation.

Lorsque c'est le copartageant qui a une créance à faire valoir, il n'est alloti de sa dette que si, balance faite, le compte présente un solde en faveur de la masse indivise.

C. civ., art. 851, 864 s.

GAJC, t. 1, n° 109, 110 et 111.

→ *Rapport des dons et des legs à fin d'égalité.*

Rapport des dons et des legs à fin d'égalité

[Droit civil]

Opération par laquelle l'héritier qui a reçu du *cujus* des biens qui lui ont été donnés ou légués dans les limites de la *quotité disponible*, est astreint à les remettre dans la masse partageable en valeur, afin de rétablir l'égalité entre les copartageants. Mais, comme le disposant a toute liberté pour l'attribution de la quotité disponible, il convient d'interpréter sa volonté que la loi présume de la manière suivante :

- les donations sont censées faites en avancement de part successorale, donc rapportables, sauf si le donateur en avait dispensé le gratifié. Toutefois, certaines donations sont dispensées de plein droit du rapport : les frais ordinaires d'équipement et ceux de noces; les frais de nourriture, d'entretien, d'éducation; les présents d'usage;
- les *legs* sont censés faits hors part successorale et ne sont donc sujets au rapport qu'en présence d'une volonté clairement exprimée.

C. civ., art. 843 s., 852, 856 et 857.

GAJC, t. 1, n° 112, 113 et 114.

→ *Avancement de part successorale, Hors part successorale, Préciput, Rapport des dettes, Rapport des dons et des legs à fin de réduction.*

Rapport des dons et des legs à fin de réduction

[Droit civil]

Mécanisme tendant à faire rentrer dans la masse partageable les biens donnés ou légués au-delà de la quotité disponible, afin d'assurer la reconstitution de la *réserve*.

C. civ., art. 844 et 920 s.

→ *Avancement de part successorale, Hors part successorale, Rapport des dettes,*

Rapport des dons et des legs à fin d'égalité, Réduction des libéralités excessives.

Rapport en moins prenant

[Droit civil]

Rapport exécuté sans restitution en nature du bien rapportable, par simple imputation de son équivalent pécuniaire sur la part du copartageant débiteur du rapport. Le rapport est dû de la valeur du bien donné à l'époque du partage, d'après son état à l'époque de la donation.

C. civ., art. 858, 860.

→ *Rapport des dons et des legs à fin d'égalité.*

Rapport en nature

[Droit civil]

Il y a rapport en nature lorsque le bien donné, objet du rapport, est restitué matériellement à la masse successorale pour y suivre le sort de tous les autres biens (tirage au sort, licitation). Ce mode d'exécution du rapport des libéralités n'est possible qu'en présence d'une stipulation en ce sens dans l'acte de donation, ou sur décision unilatérale du gratifié à condition dans ce cas que le bien donné soit « libre de toute charge ou occupation ».

C. civ., art. 858, 859.

→ *Rapport des dons et des legs à fin d'égalité.*

Rapporter

[Droit général]

1° Revenir en arrière, par exemple : abroger un texte, rétracter une ordonnance, annuler une nomination.

2° Faire le rapport dont on a été chargé.

Rapporteur

[Droit constitutionnel]

Parlementaire chargé de faire, à l'intention d'une assemblée, le compte rendu des travaux et l'exposé des conclusions d'une commission.

• *Rapporteur général :* membre de la commission des finances chargé des rapports sur les lois de finances.

[Procédure administrative/Procédure civile]

→ *Rapport.*

Rapporteur public

[Procédure administrative]

Membre d'une juridiction administrative chargé de présenter, publiquement et en toute indépendance, ses conclusions sur une affaire soumise à la juridiction dont il fait partie. Son intervention n'est plus systématique. Appellation actuelle (depuis 2009) de l'ancien *commissaire du gouvernement.*

Au Tribunal des conflits, il existe quatre rapporteurs publics : deux membres du Conseil d'État élus par l'assemblée générale du Conseil d'État parmi les rapporteurs publics, et deux membres du Parquet général de la Cour de cassation élus par l'assemblée générale des magistrats hors hiérarchie du Parquet général.

CJA, art. L. 7, L. 732-1, L. 779-1 et R. 732-1-1.

GACA n° 61.

Rapports à succession

[Droit civil]

→ *Rapport des dettes, Rapport des dons et des legs à fin d'égalité, Rapport des dons et des legs à fin de réduction.*

Ratification

[Droit civil]

Approbation par l'intéressé – qui s'en approprie les conséquences – de ce qui a été fait ou promis en son nom par un tiers démuni de pouvoir. Dans le mandat, par exemple, les actes accomplis par le mandataire au-delà de ses pouvoirs deviennent opposables au mandat par la ratification.

C. civ., art. 1156 al. 3, 1161* al. 2.*

[Droit international public]

Mode d'engagement d'un État à être lié par un traité. La ratification est consignée dans un instrument de ratification, notifié soit aux autres signataires du traité soit au dépositaire qui se charge d'en informer les parties. En France, la ratification émane du Président de la République.

→ *Accord en forme simplifiée.*

[Droit constitutionnel]

→ *Ordonnance.*

Ratio

[Droit commercial]

Rapport mathématique établi par certains organismes supérieurs du crédit entre les différents postes du bilan d'une banque – que celle-ci ne doit pas dépasser – dans un but de saine gestion des fonds qu'elle possède, pour la sécurité des déposants.

On appelle « ratio de liquidité » le rapport fixé entre les avoirs disponibles de la banque et ses dettes exigibles. On parle également de « ratio de sécurité » ou « de solvabilité ».

Ratio decidendi

[Procédure (principes généraux)]

« Raison de la décision » (juridictionnelle). Expression désignant les *motifs* décisifs qui ont déterminé la décision du juge.

→ *Dispositif du jugement, motifs, Obiter dictum.*

Ratio legis

[Droit général]

Formule latine que l'on peut traduire par « la raison d'être de la loi ». Plus précisément elle désigne la volonté déclarée ou présumée du législateur qui édicte ou modifie une norme. Cette connaissance de la pensée du législateur permet d'interpréter les textes lorsqu'ils sont obscurs ou incomplets.

Rationalisation

[Droit constitutionnel]

→ *Défiance constructive, Parlementarisme.*

Ratione personae, ratione materiae, ratione loci

[Procédure (principes généraux)]

En raison de la personne; en raison de la matière; en raison du lieu.

→ *Compétence, Compétence d'attribution ou ratione materiae, Compétence matérielle ou ratione materiae, Compétence personnelle ou ratione personae, Compétence territoriale ou ratione loci.*

Rattachement

[Droit international privé]

Élément qui permet de désigner l'*ordre juridique* compétent pour régir une question de droit.

Rave party

[Droit pénal]

Rassemblement exclusivement festif à caractère musical, organisé par des particuliers, dans un lieu non aménagé à cette fin et qui, en raison de son importance, du mode d'organisation et des risques susceptibles d'être encourus par les participants, doit faire l'objet d'une déclaration par les organisateurs, auprès du préfet du lieu où doit se tenir le rassemblement. Ce dernier peut imposer certaines obligations aux organisateurs de la fête ou interdire la manifestation s'il estime qu'elle est de nature à troubler l'ordre public.

Le non-respect de la déclaration préalable ou la violation de l'interdiction est une contravention de 5e classe.

CSI, art. L. 211-50.

Rayon des douanes

[Droit financier ou fiscal]

Zone frontalière où s'exerce une surveillance douanière renforcée, s'étendant à la *mer territoriale* (c'est-à-dire jusqu'à 12 milles marins au-delà de la laisse de basse mer) et, en deçà des frontières maritimes et terrestres, sur une profondeur de 20 kilomètres, pouvant être portée à 60.

Le reste du territoire peut faire dans son ensemble l'objet d'investigations du service des douanes.

C. douanes, art. 44.

Réassurance

[Droit commercial]

Contrat par lequel un assureur obtient la prise en charge par un autre assureur – dit réassureur – de tout ou partie des risques qu'il supporte à l'égard de ses assurés. La réassurance ne modifie en rien les contrats d'assurance primitifs.

Rébellion

[Droit pénal]

Fait d'opposer une résistance violente à une personne dépositaire de l'autorité publique ou chargée d'une mission de service public lorsqu'elle agit dans l'exercice de ses fonctions, pour l'exécution des lois, les ordres de l'autorité publique, les décisions ou mandats de justice.

C. pén., art. 433-6.

ACTU

Rebus sic stantibus

[Droit international public]

Étymologiquement : « les choses restant en l'état ».

Clause qui serait sous-entendue dans tout traité, selon laquelle le changement fondamental des circonstances existant lors de la conclusion de ce traité entraînerait sa caducité.

→ *Changement fondamental de circonstances.*

[Droit privé/Droit public]

Clause qu'une doctrine estime sous-entendue dans les contrats à exécution successive, en vertu de laquelle les parties sont engagées sous condition d'une certaine stabilité de la situation économique, faute de quoi le contrat doit être révisé ou annulé.

Cette doctrine a perdu une grande partie de son intérêt depuis que l'ordonnance n° 131 du 10 février 2016, applicable il est vrai aux seuls contrats conclus après le 1er octobre 2016, a généralisé la possibilité de renégocier le contrat en cas de changement de circonstances imprévisible lors de sa conclusion.

C. civ., art. 1195.*

→ *Hardship (Clause de), Imprévision (Théorie de l').*

Recel

[Droit civil]

Fraude consistant à détourner un objet de la communauté existant entre époux, ou un effet de la succession, en vue de se l'approprier et de frustrer les autres ayants droit (conjoint ou cohéritiers) de la part devant leur revenir dans les choses détournées ou dissimulées. Le recel est un délit civil; le receleur ne peut prétendre à aucune part dans les biens ou les droits détournés ou recélés sans préjudice de dommages et intérêts.

Sous la communauté légale, le recel est également constitué par le fait de dissimuler sciemment l'existence d'une dette commune; celui des époux qui s'en rend coupable doit assumer cette dette définitivement. Et en matière successorale, le délit de recel a été étendu à la dissimulation de l'existence d'un cohéritier et à la dissimulation d'une donation rapportable ou réductible.

Encourt, également, les pénalités de recel celui qui sciemment et de mauvaise foi se prévaut d'un acte de notoriété inexact.

C. civ., art. 730-5, 778 et 1477.

GAJC, t. 1, n° 114.

→ *Divertissement.*

[Droit pénal]

Crime ou délit consistant à dissimuler, détenir, transmettre directement ou indirectement une chose en sachant qu'elle provient d'un crime ou d'un délit, à bénéficier en connaissance de cause du produit d'un crime ou d'un délit ou encore à soustraire à la justice des personnes responsables d'infraction ou le cadavre de la victime d'un homicide ou décédée à la suite de violences.

C. pén., art. 321-1 s., 434-6 et 434-7.

→ *Divertissement.*

Récépissé

[Droit commercial]

Écrit par lequel on reconnaît avoir reçu des sommes, des pièces, des marchandises ou d'autres objets en communication ou en dépôt.

C. com., art. L. 522-24 s.

[Procédure civile]

En procédure civile, désigne la preuve de l'accomplissement d'un acte de procédure (récépissé d'une déclaration d'appel). Assez souvent, la signature apposée par le destinataire sur le bordereau de communication vaut récépissé.

C. pr. civ., art. 815, 934 et 961.

Récépissé-warrant

[Droit commercial]

Titre constatant le dépôt des marchandises consécutif à un *warrant*.

La transmission par *endossement* du récépissé-warrant transfère la propriété de la marchandise.

Si le warrant est endossé seul, il y a création d'un *effet de commerce* avec constitution d'un gage sur les marchandises.

C. com., art. L. 522-28 s.

Réceptice

[Droit civil]

Qualifie l'acte unilatéral qui n'a d'existence juridique que par la notification qui en est faite à son destinataire; ainsi du congé donné par le bailleur, de la mise en demeure du débiteur, du licenciement du salarié.

Réception

[Droit civil]

Acte unilatéral par lequel le maître d'ouvrage approuve, dans le cadre d'un contrat d'entreprise, les travaux effectués par l'*entrepreneur*, avec ou sans réserves. La réception sert de point de départ au délai d'un an relatif à la garantie de parfaitement achèvement, au délai de deux ans de la garantie de bon fonctionnement des éléments d'équipement autres que ceux qui sont parties d'ouvrages et au délai de dix ans de la garantie du constructeur d'ouvrage.

La réception sert aussi à déterminer la date et le lieu de formation du contrat. Le contrat est conclu dès que l'acceptation de l'offre parvient à l'offrant. Il est réputé l'être au lieu où l'acception est parvenue.

C. civ., art. 1121, 1792, 1792-3, 1792-6.*

Recevabilité

[Procédure (principes généraux)]

Caractère d'une demande en justice rendant possible son examen au fond par la juridiction saisie, parce que les conditions de l'action sont remplies et qu'il n'existe aucune fin de non-recevoir.

C. pr. civ., art. 30, 122 s.

→ *Autorité de chose jugée, Bien-fondé, Fond, Intérêt à agir, Irrecevabilité, Qualité pour agir.*

Receveur des finances

[Droit financier ou fiscal]

Comptable supérieur du Trésor, placé sous l'autorité du trésorier-payeur général, en fonctions au chef-lieu des arrondissements autres que celui du chef-lieu du département. A disparu en 2012 dans le cadre de la réforme engagée en 2008 et précisée par un décret du 20 février 2009.

→ *Administrateur (général) des finances publiques.*

Recherche biomédicale

[Droit civil]

Nom autrefois donné aux essais et expérimentations pratiqués sur l'être humain en vue du développement des connaissances biologiques ou médicales. On parle aujourd'hui de *recherches impliquant la personne humaine*.

Recherche de maternité

[Droit civil]

Action tendant à établir la filiation maternelle d'un enfant en l'absence de titre et de possession d'état, que l'enfant soit ou non issu d'un couple marié. Depuis une loi du 16 janvier 2009, cette recherche est admise même lorsque la mère, lors de l'accouchement a demandé que le secret de son admission et de son identité soit préservé (*accouchement secret ou sous X*). La preuve judiciaire de la maternité n'est plus subordonnée à l'exigence de présomptions ou indices graves.

C. civ., art. 325 et 326.

→ *Action d'état, Filiation naturelle.*

Recherche de paternité

[Droit civil]

Action tendant à établir la filiation paternelle d'un enfant né hors mariage. Cette action est réservée à l'enfant; elle est exercée, durant la minorité, par le parent à l'égard duquel la filiation est établie. La preuve de la paternité peut être rapportée par tous moyens, sans le préalable de présomptions ou d'indices rendant vraisemblable la prétention du demandeur.

C. civ., art. 327 et 328.

→ *Action d'état, Filiation naturelle.*

Recherches impliquant la personne humaine

[Droit civil]

Termes substitués à ceux de *recherche biomédicale* par la loi n° 2012-300 du 5 mars 2012, en vue de correspondre à un domaine nouveau plus étendu. Alors que les recherches biomédicales sont relatives à des médicaments dont le caractère invasif implique une atteinte au corps humain, les recherches impliquant la personne humaine sont plus variées et consistent :

- soit en recherches interventionnelles qui comportent une intervention sur la personne non justifiée par sa prise en charge habituelle;

- soit en recherches interventionnelles qui ne portent pas sur des médicaments et ne comportent que des risques et des contraintes minimes, dont la liste est fixée par arrêté du ministre chargé de la santé, après avis du directeur général de l'*Agence nationale de sécurité du médicament et des produits de santé (ANSM)*;

- soit en recherches non interventionnelles dans lesquelles tous les actes sont pratiqués et les produits utilisés de manière habituelle, sans procédure supplémentaire ou inhabituelle de diagnostic, de traitement ou de surveillance.

CSP, art. L. 1121-1 s.

→ *Accueil d'embryon, Assistance médicale à la procréation, Conception in vitro, Don de gamètes, Embryon humain, Embryons surnuméraires, Gestation pour autrui, Insémination artificielle, Transfert d'embryon.*

Rechute

[Sécurité sociale]

Troubles nés d'une aggravation, même temporaire, des séquelles de l'accident initial et non ceux qui ne constituent qu'une manifestation de ces séquelles. Ces troubles sont pris en charge par la législation sur les accidents du travail et non par l'assurance-maladie.

CSS, art. L. 443-1.

Récidive

[Droit pénal]

Cause d'aggravation de la peine résultant pour un délinquant de la commission d'une seconde infraction dans les conditions précisées par la loi, après avoir été condamné définitivement pour une première infraction. La récidive est dite générale ou spéciale selon qu'elle existe pour 2 infractions différentes ou seulement pour 2 infractions semblables; elle est dite perpétuelle ou temporaire selon qu'elle existe quel que soit le délai qui sépare les 2 infractions, ou seulement si la seconde infraction est commise dans un certain délai qui court à compter de l'expiration de la première peine.

C. pén., art. 132-8 s.

Réciprocité

[Droit international privé]

Condition à laquelle peut être soumise la reconnaissance conventionnelle de certains droits au profit des étrangers en France, ces droits ne leur étant accordés que si les mêmes droits sont aussi accordés aux Français dans l'État étranger.

C. civ., art. 11.

[Droit international public]

1° Condition générale de la réalisation des obligations internationales, elle traduit le fait que la plupart des traités établissent des droits et obligations d'application réciproque qui ne doivent être respectés et exécutés par une partie qu'autant qu'ils le sont par les autres parties.

→ *Exceptio non adimpleti contractus, Obligation intégrale.*

2° Condition d'application des traités et accords en droit français posée à l'article 55 de la Constitution.

Reclassement

[Droit du travail]

→ *Obligation de reclassement.*

Réclusion criminelle

[Droit pénal]

Peine criminelle de droit commun, perpétuelle ou temporaire de 30, 20, 15 ans au plus, dont l'objet est la privation de liberté du condamné.

C. pén., art. 131-1.

Recognitif

[Droit civil]

→ *Acte recognitif.*

Récolement

[Procédure civile]

Dans le cas de vente forcée des meubles corporels objets d'une *saisie-vente,* le récolement est l'opération destinée à vérifier que la liste des meubles qui vont être vendus est conforme à celle qui a été dressée au moment de la saisie. Le mot récolement a été remplacé par celui de vérification. Le même mot se retrouve dans le cas de conversion d'une saisie conservatoire en saisie-vente.

C. pr. exéc., art. R. 221-12, 221-36.

→ *Collationnement.*

Recommandation

[Droit international public]

Résolution d'un organe international, dépourvue de force obligatoire pour les États membres.

[Procédure civile]

Suggestion adressée aux parties par le conciliateur ou le médiateur en vue de favoriser le rapprochement de leur point de vue et d'obtenir une solution amiable à leur conflit.

Préconisation adressée au ministre de la Justice et des libertés par l'Autorité de la concurrence tendant à la création de nouveaux offices publics ou ministériels.

C. com., art. L. 462-4-1, L. 462-4-2.

Récompense

[Droit civil]

Indemnité due, lors de la liquidation de la communauté entre époux, par un époux à cette communauté, lorsque, au détriment de celle-ci, son patrimoine personnel s'est enrichi ; inversement, la récompense est due par la communauté à un époux, lorsque les biens propres de celui-ci ont servi à augmenter la masse commune.

C. civ., art. 1412, 1433, 1468.

GAJC, t. 1, n° 96, 97 et 98.

→ *Moins prenant (En).*

Réconciliation

[Droit civil]

Fait pour des époux engagés dans une procédure de divorce ou de séparation de corps de reprendre la vie commune avec l'intention de se pardonner les griefs invoqués. La réconciliation constitue une *fin de non-recevoir* à l'action en divorce pour faute et met fin à la séparation de corps prononcée en justice.

Le maintien ou la reprise temporaire de la cohabitation qui ne résulte que de la nécessité ou d'un effort de conciliation ou des besoins de l'éducation des enfants, ne sont pas considérés comme une réconciliation.

C. civ., art. 244 et 305.

Reconduction

[Droit privé]

→ *Tacite reconduction.*

Reconduite à la frontière

[Droit administratif/Droit pénal]

Mesure prise par arrêté préfectoral à l'égard d'un étranger qui est la conséquence d'une obligation de quitter le territoire. Elle résulte, soit d'une décision de l'autorité administrative contre un étranger qui s'est vu refuser un titre de séjour, soit de plein droit du prononcé de la peine d'interdiction du territoire.

CESEDA, art. L. 513-1 ; C. pén., art. 131-30, al. 2.

→ *Refoulement, Rétention (Droit de).*

Reconnaissance

[Droit international public]

Acte unilatéral et discrétionnaire par lequel un État prend position sur une situation ou un fait qui s'est produit en dehors de lui et dont il est disposé à tenir compte.

1° *Reconnaissance de belligérance* : reconnaissance d'un gouvernement insurgé tenant une partie du territoire national, ce qui a pour effet de transformer la lutte interne en lutte internationale avec notamment application des lois de la guerre dans les rapports entre le gouvernement légal et celui des insurgés, et soumission des États tiers aux obligations de la neutralité.

2° *Reconnaissance de facto* : reconnaissance comportant une nuance de prudence et de réticence, et marquant la volonté de l'État qui y procède de ne pas s'engager complètement (espèce de stage précédant la reconnaissance *de jure*. La différence étant diplomatique, non juridique).

3° *Reconnaissance de gouvernement :* reconnaissance à laquelle procèdent les États tiers en cas de changement révolutionnaire de gouvernement dans un État (coup d'État, révolution…).

4° *Reconnaissance de jure :* reconnaissance normale, c'est-à-dire définitive et plénière.

5° *Reconnaissance de nation :* reconnaissance appliquée par les Alliés, pendant la Première Guerre mondiale, aux comités nationaux polonais et tchécoslovaque formés en France pour lutter contre l'Allemagne (il s'agissait de favoriser la création des États polonais et tchécoslovaque).

6° *Reconnaissance d'État :* acte par lequel un État prend acte de l'existence d'un nouvel État et accepte de se voir opposer les conséquences qui en résultent en droit international. Principal effet : l'établissement de relations diplomatiques.

[Droit européen/Procédure civile]

Dans le cadre de l'Union européenne, intégration quasi directe d'un jugement étranger à l'ordre juridique de l'État requis. La décision rendue dans un État membre a, *de plano*, les mêmes effets dans tous les autres États membres : création d'une situation de fait, rôle probatoire, constitution d'un titre et, surtout, autorité de la chose jugée s'opposant à une nouvelle instance au fond au sujet du même litige devant les juges d'un autre État membre.

→ *Exequatur, Reconnaissance transfrontalière.*

Reconnaissance d'écriture

[Procédure civile]

→ *Vérification d'écriture.*

Reconnaissance d'enfant

[Droit civil]

Déclaration personnelle, faite librement et en connaissance de cause, auprès d'un officier d'état civil, d'un notaire ou lors d'une procédure judiciaire, par laquelle une personne manifeste sa volonté d'établir un lien de filiation avec un enfant en affirmant en être le père ou la mère.

Cette déclaration unilatérale ne vaut établissement de la filiation qu'à l'égard de son auteur ; elle peut être faite avant ou après la naissance. C'est un mode non contentieux d'établissement de la filiation, comme l'*acte de naissance* (à l'égard duquel elle joue un rôle subsidiaire).

C. civ., art. 62, 310-1, 310-3, 316, 392.

Reconnaissance d'identité

[Procédure pénale]

Procédure permettant de trancher une contestation sur l'identité d'un détenu notamment après une évasion suivie d'une reprise.

C. pr. pén., art. 748.

Reconnaissance de dette

[Droit privé]

Acte par lequel une personne reconnaît unilatéralement devoir une certaine somme ou un bien fongible à une autre personne ; sa validité est subordonnée à la mention, écrite par lui-même, de la somme ou de la quantité en toutes lettres et en chiffres.

C. civ., art. 1376.*

→ *Bon pour.*

ACTU

Reconnaissance mutuelle des jugements en matière pénale

[Procédure pénale]

Procédure concernant l'exécution des peines ou mesures de sûretés privatives de liberté conduisant à la reconnaissance et à l'exécution dans un État membre de l'Union européenne des condamnations pénales définitives prononcées par les juridictions françaises ainsi qu'à la reconnaissance et l'exécution en France de telles condamnations, prononcées par les juridictions d'un autre État membre. L'État qui a prononcé la sanction est dit État de condamnation. Celui à qui est demandée l'exécution sur son territoire est dit État d'exécution.

Ce système d'entraide répressive européenne a pour objet de ne pas entraver la réinsertion de personne poursuivies ou condamnées dans un pays qui n'est pas celui de leur résidence.

Ce principe de reconnaissance mutuelle a été étendu d'une part, aux décisions relatives à des mesures de contrôle judiciaire prises comme alternative à une détention provisoire pour des personnes ne résidant pas dans l'État qui prend la décision et, d'autre part, aux jugements et décisions de probation, aux fins de la surveillance des mesures de probation et des peines de substitution.

C. pr. pén., art. 728-10 à 728-76.

Reconnaissance transfrontalière

[Procédure civile/Droit international privé]

L'expression vise la reconnaissance et l'exécution des jugements dans l'Union européenne.

Les requêtes aux fins de certification des titres exécutoires *français* en vue de leur reconnaissance et de leur exécution *à l'étranger* sont présentées, en fonction du droit applicable, au juge ou au greffier en chef de la juridiction qui a rendu la décision ou homologué la convention.

Les requêtes aux fins de reconnaissance ou de constatation de la force exécutoire, *sur le territoire de la République*, des titres exécutoires *étrangers* sont présentées, en fonction du droit applicable, au président ou au greffier en chef du TGI.

La reconnaissance mutuelle des mesures de protection en matière civile sont faites devant le président du tribunal de grande instance ou son délégué statuant en la forme des référés.

C. pr. civ., art. 509 s.

→ *Déclaration de force exécutoire, Exequatur, Jugement étranger.*

Reconstitution de carrière

[Sécurité sociale]

Validation des périodes durant lesquelles le participant a exercé des fonctions relevant d'un régime et qui aurait dû cotiser si le régime avait existé à l'époque.

Recours

[Droit administratif]

1° *Recours administratifs :* par opposition aux recours juridictionnels portés devant des tribunaux, recours portés devant l'Administration elle-même en vue de faire annuler l'un de ses actes prétendu illégal ou de demander une réparation pécuniaire. Ils se divisent en recours gracieux, adressés à l'autorité même dont émane la mesure critiquée, et en recours hiérarchiques, portés devant un supérieur de cette autorité. Dans certaines matières, ils sont obligatoires avant un recours juridictionnel (recours administratifs préalables obligatoires, dits « RAPO »).

GACA n° 42.

2° *Recours pour excès de pouvoir :* recours juridictionnel dirigé, en vue de les faire annuler pour cause d'illégalité, contre des actes unilatéraux émanant soit d'une autorité administrative, soit d'un organisme privé agissant dans le cadre d'une mission de service public. On distingue traditionnellement 4 « cas d'ouverture » de ce recours : l'incompétence de l'auteur de l'acte, le vice de forme affectant des formalités substantielles, le détournement de pouvoir, la « violation de la loi » comprise comme une illégalité relative aux motifs ou à l'objet même de l'acte.

3° *Recours de pleine juridiction :* recours juridictionnel par lequel un requérant peut demander au juge, en invoquant tous moyens pertinents, de constater l'existence à son profit d'une créance contre l'État ou une autre collectivité publique, et (ou) d'annuler ou de réformer un acte administratif n'entrant pas dans le champ d'application du recours pour excès de pouvoir (ex. : contentieux fiscal, contentieux des contrats administratifs ou de la responsabilité des personnes publiques).

GAJA n° 22; GACA n° 6.

[Procédure civile]

Terme générique désignant le droit de critique ouvert contre un acte juridictionnel. L'expression englobe les *voies de recours* au sens strict, explicitement nommées et régies par le Code de procédure civile dans un titre distinct, mais également d'autres modes de contestation, tels l'*appel-nullité* autonome, ou encore la demande de *rétractation*, en référé, d'une ordonnance sur requête, qui n'est pas une voie de recours au sens strict.

C. pr. civ., art. 17, 496, 527 s., 1412, 1425.

→ *Plein contentieux (Recours de), Pleine juridiction.*

[Droit européen]

Devant la Cour de justice de l'Union européenne, sont appelés recours directs ceux qui sont dirigés contre un État membre ou une institution européenne (recours en constatation du manquement; recours en annulation, en carence, en responsabilité), par opposition aux renvois préjudiciels, dénués de caractère contentieux, à l'initiative des juridictions nationales.

→ *Manquement (Recours en)*

Recours abusif

[Droit administratif]

Lorsqu'il estime un recours abusif ou dilatoire, le juge administratif peut infliger une amende au requérant.

CJA, art. R. 741-12.

GACA n° 59.

Recours en annulation

[Droit européen]

Recours, inspiré du recours pour *excès de pouvoir* français, permettant de contester devant la Cour de justice de l'Union européenne la légalité d'un acte juridique adopté par une institution de l'Union. Il doit être exercé dans le délai de 2 mois; les requérants ordinaires ne peuvent contester que les actes dont ils sont les destinataires, ou les actes adressés à d'autres personnes qui les concernent directement et individuellement, ou les actes réglementaires qui les concernent directement et ne comportent pas de mesures d'exécution elles-mêmes attaquables; les requérants privilégiés (États membres et institutions européennes) bénéficient d'un droit d'agir plus large. Les motifs d'annulation sont l'incompétence, la violation des formes substantielles, la violation d'une règle de rang supérieur et le détournement de pouvoir.

Art. 263 TFUE.

Recours en appréciation de légalité

[Droit administratif]

Recours ouvert sans condition de délai devant les juridictions administratives en vue de faire constater l'éventuelle illégalité d'un texte administratif. La juridiction saisie ne pourra pas l'annuler, mais seulement en constater l'invalidité ce qui d'ailleurs en empêchera l'application.

Il ne s'agit pas d'un recours autonome, mais de la conséquence de la mise en cause par un plaideur de la légalité d'un texte administratif devant un juge judiciaire qui, incompétent pour l'apprécier, a renvoyé le plaideur à saisir le juge administratif.

GACA n° 8; GAJA n° 113.

[Procédure civile/Procédure pénale]

→ *Pourvoi en cassation.*

Recours en interprétation

[Droit administratif]

Recours – d'usage assez peu fréquent – permettant de saisir la juridiction administrative pour qu'elle interprète un acte administratif dont certaines dispositions sont obscures. Pour être recevable, il suppose l'existence d'un litige « né et actuel » impliquant cet acte, et la compétence du juge administratif pour connaître du fond de ce litige.

Un recours en interprétation d'une décision juridictionnelle peut également être formé devant la juridiction qui l'a rendue.

GACA n° 23.

[Procédure civile]

→ *Interprétation d'un jugement, Question préjudicielle.*

Recours en révision

[Droit administratif]

Un recours en révision est ouvert contre les arrêts du Conseil d'État, de la Cour des comptes, de la Cour de discipline budgétaire et financière, et contre les jugements des chambres régionales des comptes.

CJA, art. R. 834-1; CJF, art. R. 143-1, L. 315-3 et L. 245-2.

GACA n° 21.

[Procédure civile]

Voie de recours extraordinaire et de rétractation par laquelle on revient devant les juges qui ont déjà statué en les priant de modifier leur décision que l'on prétend avoir été rendue par erreur.

Ce recours n'est possible que dans 4 cas (fraude de la partie gagnante, rétention de pièces décisives, jugement sur pièces reconnues ou judiciairement déclarées fausses, attestations, témoignages, serments mensongers), et suppose que la décision attaquée soit passée en *force de chose jugée*. Sur un recours en révision, le juge est saisi du fait et du droit.

C. pr. civ., art. 593 s., 1502.

→ *Dessaisissement du juge, In judicando.*

ACTU

Recours en révision et en réexamen

[Procédure pénale]

Voie de recours extraordinaire, permettant de passer outre au caractère définitif d'une décision de condamnation, pour corriger une éventuelle erreur de fait ou de droit pouvant la fonder. Le recours en révision est ouvert à toute personne condamnée définitivement pour crime ou délit lorsque vient à se produire un fait nouveau ou à se révéler un élément inconnu de la juridiction au jour du procès, susceptible d'établir l'innocence du condamné ou à faire naître un doute sur sa culpabilité.

Le recours en réexamen est ouvert à toute personne ayant fait l'objet d'une condamnation pénale définitive, lorsqu'il résulte d'un arrêt, rendu par la Cour EDH, que la décision a été prononcée en violation de la Convention européenne des droits de l'Homme et des libertés fondamentales et de ses protocoles additionnels. Encore faut-il que, par sa nature et sa gravité, la condamnation ait entraîné des conséquences dommageables auxquelles la satisfaction équitable accordée sur le fondement de l'article 41 de la Convention ne pourrait mettre un terme.

Les recours sont exercés, devant la *Cour de révision et de réexamen*.

C. pr. pén., art. 622 s.

Recours internes (Épuisement des)

[Droit international public/Droit européen]

1° Règle selon laquelle un État ne peut exercer sa protection diplomatique que si le national dont il endosse la réclamation a épuisé toutes les voies de recours utiles existant dans l'État contre lequel est dirigée la réclamation.

2° Condition de recevabilité des requêtes individuelles devant les juridictions régionales de garantie des droits de l'homme (Cour EDH, *Cour interaméricaine des droits de l'homme*), ainsi que devant les comités onusiens constitués dans le domaine des droits de l'homme (Comité des droits de l'homme, Comité contre la torture, etc.).

Recours parallèle (Exception de)

[Droit administratif]

Fin de non-recevoir, aujourd'hui de portée limitée, opposable au recours pour excès de pouvoir quand le requérant dispose d'un autre recours juridictionnel, aboutissant à une décision d'effet équivalent à celui du recours pour excès de pouvoir.

GACA n° 6.

Recours subrogatoire

[Droit civil/Procédure civile]

Action fondée sur la *subrogation* personnelle par laquelle un tiers qui a payé la dette d'autrui exerce à son profit les droits du créancier qu'il a désintéressé.

C. civ., art. 1346-1, 2306; C. assur., art. L. 121-12, L. 131-2, L. 211-25, L. 421-3; CSS, art. L. 376-1.*

→ *Action récursoire.*

Recouvrement amiable des créances

[Procédure civile]

Opération extrajudiciaire tendant au paiement d'une dette d'argent que réclame un tiers pour le compte du créancier.

Cette activité de recouvrement, qu'elle soit exercée d'une manière habituelle ou occasionnelle, suppose de la part de la personne qui en est chargée la justification auprès du procureur de la République de diverses conditions et la conclusion préalable d'une convention écrite avec le créancier lui conférant pouvoir de recevoir pour son compte.

C. pr. exéc., art. L. 124-1, R. 124-1 à R. 124-7.

→ *Gestion de dettes.*

Recouvrement de l'impôt

[Droit financier ou fiscal]

Synonyme de perception de l'impôt; le terme englobe aussi bien le versement amiable par le débiteur que la perception forcée par l'usage des *voies d'exécution* dont dispose l'Administration fiscale (le verbe est : recouvrer).

→ *Poursuites (Actes de).*

Recouvrement des pensions alimentaires

[Droit civil/Procédure civile]

Le recouvrement des pensions alimentaires se heurte trop souvent à des obstacles difficiles à franchir (refus de paiement, changement de domicile du débiteur). Aussi, des procédures spéciales ont-elles été instituées : paiement direct (C. pr. exéc., art. L. 213-1 s.), recouvrement public par les agents du Trésor (C. pr. exéc., art. L. 161-3, R. 161-1), interventions des Caisses d'allocations familiales.

La procédure de paiement direct et celle de recouvrement public régissent aussi la contribution aux *charges* du mariage, la rente viagère due au titre de la *prestation compensatoire* et les subsides réclamés par l'enfant.

CSS, art. L. 581-1 s. et R. 581-1 s.

→ *Aliments, Pension alimentaire.*

ACTU

Recouvrement simplifié des petites créances

[Droit civil/Procédure civile]

La loi n° 2015-990 du 6 août 2015 pour la croissance, l'activité et l'égalité des chances économiques introduit une procédure déjudiciarisée de recouvrement des créances « ayant une cause contractuelle ou résultant d'une obligation de caractère statutaire » et n'excédant pas 4 000 €. La procédure, réglementée par le décret n° 285 du 9 mars 2016, est initiée par l'huissier de justice – saisi par le créancier – qui invite le débiteur à participer à cette procédure et qui, en cas d'accord du débiteur et du créancier sur le montant et les modalités de paiement, délivre sans autre formalité un titre exécutoire.

La procédure simplifiée prend fin lorsque l'huissier constate par écrit soit le refus du débiteur d'y participer, soit son rejet exprès de l'accord proposé, soit l'expiration du délai d'un mois à compter de la lettre d'invitation de l'huissier sans qu'un accord soit établi.

C. pr. exéc., art. L. 125-1, R. 125-1 à R. 125-7.

ACTU

Recteur

[Droit administratif]

Haut fonctionnaire nommé en Conseil des ministres, par décret du président de la République, à la tête d'une *académie*, le recteur représente dans celle-ci le ministre en charge de l'Éducation nationale; à ce titre, il est responsable du bon fonctionnement de l'ensemble des services académiques, pour tous les degrés d'enseignement et est révocable *ad nutum*. En tant que chancelier des universités de sa circonscription, lesquelles s'administrent librement par leurs organes élus, le recteur dispose à leur égard d'un pouvoir de contrôle de la légalité de leurs actes.

Depuis la création des 17 régions académiques par le décret n° 2015-1616 du 10 décembre 2015, ont été nommés des recteurs de région académique, étant précisé que les recteurs d'académie conservent la responsabilité de l'organisation des services de l'Éducation nationale dans leur académie. Le recteur de région académique est chargé de présider le comité régional académique (instance d'harmonisation des politiques de l'éducation dans la région) lorsqu'une région comporte plusieurs académies. Il est également l'interlocuteur du conseil régional et du préfet de région.

C. éduc., art. R. 222-13, R 222-3, R 222-3-1.

Rectification d'erreur matérielle

[Procédure civile]

→ *Omission matérielle.*

[Procédure pénale]

Principe selon lequel, nonobstant son dessaisissement, une juridiction pénale qui a rendu une décision au fond, peut procéder à la rectification d'une erreur purement matérielle, c'est-à-dire celle qui ne modifie pas la substance de la décision et qui paraît résulter d'une simple faute d'écriture (nom, date par ex.). Longtemps très restrictive la chambre criminelle accepte aujourd'hui de rectifier une erreur qui résulte d'une discordance entre les motifs et le dispositif d'un arrêt (décision de remise en liberté alors que toute la motivation conduisait à la détention provisoire). La juridiction, saisie par le ministère public ou une partie intéressée, siège à juge unique.

C. pr. pén., art. 710.

Rectification de jugement

[Procédure civile]

→ *Extra petita, Infra petita, Omission de statuer, Omission matérielle, Ultra petita.*

Reçu

[Droit civil]

Écrit sous signature privée par lequel une personne reconnaît qu'une somme d'argent ou une chose déterminée lui a été remise à titre de paiement, de dépôt ou pour toute autre cause. En matière de baux, la loi désigne du terme « reçu » le constat d'un paiement partiel par le locataire.

→ *Quittance.*

Reçu pour solde de tout compte

[Droit du travail]

À l'occasion de la résiliation ou de la cessation du contrat de travail, reçu signé par le salarié au moment du règlement du salaire. La loi n° 2008-596 du 25 juin 2008 a renoué avec la valeur libératoire, à l'égard de l'employeur, du reçu pour solde de tout compte, pour les sommes qui y figurent (passé le délai de 6 mois qui suit sa signature s'il n'a pas été dénoncé).

C. trav., art. L. 1234-20.

Reculement

[Droit administratif]

Servitude créée à la charge des terrains bâtis ou clos du fait de l'*alignement*, lorsque celui-ci se traduit par un élargissement de la voie publique, servitude qui interdit de procéder sur ces immeubles à des travaux pouvant en prolonger la durée.

Cette servitude a été créée dans l'intérêt financier des collectivités publiques, qui n'auront ainsi à payer que la valeur du terrain nu lors de l'entrée effective dans leur domaine public de la portion d'immeuble frappée de reculement.

C. voirie rout., art. L. 112-5 et L. 112-6.

Récupération

[Droit du travail]

Possibilité pour l'employeur, dans un nombre limité d'hypothèses légales d'arrêt collectif de travail, d'exiger des salariés de travailler, au cours des semaines suivantes, dans la limite des heures légales qui ont été perdues du fait de l'interruption momentanée d'activité. Les heures de récupération sont rémunérées au taux des heures normales.

C. trav., art. L. 3122-27 et R. 3122-4 s.

Récusation

[Procédure (principes généraux)]

Procédure par laquelle le plaideur demande que tel magistrat s'abstienne de siéger, parce qu'il a des raisons de suspecter sa partialité à son égard, pour des causes déterminées par la loi : parenté ou alliance, lien de subordination, amitié ou inimitié notoire… La récusation contre plusieurs juges peut entraîner le *renvoi* de l'affaire devant une autre juridiction.

On peut récuser également un *arbitre* et un *expert.*

C. pr. civ., art. 234, 235, 341 s., 1027; COJ, art. L. 111-6 s.; C. trav., art. R. 1457-1; C. pr. pén., art. 668 s.; CJA, art. R. 721-2.

→ *Abstention, Déport, Impartialité.*

[Procédure pénale]
Droit appartenant au ministère public et à l'accusé de refuser à un juré le droit de siéger en cours d'assises.
Exercé lors de l'opération de tirage au sort, ce droit ne peut excéder un nombre maximum de jurés fixé par la loi.

C. pr. pén., art. 297 s.

Reddition de compte

[Droit privé]
Procédure consistant pour celui qui a géré les intérêts d'autrui (le rendant), à présenter à celui auquel il est dû (l'oyant), l'état détaillé de ce qu'il a reçu ou dépensé, dans le but d'arriver à la fixation du reliquat (le débet).

C. civ., art. 486, 487, 510 s., 800, 810-7 s., 812-7, 1033, 1993 et 2022.

→ *Arrêté de compte, Oyant compte, Rendant compte.*

Redevance

[Droit commercial]
→ *Contrat de licence.*

Rédhibitoire

[Droit civil]
→ *Action rédhibitoire, Vice rédhibitoire.*

Redressement judiciaire

[Droit commercial/Droit civil]
1° *Droit commercial.* Procédure judiciaire visant à réorganiser la situation juridique, financière et sociale de toute personne morale de droit privé ou de toute personne physique exerçant une activité professionnelle indépendante (commerçant, artisan, agriculteur ou profession libérale) se trouvant dans l'impossibilité de faire face au passif exigible avec son actif disponible.
Cette procédure doit permettre la poursuite de l'activité de l'entreprise, le maintien de l'emploi et l'apurement du passif.
Le redressement judiciaire peut donner lieu soit à un plan de redressement, soit à un plan de cession.
En l'absence de telles solutions, le tribunal prononce la *liquidation judiciaire*.

C. com., art. L. 631-1 s.

2° *Droit civil.* Une procédure collective de redressement judiciaire civil des difficultés financières des personnes physiques se trouvant en état de surendettement avait été instituée par la loi Neiertz du 31 décembre 1989 et confiée au tribunal d'instance. Sous cette dénomination, cette procédure a disparu et il lui a été substitué, d'une part, un plan conventionnel de redressement qui est élaboré par la *commission départementale de surendettement des particuliers* et qui a pour objet d'apurer le passif du débiteur surendetté et, d'autre part, une procédure de *rétablissement personnel* devant cette même commission et le juge du tribunal d'instance (autrefois le juge de l'exécution).

C. consom., art. L. 742-1 s.

→ *Plan conventionnel de redressement.*

Réduction d'hypothèque

[Droit civil]
Correctif apporté à la faculté pour le bénéficiaire d'une hypothèque légale ou judiciaire d'inscrire son droit sur tous les immeubles appartenant à son débiteur. Une diminution de l'assiette de la garantie peut être demandée par le débiteur lorsque les inscriptions sont excessives. Sont réputées excessives les inscriptions qui grèvent plusieurs immeubles lorsque la valeur d'un seul ou de quelques-uns d'entre eux excède une somme égale au double du montant des créances en capital et accessoires légaux, augmenté du tiers de ce montant.

C. civ., art. 2444 et 2445.

→ *Cantonnement, Principe de proportionnalité.*

Réduction de peine

[Droit pénal]

Mesure conduisant à raccourcir la durée de la peine privative de liberté temporaire prononcée contre un condamné.

On distingue trois catégories de réductions. Tout d'abord les réductions automatiques, accordées à tout condamné sous la forme d'un crédit attribué en fonction de la durée de la peine : trois mois pour la première année, deux mois pour les années suivantes et sept jours par mois pour les durées inférieures à un an. Ces réductions peuvent être retirées par le JAP en cas de mauvaise conduite du détenu ou, dans certains cas, lorsque ce dernier refuse le traitement ou les soins qui lui sont proposés. Le retrait peut être également décidé par une juridiction de jugement en cas de condamnation à un emprisonnement pour crime ou délit pendant la période correspondant à la durée des réductions de peine obtenues. Ensuite une réduction complémentaire peut être accordée par le JAP aux condamnés qui manifestent des efforts sérieux de réadaptation, matérialisés par des éléments précisément énumérés par le législateur (réussite à un examen par ex.). Elles ne peuvent excéder trois mois par an et quatre jours par mois de détention. Enfin une réduction exceptionnelle, pouvant aller jusqu'au tiers de la peine, peut être accordée aux détenus dont les déclarations permettent d'éviter ou de faire cesser certaines infractions relevant de la criminalité organisée.

C. pr. pén., art. 721, 721-1,721-2 et 721-3.

Réduction des libéralités excessives

[Droit civil]

Action par laquelle un héritier réservataire fait rentrer dans la masse successorale un bien dont le défunt avait disposé par libéralité, alors qu'il dépassait la *quotité disponible*.

Les *legs* sont réduits avant les donations et le sont en principe au *marc le franc* proportionnellement à leur valeur. Quant aux donations, elles sont réduites dans l'ordre inverse où elles ont été consenties en commençant par la dernière et ainsi de suite en remontant des dernières aux plus anciennes.

La réduction se fait toujours en valeur, le gratifié devant indemniser les héritiers réservataires à concurrence du dépassement de la quotité disponible, quel qu'en soit le montant.

C. civ., art. 918 s.

→ *Pacte de famille, Rapport des dons et des legs à fin de réduction, Renonciation à l'action en réduction, Réserve.*

ACTU

Réduction du prix

[Droit civil]

Sanction intermédiaire entre l'exception d'inexécution et la résolution, admise par le Code civil dans des hypothèses spéciales (action estimatoire pour vices cachés, contenance erronée de plus d'un vingtième dans la vente immobilière), généralisée par la loi n° 2016-131 du 10 février 2016. Le créancier, après avoir mis en demeure le débiteur d'avoir à satisfaire complètement à son obligation, peut accepter une exécution imparfaite du contrat en sollicitant une réduction proportionnelle du prix. S'il n'a pas encore payé, le créancier notifie dans les meilleurs délais sa décision de diminuer le prix. S'il a déjà payé, il demandera le remboursement du prix à due concurrence.

C. civ., art. 1223, 1617, 1619, 1644.*

Réduction en esclavage

[Droit pénal]

Crime résidant dans l'action de réification d'une personne, autrement dit, dans le fait de la traiter comme un objet en exerçant, à son encontre, l'un des attributs du droit de propriété.

Au-delà du fait, sanctionné en lui-même, est également un crime passible des mêmes peines, l'exploitation d'une personne dont la réduction en esclavage est apparente ou connue de l'auteur, en commettant à son encontre une agression sexuelle ou une séquestration ou en la soumettant à un travail forcé ou un service forcé. Il existe de nombreuses circonstances aggravantes de ces deux infractions tenant à la qualité de la victime (mineur, personne vulnérable), à la qualité de l'auteur (ascendant, personne ayant autorité sur la victime ou personne appelée à participer, par sa fonction ou sa mission, à la lutte contre l'esclavage ou au maintien de l'ordre public) ou aux circonstances accompagnant l'infraction (actes de tortures ou de barbarie).

C. pén., art. 224 A-B-C.

Réduction en servitude

[Droit pénal]

Au sens général, toute action conduisant à ce qu'une personne soit entièrement soumise à une autre personne. Au sens pénal, infraction consistant dans le fait de faire subir, de manière habituelle, l'infraction de travail forcé à une personne dont la vulnérabilité ou l'état de dépendance sont apparents ou connus de l'auteur.

C. pén., art. 225-14-2.

Réduction pour cause d'excès

[Droit civil]

Action par laquelle une personne placée sous un régime de protection (notamment le majeur sous sauvegarde de justice ou en curatelle ou faisant l'objet d'une habilitation familiale) demande en justice de ramener à de justes limites un acte excessif par rapport à sa fortune.

C. civ., art. 435, 464, 488, 494-9.

Réel (Régime d'imposition dit du)

[Droit financier ou fiscal]

→ *Micro-entreprises (Régime des).*

Réescompte

[Droit commercial]

Opération juridique par laquelle un banquier fait escompter par un autre banquier, ou par la Banque de France, un effet de commerce qu'il a lui-même acquis par la voie de l'escompte.

Réévaluation des bilans

[Droit commercial]

Modification de la valeur attribuée aux éléments actifs et passifs de l'inventaire et du bilan de l'entreprise, rendant compte des variations de valeur de ces éléments et des effets de la dépréciation monétaire.

C. com., art. L. 123-18.

Réexamen

[Droit européen]

Voie de recours extraordinaire permettant à la *Cour de justice de l'Union européenne* de réexaminer un arrêt du Tribunal de l'UE rendu sur recours contre une décision d'un tribunal spécialisé, en cas de risque sérieux d'atteinte à l'unité ou à la cohérence du droit de l'Union. Cette voie de recours devrait perdre sa raison d'être avec la disparition programmée en septembre 2016 de l'unique juridiction spécialisée qu'est le Tribunal de la fonction publique de l'Union européenne.

Le terme « réexamen » désigne également la voie de recours permettant de soumettre à la Cour de justice un arrêt préjudiciel du Tribunal de l'UE. Toutefois, le Tribunal de l'UE n'ayant pour l'heure aucune compétence en matière de questions préjudicielles, cette voie de recours est purement théorique.

TFUE, art. 256-2 et 256-3.

Réexamen d'une décision pénale de condamnation définitive

[Procédure pénale]

→ *Recours en révision et en réexamen.*

Réfaction

[Droit civil]

Diminution, par le juge, de la prestation pécuniaire prévue au contrat en cas d'exécution incomplète ou défectueuse de son obligation par l'autre partie.

→ *Réduction du prix.*

[Droit commercial]

Réduction sur le prix de marchandises accordée par le juge lorsque la quantité ou la qualité des choses livrées n'est pas conforme à celle qui avait été convenue lors du contrat.

Conv. de Vienne sur les contrats de vente internationale de marchandises, 11 avr. 1980, art. 50.

[Droit financier ou fiscal]

En matière fiscale, synonyme d'abattement, de réduction opérée sur l'*assiette de l'impôt*, qui ne portera ainsi que sur une somme réduite. Le résultat est le même que si l'on avait diminué directement le taux de l'impôt.

Réfection

[Droit civil]

Confection d'un nouvel acte instrumentaire de même contenu que le précédent, mais purgé de ses vices. À l'opposé de la *confirmation*, la réfection opère sans rétroactivité : l'acte refait n'a d'existence juridique que du jour de sa réfection.

Référé administratif

[Droit administratif]

• *Référé audiovisuel.*

CJA, art. L. 553-1.

• *Référé conservatoire.* Procédure permettant au *juge des référés* administratif, en cas d'urgence, d'ordonner toute mesure utile, à la demande de l'Administration ou d'un administré, sans faire obstacle à l'exécution d'une décision administrative. Exemple : ordonner la cessation de travaux présentant des risques graves et immédiats pour un élément du domaine public limitrophe.

CJA, art. L. 521-3.

GACA n° 16.

• *Référé-constatation.* Procédure permettant au *juge des référés* administratif de désigner un expert pour constater sans délai des faits susceptibles de donner lieu à un litige devant la juridiction.

CJA, art. R. 531-1.

GACA n° 19.

• *Référé-contractuel.* Procédure de référé permettant la saisine du juge dans le mois qui suit la publication de l'avis d'attribution d'un marché.

CJA, art. R. 551-7.

• *Référé Défenseur des droits.*

CJA, art. R. 557-1.

• *Référé informatique et libertés.*

CJA, art. R. 555-1.

• *Référé-instruction.* Procédure permettant au *juge des référés* administratif d'ordonner toute mesure utile d'expertise ou d'instruction. Exemple : demande du propriétaire d'un immeuble riverain d'une voie publique de constater l'état de cet immeuble s'il estime que des *travaux publics* effectués à proximité risquent de l'endommager.

CJA, art. R. 532-1.

GACA n° 19.

• *Référé-liberté.* Procédure permettant au *juge des référés* administratif, en cas d'urgence, d'ordonner les mesures nécessaires à la sauvegarde d'une liberté fondamentale à laquelle une collectivité publique (ou un organisme chargé d'une mission de *service public*) aurait porté une atteinte grave et manifestement illégale dans l'exercice d'un de ses pouvoirs. Cette atteinte peut être représentée aussi bien par un simple comportement que par une décision juridique.

CJA, art. L. 521-2.

GAJA n° 100; GACA n° 15.

• *Référé précontractuel.* Procédure permettant de saisir le président du *tribunal administratif* en cas de violation des obligations de publicité et de mise en concurrence applicables à la passation des *marchés publics* et des délégations de service public. Le magistrat peut ordonner à l'auteur du manquement de se conformer à ses obligations, et décider pour cela la suspension de la signature de l'acte ou l'annulation de certaines de ses clauses.

CJA, art. L. 551-1.

GACA n° 17.

• *Référé-provision.* Procédure permettant au *juge des référés* administratif d'accorder à un créancier de l'Administration une *provision*, même si une *instance* n'a pas encore été engagée sur le *fond* de l'affaire, lorsque l'existence de l'*obligation* n'est pas sérieusement contestable.

CJA, art. R. 541-1.

GACA n° 18.

• *Référé-suspension.* Procédure permettant au *juge des référés* administratif, en cas d'urgence, quand une décision administrative fait l'objet d'un recours en annulation ou en *réformation*, d'en suspendre l'exécution quand il est invoqué contre elle un *moyen* propre à créer un doute sérieux quant à sa légalité.

CJA, art. L. 521-1.

GAJA n° 100; GACA n° 10.

Référé civil

[Procédure civile]

Procédure simplifiée et accélérée, soumise au principe du contradictoire, grâce à laquelle une partie peut, dans certains cas définis par la loi, obtenir immédiatement une décision provisoire auprès d'une juridiction dédiée à cet effet, statuant généralement à *juge unique*.

Dans tous les cas d'*urgence*, le juge des référés peut ordonner les mesures provisoires qui ne se heurtent à aucune contestation sérieuse ou que justifie l'existence d'un différend.

Le *juge des référés* peut, même en présence d'une contestation sérieuse, autoriser des *mesures conservatoires* ou ordonner des remises en état, afin de prévenir un dommage imminent ou de faire cesser un trouble manifestement contraire à la loi.

Lorsque l'existence de l'obligation n'est pas sérieusement contestable, il peut accorder au créancier une *provision*, prononcer des condamnations à des astreintes et aux *dépens*.

Le juge des référés peut ordonner l'exécution en nature d'une obligation, même s'il s'agit d'une obligation de faire, dès lors que l'obligation n'est pas sérieusement contestable.

La décision prise en référé est provisoire : elle n'a pas l'*autorité de chose jugée* au principal. En revanche, elle possède l'autorité de chose jugée au provisoire : elle ne peut être modifiée par le juge des référés qu'en cas de circonstances nouvelles.

Il ne faut pas confondre la décision de référé avec la décision prise en la *forme des référés*.

C. pr. civ., art. 145, 484 s., 808 s., 848 s., 872 s., 893 s., 956, 1497, 1526; C. trav., art. R. 1455-5 s. et R. 1457; CSS, art. R. 142-21-1.

→ *Injonction de faire, Juridiction provisoire, Protection juridictionnelle provisoire.*

Référé de la Cour des comptes

[Droit financier ou fiscal]

La *Cour des comptes* fait connaître ses observations aux ministres par référés du premier président.

CJF, art. R. 143-1.

Référé en la forme

[Procédure civile]

→ *Forme des référés.*

Référé fiscal

[Droit financier ou fiscal]

En matière de recouvrement de l'impôt, procédure permettant au contribuable qui a formé une réclamation relative à l'assiette de l'impôt assortie d'une demande de sursis de paiement de faire apprécier, par un juge du tribunal administratif, que les garanties qu'il a offertes en sûreté de sa dette, et qui ont été refusées par le comptable, répondaient en réalité aux conditions fixées par les textes.

LPF, art. L. 277, 279 et 279 A.

Référé pénal

[Procédure pénale]

• *Référé-détention.* Procédure permettant au procureur de la République de s'opposer à l'exécution d'une ordonnance de mise en liberté d'une personne placée en détention provisoire, rendue contrairement à ses réquisitions. Le procureur de la République dispose de 4 heures pendant lesquelles l'ordonnance ne peut être exécutée, pour, s'il l'estime nécessaire, en même temps qu'il interjette l'appel, saisir d'un référé le premier président de la cour d'appel. Ce dernier doit statuer, au plus tard, le deuxième jour ouvrable suivant la demande. La remise en liberté est alors suspendue jusqu'à cette décision et le cas échéant jusqu'à la comparution devant la chambre de l'instruction si le maintien en détention est estimé manifestement nécessaire par le magistrat statuant sur le référé.

C. pr. pén., art. 148-1-1 et 187-3.

• *Référé-liberté.* Procédure permettant à une personne, mise en examen et faisant l'objet d'un placement en détention provisoire, d'obtenir d'un magistrat (Président de la chambre de l'instruction en principe) le sursis à exécution de la décision jusqu'à ce que la chambre de l'instruction ait statué sur l'appel au fond nécessairement interjeté par ailleurs.

C. pr. pén., art. 187-1.

Référé perquisition

[Procédure pénale]

Procédure permettant de s'opposer à la saisie de certains documents ou objets dans le cadre d'une perquisition, lorsqu'elle est opérée dans certains locaux liés à la profession d'avocat pour préserver les droits de la défense ou à celle de journaliste pour préserver le secret des sources et d'une manière générale assurer le libre exercice de ces professions. Dans le premier cas on parle parfois de référé bâtonnier. Ce dernier, s'il estime une saisie irrégulière, l'indique au magistrat effectuant la perquisition qui doit alors placer l'objet litigieux sous scellé fermé et établir un procès-verbal relatant les objections formulées. Dans le cas des journalistes l'objection est exposée par le maître des lieux perquisitionnés. La procédure suivie est identique.

Dans les 2 hypothèses le litige sera, en principe, réglé par le juge des libertés et de la détention dans un délai de 5 jours. Il statuera, par ordonnance motivée non-susceptible de recours, après avoir entendu les personnes intéressées par la contestation lors d'un débat contradictoire (magistrat bâtonnier, avocat dans le premier cas, magistrat, maître des lieux, journaliste dans le second cas). Le juge des libertés et de la détention peut soit décider de la non-validité de la saisie (l'objet est restitué et le procès-verbal détruit) soit de sa validité (le scellé et le procès-verbal sont joints à la procédure en cours).

C. pr. pén., art. 56-2 et 56-3.

Référencement

[Droit commercial]

Contrat par lequel une centrale d'achat ou un groupement d'achat (le référenceur) obtient d'un producteur (le référencé), des conditions générales de contrat favorables à ses adhérents, qui distribuent ses produits.

Dans certains cas, le déréférencement peut être considéré comme une pratique abusive.

C. com., art. L. 442-6.

→ *Réseau de distribution.*

Référendum

[Droit constitutionnel]

Procédé de la démocratie semi-directe par lequel le peuple collabore à l'élaboration de la loi, qui ne devient parfaite qu'avec son consentement.

1° *Référendum constituant :* porte sur l'adoption ou la révision d'une Constitution (ex. Const., art. 89).

2° *Référendum législatif :* s'applique à une loi ordinaire (ex. Const., art. 11).

3° *Référendum consultatif :* porte à titre d'enquête sur le principe d'une mesure envisagée, afin de tenir lieu de directive pour les gouvernants.

4° *Référendum de ratification :* porte sur un texte complet, qui n'acquerra valeur juridique qu'après l'approbation populaire.

5° *Référendum facultatif :* auquel il est procédé à la demande des gouvernants ou sur pétition d'un certain nombre de citoyens.

6° *Référendum obligatoire :* que la Constitution impose dans certains cas.

→ *Loi référendaire.*

[Droit international public]

→ *Plébiscite.*

Référendum d'initiative minoritaire et populaire

[Droit constitutionnel]

Institué par la révision constitutionnelle de 2008. L'initiative doit prendre la forme d'une proposition de loi, signée par au moins 1/5e des membres du Parlement (soit 185 députés ou sénateurs). Elle peut porter sur l'organisation des pouvoirs publics; des réformes relevant de la politique économique, sociale ou environnementale; des services publics; sur la ratification d'un traité. Elle ne peut concerner une disposition promulguée depuis moins d'un an.

Le Conseil constitutionnel vérifie la recevabilité de l'initiative. Il faut ensuite le soutien d'au moins un dixième des électeurs (donc près de 5 millions de signatures). Après vérification par le Conseil constitutionnel, le Parlement examine la proposition dans le délai d'un an. S'il ne le fait pas, alors le président de la République la soumet au référendum.

Intéressante en principe, cette procédure apparaît en pratique difficilement applicable. Sa mise en œuvre a cependant été rendue possible du fait de l'intervention de la *loi organique* n° 2013-1114 du 6 décembre 2013.

Référendum local

[Droit administratif]

Dans les collectivités territoriales, après la révision constitutionnelle de 2003, il a été ajouté au référendum consultatif existant (très peu pratiqué) la possibilité d'un référendum décisionnel en vue de l'adoption de projets d'actes relevant de leur compétence.

Const., art. 72-1; CGCT, art. LO 1112-1 s. et L. 1112-15.

Reformatio in pejus

[Procédure pénale]

Principe de procédure pénale selon lequel la cour d'appel ne peut, sur le seul appel du prévenu, du civilement responsable, de la partie civile ou de l'assureur de l'une de ces personnes aggraver le sort de l'appelant. Cette règle a été étendue au pourvoi en cassation par la jurisprudence.

C. pr. pén., art. 515, al. 2.

Réformation

[Procédure civile]

Modification partielle ou totale d'une décision judiciaire par la juridiction du second degré.

C. pr. civ., art. 542.

→ *Confirmation, Émender, Infirmation.*

Refoulement

[Droit administratif]

En matière de police des étrangers, refus d'entrée en France opposé à un étranger se présentant à la frontière ou sur un aéroport et ne remplissant pas les conditions légales pour pénétrer sur le territoire. Cette décision administrative est susceptible de recours devant le juge administratif.

CESEDA, art. R. 121-2.

→ *Zone d'attente.*

Réfragable

[Droit civil]

Qui tolère la preuve contraire.

→ *Présomption.*

Réfugié

[Droit international privé et public]

Personne qui, craignant d'être persécutée du fait de son origine ethnique, de sa religion, de son appartenance à un certain groupe social ou de ses opinions politiques, se trouve hors du pays dont elle a la nationalité et ne peut ou ne veut pas se réclamer de la protection de ce pays.

Convention de Genève du 28 juill. 1951 relative au statut des réfugiés; CESEDA, art. L. 711-1 s., L. 713-1 s., L. 721-2 et R. 721-1 s.

→ *Asile.*

Refus de vente

[Droit commercial/Droit pénal]

Fait pour un professionnel, et en particulier un commerçant, de refuser de satisfaire la demande de produit ou de prestation de service d'un client. Si cette demande est formulée par un consommateur, le refus de vente peut constituer une infraction pénale.

C. consom., art. L. 121-11 et R. 121-13 2°.

Lorsque la demande émane d'un professionnel le refus de vente n'est plus sanctionné que par l'application éventuelle des règles du droit commun en matière de responsabilité civile ou de pratiques anticoncurrentielles.

C. civ., art. 1240; C. com., art. L. 420-1 et L. 420-2.*

Refus du dépôt

[Droit civil/Procédure civile]

Fait pour le service chargé de la publicité foncière (ex-conservateur des hypothèques) de repousser intégralement le dossier qui concerne une formalité dont la publicité est requise, lorsqu'il constate, après un examen sommaire et immédiat de ce dossier, qu'il existe des irrégularités ou des manquements très graves. Après régularisation, la publication ne prendra rang qu'à la date du nouveau dépôt.

C. civ., art. 2428, 2430 et 2452; Décr. 14 oct. 1955, art. 74.

→ *Rejet de la formalité.*

Régence

[Droit constitutionnel]

Dans un régime monarchique, on confie le pouvoir à la mère d'un roi trop jeune pour gouverner, ou à un conseil, jusqu'à la majorité du souverain.

Régie

[Droit administratif]

Terme susceptible d'acceptions différentes :

1° *Exécution en régie :* expression désignant l'exécution d'une activité par les services propres de la personne publique considérée.

2° *Régies industrielles et commerciales :* l'exploitation d'activités industrielles ou commerciales peut être organisée par l'État ou les collectivités territoriales sous la forme de régies qui peuvent être de 2 sortes : il peut s'agir de simples services de ces collectivités (v. *le sens précédent*) ; il peut s'agir d'organismes dotés de la personnalité juridique et qui sont alors, malgré leur nom, des établissements publics. La pratique administrative les appelle souvent régies personnalisées.

3° *Régie intéressée :* malgré le nom de régie, mode de gestion d'un service public par une personne privée, qui ne supporte pas les pertes éventuelles du service et qui est rémunérée par la collectivité publique sous la forme d'une participation au chiffre d'affaires ou aux bénéfices, la collectivité bénéficiant du reste des bénéfices.

Régie d'avances, de recettes

[Droit financier ou fiscal]

Assouplissement à l'exclusivité de compétence des comptables publics en matière de maniement des deniers publics, dans lequel des agents dépendant d'un ordonnateur sont habilités à effectuer certaines opérations de dépenses (régie d'avances) ou de recettes (régie de recettes) pour le compte et sous le contrôle et la responsabilité d'un comptable public.

→ *Régisseur de greffe.*

Régime communautaire

[Droit civil]

→ *Communauté.*

Régime conventionnel

[Droit constitutionnel]

Régime politique récusant la doctrine de la *séparation des pouvoirs*, dans lequel l'exécutif procède de l'assemblée qui le tient en sujétion sans qu'il puisse la dissoudre ni même menacer de démissionner (ex. : Constitution de 1793 et gouvernement de la Convention de 1792 à 1795 ; les régimes de la Suisse et naguère de l'URSS, théoriquement conformes au schéma du régime conventionnel, s'en écartent en fait par leur fonctionnement).

Régime d'assemblée

[Droit constitutionnel]

1° *Régime conventionnel.*

2° Dans un sens plus journalistique, régime parlementaire déséquilibré par la suprématie de l'assemblée (ex. IVe République).

Régime de Vichy

[Droit constitutionnel]

Régime politique issu de la loi constitutionnelle du 10 juillet 1940, conférant tous pouvoirs, y compris le pouvoir constituant, au gouvernement du maréchal Pétain. Installé à Vichy, en zone libre jusqu'à la fin 1942. Marqué par la politique de collaboration avec l'Allemagne. Prend fin en août 1944 avec la Libération (ordonnance du général de Gaulle du 9 août rétablissant la légalité républicaine).

Régime dotal

[Droit civil]

Régime matrimonial de type séparatiste, caractérisé par l'existence de 2 masses de biens appartenant à la femme, l'une composée de biens dotaux, qui est administrée par le mari mais est inaliénable, l'autre composée de biens paraphernaux, qui est administrée par la femme et est aliénable.

Ce régime est prohibé pour l'avenir par la loi du 13 juillet 1965.

Régime général

[Sécurité sociale]

Régime de sécurité sociale regroupant les travailleurs de l'industrie et du commerce.

Régime juridique (d'une notion)

[Droit général]

En théorie du droit, désigne l'ensemble des règles applicables à une notion.

→ *Qualification.*

Régime matrimonial

[Droit civil]

Statut qui gouverne les intérêts pécuniaires des époux, dans leurs rapports entre eux, et dans leurs rapports avec les tiers et dont l'objet est de régler le sort des biens actifs et passifs des époux pendant le mariage et à sa dissolution.

C. civ., art. 1387 s.

→ *Changement de régime matrimonial, Liberté des conventions matrimoniales.*

Régime matrimonial primaire

[Droit civil]

Statut impératif de base applicable à tous les époux quel que soit leur régime matrimonial, fixant les règles économiques de l'association conjugale (charges du mariage, dettes ménagères, logement familial) tout en assurant l'indépendance de chaque membre du couple (liberté professionnelle, présomptions de pouvoir). La plupart de ces règles sont d'ordre public.

C. civ., art. 214 à 226.

GAJC, t. 1, n° 89 et 90.

Régime parlementaire

[Droit constitutionnel]

Régime de collaboration équilibrée des pouvoirs, où le gouvernement et le Parlement ont des domaines d'action communs (ex. : initiative des lois) et des moyens d'action réciproques, le Parlement pouvant mettre en jeu la responsabilité politique du gouvernement (le chef de l'État étant, lui, irresponsable) et le gouvernement décider la dissolution du Parlement.

1° *Régime parlementaire dualiste* (ou *orléaniste* du fait de son fonctionnement en France sous la monarchie de Juillet avec la branche des Orléans) : variété de régime parlementaire caractérisé par le rôle actif joué par le chef de l'État et la double responsabilité du gouvernement, à la fois devant le chef de l'État et devant le Parlement. Transition historique entre la monarchie limitée et le régime parlementaire moniste.

2° *Régime parlementaire moniste* : celui dans lequel le gouvernement n'est plus responsable que devant le seul Parlement par suite de l'effacement politique du chef de l'État.

→ *Parlementarisme, Régime semi-présidentiel, Séparation des pouvoirs.*

Régime politique

[Droit constitutionnel]

Mode de gouvernement d'un État.

Le régime politique résulte de la combinaison de multiples éléments, les uns juridiques (cadre constitutionnel, qui forme le régime politique au sens étroit de l'expression, et permet de distinguer notamment les régimes parlementaire, présidentiel, semi-présidentiel ou d'assemblée), les autres extrajuridiques (système de partis, personnalisation du pouvoir, idéologie, etc.).

Régime présidentiel

[Droit constitutionnel]

Régime où l'équilibre des pouvoirs est obtenu par leur séparation (à la fois organique et fonctionnelle) : le pouvoir exécutif est détenu en totalité par un président élu par le peuple et irresponsable devant le Parlement qui, de son côté, ne peut être dissous par le président.

→ *Séparation des pouvoirs.*

Régime primaire impératif

[Droit civil]

→ *Régime matrimonial primaire.*

Régime représentatif

[Droit constitutionnel]

Régime politique dans lequel les gouvernants sont désignés par les gouvernés et les représentent.

Le principe du régime représentatif est, avec celui de la *séparation des pouvoirs*, à la base de l'État libéral.

Const., art. 3.

→ *Mandat politique.*

Régime semi-présidentiel

[Droit constitutionnel]

Régime politique doté, comme en régime présidentiel, d'un chef de l'État à forte légitimité démocratique et, par ailleurs, des mécanismes habituels du régime parlementaire. La Ve République française le pratique depuis 1962 (élection du Président au suffrage universel direct). Appelé aussi régime parlementaire à double légitimité démocratique.

Régime séparatiste

[Droit civil]

→ *Séparation de biens.*

Régime social des indépendants

[Sécurité sociale]

Régime regroupant les artisans, commerçants et industriels dans le domaine de l'assurance-maladie et vieillesse et les professions libérales pour la maladie uniquement.

CSS, art. L. 611-1.

Régimes additifs

[Sécurité sociale]

Régimes dans lesquels l'entreprise garantit un niveau de retraite exprimé soit en valeur relative par rapport au dernier salaire, soit en valeur absolue, indépendant de l'évolution des autres régimes. À l'opposé d'un régime « différentiel » l'engagement de l'entreprise dépend uniquement de l'ancienneté et de la rémunération du salarié concerné.

→ *Régimes de retraite à prestations définies.*

Régimes complémentaires

[Sécurité sociale]

Régimes de retraite et de prévoyance accordant des prestations qui viennent s'ajouter à celles accordées par les régimes de base. Il existe des régimes complémentaires pour les salariés cadres et non cadres, de l'industrie et du commerce qui relèvent du régime général, des régimes complémentaires pour les salariés agricoles, des régimes complémentaires pour les professions non salariées non agricoles.

CSS, art. L. 921-1.

Régimes de retraite à cotisations définies

[Sécurité sociale]

Contrats dans le cadre desquels le montant de la retraite dépend des cotisations versées et capitalisées dans le compte de chaque salarié.

Régimes de retraite à prestations définies

[Sécurité sociale]

Contrats destinés à garantir à une catégorie de salariés un pourcentage convenu de leur rémunération de fin de carrière ou un niveau de retraite déterminé. Souvent appelés régimes de « retraite chapeau ».

Régimes différentiels

[Sécurité sociale]

Régimes dans lesquels l'entreprise garantit un niveau global de prestation de retraite, tous régimes confondus. Le régime est « différentiel » car il vient combler la différence pouvant exister entre le taux global de retraite garantie et les prestations qui résultent des autres régimes.

La garantie de retraite peut être exprimée en pourcentage du dernier salaire ou en valeur absolue. Ces régimes sont communément appelés « régimes chapeau » sans doute parce qu'ils viennent coiffer la construction d'ensemble constituée par les autres régimes de retraite.

→ *Régimes de retraite à prestations définies.*

Régimes spéciaux

[Sécurité sociale]

Régime de sécurité sociale propre à certaines catégories professionnelles : fonctionnaires civils de l'État, fonction publique territoriale et hospitalière, militaire de carrière, SNCF, industries électriques et gazières, ouvriers des établissements industriels de l'État, gens de mer, clerc et employés de notaire, RATP.

Région

[Droit administratif]

Fraction du territoire qui représente à la fois :

- l'aire géographique de compétence du *préfet de région*,
- une collectivité territoriale décentralisée, intermédiaire entre le *département* et l'État. Les compétences de la région sont essentiellement le développement économique et la formation professionnelle, la loi du 7 août 2015 portant nouvelle organisation territoriale de la République lui ayant retiré la *clause générale de compétence*. La région est administrée par le *Conseil régional* qui élit le Président de la Région. Elle est également assistée par un *Conseil économique social et environnemental régional* disposant d'attributions consultatives. Avec l'entrée en vigueur de la loi n° 2015-29 du 16 janvier 2015 relative à la délimitation des régions, le nombre des régions métropolitaines est passé de 22 à 13, ce qui implique, pour les régions concernées par la fusion, la définition de nouveaux noms et chefs lieux.

CGCT, art. L. 4111-1.

→ *Comité de l'administration régionale, Préfet de région.*

Régionalisation du budget de l'État

[Droit administratif/Droit financier ou fiscal]

Présentation des crédits budgétaires d'investissement selon une ventilation par *région*.

→ *Crédit budgétaire.*

Régisseur de greffe

[Procédure civile]

Auprès de chaque greffe (de la Cour de cassation, des cours d'appel, des TGI), il est institué une régie d'avances et une régie de recettes tenues par un fonctionnaire du greffe (autre que le directeur de greffe, en principe) pour le compte des comptables directs du Trésor. Le régisseur est habilité à payer les frais de justice criminelle énumérés aux articles R. 92 et R. 93 du Code de procédure pénale, et à encaisser de nombreuses recettes, telles les consignations de parties civiles et les provisions pour expertise.

COJ, art. R. 123-20 s.

→ *Régie d'avances, de recettes.*

Registre d'audience

[Procédure civile]

Registre tenu dans chaque chambre devant les tribunaux de droit commun et d'exception. Signé par le président et par le greffier après chaque audience, il relate tout ce qui s'est passé à une audience déterminée, indiquant notamment son caractère public ou non, ses incidents et les décisions prises sur ceux-ci.

Le registre d'audience peut être numérisé.

C. pr. civ., art. 728 et 729-1.

→ *Dossier, Mention au dossier, Répertoire général des affaires.*

Registre d'état civil

[Droit civil]

Registre tenu dans chaque commune par l'*officier de l'état civil* (en principe le maire) sur lequel sont enregistrés les événements intéressant l'*état de la personne*, soit sous la forme d'un acte originaire (acte de naissance, de mariage, de décès), soit sous la forme d'une mention en marge d'un acte préexistant (*divorce*, *PACS*...).

C. civ., art. 46, 51 s., 95.

→ *Répertoire civil.*

Registre des actifs agricoles

[Droit rural]

Registre administré par les Chambres d'agriculture agissant en qualité de centre de formalités des entreprises et alimenté par les données de la Mutualité sociale agricole permettant de disposer d'une liste de l'ensemble des chefs d'exploitation reconnus comme actifs agricoles. Le versement de certaines aides peut être conditionné, notamment, à l'inscription à ce registre.

C. rur., art. L. 311-2.

Registre des dépôts

[Droit civil]

Registre chronologique qui est tenu dans chaque service chargé de la publicité foncière (qui a succédé à la conservation des hypothèques au 1er janvier 2013) et sur lequel sont inscrites, au jour le jour, par ordre numérique et selon des règles minutieusement prévues par le législateur, toutes les remises de documents déposés en vue de l'exécution d'une formalité de publicité.

C. civ., art. 2453.

Registre des professionnels

[Droit civil]

Les registres et documents que les professionnels doivent tenir ou établir ont contre leur auteur la même force probante que les écrits sous signature privée; mais celui qui veut en tirer avantage ne peut en diviser les mentions pour n'en retenir que celles qui lui sont favorables.

C. civ., art. 1378.*

Registre du commerce et des sociétés (RCS)

[Droit commercial]

Registre tenu par les *greffiers* des *tribunaux de commerce* permettant de dénombrer les commerçants, les sociétés et les groupements d'intérêt économique établis dans le ressort de ces tribunaux.

Chaque personne assujettie reçoit un numéro d'identité délivré par l'INSEE, appelé numéro SIREN composé de 9 chiffres. Un registre national centralise à Paris tous les renseignements recueillis par les registres locaux. Les inscriptions faites au registre ont une valeur probante renforcée. Le défaut d'inscription ou de mention obligatoire est assorti de sanctions en la personne de l'assujetti fautif (ex. : refus du droit au renouvellement du bail commercial).

C. com., art. L. 123-1 s., R. 123-220.

→ *Immatriculation au registre du commerce et des sociétés.*

Registre du rôle

[Procédure civile]

→ *Répertoire général des affaires.*

Registre national des brevets

[Droit commercial]

Tenu par l'*Institut national de la propriété industrielle*, le registre national des brevets répertorie les brevets délivrés et assure la publication des actes transmettant ou modifiant les droits qui y sont attachés.

CPI, art. L. 613-9.

Registre national des dessins et modèles

[Droit commercial]

Tenu par l'*Institut national de la propriété industrielle*, le registre national des dessins et modèles répertorie les dessins et modèles déposés et assure la publication des actes transmettant ou modifiant les droits qui y sont attachés.

CPI, art. L. 512-4.

Registre national des marques

[Droit commercial]

Tenu par l'*Institut national de la propriété industrielle*, le registre national des marques répertorie les marques enregistrées et assure la publication des actes transmettant ou modifiant les droits qui y sont attachés.

CPI, art. L. 714-7.

Règle d'or

[Droit financier]

Expression politico-journalistique traduisant une situation budgétaire marquée par l'équilibre d'un budget public sans recours à l'emprunt. Cette expression est inspirée par le droit constitutionnel allemand. La France a cherché à se rapprocher de ce concept d'équilibre en modifiant sa constitution en 2008 et en introduisant des lois de programmation des finances publiques (art. 34).

Cette règle d'or est désormais imposée par l'article 3 du *traité sur la stabilité, la coordination et la gouvernance (TSCG)* dans l'Union économique et monétaire, signé le 2 mars 2012 par les États membres de l'Union européenne (sauf le Royaume-Uni et la Tchéquie), dès son entrée en vigueur. Ce texte prévoit en effet, qu'une situation budgétaire est considérée comme en équilibre et donc respectée « si le solde structurel annuel des administrations publiques correspond à l'objectif à moyen terme spécifique à chaque pays, tel que défini dans le pacte de stabilité de croissance et de stabilité révisé, avec une limite inférieure de déficit structurel de 0,5 % du produit intérieur brut aux prix du marché ».

Cette disposition est reprise par la loi organique du 17 décembre 2012 relative à la programmation et à la gouvernance des finances publiques en son article 23 s'agissant de l'institution d'un mécanisme de correction avec un complément quantitatif, à savoir au moins 0,25 % du PIB par an en moyenne sur deux années consécutives.

→ *Haut Conseil des finances publiques, Loi de programmation des finances publiques, Loi organique relative à la programmation et à la gouvernance des finances publiques, Pacte de stabilité et de croissance.*

Règle de conflit de lois

[Droit international privé]

→ *Conflit de lois dans l'espace, Conflit de lois dans le temps.*

Règle de droit ou règle juridique

[Droit général]

Règle de conduite dans les rapports sociaux, générale, abstraite et obligatoire, dont la sanction est assurée par la puissance publique.

→ *Droit, Norme.*

Règle proportionnelle

[Droit des assurances]

• *De capitaux :* règle dont l'application aux seules assurances de dommages conduit à réduire l'indemnité de sinistre accordée à l'assuré pour sanctionner l'insuffisance des capitaux assurés par rapport aux capitaux existants.

C. assur., art. L. 121-5.

• *De prime :* règle applicable aux assurances de dommages et aux assurances de personnes et dont l'application conduit à réduire l'indemnité de sinistre en proportion du taux des primes qui auraient été dues si les risques avaient été complètement et exactement déclarés. Elle suppose la mauvaise foi de l'assuré dans l'omission ou les inexactitudes de la déclaration du risque.

C. assur., art. L. 113-9.

Règlement

[Droit constitutionnel]

Acte de portée générale et impersonnelle édicté par les autorités exécutives compétentes. La Constitution de 1958 confie le pouvoir réglementaire général au Premier ministre : article 21; mais le chef de l'État signe les décrets que la Constitution réserve à sa compétence et ceux qui ont été délibérés en Conseil des ministres.

→ *Acte-règle, Décret.*

• *Règlement d'application :* règlement destiné à assurer l'exécution d'une loi. Il s'appuie sur une loi et ne peut l'enfreindre.

• *Règlement autonome :* règlement pris spontanément et à titre exclusif dans les matières autres que celles où intervient le législateur. Il est donc directement subordonné à la Constitution et aux principes généraux du droit, mais non à la loi. En restreignant le domaine de la loi, la Constitution de 1958 a en principe considérablement étendu celui du règlement autonome, jusque-là limité à la police et à l'organisation des services publics.

GAJA n° 17 et 72.

[Droit européen]

Dans le droit de l'Union européenne, acte de portée générale, obligatoire dans tous ses éléments et directement applicable dans tout État membre, invocable devant les juridictions nationales (dans l'ex-CECA : « décision générale »).

TFUE, art. 288.

→ *Communautés européennes.*

Règlement amiable

[Droit commercial]

Cette procédure visait, par la nomination d'un conciliateur, à résoudre les difficultés d'une entreprise qui ne se trouvait pas en état de cessation des paiements, dans le but d'éviter son dépôt de bilan (L. du 1er mars 1984 et, en matière agricole, L. du 30 déc. 1988).

La procédure de conciliation s'est aujourd'hui substituée à la procédure du règlement amiable, sauf en matière agricole.

C. rur., art. L. 351-1 s.

La procédure applicable en cas de surendettement des particuliers (notamment le *plan conventionnel de redressement*), n'est pas applicable lorsque le débiteur relève des procédures de règlement amiable instituées par la loi du 1er mars 1984 et par la loi du 30 décembre 1988.

[Procédure civile]

Il est relativement fréquent de trouver dans les contrats une clause de règlement amiable imposant aux deux parties, en cas de survenance d'un différend, de tenter de trouver un accord préalablement à toute saisine d'un juge.

→ *Conciliation conventionnelle, Conciliation organisée par le juge.*

Règlement d'administration publique

[Droit administratif/Droit constitutionnel]

Décret pris sur l'invitation du législateur après consultation de l'Assemblée générale du Conseil d'État, en vue de pourvoir à l'exécution d'une loi.

Jadis catégorie particulièrement majestueuse de règlement, le RAP avait perdu sa spécificité juridique; il a été supprimé en 1980 et est désormais remplacé par le décret en Conseil d'État, qui avait pris une importance croissante.

GAJA n° 17.

Règlement d'assemblée

[Droit constitutionnel]

Résolution par laquelle une assemblée fixe les règles de son organisation interne et de son fonctionnement.

Les règlements des assemblées parlementaires sont obligatoirement soumis à l'examen du Conseil constitutionnel (Const., art. 61).

GDCC n° 5.

Règlement de copropriété

[Droit civil]

Règlement conventionnel définissant, d'une part, les droits et les obligations de chaque copropriétaire, d'autre part, les règles de fonctionnement de la collectivité. Il indique, notamment, quelles sont les *parties privatives* et les *parties communes* avec précision de la quote-part incombant à chaque lot dans les différentes catégories de charges.

Le règlement de copropriété n'est pas nécessaire à l'application du statut de la copropriété, dès lors que la propriété d'un immeuble bâti est répartie entre plusieurs personnes par lots comprenant chacun une partie privative et une quote-part des parties communes.

Loi n° 557 du 10 juill. 1965, art. 8.

→ *Copropriété.*

Règlement de juges

[Procédure civile]

Dénomination – abandonnée depuis 1972 – de la procédure par laquelle était tranché un conflit de compétence entre 2 juridictions se déclarant l'une et l'autre compétentes pour connaître de la même affaire (conflit positif) ou, au contraire, incompétentes (conflit négatif).

Des règles contenues dans le Code de procédure civile s'appliquent en matière de *connexité* et de *litispendance.*

→ *Conflit, Tribunal des conflits.*

[Procédure pénale]

Procédure par laquelle une juridiction supérieure, la chambre criminelle de la Cour de cassation en principe, détermine en cas de conflit de compétence celle des juridictions qui est exclusivement compétente pour connaître d'un litige.

C. pr. pén., art. 657 s.

[Procédure administrative]

Ancienne procédure prétorienne permettant au Conseil d'État de régler les conflits négatifs de compétence au sein de l'ordre juridictionnel administratif. Un décret du 19 avril 2002 prévient la survenance de ces conflits, en organisant, à l'initiative des juridictions qui s'estiment saisies à tort, l'affectation des dossiers aux juridictions compétentes, notamment grâce à l'intervention du président de la section du contentieux du Conseil d'État.

CJA, art. R. 351-1 s.

GACA n° 1.

Règlement de procédure

[Droit européen]

Les règlements de procédure de la Cour de justice et du Tribunal de l'Union européenne contiennent toutes dispositions en vue d'appliquer et de compléter le statut de la Cour.

Règlement des petits litiges

[Procédure civile/Droit européen/Droit international privé]

→ *Procédure européenne de règlement des petits litiges.*

Règlement en ligne des litiges de consommation

[Droit européen/Droit international privé]

→ *RLLC.*

Règlement extrajudiciaire des litiges de consommation

[Droit européen/Droit international privé]

→ *RELC.*

Règlement intérieur

[Droit du travail]

Document écrit, émanant du chef d'entreprise, qui contient exclusivement les mesures d'application de la réglementation en matière d'hygiène et de sécurité, les règles générales et permanentes relatives à la discipline et notamment la nature et l'échelle des sanctions, les dispositions relatives aux droits de la défense des salariés susceptibles d'être sanctionnés, les dispositions légales du Code du travail relatives au harcèlement sexuel et au harcèlement moral. Acte réglementaire privé, il a constitué le terrain sur lequel se sont à l'origine développées les règles articulant pouvoirs de l'employeur et libertés et droits des salariés.

C. trav., art. L. 1311-1 s. et R. 1321-1 s.

GADT n° 177.

→ *Sanction disciplinaire.*

Règlement intérieur national

[Procédure civile/Procédure pénale]

→ *Conseil national des barreaux.*

Règlement pacifique des différends

[Droit international public]

Règlement des différends internationaux par des procédés exclusifs de tout recours à la force et, notamment, par l'un des modes suivants :

1° *Règlement arbitral* : mode de règlement juridique consistant dans le recours des parties à des juges de leur choix chargés de trancher le différend par une décision obligatoire.

2° *Règlement judiciaire* : mode de règlement juridique consistant dans le recours des parties à un tribunal préconstitué statuant par une décision obligatoire.

3° *Règlement diplomatique et politique* : règlement d'un conflit entre États au moyen de procédures diplomatiques ou politiques qui visent, sans aboutir à une décision obligatoire pour les parties, à concilier leurs intérêts opposés.

→ *Bons offices, Conciliation internationale, Enquête, Négociation.*

Regroupement familial

[Droit administratif]

Droit reconnu sous certaines conditions légales à un étranger séjournant légalement en France depuis un temps déterminé d'y être rejoint par son conjoint et ses enfants mineurs, afin de lui permettre de mener une vie familiale normale (en accord avec l'art. 8 de la Convention EDH).

GAJA n° 83; GDCC n° 32.

Régularisation

[Droit civil/Droit commercial/Procédure civile]

Mise en conformité d'un acte juridique ou d'un acte de procédure avec les prescriptions légales, opérant validation de l'acte originairement entaché de nullité. Lorsqu'il s'agit d'un acte de procédure, la régularisation exige qu'aucune forclusion ne soit intervenue et qu'il ne subsiste aucun grief.

C. pr. civ., art. 115 et 121; C. civ., art. 1839, 1844-11, 1844-12.

[Sécurité sociale]

Opération qui consiste à calculer la différence éventuelle entre le montant des cotisations dues pour l'année et le montant de celles qui ont été versées à chaque échéance au cours de l'année de référence.

CSS, art. R. 243-10 s.

Régulation

[Droit administratif]

Afin d'éviter que la privatisation de certains *services publics* industriels ou commerciaux, ou de certaines *entreprises publiques*, assurant la satisfaction de besoins collectifs essentiels – par exemple en matière d'énergie, de télécommunications – ne risque de livrer ces activités aux aléas d'une concurrence désordonnée, ou pour garantir le respect de certains principes ou libertés fondamentaux – par exemple en matière audiovisuelle – l'État a mis en place un encadrement juridique dont la mise en œuvre a été confiée, pour en garantir l'impartialité et la souplesse, à des autorités administratives indépendantes, spécialisées par activité.

Pour distinguer cette pratique moderne du procédé classique de la réglementation appliquée directement par les services de l'État, elle a été qualifiée de régulation. On relèvera que le terme anglais *regulation* signifie règlement, et non régulation.

Régulation budgétaire

[Droit financier ou fiscal]

Technique de gestion des crédits budgétaires, de l'État, consistant à moduler les dépenses en cours d'année, soit à des fins budgétaires (pour ne pas accroître excessivement le découvert), soit à des fins économiques pour tenir compte de l'état de la conjoncture. Elle peut s'opérer *a priori*, en bloquant des crédits dès le début de l'exercice budgétaire pour les débloquer ultérieurement, soit en cours d'exercice, par un simple échelonnement de la consommation des crédits ouverts.

→ *Crédit budgétaire.*

Réhabilitation

[Droit commercial]

Institution permettant de relever un débiteur, qui a été déclaré en état de cessation des paiements, des déchéances découlant d'une faillite personnelle ou de l'interdiction de diriger, gérer, administrer une entreprise commerciale; cette réhabilitation peut être de droit ou facultative.

[Droit pénal/Procédure pénale]

Institution qui permet de faire disparaître une condamnation pénale ainsi que ses conséquences à l'exception cependant, d'une prise en compte en cas de nouvelles poursuites pour l'application de la récidive légale. La réhabilitation peut être légale c'est-à-dire acquise de plein droit après l'écoulement d'un certain délai porté au double pour les faits commis en état de récidive, ou judiciaire c'est-à-dire accordée par une juridiction. Les condamnations prononcées dans un État membre de l'Union européenne sont prises en compte, selon leur importance, pour la détermination du délai entraînant une réhabilitation de droit.

C. pén., art. 133-12, 133-16; C. pr. pén., art. 782 s.

Réintégrande

[Droit civil/Procédure civile]

Action possessoire qui était accordée au possesseur ou au détenteur victime d'une voie de fait de dépossession, accompagnée ou non de violence, et tendant à la récupération de la jouissance perdue. Les textes avaient substitué au terme de réintégrande celui de réintégration. La loi n° 2015-177 du 16 février a supprimé les actions possessoires.

C. pr. civ., art. 1264.

→ *Complainte, Dénonciation de nouvel œuvre.*

Réintégration

[Droit du travail]

Au sens strict, restitution de son emploi à un salarié qui avait juridiquement cessé de l'occuper.

Au sens large, restitution de son emploi à un salarié dont le licenciement est déclaré nul (ex. : réintégration d'un représentant du personnel licencié sans autorisation administrative, réintégration d'un salarié gréviste licencié alors qu'il n'a pas commis de faute lourde).

C. trav., art. L. 2422-1 s.

Réitération

[Droit pénal]

Situation d'un délinquant qui ayant déjà fait l'objet d'une condamnation pénale définitive pour crime ou délit, commet une nouvelle infraction qui ne répond pas aux exigences de la récidive légale, la règle de la spécialité par exemple. Dans une telle hypothèse les peines prononcées pour la seconde infraction se cumulent intégralement, sans possibilité de confusion, avec celles prononcées lors de la première condamnation.

C. pén., art. 132-16-7.

Réitération des enchères

[Procédure civile]

Remise en vente d'un immeuble précédemment adjugé faute pour l'adjudicataire d'avoir payé le prix ou les frais taxés ou les droits de mutation dans les délais prescrits. L'adjudicataire défaillant est tenu au paiement de la différence entre son enchère et le prix de la revente, si celui-ci est moindre, et conserve à sa charge les frais de la vente initiale.

La procédure est également applicable aux ventes de meubles aux enchères publiques. L'expression remplace celle de « folle enchère » autrefois visée par les textes applicables; de même le « fol enchérisseur » est devenu l'adjudicataire défaillant.

C. pr. exéc., art. L. 322-12, R. 322-35, R. 322-66 s.; C. pr. civ., art. 1278, al. 3; C. com., art. L. 143-9, L. 321-14; CGI, art. 685 et 733; CGPPP, art. L. 3211-12.

Rejet (Arrêt de)

[Procédure civile]

Arrêt par lequel la Cour de cassation déclare le pourvoi irrecevable ou le dit mal-fondé. Ce type d'arrêt se reconnaît, dès ses premiers termes, au défaut de visa du texte en cause et à l'absence d'attendu de principe.

C. pr. civ., art. 628.

Rejet de la formalité

[Droit civil/Procédure civile]

Fait pour le service chargé de la publicité foncière (ex-conservateur des hypothèques) de ne pas insérer dans le registre des formalités un document dont le dépôt avait été accepté mais dont le service constate, postérieurement à ce dépôt, l'omission d'une des mentions prescrites ou une discordance relative à l'identité des parties, à la désignation des immeubles ou à la créance garantie. Si une régularisation intervient dans le délai d'un mois qui suit la notification du rejet de la formalité à celui qui avait déposé le dossier, la publication produit effet à la date du dépôt initial.

C. civ., art. 2428 et 2452; Décr. du 14 oct. 1955, art. 34, 74-2.

→ *Refus du dépôt.*

Relais

[Droit civil]

→ *Lais et relais.*

Relation de serment

[Procédure civile]

Acte par lequel le plaideur à qui a été déféré le *serment* refuse de le prêter et, intervertissant les rôles, demande à son adversaire de jurer que le fait allégué par lui est bien exact.

C. civ., art. 1385-2, 1385-3*; C. pr. civ., art. 319.*

→ *Délation de serment.*

Relations diplomatiques

[Droit international public]

Rapports officiels que 2 États établissent entre eux et qu'ils entretiennent par l'intermédiaire de missions permanentes.

→ *Mission diplomatique.*

Relations personnelles

[Droit civil]

Droit de visite, de correspondance et d'hébergement, protégé par le droit, que les parents ont le devoir de respecter.

À l'origine, rapports que *les grands-parents* sont en droit d'entretenir avec leurs petits-enfants. Puis, par des lois successives : rapports que l'enfant peut maintenir avec ses frères et sœurs lorsqu'il en a été séparé, rapports que l'enfant est en droit d'entretenir avec ses ascendants et rapports de l'enfant avec un tiers vis-à-vis duquel il a noué des relations affectives durables, dès lors que tel est son intérêt.

C. civ., art. 371-4, 371-5.

→ *Ascendant, Parentalité.*

Relativité

[Droit privé]

→ *Autorité de chose jugée, Effet relatif des contrats.*

Relativité des traités

[Droit international public]

Principe selon lequel les traités ne produisent d'effets qu'entre les parties et ne peuvent créer ni droit ni obligations pour les tiers sans leur consentement.

→ *Accord collatéral, Clause de la nation la plus favorisée.*

Relaxe

[Procédure pénale]

Décision d'une juridiction répressive autre que la cour d'assises, déclarant non coupable le prévenu traduit devant elle.

→ *Acquittement.*

RELC

[Droit européen/Droit international privé]

Abréviation de Règlement extrajudiciaire des litiges de consommation, c'est-à-dire opposant un consommateur à un professionnel suite à l'achat d'un produit ou d'un service. La seule expression de REL pour règlement extrajudiciaire des litiges est également utilisée. Les procédures et entités de REL doivent répondre à certaines exigences de qualité, énoncées par la directive 2013/11/UE du Parlement européen et du Conseil du 21 mai 2013 relative au règlement extrajudiciaire des litiges de consommation et modifiant le règlement (CE) n° 2006/2004 et la directive 2009/22/CE (directive relative au RELC).

→ *RLLC.*

Relevé d'identité

[Procédure pénale]

Possibilité accordée à certains agents de police judiciaire adjoints de recueillir, sans possibilité de contrainte, l'identité des contrevenants pour dresser les procès-verbaux des infractions qu'ils ont le droit de constater. Cette possibilité existe également pour les agents assermentés des exploitants des services publics de transports terrestres, pour les infractions qu'ils peuvent constater, lorsque le contrevenant refuse de s'acquitter de l'amende forfaitaire.

C. pr. pén., art. 78-6, 529-4 et R. 49-8-10.

Relevé d'office des moyens

[Procédure civile]

Pour un juge, relever de sa propre initiative un moyen de droit omis par une partie ou se substituant à celui invoqué par elle.

S'il s'agit d'un *moyen de pur droit*, le juge a le pouvoir et le devoir de le relever d'office, car il entre dans sa mission de traduire en droit les faits expressément invoqués par les plaideurs; mais il doit provoquer les observations des parties. Au contraire, le juge n'est pas tenu de relever d'office les *moyens mélangés de fait et de droit*, car il serait excessif de lui imposer une élaboration juridique requérant une appréciation factuelle des autres éléments du débat.

Des dispositions particulières sont inscrites au Code de procédure civile, telle l'obligation de relever d'office les exceptions de nullité et les fins de non-recevoir ayant un caractère d'ordre public, telle la simple faculté de relever d'office les fins de non-recevoir tirées du défaut d'intérêt, du défaut de qualité, de la nouveauté d'une demande en appel ou de la chose jugée ainsi que, parfois, les exceptions d'*incompétence* et de *litispendance*.

C. pr. civ., art. 16, 92, 93, 100, 120, 125, 564 et 1015.

→ *Droit et fait dans le procès, Incompétence d'attribution, Incompétence territoriale, Moyen, Office (Mesures prises d'), Ordre public, Qualification, Requalification.*

[Procédure administrative]

Le juge administratif doit relever d'office les moyens d'ordre public, par exemple l'incompétence de l'auteur de l'acte contesté; si le premier juge saisi d'une affaire ne le fait pas, sa décision pourra être ultérieurement annulée.

GACA n° 51.

[Droit européen]

Selon la Cour de justice, il incombe en principe aux juridictions nationales de relever d'office les moyens tirés du droit de l'Union européenne.

Relevé de forclusion

[Procédure civile]

Lorsqu'un jugement est réputé contradictoire ou rendu par défaut, le défendeur peut être relevé de la forclusion qui l'atteint, par suite de l'expiration du délai d'appel ou d'opposition, lorsque, sans faute de sa part, il n'a pas eu connaissance du jugement ou s'est trouvé dans l'impossibilité d'agir dans le délai de la voie de recours.

C. pr. civ., art. 540 et 541.

Relèvement

[Droit pénal]

Possibilité reconnue au juge de neutraliser tout ou partie des interdictions, déchéances, incapacités ou mesures de publication résultant de plein droit d'une condamnation ou prononcées à titre de peine complémentaire.

Dans le premier cas, le relèvement peut être demandé au moment du jugement ou après celui-ci. Dans le second cas, à l'issue d'un délai de 6 mois après la décision de condamnation. Les juridictions de l'application des peines peuvent également décider d'un relèvement dans le cadre d'un aménagement de peine.

C. pén., art. 132-21, al. 2; C. pr. pén., art. 702-1, 703 et 712-22.

Relèvement du nom

[Droit civil]

Faculté reconnue au plus proche successible (à défaut, aux autres successibles dans l'ordre légal jusqu'au sixième degré) du dernier représentant d'une famille (dans l'ordre de la descendance) mort à l'ennemi sans postérité, d'ajouter à son nom celui du décédé. Le dernier descendant de la famille peut, en prévision du cas où il serait tué à l'ennemi sans postérité, transmettre son nom de famille à l'un de ses parents au degré successible par disposition testamentaire.

L. du 2 juill. 1923, art. 1 et 4.

Remembrement

[Droit rural]

Ancien mode d'aménagement foncier par redistribution, échange et regroupement de parcelles en vue de l'amélioration des conditions d'exploitation qui relève d'une procédure administrative à caractère contraignant dans un but d'intérêt général.

L'Aménagement foncier agricole et forestier est la procédure qui s'est substituée au remembrement rural.

→ *Aménagement foncier.*

Réméré

[Droit civil]

Clause d'un contrat de vente, par laquelle le vendeur se réserve le droit de racheter la chose dans un délai maximum de 5 ans, en remboursant à l'acquéreur le prix, le coût du contrat, les réparations nécessaires et celles qui ont augmenté la valeur du fonds.

La loi n° 2009-527 du 12 mai 2009 de simplification et de clarification du droit remplace le vocable « réméré » par celui de « rachat ».

C. civ., art. 1659 s.

Remise de cause

[Procédure pénale]

Décision judiciaire au terme de laquelle une affaire est renvoyée à une audience ultérieure.

C. pr. pén., art. 461.

Remise de dette

[Droit civil]

Contrat par lequel le créancier libère le débiteur de son obligation. La remise de dette accordée au débiteur principal libère les cautions même solidaires, celle consentie à l'un des codébiteurs solidaires libère les autres à concurrence de leur part, celle faite par l'un seulement des créanciers solidaires ne libère le débiteur que pour la part de ce créancier.

La remise de dette est dénommée remise de débet lorsque le créancier est une *personne publique*.

C. civ., art. 1350 s.*

Remise de peine

[Droit pénal]

→ *Grâce.*

Remisier

[Droit commercial]

Commerçant qui reçoit de ses clients des ordres de bourse, les transmet à un prestataire de services et en surveille l'exécution, moyennant une rémunération de la part du donneur d'ordre et une « remise », c'est-à-dire un pourcentage sur le montant du courtage.

La profession de remisier est aujourd'hui intégrée dans une profession unique exerçant sous forme de société de gestion de portefeuilles.

→ *Prestataire de services d'investissement.*

Rémission

[Droit international privé]

Renvoi au premier degré, c'est-à-dire à la loi du for.

Remploi

[Droit civil]

Achat d'un bien avec des capitaux provenant de la vente d'un autre bien ou de l'indemnité représentative de sa valeur (indemnité d'assurance, indemnité d'expropriation). Il joue un rôle important dans les régimes matrimoniaux : le bien acquis avec les deniers provenant de la vente d'un bien propre à l'un des époux sera lui-même propre, sous certaines conditions.

C. civ., art. 501, 1406, 1433 s. et 1541.

→ *Emploi, Subrogation.*

Rémunération mensuelle minimum

[Droit du travail]

Tout salarié embauché à temps complet a droit à une rémunération qui, en cas de chômage partiel, ne peut être inférieure au produit du *SMIC* (horaire) par le nombre d'heures correspondant à la durée légale du travail pour le mois considéré.

C. trav., art. L. 3232-1 s.

Rendant compte

[Droit privé]

Celui qui doit présenter un compte à autrui. Rendant est le participe présent de rendre.

→ *Oyant compte, Reddition de compte.*

Rendez-vous judiciaire

[Procédure pénale]

→ *Convocation par procès-verbal.*

Renégociation

[Droit civil/Droit commercial]

→ *Hardship (clause de), Imprévision (Théorie de l').*

Renonciation

[Droit civil]

Acte de disposition par lequel une personne renonce à invoquer un *droit substantiel* (renonciation à un usufruit, à une hypothèque, à une mitoyenneté), à exercer une *action en justice* (abandon d'une demande en révocation d'une donation pour survenance d'enfant), à se prévaloir d'un moyen de défense (prescription, exception de nullité).

La renonciation est valable dès l'instant qu'elle intervient après la naissance du droit, la loi en cause serait-elle d'ordre public (à certaines exceptions près, dont les actions relatives à la filiation, indisponibles). Elle est illicite quand elle a lieu par anticipation, privant à l'avance l'individu d'une prérogative dont il pourrait avoir besoin le moment venu.

C. civ., art. 323, 622, 656, 804, 965, 1182, 2250 s., 2298, 2303 et 2488-2°.*

GAJC, t. 1, n° 102.

→ *Déguerpissement, Délaissement.*

[Droit international public]

Acte unilatéral ou conventionnel par lequel un ou plusieurs sujets de droit international abandonnent un droit ou une réclamation.

Renonciation à l'action en réduction

[Droit civil]

Dérogation à la prohibition des pactes sur succession future et au caractère normalement impératif de la réserve. Tout héritier *réservataire* présomptif peut renoncer à exercer une action en réduction dans une succession non ouverte. Ce qui confère au disposant plus de liberté dans la transmission de son patrimoine, lui offrant ainsi la possibilité de régler des situations particulières (survie de l'entreprise, protection de l'enfant handicapé).

La renonciation exige l'acceptation de celui dont le renonçant a vocation à hériter ; elle peut porter sur la totalité de la *réserve* ou une quote-part ou un bien déterminé ; elle est établie par acte authentique.

Elle ne constitue pas une libéralité.

C. civ., art. 929 à 930-5.

→ *Pacte de famille.*

Renonciation à succession

[Droit civil]

Déclaration formaliste par laquelle un héritier refuse la succession à laquelle il est appelé. Le renonçant n'est pas tenu au paiement des dettes et charges de la succession, à l'exception des frais funéraires de l'ascendant ou du descendant à la succession duquel il renonce.

C. civ., art. 804 s.; C. pr. civ., art. 1339 et 1340.

→ *Acceptation à concurrence de l'actif net, Acceptation pure et simple.*

ACTU

Renouvellement

[Droit civil]

Le contrat à durée déterminée peut être renouvelé par l'effet de la loi ou l'accord des parties. Le renouvellement donne naissance à un nouveau contrat dont le contenu est identique au précédent, mais dont la durée est indéterminée.

C. civ., art. 1214.*

[Droit du travail]

Terme qui marque le report d'une échéance convenue, en matière d'essai ou de *contrat de travail* à durée déterminée par exemple. Le renouvellement permet ainsi, lorsque les conditions de validité sont respectées (notamment l'accord des parties sur le renouvellement pendant la période initiale), de prolonger le régime juridique en vigueur au moment du renouvellement jusqu'à un nouveau terme convenu par les cocontractants. Dans la mesure où il s'agit d'une même période qui se prolonge, il est essentiel de distinguer, notamment pour les contrats de travail à durée déterminée, le renouvellement de la succession, dans laquelle les relations de travail sont régies dans des cadres juridiquement différents (ainsi la succession de contrats à durée déterminée obéit à des règles spécifiques).

C. trav., art. L. 1243-13 et L. 1221-21.

Rénovation urbaine

[Droit administratif]

Opération complexe d'urbanisme tendant à moderniser et à remodeler les quartiers urbains anciens insalubres, ou ne répondant plus aux normes actuelles d'occupation des sols. La conduite de ces opérations de démolition, de mise en état des sols et de construction peut être confiée à des organismes variés, qui, dans la pratique, sont souvent des sociétés locales d'*économie mixte*.

Afin d'éviter l'éloignement systématique des anciens propriétaires et commerçants, il doit leur être proposé de conserver des droits sur les immeubles nouveaux, moyennant la cession amiable de ceux qu'ils occupaient; en fait, la rénovation urbaine a généralement provoqué, jusqu'ici, une profonde transformation de la structure sociale de la population qu'elle a affectée.

ACTU

Renseignement (Du)

[Droit pénal/Procédure pénale]

Services spécialisés de l'État ayant pour mission, tant en France qu'à l'étranger, de rechercher, collecter et de mettre à la disposition du gouvernement des informations jugées indispensables, concernant les enjeux géopolitiques et stratégiques du pays et la connaissance de menaces ou risques majeurs pouvant affecter la vie de la Nation, notamment le terrorisme.

La politique publique de renseignement est aujourd'hui encadrée par la loi n° 2015-912 du 24 juillet 2015 qui légitime toute une série de techniques intrusives de surveillance des citoyens.

Les motifs de la mise en place d'une activité de renseignement, au nombre de sept, sont limitativement énumérés par la loi : prévention du terrorisme; préservation de l'indépendance nationale et de l'intégrité du territoire; défense nationale, intérêts de la politique étrangère; intérêts économiques, industriels et scientifiques majeurs de la France; violences collectives de nature à porter atteinte à la sécurité nationale et la reconstitution de groupements dissous; prévention de la prolifération des armes de destruction massive.

Les activités et les techniques de recueil de renseignements, soumises à autorisation, sont également précisément indiquées par le législateur (accès administratif aux données de connexion – interceptions de sécurité – sonorisation de lieux ou de véhicules – captation d'images ou de données informatiques – mesures de surveillance des communications électroniques internationales).

Toute mise en œuvre d'une technique de renseignement est soumise à une autorisation du Premier Ministre, délivrée après avis (simple) d'une autorité administrative indépendante, la Commission Nationale de Contrôle des Techniques de Renseignements (CNCTR). En cas d'urgence absolue et pour les seules finalités prévues par le législateur (terrorisme par ex.) le Premier Ministre peut autoriser le recueil de renseignements sans avis préalable. Les contestations relatives à la légalité de la mise en œuvre de cette procédure du renseignement sont confiées à une section spéciale du Conseil d'État, qui peut être saisie par toute personne concernée, ayant préalablement saisi la CNCTR et, par cette dernière, en cas de désaccord persistant avec le Premier Ministre qui refuse de suivre ses avis ou recommandations.

CSI, art. L. 801-1 à L. 854-9.

Renseignement (Protection des agents du)

[Droit pénal/Procédure pénale]

Les services spécialisés du renseignement sont désignés par décret en Conseil d'État. L'organisation des services et les actes administratifs, réglementaires ou individuels, les concernant sont pris dans des conditions garantissant l'anonymat.

Pour réaliser leur mission, certains agents des services spécialisés de renseignement, désignés par arrêté du Premier ministre, peuvent, faire usage d'une identité d'emprunt ou d'une fausse qualité sans être pénalement responsables, pas plus que les personnes requises, à seule fin d'établir ou de permettre l'usage de cette identité d'emprunt ou de cette fausse qualité.

Toute révélation d'une information pouvant conduire directement ou indirectement à la découverte de la véritable identité de l'agent ou son appartenance à un service de renseignement est passible de 5 ans d'emprisonnement et 75 000 € d'amende. La peine est aggravée si la révélation a entraîné une atteinte à l'intégrité physique de l'agent, de son conjoint, du partenaire lié par un PACS, d'un ascendant ou descendant en ligne directe. Il en va de même si elle a entraîné la mort d'une de ces personnes. La révélation commise, par imprudence ou négligence, par une personne dépositaire par état ou profession ou en rai-

son d'une fonction de telles informations est également sanctionnée.
Le témoignage d'un agent de renseignement, dans le cadre d'une procédure judiciaire, sur des faits dont il aurait eu connaissance lors d'une mission, est organisé de manière à ce que son identité réelle n'apparaisse jamais, les auditions ou confrontations garantissent son anonymat, notamment en le réalisant dans un lieu secret s'il y a un risque pour l'agent.

CSI, art. L. 861-1, L 861-2 et R 851-1 s.; C. pén., art. 413-3; C. pr. pén., art. 656-1.

Rente

[Droit civil]

Arrérages versés au crédirentier par le débirentier en échange d'un capital reçu. La rente est viagère, lorsque l'obligation de verser les arrérages cesse à la mort du crédit-rentier ou d'une tierce personne; elle est perpétuelle lorsque le débirentier ne peut se libérer qu'en remboursant le capital.

C. civ., art. 759, 766, 1909 s., 1968 s., et 1977 s.

[Sécurité sociale]

Allocation régulière versée au titre de la législation sur les accidents du travail, en cas d'incapacité permanente.

CSS, art. L. 434-2 s.

Rente sur l'État

[Droit financier ou fiscal]

Synonyme d'emprunt du Trésor à moyen ou long terme.

→ *Dette publique.*

Renvoi

[Droit international privé]

Lorsque, en matière de conflits de lois, la loi étrangère désignée par la règle de conflit du for décline sa compétence et déclare applicable une autre loi, soit celle du for (renvoi au premier degré) soit une loi tierce (renvoi au deuxième degré), on parle de renvoi de la loi initialement désignée à celle finalement déclarée applicable.

GADIP n° 7, 8, 16 et 51.

[Procédure civile]

Décision par laquelle un tribunal désigne une autre juridiction pour connaître d'une affaire.

• *Renvoi après cassation :* lorsque la *Cour de cassation* casse un jugement ou un arrêt, elle renvoie devant une juridiction du même ordre, de même nature, de même degré que celle dont émane le jugement ou l'arrêt cassé, ou devant la même juridiction composée d'autres magistrats.

C. pr. civ., art. 626, 1032 s.; COJ, art. L. 431-4.

→ *Juridiction de renvoi.*

• *Renvoi en matière de compétence, de litispendance ou de connexité :* la cour d'appel, dans certaines hypothèses, et parfois même le juge du premier degré, renvoie l'affaire devant la juridiction qu'il estime compétente.

C. pr. civ., art. 86, 97, 101 et 104.

• *Renvois divers.*

Dans la procédure ordinaire devant les tribunaux de droit commun, le président, à l'audience de fixation, décide si l'affaire sera simplement renvoyée à l'audience ou fera l'objet d'une instruction par l'intermédiaire du magistrat de la mise en état.

C. pr. civ., art. 760 s.

→ *Appel des causes, Audience de procédure, Audience des plaidoiries.*

Le *juge des référés*, le *juge unique*, le *juge de proximité* peuvent décider de renvoyer la difficulté qui leur est soumise à la formation collégiale de leur juridiction.

C. pr. civ., art. 487, 780; COJ, art. L. 212-2.

Un plaideur peut, dans certains cas (*suspicion légitime*, sûreté publique, cause de récusation contre plusieurs juges), demander le renvoi du procès devant une autre juridiction que celle qui est saisie.

C. pr. civ., art. 356, 364 et 365; COJ, art. L. 111-8.

→ *Délocalisation de procédure, Récusation.*

[Procédure pénale]

En matière pénale, le renvoi devant une autre juridiction que celle qui est normalement compétente peut être décidé par la chambre criminelle, sur demande du ministère public ou des parties, en cas de suspicion légitime.

Il peut être également ordonné par cette juridiction pour cause de sûreté publique, sur requête du procureur général près la Cour de cassation, soit dans l'intérêt d'une bonne administration de la justice, éventuellement sur initiative des parties ou encore lorsque la juridiction normalement compétente ne peut être composée ou si le cours de la justice se trouve autrement interrompu.

Un renvoi peut également être décidé devant une juridiction limitrophe par le premier président d'une cour d'appel lorsque la juridiction compétente ne peut être composée en raison d'incompatibilités prévues par la loi.

C. pr. pén., art, 662, 665, 665-1 et 667-1.

→ *Suspicion légitime.*

Renvoi à mieux se pourvoir

[Procédure civile]

Décision par laquelle le juge civil qui considère que l'affaire relève d'une juridiction répressive, administrative, arbitrale ou étrangère, se borne à déclarer son incompétence sans désigner la juridiction qu'il estime qualifiée.

C. pr. civ., art. 96.

Renvoi d'acte

[Droit civil]

Modification ou addition en marge d'un acte écrit, annoncée par un signe indiquant sa place dans le corps de l'acte, signe reproduit en tête du renvoi.

Dans les actes notariés, les renvois sont, à peine de nullité, paraphés par le notaire et les autres signataires de l'acte. Lorsqu'ils sont trop longs, ils sont placés à la fin de l'acte, numérotés, sans qu'il soit nécessaire de les parapher s'ils précèdent les signatures.

Renvoi préjudiciel

[Droit européen]

En vertu de l'article 267 TFUE, renvoi décidé par une juridiction nationale saisissant la Cour de justice de l'Union européenne d'une demande d'interprétation des traités ou d'appréciation de validité et d'interprétation des actes de droit dérivé. La Cour de justice rendra un « arrêt préjudiciel » qui permettra à la juridiction nationale de trancher le litige dont elle était elle-même saisie. Ces renvois, en raison de leur nombre et du fait qu'ils ont permis à la Cour d'élaborer ses grandes jurisprudences (primauté, droits fondamentaux...), tendent à faire d'elle une sorte de Cour suprême.

→ *Dit pour droit, Question préjudicielle.*

Réouverture des débats

[Procédure civile]

Mesure rapportant la mise en délibéré et appelant l'affaire à une nouvelle audience en vue d'un débat complémentaire, que le président est libre de prescrire en fonction des circonstances de la cause. Mais le président doit l'ordonner lorsque les parties n'ont pas été à même de s'expliquer contradictoirement sur les éclaircissements de droit ou de fait qui leur avaient été demandés.

C. pr. civ., art. 444, al. 1.

Réparation intégrale (Principe de)

[Droit civil]

Principe de la responsabilité civile, dit indemnitaire, en vertu duquel le dédommagement dû par le responsable doit couvrir tout le dommage et uniquement le dommage, sans qu'il en résulte ni appauvrissement, ni enrichissement de la victime. C'est pourquoi l'indemnité est calculée sur la valeur au jour du jugement, permettant ainsi de tenir compte de la variation intrinsèque du dommage, de la hausse du coût de la vie ou de la dépréciation de la monnaie survenues depuis le jour du dommage. C'est pourquoi, aussi, en présence d'un dommage corporel, le montant de l'indemnité allouée au titre de l'assistance d'une tierce personne ne saurait être réduit en cas d'assistance bénévole par un membre de la famille. Pas davantage, pour le même motif, la victime n'est tenue de minimiser son dommage dans l'intérêt du responsable, par exemple de subir des interventions médicales ou chirurgicales grâce auxquelles serait obtenue une réduction du quantum de la réparation.

Le principe de la réparation intégrale n'implique pas de contrôle sur la destination des fonds alloués à la victime qui en conserve la libre utilisation.

GAJC, t. 2, n° 182, 193.

→ *Mitigation.*

[Droit international public]

Principe du droit de la responsabilité internationale selon lequel l'État ou l'organisation internationale responsable est tenu(e) de réparer intégralement le préjudice causé par son fait internationalement illicite.

→ *Fait internationalement illicite, Responsabilité internationale.*

Réparations locatives

[Droit civil]

Réparations à la charge du locataire relatives à l'entretien courant du logement et des équipements mentionnés au contrat, ainsi que l'ensemble des réparations locatives définies par décret du Conseil d'État, sauf si elles sont occasionnées par vétusté, malfaçon, vice de construction, cas fortuit ou force majeure.

Dans le bail à loyer du Code civil, il s'agit de réparations de menu entretien, comme le remplacement de vitres cassées à moins qu'elles ne le soient par la grêle.

C. civ., art. 1754.

Répartition

[Sécurité sociale]

Système consistant à utiliser, chaque année, les contributions des participants en activité pour verser des allocations aux personnes à la retraite. Dans ce système, les cotisations des actifs financent les pensions des inactifs.

→ *Capitalisation.*

Repenti

[Droit pénal]

Terme générique désignant un délinquant qui, collaborant avec les autorités administratives ou judiciaires, permet d'éviter une activité criminelle, d'en réduire les conséquences ou d'en identifier les auteurs ou complices. Cette solution valable pour certaines infractions seulement (ex. : terrorisme, trafic de stupéfiants, vol en bande organisée, blanchiment) conduit à une exemption ou à une diminution de peine. Ces personnes peuvent bénéficier d'une protection destinée à assurer leur sécurité, de même que les membres de leurs familles ou leurs proches. Cette protection est mise en œuvre par une Commission nationale de protection et de réinsertion, placée auprès du ministre de l'Intérieur. Elle est chargée, sur requête du procureur de la République qui traite du dossier, de définir les mesures proportionnées de protection physique et de domiciliation destinées à assurer la protection des personnes concernées. Elle peut également décider, s'il y a lieu, certaines mesures de réinsertion. La décision de recours à une identité d'emprunt est prise par le président du Tribunal de grande instance de Paris, sur requête de la Commission nationale qui doit être accompagnée de la demande écrite de l'intéressé (Décr. nº 2014-346 du 17 mars 2014).

C. pén., art. 132-78; C. pr. pén., art. 706-63-1.

Repentir

[Droit civil]

→ *Droit de repentir.*

Repentir actif

[Droit pénal]

Fait pour un délinquant, qui a consommé une infraction, d'en réparer, dans la mesure du possible, les conséquences dommageables. Cette réparation est sans incidence sur la responsabilité pénale de l'auteur, ce dernier pouvant seulement espérer que la peine prononcée sera réduite. Ainsi en est-il pour la restitution, avant poursuite, de sommes escroquées.

GADPG nº 31.

Répertoire civil

[Procédure civile]

Registre, tenu par le greffier du TGI, où sont consignés, jour par jour et par ordre numérique, l'ensemble des extraits des demandes, actes et jugements affectant les pouvoirs des personnes majeures, à la suite de changements survenus dans leur capacité ou dans leur régime matrimonial (mise en tutelle, retrait de pouvoirs entre époux, rejet d'une demande de séparation de biens, etc.).

Ce mode de publicité, destiné à informer les tiers, est complété par un système de mentions en marge de l'acte de naissance portant une référence numérique audit répertoire.

C. pr. civ., art. 1057 s. et 1233.

→ *Incapacité.*

Répertoire de métiers et de l'artisanat

[Droit commercial]

→ *Artisan.*

Répertoire des données à caractère personnel collectées dans le cadre des procédures judiciaires

[Procédure pénale]

Fichier centralisant l'ensemble des expertises, évaluations et examens psychiatriques, psychologiques, médico-psychologiques et pluridisciplinaires réalisés au cours de l'enquête ou de l'instruction, à l'occasion du jugement, au cours de l'exécution des peines, avant ou pendant une surveillance ou une rétention de sûreté, en cas de déclaration d'irresponsabilité pénale pour cause de troubles mentaux et dans le cadre d'une mesure de soins psychiatriques en résultant, lorsqu'ils concernent les personnes poursuivies ou condamnées pour une infraction pour laquelle le suivi socio-judiciaire est encouru, afin de faciliter et de fiabiliser la connaissance de leur personnalité, l'évaluation de leur dangerosité, dans le but de prévenir le renouvellement de ces infractions. Ces données sont immédiatement effacées en cas de classement sans suite, sauf s'il est fondé sur l'absence de discernement, de décision définitive de non-lieu, de relaxe ou d'acquittement. Elles ne peuvent être conservées plus de trente ans.

Ce fichier est tenu, sous l'autorité d'un magistrat, par le service du casier judiciaire. Il n'est directement accessible qu'aux seules autorités judiciaires. Néanmoins, par leur intermédiaire, les membres de la commission pluridisciplinaire des mesures de sûreté et les personnes chargées d'une évaluation pluridisciplinaire de dangerosité peuvent être destinataires de ces informations pour l'exercice de leurs missions.

C. pr. pén., art. 706-56-2.

Répertoire général des affaires

[Procédure civile]

Registre unique tenu au greffe des tribunaux de droit commun et d'exception, sur lequel sont inscrites à leur date, avec un numéro d'arrivée, toutes les affaires introduites devant la juridiction concernée, ainsi que la nature et la date des décisions intervenues.

Le répertoire général peut être tenu sur support électronique, étant précisé que le système de traitement des informations doit en garantir l'intégrité et la *confidentialité* et permettre d'en assurer la conservation.

C. pr. civ., art. 726, 729-1, 825 et 970.

→ *Mise au rôle, Registre d'audience.*

Répertoire national d'identification des personnes physiques

[Droit civil]

Fichier tenu par l'Institut national de la statistique et des études économiques (INSEE), recensant toute personne née en France, qu'elle soit française ou étrangère, avec précision de ses nom et prénoms, lieu et date de naissance, sexe, du numéro de l'acte de naissance et de l'acte de décès… Ce répertoire permet la vérification de l'*état civil* pour les organismes de Sécurité sociale, l'administration fiscale, la Banque de France, ainsi que la gestion du fichier électoral.

ACTU

Répétition de l'indu

[Droit civil]

Remboursement de ce qui a été payé sans cause soit parce que la dette n'existait pas du tout (indu objectif), soit parce que la dette a été annulée ou résolue (indu *a posteriori*), soit parce qu'il n'y avait pas de rapport de débiteur à créancier entre *solvens* et *accipiens* (indu subjectif).

La loi du 12 mai 2009 sur la simplification du droit (n° 2009-527) remplace le terme « répétition » par celui de « restitution », changement linguistique confirmé par l'ordonnance n° 131 du 10 février 2016 réformant le droit des contrats.

La restitution peut être réduite si le paiement procède d'une faute. Elle n'est pas admise à l'égard des obligations naturelles qui ont été volontairement acquittées.

C. civ., art. 1302 à 1302-3*.*

GAJC, t. 2, n° 240.

→ *Quasi-contrat.*

Réplique

[Droit administratif/Droit européen]

Dans la phase écrite de la procédure contentieuse, qui se déroule sous forme d'échange de mémoires, la personne publique en cause répond à la requête introductive d'instance par un mémoire en défense (par des « observations » s'il s'agit d'un ministre pour l'État), auquel répond le requérant par un mémoire en réplique.

[Procédure civile]

Conclusions du demandeur ou plaidoirie de son avocat présentées en réponse aux conclusions du défendeur ou à la plaidoirie de son avocat.

→ *Duplique.*

Report en bourse

[Droit commercial]

Procédé utilisé sur le marché à terme consistant à remettre à une liquidation ultérieure la réalisation d'une opération de bourse.

On parle aujourd'hui de prorogation des ordres.

Repos compensateur

[Droit du travail]

Temps de repos, payé comme temps de travail, accordé aux travailleurs qui ont accompli un certain nombre d'heures supplémentaires. La loi n° 2008-596 du 25 juin 2008 a prévu que l'existence et les modalités de cette contrepartie en repos (l'expression « repos compensateur » n'est pas reprise et les articles du Code du travail qui y étaient relatifs sont abrogés) seront fixées par voie conventionnelle pour les heures supplémentaires effectuées dans le cadre du contingent annuel. Pour les heures supplémentaires accomplies au-delà du contingent, le Conseil constitutionnel a exigé que le législateur fixe les règles minimales relatives à ce repos.

→ *Heures supplémentaires.*

Repos hebdomadaire

[Droit du travail]

Repos d'au moins 24 heures consécutives qui doit être accordé chaque semaine à tout salarié. Le repos hebdomadaire est donné en principe le dimanche. C'est le repos dominical.

C. trav., art. L. 3132-1 s. et R. 3132-1 s.

Représailles

[Droit international public]

Mesures de contrainte illicites prises par un État pour répondre à des actes également illicites commis à son préjudice par un autre État, et obtenir ainsi la cessation et/ou la réparation du dommage.

→ *Contre-mesure.*

Représentant de commerce

[Droit du travail]

Intermédiaire travaillant de façon permanente pour une ou plusieurs personnes, pour le compte desquelles il se charge de solliciter la clientèle, de préparer ou conclure des ventes, sans s'engager personnellement.

C. trav., art. L. 7311-1 s. et D. 7312-1 s.

Représentant de la section syndicale

[Droit du travail]

Salarié qui représente au sein d'une entreprise ou d'un établissement une organisation syndicale, non représentative dans cette entreprise ou cet établissement, ayant constitué une section syndicale. Il dispose des mêmes prérogatives qu'un délégué syndical à l'exception du pouvoir de négocier des conventions ou accords collectifs de travail. Il peut néanmoins, dans certains cas très particuliers, être désigné comme salarié mandaté pour négocier avec l'employeur.

C. trav., art. L. 2142-1-1 s.

→ *Délégué syndical, Salarié mandaté.*

Représentant des créanciers

[Droit commercial]

Mandataire judiciaire au redressement et à la liquidation des entreprises désigné par le tribunal dans le jugement d'ouverture, il a pour fonction la vérification des créances lors de la période d'observation, en vue de l'évaluation du passif de l'entreprise. Il a seul qualité pour agir au nom et dans l'intérêt collectif des créanciers qu'il représente.

La représentation collective des créanciers était assurée, avant la loi n° 85-99 du 25 janvier 1985, par le *syndic de faillite*, supprimé depuis cette date.

C. com., art. L. 621-43 s. et L. 812-1 s.

Représentant syndical

[Droit du travail]

Au sens strict, et par opposition au *délégué syndical*, membre d'un syndicat représentatif et désigné par lui en vue de siéger au comité d'entreprise ou d'établissement avec voix consultative.

C. trav., art. L. 2324-2.

Représentants du personnel

ACTU

[Droit du travail]

Expression qui désigne les représentants élus des salariés dans l'entreprise (délégués du personnel, membres des comités d'entreprise et des comités d'hygiène, de sécurité et des conditions de travail).

Dans les entreprises d'au moins 300 salariés, un accord collectif aux conditions de validité renforcées, (les organisations syndicales signataires doivent représenter au 50 % des suffrages exprimés au premier tour des dernières élections des titulaires du comité d'entreprise) peut organiser le regroupement des délégués du personnel, du comité d'entreprise et du comité d'hygiène, de sécurité et des conditions de travail (ou de seulement deux de ces institutions) dans une instance unique de représentation exerçant toutes les attributions des institutions faisant l'objet du regroupement.

Les délégués syndicaux, qui sont juridiquement les représentants des syndicats dans l'entreprise, sont parfois qualifiés abusivement de représentants du personnel.

C. trav., art. L. 2311-1 s., L. 2321-1 s. et L. 2391-1 s.

GADT n° 136 à 138.

→ *Comité d'entreprise, Comité d'hygiène, de sécurité et des conditions de travail (CHSCT), Délégation unique du personnel, Délégué du personnel.*

Représentation

ACTU

[Droit civil]

1° Procédé juridique par lequel une personne, appelée représentant, agit au nom et pour le compte d'une autre personne, appelée représenté. Les effets de l'acte passé par le représentant se produisent directement sur la tête du représenté. La représentation peut être légale (tuteur représentant le mineur), conventionnelle (mandat) ou judiciaire (autorisation accordée à un époux d'agir au nom de l'autre).

La représentation a ses limites. Il est des actes qui ne peuvent jamais donner lieu à représentation parce que leur nature implique un consentement strictement personnel, tels une reconnaissance d'enfant ou les actes de l'autorité parentale.

Le nouvel article 1158* du Code civil (ordonnance du 10 févr. 2016 portant réforme des obligations) permet au tiers d'interroger le représenté sur l'étendue des pouvoirs du représentant; passé le délai fixé par lui, faute de réponse, le représentant est réputé habilité à conclure l'opération.

C. civ., art. 36, 113, 218, 219, 389-3, 408, 458, 496, 1153 à 1161*, 1984 et 1998.*

2° Fiction juridique qui a pour effet d'appeler à la succession les représentants aux droits du représenté. La représentation a lieu à l'infini dans la ligne directe descendante; en ligne collatérale, elle est admise en faveur des enfants et descendants de frères ou sœurs du défunt; elle a été étendue aux descendants d'un successible indigne, même vivant, et aux descendants d'un renonçant.

C. civ., art. 751 s.

→ *Souche, Tête (Par).*

[Droit constitutionnel]

→ *Régime représentatif, Représentation proportionnelle.*

[Droit international public]

1° Situation d'une personne qui agit au nom ou pour le compte d'une autre, en particulier d'un État ou d'une organisation internationale qui lui a attribué un pouvoir à cet effet.

2° Représentation diplomatique.

→ *Mission diplomatique.*

Représentation conjointe (Action en)

[Procédure civile]

→ *Action en représentation conjointe.*

Représentation des intérêts

[Droit constitutionnel]

Système consistant à assurer la représentation des groupes économiques ou sociaux, comme complément ou à la place de la représentation des individus, par exemple par une assemblée simplement consultative (ex. : Conseil économique, social et environnemental de la Constitution de 1958), ou par une chambre économique et sociale intégrée au parlement (ex. : ex-Yougoslavie).

Représentation en justice des plaideurs

[Procédure civile]

• *Devant les tribunaux d'exception*, la représentation en justice n'est pas obligatoire, les plaideurs pouvant se présenter en personne. S'ils font le choix de la représentation, celle-ci, sauf devant le tribunal de commerce, est strictement réglementée, une situation privilégiée étant faite à l'avocat. Devant ces juridictions, la partie ne peut être représentée que par un avocat ou l'une des personnes limitativement énumérées par la loi, notamment, outre son conjoint ou un membre de sa famille, par son concubin ou la personne avec laquelle elle a conclu un pacte civil de solidarité.

C. pr. civ., art. 18, 19, 411 s., 751, 828, 853, 884; C. trav., art. R. 1453-2.

• *Devant les tribunaux de droit commun*, les parties ne peuvent comparaître en personne; elles doivent se faire représenter par un avocat en première instance et en appel.

C. pr. civ., art. 411 s., 751, 899, 931, 973; CSS, art. L. 144-3.

→ *Assistance des plaideurs, Comparution, Mandat de représentation en justice, Ministère d'avocat, Pouvoir.*

Représentation proportionnelle

[Droit constitutionnel]

Mode de scrutin qui répartit les sièges entre les listes au prorata du nombre de voix qu'elles ont recueillies.

1° *Représentation proportionnelle approchée :* celle qui répartit les restes à l'intérieur des circonscriptions, ce qui entraîne, pour les listes, des voix non représentées dans toutes les circonscriptions où elles ont été en compétition. Le système de la plus forte moyenne, souvent retenu, avantage les listes ayant obtenu le plus de voix; celui du plus fort tend à bénéficier aux courants minoritaires.

2° *Représentation proportionnelle intégrale :* celle qui opère la répartition des restes au plan national, de sorte que chaque liste a, pour l'ensemble du pays, un nombre de voix non représentées négligeable (inférieur au *quotient électoral*).

ACTU

Représentation universelle des salariés

[Droit du travail]

Expression trompeuse de la langue du droit issue de la loi n° 2015-994 du 17 août 2015 pour désigner un mécanisme permettant une représentation des très petites entreprises. La représentation n'a rien d'universel puisqu'elle ne concerne que les entreprises de moins de 11 salariés. Il ne s'agit pas non plus au sens strict d'une institution représentative des salariés puisque la représentation est organisée au sein de commissions paritaires interprofessionnelles établies à l'échelle régionale regroupant des représentants des salariés *et* des représentants des employeurs. Les attributions, très modestes et bien plus restreintes que celles des délégués du personnel (essentiellement la fourniture de services : avis, conseils, informations, propositions, sensibilisations...) sont confiées aux commissions elles-mêmes et sont donc exercées aussi par les représentants des employeurs. Les représentants salariés ne sont pas élus mais désignés par des organisations syndicales dont les statuts leur confèrent une vocation interprofessionnelle.

C.trav., art. L. 23-111-1 s.

→ *Délégués du personnel, Représentants du personnel.*

Représentativité des syndicats

[Droit du travail]

→ *Syndicat professionnel.*

Reprise (des propres)

[Droit civil]

Opération effectuée pendant la liquidation de la communauté entre époux, par laquelle chaque époux reprend, avant le partage des biens communs, ses biens propres qui se retrouvent en nature lors de la dissolution, ou les biens qui y ont été subrogés.

C. civ., art. 1467, 1472.

GAJC, t. 1, n° 95.

Reprise (Droit de)

[Droit civil]

1° *Bail d'habitation :* la loi n° 89 du 6 juillet 1989 (art. 15) autorise le propriétaire à recouvrer la jouissance du bien loué pour son habitation personnelle ou celle de personnes déterminées (conjoint, pacsé, concubin notoire depuis un an, ascendants, descendants, et ceux de son conjoint), pour vendre le logement, pour motif sérieux et légitime.

La loi aménage, en cas d'abandon, une procédure aux fins de résiliation du bail et de reprise des lieux (art. 14-1).

2° *Bail rural :* droit accordé au bailleur de refuser le renouvellement du bail en vue d'une exploitation directe du bien loué, soit par le bailleur en personne, soit par son conjoint, soit par le partenaire auquel il est lié par un *PACS*, soit par un descendant majeur ou mineur émancipé.

C. rur., art. L. 411-58.

[Droit commercial]

Droit de résiliation conventionnel permettant au bailleur d'exercer, à la fin de chaque période triennale du bail originaire ou renouvelé, la reprise du fonds afin de construire, de reconstruire l'immeuble existant, de le surélever ou d'exécuter certains travaux. La loi prévoit, en outre, le refus de renouvellement du bail des locaux d'habitation accessoires aux locaux commerciaux, pour l'habitation du bailleur lui-même, de son conjoint, de ses ascendants, de ses descendants ou de ceux de son conjoint, à condition que le bénéficiaire de la reprise ne dispose pas d'un logement correspondant à ses besoins normaux.

C. com., art. L. 145-18, L. 145-21 et L. 145-22.

[Droit financier ou fiscal]

Droit que possède le fisc pendant un certain délai (« délai de reprise ») de réparer les erreurs ou les omissions qu'il a constatées dans l'assiette ou le calcul (dit *liquidation*) de l'impôt.

Reprise (Obligation de)

[Droit de l'environnement]

Obligation pesant sur le distributeur, lors de la vente d'un équipement électrique ou électronique ménager, de reprendre gratuitement l'appareil usager dont se défait l'acquéreur, « dans la limite de la quantité et du type d'équipement vendu » (dite reprise du 1 pour 1).

C. envir., art. R. 543-180, R. 543-205.

ACTU

Reprise de l'entreprise par les salariés

[Droit commercial/Droit du travail]

Dans les entreprises de taille petite et moyenne (moins de 50 salariés), le propriétaire du fonds de commerce ou de la majorité des parts sociales doit informer le personnel de tout projet de cession et impartir, à peine de responsabilité et d'amende, un délai de 2 mois aux salariés leur permettant de présenter une offre de reprise concurrente. Une procédure analogue existe dans les entreprises de plus grande taille, qui implique la discussion avec les institutions représentatives du personnel et les autorités administratives. Sont sanctionnés les manquements à la procédure, non pas le fait pour le chef d'entreprise de préférer un tiers repreneur (ce que le Conseil constitutionnel avait jugé relever du principe de la liberté d'entreprendre : décision n° 2014-692 DC, loi Florange). En 2015, la loi a précisé que toute sanction de nullité des cessions d'entreprise devait être proscrite et a affermi les sanctions par équivalent (responsabilité, amende civile de 2 % du montant de la vente).

C. com., art. L. 141-23 s., L. 23-10-1 s.; C. trav., art. L. 1233-57-9 s.

Reprise d'instance

[Procédure civile]

Remise en marche d'une instance interrompue, soit amiablement par acte d'avocat, soit sur citation en justice de la partie adverse.

C. pr. civ., art. 373 s.

→ *Interruption.*

Reprise des débats

[Procédure civile]

Recommencement de l'audience de jugement rendue nécessaire par le changement survenu dans la composition de la juridiction; les débats sont repris dans leur intégralité, alors que les débats rouverts se limitent en général à quelques explications complémentaires ou éclaircissements nouveaux.

C. pr. civ., art. 444, al. 2.

→ *Réouverture des débats.*

Reprise des locaux abandonnés

[Droit civil/Procédure civile]

Le bailleur, qui entend faire constater que le logement a été abandonné par ses occupants, fait établir par huissier, après mise en demeure, un procès-verbal relatant l'état d'abandon et contenant un inventaire des biens laissés sur place. Sur cette base, le juge constate la résiliation du bail et autorise la vente aux enchères desdits biens.

C. pr. exéc., art. L. 433-1, L. 433-2, L. 451-1; L. n° 89-462 du 6 juill. 1989, art. 14-1.

Reproche

[Procédure civile]

Allégation de certains faits de nature à rendre suspecte la déposition d'un témoin. Les textes sur le reproche d'un témoin ont été abrogés en 1958.

République

[Droit constitutionnel]

Régime politique où le pouvoir est chose publique (*res publica*), ce qui implique que ses détenteurs l'exercent non en vertu d'un droit propre (droit divin, hérédité), mais en vertu d'un mandat conféré par le corps social. Ainsi définie, la république s'oppose à la monarchie ou royauté, mais elle ne se confond pas avec la démocratie : une monarchie peut être démocratique (ex. : Grande-Bretagne), une république peut ne pas l'être (ex. : Grèce « des colonels » et Républiques populaires); en fait, les mots république et démocratie sont souvent employés indifféremment.

Selon l'article 89 de la Constitution de 1958, la forme républicaine du gouvernement ne peut faire l'objet d'une révision.

République française

[Droit constitutionnel]

Ensemble constitué par la France métropolitaine et les diverses *collectivités territoriales d'outre mer*. Elle est indivisible, laïque, démocratique et sociale; elle assure l'égalité des citoyens devant la loi; son organisation est décentralisée; sa langue est le français; sa devise est Liberté, Égalité, Fraternité.

Const., art. 1 et 2.

Réputé non écrit

[Droit civil]

→ *Non écrit.*

Requalification

[Procédure civile]

Requalifier consiste pour le juge à substituer sa propre *qualification* à celle des parties, par exemple, pour un fait, à juger que l'erreur est en réalité une violence, que le licenciement individuel est un licenciement économique, ou, pour un acte, à considérer que le contrat de vente recouvre un contrat de prêt, que le contrat en cause n'est pas un contrat d'entreprise mais un contrat de mandat.

Si l'*Assemblée plénière* de la Cour de cassation reprend, dans son arrêt du 21 décembre 2007 (n° 06-11343), les termes mêmes de l'article 12 du Code de procédure civile qui obligent le juge à restituer leur exacte qualification aux faits et actes litigieux invoqués par les parties au soutien de leurs prétentions, elle considère, non sans contradiction, que le juge n'a pas l'obligation, sauf règles particulières, de changer la dénomination ou le fondement juridique de leurs demandes.

Le devoir ou le pouvoir de requalification postule que la requalification s'appuie sur les faits du débat et n'opère pas modification de l'objet des prétentions; il suppose, aussi, le respect du *principe du contradictoire*.

Il n'y a pas lieu à requalification lorsque les parties ont donné au juge la mission de statuer comme *amiable compositeur*.

C. pr. civ., art. 12, 16 et 57-1.

[Procédure pénale]

Les juridictions, tant d'instruction que de jugement, étant saisies *in rem*, c'est-à-dire d'un fait, la requalification, sauf exception textuelle (presse par ex.), est donc pour le juge à la fois un droit et un devoir. Cependant ce pouvoir trouve ses limites dans la protection des droits de la défense qui implique, selon la Cour EDH, que l'accusé connaisse en détail l'accusation portée contre lui. Il en résulte que deux restrictions sont apportées au principe de la liberté de requalification. En premier lieu, si le juge est conduit à s'emparer de faits distincts, elle exige l'acceptation expresse du prévenu. En second lieu, si, sans intégrer un fait nouveau, elle ajoute néanmoins à la prévention une circonstance qui n'était pas mentionnée initialement, il faut que le prévenu ait été mis en demeure de s'expliquer.

→ *Amiable compositeur, Moyen de pur droit, Moyen, qualification, Relevé d'office des moyens.*

Requérant

[Droit administratif]

Dans la procédure contentieuse administrative, qui est écrite, terme général désignant l'auteur de la requête introductive d'instance, c'est-à-dire le demandeur à l'instance.

[Procédure civile]

Auteur d'une *requête* opérant *saisine* de la juridiction sans que l'adversaire en ait été préalablement informé, à l'opposé de l'*assignation*.

[Droit européen]

Désignation du justiciable portant sa cause devant la Cour de justice de l'Union européenne ou devant la Cour EDH.

Requête

[Procédure civile]

Demande écrite adressée directement à un magistrat, sans mise en cause d'un adversaire, dans les cas où la « situation à régler est urgente et où la nécessité commande qu'il soit procédé non contradictoirement ». Il y est répondu par une ordonnance de caractère provisoire, exécutoire sur minute et susceptible de rétractation.

C. pr. civ., art. 494, 812, 851, 897, 1136-3.

[Droit international public]

Acte unilatéral introductif d'instance devant une juridiction internationale. Est dite « individuelle » lorsque la procédure est engagée par un particulier. La requête peut tendre au règlement d'un différend ou à l'interprétation ou la révision d'un arrêt ou d'une sentence.

→ *Compromis.*

Requête civile

[Procédure civile]

Voie de recours extraordinaire, naguère ouverte dans 11 cas, remplacée par le *recours en révision*.

Requête conjointe

[Procédure civile]

Mode d'introduction de l'instance contentieuse autorisé en toutes matières devant le TGI, la cour d'appel, le tribunal d'instance, le tribunal de commerce. Elle consiste en la remise au secrétariat-greffe d'un document signé par les avocats des deux parties, dans lequel se trouvent exposées les prétentions respectives, les points (de fait et de droit) litigieux ainsi que les moyens invoqués, et qui porte énumération des pièces produites par chacun des requérants.

Cette requête, remise au secrétariat de la juridiction, entraîne la saisine du juge et vaut conclusions.

C. pr. civ., art. 54, 57, 57-1, 793, 829, 845, 859, 900, 926.

Réquisition

[Droit administratif]

Procédé permettant à l'Administration, moyennant indemnisation, de contraindre les particuliers à lui accorder leurs services, l'usage de meubles ou d'immeubles, la propriété de meubles, dans des hypothèses énumérées par les textes mais dont le nombre est allé croissant.

[Droit du travail]

Ordre de reprendre le travail, donné par les autorités administratives aux travailleurs en grève, lorsque l'ordre public paraît menacé.

Réquisition de paiement

[Droit financier ou fiscal]

Droit accordé aux ordonnateurs de surmonter le refus de paiement du comptable dont la responsabilité est alors dégagée, lors du contrôle par celui-ci de la régularité des dépenses publiques à payer. Il est écarté dans certains cas où l'irrégularité apparaît manifeste. L'ordonnateur engage par la réquisition la responsabilité prévue à son égard par les textes qui le concernent.

Réquisitions

[Procédure civile/Procédure pénale]

Conclusions présentées par le *ministère public* devant toutes les catégories de juridictions de l'ordre judiciaire. En matière civile (le terme de conclusions est préféré), le ministère public intervient lorsqu'une affaire lui est communiquée ou qu'il estime avoir le devoir de faire connaître son avis.

C. pr. civ., art. 424 s. et 431; C. pr. pén., art. 33.

→ *Communication au ministère public, Partie jointe.*

Réquisitoire

[Procédure pénale]

Introductif : pièce de la procédure écrite par laquelle le ministère public saisit le juge d'instruction écartant par là la *citation directe*.

C. pr. pén., art. 80, 82 et 86.

Définitif : pièce de la procédure écrite par laquelle le ministère public décide, à la fin de l'instruction, de la suite qu'il entend donner au dossier. Devant les juridictions de jugement, le réquisitoire est présenté oralement.

C. pr. pén., art. 175.

Supplétif : réquisitoire complémentaire pris, en général, à la demande du magistrat instructeur, lui permettant d'informer sur des faits non visés dans le réquisitoire introductif et découverts en cours d'instruction.

C. pr. pén., art. 80, al. 3 et 82, al. 1er.

Res

[Droit civil]

Mot latin signifiant chose.

Rescindant, Rescisoire

[Procédure civile]

Termes désignant les deux phases successives de l'ancienne requête civile : la première concernait la recevabilité et l'admission de la requête; au cours de la seconde, l'affaire était à nouveau examinée et jugée.

Rescision

[Droit civil]

Terme désignant l'annulation, par décision judiciaire, d'un acte lésionnaire. Par exception, la lésion de plus du quart subie par un copartageant ne donne lieu qu'à une action en complément de part, complément qui est fourni, au choix du défendeur, soit en numéraire, soit en nature.

La rescision n'est pas subordonnée à la preuve d'une contrainte morale qu'aurait subie la personne lésée.

C. civ., art. 435, 488, 889, 1147, 1149*, 1674, 1681 et 2052.*

GAJC, t. 2, n° 263.

→ *Annulation, Lésion, Nullité, Résiliation, Résolution.*

Rescrit fiscal

[Droit fiscal/Droit douanier]

Expression désignant la garantie créée au profit des contribuables, inspirée de la pratique américaine du *ruling*, représentée par le droit donné à ceux-ci, dans des cas énumérés, de demander à l'Administration fiscale de prendre position sur une question d'application de la loi fiscale, en lui présentant de bonne foi tous les éléments d'appréciation utiles.

En l'absence de réponse négative de l'Administration, celle-ci ne pourra pas ultérieurement remettre en cause la situation fiscale qui lui avait été présentée, ou appliquer la procédure de l'abus de droit.

Il existe des formes similaires en droit douanier et fiscalité douanière.

LPF, art. L. 64 B et 80 B.

Rescrit social (Procédure)

[Sécurité sociale]

Procédure qui consiste à interroger l'Urssaf sur un problème d'assujettissement ou de cotisation. L'Urssaf est liée par sa réponse ou son absence de réponse.

CSS, art. L. 243-6-3 et L. 311-11.

Res derelictae

[Droit civil]

Choses abandonnées par leur propriétaire et susceptibles d'être acquises par un tiers par *occupation* (déchets domestiques, objets vétustes).

C. civ., art. 539 et 713; C. pén., art. R. 635-8.

→ *Derelictio, Objets abandonnés.*

ACTU

Réseau de distribution

[Droit commercial]

Pratique consistant, pour le titulaire d'une marque ou le fournisseur de produits et services, à organiser la distribution de ses produits par un faisceau de contrats l'unissant à des distributeurs indépendants, et pouvant le cas échéant unir ces distributeurs entre eux.

Ces contrats, et les clauses qu'ils contiennent, suscitent la crainte d'une déstabilisation anticoncurrentielle des marchés et des abus de puissance économique. Ils sont pour cette raison astreints à diverses exigences de forme et de fond, et sont spécialement contrôlés par les autorités de concurrence. Depuis 2015, les contrats de ce type relatifs à des réseaux de grande taille doivent être communiqués à titre informatif à l'Autorité de la concurrence, deux mois avant d'être mis en œuvre.

C. com., art L. 330-1, L. 340-1 s., L. 462-10.

→ *Centrale d'achat.*

Réseau européen de concurrence

[Droit commercial/Droit européen]

Regroupement informel, auprès de la Commission européenne, des diverses autorités nationales de concurrence, permettant un échange d'informations et une coopération active pour la mise en œuvre du droit européen de la concurrence dans les États membres.

Réseau ferré de France

[Droit administratif]

Établissement public à caractère industriel et commercial, né en 1997 de la réorganisation de la *Société nationale des chemins de fer (SNCF)* appelée par le droit communautaire, auquel a été transférée la propriété des voies ferrées et d'immeubles annexes en vue de les gérer. La SNCF – dotée du même statut juridique – n'était depuis lors chargée que d'exploiter les moyens de transport utilisant ces infrastructures, sous réserve d'ailleurs du droit d'accès d'autres transporteurs ferroviaires.

Cependant, en raison du bilan mitigé de cette organisation duale, une réunification sous l'égide de la SNCF est intervenue du fait d'une loi, du 4 août 2014, portant réforme ferroviaire. Depuis le 1er janvier 2015, RFF est devenu SNCF Réseau.

Réseau privé sécurisé huissiers (RPSH)

[Procédure civile]

→ *Communication électronique, Signification.*

Réseau privé virtuel avocats (RPVA)

[Procédure civile]

→ *Communication électronique, Téléprocédures.*

Réseau privé virtuel justice (RPVJ)

[Procédure civile]

→ *Téléprocédures.*

Réservataire

[Droit civil]

Héritier qui a nécessairement droit à une part de la *succession*. Sont héritiers réservataires tous les descendants du défunt quelle que soit la nature de leur filiation, et le conjoint survivant non divorcé lorsqu'il est appelé à la succession à défaut de descendant.

C. civ., art. 913 et 914-1.

→ *Quotité disponible, Renonciation à l'action en réduction, Réserve.*

Réserve

[Droit international public]

Déclaration faite par un État ou une organisation internationale au moment où il/elle signe un traité multilatéral ou s'engage à être lié(e), par laquelle il/elle exclut ou modifie l'effet à son égard de certaines dispositions du traité.

Réserve (Obligation de)

[Procédure (principes généraux)]

→ *Obligation de réserve.*

Réserve civile de la police nationale

[Droit pénal/Procédure pénale]

Destinée à des missions de soutien aux forces de sécurité intérieure et des missions de solidarité, en France et à l'étranger, à l'exception des missions de maintien et de rétablissement de l'ordre public, elle se compose de retraités des corps actifs de la police nationale, dégagés de leur lien avec le service, mais aussi de volontaires.

CSI, art. L. 411-7 s.

→ *Réserve civile pénitentiaire, Réserve judiciaire.*

Réserve civile pénitentiaire

[Droit pénal]

Personnels volontaires retraités issus du corps de l'administration pénitentiaire pouvant assurer des missions de renforcement de la sécurité relevant du ministère de la Justice, de formation des personnels, de coopération internationale ou encore d'assistance des personnels des services pénitentiaires d'insertion et de probation dans l'exercice de leurs fonctions de probation.

Cet engagement contractuel de soutien aux services, d'une durée maximale de 150 jours par an, limité à une période de 5 années à compter de la fin du lien avec le service, est souscrit pour une durée minimale d'un an renouvelable. Les périodes d'emploi du réserviste sont indemnisées.

L. n° 2009-1436 du 24 nov. 2009, art. 17 s.

→ *Réserve civile de la police nationale, Réserve judiciaire.*

Réserve de loi

[Droit constitutionnel]

Expression doctrinale. Le Parlement dispose sous la Ve République d'une compétence normative dans des domaines qui lui sont réservés; il ne peut en principe ni déléguer sa compétence dans ces domaines à d'autres institutions, ni légiférer dans d'autres matières.

→ *Incompétence négative.*

Réserve de propriété

[Droit civil]

Sûreté en vertu de laquelle la propriété d'un bien peut être retenue par l'effet d'une clause, dite de réserve de propriété, qui suspend l'effet translatif d'un contrat jusqu'au complet paiement de l'obligation qui en constitue la contrepartie. Opposable à la procédure collective, la réserve de propriété se reporte, en cas de revente, sur la créance du débiteur à l'égard du sous-acquéreur et, en cas de perte, sur l'indemnité d'assurance subrogée au bien.

C. civ., art. 2329, 2367 s. et 2373; C. com., art. L. 624-16 s.

➜ *Clause de réserve de propriété.*

Réserve héréditaire

[Droit civil]

Part des biens et droits successoraux dont la loi assure la dévolution libre de charge à certains héritiers dits réservataires, s'ils sont appelés à la succession et s'ils l'acceptent. Aucune *libéralité* du *de cujus* à un tiers ne peut l'entamer. Son importance varie en fonction de la qualité et du nombre des héritiers; ainsi, un enfant unique est réservataire de la moitié du patrimoine de chacun de ses père et mère, deux enfants le sont pour les 2/3 et trois et plus, pour les 3/4; en l'absence de descendant, le conjoint survivant non divorcé est réservataire d'un quart de la succession même séparé de corps.

C. civ., art. 912 s.

GAJC, t. 1, n° 138 à 141.

➜ *Quotité disponible.*

Réserve judiciaire

[Procédure civile]

Créée par la loi n° 2010-1657 du 29 décembre 2010 (art. 164), elle se compose de deux fractions :

- de magistrats à la retraite, âgés au plus de 75 ans, volontaires pour effectuer des activités non juridictionnelles dans les juridictions auprès desquelles ils seront affectés;

- de greffiers en chef et greffiers des services judiciaires, âgés au plus de 75 ans, volontaires pour effectuer des missions d'assistance, de formation et d'études dans les juridictions auprès desquelles ils seront affectés.

Les magistrats et les greffiers réservistes, inscrits sur une liste par les chefs de cour, accomplissent leur mission dans la limite de 150 demi-journées par année civile.

➜ *Réserve civile de la police nationale, Réserve civile pénitentiaire.*

Réserve naturelle

[Droit de l'environnement/Droit rural]

Partie du territoire présentant une importance particulière pour la conservation de la faune, de la flore, du patrimoine géologique ou paléontologique et, d'une manière générale, pour la protection du milieu naturel. Le classement en réserve naturelle peut soumettre à un régime particulier ou interdire les actions estimées nuisibles, telles que la chasse, la pêche, les activités agricoles, forestières et pastorales, l'exécution de travaux privés ou publics…

C. envir., art. L. 332-1 s. et R. 332-1 s.

Réserve parlementaire

[Droit constitutionnel]

Crédits, d'un montant approximatif de 140 millions d'euros par an, adoptés dans le cadre de la loi de finances, répartis entre tous les parlementaires (députés ou sénateurs) afin de leur permettre de subventionner des opérations d'intérêt général de leur choix. La liste des bénéficiaires est rendue publique en application de la LO du 11 octobre 2013 relative à la transparence de la vie publique.

Réserves

[Droit commercial]

Prélèvements effectués sur les bénéfices réalisés par une société avant qu'ils ne soient distribués aux associés, dans un but de prévoyance. Les réserves permettront de faire face plus tard à certains risques, ou de faciliter l'extension de l'affaire.

Ces prélèvements, qui figurent au passif du bilan, sont obligatoirement prévus par la loi dans les sociétés par actions et les SARL (« réserves légales ») : ils peuvent être prévus par les statuts (« réserves statutaires ») ou décidés librement par les associés en assemblées ordinaires (« réserves facultatives ou libres »).

Réserves d'interprétation

[Droit constitutionnel]

Permettent au Conseil constitutionnel de signifier dans quelle mesure une disposition législative doit être comprise pour être conforme. Il y a des réserves « limitatives » (écartent telle interprétation), « neutralisantes » (soulignent certains effets juridiques inconstitutionnels), « protectrices » (apportent une garantie) ou « constructives » (précisent le sens ou la portée).

GDCC n° 46.

Résidence

[Droit civil]

Lieu où se trouve en fait une personne. On oppose la résidence au domicile qui est le lieu où la personne est située en droit. Toutefois, la résidence séparée des époux, au cours de la procédure de divorce ou de séparation de corps, entraîne de plein droit domicile distinct.

C. civ., art. 108-1, 165, 166, 215, 255, 257, 258 et 373-2-9; C. pr. civ., art. 43.

GAJF n° 11.

→ *Demeure, Domicile.*

Résidence forcée

[Droit international privé]

→ *Assignation à résidence.*

Résident

[Droit international public]

Individu habitant durablement dans un État autre que celui dont il a la nationalité, qualité reconnue par la délivrance d'une carte et répondant à un régime juridique précis déterminé par le pays d'accueil.

[Droit financier ou fiscal]

Résident fiscal : en droit fiscal international, personne physique ou morale considérée, en vertu de la loi interne ou de conventions internationales, comme ayant son domicile fiscal dans le pays, et ainsi soumise à la fiscalité générale de celui-ci (à la différence des « non-résidents »).

ACTU

Résiliation

[Droit civil]

1° Avant l'ordonnance n° 131 du 10 février 2016 portant réforme du droit des contrats, on enseignait que la résiliation était une résolution non rétrocative, provoquant l'anéantissement du contrat pour l'avenir seulement s'agissant des contrats à exécution successive. Désormais, la résiliation est simplement un cas déterminé de résolution caractérisé par l'absence de restitution, concernant autant les contrats instantanés que les contrats à exécution successive.

2° Le terme désigne aussi la dissolution d'un contrat par décision volontaire, soit à l'initiative d'une seule partie (résiliation unilatérale d'un contrat de travail à durée indéterminée), soit d'un commun accord (résiliation conventionnelle).

3° La loi n° 344 du 17 mars 2014 relative à la consommation institue, au profit de l'assuré, un droit de résiliation du contrat d'assurance-automobile, du contrat multirisque habitation et des contrats d'assurance dits affinitaires, sans avoir à attendre l'ouverture de la période légale de rétractation (2 mois avant l'échéance annuelle) : l'assuré, au terme de la première année d'exécution du contrat, peut résilier à tout moment ces contrats tacitement reconductibles sans frais ni pénalités.

C. civ., art. 1229, 1722; C. assur., art. L. 113-15-2, R. 113-11, 113-12.*

→ *Annulation, Multi-assurances, Nullité, Rescision, Résolution.*

Résiliation-compensation (Clause de)

[Droit commercial]

Stipulation en vertu de laquelle sont de plein droit résiliées, à un instant donné, toutes les relations contractuelles existant entre les parties, et est substitué à celles-ci un solde immédiatement exigible. De l'anglais « close out netting »; clause usuelle en matière financière et boursière.

Le législateur admet l'efficacité, en cas de procédure d'insolvabilité, de la clause de résiliation-compensation toutes les fois où la lutte contre la propagation de l'insolvabilité dans un milieu professionnel donné (risque « systémique ») est jugée préférable à la préservation de l'égalité des créanciers dans la procédure d'insolvabilité.

Res inter alios acta alliis nec prodesse nec nocere potest

[Droit civil]

Ce qui a été fait entre certaines personnes ne nuit ni ne profite aux autres.

Ainsi, un contrat passé entre 2 personnes ne rend pas des tiers débiteurs ou créanciers. C'est le principe de la relativité des contrats.

C. civ., art. 1199.*

→ *Effet relatif des contrats.*

[Droit international public]

→ *Relativité des traités.*

Res inter alios judicata aliis nec prodesse nec nocere potest

[Procédure (principes généraux)]

La chose jugée entre les uns ne peut ni profiter ni nuire aux autres : les décisions de justice ne créent de droits et d'obligations qu'entre les parties et non à l'égard des tiers, auxquels elles sont toutefois opposables. Les tiers peuvent faire valoir la relativité des jugements rendus en dehors d'eux, soit de façon défensive, en invoquant la *fin de non-recevoir* tirée de la relativité de la chose jugée, soit de façon offensive, en introduisant le recours de la *tierce opposition*.

C. civ., art. 1355; C. pr. civ., art. 122 et 583.*

→ *Autorité de chose jugée, Effet relatif des contrats, Opposabilité.*

Res judicata pro veritate habetur

[Procédure civile]

La chose jugée est tenue pour vérité.

C. pr. pén., art. 6, al. 1.

Res mobilis, res vilis

[Droit général]

Chose mobilière, chose sans valeur.

Adage que le développement moderne de la fortune mobilière a singulièrement contredit.

Res nullius

[Droit civil]

Choses qui n'appartiennent à personne, et qui sont donc susceptibles d'appropriation, tel le gibier.

C. civ., art. 714 s.

ACTU

Résolution

[Droit civil]

Sanction de l'inexécution de son obligation par le débiteur, mettant fin au contrat et procédant, soit de l'application d'une clause résolutoire précisant les engagements dont la défaillance provoque la résolution, soit d'une décision du créancier agissant à ses risques et périls en cas d'inexécution suffisamment grave, soit d'une décision de justice.

Quant à ses effets, l'ordonnance n° 131 du 10 février 2016 portant réforme du droit des contrats fait une distinction essentielle. Lorsque les prestations échangées ont trouvé leur utilité au fur et à mesure de l'exécution réciproque du contrat, il n'y a pas lieu à restitution pour la période antérieure à la dernière prestation n'ayant pas reçu sa contrepartie; la résolution n'a pas d'effet rétroactif, on la qualifie de résiliation. Au contraire, lorsque les prestations échangées n'ont eu d'utilité qu'en cas d'exécution complète du contrat résolu, les parties doivent se restituer l'intégralité de ce qu'elles se sont procuré l'une à l'autre; en ce cas il y a rétroactivité, c'est une résolution.

C. civ., art. 1224 s.*

GAJC, t. 2, n° 180 et 181.

→ *Annulation, Nullité, Rescision, Résiliation.*

[Droit international public]

Désigne un texte adopté par un organe d'une organisation internationale ou par une conférence internationale.

Résolution ou Motion

[Droit constitutionnel/Droit international public]

Texte voté par un organe délibérant (assemblée parlementaire, organe international) et qui a trait à son fonctionnement intérieur ou exprime son opinion ou sa volonté sur un point déterminé.

La résolution votée par une assemblée parlementaire se distingue de la loi en ce qu'elle ne comporte pas d'intervention de l'autre assemblée en régime bicaméral et n'est pas soumise à promulgation.

Const. 1958, art. 34-1 et 88-4.

Résolution amiable des différends

[Procédure civile]

→ *Modes alternatifs de règlement des différends ou des conflits ou des litiges.*

Résolution d'un établissement bancaire

[Droit commercial]

Procédure administrative, exorbitante du droit commun, de résorption des difficultés financières d'un établissement de crédit. Jouant en amont des procédures judiciaires de traitement de l'insolvabilité, les procédures de résolution sont conçues pour permettre des interventions urgentes et immédiates de l'administration, dans l'intérêt de la préservation du système bancaire lui-même. Les mesures susceptibles d'être prises par les autorités compétentes peuvent consister en des cessions d'actifs, un démembrement de l'établissement ou, en certaines circonstances, la modification des droits des créanciers (*bail in*, pouvant impliquer une conversion de créance en titre de capital ou une réduction de leur montant, afin de ne pas devoir mobiliser les finances publiques pour le sauvetage des banques).

→ *Banque centrale européenne.*

Res perit creditori

[Droit civil]

La perte de la chose est supportée par le créancier de la livraison; cette règle est exceptionnelle.

→ *Risque.*

Res perit debitori

[Droit civil]

Les risques de perte, détérioration, destruction de la chose sont supportés par le débiteur de la livraison.

C. civ., art. 1351-1, 1585, 1722, 1788 et 1790.*

→ *Risque.*

Res perit domino

[Droit civil]

Lorsqu'une chose périt, c'est en principe son propriétaire qui supporte cette perte.

C. civ., art. 1196.*

Responsabilité (Recours en)

[Droit européen]

La Cour de justice de l'Union européenne est compétente pour statuer sur les actions en réparation de dommages causés par les institutions de l'Union, soit au titre de la responsabilité contractuelle (si le contrat en cause prévoit une telle compétence), soit au titre de la responsabilité extracontractuelle, laquelle résulte en général des conséquences dommageables d'un acte juridique illégal.

TFUE, art. 268 et 340.

Responsabilité civile

[Droit civil]

Responsabilité dont l'objet est la réparation du dommage causé à autrui, soit en nature, soit par équivalent. Elle s'oppose à la responsabilité pénale qui, elle, a une fonction punitive.

C. civ., art. 1231-1 et 1240* s.*

GAJC, t. 2, n° 166-167, 177, 182, 183-184 et 185.

→ *Délit, Garantie, Produits défectueux, Quasi-délit, Responsabilité du fait des choses.*

Responsabilité collective

[Droit pénal]

Règles d'incrimination qui seraient applicables à une personne en raison de son appartenance à un groupe pour les agissements délictueux de ce groupe. Le principe de la personnalité des peines exclut la responsabilité collective.

C. pén., art. 121-1.

→ *Participation à un groupe formé dans une perspective délictueuse.*

Responsabilité contractuelle

[Droit civil]

Obligation de verser des dommages et intérêts pesant sur le contractant soit à raison de l'inexécution de son obligation, soit à raison de son retard dans l'exécution, toutes les fois qu'il ne peut justifier son empêchement par une cause étrangère.

Seuls sont indemnisables les dommages prévus ou prévisibles lors de la conclusion du contrat et qui constituent une suite immédiate et directe de l'inexécution.

C. civ., art. 1231 à 1231-4*.*

GAJC, t. 2, n° 157, 167, 177, 182.

Responsabilité de protéger

[Droit international public]

Devoir des États vis-à-vis d'une population confrontée à une crise humanitaire, la notion a progressivement pris le pas sur celle de « droit d'ingérence humanitaire ». Elle a en particulier servi de justification à l'intervention armée en Libye au printemps 2011.

→ *Droit d'ingérence humanitaire.*

Responsabilité de la puissance publique

[Droit administratif]

Les personnes morales de droit public peuvent voir leur responsabilité engagée à l'égard des particuliers ou d'autres collectivités publiques soit pour *faute*, soit sans faute. Dans ce cas, la responsabilité sera fondée essentiellement sur les notions de *risque* ou de rupture de l'égalité des citoyens devant les charges publiques, et ne sera en général établie qu'en présence d'un préjudice anormal et spécial.

Dans l'exercice de ses fonctions législative et juridictionnelle, l'État bénéficie en jurisprudence d'une assez large irresponsabilité.

GAJA n° 1.

Responsabilité délictuelle

[Droit civil]

Obligation de réparer le préjudice résultant de la violation du devoir général de ne causer aucun dommage à autrui, soit par son fait personnel, soit du fait des choses dont on a la *garde*, soit du fait des personnes dont on doit répondre (*responsabilité du fait d'autrui*). La responsabilité est délictuelle quand le fait dommageable illicite est intentionnel, quasi-délictuel dans le cas contraire lorsqu'il y a simple imprudence ou négligence.

C. civ., art. 1240 à 1244*.*

Responsabilité des agents publics

[Droit administratif/Procédure (principes généraux)]

L'agent public est pécuniairement responsable des dommages qu'il a causés aux administrés ou à l'Administration en cas de faute personnelle, il ne l'est pas s'il a commis une faute de service.

Responsabilité du fait d'autrui

[Droit civil]

Responsabilité délictuelle que la loi fait peser sur les parents du fait de leurs enfants mineurs, sur les commettants du fait de leurs préposés, sur les instituteurs et artisans du fait de leurs élèves et apprentis. À côté de ces cas légaux, la jurisprudence a posé un principe général de responsabilité à la charge de la personne ou de l'organisme dont le devoir est d'organiser, de diriger et de contrôler l'activité de l'auteur du dommage.

C. civ., art. 1242 al. 4 à 8.*

GAJC, t. 2, n° 217-219 et 220 à 229-231.

→ *Commettant, Préposé, Responsabilité civile.*

Responsabilité du fait des choses

[Droit civil]

Responsabilité délictuelle objective (indépendante de toute faute) du fait des choses que l'on a sous sa garde. La jurisprudence a découvert dans l'article 1384, alinéa 1er, du Code civil, une présomption de responsabilité à l'encontre du gardien de la chose.

C. civ., art. 1242 al. 1er, 1243*, 1244*.*

GAJC, t. 2, n° 199 à 214-216.

→ *Responsabilité du fait des choses, Garde.*

Responsabilité du fait des lois

[Droit administratif]

En cas de dommage grave et spécial causé par une loi, la victime peut obtenir réparation sur le fondement de la rupture de l'égalité des citoyens devant les charges publiques (CE, 14 janv. 1938).

Toutefois, tout dommage causé par une loi violant une convention internationale ou le droit dérivé de l'Union européenne doit être réparé (CE, 8 févr. 2007, *Gardelieu*).

La responsabilité du fait des lois relève de la compétence exclusive de la juridiction administrative (T. confl., 31 mars 2008).

GAJA n° 47.

Responsabilité du fait des produits défectueux

[Droit civil]

→ *Produits défectueux.*

Responsabilité du fait du fonctionnement défectueux de la justice

[Droit administratif/Procédure civile/Procédure pénale]

L'État est tenu de réparer les dommages causés à un usager du service public de la justice (ou à une victime par ricochet), par le fonctionnement défectueux de la justice civile ou pénale (faute de service). Mais sa responsabilité n'est engagée que dans la mesure où un magistrat ou une juridiction collégiale a commis une faute lourde ou un *déni de justice*. Une faute légère n'entraînerait pas une responsabilité de l'État; mais la Cour de cassation a assoupli la notion de faute lourde, désormais constituée par « toute déficience caractérisée par un fait ou une série de faits traduisant l'inaptitude du service public de la justice à remplir la mission dont il est investi », inaptitude ne pouvant être appréciée que dans la mesure où l'exercice des voies de recours n'a pas permis de réparer le mauvais fonctionnement allégué.

De son côté le Conseil d'État admet que la responsabilité de la puissance publique puisse être engagée, pour faute lourde, du fait de l'exercice de la fonction juridictionnelle par une juridiction administrative. Et une faute simple suffit lorsque l'action en responsabilité contre l'État est fondée sur la durée excessive de la procédure. Par ailleurs, il est admis que l'État est responsable du fait de l'exercice, par la Cour des comptes, de ses compétences juridictionnelles sur le fondement d'une faute lourde, mais qu'il est responsable en cas de faute simple quand cette même juridiction exerce sa mission d'établissement d'un rapport public.

Chaque année, le gouvernement remet au Parlement un rapport faisant état des actions en responsabilité engagées contre l'État, des décisions de condamnation rendues et du versement des indemnités qui en découlent.

Lorsqu'une faute personnelle se rattachant au service a été commise par un magistrat, l'État peut, en théorie, exercer contre lui une *action récursoire* (portée devant une des chambres civiles de la Cour de cassation). On n'en connaît pas d'exemple.

COJ, art. L. 141-1 et L. 141-2; CJA, art. R. 311-1.

GAJA n° 106.

→ *Détention provisoire, Pouvoir disciplinaire, Prise à partie, Saisine par un justiciable du Conseil supérieur de la magistrature.*

Responsabilité du fait personnel

[Droit civil]

Responsabilité délictuelle reposant sur la faute de l'auteur d'un fait dommageable, volontaire ou non.

C. civ., art. 1240, 1241*.*

GAJC, t. 1, n° 21, 32, 81-82.

Responsabilité internationale

[Droit international public]

Ensemble des relations juridiques nouvelles découlant de la commission par un État ou une organisation internationale d'un fait internationalement illicite.

→ *Fait internationalement illicite.*

Responsabilité pénale

[Droit constitutionnel]

En France, le chef de l'État n'est pas responsable pénalement pour les actes accomplis en cette qualité (sauf poursuite devant la *Cour pénale internationale*); pour les actes accomplis en dehors des fonctions, des poursuites peuvent être entamées ou reprises après la fin du mandat.

Les ministres sont pénalement responsables, devant la *Cour de justice de la République*, pour les actes accomplis dans l'exercice de leurs fonctions; sinon, devant la juridiction ordinaire. Un projet de loi constitutionnelle du 14 mars 2013, non abouti, tendait à supprimer cette juridiction au bénéfice des tribunaux de droit commun.

Les parlementaires ne bénéficient que d'immunités relativement peu protectrices.

→ *Chef de l'État, Immunité du président de la République, Impeachment.*

[Droit pénal]

Obligation de répondre de ses actes délictueux en subissant une sanction pénale dans les conditions et selon les formes prescrites par la loi. Plus spécialement, cette expression est utilisée à propos de certaines personnes en raison d'une qualité qui leur est propre (ex. : responsabilité pénale de l'instigateur).

Responsabilité pénale des personnes morales

[Droit pénal]

Règles d'incrimination aux termes desquelles toutes les personnes morales de droit public comme de droit privé à l'exception de l'État, à l'image des personnes physiques, ont l'obligation de répondre de leurs actes comme auteurs ou complices, en subissant une sanction pénale, des infractions commises pour leur compte par leurs organes ou représentants. L'infraction imputée à la personne morale doit être caractérisée en tous ses éléments à l'encontre de l'organe ou du représentant sans qu'il soit toujours nécessaire, selon la Cour de cassation, qui a, sur ce point, rejeté une *question prioritaire de constitutionnalité*, que la personne physique soit précisément identifiée, notamment lorsqu'il résulte des circonstances de l'infraction la certitude de l'implication de l'un ou l'autre d'entre eux.

C. pén., art. 121-1.

GADPG n° 38.

Responsabilité pénale du chef d'entreprise

[Droit pénal/Droit du travail]

Règles d'incrimination applicables au chef d'entreprise en raison de sa qualité.

Outre la responsabilité pénale de droit commun, le chef d'entreprise supporte la responsabilité des infractions aux règles d'hygiène et de sécurité commises dans l'entreprise si elles sont dues à sa faute personnelle. La responsabilité pénale peut naître du fait d'autrui lorsque certaines obligations légales imposent d'exercer une action directe sur les faits d'un subordonné. Il ne peut s'en exonérer qu'en démontrant que les infractions se sont produites dans des services dont il avait délégué la direction à des gérants ou préposés investis par lui et pourvus de la compétence de l'autorité et des moyens nécessaires pour veiller efficacement à l'application de la loi.

C. trav., art. L. 4741-1.

GADPG n° 37.

Par ailleurs, en cas d'accident du travail dû à l'inobservation des règles d'hygiène et de sécurité, le tribunal peut mettre à la charge de l'employeur tout ou partie des amendes prononcées contre le préposé coupable d'homicide ou de blessures involontaires. Cette solution est également applicable pour les infractions au Code de la route commises par un préposé.

C. trav., art. L. 4741-2; C. route, art. L. 121-1.

Responsabilité pénale « en cascade »

[Droit pénal]

Système de responsabilité pénale particulière applicable à toute une série d'infractions, lorsqu'elles ont été commises par la voie de la presse écrite ou audiovisuelle. Il conduit à établir une liste ordonnée des personnes automatiquement considérées comme auteurs principaux de ces infractions. Le législateur incrimine d'abord le directeur de publication ou l'éditeur, à défaut l'auteur, à défaut de cet auteur l'imprimeur (pour la presse écrite) ou le producteur (pour la presse audiovisuelle) à défaut de l'imprimeur, les vendeurs, distributeurs afficheurs (pour la presse écrite) d'où l'expression « en cascade ». Les auteurs pourront être poursuivis comme complices lorsque les éditeurs ou producteurs seront mis en cause. Cette responsabilité de plein droit n'a pas été jugée contraire à la présomption d'innocence par le Conseil constitutionnel. Le système reste applicable pour les infractions de provocation ou d'apologie du terrorisme lorsqu'elles sont commises par la voie de la presse.

L. 29 juill. 1881, art. 42 et 43; L. 29 juill. 1983, art. 93-3; C. pén. art. 421-2-5 al. 3e.

Responsabilité pénale pour autrui

[Droit pénal]

Obligation pour une personne de répondre devant les juridictions répressives des actes délictueux d'autrui. Le principe de la personnalité des peines exclut en droit français ce type de responsabilité.

C. pén., art. 121-1.

Responsabilité politique

[Droit constitutionnel]

Obligation pour le titulaire d'un mandat politique de répondre de son exercice (actes, paroles, écrits) devant celui ou ceux de qui il le tient.

Responsabilité politique du gouvernement devant le Parlement : obligation pour le gouvernement, en régime parlementaire, de jouir de la confiance du Parlement qui, en la lui refusant, le contraint à démissionner.

→ *Destitution, Motion de censure, Question de confiance.*

Ressort

[Procédure (principes généraux)]

1° Le ressort précise l'étendue de la compétence d'une juridiction, soit au point de vue géographique, soit en ce qui concerne la valeur du litige.

On parle de ressort, également, pour préciser dans quelle condition une voie de recours peut être formée. Une décision peut être en premier ressort, en premier et dernier ressort, *en dernier ressort*.

C. pr. civ., art. 34; COJ, art. D. 211-1, 211-5 s., R. 221-3 s., R. 221-23 s. et R. 221-37 s.; C. trav., art. R. 1462-1; C. com., art. D. 721-2, R. 721-6; C. rur., art. R. 491-1; CSS, art. R. 142-25.

→ *À charge d'appel, Jugement en dernier ressort, Jugement en premier ressort.*

2° Circonscription territoriale à l'intérieur de laquelle peut instrumenter un officier ministériel (notaire, huissier de justice par ex.), peut postuler le représentant d'un plaideur (avocat).

Ressortissant

[Droit international privé et public]

Individu lié à un État dont il n'a pas, cependant, la nationalité (ex. : les sujets de certains États africains ont été, jusqu'au jour de l'accession de ces États à une complète autonomie, des ressortissants français).

En pratique, il est fait souvent confusion des termes « national » et « ressortissant », ce dernier mot ayant pourtant un sens beaucoup plus large.

Ressources propres

ACTU

[Droit européen]

Appellation désignant, depuis la réforme de 1970 qui a conféré à la CEE l'autonomie de ses ressources en mettant fin au système traditionnel des contributions acquittées par chaque État membre, l'ensemble des recettes dont elle dispose, essentiellement représentées par les droits de douane sur les importations en provenance d'États tiers, les prélèvements agricoles, une fraction de la TVA perçue dans chaque État membre, enfin la « quatrième ressource » créée en 1988 qui est fondée sur le PNB et représente aujourd'hui environ les 3/4 de l'ensemble.

La décision du Conseil du 26 mai 2014, applicable en principe à la période 2014-2020, mais qui n'entre en vigueur qu'en 2016 après l'ensemble des ratifications nationales (L. du 16 déc. 2015 pour la France) se borne pour l'essentiel à proroger le système antérieurement en vigueur; elle fixe notamment le plafond global des ressources propres à 1,23 % du PNB, alors que les crédits de paiement restent pour l'heure assez largement inférieurs (143 milliards d'euros pour 2016).

Quant à elle, la CECA percevait depuis l'origine un impôt levé sur les entreprises sidérurgiques et minières (« *prélèvement CECA* »).

TFUE, art. 311 s.

Restauration

[Droit constitutionnel]

Régime politique résultant de l'effondrement militaire du *Premier empire*, caractérisé par le retour des Bourbons (Louis XVIII puis Charles X) et par la mise en place d'une monarchie constitutionnelle (Charte du 4 juin 1814) dominée par le monarque et dotée d'un Parlement bicaméral. Régime abattu par la révolution de juillet 1830.

→ *Monarchie de Juillet.*

Reste à vivre

[Droit civil]

Dans le cadre du plan d'apurement des dettes d'un débiteur surendetté, partie des ressources qui lui est réservée par priorité pour qu'il puisse faire face à ses dépenses de nourriture, de logement, de chauffage, etc. Ce reste à vivre, fixé par la Commission de surendettement, ne peut être inférieur au montant du RSA majoré de 50 %, dans le cas d'un ménage.

Le même dispositif permet à la personne physique qui s'est portée caution de conserver un minimum de ressources.

C. consom., art. L. 731-1 s., L. 733-15; C. civ., art. 2301; CASF, art. L. 121-4.

[Procédure civile]

La notion de reste à vivre intervient également en cas de mesures d'exécution sur comptes bancaires : *saisie-attribution*, *saisie conservatoire* des créances, *avis à tiers-détenteur*, *saisie à tiers détenteur*, procédure de paiement direct de pension alimentaire. Une somme égale au montant forfaitaire du revenu garanti par le dispositif du *Revenu de solidarité active* (RSA) est laissée à la disposition du saisi (524,16 € pour un allocataire seul) automatiquement, sans qu'il soit nécessaire d'en faire la demande auprès du banquier. On la dénomme « solde bancaire insaisissable ».

Lorsque le débiteur est un entrepreneur individuel à responsabilité limitée, le reste à vivre ne s'applique qu'à la saisie des comptes afférents à son patrimoine non affecté.

CASF, art. L. 262-2; C. pr. exéc., art. L. 162-2.

Restes

[Droit constitutionnel]

Dans la *représentation proportionnelle*, sièges non répartis au *quotient électoral*, et voix non représentées correspondant à ces sièges.

Diverses méthodes permettent d'utiliser les restes dans le cadre des circonscriptions électorales (systèmes de la plus forte moyenne et du plus fort reste) ou dans le cadre national.

Restitutio in integrum

[Droit civil/Procédure civile]

« Restitution en entier. »

Conséquence normale de l'annulation d'un contrat (quand la restitution est possible), de la réparation en nature d'un dommage, de la réintégration par exemple d'un salarié congédié irrégulièrement.

→ *Restitutions.*

C. civ., art. 555; C. trav., art. L. 2422-1, L. 2422-2 et L. 2422-4.

[Droit international public]

→ *Restitution.*

Restitution

[Droit international public]

Mode de réparation d'un dommage consistant dans le rétablissement de la situation qui existait avant que la violation du droit international – qui en est la cause –, n'ait été commise.

→ *Fait internationalement illicite, Responsabilité internationale, Restitutio in integrum.*

ACTU

Restitutions

[Droit civil]

Conséquence de l'annulation, de la résolution ou de la caducité d'un contrat ou encore de la répétition de l'indu découlant du caractère rétroactif de ces mécanismes. Tout devant être remis dans le même état que si le contrat ou l'indu n'avait pas existé, les prestations exécutées de part et d'autre doivent être restituées.

Le régime des restitutions, après avoir été longtemps sous l'empire de la jurisprudence, est désormais réglé par l'ordonnance n° 131 du 10 février 2016 portant réforme des contrats applicable à compter du 1er octobre 2016.

S'agissant d'une chose, la restitution porte sur le prix de la vente, non sur la valeur de la chose, si celle-ci a été reçue de bonne foi; elle inclut les fruits sans considération pour la bonne ou mauvaise foi du débiteur (solution nouvelle), la compensation de la jouissance procurée (au rebours de la jurisprudence). Le débiteur répond en principe des détériorations et des dégradations.

S'agissant d'une somme d'argent, le restituant est redevable des intérêts au taux légal du jour de paiement en cas de mauvaise foi, du jour de la demande en cas de bonne foi.

Selon une règle traditionnelle, les restitutions dues par un mineur ou un majeur protégé sont réduites à proportion du profit qu'il a retiré de l'acte annulé.

C. civ., art. 1352 à 1352-9*.*

[Procédure pénale]

1° Au sens large, les restitutions s'entendent de toutes mesures tendant à rétablir la situation antérieure à une infraction ou à faire cesser un état délictueux (par exemple, destruction d'un immeuble construit illégalement).

2° Au sens strict, remise à leurs propriétaires d'objets volés, détournés ou saisis comme *pièces à conviction*. La restitution est normalement opérée par la juridiction saisie. Néanmoins, au cours de l'enquête, lorsqu'aucune juridiction n'a été saisie ou lorsqu'elle a épuisé sa com-

pétence sans avoir statué sur les restitutions, le procureur de la République ou le procureur général sont compétents pour décider de la restitution des objets placés sous *main de Justice*. Ils peuvent également décider de la non-restitution ou de la remise à l'agence de gestion et de recouvrement des avoirs saisis et confisqués, aux fins d'aliénation, par exemple lorsqu'elle est de nature à créer un danger pour les personnes ou les biens, lorsqu'il s'agit d'objets qualifiés par la loi de dangereux ou nuisibles ou dont la détention est illicite, lorsqu'il existe une disposition en ce sens, ou lorsqu'elle s'avère impossible, parce que le propriétaire n'est pas identifié ou ne réclame pas l'objet dans le délai prescrit, à compter d'une mise en demeure qui lui est adressée.
Un système spécifique est organisé pour les restitutions, lorsqu'une procédure criminelle s'est terminée par une condamnation.

C. pr. pén., art. 41-4 à 41-6, 99, 373, 478 et 543.

Restitutions à l'exportation

[Droit européen]

Dans le cadre de la *Politique agricole commune*, subventions à l'exportation hors Union européenne de produits agricoles, pour compenser le fait que les cours mondiaux sont plus faibles que les prix garantis européens.

Rétablissement

[Procédure civile]

1° Rétablir une pièce de procédure consiste à la replacer dans le dépôt d'où elle avait été extraite. Par exemple, en cas d'inscription de faux, le tribunal décide si l'acte dont il constate la falsification sera à nouveau placé au rang des minutes du notaire (rétablissement), ou au contraire conservé dans les archives du secrétariat de la juridiction.

C. pr. civ., art. 310.

2° Rétablir une affaire, c'est réitérer son enregistrement au greffe du tribunal, nouvel enregistrement rendu nécessaire par la radiation de la demande du rôle des affaires en cours pour défaut de diligence des parties.

C. pr. civ., art. 383.

Rétablissement personnel (Procédure de)

[Procédure civile/Droit civil]

Procédure judiciaire menée initialement par le *juge de l'exécution* et aujourd'hui par le juge du tribunal d'instance dans le cadre du surendettement des particuliers. Lorsqu'un débiteur se trouve dans une situation irrémédiablement compromise caractérisée par l'impossibilité manifeste de mettre en œuvre les mesures de traitement visées à l'article L. 724-1 du Code de la consommation, la *commission départementale de surendettement des particuliers* peut :

1° Soit recommander un rétablissement personnel *sans liquidation judiciaire* si elle constate que le débiteur ne possède que des biens meublants nécessaires à la vie courante et des biens non professionnels indispensables à l'exercice de son activité professionnelle, ou que l'actif n'est constitué que de biens dépourvus de valeur marchande ou dont les frais de vente seraient manifestement disproportionnés au regard de leur valeur vénale. Ce rétablissement, une fois rendu exécutoire par le juge, entraîne l'effacement de toutes les dettes non professionnelles du débiteur sous réserve de quelques exceptions (dettes d'aliments, amendes...).

2° Soit saisir, avec l'accord du débiteur, le juge du tribunal d'instance aux fins d'ouverture d'une procédure de rétablissement personnel *avec liquidation judiciaire*, si elle constate que le débiteur n'est pas dans la situation mentionnée au 1°. Si l'actif réalisé est suffisant pour désintéresser les créanciers, la procédure est close. Dans le cas contraire, le juge prononce la clôture pour insuffisance d'actif. La clôture produit alors effacement rétroactif de toutes les dettes non professionnelles du débiteur, à l'exclusion de certaines dont celles résultant des paiements effectués, au lieu et place du débiteur, par une caution ou un coobligé. Dans le *rétablissement professionnel*, l'effacement des dettes a lieu sans distinction entre dettes professionnelles et dettes non professionnelles.

C. consom., art. L. 724-1, L. 741-1 s., R. 334-19 s.

→ *Mandataire judiciaire au rétablissement personnel des particuliers, Plan conventionnel de redressement, Redressement judiciaire.*

Rétablissement professionnel

[Droit commercial]

Procédure collective simplifiée visant à l'effacement des dettes d'un professionnel personne physique qui : n'emploie pas de salarié, déclare un actif dont la valeur n'excède pas 5 000 euros, n'a pas eu recours au dispositif de l'EIRL et n'a pas fait l'objet d'une procédure équivalente dans les cinq années précédentes.

C. com., art. L. 645-1.

Rétention (Droit de)

[Droit civil]

Droit reconnu à un créancier de ne pas restituer un bien appartenant à son débiteur tant qu'il n'a pas été désintéressé de ce qui lui est dû. Peut se prévaloir de ce droit sur la chose :

1° celui à qui la chose a été remise jusqu'au paiement de sa créance (gage, dépôt);
2° celui dont la créance impayée résulte du contrat qui l'oblige à la livrer;
3° celui dont la créance est née à l'occasion de la détention de la chose (travaux, frais);
4° celui qui bénéficie d'un gage sans dépossession.

Le droit de rétention est un droit réel opposable à tous, y compris aux tiers non tenus de la dette.

C. civ., art. 571, 862, 1612, 1885, 1948, 2286, 2391.

[Droit administratif]

Dans le cadre d'une procédure de *reconduite à la frontière*, possibilité donnée à l'Administration de placer pendant une durée limitée l'étranger en cause, s'il ne peut être immédiatement expulsé, dans des locaux surveillés, mais qui ne peuvent relever de l'Administration pénitentiaire.

Rétention de sûreté

[Droit pénal]

Mesure de placement dans un centre médico-judiciaire de sûreté, de certains condamnés, à l'expiration de leur peine, lorsqu'ils présentent une particulière dangerosité, caractérisée par une probabilité très élevée de récidive parce qu'ils souffrent d'un trouble grave de la personnalité.

Elle vise les condamnés à une peine égale ou supérieure à 15 ans de réclusion criminelle pour certains crimes commis contre les mineurs (assassinat, meurtre, tortures, viol, etc. de même que certaines infractions simples commises en récidive) ou les majeurs (assassinat ou meurtre aggravé, tortures ou actes de barbarie aggravés, viol aggravé, etc.) à condition que la cour d'assises ait prévu cette possibilité dans l'arrêt de condamnation. La décision est prise par une juridiction spéciale, la juridiction régionale de la rétention de sûreté.

C. pr. pén., art. 706-53-13 s.

GDCC n° 47.

→ *Juridiction de la rétention de sûreté, Surveillance de sûreté.*

Rétention des mineurs

[Procédure pénale]

Mesure spécifique de retenue des mineurs de 13 ans, décidée par un officier de police judiciaire, en raison de l'impossibilité d'utiliser la procédure de garde à vue. Nécessairement autorisée par un magistrat, s'il existe des indices graves ou concordants de commission d'un crime ou d'un délit puni d'au moins 5 ans d'emprisonnement, elle est d'une durée maximale de 12 heures, exceptionnellement prolongeable par le même magistrat et pour la même durée.

Ord. 2 févr. 1945, art. 2, al. 1er.

Rétention douanière

[Procédure pénale]

Mesure de retenue spécifique exercée par les agents des douanes contre le prévenu, d'une infraction douanière, capturé à la suite d'un flagrant délit. Elle est de 24 heures, prolongeable pour la même durée sur autorisation du procureur de la République. Déclarée inconstitutionnelle, sur *question prioritaire de constitutionnalité,* cette mesure a été réformée par la loi du 14 avril 2011 et est désormais soumise à une réglementation comparable à celle d'une garde à vue à laquelle les textes du Code des douanes renvoient expressément, s'agissant du déroulement de la mesure et des garanties dont doit bénéficier la personne retenue.

C. douanes, art. 323-1 à 323-10.

Rétention policière

[Procédure pénale]

Possibilité de retenir une personne, dans un local de police ou de gendarmerie, pendant 24 heures aux fins de vérification de son identité, de sa situation pénale ou personnelle lorsqu'elle a été arrêtée en vertu d'une décision judiciaire la condamnant à une peine d'emprisonnement ou de réclusion. Le parquet doit être informé dès le début de la mesure. Une solution identique peut être appliquée à une personne placée sous contrôle judiciaire, contre laquelle il existe des raisons plausibles de soupçonner qu'elle a manqué à certaines de ses obligations, consistant à s'abstenir de rencontrer certaines personnes ou de se trouver en certains lieux, de s'absenter de son domicile, de conduire un véhicule ou de porter une arme (C. pr. pén., art. 138 1°, 2°, 3°, 8°, 9°, 14° et 17°) notamment, pour qu'elle soit entendue sur la violation de ces obligations. Le juge d'instruction est informé dès le début de la mesure et la personne retenue bénéficie du droit d'être informée, dans une langue qu'elle comprend, de la durée maximale de la mesure, de la nature des obligations qu'elle est soupçonnée d'avoir violées et du fait qu'elle bénéficie du droit de prévenir un proche, d'être examinée par un médecin, d'être assistée par un avocat, s'il y a lieu, d'un interprète, et du droit de répondre aux questions, ou au contraire de se taire. La mesure de rétention, peut également, et dans les mêmes conditions, concerner les personnes condamnées à une peine de substitution à un emprisonnement. La retenue implique qu'il existe une ou plusieurs raisons plausibles de soupçonner que la personne ne respecte pas les obligations qui lui incombent en application de sa condamnation. La décision est prise d'office par les services de police ou de gendarmerie ou sur réquisition du procureur de la République ou du JAP qui décideront, à l'issue de la retenue, selon leur compétence respective, de la mesure à prendre.

C. pr. pén., art. 141-4, 709-1-1, 716-5.

Retenue à la source

[Droit financier ou fiscal]

Technique de perception de l'impôt sur le revenu, consistant à obliger le débiteur d'une somme qui est imposable chez le contribuable (salaire, intérêts, dividendes par ex.) à opérer sur celle-ci une retenue qu'il versera lui-même au fisc.

→ *Prélèvement libératoire.*

Retenue d'un étranger aux fins de vérification du droit de circulation ou de séjour

[Procédure pénale]

Dispositif permettant à un officier de police judiciaire de retenir, dans un local de police ou de gendarmerie, un étranger qui n'est pas en mesure de justifier de son droit de circuler et de séjourner en France.

L'étranger ne peut être retenu que pour le temps strictement exigé pour l'examen de ses droits et le prononcé des décisions administratives éventuellement applicables. La durée totale de cette retenue ne peut excéder 16 heures à compter du début du contrôle initial qui, lui-même, ne peut être pratiqué que pour une durée n'excédant pas 6 heures consécutives, dans un même lieu.

L'étranger placé en retenue dispose de différentes garanties : information sur les motifs du placement et sa durée; droit à l'assistance d'un interprète, d'un avocat, d'un médecin; droit de prévenir sa famille ou toute personne de son choix et les autorités consulaires de son pays. Il ne peut être soumis à des mesures plus contraignantes (port des menottes, prise d'empreintes digitales ou photographies) que si elles sont totalement indispensables. Il ne peut être placé dans le même local que des personnes gardées à vue. Un procès-verbal signé par l'intéressé doit être rédigé.

La CJUE ayant jugé contraire au droit européen la pénalisation du seul séjour irrégulier d'un étranger sur le territoire d'un État, tout placement en garde à vue sur ce seul fondement devenait impossible, justifiant ainsi l'organisation d'une procédure spécifique.

CESEDA, art. L. 611-1 et L. 611-1-1.

Réticence

[Droit civil]

Silence gardé volontairement par une personne sur un point qu'elle devrait révéler. Dans certaines circonstances la réticence émanant d'un cocontractant est constitutive de *dol*.

C. civ., art. 1137 al. 2.*

Retirement

[Droit civil]

Nom donné, dans les ventes de denrées et d'effets mobiliers, à l'obligation qui pèse sur l'acheteur de prendre livraison de la chose vendue avant l'expiration du terme convenu, faute de quoi la résolution de la vente a lieu de plein droit et sans sommation.

C. civ., art. 1657.

Rétorsion

[Droit international public]

Moyen de contrainte consistant dans le fait pour un État de répondre par un usage rigoureux de son droit à des actes illicites ou simplement inamicaux, commis à son égard par un autre État (ex. : expulsion réciproque d'agents diplomatiques, suspension des relations diplomatiques).

→ *Contre-mesure.*

Retour (Droit de)

[Droit civil]

Droit en vertu duquel une chose, transmise à titre gratuit à une personne, retourne par voie successorale à celui qui l'avait transmise, ou à ses descendants.

Lorsque la donation prévoit, par une clause, le retour du bien au donateur, le retour est conventionnel; il est légal s'il résulte du seul effet de la loi (c'est un cas de succession anomale).

Un droit de retour légal existe au profit des ascendants, sur les biens que le défunt avait reçus d'eux par donation, lorsqu'il n'a pas

de postérité ; au profit des frères et sœurs du défunt, ou de leurs descendants, quand le défunt ne laisse ni descendants, ni père et mère ; au profit de l'adoptant dans le cas où l'adopté décédé ne laisse ni descendants ni conjoint survivant.
L'effet du droit de retour est de résoudre les aliénations antérieures et de faire revenir les biens et droits donnés libres de toutes charges et hypothèques.

C. civ., art. 368-1, 738-2, 757-3, 951 et 952.

→ *Succession.*

Retour à meilleure fortune (Clause de)

[Droit civil]

Clause prévoyant que l'emprunteur remboursera quand il pourra ou quand il en aura les moyens. Cette clause n'est pas une condition potestative affectant l'existence de l'obligation ; elle n'a d'incidence que sur la date du remboursement qu'elle fait dépendre de l'amélioration des finances du débiteur, circonstance qu'apprécie le juge pour fixer un terme de paiement.

*C. civ., art. 1305-1 * al. 2, 1901.*

Rétractation

[Droit civil/Droit commercial]

Le délai de rétractation est celui avant l'expiration duquel son bénéficiaire peut revenir sur son engagement, alors que le délai de réflexion est celui à l'expiration duquel le destinataire de l'offre ne peut plus manifester son acceptation.

C. civ., art. 1122.*

→ *Droit de repentir.*

[Procédure civile]

1° Qualification donnée aux voies de recours qui saisissent la juridiction même qui a rendu la décision critiquée pour lui demander de la rapporter et de statuer à nouveau en fait et en droit. Relèvent de cette catégorie l'*opposition*, le *recours en révision* et la *tierce opposition* principale.

C. pr. civ., art. 571, 572, 582, 587, 595.

2° Anéantissement de sa décision par le juge qui l'a prononcée dans les hypothèses où il a statué à l'insu de la partie adverse, la demande en rétractation permettant d'assurer *a posteriori* le respect du principe de la contradiction. Tel est le cas en présence d'une ordonnance sur requête susceptible de modification ou de rétractation même si le juge du fond est saisi de l'affaire (référé-rétractation). Tel est le cas des ordonnances du juge du tribunal d'instance quand il décide, par exemple, la *suspension des procédures d'exécution* à l'encontre d'un débiteur surendetté, un recours en rétractation étant ouvert à toute partie intéressée « qui n'a pas été mise en mesure de s'opposer à la demande ».

C. pr. civ., art. 497 ; C. consom., art. L. 221-18 s., R. 331-9-2, R. 331-11-1.

Retrait

[Droit administratif]

Mise à néant d'un acte administratif unilatéral par son auteur. Du point de vue du régime juridique applicable, il convient de distinguer :

- le retrait proprement dit, dont la portée est rétroactive ;
- l'abrogation, dont les effets ne se produisent que du jour de son intervention.

CRPA, art. L. 242-1 s., L. 243-3 s.

GAJA n° 102.

[Droit civil]

Faculté accordée à une personne de se substituer à une autre et de s'approprier le bénéfice d'une opération lorsqu'elle a été conclue. Se distingue de la préemption, laquelle s'exerce avant la passation du contrat et permet à un tiers de prendre la place du candidat acquéreur.

En matière littéraire, le terme retrait désigne le droit de l'auteur de mettre un terme au contrat d'exploitation déjà conclu, et ce même postérieurement à la publication. Ce droit de repentir est un attribut du droit moral, ne pouvant reposer que sur des raisons d'ordre intellectuel.

CPI, art. L. 121-4 et L. 121-7.

→ *Droit de repentir, Préemption (Droit de).*

[Droit du travail]

→ *Droit de retrait.*

[Droit international public]

1° Acte unilatéral par lequel un État ou une organisation internationale dénonce un traité auquel il ou elle est partie.

2° Acte par lequel un État ou une organisation internationale se retire d'une organisation internationale dont il ou elle est membre.

→ *Dénonciation, Membre (d'une organisation internationale).*

Retrait d'autorité parentale

[Droit civil]

Privation des attributs de l'*autorité parentale* prononcée par le TGI à l'encontre des père et mère (ou, depuis la loi n° 2013-404 du 17 mai 2013 ouvrant le mariage aux personnes de même sexe, à l'encontre des parents) qui, par leur comportement, mettent en danger la sécurité, la santé ou la moralité de l'enfant.

Le retrait peut être partiel, limité aux attributs spécifiés par le juge.

C. civ., art. 378-1 s.

→ *Assistance éducative.*

Retrait d'indivision

[Droit civil]

Faculté autrefois reconnue à la femme mariée de se substituer à son mari, lorsque celui-ci acquérait pour lui-même une part indivise d'un immeuble dont elle était copropriétaire.

Le retrait d'indivision a été supprimé pour l'avenir par la loi du 13 juillet 1965.

Retrait du rôle

[Procédure civile]

Suppression de l'affaire du rang des affaires en cours ordonnée lorsque toutes les parties en font la demande écrite et motivée. Le *rétablissement* de l'affaire est possible à la demande de l'une des parties.

Le retrait du rôle est une *mesure d'administration judiciaire*.

C. pr. civ., art. 382 et 383.

→ *Radiation du rôle.*

Retrait litigieux

[Droit civil]

Faculté accordée par la loi au débiteur d'une créance contestée de se substituer à l'acquéreur, lorsque le créancier cède son droit, moyennant remboursement du prix de cession (toujours inférieur au montant nominal de la créance) et paiement des frais et intérêts.

C. civ., art. 1699 s.

→ *Droits litigieux.*

Retrait obligatoire

[Droit commercial]

→ *Offre publique de retrait.*

Retrait successoral

[Droit civil]

Faculté autrefois reconnue par la loi aux cohéritiers de se substituer à l'acquéreur, lorsque l'un d'eux cède sa part indivise à un tiers non successible du défunt.

Ce retrait a été remplacé par le *droit de préemption* qui appartient à tout indivisaire en cas de cession des droits indivis à une personne étrangère à l'indivision.

C. civ., art. 815-14.

Retraite

[Droit du travail]

Situation d'un ancien salarié qui, en raison de son âge, n'est plus en activité. Le législateur distingue la « mise à la retraite » qui résulte de la décision de l'employeur, et le « départ à la retraite » qui résulte de la volonté du salarié; ces 2 modes de rupture du contrat de travail ne se confondent ni avec le licenciement ni avec la démission. La clause conventionnelle (dite : clause guillotine) prévoyant une cessation automatique des relations de travail le jour où le salarié atteint un certain âge est nulle.

C. trav., art. L. 1237-4 s.

GADT n° 95 à 97.

Retraite agricole

[Sécurité sociale/Droit rural]

La pension de retraite personnelle des assurés non salariés agricoles est composée de 2 éléments :

- la retraite forfaitaire qui est la contrepartie de la cotisation d'assurance vieillesse individuelle;

- la retraite proportionnelle qui est la contrepartie de l'assurance vieillesse agricole.

Le système de retraite des agriculteurs est géré par la *mutualité sociale agricole (MSA)*.

C. rur., art. L. 732-24.

Retraite anticipée

[Sécurité sociale]

Possibilité pour des assurés ayant commencé à travailler jeune de partir à la retraite avant l'âge légal (60 ans porté progressivement à 62 ans) à condition de justifier d'une certaine durée d'assurance.

CSS, art. L. 351-1-1 et D. 351-1-1.

→ *Assurance vieillesse, Coefficient d'anticipation, Décote, Surcote.*

Retraite chapeau

[Sécurité sociale]

Régimes différentiels où le total des sommes perçues doit être égal à un pourcentage du dernier salaire (70 % par ex.). La pension supplémentaire comble la différence entre ce montant et les prestations résultant du régime de base et des régimes complémentaires obligatoires, l'employeur supportant alors le risque d'une dégradation des résultats des régimes qu'il complète.

Retraite complémentaire

[Sécurité sociale]

Retraite conventionnelle s'ajoutant à la retraite légale de l'assurance vieillesse du régime général en vertu de *l'adhésion obligatoire* des salariés du régime général et du régime agricole à un régime complémentaire de retraite.

Au sens large, toute retraite d'origine conventionnelle s'ajoutant aux prestations légales d'assurance vieillesse.

Retraite progressive

[Sécurité sociale]

Possibilité donnée à des assurés qui remplissent les conditions pour bénéficier d'une retraite à taux plein de continuer à exercer une activité réduite et de percevoir une fraction de la pension de base qui leur est acquise.

CSS, art. L. 351-15.

Retranchement (Action en)

[Droit civil]

Qualifie l'action ouverte aux enfants d'un autre lit dont l'objet est de faire réduire les avantages matrimoniaux, dont bénéficie l'actuel conjoint, à la quotité disponible entre époux.

C. civ., art. 1527.

→ *Réduction des libéralités excessives.*

Retranchement (Par)

[Procédure civile]

Désigne la cassation partielle d'une décision non suivie de renvoi devant les juges du fond. La légalité est rétablie du seul fait de la suppression, dans la décision attaquée, de la seule disposition illégale. Ainsi, la Cour de cassation procède par voie de retranchement lorsqu'elle annule le chef du dispositif d'un jugement condamnant une partie aux frais, alors que la matière litigieuse est de celles où la loi a établi la gratuité (sécurité sociale).

Rétroactivité

[Droit civil]

Caractère d'un acte ou d'un fait produisant ses effets dans le passé, à une date antérieure à son accomplissement ou à sa survenance (ainsi rétroactivité d'un jugement, d'une condition).

La rétroactivité est parfois provoquée par les parties et décidée par le juge. Par exemple, en matière de divorce, le juge, à la demande de l'un des époux, peut fixer les effets du jugement à la date à laquelle ils ont cessé de cohabiter et de collaborer.

C. civ., art. 262-1, 1229 et 1442.*

→ *Condition, Effet déclaratif, Jugement déclaratif, Sécurité juridique (Principe de).*

Rétroactivité de la loi

[Droit général]

Une loi nouvelle est rétroactive lorsqu'elle régit la validité et les effets passés des situations juridiques nées avant sa promulgation. En principe, la loi n'est pas rétroactive. Mais cette règle ne lie pas le législateur qui peut déclarer rétroactive une loi nouvelle, sauf si celle-ci inflige des peines ou des sanctions.

C. civ., art. 2; C. pén., art. 112-1 s.

GDCC n° 46, 51; GAJA n° 57; GAJC, t. 1, n° 5 à 10; GADPG n° 9-14.

→ *Conflit de lois dans le temps, Droit acquis, Effet immédiat de la loi (Principe de l'), Loi de validation, Loi interprétative, Non-rétroactivité, Sécurité juridique (Principe de).*

Rétroactivité *in mitius*

[Droit pénal]

Application d'une loi pénale plus douce à des faits commis avant sa promulgation et non définitivement jugés. Ainsi en est-il d'une loi qui diminue une pénalité.

C. pén., art. 112-1, al. 3.

GADPG n° 9.

→ *Non-rétroactivité.*

Reus in excipiendo fit actor

[Procédure civile]

Si le défendeur soulève une exception il devient, pour son exception, comme un demandeur soumis à la charge de la preuve.

C. civ., art. 1353; C. pr. civ., art. 9.*

→ *Actori incumbit probatio.*

Revendication

[Droit civil]

Action en justice accordée à tout propriétaire pour faire reconnaître son titre. Cette action peut être tenue en échec, en matière immobilière, par la preuve que le défendeur a prescrit pendant 30 ans, en exerçant sur le bien en cause une possession continue, paisible, publique, non équivoque, à titre de propriétaire.

En matière mobilière, la règle « en fait de meubles possession vaut titre » exclut en principe la revendication lorsque le meuble est aux mains d'un possesseur de bonne foi. L'action en revendication n'est admise qu'en cas de vol ou de perte pendant trois ans, avec, dans certaines circonstances, l'obligation pour le revendiquant de rembourser au possesseur le prix qu'il avait payé pour acquérir la chose.

C. civ., art. 2261, 2276 et 2277.

GAJC, t. 1, n° 68, 84-87.

→ *Action en revendication.*

Revente à perte

[Droit commercial]

→ *Vente à perte.*

ACTU

Revenu de solidarité active (RSA)

[Sécurité sociale/Procédure civile]

Allocation différentielle versée aux bénéficiaires du revenu minimum d'activité ou de l'allocation de parent isolé reprenant ou augmentant leur activité professionnelle. Il est conçu pour procurer à son bénéficiaire un surcroît de revenus, suffisant pour qu'il ait un intérêt financier à quitter l'assistance.

Le RSA a remplacé le revenu minimum d'insertion et l'allocation de parent isolé; il doit, à partir du 1er janvier 2016, fusionner avec la *prime pour l'emploi*, pour devenir la « prime d'activité ».

Le revenu de solidarité active est incessible et insaisissable.

CASF, art. L. 262-1 à L. 262-58 et R. 262-1 à R. 262-121.

Revirement de jurisprudence

[Droit général]

Changement du tout au tout de la solution précédemment retenue par les tribunaux. La décision juridictionnelle, étant interprétative, s'intègre au texte normatif interprété et s'applique logiquement dès l'entrée en vigueur de ce texte dont elle fait application à l'espèce; la jurisprudence opère donc rétroactivement. Il en va de même du revirement de jurisprudence qui régit les situations antérieures à l'énoncé de la nouvelle norme jurisprudentielle. Toutefois, la Cour de cassation, comme le Conseil d'État, s'autorise à écarter l'application immédiate de ses revirements lorsque la nouvelle interprétation aboutirait à supprimer le droit au recours du justiciable ou à méconnaître gravement la sécurité des relations juridiques.

Par ailleurs, selon la Cour EDH (14 janv. 2010, n° 36815/03), la juridiction suprême a l'obligation, en présence d'une jurisprudence établie, de donner des raisons substantielles pour expliquer son revirement de jurisprudence, sinon il y aurait méconnaissance du droit pour tout justiciable d'obtenir une décision suffisamment motivée.

GAJC, t. 1, n° 12.

→ *Jurisprudence, Rétroactivité, Sécurité juridique (Principe de).*

Révision

[Droit constitutionnel]

Modification de la constitution par le titulaire du *pouvoir constituant* dérivé.

La révision constitutionnelle du 23 juillet 2008 (L. n° 2008-724) est à signaler tout particulièrement du fait de son importance qualitative (entre autres du fait de la création d'un contrôle de constitutionnalité par voie d'exception) et quantitative (plus d'un tiers du texte de la Constitution est concerné). Jamais une constitution française n'avait autant été modifiée que celle fondant la Ve République (déjà 24 révisions dont 9 entre 2003 et 2008.

Const., art. 89.

GDCC n° 14.

→ *Loi constitutionnelle, Rigidité constitutionnelle.*

[Droit privé/Droit administratif]

Procédé de technique juridique par lequel un acte (loi, contrat…) est modifié dans sa forme ou plus fréquemment dans son contenu. En principe, la révision ne peut intervenir que dans les formes qui ont été nécessaires pour son établissement. Toutefois, depuis la loi n° 131 du 10 février 2016 portant réforme du droit des obligations, si un changement de circonstances imprévisible lors de la conclusion du contrat rend son exécution excessivement onéreuse pour une partie, la justice contractuelle peut être rétablie par divers moyens : renégociation, résolution, révision

C. civ., art. 1195.*

→ *Imprévision (Théorie de l'), Réfection.*

[Procédure civile/Procédure administrative/Procédure pénale]

→ *Recours en révision.*

Révision coopérative

[Droit commercial]

→ *Coopérative.*

Révision des traités

[Droit international public]

Modification des dispositions d'un traité par les parties contractantes en vue de l'adapter à des conditions nouvelles. Est distinguée dans certains cas de l'*amendement*, en particulier dans la Charte de l'ONU, pour désigner plus précisément les modifications de grande ampleur du traité initial.

[Droit européen]

La procédure ordinaire de révision des traités sur lesquels est fondée l'Union se caractérise, sauf dans l'hypothèse d'une modification mineure, par la réunion d'une *convention* dont les travaux prépareront et orienteront ceux de la conférence de révision au sens strict.

Des procédures simplifiées sont par ailleurs prévues, notamment pour modifier les dispositions du TFUE relatives aux politiques internes de l'Union.

TUE, art. 48.

Révision générale des politiques publiques

[Droit administratif]

→ *Modernisation de l'action publique.*

Révocation

[Droit administratif]

Terme susceptible de 2 acceptions :

1° Licenciement d'un agent public pour raison disciplinaire.

2° Mise à néant d'un acte administratif par son auteur, synonyme tantôt de retrait, tantôt d'abrogation.

[Droit civil]

Suppression d'un acte par effet de la loi ou par décision judiciaire ou à la demande d'une partie, pour des causes diverses : changement de volonté (testament), inexécution des conditions, survenance d'enfants ou ingratitude pour une donation, etc.

Par une conséquence logique de la prohibition des engagements perpétuels, le contrat conclu pour une durée indéterminée peut être rompu unilatéralement par l'une des parties et à tout moment sous réserve du respect du délai de préavis contractuellement prévu ou, à défaut, d'un délai raisonnable.

Ce terme désigne également le fait, pour une personne, de retirer les pouvoirs accordés à une autre.

C. civ., art. 953, 1035, 1096, 1211, al. 2 et 2003.*

Révocation populaire

[Droit constitutionnel]

Procédé de la *démocratie semi-directe* permettant au peuple de mettre fin à un mandat électif, avant le terme légal. La révocation peut être individuelle (ex. : le *recall* en vigueur dans certains États des États-Unis d'Amérique) ou collective (dissolution populaire d'une assemblée en vigueur dans quelques cantons suisses).

Révolution

[Droit constitutionnel]

Soulèvement populaire qui abat le régime établi.

Rigidité constitutionnelle

[Droit constitutionnel]

Expression employée pour signifier qu'une constitution ne peut être modifiée que selon une procédure spéciale, différente de la procédure applicable aux lois ordinaires. En conséquence, la constitution dite rigide a une valeur juridique supérieure à celle des lois ordinaires.

→ *Constitution, Révision, Supraconstitutionnalité.*

Risque

[Droit administratif]

Type de responsabilité de la puissance publique se caractérisant par le fait que la victime n'aura pas à prouver de faute pour obtenir une indemnisation, mais seulement à établir le lien de causalité et un dommage d'une certaine gravité. S'applique à un ensemble assez diversifié d'activités de la puissance publique, généralement sur une base jurisprudentielle (risque anormal de voisinage, dommages subis par les collaborateurs occasionnels de l'Administration...).

GAJA n° 6 et 33.

→ *Responsabilité de la puissance publique.*

[Droit civil]

1° *Théorie du risque* (droit de la responsabilité). Système fondant la responsabilité civile sur le fait que celui qui tire un avantage matériel ou moral d'une activité doit en supporter les conséquences dommageables pour les tiers; cette théorie rejette la faute comme condition de la responsabilité civile.

2° *Théorie des risques* (droit des contrats). Lorsque, dans un contrat synallagmatique, l'une des parties est exonérée en raison d'un événement de force majeure qui l'a empêchée de fournir sa prestation, la théorie des risques permet de désigner celui des contractants qui supportera les conséquences de l'inexécution; en règle générale, le débiteur exonéré ne peut recevoir la contrepartie de ce qu'il n'a pu accomplir : le débiteur supporte les risques.

Dans le droit de la consommation, tout risque de perte ou d'endommagement des biens est transféré au consommateur au moment où ce dernier (ou un tiers désigné par lui) prend physiquement possession de ces biens.

C. civ., art. 1344-2; C. consom., art. L. 216-4, L. 216-5.*

→ *Res perit debitori, Res perit domino.*

3° Événement éventuel, incertain, dont la réalisation ne dépend pas exclusivement de la volonté des parties et pouvant causer un dommage.

4° *Risque d'inexécution.* Une partie peut suspendre l'exécution de son obligation dès lors qu'il est manifeste que son cocontractant ne s'exécutera pas à l'échéance et que les conséquences de cette inexécution sont suffisamment graves pour elle.

C. civ., art. 1220.*

[Sécurité sociale]

Événement susceptible de supprimer ou de diminuer la capacité de gain d'un assuré social (maladie, invalidité, vieillesse), ou encore d'augmenter ses charges (maternité) et dont les conséquences sont palliées par la Sécurité sociale.

Risque de développement

[Droit civil]

Cause d'exonération de la responsabilité du fait des produits défectueux résidant dans cette circonstance que, au moment où le produit a été mis en circulation, l'état des connaissances scientifiques et techniques n'a pas permis de déceler l'existence du défaut.

C. civ., art. 1245-10, 4°, 1245-11*.*

→ *Produits défectueux.*

Risque professionnel

[Droit du travail]

Risque inhérent à l'exercice d'une profession. Le risque professionnel a été le fondement de la réparation des accidents du travail par l'employeur, avant l'institution de la Sécurité sociale.

Risques causés à autrui (Délit de)

[Droit pénal]

Infraction de mise en péril d'une personne résultant de la violation manifestement délibérée d'une obligation particulière de sécurité ou de prudence imposée par la loi ou le règlement. La violation qui, par hypothèse, n'a produit aucun résultat préjudiciable, a cependant exposé autrui, c'est-à-dire toute personne, à un risque très grave, la mort ou une blessure de nature à entraîner une mutilation ou une infirmité permanente.

C. pén., art. 223-1.

→ *Mise en danger.*

Risques naturels

[Droit de l'environnement]

Éventualités d'événements dommageables ayant pour cause l'intensité anormale d'un agent naturel : affaissement de terrain, avalanche, crue, incendie de forêt, cyclone, séisme. Les risques naturels sont pris en compte de plusieurs manières : organisation des secours (plan ORSEC), zonage des risques (plan de prévention des risques naturels prévisibles, PPR), indemnisation (assurance des risques de catastrophes naturelles), expropriation pour cause de sécurité publique (droit de délaissement).

C. envir., art. L. 561-1 s.; CCH, art. L. 112-1, L. 126-1; CGCT, art. L. 2212-2, L. 2212-4; C. assur., art. L. 125-1.

Risques sanitaires

[Droit civil]

Terme générique désignant l'accident médical, l'affection iatrogène ou l'infection nosocomiale dont les conséquences préjudiciables pour le patient sont réparées au titre de la solidarité nationale, à condition d'entraîner un taux d'incapacité permanente d'une certaine gravité et de provoquer pour le patient des répercussions anormales sur son état de santé et son évolution prévisible.

CSP, art. L. 1142-1.

→ *Aléa thérapeutique, Office national d'indemnisation des accidents médicaux (ONIAM).*

Risques technologiques majeurs

[Droit de l'environnement]

Le risque technologique suppose une installation utilisant des substances ou recourant à des procédés susceptibles de provoquer un phénomène dangereux par libération d'énergie ou de substance (émission de gaz toxique, explosion), engendrant des effets dommageables pour l'homme et l'environnement. Le risque est qualifié majeur parce que l'accident possible serait d'une gravité exceptionnelle.

Une réglementation touffue vise à prévenir l'accident majeur ou à en limiter les conséquences au moyen de plans d'urgence.

C. envir., art. L. 125-2, L. 125-5, L. 551-1 s.

Riverain d'une voie publique

[Droit administratif]

Occupant d'un immeuble limitrophe d'une voie publique, qui bénéficie à ce titre de droits particuliers sur le domaine public terrestre.

→ *Aisances de voirie.*

Riveraineté (Droit de)

[Droit civil]

Ensemble de prérogatives appartenant au riverain d'un cours d'eau non domanial : droit de se servir de l'eau pour irriguer ses terres, propriété de la moitié du lit, droit de prendre dans cette partie du lit tous les produits naturels et d'en extraire de la vase, du sable et des pierres, droit de pêche, etc.

En contrepartie, le propriétaire riverain a l'obligation d'entretenir régulièrement le cours d'eau pour le maintenir dans son profil d'équilibre et son bon état écologique, en procédant à l'enlèvement des embâcles et atterrissements ainsi qu'à l'élagage ou au recépage de la végétation des rives.

C. civ., art. 556 s., 644; C. envir., art. L. 215-1 et L. 215-14.

→ *Cours d'eau.*

ACTU

RLLC

[Droit européen/Droit international privé]

Abréviation de règlement en ligne des litiges de consommation. On notera que la seule expression de RLL pour règlement en ligne des litiges est parfois utilisée.

Dans le cadre du règlement extrajudiciaire des litiges de la consommation, c'est-à-dire opposant un consommateur à un professionnel suite à l'achat d'un produit ou d'un service, l'Union européenne met une emphase particulière sur un règlement exclusivement en ligne de ces litiges. L'idée est qu'un règlement en ligne est particulièrement adapté au commerce intra-européen caractérisé par des contrats à distance entre deux parties installées dans des États membres différents, tout étant généralement peu coûteux, simple et rapide. À compter de février 2016, la Commission met à la disposition du public une plate-forme européenne de RLLC qui relie les entités nationales de règlement extrajudiciaire des litiges de la consommation. Ce point d'entrée unique consiste en un site Web convivial, interactif et gratuit disponible dans toutes les langues officielles de l'Union. Le texte de référence est le règlement (UE) 524/2013 du Parlement européen et du Conseil du 21 mai 2013 relatif au règlement en ligne des litiges de consommation et modifiant le règlement (CE) n° 2006/2004 et la directive 2009/22/CE (règlement relatif au RLLC).

→ *RELC.*

Robe noire

[Procédure civile]

Celle que portent les magistrats des tribunaux siégeant en audience ordinaire. Les avocats n'ont pas d'autre costume que la robe noire.

→ *Costume judiciaire.*

Robe rouge

[Procédure civile]

Robe que revêtent les magistrats des cours (Cour de cassation, cours d'appel) et le président du tribunal de commerce de Paris quand ils se réunissent en *audience solennelle*.

C. com., art. R. 721-4.

→ *Costume judiciaire.*

Rôle

[Droit financier ou fiscal]

Sorte de répertoire des contribuables assujettis pour une année donnée à des impôts directs comme l'*impôt sur le revenu* ou les impôts locaux (*taxe d'habitation*, *taxes foncières*, *taxe professionnelle*), avec indication du montant de leur imposition individuelle. Établi par la DGFIP et ayant force exécutoire le rôle est transmis aux comptables du Trésor (ex-percepteurs) chargés de percevoir ces impôts.

[Procédure civile]

→ *Mise au rôle, Radiation du rôle, Répertoire général des affaires, Retrait du rôle.*

Rome I

[Droit européen/Droit international privé]

Appellation désignant le règlement 593/2008 du Parlement européen et du Conseil du 17 juin 2008 sur la loi applicable aux obligations contractuelles. Ce règlement se substitue depuis le 17 décembre 2009 à la convention de Rome de 1980 portant sur le même objet.

Rome II

[Droit européen/Droit international privé]

Appellation désignant le règlement 864/2007 du Parlement européen et du Conseil du 11 juillet 2007 sur la loi applicable aux obligations extra-contractuelles. Ce texte, entré en vigueur le 11 janvier 2009, est le premier instrument de l'Union européenne ayant pour objet l'harmonisation des règles de conflit de lois dans un domaine donné.

Rome III

[Droit international privé]

Appellation désignant le règlement (UE) n° 1259/2010 du Conseil du 20 décembre 2010 mettant en œuvre une coopération renforcée dans le domaine de la loi applicable au divorce et à la séparation de corps. Ce règlement s'applique depuis le 21 juin 2012. La coopération renforcée constitue un mécanisme permettant à certains États d'aller plus loin dans l'intégration européenne. Ces États sont aujourd'hui : la Belgique, la Bulgarie, l'Allemagne, l'Espagne, la France, la Grèce, l'Italie, la Lettonie, la Lituanie, le Luxembourg, la Hongrie, Malte, l'Autriche, le Portugal, la Roumanie et la Slovénie.

Royalties

[Droit commercial]

→ *Contrat de licence.*

Rupture du contrat de travail

[Droit du travail]

Cessation du contrat de travail en dehors du cas de cessation par l'arrivée du terme.

• *Prise d'acte de la rupture :* mode de rupture, d'origine prétorienne, à l'initiative du salarié qui estime le contrat de travail rompu du fait de l'employeur, en raison d'une faute commise par celui-ci. Le fait pour le salarié de prendre acte opère une rupture immédiate du contrat de travail imputable à l'employeur et produit les effets d'un licenciement sans cause réelle et sérieuse. Ce mode de rupture est risqué pour le salarié : si à l'issue d'un contentieux judiciaire les juges estiment la faute de l'employeur insuffisante pour justifier la rupture du contrat, cette dernière restera acquise mais produira les effets d'une démission et exposera le salarié à devoir indemniser l'employeur.

La Cour de cassation n'accorde plus de place en droit positif à la prise d'acte de la rupture du contrat de travail par l'employeur, qui est assimilée dans ses effets à un licenciement sans cause réelle et sérieuse.

GADT n° 88.

• *Rupture abusive :* la loi du 13 juillet 1973, d'une part en décidant que le licenciement du salarié lié par contrat de travail à durée indéterminée doit avoir une cause réelle et sérieuse et respecter une procédure, et, d'autre part, en assortissant ces obligations de sanctions précises, a restreint le champ d'application de la rupture abusive. L'abus du droit trouve encore application en cas de rupture du fait du salarié, et dans les quelques cas où la rupture du fait de l'employeur échappe aux dispositions de la loi du 13 juillet 1973, comme c'est le cas pendant la période d'essai. Dans la langue du droit, l'expression de « licenciement abusif » ne vise que les licenciements injustifiés d'un salarié se trouvant dans une situation qui ne réunit pas les conditions légales prévues pour bénéficier des sanctions spécifiques d'un licenciement illicite.

C. trav., art. L. 1235-5.

• *Rupture conventionnelle :* mode de rupture du contrat de travail, distinct du licenciement et de la démission, et encadré par la loi qui a prévu une procédure inspirée en partie par celle de licenciement (entretien(s) préalable(s), assistance possible des parties) pour l'établissement d'une convention de rupture qui, à l'issue d'un délai de rétractation, est soumise à homologation de l'autorité administrative pour assurer sa validité, l'homologation étant acquise en cas de passivité de cette autorité dans le délai imparti par la loi. La rupture d'un commun accord donne lieu au versement d'une indemnité dont le montant ne peut être inférieur à celui de l'indemnité légale de licenciement.

C. trav., art. L. 1237-11 s.

S

Sabotage

[Droit pénal]

Infraction résultant du fait de détruire, détériorer ou détourner des documents, matériels, constructions, équipements, installations, dispositifs techniques ou systèmes de traitement automatique des données, lorsqu'un tel fait est de nature à porter atteinte aux intérêts fondamentaux de la nation.

C. pén., art. 411-9.

Sachant

[Procédure civile]

Personne bien informée que le technicien commis par le juge peut entendre au cours de ses investigations, en dehors des formes prescrites pour l'enquête.

C. pr. civ., art. 242.

→ *Sapiteur.*

Sacramentel

[Droit civil]

Qui doit être exprimé à la lettre, selon la formulation prescrite par la loi, à peine de nullité. Par exemple, la personne physique qui s'engage par acte sous signature privée en qualité de caution envers un créancier professionnel doit faire précéder sa signature de la mention manuscrite énoncée à l'article L. 341-2 du Code de la consommation « et uniquement de celle-ci », sinon son engagement est nul.

Saint-Siège

[Droit international public]

Gouvernement central de l'Église catholique, dont le siège est à la Cité du Vatican.

Saisie

[Procédure civile]

Voie d'exécution forcée par laquelle un créancier fait mettre sous *main de Justice* les biens de son débiteur, alors même qu'ils seraient détenus par des tiers, ainsi que les créances conditionnelles, à terme ou à exécution successive, en vue de les faire vendre aux enchères publiques et de se payer sur le prix. La saisie peut n'être que conservatoire.

C. pr. exéc., art. L. 112-1, L. 112-2.

[Procédure pénale]

Placement sous main de Justice de tout objet, document ou données informatiques (support ou copie) nécessaires à la manifestation de la vérité, c'est-à-dire de toutes *pièces à conviction*, afin d'éviter la disparition ou le dépérissement d'un élément de preuve. Les objets saisis sont inventoriés et placés sous *scellés*. La saisie est le plus souvent le prolongement d'une *perquisition* réalisée lors d'une *enquête* ou d'une *commission rogatoire* mais peut aussi être effectuée dans un autre cadre (*transport sur les lieux* par ex.). Des règles spécifiques existent pour protéger le secret professionnel (avocat, médecin, notaire, huissier) ou le secret des sources des journalistes.

C. pr. pén., art. 56 à 56-3, 76, 96, 97.

Saisie-appréhension

[Procédure civile]

Forme de saisie permettant à un créancier bénéficiant d'une *obligation de faire* (livrer ou restituer un meuble corporel) de l'appréhender entre les mains du débiteur de l'obligation, ou même entre celles du tiers qui détient l'objet (qui sera parfois gagé).

Si le créancier est muni d'un titre exécutoire, l'huissier adresse au débiteur un commandement lui accordant un délai de 8 jours pour exécuter spontanément. S'il ne le fait pas, l'huissier appréhende l'objet pour le remettre au créancier. Il est dressé un acte de la remise volontaire ou de l'appréhension du bien, acte qui contient un état détaillé de celui-ci avec, éventuellement, sa photographie en annexe.

Si le créancier ne possède pas de titre exécutoire, il demande au juge de l'exécution du domicile du débiteur de lui remettre une injonction de livrer ou de restituer l'objet de la saisie dans le délai de 15 jours; à l'expiration de ce délai, l'appréhension sera effectuée par l'huissier.

C. pr. exéc., art. L. 222-1, R. 222-1 à R. 222-16.

Saisie-arrêt

[Procédure civile]

Voie d'exécution existant avant la réforme des saisies (L. n° 650 du 9 juill. 1991, Décr. n° 755 du 31 juill. 1992). Par une saisie-arrêt, le créancier bloquait entre les mains d'un tiers (le tiers-saisi) les sommes dues et même les meubles corporels appartenant à son débiteur, en vue de se faire payer sur ces sommes ou sur le prix des objets mobiliers. L'acte de saisie ne procurait au créancier aucun privilège sur les sommes ou sur les biens saisis.

La saisie-arrêt a été remplacée par la *saisie-attribution*, pour les sommes d'argent, par la *saisie-vente* et la *saisie-appréhension* pour les meubles corporels détenus par un tiers.

Des règles nouvelles existent pour la *saisie des rémunérations du travail* et pour la saisie effectuée par un époux contre son conjoint, pour le recouvrement des pensions alimentaires, des amendes et de certaines condamnations pénales, à caractère pécuniaire, pour la saisie pratiquée entre les mains d'une personne morale de droit public.

→ *Créance.*

Saisie à tiers détenteur

[Procédure/Droit financier]

Dénomination donnée à la *saisie-attribution* pratiquée pour le recouvrement des créances de l'État qui font l'objet d'un titre de perception. Les personnes physiques ou morales qui détiennent des fonds pour le compte du débiteur doivent se libérer des sommes saisies dans les 30 jours suivant la réception de la saisie.

Dans le cas où le débiteur fait déjà l'objet d'une saisie des rémunérations, la saisie à tiers détenteur, comme l'opposition à tiers détenteur, est assimilée à une intervention ouvrant un concours avec les autres saisissants, malgré l'effet attributif immédiat de la saisie.

LPF, art. L. 273 A.

Saisie-attribution

[Procédure civile]

Forme nouvelle de la *saisie-arrêt* instituée en 1991 en vue d'en simplifier la procédure et d'en accroître l'efficacité, aujourd'hui réglementée par le Code des procédures civiles d'exécution.

Elle ne peut porter que sur une *somme d'argent* entre les mains d'un *tiers*, à l'exception des rémunérations du travail qui font l'objet de dispositions particulières.

Pratiquée par le créancier muni d'un titre exécutoire, recourant à un huissier de justice, elle interrompt la prescription de la créance du débiteur à l'égard du tiers saisi, elle entraîne l'interdiction faite au tiers saisi de se libérer de sa propre dette entre les mains du débiteur saisi et l'impossibilité pour le débiteur saisi de disposer de sa créance; elle emporte, à concurrence des sommes pour lesquelles elle est opérée, attribution immédiate au profit du saisissant de la créance saisie disponible entre les mains du tiers saisi ainsi que ses accessoires exprimés en argent : TVA, intérêts, montant d'une clause pénale.

En cas de saisie d'un compte bancaire, le tiers saisi doit laisser à la disposition du débiteur personne physique, une somme à caractère alimentaire égale au montant forfaitaire du revenu de solidarité active.

C. pr. exéc., art. L. 211-1 à 211-5, R. 211-1 à 211-23.

→ *Avis à tiers-détenteur, Reste à vivre, Saisie des rémunérations du travail.*

Saisie aux fins de garantir une confiscation (Saisies spéciales)

[Procédure pénale]

Placement sous *main de Justice* de biens afin de garantir l'exécution de la peine complémentaire de confiscation lorsqu'elle est prévue par l'article 131-21 du Code pénal. La décision de saisie est prise au cours d'une enquête préliminaire ou de flagrance, sur requête du ministère public, par le juge des libertés et de la détention par ordonnance motivée, susceptible d'un appel qui n'est pas suspensif, aux frais avancés du Trésor et au cours d'une instruction préparatoire, dans les mêmes conditions, par le juge d'instruction.

Afin de lutter contre le blanchiment et toutes les formes de délinquance générant des profits le législateur a décidé d'appliquer ces règles aux demandes d'entraide émanant d'autorités étrangères tendant à de telles saisies, lorsque le bien, quel qu'en soit la nature, ayant servi ou qui était destiné à commettre l'infraction, parait un produit direct ou indirect d'une infraction ou dont la valeur correspond au produit de cette infraction.

C. pr. pén., art. 694-10 s. et 706-141 à 706-158.

→ *Agence de gestion et de recouvrement des avoirs saisis et confisqués.*

Saisie-brandon

[Procédure civile]

Saisie des fruits pendants par branches et par racines. Remplacée par la *saisie des récoltes sur pied*.

Saisie conservatoire

[Procédure civile]

Une saisie conservatoire est une procédure dont l'objectif est de placer sous *main de Justice* des biens du débiteur, afin que celui-ci n'en dispose pas ou ne les fasse pas disparaître.

Certaines étaient très anciennes (ainsi la *saisie foraine*, la *saisie-gagerie*, la saisie conservatoire commerciale). Une loi du 12 novembre 1955 avait institué une saisie conservatoire générale, mais sans faire disparaître les procédures traditionnelles.

La loi n° 650 du 9 juillet 1991 et son décret d'application n° 755 du 31 juillet 1992 ont fait disparaître les saisies conservatoires spéciales et ont posé des règles ayant une portée générale, ainsi que des dispositions de portée plus étroite.

→ *Saisie conservatoire de droit commun, Saisie d'aéronef, Saisie de biens placés dans un coffre-fort de banque, Saisie des droits incorporels, Saisie de navire, Saisie-revendication.*

Saisie conservatoire de droit commun

[Procédure civile]

Cette procédure tend uniquement à provoquer l'indisponibilité de certains biens mobiliers du débiteur. Elle ne peut porter que sur des biens *meubles* (meubles corporels ou créances) de ce débiteur.

Si le créancier ne possède pas de titre exécutoire, il est obligé d'obtenir une autorisation du juge de l'exécution en prouvant que la créance paraît fondée en son principe. La saisie peut également être effectuée entre les mains d'un tiers.

Trois éventualités doivent être distinguées :

• La créance du saisissant consiste en une *somme d'argent* (cette saisie ne peut pas concerner une obligation de faire). La procédure rend les biens indisponibles à concurrence du montant autorisé par le juge.

• La procédure peut porter aussi sur des *meubles corporels;* elle sera éventuellement convertie en *saisie-vente* si le créancier obtient le titre exécutoire qui lui faisait défaut.

• La saisie peut également porter sur des *créances se trouvant entre les mains d'un tiers*; elle fait défense au tiers de disposer des sommes réclamées dans la limite de ce qu'il doit au débiteur. Lorsque le créancier obtiendra un titre exécutoire, la saisie conservatoire se transformera en saisie-attribution opérant attribution immédiate de la créance saisie au profit du créancier.

C. pr. exéc., art. L. 513-1, L. 521-1, L. 522-1, L. 523-2, R. 511-1 s., R. 521-1 à 525-5.

→ *Mesures conservatoires.*

Saisie conservatoire européenne des comptes bancaires

[Procédure civile]

Le règlement (UE n° 655/2014) du 15 mai 2014 porte création d'une procédure d'ordonnance européenne de saisie conservatoire des comptes bancaires détenus dans un État membre autre que celui de la juridiction saisie de la demande. Son objet est d'empêcher que le recouvrement ultérieur d'une créance ne soit mis en péril par le transfert ou le retrait de fonds opéré par le débiteur sur un compte qu'il détient dans un autre État membre. La saisie s'applique aux créances pécuniaires en matière civile et commerciale, à l'exclusion des régimes matrimoniaux, des successions, des procédures collectives, de la sécurité sociale...

La procédure est non contradictoire. L'ordonnance rendue est reconnue et exécutoire dans les autres États membres sans qu'il soit besoin d'une quelconque formalité.

Saisie-contrefaçon

[Droit civil/Droit commercial/ Procédure civile]

Procédure destinée à faire la preuve d'une *contrefaçon*, qu'il s'agisse de propriété littéraire, artistique ou industrielle. Elle se présente sous deux aspects : soit la saisie réelle de l'objet contrefaisant (saisie des exemplaires d'un livre constituant une reproduction illicite) ou des instruments et matériels servant à la contrefaçon, soit la saisie-description qui décrit le produit contrefait ou le procédé contrefaisant.

La mesure est destinée à prévenir une atteinte imminente aux droits conférés par la propriété intellectuelle ou à empêcher la poursuite d'agissements argués de contrefaçon. Elle n'est qu'un moyen de preuve facultatif, la contrefaçon pouvant être établie par les autres moyens de preuve du droit civil.

L'indemnisation due en cas de contrefaction tient compte, outre le préjudice effectivement subi au-delà du seul manque à gagner, des bénéfices réalisés par le contrefacteur. Et la possibilité est offerte au juge, sur demande de la partie lésée, d'allouer à titre de dommages et intérêts une somme forfaitaire supérieure au montant des redevances dont aurait été redevable le contrefacteur s'il avait demandé l'autorisation d'utiliser le droit qu'il a méconnu.

CPI, art. L. 331-1-3, L. 332-1 s., L. 343-1, L. 521-6, L. 521-7, L. 615-3, L. 615-5, L. 615-7, L. 623-27, L. 623-28, L. 716-6, L. 716-7, L. 716-8, L. 716-14, L. 722-6.

Saisie d'aéronef

[Procédure civile]

Procédure qui, après notification d'un commandement de payer et établissement d'un procès-verbal de saisie, conduit à la vente de l'aéronef à l'audience des criées du TGI.

C. aviat., art. R. 123-2 s.

Des saisies conservatoires sont également possibles. D'une part, en cas de non-paiement des redevances aéroportuaires et autres redevances (redevance de route, redevance pour services terminaux), l'exploitant d'aérodrome ou l'autorité administrative peuvent requérir la saisie conservatoire de l'aéronef du redevable auprès du juge de l'exécution aux fins d'immobilisation de l'appareil. D'autre part, lorsque le propriétaire de l'aéronef n'est pas domicilié en France ou que l'aéronef est de nationalité étrangère, tout créancier a le droit de pratiquer une saisie conservatoire avec l'autorisation du juge d'instance du lieu où l'appareil a atterri.

Toutefois, les aéronefs (français ou étrangers) affectés à un service d'État ou à des transports publics ne peuvent faire l'objet d'une ordonnance de saisie conservatoire que pour paiement de leur prix d'acquisition ou des sommes dues en vertu de contrats de formation ou de maintenance liés à leur exploitation.

C. aviat., art. R. 123-1 s., D. 123-1 s.; C. transp., art. L. 6123-1, L. 6123-2; C. pr. exéc., art. L. 241-1 et R. 241-1.

Saisie de bateau

[Procédure civile]

Il n'y a pas de régime particulier applicable à toute embarcation affectée à la navigation intérieure sur les fleuves, canaux et lacs. La loi ne prévoit de règles spéciales que pour la *saisie-vente* des bateaux de marchandises dont le port en lourd est égal ou supérieur à 20 tonnes ou de tout autre bateau dont le déplacement est égal ou supérieur à 10 mètres cubes.

Le procès-verbal de saisie, après un commandement de payer 24 heures auparavant, est transcrit au greffe du tribunal de commerce, transcription rendant le bien indisponible; le juge de l'exécution fixe la mise à prix et les conditions de la vente.

C. pr. exéc., art. L. 241-1 et R. 241-1; C. transp., art. L. 4111-1, R. 4123-1 s.

→ *Saisie de navire.*

Saisie de biens placés dans un coffre-fort de banque

[Procédure civile]

Le Code des procédures civiles d'exécution prévoit que le débiteur qui possède un coffre-fort dans une banque peut être l'objet de 3 procédures distinctes :

• Une *saisie-vente* peut être signifiée au tiers chez lequel se trouve le coffre. Un commandement de payer est alors adressé à la banque, suivi de l'ouverture du coffre à l'expiration d'un délai de 15 jours, en présence du débiteur ou de son préposé. Ce débiteur peut proposer une vente amiable des titres et objets saisis, ainsi que des ventes partielles et successives.

• Le créancier peut aussi déclencher une *saisie-appréhension*, aux fins de remise de tels ou tels objets situés dans le coffre. Dans une première phase, il est fait interdiction à l'intéressé d'accéder à son coffre si ce n'est en présence de l'huissier de justice. Dans une seconde phase, intervient un commandement de remettre les biens réclamés avant la date fixée pour l'ouverture du coffre ou d'assister à son ouverture aux fins d'enlèvement desdits biens ; à défaut le coffre est ouvert par la force.

• Enfin, une simple *saisie conservatoire* est également possible. Le débiteur, à tout moment, peut demander l'ouverture du coffre en présence de l'huissier de justice, lequel procède à l'inventaire des biens saisis à titre conservatoire et les place sous sa garde ou celle d'un séquestre.

L'ensemble de ce régime procédural n'est pas applicable lorsque le coffre-fort se trouve chez le débiteur lui-même, car l'huissier habilité à pénétrer dans les locaux du débiteur est habilité à ouvrir tous les meubles les garnissant.

C. pr. exéc., art. R. 224-1 à 224-12, R. 525-1 à 525-5.

Saisie de navire

[Droit maritime/Procédure civile]

Toute personne dont la créance paraît fondée en son principe peut solliciter du juge de l'exécution l'autorisation de pratiquer une saisie conservatoire d'un navire qui en empêche le départ sans porter atteinte aux droits du propriétaire. Quant à la saisie-exécution, elle implique la signification d'un commandement de payer, un procès-verbal de saisie, le prononcé d'un jugement ordonnant la vente et fixant la mise à prix ; elle se termine par un jugement d'adjudication.

Le navire, objet d'une saisie, ne peut quitter le port sauf autorisation du juge pour un ou plusieurs voyages déterminés et fourniture d'une garantie suffisante.

C. transp., art. L. 5114-21 à L. 5114-29 ; C. pr. exéc., art. L. 241-1 et R. 241-1.

→ *Saisie de bateau.*

Saisie des droits incorporels

[Procédure civile]

La loi n° 650 du 9 juillet 1991 (art. 59, aujourd'hui C. pr. exéc., art. L. 231-1) a innové en précisant dans quelles conditions peuvent être saisis et réalisés en faveur du créancier les droits incorporels appartenant au débiteur, tels que titres nominatifs ou au porteur, parts de sociétés se trouvant entre les mains du mandataire ou de l'intermédiaire agréé pour la gestion d'un portefeuille de titres.

La vente des différents types de parts sociales et de valeurs mobilières est aménagée par le Code des procédures civiles d'exécution. Des dispositions spéciales prévoient aussi la *saisie conservatoire* des droits d'associés et des valeurs mobilières, avec l'autorisation du juge de l'exécution. La saisie est pratiquée contre un tiers (la société pour les parts sociales, le teneur de compte pour les valeurs mobilières) ; le débiteur a la faculté de procéder lui-même à la vente, faute de quoi il est recouru à une vente forcée.

C. pr. exéc., art. L. 231-1, R. 231-1 à R. 233-9, R. 524-1 s.

→ *Mesures conservatoires, Sûretés judiciaires.*

Saisie des récoltes sur pied

[Droit civil/Droit rural]

Saisie des fruits naturels et industriels non encore récoltés, par conséquent immeubles par nature, auxquels on applique les règles de la saisie mobilière (saisie-vente) ; la saisie est possible 6 semaines avant l'époque habituelle de la maturité (mais la vente aux enchères n'a lieu qu'après la récolte), par anticipation de leur séparation ultérieure de la terre. Cette procédure a remplacé la *saisie-brandon*.

C. pr. exéc., art. R. 221-57 s.

Saisie des rémunérations du travail

[Droit du travail/Procédure civile]

Une portion du salaire reste totalement insaisissable; elle correspond au revenu minimum d'insertion, remplacé par le *Revenu de solidarité active* (RSA).

Les salaires et leurs accessoires ne peuvent être saisis que dans les limites de tranches de salaire (tranches dont le taux est précisé chaque année en fonction de certains indices) et selon une proportion progressive : vingtième, dixième, cinquième, quart...

Une procédure spéciale se déroule devant le juge d'instance exerçant tous les pouvoirs du juge d'exécution, précédée d'une tentative de conciliation. Elle se termine par la répartition tous les six mois des sommes versées au greffe. Toute saisie simplement conservatoire est interdite.

Le dispositif légal est applicable à la saisie des rémunérations des agents publics (traitement des fonctionnaires, solde des militaires).

C. trav., art. L. 3252-1 s. et R. 3252-1 s.; COJ, art. L. 221-8; C. pr. exéc., art. L. 212-2, L. 212-3, R. 212-1 à R. 212-6.

→ *Insaisissabilité.*

Saisie des véhicules terrestres à moteur

[Procédure civile]

Mesure d'exécution consistant, soit à rendre le véhicule indisponible juridiquement *par une déclaration* à la préfecture qui ne peut plus délivrer un nouveau certificat d'immatriculation, soit à empêcher son utilisation matérielle au moyen d'un dispositif approprié en vue de prévenir son détournement (*saisie par immobilisation*).

C. pr. exéc., art. L. 223-1, L. 223-2, R. 223-1 à R. 223-13.

→ *Immobilisation d'un véhicule terrestre à moteur, Mesures d'exécution sur les véhicules terrestres à moteur.*

Saisie-exécution

[Procédure civile]

Ancienne saisie des meubles corporels se trouvant entre les mains du débiteur, qui exigeait la possession d'un titre exécutoire. Elle est remplacée par la *saisie-vente.*

Saisie foraine

[Procédure civile]

Saisie conservatoire pratiquée avant 1991, avec l'autorisation du juge, sur les meubles qu'un débiteur de passage apporte avec lui (voyageur débiteur d'un hôtelier, d'un garagiste). Elle a été remplacée par la *saisie conservatoire de droit commun.*

Saisie-gagerie

[Procédure civile]

Saisie conservatoire pratiquée naguère par le bailleur et portant sur les meubles garnissant les lieux loués et pouvant être pratiquée sans autorisation préalable du juge, après un commandement et même sans aucun délai (mais alors avec la permission du juge). Cette saisie a été remplacée par la *saisie conservatoire de droit commun.*

Saisie immobilière

[Procédure civile]

Procédure d'exécution forcée permettant à un créancier muni d'un titre exécutoire constatant une créance liquide et exigible de saisir un immeuble appartenant à son débiteur, ou à un tiers détenteur quand le créancier, bénéficiant d'une hypothèque ou d'un privilège, exerce son droit de suite contre lui.

La procédure est engagée par la délivrance d'un commandement de payer valant saisie, rendant l'immeuble indisponible et restreignant les droits de jouissance et d'administration du débiteur. Puis le débiteur est assigné à comparaître à une *audience d'orientation* au cours de laquelle le juge de l'exécution autorise la vente amiable de l'immeuble ou ordonne sa vente forcée.

Les enchères, obligatoirement portées par ministère d'avocat, sont arrêtées lorsque 90 secondes se sont écoulées depuis la dernière enchère, ce temps étant décompté par tout moyen visuel ou sonore qui signale au public chaque seconde écoulée.

Seuls sont admis à participer à la distribution du prix le créancier poursuivant, les créanciers inscrits sur l'immeuble ainsi que les créanciers privilégiés dispensés de toute inscription.

Les immeubles d'un mineur, même émancipé, ou d'un majeur en curatelle ou en tutelle ne peuvent être saisis avant la discussion de leurs meubles.

C. pr. exéc., art. L. 311-1 à L. 341-1, R. 311-1 à R. 334-3.

Saisie-revendication

[Procédure civile]

Procédure conservatoire qui permet à celui qui est fondé à requérir la *délivrance* ou la *restitution* d'un meuble corporel, de rendre celui-ci indisponible en attendant sa remise à celui qui la réclame. Elle est ouverte, outre au propriétaire, à l'usufruitier, au créancier gagiste qui a perdu la possession de son gage, au bailleur d'immeuble quand les objets garnissant les lieux loués ont été déplacés, au vendeur impayé qui veut empêcher la revente de la chose vendue.

La procédure suppose que le demandeur possède un titre exécutoire; à son défaut, une autorisation sera sollicitée du juge, par requête.

Il peut être recouru à cette saisie en tout lieu et entre les mains de tout détenteur du meuble, une autorisation judiciaire spéciale étant exigée lorsque le meuble est situé dans le local d'habitation d'un tiers.

Il sera procédé, après règlement éventuel d'incidents, à l'appréhension du bien devenu indisponible suivant les règles nouvelles des saisies conservatoires.

C. civ., art. 2332, 1° et 4°; C. pr. exéc., art. L. 222-2, R. 222-17 à R. 222-25.

→ Saisie-appréhension.

Saisie-vente

[Procédure civile]

Forme de saisie des *meubles corporels*. Elle remplace la saisie-exécution contre le débiteur et la saisie-arrêt d'objets corporels entre les mains d'un tiers. Elle suppose un titre exécutoire et exige le préalable d'un commandement de payer.

Lorsque la saisie-vente porte sur des biens se trouvant dans un local servant à l'*habitation du débiteur* (principale ou secondaire), elle ne peut être pratiquée que pour assurer le recouvrement d'une créance autre qu'alimentaire dont le montant n'excède pas une certaine somme et, si ce recouvrement n'est pas possible, par voie de saisie d'un compte de dépôt ou des rémunérations du travail. De plus, elle exige une autorisation du juge de l'exécution et le commandement précédant la saisie doit contenir injonction au débiteur de communiquer les nom et adresse de son employeur et les références de ses comptes bancaires, ou l'un de ces éléments seulement. Ces exigences visent à préserver le cadre de vie du débiteur et de sa famille.

Lorsque la saisie-vente porte sur des meubles détenus dans le local d'*habitation d'un tiers*, elle doit être autorisée par le juge de l'exécution.

Dans tous les cas, le débiteur dispose d'un délai d'un mois à compter de la notification de l'acte de saisie pour procéder lui-même à la vente des biens saisis. À défaut, il est procédé à une vente forcée aux enchères publiques.

C. pr. exéc., art. L. 221-1, L. 221-6, R. 221-1 à R. 221-56.

Saisies mobilières

[Procédure civile]

Saisies pratiquées sur un objet mobilier, sur une créance ou sur une valeur mobilière. Elle peut n'avoir qu'un caractère conservatoire ou viser à la vente forcée des biens saisis.

Lors de la refonte des textes sur les voies d'exécution en 1991 et 1992 la saisie-exécution est devenue la *saisie-vente*; la saisie-arrêt la *saisie-attribution*. Les saisies conservatoires spéciales (saisie foraine, saisie-gagerie) ont disparu et ont été remplacées par des saisies conservatoires mieux adaptées et complétées par la *saisie-appréhension*.

C. pr. exéc., art. L. 211-1 à 251-1, R. 211-1 à R. 251-11.

Saisine

[Droit civil]

Prérogative reconnue à l'*héritier* de se mettre en possession des biens successoraux et d'exercer les droits et actions du défunt, sans qu'il ait besoin de solliciter une autorisation préalable. Le légataire universel est, également, saisi de plein droit par la mort du testateur lorsqu'il n'existe, au décès, aucun héritier réservataire.

C. civ., art. 724, 1004, 1006, 1030 et 1030-1.

→ *Envoi en possession, Legs.*

[Procédure civile]

Formalité par laquelle un plaideur porte son différend devant une juridiction afin que celle-ci examine la recevabilité et le caractère fondé de ses prétentions. La saisine est normalement provoquée par le dépôt au greffe d'une copie de l'*assignation* ou d'une *requête conjointe*, ou par *requête* ou déclaration au secrétariat de la juridiction. La présentation volontaire des adversaires devant le juge emporte parfois saisine de celui-ci.

En principe l'instance n'est introduite que par les parties; le juge ne peut se saisir lui-même. Il existe néanmoins des cas d'autosaisine : le juge aux affaires familiales pour les mesures d'assistance éducative, le tribunal de commerce pour l'ouverture d'une procédure de redressement judiciaire, le juge des libertés et de la détention pour la mainlevée d'une mesure de soins psychiatriques.

L'ordonnance n° 2014-1088 du 26 septembre 2014, tirant les conséquences de décisions du Conseil constitutionnel, supprime la faculté pour le tribunal de se saisir d'office en cas de conversion d'une procédure de sauvegarde en redressement judiciaire et en cas de reprise d'une procédure de liquidation judiciaire après clôture. En revanche, elle reconnaît au juge certains pouvoirs d'office quand il s'agit d'une instance dont il est déjà saisi, qu'il y a motif d'intérêt général et respect du contradictoire.

C. civ., art. 375; C. pr. civ., art. 54, 757, 791, 795, 829, 839, 854, 857, 860, 885, 932; C. trav., art. R. 1452-1; C. com., art. L. 621-12, 631-7, 641-1, 643-13; CSP, art. L. 3211-12; CSS, art. R. 142-18.

→ *Indisponibilité du litige (Principe d').*

[Droit administratif/ Procédure administrative]

La saisine du juge administratif est réalisée par le dépôt au greffe de la requête introductive d'instance.

Saisine par un justiciable du Conseil supérieur de la magistrature (CSM)

[Procédure civile]

Tout justiciable qui estime, qu'à l'occasion d'une procédure judiciaire le concernant, le comportement d'un magistrat dans l'exercice de ses fonctions est susceptible de recevoir une qualification disciplinaire peut saisir le Conseil supérieur de la magistrature.

Pour écarter ou limiter le risque de déstabilisation des juges et celui du blocage du déroulement procédural, un régime strict est prévu : 1° la plainte est préalablement examinée par une commission d'admission des requêtes; 2° la saisine du CSM ne constitue pas une cause de récusation du magistrat; 3° à peine d'irrecevabilité, la plainte ne peut être dirigée contre un magistrat qui demeure saisi de la procédure; 4° la plainte ne peut être présentée plus d'un an après une décision irrévocable mettant fin au procès; 5° la commission sollicite du chef de cour dont dépend le magistrat mis en cause toutes informations utiles; 6° en cas d'admission de la requête, la commission renvoie l'examen de la plainte au conseil de discipline du CSM; 7° la décision qui rejette la plainte est insusceptible de recours.

En quatre ans, depuis la loi organique, le CSM a traité 1 278 plaintes de justiciables par saisine directe. Seules 29 ont été déclarées recevables soit 2 % des plaintes reçues.

Const., art. 65; Ord. n° 58-1270 du 22 déc. 1958, art. 50-3 et 63.

→ *Conseil supérieur de la magistrature (CSM).*

Saisine pour avis de la Cour de cassation

[Procédure civile]

→ *Avis contentieux, Cour de cassation.*

Saisissable

[Procédure civile]

S'applique aux biens susceptibles d'être valablement saisis. Sauf exception, les saisies peuvent porter sur tous les biens appartenant au débiteur alors même qu'ils seraient détenus par des tiers, ainsi que sur les créances conditionnelles, à terme ou à exécution successive, à condition que le créancier saisissant respecte les modalités propres à ces obligations.

→ *Biens insaisissables, Insaisissabilité.*

Salaire

[Droit du travail]

Prestation versée par l'employeur au salarié en contrepartie de sa mise à disposition pour effectuer le travail convenu.

C. trav., art. L. 3211-1 s. et R. 3221-1 s.

• *Salaire de base :* partie généralement fixe du salaire déterminée par le contrat ou la convention collective, plus rarement par la loi (*SMIC*). Souvent s'ajoutent au salaire de base des compléments tels les primes et les gratifications.

• *Salaire indirect :* substituts du salaire touchés en cas d'inactivité.

• *Salaire au rendement :* salaire proportionnel à la production réalisée soit individuellement, soit en équipe.

• *Salaire au temps :* salaire proportionnel à la durée du travail, indépendant d'une production quantitativement déterminée.

[Sécurité sociale]

• *Salaire brut :* salaire avant déduction des cotisations salariales de Sécurité sociale.

• *Salaire journalier de base :* salaires et gains servant à déterminer le montant des indemnités journalières et des rentes d'accident du travail.

• *Salaire net :* salaire après déduction des cotisations salariales de Sécurité sociale.

• *Salaire de base :* salaire servant de base de calcul à certaines prestations : indemnités journalières d'assurance-maladie ou maternité, rente accident de travail, pension d'invalidité ou de vieillesse.

Salaire de référence

[Sécurité sociale]

Montant de la cotisation qui donne droit, au cours d'une année à l'acquisition d'un point de retraite (prix d'achat du point).

Le salaire de référence est fixé chaque année par le conseil d'administration de chaque régime complémentaire en fonction de l'évolution des salaires moyens de l'ensemble des cotisants à ce régime.

Salaire différé

[Droit rural/Droit civil]

Les descendants d'un exploitant agricole qui ont participé à la mise en valeur de l'exploitation familiale ont droit, au décès de l'agriculteur, ou lors d'une donation-partage consentie par l'exploitant, à une rémunération appelée « salaire différé ». La créance de salaire différé est prélevée lors de la succession avant tout partage si elle n'a pas été versée du vivant de l'agriculteur. Elle revient à son bénéficiaire en plus de ses droits dans la succession.

Les bénéficiaires en sont les enfants de l'exploitant ou ses petits-enfants par représentation (décès de leurs parents).

Pour en bénéficier, le descendant de l'agriculteur doit remplir les conditions suivantes :

- être âgé de plus de 18 ans à l'époque de la collaboration;
- avoir effectivement et directement participé à l'exploitation;
- n'avoir reçu ni salaire, ni contrepartie, ni avoir été associé aux bénéfices.

Chaque bénéficiaire a droit, pour chaque année de participation à l'exploitation, à la valeur des deux tiers de la somme correspondant à 2 080 fois le montant horaire du SMIC, dans la limite de 10 années.

C. rur., art. L. 321-13 à L. 321-21-1.

Salaire minimum interprofessionnel de croissance (SMIC)

[Droit du travail]

Salaire horaire minimal institué par la loi du 2 janvier 1970 en remplacement du salaire minimum interprofessionnel garanti (SMIG, institué en 1950) « pour assurer aux salariés dont les rémunérations sont les plus faibles la garantie de leur pouvoir d'achat et une participation au développement économique ».

Le salaire minimum de croissance est indexé sur le niveau général des prix à la consommation et fait l'objet d'une révision annuelle pour tenir compte des conditions économiques.

C. trav., art. L. 3231-1 s. et R. 3231-1 s.

Salarié mandaté

[Droit du travail]

Salarié qui a été investi d'un mandat, émanant d'une organisation syndicale représentative de salariés dans la branche professionnelle, en vue de négocier, dans certaines hypothèses et à la demande d'un employeur, une convention ou un accord collectif de travail. Le mandatement n'est possible que dans les entreprises dépourvues de délégué syndical et lorsque l'employeur a régulièrement constaté l'absence de représentants du personnel dans un procès-verbal de carence. C'est l'employeur qui fait connaître aux organisations syndicales représentatives dans la branche sa décision d'engager des négociations. Le salarié mandaté, une fois désigné, bénéficie, pendant l'exercice de son mandat et pendant les 12 mois qui suivent celui-ci, de la même protection qu'un délégué syndical. Le texte conventionnel qui serait signé doit, pour entrer en application, être approuvé par les salariés à la majorité des suffrages exprimés.

C. trav., art. L. 2232-24 s.

→ *Convention collective, Représentants du personnel.*

ACTU

Salle de consommation de stupéfiants à moindre risque (dite « Salle de shoot »)

[Droit pénal]

Espace ouvert dans des locaux distincts de ceux habituellement utilisés pour leurs autres missions, par les Centres d'accueil et d'accompagnement à la réduction des risques et dommages pour usagers de drogues, destiné à accueillir des personnes majeures, usagers de substances psychoactives ou classées comme stupéfiants, pour permettre à ces personnes une consommation sur place de ces produits, dans le respect d'un cahier des charges et sous la supervision d'une équipe pluridisciplinaire de professionnels de santé et du secteur médico-social.

Système mis en place, à titre expérimental, pour une durée de six ans à compter de l'ouverture du premier espace.

CSP, art. L. 3411-8, L. 3411-9; L. n° 2016-41 du 26 janv. 2016, art. 43.

Salle des pas perdus

[Procédure civile]

Atrium d'un palais de justice desservant l'ensemble des salles d'audience et dans lequel les gens de justice vont et viennent dans l'attente de l'appel de leur cause.

Sanction

[Droit général]

Du sens le plus large au plus strict :

- élément essentiel au caractère normatif d'une règle;
- mesure de contrainte accompagnant toute règle de droit (constituant le critère distinctif du droit et de la morale);
- mesure de réaction à une violation de la légalité (peine, nullité, déchéance, caducité, etc.);
- mesure de réaction à la violation d'une obligation.

Sanction des lois

[Droit constitutionnel]

Dans les monarchies constitutionnelles, acte par lequel le roi participe à l'œuvre législative, sa volonté étant aussi indispensable à la formation de la loi que celle du Parlement.

→ *Promulgation.*

Sanction disciplinaire

[Procédure civile]

Peine prononcée contre un *officier public* ou ministériel ou contre un *avocat* pour contravention aux lois et règlements, infraction aux règles professionnelles, comportement contraire à la probité, à l'honneur ou à la délicatesse même se rapportant à des faits extraprofessionnels. Selon la gravité du manquement, la sanction consiste en un avertissement (ou rappel à l'ordre), un blâme (ou censure), une interdiction temporaire (ou suspension), une radiation du tableau (ou destitution).

→ *Conseil supérieur de la magistrature, Déontologie, Pouvoir disciplinaire.*

[Droit du travail]

Toute mesure autre que les observations verbales prise par l'employeur à la suite d'un agissement du salarié considéré par l'employeur comme fautif, que cette mesure soit de nature à affecter immédiatement ou non la présence du salarié dans l'entreprise, sa fonction, sa carrière ou sa rémunération. Ce qui est donc déterminant est cette forme de lien de causalité avec ce que l'employeur considère être une *faute* professionnelle. L'adoption d'une sanction à l'encontre d'un salarié doit respecter les règles, notamment de procédure, du droit disciplinaire. La nature et l'échelle des sanctions que l'employeur peut prendre font partie des dispositions qui doivent figurer dans tout *règlement intérieur* (ex. : avertissement, blâme, mise à pied, licenciement...).

C. trav., art. L. 1331-1 s.

GADT n° 67.

→ *Pouvoir disciplinaire.*

Sanction éducative

[Droit pénal]

Sanction intermédiaire entre la peine et la mesure de sûreté, prononcée par le tribunal pour enfants, le tribunal correctionnel des mineurs ou la cour d'assises des mineurs à l'encontre des mineurs de 10 à 18 ans reconnus coupables d'un crime ou d'un délit. Ces mesures, outre la confiscation de l'objet ayant servi à commettre l'infraction, concernent des interdictions ou des obligations mises à la charge des mineurs et qui, en cas de non-respect, peuvent entraîner une mesure de placement dans un établissement spécialisé. L'inscription de ces sanctions au casier judiciaire tend à les rapprocher de la catégorie des peines.

Ord. du 2 févr. 1945, art. 15-1.

Sanction-réparation

[Droit pénal]

Peine applicable, tant en matière délictuelle que pour les contraventions de 5e classe, à l'encontre des personnes physiques comme des personnes morales, soit à titre de peine de substitution à l'emprisonnement ou à l'amende soit à titre de peine complémentaire, consistant dans l'obligation pour le condamné de procéder à l'indemnisation du préjudice de la victime dans le délai et selon les modalités fixés par la juridiction. La réparation en cas d'accord du prévenu et de la victime peut être réalisée en nature et prend alors la forme d'une remise en état du bien endommagé.

C. pén., art. 131-3, 131-8-1, 131-12, 131-15-1, 131-37, 131-39-1, 131-40 et 131-44-1.

Sanctions administratives

[Droit administratif]

Véritables « punitions » infligées par l'Administration, dont la diversité va croissant. L'exemple le plus connu est celui des sanctions fiscales. Sous l'influence de la jurisprudence de la Cour EDH et du Conseil constitutionnel, la tendance est à rapprocher leur régime de celui des sanctions pénales, afin de mieux garantir les droits des personnes sanctionnées.

Sanité d'esprit

[Droit civil]

Condition de validité de l'acte juridique. Le contractant, le donateur, le testateur n'agit valablement que s'il n'est pas affecté d'un trouble du discernement ou de la volonté.

C. civ., art. 414-1, 901, 1129.*

Sans préjudice de

[Droit général]

Formule souvent employée dans des textes ou dans des *conventions* (*1er sens*), signifiant : « sans faire obstacle à ». Par exemple, une disposition X applicable *sans préjudice de* la disposition Y signifie que les 2 dispositions sont cumulativement applicables à l'espèce en cause.

Sapiteur

[Procédure civile]

Terme vieilli désignant la personne qui est au fait des réalités locales et que le technicien désigné par le juge est autorisé à consulter d'office.

CJA, art. R. 621-5.

→ *Sachant.*

Satisfaction

[Droit international public]

Mode de réparation immatérielle des dommages consécutif à la commission d'un fait internationalement illicite par un État ou une organisation internationale consistant en une reconnaissance de la violation du droit international, une expression de regrets ou des excuses formelles.

→ *Responsabilité internationale.*

Satisfaction équitable

[Droit européen/Droit international public]

Réparation pécuniaire accordée par la Cour EDH dans le cas où le droit interne ne permet d'effacer qu'imparfaitement les conséquences des violations de la Convention EDH.

Conv. EDH, art. 41.

Sauvegarde (Procédure de)

[Droit commercial]

La procédure de sauvegarde est ouverte sur la demande d'une personne exerçant une profession commerciale, artisanale, agricole ou une activité professionnelle indépendante, ainsi que de toute personne morale de droit privé qui, sans être en *cessation des paiements*, justifie de difficultés qu'elle n'est pas en mesure de surmonter.

Cette procédure est destinée à faciliter la réorganisation de l'entreprise afin de permettre la poursuite de l'activité économique, le maintien de l'emploi et l'apurement du passif.

Cette procédure, qui ne peut donc être appliquée en cas de cessation des paiements, donne lieu à l'arrêté d'un plan destiné à permettre le redressement de l'entreprise.

C. com., art. L. 620-1 s.

→ *Plan de sauvegarde.*

Sauvegarde accélérée/Sauvegarde financière accélérée

[Droit commercial]

À l'initiative du débiteur en difficulté, la sauvegarde accélérée peut constituer l'issue favorable d'une procédure de conciliation infructueuse, lorsqu'un projet de plan de continuation a été élaboré durant celle-ci et serait susceptible de recueillir un large soutien de la part de certains créanciers. Convaincu de cette éventualité, et si le débiteur est d'une dimension suffisante (seuils réglementaires en fonction du nombre de salariés, du chiffre d'affaires et du bilan), le juge doit ouvrir la procédure de sauvegarde, quand bien même une cessation des payements serait intervenue dès avant l'ouverture de la conciliation. Cette procédure spéciale de sauvegarde doit permettre, à bref délai, aux créanciers volontaires lors de la conciliation, réunis en comité, de voter le plan de sauvegarde; plan qui n'affectera pas les droits des autres créanciers du débiteur.

Cette voie hybride de restructuration du passif de l'entreprise en difficulté, forme de passerelle de la conciliation vers une sauvegarde aménagée, avait été expérimentée dès 2010 en la forme restreinte d'une « sauvegarde financière accélérée ». Susceptible de concerner les seuls créanciers ayant le statut d'établissement de crédit, la sauvegarde financière accélérée subsiste, après 2014, aux côtés de la sauvegarde accélérée de portée plus large.

C. com., art. L. 628-1 s.

Sauvegarde de justice

[Droit civil]

Régime de protection applicable, d'une part, aux personnes majeures qui, en raison d'une certaine altération de leurs facultés personnelles, ont besoin ou d'une protection juridique temporaire ou d'être représentées pour l'accomplissement de certains actes déterminés, d'autre part, aux personnes faisant l'objet d'une demande de *curatelle* ou de *tutelle* pendant la durée de l'instance. À côté de cette mesure judiciaire, il existe une sauvegarde de justice *médicale* procédant d'une déclaration adressée par le médecin au procureur de la République accompagnée de l'avis conforme d'un psychiatre. L'une et l'autre deviennent caduques après une année, sauf renouvellement (unique) pour une même durée.

La sauvegarde de justice ne prive pas la personne de l'exercice de ses droits; mais elle ouvre la possibilité d'agir en *rescision* pour lésion ou en *réduction pour cause d'excès* relativement aux actes passés, lors même que ces actes ne pourraient être annulés pour insanité d'esprit.

C. civ., art. 433 à 439; CSP, art. L. 3211-6; C. pr. civ., art. 1248 s.

Savoir-faire

[Droit commercial]

Connaissances dont l'objet concerne la fabrication des produits, la commercialisation des produits ou services ainsi que le financement des entreprises qui s'y consacrent; fruit de la recherche ou de l'expérience, non protégées par brevet, non immédiatement accessibles au public et transmissibles par contrat.

→ *Secret de fabrique.*

Sceau

[Droit général]

Cachet officiel détenu par un représentant de la puissance publique dont l'empreinte sert à authentifier un acte, ou à sceller un pli ou un objet. Le ministre de la Justice et des Libertés est aussi *garde des Sceaux*.

→ *Authentification, Scellés.*

Scellés

[Procédure civile/Droit pénal/Procédure pénale]

Bande de papier ou d'étoffe fixée par un cachet de cire marqué d'un sceau par l'huissier de justice désigné par le président du TGI, afin d'empêcher provisoirement l'ouverture d'un appartement, d'une pièce ou d'un meuble.

Plus généralement, tout dispositif permettant au juge répressif d'avoir la certitude que l'objet ou document annexé à la procédure est bien celui qui a été saisi par un officier de police judiciaire ou un juge d'instruction. Les scellés sont dits « fermés » ou « ouverts » selon que l'examen de l'objet ou la consultation du document saisi peut être réalisé ou non sans porter atteinte au dispositif d'authentification.

C. pr. civ., art. 1304 s.; C. civ., art. 257, 803; C. pr. pén., art. 56, 97, 163, 166.

→ *Apposition des scellés, État descriptif du mobilier, Levée des scellés.*

Le bris de scellés (ou sa tentative) est un délit puni d'emprisonnement et d'amende. On lui assimile tout détournement d'objet placé sous scellés ou sous *main de Justice*.

C. pén., art. 434-22.

Schéma de cohérence territoriale

[Droit administratif]

Document de planification stratégique établi à l'échelle d'une agglomération par un *établissement public de coopération intercommunale*, qui définit le projet global d'aménagement et de développement durable de l'espace sur lequel elle s'étend, et qui détermine et met en cohérence les politiques d'urbanisme, d'habitat, d'équipements commerciaux ainsi que de déplacement des personnes et des biens dans cette aire.

Soumis à une révision décennale, il succède à l'ancien schéma directeur, limité pour l'essentiel à l'utilisation des sols. Celle-ci est actuellement déterminée par le *plan local d'urbanisme*.

C. urb., art. L. 141-1 s.

Schéma départemental de coopération intercommunale

[Droit administratif]

Prévoit, dans chaque *département*, une couverture intégrale du territoire par des établissements publics de coopération intercommunale.

CGCT, art. L. 5210-1-1.

Schéma directeur d'aménagement et d'urbanisme (SDAU)

[Droit administratif]

Dénomination avant la loi du 7 janvier 1983, du schéma directeur.

→ *Schéma de cohérence territoriale.*

Schéma directeur régional des exploitations agricoles

[Droit rural]

Document fixant les « orientations de la politique régionale d'adaptation des structures d'exploitations agricoles, en tenant compte des spécificités des différents territoires et de l'ensemble des enjeux économiques, sociaux et environnementaux définis dans le plan régional de l'agriculture durable ». Il remplace le schéma directeur départemental des structures agricoles.

C. rur., art. L. 312-1.

ACTU

Schengen (Accords de)

[Droit européen]

Accords qui suppriment les contrôles de personnes à l'intérieur des États membres. Un premier accord signé le 14 juin 1985 à Schengen (Luxembourg) liait le Benelux, l'Allemagne et la France. Il a été complété par une convention d'application signée le 19 juin 1990. Sont aujourd'hui concernés tous les États appartenant à l'Union européenne (sauf Chypre à cause du problème de partition de l'Île, la Bulgarie et la Roumanie entrés dans l'Union seulement le 1er janv. 2007, l'Irlande comme le Royaume-Uni qui n'ont pas voulu adhérer) plus l'Islande, la Norvège et la Suisse. Le transfert des contrôles aux frontières extérieures a entraîné l'adoption de règles communes sur les visas, l'asile et les modalités mêmes du contrôle aux frontières. Un système d'information amélioré est entré en vigueur le 9 avril 2013 (SIS II).

La crise migratoire de 2015 a montré la fragilité de l'« espace Schengen », et plusieurs États ont été amenés à rétablir, au moins temporairement, des contrôles à leurs frontières, voire à les fermer.

TFUE, art. 67 s.

→ *Frontex.*

Schuman (Plan)

[Droit européen]

Déclaration de Robert Schuman, alors ministre français des Affaires étrangères, proposant, à l'initiative de Jean Monnet, le 9 mai 1950, une mise en commun des ressources de charbon et d'acier de la France et de l'Allemagne dans une organisation ouverte aux autres pays d'Europe. Donna naissance à la Communauté européenne du charbon et de l'acier (CECA) ; elle est considérée comme le point de départ du processus de la construction européenne communautaire.

Scission

[Droit commercial]

Disparition d'une société par transmission de la totalité de son patrimoine à des sociétés nouvelles ou préexistantes, moyennant attribution aux associés de la société scindée de parts ou actions des sociétés issues de la scission.

C. com., art. L. 236-1 ; C. civ., art. 1844-4.

→ *Fusion.*

Scrutin

[Droit administratif/Droit constitutionnel]

Ensemble des opérations de vote.

1° *Mode de scrutin :* modalités selon lesquelles est aménagé l'exercice du vote ou suffrage, et particulièrement modalités de calcul des résultats électoraux.

2° *Scrutin de liste :* celui dans lequel l'électeur est appelé à voter, dans chaque circonscription, pour plusieurs candidats groupés par listes constituées par affinités politiques.

3° *Scrutin majoritaire :* celui dans lequel est déclaré élu le candidat ou la liste qui a obtenu la majorité des voix :

- scrutin majoritaire à un tour : est immédiatement élu le candidat (ou la liste) arrivé en tête;
- scrutin majoritaire à 2 tours : est élu le candidat (ou la liste) qui a obtenu la majorité absolue au premier tour ou, à défaut, la majorité relative au second tour.

4° *Scrutin plurinominal :* celui dans lequel l'électeur est appelé à voter, dans chaque circonscription, pour plusieurs candidats. On confond souvent scrutin plurinominal et scrutin de liste, mais si le scrutin de liste est nécessairement plurinominal, en revanche le scrutin plurinominal n'est pas à proprement parler un scrutin de liste dans le cas où les candidats, se présentant isolément, les électeurs composent eux-mêmes leurs bulletins comme ils l'entendent.

5° *Scrutin uninominal :* celui dans lequel l'électeur est appelé à voter pour un seul candidat dans chaque circonscription.

→ *Majorité, Représentation proportionnelle.*

Séance

[Droit constitutionnel/Droit international public]

Réunion d'une assemblée pendant une session.

Second empire

[Droit constitutionnel]

Faisant suite au coup d'État du 2 décembre 1851, le sénatus-consulte du 7 novembre 1852 rétablit la dignité impériale au profit de L.-N. Bonaparte, qui devient Napoléon III. Régime autoritaire et plébiscitaire, affecté d'une certaine libéralisation peu avant sa disparition en 1870, causée par la défaite militaire contre la Prusse.

Second original

[Procédure civile]

Second exemplaire d'un acte établi en double original ayant même valeur que le premier.

→ *Double (Formalité du), Duplicata.*

Seconde République

[Droit constitutionnel]

Régime politique issu de la révolution de février 1848 qui met fin à la *Monarchie de Juillet*. Adoptée par une *assemblée constituante*, la constitution du 4 novembre 1848 établit le seul *régime présidentiel* que la France ait connu. L'antagonisme politique entre une assemblée unique dominée par les monarchistes et Louis-Napoléon Bonaparte, président de la République, tous deux élus au suffrage universel direct, a été fatal à ce régime de séparation stricte des pouvoirs : L.-N. Bonaparte organisa le coup d'État du 2 décembre 1851 qui devait conduire au *Second empire*.

Secours (Devoir de)

[Droit civil]

Devoir né du mariage obligeant les époux à se fournir réciproquement de quoi subvenir aux besoins de la vie commune. Le devoir de secours se confond avec la contribution aux charges du mariage tant qu'il y a cohabitation et se distingue ainsi du devoir d'*assistance*, qui est un devoir d'aide et de soins sans consonance pécuniaire. Il prend la forme d'une simple *pension alimentaire* dans les circonstances critiques telles que séparation de corps, instance en divorce, décès.

C. civ., art. 212, 255, 270, 303 et 767.

Secret de fabrique

[Droit du travail]

Procédé de fabrication qui n'est pas connu de tous. Sa divulgation par un salarié de l'entreprise est un délit.

C. trav., art. L. 1227-1.

→ *Savoir-faire.*

Secret de l'instruction

[Procédure pénale]

Principe aux termes duquel, sauf les cas où la loi en dispose autrement, les procédures d'instruction et d'enquête sont secrètes pour les personnes qui y concourent. Ces personnes sont soumises aux règles du secret professionnel, dans les conditions de l'incrimination prévue par les articles 226-13 et 226-14 du Code pénal. On trouve dans cette catégorie de personnes les différents magistrats, les greffiers, huissiers de justice, experts, interprètes ainsi que les avocats, même si le texte de l'article 11 indique que ce secret est assuré « sans préjudice des droits de la défense », ce qui signifie que le défenseur peut librement renseigner son client. Inversement, les autres personnes, qui participent à la procédure sans y concourir, mais qui ont accès au dossier (partie civile, personne mise en cause, témoin assisté) ne sont pas tenues au secret, ce qui explique les nombreuses fuites dont bénéficient parfois les journalistes.

Pour éviter la propagation d'informations parcellaires ou inexactes, le procureur de la République peut, d'office ou à la demande du juge d'instruction ou des parties, rendre publics des éléments objectifs tirés de la procédure.

C. pr. pén., art. 11.

GAPP n° 29 et 30.

Secret-défense

[Droit administratif]

Les documents relevant du secret de la défense sont classés en 3 niveaux : Très secret-défense; Secret-défense; Confidentiel-défense (Décr. du 21 juin 2010).

La Commission consultative du secret de la défense nationale est une autorité administrative indépendante, chargée de donner un avis, à la demande d'une juridiction française, sur la déclassification et la communication de tels documents (L. du 29 juill. 2009).

Secret des délibérations

[Procédure (principes généraux)]

Interdiction faite au juge de révéler quoi que ce soit de la discussion ayant précédé l'adoption de la solution et d'indiquer dans quel sens les membres de la juridiction se sont prononcés. Le secret du *délibéré* est un principe général qui a pour objet d'assurer l'indépendance des juges.

C. pr. civ., art. 448; CJA, art. L. 8; L. du 24 mai 1872, art. 8.

Secret des sources

[Droit civil/Droit pénal]

Droit pour le journaliste de ne pas révéler l'origine des informations qu'il a recueillies dans l'exercice de son activité (L. du 29 juill. 1881 sur la liberté de la presse, art. 2). Il ne peut être porté atteinte au secret des sources que si un impératif prépondérant d'intérêt public le justifie et si les mesures envisagées sont proportionnées au but poursuivi.

La protection du secret des sources explique le régime particulier des perquisitions, des témoignages et des transcriptions de correspondances dans lesquelles un journaliste est impliqué.

C. pr. pén., art. 56-2, 100-5 et 437.

Secret médical

[Sécurité sociale]

Variante du secret professionnel, institué dans l'intérêt des patients, s'impose à tout médecin. Le secret couvre tout ce qui est venu à la connaissance du médecin dans l'exercice de sa profession, c'est-à-dire non seulement ce qui lui a été confié, mais aussi ce qu'il a vu, entendu ou compris.

CSP, art. R. 4127-4.

Secret professionnel

[Droit pénal]

Obligation, dont le respect est sanctionné par la loi pénale, imposant à certains professionnels de taire les informations, à caractère secret, dont ils sont dépositaires, soit par état ou par profession, soit en raison d'une fonction ou d'une mission temporaire. L'incrimination implique la révélation, par le professionnel, de confidences qui lui ont été faites ou d'éléments recueillis au cours de l'exercice de son activité, portant ainsi atteinte à la confiance nécessaire à l'exercice de certaines professions ou fonctions.

C. pén., art. 226-13.

→ *Obligation de discrétion professionnelle.*

[Procédure civile]

La *confidentialité* des informations reçues par l'avocat dans l'exercice de ses fonctions est entendue largement par le législateur : le secret professionnel couvre les consultations adressées par un avocat à son client, les correspondances échangées entre eux ou entre l'avocat et ses confrères, les notes d'entretien et toutes les pièces du dossier. Il ne concerne pas les correspondances échangées entre l'avocat et les autorités ordinales.

L. n° 1130 du 31 déc. 1971, art. 66-5.

Secrétaire d'État

[Droit constitutionnel]

1° Membre du gouvernement venant après les ministres dans la hiérarchie ministérielle. Assiste un ministre auquel il est rattaché ou assure la gestion autonome de certains services. Il ne participe pas de plein droit au Conseil des ministres.

2° Aux États-Unis, ministre des Affaires étrangères; au Vatican, remplit auprès du pape des fonctions comparables à celles d'un Premier ministre.

Secrétariat

[Droit international public]

Organe administratif permanent d'une organisation internationale, composé de fonctionnaires internationaux indépendants de leur État d'origine, et chargé de préparer et de mettre en œuvre les décisions des organes délibérants (cependant le Secrétaire général des Nations unies joue aussi un rôle politique).

Secrétariat général du gouvernement

[Droit constitutionnel]

Organisme administratif placé auprès du Premier ministre pour l'aider dans la direction de l'ensemble de l'activité gouvernementale (centralisation de l'action du gouvernement dans l'élaboration des lois et des règlements, secrétariat du Conseil des ministres et des autres conseils, direction des services de documentation).

Secrétariat-greffe

[Procédure civile/Procédure pénale]

Des décrets de 2004, 2006 et 2008 ont remplacé les mots « secrétariat-greffe » par le mot « greffe ». Désormais, on trouve un greffe auprès de la Cour de cassation, des cours d'appel, des TGI, des tribunaux d'instance, des conseils de prud'hommes, des tribunaux paritaires des baux ruraux, des juridictions de l'expropriation et des tribunaux de commerce. En revanche, on parle encore de secrétariat-greffe pour les tribunaux des affaires de sécurité sociale et les tribunaux de l'incapacité.

Un greffe comprend l'ensemble des services administratifs du siège et du parquet, à l'exception de certaines juridictions qui sont dotées d'un secrétariat de parquet autonome (Cour de cassation, TGI de Paris). Il est dirigé par un directeur de greffe, assisté de *greffiers*.

Le chef et les membres d'un greffe possèdent la qualité de fonctionnaire.

Ils assistent les magistrats à l'audience, dressent les actes du greffe. Le directeur de greffe est dépositaire des minutes et archives. Il délivre l'expédition des jugements, il a des attributions financières et comptables importantes.

Le greffier de tribunal de commerce est encore un officier ministériel.

Le greffe du TGI conserve le double des registres de l'état civil. Il tient aussi le *répertoire civil*.

COJ, art. L. 123-1, L. 533-1, L. 553-1, R. 123-1 s., R. 212-16, R. 216-17, R. 222-5 s., D. 222-7, R. 223-10 s., R. 232-4, R. 312-19, R. 434-1, R. 434-2, R. 533-1 s., R. 553-1 s., R. 563-1; C. pr. civ., art. 726 s., 821 s. et 966 s.; C. trav., art. R. 1423-36 s.; C. com., art. L. 741-1 s. et R. 741-1 s.

→ Directeur des services de greffe judiciaires.

[Droit administratif]

Chaque tribunal administratif et cour administrative d'appel comporte un greffe; le Conseil d'État comporte un secrétariat du contentieux qui assure les fonctions d'un greffe.

CJA, art. R. 226-1 s. et R. 413-1 s.

Secte

[Droit civil]

Personne morale d'inspiration spiritualiste qui poursuit des activités ayant pour but ou pour effet de créer, de maintenir ou d'exploiter la sujétion psychologique ou physique des adeptes participant à ces activités, les privant de leur libre arbitre. La dissolution d'une telle communauté peut être prononcée lorsque la personne morale elle-même ou ses dirigeants de droit ou de fait ont été pénalement condamnés pour l'une des infractions suivantes : atteinte à la vie, à l'intégrité physique ou psychique, aux libertés, à la dignité..., exercice illégal de la médecine ou de la pharmacie, publicité mensongère ou fraude ou falsification (L. n° 504 du 12 juin 2001, réd. L. n° 1787 du 20 déc. 2007). Une mission interministérielle de vigilance de la lutte contre les dérives sectaires (Miviludes) élabore chaque année un rapport sur l'état de ces dérives en France.

Secteur

[Droit international public]

Procédé de répartition des terres polaires selon lequel l'État possédant un littoral sur l'océan glacial arctique est souverain des régions comprises dans un triangle ayant pour base ce littoral, pour sommet le pôle Nord et pour côté les méridiens passant par les extrémités Est et Ouest de ce littoral.

Secteurs sauvegardés

[Droit de l'environnement/ Droit administratif]

L'institution de secteurs sauvegardés vise à conserver, restaurer et mettre en valeur des quartiers anciens des villes.

Le secteur sauvegardé est créé et délimité par arrêté conjoint du ministre chargé de l'urbanisme et du ministre chargé de l'architecture ou, en cas d'avis défavorable de la commune intéressée, par décret en Conseil d'État. À partir de la publication de l'arrêté ou du décret au *Journal Officiel*, l'*architecte des bâtiments de France* assure la surveillance générale du secteur sauvegardé en vue de préserver son caractère historique ou esthétique.

C. urb., art. L. et R. 313-1 s.

Section

[Procédure (principes généraux)]

1° Subdivision d'une chambre de juridiction conduisant à multiplier les formations d'audience connaissant des contentieux attribués à la chambre, siégeant séparément, et permettant ainsi l'accélération de la justice. À la *Cour de cassation*, par exemple, la 1re chambre civile comporte 2 sections, la chambre sociale en comporte 3, la chambre criminelle 4.

Le *Conseil d'État* est organisé en plusieurs sections, les sections administratives (des finances; de l'intérieur; sociale; de l'administration; du rapport et des études) et la section du contentieux. Dans sa fonction juridictionnelle, cette dernière est divisée en chambres; les affaires les plus importantes peuvent cependant être jugées en « section », voire en « assemblée », formations particulières de jugement.

2° Division de certaines juridictions en formation de jugement dotée d'une compétence propre, tel le *conseil de prud'hommes* qui est divisé en 5 sections autonomes; par exemple, les ouvriers et employés de l'industrie relèvent de la section de l'industrie. Au sein d'une même section, plusieurs chambres peuvent être constituées.

CJA, art. L. 122-1; C. trav., art. L. 1423-1 et R. 1423-1; C. rur., art. L. 492-1; COJ, art. R. 421-3 et R. 431-2.

→ *Tribunal paritaire des baux ruraux.*

Section de commune

[Droit administratif/Droit rural]

Partie d'une commune possédant, souvent pour des raisons historiques, un patrimoine distinct de celui de la commune.

En vue de sa gestion, la section de commune est dotée d'une personnalité juridique propre.

La loi n° 2013-428 du 27 mai 2013 modernise le régime juridique des sections existantes, en prévoyant notamment qu'elles puissent être administrées par une commission syndicale élue par les électeurs de la section, mais interdit la création de nouvelles sections.

CGCT, art. L. 2411-1.

→ *Affouage.*

Section syndicale d'entreprise

[Droit du travail]

Dans l'entreprise, antenne d'un syndicat représentatif. La reconnaissance par la loi du 27 décembre 1968 de la section syndicale marque l'entrée du syndicat dans l'entreprise. La loi n° 2008-789 du 20 août 2008 précise que les organisations syndicales représentatives dans l'entreprise de même qu'un syndicat affilié à une organisation syndicale représentative au niveau national peuvent créer une section syndicale dans l'entreprise. Cette possibilité est étendue par le même texte aux organisations qui satisfont aux critères de respect des valeurs républicaines et d'indépendance, sont légalement constituées depuis au moins 2 ans et dont le champ professionnel et géographique couvre l'entreprise concernée. La section syndicale peut, sous certaines conditions, disposer d'un local et organiser des réunions dans l'établissement.

C. trav., art. L. 2142-1.

Sections locales

[Sécurité sociale]

Organismes chargés d'effectuer pour le compte d'une caisse primaire la constitution des dossiers des assurés. Ils liquident les prestations et en effectuent le paiement.

CSS, art. L. 211-3.

Sécurisation des parcours professionnels

[Sécurité sociale]

Système visant à sécuriser le travail non dans le cadre d'un emploi ou d'une entreprise, mais à sécuriser le travailleur dans le cadre de sa vie, de son parcours professionnel.

Sécurité (Obligation de)

[Droit civil]

→ *Obligation de sécurité.*

Sécurité collective

[Droit international public]

Nom du système mis en place par la Charte des Nations unies pour garantir la paix, qui accorde au Conseil de sécurité un pouvoir de contrainte et de sanction militaire et non-militaire sur les États et les entités infra-étatiques pour faire cesser et sanctionner un comportement qui constitue une menace contre la paix, une rupture de la paix ou un acte d'agression.

→ *Conseil de sécurité, Force multinationale, Opérations de maintien de la paix.*

Sécurité juridique (Principe de)

[Droit européen]

Principe du droit de l'Union européenne selon lequel les particuliers et les entreprises doivent pouvoir compter sur une stabilité minimale des règles de droit et des situations juridiques. Il en découle un certain nombre de règles de *droit positif*, comme la non-rétroactivité des textes européens, ou le principe de *confiance légitime*.

[Droit administratif]

En droit administratif, même si l'idée de sécurité juridique inspirait depuis longtemps certaines règles jurisprudentielles, le principe de sécurité juridique n'a été reconnu explicitement en tant que tel par le Conseil d'État qu'à partir d'un arrêt du 24 mars 2006 (*KPMG*). Il s'oppose par exemple à ce que la modification avec effet immédiat d'un texte réglementaire portant une atteinte excessive à une situation contractuelle en cours puisse légalement intervenir sans que des mesures transitoires soient prévues. Son contenu précis apparaîtra au fil des arrêts qui en feront application.

[Droit civil]

En droit civil, le principe n'est pas reconnu par la Cour de cassation qui refuse de considérer qu'il existe un droit à ne pas voir ses prévisions remises en cause par un *revirement de jurisprudence*. Dans 2 arrêts du 11 juin 2009 la 1re chambre civile, renouvelant sa position antérieure, décide que « la sécurité juridique, invoquée sur le fondement du droit à un procès équitable pour contester l'application immédiate d'une loi nouvelle résultant d'une évolution de la jurisprudence, ne saurait consacrer un droit acquis à une jurisprudence figée, dès lors que la partie qui s'en prévaut n'est pas privée du droit à l'accès au juge ».

GDCC nº 6, 24, 27, 41, 49 à 51; GAJA nº 108; GAJC, t. 1, nº 5-8, 12; GAJF nº 9.

→ *Conflit de lois dans le temps, Effet immédiat de la loi (Principe de l'), Droit acquis, Loi de validation, Loi interprétative, Non-rétroactivité, Rétroactivité de la loi.*

Sécurité sociale

[Sécurité sociale]

Ensemble des régimes assurant la protection de l'ensemble de la population contre les différents risques sociaux : maladie, maternité, invalidité, vieillesse, décès, accidents du travail et maladies professionnelles, charges familiales.

La Sécurité sociale est composée des régimes de base obligatoires : régime général dont relèvent les travailleurs dépendants, régime agricole dont relèvent les exploitants et les salariés agricoles, régime social des indépendants (*professions artisanales, industrielles et commerciales, libérales*), régimes spéciaux : marins, fonctionnaires, SNCF; régimes annexes : étudiants; régimes facultatifs : assurance volontaire; régimes complémentaires.

Sécurité syndicale

[Droit du travail]

→ *Clause de sécurité syndicale.*

Séduction

[Droit civil]

Traditionnellement, désigne l'attitude d'un homme ayant conduit une femme à se donner à lui. Lorsque la séduction résulte de manœuvres fautives, ou lorsqu'elle est accompagnée d'une *promesse de mariage*, elle est source de responsabilité.

Seing privé (Sous)

[Droit civil]

→ *Acte sous signature privée.*

Semi-liberté

[Droit pénal]

Mode d'exécution des peines privatives de liberté aux termes duquel le condamné est autorisé à quitter l'établissement pénitentiaire pour accomplir les activités qui lui ont permis d'obtenir le bénéfice de cette mesure, tout autre temps disponible étant nécessairement passé à l'intérieur de la prison.

Cette mesure peut être décidée *ab initio* par la juridiction de jugement pour toute peine égale ou inférieure à 2 ans d'emprisonnement, y compris dans le cadre d'un sursis partiel, durée ramenée à un an en cas de récidive si le condamné justifie d'une activité professionnelle ou d'une assiduité au suivi d'un stage, d'un enseignement, d'une formation professionnelle, de la recherche d'un emploi (1er), de sa participation essentielle à la vie de sa famille (2e), de la nécessité de suivre un traitement médical (3e), de l'existence d'efforts sérieux de réadaptation sociale résultant d'un engagement durable dans un projet d'insertion (4e).

Le juge de l'application des peines peut également décider de cette mesure dans le cadre de l'aménagement des peines pour des sanctions de même durée ou comme préalable à une mesure de libération conditionnelle. Ce magistrat est chargé dans tous les cas de la mise en œuvre de cette mesure dont il peut en modifier les conditions d'application ou décider du retrait.

C. pén., art. 132-25 s.; C. pr. pén., art. 723-1 et 723-2.

Sénat

[Droit constitutionnel]

1° Nom de la seconde chambre de divers Parlements.

2° En France, depuis la IIIe République, le Sénat est élu au suffrage indirect et assure la représentation des *collectivités territoriales*. Le Sénat de la Ve République peut s'opposer à une révision constitutionnelle. Il participe au pouvoir législatif (mais s'il est en désaccord avec l'Assemblée nationale le gouvernement peut donner le dernier mot à cette dernière) et possède des pouvoirs de contrôle (questions, enquêtes), mais sans possibilité de mettre en jeu la responsabilité politique du gouvernement. En revanche, il ne peut être dissous.

La loi n° 2013-702 du 2 août 2013 relative à l'élection des sénateurs prévoit notamment l'usage de la *représentation proportionnelle* dans les départements où sont élus au moins 3 sénateurs (contre 4 auparavant).

→ *Assemblée nationale.*

3° Assemblée formant avec la Chambre des Représentants le Congrès des États-Unis. Bien qu'élue au suffrage universel, représente les États fédérés. Partage avec la Chambre les pouvoirs législatifs et budgétaires, mais jouit d'un plus grand prestige en raison du nombre de ses membres limité à 100 (2 par État fédéré), de la durée de leur mandat (6 ans) et de pouvoirs spéciaux (agrément des nominations présidentielles et autorisation de ratification des traités).

Sénat conservateur

[Droit constitutionnel]

Composée de membres nommés à vie, assemblée du *Consulat* chargée notamment d'opérer un contrôle de constitutionnalité.

Sénatus-consulte

[Droit constitutionnel]

Acte par lequel le Sénat du Premier ou du Second empire modifie la constitution, le cas échéant confirmé par un *plébiscite*.

➜ *Premier empire, Second empire.*

Sentence

[Procédure civile]

Nom encore donné aux jugements rendus par les tribunaux d'instance et par les conseils de prud'hommes, ainsi que par les arbitres.

➜ *Aphorisme (Adage, Brocard).*

Sentence arbitrale

[Procédure civile/Droit international public/ Droit international privé]

Selon la jurisprudence, acte d'un arbitre qui tranche de manière définitive, en tout ou partie, le litige qui lui a été soumis, que ce soit sur le fond, sur la compétence ou sur un moyen de procédure qui le conduit à mettre fin à l'instance.

Plus généralement, acte juridictionnel par lequel l'arbitre tranche une question litigieuse qui ne porte pas sur le simple déroulement de l'instance arbitrale.

La sentence arbitrale définitive a, dès qu'elle est rendue, l'autorité de la chose jugée relativement à la contestation qu'elle tranche, mais n'est susceptible d'exécution forcée qu'après *exequatur* par le TGI. Elle n'est susceptible ni d'appel (sauf volonté contraire des parties), ni d'opposition, ni de pourvoi en cassation; elle peut faire l'objet d'un recours en annulation pour des causes limitativement énumérées (incompétence, violation du contradictoire...); le recours en révision, possible dans les mêmes cas que pour les jugements, est porté devant le tribunal arbitral.

C. pr. civ., art. 1478 s.; 1513 s.

➜ *Arbitrage.*

Séparation de biens

[Droit civil]

Régime matrimonial caractérisé par l'absence de biens communs et de passif commun (sauf dettes ménagères) aux 2 époux et la libre disposition par chacun d'eux de ses biens personnels. La séparation de biens est soit conventionnelle, stipulée dans le contrat de mariage, soit judiciaire, résultant d'une décision intervenant lorsque le désordre des affaires d'un époux, sa mauvaise administration ou son inconduite met en péril les intérêts de l'autre conjoint.

C. civ., art. 1443 et 1536 s.; C. pr. civ., art. 1292 s.

Séparation de corps

[Droit civil]

Simple relâchement du lien conjugal, consistant essentiellement dans la dispense du devoir de cohabitation, alors que les devoirs de fidélité et d'assistance demeurent; la séparation de corps est prononcée par un jugement et résulte des mêmes causes que le *divorce*. Le conjoint séparé de corps reste néanmoins un *conjoint successible*.

C. civ., art. 296 s.; C. pr. civ., art. 1076, 1082.

Séparation de fait

[Droit civil]

Situation de 2 époux qui vivent séparément sans y avoir été autorisés par un jugement de divorce ou de séparation de corps.

Les conjoints peuvent avoir un domicile distinct sans qu'il soit pour autant porté atteinte aux règles relatives à la communauté de vie.

Cette situation de pur fait est parfois prise en considération par le droit. Ainsi le juge peut fixer les effets du jugement de divorce ou de la dissolution de la communauté à la date à laquelle les époux ont cessé de cohabiter et de collaborer. Et la loi dispose que la cessation de la communauté de vie entre époux, lorsqu'elle a duré 2 ans, caractérise l'altération définitive du lien conjugal, cause de divorce.

C. civ., art. 108, 238, 262-1 et 1442.

→ *Cohabitation, Communauté de vie.*

Séparation des patrimoines

[Droit civil]

Faveur qui permet aux créanciers du défunt et aux légataires de sommes d'argent, en cas d'acceptation pure et simple de la succession, de se faire payer, par préférence aux créanciers personnels de l'héritier, sur les biens successoraux.

Ce privilège a été bilatéralisé, en ce sens que, réciproquement, les créanciers personnels de l'héritier peuvent demander à être préférés à tout créancier du défunt sur les biens de l'héritier non recueillis au titre de la succession. Ainsi est évitée la confusion juridique de la succession avec le patrimoine de l'héritier.

C. civ., art. 878, 2374-6°, 2383.

GAJC, t. 1, n° 106 à 108.

Séparation des pouvoirs

[Droit constitutionnel]

Principe qui tend à prévenir les abus du pouvoir en confiant l'exercice de celui-ci non à un organe unique, mais à plusieurs organes, chargés chacun d'une fonction différente et en mesure de se faire mutuellement contrepoids. Principe formulé par Locke et surtout par Montesquieu (*Esprit des lois*, Livre XI, chap. 6), à qui l'on fait remonter la distinction classique des pouvoirs législatif, exécutif et judiciaire. La séparation des pouvoirs peut être stricte (indépendance des pouvoirs caractéristiques du régime présidentiel) ou souple (collaboration des pouvoirs caractéristique du régime parlementaire).

En France, règle juridique de valeur constitutionnelle (DDHC, art. 16).

[Procédure civile]

Principe affirmé au moment de la Révolution et interdisant à l'autorité judiciaire de s'ingérer dans les domaines du législatif et de l'administratif, et lui reconnaissant en retour une indépendance à l'égard des pouvoirs politiques (L. des 16-24 août 1790 sur l'organisation judiciaire, art. 10, 12, 13).

GDCC n° 6, 7 et 8.

→ *Injusticiabilité.*

Septennat

[Droit constitutionnel]

Durée du mandat (7 ans) du président de la République en France sous les IIIe, IVe et Ve Républiques, jusqu'à l'élection présidentielle de 1995. Depuis 2002, le *quinquennat* a été substitué au septennat, en vertu du référendum constituant du 24 septembre 2000.

Sépulture

[Droit civil/Droit administratif]

Lieu où est déposé le corps d'un mort. La sépulture *en terrain commun* dans le cimetière communal est gratuite, bénéficiant à tout défunt domicilié dans la commune ou décédé dans celle-ci; elle a un caractère individuel et ne dure en principe que 5 ans. La sépulture *en terrain concédé* est, au contraire, onéreuse; elle offre un emplacement à l'inhumation des membres de la famille du défunt; elle peut être perpétuelle.

CGCT, art. L. 2223-1 s. et R. 2223-1 s.

→ *Concession funéraire.*

Sépulture (Violation ou profanation de)

[Droit pénal]

Délit constitué par tout acte matériel visant le lieu où est déposé le corps d'un défunt (pierre tombale, cercueil, ensemble des ornements funéraires placés sur les tombes) et qui objectivement est de nature à porter atteinte au respect dû aux morts.

L'atteinte à l'intégrité du cadavre ainsi que celle concernant les monuments édifiés à la mémoire des morts sont, aujourd'hui, également réprimées.

C. pén., art. 225-17.

Séquestre

[Procédure civile/Droit civil]

Personne désignée par la justice ou par des particuliers pour assurer la conservation d'un bien qui est l'objet d'un procès ou d'une voie d'exécution.

C. civ., art. 602, 1916, 1955 s.; C. pr. civ., art. 1281-1 et 1281-2; C. pr. exéc., art. R. 321-18.

GAJC, t. 2, n° 303.

→ *Administrateur-séquestre.*

Serment

[Procédure civile/Droit civil]

Affirmation solennelle, par une partie, d'un fait qui lui est favorable.

Serment décisoire

[Procédure civile/Droit civil]

Serment déféré par un plaideur à son adversaire, sur des faits personnels à ce dernier, afin d'en faire dépendre la solution du litige. Le créancier peut ainsi déférer le serment à son débiteur prétendu, c'est-à-dire lui demander de jurer que la dette n'existe pas. Le serment décisoire constitue une preuve légale. La partie à laquelle il est demandé de prêter serment a trois possibilités : soit elle prête serment et gagne son procès, soit elle refuse et perd son procès, soit elle réfère le serment à la partie adverse et met ainsi son sort entre les mains de l'autre partie (*relation de serment*).

Serment probatoire

[Procédure civile/Droit civil]

Procédure d'instruction par laquelle une partie demande à l'autre d'affirmer, en prêtant serment à la barre du tribunal, la véracité de ses affirmations.

Le serment est indivisible.

C. civ., art. 1384 s.; C. pr. civ., art. 317 s.*

→ *Délation de serment, Relation de serment.*

Serment promissoire

[Procédure civile]

Engagement solennel, donné selon les formes et devant l'autorité qualifiée, de remplir au mieux sa mission (magistrats, experts, jurés, gardes champêtres…) ou de révéler, en toute objectivité, ce que l'on sait des circonstances de la cause (témoins). L'avocat, par exemple, jure « d'exercer la défense et le conseil avec dignité, conscience, indépendance et humanité », le témoin de dire la vérité… À la différence du *serment probatoire*, le serment promissoire émane d'un tiers et non d'une partie au procès.

C. pr. civ., art. 211; COJ, art. R. 212-2 et R. 221-44.

→ *Témoin.*

Serment supplétoire

[Procédure civile/Droit civil]

Serment laissé à la discrétion du juge qui n'a pas pour effet de lier celui-ci lorsqu'il a été déféré ou refusé.

Service administratif régional

[Procédure civile]

Service assistant, dans le ressort d'une cour d'appel, le premier président et le procureur général en matière d'administration des services judiciaires (gestion administrative du personnel, préparation et exécution des budgets, gestion des équipements et du patrimoine immobilier).

COJ, art. R. 312-70 s.

Service citoyen pour les mineurs délinquants

[Droit pénal]

Mesures proposées par une juridiction pour mineurs, à un mineur délinquant de plus de 16 ans, consistant à souscrire un contrat de volontariat pour l'insertion, dénommé, dans ce cas, « contrat de service en établissement public d'insertion de la défense ». Cette proposition peut être faite au titre d'une composition pénale ou comme obligation d'un sursis avec mise à l'épreuve ou d'un sursis assorti de l'obligation d'accomplir un travail d'intérêt général ou, encore, dans l'hypothèse d'un ajournement du prononcé d'une sanction éducative ou d'une peine, en cas de césure du procès pénal. Dans tous les cas, l'accord du mineur et de ses représentants légaux doit être recueilli en présence d'un avocat.

La durée du contrat, comprise entre 6 et 12 mois, est fixée par le magistrat ou la juridiction qui doivent, également, valider le contenu du projet, au regard de son caractère formateur. Ce contrat, parce qu'il correspond à une forme de sanction, n'ouvre droit qu'à la seule prime prévue au 2° de l'article L. 130-3 du Code du service national, calculée au prorata du nombre de mois de volontariat réalisés.

C. serv. nat., art. L. 130-5; Ord. du 2 févr. 1945, art. 7-2, 20-10 et 24-6.

Service civique

[Droit administratif]

Service qui a pour objet de renforcer la cohésion nationale et la mixité sociale.

Il peut être accompli dans le cadre de missions à caractère éducatif, environnemental, scientifique, social, humanitaire, sportif, de défense et de sécurité civile… auprès de personnes morales agréées, publiques ou privées. Dans sa modalité principale, il est ouvert aux personnes âgées de 16 à 25 ans pour une durée de 6 à 12 mois; le contrat de service civique donne lieu au paiement d'une indemnité. Il existe aussi, entre autres, un volontariat international. Une attestation de service civique est délivrée par l'État. L'ensemble du dispositif est piloté par l'*Agence du service civique*.

→ *Service national.*

ACTU

Service d'accueil unique du justiciable (SAUJ)

[Procédure, principes généraux]

Le projet de loi « Justice du XXIe siècle » du 31 juillet 2015 relatif à l'action de groupe et à l'organisation judiciaire prévoit de généraliser l'expérimentation du guichet unique de greffe réalisé avec succès dans certains ressorts, en créant un service d'accueil unique du justiciable (SAUJ) conçu comme un lieu d'accès au droit et à la justice, permettant à chacun de s'informer sur ses droits, d'engager des démarches, de se renseigner sur les procédures et d'en suivre le traitement.

Service d'intérêt économique général

[Droit européen]

La notion de service d'intérêt économique général (SIEG) fait l'objet de controverses pour savoir dans quelle mesure les entreprises concernées peuvent ou non prétendre à certaines exceptions aux règles de concurrence en vigueur dans l'Union européenne comme au régime des aides d'État. Ne correspond pas au principe du service public tel que le définit le droit français mais plutôt aux services publics industriels et commerciaux. Recouvre 4 éléments : la qualité d'entreprise, la nature économique de l'activité, la création par un acte de puissance publique, la mission d'intérêt général.

Service de documentation, des études et du rapport (SDER)

[Procédure civile]

Service de la Cour de cassation assuré par des auditeurs de justice, sous la direction d'un président de chambre à la Cour de cassation. Il a pour fonction principale de tenir une base de données rassemblant, sous une même nomenclature, d'une part, les décisions et avis de la Cour de cassation, d'autre part, les décisions judiciaires, présentant un intérêt particulier, rendues par les autres juridictions de l'ordre judiciaire. Cette base de données est accessible au public dans les conditions applicables au service public de la diffusion du droit par Internet.

Il tient également une base de données distincte, rassemblant l'ensemble des arrêts rendus par les cours d'appel et des décisions juridictionnelles prises par les premiers présidents de ces cours.

Le service de documentation et d'études établit 2 bulletins mensuels diffusés sur le site de la Cour, l'un pour les chambres civiles, l'autre pour la chambre criminelle, dans lesquels sont mentionnés les décisions et avis dont la publication a été décidée par le président de la formation qui les a rendus.

COJ, art. R. 433-1 à R. 433-4.

Service de la publicité foncière

[Droit civil/Droit financier ou fiscal]

Institution administrative et fiscale dépendant de la direction générale des Finances publiques, le service de la publicité foncière a la charge de tenir à jour le *fichier immobilier* et de recevoir et conserver les actes portant sur les droits réels immobiliers ainsi que certains actes générateurs de droits personnels dont un immeuble est indirectement l'objet. Il délivre copies ou extraits des actes publiés ainsi que des renseignements sur la situation patrimoniale des personnes ou la situation juridique des propriétés bâties et non bâties. Le service de publicité foncière a par ailleurs en charge la perception des impôts, droits et taxes exigibles lors de l'accomplissement des opérations de *publicité foncière*.

Répartis dans les différents départements, chaque service est dirigé par un administrateur des finances publiques qui remplace le conservateur des hypothèques (dont le statut particulier a disparu).

C. civ., art. 2449 s.; Décr. n° 22 du 4 janv. 1955; Décr. n° 1350 du 14 oct. 1955.

→ *Administrateur (général) des finances publiques, Conservateur/Conservation des hypothèques.*

Service des impôts

[Droit fiscal]

À la suite de la fusion de la Direction générale des impôts et de la Direction générale de la comptabilité publique décidée en 2008, les divers services fiscaux sont regroupés et structurés territorialement en services des impôts dont le nombre est amené à être réduit de façon significative. La simplification opérée conduit à créer 2 types de services : le Service des impôts aux entreprises (SIE) et le Service des impôts aux particuliers (SIP). Il peut aussi exister un service unique (SIEP). Ces services assurent des missions d'assiette, de recouvrement, de contrôle et de contentieux, s'agissant en particulier des impôts directs.

→ *Administrateur (général) des finances publiques.*

Service extérieur

[Droit européen]

Service européen pour l'action extérieure, placé sous l'autorité du *Haut représentant de l'Union européenne pour la politique étrangère.*

Service fait (Règle du)

[Droit financier ou fiscal]

Règle de la comptabilité publique interdisant aux personnes publiques de procéder à un paiement avant exécution de la prestation correspondante, sauf exceptions prévues par les textes.

→ *Trentième indivisible.*

Service minimum

[Droit administratif]

La volonté de concilier le droit de *grève* et le principe de continuité du *service public*, tous deux dotés en France d'une valeur constitutionnelle, peut amener le législateur à établir un service minimum, notamment dans les transports publics, au moins aux heures de pointe. Ainsi, les salariés doivent faire connaître 2 jours à l'avance leur intention de faire grève, de façon que les entreprises puissent organiser ce service minimum; pour le reste, sa mise en œuvre est laissée aux accords passés entre les entreprises et les syndicats.

D'inspiration comparable, un droit d'accueil a été institué au profit des élèves de l'enseignement primaire pendant le temps scolaire, à organiser par les municipalités, souvent réticentes.

GDCC n° 39.

Service national

[Droit administratif]

Sujétion imposée aux citoyens français de sexe masculin et dont le service militaire actif, concourant à la défense de la nation, était la forme la plus connue (avec le service de coopération technique au profit des départements et territoires d'outre-mer et des États en voie de développement). Le choix d'un système d'armée professionnelle a conduit à suspendre l'appel sous les drapeaux pour les Français nés après le 31 décembre 1978; il pourrait être rétabli à tout moment par voie législative.

→ *Service civique.*

Service pénitentiaire d'insertion et de probation (SPIP)

[Droit pénal]

Service déconcentré de l'administration pénitentiaire regroupant l'ensemble des travailleurs sociaux, dénommés personnels d'insertion et de probation, intervenant tant en milieu fermé qu'en milieu ouvert et dont la mission essentielle est d'assurer la réinsertion sociale des personnes condamnées. Au-delà de cette attribution générale, ce service assure également des missions d'instruction et d'enquête ainsi que des activités de suivi et de contrôle pour veiller au respect des obligations imposées aux condamnés exécutant leur sanction en milieu libre (sursis avec mise à l'épreuve, suivi socio-judiciaire, travail d'intérêt général, libération conditionnelle, contrainte pénale, etc.). Ce service, par l'intermédiaire de son directeur, travaille en collaboration étroite avec le juge de l'application des peines, le procureur de la République et les autres magistrats mandants qui, pour chacun des dossiers dont ils sont saisis, déterminent les orientations générales relatives à l'exécution des mesures ou des obligations imposées aux personnes qui lui sont confiées.

C. pr. pén., art. D. 572 s.

Service public

[Droit administratif]

Une des notions clés du droit administratif français, ce concept est largement ignoré ailleurs dans l'Union européenne, où l'idée de reconnaître des « services publics européens » suscite des controverses parfois passionnelles.

1° *Au sens matériel*, toute activité destinée à satisfaire à un besoin d'intérêt général et qui, en tant que telle, doit être assurée ou contrôlée par l'Administration, parce que la satisfaction continue de ce besoin ne peut être garantie que par elle. Objet de nombreuses controverses doctrinales, cette notion n'en est pas moins pour la jurisprudence, aujourd'hui encore, l'un des éléments servant à définir le champ d'application du droit administratif (*cf.* par ex., CE, avis contentieux du 29 avr. 2010, n° 323179).

• *Mission de service public :* notion dégagée par la jurisprudence du Conseil d'État dans la première moitié du XXᵉ siècle, mais d'appellation beaucoup plus récente, et dont on trouve des manifestations aussi bien, par exemple, en matière de travaux publics, de fonction publique, que de contrats administratifs ou d'actes unilatéraux. Cette qualification est décernée de manière prétorienne par le juge à des activités présentant un caractère d'intérêt général, assumées même par des organismes privés ou des particuliers. Le juge veut élargir le champ d'application du droit et du contentieux administratifs à ceux des aspects de l'organisation et du fonctionnement de cette activité qu'il estime techniquement inopportun de soumettre aux règles du droit privé.

2° *Au sens formel*, ces termes désignent un ensemble organisé de moyens matériels et humains mis en œuvre par l'État ou une autre collectivité publique, en vue de l'exécution de ses tâches. Dans cette acception, les termes de service public sont synonymes d'Administration au sens formel.

GAJA n° 11, 19, 35, 37, 48, 49, 54, 79.

→ *Service universel.*

Service public industriel et commercial

[Droit administratif]

Par opposition au service public administratif, service qui, en raison de la nature de ses activités, est largement soumis aux règles de la gestion privée et à la compétence de la juridiction judiciaire.

GAJA n° 35, 37, 79 et 95.

Service public pénitentiaire

[Procédure pénale]

Ensemble des moyens matériels et humains mis en œuvre par l'État en matière d'exécution des décisions pénales. Il a pour objectif l'insertion ou la réinsertion des personnes confiées par l'autorité judiciaire, la prévention de la récidive et la sécurité publique dans le respect des intérêts de la société, des droits des victimes et des personnes détenues. Il est organisé de manière à assurer l'individualisation et l'aménagement des peines des personnes condamnées. Ce service est assuré, sous l'autorité du garde des Sceaux, ministre de la Justice, par l'administration pénitentiaire avec le concours des autres services de l'État, des collectivités territoriales, des associations et d'autres personnes publiques ou privées. Chacune des autorités ou personnes doit veiller à ce que les condamnés accèdent aux droits et dispositifs de droit commun de nature à faciliter leur insertion ou réinsertion. Des conventions sont signées entre l'administration pénitentiaire et les autres intervenants pour définir les conditions et modalités d'accès des personnes condamnées à ces droits et dispositifs. Les fonctions de direction, de surveillance et de greffe des établissements pénitentiaires sont réservées à l'administration pénitentiaire.

L. n° 2009-1436 du 24 nov. 2009 pénitentiaire, art. 2 et 2-1.

→ *Administration pénitentiaire.*

Service universel

[Droit européen]

Exigences auxquelles doivent répondre certaines activités d'intérêt général quel que soit leur mode de gestion dans chaque pays membre de l'Union européenne, gestion sous la forme des services publics « à la française » ou par une entreprise relevant du secteur concurrentiel.

→ *Service public.*

Service volontaire citoyen de la police nationale

[Droit général]

Dans le but de renforcer le lien entre la nation et la police nationale, composé de volontaires âgés de 17 ans au moins, ce service est destiné à accomplir des missions de solidarité, de médiation sociale et de sensibilisation au respect de la loi, à l'exclusion de l'exercice de toutes prérogatives de puissance publique.

→ *Service civique.*

Services de paiement

[Droit civil/Droit commercial]

Services permettant le versement ou le retrait d'espèces sur un compte de paiement, l'exécution des opérations de paiement par prélèvement, carte ou virement, même associées à une ouverture de crédit, l'émission d'instruments de paiement et/ou l'acquisition d'ordres de paiement, les services de transmission de fonds. En sont exclues, notamment, les opérations fondées sur un chèque de voyage ou un mandat postal sur support papier.

C. mon. fin., art. L. 314-1.

→ *Prestataire de services de paiement.*

Services déconcentrés de l'État

[Droit administratif]

Expression désignant, par opposition aux services centraux constituant les ministères, les services fonctionnant en dehors de ceux-ci et notamment sur toute l'étendue du territoire. Numériquement les plus importants, ils sont chargés en pratique de la majeure partie des tâches relevant de chaque ministère. Autrefois dénommés : services extérieurs.

Services extérieurs

[Droit administratif]

Ancienne dénomination des *services déconcentrés de l'État.*

[Droit international public]

Aux États-Unis, au Canada et dans d'autres États, désigne les activités des missions diplomatiques et consulaires, ainsi que les agents qui y sont rattachés (*Foreign Service*).

→ *Mission diplomatique.*

Services sociaux

[Droit du travail/Sécurité sociale]

Tous services relevant d'organismes publics ou privés, qui, à titre principal ou accessoire, exercent une activité sociale auprès des individus, des familles ou des collectivités, par l'intermédiaire des assistants, assistantes ou auxiliaires de service social.

Services votés

[Droit financier ou fiscal]

Avant 2005, dans le projet de loi de finances, moyens financiers que le gouvernement jugeait indispensable pour poursuivre l'exécution des services publics dans les conditions approuvées l'année précédente par le Parlement. Constituaient les 4/5e du montant du budget général, ils étaient adoptés selon une procédure accélérée (un seul vote pour les services votés du budget général).

L'autre partie des demandes de crédits, qui correspondait à des décisions nouvelles entraînant augmentation (ou diminution, éventuellement) des services votés, portait le nom de mesures nouvelles.

Cette distinction a été supprimée, les parlementaires examinent le projet « au premier euro ». L'expression n'a pas totalement disparu puisqu'elle désigne (au sens de l'article 47, 4e alinéa de la Constitution [loi d'urgence]) le minimum de crédits que le gouvernement juge indispensable pour poursuivre l'exécution des services publics dans les conditions approuvées l'année précédente par le Parlement. Ils ne peuvent excéder le montant des crédits ouverts par la dernière loi de finances.

LO nº 2001-692 du 1er août 2001 relative aux lois de finances, art. 45.

Servitude

[Droit administratif]

On entend par servitudes administratives de nombreuses obligations grevant les propriétés privées au profit du domaine public ou dans un but d'intérêt général.

[Droit civil]

Charge imposée à un immeuble, bâti ou non bâti (le *fonds servant*), au profit d'un autre immeuble appartenant à un propriétaire distinct (le *fonds dominant*). La servitude établit une sorte de rapport juridique entre 2 fonds, s'imposant ou bénéficiant à tous les propriétaires successifs du même fonds. Elle est un droit réel principal attaché au fonds auquel elle profite. Elle est apparente lorsqu'un signe extérieur la révèle. Elle est continue lorsqu'elle s'exerce sans l'intervention de l'homme. Elle est positive lorsqu'elle confère au propriétaire du fonds dominant le droit de faire un acte positif sur le fonds servant (droit de passage par ex.).

Quant à son origine, la servitude dérive ou de la situation naturelle des lieux (écoulement des eaux), ou des obligations imposées par la loi (marchepied), ou des conventions entre propriétaires (passage).

C. civ., art. 637 s.; C. rur., art. L. 152-1 s.; COJ, art. R. 221-16.

→ *Droit réel, Enclave, Halage (Servitude de), Marchepied (Servitude de), Tour d'échelle.*

[Droit pénal]

→ *Réduction en servitude, Traite des êtres humains.*

Servitude de cours communes

[Droit civil]

Servitude de ne pas bâtir ou de ne pas dépasser une certaine hauteur affectant le terrain voisin des constructions envisagées, à laquelle est subordonné le permis de construire en application des règles d'urbanisme. À défaut d'accord entre les propriétaires intéressés, la servitude est instituée par ordonnance du président du TGI.

C. urb., art. L. 471-1 et R. 471-1.

ACTU

Servitude en tréfonds

[Droit civil/Droit administratif]

Servitude d'utilité publique conférant à son bénéficiaire le droit d'occuper, en sous-sol, le volume nécessaire à l'établissement et à l'exploitation d'une infrastructure de transport. Cette servitude établie par décision de l'autorité administrative donne lieu au profit du propriétaire et du titulaire de droits réels à une indemnité compensatrice du préjudice subi et, dans le cas où le bien n'est plus utilisable dans les conditions normales, à la possibilité de demander à l'administration l'acquisition totale ou partielle de sa propriété ou de ses droits.

C. transp., art. L. 2113-1 à 213-5; Décr. nº 1572 du 2 déc. 2015.

ACTU

Servitudes aéronautiques

[Droit général]

Servitudes destinées à assurer la sécurité de la circulation des aéronefs, comprenant des servitudes de dégagement portant interdiction de créer ou obligation de supprimer les obstacles aux abords des pistes et des servitudes de balisage imposant l'installation de dispositifs visuels ou radioélectriques à certains emplacements.

C. transp., art. L. 6351-2 s.

ACTU

Servitudes d'inondation

[Droit de l'environnement]

Les conséquences financières des inondations représentant, à elles seules, 80 % du coût de l'ensemble des catastrophes naturelles, la lutte contre un tel risque donne lieu à un arsenal de dispositions législatives parmi lesquelles l'institution de servitudes d'utilité publique. À la demande d'une commune ou d'un EPCI à fiscalité propre, le préfet peut créer des servitudes sur des terrains riverains d'un cours d'eau ou situés dans son bassin-versant ayant pour objet : 1°) de créer ou de recréer des zones inondables afin de réduire les crues et les ruissellements en aval; 2°) de rétablir les zones de mobilité du lit du cours d'eau (le laisser divaguer) en amont des zones urbanisées; 3°) de préserver ou de restaurer des zones humides stratégiques pour la gestion de l'eau.

C. envir., art. L. 211-12.

Servitudes prédiales

[Droit civil]

Expression synonyme de servitudes réelles et qui est utilisée (de plus en plus rarement) pour mieux les distinguer des anciennes servitudes féodales et par opposition aux servitudes personnelles, celles-ci étant désignées habituellement par leurs noms particuliers d'usufruit et d'usage.

C. civ., art. 637 s.

Session

[Droit constitutionnel/Droit international public]

Période de l'année pendant laquelle une assemblée est en droit de siéger.

Dans l'intervalle des sessions ordinaires, une assemblée peut se réunir en session extraordinaire, dans les conditions fixées par les textes. Ne pas confondre session et *séance*.

Const., art. 28 et 29.

[Procédure civile/Procédure pénale]

Période pendant laquelle siègent certaines juridictions non permanentes : cour d'assises, tribunal paritaire des baux ruraux.

C. pr. pén., art. 236.

Sévices

[Droit civil]

Mauvais traitements physiques exercés sur quelqu'un. Entre époux, les sévices constituent l'une des fautes justifiant un éventuel *divorce* (divorce-sanction); entre les parties à une libéralité, ils sont une cause de révocation de la donation pour ingratitude.

C. civ., art. 955.

Siège

[Droit international public]

Lieu d'établissement d'une organisation internationale ou d'un organe de celle-ci, généralement fixé dans son acte constitutif.

→ *Accord de siège, Organisation internationale.*

[Procédure (principes généraux)]

Le siège d'une juridiction est le lieu où elle fonctionne et tient ses audiences. Lorsque la continuité du service de la justice ne peut plus être assurée au sein du bâtiment où

siège la juridiction dans des conditions satisfaisantes pour la sécurité des personnes et des biens, le premier président de la cour d'appel prend, par ordonnance, une décision de transfert total ou partiel des services de la juridiction.
En matière de mainlevée ou de contrôle des mesures de soins psychiatriques, le juge des libertés et de la détention tient audience dans une salle spécialement aménagée sur l'emprise de l'établissement d'accueil ou sur celle d'un autre établissement du ressort, à défaut au siège du TGI.
Les *magistrats* du siège, par opposition à ceux du parquet, sont les magistrats qui reçoivent la mission de juger.

COJ, art. D. 211-1, D. 311-1, R. 124-1; CJA, art. R. 221-3 et R. 221-7; C. com., art. L. 721-2; C. trav., art. R. 1422-1; CSP, art. L. 3211-12-2, R. 3211-15; C. rur., art. L. 491-123.

→ *Audience foraine, Magistrature, Ministère public, Parquet.*

Siège social

[Droit commercial]

Lieu précisé dans les *statuts* d'une société, qui constitue son domicile et qui détermine la loi applicable et la nationalité de la société.

C. civ., art. 1837; C. com., art. L. 210-3.

GAJC, t. 1, n° 25.

Signature

[Droit privé]

Inscription manuscrite et invariable du nom d'une personne ou, lorsque la signature est électronique, procédé fiable d'identification, garantissant son lien avec l'acte auquel elle s'attache. Elle constitue une condition de validité d'un acte juridique en identifiant celui qui l'appose, en manifestant son consentement aux obligations qui en découlent et en conférant l'authenticité à l'acte quand elle est apposée par un officier public.
La mention manuscrite « lu et approuvé » précédant la signature d'un *acte sous signature privée* est dépourvue de toute portée juridique, bien qu'encore couramment utilisée.

C. civ., art. 1367 al. 1.*

→ *Signature électronique.*

Signature des traités et accords

[Droit international public]

1° Formalité qui constate l'accord intervenu au terme de la négociation sur le texte d'un traité et permet l'*authentification* de celui-ci, mais qui, sauf exception, ne lie pas l'État ou l'organisation internationale signataire.
2° Exceptionnellement, lorsque les participants à la négociation en sont convenus, mode d'engagement d'un État à être lié par un traité.

→ *Accord en forme simplifiée, Adoption (des traités).*

Signature électronique

[Droit civil/Droit commercial]

À l'opposé de la *signature* manuscrite qui est réalisée par l'apposition du nom de famille, éventuellement du prénom, sur un support tangible (papier, toile), la signature électronique « consiste en l'usage d'un procédé fiable d'identification garantissant son lien avec l'acte auquel elle s'attache ». Il s'agit d'un code personnel comprenant des lettres, chiffres ou logos installé sur une carte à puce qu'il suffit à l'internaute d'insérer dans un lecteur connecté à un ordinateur pour opérer signature.
La fiabilité du procédé est présumée jusqu'à preuve contraire lorsque la signature électronique est créée, l'identité du signataire assurée et l'intégrité de l'acte garantie, dans des conditions fixées par décret en Conseil d'État.

C. civ., art. 1367 al. 2.*

GAJC, t. 1, n° 18.

[Procédure civile]

Un arrêté du 18 octobre 2013 est relatif à la signature électronique des décisions de justice rendues en matière civile par la Cour de cassation. Le système d'information qui met en œuvre une telle signature fait l'objet d'une homologation de sécurité. Pour l'application des dispositions du Code de procédure civile aux actes que les auxiliaires de justice, assistant ou représentant les parties, notifient ou remettent à l'occasion des procédures suivies devant les juridictions (civiles) des premier et second degrés, vaut signature électronique l'identification réalisée, lors de la transmission par voie électronique, selon les modalités prévues par les arrêtés ministériels pris en application de l'article 748-6 du Code de procédure civile, jusqu'au 31 décembre 2018; même solution pour les actes que le ministère public remet à l'occasion des procédures avec représentation obligatoire devant les cours d'appel.

C. pr. civ., art. 287 et 288-1.

Signature électronique sécurisée

[Droit civil/Droit commercial]

Signature électronique propre au signataire, qui doit être créée par des moyens sur lesquels le signataire exerce un contrôle exclusif, et qui garantit, avec l'acte auquel elle s'attache, un lien tel que toute modification ultérieure de l'acte soit détectable.

Signification

[Procédure civile]

Formalité par laquelle un plaideur porte à la connaissance de son adversaire un acte de procédure (*assignation*, *conclusions*) ou un *jugement*. Elle est toujours effectuée par un huissier de justice et délivrée au lieu où demeure le destinataire, à son lieu de travail, le cas échéant à son domicile élu.

Le décret n° 2012-366 du 15 mars 2012 a institué la signification par voie électronique des actes d'*huissier de justice*. Les actes à signifier sont transmis via un réseau privé sécurisé huissiers (RPSH); ce mode de signification exige le consentement préalable du destinataire de l'acte, qui le fait connaître par une déclaration adressée électroniquement à la Chambre nationale des huissiers de justice.

La signification par voie électronique est une signification à personne dès lors que le destinataire de l'acte en a pris connaissance le jour de la transmission; elle est faite à domicile lorsque le destinataire n'en prend pas connaissance ou en prend connaissance après ce délai; l'huissier de justice doit aviser l'intéressé de la signification par lettre simple le 1er jour ouvrable. La date et l'heure de la signification électronique sont celles de l'envoi de l'acte à son destinataire.

L'acte judiciaire ou extrajudiciaire destiné à être notifié à une personne résidant habituellement à l'étranger est remis au parquet. Le procureur de la République fait parvenir sans délai les copies de l'acte au ministère de la Justice aux fins de transmission.

C. pr. civ., art. 651, 653, 662-1 s., 683 s.

[Procédure pénale]

En matière pénale la signification n'est utilisée que lorsque les jugements sont rendus en l'absence du prévenu (jugement par défaut ou réputé contradictoire en son absence). Elle est réalisée, à la requête du parquet, par huissier de justice. Afin d'améliorer l'efficacité des significations, l'huissier qui n'a pas pu délivrer l'exploit à son destinataire doit s'efforcer de faire connaître la décision en utilisant les autres moyens prévus par les textes (lettre recommandée avec accusé de réception, lettre simple, avis de passage).

C. pr. pén., art. 550 s.

→ *Notification.*

ACTU

Silence

[Droit civil]

Fait de ne pas répondre à une offre de contrat.

En principe il est dépourvu de conséquences juridiques, ne valant pas acceptation, à moins qu'il n'en résulte autrement de la loi, des usages, des relations d'affaires ou de circonstances particulières.

C. civ., art. 1120.*

GAJC, t. 2, nº 146.

→ *Décision implicite.*

Silence (Droit au)

[Procédure pénale]

Principe aux termes duquel, toute personne suspectée ou poursuivie doit être informée, lors des auditions ou interrogatoire auxquels elle est soumise, qu'elle a le droit de faire des déclarations, de répondre aux questions ou de se taire. Ce droit au silence doit être notifié dans le cadre de l'enquête au suspect lors d'une audition libre ou d'une garde à vue. Dans le cadre de l'instruction, au témoin assisté et au mis en examen. Dans le cadre de la procédure de jugement, par le président de la juridiction (cour d'assises ou tribunal correctionnel) ou par le procureur de la République lors d'un *déferement* lorsque, ce dernier, envisage une comparution immédiate ou une convocation par procès-verbal, en matière correctionnelle.

C. pr. pén., art. 803-6, 61-1, 63-3, 77, 113-3, 116, 154, 328, 393 et 406.

→ *Information (Droit à l').*

« Silence vaut acceptation »

[Droit administratif]

→ *Décision implicite.*

Simulation

[Droit civil]

Accord entre contractants tendant à faire croire à l'existence d'une convention apparente ou simulée ne correspondant pas à leur volonté véritable, exprimée par un acte tenu secret, dénommé *contre-lettre*.

Si la simulation porte sur l'existence même de l'acte apparent, elle rend le contrat fictif; si elle sert à en maquiller la nature juridique, il y a un *déguisement*; si elle a pour objet d'en déplacer les effets, elle réalise une *interposition de personnes*.

La contre-lettre, obligatoire entre les parties, est inopposable aux tiers, à moins que ceux-ci trouvent intérêt à s'en prévaloir en agissant en déclaration de simulation.

C. civ., art. 1201.*

GAJC, t. 2, nº 169 et 170.

→ *Acte apparent, Acte déguisé, Acte fictif, Acte secret, Apparence, Dissimulation, Prête-nom.*

Simulation d'enfant

[Droit pénal]

Infraction qui consiste, pour une femme qui n'a pas accouché d'un enfant, à se faire néanmoins reconnaître comme la mère de cet enfant. À l'inverse, la dissimulation de sa maternité par la mère biologique est également incriminée.

Ces 2 comportements, complémentaires dans la plupart des cas, étaient réprimés dans le Code pénal de 1810 sous la qualification de supposition d'enfant. Est également incriminée la substitution volontaire d'enfant. Dans tous les cas, c'est l'atteinte à l'état civil d'un enfant qui est sanctionnée.

C. pén., art. 227-13.

→ *Atteintes à la filiation, Part (Le), Substitution d'enfant.*

Sincérité budgétaire (Principe de)

[Droit financier ou fiscal]

Principe de valeur constitutionnelle, inspiré de la comptabilité commerciale, selon lequel les diverses catégories de *lois de finances* doivent présenter l'ensemble des ressources et des charges de l'État de manière complète, exacte et cohérente compte tenu des informations disponibles et des prévisions qui peuvent raisonnablement en découler lors de leur adoption, sans intention de fausser les grandes lignes de leur solde. Le Conseil constitutionnel se reconnaît seulement le droit de sanctionner les erreurs manifestes pouvant affecter le respect du principe. En matière de lois de règlement, le principe emporte en outre l'obligation de respecter l'exactitude des comptes qu'elles présentent. Une formulation quasi similaire existait déjà en ce qui concerne les budgets locaux, « les recettes et les dépenses ayant été évaluées de façon sincère » (CGCT, art. L. 1612-4). En outre, la Constitution pose en son article 47-2 une exigence plus spécifiques aux matières comptables, à savoir que « les comptes des administrations publiques sont réguliers et sincères », ce qui induit une certification des comptes qui est réalisée par la Cour des comptes pour ce qui est de l'État et des principaux organismes de sécurité sociale mais n'est pas encore imposé s'agissant des comptes des administrations locales et en particulier des collectivités locales.

Sine die

[Droit général]

Littéralement : « sans fixer de jour ». La locution, qui exprime l'indétermination temporelle, est surtout employée dans la langue diplomatique pour qualifier l'ajournement d'une conférence à une date qui n'est pas précisée, et dans le langage du palais lorsque, la juridiction ne statuant pas sur le siège, le jugement est renvoyé à plus tard, sans que soit précisé le jour où il sera prononcé, contrairement aux prescriptions du Code de procédure civile.

C. civ., art. 1901; C. pr. civ., art. 450.

Sionisme

[Droit constitutionnel]

Mouvement visant à la constitution, puis à la consolidation, d'un État juif en Palestine.

Siren

[Droit commercial/Sécurité sociale]

→ *Siret.*

Sirene (Système informatique pour le répertoire des entreprises et des établissements)

[Droit commercial/Sécurité sociale]

Système géré par l'INSEE, qui permet l'attribution à chaque entreprise ou établissement d'un numéro d'immatriculation.

C. com., art. R. 123-220 s.

→ *Siret.*

Siret

[Droit commercial/Sécurité sociale]

Numéro unique d'identification des entreprises. Il comporte 14 chiffres se décomposant en un numéro d'identification de la personne (physique ou morale) qui gère l'entreprise (dit numéro SIREN) et en un numéro d'identification de l'établissement (dit numéro interne de classement NIC). Le numéro SIREN comporte 9 chiffres : les 8 premiers sont pris par l'INSEE dans une série unique au plan national, allant de 0 à 99 999 999; le 9e chiffre est une clé de contrôle. Le NIC comprend 5 chiffres. Les 4 premiers sont pris dans une série unique propre à l'entreprise pouvant aller de 0 à 9 999; le 5e chiffre est une clé de contrôle. Si l'entreprise ne comprend qu'un seul établissement, le NIC est 00001. Chaque établissement d'une même entreprise a donc un numéro Siret différent. Ces numéros doivent être indiqués sur les factures et correspondances de l'entreprise.

C. com., art. D. 123-235 s. et R. 123-235 s.

Site cinéraire

[Droit civil]

Lieu d'accueil des cendres des corps incinérés : espace dans un cimetière aménagé pour leur dispersion et doté d'un équipement mentionnant l'identité des défunts, espace concédé pour l'inhumation des urnes ou leur scellement sur un monument funéraire, bâtiment pourvu de cases où sont placées les urnes.

La dispersion des cendres en pleine nature doit faire l'objet d'une déclaration à la mairie du lieu de naissance du défunt.

CGCT, art. L. 2223-2, L. 2223-18-3, L. 2223-18-4, R. 2213-39, R. 2223-9.

ACTU

Sites

[Droit de l'environnement]

Espaces ruraux ou urbains dont la conservation ou la préservation présente un intérêt général « au point de vue artistique, historique, scientifique, légendaire ou pittoresque ». Deux mesures en assurent la protection.

La première est l'inscription à l'inventaire des monuments naturels et des sites par arrêté ministériel notifié aux propriétaires intéressés aux fins d'opposabilité. L'inscription n'entraîne pour les propriétaires ou les occupants qu'une seule obligation : ne pas procéder à des travaux autres que ceux d'exploitation courante pour les fonds ruraux et d'entretien normal pour les constructions, sans avoir avisé l'administration de leur intention 4 mois auparavant.

La seconde mesure est le classement du site après enquête publique et information des propriétaires. Les monuments naturels et les sites classés ne peuvent être ni détruits ni modifiés dans leur état ou leur aspect, sauf autorisation spéciale du préfet après avis de l'*architecte des bâtiments de France*.

C. envir., art. L. 341-1 s., R. 341-1 à 341-28.

Situation juridique

[École civiliste]

On oppose souvent le *droit objectif* et les *droits subjectifs*. Il est plus juste d'opposer *la règle de droit*, générale et abstraite et les *situations juridiques* individuelles et concrètes.

On parle de situation juridique pour exprimer la situation dans laquelle se trouve une personne vis-à-vis des autres sujets de droit, sur le fondement des règles de droit.

Ainsi, un fait (accident, mort), un état (époux, enfant), un acte juridique (vente, donation), favorisent la naissance d'un faisceau de droits et de devoirs, de prérogatives et de charges au profit ou à l'encontre de la personne.

→ *Prérogatives et charges, Situations juridiques objectives, Situations juridiques subjectives.*

Situations juridiques objectives

[École civiliste]

Une situation juridique possède un caractère objectif toutes les fois qu'elle confère à ceux qui en sont investis davantage de devoirs que de droits; ainsi en va-t-il pour la situation résultant d'un mariage, d'une filiation, d'une incapacité (tutelle, curatelle).

Ces situations sont plus fréquentes en droit public et en droit pénal qu'en droit privé civil ou commercial.

[École publiciste]
Dans l'analyse du doyen Duguit : situations juridiques procédant directement de la norme juridique légale ou réglementaire, soit immédiatement, soit après intervention d'un *acte-condition*. Ces situations juridiques sont générales quant à leurs titulaires et permanentes. On les rencontre aussi bien en droit public (situation de l'électeur par ex.), qu'en droit privé (situation d'époux par ex.).

Situations juridiques subjectives

[École civiliste]
Les situations juridiques subjectives sont des situations d'où découlent pour leurs bénéficiaires des prérogatives qui sont à leur avantage et auxquels ils peuvent en principe renoncer.
Ces situations sont établies soit par un acte volontaire (un contrat par ex.), soit par la loi (ainsi l'usufruit légal, le droit de l'héritier).
Les situations subjectives correspondent aux droits réels, aux droits de créance, aux droits d'entreprise et de clientèle, aux droits universels portant sur l'ensemble d'un patrimoine, à certains droits extrapatrimoniaux, tels que le droit de réponse ou le droit moral sur une œuvre.
Les droits de la personnalité ne sont pas des droits subjectifs.
[École publiciste]
Dans l'analyse du doyen Duguit : situations juridiques procédant d'un acte à portée individuelle, qui peut être aussi bien un acte unilatéral qu'un contrat. Elles sont spéciales quant à leurs titulaires, et en règle générale, temporaires : après exécution des devoirs ou des droits qu'elles renferment, elles disparaissent (ex. : bénéficiaire d'un permis de construire).

Sobriquet

[Droit civil]
→ *Prête-nom, Pseudonyme, Surnom.*

Sociétaire

[Droit civil]
Membre d'une association (et non pas d'une société).
→ *Associé.*

Societas europea

[Droit commercial]
→ *Société européenne.*

Société

[Droit civil/Droit commercial]
Acte juridique par lequel deux ou plusieurs personnes décident de mettre en commun des biens ou leur industrie (activité, compétence...) dans le but de partager les bénéfices, les économies ou les pertes qui pourront en résulter. Exceptionnellement, la création d'une société peut être le fait d'une seule personne.
→ *Société unipersonnelle.*
Ce mot désigne aussi la personne morale créée par ce contrat et dont le patrimoine est constitué par les biens apportés par chaque associé.
C. civ., art. 1832 s.; C. com., art. L. 210-1 s.
→ *Affectio societatis, Transformation de société.*

Société à capital variable

[Droit commercial]
Société dont le capital n'est pas intangible. La variabilité du capital permet l'admission de nouveaux associés et la souscription de nouveaux apports, le retrait d'associés et la reprise de leurs apports.
→ *Capital social.*

Société à participation ouvrière

[Droit commercial]
Variante de société anonyme dans laquelle les salariés sont associés à la fois aux bénéfices et à la gestion de l'entreprise; les salariés reçoivent des actions et sont regroupés en une coopérative; ils participent par leurs

représentants au conseil d'administration de la société, mais ils ne sont pas majoritaires, à la différence des coopératives ouvrières de production. Prévue par une loi de 1917, modifiée depuis, cette forme de société ne s'est pas développée.

C. com., art. L. 225-258 s.

→ *Coopérative ouvrière de production.*

Société à responsabilité limitée (SARL)

[Droit commercial]

Société commerciale dans laquelle la responsabilité pécuniaire des associés est limitée au montant de leurs apports.

Ceux-ci sont représentés par des parts sociales qui ne sont pas négociables et ne sont cessibles qu'à certaines conditions.

La SARL peut être créée par un seul associé (on l'appelle alors une EURL) et ne peut réunir plus de 100 associés.

C. com, art. L. 223-1 s.

ACTU

Société anonyme (SA)

[Droit commercial]

Société commerciale dont le capital est constitué par voie de souscription d'actions et dont les associés ne sont responsables du paiement des dettes sociales qu'à concurrence de leurs apports.

La société anonyme est une société par actions et une société de capitaux qui devait traditionnellement réunir au moins 7 personnes, mais qui peut depuis septembre 2015 être constituée avec 2 actionnaires lorsque ses titres ne sont pas destinés à être cotés en bourse. La société anonyme peut offrir des titres financiers au public.

C. com., art. L. 225-1 s.

Société civile

[Droit civil/Droit commercial]

La société est civile lorsque la loi ne lui attribue pas un autre caractère à raison de sa forme, de sa nature, ou de son objet.

La société civile est une personne morale et doit être immatriculée au *Registre du commerce et des sociétés*. Les associés, à l'égard des tiers, répondent indéfiniment des dettes sociales à proportion de leur part dans le capital social à la date de l'exigibilité ou au jour de la cessation des paiements.

La société civile peut être seulement une société de moyens.

C. civ., art. 1845 s.

→ *Société civile professionnelle.*

[Droit constitutionnel/Droit européen]

Se dit de l'ensemble de la vie économique et sociale organisée (entreprises, syndicats, associations...), par opposition à la classe politique.

TUE, art. 11.2.

Société civile de moyens (SCM)

[Droit civil/Procédure civile]

Société constituée entre des personnes physiques ou morales exerçant des professions libérales, notamment les officiers publics et ministériels, dont l'objet exclusif est de faciliter à chacun de leurs membres l'exercice de son activité par la mise en commun de moyens utiles à la pratique de leur profession, sans que la société puisse exercer celle-ci.

Les associés sont indéfiniment responsables des dettes sociales, conjointement, selon le montant de leur participation dans le capital social, non solidairement, à la différence des associés des sociétés civiles professionnelles.

L. n° 879 du 29 nov. 1966, art. 36.

Société civile de placement immobilier (SCPI)

[Droit civil/Droit commercial]

Société dont l'objet exclusif est l'acquisition et la gestion d'un patrimoine immobilier locatif. La responsabilité des associés ne peut être mise en cause que si la société a été préalablement et vainement poursuivie et chaque associé n'engage sa responsabilité qu'à hauteur de sa part dans le capital social dans la limite de 2 fois cette part.

C. mon. fin., art. L. L. 214-1, 214-50 s., R. 214-116 s.

Société civile professionnelle (SCP)

[Droit civil/Droit commercial/ Procédure civile]

Depuis 1966, l'activité de certaines professions libérales (avocats, notaires, huissiers de justice, médecins, architectes) peut être exercée dans le cadre de sociétés civiles professionnelles dont les parts sont cessibles sous certaines conditions. Dans cette forme de société, les associés répondent indéfiniment et solidairement des dettes sociales à l'égard des tiers.

La société civile professionnelle est caractérisée par la mise en commun de la clientèle, qui est en principe la clientèle de la société, et par la rémunération des associés qui ont seulement droit au partage des bénéfices tel qu'il est organisé par les statuts.

Pour les offices publics ou ministériels, la société peut, soit regrouper plusieurs professionnels, soit être titulaire de l'office.

À côté des sociétés civiles monoprofessionnelles (chaque profession fait l'objet d'une réglementation spécifique), la loi prévoit la possibilité de constituer des sociétés civiles interprofessionnelles permettant à des personnes pratiquant des professions libérales différentes de se grouper en vue d'exercer en commun leurs professions respectives.

L. n° 879 du 29 nov. 1966, art. 1 s.

→ *Interprofessionnalité.*

Société commerciale de capitaux ou par actions

[Droit commercial]

Société constituée en considération des capitaux apportés, dans laquelle les parts d'associés appelées *actions* sont négociables et peuvent être librement transmises entre vifs et à cause de mort. Les actionnaires ne sont tenus du passif social qu'à concurrence de leurs apports.

Sont des sociétés de capitaux la *société anonyme*, la *société en commandite par actions* et la *société européenne*.

C. com., art. L. 224-1 s.

Société commerciale de personnes ou par intérêt

[Droit commercial]

Société constituée *intuitu personae* c'est-à-dire en considération de la personne des associés, dans laquelle la part de chaque associé, appelée part d'intérêt, est en principe personnelle à l'associé et n'est pas cessible entre vifs ou ne l'est que dans certaines conditions (ex. : *société en nom collectif*, *société en commandite simple*).

Société coopérative

[Droit commercial]

Société civile ou commerciale dont les associés ont la qualité de salarié ou de client de cette société.

Société coopérative ouvrière de production

[Droit du travail]

→ *Coopérative ouvrière de production.*

Société créée de fait

[Droit civil/Droit commercial]

Société résultant du comportement de personnes qui ont participé ensemble à une œuvre économique commune dont elles ont partagé les profits et supporté les pertes, et se sont en définitive conduites comme des associés sans en avoir pleine conscience. Son régime est celui de la *société en participation*.

C. civ., art. 1873.

→ *Société de fait.*

Société d'acquêts

[Droit civil]

Clause parfois incluse dans un régime de *séparation de biens* et dont l'effet est de créer une masse commune administrée par le mari, composée des économies réalisées par les époux et partagée entre eux à la dissolution du régime.

Société d'aménagement foncier et d'établissement rural (SAFER)

[Droit rural]

Personne morale de droit privé à objet public et d'intérêt général dont la mission originelle était la mise en valeur des sols, aujourd'hui, acteur « multi-compétent » d'aménagement et de développement du territoire rural et forestier, participant également à la protection de l'environnement.

C. rur., art. L. 141-1 s. et R. 141-1 s.

Société d'attribution d'immeubles en jouissance à temps partagé

[Droit civil]

Société permettant à ses membres d'avoir une jouissance exclusive et successive sur un appartement pour une période limitée de l'année. Les associés n'acquièrent aucun droit de propriété ou autre droit réel en contrepartie de leurs apports; ils sont seulement titulaires d'un droit personnel de séjour.

La société qui sert de cadre juridique à ce droit de jouissance périodique est régie par les règles de droit commun des sociétés civiles indépendamment des dispositions spécifiques de la loi n° 18 du 6 janvier 1986 (modifiée par la loi n° 888 du 22 juill. 2009 de modernisation des services touristiques), parmi lesquelles la limitation de la responsabilité des associés au montant de leur apport et la possibilité de se retirer de la société moyennant l'accord unanime des associés ou l'autorisation du juge pour justes motifs.

C. consom., art. L. 224-69.

→ *Jouissance à temps partagé.*

Société d'économie mixte (SEM)

[Droit administratif]

Société fondée sous un statut commercial et soumise aux règles du droit des affaires, mais associant dans des proportions très variables des capitaux d'origine publique toujours majoritaires (État, collectivités locales, établissements publics) et d'origine privée, et dont l'activité diffère profondément des unes aux autres.

Dans le secteur local, où elles servent souvent à réaliser des opérations d'aménagement de l'espace ou de construction immobilière, des dérives de l'institution ont été constatées, les SEM ayant parfois été utilisées pour faire délibérément échapper ces opérations aux règles – protectrices de l'intérêt public – de la comptabilité publique et des marchés publics, ce qui a provoqué une réaction du législateur.

CGCT, art. L. 1521-1 s.

ACTU

Société d'exercice libéral (SEL)

[Droit civil/Droit commercial/ Procédure civile]

La loi n° 1258 du 31 décembre 1990 a autorisé la création de sociétés d'exercice libéral pour les professions soumises à un statut législatif ou réglementaire ou dont le titre est protégé (ainsi celles d'avocat, d'officier public ou ministériel, de médecin, d'architecte).

Ces sociétés groupent en principe des membres d'une même profession, mais il est possible qu'une telle société réunisse des membres de professions libérales distinctes, mais appartenant à la même famille (activités juridiques, par ex., ou médicales).

En mettant de côté le cas des sociétés en participation, les sociétés d'exercice libéral s'inspirent de certaines formes de sociétés commerciales. Il en existe 4 catégories : société d'exercice libéral à responsabilité limitée (SELARL), société d'exercice libéral à forme anonyme (SELAFA), société d'exercice libéral en commandite par actions (SELCA), société d'exercice libéral par actions simplifiée (SELAS). La dénomination sociale de la société doit être précédée ou suivie, selon les cas, de l'une de ces initiales ainsi que de l'indication de la profession exercée et de son capital social.

Chaque associé répond sur l'ensemble de son patrimoine des actes qu'il accomplit et la société est solidairement responsable avec lui.

La loi n° 990 du 6 août 2015 pour la croissance, l'activité et l'égalité des chances économiques (dite loi Macron) assouplit la réglementation des structures d'exercice des professions du droit : avocats, avocats au Conseil d'État et à la Cour de cassation, huissiers de justice, notaires, commissaires-priseurs judiciaires, administrateurs judiciaires et mandataires judiciaires. Son article 63 permet à ces professionnels de recourir à toutes formes d'entités dotées de la personnalité morale, à l'exception des formes juridiques conférant à leurs associés la qualité de commerçant.

Par ailleurs, alors que jusqu'à présent le capital des SEL ne pouvait être détenu que par certaines catégories de personnes de nationalité française, cette loi ouvre le capital aux professionnels européens, facilitant ainsi la compétitivité des structures d'exercice au-delà des frontières hexagonales (loi du 31 décembre 1990, art. 6, II, 1° et 31-1 III modifiés).

Enfin, depuis la même loi (loi Macron), plus de la moitié du capital et des droits de vote des SEL peut être détenue par des personnes qui n'exercent pas au sein de la SEL la profession constituant l'objet social de celle-ci. Ainsi, la majorité du capital d'une société d'avocats pourra être détenue par des avocats n'exerçant pas au sein de la société ou par des membres d'autres professions juridiques ou judiciaires.

→ *Interprofessionnalité.*

Société d'intérêt collectif agricole (SICA)

[Droit rural]

Société agricole coopérative dérogatoire au droit commun des coopératives dont le but est de permettre l'association d'intérêts agricoles et d'intérêts industriels et commerciaux dans une même structure en vue de développer des projets agroalimentaires.

C. rur., art. L. 531-1 s.

Société d'investissement

[Droit commercial]

Société dont l'objet est de gérer un portefeuille de valeurs mobilières, composé de titres émanant de multiples sociétés, en respectant le principe de division des risques.

Elle peut être constituée à capital variable (SICAV).

C. mon. fin., art. L. 214-1 s.

Société de développement régional (SDR)

[Droit administratif]

Établissement à capitaux mixtes, créé sous forme de société anonyme, en vue de pallier l'insuffisance de financement d'entreprises régionales, notamment nouvelles, n'ayant pas une dimension suffisante pour accéder efficacement au marché financier.

La SDR octroie sa garantie aux emprunts lancés par les entreprises.

CGCT, art. L. 4253-3.

Société de fait

[Droit civil/Droit commercial]

Dénomination ancienne des sociétés ayant fonctionné en dépit d'une cause de nullité qui menaçait son existence.

On emploie également cette expression, mais à tort, lorsque 2 ou plusieurs personnes, sans avoir fondé entre elles une société, se comportent en fait comme des associés : il s'agit en réalité d'une *société créée de fait*.

Société de financement

[Droit commercial/Droit financier]

Entité exerçant à titre habituel une activité de crédit sans collecte de fonds remboursables du public (ex. : entreprises de crédit-bail). Se distingue, de ce point de vue, des établissements de crédit.

C. mon. fin., art. L. 511-1 s.

Société de libre partenariat (SLP)

[Droit commercial]

Forme particulière de société en commandite simple, permettant de gérer un fonds d'investissement. Structure alternative aux SICAV et FCP, instituée en France en 2015 sur l'inspiration notable du droit luxembourgeois.

C. mon. fin., art. L. 214-154, L. 214-162-1.

Société de participations financières de professions libérales (SPFPL)

[Procédure civile]

Société ayant pour objet la détention des parts ou d'actions de sociétés d'exercice libéral d'une même profession, ainsi que la participation à tout groupement de droit étranger visant à l'exercice de la même profession. Une telle société peut être constituée entre personnes physiques ou morales exerçant une ou plusieurs professions libérales soumises à un statut législatif ou réglementaire ou dont le titre est protégé.

Il peut également être constitué, entre personnes physiques ou morales exerçant plusieurs professions libérales juridiques ou judiciaires soumises à un statut législatif ou réglementaire, des sociétés de participations financières détenant des parts ou des actions dans des sociétés dont l'objet est l'exercice de deux ou plusieurs des professions d'avocat, de notaire, d'huissier de justice, de commissaire-priseur judiciaire, d'expert-comptable, de commissaire aux comptes ou de conseil en propriété industrielle. La loi n° 2011-331 du 28 mars 2011 ouvre la voie à l'interprofessionnalité capitalistique des professions libérales.

L. n° 1258 du 31 déc. 1990, art. 31-1 s.

→ *Interprofessionnalité.*

Société de perception et de répartition des droits d'auteur

[Droit civil]

Société civile constituée entre des auteurs, des artistes-interprètes, des producteurs de phonogrammes ou de vidéogrammes, des éditeurs, ou leur ayant droit en vue d'une gestion collective des droits d'auteur et des droits voisins.

CPI, art. L. 321-1 s.

Société de ventes volontaires de meubles aux enchères publiques

[Droit civil/Procédure civile]

Société de forme commerciale devant être déclarée (et non plus agréée) au Conseil national des ventes volontaires qui constitue l'un des opérateurs autorisés à estimer les biens mobiliers et à pratiquer des ventes volontaires de meubles aux enchères publiques. Elle agit comme mandataire du propriétaire du bien et n'est pas habilitée à acheter ou à vendre directement ou indirectement pour son propre compte des biens meubles proposés à la vente aux enchères publiques. Elle doit comprendre parmi ses associés, dirigeants ou salariés, au moins une personne habilitée à diriger les ventes.

C. com., art. L. 321-4 s.

→ *Opérateurs de ventes volontaires de meubles aux enchères publiques, Vente aux enchères publiques.*

Société des Nations (SDN)

[Droit international public]

Organisation internationale à vocation universelle créée à la fin de la Guerre de 14-18 en vue d'assurer la sécurité collective (limitation du recours à la guerre, désarmement, règlement pacifique des conflits, sanctions en cas d'agression). Siégeait à Genève. Dissoute en 1946.

→ *Organisation des Nations unies.*

Société en commandite par actions (SCA)

[Droit commercial]

Société de capitaux comprenant deux catégories d'associés : les commandités, considérés comme des associés en nom collectif, et les commanditaires, dont la situation peut être assimilée à celle des actionnaires de société anonyme.

C. com., art. L. 226-1 s.

→ *Actionnaire.*

Société en commandite simple (SCS)

[Droit commercial]

Société de personnes composée de deux groupes d'associés : les commandités, assimilables à des associés en nom collectif (commerçants, personnellement et solidairement responsables de tout le passif social) ; les commanditaires, qui ne sont pas commerçants et ne sont responsables que dans la limite de leurs apports, et dont les parts sociales sont rarement cessibles et transmissibles, en raison de l'*intuitu personae.*

C. com., art. L. 222-1 s.

Société en nom collectif (SNC)

[Droit commercial]

Société constituée entre deux ou plusieurs personnes ayant la qualité de commerçants, tenues personnellement et solidairement de toutes les dettes sociales et auxquelles sont attribuées des parts d'intérêts qui ne peuvent être cédées qu'avec le consentement de tous les associés.

La société en nom collectif est une société commerciale par la forme.

C. com., art. L. 221-1 s.

Société en participation (SEP)

[Droit civil/Droit commercial/ Procédure civile]

La société en participation est un mode de collaboration économique par création d'une société sans personnalité morale, non soumise à publicité et pouvant demeurer occulte.

Chaque associé contracte en son nom personnel et est seul engagé à l'égard des tiers. Toutefois, si les participants agissent en qualité d'associés au vu et au su des tiers, chacun d'eux est tenu à l'égard de ceux-ci des obligations nées des actes accomplis en cette qualité par l'un des autres, avec solidarité si la société est commerciale, sans solidarité dans les autres cas.

La loi n° 1258 du 31 décembre 1990 a autorisé cette forme pour les sociétés d'exercice libéral (art. 22 et 23). Mais, dans ce domaine particulier, la société doit avoir une dénomination suivie de la mention « société en participation » ou des initiales SEP et de l'indication de la ou des professions exercées.

C. civ., art. 1871 à 1872-2.

Société entre époux

[Droit civil/Droit commercial]

Société comprenant parmi ses associés deux conjoints. La société entre époux fut longtemps réglementée en raison des dangers qu'elle comporte; cette réglementation restrictive a aujourd'hui disparu.

C. civ., art. 1832-1 et 1832-2.

Société européenne (SE)

[Droit commercial]

Forme particulière de société par actions, rattachée à l'Union européenne et susceptible d'être domiciliée dans l'un quelconque des États membres.

Cette société, dénommée *societas europea*, peut être constituée par fusion de deux ou plusieurs sociétés anonymes, création d'une société holding, création d'une filiale commune, ou transformation d'une ou plusieurs sociétés anonymes en société européenne.

C. com., art. L. 229-1 s.

Société financière internationale

[Droit international public]

Institution spécialisée des Nations unies (filiale de la BIRD), créée en 1956 en vue de contribuer au développement économique en investissant des fonds sans garantie gouvernementale dans des entreprises privées de régions sous-développées. *Siège* : Washington.

Société mixte d'intérêt agricole (SMIA)

[Droit rural]

Société agricole, de forme commerciale, cherchant à associer des intérêts agricoles et commerciaux, et ayant pour objet la préservation des intérêts agricoles dans la filière agroalimentaire.

C. rur., art. L. 541-1 s.

Société nationale des chemins de fer (SNCF)

[Droit administratif]

Alors qu'en 1997 la création de Réseau ferré de France n'avait laissé à la SNCF que l'exploitation commerciale des infrastructures, la loi du 4 août 2014 portant réforme ferroviaire procède à une réorganisation du secteur sous l'égide de la SNCF : le « groupe public ferroviaire » est désormais composé, depuis le 1er janvier 2015, de 3 entités, la SNCF, *établissement public* de pilotage, et deux établissements en dépendant, SNCF Réseau et SNCF Mobilités.

C. transp., art. L. 2101 s.

Société par actions

[Droit commercial]

→ *Société commerciale de capitaux ou par actions.*

Société par actions simplifiée (SAS)

[Droit commercial]

Société par actions susceptible d'être constituée par une ou plusieurs personnes qui n'engagent leur responsabilité qu'à hauteur de leur apport. L'originalité de la SAS réside dans l'extrême liberté d'organisation octroyée aux associés : c'est une société-contrat qui confère à ce groupement la nature d'une société de personnes.

La SAS ne peut pas offrir ses titres financiers au public, sauf si ses offres sont réservées à des investisseurs qualifiés ou à un cercle restreint d'investisseurs, ou portent sur des titres exclus du champ des offres de titres financiers au public. La SAS peut, sous certaines conditions, recourir au *financement participatif*.

C. com., art. L. 227-1 s.

Société politique

[Droit constitutionnel]

Ensemble des groupes sociaux (familles, entreprises, etc.) et dans lequel le destin des hommes est envisagé globalement.

Les sociétés politiques ont revêtu diverses formes (cité, seigneurie, empire…). Aujourd'hui la forme dominante est l'État-nation.

Société publique locale

[Droit administratif/Droit commercial]

Type de société introduit par une loi du 28 mai 2010 pour faciliter, dans une perspective d'harmonisation européenne, l'action des collectivités territoriales.

Société anonyme créée par des collectivités ou groupements de collectivités afin notamment de réaliser une opération d'aménagement ou d'exploiter un service public industriel et commercial.

CGCT, art. L. 1531-1.

Société unipersonnelle

[Droit civil/Droit commercial]

Une société peut parfois résulter de la volonté d'une seule personne : tel est le cas de l'*entreprise unipersonnelle à responsabilité limitée (EURL)*, de la *société par actions simplifiée (SAS)* et de l'*entreprise agricole à responsabilité limitée (EARL)*.

C. civ., art. 1832, al. 2 et 1844-5; C. rur., art. L. 324-1 s.; C. com., art. L. 227-1.

Socrates

[Droit européen]

Nom du programme européen en matière d'éducation favorisant la coopération, les échanges et la mobilité entre établissements, enseignants et jeunes. Le programme *Érasmus* en est le volet mobilité des étudiants.

Soft law

[Droit général]

→ *Droit souple (soft law).*

ACTU

Soins palliatifs

[Droit civil]

Soins actifs et continus pratiqués par une équipe interdisciplinaire en institution ou à domicile et qui visent à soulager la douleur, à apaiser la souffrance psychique, à sauvegarder la dignité de la personne malade, le plus souvent en fin de vie, et à soutenir son entourage.

La loi n° 2016-87 du 2 février 2016 permet d'appliquer, à certains patients atteints de maladies graves et incurables, un traitement sédatif provoquant une altération de la conscience, maintenue jusqu'au décès, associée à une analgésie, ce que l'on appelle la sédation profonde et continue.

CSP, art. L. 1110-5-2, L. 1110-10.

→ *Affection grave et incurable, Atteinte à la dignité de la personne, Corps humain, Fin de vie, Inviolabilité du corps humain, Testament de fin de vie, Tiers de confiance.*

Soins psychiatriques

[Droit civil]

Le principe est que la personne ne peut, sans son consentement, faire l'objet de soins psychiatriques pour des troubles mentaux. Mais, à côté des soins consentis, la loi envisage des soins sous contrainte dans deux séries de cas : à la demande d'un tiers ou, en son absence, en cas de péril imminent pour la santé; lorsqu'il y a atteinte à l'ordre public ou risque d'atteinte à la sûreté des personnes.

CSP, art. L. 3211-1 à 3215-4.

→ *Agences régionales de santé, Aliénation mentale, Hospitalisation d'un aliéné, Juge des libertés et de la détention (JLD).*

Soit-communiqué (Ordonnance de)

[Procédure pénale]

Acte par lequel le juge d'instruction transfère le dossier d'une affaire au procureur de la République, afin d'obtenir de lui ses réquisitions.

C. pr. pén., art. 86 et 175.

Solde structurel

[Droit financier]

Il est défini par l'article 1er de la loi organique n° 2012-1403 du 17 décembre 2012 (LOPGFP) comme étant « le solde annuel corrigé des variations conjoncturelles, déduction faite des mesures ponctuelles et temporaires », des finances publiques, avec un seuil établi à 0,5 % sur une année. Il est soumis à l'appréciation du *Haut Conseil des finances publiques (HCFP)*.

Soldes

[Droit commercial]

Ventes accompagnées ou précédées de publicité et annoncées comme tendant, par une réduction de prix, à l'écoulement accéléré de marchandises en stocks. Ces ventes ne peuvent être réalisées qu'au cours d'une période déterminée par le préfet (deux fois par an pendant une durée de cinq semaines) et autre d'une période, librement choisie, une fois par an, pendant deux semaines, ou deux fois par an pendant une semaine.

C. com., art. L. 310-3.

Solennel (Acte)

[Droit civil]

→ *Acte solennel.*

Solidarité

[Droit civil]

La solidarité résulte de la loi ou du contrat; elle ne se présume pas, qu'elle soit active ou passive.

Il y a *solidarité active* lorsque l'un quelconque des créanciers d'un même débiteur peut exiger de ce dernier le paiement de la totalité de la créance, sans avoir reçu mandat des autres, le bénéfice de l'obligation étant partageable entre les divers créanciers. L'acte qui interrompt ou suspend la prescription à l'égard de l'un des créanciers solidaires profite aux autres créanciers

Il y a *solidarité passive* lorsque le créancier peut exiger de l'un quelconque de ses débiteurs le paiement de la totalité de sa créance, sauf le recours entre les débiteurs. Le codébiteur poursuivi peut opposer les exceptions qui sont communes à tous les codébiteurs ainsi que celles qui lui sont personnelles.

C. civ., art. 220, 389-5, 1310 s., 2002, 2302, 2307.*

→ *Dettes ménagères, Obligation solidaire.*

[Droit commercial]

Les commerçants qui s'engagent ensemble sont présumés le faire sous le régime de la solidarité passive. La jurisprudence en a décidé ainsi contrairement aux textes du Code civil, en vertu d'une ancienne coutume favorable à l'endettement de ces professionnels; la solidarité augmentant le droit de gage des créanciers et ainsi le crédit du débiteur. Les autres professionnels indépendants (agriculteurs, professions libérales) ne sont pas soumis à cette présomption générale.

[Procédure civile]

En cas de solidarité entre plusieurs parties, la notification du jugement de condamnation à l'une d'elle ne fait courir le délai d'appel qu'à son égard, alors que s'il s'agit d'un jugement favorable, chaque partie peut se prévaloir de la notification faite par l'une d'elles.

L'appel formé par l'une des parties, dans les délais, conserve le droit d'appel des autres; mais celles-ci doivent se joindre à l'instance. L'appel dirigé contre un codébiteur solidaire, dans les délais, réserve à l'appelant la faculté d'appeler à l'instance les autres codébiteurs. La cour peut ordonner d'office la *mise en cause* de tous les cointéressés.

C. pr. civ., art. 529 et 552.

Solidarité ministérielle

[Droit constitutionnel]

Principe du régime parlementaire qui veut que, les décisions importantes étant délibérées en commun par les ministres, chacun d'eux supporte la responsabilité des décisions arrêtées par le gouvernement (même s'il les a combattues) et ne peut l'éluder qu'en démissionnant.

Solidarité pénale

[Droit pénal]

Règle selon laquelle les participants à une infraction (crime-délit-contravention de cinquième classe) sont tenus de plein droit, chacun pour la totalité, des conséquences civiles (dommages et intérêts, restitutions) de leurs agissements délictueux. Les amendes pénales restent personnelles.

Néanmoins, la juridiction répressive peut, par décision spécialement motivée, décider qu'il y aura solidarité pour les amendes lorsque le prévenu s'est entouré de coauteurs ou de complices insolvables.

C. pr. pén., art. 375-2, 480-1 et 543.

Sollicitation personnalisée

[Procédure civile]

Le RIN (Règlement intérieur national des barreaux), art. 10, définit la sollicitation personnalisée comme un mode de publicité personnelle destinée à promouvoir les services d'un avocat à l'attention d'une personne physique ou morale déterminée.

→ *Démarchage*

Solvabilité

[Droit civil]

→ *Insolvabilité.*

Solvens

[Droit civil]

Celui qui effectue le paiement d'une obligation.

→ *Accipiens.*

Sommation

[Procédure civile]

Acte d'*huissier de justice* enjoignant à un débiteur de payer ce qu'il doit, d'accomplir l'acte auquel il s'est obligé ou intimant une défense, mais ne reposant pas sur un titre exécutoire.

→ *Commandement.*

Sommation interpellative

[Procédure civile]

À la différence de la simple *sommation* qui a pour finalité l'exécution d'une obligation, la sommation interpellative vise à la constitution d'une preuve. L'huissier interroge soit la partie adverse pour lui faire préciser certains faits avec l'espoir d'obtenir un aveu, soit un tiers dont les déclarations peuvent être de nature à établir la véracité des faits allégués. La réponse faite à l'interpellation est consignée dans un procès-verbal.

Somme isolée

[Sécurité sociale]

Toute rémunération autre que la rémunération habituelle qui est versée au bénéficiaire du régime de retraite des cadres le jour de son départ de l'entreprise ou postérieurement.

Sommier de police technique

[Procédure pénale]

Fichier central de la police nationale tenu par le ministre de l'Intérieur constitué par l'ensemble des fiches du casier judiciaire constatant une condamnation à une peine privative de liberté pour crime ou délit, adressées par le greffier de la juridiction ayant prononcé la sanction.

C. pr. pén., art. 773-1 et R. 75-1.

Sondage

[Droit constitutionnel]

Enquête d'opinion permettant au moyen d'un échantillon représentatif de connaître la position des citoyens sur telle question ou telle personnalité. Les sondages deviennent si fréquents qu'ils exercent une influence très forte sur les décisions des gouvernants (« république des sondages », « démocratie d'opinion ») reconstituant les conditions d'une permanente agora.

Sonorisations et fixations d'images de certains lieux ou véhicules

[Procédure pénale]

Mesure d'instruction consistant dans la mise en place dans un lieu privé ou dans un véhicule d'un dispositif technique, sans le consentement des intéressés, destiné à capter, fixer, transmettre ou enregistrer les paroles prononcées par les personnes se trouvant dans ces lieux ou l'image de ces personnes. La mesure qui ne concerne que la délinquance organisée est prise par ordonnance motivée du juge d'instruction et sous son contrôle notamment pour l'installation du dispositif.

C. pr. pén., art. 706-96 s.

GAPP n° 17.

Souche

[Droit civil]

Auteur commun à plusieurs personnes dans le droit des successions. En cas de *représentation* (droit civil, *2e sens*), les représentants d'un même héritier prédécédé qui constitue la souche recueillent collectivement sa part. À l'intérieur d'une souche, le partage se fait par tête.

C. civ., art. 753 et 827.

→ *Tête (Par).*

Soulte

[Droit civil]

Somme d'argent que doit verser un copartageant ou un échangiste aux autres parties, lorsque les lots ou les biens échangés sont inégaux en valeur.

C. civ., art. 826, 828, 832-4 et 1407.

Sources du droit

[Droit général]

Terme générique, souvent employé, désignant l'ensemble des règles juridiques applicables dans un État à un moment donné. Dans nos pays de droit écrit, les principales sont des textes, tels que les traités internationaux, les constitutions, les lois, les règlements; mais d'autres, telles que la coutume, les principes généraux du droit consacrés par la jurisprudence – parfois inspirée par la doctrine des auteurs – jouent un rôle plus ou moins grand selon la matière.

GAJC, t. 1, nº 1.

Souscription

[Droit commercial]

Acte juridique de nature controversée par lequel une personne s'engage à faire partie d'une société en apportant une somme en principe égale au montant nominal de son titre.

Souscription d'actions

[Droit commercial]

Acte juridique par lequel une personne s'engage, pour faire partie d'une société, à apporter une somme en principe égale au montant nominal de son titre.

La libération, c'est-à-dire le versement effectif de l'apport promis, fera suite à la souscription.

C. com., art. L. 225-3.

→ *Libération d'actions et de parts sociales.*

Sous-location

[Droit civil]

Contrat par lequel le locataire d'un immeuble le donne à bail à un tiers appelé sous-locataire; le premier preneur est dit locataire principal. Dans le bail d'habitation de la loi nº 89-462 du 6 juillet (art. 8), le locataire ne peut pas sous-louer le logement sauf l'accord écrit du bailleur, alors que dans le droit commun du louage de choses, le preneur a le droit de sous-louer si cette faculté ne lui a pas été interdite.

C. civ., art. 1717.

Sous-ordre

[Procédure civile]

Procédure par laquelle les créanciers d'une personne bénéficiaire d'une *collocation* dans un ordre, se partagent le montant de cette somme.

Sous-préfet

[Droit administratif]

Fonctionnaire d'État en fonction dans chaque *arrondissement* (*sens nº 1*) autre que celui du chef-lieu du département, le sous-préfet exerce sous l'autorité du préfet dont il peut recevoir des délégations de signature – un rôle de coordination de l'action des *services déconcentrés de l'État*, en même temps qu'il joue à l'égard des communes un double rôle de conseil et de *contrôle de légalité*.

Soustraction de mineurs

[Droit pénal]

Infraction consistant dans le fait de soustraire un enfant mineur des mains de ceux qui exercent l'autorité parentale ou auxquels il a été confié ou chez qui il a sa résidence habituelle. Le fait est moins sévèrement réprimé lorsqu'il est réalisé par un ascendant.

C. pén., art. 227-7 et 8.

Sous-traitance

[Droit commercial]

Opération par laquelle un entrepreneur (donneur d'ordre) recourt à un tiers (sous-traitant) pour réaliser, sur ses ordres et spécifications, tout ou partie des biens, objets ou marchandises qu'il doit fournir ou vendre à ses propres clients. Une loi du 31 décembre 1975 institue diverses garanties protégeant la créance du sous-traitant face au risque d'insolvabilité de l'entrepreneur.

GAJC, t. 2, nº 276.

[Droit du travail]

Technique de production ou de fourniture de services par laquelle une entreprise principale conclut un contrat avec un sous-entrepreneur ou sous-traitant, qui s'engage à effectuer tout ou partie de la prestation avec une main-d'œuvre qu'il recrute. Afin d'éviter certains abus au préjudice des salariés, le Code du travail sanctionne la sous-traitance qui donne lieu à du *marchandage*.

Souvenirs de famille

[Droit civil]

Objets divers (décorations, portraits et photographies d'ancêtres, armes, manuscrits, bijoux) dont la valeur est essentiellement morale et qui font partie d'une sorte de copropriété indivise familiale. Ils échappent aux règles de dévolution successorale, n'étant confiés à l'un des parents qu'à titre de dépôt, non de propriété; ils doivent être exceptés de l'aliénation du mobilier que le juge des tutelles peut autoriser en cas de besoin; ils sont déclarés insaisissables; et, dans les rapports entre époux, leur remise n'est faite qu'à titre de prêt à usage, obligeant à restitution à la famille en cas de divorce.

C. civ., art. 426.

GAJC, t. 1, n° 93 et 99.

→ *Biens de famille.*

Souveraineté de l'État

[Droit constitutionnel/Droit international public]

1° *Sens initial :* caractère suprême du pouvoir étatique.

2° *Sens dérivé :* le pouvoir étatique lui-même, pouvoir de droit (en raison de son institutionnalisation) originaire (c'est-à-dire ne dérivant d'aucun autre pouvoir) et suprême (en ce sens qu'il n'a pas d'égal dans l'ordre interne ni de supérieur dans l'ordre international, où il n'est limité que par ses propres engagements et par le droit international). La doctrine classique, aujourd'hui contestée, fait de la souveraineté le critère principal de l'État.

3° *Sens du droit international :* la souveraineté signifie l'indépendance; elle implique une égalité de droit entre les États.

Souveraineté nationale

[Droit constitutionnel]

Souveraineté dont le titulaire est la nation, entité collective indivisible et donc distincte des individus qui la composent. Conception consacrée par la Révolution de 1789 dans le but de restreindre le rôle des citoyens, mal préparés à la vie politique : ne détenant comme tels aucune parcelle de la souveraineté, ils n'ont aucun droit propre à participer à son exercice (possibilité d'établir le suffrage restreint, condamnation du mandat impératif).

→ *Électorat, Mandat politique.*

Souveraineté populaire

[Droit constitutionnel]

Souveraineté dont le titulaire est le peuple considéré comme la totalité concrète des citoyens, qui en détiennent chacun une fraction. Conception formulée par J.-J. Rousseau dans le *Contrat social*, et dont les conséquences sont le suffrage-droit (nécessairement universel) et la *démocratie directe* (l'élection de députés n'étant qu'un pis-aller qui doit être corrigé par l'admission du mandat impératif et le recours aux procédés de la *démocratie semi-directe*).

→ *Électorat, Mandat politique.*

Soviet

[Droit constitutionnel]

Terme russe pour désigner une assemblée (au sens strict, un conseil).

Soviet suprême : Parlement bicaméral de l'ex-URSS, composé du Soviet du peuple, et de celui des nationalités.

Speaker

[Droit constitutionnel]

Nom donné aux présidents des assemblées parlementaires en Grande-Bretagne et au président de la Chambre des représentants aux États-Unis.

→ *Whip.*

Specialia generalibus derogant

[Droit général]

Les lois spéciales dérogent aux lois qui ont une portée générale.

→ *Generalia specialibus non derogant.*

Spécialisation des avocats

[Procédure civile]

Les avocats peuvent faire état d'une spécialisation dans une branche déterminée du droit (droit des affaires, droit de l'environnement, droit de la santé, droit pénal... en tout 26 mentions possibles), après une pratique professionnelle continue de 2 ans au moins et un entretien de validation des compétences sanctionné par un certificat de spécialisation.

Spécialité (Principe de)

[Droit administratif]

Principe selon lequel les personnes publiques autres que l'État n'ont vocation à prendre en charge que les activités en vue desquelles elles ont été créées.

Ce principe est interprété souplement pour les *collectivités territoriales* (essentiellement pour les *communes*), et beaucoup plus étroitement pour les établissements publics, d'ailleurs qualifiés parfois de « personnes morales spéciales ».

[Droit financier ou fiscal]

Principe du droit budgétaire recouvrant une double exigence : les crédits budgétaires ne peuvent être utilisés que pour exécuter les dépenses en vue desquelles ils ont été ouverts par le budget (spécialité d'objet) et qui se rattachent à l'année budgétaire en cours (spécialité temporelle, ou d'*exercice*).

[Droit international public]

Règle selon laquelle les compétences et pouvoirs des organisations internationales sont limités à ceux qui sont nécessaires à la réalisation des buts et fonctions qui leur sont assignés.

→ *Organisation internationale, Pouvoirs implicites.*

Spécification

[Droit civil]

Création d'une chose nouvelle par le travail d'un artisan appliqué à une matière qui ne lui appartient pas. La chose nouvelle est attribuée, par accession, au propriétaire de la matière, à charge pour lui de rembourser le prix de la main-d'œuvre; à moins que la valeur de la main-d'œuvre ne dépasse de beaucoup celle de la matière employée, auquel cas c'est l'ouvrier qui devient propriétaire moyennant remboursement du prix de la matière.

C. civ., art. 570 et 571.

→ *Accession, Adjonction, Mélange.*

Spoliatus ante omnia restituendus

[Droit civil/Procédure civile]

Celui qui a été spolié, dépouillé, doit, avant tout, être remis en possession.

C. pr. civ., art. 1264.

→ *Réintégrande.*

Sponsor

[Droit privé]

→ *Sponsorisme ou sponsoring.*

Sponsorisme ou *Sponsoring*

[Droit privé]

Contrat par lequel un industriel – le *sponsor* – finance une activité principalement sportive mais aussi culturelle, artistique ou scientifique en échange d'une prestation publicitaire accomplie par le *sponsoré* pour le compte de sa marque. Le financement peut revêtir différentes modalités (fourniture de matériel, versements forfaitaires ou périodiques...) comme la publicité, différentes formes (outre le port de la marque sur tous les équipements, participation aux actions de promotion à la radiotélévision, à telle ou telle épreuve ou manifestation correspondant à l'activité…). Le sponsorisme à l'étymologie latine (*sponsor* = caution, garant) est une technique de publicité importée des États-Unis, qui se distingue du mécénat et du simple patronage.

Stabilité (Programme de)

[Droit financier ou fiscal/Droit européen]

Programme, couvrant une période de 3 ans, que chaque État de l'Union européenne ayant accédé à l'usage de l'*euro* doit présenter en début d'année à la *Commission européenne* pour exposer, dans le cadre de ses projections économiques nationales, la stratégie qu'il se propose de suivre en matière de finances publiques globales (État, collectivités territoriales, régimes sociaux) pour respecter les objectifs du *Pacte de stabilité et de croissance*.

Si le contenu de ce programme, ou son exécution, s'éloigne des exigences du Pacte, le Conseil peut adresser à l'État des avis ou des recommandations pour que celui-ci prenne des mesures correctrices.

Ce type de dénomination est aussi utilisé en France, avec des adaptations nominatives, pour désigner un cadre pluriannuel, le plus souvent afin de fixer et préciser les relations financières entre l'État et les collectivités locales.

Stage

[Droit du travail]

Période pendant laquelle une personne est accueillie en entreprise en vue de compléter sa formation initiale ou professionnelle. Le stagiaire n'est pas, en tant que tel, titulaire d'un contrat de travail. L'Éducation nationale, par le contenu de certains diplômes, favorise la conclusion des stages en entreprise.

Dans le cadre de la formation professionnelle les stages agréés par l'autorité administrative ou par décision du Conseil régional sont assortis d'une rémunération minimale dont le montant est déterminé par décret.

La loi exige ainsi que les stagiaires en formation initiale ne soient pas affectés sur un poste permanent (fût-ce en remplacement) ou temporaire de l'entreprise. Elle prévoit en outre une gratification pour les stages dont la durée dépasse deux mois dans le même organisme d'accueil et l'application aux stagiaires d'un certain nombre de dispositions du Code du travail (lutte contre les harcèlements, protection de la maternité, bénéfice des temps de repos quotidiens et hebdomadaires…).

C. éduc., art. L. 124-1 s.

Stage de citoyenneté

[Droit pénal]

Peine correctionnelle consistant, pour le condamné, à accomplir un stage dont l'objet est de lui rappeler les valeurs républicaines de tolérance et de respect de la dignité humaine sur lesquelles est fondée la société, de lui faire prendre conscience de sa responsabilité pénale et civile et des devoirs qu'implique la vie en société, tout en visant à favoriser son insertion sociale. Ce stage doit être accepté par le prévenu. Il peut être financé par lui, si la juridiction le précise, pour un coût qui ne peut excéder le montant de l'amende contraventionnelle de troisième classe.

C. pén., art. 131-5-1 et R. 131-35; Ord. du 2 févr. 1945, art. 20-4-1.

Stage de formation civique

[Droit pénal]

Sanction éducative prononcée par le tribunal pour enfants ou le *tribunal correctionnel pour mineurs* et visant les mineurs de 10 à 18 ans, se traduisant par l'obligation de suivre un stage d'une durée maximale d'un mois, dont le but est de rappeler à ces mineurs les obligations résultant de la loi, prendre conscience de leur responsabilité pénale et civile et les devoirs qu'implique la vie en société.

Ord. du 2 févr. 1945, 15-1-6e.

Stage de responsabilité parentale

[Droit pénal]

Peine complémentaire ayant pour objet de rappeler au condamné les obligations juridiques, économiques, sociales et morales qu'implique l'éducation d'un enfant. Les frais de stage peuvent être mis à la charge du condamné sans que le montant ne puisse excéder l'amende encourue pour les contraventions de troisième classe.

C. pén., art. 131-35-1 et R. 131-48 s.

ACTU

Stage de responsabilisation pour la prévention et la lutte contre les violences au sein du couple et sexistes

[Droit pénal]

Mesure qui peut être prononcée dans le cadre d'une alternative aux poursuites, d'une composition pénale, au titre d'une obligation du sursis avec mise à l'épreuve ou comme peine complémentaire pour toutes les atteintes à l'intégrité de la personne humaine. Ce stage est assuré aux frais du condamné et a pour objet principal d'éviter la réitération des faits.

C. pén., art. 132-45 20°, 222-44 15°; C. pr. pén., art. 41-1 2°, 41-2 18°.

Stage de sensibilisation à la sécurité routière

[Droit pénal]

Peine complémentaire dont l'objet est d'éviter la réitération des comportements dangereux sur la route. Il consiste en une formation qui porte sur les facteurs généraux de l'insécurité routière et l'analyse de situations ou de facteurs générateurs d'accidents de la route. Les frais de stage sont à la charge du condamné sans que le montant ne puisse excéder l'amende encourue pour les contraventions de troisième classe.

C. pén., art. 131-35-1; C. route, art. R. 223-5 s.

Stage de sensibilisation aux dangers de l'usage de produits stupéfiants

[Droit pénal]

Peine complémentaire ayant pour objet de faire prendre conscience au condamné, des conséquences dommageables pour la santé humaine et pour la société, de l'usage de tels produits. Les frais de stage peuvent être mis à la charge du condamné sans que le montant ne puisse excéder l'amende encourue pour les contraventions de troisième classe.

C. pén., art. 131-35-1 et R. 131-46 s.

Stagflation

[Droit financier ou fiscal]

Situation de déséquilibre économique et monétaire dans laquelle l'inflation s'accompagne d'une stagnation économique (faiblesse, voire baisse, de la production et de l'emploi).

Standard juridique

[Droit général]

Terme issu du vocabulaire juridique anglo-saxon. Désigne une *notion à contenu variable* utilisée pour désigner un comportement supposé correspondre à ce qui est communément admis par un groupe social à un moment donné (ex. : les *bonnes mœurs*, la *bonne foi*, le *bon père de famille*, les règles de l'art dans l'exécution d'un travail). En cas de litige, ce comportement type sert de

référence au juge pour apprécier le comportement d'un individu.
Le caractère flou du standard juridique, qui ne se laisse pas enfermer dans une définition précise, confère au juge un grand pouvoir d'appréciation dans l'application de la notion.
Le standard juridique, par sa souplesse, permet l'adaptation du droit à l'évolution de la société; de manière plus pragmatique, il permet ponctuellement la légitimation d'une solution juridique.

Staries

[Droit maritime]
Nombre de jours stipulés dans la convention passée entre un fréteur et un affréteur pour le chargement et le déchargement de marchandises, au-delà desquels l'affréteur devra verser au fréteur une indemnité par jour de retard : les *surestaries*.

Start-up

[Droit commercial]
→ *Auto-entrepreneur, Incubateur d'entreprises, Micro-entreprises (Régime des).*

Statu quo

[Droit général]
Raccourci de *in statu quo ante* (dans l'état où les choses étaient auparavant), utilisé pour désigner soit le maintien de la situation actuelle, soit le rétablissement de la situation préexistante.

Statut (fonction publique)

[Droit administratif]
Dans le droit de la *fonction publique*, ensemble des règles définissant les droits et obligations de l'ensemble des *fonctionnaires* (sous certaines exceptions) ou de certaines catégories d'entre eux. On distingue essentiellement un statut général (lois des 13 juill. 1983 [principes], 11 janv. 1984 [État], 26 janv. 1984 [Collectivités territoriales] et 9 janv. 1986 [Hôpitaux]) et des statuts particuliers, ceux-ci pouvant contenir des dispositions dérogatoires à celui-là.

Statut consultatif

[Droit international public]
Statut conféré par une organisation intergouvernementale (ONU et institutions spécialisées notamment) à une *organisation non gouvernementale* qu'elle veut associer à titre consultatif à ses travaux.

Statut de la Cour de justice [de l'UE]

[Droit européen]
Protocole annexé aux traités, détaillant les règles d'organisation et de fonctionnement de la Cour de justice. À l'exception de son titre I (statut des juges et des avocats généraux) et du régime linguistique, il peut être modifié par le Conseil et le Parlement.
→ *Cour de justice de l'Union européenne, Règlement de procédure.*

Statut de l'opposition

[Droit constitutionnel]
Ensemble des garanties et prérogatives dont jouit l'opposition, notamment parlementaire, dans une démocratie libérale.

Statut personnel

[Droit international privé]
Ensemble des règles juridiques concernant l'état et la capacité des personnes. Dans les anciennes colonies, voire certains départements d'outre-mer, ce statut relevait des coutumes locales et non pas du droit civil métropolitain (ainsi, au Sénégal, de la coutume ouolof islamisée).

C. civ., art. 3, al. 3.

GADIP n° 1, 5, 12, 28 et 38-39.

Statut réel

[Droit international privé]

Ensemble de règles juridiques régissant la condition des biens.

C. civ., art. 3, al. 2.

GADIP n° 3, 14, 18 et 48.

Statuts

[Droit civil/Droit commercial]

Acte constitutif d'une société ou d'une association, rédigé par écrit, comportant un certain nombre de mentions obligatoires qui posent les objectifs ainsi que les règles de fonctionnement de la société ou de l'association.

C. civ., art. 1835, 1836, 1839; C. com., art. L. 210-2 et 210-7.

Stellionat

[Droit civil]

Du latin *stellionatus* (« fourbe » en latin populaire). Fraude consistant à vendre un immeuble dont on n'est plus propriétaire, ou à l'hypothéquer une seconde fois à l'insu du créancier précédent, ou encore à le présenter comme libre d'hypothèque alors qu'il en est grevé. Ce délit civil a perdu tout intérêt depuis l'instauration d'une publicité obligatoire pour les aliénations immobilières et les constitutions d'hypothèque.

Stérilisation

[Droit civil]

La suppression intentionnelle de la capacité de procréer à visée contraceptive ne peut être pratiquée sur une personne mineure. Elle ne peut pas l'être non plus sur une personne majeure handicapée mentale placée sous tutelle ou sous curatelle, sauf s'il existe une contre-indication médicale absolue aux méthodes de contraception ou une impossibilité avérée de les mettre en œuvre efficacement; dans ce cas l'intervention est subordonnée à de strictes conditions.

CSP, art. L. et R. 2123-1 s.

Stimson (Doctrine)

[Droit international public]

Du nom de son promoteur, Secrétaire d'État des États-Unis. Doctrine préconisant la non-reconnaissance des situations de fait établies en violation du droit international. Formulée en 1932 lors de la création du Mandchoukouo par le Japon au cours de la guerre sino-japonaise et approuvée par la *Société des Nations*.

Stipulation

[Droit privé]

Expression de la volonté énoncée dans une convention. Le législateur *dispose* et les parties *stipulent*.

Stipulation *post mortem*

→ *Promesse post mortem.*

Stipulation pour autrui

[Droit civil]

Contrat par lequel une personne, appelée stipulant, obtient d'une autre, le promettant, qu'elle exécute une prestation au profit d'une troisième appelée tiers bénéficiaire. La stipulation devient irrévocable par l'acceptation du bénéficiaire qui dispose à partir de ce moment d'un droit direct contre le promettant. Le stipulant, néanmoins, conserve le droit d'exiger du promettant l'exécution de sa promesse à l'égard du bénéficiaire.

Dans l'assurance sur la vie, l'acceptation est faite par un avenant signé de l'entreprise d'assurance, du stipulant et du bénéficiaire.

C. civ., art. 1205 à 1209*; C. assur., art. L. 132-9.*

GAJC, t. 2, n° 171, 172 et 278-280.

Stock-options

[Droit commercial]

→ *Option de souscription ou d'achat d'actions.*

Stricto sensu

« Au sens étroit ».

Utilisation stricte et littérale d'une disposition légale, réglementaire, conventionnelle ou d'un mot.

→ *Lato sensu.*

Stupéfiants (Trafic et usage de)

[Droit pénal]

Infractions résultant de différentes activités relatives à des substances ou plantes classées comme stupéfiants par voie réglementaire et plus communément nommées drogues.

CSP, art. L. 5131-1 à 5131-9.

Sont ainsi réprimés et qualifiés crimes : la direction ou l'organisation de groupements ayant pour objet le trafic, la production ou la fabrication illicites des stupéfiants, l'importation ou l'exportation illicites en bande organisée; qualifiés délits : l'importation, l'exportation, le transport, la détention, l'offre, la cession, l'acquisition ou l'emploi illicites, la facilitation de l'usage illicite, la provocation de mineur à l'usage illicite, l'obtention ou la délivrance des mêmes produits par des ordonnances fictives, le blanchiment par tout moyen du produit du trafic, la provocation à l'usage ou au trafic de stupéfiants, la cession ou l'offre pour la consommation personnelle, l'usage aux fins de toxicomanie. Cette dernière infraction obéit à un régime de poursuite particulier destiné à favoriser mesures thérapeutiques et surveillances médicales et ainsi à échapper à toute sanction. Elle peut également, aujourd'hui, faire l'objet d'une transaction proposée par un *OPJ*.

C. pén., art. 222-34 s.; CSP, art. L. 3421-1.

Subjectif

[Droit général]

1° Marque l'appartenance à une personne. Le droit subjectif est une prérogative existant au profit de tel individu. Le contentieux subjectif assure la sauvegarde des intérêts personnels, non la défense de la légalité de façon abstraite (contentieux objectif).

2° Implique une approche concrète du comportement d'un individu : responsabilité subjective (fondée sur la faute de l'auteur du dommage), cause subjective (motifs individuels expliquant un engagement contractuel).

Subordination

[Droit du travail]

Parmi les critères du contrat de travail, la subordination est un état caractérisé par un travail sous l'autorité d'un employeur qui a le pouvoir de donner des ordres et des directives, d'en contrôler l'exécution et de sanctionner les manquements de son subordonné. En droit positif, le travail au sein d'un service organisé a été reconnu comme un indice possible de la subordination lorsque l'employeur détermine unilatéralement les conditions d'exécution du travail. Constituant une catégorie juridique, la subordination se distingue de la *dépendance économique* qui repose sur une autre analyse des relations interpersonnelles. La subordination est aussi un effet du contrat de travail et caractérise alors le lien existant entre l'employeur et le salarié dans l'exécution du contrat, conférant à l'employeur un pouvoir juridique de direction.

GADT n° 2-3.

Subornation de témoin

[Procédure civile/Procédure pénale]

Actions diverses exercées sur autrui, au cours d'une procédure ou en vue d'une demande ou défense en justice, pour le déterminer, soit à faire ou délivrer une déposition, une déclaration ou une attestation mensongère, soit à s'abstenir de tout témoignage. La subornation est une infraction pénale qu'elle soit ou non suivie d'effet.

C. pén., art. 434-15.

ACTU

Subrogation

[Droit civil]

Opération qui substitue une personne ou une chose à une autre (subrogation personnelle et subrogation réelle), le sujet ou l'objet obéissant au même régime juridique que l'élément qu'il remplace.

Dans le paiement, la subrogation transmet à son bénéficiaire, dans la limite de ce qu'il a payé, la créance et ses accessoires à l'exception des droits exclusivement attachés à la personne du créancier.

C. civ., art. 815-10, 855, al. 2, 860, 922, 1099-1, 1346 s., 1406, al. 2, 1434, 1435, 1469, 2306, 2314; C. assur., art. L. 121-12, L. 121-13, L. 421-3.*

GAJC, t. 2, n° 255.

→ *Emploi, Remploi.*

Subrogation des poursuites

[Procédure civile]

Procédure permettant, en cas de *saisie-vente* ou de *saisie immobilière*, au créancier qui a saisi en second lieu d'obtenir de remplacer le créancier poursuivant en cas de désistement de celui-ci ou de négligence, fraude, collusion ou toute autre cause de retard qui lui soit imputable afin de mener à sa place l'opération commencée.

C. pr. exéc., art. R. 221-46, R. 311-9.

Subrogé curateur

[Droit civil]

Parent ou allié de la personne mise en curatelle, à défaut *mandataire judiciaire à la protection des majeurs*, dont le rôle est de surveiller les actes passés par le curateur et d'informer le juge des fautes par lui commises, d'assister la personne protégée lorsque les intérêts de celle-ci sont en opposition avec ceux du curateur ou lorsque le curateur ne peut intervenir en raison des limitations de sa mission, de provoquer le remplacement du curateur en cas de cessation de ses fonctions.

C. civ., art. 454.

→ *Curatelle.*

Subrogé tuteur

[Droit civil]

Personne chargée de surveiller les actes passés par le tuteur en cette qualité et de dénoncer au juge des tutelles les fautes commises dans l'exercice de la mission tutélaire. Le subrogé tuteur est consulté avant tout acte important accompli par le tuteur; il représente la personne protégée lorsqu'il y a conflit d'intérêts entre elle et le tuteur; il est tenu, en cas de vacance, de provoquer la nomination d'un nouveau tuteur.

C. civ., art. 409, 410, 454, 456, 459-1, 497, 511.

→ *Tuteur.*

Subsides

[Droit civil]

→ *Action à fins de subsides.*

Subsidiarité

[Droit européen]

→ *Principe de subsidiarité.*

Substantiel

[Droit général]

1° Appliqué au droit, désigne le droit subjectif par opposition au droit d'action. Par exemple, dans une action confessoire, le droit de servitude, d'usufruit ou d'usage constitue le droit substantiel déduit en justice.

2° Appliqué aux relations internationales, la règle substantielle est celle qui régit directement le fond du droit, à la différence de la règle conflictuelle, qui détermine seulement la loi applicable d'après le système juridique propre à l'État saisi (loi du for ou loi étrangère).

→ *Droit processuel.*

Substitut, Substitut général

[Procédure civile]

→ *Ministère public, Parquet, Procureur général, Procureur de la République.*

Substitution (Pouvoir de)

[Droit administratif]

Pouvoir conféré aux autorités hiérarchiques ou de tutelle de prendre certaines mesures à la place et pour le compte des autorités qui leur sont soumises, et qui en demeurent responsables.

Substitution d'enfant

[Droit pénal]

Infraction qui résulte du remplacement physique volontaire d'un enfant né d'une femme par celui né d'une autre femme.

C. pén., art. 227-13.

→ *Atteintes à la filiation, Part (Le), Simulation d'enfant.*

Substitution de motifs

[Procédure civile]

La Cour de cassation a la faculté, pour justifier une décision attaquée devant elle, de substituer à un motif erroné un motif de pur droit. Mais ce motif substitué doit avoir été implicitement invoqué, en raison de la manière dont les prétentions des parties ont été exposées en fait et en droit.

C. pr. civ., art. 620.

→ *Moyen de pur droit, Moyen.*

Substitution fidéicommissaire

[Droit civil]

Disposition par laquelle l'auteur d'une libéralité impose à la personne gratifiée (le grevé), l'obligation de conserver sa vie durant les biens donnés ou légués, afin de les transmettre à sa mort à une seconde personne nommément désignée (l'appelé). Elle est en principe prohibée et n'était licite, jusqu'à la loi du 23 juin 2006, que si elle grevait les descendants du disposant ou, à défaut de descendance, ses frères et sœurs, au profit de leurs propres enfants nés ou à naître.
Désormais, la substitution fidéicommissaire, sous la nouvelle dénomination de *libéralité graduelle*, est ouverte à toute personne, qu'il existe ou non des liens de parenté entre le disposant, le grevé et l'appelé. Si le grevé est réservataire du disposant, la charge de conserver et de transmettre ne peut être imposée que sur la quotité disponible, à moins que le donataire n'accepte que la charge ne grève tout ou partie de sa réserve.

C. civ., art. 1048 s.

→ *Fidéicommis.*

Substitution vulgaire

[Droit civil]

À la différence de la substitution fidéicommissaire, la substitution vulgaire n'implique pas deux libéralités devant produire successivement leur effet. Elle n'est qu'une institution en sous-ordre permettant au second légataire, en cas de défaillance du légataire gratifié en première ligne, de recueillir le bénéfice du legs.

Successeur

[Droit civil]

Personne appelée à une succession ouverte, que ce soit à titre d'*héritier* ou à titre de *légataire*.

C. civ., art. 724.

Successible

[Droit civil]

Aptitude à recueillir une succession non encore ouverte (être parent au degré successible).

C. civ., art. 725 s.

→ *Conjoint successible.*

Succession

[Droit civil]

Dans un premier sens, transmission des biens d'une personne décédée. Dans un second sens, le patrimoine transmis.

• *La succession ab intestat* est celle qui est réglée par la loi en l'absence de testament, voire contre la volonté du défunt.

C. civ., art. 721 s.

• *La succession testamentaire* est celle qui est dévolue selon la volonté du défunt, volonté exprimée dans un testament.

C. civ., art. 967 s.

• *La succession anomale* est celle dans laquelle certains biens du défunt sont dévolus en fonction de leur origine, contrairement à la règle de l'unité de la succession.

C. civ., art. 368-1, 723 s., 967.

→ *Ab intestat, Retour (Droit de), Testament.*

Succession d'États

[Droit international public]

1° Substitution d'un État à un autre sur un territoire à la suite de la disparition d'une collectivité étatique, de la création d'un État nouveau ou d'un transfert d'un territoire d'un État à un autre.

2° Substitution d'un État dans les droits et obligation de l'autre résultant de cette situation.

Succombance

[Procédure civile]

Fait d'avoir perdu son procès, d'où découle, en principe, la condamnation du succombant aux *dépens*.

C. pr. civ., art. 696.

Succursale

[Droit commercial]

Établissement commercial créé par une entreprise ou une société, qui jouit d'une certaine autonomie par rapport à l'entreprise ou à la société créatrice, sans en être juridiquement distinct. Donne lieu à une immatriculation propre au *Registre du commerce et des sociétés*.

C. com., art. R. 123-41.

Suffrage

[Droit constitutionnel]

Vote.

1° *Suffrage censitaire :* subordonné à des conditions de fortune.

2° *Suffrage universel :* reconnu à tous les citoyens, sous les seules conditions d'usage concernant l'attachement à la chose publique (âge, nationalité, capacité mentale).

3° *Suffrage direct :* par lequel les citoyens élisent eux-mêmes, sans intermédiaires, leurs représentants.

4° *Suffrage indirect :* qui comporte 2 ou plusieurs degrés d'élection, les citoyens élisant certains d'entre eux qui éliront eux-mêmes les représentants.

5° *Suffrage plural :* qui confère une ou plusieurs voix supplémentaires aux électeurs qui ont un intérêt spécial dans les affaires de l'État (diplômés, propriétaires, chefs de famille, etc.).

6° *Suffrage égal :* qui confère à chaque électeur le même pouvoir, selon le principe « un homme, une voix », souvent atténué par la disparité démographique des circonscriptions.

Const., art. 3.

Suffrages exprimés

[Droit constitutionnel]

Votes valablement émis en faveur d'un candidat (ou d'une liste) dans le cadre d'une élection, ou en faveur du oui ou du non dans le cadre d'un *référendum*. Leur nombre est égal au nombre des votants moins les *bulletins (ou votes) blancs* et nuls.

Suicide

[Droit civil/Droit pénal]

Le suicide, qui est la manifestation suprême de la liberté individuelle, ne fait l'objet d'aucune incrimination pénale directe, la répression ne visant que le témoin qui s'abstient volontairement de porter secours à la personne en péril ou les tiers qui provoquent au geste fatal ou font de la publicité en faveur des objets, produits ou méthodes habiles à se donner la mort. Le suicide ne déclenche pas, non plus, la responsabilité civile du sujet puisque cette responsabilité suppose un dommage causé à autrui.

Pour autant, le suicide n'est pas dépourvu de conséquences juridiques :

- l'assurance en cas de décès est de nul effet si l'assuré se donne volontairement la mort au cours de la première année du contrat;
- la monomanie du suicide peut être considérée comme la maladie dont la personne était précédemment atteinte et dont elle est morte dans les 20 jours du contrat de rente viagère, lequel se trouve ainsi privé de tout effet;
- le suicide d'un malade survenant dans un établissement hospitalier spécialisé en psychiatrie engage plus facilement la responsabilité de cet établissement, tenu d'une obligation de surveillance renforcée du fait de l'état dépressif du patient;
- le détenu qui se livre à une grève de la faim prolongée peut être soumis à une alimentation forcée contre son gré, dès lors que le traitement est médicalement nécessaire, sans qu'on y voit une mesure inhumaine ou dégradante, estime la Cour EDH;
- l'indemnisation d'un accident de la circulation est exclue lorsque la victime a volontairement recherché le dommage qu'elle a subi.

C. civ., art. 1975; C. assur., art. L. 132-7; C. pén., art. 223-6, 223-13 et 223-14; C. pr. pén., art. D. 364; CSP, art. R. 4127-10; L. 5 juill. 1985, art. 3.

→ *Euthanasie.*

Sui generis

[Droit général]

« De son propre genre ».

Qualification d'une situation juridique dont la nature singulière empêche de la classer dans une catégorie déjà connue.

Suivi judiciaire

[Droit pénal]

Principe d'individualisation des peines au terme duquel le retour progressif du détenu à la liberté, qui doit être favorisé, implique néanmoins une surveillance judiciaire de cette remise en liberté qui pourra être réalisée dans le cadre d'une mesure de semi-liberté, d'un placement à l'extérieur, d'un placement sous surveillance électronique, d'une libération conditionnelle ou d'une libération sous contrainte.

C. pr. pén., art. 707, al. 4.

Suivi socio-judiciaire

[Droit pénal]

Mesure de sûreté fonctionnant comme une peine complémentaire initialement prévue contre les auteurs d'agressions sexuelles visant les mineurs.

Elle concerne aujourd'hui les criminels violents dont les infractions, précisément énumérées, peuvent porter atteinte à la vie, à l'intégrité des personnes ou à leur liberté.

Elle entraîne l'obligation pour les condamnés de se soumettre pendant une durée de 10 ans pour les délits et 20 ans pour les crimes qui peut être portée à 20 ans en matière correctionnelle par décision motivée, à 30 ans pour les crimes punis de 30 ans de réclusion criminelle et sans limitation de durée pour les crimes punis de la réclusion criminelle à perpétuité, à des obligations de surveillance et d'assistance destinées à prévenir la récidive. Ces mesures, dont l'inobservation est sanctionnée d'une peine d'emprisonnement, dont la durée est fixée dans la décision de condamnation, sont celles prévues pour le sursis avec mise à l'épreuve auxquelles s'ajoute, sauf décision contraire de la juridiction, une injonction de soins, sur la base d'une expertise médicale établissant que l'individu peut faire l'objet d'un traitement. Un placement sous surveillance électronique mobile peut également être décidé. Le prononcé de ces mesures implique le consentement du condamné. Une assignation à domicile pour les condamnés à une réclusion criminelle égale ou supérieure à 15 ans peut être imposée. Afin de s'assurer de l'exécution de cette mesure, un avis de convocation devant le service pénitentiaire d'insertion et de probation dans les 8 jours suivant sa libération, est remis au condamné.

C. pén., art. 131-36-1 à 131-36-8; C. pr. pén., art. 763-1 s. et 763-7-1.

Sujet de droit

[Droit civil]

→ *Personne juridique.*

Summum jus, summa injuria

[Droit général]

« Droit extrême, extrême injustice. »
Poussé jusqu'au bout, le droit peut entraîner les injustices les plus graves.

Superficie (Droit de)

[Droit civil]

→ *Droit de superficie.*

Superficies solo cedit

[Droit civil]

« La surface le cède au sol » : tout ce qui s'incorpore à un immeuble (végétaux, bâtiments) est censé en faire partie et appartient au propriétaire.

C. civ., art. 551 s.

Suppléance

[Procédure civile/Procédure pénale]

Remplacement provisoire d'un *magistrat*, d'un *officier public* ou d'un *officier ministériel*.

• *Magistrats :* certains magistrats sont, pendant 2 ans, placés auprès des chefs de la cour d'appel (siège et parquet), pour pourvoir au remplacement temporaire des magistrats bénéficiant d'un congé de maladie, de maternité, d'un congé annuel, ou encore d'un stage de formation.
Pour remplacer un magistrat empêché de participer à une audience (si aucun magistrat ne peut le suppléer), on fait appel au plus ancien des avocats présents à la *barre*.

COJ, art. L. 212-4.

• *Officier public ou ministériel :* le remplacement temporaire d'un officier public ou ministériel est réglé par des textes spéciaux (empêchement découlant d'un cas de force majeure, absence volontaire de courte durée).
Les huissiers de justice peuvent se suppléer entre eux dans leur ressort territorial et être suppléés, pour certains actes, par des clercs assermentés.

Suppléant

[Droit constitutionnel]

Personne élue en même temps qu'un parlementaire qu'elle est appelée à remplacer dans certains cas de vacance du siège : décès, désignation du parlementaire comme membre du gouvernement ou du Conseil constitutionnel, prolongation au-delà de 6 mois d'une mission temporaire confiée par le gouvernement.

Supplément d'information

[Procédure pénale]

Mesure par laquelle est ordonné, par une juridiction répressive autre que la juridiction d'instruction du premier degré (juge d'instruction), tout acte d'investigation complémentaire, jugé utile à la manifestation de la vérité.

C. pr. pén., art. 201 et 283 s.

Supplétif

[Droit général]

Qualifie la règle qui s'applique par défaut, en raison du silence de la loi ou des parties.

Support durable

[Droit civil]

Tout instrument permettant au consommateur ou au professionnel de stocker des informations qui lui sont adressées personnellement afin de pouvoir s'y reporter ultérieurement pendant un laps de temps adapté aux fins auxquelles les informations sont destinées et qui permet la reproduction à l'identique des informations stockées.

C. consom., art. L. 221-1, I, 3°.

Supposition d'enfant

[Droit pénal]

→ *Part (Le), Simulation d'enfant.*

Suppression de part

[Droit pénal]

→ *Part (Le).*

Supraconstitutionnalité

[Droit constitutionnel]

Conception selon laquelle certaines dispositions de la Constitution ont une valeur juridique supérieure et ne sont donc pas révisables. La limitation du *pouvoir constituant* implique alors l'organisation d'un contrôle des lois constitutionnelles.

GDCC n° 14.

Supranationalité

[Droit international public/Droit européen]

→ *Communautés européennes, Intégration, Organisation internationale, Union européenne.*

Surcote

[Sécurité sociale]

Majoration du montant de la pension des assurés ayant atteint l'âge légal de départ à la retraite (62 ans pour ceux nés à compter du 1er janv. 1955) et justifiant de la durée maximale d'assurance (entre 166 et 172 trimestres selon l'année de naissance).

CSS, art. D. 351-1-4; L. n° 2014-40 du 20 janv. 2014.

→ *Assurance vieillesse, Coefficient d'anticipation, Décote, Retraite anticipée.*

Surenchère

[Procédure civile]

Incident de la saisie immobilière. Toute personne peut faire une surenchère du dixième au moins du prix principal de la vente dans les 10 jours suivant l'adjudication, par acte d'avocat. Si cette surenchère n'est pas couverte, le surenchérisseur est déclaré adjudicataire. Aucune surenchère n'est reçue sur cette seconde adjudication. Au contraire, dans le cas où il y a eu réitération des enchères, une surenchère est recevable.

C. pr. exéc., art. R. 322-34, R. 322-35, R. 322-50 s.

→ *Réitération des enchères.*

Une surenchère est également possible dans le cadre d'une vente judiciaire des immeubles et des fonds de commerce appartenant à des mineurs ou à des majeurs en tutelle.

La surenchère visant à provoquer une seconde vente, le terme est employé à tort pour désigner l'enchère supérieure à la précédente portée au cours de la première vente.

C. pr. civ., art. 1279, 1280.

Surendettement

[Droit civil]

Qualification législative d'une situation caractérisée, pour les personnes physiques, par l'impossibilité manifeste pour le débiteur de bonne foi de faire face à l'ensemble de ses dettes non professionnelles exigibles et à échoir, ainsi qu'à l'engagement qu'il a donné de cautionner ou d'acquitter solidairement la dette d'un entrepreneur individuel ou d'une société dès lors qu'il n'a pas été, en droit ou en fait, le dirigeant de celle-ci. Elle entraîne l'ouverture, devant une *commission départementale de surendettement des particuliers*, mais sous le contrôle d'un juge du tribunal d'instance, soit d'un *plan conventionnel de redressement* si les ressources ou l'actif réalisable du débiteur le permettent, soit d'une procédure de *rétablissement personnel* si le débiteur se trouve dans une situation irrémédiablement compromise caractérisée par l'impossibilité manifeste de mettre en œuvre de telles mesures de traitement.

C. consom., art. L. 711-1 s., R. 331-1 s.

→ *Déconfiture, Insolvabilité.*

Surestaries

[Droit maritime]

Indemnité due par l'affréteur au fréteur pour chacun des jours dépassant les *staries*, lors du chargement ou du déchargement des marchandises.

Sûreté

[Droit administratif]

Ancienne direction du ministère de l'Intérieur, chargée de l'information et de la surveillance policière.

[Droit civil]

Garantie accordée au créancier pour le recouvrement de sa créance.

• *Sûreté personnelle :* la garantie résulte de l'engagement d'une autre personne au côté du débiteur. Il s'agit du *cautionnement*, de la *garantie autonome*, de la *lettre d'intention*.

C. civ., art. 2287-1 s., 2321 s.

→ *Caution, Solidarité.*

• *Sûreté réelle :* la sûreté est réelle lorsque certains biens du débiteur garantissent le paiement, de sorte que, en cas de défaillance, le produit de la vente de ces biens est remis au créancier par préférence aux créanciers chirographaires. Les sûretés sur les meubles sont les privilèges mobiliers, le *gage* de meubles corporels, le *nantissement* de meubles incorporels, la propriété retenue à titre de garantie. Les sûretés sur les immeubles sont les *privilèges*, le gage immobilier (anciennement l'*antichrèse*) et les *hypothèques*.

C. civ., art. 2329 et 2373.

GAJC, t. 2, n° 302.

→ *Clause de réserve de propriété, Sûretés judiciaires.*

[Droit constitutionnel]

L'un des droits naturels et imprescriptibles de l'homme, le protégeant de l'arbitraire, garanti par les déclarations des droits de la Révolution française (ex. art. 2 DDHC) ou par la *Convention européenne des droits de l'homme* (art. 5).

→ *Habeas corpus.*

Sûreté publique

[Procédure civile]

Le *renvoi* par la Cour de cassation d'un procès devant une autre juridiction que celle qui est normalement compétente peut être prononcé, sur réquisition du procureur général, lorsqu'on craint que le procès ne soit localement la cause ou le prétexte de troubles publics.

C. pr. civ., art. 365.

Sûretés judiciaires

[Droit civil/Droit commercial/ Procédure civile]

Mesures conservatoires pouvant porter sur un immeuble, un fonds de commerce, des actions, des parts sociales ou des valeurs mobilières, avec l'autorisation du juge ou sur présentation du titre en vertu duquel la

loi permet que soit pratiquée une mesure conservatoire.
L'opposabilité de la mesure est réalisée par une publicité.
Les biens, objets de la sûreté judiciaire demeurent aliénables, le créancier étant alors payé sur le prix de vente.

C. pr. exéc., art. L. 531-1, L. 531-2, L. 532-1, L. 533-1, R. 531-1 s.

→ *Hypothèque, Nantissement, Saisie des droits incorporels.*

Surface agricole utile régionale moyenne (SAURM)

[Droit rural]

Remplace la *surface minimum d'installation (SMI)* et l'*unité de référence* dans les *schémas directeurs régionaux des exploitations agricoles* qui remplacent les schémas directeurs départementaux des structures.

C. rur., art. L. 312-1, II.

Surface de plancher

[Droit civil]

Somme des surfaces de plancher closes et couvertes sous une hauteur de plafond supérieure à 1,80 m, calculée à partir du mur intérieur des façades du bâtiment. Cette définition, due à l'ordonnance n° 2011-1539 du 16 novembre 2011, évince les notions de SHOB (surface hors œuvre brute) et de SHON (surface hors œuvre nette) et constitue la nouvelle unité de mesure servant de référence pour le calcul des droits à construire.

C. urb., art. L. 331-10, 2°.

ACTU

Surface minimale d'assujettissement (SMA)

[Droit rural]

Le référentiel de la *surface minimum d'installation (SMI)* a été remplacé en 2014 par celui de surface minimale d'assujettissement (SMA) dont la valeur a été fixée, par arrêté un arrêté du 13 juillet 2015 qui fixe la SMA nationale à 12 ha et demi.

C. rur. L. 722-5-1.

Surface minimum d'installation (SMI)

[Droit rural]

Référence historique crée pour la mise en œuvre de la politique des structures correspondant à la surface d'une exploitation viable permettant de rémunérer le travail de 2 travailleurs. Les SMI départementales étaient établies dans les schémas directeurs départementaux des structures, par référence à une SMI nationale par nature de culture au niveau de chaque région naturelle et étaient révisées périodiquement. Elles ont disparu, au même titre que les *unités de référence*, au bénéfice de la notion de *surface agricole utile régionale moyenne (SAURM)* et de la *surface minimale d'assujettissement (SMA)*.

Surnom

[Droit civil]

Vocable de fantaisie donné à une personne par un tiers; encore appelé *sobriquet*.

L. 6 fructidor an II, art. 2.

→ *Nom, Prénom, Prête-nom, Pseudonyme.*

Surnuméraire

[Droit civil]

→ *Embryons surnuméraires.*

Sursis

[Droit administratif]

Mesure que peuvent prononcer les juridictions administratives pour retarder jusqu'à la décision au fond l'exécution d'un acte administratif attaqué devant elles, quand cette exécution aurait des conséquences difficilement réparables. Le Conseil d'État et les cours administratives d'appel peuvent sous la même condition ordonner en outre le sursis à l'exécution des jugements ou arrêts qui leur sont déférés lorsque certaines conditions sont remplies.

CJA, art. R. 811-15 s. et R. 821-5 s.

GACA n° 25.

→ *Référé administratif.*

Sursis à exécution

[Procédure civile]

Suspension de l'exécution des décisions prises par le juge de l'exécution prononcée par ordonnance du premier président de la cour d'appel statuant en référé. Tant que l'ordonnance n'est pas rendue, la demande de sursis suspend les poursuites si la décision attaquée n'a pas remis en cause leur continuation; elle proroge les effets attachés à la saisie et aux mesures conservatoires si la décision attaquée a ordonné la mainlevée de la mesure.

La décision du premier président n'est pas susceptible de pourvoi en cassation.

C. pr. exéc., art. R. 121-22.

Sursis à statuer

[Procédure (principes généraux)]

Décision du juge opérant suspension provisoire du cours de l'instance. Par exemple, si un incident de faux est soulevé devant une juridiction autre que le TGI ou la cour d'appel, il est sursis à statuer jusqu'au jugement sur le faux.

Le sursis à statuer ne dessaisit pas la juridiction; il peut être révoqué ou réduit dans sa durée.

C. pr. civ., art. 378 s.

→ *Suspension de l'instance.*

Sursis assorti de l'obligation d'accomplir un travail d'intérêt général

[Droit pénal]

Forme de sursis à l'exécution d'une peine, fonctionnant sur le modèle du sursis probatoire, l'exécution d'un travail général au profit d'une personne morale de droit public d'une personne morale de droit privé chargée d'une mission de service public ou d'une association habilitées dans les conditions du droit commun de cette institution constituant l'obligation essentielle du condamné.

C. pén., art. 132-54 s.; C. pr. pén., art. 747-1 s.

→ *Travail d'intérêt général.*

Sursis avec mise à l'épreuve

[Droit pénal]

Mesure de suspension, totale ou partielle, de l'exécution d'une peine d'emprisonnement de 5 ans au plus, combinée avec certaines obligations consistant pour le condamné à respecter diverses contraintes (contrôle, obligations particulières) tout en pouvant obtenir certaines aides destinées à favoriser son reclassement social. Le bénéfice de ce sursis est susceptible de révocation totale ou partielle, tant en cas de nouvelles condamnations à certaines peines pendant le délai d'épreuve, qu'en cas de non-respect des obligations imposées.

C. pén., art. 132-40 s.; C. pr. pén., art. 739 s.

GADPG n° 54.

Sursis simple

[Droit pénal]

Mesure de suspension, totale ou partielle, de l'exécution d'une peine pouvant être décidée par le juge à l'égard de délinquants n'ayant pas été condamnés à certaines mesures répressives dans les 5 ans ayant précédé les faits et dont le bénéfice peut faire l'objet, par une juridiction, d'une révocation totale ou partielle pour une durée ou un montant qu'elle détermine par décision spéciale en cas de nouvelles condamnations à certaines peines dans le même délai. Initialement appliqué à l'emprisonnement et à l'amende ce système est aujourd'hui étendu d'une part, à la plupart des peines privatives ou restrictives de droit à l'exception des sanctions à caractère réel, d'autre part, à certaines peines prononcées contre les personnes morales.

C. pén., art. 132-29 s.; C. pr. pén., art. 735 s.

Surveillance de sûreté

[Droit pénal]

Mesure de sûreté complémentaire de la rétention de sûreté, prononcée par la juridiction régionale de la rétention de sûreté, lorsqu'elle décide de mettre fin à une rétention ou de ne pas renouveler cette mesure mais qu'elle estime, qu'il subsiste néanmoins des risques que la personne concernée commette à nouveau une infraction permettant le prononcé d'une rétention.

Cette mesure, d'une durée de 2 ans, renouvelable sans limite pour la même durée, dont la main levée peut être sollicitée au bout de 3 mois, comprend des obligations identiques à celles de la surveillance judiciaire, prévues par l'article 723-30 du Code de procédure pénale notamment une injonction de soins et un placement sous surveillance électronique mobile. La mesure peut également être prononcée pour des personnes condamnées à un suivi socio-judiciaire ou soumises à la *surveillance judiciaire des personnes dangereuses* pour l'une des infractions pouvant entraîner une rétention de sûreté. Elle a alors pour objet de prolonger la surveillance du condamné, au-delà de la durée prévue par la juridiction de jugement ou des limites fixées par le législateur. La durée est de 2 ans. Elle peut être renouvelée. Elle peut encore être décidée pour un condamné soumis à une surveillance judiciaire à l'encontre duquel toutes les réductions de peine ont été retirées pour manquement à ses obligations. Elle prendra effet à la fin de la période de réincarcération.

La méconnaissance des obligations imposées, notamment le refus de commencer ou de poursuivre le traitement prescrit par le médecin traitant dans le cadre d'une injonction de soins, lorsqu'elle fait apparaître une particulière dangerosité et une forte probabilité de commettre à nouveau une des infractions entraînant une rétention de sûreté, peut conduire le président de la juridiction de rétention de sûreté à ordonner, en urgence, le placement provisoire de la personne surveillée dans un centre médico-judiciaire de sûreté, mesure que la juridiction elle-même, devra confirmer, dans les conditions du droit commun, dans un délai de 3 mois maximum. Cette décision ne peut être ordonnée qu'à la condition que le renforcement des mesures de surveillance paraisse insuffisant pour prévenir une récidive.

C. pr. pén., art. 706-53-19, 723-37 et 763-8.

→ *Rétention de sûreté.*

Surveillance judiciaire des personnes dangereuses

[Droit pénal]

Mesure de sûreté post-carcérale applicable à des personnes condamnées à une peine privative de liberté égale ou supérieure à 7 ans ou 5 ans en cas de nouvelle récidive, pour des infractions pour lesquelles le suivi socio-judiciaire est encouru, afin de prévenir une récidive dont le risque paraît avéré.

La mesure, prise par le tribunal de l'application des peines après une expertise médicale ayant fait apparaître la dangerosité du con-

damné, est ordonnée pour une durée qui ne peut excéder celle correspondant à la totalité des réductions de peine dont il a bénéficié.
La surveillance peut, pour des condamnations à une peine de réclusion criminelle égale ou supérieure à 15 ans pour des infractions pouvant entraîner une rétention de sûreté, être prolongée dans le cadre d'une surveillance de sûreté prononcée par la juridiction régionale de la rétention de sûreté.
Les obligations auxquelles est soumis le condamné sont celles prévues pour le sursis avec mise à l'épreuve aux articles 132-44 et 132-45 du Code de procédure pénale. On trouve également la surveillance électronique, décidée après vérification de la faisabilité technique de la mesure, et l'injonction de soins, qui impliquent le consentement du condamné. Elles sont fixées dans le jugement.
Leur inobservation peut entraîner une réincarcération pour une durée qui ne peut pas excéder la totalité des réductions de peine préalablement obtenues. Elle est décidée par le juge de l'application des peines ou par une juridiction de jugement en cas de condamnation de la personne placée sous surveillance judiciaire.
Les personnes condamnées à une peine de réclusion criminelle égale ou supérieure à 15 ans peuvent, en outre, faire l'objet d'une assignation à domicile.

C. pr. pén., art. 723-29 s.

Suscription

[Droit civil]

Dans les actes juridiques, partie de l'acte où la personne qui l'a rédigé indique son nom, ses titres et qualités.
Acte par lequel le notaire constate, sur le papier d'un testament mystique à lui remis par le testateur, ou sur l'enveloppe qui le contient, les circonstances et les conditions de la remise de ce document (date, lieu, description du pli, mention des formalités, etc.).

C. civ., art. 976.

Suspect

[Procédure pénale]

Terme générique désignant une personne soupçonnée d'avoir participé à la commission d'une infraction et qui n'est pas encore poursuivie. Lorsqu'il existe des raisons plausibles de soupçonner que la personne a commis ou tenter de commettre une infraction, elle peut être entendue sur les faits dans le cadre d'une *audition libre*, par un *OPJ*, mais à la condition d'avoir, préalablement, bénéficié d'une information portant sur la qualification, la date et le lieu présumés de l'infraction qu'elle est soupçonnée d'avoir commise ou tentée de commettre et sur les droits dont elle dispose : quitter à tout moment les locaux où elle est entendue; être assistée, le cas échéant, d'un interprète; faire des déclarations, répondre aux questions ou au contraire se taire; être assistée d'un avocat choisi ou désigné d'office si l'infraction est un crime ou un délit puni d'un emprisonnement. Elle peut cependant accepter expressément de poursuivre l'audition hors la présence de l'avocat.

C. pr. pén., art. préliminaire, art. 61-1 et 62.

Suspensif

[Droit civil]

Qui reporte à une date ultérieure l'exigibilité de l'obligation (terme suspensif) ou qui subordonne la naissance de l'obligation à un événement futur et incertain (condition suspensive).

→ *Condition, Terme.*

[Procédure civile]

Caractéristique des voies de recours ordinaires (*appel*, *opposition*) dont le délai ou l'exercice fait obstacle à l'exécution du jugement rendu.

C. pr. civ., art. 539.

→ *Effet suspensif des voies de recours.*

ACTU

Suspension

[Droit civil/Procédure civile]

1° Incident qui, en matière de *prescription civile*, arrête le cours du délai sans anéantir rétroactivement le temps déjà accompli, de telle sorte que si, après cet incident, la prescription recommence à courir, il sera possible de tenir compte du temps déjà écoulé.

Les causes de suspension sont multiples. Citons l'impossibilité d'agir par suite d'un empêchement résultant de la loi, de la convention ou de la force majeure, la minorité, l'état d'époux ou de partenaires liés par un pacte civil de solidarité…

Le recours à la médiation, à la conciliation, à une convention de procédure participative ou à la procédure de recouvrement des petites créances opère suspension de la prescription.

2° L'ordonnance n° 2016-131 du 10 février 2016 portant réforme du droit des contrats, du régime général et de la preuve des obligations introduit en faveur du créancier une faculté de suspension par anticipation de l'exécution de sa prestation, lorsqu'il est manifeste que son cocontractant ne remplira pas son engagement. Cette possibilité suppose que les conséquences de la défaillance envisagée soient suffisamment graves pour la partie et que la suspension soit notifiée dans les meilleurs délais.

C. civ., art. 1220, 2230 et 2234 s.; C. pr. civ., art. 377 s.*

→ *Exceptio non adimpleti contractus, Interruption.*

[Droit du travail]

Interruption momentanée des effets du contrat de travail, sans qu'il y ait rupture. La grève, la maladie de courte durée, la maternité, les congés, suspendent le contrat de travail.

GADT n° 74 à 82.

[Procédure civile/Procédure pénale]

Sanction disciplinaire.

→ *Poursuite disciplinaire, Suspension de l'instance.*

Suspension (Pouvoir de)

[Droit administratif]

Pouvoir accordé à des autorités administratives soit de différer temporairement l'exécution d'un acte juridique pris par une autre autorité, soit de priver provisoirement de leurs fonctions certains agents ou autorités.

ACTU

Suspension d'une détention provisoire

[Procédure pénale]

Mise en liberté d'une personne placée en détention provisoire, décidée d'office ou à la demande de la personne détenue, lorsqu'il est établi, par une expertise médicale, que la personne est atteinte d'une pathologie engageant le pronostic vital ou que son état physique ou mental est incompatible avec le maintien en détention. Elle peut être décidée à tout moment de la procédure, sauf s'il existe un risque grave de renouvellement de l'infraction. L'évolution de l'état de santé de la personne peut conduire à une nouvelle décision de placement en détention provisoire, si les conditions en sont réunies, selon les règles de droit commun.

C. pr. pén., art. 147-1.

ACTU

Suspension de l'exécution des peines

[Droit pénal]

Mesure exceptionnelle d'individualisation judiciaire de la sanction, permettant de différer l'exécution d'une peine correctionnelle ou de police lorsqu'il y a des motifs graves d'ordre médical, professionnel, familial ou social.

Il existe également une suspension médicale spécifique lorsque le condamné est atteint d'une pathologie engageant le pronostic vital ou que son état de santé physique ou mental est durablement incompatible avec le maintien en détention. Elle est décidée par le tribunal de l'application des peines (le JAP en cas d'urgence) sur la base d'une expertise établissant que le condamné se trouve dans l'une des situations prévues. La juridiction qui accorde la mesure peut décider de soumettre le condamné à certaines interdictions prévues par les articles 132-44 et 132-45 du Code pénal. Encore faut-il qu'il n'y ait pas un risque grave de renouvellement de l'infraction. Le juge de l'application des peines peut, dans certains cas, y mettre fin sur la base d'une expertise ou lorsque le condamné ne respecte pas les obligations qui lui ont été imposées ou encore s'il existe un risque grave de renouvellement de l'infraction. En matière criminelle une expertise médicale permettant de constater que les conditions de la suspension sont toujours remplies doit intervenir tous les six mois.

C. pr. pén., art. 708 et 720-1 et 720-1-1.

Suspension de l'instance

[Procédure civile]

Obstacle momentané à la poursuite de l'instance ayant sa source dans le jeu d'une *exception* (d'incompétence ou de nullité, par ex.), dans l'existence d'une *question préjudicielle*, dans une radiation de l'affaire ou son *retrait du rôle*. Une fois l'incident réglé, la procédure peut être continuée sans formalités particulières. L'instance peut, aussi, être suspendue par une décision de *sursis à statuer*.

C. pr. civ., art. 108 s. et 377 s.

Suspension des poursuites individuelles

[Droit commercial]

Conséquence de l'ouverture d'une procédure de sauvegarde, de *redressement* ou de *liquidation judiciaire*, cette mesure d'ordre public ordonnée par le jugement d'ouverture, interdit ou suspend toute action des créanciers – dont la créance est antérieure audit jugement – tendant à la condamnation du débiteur au paiement d'une somme d'argent, ou à la résolution d'un contrat pour défaut de paiement d'une somme d'argent. Le jugement d'ouverture provoque également une suspension des délais impartis et interdit ou suspend toute voie d'exécution portant sur des meubles ou immeubles du débiteur.

La suspension des poursuites individuelles, maintenue pendant toute la période d'observation, permet ainsi de préserver l'égalité des créanciers en empêchant le paiement « sauvage » de certaines sommes d'argent, et à assurer la recherche sereine d'une solution pour la poursuite de l'activité de l'entreprise.

C. com., art. L. 621-40.

Suspension des procédures d'exécution

[Droit civil/Procédure civile]

La décision de recevabilité de la demande de traitement de la situation de *surendettement* rendue par la commission de surendettement des particuliers emporte suspension (et interdiction) des procédures d'exécution diligentées à l'encontre des biens du débiteur, ainsi que des cessions de rémunération consenties par celui-ci et portant sur des dettes autres qu'alimentaires. Selon les cas, il y a suspension ou interdiction jusqu'à l'approbation du *plan conventionnel de redressement* ou jusqu'à la décision imposant les mesures de traitement ou jusqu'à l'homologation par le juge des mesures recommandées par la commission ou jusqu'au jugement d'ouverture d'une procédure de *rétablissement personnel* avec liquidation judiciaire, sans pouvoir en tout cas excéder deux ans.

Le délai de grâce accordé par le juge au vu de la situation du débiteur et des besoins du créancier suspend également les procédures d'exécution.

Dans les mêmes circonstances, le juge du tribunal d'instance peut prononcer la suspension des mesures d'expulsion du logement du débiteur, à l'exception de celles fondées sur un jugement d'adjudication en matière de saisie immobilière.

La loi n° 2013-672 du 26 juillet 2013 envisage l'éventualité du débiteur dont la situation, sans être irrémédiablement compromise, ne permet pas de prévoir le remboursement de la totalité des dettes, vouant à l'échec la mission de conciliation de la commission. Alors, la commission peut imposer directement la suspension de l'exigibilité des créances.

C. civ., art. 1343-5; C. consom., art. L. 721-4, L. 722-2 s., L. 733-1 s., R. 331-11, R. 331-11-1 et R. 331-11-2.*

Suspension provisoire des poursuites

[Droit civil/Droit commercial]

Dans le cadre de l'ancienne procédure de *règlement amiable*, la suspension provisoire des poursuites pouvait être décidée par le président du tribunal; elle interdisait momentanément toute action en justice des créanciers.

Une procédure similaire existe dans le cadre du règlement amiable des exploitations agricoles. La suspension provisoire des poursuites ne peut pas alors excéder deux mois.

C. rur., art. L. 351-5.

Dans le cadre de la procédure devant les commissions de surendettement des particuliers, le juge de l'exécution peut, si la situation du débiteur l'exige, prononcer la suspension provisoire des procédures d'exécution. Cette suspension ne saurait cependant excéder deux ans. Par ailleurs la saisine du juge aux fins de rétablissement personnel emporte suspension des voies d'exécution, y compris des mesures d'expulsion du logement du débiteur, jusqu'au jugement d'ouverture.

C. consom., art. L. 721-4, L. 722-2 s., L. 733-1 s., R. 331-14 s.; C. com., art. L. 611-3 et L. 611-4.

→ *Surendettement.*

Suspicion légitime

[Procédure civile]

Un plaideur qui a des motifs sérieux de penser que ses juges ne sont pas en situation de se prononcer avec impartialité, en raison de leurs tendances ou de leurs intérêts, peut demander que l'affaire soit renvoyée devant une autre juridiction.

C. pr. civ., art. 356 s.; COJ, art. L. 111-8.

→ *Récusation, Renvoi.*

[Procédure pénale]

Le doute concernant l'impartialité des juges peut également concerner une juridiction pénale d'instruction ou de jugement. Le dessaisissement de la juridiction, sollicité soit par les parties soit par le ministère public, ne peut être décidé que par la chambre criminelle de la Cour de cassation.

C. pr. pén., art. 662.

GAPP n° 3.

Swap

[Droit commercial]

Opération d'échange de taux d'intérêt et de devises. Née de la pratique financière, cette opération est utilisée pour la couverture d'opérations de crédit.

Syllogisme judiciaire

[Procédure générale]

Mode d'exposition de toute décision de justice composée de trois propositions : la majeure qui est l'énoncé de la règle de droit, la mineure qui est la relation des faits de l'espèce et la conclusion qui est la solution donnée par le juge, laquelle découle nécessairement des prémices.

Synallagmatique

[Droit civil/Droit international public]

Se dit d'un contrat ou d'un traité qui fait naître à la charge des parties des prestations réciproques.

C. civ., art. 1106.*

Syndic de copropriété

[Droit civil]

Dans le droit de la *copropriété* des immeubles bâtis, mandataire du syndicat de copropriétaires chargé d'exécuter ses décisions, de le représenter dans tous les actes civils, et de façon générale d'administrer l'immeuble (L. n° 65-557 du 10 juill. 1965, art. 18).

Syndic de faillite (ou de procédures d'insolvabilité)

[Droit commercial/Procédure civile/ Droit international privé]

Auxiliaire de justice qui, dans les anciennes procédures de règlement judiciaire et de liquidation de biens (actuellement remplacées par les procédures de *redressement judiciaire* et de *liquidation judiciaire* des entreprises), était chargé de représenter la masse des créanciers, d'assister ou de représenter le débiteur.

Cette profession a été supprimée au profit des nouvelles professions d'administrateur judiciaire et de mandataire judiciaire.

Ce terme est nouvellement employé par le droit européen des faillites internationales. Ce dernier a récemment fait l'objet d'une refonte et le règlement actuel (Règlement (CE) n° 1346/2000 du Conseil du 29 mai 2000 relatif aux procédures d'insolvabilité) est appelé à être remplacé à partir du 26 juin 2017 par le règlement (UE) 2015/848 du Parlement européen et du Conseil du 20 mai 2015 relatif aux procédures d'insolvabilité.

Règl. CE n° 1346/2000 du 29 mai 2000; Règl. UE n° 2015/848 du 20 mai 2015.

→ *Administrateur judiciaire (dans les procédures de sauvegarde, de redressement et de liquidation judiciaires), Mandataire judiciaire au redressement et à la liquidation des entreprises.*

Syndicat d'agglomération nouvelle

[Droit administratif]

Syndicat de communes administré par un comité composé de membres élus par les conseils municipaux des communes composant l'agglomération nouvelle.

CGCT, art. L. 5332-1.

Syndicat de communes

[Droit administratif]

Établissement public pouvant être créé par des communes pour gérer en commun une (syndicat intercommunal à vocation unique : SIVU) ou plusieurs (syndicat intercommunal à vocation multiple : SIVOM) tâches de leur compétence.

Cette forme, la plus ancienne de coopération intercommunale a connu, et connaît encore, des applications nombreuses et fructueuses. Elle a notamment permis en milieu rural le développement des adductions d'eau et d'électricité.

CGCT, art. L. 5212-1 s.

→ *Intercommunalité.*

Syndicat de copropriétaires

[Droit civil]

Organisme collectif ayant la personnalité civile et chargé de la conservation de l'immeuble, de sa défense, et de l'administration des parties communes (L. nº 65-557 du 10 juillet, art. 14).

→ *Copropriété.*

Syndicat de fonctionnaires

[Droit administratif]

Groupement de même nature, dans les faits, que les syndicats professionnels, dont la légalité fut longtemps contestée en droit administratif (accordée depuis la loi du 19 oct. 1946). Certains fonctionnaires n'ont pas le droit syndical, ni le droit de grève.

→ *Associations.*

Syndicat mixte

[Droit administratif]

Établissement public pouvant regrouper des collectivités territoriales, des établissements de coopération intercommunale et d'autres personnes morales (chambres de commerce et d'industrie…).

CGCT, art. L. 5721-1.

Syndicat professionnel

[Droit civil/Droit du travail]

Groupement constitué par des personnes exerçant une même profession, ou des professions connexes ou similaires, pour l'étude et la défense des droits ainsi que des intérêts matériels et moraux, tant collectifs qu'individuels des personnes visées par les statuts. Le syndicat jouit de la personnalité civile.

C. trav., art. 2131-1 s.

→ *Droit d'opposition.*

• *Fédération de syndicats :* groupement de syndicats représentant le même métier ou la même branche d'industrie.

• *Union de syndicats :* groupement des syndicats d'un même lieu (union locale, union départementale).

C. trav., art. L. 2131-1 s.

• *Syndicat catégoriel :* syndicat dont les statuts lui donnent pour mission de défendre les intérêts d'une catégorie identifiée de salariés. L'exemple le plus connu concerne la catégorie des cadres.

• *Syndicat représentatif :* syndicat répondant à 7 critères légaux cumulatifs qui lui garantissent une certaine légitimité (respect des valeurs républicaines, indépendance, transparence financière, une ancienneté minimale de 2 ans, une audience électorale minimale (variable selon les niveaux de négociation), influence et enfin effectifs et cotisations) et jouissant de prérogatives exorbitantes du droit commun syndical. Toute représentativité doit être prouvée dans le champ du texte conventionnel négocié.

Depuis la loi nº 2014-288 du 5 mars 2014, les organisations professionnelles d'employeurs ont vu leur représentativité précisée. Celle-ci est acquise par la réunion de six critères directement inspirés de ceux édictés pour la représentativité des syndicats de salariés. La première mesure de l'audience électorale est prévue pour 2017.

C. trav., art. L. 2121-1 s. et L. 2151-1 s.

GADT nº 129; ; GDCC nº 13, 39 et 48.

• *Syndicat majoritaire :* le ou les syndicats qui ont recueilli les voix de plus de la moitié des suffrages exprimés lors des dernières élections professionnelles (en principe le premier tour des élections des représentants du personnel titulaires au comité d'entreprise ou à la délégation unique du personnel ou, à défaut, des élections des délégués du personnel) ou lors d'une consultation *ad hoc*. Ils peuvent s'opposer à l'entrée en vigueur d'une convention ou d'un accord de branche ou d'entreprise (ou d'un avenant) qu'ils n'ont pas signé.

C. trav., art. L. 2232-2, L. 2232-6 et L. 2232-12.

→ *Droit d'opposition.*

Système d'acquisition dynamique

[Droit administratif]

Procédure entièrement électronique de passation de *marchés publics*, utilisable pour l'acquisition de fournitures courantes, modelée sur le système de l'*appel d'offres* ouvert.

C. marchés, art. 78.

Système de partis

[Droit constitutionnel]

Structuration d'ensemble de la vie politique dans un pays donné. Imposé par la force dans le cas du parti unique, ou résultant de la tradition ou du mode de scrutin en vigueur (bipartisme, bipolarisation, multipartisme indiscipliné...), le système de partis détermine dans une large mesure le fonctionnement d'un *régime politique*.

Système européen des banques centrales (SEBC)

[Droit européen/Droit financier]

Ensemble formé par la *Banque centrale européenne (BCE)* et les banques centrales des pays de l'*Union européenne* qui ont adopté l'euro comme monnaie commune. Il est entré en vigueur le 1er janvier 1999.

Système monétaire européen (SME)

[Droit européen/Droit financier]

Mis en place en mars 1979, le SME a été une étape essentielle dans la voie de l'établissement d'une union monétaire entre les États membres des Communautés européennes (aujourd'hui de l'Union européenne). Cherchant à stabiliser les relations de change entre les monnaies, il prévoyait pour ce faire divers mécanismes d'intervention, mais a souffert de la faiblesse de certaines monnaies tout comme de l'absence de la Livre Sterling. Relancé en 1989, le SME intégrera des monnaies des pays membres encore à l'écart préparant ainsi la mise en place de l'*Union économique et monétaire*.

→ *Banque centrale européenne.*

T

Tableau de l'ordre

[Procédure civile]

Liste des personnes autorisées à exercer la profession d'avocat comprenant la section des personnes physiques et la section des personnes morales et comportant, à la suite, le nom des avocats n'ayant qu'un bureau secondaire dans le ressort, le nom des avocats étrangers habilités à exercer sous leur titre d'origine, le nom des avocats honoraires.

→ *Barreau, Ordre des avocats.*

Tacite

[Droit civil/Droit international public]

1° Ce qui est inexprimé, informulé, mais se déduit de données de fait révélatrices d'une intention : offre tacite, acceptation tacite, renonciation tacite.

2° Ce qui est sous-entendu, telles les clauses d'usage dans tel type de contrat auxquelles les parties sont censées s'être référées implicitement.

Tacite reconduction

[Droit civil]

Continuation d'un contrat entre les parties à l'arrivée du terme, sans qu'il soit besoin d'un écrit ou de paroles expresses, du seul fait de la poursuite ou du maintien des relations contractuelles préexistantes.

Toutefois le professionnel prestataire de services doit informer le consommateur par écrit, par lettre nominative ou courrier électronique dédiés, en termes clairs et compréhensibles et avec mention de la date limite de la résiliation dans un encadré apparent, au plus tard un mois avant le terme, de la possibilité de ne pas reconduire le contrat. À défaut, le consommateur peut y mettre fin gratuitement, à tout moment à compter de la date de reconduction. Et en matière d'assurances couvrant les personnes physiques, la date limite d'exercice par l'assuré du droit à dénonciation du contrat doit être rappelée à chaque avis d'échéance annuelle de prime ou de cotisation.

La tacite reconduction produit les mêmes effets que le *renouvellement* du contrat

C. civ., art. 1215, 1738 et 1759; C. consom., art. L. 215-1 s.; C. assur., art. L. 113-12 et L. 113-15-1; CSS, art. L. 932-21-1; C. mut., art. L. 221-10-1.*

Tags

[Droit pénal]

Nom donné à une forme particulière de dégradation réprimée par la loi pénale consistant à tracer, sans autorisation préalable, des inscriptions ou dessins (on parle aussi de graffitis) sur les façades, les véhicules, les voies publiques ou le mobilier urbain, entraînant ainsi un dommage pour ces biens.

C. pén., art. 322-1, al. 2.

Tantièmes

[Droit commercial]

Somme variable prélevée sur les bénéfices nets réalisés par une société et allouée aux administrateurs de sociétés anonymes en rémunération de leurs fonctions. Supprimés par la loi du 31 décembre 1975.

→ *Jeton de présence.*

Tantum appellatum quantum judicatum

[Procédure civile]

Il ne peut être appelé que dans la mesure où il a été jugé. L'acte d'appel ne peut pas porter sur des points qui n'ont pas été soumis aux premiers juges. Mais la prohibition des *prétentions nouvelles* en appel connaît de nombreuses exceptions (recevabilité des prétentions tendant à opposer la compensation ou nées de l'intervention d'un tiers…) et reçoit une interprétation très restrictive (il n'y a pas nouveauté quand la finalité poursuivie est la même). De plus, le pouvoir d'*évocation* permet à la Cour, dans certains cas, d'attraire à elle l'ensemble du litige quoiqu'elle ne soit saisie d'un appel que sur un point particulier.

C. pr. civ., art. 564, 565.

→ *Demande nouvelle.*

Tantum devolutum quantum appellatum

[Procédure civile]

L'effet dévolutif de l'*appel* ne se produit que dans la mesure de l'acte d'appel, la cour ne connaissant que des chefs de jugement qu'il critique expressément ou implicitement ainsi que de ceux qui en dépendent. La dévolution, toutefois, est totale lorsque l'appel tend à l'annulation du jugement ou que l'objet du litige est indivisible.

C. pr. civ., art. 562.

→ *Effet dévolutif des voies de recours.*

Tantum devolutum quantum judicatum

[Procédure civile]

Il n'est dévolu qu'autant qu'il a été jugé.

→ *Tantum appellatum quantum judicatum.*

Tarde venientibus ossa

[Droit civil]

À ceux qui ne sont pas vigilants, il ne reste que les os. Il faut être vigilant pour conserver ses droits (*jura vigilantibus, tarde…*).

Tarif

[Droit administratif]

Disposition réglementaire fixant le montant de la redevance payée par le particulier usager d'un service public.

[Droit financier ou fiscal]

Barème de calcul d'un impôt.

[Sécurité sociale]

1° *Tarif d'autorité :* pour les praticiens non conventionnés (médecins), le tarif servant de base au remboursement des honoraires est fixé par arrêtés interministériels. Le tarif de remboursement des frais d'hospitalisation dans les établissements privés non conventionnés est fixé par la caisse de Sécurité sociale. Ce tarif est inférieur aux prix pratiqués, ce qui entraîne pour l'associé un remboursement relativement faible par rapport à sa dépense réelle.

2° *Tarif conventionnel :* le tarif des honoraires et frais accessoires dus aux médecins, chirurgiens-dentistes, sages-femmes, auxiliaires médicaux et biologistes est fixé par des *conventions*. Toutefois, pour les praticiens non conventionnés, le tarif servant de base aux remboursements est un tarif d'autorité.

Le tarif d'hospitalisation dans les établissements privés peut être également fixé par des conventions entre les caisses de Sécurité sociale et ces établissements. À défaut de convention le tarif de remboursement est fixé d'autorité par la caisse de Sécurité sociale.

3° *Tarif de responsabilité :* sert de base au remboursement des frais de santé exposés par les assurés. Ce tarif peut être un tarif conventionnel ou un tarif d'autorité.

Tarif des frais et dépens

[Procédure civile]

→ *Dépens, Frais, Taxes.*

Tarif douanier commun

[Droit européen]

Distingue l'union douanière de la zone de libre-échange car non seulement il y a suppression des droits de douane entre les États membres mais des droits communs (le tarif douanier commun) sont appliqués aux marchandises en provenance des pays tiers, perçus lors de l'entrée dans l'Union, et constituent l'une des *ressources propres* du budget européen (art. 28 TFUE).

Tarification collective

[Sécurité sociale]

Mode de tarification des accidents du travail applicable aux entreprises occupant habituellement moins de 20 salariés. Le taux varie selon le risque afférent à l'activité exercée (taux collectif).

CSS, art. D. 242-6-11.

Tarification individuelle

[Sécurité sociale]

Mode de tarification des accidents du travail applicable aux entreprises occupant au moins 150 salariés. Le taux se calcule à partir de la valeur du risque professionnel propre à l'entreprise ou l'établissement.

CSS, art. D. 242-6-12.

Tarification mixte

[Sécurité sociale]

Mode de tarification des accidents du travail applicable aux entreprises occupant entre 10 et 199 salariés. Le taux se calcule en additionnant une fraction du taux collectif (*tarification collective*) et une fraction du taux net propre à l'établissement (*tarification individuelle*).

CSS, art. D. 242-6-13.

ACTU

Tarifs des professions juridiques et judiciaires

[Droit général/Procédure civile]

Tarifs applicables aux prestations des commissaires-priseurs judiciaires, des greffiers de tribunal de commerce, des huissiers de justice, des administrateurs judiciaires, des mandataires judiciaires et des notaires, ainsi qu'aux émoluments de l'avocat relatifs à certaines opérations (saisie immobilière, partage, licitation, sûretés judiciaires). Lesdites rémunérations correspondent aux activités réservées, donc non concurrentielles. Cette tarification prend en compte les coûts pertinents du service rendu et une rémunération raisonnable du professionnel, dont les modes d'évaluation doivent être précisés par un décret en Conseil d'État; elle est l'œuvre conjointe des ministres de la justice et de l'économie; elle est révisée tous les cinq ans.

Lorsqu'ils sont déterminés proportionnellement à la valeur d'un bien ou d'un droit et lorsque cette valeur est supérieure à un seuil fixé par arrêté, les tarifs réglementés peuvent faire l'objet de remise dont le taux doit être fixe et identique pour tous.

C. com., art. L. 444-1 à 444-7.

Taux

[Droit civil/Droit commercial/Droit financier ou fiscal]

Montant du revenu produit par une somme d'argent pendant une période déterminée.

Le taux de l'*intérêt* est fixé soit par la loi, soit par la convention.

C. civ., art. 1907; C. mon. fin., art. L. 313-2 et L. 313-3.

GAJC, t. 2, n° 286.

→ *Intérêt conventionnel, Intérêt légal.*

Prix d'une valeur mobilière (ex. : taux de la rente) ou d'une monnaie étrangère (taux de change).

Taux contractuel Sécurité sociale

[Sécurité sociale]

Taux des cotisations sur lequel sont calculés les droits dans les régimes de retraite complémentaires.

→ *Taux d'appel.*

Taux d'appel

[Sécurité sociale]

Cotisation supplémentaire dans les régimes complémentaires qui permet d'assurer l'équilibre financier du régime et qui ne donne pas lieu à attribution de *points*.

Taux de compétence

[Procédure civile]

Chiffre fondé sur le montant de l'intérêt litigieux au-delà duquel une juridiction cesse d'être compétente. Exemple : le tribunal d'instance est incompétent, pour sa compétence générale en matière personnelle ou mobilière, au-delà de 10 000 €. Lorsque plusieurs prétentions sont émises contre le même adversaire, la compétence est déterminée par la valeur totale de ces prétentions lorsqu'elles sont connexes ou fondées sur les mêmes faits.

COJ, art. L. 221-4; C. pr. civ., art. 34 s.; C. trav., art. R. 1462-1; CSS, art. R. 142-25.

→ *Évaluation du litige, Taux du ressort, Valeur du litige.*

Taux de l'impôt

[Droit financier ou fiscal]

Pourcentage à appliquer à la base d'imposition (base de calcul, dite : assiette) pour trouver le montant de l'impôt dû au fisc.

Taux du ressort

[Procédure civile]

Chiffre, fondé sur le montant de l'intérêt litigieux, en deçà duquel la voie de l'appel est fermée. Exemple : le conseil de prud'hommes est compétent en dernier ressort jusqu'à la valeur de 4 000 €.

COJ, art. R. 211-3, R. 221-4, R. 221-23 s. et R. 221-37 s.; C. trav., art. R. 1462-1 et D. 1462-3; C. com., art. R. 721-6; CSS, art. R. 142-25, R. 142-28.

→ *À charge d'appel, En dernier ressort, Jugement en dernier ressort, Jugement en premier ressort, Taux de compétence.*

Si la demande est indéterminée, le jugement est, sauf disposition contraire, susceptible d'appel. En cas de pluralité de prétentions fondées sur des faits différents et non connexes, le taux du ressort est déterminé par la valeur de chaque prétention considérée isolément. En ce qui concerne les demandes incidentes, si aucune d'elles n'est supérieure au taux du dernier ressort, le jugement n'est pas susceptible d'appel.

C. pr. civ., art. 34, 35, 36, 39, 40.

[Procédure (principes généraux)]

→ *Demande indéterminée, Ressort.*

Taux effectif global (TEG)

[Droit civil]

Taux incluant, outre les intérêts proprement dits, les frais, commissions ou rémunérations de toute nature, directs ou indirects, y compris ceux destinés à des intermédiaires intervenus dans l'octroi du prêt. Ce taux assorti des charges est le seul auquel on se réfère pour apprécier s'il y a dépassement du seuil usuraire. Il doit être mentionné dans tout écrit constatant un prêt. Son omission est sanctionnée par une amende et la condamnation éventuelle à certaines interdictions d'exercice professionnel; de plus, elle engendre la nullité de la stipulation du taux de l'intérêt conventionnel.

C. consom., art. L. 314-1 à L. 314-5.

→ *Usure.*

Taux usuraire

[Droit civil]

Taux effectif global d'un prêt conventionnel ou d'un crédit dans une vente à tempérament qui excède de plus du tiers le taux moyen pratiqué au cours du trimestre précédent par les établissements de crédit et les sociétés de financement pour des opérations de même nature comportant des risques analogues.

C. consom., art. L. 314-6 à L. 314-9, L. 341-50, L. 341-51.

→ *Taux effectif global (TEG), Usure.*

Taxation d'office

[Droit financier ou fiscal]

Droit de l'administration fiscale, dans les cas où le redevable n'a pas déposé dans les délais la déclaration de ses revenus, de son chiffre d'affaires ou d'une autre base d'imposition, d'en évaluer unilatéralement le montant à partir des informations dont elle dispose et d'établir l'imposition correspondante. Elle est prévue également dans des cas où le redevable n'a pas répondu à certaines demandes d'informations du fisc.

LPF, art. 65 s.

[Sécurité sociale]

Fixation du montant des cotisations lorsque la comptabilité de l'employeur ne permet pas d'établir le montant exact des salaires devant donner lieu au calcul des cotisations. Ce forfait est établi compte tenu des conventions collectives ou, à défaut, des salaires pratiqués dans la profession ou la région considérée. La durée de l'emploi est déterminée d'après les déclarations des intéressés ou par tout autre moyen de preuve.

CSS, art. R. 242-5.

Taxation provisionnelle

[Sécurité sociale]

Fixation à titre provisionnel du montant des cotisations en fonction des précédents versements lorsque l'employeur n'a pas versé les cotisations dans les délais prescrits, ni fourni les éléments permettant de calculer celles-ci.

CSS, art. R. 242-5.

Taxe

[Procédure civile]

→ *Vérification des dépens.*

Taxe carbone

*[Droit financier ou fiscal/
Droit de l'environnement]*

Dispositif fiscal, existant dans certains pays, destiné à lutter contre le réchauffement climatique, par la taxation de la production, tant par les ménages que par les entreprises, de *gaz à effet de serre*, dans le but de modifier les comportements et de limiter cette production.

En France, son instauration en 2009 a été invalidée par le Conseil constitutionnel puis différée *sine die* par le gouvernement (mars 2010). Après l'alternance de 2012, elle a cependant été réintroduite, par la loi de finances pour 2014, sous le nom de Contribution Climat-Energie et la forme (atténuée) de taxes additionnelles à celles sur les énergies fossiles.

→ *Écotaxe.*

Taxe d'effet équivalent

[Droit financier ou fiscal/Droit européen]

L'interdiction de telles taxes vise à compléter la suppression des droits de douane entre les États membres de l'Union européenne en prohibant toutes mesures qui auraient les mêmes effets (art. 28 TFUE).

Taxe d'habitation

[Droit financier ou fiscal]

Impôt direct perçu, depuis 1974, au profit des collectivités territoriales, sur toute personne non indigente disposant à un titre quelconque d'un local d'habitation meublé. Son montant est établi en fonction de la valeur locative estimée du local, selon des taux variant de commune à commune; il est modulé, dans une certaine mesure, en fonction des revenus de l'occupant.

CGI, art. 1407 s.

→ *Mobilière, Taxe foncière.*

Taxe foncière

[Droit financier ou fiscal]

Impôts directs locaux perçus au profit des *collectivités territoriales* selon des taux qu'elles déterminent. La taxe foncière sur les propriétés bâties et la taxe foncière sur les propriétés non bâties, établies en fonction de leur valeur locative estimée, sont dues par le propriétaire des biens.

CGI, art. 1380 s.

→ *Taxe d'habitation.*

Taxe professionnelle

[Droit financier ou fiscal]

Impôt direct perçu, depuis 1975 (à la suite de l'ancienne « patente ») au profit des collectivités territoriales, sur les personnes morales ou physiques exerçant à titre habituel une activité professionnelle non salariée (industrielle, commerciale, libérale ou artisanale). Contestée depuis longtemps en raison de son caractère antiéconomique, la taxe professionnelle a été supprimée au 1er janvier 2010, et remplacée par une *contribution économique territoriale*.

Taxe sur la valeur ajoutée (TVA)

[Droit financier ou fiscal]

Impôt indirect général sur la dépense inclus dans les prix, frappant selon des taux différenciés toutes les ventes de biens et toutes les prestations de services – sauf exonérations légales. Grâce au mécanisme de la déduction de la TVA ayant grevé en amont les différents éléments du prix de revient de ces biens et services, la TVA ne grève en réalité que la valeur monétaire ajoutée à chaque stade de leur production. Perçue dans tous les États membres de l'Union européenne, la TVA représente également pour celle-ci l'une de ses « *ressources propres* ». Elle représente actuellement le seul impôt important largement harmonisé à l'échelle de l'Union européenne.

CGI, art. 256-0 s.

Taxes

[Droit financier ou fiscal]

Qualification donnée aux perceptions opérées par une collectivité publique à l'occasion de la fourniture à l'administré d'une contrepartie individualisable, à la différence de l'*impôt* qui couvre globalement l'ensemble des charges occasionnées par le fonctionnement des services publics. Suivant leurs caractères, les taxes peuvent présenter un caractère fiscal (elles ne peuvent alors être créées que par une loi) ou administratif.

L'intitulé des diverses perceptions opérées par les collectivités publiques ne donne pas d'indication décisive sur leur nature juridique (la *taxe sur la valeur ajoutée* est un impôt, et non une taxe).

[Procédure civile]

Les différents actes accomplis par un officier ministériel ou par un avocat pour le compte d'un plaideur sont tarifés.

Pour chaque profession, un texte fournit, par type d'acte, la tarification. Le juge vérifie l'état des frais dressé par l'avocat. Cette vérification est dénommée taxe.

C. pr. civ., art. 695 et 708.

→ *Vérification des dépens.*

En matière d'enquête, la taxe désigne l'indemnité à laquelle peut prétendre le témoin.

→ *Honoraires.*

Taxe(s) sur le chiffre d'affaires

[Droit financier ou fiscal]

Appellation générique désignant, dans son sens large et au pluriel, un ensemble d'impôts indirects présentant le double caractère commun d'être calculés en pourcentage du prix des produits et des services vendus par l'entreprise (chiffre d'affaires) et d'être répercutés sur leur consommateur. La TVA en est le plus important.

Employé au singulier et dans un sens strict, le terme est parfois employé dans les milieux d'affaires comme synonyme de la TVA elle-même.

→ *Taxe sur la valeur ajoutée (TVA).*

Technicien

[Procédure civile]

Simple particulier (indépendant ou présenté par une personne morale) chargé par un juge ou par un tribunal de procéder à des *constatations*, de donner une *consultation* ou de fournir un avis technique dans le cadre d'une *expertise* lorsque l'analyse des faits du procès requiert le recours aux connaissances d'un spécialiste.

C. pr. civ., art. 232.

Technique juridique ou législative

[Droit général]

Ensemble des moyens permettant de réaliser les options de la politique législative, se rapportant à la manière de présenter les textes (plan, divisions, titres) et d'énoncer leur contenu (énumération ou formule générale, fiction, présomption...). Le choix des outils techniques est dicté par la finalité poursuivie.

→ *Légistique, Politique juridique ou législative.*

Technocratie

[Droit constitutionnel]

Régime où les techniciens, experts et fonctionnaires supplantent en fait ou en droit les élus politiques dans l'exercice du pouvoir.

Télé-achat

[Droit civil]

→ *Vente à distance.*

Télépaiement

[Droit civil/Droit commercial]

Paiement par télécommunication, comme celui réalisé par l'introduction de sa carte bancaire dans un terminal après avoir saisi son code confidentiel.

Téléprocédures

[Procédure civile]

Qualificatif des procédures consistant en l'échange, entre les juridictions et les cabinets d'avocats, des données du déroulement de l'instance par le canal de l'informatique. Les téléprocédures reposent sur les techniques de numérisation (conversion de documents papier en documents électroniques) et de *dématérialisation* (circulation desdits documents sous forme électronique).

Le système met en place une interconnexion (www.e.barreau) entre :

- le *Réseau privé virtuel justice (RPVJ)*, module de communication électronique, doté d'une messagerie automatisée dénommée « ComCI TGI », composante de l'application informatique de gestion des procédures civiles « WinCI TGI » ;

- et le *Réseau privé virtuel avocats (RPVA)* auquel la connexion se fait par une clé cryptographique livrée avec le barreau-pack, réseau assurant toute garantie de fiabilité et de confidentialité des données échangées.

La communication électronique régit aussi le pourvoi en cassation depuis le 1er juillet 2008, l'instance d'appel depuis le 1er janvier 2011, les procédures devant le tribunal de commerce depuis le 27 juin 2013.

→ *Communication électronique, Courrier électronique, Dossier, Écrit électronique, Répertoire général des affaires, Registre d'audience, Signature électronique, Signification.*

[Droit administratif/Droit européen]

Dans le domaine administratif, le décret n° 2012-1437 du 21 décembre 2012 généralise et pérennise l'expérimentation, introduite par le décret du 10 mars 2005, de la possibilité de transmettre les écritures et les pièces de la procédure contentieuse administrative par voie électronique au moyen de l'application informatique « Télérecours ». L'utilisation de cette voie est ouverte aux avocats, aux avocats au Conseil d'État et à la Cour de cassation, aux administrations de l'État, aux personnes morales de droit public et aux organismes de droit privé chargés de la gestion d'un service public.

Le décret est entré en vigueur le 31 décembre 2013 pour les juridictions de métropole, et le 8 décembre 2015 pour les tribunaux administratifs de la Guadeloupe, de la Martinique et de la Guyane.

La Cour de justice de l'Union européenne recourt également aux téléprocédures (« e-Curia »).

CJA, art. R. 414-1 s., R. 611-8-2 s., R. 711-2-1, R. 751-4-1.

Téléprotection des victimes de violences dans le couple

[Procédure pénale]

Dispositif technique permettant à une personne victime de violences de la part de son conjoint, de son concubin ou de son partenaire lié par un pacte civil de solidarité, d'alerter les autorités publiques et éventuellement, avec son accord, sa géolocalisation au moment où elle déclenche l'alerte. Cette mesure décidée par le procureur de la République pour une durée de six mois, renouvelable, implique l'existence d'un grave danger pour une victime de violences ou de viol. La mesure implique l'absence de cohabitation entre la victime et l'auteur des violences et, pour ce dernier, une décision d'interdiction d'entrer en contact avec la victime. Les violences des ex-conjoints, concubins et partenaires peuvent également être à l'origine de la mise en place de ce système de protection.

C. pr. pén., art. 41-3-1.

ACTU

Télétravail

[Droit du travail]

Le télétravail est défini par la loi comme toute forme d'organisation du travail dans laquelle un travail qui aurait également pu être exécuté dans les locaux de l'employeur est effectué par un salarié hors de ces locaux de façon régulière et volontaire en utilisant les technologies de l'information et de la communication dans le cadre d'un contrat de travail ou d'un avenant à celui-ci. L'employeur est soumis dans le cadre du télétravail à quelques obligations spécifiques.

C. trav., art. 1222-9 s.

[Droit administratif]

Le télétravail est régi par le décret n° 2016-151 du 11 février 2016 relatif aux conditions de modalités de mise en œuvre du télétravail dans la fonction publique et la magistrature. Le télétravailleur bénéficie des mêmes droits et est soumis aux mêmes obligations que le travailleur sur place, il peut prétendre au dédommagement des matériels, abonnements et communications auxquels il recourt pour l'exercice de ses fonctions. La durée du télétravail ne peut être supérieure à trois jours par semaine.

Témoignage

[Procédure (principes généraux)]

Acte par lequel une personne atteste l'existence d'un fait dont elle a eu personnellement connaissance, et non indirectement par ouï-dire.

→ *Acte de notoriété, Commune renommée, Témoin.*

Témoignage anonyme

[Procédure pénale]

Système permettant à une personne auditionnée comme témoin dans le cadre d'une instruction portant sur une infraction punie de 3 ans d'emprisonnement au moins, d'être entendue sans que son identité n'apparaisse dans le dossier de la procédure lorsque son audition serait susceptible de mettre gravement en danger sa vie, son intégrité physique ou celle d'un de ses proches. L'autorisation est accordée par le juge des libertés et de la détention. L'audition, très strictement réglementée, peut être contestée par le mis en examen.

Le témoignage ne peut à lui seul fonder une condamnation.

C. pr. pén., art. 656-1 et 706-58 s.

→ *Renseignement.*

Témoin

[Procédure civile/Procédure pénale/Droit pénal]

Simple particulier invité à déposer, dans le cadre d'une *enquête* ou sous la forme écrite d'une *attestation*, sur les faits dont il a eu personnellement connaissance, après avoir prêté serment de dire la vérité.

Les personnes frappées d'une incapacité de témoigner peuvent cependant être entendues mais sans prestation de serment.

Les témoins doivent faire connaître, s'il y a lieu, leur lien de parenté ou d'alliance avec les parties, de subordination à leur égard, de collaboration ou de communauté d'intérêts avec elles.

C. pr. civ., art. 205, 210 et 211.

Constitue une infraction le refus de comparaître, de prêter serment, de déposer, lorsqu'un témoin est cité devant un juge d'instruction ou un officier de police judiciaire dans le cadre d'une commission rogatoire.

C. pr. pén., art. 438.

Témoin assisté

[Procédure pénale]

Personne *mise en cause* à l'ouverture d'une instruction ou pendant celle-ci par le procureur de la République, la victime, le témoin ou le juge d'instruction lui-même et qu'il n'est pas possible ou qu'il n'apparaît pas opportun de mettre en examen.

Ce statut est obligatoirement applicable à la personne nommément désignée dans un réquisitoire introductif ou supplétif et, lorsque la demande en est faite, pour toute personne nommément visée dans une plainte ou mise en cause par une victime. Il peut être accordé par le juge d'instruction à la personne mise en cause par un témoin ou contre laquelle il existe des indices rendant vraisemblable sa participation comme auteur ou complice à la commission d'une infraction.

Ce statut est intermédiaire entre celui du mis en examen et celui du témoin (assistance d'un avocat et absence de prestation de serment mais obligation de déposer et impossibilité d'une détention provisoire ou d'un contrôle judiciaire par ex.). Il dispose également, le cas échéant, du droit à l'inter-

prétation et à la traduction des pièces essentielles du dossier. Il est informé lors de sa première audition de son droit de faire des déclarations, de répondre aux questions ou de se taire.
La situation de témoin assisté peut aujourd'hui être considérée comme le droit commun pour une personne mise en cause dans le cadre d'une instruction. En effet, le magistrat instructeur ne pourra décider d'une *mise en examen* que s'il estime ne pas pouvoir recourir à la solution du témoin assisté.

C. pr. pén., art. 113-1 s. et 80-1.

Témoin instrumentaire

[Droit civil]

Personne qui assiste un officier public dans la passation des actes dont la validité requiert la présence et la signature de témoins, tels que mariage, testament authentique, testament mystique. La fonction du témoin instrumentaire est multiple : assurer l'indépendance des parties, attester l'existence et la véracité de l'acte auquel il concourt, lui conférer une certaine solennité.
Tout témoin instrumentaire doit être majeur et avoir la jouissance de ses droits civils.

C. civ., art. 37, 71, 74-1, 971, 976 et 979; Décr. n° 71-941 du 26 nov. 1971, art. 4.

Temps de travail

[Droit du travail]

→ *Durée du travail.*

Temps législatif programmé

[Droit constitutionnel]

Afin d'améliorer l'organisation des débats et d'éviter certaines formes d'obstruction, procédure permettant de fixer des délais pour l'examen des textes en séance.

Const., art. 44; LO n° 2009-403 du 15 avr. 2009; art. 49 et 55 du Règlement de l'Assemblée nationale.

Temps réel (Traitement des affaires en)

[Procédure pénale]

Pratique mise en place par certains parquets (Lyon par ex.) et aujourd'hui assez fréquente consistant pour les officiers de police judiciaire à informer téléphoniquement le parquet (substitut de permanence) de toutes les affaires délictuelles et contraventionnelles de 5e classe élucidées, avant le départ du mis en cause, des locaux de l'enquête. Le représentant du parquet, sur la base des informations fournies, choisira alors le mode de traitement qui lui paraîtra le meilleur (poursuite de l'enquête, remise en liberté, présentation au parquet, classement sous condition, etc.).
La réponse judiciaire du parquet, transmise par le même canal, est notifiée à l'auteur des faits et à la victime qui connaissent, en temps réel, la suite donnée à l'affaire.

Tempus

[Droit européen]

Programme de l'Union européenne destiné à promouvoir des échanges d'étudiants et d'enseignants, comme une politique plus générale de coopération universitaire, avec les établissements d'enseignement supérieur des pays d'Europe centrale et orientale.

→ *Socrates.*

Tenants

[Droit civil]

Terres qui bordent un fonds sur ses grands côtés, par opposition aux *aboutissants*.

Tènement

[Droit civil]

Ensemble de terres d'un seul tenant, par opposition à des parcelles isolées.

Tentative

[Droit pénal]

Activité tendant à la perpétration d'une infraction caractérisée par un commencement d'exécution et non suspendue par un désistement volontaire.

C. pén., art. 121-5.

GADPG n° 30.

Terme

[Droit civil/Droit international public]

Modalité d'un acte juridique faisant dépendre l'exigibilité ou l'extinction d'un droit d'un événement futur dont la réalisation est certaine. Le contrat à durée déterminée doit être exécuté jusqu'à son terme et nul ne peut en exiger le *renouvellement*.

L'expression « terme de grâce » est synonyme de délai de grâce.

C. civ., art. 1212, 1305* s., 1737, 1758 et 1774 s.*

→ *Condition, Délai, Échéance, Obligation à terme.*

Territoire d'outre-mer (TOM)

[Droit administratif]

Cette dénomination a disparu de la Constitution lors de sa révision en 2003.

→ *Collectivités territoriales d'outre-mer, Départements d'outre-mer.*

Territoire non autonome

[Droit international public]

Se disait d'un territoire dont la population ne s'administrait pas encore complètement elle-même et à l'égard duquel la puissance administrante avait des obligations définies par le chapitre XI de la Charte de l'ONU.

Territorialité (Principe de)

[Procédure pénale]

Principe au terme duquel la loi pénale française est applicable à toutes les infractions commises sur le territoire de la République. Le territoire inclut les espaces maritimes et aériens qui lui sont liés. Une infraction est réputée commise sur le territoire dès lors que l'un de ses éléments constitutifs y est réalisé, quelle que soit la nationalité de l'auteur ou de la victime des faits.

C. pén., art. 113-1 et 113-2; C. civ., art. 3.

ACTU

Terrorisme

[Droit pénal]

Ensemble d'infractions limitativement énumérées dans le Code pénal, qualifiées ainsi, lorsqu'elles sont en relation avec une entreprise individuelle ou collective ayant pour but de troubler gravement l'ordre public par l'intimidation et la terreur. L'effet essentiel de cette qualification est, d'une part, d'augmenter d'un degré dans l'échelle des peines les sanctions privatives de liberté encourues, d'autre part, de soumettre ces infractions à des règles de procédure particulières (compétence-garde à vue-détention provisoire, etc.).

Sont également incriminées la provocation et l'apologie du terrorisme. Il en est de même du fait de participer à un groupement formé ou une entente établie en vue de la préparation d'un acte de terrorisme ou encore de le financer.

Est aussi incriminé le fait d'adresser des offres ou des promesses à une personne, de lui proposer des dons, présents ou avantages quelconques ou encore de la menacer ou de faire pression sur elle pour qu'elle participe à un groupement formé ou une entente établie pour réaliser des actes terroristes ou qu'elle commette un des actes de terrorisme alors même que cette provocation ne serait pas suivie d'effet. Est également incriminé ce que l'on a nommé l'entreprise terroriste individuelle consistant dans le fait de préparer certaines infractions qualifiées d'actes de terrorisme énumérées au 1er de l'article 421-1, C. pénal, ainsi que les destructions, dégradations, détériorations par substances explosives ou incendiaires lorsqu'elles peuvent entraîner des atteintes à l'intégrité physique d'une ou plusieurs personnes. Il en va de même pour les actes prévus par l'article 421-2 lorsqu'ils sont susceptibles d'entraîner les mêmes effets. Encore faut-il que cette préparation soit intentionnellement en relation avec une entreprise individuelle ayant pour but de troubler gravement l'ordre public par l'intimidation ou la terreur et soit caractérisée par deux éléments cumulatifs : le fait de détenir, rechercher, se procurer ou fabriquer des substances de nature à créer un danger pour autrui; le constat d'un des autres faits matériels, précisément énumérés, pouvant laisser supposer l'existence d'un projet terroriste.

C. pén., art. 421-1 et 421-2-1 à 421-2-6; C. pr. pén., art. 706-16 s.

Terrorisme écologique

[Droit pénal/Droit de l'environnement]

Fait d'introduire dans l'atmosphère, sur le sol, ou dans le sol ou les eaux une substance de nature à nuire à l'homme ou aux animaux lorsque cette action est en relation avec une entreprise individuelle ou collective ayant pour but de troubler gravement l'ordre public par l'intimidation ou la terreur. L'introduction des mêmes substances dans les éléments ou les composants alimentaires est également punissable.

Le terrorisme écologique est punissable, outre d'une amende, de 20 ans de réclusion criminelle ou, lorsqu'il a entraîné la mort d'une ou plusieurs personnes, de la réclusion criminelle à perpétuité.

C. pén., art. 421-2, 421-4.

Testament

[Droit civil]

Acte juridique unilatéral par lequel une personne, le testateur, exprime ses dernières volontés et dispose de ses biens pour le temps qui suivra sa mort.

• *Le testament authentique* est celui qui est reçu par 2 notaires ou un notaire et 2 témoins. Depuis la loi n° 2015-177 du 16 février les personnes ne pouvant s'exprimer en langue française ou pouvant écrire cette langue mais ne pouvant parler ou ne pouvant ni parler ou entendre, ni lire ni écrire, peuvent recourir à ce type de testament, avec l'aide d'un interprète (en langue étrangère ou en langue des signes) et du notaire.

C. civ., art. 971 s.

• *Le testament mystique ou secret* est celui qui est écrit par le testateur ou un tiers, signé par le testateur, présenté clos et scellé à un notaire qui dresse un acte de suscription en présence de 2 témoins.

C. civ., art. 976.

• *Le testament olographe* est celui qui est entièrement écrit, daté et signé de la main du testateur. La signature doit être nécessairement apposée à la suite des dispositions de dernières volontés à peine de nullité du testament.

C. civ., art. 970.

GAJC, t. 1, n° 124, 125-126.

• Il existe aussi un *testament dit international*, réglementé par la loi matérielle uniforme annexée à la Convention de Washington du 28 octobre 1973.

→ *Conjonctif, Legs, Libéralité, Libéralité graduelle, Libéralité résiduelle.*

ACTU

Testament de fin de vie

[Droit civil]

Dénomination donnée aux directives anticipées de la personne majeure indiquant, pour le cas où elle serait un jour hors d'état de s'exprimer, sa volonté relative aux conditions de la poursuite, de la limitation, de l'arrêt ou du refus de traitement ou d'actes médicaux. Les directives anticipées sont révocables à tout moment. Dès l'instant qu'elles n'ont pas été révoquées, elles s'imposent au médecin pour toute décision d'investigation, d'intervention ou de traitement, sauf inadaptation manifeste à la situation médicale ou urgence vitale.

CSP, art. L. 1111-11, R. 1111-17.

→ *Soins palliatifs, Tiers de confiance.*

Testament-partage

[Droit civil]

Mode de partage d'une succession que toute personne peut faire entre ses héritiers présomptifs, ce qui permet à une personne sans enfant de distribuer et de partager ses biens entre ses frères et sœurs, ses neveux et nièces, éventuellement ses cousins et cousines. Le disposant a toute liberté pour composer comme il l'entend les lots de chacun sous la seule condition de ne pas porter atteinte à la réserve héréditaire; sinon le bénéficiaire qui n'a pas reçu un lot égal à sa part de réserve peut exercer l'action en réduction.

C. civ., art. 1075, 1075-3, 1075-5, 1079 et 1080.

→ *Donation-partage, Libéralité-partage, Partage conjonctif, Partage d'ascendant.*

Testing (Procédé du)

[Droit pénal]

Technique permettant d'établir la réalité de pratiques discriminatoires sanctionnées par la loi pénale en sollicitant d'une personne l'un des biens, actes, services ou contrats qu'elle offre, dans le seul but de démontrer l'existence d'un comportement discriminatoire. Si la preuve de la discrimination est établie, l'infraction réalisée dans ce contexte est constituée.

C. pén., art. 225-3-1.

Tête (Par)

[Droit civil]

Genre de partage dans lequel tous les héritiers prennent des parts égales, parce qu'ils viennent à la succession de leur chef. S'oppose au partage par *souche* qui ne permet aux représentants d'un successible prédécédé que de prétendre ensemble à la part de celui-ci, constituant une seule unité de compte quel que soit leur nombre.

C. civ., art. 744, 748, 750 et 827.

Thalweg

[Droit international public]

Mot d'origine allemande qui désigne la ligne médiane de plus grande profondeur d'un cours d'eau et sert parfois de frontière entre deux États.

Thesaurus

[Droit général]

Dictionnaire destiné à faciliter la recherche en informatique juridique et contenant, pour chaque mot-clé de la nomenclature, les expressions apparentées par similitude, synonymie ou analogie.

Ticket modérateur

[Sécurité sociale]

Fraction des frais médicaux, pharmaceutiques ou chirurgicaux qui reste à la charge de l'assuré. Le ticket modérateur est supprimé dans certains cas : maternité, accident du travail par exemple. Il peut être pris en charge par des mutuelles.

CSS, art. L. 322-2 s.

Ticket-restaurant

[Droit du travail]

→ *Titre-restaurant.*

Tierce opposition

[Procédure (principes généraux)]

Voie de recours extraordinaire, de rétractation ou de réformation, ouverte aux personnes qui n'ont été ni parties ni représentées dans une instance, leur permettant d'attaquer une décision qui leur fait grief et de faire déclarer qu'elle leur est inopposable.

C. pr. civ., art. 582 s., 1501, 1506; CJA, art. R. 832-1 s.

GAJA n° 25.

→ *Autorité de chose jugée, Inopposabilité, Mise en cause, Opposabilité.*

Tierce personne

[Sécurité sociale]

Personne assistant un invalide incapable d'accomplir seul les actes de la vie courante. Le recours nécessaire à l'assistance d'une tierce personne est une cause de majoration de la pension d'invalidité ou de vieillesse.

CSS, art. L. 341-4.

Tiers

[Droit civil]

Personne qui n'a été ni partie ni représentée à un acte ou à un jugement, par conséquent non liée par son effet obligatoire. Ce terme désigne non seulement les « *penitus extranei* », mais aussi, selon les cas, les ayants cause à titre particulier et les créanciers chirographaires.

C. civ., art. 1199, 1200*.*

GAJC, t. 2, n° 173-176, 252,256-257.

→ *Effet obligatoire des contrats, Erga omnes, Partie.*

[Droit international public]

Sujet de droit international ainsi qualifié pour signifier qu'il n'est pas partie à un traité ou à un différend porté devant une juridiction internationale.

→ *Pacta sunt servanda, Partie, Relativité des traités.*

[Procédure civile]

Une personne est un tiers par rapport à un procès lorsqu'elle n'est ni demanderesse ni défenderesse. Un tiers peut cependant être introduit dans l'instance par la voie de l'*intervention*.

C. pr. civ., art. 331.

→ *Demande en intervention, Tierce opposition.*

Un tiers peut être sollicité aussi, sur requête d'une partie, de fournir une *attestation* écrite ou un *témoignage* ou de communiquer des documents nécessaires à la connaissance des faits litigieux, à la condition qu'il n'existe pas d'empêchement légitime.

C. pr. civ., art. 138 et 199.

Tiers arbitre

[Procédure civile]

Arbitre nommé naguère en cas de partage des voix entre les arbitres en nombre pair pour faire prévaloir l'une des opinions. A disparu dans la nouvelle procédure, le tribunal arbitral étant obligatoirement composé d'arbitres en nombre impair, ou d'un seul arbitre.

C. pr. civ., art. 1451.

Tiers de confiance

[Droit civil]

Toute personne majeure peut désigner une personne dite de confiance qui peut être un parent, un proche ou le médecin traitant, et qui sera consultée au cas où elle-même serait hors d'état d'exprimer sa volonté et de recevoir l'information nécessaire à cette fin. Cette désignation est faite par écrit et cosignée par la personne désignée. Elle est révisable et révocable à tout moment. Si le malade le souhaite, la personne de confiance l'accompagne dans ses démarches et assiste aux entretiens médicaux afin de l'aider dans ses décisions. Lors de toute hospitalisation dans un établissement de santé, il est proposé au malade de désigner une personne de confiance dans les conditions ainsi prévues. Cette désignation est valable pour la durée de l'hospitalisation, à moins que le malade n'en dispose autrement. Lorsqu'une personne fait l'objet d'une mesure de tutelle, la désignation d'une personne de confiance est soumise à l'autorisation du juge des tutelles ou du conseil de famille s'il en existe un; dans l'hypothèse où une personne de confiance a déjà été désignée antérieurement à la mise en tutelle, ce même juge ou, le cas échéant, le conseil de famille, peut, soit confirmer la mission de cette personne, soit révoquer sa désignation. Lorsqu'une personne, en phase avancée ou terminale d'une affection grave et incurable, quelle qu'en soit la cause et hors d'état d'exprimer sa volonté, a désigné une personne de confiance en application de ces dispositions, l'avis de cette dernière, sauf urgence ou impossibilité, prévaut sur tout autre avis non médical, à l'exclusion des directives anticipées, dans les décisions d'investigation, d'intervention ou de traitement prises par le médecin.

CSP, art. L. 1111-6 et L. 1111-12.

→ *Fin de vie, Testament de fin de vie.*

[Droit fiscal]

Tiers ainsi qualifié par la loi pour réceptionner et transmettre à l'administration fiscale, sur sa demande, les pièces justificatives que lui remet un contribuable assujetti à l'obligation de dépôt d'une déclaration annuelle de revenus qui sollicite le bénéfice de déductions du revenu global, de réductions ou de crédits d'impôts. Cette mission ne peut s'exercer que sur la base d'un contrat conclu avec ce contribuable et est réservée aux avocats, notaires et experts-comptables dont les autorités ordinales ont conclu avec l'administration fiscale une convention nationale pour la mise en œuvre de ce dispositif. Le professionnel concerné doit passer avec cette administration, pour une durée de trois ans, une convention individuelle.

CGI, art. 170 ter et annexe II, art. 95 ZF et 95 ZG.

Tiers détenteur

[Droit civil]

Acquéreur ou donataire d'un immeuble grevé d'une hypothèque ou d'un privilège, non personnellement obligé à la dette, mais tenu comme détenteur ou de payer tous les intérêts et capitaux exigibles quel que soit leur montant, ou de délaisser l'immeuble sans aucune réserve, à moins de procéder à la purge qui limite le droit de poursuite des créanciers hypothécaires au prix payé ou à la valeur de l'immeuble.

C. civ., art. 2461 s.

→ *Avis à tiers-détenteur, Déguerpissement, Délaissement, Propter rem, Purge des hypothèques.*

Tiers-État

[Droit constitutionnel]

Sous l'Ancien régime, ensemble des personnes ne relevant ni de la *noblesse*, ni du clergé, disposant d'une représentation au sein des *États généraux*.

Tiers-monde

[Droit international public]

Néologisme désignant l'ensemble des États en développement, la plupart issus des mouvements de décolonisation postérieurs à la Seconde Guerre mondiale et représentant environ les 2/3 de la population mondiale.

Le tiers-monde, dont les représentants occupent par leur nombre une place importante à l'ONU, a cherché à affirmer une individualité propre, mais sans grand succès.

→ *Neutralisme, Pays (ou États) en développement (PED).*

Tiers payant

[Sécurité sociale]

Paiement direct par la caisse de Sécurité sociale des sommes dues par l'assuré. Le système du tiers payant est utilisé pour la réparation des accidents du travail.

CSS, art. L. 432-1.

Tiers-payeur

[Droit civil]

Désigne les organismes sociaux, les collectivités publiques ou les personnes privées qui ont versé des prestations à la victime d'un accident corporel et qui disposent d'une action récursoire contre le responsable. Le recours subrogatoire s'exerce poste par poste sur les seules indemnités qui réparent des préjudices que le tiers payeur a pris en charge, à l'exclusion des préjudices à caractère personnel.

CSS, art. L. 376-1.

→ *Préjudice de caractère personnel.*

Tiers provisionnels

[Droit financier ou fiscal]

Appellation courante des 2 acomptes que doivent verser en cours d'année les assujettis à l'impôt sur le revenu qui n'ont pas opté pour la *mensualisation*. Chaque acompte représente le tiers de l'impôt payé l'année précédente et s'impute sur l'impôt dû pour l'année en cours.

Timbre (Droits de)

[Droit financier ou fiscal]

Catégorie d'impôts extrêmement hétérogènes auxquels il n'est pas possible de découvrir un dénominateur commun, l'ancienne caractéristique, représentée par le fait matériel que l'impôt donnait lieu à délivrance d'une vignette ou d'une feuille de papier, ou à l'apposition d'une empreinte, ayant disparu avec le paiement sur états.

Quand l'impôt du timbre est perçu à l'occasion d'un acte juridique et de l'écrit qui le constate, il ne confère pas date certaine à cet acte, à la différence de l'enregistrement; de plus, sauf exception législative, l'omission du timbre entraîne des pénalités mais n'est pas une cause de nullité de l'acte.

Le timbre de dimension, perçu sur des actes juridiques énumérés par la loi, a été supprimé à compter du 1er janvier 2006.

Time sharing

[Droit civil]

→ *Jouissance à temps partagé, Société d'attribution d'immeubles en jouissance à temps partagé.*

Tiré

[Droit commercial]

Personne contre qui est émise une *lettre de change* ou un *chèque*.

C. com., art. L. 511-1 s.; C. mon. fin., art. L. 131-2 et L. 134-1.

Tireur

[Droit commercial]

Personne qui émet une *lettre de change* ou un *chèque*.

C. com., art. L. 511-1 s.; C. mon. fin., art. L. 131-2 et L. 134-1.

Titre

[Droit civil]

Écrit constatant un *acte juridique* ou un acte matériel producteur d'effets juridiques, équivalent du terme : *instrumentum*. En ce sens on parle de titre de créance, de titre de propriété, de titre de transport.

C. civ., art. 1342-9, 1378-2*.*

GAJC, t. 1, n° 84 à 86.

Se dit, également, de l'acte juridique lui-même (*negotium*) en tant qu'il désigne le fondement du droit invoqué : titre conventionnel, juste titre.

C. civ., art. 690 s., 1689, 2258, 2268, 2270, 2272.

[Droit commercial]

→ *Titre associatif, Titre au porteur, Titre nominatif, Titre participatif, Titres de créances négociables, Titres financiers, Titres subordonnés.*

Titre emploi simplifié agricole (TESA)

[Droit rural]

Titre créé pour simplifier les formalités liées à l'embauche et à l'emploi des travailleurs saisonniers dans le secteur de la production agricole, dans le cadre de contrats de travail à durée déterminée de trois mois maximum.

C. rur., art. L. 712-1.

Titre (Juste)

[Droit civil]

Acte juridique dont la finalité est de faire acquérir la propriété d'un immeuble, comme une vente, une donation, un échange, mais qui n'a pu la transférer faute d'émaner du véritable propriétaire.

GAJC, t. 1, n° 83.

→ *Titre putatif.*

Le juste titre permet l'*usucapion* abrégée par le possesseur de bonne foi au bout de 10 ans.

C. civ., art. 2272.

Titre associatif

[Droit commercial]

Titre de créance (obligations) susceptible d'être émis par une association exerçant une activité économique depuis plus de 2 ans. Fait l'objet d'une inscription en compte, selon le régime ordinaire des titres financiers.

C. mon. fin., art. L. 213-8 s.

Titre au porteur

[Droit commercial]

Titre ou valeur mobilière ne mentionnant pas le nom de son titulaire, mais portant simplement un numéro d'ordre. Un tel titre est considéré comme une chose incorporelle mobilière dont la négociation s'effectue par la *tradition*.

C. mon. fin., art. L. 228-1.

→ *Valeurs mobilières.*

Titre d'identité républicain

[Droit international privé]

Titre d'identité et de voyage accordé, sur présentation du livret de famille, à tout mineur né en France de parents étrangers titulaires d'un titre de séjour.

CESEDA, art. L. 321-3 et D. 321-9 s.

Titre de perception

[Droit administratif]

Document établissant le montant et la nature d'une créance de l'État ou d'une collectivité territoriale (ou d'un établissement public), émis par l'*ordonnateur* de la personne publique et auquel celui-ci, par application du *privilège du préalable*, a conféré force exécutoire pour permettre au besoin l'engagement de voies d'exécution (dites ici « poursuites ») contre le débiteur récalcitrant.

→ *Titres exécutoires.*

Titre emploi service entreprise

[Sécurité sociale]

Titre utilisé par les entreprises dont l'effectif n'excède pas 9 salariés ou employant des salariés dont l'activité dans la même entreprise n'excède pas 100 jours par année civile pour accomplir certaines formalités au regard du droit social.

CSS, art. L. 133-5-2; C. trav., art. L. 1273-1 s.

Titre exécutoire européen

[Procédure (Principes généraux)/ Droit européen/Droit international privé]

Création du règlement du Parlement européen et du Conseil n° 805/2004 du 21 avril 2004 destinée à assurer la libre circulation des décisions, des transactions judiciaires et des actes authentiques dans tous les États membres, sans qu'il soit nécessaire de recourir à une procédure intermédiaire (*exequatur* ou *déclaration de force exécutoire*) dans l'État membre d'exécution.

Ce règlement s'applique en matière civile et commerciale, excluant les matières fiscales, douanières, administratives, la responsabilité de l'État pour des actes ou des omissions commis dans l'exercice de la puissance publique et divers domaines (*état de la personne*, succession, faillite, sécurité sociale). Il exige, d'une part une créance incontestée, d'autre part une procédure de certification du titre en tant que titre exécutoire par l'État membre d'origine en vue de vérifier que les « normes minimales » de procédure ont bien été respectées.

→ *Reconnaissance transfrontalière.*

Titre gratuit (à)

[Droit civil]

→ *Acte à titre gratuit.*

Titre médecin

[Sécurité sociale]

Titre de paiement utilisé par les assurés pour le règlement de certains actes de chirurgie, de biologie ou de radiologie qui les dispense de faire l'avance des frais.

Titre nobiliaire

[Droit civil]

Distinction conférant la *noblesse* et attribuée par un souverain. Cet accessoire honorifique du nom (prince, duc, marquis…) se transmet selon des règles spéciales soumises au contrôle du ministère de la Justice.

Titre nominatif

[Droit commercial]

Titre qui mentionne le nom de son titulaire, et dont la négociation s'effectue par la formalité dite du *transfert* sur les registres de la société.

Titre onéreux (à)

[Droit civil]

→ *Acte à titre onéreux.*

Titre participatif

[Droit commercial]

Titre négociable à revenu variable, susceptible d'être émis par les sociétés par actions du secteur public et les sociétés anonymes coopératives.

Ne pas confondre avec le *financement participatif* des entreprises.

C. com., art. L. 228-36.

Titre putatif

[Droit civil]

Titre qui n'existe que dans la croyance du possesseur d'un bien, tel un testament dont on découvre plus tard qu'il a été révoqué.

Il ne permet pas la prescription abrégée, mais il suffit pour l'acquisition des fruits par le possesseur de bonne foi.

C. civ., art. 549.

→ *Titre (Juste).*

Titre recognitif

[Droit civil]

→ *Acte recognitif.*

Titre-restaurant

[Droit du travail]

Bon de paiement émis par l'employeur ou par une entreprise spécialisée grâce auquel l'employeur s'acquitte de l'indemnité de repas due aux salariés. Sous certaines conditions, le titre restaurant est exonéré des charges fiscales et sociales. On dit aussi « chèque restaurant ».

Titrement

[Droit administratif/Droit civil]

Outre-mer, procédure conduite par un *groupement d'intérêt public* ou un opérateur public foncier et visant à conférer à des personnes liées à des biens immobiliers des titres de propriété dont elles étaient jusqu'alors dépourvues (loi du 17 oct. 2013).

Titres de créances négociables

[Droit commercial]

Titres émis au gré de l'émetteur, négociables sur un marché réglementé, qui représentent chacun un droit de créance pour une durée déterminée; ils sont stipulés au porteur et inscrits en compte chez un intermédiaire habilité.

C. mon. fin., art. L. 213-1 s.

Titres exécutoires

[Droit civil/Procédure (principes généraux)/ Droit financier ou fiscal]

Titres permettant de recourir à l'exécution forcée.

La liste de ces titres est contenue dans l'article L. 111-3 du Code des procédures civiles d'exécution. Elle comprend :

1° les décisions des juridictions de l'ordre judiciaire ou de l'ordre administratif lorsqu'elles ont *force exécutoire* ainsi que les accords auxquels ces juridictions ont conféré force exécutoire;

2° les actes et les jugements étrangers ainsi que les sentences arbitrales déclarées exécutoires, sans préjudice des dispositions du droit de l'Union européenne applicables;

3° les extraits de procès-verbaux de conciliation signés par le juge et les parties;

4° les actes notariés revêtus de la formule exécutoire;

5° le titre délivré par l'huissier en cas de non-paiement d'un chèque;

6° les décisions auxquelles la loi attache les effets d'un jugement, ainsi que les titres délivrés par les personnes morales de droit public qualifiés comme tels par la loi. Aux termes de l'article L. 252 A du Livre des procédures fiscales, « constituent des titres exécutoires les arrêtés, états, rôles, avis de mise en recouvrement, titres de perception ou de recettes que l'État, les collectivités territoriales ou les établissements publics dotés d'un comptable public délivrent pour le recouvrement des recettes de toute nature qu'ils sont habilités à recevoir ».

→ *Contrainte judiciaire, Exécution des décisions de justice (Droit à l'), Exécution forcée, Formule exécutoire, Manu militari.*

Titres financiers

[Droit commercial]

Les titres financiers, dématérialisés et négociables, constituent, avec les contrats financiers, non dématérialisés, la catégorie des *instruments financiers*.

Les titres de capital et de créances, les parts ou actions d'organismes de placements collectifs et un certain nombre d'autres instruments financiers équivalents, sont les titres financiers.

C. mon. fin., art. L. 211-1.

Titres subordonnés

[Droit commercial]

Valeurs mobilières émises par des sociétés et remboursables après payement de tous les créanciers chirographaires de l'émetteur.

C. com., art. L. 228-97.

Titrisation

[Droit civil/Droit commercial]

Conversion en titres négociables des créances de prêt détenues par un établissement de crédit ou la *Caisse des dépôts et consignations* au moyen de leur cession à un *fonds commun de créances* ou organisme de titrisation qui émet, en contrepartie, des parts représentatives desdites créances; ces parts sont offertes aux investisseurs comme valeurs mobilières sur le marché financier.

Toge

[Procédure civile/Procédure pénale]

Dénomination surannée, et à vrai dire impropre, de la robe de magistrat, d'avocat, de greffier, de professeur d'université.

→ *Costume judiciaire, Robe noire, Robe rouge.*

Tolérance (Acte de simple)

[Droit civil]

Acte accompli sur le fonds d'autrui, mais avec la permission expresse ou tacite du propriétaire qui peut y mettre fin à tout moment. Un tel acte ne peut fonder ni possession, ni prescription, spécialement en matière de servitudes.

C. civ., art. 2262.

→ *Actes de pure faculté.*

Tontine

[Droit civil]

Opération par laquelle plusieurs personnes constituent, par des versements, un fonds commun qui sera capitalisé pendant un certain nombre d'années et réparti, à l'échéance convenue, entre les survivants, déduction faite des frais de gestion de la société qui s'est chargée de cette opération (société tontinière). Ainsi entendue, elle constitue l'ébauche de l'assurance-vie.

C. assur., art. R. 322-139 s.

Dans la pratique notariale, la tontine, encore appelée clause d'accroissement ou de réversion, est un pacte conclu entre plusieurs personnes lors de l'acquisition d'un bien en commun et en vertu duquel seul le survivant de tous sera considéré comme propriétaire, chaque acquéreur conservant la jouissance du bien sa vie durant. Les biens recueillis en vertu de cette clause sont fiscalement réputés transmis à titre gratuit à chacun des bénéficiaires de l'*accroissement.*

CGI, art. 754 A.

GAJC, t. 1, n° 134-137.

La tontine désigne, enfin, une pratique coutumière (en Afrique et en Asie notamment) par laquelle chaque membre d'un groupement verse périodiquement une certaine somme d'argent, le capital ainsi réuni étant utilisable à tour de rôle par chacun des membres.

Toque

[Procédure civile/Procédure pénale]

Coiffure en velours, soie ou laine, bordée ou non de galons d'or ou d'argent selon les grades, qui fait partie du costume des magistrats et des greffiers. La toque n'est plus portée mais tenue de la main gauche et uniquement lors des audiences solennelles.

Tortures et actes de barbarie

[Droit pénal/Procédure pénale]

Violente souffrance physique que l'on fait subir à autrui et tous autres traitements cruels inhumains ou dégradants. Ces faits constituent aujourd'hui, dans le Code pénal, une infraction autonome.

Tout comme les crimes contre l'humanité et les crimes et délits de guerre, les crimes de torture, pour lesquels les juridictions françaises sont compétentes en application de la Convention contre la torture et autres peines ou traitements cruels, inhumains ou dégradants, adoptée à New York le 10 décembre 1984, relèvent d'un pôle judiciaire spécialisé au sein des juridictions parisiennes, dont la compétence est concurrente de celle des juridictions habilitées à en connaître en application des règles de droit commun.

C. pén., art. 222-1 s.; C. pr. pén., art. 628-1 à 628-10.

Totalitarisme

[Droit constitutionnel]

Système dans lequel l'État établit son emprise sur la totalité des activités humaines (politiques, économiques, sociales, culturelles, religieuses, etc.), l'individu étant entièrement subordonné à l'idéal exclusif formulé par le pouvoir.

→ *Démocratie populaire.*

Tour d'échelle

[Droit civil]

Droit de pénétrer sur le terrain d'un voisin pour y placer des échelles aux fins d'entretenir un bâtiment personnel situé sur la ligne séparative des fonds. Ce droit ne peut constituer une servitude que s'il a été établi par un titre. À défaut, l'utilisation du fonds voisin exige la démonstration d'un abus de droit de propriété de la part du voisin.

Tour extérieur

[Droit administratif]

Mode de nomination dérogatoire au droit commun de la *fonction publique*, permettant à l'exécutif de recruter directement certaines personnes à des emplois de la haute fonction publique de l'État. Ces nominations sont limitées en nombre et depuis 1994, en raison d'abus, sont soumises à des avis destinés à éclairer sur l'aptitude des intéressés à remplir convenablement leurs fonctions.

Tourisme procréatif

[Droit civil]

→ *Délocalisation procréative.*

Toxicomanie

[Droit pénal]

Habitude de consommation de certains produits pouvant procurer des sensations agréables mais susceptibles d'entraîner un état de dépendance physique ou psychique.

→ *Stupéfiants (Trafic et usage de).*

Tracfin (Traitement du renseignement et action contre les circuits financiers)

[Droit financier ou fiscal/Procédure pénale]

Sigle désignant une cellule de coordination, placée auprès du ministre des Finances, chargée du traitement des renseignements et de l'action contre les circuits financiers clandestins. Ce service a pour objectif de lutter contre les opérations de blanchiment de capitaux d'origine délictueuse (drogue, fraude fiscale, par ex.) notamment en informant le parquet.

Tractatus

[Droit civil]

→ *Possession d'état.*

Trade Unions

[Droit constitutionnel]

Les syndicats au Royaume-Uni, liés au parti travailliste.

Traditio

[Droit civil]

Mot latin qui désigne la remise de la chose faisant l'objet d'un contrat. On dit également tradition.

La loi sur la simplification du droit n° 2009-527, 12 mai 2009, remplace l'expression « tradition réelle » par celle de « remise de la chose ».

C. civ., art. 1606, 1607, 1919 et 2337.

→ *Contrat réel, Délivrance.*

Tradition

[Droit civil]

→ *Traditio.*

[Droit commercial]

Avant la dématérialisation des *valeurs mobilières*, mode de transmission propre aux titres au porteur s'effectuant par la simple remise matérielle du titre de la main à la main. Aujourd'hui, le *titre au porteur* est cédé de la même façon que le titre nominatif par virement de compte à compte.

Tradition républicaine

[Droit constitutionnel]

Ensemble de valeurs repris à l'article 1er de la Constitution de 1958. Au surplus, ne peut être invoquée pour soutenir qu'une loi est contraire à la Constitution que si cette tradition a donné naissance à un principe fondamental reconnu par les lois de la République avant le Préambule de la Constitution de 1946 (Cons. const., 20 juill. 1988).

Trafic d'influence

[Droit pénal]

Infraction consistant dans le fait de solliciter ou d'agréer des offres, dons, promesses, présents ou avantages quelconques pour soi-même ou autrui, pour abuser ou avoir abusé d'une influence réelle ou supposée dans le but de faire obtenir, d'une autorité ou d'une administration publique, des distinctions, des emplois, des marchés ou toute autre décision favorable. Le fait est plus sévèrement réprimé lorsqu'il est accompli par une personne exerçant une fonction publique.

C. pén., art. 432-11 et 433-2.

Trahison

[Droit pénal]

Ensemble d'infractions commises par un Français ou un militaire au service de la France dont la caractéristique commune est qu'elles constituent une atteinte aux intérêts fondamentaux de la nation, le plus souvent au profit d'une puissance étrangère. Elle est plus sévèrement réprimée en temps de guerre.

C. pén., art. 411-1 s.; CJM, art. L. 311-10.

→ *Espionnage.*

Traite

[Droit commercial]

→ *Lettre de change.*

Traite des êtres humains

[Droit pénal]

Fait de recruter une personne, de la transporter, de la transférer, de l'héberger ou de l'accueillir à des fins d'exploitation. S'agissant de majeurs, l'infraction implique, soit l'emploi de menace, de contrainte, de violence ou de manœuvre dolosive visant la victime, sa famille ou une personne en relation habituelle avec elle (1re) soit une commission par un ascendant légitime, naturel ou adoptif de la personne ou une personne ayant une autorité sur elle ou qui abuse de l'autorité que lui confère ses fonctions (2e),

soit une réalisation par abus d'une situation de vulnérabilité due à l'âge, une maladie, une infirmité, une déficience physique ou psychique, un état de grossesse apparente ou connue de l'auteur (3e), soit, hypothèse la plus fréquente, en échange ou par l'octroi d'une rémunération ou de tout autre avantage ou d'une promesse de rémunération ou d'avantage (4e).
L'exploitation résulte de la mise à disposition de la victime, à l'auteur des faits incriminés ou à un tiers même non identifié, aux fins de lui faire subir la commission de certaines infractions : proxénétisme, agression ou atteinte sexuelles, réduction en servitude, prélèvement d'un de ses organes, exploitation de la mendicité, conditions de travail ou d'hébergement contraires à sa dignité ou, au contraire, de la contraindre à commettre tout crime ou délit. S'agissant de mineurs la traite n'implique aucune circonstance de commission particulière.

C. pén., art. 225-4-1.

Traité

[Droit international public]

Accord régi par le droit international conclu par écrit entre sujets internationaux détenteurs de la capacité de conclure des traités (États et organisations internationales) en vue de produire des effets de droit dans leurs relations mutuelles.
Termes pratiquement synonymes : convention, pacte, accord, arrangement, protocole…

1° *Traité bilatéral :* résultant de l'accord de 2 contractants seulement.

2° *Traité-cadre :* convention internationale fixant les grands principes d'un régime juridique et établissant un cadre institutionnel pour la négociation de protocoles destinés à préciser et concrétiser ces principes (ex. Convention-cadre de Rio du 9 mai 1992 sur les changements climatiques).

3° *Traité-contrat :* se dit des conventions génératrices de situations juridiques subjectives, les contractants stipulant des prestations réciproques, comme dans un contrat privé (ex. : traité de commerce).

4° *Traité-loi (ou traité normatif) :* généralement multilatéral, dont l'objet est de poser une règle de droit, c'est-à-dire d'établir une situation juridique impersonnelle et objective (par ex. : un mode d'organisation de la société internationale, un statut territorial, etc.).

5° *Traité multilatéral (ou collectif) :* résultant de l'accord de plus de 2 contractants.

GDCC n° 25; GAJC, t. 1, n° 1 et 4; GADPG n° 5; GAJF n° 4.

Traité de Lisbonne

[Droit européen]

→ *Lisbonne (Traité de).*

Traité de Maastricht

[Droit européen]

→ *Maastricht (Traité de).*

Traité sur la stabilité, la coordination et la gouvernance (TSCG)

[Droit européen/Droit financier]

Traité intergouvernemental signé à Bruxelles le 2 mars 2012 entre 25 États membres de l'Union européenne (sans le Royaume-Uni et la République Tchèque), il est destiné à renforcer la gouvernance économique entre ces États, et leur surveillance budgétaire, par de nouveaux dispositifs et en particulier un *pacte budgétaire européen*. Son entrée en vigueur, après sa ratification par 12 des membres de la zone euro, est effective depuis le 1er janvier 2013. Il a été ratifié par la France le 26 novembre 2012.

→ *Mécanisme européen de stabilité, Pacte de stabilité et de croissance, Règle d'or.*

Traitement budgétaire

[Droit administratif]

Élément principal de la rémunération d'un fonctionnaire correspondant à son indice de traitement, et sur lequel est calculée sa pension de retraite lors de la fin de ses fonctions.

Il est assorti de différents compléments, notamment de primes aux noms divers et souvent mal connues, très inégales suivant les Administrations et qui contribuent largement à fausser les comparaisons entre les rémunérations des différents fonctionnaires, généralement pratiquées à partir de leur traitement budgétaire.

Traitement des données personnelles

[Droit civil/Droit pénal]

Toute opération ou ensemble d'opérations effectuées ou non à l'aide de procédés automatisés et appliquées à des *données à caractère personnel*, telles que la collecte, l'enregistrement, l'organisation, la conservation, l'adaptation ou la modification, l'extraction, la consultation, l'utilisation, la communication par transmission, diffusion ou toute autre forme de mise à disposition, le rapprochement ou l'interconnexion, ainsi que le verrouillage, l'effacement ou la destruction.

Le traitement de données personnelles est encadré par la loi n° 78-17 du 6 juillet 1978 relative à l'informatique, aux fichiers et aux libertés et par la directive n° 95/46/CE relative à la protection des personnes physiques à l'égard du traitement des données à caractère personnel et à la libre circulation de ces données. Le responsable du traitement doit notamment assurer que sont remplies des conditions de qualité et de légitimation de ces données.

La Cour de Justice de l'Union européenne considère que relève de cette définition l'activité d'un moteur de recherche, qui consiste à trouver des informations publiées ou placées sur Internet par des tiers, à les indexer de manière automatique, à les stocker temporairement et, enfin, à les mettre à la disposition des internautes selon un ordre de préférence (CJUE, 13 mai 2004, n° C-131/12). L'exploitant du moteur de recherche est un responsable de traitement, au sens de la directive n° 95/46/CE et encourt ainsi une responsabilité directe et autonome.

Constituent des infractions pénales : le fait d'accéder ou de se maintenir frauduleusement dans un système de traitement automatisé de données, le fait d'entraver ou de fausser le fonctionnement d'un tel système ou encore celui d'introduire frauduleusement des données, d'extraire, de détenir, de reproduire, de transmettre, de supprimer des données. La peine est aggravée lorsque les infractions sont commises à l'encontre d'un système de données mis en œuvre par l'État.

C. pén., art. 323-1, 323-2 et 323-3.

→ *Droit à l'oubli numérique.*

Traitement inhibiteur de la libido

[Droit pénal]

Souvent appelé castration chimique, il consiste dans l'administration de médicaments, dont la liste est fixée par arrêté du ministre de la Santé, qui a pour objectif de diminuer la libido (désir sexuel). Si, s'agissant des condamnés à la réclusion criminelle à perpétuité, à une peine égale ou supérieure à 15 ans lorsque le suivi socio-judiciaire est encouru, à une peine supérieure ou égale à 10 ans pour les infractions mentionnées à l'article 706-53-13 du Code de procédure pénale (celles qui peuvent entraîner une rétention de sûreté), l'avis de 2 experts doit être sollicité sur l'opportunité de ce traitement avant toute libération conditionnelle, la seule personne habilitée pour le prescrire est le médecin traitant qui doit signaler, au médecin coordonnateur, tout refus ou interruption de traitement intervenant contre sa volonté.

C. pr. pén., art. 730-2; CSP, art. L. 3711-3.

Traités inégaux

[Droit international public]

Traités reflétant le déséquilibre des rapports de force entre les États signataires, l'une des parties ayant profité de la faiblesse de l'autre pour lui imposer des clauses désavantageuses.

Trame verte, trame bleue

[Droit de l'environnement]

Géographie des espaces qui ont pour objectif d'enrayer la perte de biodiversités en veillant à la préservation et à la remise en bon état des continuités écologiques, tout en prenant en compte les activités humaines, notamment agricoles, en milieu rural.

La trame verte comprend des espaces protégés, des corridors écologiques permettant de relier ces espaces, les surfaces mentionnées au 5 de l'article L. 211-14 du Code de l'environnement.

La trame bleue englobe les cours d'eau, parties de cours d'eau ou canaux figurant sur des listes ministérielles et tout ou partie des zones humides dont la bonne gestion contribue à la réalisation des objectifs de restauration de la biodiversité.

Les continuités écologiques qui constituent ces trames sont identifiées par les schémas de cohérence écologique élaborés conjointement par les présidents de conseils régionaux et les préfets de régions.

C. envir., art. L. 371-1 s., R. 371-16 s.

Transaction

[Droit administratif/Droit commercial]

Les personnes publiques peuvent être amenées à transiger, par exemple en matière d'infractions au droit de la concurrence et de la consommation, ou encore dans le cadre de l'exécution d'un *contrat administratif*. Le droit de la concurrence prévoit singulièrement cette issue à la procédure dite de non-contestation des griefs par l'entreprise fautive : une amende minorée est prononcée qui tient compte des engagements pris par le contrevenant.

C. consom., art. L. 523-1 s.; C. com., art. L. 464-2 III.

GACA n° 74.

[Droit civil]

Contrat par lequel les parties terminent ou préviennent une contestation en se consentant des concessions réciproques.

C. civ., art. 2044 s.; C. pr. civ., art. 1568.

Ce mot est aussi utilisé dans le langage courant pour désigner une opération commerciale.

[Procédure civile]

La transaction intervenue entre deux personnes a la même valeur qu'une décision passée en *force de chose jugée*, mais cette autorité est subordonnée à l'exécution de la transaction. En présence d'une transaction extrajudiciaire, le président du TGI, saisi par requête de l'une des parties, peut lui conférer force exécutoire.

Selon la Convention de Bruxelles du 27 septembre 1968, article 51, les transactions conclues devant le juge au cours d'un procès et exécutoires dans l'État d'origine sont exécutoires dans l'État requis aux mêmes conditions que les actes authentiques.

C. civ., art. 2052; C. pr. civ., art. 311, 384, 1441-4.

[Procédure pénale]

Procédure par laquelle certaines administrations (contributions indirectes – douanes, etc.) peuvent proposer, aux délinquants, l'abandon des poursuites pénales en contrepartie de l'aveu de l'infraction et du versement d'une somme d'argent dont elles fixent elles-mêmes le montant. Cette procé-

dure, jusqu'alors d'application restrictive, entraîne l'extinction de l'action publique. Une procédure du même type est également applicable, pour certaines contraventions en matière de transports terrestres, y compris pour le non-paiement de péage, entre le contrevenant et l'exploitant.
Les maires pour les contraventions constatées par la police municipale et le défenseur des droits pour des infractions de discrimination, disposent également d'une telle possibilité. Il en est de même pour l'autorité administrative chargée de la concurrence et de la consommation pour certaines infractions prévues par le Code de commerce ou de la consommation (contraventions ou délits non passibles d'une peine d'emprisonnement), après accord du procureur de la République. Cette procédure a été étendue à l'ensemble des infractions au Code de l'environnement et sa mise en œuvre a été accordée aux officiers de police judiciaire, sur autorisation du procureur de la République, pour de très nombreuses infractions énumérées par l'article 41-1-1 du Code de procédure pénale.
La transaction, qui doit être acceptée par l'auteur de l'infraction, est homologuée par le président du tribunal de grande instance ou par un juge désigné par lui, le cas échéant, après avoir entendu l'auteur de l'infraction, assisté, s'il le souhaite, par son avocat. En cas d'inexécution le procureur de la République pourra envisager une alternative à la poursuite, une composition pénale, ou engager des poursuites.

C. pr. pén., art. 6, 529-3 s., 41-1-1, 44-1, R. 49-8-4-1 et D. 1-1; C. com., art. L. 310-6-1; C. consom., art. L. 523-1; C. envir., art. L. 173-12.

Transcription

[Droit civil]

Formalité de publicité de certains actes juridiques, qui consiste à recopier totalement ou partiellement l'acte sur un registre officiel. Terme désignant, avant 1955, les opérations de *publicité foncière*.

C. civ., art. 80, 91.

Transfèrement

[Procédure pénale]

Au sens large translation d'une personne détenue d'un établissement pénitentiaire à un autre. Il peut être judiciaire ou administratif. Dans un sens plus précis le transfèrement s'entend de l'opération consistant, sur la base d'une convention internationale à transférer, sur le territoire national, une personne détenue dans un autre État en exécution d'une condamnation prononcée par une juridiction étrangère afin qu'elle accomplisse la partie de peine restant à subir dans un établissement pénitentiaire français et conformément aux règles d'exécution applicables en France. Le principe de *reconnaissance mutuelle des jugements en matière pénale*, dans le cadre de l'Union européenne, entraîne des transfèrements tant de la France vers un autre État membre lorsqu'elle est État de condamnation que d'un autre État membre vers la France lorsqu'elle est État d'exécution.

C. pr. pén., art. 728-2 s., 728-23 à 728-26, 728-61 à 728-63 et D. 290 s.

Transfert

[Droit commercial]

Mode de transmission des titres nominatifs qui s'effectue par l'inscription sur un registre tenu par le débiteur du titre (en l'espèce la société émettrice ou la collectivité publique) du nom du cessionnaire, cette inscription étant accompagnée de la radiation du nom du cédant.

[Droit du travail]

Situation d'un salarié dont le contrat de travail avec son employeur est rompu et qui passe au service d'un autre employeur par convention conclue par les 3 parties intéressées. Lorsque le transfert intervient dans le cadre d'une « modification dans la situation juridique de l'employeur », selon les termes de l'article L. 1224-1 du Code du travail, le contrat de travail avec l'employeur initial n'est pas rompu mais transféré au nouvel employeur par effet de la loi (règle d'ordre public absolu qui déroge à l'effet relatif des contrats).

C. trav., art. L. 1224-1 s.

→ *Mutation, Détachement.*

Transfert d'embryon

[Droit civil]

Procédé d'*assistance médicale à la procréation* consistant à réimplanter l'embryon obtenu *in vitro* dans un utérus féminin (on utilise le sigle FIVETE).

→ *Accueil d'embryon, Conception in vitro, Embryon humain, Embryons surnuméraires, Don de gamètes, Gestation pour autrui, Insémination artificielle, Recherches impliquant la personne humaine.*

Transfert de propriété

ACTU

[Droit civil]

Opération par laquelle l'acquéreur devient propriétaire en lieu et place de son prédécesseur.

Dans les contrats ayant pour objet l'aliénation de la propriété ou la cession d'un autre droit, en principe, le transfert s'opère lors de la conclusion du contrat. Mais ce transfert peut être différé par la volonté des parties, la nature des choses ou par l'effet de la loi. Le transfert de propriété emporte transfert des risques de la chose.

C. civ., art. 1196.*

Transformation de société

[Droit commercial]

Décision des associés de changer la forme d'une société personnifiée (par ex., de société anonyme en SARL, de société en nom collectif en commandite). Cette décision, qui implique de modifier les statuts et est publiée au registre du commerce, n'a en principe pas d'incidence sur le patrimoine de la société et n'affecte pas la personnalité juridique de celle-ci.

La transformation de société est régulièrement admise en droit interne mais soumise à des conditions de réalisation variable. Dans les relations internationales, la transformation est plus aléatoire, qui équivaut au « changement de nationalité » prévu par les textes ou à un transfert de siège avec changement du droit applicable.

C. civ., art. 1844-3; C. com., art. L. 210-6

Transit

[Droit commercial]

Passage d'une marchandise à travers un État sans être dédouanée.

Transit international routier (TIR)

[Droit administratif]

→ *Transport sous douane.*

Transitaire

[Droit commercial]

Commissionnaire spécialisé dans l'importation et l'exportation des marchandises, qu'elles circulent ou non en transit. Il effectue les formalités matérielles et juridiques de la douane (transitaire en douane).

Transition écologique

[Droit de l'environnement]

Passage d'un état économique et environnemental dépendant des sources d'énergies fossiles à un modèle reposant sur des ressources naturelles renouvelables, respectueuses de l'environnement.

C. envir., art. L. 133-1 s., D. 134-1 s.

→ *Conseil national de la transition écologique.*

Transitoire (Droit)

[Droit civil]

Ensemble des règles déterminant le domaine respectif d'application de la loi ancienne et de la loi nouvelle.

→ *Conflit de lois dans le temps, Droit acquis, Effet immédiat de la loi (Principe de l'), Non-rétroactivité, Rétroactivité de la loi.*

Translatif

[Droit civil]

Qui opère déplacement d'un droit, spécialement du droit de propriété, d'un patrimoine à un autre (vente, donation…).

C. civ., art. 1196.*

→ *Acte translatif.*

Transmission à titre particulier

[Droit général]

Transmission d'un ou plusieurs biens déterminés ou déterminables.

C. civ., art. 1014.

→ *Ayant cause à titre particulier.*

Transmission à titre universel

[Droit général]

Transmission d'une quote-part du patrimoine.

C. civ., art. 1010.

→ *Ayant cause à titre universel.*

Transmission universelle

[Droit général]

Transmission de tout le patrimoine d'une personne (actif et passif). Elle ne peut se réaliser que pour cause de mort, ou, en matière commerciale, pour cause de fusion de sociétés.

C. civ., art. 1003.

→ *Ayant cause universel.*

Transparence

[Droit général]

Au sens figuré, principe d'organisation de la société démocratique.

Consacré en droit positif, par exemple en droit européen par l'article 11 TUE, il reçoit des applications diverses (processus électoraux, accès aux documents administratifs, marchés publics, financement de la vie politique…) mais rencontre également des limites (secret d'État, protection de la vie privée, secret des affaires).

→ *Haute autorité pour la transparence de la vie publique.*

[Droit commercial]

Traditionnellement adepte d'un principe de libre organisation interne des entreprises et de secret des affaires, le droit commercial contemporain édicte des obligations spécifiques de transparence, dans l'intérêt des consommateurs et de la loyauté des relations économiques. Illustrations : communication des conditions générales de vente à tout intéressé et mentions obligatoires apposées sur les factures et papiers d'affaires (droit des pratiques restrictives de concurrence); étiquetage et information sur l'origine des produits (droit de la consommation).

C. com., art. L. 441-1 s.; C. consom., art. L. 111-1 s.

Transparence fiscale

[Droit financier ou fiscal]

Néologisme désignant une manifestation particulière de l'autonomie du droit fiscal, selon laquelle celui-ci accepte d'ignorer la personnalité juridique de certaines sociétés. Celles-ci ne sont, alors, pas assujetties à l'impôt sur les bénéfices des sociétés, leurs profits étant imposés dans la personne de leurs associés au titre de l'impôt sur le revenu comme s'ils avaient été réalisés directement par eux et non par la société. La charge fiscale globale est ainsi allégée du montant de l'impôt sur les bénéfices qu'aurait eu à payer la société si elle n'avait pas été fiscalement « transparente ».

ACTU

Transport public particulier

[Droit civil]

Transport public de personnes exécuté à titre onéreux par les taxis, les voitures de transport avec chauffeur et les véhicules motorisés à 2 ou 3 roues.

Les taxis sont des véhicules automobiles dont le propriétaire ou l'exploitant est titulaire d'une autorisation de stationnement sur la voie publique en attente de clientèle. Ils peuvent être loués à la place et prendre en charge sur la voie publique tout client qui les sollicite sans réservation préalable; c'est la maraude.

Les voitures de transport avec chauffeur (VTC) ne peuvent pas effectuer ces mêmes opérations sur une voie ouverte à la circulation publique : elles ne peuvent prendre un client à leur bord qu'en justifiant d'une réservation préalable. Même dans ce cas, le stationnement à l'abord ou dans l'enceinte des gares et aérogares est limité à une heure. Ces prescriptions sont sanctionnées pénalement (un an de prison, 15 000 € d'amende).

L'incompatibilité de l'activité de conducteur de taxi avec celle de conducteur VTC a été abrogée par le Conseil constitutionnel le 15 janvier 2016 (DC. n° 2015-516).

Des restrictions analogues pèsent sur les véhicules motorisés à 2 ou 3 roues

C. transp., art. L. 3121-1 s., L. 3122-1 s., R. 3120-1, R. 3120-2, R. 3122-1 s.

Transport sous douane

[Droit financier ou fiscal]

Institution fiscale permettant soit de traverser le territoire douanier français, soit d'acheminer les importations vers des entrepôts de douane ou des centres de dédouanement dans l'intérieur du territoire sans remplir à la frontière les formalités de dédouanement, pour tenir compte de l'accroissement des échanges internationaux, notamment par transports routiers.

Le Transit international routier (TIR) en est l'une des modalités.

Transport sur les lieux

[Procédure civile]

Mesure d'instruction consistant pour le juge à aller sur place pour procéder aux constatations, évaluations, appréciations ou reconstitutions qu'il estime nécessaires à la manifestation de la vérité.

C. pr. civ., art. 179.

→ *Vérifications personnelles du juge.*

[Procédure pénale]

Mesure de l'enquête ou de l'instruction conduisant un magistrat ou une formation de jugement d'une juridiction à se rendre sur les lieux où s'est déroulée une infraction pour y effectuer des constatations matérielles.

C. pr. pén., art. 92 s., 456 et 536.

Transposition

[Droit européen]

Mise en œuvre d'une directive de l'*Union européenne* par les États membres, résultant de l'adoption d'actes normatifs nationaux, notamment de nature législative.

La transposition est obligatoire dans le délai prescrit par chaque directive. L'absence de transposition dans ce délai expose l'État membre à une action en manquement, ou à une action en responsabilité devant la juridiction nationale. Lorsque les dispositions de la directive non transposée sont suffisamment précises, la Cour de justice peut en outre les déclarer d'*effet direct*.

Transsexuel

[Droit civil]

Personne qui, à la suite d'un traitement médical et/ou d'une opération chirurgicale, ne possède plus tous les caractères de son sexe d'origine et a pris une apparence physique la rapprochant de l'autre sexe, auquel correspond son comportement social. Si le traitement a eu lieu dans un but thérapeutique, la Cour de cassation considère que le principe du respect dû à la vie privée justifie que l'état civil de cette personne indique désormais le sexe dont elle a l'apparence et que le principe de l'indisponibilité de l'*état de la personne* ne fait pas obstacle à une telle modification.

Pour obtenir la modification de la mention du sexe sur les registres de l'état civil, le transidentitaire doit établir la réalité du syndrome transsexuel au regard de ce qui est communément admis par la communauté scientifique, ainsi que le caractère irréversible de la transformation de son apparence (Civ. 1re, 7 juin 2012, deux arrêts, nº 11-22.490, nº 10-26.947).

Une proposition de loi du 29 septembre 2015 tend à démédicaliser et à déjudiciariser la procédure de modification de la mention du sexe à l'état civil. Il n'y aurait plus obligation de chirurgie de réassignation sexuelle ni exigence de l'irréversibilité de la transformation; de plus, la demande de changement serait examinée par le procureur de la République.

GAJC, t. 1, nº 26-27.

Travail

ACTU

[Droit du travail]

• *Travail par équipes :* pratiqué dans un établissement de façon continue ou prolongée et assuré par des équipes successives.

• *Travail dissimulé :* aux termes de la loi du 11 mars 1997, le travail dissimulé est un concept plus large que ce que le législateur dénommait antérieurement par l'expression « travail clandestin ». Il peut y avoir dissimulation d'entreprise ou dissimulation de salariés. Dans le premier cas, c'est le fait, pour une personne ou une entreprise, de se livrer à une activité commerciale, artisanale ou agricole sans respecter l'obligation d'obtenir l'inscription aux registres prévus par la loi ou sans établir les déclarations fiscales ou sociales exigées par la réglementation; dans le second cas, c'est le fait pour un employeur, tout en exerçant une activité au grand jour, de ne pas déclarer les salariés aux organismes de protection sociale, de ne pas délivrer de bulletins de paie ou de ne pas y mentionner l'intégralité des heures de travail accomplies par un salarié. Le travail dissimulé est pénalement sanctionné.

C. trav., art. L. 8221-1 s., R. 8221-1 s. et L. 8224-1 s.

GAJC, t. 2, nº 191.

• *Travail intermittent :* emplois permanents qui, par nature, comportent une alternance de périodes travaillées et de périodes non travaillées. Ces emplois sont définis par convention ou accord collectif étendu ou par convention ou accord d'entreprise ou d'établissement. Le contrat de travail intermittent est un contrat à durée indéterminée écrit qui doit comporter un certain nombre de mentions obligatoires et ne peut être conclu que dans les entreprises pour lesquelles un texte conventionnel étendu ou d'entreprise ou d'établissement le prévoit. À titre expérimental, la loi nº 2013-504 du 14 juin 2013 autorise le recours à ce type de contrat, hors de toute prévision conventionnelle, dans les entreprises employant au moins cinquante salariés de trois secteurs d'activité visés par arrêté du ministre chargé du travail (organismes de formation – à l'exclusion des formateurs en langue –, commerces des articles de sport et d'équipements de loisirs et détaillants et détaillants-fabricants de la confiserie, de la chocolaterie et de la biscuiterie).

C. trav., art. L. 3123-31 s.

• *Travail de nuit :* en principe entre 21 heures et 6 heures, donc à cheval sur 2 journées civiles. Le recours à ce type de travail est exceptionnel et soumis à un régime juridique spécifique qui doit notamment prévoir des contreparties sous forme de repos compensateur et, le cas échéant, sous forme pécuniaire. La loi n° 2015-990 du 6 août 2015 a instauré des exceptions à ce régime pour des établissements de vente au détail qui mettent à disposition des biens et des services et qui sont situés dans des zones touristiques internationales définies par le gouvernement. Dans ces établissements le début de la période de nuit peut être reportée à 24 heures par accord collectif qui doit prévoir des contreparties (notamment en matière de rémunération, qui est au moins doublée) en faveur des salariés qui acceptent, par volontariat, de travailler en soirée au-delà de 21 heures.

C. trav., art. L. 3122-29 s.

• *Travail par roulement :* organisation du travail dans laquelle les travailleurs d'un même établissement, n'appartenant pas à des équipes successives, n'accomplissent pas tous leur travail et ne prennent pas tous leur repos aux mêmes heures.

• *Travail à temps partagé :* exerce un travail à temps partagé toute personne physique ou morale constituée en entreprise, dont l'activité exclusive consiste à mettre à disposition d'entreprises clientes du personnel qualifié que ces dernières ne peuvent recruter elles-mêmes en raison de leur taille ou de leurs moyens. Le travail à temps partagé donne lieu à la conclusion de 2 contrats : un entre l'entreprise utilisatrice et l'entreprise de travail à temps partagé, et un contrat de travail, réputé à durée indéterminée, entre l'entreprise de travail à temps partagé et le salarié mis à disposition. Le travail à temps partagé s'inscrit ainsi en dérogation aux dispositions prohibant le prêt exclusif de main-d'œuvre et constitue une modalité particulière de travail temporaire. Les entreprises de travail temporaire, dont le caractère exclusif de l'activité n'est pas remis en cause, peuvent d'ailleurs pratiquer le travail à temps partagé.

C. trav., art. L. 1252-1 s.

• *Travail à temps partiel :* dont la durée est inférieure à la durée légale du travail ou, lorsque ces durées sont inférieures à la durée légale, à la durée fixée conventionnellement pour la branche ou pour l'entreprise ou aux durées applicables dans l'établissement (cette définition résulte de la loi dite « Aubry II » du 19 janv. 2000, qui a permis sur ce point la mise en conformité du droit français aux textes de la directive communautaire n° 97/81 du 15 déc. 1997 et de la convention internationale du travail n° 177). Le travail à temps partiel peut aussi être organisé dans le cadre d'une durée du travail mensuelle ou annuelle. La loi n° 2013-504 a instauré une durée minimale de temps partiel qui est en principe de 24 heures par semaine (ou l'équivalent sur le mois ou sur l'année). Il nécessite dans tous les cas l'établissement d'un contrat de travail écrit spécifique avec des mentions obligatoires.

C. trav., art. L. 3123-1 s.

Travail d'intérêt général

[Droit pénal]

Peine pouvant se substituer à un emprisonnement à titre de sanction principale lorsque le juge estime opportun de prononcer une telle mesure. Le condamné, qui doit accepter ce type de sanction, effectuera, au profit d'une personne morale de droit public, d'une personne morale de droit privé chargée d'une mission de service public ou d'une association habilitée, un travail d'une durée comprise entre 20 et 280 heures dans un délai qui ne peut excéder 18 mois.

Cette mesure peut également être utilisée comme peine complémentaire pour une contravention de 5e classe ou comme modalité d'exécution du sursis. Cette sanction concerne également les mineurs.

C. pén., art. 131-8, 131-22 s. et R. 131-12; C. pr. pén., art. 747-1 s.

→ *Sursis assorti de l'obligation d'accomplir un travail d'intérêt général.*

Travail en commun

[Sécurité sociale]

Situation dans laquelle les salariés de plusieurs entreprises, bien que se livrant à des tâches différentes, travaillent simultanément pour un objet et un intérêt commun sous une direction unique. Lorsque le travail en commun est caractérisé, les recours respectifs de la victime et de la Sécurité sociale sont exclus. La victime ne peut prétendre qu'aux réparations forfaitaires assurées par la Sécurité sociale, sauf faute inexcusable ou intentionnelle.

Travail forcé

[Droit pénal]

Fait de contraindre, par la violence ou la menace, une personne de travailler sans rétribution ou en échange d'une rétribution manifestement sans rapport avec l'importance du travail accompli.

C. pén., art. 225-14-1.

→ *Réduction en servitude, Traite des êtres humains.*

Travail temporaire

[Droit du travail]

→ *Contrat de travail.*

Travailleur

[Droit du travail]

• *À domicile :* toute personne qui exécute, moyennant une rémunération forfaitaire, pour le compte d'un ou plusieurs établissements, un travail qui lui est confié soit directement, soit par un intermédiaire. Ce peut être aussi celui qui exécute, soit seul, soit avec son conjoint, partenaire lié par un PACS, concubin ou avec ses enfants à charge ou avec un auxiliaire, le travail confié par un donneur d'ouvrage lui procurant les matières premières, moyennant une rémunération forfaitaire. Le travailleur à domicile est assimilé au salarié par la loi.

C. trav., art. L. 7412-1 s. et R. 7413-1 s.

• *Handicapé :* celui dont les possibilités d'acquérir ou de conserver un emploi sont effectivement réduites, par suite de l'altération d'une ou plusieurs fonctions physiques, sensorielles, mentales ou psychiques.

C. trav., art. L. 5213-1 s. et R. 5213-1 s.

Travailleur migrant

[Droit européen]

Le droit européen organise la libre circulation des travailleurs des États membres (art. 45 TFUE), par opposition aux professions indépendantes qui bénéficient du droit d'établissement et de la libre prestation de services.

[Droit international public]

Aux termes de la Convention internationale sur la protection des droits de tous les travailleurs migrants et des membres de leur famille du 18 décembre 1990, « personnes qui vont exercer, exercent ou ont exercé une activité rémunérée dans un État dont elles ne sont pas ressortissantes » (art. 2.1).

[Sécurité sociale]

Travailleur exerçant son activité dans un État autre que celui dont il est ressortissant ou dans lequel il réside, ou exerçant son activité dans un État autre que celui dans lequel il travaille habituellement ou dans lequel est situé son employeur.

Travailleur social

[Droit pénal]

Personne dont le rôle est de s'assurer que les délinquants placés sous le régime de la mise à l'épreuve (sursis, ajournement), ou qui exécutent leur peine en milieu libre (condamnés à un travail d'intérêt général, libérés conditionnels, libérés sous contrainte...), se soumettent aux mesures de contrôle et respectent les obligations qui leur sont imposées. On parlait d'*agent de probation* avant la loi n° 2000-516 du 15 juin 2000 renforçant la protection de la présomption d'innocence et les droits des victimes. Il exerce son activité dans le cadre des services pénitentiaires d'insertion et de probation (SPIP). Ces personnels sont aussi dénommés personnels d'insertion et de probation.

C. pén., art. 132-44 s., 132-55 et D. 572.

Travaux d'intérêt collectif

[Droit civil/Droit de l'environnement]

Travaux d'économie d'énergie ou de réduction des émissions de gaz à effet de serre pouvant être effectués dans les parties privatives de l'immeuble aux frais des copropriétaires concernés, dès lors qu'ils ont été votés à la majorité absolue de tous les copropriétaires. Cette entorse au droit de propriété et au principe exigeant l'unanimité des voix en assemblée générale pour imposer à un copropriétaire une modification aux modalités de jouissance de ses parties privatives est justifiée par la quasi-impossibilité de parvenir à la performance énergétique si les mesures d'économie ne s'appliquent qu'aux seules parties communes.

Travaux préparatoires

[Droit constitutionnel]

Ensemble des documents officiels (rapports des commissions spécialisées, procès-verbaux des débats au sein des assemblées, communiqué du Conseil des ministres...) qui précèdent l'établissement de la règle de droit écrit et qui permettent de mieux connaître la volonté du pouvoir qui a posé la norme.

Travaux publics

[Droit administratif]

Travaux exécutés sur un immeuble, dans un but d'utilité générale, soit pour le compte d'une personne publique quel qu'en soit le maître d'œuvre, soit plus rarement pour le compte d'une personne privée, s'ils sont effectués par une personne publique agissant dans le cadre d'une mission de service public.

Au singulier (travail public) le terme désigne aussi l'ouvrage qui en est le résultat.

GAJA n° 36 et 67.

Tréfoncier

[Droit civil]

Propriétaire du sous-sol (tréfonds), par opposition au foncier, propriétaire du sol, et au superficiaire, propriétaire de ce qui est situé au-dessus du sol (constructions, plan-

tations). En principe, la propriété du sol emporte la propriété du dessus et du dessous, mais cette présomption de propriété peut être renversée par la preuve contraire qui ne peut résulter que d'un titre ou de la prescription acquisitive.
L'institution d'une concession de mines, même au profit du propriétaire de la surface, crée un droit immobilier distinct de la propriété de la surface; ce droit n'est pas susceptible d'hypothèque.

C. minier, art. L. 132-8, 132-15; C. civ., art. 552, al. 1.

Tréfonds

[Droit civil]

Ce qui est situé au-dessous d'un terrain. Le propriétaire du sol peut faire au-dessous toutes les constructions et fouilles qu'il juge à propos et en tirer tous produits, ainsi que s'opposer aux empiétements des tiers. Mais certaines richesses du tréfonds sont détachées de la propriété du sol en raison de leur intérêt général et appartiennent à l'État, tels les gisements miniers et les vestiges archéologiques.

C. civ., art. 552, al. 3; C. patr., art. L. 541-1, R. 541-1 s.; C. minier, art. L. 131-1, L. 332-1.

→ *Droit de superficie.*

Trentième indivisible

[Droit financier ou fiscal]

Règle de comptabilité publique selon laquelle la fraction indivisible du *traitement budgétaire* mensuel des personnels de l'État et de ses établissements publics administratifs est égale au trentième de celui-ci. En conséquence, en l'absence de « service fait » (c'est-à-dire d'exécution des fonctions) pendant une durée inférieure à une journée, notamment en cas de grève de très courte durée, la retenue sur traitement est égale à la rémunération d'une journée entière.

Trésor

[Droit civil]

Chose cachée ou enfouie sur laquelle personne ne peut justifier d'un droit de propriété, et qui est découverte par le pur effet du hasard.
Le trésor appartient à celui qui le découvre dans son propre fonds; s'il est trouvé dans le fonds d'autrui, il appartient pour moitié à l'inventeur et au propriétaire.

C. civ., art. 598, 716.

Trésor public

[Droit financier ou fiscal]

Expression utilisée pour désigner un ensemble de services de l'État rattachés, au ministère des Finances, à la direction générale du Trésor et de la prévision économique. Cette dernière a abandonné en 2010 la dénomination qui lui avait été donnée en 2004, lors de la fusion de la Direction du trésor et de la prévision. Elle est devenue la Direction générale du trésor.
L'étendue de ses missions, très vaste dans les quelques décennies ayant suivi la fin de la Seconde Guerre mondiale (1945) durant lesquelles le Trésor a joué un rôle central dans le financement de l'économie et la tutelle de l'État sur le marché monétaire et le système bancaire, s'est restreinte avec la disparition de l'« économie administrée ».
Les principales – et importantes – fonctions actuelles du Trésor sont de nature financière. Il tient la caisse de l'État, ainsi que des *collectivités territoriales* et des établissements publics dont les disponibilités sont en principe déposées auprès de lui (principe de l'unité de trésorerie des personnes publiques) sur le compte unique du Trésor à la *Banque de France*. Il doit financer les déficits de trésorerie de l'État nés du déficit budgétaire ou du désajustement dans le temps de ses recettes et de ses dépenses, en recherchant des ressources de trésorerie.

→ *Agence France Trésor, Dette publique.*

Trésorerie

[Droit financier ou fiscal]

Dénomination actuelle du poste comptable du trésor naguère appelé : perception. Ce dernier terme, traditionnel, est encore très souvent utilisé dans la langue courante.

→ *Percepteur.*

Trésorier-payeur général/Directeur départemental des finances publiques

[Droit financier ou fiscal]

Dénomination relative à un Haut fonctionnaire du ministère des Finances en fonction dans chaque département (Paris a une organisation particulière). Le trésorier-payeur général a disparu en 2012 pour céder la place au Directeur départemental des finances publiques, lequel a repris les différentes fonctions du TPG en étant le seul comptable principal de l'État dans chaque département – c'est-à-dire rendant un *compte de gestion* à la *Cour des comptes*, après avoir intégré dans ses écritures celles d'un grand nombre d'autres comptables publics. Il est chargé de centraliser dans ses comptes les impôts directs (recouvrés par les « trésoreries ») et un grand nombre de produits non fiscaux de l'État, et de suivre le contentieux de leur recouvrement. Il contrôle la mise en paiement des dépenses de l'État et procède au règlement des créanciers.

Il conserve un rôle important de conseiller financier auprès du *préfet de région* en matière d'économie et d'investissements publics régionaux.

Il apurait également les comptes des communes de moins de 3 500 habitants dont le montant des recettes ordinaires est inférieur à 750 000 €, qui représentaient plus des 9/10e des communes, étant observé que seules les chambres régionales des comptes sont compétentes pour mettre leurs comptables en *débet*. Ce seuil fut élevé pour les communes à partir de 2012 à 5 000 habitants et dont le montant de recettes ordinaires figurant au dernier compte administratif était inférieur à 2 millions d'euros puis à 3 millions d'euros pour les exercices ultérieurs, tandis que pour les EPCI ce seuil passait à 5 000 habitants pour 2012 puis à 10 000 habitants à partir de 2013 et dont le montant des recettes ordinaires figurant au dernier compte administratif est inférieur à 2 millions d'euros pour 2012 et à 5 millions d'euros à partir de 2013.

→ *Administrateur (général) des finances publiques, Apurement des comptes, Contrôle financier déconcentré.*

Trêve hivernale

[Droit civil/Procédure civile]

Période s'étendant du 1er novembre au 31 mars pendant laquelle il est sursis à toute mesure d'*expulsion* malgré une décision judiciaire en ce sens passée en *force de chose jugée*. La trêve est écartée si le relogement des intéressés est suffisamment assuré, s'il y a eu entrée dans les locaux par voie de fait, si l'immeuble fait l'objet d'un arrêté de péril.

C. pr. exéc., art. L. 412-6, R. 412-1, R. 412-4.

Tribunal administratif

[Droit administratif]

Juridiction administrative de droit commun, dont le ressort comprend un nombre variable de départements, et qui rend des jugements normalement susceptibles d'appel devant la cour administrative d'appel dont il relève. Il existe 42 tribunaux administratifs (dont 31 en métropole).

Tribunal administratif international

[Droit international public]

Tribunal chargé de statuer sur les litiges concernant la situation des fonctionnaires des organisations internationales (Tribunaux administratifs de l'ONU, de l'OIT et des institutions spécialisées).

→ *Tribunal du contentieux administratif des Nations unies.*

Tribunal arbitral

[Droit international public]

Organe *ad hoc* composé d'arbitres nommés par les parties; constitué sur la base d'un accord spécial ou d'une *clause compromissoire* insérée dans un traité, il est chargé de régler un ou plusieurs différends entre sujets internationaux par une décision revêtue de l'*autorité de chose jugée*.

[Procédure civile]

Tribunal composé d'un ou de plusieurs arbitres en nombre impair, qui est constitué dès que les arbitres ont accepté leur mission. Il a autorité pour décider de la procédure à suivre à condition de respecter les *principes directeurs du procès civil*, statuer sur sa propre compétence, procéder aux actes d'instruction nécessaires et ordonner toute mesure conservatoire ou provisoire opportune. Sa mission prend fin 6 mois après sa saisine, sauf prorogation par accord des parties ou, à défaut, par le *juge d'appui*.

C. pr. civ., art. 1450 à 1477.

→ *Arbitrage, Arbitre, clause compromissoire, Compromis, Convention d'arbitrage, Sentence arbitrale.*

Tribunal aux armées

[Procédure pénale]

Juridiction militaire d'exception, composée de magistrats professionnels, naguère compétente pour juger, en temps de paix, les infractions de toute nature commises hors du territoire de la République par les membres des forces armées ou les personnes à la suite de l'armée. Supprimée depuis le 1er janvier 2012, ses attributions ont été transférées aux *juridictions de droit commun* spécialisées en matière militaire ayant leur siège à Paris. Un magistrat de la formation du tribunal correctionnel de Paris, spécialisé en matière militaire, est chargé de juger les contraventions commises hors du territoire de la République, dans les mêmes circonstances.

Une chambre du TGI de Paris, spécialisée en matière militaire, peut être temporairement instituée, par décret en Conseil d'État, hors du territoire de la République pour y juger les crimes et les délits des membres des forces armées.

CJM, art. L. 111-1 et L. 121-1 s.; C. pr. pén., art. 697-4.

Tribunal correctionnel

[Procédure pénale]

Formation du TGI compétente en matière de délit pénal. Il est habituellement composé de trois magistrats, un président et deux juges, mais il peut aussi siéger à juge unique pour toute une série de délits précisément énumérés.

C. pr. pén., art. 381 s.

Tribunal correctionnel pour mineurs

[Procédure pénale]

Formation spécialisée du tribunal correctionnel, existant dans chaque TGI où se trouve un tribunal pour enfants. Il est composé de trois magistrats et présidé par un juge des enfants qui ne peut pas être celui qui a renvoyé l'affaire devant cette juridiction (Cons. const. 4 août 2011, n° 2011-635 DC § 53). Lorsque le nombre de juges des enfants, dans un TGI, le justifie, la présidence peut être assurée par un juge des enfants d'un tribunal pour enfants sis dans le ressort de la cour d'appel et désigné par le premier président de cette cour.

Cette juridiction est compétente pour juger les mineurs de 16 à 18 ans lorsqu'ils sont poursuivis pour des délits punis d'une peine d'emprisonnement égale ou supérieure à trois ans, commis en état de récidive légale. Il peut aussi juger d'éventuels complices ou coauteurs majeurs. Les dispositions procédurales particulières concernant le tribunal pour enfants s'appliquent devant cette juridiction qui peut prononcer les mêmes sanctions (peines, mesures et sanctions éducatives).

COJ, art. L. 251-7, L. 251-8; Ord. du 2 févr. 1945, art. 24-1 à 24-4.

Tribunal d'instance

[Procédure civile]

Juridiction à juge unique ayant en général pour ressort l'arrondissement, statuant en matière civile, sur toutes actions personnelles ou mobilières jusqu'à la valeur de 10 000 €. Il existe 307 tribunaux d'instance au 1er janvier 2015 (derniers chiffres publiés).

Il a aussi de multiples compétences exclusives. Il a une compétence *à charge d'appel* en matière d'expulsion des occupants sans droit ni titre des immeubles d'habitation, de funérailles, de bornage, de dommages aux champs et aux récoltes, de vices rédhibitoires des animaux domestiques, de créances recouvrées par l'administration des douanes…

Il a une compétence *en dernier ressort*, principalement, pour les contestations relatives à l'électorat, l'éligibilité, la régularité des opérations électorales dans les domaines les plus divers : tribunal de commerce, conseil de prud'hommes, chambre de commerce et d'industrie, comité d'entreprise.

Enfin, il a une compétence à *charge d'appel* ou *en dernier ressort selon le montant de la demande* pour les actions dont un contrat de louage d'immeuble à usage d'habitation ou un contrat portant sur l'occupation d'un logement est l'objet, la cause ou l'occasion et les actions se rapportant au fichier des incidents de remboursement des crédits.

Le juge d'instance est le juge des tutelles pour les majeurs. Il a hérité de certaines compétences du juge de l'exécution : saisie des rémunérations, traitement du surendettement, procédure de *rétablissement personnel* (certains tribunaux d'instance sont spécialisés pour connaître de ces deux dernières mesures).

Selon le projet de loi « Justice du XXIe siècle » du 31 juillet 2015, le tribunal d'instance devrait perdre la connaissance des demandes de réparation d'un dommage corporel, cette connaissance étant transférée au tribunal de grande instance.

COJ, art. L. 221-1 à L. 223-8, R. 221-3 à R. 221-45.

→ *Juridiction de proximité.*

ACTU

Tribunal de commerce

[Procédure civile/Droit commercial]

Juridiction composée de juges élus par les *délégués consulaires* et chargée de statuer :

1° sur les contestations relatives aux engagements entre commerçants, entre établissements de crédit ou entre eux;

2° sur celles relatives aux sociétés commerciales;

3° sur celles relatives aux actes de commerce entre toutes personnes;

4° sur celles relatives aux billets à ordre portant en même temps des signatures de commerçants et de non-commerçants;

5° sur les procédures de *mandat ad hoc*, de conciliation, de sauvegarde, de redressement et de liquidation judiciaires concernant les personnes exerçant une activité commerciale ou une activité artisanale.

On appelle souvent ce tribunal la juridiction consulaire. Il en existe 136 en France métropolitaine.

Le Tribunal de commerce peut être saisi, à l'initiative des salariés, lorsque le chef d'entreprise envisage de fermer un établissement sans avoir satisfait à ses obligations préalables de recherche d'un repreneur.

En métropole, les tribunaux de commerce, énumérés par décret (au total 18), sont spécialisés dans la connaissance de certaines procédures dont celles de conciliation, de sauvegarde, de redressement judiciaire, de liquidation judiciaire concernant les personnes exerçant une activité commerciale ou artisanale dans certaines conditions, par exemple, entreprise dont le chiffre d'affaires net est d'au moins quarante millions d'euros (loi Macron du 6 août 2015, art. 231-1 3°). Il existe 136 tribunaux de commerce au 1er janvier 2016 (dernier chiffre publié)

C. com., art. L. 611-3, L. 611-4, L. 621-2, L. 631-7, L. 641-1-1, L. 721-1 s., L. 721-8, L. 732-8, L. 917-6, L. 927-4, L. 960-3, R. 721-1 s., D. 721-19; COJ, art. L. 261-1; C. pr. civ., art. 853 s.

→ *Chambre commerciale (départements alsaciens-mosellans), Clause compromissoire, Tribunal mixte de commerce.*

Tribunal de grande instance

[Procédure civile]

Juridiction de droit commun en matière civile, connaissant à charge d'appel de toutes les questions pour lesquelles compétence n'est pas attribuée expressément à une autre juridiction en raison de la nature de l'affaire ou du montant de la demande, et ayant reçu compétence exclusive dans certaines matières (mariage, filiation, succession, actions possessoires et pétitoires, droits d'enregistrement, taxe de publicité foncière, droit de timbre et contributions indirectes, contentieux douanier, baux professionnels et conventions d'occupation précaire en matière commerciale...) sur lesquelles il statue en dernier ressort lorsque le montant de la demande est inférieur ou égal à 4 000 €.

Certains tribunaux de grande instance ont une compétence particulière, par exemple celui de Paris connaît seul des actions en matière de marques, dessins et modèles du droit européen, celui de Nantes des actions en identification du demandeur de visa par ses empreintes génétiques.

Par ailleurs, seuls quelques tribunaux de grande instance spécialement désignés ont compétence pour connaître des actions en matière de propriété littéraire et artistique, de dessins et modèles, de marques et d'indications géographiques ou pour statuer en matière d'adoption internationale ou de contestation sur la nationalité française ou étrangère des personnes physiques.

Il en existe 164 au 1er janvier 2015.

COJ, art. L. 211-1 à L. 211-15, R. 211-3, R. 211-4, D. 211-5 à D. 211-13; C. civ., art. 29; C. éduc., art. L. 911-4; CPI, art. L. 331-1, L. 615-17, L. 633-31, L. 716-3, L. 722-8.

Tribunal de l'application des peines

[Procédure pénale]

Juridiction chargée de fixer certaines modalités de l'exécution des peines privatives de liberté (période de sûreté, libération conditionnelle, suspension de peines), lorsqu'elles échappent à la compétence du juge de l'application des peines. Composée d'un président et de 2 assesseurs juges de l'application des peines, établie dans le ressort de chaque cour d'appel, sa compétence territoriale fixée par décret correspond à celle d'un ou plusieurs TGI.

C. pén., art. 712-1 et 712-3.

ACTU

Tribunal de l'Union européenne

[Droit européen]

Créé en 1988 en application de l'*Acte unique européen* et installé en 1989 à Luxembourg, le Tribunal de première instance avait pour objet d'alléger le rôle de la Cour de justice, devenu trop chargé.

Ses compétences ont été progressivement étendues. Le traité de Nice (2003) lui reconnaît une compétence de principe pour tous les recours directs à l'exception de ceux attribués aux *chambres juridictionnelles* et ceux réservés à la Cour (par ex. les recours en manquement). Il est possible de former un pourvoi limité aux questions de droit devant la Cour de justice contre ses décisions.

Le traité de *Lisbonne* (entré en vigueur le 1er décembre 2009), qui le dénomme sobrement « le Tribunal », en fait l'une des 3 composantes du système juridictionnel de l'Union européenne désormais appelé *Cour de justice de l'Union européenne*, aux côtés de la Cour de justice (ex-CJCE) et du *Tribunal de la fonction publique de l'Union européenne*. Cependant, suite aux propositions de l'ancien président de la Cour de justice V. Skouris, le Tribunal a fait l'objet d'une importante réforme, affectant sa composition et sa compétence, du fait d'un règlement du Parlement et du Conseil du 16 décembre 2015 modifiant le protocole n° 3 sur le Statut de la Cour de justice. Ainsi, d'ici à 2019, le nombre des juges doit doubler, passant de 28 à 56, en plusieurs étapes; par ailleurs, le Tribunal doit, en septembre 2016, intégrer en son sein les 7 juges du Tribunal de la fonction publique de l'Union européenne, appelé à disparaître, et recueillir la compétence contentieuse de première instance en cette matière.

ACTU

Tribunal de la fonction publique de l'Union européenne

[Droit européen]

Créé en 2004, en vertu du traité de Nice, en tant que Chambre juridictionnelle, le TFPUE a été confirmé par le traité de *Lisbonne* en tant que tribunal spécialisé de l'Union européenne.

Il a pour mission de trancher les litiges entre les fonctionnaires de l'Union et les institutions dont ils dépendent, notamment la Commission, sous réserve d'un pourvoi auprès du Tribunal et, à titre exceptionnel, d'un réexamen par la Cour de justice.

Pour répondre à un objectif de simplification et d'efficacité accrue, le TFPUE est cependant appelé à disparaître en septembre 2016, par transfert de ses membres et de sa compétence au *Tribunal de l'Union européenne*.

→ *Cour de justice de l'Union européenne.*

Tribunal de police

[Procédure pénale]

Formation du tribunal d'instance compétente en matière de contravention. Il a été créé à Paris, à Lyon et à Marseille, un tribunal de police qui n'a que des attributions pénales.

C. pr. pén., art. 521 s.

Tribunal de première instance

[Procédure civile/Procédure pénale]

Juridiction qui tient lieu à la fois de tribunal de grande instance et de tribunal d'instance dans chacune des collectivités suivantes et dont la compétence est fixée par des textes particuliers du Code de l'organisation judiciaire, tant en matière civile que pénale : Nouvelle-Calédonie, Polynésie française, Saint-Pierre-et-Miquelon et Wallis-et-Futuna.

COJ, art. L. 511-1 s., L. 531-2 s., L. 551-2 s., L. 562-1 s.

Tribunal des affaires de sécurité sociale (TASS)

[Procédure civile/Sécurité sociale]

Juridiction compétente pour tout litige relatif à l'application du droit de la sécurité sociale. Elle est présidée par un juge magistrat du siège du TGI avec un assesseur représentant les travailleurs salariés et un assesseur représentant les travailleurs non-salariés (un employeur ou un travailleur indépendant) ; lorsque le litige est relatif à la législation applicable aux professions agricoles, les assesseurs sont choisis parmi les membres de ces professions. Il en existait 115 au 1er janvier 2015 (dernier chiffre publié).

Selon le projet de loi « Justice du XXIe siècle » du 31 juillet 2015, le TASS est appelé à devenir, sous le nom de tribunal des affaires sociales, une juridiction à part entière au sein du tribunal de grande instance, avec une compétence élargie englobant, outre les litiges relatifs au contentieux général de la sécurité sociale, les contestations relatives au contentieux technique de la sécurité sociale et à l'admission à l'aide sociale.

CSS, art. L. 142-4 s. et R. 142-1 s.

Tribunal des conflits

[Droit administratif/Procédure civile/Procédure pénale]

Juridiction ayant pour mission principale d'assurer la répartition des compétences entre les deux ordres, administratif et judiciaire, de juridictions. Une réforme récente, inspirée à la fois par le principe de séparation des pouvoirs et par la jurisprudence de la Cour EDH, modifie la loi du 24 mai 1872 et affecte à la fois l'organisation et la compétence du Tribunal, sans toutefois les bouleverser.

Ainsi est-il toujours composé paritairement de membres du Conseil d'État et de la Cour de cassation, élus par leurs corps respectifs. Mais, alors qu'il était auparavant présidé par le ministre de la Justice, qui ne siégeait en pratique que dans les cas où il fallait départager des opinions s'opposant en nombre égal (afin de « vider le conflit »), le Tribunal est désormais présidé par un Président élu pour 3 ans, alternativement parmi les juges administratifs et parmi les juges judiciaires. Et, en cas de partage des voix, l'affaire est dorénavant soumise à une formation élargie. Les débats ont lieu en audience publique après une instruction contradictoire.

Le Tribunal est saisi lorsqu'une juridiction lui a renvoyé une question de compétence, ou lorsque les juridictions de chaque ordre se sont respectivement déclarées incompétentes à propos d'une même affaire, ou encore lorsque le représentant de l'État « élève le conflit », c'est-à-dire estime qu'une juridiction de l'ordre judiciaire a été saisie à tort d'une affaire relevant de la compétence de la juridiction administrative. Il tranche alors en faveur de la compétence de l'un ou l'autre des ordres de juridictions.

À titre complémentaire, le Tribunal peut être amené à statuer sur le fond, en cas de contrariété de jugements rendus à propos d'une même affaire par un juge judiciaire et par un juge administratif conduisant à un déni de justice. La réforme lui confie également le soin de statuer sur les actions en indemnisation du préjudice résultant d'une durée excessive des procédures relatives à une même affaire, conduites devant les deux ordres de juridictions et, le cas échéant, devant lui.

L. du 24 mai 1872, art. 1 à 16; L. n° 2015-177 du 16 févr. 2015, art. 13; Décr. n° 233 du 27 févr. 2015.

→ *Carte judiciaire, Conflit.*

Tribunal du contentieux administratif des Nations unies

[Droit international public]

Juridiction créée par l'Assemblée générale des Nations unies, entrée en fonction le 1er juillet 2009. Elle connaît des requêtes introduites par les fonctionnaires en activité, ou d'anciens fonctionnaires, contre l'ONU. Ses décisions peuvent être contestées devant le Tribunal d'appel.

→ *Tribunal administratif international.*

Tribunal du contentieux de l'incapacité

[Sécurité sociale]

« Ex-commission régionale d'invalidité et d'incapacité permanente ».

Juridiction compétente pour examiner les contestations relatives à l'état d'incapacité permanente du travail et notamment au taux de cette incapacité en matière d'accidents du travail et de maladies professionnelles. Il en existe 26 au 1er janvier 2015.

CSS, art. L. 143-2.

Tribunal international du droit de la mer

[Droit international public]

Juridiction internationale permanente créée en 1996 en application de la Convention de Montego Bay sur le *droit de la mer* du 10 décembre 1982. Compétent pour trancher des différends entre États relatifs à l'application et l'interprétation de cette Convention, il peut, en outre, être saisi pour avis sur toute question juridique qui se pose dans le cadre de l'activité de l'*Autorité internationale des fonds marins*. Son fonctionnement est similaire à celui de la *Cour internationale de Justice*.

→ *Zone internationale des fonds marins.*

Tribunal maritime

[Procédure pénale]

Juridiction d'exception, placée auprès des TGI désignés par voie réglementaire, compétente pour juger les seuls délits maritimes, infractions définies comme celles qui sont commises à l'encontre des règles de sécurité applicables aux navires et à la navigation au sens des conventions internationales régissant ce domaine. Certaines infractions de droit commun touchant à l'intégrité physique de la personne ou à la mise en danger d'autrui, lorsqu'elles sont en lien avec la sécurité du navire ou de la navigation, peuvent également relever de sa compétence.

Cette juridiction est composée de trois magistrats, l'un d'entre eux, magistrat désigné par le tribunal de grande instance du lieu du siège, assurant la présidence, et de deux assesseurs maritimes nommés en raison de leur connaissance des réalités de la navigation maritime et de leur expérience acquise dans les domaines de la marine marchande, de la pêche ou de la plaisance professionnelle ou non professionnelle. Ces juridictions remplacent, depuis le 1er janvier 2015, les tribunaux maritimes commerciaux, dans six villes : Bordeaux, Brest, Cayenne, Le Havre, Marseille, Saint-Denis de-La-Réunion.

L. du 17 déc. 1926 relative à la répression en matière maritime, art. 3-I à 15.

→ *Infraction maritime.*

Tribunal maritime commercial

[Procédure pénale]

→ *Tribunal maritime*

Tribunal militaire aux armées

[Procédure pénale]

Juridiction militaire d'exception créée en temps de guerre lorsque des armées stationnent ou opèrent en dehors du territoire de la République ou sur le territoire de celle-ci. Composé de 5 membres, un président et 4 juges militaires, il est compétent pour juger les infractions commises par les membres des forces armées et les auteurs ou complices d'infractions réalisées contre les forces armées françaises, leurs établissements et matériels.

CJM, art. L. 1er, L. 112-27 s. et L. 121-1 s.

Tribunal militaire international

[Droit international public]

Nom donné aux deux tribunaux institués après la Seconde Guerre mondiale pour juger les dirigeants allemands (tribunal de Nuremberg) et japonais (tribunal de Tokyo) responsables de crimes de guerre et contre l'humanité. Consécration d'une responsabilité pénale des individus par le droit international.

→ *Cour pénale internationale, Tribunal pénal international.*

Tribunal mixte de commerce

[Procédure civile]

Tribunal de commerce établi dans les départements et régions d'outre-mer et dont l'originalité est d'être composé du président du TGI et de 3 juges élus. Il existe 9 tribunaux mixtes de commerce.

Dans les circonscriptions où il n'est pas établi de tribunal mixte de commerce, le TGI connaît des matières attribuées aux tribunaux mixtes de commerce.

C. com., art. L. 732-1 s., D. 731-1 s.

→ *Tribunal de commerce.*

Tribunal paritaire des baux ruraux

[Procédure civile/Droit rural]

Tribunal échevinal d'exception, présidé par le juge d'instance assisté de 2 assesseurs représentant les bailleurs et de 2 assesseurs représentant les preneurs (fermiers ou métayers), assesseurs élus pour une durée de 6 ans (la loi Macron reporte à janvier 2018 le renouvellement des assesseurs actuellement en fonction). Cette juridiction est compétente en matière de bail rural et statue en dernier ressort jusqu'à une valeur de 4 000 €.

Le ministre de la Justice et des libertés détermine par arrêté les tribunaux paritaires qui comportent 2 sections : une section du fermage, une section du métayage.

Le tribunal paritaire des baux ruraux ne se réunit pas de façon continue comme les autres juridictions civiles, commerciales ou sociales, mais siège par *sessions* selon une fréquence dépendant de l'importance du contentieux à juger. Il en existe, en principe, un par tribunal d'instance, avec des exceptions, soit 263 en 2015 (dernier chiffre connu).

C. rur., art. L. 491-1 et R. 491-1 s.; C. pr. civ., art. 880 s.; COJ, art. L. 261-1 6°.

→ *Bail à ferme.*

Tribunal pénal international

[Droit international public/ Procédure pénale]

Tribunal créé à la suite d'un conflit où les droits fondamentaux de la personne ont été particulièrement ignorés et le crime de génocide incriminé. Juridiction internationale jugeant des individus. Après le Tribunal de Nuremberg et celui de Tokyo créés au lendemain de la Seconde Guerre mondiale pour juger les criminels de guerre allemands et japonais, le Conseil de sécurité a institué le Tribunal de La Haye pour connaître des crimes commis dans le cadre du conflit né en ex-Yougoslavie (1993) et celui d'Arusha pour ceux perpétrés au Rwanda (1994). Enfin a été créé en 2007 le Tribunal spécial sur le Liban pour juger les auteurs de l'assassinat de l'ex Premier ministre Rafik Hariri.

→ *Cour pénale internationale, Tribunal militaire international.*

Tribunal pour enfants

[Procédure pénale]

Juridiction spécialisée chargée de juger les mineurs délinquants. Il est composé d'un juge des enfants président et de deux assesseurs, magistrats non professionnels nommés pour 4 ans renouvelables par le garde des Sceaux, choisis parmi les personnes de plus de 30 ans qui se sont signalées par l'intérêt particulier qu'elles portent aux questions de l'enfance et par leurs compétences. Le juge des enfants président ne peut pas être celui qui a renvoyé le mineur devant la juridiction. Il est compétent pour juger les crimes des mineurs de moins de 16 ans et les délits et contraventions de la 5e classe de mineurs de moins de 18 ans, lorsqu'ils sont renvoyés devant lui par le juge des enfants, le juge d'instruction ou encore le procureur de la République dans le cadre d'une présentation immédiate ou d'une convocation à comparaître par officier de police judiciaire. Il peut, selon l'âge du mineur, prononcer des mesures éducatives, des sanctions éducatives ou des peines.

Il en existe 155 au 1er janvier 2015.

COJ, art. L. 251-3; Ord. du 2 févr. 1945, art. 13 s.

Tribunal prévotal

[Procédure pénale]

Juridiction militaire instaurée en temps de guerre lorsqu'un tribunal aux armées est établi, pour juger les contraventions des 4 premières classes. Elle est composée d'un magistrat mobilisé en qualité d'assimilé spécial du service de justice militaire.

CJM, art. L. 13 et L. 421-1 s.

Tribunal territorial des forces armées

[Procédure pénale]

Juridiction répressive d'exception créée en temps de guerre, composée de 5 juges (2 juges civils et 3 juges militaires) compétente pour juger les infractions commises par les membres des forces armées, les nationaux ennemis ou ceux qui servent les intérêts ennemis, pour les infractions réalisées à l'encontre d'un national ou de ses biens ainsi que d'une manière générale les crimes et délits commis contre les intérêts fondamentaux de la nation, de même que les infractions qui leur sont connexes.

CJM, art. L. 1er, L. 112-1 s. et L. 122-1.

Tribunat

[Droit constitutionnel]

Assemblée du *Consulat* et du *Premier empire*, ayant pour fonction de discuter les projets de loi, avant leur transmission au Corps législatif. Supprimé en 1807.

Tribunaux spécialisés

[Droit européen]

→ *Chambres juridictionnelles.*

Troïka

[Droit européen]

Appellation donnée à l'association informelle des représentants de l'État assurant momentanément la présidence du Conseil, de l'État qui l'a précédé et de celui qui lui succédera, en vue d'assurer une plus grande continuité de l'action de l'*Union européenne*.

Peut désigner d'autres associations, par exemple les présidents du *Conseil européen*, du Conseil et du Conseil des ministres des

Affaires étrangères, ou la Commission européenne, la BCE et le FMI.

Troisième République

[Droit constitutionnel]

Régime issu de l'effondrement du Second empire, et de la proclamation de la République le 4 septembre 1870. Cependant, les lois constitutionnelles organisant le régime ne sont adoptées qu'en 1875. Elles créent un *régime parlementaire* dont le *monisme* s'affirme lors de la crise du 16 mai 1877, et s'appliquent jusqu'en 1940, marquées par une forte instabilité gouvernementale et par la délégation du pouvoir normatif par les chambres au gouvernement.

→ *Cinquième République, Quatrième République.*

Trouble de voisinage

[Droit civil]

Désagrément causé par un voisin, auteur de nuisances diverses (bruits, odeurs, fumées, privation de vue, privation de lumière...), devant dépasser la mesure coutumière des obligations ordinaires du voisinage pour être source de responsabilité. Cette responsabilité est engagée sans faute et alors même que le trouble proviendrait d'une exploitation licite.

→ *Bruit.*

GAJC, t. 1, n° 81-82.

Trouble psychique ou neuropsychique

[Droit pénal]

Formule générique utilisée par le législateur pour désigner, en droit pénal, toutes les formes d'aliénation mentale. Selon que ces troubles auront aboli le discernement ou le contrôle des actes de la personne qui en est atteinte, ou simplement altéré ces mêmes facultés, elle sera reconnue irresponsable ou demeurera punissable. Néanmoins, cette circonstance doit obligatoirement, sauf décision motivée en matière correctionnelle, être prise en compte dans la détermination de la peine et de son régime. À la libération du condamné, si un suivi socio-judiciaire n'a pas été prononcé, le juge d'application des peines peut décider, après avis médical, une obligation de soins de cinq ans au plus en matière correctionnelle ou de dix ans au plus pour un crime ou un délit passible de dix ans d'emprisonnement.

C. pén., art. 122-1; C. pr. pén., art. 362 al. 2 et 706-36-1.

Trust

[Droit civil/Droit commercial/ Droit financier]

Technique de gestion des biens par autrui prenant appui sur un transfert ou démembrement de la propriété; équivalent dans certains droits étrangers de la *fiducie* du Code civil. Lorsqu'il y est fait recours par une personne domiciliée en France, l'administrateur du trust est tenu d'en déclarer l'existence auprès des autorités fiscales françaises.

CGI, art. 1649 AB (L. 2011-900 du 29 juill. 2011); Décr. n° 2012-1050 du 14 sept. 2012.

Turpitude

[Droit civil]

Comportement gravement immoral conduisant à déclarer irrecevable la demande en restitution consécutive à l'annulation d'un contrat.

→ *Nemo auditur propriam turpitudinem allegans.*

Tutelle

[Droit administratif]

Avant 1982, terme désignant le contrôle exercé par l'État sur les *collectivités territo-*

riales, moins dans leur intérêt qu'en vue de sauvegarder l'intérêt général et la légalité. Elle comportait des pouvoirs sur leurs organes et sur leurs actes, notamment des pouvoirs d'approbation et d'annulations administratives.

La tutelle a cédé la place au *contrôle de légalité*, plus respectueux de l'autonomie locale, lors de l'extension de la *décentralisation* en 1982.

Un contrôle comparable est exercé par l'État sur les *établissements publics*, par exemple par le recteur sur la légalité des actes des *universités*. Il existe également une forme de tutelle de l'État sur les associations, fondations et congrégations, essentiellement en matière de libéralités à leur profit et d'acquisitions immobilières.

GAJA n° 53.

[Droit civil]

Institution permettant de protéger, par la voie d'une représentation continue dans les actes de la vie civile, certains mineurs, notamment ceux dont le père et la mère sont tous deux décédés ou privés de l'exercice de l'autorité parentale, ainsi que les majeurs dont les facultés mentales ou corporelles sont altérées.

La tutelle est un mécanisme de protection personnelle autant que de protection patrimoniale; d'ailleurs, pour les mineurs, l'exercice de la tutelle peut être divisé entre un tuteur chargé de la personne du pupille et un tuteur chargé de la gestion de ses biens.

C. civ., art. 390 s., 405, 408, 415 s., 440 s., 2447, 2448; C. pr. civ., art. 1211 s., 1247.

GAJC, t. 1, n° 59-60, 65, 229-231.

→ *Curatelle, Habilitation familiale, Protection des majeurs, Sauvegarde de justice, Tuteur.*

Tutelle (Territoire sous)

[Droit international public]

Territoire confié à l'administration d'un État, sous le contrôle de l'ONU, afin d'assurer son développement et de le faire évoluer vers l'autonomie interne ou l'indépendance. Simple adaptation du régime des *mandats*, le régime de tutelle a été appliqué aux territoires encore sous mandat à la fin de la Seconde Guerre mondiale et à la Somalie (détachée d'un État vaincu en 1945). La quasi-totalité des territoires sous tutelle sont devenus depuis des États indépendants.

→ *Conseil de tutelle.*

Tutelle aux prestations sociales

[Sécurité sociale]

Désignation d'un tiers pour recevoir les prestations sociales lorsque l'attributaire normal ne les utilise pas conformément à leur fin. Cette tutelle a d'abord existé pour les prestations familiales; elle a été étendue aux allocations d'aide sociale, aux avantages de vieillesse, à l'allocation supplémentaire. C'est le juge des enfants dans le premier cas, le juge d'instance dans le second qui décide de la tutelle.

CSS, art. L. 552-6 s.

Tutelle des organismes

[Sécurité sociale]

Contrôle exercé par l'État sur le fonctionnement des caisses de Sécurité sociale (contrôle des décisions, agrément donné à la nomination des directeurs des caisses locales). Il est justifié par le fait que si les caisses – à l'exception des caisses nationales – sont des organismes privés, elles gèrent un service public.

Tuteur

[Droit civil]

Personne chargée de représenter un mineur ou un majeur placé sous le régime de la tutelle.

Le tuteur accomplit seul les actes conservatoires et les actes d'administration nécessaires à la gestion du patrimoine de la per-

sonne protégée; il agit seul en justice pour faire valoir ses droits patrimoniaux. Mais il doit obtenir l'autorisation du *conseil de famille* ou, à défaut, du juge pour faire des actes de disposition. Par ailleurs, il est des actes que le tuteur ne peut pas accomplir même avec autorisation, tels les actes qui emportent une aliénation gratuite des biens ou des droits de la personne protégée.
La personne en tutelle, en principe représentée dans tous les actes de la vie civile, peut recevoir du juge la capacité de faire seule, ou avec l'assistance de son tuteur, certains actes que le juge énumère dans le jugement d'ouverture. En outre, si elle est majeure, elle peut consentir des donations moyennant autorisation du juge ou du conseil de famille et assistance (ou représentation au besoin) du tuteur; il lui faut la même autorisation pour faire son testament, sans qu'il lui soit besoin pour cet acte d'être assistée ou représentée par son tuteur.

C. civ., art. 446 s. et 503 s.

→ *Acte d'administration, Tuteur ad hoc.*

Tuteur *ad hoc*

[Droit civil]

Personne désignée par le juge ou le conseil de famille à la demande du tuteur, du procureur de la République, de l'intéressé ou d'office, lorsque, en l'absence de subrogé tuteur, le tuteur ne peut agir pour le compte de la personne protégée en raison des limitations de sa mission ou de l'opposition d'intérêts existant entre lui et la personne protégée à l'occasion d'un acte ou d'une série d'actes.
L'expression tuteur *ad hoc* est supplantée, de nos jours, par celle d'administrateur *ad hoc*.

C. civ., art. 388-2 et 455.

→ *Ad hoc, Curateur ad hoc.*

Tutorat rémunéré en entreprise

[Droit commercial/Droit social]

Dispositif permettant d'associer temporairement le cédant de l'entreprise (commerciale, artisanale ou libérale) au démarrage de l'activité du repreneur. Le tuteur, bénéficiant d'un régime adapté de protection sociale, s'engage par contrat à transmettre au repreneur, moyennant rémunération, l'expérience professionnelle qu'il a acquise en tant que chef de l'entreprise cédée.

C. com., art. L. 129-1.

Tyrannie

[Droit constitutionnel]

Gouvernement monocratique arbitraire : « un seul, sans loi et sans règle, entraîne tout par sa volonté et par ses caprices » (Montesquieu).

U

Ubi lex non distinguit, nec nos distinguere debemus

[Droit général]

Il n'y a pas lieu de distinguer lorsque la loi ne distingue pas.

Ultra petita

[Procédure civile]

Au-delà de la demande.

Le tribunal statue *ultra petita* lorsqu'il accorde plus qu'il n'a été demandé ou juge des points qui ne lui ont pas été soumis. Dans cette dernière hypothèse, on parle plutôt de décision *extra petita*.

L'inobservation de la règle selon laquelle le juge doit se prononcer « seulement sur ce qui est demandé » donne ouverture à une requête en *rectification de jugement*.

C. pr. civ., art. 5 et 464.

→ *Infra petita, Omission de statuer.*

Ultra vires

[Droit civil/Droit commercial]

Expression signifiant qu'un individu (héritier, légataire, associé) est tenu de payer des dettes au-delà de ce qu'il recueille ou possède dans l'actif correspondant (succession, régime matrimonial, société).

C. civ., art. 785, 1009, 1482 et 1857.

GAJC, t. 1, n° 105.

→ *Intra vires.*

Unanimité

[Droit civil]

Réunion de la totalité des voix d'un organe délibérant pour l'adoption d'une résolution portant sur une question d'importance. Par exemple, l'assemblée des copropriétaires d'un immeuble doit se prononcer à l'unanimité sur la modification de la répartition des charges de copropriété.

En matière d'indivision, le consentement de tous les indivisaires est en principe requis pour effectuer tout acte qui ne ressortit pas à l'exploitation normale des *biens indivis*.

C. civ., art. 815-3.

[Droit européen]

Les traités de l'Union européenne ne prévoient plus le vote du Conseil à l'unanimité que dans un nombre limité d'hypothèses (par ex. en matière d'harmonisation de la fiscalité indirecte).

Le lien entre unanimité et souveraineté est ambigu. L'exigence d'unanimité protège la souveraineté des États membres lors de l'adoption initiale d'une mesure; par contre, lorsqu'un État souhaite la modification d'une mesure adoptée à l'unanimité, il doit obtenir l'accord de chacun des autres États membres.

Selon l'article 238-4 TFUE, les abstentions ne font pas obstacle à l'adoption des délibérations requérant l'unanimité.

→ *Majorité qualifiée, Veto.*

[Droit international public]
Mode d'adoption des textes internationaux, en particulier des traités et des résolutions, aujourd'hui délaissé pour les traités multilatéraux au profit d'une adoption à la majorité ou par consensus.
→ *Consensus.*

Unedic (Union nationale pour l'emploi dans l'industrie et le commerce)

[Droit du travail]
Avant la loi nº 2008-126 du 13 février 2008, l'Unedic regroupait les Assedics (associations paritaires créées par convention collective, chargées d'indemniser les chômeurs [chômage total]). Après cette réforme seule subsiste l'Unedic qui continue de gérer les fonds résultant des cotisations patronales et ouvrières et d'une subvention de l'État.
→ *Pôle emploi.*

Unesco (Organisation des Nations unies pour l'éducation, la science et la culture)

[Droit international public]
Institution spécialisée des Nations unies fondée en 1946, en vue de contribuer au maintien de la paix et de la sécurité internationales en resserrant, par l'éducation, la science et la culture, la collaboration entre les nations et en favorisant leur compréhension mutuelle. *Siège* : Paris.

Unicité de l'instance

[Procédure civile]
Principe de concentration des demandes régissant la matière prud'homale : toutes les demandes dérivant du contrat de travail entre les mêmes parties doivent, à peine d'*irrecevabilité*, faire l'objet d'une seule instance, qu'elles émanent du demandeur ou du défendeur, à moins que le fondement des prétentions ne soit né ou ne soit révélé que postérieurement à la saisine du conseil de prud'hommes.
C. trav., art. R. 1452-6.
→ *Principe de concentration des moyens.*

Unidroit (Institut international pour l'unification du droit privé)

[Droit privé]
Organisme intergouvernemental composé d'experts dont la mission est d'élaborer les principes d'un droit privé transnational pour répondre aux exigences du commerce international (la globalisation de l'économie appelant un espace juridique universel). Ces principes d'un droit uniforme étant de source privée ne s'appliquent que par la volonté des contractants.

Unification des professions juridiques et judiciaires

[Procédure civile]
→ *Profession unique.*

Unilatéral

[Droit civil/Droit public]
→ *Acte unilatéral.*

Union

[Droit du travail]
→ *Syndicat professionnel.*

Union administrative

[Droit international public]
Nom générique désignant les organisations internationales non politiques qui se sont développées dans la deuxième moitié du XIXe siècle, sous l'influence des progrès techniques, pour coordonner les services des différents États dans des domaines divers (communications et transports, intérêts économiques, sociaux, scientifiques, etc.) (ex. : Union télégraphique universelle, Union internationale pour la protection de la propriété industrielle, *Union africaine*, etc.).

Union africaine (UA)

[Droit international public]

Organisation internationale d'États africains remplaçant l'Organisation de l'unité africaine (OUA). L'UA a été créée en 2002 à Durban, elle est dotée d'institutions (Commission, Parlement panafricain et Conseil de paix et de sécurité) mises en place en juillet 2003 au sommet de Maputo (Mozambique).

Union bancaire européenne

[Droit commercial/Droit européen]

Dénomination de l'ensemble des règlements et directives de l'Union européenne ayant fédéralisé l'agrément, le contrôle prudentiel et la résolution des établissements de crédit de grande taille ayant leur siège dans un État membre de la zone Euro. Ces textes instaurent un mécanisme de surveillance unique, géré par la *Banque centrale européenne*. En cas de difficulté financière effectivement rencontrée par un établissement, un mécanisme de résolution unique interviendra (une agence européenne autonome de l'Union est dédiée à sa mise en œuvre : le Conseil de résolution unique). L'insolvabilité résiduelle pourra être couverte par un fonds de résolution alimenté par les banques européennes. L'objectif de l'Union bancaire européenne est double : 1° sécuriser le système bancaire et financier constitué des banques ressortissantes des États membres et lutter contre le risque de faillites en chaîne de ces établissements; 2° éviter la mise à contribution des finances publiques comme remède à la défaillance possible des établissements de crédit.

Règl. n° 1024/2013/UE du 15 oct. 2013; Dir. n° 2014/59/UE du 15 mai 2014; Règl. n° 806/2014 du 15 juill. 2014.

→ *Mécanisme de surveillance unique (MSU), Mécanisme de résolution unique (MRU)*

Union civile

[Droit civil]

Statut juridique de 2 personnes non mariées entre elles et éventuellement du même sexe, visant à régler leurs relations juridiques patrimoniales de leur vivant et après leur mort. L'union civile, non légalement reconnue en général, est prise en considération par le droit de la Sécurité sociale qui attribue la qualité d'ayant droit, pour les prestations en nature des assurances maladie et maternité, à la personne qui vit depuis 12 mois consécutifs avec un assuré social et se trouve à sa charge effective, totale et permanente.

CSS, art. L. 161-14 et R. 161-8-1.

→ *Concubinage, Mariage, Pacte civil de solidarité (PACS).*

Union de l'Europe occidentale (UEO)

[Droit international public/Droit européen]

Organisation internationale créée en 1954 comme solution de rechange après l'échec de la CED (*Communauté européenne de défense*) pour être d'abord le cadre du contrôle des limitations imposées à l'Allemagne en matière d'armement.

Longtemps en sommeil, l'UEO a été relancée au début des années 1990 dans le cadre de la politique de défense de l'*Union européenne*. Avec le développement de la Politique européenne de sécurité et défense commune (PESDC) depuis le traité d'Amsterdam, l'UEO s'est avérée inutile et les pays membres de l'Union européenne ont décidé en 1999 de sa dissolution, laquelle est devenue effective en 2011.

Union de recouvrement

[Sécurité sociale]

Organisme chargé du recouvrement des cotisations de Sécurité sociale et d'allocations familiales dans une circonscription désormais régionale. Les unions de recouvrement sont coiffées par l'*Agence centrale des organismes de Sécurité sociale (ACOSS).*

CSS, art. L. 213-1 s.; arrêté du 18 juin 2013.

Union douanière

[Droit international public/Droit européen]

Groupement d'États qui ont convenu de supprimer entre eux les barrières douanières pour ne former qu'un seul territoire douanier, et d'établir vis-à-vis des États tiers un tarif extérieur commun. Ainsi, les États membres de l'*Union européenne.*

TFUE, art. 30 s.

→ *Zone de libre-échange.*

Union économique

[Droit international public]

Groupement d'États qui ont convenu d'unifier leurs politiques économiques en les soumettant à des institutions et à une législation communes.

Union économique et monétaire

[Droit européen]

Objectif majeur de l'Union européenne défini dès la fin des années 1960 après la réalisation de l'union douanière (Plans Barre en 1969 et Werner en 1971). Suppose des politiques économiques concertées (nécessité d'une convergence économique, y compris des politiques budgétaires) et une monnaie unique. Prévue par le traité de *Maastricht*, s'est mise en place le 1er janvier 1999 avec l'institution de la monnaie unique, l'*euro*. Mise en péril par l'endettement des États membres.

→ *Pacte budgétaire européen.*

Union européenne (UE)

[Droit européen]

Organisation internationale d'intégration regroupant 28 États européens (par ordre d'adhésion : Allemagne, Belgique, France, Italie, Luxembourg, Pays-Bas, Grande-Bretagne, Danemark, Irlande, Grèce, Espagne, Portugal, Autriche, Finlande, Suède, Chypre, Estonie, Hongrie, Lettonie, Lituanie, Malte, Pologne, République tchèque, Slovaquie, Slovénie, Bulgarie, Roumanie, Croatie).

Objectif défini dans le cadre des *Communautés européennes* en 1972 visant à l'établissement d'une forme d'union politique entre les États membres. Longtemps restée lettre morte, elle est officiellement instituée par le traité de *Maastricht*, « traité sur l'Union européenne », par superposition à la *Communauté européenne*, incluant l'*union économique et monétaire*, et à 2 formes nouvelles de coopération intergouvernementale, la politique étrangère et de sécurité commune, et la coopération en matière de police, d'affaires intérieures et de justice (les « 3 *piliers* »).

Le traité de *Lisbonne* achève l'évolution : la Communauté européenne disparaît et l'acquis des 3 piliers est placé sous l'égide de la seule Union.

Union française

[Droit constitutionnel]

Système succédant à l'Empire et prévu par la Constitution de la IVe République pour organiser les relations de la France avec ses colonies. Voulait se fonder sur le principe d'association et non de subordination (mais la sécession n'était pas possible). Cette formule n'a pu empêcher de graves crises (Indochine, Algérie). Remplacée en 1958 par la *Communauté.*

Union libre

[Droit civil]

→ *Concubinage, Mariage, Pacte civil de solidarité (PACS), Union civile.*

Union personnelle

[Droit international public]

Union de 2 États qui, tout en restant distincts et indépendants l'un de l'autre, se trouvent avoir, à la suite d'un hasard politique (coïncidence des lois de succession monarchique), le même souverain (ex. : Union personnelle de l'Angleterre et de Hanovre de 1714 à 1837).

Union postale universelle

[Droit international public]

Organisation internationale créée en 1874, aujourd'hui institution spécialisée du système des Nations unies. A pour tâche d'améliorer par la collaboration internationale le fonctionnement des services postaux internationaux. *Siège* : Berne.

Union réelle

[Droit international public]

Union de 2 États consistant non seulement dans l'unité de chef d'État, mais aussi dans l'existence d'organes communs (départements ministériels, etc.) chargés de la gestion d'affaires communes (politique étrangère, défense nationale, finances) (ex. : Union réelle austro-hongroise de 1867 à 1918).

Unipersonnel

[Droit civil/Droit commercial]

→ *Société unipersonnelle.*

Unité

[Droit financier ou fiscal]

Principe de droit budgétaire dont la portée est double :

- comme règle de fond, il exige que soit soumise à l'approbation du Parlement la totalité des ressources et des charges prévisibles de l'État pour l'année à venir;

- comme règle de forme, il postule qu'elles lui soient toutes présentées simultanément, afin qu'il puisse arrêter ses options en pleine connaissance de cause, et qu'elles soient groupées dans un même document afin qu'il puisse apprécier l'équilibre ou le déséquilibre réel de leurs masses.

Unité de formation et de recherche (UFR)

[Droit administratif]

Nom générique de l'une des principales composantes des universités. Dans les sciences sociales et humaines, les UFR ont souvent pris la suite des *facultés* de l'ancienne organisation universitaire. Associant des départements d'enseignement et des centres de recherche elles doivent, au regard des textes, correspondre à un projet éducatif et à un programme de recherche. Elles sont gérées par un Conseil élu composé de représentants des enseignants, des étudiants et des personnels, ainsi que de personnalités extérieures, et elles sont dirigées par un directeur élu par ce Conseil pour une durée de 5 ans renouvelable une fois. Les UFR peuvent se donner la dénomination de leur choix; quand elles choisissent celle de faculté, leur directeur prend habituellement le nom de doyen.

C. éduc., art. L. 713-1 et L. 713-3.

Unité de référence

[Droit rural]

Référence du contrôle des structures mise en place lors de la réforme du contrôle des structures dans la loi d'orientation agricole de 1999. Elle s'était substituée partiellement à la *Surface minimum d'installation (SMI)* et a disparu au profit de la *surface agricole utile régionale moyenne (SAURM)* qui est née dans les schémas directeurs régionaux des exploitations agricoles (SDRSA).

C. rur., art. L. 312-5.

Unité des justices pénale et civile (Principe de l')

[Procédure civile/Procédure pénale]

Principe selon lequel les juges judiciaires ne sont pas organiquement spécialisés et peuvent donc siéger aussi bien dans les instances civiles que dans les instances pénales.

Ce principe n'exclut pas pour autant une certaine spécialisation fonctionnelle (juge des enfants par ex.).

Unité économique et sociale

[Droit du travail]

Regroupement en un seul organisme socio-économique, dépourvu de la personnalité morale, d'entreprises juridiquement distinctes, pour l'application de certaines dispositions du droit du travail, tout spécialement celles qui ont trait à la mise en place des institutions représentatives du personnel ou des syndicats. Cette qualification est subordonnée à la triple condition que soient constatées une unicité de direction, l'existence d'activités communes, complémentaires ou connexes et celle d'une communauté de travailleurs liés par des intérêts communs.

C. trav., art. L. 2322-4.

GADT n° 131 et 133.

Unité opérationnelle de programme

[Droit financier]

En matière budgétaire, nom donné à l'ensemble des services de l'État concourant à la mise en œuvre d'un Budget opérationnel de programme (BOP). Chaque unité a, à sa tête, un responsable d'unité (qui peut être le responsable de ce BOP).

Universalité

[Droit financier ou fiscal]

Principe de droit budgétaire possédant, dans son acception la plus compréhensive, une double portée :

- d'un point de vue comptable, il interdit toute compensation entre les ressources et les charges de l'État en vue de faire apparaître seulement le solde d'une opération génératrice de recette ou de dépense (règle du produit brut);

- d'un point de vue juridique, il s'oppose à ce qu'une ressource soit affectée au financement privilégié d'une charge particulière (règle de la non-affectation).

Universalité de droit

[Droit civil]

Ensemble d'éléments composés de droits et d'obligations et qui sont soumis à un système juridique global, en ce sens que l'actif et le passif sont indissolublement liés. Le type en est le *patrimoine*.

GAJC, t. 1, n° 79.

Universalité de fait

[Droit civil]

Masse de biens composant une collection (bibliothèque, troupeau) ou formant une entité complexe (fonds de commerce) considérée comme un bien unique soumis à un régime juridique particulier. À l'opposé de l'universalité de droit, il n'y a pas dans l'universalité de fait un lien inséparable entre actif et passif.

Université

[Droit administratif]

Dans l'organisation de l'enseignement supérieur antérieure à 1968, établissement public regroupant des *facultés* d'une même *académie*, mais qui ne jouait qu'un rôle effacé dans leur fonctionnement.

Dans l'organisation actuelle, *établissement public* à caractère scientifique, culturel et professionnel composé essentiellement d'unités de formation et de recherche (UFR), d'instituts et de centres (ou laboratoires) de recherche. Les universités sont juridiquement autonomes, mais elles exercent leurs missions dans le cadre d'une réglementation nationale et sont soumises au contrôle administratif et financier de l'État, qui leur assure l'essentiel de leurs moyens en personnels et financement. Les universités sont gérées par un conseil d'administration, de 24 à 36 membres, par un conseil académique (comprenant une commission de la recherche et une commission de la formation et de la vie universitaire), et par un président, élu pour 4 ans par le conseil d'administration et immédiatement rééligible une fois. Les conseils sont composés de représentants des personnels enseignants et non enseignants, et des étudiants; ils comprennent également des personnalités extérieures à l'université.

La loi du 10 août 2007 relative aux libertés et responsabilités des universités (« loi Pécresse ») en a accentué à la fois la présidentialisation et l'autonomie, notamment en matière budgétaire et de gestion des ressources humaines. La loi du 22 juillet 2013 (« loi Fioraso ») rééquilibre les pouvoirs par la création d'un conseil académique doté de pouvoirs substantiels (qui remplace le conseil scientifique et le conseil des études et de la vie universitaire, aux compétences principalement consultatives) et établit, notamment, des règles de parité entre les hommes et les femmes.

C. éduc., art. L. 712-1 s.

→ *Recteur.*

Urbanisme

[Droit administratif]

Ensemble des mesures juridiques et des opérations matérielles qui tendent à réaliser un développement ordonné des agglomérations en fonction des différentes sortes de besoins auxquels elles doivent satisfaire.

Urbanisme commercial

[Droit commercial/Droit administratif]

→ *Aménagement commercial.*

Urgence

[Procédure administrative]

L'urgence joue un rôle en procédure administrative (*référé administratif*, *sursis* à exécution) dans les cas où elle est constatée.

GACA n° 11 et 12.

→ *État d'urgence, Nécessité.*

[Procédure civile]

Circonstance de fait telle que tout retard à statuer entraînerait un préjudice grave pour celui qui s'en prévaut. Elle est un cas d'ouverture de la procédure de référé, comme de la *procédure à jour fixe*. En outre, elle peut justifier parfois l'*exécution provisoire* du jugement, ou encore une autorisation de signifier ou d'exécuter un acte en dehors des *heures légales* et des jours ouvrables.

C. pr. civ., art. 484, 664, 788, 808, 848, 872, 917, 956.

→ *Jours de fêtes légales, Juridiction provisoire, Mesures provisoires, Nécessité, Référé civil.*

[Procédure pénale]

La circonstance d'urgence est quelquefois prise en considération en matière répressive. Elle l'est notamment dans le cadre de l'enquête de flagrance pour permettre à certaines autorités, policières ou judiciaires, d'agir en dehors du cadre de leur compétence ordinaire, territoriale essentiellement. Il en va de même pour l'exécution d'une commission rogatoire. L'urgence peut également conduire à réduire les délais de procédure afin de mieux protéger les libertés individuelles, dans le domaine de la détention provisoire par exemple, par l'organisation d'une procédure de référé particulière dite référé-liberté.

Usage

[Droit civil]

1° *Usages conventionnels.* Règles que les particuliers suivent habituellement dans leurs actes juridiques et auxquelles ils sont censés s'être tacitement référés parce que ces règles dérivent de clauses de style devenues sous-entendues.

C. civ., art. 1120, 1148*, 1194*, 1360*, 1754, 1759, 1762, et 1777.*

2° *Usages fonciers.* Pratiques particulières à une région auxquelles renvoie le législateur pour régler certains rapports de voisinage (distance à respecter pour la plantation des arbres, le creusement d'un puits...) ou la jouissance du fonds de terre (ordre et quotité des coupes de bois taillis).

C. civ., art. 590, 591, 593, 663, 671 et 674.

3° Utilisation d'une chose.

→ *Usage (Droit d'), Usus.*

[Droit du travail]

Pratique professionnelle ancienne et constante, qui, dans l'esprit de ceux qui l'observent, correspond à une obligation. À côté de ces usages professionnels, de plus en plus rares en raison du développement des conventions collectives de branche, il existe des usages d'entreprise qui reposent essentiellement sur un élément matériel. La pratique en question doit alors présenter un triple caractère de constance, de généralité et de fixité pour être qualifiée d'usage.

La loi se réfère parfois aux usages. Il en est ainsi pour le délai de préavis (surtout le préavis de démission).

GADT n° 178.

[Droit international public]

Pratique habituelle des États qui n'est pas considérée comme une *coutume internationale* parce qu'elle n'est pas soutenue par une *opinio juris*.

Usage (Droit d')

[Droit civil]

Droit réel principal portant sur le bien d'autrui, qui confère à son titulaire, l'usager, le droit d'utiliser la chose et d'en percevoir les fruits mais dans les limites de ses besoins et de ceux de sa famille.

C. civ., art. 625 s.

→ *Habitation (Droit d').*

Usage de faux

[Droit pénal]

Utilisation en connaissance de cause d'un écrit falsifié en vue de permettre l'obtention du résultat auquel tend normalement sa production.

C. pén., art. 441 s.

→ *Faux.*

Usage irrégulier de qualité

[Droit pénal]

Incrimination pénale résultant du seul fait pour le fondateur ou un dirigeant d'une entreprise poursuivant un but lucratif, de faire figurer ou de laisser figurer, dans une publicité en faveur de l'entreprise qu'il fonde ou dirige, le nom avec mention de la qualité de membres du gouvernement, de parlementaires ou membres de certaines juridictions ou institutions, précisément énumérées, d'un magistrat, fonctionnaire, officier public ou ministériel avec sa fonction ou de toute personne avec mention d'une décoration qui lui a été décernée.

C. pén., art. 433-18.

Usucapion

[Droit civil]

Synonyme de prescription acquisitive.

→ *Prescription civile.*

Usufructuaire

[Droit civil]

Relatif à l'usufruit. Les charges usufructuaires sont celles qu'il est d'usage de payer sur les revenus, telles les réparations d'entretien de l'immeuble donné en usufruit.

C. civ., art. 608 s.

Usufruit

[Droit civil]

Droit réel principal, qui confère à son titulaire le droit d'utiliser une chose (*usus*) dont une autre personne est propriétaire et d'en percevoir les fruits (*fructus*), mais non celui d'en disposer (*abusus*), lequel appartient au nu-propriétaire. En revanche, l'usufruitier peut disposer de son propre droit : il peut ainsi céder son usufruit.

C. civ., art. 578 et 582 s.

GAJC, t. 1, nº 76-79.

→ *Droit réel, Nue-propriété.*

Usufruit légal

[Droit civil]

→ *Conjoint survivant, Jouissance légale.*

Usufruit locatif

[Droit civil]

Démembrement temporaire de la propriété : le propriétaire d'un logement ou d'un ensemble de logements (neufs ou anciens) en cède l'usufruit, en contrepartie d'un capital, à un bailleur social ou à une association agréée qui en assure la location, la gestion et l'entretien courant. La convention d'usufruit est établie pour une durée minimale de 15 ans et maximale de 30 ans; pour l'acquisition de l'usufruit, il est recouru au prêt destiné aux financements des logements les plus sociaux.

CCH, art. L. 253-1 s.

Usure

[Droit civil/Droit commercial/Droit pénal]

Intérêt excessif rattaché à une somme faisant l'objet d'un prêt ou d'un contrat similaire. Les perceptions excessives sont imputées de plein droit sur les intérêts normaux et subsidiairement sur le capital de la créance. En cas d'extinction de la créance, les sommes indûment perçues doivent être restituées avec intérêts légaux du jour où elles auront été payées.

L'usure est un délit pénal exposant à une peine d'amende de 300 000 euros et/ou à un emprisonnement de 2 ans. Son champ d'application a été réduit par le législateur, ne s'appliquant plus à l'emprunteur personne physique agissant pour ses besoins professionnels, ni à l'emprunteur personne morale se livrant à une activité industrielle, commerciale, artisanale, agricole ou professionnelle non commerciale.

C. consom., art. L. 314-6 à L. 314-9, L. 341-50, L. 341-51 et D. 313-6 s.; C. mon. fin., art. L. 313-5 s.

→ *Intérêt conventionnel, Taux effectif global.*

Usurpation d'identité d'un tiers

[Droit pénal]

Fait d'utiliser l'identité d'un tiers ou, plus globalement, de faire usage d'une ou plusieurs données, de toute nature, permettant de l'identifier (adresse IP, numéro de téléphone ou d'abonné, adresse électronique, pseudonyme etc.) dans le but de troubler sa tranquillité ou celle d'autrui ou de porter atteinte à son honneur ou à sa considération. L'infraction est donc générale, mais le texte vise cependant l'identité numérique en précisant, ce qui était sans doute inutile, que l'infraction est punie des mêmes peines lorsqu'elle est commise sur un réseau de communication en ligne, à savoir un an d'emprisonnement et 15 000 € d'amende.

Le fait de prendre le nom d'un tiers, dans des circonstances qui auraient pu entraîner des poursuites pénales à son encontre, fait, par ailleurs, l'objet d'une incrimination spécifique.

C. pén., art. 226-4-1 et 434-23.

Usurpations

[Droit pénal]

Ensemble d'infractions consistant à s'approprier sans droit des fonctions, signes, titres ou qualités dans le but, assez général, d'entraîner une confusion entre des activités privées et celles réservées à l'administration publique ou exercées sous son contrôle.

C. pén., art. 433-12, 433-14, 433-17 s.

Usus

[Droit civil]

Parmi les prérogatives attachées à la propriété, droit de détenir et d'utiliser une chose sans en percevoir les fruits.

→ *Abusus, Fructus, Habitation (Droit d'), Usage.*

Ut singuli, ut universi

[Droit général/Droit commercial]

Ut singuli : « en tant que chacun en particulier » (littéralement).

Ut universi : « en tant que tous ensemble » (littéralement).

Lorsque l'on considère une personne, un bien, l'exercice d'une action en justice, à titre individuel, on emploie l'expression *ut singuli*. En revanche, l'expression *ut universi* indique que l'on envisage des biens ou des actions dans le cadre d'une universalité (ainsi d'une succession).

L'opposition des deux types d'action joue un rôle particulier pour la mise en œuvre de la responsabilité d'une société ou de ses dirigeants à l'égard des associés.

Utérins

[Droit civil]

Se dit des frères et sœurs qui sont nés de la même mère mais qui n'ont pas le même père.

→ *Consanguins, Germains.*

Uti possidetis juris

[Droit international public]

Règle de droit international développée d'abord dans les relations entre État sud-américains et généralisée ensuite, selon laquelle les limites administratives entre territoires dessinées par l'État colonial constituent les frontières des États devenus indépendants.

→ *Délimitation des espaces terrestres et/ou maritimes, Frontière.*

V

Vacance

[Droit civil]

Vide juridique créé par l'inexistence ou le refus des personnes appelées à occuper telle situation et dont la conséquence est la prise en charge par l'État. C'est ce qui par exemple se produit pour la succession qui n'est réclamée par personne, que les héritiers soient inconnus ou que les héritiers connus y aient renoncé ou n'aient pas opté dans les 6 mois. État provisoire prenant fin, soit par la représentation d'un héritier acceptant, soit par la liquidation du patrimoine au profit des créanciers, l'éventuel surplus allant à l'État.

C. civ., art. 809 s.

Le plus souvent, le bien est vacant quand il est sans propriétaire (abandon) ou sans possesseur (perte ou vol).

C. civ., art. 539 et 713.

→ *Biens sans maître, Déshérence.*

[Droit constitutionnel]

Temps pendant lequel une fonction reste sans titulaire (ex. : vacance de la présidence de la République par suite du décès du président, de sa démission ou de sa destitution par la Haute cour).

→ *Intérim.*

Vacation

[Procédure civile]

Au singulier, période de temps au cours de laquelle un professionnel (notaire, expert) exerce ses fonctions. Au pluriel, honoraires correspondant à cette période.

On dénommait, naguère, « chambre des vacations » la formation de jugement qui statuait sur les affaires urgentes pendant la période des vacances judiciaires au cours de laquelle la tenue de la plupart des audiences était suspendue.

Vaine pâture (Droit de)

[Droit rural]

Droit ancestral incessible appartenant à la généralité des habitants d'une commune de faire paître leurs animaux sur les champs de chacun après récolte et jusqu'à ensemencement sur les terrains non clos à l'exception des prairies artificielles. Les conseils municipaux peuvent réglementer ce droit.

C. rur., art. L. 651-1 s.; C. civ., art. 648.

Valeur de remplacement

[Droit civil]

Valeur prise en compte en cas de sinistre total de la chose assurée. Cette valeur correspond au prix que l'assuré devra débourser pour se procurer une chose de même nature, de même état et de même utilité.

C. assur., art. L. 121-1.

Valeur du litige

[Procédure civile]

Montant chiffré de la demande comprenant le capital dont il est sollicité le paiement augmenté des fruits et des dommages-intérêts dus au jour de l'introduction de l'instance.

L'appréciation de la valeur du litige a une double fonction. *En toutes matières*, elle sert à déterminer si la voie de l'appel est ouverte ou non (le taux du ressort est de 4 000 euros pour l'ensemble des juridictions de première instance). *Dans les matières où il y a partage de compétence* entre deux sortes de juridiction, la valeur du litige permet de savoir quel est le tribunal qualifié : les affaires personnelles ou mobilières relèvent du tribunal d'instance jusqu'à la valeur de 10 000 euros, du TGI au-delà.

→ *Évaluation du litige.*

Valeur fournie

[Droit commercial]

Créance que possède le bénéficiaire contre le tireur d'un *effet de commerce*.

Valeur nominale

[Droit commercial]

Valeur d'une action ou d'une obligation résultant de la division du montant total de l'émission par le nombre de titres émis.

Valeur résiduelle

[Droit civil/Droit commercial]

Prix que doit acquitter le crédit-preneur lorsqu'il décide, à la fin de la période de location contractuellement prévue, d'acquérir le bien loué en levant l'option d'achat. La valeur résiduelle varie en fonction de la durée effective de la location, mais reste toujours inférieure à la valeur marchande du bien, puisque le prix convenu tient compte, au moins pour partie, des versements effectués à titre de loyers.

C. mon. fin., art. L. 313-7.

Valeur sociale protégée

[Droit pénal]

Donnée fondamentale d'une société, objet d'une protection particulière au titre de la politique d'incrimination (vie, intégrité physique, honneur, propriété, foi publique, sécurité...).

Valeur vénale

[Droit civil]

Prix auquel un bien peut être vendu d'après l'état du marché. Sert de référence en cas de destruction ou de détérioration d'une chose pour évaluer le montant de l'indemnité due par le responsable ou l'assureur.

Pour la liquidation des droits de mutation à titre gratuit et de l'impôt de solidarité sur la fortune, l'estimation des immeubles se fait par référence à leur valeur vénale à la date de la transmission ou à la date du 1er janvier.

CGI, art. 761 et 885 s.

Valeurs du Trésor

[Droit financier ou fiscal]

Terme employé par le ministère des Finances pour désigner l'ensemble formé par les obligations assimilables du Trésor, les *bons du Trésor* dits BTF et BTAN, qui représente près des 9/10e de la dette de l'État.

Valeurs mobilières

[Droit civil/Droit commercial]

Titres émis par des personnes morales, publiques ou privées, transmissibles par inscription en compte (autrefois par *tradition*), qui confèrent des droits identiques par catégorie et donnent accès soit à une quotité du capital de la personne morale émettrice (par ex. les *actions*), soit à un droit de créance général sur son patrimoine (par ex. les *obligations*). Appartiennent à l'ensemble plus large des *titres financiers*.

Constituent des valeurs mobilières les actions et obligations, les parts de fonds communs de placement (FCP) et de fonds communs de titrisation.

Le droit contemporain, après avoir diversifié les types de valeurs mobilières admissibles (valeurs mobilières dites composées et, parmi elles, valeurs mobilières donnant accès à des titres de capital émis par une autre société), a consacré un principe de liberté de création des titres de capital ou de créance, assorti de restrictions assez peu nombreuses (ex. : l'impossible transformation d'un titre de capital en titre de créance, évitant les réductions sauvages du capital social).

C. com., art. L. 228-1 s., L. 228-91 s.; C. mon. fin., art. L. 211-1 s.

→ *Action de préférence, Action rachetable.*

Validation

[Sécurité sociale]

Prise en compte de certaines périodes, par exemple période de service militaire et de guerre, périodes de maladie, périodes de chômage, pour déterminer les droits d'un assuré à pension.

CSS, art. L. 351-3.

[Droit constitutionnel/Droit administratif]

→ *Loi de validation.*

Validité

[Droit civil]

Caractère d'un acte qui remplit les conditions légales pour produire son plein effet.

Valise diplomatique

[Droit international public]

Mode de transport du courrier diplomatique, qui le soustrait à toute inquisition douanière ou policière.

→ *Immunités diplomatiques et consulaires.*

Valorisme monétaire

[Droit civil]

Conception qui combat le principe du *nominalisme monétaire* et qui considère que le créancier d'une somme d'argent a droit, à l'échéance, à une quantité d'unités monétaires réajustée, tenant compte de la perte du pouvoir d'achat de la monnaie.

C. mon. fin., art. L. 112-1.

→ *Clause d'échelle mobile, Indexation.*

Vassalité

[Droit international public]

Rapport de hiérarchie de type féodal entre 2 États, l'État vassal devant tribut et assistance à l'État suzerain qui, de son côté, assure sa protection militaire et diplomatique.

Ce régime, devenu anachronique, a été appliqué dans la deuxième moitié du XIXe siècle à des provinces détachées dans l'Empire ottoman (Serbie, Roumanie, Bulgarie, Égypte), pour lesquelles il a été une étape vers l'indépendance.

Vatican

[Droit international public]

Territoire de 0,44 km² dans la ville de Rome (comprenant essentiellement la place Saint-Pierre, la Basilique, le palais et les jardins qui s'étagent sur les pentes de la colline du Vatican), sur lequel le *Saint-Siège* exerce une autorité exclusive et une juridiction souveraine (traité du Latran du 11 févr. 1929).

Vénalité

ACTU

[Droit civil/Procédure civile]

Caractéristique essentielle d'un office ministériel qui consiste pour le titulaire d'une charge à se faire payer un prix de cession par la personne qu'il propose pour nomination au garde des Sceaux en rémunération de cette présentation.

La loi n° 990 du 6 août 2015 pour la croissance, l'activité et l'égalité des chances économiques supprime le droit de présentation dans les zones où le besoin de nouveaux offices se fait sentir et où le ministre de la justice peut nommer directement un candidat dans un office créé.

→ *Liberté d'installation, Office ministériel, Officier ministériel, Officier public.*

Vente

[Droit civil]

Contrat par lequel une personne, le vendeur, transfère ou s'engage à transférer un bien à une autre personne, l'acheteur, qui a l'obligation d'en verser le prix en argent.

C. civ., art. 1582 s.; C. com., art. L. 441-1; C. consom., art. L. 112-1 s.; Convention de Vienne, 11 avr. 1980.

GAJC, t. 2, nº 178-179, 265, 268.

Lorsque le droit transféré est un droit personnel, on parle généralement de cession (ex. : cession de créance).

C. civ., art. 1689 s.

Vente à la boule de neige

[Droit privé]

Vente pratiquée par un procédé consistant à offrir des marchandises au public en lui faisant espérer l'obtention gratuite ou avantageuse de ces marchandises et en subordonnant cette vente au placement de bons ou tickets à des tiers ou à la collecte d'adhésions ou inscriptions. Ce procédé est interdit et réprimé pénalement.

C. consom., art. L. 121-15, L. 132-19 et L. 132-20.

Vente à crédit

[Droit civil]

Vente dans laquelle la chose est livrable immédiatement, mais le prix payable à terme.

C. consom., art. L. 311-1, L. 312-1 s., L. 313-1 s., L. 314-1 s.

→ *Taux usuraire.*

Vente à la découpe

[Droit civil]

Procédé consistant à vendre, en une seule fois, la totalité d'un immeuble d'habitation ou mixte (professionnel/habitation) de plus de 5 logements (10 avant la loi nº 366 du 24 mars 2014). Pour protéger les locataires de cet immeuble, le législateur a mis en place, à leur profit, un *droit de préemption* si l'acquéreur ne s'est pas engagé à proroger (pendant 6 ans) les baux d'habitation en cours à la date de conclusion de la vente (L. nº 2006-685, 13 juin 2006 ayant inséré un article 10-1 dans la loi nº 75-1351 du 31 déc. 1975).

Vente à la dégustation

[Droit civil]

Vente d'une chose qu'il est d'usage de goûter avant de l'acheter (vin, huile, etc.) et qui, de ce fait, n'est parfaite qu'après que l'acheteur ait agréé la chose après l'avoir goûtée.

C. civ., art. 1587.

→ *Agréage.*

Vente à distance

[Droit civil]

Vente procédant d'une commande passée par télématique, téléphone, vidéotransmission ou voie postale, permettant à l'acheteur de faire retour du produit au vendeur, pour échange ou remboursement, durant un délai de 14 jours francs à compter de la livraison. Ce délai est prolongé d'un an à compter de l'expiration des 14 jours, si le consommateur n'a pas été informé de l'existence de ce droit.

Ce droit de rétractation s'exerce sans avoir à justifier de motifs ni à payer de pénalités; il concerne toute vente d'un bien ou toute fourniture d'une prestation de service, sauf quelques exceptions : ventes aux enchères publiques, service financier, distributeur automatique, travaux urgents, produits descellés par le consommateur et qui ne peuvent être réexpédiés pour des questions d'hygiène ou de santé, certaines prestations d'hébergement ou de location.

C. consom., art. L. 221-1 s.

Vente à domicile

[Droit civil]

Vente résultant de la sollicitation d'un démarcheur opérant au domicile de l'acquéreur, à sa résidence ou à son lieu de travail, soumis à un formalisme particulier et à laquelle le client peut renoncer discrétionnairement dans les 14 jours suivant la commande ou l'engagement d'achat.

C. consom., art. L. 221-18.

Vente à l'encan

[Droit civil/Procédure civile]

Vente aux enchères publiques.

Vente à l'essai

[Droit civil/Droit commercial]

Contrat de vente par lequel le transfert de propriété ne devient effectif qu'après que l'essai de la chose vendue a donné satisfaction; ce n'est qu'à cette date que l'acheteur supporte les risques de perte de la chose.

C. civ., art. 1588.

Vente à perte

[Droit commercial/Droit pénal]

Fait pour un commerçant de revendre un produit en l'état, à un prix inférieur à son prix d'achat effectif.

Le prix d'achat effectif est le prix unitaire net figurant sur la facture d'achat minoré d'un certain nombre d'éléments déterminés par le législateur.

La vente à perte constitue un délit correctionnel.

C. com., art. L. 442-2.

→ *Prix abusivement bas.*

Vente à prime

[Droit civil/Droit commercial]

Vente ou prestation de services à l'occasion de laquelle est remise gratuitement au client une prime consistant elle-même en marchandises ou en une prestation de services.

La remise peut être immédiate ou différée.

Cette pratique est interdite dans les rapports entre professionnels et consommateurs, sa licéité s'appréciant désormais (L. n° 2014-344 du 17 mars) par rapport à son caractère déloyal et non plus eu égard à la nature ou à la valeur de la prime (le texte ancien excluant de l'interdiction les « menus objets ou services de faible valeur et les échantillons »).

C. consom., art. L. 121-19.

Vente à réméré

[Droit civil]

→ *Réméré.*

Vente à la sauvette

[Droit pénal/Droit commercial]

Fait, sans autorisation ou déclaration régulière, d'offrir, de mettre en vente ou d'exposer en vue de la vente des biens ou d'exercer toute autre profession dans les lieux publics, en violation des dispositions réglementaires sur la police des lieux. Initialement simple contravention, cette infraction est aujourd'hui un délit passible de 6 mois d'emprisonnement et de 3 750 euros d'amende. La peine est aggravée si l'infraction est commise en réunion ou accompagnée de voies de fait ou de menaces. Par ailleurs, dans le cadre des atteintes à la dignité de la personne, l'exploitation de la vente à la sauvette est également sanctionnée. Elle consiste dans le fait d'embaucher, d'entraîner ou de détourner une personne pour l'inciter à pratiquer de telles ventes ou de faire pression pour qu'elle le fasse ou qu'elle continue de le faire afin d'en tirer profit, de quelque manière que ce soit. Le fait de recevoir des subsides d'une personne se livrant habituellement à ces pratiques de vente ou encore de ne pouvoir justifier de ressources correspondant à son train de vie, lorsqu'on exerce une influence de fait sur des personnes commettant habituellement ces infractions, est assimilé à l'exploitation. L'objectif de lutter contre l'exploitation de personnes en situation précaire (mineurs, personnes particulièrement vulnérables, étrangers) a conduit le législateur à prévoir de nombreuses circonstances aggravantes.

C. pén., art. 225-12-8 s. et 446-1 s.; C. com., art. L. 442-8.

Vente à tempérament

[Droit civil]

Variété de vente à crédit dans laquelle le paiement du prix est fractionné en plusieurs versements échelonnés sur une certaine durée. Cette vente est assimilée à une opération de crédit.

C. consom., art. L. 312-1 s.

Vente au déballage

[Droit civil/Droit commercial]

Vente de marchandises effectuée dans des locaux ou sur des emplacements non destinés à la vente au public de ces marchandises, ainsi qu'à partir de véhicules spécialement aménagés à cet effet. Ces ventes doivent faire l'objet d'une déclaration préalable auprès du maire de la commune du lieu de vente.

C. com., art. L. 310-2.

→ *Vente à la sauvette.*

Vente aux enchères publiques

[Droit civil]

Forme de vente caractérisée par son ouverture au public et par l'adjudication du bien au plus offrant, par l'intermédiaire d'un tiers agissant comme mandataire du propriétaire ou de son représentant. On en distingue deux catégories :

Les *ventes volontaires de meubles* aux *enchères publiques* sont confiées à des « *opérateurs de ventes volontaires de meubles aux enchères publiques* ». Leur régime juridique a été progressivement et totalement libéralisé par deux lois du 10 juillet 2000 et du 20 juillet 2011 : désormais, tous les biens meubles, même neufs, peuvent être vendus aux enchères publiques volontaires, de même que les biens vendus en gros et ceux qui, ayant subi des altérations ne peuvent être vendus comme neufs. Les opérateurs de ces ventes sont autorisés à vendre de gré à gré les biens, soit après l'insuccès d'une telle vente, soit en cas de difficultés entre le vendeur et l'adjudicataire (pratique dite du « *take to house* »). Elles sont autorisées à distance par voie électronique.

Pour les *ventes forcées de meubles*, les commissaires-priseurs judiciaires conservent leur statut d'officier ministériel.

Quant aux *ventes judiciaires d'immeubles*, elles ont lieu à l'audience des criées; les enchères sont portées par l'intermédiaire d'un avocat; elles sont arrêtées lorsque 90 secondes se sont écoulées depuis la dernière enchère, ce temps étant décompté par tout moyen visuel ou sonore qui signale au public chaque minute écoulée.

C. com., art. L. 320-1 s., L. 322-1 s., R. 321-1 s.; C. pr. exéc., art. R. 322-45.

→ *Adjudicataire, Enchère ou enchères publiques, Surenchère.*

Vente amiable

[Procédure civile]

Issue possible d'une *saisie-vente* ou d'une *saisie immobilière*. Pour éviter les inconvénients d'une vente forcée aux enchères publiques (lourdeur de la procédure, vileté du prix), le débiteur peut être autorisé à vendre volontairement le bien saisi pour en affecter le prix au paiement de ses créanciers. La vente amiable produit les effets d'une vente volontaire, mais elle ne peut donner lieu à rescision pour lésion.

C. pr. exéc., art. L. 221-3, L. 322-1, L. 322-3, R. 221-30 s., R. 322-20 s.

→ *Audience d'orientation.*

Vente CAF

[Droit commercial]

Type de vente dans lequel le vendeur, pour le compte de l'acheteur, assure le transport et fait assurer la marchandise pour un prix global qui comprend : le *coût* de la marchandise (C), le prix de l'*assurance* (A) et le montant du *fret* (F). On dit aussi vente CIF. L'emploi de ces lettres dans un contrat implique souvent la référence au régime d'un *Incoterm* établi par la *Chambre de commerce internationale*.

→ *Vente FOB.*

Vente d'immeuble à construire

[Droit civil]

Contrat par lequel le vendeur s'oblige à édifier un immeuble dans un certain délai. Il est susceptible de 2 modalités :

- dans la *vente à terme*, le prix est payé lors de la livraison, le transfert de propriété s'effectue au moment où l'état d'achèvement de l'immeuble est constaté par acte authentique et rétroagit au jour du contrat;
- dans la *vente en l'état futur d'achèvement*, le prix est payé au fur et à mesure de l'exécution des travaux; la propriété du sol est immédiatement transférée à l'acquéreur, celle des constructions à venir au fur et à mesure de leur exécution.

C. civ., art. 1601-1 s. et 2380; CCH, art. L. 261-1 et R. 261-1 s.

→ *Promotion immobilière (Contrat de).*

Vente FOB (*Free on board*)

[Droit commercial]

Type de vente dans lequel la livraison de la marchandise a lieu à bord du navire (*free on board*). En conséquence le vendeur ne s'occupe ni de l'assurance, ni du transport de la marchandise, et le prix ne comprend que le coût de la marchandise et les frais de mise à bord.

→ *Vente CAF.*

Vente hors établissement

[Droit civil]

→ *Contrat hors établissement.*

Vente liée (ou subordonnée)

[Droit civil/Droit commercial]

Vente d'un produit subordonné à l'achat d'une quantité imposée ou à l'achat concomitant d'un autre produit. Pratique illicite punie pénalement.

C. consom., art. L. 121-11 et R. 121-13.

Ventilation

[Droit civil]

Opération consistant, lorsque plusieurs biens sont vendus pour un prix unique (plusieurs immeubles, tous les éléments d'un fonds de commerce), à déterminer la partie du prix total correspondant à chacun d'eux. La détermination de cette valeur est indispensable en cas de perte partielle ou d'éviction partielle de la chose vendue.

C. civ., art. 1601 et 1637.

Verba volant, scripta manent

[Droit civil]

Les paroles s'envolent (il n'en reste aucune trace); les écrits restent et font preuve.

Verdict

[Procédure pénale]

Réponses données par la cour et le jury d'assises aux questions posées à la suite des débats.

Verdissement

[Droit fiscal/Droit de l'environnement/ Droit rural]

Fait de subordonner au respect de conditions environnementales, le bénéfice d'un avantage fiscal préexistant ou de subventions.

Vérification d'écriture

[Procédure civile]

Incident provoqué par la dénégation ou la méconnaissance d'écriture ou de signature d'un *acte sous signature privée* qui oblige la partie, désireuse d'utiliser dans un procès l'acte désavoué ou méconnu, à établir qu'il émane bien de celui à qui elle l'oppose ou de l'auteur auquel l'adversaire succède.

Il est possible d'introduire une action principale aux mêmes fins, en dehors de tout procès actuel.

C. pr. civ., art. 287 s.; C. civ., art. 1373.*

→ *Acte contresigné par avocat, Faux, Signature.*

Vérification d'identité

[Procédure pénale]

Recherche coercitive, effectuée par un officier de police judiciaire, de l'identité d'une personne qui ne peut ou ne veut en justifier lors d'un contrôle. Elle implique la rétention de l'intéressé sur les lieux dudit contrôle ou dans un service de police ou de gendarmerie, pour une durée maximale de 4 heures qui s'imputera, s'il y a lieu, sur celle de la garde à vue. Cette durée est portée à 6 heures pour une personne de nationalité étrangère. Elle s'imputera sur celle prévue pour la vérification du droit de circulation ou de séjour.

C. pr. pén., art. 78-3 et 78-4; CESEDA, art. L. 611-1 II.

→ *Contrôle d'identité, Identité judiciaire.*

Vérification des dépens

[Procédure civile]

La vérification des *dépens*, lorsqu'elle est nécessaire, est effectuée par le greffier de la juridiction devant laquelle ces dépens ont été exposés. Le greffier délivre au plaideur un certificat de vérifications des dépens.
Si ce certificat n'est pas accepté, une *ordonnance de taxe* est demandée au président de la juridiction.

C. pr. civ., art. 704 s.

→ *Liquidation des dépens.*

Vérification des pouvoirs

[Droit constitutionnel]

Contrôle par les assemblées parlementaires de la régularité de l'élection de leurs membres (validation ou invalidation).
Système en vigueur en France jusqu'à la Constitution de 1958, qui a transféré cette compétence au Conseil constitutionnel.

[Droit international public]

Procédure par laquelle un organe d'une organisation internationale ou une conférence internationale s'assure de la représentativité des personnes se présentant pour représenter l'un de ses membres. En principe formelle, peut être utilisée pour exclure de fait un État.

Vérifications personnelles du juge

[Procédure civile]

Procédure de preuve. À cette fin, le juge, les parties présentes ou appelées, se transportent éventuellement avec le greffier sur les lieux où se trouve l'objet du litige et procède aux constatations, évaluations, appréciations ou reconstitutions qu'il estime nécessaires.
Au terme de ses vérifications, le juge dresse un procès-verbal qui les relate ainsi que les déclarations émanant des parties ou des tiers.

C. pr. civ., art. 179 s.

Versement de transport

[Sécurité sociale]

Participation des employeurs occupant plus de 11 salariés au financement des transports en commun.

Versement forfaitaire unique

[Sécurité sociale]

Pension vieillesse d'un montant très modique versée en une seule fois n'ouvrant plus de droits aux prestations en nature de l'assurance maladie et maternité depuis le 1er janvier 2012.

CSS, art. R. 351-26.

Verts budgétaires

[Droit financier ou fiscal]

Après l'adoption de la loi de finances par le Parlement, le détail des crédits est donné pour chaque ministère dans des fascicules à la couverture verte – d'où leur nom.

→ *Bleus budgétaires, Jaunes budgétaires, Lois de finances, Oranges budgétaires.*

Veto

[Droit constitutionnel]

1° *Veto royal ou présidentiel* : pouvoir reconnu au chef de l'État (roi ou président de la République), dans certains régimes, de s'opposer aux lois votées par l'assemblée législative. Le *veto* peut être définitif ou seulement suspensif.

Aux États-Unis, le Congrès peut surmonter le *veto* présidentiel par un vote de chaque chambre aux 2/3. Il y existe aussi le *veto de poche (pocket veto)* : droit du Président de ne pas signer une loi qui lui est soumise dans les 10 jours précédant la fin de session du Congrès.

2° *Veto populaire* (ou référendum facultatif) : procédé de la démocratie semi-directe qui permet au peuple, sur pétition formulée dans un certain délai par un nombre déterminé de citoyens, d'opposer son refus à une loi régulièrement votée par le Parlement. À défaut d'opposition populaire dans le délai imparti, la loi entre en vigueur.

[Droit international public]

Dans les organisations internationales :

- faculté, pour l'un quelconque des États membres, lorsqu'une décision doit être prise à l'unanimité, d'y faire obstacle par un vote négatif;

- privilège de chacun des 5 États membres permanents du Conseil de sécurité de l'ONU de paralyser les décisions de cet organe portant sur des questions autres que des questions de procédure (privilège découlant de la règle selon laquelle la majorité requise pour ces décisions – 9 voix sur 15 – doit comprendre le vote positif de chacun des membres permanents du Conseil).

Viabilité

[Droit civil]

Se dit d'un enfant qui au moment de sa *naissance* est apte à vivre.

C. civ., art. 725 et 906.

→ *Enfant sans vie, Être humain.*

Viager

[Droit civil]

Se dit d'un droit dont on a la jouissance durant sa vie, mais dont le bénéfice ne passe pas aux héritiers (rente viagère, par ex.).

C. civ., art. 617 et 1979.

→ *Droit viager au logement, Rente.*

Vice-bâtonnier

[Procédure civile]

Avocat élu par l'assemblée générale de l'Ordre sur présentation du candidat au bâtonnat, exerçant les pouvoirs que lui délègue le *bâtonnier*.

Décr. n° 1197 du 27 nov. 1991, art. 6.

→ *Dauphin.*

Vice caché

[Droit civil]

Défaut de la chose vendue qui ne se révèle pas à premier examen et qui la rend impropre à l'usage auquel elle est destinée, ou qui diminue tellement cet usage que l'acheteur ne l'aurait pas acquise, ou n'en aurait donné qu'un moindre prix, s'il l'avait connu. Dans le but de renforcer la protection des consommateurs, les conditions générales de vente applicables aux contrats de consommation doivent mentionner l'existence, les conditions de mise en œuvre et le contenu de cette garantie et, le cas échéant, l'existence d'une garantie commerciale optionnelle et payante, et d'un service après-vente.

L'action en indemnisation pour vice caché est une action autonome qui peut être exercée indépendamment d'une *action rédhibitoire* ou d'une *action estimatoire*.

C. civ., art. 1641 s., 1721, 1891; C. consom., art. L. 211-2 et L. 217-13.

GAJC, t. 2, n° 266-267, 268 et 269-270.

→ *action estimatoire, action rédhibitoire, Destination, Garantie.*

Vice de forme

[Droit administratif]

Dans le cadre du *recours* pour excès de pouvoir, l'inobservation d'une formalité substantielle constitue l'un des 4 cas d'annulation des actes administratifs (hors compétence liée ou circonstances exceptionnelles).

[Procédure civile]

Vice affectant la validité d'un *acte de procédure* pour inobservation d'une formalité requise pour son établissement. L'annulation d'un tel acte suppose que la nullité ait été expressément prévue par la loi (sauf en cas d'inobservation d'une formalité substantielle ou d'ordre public) et que le vice invoqué ait causé un *grief* à la partie qui l'invoque. Cette partie doit faire valoir tous ses moyens de nullité au même moment et avant toute *défense au fond* et toute *fin de non-recevoir*.

C. pr. civ., art. 112 à 116.

→ *Pas de nullité sans grief, Pas de nullité sans texte.*

Vice du consentement

[Droit civil]

Défaut affectant le consentement, et provoquant la nullité relative du contrat, lorsqu'il est de telle nature que, sans lui, l'une des parties n'aurait pas contracté ou aurait contracté à de conditions substantiellement différentes. Les vices du consentement sont : l'*erreur*, le *dol*, la *violence*.

C. civ., art. 146, 180, 777, 887, 1130, 1131* et 1844-16.*

→ *Vice caché.*

[Droit international public]

Au pluriel, ensemble des causes de nullité des traités portant sur le consentement d'un État ou d'une organisation à être lié(e) : l'erreur, le dol, la contrainte sur l'État ou le représentant de l'État, la corruption ou la violation d'une règle interne fondamentale relative à l'engagement.

→ *Contrainte, dol, Erreur.*

Vice-président du Conseil d'État

[Droit administratif]

Nommé par décret en *conseil des ministres* parmi les présidents de section ou les conseillers d'État en service ordinaire, assure la présidence du *Conseil d'État*. Son titre est un vestige de périodes historiques révolues au cours desquelles le Conseil d'État était présidé par le chef de l'État ou une autre autorité politique.

CJA, art. L. 121-1.

Vice rédhibitoire

[Droit civil]

Synonyme de *vice caché* dont l'existence donne lieu à garantie, laquelle débouche sur la résolution de la vente ou la diminution du prix.

Le Code rural donne une liste des défauts ou maladies réputés vices rédhibitoires donnant seuls ouverture aux actions en *garantie* dans les ventes ou échanges d'animaux d'élevage ou de compagnie, mais il réserve l'application de la garantie de conformité d'ordre public, du Code de la consommation (art. L. 217-7).

C. civ., art. 1641 et 1721; C. rur., art. L. 213-1 s., R. 213-1, R. 213-2.

Victime

[Droit pénal]

À l'origine personne offerte en sacrifice aux dieux, la victime, au sens général commun s'entend de toute personne qui souffre d'une atteinte qu'elle qu'en soit l'origine, portée à ses droits, ses intérêts ou son bien-être. Dans un sens plus restreint c'est une personne qui a été tuée ou blessée. Curieusement, le droit criminel ne donne aucune définition de la victime. C'est une décision-cadre du Conseil de l'Union européenne qui la définit au sens pénal comme « la personne qui a subi un préjudice, y compris une atteinte à son intégrité physique ou mentale, une souffrance morale ou une perte matérielle, directement causé par des actes ou omissions qui enfreignent, la législation d'un État membre ».

La victime pénale est donc celle qui dispose d'une action pénale en réparation de son préjudice parce qu'elle a personnellement souffert du dommage directement causé par l'infraction. Toute l'évolution récente du droit français a conduit à améliorer les droits des victimes en en faisant de véritables parties au procès pénal et en s'efforçant de garantir leur indemnisation y compris pendant la période d'exécution de la peine de l'auteur du dommage.

C. pr. pén., art. prél. II, art. 2 et 707 IV.

→ *Juge délégué aux victimes, Partie civile.*

Victime par ricochet

[Droit civil]

Tiers subissant un préjudice matériel ou moral du fait des dommages causés à la victime directe, tel un fils privé de subsides à la suite du décès de son père tué accidentellement.

→ *Dommage par ricochet.*

Victimologie

[Droit pénal]

Branche de la criminologie regroupant l'ensemble des études scientifiques pluridisciplinaires concernant les victimes. Au sens premier cette discipline s'inscrivait dans l'étude de l'explication de l'acte infractionnel par l'analyse des rapports du criminel et de sa victime. Aujourd'hui c'est plus globalement l'étude des victimes envisagées comme catégorie sociale. À côté de la criminologie victimologique qui s'intéresse à la victime pénale, il y a la victimologie générale qui s'étend aux victimes d'accidents fortuits ou de catastrophes naturelles.

Vidéoconférence (Système de)

[Procédure civile]

Le président de la formation de jugement peut décider, d'office ou à la demande d'une partie mais avec le consentement de toutes les parties, que les audiences se dérouleront dans plusieurs salles reliées directement par un moyen de télécommunication audiovisuelle, assurant une transmission fidèle, loyale et confidentielle. Pour la tenue des débats en audience publique, chacune des salles d'audience est ouverte au public; si les débats ont lieu en chambre du conseil, il est procédé hors la présence du public dans chacune des salles d'audience.

Les prises de vue et les prises de son ne peuvent faire l'objet d'aucun enregistrement ni d'aucune fixation, sauf s'il s'agit de constituer des archives de la justice à des fins historiques ou scientifiques.

COJ, art. L. 111-12 et R. 111-7; C. patr., art. L. 221-1.

→ *Archives audiovisuelles de la justice.*

[Procédure pénale]

Possibilité d'utiliser, lorsque les nécessités de l'enquête ou de l'instruction le justifient, des moyens de télécommunication sonores ou audiovisuels, garantissant la confidentialité, qui permettent de réaliser un acte de la procédure (audition, interrogatoire, confrontation, prolongation de garde à vue, débat contradictoire préalable à une détention provisoire d'une personne déjà détenue) alors que les personnes concernées se trouvent en différents points du territoire de la République. Le procédé est également utilisable devant une juridiction de jugement pour l'audition des témoins, parties civiles ou experts et, avec l'accord de toutes les parties, pour la comparution d'un prévenu détenu. Il est aujourd'hui la règle de *droit commun* pour la notification d'une expertise à une personne détenue et peut être utilisé pour l'intervention d'un interprète, au cours d'une audition, d'un interrogatoire ou d'une confrontation, lorsque ce dernier est dans l'impossibilité de se déplacer.

C. pr. pén., art. 706-71 et R. 53-33.

[Procédure administrative]

Ce système est également utilisé, en vue de tenir des « vidéoaudiences » dans les tribunaux administratifs d'outre-mer, qui ne comportent pas un ensemble de magistrats propre à chacun.

Vidéoprotection

[Droit pénal]

Système d'enregistrement et de transmission d'images, prises sur la voie publique, dans un but de protection des bâtiments ou des installations publics ou utiles à la défense nationale, de régulation du trafic routier, de constatation des infractions à la circulation ou plus généralement de prévention des atteintes à la sécurité des personnes et des biens dans des lieux particulièrement exposés aux risques d'agression, de vol, de trafic de stupéfiants ou encore aux fraudes douanières ainsi que des actes de terrorisme.

Le secours aux personnes et la défense contre l'incendie, la sécurité dans les parcs d'attractions peuvent également justifier l'implantation de caméras. Toute installation est subordonnée à une autorisation du préfet, après avis d'une commission départementale présidée par un magistrat. Cette autorisation précise les conditions dans lesquelles le système est exploité, tel le délai maximal de destruction des enregistrements. Néanmoins, l'autorisation doit être accordée par la CNIL, lorsque les enregistrements réalisés, sont utilisés dans des traitements automatisés ou contenus dans des fichiers structurés selon des critères permettant d'identifier directement ou indirectement des personnes physiques. Les commissions départementales, tout comme la CNIL, disposent d'un droit de contrôle du fonctionnement du système permettant, notamment, un droit de visite des locaux servant à la mise en œuvre des installations, le cas échéant, sur autorisation du juge des libertés et de la détention.

L'installation sans autorisation de même que le non-respect de certaines conditions, précisément énumérées par la loi, constituent un délit passible de 3 ans d'emprisonnement et de 45 000 € d'amende.

La loi du 14 mars 2011 (LOPPSI 2), autorise la transmission aux services chargés du maintien de l'ordre, des images réalisées dans les parties communes des immeubles collectifs à usage d'habitation lorsqu'il y a un risque imminent d'atteinte grave aux personnes ou aux biens, sur décision de la majorité des copropriétaires. Ce système est très précisément encadré par le législateur.

CSI, art. L. 251-1 à L. 255-5; CCH, art. L. 126-1-1.

Viduité

[Droit civil]

→ *Délai de viduité.*

Vie personnelle

[Droit du travail]

Expression du langage des juristes utilisée par la Chambre sociale de la Cour de cassation à partir de 1997 pour désigner tous les aspects de la vie du salarié à l'exclusion de ce qui a trait à l'exécution de son contrat de travail. Plus large que la *vie privée*, la vie personnelle englobe des aspects de vie publique (activités dans une association, autre activité professionnelle, exercice d'un mandat politique...). Elle marque un champ en principe à l'abri des pouvoirs de l'employeur, qui ne peuvent s'exercer que dans le cadre de l'exécution du contrat de travail.

GADT n° 66.

Vie privée

[Droit civil]

Désigne l'appropriation, par chacun, des informations relatives à son existence, qui lui sont personnelles. Elle renvoie, par opposition à la vie publique, à la sphère des activités de la personne qui relèvent de l'intimité et que chacun peut décider de préserver du regard d'autrui : vie sentimentale, mœurs, état de santé, pratique religieuse, loisirs, etc. La loi proclame le droit au respect de la vie privée, la seule constatation de l'atteinte à la vie privée ouvrant droit à réparation.

La difficulté est de tenir la balance égale entre deux droits fondamentaux : le droit au respect de la vie privée (Conv. EDH, art. 8), le droit à la liberté d'expression (Conv. EDH, art. 10). C'est pourquoi la publication dans la presse d'images de personnalités n'est acceptable que si elle correspond à un « débat ou à un événement d'intérêt général ou de l'histoire contemporaine ». C'est pourquoi le recours aux fouilles intégrales sur les personnes détenues n'est légitime que s'il est impérativement motivé par la défense de l'ordre et la prévention d'infractions, à défaut il y a atteinte à la vie privée.

C. civ., art. 9; C. pén., art. 226-1 s.

GAJC, t. 1, n° 21; GAJC, t. 2, n° 273-274.

→ *Donnée à caractère personnel, Données sensibles, État de la personne, Inviolabilité du domicile.*

Vif

[Droit civil]

Personne vivante. Le terme est surtout employé dans l'expression *entre vifs* pour caractériser l'opération qui se réalise du vivant des parties, par exemple donation entre vifs. On disait aussi, autrefois, « le mort saisit le vif », pour désigner la situation dans laquelle l'héritier entre en possession des biens du défunt sans avoir besoin de solliciter une autorisation du juge.

C. civ., art. 893 et 894.

→ *À cause de mort.*

Vignette

[Sécurité sociale]

Timbre apposé sur les emballages des médicaments que les assurés doivent coller sur la feuille de soins pour obtenir le remboursement de leurs frais pharmaceutiques.

Vigueur

[Droit général]

Force obligatoire. Mot décrivant l'autorité d'un texte dans les expressions suivantes :

- *en vigueur :* en application actuellement. Une loi en vigueur est une loi qui est publiée et qui n'est pas abrogée;

- *entrée en vigueur*: moment où le texte devient obligatoire. Les lois entrent en vigueur à la date qu'elles fixent ou, à défaut, le lendemain de leur publication au *Journal officiel*.

C. civ., art. 1er.

Vil

[Droit civil]

Se dit d'un prix dérisoire, tellement insignifiant qu'il équivaut à une absence de prix provoquant la *nullité* absolue du contrat.

C. civ., art. 1169.*

Viol

[Droit pénal]

Acte de pénétration sexuelle, de quelque nature qu'il soit, commis sur la personne d'autrui par violence, contrainte, menace ou surprise. L'état vulnérable de la personne (grossesse, maladie, infirmité, déficience mentale), la minorité de 15 ans de la victime, la menace par arme, la commission en réunion, la qualité d'ascendant de la victime de l'auteur, la survenance d'une infirmité permanente ou d'une mutilation, constituent des circonstances aggravantes.

C. pén., art. 222-23 s.

ACTU

Violation de domicile

[Droit pénal]

Délit qui consiste, pour une personne dépositaire de l'autorité publique ou chargée d'une mission de service public, agissant dans l'exercice ou à l'occasion de l'exercice de ses fonctions ou de sa mission, à s'introduire dans le domicile d'un citoyen hors les cas prévus par la loi, ou pour un particulier, à le faire contre le gré de ce dernier. S'agissant de l'infraction commise par un particulier, le maintien dans les lieux est également incriminé de manière spécifique dès lors que l'introduction dans le domicile a été réalisée à l'aide de manœuvres, menaces, voies de fait ou contraintes. Cette seconde infraction, présentant un caractère continu, l'utilisation d'une procédure de flagrance, aussi longtemps que l'occupation du domicile se poursuit est possible.

C. pén., art. 432-8 et 226-4 s.

Violation de la loi

[Droit administratif]

La violation de la loi, l'un des 4 cas d'ouverture du *recours* pour excès de pouvoir, consiste soit en une contradiction entre l'acte attaqué et un acte de valeur juridique supérieure, soit en une illégalité tenant aux motifs pour lesquels l'Administration l'a adopté.

→ *Contrôle juridictionnel.*

[Procédure civile]

Principale cause d'ouverture à cassation réalisée, soit par refus d'application (ne pas appliquer un texte clair à la situation qu'il devait régir), soit par fausse application (s'appuyer sur une loi qui était hors de cause), soit par fausse interprétation (adopter une interprétation du texte non conforme à son sens réel).

C. pr. civ., art. 604.

ACTU

Violence

[Droit civil]

Fait de nature à inspirer la crainte d'exposer sa personne, sa fortune ou celle de ses proches à un mal considérable, cause de nullité du contrat quelle que soit la personne exerçant la menace, partie ou tiers. L'ordonnance n° 2016-131 du 10 février 2016 portant réforme du droit des contrats institue un nouveau cas de violence : l'abus de l'état de dépendance. Cet abus est constitutif de violence lorsqu'il a conduit la partie victime à contracter un engagement auquel elle n'eût point souscrit autrement et que son partenaire tire de cette contrainte un avantage excessif.

C. civ., art. 1140 à 1144*.*

→ *Abus de faiblesse, Vice du consentement.*

Violences

[Droit pénal]

Terme générique qui, dans le Code pénal, désigne l'ensemble des infractions constituant une atteinte à l'intégrité des personnes.

C. pén., art. 222-7 s. et R. 625-1.

Violences au sein des couples

[Droit civil]

Pour l'ensemble des couples, mariés, pacsés ou vivant en union libre, la loi n° 2010-769, 9 juillet 2010 permet au juge aux affaires familiales de délivrer en urgence une ordonnance de protection en cas de violences exercées au sein d'un couple ou par un ancien conjoint, un ancien partenaire pacsé ou un ancien concubin. De nombreuses mesures sont prévues : l'éloignement de l'auteur des violences de la victime ou de ses proches; l'attribution au bénéfice de la victime du logement commun; l'exercice de l'autorité parentale en cas d'enfants communs; des interdictions de sortie du territoire, soit des enfants, soit du membre du couple menacé de violence.

C. civ., art. 515-9 à 515-13; C. pr. civ., art. 1136-3 à 1136-14.

→ *Mariage forcé, Ordonnance de protection.*

[Droit pénal]

Circonstance aggravante résultant de l'existence d'une relation de couple entre l'auteur et la victime de certaines infractions prévues par la loi. L'aggravation concerne la situation de conjoint, concubin ou partenaire d'un pacte civil de solidarité même après disparition de la situation de couple (ancien conjoint par ex.) lorsque l'infraction est commise en raison des relations ayant existé entre l'auteur des faits et la victime.

C. pén., art. 132-80.

Violences psychologiques

[Droit pénal]

Selon la jurisprudence, tout acte qui, en dehors de tout contact avec le corps de la victime, est de nature à provoquer un choc émotif. Elles sont expressément prévues, aujourd'hui, par le législateur ce qui pourrait conduire à incriminer tout acte provoquant une altération de la santé d'autrui. Ces formes particulières de violences, lorsqu'elles sont exercées dans le cadre des couples (conjoints, partenaires d'un PACS, concubins, actuels ou anciens) et qu'elles ont conduit à une altération de la santé physique ou mentale de celui qui en est la victime, sont punissables sous la qualification du *harcèlement moral*, c'est-à-dire une répétition de propos ou comportements de nature diverse pouvant agir sur le psychisme de l'individu et qui ont pour effet ou pour objet une dégradation des conditions de vie de celui qui les subit. La peine varie selon que l'incapacité totale de travail est inférieure ou supérieure à 8 jours. Cette infraction a été généralisée pour toute personne avec un système de *circonstances aggravantes* concernant certains comportements ou certaines victimes.

C. pén., art. 222-14-3, 222-33-2-1, 222-33-2-2.

Virement

[Droit commercial]

Technique permettant de transférer une somme d'argent d'un compte sur un autre par un simple jeu d'écritures.

Visa

[Droit international public]

Mention portée sur un acte par l'autorité compétente à l'effet de lui reconnaître certains effets (ex. : visa d'un passeport, autorisant le titulaire à entrer dans le pays dont un fonctionnaire a délivré le visa, ou à en sortir).

[Procédure civile]

Simple mention apposée, avec l'indication de sa date, sur l'original et sur la copie d'un acte de procédure ou d'une pièce ou document communiqué, attestant que la formalité exigée par les textes a bien été accomplie.

C. pr. civ., art. 672 et 821.

Dans un jugement, le visa désigne le texte sur lequel il s'appuie, ou l'acte de procédure qui lui sert de support. Dans un arrêt de cassation, c'est la règle de droit et non plus le texte de loi qui est visée.

C. pr. civ., art. 1020.

→ *Chapeau.*

[Procédure administrative]

La décision rendue par un juge administratif doit mentionner les dispositions, notamment législatives ou réglementaires, sur lesquelles elle s'appuie.

CJA, art. R. 741-2.

Visa en matière de chèque

[Droit commercial]

Procédé par lequel le *tiré*, en apposant sa signature au recto ou au verso du *chèque* sous les mots « visé » ou « visa » pour la somme de…, atteste l'existence et la disponibilité de la provision à la date de la signature.

C. mon. fin., art. L. 131-5.

Visioconférence

[Procédure civile]

→ *Vidéoconférence (Système de).*

Visite

[Droit civil]

→ *Droit de visite.*

[Procédure civile/Procédure pénale]

Mesure d'instruction consistant, de la part des agents de la concurrence, de la consommation et de la répression des fraudes et sur autorisation du juge des libertés et de la détention, à se transporter sur les lieux utilisés à des fins professionnelles pour la recherche et la constatation des infractions au livre I du Code de la consommation et à procéder à la saisie des objets utiles aux besoins de l'enquête ainsi qu'à la pose de scellés sur tous locaux commerciaux, documents et supports d'information.

C. consom., art. L. 512-51 s.

Visite domiciliaire

[Procédure pénale]

Au sens strict cette expression désigne l'entrée dans un lieu privé aux fins de constat ou de vérification. Aujourd'hui cette mesure est soumise aux règles de la *perquisition*.

C. pr. pén., art. 56 s. et 76.

Visiteurs de prisons

[Droit pénal]

Personnes, agréées par un directeur régional ou interrégional de l'administration pénitentiaire, aux fins d'accès auprès des détenus d'un ou plusieurs établissements déterminés, qui contribuent, bénévolement et en fonction de leurs aptitudes particulières, à la prise en charge des détenus signalés par le service pénitentiaire d'insertion et de probation, en vue de préparer la réinsertion de ces détenus et de leur apporter aide et soutien pendant leur incarcération. Ils interviennent en collaboration avec le service pénitentiaire d'insertion et de probation. Ils rencontrent les détenus dans un local aménagé, en dehors de la présence d'un surveillant et peuvent correspondre avec eux.

C. pr. pén., art. D. 472 s.

Vœu

[Droit administratif]

Nom donné, pour les opposer aux délibérations, aux simples manifestations d'opinion comportant un souhait, émises sous forme de votes par les assemblées des collectivités territoriales. Les vœux politiques leur sont interdits.

[Droit civil]

Disposition contenue dans une *libéralité* par laquelle le disposant souhaite seulement que le bénéficiaire accomplisse une prestation, sans la lui imposer en droit.

→ *Précatif.*

Voie de droit

[Droit général/Droit civil]

Tout moyen, la plupart du temps juridictionnel, permettant à l'individu de défendre ses intérêts et ses droits. La menace d'une voie de droit ne constitue pas une violence, à moins que la voie de droit ne soit détournée de son but ou qu'elle soit invoquée ou exercée pour obtenir un avantage manifestement excessif.

C. civ., art. 1141.*

Voie de circulation

[Droit général]

Subdivision de la *chaussée* ayant une largeur suffisante pour permettre la circulation d'une file de véhicules.

C. route, art. R. 110-2.

Voie de fait

[Droit administratif]

Théorie d'origine jurisprudentielle, protectrice des droits des administrés en ce qu'elle entraîne pour l'Administration la perte de la majeure partie de ses privilèges, notamment la compétence du juge administratif.

Selon une approche traditionnelle (T. confl., 8 avr. 1935, *Action française*), il y avait voie de fait si l'Administration accomplissait un acte matériel représentant une irrégularité manifeste soit parce qu'elle exécutait une décision ne se rattachant pas à un pouvoir qui lui appartient (comme une décision grossièrement illégale, ou annulée par une juridiction), soit parce qu'elle exécutait selon une procédure grossièrement illégale une décision même légale, et à condition que ces agissements aient porté atteinte à la propriété mobilière ou immobilière ou à une liberté publique.

Probablement parce que la juridiction administrative apporte désormais aux administrés les mêmes garanties d'une bonne justice que la justice judiciaire, notamment depuis la loi du 30 juin 2000 aménageant le référé administratif, le Tribunal des conflits (17 juin 2013, *Bergoend*) a été amené à restreindre le champ de la voie de fait à la protection de la seule liberté individuelle ou au cas d'atteinte au droit de propriété entraînant son extinction, ces deux hypothèses relevant d'une garantie constitutionnelle (Const., art. 66 pour la liberté individuelle; principe fondamental reconnu par les lois de la République pour le droit de propriété). Peu importe que l'administration ait procédé à une exécution forcée dans des conditions irrégulières ou que la décision qu'elle a prise soit manifestement insusceptible d'être rattachée à un pouvoir appartenant à l'autorité administrative.

La voie de fait entraîne la compétence des juges judiciaires, à titre exclusif en matière d'action en responsabilité, et concurremment avec les juges administratifs pour prononcer l'annulation de l'acte. Mais si ces exigences (liberté et propriété) ne sont pas satisfaites, la cessation ou la réparation de la voie de fait relève du référé administratif, non du *référé civil*.

[Procédure civile]
La Cour de cassation a repris *in extenso* la formule adoptée par le Tribunal des conflits en 2013 (Civ. 1re, 18 févr. 2015, nº 14-13-359).

ACTU

Voie électronique

[Droit civil]
La voie électronique peut être utilisée en matière contractuelle à condition que les stipulations soient mises à disposition d'une manière qui permette leur conservation et leur reproduction. Le contrat n'est valablement conclu que si le destinataire de l'offre a eu la possibilité de vérifier le détail de sa commande et son prix total et d'y apporter d'éventuelles corrections avant de confirmer la commande pour exprimer son acceptation de façon définitive (règle du double-clic).
L'ordonnance nº 131 du 10 février 2016 portant réforme du droit des contrats reproduit à l'identique, dans les articles nouveaux 1125 à 1127-5 du Code civil, les textes actuels du Code civil (art. 1369-1 à 1369-9) relatifs au contrat sous forme électronique.

Voie parée

[Droit civil]
Clause par laquelle un créancier gagiste ou hypothécaire obtient de son débiteur l'autorisation de vendre la chose gagée ou hypothéquée sans observer les formalités requises par la loi (du latin *via parata*, voie d'exécution préparée à l'avance). Une telle stipulation est illicite comme étant contraire au caractère impératif des dispositions relatives à la réalisation des sûretés.

C. civ., art. 2346 et 2458; C. pr. exéc., art. L. 311-3.

→ *Pacte commissoire.*

Voie verte

[Droit général/Droit de l'environnement]
Route exclusivement réservée à la circulation des véhicules non motorisés, des piétons et des cavaliers.

C. route, art. R. 110-2.

Voies d'exécution

[Procédure civile]
Ensemble de procédures permettant à un particulier d'obtenir, par la force, l'exécution des actes et des jugements qui lui reconnaissent des prérogatives ou des droits. Un Code des procédures civiles d'exécution, avec sa partie législative et sa partie réglementaire, lui est consacré depuis le 1er juin 2012.

→ *Astreinte, Distribution des deniers, Exécution des décisions de justice (Droit à l'), Expulsion, Saisie, Saisie-appréhension, Saisie-attribution, Saisie immobilière, Saisie-vente.*

Voies de nullité n'ont lieu contre les jugements

[Procédure civile]
Adage signifiant qu'un acte juridictionnel ne peut être critiqué que par une voie de recours.

C. pr. civ., art. 460.

→ *Acte juridictionnel, Nullité.*

Voies de recours

[Procédure (principes généraux)]
Moyens expressément mis à la disposition des plaideurs pour leur permettre d'obtenir un nouvel examen du procès (ou d'une par-

tie de celui-ci) ou de faire valoir les irrégularités observées dans le déroulement de la procédure. On distingue voies de recours ordinaires (*opposition* et *appel*) et voies de recours extraordinaires (*tierce opposition*, *recours en révision*, *pourvoi en cassation*), voies de rétractation (*opposition*, *recours en révision*) et voies de réformation (appel).

C. pr. civ., art. 527 à 639-4; CJA, art. L. 811-1 et R. 811-1 s.; C. pr. pén., art. 496 s., 549 s. et 567 s.

→ *Effet dévolutif des voies de recours, Effet suspensif des voies de recours, Recours.*

Voirie

[Droit administratif]

Dépendance du *domaine public* comprenant principalement les voies et places publiques, mais aussi les arbres qui les bordent et les égouts. La voirie fait l'objet d'un régime juridique très détaillé, tendant à concilier les intérêts de ses usagers avec les prérogatives de la *puissance publique*.

→ *Aisances de voirie, Concession de voirie, Permission de voirie.*

Voisinage

[Droit civil]

→ *Trouble de voisinage.*

Voix délibérative, voix consultative

[Procédure (Principes généraux)/ Droit administratif]

Avoir voix délibérative : pour un magistrat lors du *délibéré* d'un jugement, ou pour un membre d'un conseil, avoir le droit de prendre part à la décision (de voter, si un vote est requis), par opposition à la voix consultative, qui permet seulement d'exprimer un avis durant la discussion.

Vol

[Droit pénal]

Soustraction frauduleuse de la chose d'autrui qui doit s'entendre comme le fait pour un individu de s'emparer d'un objet mobilier, appartenant à un tiers, et de se comporter comme s'il en était le propriétaire.

Il est dit « simple » lorsqu'il est réalisé sans circonstances aggravantes et « aggravé » dans le cas contraire. Il est alors puni de sanctions plus élevées (vol en réunion, vol avec violences, vol dans un établissement scolaire, etc.). L'expression « vol qualifié » est parfois utilisée lorsque la circonstance aggravante conduit à retenir une qualification criminelle (vol en bande organisée, vol avec arme).

C. pén., art. 311-1 s.

→ *Immunités.*

Volenti non fit injuria

[Droit civil]

Il n'est pas fait de tort à celui qui a consenti.

Voluptuaire

[Droit civil]

Qualificatif appliqué aux dépenses correspondant à des travaux d'embellissement; quand ces dépenses sont effectuées par une personne autre que le propriétaire, elles ne lui sont pas remboursées au moment de la restitution de l'immeuble, car elles n'étaient ni nécessaires, ni utiles, ni source de plus-value.

→ *Impenses.*

Votants

[Droit constitutionnel]

Électeurs qui, ayant le droit de voter, ont effectivement pris part à un scrutin. Le pourcentage des votants par rapport aux *électeurs inscrits* est l'indice de la participation électorale.

Votation

[Droit constitutionnel]

Délibération directe des citoyens sur un problème déterminé.

→ *Démocratie directe, Démocratie semi-directe.*

Vote

[Droit constitutionnel]

Acte par lequel un citoyen participe, en se prononçant dans un sens déterminé, au choix de ses représentants ou à la prise d'une décision.

→ *Suffrage.*

1° *Vote facultatif :* vote que le citoyen est libre d'émettre ou de ne pas émettre.

2° *Vote obligatoire :* vote imposé par la loi, sous peine de sanction en cas d'abstention.

3° *Vote par correspondance* (supprimé en France par la loi du 31 déc. 1975).

4° *Vote par procuration :* vote par l'intermédiaire d'une personne désignée par l'électeur. Admis en France pour diverses catégories d'électeurs.

5° *Vote préférentiel :* faculté pour l'électeur de modifier l'ordre de présentation des candidats sur une liste.

6° *Vote public :* celui dans lequel le sens du vote émis par chacun est connu de tous.

7° *Vote secret :* celui qui est organisé de manière que le choix de chacun soit ignoré tant des autorités que des autres électeurs (enveloppe, isoloir, interdiction des signes sur les bulletins). Le secret du vote est la garantie de son indépendance.

Vote blanc

[Droit constitutionnel]

→ *Bulletins (ou votes) blancs.*

Vote bloqué

[Droit constitutionnel]

Procédure qui permet au gouvernement d'obliger l'Assemblée à se prononcer par un seul vote sur tout ou partie du texte en discussion, en ne retenant que les amendements proposés ou acceptés par lui.

Const., art. 44, al. 3.

Vote par délégation

[Droit constitutionnel]

→ *Délégation.*

Voyageur-Représentant-Placier (VRP)

[Droit du travail]

→ *Représentant de commerce.*

Vu

[Droit civil]

Formule du *visa* qui précède les raisons d'une décision ou les références à un acte, à un texte, ou à une règle de droit.

Employé seul, constate l'accomplissement d'une formalité.

Vues et jours

[Droit civil]

Ouvertures qui peuvent être pratiquées dans les murs séparant deux fonds.

Les jours sont des ouvertures pratiquées dans un mur séparatif qui n'appartient qu'à un seul des propriétaires voisins, et qui doivent laisser passer la lumière sans qu'il soit possible de voir au-dehors. C'est pourquoi ces ouvertures doivent être « à fer maillé et à verre dormant » et être situées à une certaine hauteur au-dessus du plancher.

Les vues sont des ouvertures qui, laissant passer le regard, ne peuvent être pratiquées que dans des murs situés à une certaine distance du fonds voisin.

C. civ., art. 675 s.

W

Warrant

[Droit commercial]

Billet à ordre, transmissible par *endossement*, souscrit par un commerçant et garanti par des marchandises déposées dans un magasin général ou qu'il s'engage à conserver chez lui.

C. com., art. L. 522-24 s.

→ *Entiercement, Gage, Récépissé-Warrant.*

Warrant agricole

[Droit rural]

Sûreté réelle conventionnelle mobilière permettant un gage sans dépossession sur les biens affectés à l'exploitation agricole.

C. rur., art. L. 342-1 s.

Warrant hôtelier

[Droit commercial]

Gage, sans dépossession, consenti par l'exploitant d'un hôtel en garantie d'un emprunt, portant sur le mobilier commercial, le matériel et l'outillage servant à l'exploitation. L'hôtelier emprunteur est responsable desdits objets qui demeurent confiés à ses soins.

C. com., art. L. 523-1 s.

Warrant pétrolier

[Droit commercial]

Sûreté conçue pour favoriser la constitution de stocks de pétrole en assurant du crédit aux importateurs. Les détenteurs de stocks de pétrole brut ou de produits pétroliers peuvent warranter des stocks en garantie de leurs emprunts, tout en conservant la garde de leurs usines ou dépôts, les produits warrantés restant le gage du porteur du warrant.

La particularité de ce warrant est qu'il porte, non sur un corps certain, mais sur une certaine quantité de pétrole d'une qualité spécifiée à prendre dans un stock.

C. com., art. L. 524-1 s.

Whip

[Droit constitutionnel]

Terme anglais (*whip :* fouet) pour désigner les personnes chargées au Parlement de faire respecter la discipline de vote dans un groupe.

→ *Speaker.*

Writ

[Procédure générale]

En *Common law*, acte de procédure, dont les formes particulières sont nombreuses (ordonnances ou « brefs » émis par un juge; assignations en justice).

Z

Zone à urbaniser par priorité (ZUP)

[Droit administratif]

Zone foncière délimitée par l'Administration en vue de la construction d'immeubles d'habitation, et assortie de règles facilitant la concentration sur elle des principales constructions à réaliser dans la commune. Cette institution a disparu, et a été remplacée par celle de la *Zone d'aménagement concerté (ZAC)*. On lui a notamment reproché d'avoir favorisé, par l'urbanisation trop dense qu'elle a permise, la construction de « grands ensembles » dont une partie des habitants connaît de graves difficultés psychologiques et sociales.

Zone agricole

[Droit administratif]

Zone dénommée zone « A » englobant des secteurs de la commune à protéger en raison du potentiel agronomique, biologique ou économique des terres agricoles. Cette zone est frappée d'inconstructibilité, à l'exception des bâtiments relatifs à l'exploitation agricole et des installations nécessaires aux services publics.

C. urb., art. L. 151-11 s.

Zone contiguë

[Droit international public]

Zone maritime s'étendant au-delà de la mer territoriale jusqu'à une distance ne pouvant excéder 24 milles à compter des lignes de base de la *mer territoriale*, dans laquelle l'État côtier exerce les pouvoirs lui permettant de prévenir et réprimer les infractions à ses lois et règlements douaniers, fiscaux, sanitaires ou d'immigration sur son territoire ou dans sa mer territoriale.

Zone d'aménagement concerté (ZAC)

[Droit administratif]

Zone foncière à l'intérieur de laquelle une personne publique intervient en vue d'aménager et d'équiper les terrains pour y réaliser des constructions et/ou des équipements collectifs ou privés, soit afin de les utiliser elle-même, soit afin de les rétrocéder après équipement à des constructeurs publics ou privés.

C. urb., art. L. 311-1.

Zone d'aménagement différé (ZAD)

[Droit administratif]

Zone généralement située en secteur périurbain, à l'intérieur de laquelle existe un droit de préemption au profit d'une personne publique ou d'une société d'économie mixte d'aménagement permettant, en cas d'aliénation d'immeubles bâtis ou non bâtis, de payer seulement le prix du bien un an avant la création de la ZAD. Cette institution a pour but de prévenir la spéculation foncière sur des secteurs urbains à créer ou sur des zones d'activité à équiper.

C. urb., art. L. 212-1 s. et L. 213-4.

Zone d'attente

[Droit administratif]

En matière de police des étrangers, locaux situés dans un port, un aéroport ou une gare internationale, dans lesquels les étrangers se présentant à ces frontières sans titre d'entrée en France valable peuvent être placés pour un bref délai, en attendant soit leur *refoulement* effectif hors du territoire, soit leur admission au moins provisoire sur celui-ci (demandeurs d'asile).

CESEDA, art. L. 221-1.

Zone d'influence

[Droit international public]

Zone réservée par traité à l'influence politique exclusive d'un État déterminé.

Pratique liée à l'expansion coloniale (particulièrement en Afrique à la fin du XIXe siècle) ou à l'impérialisme dans le cadre de la politique des blocs (ex. : l'Europe de l'Est faisait partie de la zone d'influence soviétique depuis les accords de Potsdam et de Yalta en 1945).

Zone d'intérêt économique et écologique (ZIEE)

[Droit de l'environnement]

Zone présentant un intérêt majeur pour l'implantation d'activités économiques identifiées, dans lesquelles les enjeux environnementaux font l'objet d'un traitement anticipé. Notamment, pour les projets suffisamment précis, il peut être prévu les conditions dans lesquelles peuvent être accordées des mesures d'évitement, de réduction et de compensation des atteintes à l'environnement et des dérogations aux interdictions relatives aux espèces protégées.

Le gouvernement est autorisé à prendre par ordonnance toute mesure législative visant à permettre au représentant de l'État dans la région de créer et de délimiter, à titre expérimental pour une durée de trois ans, une zone d'intérêt économique et écologique.

L. nº 2014-1 du 2 janv. 2014, art. 16.

Zone d'intervention foncière (ZIF)

[Droit administratif]

Zone urbaine et zones d'urbanisation future dans lesquelles les communes dotées d'un plan d'occupation des sols rendu public ou d'un plan d'urbanisme, peuvent instituer un droit de préemption urbain, en vue, notamment, de limiter l'urbanisation des territoires exposés à un risque technologique, de maîtriser la pression foncière, de créer des espaces de protection rapprochée de prélèvement d'eau destinée à l'alimentation des collectivités humaines.

C. urb., art. L. 211-1.

Zone de libre-échange

[Droit international public]

Zone comprenant le territoire de plusieurs États, qui ont supprimé entre eux les barrières douanières mais ont conservé chacun la liberté de leur tarif douanier vis-à-vis des pays tiers (à la différence de l'union douanière, qui comporte un tarif extérieur commun).

→ *Association européenne de libre-échange, Union douanière.*

Zone de protection du patrimoine architectural, urbain et paysager

[Droit administratif/ Droit de l'environnement]

Zone instituée, par décision du maire ou du président de l'établissement public de coopération intercommunal, autour des monuments historiques et dans les quartiers, sites et espaces à protéger ou à mettre en valeur pour des motifs d'ordre esthétique, historique et culturel. Tous travaux (construction, démolition, déboisement...) sont soumis à autorisation administrative après avis conforme de l'architecte des Bâtiments de France.

C. patr., art. L. 642-1 s.

Zone de restructuration de la défense

[Sécurité sociale]

Zone permettant aux entreprises qui y sont installées d'être exonérées de cotisations patronales de Sécurité sociale.

L. n° 2008-1443 du 30 déc. 2008.

Zone de revitalisation rurale

[Sécurité sociale/Droit fiscal]

Zone permettant aux entreprises qui y sont installées de bénéficier d'une exonération de cotisations patronales et d'une exonération de cotisations assurance-maladie des non-salariés.

CSS, art. L. 131-4-2.

Zone des cinquante pas géométriques

[Droit public/Droit de l'environnement]

Dans les départements de la Guadeloupe, de la Guyane, de la Martinique, de La Réunion et de Mayotte, bande littorale d'environ 80 mètres à compter de la limite haute du rivage, faisant partie du *domaine public* maritime de l'État. Cette zone est soumise à des règles particulières d'aménagement et d'urbanisme : préservation des plages, espaces boisés et jardins publics; réservation des espaces non urbanisés à l'installation des services publics, des activités économiques ou des équipements collectifs liés à l'usage de la mer; imposition de coupures d'urbanisation dans les zones urbanisables, etc.

C. urb., art. L. 156-2 et L. 156-3; CGPPP, art. L. 5111-1 et L. 5111-2.

Zone économique exclusive

[Droit international public]

Zone maritime qui s'étend, au-delà de la mer territoriale, jusqu'à une distance ne pouvant excéder 200 milles marins à compter des lignes de base de la *mer territoriale* et dans laquelle l'État côtier exerce des doits exclusifs aux fins de l'exploitation, de conservation et de gestion des ressources biologiques et non biologiques qui s'y trouvent.

→ *Haute mer, Ligne de base.*

Zone euro

[Droit européen]

→ *Euro.*

Zone Franc

[Droit financier ou fiscal]

Ensemble de pays regroupant autour de la République française (Métropole, Département d'outre-mer, Territoires d'outre-mer) 14 États africains (jadis Territoires d'outre-mer français, sauf la Guinée-Bissau) et les Comores. L'unité de cet ensemble d'États fondé sur des accords de coopération monétaire est réalisée par la convertibilité réciproque illimitée de leurs monnaies à des taux de parité fixes, par la liberté de transfert des capitaux d'un État à l'autre et par la centralisation, auprès du Trésor français, de la majorité de leurs réserves de change (avoirs en devises). Une décision du Conseil de l'*Union européenne* (23 nov. 1998) a confirmé que le passage à l'*euro* n'affectait pas les accords de coopération monétaire liant les États de la Zone, qui conservent ainsi le droit de modifier librement la parité entre l'euro et le franc CFA (ou le franc comorien).

Zone franche

[Droit financier ou fiscal]

Au sens propre du terme, la zone franche est une institution du droit douanier. Elle correspond à une fraction du territoire national physiquement clôturée, pouvant être réduite à une ville portuaire (port franc) soustraite, en vue de favoriser le négoce ou la transformation de produits étrangers normalement destinés à être réexportés, à l'application des droits de douane; des exonérations d'impôts nationaux sont parfois accordées à titre d'encouragement. Ce régime existe à l'étranger (ex. : Hambourg, Shannon) mais ne fonctionne pas en France, encore qu'une loi du 31 décembre 1986 ait ouvert la possibilité d'en créer dans les départements d'outre-mer.

Ce que l'on appelle actuellement en France zone franche correspond à des territoires peu étendus (ex. : Pays de Gex, à la frontière franco-suisse) où certains produits originaires ou à destination d'un État limitrophe bénéficient d'un régime douanier privilégié.

De façon imagée et abusive, l'expression zone franche est aujourd'hui souvent employée pour désigner des portions de territoire où, pour des raisons diverses, des entreprises bénéficient temporairement d'exonérations ou d'allégements d'impôts nationaux.

→ *Zone franche urbaine.*

Zone franche urbaine

[Droit financier ou fiscal]

Appellation donnée à certains secteurs urbains (quartiers dits « sensibles », connaissant de graves problèmes sociaux) à l'intérieur desquels les entreprises qui créent ou maintiennent des activités génératrices d'emplois bénéficient d'une exonération temporaire d'impôt sur une partie de leurs profits.

[Sécurité sociale]

Zone permettant à des travailleurs non salariés qui sont installés de bénéficier d'exonérations de cotisations.

CSS, art. L. 241-3-1.

Zone internationale des fonds marins

[Droit international public]

Espace international déclaré « patrimoine commun de l'humanité » par la convention de Montego Bay du 10 décembre 1982, cette zone correspond au sol et au sous-sol de la *haute mer* au-delà du *plateau continental* des États côtiers; elle est explorée et exploitée avec l'autorisation de l'Autorité internationale des fonds marins.

→ *Autorité internationale des fonds marins, Patrimoine commun de l'humanité.*

Zone urbaine sensible

[Sécurité sociale]

Zone permettant à des associations qui s'y implantent de bénéficier d'exonérations de cotisations de Sécurité sociale.

L. n° 2001-1275 du 28 déc. 2001.

Zones humides

[Droit de l'environnement]

Terrains inondés ou gorgés d'eau douce, salée ou saumâtre de façon permanente ou temporaire, dont la végétation est dominée par des plantes hygrophiles (marais, marécages, lagunes, estuaires, tourbières, lones). Leur utilité est multiple : ces zones sont de lieux de nidification des oiseaux et de reproduction des poissons, elles ont un rôle hydrique de rétention des eaux et une valeur cynégétique reconnue.

Leur protection contre les drainages, assèchements, comblements se fait par le biais d'instruments juridiques divers : arrêtés de biotopes, classement en réserves naturelles, contrôle des travaux s'y rapportant.

C. envir., art. L. 211-1, 211-7-1-8°, R. 211-108, 214-1.

Réforme du droit des obligations : table de renvois des articles du Code civil

L'ordonnance n° 2016-131 du 10 février 2016 portant réforme du droit des contrats, du régime général et de la preuve des obligations réécrit entièrement les Titres III à IV bis du Livre III du Code civil, modifiant la numérotation des articles 1101 à 1386-18. **Le présent ouvrage inclut cette renumérotation dans les articles cités au bas des définitions** et afin de guider le lecteur dans ces modifications le tableau reproduit ci-après propose des renvois des articles anciens du Code civil (applicables avant le 1er octobre 2016) vers les articles nouveaux issus de l'ordonnance (applicables à compter du 1er octobre 2016), sans cependant constituer une table de concordance tant les textes sont différents, soit par leur contenu, soit par leur place dans le plan.

Article ancien	Comp. article nouveau
Art. 1101	Art. 1101
Art. 1102	Art. 1106
Art. 1103	Art. 1106
Art. 1104	Art. 1108
Art. 1105	Art. 1107
Art. 1106	Art. 1107
Art. 1107	Art. 1105
Art. 1108	Art. 1128
Art. 1108-1	Art. 1174
Art. 1108-2	Art. 1175
Art. 1109	Art. 1130
Art. 1110	Art. 1132 s.
Art. 1111, 1112	Art. 1142
Art. 1113	Art. 1140 s.
Art. 1114	-
Art. 1115	Art. 1144, 1182
Art. 1116	Art. 1137
Art. 1117	Art. 1178
Art. 1118	Art. 1168
Art. 1119	Art. 1203, 1205 s.
Art. 1120	Art. 1204
Art. 1121	Art. 1205 s.
Art. 1122	-
Art. 1123	Art. 1145
Art. 1124	Art. 1146
Art. 1125	Art. 1151

Art. 1125-1	CASF, art. L. 116-4; CSP, art. L. 3211-1
Art. 1126	Art. 1163
Art. 1127	-
Art. 1128	-
Art. 1129	Art. 1163
Art. 1130	Art. 1163
Art. 1131 à 1133	Art. 1162 (contenu du contrat)
Art. 1134	Art. 1103 (force obligatoire), 1104 (bonne foi), 1193
Art. 1135	Art. 1194
Art. 1136, 1137	Art. 1197
Art. 1138	Art. 1344-2, 1196
Art. 1139	Art. 1344
Art. 1140	-
Art. 1141	Art. 1198
Art. 1142	Art. 1217 et 1221 s.
Art. 1143, 1144	Art. 1222
Art. 1145	-
Art. 1146	Art. 1231
Art. 1147	Art. 1217, 1231-1
Art. 1148	Art. 1218 (force majeure), 1351 (impossibilité d'exécuter)
Art. 1149	Art. 1231-2
Art. 1150	Art. 1231-3
Art. 1151	Art. 1231-4
Art. 1152	Art. 1231-5
Art. 1153	Art. 1231-6, 1344-1
Art. 1153-1	Art. 1231-7
Art. 1154	Art. 1343-2
Art. 1155	-
Art. 1156	Art. 1188
Art. 1157	Art. 1191
Art. 1158	-
Art. 1159	-
Art. 1160	-
Art. 1161	Art. 1189
Art. 1162	Art. 1190
Art. 1163	-
Art. 1164	-
Art. 1165	Art. 1199 s.
Art. 1166	Art. 1341-1

Art. 1167	Art. 1341-2
Art. 1168	Art. 1304
Art. 1169	-
Art. 1170	Art. 1304-2
Art. 1171	-
Art. 1172	Art. 1304-1
Art. 1173	-
Art. 1174	Art. 1304-2
Art. 1175	-
Art. 1176	-
Art. 1177	-
Art. 1178	Art. 1304-3
Art. 1179	Art. 1304-6
Art. 1180	Art. 1304-5
Art. 1181	-
Art. 1182	Art. 1304-6
Art. 1183	Art. 1304, 1304-7
Art. 1184	Art. 1217, 1224 s.
Art. 1185	Art. 1305 s.
Art. 1186	Art. 1305-2
Art. 1187	Art. 1305-3
Art. 1188	Art. 1305-4
Art. 1189	Art. 1307 s.
Art. 1190	Art. 1307-1
Art. 1191	-
Art. 1192	-
Art. 1193	Art. 1307-2
Art. 1194	Art. 1307-2 s.
Art. 1195	Art. 1307-2 et 1307-5
Art. 1196	-
Art. 1197	Art. 1311
Art. 1198	Art. 1311
Art. 1199	Art. 1312
Art. 1200	Art. 1313
Art. 1201	-
Art. 1202	Art. 1310
Art. 1203	Art. 1313
Art. 1204	Art. 1313
Art. 1205	-
Art. 1206	-
Art. 1207	Art. 1314

Art. 1208	Art. 1315
Art. 1209	Art. 1349-1
Art. 1210	Art. 1316
Art. 1211	-
Art. 1212	-
Art. 1213	Art. 1317
Art. 1214	Art. 1317
Art. 1215	Art. 1317
Art. 1216	Art. 1318
Art. 1217 à 1225	Art. 1320
Art. 1226	Art. 1231-5
Art. 1227	-
Art. 1228	-
Art. 1229	-
Art. 1230	Art. 1231-5
Art. 1231	Art. 1231-5
Art. 1232	-
Art. 1233	-
Art. 1234	Art. 1342 s.
Art. 1235	Art. 1302, 1342
Art. 1236	Art. 1342-1
Art. 1237	Art. 1342-1
Art. 1238	-
Art. 1239	Art. 1342-2
Art. 1240	Art. 1342-3
Art. 1241	Art. 1342-2
Art. 1242	-
Art. 1243	Art. 1342-4
Art. 1244	Art. 1342-4, 1343-5
Art. 1244-1	Art. 1343-5
Art. 1244-2	Art. 1343-5
Art. 1244-3	Art. 1343-5
Art. 1244-4	C. pr. exéc., art. L. 125-1
Art. 1245	Art. 1342-5
Art. 1246	Art. 1166
Art. 1247	Art. 1342-6, 1343-4
Art. 1248	Art. 1342-7
Art. 1249	Art. 1346 s.
Art. 1250	Art. 1346 s.
Art. 1251	Art. 1346
Art. 1252	Art. 1346-3

Art. 1253	Art. 1342-10
Art. 1254	Art. 1343-1
Art. 1255	-
Art. 1256	Art. 1342-10
Art. 1257 à 1264	Art. 1345 s.
Art. 1271	Art. 1329
Art. 1272	-
Art. 1273	Art. 1330
Art. 1274	Art. 1332
Art. 1275	Art. 1338
Art. 1276	Art. 1337
Art. 1277	Art. 1340
Art. 1278	Art. 1334
Art. 1279	Art. 1334
Art. 1280	Art. 1334
Art. 1281	Art. 1335
Art. 1282	Art. 1342-9
Art. 1283	Art. 1342-9
Art. 1284	Art. 1342-9
Art. 1285	Art. 1350-1
Art. 1286	-
Art. 1287	Art. 1350-2
Art. 1288	Art. 1350-2
Art. 1289	Art. 1347
Art. 1290	Art. 1347 s.
Art. 1291	Art. 1347-1
Art. 1292	Art. 1347-3
Art. 1293	Art. 1347-2
Art. 1294	Art. 1347-6
Art. 1295	Art. 1347-5
Art. 1296	-
Art. 1297	Art. 1347-4
Art. 1298	Art. 1347-7
Art. 1299	Art. 1347-7
Art. 1300	Art. 1349 s.
Art. 1301	Art. 1349-1
Art. 1302	Art. 1351 s.
Art. 1303	Art. 1351-1
Art. 1304	Art. 1144, 1152, 2224
Art. 1305	Art. 1149
Art. 1306	Art. 1149

Art. 1307	Art. 1149
Art. 1308	Art. 1149
Art. 1309	-
Art. 1310	-
Art. 1311	Art. 1151
Art. 1312	Art. 1151, 1352-4
Art. 1313	Art. 1150
Art. 1314	-
Art. 1315	Art. 1353
Art. 1315-1	-
Art. 1316	Art. 1365
Art. 1316-1	Art. 1366
Art. 1316-2	Art. 1368
Art. 1316-3	Art. 1366
Art. 1316-4	Art. 1367
Art. 1317	Art. 1369
Art. 1317-1	Art. 1369
Art. 1318	Art. 1370
Art. 1319	Art. 1371
Art. 1320	-
Art. 1321	Art. 1201
Art. 1321-1	Art. 1202
Art. 1322	Art. 1372
Art. 1323	Art. 1373
Art. 1324	Art. 1373
Art. 1325	Art. 1375
Art. 1326	Art. 1376
Art. 1328	Art. 1377
Art. 1329	Art. 1378
Art. 1330	Art. 1378
Art. 1331	Art. 1378-1
Art. 1332	Art. 1378-2
Art. 1333	-
Art. 1334	Art. 1379
Art. 1335	Art. 1379
Art. 1336	Art. 1362
Art. 1337	Art. 1380
Art. 1338	Art. 1182
Art. 1339	Art. 931-1
Art. 1340	Art. 931-1
Art. 1341 à 1345	Art. 1359

Art. 1346	-
Art. 1347	Art. 1361, 1362
Art. 1348	Art. 1360, 1379
Art. 1349	Art. 1354
Art. 1350	Art. 1354
Art. 1351	Art. 1355
Art. 1352	Art. 1354
Art. 1353	Art. 1382
Art. 1354	Art. 1383
Art. 1355	Art. 1383-1
Art. 1356	Art. 1383-2
Art. 1357	Art. 1384
Art. 1358	Art. 1385
Art. 1359	Art. 1385-1
Art. 1360	Art. 1385
Art. 1361	Art. 1385-2
Art. 1362	Art. 1385-1
Art. 1363	Art. 1385-3
Art. 1364	Art. 1385-3
Art. 1365	Art. 1385-4
Art. 1366	Art. 1386
Art. 1367	Art. 1386-1
Art. 1368	Art. 1386
Art. 1369	-
Art. 1369-1	Art. 1125
Art. 1369-2	Art. 1126
Art. 1369-3	Art. 1127
Art. 1369-4	Art. 1127-1
Art. 1369-5	Art. 1127-2
Art. 1369-6	Art. 1127-3
Art. 1369-7	Art. 1127-4
Art. 1369-8	Art. 1127-5
Art. 1369-9	Art. 1127-6
Art. 1369-10	Art. 1176
Art. 1369-11	Art. 1177
Art. 1370	Art. 1100, 1100-2
Art. 1371	Art. 1300, 1303 s. (enrichissement sans cause)
Art. 1372	Art. 1301 s.
Art. 1373	Art. 1301-1
Art. 1374	Art. 1301-1

Art. 1375	Art. 1301-2
Art. 1376	Art. 1302-1
Art. 1377	Art. 1302-2 s.
Art. 1378	Art. 1302-3, 1352-7
Art. 1379	Art. 1302-3, 1352-1
Art. 1380	Art. 1302-3, 1352-2
Art. 1381	Art. 1302-3, 1352-5
Art. 1382	Art. 1240
Art. 1383	Art. 1241
Art. 1384	Art. 1242
Art. 1385	Art. 1243
Art. 1386	Art. 1244
Art. 1386-1	Art. 1245
Art. 1386-2	Art. 1245-1
Art. 1386-3	Art. 1245-2
Art. 1386-4	Art. 1245-3
Art. 1386-5	Art. 1245-4
Art. 1386-6	Art. 1245-5
Art. 1386-7	Art. 1245-6
Art. 1386-8	Art. 1245-7
Art. 1386-9	Art. 1245-8
Art. 1386-10	Art. 1245-9
Art. 1389-11	Art. 1245-10
Art. 1386-12	Art. 1245-11
Art. 1386-13	Art. 1245-12
Art. 1386-14	Art. 1245-13
Art. 1386-15	Art. 1245-14
Art. 1386-16	Art. 1245-15
Art. 1386-17	Art. 1245-16
Art. 1386-18	Art. 1245-17

Sélection de quelques sites sur Internet

Agence bibliographique de l'enseignement supérieur, www.abes.fr
Assemblée nationale, www.assemblee-nationale.fr
Autorité de la concurrence, www.autoritedelaconcurrence.fr
Autorité de régulation des communications électroniques et de la poste, www.arcep.fr
Autorité des marchés financiers, www.amf-france.org
Banque de France, www.banque-france.fr
Banque mondiale, www.worldbank.org
Bibliothèque Cujas (à Paris), http://biu-cujas.univ-paris1.fr
Bibliothèque nationale de France, www.bnf.fr/
Bibliothèque Sainte Geneviève (Paris), www-bsg.univ-paris1.fr
Centre d'analyse stratégique, www.strategie.gouv.fr
Centre national de documentation pédagogique, www.cndp.fr/
Chambre nationale des huissiers de justice, www.huissier-justice.fr/
Circulaires, www.circulaires.gouv.fr
CNRS, www.sg.cnrs.fr
Codes et lois, site Legifrance, www.legifrance.gouv.fr
Collectivites-locales.gouv.fr
Commission nationale Informatique et Libertés, www.cnil.fr
Conseil constitutionnel, www.conseil-constitutionnel.fr
Conseil économique et social et environnemental, www.lecese.fr
Conseil d'État et juridictions administratives, www.conseil-etat.fr
Conseil de l'Europe, www.coe.int
Conseil national des barreaux, cnb.avocat.fr
Conseil supérieur de l'audiovisuel, www.csa.fr
Conseil supérieur des experts comptables, www.experts-comptables.fr
Conseil supérieur de la fonction publique, www.fonction-publique.gouv.fr
Conseil supérieur de la fonction publique territoriale, www.csfpt.org
Conseil supérieur de la magistrature, conseil-superieur-magistrature.fr
Conseil supérieur du notariat, www.notaires.fr
Conseil des ventes volontaires de meubles aux enchères publiques, www.conseildesventes.fr
Cour de cassation, www.courdecassation.fr
Cour des comptes et autres juridictions financières, www.ccomptes.fr
Cour des comptes européenne, www.eca.europa.eu
Cour de justice de l'Union européenne, www.curia.europa.eu
Cour européenne des droits de l'Homme, www.echr.coe.int
Cour internationale de justice de La Haye, www.icj-cij.org
Cour pénale internationale, www.icc-cpi.int
Cyberlex, www.cyberlex.org

Dalloz, www.dalloz.fr
Dalloz étudiants, www.dalloz-etudiant.fr
Droit et institutions de l'Union européenne, www.europa.eu et aussi : pour l'accès au droit de l'Union européenne, www.eur-lex.europa.eu; pour les synthèses législatives, www.europa.eu
Fonds monétaire international, www.imf.org
INED, www.ined.fr/
Informations publiques de l'État (plateforme française d'ouverture des données publiques), www.data.gouv.fr
INSEE, www.insee.fr
Institut national de l'audiovisuel, www.ina.fr
Institut national de la propriété intellectuelle (INPI), www.inpi.fr
Journal officiel, www.journal-officiel.gouv.fr
Jurinet, www.legalis.net
La Documentation française, www.ladocumentationfrancaise.fr
LégalisNet, www.legalis.net
Légifrance, www.legifrance.gouv.fr
Ministère de la Justice, www.justice.gouv.fr
Ministère de l'Économie, des Finances et de l'Industrie, www.economie.gouv.fr
Ministère du Budget, des Comptes publics et de la Réforme de l'État, www.budget.gouv.fr et www.impots.gouv.fr
OCDE, www.oecd.org
Ordre des avocats de Paris, www.avocatparis.org
Ordre des experts comptables, www.experts-comptables.com
Organisation mondiale de la propriété intellectuelle (OMPI), http://www.wipo.int
Organisation mondiale de la santé, www.who.int
Organisation mondiale des douanes (OMD), www.wcoomd.org
Organisation des Nations unies (ONU), www.un.org
Organisation mondiale du commerce, www.wto.org
Portail du droit français, www.droit.org
Portail de l'Union européenne, www.europa.eu
Ridi (réseau internet pour le droit international), www.ridi.org
Sénat, www.senat.fr
Service public, www.service-public.fr
Sites officiels français et étrangers, www.vie-publique.fr
Système universitaire de documentation, www.sudoc.abes.fr
Tribunaux pénaux internationaux, www.un.org
Unesco (conventions internationales), www.unesco.org
USA (Bibliothèque du Congrès), www.loc.gov
Village de la Justice, www.village-justice.com

Sigles[1]

AAH — *Allocation aux adultes handicapés.*
AARPI — Association d'avocats à responsabilité professionnelle individuelle.
ABF — *Architecte des bâtiments de France.*
ABM — Agence de la biomédecine.
ACAI — *Autorité centrale pour l'adoption internationale.*
ACCA — *Association communale de chasse agréée.*
ACCORD — Application coordonnée de comptabilisation, d'ordonnancement et de règlement de la dépense de l'État.
ACOSS — Agence centrale des organismes de Sécurité sociale.
ACP — Autorité de contrôle prudentiel.
ADAPEI — Union départementale des associations de parents d'enfants inadaptés.
ADEME — *Agence de l'environnement et de la maîtrise de l'énergie.*
ADIL — Association départementale pour l'information et le logement.
ADN — Acide désoxyribonucléique.
ADSEA — Association départementale de sauvegarde de l'enfance et de l'adolescence.
AELE — *Association européenne de libre-échange* (Genève).
AERES — Agence d'évaluation de la recherche et de l'enseignement supérieur, devenu HCERES.
AEMO — Action éducative en milieu ouvert.
AFA — *Agence française de l'adoption.*
AFB — Association française des banques.
AFEAMA — Aide à la famille pour l'emploi d'une assistance maternelle agréée.
AFEP — Association française des entreprises privées.
AFL-CIO — American federation of labor-congress of industrial organisations.
AFNOR — Association française de normalisation.
AFP — Agence France-Presse.
AFPA — Association pour la formation professionnelle des adultes.
AFSEA — Association française pour la sauvegarde de l'enfance et de l'adolescence.
AFSSAPS — Agence française de sécurité sanitaire des produits de santé.
AGEJ — Allocation d'une garde d'un enfant à domicile.
AGESSA — Association pour la gestion de la Sécurité sociale des auteurs.
AGFF — Association pour la gestion du fonds de financement de l'AGIRC et de l'ARRCO.

1. Seuls ont été retenus les sigles les plus usuels. Ceux-ci ne sont cependant pas tous repris dans le Lexique, en raison de leur très grande diversité qui déborde le cadre d'un vocabulaire intentionnellement sommaire. Seuls ceux indiqués en rouge sont repris dans le Lexique.

AGIRA	Association de gestion des informations sur le risque en assurance.
AGIRC	Association générale des institutions de retraite des cadres.
AGRASC	Agence de gestion et de recouvrement des avoirs saisis et confisqués.
AGS	Association pour la gestion du régime d'assurance des créances des salariés.
AI	Allocation d'insertion.
AID	*Association internationale de développement* (Washington).
AIDA	Association internationale du droit de l'assurance.
AIEA	*Agence internationale de l'énergie atomique* (Vienne).
AIPPI	Association internationale pour la protection de la propriété industrielle.
ALENA	Accord de libre-échange nord-américain.
AMA	Activité minimale d'assujettissement.
AMEXA	Assurance-maladie des exploitants agricoles.
AMF	*Autorité des marchés financiers*.
AMP	*Assistance médicale à la procréation*.
ANAH	Agence nationale pour l'amélioration de l'habitat.
ANDAFAR	Association nationale pour le développement de l'aménagement foncier agricole et rural.
ANSM	*Agence nationale de sécurité du médicament et des produits de santé*.
ANVAR	Agence nationale de valorisation de la recherche.
AOC	Appellation d'origine contrôlée.
AP	*Assistance publique*.
APA	*Allocation personnalisée d'autonomie*.
APCA	Assemblée permanente des chambres d'agriculture.
APCM	Assemblée permanente des chambres des métiers.
APE	Allocation parentale d'éducation.
API	Allocation de parent isolé.
APJ	*Agent de police judiciaire*.
APL	*Aide personnalisée au logement*.
APUL	Administrations publiques locales (collectivités territoriales).
ARAF	Aide à la reprise d'activité des femmes.
ARCEP	*Autorité de régulation des communications électroniques et des postes*.
ARH	Agence régionale de l'hospitalisation.
ARIA	Retraite complémentaire facultative des artisans.
ARJEL	*Autorité de régulation des jeux en ligne*.
ARRCO	Association des régimes de retraites complémentaires.
ASEAN	Association des nations du sud-est asiatique.
ASE	Aide sociale à l'enfance.
ASF	Association pour la structure financière.
ASI	Allocation supplémentaire d'invalidité.
ASN	Autorité de sûreté nucléaire.

ASPA	Allocation de solidarité aux personnes âgées.
ASS	Allocation spécifique de solidarité.
AT	*Accident du travail*.
ATD	*Avis à tiers-détenteur*.
ATEXA	Assurance des accidents du travail des exploitants agricoles.
ATR (loi)	Loi du 6 février 1992 relative à l'administration territoriale de la République.
AUE	*Acte unique européen*.
AUPELF	Association des universités partiellement ou entièrement de langue française.
AVA	Assurance vieillesse agricole.
AVS	Auxiliaire de vie scolaire.
AVTS	Allocation aux vieux travailleurs salariés.
BALO	Bulletin des annonces légales obligatoires.
BAS	*Bureau d'aide sociale*.
BAT	Bureau de l'assistance technique (ONU, New York).
BCE	*Banque centrale européenne* (Francfort).
BDF	Banque de France.
BENELUX	Union économique : Belgique, Nederland, Luxembourg.
BEP	Brevet d'études professionnelles.
BERD	*Banque européenne pour la reconstruction et le développement* (Londres).
BIC	Bénéfices industriels et commerciaux.
BIMA	Bulletin d'information du ministère de l'Agriculture.
BIRD	*Banque internationale pour la reconstruction et le développement* (Washington).
BIT	*Bureau international du travail* (Genève).
BNC	Bénéfices non commerciaux.
BNF	Bibliothèque nationale de France.
BOCC	Bulletin officiel de la concurrence et de la consommation.
BODACC	Bulletin officiel des annonces civiles et commerciales.
BOPI	Bulletin officiel de la propriété industrielle.
BPI	Banque publique d'investissement.
BRC	Bordereau récapitulatif de cotisation.
BRI	Banque des règlements internationaux (Bâle).
BRIC	Brésil, Russie, Inde, Chine.
BRILO	Bail réel immobilier dédié au logement.
BRP	Bureau de recherche des pétroles.
BTAN	*Bons du Trésor* à taux fixe et intérêt annuel.
CAA	*Cour administrative d'appel*.
CAC 40	Cotation assistée en continu 40 (indice de la Bourse de Paris).

CADA	*Commission d'accès aux documents administratifs*.
CAF	Caisse d'allocations familiales.
CAF	Coût, assurance et fret (en anglais CIF).
CANAM	Caisse nationale d'assurance-maladie et maternité des travailleurs non salariés des professions non agricoles.
CANSSM	Caisse autonome nationale de la Sécurité sociale dans les mines.
CAP	Certificat d'aptitude professionnelle.
CAPA	Certificat d'aptitude à la profession d'avocat.
CAPES	Certificat d'aptitude au professorat de l'enseignement secondaire.
CAPET	Certificat d'aptitude professionnelle à l'enseignement technique.
CAR	*Comité de l'administration régionale*.
CARPA	Caisse autonome des règlements pécuniaires des avocats.
CARSAT	Caisse d'assurance retraite et de la santé au travail.
CAT	Centre d'aide par le travail.
CCAS	Centre communal d'aide sociale.
CCDVT	Caisse centrale de dépôts et de virements de titres.
CCI	Chambre de commerce internationale (Paris).
CCP	Compte-courant postal.
CCVRP	Caisse de Sécurité sociale des représentants multicartes.
CDAPH	Commission des droits et de l'autonomie des personnes handicapées.
CDBF	*Cour de discipline budgétaire et financière*.
CDC	*Caisse des dépôts et consignations*.
CDCI	Commission départementale de la coopération intercommunale.
CDD	*Contrat de travail* à durée déterminée.
CDI	*Contrat de travail* à durée indéterminée.
CDI	*Centre des impôts*.
CDI	Conseil départemental d'insertion.
CE	*Communautés européennes*.
CE	*Conseil d'État*.
CEA	Centre de l'énergie atomique.
CEA	Compte d'épargne en actions.
CECA	Communauté européenne du charbon et de l'acier (a expiré en juillet 2002).
CECOS	Centre d'étude et de conservation des œufs et du sperme.
CED	*Communauté européenne de défense*.
CEDEX	Courrier d'entreprise à distribution exceptionnelle. CIDEX.
CEDH	Cour européenne des droits de l'Homme.
CEE	Communauté économique européenne (Bruxelles) ou marché commun. Aujourd'hui CE.
CEEA	Communauté européenne de l'énergie atomique (Bruxelles) ou EURATOM.
CEF	*Centre éducatif fermé*.

CEJ	Contrat emploi jeunes.
CEPEJ	*Commission européenne pour l'efficacité de la justice*.
CERC	*Conseil de l'emploi, des revenus et de la cohésion sociale*.
CEREMA	Centre d'étude et d'expertise sur les risques, l'environnement, la mobilité et l'aménagement.
CERN	Centre européen pour la recherche nucléaire (Genève).
CES	Comité économique et social (de la région).
CES	Contrat emploi-solidarité.
CESU	*Chèque emploi-service universel*.
CET	*Compte épargne-temps*.
CFA (Franc)	(Franc) Communauté financière africaine.
CFDT	Confédération française démocratique du travail.
CFE	*Caisse des Français à l'étranger*.
CFE-CGC	Confédération française de l'encadrement – Confédération générale des cadres.
CFP (Franc)	(Franc) Change franc Pacifique.
CFT	Confédération française du travail.
CFTC	Confédération française des travailleurs chrétiens.
CGA	Confédération générale de l'agriculture.
CGI	Code général des impôts.
CGLPL	Contrôleur général des lieux de privation de liberté.
CGPME	Confédération générale des petites et moyennes entreprises.
CGT	Confédération générale du travail.
CGT	Compagnie générale transatlantique.
CGT-FO	Confédération générale du travail – force ouvrière.
CHSCT	*Comité d'hygiène, de sécurité et des conditions de travail*.
CHU	Centre hospitalier universitaire.
CIA	Central intelligence agency.
CIAT	Comité interministériel d'aménagement du territoire.
CICAS	Centre d'information conseil et accueil des salariés.
CIDE	Convention internationale relative aux droits de l'enfant.
CICR	Comité international de la Croix Rouge (Genève).
CIDEX	Courrier individuel à distribution exceptionnelle. CEDEX.
CIDJ	Centre d'information et de documentation de la jeunesse.
CIE	*Contrat initiative-emploi*.
CIF	Commission des infractions fiscales.
CIF	Congé individuel de formation.
CIJ	*Cour internationale de justice* (La Haye).
CIL	Comité interprofessionnel pour le logement.
CIO	Centre d'information et d'orientation.
CIRA	Centre interministériel de renseignements administratifs.

CIRDI	Centre international pour le règlement des litiges en matière d'investissements.
CIRI	Comité interministériel de restructuration industrielle.
CISC	Confédération internationale des syndicats chrétiens.
CISL	Confédération internationale des syndicats libres.
CIVETTE	Culture in vitro et transport embryonnaire.
CIVI	*Commission d'indemnisation des victimes d'infractions*.
CJCE	Cour de justice des Communautés européennes.
CJUE	*Cour de justice de l'Union européenne*.
CJP	Centre des jeunes patrons.
CMU	Couverture maladie universelle.
CNAF	Caisse nationale d'allocations familiales.
CNAMed	*Commission nationale des accidents médicaux*.
CNAM	Conservatoire national des arts et métiers.
CNAM ou CNAMTS	Caisse nationale d'assurance-maladie des travailleurs salariés.
CNAR	Confédération nationale pour l'aménagement rural.
CNASEA	Centre national pour l'aménagement des structures agricoles.
CNAV ou CNAVTS	Caisse nationale d'assurance vieillesse des travailleurs salariés.
CNBF	Caisse nationale des barreaux français.
CNC	Conseil national de la cinématographie.
CNCT	Conseil national du crédit et du titre.
CNCL	Commission nationale de la communication et des libertés.
CNCTR	Commission nationale de contrôle des techniques de renseignement.
CNDA	Cour nationale du droit d'asile.
CNDP	*Commission nationale du débat public*.
CNE	Caisse nationale d'épargne.
CNE	Contrat nouvelle embauche.
CNES	Centre nationale d'études spatiales.
CNESER	Conseil national de l'enseignement supérieur et de la recherche.
CNET	Centre national d'étude des télécommunications.
CNEXO	Centre national pour l'exploitation des océans.
CNFPT	*Centre national de la fonction publique territoriale*.
CNIJ	Centre national d'informatique juridique.
CNIL	*Commission nationale de l'informatique et des libertés*.
CNJA	Centre national des jeunes agriculteurs.
CNPF	Conseil national du patronat français (remplacé par le MEDEF).
CNRS	Centre national de la recherche scientifique.
CNOUS	Centre national des œuvres universitaires et scolaires.
CNU	Conseil national des universités.

CNUCED	Conférence des Nations unies sur le commerce et le développement. Sigle anglais : UNCTAD.
COB	Commission des opérations de bourse.
CODEFI	Comité départemental d'examen des problèmes de financement des entreprises.
CODEVI	Compte pour le développement industriel (absorbé en 2007 par le Livret de développement durable).
Coface	Compagnie française d'assurance pour le commerce extérieur.
COM	Collectivité d'outre-mer.
COMECON	Conseil d'assistance économique mutuelle (Moscou).
COP	Conférence des parties.
COR	Conseil d'orientation des retraites.
CORRI	Comité régional de restructuration industrielle.
COS	*Coefficient d'occupation des sols.*
COSLA	Comité d'orientation pour la simplification du langage administratif.
COTOREP	Remplacée depuis 2006 par la Commission des droits et de l'autonomie des personnes handicapées.
CPAG	*Centre de préparation à l'Administration générale.*
CPAM	Caisse primaire d'assurance-maladie.
CPER	Contrats de plan État-régions.
CPI	*Cour pénale internationale.*
CRC	*Chambre régionale des comptes.*
CRCI	Commission régionale de conciliation et d'indemnisation.
CRDS	*Contribution pour le remboursement de la dette sociale.*
CREAI	Centre régional pour l'enfance et l'adolescence inadaptées.
CREDOC	Centre de recherches, d'études et de documentation sur la consommation.
CREPCEN	Caisse de retraite et de prévoyance des clercs et employés de notaires.
CRFPA	*Centre régional de formation professionnelle des avocats.*
CRIDON	Centre de recherches, d'information et de documentation notariales.
CRS	*Compagnies républicaines de sécurité.*
CROUS	Centre régional des œuvres universitaires et scolaires.
CSA	*Conseil supérieur de l'audiovisuel.*
CSE	Certificat successoral européen.
CSERC	Conseil supérieur de l'emploi, des revenus et des coûts.
CSG	*Contribution sociale généralisée.*
CSM	*Conseil supérieur de la magistrature.*
CSMF	Confédération syndicale des médecins de France.
CT	Certificat de travail.
CUCS	Contrat urbain de cohésion sociale.
CUMA	Coopérative d'utilisation de matériel agricole.
CV	*Curriculum vitae.*

CVIM	Convention (des Nations unies) sur les contrats de vente internationale des marchandises.
DAB	Distributeur automatique de billets.
DADS	Déclaration annuelle des données sociales.
DALO	*Droit au logement opposable*.
DAS	Direction de l'action sociale.
DATAR	Délégation à l'aménagement du territoire et à l'attractivité régionale.
DDAF	Direction départementale de l'agriculture et des forêts.
DDE	Direction départementale de l'équipement.
DDISS	Direction départementale des interventions sanitaires et sociales.
DDOS (loi)	Dispositions diverses d'ordre social.
DEA	Diplôme d'études approfondies.
DESS	Diplôme d'études supérieures spécialisées.
DEUG	Diplôme d'études universitaires générales.
DEUST	Diplôme d'études universitaires scientifiques et techniques.
DGCCRF	Direction générale de la concurrence, de la consommation et de la répression des fraudes.
DGDDI	Direction générale des douanes et droits indirects.
DGF	*Dotation globale de fonctionnement*.
DGFiP	*Direction générale des finances publiques*.
DGI	Direction générale des impôts.
DGS	Direction générale de la santé.
DGSE	Direction générale de la sécurité extérieure.
DILA	*Direction de l'information légale et administrative*.
DIRECCTE	Directions régionales des entreprises, de la concurrence, de la consommation, du travail et de l'emploi.
DNS	Déclaration nominative simplifiée.
DOM	Département d'outre-mer.
DPAE	Déclaration préalable à l'embauche.
DPLG	Diplômé par le gouvernement.
DRAC	Direction régionale des affaires culturelles.
DRASS	Direction régionale des affaires sanitaires et sociales.
DREAL	Direction régionale de l'environnement, de l'aménagement et du logement.
DRH	Directeur des ressources humaines.
DSQ	Développement social des quartiers.
DST	Direction de la surveillance du territoire.
DTS	Droits de tirage spéciaux.
DUE	Déclaration unique d'embauche.
DUCS	Déclaration unifiée des cotisations sociales.
DUDH	*Déclaration universelle des droits de l'Homme*.
DUP	*Déclaration d'utilité publique*.

DUT	Diplôme universitaire de technologie.
EARL	*Entreprise agricole à responsabilité limitée*.
ECAM	École centrale des arts et manufactures.
ECESFP	*Examen contradictoire de l'ensemble de la situation fiscale personnelle*.
ECU	European currency unit (Unité de compte européenne); remplacé par l'*Euro*.
EHESP	École des hautes études en santé publique.
ELI	European Law Institute (Institut européen du droit).
EMO	Éducation en milieu ouvert.
ENA	*École nationale d'Administration*.
ENAP	École nationale de l'administration pénitentiaire.
ENG	École nationale des greffes.
ENI	École nationale des impôts.
ENM	*École nationale de la magistrature*.
ENPJJ	École nationale de la protection de la jeunesse.
EN3S	École nationale supérieure de Sécurité sociale.
ENS	École normale supérieure.
ENSI	École nationale supérieure d'ingénieurs.
ENSP	École nationale de la santé publique.
ENSSIB	École nationale supérieure des sciences de l'information et des bibliothèques.
EPCI	*Établissement public de coopération intercommunale*.
EPIC	Établissement public à caractère industriel et commercial.
ERA	Équipe de recherche associée.
ERASMUS	European Community Action Scheme for the Mobility of University Students (Programme d'action de la Communauté européenne pour la mobilité des étudiants d'université).
ESCAE	École supérieure de commerce et d'administration des entreprises.
ESRO	European spatial research organization. *OERS*.
ESSEC	École supérieure des sciences économiques et commerciales.
EURATOM	*CEEA*.
EURL	*Entreprise unipersonnelle à responsabilité limitée*.
FAED	Fichier automatisé des empreintes digitales.
FAF	*Fonds d'assurance formation*.
FAO	Food and agriculture organization. *OAA*.
FAS	Fonds d'action sociale.
FASASA	Fonds d'action sociale pour l'aménagement des structures agricoles.
FBI	Federal bureau of investigation (Washington).
FCC	Fichier central des chèques.
FCP	*Fonds commun de placement*.
FCTVA	Fonds de compensation pour la TVA.

FDES	Fonds de développement économique et social.
FEADER	*Fonds européen agricole pour le développement rural*.
FEAGA	*Fonds européen agricole de garantie*.
FED	*Fonds européen de développement*.
FEN	Fédération de l'Éducation nationale.
FEOGA	*Fonds européen d'orientation et de garantie agricole*.
FGA	*Fonds de garantie automobile*.
FGAO	Fonds de garantie des assurances obligatoires de dommages.
FGEN	Fédération générale de l'Éducation nationale.
FGVTI	Fonds de garantie des victimes d'actes de terrorisme et d'autres infractions.
FICP	*Fichier national des incidents de remboursement des crédits aux particuliers*.
FICOBA	Fichier des comptes bancaires et assimilés.
FIDA	Fonds international de développement agricole.
FIJAIS	Fichier judiciaire automatisé des auteurs d'infractions sexuelles.
FINUL	Force intérimaire des Nations unies au Liban.
FISE	Fonds international des Nations unies pour le secours de l'enfance (New York). Sigle anglais : Unicef.
FIV	Fécondation in vitro.
FIVA	*Fonds d'indemnisation des victimes de l'amiante*.
FIVETE	Fécondation in vitro et transfert d'embryon.
FMI	*Fonds monétaire international* (Washington).
FNAL	Fonds national d'aide au logement.
FNAS	Fonds national d'action sociale.
FNASS	Fonds national d'action sanitaire et sociale.
FNCTVA	Fonds national de compensation de la TVA.
FNE	Fonds national pour l'emploi.
FNS	Fonds national de solidarité.
FNSEA	Fédération nationale des syndicats d'exploitants agricoles.
FOB	(Free On Board ou Franco bord). Livraison sans frais par le vendeur des marchandises vendues à bord du navire qui les transportera.
FONGECIF	Fonds pour la gestion du congé individuel de formation.
FOR	Free on rail (franco sur wagon).
FORMA	Fonds d'organisation et de régularisation des marchés agricoles.
FPA	Formation professionnelle des adultes.
FSM	Fédération syndicale mondiale.
FUNU	Force d'urgence des Nations unies.
G 20	*Groupe des 20*.
GAEC	*Groupement agricole d'exploitation en commun*.
GAFI	Groupe d'action financière sur le blanchiment des capitaux.
GAM	Groupement d'action municipale.

GATT	General agreement on tariffs and trade (en français : Accord général sur les tarifs douaniers et le commerce. Genève) (obsolète).
GEIE	*Groupement européen d'intérêt économique*.
GES	*Gaz à effet de serre*.
GFA	*Groupement foncier agricole*.
GIC	Grand invalide civil.
GIE	*Groupement d'intérêt économique*.
GIEE	Groupement d'intérêt économique européen.
GIG	Grand invalide de guerre.
GIGN	Groupement d'intervention de la gendarmerie nationale.
GIP	Groupement d'intérêt public.
GPA	Gestation pour autrui.
GPL	Gaz de pétrole liquéfié.
HADOPI	*Haute autorité pour la diffusion des œuvres et la protection des droits sur Internet*.
HALDE	*Haute autorité de lutte contre les discriminations et pour l'égalité*.
HBM	Habitation à bon marché.
HC	*Hors cadre*.
HCERES	Haut Conseil de l'évaluation de la recherche et de l'enseignement supérieur.
HCFP	Haut Conseil des finances publiques.
HCR	Haut commissariat des Nations unies pour les réfugiés.
HE	Hors échelle (pour un fonctionnaire).
HEC	Hautes études commerciales (École des).
HLM	Habitation à loyer modéré.
HT	Hors taxes. *TTC*.
IAC	Insémination artificielle avec le conjoint (ou le concubin).
IAD	Insémination artificielle avec donneur.
IAE	Institut d'administration des entreprises.
IATA	Association internationale des transports aériens.
ICC	Indice du coût de la construction.
ICPE	*Installations classées pour la protection de l'environnement*.
IDI	Institut de développement industriel.
IEJ	Institut d'études judiciaires.
IEP	Institut d'études politiques.
IEPS	Institut sur l'évolution des professions juridiques.
IFOP	Institut français d'opinion publique.
IFP	Institut français du pétrole.
IGAS	Inspection générale des affaires sociales.
IGF	Impôt sur les grandes fortunes (supprimé en 1986). *ISF*.
IGN	Institut géographique national.

IGPN	Inspection générale de la police nationale.
IGREF	Ingénieurs du génie rural, des eaux et forêts.
ILAT	Indice des loyers des activités tertiaires.
ILC	Indice des loyers commerciaux.
IME	Institut médico-éducatif.
IMP	Institut médico-pédagogique.
IMP	Institut médico-professionnel.
INA	Institut national de l'audiovisuel.
INALCO	Institut national des langues et civilisations orientales.
INAO	Institut national de l'origine et de la qualité.
INAVEM	Institut national d'aide aux victimes et de médiation.
INC	Institut national de la consommation.
INED	Institut national d'études démographiques.
INSEP	Institut national du sport, de l'expertise et de la performance.
INPI	*Institut national de la propriété industrielle.*
INRA	Institut national de la recherche agronomique.
INS	Institut national des sports.
INSEE	Institut national de la statistique et des études économiques.
INSERM	Institut national de la santé et la recherche médicale.
INTELSAT	Organisation internationale des télécommunications par satellites.
Interpol	Organisation internationale de police criminelle (OIPC).
IP	Internet protocole.
IPAG	Institut de préparation à l'Administration générale.
IPP	Incapacité de travail partielle permanente.
IR	*Impôt sur le revenu* des personnes physiques.
IRA	*Instituts régionaux d'Administration.*
IRCANTEC	Institution de retraite complémentaire des agents non titulaires de l'État et collectivités locales.
IREPS	Institut régional d'éducation physique et sportive.
IRL	Indice de référence des loyers.
IRPP	Impôt sur le revenu des personnes physiques.
IS	*Impôt sur les sociétés.*
ISF	*Impôt de solidarité sur la fortune.*
ISO	International Standardization Organisation.
ITP	Incapacité (de travail) temporaire partielle.
ITT	*Incapacité temporaire de travail.*
IUFM	Institut universitaire pour la formation des maîtres.
IUP	Institut universitaire professionnalisé.
IUT	Institut universitaire de technologie.
IVG	*Interruption volontaire de grossesse.*
JAF	*Juge aux affaires familiales.*
JAP	*Juge de l'application des peines.*

JEX	*Juge de l'exécution*.
JLD	Jude des libertés et de la détention.
JME	*Juge de la mise en état*.
JO	*Journal officiel*.
JOCE	Journal officiel des communautés européennes.
JOUE	Journal officiel de l'Union européenne.
LDD	Livret de développement durable (ex-CODEVI).
LMD	Licence, Master, Doctorat.
LOLF	Loi organique relative aux lois de finances (1er août 2001).
LOLFSS	Loi organique relative aux lois de financement de la sécurité sociale.
LOPGFP	*Loi organique relative à la programmation et à la gouvernance des finances publiques*.
MAJ	*Mesure d'accompagnement judiciaire*.
MARC/MARD /MARL	*Modes alternatifs de règlement des différends ou des conflits ou des litiges*.
MASP	*Mesure d'accompagnement social personnalisé*.
MATIF	Marché à terme international de France.
MDPH	Maison départementale des personnes handicapées.
MEDEF	Mouvement des entreprises de France.
MGEN	Mutuelle générale de l'Éducation nationale.
MICEN	Minutier central électronique.
MIN	*Marchés d'intérêt national*.
MIVILUDES	Mission interministérielle de vigilance et de lutte contre les dérives sectaires.
MJC	Maison des jeunes et de la culture.
MJD	*Maisons de justice et du droit*.
MODEF	Mouvement de défense des exploitations familiales.
MRAP	Mouvement contre le racisme, l'antisémitisme et pour la paix.
MSA	Mutualité sociale agricole.
NAF	Nomenclature des activités françaises.
NASA	National aeronautics and space organization. Organisation nationale de l'aéronautique et de l'espace (États-Unis).
NASDAQ	National association of securities dealers automated quotation, Cotation automatisée de l'association nationale des marchands de titres (indice boursier des valeurs technologiques, New York).
NATO	North atlantic treaty organization. *OTAN*.
OAA	Organisation des Nations unies pour l'alimentation et l'agriculture (Rome).
OACI	*Organisation de l'aviation civile internationale* (Montréal).
OAT	*Obligations assimilables du Trésor*.

OCAM	Organisation commune africaine et malgache.
OCDE	*Organisation de coopération et de développement économique* (Paris).
OEA	Organisation des États américains (Washington).
OEB	Office européen des brevets.
OERS	Organisation européenne de recherches spatiales. Sigle anglais : ESRO.
OFCE	Observatoire français des conjontures économiques.
OFPRA	Office français de protection des réfugiés et apatrides.
OGAF	Opérations groupées d'aménagement foncier.
OGM	Organisme génétiquement modifié.
OIF	Organisation internationale de la francophonie.
OIP	Observatoire international des prisons.
OIT	*Organisation internationale du travail* (Genève).
OJD	Office de la justification de la diffusion (journaux).
OMC	*Organisation mondiale du commerce*.
OMD	Organisation mondiale des douanes.
OMI	Organisation maritime internationale (Londres).
OMM	Organisation météorologique mondiale (Genève).
OMO	Observation en milieu ouvert.
OMPI	Organisation mondiale de la propriété intellectuelle.
OMS	Organisation mondiale de la santé (Genève).
ONC	Office national de la chasse (et de la faune sauvage).
ONDAM	Objectif national des dépenses d'assurance-maladie.
ONF	Office national des forêts.
ONG	*Organisation non gouvernementale*.
ONIAM	*Office national d'indemnisation des accidents médicaux*.
ONISEP	Office national d'information sur les enseignements et les professions.
ONN	Office national de la navigation.
ONPI	Office national de la propriété industrielle.
ONU	*Organisation des Nations unies* (New York).
ONUDI	Organisation des Nations unies pour le développement industriel (Vienne).
OOA	Organisation des Nations unies pour l'alimentation et l'agriculture.
OP	*Ouvrier* professionnel.
OPA	*Offre publique d'achat*.
OPAC	Office public d'aménagement et de construction (obsolète). *OPH*.
OPCVM	Organisme de placement collectif en valeurs mobilières.
OPE	*Offre publique d'échange*.
OPEP	Organisation des pays exportateurs de pétrole.
OPH	*Offices publics de l'habitat*.
OPHLM	Office public d'habitation à loyer modéré (obsolète). *OPH*.
OPJ	*Officier de police judiciaire*.
OPV	Offre publique de vente.

ORGECO — Organisation générale des consommateurs.
ORSEC — Organisation des secours. Après 2004, Organisation de la réponse de sécurité civile.
ORSTOM — Office de la recherche scientifique et technique d'outre-mer.
OS — Ouvrier spécialisé.
OTAN — *Organisation du traité de l'Atlantique-Nord* (Bruxelles). Sigle anglais : NATO.
OUA — *Organisation de l'unité africaine* (Addis-Abéba).

PAC — *Politique agricole commune*.
PACS — *Pacte civil de solidarité*.
PACT — Protection, amélioration, conservation, transformation de l'habitat.
PAH — Prime à l'amélioration de l'habitat.
PAIO — Permanence d'accueil, d'information et d'orientation.
PAJE — *Prestation d'accueil du jeune enfant*.
PALULOS — Prime à l'amélioration des logements à usage locatif et d'occupation sociale.
PAP — Projets annuels de performance.
PARE — Plan d'aide au retour à l'emploi.
PAZ — Plan d'aménagement de zone.
PDG — *Président directeur général*.
PDU — Plan de déplacements urbains.
PEA — Plan d'épargne en actions.
PED — *Pays (ou États) en développement (PED)*.
PEE — *Plan d'épargne d'entreprise*.
PEI — Plan d'épargne interentreprise.
PEP — Plan d'épargne populaire.
PERCO — Plan d'épargne pour la retraite collectif.
PERP — Plan d'épargne retraite populaire.
PESC — *Politique étrangère et de sécurité commune* (Union européenne).
PFA — Prestations familiales agricoles.
PG — *Procureur général*.
PIB — *Produit intérieur brut*.
PIAC — Plateforme d'identification des avoirs criminels.
PIC — Prêts immobiliers conventionnés.
PIL — Programme d'insertion locale.
PJ — Police judiciaire.
PLA — Prêt locatif aidé.
PLD — *Plafond légal de densité*.
PLM (loi) — Loi du 31 décembre 1982 relative à l'organisation administrative de Paris, Lyon, Marseille.
PLU — *Plan local d'urbanisme*.
PMA — *Procréation médicalement assistée*.

PME	Petites et moyennes entreprises. *CGPME*.
PMI	Petites et moyennes industries.
PMI	Protection maternelle et infantile.
PMU	Protection maladie universelle.
PMU	Pari mutuel urbain.
PNB	Produit national brut.
PNUD	Programme des Nations unies pour le développement.
POS	*Plan d'occupation des sols* (obsolète). *PLU*.
PPA	Plan de protection de l'atmosphère.
PPP	Partenariat public-privé. *Contrats de partenariat (sous-entendu : public/privé)*.
PPRT	Plan de prévention des risques technologiques.
PRES	Pôle de recherche et d'enseignement supérieur.
PUCE	Périmètre d'usage de consommation exceptionnelle.
PUD	Plan d'urbanisme de détail.
QCM	Questionnaire à choix multiple.
QHS	Quartier de haute sécurité.
RAP	Rapports annuels de performance.
RATP	Régie autonome des transports parisiens.
RC	*Répertoire civil*.
RCB	Rationalisation des choix budgétaires.
RER	Réseau express régional.
RG	Renseignements généraux.
RGPP	Révision générale des politiques publiques.
RIB	Relevé d'identification bancaire.
RMA	Revenu minimum d'activité.
RNIPP	Répertoire national d'identification des personnes physiques.
ROM	Région d'outre-mer.
RPSH	Réseau privé sécurisé des huissiers de justice.
RPVA	Réseau privé virtuel avocats.
RPVJ	Réseau privé virtuel justice.
RTLN	Réunion des théâtres lyriques nationaux.
RTT	Réduction du temps de travail.
RSA	*Revenu de solidarité active*.
RSI	Régime social des indépendants.
SA	*Société anonyme*.
SACEM	Société des auteurs, compositeurs et éditeurs de musique.
SAFER	*Société d'aménagement foncier et d'établissement rural*.
SARL	*Société à responsabilité limitée*.
SALT	Négociations sur la limitation des armements stratégiques.
SAMU	Service d'aide médicale urgente.

SAS	*Société par actions simplifiée*.
SASU	Société par actions simplifiée unipersonnelle.
SCI	Société civile immobilière.
SCM	Société civile de moyens.
SCOP	Société coopérative ouvrière de production.
SCP	*Société civile professionnelle*.
SCPI	*Société civile de placement immobilier*.
SDAGE	Schéma directeur d'aménagement et de gestion des eaux.
SDDS	Schéma départemental des structures agricoles.
SDECE	Service de documentation extérieure et de contre-espionnage.
SDI	Schéma départemental de coopération intercommunal.
SDF	Sans domicile fixe.
SDN	*Société des Nations* (n'existe plus).
SDR	*Société de développement régional*.
SE	*Société européenne*.
SEBC	*Système européen des banques centrales*.
SEITA	Service d'exploitation industrielle des tabacs et allumettes. Devenu aujourd'hui : Société nationale d'exploitation industrielle des tabacs et allumettes.
SEL	*Société d'exercice libéral*.
SELAFA	Société d'exercice libéral à forme anonyme.
SELARL	Société d'exercice libéral à responsabilité limitée.
SELAS	Société d'exercice libéral par actions simplifiée.
SELCA	Société d'exercice libéral en commandite par actions.
SELURL	Société d'exercice libérale unipersonnelle à responsabilité limitée.
SEM	*Société d'économie mixte*.
SEPA	« Single euro payments area » (*Espace unique de paiement en euro*).
SERNAM	Service national des messageries.
SFA	Sauvegarde financière accélérée.
SFI	*Société financière internationale* (Washington).
SGAR	Secrétariat général pour les affaires régionales.
SGDG	Sans garantie du gouvernement.
SHAPE	Supreme Headquarter of Allied Powers in Europe : État-major des forces de l'OTAN en Europe.
SICA	*Société d'intérêt collectif agricole*.
SICAV	Société d'investissement à capital variable.
SICOMI	Société immobilière pour le commerce et l'industrie.
SICOVAM	Société interprofessionnelle pour la compensation des valeurs mobilières.
SIRENE	Système informatique pour le répertoire des entreprises et établissements.
SIRET	Système informatique pour le répertoire des établissements.

SISA	Société interprofessionnelle de soins ambulatoires.
SIVOM	Syndicat intercommunal à vocations multiples.
SIVU	Syndicat intercommunal à vocation unique.
SMA	Surface minimale d'assujettissement.
SMAG	Salaire minimum agricole garanti.
SME	*Système monétaire européen*.
SMIA	*Société mixte d'intérêt agricole*.
SMIC	*Salaire minimum interprofessionnel de croissance*.
SMIG	Salaire minimum interprofessionnel garanti.
SMS	Short message service, service de message court.
SNC	*Société en nom collectif*.
SNCF	Société nationale des chemins de fer français.
SNDD	Stratégie nationale pour le développement durable.
SNEP	Société nationale des entreprises de presse.
SNIAS	Société nationale industrielle aérospatiale.
SNPA	Société nationale des pétroles d'Aquitaine.
SOFIRAD	Société financière de radiodiffusion.
SOFRES	Société française d'enquête par sondage.
SRPJ	Service de recherche de la police judiciaire.
SRU (loi)	Loi du 13 décembre 2000 relative à la solidarité et au renouvellement urbains.
TA	*Tribunal administratif*.
TAJ	Traitement d'antécédents judiciaires.
TASS	*Tribunal des affaires de sécurité sociale*.
TC	*Tribunal des conflits*.
TEG	*Taux effectif global*.
TESE	*Titre emploi service entreprise*.
TFUE	Traité sur le fonctionnement de l'Union européenne.
TFPUE	*Tribunal de la fonction publique de l'Union européenne*.
TGI	*Tribunal de grande instance*.
TI	*Tribunal d'instance*.
TIG	*Travail d'intérêt général*.
TIMES	Traité instituant le mécanisme européen de stabilité (MES).
TIP	Titre interbancaire de paiement.
TIR	*Transit international routier*.
TNP	Théâtre national populaire.
TOM	*Territoire d'outre-mer*.
TPI	*Tribunal pénal international*.
TRACFIN	Traitement du renseignement et action contre les circuits financiers.
TSCG	Traité sur la stabilité, la coordination et la gouvernance au sein de l'Union économique et monétaire.
TT	Immatriculation des véhicules en transit temporaire.

TTC (prix)	(Prix) Toutes taxes comprises.
TTS	Titre de travail simplifié.
TUC	Travaux d'utilité collective.
TUE	Traité sur l'Union européenne.
TUP	Titre universel de paiement.
TVA	*Taxe sur la valeur ajoutée*.
TVB	Trames vertes et bleues. *Trame verte, trame bleue*.
UC	Unité de consommation.
UCANSS	Union des caisses nationales de Sécurité sociale.
UE	*Union européenne*.
UEM	*Union économique et monétaire*.
UEMOA	Union économique et monétaire de l'Afrique de l'Ouest.
UEO	*Union de l'Europe occidentale* (obsolète).
UFR	*Unité de formation et de recherche*.
UIPPI	Union internationale pour la protection de la propriété industrielle (Paris Union).
UIT	Union internationale des télécommunications (Genève).
UNAF	Union nationale des associations familiales.
UNAPEI	Union nationale des associations de parents d'enfants inadaptés.
UNAPL	Union nationale des associations de professions libérales.
UNCAC	Union nationale des coopératives agricoles de céréales.
UNCAF	Union nationale des caisses d'allocations familiales.
UNCTAD	United nations conference on trade and development. *CNUCED*.
UNEDIC	Union nationale pour l'emploi dans l'industrie et le commerce (Fédération des Assedic).
UNESCO	Organisation des Nations unies pour l'éducation, la science et la culture (Paris). United nations educational, scientific and cultural organization.
UNICEF	United nations international children's emergency fund (New York). *FISE*.
UNIOPSS	Union nationale interfédérale des œuvres et organismes privés sanitaires.
UNIRS	Union nationale des institutions de retraite des salariés.
UNRRA	Administration des Nations unies pour le secours et le relèvement.
UPU	Union postale universelle (Berne).
URCAM	Union régionale de caisse d'assurance-maladie.
URIOPSS	Union régionale des œuvres et organismes privés sanitaires et sociaux.
Urssaf	Union pour le recouvrement de la Sécurité sociale et des allocations familiales.
UTA	Union des transports aériens.
UV	Unité de valeur.

VAE	Validation des acquis de l'expérience.
VASFE	Vérification approfondie de situation fiscale d'ensemble.
VDQS	Vin délimité de qualité supérieure.
VRP	*Voyageurs-représentants-placiers*.
VTC	Voiture de tourisme avec chauffeur, devenu voiture de transport avec chauffeur.
ZAC	*Zone d'aménagement concerté*.
ZAD	*Zone d'aménagement différé*.
ZAN	Zone d'agglomération nouvelle.
ZAR	Zone d'action rurale.
ZEP	Zone d'éducation prioritaire.
ZFU	Zone franche urbaine.
ZIF	*Zone d'intervention foncière*.
ZNIEFF	Zone naturelle d'intérêt écologique, faunistique et floristique.
ZRD	Zone de restructuration de la défense.
ZRR	Zone de revitalisation rurale.
ZUP	Zone à urbaniser par priorité (obsolète).

PHOTOCOMPOSITION
SCM • Toulouse

716075,716345 (I) OSB-P 60g SCM (CDR)
Dépôt légal : juin 2016
Imprimé en Italie par L.E.G.O. S.p.A.